KOMPONISTEN LEXIKON

KOMPONISTEN LEXIKON

350 werkgeschichtliche Portraits

Zweite, überarbeitete und erweiterte Auflage

Herausgegeben von Horst Weber

J. B. Metzler · Bärenreiter

Inhaltsverzeichnis

Vorwort V
Hinweise zur Benutzung VI
Verzeichnis der Abkürzungen und Siglen VII
Komponisten von A–Z 1–712
Verzeichnis der Autorinnen und Autoren 713

Redaktion: Gordon Kampe, Adrian Kuhl, Jana Zwetzschke

Gemeinschaftsausgabe der Verlage J. B. Metzler, Stuttgart und Weimar und Bärenreiter, Kassel

Bibliografische Information Der Deutschen Bibliothek
Die Deutsche Bibliothek verzeichnet diese Publikation in der Deutschen Nationalbibliografie;
detaillierte bibliografische Daten sind im Internet über ›http://dnb.ddb.de‹ abrufbar.

Gedruckt auf chlorfrei gebleichtem, säurefreiem und alterungsbeständigem Papier

ISBN 3-476-01966-7 (Metzler)
ISBN 3-7618-2033-X (Bärenreiter)

Dieses Werk einschließlich aller seiner Teile ist urheberrechtlich geschützt. Jede Verwertung außerhalb der engen Grenzen des Urheberrechtsgesetzes ist ohne Zustimmung des Verlages unzulässig und strafbar. Das gilt insbesondere für Vervielfältigungen, Übersetzungen, Mikroverfilmungen und die Einspeicherung und Verarbeitung in elektronischen Systemen.

© 2003 J. B. Metzlersche Verlagsbuchhandlung und Carl Ernst Poeschel Verlag GmbH in Stuttgart
www.metzlerverlag.de
info@metzlerverlag.de
Einbandgestaltung: Willy Löffelhardt, unter Verwendung von Porträts von
Mozart, Schubert (© Archiv für Kunst und Geschichte, Berlin),
Verdi (© Bildarchiv Preußischer Kulturbesitz, Berlin) und Schönberg (Schönberg-Center, Wien).
Satz: Typomedia GmbH, Ostfildern
Druck und Bindung: Kösel GmbH & Co. KG, Kempten
Printed in Germany
Dezember / 2003

Verlag J. B. Metzler Stuttgart · Weimar

Vorwort

Das Komponistenlexikon erscheint in neuer Gestalt und mit neuem Inhalt. Es ist schlanker, aber von gleichem Umfang. Die Welt der Musik und die Welt der Information haben sich in den vergangenen zwölf Jahren seit Erscheinen der ersten Auflage dramatisch verändert. Eine neue Generation von Komponisten ist nachgewachsen, Osteuropa nimmt intensiver als zuvor am europäischen Konzert teil und das Repertoire, das live und medial Verbreitung findet, ist breiter, auch diffuser geworden. Auf diese Entwicklungen galt es zu reagieren.

Für die zweite Auflage wurden 60 Artikel neu geschrieben, davon 40 als Neuaufnahmen; alle übrigen Artikel wurden von den Autoren oder der Redakion aktualisiert, die Literaturhinweise auf den Stand von 2003 gebracht.

Artikel und Literatur sind eine Auswahl. Ihre Kriterien sind dieselben geblieben wie in der ersten Auflage; Kontingente für Epochen, Stile und Nationen bilden das Gerüst, das notwendig subjektive Entscheidungen stützt. Ein deutlicher Akzent auf der Musik des 20. Jahrhunderts ist bewahrt.

Das Konzept, über das Komponieren der Komponisten zu informieren, erscheint im Zeitalter des Internet, das Daten im Überfluß zur Verfügung stellt, notwendiger denn je. Und die Begrenzung des Mediums Buch begründet seine Qualität. Denn die Notwendigkeit der Auswahl stiftet Orientierung.

Der Dank des Herausgebers gilt zuallererst seinen Autoren, vor allem denjenigen, die neue Beiträge für die zweite Auflage geschrieben haben, sodann dem Verlag, in dessen Händen Datenerfassung, Layout und Satzerstellung lag. Der Herausgeber dankt herzlich den Mitarbeitern, die an der Datenerfassung, Korrektur und Aktualisierung maßgeblichen Anteil hatten, Adrian Kuhl (Heidelberg), Gordon Kampe und Jana Zwetzschke (beide Essen). Sein besonderer Dank gilt Uwe Schweikert, der mit diesem Lexikon sein letztes Musikbuch als Lektor betreut hat und dem alle, die Bücher über Musik zu schätzen wissen, viel verdanken. Gerade für ihn wünsche ich mir, daß dieses Buch in der Flut medialer Informationen vielen Orientierung sein möge.

Essen, 26. September 2003 *Horst Weber*

Hinweise zur Benutzung

Im Titelkopf ist der erste Vorname der Rufname, sofern er nicht in Klammern steht. Im Text werden Komponisten, die in diesem Lexikon mit einem Artikel vertreten sind, nur mit Familiennamen genannt, andere Personen bei der ersten Nennung mit vollem Vor- und Zunamen. Auf unterschiedliche Schreibweisen von Nachnamen (Transliteration) wird verwiesen. Namen und Titel, denen die kyrillische Schrift zugrunde liegt, werden nach den Regeln der International Standard Organisation transliteriert, es sei denn der Komponist hat im Ausland eine Transkription autorisiert (z. B. Stravinsky); Lebensdaten sind bis 1917 nach dem Julianischen Kalender angegeben, die Datierung nach Gregorianischem Kalender steht in Klammern.

Einige Komponistennamen sind, dem Brauch in der Mediaevistik folgend, aber abweichend von anderen Musiklexika, unter ihrem Hauptnamen – dem späteren Vornamen – eingeordnet (z. B. Guillaume de Machaut).

Werke des Komponisten, der im jeweiligen Artikel besprochen wird, erscheinen kursiv, alle anderen Werke in Anführungszeichen. Die Entstehung eines Werkes über mehrere Jahre wird durch Bindestrich angezeigt (z. B. 1788–89), verschiedene Fassungen sind durch Schrägstrich getrennt (1788/1789). Bühnenwerken sind die Übersetzung eines fremdsprachigen Originaltitels, der Namen des Librettisten sowie Ort und Jahr der Uraufführung in Klammern angefügt; die Enstehungszeit wird zusätzlich nur erwähnt, wenn bis zur Uraufführung ein größerer Zeitraum verstrichen ist.

Zitate werden in der Regel durch Kurztitel nachgewiesen, die bibliographischen Angaben sind in den Literaturhinweisen am Ende des Artikels komplettiert.

Die Literaturhinweise sind eine Auswahl. Sie enthalten keine Verweise auf einschlägige Lexika und Enzyklopädien wie »Die Musik in Geschichte und Gegenwart«, neubearbeitete, zweite Auflage herausgegeben. von Ludwig Finscher, Kassel und Stuttgart 1994ff., »The New Grove Dictionary of Music and Musicians«, Second edition edited by Stanley Sadie (u. a.) London 2001 oder umfangreiche Spezialexika wie »Pipers Enzyklopädie des Musiktheaters«, herausgegeben von Carl Dahlhaus (†) und dem Forschungsinstitut für Musiktheater der Universität Bayreuth unter Leitung von Sieghard Döhring, München 1986–1997 und »Komponisten der Gegenwart«, herausgegeben von Hanns-Werner Heister und Walter-Wolfgang Sparrer, München 1992ff. Reihentitel sind nur in Ausnahmefällen genannt.

Abkürzungen

Abh.	Abhandlung	Jb.	Jahrbuch
Ausg.	Ausgabe	Jh.	Jahrhundert
Bln.	Berlin	Kat.	Katalog
Bd.,	Band	Kgr.	Kongreß
Bde.	Bände	Ldn.	London
Ber.	Bericht	Lpz.	Leipzig
Bibl.	Bibliographie	Mg.	Musikgeschichte
bzw.	beziehungsweise	Mn.	München
ca.	circa	mus.	musikalisch
Dépt.	Département	Mw.	Musikwissenschaft
Ders.	Derselbe	NA.	Neuausgabe
Dies.	Dieselbe(n)	Ndr.	Nachdruck
d.h.	das heißt	N.Y.	New York (City)
Diss.	Dissertation	o.J.	ohne Jahr
Dok.	Dokument	o.O.	ohne Ort
dt.	deutsch	op.,	opus, opera
ebd.	ebenda	opp.	
engl.	Englisch	rev.	revidiert
erg.	ergänzt	s.o.	siehe oben
erw.	erweitert	s.u.	siehe unten
f., ff.	folgende	Stg.	Stuttgart
Faks.	Faksimile	u.a.	und andere, unter anderem
Ffm.	Frankfurt am Main	u.ö.	und öfter
fr.	französisch	u.U.	unter Umständen
Fs.	Festschrift	Univ.	Universität, University
Geb.	Geboren	usw.	und so weiter
gest.	gestorben	Veröff.	Veröffentlichung(en)
Hbg.	Hamburg	Verz.	Verzeichnis
Hdb.	Handbuch	vgl.	vergleiche
hrsg.	herausgegeben	WoO	Werk ohne Opuszahl
IGNM	Internationale Gesellschaft für Neue Musik	WV	Werkverzeichnis
		z.B.	zum Beispiel
intern.	international	z.T.	zum Teil
IRCAM	Institut de Recherche et Coordination Acoustique/Musique	Zs.	Zeitschrift
		Ztg.	Zeitung
ital.	italienisch		

Bibliographische Siglen

AfMw   Archiv für Musikwissenschaft, 1 (1918–19) – 8 (1926), 9 (1952) ff.

BWV   (Bach-WV) Wolfgang Schmieder, Thematisch-systematisches Verz. der Werke von Johann Sebastian Bach, Lpz. 1950, 2. überarbeitete Ausg. Wiesbaden 1990, kleine Ausg. hrsg. von Alfred Dürr und Yoshitake Kobayashi, ebd. 1998

BuxWV   (Buxtehude-Werke-Verz.) Georg Karstädt, Thematisch-systematisches Verz. der musikalischen Werke von Dietrich Buxtehude, Wiesbaden 1974, 2. erw. und verbesserte Auflage 1985

CMM   Corpus Mensurabilis musicae, Rom 1947–76, Neuhausen-Stg. 1977ff.

D   (Deutsch-Verzeichnis) Otto Erich Deutsch, Schubert. Thematic Catalogue of All His Works in Chronological Order, Ldn. und N.Y. 1951, dt. NA Kassel 1978

DDT   Denkmäler Deutscher Tonkunst, 1. Folge: 65 Bde., Lpz. 1892–1931, rev. Neuauflage Wiesbaden 1957–61 (fortgesetzt durch =› EDM)

DTB   Denkmäler der Tonkunst in Bayern. Denkmäler Deutscher Tonkunst, 2. Folge: 36 Bde., Lpz. 1900–23, Augsburg 1924–31, rev. Neuauflage Wiesbaden 1962ff.; Neue Folge Wiesbaden 1967ff.

DTÖ   Denkmäler der Tonkunst in Österreich, 83 Bde., Wien 1894–1938, Ndr. Graz 1959–60; Wien 1947ff.

EDM   Das Erbe deutscher Musik, 1. Reihe: Reichsdenkmale, 29 Bde., wechselnde Verlagsorte, 1935–43, als Hauptreihe 1956ff. 2. Reihe: Landschaftsdenkmale, 16 Bde.,wechselnde Verlagsorte, 1936–42, als Sonderreihe Kassel bzw. Mainz 1954ff.

Hob   (Hoboken-Verz.) Anton van Hoboken, Joseph Haydn. Thematisch-bibliographisches WV, 3 Bde., Mainz 1957–78

HWV   (Händel-WV) Bernd Baselt, Händel-Handbuch, Bd. 1–3, Thematisch-systematisches Verz., Lpz. 1978

JAMS   Journal of the American Musicological Society, 1 (1948) ff.

JRMA   Journal of the Royal Music Association, 1 (1986) ff.

K   (Kirkpatrick-Verz.) Ralph Kirkpatrick, Domenico Scarlatti, Princeton 1953, ^{3}1982, Anhang

KDG   Komponisten der Gegenwart, herausgeben von Hanns-Werner Heister und Walter-Wolfgang Sparrer, München 1992ff.

KV   (Köchel-Verzeichnis) Ludwig Ritter von Köchel, chronologisch-thematisches Verzeichnis sämmtlicher Tonwerke W. A. Mozarts, Lpz.1862, 6. Auflage bearbeitet von Franz. Giegling, Alexander Weinmann und Gerd Sievers, Wiesbaden 1969

MB   Musica Britannica, Ldn. 1951ff.

MD   Musica Disciplina 2 (1948) ff.; (1 unter dem Titel Journal of Renaissance and Baroque Music)

MGG   Die Musik in Geschichte und Gegenwart, neubearbeitete, zweite Auflage hrsg. von Ludwig Finscher, Kassel und Stuttgart 1994ff.

MK   Musik-Konzepte, hrsg. von Heinz-Klaus Metzger und Rainer Riehn, Mn. 1977ff.

MQ   Musical Quarterly, 1 (1915) ff.

NGroveDN   The New Grove Dictionary of Music and Musicians, Second edition edited by Stanley Sadie (u. a.) Ldn. 2001

NZfM   Neue Zeitschrift für Musik, 1 (1834) ff.

PFMC   Polyphonic Music of the Fourteenth Century, Monaco 1974ff.

PNM   Perspectives of New Music, 1 (1962–63) ff.

SMZ   Schweizerische Musikzeitung 1 (1861) – 123 (1983)

SWV   (Schütz-WV), kleine Ausg. hrsg. von Werner Bittinger, Kassel 1960

TVNM   Tijdschrift van de Vereeniging voor Nederlandse Muziekgeschiedenis, 1882ff.

Abkürzungsverzeichnis der amerikanischen Bundesstaaten

AL	Alabama	MT	Montana
AK	Alaska	NE	Nebraska
AZ	Arizona	NV	Nevada
AR	Arkansas	NH	New Hampshire
CA	California	NJ	New Jersey
CO	Colorado	NM	New Mexico
CT	Connecticut	NY	New York
DE	Delaware	NC	North Carolina
DC	Dist. of Columbia	ND	North Dakota
FL	Florida	OH	Ohio
GA	Georgia	OK	Oklahoma
GU	Guam	OR	Oregon
HI	Hawaii	PA	Pennsylvania
ID	Idaho	PR	Puerto Rico
IL	Illinois	RI	Rhode Island
IN	Indiana	SC	South Carolina
IA	Iowa	SD	South Dakota
KS	Kansas	TN	Tennessee
KY	Kentucky	TX	Texas
LA	Louisiana	UT	Utah
ME	Maine	VT	Vermont
MD	Maryland	VA	Virginia
MA	Massachusetts	VI	Virgin Islands
MI	Michigan	WA	Washington
MN	Minnesota	WV	West Virginia
MS	Mississippi	WI	Wisconsin
MO	Missouri	WY	Wyoming

Adams, John (Coolidge)

Geb. 15. 2. 1947 in Worchester (Massachusetts)

Werktitel wie *Harmonielehre* (1984–85) und *Chamber Symphony* (1992) deuten auf eine Auseinandersetzung mit Schönberg. Bei dem in Kalifornien ansässigen A. war die Wahl dieser Titel parodistisch motiviert, er reagierte damit auf seine Studien in Harvard (1965–71) u. a. bei dem Schönberg-Schüler Leon Kirchner. Die trotz faszinierender Aspekte als verknöchert empfundene Universitätsatmosphäre, in der zumal an der Ostküste eine doktrinäre zweite Wiener Schule gepredigt wurde, kollidierte in jenen Jahren mit der blühenden Popkultur der späten Sechziger. Beide waren vorläufig unvereinbar, und entsprechend verhalten komponierte A. in dieser Zeit. Frühe Einflüsse durch Sibelius und Marching Bands, Jazz und professionelles Klarinettenspiel traten in den Hintergrund. Erst nach dem 1971 erfolgten Umzug an die Westküste begann eine fruchtbare Kompositionstätigkeit.

A.s kompositorisches Schaffen entzieht sich herkömmlichen Vorstellungen europäischer Prägung, die neben einem stilistischen Kontinuum eine möglichst zielgerichtete kompositorische Entwicklung zu ihrem Maßstab erheben. A.s Musik legt es umgekehrt darauf an, zu überraschen und unterschiedlichste Musikstile ästhetisch gleichberechtigt zu verknüpfen. Er erweist sich damit als Antitraditionalist im Sinne Cages, dessen Schriften und Musik er intensiv studierte, doch hinderte dies ihn nicht, europäische Vorbilder immer wieder heranzuziehen, ohne sich jedoch emphatisch in deren Tradition zu stellen. Daß A. sich Mitte der siebziger Jahre der Minimal Music (→ Reich, Riley) zuwandte, hat häufig dazu geführt, ihn als einen Vertreter dieser Richtung im engeren Sinne zu bezeichnen – ein Urteil, das sich im Laufe der Jahre als vorschnelles Etikett erwiesen hat. Das Klavierstück *Phrygian Gates* (1977) ist einerseits – wie es der Titel andeutet – modal komponiert, andererseits ist die formale Anlage durch Prinzipien der Minimal Music bestimmt. Im Gegensatz zu den Pionieren Riley, Reich und Glass kann A. aus einer zwar knappen, aber ausreichenden historischen Distanz auf die Minimal Music zugreifen und sie als ein Mittel unter vielen benutzen. Bezeichnend für A. ist, daß er mit dem gut zwanzigminütigen Stück die Minimal Music erstmals aus den Tonstudios erfolgreich in den Konzertsaal bringt und damit einem größeren Publikumskreis zugänglich macht. A.s Werke bieten stets eine attraktive Oberfläche, die einen unmittelbaren Zugang erlauben, ohne sich darin zu erschöpfen.

Komplexe Klanglichkeiten erkundet A. in den Orchesterwerken wie der 1983 für Streichorchester erweiterten Fassung des Streichseptetts *Shaker Loops* (1978), das noch von Reichs Tonbandschleifen in »It's Gonna Rain« beeinflußt ist. *Harmonium* (1980) mit Chor (Texte nach John Donne und Emily Dickinson) und das eingangs erwähnte Stück *Harmonielehre* verbinden spätromantischen Orchesterapparat mit diatonischen Motivrepetitionen, die A. zu verblüffenden Wirkungen führt. Synthesizer und aufgezeichnete Musik verwendet A. im übrigen mit stillschweigender Selbstverständlichkeit in den meisten seiner Werke.

Die erfolgreiche Hinwendung zum Musiktheater ließ dies zu seinem eigentlichen Metier werden. Bei der Stoffwahl entschied A. sich für jüngere und jüngste Ereignisse der U. S.-amerikanischen Geschichte, die kritischen, über den aktuellen Anlaß hinausweisenden Reflexionen dienen und damit keineswegs die Zeitoper der zwanziger Jahre aufgreifen oder sich dem zeitgenössischen Parallelphänomen der »Doku-Oper« der achtziger Jahre anschließen. Zusammen mit der Librettistin Alice Goodman und dem Regisseur Peter Sellars entstanden die äußerst erfolgreiche Oper *Nixon in China* (Houston 1987) und das tabubrechende *The Death of Klinghoffer* (Brüssel 1991), in dem die Entführung des italienischen Kreuzfahrtschiffes Achille Lauro thematisiert wird; in Arbeit befindlich ist ein Werk über den Atomphysiker Robert Oppenheimer. A.s Gesangsmelodik ist häufig irregulär und folgt damit eng der Sprache Goodmans. Während die Partitur in *Nixon* mit Elementen von Pop und Jazz durchsetzt ist und die Oper viele ironisierende Elemente aufweist (Henry Kissinger als Buffo-Baß), ist *Klinghoffer* dunkler gehalten, der Chor übernimmt eine tragende Rolle, kontrapunktische Schreibweise dominiert. Bach-Passionen scheinen hier zumindest als Inspiration gedient zu haben, was auch die nicht-lineare Erzählweise und die unterschiedlichen Erzählebenen nahelegen. *The Wound-Dresser* (1988) nach Walt Whitman für Bariton und Orchester läßt sich in der musikalischen Schilderung menschlichen Leids – hier auf die schwelende Aids-Epidemie zu beziehen – auch als Studie zu *Klinghoffer* sehen.

Mit dem Songplay *I Was Looking at the Ceiling and Then I Saw the Sky* (»Ich schaute an die Decke und dann sah ich den Himmel«; Berkeley 1995) nach einem Libretto von June Jordan macht A. eine vieldeutige Anspielung auf Weills Songspiel »Mahagonny«. Statt eines fiktiven Erdbebens bildet jedoch das reale Beben in Kalifornien von 1994 den Hintergrund. Die fünfzehn Songs für achtköpfige Rockband, mit denen die Geschichte der sieben Protagonisten erzählt wird, zeigen neben Gospel-Musik und schmachtenden ›Ballads‹ viel zeitgenössische Popmusik (Rap, Funk). Als Sozialsatire steht das Werk auch in Nähe zu Robert Altmans episodenhaftem Film »Short Cuts« (1993), allerdings am Ende mit versöhnlichem Ausblick. Sellars inszenierte dieses Werk ebenso wie das Oratorium *El Niño* (2000), wobei sein stets aufklärerischer Antrieb die Bühne mit allerlei Botschaften und Bildern (Leinwände, Bildschirme, z. T. ganze Filme) zu überfrachten drohte. Händels »Messias« stand Pate bei dem Stück, das Texte u. a. aus den Apokryphen, mittelalterlichen Mysterienspielen und aus lateinamerikanischer Lyrik verwendet. Ein weiteres Vokalwerk ist *On the Transmigration of Souls* (»Zur Seelenwanderung«, 2002), das zum Jahrestag der Anschläge auf das World Trade Center aufgeführt und von A. als »Gedächtnis-Raum« konzipiert wurde.

Seit dem Beginn seiner Arbeiten für das Musiktheater hat sich A. immer wieder der Instrumentalmusik zugewandt. Die *Chamber Symphony* orientiert sich neben Schönberg (auch Milhaud und Hindemith) an Zeichentrickfilmmusik der fünfziger Jahre und strebt eine polyphone Transparenz an, wobei A. die Einzelstimmen sehr chromatisch führt und so zu einem hochvirtuosen Resultat gelangt. Mit dieser erweiterten Palette entstehen Werke wie *Violinkonzert* (1993), das Klavierkonzert *Century Rolls* (1997) und *Naive and Sentimental Music* (1999). Zu seinen Wurzeln in Neuengland kehrt A. mit dem Orchesterstück *My Father Knew Charles Ives* (2003) zurück.

Noten: Boosey & Hawkes (Ldn.); Associated Music Publishers (N.Y.).

Literatur: JOHNSON, T.A.: Harmonic Vocabulary in the Music of J.A. in Journal of Music Theory 37 (1993), 117–156. DAINES, M.N.: Nixon's Women in MQ 79 (1995), 6–34. ROSS, A.: The Harmonist in The New Yorker, 8. Januar 2001, 43–44.

Elmar Juchem

Albéniz, Isaac

Geb. 29. 5. 1860 in Camprodón (Provinz Gerona, Spanien); gest. 18. 5. 1909 in Cambo-les-Bains (Basses-Pyrénées)

Das umfangreiche Werk von A. wurzelt im musikalischen Nationalismus des 19. Jahrhunderts; von Filipe Pedrell übernimmt A. die geistige Orientierung und die Überzeugung, daß die spanische Volksmusik von universalem Wert sei. Zweiter entscheidender Faktor in seiner Entwicklung als Komponist ist seine Übersiedlung nach Paris im Jahre 1893, denn dort ist er von Musikern umgeben, die ihm den Impressionismus nahebringen.

Innerhalb von A.' Kompositionen für Klavier, die den Hauptteil seines Œuvres ausmachen, lassen sich drei Perioden unterscheiden. Zunächst die Phase der Salonmusik (z. B. *Pavana-Capricho* op. 12, 1884); eine zweite, bereits im Nationalismus verankerte Periode, während der der Funke seines Genies bereits erkennbar ist, vor allem in Suiten wie *Recuerdos de viaje* op. 71 (1887), *Hojas de album* op. 165 (1890) oder *Cantos de España* op. 232 (1892) Mit diesen Werken orientiert sich A. stark an Andalusien, schließt jedoch die Folklore anderer Regionen Spaniens nicht aus. Das Klavier wird für A. zum Ausdrucksinstrument par excellence – ein Klavier, in dem sich spanische Stilelemente verbinden, nicht nur durch den Einsatz von Melodien verschiedener Volkslieder, sondern auch beispielsweise dadurch, daß immer wieder die Gitarre anklingt, außerdem durch Andeutung und tatsächlichen Einsatz der spontanen Improvisation, und durch die Dominanz einer klaren Melodie, die von starken rhythmischen Schlägen und scharfen Dissonanzen begleitet wird. Impulse aus dem europäischen Ausland, insbesondere Frankreich, führen zu Perfektionierung und Bereicherung dieses Stils.

Mit *La Vega* (1898) tritt A. in die dritte Periode seines Schaffens ein. Im Einsatz komplexer Polyphonie ist bereits eine wichtige Veränderung zu erkennen, diese ist wegbereitend für den Höhepunkt seines Schaffens, die zwölf Impressionen für Klavier, die unter dem Titel *Iberia* bekannt sind (1905–09). Das in vier Hefte gegliederte Werk stellt den Glanzpunkt seines Schaffens dar. Es enthält einerseits enorme technische Schwierigkeiten und erfordert dadurch höchste Virtuosität, andererseits liefert dieses Werk eine Synthese der spanischen Musik, obgleich die Stücke größtenteils auf andalusischen Melodien basieren. Sie zeichnen sich durch großen Tonumfang, schnelle Wechsel der Modi, häufige Alterationen und die Vorliebe für die Ajoutierung einzelner Töne aus; der Tanz ist stark stilisiert, Techniken des Impressionismus sind in die spanische Volksmusik perfekt integriert.

Noten: Union musical española (Madrid); Leduc und Salabert (beide Paris).
Bibliographie: AARON, W.: A Guide to Research, N.Y. 1998.
Werkverzeichnis: TORRES, J.: Catálogo sistematico descriptivo de las obras musicales de I. A., Madrid 2001.
Literatur: LAPLANE, G.: A. Sa vie et son œuvre, Paris 1958. GAUTHIER, A.: A., Madrid, 1978. GUERRA Y ALARCÓN, A.: I. A. [Kritische biographische Notizen], Madrid 1986. DORS, E.: I. A., Españoles de mi tiempo, Madrid 1989. KALFA, J.: I. A. (1860–1909). La vocation de l'Espagne, Biarritz 2000.

Emilio Casares Rodicio

Albinoni, Tom(m)aso Giovanni

Geb. 8. 6. 1671 in Venedig;
gest. 17. 1. 1750/51 in Venedig

Die heutige Rezeption von A.s Musik beschränkt sich fast ausschließlich auf das zweifelhafte, von dem A.-Biographen Remo Giazotto 1970 bearbeitete *Adagio* für Streicher und Orgel, dessen schon damals nur bruchstückhaft überlieferte Quelle heute verschollen ist; A.s musikhistorische Bedeutung für die Entwicklung einzelner Gattungen, insbesondere des Konzerts, läßt sich jedoch an ihm nicht ermessen.

Von den etwa 60 Opern A.s sind nur noch fünf mit Musik überliefert, so daß man diese umfangreichste Werkgruppe allenfalls annäherungsweise beurteilen kann. Sie erweisen sich als typische Vertreter einer Gattung, in der Experimente zumeist gescheut und dramatische Elemente sowohl in den Arien als auch in den Ensemblesätzen zugunsten kantabler Melodik zurückgenommen werden. Kompositorische Höhepunkte sind die wenigen Arien mit einem obligaten Instrument sowie diverse eher kontrapunktisch gehaltene Stücke, die handwerklich äußerst geschickt gestaltet sind. Aus A.s komischem Intermezzo *Vespetta e Pimpinone* (Venedig 1708) hat Telemann für seine Umsetzung des gleichen Sujets, »Pimpinone« (1725), offenkundig Anregungen empfangen.

Die 1702 als op. 4 gedruckten sowie die handschriftlich überlieferten *Solokantaten* A.s zeigen eine sorgfältige Disposition und können sich qualitativ durchaus mit den zeitgenössischen Kantatenproduktionen, etwa von A. Scarlatti, messen.

In seinen Instrumentalwerken erweist sich A. zunächst, so in den *Triosonaten* op. 1 (1694), als Corelli-Anhänger von eher konservativer Prägung – noch einige spätere Sonaten für Violine solo und Continuo werden von ihm ausdrücklich als Nachahmung des Corellischen Stils konzipiert. Der etablierten Viersätzigkeit der Triosonate stülpt er häufig durch Ähnlichkeiten der Satzanfänge eine zyklische Struktur über. Konservativ wirken vor allem die motivischen Übernahmen aus der Melodiestimme im Continuopart und die Zurückhaltung bei harmonischen Experimenten. In den *Balletti a tre* op. 3 (1701) gelingt es A., seinen Stil zu individualisieren und eine gelöstere, rhythmisch raffiniertere Musiksprache zu finden.

Die 1708 als op. 4 erschienenen sechs *Kirchensonaten* wurden noch in der ersten Hälfte des letzten Jahrhunderts als ein Höhepunkt in A.s Schaffen gewertet. Talbot hat jedoch darauf aufmerksam gemacht, daß die Autorschaft A.s nicht hinreichend gesichert ist. Der musikalische Befund und die doppelte Vergabe der gleichen Opusnummer (vgl. Kantaten) scheinen ihm recht zu geben. Stilistisch auf wesentlich höherem Niveau stehen die um 1712 entstandenen *Trattenimenti armonici per camera* (»Musikalische Unterhaltungen«) op. 6. Der Continuo ist vollwertiger Dialogpartner, die Melodik ausgeglichen, der harmonische Spielraum ausgeweitet. Die langsamen Sätze behandelt A., ähnlich wie z. B. sein Zeitgenosse Francesco Antonio Bonporti, als durchkomponierte Ariosi. Dieses Verfahren wird dann in op. 8 (*Balletti e Sonate a tre*, 1722) zugunsten der Zweiteiligkeit aufgegeben. In den schnellen Sätzen nutzt A. nun durchgehend Primkanons; die harmonische Beweglichkeit ist zwar in diesen Sätzen eingeschränkt, ihre kontrapunktische Kunstfertigkeit rückt die Werke jedoch in die Nähe der barocken Sammlungen von untextierten mehrstimmigen Kompositionen, in denen systematisch bestimmte Aspekte musikalischer Satzkunst herausgestellt werden (»Musikalisches Kunstbuch«).

Ähnlich wie in den Sonaten sperrt sich A. auch in seinen Konzerten und Sinfonien zwar nicht gegen Neuerungen, bleibt aber dem einmal entwickelten Grundmuster weitgehend treu. Modifikationen der Satzmuster im Sinne der Konzertform Vivaldis werden erst allmählich übernommen. So ist es für A.s frühe Konzerte typisch, daß den Soli eher dekorative, nicht aber formbildende Funktion zukommt. Zumal in den fugierten oder zweiteiligen Allegro-Finali bleibt der Raum für den Solisten zunächst sehr beschränkt, im Laufe der Zeit nehmen jedoch die reinen Solopassagen zu. Ebenso verbleiben die Anfangsperioden immer öfter in der Tonika, eine der Voraussetzungen zur Ritornellbildung. Allerdings haben die Kopfmotive nur selten wirklich treibende Kraft. Vielleicht auch deswegen kommt die Da-capo-Form, bei welcher die erste Periode am Satzende noch einmal aufgegriffen wird, in A.s Frühwerken nur selten vor. Stattdessen bildet zumeist eine Coda den Abschluß, die durch den beschleunigten Wechsel von Tonika und Dominante eine Schlußwirkung erzielt. Höhepunkte seines Konzertschaffens dürften A.s *Concerti a cinque* op. 5 aus dem Jahre 1707 darstellen, in denen die Motive viel prägnanter sind als zuvor, wodurch der Spielraum zur Verarbeitung wesentlich größer wird. Aber erst in einigen handschriftlich erhaltenen Konzerten, die zwischen 1710 und 1720 zu datieren sind, ist der Einfluß Vivaldis auch in der Form deutlich ausgeprägt. Gleichzeitig damit steigen die Anforderungen an die Violinisten, z. B. durch Bariolage, Doppelgriffe und einen bis a^3 geführten Stimmumfang. Die Soli sind ausgedehnter, und Ritornelle werden der Coda vorgeschaltet. In seiner letzten Sammlung von Konzerten (op. 10) aus der Zeit um 1735 läßt sich noch einmal die Diskrepanz zwischen melodischem Erfindungsreichtum und mangelnder harmonischer Differenzierung erkennen, eine Diskrepanz, die wahrscheinlich dazu geführt hat, daß A.s Werke sehr unterschiedlich bewertet worden sind. Als Melodiker hat A. Bedeutendes geleistet. Seine Fähigkeiten zu formaler, vor allem harmonischer Gestaltung standen jedoch denen der meisten seiner Zeitgenossen nach.

Noten: T.G. A., Gesamtausg. der Instrumentalmusik, hrsg. von W. Kolneder, Lottstetten 1974 ff. (bisher op. 2, Nr. 1, 3, 5; op. 3, Nr. 4–6; op. 5 [vollst.]; op. 7 [vollst.]; op. 8 [vollst. in 3 Bdn.]; op. 9, Nr. 1–3; op. 10 [vollst.]; Sonate da chiesa [op. 4, vollst. in 2 Bdn.]; Sonata [I] a sei für Trompete und Streicher; Drei Sonaten aus Six sonates da camera, op. posth.). Op. 1, Nr. 10–12, hrsg. von W. Kolneder, Mainz 1959. Op. 2, Nr. 7, hrsg. von G. Kehr, Mainz 1970. Op. 3, Nr. 1–3, hrsg. von W. Kolneder, Mainz 1964. Op. 3, Nr. 4–6, hrsg. von W. Kolneder, Winterthur 1974. Op. 6, Nr. 4, 5, 7, hrsg. von W. Reinhart, Zürich 1959. Op. 9, Nr. 3, 5, 6, 8, 11, 12, hrsg. von Fr. Giegling, Ldn. 1975. *Literatur:* Talbot, M.: A., Adliswil (Schweiz) 1980 [mit WV]. Ders.: T. A. The Venetian Composer and His World, Oxford 1990. Ders.: T. A.s Pimpione and the Comic Intermezzo in »Con che soavità«. Studies in Italian Opera, Song and Dance, 1580–1740, hrsg. von I. Fenlon und T. Carter, Oxford 1995, 229–248.

Reinmar Emans

Antheil, George (Georg) Carl Johann

Geb. 8. 7. 1900 in Trenton (New Jersey); gest. 12. 2. 1959 in New York

»Jedes A.sche Werk geht vom Axiom der Bewegung aus ... A. gab uns die Musik, die niemals stehen bleibt. Ihr Tempo ist das der neuen Welt« (Stuckenschmidt, 180). In Europa nahm man A. besonders in den zwanziger und beginnenden dreißiger Jahren, in denen er in Europa lebte und seine bekanntesten Werke schrieb, als Inbegriff des modernen, radikalen Amerika wahr, vor allem unter dem Aspekt der »Maschinenmusik«. Schon die Werktitel sprechen in diesem Sinne: *Airplane Sonata* (1921), *Death of Machines* (1923) oder *Mechanisms* (1923) für Klavier und nicht zuletzt das als Musik zu Fernand Legers Film geplante *Ballet Mécanique* (1923–25). In diesen Werken entfaltet A. eine auf Repetitionen melodisch-rhythmischer Muster basierende Faktur. Dabei wird das Metrum von den melodischen Gestalten der Oberstimme bestimmt, während die begleitenden Figuren dem zugrundeliegenden Taktschema folgen, also von den Metrumwechseln der Melodik unabhängig verlaufen und so polymetrische Überlagerungen erzeugen. A.s chromatisches Akkordmaterial festigt dabei tonale Zentren hauptsächlich durch Repetition der Begleitfiguren. Kristallisationspunkt dieses – den Ideen des Futurismus verbundenen – Denkens ist das *Ballet Mécanique*, in dem A. sowohl mit zentral koordinierten mechanischen Klavieren experimentierte als auch beispielsweise mit Flugzeugpropellern technische Apparate als Instrumente auf die Bühne holte und damit die zentrale Bedeutung des Maschinengedankens augen- und ohrenfällig machte.

Mitte der zwanziger Jahre zeichnet sich eine ästhetische Neuorientierung ab, die A. im Rückblick als neoklassisch bezeichnen sollte – es entstanden u. a. die *Symphonie en fa* (1925–26) und das *Klavierkonzert* (1926). Zwar arbeitete er weiterhin mit additiven Prinzipien, die einzelnen Modelle waren jedoch nun rhythmisch, harmonisch und melodisch koordiniert, d. h. von Dreiklangsbrechungen oder zumindest auf Terzen beruhender Harmonik geprägt. Unter dem Eindruck der Zeitopern Kreneks und Weills griff A. Ende der zwanziger Jahre – fast im Sinne einer Abkehr vom direkt Vorhergegangenen – seine im Zusammenhang mit dem mechanistischen Zeitkonzept der frühen zwanziger Jahre begonnene Beschäftigung mit dem Jazz erneut auf, die dann in der mit einigem Aufsehen 1930 in Frankfurt am Main uraufgeführten Oper *Transatlantic* eine große Rolle spielen sollte. Die Oper handelt von einer amerikanischen Präsidentschaftswahl und zeichnet mit allen zeitgemäßen – und vor allem dramatisches Tempo ermöglichenden – Mitteln des Theaters (der letzte Akt spielt auf vier Ebenen und einer Filmleinwand, z. T. simultan) ein Bild dessen, was man – in Europa – für die amerikanische Gesellschaft hielt.

Der deutliche Knick sowohl in der künstlerischen Produktivität wie auch in der Karriere spätestens bei der Rückkehr in die USA kann als Indiz dafür gelten, wie sehr das kompositorische Schaffen A.s von einem spezifisch europäischen Amerikanismus geprägt war, der in den USA weder von ihm selbst zu einem gewissermaßen ›fundamentalen amerikanischen Stil‹ entwickelt, noch als solcher verstanden werden konnte. Erste Symptome dafür zeigten sich bereits, als 1927 die amerikanische Erstaufführung des ein Jahr zuvor in Paris so erfolgreich uraufgeführten *Ballet Mécanique* zu einem Desaster wurde. Weder mit den nach der Rückkehr in die USA entstandenen Instrumentalwerken, besonders den *Symphonien* (z. B. Nr. 3 »American«, 1936–39; Nr. 4 »1942«; Nr. 5 »Tragic«, 1945–46), noch mit seinen Opernprojekten und Filmmusikarbeiten für Hollywood, wo er seit 1936 lebte, konnte A. in den USA Fuß fassen.

Noten: Antheil Press; Boosey & Hawkes; Leeds; Schirmer; Universal; Weintraub.
Dokumente: Enfant terrible der Musik, Mn. 1960.
Literatur: STUCKENSCHMIDT, H. H.: Aeroplansonate in Der Auftakt 6 (1926), 178–180. WHITESITT, L.: The Life and Music of G. A., Ann Arbor 1983 [mit WV und Bibl.]. Bad Boy of Music, N. Y. 1945. G. A. & Paris [Programmbuch WDR], Köln 1989.

Dörte Schmidt

Arcadelt, Jacques

Geb. 10. 8. 1507 in Namur;
gest. 14. 10. 1568 in Paris

A. gilt zusammen mit Philippe Verdelot und Willaert als einer der Schöpfer des italienischen Madrigals. Darüber hinaus hat A.s *Erstes Buch von Madrigalen* zu vier Stimmen, das 1538 oder 1539 in Venedig erschien, als der erfolgreichste Madrigaldruck aller Zeiten zu gelten: Bis 1658 erlebte es mindestens 56 Auflagen, und das darin enthaltene *Il bianco e dolce cigno* galt weit über das 16. Jahrhundert hinaus als das Madrigal schlechthin.

Nach seiner Ausbildung und frühen Tätigkeiten in seiner Heimatstadt Namur, wo er bis 1526 nachweisbar ist, ging A. zunächst nach Florenz; ob er dort noch mit Verdelot, dessen Spuren sich nach 1527 verlieren, zusammentraf, ist umstritten. Nach 1537 ging er möglicherweise nach Venedig, wo er mit Willaert und den petrarkistischen Akademien in Berührung gekommen ist. Der Petrarkismus propagierte eine Lyrik, in der schon die äußere Form des Gedichts, der Rhythmus, die Reime, ja sogar der Klang der einzelnen Wörter den Inhalt und die Stimmung des Textes ausdrücken sollten; der »Canzoniere« Francesco Petrarcas (gest. 1374) wurde zum absoluten Vorbild. Die Übertragung petrarkistischer Vorstellungen auf die Musik führte geradezu zwangsläufig zur Entstehung des Madrigals. Waren Verdelots frühe Madrigale in Text und Musik noch stark von der tanzliedhaften Frottola geprägt, so belegt A.s Griff zu Texten Petrarcas, Iacobo Sannazzaros und Pietro Bembos den literarischen Anspruch seiner Madrigale von Anfang an. In der deutlichen Textbezogenheit wird die Grundlage für die weitere Entwicklung der Gattung sichtbar. Obwohl A. Willaert um sechs und de Rore noch um drei Jahre überlebte, blieb sein Stil trotz mancher überraschender Kühnheiten der Wortdarstellung doch noch zurückhaltend.

Nach 1550 nimmt A. an der Entwicklung des Madrigals keinen Anteil mehr, da er sich – bedingt durch seine Rückkehr nach Frankreich – gegen Ende seines Lebens der Chanson zuwandte. Neben ca. 200 Madrigalen, die in insgesamt sechs Individualdrucken und zahlreichen Sammelpublikationen erschienen, hat A. noch etwa 120 Chansons komponiert – zum größten Teil wohl erst nach 1550. Obwohl er sich seither fast ausschließlich mit der Chanson beschäftigte, zählte er nie eigentlich zur ›Avantgarde‹ der Gattung und blieb trotz erkennbarer Auseinandersetzungen mit den Entwicklungen seiner Zeit dem klassischen Stil von Josquin Desprez verbunden. In Deutschland wurde allerdings im 16. Jahrhundert vor allem A.s geistliches Repertoire gepflegt, das größtenteils (die drei Messen, etwa die Hälfte der 26 Motetten, die Lamentationen, Antiphonen etc.) zwischen 1540 und 1551, als A. der päpstlichen Kapelle angehörte, komponiert worden sein dürfte. Es ist charakterisiert durch souveräne Kontrapunktik; der prägende Einfluß Josquins ist – z. T. in deutlichem Gegensatz zur späteren Norm – vor allem in der freieren Dissonanzbehandlung zu erkennen, während die formale Disposition der Werke oft schon die ›klassische‹ Ausgewogenheit des Palestrina-Stils vorwegnimmt.

Noten: J. A. Opera omnia, 10 Bde., hrsg. von A. SEAY, Antwerpen 1965–71 (CMM 31).
Literatur: KLEFISCH, W.: A. als Madrigalist, Köln 1938. EINSTEIN, A.: The Italian Madrigal, 3 Bde., Princeton (NJ) 1949, Reprint 1971. HERMSDORF, D.: Die Madrigale J. A.s, Saarbrücken 2002.

Bernhard Janz

Auber, Daniel François Esprit

Geb. 29. 1. 1782 in Caen (Dépt. Calvados); gest. 12./13. 5. 1871 in Paris

A.s Œuvre steht ganz im Zeichen musikdramatischen Schaffens, das sich – von den ersten Versuchen ab 1811 – über ein halbes Jahrhundert erstreckt und die französische Oper des 19. Jahrhunderts entscheidend prägt. Vor allem in der opéra comique galt A., spätestens seit dem *Fra Diavolo* (Paris 1830), als unangefochtener Meister. A.s Werk ist aufs engste mit der Person Eugène Scribes verbunden, der ihm die Textbücher für nahezu vierzig Opern lieferte. Die librettistische Kompetenz Scribes fand in A. ein ideales musikdramatisches Pendant. Die Zusammenarbeit von Scribe und A. repräsentiert einen frühindustriell arbeitsteiligen Produktionsprozeß, der die Grundlage für den langanhaltenden Erfolg in ganz Europa darstellte (Übersetzungen der Libretti in insgesamt zwölf Sprachen). Scribes »pièce bien faite« basiert zumeist auf einer verwickelten Intrige, deren Dramaturgie sich jedoch durch äußerste Ökonomie auszeichnet. A. verstand es vortrefflich, dieses dramaturgische Kalkül umzusetzen und es musikalisch zu versinnlichen. A.s kompositorisches Denken ist deutlich an der Ariettenform ausgerichtet, d. h. dem Erfinden mehrerer melodischer Phrasen, die dann nach dem Reihungsprinzip zu größeren Einheiten aneinandergefügt werden. Dieses Verfahren zeigt – trotz der standardisierten periodischen Anlage – seine größten Wirkungen in den einfachen Nummern (Romance, Couplet etc.) und den Ensembles, besonders aber in den Finali, wo A. dieses Prinzip an eine ausgeklügelte Architektonik bindet, die äußere und innere Handlung gleichermaßen berücksichtigt.

A.s erste Schaffensperiode zu Beginn der zwanziger Jahre stand noch stark unter dem Einfluß Rossinis, von dem er sich aber bald zu lösen verstand. Mit *Le Maçon* (»Maurer und Schlosser«; Paris 1825) und schließlich *Fra Diavolo* fand A. zu einer unverwechselbar eigenen Sprache, die er im Laufe seines Schaffens immer weiter perfektionierte. Diese Konsistenz, in der jedoch später ein konservatives Moment nicht zu übersehen ist, war eine wesentliche Voraussetzung für die Internationalisierung der Gattung.

Doch A.s Leistungen liegen nicht nur auf dem Gebiet der opéra comique, sein Beitrag zur grand opéra wies dieser Gattung letztlich den Weg. Mit *La Muette de Portici* (»Die Stumme von Portici«) schuf er 1828 seine bedeutendste Partitur, die im Zusammenhang mit dem Aufstand 1830 in Brüssel auch zu ›außermusikalischem‹ Ruhm gekommen ist. Das Textbuch von Eugène Scribe und Casimir Delavigne, dem ein historischer Stoff (der Fischeraufstand in Neapel 1647) zugrunde liegt, versammelte erstmals die Parameter, welche die grand opéra konstituieren sollten: fünf kurze, möglichst ohne Verwandlung auskommende Akte; kurze Szenen, voll heftiger Aktion in sich gesteigert, in scharfen Kontrasten gegeneinander abgesetzt; Tableau am Ende jeden Aktes; sich steigernde Aktschlüsse, bis hin zum Finale, in dem alle Personen und szenischen Mittel aufgeboten werden (vgl. Finscher). »Ein Opernsujet von solcher Lebendigkeit war nie dagewesen«, attestierte Wagner 1871 in seinen »Erinnerungen an Auber«. Wagner bewunderte A.s Musik für ihre »ungewohnte Konzision und drastische Gedrängtheit der Form«, die noch vom Tonfall der französischen Revolutionsmusik geprägt war, was zu ihrer Popularität nach 1830 wesentlich beigetragen hat. Mit *Gustave III ou Le bal masqué* (»Gustav oder Der Maskenball«;

Paris 1833) leistete A. einen weiteren Beitrag zur grand opéra, doch wurde das Werk später durch Verdis Version des »Maskenballs« aus dem Bewußtsein verdrängt.

A.s Wirkung ist in der ersten Hälfte des 19. Jahrhunderts nur noch mit der Rossinis zu vergleichen. Obgleich sich A. in seinen späten Werken durch einen zunehmenden Lyrismus recht anpassungsfähig zeigte, empfand die jüngere Generation (Gounod, Ambroise Thomas, Bizet) seine Musik bei aller Wertschätzung als ein relativ erstarrtes Idiom. A.s langjährige institutionelle Verankerung – er stand dem Pariser Conservatoire von 1842 bis 1871 vor – dürfte diesen Eindruck verstärkt haben. A. war bereits zu Lebzeiten zum Klassiker geworden.

Noten: La Muette de Portici, N. Y. und Ldn. 1980 (Early Romantic Opera 30). Gustave ou Le bal masqué, N. Y. und Ldn. (ebd. 31).
Werkverzeichnis: SCHNEIDER, H.: Chronologisch-Thematisches Verz. sämtlicher Werke von D. Fr. E. A., 2 Bde., Hildesheim u. a. 1994 [mit Bibl].
Dokumente: Correspondance d'Eugène Scribe et de D.-Fr.-E. A., hrsg. von H. SCHNEIDER, Sprimont 1998.
Literatur: LONGYEAR, R. M.: D.Fr.E. A.: A Chapter in the History of the Opéra Comique, 1800–1878, Ann Arbor 1957. PENDLE, K.: Eugène Scribe and French Opera of the Nineteenth Century, Ann Arbor 1979. FINSCHER, L.: A.s Muette de Portici und die Anfänge der grand opéra *in* Fs. Heinz Becker, hrsg. von J. SCHLÄDER und R. QUANDT, Laaber 1982, 87–105. SCHNEIDER, H.: A la découverte de l'opéra de D.Fr.E. A. 150 Ans de Musique française, 1789–1939, Lyon 1991, 37–52. DERS.: Die Finali in den frühen opéras comiques von A. *in* Grétry et l'évolution de l'opéra comique, hrsg. von PH. VENDRIX, Liège 1992. DERS.: Zur Entstehung und Gestalt des »Domino noir« von D.Fr.E. A. *in* D'un opéra l'autre. Fs. Jean Mongrédien, hrsg. von J. GRIBENSKI u. a., Paris 1996, 295–302. Die opéra comique und ihr Einfluß auf das europäische Musiktheater im 19. Jahrhundert, hrsg. von H. SCHNEIDER und N. WILD, Hildesheim 1997.

Thomas Betzwieser

Babbitt, Milton

Geb. 10. 5. 1916 in Philadelphia (Pennsylvania)

Der Komponist als Spezialist – in seinem berühmt gewordenen Aufsatz aus dem Jahre 1958 bekannte sich der in Princeton lehrende einflußreiche Musiktheoretiker und Komponist B. zu einer isolierten Expertenkultur, zu einem vom Publikumsgeschmack unbeeinflußten, der Wissenschaft analogen Schaffen »anstelle eines öffentlichen Lebens voller unprofessioneller Kompromisse und Zurschaustellungen« (264). Zwar wäre es falsch, bei B. eine Gleichgültigkeit gegenüber Fragen ästhetischer Rezeption zu vermuten; doch ist sein kompositorisches Interesse primär auf eine umfassende Konstruktivität, in enger Verbindung von Mathematik und Musik, gerichtet. Seit Beginn seiner Beschäftigung mit der Zwölftonmusik trug B. kompositorisch wie theoretisch Entscheidendes zu ihrer Weiterentwicklung bei: Schon Ende der vierziger Jahre vermittelte er die Organisation von Tonhöhen- und Tondauernstruktur und begründete damit die serielle Musik in den USA – gut drei Jahre, bevor in Europa Boulez 1951 in »Schönberg est mort« erstmals öffentlich auf die serielle Technik hinwies. Bei seinem Bemühen um größtmögliche Rationalität der Musik gelangte B., ähnlich wie Stockhausen, folgerichtig zur Beschäftigung mit elektronischer Klangerzeugung (wenn auch mit anderen Konsequenzen), durch die alle reihenmäßig vorgegebenen Strukturen exakt zu realisieren waren.

In seiner Generalisierung des Zwölftonsystems knüpfte B. bei Webern und vor allem bei Schönberg an. Fehlten letzterem bekanntlich in seinem einzigen Versuch, die »Komposition mit zwölf nur aufeinander bezogenen Tönen« zu beschreiben – bei allem hartnäckigen, aber untriftigen Insistieren auf der Ersatzfunktion der Zwölftonreihe für das vorlorengegangene tonale System – eine Reihe von Einsichten in die theoretischen Implikationen wie in die kompositorischen Möglichkeiten der Reihenstrukturen, so entwickelte B. 1946 in seiner (ungedruckten) Arbeit *The Function of Set Structure in the Twelve-Tone-System* (»Die Funktion der Reihenstruktur in der Zwölftonmethode«) eine allgemeine und formalisierte Theorie des Zwölftonsystems. Bereits in seinen ersten veröffentlichten Kompositionen exemplifizierte B. sein Programm, Techniken von Webern und Schönberg systematisch zu verbinden und gleichzeitig durch Anwendung auf verschiedene Dimensionen des Tonsatzes zu generalisieren: In einer Segmentierung der Reihen in *Composition for Four Instruments* (1948) knüpft B. an Webern an, während er sich in der bewußten Anwendung und Generalisierung des Prinzips der »combinatoriality« (Reihenhälften ergänzen sich zu einer neuen kompletten Zwölftonreihe) in den *Three Compositions for Piano* (1947) auf Schönberg bezieht. In diesen und anderen frühen Stücken erprobt B. fast zwei Jahre vor Messiaen – und dem ihm folgenden Boulez (»Structures Ia«, 1951) – Vermittlungsmethoden zwischen Tonhöhen- und Tondauernstrukturen. Anfang der sechziger Jahre wandelte er seine serielle Ordnung der zeitlichen Ordnung zum »Time-point System«, mit dem er seitdem arbeitet: ein gleichbleibendes Metrum (modulus) ist in zwölf Einheiten gleicher Länge unterteilt, den zwölf Elementen der zugrundeliegenden Reihe werden zwölf time-points zugeordnet (z. B. bei Dreiviertel als modulus ist der Einsatzpunkt auf dem ersten Sechzehntel Beginn des ersten time-point, etc.), wobei – wie in der taktgebundenen Rhythmik – zeitliches Gerüst und musikalisch-rhythmische Ausführung unterschieden werden. Zur Realisierung der rhythmisch oft hochkomplizierten Zeitabläufe und der seriellen Ordnung der Klangfarbenwerte arbeitete B. in den sechziger Jahren mit einem Synthesizer (z. B. *Composition for Synthesizer*, 1961).

B.s kompositorische Entwicklung läßt sich exemplarisch an seiner subtilen Klaviermusik mit ihren enormen Farbkontrasten, höchst komplizierten Rhythmen und neuen Pedaltechniken verfolgen. So hat er etwa die mit abrupten Register- und Lautstärkewechseln gepaarte pianistische Virtuosität von *Partitions* (1957) in *Post-Partitions* (1966) zur Kontrastierung von explosiver Kraft und großer Zartheit weitergeführt. In *Reflections* (1974), B.s einziger Arbeit für Klavier und Tonband, sind die Klavier- und Synthesizerteile fein miteinander verwoben, in Klavierkompositionen der achtziger Jahre wie *Canonical Form* (1983) und *Lagniappe* (1985) wird dann die Struktur transparenter und verstärkt kontrapunktisch. Seine differenzierte Kompositionstechnik für das Klavier kontrastierte er mit einer transparenten Behandlung des Orchesters in zwei Klavierkonzerten (*Nr. 1*, 1985 und *Nr. 2*, 1998).

Bei der seriellen Ordnung des zeitlichen Verlaufs lassen sich, ausgehend vom ersten der *Three Compositions for Piano* (1947), verschiedene Stadien unterscheiden: Während in diesem Stück den vier verwendeten Reihenformen (die außerdem mit vier Lautstärkestufen fest gekoppelt sind) vier ›attack sets‹ (permutierte Folge von 5–1–4–2 Sechzehnteln) zugeordnet sind, wird in der *Composition for Four Instruments* (für Flöte, Klarinette, Violine und Violoncello, 1948) eine Dauernreihe (1 4 3 2) nacheinander auf Sechzehntel, Viertel, punktiertes Achtel und Achtel als Grundwert bezogen; auch die Kombination der vier Instrumente ist streng organisiert; jedes Instrument hat eine solistische Passage, und jede mögliche Besetzung kommt nur einmal vor. In der *Composition for Twelve Instruments* (ebenfalls 1948) hingegen werden die Einsatzabstände durch die Ordnungsnummern der Reihen bestimmt. In dem seit den sechziger Jahren angewendeten ›time point system‹ sind Oktave und Takt analog gesetzt; im *Dritten Streichquartett* (1969–70) etwa entsprechen acht Schichten der (durch Instrumentation, Register und Klangerzeugung differenzierten) Tonhöhenorganisation acht Schichten der zeitlichen Organisation, die ihrerseits mit acht dynamischen Abstufungen von ppp bis fff verbunden sind. *Relata I* (1965) für großes Orchester ist durchgängig polyphon mit 48 Instrumentallinien gearbeitet, die sich zu ständig wechselnden und unterschiedlich kombinierten Texturen verbinden. Hier sind mit der ›set structure‹ einzelne Stimmgruppen gekoppelt: die in vier Trios aufgeteilten Holzbläser, drei Quartette Blechbläser und zwei Sextette Streicher, von denen das eine mit Bogen spielt, das andere pizzicato.

Bei der Verwendung des Synthezisers ging es B. nicht um die Erfindung neuer Klänge, sondern um eine umfassende Kontrolle aller Ereignisse in seinen differenzierten Partituren, um die Realisierung kompliziertester rhythmischer Wechsel und Übergänge in Timbre, Textur und Intensität, so in *Ensembles for Synthesizer* (1962–64). (Schon in seinem *Woodwind Quartet* [1953] und dem *Second Stringquartet* [1954] zeigt die Notation extreme Wechsel von Dynamik, sowohl auf einzelnen wie aufeinanderfolgenden Noten.) In *Philomel* für Sopran und Vierspurtonband (Ovid; 1964) fand B. in Zusammenarbeit mit dem Dichter John Hollander neue Wege, in dem Gesang der – in eine Nachtigall verwandelten – Philomele Sprache in Musik zu überführen. Dem Stück *Phonemena* für Sopran und Klavier oder Tonband (1975) liegt ein radikales, quasi seriell organisiertes Lautgedicht auf der Grundlage von 24 Konsonanten- und 12 Vokalformen zugrunde, von denen die Konsonanten die Tonhöhenorganisation, die Vokale die zeitliche Organisation regeln.

Wie sehr bei B. die strukturelle Komplexität der Partitur im Dienst einer musikalischen Expressivität stehen kann, macht vielleicht am ehesten *A Solo Requiem* (1976–77) für Singstimme und zwei Klaviere auf Texte von Shakespeare, Gerard Manley Hopkins, George Meredith, August Stramm und John Dryden erfahrbar: In den fünf Bildern von Sterben und Tod bilden zwei Vertonungen des 71. Sonetts von Shakespeare den Rahmen: zart und zögernd die erste, klagend, ja bitter, die zweite. Explosive, schroff kontrastierende Dynamik, stereophone Effekte der Klaviere, teilweise Verwendung der Sprechstimme stehen im Dienst des Ausdrucks widerstreitender Gefühle. Die Auseinandersetzung mit dem Werk Shakespeares hält bis in die jüngere Zeit an und steht z. B. in der Kammermusik *When shall we three meet again* für Flöte, Klarinette und Vibraphon (1997) im Zentrum.

In den neunziger Jahren wurde B.s Werk durch eine Reihe von sehr unterschiedlichen und kleiner besetzten Kompositionen geprägt, wie dem *String Quartet Nr. 6* (1993), der *Fanfare for All* für zwei Trompeten, Horn, Posaune, Tuba (1993), *Accompanied Recitathe* für Sopransaxophon und Klavier (1994), *Triad* für Klarinette, Viola und Klavier (1994) oder der *Mailfold Music* für Orgel (1995). Von vielen wurde B.s Komponieren wegen seiner Strenge und Intellektualität gepriesen, von anderen kritisch befragt hinsichtlich seiner Wahrnehmbarkeit oder gar als ›serielles Versicherungswesen‹ gescholten; B. zeigt in seinem Œuvre immer neue Gestaltungsmöglichkeiten innerhalb der Zwölftonmethode, der er als »Schoenbergite« stets treu geblieben ist. Zusammen mit Komponisten wie Sessions und Carter gehört B. zu den Vertretern jenes – in Europa weniger rezipierten – Strangs der amerikanischen Avantgarde, die sich in kritischem Traditionsbezug der ästhetischen Moderne und der Idee der Rationalität verpflichtet fühlen. In den USA wird gerade B. oft als Gegenfigur zu Cage, dem Exponenten einer traditionsfeindlichen Avantgarde, gesehen (Kostelanetz).

Noten: Associated Music Publishers (N. Y.); Boelke-Bomart (Los Angeles); Peters (N. Y.).
Dokumente: Who Cares if You Listen (1958); dt. unter dem Titel Der Komponist als Spezialist *in* Amerikanische Musik seit Charles Ives, hrsg. von H. Danuser u. a., Laaber 1987, 259–266. Words about Music, University of Wisconsin Press 1987. A life of Learning. Charles Homer Hoskin Lecture. American Council of Learned Societies Occasional Papers Nr. 17, 1991. Collected Essays, Princeton University Press 2003.
Literatur: Kostelanetz, R.: The two extremes of avantgarde Music *in* New York Time Magazine vom 15. 1. 1967, 34. PNM 14,2–15,1 (1976). Mead, A.: Recent Developments in the Music of M. B. *in* MQ 70 (1984), 310–331. Möller, H.: M. B.s Arie da Capo (1976) *in* Analyse Musicale Numero hors Série. Actes 1er Congrès Européen d'Analyse Musicale, Paris 1991, 88–91. Dubiel, J.: Three Essays on M. B. *in* PNM 28 (1990), 216–261. Brody, M.: Music for the Masses. M. B.s Cold War Music Theory *in* MQ 77 (1993), 161–185.

Hartmut Möller
Aktualisierung Gordon Kampe

Bach, Carl Philipp Emanuel

Geb. 8. 3. 1714 in Weimar;
gest. 14. 12. 1788 in Hamburg

»Weil ich meine meisten Arbeiten für gewisse Personen und fürs Publikum habe machen müssen, bin ich dadurch allezeit mehr gebunden gewesen, als bey den wenigen Stücken, welche ich bloß für mich selbst verfertigt habe. Ich habe sogar bisweilen lächerlichen Vorschriften folgen müssen, indessen kann es seyn, daß dergleichen nicht eben angenehme Umstände mein Genie zu gewissen Erfindungen aufgefordert haben, worauf ich vielleicht ausserdem nicht würde gefallen seyn« (Burney III, 208). Eine solche Charakterisierung des eigenen Schaffens wird man vergeblich bei einem Komponisten vor C.Ph.E.B. suchen. Noch für seinen großen Vater war es eine Selbstverständlichkeit gewesen, daß die Profession eines Komponisten darin bestand, nicht »für sich selbst«, sondern entweder für Anlässe zu schreiben, die sich aus seiner Anstellung ergaben, oder aber den Wünschen seines Dienstherrn oder seines Auftraggebers hinsichtlich neuer Kompositionen zu entsprechen. Daß innerhalb einer Generation die Idee aufkam, das »Genie« eines Komponisten werde durch derartige Fremdbestimmung häufig in seiner Entfaltung behindert, der Künstler müsse sich bisweilen »lächerliche«, d. h. seiner hohen künstlerischen Aufgabe unangemessene Zumutungen gefallen lassen, beleuchtet schlaglichtartig die Situation in der Musik zwischen etwa 1740 und 1780, der Hauptschaffensperiode C.Ph.E.B.s. Zugleich wird damit der Gegensatz deutlich, den die veränderten Umstände zwischen dem Selbstbewußtsein der Komponisten der Generation von 1685 (dem Geburtsjahr J.S.Bachs) und 1714 (demjenigen seines zweiten Sohnes) hervorgerufen hatten. Dabei scheint das Verhältnis zwischen beiden durchaus positiv gewesen zu sein. So äußerte der Sohn, er habe »von Jugend an das besondere Glück gehabt ..., in der Nähe das Vortrefflichste von aller Art von Musick zu hören und sehr viele Bekanntschaften mit Meistern vom ersten Range zu machen, und zum Theil ihre Freundschaft zu erhalten. In meiner Jugend hatte ich diesen Vortheil schon in Leipzig, denn es reisete nicht leicht ein Meister der Musik durch diesen Ort, ohne meinen Vater kennen zu lernen und sich vor ihm hören zu lassen. Die Grösse dieses meines Vaters in der Komposition, im Orgel und Clavierspielen, welche ihm eigen war, war viel zu bekannt, als daß ein Musicus von Ansehen, die Gelegenheit ... hätte vorbey lassen sollen, diesen grossen Mann näher kennen zu lernen ...« (ebd., 201). Was C. Ph. E. B. nie erwähnt, ist der Umstand, daß dieser Vorteil mit einer arbeitsreichen Jugend erkauft wurde. Wie die ganze Familien- und Schülerschar war auch er eingebunden in den unerbittlichen Produktionszwang, wovon seine umfangreiche Tätigkeit als Kopist von Werken des Vaters Zeugnis ablegt. Dieser schickte ihn zum Studium der Jurisprudenz zunächst auf die Universität der Heimatstadt und später nach Frankfurt/Oder, wo sich dann aber die Musikerlaufbahn fast automatisch ergab. Durch den Kontakt mit Musikliebhabern aus Bürger- und Offizierskreisen wurde er so bekannt, daß er 1738 einen Ruf von dem im konfliktreichen Wartestand befindlichen preußischen Kronprinzen nach Neuruppin erhielt, aus dem sich nach dessen Inthronisierung als Friedrich II. eine dreißigjährige Tätigkeit als Cembalist (Königlich Preußischer Cammer-Musicus) in Berlin bzw. Potsdam ergab. B.s Position gehörte nicht zu den gehobenen Musikerfunktionen in der Berliner Hofkapelle, die vor allem von Hofkapellmeister Carl Heinrich Graun (einem namhaften Vertreter der von Friedrich II. favorisierten italienischen opera seria) und dessen Bruder, dem der – ebenfalls italienisch geprägten – Dresdener Geigerschule entstammenden Konzertmeister Johann Gottlieb Graun, repräsentiert wurde. Nach deren Abtreten war der Geiger Franz Benda der neben B. führende Musiker in Berlin. Die von Friedrich II. nach dem Modell Dresdens neu aufgebaute Kapelle gehörte samt der Oper zu den besten ihrer Art in Europa. Allgemein war das kulturelle Klima am preußischen Hof – bestimmt von den regen Beziehungen des Königs zur französischen Aufklärung – zumindest im Vergleich mit anderen deutschen Residenzen außerordentlich anregend und von einer gewissen Liberalität (im Rahmen des aufgeklärten Absolutismus) geprägt. Diese günstigen Rahmenbedingungen verschlechterten sich in den fünfziger Jahren grundlegend: Das kulturelle Interesse des Königs schwächte sich seit dem Ausbruch des Siebenjährigen Krieges merklich ab. Zum anderen wurde der grundlegende kulturelle (auch musikalische) Paradigmenwechsel, der beispielsweise in der Musik durch die Pariser Querelle des Bouffon 1752 signalisiert wurde (→ Pergolesi), von Friedrich II. nicht mitvollzogen. Dieser Umschwung, den man vereinfachend als Verbürgerlichung der Kunst und Literatur bezeichnen kann, betraf nicht nur die Ablösung der seriösen (und aristokratisch geprägten) italienischen und französischen Operngattungen als ›Leitgattungen‹ durch die bürgerlichheiteren Genres der opera buffa, der opéra comique und des Singspiels, er prägte sich auch aus durch das Aufkommen des bürgerlichen Konzertwesens mit der Folge einer grundlegenden Aufwertung der instrumentalen gegenüber der vokalen Musik; weiterhin durch die theoretische ›Geschmacks‹-Bildung im Gefolge einer philosophisch orientierten Kunstbetrachtung und der Institutionalisierung der »Ästhetik« (der Begründer der Ästhetik als »Wissenschaft von den Sinnesvermögen«, Alexander G. Baumgarten, wirkte seit 1740 in Frankfurt/Oder und ist durchaus im weiteren Sinn der Berliner Ästhetik zuzurechnen) und der Kunst- (auch der Musik-)kritik in Büchern und Periodika, was wiederum mit der Herausbildung einer im modernen Sinn historischen und analysierenden Betrachtungsweise der Künste sowie mit einer neuen ökonomischen Bedeutsamkeit des musikalischen Produktions- und Verlagswesens eng verbunden ist. Mit all diesen Erscheinungen geht schließlich eine Abwertung der tradierten funktional gebundenen (vor allem der kirchlichen) Formen der Kunstausübung und Kunstrezeption einher, von der selbstverständlich die höfische Repräsentationskunst stark betroffen wurde.

In Berlin bildete sich im Gefolge dieser Entwicklung unter- und außerhalb der offiziellen Hofmusikkultur eine zweite, bürgerlich geprägte Ebene musikalischer Aktivität, die künstlerisch von den Hofmusikern (unter ihnen führend B.) und ökonomisch von Offiziers-, Beamten-, Ärzte- und Bankierskreisen getragen wurde. Sie war gekennzeichnet durch die Experimentierfreude, das Aktualitätsbewußtsein und Interesse ihrer Träger für eine ästhetisch und historisch begründete Musiktheorie. Dabei sind zwei Momente hervorzuheben: 1. An die Stelle der älteren Vorstellung von den – statisch und vom Individuum prinzipiell unabhängig gedachten – Affekten tritt diejenige von der Bewegung der Affekte im Gemüt eines bestimmten Individuums. 2. Musik wird nicht mehr als Überhöhung oder als Schmuck der Wortsprache angesehen (die den eigentlichen ›Inhalt‹ eines Kunstwerks ausdrückt), sondern selbst zu einer Sprache eigener Art, in der sich ein Subjekt anderen Subjekten gegenüber verständlich machen (d. h. sich ausdrücken) kann, und zwar gegebenenfalls auch ohne Worte. Damit wuchs der Musik eine bis dahin unbekannte Eigenständigkeit und Bedeutsamkeit zu. Die neu begründete Ästhetik bildet den Hintergrund für B.s theoretisches Hauptwerk *Versuch über die wahre Art das Clavier zu spielen* (1. Teil 1753, 2. Teil 1762). In ihm durchdachte er die spieltechnischen Grundlagen (etwa die Fingersetzung, die von der Zielvorstellung des kantablen Legatospiels her konzipiert wurde) völlig neu. Vielleicht noch wichtiger war die überaus subtile Aus- und Umgestaltung der aus der französischen Clavecin-Tradition (→Couperin) überkommenen Ornamentik sowie der Praxis des Generalbaßspiels, die hier in ihrer Endphase eine Ausweitung und artikulatorische Verfeinerung erfährt. Breiter Raum wird einer ausdrucksvollen, ›sprechenden‹ Artikulation und einer sinnvollen, dem sprachlichen Satzbau analogen Phrasierung gewidmet.

Als schöpferischer Musiker ging B. von dem Instrument aus, das er bei seinem Vater vorzugsweise gelernt hatte: vom Cembalo bzw. Clavichord. Mit seinen rund 150 Sonaten für ein Tasteninstrument allein gehört B. zu den ersten und zugleich bedeutendsten Komponisten von Klaviersolosonaten überhaupt. Ein verbindliches Formschema für die Sonate gab es zu diesem frühen Zeitpunkt freilich noch nicht. B. ist aber im Lauf seiner über fünfzigjährigen kompositorischen Karriere einer derjenigen geworden, die Entscheidendes zu ihrer formalen Festigung beigetragen haben. Schon in den Sonaten seiner frühen Berliner Zeit (*»Preußische« Sonaten*, 1742; *»Württembergische« Sonaten*, 1744) zeigt sich ein deutlicher Unterschied zur sonstigen zeitgenössischen Cembalomusik: Sie bilden in der Regel einen dreisätzigen Zyklus (Schnell – Langsam – Schnell), der ein geschlossenes Ganzes darstellt. Durchgängig ist auch der Aufbau der Ecksätze in zwei Teilen, die beide als »Reprisen« bezeichnet wurden, weil man sie beim Vortrag wiederholte und dabei mit »willkürlichen Veränderungen« zu versehen pflegte (in einigen späten Sammlungen schrieb B. diese »veränderten« Reprisen selbst aus). Der Stil der Sonaten ist von höchst unterschiedlichen Elementen geprägt, die während B.s gesamter Schaffenszeit nebeneinander herlaufen. Unter ihnen waren es einerseits die sprechende, gestisch wirkende Gestaltung der Motive, andererseits die vielfältigen, als rhetorische Mittel eingesetzten Überraschungsmomente, speziell die »harten Fügungen« in Harmonik, Rhythmik, Phrasenbildung und Satztechnik, die B. zum Vorbild für viele Komponisten seiner Epoche werden ließen. Auch Haydn und Mozart beriefen sich auf ihn noch zu einer Zeit, als B.s Ruhm gerade infolge ihres Wirkens zu verblassen begann. – Über die Sonate hinaus greifen diese Elemente über auf weitere Gattungen von B.s Klaviermusik, unter ihnen besonders auf die von ihm ausgebildete Freie Fantasie und auf das Rondo, das durch ihn einen entscheidenden Bedeutungszuwachs erhielt.

Das Instrument, das B. für seine rein solistische Musik bevorzugte, war das Clavichord, das den Vorzug hatte, trotz seines sehr leisen Klanges mehr Möglichkeiten zur Beeinflussung des Tones hinsichtlich der Lautstärke, der Tondauer und der Kantabilität zu bieten. Das Cembalo (gelegentlich auch die Orgel) dagegen blieb bis in die siebziger Jahre hinein das Instrument für die Solokonzerte, von denen B. in Berlin nicht weniger als 39 schrieb (ebenso wie die meisten der Sonaten sind sie bis heute größtenteils unveröffentlicht). Das »Fortepiano« war in der Berliner Zeit B.s noch nicht hinreichend vervollkommnet; in seiner Hamburger Zeit scheint er es jedoch bevorzugt zu haben; die sechs Sammlungen von *Clavier-Sonaten und Freien Fantasien nebst einigen Rondos für Kenner und Liebhaber*, die zwischen 1779 und 1787 erschienen, sind zum Teil explizit für das »Fortepiano« bestimmt. Das Nebeneinander dieser Instrumente ist typisch für die Übergangszeit, in der B. lebte; vielfach entschieden die jeweils gegebenen Bedingungen über die Wahl.

Zur Komposition von Vokalmusik hatte B. von seiner Berliner Aufgabe her keinerlei Veranlassung. Wichtig sind aber die Beiträge, die er mit Odenvertonungen hauptsächlich von Christian Fürchtegott Gellert, aber auch von Gotthold Ephraim Lessing, Johann Wilhelm Ludwig Gleim u. a. zur Ersten Berliner Liederschule (und damit ebenfalls zum neuen, bürgerlichen Repertoire) leistete. 1767 entschloß sich B., als Nachfolger des verstorbenen Telemann (seines Taufpaten) nach Hamburg überzuwechseln. Er vertauschte damit einen eher untergeordneten Hofmusikerposten mit der wohl repräsentativsten und interessantesten Stelle, die im bürgerlichen Musikleben Deutschlands zu dieser Zeit zu vergeben war: das Kantorat am »Johanneum«, der traditionsreichen Lateinschule der Hansestadt. Gekoppelt war diese Funktion mit der des Hamburger »Musikdirektors«. B. war also zugleich verantwortlicher Leiter und Aufsichtsbeamter für das Musikleben an den Kirchen und Schulen der Stadt und Organisator des öffentlichen Musiklebens, das ganz im Zeichen des sich mächtig entwickelnden bürgerlichen Konzertbetriebes stand. Im Vergleich zu Berlin kehrten sich somit seine Aufgabenbereiche geradezu um: mit den Tasteninstrumenten war er hier offiziell kaum noch befaßt, dagegen hatte er die Kirchen in großem Umfang mit Aufführungen eigener und fremder geistlicher Vokalwerke zu versorgen. Angesichts der schweren Krise, in der sich die Kirchenmusik in der zweiten Hälfte des 18. Jahrhunderts befand, konnte es für ihn letztlich nur darum gehen, sich mit Anstand aus der Affäre zu ziehen. Immerhin zeichnete B. verantwortlich für etwa 170 Kirchenmusikwerke im Jahr. Zusätzlich mußte der Johanneumschor (dessen Leistungsfähigkeit stark nachgelassen hatte) jährlich eine Passionsaufführung sowie eine Vielzahl von Gelegenheitsaufführungen bestreiten. B. bediente sich zur Erfüllung dieser Pflichten außer eigener in großem Umfang fremder Werke, besonders Telemanns und seines Vaters. – Erheblich mehr interessierten ihn die von den offiziellen Passionsmusiken zu unterscheidenden Passionsoratorien bzw. -kantaten, in denen freie Lyrik die biblischen Texte weitgehend ersetzt und die ganz aus dem subjektivistisch-empfindsamen Geist der Zeit herauswachsen. Sie waren nicht in den Hauptkirchen, sondern nur in Konzertsälen, allenfalls in Nebenkirchen zugelassen, so daß sich hier ein neuartiges Repertoire an religiöser Konzertmusik herausbildete. Mit der Kantate *Die letzten Leiden des Erlösers* (1770) gelang B. ein großer Wurf auf diesem Gebiet.

Breitere und zukunftsweisendere Wirkung erzielte B. in seinem zweiten Aufgabenbereich, nämlich der Leitung des bürgerlich-städtischen Musikbetriebes, der sich – wie überall in Europa – seit etwa den vierziger Jahren des 18. Jahrhunderts in einer kräftigen Aufschwungphase befand. Hamburg, seit jeher das Einfallstor für emanzipatorisch-aufklärerisches Ideengut in Deutschland, war auch auf dem Gebiet der bürgerlichen Musikorganisation führend: Konzertsäle wurden gebaut, es formierten sich Musikensembles, in denen Amateure aus bürgerlichen Kreisen, unterstützt von Berufsmusikern, ein Repertoire der noch jungen Gattungen der Orchestermusik – Sinfonien, Solokonzerte – neben Ausschnitten aus Opern und Oratorien in öffentlichen oder halböffentlichen Konzerten erprobten und verbreiteten. B. trug mit seinen Sinfonien und Klavierkonzerten erheblich zum Ausbau dieses Repertoires bei. Intensiven geistigen Austausch hatte er mit den in Hamburg lebenden Vertretern der Aufklärungsphilosophie (Hermann Samuel Reimarus, Johann Georg Büsch, Christoph Daniel Ebeling) und mit den um 1770 im Brennpunkt des Interesses stehenden Literaten des Klopstock-Kreises und des Göttinger Hainbundes, mit denen ihn die Tendenz zur bürgerlichen Empfindsamkeit und zur Gefühlsästhetik verband. Ihrerseits waren diese Literaten lebhaft interessiert am Sprachcharakter der Musik. Als besonders zündender Funke in diesem Dialog zwischen Literaten und Musikern erwies sich die von B. konzipierte Gattung der Freien Fantasie. Die grundsätzlich taktfreie, den freien Sprachrhythmen Klopstocks und der Ossian-Dichtung verwandte Musik nimmt mit der Idee einer »musikalischen Prosa« ein zentrales Strukturprinzip des musikalischen Expressionismus des 20. Jahrhunderts vorweg, steht jedoch auch im Zusammenhang mit Überlegungen bei Jean-Jacques Rousseau und den von ihm ausgelösten musikdramatischen Experimenten, etwa den Melo- bzw. Monodramen von Benda, Johann Friedrich Reichardt u. a.

Im Unterschied zu B.s Berliner Zeit ist diejenige in Hamburg geprägt durch eine intensive Publikationstätigkeit. B. wurde hier zum Prototyp des in dieser Zeit aufkommenden unternehmerischen Komponisten, der zumindest einen bestimmten Teil seiner Werke für den Markt schreibt. Wie ein geschickter Kaufmann knüpfte er Verbindungen zu Musikverlegern und Buchhändlern und baute ein Netz von ›Agenten‹ auf, die seine Werke vor allem im Norden Deutschlands und Europas auf Subskriptionsbasis vertrieben. B.s Klaviermusik ist in dem Bestreben komponiert, ökonomischen Profit und hohen Kunstanspruch in Übereinstimmung zu bringen – ein kardinales Problem, das sich zu dieser Zeit erstmals in voller Schärfe stellt und das B. als einer der ersten Komponisten bewußt erfahren hat.

Noten: C. Ph. E. B. Edition. 4 Bde., hrsg. von R. W. WADE und E. E. HELM, Oxford und N. Y. 1989–1995 [andere nicht erschienen]. C. Ph. E. B. The Complete Works, Cambridge (Massachusetts) [in Vorbereitung]. Preußische Sonaten, hrsg. von R. STEGLICH, Lpz. 1927. Württembergische Sonaten, hrsg. von DEMS., Lpz. 1928. Klaviersonaten Auswahl [ergänzend zu den vorgenannten Ausg.], 3 Bde., hrsg. von D. M. BERG, Mn. 1986–89.
Dokumente: Versuch über die wahre Art das Clavier zu spielen, hrsg. von W. HORN, Kassel 1994. C. Ph. E. B. Briefe und Dokumente. Krit. Gesamtausg., 2 Bde., hrsg. von E. SUCHALLA, Göttingen 1994. C. Ph. E. B. Dokumente zu Leben und Werk aus der zeitgenössischen hamburgischen Presse, hrsg. von B. WIERMANN, Hildesheim 2000. Die Bach-Sammlung aus dem Archiv der Sing-Akademie zu Berlin, Mikrofiche-Edition, hrsg. von A. FISCHER und M. KORNEMANN, Mn. 2003. BURNEY, CH.: Tagebuch einer musikalischen Reise (Hbg. 1772–73), Faks., hrsg. von CHR. HUST, Kassel 2003 [B.s Autobiographie in Bd. 3, 199–211].
Werkverzeichnis: WOTQUENNE, A.: Catalogue thématique des œuvres de C. Ph. E. B., Lpz. u. a. 1905; dt. Thematisches Verz. der Werke C. Ph. E. B.s, ebd. 1905, ²1972. HELM, E. E.: Thematic Catalogue of the Works of C.Ph.E. B., New Haven und Ldn. 1989.
Bibliographie: POWERS, D. B.: C. Ph. E. B. A Guide to Research, N. Y. und Ldn. 2002.
Literatur: OTTENBERG, H.-G.: C. Ph. E. B., Lpz. 1982, Mn. 1988. CLARK, ST. L.: C. Ph. E. B. Studies, Oxford 1988 [mit Bibl]. HORN, W.: C. Ph. E. B.s frühe Klaviersonaten. Eine Studie zur ›Form‹ der ersten Sätze …, Hbg. 1988. C. Ph. E. B. Musik und Literatur in Norddeutschland, Ausstellungskat., Heide (Holstein) 1988. C. Ph. E. B. und die europäische Musikkultur des mittleren 18. Jahrhunderts. Bericht über das Intern. Wissenschaftliche Symposium Hbg. 1988, hrsg. von H. J. MARX, Göttingen 1990. NAGEL, A.: Studien zur Passionskantate von C.Ph.E. B., Ffm. 1993. WAGNER, G.: Die Sinfonien C. Ph. E. B.s Werdende Gattung und Originalgenie, Stg. und Weimar 1994. GECK, M.: Die Bach-Söhne, Reinbek bei Hbg. 2003.

Arnfried Edler

Bach, Johann Christian

Geb. 5. 9. 1735 in Leipzig;
gest. 1. 1. 1782 in London

Der jüngste Bach-Sohn gehört im 18. Jahrhundert einer neuen, kosmopolitischen Komponistengeneration an. Zeitlebens äußerst beliebt und geschätzt, hat B. Werke in nahezu allen Gattungen vorgelegt, die ihn als Kenner vieler Stile und Techniken ausweisen. Der Bogen spannt sich von geistlicher Musik bis zur Oper, von Kammermusik bis zum Doppelorchester in der Sinfonik. Seine geistlichen Werke entstanden größtenteils in der Mailänder Zeit (1755–62). Außer dem 1770 in London geschriebenen, einzigen Oratorium *Gioas. Re di Giuda*, gibt es rund 35 meist liturgisch gebundene Werke des 1757 zum Katholizismus konvertierten Komponisten. In seiner Eigenschaft als Mailänder Domorganist schrieb B. eine Reihe großangelegter Werke, die sich ebenso durch weltliche Italianità wie durch kontrapunktische Arbeit strengen Stils auszeichnen. Das doppelchörige *Dies irae c-moll* (1757) belegt bereits den hervorragenden Melodiker, aber auch die konsequente Schule des Vaters und des Bolognesers Padre Martini.

Zwei *Sonaten c-moll* polyphonen Stils gehören auch zu den Schwerpunkten der beiden Sammlungen für Tasteninstrumente opp. 5 und 17, mit denen B. seine bis 1755 beim Halbbruder Carl Philipp Emanuel erworbenen technischen Fertigkeiten zeigt, aber auch die Kenntnis unterschiedlicher Erscheinungsformen der Klaviermusik seiner Zeit. Diese zwölf von 19 gesicherten Sonaten sind überwiegend zweisätzig, die Schlußsätze der frühen Sammlung (1766), Menuette, Rondos und Variationen, werden in der späteren (1777) zugunsten virtuoser Presto-Sätze abgelöst. Die ersten wie die langsamen Sätze zeichnen sich durch bestechende Sanglichkeit aus, wie sie dann in Mozarts Œuvre immer wieder begegnet. Besondere Beachtung verdienen die vierhändigen Sonaten, die B. als einer der ersten Komponisten geschrieben haben dürfte, und die – seit dem frühen KV 19d – ebenfalls nicht ohne Einfluß auf Mozart geblieben sind. B., der Musikmeister der englischen Königin, schöpft in seinen meist homophonen Sonaten verschiedene Schwierigkeitsgrade pianistischer Möglichkeiten aus: vom Etüdenhaften bis zur fordernden Geläufigkeit, wie in manchen »Essercizi« D. Scarlattis oder »Inventionen« des Vaters, ohne der formalen Diskussion um den zeitgemäßen Sonatenhauptsatz auszuweichen. Nicht nur B.s früher Auftritt als Solopianist (1768), auch stilistische wie spieltechnische und dynamische Erwägungen lassen die Ausführung der meisten Sonaten am Klavier zu. Drei solcher Sonaten hat Mozart für Klavier und Orchester bearbeitet (KV 107). Wie mit den Klaviersonaten für häusliches Musizieren und für öffentliche Darbietungen, trug B. auch mit seinen rund 100 Kammermusikwerken vielfältigster Besetzung zur entsprechenden Literatur bei. Die sechs virtuosen *Quintette* für Flöte, Oboe und

Streicher op. 11 (1774), thematisch einfallsreich und sorgfältig gesetzt, können stellvertretend für B.s Kompositionen dieser Gattung genannt werden.

Ausnahmslos für den Konzertgebrauch, vor allem wohl für die eigene Reihe der Bach-Abel-Konzerte (seit 1764), schrieb B. etwa 60 Sinfonien, 15 Sinfonie concertanti und 30 Solokonzerte, die die zeitgenössische europäische Diskussion der sinfonischen und konzertanten Richtung spiegeln: Mannheim, Italien, Norddeutschland und den süddeutsch-österreichischen Raum. Das bedeutet ein Experimentieren mit Form und Satztechnik, mit Instrumentation und Dynamik. In vier Sammlungen (opp. 3, 6, 9 und 18) legte B. zwischen 1765 und 1779 21 dreisätzige Theater- und Konzertsinfonien vor, mit denen er wichtige Beiträge zur sinfonischen Entwicklung leistete. Die ausgedehnten ersten Sätze, in denen der stilistische Standort am deutlichsten diskutiert wird, prägen Themen, die B. den Titel als Meister des »singenden Allegros« eintrugen. Seine melodischen Qualitäten wirken noch ohrenfälliger in den mozartnahen, empfindungsreichen Mittelsätzen (op. 3 Nr. 1–3, op. 6 Nr. 3). Die dritten Sätze sind entweder dem Tanztypus (Menuett, Sarabande, Gavotte) verbunden oder nehmen als Presto-Sätze den fröhlichen Kehraus-Ton der neapolitanischen Opernsinfonia auf. Ausnahme ist die einzige Moll-Sinfonie (op. 6 Nr. 6), die in der schmerzlichen Herbheit und jähen Auflehnung des g-moll als Solitär dieser Sammlungen bezeichnet werden darf. Der als op. 18 veröffentlichte Band je dreier Opern- und Konzertsinfonien (für Doppelorchester) vereint alle Qualitäten des Melodikers, Instrumentators und Satztechnikers Freude an unterschiedlichen Instrumentenkombinationen wie an der Auslotung des Klangraumes machen sich auch in den drei-, zuweilen zweisätzigen *Sinfonie concertanti* bemerkbar. Nicht nur wegen ihrer langsamen Sätze sind hier die Werke für Flöte, Oboe, Violine und Violoncello C-dur und für Oboe, zwei Klarinetten und Fagott Es-dur hervorzuheben. – Die Solokonzerte für Fagott, Oboe und Flöte, sowie die späte Sammlung von *Klavierkonzerten* op. 13 bedürfen jeweils der Interpretation ausgewiesener Virtuosen, während die streicherbegleiteten opp. 1 und 7 für Klavier und Orchester mehr Musikalität als manuelle Perfektion fordern.

Als einziger der B.-Familie trat J. Chr. B. als Opernkomponist hervor und schrieb zwischen 1760 und 1779 elf opere serie, denen fast ausnahmslos historisch-mythologische Sujets zugrundeliegen. Die Libretti Pietro Metastasios und seiner Epigonen bevorzugten eine dreiaktige Anlage mit einer Vielzahl von Arien und wenigen Ensemblesätzen und Chören. Bestimmt von derselben italienischen Tradition wie sein Vorgänger in London, Händel, stellte B. diese Opernform grundsätzlich kaum in Frage. In einer Zeit zwischen Opernreformen und dem Vormarsch der opera buffa unterzog er sie jedoch einer internen Feinarbeit hinsichtlich formaler, instrumentatorischer und ausdruckshafter Differenzierung. So modifizierte er die oft ausschweifenden Da-capo-Arien oder ersetzte sie zunehmend durch modernere Formen zugunsten eines freieren dramaturgischen Ablaufs. Die Zahl der orchesterbegleiteten Rezitative – auch mit thematischer Anbindung an die Arie – nimmt zu. *Lucio Silla* (Mannheim 1775) und *La clemenza di Scipione* (London 1778) verdeutlichen diese Tendenz. Ausnahme ist die dreiaktig bearbeitete tragédie lyrique *Amadis des Gaules* (Paris 1779), die – die französische Tradition berücksichtigend – zugunsten von Chor, Ensemble und Ballett gewichtet und in ihrer teils hochexpressiven Dramatik der Ritter- und Abenteuerthematik des Amadis-Romans der späteren Befreiungsoper vorgreift. Aber auch hier, in den lyrischen Passagen, besticht B. wiederum durch seine empfindsame Kantabilität, die – wie in vielen Arienkompositionen seiner anderen Opern, aber auch Serenaden, Kantaten und Konzertarien – das Mozartsche Melos in zuweilen atemberaubender Weise vorwegnimmt, und die den jüngeren Komponisten nachweisbar bis in seine letzten Werke begleitet und beeinflußt hat.

Noten: J. Chr. B. The collected works, hrsg. von E. Warburton u. a., 48 Bde., Ldn. 1984 ff. 10 Klaviersonaten aus op. 5 und 17, 2 Bde., hrsg. von L. Landshoff, Lpz. 1925. 6 Klaviersonaten op. 5, 6 Klaviersonaten op. 17, 2 Bde., hrsg. von E.-G. Heinemann, Mn. 1981. J. Chr. B. Seine bisher nicht im Neudruck vorliegenden Klavierwerke, 4 Bde., hrsg. von S. Staral, Graz 1980–83. 5 Quintette op. 11., hrsg. von St. Sadie, Ldn. 1962. Sinfonien op. 3, Nr. 1–6, hrsg. von E. Smith, Wien 1975. Sinfonie op. 6 Nr. 6, hrsg. von R. Platt, Ldn. 1974. Klavierkonzerte op. 1 Nr. 1–6, hrsg. von R. Meylan, Wien 1958. *Temistocle*, Oper in 3 Akten, eingerichtet von E.O.D. Downes und H.C. Robbins Landon, Wien 1965.

Werkverzeichnis: Warburton, E.: Thematic Catalogue, N.Y. 1999 (The Collected works of J.Chr.B. 48,1).

Literatur: Abert, H.: J.Chr.B.s italienische Opern und ihr Einfluß auf Mozart *in* Zs. für Mw. 1 (1919),

313–328. TERRY, CH. S.: J. Chr. B., Ldn. (1929) 1967. DOWNES, E. O. D.: The Operas of J. Chr. B. as a Reflection of the Dominant Trends in Opera Seria 1750–1780, Harvard 1958. KUNZE, ST.: Die Vertonungen der Arie »Non sò d'onde viene« von J. Chr. B. und W. A. Mozart in Analecta musicologica 2 (1965), 85–111. WARBURTON, E. A.: Study of J. Chr. B.s Operas, Oxford 1969. STARAL, S.: Die Klavierwerke von J. Chr. B., Wien 1974. ROE, ST.: The Keyboard Music of J. Chr. B. Source Problems and Stylistic Development in the Solo and Ensemble Works, N. Y. 1989. GÄRTNER, H.: J. Chr. B. Mozarts Freund und Lehrmeister, Mn. 1989. VIGNAL, M.: Die Bach-Söhne Wilhelm Friedemann, Carl Philipp Emanuel, Johann Christoph Friedrich, J. Chr., Laaber 1999. FRIESENHAGEN, A.: Die Brüder Bach. Leben und Werk zwischen Barock und Klassik, Köln 2000. GECK, M.: Die Bach-Söhne, Reinbek bei Hbg. 2003.

Gabriele Wirth

Bach, Johann Sebastian
Geb. 21. 3. 1685 in Eisenach;
gest. 28. 7. 1750 in Leipzig

Als Komponist gehört B. dem Spätbarock zu. Und zu orten ist diese Zugehörigkeit beim Hören seiner Musik einerseits hinsichtlich der Gattungen seines Komponierens. Präludien und Fugen, Fantasien und Toccaten, Suiten und Partiten, Gruppen- und Solokonzerte, Motetten und Kantaten, Passionen, Oratorien und Messen – andererseits im Blick auf die Formen: Invention und Ricercar, Fuge und Kanon, Cantus-firmus-Bearbeitung und Variationszyklus. Bei all dem aber und wohl am meisten zu erkennen ist der spätbarocke Status der Musik B.s an den Satztechniken, dem Kompositionsstil, an der Art der Harmonik, an den Schlußbildungen, dem Klauselwesen, an Generalbaß und Kontrapunkt, Imitation und Polyphonie, an solistischem und chorischem Concertieren. Im Blick auf die Gattungen, Formen und Techniken ist B. in den Grundschichten seines Komponierens in Traditionen verankert, die zum Teil bis in das Mittelalter zurückreichen, insgesamt aber die Barockmusik überhaupt kennzeichnen und zu B.s Zeit insbesondere im mittel- und norddeutschen Raum gang und gäbe waren. Diese Verankerung in der Tradition, die kompositorische Beheimatung B.s im Stil der Zeit, wird deutlich, wenn man bedenkt, daß es neben den etwa tausend Werken, die B. mit Sicherheit zuzuschreiben sind, etwa fünfhundert Werke gibt, bei denen die Verfasserschaft B.s zweifelhaft ist und die Stilkritik zumeist nicht ausreicht, um eine Entscheidung für oder gegen B. als Autor zu treffen.

Tradition, das Erkennungszeichen ›barock‹, waltet im Blick auf das Phänomen B. aber nicht nur in den Grundschichten seines Komponierens, sondern auch in den Fakten seiner Biographie, die in allen entscheidenden Stadien in althergebrachte Überlieferungen eingebettet war. Daß B. sich in einer Zeit des aufklärerischen Umbruchs zu diesen Überlieferungen ausdrücklich bekannte, erweist schlaglichtartig die Tatsache, daß er es war, der 1735 als Leipziger Thomaskantor unter dem Titel *Ursprung der musicalisch-Bachischen Familie* die Genealogie des Musikergeschlechts zusammenstellte, dem er zugehörte und das seit Generationen eine beständig zunehmende Zahl an Ratsmusikern, Organisten und Kantoren hervorgebracht hatte, womit sich B. ganz zweifelsfrei mit den Inhalten und Werten dieser Familientradition identifizierte, die in den Begriffsfeldern von Handwerk und Zunft, Lehren und Lernen, Dienst und Fleiß, Zusammenhalt und Förderung, Frohsinn und Frömmigkeit anzusprechen ist. Prägend im traditionsreichen Sinne der Genealogie und zugleich im Blick auf typische Lebensentwürfe des Barock war zunächst und vor allem die zehnjährige Kindheits- und Knabenzeit im Ratsmusikhaus des Vaters in Eisenach. Traditionsgesättigt waren die anschließenden Jahre im Ohrdrufer Organistenhaus des Bruders, die Institution der Lüneburger Kantorei, der Bach als Stipendiat zugehörte, die Lehrpläne der Ohrdrufer Latein- und der Lüneburger Klosterschule, besonders in Hinsicht auf die humanistische Rhetorik und orthodoxe Theologie. Von Traditionen geprägt waren auf B.s Lebensweg die Ämter des Stadtorganisten in Arnstadt und Mühlhausen, die höfischen Bestallungen als Organist in Weimar und als Kapellmeister in Köthen und insbesondere das Thomaskantorat in Leipzig.

Traditionell ist nun aber bei B. auch die enge Verbindung zwischen Lebensweg und Werk. Denn zur herkömmlichen Gepflogenheit all jener Dienststellungen gehörte die Bezogenheit der schöpferischen Hervorbringungen auf das jeweilige Amt, ein funktionales Komponieren, das B.s Schaffen kennzeichnet und noch durch das ebenso traditionelle Phänomen der Lehr- und Unterrichtswerke ergänzt wurde. Man kann sagen, daß die Universalität von B.s Gesamtwerk seitens der Tatsache zu erklären ist, daß B. neben seiner beständigen Lehrtätigkeit sukzessiv drei unterschiedliche Ämter innehatte, die jeweils mit bestimmten musikalischen Gattungen funktional gekoppelt waren: Das Organistenamt in Weimar zeitigte den größten Teil von B.s Orgelkompositionen; das konzert- und kammermusikalische Werk steht wesentlich in Zusammenhang mit der Kapellmeister-Bestallung in Köthen und der Collegium-musicum-Tätigkeit in Leipzig; und wäre B. nicht Kantor geworden, so gäbe es nicht den überwiegenden Teil seiner Vokalmusik.

Aber nicht nur im Blick auf die Gattungen, Formen und Kompositionstechniken und hinsichtlich der biographischen Fakten und ihrer engen Verbindung mit dem Werk, sondern auch im Gedanken an die Lebens- und Schaffensauffassung gehört B. dem Spätbarock zu und hier nun ganz ausdrücklich der lutherisch-protestantischen Tradition des mittel- und norddeutschen Raumes, die er in jeder Beziehung zu ihrem Höhe- und Endpunkt führte. Über seine Auffassung des Komponierens und über sein Verhältnis zur Religion hat sich B. nie geäußert. Daß seine Formulierung im Entlassungsgesuch an den Mühlhausener Stadtrat, er habe dort den »Endzweck, nemlich eine regulirte kirchen music zu Gottes Ehren« nicht »ohne Widrigkeit« verwirklichen können (Dokumente Bd. 1, 19), im Sinne der Behinderung eines Lebensentwurfs verallgemeinert wird, ist ebenso abwegig wie die Vorstellung, ein Kantorat, also die Komposition geistlicher Vokalmusik, sei B.s Berufsziel gewesen, nachdem ersichtlich ist, daß B. das Thomaskantorat weitgehend aus Gründen äußerer Berechnung angenommen hat und sich von diesem Amt seit den dreißiger Jahren zufolge aufklärerischer Bedrängnis innerlich zurückzog, um sich neben der Collegium-musicum-Tätigkeit vornehmlich der Komposition und Veröffentlichung von Instrumentalmusik zu widmen, von der er ausgegangen war.

Auf B.s Frömmigkeit konnte – wie es oft getan worden ist – aus der Tiefsinnigkeit seiner kompositorischen Exegese religiöser Texte geschlossen werden. Aber was ist hier persönliches Bekenntnis und was künstlerischer Einfallsreichtum, der ebenso bei durchaus weltlichen Texten als qualitatives Moment des Komponierens tiefsinnig am Werke sein kann? Indessen ist das Motto »Soli Deo gloria«, das B. seinen Werken beifügte, zweifellos keine floskelhafte Äußerlichkeit, sondern in einem tiefen und umfassenden Sinne ernst gemeint. Dieses Motto bezeichnet die Instanz, der gegenüber sich B. als Komponist verantwortlich fühlte; es bekundet den Kunstanspruch seiner Werke, die nicht auf ein Publikum schielten, sondern jener Verantwortlichkeit verpflichtet waren. Und jenes Motto betrifft alle Werke, ob Instrumental-, Vokal- oder Unterrichtsmusik, in gleichem Maße; es korrespondiert der kirchlich-weltlichen Stileinheit seines Komponierens, wie sie sich in B.s Parodieverfahren bestätigt, besonders dort, wo er weltliche Musik durch Neutextierung in den geistlichen Bereich überführte: es überschreibt die Tatsache, daß B. auch die Kirchenmusik stilistisch als höchst kunstvolle, neuartige, modernste Musik komponierte, womit er jene Tradition erfüllte, die von Luther ausgegangen war und schon in Schütz einen ersten Höhepunkt gefunden hatte.

Das Erkennungszeichen B.s ist nun aber nicht nur die Ortung seines Komponierens in Traditionen, die in der ersten Hälfte des 18. Jahrhunderts im Stadium des Spätbarock in Erscheinung traten. Vieles davon hat B. mit anderen zeitgenössischen Komponisten gemeinsam, und aus diesen Gemeinsamkeiten resultiert die schon erwähnte große Zahl von Werken, deren Zuschreibung an B. oder einen anderen Komponisten fraglich ist. Innerhalb des Merkmals »Spätbarock« ist es die auf dieser Basis in Erscheinung tretende kompositorische Qualität, durch die sich B. überall dort zu erkennen gibt, wo das in seiner Echtheit unanzweifelbare Werk auftaucht. Hier überführt er das barocke Komponieren in einen neuen, es abschließenden und krönenden Status, indem er die Traditionen des harmonischen und kontrapunktischen Denkens, der Formbildungen, der Affektdarstellung und der Rhetorik aufgreift und mächtig bereichert.

Beispiele aus B.s relativ früher Zeit, den Weimarer Jahren ab 1708, mögen dies verdeutlichen. Innerhalb der freien Orgelwerke entstand, wahrscheinlich noch in Mühlhausen, unter anderem die *Toccata d-moll* (BWV 565, 1706–08), in der B. das freie toccatische Spiel und die fugiert gebundene Satzart mit jenem aufbrausenden, kontrastreichen, dramatischen Geist erfüllte, der dieses Werk noch heute als eine Standardmusik leidenschaftlichen Ausdrucks gelten läßt. Auch etwa die dreiteilige *Toccata C-dur* (BWV 564, Entstehungszeit unbekannt) ist in ihrer spielerischen, expressiven und dramatischen Qualität unverkennbarer B. Die Orgelfuge verliert bereits bei dem frühen B. alle Neigung zu kontrapunktischer Gelehrtheit und Trockenheit. Sie wird in ihrer Themenerfindung mit Leben erfüllt und durchseelt, sei es, daß ein lustvoll Spielerisches das Thema und somit die gesamte Fuge prägt, wie etwa in *Präludium und Fuge D-dur* (BWV 532, Entstehungszeit ungewiß), oder sei es, daß ein besonders »Sprechendes«, ein spezifischer Sprachgestus das Thema charakterisiert, wie zum Beispiel in der *Fuge C-dur* (BWV 531, zwischen 1703 und 1707?) und der *Fuge g-moll* (BWV 578, Entstehungszeit ungewiß), bei denen man den Themen affektgeladene Wörter unterlegen möchte und kann (wie es die Organisten – spaßeshalber – in der Tat zu tun pflegen).

Zu den in Weimar entstandenen choralgebundenen Orgelwerken gehört das *Orgelbüchlein* (BWV 599–644), das B. als einen Zyklus von 150 Choralbearbeitungen durchs Kirchenjahr ab 1713 anzulegen begann; doch als er 1717 nach Köthen berufen wurde, brach er dieses Vorhaben ab, nachdem er 45 Orgelchoräle ausgeführt und eingetragen hatte. Das *Orgelbüchlein* ist ein Lehrwerk, eine – wie es im Titel heißt – »Anleitung« für den Organisten, »auf allerhand Arth einen Choral durchzuführen, anbei auch sich im Pedalstudie zu habilitieren ... Dem höchsten Gott allein zu Ehren, dem Nächsten, draus sich zu belehren«. Den Typus des *Orgelbüchlein-Chorals* hat B. geschaffen: vierstimmige einmalige Durchführung des meist in der Oberstimme gelegenen Chorals mit obligatem Pedal, wobei er diesen Typus »auf allerhand Arth«, nämlich mit immer wieder neuen kompositorischen Einfällen verwirklichte. An Hand der Quellen ist sehr genau zu beobachten, wie B. seit seinen für Arnstadt komponierten Choralbegleitsätzen, das heißt Choralsätzen, die zur Begleitung des Gemeindegesangs durch die Orgel bestimmt waren, den *Orgelbüchlein*-Typus im Aufgreifen von Ansätzen etwa bei Pachelbel und Buxtehude Schritt für Schritt entwickelte, indem er – harmonisch experimentierend – den Generalbaß kontrapunktisch ausarbeitete, Zeilenzwischenspiele einfügte und den instrumentalmusikalischen Bezug zum Choraltext immer enger und reicher gestaltete. So schuf B. hier – und dies ist für sein Komponieren überhaupt bezeichnend – im Anschluß an Traditionen (Choralbearbeitung, Generalbaß, Kontrapunkt, Textausdeutung) einen neuen Kompositionstypus, der in seiner Neuheit und Qualität alles vorhergehend Vergleichbare überragt und dabei die Funktion, in diesem Fall den Zweck als Lehrwerk, mit höchster Kunsthaftigkeit verbindet – »dem höchsten Gott allein zu Ehren«.

Der Bezug seiner Musik zum Text, das kompositorische Abbilden und Interpretieren sprachlicher Aussagen, steht bei B. in der barocken Tradition der Affektmusik und der musikalischen Rhetorik. Vor allem die letztere wurde zu einem besonderen Kennzeichen seines Komponierens. In dieser Hinsicht bescheinigte 1739 der Leipziger Magister Johann Abraham Birnbaum seinem Kollegen B.: »Die Theile und Vortheile, welche die Ausarbeitung eines musikalischen Stücks mit der Rednerkunst gemein hat, kennet er so vollkommen, daß man ihn nicht nur mit einem ersättigenden Vergnügen höret, wenn er seine gründlichen Unterredungen auf die Aehnlichkeit und Uebereinstimmung beyder lenket; sondern man bewundert auch die geschickte Anwendung derselben in seinen Arbeiten« (Dokumente Bd. 2, 352).

Die musikalische Rhetorik, eine Überkommenschaft humanistischer Kompositionsauffassung und -lehre, überträgt Prinzipien und Regulative der Redekunst auf die Musik und dies nicht nur im Blick auf die Schaffensziele (movere – delectare – docere), die Schaffensphasen (inventio – dispositio – elocutio – pronuntiatio) und die Formglieder (expositio – propositio – conclusio), sondern speziell auch im Bereich der Ausdrucksfiguren, das heißt der standardisierten und lehrbaren Mittel der Darstellung, die als musikalisch-rhetorische Figuren in Anlehnung an die Redefiguren bzw. in Analogie zu ihnen erfunden, benannt und gebraucht werden. In dem *Orgelbüchlein-Choral* »Durch Adams Fall ist ganz verderbt menschlich Natur und Wesen« (BWV 637) zum Beispiel verwendet B. acht derartige Figuren, um den Sündenfall musikalisch abzubilden, darunter die »Tmesis«, die durch eine Pause ausgedrückte »Zerschneidung« des musikalischen Satzes als Versinnlichung der Abtrennung des Menschen von Gott, ferner als »Hypotyposis«, das heißt als »Abschilderung«, die geschlängelte Tonbewegung als Bild der Schlange, des weiteren im Pedal den »Saltus duriusculus«, einen »etwas harten (dissonierenden) Sprung« abwärts als Abbild des Absturzes von Gott und in den Mittelstimmen den »Passus duriusculus«, einen »etwas harten (nämlich chromatischen) Gang«, der, indem er von der diatonischen Ordnung abweicht, das Abweichen von Gott, also die Sünde, zu bezeichnen vermag. In dem Choral des *Orgelbüchleins* »Das alte Jahr vergangen ist« (BWV 614), wo es in der vierten Choralstrophe heißt »Hilf, daß wir von der Sünd ablan …, kein'r Sünd im alten Jahr gedenk«, durchwaltet die Figur des »Passus duriusculus« den ganzen Begleitsatz des Oberstimmenchorals.

Auch das Kantatenschaffen B.s, das quantitativ die Hauptmasse seiner Musik ausmacht, ist mit Zuschreibungsunsicherheiten reichlich versehen. Dies betrifft zunächst und vor allem die vereinzelt als Gelegenheitswerke entstandenen frühesten Kirchenkantaten. Unter ihnen befindet sich die einzige erhaltene Veröffentlichung einer größeren Vokalkomposition B.s zu seinen Lebzeiten, die Mühlhauser Ratswechsel-Musik *Gott ist mein König* (BWV 71, 1708); und auch die Kantate *Aus der Tiefe rufe ich, Herr, zu dir* (BWV 131, 1707) ist laut Partiturautograph ein Werk B.s aus der Mühlhauser Zeit. Bei allen anderen frühen Kantaten ist der Überlieferungsbefund nicht eindeutig. Gleichwohl muß man ein Werk wie den »Actus tragicus« *Gottes Zeit ist die allerbeste Zeit* (BWV 106, 1707 oder 1708?) trotz der ungesicherten Quellenaussage zweifellos als eine Kantate B.s ansehen und dies schon allein aus stilistischen Gründen, nämlich im Blick auf die überragende kompositorische Qualität. Dies betrifft den Formenreichtum, die Kunst der Harmonik und des Kontrapunkts und insbesondere die einfallsreiche und tiefsinnige Explikation des Textes, wobei man nur staunen kann, mit welchem Qualitätssprung der junge B. die Tradition des Komponierens über alles Zeitgenössische hinaus zu neuen Höhen zu führen vermochte.

In Weimar schuf B. in Erfüllung seiner Amtspflicht als Konzertmeister (ab 1714) knapp dreißig Kirchenkantaten, darunter so bedeutende Kompositionen wie *Weinen, Klagen, Sorgen, Zagen* (BWV 12, 1714), *Ich hatte viel Bekümmernis* (BWV 21, 1714) und *Komm, du süße Todesstunde* (BWV 161, 1715). Die Einführung des Rezitativs und der Dacapo-Arie in die Kirchenkantate – gegenüber B.s frühen Kantaten eine Neuerung, die textlich im Anschluß an die italienische weltliche Solokantate und an die Oper von dem evangelischen Theologen Erdmann Neumeister ausgegangen war und die B. alsbald aufgriff – bedeutete eine Modernisierung und mächtige Bereicherung der Kirchenmusik. Zwar sieht eine Kirchenkantate im Wechsel von Rezitativ und Arie »nicht anders aus als ein Stück aus einer Opera«, schrieb hierzu Neumeister in der zweiten Auflage (1704) seines ersten Jahrgangs geistlicher Kantatentexte, aber er rechtfertigte sein Unterfangen gegen die Angriffe vor allem seitens der Pietisten, indem er fragt, »ob diese Art Gedichte, wenn sie gleich ihr Modell von theatralischen Versen erborgt, nicht dadurch geheiligt, indem daß sie zur Ehre Gottes gewidmet wird«? In der kirchlichen Vokalmusik bot das in freien Versen gedichtete Rezitativ die Möglichkeit der Begebenheits-Erzählung und der theologischen Erörterung, während die Arie Raum gab für die Betrachtung seitens des Einzelnen und der Choral die Gemeinde vertreten konnte. B. hat diese Möglichkeiten in immer wieder neuer Dramaturgie und Formenerfindung und in unvergleichlicher Tiefsinnigkeit der musikalischen Abbildung und Auslegung des Textes in seinen Kantaten, Oratorien und Passionen in jener Weise verwirklicht, die ihn seit seiner Wiederentdeckung im 19. Jahrhundert in den Rang des größten evangelischen Kirchenkomponisten erhob.

Während an dem reformierten Hof in Köthen die Kirchenmusik kaum gefragt war, schuf B. gleich in den ersten Leipziger Jahren den bei weitem größten Teil seiner geistlichen Kantaten, die er – auch im Rückgriff auf früher entstandene Kompositionen – zu mehreren Kantatenjahrgängen zusammenstellte, von denen drei erhalten sind (während der Nekrolog von fünf Jahrgängen spricht). Der erste Jahrgang stammt bereits aus den Jahren 1723/24, nachdem B. im Mai 1723 vom Leipziger Stadtrat zum Thomaskantor gewählt worden war; den zweiten Jahrgang, hauptsächlich aus Choralkantaten bestehend, schuf B. gleich anschließend im Zeitraum 1724–25, und den dritten Jahrgang, in den er auch Werke seines Meininger Vetters Johann Ludwig Bach aufnahm, stellte er in der Zeit von 1725 bis 1727 zusammen. Ein vierter Jahrgang (1728–29) nach Texten des Leipziger Poeten Christian Friedrich Henrici (Pseudonym: Picander), der auch den Text der *Matthäuspassion* schuf, scheint verloren gegangen zu sein, und aus der Zeit nach 1729 sind nur noch vereinzelte Kirchenkantaten B.s überliefert. Ebenfalls mit eindeutigem Schwerpunkt im ersten Jahrzehnt seines Kantorats schrieb B. an weiterer Kirchenmusik das *Magnificat* (BWV 243, 1727/1728–31), die *Johannespassion* (BWV 245, erste Aufführung am Karfreitag 1724), das »Sanctus« aus der *Messe h-moll* (BWV 232, 1724), das *Osteroratorium* (BWV 249, 1725), die *Matthäuspassion* (BWV 244, erste Aufführung am Karfreitag 1727 oder 1729), die *Markuspassion* (BWV 247, 1731), deren Musik verschollen, aber zum Teil aus Parodien erschließbar ist, und den Kantatenzyklus des *Weihnachtsoratoriums* (BWV 248, 1734). Möglicherweise ist dieser kirchenmusikalische Schaffensschub des ersten Leipziger Jahrzehnts so zu verstehen, daß B. sich durch Bereitstellung eines Repertoires an Kirchenmusik Raum schaffen wollte für eine Rückkehr zum instrumentalmusikalischen, vor allem klavieristischen Schaffen, von dem er als Organist ausgegangen war und dem er sich – auch unter dem enttäuschenden Druck einer schulmusikfeindlichen Obrigkeit – nun auch in Leipzig zunehmend widmete – was mit der These einer ›inneren Berufung‹ zum Thomaskantor und zur Kirchenmusik schwerlich in Einklang zu bringen ist.

Die wohl glücklichste Zeit seines Lebens hatte B. in Köthen verbracht, wo ihm die musikalische Kennerschaft des Fürsten Leopold und eine ausgezeichnete Hofkapelle optimale Bedingungen boten. Gemäß seiner Bedienstung als »Capellmeister und Director der Cammermusiken« stand hier das instrumentalmusikalische Schaffen durchaus im Mittelpunkt. Es entstanden die meisten der *Solosonaten* und *-partiten* für Violine, für Flöte und für Violoncello, ferner Triosonaten, Violinkonzerte und *Orchesterouvertüren*. An der Spitze stehen hier die (seit Philipp Spitta; siehe Lit.) so genannten »Brandenburgischen Konzerte«, genauer die *Six Concerts/Avec plusieurs Instruments* (BWV 1046–1051). B. hatte sie im Laufe mehrerer Jahre und – nach Ausweis der Besetzungen – wohl hauptsächlich für die Köthener Kapelle komponiert. 1721 stellte er sie in einer autographen Reinschrift in der heute bekannten Reihenfolge zusammen, um sie in Erfüllung einer Zueignungsbitte dem Markgrafen Ludwig von Brandenburg zu widmen. Wie die sechs Konzerte in jenem Widmungsexemplar vorliegen, bilden sie insofern ein zusammenhängendes Ganzes, eine Art Zyklus, als sie nach Besetzung und Form je eine andere Idee des Konzertierens verwirklichen und dabei eine durch neue Züge bereicherte Summa des spätbarocken instrumentalen Gruppenkonzerts darstellen. Auch hier wiederum zeigt sich exemplarisch B.s musikgeschichtliche Position: das systematische Aufgreifen und Zusammenführen von Traditionen und zugleich deren Steigerung zu höchster kompositorischer Qualität und einem Reichtum an Innovationen, der – ohne die Traditionseinbettung zu verlassen – weit in die Zukunft weist. An Klavierwerken der Köthener Zeit sind der erste Teil des *Wohltemperierten Claviers* (BWV 846–869, 1722–23), die je sechs *Englischen* (BWV 806–811, bis spätestens 1725) und *Französischen Suiten* (BWV 812–817, etwa 1722–25) sowie die *Chromatische Fantasie und Fuge* (BWV 903, zwischen 1714 und 1719) zu nennen. Und zu den Köthener Lehrwerken gehören das ab 1720 angelegte *Klavierbüchlein für Friedemann* (BWV 924–932), sowie die zweistimmigen *Inventionen* (BWV 772–786, bis 1723) und dreistimmigen *Sinfonien* (BWV 787–801, bis 1723), während die Orgelkomposition gemäß den Köthener Anforderungen auf wenige Gelegenheitswerke beschränkt blieb.

B.s Schaffen in Leipzig richtete sich ab Mitte der dreißiger Jahre, als er sich aus dem Kantoratsauftrag innerlich und äußerlich zurückzuziehen begann, ganz auffällig auf die Veröffentlichung von Werken und dabei fast ausschließlich auf »Clavier«-Musik, also auf Werke für Cembalo oder Orgel, wobei es sich teils um repräsentative Zusammenstellungen früherer Kompositionen, teils um jene Neuschöpfungen handelt, die als B.s Spätwerk zu bezeichnen sind.

Bei den Orgelwerken handelt es sich – außer den sechs *Triosonaten* (BWV 525–530, etwa 1730) – fast ausschließlich um Choralbearbeitungen. Und dies kann dahingehend verstanden werden, daß es die an einen Cantus firmus und an eine Textvorstellung gebundene Orgelmusik war, die B. in besonderem Maße für sich gelten ließ. 1739 erschien die vielfach als »Orgelmesse« bezeichnete *Clavier-Übung III*, bestehend aus Vorspielen über die »Catechismus-« und andere »Gesänge« (BWV 669–689), den vier »Duetten« (BWV 802–805), sowie einem »Präludium und einer Fuge« in Esdur (BWV 552) als Rahmenstücken, »denen Liebhabern und besonders denen Kennern von dergleichen Art zur Gemüts-Ergötzung verfertiget« (Titelblatt). 1746 veröffentlichte B. bei dem Verleger Johann Georg Schübler *Sechs Choräle von verschiedener Art* (BWV 645–650), wobei es sich bei fünf dieser Orgelchoräle um Übertragungen von Kantatensätzen handelt. Und 1748 erschienen im Druck die *Canonischen Veränderungen über das Weihnachtslied »Vom Himmel hoch, da komm' ich her«* (BWV 769), die B. 1746–47 anläßlich seiner Aufnahme in die von Lorenz Mizler in Leipzig gegründete Societät der musikalischen Wissenschaften komponiert hatte. An Cembalo-Musik ließ B., ebenfalls »denen Liebhabern zur Gemüts-Ergötzung« 1731 als *Clavier-Übung* sechs *Partiten* für Klavier (BWV 825–830, teilweise schon in den zwanziger Jahren entstanden) drucken, 1735 als *Clavier-Übung II* das *Concerto nach italienischem Gusto* (BWV 971) und die *Overture nach Französö-*

sischer Art (BWV 831) und 1741 oder 1742 als Clavier-Übung IV die *Aria mit 30 Veränderungen* (»Goldberg-Variationen«, BWV 988). Als ein Werk, das entstanden ist, um in betonter Weise B.s Kunstvermögen, seine Vorstellung von Komposition als Wissenschaft, zu demonstrieren, kann das Friedrich dem Großen »geweihte« *Musicalische Opfer* (BWV 1079) angesehen werden, eine Zusammenstellung von zwei Ricercaren, zehn Kanons und einer Triosonate über jenes »königliche Thema«, das B. während seines Besuchs in Potsdam im Mai 1747 von Friedrich II. zur Improvisation aufgegeben war.

Kann das *Musicalische Opfer* als ein aus bestimmtem Anlaß entstandenes Gelegenheitswerk angesprochen werden, so ist die *Kunst der Fuge* (BWV 1080, spätestens ab 1740 bis 1746) neben dem *Wohltemperierten Clavier* das Hauptwerk der auf freier Entscheidung beruhenden zyklischen Großwerke und zugleich der Inbegriff von B.s Kunstvermögen, das hier noch einmal aufs deutlichste gekennzeichnet ist durch die bewußte Verankerung des Komponierens in der Tradition und deren neuartige Verwirklichung und Überformung. In betontem Maße traditionsgebunden ist das Demonstrieren und Lehren der Komposition als Kunst des Kontrapunkts in der Form von Fugen und Kanons, und es ist sehr wahrscheinlich, daß B. durch dieses über ein einziges Thema komponierte Fugenwerk, in dessen letzter, unvollendeter Fuge er als Contrasubject das seinen Namen versinnlichende B-A-C-H-Thema anbrachte, den für ihn geltenden Kompositionsbegriff und das für ihn maßgebende Fundament des Komponierens zur Schau stellen und verteidigen wollte in einer Zeit, in der man – wie es der Berliner Musiktheoretiker Friedrich Wilhelm Marpurg im Vorwort der Druckausgabe dieses Werkes beschrieb – die Fuge bereits weithin »für eine Geburt des aberwitzigen Alterthums« hielt und das Wort Contrapunct »den zärtlichen Ohren ... barbarisch« klang (Dokumente Bd. 3, 16). Nur für B., für niemanden sonst, war die in diesem Werk verwirklichte Verbindung von Tradition, Unterweisung und Kunst erreichbar gewesen. Durchdrungen mit Affektgehalt, musikalischer Rhetorik und Symbolik, ist hier die Form der Musik, Kontrapunkt, Fuge und Kanon, erhoben zu einer Aussage über Gott und den Menschen, wie sie nur in dieser traditionsgesättigten Form möglich war – einem musikalischen Sagen des Seins und des Daseins, wie B. es sah und wie solches Sehen und Sagen als Kunst eine zeitlose Wahrheit zeitlos zu erfassen und mitzuteilen vermag.

B.s musikhistorische Stellung und kompositionsgeschichtliche Leistung sind darin zu sehen, daß er, biographisch und schaffensmäßig beheimatet in den überkommenen mitteldeutschen Stadt- und kirchengeschichtlichen Verhältnissen seiner Zeit, in internationaler Orientierung die spätbarocken Kompositionstraditionen aufgriff und, indem er sie in seinem Werk zusammenschmolz, in eine höchstgradige und zukunftweisende ästhetische Qualität überführte, ohne jedoch den Boden des unmittelbaren Traditionszusammenhangs jemals zu verlassen. Dies geschah in einer Zeit, als – von Italien und Frankreich ausgehend und mit Kulminationspunkten ab etwa 1740 in Süddeutschland (Mannheimer Schule) und Wien – ein neuer, antibarocker musikalischer Geschmack an Boden gewann. Getragen von dem aufsteigenden Bürgertum und einer neuartigen kulturellen Öffentlichkeit, entwickelte und verbreitete sich eine Stilrichtung, die in ihrer galanten und empfindsamen, annehmlichen und natürlichen, ästhetisch leicht zugänglichen und allgemein verständlichen Neuartigkeit mit Traditionen brach, um sich in Richtung jener Moderne zu bewegen, die im deutschsprachigen Raum als musikalische Vorklassik bezeichnet werden kann.

In dieser breiten und zukunftsstarken Neuerungs- und Umbruchsbewegung geriet B.s Musik, seine gearbeitete, gelehrte, anspruchsvolle Art des Komponierens, ins Abseits. In den Kreisen seiner Schüler und bei wenigen Kennern war und blieb sie aktuell, nicht aber in der neuen Öffentlichkeit. Dies kann exemplarisch an der Rezeption der *Kunst der Fuge* abgelesen werden: Als 1756 C. Ph. E. Bach die in seinem Besitz befindlichen Kupferplatten dieses Werkes »für einen billigen Preis« loszuwerden trachtete, waren nur etwa dreißig Exemplare verkauft worden. Und schon 1737, als B. durch Druckausgaben seiner Werke in die Öffentlichkeit zu dringen suchte, war seine Kompositionsweise von dem Hamburger Musikkritiker Johann Adolf Scheibe, einem kompetenten Sprecher der neuen Geschmacksrichtung, dahingehend verurteilt worden, daß sie zu wenig »Annehmlichkeit« habe und daß B. »seinen Stücken durch ein schwülstiges und verworrenes Wesen das Natürliche entzöge und ihre Schönheit durch allzugroße Kunst« verdunkele (Dokumente Bd. 2, 286).

Die musikalische Vorklassik entwickelte sich weitgehend jenseits von B.: Stamitz, als er ab etwa

1740 in Mannheim einen neuen Symphonie- und Orchesterstil schuf, Wagenseil und Matthias Monn, als sie zur gleichen Zeit in Wien neuartige Instrumentalmusik komponierten, Haydn, als er seit den frühen fünfziger Jahren auf dem Boden der Wiener Geselligkeitsmusik sein zielstrebiges Komponieren begann – sie alle haben damals B.s Musik nicht gekannt und für ihre Art von Musik auch nicht zu kennen brauchen. Erst allmählich, deutlich zu beobachten etwa bei Mozart ab 1782, wurde B. und somit die geschichtliche Überlieferung, die seine Musik kennzeichnet, in das Komponieren einbezogen. Diese Einbeziehung erfolgte nun aber nicht mehr in der Weise einer kontinuierlichen Übernahme und Weitergabe von Traditionen, sondern in Form einer reflektierten Adaption: einer Wiederentdeckung. Und ebenso auf Wiederentdeckung beruhte der Einzug der Musik B.s in das öffentliche Musikleben seit dem frühen 19. Jahrhundert, wofür 1829 die Aufführung der *Matthäuspassion* in der Berliner Singakademie durch Mendelssohn Bartholdy das entscheidende Zeichen war.

Die Wiederentdeckung B.s, seine beständig zunehmende Integration in die Musikkultur, hatte zahlreiche Gründe, von denen die Hinwendung zur »alten« Musik, die Bereicherung durch sie, und die durch B. ermöglichte Einsetzung einer vollgültigen evangelischen Kirchenmusik vornan standen. Aber zu ihrer Voraussetzung hatte die Wiederentdeckung und Belebung B.s die Fähigkeit einer breiten Öffentlichkeit zum Hören qualitativ anspruchsvoller Musik, eine Fähigkeit, die das kompositorische Niveau der klassischen Musik dem Hörer gleichsam anerzogen hatte, so daß, was Scheibe einst als »allzugroße Kunst« getadelt hatte, nun als große Kunst verstanden werden konnte. Allerdings waren mit der Aktualisierung B.s wesentliche Sinngehalte seiner Musik, zum Beispiel ihre rhetorische Abbildlichkeit und Textauslegung, nicht mehr unmittelbar verstehbar, da die Traditionen, denen B.s Komponieren zugehört hatte, gebrochen waren und sich das Hören von Musik verändert hatte. Diese Veränderung war unter dem Einfluß der ästhetisch konzipierten klassischen Musik geschehen, das heißt im Zeichen eines im Sinnlichen sich erfüllenden Musikverstehens, dem B. sich aufgrund der Schönheit und Sinnfülle seiner Musik zwar anbietet, in dem aber seine Musik nicht aufgeht. Hier war und ist das erkennende Verstehen gefordert, das die Traditionsinhalte, in denen B. dachte und komponierte, wieder aufdeckt, um auf diese Weise das ästhetische Hören zu ergänzen und zu bereichern.

Noten: J. S. B. Sämtliche Werke, hrsg. von der B.-Gesellschaft, 46 Bde., Lpz. 1851–99, Supplement Lpz. 1932; Ndr. in 25 Bdn. Farnborough 1968. J. S. B. Neue Ausg. sämtlicher Werke, hrsg. vom J. S. B.-Institut Göttingen und vom B.-Archiv Lpz., Kassel und Lpz. 1955 ff.

Dokumente: B.-Dokumente, hrsg. vom B.-Archiv Lpz., 3 Bde., Kassel und Lpz. 1963–72. Die Handschrift J. S. B.s [Ausstellungskatalog Bln. 1985] Wiesbaden 1985.

Werkverzeichnis: SCHMIEDER, W.: Thematisch-systematisches Verz. der mus. Werke von J. S. B. (BWV), Lpz. 1950; 2. überarbeitete und erweiterte Ausgabe Wiesbaden 1990, kleine Ausg. 1998. B.-Compendium, Analytisch-bibliographisches Repertorium der Werke J. S. B.s (BC), hrsg. von H.-J. SCHULZE und CHR. WOLFF, Lpz. 1985 ff.

Bibliographie: Ndr. des Verz. des Schrifttums über J. S. B. (B.-Jb. 1905–84), hrsg. von CHR. WOLFF, Bln. 1985.

Periodica: B.-Jb., 1904 ff. [mit Bibl.]. Beiträge zur B.forschung, Lpz. 1982, fortgeführt als Leipziger Beiträge zur B.forschung, Hildesheim 1995 ff. Schriftenreihe der Intern. B.akademie, Stg., Kassel 1988 ff.

Literatur: FORKEL, N.: Ueber J. S. B.s Leben, Kunst und Kunstwerke, Lpz. 1802; Ndr. Bln. o. J. SPITTA, PH.: J. S. B., 2 Bde., Lpz. 1873–80; Ndr. Wiesbaden 1979. SCHWEITZER, A.: J. S. B., Paris 1905; dt. Lpz. 1908; Wiesbaden [10]1979. GURLITT, W.: J. S. B. Der Meister und sein Werk, Bln. 1936; Kassel [5]1980. SCHMITZ, A.: Die Bildlichkeit der wortgebundenen Musik J. S. B.s, Mainz 1950; [2]1976. B.-Interpretationen, hrsg. von M. GECK, Göttingen 1969. J. S. B., hrsg. von W. BLANKENBURG, Darmstadt 1970 (Wege der Forschung 170). DÜRR, A.: Die Kantaten von J. S. B., 2 Bde., Kassel 1971; aktualisiert Mn. [6]1995. MARSHALL, R. L.: The Compositional Process of J. S. B., Princeton (NJ) 1972. DERS.: B. the Progressive – Observations on the Later Works *in* MQ 62 (1976), 313–357. WILLIAMS, P.: The Organ Music of J. S. B., 3 Bde., Cambridge 1980; [3]1986. B.forschung und B.interpretation heute. Wissenschaftler und Praktiker im Gespräch, Bericht. hrsg. von R. BRINKMANN, Kassel 1981. J. S. B. Das spekulative Spätwerk, Mn. 1981 (MK 17–18). EGGEBRECHT, H. H.: B.s Kunst der Fuge. Erscheinung und Deutung, Mn. 1984; [3]1988. J. S. B. Goldberg-Variationen, Mn. 1985 (MK 42). DÜRR, A.: Die Johannes-Passion von J. S. B., Mn. 1988. J. S. B.s Spätwerk und dessen Umfeld. Perspektiven und Probleme: Bericht ... hrsg. von CHR. WOLFF, Kassel 1988. MARSHALL, R. L.: The Music of J. S. B ..., N. Y. 1989. WOLFF, CHR.: B. Essays on His Life and Music , Cambridge (MA) und Ldn. 1991. DÜRR, A.: J. S. B. Das Wohltemperierte Klavier, Kassel 1991. B. und die Nachwelt, hrsg. von M. HEINEMANN und H.-J. HINRICHSEN, Laaber 1997. KÜSTER, K.: B.-Hdb., Kassel u. a. 1999. GECK, M.: J. S. B. Mit Selbstzeugnissen und Bilddokumenten, Reinbek bei

Hbg. ⁵1999. Über Leben, Kunst und Kunstwerke. Aspekte musikalischer Biographie. J. S. B. im Zentrum, hrsg. von CHR. WOLFF, Lpz. 1999. PARROTT, A.: B.s Chor. Zum neuen Verständnis, Stg. 2003.

Hans Heinrich Eggebrecht

Bach, Wilhelm Friedemann

Geb. 22. 11. 1710 in Weimar; gest. 1. 7. 1784 in Berlin

Wie bei kaum einem anderen Musiker scheinen bei W. Fr. B. zwei Schichten der Rezeption vollkommen auseinander zu fallen: Während der Werkbestand und dessen ästhetische Einordnung weiterhin große Probleme aufwerfen, die ein abschließendes Urteil über B.s kompositionsgeschichtliche Bedeutung bisher nicht ermöglichen, konnten sich über die Person bestimmte Stereotypen ausbilden, die bis zum heutigen Tag nur wenig an Wirkungskraft verloren haben. Beide Umstände sind miteinander verknüpft, denn daß B.s Schaffen nicht vollständig dokumentiert ist und sich das Bild vom Komponisten zu weiten Teilen aufgrund anderer Quellen als die seiner Kompositionen formieren mußte, hat anscheinend genau mit jenen Aspekten seiner Persönlichkeit zu tun, die ihn überhaupt zum Gegenstand einer derartigen nicht-musikalischen Betrachtungsweise (etwa in Brachvogels einst vielgelesenem Künstlerroman) werden ließen.

W. Fr. B. ließe sich mit einem gewissen Reduktionismus als Repräsentant einer Generation ›zwischen den Epochen‹ deuten, in der die sozialen Normen des überkommenen Zeitalters als Rahmenbedingung der Kunstproduktion noch zu großen Teilen wirksam waren, während eine neue Haltung des Künstlers sich bereits abzeichnete. Das gesellschaftliche Anecken eines Komponisten, der sich dem neuen Geniebegriff verpflichtet sieht und auf weitgehende Autonomie des Künstlers pocht, wäre dieser These zufolge fast zwangsläufig. Eine weitere Komplikation erhält dieses Bild jedoch im Falle W. Fr. B.s, der sich in besonderer Weise dem Erbe seines Vaters verpflichtet fühlte und damit in manch anderer Hinsicht eine Kunstauffassung vertrat, die zu ihrer Zeit als obsolet empfunden wurde.

Bereits die ersten Kompositionen W. Fr.s (zwei Allemanden und drei Präludien) finden sich in einem Umfeld, das eine Vermittlung von Kompositions- und Spieltechnik unternimmt, nämlich in jenem »Klavierbüchlein für W. Fr.«, in dem neben den Inventionen von J. S. Bach auch Stücke ausgesucht moderner Schreibart (etwa von Heinrich David Stölzel und Telemann) vertreten sind. Die große Bedeutung des spieltechnischen Aspekts für W. Fr. läßt sich aus der Tatsache erschließen, daß aus seiner bis 1733 dauernden Leipziger Zeit wenig mehr an Kompositionen erhalten ist: Das Schwergewicht der musikalischen Tätigkeit lag offenbar auf der Vertiefung der instrumentalen Fähigkeiten und der Improvisation.

Diese moderne Hinneigung zum Virtuosentum äußert sich in verschiedenen Werken, die aus der Zeit der ersten Anstellung an der Dresdner Sophienkirche (1733–46) überliefert sind. Besonders die *Cembalokonzerte a-moll* und *D-dur* fordern vom Spieler eine ungewöhnlich anspruchsvolle Spieltechnik, zumal die Gattung des Cembalokonzerts per se eine ausgesprochen junge war. Weiterhin fallen in diese Zeit u. a. Sinfonien, Triosonaten und Cembalosonaten, von denen eine (die *Sonate D-dur*) 1745 auch als erstes Werk W. Fr. B.s zur Drucklegung gelangte.

Der Kontakt zu den Musikern des Dresdner Hofes (z. B. Johann Georg Pisendel und Hasse) hinterließ in den späteren Kompositionen B.s merkliche Spuren: bei der Adaptation des melodisch-vokalen, an der Oper orientierten Stils, der in den Hallenser Kantaten vielfach anzutreffen ist. In Halle wirkte W. Fr. B. ab 1746 an der Liebfrauenkirche, bevor er nach zahlreichen Querelen 1764 die Kündigung einreichte – ohne eine andere Stelle in Aussicht zu haben. Die hier geschaffene Kirchenmusik vereint oftmals Züge des Repräsentativen, bewußt eingesetzte Virtuosität und satztechnische Avanciertheit (vor allem in der Kontrapunktik). Auch theoretisches Interesse B.s scheint auf, wenn der Plan publik gemacht wird, eine »Abhandlung vom Harmonischen Dreyklang« veröffentlichen zu wollen (Ankündigungen 1754 und 1758, Manuskript verschollen).

In den Jahren nach der Kündigung entstanden zunächst vor allem weitere Klavierwerke wie die *12 Polonaisen*, die bis ins 19. Jahrhundert verbreitet waren, Sonaten und Fantasien. Folgten die Sonaten eher dem Postulat der Natürlichkeit und Klarheit des Ausdrucks, so stellen die Fantasien einen weiteren Schritt in Richtung eines ausgesucht virtuosen Spielideals dar. 1770 verließ W. Fr. B. Halle, um verschiedene Gelegenheiten zu

Probespielen und Auftritten als Orgelvirtuose wahrzunehmen. Die Produktion neuer Werke verringerte sich (zumindest hingewiesen sei jedoch auf die Sammlung von *Acht Fugen* für die Prinzessin Anna Amalia von Preußen); darüber hinaus war W. Fr. B. nun zunehmend gezwungen, seine Notenbestände zu verkaufen – ein Grund für die mangelnde Sicherheit des Werkbestandes.

Bemerkenswert ist jene Ambivalenz des kompositorischen Ideals von W. Fr. B., insofern es anhand der vorliegenden Kompositionen zu rekonstruieren ist: Einerseits nahm er in vielen Fragen – etwa betreffend die Emanzipation des Virtuosentums – eine dezidiert moderne Haltung ein, andererseits sah er sich offenbar innerhalb eines wirkenden Traditionszusammenhanges eingebunden, wie im Fall der kontrapunktischen Kompositionsweise. Daß Friedrich Wilhelm Marpurg und Johann Philipp Kirnberger kontrapunktische Studien W. Fr. B.s als exemplarische Beispiele in ihre Lehrbücher aufnahmen, stellt sicherlich mehr dar als nur eine Reverenz gegenüber seinem Vater. Vielmehr läßt sich bei W. Fr. eine ausgesuchte Vorliebe für anspruchsvolle imitatorische Techniken (z. B. Tripelfugen und -kanons) erkennen. In diesem Bemühen, zeitlich und stilistisch auseinanderfallende Elemente zusammenzwingen zu wollen, dürfte einer der Gründe dafür zu suchen sein, warum W. Fr. B. nicht auf gleiche Weise stilbildend werden konnte wie etwa der Bruder Carl Philipp Emanuel.

Noten: Sämtliche Klaviersonaten, hrsg. von Fr. Blume, Kassel 1930–1940. Sämtliche Orgelwerke, hrsg. von Tr. Fedtke, Ffm. 1966. Klavierfantasien, hrsg. von P. Schleuning, Mainz 1972. W. Fr. B. Gesammelte Werke, hrsg. von P. Wollny, 10 Bde., Stg. 1999ff.
Werkverzeichnis: Wollny, P.: Thematisches Verz. der Werke W. Fr. B.s, Stg. 2000.
Literatur: Chrysander, Fr.: J. S. Bach und sein Sohn Fr. B. in Halle 1713–1768 *in* Jb. für Mw. 2 (1867), 235–248. Bitter, C. H.: C. Ph. E. und W. Fr. B. und deren Brüder, Bln. 1868; Nachdr. Lpz. 1973. Falck, M.: W. Fr. B. Sein Leben und seine Werke mit thematischem Verz. seiner Werke, Lpz. 1913; ²1919. Schleuning, P.: Die freie Fantasie. Ein Beitrag zur Erforschung der klassischen Klaviermusik, Göppingen 1973. Borysenko, E.: The Cantatas of W. Fr. B., Diss. University of Rochester 1981. Wollny, P.: Studies in the music of W. Fr. B. Sources and Style, Diss. Harvard University 1993.

Andreas Jacob

Baird, Tadeusz

Geb. 26. 7. 1928 in Grodzisk Mazowiecki (Polen); gest. 2. 9. 1981 in Warschau

Sein Großvater kam aus Schottland nach Polen (daher sein englisch auszusprechender Familienname), seine Mutter war Russin, er selbst wurde als gerade 16jähriger Kompositionsschüler (von Bolesław Woytowicz und Kazimierz Sikorski) während des Warschauer Aufstandes deportiert, leistete Arbeitsdienst in Emsdetten, wurde im KZ Neuengamme inhaftiert und nach einem Fluchtversuch zum Tode verurteilt; die dauernden Luftangriffe der Alliierten verhinderten die Exekution. Nach abenteuerlichen Irrfahrten landete er in einem alliierten Auffanglager für ehemalige Kriegsgefangene in Hagen, wo er Klavierunterricht geben konnte. 1946 endlich nach Warschau zurückgekehrt, beendete er sein Studium bei Piotr Rytel und Piotr Perkowski und gründete zusammen mit Kazimierz Serocki und Jan Krenz die »Gruppe 49«: Kompositorisches Selbstverständnis war eine faßliche Moderne auf der Grundlage des Neoklassizismus polnisch-französischer Prägung.

Eine individuelle Musiksprache fand B. jedoch erst nach dem ›Tauwetter‹ von 1956, welches ihn als einen der Begründer des seitdem zu Weltruhm gelangten Musikfestivals »Warschauer Herbst« sah. Mit dem *Ersten Streichquartett* (1957) und vor allem den *Vier Essays* für Orchester (1958) war B. als Komponistenpersönlichkeit gefestigt und repräsentierte seitdem die ›polnische Schule‹, gemeinsam mit Lutosławski und später Penderecki: letzterer stand (jedenfalls zunächst) für das radikale Klangexperiment, ersterer für konstruktive Neuerungen und ab 1961 die ›kontrollierte Aleatorik‹, B. hingegen war von Anfang an Lyriker und Espressivo-Musiker im Gefolge Bergs und des frühen Webern. Die *Vier Essays*, die eines der signifikantesten Werke B.s geblieben sind, erfüllen sich ganz aus Melodie und delikat ausgehörter, transparenter Klanglichkeit. Streicher und Harfen im ersten, Holzbläser, Streicher und getupfte Perkussionsakzente im zweiten, Blech, zwei Klaviere und ›hartes‹ Schlagzeug im bewegten dritten und Kammerensemble mit Cembalo, aber ohne Blech im vierten Satz geben die jeweils charakteristische Faktur.

In den zerbrechlich-zarten *Erotyki* (»Liebeslieder«; 1961) nach Gedichten von Małgorzata Hillar, im Orchesterstück *Variationen ohne Thema*

(1962) und in den *Vier Novelletten* für Kammerorchester (1967) setzte sich B.s lyrisch getönte Klangfarbenkomposition fort; trotz gelegentlicher dramatischer Verdichtungen *(Sinfonia breve*, 1968; *Dritte Sinfonie*, 1969) blieb B.s Musik durchgängig eher introvertiert, besonders in den diversen Vokalzyklen wie den *Vier Liebes-Sonetten* nach Shakespeare (1969), den *Goethe-Briefen* (1970) oder den *Stimmen aus der Ferne* (1981), seinem letzten Werk, aber auch in Instrumentalwerken wie dem *Concerto lugubre* für Viola und Orchester (1975) und der *Canzona* (1980). Unmittelbar expressiv und depressiv gleichermaßen wirkte auch seine einzige Oper *Jutro* (»Morgen«; Warschau 1966) nach einer Erzählung von Joseph Conrad. In freier Handhabung der Zwölftontechnik nahm B. die Tendenz der Neoromantik der siebziger Jahre lange vorweg, behielt aber trotz aller bewußter Traditionsverbundenheit und der Unmittelbarkeit der Wirkung stets eine deutlich moderne und individuell ausgeprägte Sprache, die dem zu früh Verstorbenen einen bleibenden Platz in der polnischen wie europäischen Neuen Musik sichern dürfte.

Noten: Peters (Ffm.); Polskie Wydawnictwo Muzyczne (Krakau).

Werkverzeichnis: Röhr-Dapper, F.: T. B. Available Works, Heidenrod [Selbstverlag] 1982.

Literatur: Sannemüller, G.: T. B., Canzona *in* Melos 47 (1985), Heft 2, 2–9. Tarnawska-Kaczorowska, Kr.: T. B., Poznań 1995. Dies.: T. B. Glosy do Biografii, Krakau 1997. Sannemüller, G.: Sprache und Musik in der Kantate »Goethe-Briefe« von T. B. *in* Traditionen. Neuansätze (1997), 465–473.

Hartmut Lück

Balakauskas, Jonas-Osvaldas

Geb. 19. 12. 1937 in Miliunai (Litauen)

B. zählt als Komponist zum Kern der klassischen Moderne Litauens. Er wurde an den Konservatorien in Vilnius und Kiev ausgebildet, setzte sich aber neben seinem Studium auch mit der dort ›verpönten‹ Dodekaphonie und seriellen Musik auseinander. Dennoch versteht sich B. nicht als Avantgardist, sondern plädiert für einen bewahrenden Umgang mit dem musikalischen Material. Vor allem die Möglichkeiten der Harmonik hält B. für nicht ausgeschöpft. Infolgedessen entwickelte er ein eigenes System (»Dodekatonik«), dem nicht die zwölf Töne, sondern zwölf verschiedene Modi zugrunde liegen, die durch Ableitungen aus dem Quintenzirkel gewonnen werden und sieben- bis zwölftönige Skalen ergeben. Die Töne werden mit seriellen Verfahren bearbeitet, wobei B. Dissonanzenhäufung meidet: eine ›moderate‹ Form des Serialismus. Der Titel des Werkes *Neun Quellen* (1974) für Oboe und Cembalo geht direkt auf die Arbeit mit einer solchen neuntönigen Skala zurück.

Die Organisation des Rhythmus ist an Blachers variablen Metren orientiert: B. legt mathematische Proportionen – etwa die Fibonacci-Reihe – zugrunde oder verarbeitet Einflüsse des Jazz. Typisch für seine Arbeit ist das Bemühen, die Musik in steter, großflächig konzipierter Bewegung zu halten. So ist seine *Zweite Sinfonie* (1979) von einem Bewegungskontinuum ständiger Repetitionen gekennzeichnet, in *Meridionale – Hommage à Lutosławski* (Turbulenzen; 1994) für Kammerorchester ist die Musik in fortwährend stürmischer Bewegung; im Gegensatz dazu ist seine *Dritte Sinfonie* (Ostrobotnia, »Die Ostbottnische«; 1989) für 20 Streicher von einem langsamen und melancholischen Duktus geprägt. Titel von Klavierkompositionen wie *Kaskados 1* (1967) und *Kaskados 2* (1986) verweisen ebenfalls auf die Prägung durch Bewegungsformen.

B. schreibt einerseits viel ›absolute‹ Musik: Neben den Sinfonien entstand Kammermusik wie das *Concertino* (1966) für Klavier und Streicher, das *Quartetto Concertante* (1970) für Ensemble, oder das *Konzert* (1981) für Oboe, Cembalo und Streicher, aber auch großdimensionierte Werke wie *Passio strumentale* (1980) für Streichquartett mit Orchester und *Opera strumentale* (1987) für großes Orchester. Andererseits läßt sich B. auch von außermusikalischen Impulsen anregen: Die Komposition *Wie die Berührung einer Meereswelle* (1975) für Violine und Klavier geht auf Bilder von Mikajolus K. Čiurlionis zurück, die Kammerkantate *Tyla – Silence* (1986) beruht auf dem Prosatext »Le Silence« von Oscar Milosz und verbindet den französischen Originaltext mit der litauischen Übersetzung.

Viele von B.s Werken greifen Elemente des Jazz auf: *Polylogue* (1991), ein Dialog zwischen Saxophon solo und Streichorchester, ist von jazzartigen Ostinati durchzogen; das *Concerto RK* (1997), das dem litauischen Geigenvirtuosen Raimundas Katilius gewidmet ist, stellt die Solovioline in virtuos-

›rockiger‹ Manier dem Orchester gegenüber; *Bob-Art* (1995) für Violoncello und Klavier enthält ein Bebob-Thema, das vom Klavier fragmentarisch zerlegt wird, während das Violoncello eine quasi jazz-improvisatorische Gegenstimme dazu spielt. B. liebt die Verbindung divergierender musikalischer Stilelemente: In seinem *Zweiten Streichquartett* (1971) werden klassische Kadenzen als Serienelement behandelt; *Studi sonori* für zwei Klaviere (1972) verbindet Volkslieder mit Clustern und der Titel der Kantate *Chopin-Hauer* von 1990 benennt selbst die stilistischen Bezüge der Komposition. In *Erasmus* (1996) für Trompete, Posaune und Tonband wird Jazz-Material mit einem mittelalterlichen Organum kombiniert. Dabei legt B. auf eine Synthese der unterschiedlichen Elemente Wert, er verwahrt sich gegen postmoderne Polystilistik.

Noten: Polskie Wydawnictwo Muzyczne (Krakau); Sikorski (Hbg.).
Dokumente: Dodekatonik *in* W kręgu muzyki litewskiej, hrsg. von K. DROBA, Krakau 1997.
Literatur: L. LESLE: Verneige dich vor deiner Erde. Musik des Baltikums im Überblick, Hbg. 2001.

Dominik Susteck

Bartók, Béla

Geb. 25. 3. 1881 in Nagyszentmiklós (Ungarn, heute Siñnicolau Mare, Rumänien); gest. 26. 9. 1945 in New York

B. gilt gemeinsam mit Stravinsky und Schönberg als Klassiker der Moderne. Ganz im Gegensatz vor allem zu Schönberg und seiner Schule haben seine Werke in den regulären Konzertbetrieb Eingang gefunden, er wurde gar als meistgespielter Komponist des 20. Jahrhunderts bezeichnet. Diese große Aufmerksamkeit gilt jedoch nur einem Ausschnitt seines Œuvres, und zwar vor allem dem Spätwerk sowie einigen wenigen exponierten Stücken der mittleren Schaffensphase. Kaum bekannt sind etwa seine frühen Klavierkompositionen, die *Sonate für Violine* von 1903 sowie ein *Klavierquintett* von 1903–04, die einen deutlichen Einfluß von Brahms zeigen und in der Verwendung des damals von B. noch als ungarische Musik anerkannten Verbunkos-Stils der Tradition Liszts folgen. B. studierte bei dem in der Brahms-Nachfolge stehenden Hans Koessler in Budapest Komposition, begann sich 1902 – angeregt durch eine Aufführung des »Zarathustra« in Budapest – mit R. Strauss auseinanderzusetzen. Die Begegnung mit dieser Musik und sein nationalistisches Engagement für Ungarn führte zur Komposition der deutlich von Strauss' »Heldenleben« inspirierten Symphonischen Dichtung *Kossuth* (1903). Auf dem Höhepunkt dieses thematisch durch ein Leitmotiv charakterisierten Werkes erscheint eine Persiflage der österreichischen Hymne »Gott erhalte Franz den Kaiser« (in Moll). Die *Rhapsodie* für Klavier und Orchester op. 1 (1905) steht mit ihrem virtuosen Stil in Lisztscher Manier noch in der romantischen Tradition, ihre Satzfolge langsam-schnell (»lassu-friss«) knüpft an die des Verbunkos an. Auch die *Erste Suite* für Orchester op. 3 (1905) bezieht sich mit der unregelmäßigen Phrasenstruktur des ersten Themas, der akkordischen Begleitung und der ornamentalen Melodie im zweiten Satz auf den Verbunkos-Stil.

Nach 1908 entwickelte B. unter dem Einfluß von Debussy und durch Anregungen Kodálys, der Musik Regers, Schönbergs und Stravinskys einen neuen, reiferen Stil. Von grundlegender Bedeutung wurden die gemeinsam mit Kodály durchgeführten Forschungsreisen, die er seit 1906 in der Zeit, die ihm neben der Wahrnehmung seiner Klavierprofessur verblieb, regelmäßig durchführte, um u. a. ungarische, rumänische, slowakische, aber auch arabische von B. selbst so genannte ›Bauernmusik‹ zu sammeln. Die aus der Beschäftigung mit der Volksmusik erhaltenen Anregungen können in ihrer Bedeutung für B.s Komponieren kaum unterschätzt werden, denn sie führten ihn zum Gebrauch ungewöhnlicher Skalen, zur Verwendung von pentatonischen Clustern, bitonalen Strukturen, Quartenakkorden, zur Themenkonstruktion in Strophenform, zu irregulär zusammengesetzten Metren und neuen rhythmischen Mustern und zu einem rezitativartigen, aus dem ›Parlando rubato‹ der Volkslieder stammenden Vokalstil. In B.s Augen gab ihm die Volksmusik die Möglichkeit, sich von der Dur-Moll-Tonalität zu lösen und eine polymodale Chromatik zu entwickeln (Essays, 367). B. unterschied drei Formen der kompositorischen Verwendung von Volksmusik. Neben der unveränderten Übernahme der Melodien mit ornamentaler Begleitung, die aus den Eigenschaften der Melodie hervorgehen sollte, führt B. die Erfindung eigener Melodien an, welche die Volksmusik imitieren, sowie als grundlegendsten Modus der Volksmusikadaption eine Verinnerlichung ihrer Charakteristika: »[Der Komponist] hat das Idiom der Bauernmusik, das zu seiner Muttersprache geworden ist, vollständig absorbiert« (Essays, 344). Bereits mit der serenadenartigen *Zweiten Suite* op. 4 (1905–07) begann B., sich in der Auseinandersetzung mit der ›originalen‹ Volksmusik von dem Einfluß Strauss' zu lösen: Dem dritten und vierten Satz liegt eine für die Volksmusik typische Pentatonik zugrunde, die Begleitung ist aus dem melodischen Material entwickelt.

In die Zeit der frühen Beschäftigung mit der Volksmusik fällt eine stark biographisch motivierte Komposition. Das posthum veröffentlichte *Erste Violinkonzert* (1907–08) schrieb B. für die Geigerin Stefi Geyer, mit der ihn eine unglückliche Liebesbeziehung verband. Das Werk beruht auf einem Leitmotiv, das auch in der *Elegie Nr. 1* für Klavier op. 8b (1908) sowie im ersten der *Zwei Portraits* für Orchester op. 5 (1911) Verwendung findet.

An einem entscheidenden Wendepunkt in B.s Entwicklung stehen die *14 Bagatellen* für Klavier op. 6 (1908). B. selbst sah die Bagatellen als »Reaktion auf die Überschwenglichkeit der romantischen Klaviermusik im 19. Jahrhundert, in einem Stil, von dem alle unwesentlichen dekorativen Elemente abgeschält sind und der bewußt nur sehr begrenzte technische Mittel einsetzt« (Essays, 432). Die Bedeutung der Stücke liegt in ihrer Tendenz zur Auflösung der traditionellen Tonalität, sie demonstrieren beispielhaft B.s aus der Beschäftigung mit der Volksmusik entstandene Kompositionstechnik: symmetrische Neuordnung von modalen Skalen, Interaktion von verschiedenen Tonsystemen (diatonisch, ganztönig und oktatonisch), Konstruktion spezifischer intervallischer Zellen, Entwicklung von Intervallzyklen, tonale Zentrierung auf der Basis von Symmetrieachsen, Verwendung von Quartenakkorden. Nur zwei der Bagatellen sind authentische Volksmelodien (Nr. 4 ungarisch, Nr. 5 slowakisch). Die *Bagatelle Nr. 2* ist ein gutes Exempel für B.s in späteren Werken vermehrt auftretende Arbeit mit Symmetrien im Tonsatz, symmetrische Formationen ersetzen hier die Funktion der traditionellen Tonalität. Und auch in dieses Werk fanden biographische Momente Eingang: In der *Bagatelle Nr. 13* »*Elle est mort*« verwendet B. wiederum das »Stefi Geyer«-Motiv, das auch in Nr. 14 in einem ›diabolischen‹ Walzer durchgeführt wird.

Kann man die *14 Bagatellen* sowohl als Synthese von B.s bisherigem Schaffen als auch als Vorausblick auf jene stilistischen Elemente, die in den folgenden Werken wichtig werden sollten, ansehen – also auf Bearbeitung von Volksliedern, abstrakte Verwendung von Volksmusikcharakteristika, ›primitiven‹ Stil (Nr. 10), tonale und formale Symmetrie (Nr. 2, 3, 8 und 12) –, so ist das Streichquartett jene Gattung, die sich durch das gesamte Schaffen zieht und an der B.s kompositorische Entwicklung am besten verfolgt werden kann.

Das dreisätzige *Erste Streichquartett* op. 7 (1908–09) beginnt gattungsuntypisch mit einem langsamen Satz. Dem ganzen Quartett liegt ein einziger motivischer Gedanke zugrunde, der eine Beziehung zu Beethovens späten Quartetten herstellt: zwei Sekundpaare in Gegenrichtung mit variablem Verbindungsintervall. Chromatik ist auch harmonisch vorherrschend, Tonalität im traditionellen Sinn begrenzt auf lokale Wirkung. Der Kontrast zwischen ›Tempo giusto‹- und ›Parlando rubato‹-Abschnitten und die für die ungarische Volksmusik typische rhythmische Figur einer abtaktig kurzen Note, gefolgt von einer langen, verweisen auf die Volksmusik, die perkussiven Elemente der Streicher auf spätere Werke B.s. Die im Anschluß an das *Streichquartett* komponierten *Zwei rumänischen Tänze* für Klavier op. 8a (1909–10) sind das erste Werk, das sich auf Material der rumänischen Volksmusik stützt; in *Zwei Bilder* für Orchester op. 10 (1910) dagegen wird eine für osteuropäische Musik atypische Ganztonskala verwendet, die vermutlich auf den Einfluß Debussys zurückzuführen ist.

Das Jahr 1911 brachte für B. einen entscheidenden Durchbruch in seinem Komponieren. Die einaktige Oper *A kékszakállú herceg vára* (»Herzog Blaubarts Burg«; Budapest 1918) zu einem expressionistischen Libretto von Béla Balázs gilt als B.s erstes reifes Werk. Die hochsymbolische innere Handlung mit nur zwei Protagonisten spiegelt sich äußerlich im Öffnen von sieben Türen der Burg; die formale Anlage folgt der Entwicklung der Bühnenbeleuchtung von der Dunkelheit des Anfangs zum hellen Licht am Höhepunkt der Szene der fünften Tür und wieder zurück zur Dunkelheit am Ende. Im tonalen Plan werden Licht und Dunkelheit durch die tonalen Gegenpole C und Fis repräsentiert. B.s Oper war durch die von ihm entwickelte neue Form der auf dem ›Parlando-rubato‹ der Volksmusik beruhenden ungarischen Deklamation von großem Einfluß auf die weitere Entwicklung der ungarischen Oper. Ebenfalls 1911 entstand eine der populärsten Kompositionen B.s, das *Allegro barbaro* für Klavier. Die vorausgehenden Klavierstücke (*Drei Burlesken* op. 8c, 1908–11; *Sieben Skizzen* op. 9b, 1908–10) können als dessen Vorläufer bezeichnet werden. Der brüske, schroffe Stil des *Allegro barbaro* entsteht durch die fieberhafte Repetition einfacher Themen und den perkussiven Einsatz des Klaviers. Der große Erfolg des Balletts *A fából faragott királyfi* (»Der holzgeschnitze Prinz«; Budapest 1917), einer dreiteiligen Symphonischen Dichtung nach einer Vorlage von Balázs verhalf B. nicht nur zu einer Aufführung der *Blaubart*-Oper, sondern auch zu einem Vertrag mit der renommierten Universal Edition. Das Ballett experimentiert mit einer symmetrischen formalen Anlage, in welcher der letzte Teil Materialien des ersten in umgekehrter Reihenfolge aufgreift und die B. in seinen späteren Instrumentalwerken ausbaute.

Im dreisätzigen *Zweiten Streichquartett* op. 17 (1915–17), das mit einem langsamen Satz endet, ist der Einfluß der Volksmusik deutlicher als im ersten Quartett. Scharfe Dissonanzen, neue Skalenstrukturen, rhythmische Repetition und perkussive Pizzicati der Streicher charakterisieren das Werk. Im zweiten Satz (Allegro molto capriccioso) sind der enge Umfang der brüsken Melodie, die perkussive Begleitung und die reiche Verzierung aus der arabischen Musik herzuleiten; wie auch bei der Violinmelodie des dritten Satzes handelt es sich jedoch nicht um originale Volksmusik. Die harmonische Konzeption B.s wird mit diesem Quartett zunehmend atonal: Sekunden und Quarten ersetzen die herkömmliche Terzenharmonik. Die *Suite* für Klavier op. 14 (1916) ist durch ihren schwermütig langsamen Schluß und den Einfluß nordafrikanischer Musik eng mit dem *Zweiten Streichquartett* verwandt.

Die Pantomine *A csodálatos mandarin* (»Der wunderbare Mandarin«; 1919, Köln 1926) führt mit derber Motorik, unbegrenztem Dissonanzgebrauch und scharfem Orchesterklang die vom *Allegro barbaro* ausgehende stilistische Linie fort. Tonale Schwerpunkte werden in Anlehnung an die Handlung gesetzt, stilisierte Tänze (Marsch, Walzer) sind Teil einer durchkomponierten Musik. Die häufiger zu hörende gleichnamige Konzertsuite endet mit einer ekstatischen Raserei des Protagonisten.

Mit dem Beginn der zwanziger Jahre und den beiden *Sonaten für Violine und Klavier* (1921 bzw. 1922) tritt mit der Variation ein weiteres aus der Volksmusik entnommenes Element in den Vordergrund: Im ersten Satz der *Ersten Sonate* überlagert das Variationsprinzip die traditionelle Sonatensatzform, die Sätze der *Zweiten Sonate* werden durch ein Motto verbunden, das improvisatorisch eingeführt, zu einem Thema entwickelt und variativ verarbeitet wird.

Die 1923 zur 50-Jahrfeier der Vereinigung der beiden Städte Buda und Pest komponierte *Tanzsuite* ist ein gutes Beispiel für B.s reife Volksmusikadaption, in der nicht wie in den *Rumänischen Volkstänzen* (1917) oder den *Tänzen aus Siebenbürgen* (1931) originale Volksliedmelodien verwendet werden, sondern eine idealisierte Volksmusik komponiert wird. Die sechs Sätze sind wiederum durch ein ritonellartiges Thema miteinander verbunden, wie im *Zweiten Streichquartett* spielen arabische Elemente eine Rolle.

Beginnend mit dem äußerst fruchtbaren ›Klavierjahr‹ 1926 ist B.s mittlere Periode anzusetzen. Die Kompositionen dieser Jahre entwickeln die tonale Organisation und kontrapunktische Satztechniken. Im Mittelpunkt des kompositorischen Interesses stehen polymodale Chromatik, erregte motorische Bewegungstypen und perkussive Rhythmen. In der zyklischen Anlage der Werke, aber auch in der formalen Gestalt der Einzelsätze setzt sich ein symmetrischer Typus durch, der später als ›Brückenform‹ bezeichnet wurde. *Szabadban* für Klavier (»Im Freien«, 1926) exponiert einen Klangtypus in B.s Œuvre, der hier titelgebend als Nachtmusik (*Az éjszaka zenéje*, »Musik der Nacht«) bezeichnet wird, der über einem fahlen Klavierklang geräuschhaft die Klänge der Nacht nachzeichnet und später u. a. im dritten Satz des *Vierten Streichquartetts* (1928) wiederkehrt. Bereits im *Dritten Streichquartett* (1927), das einsätzig in vier Abschnitten angelegt ist, erweitert B. die Spieltechnik der Streicher; die Artikulationsformen werden, wie etwa in der Exposition des ersten Satzes abschnittbildend eingesetzt, perkussive und rhythmische Elemente sowie Glissandi nehmen zu. In der Coda entsteht durch kanonische Engführung und ›sul ponticello‹ Spielweise eine für B. typische statische Klangfläche. Im *Vierten Streichquartett* ist die symmetrische großformale Anlage einer ›Brückenform‹ erstmals vollständig verwirklicht: Das Hauptthema des fünften Satzes entspricht dem Seitensatz des ersten, die an zweiter und vierter Stelle stehenden Scherzi beziehen sich auf das gleiche Material, der dritte Satz ist stilistisch dem Typus ›Nachtmusik‹ zuzurechnen. Symmetrien werden nunmehr verstärkt nicht nur auf großformaler Ebene bestimmt, sondern auch im Tonsatz. In der Behandlung des motivischen Materials prägt sich ein Verfahren aus, das B. selbst als »extension and compression in range« bezeichnete, wobei die Intervalle eines Motivs vergrößert bzw. verkleinert werden und sich dadurch der Charakter zum Teil stark verändert, ohne daß auf strukturellen Zusammenhang verzichtet werden müßte. Das *Fünfte Streichquartett* (1934) greift viele Elemente dieses Werks auf; die Brückenform ist noch stärker ausgeprägt, da auch einzelne Sätze bogenförmig angelegt sind. So erscheinen z. B. die Formteile der Exposition des ersten Satzes krebsförmig in dessen Reprise. Die tonale Konstruktion wird klarer in der Unterscheidung von chromatischen und diatonischen Zonen, der Tritonus ersetzt die klassische Tonika-Dominantbeziehung. Die zyklische Verknüpfung eines Werks wird im *Sechsten Streichquartett* (1939) weiter vorangetrieben. Das Thema des beginnenden *Mesto* leitet die vier Sätze jeweils ein und verknüpft diese thematisch.

Mit der *Cantata profana* (1930) wird B.s Beschäftigung mit barocken Traditionen kompositorisch fruchtbar. Das Werk zu einem Text des Komponisten nach einer rumänischen Ballade nimmt innerhalb der – zumeist kleineren – Vokalkompositionen, die vornehmlich Volksliedbearbeitungen sind, eine herausragende Stellung ein. Am Anfang steht eine Anspielung auf Bachs »Matthäuspassion«, das melodische Idiom ist der rumänischen ›hora lunga‹ (»langer Gesang«) verwandt. Barocke Elemente spielen auch in den ›ripieno-concertante‹ Passagen des *Zweiten Klavierkonzerts* (1931) eine wichtige Rolle, dessen zweiter Satz erneut an ›Nachtmusik‹ gemahnt.

Zwei der letzten vor B.s Emigration in die USA entstandenen Kompositionen zählen zu den eingangs erwähnten exponierten und populären Werke der mittleren Schaffensphase – beide sind im Auftrag des Dirigenten Paul Sacher entstanden. In der *Musik für Saiteninstrumente, Schlagzeug und Celesta* (1936), in der sich zwei Streichorchester antiphonal gegenüberstehen und symmetrisch in zwei Gruppen um die zentralen Instrumente Klavier, Celesta, Harfe und Schlagzeug verteilt sind, verfeinert B. seine Technik der ›extension and compression in range‹. Der ungarische B.-Forscher Ernő Lendvai hat u. a. dieses Werk plausibel mit einer formalen Anlage nach den Prinzipien des ›Goldenen Schnitts‹ in Verbindung gebracht; der bewußte Einsatz dieser Proportion konnte jedoch weder anhand B.s Äußerungen noch durch das Studium von Skizzen nachgewiesen werden. Die *Sonate für zwei Klaviere und Schlagzeug* (1937, in einer Transkription für zwei Klaviere, Schlagzeug und Orchester 1940) gehört mit dem *Allegro barbaro* zu den populärsten Werken B. s. Die drei Sätze sind durch thematisches Material miteinander verbunden, von besonderem Reiz sind die neuartigen Klangfarbenkombinationen von Klavier und Schlagzeug. Die zentrale tonale Konstellation des Werks wird durch den Tritonus C-Fis gebildet, im dritten Satz, einem Sonatenrondo, zeigt das reizvolle Thema des Xylophons zwar klassisch periodische Anlage, diese ist jedoch durch ein auf die vierzeilige strophische Struktur der Volksmusik anspielendes Phrasenmuster überlagert.

Das Spätwerk B.s war Gegenstand einer überaus kontroversen Rezeption. Während das *Zweite Violinkonzert* (1937–38), das *Divertimento* (1939) oder das *Konzert für Orchester* (1943) häufig in den Konzertsälen zu hören sind, wurden gerade diese Kompositionen zum Stein des Anstoßes bei Teilen der westeuropäischen Nachkriegsavantgarde. Man warf B. vor, »kompromißlerisch« (Leibowitz und Boulez) auf Errungenschaften früherer Werke verzichtet zu haben; eine vorschnelle Abneigung gegen den zuweilen romantischen Tonfall der Werke und die traditionelleren Formlösungen verhinderten zunächst eine adäquate Auseinandersetzung mit dem Spätwerk B. s. Das *Violinkonzert* von 1937–38 ist, obwohl äußerlich – wie vom Widmungsträger Zoltán Székely gewünscht – ein ›richtiges‹ Konzert, nicht nur im zweiten Satz vom Variationsprinzip durchdrungen: Die Themen des ersten Satzes kehren im letzten Satz modifiziert wieder. Im mittleren langsamen Variationssatz werden alle Tonsatzebenen – die tonale und die Phrasenstruktur, Instrumentation, Register, Tempo – der Variation unterworfen. Im ersten Satz des Konzerts verwendet B. erstmals Mikrotöne, mit denen er sich später in der für Yehudi Menuhin komponierten *Sonate für Violine solo* (1944) intensiv beschäftigte. Der erste Satz dieser Sonate, *Tempo di ciaccona*, ist eine Übertragung barocker Imitationstechnik auf neues Material, das Rondothema ist in der von B. ursprünglich konzipierten Fassung vierteltönig, in der von Menuhin besorgten Ausgabe fehlten diese nicht nur als Färbungen zu verstehenden Alternationen jedoch. Ebenfalls für einen berühmten Interpreten, Benny Goodman, entstanden die *Contrasts* für Violine, Klarinette und Klavier (1938), B.s einziges Kammermusikwerk für Holzbläser. Die einzelnen Sätze beziehen sich schon durch den Titel deutlich auf die ungarische Volksmusik: Verbunkos, Pihenő (»ruhend«) und Sebes (»schnell«); es werden aber keine originalen Volksmusikmelodien verwendet.

Bereits vor der Komposition der *Violinsonate* beschäftigte sich B. erneut mit barocken Formen und komponierte mit dem *Divertimento* für Streichorchester (1939) nach eigener Aussage eine Mischung aus Concerto grosso und Concertino, mit alternierenden concertante- und ripieno-Abschnitten ähnlich dem *Zweiten Klavierkonzert*. Der kontrastreiche, verhalten geheimnisvolle zweite Satz besteht aus kleineren Abschnitten, die volksmusikalische Elemente verarbeiten und stilistische Momente der ›Nachtmusik‹ aufgreifen. Das *Konzert für Orchester* (1943) stellt in Stil und Kompositionstechnik eine Synthese von B.s Schaffen dar; vor allem die Holzbläser werden konzertant behandelt. Die großformale Anlage ist erneut symmetrisch, auch die Binnenform des vierten Satzes *Intermezzo interrotto* ist in fünf Teilen symmetrisch um einen Zentralabschnitt gruppiert, in dem B. das Thema aus Šostakovičs »Siebter (›Leningrader‹) Symphonie« (bzw. aus Lehárs »Die lustige Witwe«) zitiert.

Seine beiden letzten Werke konnte B. nicht mehr vollenden. Bei dem für seine Frau Ditta Pásztory komponierten *Dritten Klavierkonzert* (1945) sind allerdings nur in 17 Takten Instrumentation sowie Spielanweisungen nicht ausgeführt; der Klavierpart ist transparenter, die tonale Ordnung und die formale Anlage prägnanter als in den beiden ersten *Klavierkonzerten* (1926 bzw. 1930–31). Für das *Violakonzert* (1945) hinterließ B. lediglich 14 Seiten Manuskript, die von Tibor Serly zu einer aufführbaren Komposition ergänzt wurden.

Die breiteste Wirkung in das allgemeine Musikleben dürften B.s pädagogische Werke ausüben. Die *44 Duos* für 2 Violinen (1932) entstanden auf Anregung des Pädagogen Erich Doflein und beruhen fast ausschließlich auf Volksliedarrangements. Der *Mikrokosmos* (1932–39), eine Sammlung von 153 kleinen Klavierstücken, die zum Teil für den Unterricht von B.s Sohn Peter entstanden, bietet nicht nur eine systematische Klavierschule, sondern ist auch als Kompendium der Techniken des Komponisten zu verstehen, der im Gegensatz zu Schönberg niemals Komposition unterrichtete. Obwohl von einer ausgesprochenen B.-Schule keine Rede sein kann, haben zahlreiche Künstler, darunter Ligeti, Kurtág, Lutosławski und Ginastera sehr unterschiedliche Elemente seines Werks aufgegriffen und fortgeführt.

Noten: B. B. Complete Critical Edition, hrsg. unter Mitarbeit des B.-Archivs der Ungarischen Akademie der Wissenschaften, 48 Bde., Budapest [in Vorbereitung].
Dokumente: B. B. Weg und Werk, Schriften und Briefe, hrsg. von B. Szabolcsi, Kassel und Mn. 1972. B. B. Musiksprachen. Aufsätze und Vorträge, hrsg. von dems., Lpz. 1972. B. B. Essays, hrsg. von B. Suchoff, Ldn. 1976. B. B. írásai [»B. s Schriften«], ungarische kritische Gesamtausg., 8 Bde. geplant, Budapest 1989 ff.
Bibliographie: Antokoletz, E.: B. B. A Guide to Research, N. Y. u. a. ²1997.
Literatur: Lendvai, E.: B. B. An analysis of his music, Ldn. 1979. Antokoletz, E.: The music of B. B., Berkeley (CA) u. a. 1984. Wilson, P.: The music of B. B., New Haven (CT) u. a. 1992. Gillies, M.: The B. companion, Ldn. 1993. Kárpáti, J.: B.'s Chamber Music, Stuyvesant (NY) 1994. Laki, P.: B. and His World, Princeton, 1995. Somfai, L.: B. B. Composition, Concepts, and Autograph Sources, Berkeley (CA) u. a. 1996. Frigyesi, J.: B. B. and turn of the century, Budapest, Berkeley (CA) u. a. 1998. B. Perspectives: Man, Composer, and Ethnomusicologist, hrsg. von E. Antokoletz, Oxford u. a. 2000. Suchoff, B.: B. B. Life and Work, Ldn. 2001.

Simone Hohmaier

Beethoven, Ludwig van

Getauft 17. 12. 1770 in Bonn;
gest. 26. 3. 1827 in Wien

Mit B. beginnt eine neue Ära der Tonkunst. Er hat durch sein Werk die Musik aus allen Bindungen an äußere Gegebenheiten (Institutionen) befreit, er hat dieselben vielmehr, in dem ihn betreffenden Bereich, nach seinen Vorstellungen verändert. Seine Werke stellen gegenüber den gattungsgleichen Kompositionen seiner Vorgänger (und Zeitgenossen) ganz neue, erheblich gesteigerte Anforderungen und zwar sowohl an die spielenden Musiker als auch an die Hörer. Er selbst war der erste Komponist, der sich als unabhängig Schaffender behaupten konnte, es also gar nicht nötig hatte, eine berufliche Bindung einzugehen. Als wahrhaft freier Künstler schuf er nur das, wonach ihm der Sinn stand. Dabei blieb er keineswegs unberührt von den großen Ideen seiner Zeit, entzog sich auch keineswegs den Forderungen seiner (politisch-bewegten) Zeit. Im Gegenteil: Kant, Goethe und Schiller, die er verehrte, beschäftigten ihn ebenso wie Bonaparte, dessen Charakter ihn zur *Dritten Symphonie Es-dur* op. 55 (1803), der ›Sinfonia eroica‹, inspirierte. Er komponierte auch Werke aus aktuellem Anlaß (wie z. B. aus Patriotismus die seinerzeit berühmte Schlachtensymphonie *Wellingtons Sieg oder Die Schlacht bei Victoria* op. 91, 1813, deren populärer Erfolg ihn beglückte) und nahm ihm zusagende Aufträge gerne an (wie 1807 den für eine *Messe C-dur*, op. 86). Bisweilen war auch schon ein Wunsch von kunstsinniger und hochmögender Seite ausreichend, um B. tätig werden zu lassen (wie der des Grafen Rasumowsky, der die *Streichquartette* op. 59 1805–06 entstehen ließ). Er lebte denn auch keineswegs aus freien Stücken einsam, wenn auch die sich seit Beginn des Jahrhunderts ankündigende Taubheit seinen Umgang mit anderen Menschen sehr erschwerte. Bei alledem konnte er sich der bewundernden Wertschätzung seiner Zeitgenossen erfreuen, die sein Genie ehrerbietig, wenn auch nicht kritiklos, würdigten. B. hat sich vollständige innere und äußere Freiheit errungen. Er fühlte sich als Künstler, der berufen ist, etwas zu schaffen, und empfand diese Berufung als beglückende moralische Verpflichtung. In einem Brief an den ihm nahestehenden Erzherzog Rudolf bekannte er 1823: »Höheres gibt es nichts, als der Gottheit sich mehr als andere Menschen nähern und von hier aus die Strahlen der Gottheit unter das Menschengeschlecht verbreiten« (Sämtliche Briefe, NA 692f.).

B.s Werke – genauer: eine ganz bestimmte Auswahl von Hauptwerken – bedeuteten im 19. Jahrhundert vielen Musikern und Musikbeflissenen den Gipfel der Tonkunst, ja überhaupt das Höchste. Einer der leidenschaftlichsten Verehrer, Wagner, meinte, daß »seine Werke erst der Welt jenes tiefste Geheimnis erschlossen haben«, von dem Arthur Schopenhauer spricht, daß nämlich »in der Musik aber selbst eine Idee der Welt [zu] erkennen« sei (Gesammelte Schriften 9, 66f.). Das kann aber nichts anderes heißen, als daß in diesen Werken etwas wahrhaft Neues in der Welt erschien, für die Tonkunst nicht weniger als das entscheidende Neue. Es besteht (unter anderem auch) in dem, was August Halm treffend als ihren größeren Ernst, ihre Bewußtheit, ihre Willensbestimmtheit erkannt hat. Die Musik hat eine innere Dynamik, deren Entfaltung jedoch für jedermann bemerkbar vom Komponisten gesteuert wird, also nicht etwa bloß als notwendige Konsequenz wirkt. B. greift ein, überrascht, bricht ab, ohne je die Einheitlichkeit des Stils und der Wirkung zu gefährden. Diese Bewußtheit der Gestaltung gerade ist es, die Aufmerksamkeit erzwingt und das Hören stets wieder zum Erlebnis werden läßt. Halbes Hinhören verbietet sich von selbst. Das musikalische Kunstprodukt erscheint als »Werk« und damit in einem höheren Sinne kunstfähig. Die Musik steht seitdem als Tonkunst auch im Bewußtsein der Gebildeten gleichrangig neben der Dichtung und der Bildenden Kunst, B. neben Goethe, Schiller, Raffael und Michelangelo. Sie gewinnt im 19. Jahrhundert sogar (vor allem bei Schopenhauer) einen Vorrang unter den Künsten.

B. war, was hier nur anzudeuten ist, auch als Mensch und Künstlerpersönlichkeit in den höchsten Kreisen akzeptiert, er wurde, wegen seines Genies und wegen seines untadeligen moralischen Charakters, bewundert. Erzherzog Rudolf, für den er zahlreiche Werke schrieb, darunter einige seiner größten, die *Missa solemnis* op. 123 (1819–23) und die *Große Sonate für Hammerklavier B-dur* op. 106 (1817–18), war sein Schüler. Für diese Kreise gebildeter Kenner, die meist auch vortreffliche Musiker waren, komponierte er seine Kammermusik. Den Ruhm in der breiten Öffentlichkeit verdankte er jedoch seinen Orchesterwerken, insbesondere den Symphonien, die sich eben an diese Öffentlichkeit wandten und daher eine zwar nicht weniger kunstvolle, dafür aber leichter auffaßbare Sprache benutzten, die an die Stelle von Subtilität Monumentalität und eindeutigere Charakteristik setzten. In der Orchestermusik (und in der Oper *Fidelio* op. 72; Wien 1805) wird denn auch vornehmlich der Einfluß der französischen Revolutionsmusik spürbar. Bereits in der *Ersten Symphonie C-dur* op. 21 (1799–1800), deren Hauptthema gern mit dem der letzten Symphonie Mozarts verglichen wurde, weht etwas vom Geist des französischen Geschwindmarschs (A. Schmitz). Und die geplante Widmung der *Dritten Symphonie* an den Feldherrn Bonaparte entsprang der Begeisterung B.s für die Ideale der Revolution, die er mit den besten Geistern der Zeit teilte. (In der Kaiserkrönung sah er dann einen Verrat und gab dem Werk einen unpersönlichen Titel.) Die *Fünfte Symphonie c-moll* op. 67 (1804–07) wurde dank der Plastizität der Gedanken und deren Entwicklung zu einem der bekanntesten Werke der gesamten Musikliteratur. Ihre wahre Bedeutung erkannte bereits der Komponist und Schriftsteller E.T.A. Hoffmann, dessen Rezension (Allgemeine musikalische Zeitung, 1810) Epoche gemacht hat. Sie hat das sich entwickelnde B.bild, welches beinahe ein Jahrhundert unbestritten verbindlich blieb, entscheidend geprägt. Dieses romantische B.bild, das B. »als genialisches Naturkind, als Revolutionär, als Zauberer und als Priester« verehrte, wirkt, trotz der an ihm geübten (zum Teil durchaus berechtigten) Kritik, bis heute nach.

Der Musiker B. war zunächst einmal Klaviervirtuose, und zwar ein mächtiger, sein Publikum durch Gedankenreichtum und überraschende Wendungen faszinierender, überwältigender Improvisator. Einer seiner Freunde fand, daß, wer ihn nicht phantasieren gehört habe, sein wahres Genie gar nicht kenne. Er selbst sagte, er könne eine Improvisation tongetreu wiederholen, was darauf hindeutet, daß sie entweder einem Plan verpflichtet war oder innerer Logik folgte. Eine einzige *Klavierfantasie* hat B. selbst niedergeschrieben und veröffentlicht (op. 77, 1809), aber das Improvisatorische war insgesamt eine Voraussetzung sowohl seines lebendigen Konzertierens als auch der freizügigen Komposition, nicht nur in den *Klaviersonaten* op. 27 mit der Beischrift »quasi una fantasia« (1801) oder in der großen *Violinsonate A-dur* op. 47 (1802–03), sondern bis in die letzten Sonaten und selbstverständlich für die Gestaltung der Klavierkonzerte war es von entscheidender Bedeutung; so bedurfte es bei deren Ausarbeitung in höchstem Maß eines gestaltenden Willens, um Zusammenhalt zu garantieren. Den hat B. zeitlebens glänzend bewahrt.

So bewußt wie seine künstlerische Arbeit am einzelnen Werk, die sich oft über Jahre hinzog, war bereits sein Eintritt in die Öffentlichkeit. Der junge B., als ungewöhnlich veranlagter Musiker am kurfürstlichen Hof in Bonn schon früh nach Gebühr geschätzt, konnte, dank der Großzügigkeit eben des Kurfürsten, eines Sohnes der Kaiserin Maria Theresia, zweiundzwanzigjährig in die Kaiserstadt Wien gehen. Der Graf Waldstein, sein Freund und Förderer, schrieb ihm (im November 1792) ins Stammbuch: »Mozarts Genius trauert noch und beweint den Tod seines Zöglings. Bei dem unerschöpflichen Haydn fand er Zuflucht, aber keine Beschäftigung; durch ihn wünscht er noch einmal mit jemandem vereinigt zu werden. Durch ununterbrochenen Fleiß erhalten Sie: Mozarts Geist aus Haydns Händen« (Thayer-Riemann Bd. 1, 499). An ununterbrochenem Fleiß hat es der so unter die Größten eingereihte junge Mann nicht fehlen lassen, auch wenn der Unterricht bei Haydn ihn insgesamt enttäuschte und andere Lehrer (insbesondere Johann Georg Albrechtsberger) bemüht werden mußten. Letzten Endes, also in allen übers Handwerkliche hinausgehenden Kunstbelangen, war doch der große Haydn sein Lehrmeister, wie dieser es auch schon für Mozart gewesen war. Von Mozart nahm er sich eher bestimmte Werke zum Vorbild, so etwa für sein *Streichtrio Es-dur* op. 3 (1793 oder 1794) Mozarts Trio-Divertimento KV 563, für sein *Quintett Es-dur* op. 16 für Klavier und Bläser (entst. 1796, Uraufführung 1797) und das *Streichquartett A-dur* op. 18 Nr. 5 (1800) die entsprechenden Werke Mozarts in der gleichen Tonart (KV 452 bzw. 464). Dennoch steht natürlich Haydn am Anfang: die *Klaviertrios* op. 1 (1794) und die Haydn gewidmeten *Klaviersonaten* op. 2 (1795), beides Werke, die trotz aller Traditionstreue B.s Naturell und seine neue musikalische Gesinnung demonstrieren. Das *Trio c-moll* op. 1 Nr. 3, von dessen Veröffentlichung Haydn zunächst abriet – B. hat es wohl daraufhin noch einmal vorgenommen – hat der Komponist noch Jahrzehnte später in ein *Streichquintett* op. 104 (1817) »übersetzt«; die *Klaviersonate f-moll* op. 2 Nr. 1 ist zum Paradigma konzentrierter Motiventwicklung bereits innerhalb des Themenvortrags geworden. In diesen ersten als ›Werke‹ veröffentlichten Kompositionen, denen selbstverständlich zahlreiche Kompositionen vorangingen, präsentiert sich der vor allem durch seine Improvisationen faszinierende Klaviervirtuose als energische Künstlerpersönlichkeit, deren hervorragendste Eigenschaft der kraftvolle Ernst ist. Es ist dies ein ganz neuer »Ton«. Der »überlegt ordnende Wille«, den Wagner am Meister der *Fünften Symphonie* rühmte, zeigt sich bereits hier.

Die Klaviermusik stand am Beginn; sie entwickelte sich rasch, auch die Kammermusik für Streicher, und so war es fast zwangsläufig, daß der Weg den Komponisten über das *Klavierkonzert Nr. 1 C-dur* op. 15 (1795–1800) und Nr. 2 *B-dur* op. 19 (1790–1801) zur *Symphonie Nr. 1 C-dur* op. 21 (1799–1800) führte. Damit war schon recht bald der volle Umfang von B.s kompositorischer Tätigkeit erkennbar: Klaviermusik (vor allem als Sonate), Violinmusik (vornehmlich als Streichquartett), Orchestermusik (Symphonie und Ouvertüre). Mit der Vokalmusik hatte B., obgleich er bereits in seiner Jugend in den beiden Kaiserkantaten von 1790 Beachtliches geleistet hatte und später gerade auch in diesem Bereich Werke allerhöchsten Ranges schuf (*Fidelio*, *Missa solemnis*), zunächst Schwierigkeiten: B. dachte instrumental, absolut musikalisch (trotz gelegentlicher Tonmalerei). Gewaltig waren die Schritte in der Entwicklung seit der *Ersten Symphonie*, B.s »Neuer Weg« (vgl. Dahlhaus 1987) mit den *Variationen* für Klavier opp. 34 und 35 (1802), der *Dritten Symphonie* und den Rasumowsky gewidmeten *Streichquartetten* op. 59 (1805–06), dann die *Fünfte* und *Sechste Symphonie* »*Pastorale*« op. 68 (1807–08), schließlich das Spätwerk, vor allem die Riesenwerke für Klavier op. 106 (1817–18), die *33 Variationen über einen Walzer von Anton Diabelli* op. 120 (1819–23), die *Neunte Symphonie d-moll* op. 125 (1817–23) und die *Missa solemnis*, dann die letzten Streichquartette opp. 127, 130, 131, 132, 135 (1822–26). Der Weg, der in drei Jahrzehnten durchmessen wurde, war weit, unermeßlich weit. Ihn nachzuvollziehen benötigte die Musikwelt mehr als ein halbes Jahrhundert.

B. war ein Neuerer. Er war sich dessen voll bewußt. Von seiner ersten Messe sagte er, daß er »den text behandelt habe, wie er noch wenig behandelt worden [ist]« (Sämtliche Briefe, Bd. 2, Nr. 327, 15). Und die Kirchenmusik ist doch gewiß der traditionsmächtigste Bereich der Tonkunst. Das Verhältnis B.s zur Tradition war ein modernes, aufgeklärtes. Er lebte zwar zunächst noch in der durch mächtige Traditionen geprägten Welt, aber die Bindungen wurden lockerer, unverbindlicher. Alles was er von seinen Vorbildern zu übernehmen gedachte (und in seinen Anfängen auch ganz selbstverständlich übernommen hatte) wurde geprüft, ganz nach dem Goetheschen Wort »was du ererbst von deinen Vätern, erwirb es, um es zu besitzen«. B. hat sich durch kritische Reflexion das Erbe als freier Künstler aus dem Geist selbstverantwortlicher Subjektivität zueigen gemacht, jedes einzelne Element durch neuen ›Ausdruck‹ verwandelt. So hat er die Satztechniken (etwa die der Variation) und die Formen (etwa die Sonatenform) zwar übernommen, aber unter seiner Hand sind sie zu etwas ganz Neuem geworden. Aus der Variation, einer Modeangelegenheit im späten 18. Jahrhundert, hat er eine Technik der Motivverwandlung, der Vermittlung von Gegensätzen gemacht, die es ihm ermöglichte, den Gesamtbereich des der Musik zugänglichen Ausdrucks in einem einzigen Werk zusammenzufassen. Hans von Bülow nannte die gewaltigen Variationen über einen trivialen Walzer von Diabelli op. 120 »gewissermaßen den Mikrokosmos des B.schen Genius überhaupt« (Sonaten und andere Werke für das Pianoforte von L. van B. ... Bd. 5, Stg. 1888, 158). Die Variationstechnik wurde für ihn, auch unter neuartiger Nutzung älterer Techniken, zur Grundlage seiner gesamten Kunst.

Das die Musik B.s bezeichnende Neue besteht in ihrer (inneren und äußeren) Dynamik – E. T. A. Hoffmann sagt: »es ist ein fortdauerndes, immer steigendes Treiben und Drängen« – und in der dieselbe bändigenden gestaltenden Kraft, die es ermöglicht, daß das Kunstwerk Gestalt annehmen kann, daß es aus einer Welt der Vorstellung in die der Wirklichkeit eintreten kann. In den großen Werken, denen – wie es den Zeitgenossen schien – B. ganz er selbst ist, bleibt diese Kraft immer fühlbar, bei der Betrachtung des bisweilen langen Entstehungsprozesses (an Hand der Skizzen) wird sie für den Studierenden auch erkennbar. Der Anfangsakkord der *Ersten Symphonie* (ein Septakkord der I. Stufe), die (Tonika-) Akkordschläge zu Beginn der *Eroica*, von denen ein geistreicher Analytiker meinte, in ihnen sei die ganze, den Satz tragende Energie verborgen, lassen von Anfang an keinen Zweifel daran, daß es Attraktionszentren gibt, die den musikalischen Prozeß auslösen und gegebenenfalls die Form, die bei dem primär dynamischen Wesen dieser Musik zum Problem wird, artikulieren. Die (innere) Dynamik der B.schen Musik ist jedoch nicht ziellos, sondern (meist) ganz im Gegenteil zielgerichtet. Das gilt sowohl für Detailprozesse, etwa bei einer wirkungsvollen, deutlichen Vorbereitung eines Repriseneinsatzes (*Eroica*) und für die Disposition der Großform zyklischer Prozesse (*Fünfte Symphonie*), die sich erst am Schluß erfüllen und lösen. Für Prozesse dieser Art hat sich der Begriff der Entwicklung (bzw. der der Evolution) eingebürgert, aber sinnvoll können damit nur Steigerungen bezeichnet werden, deren Ziel eine höhere Form ist (wie in der *Fünften Symphonie*), nicht aber solche Vorgänge, die als Zerfall, oder als allmähliche Auflösung (oder auch nur als Zurücknahme) empfunden werden (wie sie sich insbesondere im Spätwerk, etwa der *Klaviersonate c-moll* op. 111 von 1821–22, finden).

Innendynamik zeigt sich auf vielfältigste Weise, etwa durch Verdichtung der Akzentfolge, durch Aufhebung der Taktgewichtung, Einführung von Sforzati und schwer betonten Auftakten (so zu Beginn der *Sonate f-moll* op. 2 Nr. 1 oder im *Klaviertrio c-moll* op. 1 Nr. 3, 1. Satz, Takt 17 ff.). Sie kann selbstverständlich auch durch kontrapunktische Verdichtung erzielt werden. Diese Dynamik kann also auf bedeutsame Weise bereits innerhalb eines Themas stattfinden, meist mit Hilfe eines besonderen Motivs, das darum »Entwicklungsmotiv« genannt wird (von Fischer). Wie im Kleinen, so können derartige Verdichtungen auch im Großen beobachtet werden, etwa durch Verkürzung (und Verlängerung) der Taktgruppen. Der Vorgang ist also auf mehreren, voneinander freilich nicht unabhängigen Ebenen zu beobachten: 1. innerhalb der Takte, 2. im Verhältnis der Takte zueinander (also innerhalb der »Periode« oder des »Satzes«) und 3. im Verhältnis der Formglieder zueinander. Die Innendynamik korrespondiert vielfach mit der Außendynamik, wie die in B.s Œuvre sowohl in der Vergrößerung des Orchesters als auch in der ganz neuen Verwendung von zahlreichen Vorschriften in Gestalt von Zeichen, Abkürzungen und Worten zur Dynamik zu erkennen gibt.

Das dynamische Wesen der B.schen Musik zeigt sich aber auch in der gegenläufigen Tendenz: das unvermittelte Nebeneinander von Kontrasten (Anfang des *Streichquartetts e-moll* op. 59 Nr. 2, 1806). Je größer die aufeinander bezogenen Abschnitte sind, desto natürlicher erscheint ein solches Verfahren. Vermittelte Kontraste spielen freilich eine weit größere Rolle, so etwa gleich zu Beginn des *Streichquartetts f-moll* op. 95 (1810), wo das Hauptmotiv zeitweilig zur Begleitfigur wird.

Bei all diesen Möglichkeiten der Realisierung innerer Dynamik spielt selbstverständlich auch die Harmonik eine herausragende Rolle, aber sie gehört (gegenüber der höchst gesteigerten Bedeutsamkeit des Thematischen) eher zu den traditionellen Mitteln, die von B. freilich ebenfalls in verstärktem Umfang eingesetzt werden. Die Harmonik dient nicht mehr der Formbildung, sondern auch der Überraschung, so etwa wenn im ersten Satz des *Trios c-moll* op. 1 Nr. 3 in Takt 118 unerwartet der Ces-dur-Dreiklang erscheint. (Die entsprechende Stelle in der Reprise ist ›normal‹!).

Gänzlich aus dem Klang (im Sinne von Akkordik) heraus entwickelte Werke sind bei B. die Ausnahme, und dabei treten denn auch die traditionellen Quintverwandtschaften gegenüber der Terzverwandtschaft zurück (so im *Streichquintett* op. 29, 1801). Auch in der *Waldsteinsonate C-dur* op. 53 (1803–04) erscheint das Seitenthema in E-dur. Die Wirkung des in dieser Sonate bereits im fünften Takt überraschend eintretenden B-dur empfand der feinfühlige August Halm als »räumlich« (was hier mindestens als Gegenbegriff zu »logisch« aufzufassen ist).

B. hat um die definitive Gestalt seiner Werke gerungen. Sie sind das Ergebnis nicht nur der Inspiration, sondern unendlicher Mühen und vielfältigen Nachdenkens und Ausprobierens. Ihre endgültige Gestalt läßt jedes einzelne Werk als etwas Unverwechselbares, Einmaliges erscheinen. Keine der 32 Klaviersonaten gleicht der anderen, weder formal, noch thematisch, noch im Charakter. Und ebenso ist es bei den sonstigen Sonaten, Trios, Quartetten und Symphonien. In all diesen Bereichen wird der Entwicklungsweg des Komponisten deutlich: Umwandlung des Konventionellen zum Besonderen. Das wird nicht nur in der Thematik fühlbar, sondern auch in der Form. Diese wurde durch die Möglichkeiten verschiedener Grade der inneren Dynamisierung zu einer mobilen Versuchsanordnung. Gewiß zeigen zahlreiche Sonatensätze keine Repetitionen mehr (weil diese dem Wesen der Dynamisierung widersprechen und eine zielgerichtete Entwicklung unterbrechen), aber in besonderen Fällen, etwa der kleinen *Klaviersonate Fis-dur* op. 78 (1809), der strengstimmigen *Violinsonate a-moll* op. 23 (1800–01) und dem *Klaviertrio D-dur* op. 70 Nr. 1 (1808) läßt B. sogar noch die Durchführung mit der Reprise zusammen wiederholen, restituiert damit also die alte Zweiteiligkeit der Form. Und im *Streichquartett F-dur* op. 59 Nr. 1 (1805) erwog er ernstlich, nur Durchführung und Reprise wiederholen zu lassen, nicht aber die Exposition. Das heißt: es ist sowohl Zwei-, Drei-, Vier-, Fünf- und Vielteiligkeit im Rahmen einer einzigen musikalischen ›Form‹ sinnvoll möglich, weil die (auf der harmonischen Disposition beruhende) Form gegenüber den Themen und ihrer Entwicklung, also der thematischen Arbeit, an Bedeutung zurücktritt.

Der formalen Vielgestaltigkeit entspricht die der Charaktere. Die Namen, die so vielen Werken (nicht stets vom Autor) gegeben wurden, zeugen davon: *Sonate pathétique* op. 13 (1798–99), *Appassionata* op. 57 (1804–05), *Les Adieux* op. 81a (1809–10), um nur einige zu nennen; dem entsprechen bei Symphonien *Eroica* und *Pastorale*. Und diese Fähigkeit zur Charakterisierung – eine der Themenerfindung und der angemessenen Verarbeitung – ermöglichte ihm, *Egmont* op. 84 (1809) und *Coriolan* op. 62 (1807) musikalisch zu vergegenwärtigen.

Die Verschiedenartigkeit der Struktur, der Form und des Charakters bringt es mit sich, daß diese Musik nicht mehr einfach gespielt werden kann, sondern interpretiert werden muß. Sie stellt an den Ausführenden ganz neue Aufgaben. B. hat zwar seine musikalischen Gedanken in einen möglichst genauen musikalischen Text verwandelt, aber der Weg von der im Innern des Schöpfers lebendigen Vorstellung zum fixierten Text war weit, und weit ist stets auch der Weg vom musikalischen Text zur klanglichen Realisation. Diese muß hier Interpretation sein, die immer die Deutung eines jeden einzelnen Zeichens und des musikalischen Zusammenhangs voraussetzt. In einer solchen Interpretation wird der Notentext weder als frei zu behandelnde Musiziervorlage benutzt noch als Original einer bloß mechanischen Reproduktion. Der Spielraum, den B. seinen Interpreten läßt, wird im Spätwerk einerseits durch eine immer genauere Bezeichnung des Notentextes, andererseits durch den zunehmenden Schwierigkeitsgrad der Ausführung sämtlicher Anweisungen geringer. Die verschiedenen (verantwortlichen) Interpretationen gerade B.scher Werke sind für den Musikverständigen eine Herausforderung zu eigenem Nachdenken. Um einen Notentext B.s jedoch richtig lesen zu können, sind verläßliche Ausgaben erforderlich (worauf als erster der Theoretiker Heinrich Schenker hingewiesen hat), heute, nach dem Abbrechen der unmittelbaren Aufführungstradition, ist auch die Kenntnis der damaligen Aufführungskonventionen (verfügbare Instrumente, Orchesterbesetzung usw.) erforderlich. Vor allem bereiten die Probleme der Temponahme Schwierigkeiten, die B. durch authentische Metronomangaben gerade verringern wollte.

B.s Motive, um deren Gestalt er oft jahrelang gerungen hat, sind meist von unmittelbar überzeugender Einfachheit, sie erscheinen als »elementar«; sie sind in der Regel diatonisch – chromatische, wie im Scherzotrio (b-moll) des *Klaviertrios B-dur* op. 97 (1811) sind die Ausnahme –, vor allem sind sie vielseitig verwendbar, »fruchtbar«, wie E.T.A. Hoffmann sie nannte. Die Themen, die vielfach motivisch bestimmt sind, werden auf die verschiedenste Weise verarbeitet: variiert, entwikkelt, kontrapunktisch verwoben, zerteilt, in einzelne Eigenschaften (Rhythmus, Tonhöhenfolge) zerlegt und dann das einzelne separat verarbeitet. Die systematische Verwertung von Themen(bestandteilen) oder aus ihnen gebildeten Modellen wird »thematische« Arbeit genannt. Sie spielt bei B. eine aufs höchste gesteigerte Rolle, ist sie doch der Träger des eigentlichen musikalischen Inhalts. Die harmonisch disponierte musikalische Form erscheint bei ihm meist als Konsequenz der thematischen Arbeit. Die charakteristische Plastik der Motive und Themen ermöglicht es, diese thematische Arbeit als eine sinnvolle Entwicklung mit gewaltigen Steigerungen, Erfüllungen, Übergängen und auch Abbrüchen zu erfahren (selbstverständlich stets auf der Basis entsprechender harmonischer Vorgänge). Als das Gedankliche erscheint die Thematik; der musikalische Gedanke ist ein melodisches Gebilde, seine Durchführung erscheint als eine Art ›Handlung‹, als ein ›Geschehen‹. Im Gebrauch der harmonischen Mittel – etwa mit Dissonanzen – ging B. weiter als irgendeiner seiner Zeitgenossen, aber auch in der Ausnutzung der Klangräume in Höhe und Tiefe erschloß er – insbesondere im späten Klavierwerk – ganz neue Klangwirkungen.

Dieser neuartige Klang ist nicht selten auch Folge der ungewohnten kontrapunktischen Tonsatzstruktur. B. hat gelegentlich ohne äußere Veranlassung strengstimmig gearbeitet – so dreistimmig in der *Violinsonate a-moll* op. 23 (1800–01) –, später zunehmend alte Satztechniken auf ganz originale Weise erneuert. Die Fugen in den *Klaviersonaten B-dur* op. 106 und *As-dur* op. 110 (1821), die *Fuge für Streichquartett* op. 133 (1825) sind ohne gründliches Bachstudium undenkbar, sind aber doch etwas gänzlich anderes. Bezeichnend, daß sie – wie schon im *Streichquartett C-dur* op. 59 Nr. 3 – stets zyklische Werke beschließen – die *Fuge* op. 133 gehört als Finale zum *Streichquartett B-dur* op. 130 (1825) –, weil sie die größte Verdichtung, höchste (interne) Steigerung ermöglichen. Dieser Vollendung entspricht die durch das Händelstudium ermöglichten in den Monumentalwerken, insbesondere in der *Missa solemnis*, in der er selbst sein »größtes Werk« sah.

Das eröffnet noch einmal den Blick auf B.s Verhältnis zur Tradition. Mozart und Haydn waren die Meister, von denen er ausging. Französisches (François-Joseph Gossec, Rodolphe Kreutzer, Viotti, Cherubini) wirkte insbesondere auf die Symphonik, die Konzerte und die Oper *Fidelio*; die Altmeister Bach und Händel schließlich haben ihm geholfen, die Höhe zu erreichen, die sein Genie und sein Charakter ihm ermöglichte: Bach zeigte ihm, wie keiner seiner Zeitgenossen, dichteste Detailbeziehungen (bei reichster Harmonik), Händel Plastik und Einfachheit, beides Voraussetzungen jener erhabenen Monumentalität, die es ihm schließlich ermöglicht hat, seine Ideale in der Gestalt des in sich vollendeten und doch zugleich über sich hinaus auf eine unaussprechbare Wirklichkeit von universaler Gültigkeit verweisenden Werkes so zu verwirklichen, daß sie künstlerisch erlebbar werden. Diese Ideale, die er mit Kant und Schiller teilte, waren die Freiheit und das moralische Gesetz.

B. war ein erfolgreicher Komponist. Seine Werke wurden (nach Maßgabe der Möglichkeiten) öffentlich aufgeführt und privatim gespielt, sie wurden sowohl bewundert als auch kritisiert, ihr Autor war bei den Verständigen (und beim gebildeten Publikum) als Künstler höchsten Ranges erkannt und auch anerkannt. Die Macht und die Schönheit seiner Werke bewirkte, daß jüngere Künstler unterschiedlichster Herkunft und Zielsetzung von ihm tief berührt wurden, so Schubert und Berlioz. Das ganze 19. Jahrhundert hindurch hat sein Werk, insbesondere das symphonische, stets erneut und auf die verschiedenste Weise gewirkt. Wagner vermeinte sogar, seine musikalischen Bühnenwerke seien eine entwicklungsgeschichtliche Konsequenz der B.schen *Neunten Symphonie* (mit dem gesungenen Finale nach Schillers Ode »An die Freude«). Bruckners Symphonik ist sowenig ohne B. denkbar wie das Œuvre von Brahms, der sich als Erbe der Wiener Klassiker und zugleich der alten Meister empfand. Aber auch Wolf knüpfte in seinem »Streichquartett d-moll« direkt an B.s op. 95 an, und selbst Schönberg sagte einmal, er habe sich zu seinem »Ersten Streichquartett« op. 7 B.s *Eroica* zum Vorbild genommen. Bis etwa zum Ende des Jahrhunderts galt B. der musikalischen Welt als ihr größter Komponist, erst um diese Wende herum erwuchsen ihm – insbesondere in Bach und Mozart – Konkurrenten in der Wertschätzung. Das herrschende Ausdrucksprinzip wurde einerseits überfordert, andererseits begann man (vor allem unter dem Eindruck des geschmacksbeherrschenden Werkes von Wagner) seiner etwas überdrüssig zu werden. Der Anerkennung der Größe B.s hat dies – bei aller Kritik – freilich niemals Abbruch getan.

Noten: L. v. B.s Werke. Vollständig kritisch durchgesehene und überall berichtete Ausg. in 24 Serien, Lpz. 1862–65, Supplement 1888. B. Supplemente zur Gesamtausg., hrsg. von W. Hess, 14 Bde. Wiesbaden 1959–71. B. Werke, hrsg. vom B.-Archiv Bonn, Duisburg und Mn. 1961 ff. B. Skizzen und Entwürfe. (Veröff. des B.-Hauses in Bonn, Neue Folge, 1. Reihe), Bonn 1961 ff. Johnson, D. u. a.: The B. Sketchbooks, Oxford 1985.

Dokumente: L. v. B. Briefwechsel, Gesamtausgabe, hrsg. von S. Brandenburg, 8 Bde., Mn. 1996 ff. B.s Konversationshefte, hrsg. von Gr. Herre, K. H. Köhler u. a., Lpz. 1968 ff. L. v. B. Die Werke im Spiegel seiner Zeit. Gesammelte Konzertberichte und Rezensionen bis 1830, hrsg. von St. Kunze, Laaber 1987.

Werkverzeichnis: Kinsky, G. und Halm, H.: Das Werk B. s. Thematisch-bibliographisches Verz., Mn. 1955; [dazu] Beiträge zur B.-Bibl., hrsg. von K. Dorfmüller, Mn. 1978.

Bibliographie: The B. Bibl. Database (http://mill1.sjlibrary.org:83/), hrsg. von der San José State Univ [9. 9. 2003].

Periodica: B.-Jb., hrsg. von Th. von Frimmel, 2 Bde., Mn. und Lpz. 1908–09. Neues B.-Jb., hrsg. von A. Sandberger, 10 Bde., Augsburg (später Braunschweig) 1924–41 [mit Bibl.]. B.-Jb. (Veröff. des B.-Hauses in Bonn, Neue Folge, 2. Reihe), Bonn 1954 ff. [mit Bibl.]. Schriften zur B.-Forschung (Veröff. des B.-Hauses in Bonn, Neue Folge, 4. Reihe).

Literatur: Thayer, A. W.: L. v. B.s Leben, dt. von H. Deiters, 5 Bde. (Bd. 1–3 Bln. 1866–79, Bd. 4 und 5 von Dems. und H. Riemann, Lpz. 1907–08); engl. hrsg. von E. Forbes, Princeton (NJ) 1964. Schenker, H.: B.s neunte Symphonie, Wien 1912. Ders.: Erläuterungsausg. der letzten fünf Sonaten B.s, Wien 1913–20 [op. 106 nicht erschienen]; rev. hrsg. von O. Jonas, Wien ^{2}1971–72. Von Frimmel, Th.: B.-Hdb., 2 Bde., Lpz. 1926. Halm, A.: B., Bln. 1927, Reprint Darmstadt 1976. Schmitz, A.: Das romantische B.bild, Bonn 1927, Reprint Darmstadt 1978. Riezler, W.: B., Zürich 1936, ^{13}1990. Kolisch, R.: Tempo and Character in B.s Music in MQ 29 (1943), 169–312; erw. in MK 76–77, hrsg. von R. Busch. Von Fischer, K.: Die Beziehungen von Form und Motiv in B.s Instrumentalwerken, Straßburg und Zürich 1948, Baden-Baden ^{2}1972. Osthoff. W.: B. Klavierkonzert c-Moll, Mn. 1965. Kerman, J.: The B. Quartets, N. Y. und Ldn. 1967. Uhde, J.: B.s Klaviermusik, 3 Bde., Stg. 1968–74. Schnebel, D.: Das angegriffene Material (Zur Gestaltung bei B.), in B. 70, Ffm. 1970, 45–55 und in Denkbare Musik, hrsg. von H. R. Zeller, Köln 1972, 130–138. Stephan, R.: Zu B.s letzten Quartetten in Musikforschung 23 (1970), 245–256, Ndr. in Vom musikalischen Denken, hrsg. von R. Damm und A. Traub, Mainz 1985. B-Symposium, hrsg. von E. Schenk, Wien 1970. B.-Studies, hrsg. von A. Tyson, 3 Bde., N. Y. 1973–1982. Kaiser, J.: B.s 32 Klaviersonaten und ihre Interpreten, Ffm. 1975. Kropfinger, Kl.: B. und Wagner, Regensburg 1975; engl. NA Cambridge 1991. Solomon, M.: B., N. Y. 1977; dt. Mn. 1979, Taschenbuchausg. Ffm. 1987. B. Das Problem der Interpretation, Mn. 1979 (MK 8). Münster, R.: Studien zu B.s Diabelli-Variationen, Mn. 1982. L. v. B., hrsg. von L. Finscher, Darmstadt 1983 [Sammlung wichtiger Abh.]. Hess, W.: Das Fidelio-Buch, Winterthur 1986. Zenck, M.: Die Bach-Rezeption des späten B., Stg. 1986. Dahlhaus, C.: L. v. B. und seine Zeit, Laaber 1987, ^{4}2002. Kinderman, W.: B.s Diabelli-Variations, Oxford 1987.

B.s Compositiorial Process, hrsg. von W. KINDERMAN, Lincoln und Ldn. 1991. BRENDEL, A.: Das umgekehrte Erhabene. B.s Diabelli-Variationen *in* Musik beim Wort genommen, Mn. 1992, 56–73. CANISIUS, CL.: B. Sehnsucht und Unruhe in der Musik, Mn. und Mainz 1992. LOCKWOOD, L. B.: Studies in the Compositiorial Process, Cambridge (MA) 1992. ADORNO, TH. W.: B.s Philosophie der Musik. Fragmente und Texte, hrsg. von R. TIELEMANN, Ffm. 1993. EICHHORN, A.: B.s Neunte Symphonie. Die Geschichte ihrer Aufführung und Rezeption, Kassel 1993. B. Interpretation seiner Werke, hrsg. von C. DAHLHAUS [†], A. RINGER und A. RIETHMÜLLER, 2 Bde., Laaber 1994, ²1996. GÜLKE, P.: »... immer das Ganze vor Augen«. Studien zu B., Stg. u. a. 2000. KROPFINGER, KL.: B., Stg. und Kassel 2001. DAHLHAUS, C.: Gesammelte Schriften, Bd. 6, 19. Jahrhundert. L. v. B., Aufsätze zur Ideen- und Kompositionsgeschichte, Texte zur Instrumentalmusik, hrsg. von H. DANUSER, Laaber 2003. LOCKWOOD, L.: B. The Music and the Life, N. Y. und Ldn. 2003.

Rudolf Stephan

Bellini, Vincenzo

Geb. 3. 10. 1801 in Catania (Sizilien);
gest. 23. 9. 1835 in Puteaux bei Paris

Der melancholische Zauber der Erscheinung, der umschattete, wie unberührbare Adel seiner Züge und die makellose Eleganz des Auftretens sicherten dem Komponisten V. B. eine Ausnahmestellung noch unter den bewunderten Exzentrikern der romantischen Epoche. Die Gerüchte über seine von Leidenschaften verdunkelte Jugend, der schwärmerische Wohlklang seiner auf der Straße und in Gesellschaft paraphrasierten Melodien, zuletzt der geheimnisumwitterte frühe Tod nach dem Triumph der *Puritani* – das alles verwob sich zu einem kaum mehr entwirrbaren Gespinst aus Leben, Legende und Werk.

Neben der klug-zurückhaltenden Unterrichtung durch Nicola Zingarelli machte sich unwiderstehlich der Einfluß Rossinis auf den jungen Musiker geltend, dessen reife, für das Teatro S. Carlo komponierten Schöpfungen (»Zelmira«, 1822) haben auf B.s Bühnenphantasie nachhaltigen Einfluß ausgeübt. Bereits seine dritte Oper, *Il pirata* (Mailand 1827), stellte ihn mit einem Schlag an die Spitze der italienischen Opernkomponisten nach Rossini. Zugleich führte sie ihn mit Felice Romani zusammen, dem bedeutendsten Librettisten Italiens vor Arrigo Boito und einem seismographisch sensibilisierten Vertreter der europäischen Romantik. Das düstere Schauerdrama: »Bertram; or The Castle of Saint-Aldobrand« (1816) des Iren Charles Robert Maturin diente als Folie der Oper, die in beispielloser Weise phantastische Handlung, weltschmerzliche Charakterbilder à la Byron und eine dicht gewobene Atmosphäre verhangener Empfindungen heraufbeschwor. Das dämonische Spiel um Gualtiero, den staufischen Parteigänger, der durch sinistre Machenschaften unter Piraten verschlagen wurde, und seine aussichtslose Liebe zu Imogene, der Gattin seines Widersachers Ernesto, wurde von Romani in ein exaltiertes Panorama übermenschlicher Leidenschaft und Leidensbereitschaft verwandelt. Schon die weitgespannte Sturmschilderung der Eingangsszene, dann die ausführlichen Orchesterschilderungen der unterschiedlichen Szenen, die Unterbrechung der durchgehend vom Orchester begleiteten Rezitative durch ausgeführte Ariosi, vor allem aber die kühne Durchorganisation der Concertato- und Finalensembles zeigen B. auf einer Höhe des musikdramaturgischen Könnens. Auf Koloraturvirtuosität hat B. nicht grundsätzlich verzichtet – der ausbrechende Wahnsinn in Imogenes Schlußarie wird in forcierten Koloraturreihen als dem Äquivalent der Hysterie mit einer Verve dargestellt, für die es bei Rossini und Donizetti kaum ein extremeres Beispiel gibt -, aber die Grundhaltung schwärmerischer Augenblicksbeseelung unterscheidet B.s Musik von der im Innersten klassizistischen Kunstauffassung Rossinis.

Auch *La straniera* (Mailand 1829) führt B.s Experimente mit dem unmittelbaren dramatischen Ausdruck entschlossen weiter: kohärente Durchbildung der Einzelbilder dieses in sich sehr zerrissenen Geschehens, das Romani einem französischen Schauerroman mit mittelalterlichem Dekor entnommen hatte, Streben nach ungewöhnlichen atmosphärischen Wirkungen (gezielte Verwendung des Unisono, schroffe Übergänge in der Harmonie, Zuordnung ganzer Bereiche der musikalischen Charakterisierung an einzelne Instrumentalgruppen) und nach der direktesten Umsetzung des Szenischen in der Musik durch engstes Zusammenwirken von Vers und Melodie, von Sprache und Musik, die er beide gleichermaßen in den Dienst des Bühneneffekts und der dichtesten Einwirkung auf das Publikum stellt.

Mit *Zaira* (Parma 1829), einer bereits mehrfach vertonten tragedia lirica nach Voltaires Drama, versuchten Romani und B. vergeblich, mit Rossini auf seinem ureigensten Felde zu rivalisieren. Rossinis »Tancredi« war der Glücksfall einer naiven Begegnung zwischen dem 18. und dem 19. Jahrhundert, weil der Einfluß Voltaires auf Italien noch selbstverständlich gegenwärtig war. Um 1830 aber mußten die tragischen Situationen auch in Romanis Verdichtung frostig wirken. B. zog irritiert die Konsequenzen und verwendete große Teile des gescheiterten Werks als Parodien in seiner nächsten ›Literaturoper‹, der rasch aus einem Text Romanis adaptiert wurde: *I Capuleti e i Montecchi* (Venedig 1830). Die beiden jüngsten Werke zeichneten sich gegenüber der Konsequenz seines Beginns eher durch ein Schwanken in den Intentionen aus: Zum einen erprobte der Komponist in den Hauptszenen eine dramaturgische Kürze der Formulierung, die ihre Wirkung aus der Sparsamkeit der Mittel zog und entwickelte das Accompagnato insgesamt als dasjenige Ausdrucksmittel weiter, das die Empfindungs- und Handlungskontinuität zu gewährleisten hatte. Zum anderen entwickelt sich im Schatten der früheren eine ganz andere, sein späteres Schaffen bestimmende Konzeption. Er gestaltete die Figur der Giulietta aus einem ganz einheitlichen musikalischen Material, das von einer einzigen rhythmischen Grundfigur abgeleitet ist. Er suchte auch die widersprüchlichsten Gefühlsregungen und selbst äußerliche Bühnenkonflikte erstmals in eine einheitliche Kantilene zusammenzufassen. Dabei näherte er sich scheinbar den Arientypen, der Gesangstechnik und den klassizistischen Gestaltungsprinzipien Rossinis wieder an, verweigerte aber im Schlußduett der beiden Sterbenden die traditionelle Finallösung (weswegen es meist durch das Finale von Nicola Vaccajs »Giulietta e Romeo« ersetzt wurde). Er schreibt *I Capuleti e i Montecchi* zugleich in zwei Stilhaltungen.

Die Krise brach über der Komposition des Librettos aus, das Romani nach Victor Hugos romantischem Programmstück »Hernani« (Paris 1830) geschrieben hatte. Er ließ den Plan mit Rücksicht auf die drohende Zensur, aber doch wohl auch aus innerem Zweifel, fallen. Stattdessen schrieb er *La sonnambula* (Mailand 1831) – Romani verfaßte den Text nach einem Ballettszenario von Eugène Scribe –, ein Pastorale anstelle des geplanten Mantel- und Degenstücks. Beinahe unbegreiflich, daß musikalische Gedanken, Skizzen, ja, ganze Abschnitte des einen in die wunderbar einheitliche Textur des anderen Stücks integriert werden konnten. Das Pastorale als die elegisch-idyllische Urform der italienischen Oper hatte schon in Pasiellos Meisterwerk »Nina ossia La pazza per amore« (1789) eine das Tragische streifende Ausdruckshöhe erreicht. An dieses Werk schließt sich *La sonnambula* an: Die zeitlose Täglichkeit des Hirtendaseins, in der alles individuelle Erleben Teil der Gemeinschaft ist, bildet den musikalisch immer gegenwärtigen Hintergrund des Melodramas um die schlafende Amina. In der Zurückgezogenheit der Schweizer Alpenwelt, die Jean Jacques Rousseau an die Stelle Arkadiens gesetzt hatte, gewinnen die einfachen Empfindungen eine unmittelbare Gültigkeit für die menschliche Erfahrung von Liebe und Tod, Schuld und Unschuld. B. entwarf in dieser ersten Oper, mit der er nach Rossinis Rückzug von der Bühne zum Hauptrepräsentanten der italienischen Schule wurde, seinen fortan für ihn charakteristischen Stil außerhalb der Gattungskonventionen. Entscheidend wurde die an der Figur der Giulietta erprobte, langgesponnene Kantilene. Wenn Verdi von B.s »melodie lunghe, lunghe, lunghe« sprach, die nur er zu erfinden gewußt habe, dann sind damit Arien wie die Schlußarie der Amina gemeint, deren erster Melodiebogen sich unregelmäßig über elf Takte erstreckt, ohne daß einer der Takte sich wiederholte, und der dann von einem zweiten, nunmehr regelmäßigen Melodiebogen von 16 Takten aufgefangen wird. Erst durch die innere Irregularität, durch das sehnsüchtig einem fernen Ende Zuströmen gewinnt die lange Melodie die Freiheit, Atmosphäre, Spannungsaugenblick und Empfindung in eine zwingende, für den Nachvollzug des Hörers unwiderstehliche Kantilene zusammenzufassen. Nie vorher gab es vergleichbare Melodien, deren Raffinement hinter der schlackenlosen Reinheit des Gesangs ähnlich im Verborgenen wirken konnte. Voraussetzung dafür war die Umkehrung des noch bei Rossini bewahrten Formgesetzes der Arie: Die neapolitanische Melodik variiert stets das mit den ersten acht oder 16 Takten vorgegebene Thema. B.s Melodik dagegen steigert sich ebenso grundsätzlich nach dem Ende hin. Das gilt für seine Themenbildung wie für die Anlage der Arie. (Man denke an »Casta diva« aus Normas Arie als das berühmteste Beispiel!) Wenn gleichzeitig der Komponist auf Rossinis Melismatik wieder zurückgreift, dann steht die virtuose Entfaltung der Koloratur Note für Note im Dienst des Ausdrucks. Die zweite grundsätzliche Neuerung in *La sonnambula* besteht in der freien Verteilung der aus dem zeitgenössischen Repertoire übernommenen Nummern über das

Ganze der Oper: Die »aria con pertichini«, der von den Umstehenden unterbrochene oder erweiterte Sologesang, wird da zum Muster. Kaum eine Arie, die sich nicht der Tendenz nach ins Ensemble auflöst, kein Duett und kein Terzett, aus dem sich nicht ein größeres Concertato herausspinnen oder das sich nicht umgekehrt ins Unisono zurückverwandeln konnte.

Nach dem beispiellosen Erfolg der Uraufführung ging B. ans Werk, mit dem antikisierenden Drama Norma (Mailand 1831) den Ausdrucksbereich aus der Idylle auf die Tragödie zu übertragen. Er wagte den Versuch, mit Romanis hervorragenden Libretti, Cherubini, Spontini und den Rossini der »Semiramide« gleichzeitig in die Schranken zu fordern. Mit diesem Werk gelangte die Zusammenarbeit mit Romani auf ihren Höhepunkt. Die Befremdung der Premiere wich im Verlauf weniger Aufführungen der Gewißheit, einer neuen Gipfelleistung italienischer Kunst gegenüberzustehen. Mit Norma begann der seit Rossinis Anfängen nicht mehr erlebte Siegeszug des Komponisten durch die italienischen und europäischen Opernhäuser. Um Alexandre Soumets Tragödie um die Druidenpriesterin Norma angemessen auf die Opernbühne zu bringen, konzentrierte sich B.s Interesse zunächst auf das epische Moment des Stücks, die Beschwörung der Wald- und Nachtfinsternis Galliens, in der Kelten und Römer einander zum Opfer fallen. Der Schattierungsreichtum in der Instrumentierung wird gegenüber der bereits sehr differenzierten Farbpalette der Sonnambula nochmals verdichtet. Die zarte Verschmelzung von Mondlicht und Seelenstimmung im Auftritt der Norma, die lauernde Angst in den Szenen des Verbergens, die ungestüm-barbarischen Tempelrituale sind Beispiele einer neuen Schattierungsvielfalt im Orchester. Das Accompagnato ist zurückgedrängt zugunsten weit ausgreifender dramatischer Zusammenhänge. In ihnen ist die freie Variationsbreite noch einmal ausgedehnt, um den Bedürfnissen des szenischen Augenblicks ganz gerecht zu werden. Fast wie bei Verdi, als er sich seiner Tonsprache ganz gewiß war, dienen die Konventionen nur als äußerlicher Rahmen: Niemand erkennt heute, erkannte damals in dem Finale des zweiten Akts, das die Katastrophe Normas in zwei riesigen Ensembles mit Chor zu delirierender Ausdruckshöhe führt, das Muster der »aria finale«, als die B. seine vielleicht größte Schöpfung überschrieben hat. Die lange Kantilene, die Eingliederung der Koloratur in die Phrasierung von Gefühl und Leidenschaft, die Suche nach dem Losungswort des Motivs und nach der zwingenden melodischen Geste, die Entspannung jeder Kantilene und jeder Arie, der Klangrausch und die ihm notwendig zugeordnete reine Gesangslinie (auch im Ensemble) – alles das wird in Norma auf das hohe Drama, auf die tragedia lirica übertragen und erreicht darin ganz neue Wirkungsdimensionen.

Beatrice di Tenda (Venedig 1833) führte zu einem vom Komponisten befürchteten Einbruch in seiner Erfolgskurve. Über dem Scheitern des groß konzipierten Werks, das B. stets als gleichrangig seinen Hauptwerken angesehen hat, kam es zum Zerwürfnis mit Romani und zu einer Krise des leicht reizbaren Mannes mit seiner italienischen Umgebung. Die an allem Gewohntem vorbeifahrende Dramaturgie dieser Märtyrertragödie war zwar mit B.s Kunst eindringlich darstellbar, aber befremdete bei ihm doch mehr als bei der roher-kräftigeren Dramatik Donizettis oder Verdis. Dennoch ist Beatrices Kavatine aus dem Anfang des ersten Finales, eine »Preghiera«, eine kurze, feierliche Anrufung, hier die verzweifelte Bitte um Schutz an den verstorbenen Gatten, das vielleicht gedrängteste Beispiel einer Arie, bei der ein Eindruck unendlich strömender Melodik ohne Wiederholung auch nur eines Gedankens an der kaum merklichen Irregularität der Gesangslinie hängt und ebenso ist der Überraschungsaugenblick im Quintett im Chor, in dem die Herzogin vor den Schuldigen als Verräterin dastehen muß, das vollkommenste Beispiel eines Concertatos in B.s Schaffen.

Im April 1834 begann B. mit der Arbeit an I puritani (Paris 1835), einem mittelbar Walter Scott entlehnten Libretto von Carlo Pepoli. Bei seinem letzten Werk ließ er, konsequenter als in allen früheren Opern, das musikalisch-dramatische Geschehen aus der innerlich reflektierten Situation hervorgehen, nicht aus der langsam in Musik übergehenden Deklamation des Verses. Für das Théâtre Italien in Paris arbeitend, entschloß sich B., der französischen eine betont italienische Historienoper gegenüberzustellen und unterstrich in der vollkommenen Durchbildung der Kantilene und im Beharren auf dem Gesetz der Melodie die neapolitanische Herkunft seiner Musik, die in I puritani ihre Apotheose erfährt. Niemals zuvor hatte B. gleiche Intensität auf die Raumbeschwörung aus dem Geist der musikalischen Einbildungskraft gelegt wie hier, wo schon die Introduktion die konventionelle Jagdszenerie in eine Raumevokation verwandelt und in jedem Augenblick das Zugleich von Innen- und Außenraum durch eine gesteigerte Ausdrucksnuancierung seiner stets von den Holzbläsern beherrschten Farbpalette gegenwärtig gehalten wird. Die Verwendung von Erinnerungsmotiven wird gesteigert, den einzelnen Charakteren werden bestimmte Grundmotive zugeordnet, Szenenfolgen wie die des Anfangs durch einheitliches Themenmaterial organisiert. All dies gibt, so unaufdringlich es ist, *I puritani* eine nie dagewesene Einheitlichkeit als Kunstwerk. Die Wiederaufnahme des Anfangs in der Schlußszene gewinnt von daher programmatischen Charakter. Der elegische Grundton B.s bleibt hinter dem vielfachen Wechsel der Stimmungen immer erkennbar, er ist gewissermaßen B.s Erzählton, vor dem sich, nach psychologischer Einsicht und musikalischer Ausdruckskraft, die Arien Arturos und Elviras in strahlender Leuchtkraft abheben. Sie sind wahrscheinlich die größten Schöpfungen des Komponisten.

Hätte er auf diesem Weg weitergehen können? Die Freunde und das Publikum sahen in der Premiere den Anfang eines neuen Zeitalters. Durch die Wiederkehr seines tödlichen Leidens, dem er in der Einsamkeit eines Freundeshauses vor den Toren von Paris erlag, verwandelte sich *I puritani* in einen Endpunkt der italienischen Oper des Belcanto.

Noten: Ricordi (Mailand); Il pirata, Ldn. und N.Y. 1983 (Early Romantic Opera 1). La straniera, Ldn. und N.Y. 1982 (ebd. 2). I Capuleti e i Montecchi, Ldn. und N.Y. 1981 (ebd. 3). Norma, Ldn. und N.Y. 1980 (ebd. 4). Beatrice di Tenda, Ldn. und N.Y. 1980 (ebd. 5). [dazu LIPPMANN, FR.: Quellenkundliche Anmerkungen zu einigen Opern V. B.s in Studien zur ital. und dt. Mg. (Analecta Musicologica 4), Köln 1967, 131–153]. I puritani [beide Fassungen], Ldn. und N.Y. 1983 (ebd. 6). Edizione nazionale delle opere di V. B., Cremona 2002 ff.

Dokumente: FLORIMO, FR.: B. memorie e lettere, Florenz 1882. V. B. Epistolario, hrsg. von L. CAMBI, Verona 1943. »Caro B.«. Lettere edite e inedite a V. B., hrsg. von DEMS., Catania 2001.

Bibliographie: WILLIER, ST. A.: V. B. A Guide to Research, N.Y. 2002.

Periodica: Quaderni dell'Istituto Musicale V. B. di Catania, 1999 ff.

Literatur: FR. LIPPMANN, V. B. und die ital. Opera seria seiner Zeit in Analecta Musicologica 6 (1969) [mit WV]. WEINSTOCK, H.: V. B., N.Y. 1971; dt. Adliswil 1985. V.B., Mn. 1985 (MK 46). LIPPMANN, FR.: V.B., in GOSSETT, PH. u. a.: Meister der ital. Oper, Stg. 1993, 173–210. ROSSELLI, J.: The Life of B., Ldn. 1996. KIM-BELL, D.R.B.: V. B. Norma, Cambridge 1998. SMART, M. A.: In Praise of Convention Formula and Experiment in B.s Self-borrowings in JAMS 53 (2000), 25–68.

Norbert Miller

Benda, Georg (Anton) (Jiří Antonín)

Getauft 30. 6. 1722 in Alt Benatky [Staré Benátky]; gest. 6. 11. 1795 in Köstritz

B. war ein »Epochenmacher« (Chr. F. D. Schubart). Mit seinen Melodramen *Ariadne auf Naxos* (Gotha 1775), *Medea* (Leipzig 1775) und *Pygmalion* (Gotha 1779) hat er die künstlerisch-ästhetischen Fragen seiner Zeit produktiv beantwortet. Angeregt durch Jean-Jacques Rousseaus »Pygmalion«, das der seit 1750 am Hofe Sachsen-Gotha tätige Kapelldirektor B. 1774 in einer Aufführung mit Konrad Eckhof, dem »Vater der deutschen Schauspielkunst«, und der Seylerschen Truppe erlebt hatte, schuf er in rascher Folge eigene Werke. Diese halbszenische Mischgattung von gesprochenem Wort und Musik nannte er Melodram. Mit ihm gab er seiner Epoche eine charakteristische Sprache mit völlig neuen Ausdrucksmöglichkeiten. Zugleich reagierte er auf den von Johann Gottlieb Klopstock (»Die deutsche Gelehrtenrepublik«, 1774) u. a. leidenschaftlich geführten Disput um den Stellenwert von Dichtung und Musik, um die Bedeutung von Rhythmus und Metrik. Der deklamierte Text wird durch kurze und sehr prägnante musikalische »Zwischensätze« (B.) unterbrochen. Sie sind durch ein oder zwei Hauptthemen miteinander verbunden und besitzen eine selbständige musikalisch-logische Form. Sie kommentieren die Dichtung und vertiefen ihren Ausdrucksgehalt. Alle »inneren Empfindungen und Bewegungen der Seele« (Johann Jacob Engel: »Ueber die musikalische Malerey«, 1780) korrespondieren mit melodischen, harmonischen, rhythmischen und instrumentatorischen Veränderungen. An einigen wenigen dramatischen Kulminationspunkten werden Text und Musik zusammengeführt. Mit dem Melodrama war es B. gelungen, Empfindungsbereiche zu vertiefen, zu denen weder die Sprache noch die Musik alleine vorgedrungen wären. Bei seinen Zeitgenossen fand die neue musikdramatische Gattung begeisterte Zustimmung (Mozarts Brief an den Vater vom 12. 11. 1778) und wurde häufig nachgeahmt (u. a. von

Johann Rudolf Zumsteeg in »Die Frühlingsfeier«, 1777). Außerdem markieren B.s Melodramen eine bedeutsame Station auf dem Weg zu einem Deutschen Nationaltheater.

Bereits als Zögling des Jesuitenkollegiums im böhmischen Jičín (Gitschin) war B. mit Problemen der Rhetorik und Deklamation konfrontiert worden. Auch nachdem der Glaubensflüchtling ab 1742 in Potsdam und Berlin als Geiger und Cembalist in der königlich-preußischen Hofkapelle eine neue Heimat gefunden hatte, war er an den besonders hier intensiv geführten künstlerisch-ästhetischen Diskussionen (Nachahmungs- und Affektenlehre) interessiert. Nicht ohne Einfluß blieb die Deklamationskunst des jungen Eckhof, die B. ab 1743 bewundern konnte. Ab diesem Jahr trat die Schönemannsche Truppe, zu der der Schauspieler damals gehörte, in Berlin auf.

Neben Liedern und Oden sowie einigen wenigen Instrumentalwerken (*Scherzo notturno*), die mit individuellen Themen und einer originellen ›Verarbeitung‹ auf eine eigenwillige Handschrift verweisen, ist die Mehrzahl von B.s Kompositionen in den Gothaer Jahren (1750–78) entstanden: Kirchenmusik, weltliche Kantaten (*Amynts Klagen*, 1774), Lieder und Oden, Orchesterwerke und Konzerte, Kammermusik und Solowerke für Cembalo bzw. Hammerklavier. Außer der Kirchenmusik, die zu B.s dienstlichen Obliegenheiten in Gotha gehörte, wurden fast alle Werke aus eigenem Antrieb komponiert. Neben seinen Melodramen hat B. der musikdramatischen Gattung vor allem mit seinen Singspielen (*Der Dorfjahrmarkt*, Gotha 1775; *Walder*, ebd. 1776; *Romeo und Julie*, ebd. 1776) den Weg gewiesen. In ihnen ist das Orchester bei der Szenengestaltung, der Personencharakteristik und Situationsschilderung ein aktiv mitgestaltender Partner. Besonders in den melodischen Erfindungen schlagen sich die Erfahrungen einer Italienreise (1765–66) nieder. Hier traf B. u. a. mit B. Galuppi, Chr. W. Gluck, Tommaso Traëtta zusammen und lernte »den Effekt wahrer Theatermusik« (Fr. Schlichtegroll, 16) kennen. Ausgedehnte Arien (mitunter sogar mit Koloraturen), Recitativi accompagnati und eindrucksvolle Chöre (z. B. der Begräbnischor in *Romeo und Julie*) weisen B. als einen originellen Musikdramatiker aus. Während er in den meisten seiner Vokal- und Instrumentalwerke den damals herrschenden Geschmack solide bedient, besitzen die in der Mehrzahl für den eigenen Gebrauch entstandenen Kompositionen für Tasteninstrumente sowie die Cembalokonzerte einen unverwechselbaren Personalstil: technisch anspruchsvoll, in der melodisch-harmonischen Gestaltung einerseits noch dem barocken Fortspinnungstyp, andererseits schon dem musikalischen »Sturm und Drang« verpflichtet, mit Ansätzen zur motivisch-thematischen Arbeit und einer engen Verbindung zwischen Soli und Tutti. Als B. 1792 feststellte, daß die neue Generation anderen künstlerisch ästhetischen Maßstäben folgte, beendete er konsequent mit der Kantate *Benda's Klagen* sein Schaffen.

Noten: DDT 64; NA Wiesbaden 1959. Musica antiqua bohemica 2, II/8, II/10; II/11, 24, 37, 45, 58, 62, 66, 68, 77. German Opera 5, N. Y. 1985.

Literatur: LÖBNER, K. H.: G. B. Sein Leben und sein Werk. Unter besonderer Berücksichtigung der Sinfonien und Cembalokonzerte, Diss. Halle-Wittenberg 1967 (maschinenschriftlich). LORENZ, D.: Die Musikerfamilie B., Bd. 2: G. A. B., Bln. und N.Y. 1971. FEE, G. D.: The solo Keyboard Sonatas and Sonatinas of G. A. B., Diss. Bloomington (IN) 1985 (maschinenschriftlich). MEYER, T.-D.: G. A. B. als Komponist von Kirchenkantaten am Gothaer Hof *in* Gothaer Museumsheft. Beitr. zur Regionalgeschichte (1999), 42–47.

Ingeborg Allihn

Berg, Alban Maria Johannes

Geb. 9. 2. 1885 in Wien;
gest. 23./24. 12. 1935 in Wien

A. B. wuchs in Wien, in der Inneren Stadt, auf; sein gutbürgerliches Elternhaus war den künstlerischen Neigungen der Kinder überaus aufgeschlossen. Neben der Begeisterung für die Musik trat entschieden literarisches Interesse zutage; bereits der Schüler war ein begeisterter Leser, im Familienkreis wurden Dramen – Ibsen und Strindberg – mit verteilten Rollen gelesen. Von B.s Kenntnis der zeitgenössischen Lyrik vermittelt die Textwahl der Lieder, die seit der Jahrhundertwende in großer Zahl entstanden, ein genaues Bild.

Im Herbst 1904 wurde B. Schüler Schönbergs. Es war dies der Beginn einer Beziehung, welche für B. lebensbestimmend werden sollte. Die Autorität des Meisters war ihm zeitlebens unantastbar; seine Werke erschienen ihm als Offenbarungen, deren er sich durch eindringliches analytisches Studium rational versicherte. Und auch die persönliche Beziehung war von der verpflichtenden Autorität

Schönbergs geprägt, dessen Kritik an Werk und Person (geäußerter wie geahnter) B. stets mit der Bereitschaft begegnete, sich in allem in Frage zu stellen; sie stürzte ihn in Krisen, aus denen er nur mit Mühe wieder herausfand. Erst in späteren Jahren, als es B. gelungen war, sich als Komponist und Persönlichkeit vor der Autorität des überlegenen Meisters zu behaupten, wird man gelegentlich der Haltung ironischer Distanz von seiten B.s gewahr.

Drei Jahre studierte B. Harmonielehre und Kontrapunkt, 1907 begann der eigentliche Kompositionsunterricht, der in der Erarbeitung der Sonatenform als Inbegriff musikalisch-logischen Denkens kulminierte. Vieles aus dem Kompositionsunterricht galt ihm mehr denn als bloße Schülerarbeit; manche Schöpfung der Jugend war ihm so wichtig, daß er sie in bewußtem Selbstzitat in den gültigen Werken erinnert hat. So geht die Trauermusik des symphonischen Epilogs im Schlußakt des *Wozzeck* auf das Fragment der *Klaviersonate d-moll* (1908–09) zurück, und selbst das Grave der Sonatencoda aus *Lulu* hat seinen Ursprung womöglich in eben demselben Versuch aus der Zeit des Unterrichts.

Die *Sonate für Klavier* op. 1 (h-moll; 1909) besteht aus einem Satz in Sonatenform. In ihrer Harmonik, dem Gebrauch von Quartenakkorden und -motiven wie der Ganztönigkeit, ist sie unverkennbar dem Vorbild von Schönbergs erster *Kammersymphonie* verpflichtet, nicht jedoch in ihrem formalen Bau: die Einsätzigkeit ist nicht Resultat des Bemühens, Sonatenform und Satzcharaktere des Zyklus in eins zu setzen. Die beständige, überaus dichte motivisch-thematische Arbeit, welche bereits die gegeneinander selbständige Behandlung von Tonhöhen und Rhythmus voraussetzt, teilt sich niemals als angestrengt Gearbeitetes mit; die Musik erweckt vielmehr den Eindruck des vegetabilisch Austreibenden.

Noch zu Zeiten des Unterrichts, 1905–08, waren neben anderen die *Sieben frühen Lieder* (dies der Titel der Klavier- und der Orchesterfassung von 1928) und die *Vier Lieder* op. 2 (Hebbel, Mombert; 1908–10) entstanden; das *Streichquartett* op. 3 (1910) ist die erste ganz selbständig gearbeitete Komposition B.s. Es ist immer wieder hervorgehoben worden, daß und wie B. es auf Anhieb gelingen konnte, bei weitgehend aufgehobener Tonalität und Abwesenheit eines stützenden Textes den Bogen der ›großen Form‹ der beiden Sätze zu spannen. Dies war B. möglich, weil er es verstand, der Musik durch die Orientierung an elementaren Satzmustern ein leitendes Fundament zu schaffen, das schon für sich einen gewissen Zusammenhalt gewährleistete.

Nach diesen kammermusikalischen Werken, zu denen sich 1913 noch die *Vier Stücke für Klarinette und Klavier* op. 5 gesellten, wandte sich B. mit den *Fünf Orchesterliedern nach Ansichtskarten-Texten von Peter Altenberg* op. 4 (1912) dem Bereich der Orchesterkomposition zu. Den aphoristischen Bildern Altenbergs entspricht die konzentrierte Form der einzelnen Lieder. Dem kontrastiert ein gewaltiges Aufgebot an orchestralen Mitteln, das einerseits der hochgradigen Differenziertheit des Klangs, in seiner Schichtung von Ostinatokomplexen, und andererseits einer Vielzahl ungewöhnlicher, zum Teil von B. selbst ersonnener klanglicher Effekte die Grundlage bietet. Zu letzteren trägt auch die Behandlung der Vokalstimme ihr Teil bei, wenn sie im ersten Lied mit »gesungenem Stimmton mit leicht geschlossenen Lippen (ppp!)« einsetzt; von den instrumentalen Spezialeffekten sei hier nur auf die vielfachen Formen des Glissandos verwiesen, die in Thomas Manns Musikerroman »Dr. Faustus« (vermittelt durch die Beschreibung Kreneks) als anarchische »Höllenglissandi« wiederkehren. – Formal läßt sich B. ebenso von der poetischen Struktur des Textes wie auch von absoluten Konstruktionsprinzipien leiten. Die Rahmenteile des dritten Liedes basieren auf einem zwölftönigen Klang: Allegorie des Kosmischen, wie es im Text aufscheint (»Über die Grenzen des All / blicktest du sinnend hinaus;«). Das letzte Lied ist eine Passacaglia mit einem fünftönigen Thema, welches auch – nach dem Vorbild von Schönbergs Komposition »Nacht« aus »Pierrot Lunaire« – als Akkord erscheint. Und es enthält zudem einen musikalischen Gedanken als selbständiges Thema, der alle zwölf Töne des chromatischen Totals enthält: Zwölftönigkeit war B. bereits im Jahr 1912 ein kompositorischer Begriff.

Durch die Übersiedlung Schönbergs nach Berlin im Herbst 1911 war B. einerseits des persönlichen Umgangs mit Schönberg beraubt, gleichwohl aber durch Arbeiten für seinen Lehrer sehr in Anspruch genommen. Er fertigte das Register zur »Harmonielehre« Schönbergs (1911), vor allem aber den Klavierauszug und einen großen analytischen Führer zu dessen »Gurre-Liedern« an. Vielleicht war es auch dieser beständige Umgang mit dem monumentalen Werk Schönbergs, der in B.

den Wunsch wach werden ließ, selbst »etwas Großes« zu schreiben, aus dem schließlich die *Drei Orchesterstücke* op. 6 – Präludium, Reigen, Marsch – hervorgingen (1913–15). In diesem Werk wird erstmals die Affinität B.s zur Musik Mahlers greifbar, zuallererst in der Verwendung ›charakteristischer‹ Floskeln und rhythmischer Muster volkstümlicher (Tanz-)Musik. Dieser Zug wird sich im weiteren Schaffen B.s verstärken, insbesondere durch die Aufnahme des symphonischen Adagios Mahlerscher Prägung. Das gilt bereits für seine nächste, große Komposition, die Oper *Wozzeck*, B.s Meisterwerk. Den Anstoß zur Komposition empfing B. von der Wiener Erstaufführung des Büchnerschen Dramenfragments 1914. Bei der Einrichtung des Librettos folgte er einer symmetrischen Anlage: die beiden kürzeren äußeren Akte zu jeweils fünf Szenen umrahmen den ebenfalls fünf Szenen umfassenden, jedoch weitläufigeren Mittelakt; die primäre formale Einheit ist die verhältnismäßig kurze Einzelszene. Zwar schließen sich die Szenen je eines Akts zu einer übergeordneten formalen Einheit zusammen – im ersten zu einer Suite von Charakterstücken, im zweiten zu einer fünfsätzigen Symphonie, und der Schlußakt erscheint als eine Folge von »Inventionen«, denen jeweils ganz verschiedene Gestaltungsprinzipien zugrunde liegen. Aber das einzelne Bild steht formal betrachtet ebenso wie in der Unmittelbarkeit des Ausdrucks wesentlich für sich selbst ein, und auch die zahlreichen Zwischenspiele sind, als Vor- oder Nachspiele, ganz überwiegend den Einzelszenen, aus welchen sie ihre musikalische Substanz beziehen, verpflichtet. Was auf das Ganze gesehen Zusammenhang stiftet, ist ein reich differenziertes Geflecht von Leitmotiven – worin sich die atonale Oper dem Wagnerschen Musikdrama verbunden zeigt.

Die Fortführung der Komposition wurde zunächst durch den Ausbruch des Weltkriegs vereitelt, die Arbeit erst 1917 wieder aufgenommen, gewiß auch unter dem Eindruck von Grausamkeiten und Bizarrerien, wie sie B. durch seinen Militärdienst aus eigener Anschauung kannte. Doch erst 1921 konnte B. die Komposition der Oper vollenden; im April 1922 lag das Werk fertig instrumentiert vor. Nachdem im Sommer 1924 *Drei Bruchstücke* der Oper in Frankfurt a.M. unter der Leitung Hermann Scherchens zur Aufführung gelangt waren, erlebte B.s *Wozzeck* am 14. 12. 1925 in der Berliner Staatsoper Unter den Linden seine Uraufführung; Dirigent war Erich Kleiber. Nachdem die Produktion in Oldenburg – wo B. erstmals seinen berühmten Einführungsvortrag hielt – 1929 die Aufführbarkeit der Oper auch an kleineren Spielstätten demonstriert hatte, war dem Werk die Bahn gebrochen. B. hatte sich damit endgültig, auch vor dem großen Publikum, durchgesetzt und vermochte alsbald durch Einnahmen aus Aufführungen seiner Werke zu einem bescheidenen Wohlstand zu gelangen, bis die nationalsozialistische Kulturpolitik dieser günstigen Entwicklung seiner Laufbahn ein Ende setzte.

B.s 1923–25 entstandenes *Kammerkonzert* für Klavier und Geige mit dreizehn Bläsern ist in seinem Namen, der Anzahl der Instrumente und in seinem Anspruch an Dichte der motivisch-thematischen Arbeit der ersten »Kammersymphonie« von Schönberg verpflichtet. Von diesem Konzert hat B. selbst gesagt, er habe hier die Gelegenheit wahrgenommen, kompositorische »Virtuosität und Brillanz« zu zeigen. Wenn man bei der Betrachtung des *Kammerkonzerts* auch allenthalben – vorzüglich im Bereich der rhythmischen Konstruktion – Belege für dieses Diktum findet, so beeindruckt doch ganz besonders die simultane Kombination der Musik der ersten beiden Sätze, des Variationensatzes und des Adagio, zu einem selbständigen dritten, dem Rondo ritmico.

Das zweite Streichquartett B.s, die 1925–26 komponierte *Lyrische Suite*, bekundet schon in seinem Titel Distanz zur Tradition der Gattung; er spielt an auf die »Lyrische Symphonie« Zemlinskys, dem das Werk auch zugeeignet ist. Die sechs Sätze gehorchen jenseits des Sonatenzyklus vielfältigen Bindungen und Zusammenhängen. Die Tempi steigern sich im Wechsel fächerartiger Anordnung, die raschen immer schneller (Allegretto – Allegro – Presto), die langsamen immer langsamer werdend (Andante – Adagio – Largo): ein Dispositionsprinzip, das B. bereits innerhalb der *Klaviersonate* erprobt hatte. Die *Lyrische Suite* ist das erste große Werk, in welchem B. sich der Methode der Komposition ›mit zwölf nur aufeinander bezogenen Tönen‹ bediente; die kurz zuvor entstandene dodekaphone Vertonung des bereits 1907 komponierten Gedichtes von Theodor Storm *Schließe mir die Augen beide* trägt die Züge erster Erprobung und orientiert sich in der Verwendung der Technik an dem Sonett aus der »Serenade« op. 24 und dem Walzer der »Klavierstücke« op. 23 von Schönberg, darüber hinaus jedoch an der Vorstellung des zwölftönigen Klanges als Quelle und Zielpunkt des Melodischen.

Zuallererst ist zu bedenken, daß für B. die neue Technik keinen ausschließenden Charakter besitzt: es war ihm möglich, neben dodekaphonen Sätzen bzw. Satzteilen solche in seiner »alten Schreibweise« zu setzen, ohne daß sich dies – wie sich B. gerne sagen ließ – dem Hören als Bruch mitgeteilt hätte; die zwölftönige Schreibweise ist B., anders als Schönberg und Webern, keine einheitliche Form musikalischen Denkens. Ebenso ist es bezeichnend für B., daß die Verknüpfung der einzelnen Sätze einerseits stattfindet auf der Ebene motivisch-thematischen Zusammenhangs, andererseits jedoch gleichen Sinnes durch Modifikationen der Gestalt der Reihe, die B. deshalb, in einer Analyse des Werkes für das Kolisch-Quartett, als »Schicksal erleidend« apostrophieren konnte, so als handele es sich dabei von vornherein um ein thematisches Gebilde.

Allein schon die den Tempoangaben der einzelnen Sätze verliehenen Epitheta: gioviale – amoroso – misterioso/estatico – appassionato – delirando/tenebroso – desolato künden beredt vom überaus expressiven Charakter der Quartettmusik, welcher niemandem je verborgen bleiben konnte; Zitate aus Wagners »Tristan« und aus Zemlinskys »Lyrischer Symphonie« (»Du bist mein eigen, mein eigen«) weisen auf den persönlichen, erlebten Hintergrund einer »latenten Oper« hin. Dieser wurde offenkundig, als eine von B. annotierte Partitur des Quartetts aufgefunden wurde, deren Eintragungen deutlich machen, daß eine Liebesbeziehung in der Komposition ihren Niederschlag gefunden hat.

Seit dem Herbst des Jahres 1925 war B. auf der Suche nach einem geeigneten Stoff für seine zweite Oper. Alle wichtigen Korrespondenzen spiegeln die Intensität wider, mit der B. beständig Ausschau hielt und die Freunde um Rat befragte. Nach der Prüfung einer Vielzahl von Theaterstücken entschied sich Berg schließlich für Lulu von Frank Wedekind. Bei der Herstellung des Librettos aus Wedekinds Dramen »Erdgeist« und »Die Büchse der Pandora« mußte B. ganz erhebliche Kürzungen vornehmen. Dennoch sind die Szenen ganz anders dimensioniert als in B.s erster Oper: Noch die kürzeste ist länger als die umfangreichste in Wozzeck. B. zog daraus die Konsequenz, bei der Komposition nicht wie ehemals von der einzelnen Szene, sondern von den Charakteren der Hauptpersonen als »durchzuführender Gesamterscheinung« auszugehen. Dies bedingt ein Moment von raumgreifender Entwicklung, das für die Lulu-Oper insgesamt bezeichnend ist; gegenüber dem atemlosen Hier und Jetzt des Wozzeck konstatierte Theodor W. Adorno für Lulu den »Einbruch der Zeit«, und in der Tat entfaltet sich die Lulu-Musik zum einen weiträumiger: Aus der leeren Quinte, in der Wozzeck-Oper ein Marie zugeordnetes Motiv der Vergeblichkeit, wird in Lulu eine Folge von Quinten, deren Dauern durch (symmetrische) Zahlenreihen determiniert sind; aus einem Leitklang wird eine »Musik von unendlich trübem Ausdruck«. Aber es sind auch ganz besondere Formen von Zeitlichkeit, die B.s zweiter Oper als Wesentliches zu eigen sind: So etwa, wenn das ganz dem Auftritt Lulus gewidmete Melodram in II/2 Lulus Auftrittsmusik aus der vorangehenden Szene wieder aufgreift, in einer Langsamkeit, die musikdramatisch der (vorgetäuschten) Hinfälligkeit Lulus ebenso gilt, wie sie der Vorbereitung ihres unverstellten Freudenausbruchs (»O Freiheit! Herr Gott im Himmel!«) dient. – Die Auftrittsmusiken Lulus in den beiden Szenen des II. Akts sind aber auch in ihrer Anordnung aufeinander bezogen, indem sie symmetrisch zum Zentrum dieses Mittelakts angeordnet sind – einem Zwischenspiel, das wiederum selbst streng symmetrisch gebaut ist, die zweite Hälfte der Krebsgang der ersten, der Scheitelpunkt ein auskomponiertes Innehalten, nach den mächtigen Schüben der Erdgeist-Quarten im ostinaten Geflecht der Reihen. Diese Verwandlung ist als Musik zu einem Film konzipiert, der nach B.s Vorstellung die Geschehnisse von Lulus Verhaftung bis zu ihrer Befreiung ebenfalls bis ins Detail in streng symmetrischer, zum musikalischen Verlauf synchroner Anordnung zur Darstellung bringen sollte (B. war sehr an den Möglichkeiten des Tonfilms interessiert; viele Regieanweisungen der Lulu-Oper vermag man sich erst im Film adäquat realisiert zu denken). – Auch eine entgegengesetzte Form von Zeitlichkeit findet sich in der Oper gestaltet, die des Enthobenseins von Zeit; am sinnfälligsten in der Liebesmusik Alwas mit ihrer Zartheit, deren selbstvergessenes In-Sich-Kreisen dem Ablauf der Zeit enthoben scheint.

Das Stichwort der Zeit hat seine besondere Bedeutung auch für die Entstehungsgeschichte der Lulu-Oper. Ihre Komposition war ein Unternehmen, das B. über viele Jahre hinweg beschäftigte; eine Zeitspanne, in welcher die kompositionstechnischen Grundlagen des Werkes wesentlich modifiziert wurden. B. hatte zunächst aus einer »Urreihe« eine Vielzahl von Bausteinen (Drei- und

Vierklänge, Skalen, Klangfolgen, Rhythmen) abgeleitet und auf dieser Grundlage mit der Komposition begonnen – die Musik der Zwölftonoper *Lulu* sollte auf einer einzigen Reihe beruhen. Aber B. sah sich alsbald veranlaßt, zusätzlich weitere, personenbezogene Reihen zu bilden, und mit dem Wegfall der Beschränkung auf die eine Grundreihe eröffnete sich ihm die Möglichkeit, die einzelnen Charaktere mit ganz unterschiedlichen konstruktiven Mitteln und gleichsam im Rahmen verschiedener Tonsysteme zu selbständigen musikalischen Sphären zu entwickeln. Im übrigen ist zu betonen, daß auch in den zwölftönig gearbeiteten Partien der Oper stets mit weitreichenden Lizenzen zu rechnen ist: Streng Determiniertes findet sich neben ›frei‹ Gesetztem.

Nach Fertigstellung des Particells im Frühjahr 1934 instrumentierte B. zunächst einige Teile der Oper für die Darbietung im Konzertsaal. Diese *Symphonischen Stücke aus der Oper »Lulu«* kamen am 30. November 1934 in Berlin unter Erich Kleiber zu Uraufführung. Als B. Weihnachten 1935 starb, war die Instrumentation der Oper nicht abgeschlossen. Das Material, welches er zurückließ, und nicht zuletzt die Reprisenstruktur der Schlußszene, ließ jedoch eine Vervollständigung von Anbeginn als möglich erscheinen. Dieser Aufgabe hat sich seit 1962 Cerha angenommen; in der so hergestellten dreiaktigen Fassung wurde *Lulu* am 24. Februar 1979 unter der Leitung von Boulez erstmals aufgeführt, nachdem zuvor seit der Züricher Uraufführung von 1937 stets nur der zweiaktige Torso gespielt worden war.

B.s Arbeit an *Lulu* wurde zweimal durch die Komposition eines Auftragswerks unterbrochen. Im Sommer 1929 schrieb B. für die Sopranistin Ružena Herlinger die Konzertarie *Der Wein* nach drei Gedichten von Charles Baudelaire in der deutschen Übersetzung von Stefan George, in den Monaten März bis August 1935 für den amerikanischen Geiger Louis Krasner sein *Violinkonzert*. Diese Komposition ist B.s populärstes Werk geworden, gewiß nicht zuletzt auf Grund der offenkundigen programmatischen Züge. Das Stück gilt »dem Andenken eines Engels« – Manon Gropius, Tochter der mit B. befreundeten Alma Mahler aus ihrer Ehe mit dem Bauhaus-Architekten, die im April 1935 als Achtzehnjährige an Kinderlähmung gestorben war. Dieses Ereignis war der Impuls, der B. die Komposition in für seine bedachtsame Arbeitsweise sehr kurzer Zeit vollenden ließ, nachdem er zunächst gezögert hatte, den Auftrag überhaupt anzunehmen. Doch B. ging es in dieser Zeit bereits schlecht, da seine Werke dem faschistischen Deutschland als entartet galten und Aufführungen nur noch vereinzelt zustande kamen; so mußte ihm das Honorar für die Komposition des Konzerts mehr als willkommen sein. – Die Bestimmung als Tongedicht um Manons Schicksal hat B. durch musikalische Zitate offenbar werden lassen: Im ersten Teil des Konzerts erklingt neben anderen ländlichen Tanzweisen ein Kärntner Volkslied, und das abschließende Adagio des Konzerts ist wesentlich auf den Sterbechoral aus J. S. Bachs Kantate »O Ewigkeit du Donnerwort« BWV 60 gestellt: die Sologeige bringt zunächst die Choralmelodie, worauf der Satz Bachs tongetreu angeführt wird, in der Partitur von B. mit seinem Text versehen: »Es ist genug! Herr, wenn es Dir gefällt, so spanne mich doch aus!«.

Daß sich in die zwölftönige Struktur des Konzerts tonale Gebilde, Kirchenlied und Kärntner Jodler, einbeziehen oder setzen ließen, ist angesichts der B.schen Ausprägung der Zwölftonmethode wenig verwunderlich, zumal bei der erstmals im *Violinkonzert* ausgiebig angewandten Technik der Reihenmischung. Aber schon die Reihe selbst ist unverkennbar auf solche Möglichkeiten, überhaupt auf die Verfügbarkeit des tonalen Idioms hin angelegt: Eine Terzenkette, die auf den Quinten der Violinstimmung gründet, stellt eine Folge von Moll- und Durdreiklängen bereit, ergänzt durch eine Ganztonfolge, deren Identität mit dem Tritonus des Choralinitiums B. als willkommene »Merkwürdigkeit« begrüßte.

Bei der Beschäftigung mit B.s Musik sind innerhalb der letzten Jahre zwei Aspekte dominierend hervorgetreten: der des Programmatischen und der des Zahlenhaften. Die mit Vorliebe herausgestellte Bedeutung der Zahlen bedarf der einschränkenden Differenzierung. B. war zutiefst zahlengläubig; frühe Neigungen fanden Bestätigung in der Lehre des Psychologen Wilhelm Fließ. Als persönliche Schicksalszahl galt B. die Zahl 23, und so beliebte er, an Tagen dieses Datums Particell oder Partitur eines Werkes zum Abschluß zu bringen. Auch der Name des nach dem Vorbild von Karl Kraus' Zeitschrift, als »musikalische Fackel« intendierten Periodicums »23. Eine Wiener Musikzeitschrift«, der B. mit engagiertem Rat nahestand, ist darin begründet. – Für B.s Komponieren wird das Zahlenwesen, spätestens seit der *Lyrischen Suite*, maßgebend im Bereich der Disposition: Es werden vorab formale Abschnitte, durch die Anzahl von Takten wie von Notenwerten, sowie Tempi mittels Metronomzahlen in einem numerischen Gefüge festgelegt. In späteren Jahren steigert sich die Vorliebe zur Obsession: Etwa sind die Skizzen zu *Lulu* allenthalben mit Zahlen übersät; jedoch, selbst die oberflächliche Betrachtung lehrt, daß der bei weitem überwiegende Teil der Eintragungen post festum an das bereits Komponierte herangetragen wurde; keine Taktzahl, die es B. nicht wert gewesen wäre, auf ihre Relation zu seinen Symbolzahlen hin überprüft zu werden – daher die notorischen Divisionen mit anschließender Streichung bzw. Ausrufzeichen, wenn die Rechnung aufgeht.

Grundsätzlich ist darauf zu sehen, auf welche Weise über seine Bedeutung im konstruktiven Hintergrund hinaus das Zahlenwesen im musikalischen Werk erfahrbar wird: Die durch eine einfache Zahlenfolge geregelte Dauernreihe ist etwas anderes als eine Tempokette, deren metronomisch proportionierte Glieder auf Grund ständig wechselnder Taktart und -füllung nicht zur Wahrnehmung gelangen. Und schließlich gibt es Fälle, wo man, beinahe erleichtert, mit einem Blick in die Skizzen bemerkt, daß B. durchaus imstande war, die auf einfache Zahlenverhältnisse gegründete Anlage eines Abschnittes aus originär musikalischen Gründen zu modifizieren.

Der Fund einer vom Komponisten annotierten Partitur der *Lyrischen Suite*, den George Perle im Jahr 1976 gemacht hatte, gab Veranlassung, auch in anderen Werken B.s eifrig nach derartigen »Geheimen Programmen« zu forschen. Auch wenn es nicht gelang, an die Sensation der ersten Enthüllung heranzureichen, wurde man doch weithin fündig, so im *Kammerkonzert*, im *Violinkonzert* und selbst in der *Lulu*-Oper. Bedenklich an diesem Unterfangen erscheint die Tendenz, dem Moment des Programmatischen mit großer Bereitwilligkeit absolute Dignität einzuräumen, der Akt der Enthüllung gibt vor, der Musik ganz und gar, und dies im Handstreich, beizukommen und sich ihrer hernach dank des durchschauten Hintergrundes endgültig sicher zu sein, ein Gesichtspunkt, der wie die Forschung so auch die Erfahrung der Musik umfassend zu leiten beansprucht. – Solche Skepsis verliert jedoch ihre Berechtigung, wenn man die Bedeutung des Programmatischen in ihrer Unbedingtheit nicht für das vollendete Werk, sondern statt dessen für seinen Entstehungsvorgang geltend macht. B. war offenkundig bereit – vielleicht sogar darauf angewiesen –, sich bei der Komposition von außermusikalischen Vorstellungen anregen zu lassen. Doch ist mit Bedacht darauf zu sehen, an welchem Ort innerhalb des überaus vielschichtigen Kompositionsprozesses das ›Programm‹ seinen Niederschlag findet und inwieweit sich dieser als musikalische Realität mitteilt – das »Tristan«-Zitat ist eine andere Sache als die Festlegung eines Ensembles von Reihenformen durch als Tonbuchstaben verstandene Initialen von Namen. Eines jedoch kann ausgeschlossen werden: daß B. etwa an einem programmatischen Vorwurf, diesen musikalisch illustrierend, entlang komponiert hätte.

Zudem erscheint stets eine gewisse Skepsis gegenüber jeder Einschätzung angebracht, welche vorgibt zu wissen, was B.s Musik ›eigentlich‹ bedeute; zur Vorsicht nötigt B.s Fähigkeit zu ironischer Distanz, die sich selbst dort geltend macht, wo man nur noch das unantastbar Eigentliche vermutet. So etwa, wenn in der *Lulu*-Oper die unvergleichliche Musik der »Lulu-Idee«, deren Aura Adorno als das »Versprechen der Schönheit selber« erschien (in ihrer Gestalt als Introduzione der *Lulu-Symphonie*), zu den dem Athleten Rodrigo geltenden Worten erklingt »Wenn Sie nur nicht so lange Ohren hätten …« – von B. in der Skizze unter der Bemerkung »Ironie« niedergeschrieben.

Noten: Universal Edition (Wien). A. B. Sämtliche Werke, hrsg. von der A. B.-Stiftung (Editionsleitung R. Stephan), Wien 1984 ff.
Dokumente: A. B. Glaube, Hoffnung und Liebe. Schriften zur Musik, hrsg. von Fr. Schneider, Lpz. 1981. The B.-Schoenberg Correspondence. Selected Letters, hrsg. von J. Brand, Chr. Hailey und D. Harris, Houndmills u. a. 1987. A. B. 1885–1935. Ausstellungskatalog der Österreichischen Nationalbibliothek, Wien 1985. Morgenstern – A. B. und seine Idole. Erinnerungen und Briefe, hrsg. von I. Schulte, Lüneburg 1995. Th. W. Adorno – A. B. Briefwechsel 1925–1935, hrsg. von H. Lonitz, Ffm. 1997. Floros, C.: A. B. und Hanna Fuchs, Zürich 2001.
Bibliographie: Simms, B. R.: A. B. A Guide to Research, N. Y. und Ldn. 1996.
Literatur: Reich, W.: A. B. Mit B.s eigenen Schriften und Beiträgen von Th. Wiesengrund Adorno und E. Krenek, Wien u. a. 1937. Ders.: A. B. Leben und Werk, Zürich 1963, Ndr. Mn. und Zürich 1985. Redlich, H. F.: A. B. Versuch einer Würdigung, Wien u. a. 1957. Adorno, Th. W.: B. Der Meister des kleinsten Übergangs, Wien 1968. Schweizer, Kl.: Die Sonatensatzform im Schaffen A. B.s, Stg. 1970. A. B. Kammermusik I, Mn. 1978 (MK 4). Jarman, D.: The Music of A. B. Ldn. 1979. A. B. Symposion Wien 1980, Tagungsber., Wien 1981. Stephan, R.: A. B. *in* Die Wiener

Schule heute, hrsg. von C. DAHLHAUS, Mainz 1983, 45–62. PERLE, G.: The Operas of A. B., Bd. 1 Wozzeck, Berkeley u. a. 1980; Bd. 2 Lulu, ebd. 1985. PETERSEN, P.: A. B. Wozzeck. Eine semantische Analyse, Mn. 1985 (MK Sonderband). STEPHAN, R.: A. B. Violinkonzert (1935), Mn. 1988. RODE, S.: A. B. und Karl Kraus. Zur geistigen Biographie des Komponisten der »Lulu«, Ffm. 1988. JARMAN, D.: A. B. Wozzeck, Cambridge 1989. The B. Companion, hrsg. von D. JARMAN, Basingstoke und Ldn. 1989. A. B. Historical and Analytical Perspectives, hrsg. von D. GABLE und R. P. MORGAN, Oxford 1991. FUSS, H.-U.: Musikalisch-dramatische Prozesse in den Opern A. B.s, Hbg. 1991. JARMAN, D.: A. B. Lulu, Cambridge 1991. STEPHAN, R.: Von der Planung zum musikalischen Kunstwerk. Über A. B.s Komponieren *in* Vom Einfall zum Kunstwerk. Der Kompositionsprozeß in der Musik des 20. Jahrhunderts, hrsg. von H. DANUSER und G. KATZENBERGER, Laaber 1992. VON MASSOW, A.: Halbwelt, Kultur und Natur in A. B.s Lulu, Stg. 1992 (Beihefte zum AfMw. 33). FLOROS, C.: A. B. Musik als Autobiographie, Wiesbaden u. a. 1992. ERTELT, TH.: A. B.s Lulu. Quellenstudien und Beiträge zur Analyse, Wien 1993. HALL, P.: A View of B.s Lulu through the Autograph, Berkeley (CA) 1996. HEADLAM, D.: The Music of A. B., New Haven und Ldn. 1996. KRÄMER, U.: A. B. als Schüler Arnold Schönbergs. Quellenstudien und Beiträge zur Analyse, Wien 1996. The Cambridge Companion to B. hrsg. von A. POPLE, Cambridge 1997; dt. als A. B. und seine Zeit, Laaber 2000. Encrypted Messages in A. B.s Music, hrsg. von S. BRUHN, N.Y. 1998. GRÜNZWEIG, W.: Ahnung und Wissen, Geist und Form. A. B. als Musikschriftsteller und Analytiker der Musik Arnold Schönbergs, Wien 2000. SCHERLIESS, V.: A. B. Mit Selbstzeugnissen und Bilddokumenten, Reinbek bei Hbg. [8]2000.

Thomas Ertelt

Berio, Luciano

Geb. 24. 10. 1925 in Oneglia (Ligurien); gest. 27. 05. 2003 in Rom

Wie viele italienische Komponisten seiner Generation wurde L. B. durch die Erfahrung des Faschismus geprägt, der ihn während der Jahre seiner Entwicklung an jedem Kontakt mit der Musik seiner Zeit gehindert hat. B. bewahrte sich aus dieser Zeit ein bestimmtes Mißtrauen gegenüber dogmatischen Ansichten. Zwei Persönlichkeiten spielten während seiner Entwicklungsphase eine wesentliche Rolle: erst Dallapiccola, dessen Einfluß in Werken wie *Due Pezzi* (1951), *Cinque Variazioni* (1952–53) oder *Chamber Music* (1953) durchscheint; dann Maderna, dem B. freundschaftlich sehr eng verbunden war: »Ich verdanke es größtenteils Bruno, daß ich mich den seriellen Methoden angenähert habe« (Intervista, 66). Erst 1953 schließt sich B. der musikalischen Avantgarde in Darmstadt an. Obwohl er sich die serielle ›Technik‹ aneignet, betrachtet er ihre mechanischen Aspekte äußerst kritisch. Er schließt sich weder dem Gedanken eines Bruchs mit der Geschichte noch dem einer hypothetischen ›Stunde Null‹ der musikalischen Sprache an. Weit davon entfernt, sich mit Manipulationen klanglicher Strukturen zu begnügen, die bar jeder Beziehung und jedes Widerspruchs sind, wie es Stockhausen verlangte, interessierte sich B. für die Verbindung heterogener Materiale, Techniken und Stile. Sein Ziel war nichts weniger als die Totalität der verfügbaren Klangwelt. Die Musik, war ihm »die Suche nach einer Grenze, die immer weiter zurückgeschoben wird« (ebd., 7).

B. führte denn auch neben dem Experimentieren mit dem strengen Serialismus zahlreiche ›praktische Arbeiten‹ durch. Unter diesen spielen die elektroakustischen Versuche eine entscheidende Rolle. 1956 gründete er zusammen mit Maderna das Studio di Fonologia bei der RAI in Mailand. Hier erforschte er die Beziehungen zwischen ungleichen akustischen Elementen und versuchte, ein Kontinuum zwischen Klang und Geräusch herzustellen. All seine Schritte zielten darauf, möglichst enge Verbindungen zwischen der phonetischen und der semantischen Dimension der Sprache zu erzeugen. B. stützte sich dabei vor allem auf die literarische Moderne der ersten Jahrhunderthälfte und auf die Entwicklung des strukturalistischen Denkens in der Linguistik und Anthropologie. Er arbeitete mit verschiedenen Persönlichkeiten der italienischen Avantgarde zusammen: Umberto Eco, mit dem er *Tema* (1958) und *Opera* (1969–70) verfaßte; Edoardo Sanguineti, mit dem er *Passaggio* (1963), *Laborintus II* (1965), *A-Ronne* (1974–75) erarbeitete, und schließlich Italo Calvino, dem Librettisten von *La vera storia* (Mailand 1982), *Duo* (1982) und *Un re in ascolto* (Salzburg 1984). Für die Opernbühne folgten ferner die »azioni teatrali« *Outis* (»Niemand«, Dario del Corno nach der »Odyssee«; Mailand 1996) und *Cronaca del luogo* (»Chronik des Ortes«, Talia Pecker Berio; Salzburg 1999).

Bei B. verlief die intensive Beschäftigung mit der komplexen elektroakustischen Klangwelt parallel zur Erforschung der tieferen Sprachebenen; das Werk von James Joyce spielt dabei eine Schlüsselrolle. Mit Hilfe Ecos und der amerikanischen

Sängerin Cathy Berberian beginnt B. nach einem Fragment aus »Ulysses« von Joyce die Komposition eines Werks, das einen Wendepunkt in seiner Entwicklung einleitet: *Tema, Omaggio a Joyce* (1958). In diesem Werk wird das verbale Material durch die Zerlegung des gesprochenen Textes in seine verschiedenen phonetischen Einheiten musikalisch verarbeitet. Dies entwickelte B. in späteren Werken noch weiter. Sein Verfahren setzt sich zusammen aus einer kritischen Phase – der Analyse oder der Zerlegung des Materials – und einer konstruktiven Phase – der Ausarbeitung eines Geflechts musikalisch bedeutungstragender Beziehungen. In *Sequenza III* für Solostimme (1966) z. B. sind die vokalen Artikulationsformen (Schnalzen, Schreie, Lachen, Lallen, Mundgeräusche usw.) Teil einer solchen musikalischen Hierarchie: Die Figuren des Lachens entwickeln sich organisch aus den Figuren der Vokalise. In *Circles* (1960) entstehen bestimmte Klänge des Schlagzeugs aus Konsonanten oder Vokalen des Textes, die von der Sängerin artikuliert werden (oder auch umgekehrt). In *O King* (1967) erzeugen die phonetischen Elemente des Namens Martin Luther King klangfarbliche und dynamische Strukturen; der Name selbst wird erst im Moment des Höhepunkts ausgerufen: Aus seinen klanglichen Bestandteilen entsteht der Sinn.

Die musikalische Form schafft als Prozeß des Zusammenfügens heterogener Elemente die bedeutungstragenden und expressiven Beziehungen. Das Werk zeigt die Elemente, Techniken und vielfältigen Materiale, aus denen es sich zusammensetzt, sowohl in simultaner als auch in der Perspektive zeitlicher Aufeinanderfolge. In *Sequenza IV* für Klavier bilden die durch das dritte Pedal gehaltenen Töne und Akkorde eine selbständige Schicht, die sich im Hintergrund langsam entwickelt. Das gleiche findet sich in *O King*, wo die betonten Noten sich zu einem Cantus firmus formieren, der das gesamte Stück durchläuft und dessen dramaturgische Anlage strukturiert. In *Sequenza VIII* für Violine (1975) charakterisieren die verschiedenen Satztechniken mit ihren genauen historischen Bezügen (monodische Linie, polyphone Struktur, repetitives Motiv, Akkordfolge, virtuose Züge usw.) jeden einzelnen Abschnitt, als handelte es sich um eine Polyphonie, die sich in der Zeit entfaltet.

Diese Satztechnik enthält – besonders in den Werken der sechziger Jahre wie *Circles* (1960), *Laborintus II* (1965), *Sequenze II* bis *VI* (1963–1967) – eine latente theatralische Dimension durch die Bedeutung, die der musikalischen Geste verliehen wird. B. hat sie in seinen Bühnenwerken entwickelt, in denen die dramaturgischen Strukturen mit den musikalischen eng verknüpft sind. In den Kompositionen für Orchester oder großes Ensemble bedingt diese Satztechnik in Schichten eine grundlegende klangliche Umgestaltung: B. gruppiert die Instrumente nicht nach der traditionellen Hierarchie der Klangfarbenfamilien, sondern als akustische Familien, wie sie der musikalische Satz vorgibt. Das Orchester verbindet daher stark typisierte instrumentale ›Chöre‹ (*Allelujah II*, 1958; *Laborintus II*, 1965; *Formazioni*, 1986). Zwischen den einzelnen Strukturen entstehen Beziehungen der Überlagerung, der Modulation, der Verschmelzung oder des Gegensatzes. Auf diese Weise werden die »Epiphanien von Assoziationen« möglich, von denen B. im Zusammenhang mit Joyce spricht.

Solche Epiphanien implizieren einen weiteren Gedanken von Joyce, den der ›offenen Form‹ (»work in progress«). So folgten einerseits in regelmäßigen Abständen weitere *Sequenze: IX* für Klarinette oder Alt-Saxophon oder Baßklarinette (1980); *X* für Trompete und Klavierresonanzen (1984), *XI* für Gitarre (1988), *XII* für Fagott (1995), *XIII* für Akkordeon (1995–96) und noch ein Jahr vor seinem Tod die *Sequenza XIV dual* für Violoncello (2002). Andererseits hat B. einige *Sequenze* in Orchesterwerke umgewandelt (*Chemins I–IV*, 1964–1975; *Corale*, 1981), die ihrerseits Fortsetzungen fanden (*Chemin II* erweitert in *Chemin III* und wieder aufgenommen in *Chemin IIIb*, wo der Solopart fortfällt). Bis 2000 arbeitete B. vier weitere *Sequenze* um: So gingen die *Sequenza VII* in *Chemin IV* für Oboe und elf Streicher (1975/2000), die *Sequenza IX* in *Chemin V* für Gitarre und Kammerorchester (1992), die *Sequenza X* in *kol od (Chemin VI)* für Trompete und Kammerorchester (1996) und die *Sequenza IX in récit (Chemin VII)* für Altsaxophon und Orchester (1996) auf. Die mit diesem neuen Kommentar versehenen *Sequenze* bleiben unverändert. Sie bilden eine erste, zusammenhaltende Schicht, auf deren Grundlage der Komponist neue Texturen ausarbeitet und einige ihrer Möglichkeiten weiterentwickelt (besonders auf harmonischer Ebene). In B.s Œuvre finden sich zahlreiche Beispiele dieses Typus (z. B. die Aufnahme und Zerstörung von *O King* in *Sinfonia*, oder die Erweiterung eines der 34 *Duetti* von 1979–81 für Violinen in *Un re in ascolto*). In

Points on the Curve to Find (1974) wurde der Part des Soloklaviers vollständig vor dem des Instrumentalensembles komponiert, das diese anfängliche ›Linie‹ kommentiert (das Werk wurde anschließend als zweiter Satz des *Concerto II [Echoing Curves]* für Klavier und zwei Instrumentalgruppen von 1989 wieder aufgenommen). Demgegenüber setzt sich *Epifanie* (1959–61) aus zwei unabhängigen Strukturen zusammen – aus einer Reihe von Orchesterstücken, die ganz oder teilweise gespielt werden können (*Quaderni I–III*), und aus einer Reihe von Stücken für Stimme und Orchester; die Anordnung der Reihenfolge ist dem Ausführenden im Rahmen gegebener Grenzen überlassen. Die verschiedenen musikalischen Schichten streben nicht nach Einheit, weder im harmonischen noch formalen Bereich. Auch entwickeln sie sich auf der diskursiven Ebene nicht linear. Infolgedessen ist es jederzeit möglich, einer vorgegebenen Struktur neue Elemente hinzuzufügen.

Noch deutlicher läßt sich die Überlagerung unterschiedlicher Schichten an den zahlreichen Transkriptionen, Arrangements und Orchestrierungen erkennen, die B. verfaßt hat. In Kompositionen wie *Folk Songs* (1964), *Coro* oder *Voci* (1984) bildet die Volksmusik eine Grundschicht; in *Recital* (1972) sind es die verschiedenen Stücke eines Liederabends, die B. durch die Komposition eingeschobener Musik neu miteinander verbunden hat; in *Rendering* (1989–90) wird das gleiche Verfahren auf die von Schubert hinterlassenen Fragmente seiner ›Zehnten Symphonie‹ angewandt. Die Dramaturgie der Werke ist selbst wie eine Überlagerung oder Verflechtung verschiedener fragmentarischer »Geschichten« konzipiert, die immer auf einer zweiten Ebene erscheinen. In *Opera* stellen der Orpheus-Mythos, der Untergang der Titanic und die Szenen in einem Krankenhaus für Unheilbare drei ›Bilder‹ des Todes dar, die sich gegenseitig spiegeln. In *Sinfonia*, die dasselbe Thema behandelt, werden von Claude Levi-Strauss analysierte indianische Mythen, eine Huldigung an Martin Luther King, die Verwendung eines Textes von Samuel Beckett und des dritten Satzes von Mahlers »Zweiter Symphonie« ineinander verwoben. »Musica è tutta relativa« , dieses in *Laborintus II* eingefügte Zitat Dantes – ein Werk, das wie ein Katalog verschiedener musikalischer Stile und Techniken erscheint – umreißt B.s Ästhetik.

Schon in den fünfziger Jahren hat B. das serielle Tabu der Nicht-Wiederholung gebrochen: *Allelujah II* (1958) enthält bereits eine ganze Reihe versteckter Symmetrien und die vielfache Wiederkehr von Elementen, was sich dann in den späteren Werken noch erheblich weiterentwickelt. Rückgriffe innerhalb eines Werkes bedeuten auch die perspektivische Betrachtung und Neuinterpretation eines ursprünglichen Elements. – »*Sinfonia*«, so erklärte B., »ist eine sehr homogene Arbeit, die in sich selbst hineinblickt« (Intervista, 122).

Die realistischen Materialien, die Elemente, auf die Bezug genommen wird, und die musikalischen Archetypen werden nicht als solche, als unantastbare Werte behandelt (die Haltung B.s unterscheidet sich radikal von derjenigen der neoklassizistischen und postmodernen Komponisten), sondern als historische, mit Bedeutungen behaftete Zeugnisse, die zu einer neuen Auseinandersetzung herausfordern. Der vertraute Charakter dessen, was man schon gehört hat, ruft ein Gefühl von Unmittelbarkeit hervor, das sofort durch die kompositorische Arbeit wieder zurückgenommen wird. B. greift hier den Brechtschen Gedanken des Verfremdungseffekts auf. Diese kritische Dimension prägt sowohl den ästhetischen Bereich im eigentlichen Sinn (*Passaggio* ist eine vehemente Kritik am Modell der bürgerlichen Oper) als auch den politischen (Anklage von Krieg, Diktatur, reaktionären Doktrinen, Demütigungen des Einzelnen). Die Werke erlauben eine unendliche Anzahl möglicher Annäherungen und Deutungen, unendlich viele gültige Verbindungen zwischen Klang und Sinn. Sie bestehen nicht »in sich«, hat B. gesagt, sondern »in uns«. Es liegt daher beim Zuhörer, seinen eigenen Weg durch das Innere des Labyrinths der Komposition – der Gefühle und der Gedanken, die sie hervorgebracht hat – zu suchen.

Noten: Universal Edition (Wien); Edizioni Suvini Zerboni (Mailand).
Dokumente: Meditationen über ein Zwölfton-Pferd in Melos 36 (1969), 293–295. Intervista sulla musica, hrsg. von R. Dalmonte, Laterza 1981. Écrits, Genf 1983 (Contrechamps 1). Eco in ascolto *in* Komponisten des 20. Jh.s in der Paul Sacher Stiftung, Basel 1986, 329–334. Remembering the Future. Six Norton Lectures on Poetry, Cambridge (MA) [in Vorbereitung].
Werkverzeichnis: L. B. Musikmanuskripte, hrsg. von R. Karlen, Winterthur 1988 (Inventare der Paul Sacher Stiftung 2).
Literatur: Budde, E.: Zum dritten Satz der »Sinfonia« von L. B. *in* Die Musik der sechziger Jahre, hrsg. von R. Stephan, Mainz 1972, 128–144. Kühn, Cl.: Das

Zitat in der Musik der Gegenwart ..., Hbg. 1972. Über Musik und Sprache ..., hrsg. von R. STEPHAN, Mainz 1974. DRESSEN, N.: Sprache und Musik bei L. B., Regensburg 1982. L. B., hrsg. von PH. ALBÈRA, Genf 1983 (Contrechamps 1). OSMOND-SMITH, D.: Playing on words, Ldn. 1985. DERS.: B., Oxford 1991. STOÏANOWA, I.: L. B. Chemins en musique, Revue musicale (1985), 375–377 [Sonderheft L. B.]. DIES.: Mythos und Gedächtnis. Bemerkungen über das italienische Musiktheater. L. B. Outis ... in Das Musiktheater. Exempel der Kunst, Wien 2001, 161–191 (Studien zur Wertungsforschung 38). B., hrsg. von E. RESTAGNO, Turin 1995. SEITHER, CH.: Dissoziation als Prozeß. Sincronie for string quartet von L. B., Kassel 2000. Sequenze per L. B., hrsg. von E. RESTAGNO, Mailand 2000 [Fs. L. B.].

Philippe Albèra
Übersetzung Britta Schilling
Aktualisierung Gordon Kampe

Berlioz, (Louis-)Hector

Geb. 11. 12. 1803 in La Côte-St.-André (Dépt. Isère); gest. 8. 3. 1869 in Paris

B. ist neben E. T. A. Hoffmann wohl die einzige große literarisch-musikalische Doppelbegabung des 19. Jahrhunderts; der Rang des literarischen Werkes ist inzwischen ebenso unbestritten wie der des musikalischen. Anders indes als sein deutscher Vorgänger, der ihm zweifellos auch Vorbild war, hat B. den romantischen Gedanken einer Synthese von Musik und Literatur auch kompositionstechnisch eingelöst. Begründet ist dies vorab in einer für die Epoche ungewöhnlichen Musikerbiographie: Wie später Wagner und Schönberg war B. von Hause aus Dilettant; weder entstammte er einer Musikerfamilie, noch beherrschte er auch nur das Klavierspiel. Das hielt ihm den Kopf frei von den Usancen der Schule – den Konservatoriumsbetrieb verachtete er bereits als Student zutiefst. Zugleich aber kompensierte er mangelndes Schulwissen durch eine außergewöhnlich breite literarische Bildung: Vergil, Shakespeare und Byron haben ihn ebenso geprägt wie Gluck und der – in Konservatoriumskreisen noch verlachte – Beethoven, dessen späte »Streichquartette« er bereits zu einem Zeitpunkt in sich aufsog, als sie allgemein noch völlig unbekannt waren. Damit sind die wichtigsten Quellen seines Œuvres benannt: Sie stehen bereits vor 1830 – dem Jahr des Studienabschlusses (Rompreis) und der *Symphonie fantastique* – fest; Zeit seines Lebens wird er von ihnen zehren.

Sein kompositorisches Denken geht von einer Analogie von musikalischem und literarischem Ausdruck aus – B. benutzt dafür gern die Termini »paraphrase« und »traduction« (»Übersetzung«) der im literarischen Medium formulierten Idee in das musikalische Material. Damit ist gerade nicht der Begriff einer eindimensional mißverstandenen ›Programmusik‹ gemeint, dessen Diskussion schon hätte vermieden werden können, wenn man zur Kenntnis genommen hätte, daß ein und dasselbe Musikstück nicht selten mehrere literarische ›Paraphrasen‹ erfuhr – auch in den Rezensionen des Komponisten begegnen wechselnde literarische Assoziationen zum gleichen Werk häufig. Vielmehr wurzelt seine Musikanschauung in der Überzeugung, daß Musik eine letztlich metaphysisch begründete Idee ausdrücken könne, deren analogen Niederschlag er auch in der Weltliteratur entdeckt. Diesen gemeinsamen Ideenkern vorausgesetzt, ist die literarische Assoziation daher austauschbar. In der Kompositionspraxis führt dies – ähnlich wie schon bei Gluck – zu einer ausgedehnten Selbstzitattechnik. Hat B. eine bestimmte musikalische Formulierung einmal als vollgültigen Ausdruck eines bestimmten Ideenkomplexes erkannt, so hält er an ihr fest und fügt sie in spätere Werke ein. Der Meditationssatz der *Cléopâtre*-Kantate von 1829 etwa beschreibt das Entsetzen der Protagonistin im Moment ihres Entschlusses zum Selbstmord. Schon bei der Niederschrift stellt B. dem Satz ein Zitat aus Shakespeares »Romeo und Julia« voran, das dem Monolog entnommen ist, in dem Julia über das Erwachen aus dem Todesschlaf meditiert. 1832 übernimmt B. den gleichen Satz – nunmehr mit einem chorisch gesetzten Nonsense-Text – in den *Lélio-Mélologue*, in dem er als imaginäre Vertonung jener Anfangsszene aus »Hamlet« eingeführt wird, in welcher der Geist des ermordeten Königs als Bote des Totenreichs erscheint. Im Zuge der Umarbeitung des *Mélologue* zum Monodram (Weimar 1855) erhielt der Satz dann einen Text, in dem die Schatten der Verstorbenen die Lebenden an die Endlichkeit des Daseins gemahnen, und das musikalische Vokabular des Satzes ging schließlich auch in die Selbstmordszene der Dido in *Les Troyens* (komponiert 1856–60) ein. Deutlich wird an diesem Beispiel, daß dramaturgischer Kontext und literarische Assoziation wechseln, die Idee der Grenzüberschreitung zwischen Diesseits und Jenseits in allen Versionen aber erhalten bleibt.

Die permanente Interaktion zwischen literarischem und kompositorischem Denken läßt sich auch an anderen Sätzen des *Lélio* nachvollziehen, der insofern als Schlüsselwerk betrachtet werden kann, als B. ihn als integrale Fortsetzung zur autobiographisch kodierten *Symphonie fantastique* verstanden hat. So wird der aus dem Schlußbild der *Orphée*-Kantate (1827) stammende fünfte Satz des *Lélio* in der *Euphonia*-Novelle zitiert und dabei umformuliert: Die in der Novelle schon 1844 beschriebene, harmonisch offen verklingende Dominantseptim wird in der Partitur erst 1855 nachgetragen.

Die Überzeugung, Musik sei Ausdruck (expression) von Ideen, hat Konsequenzen auch für die musikalische Struktur. Sie bedingt zunächst die Abkehr von tradierten formalen Modellen: Die Deformation der Sonatenhauptsatzform im Kopfsatz der *Symphonie fantastique* ergibt sich zwangsläufig aus der Formidee, die Gesamtanlage des symphonischen Zyklus aus einer Charaktervariation des Hauptthemas, der sogenannten »idée fixe«, zu entwickeln, welche eben jenem psychischem Deformationsprozeß eines Erinnerungsbildes entspricht, für den das Programm eine literarische Formulierung anbietet. Intendiert ist nicht die Illustration einer autobiographischen ›Geschichte‹ – die biographischen Anknüpfungspunkte Harriet Smithson und Camille Moke sind denn auch, wie die Übernahme der Symphonie in den *Lélio*-Diskurs belegt, prinzipiell austauschbar –, sondern die Analogie von psychischem und musikalischem Prozeß. Letzterer gewinnt dabei seine Stringenz durch eine Konstruktivität, die Christian Berger als »Thematisierung kompositorischer Prozeduren« beschrieben hat: »Harmonik, Diastematik, Rhythmik und auch Instrumentation gewinnen gegenüber der Thematik ein eigenes Gewicht« (Berger, 166).

Das Analogieprinzip bedingt indes nicht nur die Sprengung tektonischer Formmodelle, sondern auch die der Gattungsgrenzen. Für die Verknüpfung bestimmter Vorstellungsgehalte mit den Stationen des musikalischen Formverlaufs in den sogenannten ›symphonisch-dramatischen Werken‹ hat Wolfgang Dömling den Begriff der »imaginären Szene« geprägt. Er erscheint insbesondere dann glücklich gewählt, wenn man sich bewußt macht, daß eine imaginäre Szene eben keine dramatische, sondern eine epische Szene ist. Die Verknüpfung eines zyklischen Werkes durch ein Erinnerungsbild, welche die Formanlage von *Symphonie fantastique* und *Lélio*, im Rahmen eines eher statischen Formkonzeptes aber auch die von *Harold en Italie* (1834) bestimmt, stammt aus der Erzähltechnik des zeitgenössischen Romans. In seinen *Mémoires*, deren Romancharakter B. betont hat (»Ma vie est un roman qui m'interesse beaucoup«), griff er selbst auf diese Technik zurück: Die Erinnerungen an seine Jugendliebe Estelle verknüpfen die heterogenen Episoden der Erzählung in ähnlicher Weise wie die »idée fixe« die der Symphonie. Ein epischer Zug kennzeichnet aber auch die an eine genuin dramatische Vorlage gebundenen Werke, *Roméo et Juliette* (1839) und *La Damnation de Faust* (1829, 1839–46). Sie sind nichts weniger als Vertonungen von Bühnenwerken, vielmehr werden die als bekannt vorausgesetzten Theaterhandlungen von einem Erzähler, der sich im Medium der Musik äußert, auf höchst eigenwillige Weise kommentiert.

Im Rahmen einer solchen Konzeption verändert sich der Stellenwert der einzelnen Kompositionsparameter: Instrumentation und Harmonik erhalten zentrale Bedeutung, da sie eben jene imaginären Räume konstituieren, derer die epische Vorstellung bedarf. Raumklangeffekte wie der Instrumentaldialog zu Beginn des dritten Satzes der *Symphonie fantastique*, die räumliche Trennung mehrerer Klangkörper oder breit auskomponierte crescendi und diminuendi wie im zweiten Satz des *Harold* beggenen häufig. Die Emanzipation der Harmonik von ihrer traditionellen Funktion, Melodien syntaktisch zu gliedern, bedingt, daß B. in seiner Melodiebildung die regelmäßige Periodik – also das, was Wagner abschätzig die »Quadratur der Tonsatzkonstruktion« genannt hat – aufbrach und zu einer metrisch irregulären »musikalischen Prosa« vorstieß. Die formkonstituierende Funktion der Melodik – traditionell der primäre Gestaltungsparameter des Satzes – tritt in den Hintergrund. Es ist bezeichnend, daß gerade die Protagonisten von *Roméo et Juliette* nicht als Solisten präsentiert werden – auf Entfaltung des Affektausdrucks in der Kantilene wird verzichtet.

Damit mag zusammenhängen, daß B. die Bühne der großen Oper, die auf die Integration des virtuosen Affektausdrucks in das theatralische Tableau zielte, nicht zu bedienen wußte. Zwar stellen die Finalszenen des 1838 erfolglos uraufgeführten *Benvenuto Cellini* musikdramatische Meisterstücke dar – insbesondere das ›Carnevals‹-Tableau zeugt von der auch theatertechnischen Brillanz des Autors. Virtuosenstücke wie Theresas

Arie ›Entre l'amour et le devoir‹ (Nr. 2) jedoch wirken blaß, gelegentlich sogar trivial. Zudem krankt die dreiaktige Weimarer Fassung (1852) an zahllosen dramaturgischen Schwächen, die aus den Umarbeitungen resultieren, zu denen B. durch die wechselvolle Geschichte des Werkes gezwungen wurde.

Im Alter allerdings gelingen B. noch zwei singuläre musikdramatische Werke: Die opéra comique *Béatrice et Bénédict* (Baden-Baden 1862) ist eine spritzige Parodie aus dem Geist der italienischen opera buffa, die in der Figur des Kapellmeisters Somarone auch das eigene Metier nicht verschont: Dessen Festkantate in Fugenform ist ähnlich wie die Chorfuge über das »Amen« aus der *Damnation* eine gelungene Persiflage der von B. seit seiner Studienzeit verachteten ›Schulfuge‹. Entstehungsgeschichtlich ist das Werk freilich nur entspannende Reaktion auf jenen langanhaltenden Schaffensprozeß, der zum dramatischen Hauptwerk des Komponisten führte. In *Les Troyens*, die der Komponist niemals vollständig auf der Bühne erleben sollte – die integrale Uraufführung fand erst 1969 in Glasgow statt (zuvor uraufgeführt in zwei Teilen: Akt III-V als *Les Troyens à Cartague* Paris 1863; Akt I-II als *La Prise de Troie*, konzertant Paris 1879, szenisch Karlsruhe 1890), – formuliert B. einen höchst eigenständigen Entwurf der ›großen Oper‹, dessen epische Wucht wohl nur noch in Wagners »Ring«-Tetralogie ein vergleichbares Gegenstück findet. Die Vorlage bildet Vergils »Aeneis«, ein Epos, mit dem B. seit seiner Kindheit vertraut war. In der musikdramatischen Interpretation des Komponisten, der auch die Operndichtung selbst verfaßte, treten die Frauenfiguren – im ersten Teil die Seherin Kassandra, im zweiten Dido, Königin von Karthago – in den Vordergrund. Die dramaturgische Besonderheit des Werkes beruht dabei auf dem Umstand, daß B. das Prinzip der imaginären Szene dem realen Bühnenraum erschließt und es in eine stringent geführte Handlung einbettet – eine Entwicklung, die sich bereits in der szenischen Konzeption der *Damnation de Faust* abzeichnete. Paradigmatisch kann das am Schluß des ersten Aktes nachvollzogen werden: Der Zug der Trojaner, die das hölzerne Pferd in die Stadt führen, – Exempel eines prunkvollen Operntableaus – wird nicht in herkömmlicher Weise szenisch präsentiert. Vielmehr erlebt der Zuschauer zunächst nur die Reaktionen der allein auf der Bühne anwesenden Kassandra, die den Zug teichoskopisch beschreibt. Erst auf dem Höhepunkt der Entwicklung wird das Tableau für einen kurzen Moment sichtbar: Der Zug stockt, als man aus dem Innern des Pferdes Waffenlärm vernimmt. Schon glaubt Kassandra, das Unheil könne noch abgewandt werden, als das Volk in seiner Blindheit das Zeichen mißachtet und den Bühnenraum mit dem Pferd in Richtung auf die Stadttore verläßt. An diesem Beispiel wird die epische Sichtweise des theatralischen Geschehens ersichtlich: Wie in einem Flaubertschen Roman erlebt der Zuschauer das Tableau aus der Perspektive einer Figur, deren innere Verfassung der Komponist als quasi auktorialer Erzähler durch das Orchester vermittelt.

Angesichts seiner metaphysisch fundierten Musikanschauung ist wenig erstaunlich, daß die Kirchenmusik im Œuvre des Komponisten einen weiteren wichtigen Schwerpunkt darstellt. Die Grenzen zwischen genuiner Kirchenmusik und ihren säkularisierten Derivaten sind dabei durchaus fließend: Die *Symphonie funèbre et triomphale*, die 1840 zur Gedenkfeier für die Opfer der Julirevolution entstand, verdankt sich ebenso einem Staatsauftrag wie das für die analoge Gedenkfeier des Jahres 1837 komponierte *Requiem* (*Grande messe des morts*), dessen Uraufführung dann jedoch anläßlich des Staatsbegräbnisses eines in Algerien gefallenen Generals stattfand. Vorbilder für die Verbindung von monumentaler Staatskunst und religiösem Ritus lieferte insbesondere das kirchenmusikalische Œuvre Cherubinis; daß aber B. den Fanfarensatz zu Beginn des »Tuba mirum« unverändert aus der schon 1824 – also zwei Jahre vor Aufnahme des Kompositionsstudiums – komponierten *Messe solennelle* in das *Requiem* übernehmen konnte, belegt einmal mehr, daß Grundzüge seines musikalischen Vokabulars seit seiner Jugendzeit feststehen. Verteilt auf fünf im Kirchenraum postierte Klangkörper (ein Hauptorchester und vier Bläsergruppen) gehört der Satz zu den wirkungsvollsten Stücken im Œuvre des Komponisten – Ausdruck menschlichen Entsetzens im Angesicht des Weltengerichtes. Das *Te Deum* (komponiert 1849, uraufgeführt 1855) greift im sechsten Satz (»Judex crederis«) nicht nur die Thematik des jüngsten Gerichtes auf; es übertrifft in seiner Raumklangkonzeption auch das frühere Werk: Die Partitur bezieht die Orgel als klangräumlichen Widerpart des im Chorraum aufgestellten Orchesters ein und sieht neben zwei Chören im Mittelschiff einen erhöht postierten Kinderchor vor, der bei der Uraufführung allein 800

Köpfe zählte. Auch dieses Werk war ursprünglich als Teil einer monumentalen Napoleon-Huldigung einem säkularen Ritus zugedacht; in der Endfassung blieb davon noch die abschließende Fahnenweihe stehen (siebter Satz: *Marche pour la présentation des drapeaux*).

Den Hang zu spektakulären Massenveranstaltungen in der Tradition der Revolutionsfeste belegen auch die Aktivitäten des Dirigenten B. Stellvertretend sei dafür das Konzert erwähnt, mit dem B. die Industrieausstellung von 1844 beschloß: Es umfaßte 1022 Mitwirkende, die B. mit Hilfe von sieben Hilfsdirigenten koordinierte, die seinen Taktschlag an Bläser- und Schlagzeuggruppe, den Mittelchor und vier Fernchöre vermittelten. (Bei einem ähnlichen Massenkonzert im Jahr 1855 ließ sich B. dafür einen elektrischen Taktgeber konstruieren.) Das Programm umfaßte Ausschnitte aus dem gängigen Opern- und Konzertrepertoire, wobei wiederum eine gewisse Vorliebe für religiös motivierte Nummern ins Auge fällt: Neben den Schlußsätzen der *Symphonie funèbre et triomphale* erklangen etwa die ›Prière‹ aus Rossinis »Moïse«, der Schlußchoral aus Aubers »Muette de Portici« und die Schwerterweihe aus Meyerbeers »Huguenots« – letztere mit zwanzigfach besetzten Solistenparts. An Neukompositionen trug B. nur die *Hymne à la France* bei, eines von mehreren solcher patriotischer Gelegenheitswerke.

Angesichts dieser Verbindung von säkularer Massenkunst und religiösem Impetus ist kaum erstaunlich, daß B. der kirchenmusikalischen Restaurationsbewegung ablehnend gegenüberstand. Obgleich er mit Joseph d'Ortigue, einem ihrer Hauptvertreter, befreundet war und von diesem – wenigstens in Bezug auf das weltliche Werk – auch rückhaltlos unterstützt wurde, sah er in der Forderung nach einer Rückbesinnung auf die angeblich erhabene Vokalpolyphonie Palestrinas und die schlichte Instrumentation des Frühbarock einen absurden Verzicht auf die Wirkungsmöglichkeiten des modernen Orchesters, die er gerade angesichts einer tiefempfundenen metaphysischen Erfahrung für unerläßlich hielt. Trotzdem setzte die Diskussion offenkundig kreative Energien frei: Aus einem Gelegenheitsstück ›im alten Stil‹ – flüchtig auf ein Albumblatt des befreundeten Architekten Louis Duc geworfen – entstand etappenweise das Oratorium *L'Enfance du Christ* (1850–54). B. konnte sich einen kleinen Seitenhieb auf seine gelehrten Kritiker dabei nicht versagen: Die ursprünglich für Duc skizzierte Stilkopie führte er 1850 unter dem Titel *L'Adieu des Bergers à la Sainte Famille* als angeblich 1679 entstandenes Werk des (fiktiven) Komponisten ›Pierre Ducré‹ auf – Presse und Publikum waren über diese ›Wiederentdeckung‹ des ›barocken Meisters‹ entzückt. In der Endfassung stellt die kammermusikalisch orchestrierte Partitur eines der durchsichtigsten und elegantesten Werke des Komponisten dar, dessen parodistische Absicht keineswegs nur im Hausmusikkonzert der braven Ismaelitenfamilie deutlich wird, deren Töchter zu Ehren der heiligen Familie ein Trio für zwei Flöten und Harfe exekutieren.

Unter den literarischen Werken sind neben den *Mémoires* insbesondere die bereits zu Lebzeiten erschienenen Sammelbände *Les Soirées de l'orchestre* (1852), *Les Grotesques de la musique* (1859) und *A travers chants* (1862) bekannt, die von den Zeitgenossen aufgrund ihres geistvoll-ironischen und eleganten Stils bewundert wurden und mehrere Neuauflagen – u. a. auch in deutscher Übersetzung – erfuhren. Die Reiseberichte (*Voyage musical en Allemagne et en Italie*, 1844) sind inzwischen ebenfalls wieder greifbar. Ebenso die Feuilletons, in denen B. als Musikkritiker – hauptsächlich im tonangebenden *Journal des Débats* – das Musikleben seiner Zeit über 30 Jahre kommentiert und auch geprägt hat. Sie gehören, ganz abgesehen von ihrer literarischen Qualität, zu den wichtigsten Quellen der französischen Musikgeschichte der Epoche. B.' *Instrumentationslehre* (1843) zählt in der von R. Strauss modernisierten Fassung (1905) bis heute zu den Standardwerken.

Noten: H. B. Werke, hrsg. von CH. MALHERBE und F. WEINGARTNER, Lpz. 1900–1910. New B. Edition, hrsg. von H. MACDONALD u. a., Kassel 1967ff.

Dokumente: Grand traité d'instrumentation et d'orchestration modernes, Paris 1843; ²1855; dt. als: Instrumentationslehre H. B., erg. und rev. von R. Strauss, 2 Bde., Lpz. 1905, Ndr. 1955. Voyage musical en Allemagne et en Italie, Paris 1844, Ndr. Farnborough 1970. Les Soirées de l'orchestre, Paris 1852, Ndr. Paris 1980; NA. Edition du Centenaire, hrsg. von L. GUICHARD, Paris 1968. Les Grotesques de la musique, Paris 1859; NA. Edition du Centenaire, hrsg. von DEMS., Paris 1969. A travers chants, Paris 1862; NA. Edition du Centenaire, hrsg. von DEMS., Paris 1971. Deutsche Teilausgabe der Schriften und Briefe: H. B. Literarische Werke, 10 Bde., Lpz. 1903. H. B. Correspondance générale, hrsg. von P. CITRON u. a., 6 Bde., Paris 1972ff. H. B., Mémoires, Paris 1870; NA. hrsg. von P. CITRON, 2 Bde., Paris 1991. H. B., Critique Musicale, hrsg. von H. R. COHEN und Y. GÉRARD, Bd. 1 ff., (1823ff.) Paris 1996ff. Schriften. Bekenntnisse eines musikalischen

Enthusiasten, hrsg. von Fr. Heidlberger, Stg. und Kassel 2002. *Werkverzeichnis:* Holoman, D. K.: Catalogue of the Works of H. B., Kassel, 1987. *Bibliographie:* Langford, J.: H. B. A Guide to Research, N. Y. 1989. *Literatur:* Barzun, J.: B. and the Romantic Century; 3. rev. Auflage, 2 Bde., N. Y. 1969. Dahlhaus, C.: Studien zu romantischen Symphonien. Form und Thematik im 1. Satz der Harold-Symphonie von B. *in* Jb. des Staatlichen Instituts für Musikforschung Preußischer Kulturbesitz, 1972, 104–119. Dömling, W.: H. B. in Selbstzeugnissen und Bilddokumenten, Reinbek bei Hbg. 1977. Ders.: H. B. Die symphonisch-dramatischen Werke, Stg. 1979. Ders.: H. B. und seine Zeit, Laaber 1986. Macdonald, H.: B., Ldn. 1982; Ndr. Oxford 2001. Berger, Chr.: Phantastik als Konstruktion. H. B. ›Symphonie fantastique‹, Kassel 1983. Cairns, D.: B. Bd. 1: The Making of an Artist, Ldn. 1989; rev. 1999; Bd. 2: Servitude and Greatness Ldn. 1999. Wasselin, Chr.: B. Les deux Ailes de l'âme, Paris 1989. B. Studies, hrsg. von P. Bloom, Cambridge 1992. Heidlberger, Fr.: Carl Maria von Weber und H. B. Studien zur französischen Weber-Rezeption, Tutzing 1994. Schmusch, R.: Der Tod des Orpheus – Entstehungsgeschichte der Programmusik, Freiburg 1998. Ders.: H. B. – Autopsie des Künstlers *in* MK 108, Mn. 2000. The Cambridge Companion to B., hrsg. von P. Bloom, Cambridge 2000. Reynaud, C.: B., Paris 2000. H. B. in Deutschland. Texte und Dokumente zur deutschen B.-Rezeption 1829–1843, hrsg. von G. Braam und A. Jacobshagen, Göttingen 2002. Catteau, D.: H. B. ou la philosophie artiste, 2 Bde., Paris 2002. Ders.: Nietzsche et B., une amitié stellaire, Paris 2002. B. Past, Present, Future, hrsg. von P. Bloom, Rochester University Press 2003. Kohrs, K. H.: H. B. Autobiographie als Kunstentwurf, Ffm. und Basel 2003. Vogel, O.: Der romantische Weg im Frühwerk von H. B., Stg. 2003. B., hrsg. von Chr. Wasselin und P.-R. Serna, Paris 2003.

Matthias Brzoska

Bernstein, Leonard

Geb. 25. 8. 1918 in Lawrence (Massachusetts); gest. 14. 10. 1990 in New York

Musik war für den Amerikaner B. stets ein unmittelbares Abbild menschlichen Lebens in allen nur denkbaren Facetten. Diese Auffassung hat er nicht nur in seinen pädagogischen Schriften (*The Joy of Music*, 1954), Vorlesungen (*The Unanswered Question*, 1976) und vor allem seiner Art zu dirigieren dokumentiert. Auch sein umfangreiches kompositorisches Werk in unterschiedlichen Gattungen legt davon Zeugnis ab. Musik ohne ein über sie selbst hinausweisendes Anliegen war für B. undenkbar. Seine Werke haben zahlreiche außermusikalischen Bezüge. Als Autor des Musiktheaters suchte er seine Sujets in amerikanischer Wirklichkeit, z. B. die Probleme großstädtischer Jugendbanden (*West Side Story*, New York 1957) oder das Psychogramm einer gescheiterten Kleinfamilie (*A Quiet Place*, Mailand 1984). Die Musik seiner Bühnenwerke konzipierte er als unmittelbare Klangrede, die selbst Elemente unterschiedlichster musikalischer Welten einbezog: Volksmusik, Tanzmusik, Jazz, aber auch Topoi sinfonischer Musik bis hin zur Verwendung von Zwölftontechniken (*A Quiet Place*, 1. Akt). All das ordnete er dramaturgischen Funktionen unter. Der Trennung der Musik in ›U‹ und ›E‹ setzte B. die Unterscheidung ›gut‹ und ›schlecht‹ entgegen. Sein Traum vom genuin amerikanischen Musiktheater, das über das Musical hinausgehend die Operntradition fortsetzen sollte, scheiterte indes an den Strukturen eines Musikbetriebs, der ohne Subventionen auskommen muß. B.s kompositorischer Eklektizismus setzt sich von Gattungstraditionen ab. Er setzt auf große musikalische Gesten, die sich an der Sinfonik der Jahrhundertwende, teilweise auch am Neoklassizismus der zwanziger Jahre orientieren. Das schließt auch Aspekte von Programmusik ein. Bereits in seiner *Ersten Sinfonie* »Jeremiah« (1942) sucht er ein großes Bekenntnis, indem er inmitten des Zweiten Weltkriegs Verse aus den Lamentationen des Propheten Jeremias vertont, und zwar in hebräischer Sprache. Der Gesangspart im dritten Satz ist in seiner komplexen Melismatik (teils über Orgelpunkten) jüdischem Synagogengesang nachempfunden. Wechselnde, ungerade Metren sowie teils motorisch geschlagene Akkorde bei einer reichen Instrumentation erinnern an Stravinsky. Die Harmonik verfolgt ein Konzept, innerhalb dessen unterschiedliche Akkorde durch Rückung verbunden werden. Es ist nicht die entwickelnde Variation im Kleinen oder ein im musikalisch-technischen Sinn sinfonischer Plan, der das Werk bestimmt, sondern eine genau kalkulierte Folge musikalischer Gesten, die eine Atmosphäre von Bedrohung ausdrücken. Die Uraufführung war ein bedeutender Erfolg für B. Er legte später noch weitere Bekenntnisse zum Judentum ab, u. a. in *Kaddish* (1963) und in den *Chichester Psalms* (1965) für Chor und Orchester, seinem – abgesehen von den Bühnenwerken – meistgespielten Werk. Die bereits früher erprobten Verfahren wendet B. auch hier an: eine verschleierte, letztlich tonale Harmonik, einen Orchestersatz, der sich am Sprachduktus orientiert. Freilich hat B. nie den Anschluß an die Avantgarde gesucht, sondern sich von serieller oder elektronischer Musik distanziert.

Zwischen B.s Biographie und seinen Kompositionen existiert eine Parallele. Wie er sein Renommee als Dirigent oft einsetzte, um durch spektakuläre Konzerte auf Probleme der Menschheit aufmerksam zu machen, so suchte er in seinem Werk durch musikalische Symbole eine ideelle Parteinahme. Darin liegt auch der Grund für seine Ablehnung der Avantgarde, die seiner Auffassung nach als Musik für Spezialisten den eigentlichen Sinn von Musik verfehle, indem sie sich gegenüber dem Leben allzusehr verselbständige. Sein ästhetisches Konzept ist letztlich nicht aufgegangen, trotz aller Erfolge. Denn weder unter den Spezialisten noch im normalen Konzertbetrieb konnten sich seine Kompositionen behaupten. Mit einer Ausnahme: Die *West Side Story* bleibt sein Meisterwerk, denn in keiner anderen Komposition hat B. seine Bemühungen um eine amerikanische Musik, die einerseits Kunst ist, andererseits Popularität erzielt, derart präzise in Musik umgesetzt. Er hat die Konventionen der Gattung Musical eingehalten und sie dennoch überschritten, indem er sowohl durch die Handlung als auch durch die Musik eine Ernsthaftigkeit, eine Realitätsnähe auf die Bühne brachte, die den meisten Musicals fremd ist.

Noten: Schirmer (N.Y.).
Dokumente: The Joy of Music, N.Y. 1954; dt. als Freude an der Musik, Stg. 1961. Young People's Concert, N.Y. 1962; dt. als Konzert für junge Leute, Tübingen 1969. The Infinite Variety of Music, N.Y. 1966; dt. als Von der unendlichen Vielfalt der Musik, ebd. 1968. The Unanswered Question, N.Y. 1976; dt. als Musik, die offene Frage, Wien 1975. Findings, N.Y. 1982; dt. Erkenntnisse. Beobachtungen aus 50 Jahren, Hbg. 1983.
Bibliographie: LAIRD, P.R.: L.B. A Guide to Research, N.Y. 2001.
Literatur: PEYSER, J.: L.B. N.Y. 1987; dt. Hbg. 1988. CONE, M.: L.B., N.Y. 1970. L.B., hrsg. von R. DUSELLA und H. LOOS, Bonn 1989 [mit WV]. BURTON, H.: L.B., N.Y. 1994; dt. Mn. 1994. JAENSCH, A.: L.B.s Musiktheater. Auf dem Weg zu einer amerikanischen Oper, Kassel 2003.

Ulrich Kurth

Berwald, Franz (Adolf)

Geb. 23.7.1796 in Stockholm;
gest. 3.4.1868 in Stockholm.

F.B. ist der exponierteste Vertreter einer Musikerfamilie, die im 18. und 19. Jahrhundert in Nordeuropa ähnlich verzweigt war, wie im Thüringischen die Bach-Familie. Schon früh traten B. und sein jüngerer Bruder August in gemeinsamen Konzerten auf. Während sich August jedoch ganz dem Violinspiel widmete und 1832 Konzertmeister der Hofkapelle wurde, hegte F. schon früh Ambitionen als Komponist. Die ersten erhaltenen Werke stammen aus dem Jahr 1816 und sind für den eigenen Gebrauch bestimmt, darunter ein *Duo Concertant* für zwei Violinen. Im folgenden Jahr entsteht ein *Konzert E-dur* für zwei Violinen und Orchester, 1818 sein *Erstes Streichquartett g-moll* und 1819 ein *Quartett Es-dur* für Klavier, Klarinette, Horn und Fagott; zwischen 1818 und 1820 publiziert B. zwei Jahrgänge eines *Musikalischen Journals*.

Die Uraufführung des *Klavierquartetts*, des *Violinkonzerts cis-moll* (1820) und einer nur noch fragmentarisch erhaltenen *Sinfonie A-dur* (bis auf den Kopfsatz verschollen) am 3. März 1821 zog allerdings nicht den gewünschten Erfolg nach sich. Vielmehr führt sie zu einer ersten Polemik gegen B., die bereits all jene Vorwürfe und Vorurteile enthält, die auch in späteren Jahren immer wieder geäußert wurden: »Es scheint als hätte Herr B., nach Originalität jagend und nur bestrebt, mit großen Effekten zu imponieren, absichtlich alles Melodiöse aus seinen Kompositionen verbannt«; das *Violinkonzert* wurde gar als »höchst undankbar und kompliziert gesetzt« und »eigentlich nicht im Konzertstil geschrieben« charakterisiert (Dok., 64 f.). Betrachtet man heute das Konzert unvoreingenommen, erscheint diese Einschätzung nur mehr dann verständlich, wenn man bedenkt, wie weit einst Stockholm von den musikalischen Tendenzen Zentraleuropas entfernt war. Erst Henri Marteau, der sich mehrfach für B.s Schaffen einsetzte und auf den die Gründung der B.-Stiftung zurückgeht, führte das *Violinkonzert* 1909 in Berlin wieder auf.

Ohne einen künstlerischen Durchbruch erlangt zu haben, verläßt B. im Juni 1829 Stockholm. Die folgenden zwölf Jahre verbringt er in Berlin, um dort an einem großen Bühnenprojekt zu arbeiten, das ihm die in seiner Heimat verwehrte

Anerkennung bringen soll. Eine Aufführung der bereits im Dezember 1829 vollendeten Oper *Leonida* kommt jedoch nicht zustande. Die Verbitterung B.s, die dem ausbleibenden kompositorischen Erfolg und der wirtschaftlichen Not folgte, irritierte empfindliche Zeitgenossen. Mendelssohn Bartholdy berichtet in einem Brief vom 11. April 1830 an den befreundeten schwedischen Komponisten Adolf Fredrik Lindblad: »Jetzt aber ist ein Landsmann von dir hier, der will mir nicht gefallen. …ich meine Herrn Bärwald [sic!], was bei dir Feuer und wahres Gefühl war, daß ist bei ihm Prahlerei und Arroganz« (Dok. 141 f.). Da es B. nicht gelang, auch nur ein einziges Werk zur Aufführung zu bringen, eröffnete er 1835 mit selbstkonstruierten Apparaten ein orthopädisches Institut, das ihm sein Auskommen sicherte.

In diesen kaum durch aussagekräftige Dokumente belegten Lebensabschnitt fällt jedoch auch die für B. entscheidende Weiterentwicklung seiner musikalischen Sprache hin zu einer verstärkt kontrapunktischen Schreibweise, die sich bereits in jenen Werken dokumentiert, die er am Ende eines einjährigen Aufenthalts in Wien (1841–42) erfolgreich in einem Orchesterkonzert präsentieren konnte: *Humoristisches Capriccio*, *Elfenspiel* und *Erinnerung an die Norwegischen Alpen*. Nach diesem langen Schweigen schuf B. in nur vier Jahren bis zum Frühjahr 1845 ein umfangreiches Œuvre für Orchester (vier Sinfonien und insgesamt sechs Tongemälde), das durch die bisweilen stark polyphone Faktur, die eigenwillige Harmonik und originelle Form seinen Schöpfer als unangepaßt ausweist. So bettet B. in der *Sinfonie singulière* das Scherzo in den langsamen Satz ein – ein formales Experiment, das er mehrfach wiederholte und im *Dritten Streichquartett Es-dur* (1849) radikal erweiterte: die Reprise des Hauptthemas aus dem ersten Satz wird nach den verschachtelten Binnensätzen als Finale des gesamten Werkes nachgereicht. Es verwundert daher kaum, daß der zeitweilig dem ›neudeutschen‹ Kreis um Liszt verbundene Hans von Bülow B. wegen der formalen und satztechnischen Ambitionen seiner Kompositionen als ›alten Zukunftsmusiker‹ bezeichnete.

Im Gegensatz zu dieser Wertschätzung gelang es B. indes nicht, sich in seiner Heimat oder in einer der europäischen Musikmetropolen als Komponist zu etablieren – lediglich mit dem unbedeutenden Singspiel *Ein ländliches Verlobungsfest in Schweden* (Wien 1847), bei dem Jenny Lind die Hauptrolle übernahm, erlangte er im süddeutschen Raum eine gewisse Breitenwirkung. 1849 kehrte B. mit seiner Familie, dem finanziellen Ruin nahe, abermals nach Stockholm zurück. Während er ein Jahrzehnt lang jeden Sommer einer Glashütte vorstand, wurde die kompositorische Arbeit auf die Wintermonate konzentriert – es entstand eine Vielzahl von Kammermusikwerken. Zugleich widmete sich B. der Umarbeitung der noch in Berlin begonnenen Oper *Estrella de Soria* und der Komposition von *Drottningen av Golconda*.

Obwohl B.s mit seinen Kompositionen bei den meisten Zeitgenossen auf anhaltendes Unverständnis stieß, sich an die europäische Peripherie zurückzog und seine bedeutenden Symphonien und ›Tondichtungen‹ (im Gegensatz zur ebenso gewichtigen Kammermusik) nicht im Druck erschienen, muß er wegen seiner eigenständigen, kaum einer Richtung zuzuordnenden musikalischen Sprache als einer der bedeutendsten Symphoniker der ersten Hälfte des 19. Jahrhunderts gelten – während seine gesamte Klaviermusik wie auch die profanen Kantaten als ausgesprochene ›Gelegenheitsarbeiten‹ keine Bedeutung haben. Zu einer eigentlichen Rezeption des vielfältigen Œuvres kam es allerdings erst mit der zum 100. Todestag begonnenen Gesamtausgabe.

Noten: F. B. Sämtliche Werke, 25 Bde., Kassel u. a. 1966 ff.
Dokumente: F. och Mathilde B. Brev och Dagboksblad, hrsg. von G. OLSSON NORDBERG, Stockholm 1955. F. B. Die Dokumente seines Lebens, hrsg. von E. LOMNÄS, Kassel 1979.
Literatur: LAYTON, R.: F. B. A Critical Study of the 19th Century Swedish Symphonist, Ldn. 1959. ANDERSSON, I.: F. B., Stockholm 1970; ²1996. B.-Studien, hrsg. von H. ÅSTRAND, Stockholm 2001.

Michael Kube

Biber [von Bibern], Heinrich Ignaz Franz

Getauft 12. 8. 1644 Wartenberg
(heute: Stráž pod Ralskem/Tschechien);
gest. 3. 5. 1704 in Salzburg

Aus der exzentrischen Musik eines Komponisten auf sein Leben zu schließen, führt in der Regel in die Irre. Im Falle B.s dürfte die Spekulation jedoch erlaubt sein. Über seine Ausbildung als Geiger und Komponist, möglicherweise bei Pavel

Vejvanovský (um 1633 oder 1639–1693) und Schmelzer, kann man nur Vermutungen anstellen. Dokumentarisch gesichert ist erst seine spätestens 1668 erfolgte Anstellung als Kapellmitglied und Kammerdiener am Hof des musikbegeisterten Olmützer Fürstbischofs in Kremsier (Kroměříž). Von dort hat B. sich 1670 auf spektakuläre Weise, ohne Erlaubnis und »in schendlichem missbrauch« (so Schmelzer in einem Brief an den Fürstbischof), vom Dienst entfernt, als er von einer Reise nach Absam zum Geigenbauer Stainer nicht mehr zurückkehrte, sondern an den Hof des Salzburger Erzbischofs Max Gandolph von Khuenburg ging. Die Vermutung, dieser könnte ihn regelrecht abgeworben haben, ist nicht von der Hand zu weisen. Dennoch scheint B.s Beziehung nach Kremsier nicht gänzlich abgebrochen zu sein, wie die dort zahlreich überlieferten späteren Werke nahe legen.

In Salzburg erlebte der umtriebige B. einen raschen Aufstieg: 1678 wurde er Vize-, 1684 Hofkapellmeister. Doch damit gab B.s Ehrgeiz sich nicht zufrieden. Bereits 1686 hatte ihn Kaiser Leopold I., der selbst komponierte, »wegen seiner musikalischen Wissenschafft« (J. Mattheson) mit der »güldenen Gnaden Kötten« ausgezeichnet. Nach einem vergeblichen Gesuch 1681 hatte 1690 sein erneutes Gesuch Erfolg: Leopold I. erhob ihn in den erblichen Reichsadelsstand. Gleichzeitig kletterte er in der Hofordnung von der subalternen, 29. Position eines Kammerdieners 1692 zu der eines Truchseß, dem elften und höchsten für einen Musiker erreichbaren Rang.

B.s musikgeschichtliche Bedeutung beruht hauptsächlich auf seinen Violinsonaten. Neben Johann Jacob Walther (um 1650–1717) und Johann Paul Westhoff (1656–1705) war er der glänzendste Geiger des ausgehenden 17. Jahrhunderts im deutschsprachigen Raum und im virtuosen wie polyphonen Spiel selbst den Italienern überlegen. B.s vor 1687 im Druck erschienene Sammlungen sind sämtlich dem Erzbischof Max Gandolph gewidmet, der ein großer Liebhaber von Violinmusik war. Schon in Kremsier entstand die *Sonata Violino Solo representativa* (1669), ein bizarres Werk, das mit Nachtigall, Kuckuck, Frosch, Hahn und Henne in fast allen Sätzen Tierlaute nachahmt. Ähnliche »pizare Sachen« stellen auch die musikalische Beschreibung einer bäuerlichen Prozession in der *Sonata à 6 »die pauern Kirchfartt genandt«* und die groteske *Batallia à 10* dar, die mit einem *Lamento des Verwundten Musquetirers* über den chromatisch absteigenden Quartgang endet. Anders als bei Schmelzer und dem Wiener Hoforganisten Alessandro Poglietti (?–1683) blieb diese damals im österreichischen Raum beliebte komische Programmusik mit volkstümlichen Elementen im Werk B.s die Ausnahme.

In Salzburg folgten mit den je zwölf *Sonatae, tam aris, quam aulis servientes* (1676) bzw. des *Fidicinium sacro-profanum* (1682) kammermusikalisch besetzte Werke, die sich – wie der Titel der ersten Sammlung es anzeigt – sowohl für den Vortrag im Gottesdienst wie am Hof eigneten. Eindeutig als Tafelmusik gedacht waren dagegen die Suiten der *Mens sonora* (1680), während die großbesetzte doppelchörige *Sonata S. Polycarpi* für acht Trompeten, Pauke und B. c. (1673) wahrscheinlich für den Dom bestimmt war. Die acht *Sonatae Violino Solo* (1681) schließlich »bilden die bedeutsamste Sammlung an Violinmusik des 17. Jahrhunderts nördlich der Alpen« (Manfred Hermann Schmid). Aufwendig ist schon die Gestaltung des Drucks, dem nicht nur eine literarisch anspruchsvolle Widmungsrede an Max Gandolph, sondern auch ein Porträt des Komponisten vorangestellt ist. In den Sonaten selbst erweist sich B. als ein wahrer Meister des Ostinato. Virtuoser und musikalischer Anspruch kulminieren in der letzten Sonate, einer Triosonate für Baß und zwei Melodiestimmen, die jedoch zusammen von einem einzigen Geiger auszuführen sind.

Am bekanntesten unter B.s Instrumentalwerken sind heute die nur handschriftlich überlieferten, wohl vor 1676 für Max Gandolph geschriebenen *Rosenkranz-Sonaten*, die die freudenreichen, sich auf die Verkündigung und Geburt Jesu (Nr. 1–5), die schmerzhaften, sich auf die Passion (Nr. 6–10) und die glorreichen, sich auf die Auferstehung (Nr. 11–15) beziehenden »Gesätze« des Rosenkranzes musikalisch versinnbildlichen. Sie waren wohl als esoterische, exklusive Andachtsmusik zum vertiefenden Empfinden des Betenden gedacht und wurden von B. möglicherweise als Postludien der jeweils im Oktober stattfinden Rosenkranz-Andachten gespielt. Jeder Sonate ist ein bildliches Emblem vorangestellt, das den Bezug zum Leben Jesu offen legt. Der piktoralen Allegorik entspricht eine musikalische Symbolik, die das theologische Programm mittels Rhetorik und Affektdarstellung in Klang umsetzt. Die 12. Sonate z. B., die die Himmelfahrt darstellt, wird von zwei Sätzen – »Intrada« und »Aria Tubicinum« – eröffnet, die die Majestas Christi, die Herrschaft des

Gottessohnes, musikalisch zitieren: Während die Geige mit ihrer Dreiklangsmelodik in der Aria deutlich die Trompete imitiert, ahmt der hier solistisch erklingende Violone mit den Tönen c und G die Pauke nach. Vielfach ist jedoch die Symbolik heute nur noch schwer zu entziffern bzw. überhaupt nicht mehr nachvollziehbar. Zur Esoterik trägt die Skordatur, das von B. auch sonst vielfach angewandte Umstimmen der Saiten bei, was zur Folge hat, daß Notation und Klangresultat differieren und jede Sonate mit ihrer besonderen Stimmung auch ihren eigenen Klang besitzt. Auf diese Weise vergrößern sich die Möglichkeiten des polyphonen Spiels; auch lassen sich sonst unspielbare oder nur schwer ausführbare Doppelgriffe spielen. Formal folgen die Sonaten weder in der Satzzahl noch in den Satzcharakteren einem festen Typus. Neben improvisatorisch freieren Formen wie dem »Praeludium« finden sich Variations- und vor allem Tanzsätze. Vollends aus dem Rahmen fallen Experimente wie die einsätzigen *Sonaten Nr. 4* (eine Chaconne) und *6* (ein rhetorisch freies Lamento). Bildprogramm, Form, expressiver Ausdruck und Spieltechnik stehen im Dienst eines musikalischen Mysteriums, das den Hörenden unmittelbar zu Gott hinführen soll. Abgeschlossen wird der Zyklus durch eine Passacaglia über einen absteigenden Lamentobaß, den insgesamt 65mal wiederholten Tetrachord g f es d – einer musikalischen wie technischen tour de force, die erst Bach mit seiner »Ciaccona« aus der »Partita d-moll« für Solovioline BWV 1004/5 übertroffen hat.

Unter Max Gandolphs Nachfolger, dem Erzbischof Johann Graf Thun, verlagerte sich B.s kompositorischer Schwerpunkt nach 1687 auf Kirchenmusik, Opern und Schuldramen. Die Bühnenwerke sind mit Ausnahme des nach 1690 aufgeführten dramma musicale *Chi la dura, la vince* (»Wer ausharrt, siegt«) verloren. B.s Kirchenmusik stand lange im Schatten seiner Violinkompositionen. Als virtuoser Geiger und Autor bizarrphantastischer Instrumentalwerke besaß er bereits einen Namen, als er nach Salzburg kam. Seine zahlreichen Messen – darunter die einst Orazio Benevoli (1605–1672) zugeschriebene »Missa Salisburgensis« für 53 Stimmen (1682) – sowie weitere kleinere Kirchenwerke, darunter die 1693 im Druck erschienene Sammlung der *Vesperae*, sind alle erst in Salzburg entstanden. Dazu gehören auch die beiden mutmaßlich aus den neunziger Jahren stammenden Vertonungen der Totenmesse in A-dur und f-moll, die einzig in der »Missa pro defunctis« von Johann Caspar Kerll (1627–1693) ein ähnlich herausragendes zeitgenössisches Pendant finden. Viele von B.s Kirchenwerken sind beeinflußt von den räumlichen Gegebenheiten des Salzburgers Doms mit seinen Möglichkeiten des großbesetzten, mehrchörigen Musizierens auf insgesamt vier, mit je einer eigenen Orgel ausgestatteten Emporen.

Diese äußeren Bedingungen drücken auch dem *Requiem ex F con terza minore* (f-moll) ihren Stempel auf. Insgesamt 29 Stimmen sind zusammen mit der Partitur handschriftlich überliefert: je eine für die fünf Vokalsolisten sowie für die fünf Ripienstimmen (»in Capella«). Dazu kommen die meist mit dem Gesang gehenden Instrumentalstimmen. Intendiert war in der Nachfolge des venezianischen Barock ein festliches, dem Anlaß angemessenes Musizieren. Die Vertonung folgt dem durch die Liturgie vorgegebenen Text auf gleichermaßen kompakte wie kleingliedrige Weise. Dabei wechseln meist eher polyphon gesetzte Tuttiabschnitte mit solistisch besetzten konzertierenden Passagen ab. Am eindrucksvollsten bewährt sich diese Mischung in der Sequenz »Dies irae«, deren umfangreicher Text geradezu schnörkellos durchkomponiert ist. Nicht einmal hier gibt B. der ariosen Verselbständigung einzelner Strophen Raum, sondern folgt in der strikt syllabischen Deklamation des Textes der Praxis des konzertierenden Stils, wie er ihn in der italienischen Kirchenmusik seiner Zeit kennen lernte. Zur einheitsstiftenden Klammer wird die im ganzen Werk kaum je verlassene Tonart f-moll, die tiefste damals gebräuchliche Molltonart, die dem Affekt der Trauer und der Klage vorbehalten war. Auch hier liegt die barocke Figurenlehre der rhetorischen Ausdeutung des Textes und damit der Bildhaftigkeit der Musik zugrunde.

B. war der wohl bedeutendste Vertreter des süddeutschen Frühbarock. Als Opern- und Kirchenkomponist wurde er nach seinem Tod schnell vergessen, während sein Ruhm als Instrumentalkomponist und Geiger länger anhielt. Noch 1789 wußte Charles Burney im 2. Band seiner »General History of Music« über ihn zu sagen: »of all the violin players of the last century Biber seems to have been the best, and his solos are the most difficult and most fanciful of any music I have seen of the same period.« B.s Sohn Carl Heinrich (1681–1749) wurde später als Salzburger Hofkapellmeister Nachfolger seines Vaters und damit Vorgesetzter des jungen Leopold Mozart.

Noten: Sonatae violino solo, hrsg. von G. ADLER, Wien 1898 (DTÖ 11); Faks., hrsg. von M. H. SCHMID, Bad Reichenhall 1991. Missa Salisburgensis, hrsg. von G. ADLER, Wien 1903 (DTÖ 20). Rosenkranz-Sonaten, hrsg. von E. KUBITSCHEK, Wien und Mn. 2000; Faks. hrsg. von DEMS., Bad Reichenhall 1990. Missa S. Henrici, hrsg. von G. ADLER, Wien 1918 (DTÖ 49). Requiem ex F con terza minore, hrsg. von DEMS., Wien 1923 (DTÖ 59). Harmonia artificiosa-ariosa, hrsg. von P. NETTL, Graz 1956 (DTÖ 92). Fidicinium sacro-profanum, hrsg. von E. SCHENK, Graz 1960 (DTÖ 96). Sonatae, tam aris, quam aulis servientes, hrsg. von DEMS., Graz 1963 (DTÖ 106/107). Mensa sonora, hrsg. von DEMS., Graz 1969 (DTÖ 96). Missa Bruxellensis, hrsg. von L. FEININGER, Wien und Salzburg 1970 (Horatii Benevoli operum omnia VIIa). Weitere Instrumentalwerke handschriftlicher Überlieferung hrsg. von J. SENHAL, Graz 1976 (DTÖ 127) bzw. Graz 1997 (DTÖ 151).

Dokumente: H. I. Fr. B. 1644–1704. Musik und Kultur im hochbarocken Salzburg. Studien und Quellen, hrsg. von P. EDER und E. HINTERMEIER, Salzburg 1994.

Literatur: MATTHESON, J.: Grundlage einer Ehrenpforte, Hbg. 1740. JAKSCH, W.: H. I. Fr. B., Requiem à 15. Untersuchungen zur höfischen, liturgischen und mus. Topik einer barocken Totenmesse, Mn. und Salzburg 1977 [mit Partitur]. DERS.: Missa Salisburgensis. Neuzuschreibung der Salzburger Domweihmesse von O. Benevoli *in* AfMw 35 (1978), 239–250. CHAFE, E. T.: The Church Music of H. B., Ann Arbor 1987 [mit WV]. DAHMS, S.: B.s Oper »Chi la dura, la vince« *in* ÖMZ 49 (1994), 107–112. KUBITSCHEK, E.: B.s Instrumentalschaffen, ebd., 97–105. H. I. Fr. B. Kirchen- und Instrumentalmusik, hrsg. von G. WALTERSKIRCHEN, Salzburg 1997.

Uwe Schweikert

Binchois, Gilles de Bins [Binch, Binche; genannt Binchois]

Geb. um 1400 vermutlich in Mons (Belgien); gest. 20. 9. 1460 in Soignies (Hennegau)

B. ist neben Dufay und Dunstable einer der bedeutendsten Komponisten der ersten Hälfte des 15. Jahrhunderts. Über drei Jahrzehnte war er unter Philipp dem Guten als Hofmusiker am burgundischen Hofe während dessen kultureller Blütezeit angestellt; seine weltlichen Werke repräsentieren die Kunst der burgundischen Chanson, als deren Meister er gilt. Obwohl Dufay und Dunstable bekannter sind, da sich ihre Namen außer mit der Chanson auch mit den Gattungen der Motette und Messe verbinden, scheint der Einfluß B.' größer als derjenige Dunstables und sogar Dufays gewesen zu sein. Er wurde nicht nur von Theoretikern, sondern auch in der Dichtung von Jean Molinet, Jean Régnier und John Skelton erwähnt, und seine Werke wurden im späten 15. Jahrhundert häufiger als diejenigen der genannten Komponisten zitiert: Seine Chansons liegen drei Messezyklen zugrunde und die Tenores seiner Lieder dienten als Material für Werke zahlreicher bekannter Komponisten. Ockeghems »Deploration sur la mort de Binchois«, die biographische Momente aufführt, ist ein Zeichen seiner Anerkennung und seines Ruhms. Obwohl B.' Œuvre auch eine relativ hohe Anzahl an geistlichen Werken umfaßt, die eine große Variabilität in Stil und Technik aufweisen, liegt seine musikgeschichtliche Bedeutung doch primär in der Chansonkomposition, zumal kein einziger Messezyklus, sondern nur einzelne Ordinariumssätze überliefert sind.

Von B.' Werk sind 55 Chansons erhalten, die ihm auch mit Sicherheit zugeschrieben werden können. Seine Texte basieren auf höfischer Liebesdichtung, drei davon stammen von den größten Poeten der Zeit, Charles d'Orleans (*Mon cuer chante*), Christine de Pisan (*Dueil angoisseux*) und Alain Chartier (*Tristre plaisir*). Die Gattungstradition, an die B. anknüpfen konnte, war durch Guillaume de Machaut bestimmt. Er lieferte mit seinen Balladen, Lais, Virelais und Rondeaus sowohl das in komplizierten Formmustern verfaßte Textrepertoire als auch das musikalische Satzmodell: ein dreistimmiger hierarchischer Satz mit textierter rhythmisch bewegterer vokaler Oberstimme und zwei untextierten, in längeren rhythmischen Werten geführten Instrumentalstimmen, Tenor und Contratenor in gleicher Lage. Die Neuorientierung in B.' Werk betrifft die Form der Stücke, die Faktur von Rhythmik und Melodik, den Klang und in geringerem Ausmaß auch das Satzmodell. So zeigt sich deutlich die Bevorzugung des Rondeaus vor den anderen Dichtungsformen, das bis zum Ende des Jahrhunderts als Textvorlage für die Chansonkomposition bestimmend blieb: Seinen 47 Rondeaus stehen nur sieben Balladen und eine Chanson in freier Form (*Filles a marier*) gegenüber. Während die Lyrik im 15. Jahrhundert weiterhin in komplizierten Formmustern gehalten war, ist die Musik hingegen durch einen Prozeß der Vereinfachung der Kompositionsstruktur geprägt. Auf klanglicher Ebene macht sich der Einfluß englischer Tradition bemerkbar, deren Terzen- und Sextenharmonik einen wohltönenden vollen Klang bewirkten: B. stand – nach Ockeghems »Deploration« – in seiner Jugend als Soldat im Dienst William Poles und hat dadurch wahrscheinlich die englische Musik kennengelernt. Ein bedeutender Wandel in der Satzstruktur der Chanson im 15. Jahrhundert, die Differenzierung von Tenor und Contratenor in eine höhere und eine tiefere Stimme, der sich ab ca. 1430 anbahnte und um 1500 abgeschlossen war, ist in einigen Chansons von B. schon angelegt.

Das Schema, auf dem alle Rondeaus von B. basieren, besteht musikalisch aus zwei Teilen (I und II), die jeweils zwei oder drei Zeilen des Textes umfassen und die deutlich durch eine Fermate voneinander getrennt sind. Der Text beruht auf dem 16- oder 21-zeiligen französischen Rondeau. Beim 10-zeiligen Rondeau werden die ersten vier Zeilen als Refrain auf Teil I und II vorgetragen. Der neue Text der Zeilen 5 und 6 wird auf I gesungen, danach folgen die ersten beiden Zeilen des Refrains ebenfalls auf Teil I. Es schließt sich ein neuer Text auf Teil I und II an. Zum Schluß werden Text und Musik der ersten vier Zeilen als Refrain wiederholt. Das 21-zeilige Rondeau folgt demselben Schema, wobei der erste musikalische Teil drei Zeilen umfaßt.

Die einzelnen Zeilen wie auch die Teile I und II können von unterschiedlicher Länge sein und durch ein Melisma auf der letzten Silbe oder durch eine reine Instrumentalzeile erweitert werden. Auffallend ist jedoch, daß ungefähr die Hälfte aller Rondeaus eine symmetrische Anlage durch die gleiche Länge der beiden musikalischen Teile aufweisen. In den 21-zeiligen Rondeaus wurde deshalb in Teil II oft eine zusätzliche Melodiezeile eingefügt. Eine solche Überlagerung der textlichen Form durch die musikalische wurde als Zeichen einer zunehmenden musikalischen Autonomie gegenüber dem Text gedeutet. Tatsächlich zeichnet sich B.' Kompositionsweise im Unterschied zu derjenigen Dufays dadurch aus, daß sie wenig textbetont ist: Die Darstellung des Textdetails tritt zugunsten eines einheitlichen Tonfalls in den Hintergrund, ein Merkmal, das die burgundische Chanson generell prägte.

Die Satzstruktur der Chansons folgt zunächst dem Modell Guillaume de Machauts. Eine rhythmische Angleichung der Unterstimmen an den Superius, wie sie später immer mehr üblich wurde, existiert bei B. noch kaum, und die Stimmen sind bis auf den Beginn einiger Chansons und mit Ausnahme von *Vostre alée* noch nicht imitatorisch miteinander verflochten. Die Entwicklung des Contratenors zu einer tiefer liegenden Stimme wird in den späteren Chansons immer deutlicher. Die Melodik der Stimmen ist einfach gehalten und rhythmische Komplexität fehlt nahezu vollständig. B. verwendet fast ausschließlich zwei Mensuren (›Taktarten‹), das Tempus imperfectum cum prolatione maiore (6/8-Takt) und das Tempus perfectum cum prolatione minore (3/4-Takt). Ob seine Dissonanzbildungen als bewußt intendierte betrachtet werden können, oder ob sie ein Relikt des 14. Jahrhunderts darstellen, wäre noch zu untersuchen.

Dieselben satztechnischen Merkmale gelten auch für die Ballade, die sich vom Rondeau nur in ihrer Form unterscheidet. Einem ersten Teil mit musikalisch gleichen Stollen, die durch Halbschluß (ouvert) und Ganzschluß (clos) differenziert werden, folgt ein zweiter musikalisch neuer Teil mit Refrain. In einem zweiten Typus, dem Reprisenbar oder der Rücklaufballade, wird eine musikalische Partie wiederholt, meist der Abschluß des zweiten Stollens im Refrain. Große Balladen, die im 14. Jahrhundert bei Festlichkeiten aufgeführt wurden, fehlen jedoch vollständig, B.' Werke sind eher für den kammermusikalischen Rahmen gedacht.

So schematisch die Formanlage von B.' Chansons auch sein mag, so zeigt sich innerhalb des Schemas doch eine kunstvolle Ausarbeitung, wenn sie auch nicht an den Erfindungsreichtum und die Variationsmöglichkeiten Dufays heranreicht: Die Längen der einzelnen Zeilen werden sorgfältig ausbalanciert, melodische Höhepunkte sind wohlkalkuliert, und die Kadenzen am Ende jeder Zeile, die das Werk gliedern, sind nach Stufen und Klauselbildungen differenziert. Oft entsteht durch den entsprechenden Einsatz der genannten Mittel eine Steigerung zum Schluß. Die Chanson-Kunst B.', das »subtile Spiel zartester Nuancen in einer stilisiert einfachen Musiksprache« (Finscher, 505), wurde mit Recht in Beziehung zur verfeinerten und stilisierten Kultur des burgundischen Hofes gesetzt.

Noten: Die Chansons von G. B., hrsg. von W. REHM, Mainz 1957 [mit umfangreicher Einleitung].
Literatur: FINSCHER, L. und LEOPOLD, S.: Die französische Chanson *in* Die Musik des 15. und 16. Jahrhunderts, Laaber 1990, 499–530. KEMP, W.H.: Burgundian Court Song in the Time of B. The An-

onymous Chansons of El Escorial, MS V.III.24, Oxford 1990. The Sacred Music of G. B., hrsg. von P. KAYE, Oxford 1991. BERGER, CHR.: Hexachord und Modus. Drei Rondeaux von G. B. *in* Basler Jb. für historische Musikpraxis 16 (1992), 71–88. STROHM, R.: The Rise of European Music 1380–1500, Cambridge 1993. B. Studies, hrsg. von A. KIRKMAN und D. SLAVIN, Oxford 2000.

Elisabeth Schmierer

Birtwistle, Harrison

Geb. 15. 7. 1934 in Accrington (Lancashire)

Der Kupferstich »Triumph der Zeit« von Pieter Breughel dem Älteren zeigt eine makabre Prozession: Auf einem Wagen die Figur der Zeit, ein Kind verschlingend und in der anderen Hand eine Schlange haltend, im Kreis gewunden, ihren eigenen Schwanz im Maul; hinter dem Wagen reiten auf einer klapprigen Mähre der Tod und auf einem prachtvollen Elefanten der Ruhm. *The Triumph of Time* (1971–72), B.s erstes Werk für großes Orchester nach einer Reihe von Ensemble- und Vokalwerken und inspiriert von Breughels Bild, reflektiert den Doppelaspekt von Zeit: die lineare Zeit, die alles vergehen läßt, alles »verschlingt«, ist repräsentiert durch ein dreitöniges Saxophonmotiv, die zyklische Zeit wird dargestellt durch eine weiche Englischhorn-Melodie – Werden, Vergehen, Wiedergeburt – die Folge der Jahreszeiten als Symbole eines nichtlinearen Zeitgefühls. Ein riesenhaftes Adagio, fast in der Art eines Mahlerschen Trauermarsches, zeigt paradigmatisch die Formideen B.s: klassische, traditionelle Konzeptionen meidet er, an ihre Stelle treten immer wieder Vorstellungen von Prozession, Ritual, Zyklus, orientiert an Prinzipien mittelalterlicher Musik wie Isorhythmie, Organum oder Hoquetus, während die Romantik, trotz des Mahler-nahen (Kon-)Duktus, ihm fernsteht.

B. studierte in Manchester Klarinette, dann Komposition und gründete mit Alexander Goehr, Davies sowie dem Pianisten John Ogdon und dem Dirigenten Elgar Howarth die »New Music Manchester Group«, die einflußreichste Komponistengruppe der Nachkriegszeit in England, und B. ist die zunächst verschlossenste, dann eigenwilligste und originellste Figur dieser Generation. Nach der Beendigung des Studiums am London Conservatory – keiner der dortigen Lehrer hat ihn nachhaltig beeinflußt, wohl aber die Musik von Webern, Stravinsky und Varèse – unterrichtete er selbst, war ab 1973 auch Gastdozent am Swarthmore College in Pennsylvania (USA) und von 1975–84 Musikdirektor des National Theatre an der South Bank in London.

Endless Parade für Trompete, Vibraphon und Streicher (1986–87) ist ein weiteres Werk nach dem bevorzugten Formprinzip der Prozession: B. hatte in den engen Gassen von Lucca einen Umzug erlebt, eine sich wiederholende Musik, aber immer aus anderer Hörperspektive. Spontaneität und strenge Ordnung waren schon in *Verses* für Bläser und Schlagzeug (1968–69) eine faszinierende Verbindung eingegangen: Obwohl die Musiker während des Stückes ihre Plätze wechseln und mehrere Passagen aleatorisch angelegt sind, stellt das Werk als ganzes sich blockhaft-ritualisiert dar. *Earth Dances* (1985–86), B.s bisher brillantestes Orchesterwerk, zeigt das Verfahren zyklischer Mehrschichtigkeit in einer Art geologischer Klangfantasie.

Als Bühnenkomponist reüssierte B. zuerst mit dem grotesken Märchenspektakel *Punch and Judy* (Aldeburgh 1968) und beeindruckte vor allem mit *Gawain* (London 1991) als aktualisiertem Mythos: Gawain, Mitglied der Tafelrunde König Artus', nimmt die tödliche Herausforderung des Grünen Ritters an, den er nach langer Wanderfahrt wiederfindet, aber da er durch Demut und Todesangst geläutert ist, schenkt ihm jener – Symbol eines produktiven Einklanges mit der Natur – das Leben; Gawain kehrt zurück, aber er ist der Artusrunde entwachsen und verläßt sie, er ist zum Menschen einer anderen, besseren Zeit geworden. Die warnende Botschaft des in katastrophischen Blech-Eruptionen blitzenden Werkes: Einmal noch sind wir davongekommen ... Nicht minder erfolgreich war *The Second Mrs. Kong* (Glyndebourne 1994), eine irreal-mystische Liebesgeschichte im Totenreich zwischen dem mitleiderregenden Monster King Kong und dem »Mädchen mit der Perle« aus dem gleichnamigen Bild Vermeers, eine unerfüllte und unerfüllbare Liebe, weil die Welt bewegt wird von der Sehnsucht nach dem, ›was nicht sein kann‹. Aus dem Material der Oper erwuchs das Tubakonzert *The Cry of Anubis*. Neben Orchesterwerken wie *Gawain's Journey* (1991), oder *Ritual Fragment* (1991), zeigt auch das Klavierkonzert *Antiphones* (1992) B.s verstärktes Interesse an sinfonischen Werken, deren Reihe mit dem Oper-Oratorium *The Last Supper* (Berlin 1999) schließt.

Noten: Universal Edition (Wien); seit 1995 Boosey & Hawkes (Ldn. und Bln.).
Werkverzeichnis: Wien (Universal Edition) 1988 [mit Nachträgen].
Literatur: HALL, M.: H. B., Ldn. 1984. GRIFFITHS, P.: New Sounds, New Personalities. British Composers of the 1980s in Conversation, Ldn. 1985. FARR, J.M.: H.B.'s »Ring a dumb carillon« and his other works for solo soprano, Austin (University of Texas) 1987. HALL, M.: Die Welt des H. B. *in* Wien Modern 1991, Programmbuch, 7–23. SAREMBA, M.: Elgar, Britten & Co. Eine Geschichte der britischen Musik in zwölf Porträts, Zürich 1994. HALL, M.: H. B. in Recent Years, Ldn. 1998. ADLINGTON, R.: The Music of H. B., Cambridge 2000.

Hartmut Lück

Bizet, Georges Alexandre César Léopold

Geb. 25. 10. 1838 in Paris;
gest. 3. 6. 1875 in Bougival bei Paris

»Ich hörte gestern – werden Sie es glauben? – zum zwanzigsten Male Bizets Meisterstück [*Carmen*]… Darf ich sagen, daß Bizets Orchesterklang fast der einzige ist, den ich noch aushalte? Jener *andere* Orchesterklang, der jetzt obenauf ist, der Wagnersche, brutal, künstlich und ›unschuldig‹ zugleich und damit zu den drei Sinnen der modernen Seele auf Einmal redend – wie nachteilig ist mir dieser Wagnersche Orchesterklang! Ich heiße ihn Schirokko. Ein verdrießlicher Schweiß bricht an mir aus. Mit *meinem* guten Wetter ist es vorbei. Diese Musik scheint mir vollkommen. Sie kommt leicht, biegsam, mit Höflichkeit daher. Sie ist liebenswürdig, sie *schwitzt* nicht. ›Das Gute ist leicht, alles Göttliche läuft auf zarten Füßen‹: erster Satz meiner Ästhetik. Diese Musik ist böse, raffiniert, fatalistisch: sie bleibt dabei populär – sie hat das Raffinement einer Rasse, nicht eines Einzelnen. Sie ist reich. Sie ist präzis. Sie baut, organisiert, wird fertig: damit macht sie den Gegensatz zum Polypen in der Musik, zur ›unendlichen Melodie‹. Hat man je schmerzhaftere tragische Akzente auf der Bühne gehört? Und wie werden dieselben erreicht! Ohne Grimasse! Ohne Falschmünzerei! Ohne die *Lüge* des großen Stils!«

Auch wenn Friedrich Nietzsche, der diese Zeilen in seinem berühmten »Turiner Brief« vom Mai 1888 (»Der Fall Wagner«) schrieb, später sein Lob abschwächte, indem er es als rhetorisch begründet, als eine bloße »ironische Antithese gegen Wagner« hinstellte, hatte er einige charakteristische Eigenheiten der Musik B.s treffend benannt; und musikalische Leichtigkeit, Raffinement und das im besten Sinne Eingängige der Musik, das ›Populäre‹, sind nicht nur für *Carmen*, sondern für fast alle Kompositionen B.s (die symphonischen wie die dramatischen Werke) charakteristisch und geben ihnen jenen eigentümlichen Ton, durch den sie sich aus der Musik der Zeit unverkennbar herausheben.

B.s erstes großes Werk war die *Symphonie C-dur*, die er 1855 in kaum einem Monat schrieb. Auch wenn die Vorbilder des siebzehnjährigen Komponisten – Mozart, Mendelssohn, Rossini, Gounod – deutlich erkennbar sind, machen die souveräne Beherrschung des kompositorischen Handwerks, ein sicherer Formsinn, stilistische Prägnanz und rhythmische Verve das Werk zu einem außergewöhnlichen Talentbeweis. In vielen Einzelzügen weist es auf spätere Kompositionen voraus: die Oboenkantilene des langsamen Satzes kehrt, charakteristisch transformiert, in *Les pêcheurs des perles* und in der *Arlésienne-Suite* (1872) wieder, und in einigen Motiven und Themen des Finalsatzes scheint sich *Carmen* bereits anzukündigen. Merkwürdigerweise ließ B. die Symphonie weder aufführen noch verlegen (die Uraufführung fand erst 1935 statt), und wenn er später von »seiner« Symphonie sprach, so war immer die *Roma-Suite* (1860–68/1871) gemeint.

Nicht mit Orchestermusik, sondern mit einem Stück für das Musiktheater stellte B. sich 1857 dem Pariser Publikum vor: mit *Le Docteur Miracle*, eine für Jacques Offenbachs Théâtre des Bouffes Parisiennes komponierte einaktige Operette, deren Musik zwar noch nicht eigenständig, sondern von einem italienisierenden Tonfall geprägt war, aber viele gelungene Details und ähnlich brillante Züge enthielt wie schon die *Symphonie C-dur*. Mit *Les pêcheurs des perles* (»Die Perlenfischer«) wurde 1863 an der Opéra-Comique B.s erstes bedeutendes Bühnenwerk uraufgeführt. Wenn das Libretto von E. Carmon und Fl. Carré schwach war, wenig dramatische Verwicklungen und Möglichkeiten zu großen szenischen Entwicklungen bot, so war die Partitur um so reicher an Musik: Die Arien und Chöre zeugen von sicherer melodischer Erfindung, und B.s außergewöhnliche Orchesterbeherrschung schlägt sich in farbigen Situationsschilderungen nieder. Dennoch waren die Meinungen über das Werk geteilt; das Publikum war insgesamt wenig begeistert; die Kritik meinte in der Musik Anklänge an Verdi, Wagner und Gounod zu hören; und einzig Berlioz, der sich die Partitur gründlich angesehen hatte, ließ dem Werk Gerechtigkeit widerfahren, indem er das Temperament, die Expressivität und Farbigkeit der Musik lobte.

Der Schauplatz der *Perlenfischer* war Ceylon, und keine der folgenden Opern spielt in einem französischen Milieu: *Ivan IV.* (Fr.-H. Leroy, H. Trianon; 1862–65) in Rußland, *La jolie fille de Perth* (J. H. V. de Saint-Georges, J. Adenis; 1866) in Schottland, *Djamileh* (L. Gallet; 1871) in Ägypten, *Don Rodrigue* (1873) und *Carmen* (1873–74) in Spanien. Mit seiner offensichtlichen Vorliebe für fremde bzw. exotische Schauplätze knüpfte B. an eine Modeströmung an, die sich im Gefolge der Werke Félicien Davids (»Le Désert«, »Lalla Roukh«) in der französischen Musik der zweiten Jahrhunderthälfte verbreitete. B. verwendete kein originales folkloristisches Material, sondern setzte musikalische Mittel ein, deren ›Fremdartigkeit‹ vor allem auf dem Kontrast zu den Konventionen der Musik der Zeit beruhte: ›künstliche‹ Skalen; melodische Passagen, die von engen Tonschritten, übermäßigen und verminderten Intervallen und kleinschrittiger Ornamentik bestimmt waren, orgelpunktartige Baßfundamente, Bordunklänge und nichtfunktionale Akkordverbindungen.

B.s Meisterwerk wurde *Carmen* (Henri Meilhac und Ludovic Halévy nach der Novelle von Prosper Mérimée), und die Oper nimmt in seinem Œuvre eine solche Ausnahmestellung ein, daß die übrigen Werke – ausgenommen die frühe *Symphonie*, die *Roma*- und die *Arlésienne-Suite* – nahezu hinter ihr verschwinden oder lediglich als Marksteine auf dem Weg zu *Carmen* erscheinen.

Mit *Carmen* wurde 1875 in der Pariser Opéra-Comique ein Werk uraufgeführt, das in vieler Hinsicht neuartig war und dennoch zwischen Wagnis und Tradition ein vollkommenes Gleichgewicht zu halten wußte. Konzipiert war es in deutlichem Gegensatz zu den wichtigen Operntypen der Zeit: zum Monumentalstil der grand opéra Meyerbeers; zur sentimentalen Privatheit des drame lyrique, wie es Gounod vertrat; zu den mythologischen Stoffen des Wagnerschen Musikdramas. Das Werk ist jedoch auch kein leichtgewichtiges Intrigenspiel, wie es in der Gattung der opéra comique so häufig zu finden war, sondern entwickelt einen Stoff, in dem – im Bruch mit den Konventionen der opéra comique – äußere Ereignisse und psychologische Motive in eine tragische Verkettung gebracht werden. Auf dem Hintergrund einer zunächst von Alltäglichkeit bestimmten Handlung, die sich mehr und mehr in ein Milieu außerhalb des Bürgerlichen verlagert, entsteht die Geschichte einer fatalen Liebe, die in einen nicht auflösbaren Konflikt gerät und tragisch endet. B. bringt dies in eine Musik, die das Geschehen nicht lediglich illustriert oder abbildet, sondern es, durch dramaturgisch sorgsam ausgewählte musikalische Mittel, gleichsam kompositorisch hervorbringt (exemplarisch ist die Schlußszene der Oper mit zwei simultan verlaufenden Handlungssträngen, dem Stierkampf und der Tötung Carmens); ungewöhnlich und in gleicher Weise der Unmittelbarkeit der Handlungskonstituierung dienend ist auch die Ausdrucksbreite der Musik, die von lyrisch-kantablem Ton bis zu harter naturalistischer Direktheit, von formaler Stilisierung bis zu äußerstem Realismus, vom Genrehaften bis zu großer Dramatik reicht. Die heute allgemein verbreitete Fassung mit den von Ernest Guiraud nach B.s Tod hinzukomponierten Rezitativen (das Werk war ursprünglich eine Dialogoper mit gesprochenen Texten zwischen den Musiknummern, wie es zur Gattungstradition der opéra comique gehörte und wird seit den 1980er Jahren wieder mehr und mehr in dieser Form gespielt) erlebte 1875 bei der Wiener Erstaufführung einen triumphalen Erfolg. Bei der Uraufführung in Paris hingegen war die Musik B.s einmal mehr kühl aufgenommen worden: von den einen, weil ihnen das Sujet schockierend erschien, von den anderen, weil sie die Vertonung als ›schwierig‹, ›schwer verständlich‹ und ›intellektuell‹ empfanden. ›Schwierig‹ hieß, daß die Oper den musikalischen Konventionen der Zeit und den Erwartungen eines traditionsverhafteten Publikums nicht entsprach; und die Vokabeln ›schwer verständlich‹ bzw. ›intellektuell‹ korrespondierten auffällig mit entsprechenden Vorwürfen gegen die Musik Wagners (und einzelner seiner Nachahmer). Die ›Leitmotive‹ indessen, die sich in *Carmen* finden, waren von anderer Art als bei Wagner verwendet; und in seiner Musiksprache, vor allem im Bereich der Harmonik, gelang es B. als einem der wenigen französischen Komponisten, sich vom übermächtigen Einfluß Wagners freizuhalten. »Nachahmung ist etwas für Narren«, hatte B. einmal geschrieben, »je besser das Vorbild, desto lächerlicher die Kopie«. Mit *Carmen* hatte er ein Werk geschaffen, das nicht zu kopieren war, aber dennoch fortwirkte: – nicht ›direkt‹ zwar (es hat kompositorisch nicht ›Schule gemacht‹), aber durch die Modernität seines dramatisch-musikalischen Entwurfs, dessen Bedeutung sich den Zeitgenossen erst allmählich erschließen sollte.

Noten: Choudens (Paris); NA Carmen, hrsg. von R. DIDION, Mainz 2003.
Dokumente: Lettres. Impressions de Rome 1857–60. La Commune 1871, hrsg. von L. GANDERAX, Paris 1908. Lettres à un ami, 1865–72, hrsg. von E. GALABERT, Paris 1909. Unpublished Letters by G. B., hrsg. von M. CURTISS in MQ 36 (1950), 375–409. Lettres (1850–1875), hrsg. von C. GLAYMAN, Paris 1989.
Literatur: DEAN, W.: G. B., Ldn. 1948; erw.³1975; dt. Stg. 1988 [mit WV]. CURTISS, M.: B. and his world, N. Y. 1958 [mit WV]. ROY, J.: B., Paris 1983. SCHWANDT, CHR.: G. B., Reinbek bei Hbg. 1991. G. B. Carmen, hrsg. von S. MCCLARY, Cambridge 1992. GOULD, E.: The Fate of Carmen, Baltimore 1996. MCCLARY, S.: G. B.'s Carmen, Cambridge 1998. STRICKER, R.: G. B., Paris 1999. LACOMBE, H.: G. B. naissance d'une identité créatrice, Paris 2000.

Renate Groth

Blacher, Boris

Geb. 6. bzw. 19. 1. 1903 in Niuzhuang (China); gest. 30. 1. 1975 in Berlin (West)

Daß Bl. in Ostasien aufwuchs und seine Jugend durch häufige Umzüge der Eltern geprägt war, also durch Orts-, Schul- und Sprachwechsel, ist mehr als ein biographisches Detail. Flexibilität, Toleranz, eine Portion Pragmatismus, Distanz (auch zu sich selbst), polyglotte Eleganz, die Aversion gegen jede Art gedanklicher Schubladen: das alles dürfte bereits früh in ihm gewachsen sein. Mitteleuropäische Musik lernte er als Gebrauchs- und Popularmusik durch Emigranten in China kennen. In der Mandschurei instrumentierte er Klavierauszüge von Symphonien und Opern, ohne die Originale zu kennen. 1922 kam er nach Berlin, um dort zunächst Mathematik und Architektur, später Komposition (Friedrich E. Koch) und Musikwissenschaft (Arnold Schering, Friedrich Blume) zu studieren.

Anknüpfend an die Musik der Unterhaltungsbranche, in der er seinen Lebensunterhalt verdient, entstehen Arrangements und eigene Kompositionen. Äußerste Ökonomie der künstlerischen Mittel prägt sie von Anfang an. Durch die Bekanntschaft mit Rudolf von Laban entwirft Bl. erste Arbeiten für das Ballett – ein Genre, dem er sich später in Kooperation mit Tatjana Gsovsky, Yvonne Georgi und Erika Hanka sowie im Rekurs auf Stoffe der Weltliteratur intensiv zuwendet (*Hamlet* 1949, *Der Mohr von Venedig* 1955, *Demeter* 1963, *Tristan* 1965). Die Uraufführung der *Concertanten Musik* 1937 durch Carl Schuricht und die Berliner Philharmoniker markiert Bl.s Durchbruch. Eine beginnende Karriere wird allerdings durch die Kriegsjahre, in denen Bl. als Staatenloser und ›Vierteljude‹ gefährdet ist, unterbrochen. Ausdruck dieser Krisenzeit sind *Drei Psalmen* (1942, Uraufführung 1962) sowie das Oratorium *Der Großinquisitor* (1942–43, Uraufführung 1947).

Bereits 1929 entsteht mit *Habemeajaja* Bl.s erste Zeitoper (Berlin 1987), deren Perspektiven er mit der *Abstrakten Oper Nr. 1* verlängert: Dieses Werk sorgt bei der szenischen Uraufführung (Mannheim 1953) für den größten Theaterskandal im Nachkriegsdeutschland. Es arbeitet in Richtung späterer Sprachkompositionen (Ligeti, Schnebel) und stellt Bl.s ersten Versuch dar, das Prinzip der »Variablen Metren«, das er in *Ornamente* für Klavier (1950) grundlegend erforscht hatte, im Bereich der Vokalmusik anzuwenden. Bei der Akzentverlagerung von tradierter Interpretations- zur Feststellungsästhetik läßt sich Bl. von Tendenzen der Disziplinen Architektur und Gestaltung (Max Bill) anregen. Den rigiden Serialismus der musikalischen Nachkriegsavantgarde teilt er jedoch nicht. Das Ballett *Lysistrata* (Berlin 1951) ist Dokument seiner Auseinandersetzung mit der Dodekaphonie, deren mathematisch-diastematische Systematik er auf die Metrik übertrug.

Die Idiomatik der zwanziger Jahre, insbesondere Stilpluralismus, Funktionalismus oder der Einfluß des Jazz, durchzieht Bl.s Schaffen noch bis in die letzten Schaffensjahre. So stellen *Zwischenfälle bei einer Notlandung* (von Cramer; Hamburg 1966) den Versuch einer Restitution der Zeitoper mit elektronischen Mitteln dar. Auch in Bl.s Literaturadaptionen nach Georg Kaiser (*Rosamunde Floris*, Berlin 1960), Scholem Alejchem (*Zweihunderttausend Taler*, Berlin 1969) und Witold Gombrowicz (*Yvonne, Prinzessin von Burgund*, Wuppertal 1973) schimmert das Phänomen der Zeitoper durch. Der literarische Radius von Bl.s Vokalmusik reicht von Aristophanes und Dante bis zu Gottfried Benn und François Villon. Gerne im Team und aus pragmatischen Aufgabenstellungen heraus arbeitend, wechselt Bl. oft die Position: Er richtet Libretti nicht nur für sich, sondern auch für seinen Schüler Gottfried von Einem ein, zieht andererseits als Mitarbeiter für Operntexte den jungen Schriftsteller Heinz von Cramer, den Komponisten und Intendanten Gerhard von Westermann oder Werner Egk heran.

Im »Arbeitskreis für elektronische Musik« an der TU Berlin entstehen ab 1962 zahlreiche Versuche, natürliche Instrumental- und Vokalklänge und deren elektronische Verfremdung im Sinne einer erweiterten Werk- und Wahrnehmungsästhetik zu kombinieren. Strukturierungen von Klangflächen und die Schichtung von Zeitebenen nutzt Bl. seitdem in vielen Gattungen. Mit dem Bildhauer Bernhard Heiliger tauscht er Erfahrungen bei der Auseinandersetzung mit dreidimensionaler Raumproblematik aus. Bei Raumkompositionen setzt er wiederholt Mehrkanaligkeit ein.

Neben dem kompositorischen Schaffen kommt Bl.s kulturpolitischem Einfluß (Mitglied der Akademien in West- und Ostberlin) und seiner Lehrtätigkeit an der Berliner Hochschule für Musik (1948 bis 1970) große Bedeutung zu. Es ist bezeichnend, daß die Namen seiner wichtigsten Schüler für heterogene Stilvielfalt bei jeweils ausgeprägter individueller Handschrift stehen: dazu gehören Frank Michael Beyer, Rudolf Kelterborn, Giselher Klebe, Reimann oder Yun.

Noten: Boosey & Hawkes (Ldn.); Bote & Bock (Bln.).
Dokumente: Eigenanalysen und Werkkommentare, hrsg. von J. HUNKEMÖLLER *in* International Journal of Musicology 8 (1999).
Literatur: STUCKENSCHMIDT, H. H.: B. Bl., Bln. 1985 [mit WV]. B. Bl. Dokumente zu Leben und Werk, hrsg. von H. HENRICH, Bln. 1993. WILLENBRINK, M.: Der Zeitopernkomponist B. Bl., Diss. Bln. 1994. GRAFSCHMIDT, CHR.: B. Bl.s variable Metrik und ihre Ableitungen, Ffm. u. a. 1996. GERTICH, FR. mit J. GERLACH und G. FÖLLMER: Musik ..., verwandelt. Das Elektronische Studio der TU Berlin 1953–1995, Bln. 1996. HUNKEMÖLLER, J.: B. Bl. der Jazz-Komponist, Ffm. 1998. EICKHOFF, TH.: Kalter Intellekt in der Nachfolge Strawinskys? Zu B. Bl. und der Rezeption seiner Werke im Nationalsozialismus *in* Jb. des Staatlichen Instituts für Musikforschung Preußischer Kulturbesitz 1999, Stg. und Weimar 1999. MÖSCH, ST.: Der gebrauchte Text. Studien zu den Libretti B. Bl.s, Stg. und Weimar 2002 [mit Bibl.].

Stephan Mösch

Boccherini, (Ridolfo) Luigi

Geb. 19. 2. 1743 in Lucca;
gest. 28. 5. 1805 in Madrid

»Musikalische Klassik« als Terminus, der Rang- und Stilfragen unauflöslich miteinander verkoppelt und deshalb nur auf die »Wiener Klassik« als Teilphänomen des Zeitalters anzuwenden ist, schließt Komponisten wie Salieri, Cherubini und B. zwar aus, ermöglicht aber die Chance, unabhängig davon die Kontinuität außerklassischer Traditionen ernsthaft zu untersuchen, die, solange sie nur auf die »Wiener Klassik« bezogen wurde, verdeckt blieb. Erst mit einer Betrachtungsweise also, die nicht alle Musik der Zeit an den »klassischen« Idealen etwa der motivisch-thematischen Arbeit, des Sonatenprinzips und der Synthese und Balance mißt (und meistens danach verwirft), kann B.s Bedeutung, wenn auch nicht als »Klassiker«, so doch als Komponist von klassischem Rang begründet werden. Nachdem das 19. Jahrhundert B. ganz auf das unverbindlich-harmlose Galante und auf zwei verhängnisvolle Werke, das Menuett aus dem *Streichquintett E-dur* op. 13 Nr. 5 (G 275, 1771) und das unerträgliche, von Friedrich Grützmacher kompilierte *Violoncellokonzert B-dur* reduziert hat, beginnen Musikforschung und -praxis erst allmählich, »den anderen B. zu entdecken: den Generationsgenossen und, in mancher Hinsicht, Gegenspieler Haydns« (Finscher, vgl. Stegemann, 4).

B. war – nach einer frühen glanzvollen Karriere als Virtuose auf dem Violoncello und Komponist in Mailand, Wien und Paris – seit 1768 in Madrid und später in Las Arenas – wie Haydn von der Welt abgeschieden und mußte ›original‹ werden. »Nie hatte es einen originelleren Komponisten als B. gegeben: die absolute Eigenständigkeit seiner Ideen macht jedes Werk zu einer bemerkenswerten Schöpfung, und man könnte fast glauben, er habe nie eine andere Musik als seine eigene gekannt.« (Fétis, vgl. ebd., 8) Tatsächlich sind vermutbare Einflüsse, etwa von Sammartini, Pergolesi, J. Stamitz, dem mittleren Haydn, noch wenig erforscht und nur bezüglich Haydns (Fischer 1974, Speck 1987) nachgewiesen. Bereits als Siebzehnjähriger zeigte B. »eine erstaunliche Reife und Eigenständigkeit bis hin zu den deutlich ausgeprägten Elementen ... der Sonatenhauptsatzform, die damals noch musikalisches Neuland darstellte. ›Klassische‹ Werke zu einer Zeit (1760), da von den beiden wichtigsten Vertretern der Wiener Klassik noch nicht die Rede war.« (Stegemann, 5). Am einmal entwickelten Personalstil hielt B. sein Leben lang fest – Ursache sowohl für die hohe Popularität zu seinen Lebzeiten wie aber auch für das schnelle Vergessen im normativen 19. Jahrhundert. Dazu beigetragen hat, daß B. vom fernen Las Arenas aus weder für sein Werk einstehen noch sich vor Entstellung seiner Kompositionen und vor Fälschungen, die unter seinem Namen veröffentlicht wurden, schützen konnte. Es kam auch kein maßgebender Publizist wie Charles Burney in Spanien vorbei, um sein Leben und Werk der europäischen Musik(nach)welt differenziert zu vermitteln. B. ist in vielen dieser Züge ein exemplarischer Vertreter italienischer Instrumentalmusik als Emigrantenkultur, ohne damit hier deren Einheitlichkeit postulieren zu wollen.

B.s Musik setzte sich nicht wie die der meisten in der ersten Hälfte des 18. Jahrhunderts geborenen Komponisten mit dem barocken Erbe auseinander, sondern war von Anfang an von erstaunlicher Modernität. Kontrapunktische Sätze der Frühzeit beweisen, daß der baldige Verzicht darauf bewußter Überzeugung und nicht mangelndem Handwerk entsprang. Auch die bevorzugten Gattungen zeugen von B.s Innovationslust: Seine Beiträge zur Vokalmusik sind marginal, die zur Symphonie und besonders zur Kammermusik um so gewichtiger. Die gegen dreißig Symphonien und gut zehn Konzerte für Violoncello weisen ihn als den neben Haydn und Mozart bedeutendsten Symphoniker der zweiten Jahrhunderthälfte aus. Dabei sind die frühen Symphonien mit häufiger Viersätzigkeit und langsamen Einleitungen experimentierfreudiger als die späteren. Alle seine symphonischen Kompositionen indes widerlegen mit ihrer Synthese von lyrisch-melodiösen und pathetisch-dramatischem Gestus das Klischee von der Eindimensionalität und Harmlosigkeit B.s. Vertrackte Rhythmik, eigenwillige Phrasierung und differenzierte Dynamik sorgen für permanente Überraschungen und ›Sturm und Drang‹-Anklänge, am deutlichsten vielleicht in der wichtigen *Symphonie d-moll* op. 12 Nr. 4 (»La Casa del Diavolo«, G 506, 1771) mit bedeutsamer dunkler Einleitung und einem Glucks »Don Juan« paraphrasierenden dritten Satz sowie der *Symphonie c-moll* op. 41 (G 519, 1788), in der B. wie in der *Symphonie d-moll* und in anderen Werken interessante zyklische Verknüpfungen durch Zitate früherer Sätze vornimmt.

B. hat weiter gleichzeitig zu und unabhängig von Haydn das Streichquartett miterfunden, und zwar ohne tastende Versuche wie Haydn, sondern sozusagen aus dem Stand auf hohem Niveau (G 159–164, 1761; G 165–170, 1768). Wurden seine fast hundert Werke hierzu durch den von Haydn, Mozart und Beethoven vorgegebenen idealtypischen Strang bald ins Abseits gedrängt, so kommt ihm die Schöpfung des Streichquintetts allein zu, wobei seinem Nachruhm auch das nicht viel nutzte, weil diese Gattung peripher blieb (beginnend mit op. 10 G 265–270, 1771). Die meisten von B.s 125 Streichquintetten sind für zwei (oft hoch und virtuos eingesetzte) Violoncelli geschrieben (neben wenigen für zwei Violen oder Violoncello und Kontrabaß oder – als Bearbeitungen – für Streichquartett und Gitarre als Hommage an das Gastland wie verschiedene zitierte spanische Tänze) und beweisen zusammen mit den Cellokonzerten (G 477–481, 1770–1771) sowie den oft zweistimmig gesetzten und vom Kontrabaß getrennten Orchestercelli, was der Cellovirtuose B. für die Emanzipation des Instrumentes geleistet hat. Erst Schubert hat in seinem Streichquintett der B.-Besetzung wieder Referenz erwiesen. Vorausweisend ist B. endlich auch in seinen Sonaten für Fortepiano mit begleitender Violine, die im Gegensatz zur Bezeichnung der Violine ein Gewicht einräumen, das bislang Beethoven zugeschrieben wurde. Kammermusikalische wie symphonische Werke zeigen die Fähigkeit B.s, heterogene Form- und Satztypen miteinander zu kombinieren, das Sonatenprinzip mit dem Virtuos-Konzertierenden zu verschmelzen, Kontraste und verschiedene Charaktere sinnfällig zu setzen, Detail und Ganzes aufeinander zu beziehen sowie eigenständige Bauteile beinahe montageartig zu verknüpfen. Sein Einfluß zumindest auf Mozart ist unbestritten.

Lassen wir zum Schluß B. selbst sprechen, denn auch in seinen schriftlichen Verlautbarungen ist er innovativ: »Ich weiß sehr wohl, daß die Musik dazu da ist, das Herz des Menschen anzusprechen, und um das zu erreichen, bemühe ich mich so gut ich kann: Musik ohne Gefühl und Leidenschaften ist bedeutungslos ... Daraus ergibt sich, daß der Autor ohne die Interpreten nichts erreicht, und deshalb ist es notwendig, daß diese ihm gefühlsmäßig nahestehen, weil sie alles, was er geschrieben hat, nachempfinden müssen; sie müssen sich zusammentun, proben, nachforschen, letztlich den Geist des Autors zu ergründen versuchen und erst dann die Werke aufführen.« (Brief an M. J. Chénier, 1799, übersetzt nach Rothschild, 87). Um wirklich verstanden zu werden, ist B. wohl auch der erste, der so differenzierte Ausführungsanweisungen wie »strascinando, con smorfia, con espressione, soave, dolce« gibt.

Noten: Le opere complete di L. B., hrsg. von P. CARMIRELLI, Rom 1970ff.

Werkverzeichnis: GÉRARD, Y.: Thematic, Bibliographic and Critical Catalogue of the Works of L. B., Ldn. u. a. 1969 [zit. als G.].

Literatur: ROTHSCHILD, G. DE: L. B., Paris 1962. STEGEMANN. M.: L. B. ein Genie im Abseits der musikalischen Klassik *in* NZfM. 146, 2 (1985), 4–9. CROCE, L. DELLA: L. B., Wilhelmshaven 1992. L. B. e la musica strumentale de maestri Italiani in Europa tra Sette e Ottocento, Kongr.-Ber. Siena 1993, Florenz 1994 (Chigiana 43, Nuova Seria 23). L. B. La confederazione dei Sabini con Roma, hrsg. von C. GIANTURCO, Lucca 1997.

Anton Haefeli

Boieldieu, François Adrien

Geb. 16. 12. 1775 in Rouen;
gest. 8. 10. 1834 in Jarcy (Dépt. Seine et Oise)

Von Schumann und Wagner gleichermaßen geschätzt, zählt B. zu den wichtigsten Vertretern der opéra comique zwischen Grétry und Auber. Nachdem die Revolutionsepoche zu einer Transformation der Gattung geführt hatte, der in erster Linie eine stoffgeschichtliche Umorientierung (Präferenz ernster Sujets) zugrunde lag, fand nach 1810 – unter restaurativen Vorzeichen – eine Rückbesinnung auf die Tradition der älteren opéra comique statt. In diese Zeit fallen die wichtigsten Werke B. s.

B. debütierte gegen Ende des 18. Jahrhunderts zunächst mit Einaktern nach Textvorlagen seines Vaters, seine Meisterschaft wollte er jedoch mit einem abendfüllenden musikalischen Drama *Béniovski ou Les Exilés de Kamtchatka* (Paris 1800) unter Beweis stellen. Mit *Le Calife de Bagdad* (Paris 1800) und *Ma Tante Aurore* (Paris 1803) kehrte er jedoch wieder zum komischen Genre zurück. Anhaltende Erfolge brachten ihm 1805 einen Ruf an die französische Oper in St. Petersburg ein. Nach seiner Rückkehr 1812 fand B. eine veränderte Situation vor: Das Publikum verlangte nach Stükken, in denen das heitere Element wieder mehr im Mittelpunkt stehen sollte, was B.s musikdramatischem Ideal entgegenkam. Mit seinen Romanzen und Arietten setzt B.s musikalische Sprache auf Durchschaubarkeit und Einfachheit (auch in der Makrostruktur: viele Werke sind Einakter), ohne aber in Simplizität oder Salonstil abzugleiten. Gesangstechnische Akrobatik war B. ebenso fremd wie harmonische Komplexität. Im Mittelpunkt steht bei B. immer die Melodie, der sich der Orchestersatz wie selbstverständlich unterordnet; hier befand sich B. ganz in der Tradition Grétrys. Die Tatsache, daß ihn eine anhaltende Heiserkeit am Ende seiner Karriere an der Arbeit hinderte, – B. konnte nur singend komponieren – zeigt, wie stark B.s kompositorisches Denken an der sinnlich erfahrbaren Melodie ausgerichtet war. Dieses Denken schloß jedoch ein starkes Maß an formaler Fassung ein: B. war einer der ersten Komponisten, die vom Metronom Gebrauch machten, was sich in präzisen Tempoangaben niederschlug.

Waren B.s erste Opern noch relativ dünn besetzt, so ist den späteren Partituren eine große Farbigkeit eigen, die sich nicht nur in der Orchestration, sondern auch in der Formenvielfalt musikalischer Nummern sowie in der Charakterzeichnung der dramatis personae manifestiert. Sein Ideal, das Primat einer natürlichen Melodie, verstand B. in den 1820er Jahren als ästhetisches Gegenkonzept gegenüber dem zunehmenden Einfluß von Rossinis vokaler »italianità«, dem viele seiner Kollegen erlegen waren. In dieser Zeit entstand B.s wichtigstes Werk, *La Dame blanche*, (»Die weiße Dame«) von 1825, zu dem Eugène Scribe das Libretto verfaßte. Mit *La Dame blanche* verbindet sich ein neuer Typus der opéra comique, dessen historisierend-koloristischer Anstrich in B.s Musik eine adäquate Umsetzung findet. Verschiedene Elemente gemahnen bereits an die grand opéra, wie etwa die Fokussierung der Schauergeschichte in einer Ballade. In der »Ballade der weißen Dame« verfolgte B. die Idee einer musikdramatischen Keimzelle, wie sie erstmals Grétry in »Richard Coeur-de-Lion« (»Richard Löwenherz«) verwandt hatte und die später von Meyerbeer und Wagner aufgegriffen wurde. Dieses Verfahren ist paradigmatisch: die einfachen Formen der früheren opéra comique wie Romanze oder Ballade standen nun verstärkt im Dienst einer musikalischen Dramaturgie, für die B.s Opern wichtige

Impulse gaben. Die Zeitgenossen empfanden B.s Musik als leicht, flüssig und natürlich, was ihm den ehrenvollen Beinamen »Mozart français« einbrachte.

Noten: Le Calife de Bagdad, Klavierauszug, dt. Bearbeitung, Mainz 1943. Ma Tante Aurore, Paris o. J. Les Voitures Versées, Paris o. J. Jean de Paris, dt. Klavierauszug, Lpz. 1893. Le petit chaperon rouge, dt. Klavierauszug, Lpz. 1891. La Dame blanche, Paris 1901. — *Literatur:* POUGIN, A.: B., Paris 1875 [mit WV]. FAVRE, G.: B., sa vie, son œuvre, 2 Bde., Paris 1944 f. [mit Bibl.]. MANTEL, S. J.: An examination of selected opéra-comiques of A. B., Diss. Univ. of Illinois at Urbana-Champaign 1985. Die opéra comique und ihr Einfluß auf das europäische Musiktheater im 19. Jahrhundert, hrsg. von H. SCHNEIDER und N. WILD, Hildesheim 1997. BARA, O.: Le Théâtre de l'Opéra-Comique sous la Restauration. Enquête autour d'un genre moyen, Hildesheim 2001.

Thomas Betzwieser

Borodin, Aleksandr Porfir'evič

Geb. 31. 10. (12. 11.) 1833 in St. Petersburg; gest. 15. (27.) 2. 1887 in St. Petersburg

Im Kreis des sogenannten »Mächtigen Häufleins« war B. der einzige, der seinen bürgerlichen Beruf als Arzt und Professor für Chemie ausübte. Sein musikalisches Œuvre ist daher klein geblieben, dennoch gilt er zu Recht als führender Komponist der jungen russischen Schule. Auf Anregung Milij A. Balakirevs und unter dessen Aufsicht begann er sogleich mit der Komposition seiner *Ersten Symphonie* (vollendet 1867), die eine eigenwillige Synthese zwischen Schumannscher Kompositionstechnik und von Glinka inspirierten folkloristischen Intonationen zeigt. Im Anschluß daran entstanden einige Lieder – vornehmlich auf B.s eigene Texte –, die im Kreis des »Mächtigen Häufleins« als kühne Neuerungen begrüßt wurden: Dem »Märchen« (so der Untertitel) von der *Spjaščaja knjažna* (»Schlafenden Prinzessin«, 1867, orchestriert 1903 von Rimskij-Korsakov) liegt durchweg ein Sekundklang zugrunde, der nicht als Dissonanz, sondern als klangfarblicher Wert aufgefaßt ist. Einerseits weist er voraus auf den musikalischen Impressionismus, andererseits kann er auch durch Bordunklänge aus der Folklore vermittelt sein. *Pesnja tëmnogo lesa* (»Das Lied vom finstern Wald«, 1867/8, 1893 orchestriert von Aleksandr Glazunov) greift mit modaler Melodik, unregelmäßig wechselnden Taktarten und auch mit der Textstruktur auf altrussische Heldenepen (Bylinen) zurück. Der Text wirkt vor dem Hintergrund der vielfältigen revolutionären Bestrebungen der sechziger Jahre wie ein Aufruf zur Gewalt. Ein Gegenstück zu diesem Lied hat Musorgskij mit dem revolutionären Lied der Bettelmönche im »Boris Godunov« geschaffen.

1869 begann B. mit der Arbeit an *Knjaz' Igor'* (»Fürst Igor«), der ihn mit Unterbrechungen bis ans Ende seines Lebens beschäftigt hat. Die *Zweite Symphonie* entstand 1869–1876, als B. den *Fürst Igor* zeitweilig aufgegeben hatte. Vladimir V. Stasov, der ästhetische Mentor des »Mächtigen Häufleins«, hat ihr den programmatischen Titel »Heldensymphonie« gegeben, nicht nur, weil in sie Material aus *Fürst Igor* eingegangen ist, sondern auch, weil B. ihm gegenüber gesagt hat, er wolle im Andante »die Figur des Bajan schildern, im ersten Satz eine Versammlung russischer Krieger und im Finale eine Festszene zum Klänge der Gusli und unter dem Frohlocken einer großen Menschenmenge«. Von der *Dritten Symphonie*, die B. kurz vor seinem Tod entwarf, sind keine Skizzen erhalten; Glazunov hat später zwei Sätze nach dem Gedächtnis rekonstruiert.

Fürst Igor ist von Rimskij-Korsakov und Glazunov vollendet worden (St. Petersburg 1890). Die Idee zu der Oper stammte von Stasov, ebenso das Szenarium, das er aus dem altrussischen »Igor-Lied« und mehreren Chroniken zusammenstellte. In der musikalischen Durchführung knüpft B. an Glinkas Opern an. Die epische Anlage, der lose Zusammenhang der Handlung, die Nähe zur russischen Folklore und das Einbeziehen von Orientalismen gehen auf »Ruslan und Ljudmila« zurück. »Ein Leben für den Zaren« hat der Gegenüberstellung der gegnerischen Parteien, Russen und Polowetzer, als Vorbild gedient. Allerdings verwendet B. zur Charakterisierung der Polowetzer nicht nur die üblichen Orientalismen, sondern – in dem berühmten »Tanz der Männer« – eine heterophone Satztechnik, die den Regeln der europäischen Kunstmusik Hohn spricht.

Mit der Gliederung in Nummern, dem Bekenntnis zu geschlossenen Formen und großen Ensembleszenen distanzierte sich B. von dem Konzept des durchkomponierten Rezitativs, das Dargomyžskij mit seinem »Steinernen Gast« entwickelt und Musorgskij in seinen Opern weitergeführt hat. Trotz der divergierenden ästhetischen Standpunkte wurde *Fürst Igor* von B.s Komponistenfreunden einhellig als nationales historisches Epos begrüßt.

Noten: Belaieff (Ffm.); Breitkopf & Härtel (Wiesbaden).
Dokumente: Pis'ma A. P. B. a. Polnoe sobranie, kritičeski sverennoe s podlinnymi tekstami [A. P. B.s Briefe. Vollständige Ausg., kritisch überprüft anhand der Originaltexte], 4 Bde., hrsg. von S. A. DIANIN, Moskau-Leningrad 1927–1950. B., A. P. Kritičeskie stat'i [Kritische Aufsätze], hrsg. von VL. PROTOPOPOV, Moskau 1982. A. P. B. v vospominanijach sovremennikov [A. P. B. in Erinnerungen von Zeitgenossen], hrsg. von A. ZORINA, Moskau 1985.
Literatur: ABRAHAM, G.: On Russian Music, Ldn. 1970. SEROFF, V.: The Mighty Fife. The Cradle of Russian National Music, N. Y. 1948; dt. Zürich (1963); ²1967. RIMSKIJ-KORSAKOW, N. A.: Chronik meines musikalischen Lebens, hrsg. von L. FAHLBUSCH, Lpz. 1967. STASOV, VL.: Stat'i o muzyke [Aufsätze zur Musik], 6 Bde., Moskau 1974–1980. BOBETH, M.: B. und seine Oper »Fürst Igor«, Mn. und Salzburg 1982. NEEF, S.: Hdb. der russischen und sowjetischen Oper, Bln. 1985, ²1988. BUMPASS, K. und KAUFFMANN, G.: Nationalism and Realism in 19th-Century Russian Music. »The Five« and B.s »Prince Igor« *in* Music Review 48 (1988), 43–51. KUHN, E.: A. B. Sein Leben, seine Musik, seine Schriften. Aufsatzsammlung, Bln. 1992. NEEF, S.: Die Russischen Fünf. Balakirew – B. – Kjui – Mussorgsky – Rimsky-Korsakow, Bln. 1992. STASOV, VL.: Meine Freunde A. B. und Modest Musorgskij, hrsg. von E. KUHN, Bln. 1993. GAUB, A. und UNSELD, M.: Ein Fürst, zwei Prinzessinnen und vier Spieler. Anmerkungen zum Werk A. B.s, Bln. 1994. JOSEPHSON, N.: Westeuropäische Stilmerkmale in der Musik B.s *in* Jb. des Staatlichen Instituts für Musikforschung Preußischer Kulturbesitz 1994, 278–303. GAUB, A.: Die kollektive Ballett-Oper »Mlada«. Ein Werk von Kjui, Musorgskij, Rimskij-Korsakov, B. und Minkus, Bln. 1998.

Dorothea Redepenning

Boulanger, Marie-Juliette Olga [genannt »Lili«]

Geb. 21. 8. 1893 in Paris; gest. 15. 3. 1918 Mézy (Dépt. Seine et Oise)

Mit Louise Farrenc, Mélanie Bonis, Cécile Chaminade und Germaine Taillefaire gehört L. B. zu jenen französischen Komponistinnen des späten 19. und frühen 20. Jahrhunderts, denen es gelang, eine je charakteristische Physiognomie auszubilden. Während ihre ältere Schwester Nadia Boulanger (1887–1979) sich vor allem als Pädagogin und Dirigentin einen Namen machte, zielte L. B. dezidiert auf eine Laufbahn als Komponistin. Trotz ihrer fragilen Gesundheit – sie litt seit Kindheit an einer schweren Bronchopneumonie – und ihrem frühen Tod komponierte sie etwa 40 Werke und gehört vor allem mit ihrem Vokalœuvre zu einer eigenständigen Vertreterin des musikalischen Impressionismus.

Aufgewachsen in einer musikalisch und intellektuell anregenden Atmosphäre – ihr Vater war Komponist und unterrichtete Gesang am Pariser Conservatoire, ihre Mutter Raïssa war Sängerin und entstammte dem russischen Adel –, begann sie schon früh zu komponieren. Die nach dem Tode des Vaters in den Jahren 1900 bis 1909 entstandenen Kompositionen wie *La Lettre de mort* (E. Manuel), Vertonungen mehrerer Psalmen für Soli und Orchester und der Apokalypse in oratorischer Besetzung sowie einem *Ave Maria* für Orgel und Singstimme vernichtete sie. Gleichwohl weisen bereits Titel, Textwahl und Besetzung auf eine religiös-mystische Komponente ihres Komponierens hin, die auch spätere Werke kennzeichnet. Nach Studien bei G. Caussade in Harmonielehre und Kontrapunkt wurde B. 1912 Kompositionsschülerin von Paul Vidal. Die Kantaten *Bérénice* und *Maïa* blieben unvollendet, jedoch gewann sie 1913 mit *Faust et Hélène* (E. Adenis), einer Kantate für Tenor, Bariton, Mezzosopran und Orchester als erste Frau den Grand Prix de Rome. Das Werk zeigt in seiner leitmotivischen Anlage sowohl starke Wagner-Reminiszenzen als auch Züge von italienischem Opernpathos. Mit der farbigen Instrumentation und der verhaltenen Schlußwendung treten bereits charakteristische Züge ihres Komponierens prägnant in Erscheinung. Ein Vertrag mit Ricordi sicherte ihr ein jährliches Gehalt und die Publikation ihrer Werke. Die Kantate wurde in mehreren großen Konzertsälen zur Aufführung gebracht und sehr positiv rezensiert, unter anderem von Debussy, mit dessen ästhetischen Prämissen B. sympathisierte. Darauf weisen Titelgebungen einiger ihrer Instrumentalwerke wie *D'un jardin clair* (»Von einem lichten Garten«) und *D'un vieux jardin* (»Von einem alten Garten«) für Klavier (beide 1914), *D'un matin de printemps* (»Von einem Frühlingsmorgen«) für Violine oder Flöte und Klavier (1918) oder auch *D'un soir triste* (»Von einem traurigen Abend«) für Violoncello und Klavier, für Trio oder Orchester (1918).

Das Zentrum von B.s Schaffen liegt jedoch im Bereich der Vokalmusik. Dabei bevorzugt sie biblische Texte und Lyrik der französischen Symbolisten. Entsprechend der Ästhetik des Symbolismus, der auf Irreales und Assoziatives abzielt im Sinne einer freien Formgebung, entzündet sich B.s kompositorische Phantasie oftmals an einzelnen Worten. Dabei wird die Singstimme als instrumentale Farbe verwendet. So auch in ihrem bedeutenden Liederzyklus *Clairières dans le ciel* (»Himmelslichtungen«; 1914), 13 Gedichten von Francis Jammes. Die Erinnerung an die verlorene Geliebte wird durch symbolisch erhöhte Bilder wie eine blühende Akelei, ein Heiligenbild oder ein Wolkenbruch heraufbeschworen, der B. musikalisch subtil Ausdruck verleiht. Tonfälle mittelalterlichen Psalmodierens über Anklänge an Lieder Musorgskijs bis zu raffinierter Tonmalerei geben dem Zyklus sein nuancenreiches Gepräge. In der Tradition französischer Trauerkantaten steht das Vokalwerk *Pour les funérailles d'un soldat* für Bariton, Chor und Orchester (»Zum Grabgeleit eines Soldaten«, Alfred de Musset; 1912). Marschrhythmen, ein reiches Bläserensemble und immerwiederkehrende Paraphrasen der Sequenz »Dies irae« evozieren eine gleichsam räumlich-szenische Imagination. Mit dem Opernprojekt *La Princesse Maleine* nach dem 1889 erschienenen Schauspiel von Maurice Maeterlinck, dem ersten symbolistischen Drama überhaupt, zielt B. auf die Eroberung des Szenisch-Visuellen. Ihre Pläne gehen auf das Jahr 1912 zurück; 1916 erteilte der Dichter seine Zustimmung, und B. arbeitete bis kurz vor ihrem Tod an dem Vorhaben. Das auf fünf Akte angelegte Projekt blieb allerdings Fragment und weist in seiner handlungsarmen Struktur starke Parallelen zu »Pelléas et Mélisande« von Debussy auf. Daneben entstanden in den letzen Lebensjahren groß angelegte Psalmkompositionen, der *Psalm 24* für Chor, Orgel und Orchester (1916), *Psalm 129* für Bariton und Orchester (1910–16) sowie der *Psalm 130* für Stimme, Chor, Orgel und Orchester (1910–17), der einen monumentalen Stil ausprägt und in Vokalsatz und Orchestrierung eine meisterhafte Beherrschung der musikalischen Mittel aufweist. Dem für den französischen Impressionismus typischen Hang zum Exotismus folgt B. in ihrer *Vieille Prière bouddhique* (»Altes buddhisches Gebet«) auf für Tenor, Chor und Orchester (1914–17). Ihr letztes Werk *Pie Jesu* in einer ungewöhnlichen Besetzung für Stimme, Streichquartett, Harfe, Orgel und Orchester (1918) überschreitet den bisherigen tonalen Rahmen und weist Züge von Polytonalität auf.

Ausgehend von der Klang- und Ideenwelt Faurés und Debussys realisierte B. in ihrem Œuvre eine ganz eigenständige Ausdruckswelt, die vor allem in den großen geistlichen Kompositionen auf ähnliche Werke Honeggers und Poulencs vorausweist. Dank der Initiative ihrer älteren Schwester Nadia fanden L. B.s Werke alsbald ein Publikum in Frankreich und den USA. Auch die Gender-Forschung trug wesentlich dazu bei, ihr Werk bekannt zu machen.

Noten: Ricordi (Mailand); Durand (Paris).
Literatur: ROSENSTIL, L.: The Life and Works of L. B., Cranbury (N.Y.) und Ldn. 1978 [mit WV]; dt. als L. B. Leben und Werk, Bremen 1995. NIES, CHR.: L. B. *in* Annäherungen V. – an sieben Komponistinnen, hrsg. von Br. SONNTAG und R. MATTHEI, Kassel 1989, 14–24. L.-B.-Tage Bremen 1993, hrsg. von K. MOSLER, Bremen 1993 [mit verschiedenen Beiträgen zum Werk]. DOPP, J. B.: Numerology and Cryptography in the Music of L. B. The Hidden Program in »Clairières dans le ciel« *in* MQ 78 (1994), 556–583. GIESEBRECHT-SCHUTTE, S.: L. B. »Clairières dans le ciel«. Ästhetischer Ausdruck und musikalische Form *in* Musikforschung 47 (1994), 384–402. KYRIAKOS, M. B.: »Clairières dans le ciel« by L. B. An Historical and Stylistic Study, Diss. University of Texas, Austin, 1994. FAUSER, A.: L. B.'s »La Princesse Maleine«. A Composer and her Heroine as Literary Icons *in* JRMA 122 (1997), 68–108.

Monika Schwarz-Danuser

Boulez, Pierre

Geb. 26. 3. 1925 in Montbrison
(Dépt. Loire)

Paris, 1946. B. lebt seit drei Jahren in der vom Kriegs- und Nachkriegsgeschehen gezeichneten französischen Hauptstadt. Seine knapp bemessenen Studien am Pariser Conservatoire (Harmonielehre, Kontrapunkt) sind abgeschlossen. Wichtige Impulse waren, auch in Privatkursen, von Messiaen ausgegangen, der den Jüngeren im Sinne seiner Abhandlung »Technique de mon langage musical« (publiziert 1944) die Augen für die Vielfalt gestalterischer Möglichkeiten geöffnet, mit ihnen Stravinskys »Sacre du printemps« analysiert und auf unakademische Weise geholfen hatte, die geschmäcklerische klassizistische Ästhetik der Vorkriegsjahre zu überwinden. Im Vorjahr war überdies René Leibowitz, späterer Verfasser der Bücher »Schoenberg et son école« (1947) und »Introduction à la musique de douze sons« (1949), mit

Privatkursen zum Thema Dodekaphonie und Analysen von Schönbergs »Bläserquintett« op. 26 und Weberns »Sinfonie« op. 21 hervorgetreten. B. hatte daraufhin die Ansätze seiner bisherigen tonal-modalen Kompositionsversuche (z. B. in den Klavierwerken *Thème et variations*, *Psalmodies* oder *Prélude, Toccata et Scherzo*, ca. 1943–45) fast abrupt preisgegeben. Sein Interesse galt nun einer Bündelung der durch Messiaen und Leibowitz eröffneten Erfahrungen. Die am »Sacre« beobachtete Arbeitsweise mit variablen rhythmischen Zellen sollte mit Weberns Verfahren einer kombinatorischen Nutzung untergliederter, symmetrisch angelegter Zwölftonreihen verknüpft werden (vgl. B.s Arbeitsprotokolle *Propositions* und *Eventuellement*, publiziert 1948 bzw. 1952; dt. in Werkstatt-Texte). Werke wie die *Sonatine* für Flöte und Klavier (1946) oder die *Klaviersonaten Nr. 1* (1946) und vor allem *Nr. 2* (1946–48) bezeugen das Gelingen dieser Versuche, die zunächst noch an der Rahmenvorstellung von Sonatensatz und Sonatenzyklus festhalten und sich auf kleine Besetzung beschränken, ohne im eigentlichen Sinne noch Kammermusik darzustellen. Einen gewissen Rückhalt bietet während dieser ersten, mit Vehemenz vorangetriebenen Schaffensphase die Tätigkeit als Dirigent und Hauskomponist bei der Compagnie Renaud-Barrault, in deren Räumlichkeiten – Théâtre Marigny, Théâtre de l'Odéon – B. ab 1954 seine Konzertreihe »Domaine musical« installieren kann, in Paris für lange Jahre das einzige Forum zur Deckung wichtigen Nachholbedarfs (z. B. Wiener Schule, Stravinsky) und zur Präsentation zeitgenössischer Arbeiten.

Paris, 1976. Drei Jahrzehnte nach jener Phase des kompositorischen Aufbruchs residiert B. wieder offiziell in Paris. Nach dem Protest französischer Intellektueller gegen de Gaulles Algerienpolitik (»Manifest der 121«, 1960) und nach heftiger Kritik an den Plänen des Kulturministers André Malraux (1966) hatte B. überwiegend im Ausland gelebt und gewirkt. Nun aber nimmt das seit Jahren geplante und von Georges Pompidou unterstützte Institut de Recherche et de Coordination Acoustique/Musique (IRCAM) unter B.s Leitung seine Arbeit auf. Spezielle unterirdische Räumlichkeiten samt einem neuartigen Akustiklaboratorium (Espace de projection) entstehen in unmittelbarer Nachbarschaft des Kulturzentrums Centre Pompidou. Im Hinblick auf die besonderen instrumentalen Aufgabenstellungen des Institutes erfolgt die Gründung des Ensemble InterContemporain, das – häufig unter der Leitung von B. – um mustergültige Aufführungen der maßgeblichen Werke des 20. Jahrhunderts bemüht sein wird. Am Collège de France nimmt B. seine Lehrtätigkeit auf. Gleichzeitig arbeitet er an der kurzen Komposition *Messagesquisse* (= message/esquisse) für Solocello und sechs weitere Celli, deren Notentext sich ausschließlich aus der Tonfolge es-a-c-h-e-(re)-d (d. h. den ›klingenden‹ Buchstaben des Nachnamens seines Basler Freundes Paul Sacher) und der strukturbestimmenden Zahl 7 (da zum 70. Geburtstag geschrieben) entfaltet. Im Vorjahr (1975) war *Rituel in memoriam Maderna* abgeschlossen und erstaufgeführt worden. Auch dieses orchestrale Zeremoniell hatte seine Ordnung durch die Zahl 7 erhalten (sieben Orchestergruppen zu 1–7 Instrumenten; zwei im Wechsel erklingende Reihen von *répons* und *versets* mit je sieben Abschnitten; Schlußteil mit sieben Unterabschnitten). Das ganze fast halbstündige Werk sollte sich als Prozeß des Wachsens und Wieder-Vergehens begreifen lassen. B. hatte jahrelang seine kompositorische Aktivität zugunsten seines international entfalteten dirigentischen Wirkens vermindert und damit Vermutungen Vorschub geleistet, der Komponist B. werde allmählich ganz verstummen. (B. hob demgegenüber stets hervor, die reiche Erfahrung des Dirigenten wirke sich ganz unmittelbar aufs Kompositorische aus). Das Jahr 1976 sieht B. als noch amtierenden Chefdirigenten des New York Philharmonic Orchestra (1971–77 in der Nachfolge Bernsteins, teilweise parallel zur Cheftätigkeit beim BBC Symphony Orchestra London, 1971–75). Ferner wird er, wie zehn Jahre zuvor für »Parsifal«, am Pult des Bayreuther Festspielhauses erscheinen, um während fünf Festspielsommern den von Patrice Chéreau inszenierten und von Richard Peduzzi ausgestatteten, zunächst heftig umstrittenen ›Jahrhundert-Ring‹ zu dirigieren.

Das Werk, in dem B.' persönliche Schreibweise sich erstmals ganz ungebrochen zu erkennen gibt und das ihm zugleich in der Musikwelt zum Durchbruch verhilft (mühsam durchgesetzte, aber erfolgreiche Uraufführung beim IGNM-Weltmusikfest 1955 in Baden-Baden), ist zweifellos die Kammerkantate *Le marteau sans maître* (1952–54). Messiaens Klavieretüde »Mode de valeurs et d'intensités« von 1949, zwei Jahre später bei den Darmstädter Ferienkursen zur Diskussion gestellt, hatte die Möglichkeiten einer strengen modalen Materialverordnung aufgewiesen. B. und Stockhausen riskierten nun den Schritt zu einer punktuellen Schreibweise, bei der ein und dieselbe Ausgangsreihe für alle ›Abmessungen‹ im kleinen (Parameter) wie im großen (Verlaufsform) verantwortlich sein sollte. Daß in den drei Sätzen der *Structures I* für zwei Klaviere (1951–52) eine »Grenze des Fruchtlandes« erreicht sei, wollte B. ursprünglich durch Erhebung des Paul Klee-Bildtitels zum Werkmotto zu erkennen geben. (Auf Messiaens ›Patenschaft‹ verweist die Übernahme des Diskant-Toninventars aus »Mode de valeurs …«). Dieser allzu rigiden Bindung durch fast automatisch sich entfaltende serielle Reihenprogramme begegnete B. in *Le Marteau sans maître* durch vermehrten Gebrauch kleiner und beweglicher Tongruppen, durch die Hervorhebung übergeordneter ›thematischer‹ Charakteristika (bestimmte wiederkehrende Intervalle, Rhythmen oder Farben) und durch das kontrastbetonende Gegeneinandersetzen kürzerer Teilabschnitte. In vier Vokalsätzen erklingen kurze Gedichte des Résistance-Dichters René Char, artifizielle und vieldeutige Texte surrealistischer Prägung. Sie werden umkreist von strukturell verwandten reinen Instrumentalsätzen mit vorbereitender, fortspinnungsartiger oder kommentierender Funktion. Insgesamt fügen sich die Teile der, wie Ligeti sie nannte, »bunt-sinnlichen Katzenwelt« des *Marteau sans maître* nach einem präzisen Bezugsplan ineinander. Von besonderem Reiz ist es auch beim Hören des Werkes, dem exotischen Kolorit nachzuhorchen, den B. nicht etwa durch ein besonderes Instrumentarium, sondern lediglich durch bestimmte Spielweisen und Farbkombinationen auszuprägen vermag.

Während der fünfziger und beginnenden sechziger Jahre war B. regelmäßig bei den Darmstädter Ferienkursen präsent – als Komponist, als Interpret und als Kursleiter. Zusammen mit Stockhausen und einigen anderen gehörte er damit zu jenen Wegweisern, die in fast jährlichem Rhythmus neue ästhetische wie technische Ziele absteckten: serielle Determination, Einbezug synthetischer und konkreter Klänge, Mehrchörigkeit im Raum, offene (d. h. »aleatorische«) Formkonzeption, Improvisation usw. In Darmstadt wurden auch erstmals die Gedankengänge zu *Musikdenken heute* entwickelt, die als vorläufiger Entwurf zu einer B.schen Kompositionslehre zu werten sind. 1957 hielt B. seinen vielbeachteten Vortrag *Alea* (ebd., 100), der Klärung in einer bis dahin recht oberflächlich geführten Diskussion um den Terminus »Aleatorik« (›Zufall‹) und seine Bedeutung, die er für die musikalische Formgebung bringen sollte. Stockhausen hatte den Begriff im statistischen Sinn, d. h. zur Bezeichnung schwankender Dichte von Tonereignissen verwendet. In teilweiser Abgrenzung gegen ihn lehnte B. jene Art von Aleatorik entschieden ab, die den Komponisten aus seiner Verantwortung entlassen wollte, die Kontrolle über alle kompositorischen Vorgänge zu behalten. Denkbar blieb für ihn der ›Zufall‹ als variables Zusammenführen von Einzelstrukturen, wenn es auf bestimmte und eigens geplante Knotenpunkte bzw. Drehscheiben beschränkt blieb. Bei der Planung solcher Verlaufsstrategien fühlte sich B. von James Joyce angeregt, vor allem aber von Stéphane Mallarmé, der in seinem Gedicht »Le coup de dés« eine neuartige räumliche Typographie gefordert hatte und für sein Projekt *Le Livre* Lesungen des ›Buches‹ vorsah, die von einem »Operateur« gesteuert wurden, folglich ganz unterschiedlich ausfallen konnten. Rückblickend faßte B. in einem Gespräch zusammen: »Ich habe das Musizieren mit offenen Formen schon oft … mit einem Stadtplan verglichen. Sie kennen eine Stadt und wollen von A nach B gehen. Es bieten sich Ihnen außer dem geraden Weg die verschiedensten Kombinationen von Straßen an. In der Musik muß diese Wahlfreiheit durchaus nicht pedantisch und demonstrativ genutzt werden. Die Freiheit überhaupt zu besitzen, ist mir einzig wichtig. Ich unterscheide mich da entschieden von Stockhausen …« (Oesch, 293). Solchermaßen sinnvoll eingegrenzte Aleatorik gebrauchte B. in mehreren Arbeiten, etwa in *Structures, Livre II* (1956–61), in *Domaines* für Klarinette und sechs Instrumentalgruppen (1961–68) und in der (bisher unvollendeten) *Dritten Klaviersonate* (1955–57).

Unter den neuen Werkprojekten erregte jenes besondere Aufmerksamkeit, das die Idee einer ausgedehnten zyklischen Anlage mit neuen Formen der Textintegration und der begrenzten Improvisation zu verbinden suchte: *Pli selon pli – Portrait de Mallarmé* (1957–62). Dem Charakter eines ›work in progress‹ folgend, gingen mehrere aufbauende Stadien – ausgehend von den *Improvisations sur Mallarmé* (1957–58) – der endgültigen fünfsätzigen Fassung voraus, in der drei *Improvisationen* über Sonette Mallarmés von den instrumentalen Rahmensätzen *Don* und *Tombeau* eingeschlossen werden. Der Titel, der ebenfalls einem Mallarmé-Gedicht entstammt, spielt auf das in der

Erinnerung *Pli selon pli* (etwa: »Zug um Zug«) wachgerufene Bild der Stadt Brügge an. Analog will B. ein von Satz zu Satz sich verdichtendes und verschärfendes Porträt Mallarmés entwerfen. Der Begriff Vertonung ist dabei notwendig zu erweitern und komplexer zu fassen: »Wenn ich ein Gedicht wähle ..., dann drängt sich mir ein Gewebe von Bezogenheiten auf, das unter anderem die affektiven Beziehungen einschließt, aber auch den gesamten Mechanismus des Gedichtes umfaßt, von der reinen Klangsubstanz bis zu seiner eigentlichen geistigen Ordnung ...« (Werkstatt-Texte, 117). Beispielsweise geht die Sonettform der drei zentralen Gedichte sinngemäß auf die musikalische Form über. Der Begriff Improvisation bezeichnet hier verschiedene Grade genau begrenzter Freiheit, z. B. wenn sich das Tempo der individuellen Atemlänge der Singstimme anpassen soll. Auch die Orchesterbesetzung nimmt am formalen Ablauf Anteil. Zur Mitte hin reduziert sich die große Besetzung von Satz I, um gegen das Ende hin wieder zur vollen Orchesterformation anzuwachsen.

Als ›work in progress‹ versteht sich auch *Répons* für sechs Solisten, Instrumentalensemble und Live-Elektronik. Seit 1980 befaßt sich B. mit der beständig anwachsenden Partitur, die in mehreren Fassungen realisiert wurde. Von den hochentwickelten und rasch sich verjüngenden technischen Möglichkeiten des IRCAM profitiert *Répons* insofern, als die Solisten, die rings ums 24köpfige Ensemble entlang der Saalwände postiert sind, vom Zuspielband vorgefertigtes Klangmaterial (»Klangtapeten«) abrufen können, ihr Spiel überdies vielfältige elektronische Transformationen erfährt und auch durch das Spiel eines oder mehrerer anderer Solisten moduliert werden kann. Neu ist das spielerische Moment dieser ohne spürbare Mühe bewerkstelligten, den Raum beherrschenden Interaktionen: ein Riesenspielzeug scheint das Repertoire seiner Möglichkeiten zu erproben. (Beim Festival von Avignon vermochte das mühelos anzuhebende Klangvolumen von *Répons* selbst eine so ungewöhnliche Spielstätte wie einen riesigen Steinbruch mühelos auszufüllen). Kritik wurde am Ausmaß des unabdingbaren technischen Aufwandes geübt. Kritik richtete sich auch – wie einst zu Pionierzeiten des elektronischen Komponierens – gegen eine Ästhetik, die dem Kunstwerk von der Technologie aufgezwungen werde, statt umgekehrt. Dem hielt B. gelegentlich entgegen: »Der Computer ist nur intelligent, wenn man ihn intelligent macht. Aber wenn Sie den Dialog auf ein gewisses Niveau hinaufschrauben, unterhalten Sie sich damit wie mit einem vollwertigen Partner ...«

1980 überraschte B. seine Hörer mit einer Neufassung früherer Klavierstücke von 1945. *Notations* lautet der Titel einer Gruppe von zwölf jeweils zwölftaktigen und zwölftönig gearbeiteten Bagatellen, deren Manuskript lange verschollen gewesen war und denen der Komponist seinerzeit kaum größere Bedeutung zugemessen hatte. Was mochte B. reizen, fast ein halbes Jahrhundert später diese gestenreichen Sätze wieder aufzugreifen, ihr Material aufs neue zu entwickeln und mit dem Timbre-Repertoire eines Riesenorchesters aufs Generöseste auszustatten? (Derzeit liegen die *Notations I–IV* und *VII* vor). Begab sich der ältere B. auf die nostalgische Suche nach den Anfängen seines jüngeren Alter ego, oder war in ihm der Ehrgeiz erwacht, die Wertbeständigkeit früherer Arbeitsresultate nachzuweisen? So besehen wäre die Verwandlungsfähigkeit des *Notations*-Heftes durchaus symptomatisch für eine Denkweise, die Früheres mit Späterem eng verbunden, Gleichzeitiges dicht vernetzt wissen will. *Don* für Sopran und Klavier (1960), zunächst als Prolog zu *Pli selon pli* gedacht, machte 1962 einer zweiten, jetzt orchestralen Fassung Platz, kehrte aber in veränderter Gestalt in *Eclat* (1965) wieder. *Dialogue de l'ombre double* für Klarinette und Tonband (1982–85) weist partiell auf die Solostimme der *Domaines* für Klarinette und sechs Instrumentalgruppen (vier Fassungen, 1961–82) zurück. *Mémoriale* für Flöte und acht Instrumente (1985) wurzelt im offenen Konzept *... explosante-fixe ...* (1971 ff.), die beiden Ensemblestücke *Dérive I/II* (1984, 1988) zehren von der Substanz der *Messagesquisse* (1976). Auffallend also, daß B. fast ununterbrochen revidiert, nicht selten mehrere Materialien gleichzeitig bearbeitet und vielfach – oft über lange Zeitspannen hinweg – mehrere Werkfassungen erstellt. So liegen von der frühen zweisätzigen Kantate *Le soleil des eaux*, gewissermaßen Teil einer durch *Le visage nuptial* und *Marteau ...* ergänzten René-Char-Trilogie, aus den Jahren 1948, 1950, 1958 und 1965 nicht weniger als vier unterschiedliche Fassungen vor, die nacheinander drei, gar keine, schließlich einen Vokalsolisten vorsehen. Zweifellos also hält B. an der Einheit und Einheitlichkeit seines Œuvres fest, wobei die Mehrzahl früherer Kompositionen einem fortschreitenden Formungswillen und wachsenden Qualitätsanspruch genügen muß. Die Gefahr stilistischer Uniformität ist nicht völlig von der Hand zu weisen, mag sich aber durch die Verwurzelung des Interpreten und Organisators B. in einem breitgefächerten und immer wieder aktualisierten Fremdrepertoire kompensieren lassen.

B. verkörpert, alles in allem, den recht selten gewordenen, sich am früheren Universalisten orientierenden Typus eines umfassend gebildeten und vielseitig kreativen Musikers. Ausgewiesen als Komponist und Interpret, versucht er zugleich sein Tun auf gleichem Stand zu reflektieren und durch Theoriebildung zu fundieren. Allerdings darf nicht überraschen, daß auf den ersten Teil des Rechenschaftsberichts *Musikdenken heute* ein zweiter zwar folgte, ohne allerdings den ersten im Sinne einer geschlossenen Kompositionslehre zu ergänzen. Stattdessen wählte B. zur Darstellung seiner Denkansätze häufig die Form des geschliffenen Essays. Auch die Vermittlungsformen Workshop, Interview, Causerie oder TV-Statement hält B. durchaus für geeignet, selbst anspruchsvolle Probleme der Neuen Musik einem breiteren Publikum vorzutragen. Im Sinne eines ›Homme de lettres‹ alter Prägung fühlt sich B. der Kunst und Literatur weit stärker verbunden, als dies aus seinen Kompositionen direkt ersichtlich wird (vgl. die Beschäftigung mit Klee, Mallarmé, Char, Henri Michaux oder Edward E. Cummings). Als Autorität darf B. auch dank seiner interpretatorischen Arbeit gelten. Unter Nutzung aller Möglichkeiten einer effizienten Vermittlung und Darstellung hat B. der Neuen Musik zu einer unverkrampfteren, selbstbewußteren Begegnung mit der Öffentlichkeit verholfen.

Noten: Universal Edition (Wien).
Dokumente: Penser la musique aujourd'hui, Paris 1963; dt. identisch mit dt. Ausg. Mainz 1963. Relevés d'apprenti, Paris 1966; z. T. identisch mit dt. Ausg. Werkstatt-Texte, Ffm.-Bln. 1972. Oesch. H.: Interview mit P. B. *in* Melos/NZfM 2 (1976), 293–296. Points de repère, Paris 1981; z. T. identisch mit dt. Ausg. Anhaltspunkte, Stg.-Zürich 1975. Jalons (pour une décennie), Paris 1989. Leitlinien, Kassel, Stg., Weimar 2000. P. B. und J. Cage: Correspondence et documents, Winterthur 2000.
Werkverzeichnis: Piencikowski, R.: P. B. Musikmanuskripte. Winterthur, Mainz 1988 ff. (Inventare der Paul Sacher Stiftung 3).
Literatur: Ligeti, Gy.: P. B. Entscheidung und Automatik in der Structure 1a *in* Junge Komponisten, hrsg. von H. Eimert, Wien 1958 (die Reihe 4), 38–63. Gerlach, R.: P. B. und Stéphane Mallarmé *in* Über Musik und Sprache, hrsg. von R. Stephan, Mainz 1974, 70–92. Griffith, P.: B., Ldn. 1978. Siegele, U.: Zwei Kommentare zum »Marteau sans maître« von P. B., Neuhausen-Stg. 1979. P. B. Fs. zum 60. Geburtstag, hrsg. von J. Häusler, Wien 1984 [mit WV und Bibl.]. Jameux, D.: P. B., Paris 1984 [mit WV]. Hirsbrunner, Th.: P. B. und sein Werk, Laaber 1985. P. B. I und II, Mn. 1995 bzw. 1997 (MK 89–90 bzw. 96). Nemecek, R.: Untersuchungen zum frühen Klavierschaffen von P. B., Kassel 1998. Boehmer, K.: Musikdenken vorgestern oder Le maître sans marteau *in* Metzger, H. Kl. und Riehn, R.: Was ist Forstschritt?, Mn. 1998 (MK 100), 5–30.

Klaus Schweizer

Brahms, Johannes
Geb. 7. 5. 1833 in Hamburg;
gest. 3. 4. 1897 in Wien

»Ich dachte,... es würde und müsse ... einmal plötzlich Einer erscheinen, der den höchsten Ausdruck seiner Zeit in idealer Weise auszusprechen berufen wäre, einer, der uns die Meisterschaft nicht in stufenweiser Entfaltung brächte, sondern, wie Minerva, gleich vollkommen gepanzert aus dem Haupt des Kronion entspränge. Und er ist gekommen, ein junges Blut, an dessen Wiege Grazien und Helden Wache hielten. Er heißt J. Br., kam von Hamburg, dort in dunkler Stille schaffend, aber von einem trefflichen und begeistert zutragenden Lehrer (Eduard Marxsen) gebildet in den schwierigsten Satzungen der Kunst ... Am Clavier sitzend, fing er an wunderbare Regionen zu enthüllen. Wir wurden in immer zauberischere Kreise hineingezogen ... Es waren Sonaten, mehr verschleierte Symphonien ... Wenn er seinen Zauberstab dahin senken wird, wo ihm die Mächte der Massen, im Chor und Orchester, ihre Kräfte leihen, so stehen uns noch wunderbarere Blicke in die Geheimnisse der Geisterwelt bevor ... Es waltet in jeder Zeit ein geheimes Bündniß verwandter Geister. Schließt, die Ihr zusammengehört, den Kreis fester, daß die Wahrheit der Kunst immer klarer leuchte, überall Freude und Segen verbreitend.« (»Neue Bahnen« *in* NZfM 20, 1853, 185 f.)

Schumanns Worte waren prophetisch: Sie haben dem kommenden ›Messias‹, auf daß er die »Wahrheit der Kunst« verkünde, nicht nur den Weg bereitet, sondern auch Erwartungen geweckt, die Br. belasteten. Schumanns Emphase ist Ausdruck einer Krisensituation, in die er die Idee der ›absoluten Musik‹ um die Jahrhundertmitte, nach dem Tode Mendelssohn Bartholdys (1847) und

Chopins (1849), geraten glaubte. Das Erbe Beethovens schien der zeitgenössischen Produktion durch Veräußerlichung verloren zu gehen, der Zwiespalt zwischen Inhalts- und Formalästhetik, der in Deutschland die Diskussion während der zweiten Jahrhunderthälfte bestimmte, begann sich bereits abzuzeichnen: Wagners Schriften »Das Kunstwerk der Zukunft« sowie »Oper und Drama« waren gerade publiziert; Eduard Hanslicks Schrift »Vom musikalisch Schönen« erschien 1854, ebenso Liszts erste Symphonische Dichtung »Tasso«. Schumann hat die Kompositionen des jungen Br. als ein Versprechen verstanden, das seiner Einlösung harrte. Br.' Frühwerk ist allerdings dominiert von Gattungen, die um 1850 allesamt nicht im Zentrum der Diskussion standen: Klaviersonaten, Kammermusik, Lieder. Sie alle gründen in bürgerlichem Musizieren, und anfangs scheint es, als wolle sich Br. in solcher Halböffentlichkeit einspinnen und den Weg zu den »Massen« meiden, den ihm Schumann gewiesen hatte.

Die bohemienhafte Lebensführung mancher Zeitgenossen war Br.' Sache nicht, und von der ›romantisch‹ erhitzten Besessenheit des Ausdrucks – Josef Joachim apostrophierte ihn einmal als »Johannes Kreisler II« (Briefe 5, 30) – hat er sich bald abgewandt. Was Br.' Kunstverständnis mit dem Musikleben seiner Zeit so innig verbindet, ist seine tiefempfundene Liebe zum Lied und zu anderen der Hausmusik nahestehenden Gattungen. Nicht nur ist das Lied neben der Kammermusik die Gattung, der er sich durchgängig von op. 3 bis op. 121 widmet, vielmehr prägt die Liedästhetik des 19. Jahrhunderts sein kompositorisches Denken, und auf ihr beruht letztlich der gemütvolle, bisweilen auch biedere Grundton seiner Musik. Diesem ›Grundton‹ verdankt Br. in späteren Jahren auch seine gesicherte Existenz. Nach vorübergehenden Positionen in Detmold, Hamburg und Wien lebt er – vielleicht als erster Instrumentalkomponist in der bürgerlichen Gesellschaft – ohne Amt und Mäzen vom Erlös seiner Kompositionen. Garant seiner finanziellen Unabhängigkeit wurden die *Ungarischen Tänze* (WoO 1, Heft 1 und 2, 1868), die Br. zum wohlhabenden Mann machten, und die *Liebeslieder-Walzer* (op. 52, 1869 und op. 65, 1874), die das bürgerliche Geschmacksurteil ›reizend‹ geradezu herausfordern.

Nicht nur in der Vokalmusik, sondern auch in der Instrumentalmusik ist die Themenerfindung meist liedhaft, wovon häufig Liedzitate in seinen Instrumentalwerken zeugen, sie garantiert Sprachnähe, ja ›Poesie‹ seiner Musik. In der Regel folgen die Motive dem Taktpuls, allenfalls mit geringer rhythmischer Binnendifferenzierung, als seien sie Fragmente von Liedzeilen. Der Bau der Perioden ist, selbst wenn sie sich in ungeraden Taktgruppen ergehen, selten fantastisch-schweifend wie beim frühen Schumann. Rhythmisch geschärfte Konturen erscheinen meist als Gegenfigur und sind entsprechend im Formverlauf angesiedelt (z. B. in der Überleitung vom Haupt- zum Seitensatz, so etwa im Kopfsatz der *Zweiten Symphonie*). Aus der Verbindung dieser Liedstruktur mit einer weit ausgestuften Harmonik entspringt, gerade in den großen Kammermusikwerken der Jugend, jene hymnische Gestimmtheit, die Schumann mit den »Grazien und Helden« apostrophiert hat und die noch im Spätwerk als Vergangenes nachklingt. Darin berührt sich Br.' Musik mit der Schuberts, und nie hat Br. danach gestrebt, diesen liedhaften Ton hinter sich zu lassen, indem er in einer chromatisierten Tonsprache ›Originalität‹ suchte oder nach Entgrenzung der überlieferten Gattungen trachtete. Wo er diesen Ton überwindet, geschieht dies von innen heraus durch konstruktive Durchdringung aller Details.

Aus der Liedstruktur der Thematik, deren Substanz eher die Konstellation der Intervalle als rhythmische Prägnanz ausmacht, entwickelt Br. auch seine spezifische Art motivisch-thematischer Arbeit ab. Neben Beethovens Verfahren, Themen in Motive aufzuspalten und diese in neue harmonische (Sequenz-)Modelle zu integrieren, nutzt Br. vermehrt ein Ableitungsverfahren, das aus der Intervallkonstellation des Themas neue Gestalten durch Umstellung und Umrhythmisierung entwickelt (z. B. im Kopfsatz der *Violinsonate A-dur* op. 100, 1886). Schönberg hat dieses Verfahren später »entwickelnde Variation« genannt.

»Gebildet in den schwierigsten Satzungen der Kunst« hat Br. sich von Jugend auf. Den Kontrapunkt, der in seiner Jugend als eine rationalistische Form von Kombinatorik in Mißkredit geraten war, da er mit der romantischen Konzeption von Ausdruck kaum vereinbar schien, hat er in seinem Œuvre zu neuem Ansehen gebracht und damit kontrapunktisches Denken über das 19. Jahrhundert herübergerettet und so Kräfte der musikalischen Konstruktion bewahrt, die weder an die harmonische Tonalität gebunden waren noch blieben. Von dem eingehenden Studium des Kontrapunkts über die Lehrjahre hinaus zeugt die (erst

1984 veröffentlichte) *Missa canonica* (WoO 18, 1856) – ein Kompendium der Bach-Rezeption, von dem Br. später Teile überarbeitet und in seine *Motette* op. 74 Nr. 1 »Warum ist das Licht gegeben« (1877) übernommen hat. Sein Bemühen um den Kontrapunkt war nicht bloß geleitet von historischem Interesse an alter Musik, das über Bach hinaus bis auf Lasso und Palestrina zurückreichte, sondern von dem Willen, kontrapunktische Verfahren als eine Möglichkeit thematischer Arbeit in sein musikalisches Denken zu integrieren. Vom ersten Satz der *Klaviersonate* op. 1 (1852–53) an ist die Engführung von Themen, die das klassische Durchführungs-Fugato konstruktiv überbietet, für Br. eine konstitutive Formidee, die ihn durch Systematisierung der intervallischen Beziehungen zum Kanon führt (Finale op. 5, Kopfsatz der 1. Fassung von op. 8, Spiegelkanon in der zehnten Variation von op. 9 und der fünften von op. 21 Nr. 1). Bisweilen hat es den Anschein, als werde Br. nahezu von der Obsession verfolgt, mindestens ein Thema kanonisch engzuführen, so daß schließlich verschiedene Arten des Kanons formbildend werden wie im Kopfsatz der *Vierten Symphonie* (vgl. Weber 1990), oder daß sogar ganze Stücke dem Kanon unterliegen wie das *Intermezzo* op. 118 Nr. 4 (1893).

Wohlgeordnet verläuft der Weg, den Br. als Komponist genommen hat. Kammermusik und Lieder komponierte er zeit seines Lebens ohne nennenswerte Unterbrechungen. Von der Oper, der repräsentativsten und populärsten Gattung im 19. Jahrhundert, hielt er sich trotz einiger, allerdings nicht sehr weit gediehener Projekte fern. Nach den großen Orchesterwerken, die dann in den siebziger und achtziger Jahren entstehen, zieht sich Br. wieder auf die Bereiche seiner Anfänge – Klavierwerke, Kammermusik, Lied – zurück. »Seinen Zauberstab dahin [zu] senken ... wo ihm die Mächte der Massen, in Chor und Orchester, ihre Kräfte leihen«, war nicht Br.' letzte Bestimmung, sein Spätwerk fügt sich nicht mehr Schumanns Wort.

Zusammengehalten wird dieses Œuvre, das sich in wechselnden Schwerpunkten unterschiedlichen Gattungen und Genres, also auch Musik unterschiedlicher Funktion und ästhetischen Anspruchs zuwendet, von einer Gediegenheit des kompositorischen Handwerks, wie sie zumindest im 19. Jahrhundert einmalig ist. Polyphone Führung der Stimmen, zumindest ein latent kontrapunktischer Satz der Außenstimmen, und sei es auch nur in einer Volksliedbearbeitung, und die Ausdehnung motivisch-thematischer Arbeit von ihrem angestammten Ort in der Durchführung über den ganzen Satz verbinden nicht nur jedes einzelne Stück zu einer durchgearbeiteten Einheit, sondern bilden einen kompositionstechnischen Standard, der allen Gattungen und Genres gemeinsam ist. Diese Gemeinsamkeit des satztechnischen Niveaus ist eine wesentliche Voraussetzung für die Konvergenz der Gattungen im Œuvre von Br. (Schmidt 1983). Die Möglichkeit, manche Werke wie die *Haydn-Variationen* op. 56a und b (1873) in unterschiedlichen Besetzungen vorzulegen, belegt, daß Br.' Musik weniger von einer individuellen Klangvorstellung, vielmehr vom Tonsatz als Inbegriff der Intervallbeziehungen her gedacht ist. Die Integrationskraft dieser Idee erweist sich dann an den großen Chorwerken, die in je unterschiedlicher Weise Gattungsmomente aus Oratorium und Kantate mit symphonischem Orchestersatz verbinden: *Ein deutsches Requiem* op. 45 (1866, 1868), *Rinaldo* op. 50 (1863–68), *Alt-Rhapsodie* op. 53 (1869), *Schicksalslied* op. 54 (1868?–71), *Triumphlied* op. 55 (1870–71), *Nänie* op. 82 (1881) oder *Gesang der Parzen* op. 89 (1882). Ohne die Idee eines Gesamtkunstwerkes zu bemühen, greifen diese Werke nicht nur Ansätze Mendelssohns und Schumanns auf, sondern befördern durch die Integrationskraft des durchstrukturierten Tonsatzes die Konvergenz der Gattungen Oratorium, Symphonie, Kantate, Liederzyklus, bereiten letztlich Konzeptionen wie Schönbergs »Gurrelieder« oder Mahlers »Lied von der Erde« zu Beginn des 20. Jahrhunderts den Weg.

Die Einheit des Œuvres zeigt sich nirgends eindrucksvoller als im Lied. Neben zahlreichen Volksliedbearbeitungen hat Br. viele Volksliedtexte vertont und, je älter er wurde, Texte von hoher Artifizialität gemieden. Auch die Kunstlieder suchen in Ton, Ausdehnung und formaler Anlage die Nähe zum Volkslied. Der Themenkreis der Texte – abgesehen von einigen frühen Liedern wie der Vertonung des Mörike-Gedichts *An eine Äolsharfe* op. 19 Nr. 5 (1858) mit ihrem geradezu »Lohengrin«-haften Klang – ist eingegrenzt. Die Mehrzahl der Lieder handelt von unglücklicher Liebe, ja von versäumtem Leben, mit zunehmendem Alter auch von ironischer Distanz zu allen ›Liebeshändeln‹ (*Therese* op. 86 Nr. 1, 1878; *Salamander* op. 107 Nr. 2, 1888). Größere Gesänge balladesken oder reflektierenden Charakters, wie bei Schubert, begegnen selten, immerhin in den *Romanzen* op. 33 (nach Ludwig Tiecks »... Magelone ...«; 1865, 1869); das *Regenlied* op. 59 Nr. 3 (Klaus Groth; 1873) ist mit etwa 150 Takten eines der längsten. Die Gattung Lied zieht sich tendenziell auf die Miniatur zurück, in der sich jedoch der hymnische Ton der großen Werke in Trost verwandelt und so gegen alles Unglück, das in den Gedichten angesprochen ist, Einspruch erhebt.

Das variierte Strophenlied in seinen verschiedensten Aus- und Überformungen ist Inbegriff der künstlerischen Überhöhung des Volksliedideals. Br. differenziert dieses Formmodell, indem er musikalischen Strophen durch unterschiedliche Setzweise eine Binnengliederung verleiht und diese Teile dann in den folgenden Strophen wiederum unterschiedlich variiert, exemplarisch etwa in dem Lied *An die Nachtigall* op. 46 Nr. 4 (Ludwig Hölty; 1868). Die Ausformung der Variation wird auch derart angelegt, daß ein Mittelteil entsteht, der zu einer variierten Wiederholung des Anfangs zurückleitet wie in dem Lied *Komm bald* op. 97 Nr. 5 (Klaus Groth; 1885). Im Spätwerk wird die strophische Anlage mehr und mehr durch ein ›Reprisen‹-Moment überformt, es begegnen sogar Lieder, deren Formanlage sich von der strophischen Konzeption völlig löst (z. B. das Lied nach Heinrich Heine *Der Tod, das ist die kühle Nacht* op. 96 Nr. 1; 1884). Indem die Strophenstruktur zurückgedrängt und die Klavierbegleitung motivisch ausgestaltet wird, gewinnt der Tonsatz eine ›Autonomie‹, die den Text als Bedeutungsträger fast entbehrlich erscheinen läßt (vgl. Chr. M. Schmidt in »Br.-Analysen«). Was Schumann als »Lieder, deren Poesie man, ohne die Worte zu kennen, verstehen würde«, apostrophiert hat, läßt sich unter Aspekt der Gattungskonvergenz als ›Lieder ohne Worte‹ mit Text beschreiben, eine Konzeption, die später Schönberg – auch theoretisch in seinem Essay »Das Verhältnis zum Text« – radikalisiert hat.

Die Kammermusik ist neben den Variationswerken für Klavier Br.' eigentliches Laboratorium. In ihr werden alle Verfahren, mit denen er traditionelles Komponieren verfeinert und verdichtet – »entwickelnde Variation«, Phrasenbildung gegen den Takt, Verkürzung der Reprise, Überblendung unterschiedlicher Formmodelle –, zuerst erprobt und entfaltet. Für sein systematisches Vorgehen ist, ähnlich wie bei Beethoven, die ›Doppelstrategie‹ charakteristisch, zwei Werke gleicher Besetzung, aber unterschiedlichen Charakters zu komponieren: zwei benachbarte *Klavierquartette* (*g-moll* op. 25, 1861; *A-dur* op. 26, 1861, denen 1873–74 ein drittes in *c-moll*, op. 60, folgt, dessen Entstehung allerdings bis in die fünfziger Jahre zurückreicht), zwei Streichsextette (*B-dur* op. 18, 1859–60; *G-dur* op. 36, 1864–65), zwei *Streichquartette* op. 51 (*c-moll* und *a-moll*, vollendet 1873, zu denen sich dann 1875 ein drittes, *B-dur*, als op. 67 hinzugesellt), zwei *Violoncellosonaten* (*e-moll* op. 38, 1862–65 und *F-dur* op. 99, 1886), zwei *Klarinettensonaten* op. 120 (*f-moll* und *Es-dur*, 1894). Das *Klavierquartett g-moll*, das Schönberg für Orchester gesetzt hat, ist insofern exemplarisch, als es viele Charakteristika seiner Instrumentalkompositionen in sich vereint: Bau des Themas aus Motivvarianten einschließlich der Umkehrung, Wandlungsfähigkeit der Thematik im Ausdruck, Steigerungsphasen durch kontrapunktische Verdichtung, freie Verfügung über die Form. Die *Streichquartette* op. 51 und op. 67 – Inbegriff der Vermittlung von thematischer Arbeit und Kontrapunkt – zeigen vielleicht am deutlichsten Br.' Bemühen um Verinnerlichung des Ausdrucks. Die Distanz zu ausladender Expressivität, die dann für das Spätwerk insgesamt gilt, hat ihren vielleicht überzeugendsten und ›schönsten‹ Niederschlag im *Klarinettenquintett h-moll* op. 115 (1891) gefunden, in dem Ausdruck nicht durch expressive Gesten bewerkstelligt wird, sondern, als Metapher, durch glückliche Fügung des Tonsatzes gelingt.

Die Konvergenz der Gattungen zeigt sich auch in den Klavierwerken, die bereits Schumann als »verschleierte Symphonien« charakterisiert hatte. Während die *Sonate fis-moll* op. 2 (1852) sich noch in einer an Schumanns Jean Paul-Verständnis erinnernden Phantastik bewegt (vgl. Briefe 5, 50), zeigt die später entstandene *Sonate C-dur* op. 1 (1852–53) durch stärkere Konzentration in Themenbildung und Formverlauf eine deutliche Orientierung an Beethoven. In der letzten, fünfsätzigen *Sonate f-moll* op. 5 (1853), deren Setzweise besonders stark den Klang des Orchesters evoziert, ist ein Höchstmaß an Expressivität im klavieristischen Satz erreicht, allerdings das Finalproblem eher durch den Gestus des Übertrumpfens als durch strukturelle Konzeption bewältigt. Nicht nur das Terrain der Sonatenkomposition hat Br. zunächst auf dem ihm eigenen Instrument erkundet, auch die konstruktiven Möglichkeiten derjenigen Form, die Br.' musikalisches Denken womöglich noch entscheidender geprägt hat, werden in den folgenden großen Klavierkompositionen ausgelotet: *Variationen über ein Thema von Robert Schumann* op. 9 (1854), *über ein eigenes Thema und über ein ungarisches Lied* op. 21 (1857ff., 1856), *über ein Thema von Händel* op. 24 (1861) und *über ein Thema von Paganini* op. 35 (1862–63). Hervorzuheben ist an diesen Variationen, daß sie – mit Ausnahme von op. 9 – nicht dem ›romantischen‹ Prinzip der Charaktervariation verpflichtet sind, das Motive des Themas zu je neuartigem Charakter und Verlauf verbindet, sondern daß sich Br. des älteren Variationsverfahrens besinnt, das den harmonischen Verlauf oder den Baß des Themas beibehält (vgl. Briefe 5, 150 und 168). In diesem Festhalten am älteren Formverständnis von Variation sind die späteren Passacaglien präfiguriert, am Schluß der *Haydn-Variationen* und vor allem im Finale der *Vierten Symphonie*. Nach mehreren Sammlungen von Genrestücken – alle durch ihre Beredsamkeit »verschleierte« Lieder ohne Worte – gipfelt das Klavierwerk in den hochbedeutenden *Klavierstücken* op. 116–119 (1892–93), deren avancierte Position sich u. a. in der Durchbrechung der Taktrhythmik zeigt. Sie bilden im Sinne eines Spätwerks die Summa Br.schen Komponierens. An ihrer »Systematik des Satzbildes« (Schönberg) und konzisen Dichte knüpfen die ›kurzen Stücke‹ der Wiener Schule nach der Jahrhundertwende an.

Der Zugang zur symphonischen Musik, die sich von ihrem Gattungsanspruch her nicht nur an die Gebildeten, sondern tendenziell an die ›Menschheit‹ richtet, bereitete Br. Schwierigkeiten. Die beiden *Serenaden* für Orchester (*D-dur* op. 11, 1857–58; *A-dur* op. 16, 1858–59) halten sich bewußt von der Gattung Symphonie fern, und das *Erste Klavierkonzert d-moll* op. 15 (1854, 1856–57), das in verschiedenen Phasen seiner Entstehung Symphonie, Klavierquintett oder ein Werk für zwei Klaviere werden sollte, macht deutlich, daß Br. zu dieser Zeit noch nach einer instrumentenspezifische Erfindung suchte. Sie erschließt sich ihm durch den ›Umweg‹ über die großen Werke für Soli, Chor und Orchester der sechziger Jahre: Das *Deutsche Requiem*, dessen Uraufführung Br.' erster ›durchschlagender‹ Erfolg war, vermittelt – gerade auch wieder in seiner hymnischen Färbung aus Bachkontrapunkt mit orchestralem Goldrand – etwas von dem Appellcharakter, dessen es zu großer symphonischer Musik bedarf. Mit den *Variationen über ein Thema von Joseph Haydn* op. 56a (1873) ist der Bann gebrochen, nachdem die Arbeit an der *Ersten Symphonie c-moll* op. 68 (1862–1876, 1877) ebenso viele Jahre in Anspruch genommen hatte wie die Entstehung der übrigen, unmittelbar anschließenden Orchesterwerke zusammen. Unverkennbar greift die *Erste Symphonie* auf die Ausdruckskonstellation von Beethovens »Fünfter Symphonie c-moll« zurück, doch wird die vom tragischen c-moll-Ton gefärbte Konfliktsituation anders gelöst. Wohl wird auch hier im Finale wie bei Beethoven die Aufhellung nach Dur herbeigeführt, aber nicht durch eine Marschintonation, sondern durch Einblendung eines wie von außen hereinklingenden ›Alphornthemas‹ – ein Natursurrogat, das die warme Violinkantilene auf der G-Saite als Antwort und schließlich den – vom Anfang zitierten – Schlußchoral geradezu herausfordert. Die Widersprüche der Geschichte scheinen durch das Erlebnis der Natur im erhabenen Schauder religiöser Empfindung versöhnt (Brinkmann, 19–23). In der *Zweiten Symphonie D-dur* op. 73 (1877), die schon zu Lebzeiten des Komponisten zur ›Pastoralen‹ verkürzt wurde, sind die auffahrenden Gesten und scharfen Kanten zwar gemildert, aber die Idylle bleibt unter der Oberfläche gefährdet (vgl. Brinkmann, insbesondere 77ff. und 117ff.). In den Kreis der Symphonien fügen sich weitere Konzerte: das *Violinkonzert D-dur* op. 77 (1878), das viersätzige *Zweite Klavierkonzert B-dur* op. 83 (1881) und das *Doppelkonzert für Violine und Violoncello a-moll* op. 102 (1887); in ihnen entwickelt Br. Beethovens symphonischen Konzerttyp weiter, in dem die motivische Balance zwischen Solopart und Orchestersatz gegenüber publikumswirksamer Virtuosität Vorrang genießt. Mit der Rücknahme des Appellcharakters in der Orchestermusik scheint Br. ein Kind der Generation nach der gescheiterten Revolution von 1848, doch schlägt sich in seinem Werk zunehmend die Skepsis eines Unpolitischen nieder. Die *Dritte Symphonie F-dur* op. 90 (1883) blickt auf ihre beiden Vorgänger gleichermaßen zurück, indem sie den heroischen Gestus der *Ersten* zwar erinnernd aufgreift, diesen aber im Finale nach beginnendem f-moll zu gleichsam unverbindlicher Schönheit »in Wölkchen verflüchtigt« (Clara Schumann). Unerbittlichkeit ist der vorherrschende Zug der *Vierten Symphonie e-moll* op. 98 (1884–85). Alles, was sich in ihr an Vitalität regt – von der schwärmerischen Cellokantilene im ersten Satz bis zum Freiluft-Geklingel des Triangels im dritten –, scheint von außen in die Symphonie hereinzuklingen. Zuletzt werden die uneigentlichen Ausdruckscharaktere in die rigorose Passacaglia eingespannt. In diesem Finale blendet Br. Variations- und Sonatensatz ineinander, wie er umgekehrt im Kopfsatz die Dynamik der Sonatensatzform einer variationsähnlichen Anlage aufopfert, deren kaleidoskopischer Schein durch äußerste Verdichtung der thematischen Struktur zusammengespannt ist. Wie in manch anderer Komposition des Spätwerks verleiht Br., indem er Formfunktion und Charakter der Themen zueinander querstellt, den prinzipiell akzeptierten Formmodellen der Tradition einen je individuellen Gehalt.

Das durch Schumann vermittelte Bewußtsein, in einer Krisensituation der Musik zu stehen, hat Br. zeitlebens nicht verlassen. Dem ästhetischen Wechsel der Zeitläufte setzte er, wie sein Schüler Alexander Jenner bezeugt, das Ideal einer »dauerhaften Musik« entgegen. Er, der sich sehr für die Geschichte der Musik interessierte, glaubte die Musik letzten Endes der Geschichte enthoben. Aber die »Wahrheit der Kunst«, die Schumann beschworen hatte, bewährte sich in seinem Œuvre an der Art, wie er am Hergebrachten festhielt und der Hoffnung entsagte, die Kunst vermöchte etwas über die Welt. Br. hat nicht nur in kompositionstechnischem Sinne der Moderne vorgearbeitet. Je älter er wurde, umso bewußter mied er traditionelle Gesten musikalischer Expressivität, die ihm durch Veräußerlichung kompromittiert schienen, oder nahm sie im Kontext des Komponierten so zurück, als seien sie nur zitiert. So bewegt sich das Spätwerk zwischen den Ausdrucksdimensionen Uneigentlichkeit und Askese. Br., im Alter von Trauer und Resignation gezeichnet, ist gleichsam wider Willen modern geworden.

Noten: Sämtliche Werke, 26 Bde., hrsg. von H. Gál und E. Mandyczewski, Lpz. 1926–28; Repr. Ann Arbor 1949; Wiesbaden 1964 [mit Supplementbd.]. Neue Ausgabe sämtlicher Werke, Mn. 1996 ff.
Dokumente: Briefwechsel, 16 Bde., Bln. 1906 ff.; Repr. Tutzing 1974 [darin besonders Bd. 1 und 2 mit H. und E. von Herzogenberg, Bd. 4 mit J. O. Grimm, Bd. 5 und 6 mit J. Joachim, Bd. 9–11 mit P. J. und Fr. Simrock]. Briefwechsel. Neue Folge, Tutzing 1991 ff. Cl. Schumann – J. Br. Briefe aus den Jahren 1853–1896, hrsg. von B. Litzmann, Lpz. 1927.
Werkverzeichnis: McCorkle, M. L.: J. Br. Thematisch-Bibliographisches WV, Mn. 1984.
Bibliographie: Br.-Bibl., hrsg. von S. Kross, Tutzing 1983. Quigley, Th.: J. Br. An Annotated Bibl. of the Literature from 1982 to 1996, Lanham (Maryland) und Ldn. 1998.
Periodica: Br.-Studien, Hbg. 1974 ff.

Literatur: Kalbeck, M.: J. Br., Bln. 1904ff.; Reprint Tutzing 1976. Geiringer, K.: J. Br., Wien 1935; erw. Zürich 1955; engl. N. Y. 1947. Schönberg, A.: Br. the Progressive *in* Style and Idea, N. Y. 1959, 52–101; dt. *in* Stil und Gedanke, Aufsätze zur Musik, hrsg. von I. Vojtěch, Ffm. 1976, 35–71. Webster, J.: Schubert's Sonata Form and Br.'s First Maturity *in* Nineteenth Century Music 2 (1978–79), 18–35, und 3 (1979–80), 52–71. Schmidt, Chr.M.: J. Br. und seine Zeit, Laaber (^{1}1983) ^{2}1998 [mit WV und Bibl.]. Ders.: Br. Symphonien, Mn. 1999. Br.-Analysen, hrsg. von Fr. Krummacher und W. Steinbeck, Kassel 1984. Gülke, P.: Br. Bruckner, Kassel 1989. Brinkmann, R.: J. Br. Die Zweite Symphonie, Mn. 1990 (MK 70). Frisch, W.: Br. and the Principle of Developing Variation, Berkeley 1990. Ders.: Br. The Four Symphonies, N. Y. 1996. Struck, M.: Dialog über die Variation *in* Fs. C. Floros, hrsg. von P. Petersen, Wiesbaden 1990. Weber, H.: Melancholia. Versuch über Br.' Vierte *in* Fs. R. Stephan, hrsg. von J. Kuckertz u. a., Laaber 1990, 281–295. Br. als Liederkomponist, hrsg. von P. Jost, Stg. 1992. Kross, S.: J. Br. Versuch einer kritischen Dokumentar-Biogr., 2 Bde., Bonn 1997. Petersen, P.: Rhythmische Komplexität in der Instrumentalmusik von J. Br. *in* Kgr.-Ber. Br., Hbg. 1997, 143–158. Schubert, G.: J. Br. – die Sinfonien, Mainz 1998. Schmidt, M.: J. Br. Ein Versuch über die musikalische Selbstreflexion, Wilhelmshaven 2000. Pascall, R.: Br. Underway to the Adagio of His Clarinet Quintet *in* Fs. Fr. Krummacher, hrsg. von B. Sponheuer, Kassel 2001. Schmidt, Chr. M. und Steinbeck, W.: Br./Bruckner, Kassel und Stg. 2002 [mit VW und Bibl.].

Horst Weber

Britten, (Edward) Benjamin

Geb. 22. 11. 1913 in Lowestoft (England); gest. 4. 12. 1976 in Aldeburgh

Br. gilt als bedeutendster britischer Komponist der Mitte des 20. Jahrhunderts, auf dem Gebiet der Oper auch international als einer der erfolgreichsten. Im Mißverhältnis zu diesem, direkt nach dem Zweiten Weltkrieg mit der Oper *Peter Grimes* einsetzenden Ruhm wird ihm im kontinentalen Europa in der Regel kaum eine andere als eben regionale oder rein operngeschichtliche Rolle zugesprochen, sein Œuvre insgesamt einer sogenannten ›gemäßigten Moderne‹ zugeordnet. Tatsächlich ist Br.s Musik am avancierten Materialstand seiner Zeit gemessen als konservativ zu bezeichnen. Nur etwas mehr als zehn Jahre älter als z. B. Boulez und sogar ein Jahr jünger als Cage, konzipiert Br. seine Musik im Prinzip tonal und orientiert sich durchaus an den Rezeptionserwartungen und -möglichkeiten eines breiten Publikums. Die mitunter als eklektisch bezeichnete kompositorische Haltung Br.s hat jedoch seine Gründe auch in der besonderen musikgeschichtlichen Situation Großbritanniens, die seinem Komponieren andere Voraussetzungen bot als auf dem (zentral-)europäischen Festland oder selbst in den USA.

Als der früh begabte Br., nach Privatunterricht bei Frank Bridge und Kompositionsstudium am Royal College of Music in London, ab 1932 die kompositorische Bühne betrat, war die britische Musikszene dominiert von der ›pastoral tradition‹. Br.s erste aufgeführte Werke zeigen deutlich den Versuch, diese Tradition sowohl zu erweitern als ihr nachzueifern, d. h. einerseits Elemente der kontinentaleuropäischen Avantgarden aufzunehmen und andererseits deren radikale Außenseite zu mildern. So wird z. B. in der *Sinfonietta* op. 1 (1932), die sich in vielerlei Hinsicht an Schönbergs »Kammersymphonie« op. 9 anlehnt, das bekannte, aus einer aufsteigenden Quartenfolge gebaute Hornthema des Vorbilds in einer pentatonischen Fanfare nachgebildet.

Mitte der dreißiger Jahre machte Br. die Bekanntschaft des Dichters Wystan Hugh Auden, der ihn intellektuell und politisch sensibilisierte und ihm Texte zu einigen Vokalkompositionen wie *Our Hunting Fathers* op. 8 (1936) oder die auf den Spanischen Bürgerkrieg bezogene *Ballad of Heroes* op. 14 (1939) lieferte. Auden bewegte Br. 1939 auch dazu, in die USA zu gehen, wo beide die – nach der Uraufführung vom Komponisten zurückgezogene, später überarbeitete – Oper *Paul Bunyan* (New York 1941; rev. Aldeburgh 1974) schrieben. Wichtig für Br. wurde auch die Begegnung mit seinem späteren Lebensgefährten, dem Tenor Peter Pears, dessen besondere stimmlichen Möglichkeiten er in zahlreichen Vokalwerken wie *Seven Sonnets of Michelangelo* für Tenor und Klavier op. 22 (1940) oder *The Holy Sonnets of John Donne* für hohe Stimme und Klavier op. 35 (1945) sowie in tragenden Rollen der folgenden Opern ausnutzte.

1942 kehrte Br. nach England zurück und bemühte sich – vermutlich auch angeregt durch Coplands ›amerikanischen Stil‹ – um eine populäre, diatonisch geprägte Schreibweise. Die Oper *Peter Grimes* op. 33 (Montagu Slater nach einem Gedicht George Crabbes; London 1945) wurde denn zu einem für die englische Operngeschichte beispiellosen Erfolg. Br.s Bühnenwerke seit *Peter Grimes* beruhen größtenteils auf literarischen Vorlagen und behandeln häufig Schicksale gesellschaftlicher Außenseiter: so z. B. – lediglich Männerstimmen verwendend – *Billy Budd* op. 50 (Edward Morgan Forster und Eric Croizier nach Herman Melville; London 1951; rev. London 1960) oder *Death in Venice* op. 88 (Myfanwy Piper nach Thomas Mann; Aldeburgh 1973). Die Opern sind meistens durchkomponiert, das Grundgerüst einer in Rezitative, Arien, Ensembles und Chöre gegliederten Struktur ist jedoch in der Regel erkennbar; motivische Bezüge und instrumentale Zwischenspiele unterstreichen und kommentieren den Handlungsverlauf. Am überzeugendsten gelingt diese Gestaltung wohl in der Kammeroper *The Turn of the Screw* op. 54 (Myfanwy Piper nach Henry James; Venedig 1954): Nach einem rezitativischen Prolog leitet ein auf einer tonal gewendeten Zwölftonreihe beruhendes Instrumentalthema die erste Szene ein, Variationen darüber werden den folgenden Szenen vorangestellt. Auf diese Weise wird jeder einzelne Handlungsabschnitt charakterisiert und der dramatische Ablauf insgesamt in einen musikalischen Formzusammenhang eingebettet. In seinen Kirchenparabeln, vor allem in *Curlew River* op. 71 (Wiliam Plomer nach Juro Motomasa; Oxford 1964), bezieht Britten auch Elemente des japanischen Nō-Theaters und orientalischer Heterophonie mit ein.

Br.s bekanntestes Werk, neben *Peter Grimes*, ist jedoch keine Bühnenkomposition, sondern das zur Feier des Wiederaufbaus der im Zweiten Weltkrieg zerstörten Kathedrale von Coventry in Auftrag gegebene und die pazifistische Überzeugung des Komponisten repräsentativ nach außen tragende *War Requiem* op. 66 (1962). Br. interpoliert hier Gedichte des im Ersten Weltkrieg getöteten Wilfred Owens in den Text der Missa pro defunctis und ordnet den beiden Textschichten und deren Bezügen untereinander verschiedene Motivzellen und Klanggruppen zu. Das subtil gearbeitete Stück verzichtet dabei nicht auf plakative Wirkungen.

Zahlreiche Kompositionen Br.s entstanden mit Blick auf bestimmte, seit 1948 insbesondere beim von Br. und Pears ins Leben gerufenen Aldeburgh Festival mitwirkende Interpreten oder konkrete Anlässe. So komponierte Br. u. a. für den Cellisten Mstislav Rostropovitch die *Symphony for Cello and Orchestra* op. 68 (1963), für den Gitarristen Julian Bream das *Nocturnal after John Dowland* op. 70 (1963), für den Bariton Dietrich Fischer-Dieskau den Zyklus *Songs and Proverbs of William Blake* op. 74 (1965) und für die Mezzosopranistin Janet Baker die Kantate *Phaedra* op. 93 (1975). Das *Festival Te Deum* op. 32 (1944) entstand für die Jubiläumsfeier einer Kirche in Swindon, die Oper *Gloriana* op. 53 (William Plomer nach Lytton Strachey; London 1953) verdankt sich einem Auftrag zur Krönungsfeier von Elizabeth II. In einem all diese Gelegenheiten zusammenfassenden Sinne bezeichnete Br. sich selbst als Komponist von »occasional music« (*On Receiving*, 11).

Noten: Boosey & Hawkes (Ldn.) op. 1–69; Faber Music (Ldn.) op. 70–95.

Dokumente: On Receiving the First Aspen Award, Ldn. 1964, ²1978. The Wonderful World of Music, Garden City (N.Y.) 1968; dt. Freiburg i. Br. 1969. Letters From a Life. The Selected Letters and Diaries of B. Br., hrsg. von D. Mitchell, 2 Bde., Ldn. 1991. B. Br. Pictures From a Life, hrsg. von DEMS. und J. Evans, Ldn. 1978.

Werkverzeichnis: A Br. Source Book, hrsg. von J. Evans u. a., Aldeburgh 1987 [WV und Bibl.]. B. Br. A Catalogue of the Published Works, hrsg. von P. Banks, Aldeburgh 1999.

Bibliographie: Craggs, S.R.: B. Br. A Bio-Bibliography, Westpoint und Ldn. 2002. Hodgson, H.J.: B. Br. A Guide to Research, N.Y. 1996.

Literatur: Evans, P.: The Music of B. Br., Ldn. 1979, ²1989. Kennedy, M.: Br., Ldn. 1981. The Br. Companion, hrsg. von Chr. Palmer, Ldn. 1984. Carpenter, H.: B. Br. A Biography, Ldn. 1992. Oliver, M.: B. Br., Ldn. 1996. The Cambridge Companion to B. Br., hrsg. von M. Cooke, Cambridge 1999. Kennedy, M.: Br., Oxford 2001. Rupprecht, Ph.: Br.'s Musical Language, Cambridge 2001.

Thomas Ahrend

Brown, Earle

Geb. 26. 12. 1926 in Lunenburg (Massachusetts); gest. 2. 7. 2002 in Rye (New York)

Von den Vertretern und Anhängern der europäischen Avantgarde der fünfziger Jahre wurden seine graphischen Partituren und sein Konzept der ›offenen Form‹ begeistert aufgenommen; einige sahen die autoritäre Position von Komponist und Dirigent für alle Zeiten über Bord geworfen, rechneten seine Werke zur »Music Before Revolution« – so der Titel einer von Heinz-Klaus Metzger angeregten Plattenveröffentlichung u. a. mit Br.s *Folio* (1952–53). Doch Br. selbst zielte mit seinen offenen Formen und ›Klangobjekten‹ nicht auf absolute Befreiung, sondern, angeregt durch die Bildende Kunst und auch durch den Jazz, auf spontanes Reagieren und Interagieren der Musiker. Seit Anfang der fünfziger Jahre gehörte Br. in New York mit Cage, Feldman, Wolff und dem Pianisten David Tudor zu einem Kreis gleichgesinnter avantgardistischer Komponisten, der eine Art musikalisches Pendant zur New York School in der Malerei bildete und in den fünfziger Jahren von großem Einfluß auf die europäische Avantgarde war. Gingen sie auch z. T. von grundsätzlich verschiedenen ästhetischen Voraussetzungen aus, waren sie sich doch darin einig, »den Klebstoff (zwischen den Tönen) fahren zu lassen, auf daß die Töne sie selber sein möchten« (Cage, 271).

Schon während seiner Studienzeit in Boston hatte Br. die Gemälde von Jackson Pollock (die ihn an musikalische Polyphonie erinnern) und die Mobiles Alexander Calders kennengelernt, die seinen kompositorischen Weg stark beeinflußten: Auf die Beschäftigung mit Calder beruft sich Br. mit seiner Idee einer sich im Raum bewegenden Musik, die bei aller Veränderung mit sich selbst identisch bleibt, das ›action painting‹ Pollocks stand bei der Konzeption eines spontanen Schaffensaktes Pate.

In den 1952–53 entstandenen sieben Kompositionen, die unter dem Sammeltitel *Folio* erschienen, versuchte er teils mit der traditionellen Notation (ohne Fixierung der Tondauern), teils mit rein graphischen Mitteln eine sich frei im Raum bewegende Musik zu realisieren, bei der die Interpreten kreativ in die Gestaltung miteinbezogen werden. Trotz hoher Abstraktion ist dies keine musikalische Graphik, sondern graphisch notierte Musik, die auf das kreative Musizieren rechnet; während aber Feldman in seinen graphisch aufgezeichneten *Projections* (1950–51) die Interpreten Klänge innerhalb vorgegebener Parameter auswählen ließ, überantwortete Br. ihnen die Definition der Parameter selbst.

Angeregt durch Kontakte zu Mark Rothko, Pollock und anderen bildenden Künstlern während seiner New Yorker Zeit, entwickelte Br. sein Konzept der ›offenen Form‹, das während der fünfziger Jahre die europäischen Komponisten entscheidend beeinflußte. In den *Twenty-five-Pages* für 1 bis 25 Klaviere (1953) sind nur die Tonhöhen genau fixiert, die Tondauern sind ungefähr in sogenannter »time notation« (Zeitsymbolschrift) aufgezeichnet; die Anordnung der Seiten und damit die Form des Stückes bleibt der Entscheidung des Interpreten überlassen. *Available Forms I* (1961) ist das erste Orchesterwerk in offener Form, bei dem der Dirigent über sechs Partiturseiten verfügen kann, auf denen jeweils vier bis fünf musikalische Einheiten (›events‹) notiert sind. In späteren Kammermusikwerken, etwa *Corroboree* für drei oder zwei Klaviere (1964) und dem *Streichquartett* (1965), ist umgekehrt die Gestaltung der Binnenstruktur den Interpreten überlassen, während der formale Ablauf vom Komponisten festgelegt ist. Das von Calder eigens geschaffene Mobile »Chef d'Orchestre« ist in *Calder Piece* für vier Schlaginstrumente und Mobile (1963–66) gleichzeitig Instrument, musikalischer Koordinator und Partiturelement.

Als eine Besinnung auf den eigenen Standort ist *Event Synergie II* (1967–68) für zwei Dirigenten und Kammerorchester in zwei Gruppen zu verstehen. Gegenüber *Synergie* aus *Folio* hat Br. das Klangmaterial fast gänzlich in »proportionaler Notenschrift« selbst festgelegt und den Dirigenten eine erhöhte Kontrolle über die Spieler zugewiesen. Spätere Werke wie *Centering* für Violine und Kammerorchester (1972) sind überwiegend auskomponiert und nur durch einzelne Abschnitte in offener Form unterbrochen. Bis zuletzt aber bekannte sich Br. zu einem »größeren Kommunikationsdruck und einer größeren Kommunikationsdichte«, die durch Spontaneität und mobile Elemente erzeugt werden. »Ich lege Wert darauf, daß jede ›endgültige Form‹, die notwendigerweise aus jeder Darbietung hervorgeht, ein Abenteuer des Zusammenspiels aller Komponenten ist, und daß das Werk und die Bedingungen persönlicher Anteilnahme, die sich darin stellen, ein ›lebendiges‹ Zeugnis möglichen Engagements bleiben« (Einleitung zu *Event*).

Noten: Associated Music Publishers (N. Y.); Schott (Mainz); Universal Edition (Wien).

Dokumente: Notation und Ausführung Neuer Musik *in* Notation Neuer Musik, hrsg. von C. DAHLHAUS, Mainz 1965 (Darmstädter Beitrage zur Neuen Musik 9), 64–86. E. BR. (Selbstporträt) *in* D. und B. ROSENBERG: The Music Makers, N. Y. 1979, 79–91.

Literatur: CAGE. J.: Zur Geschichte der experimentellen Musik in den Vereinigten Staaten *in* Amerikanische Musik seit Charles Ives, hrsg. von H. DANUSER u. a., Laaber 1987, 267–274. QUIST, P.L.: Indeterminate Form in the Works of E. Br., Diss. Peabody Conservatory of Music, Baltimore (ML) 1984. BRYAN DENTON, D.: The Composition as Aesthetic Polemic. December 1952 by E. Br., Diss. University of Iowa 1992. HOLZ-

APFEL, J.: David Tudor and the Performance of American Experimental Music 1950–1959, Diss., City of N. Y. 1994. MÜLLER, H.-CHR.: Zur Theorie und Praxis indeterminierter Musik. Aufführungspraxis zwischen Experiment und Improvisation, Kassel 1994 (Kölner Beiträge zur Musikforschung 179). JOSEK, S.: The New York School. E. BR., J. Cage, M. Feldman, Chr. Wolff, Saarbrücken 1998.

Hartmut Möller

Bruch, Max
Geb. 6. 1. 1838 in Köln;
gest. 2. 10. 1920 in Berlin-Friedenau

Das *Erste Violinkonzert g-moll* op. 26 (1868), ein Paradestück der Virtuosen, sowie weitere Violinmusik oder *Kol nidrei. Adagio nach hebräischen Melodien* op. 47 für Violoncello und Orchester (1881) sind bis heute häufig gespielte Werke, aber keineswegs repräsentativ für den Komponisten. In seiner Zeit war Br. vor allem als Schöpfer dramatischer Vokalwerke für den Konzertsaal berühmt. Gemeinsam mit Brahms hat er das Programm der großen Chorvereine revolutioniert. 1864 gelang ihm mit den *Szenen aus der Frithjof-Sage* op. 23 für Sopran, Bariton, Männerchor und Orchester der Durchbruch, 1872 brachte er mit noch größerem Erfolg das Oratorium *Odysseus. Szenen aus der Odyssee* op. 41 heraus, das als ein Hauptwerk gilt.

Der *Odysseus* besteht aus zehn locker aneinander gereihten Szenen nach Homers Epos, die in nach musikalischen Gesichtspunkten disponierte Formen eingebunden sind, obgleich das Sujet durchaus Möglichkeiten zu einer dramatisch-inhaltlichen Konzeption geboten hätte. Selbst in der Gestaltung dramatischer Höhepunkte bleibt die Musik stets in geregelten Bahnen eines gemäßigten Ausdrucks. Eine genaue musikalische Ausdeutung einzelner Worte und Sätze wird zugunsten eines breiter durchgehaltenen Grundaffekts vermieden. Dabei werden vor allem die Chorpartien vielfältig aufgeteilt, aber ohne komplizierte Kontrapunktik zu wirkungsvollen Klangbildern ausgestaltet, die von einer reichen Instrumentation getragen werden.

Das antike Sujet und seine musikalische Gestaltung korrespondierte mit Br.s klassizistischer Kunstanschauung, die in scharfem und von Br. polemisch zugespitzten Kontrast zur modernen Kunst Liszts und Wagners stand. Als Br. den *Odysseus* komponierte, war ein großer Teil von Wagners

»Ring des Nibelungen« schon bekannt, die Gesamtkonzeption klar erkennbar. Es ist davon auszugehen, daß Br.s Oratorien mit ihrem heroischen Stil auch als Gegenentwurf zu Wagner zu verstehen sind. Es folgen auf den *Odysseus* weitere weltliche Oratorien wie *Arminius* (1877), *Das Lied von der Glocke* (1879), *Achilleus* (1885), *Das Feuerkreuz* (1889), *Leonidas* (1894), *Gustav Adolf* (1898), dazwischen der geistliche *Moses* (1895) sowie zahlreiche Chöre und Kantaten.

Nur drei dramatische Bühnenwerke hat Br. komponiert, in erster Linie ist die große romantische Oper *Die Loreley* (Mannheim 1863) zu nennen. Daß Br. als Opernkomponist nicht erfolgreich war und aufgab, wird allgemein einem mangelnden Sinn für bühnenwirksame Dramatik zugeschrieben. Wie die Oratorien ist auch die *Loreley* ein schöner und reicher Bilderbogen ohne zwingenden dramaturgischen Bogen. Nur durch Pfitzners leidenschaftliches Eintreten hat sie eine bescheidene Resonanz erfahren. Unstreitig ist sie ein wichtiges Dokument der musikalischen Rheinromantik des 19. Jahrhunderts und Reverenz des Komponisten an seine Heimat.

Nach langem Wanderleben, darunter einige Jahre als Leiter der Philharmonic Society in Liverpool – in Großbritannien schätzt man Br. bis heute besonders –, fand Br. 1891 in Berlin eine seiner inzwischen errungenen Reputation entsprechende Stellung als Professor für Komposition. Dies entsprach auch der Zugehörigkeit seines Schaffens zur Berliner akademischen Schule.

Literatur: M.-Br.-Studien, hrsg. von D. KÄMPER, Köln 1970. FELLERER, K. G.: M. Br. 1838–1920, Köln 1974. SCHWARZER, M.: Die Oratorien von M. Br. Eine Quellenstudie, Kassel 1988. FIFIELD, CHR.: M. Br., Ldn. 1988; dt. Zürich 1990. KÄMPER, D.: M. Br. Aufgaben und Ziele der Forschung *in* Musikalische Regionalforschung heute, hrsg. von N. JERS, Kassel 2002, 122–128.

Helmut Loos

Bruckner, Anton

Geb. am 4. 9. 1824 in Ansfelden (Oberösterreich); gest. am 11. 10. 1896 in Wien

Wenn man denn von der Peripetie eines Lebens sprechen kann, dann bei A. Br. Sie datiert auf das Jahr 1868, in dem der 44-jährige aus dem bäuerlich-kleinbürgerlichen Umfeld der oberösterreichischen Provinz in die ihm fremde Welt der Metropole Wien übersiedelte, um am Konservatorium der Gesellschaft der Musikfreunde als Nachfolger seines Lehrers Simon Sechter eine Professur für Harmonielehre, Kontrapunkt und Orgelspiel anzutreten, und sie markiert Br.s Entwicklung zum Symphoniker: In Wien entstanden, von dem ›Präludium‹ der *Ersten* abgesehen, alle seine Symphonien. Er ist wohl der erste Komponist, der sich so ausschließlich der Symphonik widmete. Deren auftrumpfender, monumentaler Gestus steht dabei in einem seltsamen Kontrast zum devoten Verhalten und hinterwäldlerischen Erscheinungsbild des Komponisten und überdeckt die demütigenden künstlerischen Erfahrungen in Wien.

Br. war als Komponist ein Spätberufener, seine Selbstfindung verlief seltsam retardiert und war begleitet von einem intensiven und skrupulös betriebenen musikhandwerklichen Lernprozeß. Zunächst strebte er den Lehrerberuf an. Als Lehrer in St. Florian (1845–1855) machte er aber zunehmend als »supplierender Organist« an der Stiftsorgel von sich reden; seine Improvisationen erregten Aufsehen. Berufsmusiker im eigentlichen Sinne wurde er erst mit seiner Anstellung als Domorganist in Linz (1855–1868). Seine musikalische Lehrzeit aber ging weiter: Dem ›Fernstudium‹ in Harmonielehre und Kontrapunkt bei dem Wiener Musiktheoretiker Sechter (1855–1861) folgte ein zweijähriger Kompositionsunterricht bei dem Linzer Theaterkapellmeister Otto Kitzler (1861–1863). Mit Zähigkeit arbeitete er weiter an seiner künstlerischen Vervollkommnung und an seinem sozialen Aufstieg – beides war ihm ein und dasselbe.

Was Br. bis zu diesem Zeitpunkt komponiert hat, hebt sich kaum über das Niveau anderer halb dilettierender Komponisten hinaus. Seine frühen Messen, Requien, Motetten und weltlichen Chorwerke zeigen zwar zunehmend durch intensives Studium erworbenes handwerkliches Können, stilistisch stehen sie aber kaum auf der Höhe ihrer Zeit. Vor allem die Klavierstücke und Lieder wirken recht epigonal und noch wenig inspiriert. Als Komponist von Chorwerken konnte er sich stärker verwirklichen: Der *Germanenzug* für Männerchor und Blechbläser (1863–64), uraufgeführt beim Oberösterreichisch-Salzburgischen Sängerbundfest durch die Linzer Liedertafel »Frohsinn«, deren langjähriger Chorleiter Br. war, wurde sein erstes gedrucktes Werk.

Das ›Erlebnis Richard Wagner‹ entzündete in Br. wohl den inspiratorischen Funken für die erste vollgültige Komposition: die 1864 entstandene *Messe d-moll*. Ihr folgten nicht viel später die *Messen e-moll* (1866) und *f-moll* (1867–88). Die Orchestermessen in *d-* und *f-moll* zeigen zwar noch den Einfluß der Kirchenmusiktradition der Wiener Klassik, echt brucknerisch aber ist die farbige Harmonik, die aus Klangrückungen ihre mystischen und erhabenen Wirkungen bezieht, der blockhafte Wechsel von Klang, Bewegungsart und Lautstärke und das schmetternde Blech in den Partien, die – vergleichbar der Pracht des hochbarocken Stifts St. Florian – von der Glorie Gottes künden. Einen anderen stilistischen Hintergrund hat die *Messe e-moll* für achtstimmigen gemischten Chor und Bläser, wohl die bedeutendste der drei. In ihr gelingt Br. in einmaliger Weise die Vermittlung eines polyphonen, dem Stimmstrom des Palestrina-Stils verpflichteten Satzes mit der Harmonik der Hochromantik.

Zwischen den Meßkompositionen entstand, beflügelt durch den Erfolg der *Messe d-moll*, in einem überraschenden Geniestreich des bereits 42-jährigen die *Symphonie Nr. 1 c-moll* (1865–66). Der Abstand zu dem stilistisch noch unbeholfenen symphonischen Versuch, der so genannten *Studiensymphonie f-moll* (1863), die als ›Gesellenstück‹ zum Abschluß der Studien bei Kitzler entstand, ist verblüffend. Der entscheidende Fortschritt vollzieht sich in der Ausbildung einer individuellen, prägnanten Thematik und in einer sicheren Beherrschung der formalen Proportion. – Nach diesem Kraftakt fiel Br. in eine psychische Krise und mußte sich einer dreimonatigen Behandlung in der Kaltwasserheilanstalt Bad Kreuzen (1867) unterziehen. Der damals zu Tage tretende Zählzwang ließ ihn nie mehr ganz los.

Erst in Wien fand Br. zu dem für ihn typischen monumentalen symphonischen Stil. Es fiel ihm zunächst schwer, an die Höhe der *Ersten Symphonie* anzuknüpfen. Die 1869 entstandene ›Annullierte‹ *Symphonie d-moll* (früher wurde sie als sogenannte »Nullte Symphonie« auf 1863–64 datiert), wurde von Br. nicht in den Kanon der gültigen Symphonien aufgenommen – sie ist stilistisch und qualitativ heterogen, wirkt in sich noch nicht stimmig. Seine Triumphe als Orgelimprovisator in Paris (1869) und vor allem London (1871) lösten wohl den zweiten symphonischen Schub aus: Von 1871 bis 1876 entstanden in einem wahren Schaffensrausch die Symphonien *Nr. 2 c-moll* (1871–72), *Nr. 3 d-moll* (1872–73), *Nr. 4 Es-dur* (»Romantische«; 1874), und *Nr. 5 B-dur* (1875–76). Mit der *Zweiten* zeigt sich Br.s Stil voll entwickelt. Die Sätze wirken in ihrem Umfang noch knapper, dafür zeichnet sich die *Zweite*, trotz der Generalpausen, durch einen flüssigen Schreibstil und formale Eleganz aus. In den folgenden drei Werken wird dieses symphonische Modell weiterentwickelt: Die Dimensionen weiten sich und jede Symphonie erhält nun ihren unverwechselbar charakteristischen ›Ton‹. So huldigt die Wagner »in tiefster Ehrfurcht« gewidmete *Dritte* dem Bayreuther Meister mit Zitaten aus dessen Werk. Die populäre *Vierte* ist nach den beiden c-moll- und d-moll-Werken Br.s erste Symphonie in einer Dur-Tonart; die Waldhornrufe des Anfangs stimmen auf den idyllisch-naturhaften Charakter dieses Werks ein. Die monumentale *Fünfte* dagegen, die Br. sein »kontrapunktisches Meisterstück« genannt hat, entfaltet mit ihren Chorälen und Fugati eine religiös-feierliche Aura.

Das Jahr 1876 brachte einen weiteren Einschnitt, eine erneute Schaffenspause, in der sich Br. der Revision der bisherigen Werke zuwandte – eine folgenschwere Entscheidung, denn sie führte zu dem für sein Œuvre so typischen Problem der Fassungen. Er untersuchte nach und nach alle seine bisherigen gültigen Werke auf theoretische Korrektheit. Akribisch analysierte er vor allem die Metrik (mittels Ziffern unterhalb der Partitur) und revidierte Proportionen und Schwerpunkte gemäß der Theorie einer regulären ›quadratischen‹ Metrik (vgl. Grandjean). Daraus entstanden die zweiten Fassungen der *Zweiten* (bis 1877), *Dritten* (bis 1877) und *Vierten Symphonie* (bis 1880); bei der Umarbeitung der *Fünften* (bis 1878) kam es nicht zu einer eigenen »Fassung«, weil keine neue Partitur angefertigt wurde. Diese, vordergründig gesehen, theoretisch motivierte Maßnahme, die man vielleicht in den Zusammenhang mit Br.s neuen akademischen Würden stellen kann – er wurde 1875 Lektor für Harmonielehre und Kontrapunkt an der Universität Wien –, hat jedoch zutiefst mit seiner Kunst zu tun: Das Prinzip der Reihung von blockhaft-abgegrenzten, wie abgezählt wirkenden Formeinheiten ist konstitutiv für das Monumentale seines symphonischen Stils – wie zugleich auch für das Mystisch-Zeitenthobene (Gülke, 83 f.).

In der dritten Schaffensperiode war die metrische Kontrolle in den Erfindungsprozeß bereits integriert. Es folgten in immer größeren Zeiträumen, die auch die zunehmende Komplexität der Kompositionen widerspiegeln, die *Symphonien Nr. 6 A-dur* (1879–81), *Nr. 7 E-dur* (1881–83), *Nr. 8 c-moll* (1884–87) und *Nr. 9 d-moll* (ab 1887, unvollendet). Ähnlich wie in der zweiten Schaffensphase ist auch hier das Anfangswerk, die *Sechste*, noch knapper, ›neutraler‹ im Charakter und mehr auf formale Balance angelegt. Die in der hellen E-dur-Tonart stehende *Siebente* ist Bruckners meistgespielte Symphonie; das kantabel-strömende Anfangsthema der Violoncelli stimmt auf den Charakter des Werks ein. Im Adagio, dessen Schlußteil unter dem Eindruck von Wagners Tod geschrieben wurde, unterstreichen die hier erstmals im Œuvre eingesetzten Wagner-Tuben die »feierliche« Wirkung. Mit seinen letzten beiden Symphonien (wieder in Bruckners bevorzugten Tonarten c-moll und d-moll), vor allem aber mit seiner *Neunten*, hat Br. am Ende seines Schaffens das Tor zu weiteren Entwicklungen aufgestoßen. An der *Neunten* arbeitete er mit Unterbrechungen während seiner letzten neun Lebensjahre. Das Finale, wie in der *Fünften* als ›Monumentalkrönung‹ gedacht, konnte er nicht mehr vollenden. Mehrere Versuche wurden unternommen, es durch Rekonstruktion und Ergänzungen der erhaltenen Parturseiten und Skizzen dem Konzertsaal zugänglich zu machen, zuletzt durch Nicola Samale, John A. Phillips, Giuseppe Mazzuca und Gunnar Cohrs. Doch bleibt der dritte Satz (»Langsam, feierlich«) mit seinem Gestus des Abschiednehmens Br.s ›letztes Wort‹ und künstlerisches Vermächtnis: Mit rigoroser Polyphonie und einer sich von funktionaler Bindung und Tonikazentrierung fast lösenden Harmonik weist er über seine Zeit hinaus und läßt bereits die Klangwelten Mahlers oder gar Arnold Schönbergs erahnen.

Gegen Ende der achtziger Jahre setzte eine zweite Revisionsphase ein, in der die zweite Fassung der *Achten* (1887–90), die dritte der *Dritten* (1887–89) und die »Wiener Fassung« der *Ersten* (1890–91) entstanden. Br. wurde zunehmend anfällig für Umarbeitungsvorschläge aus seiner Umgebung. Unter dem Druck von Mißerfolgen bei Aufführungen oder auch nur, um dem vorherrschenden Geschmack entgegenzukommen, kam es zu Kürzungen (einschneidend vor allem im Finale der *Dritten Symphonie*) und zu Glättungen in der Instrumentation. Umarbeitungen wurden auch von seinen Schülern, vor allem von Ferdinand Löwe und den Brüdern Franz und Josef Schalk vorgenommen und von Br. teils autorisiert, teils nur widerwillig akzeptiert – die ›originalen Fassungen‹ wurden für spätere Zeiten hinterlegt. Schließlich erfolgten solche Revisionen ohne Br.s Wissen. Nach seinem Tode und bei der Drucklegung der Partituren gingen die Bearbeitungen von fremder Hand weiter. All dies führte dazu, daß seine Werke bis weit in 20. Jahrhundert hinein in nicht-authentischen Versionen zur Aufführung gelangten – ein Zustand, der sich erst seit dem Erscheinen der wissenschaftlichen Gesamtausgabe in den dreißiger Jahren allmählich änderte.

Streiten läßt sich darüber, ob Br.s eigene Neufassungen stets ›Verbesserungen‹ darstellen. An der »Wiener Fassung« des Linzer Erstlingswerks erfährt man die ganze stilistische Kluft von 25 Jahren: Der Orchesterklang wird durch die Ausweitung des Tonraums und den größeren Anteil der Blechbläser insgesamt stärker und brillanter. ›Undeutliche‹ Mittelstimmen werden gestrichen, unregelmäßige Perioden begradigt, die melodischen Konturen durch deutlichere Phrasierungen geschärft. Doch wird man das streicherbetonte, ›unschärfere‹, einem assoziativen Hören mehr Raum gebende romantische Klangbild der »Linzer Fassung« als dem Werk angemessener empfinden.

Neben der Symphonik sind im Schaffen der Wiener Zeit nur wenige andere Gattungen vertreten, wenn auch mit bedeutenden Werken: die Kammermusik mit dem *Streichquintett F-dur* (1878–79), auf das Br. seinen symphonischen Stil weitgehend übertragen hat; die geistliche Musik mit dem symphonischen *Te Deum* (1881–84), dem *150. Psalm* (1892) und mit etwa einem Dutzend kleinerer Chorwerke; die weltliche Chormusik mit dem »symphonischen Chor« *Helgoland* (1893). Erstaunlicherweise hat der geniale und vielbewunderte Orgelimprovisator Br. kein bedeutendes Werk für die Orgel geschrieben. Sie war ihm anscheinend nur Ersatz, diente lediglich der Improvisation; die adäquate Realisation seiner Klangvorstellungen erfolgte in den Symphonien mit den Mitteln des großen romantischen Orchesters.

Die Rezeption der Symphonien war für den Komponisten zu Lebzeiten ein dornenreiches Kapitel – ja bis auf den heutigen Tag ist Br. ein Komponist, an dem sich die Geister scheiden (das hat er mit anderen wie Mahler gemeinsam). Bezeichnend für den feindseligen Ton ist Eduard Hanslicks Kritik nach der Wiener Erstaufführung von Br.s *Siebenter Symphonie* am 21. März 1886 in der Neuen Freien Presse: »Ich bekenne unumwunden, daß ich über Br.s Symphonie kaum gerecht urteilen könnte, so unnatürlich, aufgeblasen, krankhaft und verderblich erscheint sie mir. Wie jedes größere Werk Br.s enthält die E-dur-Symphonie geniale Einfälle, interessante, ja schöne Stellen – hier sechs, dort acht Takte –, zwischen diesen Blitzen dehnt sich aber unabsehbares Dunkel, bleierne Langeweile und fieberhafte Überreizung.« Diese Kritik an einem Werk, das dem 62-jährigen Komponisten durch die Leipziger Uraufführung unter Arthur Nikisch (1884) den Durchbruch in der Anerkennung als Symphoniker beschert hatte, wird so recht nur verständlich, wenn man sie vor dem politisch-gesellschaftlichen und künstlerisch-ästhetischen Hintergrund betrachtet – beides ist miteinander verwoben. Br. wurde hier gegen seinen Willen in die Lagerbildung deutschnational-katholischer und liberal-intellektueller Kreise in Wien hineingezogen. Diesem lokalen Streit entspricht auf anderer Ebene die Kontroverse zwischen Wagnerianern und Anhängern eines musikalischen Klassizismus, als deren profiliertester Kopf Brahms galt. Hanslick, der Theoretiker der Anti-Wagner-Partei und Freund von Brahms, hatte in seiner programmatischen Abhandlung »Vom Musikalisch-Schönen« (Lpz. 1854) der ›Gefühlsästhetik‹ das Ideal einer autonomen Musik entgegengesetzt, die ohne Bezugnahme auf außermusikalische Vorstellungen nur aus ihrer inneren Logik verständlich sein müsse. So sehr diese Partei ihr Ideal in der Musik von Brahms erfüllt sah, so wenig konnte sie der Kunst Br.s gerecht werden.

Hinter der Kontroverse lassen sich unvereinbare Vorstellungen von musikalischer Zeit ausmachen. Während die dem klassizistischen Ideal verpflichtete Musik einen dynamisch-zielgerichteten Formverlauf anstrebt, artikuliert sich die Br.s in Kategorien einer »musikalischen Architektur« – ein Begriff, den Br. selbst in seiner Antrittsvorlesung an der Wiener Universität (1876) gebraucht hat –, in musikalischen Zeit-›Räumen‹ also, in denen die Musik im Gleichgewicht ist. Manchmal scheint sie sogar stillzustehen, wenn sich Figuren wie im Leerlauf drehen oder die Bewegung in Generalpausen abbricht. Diesem räumlichen Formdenken entspricht auf motivisch-thematischer Ebene ein Verfahren der assoziativen Verknüpfung von Motiven (Korte, 28), und nicht der prozeßhaften motivischen Entwicklung wie bei Beethoven oder Brahms. Das Thema selbst als musikalischer Einfall steht bei Br. im Zentrum der Komposition und nicht das, was sich aus ihm entwickelt. Eingetaucht in eine spezifische »Klangaura« (Schnebel, 15), zieht es als bedeutungs- und emotionsgesättigtes Gebilde den Hörer in seinen Bann. Seine ›logische‹ Entwicklung wird daneben zweitrangig, auch wenn sie noch so kunstvoll ist – und sie ist ebenso kunstvoll wie bei Brahms!

Das Problem der Form scheint sich Br. gar nicht gestellt zu haben: Alle Symphonien folgen einer »übergeordneten symphonischen Idee« (Steinbeck, 15 f.) – das gängige Bonmot allerdings, wonach Br. dieselbe Symphonie neunmal geschrieben habe, ist nicht nur vergröbernd, sondern zeugt auch von Blindheit gegenüber der auf der inhaltlichen Eigenart beruhenden formalen Individualität, der ›Dramaturgie‹ einer jeden Symphonie. Dieses Festhalten an einem Formkonzept lenkt die Aufmerksamkeit wie von selbst auf die inhaltlichen Momente, auf Empfindungen, Vorstellungen und Bilder, die sich beim Hören der Symphonien aufdrängen. Dabei kann der Hörer sich auf vereinzelte programmatische Äußerungen Br.s berufen: z. B. Naturbilder und episodische Schilderungen in der *Vierten* und *Achten Symphonie*. Zitate oder auch nur Anspielungen verweisen auf weitere ›nicht-autonome‹ Wurzeln seiner Inspiration: auf die eigenen geistlichen Werke des frommen Menschen Br.; sie evozieren Bilder von der Glorie Gottes, von den Mysterien des Glaubens, von Trauer und Dunkel, von Andacht und Gebet. Andere Allusionen rufen den klanglichen Gestus Wagnerscher Opernszenen hervor oder huldigen dem hochverehrten Bayreuther Meister sogar mit Zitaten. Die Etikettierung ›wagnerisch‹ trifft Br.s Symphonik jedoch nur in einzelnen Aspekten wie der Monumentalität, der plastischen thematischen Erfindung, der chromatischen Harmonik und mancher durch den Klang der Wagner-Tuben geprägter Farben – am Kern von Br.s ›architektonischer‹, im Religiösen wurzelnder Kunst geht sie jedoch vorbei.

Als Reaktion auf die Anfeindungen bildete sich auf der Gegenseite eine Art Hagiographie aus, an der vor allem August Göllerich und Max Auer, denen die grundlegende Br.-Biographie zu verdanken ist, beteiligt waren (Überhöhung als »Heiliger und Künstler«). Die neuere Forschung zeigt Interesse an der Persönlichkeitsstruktur Br.s und versucht, diese und das Werk vor dem Hintergrund der gesellschaftlichen Verhältnisse zu beleuchten (Gülke). Der früher so beliebte Topos von Br. als »erratischem Block«, der ihn als Nachfahre einer barocken oder gar mittelalterlichen Tradition apostrophierte, gehört zum mystifizierenden Vokabular und hat heute ausgedient. Es zeigt sich mittlerweile, daß der Abstand zwischen Br. und Brahms – seinerzeit Grund für heftige Polemiken – gar nicht so grundlegend ist (Korte, 123 ff.): Im Prinzip standen beide vor dem Problem, die Symphonie in ihrem »Zweiten Zeitalter« noch einmal als große Form zu realisieren, – wobei sie allerdings zu recht unterschiedlichen Lösungen fanden.

Noten: A. Br. Sämtliche Werke, hrsg. von L. NOWAK, Wien 1951 ff.
Dokumente: A. Br. Briefe, 2 Bde., hrsg. v. A. HARRANDT, Wien 1998, 2002. A. Br. Ein Handbuch, hrsg. von U. HARTEN, Salzburg und Wien 1996. SCHEDER, F.: A. Br. Chronologie, 2 Bde., Tutzing 1996.
Werkverzeichnis: GRASBERGER, R.: WV A. Br., Tutzing 1977.
Bibliographie: GRASBERGER, R.: Br.-Bibl., Teil I (bis 1974), Graz 1985; Teil II (1975–1999) und Nachträge zu I, Wien 2002.
Periodica: A. Br. Jb., Linz 1980 ff. A. Br. Dokumente und Studien, Graz 1979 ff. A. Br. Symposium-Berichte, Wien 1981 ff.
Literatur: GÖLLERICH, A. und AUER, M.: A. Br. Ein Lebens- und Schaffensbild, 4 Bde., Regensburg 1922–37. KURTH, E.: A. Br., 2 Bde., Bln. 1925; Ndr. Hildesheim ¹1971; ²2000. KORTE, W. F.: Br. und Brahms, Tutzing 1963. SCHNEBEL, D.: Der dreieinige Klang oder die Konzeption einer Leib-Seele-Geist-Musik. Zu Br.s Dritter *in* A. Br., Mn. 1982 (MK 23–24) 15 ff. GÜLKE, P.: Brahms. Br., Kassel 1989. STEINBECK, W.: Br. Neunte Symphonie d-Moll, Mn. 1993. BRÜSTLE, CHR.: A. Br. und die Nachwelt. Zur Rezeptionsgeschichte des Komponisten in der ersten Hälfte des 20. Jahrhunderts, Stg. 1998. GRANDJEAN, W.: Metrik und Form. Zahlen in den Symphonien von A. Br., Tutzing 2001. Die Symphonien Bruckners. Entstehung, Deutung, Wirkung, hrsg. von R. ULM, Kassel u. a. 2002. HOWIE, CR.: A. Br. A Documentary Biography, 3 Bde., Lewiston u. a. 2002. Brahms, Br., hrsg. von CHR. M. SCHMIDT und W. STEINBECK, Stg. und Kassel 2002.

Wolfgang Grandjean

Bull, John

Geb. 1562 oder 1563,
vermutlich in Old Radnor, Radnorshire;
begraben 15. 3. 1628 in Antwerpen

B. gehört zusammen mit Byrd und Gibbons zu den drei »famous Masters« der englischen Musik für das Virginal (eine spezifisch englische Bauart des Cembalos). Hatte Byrd mit seinen Tastenstücken eine eigentliche Virginalmusik erst inauguriert und zugleich schon zu einem musikalischen Höhepunkt geführt – mit Gibbons' Werk geht diese Blütezeit bereits wieder zu Ende –, so blieb es B. vorbehalten, vor allem ihre Spieltechnik bis zu einem kaum überbietbaren Grad an Virtuosität zu steigern.

B.s kompositorisches Werk besteht weitgehend aus Stücken für Virginal und/oder Orgel; dazu kommen noch, weitgehend ungedruckt, einige Anthems und zahlreiche Kanons. Die Dominanz der Tastenmusik resultiert aus B.s Amt. Seit seinem 20. Lebensjahr wirkte er mit wenigen Unterbrechungen bis zu seinem Tode als Organist und Virginalist (lange in königlichen Diensten). Doch schloß dies andere Berufe nicht aus: Längere Jahre hielt er Vorlesungen über Musik am Gresham College in London – 1589 hatte er den Titel eines »Doctor of Music« erworben –, und zeitweilig arbeitete er auch als Orgelbauer.

B.s Tastenmusik gliedert sich zunächst in freie Kompositionen (Präludien, Fantasien) und in Stücke mit einem vorgefertigten Gerüst, sei es ein formales (Pavanen, Galliarden) oder harmonisches Schema (Grounds), sei es ein Cantus prius factus, also eine geistliche bzw. liturgische (z. B. *In Nomine*) oder weltliche Melodie (z. B. *Walsingham*). Zu beobachten ist zweitens eine Polarisierung in recht komplexe, spieltechnisch wie musikalisch äußerst anspruchsvolle Werke sowie in Stücke, die durch extreme Simplizität auffallen. Schließlich hat sich drittens B.s Flucht aus England, das er wegen seines ›ausschweifenden‹ Lebenswandels verlassen mußte (1613 nach Brüssel, 1615 nach Antwerpen) in seinem Schaffen bemerkbar gemacht: Es gibt ein – wohl im wesentlichen erhaltenes – ›englisches‹ Œuvre sowie weniger zahlreiche ›kontinentale‹ Werke, in denen Einflüsse dortiger Tastenmusik, z. B. eine zunehmend kontrapunktische Schreibweise und ein Zurückdrängen reiner Virtuosität, unübersehbar sind. (Diese Stücke sowie die ›englischen‹ Werke über liturgische Vorlagen waren sicher primär für die Orgel bestimmt.) Ungeachtet so verschiedener Stile läßt sich doch ein deutlicher Schwerpunkt in B.s Tastenmusik erkennen: die Beschäftigung mit vorgegebenen Modellen, die Bearbeitung. B. dürfte schon deshalb so oft auf diese Kompositionsweise zurückgegriffen haben, weil sie die für die von ihm immer neu gesuchte Auseinandersetzung mit den klanglichen und technischen Möglichkeiten des

Instruments ein ideales Fundament bildete. Freilich setzte er auch hier verschiedene Akzente. In seinen Variationen z. B. sind vor allem Satztechnik und virtuose Figurationen stetem Wechsel unterworfen, während das metrisch regelmäßige Thema wie dessen Harmonisierung unverändert bleiben. Bevorzugt mit unregelmäßigen, nicht periodisch gegliederten Abschnitten hingegen arbeitet B. in seinen Pavanen und Galliarden. Daß er auch harmonischen Experimenten nicht abgeneigt war, zeigt von seinen drei Hexachordfantasien *Ut, re, mi, fa, sol, la* diejenige, in der das Thema nacheinander in zwei halbtönig versetzten Ganztonreihen durchgeführt wird: zugleich ein Indiz für B.s gelegentlichen Hang zum Konstruktivismus, für den (neben seinen Kanons) auch seine große vierstimmige *In Nomine*-Bearbeitung – jeder cantusfirmus-Ton hat die Dauer von 4+4+3 Seminimimen – ein glänzendes Zeugnis ablegt.

Noten: J. B., Keyboard Music I, hrsg. von J. STEELE und FR. CAMERON, Ldn. 1960 (MB 14); II, hrsg. von TH. DART, Ldn. 1963 (MB 19); rev. Ldn. ²1967 bzw. 1970.
Literatur: CUNNINGHAM, W.: The Keyboard Music of J. B., Ann Arbor 1984. MÄKELÄ, T.: »As I went to Walsingham«. Über den Sinn einer zyklischen Betrachtung der Liedvariationen von J. B. *in* Acta musicologica 68 (1996), 23–47. RASCH, R. A.: The Messans-Bull Codex Ldn., British Library, Additional Manuscript 23.623 *in* Revue belge de musicologie 50 (1996), 93–127.
Walter Werbeck

Busoni, Ferruccio (Benvenuto)

Geb. 1. 4. 1866 in Empoli bei Florenz; gest. 27. 7. 1924 in Berlin

Beethovens Kuß auf die Stirn des zwölfjährigen Liszt ist zum »Weihekuß« stilisiert worden. B. wiederum, von dem man sagt, er sei der glänzendste Pianist nach Liszt gewesen, hielt es sich zugute, die Weihen von Liszt auf andere Art erhalten zu haben: Seine Mutter Anna Weiß, selbst Pianistin, habe Liszt vorgespielt, als sie mit dem Sohn schwanger war. Die Anekdote läßt ihn als einen Liszt-Schüler der allerersten Stunde erscheinen, und sie stimmt mit einem Künstler zusammen, der – zumal in Gesellschaft – den ›esprit‹ schätzte und der Heinrich Heine als den größten deutschen Dichter bewunderte.

Sein Vater Ferdinando war Klarinettist. Bald entfaltete sich die musikalische Frühbegabung: Mit neun Jahren trat B. erstmals in Wien auf, wo er sogleich die Aufmerksamkeit Eduard Hanslicks auf sich zog. Der Ruhm des Pianisten begann zu leuchten und überstrahlte den des Komponisten, mit der Zeit sehr zum Leidwesen eines Autors, der sein Virtuosendasein mehr und mehr als Nebensache des Komponierens angesehen wissen wollte.

Komposition studierte B. bei Wilhelm Mayer in Graz. Nach Stationen u. a. in Wien und Leipzig lehrte er, auf Empfehlung Hugo Riemanns, Klavier in Helsingfors, danach auf Empfehlung Anton Rubinsteins als Professor in Moskau, wo er 1890 für seine *Erste Violinsonate* op. 29, sein *Concertstück für Pianoforte mit Orchester* op. 31a und weitere Klavierkompositionen den Rubinstein-Preis erhielt. 1894 siedelte er sich in Berlin an, das ihm – abgesehen von längeren Reisen – bis zum Lebensende Wahlheimat blieb; nur die Jahre des Weltkrieges verbrachte er von 1915 an im freiwilligen Exil in Zürich, weil ihm der Gedanke unerträglich war, daß seine beiden ›Vaterländer‹ Italien und Deutschland sich militärisch gegeneinander befehdeten. Der Zusammenbruch der alten europäischen Welt 1918 scheint ein Vorbote seines eigenen relativ frühen Todes gewesen zu sein. Nicht ohne Zögern kehrte er 1920 nach Berlin zurück und leitete noch eine Meisterklasse an der Preußischen Akademie der Künste: nicht für Klavier, sondern für Komposition.

Trotz aller von ihm ausgegangenen Wirkung war und blieb B. ein Außenseiter der Kompositionsgeschichte. Die Werke oszillieren zwischen Brillanz und Esoterik. Sie halten, gerade auch in ihren überaus sinnlichen Zügen, Distanz zum Hörer. In ihrer noblen Unaufdringlichkeit wenden sie sich nicht zuletzt von Wagners Vereinnahmungen ab, unterstützt von B.s ausgeprägtem Hang zu polyphoner Schreibart und kontrapunktischer Kunst. Dies zeichnet sich schon in dem sehr umfangreichen, kaum zur Kenntnis genommenen Jugendwerk ab, unter dem sich auffällig viel Kirchenmusik befindet, der er später kaum mehr Aufmerksamkeit schenkte.

B. peilte, am deutlichsten in den Jahren um 1910 (in denen er auch in engerem Kontakt mit Schönberg stand), eine neue Tonkunst nicht nur in eigenen Kompositionen an (ohne freilich den Boden der Tonalität ganz zu verlassen), sondern auch dadurch, daß er sich gegenüber Experimenten aufgeschlossen zeigte (z.B. mit Drittel- und Sechsteltönen, ohne diese freilich selbst kompositorisch umzusetzen). Die von ihm 1902–09 geleiteten zwölf Berliner Orchesterabende, die damals als zeitgenössisch empfundenen oder selten gehörten Werken gewidmet waren, festigten den Ruf eines Anregers ebenso, wie ihm sein 1906 fertiggestellter *Entwurf einer neuen Ästhetik der Tonkunst* die zwiespältige Auszeichnung verschaffte, utopisch zu sein. B. begab sich auf die Suche nach einer Befreiung der Musik. Ganz im romantischen Geiste war es sein Ziel, »Form in Empfindung aufzulösen« (*Von der Einheit*, 178). Symphonien und (außer am Beginn) Klaviersonaten hat er nicht geschrieben. Andererseits war seine Haltung im Leben wie in der Kunst eher konventionell auf Form bedacht, mithin wenn nicht konservativ, so doch nach eigenem Eingeständnis lateinisch geprägt, und er litt gleichermaßen unter Kunstwerken wie unter Menschen, die die Form verletzten.

Äußerst vielfältig ist der für B. von Anbeginn an wichtige Bereich der musikalisch wie technisch meist höchst anspruchsvollen Stücke für Soloklavier, unter denen die *Elegien* (1907–08) eines der Schlüsselwerke sind. In diffiziler Schlichtheit präsentieren sich die sechs zwischen 1910 und 1920 entstandenen *Sonatinen* für Klavier, von denen die *Sonatina seconda* zu B.s avanciertesten Kompositionen gehört und die letzte – nicht ohne Ironie – eine Huldigung an Bizets »Carmen« in Form einer Opernfantasie abgibt. Kammermusik fällt hauptsächlich in die frühere Zeit. Sozusagen schon den Abschluß, dem nur noch kleine Stücke folgten, bilden die *Zweite Violinsonate* op. 36a (1898) und – nach mehreren Vorläufern – das *Streichquartett d-moll* op. 26 (1887). Chorwerke und Lieder nehmen durchaus breiten Raum ein, sei es die Kantate *Il Sabato del Villaggio* nach Giacomo Leopardi (1883), sei es durch späte Lieder auf Texte von Goethe. Für Soloinstrument mit Begleitung des Orchesters schrieb B. ein *Violinkonzert* op. 35a (1897), ein *Concertino* für Klarinette op. 48 (1918), ein *Divertimento* für Flöte op. 52 (1920) sowie verschiedene Klavierwerke, darunter am mächtigsten das 1904 vollendete fünfsätzige *Concerto* op. 39, für dessen abschließenden »Cantico« – gewiß im Zeichen Beethovens – ein Männerchor aufgeboten wird.

Ebenso opulent wie raffiniert ist B.s Instrumentation in den Orchesterwerken von allerlei Form. Neben der *Lustspiel-Ouvertüre* op. 38 (1897/1904) und dem *Tanz-Walzer* op. 53 (1920) – seinem letzten, dem Andenken von J. Strauß gewidmeten Orchester-Stück – stehen Werke in der Nähe der (von ihm theoretisch abgelehnten) Programmusik wie das *Symphonische Tongedicht* op. 32a (1893) und das *Rondo arlecchinesco* op. 46 (1915). Sie legen auf sehr private Art ebenso Zeugnis ab von den kompositionsgeschichtlichen Umschwüngen während B.s Schaffenszeit wie die beiden atmosphärisch besonders intensiven Orchesterelegien *Berceuse élégiaque* op. 42 (1909) und *Nocturne symphonique* op. 43 (1913). Suiten sind entweder konzipiert als Konzertsaalmusik (*Symphonische Suite* op. 25, 1883; *Zweite Orchestersuite* op. 34a; 1895/1903) oder als Schauspielmusik (*Turandot-Suite* op. 41, 1905); aus einer Oper zusammengestellt ist die Suite *Die Brautwahl* op. 45 (1912), während *Sarabande* und *Cortège* op. 51 (1918–19) »Zwei Studien zu Doktor Faust« bilden.

Zur Oper schloß B. relativ spät auf. Die Libretti stammen durchweg von ihm selbst. *Der mächtige Zauberer* und *Die Brautwahl* sind die Hauptsache einer Veröffentlichung (Triest 1907), deren Anhang die Erstauflage des *Entwurfs einer neuen Ästhetik der Tonkunst* bildet, der dann erst in der ohne die Libretti erfolgten 2. Auflage (Leipzig 1916) Aufsehen erregte und Pfitzner zu der Polemik »Futuristengefahr« (Leipzig und München 1917) veranlaßte – für B. ein »Hintertreppentitel«, wie er Hans Huber in einem Brief anvertraute. Programmatischer als in dem Erstling *Die Brautwahl* nach E.T.A. Hoffmann (Hamburg 1912) erfolgte die Abkehr sowohl vom Wagnerschen Operntypus als auch vom Verismo – nicht zuletzt durch Rückbesinnung auf Elemente der Commedia dell'arte – in dem einaktigen »theatralischen Capriccio« *Arlecchino* (Zürich 1917) und der zweiaktigen »chinesischen Fabel« *Turandot* (nach Carlo Gozzi; Berlin 1911, Zürich 1917). In *Doktor Faust* schließlich hätten alle schöpferischen Bemühungen B.s zusammengefaßt sein sollen. Er starb über der nahezu abgeschlossenen Komposition, die sein Schüler Philipp Jarnach vervollständigte (Dresden 1925). Zentrale Elemente von B.s Opernschaffen weisen in gewissem Sinne auf Bertolt Brechts »episches Theater« voraus. Weill, zu Beginn seiner Laufbahn von B. stark beeinflußt, dürfte für die (Opern-)Bühne der Vermittler gewesen sein.

B. hat Zeit seines Lebens Werke vieler anderer Komponisten bearbeitet. Daneben hat er die eigenen Werke häufig in neuen Versionen vorgelegt. Praktisch und theoretisch waren ihm das neue, eigene, ›originale‹ Schaffen und das Bearbeiten zwei Seiten derselben Sache. Die Musik Bachs begleitete ihn von Anfang an, er gehörte zweifellos zu den besten Kennern dieser Musik nicht nur in seiner Zeit. Gerade seine Bach-Arbeiten zeigen einen Stufengang der Bemühung um Bachs Werk, der von der Herausgebertätigkeit – durchaus mit philologischem Impetus – über Transkriptionen für Pianoforte zu freien Bearbeitungen und »Nachdichtungen« führte, in denen die Autorennamen Bach und B. sich vermischten: Dies ist der Sinn der Formel »Bach-B.«, der in immer mehr auf die ›originalen‹ Werke versessenen Zeit und unter den Vorzeichen der ›historischen‹ Aufführungspraxis bald nicht mehr verstanden werden konnte. Nicht zufällig ist sein wohl bedeutendstes originales Klavierwerk eine Bach-Bearbeitung: die *Fantasia contrappuntistica* (vier Fassungen zwischen 1910 und 1922), die zu den Versuchen gehört, einen Schluß für die »Kunst der Fuge« zu finden.

Das Zusammenfallen von Komponieren und Bearbeiten, dem der nach und nach spürbarer werdende latente Zitatcharakter der Musik von B. entspricht, birgt ein kompositorisches Programm, das an die Bachzeit selbst erinnert und dem sich auch der Umstand zugesellt, daß noch der späte B. in einer Zeit, als dies unschicklich geworden war, sich die Freiheit nahm, beim Vortrag selbst Beethovenscher Sonaten kleine Improvisationen anzubringen. Eine kleinere Gruppe von Klavier- und Orchesterwerken um 1914 fußt auf Motiven nordamerikanischer Indianer. Darin bekundet sich weniger eine Neigung zur musikalischen Exotik als vielmehr die Überzeugung, daß es keinen prinzipiellen Unterschied gibt, ob ein Komponist Melodien aus dem Fundus protestantischer Choräle oder solcher Gesänge schöpft: B. verfocht die Idee der »Einheit der Musik«. Ihn interessierte nicht das, was wir der Musik an Konnotationen angedeihen lassen oder was sich an Konventionen über sie stülpt. In einer solchen Auffassung ›reiner‹ bzw. absoluter Musik – nicht als vom Wort losgelöst oder von einem ›Programm‹ unabhängig, sondern im Sinne bloßer Musik und nichts sonst – ist ein Stück Klassizismus enthalten. Von Anfang an, verstärkt noch am Ende, war Mozart B.s Vorbild und Paradigma von Musik: Wunderkinder waren sie beide und beide an der Schnittstelle des Romanischen und Germanischen. Andererseits hat B. sich mit dem von ihm 1920 ausgegebenen Stichwort der »jungen Klassizität«, das er sich prospektiv als erstmaliges Zugehen auf eine Klassik der Musik dachte, in weiten Kreisen der neuen Musik, die den ›Neoklassizismus‹ ablehnten, nachhaltig geschadet.

B. war eine Künstlerpersönlichkeit kosmopolitischer Haltung und universellen Zuschnitts. Die Musik war ihm nur sein angestammtes Zentrum im Reich des Schöpferischen überhaupt. Seine Bildung war so breit gefächert, wie seine Interessen weit waren. Er war ein ›homme des lettres‹ und außergewöhnlicher Briefschreiber. Der Kreis seiner literarischen Arbeiten beschränkte sich nicht auf Musik, sondern griff auf Kunst und Ästhetik im ganzen aus. Seine Muttersprache war italienisch, seine Veröffentlichungen erfolgten im wesentlichen auf deutsch. In ihnen erwies B. sich als ein glänzender Kopf, in dem Unbequemen der Gedanken, in der Schärfe der Analyse und im sprachlichen Schliff nicht zuletzt an Nietzsche geschult. Provozierend wirkten sie vor allem im damaligen Deutschland. B.s supranationale Haltung und Gesinnung rieb sich an Traditions- und Werthaltungen, die sich – nicht zuletzt bei den Gralshütern der deutschen Musik – zuallererst am Nationalen orientierten, und sein (durchaus romantischer) Glaube an die Zukunft der Tonkunst mußte angesichts der lastenden Größe der Musikgeschichte in historistischer Zeit auf Unglauben stoßen.

Noten: Breitkopf & Härtel (Lpz.), dort auch B.s Ausg. der Bachschen Klavierwerke, 25 Bde., Lpz. 1894 ff. sowie Bach-B., Gesamtausg., 7 Bde., Lpz. 1916 ff.
Dokumente: Entwurf einer neuen Ästhetik der Tonkunst, Triest 1907; Lpz. 1916; Ffm 1974 [mit den Anmerkungen A. Schönbergs]. Versuch einer organischen Klavier-Notenschrift, Lpz. 1910. Von der Einheit der Musik, Bln. 1922; NA als Wesen und Einheit der Musik, Bln. und Wunsiedel 1956. Briefe an seine Frau, hrsg. von Fr. Schnapp, Zürich und Lpz. 1935. Selected Letters, hrsg. von A. Beaumont, Ldn. und Boston 1987; erw. ital. Mailand 1988. Briefwechsel mit Gottfried Galston, Wilhelmshaven 1999. Briefe an Henri, Katharina und Egon Petri, Wilhelmshaven 1999.
Werkverzeichnis: Kindermann, J.: Thematisch-chronologisches Verz. der mus. Werke von F. B. B., Regensburg 1980.
Literatur: Dent, E.: F. B., Ldn. 1933; Ndr. Ldn. 1974. Sablich, S.: B., Turin 1982. Beaumont, A.: B. the Composer, Ldn. und Boston 1985. Riethmüller, A.: F. B.s Poetik, Mainz 1988. Ermen, R.: F. B., Reinbek bei Hbg. 1996. Fontaine, S.: B.s Doktor Faustus und die Ästhetik des Wunderbaren, Kassel 1998. Abels, R.: F. B. Suche nach einem eigenen Stil. Seine Auseinandersetzung mit der musikalischen Moderne (1889–1907), Mainz 2000. F. B. e il pianoforte del Novecento, hrsg. von M. Vincenzi, Lucca 2001. Zeller, H. R.: F. B. und die musikalische Avantgarde um 1920 *in* Musik der

anderen Tradition. Mikrotonale Tonwelten, Mn. 2003 (MK Sonderbd.), Bd. 3, 9–18.

Albrecht Riethmüller

Buxtehude, Diet(e)rich

Geb. ca. 1637 wahrscheinlich in Helsingborg; gest. 9. 5. 1707 in Lübeck

B., der sich selbst in verschiedenen Dokumenten als »Organist in Lübeck« bezeichnete, galt seinen Zeitgenossen vor allem als bedeutender Orgelspieler. Dies zeigt sich etwa in dem Interesse des jungen Bach an B., der von dem älteren Meister lernen wollte. Zu einem Unterrichtsverhältnis ist es nicht gekommen, daß aber Bach die Werke B.s intensiv studiert haben muß, läßt sich nicht nur an seinen großen Orgelwerken ablesen, sondern ist auch in der großen Zahl von Abschriften dokumentiert, die aus seinem Umkreis stammen und zu den wichtigsten Quellen der B.-Überlieferung gehören. Philipp Spitta hat im ersten Band seiner monumentalen Bach-Biographie (1873) der Orgelmusik B.s daher konsequenterweise ein ausführliches Kapitel gewidmet, in dem er den Wurzeln der Bachschen Kunst nachgeht.

Neben Verwandtschaften im kompositorischen Detail ist es vor allem der Charakter des Monumental-Großartigen, der dezidierte Kunstanspruch von B.s großen Orgelwerken, der sie ins Vorfeld Bachs rückt, dessen Kompositionen ebenso wie die B.s in keinen liturgischen Rahmen mehr zu passen scheinen, sondern als Kunstwerke für sich bestehen können.

Wenn auch kompositorischer Anspruch und ungewöhnliche Expressivität die Orgelmusik Bachs und B.s verbinden, so sind ihre Werke im Grunde doch sehr verschieden. Als Spitta die ihm vorliegenden Orgelwerke B.s herausgab, überschrieb er eine große Zahl der freien Orgelstücke, die Musik Bachs als Norm im Hinterkopf, mit »Präludium und Fuge«, eine paarige Folge von zwei separaten, deutlich voneinander unterschiedenen Abschnitten suggerierend, wie sie für Bach typisch ist. B.s Werke, die in den Quellen schlicht »Praeludium« betitelt sind, entsprechen diesem Schema aber nicht, sie zeigen vielmehr einen gleichsam unvorhersehbaren Wechsel von freien und fugierten Abschnitten, die oft in scharfem Kontrast zueinander stehen. Der formalen Freiheit dieser Werke, grandiosen Beispielen für den »Stylus phantasticus«, wie es in der Stillehre der Zeit heißt, stellt B. das Ordnungsprinzip der motivischen Verknüpfung entgegen, das exemplarisch im *Präludium g-moll* (BuxWV 149) zu beobachten ist: Aus dem fantasieartigen Schweifen des Beginns entwickelt sich nach wenigen Takten durch das Hinzutreten eines ostinaten Basses eine Chaconne, ein kompositorisches Verfahren, das bei B. häufig begegnet, in drei Einzelwerken etwa, die Brahms zutiefst beeindruckten, oder auch als Teil anderer Präludien (z. B. BuxWV 137 oder 148). In diesen stehen sie aber, als Fugenersatz, am Schluß, im *Präludium g-moll* dagegen verblüfft B. seine Hörer damit, daß er sein Werk in unkonventioneller Weise mit einer Chaconne beginnt. An sie schließt sich eine erste Fuge in langsamen Notenwerten an, gefolgt von einem kontrastierenden Abschnitt im Generalbaßstil. Den Schlußabschnitt gestaltet B. als Fuge im Dreiertakt, die thematisch eng mit der ersten Fuge verknüpft ist. Ganz am Ende greift B. den fantasieartigen Gestus des Beginns kurz auf, schafft also mannigfaltige Korrespondenzen innerhalb eines Formverlaufs, der sich gänzlich ungebunden präsentiert.

Dem »Stylus phantasticus« verpflichtet sind auch viele der Choralbearbeitungen, die ausladende Fantasie über *Gelobet seist du, Jesu Christ* (BuxWV 188) beispielsweise, vor allem aber prägt er die *Sonaten* op. 1 und op. 2 (BuxWV 252–258 und 159–165; 1694 bzw. 1696) für Violine, Viola da gamba und Generalbaß, Sammlungen von je sieben Werken, in denen der rhapsodische Gestus der freien Orgelwerke in den Bereich der Kammermusik übertragen ist und die nichts von der geradezu klassizistischen Strenge der zur gleichen Zeit entstandenen Triosonaten Corellis ahnen lassen.

Die Idee fantastischen Komponierens begegnet schließlich vereinzelt auch in B.s Vokalmusik, der am umfangreichsten überlieferten Werkgruppe. Als Organist war B. zwar nicht zur Komposition von Vokalwerken verpflichtet, der Bedarf an geistlicher Musik, zumal solcher, die außerhalb des Gottesdienstes erklingen sollte, scheint aber sehr groß gewesen zu sein, so daß B. offenkundig gern die Gelegenheit nutzte, seine musikalischen Aktivitäten auszudehnen und sich auf diese Weise zusätzliche Einkünfte zu verschaffen.

Von seinem Vorgänger Franz Tunder übernahm B. die Leitung der ›Abendmusiken‹, einer alljährlich veranstalteten Konzertreihe, in deren Rahmen vor allem dramatische Oratorien zur Aufführung gelangten. Von diesen Werken ist nur sehr wenig überliefert. Die Authentizität des Oratoriums *Wacht! Euch zum Streit* (BuxWV Anh. 3), das in stark bearbeiteter Gestalt unter dem Titel *Das jüngste Gericht* bekannt wurde, ist umstritten; immerhin vermitteln einige erhalten gebliebene Textbücher einen Eindruck von Konzeption und Besetzung dieser Werke, und eine Ahnung von deren musikalischen Stil vermögen vielleicht Dialogwerke wie *Herr, ich lasse dich nicht* (BuxWV 36), die Darstellung von Jacobs Kampf mit dem Engel, oder der *Dialogus inter Christem et fidelem* (»Wo ist doch mein Freund geblieben«, BuxWV 111) zu geben.

Die Vokalwerke zeigen eine große stilistische Bandbreite, die von der liedhaften ›Aria‹ für eine Solostimme mit kurzen Instrumentalritornellen über mehrstimmige Sätze nach Art des älteren geistlichen Konzerts, kantatenhaften Stücken, in denen Ensemblesätze mit Soloabschnitten und Ritornellen abwechseln, bis zum siebenteiligen Zyklus *Membra Jesu nostri* (BuxWV 75) reicht, in dessen intimer Expressivität Einflüsse des Pietismus erkannt wurden.

Während die meisten dieser Werke eine reine Streicherbesetzung verlangen, sind einige andere sehr prachtvoll und aufwendig instrumentiert, so z. B. die Motette *Dominum* (BuxWV 113), deren sechs Vokal- und Instrumentalgruppen wahrscheinlich auf den sechs Emporen der Lübecker Marienkirche postiert wurden (an der B. seit 1668 das – überregional – bedeutende Organistenamt innehatte und die dortigen Abendmusiken leitete). Diese prächtig-plakative Musik wie auch die liedhaften Arien und schlichten Choralkantaten scheint B. für ein breites, nicht sonderlich gebildetes Publikum konzipiert zu haben, andere Werke hingegen wenden sich an ›Kenner‹, die ihre Besonderheiten und kompositorischen Finessen als ästhetisches Vergnügen zu schätzen wissen.

Neben den großen Orgelwerken, den Sonaten und zahlreichen Vokalwerken gehören hierzu einige Kompositionen im strengen Kontrapunkt, so etwa die Trauermusik auf den Tod seines Vaters, für die B. den Choral *Mit Fried und Freud ich fahr dahin* (BuxWV 76, Nr. 1) in einer besonders komplizierten kontrapunktischen Technik setzte, oder auch die altertümliche *Missa alla brevis* (BuxWV 114) – Werke, die im ideellen Wettstreit mit ähnlich ambitionierten Kompositionen (etwa der Zeitgenossen Christoph Bernhard oder Johann Theile) zu sehen sind. Hier zeigt ein berühmter Organist, dessen Instrumentalwerke – die französischen Einflüssen verpflichteten Cembalosuiten ausgenommen – in einem die traditionellen Regeln genial überschreitenden »Stylus phantasticus« gehalten sind, daß er das kompositorische Handwerk vollkommen beherrscht.

Noten: Werke, hrsg. von W. GURLITT u. a., Klecken 1925–58. Collected Works, hrsg. von K.J. SNYDER u. a., N. Y. 1987 ff. Sämtliche Orgelwerke, hrsg. von K. BECKMANN, 2 Bde., Wiesbaden 1971–72. Sämtliche Suiten und Variationen für Klavier/Cembalo, hrsg. von DEMS., Wiesbaden 1980.

Werkverzeichnis: G. KARSTADT: Thematisch-systematisches Verz. der mus. Werke von D. B. (BuxWV), Wiesbaden ²1985.

Bibliographie: H. WETTSTEIN: D. B. (1637–1707). Bibl. zu seinem Leben und Werk, Mn. ²1989.

Literatur: SNYDER, K. J.: D. B. Organist in Lübeck, N. Y. 1987. D. B. und die europäische Musik seiner Zeit, hrsg. von A. EDLER und FR. KRUMMACHER, Kassel 1990. BELOTTI, M.: Die freien Orgelwerke D. B.s, Ffm. ²1997. SCHNEIDER, M.: B.s Choralfantasien. Textdeutung oder phantastischer Stil?, Kassel 1997. WEBBER, G.: North German Church Music in the Age of B., Oxford 1997.

Thomas Seedorf

Byrd, William

Geb. um 1539/1540 in Lincoln; gest. 4. 7. 1628 wahrscheinlich in Stondon Massey, Essex

Es kommt nicht oft vor, daß sich das musikalische Geschehen eines ganzen Landes mit allen seinen Facetten im Werk eines einzigen Komponisten spiegelt. Eines der seltenen Beispiele für eine solche Konstellation bietet die Musik Englands in der zweiten Hälfte des 16. Jahrhunderts, die nahezu vollständig durch das Œuvre B.s dominiert wird. Lateinische und englische Kirchenmusik, geistliche und weltliche Motetten und Lieder, Consort-Songs, ja auch – wenngleich wenige – Madrigale komponierte B. ebenso wie instrumentale Solo- und Ensemblestücke (lediglich Lautenmusik fehlt). Doch vermag sein Werk keinesfalls allein quantitativ zu beeindrucken. Seine geistliche Vokalmusik steht der seiner kontinentalen Zeitgenossen Lasso und Palestrina an Rang ebensowenig nach wie seine Tastenmusik dem Œuvre so berühmter Meister wie Frescobaldi oder Sweelinck. B. hat die englische Musik mit einem

Schlage auf höchstes Niveau gehoben und das Schaffen der nachfolgenden Komponisten – von denen zwei, Thomas Morley und Thomas Tomkins, zu seinen direkten Schülern zählen – nachhaltig beeinflußt. Es verwundert daher nicht, daß man ihn schon zu Lebzeiten als »Brittanicae musicae parens« rühmte.

Wenn B.s geistliche Vokalmusik überwiegend aus Vertonungen lateinischer liturgischer und außerliturgischer Texte besteht, so ist dies kaum seinem jeweiligen Amt, sondern vor allem anderen seiner tiefen Religiosität zu verdanken: Er war zeitlebens überzeugter Katholik und als solcher der katholischen Kirchenmusik von frühester Jugend an in besonderem Maße verbunden. Denkbar ist, daß B. über seinen Lehrer Tallis schon während der Regentschaft Marias I. (1553–1558) solche Musik an der Chapel Royal kennenlernen konnte. Möglicherweise hat er während dieser Zeit auch die spanische Hofkapelle Philipps II. (nach Cabezón und de Monte) bei ihrem Besuch in London gehört und Eindrücke von der sakralen Kunstmusik des Festlandes gesammelt. Seine Ämter freilich – 1563 wurde B. Organist an der Kathedrale zu Lincoln, und seit 1570 bis zu seinem Tod zählte er zu den Gentlemen (einige Zeit auch zu den Organisten) der Chapel Royal – übte er in einer Kirche aus, in der seit dem Amtsantritt Elizabeths I. (1558) der römische Ritus untersagt war und das Bekenntnis zu ihm durchaus gefährlich sein konnte. B.s Position gerade in der königlichen Kapelle war aber offenbar früh außerordentlich gefestigt. Dafür dürfte neben dem Wohlwollen einflußreicher adliger Gönner nicht zuletzt seine anglikanische Kirchenmusik beigetragen haben. Wohl schon während seiner Lincolner Zeit bis vermutlich Ende der achtziger Jahre komponierte B. zahlreiche Werke für die neuen Formen des anglikanischen Gottesdienstes in englischer Sprache (»Services«), darunter auch zwei vollständige Services, den *Short Service* und den umfangreichen und anspruchsvollen *Great Service*.

In seiner lateinischen Vokalmusik konzentrierte B. sich nach frühen, der englischen Tradition verhafteten liturgischen Stücken (z. T. mit planem Cantus firmus, z. T. kanonisch gearbeitet) bald auf die außerliturgische Motette mit wechselnden Bibeltexten. Seine Ziele waren die Aneignung des auf dem Festland vorherrschenden imitierenden Stils, dessen Verbindung mit expressiver, klanglich gesättigter Homophonie und die Erarbeitung verschiedener Möglichkeiten einer formalen, sozusagen autonom-musikalischen Organisation. Einen Überblick über sein frühes Mottettenwerk geben die 1575 gemeinsam mit Tallis im Druck publizierten *Cantiones sacrae*, eine Sammlung von 34 fünf- bis achtstimmigen Werken, zu der beide Partner jeweils eine Hälfte beisteuerten. 1589 und 1591 ließ B. zwei neue Bücher *Cantiones sacrae* folgen. Feiert hier einerseits die Kunst der Verschmelzung homophoner und polyphoner Stile, der Raffinesse in den subtilen Übergängen zwischen den wechselnden Abschnitten und einer vor kühnen Sequenzen nicht zurückschreckenden Harmonik Triumphe, so werden zugleich in der zunehmenden Beschränkung auf die Fünfstimmigkeit mit zwei Sopranen und in der wachsenden rhythmischen Beweglichkeit die Einflüsse des Madrigals unüberhörbar.

Die meist von Trauer, Verzweiflung und der Hoffnung auf Gottes Erbarmen sprechenden Texte spiegeln unmittelbar die angespannte Situation der Katholiken in England wider. Das entschiedene Bekenntnis zur bedrängten Kirche hat B.s Lebensumstände, aber auch seine kompositorischen Aktivitäten in den folgenden Jahren wesentlich geprägt. Nicht nur verlegte er seinen Wohnsitz weiter fort von London – und reduzierte seine Teilnahme am Leben der Chapel Royal –, er komponierte auch fortan offenbar kaum noch anglikanische Kirchenmusik, sondern nur noch katholische, die in Gottesdiensten aufgeführt werden konnte, wie sie z. B. von der unter dem Schutz seines adligen Gönners Sir John Petre bestehenden katholischen Gemeinschaft gehalten wurden. Doch zielte B. trotz aller Gefahren auf Breitenwirkung: Er publizierte, wenngleich ohne Titelblatt, zwischen 1592 und 1595 drei *Messen* (drei-, vier- und fünfstimmig) und startete endlich 1605 mit dem ersten Buch der *Gradualia* nichts Geringeres als den Druck vollständiger Propriumszyklen für alle Haupt- und Marienfeste des Kirchenjahres (1607 folgte Buch 2). In den Messen wie den Propriumssätzen hat B. auf die großen Dimensionen der lateinischen Motetten weitgehend verzichtet. Die Tonsprache wird knapper, konzentrierter, stärker gegliedert; nur selten, wie in den Agnus Dei der Messen, gestattet B. sich expressive Höhepunkte.

B.s anglikanische Kirchenmusik ist mit seiner katholischen kaum vergleichbar. Hier steht allein die präzise Deklamation der liturgischen Texte im Vordergrund. Kunstvolle Polyphonie fehlt nahezu völlig. Doch arbeitet B. recht wirkungsvoll mit antiphonaler Mehrchörigkeit sowie mit wechselnden Besetzungen: eine Technik, die in den Sätzen des *Great Service* in großem Stil zur Anwendung kommt. Als Pioniertat B.s für die anglikanische Kirchenmusik gelten seine Kompositionen nach Art des Verse-Anthems (die er selbst allerdings eher für außerkirchliche Zwecke schrieb): Instrumentalbegleitete Solopartien wechseln mit Chorabschnitten, sei es nach dem Ritornellschema ABCBDB, nach dem Repetitionsschema AA'BB'CC oder auch in freier Folge. Überwiegt in solchen Stücken der Choranteil, so ähneln sie B.s Full Anthems, d. h. englischsprachigen Kompositionen im Motettenstil; dominiert indessen der Solopart, so kann man von klanglich erweiterten Consort-Songs sprechen. Normalerweise besetzte B. solche Songs nur mit einer vokalen Oberstimme und einem vierstimmigen Violenconsort, doch ließen sie sich außer zum Verse-Anthem auch leicht (durch die Texturierung der Instrumentalstimmen) zum mehrstimmigen Lied oder zur Motette umarbeiten. Die Summe all solcher außerkirchlicher englischsprachiger Vokalmusik hat B. in drei Drucken vorgelegt: den *Psalmes, Sonets and Songs* von 1588, den *Songs of Sundrie Natures* von 1589 und den *Psalmes, Songs and Sonnets* von 1611. Sie bezeugen sein bis zuletzt anhaltendes Interesse an derartigen Werken (die sich im übrigen gut verkaufen ließen). Deutlich wird in allen drei Sammlungen B.s Vorliebe für den durchgearbeiteten polyphonen Stil, der auch in eher liedhaften Stücken nie ganz verschwindet, und seine geringe Lust, sich den Gesetzen des in England zunehmend beliebten italienischen Madrigals zu beugen, was Tonmalereien, rhythmische Kontraste und andere ›Madrigalismen‹ in zahlreichen seiner Werke durchaus nicht ausschloß.

B.s Instrumentalmusik besteht aus gut 30 Werken für Consort und knapp 100 Stücken für ein Tasteninstrument (in der Regel – von wenigen orgelmäßigen Cantus-firmus-Stücken abgesehen – das Virginal, eine englische Variante des Cembalos). Mit beidem, Solokompositionen wie Ensemblemusik, hat B. sich während all seiner Schaffensphasen auseinandergesetzt; aber nur seine Virginalmusik hat er in Sammelwerken festhalten lassen: der Handschrift *My Ladye Nevells Book* von 1591 und der späten, 1612–13 gedruckten *Parthenia*, die außer acht Stücken von ihm noch Werke von Bull und Gibbons enthält.

Mit Recht gilt B. als erster bedeutender Vertreter der englischen Virginalisten; die kurze Blütezeit der Virginalmusik hat er mit seinem modernen Œuvre erst inauguriert. Wesentliche Voraussetzung dafür war eine idiomatisierte Schreibweise, die B. binnen kurzem mit erstaunlicher Sicherheit beherrschte. In seinen Virginalstücken konzentrierte er sich vornehmlich auf zwei Arten: Stücke mit einem vorgegebenen Modell und ›freie‹ Stücke. Zur ersten Art gehören – sieht man von den frühen Bearbeitungen liturgischer Cantus firmi ab – einerseits Variationswerke mit einem »Ground«-Baß oder einem Volkslied als Basis, andererseits Tanzstücke mit festem formalem Rahmen (fast immer Pavanen und Galliarden), zur zweiten zählen die gänzlich freien Fantasien. (Fürs Consort schrieb B. überwiegend Cantus-firmus-Sätze, meist über »In nomine«, sowie Fantasien.) Starre Gattungsgrenzen freilich fehlen: Klangbetonte »Ground«-Abschnitte, Imitationen, tanzartige Partien und brillante Passagen finden sich nahezu überall, wenn auch mit wechselnden Schwerpunkten. B.s Fantasien z. B. beginnen stets kontrapunktisch-imitierend und enden mit freier Figuration; von den mittleren Abschnitten ist meist einer tanzartig ausgeführt. Der formalen Strenge der Pavanen und Galliarden hingegen mit ihrem Repetitionsschema AA'BB'CC setzt B. immer andere kompositorische Ideen entgegen: Mal dominiert die Virtuosität, mal der Kontrapunkt, mal das Echoprinzip. Seine Grounds und Variationszyklen schließlich, in denen einheitliche Melodik bzw. Harmonik und mannigfaltige Satztechnik einander ergänzen, unterstreichen einmal mehr B.s meisterliche Beherrschung großer Formen.

Noten: The Collected Works of W. B., hrsg. von E. H. Fellowes, Ldn. 1937–1950 (z. T. rev. von Th. Dart, 1962–70). The B. Edition, hrsg. von P. Brett, Ldn. 1970 ff. W. B., Keyboard Music I und II, Ldn. 1969 und 1971 (MB 27 und 28).
Bibliographie: Turbet, R.: W. B. A Guide to Research, N. Y. 1987. Ders.: Tudor Music. A Guide to Research, N. Y. 1994.
Literatur: Fellowes, E. H.: W. B., Ldn. ²1948. Neighbour, O.: The Consort and Keyboard Music of W. B., Ldn. 1978. Kerman, J.: The Masses and Motets of W. B., Ldn. 1981. B.-Studies, hrsg. von A. Brown und R. Turbet, Cambridge 1992. Schulenberg, D. L.: The Keyboard Works of W. B. Some Questions of Attribution, Chronology and Style *in* MD 47 (1993), 99–121. Harley, J.: W. B., Gentleman of the Chapel Royal, Aldershot 1997. Ders.: New Light on W. B. *in* Music & Letters 79 (1998), 475–488.

Walter Werbeck

Cabezón, Antonio de

Geb. 1510 in Castrillo de Matajudios; gest. 26. 3. 1566 in Madrid

Mit anderen berühmten Organisten der Renaissance wie Conrad Paumann oder Antonio Valente teilte C. das Schicksal der Blindheit, die ihn in früher Kindheit befiel. So ist es zu verstehen, daß von ihm fast nur Instrumentalwerke überliefert sind, denn diese konnte er vorspielen und von kundigen Musikern in Notenschrift übertragen lassen; vielleicht hat er sie auch diktiert, wie es von anderen blinden Komponisten berichtet wird.

C.s Musik entstand in erster Linie für sein Hauptinstrument, die Orgel, sowie für andere Tasteninstrumente, dem Titel einer posthum von seinem Sohn Hernando herausgegebenen umfangreichen Werksammlung (*Obras de musica para tecla, arpa y vihuela*, Madrid 1578) entsprechend, können viele seiner Werke aber auch auf der Harfe oder der Vihuela, einer spanischen Sonderform der Gitarre, gespielt werden. Zu C.s Lebzeiten erschienen Kompositionen von ihm nur in einem Sammeldruck mit Werken verschiedener Komponisten, dem *Libro de cifra nueva* (»Buch der neuen Ziffern«, ein Hinweis auf eine neue Notationsweise; Alcalá de Henares 1557). Anders als viele seiner Zeitgenossen verdankte C. seine Berühmtheit dementsprechend kaum der weiten Verbreitung seiner Musik durch den Notendruck, sein Ruhm gründete sich vor allem auf seinen öffentlichen Auftritten während der ausgedehnten Reisen, die er im Gefolge des Thronfolgers und späteren Königs Philipp II. durch Europa unternahm.

Die große Anerkennung, die C. in seiner Heimat wie auch in Italien, Deutschland und insbesondere in England zuteil wurde, beruhte nicht so sehr auf virtuoser Fingerfertigkeit, die in seiner Musik von untergeordneter Bedeutung ist, sondern in erster Linie auf der Meisterschaft und Strenge, mit der C. Instrumentalwerke schuf, die den Vergleich mit großer Vokalkunst standhielten. Dies zeigt sich vor allen in den Tientos, spanischen Pendants des Ricercar, deren Formanlage und Imitationstechnik unverkennbar von den Motetten und Messen Josquins beeinflußt sind. Wie genau C. sich mit den Werken des großen Niederländers befaßt hat, zeigen zahlreiche Bearbeitungen von dessen Werken, die sich nicht mit der bloßen Übertragung des originalen Vokalsatzes auf ein Tasteninstrument begnügen, sondern diesen vielfach verzierend variieren. Das fantasievolle Variieren, wie es in den Diferencias über weltliche Melodien ebenso hervortritt wie in zahlreichen Veränderungen liturgischer Orgelwerke, den Glosas, stellt eine weitere Seite von C.s Kunst dar. Mit seinen Variationszyklen steht C. am Anfang der Entwicklung einer instrumentalspezifischen Musik, deren prägender Einfluß etwa in den Variationswerken der englischen Virginalisten (Byrd, Gibbons u. a.) zu beobachten ist.

C. ist zudem der Begründer einer Tradition spanischer Orgelmusik, deren Blütezeit bis ins frühe 18. Jahrhundert hineinreicht und in den Tientos von Juan Bautista Cabanilles (1644–1712) kulminiert. In *Tiento del primer tono y batalla imperial*, einem 1986 entstandenen Orchesterwerk nach Werken von C. und Cabanilles, hat der zeitgenössische spanische Komponist Halffter diese Entwicklung kompositorisch nachgezeichnet.

Noten: Collected Works, hrsg. von CH. JACOBS (Gesamtausg. IV, Bd. 1–5), Brooklyn (N.Y.) 1967–86.
Literatur: KASTNER, M. S.: A. und Hernando de C. Eine Chronik. Dargestellt am Leben zweier Generationen von Organisten, Tutzing 1977. HOWELL JR., A. C.: C. An Essay in Structural Analysis *in* MQ 50 (1964), 18–30. ROIG-FRANCOLI, M. A.: Compositional Theory and Practice in Mid-Sixteenth-Century Spanish Instrumental Music, Bloomington (IN) 1990. WHITESIDE, J. P.: A Stylistic Analysis of the fugas, tientos and differencias of A. d. C. and an Examination of His Influence on the English Keyboard School, Boston 1994.

Thomas Seedorf

Caccini, Giulio

Geb. 8. 10. 1551 in Rom oder Tivoli; beerdigt 10. 12. 1618 in Florenz

und

Caccini, Francesca

Geb. 18. 9. 1587 in Florenz; gest. um 1640 in Florenz (?)

Als bedeutendstes Werk G. C.s, der als Sänger, Instrumentalvirtuose, Komponist und Lehrer gleichermaßen berühmt war, galt schon seinen Zeitgenossen seine Sammlung von Liedern und Madrigalen überwiegend für begleitete Solostimme,

Le nuove musiche, (1601–02). Sie entstand unter dem Einfluß der Florentiner Camerata des Grafen Giovanni Bardi, deren Mitglied C. war, einer Art Gelehrtensalon für humanistische Studien, in dem man sich um die Erneuerung der Musik auf der Grundlage der platonischen Ethoslehre bemühte: Man schrieb dem begleiteten Sologesang der Antike große Macht über die Gefühle zu und sah in ihm ein wichtiges erzieherisches Mittel, ganz im Gegensatz zur neuzeitlichen Polyphonie, die nur die Sinne erfreuen könne. Das Hauptanliegen der Camerata, die enge Verbindung zwischen Musik und Sprache, verwirklichte C. im »stile recitativo«, mit dem man »in Tönen fast sprechen« kann und der wie die Musik der Antike die Macht habe, die »Affekte der Seele« zu bewegen; so C. selbst im Vorwort der *Nuove musiche*, einem epochemachenden Dokument, denn es formuliert ein Ideal der Camerata, das für Generationen gültig blieb. C. forderte »eine gewisse edle Vernachlässigung des Gesanges«: Rhythmus und Tempo sollten sehr frei, dem Text gemäß, gehalten werden. Dazu kam eine außerordentlich virtuose Verzierungskunst, wie sie sonst üblicherweise improvisiert wurde, die C. aber zur Vermeidung falscher Interpretationen teilweise ausschrieb – ein wichtiger Hinweis zur zeitgenössischen Aufführungspraxis, ebenso wie die spätere Sammlung *Nuove musiche e nuova maniera di scriverle* (»Neue Musik und neue Notationsweise«, 1614). Abgesehen von den Verzierungen sind die meisten Stücke beider Sammlungen schlichter als viele zeitgenössische Madrigale oder Arien; sie enthalten wenig Tonmalerei, Chromatik oder schnelle Modulationen.

C. wirkte auch bei den Hoffesten der Medici in Florenz mit, z. B. bei den Intermedien von 1589, die mit ihrer Musik und prachtvollen Inszenierungen zu Vorbildern der Oper wurden, und komponierte anläßlich der Hochzeit Heinrichs IV. von Frankreich mit Maria de' Medici das Pastoraldrama *Il rapimento di Cefalo* (»Die Entführung des Cefalo«; Florenz 1600), dessen Musik allerdings fast vollständig verloren ist, und einige Arien und Chöre von Ottavio Rinuccinis und Peris »Euridice«, der ersten vollständig erhaltenen Oper (Florenz 1600). Im selben Jahr wurde er als Nachfolger von Cavalieri Musikdirektor in Florenz.

Bei einer Konzertreise der Familie C. nach Frankreich 1604 hätte Heinrich IV. G. C.s berühmteste Schülerin, seine Tochter Fr. C., gern abgeworben. Die Medici lehnten dies ab, und so wirkte sie als Komponistin, Dichterin und Sängerin ebenfalls lange am Florentiner Hof. Ihr berühmtestes Werk ist die Oper *La liberazione di Ruggiero dall'isola d'Alcina* (»Die Befreiung Ruggieros von der Insel der Alcina«; Florenz 1625). Ihre Sammlung von überwiegend solistischen Gesängen *Il primo libro delle musiche* (1618) ist mit kühner Dissonanzbehandlung, Tonmalerei und außerordentlich virtuosen ausgeschriebenen Verzierungen sehr affektreich.

Noten: Le nuove musiche (Florenz 1601–02), Faks. hrsg. von Fr. VATIELLI, Rom 1943, auch *in* Recent Researches in the Music of the Baroque Era 9, New Haven (CT) 1970. Nuove musiche e nuova maniera di scriverle (Florenz 1614), hrsg. ebd., 28, New Haven (CT) 1978. Euridice (Florenz 1600), Faks. hrsg. von G. VECCHI, (Biblioteca Musica Bononiensis IV 3), Bologna 1968 FR. C.: La liberazione di Ruggiero dall'isola d'Alcina (Florenz 1625), Northampton (MA) 1945 (Smith College Music Archives 7). SCHMITZ, FR.: G. C. Nuove Musiche (1602/1614). Texte und Musik, Pfaffenweiler 1995.
Literatur: PALISCA, CL.V.: Baroque Music, Prentice Hall ([1]1968) [3]1991. PIRROTTA, N. und POROLEDO, E.: Music and Theatre from Poliziano to Monteverdi, Cambridge [1]1969, [3]1982. RANEY, C.: Fr. C. Musician to the Medici, and her Primo Libro (1618), Diss. New York University 1971. BIANCHONI, L.: Music in the 17th Century, (1982) Cambridge 1987. PIRROTTA, N.: Music and Culture in Italy from the Middle Ages to the Baroque, Cambridge (MA) 1984. WALKER, D. P.: Music, Spirit and Language in the Renaissance, hrsg. von P. GOUK, Ldn. 1985. CRANNELL, W. T.: The strophic variation in the monodies of. G. C., Jacopo Peri and Sigismondo d'India, Diss. Univ. of Missouri, Ann Arbor (MI) 1995. La Naissance de l'Opéra. Euridice 1600–2000, hrsg. von FR. DECROISETTE, Paris 2002.

Marie-Agnes Dittrich

Cage, John
Geb. 5. 9. 1912 in Los Angeles;
gest. 12. 8. 1992 in New York

Wie viel auch von dem Neuerer, dem Grenzüberschreiter, dem Philosophen oder dem Clown C. die Rede sein mag – die größte Bedeutung kommt dem Komponisten und Musiktheoretiker zu. Man tut gut daran, sich an C.s eigener Einschätzung seiner Musik als »komplex« (im Unterschied zu der »einfachen« Saties) zu orientieren, um über gewissen spitzbübischen oder auch weihevollen Zügen nicht die kompositionsgeschichtliche Dimension aus den Augen zu verlieren.

Der Sohn eines Erfinders wächst, von der Generation der Schüler der ›Klassiker der Moderne‹ gleich weit entfernt wie von jener der Serialisten, in einem Haus auf, wo ihm die abgesunkene Kultur des 19. Jahrhunderts in Form von Salonmusik vermittelt wird, von der aus kein Anschluß an die musikalische Aktualität möglich erscheint; andererseits leben gerade an der Westküste der USA etliche Komponisten mit experimentellen Interessen, die sich am nähergelegenen Ostasien orientieren (Cowell, Nancarrow, Partch u. a.). Auf einer ersten Europareise kommt C. in Kontakt mit der europäischen Kunstmusik und ist von Bach und neuer (Klavier-)Musik beeindruckt. Die ersten Kompositionsversuche sollen – in einem bestimmten Bach-Verständnis – mathematischen Formeln gefolgt sein, aber den Komponisten, der zunächst neben einem Architekturstudium gleichermaßen literarische und malerische Vorstöße unternimmt, nicht befriedigt haben. Doch hat C. von dieser Reise die Entscheidung für die Musik offenbar bereits mit nach Hause gebracht. In Vorträgen, die er zur Aufbesserung seines Einkommens und zur eigenen Unterrichtung auf privater Basis über moderne Kunst und Musik hält, entscheidet er sich vor der Alternative Schönberg – Strawinsky für Schönberg. Die Lehrer, die er sich für einen geregelten Unterricht in der Musik nun sucht, liegen auf dieser Linie: Richard Buhlig, von dem er hauptsächlich etwas über die Bedeutung der Zeit gelernt haben will, hat die Berliner Erstaufführung von Schönbergs op. 11 gespielt und gehört nun dem Schönberg-Kreis an; Cowell, der große Anreger und Erforscher der verschiedenen, auch exotischen, Arten der Musik, hat soeben noch in Schönbergs Berliner Meisterklasse hospitiert; Adolph Weiss, Fagottist unter Mahler in New York, Schönberg-Schüler in Berlin und zwölftönig komponierend, bereitet C. auf sein eigentliches Studium bei Schönberg vor. Dieser unterrichtet ihn (1934f.) unentgeltlich auf das Versprechen hin, sein Leben der Musik zu widmen – ein Versprechen, das C. treulich halten wird. Die Schönbergsche Lehre bildet bis zum Ende von C.s Laufbahn einen Fixpunkt bei der Analyse der anfallenden kompositorischen Probleme.

Die seit 1933 greifbaren Kompositionen zeigen, daß C. an Schönberg die Zwölftontechnik, insbesondere die Gleichberechtigung der zwölf Halbtöne, überzeugt hat. Es handelt sich primär um kontrapunktische Studien, darunter mehrfach der originelle und tiefsinnige Fall (z. B. in *Six inventions*) einer Arbeit mit Reihen von 25 Tönen (Doppeloktave mit fixierten Lagen), also der Kombination aus originaler Zwölftontechnik und selbstgedachten Regeln.

1934 erfährt C. die These des Experimentalfilmers Oskar Fischinger, daß jedes unbelebte Objekt eine Seele habe, die der Musiker im Klang zum Leben erwecken könne. Dieser Gedanke scheint ihm den Anschluß an die Tradition der Musik als ›Sprache der Seele‹ ohne die traditionellen Implikationen von Subjektivität und Beschränkung auf Töne erlaubt zu haben: 1935 entsteht *Quartet* für vier Spieler mit z. T. nicht festgelegten Schlaginstrumenten. Bislang unausgebeutet gebliebenes faszinierendes Material liegt überall bereit, auf das u. a. Cowell aufmerksam gemacht hat; ein Repertoire für die von C. gegründete und geleitete Gruppe muß erst geschaffen werden. Die Erkundung des im Schlagzeug beschlossenen Klangreichtums liefert zugleich Materialien für die erste jener »Alternativen zur Harmonie«, von denen C. 1990 in Darmstadt bekennen wird, daß er sie ein halbes Leben lang gesucht habe. In einer Unterredung mit Schönberg (dem Autor einer »Harmonielehre«) muß er zugeben, keinen Sinn für Harmonie zu haben, was seinen Lehrer begreiflicherweise skeptisch für seine Zukunft als Komponist stimmt. Die Materialerweiterung zum »sound« entlastet vom Problem der Harmonie. Doch es bleibt akut, und C. weiß das.

Noch 1938 schreibt er ein ›normales‹ Zwölftonwerk wie *Music for Wind Instruments* mit unverändert beibehaltenen, gemäß der Reihenfolge transponierten Reihenausschnitten. Es gibt also keine »Motive« und keine Arbeit mit ihnen, somit keine Variation im Sinne Schönbergs, wenngleich die Idee C. weiterhin beschäftigen wird. Der permutatorische Zug der *Music* ist wie die Besetzung sichtlich von Schönbergs »Bläserquintett« op. 26 inspiriert.

1937 erfolgt die erste eingehende öffentliche Selbstverständigung in Form eines Manifests, *The Future of Music: Credo*. An die Stelle des Begriffs »Musik« soll ein umfassenderer: »Klangorganisation« treten; der fundamentale Gegensatz Konsonanz/Dissonanz wird durch den ›moderneren‹: Ton/Geräusch ersetzt werden; in Forschungszentren würde die direkte Produktion, Kontrolle und Untersuchung von Klängen jeder Art mithilfe elektrischer Instrumente möglich sein. Zwischen den Tönen, zwischen Ton und Geräusch müßte stufenloser Übergang erreicht werden; ebenso soll die taktgebundene Rhythmik schrankenlos differenzierten Zeitverhältnissen weichen. Maß wäre dann nicht, wie im Gefolge Stravinskys (bei Messiaen), die kleinste Einheit, sondern die abstrakte Sekunde. – Den zweiten Teil des Programms: die stufenlose Zeitorganisation, hat C. weitgehend eingelöst, den ersten dagegen nur sehr bedingt.

Ein Lehrauftrag an der Cornell University gibt C. 1939 Gelegenheit, mit einem reichen Schlaginstrumentarium zu arbeiten, sowie das Tonstudio zu benutzen – ein rudimentäres »center of experimental music« (in der Folge wird C. selbst dieses Forschungszentrum repräsentieren). Auf beiden Gebieten entstehen nun jeweils Serien von Stücken. *Imaginary Landscape* ist die Nr. 1 von mehreren gleichnamigen Kompositionen mit elektrischen Klangerzeugern (hier: Frequenzschallplatten, deren Abspielgeschwindigkeit verändert wird); von den »Intonarumori« der Futuristen über die Sirenen Antheils und Varèses, die hier unüberhörbar Pate gestanden haben, macht sich zunehmend die Tendenz geltend, die Geräusche nicht mehr illustrativ, sondern kompositorisch einzusetzen. Man hat das Stück als den Beginn der elektronischen Musik bezeichnet, was insofern richtig ist, als es nur im Studio zu realisieren war.

Für die Schlagzeugmusik wird mit dem Reihentitel *First* (pp.) *Construction* – hier: *(in Metal)* – der Terminus Structure eingeführt, in direkter Auseinandersetzung mit Schönberg Lehre von den »Structural Functions of Harmony« (zwar wurde das Buch posthum 1954 veröffentlicht und die Einrichtung der entsprechenden Klasse war erst im selben Jahr 1939 nach der Beendigung von C.s Unterricht erfolgt, aber natürlich war in den Kursen schon lange vorher von Zusammenhangsbildung, Gliederung und Abstufung mittels harmonischer Organisation die Rede gewesen). C. hat für seine (harmoniefreien) Schlagzeugstücke jeweils eine numerische Strukturformel erdacht, die das Verhältnis von Takten, größeren Abschnitten und Sätzen proportional regelt und so Ganzes und Teile einheitlich gestalten soll. Dieses ›Formprinzip‹ wird er später auch auf andere Musik übertragen. Verglichen mit der Schönbergschen »funktional« differenzierten Verwendung der strukturellen Mittel ist eine eigentümliche Neutralität der Struktur gegenüber dem solcherart Geordneten auffallend und wohl beabsichtigt. Wenn an der Zwölftontechnik nicht die harmonischen oder melodischen Implikationen interessieren, sondern die Gleichberechtigung bzw. Gleichverteilung der Töne, dann ist der Schritt zur Gleichgültigkeit der Klangereignisse nicht groß. Die »Klangorganisation« ist bereits reine Zeitorganisation, und verbindet sich so wie von selbst mit bestimmten Formen des modernen Tanzes.

1940 (nicht wie meist angegeben 1938) erfindet, oder findet C. unter dem Druck der Praxis das präparierte Klavier als platzsparenden Ersatz für ein Schlagzeugensemble. Der poetische Titel *Bacchanale*, wie ähnlich bei anderen Tanzstücken aus dieser Zeit, entspricht dem Stand des Modern Dance zwischen Ausdruckstanz und Abstraktion (Isadora Duncan bzw. Merce Cunningham). Wegen ihrer grundsätzlichen Bedeutung verdient die Erfindung nähere Betrachtung. Was das Material betrifft, ist es offensichtlich auf die Zusammenführung von Klavier- und Schlagzeugmusik abgesehen. Der Ton selbst wird auf dem Feld des traditionellen Instrumentariums zum Gegenstand der Bearbeitung, während das Prinzip diskreter gleichberechtigter Werte beibehalten wird. Ein ganzes Spektrum zwischen Ton und Geräusch wird entwickelt; die Mischungen mit unterschiedlichen Graden des Geräuschanteils und die »Aggregate« (Verbindungen aus verschiedenartigen Elementen) gehen in der erweiterten Kategorie des Klangs auf. Sie bleiben jedoch disparat, bilden kein Kontinuum und somit keine Skala von Farben. Gegenüber der Homogenität des normalen Klavierklangs und der relativen Einheitlichkeit des Geräuschuniversums wird Heterogenität zugelassen und gewollt. Es werden keine ›organisch‹ auf die Klaviermechanik bezogenen Veränderungen vorgenommen, sondern ›sachfremde‹ Objekte in das Instrument eingeführt, die den Klang gleichsam in sich dissonant machen. Die eigentliche Klangproduktion des Klaviers mit aufschlagenden Hämmern wird dagegen nicht angetastet, und so ist auch das Ausgangsmaterial, die Töne, nicht ganz gelöscht. Die Vorordnung dieses Materials durch Präparierung geschieht in Analogie zu einem Tonsystem mit entsprechenden kompositorischen Konsequenzen. Nur ändert sich das System, die Auswahl und Verteilung der Farbwerte, von Stück zu Stück. C. hat die traditionelle Harmonie als hierarchische Ordnung (funktional) ungleicher Elemente definiert, an der Zwölftontechnik die Gleichberechtigung verschiedener homogener Materialien hervorgehoben, für die Zukunft jedoch die Gleichberechtigung ungleichartiger Materialien proklamiert, d. h. die Übertragung der Schönbergschen Errungenschaft auf erweitertes Material. Schlagzeugmusik war ein Übergangsstadium von der klavierbestimmten Musik der Vergangenheit zu einer künftigen Allklangsmusik gewesen (alles nach dem Manifest von 1937); das präparierte Klavier stellt einen weiteren Schritt in dieser Richtung dar, da es beweglicher als Schlagzeug die verschiedenen Klangqualitäten in schnellstem Wechsel zu verbinden erlaubt. Die einzelnen Farben sind festgelegt wie Instrumente, jedoch nicht unabhängig von der Tonhöhen- bzw. Tastenordnung frei verfügbar. Es entstehen »Klangfarbenmelodien«, nicht im Sinne der Schönbergschen spekulativen Umkehrung des traditionellen Verhältnisses zwischen Tonhöhe und Klangfarbe, aber in dem der Verknüpfung jedes melodischen Schritts mit einem Farbwechsel. Da dem Klavier als System lediglich Nuancen aufgesetzt werden, welche die einzelnen Tonstufen in unterschiedlichem Maße alterieren, bleibt das temperierte Tonsystem von dieser einschneidenden Veränderung in der Tonvorstellung unbetroffen. Für das in dieser eigentümlich exotisierend anmutenden Musik vertretene Ausdruckskonzept schließlich gilt, daß die Töne nicht mehr in traditionell europäischer Weise ›besetzt‹ sind, die Intention sich nicht mehr in traditionell europäischer Weise über die Töne selbst durchsetzt. Der Anschlag ist durch den Pianisten nurmehr begrenzt zu beeinflussen; dieser, nicht der Stimmer, leistet die Arbeit der Präparierung und kann sich dabei allerdings mehr oder weniger sachentsprechend verhalten. Im Spielvorgang schafft etwa ›melodische‹ Bewegung auf den Tasten ein ›mehrstimmiges‹, die einzelnen Farben mit eigenen Rhythmen voneinander trennendes unbeabsichtigtes Resultat. Die Notation schreibt lediglich die Aktion vor, kann also nicht eigentlich als zusammenhängender Text gelesen werden. Nach und nach wird sich die Tendenz durchsetzen, den Interpreten am Produktionsprozeß zwar zu beteiligen, ihm eine volle (etwa ›analytische‹) Kontrolle jedoch vorzuenthalten. Der Komponist selbst verzichtet auf die Kontrolle in der konkreten Vorstellung. Das ›Ausdenken‹ der kompositorischen Idee zieht sich auf eine Ebene größerer Allgemeinheit zurück. Die Klänge sollen für sich etwas sein und den Komponisten womöglich überraschen, seine Dispositionen dienen eher ihrer Präsentation als ihrer Verarbeitung; später werden sie ihrer wie selbsttätigen Hervorbringung und Abwechslung dienen. Die Konzentration eines wesentlichen Teils der kompositorischen Entscheidungen in einem traditionell als vorkomposito-risch eingestuften Bereich bereitet den späteren fast gänzlichen Rückzug des Komponisten aus der Komposition vor. – Erst mehr als zwei Jahre nach diesem Vorreiterstück, nach reiflichem Nachdenken über das neue Medium, wird C. wieder, und dann anhaltend, für präpariertes Klavier schreiben.

Zunächst entsteht 1941 in Kooperation mit dem Mitschüler bei Cowell und Schönberg, Lou Harrison, *Double Music* für Schlagzeugquartett, wobei die Struktureinteilungen vorgegeben, jeweils zwei Stimmen von den Autoren unabhängig voneinander auszuarbeiten waren. Das erste ›Happening‹ der Kunstgeschichte (Black Mountain 1952) wird prinzipiell nicht anders funktionieren, nur daß sich dann Künstler verschiedener Sparten in einem vorgegebenen Zeitraster frei bewegen werden. Alles, was C. mit der Beteiligung Anderer oder in eigener Ausübung später noch unternehmen wird, ist immer nur Übertragung von Einsichten oder Erfahrungen, die im angestammten Medium der Musik gewonnen wurden. Insofern darf man ihn ohne Einschränkung einen Komponisten nennen.

Das Jahr 1948 markiert eine Wende. C. beendet die Komposition des ersten der zusammenfassenden zyklischen Großwerke, *Sonatas & Interludes* für präpariertes Klavier. Am Black Mountain College veranstaltet er ein Satie-Festival und brüskiert die anwesenden europäischen Emigranten mit der Behauptung, Beethoven bedeute einen Irrweg der Musikgeschichte. Der dadaistische Impuls ist nicht zu verkennen (1948 entsteht auch *Suite for Toy Piano*, einer von mehreren Versuchen, den Tonvorrat der diatonischen Skala ohne funktionale Bedeutung zu verwenden), aber den theoretischen Hintergrund bildet die Überzeugung, mit der Atonalität sei »the disintegration of harmonic structure« (*Forerunners of Modern Music*, 1949) vollendet, ein Fehlschluß, der sich vielleicht auf Schönbergs unvorsichtiges Diktum zurückführen läßt, die Harmonie stünde derzeit (theoretisch) nicht zur Diskussion. An die Stelle der harmonischen Organisation müßte ein anderes Prinzip treten, eine Organisation auf der Basis von Zeitdauern geschaffen werden, wie sie bei Satie und Webern zu bemerken sei. Im Verlauf dieses *Plädoyers für Satie* nimmt C. jedoch auch eine Reihe von Definitionen in Angriff, die ihn musiktheoretisch erstmals auf voller Höhe zeigen und geeignet sind, seine Musik in allen ihren Wandlungen sinnvoll zu beschreiben: Struktur heißt wie erwähnt die Gliederung des Ganzen in Teile. Form wird, in größerer Nähe zu einem anspruchsvolleren Formbegriff, das Element der Lebendigkeit dieses Ganzen genannt, die Morphologie des Verlaufs – ein äußerst fruchtbarer Begriff, der zudem in engster Verbindung mit C.s theoretischer Bearbeitung des »Klangs« selbst steht. Das jeweils gewählte Mittel, um den Formverlauf zu konstituieren, heißt Methode, zu unterscheiden von dem subjektiv zufälligen Kompositionsprozeß, der später in den Mittelpunkt des Interesses rücken wird. Musik schließlich ist Kontinuität des Klangs, aber ihr Material wird zunächst noch ganz Schönbergisch als: die Töne bestimmt, während in der früher so aktuellen Frage der »neuen Materialien« abgewiegelt wird. Bald darauf wird für C. ebenso wichtig werden, was die Kontinuität des Klangs unterbricht, und durch das die Zeitdauer sich ebenso ausdrücken kann wie durch diesen: die Pause. 1948 kündigt C. auch die Komposition eines ganz aus Stille bestehenden Stücks an; es wird später dazu kommen, aber im folgenden Jahr umfaßt das Material der Musik Klänge und Stille, und ihre Integration heißt Komponieren. Die Neufassung des Materialbegriffs enthält das Moment einer doppelten Erweiterung: Klänge (statt Töne), sowie Nichtklänge; an der komplementären Konstruktion von Klang und Stille wird sich C. in der Tat eine Zeitlang versuchen.

1949 bereist C. zum zweiten Mal Europa und trifft in Paris auf Boulez. Das Geringste, was man sagen kann, ist, daß er die Konstitution des Serialismus aus nächster Nähe beobachtet, wenn er sie nicht sogar entscheidend beeinflußt, und daß sich in der intensiven Auseinandersetzung mit Boulez sein eigenes Konzept modifiziert und präzisiert. Es entsteht die *Lecture on Nothing*, die sich auf ihre Weise jenem »Nullpunkt« nähert, der in jenen Jahren die Gemüter (u. a. Roland Barthes, Boulez, Yves Klein, Robert Rauschenberg) beschäftigt, und zugleich von dem traditionell kompositorischen Anspruch getragen ist, das Gesagte müsse sich auch durch seine Formgestalt aufweisen. An den Titeln der Zeit bemerkt man die ›europäische‹ Orientierung. Noch in Frankreich wird *String Quartet in Four Parts* begonnen, worin einige der am präparierten Klavier entwickelten Prinzipien auf die normalen vier Instrumente und eine Auswahl eingebürgerter Spieltechniken übertragen werden. Manches wie die Fixierung der Tonhöhen in bestimmten Lagen erinnert auffällig an das Streichquartett op. 28 von Webern, einem Autor, der in der Diskussion mit Boulez eine entscheidende Rolle spielt.

Es folgt als nächstes Großwerk *Concerto for Prepared Piano and Chamber Orchestra*, in dem ein raffiniert präpariertes Klavier (das auch einige Ausflüge in den bisher kaum betretenen Bereich der Mikrointervalle erlaubt), das erst ein Mal in einer Ballettmusik verwendete Orchester mit reichem Schlagwerk und elektrischen Klangerzeugern sowie zunehmend mehr und längere Pausen zusammengefaßt erscheinen. Am Orchesterklang überrascht die Verwandtschaft zu Weberns »Variationen« op. 30, vermutlich nicht Rezeption, sondern sachliche Nähe. Erstmals arbeitet C. mit Tabellen mit Materialien, auf denen er sich aber nach von ihrer Anordnung ganz unabhängigen Regeln bewegt, z. T. per Münzwurf nach dem chinesischen »I Ging«. An die Stelle der Reihe tritt ein Vorrat von Elementen, die 12 Töne sind durch Klangkombinationen ersetzt. Die Zufallsentscheidungen sichern eine gewisse Gleichverteilung und bewahren den Komponisten vor den Fallstricken des Geschmacks, der Willkür und der Tradition. Allerdings wählt er die Elemente und legt (übrigens nach Parametern getrennt wie Boulez) die Spielregeln fest, und die Anforderungen an sein kombinatorisches Vorstellungsvermögen steigen mit zunehmender Unbestimmtheit (indeterminacy) eher, als daß sie abnähmen. Noch läßt sich das entworfene Modell im Raster der traditionellen Notation fassen. Von *Imaginary Landscape No. 4* für zwölf Radios (24 Spieler) gibt es noch eine Partitur für einen Dirigenten, aber die Koordination geschieht nicht mehr über ein sozusagen konkret musikalisches Maß, sondern über das allgemeine abstrakte Zeitraster mit der Sekunde als Einheit. Die Anweisungen werden auf einer entsprechenden Strecke des Partiturpapiers placiert, ihr genauer Ort in der Zeiteinheit wird geschätzt (space notation). Indem die Musiker im erprobten Rahmen einer ›strukturellen‹ Ordnung der Teile ohne jeden Spielraum für Reagibilität ihrer mechanischen Arbeit nachgehen, wird den Zufälligkeiten des von den Instrumenten gerade Gelieferten Raum gegeben. Nicht ganz ungesteuert freilich. Denn gerade die ›unkontrollierbaren‹ Überlagerungsphänomene sind interessant; was auch aus dem Radio kommt, ist durch strukturbedingtes An- und Abdrehen sowie durch die Gleichzeitigkeit mit u. U. ebenso eigenmächtigen Phänomenen neutralisiert; eine allgemeine Charakteristik vereinigt die Klänge aus dem Apparat, Sprache und Sprachen, Musik der verschiedensten Art und bedeutungsfreies Geräusch, alles in wechselnder Präsenz; wenn man schließlich nur weit genug hochabstrahiert, wird man über die sich notwendig drastisch voneinander unterscheidenden Aufführungen hinaus auf so etwas wie die Einheit des Stücks kommen. Zunächst aber tritt C. von dem Verzicht auf Beeinflussung des klanglichen Substrats seiner Komposition, von der bloßen Ideenmusik wieder zurück.

Music of Changes aus demselben Jahr 1951 begibt sich in die größte Nähe zum Serialismus. Gegenüber dem tonsystematisch kaum greifbaren Stoff des Radiostücks beschränkt sie sich wie die gleichzeitigen »Structures« (Premier livre) von Boulez auf die Töne des unpräparierten Klaviers und organisiert sie unter ständigem Rekurs auf Zwölftönigkeit. Während die Boulezschen Reihentabellen gewissermaßen noch immer thematische Abläufe und damit Zusammenhänge verzeichnen, sind C.s Tabellen nichts als Listen; als Klangvorrat enthalten sie Töne, Akkorde, Aggregate (die aus heterogenen Materialien zusammengesetzt sind) und Gruppen und transformieren sich zudem im Fortgang des Komponierens. Obwohl die Trennung der verschiedenen Aspekte der Klangorganisation dem gleichen Zweck wie im Serialismus: der Vermeidung traditioneller, etwa kadenzartiger, Verknüpfungen dient, ist die Bewegung auf den Tabellen nicht mehr linear gerichtet und tilgt so den letzten Rest von motivischem Denken. Obwohl das angegebene Tempo sich wegen der Aufhebung des Takts nicht eigentlich mehr konkretisieren kann, werden, wie bei den meisten sonstigen Entscheidungen mithilfe von chance operations nach dem »Book of Changes (I Ging)«, Tempoveränderungen angebracht, deren Ausführung den Interpreten mit, man kann sagen: philosophischen Problemen konfrontiert.

1952 entsteht jenes Stück, das C. für das wichtigste überhaupt erklärt hat, und das in der Tat einen Extrempunkt besetzt hält: *4' 33"* das Stück, in welchem der Interpret dreimal für eine festgelegte Zeit nichts tut. Es ist aus der Definition des Materials (Klänge + Stille) nach manchen theoretischen und kompositorischen Vorstufen hervorgegangen, von denen das *Concerto* von 1950–51 eine gewesen war. Der Zeitraum von der Ankündigung an über alle Fassungen und Adaptionen erstreckt sich über 25 Jahre, und rechnet man die zahllosen Statements darüber hinzu (einschließlich der Behauptung, er denke immer an sein »stilles Stück«, bevor er etwas Neues beginne, die es zum Prüfstein seiner Arbeit erklärt), so währt die Beschäftigung damit lebenslang. *4' 33"* scheint ein bloßes Konzeptstück zu sein, und ist doch eindeutig ein musikalisches Werk mit allem, was dazugehört: einem veröffentlichten ›Notentext‹, Besetzungsangaben, Vortragsanweisungen, der genauen Aufführungsdauer für das gesamte Stück und die einzelnen Sätze. Auch wenn in einer Anmerkung eingeräumt wird, daß sie auch jede beliebige andere sein könnte, zeigt der Titel, daß die Dauer, die Basiskategorie für Klänge und Stille, das Hauptthema ist. Die Unterteilung in Sätze steht für »Struktur«, auch wenn die Dauern durch Zufallsoperationen gewonnen wurden und eine nicht ganz eindeutige Bemerkung C.s aus der letzten Zeit lediglich vermuten läßt, daß die Stillepartikel, aus denen die drei Teile zusammengesetzt wurden, einer Strukturformel gehorcht haben, die hier natürlich noch weniger als bisher zu hören ist. *4' 33"* scheint mit dem »Nullpunkt« ernst zu machen; es geht jedoch, wie etwa bei Willi Baumeister oder Jackson Pollock, um das Problem von Figur und Grund. Das »tacet« der veröffentlichten Ausgabe (es existiert auch eine handschriftliche Version in space notation) hat die gewöhnliche Bedeutung, daß diese Stimme aussetzt, während das Stück unterdessen in anderen Stimmen vor sich und weiter geht. Solange die Musik schweigt, ist eine andere, die eigentliche Musik zu hören: Verkehrslärm von draußen, die unfreiwilligen Geräusche oder Unmutsäußerungen des Publikums. Ohne die Aufführungssituation wäre das nicht künstlerisch erlebbar, aber Aufführender ist derjenige, der offensichtlich nichts tut, der nämlich sozusagen seine Pausen zählt. Der hörbare Teil ist gerade nicht gestaltet, ohne daß man sagen dürfte, er sei nicht komponiert worden. C. hatte versucht, die Stille, diesen Grenz- und Negativwert, positiv zu besetzen, sie zu konstruieren und zu organisieren, ohne daß sie einen den Klängen analogen Reichtum hätte hergeben können. Was es zu hören gibt, ist nicht die Stille (obwohl die Pause tatsächlich auch etwas ist und nicht einfach nur nichts) – eine absolute Stille gibt es nicht, wie auch C. entdecken muß, und das durch relative Stille hörbar Gemachte wäre entsprechend den vom Klanguniversum ausgehenden Reizen und damit gestellten kompositorischen Aufgaben zu organisieren. »Stille« ist Problemtitel für einen Übergangszustand, in dem die Freisetzung der nicht absichtlich zum Zwecke der Musikausübung erzeugten, und damit schon historisch besetzten und zugerichteten, Klänge geschieht, die C. nicht nur als am Buddhismus Interessierten, sondern wiederum als Komponisten angehen. Der planvollen Herbeiführung von Situationen, in denen dergleichen entsteht und unbeabsichtigtermaßen aufeinandertrifft, wird ein großer Teil seiner künftigen Aktivitäten gelten – auch das, wohlgemerkt als Musik intendierte, sogenannte Happening von 1952.

In der Serie *Music for Piano 1* (pp., 1952 ff.) werden auch die Beziehungen zwischen den noch festgelegten Tönen bzw. Klängen gelockert. Die Positionsbestimmung im Tonhöhenraum und in der Aufeinanderfolge geschieht, statt in lauter einzelnen Zufallsentscheidungen, pauschal durch Benutzung der Unebenheiten des Papiers (später auch von Holzmaserungen und Sternkarten), über die ein Linienraster gelegt wird. Die Notation ist noch konventionell, aber im Rahmen der durchgängig verantworteten Kompositionen wird Unbestimmtheit systematisch verlagert und ausgeweitet, sodaß sich von Aufführung zu Aufführung eine gewisse Variationsbreite eröffnet. Die späteren Folgen sind beliebig hinter- oder simultan miteinander aufführbar, die Voraussetzungen für »Struktur« beginnen sich aufzulösen. Auch die Stücke einer zweiten Serie (1953 ff.) mit Dauerangaben im Titel (z. B. *26' 1.1499 for a String Player* – d. h. ein beliebiges viersaitiges Instrument) können gleichzeitig aufgeführt werden. *4' 33"* hat die absolute Dauer zum wesentlichen Inhalt erklärt; wie das »stille Stück« offen gegenüber den Umweltklängen, so sind diese Stücke offen auch gegeneinander. Die Notation erfolgt tabulaturartig, so daß das, was früher im Kompositionsprozeß in getrennten Akten übereinandergeschichtet, dann aber zu einem einigermaßen kohärenten Text verarbeitet wurde, jetzt aus besonderen Systemen für Dynamik, Geschwindigkeit oder auch die vier Saiten des Streichinstruments erst zu integrieren ist. Der Akt der Aufführung konfrontiert den Komponisten mit einer von ihm nicht konkret vorwegzunehmenden Synthesisleistung. Erstmals begegnen aber auch Angaben, die die Integrität des Ganzen antasten, nachdem bereits auf die strukturhafte Unterteilung verzichtet worden ist: Wie die Möglichkeit der simultanen Aufführung von Stücken mit unterschiedlicher Gesamtdauer zeigen auch ausdrücklich eingeräumte Kürzungen, daß die Kategorie des Werks zur Diskussion steht.

Den neuen Zustand artikuliert der Begriff, der erst 1955 ausgeführt wird: *Experimental Music* (: *Doctrine*). Es gehen nicht Experimente dem Komponieren voraus – Kompositionsprozeß wie Kompositionen sind selbst der Art, daß der Ausgang unvorhersehbar ist. Das gewichtigste kompositorische Dokument aus dieser Phase ist das *Concert for Piano and Orchestra* (1957–58), in dem wieder das bis dahin Gewonnene zusammengefaßt wird: die Kombinierbarkeit von auch einzeln aufführbaren Stücken, der nicht integrale Charakter des Ganzen, eine z. T. aus nicht synthetisch aufeinander beziehbaren Bestandteilen zusammengesetzte Klavierstimme, Kürzungsmöglichkeiten und Unbestimmtheit in manchen Angaben. Eine Partitur gibt es nicht mehr, nur eine umfangreiche und durchaus virtuos gemeinte, aus dem Ensemble herauslösbare Solostimme, Orchesterstimmen, die als »Solos« ebenfalls selbständig aufführbar sind, sowie eine eigene Stimme für den Dirigenten, die nicht das enthält, was die anderen, sondern was er zu tun hat. Es herrscht sozusagen allgemeines ad libitum; alle erdenklichen Kombinationen bis zur Symphonie (ohne Klavier) oder zum vollständigen Konzert sind möglich, weitere Stücke sind simultan dazu aufführbar. Zum letzten Mal ist alles relativ lückenlos ausnotiert, auch die teilweise ›graphische‹ Notation der Klavierstimme enthält immer genügend Elemente der traditionellen Notenschrift, und so ist für eigentliche Improvisation kein Raum. Prinzipiell in Bewegung gebracht wird allerdings die Zuordnung der Stimmen untereinander. Die Orchesterstimmen müssen zeitlich eingerichtet und können mehrfach gekürzt werden; die Reihenfolge der Blätter der Klavierstimme ist beliebig; der Dirigent gibt die Zeit nach der Uhr sowie das, was seit langem als seine Aufgabe gilt: die Abweichungen vom Tempo, sozusagen das Rubato an. Daß die Musiker sich danach zu richten haben, obwohl die Bewegungen der Stimmen keinen eruierbaren Bezug untereinander und auf diese Angaben haben, dient der Gegensteuerung gegen Harmonisierungstendenzen und gegen die Neigung, ›spontan‹ aufeinander zu reagieren – auch gestische Elemente werden vom Satz abgelöst durchgeführt.

In der Serie *Variations 1* (pp., 1958 ff.) wird die Unbestimmtheit von der Aufführung in die Komposition selbst zurückverlagert. In den ersten Folgen erhalten die Interpreten Spielmaterialien und Regeln, nach denen sie sich einen spielbaren Notentext erstellen. Durch den Verzicht auf die einmalige definitive Entscheidung des Komponisten werden unzählige Möglichkeiten freigesetzt; dem vordem verbindlichen objekthaften Werk kommt Prozeßcharakter zu. Später verzichtet C. mehr und mehr darauf (und das setzt sich in zahlreichen weiteren Projekten fort), für die Teilnehmer an seinen Aktionen überhaupt noch einen umfassenden Plan zu fixieren. Der *Variations*-Zyklus bewegt sich bereits hin zu größter Allgemeinheit, von »any instrument/performer« zu »any actions/sound sources«; aber das Problem bleibt das von Schönberg ererbte der Variation. Wie weit kann man gehen mit der Austauschbarkeit der Elemente und der Methoden ihrer Verbindung? Man muß sich klar machen, was alles aufgegeben bzw. systematisch destruiert worden ist: Grammatik und Syntax, Wiederholung, Kontrast (in einem bestimmten tradierten Sinn), Entwicklung, Steigerung, Überleitung, Symmetrie, Durchführung etc. – weil an jeder dieser Kategorien Reste des tonalharmonischen Denkens haften, und um zu sehen, was die Musik von sich aus leistet, wenn man nichts von ihr ›will‹. Jede Art schematischer Formung ist beseitigt; »Form« rückt in den Vordergrund des Interesses, und zwar als unendlich vielgestaltig. Niemals aber hat sich C. als Autor gänzlich verabschiedet, auch nicht in den Kompositionen für Tonbänder oder für Pflanzenmaterialien, noch in den Installationen bzw. Environments, teilweise unter Beteiligung des Publikums, oder den »circus«artigen Großveranstaltungen, wie sie bis in die achtziger Jahre hinein immer wieder auftauchen werden. Immer mußte er, geleitet von einer gewissen Methodik (von der man sagen darf, daß sie theoretisch nicht immer ganz aufgehellt war und ihn als solche allerdings auch gar nicht interessiert hat), vorweg zumindest festlegen, auf welcher Ebene oder an welchem Ansatzpunkt jene »Fragen« gestellt werden sollten, welche schließlich die kompositorischen »Entscheidungen« ersetzt haben. Es bleibt der Komponist, der die Materialien ins Spiel bringt und eine Idee von der Art ihrer Verwendung faßt, der sich zunächst ›ausrechnen‹ muß, was unter welchen Bedingungen passiert, oder was er zu tun hat, damit etwas nicht passiert.

Dennoch scheint sich C. an dieser Stelle der Gefahr der völligen Auflösung des Kompositionsstoffs gegenübergesehen zu haben. Der eingeschlagene Ausweg bringt zwar ein Minimum an gegenständlicher Festigkeit zurück, ist aber von derselben Abstraktheit gekennzeichnet wie alle bisherigen Schritte. Es ist weder das Formproblem, noch das Problem des Materials jemals ernstlich, positiv in Angriff genommen worden. Stattdessen führt der Weg in eine dem Übertritt vom Abstrakten Expressionismus zu Pop Art in der Bildenden Kunst analoge Richtung: C. beginnt (in engstem Kontakt mit Jasper Johns und Rauschenberg) in einigen Stücken seit den 60er Jahren mit vorhandener Musik zu arbeiten. Sie wird allerdings neutralisiert durch mechanische Ausdünnung (etwa *Cheap Imitation* nach Satie, 1969) oder durch dichte Überlagerung (wie in *HPSCHD* nach Beethoven, Mozart, Schumann u. a., 1967–69; vorgefertigte Musik ist auch die Basis der meisten »*Circus*«-Projekte; in Hörspielform etwa *Roaratorio*, 1977–79). Der Gedanke scheint der zu sein, es müßten aus den neugewonnenen konkreten Einzelheiten, Gestalten, und aus den entwickelten Massenphänomenen, statistischen Bildungen, auch wieder notierte, jedoch auf anderer neutraler Grundlage zu synthetisierende eigentliche musikalische Kompositionen hervorgehen können, und so beginnt C., der sich auch literarischen und graphischen Arbeiten mehr und mehr geöffnet hat, nach der Sammlung älterer und neuerer Stücke in den *Song Books* (1970) zu Instrumentalkomposition und ›rein musikalischen‹ Werken und Werkreihen zurückzukehren. Die staunenswerte Fruchtbarkeit verdankt sich teilweise der Ersetzung der eigenhändigen Zufallsoperationen durch Computerprogramme. Zunächst werden die überkommenen Institutionen des Musiklebens teils bedient, teils umgestaltet in Werken, worin der Apparat des Orchesters und die notwendige Abschaffung des Dirigenten reflektiert werden (*Etcetera* mit oder ohne 3 Dirigenten, *Exercice* für ein Orchester aus Solisten, 1. Fassung – beide 1973) sowie in veritablen Etüden (zuerst *Etudes Australes* für Klavier, 1974–75), deren Komposition wie Aufführung einen technologischen und Imaginationssprung bewirkt haben dürften. In den achtziger Jahren schließlich werden zwei Werkreihen konzipiert, in denen auch wieder wirkliche Grundprobleme des musikalischen Satzes thematisiert werden: *Music for Two* (pp., je nach Anzahl der Spieler, aber für bestimmte Instrumente, 1984 ff.), vom gleichen Programm erzeugte selbständige Stimmen, die sich nach und nach zu einem, »natürlich« ohne Dirigenten aufzuführenden, Orchesterstück addieren sollen, sowie *Two* (pp., teilweise für bestimmte Instrumente oder für solche adaptiert, 1987 ff.), Stücke, denen »kein gemeinsamer Gedanke zugrundeliegt« (Darmstädter Einführung 1990), die aber, wie es scheint, im Unterschied zu den bunt und materialreich ausgefallenen der ersten Reihe zum Meditativen neigen und noch rigoroser die ›Stimmführungsprobleme‹ in den Mittelpunkt rücken.

In *45' for a Speaker* (1954) hatte es geheißen: »Giving up counterpoint / one gets superimposition / and, of course, / a little counterpoint comes in of its own accord. / How I wouldn't know.« Mit der bewußten Überlagerung überschaubarer Elemente wird das Problem des Kontrapunkts von neuem akut. Als Konsequenz aus der Flexibilisierung hat C. Zeitklammern (time brackets) eingeführt, in Sekunden gemessene Überlappungsspielräume. Damit gerät er in eine Auseinandersetzung mit Schönbergs Begriff der Einheit des musikalischen Raums, und muß die Harmonie, statt in einzelnen Fortschreitungen, auf höherer Ebene in idealer Gleichzeitigkeit sich schließen lassen. Während jedoch die Abschaffung des klassischen Zeitrasters, des Takts, beibehalten bleibt, war der immerhin einmal angemeldete Anspruch, der in der Definition eines neuen der Erweiterung des Materials entsprechenden Harmoniebegriffs: »coexistence of dissimilars« liegt und der C. eine Analogie zur Schönbergschen Bestimmung der Dissonanz hat finden lassen: »This disharmony ... is simply a harmony to which many are unaccustomed« (*Experimental Music*, 1957) –, an den Hörer abgegeben worden. Die Harmonie, die dem alten C. »entgegenkommt« (Darmstadt 1990), scheint, wie auch die neu begegnende Vorstellung von »Schönheit«, eher Satie oder Belchers von C. ebenfalls bearbeiteten *Harmonies of Maine* zu entstammen als der, immerhin auch durch ihn selbst mitgeschaffenen, aktuellen musikalischen Lage. Trotz der einigermaßen regelmäßigen Einbeziehung von Geräuschelementen auch in die »Komposition mit Tönen« und gelegentlicher Ausflüge in den mikrointervallischen Bereich ist das zwölftönig temperierte System unbeschädigt und unbearbeitet aus den Wirren und den methodischen Folgerungen des C.schen Unternehmens wiederaufgetaucht. Freilich – wenn man gegen Ende der achtziger Jahre in *Two* für Flöte und Klavier eben dieses System, aber auch nicht die geringste Erinnerung an Hierarchie und harmonische Funktionalität mehr wahrnehmen kann, so mag das in seiner statisch schwebenden Charakteristik dem Zeitgeist entgegenkommen und dennoch musikalisch ein Lebenswerk wert gewesen sein.

Noten: Henmar (N. Y.); Peters (Ffm. und N. Y.).
Dokumente: J. C., Silence, Middletown (CT) 1961; dt. Silence, Neuwied 1969 [Auswahlausg.]. KOSTELANETZ, R.: J. C., Köln 1973. DERS.: J. C. im Gespräch. Zu Musik, Kunst und geistigen Fragen unserer Zeit, Köln 1988. M. Writings '67-'92, Middletown (CT) 1971. »Empty Words. Writings '73-'78, ebd. 1979. X. Writings '79-'82, ebd. 1983. J. C. Writer, hrsg. von R. KOSTELANETZ, N. Y. 1993. »Dear Pierre« – »Cher John«. Pierre Boulez und J. C. Der Briefwechsel, hrsg. von J.-J. NATTIEZ, Hbg. 1997. J. C. und BOULEZ, P.: Correspondance et documents, hrsg. von DEMS., Mainz 2002 (Veröff. der Paul-Sacher-Stiftung 1).
Literatur: J. C., Mn. 1978, ²1990 (MK Sonderbd.). J. C. II, Mn. 1990 (MK Sonderbd.). Writings about J. C., hrsg. von R. KOSTELANETZ, Ann Arbor (MI) 1993. REVILL, D.: Tosende Stille. Eine J.-C.-Biographie, Mn. 1995. Mythos C., hrsg. von CL.-ST. MAHNKOPF, Hofheim 1999. The Cambridge Companion to J. C., hrsg. von D. NICHOLLS, Cambridge 2002. J. C. Music, Philosophy and Intention 1935–1950, hrsg. von D. W. PATTERSON, N. Y. und Ldn. 2002. MEHRING, FR.: Sphere melodies. Die Manifestation transzendentalen Gedankenguts in der Musik der Avantgardisten Charles Ives und J. C., Stg. und Weimar 2003.

Reinhard Kapp

Čajkovskij, Pëtr Il'ič

Geb. 25. 4. (7. 5.) 1840 in Votkinsk (Ural); gest. 25. 10. (6. 11.) 1893 in St. Petersburg

Der westliche Musikkenner, nach dem russischsten der russischen Klassiker gefragt, wird, ohne lange zu zögern, Musorgskij nennen, den Autor des musikalischen Volksdramas »Boris Godunov« und der ganz von der Sprachintonation geprägten psycho-realistischen, fast szenischen Lieder(-zyklen), den genialen Dilettanten und einseitigen Visionär, der sogar innerhalb seines eigenen Zirkels des »Mächtigen Häufleins« (der Petersburger Gruppe der Fünf um Milij A. Balakirev und Vladimir V. Stasov') letztlich unverstanden blieb, wie etwa die Bearbeitungen seiner Werke durch Rimskij-Korsakov zeigen. Für die Russen aber ist Č. der nationale Komponist ihrer klassischen Musikepoche vom Ende des 18. bis zum Beginn des 20. Jahrhunderts. Die westliche Musikgeschichtsschreibung, die es sich leicht macht mit den im 19. Jahrhundert stark erblühenden Musikkulturen des europäischen Ostens, indem sie sie als gleichsam exotische ›Nationalschulen‹ ausgrenzt, macht es sich doppelt leicht mit Č.: Angeblich weniger national als die Gruppe der Fünf und ihre Vorläufer Glinka und Dargomyžskij, gar ein Westler und Internationalist wie sein Kompositionslehrer Anton Rubinštejn, erreiche er zugleich, vor allem geschmacklich, nicht das Niveau der deutschen und französischen Musik, der er sich verpflichtet wisse. Für die Russen dagegen ist Č., vielleicht zusammen mit Rimskij-Korsakov, der erste, der der nationalen Musik einen gleichberechtigten Platz im gesamteuropäischen Konzert gewinnt, der, in allen Gattungen ausgewiesen, als erster wirklich frei schaffender und von seiner Kunst lebender Komponist gleichermaßen zu Hause ist unter Bauern wie im Salon, im orthodoxen Gottesdienst wie im großbürgerlichen zaristischen Opernhaus.

Nicht so sehr die Tatsache, daß Č. wie seine Petersburger Kollegen russische (und ukrainische) Volkslieder in seine Kompositionen verwoben hat, z. B. im *Ersten Streichquartett* op. 11 (1871) – der betreffende Satz rührte Lev N. Tolstoj zu Tränen – und *Ersten Klavierkonzert* op. 23 (1874–75), in der *Zweiten* und *Vierten Symphonie* opp. 17 und 36 (1872 und 1877–78), in der Oper *Opričnik* (St. Petersburg, 1874) und in der Schauspielmusik *Sneguročka* (»Schneeflöckchen«; op. 12, 1873), in der *Streicherserenade* op. 48 (1880) und der *Festouverture 1812* op. 49 (1880); daß er Volkslieder gesammelt und bearbeitet hat (50 russische Volkslieder für Klavier zu vier Händen) oder daß er Themen der russischen Geschichte und Literatur (Aleksandr S. Puškin, Nikolaj V. Gogol', Aleksandr N. Ostrovskij u. a.) in seinen Opern und einsätzigen Instrumentaldramen aufgegriffen hat, macht ihn zu einem nationalen Komponisten. Das ist für die gesamte klassische russische Musik typisch. Sondern wie er dieses vorgegebene Material in seine eigene, unverwechselbare Sprache fügt, wie er es mit den kompositionstechnischen Standards der westlichen Musikzentren beherrscht, macht ihn schon zu Lebzeiten zu einem Nationalhelden, zum ›Peter dem Großen‹ der russischen Musik. Wohl auch in diesem Sinne hat Stravinsky, zeitlebens ein emphatischer Verehrer der Kunst Č.s, in seiner »Musikalischen Poetik« (1942) seinen Landsmann einen »zutiefst nationalen« Komponisten genannt – offenbar ohne große Wirkung; denn noch immer bleibt ein komplexeres und solideres Bild der russischen Musik anzumahnen, in dem Č. nicht als westlicher Gegenpol zur Gruppe der Fünf figuriert, sondern als deren eigenständiges und vielseitigstes Komplement.

In den etwa 28 Jahren seines musikalischen Schaffens (1865–93) hat Č. 74 bzw. 80 Werke mit und etwa gleich viele ohne Opuszahl komponiert: zehn Opern, drei Ballette und zehn Schauspielmusiken, etliche Chöre und fünf Oratorien oder Kantaten, über 100 Romanzen und Lieder, Duette und Vokalensembles, acht Sinfonien, vier Orchestersuiten (in der letzten, *Mozartiana*, instrumentierte er die drei Klavierstücke KV 574, 576b und 455 sowie – nach Liszts Klaviertranskription – das »Ave verum« KV 618 seines musikalischen Idols Mozart) und ein Dutzend weiterer Orchesterwerke, zehn Konzerte und Konzertstücke, zehn Werke für Streichorchester und Kammerensembles, schließlich eine Menge Klaviermusik und Bearbeitungen (darunter neue, russischsprachige Rezitative zu Mozarts »Figaro«).

Č. gehört weltweit zu den meistgespielten Komponisten ›ernster Musik‹, und doch sind große Teile seines Gesamtwerks zumindest außerhalb Rußlands so gut wie unbekannt – ein Schicksal, das Č. mit dem etwa gleichaltrigen Tschechen Dvořák teilt. Unter den weniger oder gar nicht bekannten Sachen finden sich gerade auch solche, die das Bild des allzu berühmten Komponisten von *Lebedinoe ozero* (»Schwanensee«; Moskau 1877) und *Evgenij Onegin* (Moskau 1879), des *Ersten Klavierkonzerts*, der *Vierten*, *Fünften* und *Sechsten Symphonie* (1877–78, 1888, 1893), des *Violinkonzerts* op. 35 (1878) und der *Festouvertüre 1812* op. 49 (1880) mit zusätzlichen Konturen und Farben bereichern – und verändern. Dazu nur drei Beispiele: Die vom Unheimlichen bis zum Heiteren und Grotesken reichenden Genreszenen, die deftigen und groben Charaktere und die komplexen Bilderfolgen russischen Lebens und Lebensgefühls in den *Orchestersuiten Nr. 2* und *3* (opp. 53 und 55, 1883 bzw. 1884) sind ohne Parallele in der russischen und gesamteuropäischen Musik ihrer Zeit. Die beiden kirchenmusikalischen Hauptwerke, *Chrysostomus-Liturgie* (op. 41, 1878) und *Vsenoščnoe bdenie* (»*Ganznächtliche Vigil*«, op. 52, 1881–82), beide für Chor a cappella (wie in der russisch-orthodoxen Kirche vorgeschrieben), haben als Reformwerke die weitere Entwicklung der mehrstimmigen russischen Kirchenmusik wesentlich geprägt. In der *Vigil* versucht Č., die alten einstimmigen liturgischen (dem westlichen gregorianischen Choral vergleichbaren) Melodien ihrer kirchentonalen Struktur entsprechend modal zu harmonisieren. Seine besondere Gabe für das tänzerische Element in der Musik ließ Č., der sich nicht scheute, in Leo Delibes ein großes Vorbild für seine eigene Ballettmusik zu sehen und den Walzer zu einem symphonischen Satztyp zu stilisieren (vgl. die Walzer von der *Ersten* bis zur *Sechsten Symphonie*, in der *Zweiten* und *Dritten Orchestersuite* sowie in der *Streicherserenade*), zum bedeutendsten Ballettkomponisten vor Stravinsky werden. Die Musik zu *Schwanensee*, *Spjaščaja krasavica* (»Dornröschen«; op. 66, St. Petersburg 1890) und *Ščelkunčik* (»Nußknacker«; op. 71, St. Petersburg 1892) haben zusammen mit den Choreographien Marius Petipas und Lev I. Ivanovs, den Ballettmeistern und Choreographen des St. Petersburger Mariinskij-Theaters, Ballettgeschichte geschrieben und wurden zu Prototypen des ›klassischen Balletts‹. In idealer Weise gilt das für *Dornröschen*, als Auftragswerk auf Petipas minutiös vorgegebenes Tanzprogramm musikalisch maßgeschneidert. (Das Particell der gut zweieinhalb Stunden Musik entstand in einem ungeheuren Schaffenselan in nur 40 Arbeitstagen.) Dramatische Konzentration (drei Leitmotive), langer sinfonischer Atem, gestisch sprechende Musik zu Szenen und Pas d'action, prächtige Aufzüge und mitreißende Tanzspiele, lyrische Solo-Pas, ein wahres Feuerwerk kurzer Charaktertänze und prägnanter Divertissements (mit Charles Perraults Märchenfiguren), historisierender Ton und barocke Tänze wie Menuett, Gavotte und Sarabande bei der Darstellung der höfischen Welt zur Zeit Ludwigs XIV. machen *Dornröschen* wohl zu Č.s reichstem und typischstem Werk.

Č. s Musik, vor allem sein reifes Instrumentalwerk, neigt zum Bekenntnishaften und Überdeutlichen. Hier liegt vielleicht der Grund für die vehemente und teils vernichtende Kritik, mit der strenge Ästheten und klare Köpfe von Eduard Hanslick bis Theodor W. Adorno sie bedacht haben. Der im Leben scheu zurückhaltende, die Menschen fliehende Privatmann – seine Homosexualität machte ihn zusätzlich zu einem an Selbstzweifeln und -vorwürfen krankenden Außenseiter – (Klaus Mann hat das in seinem Roman »Symphonie Pathétique« von 1935 mit seelenverwandter Einfühlsamkeit gestaltet) öffnet sich ganz in seiner Musik. Ihm, der eine beglückende Erfüllung seiner Liebessehnsucht nie erfahren hat (wie er der fernen Vertrauten und Mäzenin Nadežda F. fon Mekk in einem Brief vom 9. (21.) 2. 1878 bekennt), gelingen die glühendsten und schwelgerischsten Liebesszenen. Die Seitensätze oder Mittelteile seiner einsätzigen Instrumentaldramen über literarische Stoffe sind hinreißende Hymnen an die Liebe. Man denke nur an *Romeo und Julia* (1869/1870/1880) und *Burja* (»Sturm«; op. 18, 1873), beide nach Shakespeare, oder *Francesca da Rimini* (op. 32, 1876) nach einer Inferno-Episode aus Dantes »Göttlicher Komödie« und Gustave Dorés Illustration des höllischen Sturmwirbels, in dem die verdammten unglücklich Liebenden nicht zueinander finden können. Die unmittelbare Wirkung dieser Episoden liegt vor allem in ihrer primär melodischen und farblichen Kraft. Dabei scheint die leichte, gleichsam natürliche melodische Erfindung nur auf den ersten Blick naiv und undiszipliniert: Erst ihr metrisches Raffinement und ihr auf inhaltlichen Reichtum und emotionale Vielschichtigkeit angelegte Komplexität ermöglichen jenen langen Atem und jene fesselnde Variationskunst, die die literarischen Gestalten in reichen musikalischen Charakter- und Seelenbildern lebendig werden lassen. Ihre Welt ist zugleich eine illusionäre und entrückte: Die genannten Episoden werden über langwährende chromatische, enharmonische oder mit mediantischen Übergängen zaubernde Modulationen erreicht (vgl. *Sturm*, Takt 240–265, oder *Romeo und Julia*, 3. Fassung, Takt 176–184). Es sind Traumwelten, auch wenn sie mit einer Vehemenz beschworen werden, die ans physisch Unerträgliche grenzen kann. Die klangliche und räumliche Massierung lyrischer Themen (Unisono-Führung über mehrere Oktaven in vielfachem Forte mit dichter Tuttibegleitung und schnellen, heftigen Akkordfolgen oder -repetitionen der Blechbläser), die auch für Seitensatzthemen oder langsamen Sätze der *Symphonien Nr. 4–6* typisch ist, wurde einerseits als geschmacklich bedenkliches Charakteristikum von Č.s Personalstil verstanden, zum anderen aber als Scheitern eines ›spätromantischen‹ Meisters des »zweiten Zeitalters der Symphonie« im späten 19. Jahrhundert. Bei Č., urteilt Carl Dahlhaus, falle »der große Stil, der zur ästhetischen Idee der Gattung [Symphonie] gehört, auseinander in eine Monumentalität, die eine dekorative Fassade ohne Rückhalt an der inneren Form des Satzes bleibt, und in eine innere Form, deren Substanz lyrisch ist und eine Dramatisierung einzig um den Preis eines von außen übergestülpten Pathos zuläßt« (vgl. Neues Hdb. der Mw., Bd. 6, 221).

Mit seiner *Vierten Symphonie* (op. 36, 1878) knüpft Č. ausdrücklich an die Idee von Beethovens »Fünfter« an, alle drei späten Symphonien sind ›Schicksalssymphonien‹, freilich in einem anderen

Sinne: einem persönlichen, bekenntnishaften, ja intimen. Dabei bleibt die musikalische Ausprägung des Fatum-Gedankens in der *Vierten* und *Fünften Symphonie* als »Idée fixe« in Berlioz' Manier eher äußerlich und plakativ. Erst in der *Sechsten*, mit dem Untertitel *Pathétique*, kommt Č. zu einer ungewöhnlichen, selbständigen Lösung des Problems ›Symphonie nach Beethoven‹. Daß Č. zehn Tage nach der von ihm geleiteten Uraufführung an der Cholera starb, hat zu vielerlei biographischen und schaffenspsychologischen Mutmaßungen Anlaß gegeben.

Noten: P. Č. Polnoe sobranie sočinenij [Gesamtausg.], 63 (88 Teil-)Bde., Moskau 1945–90 P. I. Č. New Edition of the Complete Works, Mainz und Moskau 1993 ff.
Dokumente: P. Č. Polnoe sobranie sočinenij. Literaturnye proizvedenija i perepiska [Gesamtausg. Literarische Arbeiten und Briefe], Moskau 1953 ff. [bisher 18 Bde.]. P. I. Tch. Letters to his Family, annotated by P. M. Young, N. Y. 1981. Musikalische Essays und Erinnerungen, hrsg. von E. Kuhn, Bln. 2000.
Werkverzeichnis: P. I. Č. Sočinenija. Tematiko-bibliografičeskij ukazatel' [Werke. Thematisch-bibliographisches Verz.], hrsg. von L. Korabel'nikova, V. Rubcova u. a., Mainz und Moskau [in Vorbereitung].
Periodica: Č.-Studien 1–6 ff., Mainz 1995–2002 ff.
Literatur: Čajkovskij, M.: Žizn' P. I. Čajkovskogo [Das Leben P. I. Č.s], 3. Bde., Moskau 1900–02; dt. 2 Bde., Moskau und Lpz. 1900–03). Brown, D.: Tchaikovsky, 4 Bde., Ldn. 1978 ff. [Bd. 4 in Vorbereitung]. Neef, S.: Hdb. der russischen und sowjetischen Oper, Bln. 1985, ²1988. Garden, E.: Tschaikowsky. Leben und Werk, Stg. 1986. Poznansky, A.: Tschaikovsky. The Quest for the Inner Man, N. Y. 1991. Grönke, K.: Frauenschicksale in Č.s Puškin-Opern. Aspekte einer Werke-Einheit, Mainz 2002. Poznansky, A. und Langston, B.: The Tchaikovsky Handbook, 2 Bde., Bloomington (IN), 2002.

Thomas Kohlhase

Caldara, Antonio

Geb. um 1670/71 in Venedig;
gest. 27. 12. 1736 in Wien

Innovationskraft und Anpassungsfähigkeit an lokale Stiltraditionen kennzeichneten C.s Komponieren. Beispielhaft zeigen dies seine Oratorien. Zu Beginn seiner Laufbahn in Venedig spielte C. eine herausragende Rolle im Prozeß der Angleichung des geistlichen italienischen Oratoriums an den Stil der venezianischen Oper mit ihrem reichen Formenrepertoire, ihren Tanzarien und musikalisch fixierten Szenentypen, wie z. B. den Schlummerszenen. Als Kapellmeister des Prinzen Ferdinando Carlo in Mantua (1700–07) bediente er den dort vorherrschenden Geschmack durch die Übernahme von Merkmalen der französischen Musik (punktierte Rhythmen, geradtaktig-periodisch gebaute Arien). In Rom schließlich, als Kapellmeister des Prinzen Ruspoli (1709–16), vollzog er den Wandel zum frühgalanten, modernen Stil. Der musikalische Satz ist hier geringstimmig und transparenter, die Themen sind in sich einheitlicher, häufiger periodisch, weniger charakterisierend und dramatisch. Ostinate Bässe und prägnante Continuolinien werden spärlich, die Harmonik ist stufenärmer und großflächiger. Mit der Komposition bzw. Bearbeitung der ersten für den Wiener Hof bestimmten Oratorien änderte C. seinen Stil ein letztes Mal. Dem Geschmack Karls VI. entsprach der Vizekapellmeister (ab 1716) mit klangvoller, dichter Kontrapunktik anstelle dramatischer Schlagkraft und formaler Vielfalt wie in den venezianischen oder galanter Eleganz wie in den römischen Oratorien.

Hunderte von Kanons und, einer kurzlebigen Mode folgend, etliche Madrigale im Stil des 16. Jahrhunderts – eine längst außer Gebrauch gekommene Gattung – komponierte C. zur privaten Unterhaltung der kaiserlichen Familie. Den Meister erlesener Kammermusik bezeugen schon die zahlreichen Solokantaten für den Prinzen Ruspoli. Melodische Erfindungsgabe, der Reichtum anmutiger Melodien, etwa in Natur- oder Stimmungsmalereien, zeichnen diese Werke aus.

Zu C.s besonderen Pflichten gehörte die Komposition repräsentativer Opern zu den Geburts- und Namenstagen des Kaiserpaares und ab 1726 auch die Verfertigung der Opern für die Karnevalsaison. Die Oratorien, die C. in Italien komponiert hatte, lassen einen ausgeprägten Sinn für Dramatik erkennen; gerade an dramatischer Prägnanz aber mangelt es oft seinen Wiener Opern. Mitverantwortlich hierfür dürfte die mangelhafte Eignung der zahlreichen Opern C.s zugrundeliegenden Dichtungen des Hofpoeten Apostolo Zeno sein, der seine Texte eher als Lesedramen denn als Opernlibretti verstand und den Vertonungen kein großes Interesse entgegenbrachte.

Auch C.s Kirchenmusik läßt seinen melodischen Erfindungsreichtum, seine Fähigkeit zur klaren Formdisposition und Ökonomie in der Verwendung der Instrumente erkennen. Seine vier A-cappella-Messen in imitatorischem Satz folgen in Wortverständlichkeit und selbständiger Führung der Vokalstimmen dem Stilvorbild Palestrinas, das die Hierarchie der Gottesdienste des Wiener Hofes für die einfachen Gottesdienste forderte. – Vielfältige Formen und Satztechniken, melodischer Reichtum und souveräne Beherrschung des Kontrapunktes zeichnen die Vertonung eines (spätestens 1718 entstandenen) Offertorien-Jahrganges aus, der nicht allein aus C.s Schaffen herausragt, sondern auch gattungsgeschichtlich von größter Bedeutung ist. – Die höchsten Wiener Kirchenfeste verlangten und gestatteten Prachtentfaltung mit musikalischen Mitteln, und C.s Kompositionen zu diesen Gelegenheiten weisen neben einer reichdifferenzierten Harmonik und ausdrucksstarken Melodik die größte Spannbreite an Formen auf, die von virtuosen Soloarien mit konzertierenden Instrumenten über chorische Doppelfugen bis zu Kanonsätzen ohne Instrumente reicht.

C. schuf zusammen mit dem Hofkapellmeister Fux und mit Francesco Conti die verbindliche musikalische Gestalt des spätbarocken Wiener »Imperialstils«. Der Tod seiner musikalischen Repräsentanten C. und Fux (1741) bezeichnet auch das Ende dieser Epoche.

Noten: Kirchenwerke, hrsg. von E. MANDYCZEWSKI, (1906), Graz 1959 (DTÖ 26). Kammermusik für Gesang, hrsg. von DEMS., (1932) ebd. 1960 (DTÖ 75). Dafne, hrsg. von C. SCHNEIDER, Wien 1955 (DTÖ 91). L'Olimpiade, eingeleitet von H. M. BROWN, N. Y. 1979 (Ital. Opera 1640–1770, 32). Joaz, eingeleitet von DEMS., N. Y. 1986 (The Ital. Oratorio 1650–1800, 12), La passione di Gesù Christo Signor Nostro, eingeleitet von DEMS., N. Y. 1986 (ebd. 11). Sechzehn Sonaten für Vc. und B. c., hrsg. von BR. W. PRITCHARD, Wien und Mn. 1996.

Literatur: KIRKENDALE, U.: A. C. Sein Leben und seine venezianisch-römischen Oratorien, Graz 1966 [mit Dokumenten]. A. C., hrsg. von BR. W. PRITCHARD, Aldershot 1987.

Susanne Oschmann

Campra, André

Getauft 4. 12. 1660 in Aix-en-Provence; gest. 29. 6. 1744 in Versailles

Sucht man ein musikgeschichtliches Pendant zu den Veränderungen in der bildenden Kunst und Architektur Frankreichs um 1700, so erscheint C.s Œuvre geradezu exemplarisch. Die Zeit, in die sein Schaffen fällt, ist von der Ablösung des pompösen »Style Louis XIV.« geprägt, der schon vor 1715 einer leichteren und graziöseren Gestaltung wich: Auf Charles Le Bruns repräsentative französische Staatskunst folgten die »Fêtes galantes« Antoine Watteaus und Nicolas Lancrets. Das Eindringen der im Charakter leichteren italienischen Musik, die von Lully unterdrückt worden war, stellt die folgenreichste musikgeschichtliche Änderung dar, die mit zahlreichen Konzerten italienischer Musik, der Edition von Sammlungen mit italienischen Arien, vor allem aber der Durchdringung der französischen Musik mit italienischen Stilmitteln einherging. Die Neuerungen der Zeit spiegeln sich paradigmatisch im Werk C.s wider: Er verstand es nicht nur, französische und italienische Traditionen zu synthetisieren, sondern er ist als Schöpfer einer neuen Gattung – des opéra ballet, einem musikalischen Pendant zu den »Fêtes galantes« – in die Musikgeschichte eingegangen.

Das neue Genre des opéra ballet, eine Art Verselbständigung der Divertissements (Tanzeinlagen) der herkömmlichen französischen Oper, entsprach dem veränderten Geschmack: Die Konzeption der tragédie en musique Lullys als eines gesungenen Dramas machte einer Vorstellung Platz, in der Musik und Tanz dominierten. Statt einer durchlaufenden Handlung haben alle Akte, genannt Entrées, (meist drei oder vier, zuweilen auch mehr Akte) eigene Sujets, die unter einer übergreifenden Idee im Titel zu einem abendfüllenden Werk zusammengezogen werden. Die Aktion ist auf ein Minimum reduziert, das Rezitativ zurückgedrängt. Zwar wird in jüngerer Literatur Collasses »Ballet des Saisons« (1695) und »Les jeux à l'honneur de la victoire« (vermutlich 1691) die Priorität zugesprochen, die mit ihren mythologischen Stoffen aber ein wesentliches Merkmal, dem Alltag angenäherte Sujets und Personen aus der commedia dell'arte, noch nicht aufweisen. *L'Europe galante* (Paris 1697) von C. und seinem Librettisten Antoine Houdar de la Motte gilt deshalb als erstes Beispiel. Das Werk besteht aus Ouvertüre, Prolog und vier mit »La France«, »L'Espagne«, »L'Italie« und »La Turquie« überschriebenen Entrées, die jeweils amouröse Episoden der in dem jeweiligen Land typischen Auffassung von der Liebe wiedergeben. Ein ähnliches Sujet besitzt auch *Les fêtes vénitiennes* (Antoine Danchet; Paris 1710), ein weiteres berühmtes opéra ballet: Die Leichtigkeit des Stoffes und die episodenhafte Anlage bewog den zeitgenössischen Schriftsteller Jean-Louis de

Cahusac nicht umsonst zum Vergleich mit Watteau; *Les fêtes vénitiennes* ist denn auch ein Bildtitel Watteaus.

C.s Verdienst besteht jedoch nicht nur darin, ein neues Genre geschaffen zu haben; vielmehr hat er auch auf dem Gebiet der traditionellen französischen Oper Werke komponiert, die den großen tragédies en musique Lullys gleichwürdig sind. *Hésione* (Danchet; Paris 1700) und *Tancrède* (Danchet; Paris 1702) hatten außerordentlichen Erfolg, und *Tancrède* wurde noch von Rameau als Meisterwerk betrachtet. Die Oper hat die Besonderheit, daß die Hauptrollen tiefen Stimmen zugewiesen sind: Clorinde dem Alt und Tancrède dem Bariton. Auffallend sind die zahlreichen tonmalerischen Partien, die zwar auf bereits bei Lully vorherrschende Topoi (Kriegs-, Sturm-, Lamento-, Pastoralszenen) zurückgehen, jedoch musikalisch differenzierter gestaltet sind und so schon auf Rameau vorausweisen. Besonders hervorzuheben ist die dritte Szene im dritten Akt (Tancrède betritt den Zauberwald), die mehrere gegensätzliche Topoi in sich vereinigt, aber auch die vorangehende Air »Cessez mes yeux« mit ihrer zarten Begleitung aus Querflöten und Violinen ohne stützenden Generalbaß.

Generell ist C.s Musik gegenüber derjenigen Lullys reicher gestaltet. So gebraucht er entlegenere Tonarten wie H-dur, b-moll oder cis-moll, Übergänge in andere Tonarten sind häufig und die Harmonik wie auch die Intervallik wird im Dienst der Affektdarstellung eingesetzt. Für eine Vertiefung der Ausdrucksstärke seiner Musik sprechen auch Bezeichnungen wie »douloureusement« und »passionnement« neben den gewöhnlichen »grave« oder »gay«. In der Melodik zeigt sich der italienische Einfluß: Sie ist gesanglicher und koloraturenreicher als die stark deklamatorisch-textorientierte Melodik Lullys, und viele Arien haben die italienische Da-capo-Form. Als ästhetischer Grundsatz seines Œuvre kann seine eigene Formulierung im Vorwort zu seinem ersten Kantatenbuch gelten: »Ich habe, so gut ich konnte, versucht, die Feinheit der französischen Musik mit der Lebhaftigkeit der italienischen zu verbinden.«

Diese Intention hat er auch in den *Cantates françaises* verwirklicht, einer Gattung, die sich in den Jahren nach 1710 außerordentlicher Beliebtheit erfreute. Übernommen wurde das Modell der italienischen Solokantate mit ihrem Wechsel von Da-capo-Arien und Rezitativen, die Textvorlage beruht meist auf der allegorischen Gestaltung mythologischer Stoffe der Antike. C.s erstes Kantatenbuch von 1708 (zwei weitere folgten 1714 und 1728) gehört zu den frühesten Werken des Genres in Frankreich. Musikalische Topoi der Opernkomposition wie Schlummer-Arien (*Fils de la nuit* aus der Kantate *Les femmes*) oder Sturmszenen (am Beginn von *Enée et Didon*) sind hier besonders subtil auskomponiert, französische Rezitativkunst verbindet sich mit italienischer Arienmelodik.

Von den weltlichen Kantaten unterscheiden sich die »petit motets« nur durch die lateinische Sprache und das Sujet, die »grands motets« stehen in der Tradition Lalandes. Italienischer Einfluß zeigt sich auch hier ab dem dritten Motettenbuch (1703), das Arien in italienischer Manier enthält.

Noten: L'Europe galante, hrsg. von TH. DE LAJARTE. Les Fêtes vénitiennes und Tancrède, hrsg. von A. GUILMANT und A. POUGIN (Chefs-d'oeuvres classiques de l'opéra français 4, 5 und 6), Ndr. N.Y. 1971. Les Fêtes vénitiennes, hrsg. von M. LÜTOLF, Paris 1972. Motets, Courlay 1987 (La musique Française classique de 1650 à 1800 1). Les Femmes und Silène (La Cantate française au XVIIIe siecle), Ndr. Genf 1984. Arion [Kantate], hrsg. von J. FEUILLIE, Paris 1974. Geistliche Solokantaten, hrsg. von R. EWERHART, Köln 1956 (Cantio sacra 6, 9, 17, 32, 56, 63).

Literatur: BARTHÉLEMY, M.: A. C., sa vie et son œuvre 1660–1744, Paris 1957. ANTHONY, J.R.: La musique en France à l'époque baroque, Paris 1981, 177–181; 184–188. WOOD, C.: Music and Drama in the tragédie en musique 1673–1715. Jean Baptiste Lully and Successors, N.Y. 1996. Le concert des muses. Promenade musicale dans le baroque français, hrsg. vom CENTRE DE MUSIQUE BAROQUE VERSAILLES, Versailles 1997.

Elisabeth Schmierer

Cardew, Cornelius
Geb. 7. 5. 1936 in Winchcombe (England); gest. 13. 12. 1981 in London

Gegen die englische Spielart der Neuen Musik mit ihrem latenten Hang zum Traditionalismus in den verschiedensten Ausprägungen hat der Komponist C. C. von Anfang an opponiert. Und er hat sich zeit seines Lebens einem Lernprozeß unterzogen, der an Radikalität kaum mit einem anderen britischen Komponisten vergleichbar ist, auch wenn ihn sein künstlerischer Weg von der Spitze der europäischen Avantgarde letztlich zurück zur Tonalität führte. *The Great Learning* (1968–71) betitelte er sein Hauptwerk, und das Lernen ist immer Prinzip seiner Arbeit gewesen.

Seine musikalische Ausbildung begann C. von 1943 bis 1950 als Chorknabe an der Canterbury Cathedral. Mit 17 Jahren begann er seine Studien an der Royal Academy of Music in London bei Howard Ferguson (Komposition) und Percy Waller (Klavier). Sein Interesse am akademischen Studiengang, den die traditionellen Musikakademien Englands boten, war jedoch gering. Früh schon galt sein Interesse der avantgardistischen Musik Mitteleuropas, den damaligen Zentren in Darmstadt und Köln. So bewarb er sich 1957 für ein Stipendium der Akademie, um in Köln elektronische Musik bei Gottfried Michael Koenig zu studieren. Stockhausen wurde auf ihn aufmerksam und verpflichtete ihn von 1958 bis 1960 als Assistenten. In dieser Zeit war er maßgeblich an der Ausarbeitung von dessen Partitur »CARRÉ« beteiligt.

In Köln stand die Aneignung der aktuellen – vorwiegend seriellen Kompositionstechnik zunächst im Vordergrund. So rekurriert die *Zweite Klaviersonate* (1957) noch auf Boulez' »Structures«, aber die *Dritte Klaviersonate* (1958) trägt schon prozeßhafte Züge und bezieht spielerische und ornamentale Momente mit ein. 1958 traf C. Cage und David Tudor, und in diesem Jahr wird erstmals der Einfluß der amerikanischen Avantgarde, die dem Zufall mehr Raum ließ, deutlich. Seine *Two Books of Study* für zwei Pianisten (1958) geben erstmals keine fest definierten musikalischen Strukturen mehr vor, sondern verlangen »Musizierweisen« (C.). Momente der Unbestimmtheit werden in den *February Pieces* (1959–61), in *Autumn '60* für beliebige Instrumente (1960) und in der graphischen Partitur des *Octets '61 for Jasper Johns* prägend. Hauptwerk der sechziger Jahre war die graphische Partitur von *Treatise* (1963–67), ein Werk von zeichnerischem Eigengewicht, das verlangte, daß der Ausführende seine eigene Musik als Antwort zu C.s Vorlagen geben sollte. Der Titel ist abgeleitet von Ludwig Wittgensteins »Tractatus logico-philosophicus«. Der konsequente Weg aus der ›graphischen Phase‹ war für C. dann die freie Improvisation. 1966 trat er der AMM Improvisationsgruppe bei, der ehemalige Jazzmusiker wie Lou Gare, Eddie Prévost und Keith Rowe angehörten.

Trotz seiner Orientierung an improvisierter Musik unterzog er sich in diesem Jahr noch einmal strengen Studien bei Petrassi in Rom. In den folgenden Jahren entstand der Zyklus *The Great Learning*, der alle Entwicklungen und Erfahrungen seines Schaffens zusammenfaßte und den Ausblick auf eine veränderte Musikerpersönlichkeit freigab, für die das politische Engagement immer stärker in den Vordergrund rückte. In sieben Paragraphen wurden die Möglichkeiten des ›Musikmachens‹ zwischen Bestimmtheit und Unbestimmtheit, Disziplin und freier Improvisation – teilweise nach der Philosophie des Konfuzius – entwickelt. Gleichzeitig war diese Komposition ein Modell des sozialen Musizierens. Noch während der Arbeit an *The Great Learning* gründete C. das Scratch-Orchestra, ein Kollektiv von Laien und Berufsmusikern, das auch dieses Werk aufführte. Aus der Erfahrung mit dem Scratch-Orchestra resultierte auch sein nachdrückliches politisches Engagement: als Maoist setzte er sich für die Ziele des Klassenkampfs ein und verwarf alle avantgardistischen Konzepte der Neuen Musik als ›bürgerliche‹. 1972 klagte er in einem Vortrag anläßlich einer Stockhausen-Aufführung in London seinen ehemaligen Lehrer an: »Stockhausen serves imperialism«. Im darauf folgenden Jahr erhielt er ein DAAD-Stipendium in Berlin, wo er Kontakte zu kommunistischen Gruppen suchte, für die er auch komponierte. Seine Musik wurde noch einfacher. Es entstanden vorwiegend tonale Stücke für Klavier wie das *Piano Album* (1973), bestehend aus kurzen irischen und chinesischen Melodien, aber auch Chorstücke. Ebenfalls 1973 schrieb er das Oratorium *The Old And The New*, 1974 die *Thälmann-Variationen* für Klavier und das Vokalwerk *Il Comunismo*. Zu seinen letzten Kompositionen zählen *Boolavogue* für zwei Klaviere (1981) und *We sing for the future* (undatiert). Mit diesen Werken begann C., so sein Schüler Richard Barrett, behutsam wieder an Prinzipien seines kompositorischen Aufbruchs anzuschließen. Sein Unfalltod machte diesem neuen Weg C.s ein Ende.

Noten: PETERS (Ffm.); Universal Edition (Wien); Novelle & Co (Ldn.).

Dokumente: Notation-Interpretation... *in* Tempo 58 (1961), 21–33. Report on Stockhausen's Carré *in* The Musical Times 102 (1961), 619–622 und 698–700. One Sound – La Monte Young *in* The Musical Times 107 (1966), 959f. Treatise Handbook, Ldn. 1971. Stockhausen serves imperialism, Ldn. 1974.

Literatur: JACK, A.: C. C. *in* Music and Musicians 23, 9 (1975), 30ff. BOEHMER, K.: Erinnerung an C. C. *in* Programmheft Donaueschinger Musiktage 1984. JAGO, K.: The Music of C. C., Diss. Univ. of Exeter 1993.

Friedrich Spangemacher

Carissimi, Giacomo

Getauft 18. 4. 1605 in Marino bei Rom;
gest. 12. 1. 1674 in Rom

C. war seit 1629 Kapellmeister am Collegium Germanicum in Rom, dem wichtigsten Ausbildungsinstitut für Jesuiten aus den deutschsprachigen Ländern. Es galt als eines der einflußreichsten Zentren der Gegenreformation und ihrer Musikpflege, nachdem der Orden gegen Ende des 16. Jahrhunderts seine anfängliche Skepsis gegen die vielleicht allzu sinnliche Musik überwunden und begonnen hatte, ihre Macht über die Gefühle als Mittel der Missionierung einzusetzen.

Seitdem förderten die Jesuiten verschiedenste musikalische Gattungen: Lieder zum Gebrauch in der Schule nach protestantischem Vorbild, schlichte Motetten oder Kantaten für Solostimme und Generalbaß, die sich auch für Aufführungen im bescheidensten Rahmen eigneten, prunkvolle Festmessen für Chöre und Orchester, die größeren Kirchen vorbehalten waren, und – nach dem Aufführungsort in früher Zeit, dem Betsaal, benannt – das Oratorium, das in lateinischer Sprache speziell zur Erbauung gebildeter Stände bestimmt war. So verschieden diese Werke auch waren, eines hatten sie oft gemeinsam: die neue rezitativische Art der Sprachvertonung, deren Affektreichtum die Zuhörer bis zu Tränen bewegen konnte.

Aufführungsgelegenheiten für die nicht liturgischen Werke boten die Andachten, wie sie seit dem Aufleben der Volksfrömmigkeit im 15. Jahrhundert gerade bei Laien beliebt waren, und in die die Jesuiten ihre Erfahrungen mit den Exerzitien, ihren ekstatischen Meditationsübungen, einfließen ließen; und gerade die Oratorien, von Solisten und Chören vorgetragene geistliche Texte, sollten die Zuhörer mittels der Dramatik und Sinnlichkeit der Musik in ihren Bann ziehen und zur Andacht bereit machen. C.s Oratorien galten nicht nur seinen Zeitgenossen als Musterbeispiele.

Ihre Texte gehen häufig auf das Alte Testament zurück, z. B. *Jephte*, *Judicium Salomonis* (»Das Urteil des Salomon«), *Job* oder *Ezechia*, seltener auf das Neue, wie *Historia Divitis* (»Die Geschichte des Reichen«) und *Judicium extremum* (»Das Jüngste Gericht«). Die Worte des »Historicus«, des Erzählers, können verschiedenen Solisten oder auch dem Chor übertragen werden, der stellenweise auch Kommentator ist, und zwar ein bisweilen mitreißend engagierter, z. B. in der Schilderung der Schlacht zwischen Isrealiten und Ammonitern in *Jephte* (vor 1650), einem von C.s berühmtesten Oratorien. Die Solistenpartien sind verschiedenartig vertont. Metrisch gebundene Texte mit Reimen ähneln Arien – etwa der Jubelgesang von Jephtes Tochter, die ihren siegreichen Vater begrüßt. Die erzählenden Rezitative orientieren sich an der gesprochenen Rede; wenn der Text aber dramatischer wird, ändert sich auch ihre Diktion. Ein außerordentlich eindrucksvolles Beispiel, wiederum aus *Jephte*, ist nach dem Siegesüberschwang der erschütternde Stimmungsumschwung: als der Protagonist in dem ersten Wesen, das ihm begegnet und das er Gott zu opfern versprochen hat, sein einziges Kind erkennt. Hier kommt es zu Dissonanzen zwischen Melodie und Begleitung, ungewöhnlichen Sprüngen, Pausen und anderen »rhetorischen Figuren«, also besonders affektreichen Wendungen, die Schule machten: der Schütz-Schüler Christoph Bernhard, der zeitweise bei C. studierte, und der große jesuitische Gelehrte Athanasius Kircher beriefen sich in ihren Schriften über die musikalische Rhetorik ausdrücklich auf C.

C.s Motetten, die nicht nur in außerliturgischen Andachtsübungen, sondern auch im Gottesdienst und in den geistlichen Übungen der Jesuiten gebraucht wurden, sind nicht scharf von seinen Oratorien zu trennen, wenn sie auf ebenfalls dialogisierende Texte zurückgehen; die Motette *Turbabuntur impii* ist auch als Oratorium (unter dem Titel *Damnatorum lamentatio*, »Die Klage der Verdammten«) überliefert. Die meisten Motetten sind wie die seiner Zeitgenossen mit Solostimmen und Generalbaß besetzt, zuweilen in der (an die Triosonate erinnernden) Kombination von zwei Sopranen und Baß; manche Motetten erfordern zusätzliche obligate Instrumente.

Von C.s Messen sind nicht sehr viele erhalten, die zweifelsfrei als echt gelten können. Einige sind – wie andere römische Messen dieser Zeit – mehrchörig und stehen mit ihrem Wechsel zwischen imitatorischen Passagen und Homophonie in der Tradition des 16. Jahrhunderts. Die *Missa L'homme armé* (→ Dufay) ist möglicherweise die letzte ihrer Gattung, die noch, wie so viele in den beiden vorangegangenen Jahrhunderten, die altehrwürdige Liedmelodie benutzt; allerdings ist nicht ganz sicher, ob sie wirklich von C. stammt. Zu C.s Lebzeiten erschien nur die *Missa a quinque et a novem* (1665–66) im Druck, eine Konzertmesse, die nach neuester Mode zwischen vollen

Chorsätzen und geringer besetzten Abschnitten wechselt.

Zu C.s Lebzeiten wurden auch seine Kantaten sehr geschätzt. Einige haben eine recht einfache Melodieführung, andere sind ausgesprochen dramatisch. Besonders beliebt war *Suonerà l'ultima tromba* (»Die letzte Trompete wird erschallen«), eine Heraufbeschwörung des Jüngsten Gerichts. Neben Kantaten über biblische Stoffe schrieb C. auch komische weltliche wie das *Cyclopische Hammer-Tricinium*; ob auch das *Testamentum asini* (»Das Testament des Esels«) von ihm stammt, ist nicht sicher.

Nach C.s Tod verbot Papst Clemens X., dessen Manuskripte zu verkaufen. Daß trotzdem die Zuschreibung und Datierung vieler Werke C.s kaum geklärt werden konnte, ist auf die Auflösung des Jesuitenordens 1773 zurückzuführen: Die Musikarchive von San Apollinare, der Kirche des Collegium Germanicum, wurden damals größtenteils zerstört. Auch über C.s Lehrertätigkeit ist darum nicht genügend bekannt: ob Cesti, A. Scarlatti oder Agostino Steffani wirklich bei ihm studiert haben, bleibt offen. Seine Schüler waren aber mit Sicherheit Charpentier, der das lateinische Oratorium in Frankreich heimisch gemacht hat, und Johann Caspar Kerll, von dem wiederum zahlreiche deutsche Komponisten, darunter auch Bach und Händel, gelernt haben – und daß Händel C. geschätzt hat, wird nicht zuletzt in seinem »Samson« deutlich: Dort findet sich, nur wenig verändert, der Schlußchor aus C.s *Jephte* mit seiner besonders eindrucksvollen Harmonik wieder.

Noten: Gesamtausg., hrsg. von L. BIANCHI u. a. (Istituto Italiano per la Storia della Musica, Monumenti 3), Rom 1951–73.

Werkverzeichnis: BUFF, I.M.: A Thematic Catalogue of the Sacred Works of G. C., Clifton (NJ) 1979.

Literatur: MASSENKEIL, G.: Die oratorische Kunst in den lateinischen Historien und Oratorien C.s, Diss. Mainz 1952. ROSE, G.: The Cantatas of G. C. *in* MQ 48 (1962), 204–215. SMITHER, H.E.: A History of die Oratorio, Bd. 1, Chapel Hill 1977. JONES, A.V.: The Motets of C., 2 Bde., Ann Arbor 1982. DIXON, GR.: C., Oxford u. a. 1986. MASSENKEIL, G.: Geschichte des Oratoriums, Bd. 1, Laaber 1998, Bd. 2, ebd. 1999. WELL, H.: Klangvorrat und Akkordverknüpfung bei Schütz, C. und Bernhard *in* Schütz-Jb. 23 (2001), 55–68.

Marie-Agnes Dittrich

Carter, Elliott
Geb. 11. 12. 1908 in New York

E. C.s künstlerischer Lebensweg kann in doppeltem Sinn gelesen werden: als Ausprägung übergreifender Perspektiven der amerikanischen Musikgeschichte unseres Jahrhunderts und als individueller Einspruch gegen Einseitigkeiten dieser allgemeinen Entwicklungslinien. Nur in diesem doppelten Sinn läßt sich C.s Kunst, ihre Modernität, ihr spezifisch Amerikanisches verstehen – die Modernität eines Œuvres, das, in seinen äußeren Dimensionen gut überschaubar, seinem inneren Gewicht nach ein staunenswertes Resultat wahren modernen Künstlertums ist, überzeugend in der Verschränkung von kühner Phantasie und komplexem Konstruktionswillen.

Bereits in Herkunft und Bildungsgang wird ein solcher Doppelaspekt seiner Biographie greifbar (vgl. Schiff). Als Sohn eines wohlhabenden Kaufmanns wächst C. in jenen Kreisen von Amerikas kultureller Hauptstadt auf, für welche Kontakte zu Europa selbstverständlich sind, die jedoch seinen künstlerischen Neigungen und den dahingehenden Berufswünschen mit unverhohlener Skepsis begegnen. Indessen setzt sich C., ab 1924 von dem ihm freundschaftlich zugewandten Ives unterstützt, gegen die Vorstellungen seines Vaters, der gerne die Handelstradition der Familie fortgesetzt gesehen hätte, durch. Der musikalische Studienweg zwischen 1926 und 1935 – zunächst an der Harvard University in Cambridge (MA) und darauf in Paris (auch privat bei Nadia Boulanger) – darf als ganz und gar typisch für die junge amerikanische Komponistengeneration nach dem Ersten Weltkrieg gelten, welche das einstige Vorbild der deutschen Musik nunmehr durch französische, an Stravinsky gebildete Ideale ersetzte. Doch auch hier zeigt sich die Eigenwilligkeit, der Oppositionsgeist C.s, insofern er der von Nadia Boulanger empfohlenen Richtung eines neotonalen Klassizismus nicht bedingungslos folgt, sondern sich in seinen Studien durchaus auch mit der (von Boulanger verfemten) Schönbergschen Linie einer modernen und gleichwohl noch immer expressiven Musik, nicht freilich mit Schönbergs Dodekaphonie, auseinandersetzt. Auch nach 1935, als er in die USA zurückkehrt und einem tonalen Idiom in stilistischer Nähe Coplands huldigt, welches vom späteren C. noch nichts ahnen läßt, erweist er sich als der unabhängige Kopf, der seine bleibende

Identität ausmacht: Er gehört (mit dem etwas älteren Sessions) zu den wenigen Komponisten, die ihre Stimme gegen den nationalistischen Ruf nach einer »amerikanischen Musik« erheben, indem sie selbst in jener Phase eines auch in Amerika weit verbreiteten musikalischen Populismus unnachgiebig auf dem Primat der künstlerischen Qualität vor vermeintlich nationalen Eigenschaften beharren.

Nach dem Zweiten Weltkrieg, dezidiert nach der *Klaviersonate* (1946), seinem ersten Meisterwerk, entwickelt C. sein weiteres Œuvre auf konsequente Art und Weise über einen Zeitraum von mittlerweile mehr als fünf Dezennien. Wer indes vermuten möchte, daß ein so hochangesehener, vielfach ausgezeichneter und geehrter Komponist für das Musikleben seines Landes richtungsweisend wäre, mißachtete wiederum jenen Doppelcharakter, der für C.s künstlerische Existenz grundlegend ist. Einerseits wird er in Kreisen der musikalischen Avantgarde wegen seines Festhaltens an Kriterien des kompositorischen Metiers und seiner Bedenken gegenüber musikalischen ›Experimenten‹ als ein akademischer Komponist betrachtet oder gar verunglimpft. Andererseits jedoch warnt er, wie Stravinsky, ausdrücklich vor den Gefahren, die die künstlerische Kreativität der in den akademischen Lehrbetrieb von Colleges und Universitäten eingebundenen Komponisten bedrohen; sarkastisch nennt er einmal diese Komponisten eine »University Commodity«, eine »Universitätsware« (Writings, 279ff.). So dürfen wir die Tatsache, daß ausgerechnet der stets eine gewisse Distanz zur akademischen Kunstverwaltung und -betrachtung wahrende C. als ein ›akademischer Komponist‹ verdächtigt wird, als einen weiteren Erweis seiner Unabhängigkeit verstehen.

Auch innerhalb einer Geschichte des musikalischen Hörens in der zweiten Hälfte des 20. Jahrhunderts kommt C. ein Platz zu, der ihn als einen zwischen den Extremen stehenden, in einer Ästhetik der Moderne verankerten Komponisten erkennen läßt. Zentral für seine Nachkriegsentwicklung ist die Loslösung von jeglicher unmittelbarer Rücksichtnahme auf kasuell gegebene Hörweisen und -fähigkeiten jenes Publikums, das in den Jahrzehnten zuvor, in der Phase eines auch in der Musik expandierenden Populismus, von vielen Komponisten, C. inbegriffen, als richtungsweisende und grenzenbestimmende Adressateninstanz des Komponierens anerkannt worden war. Von dem Primat des Werkanspruchs gegenüber dem Publikum ließ er fortan, gemäß den ästhetischen Grundsätzen der Moderne, nicht mehr ab. Und doch ist C. weit davon entfernt, aufgrund einer sich verselbständigenden Konstruktivität im Materialbereich die ästhetische Dimension einer im Hörvollzug gestifteten musikalischen Erfahrung gering zu achten, wie es etwa aus dem polemisch-herablassenden Satz seines (nun wahrlich »akademischen«) Kollegen Babbitt »Who Cares if You Listen?« spricht. Um solch mißlicher Über- oder Unterschätzung eines bestehenden Publikums auszuweichen, richtet C. seine Musik auf einen künftigen Idealhörer aus, einen »possible future listener« (Edwards, 35), der einst in der Lage wäre, die gegenwärtig nur erst bruchstückhaft faßbaren komplexen Gebilde unverkürzt musikalisch nachzuvollziehen.

Wenngleich sich das C.sche Œuvre als ein ›work in progress‹ vorab in Werkindividualitäten entfaltet hat, gruppieren sich doch die seit 1950 entstandenen Kompositionen, von einigen gewichtigen Ausnahmen abgesehen, zwanglos in drei Werkgruppen, welche eine für die musikalische Moderne charakteristische latente Beziehung zur Tradition aufweisen: Streichquartett, Konzert, Orchestergesang. Mit dem Musiktheater hat sich C. – nach Balletten (*Minotaurus*; N. Y. 1947) – erst spät eingelassen (*What next*, Paul Griffiths; Berlin 1999). Die Produktion innerhalb der drei genannten Gattungsbereiche setzt nicht gleichzeitig ein. Vielmehr erschließt sich C., umsichtig planend, in den aufeinander folgenden Nachkriegsjahrzehnten je einen solchen Bereich neu, um ihn freilich dann auch weiterhin zu berücksichtigen. So sind die fünfziger Jahre das Dezennium des Streichquartetts – damals entstanden zwei von bislang fünf (1950–51, 1959, 1971, 1985, 1996); die sechziger Jahre sind die Phase des Konzerts – mit drei Konzerten schreibt C. dann gut die Hälfte seiner bisherigen Produktion in diesem Gattungsbereich (*Doppelkonzert* für Cembalo und Klavier, 1961; *Klavierkonzert*, 1967; *Concerto for Orchestra*, 1969, *Oboenkonzert*, 1987; *Violinkonzert*, 1990; *Klarinettenkonzert*, 1996) –, und die späten siebziger Jahre sind dem Orchester- bzw. Ensemblegesang gewidmet. Wenn wir die Entwicklungstendenz beobachten, die sein Musikdenken vom *Ersten Streichquartett* zum *Zweiten* führt, dann erscheint die Schwerpunktverlagerung in den sechziger Jahren als durchaus folgerichtig. Denn im *Zweiten Quartett* zeichnet sich erstmals jene Idee einer Dramatisierung reiner Instrumentalmusik ab, die für C.

insgesamt prägend wurde. Einzelne Instrumente bzw. Instrumentengruppen, denen auf der Ebene des musikalischen Materials bestimmte Intervall- und Akkordstrukturen, auch rhythmische und tempomäßige Eigenheiten zugeordnet sind, treten in einen Prozeß dramatischer, wenngleich niemals programmusikalisch beschreibbarer Interaktion ein und werden solcherart zu Subjekten imaginärer Dramen. Derartige Ideen bestimmen auch die Reihe der Konzerte der sechziger Jahre, wobei der Solist bzw. die Solisten subjekthaft dem Orchesterkollektiv entgegengesetzt werden. Diese Dramatisierung von Instrumentalmusik dürfte eine Voraussetzung für C.s Wiederaufgreifen der Vokalmusik dargestellt haben, eine andere ist der Bezug seiner Instrumentalwerke auf Dichtungen. Das *Concerto for Orchestra* zum Beispiel ist auf St. John Perses »Vents« bezogen (deren Bedeutung der Komponist im Vorwort der Partitur unterstreicht), die *Symphony for Three Orchestras* (1976) auf Hart Cranes Gedicht »The Bridge«. Solche Nähe zu Lyrik erscheint geradezu als eine Vorbereitung für C.s Hinwendung zur Gattung des Orchestergesangs, in der er seit den mittleren siebziger Jahren einige bedeutende Werke – zumal auf Texte amerikanischer Dichter – schrieb (*A Mirror on which to Dwell*, Elizabeth Bishop, 1975; *Syringa*, John Ashbery – Altgriechisch, 1978; *In Sleep, in Thunder*, Robert Lowell, 1981; *Of Challenge and of Love*, J. Hollander, 1994). Und noch heute arbeitet der große alte Mann der amerikanischen Moderne in gewohnt konstanter und brillanter Weise weiter.

Noten: Associated Music Publishers (N.Y.).
Dokumente: Flawed Words and Stubborn Sounds. A Conversation with E. C., hrsg. von A. EDWARDS, N.Y. 1971. The Writings of E. C. An American Composer Looks at Modern Music, hrsg. von E. und K. STONE, Bloomington und Ldn. 1977. E. C. Sketches and Scores in Manuscript, hrsg. von R. JACKSON, Ausstellungskat. The N.Y. Public Library, N.Y. 1973. Collected Essays and Lectures, hrsg. von J. W. BERNARD, Rochester 1997.
Bibliographie: LINK, J. F.: E. C. A Guide to Research. N.Y. 2000.
Literatur: SCHIFF, D.: The Music of E. C., Ldn. und N.Y. 1983, Ldn. ²1998. GROTH, R.: Über die Konzerte E. C.s *in* Amerikanische Musik seit Charles Ives. Interpretationen, Quellentexte, Komponistenmonographien, hrsg. von H. DANUSER u. a., Laaber 1987, 177–190. DANUSER, H.: Spätwerk als Lyrik. Über E. C.s Gesänge nach Dichtungen von E. Bishop, J. Ashbery und R. Lowell, ebd. 195–222. GRATZER, W.: Wahlverwandter des Expressionismus. Über E. C.s Traditionsverständnis *in* Die Neue Musik in Amerika, hrsg. von O. KOLLE-RITSCH, Wien 1994, 113–132. VAN DYCK-HEMMING, A.: Diskurse zur »Musik E. C.s«. Versuch einer dekonstruktiven Hermeneutik »Moderner Musik«, Diss. Bonn 1999. SHREFFLER, A.: Instrumental Dramaturgy as Human Comedy »What Next?« by E. C. and Paul Griffiths *in* Musiktheater heute. Symposium Basel 2001, hrsg. von H. DANUSER, Mainz 2003 (Veröff. der Paul-Sacher-Stiftung 9), 147–172.

Hermann Danuser

Casella, Alfredo
Geb. 25. 7. 1883 in Turin;
gest. 5. 3. 1947 in Rom

C. entstammt einem musikalischen Elternhaus, das ihm vorwiegend instrumentale Eindrücke vermittelte (Bach, D. Scarlatti, Wiener Klassik), die durch seinen Lehrer Giuseppe Martucci noch verstärkt wurden. Naturwissenschaftliche Interessen prägten den Typus des rationalen, antiromantischen Künstlers, der sich zeitlebens entschieden gegen alle emotionale Kunst wandte. Größte Bedeutung hatte ein fast zwanzigjähriger Aufenthalt in Frankreich (1896–1915): Hier erlebte C. die entscheidenden Jahre des Durchbruchs zur Neuen Musik.

Vorbild wurde für ihn der Versuch Frankreichs, sich vom übermächtigen Einfluß der deutschen Musikkultur zu befreien. Sein Ziel, eine gleichermaßen zeitgenössische wie national-eigenständige Musiksprache zu schaffen, brachte ihn aber auch früh in Gegensatz zum französischen Impressionismus. Als hilfreich erwiesen sich der Kompositionsunterricht bei Fauré, in dem C. einen wichtigen Gegenpol zu Debussy sah, sowie die Rückbesinnung auf das Erbe der älteren italienischen Musik (Scarlatti). Zwei Orchesterwerke des Jahres 1909 waren ein erster Schritt auf dem Wege zur Eigenständigkeit: die Rhapsodie *Italia*, die in ihrer architektonischen Klarheit den Impressionismus bereits überwunden hatte, und die *Suite C-dur* mit ihrem Rückgriff auf barocke Tanzformen. Daß C.s Entwicklung nicht immer geradlinig verlief, zeigt die Phase des »dubbio tonale« um den Ersten Weltkrieg. Eine vorübergehende Orientierung an Schönberg ließ damals Kompositionen entstehen, deren Harmonik deutliche Anzeichen einer Krise trug und die Grenzen der Atonalität streifte (*Sonatina* für Klavier und *Elegia eroica* für Orchester, beide 1916). Seine italienische Natur und insbesondere das Erlebnis der toskanischen Landschaft ermöglichten C. die Überwindung dieser ›atonalen Infektion‹. Vorbereitet durch Klavierwerke wie *Pupazzetti* für Klavier zu vier Händen (1915), *Inezie* (1918) und *Pezzi infantili* (1920), die erstmals deutlich den Einfluß Stravinskys zeigen, trat um 1920 eine neoklassische Wende ein; die *Fünf Stücke für Streichquartett* (1920) bedeuteten das Ende aller ›atonalen Zweifel‹. Die endgültige Verwirklichung des doppelten Ziels, einen national-eigenständigen und zugleich zeitgenössischen Stil zu begründen, ist mit der Ballettpartitur *La Giara* (Paris 1924) erreicht. Das für das Schwedische Ballett Rolf de Mares auf eine Erzählung Luigi Pirandellos geschriebene, mit Bühnenbildern Giorgio de Chiricos aufgeführte Werk ist das italienische Gegenstück zu de Fallas »Dreispitz«. Die späten zwanziger Jahre sind eine Phase des rein instrumentalen Neoklassizismus. Besonders seine *Serenata* für fünf Instrumente (1927), zusammen mit Bartóks »Drittem Streichquartett« in Amerika preisgekrönt, fand mit der ›serenitas‹ und Transparenz ihrer Sprache weite Verbreitung. C.s These, seine *Scarlattiana* für Klavier und Orchester (1926) markierten das Ende eines »atonalen Intermezzos« in der Neuen Musik, führte zu einer erbitterten Kontroverse in der Zeitschrift »Anbruch« (1929). C.s radikale Frontstellung gegen das nachwagnersche Musikdrama und die Oper des Verismo ließ ihn erst spät zu eigenen Kompositionen für das Musiktheater gelangen: mit *La donna serpente* (Rom 1932) nach Carlo Gozzi, die Stilelemente Monteverdis und der Commedia dell'arte vereinigt. Ihr folgte die Kammeroper *La Favola di Orfeo* (Venedig 1932). Problematische zeitgeschichtliche Bezüge zeigt das Mysterium *Il Deserto tentato* (Florenz 1937), eine kaum verhüllte Verherrlichung von Mussolinis Abessinienfeldzug. Ein Höhepunkt im Schaffen C.s ist mit zwei weiteren Werken der dreißiger Jahre erreicht: mit *Sinfonia Arioso e Toccata* für Klavier (1936) und *Concerto* für Orchester (1937). Das Klavierwerk stellt in seiner monumental-orchestralen Sprache eine Summe seines pianistischen Schaffens dar, während das Orchesterwerk jenes Ziel erreicht, das der Komponist seit der frühen Rhapsodie *Italia* verfolgt hatte. Einen Schlußpunkt setzt die *Missa solemnis pro pace* (1944), komponiert unter dem Eindruck des bevorstehenden Kriegsendes in Italien. Trotz zeitweise enger Verbindung zur Kulturpolitik des italienischen Faschismus verstand es C., allen Schwierigkeiten zum Trotz die Kontakte zu den musikalischen Strömungen des Auslands aufrecht zu erhalten und als Mitorganisator großer internationaler Festivals zeitgenössischer Musik den jungen Komponisten seines Landes die Wege zu ebnen.

Noten: Universal Edition (Wien); Ricordi (Mailand).

Dokumente: L'Evoluzione della musica a traverso la storia della cadenza perfetta [dreisprachig ital., frz., engl.], Ldn. 1923; ²1964. Igor Stravinsky, Rom 1926. 21 + 26 [Artikelsammlung], Rom 1930. I Segreti della Giara [Autobiographie], Florenz 1941; engl. als Music in My Time, Norman (Oklahoma) 1955 [mit WV und Schriftenverz.]. La Tecnica dell'orchestra contemporanea [mit V. MORTARI], Mailand 1950; dt. als Die Technik des modernen Orchesters, ebd. 1961.

Werkverzeichnis: Catalogo critico del fondo A. C., 3 Bde., Florenz 1992.

Literatur: A. C., hrsg. von F. D'AMICO und G. M. GATTI, Mailand 1958 [mit WV, Bibl. und Schriftenverz.]. KREBS, J. A.: The Solo Piano Music of A. C. A Descriptive Survey with Emphasis on Elements of Stylistic Charge and Continuity. Diss. Univ. of Maryland 1991. A. C. negli anni di apprendistato a Pargi. Atti del convegno internazionale di studi, Venezia, 13–15 maggio 1992, hrsg. von G. MORELLI, Florenz 1994. STARKE, S.: Vom »dubbio tonale« zur »chiarificazione definitiva«. Der Weg des Komponisten A. C., Kassel 2000.

Dietrich Kämper

Castiglioni, Niccolò

Geb. 19. 9. 1932 in Mailand;
gest. 7. 9. 1996 in Mailand

C.s Anfänge als Komponist nehmen ihren Ausgang von einer Reflexion der Spätromantik und von der Problematik des Expressionismus, wie die *Erste Sinfonie* nach Texten von Friedrich Nietzsche (1956) und die *Zweite Sinfonie* (1957) deutlich zeigen. Mit den aphoristischen *Impromptus I-IV* (1958) bekennt sich der Komponist offen als Anhänger der Avantgarde nach Webern, von der er hauptsächlich die Anforderungen übernimmt, eine unruhige und asymmetrische Rhythmik zu entwickeln, diese aber mit erlesenen Klängen vereint, die sich durch kristalline Klarheit und vibrierende Helligkeit auszeichnen. Die Arbeiten am Ende der fünfziger Jahre, darunter *Movimento continuato, Cangianti, Tropi, Aprèslude, Eine kleine Weihnachtsmusik* (alle 1959), bestimmen die Richtung der kompositorischen Erfahrungen von C. in Fortsetzung einer ideellen Linie, die man von Debussy über Webern und Messiaen zu Boulez ziehen könnte, einem »Divisionismus« folgend, der das Klangmaterial zertrümmert und pulverisiert, um seine Atome wieder in phantasievolle und funkelnde, gleichsam mit erlesener Goldschmiedekunst ziselierte Arabesken einzuarbeiten. Eine Konstante im Werk des Komponisten ist die Komposition für Klavier (er selbst war als Konzertpianist tätig) – er setzt das Instrument mit hohem Anspruch an Virtuosität ein und verschmelzt traditionelle Elemente wie die Verzierungen Chopins oder die lichtdurchfluteten Klänge Liszts mit einer experimentellen Haltung, die auch elektronische Klänge einbezieht. Neben dieser impressionistischem Konzeption der Klanggeschehens wird in C.s Poetik die Tendenz immer deutlicher, stilistische Elemente und Materialien der Vergangenheit mit solchen innovativen Charakters in eine Art von illusorischem Raum zu projizieren: eine solche Vorliebe für Collage und Zitat, die in Werken wie *Gymel* (1960), *Consonante* (1962), *Gyro* (1963), *Figure* (1965), *Ode* (1966) begann und sich als Stilkonstante bis in die neuesten Werke verfestigt hat, war den zeitgenössischen Erfahrungen der Pop Art verpflichtet.

Nach einer langen Schaffenspause nimmt C. mit den zwei Bühnenwerken *Oberon, the fairyprince* (Ben Jonson; Venedig 1981) und *The Lord's Masque* (Thomas Campion; Venedig 1981) mit verstärkter Intensität das Komponieren wieder auf; in ihnen regt die phantastische Welt der Maske den Komponisten zu einem ebenso raffinierten wie vorurteilslosen Spiel mit heterogenen stilistischen Ebenen an. Die in ihnen bewiesene narrative Begabung C.s bekräftigt auch das Oratorium *Le favole di Esopo* (»Die Fabeln des Äsop«; 1979).

Es ist allerdings unzureichend, den Sinn der letzten Werke des Komponisten unter dem Begriff eines ironischen und kontrollierten, in der Kommunikation perfekt funktionierenden Eklektizismus zu fassen; C verleiht dem Begriff des Engagements, den er anfangs mit der Bescheidenheit und Rationalität des Handwerks identifiziert hatte, jetzt den Charakter eines Appells gegen die drohende Entmenschlichung, die über der gegenwärtigen Zivilisation lastet. Das konstruktive Engagement von *Salmo IX* (»Psalm IX«; 1980), dessen Text dazu auffordert, die Welt als Abbild Gottes zu betrachten, stellt eine vertrauensvolle Bejahung der ethischen Möglichkeiten der Kunst und der Musik dar und offenbart gleichzeitig die zutiefst religiöse Inspiration des Komponisten. Von dieser Geisteshaltung, die den Komponisten unerschütterlich bis in seine letzten Tage begleitete, zeugen Werke wie *Sacro Concerto* (1982), *Geistliches Lied* (1983), *Small is beautiful* (1984), *Mottetto* (1987), *Hymne* (1989), *Veni Sancte Spiritus, Osterliedlein e Cantus Planus* (1990), *Stabat Mater* (1992). Außerdem schrieb C. in den letzten Jahren Kammermusik (*Gorgheggio*, 1989) und zahlreiche Orchesterwerke (*Fiori di ghiaccio*, 1984; *Conductus*, 1988; *Risognanze e Sinfonia con rosignolo*, 1989; *Perigordino*, 1992).

Noten: Suvini Zerboni (Mailand); Schott (Mainz); Ricordi (Mailand).
Dokumente: Il linguaggio musicale dal Rinascimento ad oggi, Mailand 1959. Entstehung und Krise des tonalen Systems *in* Melos 27 (1960), 369–372.
Literatur: BORTOLOTTO, M.: Fase seconda, Turin 1969. GENTILUCCI, A.: Oltre l'avanguardia. Un invito al molteplice, Fiesole 1980, 69–70. CRESTI, R.: Il linguaggio musicale di N. C., Mailand 1991.

Francesca Magnani

Cavalieri, Emilio de'
Geb. um 1550 in Rom;
gest. 11. 3. 1602 in Rom

C., Komponist, Choreograph, Tänzer und Diplomat, wirkte zunächst in Rom als Organist am Oratorio del Santissimo Crocifisso in S. Marcello, vielleicht auch als Musikdirektor des Kardinals Ferdinando de' Medici, ging mit diesem, als er das Großherzogtum Toscana erbte, nach Florenz, hielt sich aber als dessen diplomatischer Vertreter auch danach immer wieder längere Zeit in Rom auf. C.s Werke sind bedeutend für die Frühgeschichte der Oper und des Oratoriums.

Als Musikdirektor in Florenz (1588–1600) war C. für die Kirchenmusik und die großen Festaufführungen verantwortlich, z. B. organisierte er für die Intermedien zu den Komödien, die bei der Hochzeit des Großherzogs mit Christine von Lothringen (1589) gegeben wurden, die Zusammenarbeit zahlreicher Dichter, Maler und Komponisten (darunter Marenzio, Caccini und Peri). Die Intermedien, höfische Unterhaltungen mit Tanz und Musik für Solisten, Chöre und Instrumente, mit Bühnenbild, Kostümen und Texten, die – ganz im neuen humanistischen Geschmack – immer wieder die Macht der antiken Musik preisen, wurden wichtige Vorläufer der Oper. Besonders bekannt wurde C.s Beitrag zum sechsten Intermedium der Komödie »La Pellegrina« von Girolamo Bargagli (Florenz 1589), der Eingangschor des Schlußtanzes *O che nuovo miraculo*; über diese Pavane wurden später zahlreiche Variationen geschrieben.

In den neunziger Jahren war C. einer derjenigen, die die Mode der Pastoraldramen anregten, er inszenierte 1590 Torquato Tassos *Aminta* und vertonte als erster Komponist solche Pastoralen vollständig. Sie sind nicht erhalten, sollen nach Aussagen seiner Zeitgenossen aber noch nicht im neuen rezitativischen Stil geschrieben worden sein. Bei der Hochzeit von Maria de' Medici mit Heinrich IV. von Frankreich überwachte er die Aufführung von Ottavio Rinuccinis, Peris und Caccinis Oper »Euridice« (Florenz 1600).

Bemerkenswert wegen ihrer Chromatik und Enharmonik, für deren Ausführung C. eigens eine Orgel mit Vierteltönen bauen ließ, sind seine *Lamentationes* und *Responsi* für die Karwoche (um 1599), die Chöre und generalbaßbegleitete Sologesänge enthalten. Nach seiner endgültigen Rückkehr nach Rom führte C. dort 1600 die *Rappresentazione di anima e di corpo* (»Das Spiel von Seele und Körper«) auf, die »singend zu rezitieren« war, also im neuen rezitativischen Stil stand. Es ist die erste geistliche Oper, eine Schilderung von Versuchungen, denen die Seele glücklich widersteht – ganz im Sinne der Andachtsübungen, die sich im Zuge der Gegenreformation verbreiteten und auch der Entstehung des Oratoriums wichtige Impulse gaben (→ Carissimi).

Schon zu C.s Lebzeiten war umstritten, ob er der Erfinder des neuen rezitativischen Stils war, wie er sich im späten 16. Jahrhundert in humanistischen Zirkeln in Florenz entwickelt hatte: eines affektbetonten Sprechgesangs mit Generalbaßbegleitung, der die antike Einheit von Musik und Poesie wiederbeleben sollte und mindestens bis zum späten 18. Jahrhundert fast alle musikalischen Gattungen prägte. C.s Rezitative regten seine Zeitgenossen zu »verschiedenen Empfindungen, wie Mitleid und Jubel, Tränen und Gelächter« an (so sein Verleger Alessandro Guidotti im Vorwort »A'lettori« zur *Rappresentazione*); ob sie heute von eher geschichtlichem als künstlerischem Interesse sind, wie die ältere Forschung meinte, wird vielleicht im Zuge der ›historischen‹ Aufführungspraxis leichter zu beantworten sein – gibt es doch kaum einen musikalischen Stil, dessen Wirkung so stark von der Qualität des Vortrags abhängt.

Noten: Intermedii et concerti, Venedig ⁵1591 *in* Musique des intermèdes de ›La Pellegrina‹, hrsg. von D. P. WALKER, Paris 1963. Rappresentatione di anima e di Corpo ... per recitar cantando, Rom 1600; Faks. Farnborough 1967. Lamentationes Hieremiae prophetae [Auszüge], hrsg. von FR. MANTICA, Padua 1960.
Dokumente: KIRKENDALE, W.: E. de' C. »Gentiluomo Romano«. His Life and Letters, His Role as Superintendant of all the Arts at the Medici Court and His Musical Compositions, with Addenda to l'Aria di Fiorenza and the Court Musicians in Florence, Florenz 2001.
Literatur: PIRROTTA, N. und POROLEDO, E.: Music and Theatre from Poliziano to Monteverdi, Cambridge (¹1969), ³1982. PIRROTTA, N.: Music and Culture in Italy from the Middle Ages to the Baroque, Cambridge (MA) 1984. WALKER, D. P.: Music, Spirit and Language in the Renaissance, hrsg. von P. GOUK, Ldn. 1985. EHRMANN, S.: E. de' C. Rappresentatione di anima, et di corpo. Welttheater, Oper, Oratorium? *in* Fs. R. Dammann, hrsg. von S. SCHAAL, TH. SEEDORF u. a., Laaber 1995, 21–41. TREADWELL, N.: The Performance of Gender in C./Guidiccioni's ballo »O che nuovo miraculo« *in* Women and Music 1 (1997), 55–70.

Marie-Agnes Dittrich

Cavalli, Francesco
Geb. 14. 2. 1602 in Crema (Lombardei); gest. 14. 1. 1676 in Venedig

Im Zenit seiner Laufbahn mietete sich der italienische Komponist, Organist und Sänger Fr. C. von 1647 an in Venedig einen Palazzo am Canal grande und umgab sich mit einer beachtlichen Dienerschaft. Diesen Luxus verdankte er weniger seinen Einkünften, die er zeitlebens als Musiker an der Palastkirche San Marco bezog, als vielmehr der Tatsache, daß er 1630 eine vermögende Witwe geheiratet hatte und überdies nach dem Tode seines Vorbildes Monteverdi (1643) der erfolgreichste und mit den meisten Aufführungen bedachte Opernkomponist Italiens war. Er gilt als der Begründer der venezianischen Oper, der die individuelle Ausdruckskunst Monteverdis in allgemeingültige musikdramatische Gattungsmuster umgeprägt hat, die in der zweiten Hälfte des 17. Jahrhunderts, fast bis zum Erscheinen A. Scarlattis, weit über Venedig hinaus schulbildend waren. Fr. C. kam 1616 als vierzehnjähriger Knabensopran aus seiner lombardischen Heimatstadt nach Venedig an die Sängerkapelle von San Marco. Damals hieß er noch Francesco Caletti-Bruni; den Namen seines Gönners, des venezianischen Patriziers Federico Cavalli, nahm er, einem damaligen Brauch folgend, erst nach 1630 an. Nach dem Stimmbruch scheint C. als Sänger pausiert und sich vermehrt dem Orgelspiel zugewandt zu haben. Jedenfalls war er von 1620 bis 1630 als Organist an der Kirche SS. Giovanni e Paolo angestellt und erscheint in den Dokumenten erst wieder von 1627 an als Tenorist an San Marco. Seit 1639 war er zweiter Organist an San Marco. Bemerkenswert ist, daß er genau am Tage nach seiner Einstellung als Organist seine Opernkarriere begann, indem er einen Vertrag unterzeichnete, der ihn verpflichtete, zusammen mit anderen Künstlern am Teatro S. Cassiano, dem ersten Opernhaus Venedigs, als Investor, Organisator und Komponist »accademie in musica« zu veranstalten. Dies stellte, nur zwei Stagioni nach der Einführung des kommerziellen Musiktheaters in Venedig, ein enormes Risiko dar. Die »opera scenica« *Le nozze di Teti e di Peleo* (»Die Hochzeit von Thetis und Peleus«) ist die erste Frucht dieser Zusammenarbeit und zugleich die erste venezianische Oper, deren Partitur erhalten ist. Trotz erheblicher finanzieller Schwierigkeiten schrieb C. im folgenden Jahrzehnt weitere acht Opern für das Teatro S. Cassiano, worunter *Egisto* (1643) und insbesondere *Giasone* (1649) – letztere neben Cestis »Orontea« (1656) die populärste Oper des 17. Jahrhunderts – C.s langanhaltenden Ruhm als Opernkomponist begründeten. In den fünfziger Jahren schrieb C. insgesamt 14 Opern, darunter für die inzwischen vier venezianischen Bühnen *Rosinda* (1651), *Calisto* (1651–52), *Xerse* (»Xerxes«; 1654–55) und *Erismena* (1655–56), für Neapel *Veremonda* (1652), für Mailand *Orione* (1653) und für Florenz *Hipermestra* (»Hypermnestra«; 1658).

1659 erteilte Kardinal Mazarin dem inzwischen legendären Opernkomponisten C. den Auftrag, eine Festoper für die Hochzeitsfeierlichkeiten Ludwigs XIV. mit der spanischen Prinzessin Maria Theresia in Paris zu schreiben. C. zögerte sehr lange mit seiner Zusage und begab sich 1660 erst nach Paris, nachdem man dort auf seine finanziellen Forderungen eingegangen war. Dort erwartete man von C. nicht nur Konzessionen an den französischen Geschmack, auch verzögerte sich die Fertigstellung des neuen Theaters in den Tuilerien erheblich. Als es schließlich erst im Februar 1662 zu der Aufführung der »Tragödie« *Ercole amante* (»Der verliebte Herkules«) kam, bedeutete dies für C. nur einen bescheidenen Erfolg. Nach Mazarins zwischenzeitlichem Tod war der französische Hof wieder auf antiitalienischem Kurs, und den Hauptbeifall ernteten der König, die Königin und die Hofgesellschaft, die in den von Lully komponierten Ballett-Entrées auftraten. C. kehrte enttäuscht nach Venedig zurück, mit der festen Absicht, sich »nie wieder mit Opern abzurackern«. Dies hat er zunächst auch eingehalten, was ihm umso leichter gefallen sein mag, als er 1665 zum ersten Organisten und 1668 zum Kapellmeister an San Marco berufen wurde. Die in seinen letzten Jahren entstandenen Opern vermochten nicht mehr an seine alten Erfolge anzuknüpfen. Die stilistische Entwicklung, die unter dem Einfluß Cestis den Hauptakzent der Opernkomposition mehr und mehr auf die Arien und Ensembles legte, war offenbar an ihnen vorbeigegangen.

Anna Amalie Abert, bis in die fünfziger Jahre hinein die genaue Kennerin der älteren italienischen Oper, hat (in MGG Bd. 2, 1952) eine Klassifikation des 30 Werke umfassenden Opernschaffens C.s in drei unterschiedliche Stilperioden unternommen, der neuerdings insbesondere von Wolfgang Osthoff (1985) mit der Begründung widersprochen wurde, C. sei von seiner ersten bis zu seiner letzten Oper immer derselbe geblieben. Wie so oft liegt die Wahrheit auch hier in der Mitte, denn es bleibt eine Tatsache, daß C. den Typus der venezianischen Oper, den es vor ihm praktisch nicht gab, erst entwickeln mußte, wie sehr er auch dabei seinem für ihn so typischen »künstlerisch-dramatischen Verantwortungsgefühl« (Abert, 929) treu geblieben sein mag. Daß C. einen Operntypus schuf, in dem der Text und dessen rhetorisch-dramatischen Erfordernisse grundsätzlich der Musik vor- und übergeordnet waren, ist unbestreitbar, und so ist es auch legitim, daß Aberts Dreiteilung, die hier in ihrem Kern referiert wird, von der Beschaffenheit von C.s Libretti ausgeht.

Die Opern seiner ersten Schaffensperiode (1639–42), von Libretti unterschiedlicher Autoren ausgehend, bieten »ein buntes Bild des Experimentierens«. In *Le nozze di Teti e Peleo* (1639) ist noch die Tradition des römischen Stils mit seinen größeren Ensembles, Chören und Instrumentalsätzen spürbar. Lieder und Arien spielen freilich nur eine untergeordnete Rolle: Sie sind schlicht und kurz und werden meist von Nebenpersonen vorgetragen, während den Hauptpersonen die pathetischen Rezitative vorbehalten bleiben. In der zweiten Periode (1643–1652), in der er Libretti von Giovanni Faustini bevorzugt, vollzieht C. die »Konsolidierung zu einem eigenen Operntyp«, indem er endgültig »den Schritt von der favola pastorale und dem Mythos zum Intrigendrama« bzw. von der höfischen Ausstattungsoper zum bescheideneren Unternehmerstück tut. Jetzt werden größere Ensembles, Chöre und Instrumentalstucke spürbar eingeschränkt oder ganz vermieden, dafür findet aber eine künstlerisch wertvolle Weiterentwicklung der Rezitative statt: Einerseits steigert C. die Ausdruckskraft der betrachtenden Monologe, und andererseits beschleunigt er den dialogischen Wechsel von Rede und Gegenrede, womit er zwei gegensätzliche Prototypen des statischen und bewegten szenischen Sprechgesangs schafft, denen er eine konzise, mehr und mehr formalisierte Harmonik zugrundelegt. In seiner dritten und letzten Schaffensperiode (von 1653 an) erfolgt, im Zusammenhang mit einer veränderten Librettistik, tendenziell die Herausbildung der Arie aus dem pathetischen »Ausdrucksrezitativ« und des Secco-Rezitativs aus dem sachlichen »Handlungsrezitativ«. Gehörten bisher geschlossene Gesangsformen zum Ausdrucksrepertoire der Nebenpersonen, so werden nun die in ihrem Umfang ausgedehnteren Arien ein Privileg der tragenden Hauptrollen. Zu einer gänzlichen Trennung der beiden melodramatischen Ausdrucksformen kommt es aber nicht, da für C. beide letztlich eine Einheit bilden.

Nach seiner Berufung zum Kapellmeister von San Marco ist C. auch mit geistlicher Musik hervorgetreten. Die 1675 gedruckte doppelchörige *Missa pro defunctis* hat er als Requiem zu seinem eigenen Gedächtnis bestimmt.

Noten: Giasone, Mailand 1970 [Bearbeitung]. L'Ormindo, L'Egisto und La Calisto, bearbeitet von R. LEPPARD, Ldn. 1969–77. Vespri, hrsg. von F. BUSSI, Mailand 1995.
Literatur: PRUNIÈRES, H.: C. et l'opéra vénitien au XVIIe siècle, Paris 1931. BIANCONI, L.: Caletti, Pietro Francesco, detto C. [mit ausführlichen archivalischen Angaben], Dizionario biografico degli italiani, Rom, 1960 ff. Venezia e il melodramma nel Seicento. Kgr.-Ber. Venedig 1972, hrsg. von M. T. MURARO, Florenz 1976. GLOVER, J.: C., Ldn. 1978. RUTSCHMAN, E. R.: The Minato-C. Operas. The Search for Structure in Libretto and Solo Scene, Diss. University of Washington, 1979. JEFFERY, P.G.: The Autograph Manuscripts of Fr. C., Diss., Princeton University 1980. MORELLI, G.: Scompiglio e lamento (simmetrie dell'incostanza e incostanza delle simmetrie): L'Egisto di Faustini e Cavalli (1643), Venedig 1982. ROSAND, E.: Opera in Seventeenth-Century Venice. The Creation of a Genre, Berkeley and Los Angeles 1991.

Siegfried Schmalzriedt

Cerha, Friedrich

Geb. 17. 2. 1926 in Wien

»Ich entdeckte, daß das grundlegende und einzige Problem des Komponierens, von dem alle anderen abhängen oder abzuleiten sind, das Verhältnis zur Zeit ist. Die motivisch-entwickelnde Arbeit der traditionellen Symphonie akzentuiert das Zeiterlebnis durch möglichst vielfältige Teilung, durch scharfe Gliederung und dadurch, daß sie beständiges Rückerinnern und Vorausahnen ermöglicht und favorisiert. Mir schwebte damals eine Musik vor, in der im Gegenteil das Zeiterlebnis, wenn nicht – eliminiert, so doch eingeschränkt, degradiert war – oder die Zeitakzente widerrufen werden.« C., von Jugend auf kompositorisch interessiert, hat alle Strömungen der Musik unserer Zeit erfahren und sich in seinen Klangkombinationen doch nie diesen Strömungen untergeordnet. Wenige Anklänge an Stravinsky sind sehr früh überwunden, die Musik der Wiener Schule wird nur als gedankliche Basis erarbeitet. Selbst seriell konzipierte Stücke wie *Relazioni fragili* für Cembalo und Orchester (1956–57/1975) sind anders seriell, als man es gelernt hat. Klangkompositionen wie *Trois mouvements* für Orchester (1960) werden nicht zu Wolkengebilden, sondern zu Zuständen, innerhalb derer sich Klangliches konsequent in kleinsten Schritten verändert. Vielleicht ist dies C.s ›Ausbrechen‹: daß er in allen seinen kompositorischen Entwicklungsphasen schon außerhalb einer Strömung denkt und schreibt, ehe sie noch als solche deklariert wurde. So sehr C. – kurz nach dem Krieg eine Zeitlang Bergführer – seinem Naturell nach städtischen Existenzformen zu mißtrauen und ländliche Abgeschiedenheit zu bevorzugen scheint – er schrieb zwei *Langegger Nachtmusiken* (1969, 1970) –, so sehr braucht er urbane Strukturen, um sich voll entfalten zu können. Mit Kurt Schwertsik gründete er 1958 das Ensemble für neue Musik »die reihe«, das – mit ihm als Dirigenten – durch eine Vielzahl mustergültiger Aufführungen die Musik des 20. Jahrhunderts in Wien überhaupt erst bekanntgemacht und immer größeren Publikumskreisen das Verständnis neuer Musik vermittelt hat.

In den *Spiegeln I-VII* (1960–61) für großes Orchester und Tonband, Bewegungsgruppe, Objekte und Licht sind Klangmassen höchst differenziert in Bewegung und in vielfach variierter Verästelung zueinander in Bewegung gesetzt. In diesen »Spiegeln« bahnt sich zum ersten Mal ein theatralischer Aspekt an, da C. die musikalischen Vorgänge mit bildhaften Vorstellungen verknüpft hat. Enger noch wird die Beziehung zu szenisch-theatralischen Ereignissen in den *Exercises* für Bariton, Sprecher und Kammerorchester (1962–68), in denen vom Individuum ableitbare Einsprengungen (»Regresse«) dem gesellschaftlichen Masse-Verhalten entgegentreten – wenn auch vergebens. Daraus ist später durch Erweiterungen *Netzwerk* (Wien 1981) erwachsen, ein Spiegelbild sozialer Verstrickung, ansatzweise auch Welttheater letalen Ausgangs. Das Problem des Verhältnisses von Individuum und gesellschaftlicher Ordnung ist das Grundthema auch der weiteren Bühnenwerke C.s, der (Literatur-)Opern *Baal* (nach Bertolt Brecht; Salzburg 1981), *Der Rattenfänger* (nach Carl Zuckmayer; Graz 1987) und *Der Riese vom Steinfeld* (Peter Turrini; Wien 2002).

Nach den Klangkompositionen der sechziger Jahre machte sich bei C. das Bedürfnis geltend, wieder zu durchhörbaren bzw. unmittelbar auffaßbaren musikalischen Formulierungen zu gelangen. Die Rückkehr zu melodischem Gestus und rhythmischer Transparenz z. B. in *Catalogue des objets trouvés* 1969 zog eine in der Folge immer wieder bewußt gesuchte Berührung mit der Tradition nach sich. So rekurriert C., der 1962–78 mit der Fertigstellung des dritten Akts von Bergs »Lulu« befaßt war (Uraufführung der dreiaktigen Version Paris 1979), in *Langegger Nachtmusik I* (1969) u. a. auf Mahler und Webern oder in *Curriculum* 1971–72 auf Ives und den Neoklassizismus. In einer bis heute anhaltenden Entwicklung hat C. die musiksprachliche Grundlage seines Komponierens sukzessive erweitert und sich dabei auch an der Wiener Folklore (*I. und II. Keintate* 1980–82 und 1983–85) und an außereuropäischer Musik (*Erstes Streichquartett »Maqam«* 1989, *Zweites Streichquartett* 1989–90) orientiert. Parallel dazu verlagerte sich das Hauptinteresse C.s auf die Auslotung der in einem gegebenen Material liegenden kompositorischen Möglichkeiten. Bei aller stilistischen Pluralität der Modelle blieb für C. ein Konzept zentral, das – gerade auch in Werken mit heterogener Materialbasis – auf Beziehungsreichtum bzw. die »organische« Verbindung der Komponenten gerichtet ist.

Noten: Doblinger (Wien); Universal Edition (Wien).
Dokumente: Arbeitsbericht zur Herstellung des 3. Aktes der Oper Lulu von Alban Berg, Wien 1979. Zu meinen Werken *in* Wien modern-Almanach 1989, Wien 1989, 14–23. Schriften. ein Netzwerk, Wien 2001 (Komponisten unserer Zeit 28).
Literatur: MCSHANE, C.: The Music of Fr. C. and an Analysis of His Opera »Der Rattenfänger«, Diss. Univ. of Texas 1995. Projekt Fr. C., hrsg. von H. LANDESMANN, Salzburg u. a. 1996. ZUBER, B.: Musikalisches Welttheater als Drama sozialer Systeme. Ein Versuch, Fr. C.s »Netzwerk« zu entflechten *in* Nähe und Distanz. Nachgedachte Musik der Gegenwart, hrsg. von W. GRATZER, Hofheim 1996, 41–57. GÜNTHER, B.: Fr. C. *in* Lexikon zeitgenössischer Musik aus Österreich, Wien 1997, 316–325.

Sigrid Wiesmann und Markus Grassl

Cesti, Antonio
Getauft 5. 8. 1623 in Arezzo;
gest. 14. 10. 1669 in Florenz

Wenige Künstler des 17. Jahrhunderts haben die Extreme der barocken Gefühlswelt so sehr gelebt wie der italienische Sänger und Komponist A. C., der Franziskanermönch war und zugleich als Opernsänger stürmisch gefeiert wurde. Seine vehemente musikalische Karriere trägt Züge des Abenteuerlichen.

Als neuntes Kind einer ärmlichen Familie trat A. C. bereits mit vierzehn Jahren dem Franziskanerorden bei und kam auf diese Weise in den Genuß einer umfassenden Ausbildung, die ihm ohne diesen Schritt verwehrt geblieben wäre. Im Rahmen dieser Ausbildung wurde er zu einem ausgezeichneten Musiker herangezogen; bereits als Heranwachsender war er mit den Grundzügen der Kompositionslehre vertraut. Im Alter von nur zwanzig Jahren wurde er Organist an der Kathedrale der toskanischen Stadt Volterra und Musiklehrer am dortigen Priesterseminar, Aufgaben, die ihn freilich auf Dauer unbefriedigt ließen. Seine Neugier galt den musikalischen und literarischen Ereignissen der kulturellen Zentren Florenz, Pisa und Siena, zu denen ihm sein lebenslanger Freund, der als Maler, Dichter und Musiker gleichermaßen talentierte Salvator Rosa (1615–1673), Zugang verschaffte. C.s Talent trieb ihn offenbar förmlich von der Orgel und der Kirchenmusik weg auf die Opernbühne, auf der er in nur wenigen Jahren zunächst in Siena und Pisa und seit 1650 in Florenz ungeachtet seines Ordensgelübdes sich als Sänger einen solchen Namen gemacht hatte, daß ihn Rosa als den »Ruhm und Glanz der weltlichen Szene« bezeichnen konnte. Sein Orden beobachtete diese für einen Priester mehr als unschickliche Karriere mit zunehmendem Mißfallen Anläßlich einer Mitwirkung C.s in einer Aufführung von Cavallis Oper »Giasone« in Lucca wurde er 1650 von seinem Orden wegen seines »unehrenhaften Lebenswandels« scharf gerügt, was ihn aber, inzwischen ein Schützling des Hauses Medici, nicht daran hinderte, 1651 und 1652 für Venedig, dem wichtigsten Zentrum des damaligen italienischen Musiktheaters, zwei Opern zu komponieren, *Alessandro vincitor di se stesso* (»Alexander als Sieger über sich selbst«, Francesco Sbarra) und *Il Cesare amante* (»Der verliebte Cäsar«, A. Rivarota), die ihn schlagartig als Opernkomponist bekannt machten. Stilistisch erweist sich C. in seinen beiden Erstlingsopern sowohl den venezianischen Vorbildern Monteverdi und Cavalli als auch den römischen Meistern Luigi Rossi und Carissimi verpflichtet, was zu der Vermutung Anlaß gegeben hat, C. habe als junger Mann einige Jahre in Rom studiert, was sich weder nachweisen noch widerlegen läßt. Dennoch wurde C. sofort auch wegen seiner melodischen Individualität geschätzt, so daß Rosa aus Venedig berichten konnte: »Ich habe Neuigkeiten von unserem Padre Cesti zu berichten, der in Venedig unsterblich geworden ist und als einer der ersten Komponisten unserer Zeit betrachtet wird.«

Im Jahre 1652 berief Erzherzog Ferdinand Karl von Tirol, dessen Frau eine Medici war, C. als Kammerkapellmeister an seinen Hof nach Innsbruck. Diese fürstlich besoldete Position sollte C. bis 1659 innehaben. Er komponierte zunächst Kammerkantaten und kümmerte sich um die Ausbildung der am Hofe hochgeschätzten italienischen Kastraten. 1654 wurde in Innsbruck ein neues »Komödienhaus« fertiggestellt und mit C.s Oper *La Cleopatra* eingeweiht, einer Wiederaufnahme der umbenannten und mit einem neuen Prolog und Balletten versehenen Oper *Il Cesare amante*. Anläßlich des Besuches der zum Katholizismus übergetretenen Königin Christina von Schweden in Innsbruck wurde im November 1655 C.s Festoper *L'Argia* (Giuseppe Filippe Apolloni) mit großem Pomp aufgeführt. Auf dem Höhepunkt seiner kompositorischen Entwicklung entstanden zum Karneval 1656 *Orontea* (Giacinto Andrea Cigognini) und im Jahr darauf *La Dori* (Apolloni).

Lange ging die Musikgeschichtsschreibung davon aus, daß *Orontea*, die heutzutage am häufigsten aufgeführte Oper C.s, bereits 1649 in Venedig zur Uraufführung gelangt sei und daß die Innsbrucker Aufführung von 1656 deren Wiederaufnahme darstelle. Dieser Ansicht hat 1972 Thomas Walker überzeugend widersprochen: sowohl dokumentarische als auch stilistische Gründe lassen die bisher angenommene frühe Entstehung von *Orontea* quasi aus dem Nichts als ein Ding der Unmöglichkeit erscheinen. 1659 mußte C. seine Theateraktivitäten unterbrechen und sich, wie es den Anschein hat, auf Befehl des Franziskanerordens nach Rom begeben. Dort wurde er seines Gelübdes entbunden und zum Laienpriester ernannt. Ende desselben Jahres wurde er als Sänger in die päpstliche Kapelle aufgenommen Obwohl sich C. gerade um diese Position sehr bemüht hatte, muß ihm klar gewesen sein, daß sie ihn auf Dauer nicht zufriedenstellen konnte. Bereits 1661 begab er sich nach Florenz, um dort anläßlich der Hochzeitsfeierlichkeiten von Cosimo III. Medici mit Margarete von Orléans seine Oper *La Dori* aufzuführen. Auch hatte er seine Beziehungen zum Hofe in Innsbruck keineswegs abgebrochen, wohin er mit päpstlicher Erlaubnis 1661 zurückkehrte und auch nach dem Tode des Erzherzogs Ferdinand Karl in den Diensten von dessen Nachfolger Siegmund Franz blieb. Nach dessen Tod im Jahre 1665 wurde C. 1666 als Vizekapellmeister an den kaiserlichen Hof nach Wien berufen, nachdem ihm Kaiser Leopold I. zuvor die Würde eines »cappellano d'onore« (»Ehrenkaplan«) verliehen hatte. Die Wiener Jahre 1666–1668 bilden den Kulminationspunkt von C.s Ruhm als Opernkomponist. Insbesondere die Festoper *Il pomo d'oro* (»Der goldene Apfel«, Sbarra), für die Hochzeitsfeier des Kaisers 1668 komponiert, wurde zur berühmtesten Oper seiner Laufbahn und des ganzen 17. Jahrhunderts. Trotz seines Wiener Erfolges und der Hochschätzung, die er am kaiserlichen Hofe als Leiter des Musiktheaters erfuhr, kehrte C. Ende 1668 nach Italien zurück, wo er in Siena und Florenz im Dienste des Großherzogs Opernaufführungen organisierte. Im Spätjahr 1669 starb er unerwartet auf dem Höhepunkt seines Ruhmes und seiner Schöpferkraft – wie einige Quellen legendär berichten, von Neidern vergiftet.

»Wenn Monteverdi dramatische Charaktere darstellte, Cavalli dagegen dramatische Situationen, so schafft Cesti in erster Linie musikalische Szenen«. Dieser Satz Anna Amalie Aberts charakterisiert C.s Stellung innerhalb des großen Dreigestirns der italienischen Oper des 17. Jahrhunderts. C. mied die dramatische Stringenz der Handlungsführung eines Cavalli zugunsten rein musikalisch konzipierter Szenen von einer großen melodischen Erfindungskraft. Im Zentrum seiner Oper steht nicht mehr das dramatische Ausdrucksrezitativ, sondern eindeutig und zukunftsweisend die Arie, ja ganze Zyklen von Arien, aus denen er seine Szenen bildet, wobei seine besondere Stärke die Darstellung lyrischer Reflexion und wehmütiger Betrachtungsweise ist. Der bleibende Ruhm von C.s *Orontea* und seiner zahlreichen Kammerkantaten liegt in seiner Befähigung zu einem weichen und gefühlsbetonten Ausdruck, zu einer sensuellen, schmerzlichen und pathetischen Süße des Melos, die Romain Rolland von C.s »verliebter, etwas schmachtender Anmut« sprechen ließ.

Noten: Orontea, Wellesday (MA) 1973 (Wellesday Edition, 11). La Dori, N. Y. 1981 (Ital. Opera 1640–1770 63). Il pomo d'oro, Wien 1896–97 (DTÖ 6 und 9), Ndr. Graz 1959.

Dokumente: Der guldene Apfel, hrsg. von M. Dietrich, Wien 1965 [Faks. des Librettos und der Bühnenbilder zu »Pomo d'oro«].

Literatur: Kretzschmar, H.: Die venezianische Oper und die Werke Cavallis und C.s *in* Vierteljahrschrift für Mw. 8 (1892), 1–76. Holmes, W. C.: Orontea. A Study of Changes and Development in the Libretto and Music of Mid-17th Century Italian Opera, Diss. Columbia University 1968. Walker, Th.: Gli errori di Minerva al tavolino. Osservazioni sulla cronologia delle prime opere veneziane *in* Venezia e il melodramma nel seicento, Venedig 1972, 7–20. Ch. B. Schmidt: The Operas of A. C., Diss. Harvard University 1973. Ders.: A. C.'s Il pomo d'oro. A Re-examination ... *in* JAMS 29 (1976), 381–412. Morelli, G.: L'Apolloni librettista di C., Stradella e Pasquini *in* Chigiana 19 (1982), 211–264. Rosand, E.: Opera in Seventeenth-Century Venice, Berkeley 1991. Scott, J.: Salvator Rosa, New Haven, (CT) 1995. Brown, J.W.: »Innsbruck, ich muss dich lassen« C., Orontea, and the Gelone problem *in* Cambridge Opera Journal 12 (2001), 179–217.

Siegfried Schmalzriedt

Charpentier, Marc-Antoine

Geb. um 1643 (?) in Paris; gest. 24. 2. 1704 in Paris

Ch. hat ein außerordentlich reiches Schaffen hinterlassen. Noch zu seinen Lebzeiten wurde er mit Lully verglichen. Trotzdem hat er dessen Berühmtheit nicht erlangt: Die Mißachtung Lullys, die ihm eine Karriere nur am Rande des Hofes ermöglichte, die Komposition vor allem funktionsgebundener geistlicher Werke und die Tatsache, daß nur wenige seiner Werke gedruckt wurden, trugen dazu bei, daß er nach seinem Tod bald vergessen war. Erst im 20. Jahrhundert hat sich die musikwissenschaftliche Forschung wieder seines Œuvres erinnert.

Trotz der dramatischen Qualitäten seiner Musik stehen seine geistlichen Werke an erster Stelle. Sie umfassen alle liturgischen Gattungen: Messen, Propriumsgesänge, Motetten, lateinische Oratorien und Historien. Die lateinischen Oratorien, in denen die Verbindung zur italienischen Musik am deutlichsten wird, bilden den originellsten Teil von Ch.s Œuvre. Sie fußen auf der Tradition des Oratoriums in Italien, wie es Ch. während seiner Studien bei Carissimi in Rom kennenlernte. Er hat das Genre in Frankreich eingeführt, wo es allerdings ohne Nachfolge blieb. Die 34 Oratorien Ch.s gliedern sich in drei Gruppen, die *dialogi*, kurze Dialoge für zwei Solisten und Basso continuo, die *cantica*, geringer dimensionierte Werke als die dritte und bedeutendste Gruppe, die *historiae*, ausgedehnte Kompositionen der biblischen und kirchlichen Geschichte, die als geistliche Dramen konzipiert sind. Typisch für die letzte Gruppe ist *Judicium Salomonis*, das zur jährlichen Eröffnung des Gerichtshofes 1702 aufgeführt wurde. Das Werk ist gemäß der italienischen Oratorientradition des 17. Jahrhunderts zweiteilig: Der erste Teil handelt vom Glück und Ruhm Israels unter Salomo; der zweite Teil hat, nach Salomos Traum, in dem er sich von Gott die Gabe der Weisheit erbittet, Salomos Urteil zum Thema. Die Historia wird im Wechsel von Erzählung und Dialog dargestellt: Erzählende Funktion hat dabei nicht nur der Historicus in seinen rezitativischen Partien, sondern auch ein dreistimmiges Ensemble und der Chor, dessen Sätze teils polyphon, teils in konzertierendem Stil gehalten sind. Die dialogischen Partien sind außerordentlich variabel gestaltet mit dem mehrfachen Wechsel aller schon von Carissimi verwendeten Formen: Präludium, Arie, Arioso, Duett, Secco- und Accompagnato-Rezitativ. Ein generelles Merkmal von Ch.s Kirchenmusik ist, daß verstärkt opernhafte Elemente Eingang finden. So folgt das Präludium des zweiten Teiles dem Topos der Sommeil-Szene; die zahlreichen Koloraturen in den Chören auf Worte wie »laetare«, »gaudete« etc. zeugen vom Einfluß der italienischen Oper, und die Dramatisierung in den dialogischen Partien läßt das Werk tatsächlich als »une sorte d'opéra spirituel« erscheinen, wie Sébastien de Brossard das Oratorium in seinem Lexikon von 1701 definierte.

Ch.s Messen nehmen eine Sonderstellung ein. Während des 17. und auch noch des 18. Jahrhunderts blieb die Meßkomposition in Frankreich bis auf wenige Ausnahmen dem A-cappella-Stil Palestrinas verhaftet und in der zweiten Jahrhunderthälfte entstanden nur sehr wenige Messen, da Ludwig XIV. die sogenannte »stille« Messe bevorzugte, in der Motetten den musikalischen Rahmen bildeten. So hat Ch. mit zwölf Werken nicht nur eine für die damalige Zeit relativ hohe Anzahl an Meßkompositionen verfaßt; er war vor allem der einzige, der es gewagt hatte, eine neue, auf italienischen Einflüssen beruhende Schreibweise, wie sie hauptsächlich in der Motette üblich wurde, auch in der Messe einzuführen, indem er den strengen polyphonen Stil durch konzertierende Technik auflockerte. Jede seiner Messen ist individuell gestaltet: Sie variieren in der Besetzung und in der Schreibweise, die ein weites Spektrum von der Monodie bis zur Mehrchörigkeit, von der Parodiemesse bis zur instrumentalen Messe, von einem schmucklosen einfachen akkordischen Satz bis zum konzertanten Stil aufweist. Einzigartig ist die *Messe pour plusieurs Instruments au lieu des orgues*, die zwar auf dem Modell der am Ende des 17. Jahrhunderts in Frankreich üblichen Orgelmesse beruht, statt der Orgel jedoch mit Instrumenten besetzt wurde. Die *Messe à quatre choeurs*, die von der italienischen Mehrchörigkeit beeinflußt ist, hat in Frankreich keinen Vorgänger. Eine Besonderheit stellt auch die bekannte *Messe de minuit pour Noël* dar, in der das kaum mehr gebräuchliche Prinzip der Parodiemesse wiederaufgegriffen wird: Den einzelnen Teilen liegen insgesamt zehn französische Weihnachtslieder zugrunde, die Ch. zum Teil bereits als kurze Instrumentalstücke (*Noëls pour les Instruments*) gesetzt hatte. Die Anlehnung auch der freien Partien an die volksliedhafte Melodik der Weihnachtsmelodien verleiht der Messe einen ungewohnt heiteren Charakter.

Die weitaus meisten Werke Ch.s sind jedoch Motetten, die fast 400 Kompositionen verschiedener Textgattungen umfassen. Es sind Werke sowohl in der Form der großen Versailler Motette (grand motet), einer mehrsätzigen Form mit Soli, Chören und Orchesterstücken, als auch der petit motet für einen oder mehrere Solisten mit zum Teil konzertierenden Instrumenten. Die bekannteste Motettenkomposition ist eine der vier *Te Deum*-Vertonungen, die den Ruhm Ch.s heute begründet. Sie wurde nicht nur als erste Komposition auf Schallplatte eingespielt, sondern ihr Beginn wurde als Sendezeichen der Eurovision übernommen.

Daß Ch.s einzige tragédie en musique *Médée* (Pierre Corneille; Paris 1693) nach ihrer Uraufführung sehr schnell aus dem Repertoire verschwand, ist keineswegs durch mangelnde Qualität bedingt. Wenn sie bei den Anhängern Lullys auch auf Ablehnung stieß, so liegt dies sicherlich in manchen Neuerungen gegenüber Lullys Musik begründet. Ch. baut zwar auf dem Modell der Opern Lullys auf. Wie Campra oder später Rameau hat er den Typus unter italienischem Einfluß musikalisch bereichert. Eine Verstärkung der Ausdrucksmittel auf melodischer, harmonischer und instrumentatorischer Ebene zur Steigerung des dramatischen Ablaufs ist deutlich: Häufiger und intensiver als Lully geht Ch. an hervorgehobenen dramatischen Stellen aus rezitativischem in einen verstärkt melodischen Tonfall über bis zur Unterstreichung von Worten durch Melismen. Oft wird der musikalisch-dramatische Verlauf zum Szenenende hin gesteigert, das dann mit einem Air, einem Duett oder Chor schließt. Die Melodik selbst ist durch die Verwendung größerer Intervalle ausdrucksreicher, auffällige harmonische Wendungen (wie am Ende des fünften Aktes beim Tod der Créuse) stehen im Dienst der dramatischen Situation.

Mit den Intermedien zu Jean-Baptiste Molières *Le malade imaginaire* (»Der eingebildete Kranke«) schuf Ch. seine erste größere Theatermusik. Die erste 1673 aufgeführte Version mußte Ch. umarbeiten, um dem von Lully verhängten Privileg gerecht zu werden, nachdem alle Theateraufführungen mit mehr als zwei Singstimmen und sechs Streichinstrumenten verboten waren. Die Intermedien bieten eine große thematische Vielfalt:

eine Pastorale als Prolog, Possen, Galanterien und Parodien als Zwischenspiele. Hat Ch. die Situation der buffonesken Stücke mit humorvollen musikalischen Effekten unterstrichen, so ist der Prolog mit seinem Wechsel von Arien, Chor und Tänzen denjenigen der kommenden Opern Lullys vergleichbar. Ch. weist sich somit bereits in seinem ersten Bühnenwerk als Komponist aus, der mit theatralischen Wirkungen aufs beste umzugehen verstand.

Noten: L'œuvres complètes de M.-A. Ch., Faksimilereproduktion, hrsg. von H. W. HITCHCOCK, Genf 1990ff. Music for Molières comédies, hrsg. von J. S. POWELL, Madison 1990 (Recent Researches in the Music of the Baroque Era 63).
Werkverzeichnis: HITCHCOCK, H. W.: Les œuvres de M.-A. Ch. Catalogue raisonné, Paris 1982.
Literatur: CESSAC, C.: M.-A. Ch., Paris 1988 [mit Bibl.]. HITCHCOCK. H. W.: M.-A. Ch., Oxford 1990. CESSAC, C.: M.-A. Ch., Portland 1995.

Elisabeth Schmierer

Chausson, (Amédée-)Ernest

Geb. 21. 1. 1855 in Paris;
gest. 10. 6. 1899 in Limay

Ch. war Schüler von Franck und ein Freund Debussys. In diesem Spannungsfeld zwischen Spätromantik und Impressionismus ist sein Werk angesiedelt: einerseits instrumentale Kammer- und Orchestermusik in einem dichten, oft ein wenig schwerfälligen Satz, wo sich alles in strenger thematischer Arbeit aus wenigen Tönen entwickelt, andererseits das Suchen nach neuen Klangverbindungen, die farbig und mehrdeutig bleiben, da ihnen damals noch jedes theoretische Fundament fehlte.

Der *Symphonie Es-dur* op. 20 (1889–1890) und dem *Streichquartett c-moll* op. 35 (1899, unvollendet) fehlen deshalb die innovativen Tendenzen, da Ch. allzu sehr den klassischen Vorbildern verpflichtet bleibt. Immerhin ist anzumerken, daß sich die französische Musik vor Franck und Ch. vor allem in der Oper und der virtuosen Klaviermusik auszeichnet und daß deshalb die Konzentration, die nun vom Hörer verlangt wurde, durchaus revolutionäre Ansprüche stellte. Das Pariser Publikum war auch während der Aufführungen von Mozarts Opern nur bereit, einige schöne Melodien zu goutieren, die dramatischen Entwicklungen in den mehrteiligen Finali blieben ihm fremd. Dennoch bleibt Ch. in den erwähnten Werken trocken und akademisch. Nur sein *Poème* für Violine und Orchester op. 25 (1896) wagt einen Schritt in die Freiheit: Die Melodik ist freier, rhapsodischer, die Klangfarben wechseln zwischen Hell und Dunkel, und der Rhythmus ist fließend, ganz aus dem Augenblick geboren. Gleiches gilt für ein anderes »Poème«, den ausladend-intensiven Zyklus von Orchesterliedern *Poème de l'amour et de la mer* op. 19 (M. Bouchor; 1882–90).

Die Lieder jedoch, vor allem die *Serres chaudes* op. 24 (»Treibhäuser«; Maurice Maeterlinck; 1893–1896) gehören zum Kühnsten, was Ch. geschaffen hat. Die Gedichte schildern das Leben von kostbaren, aber eingeschlossenen Pflanzen, die sich vergeblich nach Freiheit, Sonne und Luft sehnen. Es ist nicht fehl am Platze, hierin eine Allegorie von Ch.s Situation als Komponist zu sehen. Die Loslösung von lähmenden Vorbildern gelingt nicht völlig, aber das Neue ist ganz nah: Die ausgesuchten Klangverbindungen bleiben brüchig, Ch. wagt es nicht rückhaltlos, seiner Intuition zu vertrauen, und manchmal fällt er ganz zurück in den feierlichen Orgelstil, wie er ihn bei Franck gelernt hat. Immerhin bedeutet die Wahl dieser Gedichte, die voll von Wortmusik sind, die dem Klang der Sprache und nicht in erster Linie deren Bedeutung vertrauen, ein Schritt nach vorne, den auch Debussy gleichzeitig vollzog.

Die Oper *Le Roi Arthus* op. 23 (»König Artus«; 1886–95, Brüssel 1903), deren Text Ch. selbst verfaßt hat, zeigt Merkmale, wie sie in Frankreich damals typisch waren: Der Stoff ist keltischen Ursprungs, und gerade in den tiefsten Schichten der Vergangenheit ihres Volkes suchten die Franzosen nach einer geistigen Erneuerung. Edouard Lalo mit »Le Roi d'Ys« (»Der König von Ys«) und d'Indy mit »Fervaal« sind den gleichen Weg gegangen. Daß auch Wagner in »Tristan und Isolde« und »Parsifal« aus denselben mittelalterlichen Quellen schöpfte, wurde als Ansporn verstanden, es ihm gleichzutun. Die Dramaturgie und das Libretto von *Le Roi Arthus* bleiben immer noch dem traditionellen französischen drame lyrique verhaftet. Höfisches Zeremoniell und ein Liebesduett in As-Dur wie im »Tristan« zeigen, daß Ch. trotz allen Bemühens nicht die neue französische Oper schaffen konnte; das blieb Debussy mit »Pelléas et Mélisande« vorbehalten. Dennoch sind einige bemerkenswerte Stellen in diesem Werk zu finden: lichtdurchflutete Klänge und schwebende Akkordverbindungen. In der Schlußapotheose zitiert Ch. fast wörtlich das Walhall-Motiv aus Wagners »Götterdämmerung«. Ch. befolgte leider nicht Debussys Rat, zuerst an das Bild und nicht an den Rahmen zu denken. Ch.s Musiksprache bleibt schwerfällig und prunkvoll, während Debussy das Pathos Francks und Wagners überwindet.

Noten: Durand; Salabert (beide Paris); Peters (Ffm.).
Dokumente: OULMONT, CH.: Deux amis, Claude Debussy et E. Ch. Documents inédits, Paris 1934. Correspondance, hrsg. von R. DELAGE, Paris 1994. Écrits inédits. Journaux intimes, roman de jeunesse, correspondance, hrsg. von J. GALLOIS, Monaco 1999.
Literatur: OULMONT, CH.: La Musique de l'amour, 2 Bde., Paris 1935. BARRICELLI, J.-P. und WEINSTEIN, L.: E. Ch. The Composer's Life and Works, Norman 1955 [mit WV]. GALLOIS, J.: E. Ch., Paris 1994.

Theo Hirsbrunner

Chávez (Ramírez), Carlos (Antonio de Padua)

Geb. 13. 6. 1899 in Mexiko (Stadt); gest. 2. 8. 1978 Mexiko.

Obgleich der Mexikaner Ch. zusammen mit dem Brasilianer Villa-Lobos als führender Komponist des ›Nationalismus‹ in Lateinamerika gilt, geht sein vielseitiges Werk und Wirken in diesem Begriff nicht auf. Zwar hat sich Ch. an der in Mexiko nach der Revolution (1910) einsetzenden nationalen Identitätsfindung und dem damit verbundenen Rekurs auf autochthone kulturelle Quellen beteiligt, andererseits aber stets den Anschluß an universale Tendenzen und internationale Standards gesucht, und dies nicht nur in seinem umfangreichen kompositorischen Œuvre, sondern ebenso durch seine Arbeit als Dirigent und Erzieher, Organisator und Administrator.

Als Komponist Autodidakt, wenn auch durch intensive Studien mit den Techniken der musikalischen Weltliteratur vertraut, gelangte Ch. vor allem in seinen zwischen 1920 und 1940 geschriebenen Kompositionen von der direkten Verwendung folkloristischen Materials – sei es indigenes oder solches der ›música popular‹ – zu einem Bartók-ähnlichen ›essentiellen Nationalismus‹, in welchem qualitative Elemente der Volksmusik dergestalt mit seiner im übrigen ›modernen‹ Tonsprache verschmolzen sind, daß sie ihr – wie etwa im *Klavierkonzert* (1938–40) – einen spezifisch ›mexikanischen‹, nicht-europäischen Charakter verleihen. Zu ersterem gehört nach dem auf einem indianischen Ritual aufgebauten Ballett *El fuego nuevo* (»Das neue Feuer«; 1921, Mexico City 1930) das nach dem aztekischen Gott der Musik benannte Instrumentalwerk *Xochipilli-Macuilxó-chitl* (1940), in welchem Ch. seine Vorstellungen von einer (alt-)mexikanischen Musik mittels nachgebauter präkolumbianischer Instrumente, pentatonischer Melodien und Polyrhythmen vielleicht am überzeugendsten verwirklicht. Dagegen stellt die *Sinfonia India* (1935), Ch.' bekanntestes Werk, mit ihrer Einbeziehung originaler indianischer Instrumente und Melodien als erstem und zweitem Thema, mit ihren Repetitionen und irregulären, häufig wechselnden Metren eine Synthese aus autochthonen und europäisch-klassischen Elementen dar.

Aus der Popularmusik der Mestizen schöpft Ch. in seinem dritten Ballett, *Caballos de Vapor* (»Pferdestärke«; 1926–32), wo ›Songs‹ und Tänze das natürliche Leben in den Tropen repräsentieren, das von der Fortschrittsgesellschaft der USA ausgebeutet wird. Andererseits zollt Ch. in *Llamadas* (»Rufe«; 1934) und *El Sol* (»Die Sonne«; 1934) für Chor und Orchester sowie in der *Obertura republicana* (1935) durch Zitate von populären Revolutionsliedern oder nationalen Tänzen und Märschen auch der offiziellen Kultur-Ideologie jener Jahre seinen Tribut.

Seine übrigen Werke lassen sich nur schwer in eine Entwicklungslinie bringen; nicht einmal seine sieben Symphonien, von denen die *Erste* (*Sinfonia de Antigona*, 1935) mit griechischen Modi und düster-strengem Charakter den Geist der antiken Tragödie, die *Vierte* (*Romantica*, 1953) mit melancholischen Melodien und weitgehend tonaler Sprache die Romantik beschwören und die *Fünfte* (1954) neoklassizistische Züge aufweist. Ein eher ›experimenteller‹ Strang in Ch.' musikalischem Œuvre führt von ›abstrakten‹ Werken wie etwa *Energía* (1925) über die von Cage angeregte *Toccata* für Schlagzeug (1942), eine Rhythmus- und Klangfarbenstudie, bis hin zu den drei letzten seiner vier *Soli* für diverse Besetzungen (1962–66), die, gemäß den in Ch.' Harvard-Vorlesungen (*Musical Thought*, 558) entwickelten Ideen auf dem Prinzip der Nicht-Wiederholung und ständig neuen Motivbildung als Kennzeichen einer zeitgenössischen Tonsprache beruhen.

Noten: Mills, Schirmer, Boosey & Hawkes (alle N.Y.); Ediciones Mexicanas de Música (Mexiko).
Dokumente: Toward a New Music. Music and Electricity, N.Y. 1937. Musical Thought, Cambridge (MA) 1961. The Music of Mexico (1933) *in* American Composers on American Music, hrsg. von H. COWELL, N.Y. (1936) ²1962, 167–172.
Werkverzeichnis: C. CH.: Catálogo completo de sus obras, hrsg. von R. HALFFTER, Mexiko D.F. 1971.
Bibliographie: PARKER, R.: C. Ch. A Guide to Research, N.Y. 1998.
Literatur: WEINSTOCK, H.: C. Ch. in MQ 22 (1936), 435ff. GARCÍA MORILLO, R.: C. Ch., vida y obra, Mexiko D.F. 1960 [mit WV und Bibl.]. COPLAND, A.: Composer from Mexiko *in* The New Music 1900–1960, N.Y. 1968. DERS.: C. Ch. Mexico's modern-day Orpheus. Boston 1983. ALCARAZ, J.A.: C. Ch. Un constante renacer, Mexiko 1996. C. Ch. A Brief Biography with Documents, hrsg. von R.W. ETULAIN, Boston u.a., 2002.

Monika Fürst-Heidtmann

Cherubini, Luigi Carlo Zanobi Salvadore Maria

Geb. 8. oder 14. 9. 1760 in Florenz; gest. 15. 3. 1842 in Paris

Ch. hat den heroischen Gestus der französischen Revolution in die klassizistische Musiksprache des späten 18. Jahrhunderts eingebunden; prägend beeinflußt hat er insbesondere den sogenannten »heroischen« Stil Beethovens, der ihn nicht umsonst für den größten zeitgenössischen Komponisten hielt. Auf der Opernbühne löste Ch. die musikdramaturgischen Möglichkeiten der frühromantischen Oper erstmals auch musikalisch ein; die Kirchenmusik des 19. Jahrhunderts verdankt ihm richtungsweisende Werke. Ebenso wichtig ist sein musikpädagogisches Wirken: Sein Verdienst ist es, das in der Revolutionszeit gegründete Pariser Konservatorium aus der Krise geführt zu haben, in die es mit der monarchistischen Restauration geraten war; damit aber hat er der Idee einer öffentlichen Musikausbildung in staatlicher Trägerschaft zum entscheidenden Durchbruch verholfen. Sein Kontrapunktlehrbuch war überdies Ausbildungsgrundlage in zahllosen Konservatorien Europas.

Nach einigen italienischen Frühwerken begann Ch. seine Opernkarriere 1788 mit der französischen tragédie lyrique *Démophoon* (Paris 1788), deren Libretto Jean François Marmontel nach der Vorlage Pietro Metastasios neu eingerichtet hatte. Die Autoren bemühten sich, Glucks französischen Reformstil und die Dramaturgie der späten italienischen opera seria miteinander zu verbinden; für Ch. Kompositionstechnik war hierbei vor allem die motivische Durchgestaltung einzelner Nummern richtungsweisend. Seinen eigentlichen Durchbruch feierte Ch. 1791 mit *Lodoïska* (Paris 1791), einer Oper mit gesprochenem Dialog, die als Paradigma des Musiktheaters der Revolutionsepoche gilt. Grundlage des von Claude-François Fillette verfaßten Librettos ist das Modell der ›Rettungsoper‹, wie es bereits in Grétrys »Richard-Coeur-de-Lion« (1784) ausgeprägt ist. Ch.s Werk aber geht in drei Punkten wesentlich über dieses Vorbild hinaus. Erstens ist die revolutionstypische Politisierung des Stoffes offenkundig: Das ›freie‹ Volk der Tartaren wird zum ausführenden Organ der Befreiung Lodoïskas und des Sturzes des ›Tyrannen‹ Dourlinski. Zweitens entwerfen die Autoren im Befreiungsfinale ein spektakuläres Untergangspanorama, das Grétrys pantomimisches Schlachtengemälde an dramatischer Wirkung weit übertrifft: Inmitten der umkämpften, brennenden und schließlich einstürzenden Burgkulisse entfaltet sich eine vielgestaltige Massen- und Einzelaktion, die ein szenisch-musikalisches Gesamterlebnis von bislang unbekannter Dimension erschließt. Drittens aber löste Ch. die finalen Dramaturgieprinzipien des Genres auch in kompositionstechnischer Hinsicht ein, indem er der zielgerichteten Handlung ein Verfahren motivisch-thematischer Arbeit beistellte, dessen prozessualer Charakter sich in Analogie zur Szene entfaltet. Seine Ursprünge hat es im kommentierenden Orchestersatz der Gluckschen tragédie lyrique und in der motivischen Charakterisierungstechnik der opéra comique; in seiner Universalität ist es nur mit der Kompositionstechnik der Wiener Klassiker vergleichbar, die in Frankreich zu dieser Zeit jedoch weitgehend unbekannt waren.

Lodoïska wurde zum Muster für zahllose Opern inner- und außerhalb Frankreichs; Ch. selbst nahm die Formel 1806 in der für Wien komponierten deutschen Oper *Faniska* auf, die Weber zu dem Urteil veranlaßt haben soll, sie sei eher eine herrliche Symphonie mit Gesang als ein dramatisch-musikalisches Werk. Eine Transformation aus romantischem Geiste aber hatte das Modell der Rettungsoper bereits 1794 in Ch.s *Elisa ou*

Le voyage aux glaciers du Mont St. Bernard (Paris 1794) erfahren, deren Textbuch von J. A. de R. Saint-Cyr stammt: Erstmals ist hier nicht ein tyrannischer Bösewicht, sondern die erhabene, aber auch bedrohliche Natur der eigentliche Gegenspieler der Protagonisten; zudem begegnet mit dem Maler Florindo ein innerlich zerrissener und labiler Künstlertypus als Opernheld, dessen Identitätskrise inmitten unberührter Bergeinsamkeit auf François Chateaubriands René, den Prototyp des romantischen Helden, vorausweist. Daß das Sujet mit der Rettung des von einer Lawine verschütteten Malers Anlaß zu neuen Theatereffekten bot, ist evident; Ch.s Partitur zeichnet sich in der klanglichen Charakterisierung des savoyardischen Schauplatzes durch jene musikalische Milieuschilderung (»couleur locale«) aus, die später bestimmend wurde. In *Les Deux Journées* (Jean-Nicolas Bouilly; Paris 1800) erfuhr die Rettungsoper eine weitere Umwandlung, die sie bei deutlicher Italianisierung der Melodik wieder an die leichteren Ursprünge des Genres annäherte. Inhaltlich markiert das Werk den Übergang zu der von Humanitätspathos getragenen Spätform der Gattung, wie sie Beethovens »Fidelio« repräsentiert: Die Handlung steht ganz im Zeichen aufopfernder Mitmenschlichkeit. In der erinnerungsmotivischen Verwendung zweier Liedmelodien (»Un pauvre petit Savoyard« und »Guide mes pas, o providence«) zeigt sich die Fortentwicklung der von Grétry erprobten Verknüpfungstechnik.

Drei Jahre zuvor hatte Ch. der Oper mit gesprochenem Dialog in *Médée* (François Benoit Hofmann; Paris 1797) ein großes tragisches Sujet erschlossen. In der musikalisch durchgängigen Düsternis der Grundfarbe, der differenzierten psychologischen Charakterisierung der hochdramatischen Titelpartie, dem symphonisch durchgestalteten Orchestersatz und der klassizistischen Geschlossenheit der theatralischen Bilder manifestieren sich Gattungsmerkmale der tragédie lyrique erstmals im Rahmen der euripidäischen Tragödie auf der Bühne der Opéra-Comique. In *Médée* kulminiert solcherart das musikdramaturgische Vokabular des späten 18. Jahrhunderts; noch von Brahms wurde das Werk als Gipfelpunkt dramatischer Musik geschätzt. Vergleichbaren gattungsgeschichtlichen Rang erreichte keine der späteren Opern Ch.s mehr, auch wenn er mit der Ballettoper *Anacréon et l'amour fugitiv* (R. Mendouze; Paris 1803), der napoleonischen Heroenoper *Les Abencérages ou L'Etendard de Granade* (Etienne de Jouy; Paris 1813) und der Märchenoper *Ali-Baba ou Les quarante voleurs* (u. a. Eugène Scribe; Paris 1833) die verschiedensten Genres zu bedienen wußte.

Herausragendes hingegen hat Ch. in der Kirchenmusik geleistet, der er sich nach Napoleons Fall wieder verstärkt zuwandte. Namentlich in den beiden *Krönungsmessen* (1819 und 1825), deren erstere sich durch verblüffende Klang- und Ausdruckskontraste auszeichnet, sowie den *Requiem*-Vertonungen von 1816 und 1836 manifestiert sich ein monumentaler Klassizismus, dessen Ausdrucksgewalt in der Kirchenmusik erst von Berlioz übertroffen wurde. Ch. verzichtet ganz auf Solisten; kontrapunktische Strenge, textbezogene, schmucklose Melodik und reich differenzierte Orchestration kennzeichnen die blockhaft geformten Chorsätze. Das *Requiem c-moll* galt Beethoven, Berlioz, Schumann und Brahms gleichermaßen als unübertroffenes Vorbild eines modernen kirchenmusikalischen Stils; im zweiten, intimeren *Requiem d-moll* zeitigte das erzbischöfliche Verbot, Frauenstimmen einzusetzen, ein Werk ganz eigenen Charakters: Ch. schuf eine Partitur, die im Rahmen eines überwiegend dreistimmigen Männerchorsatzes größtmögliche Klangnuancierung realisiert. Unter den kammermusikalischen Werken sind insbesondere die zwischen 1834 und 1837 entstandenen sechs Streichquartette (vor allem *Nr. 1 Es-dur*, 1814) hervorzuheben, welche die gattungsgeschichtliche Spätphase des klassischen Streichquartetts repräsentieren.

Noten: Musique religieuse, hrsg. von S. Cherubini, Paris 1867. Opere postume, Mailand 1884. Démophoon, Lodoïska, Elisa ou Le voyage aux glaciers du Mont St. Bernard, Les deux journées, Ndr. *in* Early Romantic Opera 32–35, N. Y. 1978 ff. Médée, Ndr. Farnborough 1971. Faniska [Klavierauszug], Lpz. o. J. Les Abencérages, Lpz. o. J. Ali Baba [Kl. A.], Lpz. o. J.

Dokumente: Cours de contrepoint et de fugue, Paris 1835. BOTTÉE DE TOULMONT, A.: Notice des manuscrits autographes de la musique composée par feu M. L.-C.-Z.-S. Ch., Paris 1843; Ndr. Paris 1967.

Werkverzeichnis: SCHROEDER, C.: Chronologisches Verz. der Werke L. Ch.s unter Kennzeichnung der in der Musikabteilung der Berliner Staatsbibliothek erhaltenen Handschriften *in* Beiträge zur Mw. 3 (1961).

Literatur: BELLAIS, E.: Ch., hrsg. von H.-J. IRMEN, Regensburg 1972. DÖHRING, S.: Die Rettungsoper. Musiktheater im Wechselspiel politischer und ästhetischer Prozesse *in* Beethoven. Zwischen Revolution und Restauration, hrsg. von H. LÜHNING und S. BRANDENBURG, Bonn 1989, 109–113. Ch. e la scuola francese,

Atti del convegno Ravenna 1991, hrsg. von Fr. Degrada, Mailand 1992. Charlton, D.: Ch. A Critical Anthology, 1788–1801 in Royal Music Association Research Chronicle 26 (1993), 95–127. Fend, M.: Literary Motifs, Musical Form and the Quest for the »Sublime«. Cherubini's »Eliza, ou Le voyage aux glaciers du Mont St. Bernard« in Cambridge Opera Journal 5 (1993), 17–38. P. Taïeb: L'ouverture d'opéra-comique de 1781 à 1801, Diss. Université de Tours 1994. P. Russo: Visions of Medea. Musico-dramatic Transformations of a Myth in Cambridge Opera Journal 6 (1994), 113–124. Fleischer T.: L. Ch.'s Médée (1797). A Study of its Musical and Dramatic Style, Diss. Bar-Ilan University 1995. Noiray, M.: Le répertoire d'opéra italien au Théâtre de Monsieur et au Théâtre Feydeau in Révue de Musicologie 81 (1995), 259–275. Dahlhaus, C. und Miller, N.: Aporien der Dialogoper: L. Ch. am Théâtre Feydeau in Europäische Romantik in der Musik, Stg. 1999, 158–215.

Matthias Brzoska

Chopin, Fryderyk Franciszek (Frédéric François)

Geb. 1. 3. (Geburtsregister 22. 2.) 1810 in Želazowa Wola (bei Warschau); gest. 17. 10. 1849 in Paris

Die Musik Ch.s erfreut sich aufgrund ihres Lyrismus und ihrer Klangsinnlichkeit einer großen Popularität, gehört zum festen Repertoire des Konzertlebens. Diese Beliebtheit ist jedoch zum einen eng verknüpft mit einem übergroßen Interesse an der Person des Komponisten, welches die Werke häufig zu bloßen Lebensdokumenten herabsetzt. Zum anderen ist das Œuvre der Gefahr ausgesetzt, einseitig in bestimmte Richtungen vereinnahmt zu werden, etwa unter Hervorkehrung des klaviertechnisch-virtuosen, des salonhaften oder des national-polnischen Aspekts.

Ch.s Schaffen ist auf das Klavier konzentriert (einschließlich zweier Konzerte für Klavier und Orchester, einiger früher Lieder und kammermusikalischer Werke mit Beteiligung des Klaviers). In dieser Hinsicht stellt Ch. eine Ausnahme unter den großen Komponisten des 19. Jahrhunderts dar, im Gegensatz etwa zu Schumann oder Liszt verspürte er nie den Reiz, über das vertraute Instrument hinauszugehen. Mit der Beschränkung auf das Klavier ist indes keine Beschränkung des musikalischen Ausdrucks verbunden. Im Gegenteil: Ch. erreicht eine qualitativ neue Stufe der Individualisierung, stößt zu ganz neuen Ausdrucksbereichen vor.

Ch.s Klavierstil ist geprägt vom »stile brillante« Webers, Hummels und Dusseks. In seiner Übernahme einzelner Stilmerkmale zeigt sich sogleich eine Tendenz zu deren Verfeinerung. Ch. führt den »stile brillante« zu seiner Vollendung und damit zu seiner Auflösung, stereotype Passagen und Ornamentierungen werden durch harmonische Einfärbungen und unerwartete Wendungen dynamisiert, die Starre der harmonischen Begleitformeln löst sich auf in vielgestaltige Figurationen. Bereits um 1830 ist Ch.s Klavierstil in allen wesentlichen Elementen entfaltet und erfährt im weiteren keine grundlegenden Änderungen mehr.

Mit den *Etüden* opp. 10 und 25 (1829–32, 1832–37) begründet Ch. eine qualitativ neue Art der pianistischen Virtuosität. Dabei ist die Behandlung und Steigerung einzelner klaviertechnischer Probleme weniger entscheidend als der Zugewinn an ästhetischer Qualität. Ch. gebührt das Verdienst, den unmittelbaren Übezweck der Klavieretüde transzendiert und damit ein neues, ästhetisch vollwertiges Klaviergenre geschaffen zu haben.

Im Zentrum von Ch.s Musik steht die Melodie. Stets vom Kantablen her empfunden, erinnert sie häufig an den Belcanto der italienischen Oper (Rossini, Bellini). Dies gilt insbesondere für die *Nocturnes* (op. 9, 1830–32; op. 15, 1831–33; op. 27, 1833–36; op. 32, 1835–37; op. 37, 1837–39; op. 48, 1841; op. 55, 1843; op. 62, 1845–46). In ihnen ist die gesangliche Stilisierung durch Nachzeichnung von Portamenti und bogenförmigen Fiorituren am weitesten getrieben. Die melodische Linie bei Ch. darf indes nicht isoliert betrachtet werden, steht sie doch immer in Korrelation zu einer höchst artifiziellen Begleitung. Dabei entwickelt sich aus dem Geflecht der Begleitung oft eine eigene Linie, entsteht eine latente Mehrstimmigkeit. Ähnliches geschieht auch, wenn aus der Melodie selbst Nebenlinien hervortreten, die Linie aus sich heraus eine Begleitung hervorbringt.

Auf spezifisch polnische Tanzformen rekurriert Ch. mit den *Mazurken* (opp. 6 und 7, 1830–32; op. 17, 1831–33; op. 24, 1833–36; opp. 33 und 34, 1836–38; op. 41, 1838–39; op. 50, 1841–42; op. 56, 1843; op. 59, 1845; op. 63, 1846); ebenso mit den *Polonaisen* (op. 21, 1831–36; op. 40, 1838–39, op. 44, 1841; op. 53, 1842). Ihre nationale Färbung verleiht häufig dazu, von einer folkloristischen Musik zu sprechen. Entscheidend ist jedoch die Artifizialisierung der Formen, die subjektive Ausdeutung in der Anverwandlung an ihre jeweils besonderen Merkmale (rhythmische Muster, Tonfälle). Während die Mazurken (bei allen harmonischen und rhythmischen Feinheiten) zumeist schlicht anmuten, sind die Polonaisen dagegen – ursprünglich der Tanz des polnischen Hochadels – durch Prunk und bisweilen auch Heroismus gekennzeichnet. Ch.s Mazurken und Polonaisen gelten nicht selten als patriotisches Vermächtnis, als ›polnische‹ Musik schlechthin. Vom Gefühl her Pole, war Ch. indes kein polnischer Nationalist: Dem Ansinnen polnischer Emigranten, sich persönlich und künstlerisch für das Polnische zu engagieren, widersetzte er sich. Halb französischer, halb polnischer Abstammung, neigte Ch. dazu, Polen von seinen (polnischen) Kindheitsjahren her zu idealisieren, eine Neigung, die durch die Distanz (ab 1831 lebte er in Paris) verstärkt wurde. Vor diesem Hintergrund stellen sich die Mazurken und Polonaisen als subjektiv-idealisierender Reflex des Nationalen dar, auch als Versuch, nationale Gefühle hervorzurufen, auf keinen Fall aber als Manifestationen einer polnischen Nationalmusik.

Als die unmittelbar ansprechendsten in ihrer Neigung zum Leichten und auch Gefälligen erscheinen unter den Tanzformen Ch.s die *Walzer* (op. 18, 1833; op. 34, 1831–38; op. 42, 1839–40; op. 64, 1840–47). Sie trugen Ch. deshalb den Vorwurf des ›Salon‹-Komponisten ein, ohne daß dabei der Begriff hinreichend differenziert wurde. Zu unterscheiden ist zwischen dem authentischen, aristokratischen Pariser Salon (der Ch.s vorrangige Wirkungsstätte bildete) und dem ihn nachahmenden bürgerlich-provinziellen Salon. Als in ihrer Weise authentische Salonmusik wurden die Ch.schen Walzer ein Opfer der Wirkungsgeschichte, insofern die Vielzahl der nachfolgenden Trivialisierungen auf sie zurückwirkte und ihre ästhetische Qualität in Zweifel zog. Lassen sich in den Walzern bisweilen auch Konzessionen an den Geschmack der adeligen Auftraggeber vermuten, so handelt es sich gleichwohl um bis ins Detail durchgearbeitete Kompositionen, auf die Ch. nicht weniger Mühe verwendete als auf andere Genres. In der Artifizialisierung des Populären erscheinen die Walzer zudem als interessanter Versuch, das Hohe und das Niedere zu verschmelzen: widersprechen insoweit ihrem nach Ausdifferenzierung strebenden ästhetischen Zeitgeist.

Ch.s Musik ist in ihrem Wesen der aristokratischen Kultur verwandt. Sie scheut das große Publikum, verlangt nach dem kleinen Kreis von Liebhabern und Verständigen; der nach außen gekehrte, auf Massenwirkung zielende Effekt ist ihr fremd. In ihrer Verfeinerung teilt sie sich niemals direkt mit und ist gleichwohl unmittelbar verständlich; gerade in diesem Paradox liegt ihr Reiz, die Kraft ihres Ausdrucks.

Ch. ist ein Meister der knappen Aussage, der kleinen Form. Dies zeigt insbesondere der Zyklus der 24 *Préludes* op. 28 (1838–39), eines der Gipfelwerke Ch.s. Jedes Prélude steht in der Entfaltung eines prägnanten Gedanken für sich, die zyklische Abfolge bindet sie in eine übergeordnete Dramaturgie ein. An Bachs Präludien (»Wohltemperiertes Clavier«) knüpft Ch. nicht nur äußerlich im Titel an, sondern im Bestreben um konstruktive Verdichtung und Vermeidung alles Überflüssigen. Das andere große Vorbild Ch.s ist Mozart: Ihm fühlte er sich verbunden in der Eleganz der Diktion, der Durchsichtigkeit des Klanges sowie dem sicheren Gefühl für formale Proportionen. Den zeitgenössischen romantischen Komponisten stand Ch. dagegen ablehnend bis gleichgültig gegenüber: Die Musik Berlioz' fand er unerträglich, für die Musik Schumanns und Mendelssohns konnte er sich nicht erwärmen, Liszt schätzte er mehr als Pianist denn als Komponist.

Bei aller Begabung für die kleine Form ist Ch. gleichwohl nicht auf den Miniaturisten zu reduzieren. Daß er sehr wohl mit der großen Form umzugehen vermochte, zeigen seine beiden (reifen) *Klaviersonaten b-moll* op. 35 (mit dem Trauermarsch, 1837–39) und *h-moll* op. 58 (1844). Im Grunde stehen sich der Lyrismus Ch.s, der auf melodischer Variation und Verzierung beruht, und das Sonatenprinzip, das auf thematische Zergliederung zielt, unvereinbar gegenüber. Gleichwohl gelingen Ch. in den Sonaten überzeugende Lösungen. So wird im ersten Satz der *Sonate b-moll* allein das unruhig-zersplitterte Hauptthema durchgeführt (das sich in dieser Eigenschaft dafür anbietet); das lyrische Seitenthema dagegen bleibt unverarbeitet und erscheint erst in der Reprise wieder, die – völlig abweichend vom herkömmlichen Modell – auf die erneute Präsentation des Hauptthemas verzichtet (das offenbar durch seine emphatischen Ausdeutung in der Durchführung erschöpft ist). Vor dem Hintergrund des traditionellen Sonatenzyklus wurde die *Sonate b-moll* häufig als wenig einheitlich, ja disparat empfunden. Aber Ch. hatte vermutlich ein ganz anderes Konzept von Sonate vor Augen: die Synthese unterschiedlicher Elemente (in Gestalt der von ihm exponierten Gattungen) im Rahmen der Sonatenform (vgl. Chominski, 112–114). So erinnert das Finale der Sonate (das sich deutlich von der Idee der Schlußapotheose distanziert) in seiner Monomotivik an ein Prélude, das Trio des Scherzo-Satzes und der Mittelteil des Trauermarsches jeweils an ein Nocturne. Der erste Satz schließlich wäre als Ballade vorstellbar, der Scherzo-Satz als eine selbständige Komposition.

Fast alle Gattungen, in denen Ch. komponierte, sind mit seinem Namen verbunden, selbst wo es historische Vorbilder gibt, wie im Falle der Nocturnes (John Field) oder der Polonaisen (Michail Oginski), war es Ch., der der Gattung das Gepräge verlieh. Zu Gattungsneugründungen im engeren Sinne sind Ch.s *Scherzi* und *Balladen* zu zählen. Zwar ist die Bezeichnung Scherzo für ein kleineres selbständiges Musikstück auch bei anderen Komponisten der Zeit anzutreffen (Mendelssohn), dies aber primär als stimmungsmäßige Charakterisierung, während Ch. mit der Gegenüberstellung von scherzo- und trioartigen Partien deutlich auf die Formtradition des (Beethovenschen) Sonatenzyklus Bezug nimmt. Stellen die Scherzi eine Verselbständigung aus dem Sonatenzyklus dar, so sind die Balladen demgegenüber in der formalen Disposition freier, weisen Elemente des Sonatensatzes auf (Themendualismus), aber auch der Rondo- und der Variationenform. Ihrem Gehalt nach gehören die vier *Scherzi* (op. 20, 1831–34; op. 31, 1835–37; op. 39, 1839; op. 54, 1842) und die vier *Balladen* (op. 23, 1835; op. 38, 1839; op. 47, 1841; op. 52, 1842) zu den bedeutendsten Schöpfungen Ch. s. In ihnen entfaltet sich der gesamte Reichtum der Ch.schen Kompositionskunst; auf dichtem Terrain konfigurieren unterschiedlichste, ja extreme Ausdruckshaltungen, wechseln verhaltene lyrische Stimmungen und hochgespannte Dramatik in stringenter Folge einander ab. Aufgrund ihres narrativen Gestus wurden die Balladen als Programmusik aufgefaßt. Mögen sie auch von den Balladen des polnischen Dichters Adam Mickiewicz inspiriert sein, so hielt Ch. gleichwohl explizite programmatische Hinweise für nicht erforderlich. In auffälligem Gegensatz zu anderen Komponisten der Zeit war er der Musikprogrammatik abgeneigt; Bezeichnungen wie »Regentropfen-Prélude« oder »Revolutions-Etüde« gehen nicht auf ihn zurück.

In den späteren Werken Ch.s zeigen sich interessante Versuche, die exponierten Gattungen miteinander zu verschmelzen (so geht z. B. in die *Polonaise fis-moll* op. 44, 1840–41, eine Mazurka ein). Die Gattungen sind somit offen für wechselseitige Übernahmen ihrer charakteristischen Merkmale; die einmal (gattungsmäßig) ausdifferenzierten Gegensätze streben auf der Grundlage gemeinsamer musiksprachlicher Elemente zu einer Synthese.

Ch.s Œuvre beeinflußte nachhaltig die nachfolgende französische Musik (z. B. Franck, Saint-Saëns, Fauré, Debussy) sowie sämtliche Komponisten der nationalen Schulen des 19. Jahrhunderts (z. B. Smetana, Dvořák, Milij Balakirev, Grieg, Albéniz).

Noten: Fr. Ch., Sämtliche Werke, 21 Bde., hrsg. von I. Paderewski, Krakau 1949–1961.
Dokumente: Fr. Ch. Briefe, hrsg. von Kr. Kobylanska, Ffm. 1984. Burger, E.: Fr. Ch. Eine Lebenschronik in Bildern und Dokumenten, Mn. 1990. Wüst, H. W.: Fr. Ch. Briefe und Zeitzeugnisse, Köln ³2001.
Werkverzeichnis: Kobylanska, Kr.: Rúkopisy utworow Chopina (»Die Manuskripte der Werke Ch.s«) Kat., 2 Bde., Krakau 1977. Thematisch-bibliographisches WV, hrsg. von E. Herttrich, Mn. 1984. Chomiński, J. M. und Turło, T. D.: Katalog dzieł Fryderyka Chopina/A Catalogue of the Works of Fr. Ch., Warschau 1990.
Bibliographie: Michałowski, K.: Bibl. chopinowska [Ch.-Bibl.] 1849–1969, Krakau 1970; aktualisiert *in* Rocznik chopinowski/Annales Chopin 9 (1975), 121–175.
Literatur: The Book of the First Intern. Musicological Congress devoted to the Works of Fr. Ch., hrsg. von Z. Lissa, Warschau 1963. Belotti, G.: Ch. l'uomo, 3 Bde., Mailand und Rom 1974. Chominski. J.: Fr. Ch., Lpz. 1980. Chopin Studies, hrsg. von J. Samson, Cambridge 1988. Ders.: Fr. Ch., Stg. 1991. Zielinski, T.: Ch. sein Leben, sein Werk, seine Zeit, Bergisch-Gladbach 1999. Eigeldinger, J. J.: L'Univers musical de Ch., Paris 2000.

Andreas Wehrmeyer

Ciconia, Johannes
Geb. wahrscheinlich kurz nach 1370 in Lüttich; gest. 1412 in Padua

Überblickt man das Schaffen von C., so fällt es schwer, dieses als Gesamtes einem der gängigen Traditionsmuster zuzuordnen. Eine Vielzahl von Genres entspricht einer Vielzahl von Kompositionsstilen, welche die späte französische ars nova und deren Weiterentwicklung, die ars subtilior, ebenso umfassen wie die Kunst der Musik des italienischen Trecento. Dieses Nebeneinander von Kompositionstechniken sowie einige individuelle, exzeptionelle Neuerungen lassen C. eine Sonderstellung in der Musikgeschichte zukommen, so daß die ältere Geschichtsschreibung sogar von einer ›Epoche C.‹ sprach. Heute versteht man das herausragende Werk C.s eher als Experiment, das – für sich gesehen – vollkommen gelungen ist, dessen kompositionstechnische Errungenschaften, wie Textausdeutung und ›motivische Arbeit‹ von den Komponisten seiner Zeit jedoch nicht aufgenommen und weiterentwickelt wurden. Wesentlich beigetragen hat zu dieser neuen Sicht eine Neubewertung der biographischen Quellen: Was vorher für eine einzige Person gehalten wurde, konnte inzwischen als Vater und Sohn identifiziert werden. Dadurch ›verschiebt‹ sich das Geburtsjahr des Komponisten C. um rund 35 Jahre nach vorne, und aus einem Meister des 14. wird ein Komponist des frühen 15. Jahrhunderts.

Aus Lüttich stammend, wahrscheinlich nach kurz währenden Kontakten zum päpstlichen Hof in Avignon und zum Hof der Visconti in Pavia, fand C. 1401 sein Lebenszentrum in Padua. Fast alle seine Motettenkompositionen nehmen Bezug auf kirchliche und politische Ereignisse dieser Stadt und auf ihrer Würdenträger. So hat C. für mehrere Bischofsweihen in Padua Musik bereitgestellt (*Petrum Marcello venetum – O Petre, antistes inclite*, 1409), den neugewählten Dogen von Venedig, den damals weltlichen Herrscher von Padua, mit einer Motette geehrt (*Venecie, mundi splendor – Michael, qui Siena domus*, 1406) und seinen Förderer Francesco Zabarella, einen Paduaner Erzpriester und späteren Kardinal, bei verschiedenen Gelegenheiten musikalisch versorgt (*Doctorum principem – Melodia suavissima – Vir mitis*, 1406–09?).

Die insgesamt acht vollständig und unter gesicherter Autorschaft überlieferten Motetten C.s tragen die typischen Merkmale eines Gattungsumbruches. Genau die Hälfte davon zählt zum Typus der isorhythmischen Motette (→ Philippe de Vitry), die nach hundert Jahren Vorherrschaft innerhalb der Gattungshierarchie zu diesem Zeitpunkt bereits Auflösungstendenzen zeigt. Diese Auflösungstendenzen beziehen sich auf die äußerst kunstvolle und strenge Konstruktion der traditionellen isorhythmischen Motette und führen zum einen in eine Erstarrung und Vereinfachung der Form, wie sie die monumentalen Festmotetten des 15. Jahrhunderts aufweisen. Zum anderen werden Grundzüge der isorhythmischen Motette schlechthin angegriffen und damit die Gattung als solche in Frage gestellt. C.s Beitrag dazu ist die Verwendung von frei erfundenen Tenores, die traditionsgemäß die Konstruktionsgrundlage bilden, dort jedoch an eine gregorianische Melodie gebunden sind. Hinzu kommt eine ausgeprägte Formbildung außerhalb der isorhythmischen Strukturen, die diese überlagert und deutlich hörbar ist, sowie ein Bemühen um Textverständnis in bisher ungewohnter Intensität. Bei der Motette *Albane, misse celitus – Albane, doctor maxime*, die wahrscheinlich zur Einsetzung von Albano Michele zum Bischof von Padua im Jahr 1406 komponiert wurde, ist von dem isorhythmischen Konstruktionsmodell nur mehr die rhythmische Identität zwischen den beiden Großabschnitten übriggeblieben, die jeweils mit einem längeren instrumentalen Nachspiel schließen. *Ut te per omnes celitus – Ingens alumnus Padue* (zwischen 1390 und 1397?), zu Ehren des heiligen Franziskus und des Kardinals Zabarella komponiert, zeigt eine verfeinerte Variationstechnik in den Oberstimmen und vielfache strukturelle Bezüge zwischen einzelnen Abschnitten und Stimmgruppen.

Die anderen Kompositionen, die nicht der Gattung der isorhythmischen Motette angehören (*O virum omnimoda – O lux et decus – O beate Nicholae*), sind entwicklungsgeschichtlich schwer einzureihen, da sie – ebenso wie die spezielle Ausprägung der oben erwähnten Motettenkompositionen – in Italien ohne Folgewirkung blieben. Die dreistimmig angelegten Sätze sind nach ihrem Äußeren und dem hörbaren Effekt nach zu urteilen, Vertreter der isorhythmischen Motettenform, sie entbehren jedoch weitgehend der dafür typischen Konstruktion. Ein grundsätzlich textloser Tenor liefert das Fundament für zwei unterschiedlich textierte Oberstimmen, die mit einem zweistimmigen Kanon ein Melisma auf die Anfangssilbe der Motette ansetzen. Auch hier beeindrucken wieder die phantasievolle Gestaltung sowie die wohldurchdachte Textdisposition.

Die beiden *Gloria/Credo-Paare* aus dem Korpus von C.s polyphon gesetzten Ordinariumsvertonungen bilden einen Markstein auf dem Weg von der Komposition einzelner Messsätze hin zur zyklischen Meßkomposition, die Mitte des 15. Jahrhunderts zum Standardrepertoire zählen wird.

In der breiten Grauzone des Übergangs zwischen diesen beiden Extremen kann oft nur schwer unterschieden werden, ob bloß der Schreiber der jeweiligen Handschrift zusammengehörige Messensätze ad hoc aneinandergefügt hat, oder ob dies bereits der Wille des Komponisten war. Im Fall von C. sind es Merkmale in der Struktur der beiden Satzpaare, die uns sicher gehen lassen, daß hier letzteres der Fall ist. Wieder ist es die außergewöhnliche Behandlung des Wortes, eine Formbildung aus der Struktur des Textes heraus, sowie eine Vorform der motivischen Technik, welche die Kompositionen aus dem vergleichbaren Repertoire hervorstechen lassen und die zugleich eine zyklische Einheit stiften.

Keine dieser kompositionstechnischen Errungenschaften ist beispielsweise von Dufay oder von anderen unmittelbaren Zeitgenossen C.s aufgenommen worden: Der Einfluß und das Vordringen der englischen Musiktradition (→ Dunstable) hat die zukunftsträchtigen Stilmerkmale in C.s Werk verschüttet. Erst gegen Ende des Jahrhunderts wird die Generation des großen Josquin der Textbehandlung und der imitatorischen Arbeit jene Bedeutung zumessen, wie sie in den Kompositionen von C. schon zu Beginn des Jahrhunderts anklingt.

Noten: The Works of J. C., hrsg. von M. BENT und A. HALLMARK, Monaco 1985 (PMFC 24).
Literatur: FALLOWS, D.: C. padre e figlio *in* Rivista di musicologia 11 (1976), 171–177. ELDERS. W.: Humanism and Early-Renaissance Music. A Study of the Ceremonial Music by C. and Dufay *in* TVNM 27 (1977), 65–101. KREUTZIGER-HERR, A.: J. C. (ca. 1370–1412). Komponieren in einer Kultur des Wortes, Hbg. u. a. 1991. DI BACCO, G., NÁDAS, J.: Verso uno »stile internazionale« della musica nelle capelle papali e cardinali durante il Grande Scisma (1378–1417). Il caso J. C. da Liège *in* Collectanea 1 (1994), 7–74. LÜTTEKEN, L.: Padua und die Entstehung des musikalischen Textes *in* Marburger Jb. für Kunstwissenschaft 24 (1997), 25–39. MEMELSDORFF, P.: »Lizadra donna«. C., Matteo da Perugia, and the Late Medieval Ars Contratenoris *in* Studi musicali, 31 (2002), 271–306. KREMER, J.: »Einheit« und »Vielfalt« in den Meßkompositionen des »musicus famosissimus« J. C. *in* Musikforschung 56 (2003), 22–45.

Andrea Lindmayr-Brandl

Cimarosa, Domenico
Geb. 17. 12. 1749 in Aversa (Neapel); gest. 11. 1. 1801 in Venedig

C. galt ab etwa 1785 als der führende Opernkomponist Europas. Die Zeitgenossen rühmten an der Melodik seiner Arien die außerordentliche Anmut und Tiefe des Gefühls. Auf dem Gebiet der komischen Oper wandte C. sich neben den Charakterkomödien des Goldonischen Typs und den sentimentalen Opern in der Tradition von Piccinis »Cecchina, ossia La buona figliola« (1760) vor allem einem Typ zu (der dann von Rossini aufgegriffen wurde), in dem die buffonesken Elemente oft bis zum Grotesken und Bizarren zugespitzt sind. Besonders eine – durchaus traditionelle – Technik übersteigerte C., indem er einzelne Töne, Motive oder Rhythmen bis zur Stupidität wiederholt und damit höchst komische Effekte erzielte. Die Kompositionen der Finali seiner komischen Opern (meist die des ersten Aktes) übertreffen an Umfang und Handlungsreichtum die zeitgenössischer Komponisten bei weitem, so schon in C.s erstem europäischen Erfolg, *L'Italiana in Londra* (Rom 1778). Er gestaltete in der Regel »Kettenfinali«, eine Reihung mehrerer motivisch, tonartlich, besetzungs-, takt- und tempomäßig unterschiedener Abschnitte. C. behandelte das Orchester durchwegs als Begleitapparat – im Unterschied zu Mozart, der für die Instrumente auch selbständige, die Bühnenhandlung kommentierende Stimmen schrieb. *Il matrimonio segreto* (Wien 1792), die letzte bedeutende opera buffa des 18. Jahrhunderts, zugleich die einzige dieses Jahrhunderts, die neben Mozarts komischen Opern eine ununterbrochene Aufführungstradition aufweist, stellt in C.s Schaffen in manchem eine Besonderheit dar. So sind die Liebenden musikalisch konsequent als »parti serie« ohne buffoneske Eskapaden gestaltet; die Finali zeichnen sich durch mehrfache musikalisch-motivische Rückbezüge aus und stehen damit den »Rondofinali« nahe.

Die zumeist einseitige Würdigung C.s als Buffokomponist entspricht weder seiner Selbsteinschätzung noch wird sie der musikgeschichtlichen Bedeutung seiner nach 1791 entstandenen ernsten Opern gerecht. Schon vor dieser Zeit hatte C. die Akte der ernsten Opern nicht mit herkömmlichen Soloarien, sondern mit großangelegten Finali in der Technik seiner komischen Opern schließen lassen. Nach 1791 werden nun Einflüsse der französischen tragédie lyrique und der Reformopern Glucks wirksam. Die »Tragedia per musica« *Gli Orazi e i Curiazi* (Venedig 1796) stellt C.s bedeutendste und modernste opera seria dar. Auf die mehrere Szenen umfassenden, großdisponierten Chorsolokomplexe konnte Rossini unmittelbar zurückgreifen. In dem von republikanischem Geist durchdrungenen Libretto – C. selbst hatte 1799 an der Verschwörung gegen Ferdinand IV. von Neapel teilgenommen – verzichtet der venezianische Dichter Vittorio Sografi auf den lange Zeit obligatorischen guten Ausgang der Handlung. C.s Vertonung korrespondiert Sografis formaler Struktur und wird der Spannbreite der heroischen Gefühle gerecht. Die Hauptrolle, nicht länger einem Soprankastrat zugedacht, singt ein Tenor, der schon den romantischen Tenortyp ahnen läßt; auch die leidenschaftlichen Liebesduette mit ihren kurzen, ineinander verschränkten Phrasen, die Aria con coro, eine Schöpfung C.s, die Arien in zwei Tempi (langsam – schnell, allerdings noch mit Rückgriff auf die erste Textstrophe im schnellen Teil), die häufigen orchesterbegleiteten Rezitative oder der bruchlose Übergang von Secco- zu Accompagnato-Rezitativen, die zahlreichen Chöre, im besonderen Männerchöre, – all das findet sich in der italienischen Oper des 19. Jahrhunderts wieder.

Noten: Gli Orazi e i Curiazi, hrsg. von G. MORELLI und E. SURIAN, Mailand 1985 (Monumenti musicali italiani 9/2). L'Italiana in Londra, Klavierauszug von L. TOZZI, Mailand 1986. Il matrimonio segreto, Klavierauszug von G. CAMPESE, Mailand 1987.
Literatur: LIPPMANN, FR.: Über C.s Opere serie *in* Die stilistische Entwicklung der italienischen Musik zwischen 1770 und 1830 und ihre Beziehungen zum Norden (Colloquium Rom 1978), Laaber 1982, 21–60. IOVINO, R.: D. C. Operista napoletano, Mailand 1992.

Susanne Oschmann

Clementi, Muzio

Geb. 23. 1. 1752 in Rom;
gest. 10. 3. 1832 in Evesham (Worcester)

Die Radikalität, mit der seine thematisch wie harmonisch geradezu ›primitiven‹ frühen Sonaten (besonders op. 2 Nr. 2, 1779) einen neuen spieltechnischen Standard setzen, zeichnet Cl. als Pionier der Entwicklung der Klaviermusik aus. Im Kontrast zur filigranen Auszierungsmanier des herrschenden galanten Stils markiert seine von den Zeitgenossen bewunderte Oktaventechnik den Beginn einer neuen Epoche, deren schöpferische Phantasie sich an den gegenüber dem Cembalo erweiterten klanglichen Dimensionen des Klaviers inspirierte. Klangvorstellung und ihre Realisierbarkeit durch das Instrument waren die beiden Komponenten, deren Widersprüche im Laufe der kommenden Jahrzehnte es zu lösen galt. Hier entspringt Cl.s Engagement als Instrumentenbauer, Verleger und Veranstalter, das er seit seinem Rückzug aus dem öffentlichen Konzertleben (1786) verfolgte. In seinem kompositorischen Schaffen bilden künstlerische Idee und pädagogische Ambition eine Synthese, die Stil und Technik der neuen instrumentalen Domäne reflektiert und gattungsgeschichtlich zum Wandel der Formen führt. Mit erstaunlicher Konsequenz erarbeitete Cl., gleichsam parallel zur rapiden mechanischen Entwicklung der Instrumente, satztechnische Prinzipien, die die Errungenschaften der Tradition (J. S. Bach, D. Scarlatti) gemäß dem neuen Medium transformieren. In den mehr als 60 Klaviersonaten, die den Hauptteil seines Werkes bilden, dokumentiert sich die Formenvielfalt der klassischen Sonate ebenso wie die zunehmende Verschmelzung von Homophonie und Kontrapunkt, wie sie im Spätwerk Beethovens im Zentrum steht. Die stilistische Spannweite reicht von den simplen, heute noch populären sechs *Sonatinen* op. 36 (1797) über die *Sonaten* op. 13 (1785/1807), die gegenüber den frühen, akkordisch strukturierten Stücken eine ausgeprägte melodische Linearität entfalten; von der konzentrierten motivischen Arbeit in den *Sonaten* op. 34 (1795) bis hin zum ausdrucksstarken Spätwerk, der »scena tragica« *Didone abbandonata* op. 50 Nr. 3 (1821), dessen Titel jedoch nicht im programmusikalischen Sinne des 19. Jahrhunderts zu verstehen ist, sondern als freie Korrespondenz zwischen den Satzcharakteren der Sonate und den Affektebenen des dramatischen Stoffes.

Cl.s Bewußtsein eines tiefgreifenden Stilwandels während seiner fünf Jahrzehnte umfassenden Schaffenszeit schlägt sich in einem ausgeprägten Bedürfnis zur Revision früherer Werke nieder. In diesem Sinne ist der programmatische Titel *Gradus ad parnassum* seines abschließenden Werkes zu verstehen, dessen drei Bände (1817, 1819, 1826) Stücke seines gesamten Œuvres zu einem Kompendium spiel- und kompositionstechnischer Praxis vereinen. Die Intention dieser Studien liegt in der Vermittlung eines musikalischen Formen- und

Ausdrucksvokabulars, dem die notwendigen technischen Übungen integriert sind. Darüber hinaus dient die Konzeption der suitenhaften Verbindung von tonartenverwandten, graduell anwachsenden Formmodellen zur interpretatorischen Erfahrung zeitlicher Dimensionen, wie sie die voll entwickelte klassische Sonate erfordert. Mit dieser Verschmelzung künstlerischer und technischer Gestaltung erweist sich Cl. als der Begründer jenes pianistischen Genres, das sich zunächst bei Moscheles und Adolf von Henselt und später bei Chopin und Liszt zur eigenständigen Kunstform der Konzertetüde entwickelte.

Noten: Œuvres complettes, 13 Bde. (65 Sonaten), Lpz. 1803–19; Reprint N. Y. 1973. Gradus ad Parnassum, Lpz. 1908. Opera omnia, 60 Bde., hrsg. von A. COEN, Bologna 2000 ff.
Werkverzeichnis: TYSON, A.: Thematic Catalogue of the Works of M. Cl., Tutzing 1967.
Literatur: PLANTINGA, L. B.: M. Cl., Ldn. 1977; Reprint N. Y. 1985. OH, Y.-R.: Der Klaviersatz im Werk M. Cl.s. Diss. Göttingen 1997. VIGNAL, M.: M. Cl., Paris 2001. M. Cl. Studies and Prospects, hrsg. von R. ILLIANO, L. SALA u. a., Bologna 2002 (Opera omnia 61) [enthält Bibl.]. GERHARD, A.: London und der Klassizismus in der Musik. Die Idee der »absoluten Musik« und M. Cl.s Klavierwerke, Stg. und Weimar 2002.

Thomas Steiert

Copland, Aaron

Geb. 14. 11. 1900 in Brooklyn (N. Y.); gest. 2. 12. 1990 in Peekskill (N. Y.)

Nach Virgil Thomson war C. 1921 einer der ersten jungen amerikanischen Musiker, die nach Paris pilgerten, um sich von Nadia Boulanger im neoklassizistischen Idiom schulen zu lassen. Von prägendem Einfluß aus dieser Studienzeit waren vor allem die Musik Faurés und Stravinskys, dem C.s erstes größeres Werk, das Vampir-Ballett *Grohg* (1922–25) in rhythmischer und klanglicher Hinsicht einiges zu verdanken hat. In der für Boulangers Amerikatournee komponierten monumentalen *Symphony* für Orgel und Orchester (1924), die Sergej Koussevitzkys tatkräftige Förderung begründete, ist der repräsentative Stil der berühmten, in den USA überaus populären *Fanfare for the Common Man* (1942) und der *Third Symphony* (1944–46) vorgeprägt. Die Problematik, unter den Prämissen des Neoklassizismus einen pathetisch-ausgedehnten Orchestersatz schreiben zu wollen, läßt deutlich C.s *Symphonie Ode* (1927–29, revidiert 1955) erkennen (»Es ist, als wolle C. einen Sinfoniesatz in Mahlerschen Dimensionen aus einer Kompositionstechnik hervorgehen lassen, die unmittelbar Stravinsky verpflichtet ist«; Schubert, 75). Die Einbeziehung von Ragtime- und Jazz-Elementen etwa in *Music for the Theatre* (1925) und im *Piano Concerto* (1926) hat C. nicht weiterverfolgt. Zusammen mit Sessions veranstaltete er 1928–31 die Copland-Sessions-Konzerte und war mit Varèse die einflußreichste Persönlichkeit des New Yorker Musiklebens dieser Zeit.

Als erstes reifes Werk C.s gelten seine *Piano Variations* (1930, 1957 orchestriert) mit einer kompromißlosen dissonanten Harmonik und einer strukturellen Komplexität auf der Basis kleiner Ausgangszellen. In den dreißiger und vierziger Jahren öffnete C. wie viele andere Komponisten unter dem Eindruck der Wirtschaftskrise und den damit verbundenen gesellschaftlichen Veränderungen seine Musik einem breiteren Publikum und schrieb überwiegend funktionale Musik. Die Ballette *Billy the Kid* (Chicago 1938), *Rodeo* (Chicago 1942) und *Appalachian Spring* (Washington 1944) sowie als Orchestersuiten umarrangierte Filmmusik ließen C. zu einem der meistaufgeführten und populärsten Komponisten der USA werden. In diesen Werken integrierte C. durch verschiedene Bearbeitungstechniken einheimische Folklore in seine komplexe Musiksprache. Daneben schrieb C. eine kurze Kinderoper mit einem Chor der Eltern (*The Second Hurricane*, New York 1937). *A Lincoln Portrait* (1942) mit den durcheinanderwirbelnden amerikanischen Melodien ist das einzige noch heute aufgeführte Dokument jenes patriotischen Amerikanismus, der nach dem japanischen Überfall auf Pearl Harbour aufkam (Zwei Sammlungen einfach gesetzter *Old American Songs* gab C. 1950 und 1952 heraus). Mit seiner *Third Symphony* (1946) suchte C. die Topoi der europäischen Gattungstradition in den Dienst nicht-elitärer Verständlichkeit zu stellen, so auch im *Klarinettenkonzert* für Benny Goodman (1948), das Jerome Robbins erfolgreichem Ballett *Pied Piper* zugrunde lag.

Anfang der fünfziger Jahre distanzierte er sich von den populistischen Tendenzen seiner erfolgreichen Werke und bezog dodekaphone Techniken (für die er sich seit den vierziger Jahren interessierte) in sein Idiom ein, so im *Piano Quartet* (1950) und in den Orchesterwerken *Connotations*

(1962) und *Inscape* (1967) Mit der Oper *The Tender Land* (New York 1954) fand C. weder beim breiten Publikum noch bei den Vertretern der Avantgarde Anklang, ein weiterer Mißerfolg war die orchestrierte Fassung der *Klaviervariationen* (1957). Sein *Nonett* für Streicher (1960) wurde von manchen als Ausdruck eines zeitweiligen Rückzugs von der Dodekaphonie angesehen. In Stücken wie der *Music for a Great City* (Filmmusik, 1964) und dem *Duo* für Flöte und Klavier (1971) verwendete C. auch weiterhin Dreiklänge und diatonische Leitern und setzte sie mit chromatischem und dissonantem Material in Beziehung.

C.s Schaffen als Komponist und Autor, sein Wirken als Lehrer und Interpret eigener Werke war von der ungebrochenen Überzeugung getragen, daß sich die Musik in einem freien Amerika reicher entwickele als in Europa. Seine Werke, in denen kompositorische Vielfalt über konstruktivistische Konsequenz siegt, leben aus einer Spannung zwischen Traditionskritik und -übernahme und sind darin dem Erbe von Ives in besonderem Maße verpflichtet.

Noten: Boosey & Hawkes (N. Y.).
Dokumente: What to Listen for in Music, N. Y. 1939; dt. als Vom richtigen Anhören der Musik. Ein Komponist an sein Publikum, Reinbek bei Hbg. 1967. Music and Imagination, Cambridge (MA) 1952. C. 1900 through 1942., Ldn. und Boston 1984. C. since 1943, N. Y. 1989. C. connotations. Studies and Interviews, hrsg. von P. Dickinson, Woodbridge 2002.
Bibliographie: Robertson, M.: A. C. A Guide to Research, N. Y. 2001.
Literatur: Berger. A.: A. C., N. Y. 1953. For A. C. at 80 in PNM 19 (1980–81), 1–96 [mit WV]. Pollack, H.: A. C. The Life and Work of the Uncommon Man, N. Y. 1999. Zeit für ... A. C., hrsg. von Chr. Glanz und M. Permoser, Salzburg 2001.

Hartmut Möller

Corelli, Arcangelo

Geb. 17. 2. 1653 in Fusignano;
gest. 8. 1. 1713 in Rom

Trotz eines nur relativ schmalen überlieferten Werkcorpus fungierte A. C. als einer der stilbildenden Komponisten seiner Epoche. Zu Lebzeiten publizierte C. nicht mehr als fünf Opera mit jeweils zwölf Einzelwerken, die Drucklegung einer weiteren, posthum erschienenen Sammlung (op. 6) konnte von ihm noch vorbereitet werden, ansonsten wurden nur wenige (insgesamt zehn) seiner weiteren Kompositionen überliefert. Daß jene bekannt gewordenen Werke ihre Wirkung über ganz Europa entfalten konnten, hängt sicherlich mit dem selbstgesteckten Anspruch des Komponisten zusammen, in den Publikationen geradezu ›klassische Exempel‹ für bestimmte Gattungen der Instrumentalmusik vorzulegen.

C., der nach seiner Ausbildung in Bologna von ca. 1675 bis zu seinem Tod so gut wie ausschließlich in Rom lebte und dort im Gefolge verschiedener Mäzene aus der Nobilität sein Auskommen fand, war zunächst als Violinist hervorgetreten. Im Laufe der Jahre konnte sich C. ein Ensemble aufbauen, durch dessen rege Teilnahme am musikalischen Leben Roms er sich eine große Reputation als Orchesterleiter erwarb. Der praktische Ausgangspunkt in der Instrumentalmusik, insbesondere das Streicherensemble, schlug sich in der Wahl der Gattungen nieder, mit denen C. ab 1681 als Komponist an die Öffentlichkeit trat. So versammeln opp. 1–4 Triosonaten, wobei auf eine Gleichverteilung zwischen den beiden – formal wie satztechnisch definierten – Haupttypen der zeitgenössischen Sonate geachtet wurde: Op. 1 (veröffentlicht Rom 1681) und op. 3 (Rom 1689) sind dem Typus der sonata da chiesa, op. 2 (Rom 1685) und op. 4 (Rom 1694) dem der sonata da camera verpflichtet. C.s Vorbild wirkte bei zahlreichen italienischen Komponisten – unter ihnen etwa Tomaso Vitali, Caldara, Albinoni und selbst noch Vivaldi – schon durch die äußerliche Konvention nach, daß diese sich ebenfalls veranlaßt sahen, mit einem aus Triosonaten bestehenden op. 1 die Reihe ihrer Publikationen zu begründen. Die Gattung Triosonate wurde derart zu einem Prüfstein für die Beherrschung der satztechnischen Norm wie der kompositorischen Reife überhaupt erhoben – eine Funktion, wie sie später am ehesten dem Streichquartett zuzuerkennen wäre.

Der Unterschied zwischen den beiden angesprochenen Sonatentypen wird bei opp. 1–4 weniger durch eine explizite Kennzeichnung markiert (einzig op. 2 spricht bereits im Titel von »*Son. da camera a trè*«), als durch die meist klar gehandhabte Ausprägung der normativen Gattungskriterien. So lassen sich die Sonaten der Sammlungen opp. 1 und 3, die dem »da chiesa«-Typus zugehören, durch stilistische, formale, besetzungsmäßige und zyklische Kriterien vom »da camera«-Typus in opp. 2 und 4 abgrenzen (vgl. Marx 2000, 1589 f.).

In stilistischer Hinsicht weisen die »da chiesa«-Sonaten bestimmte Momente des Kirchenstils (stylus ecclesiasticus) auf, die an einem ernsthaften Ausdruck (insbesondere in den langsamen Sätzen) und häufigerer Einbeziehung polyphoner Satztechniken dingfest zu machen sind. Andererseits lassen die Schlußsätze im Bewegungstypus wie in der zweiteiligen Anlage mit Wiederholungszeichen oftmals Hinwendung zum Tanzsatz erkennen.

In der Großform orientieren sich die Kirchensonaten an der Norm dieses Typus (Viersätzigkeit mit Satzfolge: langsam – schnell – langsam – schnell). Dies stellt jedoch keine zwingende Vorgabe dar: Nicht nur mögen Einschübe von kurzen Abschnitten mit anderem Tempo innerhalb eines Satzes verschiedentlich dazu beitragen, die Satzabfolge zu verunklaren, auch die Satzanzahl kann im Einzelfall durchaus variieren. So weisen die siebte und zehnte Sonate aus op. 1 (drei bzw. fünf Sätze) sowie die letzte Sonate aus op. 3 (sechs Sätze) Abweichungen vom viersätzigen Schema auf. Die sechste und zehnte Sonate aus op. 3 beginnen darüber hinaus mit einem schnellen Satz, womit die Abfolge der Kirchensonate ebenfalls modifiziert wird.

Bei den Kirchensonatensammlungen verlangt C. neben »Violone, ò Arcileuto« weiterhin die Mitwirkung eines »Basso per l'Organo« in der Continuo-Gruppe. Der Continuo-Part verlangt nicht nur zwei Spieler, womit die Mindestbesetzung bei vier, nicht drei Instrumentalisten liegt, sondern kann durchaus an verschiedenen Stellen unterteilt werden. Dies entspricht einer Unterscheidung von Concertino-Part des Violone (bzw. Arcileuto) und Basso continuo der Orgel.

In den Sammlungen opp. 1 und 3 wird eine strengere Ausprägung von Ordnungsprinzipien spürbar, als in denen mit Sonaten des »da camera«-Typus. Zum einen wäre dabei die Orientierung an der Norm der Viersätzigkeit und eine interne Verknüpfung der Sätze durch musikalisches Material, das aufeinander beziehbar ist (vor allem in op. 3), zu erwähnen. Zum anderen erscheint hier der Gedanke einer tonartlichen Ordnung der ganzen Sammlung, der in seiner Ausprägung auf die Sphäre des traditionelleren theoretischen Denkens verweist. So enthalten op. 1 und op. 3 jeweils sechs Sonaten in Dur und in Moll, keine Tonart wird wiederholt. Insbesondere die Abfolge der Grundtonarten in op. 1 spricht für die Intention des Regelmäßigen, die hiermit ausgedrückt werden sollte: F, e, A, a, B, h, C, c, G, g, d, D. Ironischerweise bilden also die Tonstufen der sechs Durtonarten das »hexachordum molle«, diejenigen der Molltonarten das »hexachordum durum«. Wurde hiermit durch einen versteckten Hinweis auf das hexachordale Denken und Glareans System von zweimal sechs Kirchentönen Bezug genommmen, so enthält die tongeschlechtliche Aufteilung der Sammlungen mit Sonaten des »da camera«-Typus einen Bezug auf die chromatische Aufteilung der Skala in sieben Grundtöne und fünf chromatische Alterationen und somit das neuere Dur-Moll-System: In opp. 2 und 4 finden sich jeweils sieben Dur- und fünf Molltonarten, wobei insbesondere op. 2 mit seiner Doppelung der Tonstufe E/Es und der Verwendung der affektiv besetzten Tonart fis als Beispiel für eine Anlage mit spezifisch anderer Konnotation dienen kann: D, d, C, e, B, g, F, h, fis, E, Es, G.

Neben derartiger differierender Anlage zeigen die Kammersonaten weitere, im Sinne ihrer affektiven Ausrichtung zu verstehende Eigenarten und satztechnische Lizenzen, die auf eine nicht-kirchliche Sphäre der Musikausübung deuten. Hingewiesen sei auf jene in op. 2 häufiger zu findende Kadenzfloskel mit zwei aufeinanderfolgenden Sekunden oder die vermeintlichen Quintparallelen in der *Allemanda* der dritten Sonate aus op. 2, die bereits 1685 einen Disput auslösten (vgl. Allsop, 35). Die Satzabfolge innerhalb der opp. 2 und 4 ist allgemein freier gehalten, die Einzelsätze sind metrisch oft an Tanzsätze angelehnt. Neuartig für Italien war jedoch die Einbeziehung freier Sätze, wobei insbesondere auf den C.schen Typus des »Preludio« hinzuweisen ist, der vielfach als Einleitungssatz fungierte (bei acht Sonaten aus op. 2 und allen aus op. 4). In der Satzfolge scheint die Zielvorstellung einer größtmöglichen Mannigfaltigkeit ohne starres Schema leitend gewesen zu sein. Als Schlußsatz wurde in der Regel eine schnelle Satzart gewählt (vor allem die Giga, aber etwa auch die Gavotte), besondere Beachtung verdient der Beschluß von op. 2 mit einer Reihe von 30 Variationen über einen absteigenden Quartgang. Zusammenfassend läßt sich feststellen, daß bei C. – wie bei anderen Komponisten der Epoche auch – durchaus eine Annäherung der beiden beschriebenen Sonatentypen stattfindet (vermieden wird also eine schablonenhafte Iterierung eines Prototyps); stets bleibt jedoch die unterschiedliche semantische Sphäre dieser Grundtypen spürbar.

Mit op. 5 publizierte C. 1700 zwölf *Sonate a Violino e Violone o Cimbalo*, also Duo-Sonaten für Violine und ein Continuo-Instrument, die jene beiden angesprochenen Sonatentypen in einer Sammlung vereinen: Die ersten sechs sind als Kirchensonaten angelegt, die zweite Hälfte als Kammersonaten, ohne daß jedoch eine entsprechende Kennzeichnung im Druck erscheint. Wenngleich die Gattungsgrenzen hier ebenfalls nicht aufgegeben werden, finden sich doch zunehmend Merkmale der Verschmelzung von gattungsspezifischen Charakteristika. Ähnlich wie bei op. 2 schließt die Sammlung mit einer Variationenfolge, der *Aria della Follia di Spagna* mit ihren 23 Variationen.

Die Wirkung dieser Sammlung auf die Zeitgenossen ist kaum zu überschätzen, was mit ihrer geradezu lehrbuchartigen Anlage zusammenhängen mag: In op. 5 werden verschiedenste Möglichkeiten ›moderner‹ Kompositionsweisen für das Instrument Violine demonstriert (vgl. Allsop, 120 ff.). Von besonderem Interesse für die Aufführungspraxis ist ein 1710 bei Roger in Amsterdam erschienener Druck von verzierten Fassungen der langsamen Sätze: Wenngleich die Autorschaft C.s an diesem Druck sowie weiterer kursierender Versionen nicht verbürgt ist, läßt sich an dieser Stelle die zeitgenössische Praxis an der Schnittstelle von Notation und Realisation in exemplarischer Weise demonstrieren (vgl. Fikentscher).

Die 1714 veröffentlichten zwölf *Concerti grossi* op. 6 setzen sich erneut mit der Typologisierung »da chiesa« – »da camera« auseinander: Nr. 1–8 gehören dem erstgenannten Stilbereich an, Nr. 9–12 dem anderen. Die Sammlung beinhaltet Stücke und Einzelsätze aus unterschiedlichen Entstehungsjahren bis zurück in die achtziger Jahre (so konnte Muffat bereits 1681 vom Klangerlebnis einiger Concerti C.s berichten). Der konzertierende Aspekt liegt vor allem in der klanglichen Gegenüberstellung eines Tutti mit einem Concertino; dieser Gegensatz hat aber vielerorts auch satztechnische Konsequenzen, wenn beispielsweise im Concertino der Unterstimme eine emanzipierte Funktion im kontrapunktischen Satz zukommt. Wie bereits in op. 5 sind die langsamen Sätze häufig mehrteilig, mit kadenzartigen Einschüben, angelegt. Erneut war C.s Sammlung eine große Wirkungsgeschichte beschieden, die sich etwa noch an Händels Concerti grossi klar nachweisen läßt.

Die Überlieferung der nicht von C. selbst publizierten, aber als authentisch eingestuften Werke erfolgte offenbar eher zufällig, der handschriftliche Nachlaß ist bis dato verschollen. Gleichwohl dürfte die Echtheit der sechs als »ouvrage posthume« herausgegebenen Triosonaten mittlerweile akzeptiert sein: Sie wurden anscheinend nach C.s Tod von seinem Freund Fornari dem Nachlaß entnommen und zum Druck befördert. Als weitere nicht mit Opuszahlen versehene Werke sind eine *Sinfonia d-moll* für die Aufführung von Giovanni Lorenzo Luliers Oratorium »Santa Beatrice d'Este« von 1689, zwei *Sonate a quattro* für Streicher (mit Beteiligung der Violetta) und eine *Sonata a quattro per tromba, due violini e basso* zu erwähnen. Diese Werke ohne Opuszählung tragen nicht die Spur jener intensiven, skrupulösen Editionsarbeit, die mit dazu beitrug, daß C.s Schaffen nicht allein zu seiner Zeit als Muster stilistischer Ausgewogenheit angesehen wurde.

Noten: A. C. Historisch-kritische Gesamtausg. der musikalischen Werke, hrsg. von H. OESCH, Köln 1976–1980, Laaber 1986.
Werkverzeichnis:: MARX, H.-J.: Die Überlieferung der Werke A. C.s. Catalogue raisonné, Köln 1980.
Literatur: LÜTOLF, M.: Einleitung zur historisch-kritischen Gesamtausg. der musikalischen Werke, Bd. 1, Köln 1987. PIPERNO, F.: Stile e classicità corelliani: un' indagine sulla scrittura strumentale *in* Studi Corelliani 5 (1996), 77–113. FIKENTSCHER, S.: Die Verzierungen zu A. C.s Violinsonaten op. 5. Ein analytischer Vergleich unter besonderer Berücksichtigung der Beziehung von Notation und Realisation, Lucca 1997. ALLSOP, P.: A. C. ›New Orpheus of Our Times‹, Oxford, 1999. VENTURINI, PH.: A. C., Paris 2003.

Andreas Jacob

Cornelius, Peter

Geb. 24. 12. 1824 in Mainz;
gest. 26. 10. 1874 in Mainz

»Mein Leben dreht sich um zwei Pole: Wort und Ton. Im Anfang war das Wort.« (Lebenserinnerung) C. charakterisierte mit diesem Satz sowohl sein Lebenswerk allgemein als auch speziell seine persönliche Entwicklung. Er stammte aus einer bildungsbewußten Schauspielerfamilie und sollte Bühnenkünstler und Musiker werden. Erste Berufserfahrungen hatte er schon gesammelt, als er sich relativ spät für die Laufbahn des Komponisten entschied. Wegweisend für sein musikalisches Schaffen wurden die zwei Stationen der Ausbildung: hartes Studium des strengen Satzes bei

Siegfried Dehn ab 1844 in Berlin (mit Empfehlung und Unterstützung seines Onkels und Paten, des bekannten Malers Peter Cornelius); intensive Auseinandersetzung mit den modernen kompositorischen Errungenschaften der neudeutschen Schule ab 1852 in Weimar.

Nach der gründlichen konservativen Schulung löste die Begegnung mit der progressiven musikalischen Richtung seiner Zeit einen heftigen, aber kurzen Gewissenskonflikt aus. Zu mächtig war die Faszination der drei führenden Persönlichkeiten – Liszt, Berlioz, Wagner – und ihrer Werke, als daß C. sich ihr hätte entziehen können, zu eindeutig kamen ihre literarisch begründeten Musikvorstellungen C.' eigenem Wesen entgegen. Als Sekretär Liszts, Übersetzer Berlioz' und Vertrauter Wagners drohte C.' eigenes Schaffen zu versiegen, obgleich er doch mit *Der Barbier von Bagdad* (Weimar 1858) die vielleicht einzige eigenständige deutsche Oper neben Wagner komponiert hatte. Liszt hatte die Uraufführung gegen starken Widerstand durchgesetzt und damit einen Theaterskandal herbeigeführt, der in die Geschichte einging. Zwar betraf der Eklat in erster Linie Liszt, für C. aber stellte die Ablehnung der Oper eine bittere und belastende Niederlage dar, die nicht wettzumachen war. Text und Musik der komischen Oper – wie übrigens auch des nachfolgenden *Cid* (Weimar 1865) und der unvollendeten *Gundlöd* (1866–74) – stammen von C. *Der Barbier* ist eine ungewöhnlich witzig-charakterisierende Partitur, die sich jeglichen neudeutschen Pathos' enthält und geradezu italienische Leichtigkeit und Schwung hat.

Obgleich sich C. immer als Musikdramatiker verstanden hat, war seine Nachwirkung in einer anderen Gattung, in der er sich zeitlebens fast nebenher, in einer gleichsam muttersprachlichen Selbstverständlichkeit künstlerisch äußerte, vielleicht noch bedeutender: im Lied. Vor allem die zahlreichen Werke, in denen er wie in den Opern als Dichter und Komponist verantwortlich zeichnet, weisen ihn als geborenen Dichter-Musiker aus, eine Idealfigur seiner Zeit. Die Zyklen der *Vater unser-Lieder* op. 2 (1854) und der *Weihnachtslieder* op. 8 (1856), beide bezeichnenderweise geistliche Gesänge, haben großen Erfolg erzielt. So wie in ihnen musikalisch gregorianischer Choral (op. 2) und weihnachtliche Topoi (op. 8) mit moderner Tonsprache verarbeitet werden, so repräsentieren sie insgesamt die Vereinigung bürgerlicher Denkweise mit christlichen Traditionen. Besonders deutlich ist dies in den *Weihnachtsliedern*. Die christliche Tradition des Festes wird in den Liedern *Die Hirten*, *Die Könige* und *Simeon*, durch Pastoralidiom und Choral betont, die Stimmung einer gemütvollen Familienfeier bürgerlichen Ursprungs wird vor allem in dem ersten (*Christbaum*) und letzten Lied (*Christkind*) durch einen vom Pastoralidiom abgeleiteten allgemein weihnachtlichen Tonfall beschworen. Damit entspricht C. seinem künstlerischen Credo, in dem gerade durch die Abgrenzung gegen Wagner auch die analytische Scharfsichtigkeit des erfolgreichen Musikschriftstellers aufblitzt: »Meine Kunst soll eine heitere, einfache beglückende sein, im Boden des Volks, der Sitte wurzelnd, nicht die eitle sinnenkranke Liebe und mit ihr das eitle Selbst an Gottes Statt zu setzen.« (P. C., Der Wort- und Tondichter, Bd. 2, 48)

Noten: Gesamtausg., hrsg. von M. HASSE und W. VON BAUSZNERN, 5 Bde., Lpz. 1905–06.

Dokumente: Literarische Werke, hrsg. von M. CORNELIUS u. a., 4 Bde., Lpz. 1904–05.

Werkverzeichnis: WAGNER, G.: P. C. Verz. seiner musikalischen und literarischen Werke, Tutzing 1986.

Literatur: CORNELIUS, C. M.: P. C. Der Wort- und Tondichter, 2 Bde., Regensburg 1925. PRICKEN. K.: P. C. als Dichter und Musiker in seinem Liedschaffen, Diss. Köln 1951. P. C. als Komponist, Dichter, Kritiker und Essayist. Vorträge, Referate und Diskussionen, hrsg. von H. FEDERHOFER und K. OEHL, Regensburg 1977. LAWTON, O. T.: The Operas of P. C., Diss. Univ. of Florida 1988. BLEZZARD, J. H.: P. C. The Later mixed Part-Songs and their Unknown Antecedents in Music Review 80 (1992), 191–209. DEAVILLE, J. A.: The music criticisms of P. C., Ann Arbor (MI), o. J. (Univ. Microfilms Internat.).

Helmut Loos

Couperin, François

Geb. 10. 11. 1668 in Paris;
gest. 11. 9. 1733 in Paris

C. ist in erster Linie durch seine Cembalostücke bekannt, die mit ihren außermusikalischen Titeln stets als frühes Beispiel der Programmusik angeführt werden. Sein Œuvre umfaßt jedoch neben den Klavierbüchern auch Kammer- und Kirchenmusik, darunter zwei Orgelmessen und zahlreiche Motetten.

C. hat vier *Livres* mit insgesamt 220 *Pièces de clavecin* veröffentlicht (1713, 1716–17, 1722, 1730).

Allerdings begann er sehr spät mit der Publikation seiner Werke. Als sein *Premier Livre de clavecin* herauskam, waren viele der berühmten Sammlungen von Cembalostücken wie diejenigen von Louis Marchand, Louis-Nicolas Clérambault oder auch das erste Buch von Rameau bereits erschienen. Während diese Sammlungen jedoch aus Suiten von selten mehr als zehn Tänzen bestehen, beinhalten C.s »Ordres« bis zu 23 Stücke in seinem *Premier Livre*. Diese Praxis bezieht sich möglicherweise auf italienische Vorbilder. Der herkömmlichen Gruppierung von Tanzsätzen – Allemande, Courante, Sarabande, Menuett/Gavotte, Gigue – wurden zahlreiche »Pièces de caractère« (Marin Marais) hinzugefügt. Innerhalb der Ordres bilden verschiedene aufeinander folgende Stücke eine Einheit. Im *Second Livre* dagegen, dessen Ordres wieder eine geringere Anzahl an Stücken enthalten, haben die traditionellen Tanzsätze fast vollständig dem »Pièce de caractère« mit programmatischem Titel Platz gemacht. Die Überschriften verweisen dabei teils auf Sujets wie *Les papillons* oder *Les petits moulins à vent*, teils auf Charakterdarstellungen von Personen aus dem Umkreis C.s, von denen jedoch die wenigsten identifiziert werden können. Dies stand auch nicht in C.s Absicht, genausowenig wie er seine Titel im einzelnen konkretisiert wissen wollte: »Bei der Komposition aller dieser Stücke hatte ich immer eine Zielvorstellung: verschiedene Gelegenheiten haben sie mir geliefert. So entsprechen die Titel den Ideen, die ich hatte; man wird mich entbinden, darüber Rechenschaft zu geben.« (Vorwort zum *Premier Livre*). Die Titel verweisen auch mehr auf den generellen Charakter der Stücke, deren Verlauf sich weniger nach einem außermusikalischem Programm als nach rein musikalischen Kriterien richtet: Die Kompositionen beruhen einerseits auf herkömmlichen Formen wie dem zweiteiligen Tanzsatz, dem Rondeau oder der Chaconne und weisen andererseits eine subtile melodische Konzeption auf, die zumeist auf differenzierter harmonischer und melodischer Variation eines zu Beginn exponierten Motivs bei oft gleichmäßig durchpulsierendem Rhythmus basiert. Ein wesentliches Moment bilden die Verzierungen (agréments), die C. im Unterschied etwa zu J. S. Bach stets notierte und deren Ausführungen er zu Beginn der Bücher erklärte. Neben den gebräuchlichen Ornamenten finden sich zusätzliche Zeichen wie die »aspiration« zur Verkürzung einer Note oder die »suspension« zur Verzögerung eines Anschlags. Ein Beispiel besonders reicher und vielfältiger Verzierungen bietet die *Passacaille h-moll* im Huitième Ordre des *Second Livre*. Hervorzuheben ist ebenfalls die harmonische Gestaltung: Durch chromatische Melodieführung in einer oder mehreren Stimmen entstehen Harmoniebildungen, die vor allem durch ihren klangfarblichen Reiz wirken. Die daraus resultierenden Dissonanzbildungen und Mollklänge erscheinen – wie z. B. in *La Logivière* (Cinquième Ordre, *Premier Livre*) – im Kontext der überwiegend diatonischen Harmonik des Beginns als unerwarteter Effekt. Während im *Premier Livre* vor allem die Tonart das zyklusstiftende Moment eines *Ordre* bildet, zeichnen sich ab dem *Second Livre* die Ordres zunehmend stärker durch einen jeweils den ganzen Zyklus durchziehenden eigenen Charakter aus.

L'art de toucher le clavecin (1716), neben der *Règle pour l'accompagnement* (undatiert) das einzige theoretische Werk C.s, ist keine methodisch aufgebaute Klavierschule; vielmehr handelt es sich um eine Reihe von Überlegungen, wie seine Clavecinstücke gelehrt und aufgeführt werden sollten. Am wichtigsten sind die Teile, die Fingersätzen, Verzierungen und generell aufführungspraktischen Fragen gewidmet sind: Sie stellen eine unentbehrliche Quelle für die Aufführungspraxis der damaligen Zeit dar.

Vor dem immensen Clavecinœuvre ist C.s geistliche Musik meist vernachlässigt worden. Die *Messe à l'usage des Paroisses* und *Messe pour les couvents* (beide 1690) folgen der strengen Tradition der zum Ordinarium alternativ vorgetragenen Orgelmessen, bei denen nicht nur die Satzfolge, sondern auch die Länge, der Stil und die Verwendung des Chorals vorgeschrieben waren. Ungeachtet dieses engen Rahmens hat C. Werke geschaffen, die das vielseitige Können des jungen Komponisten demonstrieren. Zeigt sich in den Fugen und den Cantus-firmus-Sätzen sein kontrapunktisches Geschick, so zeugen die weiteren Partien von seiner melodischen Erfindungskraft. In den drei *Leçons de Ténèbres* (»Klagelieder des Propheten Jeremia«; zwischen 1713 und 1717) übertrug C. die Technik von Rezitativ und Air der französischen Oper, übernahm jedoch auch die gregorianische Melodik wie für den Anfang von *Incipit Lamentatio Jeremiae*. Traditionell sind zwar auch die Melismen auf die hebräischen Initialen, die jedoch ebenso von italienischen Koloraturen inspiriert scheinen wie melismatische Partien in den Motetten (z. B. auf Alleluia in *Regina coeli laetare*). C. hat weniger die ausgedehnte grand motet mit der Verwendung von Chören als die petit motet gepflegt (→Campra); sie ist für eine bis drei Solostimmen mit Basso continuo und zum Teil konzertierenden Instrumenten geschrieben und stark von der italienischen Musik beeinflußt.

Am Beginn der Veröffentlichung einer ganzen Serie früher komponierter weltlicher Kammermusik stehen die *Concerts Royaux* (1722). Diese und *Les Goûts-Réunis ou Nouveaux Concerts* (1724) sind drei- bis elfsätzige Stücke, die für Cembalo notiert sind, jedoch nach C.s eigenen Angaben mit »allen Arten von Musikinstrumenten« besetzt werden können. Sie haben die Anlage einer Kirchensonate mit der Satzfolge langsam-schnell-langsam-schnell, einer Suite, die sich mehr oder weniger an die bereits genannte standardisierte Gruppierung anlehnt, oder einer Suite aus Charakterstücken. Dem Titel, der auf die Synthese französischer und italienischer Musik zielt (→ Muffat), wird in verschiedener Weise Rechnung getragen. Zum einen stellt C. im vierten *Concert* beide Stilrichtungen in einer *Courante Françoise* und einer *Courante à l'Italienne* gegenüber, zum anderen sind es vor allem die Allemanden, die mit figurationsreicher Melodik im italienischen Stil gehalten sind, während Sätze wie Prélude, Air, Sarabande eher französisch anmuten. Für die Veröffentlichung von *Les Nations* hat C. Sonaten verwendet, die er unter dem Einfluß Corellis 1692 und 1694 komponierte und unter den Pseudonymen Coperuni und Pernucio im Konzert spielen ließ, um den Eindruck zu erwecken, daß sie von einem bis dahin unbekannten italienischen Komponisten stammten. Sie waren die ersten in Frankreich entstandenen Sonaten. Unter Hinzufügung von Suiten hat er die Sonaten zu den Zyklen *La Piémontoise*, *L'Espagnole* und *La Françoise* zusammengefaßt sowie eine weitere Sonaten-Suiten-Gruppierung unter dem Titel *L'Impériale* angehängt (alle 1726). Die Musik thematisiert weniger den damals häufig vorkommenden Titel des Stükkes, sondern wiederum eine »Réunion des goûts«, die Vereinigung italienisch beeinflußter Sonaten und französischer Suiten. Und unter dem gleichen Sujet stehen die beiden Apotheosen, die Corelli und Lully als Protagonisten der italienischen und der französischen Musik feiern. *L'Apothéose de Corelli* (1724) ist eine Sonate im italienischen Stil, das von der Überschrift her bereits parodistisch anmutende *Concert instrumental* »unter dem Titel der Apotheose, komponiert zum unsterblichen Gedenken an den unvergleichlichen Herrn von Lully« (1725) ist eine Abfolge programmatischer Stücke im französischen Stil, die die ernsthafte Verehrung des Meisters mit Humor vermischt. Diese ganze Gruppe von Kompositionen veranschaulicht C.s Einstellung, der mit einer Synthese seine Neutralität im Streit um die Vorherrschaft der französischen und italienischen Musik demonstrieren wollte.

Noten: Fr. C.: Œuvres complètes, hrsg. von M. CAUCHIE u. a., 12 Bde., Monaco 1933. Leçons de ténèbres, hrsg. von P.-D. VIDAL, Paris 1968 (Le Pupitre 8). Pièces de clavecin, hrsg. von K. GILBERT, Paris 1969–72 (ebd. 21–24). Neuf motets, hrsg. von P. OBOUSSIER, Paris 1972 (ebd. 14).
Dokumente: L'art de toucher und Règle de L'accompagnement *in* Œuvres complètes Bd. 1 (s. o.).
Werkverzeichnis: CAUCHIE, M.: Thematic Index of the Works of Fr. C., Monaco 1949.
Literatur: MELLERS, W. Fr.: C. and the French Classical Tradition (Ldn. 1950), Ndr. N. Y. 1968. BEAUSSANT, PH.: Fr. C., Paris 1980 [mit Bibl.]. PICARD, H. R.: Die Darstellung von Affekten in der Musik des Barock als semantischer Prozeß. Veranschaulicht und nachgewiesen an Beispielen aus den »Pièces de Clavecin« von Fr. C., Konstanz 1986. BAUMONT, O.: C. Le musicien des rois, Paris 1998. Fr. C. Nouveaux Regards, hrsg. von DEMS., Paris 1998.

Elisabeth Schmierer

Cowell, Henry Dixon
Geb. 11. 3. 1897 in Melo Park (Kalifornien); gest. 10. 12. 1975 in Shady (New York)

Der Kalifornier C. war ein bedeutender Erneuerer des Tonmaterials in der Musik des 20. Jahrhunderts. In der Organisation der Töne nahm er Tendenzen späterer Jahre vorweg. Darüber hinaus hat er sich wie kaum ein anderer um die Neue Musik in den USA verdient gemacht, für die er als Komponist, Publizist, Organisator und Lehrer stritt. Zu seinen Schülern zählten beispielsweise Gershwin und Cage.

C. begann bereits als Kind zu komponieren, bevor er eine professionelle musikalische Ausbildung absolvierte. So hielt er sich frei von bildungsbürgerlichem Ballast und schuf einen eigenen tönenden Kosmos, in den er selbstverständlich auch Natur- und Umweltgeräusche einbezog. Gattungstraditionen fühlte er sich nicht verpflichtet. Sein

Leben lang bewahrte er sich einen naiven Zugriff auf alle möglichen Arten von Musik, eine Haltung, die er mit anderen Komponisten seines Landes teilte. Dabei entwickelte er in jungen Jahren bereits eine erstaunliche Systematik, über die er in seinem Buch *New Musical Resources* (begonnen 1916, publiziert 1930) Zeugnis ablegte. C.s Name verbindet sich mit dem Begriff »Cluster«, den er prägte, für den er aber kein Urheberrecht forderte, da Ives fast zeitgleich mit ihm ähnliche Akkordbildungen entwickelte. Cluster sind Akkorde, die vorwiegend aus Sekundintervallen bestehen und die z. B. auf dem Klavier mit den Fingern, Fäusten, flachen Händen oder Unterarmen angeschlagen werden. 1912 schrieb C. das Klavierstück *The Tides of Manauan*, ein Stück über ein Sujet der irischen Mythologie. In allen Parametern ahmt es die Bewegung einer großen Welle nach. Hier begleiten die Cluster eine schlichte diatonische Melodie. An Umfang und Lautstärke zu- und wieder abnehmend, fungieren sie als eigentlicher Träger des programmatischen Gedankens. In weiteren Klavierstücken experimentierte C. mit anderen möglichen Funktionen. *Advertisement* (1912) ist eine Studie für Cluster, die mit den Fingern bzw. mit der Faust zu schlagen sind. Sie sind als komplette Akkorde im Notenbild vorgegeben. In *Tiger* (1928), einem Stück, das während einer Reise in die Sowjetunion entstand und dort erstmals veröffentlicht wurde, benutzt er das Klavier wie ein Schlaginstrument; eine fast durchgehende Bewegung in Achteln (Cluster und andere Dissonanzen), Resonanzeffekte durch eine spezielle Benutzung des Pedals und komplexe rhythmische Bildungen durch Taktwechsel, Quintolen usw. bewirken diesen Eindruck. Die Klänge des Stücks *The Banshee* (1925) entstehen im Inneren des Klaviers. Der Spieler zupft und kratzt mit Fingern und Fingernägeln in die Saiten, wobei die Dynamik, die Tonhöhen und die Anschlagsarten vorgegeben sind. In *Aeolian Harp* (1923) werden Akkorde und Töne stumm gedrückt und mit der freien Hand durch Arpeggieren und Zupfen der Saiten zum Erklingen gebracht. Mit *Fabric* (1917) schlägt C. ein System zur Unterteilung von Zeiteinheiten in Analogie zu den Proportionen der Obertonreihe vor mit Drittel-, Fünftel-, Siebtelwerten bis hin zu Fünfzehntelwerten. Seine Experimente mit Clustern und neuen Zeitunterteilungen übertrug C. auch auf Musik für kleine Ensembles. Sein *Quartet Romantic* (1915–1917) und sein *Quartet Euphometric* (1916–1919) galten lange Zeit als unspielbar, weil bei organisierten Rhythmen und einer angedeuteten harmonischen Richtung Tonhöhen weitgehend von den Spielern selbst zu definieren sind. In diesen Stücken bahnt sich ein neuer Begriff von Komposition an, der vom alles festlegenden Notenbild zu einer gesteuerten Improvisation übergeht, innerhalb derer sich das Verhältnis von Komponist und Interpret ändert. Letzterer bestimmt in höherem Maße das klingende Resultat als bei Werken in konventioneller Notation. Selbst graphische Notation findet sich früh bei C. Sein Stück *Ensemble* (1925) für fünf Streicher und drei Schwirrhölzer sieht für den Perkussionspart lediglich graphische und verbale Spielanweisungen vor. Auch der großformale Ablauf eines Werkes kann ins Belieben der Ausführenden gestellt werden. Im *Mosaic Quartet* (1935) bestimmen die Spieler selbst die Reihenfolge bzw. Reprise der fünf Sätze. Solche Experimente verfolgte C. bis hin zu Kompositionen, in denen Spieler unabhängig voneinander Stimmen nach dem Prinzip des Zufalls zum Erklingen bringen (*26 Simultaneous Mosaics*, 1926). Er interessierte sich auch für elektronische Instrumente. So arbeitete C. 1931 mit Léon Thérémine, einem Pionier der elektronischen Musik, zusammen. Beide entwickelten ein Instrument, das komplexe Polyrhythmen realisieren konnte. Um den musikalischen Gehalt dieser Strukturen zu demonstrieren, schrieb C. das Orchesterstück *Rhythmicana*, das aber zu seinen Lebzeiten nicht aufgeführt wurde. Unter dem gleichen Titel schrieb er 1938 ein Klavierstück, in dessen drei Sätzen polymetrische Patterns, teils mit Clustern, teils mit anderen Dissonanzen die kompositorische Substanz bilden. In den beiden bewegten Ecksätzen übernimmt die linke Hand durch Ostinati eine »time-keeping«-Funktion, ähnlich der Rhythmusgruppe im Jazz. Der Mittelsatz konfrontiert unterschiedliche zeitliche Unterteilungen des 1/1-Taktes miteinander, von 4/4 bis 13/8.

Neben diesen rhythmischen und klanglichen Experimenten, die bedeutende Schritte zur offenen Form in der Musik des 20. Jahrhunderts darstellen, hinterließ die Beschäftigung mit unterschiedlichen Musikkulturen ihre Spuren in C.s Werk. Zeitlebens begeisterte er sich für die Volksmusik seiner irischen Vorfahren. In einigen Orchesterwerken dienten Jigs und Reels als Anregung, so in der *Irish Suite* (1928) und in der *Dritten Sinfonie* (1942). Die frühe amerikanische Hymnodie mit der Praxis des »Shape-Note-Singing« (Die Notenköpfe zeigen die Solmisationssilben an) beeinflußte seine Chormusik, deren größter Teil zwischen 1943 und 1956 entstand. Mehrere Stipendien ermöglichten C. eine intensive Beschäftigung mit asiatischer Musik. 1931–1932 studierte er Vergleichende Musikwissenschaft in Berlin. Während eines Aufenthalts im Iran entstand *Persian Set*, ein viersätziges Werk für Kammerensemble unter Einschluß des Tar, eines Zupfinstruments der persischen Musikkultur. Dazu schrieb er, er wolle weder seine Herkunft aus der westlichen Musikkultur verleugnen noch persische Musik imitieren. Sein Anliegen sei es vielmehr, einige Gemeinsamkeiten der Musikpraxis herauszustellen. Er möchte sich von jener Facette des musikalischen Folklorismus lösen, die lediglich ein Kolorit durch wenige Elemente erzeugt, die sie einem westlichen Tonsatz einverleibt (wie im Exotismus des 19. Jahrhunderts). Eine in seinem Sinne avancierte Tonsprache könne diese Aufgabe lösen. Er verarbeitet in seiner Komposition Tetrachorde als Basis modaler Tonalität, eine Melismatik, die in schnellen Figuren die chromatische Stimmung verschleiert, Praktiken des Wechselgesangs und dem Schlagwerk entliehene rhythmische Patterns.

C.s Schaffen läßt sich in drei Perioden teilen: eine erste experimentelle von ca. 1911 bis 1936, eine zweite ›folkloristische‹ von ca. 1936 bis 1950 und eine dritte ab ca. 1950, in der er seine unterschiedlichen Entwicklungen zusammenzuführen versuchte. Vor allem in der mittleren Periode bemühte er sich darum, an einer genuin amerikanischen Kunstmusik zu arbeiten, vermutlich als Reaktion auf die politischen Ereignisse in Europa. Es ist nicht erstaunlich, daß gerade Werke dieser Periode heute weitgehend in Vergessenheit geraten sind, denn derartige Instrumentalisierungen von Musik führen in der Regel zu ästhetischem Scheitern. Das amerikanische Element in C.s Werk liegt in seiner Schaffensweise. Komponieren bedeutete für ihn eine impulsive Reaktion auf unterschiedliche äußere Einflüsse, wobei er sich nicht den europäischen Traditionen unterwarf. Seine Kreativität eröffnete der Neuen Musik unerwartete Wege. Er selbst steht heute überwiegend im Schatten anderer Komponisten, die indes seiner Pionierarbeit entscheidende Anregungen verdanken, z. B. Cage und Kagel. Die Tendenzen zur offenen Form und der Griff zur Musik asiatischer Kulturen stehen am Anfang von Entwicklungen, die heute zum Hauptstrom der Avantgarde zählen, z. B. die musikalischen Meditationen Stockhausens oder Peter Michael Hamels sowie die Minimal Music (→ Reich, Riley).

Noten: Associated (N.Y.); Boosey & Hawkes (Ldn.); Boston (Boston); Breitkopf & Härtel (Wiesbaden); Fischer; Marks; MCA; Peer; Peters (alle N.Y.); Presser (Bryn Mawr); Summy-Birchard (Princeton/NJ) u. a.

Dokumente: American Composers on American Music. A Symposium, Stanford (CA) 1933, NA. N.Y. 1962. Charles Ives and His Music, N.Y. 1955; rev. ²1969.

Literatur: WEISGALL, H.: The Music of H.C. in MQ 45 (1959), 484–507 [mit WV]. CAGE, J.: History of Experimental Music in the United States in Silence, Middletown (CT) 1961, 67–75, dt. in Darmstädter Beiträge zur Neuen Musik 2, Mainz 1959. KAGEL, M.: Ton-Cluster, Anschläge, Übergänge in die Reihe 5, Wien 1959, 23–37. HICKS, M.: C.'s Clusters in MQ 177 (1993), 428–458. DERS.: H.C. Bohemian, Urbana 2002. The Whole World of Music. A H.C. Symposium, hrsg. von D. NICHOLLS, Amsterdam, 1997. KOPP, A.: »Elastic Form.« H.C.s »ganze Welt der Music«, Diss. TU Berlin 1998. FEISST, S.: H.C. und Arnold Schönberg. Eine unbekannte Freundschaft in AfMw 50 (1998), 57–71. SACHS, J.: H.C. Making a Musical World [in Vorbereitung].

Ulrich Kurth

Crawford Seeger, Ruth Porter

Geb. 3. 7. 1901 in East Liverpool (Ohio); gest. 18. 11. 1953 in Chevy Chase (Maryland)

Das Leben und Schaffen Cr.s spielte sich zwischen drei scheinbar gegensätzlichen Orientierungspunkten ab: 1. die kleinen, extrem avantgardistischen Zirkel junger Musiker in Chicago und später New York in den zwanziger und dreißiger Jahren, 2. das politische Engagement in der Zeit der Depression ab 1929 und des beginnenden »New Deal«, 3. das Sammeln, Auswerten und Herausgeben amerikanischer Volkslieder. Daß diese drei Bereiche aber sehr wohl etwas miteinander zu tun haben können – wenn auch nicht unproblematisch –, dafür ist Cr. ein gutes und durchaus nicht einzigartiges Beispiel.

Aus einer methodistischen Pfarrersfamilie stammend, entwickelte die Frühbegabte ein hohes Maß an Selbstdisziplin, Anspruch und Verantwortungsgefühl. Die Tätigkeit als Klavierlehrerin füllte sie nicht aus, so ging sie nach Chicago ans American Conservatory, wo Adolf Weidig, ein Rheinberger-Schüler, sie in Theorie und Komposition unterrichtete. Bald bekam sie Kontakt zu einem Neue-Musik-Zirkel um Cowell, Varèse und Chávez sowie zu fortschrittlichen Literaten wie

Carl Sandburg; Dane Rudhyar, einer der vielen für die amerikanische Musik so typischen, nicht einzuordnenden Außenseiter, führte sie in die Klangwelt des späten Skrjabin ein. Formale Strenge und bohrende Konsequenz in der Verfolgung einer einmal gefaßten kompositorischen Idee kennzeichnen bereits ihre frühen, meist kammermusikalischen Werke, so die *Nine Preludes* für Klavier (1924–28) und, daran anschließend, die *Piano Study in Mixed Accents* (1930).

Einen Rat von Cowell befolgend ging Cr. 1929 nach New York, wo sie sich dem Composers Collective anschloß; hier lernte sie auch den Komponisten und Musikwissenschaftler Charles Seeger (1886–1979), ihren späteren Ehemann, kennen, bei dem sie auch kurz Unterricht nahm. In dieser ersten New Yorker Zeit entstanden die *Three Songs* nach Texten von Sandburg für Alt und kleines Ensemble (1930–32), interessant nicht nur wegen des die Sprechstimme einbeziehenden vokalen Parts, sondern vor allem wegen der räumlichen Aufgliederung des Ensembles in drei deutlich separierte Einheiten.

Ein Guggenheim-Stipendium ermöglichte einen einjährigen Aufenthalt in Europa, wo sie in Paris Ravel traf, in Budapest den von ihr hochverehrten Bartók und in Wien Egon Wellesz, Hauer und vor allem Berg, dessen *Wozzeck* sie tief beeindruckte. In Europa entstand ihr konzentriertestes Werk, das *Streichquartett* (1931). Das Gegeneinander von Solo und Tutti beherrscht den ersten Satz, eine nicht abreißende, gleichwohl vom billigen Perpetuum-Mobile-Charakter weit entfernte Bewegungsstudie ist der zweite; der dritte bietet in liegenden Akkorden einen ›Kontrapunkt der Dynamik‹ der in dieser Hinsicht völlig unabhängig voneinander behandelten Stimmen; der vierte ist eine frühe serielle Studie zwischen 1. Violine wiederum als »Solo« und den sordinierten anderen Instrumenten, streng als Palindrom gebaut. Die kompromißlose Radikalität dieses nur zehn Minuten langen Werkes sucht in der Zeit ihresgleichen; es ist der wichtigste amerikanische Gattungsbeitrag zwischen Ives und Carter.

Während der »New Deal« eine neoromantische Strömung in der amerikanischen Musik – mit merkwürdigen Parallelen zum ›Sozialistischen Realismus‹ der Sowjetunion – begünstigte, wendete sich das Composers Collective, wo Eisler 1934 einen vielbeachteten Vortrag über »Die Krise der Neuen Musik« hielt, sozialen Fragen zu. Cr. komponierte *Two Ricercari* (1933) nach Texten von HT Tsiang (Pseudonym), die sie im »Daily Worker«, dem Organ der amerikanischen Kommunistischen Partei, gefunden hatte: »Sacco, Vanzetti« und »Chinaman, Laundryman« heißen die beiden Lieder – Gedenken an die 1927 unschuldig hingerichteten italo-amerikanischen Anarchisten das eine, sozialkritische Anklage das andere. Danach begann das Ehepaar Seeger, nun bei Washington D. C. ansässig, im Auftrag der Pan American Union Volksliedaufzeichnungen aus der Library of Congress zu transkribieren und zu edieren. Aber weder dieser Brotberuf noch die Erziehung der vier Kinder dürften allein dafür verantwortlich sein, daß Cr. praktisch zu komponieren aufhörte: es war wohl wesentlich die politische Überzeugung, daß jetzt anderes gefragt sei als künstlerische Avantgarde. Ein Neubeginn 1952 mit einer *Suite for Wind Quintet* bewegte sich auf gewohntem Niveau, doch verhinderte der frühe Tod die weitere Entfaltung dieser originellen Persönlichkeit.

Noten: Continuo Music Press (N.Y.); New Music (N.Y.).

Dokumente: American Folksongs for Children, Garden City (N.Y.) 1948. Animal Folksongs for Children, Garden City (N.Y.) 1950. American Folk Songs for Christmas, Garden City (N.Y.) 1953. Let's Build a Railroad, N.Y. 1954.

Literatur: GAUME, M.M.: R.Cr.S.: Her Life and Works, Ann Arbor 1974. NICHOLLS, D.: R.Cr.S.: an introduction *in* The Musical Times 124 (1983), 421–425. JEPSON, B.: R.Cr.S. Eine »Studie in gemischten Akzenten« *in* Neuland 4 (1983–84), 239–246. HENCK, H.: Materialien zur Arbeit von R. Cr., ebd., 247–249 [Bibl. und WV]. GAUME, M.M.: R.Cr.S. Memoirs, Memories, Music, Metuchen und Ldn. 1986. GROTJAHN, R.: R.Cr.S. *in* Amerikanische Musik seit Charles Ives, hrsg. von H. DANUSER u.a., Laaber 1987, 326–327. STRAUS, J.N.: The music of R.Cr.S., Cambridge 1995. TICK, J.: R.Cr.S. A Composer's Search for American Music, N.Y. und Oxford 1997. BAUER, M., GIDEON, M. und HISAMA, E.M.: Gendering Musical Modernism. The Music of R.Cr., Cambridge 2001.

Hartmut Lück

Crumb, George Henry

Geb. 24. 10. 1929 in Charleston (West Virginia)

In den USA gehört Cr. zu den bekanntesten zeitgenössischen Komponisten. Nicht zuletzt sein an Reminiszenzen mittelalterlicher Kunstauffassungen orientiertes, eine spezifische Transzendentalität nahelegendes ästhetisches Konzept führt dazu, daß ihm aus den verschiedensten Richtungen Anerkennung zuteil wird, sei es unter dem Schlagwort »Postmoderne« aus dem akademischen Umfeld, sei es aus dem Umfeld der Esoterik. Ein intellektueller Umgang mit musikalischem wie im weitesten Sinne semantisch besetztem außermusikalischem Material prägt Cr.s Kompositionen, das kompositorische ›Handwerk‹ steht im Dienste eines Spiels mit den semantischen Ebenen des Materials.

War Cr. zunächst – etwa in der *Sonata* für Violoncello (1955) – von einer auf Hindemith fußenden Kompositionsweise ausgegangen, entfaltete er im Laufe der sechziger Jahre ein neues ästhetisches Grundkonzept, das sich bis heute verfolgen läßt und das Cr. nicht nur in zyklisch angelegten Werkgruppen, sondern in einem ganzen Netzwerk von Beziehungsbildungen auf verschiedenen Ebenen innerhalb eines Werkes und darüber hinaus mit anderen über Jahre hinweg weiterentwickelte. Kompositorisch arbeitet Cr. mit einem – letztlich hierarchisch geordneten, aber nicht prozeßhaften – Netzwerk aus kleinen musikalischen Einheiten, die nach einem festgelegten Plan in ein mehrere strukturelle Ebenen umfassendes System eingepaßt werden. Dabei sind Zahlenverhältnisse und Symmetrien sowohl in der binnen- wie in der großformalen Gestaltbildung von tragender Bedeutung. Er selbst beschreibt sein Vorgehen mit dem Bild des Mosaiks, das – auch im Blick auf die Verwendung von musikalischen Zitaten – nicht zuletzt deshalb passend erscheint, weil hier die eigentliche Leistung des Künstlers im Plan zur Zusammenstellung von Materialpartikeln besteht, die nicht notwendigerweise von ihm geschaffen sein müssen.

Einer der zentralen Werkkomplexe, in dessen Umfeld diese Prinzipien von Cr.s kompositorischem Vorgehen kulminieren, ist *Makrokosmos I–IV*. *Makrokosmos I* und *II* für verstärktes Klavier (entstanden 1972-73, also noch vor Stockhausens »Tierkreis«-Stücken) sind Zyklen von zwölf Phantasie-Stücken nach dem Tierkreis, deren Hintergrund erklärtermaßen die Klavierzyklen Bachs und Bartóks sind. Jedem Stück ist ein Tierkreiszeichen zugeordnet, beide Zyklen bestehen aus drei Abschnitten zu je vier Stücken. Das jeweils letzte Stück eines Abschnitts trägt im Titel die Anmerkung »[Symbol]« und greift auf die Tradition der Figurennotation zurück, die sowohl für Gedichte als auch für die Musik aus dem 15. Jahrhundert bekannt ist, etwa in Form des Kreuzes, des Kreises oder der Spirale. Über »Twin Sun«, Nr. 4 aus *Makrokosmos II*, deren zweiter Teil überschrieben ist mit »Hymn of the Advent of the Star Child«, und über »Advent«, den dritten Satz aus *Music for a Summer Evening* für zwei Klaviere und zwei Schlagzeuger (*Makrokosmos III*, 1974) mit dem *Hymn for the Nativity of the Star Child*, läßt sich eine Linie verfolgen zu *Star-Child* (1977), einer großangelegten »Parabel für Sopran, antiphonischen Kinderchor, Männersprechchor und großes Orchester«, in der Anspielungen auf mittelalterliche Ideen besonders augenfällig sind. *Makrokosmos IV* (1979) für Klavier zu vier Händen trägt gar den programmatischen Titel *Celestial Mechanics* (»Himmelsmechanik«).

Cr.s ausgeprägtes Interesse an instrumentalen Klangmöglichkeiten vor allem des Klaviers, aber auch verschiedener kammermusikalischer Besetzungen führt ihn auch zur Verwendung ungewöhnlicher Spieltechniken und Instrumente (z. B. Glasharmonika in *Black Angels* für Streichquartett). Seine Experimentierfreudigkeit schließt szenische und räumliche Effekte ein, z. B. maskierte Spieler und eine detailliert geplante Bühnenbeleuchtung in *Vox Balaenae* (»Die Stimme des Wals«; 1971) oder genaue Angaben zur Aufstellung der Musiker in *Star-Child*. In den Werken seit den achtziger Jahren deutet sich eine allmähliche Rücknahme außermusikalischer Elemente und eine Vereinfachung an. Für diese Tendenz stehen Kompositionen für (mitunter verstärktes) Klavier (*A Little Suite for Christmas*, 1980; *Gnomic Variations*, 1981; *Processional*, 1983; *Mitternachtsmusik*, 2001; *Otherwordly Resonances* für zwei Klaviere, 2002) und kammermusikalische Besetzungen (*Quest* für Gitarre, Saxophon, Harfe, Kontrabaß und zwei Schlagzeuger, 1994; *Mundus canis [5 Humoresques]* für Gitarre und Schlagzeug, 1997). Diese Werke enthalten keine symbolischen Notationsformen mehr, und auch vokale Effekte von Instrumentalisten oder spezifische Modifikationen des Klavierklangs finden sich hier nicht mehr. Die elaborierte Symbolik der früheren Werke ist deutlich zurückgenommen. So heißt es etwa im Werkkommentar zu *A Haunted Landscape* (»Eine Geisterlandschaft«; 1984) ausdrücklich, der Titel sei »in keinem Sinne programmatisch« (Profile, 113). Das heißt jedoch nicht, daß Cr. von seinen außermusikalischen Implikationen abrückt, sondern eher, daß er sie auf eine grundsätzlichere Ebene zu heben sucht, die nicht mehr direkt wie vorher über symbolische Bindeglieder Eingang in die Komposition finden kann. Dies bestätigt Cr.s Programmnotiz zu *An Idyll for the Misbegotten* für Flöte und Trommeln (1985): »Flöte und Trommeln sind für mich (vielleicht durch die Assoziation zu alter Volksmusik) die Instrumente, die am stärksten die Stimme der Natur ausdrücken« (Programmnotiz in der Partitur). Natur und Volksmusik werden auch in C.s jüngstem Werk ... *Unto the Hills* (2002) für Folksänger, verstärktes Klavier und Schlagzeugquartett beschworen. Ob im Zuge dieser Entwicklung jedoch eine grundsätzliche Veränderung der Prinzipien von Zusammenhangbildung einhergeht, ist bis jetzt offen.

Noten: Peters (N. Y.).
Dokumente: Die Musik und ihre Zukunft *in* Amerikanische Musik seit Charles Ives, hrsg. von H. DANUSER u. a., Laaber 1987, 292–299. MILS, T. L.: A Conversation with G. Cr. *in* American Music Research Center Journal III (1993), 40–49. Interviews (1983, 1984 und 1998) [nur online] *in* Oral History American Music, Yale University (http://www.yale.edu/oham/) [9. 9. 2003]. WAGNER, Ch.: Ein Fernrohr der Geschichte. Ein Gespräch mit dem amerikanischen Komponisten G. Cr. *in* NZfM 160 (1999), 46–48.
Literatur: G. Cr. A Profile of a Composer, hrsg. von D. GILLESPIE, N. Y. 1985 [mit WV, Diskographie und Bibl.]. TERSE, P.: »Makrokosmos I« 12 Fantasiestücke über den Tierkreis für elektronisch verstärktes Klavier von G. Cr. *in* Amerikanische Musik ... (s. o.) WEBER, H.: G. Cr. Amplified Piano – Amplified Tradition *in* Das Projekt Moderne und die Postmoderne, hrsg. von W. GRUHN, Regensburg 1989, 197–210. BRUNS, S. M.: »In stilo Mahleriano«. Quotation and Illusion in the Music of G. Cr. *in* American Music Research Center Journal III (1993), S. 9–39. FRICKE, ST.: G. Cr.s musikalische Himmelsmechanik *in* NZfM 161 (2000), 34–37.

Dörte Schmidt

Dallapiccola, Luigi

Geb. 3. 2. 1904 in Pisino (Istrien);
gest. 19. 2. 1975 in Florenz

Nach unruhigen Kindheitsjahren, die durch das Erlebnis von Weltkrieg und Internierung (Graz 1917–18) geprägt waren, las der Gymnasiast 1921 zum ersten Male Schönbergs »Harmonielehre« und hörte 1924 als Florentiner Musikstudent dessen »Pierrot lunaire«. Schon damals, im ganz von Ildebrando Pizzetti beherrschten Florentiner Musikleben, fiel die entscheidende Weichenstellung im Leben des jungen Komponisten. Nach ersten Kompositionsversuchen Ende der zwanziger Jahre vollzog D. mit der *Partita* für Orchester (1930–32, mit Sopransolo) einen ersten Schritt zur Unabhängigkeit vom damals vorherrschenden Stil des Neoklassizismus. Eine erste Annäherung an die Zwölftontechnik erfolgte in den drei Teilen der *Michelangelo-Chöre* (1933–36), besonders deutlich im Passacaglia-Thema des *Coro degli Zitti* (Teil III). Sie setzte sich fort in D.s erstem Bühnenwerk, dem Operneinakter *Volo di notte* (Antoine de Saint-Exupéry; Florenz 1940), dem die *Tre Laudi* für hohe Stimme und Kammerorchester (1936–37) als Vorstudien vorausgingen. Charakteristisch für diese Schaffensphase war die »Koexistenz diatonischer und dodekaphoner Elemente« (Vlad, 10). Gegen Mussolinis Rassengesetze protestierte D. mit einem Werk von tiefer Religiosität: mit der *Preghiera di Maria Stuarda* (1938), die den Grundstein zu dem späteren dreiteiligen Chorwerk *Canti di prigionia* bildete. Textgrundlage sind die Gebete dreier zum Tode verurteilter Gefangener: Maria Stuart, Boethius, Savonarola. Auch hier ist das Nebeneinander von Zwölftonkonstellationen und streng diatonischem Material (Sequenz »Dies irae«) ein wichtiges Merkmal. Nach vorübergehender tonaler Episode (*Sonatina canonica* auf Themen Paganinis, 1942–43) gelangte D. mit dem dreiteiligen Zyklus der *Liriche greche* (1942–45, Übertragungen aus dem Altgriechischen von Salvatore Quasimodo) zu einer vollständigen Übernahme der Zwölftontechnik. Der dritte Teil, die *Carmina Alcaei* mit ihren strengen Kanonstrukturen und den von Bach entliehenen lateinischen Überschriften, ist dem Andenken Weberns gewidmet. – Die zeitgeschichtlichen Ereignisse des Zweiten Weltkriegs spiegelt das wohl bekannteste Werk D.s, der Operneinakter *Il Prigioniero* (1944–48, Florenz 1950). Aus der Lektüre von Philippe Villiers de l'Isle-Adams Erzählung »La Torture par espérance« und von Charles de Costers »Ulenspiegel« schöpfte der Komponist die Gestalt jenes namenlosen Gefangenen der spanischen Inquisition des 16. Jahrhunderts, der nach trügerischer Hoffnung auf baldige Freilassung schließlich auf dem Scheiterhaufen endete. Drei Zwölftonreihen (des Gebets, der Hoffnung, der Freiheit), denen leitthematische Funktion zufällt, sowie weitere Zwölftonkombinationen (darunter das später von Nono und Berio zitierte »Fratello«-Motiv) bilden die Grundlage dieser Partitur. Nach dem Vorbild Bergs wird mehrfach von geschlossenen musikalischen Formen Gebrauch gemacht (z. B. Szene III:

3 Ricercari). Konzertante (Turin 1949) und szenische Uraufführung (Florenz 1950) standen unter der Leitung von Hermann Scherchen, der sich auch in den folgenden Jahren nachdrücklich für das Schaffen D.s einsetzte. – Eine kritische Würdigung seiner Kompositionen durch René Leibowitz veranlaßte D., in den nun folgenden Jahren einige Strukturprobleme der Zwölftontechnik näher zu prüfen.

Mit der Sacra Rappresentazione *Job* (Rom 1950) entstand seine erste abendfüllende Komposition, die auf einer einzigen Zwölftonreihe basierte. Eine im Dezember 1951 in mühsamen Versuchen entwickelte Allintervallreihe gab das Startzeichen zur Komposition der *Canti di liberazione*, des seit langem geplanten, analog strukturierten Gegenstücks zu den *Canti di Prigionia*. Obwohl schon in Josef Rufers Buch »Die Komposition mit zwölf Tönen« (1952) eine kurze Skizze zu dem neuen Werk veröffentlicht wurde, entschloß sich D. zunächst zu einigen reihentechnischen Vorstudien, aus denen der Klavierzyklus *Quaderno musicale di Annalibera* (1952–53) hervorging. Eine erste Orchestrierung einiger Stücke fand als Musik zu Luigi Rognonis Dokumentarfilm »Il Cenacolo« Verwendung (1953, über Leonardos Abendmahl; komplette Orchesterfassung unter dem Titel *Variazioni* 1954). Zeitlich parallel wurden die *Canti di liberazione* beendet, die 1955 unter der Leitung Scherchens in Köln zur Uraufführung kamen. In der vollständigen Beherrschung und Durchdringung der Dodekaphonie, aber auch in seiner sehr persönlichen Aussage ist dieses Werk ein Höhepunkt im Schaffen des Komponisten. Bestimmte rhythmische Strukturen der Partitur sind ein Echo auf die seriellen Experimente der damaligen Avantgarde. Zitate des »Fratello«-Motivs schlagen eine Brücke zum *Prigioniero* und verleihen dem Wort »liberazione« eine versteckt religiös-weltanschauliche Bedeutung. Ein eindrucksvolles Zeugnis der Webern-Nachfolge D.s sind einige weitere Werke der fünfziger Jahre: die *Goethe-Lieder* (1953), die *Cinque canti* (1956) und das *Concerto per la notte di Natale dell'anno 1956* (1957).

Als »summa« seines gesamten Lebens bezeichnet D. sein letztes (und einziges abendfüllendes) Bühnenwerk: den *Ulisse* (Berlin 1968). Die Entstehung des Librettos fällt in die Jahre 1958–59; es schöpft aus den Quellen einer fast dreitausendjährigen Literaturgeschichte von Homer bis James Joyce. Richtungweisende Bedeutung kommt der Odysseus-Episode aus Dantes »Divina Commedia« zu (Inferno XXVI). Erste Kompositionsskizzen datieren vom Sommer 1960; als besonders wichtige Vorarbeit entstand 1962–63 das Orchesterwerk *Three Questions with Two Answers*. Die letzten Takte der *Ulisse*-Partitur wurden im April 1968 niedergeschrieben. Die Großform aus Prolog, zwei Akten und Epilog gliedert sich in insgesamt 13 Szenen, denen D. eine zentralsymmetrische Anlage gab. Im Mittelpunkt steht die große Hadesszene, die durch strenge Strukturierung nach Art Bachscher Spiegelfügen und durch kanonische Verdichtung des »ritmo principale« (»Hauptrhythmus«) besonderes Gewicht erhält. Materialgrundlage ist wiederum eine Zwölftonreihe, deren Varianten und Ableitungen auch hier in leitthematischer Funktion eingesetzt werden. Zu einer »summa vitae« wurde der *Ulisse* nicht zuletzt aufgrund eines dichten Netzes von musikalischen Selbstzitaten, das sich über die ganze Partitur breitet. Besondere Dichte erreicht dieses Netz im Epilog, wo die Erinnerungen des Odysseus an sein vergangenes Leben eine ganze Kette von Selbstzitaten auslösen.

Noten: Suvini Zerboni (Mailand).
Dokumente: Parole e musica [Gesamtausgabe der Schriften], hrsg. von F. Nicolodi, Mailand 1980. Fondo L. D. autografi, scritti a stampa, bibliografia critica, con un elenco dei correspondenti, hrsg. von M. de Santis, Florenz 1995. Ruffini, M.: L'opera di L. D. Catalogo Ragionato, Mailand 2002.
Literatur: Leibowitz, R.: L. D. in L'Arche 3 (Paris 1947). Vlad, R.: L. D., Mailand 1957. Kämper, D.: Gefangenschaft und Freiheit. Leben und Werk des Komponisten L. D., Köln 1984; ital. Florenz 1985 [mit WV und Bibl.]. Studi su L. D., hrsg. von A. Quattrocchi, Lucca 1993. Michel P.: L. D., Genf 1996. Fearn, R.: The music of L. D. Rochester (NY) 2003.

Dietrich Kämper

Dargomyžskij, Aleksandr Sergeevič

Geb. 2. (14.) 2. 1813 in Troickoe;
gest. 5. (17.) 1. 1860 in St. Petersburg

D. war Autodidakt. Seine einzigen systematischen Studien sind durch Glinka vermittelt, mit dem er Mitte der dreißiger Jahre Freundschaft schloß und der ihm fünf Hefte mit Kontrapunkt- und Generalbaßübungen überließ. Bis dahin hatte D. einige Romanzen und gefällige Klavierstücke geschrieben; nun begann er mit der Komposition der Oper *Esmeralda* nach Victor Hugos Roman »Notre Dame de Paris« (Moskau 1847). Das Werk hat sich nicht durchsetzen können. Nach einer Auslandsreise (1844–45), bei der er François-Joseph Fétis in Brüssel, Auber, Halévy und Meyerbeer in Paris kennenlernte, wandte sich D. – ähnlich wie Glinka nach seinem ersten Europa-Aufenthalt – russischen Sujets zu. In seiner zweiten Oper, *Rusalka* (nach Puškins gleichnamigem Drama, St. Petersburg 1856) bemühte sich D. um die »Entwicklung unserer dramatischen Elemente«, deren nationale Ausprägung er bei Glinka vermißte (Autobiographie, 41). – *Rusalka* ist einerseits eine herkömmliche Nummernoper mit großen Ensembles und Balletteinlagen im Stil der grand opéra, und in den folkloristisch inspirierten Chorszenen geht D. keinesfalls über Glinka hinaus; andererseits hat er mit der Müllerstochter Nataša erstmals eine zentrale tragisch-lyrische Frauengestalt geschaffen, die richtungsweisend wurde etwa für Liza in Čajkovskijs »Pique Dame« und Marfa in Rimskij-Korsakovs »Zarenbraut«. Auch die dramatischen Rezitative des wahnsinnigen Müllers haben die folgende Komponistengeneration geprägt (etwa den Meereskönig in Rimskij-Korsakovs »Sadko«).

Die stilistische Neuerung, die D. in der *Rusalka* angestrebt hat, ist in einigen Romanzen der fünfziger Jahre exemplarisch verwirklicht. Etwa *Mel' nik* (»Der Müller«), *Červjak* (»Der Wurm«) und *Tituljarnyj sovetnik* (»Der Titularrat«) sind kleine, komische Opernszenen, denen D. durch ganz schlichte Harmonik, sprachgebundene Melodik und eine Fülle von Ausdrucksbezeichnungen, Regieanweisungen gleichsam, satirische Schärfe verleiht. D. führt hier den einfachen, verachteten Menschen als neuen Helden in die Musikgeschichte ein und knüpft damit an den jungen literarischen Realismus Visarion Gr. Belinskijs, Nikolaj M. Dobroljubovs und Aleksandr Herzens an. Diese musikalischen Miniaturen haben insbesondere Musorgskij geprägt. – Mit der berühmt gewordenen Formel »Ich will, daß der Klang das Wort direkt ausdrückt, ich will Wahrheit« (Autobiographie, 55) machte D. eine ästhetische Position geltend, die neben Glinka bestehen konnte: eine Neukonzeption des Rezitativs, bei der sich die Melodik dem Text vollständig anpaßt, ohne an Expressivität zu verlieren. Im *Steinernen Gast* (nach Puškins gleichnamiger Tragödie, St. Petersburg 1872) hat D. dieses neue Wort-Ton-Verhältnis verwirklicht. Es gibt in dieser Oper keine Nummernaufteilung, keine Arien und Ensembles, vielmehr hat D. Puškins Text nahezu unverändert übernommen und als durchkomponiertes Rezitativ vertont. Eigenwillig ist auch die harmonische Sprache mit ausgedehnten Unisono-Partien, Orgelpunkten, ungewöhnlichen Dissonanzbildungen und dem ausgiebigen Gebrauch der Ganztonleiter als Leitmotiv des Komturs. D. ist über der Arbeit am *Steinernen Gast* gestorben; Cezar' Kjui und Rimskij-Korsakov haben die Oper vollendet. Diese »Opéra dialogué«, wie man den *Steinernen Gast* später nannte, hat das Wort-Ton-Verhältnis in der russischen Musik – von Musorgskij und Rimskij-Korsakov bis zu Rachmaninov, Prokóf'ev und Šostakovič – entscheidend geprägt.

Noten: D.: Polnoe sobranie romangov i pesen [Gesamtausg. der Romanzen und Lieder], hrsg. von M. PEKELIS, Moskau und Leningrad 1947. Polnoe sobranie vokal'nych ansamblej i chorov [Gesamtausg. der Vokalensembles und Chöre], hrsg. von DEMS., Moskau und Leningrad 1950. Sobranie sočinenij dlja fortepiano [Gesammelte Klavierwerke], hrsg. von DEMS., Moskau und Leningrad 1954. Soèinenija dlja simfoničeskogo orkestra [Werke für Symphonieorchester], hrsg. von DEMS., Moskau 1967.
Dokumente: Avtobiografija, pis'ma, vospominanija sovremennikov [Autobiographie, Briefe, Erinnerungen von Zeitgenossen], hrsg. von N. FINDEJZEN, Petrograd 1921.
Literatur: ABRAHAM, G.: Studies in Russian Music, Ldn. 1936; dt. Basel 1947. DERS.: On Russian Music, Ldn. ²1970. TARUSKIN, R. F.: Realism as Preached and Practiced the Russian Opera Dialogue *in* MQ 56 (1970), 431–454. STASOV, VL.: Stat'i o muzyke [Aufsätze zur Musik], 6 Bde., Moskau 1974–1980. BAKER, J.: D., Realism and The Stone Guest *in* The Music Review 37 (1976), 193–208. TARUSKIN, R.: Opera and Drama in Russia as Preached and Practised in the 1860s, Ann Arbor 1981. NEEF, S.: Hdb. der russischen und sowjetischen Oper, Bln. 1985, ²1988. MEDVEDEVA, I.: A. S. D., Moskau 1989. DISSINGER, B.: Die Opern von Al. D., Ffm. 2001.

Dorothea Redepenning

Davies, Peter Maxwell
Geb. 8. 9. 1934 in Manchester

Als P. M. D.' kompositorische Laufbahn Mitte der fünfziger Jahre begann, hatte sich in Mitteleuropa die Musik Stockhausens, Nonos und Boulez' an den Zentren der Neuen Musik durchgesetzt. Großbritannien blieb zunächst noch unberührt vom Aufbruch der Avantgarde in Deutschland und Frankreich. Mit Birtwistle und Alexander Goehr gehörte D. zur ersten englischen Komponistengeneration, die sich von den Entwicklungen der seriellen Musik, wie sie Boulez und Stockhausen als selbsternannte Erben Weberns vertraten, nachdrücklich beeinflussen ließ. Dabei leiteten sie aber die Grundlagen des strengen Komponierens (in Reihen oder reihenähnlich) eher aus der alten kontrapunktischen Musik ab als aus der Weberns. Der Rückbezug auf die Tradition war besonders für D. immer eines der entscheidenden Momente seines kompositorischen Handwerks. Auch schienen für ihn die Wurzeln der Moderne (etwa im Expressionismus) mit ihrer offenen Suche nach neuen Ausdrucksformen weitaus wichtiger zu sein als regelhaftes Komponieren.

Schon die erste Komposition des gerade Neunzehnjährigen, die Sonata für Trompete und Klavier (1955), zeigte Züge von Messiaen und Boulez, hielt aber in der formalen Anlage am klassischen Muster der Sonatenform fest. Zwei Jahre später griff D. für sein Bläsersextett Alma redemptoris mater (1957) erstmals auf mittelalterliche Vorlagen (eine gregorianische Antiphon) zurück. Seitdem blieb der Bezug zur alten Musik für ihn bestimmend. 1957 bewarb D. sich für ein Stipendium in Rom, um bei Goffredo Petrassi zu studieren. Die italienische Kantabilität und die spezielle Art der Kontrapunktik eines Maderna und eines Nono lagen ihm näher als die mitteleuropäische Strenge der seriellen Musik. In Italien schrieb er sein erstes Orchesterwerk Prolation (1958), das mittelalterliche Kompositionstechniken aufgriff und von derart innovativer Kraft war, daß es sogleich mit dem Olivetti-Preis (1959) prämiiert wurde. Auf die römischen Studien dürften auch die Five Motets (1959) zurückgehen, in denen D. Cori-spezzati-Effekte (→G. Gabrieli) verwendete, wie sie in der Musik der Renaissance, aber auch der Musik Nonos zu finden waren.

Nach seiner Rückkehr nach England wurde er Musiklehrer an der Cirencester Grammar School (1959–1962), wo sofort sein Talent als Pädagoge offensichtlich wurde, auch in kompositorischer Hinsicht. Für Schulaufführungen entstanden zahlreiche Stücke und Bearbeitungen. D. erlernte ein Handwerk, das nur wenige seiner Zeitgenossen beherrschten: das Komponieren für Kinder, Jugendliche und für Laien. Wiederum war es die alte Musik, die den Schlüssel zu einer adäquaten und künstlerisch kompromißlosen Musik der Einfachheit anbot. Es entstanden Byrd-Bearbeitungen (Three Dances, 1959) und Five Voluntaries für Schulorchester (nach Jermiah Clarke, Couperin und anderen; 1960), aber auch die Five Klee Pictures (1957/1976), die alle seine kompositorischen Erfahrungen wie im Mikrokosmos spiegeln. Im Keim enthält dieses Stück – wie auch die beiden Taverner-Fantasien (1962 und 1964) – Momente der Musik Mahlers und Sibelius', die dann in den achtziger Jahren für sein eigenes Schaffen immer wichtiger werden sollten.

1962 bis 1964 unterzog D. sich nochmals einem Studium an der Princeton University, wo Sessions sein Mentor wurde. 1967 gründete er – zusammen mit Birtwistle und Alexander Goehr – das Ensemble Pierrot Players, das nach seiner Umbenennung 1970 in The Fires of London sich vorwiegend der Interpretation seiner eigenen Musik widmete. Die ersten für dieses Ensemble geschriebenen Werke offenbaren bei erneutem Rückgriff auf alte Musik einen parodistisch humorvollen Stil; so in der Missa super l'homme armé (1968) oder in dem Musiktheaterstück Eight Songs for a Mad King (1969), in dessen Mittelpunkt ein skurriler Gesangsmonolog George III. steht. 1970 entstand seine erste Oper Taverner (London 1972), die nicht zufällig die Gestalt des Komponisten John Taverner aus dem 16. Jahrhundert in den Mittelpunkt stellte, eines Ketzers, den D. mit Faustischem Charakter ausstattete.

1970 zog sich D. vom Londoner Musikleben zurück und ging auf die Orkney-Inseln, um sich ganz aufs Komponieren zu konzentrieren. Dort gründete er 1977 das St. Magnus Festival. Die ersten von der Kultur und der Geschichte der Orkneys beeinflußten Stücke wie From Stone to Thorne (1971), die Hymn to St. Magnus (1972) oder die Stone Litany (1973) zeigen einen neuen kompositorischen Weg für D. auf, der beim gregorianischen Gesang ansetzt und die verlorene, rauhe, mittelalterliche Musik der Orkneys imaginativ wiederzuerwecken sucht. Mit der Kammeroper The Martyrdom of Saint Magnus (Orkney 1977) und dem Chorwerk Westerlings (1977) festigt sich sein ›Orkney-Stil‹: Für das Festival schrieb D. auch zahlreiche Kompositionen für Kinder und Stücke für Laienensembles. Während der Orkney-Phase entstand dann auch das kunstvolle Kammermusikwerk Ave Maris Stella, das sich mit Beethovens späten Streichquartetten in eigenwilliger Form auseinandersetzt und zu den Meisterwerken D.' gehört. Ebenso entstanden zwei

Sinfonien (1976 und 1980), die einerseits an die frühen sechziger Jahre anknüpfen, aber auch die sinfonische Tradition des 19. Jahrhunderts (Sibelius) nicht verleugnen. Seit Mitte der achtziger Jahre trat dann das Orchester in den Mittelpunkt seines Schaffens. So entstanden, neben kürzeren einsätzigen Orchesterwerken, zwischen 1984 und 2000 sechs Sinfonien (Nr. 3, 1984; Nr. 4, 1989; Nr. 5, 1995; Nr. 6, 1996; Nr. 7, 2000; Nr. 8, 2000). Nachdem er zum Leiter des Scottish Chamber Orchestra berufen wurde, faßte er den Plan, für jedes der Orchesterinstrumente ein Solokonzert zu schreiben (*Strathclyde-Concerts Nr. 1–10*, 1987–1996).

D. komponierte auch für die Bühne, darunter die Kammeroper *The Lighthouse* (P.M. D.; Edingburgh 1980), die abendfüllende Oper *The Doctor of Myddfai* (David Pountrey; Cardiff 1996) und Bühnenwerke für Kinder (*Cinderella*, 1980; *Dinosaur at Large*, 1989).

Als Komponist dürfte D. zu den größten Erziehern der zeitgenössischen Musik in England gehören, jedoch hat er sich fast mit jedem Stück über ›pädagogische Musik‹ erhoben.

Noten: Schott (Ldn.); Boosey & Hawkes (Ldn.); Chester (Ldn.).
Dokumente: An Introduction to Indian Music, Diss. Univ. of Manchester 1956. Studies from Two Decades, hrsg. von St. Pruslin, Ldn. 1979.
Bibliographie: P.M. D. A Source Book, hrsg. von St. R. Craggs, Aldershot 2002 [mit Diskographie und Bibl.].
Literatur: Pruslin, St.: Unter nördlichem Himmel in Die Zeichen, hrsg. von H.W. Henze, Ffm. 1981. Griffiths, P.: P.M. D., Ldn. 1982. P.M. D., hrsg. von R. Jeutner, Bonn 1983 [mit WV]. Warnaby, J.S.: The Music of Sir P.M. D. Based on Writings of George Mackay Brown, Open Univ. 1990. Seabrook, M.: Max. The Life and Music of P.M. D., Ldn. 1994. Perspectives on P.M. D., hrsg. von R. MacGregor, Aldershot 2000. Cragger, St.R.: P.M. D. A Source Book, Aldershot 2002.

Friedrich Spangemacher

Debussy, Claude Achille

Geb. 22. 8. 1862 in Saint-Germain-en-Laye (Dépt. Yvelines); gest. am 25. 3. 1918 in Paris

D. fand zu Beginn der neunziger Jahre seinen eigenen Stil, für den es in der Vergangenheit keine direkten Vorbilder gab. Gleichermaßen kämpfte er als Schüler gegen das erstarrte Regelsystem des Pariser Conservatoire an, wo Wagners Neuerungen noch lange nicht akzeptiert waren, und gegen Wagner selbst, dessen Dominanz ihn an der freien Entfaltung seiner künstlerischen Persönlichkeit zu hindern drohte. Dennoch fand er gerade bei dem Bayreuther Meister Anregungen für sein eigenes Schaffen, z. B. die Klangflächenkomposition zu Beginn des »Rheingold«: Der Es-dur-Akkord ist ein schönes, sich selbst genügendes Objekt, das langsam seine Intensität und Farbe verändert. D. realisiert darin endgültig die Emanzipation der Klangfarbe, die früher eher der Verdeutlichung melodischer Linien und thematischer Prozesse diente.

D.s Ästhetik wurde gleichwohl eher von Dichtern und Schriftstellern als von Musikern beeinflußt. Charles Baudelaire hatte schon 1855 erklärt, daß das Schöne immer bizarr sei, und riet seinen Zeitgenossen, sich vom italienischen und pariserischen Klassizismus abzuwenden. Paul Verlaine hatte sich in seinem Gedichtzyklus »Fêtes galantes« von 1869 ähnlich geäußert: Das Seltene ist das Gute. Stéphane Mallarmé charakterisierte 1891 die neuen Tendenzen in der Dichtung mit dem Hinweis, daß es nicht darum gehe, die Dinge deutlich auszusprechen – sie nur zu suggerieren, darin bestehe das Geheimnis, überall gebe es poetische Rhythmen, nicht nur im klassischen Alexandriner, sondern auch in der Prosa, allerdings nicht in den Zeitungen. Von allen drei Dichtern hat D. Texte vertont (*Cinq Poèmes de Baudelaire*, 1887–89, *Fêtes galantes I* und *II*, 1892 bzw. 1904, *Trois poèmes de Mallarmé*, 1913), und zwar auf kongeniale Weise. Er schuf damit einen neuen Liedtypus, der sich weder von der deutschen Tradition Schuberts und Schumanns, noch von der französischen Romance oder Faurés »mélodie« herleiten läßt. D.s Kompositionen brechen trotz ihrer Eleganz und Diskretion endgültig mit dem Ton gehobener Unterhaltung in den vornehmen Salons. Die Singstimme deklamiert den Text ohne einprägsame Melodien, und der Klaviersatz ist von konventionellen Begleitfiguren gereinigt, da er meist in mehreren Schichten angelegt ist.

Die Pariser Weltausstellung von 1889 war für D. eine Offenbarung. Dort hörte er zum erstenmal Musik von den Rändern Europas (Spanien und Rußland) und aus dem Fernen Osten (Indonesien, Indochina und Japan). Spontan verwendete D. exotische Elemente, ohne sich um die theoretischen Grundlagen jener Musik zu kümmern. Indem er sie in sein Idiom aufnahm, verwandelte er seine Musik zu einer Weltsprache. Vorsichtiges und intuitives Suchen blieb D. auch in seinen reifen Jahren erhalten. Darin unterscheidet er sich von Ravel, der mit weit größerer Sicherheit schon früh seinen eigenen Stil gefunden hat.

Das *Streichquartett* von 1893 folgt noch weitgehend klassischen Regeln. Ein zyklisches Thema durchzieht alle vier Sätze, allerdings nicht mit derselben Insistenz wie in Francks »Symphonie d-moll«, es erklingt nur hie und da in verwandelter Form als flüchtige Erinnerung. Das Scherzo gleicht einem andalusischen Tanz, und seine Tonart g-moll erfährt viele Färbungen durch Nebentöne, wie sie die deutsche Klassik und Romantik nicht kannten, sie stammen vielmehr aus älteren Schichten der Musik, aus der Volksmusik Rußlands und Spaniens sowie aus dem Mittelalter. Eine solch modal gefärbte Harmonik, die sich ebenso vom Ton des Salons wie von der Chromatik des »Tristan« fernhält, prägt auch die *Suite bergamasque* für Klavier (1890) mit dem bekannten *Clair de lune* und verbindet sich mit einer neuen spielerischen, geradezu distanzierten Haltung in der Suite *Pour le piano* (1894–1901), deren Sätze *Prélude*, *Sarabande* und *Toccata* sich – wie die der *Suite bergamasque* – der Cembalomusik des 18. Jahrhunderts nähern, ohne sie im neoklassischen Sinne zu parodieren. In dieser neuen, modalen Art von Tonalität ist die Zielstrebigkeit der Klangfolgen aufgegeben und der Unterschied zwischen Konsonanz und Dissonanz nivelliert.

Von klassischen Vorbildern vollständig unberührt ist das *Prélude à l'après-midi d'un Faune* (»Präludium zum Nachmittag eines Fauns«; 1894), das sich auf Mallarmés Ekloge »L'après-midi d'un Faune« bezieht, seine Vorlage aber – anders als Liszts Symphonischen Dichtungen – nicht überhöhen will. Mallarmés Gedicht handelt von einem Faun, der sich in der sizilianischen Mittagshitze erotischen Träumen hingibt. Ob sein Begehren, das den Najaden gilt, Erfüllung findet, bleibt ungewiß. Ungewißheit herrscht auch in der Musik: Die Flötenmelodie des Anfangs schwebt so frei im Raum, daß ihre Verbindung mit einem Orchester kaum vorstellbar scheint. Und doch gelingt es D., durch Licht und Schatten der Instrumentation, durch zarte Spannungen und Lösungen einen ständig oszillierenden Hintergrund zu schaffen, vor dem sich die Melodik des Fauns in den Holzbläsern frei entfalten kann. Es sind kurze, in sich kreisende Melismen. Höhepunkte wirken nur wie ein kurzes Aufatmen und nicht als grandiose Akzente. Zum erstenmal in der Musikgeschichte wird der Klangapparat Orchester in seinen stereophonischen Eigenschaften erkannt. Das versenkte Orchester im Bayreuther Festspielhaus, das D. besucht hatte, konnte als Vorbild dienen, doch sind D.s Mittel viel bescheidener, und die Streicher sind nicht mehr vorherrschend. Die einzige Stelle, wo sie thematisch hervortreten, um die dynamische Klimax des Stückes zu bilden, ist denn auch die konventionellste, im übrigen aber ergehen sich die Instrumente in vagen Rhythmen, so daß ein Schweben und Gleiten über kaum wiedererkennbaren Gliederungspunkten entsteht. Das herkömmliche Formparadigma der Architektur wird durch das des Geflechts ersetzt. Dennoch zerfließt das Werk am Schluß nicht ins Ungewisse, sondern schließt nach einer genau ausgehörten Reduktion der Klangstärke leise, aber bestimmt mit einem letzten Pizzicato. *Prélude à l'après-midi d'un Faune* ist Inbegriff einer befreiten Musik geworden.

Am Atmosphärischen als ästhetischer Kategorie ist auch das Triptychon *Nocturnes* (1897–99) orientiert. *Nuages* (»Wolken«) ist eine Art Grisaille-Malerei, wie sie James Whistler von Stimmungen über der Themse gemalt hat. D. kannte ihn persönlich aus Mallarmés Salon, den er regelmäßig an den berühmten Dienstagen aufsuchte, um die geistige Elite von Paris zu treffen. Schon Verlaine hatte in seinem Gedicht »L'Art poétique« (»Die Dichtkunst«) erklärt, nicht die Farbe, sondern die Nuance sei das erstrebenswerte Ziel. Deshalb vermeidet D. laute Kontraste und realisiert eine Musik, die von der Flüchtigkeit japanischer Tuschzeichnungen inspiriert scheint. Der Musiker D. beneidete die Maler, da auch ihre Skizzen ästhetisch und pekuniär geschätzt würden. Skizzenhaft ist seine Musik bei aller Präzision, wie man es früher nie gewohnt war. *Fêtes* (»Feste«), das zweite Stück, evoziert das Durcheinander von Blasmusik aus verschiedenen Richtungen in einem nächtlichen Park, deren Klänge sich in den Bäumen verfangen und bald mehr, bald weniger deutlich zu hören sind. Ähnliches war man in der Opernmusik, zum Beispiel in Wagners »Lohengrin«, gewohnt, doch nirgends vor Ives wurde dieses Verfahren so weit getrieben wie hier. In *Sirènes*, dem dritten Stück, zieht D. einen Vokalisen singenden Frauenchor hinzu. Mit ihnen kontrastieren aber nicht – wie bei Homer – die Qualen des Odysseus, der an den Mastbaum seines Schiffes gefesselt ist. Die Natur bleibt mit sich allein; die Sirenen singen ihre Gesänge glücklich und melancholisch-selbstvergessen in die Weiten des Meeres hinaus. Auch darin unterscheidet sich D. von Liszt, dessen »Berg-Symphonie«, nach einem Gedicht von Victor Hugo die unglückliche Menschheit vor dem Schauspiel der erhabenen Natur schildert. D. findet sein Gegenstück eher in den Seerosenbildern von Claude Monet, auf denen fast immer die menschliche Gestalt ausgespart ist. Natur ist nicht mehr – wie seit Petrarcas Zeiten – Spiegel des menschlichen Innenlebens, sondern genügt sich selbst als das Andere.

An der Oper *Pelléas et Mélisande* hat D. sehr lange, von 1893 bis 1902 gearbeitet. Sie ist für viele sein Hauptwerk geblieben. Zum erstenmal in der französischen Musikgeschichte verwendet ein Komponist den Text eines Sprechstückes, hier von Maurice Maeterlinck, das nicht im entferntesten dazu bestimmt war, in Musik gesetzt zu werden. D. nahm nur leichte Kürzungen vor. Daß er die beiden Szenen mit den Dienerinnen strich und damit das gewöhnliche Volk ausschloß, macht die Handlung noch erdenferner, als sie schon ist. Allemonde heißt das Land, in dem sie spielt. Man darf dahinter das lateinische alter mundus, eine andere Welt, vermuten oder Allemagne (»Deutschland«), seit Madame de Staël das Land der Poesie und des Traumes. In *Pelléas et Mélisande* befinden wir uns in einem Schloß, umgeben von Wald und Meer, in dem sich die kindliche, halb unbewußt erlebte Liebesgeschichte abspielt. Maeterlincks Sprache ist spröde und scheint alltäglich, doch auch hinter den einfachsten Worten werden Andeutungen hörbar, wie sie Mallarmé von der Dichtung gefordert hat. Die Musik übersteigert deren Wirkung nie. Wenn Mélisande den Ring, den ihr Golaud, ihr Gatte, geschenkt hat, in den Brunnen fallen läßt, ertönt nur eine kurze Arabeske der Celesta, obwohl dieser Vorgang doch nichts Geringeres als ihre Bereitschaft zum Ehebruch symbolisiert. Im vierten Akt gestehen sich Pelléas und Mélisande endlich ihre Liebe: »Je t'aime« (»Ich liebe dich«) singt er mit kurzen, hastigen Worten und sie antwortet in tiefer Lage, halb geflüstert: »Je t'aime aussi« (»Ich liebe dich auch«). Auch ihr Tod verführt D. nicht zu pathetischen Tönen: Die Musik versinkt in amorphe Geräusche, eine Glocke schlägt zwölfmal, und die Dienerinnen, ihr einziger, aber stummer Auftritt, fallen in die Knie. Arkel, der alte König, singt nur leise: »Elles ont raison« (»Sie haben recht«). Weder weiß Golaud, ob er von den beiden Liebenden je wirklich betrogen worden ist, noch ist sich Mélisande über ihren Zustand im klaren. Ihre Kommunikation mit den Mitmenschen bricht allmählich ab: »Ich begreife auch nicht, was ich sage, seht doch ... Ich weiß nicht, was ich sage ... Ich weiß nicht, was ich weiß ... Ich sage nicht mehr, was ich will ...« Diese Genauigkeit beim Fast-nicht-mehr-reden-Können, dieser Gang in ganz kleinen Schritten hin zum endgültigen Schweigen deutet schon voraus auf Samuel Beckett. *Pelléas et Mélisande* ist ein Endspiel und beweist darin seine ungebrochene Modernität, die einst D. fasziniert hat und auch heute den Opernbesucher ergreift. Die Musik verzichtet auf langwierige Ausdeutungen des Textes; ein einziger Akkord kann genügen, um den Zauber der Nacht auszudrücken. Leitmotive, die an Wagners Musikdramen erinnern könnten, kommen zwar vor; sie bilden aber kein kohärentes System und stehen in keinem spannungsvollen Kontext aus symphonischer Entwicklungen. Das recht große Orchester ist oft in kleine Partikel aufgesplittert, es dominiert fast nie. D. blieb zeit seines Lebens, trotz seiner Abneigung gegen Wagner, ein Bewunderer des »Parsifal«. Vor allem das Vorspiel zu dessen drittem Aufzug fand seine Zustimmung, weil dort, um Parsifals Irrfahrt zu schildern, der reine Streicherklang zum ersten Mal ohne festen tonalen oder rhythmischen Halt in Erscheinung tritt. Etwas Ähnliches suchte er im *Pelléas* zu realisieren. Maeterlincks Drama garantierte ihm gerade so viel atmosphärische Dichte, daß die Musik über Andeutungen und Pausen hinweg traumwandlerisch ihren Weg finden konnte. Wie Maurice Emmanuel berichtet, erklärte schon der junge D. seinem Lehrer Ernest Guiraud, daß er nach einem Text suche, der die Dinge nur halb sage und ihm erlaube, seinen eigenen Traum auf den des Dichters aufzupfropfen. Im *Pelléas* sind wir deshalb scheinbar weit weg von Wagner, doch D. glaubt im Grunde an dieselbe Klangmagie wie sein Widerpart, den er attackiert und doch verehrt hat. Leider fand er später nie mehr einen Text von derselben Qualität. Unzählige Versuche, ein dem *Pelléas* ebenbürtiges Bühnenwerk zu schaffen, scheiterten an der Unzulänglichkeit des Librettos. *La Chûte de la maison Usher* (»Der Fall des Hauses Usher«) nach Edgar A. Poe ist Fragment geblieben (1908–17), weil sich D. als sein eigener Textdichter in Schwierigkeiten verstrickte, die er nicht lösen konnte. Die rein erzählenden Partien stehen beziehungslos zum Ganzen, statt sich mit der Handlung eng zu verbinden. Neben

Fauré mit »Pénélope« fand erst Ravel mit »L'Heure espagnole« (»Die spanische Stunde«) wieder einen Text – auch er ein Sprechdrama (von Franc-Nohain) –, der zum mindesten ein einaktiges Stück von einer überzeugenden Kohärenz garantierte. D. war kein zweiter Erfolg wie der des *Pelléas* beschieden.

Zu D.s bekanntesten Werken gehören neben der Oper die drei symphonischen Skizzen *La Mer* (1903–1905). Der Untertitel *Trois esquisses symphoniques* kommt abermals auf die Metapher der Skizze zurück und deutet eine Zurücknahme der großen Bedeutung an, die man symphonischen Werken sonst zumißt. In den drei Sätzen mit den Titeln *De l'aube à midi sur la mer* (»Von der Morgendämmerung bis zum Mittag auf dem Meer«), *Jeux de vagues* (»Spiele der Wellen«) und *Dialogue du vent et de la mer* (»Dialog zwischen dem Wind und dem Meer«) setzt sich die Tendenz des D.schen Orchestersatzes fort, den Hintergrund auf Kosten der Melodien aufzuwerten. Vor allem die Einleitungen zum ersten und dritten Satz sind durch den großen Geräuschanteil des Klanges so modern, als sei diese Musik nach dem Zweiten Weltkrieg komponiert. Der Höreindruck ändert sich erst mit dem Einsatz der Hauptthemen in den Bläsern, doch kommen diese wie von ferne, durch ein dichtes Gewebe sehr bewegter, aber absichtlich undeutlicher Stimmen hindurch. Was früher Nebensache war, wird nun Hauptsache. Dabei handelt es sich um mehr als dekorative Koloristik. Vielmehr liegt dieser Schreibweise ein ganz anderes Konzept zugrunde, als es in der deutschen Musik, vor allem der Schönberg-Schule, wichtig wurde, wo nichts mehr nebensächlich sein durfte und daher tendenziell alles thematische Bedeutsamkeit erlangte. Das mittlere Stück aus *La Mer* zeigt diese Technik am deutlichsten, da weit ausgreifende Hauptthemen fehlen und dafür der ganze Satz in kurze Fragmente zu zerfallen scheint. Die Logik des Satzes ist in den Klang selbst verlagert, der nicht mehr für ein Anderes, etwa einen thematischen Gedanken steht.

Im Klavierstil des reifen D. verbinden sich visionäre Kraft mit kompositorischer Konstruktivität. In scheinbarem Widerspruch dazu stehen die poetischen Titel, die aber nicht auf genrehafte Abbildung zielen, sondern »auf den geheimnisvollen Entsprechungen zwischen Natur und Phantasie beruhen« (Monsieur Croche, 58) Die *Estampes* (»Drucke«) von 1903 erweitern die Klangpalette von D.s Klaviersatz um neue Farben: *Pagodes* fängt den Schlagzeugklang fernöstlicher Gamelan-Orchester in einer rhythmischen Mehrschichtigkeit pentatonischer Formeln ein; in *La Soirée dans Grenade* (»Der Abend in Granada«) erklingen andalusische Rhythmen und Melodiefloskeln, als ob sie gleichzeitig aus verschiedenen Richtungen kamen, und *Jardins dans la Pluie* (»Garten im Regen«) nimmt – unter Verwendung zweier französischer Kinderlieder – vermittelt in dem bekannten Toccatentyp zwischen Motorik und Arabeske. In den *Images* (I, 1905; II, 1907), deren Titel ebenfalls auf visuelle Eindrücke verweist, nähert sich D. mit Stücken wie *Reflets dans l'eau* (»Reflexe im Wasser«) Lichtwirkungen impressionistischer Malerei, während *Mouvement* zum abstrakten Linienspiel des Toccatatypus zurückkehrt und *Cloches à travers les feuilles* (»Glocken durch Blätter hindurch«) durch Mehrschichtigkeit wiederum Raumwirkungen erzielt. Nach dem liebenswürdigen Intermezzo von *Children's Corner* (1908), in dessen Schlußstück *Golliwogg's Cake-Walk* D. den »Tristian«-Akkord mit Jazz-Elementen konfrontiert, bilden die 24 *Préludes* für Klavier (I, 1910; II, 1913) zwar keinen Zyklus, aber doch eine Summe der musikalischen Charaktere und Stile D.s. Sie reichen von der schlichten Miniatur *La fille aux cheveux de line* (»Das Mädchen mit den Flachshaaren«) bis zum Bravourstück *Feux d'artifice* (»Feuerwerk«), evozieren verschiedene Weltgegenden, von den fernöstlichen Tonleitern in *Voiles* (»Schleier«) zur herben Monumentalität von *La Cathédrale engloutie* (»Die versunkene Kathedrale«), deren Klaviersatz an den Schluß von Musorgskijs »Bilder einer Ausstellung« anknüpft, das groteske *Minstrels* macht Anleihen bei der Musik der Schwarzen Nordamerikas, *Hommage à S. Pickwick Esq. P.P.M.P.C.* ist eine Parodie auf die englische Nationalhymne. So schreiten die *Préludes* – in der Rückschau auf Bachs »Wohltemperiertes Clavier« und Chopins »Préludes« – einen musikalischen Kosmos aus. Auch die *Images* (»Bilder«) für Orchester (1905–1912) beweisen den kosmopolitischen Charakter von D.s Musik: *Gigues* ist irisch, *Ibéria* spanisch und *Rondes de Printemps* italienisch gefärbt. Im Gegensatz zu Schönberg, der die Tendenz zur Atonalität, wie sie sich in Wagners »Tristan« zum ersten Mal abzeichnete, zu Ende gedacht hat, bleibt D. pluralistisch und wird damit zum Begründer einer ganz anders gearteten Modernität, die sich bei de Falla, bei Bartók und anderen Komponisten Osteuropas Fortsetzung fand.

Das Spätwerk blieb lange in seiner Bedeutung unterschätzt. Die Schauspielmusik zu Gabriele d'Annunzios Mysterium »Le Martyre de Saint Sébastien« wurde bei der Uraufführung (Paris 1911) von den Textmassen erdrückt. D. dachte deshalb an eine Erweiterung der Musik zu einer Oper, die er nicht mehr vollenden konnte. Heute werden die Fragmente mit kurzem verbindenden Text, den ein Sprecher vorträgt, in der Art eines Oratoriums gegeben. Der Anfang mit seinen parallel geführten Akkorden verweist auf frühe Mehrstimmigkeit, der ein Abschnitt mit der Klangfläche aus einer japanischen Tonleiter folgt. Der zweite Teil, überschrieben mit *La Chambre magique* (»Das magische Zimmer«), nimmt Tendenzen der jüngsten französischen Spektralmusik (→Grisey, Murail) voraus; der meist statische Akkord bezieht eine große Zahl von ›natürlichen‹ Teiltönen des Klanges ein, der zu irisieren beginnt. Im fünften Teil nähert sich D. in freier Weise der Renaissance-Musik, wie das schon Wagner im »Parsifal« und vor ihm Liszt in der »Dante-Symphonie« getan haben. Das Ballett *Jeux* (»Spiele«; Paris 1913) stand lange im Schatten von Stravinskys »Le sacre du printemps«. Indes ist seine Musik bedeutend durch das assoziative Spiel mit kleinen Zellen weniger Intervalle, die in mannigfachen Brechungen der Klangfarben Einheit stiften, und durch seine Formkonzeption wellenförmiger Steigerung. Im pianistischen Spätwerk, durch *Six épigraphes antiques* zu vier Händen (1914), *En blanc et noir* (»In Schwarz und Weiß«) für zwei Klaviere und die zwölf *Études pour le piano* (beide 1915) repräsentiert, löst das Komponieren mit Intervallen die Musik aus den Fesseln der Tonalität, der Verzicht auf gefällige oder auch auffällige Wendungen in Melodie und Harmonie läßt sie geradezu karg erscheinen, ihr Verlauf wirkt diskontinuierlich – deutliche Momente des Spätwerks. Die zwölf *Études pour le piano* (1915) sind »Chopin gewidmet«, dessen Stil D. noch beträchtlich erweitert. Nicht nur Stücke zum Studium des Spiels in parallelen Terzen oder Sexten kommen vor, sondern auch die Quarten bilden Bausteine von Akkorden, wie sie das 19. Jahrhundert nicht kannte. Damit wurde D. für Bartóks »Mikrokosmos« wegweisend, dessen Stücke oft auch Studien über einzelne Intervalle darstellen, wie sie der Interpret moderner Musik im traditionellen Repertoire nicht findet, heute aber häufig auftreten. D.s erste Etüde scheint allerdings zuerst einen Rückschritt anzudeuten; denn ihr Titel heißt *Pour les »cinq doigts« d'après Mr. Czerny* (»Für die fünf Finger nach Herrn Czerny«). Sie versucht ohne Daumenuntersatz auszukommen und erweist sich gerade in dieser Beschränkung als sehr avanciert, hat doch Stravinsky in seinen Klavierstücken »Les cinq doigts« einen ähnlichen Weg eingeschlagen. Aber Stravinsky komponierte dort ganz bewußt für Kinder, während D. ein ironisches Spiel mit der musikalischen Primitivität des Pädagogen Carl Czerny treibt. So paart sich im Spätstil Reduktion mit ironischer Distanz.

D. hatte noch die Absicht, sechs Sonaten für verschiedene Instrumente zu schreiben; nur deren drei sind fertig gestellt worden; die *Sonate* für Violoncello und Klavier (1915), die *Sonate* für Flöte, Bratsche und Harfe (1915) und die *Sonate* für Violine und Klavier (1916–1917). Die erste ist eines der besten Beispiele für D.s Nonchalance, mit dem er dem Anspruch und dem Ernst der klassischen Sonatenform ausweicht. Alles scheint wie aus dem Augenblick geboren, als ob sie unter den Händen der Interpreten gerade erst entstünde. Die zweite Sonate dagegen erinnert an frühklassische, divertimentoartige Stücke; ihr Ton ist kühl und spielerisch, sie nimmt den unterhaltenden Charakter mancher Stücke von Milhaud vorweg. Der erste Satz der dritten Sonate ist ein kühnes Beispiel dafür, wie sich die Formhülse traditionellen Vorbildern nähern kann und doch durch ihren Mangel an dynamischen Entwicklungen, wie sie die deutsche Musik kultivierte, nur aus Andeutungen besteht, die ganz nach dem Sinne von Mallarmé gewesen waren. Die Themen werden nur suggeriert, die Dinge werden nur halb ausgesprochen und wirken gerade deshalb geheimnisvoll.

Als D. im Jahre 1918 verstarb, tobte die Schlacht an der Marne; nur wenige Zeitungen widmeten seinem Hinscheiden einige Zeilen. Das, was man heute als musikalischen Impressionismus bezeichnet, schien das Werk eines Einzelnen zu sein, das ohne Folgen blieb. Im Gegensatz zur Schönberg-Schule krankte der »Impressionismus« an einem Theoriedefizit, das sich als nachteilig für seine Verbreitung auswirkte. Freilich profitierte die Unterhaltungsmusik von einigen Errungenschaften D.s, doch die Syntax seiner Musik blieb zunächst unbeachtet. Erst Messiaen nun bemerkte, daß dort nicht nur Anregungen für Pastelltöne und ausgesuchte Klangfarben zu finden waren. Vielmehr erklärte er D. neben Mozart und Stravinsky zum bedeutendsten Rhythmiker. Das setzte eine neue Definition des Rhythmus voraus: Nicht regelmäßig pulsierende Bewegungen wie im Marsch oder Jazz sind nach Messiaen besonders rhythmisch, sondern das Fluten des Wassers und die unberechenbaren Stöße des Windes. Er fand sie in D.s geschmeidiger Musik wieder, unterzog sie aber einer Systematik, der ein genaues Studium altgriechischer und indischer Rhythmik vorausging. Darin unterscheidet Messiaen sich von D., der sich gegen eine solche, stark intellektuell gefärbte Aneignung sträubte. Messiaen wurde nun das Haupt einer Schule und übernahm eine Rolle, die D. nie hat spielen wollen.

Noten: Durand (Paris); Peters (Lpz.); Les Œuvres complètes, hrsg. von Fr. Lesure, Paris 1985 ff.
Dokumente: Monsieur Croche et autres écrits, hrsg. von Fr. Lesure, Paris 1971, ²1987; dt. als Monsieur Croche. Sämtliche Schriften und Interviews, übersetzt von J. Häusler, Stg. 1974. Correspondance inédite de Cl. D. et Ernest Chausson, hrsg. von Ch. Oulmont, Paris 1934 (Mercure de France 40). Lettres de Cl. D. a son éditeur, hrsg. von J. Durand, Paris 1927. Correspondance de Cl. D. et P.-J. Toulet, Paris 1929. Lettres de Cl. D. a André Messager, hrsg. von A. Messager, Paris 1938. Cl. D. Lettres à deux amis (Robert Godet et G Jean-Aubry), Paris 1942. Correspondance de Cl. D. et Pierre Louÿs, hrsg. von H. Bourgeaud, Paris 1945. D. et Gabriele d'Annunzio, correspondance inédite, hrsg. von G. Tosi, Paris 1948. Lettres inédites a André Caplet, hrsg. von E. Lockspeiser, Monaco 1957. Correspondance, hrsg. von Fr. Lesure, (1980) erw. ²1993. Cl. D. Catalogue de l'exposition, hrsg. von Fr. Lesure, Paris 1962. Iconographie musicale D., hrsg. von dems., Genf 1980.
Werkverzeichnis: Lesure, Fr.: Catalogue de l'œuvre de Cl. D., Genf 1977.
Bibliographie: Briscoe, J. R.: Cl. D. A Guide to Research, N. Y. 1990.
Periodica: Cahiers D., Genf 1974 ff.
Literatur: Emmanuel, M.: Pelléas et Mélisande, Paris 1926. Vallas, L.: Cl. D. et son temps, Paris 1932. Danckert, W.: Cl. D., Bln. 1950. Lockspeiser, E.: D. His Life and Mind, 2 Bde. Ldn. (¹1962–65); korrigierte Ausg. 1978. Schnebel, D.: Brouillards. Tendenzen bei D. in Denkbare Musik, hrsg. von H. R. Zeller, Köln 1972, 62–69. Maurer Zenck, Cl.: Form- und Farbspiele D.s »Jeux« in AfMw 33 (1976), 28–47. Cl. D., Mn. 1977 (MK 1–2). Gülke, P.: Musik aus dem Bannkreis einer literarischen Ästhetik, D.s Prélude à l'Après-Midi d'un Faune in Jb. Peters l (1978), 103–146. Hirsbrunner, Th.: D. und seine Zeit, Laaber 1981. Kunze, St.: Pelléas et Mélisande in Analysen ... Fs. H. H. Eggebrecht, hrsg. von W. Breig u. a., Stg. 1984, 338–360. La terrasse des audiences du clair de lune de D. Neuf analyses pour une étude de méthodologie comparée in Analyse Musicale 16, (1989); engl. Lesure, Fr.: Cl. D., Paris 1994. A. Boucourechliev, A.:

D. La révolution subtile, Paris 1998. The Cambridge Companion to D., hrsg. von S. Trezise, Cambridge 2003.

Theo Hirsbrunner

Delius, Frederick

Geb. 29. 1. 1862 in Bradford; gest. 10. 6. 1934 in Grez-sur-Loing (Dépt. Seine-et-Marne)

Den ästhetischen Strömungen seiner Zeit öffnete sich der Komponist Fr. D. wie keiner seiner britischen Zeitgenossen. Seine Musik wies ein hohes Maß an europäischer Kultiviertheit auf. Wenn es einen Komponisten gegeben hat, der dem Art Nouveau in der Kunst Ebenbürtiges in der Musik entgegenzusetzen hatte, dann war es D., der das Lebensgefühl der Endzeit und des Aufbruchs um die Jahrhundertwende mit gelegentlich modischer, gelegentlich morbider Eleganz und mit feinsinniger musikalischer Poetik aufzugreifen verstand. Edvard Munch, Paul Gauguin, Alphonse Mucha, August Strindberg, Ravel und Florent Schmitt gehörten zu seinem Pariser Kreis, aus dem heraus D. seine Karriere begann. Mit feinem Gespür für die bürgerliche Musikkultur der damaligen Jahre ließ er sich von der Klangwelt der französischen Impressionisten (Ravel) ebenso inspirieren wie von dem ›Naturalismus‹ eines Grieg, er wußte auch die Werke von Mahler und Strauss zu schätzen. Sein Beitrag war Musik von eigener, reicher Koloristik, oft in aquarellartigen Dämmertönen, wobei er die Idee der unendlichen Melodie in vielfach sich verschlingenden Linien für sich neu definierte. Seine Werke wurden bis ca. 1910 vorwiegend in Deutschland (ur-)aufgeführt. Das ist nicht zuletzt durch persönliche Freundschaften zu erklären. Es waren vor allem die Dirigenten Hans Haym und Fritz Cassirer, die das Werk D.' bekannt machten. Ab 1907 setzte sich dann auch in England Thomas Beecham nachhaltig für D. ein.

Obwohl musikbegeistert, hatte D.' Vater – ein erfolgreicher, aus Bielefeld nach England eingewanderter Textilhändler – eine Geschäftskarriere für das vierte seiner 14 Kinder vorgesehen. Mit 22 Jahren wurde D. nach Florida geschickt, um eine Orangenplantage zu leiten. Doch die Geschäfte interessierten ihn wenig. Er begann seine Musikstudien bei dem Organisten Thomas F. Ward in Jacksonville, und schon ein Jahr später war er Musiklehrer. Von der Landschaft Floridas und den

Songs der Schwarzen ließ er sich zu seinen ersten Orchesterwerken inspirieren, der *Florida Suite* (1886–87) und *Appalachia* (1898–1903). 1886 nahm D. seine Studien am Leipziger Konservatorium auf. Hier traf er Grieg, dessen Musik einen weitaus stärkeren Einfluß auf seine eigene musikalische Welt nahm als die akademischen Studien bei Carl Reinecke. Das wurde z. B. deutlich in dem symphonischen Melodrama *Paa Viddeme* (nach Henryk Ibsen; 1888) oder in den *Songs from the Norwegian* (Zwei Zyklen, 1888 und 1890). Ebenso nachhaltig wirkte Wagners Werk und dessen Konzeption der unendlichen Melodie auf ihn ein. Seinem Lebensgefühl kam die deutsche Musikwelt aber kaum entgegen. 1888 schlug er seinen Wohnsitz in Paris auf, in jener Stadt, der er 1899 mit dem symphonischen Poem von Straussischen Dimensionen *Paris: The Song of a great City* seinen Tribut zollte. 1890 und 1893 entstanden die Opern *Irmelin* (1890–92, Oxford 1953) und *The Magic Fountain* (1893–95). Letztere spielt in Florida, greift seine frühen musikalischen Erfahrungen aus Amerika auf und macht den Versuch, eine »noble Wildheit« (D.) in Töne zu bannen, vergleichbar den Versuchen Debussys, außereuropäische Idiome für eigene Werke fruchtbar zu machen. Mitte der neunziger Jahre schrieb D. eine weitere Oper *Koanga* (Elberfeld 1904) – in die ebenfalls seine Florida-Erfahrungen einflossen (es ist die Geschichte eines afrikanischen Prinzen, der in die Sklaverei gerät) – und das Tonpoem *Over the Hills and Far Away*. 1897 zog D. nach seiner Verbindung mit Jelka Rosen (die er 1903 heiratete) nach Grez-sur-Loing in der Nähe von Fontainebleau um, wo er bis zu seinem Lebensende wohnte.

Unmittelbar nach der Jahrhundertwende entstanden die zentralen Werke D.' 1900–01 schrieb er die Oper *Romeo und Julia auf dem Dorfe* (nach Gottfried Keller; Berlin 1907), in der er zu einem romantisch-nostalgischen Stil von märchenhafter Poetik fand. Die drei folgenden großbesetzten Werke, die seinen Ruhm endgültig festigten, waren allesamt für Solisten, Chor und Orchester: *Appalachia*, Variationen über ein altes Sklavenlied (1903), *Sea Drift* (1904), eine Geschichte über die Trauer eines Knaben um den Verlust eines Seevogels (nach Walt Whitman), und schließlich sein wohl wichtigstes Werk, *A Mass of Life* (1905) nach »Also sprach Zarathustra« von Friedrich Nietzsche. D.' pantheistische Sicht, sein Glauben an die ewige Erneuerung der Natur, aber auch eine gewisse Todessehnsucht kamen hier voll zum Tragen. Die Musik, die Musikschriftsteller für die gelungenste Umsetzung Nietzsches hielten, besitzt eine große innere Kraft und enthält Momente von Rausch und Beschwörung ebenso wie traumartige Sequenzen. Zwischen 1907 und 1912 entstand eine Reihe von lyrischen, gelegentlich impressionistischen Orchesterstücken, etwa *In A Summer Garden* oder *On hearing the first Cuckoo in Spring*, von denen mehrere – wie *A Song of the High Hills* – oder auch die Oper *Fennimore and Gerda* (Frankfurt am Main 1919) erneut nordischen Akzent tragen. Vor dem Ausbruch seiner Krankheit (den fatalen Spätfolgen einer Syphilisinfektion, die er sich in Paris zugezogen hatte) schrieb er 1914–16 das großbesetzte *Requiem*, das gewisse Bezüge zur *Mass of Life* aufweist.

Mit dem Ende des Krieges wurden die Anzeichen von Blindheit und Lähmungserscheinungen deutlicher, und nach 1920 war D. nicht mehr fähig, selbst zu schreiben. Zunächst diktierte er seiner Frau Jelka, nach 1928 übernahm dann Eric Fenby, der das Notenschreiben extra gelernt hatte, diese Aufgabe. Mit ihm entstanden *Cynara*, die *Songs of Farewell* und *A Late Lark*. D.' letztes Werk war *Idyll* (1930–32). Seine intensive Reisetätigkeit hatte D. mit Beginn der zwanziger Jahre ganz aufgeben müssen, er wurde aber im Rollstuhl noch 1929 zu dem von Beecham veranstalteten D.-Festival nach England gebracht. Sein Werk fand dann in England vor allem große Verbreitung, auf dem Kontinent ging das Interesse an seiner Musik Ende der dreißiger Jahre rapide zurück. Nach dem Zweiten Weltkrieg war die Musik dieses großen Geistes der Jahrhundertwende, der Spätgeborener und Visionär zugleich war, außer Mode gekommen.

Noten: Boosey & Hawkes (Ldn.); Harmonie-Verlag (Bln.); Oxford University Press; Universal Edition (Wien und Ldn.).
Dokumente: Anatomie et physique de l'orchestre, Paris 1894. CARLEY, L. und THRELPALL, R.: D. A Life in Pictures, Ldn. 1977. CARLEY, L.: D. A Life in Letters, Alderhot 1988. Fr. D. and Peter Warlock. A Friendship revealed, hrsg. von B. SMITH, Oxford 2000. Fr. D. – Béla Bartók. Zeugnisse einer künstlerischen Begegnung, hrsg. von G. KRUSE, Wilhelmshaven 2000.
Werkverzeichnis: THRELFALL, R.: A Catalogue of the Compositions of F. D., Ldn. 1978.
Periodica: D. Society Journal, Ldn. (seit 1963).
Literatur: HUTCHINGS, A.: D., Ldn. 1948. BEECHAM, TH.: Fr. D., Ldn. 1959. FENBY, E.: D., Ldn. 1971. CARLEY, L. und THRELFALL, R.: D. and America, Ldn. 1972. CARLEY, L.: D. The Paris Years, Ldn. 1975. D., hrsg. von

THE D. TRUST, Ldn. 1984; rev. 1992; rev. 1998. Fr. D. Music, Art and Literature, hrsg. von L. CARLEY, Aldershot u. a. 1998.

Friedrich Spangemacher

Denisov, Edison Vasil'evič

Geb. 6. 4. 1929 in Tomsk (Rußland); gest. 24. 11. 1996 in Paris

D. absolvierte in seiner Heimatstadt ein Mathematikstudium, bevor er, von Šostakovič ermutigt, am Moskauer Konservatorium zunächst bei Visarion Jakovlevič Šebalin, dann bei Nikolaj I. Pejko Komposition studierte (1951–1959). Daneben nahm er privaten Unterricht bei Philipp Herschkowitsch, einem nach Moskau emigrierten Webern-Schüler. D. trat Mitte der fünfziger Jahre an die musikalische Öffentlichkeit und verschreckte, ähnlich wie seine beiden großen Zeitgenossen, Schnittke und Gubajdulina, sowjetische Kulturfunktionäre durch die Verwendung von Kompositionstechniken, die in der Sowjetunion damals als Ausdruck bürgerlicher Dekadenz abgetan wurden. D.s Musik ist von vornherein auch im westlichen Ausland gespielt worden. Seit Beendigung der Aspirantur hat D. mit großem Erfolg unterrichtet und sich im Zuge der kulturellen Öffnung der Sowjetunion für die gegenwärtige und ältere verdrängte Musik engagiert, indem er 1990 die künstlerische Leitung der wiederbegründeten Assoziation für zeitgenössische Musik (Associacija sovremennoj muzyki, ASM, erstmals gegründet 1923) übernahm. Gleichfalls 1990 kam er auf Einladung von Boulez nach Paris, um am IRCAM zu arbeiten; nach einem schweren Autounfall im Sommer 1994 ließ er sich endgültig in Frankreich nieder. Seit Ende der achtziger Jahre wurde D. vielfach mit internationalen Auszeichnungen geehrt.

D.s frühes Schaffen (bis 1961) ist heterogen. Es entstehen Werke in unterschiedlichsten Gattungen – die Oper *Ivan, der Soldat* (1956–59, ein Märchensujet), die Vokalzyklen *Nocturnes* und *Junge Leiden*, Kammermusik und zwei Symphonien –, die die Suche nach einer eigenen musikalischen Sprache offenbaren. Auch stilistisch orientiert sich D. zunächst an gegensätzlichen Vorbildern: In der Bevorzugung traditioneller Formen und einer spezifischen, manchmal romantisch anmutenden Expressivität macht sich Šostakovičs Einfluß geltend, die Auseinandersetzung mit Dodekaphonie und seriellen Techniken ist über Webern und Boulez vermittelt; russische Folklore bezieht D. nach dem Vorbild Stravinskys und Bartóks in sein Schaffen ein (*Trio* für Violine, Klarinette und Fagott, 1957), *Bagatelle* für Klavier, *Sonate* für zwei Violinen (1958), in der drei sibirische Volkslieder eingearbeitet werden. Die ersten Hauptwerke sind *Die Sonne der Inkas* (Gabriela Mistral; 1964), in der D. durch die Kombination von seriellen Techniken mit einer diatonischen Grundreihe neue Ausdrucksbereiche gewinnt, und die *Klagelieder* (russische Volkstexte; 1966), in denen Reihentechnik mit archaischen folkloristischen Elementen verschmolzen werden. Dieses Streben nach einer eigenen Synthese von traditionellen und avantgardistischen Momenten kennzeichnet alle Werke der sechziger Jahre. Um 1970 setzt sich D. einerseits mit der vor allem von Schnittke entwickelten »Polystilistik« auseinander, einem Verfahren, bei dem verschiedene historische Stile, sei es durch Zitate oder durch Allusionen, in Beziehung gestellt werden. Dies zeigt sich etwa in der *Romantischen Musik* (1968), dem *Streichtrio* (1969) mit zwei Zitaten aus Schönbergs »Streichtrio« op. 45, den *Silhouetten* (für Flöte, zwei Klarinetten und Schlagzeug, 1969), in denen auf der Basis von Zitaten aus Mozarts »Don Giovanni«, Glinkas »Ruslan und Ljudmila«, Čajkovskijs »Pique Dame«, Liszts »Lorelei« und Bergs »Wozzeck« Frauenporträts gezeichnet werden, und in der Kammermusik über Šostakovičs Namensmotiv *D-Es-C-H* (für Klarinette, Posaune, Violoncello und Klavier, 1969). Andererseits knüpft D. an Ligetis Mikropolyphonie an mit dem *Klaviertrio* (1971) und dem Orchesterwerk *Živopis'* (»Malerei«; 1970), in dem D. mit der subtilen Auffächerung der Instrumentengruppen versucht, Boris Birgers »Umgang mit der Farbe in die Sprache der Musik zu übertragen« (Gerlach, 99).

Seit den siebziger Jahren überwiegen in D.s Schaffen Werke für große Besetzungen und eine Vorliebe für die französische Kultur. Einen Schwerpunkt bilden Solokonzerte, darunter das *Violinkonzert* (1977) mit einem eigentümlich wehmütigen Schubert-Zitat im Finale und die Variationen über Haydns Kanon »Tod ist ein langer Schlaf« für Cello und Orchester (1982), und vor allem Konzerte mit Concerto-grosso-Besetzung. Weitere Hauptwerke sind die Vokalkompositionen *La vie en rouge* (Boris Vian; 1973), *Requiem* (Francisco Tanzer; 1980), *Golubaja tetrad'* (»Das blaue

Heft«, Aleksandr Vvedenskij und Daniil Charms; 1984), sowie die Opern *L'écume des jours* (nach Boris Vian; Paris 1986) und *Les quatre filles* (nach Pablo Picasso; Moskau 1990) sowie das Ballett *Die Beichte* (nach Alfred de Musset: »La Confession d'un enfant du siècle«; Tallin 1984). Das große Oratorium *Istorija žizni i smerti Gospoda našego Iisusa Christa* (»Historie vom Leben und Sterben unseres Herrn Jesus Christus«; auf Texte des Neuen Testaments und der orthodoxen Liturgie, 1993) mag ein persönliches Bekenntnis sein und reiht sich in die vielen opulent besetzten geistlichen Werke, die seit dem Ende der Sowjetunion entstanden sind.

Ungeachtet der Auseinandersetzung mit verschiedenen stilistischen Strömungen zeigt D.s Schaffen keine Risse und Brüche. Seine Musik zeichnet sich – auch bei großen Besetzungen – aus durch zarte Lyrik, die Vorliebe für Kammermusik und kammermusikalischen Satz, auch durch fein abgestufte Klangfarben, was durch seine enge Bindung an die Malerei begründet sein mag. Seit den späten siebziger Jahren tritt eine melodische Floskel in den Vordergrund – E-D-Es (abgeleitet aus den Buchstaben des Vor- und Nachnamens), die als verallgemeinerte Ganzton-Halbton-Konstellation gleichsam ein Markenzeichen geworden ist.

Wegen der klanglichen Homogenität seines Schaffens und der Vorliebe für instrumentale Gattungen galt D. im russisch-sowjetischen Kontext schon zu Lebzeiten als ein »Klassiker«, ein Prädikat, das man ihm auch deshalb zubilligt, weil er eine Art Schule begründet hat, zu der Komponisten wie Elena O. Firsova und Dmitrij N. Smirnov, Tarnopol'skij, Aleksandr M. Raskatov, Bojidar Spassov, Jurij S. Kasparov u. a. zählen, die bei ihm studiert haben.

Noten: Sikorski (Hbg.); Chant du monde (Paris); Universal Edition (Wien); Sovetskij kompozitor (Moskau); Muzyka (Moskau).

Dokumente: Neizvestnyj D. Iz zapisnych knižek 1980/81–86, 1995 [Der unbekannte D. Aus Notizbüchern 1980/81–86, 1995], Moskau 1997.

Werkverzeichnis: Ricordi 1984.

Literatur: GOJOWY, D.: Kunst als kategorischer Imperativ. Notizen zu E. D. in Musica 29 (1975), 16–19. GERLACH, H.: Fünfzig sowjetische Komponisten, Lpz. und Dresden 1984 [mit Bibl.], 94–102. Sowjetische Musik im Licht der Perestroika, hrsg. von H. DANUSER u. a., Laaber 1990 [mit Bibl.]. ARMENGAUD, J.-P.: Entretiens avec D., Paris 1993. CHOLOPOV, J. und CENOVA, V.: E. D., Mn. 1993. PORWOLL, T.: Ein großer Lyriker. Zum Tod von E. D. in MusikTexte 67/68 (1997). Muzykal'naja Akademija (1997), Heft 2 [D.-Sonderheft]. CHOLOPOV, JU. und CENOVA, V.: E. D. The Russian Voice in European New Music, Bln. 2002; russ. als E. D., Moskau 1993.

Dorothea Redepenning

Dessau, Paul

Geb. 19. 12. 1894 in Hamburg;
gest. 28. 6. 1979 in Zeuthen

»Mit seinen heute achtzig Jahren ist er der Senior unserer Komponisten, aber produktiv, wagemutig wie eh« (Hennenberg 1974, 5). »In der DDR, als privilegierte Brechtmumie und als besonders devoter Parteikünstler, lebte er unter uns ... Er hatte nichts Eigenes« (Biermann, 1990).

Der Wandel von Zeit und Urteil kann sich wohl nicht schärfer äußern als in diesen Sätzen. Und da zweifellos im einen wie im anderen Diktum zeitbedingte Motive und Interessen mitschwingen, wird die Annäherung an eine Wahrheit nur durch den Versuch möglich sein, Voraussetzungen und Entfaltung des Schaffens von D. wenigstens umrißhaft ins Blickfeld zu rücken.

D.s Entwicklung bis weit in die dreißiger Jahre hinein läßt kaum bemerkenswerte oder gar ungewöhnliche Züge erkennen. Eine mittlere Kapellmeisterlaufbahn gewährt Raum für eigene kompositorische Arbeiten (*Concertino*, 1924; *Sinfonie*, 1926; *Lehrstücke für Kinder*, 1930–32; *Erstes Streichquartett*, 1932), welche sich den Leitfiguren der deutschen Musik in den zwanziger Jahren hörbar anschließen. Neoklassizistische Elemente in Melodik, Formbildung und polyphoner Stimmgestaltung (»Präludium und Fuge« als Finale des *Ersten Streichquartetts*) erfahren durch harmonische Schärfen und dynamische Kontraste eine gleichsam aufgerauhte Kontur, die zusammen mit einem meist herb-spröden Klangbild sowohl aggressive wie skurrile Ausdruckscharaktere schaffen. Und sie bleiben auch künftighin für D.s musikalische Sprache kennzeichnend.

Ende der zwanziger Jahre kommt eine weitere prägende Komponente hinzu: die Filmmusik, die zusammen mit Stücken für Arbeiterchöre und vielleicht auch mit den 1926 beginnenden (und bis in die vierziger Jahre fortgesetzten) Kompositionen religiös-jüdischer Thematik – Psalmen, Lieder, Oratorium *Haggada* (1936) – einen immer stärkeren Akzent auf ›funktional-angewandte‹ Musik setzt. Obwohl damit ein Bereich hervortrat, der seiner schöpferischen Disposition zweifellos entgegenkam, scheint D. durch ihn zugleich irritiert worden zu sein. Denn anders als der Schönberg-Schüler Eisler mußte sich D. spätestens Mitte der dreißiger Jahre eines erheblichen Mangels an kompositorischer Metierkenntnis bewußt geworden sein.

1935, im Pariser Exil, beginnt D. mit dem Studium der Zwölftontechnik, wohl in der Hoffnung, sich vom stumpf gewordenen Ton der ›Neuen Sachlichkeit‹ lösen zu können. Die Verlaine-Kantate *Les Voix* (1940–41) sowie das *Zweite* und *Dritte Streichquartett* (1942–43 bzw. 1945–46) geben diesen Bemühungen am überzeugendsten Ausdruck. Doch D.s Zweifel bleiben bestehen. Ab 1942 erlangt durch die intensivierte Zusammenarbeit mit Brecht der ›funktionale‹ Bereich wieder eine beherrschende Rolle: D. wird neben, oder wohl zutreffender nach Eisler, Brechts Theaterkomponist. Über das Musikalisch-Kompositorische hinaus übernimmt Brecht für D. die Rolle einer absoluten Autorität. Im Politischen schließt er sich vorbehaltlos dem Brechtschen Materialismus und Marxismus an, ohne freilich – wie etwa Eisler – der raffinierten, Selbstbehauptung gegen den Stalinismus einschließenden Dialektik des Dichters folgen zu können. Ähnlich in der Ästhetik: »Eine wirklich echte gesellschaftliche Basis erhielt meine Arbeit freilich erst in der Deutschen Demokratischen Republik. War [sie] bisher von Zufälligkeiten, Willkürlichkeiten und einem unsicheren Hin und Her beeinflußt, so gibt unsere junge Republik mit ihrem Schwung und ihrer Beseeltheit [!] uns Künstlern neuen Mut, neue Kraft und vor allem unserem Schaffen und Leben einen neuen Inhalt, den es zu formen gilt« (Notizen zu Noten, 37).

In diesen Sätzen hallt kein ironischer Ton nach, und auch kein Zweifel, den etwa die sogenannte »Lukullus-Debatte« ausgelöst haben könnte. »Zufälligkeiten«, »Willkürlichkeiten«, »unsicheres Hin und Her« gab es eben nur bis zur ›Brecht-Wende‹. Die Vorwürfe von »Formalismus«, »bürgerlicher Dekadenz« usw., die in der ›Aussprache‹ über die *Lukullus*-Oper erhoben wurden, empfand D. als »hilfreich«: »Wie sich der Genosse Pieck damals väterlich um mich sorgte …, wird mir unvergeßlich bleiben« (ebd., 69). Es gelangt hier eine Naivität zum Ausdruck, die freilich keineswegs nur nachteilige Folgen für D.s Musik, für seine künstlerische Präsenz in der DDR hatte. Weit weniger berührt und mithin auch verunsichert durch das seit den vierziger Jahren virulente ›Avantgarde-Problem‹ entfaltete er nach der *Verurteilung des Lukullus* (Berlin 1951) eine Opernproduktion (*Einstein*, Berlin 1974, *Leonce und Lena*, Berlin 1979) und eine an sie angelehnte Reihe ›programmatisch-theatralischer‹ Instrumentalwerke (*Orchestermusik Nr. 1–4*, 1955, 1967, 1970, 1973; *Bach-Variationen*, 1963), in denen gewissermaßen eine polternde Sachlichkeit als Gestus immer wieder in die Lage kommt, Konventionen der Formbildung und der Ausdruckscharaktere zu unterlaufen und aufzubrechen. Darin unterscheidet sich D.s Musik von den aufgeblähten ›Weltanschauungs‹-Stücken seiner (nicht selten offen, wenn auch nicht öffentlich verachteten) Zeit-»Genossen«. Und er unterschied sich von diesen ebenfalls durch ein wirksames Eintreten für jüngere Komponisten (z. B. Reiner Bredemeyer, Friedrich Goldmann, Friedrich Schenker), die von Eiferern und Mitläufern der Staatsdoktrin heftig und mit langwährenden Folgen angegriffen wurden.

D. wußte sich durch die Brecht-Aura zu schützen, sie gab ihm sogar ein gewisses internationales Ansehen. Freilich wirkte sie aber immer auch als eine Art Ersatz für kompositorische Integrität und Selbstgewißheit. D. erreichte es niemals, Brecht (wie Eisler) ein ebenbürtiger, eingreifender Partner zu sein. Musikalisch in den zwanziger Jahren geprägt, von einer Mischung aus Spielmusik, Neoklassizismus und Sachlichkeit zeitlebens zehrend, blieb selbst und gerade die lautstarke politische Programmatik eine Art Abschirmung, hinter der sich ein grundlegender Mangel an kompositorischer Substanz zu verbergen hatte.

Noten: Bote & Bock (Bln.); Edition Peters (Lpz.); Deutscher Verlag für Musik (Lpz.).
Dokumente: Musikarbeit in der Schule, Bln. 1968. Notizen zu Noten, hrsg. von Fr. HENNENBERG, Lpz. 1974. Aus Gesprächen, Lpz. 1974 [mit WV, 245–258]. P. D. 1894–1979. Dokumente zu Leben und Werk, hrsg. von D. REINHOLD, Bln. 1995. P. D. »Let's Hope for the Best«. Briefe und Notizbücher aus den Jahren 1948–1978, hrsg. von D. REINHOLD, Hofheim 2000.
Literatur: HENNENBERG, Fr.: P. D. Eine Biographie, Lpz. 1965. MÜLLER, G.: P. D.s Konzeption einer politischen Musik *in* Jb. Peters 3 (1980), 9–26. P. D. Von Geschichte gezeichnet, hrsg. von Kl. ANGERMANN, Hofheim 1995.

Mathias Hansen

Donatoni, Franco
Geb. 9. 6. 1927 in Verona;
gest. 17. 8. 2000 in Mailand

Die allmähliche Entwicklung in Stufen, die D.s Schaffen während des ersten Jahrzehnts (1950–61) genommen hat, läßt nicht leicht die Radikalität voraussehen, zu der die Resultate seiner frühen kompositorischen Reife vorstoßen würden. Eine extreme Fixierung im Bannkreis Bartóks, die auch durch Petrassis Einfluß vermittelt wurde, bestimmt die Konzeption der ersten Werke, darunter *Quartetto I* (1950), *Recitativo e Allegro* (1951) und *Concerto per archi, ottoni e timpano* (1952). Die Begegnung mit Maderna im Jahr 1952 läßt in D. den Entschluß reifen, sich mit dem Serialismus auseinanderzusetzen; aus den Anregungen der Darmstädter Ferienkurse entstehen Werke nach dem Vorbild Weberns, wie *Tre Improvvisazioni* (1956) und *Quartetto II* (1958). Zu Beginn der sechziger Jahre beherrscht D. die serielle Sprache mit einer eigenen Prägung, wie es die Synthese von Strenge und einfallsreicher Üppigkeit in *For Grilly* (1960) und *Doubles* (1961) bezeugt; in einigen Orchesterwerken aus der gleichen Zeit, *Strophes* (1959), *Sezioni* (1960) und *Puppenspiel* (1961), kann man trotz offensichtlicher Einflüsse Stockhausens erste Anzeichen dafür erblicken, daß die rationalistische Utopie von der totalen Kontrolle der Klänge, wie sie die Avantgarde nach Webern vertrat, zerbricht. Diese Anzeichen lassen sich etwa in der Tendenz erkennen, das Klangmaterial explodieren zu lassen und so an die Schwelle der Nichtunterscheidbarkeit zu führen, so daß ihm die Möglichkeit formaler Artikulation versagt ist.

Der Zielpunkt dieses Prozesses ist D.s Ankunft im ›Reich des Zufalls‹, die mit einer kulturellen und existenziellen Annäherung an die Themen des sogenannten »Negativen Denkens« einhergeht, das dem Komponisten aus vielfältigen Perspektiven gegenwärtig ist in einer Mischung aus Einflüssen von Franz Kafka, Gottfried Benn und Robert Musil, ferner Theodor W. Adorno, Samuel Beckett, der jüdischen Mystik und dem Zen-Buddhismus. Die von Cage übernommenen Aufführungsmodelle, die zu Beginn der sechziger Jahre mehr als einem Komponisten als Lösung der Krise der seriellen Musik erschienen, werden so mit radikal nihilistischen Gedanken befrachtet und schließlich zum Mittel der Reflexion über die Negierung des schaffenden Subjekts. Techniken, die das Klangresultat unbestimmt lassen, werden, nachdem sie bereits in *Puppenspiel* erschienen waren, seit *Per Orchestra* (1962) systematisch verwendet; zusammen mit *Zrcadlo* (1963), *Black and white*, *Asar*, *Babai* (alle 1964) propagiert dieses Werk eine radikale Abdankung des Subjekts zugunsten der Zufallsmöglichkeiten des Objekts mit der Perspektive, daß sich der Vorgang des Komponierens in die abstrakte philosophische Demonstration der Unmöglichkeit verwandelt hat, das Resultat einer Aktion mit dem sie ausführenden Subjekt zu identifizieren. Das Werk wird – auf einen reinen Material-Katalog reduziert – mit einer Gebrauchsanweisung versehen, die ihre eigene innere Organisation auf Zufallsfaktoren aufbaut (etwa der zufälligen oder von Publikumsreaktionen abhängigen Auswahl des Vortragenden etc.); diese Bedingungen schließen aber im Schaffen D.s eine ironische Komponente des verspielten Durcheinanders nicht aus, wie sie des Beckettschen »Theaters des Absurden« durchaus würdig ist.

Mitte der sechziger Jahre geht D. zwar dazu über, seine Partituren vollständig auszuschreiben, agiert aber weiterhin auf dem Feld, die Kreativität des Subjekts vorsätzlich abzutöten: Das Prinzip der Aleatorik wird nun in die Kompositionsverfahren hinein verlagert. Werke wie *Etwas ruhiger im Ausdruck*, *Souvenir* (beide 1967), *Orts* (1968), *Estratto* (1969), *Secondo Estratto* (1970) – Ergebnisse kombinatorischer und statistischer Umwandlungsmechanismen – sind in ihrem ›genetischen Code‹ ebenso exakt prädefiniert, wie sie im Endresultat indifferent sind. Aber auch gegen die Intentionen des kompositorischen Subjekts erblühen jene ästhetischen Valeurs, die eigentlich mit asketischer Entschlossenheit negiert und unterdrückt wurden, sei es daß sie im unmittelbarsten Aspekt der Wahrnehmung – dem des Klangs – erscheinen, sei es in einer Rache des Subjekts, dessen Intuition die Umwandlungsprozesse der kompositorischen Materialien nach und nach dem Automatismus entziehen kann. In der virtuosen Orchesterbehandlung von *Doubles II* (1970), *Voci* (1973) und *Duo pour Bruno* (1975) wie im feinen Kammermusikstil von *Lied* (1972) bestätigt sich die Wiederaufnahme einer fruchtbaren Beziehung zum Klangresultat, die D. aus einer kompositorischen Erfahrung von fast zwanzig Jahren wie aus einer Krise herausführt, nachdem er die ›Pathologie‹ des »Negativen« von Grund auf ausgelebt und glänzend überwunden hat.

Nach der Befreiung aus ihrer bisherigen Selbstbeschränkung wendet sich die Reflexion auf den Entstehungsprozeß, die von den Ausgangselementen des Komponierens zur Form geführt hatte, von der zweiten Hälfte der siebziger Jahre an wieder zurück auf die Ausübung einer handwerklichen Fertigkeit, die mit spielerischem Vergnügen, mit Leichtigkeit der Hand und einer Fruchtbarkeit ausgeübt wird, wie sie für das 18. Jahrhundert bezeichnend ist. Im musikalischen Schaffen D.s erscheinen nun in ihrer ganzen Tragweite die Ergebnisse eines seit den fernen Anfängen im Zeichen Bartóks vorhandenen Kompositionsideals, das einer Verwandlung der musikalischen Gedanken, die sich außerhalb einer zeitlichen Entwicklung vollzieht und das faszinierende Paradox eines »divenire immobile« (eines »unbeweglichen Werdens«) verfolgt (um ein gelungenes Bild des Komponisten selbst zu zitieren). Die symbolische Chiffre, aus der die Verfahren der ständigen Variation, die den Konstruktionen D.s zugrundeliegen, ihre Inspiration beziehen, ist der Begriff der Arabeske, die mit ihrer unendlichen Fähigkeit zu modulierenden Veränderungen verzweigte und von einer eindeutigen Richtung befreite Sequenzen entstehen läßt, in denen die Grenzen zwischen der Identität des Urmusters und seinen Varianten verschwimmen. Die Tragweite dieser kreativen Intuitionen zeitigte ihre Ergebnisse besonders deutlich in kammermusikalischen Arbeiten, die bis zuletzt den Schwerpunkt in D.s Komponieren bilden: seit *Lumen* (1975), mit *Tory, Spiri* (beide 1977), *The Heart's Eye, Fili* und *Small* (alle 1981) bis zu den Höhepunkten *Tema* (1981) und *Cadeau* (1984) und auch mit *Refrain* (1986), *Eco* und *Ave* (beide 1987) spekuliert der Komponist mit den Verführungen durch Klangpreziosen und übt sich darin, klanglich heterogene Elemente wieder in eine Homogenität zurückzuführen.

Dieselbe stilistische Chiffre zeichnet auch das reiche Schaffen des letzten Jahrzehnts aus. In ihm festigt sich D.s Interesse für solistische Besetzungen und die Tendenz, die künstlerische Produktion in Zyklen zu organisieren, in ständiger Auseinandersetzung mit dem einmal Hervorgebrachten: *Refrain II* (1992), *III* (1994) und *IV* (1996), *Nidi I* (1997) und *II* (1992), *Feria II, III* (1992) und *IV* (1997), *Algo III* (1995) und *IV* (1996), *Cloches II* (1990) und *III* (1991), die essayistische Frucht der *Françoise Variationen* für Klavier (1994) sowie *Luci II* (1996) und *III* (1997).

Dem großen Erfindungsreichtum der letzten Jahre entspricht auch die Vielfältigkeit der von D. gemachten Erfahrungen, darunter seine überraschende Auseinandersetzung mit der Vokalmusik, im solistischen Bereich mit *Arie, De près* (beide 1978), *She* (1982), *Abyss* (1983), *O si ride* (1987), *Cinis* (1988), *Flans* (1994), *In cauda* (1982–1991). Diese Vokalkompositionen wurden erst durch die Abschwächung seines früheren wilden Antisubjektivismus möglich.

Unter anderem Vorzeichen steht der Ausdruck in den beiden einzigen Arbeiten, die D. für das Theater konzipiert hat: *Atem* (B. Brandolini d'Adda; Mailand 1985) beruht auf der dramatisierten Wiederholung früherer Werke, die Marksteine in der künstlerischen Entwicklung des Komponisten bilden; und in der Szenencollage *Alfred-Alfred* (Straßburg 1998) ist das autobiographische Moment in voyeuristischer Ironie aufgehoben.

Noten: Suvini Zerboni (Mailand); Ricordi (Mailand).
Dokumente: Questo, Mailand 1970. Antecedente X, Mailand 1980. Il sigaro di Armando, Mailand 1982. In-oltre, Brescia 1988.
Literatur: BORTOLOTTO, M.: Fase Seconda, Turin 1969. BARONI, M.: Das Porträt F. D. in Melos 40 (1973), 345–351. D., hrsg. von E. RESTAGNO, Turin 1990.

Francesca Magnani

Donizetti, (Domenico) Gaetano (Maria)

Geb. 29. 11. 1797 in Bergamo; gest. 8. 4. 1848 in Bergamo

Nur 15 Jahre seiner langen Laufbahn übte D. entscheidenden Einfluß auf die Entwicklung der italienischen Oper aus: Der überwältigende Erfolg seiner *Anna Bolena* (Felice Romani; Mailand 1830) – im Rahmen der gleichen Winter-Stagione, die an ihrem Ende auch Bellinis Triumph mit »La Sonnambula« einschloß – hob den rastlos aktiven Theatermann aus dem Mittelmaß der Musiker heraus und gab ihm europäischen Rang. Nach Bellinis frühem Tod 1835 herrschte D. dann unumschränkt über die italienische Oper im In- und Ausland, bis ihn 1845 der Ausbruch seiner Geisteskrankheit an der Rivalität mit dem neu aufsteigenden Stern Verdi hinderte.

Als Kind sehr armer Eltern in der Oberstadt von Bergamo aufgewachsen, kam D. mit knapp zehn Jahren in die Musikschule der Stadt. Simon Mayr, einer der bekanntesten Repräsentanten der italienischen Oper, erkannte die ungewöhnliche Begabung rasch. Er unterwies seinen Meisterschüler in allen technischen Disziplinen der Musik, brachte ihm vor allem die Instrumentalmusik der Wiener Klassik nahe und zeigte ihm die Möglichkeiten auf, eine reichere Harmonik und charakteristische Differenzierung der Instrumentation mit dem Vorrang der Kantilene zu verbinden. Er selbst dürfte unter den Opernkomponisten der Epoche zwischen Cimarosas und Paisiellos Abtreten und dem kometenhaften Aufstieg Rossinis als der Komponist gelten, der am entschlossensten die Errungenschaften Wiens für die Entwicklung der italienischen Opernbühne nutzbar machte.

Zu einer ersten Herausforderung kam es für D., als sein Lehrer dem jungen Musiker einen Auftrag für das Teatro Argentina in Rom überließ. Der unerwartet große Achtungserfolg, den *Zoraida di Granata* (Bartolomeo Merelli) dort 1822 errang, brachte D. mit dem auf seine Allmacht pochenden Theaterdirektor Domenico Barbaja in Verbindung, durch den D. in Neapel für die nächsten Jahre seine Hauptwirkungsstätte gewann. Er schrieb in dieser Zeit bis zu fünf Opern jährlich. Zum erstenmal bewährt sich D.s Bühneninstinkt in *Gabriella di Vergy* (Andrea Leone Tottola; 1826, überarbeitet 1838, in verstümmelter Form posthum uraufgeführt in Neapel 1869) durch Zusammenhalt der Szene mittels breit ausgeführter Vor- und Zwischenspiele des Orchesters, durch einheitliche Farbgebung in der Orchesterbesetzung und durch die freie Heraushebung bedeutsamer Augenblicke. In den Buffa-Opern bewährt sich insgesamt jedoch D.s musikalisches Temperament früher als im hohen Genre, etwa in *L'ajo nell'imbarazzo, o Don Gregorio* (auf ein glänzendes Libretto von Jacopo Ferretti; Rom 1824) und vor allem in der wild-überschäumenden Theatergroteske *Le convenienze ed inconvenienze teatrali* (Neapel 1827/Mailand 1831). Die wechselseitige Charakterisierung der Situation durch die Figur, der Figur durch die zwingende melodische Geste, der Melodie durch die Situation ist da bereits mit der gleichen reflektierten Phantasie wie in seinen berühmteren Lustspielopern in Szene gesetzt. Den Höhepunkt erreicht diese Entwicklung – zugleich mit einer Wendung ins Idyllisch-Empfindsame – mit der Dorfkomödie *L'elisir d'amore* (Romani nach Eugène Scribe; Mailand 1832). Der Miniaturcharakter dieser Dorfgeschichte, der sich in der musikalischen Vorliebe für die kurzgliedrige Kanzone und die Lieder mit Choreinwürfen zu erkennen gibt, wird zweifach durchbrochen: durch die ernste Behandlung aller wachgerufenen Gefühle und Leidenschaften und durch die musikalische Formerweiterung überall dort, wo die Idylle zum Traum oder zum Märchen entgrenzt wird.

Alle Eigenheiten des Musikdramatikers D. waren zuerst in *Anna Bolena* voll und bewußt ausgebildet. Das bedeutet nicht, daß alle charakteristischen Momente der Musiksprache und der Handlungsführung gleichermaßen die unverkennbare Handschrift D.s tragen. Die italienische Oper zwischen Mayr und Rossini einerseits, Mercadante und dem frühen Verdi andererseits ist in noch stärkerem Maß als die des 18. Jahrhunderts eine Lingua franca, eine von der Theaterkonvention und der Publikumserwartung herkommende Gemeinsprache, leicht faßlich und mit beharrenden Tendenzen, aus denen sich der einzelne Komponist nur schwer und langsam in immer neuen Kompromissen lösen konnte. Auch in D.s Hauptwerken gibt es keine Formerfindungen, keine dramaturgischen Eigenarten, die er nicht mit den anderen Komponisten seiner Generation gemeinsam hätte. Liedhafte Kanzonen und zweisätzige Arien mit einer abschließenden koloraturenreichen Cabaletta einerseits, dreisätzige, lang auf das brillante Schlußthema hingesponnene Duette und Chorensembles mit einem reich ausgeführten Concertato als Ruhepunkt vor dem Finalcrescendo andererseits bestimmen den Aufbau dieser wie der anderen Opern D. s. Romanis glänzendes Libretto bot ihm hier zuerst die Chance, das vorgegebene Formgerüst individuell aus der dramatischen Situation zu erfüllen oder umzudeuten. Als erstes erweiterte D. die Ausdehnung der einzelnen Nummern, indem er dem vorbereitenden oder verbindenden Accompagnato und der epischen Grundierung des Geschehens durch das Orchester bestimmenden Anteil am musikalischen Geschehen einräumte. So ist die Scena ed aria finale der Anna (»Piangete voi?«) in drei in sich geschlossene, dem Stimmungswechsel der delirierenden Heldin angepaßte Komplexe aufgelöst, deren letzter nur noch entfernt einer Cabaletta ähnlich sieht. Durch die Einbeziehung der anderen Solisten und des Chors weitet sich die Aria finale zu einer mächtigen Schlußszene für das Ensemble. Das gleiche gilt für die Abwandlungen der dreiteiligen Duettform, die D. (wie in dem riesigen Duett des ersten Akts zwischen Enrico und Giovanna) in ein musikalisches Äquivalent zum dramatischen Einzelbild verwandelt. Mit *Anna Bolena* beginnt in der italienischen Oper die Geschichte dessen, was Verdi später »parola scenica« genannt hat, das aus dem Konflikt gewonnene und den Konflikt gestisch übersteigernde musikalische Wort.

In den folgenden Jahren konnte es sich D. nicht leisten, konsequent der einmal erreichten Auffassung des Tragischen zu folgen. Er experimentierte, soweit es die Zahl der Aufträge zuließ, mit den Möglichkeiten der mittleren Ausdruckslage, wie sie die Semi-seria anzubieten schien, und war damit mindestens in zwei Opern, die seiner Vorliebe für die deutsche oder französische Romantik entgegenkamen, sehr erfolgreich: *Il furioso all'isola di San Domingo* und *Torquato Tasso* (beide Ferretti; Rom 1833). Für *Parisina* (Florenz 1833) und *Lucrezia Borgia* (Mailand 1833) kehrte der Komponist zur opera seria und zu Romani als Librettisten zurück. Die dramaturgisch wie poetisch glänzenden Adaptationen von Byrons Erzählung bzw. Victor Hugos Schauerdrama für die Opernbühne beflügelten D. zu einigen seiner genialsten musikalischen Eingebungen: die Traumszene zwischen Parisina und dem sie belauschenden, eifersüchtig-blutrünstigen Gatten fanden schon die Zeitgenossen wie Alexandre Dumas eine Gipfelleistung der italienischen Oper. Die romantische Nachtszenerie der *Lucrezia Borgia* mit ihren ins Sensationelle aufgegipfelten Handlungskonstellationen ließ D. zeitweilig ganz auf die Konvention verzichten. So gibt es weder ein breit ausgeführtes Concertato noch ein der Form genügendes Duett. Stattdessen werden die Arien und die Chorszenen zu ausdrucksstarken Ensembleszenen umgedeutet, wie es der Augenblick auf der Bühne verlangt.

Das große, ganz der eigenen Musikauffassung verpflichtete Drama sollte *Maria Stuarda* – nach Schillers Tragödie von Giuseppe Bardari in ein brauchbares, wenn auch rohes Libretto umgearbeitet – werden. Das in kurzer Zeit und wie aus einem Guß entstandene Werk, das alle Vorzüge früherer Tragödien mit ganz neuen Wirkungen wie dem Duett der beiden Königinnen oder dem herrlichen Finale der Maria Stuarda ergänzte, wurde 1834 in Neapel ein Opfer der Zensur, bei seiner verspäteten Premiere in musikalischer Neufassung an der Mailänder Scala (1835) ein Opfer der Indisposition der Maria Malibran.

So warf der junge Salvadore Cammarano all seine Bildphantasie und Effekthascherei, die später auch seine Libretti für Verdi auszeichnen, auf Walter Scotts Novelle »The Bride of Lammermoor« (1819) und stimulierte D.s Romantizismus aufs Äußerste zu *Lucia di Lammermoor* (Neapel 1835). Die krasse Beschränkung auf die drei einander in Liebe und Haß verbundenen, ganz in ihre tragische Konstellation eingesponnenen Figuren, hat D. zu einer die Formkategorien der Arie sprengenden Seelenmalerei in der Einzelszene genutzt, bei der den schwärmerischen Auftrittsarien im Schlußakt die getrennten Sterbeszenen entgegengestellt werden. Mit einer Vertauschung der erwarteten Aria finale, die von der Primadonna auf den Tenor übergeht, gelingt es dem Dramatiker D., das Zerbrechen einer ganzen Welt nachfühlbar zu machen. Lucias Wahnsinnsarie, Bravournummer aller Bravournummern, führt die zu abenteuerlichen Schwierigkeiten erhobene Koloraturtechnik bis an den Punkt, an dem das Zerfallen der Melodie und das Zerfallen der Identität Lucias ein und dasselbe werden. Der scheinbare Formalismus der Arie, im Vergleich zu den Wahnsinnsszenen bei Bellini, gehört aber unbedingt zu D.s dramaturgischer Absicht und ist, wenn er nicht als Ausdrucksträger begriffen wird, falsch eingesetzt. Die Fülle der Kantilenen, der atmosphärisch dichten Schauerszenen, die Palette der Orchesterfarben lassen die Sonderstellung des Werks unter selbst den besten anderen Schöpfungen des Maestro erkennen. Kein Wunder, daß auch das Concertato im Finale des zweiten Akts den Höhepunkt dieser Gattung in der ersten Hälfte des Jahrhunderts bildet. Der formale Aufbau des Cantabile steigert sich vom Duett Edgardo/Enrico zum versprochenen Quartett der Hauptstimmen (einschließlich Raimondos), um dann in einem zweiten Teil die Randsolisten (als selbständige Chorstimmen), den Chor und das volle Orchester von Melodiebogen zu Melodiebogen in glänzender Verschränkung der Stimmen, aber auch der Motive zu einem weit hinausgezögerten Kulminationspunkt zu bringen.

In den Opern nach 1836 tritt, nunmehr in betontem Anschluß an die französische Oper, das dramatische Element in der Organisation seiner Werke als Ganzes unmißverständlicher hervor. Am eindringlichsten gelangen D. die beiden letzten Werke für Neapel: *Roberto Devereux, ossia Il conte di Essex* (Cammarano; 1837) schließt die Reihe der englischen Königsdramen ab. D. bewahrt darin äußerlich das überkommene Formenrepertoire, paßt es aber der dramatischen Notwendigkeit des Handlungsgangs nuanciert an. So ist der Mittelteil des Duetts Sara-Nottingham als ein zerrissener Dialog dem durchgehenden Marschrhythmus übergelegt, der – von außen hereindringend – Robertos Gang zum Schafott bezeichnet. *Poliuto* (Cammarano; Neapel 1848) markiert dann den Übergang nach Frankreich. Die Märtyrertragödie nach Pierre Corneille strebt nach einer Verbindung der großen Oper mit dem szenischen Oratorium, nach dem Ausgleich von ekstatischer Selbstentrückung der Protagonisten und öffentlicher Teilnahme am unbegreiflichen Geschehen durch das betroffene Ensemble. Nirgends vorher war die Entgrenzung der musikalischen Einbildungskraft so sehr vom metaphysischen Gehalt des Werks her erforderlich, nirgends bot sich die Bühne so zu einem Welttheater des Chors an. So sind es vor allem die monumentalen, ganze Akte beherrschenden Chorszenen, die dem Werk das Gepräge geben. Ein Bild wie das Tempelbild des zweiten Akts mit einleitendem, auf späteste Wirkungen hin bedachtem und zunächst fast amorph wirkendem Priestergesang, aufgeregter und aufgelöster Volksaussprache, feierlichem Verhör, großartig erfundenem, jeden Effekt bei vollkommener Gegenwart der Musik hinausschiebendem Sextett und der forciert wiederkehrenden Melodie des Priesterchors, der apotheotisch in die Cabaletta des Finales einbricht: Eine solche vom letzten Ton her konzipierte Ensembleszene ist ohne das genaueste Studium der »Huguenots« von Meyerbeer sowenig denkbar wie umgekehrt das zweite Finale von Meyerbeers »Prophète« (1849) und die Triumphszene von Verdis »Aida« (1871) ohne diese Gipfelleistung von D.s dramatischer Kunst.

Wieder verhindert die Zensur die Aufführung eines als Hauptwerk geplanten Stücks, diesmal aus Rücksicht auf die religiösen Empfindungen der Orthodoxie. D. zog die Konsequenzen. Seit der Tod seiner Frau Virginia Vasselli (1837) ihn aus den Bahnen einer bürgerlichen Existenz geworfen hatte, war die Rastlosigkeit zum vorstechenden Kennzeichen auch seines künstlerischen Lebens geworden. Nach der Ablehnung des *Poliuto* kehrte er Neapel den Rücken und ging nach Paris. Dort gelang es ihm in kurzer Frist, gegen den Widerstand eines Teils der französischen Presse, vor allem gegen die heftigen Angriffe Berlioz', sich als eine Macht im Musikleben der Metropole zu etablieren. Da D. schon in den letzten Werken für Neapel nach einem Ausgleich mit dem französischen Ideal gestrebt hatte, fiel ihm jetzt die Umstellung leichter als Bellini oder selbst Rossini.

Zum Erfolg von *La Fille du régiment* (J. H. Vernoy de Saint-Georges und J.-F. A. Bayard; Paris 1840) trug das geistreiche Spiel des Komponisten mit den nationalen Musikstilen im zweiten Akt bei. Für *Les Martyrs* (Paris 1840), die französische Fassung von *Poliuto*, hatte Eugène Scribe ein neues, auf vier Akte erweitertes Libretto geschrieben, das einerseits die Verbindung zu Corneilles Tragödie »Polyeucte« (1642) deutlicher hervorhob, andererseits die Züge des romantischen Historiengemäldes verstärkte. Trotz frostiger Aufnahme des Werks bei der Premiere kämpfte D. um seinen Erfolg an der Oper: Aus einem dreiaktigen Melodram *L'Ange de Nisida* (Alphonse Royer und Gustave Vaez) für das Théâtre de la Renaissance schuf er sein vieraktiges Meisterwerk *La Favorite* (Paris 1840), zu deren Fertigstellung er sich auch vereinzelter Anleihen aus seiner nie vollendeten Oper *Le Duc d'Albe* bediente. Sie erlebte bei ihrer Uraufführung einen glänzenden Erfolg und gab ihm für die wenigen verbleibenden Jahre eine unangreifbare Ausnahmestellung.

In seinen letzten Opern gelingen D. herausragende Leistungen in jedem Genre und für jede Besetzung. Es ist, als ob er aus einem nicht endenden Strom melodischer und dramatischer Einbildungskraft schöpfen konnte, unbekümmert um Konvention und Kunstanspruch zugleich. Er schreibt aus der ihn stimulierenden Bühnensituation heraus, wählt das nächstliegende Formkonzept und integriert es der dramaturgischen Spannung der Einzelnummer oder des Tableaus. Souverän wählt er die für die Wirkung unabdingbaren Rahmenbedingungen, wenn er für Mailand oder Wien schreibt. Sonst aber ist er im unaufhörlichen Prozeß seines Schreibens nur noch an der inneren Welt seiner melodischen Visionen interessiert. So ist *Maria Padilla* (Rossi; Mailand 1841) ein düsteres Schauerstück aus der spanischen Geschichte, in dem sich einmal mehr seine am Gräßlichen entzündete Phantasie in extremen Situationen bewährt; so ist fast gleichzeitig die noch einmal beschworene Idylle der Bergwelt in *Linda di Chamounix* (Rossi; Wien 1842) in jugendlicher Frische auf die Bühne gebracht. Ein breit ausgeführtes Dorfgemälde und die ergreifende Studie einer vermeintlichen ›Traviata‹ durchdringen sich in diesem bis in jedes Detail luziden Werk auf einzigartige Weise. Zurecht wurde gerade dieses, aus der romantischen Mode ganz ausbrechende Stück zu einem der bleibenden Erfolge der italienischen Oper im 19. Jahrhundert. *Don Pasquale* (Giovanni

Ruffini und D.; Paris 1843), die vollkommenste opera buffa seit Rossinis »Barbiere di Siviglia«, löste ein halbes Jahr später am Théâtre Italien einen womöglich noch größeren Taumel der Begeisterung aus. Die Komödie für Figuren – späte Apotheose des italienischen Improvisationstheaters – wurde von D. mit so souveräner Charakterisierung jeder einzelnen Person, mit so überwältigender Herausarbeitung der komischen Effekte, mit solchem Zauber der Märchenverwandlung in Musik gesetzt, daß man sich noch heute fragen muß, ob die opera buffa nicht doch dem Sprechtheater grundsätzlich überlegen sei. Gleichzeitig schrieb der Komponist die Tragödie *Maria di Rohan* (Cammarano, Wien 1842), die in der Fülle und Ausdrucksvielfalt der Arien, in der unangestrengten Dichte des dramaturgischen Aufbaus und in der Farbigkeit der Instrumentierung beinahe jede der anderen ernsten Opern D.s übertrifft.

Bei den hastig aufgenommenen, dann in zähem Streit mit der Intendanz weitergeführten Arbeiten für eine neue Historienoper, *Dom Sébastien, Roi du Portugal* (Eugène Scribe; Paris 1843), brach das Unheil über D. herein. Nur mühsam gelang ihm diesmal der Abschluß der Komposition. Das lange Ringen mit Scribe als Textdichter um die genaue Formulierung einzelner Textstellen war ebenso Ausdruck der Erschöpfung wie die verzweifelten Eskapaden bei den Proben. Das Jahr 1844 verbrachte D. noch in schwankenden Gesundheitszuständen, doch die Hoffnung der Freunde auf Erholung nach der Wintersaison erwies sich als trügerisch. Die jäh ausbrechende Geisteskrankheit verschlechterte sich rasch. Die letzten Jahre war der Komponist durch die Folgen einer syphilitischen Erkrankung nicht mehr zurechnungsfähig. Er wurde in Bergamo von seinem Bruder und seinem Neffen betreut. Dem strahlenden Aufstieg Verdis konnte D., der so sehr den Boden für dessen Musik der »parole sceniche« vorbereitet hatte, kein Werk mehr entgegensetzen. Die Wiederentdeckung des Dramatikers D. in den letzten Jahrzehnten hat aber nicht nur den Rang, sondern auch die unmittelbare Wirkungskraft seines Werks für die heutige Bühne nachdrücklich unter Beweis gestellt.

Noten: G. Ricordi; Edizione Critica delle Opere di G. D., hrsg. von G. Dotto u. a., Mailand 1992 ff.

Dokumente: Zavadini, G.: D. Vita, musiche, epistolario, Bergamo 1948. Bini, A. und Commons, J.: Le prime rappresentazioni delle opere di D. nella stampa coeva, Rom und Mailand 1997.

Bibliographie: Cassaro, J. P.: D. A Guide to Research, N. Y. 2000.

Periodica: Studi donezettiani, Bergamo 1972 ff. Journal of the D. Society, Ldn. 1978 ff.

Literatur: Weinstock. H.: D. and the World of Opera, Ldn. 1964; dt. Aldiswil 1983. Ashbrook. W.: D. and His Opera, Cambridge 1982; ital. Turin 1986. G. D., hrsg. von G. Tintori, Mailand 1983. Gossett, Ph.: Anna Bolena and the Artistic Maturity of G. D., Oxford 1985. L'opera teatrale di G. D. Atti del Convegno Internazionale di Studio. Bergamo 1992, hrsg. von Fr. Bellotto, Bergamo 1993 [Kongr.-Ber.]. Walter, M.: Kompositorischer Arbeitsprozeß und Werkcharakter bei D. *in* Studi musicali 26 (1997), 445–518. D. e i teatri napoletani nell'Ottocento, hrsg. von F. Manchini und S. Ragni, Neapel 1997. Convegno Internazionale D. Parigi e Vienna. Rom 1998, Wien 2000 [Kongr.-Ber.]. Il teatro D., hrsg. von E. Comuzio, Bergamo 2001.

Norbert Miller

Dowland, John

Geb. 1563 vermutlich in London; begraben 20. 2. 1626 in London

D. ist der bedeutendste Lautenist und Komponist von Lautenliedern und Lautenmusik in England um die Wende vom 16. zum 17. Jahrhundert. Seine Lautenlieder, 1597, 1600, 1603 und 1612 in vier Büchern gedruckt (weitere Lautenlieder enthält die 1610 von D.s Sohn Robert edierte Sammlung *A Musicall Banquet*), verbreiteten seinen Ruhm rasch nicht allein in England, sondern auch auf dem Kontinent, allein das erste, Muster für zahllose ähnliche Drucke der folgenden Jahre, erlebte bis 1613 wenigstens fünf, vermutlich sogar sechs Neuauflagen. Kein Wunder, daß man D. schon 1598 zusammen mit Tallis, Byrd, Bull und Thomas Morley zu Englands »excellent Musitians« zählte.

Den Plan, auch seine solistische Lautenmusik in einem eigenen Buch zu publizieren, hat D. nie realisiert. Nur wenige Kompositionen erschienen im Druck, die meisten kursierten in zahlreichen Abschriften. Viele, darunter an erster Stelle D.s wohl berühmteste Komposition überhaupt, die Pavane *Lachrimae*, wurden von Meistern wie Byrd, Bull, Thomas Morley u. a. für Virginal oder Consort arrangiert. Auch D. selbst bearbeitete *Lachrimae* für fünfstimmiges Consort und Laute: Er machte daraus *Seaven Passionate Pavans*, die er zusammen »with divers other Pavans, Galiards, and Almands« unter dem Titel *Lachrimae, or Seaven Teares* 1604 veröffentlichte. Zu D.s Œuvre zählen schließlich noch geistliche Vokalwerke: sechs vierstimmige Harmonisierungen von Psalmmelodien (1592 gedruckt), sieben handschriftlich erhaltene Begräbnispsalmen sowie zwei mehrstimmige Vokalstücke (1614 gedruckt). Zu erwähnen ist endlich noch D.s 1609 erschienene Übersetzung von Andreas Ornitoparchs *Micrologus* (1. Ausgabe Leipzig 1517).

Trotz seines frühen Ruhms waren D.s Bemühungen um einen Posten als Lautenist am englischen Hof lange Zeit vergeblich. Seine erste große Stellung führte ihn vielmehr 1598 als Lautenist an den Hof Christians IV. von Dänemark. (Auch zuvor hatte er sich schon mehrfach auf dem Kontinent aufgehalten: 1580–1584 in Diensten des englischen Botschafters in Paris und 1594–95 zu einer Reise, die ihn über die Höfe von Wolfenbüttel und Kassel nach Italien führte, wo er bis nach Florenz kam.) 1606 in Kopenhagen entlassen, erhielt er endlich 1612, als fast 50jähriger, die langersehnte Anstellung am englischen Hof. Dieser Höhepunkt seiner beruflichen Laufbahn fiel freilich zusammen mit einem offenbar schwindenden Ansehen als Komponist. Denn D. verteidigte sich in einem ausführlichen Vorwort zu seinem vierten Liederbuch, *A Pilgrims Solace*, energisch gegen den Vorwurf, altmodisch zu sein.

Kritik an einer bestimmten Art, Lieder (»Ayres«, wie sie damals auch hießen) zu schreiben, hatte schon 1601 D.s Zeitgenosse Thomas Campian geäußert und vor allem lange Präludien, häufige Pausen, Imitationen, rhythmische Komplizierungen und Tonmalereien abgelehnt. Zwar mag es sein, daß Campians Ausfälle primär dem Consort-Song galten, dieser (grob formuliert) instrumentalen Fantasie mit vokalem Cantus firmus, wie sie insbesondere Byrd zu schreiben pflegte. Aber auch bei D. finden sich zahlreiche Belege einer Vorliebe für die kontrapunktische Schreibweise. Sie begegnet schon in seinen Solostücken für die Laute, insbesondere in den Fantasien, aber auch in manchen der Pavanen und Galliarden, wobei naturgemäß die Möglichkeiten des Instruments einer strengen Polyphonie Grenzen setzen. (In den Bearbeitungen einiger dieser Lautentänze für den *Lachrimae*-Druck und seine Consort-Besetzung spielen solche Grenzen natürlich keine Rolle mehr.)

Seine Lautenlieder, mit denen D. gleichsam auf einen Schlag einen bislang in England schriftlosen »Usus« zur schriftlich fixierten »Ars« erhob (1596 war zum erstenmal eine Sammlung von Liedern mit intavoliertem Lautenpart in England im Druck erschienen), offenbaren erneut seine Vorliebe für einen durchgearbeiteten Satz, in dem Gesangsstimme und Laute einander wechselseitig ergänzen und klare Präferenzen für den einen oder anderen Partner fehlen. Gibt z. B. im fünften Lied des Ersten Buches, *Can She excuse My Wrongs*, zu Beginn der Sänger den Ton an, so tritt im zweiten und dritten Teil die Laute in den Vordergrund, während der Gesangspart sich meist auf Tonrepetitionen beschränkt. Werden solche Verfahren einer individuellen Gestaltung von Laute und Gesang intensiviert und weiter differenziert, entstehen kontrapunktisch durchgearbeitete Lieder wie etwa *All ye, whom Love or Fortune* (Erstes Buch, Nr. 14), *I saw my Lady weep* (Zweites Buch, Nr. 1) oder die religiösen Gesänge Nr. 12 bis 17 aus *A Pilgrims Solace*. Solche Stücke, die dem Consort-Song Byrdscher Prägung recht nahekommen, sind in der Tat vom Ideal einer kurzen, unkomplizierten, unterhaltenden »Ayre«, wie sie Campian, aber auch 1597 schon Morley propagierte, weit entfernt. Das gilt gleichermaßen für die meist ernsten, dem melancholischen Lebensgefühl am Ende der elisabethanischen Zeit Ausdruck gebenden Texte, in denen Begriffe wie Leid, Trauer und Schmerz dominieren (Auch in seiner Instrumentalmusik hat D. dieser Mode Tribut gezollt; Titel wie *Melancholy Galliard, Lachrimae* oder *Semper Dowland semper dolens* sprechen für sich).

Fixiert war D. auf den kontrapunktischen Stil freilich nicht. Je nach den wechselnden Texten der Lieder, ihren musikalischen Vorlagen (zahlreiche Stücke sind nicht viel mehr als textierte Lautentänze) oder ihrer Bestimmung für den privaten bzw. öffentlichen Bereich (manche Lieder, etwa die Dialoge, schrieb D. vermutlich für Bühnenstücke) wechselten die musikalischen Stile. Auf der einen Seite stehen die eher ›mehrstimmigen‹ Lieder, für die vor allem D. zusätzliche mehrstimmig-vokale Fassungen bereitstellte: Ihre Vorbilder reichen vom Consort-Song bis zur heiter-unverbindlichen, akkordisch-homophonen Kanzonette. Auf der anderen Seite gibt es die ausgesprochen ›solistischen‹ Lieder: Teils sind sie eher auf Wirkung nach außen angelegt, wenden sich also an ein (imaginäres oder reales) Publikum, teils präsentieren sie sich als ausdrucksstarke Monologe. Höhepunkte von D.s Liedkunst sind Stücke wie etwa *In Darknesse let Me dwell* aus dem *Musicall Banquet*. Einerseits verschmelzen hier die Merkmale des mehrstimmigen mit denen des solistischen Stils zu einer Faktur, die allen Nuancen des hochexpressiven Textes gerecht wird, andererseits werden aber auch die Forderungen nach einer musikalisch sinnvollen Formgebung erfüllt.

Noten: Lachrimae or Seaven Teares, hrsg. von P. WARLOCK, Ldn. 1927. The First Book of Ayres, Ldn. 1965. Second Book of Songs, Ldn. 1969. The Third Book of Songs, Ldn. 1970. A Pilgrims Solace, Ldn. 1969, alle *in* The English Lute-Songs, Ser. I, hrsg. von E. H. FELLOWES; rev. von Th. DART. The Collected Lute Music of J. D., hrsg. von D. POULTON und B. LAM, Ldn. 1974.
Literatur: POULTON, D.: J. D. His Life and Works, Berkeley und Los Angeles 1972, ²1982. SOMMERROCK, U.: Das englische Lautenlied (1597–1622), Regensburg 1990. KELNBERGER, CHR.: Text und Musik bei J. D., Passau 1999.

Walter Werbeck

Dufay, Guillaume

Geb. um 1400 in der Nähe oder in Cambrai; gest. 27. 11. 1474 in Cambrai

Von seinem 1982–83 entstandenen, von einer dreistimmigen Chanson D.s ausgehenden Duo für Geige und Cello »adieu m'amour« sagte der 1944 geborene Komponist Mathias Spahlinger, er verstehe es »als verbeugung vor einer geliebten tradition, an die wir nicht heranreichen, die sich dem besitzerischen zugriff entzieht, sich nicht rekonstruieren läßt«, und D.s Musik gehöre einer Tradition an, »die als sich entfernende schmerzliche erfahren« werde (Spahlinger, 34). Spahlinger insistiert demnach auf der Ferne G. D.s, auf der Fremdheit jenes Renaissancekomponisten, dessen Bedeutung für die europäische Musikgeschichte des 15. Jahrhunderts ohne Übertreibung mit jener Beethovens für das 19. Jahrhundert verglichen werden kann.

Zwischen 1947 und 1966 sind alle Werke D.s in einer Gesamtausgabe veröffentlicht worden, seit gut einem Jahrhundert hat die Musikforschung Schritt für Schritt biographische Mosaiksteinchen zum Bild einer internationalen Karriere zusammengefügt, die in D.s Zeit ohne Vergleich ist. In seinen späten Jahren in Cambrai, dem Vierteljahrhundert von 1440 bis zu seinem Tod 1474, schuf D. jene ›klassische Vokalpolyphonie‹, die das Zentrale der ›Renaissancemusik‹ darstellt. Ockeghem, Josquin, Willaert und Lasso entwickelten sie weiter, aber D. ist deren Schöpfer und ihr erster überragender Meister.

Es steht außer Frage, daß D. zu den bedeutendsten Persönlichkeiten der abendländischen – nicht bloß Musik-, sondern – Kulturgeschichte zählt. Gleichwohl stimmt Spahlingers Wort, wonach sich diese Musik »dem besitzenden zugriff« entziehe. D.s säkulare Bedeutung ist in unserer Zeit Musikgeschichte und allenfalls den Spezialisten eine auch hörend nachvollziehbare Tatsache. Der Musikhistoriker kann die hochkomplizierten kompositorischen Verfahren, mit welchen D. in seiner Motette *Nuper rosarum flores* zur Weihe des Domes von Florenz 1436 höchsten Kunstverstand und tiefe Bedeutung (etwa durch hörend nicht nachvollziehbare Zahlensymbolik) miteinander verband, analytisch nachweisen. Er kann belegen, daß D.s Kühnheit jener des Erbauers dieser Domkuppel, Filippo Brunelleschi, in keiner Weise nachsteht, doch derartige musikgeschichtliche Aussagen bleiben historische Fakten, die nicht einmal durch ästhetische Mißverständnisse, wie sie etwa den Palestrina-Kult seit dem 17. Jahrhundert kennzeichneten, zu einer ästhetisch nachvollziehbaren Größe werden können. Die gleichzeitige Einsicht in diese Größe und deren Fremdheit heute machte Spahlinger 1982–83 zum ›Thema‹ seines »adieu m'amour«.

Drei Gattungen bestimmen D.s Gesamtschaffen: Das zyklische Meßordinarium (die Cantusfirmus-Messe), der weltliche (in erster Linie französische) Liedsatz (die Chanson) und die Motette. Bereits im Spätmittelalter, bei Guillaume de Machaut im 14. Jahrhundert, war die lateinische Motette zu einer zwar repräsentativen, aber nicht eigentlich geschichtsträchtigen Gattung geworden; D.s 13 große isorhythmischen Motetten sind fast ausnahmslos Werke, die aus Anlaß bedeutender, datierbarer (kirchen)politischer Gelegenheiten entstanden. Die formalen Grundrisse sind Weiterführungen derjenigen des vorangehenden Jahrhunderts, selbst wenn die harmonischen und melodischen Mittel durchaus die der neuen Musik sind, welche D. und seine Zeitgenossen um 1430 geschaffen haben. Den Liedsatz seiner Vorgänger hingegen transformiert D. grundlegend; hier geht, erstmals in der Musikgeschichte, die Musik auf die Textinhalte, nicht mehr bloß auf die Textstruktur ein. Musik drückt erstmals den Text aus. – Das zyklische Meßordinarium hingegen, wie es seit der Jahrhundertmitte mit Werken wie der *Missa Se la face ay pale* vorliegt, ist D.s eigenem Ingenium zuzuschreiben, ungeachtet der zahlreichen und bedeutenden Anregungen, welche er der englischen Musik des frühesten 15. Jahrhunderts verdankt. Der Weg von derartigen Messen zur kurz vor dem Tode entstandenen *Missa Ave regina cœlorum*, läßt alle Vorbilder und Zeitgenossen weit hinter sich.

D. verkörpert in musikgeschichtlich einzigartiger Weise die Fusion eines kühnen Neuerers und eines Weiterführers älterer Traditionen mit jener eines musikalischen Enzyklopädisten. Dieser Enzyklopädist griff auf eine vorher nie dagewesene – und auch später äußerst seltene – Weise unterschiedliche Kulturen, die ›niederländische‹ des transalpinen Nordens, die englische und die italienische, auf und verschmolz sie zu einem Ganzen, das nun seinerseits in all jene Kulturen zurückwirkte, die bei dessen Genese durch D. ursprünglich Pate gestanden hatten. Seit D.s Musik um die Mitte des 15. Jahrhunderts gibt es ein abendländisches musikalisches Idiom; D. ist der Schöpfer des Abendländischen in der Musik. Dieses allen Gemeinsame des musikalischen Satzes wird sich in der Folge in den verschiedenen Sprachregionen auf unterschiedliche Weise ausdifferenzieren, anders in der französischen Chanson eines Josquin als in einem deutschen Liedsatz von Paul Hofhaymer. Aber seine Prinzipien sind in der Kunstmusik des ganzen europäischen Abendlandes seit und durch D. dieselben.

Cambrai und seine Kathedrale bilden den geographischen Mittelpunkt von D.s Leben. Dort sang er von 1409–12 als Chorknabe; Richard Loqueville war der ihm vorgesetzte »magister puerorum« und wohl auch sein eigentlicher Kompositionslehrer. Möglicherweise weilte er während des Konzils in Konstanz und knüpfte dort für seine Zukunft bedeutungsvolle internationale Kontakte. 1420–1426 stand er in Pesaro im Dienst der Malatesta: Die italienische Musik des späten Trecento hinterließ deutliche Spuren in den damals geschriebenen Werken. Dann läßt sich D. in Laon 1426–27 nachweisen; das ist wahrscheinlich die Zeit der intensiven Auseinandersetzung mit englischer Musik (Leonel Power, Dunstable). Vom Dezember 1428 bis August 1433 und wieder vom Juni 1435 bis Juni 1437 ist D. Sänger der päpstlichen Kapelle in Rom, einem der Zentren der europäischen Musikkultur. 1433 setzten die langjährigen Verbindungen mit dem Hof der d'Este in Ferrara ein, ein Jahr später die noch intensiveren zu Herzog Louis von Savoyen, bei dem D. 1437–39 und 1451–58 fest angestellt war. Bereits 1436 wurde er Kanoniker der Kathedrale von Cambrai, wo D. seit 1440 und nach der Rückkehr vom savoyischen Hofe 1458 bis zu seinem Tode als eine europäische Berühmtheit residierte. Zu ihm pilgerten die größten Musiker, darunter Johannes Tinctoris und Ockeghem.

D.s internationalem Ruhm seit der Zeit um 1430 entspricht die Überlieferung seines Schaffens in über 70 Handschriften von Spanien bis Böhmen. Während die Forschung heute davon ausgeht, daß der Großteil von D.s Schaffen bis zur Jahrhundertmitte darin überliefert ist, fehlen für einige nachgewiesene Spätwerke bisher die Quellen, so insbesondere für das um 1470 komponierte *Requiem*. Vereinzelte anonym überlieferte Werke sind – mit mehr oder weniger großer Wahrscheinlichkeit – D. zuweisbar.

D.s Leben ist geprägt durch enge Verbindungen nicht bloß zur Kathedrale von Cambrai, sondern zu den wichtigsten kirchlichen Institutionen überhaupt, allen voran zur päpstlichen Kapelle. Das spiegelt sich auf bedeutungsvolle Weise in seinem Schaffen: Die liturgische Musik für Messe und Stundengebet, aber auch für geistliche Andachten, ist bei D. – erstmals nach fast zwei Jahrhunderten – zentral. Insbesondere zu Beginn seiner internationalen Karriere als Sänger und Komponist nehmen Werke, die gregorianische Melodien verarbeiten, breiten Raum ein. Dabei wurde die gregorianische Melodie durch Rhythmisierung und Verbindungstöne zu einer ›modernen‹ Melodie verändert und harmonisiert. Das bekannteste Werk ist in diesem Bereich ein in den dreißiger Jahren komponierter dreistimmiger Hymnenzyklus in 27 Teilen; ihm zur Seite steht eine Reihe von gleichfalls dreistimmigen Marien- und Magnificat-Antiphonen für das Officium, sowie einigen Sequenzen, Alleluias und Introitus für die Messe. Von diesen schlichten Sätzen verwenden zahlreiche den nach Heinrich Besselers Überzeugung von D. geschaffenen Fauxbourdon: Im dreistimmigen Satz verläuft die Mittelstimme in parallelen Unterquarten zur Oberstimme, ohne indessen den »Vollklang« zu vernachlässigen. Gerade diese scheinbar schlichten liturgischen Sätze sind musikgeschichtlich von größter Bedeutung: Hier wurde ein genuin vokaler Satz geschaffen, Vokalität überhaupt zur zentralen Idee polyphonen Komponierens gemacht. Eine – im strengen Sinne – liturgisch funktionale Musik ist hier gleichzeitig – durch die Choralverarbeitung – in die Tradition und ins musikalisch Neue eingebunden. D.s »Gebrauchsmusik« überträgt sozusagen das, was bislang nur im Choral möglich erschien, Funktionalität und eine spezifische Vokalität, auf die mehrstimmige Kunstmusik.

Gegenüber der kunstvollen Schlichtheit und der Modernität des musikalischen Satzes von derartigen Choralbearbeitungen in einem feststehenden liturgischen Rahmen erscheinen die großen Motetten, trotz ihres durchaus zeitgenössischen harmonischen Vollklangs, rückwärtsgewandt. Das lag, wie angedeutet, zunächst an der Gattung. Dazu kommt, daß diese ›Gelegenheitsmotetten‹ durchwegs vor 1440 entstanden. Sind die liturgischen Werke durch eine Schlichtheit gekennzeichnet, welche das Kunstvolle zu verbergen trachtet, machte D. in seinen großen Motetten deren Kunstprinzip geradezu offensichtlich, etwa durch die – hörend nachvollziehbare – mehrfache Durchführung des Tenor-cantus-firmus in unterschiedlichen Mensurierungen und durch die gleichzeitige Verwendung mehrerer Texte. – In seinen letzten Jahren in Cambrai schrieb D. offenbar kaum mehr Motetten; die wenigen, die in diese späte Zeit zu datieren sind, haben mit den frühen wenig gemeinsam. Das gilt ganz besonders für sein vierstimmiges *Ave regina cœlorum*: Wie in den liturgischen Werken wird zwar auch hier die gregorianische Melodie verarbeitet, der alte Antiphonentext aber um eine individuelle Bitte um Erbarmen erweitert: »Miserere tui labentis Dufay«. Diese Motette ist dann ihrerseits wieder der Ausgangspunkt von D.s wahrscheinlich letzter Messe, der *Missa Ave regina cœlorum*, welche immer wieder als eine der bedeutendsten Kompositionen der Renaissance bezeichnet worden ist.

Neben zahlreichen alleinstehenden, in erster Linie Kyrie- und Gloria-Sätzen sind D. mit Sicherheit nur ein dreistimmiger und fünf vierstimmige vollständige Meßordinarien zuzuschreiben; bei drei weiteren Messen ist die Authentizität umstritten. Laurence Feininger schrieb darüber hinaus in seinen »Monumenta polyphoniae liturgicae« (Rom 1497ff.) elf drei- und drei vierstimmige, anonym überlieferte Messen D. zu, doch der Großteil dieser Zuschreibungen ist inzwischen von der jüngeren Forschung verworfen worden.

In der sicherlich frühesten Messe, der dreistimmigen *Missa sine nomine* (deren Echtheit allerdings nicht gesichert ist), fehlt noch das, was die vierstimmigen Messen zu geschlossenen Werken machen wird: die musikalische Vereinheitlichung der fünf Ordinariumssätze durch die Wahl eines einzigen Modus, einheitlicher Satztechnik, analoger Mensurierung und gleichbleibender Stimmenzahl, vor allem aber durch D.s Übernahme eines englischen Vorbildes, nämlich der Verwendung ein und derselben Cantus-firmus-Melodie im Tenor eines jeden Meßsatzes. Darüber hinaus läßt D. einen jeden Satz mit demselben vierstimmigen Kopfmotiv beginnen. Die auf diese Weise erfolgte musikalische Vereinheitlichung der Sätze des Ordinarium Missae ist ein ausschließlich ästhetisches Prinzip, denn die einzelnen Sätze haben in der Liturgie durchaus unterschiedliche Funktionen und sind im Meßritual auch zeitlich voneinander geschieden. Was D., seine Zeitgenossen und Nachfolger mit den zyklischen Meßordinarien schufen, waren Werke mit ›ästhetischem Überschuß‹: Die zur Anwendung gebrachten Kunstmittel überstiegen die liturgische Funktionalität und überformten sie. Gleichzeitig äußerte sich in dieser kunstvollen musikalischen Überformung von liturgisch-funktional Unterschiedlichem die neue Fähigkeit des Komponisten D., ein einst abstraktes mittelalterliches Weltharmonieverständnis nun durch musikalische Kunst konkret hörbar werden zu lassen.

D. schrieb weltliche Werke kontinuierlich seit seinem ersten Aufenthalt in Italien bis in die späten Jahre. Allerdings muß dabei bedacht werden, daß eine säuberliche Trennung in ›geistlich‹ und ›weltlich‹ bis zur Zeit der Gegenreformation, ein Jahrhundert nach D.s Tod, nicht denkbar war: Das ›Weltliche‹ war selbstverständlich in einem religiös verstandenen Ganzen aufgehoben. Die Unterschiede liegen vielmehr in der Funktionalität der Werke: D.s knappes Hundert weltlicher Liedsätze, größtenteils »rondeaux«, wurden für höfische Gesellschaften geschrieben. Diese sollten fähig sein, die Subtilität dieser Klangminiaturen, das raffinierte Eingehen des Komponisten auf Strukturen und Inhalte der Texte und die kunstvolle Balance zwischen ornamentalen Melismen und deklamatorischen Passagen nachzuvollziehen. Auf den ersten Blick sind hier, im Unterschied zu den anderen Gattungen, stilistische Veränderungen innerhalb eines halben Jahrhunderts schwer auszumachen. Sie liegen im mikrostrukturellen Bereich, sieht man von der Tatsache ab, daß nur der frühe D. »ballades« und bloß der spätere »virelais« schrieb. Doch diese Präferenzen sind literarischer, nicht musikalischer Art, handelt es sich doch in jedem Falle um textlich »fixierte Formen«. Welchen Rang diese weltlichen Werke im Selbstverständnis des Komponisten einnahmen, läßt sich auch an der

Tatsache ablesen, daß D. für jene Messe, mit der seine großen Tenor-cantus-firmus-Messen einsetzen, die *Missa Se la face ay pale*, den Tenor seiner gleichnamigen dreistimmigen »ballade« entnahm.

Noten: Opera omnia, hrsg. von H. BESSELER, Rom 1951–66 (CMM 1, 1–6); Bd. 1 rev. von D. FALLOWS, Neuhausen 1995.
Literatur: NITSCHKE, W.: Studien zu den Cantus-Firmus-Messen G. D.s, Bln. 1968. SPAHLINGER, M.: »adieu m'amour« in MusikTexte 2 (1983), 34–42. Papers Read at the D. Quincentenary Conference, hrsg. von A. W. ATLAS, Brooklyn 1976. WRIGHT, CR.: D. in Cambrai in JAMS 28 (1975), 175–229. FALLOWS, D.: D., Ldn. 1982; rev. ebd. ²1987. G. D., Mn. 1988 (MK 60) [mit Bibl. und WV]. LÜTTEKEN, L.: G. D. und die isorythmische Motette, Hbg. und Eisenach 1993. GÜLKE, P.: G. D. Musik des 15. Jahrhunderts, Stg. und Kassel 2003.

Jürg Stenzl

Dukas, Paul (Abraham)

Geb. 1. 10. 1865 in Paris;
gest. 17. 5. 1935 in Paris

D. entstammt einer elsässisch-jüdischen Familie. Die Ausbildung am Pariser Conservatoire führte ihn in die Kompositionsklasse Ernest Guirauds, wo er mit Debussy Freundschaft schloß. Als Zeugnis dieser Verbundenheit kann die Widmung von Debussys »La Demoiselle Élue« (1887–88) gelten. Doch läßt sich D. nicht umstandslos als Gefolgsmann oder Parteigänger Debussys bezeichnen. Freundschaftliche Verbindungen unterhielt D. auch zu d'Indy, dem Schüler Francks, und zu Édouard Dujardin, dem Herausgeber der Révue Wagnérienne. Die Breite der Einflüsse, von denen D. sich umgeben sah, schließt auch Saint-Saëns ein, den exemplarischen Vertreter eines geistvollbrillanten Klassizismus, dem D. zumindest in seiner *Symphonie C-dur* (1895–96) und selbst in seinem bekanntesten Stück, *L'Apprenti Sorcier, Scherzo d'après une ballade de Goethe* (»Der Zauberlehrling«; 1897) relativ nahekommt.

Der Versuch, D.' Musik nach Stiltendenzen ›einzuordnen‹, scheint demnach im Ansatz verfehlt. Sinnvoller bleibt eine Charakterisierung des Spannungsfeldes, innerhalb dessen D. – nach dem Zeugnis aller, die ihn kannten, ein Mensch von hoher literarischer, philosophischer Bildung, großem Ernst und Strenge gegen sich selbst – seinen Weg als Komponist suchte, fand und – rätselhaft genug – im besten Mannesalter aufgab. Spart man nämlich Studienwerke, Unveröffentlichtes (bzw. Vernichtetes) und einzelne Gelegenheitskompositionen aus, so umfaßt die Schaffenszeit D.' von den 80 Jahren seines Lebens kaum mehr als zwei Jahrzehnte. Sie reicht von der Ouvertüre zu Pierre Corneilles' *Polyeucte* (1891) bis zu dem Tanzpoem *La Péri* (1911–12). In diesem Zeitraum entstehen, außer den beiden zuvor genannten Orchesterwerken, zwei gewichtige Klavierkompositionen: die *Sonate es-moll* (1899–1901) und die *Variationen über ein Thema von Rameau* (ca. 1899–1902, gedruckt 1907), angeregt wohl durch D.' Mitarbeit an der Rameau-Gesamtausgabe, sodann als Hauptwerk die Oper *Ariane et Barbe-Bleue* (Paris 1907) nach einem ursprünglich für Grieg bestimmten Drama von Maurice Maeterlinck. An kleineren Werken fallen in den genannten Zeitraum die *Villanelle* für Horn und Klavier (1906, ein Wettbewerbsstück für die Hornklasse des Conservatoire), das *Prélude élégiaque* für Klavier über den Namen HAYDN zur 100. Wiederkehr seines Todestages (1909) sowie eine *Vocalise-étude* für Gesang und Klavier (1909). Nur zwei Kompositionen hat D. nach 1912 noch publiziert, beide in der Revue musicale: Für das *Tombeau de Debussy* das Klavierstück *La Plainte, au loin, du faune...* (1920), das im Titel, aber auch motivisch Bezug nimmt auf Debussys »L'après-midi d'un faune«, und die Vertonung eines *Sonetts* von Pierre Ronsard (1924).

Über die Gründe von D.' Verstummen ist viel gerätselt worden. Messiaen, Schüler D.', deutet an, die »allzu umfassende Bildung« habe »Zweifel, Unruhe und einen furchtbaren Skeptizismus ausgelöst, die sich auf das eigene Schaffen erstreckten und seine letzten 20 Jahre zum Schweigen verurteilten.« (Revue musicale 1936, 80). Belege solcher Skepsis lassen sich in D.' Briefen tatsächlich mehrfach finden, am eindrucksvollsten wohl schon in einem Brief vom Oktober 1893 an d'Indy. D. hatte zu jener Zeit die Arbeit an seinem ersten Opernprojekt (*Horn et Rimenhild*, nach einem eigenen Text) abgebrochen. Auch weitere Opernpläne blieben fragmentarisch. Man wird, neben der Andeutung Messiaens, auch in Betracht ziehen müssen, daß der Zeitpunkt, zu dem D. sich ins Schweigen zurückzieht, mit dem Einbruch der Neuen Musik zusammenfällt, wie ihn Paris an Stravinskys »Le sacre du printemps« (1913) erlebte. Schon 1912 war in der Revue musicale ein Aufsatz von Egon Wellesz über Schönberg und die Wiener Schule erschienen, begleitet von einem Abdruck der »Litanei« (dritter Satz aus Schönbergs »Zweitem Streichquartett« op. 10).

In seinen höchst lesenswerten Kritiken und Essays erwähnt D. Schönberg überhaupt nicht; von Stravinsky bespricht er nur »Les Noces« (1923) – trotz erkennbarer Reserve mit staunenswerter Objektivität. Begonnen hatte die Tätigkeit als Kritiker 1892 mit einem Bericht über die Londoner Aufführungen von Wagners »Ring des Nibelungen« unter Mahlers Leitung. Höhepunkte bilden die ingeniöse Rezension der Uraufführung von Debussys »Pelléas et Mélisande« und die Essays zum Werk Wagners, das für D. wie für viele andere französische Komponisten seiner Zeit schicksalhafte Bedeutung gewinnt. Dabei wendet sich D. gegen eine Imitation Wagners und sogar gegen Orientierung an dessen Theorien. Wagner selbst, so betont er in jenem Brief an d'Indy, habe seine Theorien nachträglich, als Rechtfertigung seiner spontan und frei geschaffenen Werke, niedergelegt. Wer ihm wahrhaft nachfolgen wolle, müsse etwas möglichst von Wagners Tendenz Unabhängiges schaffen und es dann, ebenfalls nachträglich, rechtfertigen.

Tatsächlich wahrt D. in seiner Oper, die zu den Hauptwerken des symbolistischen Musiktheaters zählt, weithin Unabhängigkeit von Wagner. Er verwendet eine relativ kleine Zahl von Motiven, die einem differenzierten Prinzip der Variantenbildung unterworfen werden. Die tonale Architektur breitet sich um das Zentrum Fis aus, auf dem die Oper beginnt, ihren ersten Höhepunkt (in der »Diamantenszene«) findet und schließt. Den Gegenpol bildet C-dur in der Mitte des zweiten Aktes, wenn Ariane aus dem unterirdischen Gewölbe den Weg zum Tageslicht findet. Meisterhaft ist die klangliche Gestaltung der Partitur. Sie weist einen eigenen Stil auf, verarbeitet aber dabei die Erfahrung von Wagners und Debussys Orchesterbehandlung. Schon die Anfangstakte mit ihrer eminent räumlichen Klangwirkung (leere Quint-Oktav-Klänge, rückend von Fis über Dis nach Ais) und dem bedrohlichen Baßmotiv geben einen Begriff davon, wie eigentümlich D. instrumentiert.

Das Sujet geht auf das »Blaubart«-Märchen von Charles Perrault zurück, von dem Maeterlinck jedoch kaum etwas übernimmt: Die Frauen sind nicht getötet, sondern gefangen. Ariane dringt, trotz strengen Verbots, in das unterirdische Verließ ein, um sie zu befreien, doch sie bleiben Gefangene im Banne Blaubarts, von dem sie sich nicht lösen können. »Kein Mensch will befreit werden«, man kann sich nur selbst befreien; so hat D. das Drama interpretiert (Revue musicale 1936), und man könnte in dieser Deutung auch eine Beziehung zu seiner eigenen, tragischen Situation als Komponist sehen. Es fehlte in seinen späteren Lebensjahren nicht an Anregungen und Hoffnungen auf weitere Werke aus seiner Feder; zumal Dujardin suchte D. zu überzeugen, er sei prädestiniert, ein französischer Wagner zu werden. Derart irrealer Zuspruch mußte auf D. eher belastend als seiner Kreativität förderlich wirken. Keines der größeren Werke, an denen er nach 1912 arbeitete – darunter eine zweite Symphonie, eine Oper nach Shakespeares »Sturm«, zwei Ballette und eine Violinsonate – ließ er auf die Nachwelt kommen. So mag es als Ironie der Geschichte erscheinen, daß D. im künstlerischen Anspruch zu Konzessionen absolut unfähig, im heutigen Musikleben fast nur noch mit dem *Zauberlehrling* präsent ist, einem Meisterwerk, das in der Umsetzung von Goethes Ballade artistische Perfektion mit einem Esprit vereint, dessen Funken auch auf ein breites Publikum, zumal auf jugendliche Hörer, unmittelbar überspringen. Dagegen ist *Ariane et Barbe-Bleue*, obwohl Arturo Toscanini (New York) und Zemlinsky (Wien), in jüngerer Zeit auch Gary Bertini (Paris, konzertante Aufführungen in Köln und Düsseldorf) und Ingo Metzmacher (Hamburg) sich nachdrücklich dafür einsetzten, noch immer ein ›Geheimtip‹ für anspruchsvolle Opernfreunde.

Noten: Durand (Paris).
Dokumente: Les Écrits de P. D. sur la Musique, Paris 1948. Correspondance de P. D., hrsg. von G. FAVRE, Paris 1971. Catalogue de l'exposition P. D., bearbeitet von FR. LESURE, Paris 1965.
Literatur: La Revue musicale, Mai 1936, Numero spécial consacré à P. D. [mit Beiträgen von P. VALÉRY, P. D., R. BRUSSEL, G. SAMAZEUILH, E. DUJARDIN, J. GUY-ROPARTZ, M. EMMANUEL und O. MESSIAEN]. FAVRE, G.: L'œuvre de P. D., Paris 1969. MOORE, W. A.: The Significance of late 19th Century French Wagnerisme in the Relationship of P. D. and E. Dujardin. A Study of Their Correspondences, Essays on Wagner and D.' opera Ariane et Barbe-Bleue, Diss. Austin (Texas), Ann Arbor 1986. SCHUBERT, G.: »Vibrierende Gedanken« und das »Katasterverfahren« der Analyse *in* Das Musikalische Kunstwerk, Fs. C. Dahlhaus, hrsg. von H. DANUSER u. a., Laaber 1988, 619–634. PALAUX-SIMONNET, B.: P. D. ou le musicien-sorcier, Genf 2001.

Peter Cahn

Dunstab(p)le, John

Geb. um 1395 in England;
gest. 24. 12. 1453, beerdigt in London

Daß wir vom persönlichen Leben der Komponisten aus dem Mittelalter und der Renaissance wenig wissen, ist ein Umstand, mit dem wir umzugehen gelernt haben, daß aber von J. D. – dem Bedeutendsten einer einflußreichen Gruppe von englischen Komponisten in der ersten Hälfte des 15. Jahrhunderts – diesbezüglich so gut wie nichts überliefert ist, bleibt dennoch erstaunlich. Er scheint durch das Leben gegangen zu sein, ohne Spuren zu hinterlassen, wären nicht seine Kompositionen, die in mehrfach überlieferten Handschriften ihren Weg zu uns gefunden haben. Um doch wenigstens eine vage Vorstellung von seiner Persönlichkeit zu gewinnen, setzen wir an der einzigen Quelle an, die eine konkrete Aussage macht: der Abschrift einer lateinischen Grabinschrift in einer heute zerstörten Londoner Kirche. D. ist demnach im Jahr 1453, »einen Tag vor Christi Geburt«, gestorben und wird als Musiker, Mathematiker und Astronom bezeichnet. Weniger konkret wird es, wenn wir nach seinen beruflichen Lebensumständen fragen. Hier bietet sich zum einen jene Hypothese an, die einer Randglosse in einem astronomischen Traktat folgt: nämlich daß D. sich im Gefolge des Herzogs von Bedford befand, folglich zumindest zeitweilig in Paris lebte. Nach einer anderen Hypothese war er Mitglied der Klostergemeinschaft in der Benediktinerabtei St. Alban in Hertfordshire, aber vielleicht war es auch ganz anders.

Wenn Johannes Tinctoris, einer der fundiertesten Musiktheoretiker seiner Zeit, von einer neuartigen Kunst spricht und dabei D., Binchois und Dufay als deren ›Urväter‹ angibt, so meint er damit jenen tiefgreifenden Stilwandel in der Musikgeschichte, der aus der fruchtbaren Wechselwirkung zwischen englischen und kontinentalen Komponisten entstanden ist und aus dem heraus sich ab ca. 1420 ein neues Repertoire entwickelt hat, welches auch als ›ars nova des 15. Jahrhunderts‹ bezeichnet wird. Der Beitrag D.s zu diesem Geschehen ist zwar noch nicht ganz geklärt, unter seinen Landsleuten Power, John Benet, John Bedingham und John Plummer gilt er jedenfalls als Leitfigur. Die Engländer waren Wegbereiter dieser neuen Kunst, die vor allem durch Harmonisierung des Tonsatzes im Vertikalen und durch Streben nach Konsonanz charakterisiert ist. Martin le Franc, ein Höfling Philipp des Guten, des Herzogs von Burgund, kennzeichnet diesen Geschmackswandel unter englischem Einfluß mit dem Begriff »contenance angloise«. Die »englische Haltung« ist an den Kompositionen direkt ablesbar: ›pankonsonanter‹ Kontrapunkt, geringer und regulierter Gebrauch von Dissonanzen, ausgesponnene Melodielinien, ›euphone‹ Klangtechnik sowie insgesamt ein breiteres Repertoire, das den neuen Bedürfnissen Genüge leistete.

Als der Herzog von Bedford – möglicherweise D.s Dienstherr – 1433 stirbt, findet sich in seinem Nachlaßverzeichnis »a book of motets in the French style«. Gemeint ist mit dieser Bezeichnung die spezielle Form der isorhythmischen Motette, einer Gattung, die in Frankreich ihre Wurzeln hat und in ihrer damals bereits jahrhundertelangen Tradition schon mehrere Entwicklungsstadien durchlaufen hat. Als hierarchisch höchste Form der Mehrstimmigkeit weist die isorhythmische Motette eine überaus kunstvolle Kompositionstechnik auf. Geordnet nach Maß und Zahl bietet sie ein ideales Abbild der mittelalterlichen Vorstellung von Harmonie. War der Inhalt der Motettentexte bisher politisch oder moralisch intendiert, so ist der Funktionswandel der isorhythmischen Motette durch Hinwendung zu liturgischen Texten und Einsatz bei feierlichen Anlässen möglicherweise auf D. zurückzuführen. D.s Beiträge zu dieser Gattung, die bei seinen englischen Landsleuten geringes Interesse fand, kennzeichnen eine Spätblüte und bilden zugleich einen Sondertypus aus. In ihrer Konstruktion stehen sie den Motetten Guillaume de Machauts nahe, indem sie deren Schema ausweiten. So werden etwa in den Oberstimmen je zwei eigene taleae (ein feststehendes und gegenüber dem color eigenständiges rhythmisches Schema) durchgespielt, der color (eine sich wiederholende und gegenüber der talea eigenständige Tonfolge; zu beiden Begriffen siehe auch Artikel »Philippe de Vitry«) wird meist dreimal wiederholt, die Mensuren wechseln symmetrisch. Im Vergleich zum zeitgenössischen Repertoire fehlt D.s Motetten die hörbare Korrespondenz zwischen Text und Kompositionsform; modern ist daran eine Melodiebildung im Sinne der »contenance angloise« sowie eine melodische Verwandtschaft isorhythmischer Abschnitte. Fast alle isorhythmischen Motetten D.s – darunter auch die bekannteste, *Veni sancte spiritus*, die eine besonders komplexe kompositorische Anlage aufweist – sind in einer italienischen Handschrift überliefert, die für den Hof von Ferrara angelegt wurde und zugleich die Hauptquelle der isorhythmischen Motetten Dufays bildet.

Daß die bisher so hoch geschätzte Motette im Verlauf des 15. Jahrhunderts ihre kompositionsgeschichtliche Führungsrolle an die Gattung der Messe abgeben mußte, hängt eng mit der Bildung und Entwicklung des Meßzyklus zusammen. Die Verbindung von einzelnen Messensätzen zu einem sinnfälligen Ganzen galt lange als eine englische ›Erfindung‹, eine Annahme, die nach neueren Forschungen in ihrer Ausschließlichkeit wieder in Frage gestellt werden muß. Ansätze zur Paarbildung – als Vorstufe zum kompletten fünfteiligen Zyklus – finden sich bei Power, John Benet und D. Der Beitrag der einzelnen Komponisten an dieser Entwicklung ist dabei völlig unklar, da viele Werke unter mehreren Namen überliefert sind. D.s Werkliste notiert sowohl Einzelsätze des Ordinarium missae als auch zusammengehörig überlieferte oder sogar zusammengehörig komponierte Messensätze. Das Gloria-Credo-Paar *Christe Fili Dei* wird durch denselben cantus firmus – der als Unterstimme eines dreistimmigen Satzes gut hörbar ist – und durch die gleich angelegte isorhythmische Struktur verbunden. Ähnlich gebaut, aber etwas weniger streng konstruiert, ist die unvollständig erhaltene *Missa Da gaudiorum premia*. Sie ist vielleicht anläßlich der Hochzeit Heinrichs V. im Jahr 1420 entstanden. Wesentlich an ihr ist, daß die Ordinariumstexte von der gregorianischen Melodie, der sie bisher untrennbar verbunden waren, gelöst und durch einen einheitlichen fremden cantus firmus (der den Namen der Messe bildet) zu einem zusammenhängenden Ganzen geformt werden. Auf kleinerer Ebene gründet sich die Formbildung eines Meßzyklus bzw. seiner einzelnen Sätze auf eine wohldurchdachte Abfolge der Mensuren sowie den Wechsel von Stimmgruppen, der die kleinste und zugleich am besten hörbare Formung bildet. Als regelrechtes Vorbild für die kontinentale Weiterentwicklung dieser neuen Gattung gilt D.s *Missa Rex seculorum*. Die formbildende Kraft der Isorhythmie wird hier durch einen gegliederten cantus firmus ersetzt, der in jedem Satz neu rhythmisiert und verziert erscheint. Statt langen Haltenoten finden wir nun einen Tenor vor, der in seiner rhythmischen Bewegung den Oberstimmen stärker als bisher angeglichen ist. Der Weg zur so erfolgreichen Cantus-firmus-Messe des 15. und 16. Jahrhunderts ist damit geebnet.

Neben diesen gewichtigen Gattungen gehören zu D.s Œuvre auch liturgische Kompositionen einfacher Faktur. Als Musterbeispiel gilt hier die Motette *Quam pulchra es*, die in beinahe akkordischer Stimmsetzung eine eindrucksvolle Klanglichkeit erreicht. Die Textpräsentation ist dabei äußerst klar und sogar der melodischen Struktur vorrangig. Die im Hintergrund stehende Klangvorstellung hängt vermutlich eng mit dem ›Faburden‹, einer typisch englischen, klanglich überaus effektvollen Stegreifpraxis, zusammen. Zur liturgischen Gebrauchsmusik zählt das *Magnifcat secundi toni*, das mit den entsprechenden Kompositionen von Dufay und Binchois zu den ältesten vollständig erhaltenen Werken seiner Art zählt. Als Hauptbestandteil der Vesper kommt dem *Magnificat* besondere liturgische Bedeutung zu. In D.s Komposition sind alle zwölf Verse mehrstimmig auskomponiert, die ungeraden Verse dreistimmig, die geraden zweistimmig. Die gregorianische Melodievorlage bildet, reich verziert, die oberste Stimme. Der relativ einfache Satz ist kompositiontechnisch von englischen Traditionen geprägt und bildet durch Wiederholung von Abschnitten, Stimmgruppenwechsel und Mensurfolge eine einheitliche Großform. Fand die Entwicklung der Gattung der Magnificatkompositionen im weiteren ausschließlich in Italien statt, so wurde das Modell dafür aus England übernommen.

Trotz stetig zunehmender Quellenkenntnis und intensiver Detailstudien konnte bis heute keine Basis für eine scharf umrissene Eingrenzung des Personalstils D.s gefunden werden. Nicht nur verunklaren viele Mehrfachzuschreibungen das Bild, auch müssen manche eindeutig mit dem Namen D.s versehene Werke in ihrer Authentizität angezweifelt werden. Noch weniger entwickelt ist demnach eine Chronologie seines Schaffens. Diese Tatsache und die anfangs angesprochenen biographischen Unklarheiten stehen in krassem Gegensatz zur musikgeschichtlichen Bedeutung des Komponisten, der nach Margaret Bent in zweifacher Hinsicht »a shadowy and enigmatic composer« (89) genannt werden kann.

Noten: J. D. Complete Works, hrsg. von M. BUKOFZER, Ldn. ²1970 (MB 8); Reprint Ldn. 1983 [mit Ergänzungen].
Literatur: BUKOFZER, M.: J. D. A Quincentenary Report *in* MQ 40 (1954), 29–49. BENT, M.: D., Ldn. 1981. STROHM, R.: The Rise of European Music 1380–1500, Cambridge 1993. BENT, M.: A New Canonic

Gloria and the Changing Profile of D. in Plainsong and Medieval Music 5 (1996), 45–67.

Andrea Lindmayr-Brandl

Duparc, Henri [Kurzform von: Fouques-D., Marie Eugène Henri]

Geb. 21. 1. 1848 in Paris, gest., 12. 2. 1933 in Mont-de-Marsan (Dépt. Landes)

D. zählt zum Schülerkreis Francks und zu den Initiatoren der 1871 begründeten Société Nationale de Musique (Wahlspruch: »Ars Gallica«). Seine kompositorische Entwicklung wurde schon früh (etwa seit 1875) durch ein Nervenleiden beeinträchtigt, das seinem Schaffen 1885 ein unzeitig frühes Ende setzte. Sein ohnehin schmales Œuvre dezimierte D. zusätzlich durch die Vernichtung von Kompositionen, die seiner strengen Selbstkritik nicht standhielten. Trotz seiner Erkrankung arbeitete er an der Revision seiner Lieder und ihrer Orchesterfassungen weiter bis etwa 1912. In diesem Jahr präsentierte ein Festival D.s wichtigste Werke dem Pariser Publikum.

Von seinen frühen Kompositionen (*Klavierstücke*, eine *Cellosonate* und *Fünf Lieder* op. 2) ließ D. später nur noch die Lieder *Chanson triste* und *Soupir* gelten. Einen Teil seiner Orchesterwerke und das Fragment der Oper *Roussalka* (nach Aleksandr Puškin) hat er vernichtet. Als Essenz seines Schaffens bleiben damit 13 Lieder aus der Zeit zwischen 1869 und 1884, die in der Geschichte des französischen Kunstlieds – der mélodie – eine Schlüsselstellung einnehmen. Dem zuvor dominierenden Typus der mélodie, der seine Herkunft von der Romanze oder aus der Sphäre des Salons kaum verleugnete, tritt bei D. eine konträre, auf tiefe seelische Bewegung gerichtete Ausdruckswelt entgegen. Zum Teil zeigt sich das bereits in der Wahl von Gedichten, die – etwa im Falle Charles Baudelaires – jene ältere Ästhetik der mélodie fast zwangsläufig sprengen mußten. Es zeigt sich ferner in D.s höchst eigentümlicher, hochexpressiver Harmonik, die zu den fesselndsten Zeugnissen französischer Wagner-Rezeption gehört, zumal sie sich in der Übertragung vom Musikdrama zur Lyrik vollzieht.

D. hatte 1870 die Uraufführung der »Walküre« in München gehört. Wagners Einfluß tritt in den nach diesem Erlebnis entstandenen Kompositionen greifbar hervor, so etwa in *Extase* (Jean Lahor, 1874): Vor- und Zwischenspiel nehmen Bezug auf das Liebesduett im zweiten Akt des »Tristan«, der Einsatz der Singstimme dagegen auf die »Wanderer«-Akkorde des »Siegfried«. Umso überraschender wirkt in solchem Kontext das Nachspiel des Klaviers, in dem D. als getreuer Eleve Francks zu modaler (kirchentonartlicher) Harmonik übergeht. Der Schluß des Liedes bietet ein Musterbeispiel für die Irritationen, die modale Klangtechnik im tonalen System zu stiften vermag: Pendelnd zwischen D-dur und a-moll wird das tonale Zentrum D derart destabilisiert, daß der Schluß auf D eher als Verharren auf der dorischen (Dur-)Subdominante von a-moll gehört wird. Derartige Bildungen machen verständlich, daß Franck D. für seinen begabtesten Schüler hielt.

Die Wirkung der Lieder D.s auf seinen Umkreis war außerordentlich stark. Kein anderer französischer Komponist hatte in vergleichbarer Weise sein künstlerisches Profil an der Gattung des Sololieds entwickelt. In dieser Art der Profilierung wurde D. nicht nur für Fauré, sondern auch noch für Debussy beispielhaft. Der tiefe Eindruck von D.s *Invitation au voyage* (Baudelaire, 1870) führte im Liedschaffen Faurés zu einer entscheidenden Wendung, und noch in Debussys »Clair de lune« (Paul Verlaine, 1891) klingt der Beginn gerade dieses Liedes an. In dem Fauré gewidmeten *Lamento* (Théophile Gautier, 1883) bildet D. aus einer Variante des barocken Lamento-Basses einen Refrain (im Diskant), dessen Harmonisierung mit überraschenden Klangfolgen stark depressive Züge trägt und die Schauerromantik des Gedichts bei weitem überbietet. Die Gesetze funktionaler Harmonik greifen hier kaum noch. D. erweist sich somit durchaus auch als Neuerer, und nicht nur in diesem Lied, das in Wagners Todesjahr entstand.

Noten: Nouvelle édition complète, Paris 1911. Rouart-Lerolle; heute Salabert (Paris).
Literatur: NOSKE, FR.: La Melodie française de Berlioz à D., Amsterdam 1954; rev. engl. N. Y. 1970 (mit R. BENTON). VAN DER ELST, N.: H. D. L'homme et l'Œuvre, Diss. Paris, Lille 1972 [mit WV und Bibl.]. FABRE, M.: H. D. musicien de l'émotion, Biarritz 2001. KINDIG, A.: Das Liedschaffen H. D.s, Graz 2002.

Peter Cahn

Dussek [Dussik, Dusík], Jan Ladislav [Johann Ladislaus, Johann Ludwig]

Geb. 12. 2. 1760 in Čáslav (Tschaslau), Tschechien; gest. 20. 3. 1812 in Saint Germain-en-Laye (oder Paris?)

»Consumatum est!« (»Es ist vollbracht!«) – D.s eigenwilligstes Werk beginnt mit den fünf Noten, die Joseph Haydn in »Die Sieben letzten Worte unseres Erlösers am Kreuze« dem sterbenden Jesus zugedacht hatte. Die schon von den Zeitgenossen wahrgenommene »Intertextualität« zwischen Haydns Passionsmusik und D.s Klaviersonate mag überraschen. Weit mehr irritiert aber die Blasphemie der Anspielung in dieser *Elégie harmonique sur la mort de Son Altesse Royale, le Prince Louis Ferdinand de Prusse* op. 61. Der Tod Louis Ferdinands im Jahre 1806 bedeutete für D. sowohl den Verlust eines freundschaftlich verbundenen Komponisten wie den seines Arbeitgebers seit 1804. Die ostentative Parallelisierung von Louis Ferdinands Tod auf dem Schlachtfeld mit dem Kreuzestod des Gottessohns ist freilich mit der persönlichen Trauer D.s allein nicht zu erklären. Vielmehr scheint hinter einer solchen Ikonisierung bereits die ›romantische‹ Vorstellung des übermenschlichen, gottgleichen Künstlers auf. Während in der rhetorischen Gestik des einleitenden *Lento patetico* der Tonfall von C. Ph. E. Bachs ›Freien Fantasien‹ nachklingt, weisen die von Arpeggien, harmonischen Brüchen und obsessiven Synkopen geprägten schnelleren Sätze auf ›romantische‹ Impromptu-Techniken voraus.

In seinen besten Werken – neben der erwähnten *Elégie* op. 61 vor allem die ›großen‹ Klaviersonaten opp. 44, 64 und 77 – beschreitet D. sowohl klanglich wie klaviertechnisch und harmonisch einen Weg, der – sozusagen an Beethoven vorbei – unmittelbar zu Schumann, Chopin und Brahms führt. Die im Jahre 1800 mit dem programmatischen Titel *The Farewell* publizierte *Sonate Es-Dur* op. 44 folgt im Detail noch dem klassizistisch geprägten Formmodell Clementis, dem wichtigsten Vorbild D.s, öffnet aber gleichzeitig neue Perspektiven: Elf Jahre vor Beethovens »Klaviersonate« op. 81a (»Das Lebewohl«), die in derselben Tonart denselben programmatischen Vorwurf aufgreift, findet sich bei D. ein für jenes fin-de-siècle unerhörtes Pathos: Die gravitätische, hörbar an das »Präludium b-moll« aus J. S. Bachs »Wohltemperiertem Klavier I« anknüpfende Einleitung eröffnet eine ungewöhnlich beziehungsreiche Komposition, die nicht nur von fallenden Hornquinten, sondern durchgängig von absteigenden melodischen Linien geprägt ist. Im 1807 publizierten op. 64, *Le Retour à Paris*, sind die Dimensionen der *Farewell*-Sonate ins Monumentale übersteigert, während gleichzeitig der funktionsharmonische Bezugsrahmen der ›Sonatenform‹ und der viersätzigen Anlage bis zum Zerreißen gespannt ist. Und in D.s letzter *Sonate* op. 77, *L'Invocation* (1812), weist nicht nur die komplementäre Rhythmik im Trio des dritten Satzes auf den arabeskenhaften Klaviersatz Schumanns voraus.

Auch in seiner Biographie steht D. an der Schwelle zur ›Romantik‹. Nach der Ausbildung im heimatlichen Böhmen und ›Wanderjahren‹ als konzertierender Virtuose gelang es ihm, sich seit 1786 zunächst in Paris, seit 1789 dann in London als Liebling der aristokratischen Salons zu etablieren. Bei der überstürzten Flucht aus London im Jahre 1800 – der Konkurs des gemeinsamen Unternehmens brachte seinen Partner und Schwiegervater Corri ins Gefängnis – spielte wahrscheinlich auch eine amouröse Liaison eine Rolle; die letzten Lebensjahre in Paris waren von exzessivem Alkoholkonsum geprägt.

Aber D. lag es fern, solche Versatzstücke der romantischen Künstlerbiographie durch eine öffentlichkeitswirksame Selbstinszenierung zu überhöhen. So wie er immer wieder feste Anstellungen suchte – zuletzt vom September 1807 bis zu seinem frühen Tod bei Napoleons Außenminister Charles-Maurice de Talleyrand-Périgord –, beschränkte er sich nicht auf avantgardistische Kompositionen, die als subjektive Bekenntnisse gelesen werden können, sondern bediente ebenso die Bedürfnisse von Laienmusikern. So steht das Gros von D.s Klaviermusik mit seinen Zugeständnissen an einen oberflächlichen Zeitgeschmack – etwa in dem populären Tongemälde *The Sufferings of the Queen of France* (1793) – fast unverbunden neben herausragenden Kompositionen wie den genannten und wenigen anderen Klaviersonaten oder den neuerdings gelegentlich wieder gespielten Klavierkonzerten.

Daß D.s Nachruhm in keinem Verhältnis zum beträchtlichen Erfolg zu seinen Lebzeiten steht, ist freilich nicht nur durch das ungleiche Niveau seines Werks bedingt, sondern sagt auch viel über unsere Schwierigkeiten mit Komponisten aus, die sich nicht der beliebten historiographischen Figur einer vorgeblich von Wien dominierten ›klassischen‹ Epoche fügen. Eine unvoreingenommene Annäherung erlaubt reiche Entdeckungen, die weit verbreitete Vorurteile über eine scheinbar lineare Entwicklung der Kompositionstechnik in der Krisenzeit zwischen ›Klassik‹ und ›Romantik‹, zwischen ›ancien régime‹ und ›Empire‹, aber auch im Wettstreit von Pariser, Londoner und Wiener Traditionen in Frage stellen.

Noten: Œuvres (Klavierwerke, 12 Bde.), Lpz. 1813–17; Reprint N.Y. 1978. Sonate (sämtliche Sonaten für Klavier zu zwei Händen, 4 Bde.), Prag 1961–63 (Musica antiqua bohemica, 48, 53, 59, 63).

Werkverzeichnis: CRAW, H.A.: A Biography and Thematic Catalog of the Works of J.L.D. (1760–1812), Diss. Univ. of Southern California 1964. PALAZZOLO, L.: Il tocco cantante. J.L.D., pianista e compositore tra Mozart e Clementi, Lucca 1994.

Literatur: NEWMAN, W.ST.: The Sonata since Beethoven, Chapel Hill, N.C. 1969. GERHARD, A.: J.L.D.s »Le retour à Paris« in AfMw. 53 (1996), 207–221. DERS.: A.: London und der Klassizismus in der Musik, Stg. und Weimar 2002.

Anselm Gerhard

Dvořák, Antonín

Geb. 8. 9. 1841 in Nelahozeves, einem Dorf nördlich von Prag; gest. 1. 5. 1904 in Prag

A. Dv.s kompositorische Anfänge sind geprägt vom Moment des Autodidaktischen. Zwar vermittelte das Studium an der Prager Orgelschule (1857–1859), das auf die Ausbildung kommender Organisten und Kantoren ausgerichtet war, dem Prager Komponisten das dazu nötige praktische Handwerk in harmonischer und kontrapunktischer Satztechnik, Kompositionsunterricht im eigentlichen Sinne gab es dort jedoch nicht: »Nicht, daß ich unfähig war, Musik zu produzieren, aber ich hatte nicht genügend Technik, all das auszudrücken, was in mir war. Ich hatte Ideen, aber ich konnte sie nicht perfekt äußern«, so schrieb Dv. rückblickend dazu in einem Leserbrief an den New York Herald (Clapham 1979, 199). Für Hilfestellung beim autodidaktischen Studium sorgte die umfangreiche Notenbibliothek seines Freundes Karel Bendl ebenso wie Dv.s langjähriges Mitspielen als Bratschist im Orchester des Prager Cäcilienvereines (1859–1861), im Orchester des Interimstheater (1862–1871), sowie in den verschiedensten Konzerten, in denen er u. a. Liszt, Wagner und Smetana als Dirigenten erleben und sich ein Bild dessen machen konnte, was den aktuellen Stand des Komponierens seiner Zeit betraf. An ihn hat er sich in seinen Kompositionen der Jahre 1865–1872 kompositorisch stufenweise herangetastet: Eine wichtige Rolle als Orientierungspunkt spielten dabei zunächst Mozart, Mendelssohn und Beethoven (*Streichquintett a-moll* op. 1 B 7, 1861; *Streichquartett A-dur* op. 2 B 8, 1862; *Symphonie Nr. 1 c-moll* B 9, 1865); dann auch Schumann (*Symphonie B-dur*, op. 4, B 12, 1865, der Liederzyklus *Zypressen* B 11, 1865) sowie Wagner (Oper *Alfred*, B 16, 1870; Oper *Král a uhlíř* [»Der König und der Köhler«], erste Version B 21, 1872) und die Neudeutsche Schule (*Streichquartett B-dur, D-dur* und *e-moll* B 17–19, 1868–1870; *3. Symphonie Es-dur* op. 10 B 34, Urfassung wohl 1872). Entscheidend für die eigene Stilfindung und die Ausbildung jener unverwechselbaren musikalischen Sprache Dv.s wurden die Jahre 1873–1874, – Jahre, an deren Anfang eine selbstkritische Wertung des bisher kompositorisch Erreichten stand. Sie hatte die Vernichtung vieler zuvor geschriebenen Werke zur Folge, wofür wohl die Einstellung der Proben von Dv.s an Wagner orientierten und kompositorisch so avancierten Oper *Der König und der Köhler* [Version 1] am Prager Interimstheaters verantwortlich gewesen sein dürfte, und brachte eine kompositorische Umorientierung mit sich. Dv. beginnt sich vom Vorbild Wagners und von der Ausrichtung an den Neudeutschen zu lösen. Seine melodische Erfindung denkt wieder in regelmäßiger Periodik und Wiederholungen, seine Harmonik gibt sich faßlicher. Sein Formdenken kehrt zurück zu den klassischen Vorbildern des Jahres 1865, es bemüht sich um unmittelbare Nachvollziehbarkeit und ausgewogene Proportionen. Und zunehmend halten Momente slawischer Folklore, die Dv. damals an Hand diverser Volkslied- und Volkstanzsammlungen eigens studierte, Einzug in seine Musik. Im Mittelpunkt der kompositorischen Umorientierung steht dabei – wie so oft an Knotenpunkten in Dv.s künstlerischer Entwicklung – zunächst die Gattung *Streichquartett* (op. 9, op. 12, op. 16 [B 37, 40, 45]; 1873–1874); davon tangiert wird auch das symphonische Schaffen (*4. Symphonie d-moll* op. 13, B 41, 1874). Gleichsam als exemplarischer Abschluß dieses Weges hat die zweite Version der Oper *Der König und der Köhler* B 42 (1874) zu gelten, die mit der ersten Version nichts mehr gemeinsam hatte und die in dieser Form »nicht nur leicht spielbar, sondern national anstelle Wagnerisch« war, so Dv. in seinem Interview in der Sunday Times vom 10. 5. 1885 (Zit. nach Döge, 325). Von einem Rezensenten der Uraufführung wurde sie denn auch mit den Worten gewürdigt: »Der Komponist hat nach langem Irren den richtigen Weg zum Tempel der selbständigen slawischen Tonkunst gefunden.« (Dalibor II/1874, 415; dt. Übersetzung nach Döge, 151). Die dabei erklingende Musik mit ihrem nationalen Tonfall in kompositorisch artifiziellem Gewande, die Dv. in der Folgezeit in Werken wie dem Operneinakter *Die Dickschädel* B 46 (1874), dem *Streichquintett G-dur* op. 55 B 49 (1875), dem *Klaviertrio B-dur* op. 21 B 51 (1875), der *Streicherserenade* op. 22 B 52 (1875), dem *Streichquartett E-dur* op. 80 B 57 (1876), oder wie in der *Fünften Symphonie F-Dur* op. 76 B 54 (1875) und schließlich auch in den *Klängen aus Mähren* op. 29/32 B 60/62 (1876) ausbaute und verfeinerte, war es, die Brahms – seit 1876 neben Eduard Hanslick und Johann Herbeck Mitglied in der Bewilligungskommission für das Staatliche Künstlerstipendium des Wiener Unterrichtsministerium, um das sich Dv. erfolgreich in den Jahren 1874–1878 bewarb – faszinierte und ihn veranlaßte, den damals außerhalb Böhmens und Mährens völlig unbekannten Prager Komponisten seinem Berliner Verleger Fritz Simrock wärmstens zu empfehlen. Begeistert von der nationalpoetischen Erfindung und dem anziehenden sinnlichen Reiz der Dv.schen Musik, nahm Simrock die *Klänge aus Mähren* in seinen Verlag auf. Mit der Bitte um die Komposition einer Reihe von Slawischen Tänzen gab er zugleich Anstoß zu jener Dv.schen Schaffensphase der Jahre 1878–1880, deren musikalische Sprache in hohem Maße dem slawischen Tonfall verpflichtet war und zu der Werke wie etwa die *Slawischen Tänze* op. 46 B 78 (1878), die *Slawischen Rhapsodien* op. 45 B 86 (1878), das *Streichsextett A-dur* op. 48 B 80 (1878), das *Streichquartett Es-dur* op. 51 B 92 (1879), der *Violin-Mazurek* op. 49 B 90 (1879), das *Violinkonzert* op. 53 B 96 (1879) und auch die *Sechste Symphonie D-dur* op. 60 B 112 (1880) gehören. Daß Dv. stilistisch auf diesem Standpunkt des Nationalen (der immerhin für seinen internationalen Durchbruch und für weltweite Aufführungen sorgte) nicht verharrte, sondern seinen Weg als ein Künstler, der »etwas bedeuten will« (Brief Dv.s an Simrock vom 18. 5. 1885, vgl. Korespondence 2/46), fortführte, zeigen die Kompositionen der Jahre 1881–1885. Nicht mehr als Mittelpunkt des Komponierens, sondern eher als Randerscheinung fungiert der nationale Tonfall. Seine »Czechness« realisiert Dv. hier auf anderer Ebene: durch das kompositorische Zurückgreifen auf alte tschechische Choräle oder Sujets (Konzertouvertüre *Husitská* op. 67 B 132, 1883; Chorballade *Die Geisterbraut* op. 69 B 135, 1884; Oratorium *Die Heilige Ludmilla* B 71, 1885). Ein Moment des Sublimen (*Streichquartett C-dur* op. 61 B 121, 1881; *Scherzo capriccioso* op. 66 B 131, 1882) und vor allem die musikalische Kategorie des Dramatischen (*Klaviertrio f-moll* op. 65 B 130, 1883; *Siebte Symphonie d-moll* op. 70 B 141, 1885) prägt nun seine Werke, – höchstwahrscheinlich ein künstlerischer Reflex auf die Ansichten zu seiner mit großem Ehrgeiz geschriebenen Oper *Dimitrij* op. 64 B 127 (1861–1862), wie er sie von Hanslick und Simrock zu hören bekam. Wohl nicht grundlos ließ er diese beiden bei seiner nächsten, sieben Jahre später komponierten Oper *Der Jakobiner* op. 84 B 159 (1887–1888) wissen: »Ich denke, diesmal werden die Zweifler mit meiner dramatischen Begabung zufrieden sein, wenn nicht gar davon überrascht sein!« (Brief an Alois Göbl vom 19. 6. 1888, zit. nach Šourek, 125). Ein Zusammenführen des Sublimen mit dem nationalen Tonfall erfolgte in der zweiten Reihe *Slawische Tänze* op. 72 B 145 (1886), die gegenüber der ersten Reihe op. 46, in der Dv. – übertragen gesprochen –, noch selbst mittanzte, viel verhaltener, nachdenklicher und reflektierter erscheinen.

Mit dem Klavierzyklus *Poetische Stimmungsbilder* op. 85 B 161 aus dem Jahre 1889 macht sich im Schaffen Dv.s eine neue Tendenz bemerkbar, die der Komponist Simrock gegenüber mit den Worten umschrieb: »Jedes Stück wird einen Titel haben und soll etwas ausdrücken, also gewissermaßen Programmusik« (Korespondence 2/366); gleichzeitig ließ er einen Freund wissen: »denn da [im op. 85] bin ich nicht nur reiner Musikant, sondern Poet.« (Korespondence 2/369). Diese Tendenz zunehmender musikalischer Poetisierung betrifft auch die Nachfolgewerke: zunächst bereits die *Achte Symphonie G-dur* op. 88 B 163 (1889), die auf Grund ihrer locker gefügten Form und ihrer musikalischen Sprech- und Erzählhaltung schon von Hermann Kretzschmar mit den Tondichtungen Smetanas verglichen wurde; auch das sog. *Dumky-Trio* op. 90 B 166, das mit seinem freien Wechsel von langsamen, elegisch-beredten und schnellen tänzerischen Teilen als Rhapsodie der Kammermusik gilt, spielt hierbei eine Rolle. Deutlich programmatische Züge schließlich enthalten die drei Konzertouvertüren *In der Natur* op. 91 B 168 (1891), *Karneval* op. 92 B 169 (1891) und *Othello* op. 93 B 174 (1892), die Dv. als Zyklus verstanden wissen wollte, der das musikalische Nachdenken über Natur, Liebe und Leben zum Inhalt hat und in dem als musikalischer Träger des Zyklischen das werkübergreifende Zitieren des Naturmotivs sowie das Zitieren des aus dem *Requiem* op. 89 B 165 (1890) stammenden Todesmotivs fungiert. Daß diese kompositorische Tendenz für Dv. auch während seines Aufenthaltes in Amerika (1892–1895) von Bedeutung blieb, zeigt die *Neunte Symphonie e-moll* op. 95 »*Aus der Neuen Welt*« B 178 (1893), deren berühmter zweiter Satz in den Skizzen die Überschrift »Legenda« trug, ebenso wie das *Streichquartett F-dur* op. 96 B 179 (1893), das in seinen Naturanklängen im 1. und 3. Satz sowie in seiner Choralepisode im Finale Autobiographisches zum Ausdruck bringt. Gleiches läßt sich darüber hinaus in den Skizzen zu einer – allerdings nicht weiter ausgeführten – *Symphonie* B 480 (1893) beobachten, die als ganzes den Titel »Neptun« trägt und deren zweiter Satz mit »Tanz und Freudenfest auf dem Schiff«, deren dritter Satz mit »Choral« und deren Finale mit »Sturm und Ruhe und glückliche Rückkehr an Land« überschrieben waren. So erscheint es nur als konsequent, wenn Dv. sich im Jahre 1896 kompositorisch der Symphonischen Dichtung zuwendet und keine weitere Symphonie noch irgendwelche kammermusikalischen Werke mehr schreibt. Die programmatische Grundlage für die ersten vier Symphonischen Dichtungen *Der Wassermann* op. 107 B 195 (1896), *Die Mittagshexe* op. 108 B 196, *Das goldene Spinnrad* op. 109 B 197 (1896) und *Die Waldtaube* op. 110 B 198 (1896) bildeten dabei die vier gleichnamigen Balladen des tschechischen Dichters Jaromír Erben, deren Hauptpersonen Dv. durch leitmotivartige Themen musikalisch kennzeichnet, und deren Charakter, deren Handeln und deren poetische Stimmung in den unterschiedlichsten Situation die Komposition wiedergibt. Seine fünfte Symphonische Dichtung schrieb Dv. im Jahre 1897 und gab ihr den Titel *Ein Heldenlied* op. 111 B 199. Programmatischer Inhalt ist das Kämpfen, Verzweifeln, Leiden und Siegen eines Künstlers.

Dv.s Schaffen umfaßt alle Gattungen und Genres seiner Zeit; zu vielen hat er einen wichtigen kompositorischen Beitrag geleistet und mit seinen großen Symphonien, seinen Streichquartetten, seinem *Violoncellokonzert h-moll* op. 104 B 191 oder mit dem *Stabat mater* op. 58 B 71 (1876–1877) Werke komponiert, die schon zu Lebzeiten die Welt eroberten. In einer Gattung allerdings blieb ihm lange Zeit der große Erfolg versagt: in der Oper. Das mag mit ein Grund gewesen sein, daß Dv. in seinen letzten Jahren nichts anderes mehr schrieb als Opern. Im Jahre 1898 entstand *Der Teufel und die Käthe* op. 112 B 201 (im Deutschen verschiedentlich auch *Die Teufelskäthe* genannt); an ihrem Libretto faszinierte ihn vor allem das Volkstümliche, das musikalisch Raum bot für Tanz, Trinklieder und Dorffeste, sowie das Märchenhafte, das ihn zu musikalisch Phantastischem mit neuen Harmonien und Klangfarben reizte. Um ein lyrisches Märchen handelte es sich auch bei der 1900 komponierten Oper *Rusalka* op. 114 B 203, eine tschechische Variante des Undinen-Stoffes. Mit ihrer psychologisierenden motivischen Charakterisierung der Personen, ihrer lyrischen Expressivität, ihrem artifiziellen musikalischen Gegenüber von Menschen- und Nixenwelt kann sie wohl als die gelungenste seiner Opern gelten; sie hat sich denn auch im tschechischen Theaterwesen sofort einen festen Repetoireplatz erobert, und wurde von den 1920er Jahren an immer wieder auch auf internationalen Bühnen gespielt. Diese internationale Rezeption hat Dv.s letzte, 1902–03 komponierte Oper *Armida* op. 115 B 206 nicht erlebt, obwohl sie stofflich mit ihrer Anlehnung an Torquato Tassos »Gerusalemme liberata« ein Stück Weltliteratur zum Inhalt hatte, in ihrer Anlehnung an das drame lyrique Massenetscher Prägung eine ernstzunehmende und überzeugende nachwagnerische Opernkonzeption darstellte, und in ihrer musikalischen Farbigkeit sowie in ihrer kompositorischen Treffsicherheit der Situationsschilderungen den Weg von *Rusalka* fortsetzte.

Noten: Sämtliche Werke. Kritische Gesamtausgabe, hrsg. von der A.-Dv.-GESELLSCHAFT. und dem STAATLICHEN MUSIKVERLAG PRAG, Prag 1955ff.

Dokumente: A. Dv. Korespondence a dokumenty. Kritické vydani (»Korrespondenz und Dokumente. Kritische Ausgabe«), hrsg. von M. KUNA u. a., 8 Bde., Prag 1987–2001. Musikerbriefe. Smetana, Dv., Janáček, hrsg. von A. WAGNEROVÁ und B. SRÁMKOVÁ, Mn. 2003.

Werkverzeichnis: BURGHAUSER, J.: A. Dv. Thematisches Verz. mit Bibl. und Übersicht des Lebens und des Werkes, Prag ²1996.

Literatur: ŠOUREK, O.: A. Dv. Werkanalysen I. Orchesterwerke, Prag 1954. DERS., A. Dv. Werkanalysen II. Kammermusik, Prag 1955. HONOLKA, K.: A. Dv. in Selbstzeugnissen und Bilddokumenten, Reinbek bei Hbg. 1974. SCHICK, H.: Studien zu Dv.s Streichquartetten, Laaber 1990 (Neue Heidelberger Studien zur Musikwissenschaft 17). DÖGE, KL.: A. Dv. Leben, Werke, Dokumente, Mainz ²1997.

Klaus Döge

Eisler, Hanns
Geb. 6. 7. 1898 in Leipzig;
gest. 6. 9. 1962 in Berlin

Das musikalische Schaffen H. E. präsentiert sich in einer kaum überschaubaren stilistischen Vielfalt. Bestrebungen, vor allem in einem bestimmten musikalischen Typus oder nur in exemplarischen Werken den ›eigentlichen E.‹ erkennen zu wollen, müssen ihn insofern notwendig verfehlen.

Wohl distanzierte E. sich gegen Ende der zwanziger Jahre von der ästhetischen Haltung eines ›l'art pour l'art‹ und unterstellte sein musikalisches Schaffen gesellschaftlichen Zwecken. Als Marxist erblickte E. diese Zwecke im Klassenkampf, den Interessen des Proletariats sowie dem Aufbau und Wohlergehen einer sozialistischen und schließlich kommunistischen Gesellschaft. Die musikalischen Mittel solchen Zwecken anzupassen bzw. diese Mittel überhaupt erst zu finden betrachtete E. als seine vorrangige kompositorische Aufgabe.

Sein gesellschaftlicher Anspruch und die musikalischen Lösungen, die E. fand, haben denn auch mehr als alles andere ihn und sein Werk unter der Losung ›politische Musik‹ in die Musikgeschichte des 20. Jahrhunderts eingehen lassen. Ausgerechnet diejenigen aber, die sich die politischen Zwecke, für die E. einstand, auf ihre Fahnen geschrieben hatten, wie genauso ihre politischen Opponenten begegneten ihm oftmals mit einer allzu engen Auffassung. Wurde er vor allem als Komponist einflußreicher Massen- und Kampfmusik in den späten zwanziger und frühen dreißiger Jahren, als kongenialer Mitarbeiter Bertolt Brechts und als musikalischer Urheber der DDR-Nationalhymne und anderer Vokalwerke auf hymnisch-affirmative Texte Johannes R. Bechers hoch geschätzt – bzw. von der Gegenseite diffamiert – so wollte man den Musterkomponisten überdies auf ästhetische Kategorien wie ›realistisch‹ oder ›antiformalistisch‹ festlegen – Kategorien, denen E. in ihrer doktrinären Form mit Skepsis gegenüberstand und deren problemlose Anwendbarkeit auf Musik er bezweifelte. So geriet schon zu E.s Lebzeiten ein wesentlicher Teil seines kompositorischen Schaffens ins Abseits und in Vergessenheit.

E.s früheste erhaltene Kompositionen, eine Vielzahl an Liedern mit Klavier- und Kammerorchesterbegleitung sowie zwei Klavierminiaturen, zeugen von der außerordentlichen Begabung des Autodidakten. Die Tonsprache reflektiert zwar kaum die musikgeschichtlichen Umbrüche und Entwicklungen der vorangegangenen Jahre; deutlich wird dafür bereits ein für E. charakteristischer Hang zur Satire und zu ironischer Distanz. Eine Vorliebe für überraschende und skurrile Pointen ist ebenso E.s 1923 fertiggestelltem offiziellem op. 1 zueigen, der *Ersten Sonate für Klavier*, die zugleich das Ende einer dreijährigen Lehrzeit bei Schönberg markiert. Ein typisches Gesellenstück der ›Wiener Schule‹, demonstriert E.s Sonate handwerkliche Kontrolle, indem mit den erlernten avancierten Mitteln gerade die tradierten Formschemata erfüllt sind: Der erste und dritte Satz stehen in Sonatenform, ›wie das Gesetz es befahl‹. Die Harmonik ist von Tonalität entbunden, jedoch erlauben Stimmführung und terzgeschichtete Zusammenklänge eine Wahrnehmung von aufeinander bezogenen, ›vagierenden‹ Klängen. Den Ertrag des Unterrichts bei Schönberg dokumentiert insbesondere die motivisch-thematische Technik der Sonate.

Orientierung und Kritik am Vorbild Schönbergs durchdringen sich im Zyklus *Palmström* op. 5 (1924) nach Gedichten von Christian Morgenstern, *Parodien für eine Singstimme, Flöte (oder Piccolo), Klarinette in A, Violine (oder Viola) und Violoncello*. Gegenstand der Parodien – durchaus in der Doppelbedeutung des Wortes – ist Schönbergs »Pierrot Lunaire«, dessen Besetzung (ohne Klavier) wie auch dessen musikgeschichtliches Novum des Sprechgesangs E. übernommen hat. Indessen richtet sich die Textwahl gegen die »alberne Provinzdämonik« von Albert Girauds Lyrik (GW III/2, 17). Einen direkten Bezug zu Schönberg bildet ferner der Umstand, daß E. sich im *Palmström* zum ersten Mal mit der von seinem Lehrer kurz zuvor entwickelten Zwölftontechnik auseinandersetzte – ausdrücklich ist der Zyklus als *Studien über Zwölftonreihen* ausgewiesen.

Eine Phase schwieriger Emanzipation reflektieren E.s Kompositionen nach seinem Zerwürfnis mit Schönberg. Auf diesem Weg fungiert das *Tagebuch des Hanns Eisler* op. 9 (1926), eine dreiteilige Kantate für Frauenterzett, Tenor, Geige und Klavier nach eigenen Texten, als Selbstvergewisserung. Im letzten Teil folgt einem Melodiezitat aus der »Internationalen« der *Gute Rat*: »Augen auf statt zu!«, worauf das Quartenmotiv aus Schönbergs »Erster Kammersymphonie« anklingt – Sinnbild des Vorsatzes, die erlernten musikalischen Mittel Zwecken zu unterstellen, deren Dringlichkeit E. sich in seinem neuen Wohnort Berlin als Brennpunkt sozialer Konflikte besonders bewußt wurde. Derselben Schaffensphase gehören die *Zeitungsausschnitte für Gesang und Klavier* op. 11 (1925–27) nach Pressetexten an – in ihrer auf klangliche Transparenz und präzises Pointieren angelegten, dabei auf dissonant geschärften Terz- und Dreiklangsharmonien beruhenden Tonsprache dem *Tagebuch* nah verwandt. Ihr »Angriff«, erkannte der Rezensent Theodor W. Adorno, »gilt dem Recht lyrischer Bekundung und nimmt seine Gewalt aus der Politik, nicht der ästhetischen Reflexion« (GS 18, 524).

Erteilen die *Zeitungsausschnitte* der vokalmusikalischen Expression privaten Gefühls eine Absage, so offerieren E.s Stücke für Männer- und gemischten Chor das gemeinschaftsmusikalische Gegenmodell – etwa bei E.s erstem Werk dieser Gattung, den *Drei Männerchören* op. 10 (1925) nach Worten von Heinrich Heine. Als in Wort, Haltung und Musik zeitgemäßes Repertoire richten sie sich an Laien- und insbesondere Arbeitergesangvereine. In den *Vier Stücken für Gemischten Chor* op. 13 (1928–29) nach eigenen Texten heißt es zudem programmatisch: »Auch unser Singen muß ein Kämpfen sein!« Diesem Anspruch auf vokale ›Kampfmusik‹ korrespondieren vor allem eigene Agitprop- und Kampflieder sowie Massenchöre und -lieder – Stücke, die nicht mehr primär für die Aufführung im Konzertsaal konzipiert, sondern auf politischen Veranstaltungen und Versammlungen sowie (so der Titel eines Demonstrationslieds für Chor und kleine Trommel) *Auf den Straßen zu singen* (1928) sind. Ihre Schlagkraft bezieht diese Kampfmusik aus dem treibenden Metrum und den aggressiven Rhythmen des Marsches, einprägsamer Melodik sowie einer zumeist auf lapidaren Dreiklangsfolgen beruhenden Harmonik – häufig mit kirchentonalem Einschlag und in rebellischem Mollcharakter. Das *Komintern-Lied* (1929) und *Der heimliche Aufmarsch* (1930) sind berühmte Exempel für diese musikalische Rezeptur.

Eine Alternative zur als krisenhaft erlebten Konzertpraxis erblickte E. überdies im Konzept einer »angewandten Musik«: Musik verbindet sich »mit anderen Künsten: Poesie, Theater, Tanz« und erhält so »einen neuen Sinn und … eine neue Nützlichkeit« (GW III/2, 180). Besonderen Stellenwert gewinnt dieses Konzept für E. durch die modernen technischen Reproduktionsmittel Radio und Film. Dementsprechend schreibt E. bereits 1927 – als Pioniertat im Bereich des jungen Tonfilms – die Musik zu Walter Ruttmanns abstraktem Lichtspiel »Opus III« (1927). Ihre nachträgliche Integration in die *Suite für Orchester Nr. 1* op. 23 verstand er als funktionale Rückbindung der Gattung Orchestermusik. Nach demselben Prinzip beruhen auch die *Suiten Nr. 2–6* auf E.s Filmkompositionen der folgenden Jahre. Darunter ist die Musik zu den Spielfilmen *Kuhle Wampe* (1931) mit dem *Solidaritätslied* und *Dans les rues* (1933), die vielbeachtete musikalische Modelle wie das des »dramaturgischen Kontrapunkts« enthalten (vgl. GW III/4, 62–64). Der Orchestersatz dieser Suiten/Filmkompositionen dokumentiert große instrumentationstechnische Sicherheit und Kunstfertigkeit. Im Rückgriff auf Materialstände wie Skalenbewegung, Dreiklangsharmonien und eindringliche Rhythmik gerät die klangliche Wirkung gelegentlich in die Nähe des Neoklassizismus, dessen Ästhetik E. jedoch fern stand.

Als weiterer Typus »angewandter Musik« ist in E.s Schaffen auch die Bühnenmusik von herausragender Bedeutung – vor allem die zu Stücken Brechts. Brechts und E.s langfristige Zusammenarbeit, die außer Bühnenwerken wie *Die Maßnahme* (1930), *Die Mutter* (1932), *Die Rundköpfe und die Spitzköpfe* (1934–36/1962), *Galileo* (1947/1956) und *Schweyk im zweiten Weltkrieg* (1956–61) auch Filme, Lieder, Chöre und Kantaten umfaßte, erwies sich für beide Künstler als gewinnbringend und folgenreich. So fand E. bei der *Maßnahme* ein Pendant zu der an Martin Luther geschulten Sprache Brechts in einem auf das Ensemble der Agitproptruppe (Chor, Blech, Schlagwerk) applizierten Musikstil, der am vorbürgerlichen Bach und dessen Passionen anknüpft. Auch erfolgte eine produktive Adaption des typischen Brecht-Weillschen Songs aus stilisierter Jazz- und Tanzmusik.

Zu einer Zäsur in E.s Schaffen führte die NS-Machtergreifung im Jahr 1933, nicht nur in ihrer

Relevanz als politische Katastrophe, sondern auch insofern ein wesentlicher Teil der von E. vormals adressierten und entwickelten musikalischen Praxis sich im Exil kaum noch realisieren ließ. Zwar bestanden zunächst auch Foren der vereinten antifaschistischen Kundgebung und Agitation. Spätestens E.s Emigration in die USA setzte jedoch derartiger Betätigung ein Ende. Gleichwohl vermochte E. gerade in der Isolation des Exils eine immense Produktivität zu entfalten, der sich seine bedeutendsten Werke verdanken. Dabei gewann als »brauchbares« Mittel zu einem zeitgemäßen Musikstil, mit dem sich sowohl »Einfaches als auch Kompliziertes darstellen« läßt (GW III/1, 392), die Zwölftontechnik für E. erneut an Gewicht. Von ihr versprach er sich bei entsprechender Struktur und Handhabung ihrer Reihen eine vom Klischee befreite, »neue Verwendungsart der Konsonanzen« (ebd., 393). Mit einem etwaigen (auch schon beim *Palmström* praktizierten) Verzicht auf Transpositionen der vier Reihenmodi ließ sich zudem eine größere ›Faßlichkeit‹ der Konstruktion bewerkstelligen, wobei E. dann bei mehrsätzigen Werken zugunsten der klanglichen Vielfalt den Sätzen oft je eigene Reihen zugrunde legte.

Solche spezielle Form der Zwölftönigkeit ist insbesondere dem Klangcharakter und Gestus von E.s vokalsinfonischen Arbeiten im Exil wesentlich, so der abendfüllenden *Deutschen Symphonie* op. 50 (1935–58). Dieser kommt schon in Anbetracht der für E. ungewöhnlich langen Entstehungsdauer und auch nach dessen Selbstzeugnis der Rang eines ›opus summum‹ zu. Mit ihren elf Sätzen für Sinfonieorchester, Soli, Sprecher und Chor auf Texte von Brecht und Ignazio Silone stellt sie ein eindrucksvolles künstlerisches Manifest des Widerstands gegen die NS-Diktatur dar, wiewohl in den Texten zwar das Verbrechen, deren Inbegriff die nazistischen Konzentrationslager waren, nicht aber der Holocaust thematisiert, sondern vielmehr an der kommunistischen Interpretation des Faschismus als höchste Stufe des Kapitalismus festgehalten ist.

1940–42 konnte E. mit Geldern der Rockefeller Foundation ein Forschungsprojekt durchführen, aus dem eine Art ›Kunst der Fuge‹ der Filmmusik resultierte. Sie demonstriert nicht nur die filmische Eignung neuen musikalischen Materials sowie die Bandbreite filmmusikalischer Funktionen, sondern auch sachgerechte Konzepte für in sich stimmige musikalische Formen im Film (auch als Auslese des tradierten Formenkanons), die wiederum konzertmusikalische Adaptionen erlaubten. Darunter sind die elektrische Instrumente einbeziehende *Kammer-Symphonie* (1940) und das Quintett (mit der instrumentalen Besetzung von Schönbergs »Pierrot Lunaire«) *Vierzehn Arten den Regen zu beschreiben* op. 70 – zwei zwölftontechnische Kammermusikwerke, die zu E.s komplexesten und avanciertesten Kompositionen zählen. Deren filmischer Bezug zu dem Dokumentarfilm *White Flood* und Joris Ivens' Filmstudie *Regen* ist in dem gemeinsam mit Adorno verfaßten Buch *Kompositon für den Film* erläutert. Stellvertretend für E.s insgesamt acht Partituren zu Hollywoodfilmen werden in diesem Buch auch mehrfach modellhafte Passagen aus der Musik zu *Hangmen Also Die* (1942–43), einem von Brecht und Fritz Lang konzipierten Antinazifilm, diskutiert. Eine ästhetische Objektivation der subjektiven Erfahrungen im Hollywooder Exil und zugleich eine ›Utopie der Hoffnung‹ stellt E.s in Textwahl und Musikstil vielfältiger Klavierliedzyklus *Hollywooder Liederbuch* (1942–47) dar.

Die Kompositionen nach der Remigration, die sich überwiegend auf die Formen der »angewandten Musik« für den Film, die Bühne und in Verbindung mit Dichtung, also auf Vokalmusik, konzentrierten, reflektieren E.s Bemühen um eine »neue Volkstümlichkeit« (GW III/2, 60) und sein Ringen mit der ästhetischen Doktrin des ›sozialistischen Realismus‹. Dem korrespondiert stellenweise eine Beschränkung auf rein diatonisches Material, ohne daß der Standard der konstruktiven Verfahrensweisen je preisgegeben ist (von strenger Zwölftontechnik sah E. jetzt allerdings ab). Vielmehr legitimieren diese Verfahrensweisen eine für E.s Spätwerk charakteristische Synthese von tonalen, erweitert tonalen und frei atonalen Satzweisen. Und doch – noch kurz vor seinem Tod bekannte E.: »Ich plane neue Kunsttheorien, die momentan konkret nicht drinnen sind, aber die ich mit Freude voraussage« (GW III/7, 239).

Musik: Lieder und Kantaten, Lpz. 1955–1966. Gesammelte Werke, Serie I (Vokalmusik) und II (Instrumentalmusik), hrsg. von St. Eisler und M. Grabs, Lpz. 1968–1981. Gesamtausgabe (HEGA), Wiesbaden 2002 ff.
Dokumente: Gesammelte Werke [GW], Serie III, Bd. 1–3 (Musik und Politik. Schriften 1924–1948; 1948–1962; Addenda. Textkritische Ausg. von G. Mayer, Lpz. 1973, 1982, 1983), Bd. 4 (Komposition für den Film. Textkritische Ausg. von E. Klemm, Lpz. 1977), Bd. 7 (Gespräche mit Hans Bunge, Lpz. 1975).

Notowicz, N.: Gespräche mit H. und Gerhart E. (Wir reden hier nicht von Napoleon. Wir reden von Ihnen!), Bln. 1971. *Werkverzeichnis:* Grabs, M.: H. E. Ein Hdb., Lpz. 1984. *Literatur:* Sinn und Form – Sonderheft H. E., Bln. 1964. Adorno, Th. W.: Gesammelte Schriften [GS], hrsg. von R. Tiedemann, Ffm. 1970–1986. H. E. – Argument-Sonderband 5, Bln. 1975. Csipák, K.: Probleme der Volkstümlichkeit bei H. E., Mn. und Salzburg 1975. Betz, A.: H. E. – Musik einer Zeit, die sich eben bildet, Mn. 1976. Hennenberg, Fr.: H. E., Reinbek bei Hbg. 1987. Phleps, Th.: H. E.s »Deutsche Sinfonie« – Ein Beitrag zur Ästhetik des Widerstands, Kassel 1988. Albert, Cl.: Das schwierige Handwerk des Hoffens – H. E.s »Hollywooder Liederbuch«, Stg. 1991. H. E. – A Miscellany, hrsg. von D. Blake, Luxembourg 1995. H. E. der Zeitgenosse – Positionen – Perspektiven, hrsg. von G. Mayer, Lpz. 1997. Hufschmidt, W.: Willst zu meinen Liedern deine Leier drehn? Zur Semantik der musikalischen Sprache in Schuberts »Winterreise« und E.s »Hollywood-Liederbuch«, erw. Aufl., Saarbrücken ²1997. H. E. – 's müßt dem Himmel Höllenangst werden, hrsg. von M. Köster, Hofheim 1998. H. E. and Film Music (Historical Journal of Film, Radio and Television 18, 1998). Schebera, J.: H. E. – Eine Biographie in Texten, Bildern und Dokumenten, Mainz usw. 1998.

Johannes Gall

Elgar, Edward

Geb. 2. 6. 1857 in Broadheath bei Worchester; gest. 23. 2. 1934 in Worchester

E. war der Grandseigneur der englischen Musik, musikalischer Nationalheld mit gelegentlichem Hang zur Monumentalität, aber auch mit ausgeprägtem Sinn für die leichteren Genres der ernsten Musik. Die spätromantische Musik Mitteleuropas eines Strauss und Wagner war Leitbild für ihn, und die katholische Orgeltradition wirkte stärker auf ihn ein als der angelsächsische Folklorismus, der während seiner erfolgreichsten Jahre in England ›en vogue‹ war. Als gläubiger Katholik und eigensinniger Individualist stand er immer eine Spur quer zum Jubelpatriotismus des anglikanischen Königreiches; was die Briten nicht hinderte, ihn – neben Vaughan Williams – zum englischsten Tonsetzer seiner Generation zu erklären. Er schrieb aber – mit Ausnahmen etwa der *Pomp and Circumstance-Märsche* (1901–1907) – keine Musik von funktioneller Pracht. Daß der erste dieser Märsche zur heimlichen Nationalhymne in Großbritannien werden konnte, zeigt die Sicherheit seines kompositorischen Zugriffs und das Gefühl für den ›richtigen‹ Ton.

E.s Partituren besitzen fast durchweg eine starke Individualität und leben oft von der Unbeschwertheit der musikalischen Gedanken. E. verließ sich stets auf seine unmittelbare Inspiration. Seine Stimme fand auch außerhalb Englands Gehör und Anerkennung, so daß einige seiner Werke wie die *Enigma-Variationen* (1898–99) bis heute zum festen Repertoire aller Orchester gehören. E.s Zeit war die der Jahrhundertwende. Nicht zufällig schrieb er – mit wenigen Ausnahmen – nach dem Ersten Weltkrieg keine Werke mehr von durchschlagendem Erfolg.

E. genoß keine akademische Ausbildung. Der Sohn eines Musikalienhändlers war weitgehend Autodidakt. Er erwarb sich musikalische Kenntnisse anhand der Partituren im Laden des Vaters, lernte bei ihm auch das Orgelspiel. Er improvisierte am Klavier und spielte als Geiger in lokalen Musikgruppen in Worchester. In der täglichen Arbeit erwarb er sich die musikalische Satztechnik in allen ihren Facetten. So schrieb er für die zusammengewürfelte Besetzung eines Heims für Geisteskranke in Worchester Arrangements aus der großen musikalischen Literatur. Er leitete in der zweiten Hälfte der achziger Jahre auch die Worchester Instrumental Society und die Worchester Philharmony, für die ebenfalls Bearbeitungen entstanden sind. Sein einziger regulärer Unterricht waren die Musikstunden bei dem Geiger Adolf Politzer in London im Jahre 1877. E.s eigentliche Schule war die Praxis.

Sein erster Erfolg war die Aufführung der Ouvertüre *Froissart* (1890) beim Worchester Festival. Drei Jahre später erhielt die Kantate *The Black Knight* (1889–1902) – ebenfalls in Worchester – mehr als nur regionale Beachtung. Inzwischen war sein erster London-Aufenthalt (1889–1891) erfolglos geblieben. Bis zur Jahrhundertwende sollte es dauern, bis sein Name in England ein Begriff wurde. Die Aufführungen seines Oratoriums und Hauptwerks *The Dream of Gerontius* (1899–1900) – auf ein katholisches Sujet und mit Seitenblicken auf die Tradition der katholischen Kirchenmusik – beim Birmingham Festival 1900 und ein Jahr später in Düsseldorf brachten den endgültigen Durchbruch. Kontrapunktische Verfahren waren teilweise prägend für das Werk, aber die Verwendung von Leitmotivtechnik deutet ebensosehr auf sein großes Vorbild Wagner hin. Schon ein Jahr zuvor hatte der Dirigent Hans Richter jene Komposition zur Uraufführung gebracht, die eine seiner berühmtesten werden sollte: die *Variations on an Original Theme*, bekannt geworden unter dem Titel *Enigma-Variationen*, in denen E. vierzehn seiner Freunde musikalisch portraitierte. Er nutzte die Variationsform, um auf musikalische Weise psychologische Einblicke in die Persönlichkeiten seines Freundeskreises zu geben. Bis heute gibt das Thema dieser Komposition den Musikologen Rätsel auf. Obwohl E. einmal äußerte, das Thema sei ein Kontrapunkt zu einem sehr beliebten Lied, hat bisher niemand die originale Herkunft nachweisen können.

E. blieb der Tonalität treu, scheute sich auch nicht vor einfachen, liedmäßigen Passagen mit breiter Melodik und häufigen Sequenzierungen. Er hatte auch keine Berührungsängste gegenüber Salonmusik, wie sein *Salut d'amour* (1899) zeigt. Er würzte seine im Grunde schlichte Harmonik stets mit chromatischen Rückungen, um subtile Klangfarben zu erreichen. E. war in gewissem Sinn ein Klangmaler, seine Einfälle waren untrennbar mit Instrumentationsvorstellungen, mit der Einfärbung des Klanges verbunden, Orchestrieren war für ihn originär kompositorische Arbeit.

Die Jahre zwischen 1901 und 1907 waren wohl die produktivsten für E. Es entstanden die Märsche *Pomp and Circumstance*, die *Cockaigne Ouvertüre* (1900–1901, ein musikalisches Portrait Londons als eine Art Schlaraffenland), die Suite *The Wand of Youth* (1907), in der er auf eine Jugendarbeit zurückgriff, und die wie die *Enigma-Variationen* berühmt gewordene *Introduction and Allegro* (1905), die vielleicht die raffinierteste und ausgefeilteste Orchestrierung unter seinen Werken aufweist. Die beiden *Sinfonien* (1908, 1910), in denen er sich auf sehr persönliche Art mit der Sonatenform auseinandersetzt, sind ebenso wie das *Violinkonzert* von 1911 Werke, die zwar ihren Eingang ins englische Repertoire fanden, aber außerhalb Englands kaum bekannt wurden. Das gilt weniger für das *Cellokonzert* (1918), das zu den besten seines Genres zählt. Es ist in der Stimmung und Farbe ein eher düsteres Werk, das alle Züge eines Spätwerks hat, eines Schicksalsstücks. Vielleicht zieht es schon eine Lebensbilanz, sicher aber schlägt es den Ton eines Requiems an, eines Requiems für die Gefallenen im Ersten Weltkrieg.

In den letzten Lebensjahren war E. damit beschäftigt, als Dirigent sein Œuvre auf Schallplatte einzuspielen. Als er, der letzte Repräsentant der Romantik in England, 1934 starb, hatten neue Generationen von Komponisten auch in England neue Wege zu bahnen begonnen.

Noten: Novello (Ldn.); Boosey & Hawkes (Ldn). E. Complete Edition, hrsg. von L. Sevenoaks u. a., Ldn. 1981ff.
Dokumente: A Future for English Music and other Lectures, hrsg. von P. M. Young, Ldn. 1968.
Bibliographie: E. E. A Source Book, hrsg. von St. R. Craggs, Aldershot 1995. Kent, Chr.: E. E. A Guide to Research, N. Y. 1993.
Literatur: Buckley, R. J.: Sir E. E., Ldn. 1905. Shaw, G. B.: Sir E. E. *in* Music & Letters 1 (1920). Veagh, D. M.: E. E. His Life and Music, Ldn. 1955 [mit WV]. Kennedy, M.: Portrait of E., Ldn. 1968. Fanselau, R.: Die Orgel im Werk E. E.s, Göttingen 1974. Friesenhagen, A.: »The dream of Gerontius« von E. E. Das engl. Oratorium an der Wende zum 20. Jahrhundert, Köln-Rheinkassel 1994 [mit Bibl.]. Nice, D.: E. E. An Essential Guide to his Life and Works, Ldn. 1996. Rushton, J.: E. Enigma Variations, Cambridge 1999. Gassmann, M.: E. E. und die dt. symphonische Tradition. Studien zu Einfluß und Eigenständigkeit, Hildesheim 2002. McGuire, Ch. E.: E.'s Oratorios. The Creation of an Epic Narrative, Aldershot (Hampshire) u. a. 2002.

Friedrich Spangemacher

Eötvös, Peter

Geb. 2. 1. 1944 in Székelyudvarhely (Transsylvanien/Ungarn)

Die meisten von E.s knapp vierzig Kompositionen sind, so E., »Theatermusik« (MusikTexte, 1995, 10): Musik aus, über und als Sprache, mit sprechenden Gesten, erzählendem Duktus und theatralischem Einsatz vokaler und instrumentaler Aktionen. In jedem Fall vermittelt diese Musik in hohem Maße außermusikalische Gehalte, Affekte, Bilder, Szenen, Handlungen, Texte. Schon im Alter von fünfzehn Jahren zeigte sich E. fasziniert von psalmodierenden Lamentationsstilen verschiedener Volkskulturen und entwickelte seit 1958 schon als Jungstudent der Musikakademie Budapest ein besonderes Talent für die musikalische Darstellung von Charakteren und komponierte Film- und Theatermusik. Nachdem er 1966 mit einem DAAD-Stipendium an die Musikhochschule Köln gekommen war und seit 1968 als Pianist und Schlagzeuger im Stockhausen-Ensemble mitwirkte, entstand im elektronischen Studio des

WDR *Mese* (»Märchen«, 1968). Diese Sprachkomposition für Tonband basiert auf Aufnahmen von 99 ungarischen Volksmärchen, die durch elektronische Transformation, Überlagerung sowie Dehnung oder Raffung auf eine Einheitsdauer zwar ihre Textverständlichkeit verlieren, gleichwohl aber in Tonfall und Ablauf den formelhaften Erzählton der Vorlagen hervorkehren.

Eine Art imaginäres Theater sind *Chinese Opera* für 28 Instrumentalisten (1986) und die *Drei Madrigalkomödien* für zwölf Solostimmen (1963–90), in denen Texte von Gesualdo da Venosa mit karikaturhafter Übertreibung nach Art der commedia dell'arte vorgetragen werden: »Was mir immer vorschwebt, ist eine Art Theater mit Hilfe der Musik zu realisieren. Ich möchte, daß beim Zuhörer durch einen akustischen Empfang die gleiche Vision erzeugt wird, als wäre er im Theater« (*Meine Musik*, 9). Indes komponierte E. auch reale Musiktheaterwerke. Nach der »Szene mit Musik für japanische Sprecherin« *Harakiri* (1973) auf einen Text von István Bálint und der Kammeroper *Radames* (eigenes Libretto u. a. nach Texten von Verdi und Manfred Niehaus; 1975–97) schrieb E. *Drei Schwestern* – »Oper in drei Sequenzen« (1996–97) nach dem gleichnamigen Drama von Anton Čechov. Die drei Teile entsprechen den Schicksalen der drei Schwestern und bestehen neben freien Passagen und Rezitativen auch aus klassischen Opernformen wie Arien, Duetten, Ensembles. Das »Klangtheater« *As I crossed a Bridge of Dreams* (1999) entstand auf der Grundlage einer Sammlung von Texten einer japanischen Hofdame des 11. Jahrhunderts und ist eine Adaption des rituellen Nō-Theaters.

In anderen Stücken hat E. Sprachklänge auf Instrumente übertragen. In *Now Miss!* für Violine, Synthesizer und Stereotonband (1972) werden die Vokale und Konsonanten von Samuel Becketts Hörspiel »Embers« (»Aschenglut«) mit Klängen imitiert: spitze Vokale durch hohe Töne, Konsonanten durch Geräuschklänge. Bei sprachanalogem Tonfall erscheint der Text so nahezu verständlich. Ähnlich verfuhr E. in *Korrespondenz – Szenen für Streichquartett* (1992–93) mit Passagen des Briefwechsels zwischen W. A. und Leopold Mozart, deren Duktus er wie bei einem Rezitativ in Dynamik, Tempo, Rhythmus, Spielweise und Art der Interaktion auf die beiden personifizierten »Sprechinstrumente« Bratsche und Cello übertrug. *Snatches of a Conservation* (»Gesprächsfetzen«) für Doppeltrichter-Trompete und Ensemble (2001) wiederum besteht aus undurchdringlichem Stimmengewirr wie in einem Caféhaus.

E.s Material und Œuvre sind – vermutlich als Folge seiner internationalen Dirigententätigkeit – von eklektizistischer Vielseitigkeit. Er verwendet Naturklänge und -materialien, z. B. in *Grillenmusik* (1979) und in *Steine* für Ensemble (1985–90, rev. 1992), ebenso traditionell symphonische Ausdrucksgesten, tonale Effekte, Elektronik, Synthesizer, popular- und volksmusikalische Idiome. *Psalm 151* für Schlagzeug solo oder vier Schlagzeuger (1993) entstand z. B. »in memoriam« des Avantgarde-Rockers Frank Zappa und zielt mit den sensuellen, schamanenhaften Aktionen des Solisten auf einen rituellen Charakter. *Psychokosmos* für Cimbalom solo und traditionelles Orchester (1993) basiert hingegen auf frühen Skizzen und ist – nicht zuletzt durch die zentrale Rolle der ungarischen Zither – eine Art »Selbstbildnis« des Komponisten. Fragmente ungarischer Volksmusik finden sich auch am Ende der drei Sätze von *Atlantis* für Knabenchor, Bariton, Cimbalom solo, virtuellen Chor (Synthesizer) und großes Orchester (1995). Durch Sampling wird der Gesang hier so verfremdet, als klänge er unter Wasser. Ähnliches geschieht in *IMA* (»Gebet«) für großen gemischten Chor und Orchester (2001–02). Durch Kultinstrumente, symphonische Gesten und assoziative Sprachklänge (Lautgedichte von Gerhard Rühm und Sándor Weöres) entsteht auch hier ein »imaginäres Theater« von meditativ-religiöser Grundhaltung.

Noten: Editio Musica (Budapest); Feedback (Köln); Ambrioso (Paris); Salabert (Paris); Ricordi (Mn.).

Dokumente: Wie ich K. Stockhausen kennenlernte *in* Feedback Papers 16 (1978); Nachdruck Köln 1979, 421. »Meine Musik ist Theatermusik« – P. E. im Gespräch mit M. Lorber in MusikTexte 59 (1995), 7–13. »Ich sehe mich als ›Testpiloten‹ für Neue Musik« – P. E. im Gespräch mit R. Ulm *in* »Eine Sprache der Gegenwart« – musica viva 1945–1995, hrsg. von R. Ulm, Mn. 1995, 332–339.

Literatur: Fricke, St.: Über P. E. und ein komponiertes Harakiri in Zwischen Volks- und Kunstmusik. Aspekte der ungarischen Musik, hrsg. von dems., Saarbrücken 1999, 178–186. Kostakeva, M.: Die neue Oper »Tri Sestri« von P. E. – Reflexionen, ästhetische Fragen, Interpretationsprobleme *in* Das Orchester 48 (2000), 7–11.

Rainer Nonnenmann

Essl, Karlheinz
Geb. 1. 8. 1960 in Wien

Im Mittelpunkt von E.s Schaffen steht die intensive Auseinandersetzung mit den Erfahrungen der Avantgardemusik der fünfziger und sechziger Jahre. Die Beschäftigung mit dem seriellen Denken sowie mit der Poetik des offenen Kunstwerks wurde sowohl während seiner Kompositionsausbildung bei Cerha als auch durch sein musikwissenschaftliches Studium befördert, das er 1989 an der Universität Wien mit einer Doktorarbeit über *Das Synthese-Denken bei Anton Webern* abschloß. Seine ersten bedeutenden Instrumentalwerke wie *Helix 1.0* (1986), *met him pike trousers* (1987) und vor allem *In's Offene!* (1991) basieren auf ständig veränderten Ereignissen, die in einem durchaus mehrdeutigen Kontext auf verschiedenen Ebenen parallel laufen. Die Komplexität der in sich jedoch streng strukturierten formellen Verläufe wirkt insbesondere beim ersten Hören destabilisierend, so daß der Hörer die Bezugspunkte verliert und zur (Er-)Findung eines eigenen Auswegs eingeladen wird.

Schon in den allerersten Phasen seiner Produktion konzentrierte sich E.s Interesse darüber hinaus auf die kompositorischen und aufführungspraktischen Verwendungsmöglichkeiten von technischen Mitteln und neuen Medien. Entscheidend wurde dabei die Begegnung mit Gottfried Michael Koenig und dessen Konzept einer computergestützten Komposition. Zwischen 1992 und 1993 entwickelte E. am IRCAM in Paris eine umfangreiche Bibliothek von Softwaremodulen, die nicht nur die Generierung kompositorischer Strukturen und die Kontrolle über die musikalischen Parameter innerhalb des Kompositionsprozesses ermöglichen, sondern auch die kreative Verwendung des Computers bei ›live-performances‹ – daher die Benennung als »Real Time Composition Library«. Unter den Werken, die mit Unterstützung dieser im Laufe der Jahre immer weiter entwickelten Softwarebibliothek entstanden sind, ist die *Lexikon-Sonate* (1992 ff.) für computergesteuertes Klavier ein extremer Fall. Es handelt sich um ein Programm, das aus einer Sammlung von mehreren strukturgenerierenden Modulen (wie etwa Topoi aus der Klavierliteratur, Verweise auf verschiedene Stile oder bestimmte Komponisten) in Echtzeit Sequenzen kreiert und direkt an einen MIDI-Synthesizer oder an ein elektromechanisches Klavier sendet. Man kann mit dem Programm sowohl interagieren, als es auch in ›autoplay‹ laufen lassen – im letzten Fall entsteht ein virtuell unendlich langes, vom Computer komponiertes und gespieltes Klavierstück. Abgesehen von diesem Experiment stehen aber gerade die Möglichkeiten der Interaktion zwischen Interpreten und Maschine im Mittelpunkt von E.s kompositorischen Forschungen. In *Champ d'Action* (1998) für computergesteuertes Ensemble bekommt eine frei zu bestimmende Instrumentalgruppe von drei bis sieben Spielern von einem Zentralcomputer während der Aufführung über Monitore Anweisungen: z. B. in welchem Register, wie lange und mit welcher Periodizität eine bestimmte Aktion oder eine Folge von Klängen bzw. Geräuschen auszuführen ist. Die Anweisungen sind nicht in traditioneller Notenschrift notiert, sondern bestehen aus einer Mischung aus schriftlichen und graphischen Symbolen. Ein am Computer sitzender ›Dirigent‹ kann eingreifen, indem er im Laufe des Stückes neue Parameter einsetzt, die der Computer in neue Anweisungen umarbeitet. Dieses Stück ist ein Beispiel dafür, inwieweit die strukturgestaltende Verwendung des Computers in E.s Musik die Erfahrungen mit offener Form und Improvisation einer älteren Komponistengeneration erweitert: Jede neue Anweisung auf dem Monitor zwingt den Interpreten nicht nur zu deren sofortigen Interpretation, sondern auch zur Interaktion innerhalb des von den anderen Spielern gegebenen und nicht vorhersehbaren musikalischen Kontexts. Anders als in einer graphisch notierten Komposition kann dieses Stück auf keinen Fall vorher ›einstudiert‹ werden, da die Reihenfolge der Ereignisse für jeden Ausführenden immer neu vom Computer generiert wird und deren Kombinationsmöglichkeiten praktisch unzählbar sind – d. h. der Spieler ist jedes mal mit einen völlig neuen Kontext konfrontiert.

Neben den ›Realtime‹-Kompositionen beschäftigt sich E. in seiner jüngsten umfangreichen Produktion zunehmend mit – oft in Zusammenarbeit mit verschiedenen Künstlern – multimedialen Klanginstallationen (*Klanglabyrinth*, 1992–95; *Doors/Vrata*, 2003), Internetprojekten (*MindShip-Mind*, 1996) und der Klangbewegung durch räumliche Aufstellung der Instrumentalisten (*ex machina*, 2002).

Noten: Ricordi (Mailand); Tonos (Darmstadt).
Dokumente: Computer Aided Composition *in* Distel, 46/47 (1991), 10–16. Das Synthese-Denken bei Anton Webern, Tutzing, 1991. Klangkomposition und Systemtheorie *in* Ästhetik und Komposition, hrsg. von G. Borio und U. Mosch, Mainz, 1994, 66–70 (Darmstädter Beiträge zur Neuen Musik 20). Strukturgeneratoren. Algorithmische Komposition in Echtzeit, Graz, 1996. E., K. und Günther, B.: Realtime Composition. Musik diesseits der Schrift *in* Positionen 36 (1998).
Werkverzeichnis: www.essl.at.
Literatur: Scheib, Chr.: K. E. Die Spirale als strukturiertes Chaos *in* Almanach Wien Modern, hrsg. von L. Knessl, Wien 1989, 33–35. Kager, R.: Neuen Klangwelten auf der Spur. Der österreichische Komponist K. E. *in* Österreichische Musikzeitschrift 52 (1997), 7–8.

Pietro Cavallotti

Estrada, Julio
Geb. 10. 4. 1943 in Mexico-City

Das Werk E.s stellt eine bemerkenswerte Synthese zwischen der europäischen Kunstmusik und der musikalischen Tradition Mexikos dar. E., Sohn spanischer Exilanten, erhielt seine Kompositionsausbildung insbesondere in Paris bei Nadia Boulanger, Messiaen und Xenakis (1965–69) und in Köln bei Stockhausen (1968–69). So verwundert es nicht, daß seine ersten Kompositionen das Erbe des seriellen Denken offenbaren: *Tres Instantes* (»Drei Augenblicke«; 1966; rev. 1983) basiert auf einer Zwölftonreihe; spätere Werke wie *Persona* (1969) und *Memorias, para teclado* (1971) experimentieren dagegen mit der offenen Form und graphischer Notation.

Die folgende Kompositionsreihe *Cantos* basiert auf einer ›Theorie der endlichen Gruppen‹, die E. zusammen mit dem Ingenieur Jorge Gil auf die Musik zu übertragen versuchte. Die Verwendung dieser mathematischen Theorie zielt auf die Schaffung determinierter Variationsmöglichkeiten innerhalb eines jeweiligen Aspektes des musikalischen Materials wie z. B. die Intervallstruktur einer vierstimmigen Fuge in *Canto mnémico* für Streichquartett (»Erinnerungsgesang«; 1973) oder die Bewegung des Klanges zwischen den räumlich verteilten acht Bläsern in *Canto naciente* (»Anbrechender Gesang«; 1975–1979).

E.s spätere Produktion wurde dagegen substantiell von seinem Konzept vom musikalischen »Continuum« geprägt, das er in seiner Dissertation *Théorie de la composition* ausführlich dargestellt hat. Anregungen zur Formulierung dieser Theorie kamen einerseits von der Glissandotechnik Xenakis' sowie aus dem mikrointervallischen System Julián Carillos, andererseits von E.s langer Beschäftigung mit der vorhispanischen Musikpraxis Mexikos. Ausgangspunkt der Theorie sind aber zunächst die Beziehungen zwischen Klang und Rhythmus: Die Erfahrung mit der elektronischen Musik hatte ergeben, daß sehr tiefe Tonhöhen vom menschlichen Ohr nur als rhythmische Impulse erfaßt werden können, daß dagegen sehr schnelle rhythmische Figuren – wie etwa bei den Klavierwerken Nancarrows – als Klangfarbe wahrgenommen werden. Von diesen einfachen Beobachtungen ausgehend, konzipiert E. eine Art Makroklangfarbe, »ein riesiges Spektrum mit unendlich vielen Frequenzen…, von den höchsten oder langsamsten – die physikalisch mit dem Begriff ›Rhythmus‹ identifiziert werden – bis zu solchen, deren höhere Geschwindigkeit zur Klangempfindung führt« (*Freiheit und Bewegung*, 57). Jeder Parameter dieses ›Makro-Timbre‹ kann so gesteuert werden, daß er sich in der Wahrnehmung der Undifferenziertheit eines kontinuierlichen Flusses nähert. Die auf dieses Kontinuum einwirkenden physikalischen Größen des musikalischen Materials sind hauptsächlich drei, die jeweils sowohl den Klang als auch die Zeit bestimmen: Frequenz (d. h. Tonhöhe bzw. Dauer), Amplitude (Anschlagsintensität bzw. Dynamik), harmonischer Gehalt (Klangfarbe bzw. mikrorhythmische Strukturen, wie beim Vibrato). Jeder dieser sechs musikalischen Parameter hat in E.s Kompositionsprozeß die gleiche Bedeutung und wird separat behandelt. Ein gutes Beispiel dafür ist der 1983–90 entstandene Kompositionszyklus *yuunohui* (in der Sprache der Zapoteken: »Feuchte Erde, ohne Steine«) für Streicher: Es handelt sich um vier Werke für Violine, Viola, Cello und Kontrabaß, die sowohl als Solostücke als auch in jeder möglichen Duo-, Trio- und Quartettkombination aufführbar sind. Die sechs Parameter sind in getrennten Systemen sehr genau notiert und weisen meistens ein unabhängiges Tempo auf, so daß eine äußerst starke Anpassungsfähigkeit der Interpreten gefordert wird, da die Aktionen eine große Unabhängigkeit beider Hände verlangen. Ein Vorbild für diesen gesonderten Verlauf der musikalischen Elemente fand E. in bestimmten indianischen Gesängen, die von rhythmisch asynchronen Klängen der Schlaginstrumente begleitet werden. Auf der kompositorischen Ebene greift der Zyklus immer auf dasselbe Material zurück, das zuerst in *yuunohui'yei* (»Feuchte Erde Nr. 3«; 1983) für Cello verwirklicht und dann in den weiteren Stücken in zyklisch wechselnden Parametern verwendet wurde – d. h. die Struktur, die im ersten Stück die Tonhöhe bestimmt, reguliert im nächsten z. B. die Dynamik.

Dasselbe Material diente 1988–1999 zur Schaffung von *yuunohui'tlapoa* (in der Nahuatlsprache bedeutet »tlapoa« »Berechnung«) für Cembalo, Klavier oder Orgel; in ihm experimentiert E., da er sein Konzept hier auf temperierte Instrumente überträgt, mit der Einbeziehung diskontinuierlicher Texturen in das Kontinuum.

Noten: Salabert (Paris).
Dokumente: Le continuum en musique. Structure et ouvertures en composition des dérivations esthétiques *in* Ästhetik und Komposition, hrsg. von G. BORIO und U. MOSCH, Mainz 1994, 50–65 (Darmstädter Beiträge zur Neuen Musik 20). Théorie de la composition. Discontinuum continuum, Diss. l'Université de Strasbourg 1994. Freiheit und Bewegung. Transkriptionsmethoden in einem Kontinuum von Rhythmus und Klang *in* MusikTexte 55 (1994), 57–62.
Literatur: NIETO, V.: Recherche-création dans l'œuvre de J. E., Diss. Univ. Paris, 1991. SANDOVAL, C.: Entrevista a Julio Estrada *in* Heterofonía, 108 (1993), 60–69 [Interview]. FÜRST-HEIDTMANN, M.: Auf der Suche nach der unverstellten Imagination. Der Mexikanische Komponist J. E. *in* MusikTexte 55 (1994), 39–44. NIETO, V.: La obra para cuerdas de J. E. *in* Revista Armonía, 10–11 (1996), 27–32.

Pietro Cavallotti

Falla, Manuel de

Geb. 23. 11. 1876 in Cádiz;
gest. 14. 11. 1946 in Alta Gracia
(Provinz Córdoba, Argentinien)

In der kompositorischen Entwicklung de F.s lassen sich eine Entwicklungsphase, die bis 1902 dauert, eine zweite Periode, in welche seine ersten großen Werke im nationalen Stil fallen, eine dritte, ästhetisch vom Neoklassizismus geprägte Phase, und schließlich die argentinische Zeit unterscheiden.

Seine musikalische Ausbildung erhielt de F. am Madrider Konservatorium, wo er bei José Trago Klavier studierte und in den Jahren 1898 und 1899 jeweils den Preis des Konservatoriums erhielt. Zwischen 1901 und 1903 arbeitete er an der Komposition verschiedener Zarzuelas, nur eine von ihnen, *Los amores de la Inés*, wurde aufgeführt (Emilio Dugi, Madrid 1902). Von 1902 an studiert er wie vor ihm Albeniz und Enrique Granados beim Begründer des ›spanischen Nationalismus‹, Felipe Pedrell, der ihn in Richtung eines universalistischen Nationalismus lenkt: »Ich für meinen Teil möchte behaupten, daß ich dem Unterricht von Pedrell und den gewaltigen Anregungen, die ich aus seinen Werken schöpfte, meine künstlerische Entwicklung verdanke«, erklärt de F. später. In diese Zeitspanne fällt auch ein weiteres prägendes Ereignis: die Entdeckung eines Buches, das sein Werk später technisch stark unterstützen wird: »L'Acoustique nouvelle«, Paris 1854; der Verfasser, Louis Lucas, entwickelt darin ein Konzept der Harmonisierung, das sich aus den Obertönen herleitet.

Nach zwei kleineren Werken aus dem Jahre 1902, *Tus ojillos negros* und das *Allegro de conciert*, schreibt er 1904–05 sein erstes größeres Werk, *La vida breve* (»Das kurzes Leben«; Nizza 1913), das ihm besonders in Frankreich erste Anerkennung verschafft. In *La vida breve*, einer Oper in zwei Akten nach einem Libretto von C. Fernández Shaw, zeichnet de F. ein Bild von Granada mit typischen Figuren aus dem Altstadtviertel Albaícin. Er verwendet allzu offensichtlich folkloristische Elemente, ohne sie – wie später – einer künstlerischen Umformung zu unterziehen. Das Werk weist jedoch bereits eine prächtige Instrumentation, eine starke Einheitlichkeit und eine für de F. typische Synthese von Harmonie und Melodie auf. Durch seine Nähe zum italienischen Verismus (→ Mascagni) kommt es zudem dem zeitgenössischen Geschmack entgegen.

1907 begibt sich de F. nach Paris, wie seit dem 19. Jahrhundert schon zahlreiche andere spanische Komponisten, und findet in dieser Stadt eine zweite Heimat; er lernt Dukas, Debussy, Ravel, Albeniz und andere kennen. In Paris schließt er seine Ausbildung ab und arbeitet am Konzept eines ›universalen Nationalismus‹. In den *Piezas españolas* für Klavier (um 1906–09) zeigen sich die Grundzüge seines Stils: Einfachheit und Bestimmtheit, Klarheit der Linien, Expressivität und das Bestreben, das Detail dem Ganzen unterzuordnen, sind in diesen vier Stücken bereits zu erkennen. In Paris entsteht ein weiteres bedeutendes Werk, *Tres melodías* (Théophile Gautier; 1909), mit dem er sich dem Impressionismus und der französischen Musik im allgemeinen annähert und das als Vorläufer seines zweiten großen Werkes für Gesang und Klavier, *Las Siete Canciones populares españolas* (1914) anzusehen ist. In diesen Liedern, deren Texte alten spanischen Sammlungen entstammen, gelingt es ihm, den Klavierpart von der Melodielinie der Stimme herzuleiten, indem er die von Pedrell und mehr noch von Lucas entwickelten Theorien anwendet und in der Harmonisierung von den durch natürliche Resonanz erzeugten Tönen ausgeht. Dadurch, daß er die Obertöne des Grundtons oder Obertöne als Baßton benutzt, gelingt es ihm, den einfachen Satz polyphon zu stützen.

Nach diesen Werken setzt die Zeit der künstlerischen Reife ein. *Noches en los jardines de España* (»Nächte in spanischen Gärten«; 1909–16), *El amor brujo* (»Liebeszauber«; 1915) und *El Sombrero de tres picos* (»Der Dreispitz«; London 1919) kennzeichnen den Höhepunkt der Phase, die durch die Auseinandersetzung mit der andalusischen Folklore bestimmt ist. *Noches en los jardines de España*, eine Suite für Klavier und Orchester, durch Andalusien, insbesondere den ehemaligen maurischen Königssitz Generalife und die Alhambra in Granada inspiriert, basiert stilistisch auf dem Impressionismus und auch auf dem Fundamentalismus – einer ästhetischen Position, die dem Wesen der spanischen Folklore weitgehend entspricht. De F. zitiert Folklore nicht wörtlich, empfindet die Folklore jedoch nach. Das Werk besteht aus drei Teilen, die jeweils auf einem poetischen Element basieren, es läßt sich jedoch nicht als Programmusik verstehen. Formal handelt es sich auch nicht um ein Klavierkonzert; das Klavier ist nur eines unter vielen Orchesterinstrumenten, das nur manchmal eine tragende Rolle spielt. *El amor brujo*, ursprünglich eine »gitanería«, ist ein Zigeunerstück mit Tänzen, Liedern und Rezitativen mit anschließendem Ballett. Anstoß zu diesem auf einem Text von G. Martínez Sierra basierenden Werk gab die Bekanntschaft mit der Sängerin Pastora Imperio und ihrer Mutter, Rosario la Mejorana, und die daraus resultierende Beschäftigung mit dem andalusischen Gesang, bekannt als »Cante jondo«. Das Werk präsentiert eine tragische Vision des Lebens der Zigeuner in Andalusien, es handelt sich vermutlich um das vollendetste der von Andalusien inspirierten Werke. In diesem Stück meidet de F. jede oberflächliche Romantisierung. Grundelement ist der Rhythmus, zuweilen verwandelt sich das gesamte Orchester in ein einziges großes Rhythmusinstrument. Dabei ist der Rhythmus ebenso wie die Harmonie durchgehend von der Spielweise der Gitarre beeinflußt und Grundlage des ganzen Werkes ist der Cante jondo. Beim dritten großen Werk aus dieser Zeit handelt es sich um das Ballett *El sombrero de tres picos*, in dem de F. seine Inspiration aus dem Humor des ländlichen Andalusien bezieht. Das Libretto stammt von Pedro Antonio de Alarcón. Ursprünglich war das Stück als Pantomime mit dem Titel *El corregidor y la molinera* angelegt. Auf Anraten Sergej Diaghilevs arbeitet de F. es zu einem Ballett um, dessen Bühnenbild und Kostüme bei der Londoner Uraufführung von Pablo Picasso stammten. Die Zitate aus der Folklore sind unmittelbarer und häufiger, doch tauchen auch bestimmte neoklassizistische Elemente auf, der Einfluß Stravinskys ist in der Instrumentation deutlich erkennbar, ebenso derjenige D. Scarlattis, so daß sich der Komponist damit bereits seiner nächsten künstlerischen Phase nähert.

La fantasía Bélica (»Andalusische Phantasie«; 1919) für Klavier ist das letzte Stück aus dieser Zeit, eine Auftragsarbeit für Arthur Rubinstein. Das Werk wirkt durch eine gewisse Härte im Klang asketisch. Es basiert auf der andalusischen »Copla« und stellt das letzte Werk dar, das de F. im andalusischen Stil komponiert hat. Folkloristische Elemente sind sehr viel verdeckter, die Anspielungen auf das Rasqueo der Gitarre sind jedoch durchgehend. Das Stück wird von zwei Kirchentonarten bestimmt, dem phrygischen und dem äolischen Modus, die in der spanischen Musik sehr häufig sind. Die Satzweise zeigt vielleicht am deutlichsten, daß de F.s Klangvorstellung vom Klavier ausgeht. In dieser Zeit, während der sich de F. in Granada niederläßt, entsteht auch *Homenaje a Debussy* für Gitarre (1920).

In der Zeit von 1919 bis 1922 verfaßt de F. ein sehr neuartiges Werk, *El retablo de maese Pedro* (»Meister Pedros Puppenspiel«; Paris 1823), das seine neoklassizistische Periode eröffnet. (Diese Kunstrichtung findet durch de F. und Stravinsky in Spanien großen Zuspruch; die meisten Komponisten der folgenden Generation, der ›27er Generation‹, folgen diesem Vorbild.) *Meister Pedros Puppenspiel* basiert auf der unsterblichen Figur des Don Quijote und orientiert sich damit nicht mehr an Andalusien, sondern an Kastilien: inspirierende Elemente sind die volkstümliche geistliche Musik, gregorianische Gesänge, Straßenrufe, Romanzen etc. – Die drei Hauptfiguren des Werkes, Trujamán, der Erzähler, Don Quijote und Maese Pedro vertreten drei unterschiedliche Musikrichtungen. Die klanglichen Mittel sind sehr sparsam, doch die Wirkung ist eindrucksvoll.

Mit diesem Werk hat de F. den Höhepunkt seines Schaffens überschritten, gesundheitliche und psychologische Probleme stellen sich ein, so daß er erst zwei Jahre später, 1924, wieder ein Werk vollendet: *Psyche*, für Gesang und fünf Instrumente, ein deutlich im Stil des achtzehnten Jahrhunderts geschriebenes, also neoklassizistisches Stück. Die neoklassizistische Periode findet mit *Concerto per clavicembalo y cinco instrumentos* (1923–26) ihren Abschluß, damit endet auch die Zeitspanne, in der sich de F. ganz der spanischen Musik widmete. Das Konzert ist ein herausragendes Beispiel für de F.s Askese und stellt insofern eine Synthese seiner umfangreichen experimentellen Arbeit dar, als die Umsetzung der Folklore ihre lokale Einschränkung verliert. Dennoch enthält das Werk deutliche historische Bezüge, wie beispielsweise die Verwendung des Liedes *De los álamos vengo madre* aus dem Madrigal von Juan Vázquez (ca. 1510–60).

Danach entstehen noch einige kleine Werke wie *Soneto a Córdoba* (auf ein Gedicht von Luis de Góngora, 1927), *Ballada de Mallorca* oder *Fanfare sobre el nombre de E. F. Arbós* (1934). Mit dem Spanischen Bürgerkrieg (1936–39) endet diese Periode. De F. verläßt Spanien und begibt sich nach Argentinien. In Buenos Aires wurde seine Suite *Homenajes* für Orchester uraufgeführt, eine auf der Grundlage früherer, seinen Freunden Debussy, Enrique Fernandes Arbós, Dukas und seinem Lehrer Pedrell gewidmeter Werke angefertigte Arbeit.

Das bedeutendste Werk aus der argentinischen Zeit ist zweifellos *La Atlántida* (1927–46), ein großangelegtes Oratorium für Solisten, Chor und Orchester auf der Grundlage von Texten des katalanischen Dichters Jacinto Verdaguer. Die Arbeit an diesem Werk hatte er schon Jahre zuvor aufgenommen, es wurde nie vollendet. Dies blieb seinem treuesten Anhänger Ernesto Halffter überlassen. Die Grundlage des Oratoriums ist der Mythos von der untergegangenen Insel Atlantis, Thema ist die Missionierung und Eroberung des amerikanischen Kontinents. Es sollte ursprünglich durch Gemälde von José Maria Sert illustriert werden. Bei de F.s Tod war der Prolog abgeschlossen, der erste Teil vollständig geplant, aber nur zum Teil verwirklicht; im zweiten Teil waren die Chorstimmen zum Teil niedergeschrieben, aber nichts abgeschlossen; der dritte Teil, der von der Entdeckung der neuen Welt handelt, war nicht instrumentiert. Ernesto Halffter erstellte eine erste Fassung des Werkes, die 1961 in Barcelona aufgeführt wurde; eine zweite, endgültige Fassung wurde 1976 bei den Luzerner Festspielen erstmals gespielt.

De F. nennt das Stück, das katalanische Musik aus der Zeit vom Mittelalter bis zum 19. Jahrhundert verrwendet, eine szenische Kantate, bezeichnet es aber häufig auch als Oratorium. Vielleicht muß man es in den Bereich der Rappresentazione sacra einordnen. Das Werk besitzt – allein schon durch die Verwendung polyphoner Techniken – starke Bezüge zur alten spanischen Musik. Aber auch andere Stilrichtungen klingen an, so im Prolog der Impressionismus, ebenso barocke Elemente. *La Atlántida* stellt eine große Synthese sehr unterschiedlicher historischer Stile spanischer Musik dar.

Musik: Chester (Ldn.); Eschig (Paris); Ricordi (Mailand).

Werkverzeichnis: CRICHTON R.: M. de F. Descriptive Catalogue of his Works, Ldn. 1976. CHRISTOFORIDOS, M.: Catálogos de compositores: M. de F., Madrid 1998.

Bibliographie: HARPER, N.L.: M. de F. – A Bio-Bibliography, Westport 1998.

Literatur: ROLAND MANUEL: M. de F., Paris 1930. PAHISSA, J.: Vida y obra de M. de F., Buenos Aires (1947) ²1956; engl. 1954. PAHLEN. K.: M. de F. und die Musik in Spanien, Olten 1953 [mit WV]. M. de F., hrsg. von M. MILA, Mailand 1962. MOLINA FAJARDO, E.: M. de F. y el cante jondo, Granada 1962; rev. ²1976. SOPEÑA, F.: Atlántida introducción a M. de F., Madrid 1962. GRÜNFELD, J.: M. de F. – Spanien und die neue Musik, Zürich 1968. FRANCO, E.: M. de F., Madrid 1977. PÉREZ, M.: F. y Turina a través de su epistolario, Madrid 1982. SOPEÑA, F.: Vida y obra de F., Madrid, 1988. PERSIA, J. DE: Los últimos años de M. de F., Madrid 1989. M. de F. Latinité et universalité, hrsg. von L. JAMBOU, Paris 1999. WEBER, E.: M. de F. und die Idee der spanischen Nationaloper, Ffm. 2000.

Emilio Casares Rodicio

Fauré, Gabriel Urbain
Geb. 12. 5. 1845 in Pamiers (Ariège); gest. 4. 11. 1924 in Paris

Abweichend vom üblichen Werdegang französischer Komponisten – Studium am Pariser Conservatoire – erhielt F. seine Ausbildung an der École Niedermeyer, einem auf die Heranbildung von Kirchenmusikern spezialisierten Institut, das seinen ›Zöglingen‹ die Kenntnis der Musik früherer Epochen gründlicher vermittelte, dagegen Chopin und Schumann möglichst von ihnen fernhielt. Erst Saint-Saëns, seit 1861 Klavierprofessor und auch Lehrer F.s, schuf darin einen Wandel. Der späteren Kariere F.s war dieser eher ungewohnte Ausbildungsgang abträglich. Er fand zwar – schlecht bezahlte – Anstellungen als Kirchenmusiker, mußte aber bis zu seinem 51. Lebensjahr auf die Berufung ans Conservatoire (als Kompositionslehrer) warten. Die neunziger Jahre erst brachten F.s Durchbruch als Komponist, nicht zuletzt in den Salons des kunstliebenden Bürgertums und des Adels. Die Figur des Komponisten Vintteuil in Marcel Prousts »A la recherche du temps perdu« scheint in wesentlichen Zügen von F. inspiriert.

F.s Schaffen hat seine Schwerpunkte in den Bereichen des Kunstlieds (mélodie), der Klavier- und der Kammermusik. Seine Versuche als Symphoniker ließ F. unveröffentlicht. Dagegen hat er sich mit Werken hohen Ranges der Kirchenmusik (*Messe de Requiem* op. 48, 1888), aber auch dem Musiktheater zugewandt: zunächst mit Bühnenmusik (z. B. *Pelléas et Mélisande*, 1898), dann auch mit Musikdramen (*Prométhée*, Béziers 1900; *Pénélope*, Monte Carlo 1913) – Werke, die durch ihre antiken Sujets, aber auch in ihrem Gesangsstil und z. T. auch in ihrer Rhythmik eine vermittelnde Stellung zwischen der tragédie lyrique Lullys bzw. Rameaus und den klassizistischen Bühnenwerken Stravinskys (»Oedipus Rex«, »Perséphone«) einnehmen.

Klassizistische Züge werden auch in F.s Satztechnik und in dem relativ schmalen Spektrum der von ihm kultivierten Gattungen erkennbar. Seine Klaviermusik knüpft zunächst mit den *Romances sans paroles* op. 17 (1863) an Mendelssohn (»Lieder ohne Worte«) an, folgt dann aber mit fast unerschütterlicher Stetigkeit über ca. 40 Jahre hin den vornehmlich durch Chopin profilierten Typen des lyrischen Klavierstücks. Dabei bleibt F. in seinen jeweils 13 *Nocturnes* (1875–1921) und *Barcarolles* (1882–1921) sowie in den sechs *Impromptus* (1881–1913) dem tradierten Ausdrucksbereich des Genres, der auch das Moment des Süßlichen einschließen kann, treu, auch wenn er die Grenzen der jeweiligen Gattung mit der Entwicklung eines stark kontrapunktisch geprägten Klaviersatzes von äußerst farbigem Reichtum erweitert. Zu den genannten Typen treten noch vier *Valses caprices* (1882–94) und einige gewichtige Einzelstücke hinzu, die *Ballade* op. 19 (1877–79, 1881, nachträglich mit Orchesterbegleitung versehen) und – gleichfalls mit Orchester – die *Fantaisie* op. 111 (1918) sowie *Thème et Variations* op. 73. (1895).

Ähnliche Beschränkung auf relativ wenige Gattungen zeigt F.s Kammermusik (meist mit Klavier). Sie umfaßt jeweils zwei *Klavierquartette* und -*quintette*, zwei *Violin-* und *Cellosonaten*, zu denen in den letzten Lebensjahren noch ein *Klaviertrio* und – als einziges Werk ohne Klavier – ein *Streichquartett* hinzutreten. Aufmerksamkeit auf F.s Schaffen lenkten das *Erste Klavierquartett* op. 15 (1876–79; 1883 neues Finale) und vor allem die *Erste Violinsonate A-dur* op. 13 (1875), die bald den Weg in das Repertoire der führenden europäischen Violinisten (Eugène Ysaye, Jacques Thibaut, Georges Enesco) fand.

In der *Violinsonate* und dem *Ersten Klavierquartett* zeigen sich wesentliche Qualitäten der Musik F.s bereits voll entwickelt: Weitgespannte thematische Bögen, an deren Konturen lineare Züge einen wesentlichen Anteil haben, treten in spannungsreiche Beziehung zu einer Baßführung, die ihre Herkunft von der Orgel kaum verbirgt (stufige, oft chromatische Gänge, deren weiträumige Anlage zum tragenden Element der Architektur ganzer Formteile werden kann, Orgelpunkte usw.). So dienen steigende, chromatische Baßzüge im ersten Satz von op. 13 als Fundamente beider Hauptthemen, ein fallender Gang fundiert dagegen die Schlußgruppe. Auch im Seitenthema des zweiten Satzes findet sich eine analoge Strategie. Rhythmisch geprägt wird dieses Andante von einem für F. typischen jambischen Grundmaß, wie es später im siebten *Nocturne* op. 74 (1898) pulsiert; dort freilich noch ungleich eindringlicher, weil das ›stockende‹ Metrum den linear-melodischen Fluß der Mittelstimme zu blockieren scheint – ein markantes Beispiel für F.s Kunst eines beziehungsreichen, bald auf Konflikt, bald auf Gleichgewicht zielenden Ausspielens der musikalischen Parameter gegeneinander, an dem auch die Harmonik gewichtigen Anteil hat. Demgemäß läßt sich bei F. die Harmonik grundsätzlich nicht isoliert betrachten, sondern erst aus dem Wechselspiel mit Stimmführung und Metrum verstehen. Aus diesem Beziehungsgeflecht, nicht aus der Anwendung neuer Klänge resultiert ihre Eigenart. Die charakteristischsten harmonischen Wendungen F.s basieren auf der ungewohnten Anwendung altertrauter Klänge, unter denen der Sextakkord eine gewichtige Rolle spielt, sei es in neuartigen Trugschlußbildungen, sei es in der Verschleierung von Hauptfunktionen, die in derartigem Kontext vielfach zu Vertretungsklängen terzverwandter Akkorde degradiert werden. Als Beispiel kann wiederum das siebte *Nocturne* (cis-moll) mit seinem zwischen cis-e-a und cis-e-gis changierenden Beginn angeführt werden. Gerade solche Mehrdeutigkeit und der damit verbundene Beziehungsreichtum kennzeichnen den Höreindruck der Musik F.s. Als weiteres Moment tritt die Vermeidung des Leittons in Mollwerken, d. h. die bewußte Anwendung modaler Klangtechnik hinzu, wie sie sich schon im Anfangsthema des *Ersten Klavierquartetts* zeigt. Die angedeuteten Stilmerkmale konvergieren zu einem Gesamteindruck von F.s Musik, in dem Andeutung, Verhaltenheit und spannungsreiche Wechselbeziehungen sich mit ingeniösem Erfindungsreichtum und einer sich ständig weiter entwickelnden Kunst der Formgestaltung verbinden.

Neben der Klavier- und Kammermusik F.s, deren Rang auch außerhalb Frankreichs erkannt wurde, erscheint sein umfangreiches Liedschaffen (über 100 Lieder, von denen 42 in größeren oder kleineren Liederzyklen zusammengefaßt sind) enger an den französischen Sprachbereich gebunden. Übersetzungen in andere Sprachen können den subtilen Zusammenhang von Sprache und musikalischer Deklamation nur zerstören, der etwa F.s Verlaine-Vertonungen auszeichnet. Hier wird auch die von bloßer Begleitung zu polyphoner Gestaltung und Eigenständigkeit führende Entwicklung des Klavierparts deutlich; so wird *Clair de lune* (op. 46 Nr. 2; 1887) in F.s Vertonung zu einem serenadenhaft-elegischen Klavierstück mit langem Vor- und Nachspiel, zu dem die Singstimme einen meditativ kommentierenden Part beiträgt. Ein anderer häufig wiederkehrender Typus beruht auf gleichmäßiger akkordischer Stützung in ruhigem Tempo mit melodisch reicher Deklamation der Singstimme. Bei diesen Liedern gewinnen die aus dem Gleichmaß der Akkordrepetitionen sich herauslösenden Stimmzüge erhebliche Bedeutung, so etwa in *Prison* (op. 83 Nr. 1, 1894) der fallende Quartgang mit seinem Anklang an den Lamentobaß. Gerade bei diesem Lied erscheint eine Bezugnahme auf das Präludium es-moll des »Wohltemperierten Klaviers« nicht unwahrscheinlich (auch das Lied steht in es-moll).

Zu den Rätseln in F.s Spätwerk zählt der tiefgreifende Stilwandel, der sich in der Distanzierung von romantischen Klangmitteln zeigt, z. T. auch von den oben charakterisierten Farbgebungen durch Mehrdeutigkeit und entlegene Terzverwandtschaften, während die Tendenz zu polyphoner Gestaltung des Satzes erhalten bleibt oder sich sogar noch verstärkt. Das *13. Nocturne* (op. 119, 1921) beginnt mit einer vierstimmigen Verkettung dissonanter Vorhalte, die sich meist wiederum in Dissonanzen auflösen, und entspricht im Satzbild einem ins 20. Jahrhundert transponierten »stile antico«. Alfred Cortot, F. persönlich und als meisterlicher Interpret seiner Klavierwerke verbunden, spricht von Läuterung und Entmaterialisierung. Dukas soll F.s Spätstil als »déphosphaté« bezeichnet haben (ebd., 313), womit wohl entweder eine Einbuße an Leuchtkraft oder an »Triebleben der Klänge« (Schönberg) gemeint sein dürfte. Tatsächlich erfordert F.s Spätwerk, mehr noch als sein Schaffen insgesamt, die Entwicklung eines spezifischen Sensoriums. Wenn die Voraussetzungen dafür heute relativ günstig stehen, so ist dies der wachsenden Einsicht zu danken, daß F. in all seiner Selbstbeschränkung zu den eigenständigsten und für die Entwicklung zumal der Kammermusik in Frankreich wichtigsten Meistern zu rechnen ist.

Noten: Choudens (Paris); Breitkopf & Härtel (Lpz.); Hamelle (Paris) bis 1906; Heugel (Paris) bis 1913; Durand (Paris); seit ca. 1976 kritische Ausgaben bei Peters (Lpz.).

Dokumente: Opinions musicales. Paris 1930 [F.s Artikel im Figaro 1903–21]. G. F. et C. Saint-Saëns, Correspondance, hrsg. von J.-M. Nectoux, Paris 1971. G. F., Correspondance, hrsg. und kommentiert von dems., Paris 1980. G. F., Ausstellungskatalog, hrsg. von dems., Paris 1974.

Bibliographie: Phillips, E. R.: G. F. A Guide to Research, N. Y. u. a. 2000.

Literatur: La Revue musicale, Numéro spécial, Oktober 1922. Koechlin, Ch.: G. F., Paris 1927; ²1949. Favre, M.: G. F.s Kammermusik, Zürich 1947. Jankelevitsch, V.: G. F. et ses mélodies, Paris 1938. Nectoux, J.-M.: G. F., La voix du clair-obscur, Paris 1990 [mit WV]. Breitfeld, C.: Form und Struktur in der Kammermusik von G. F., Kassel 1992. G. F. Werk und Rezeption, hrsg. von P. Jost, Kassel u. a. 1996 [mit WV und Bibl.]. Strobel, K.: Das Liedschaffen G. F.s, Hbg. 2000. Duchen, J.: G. F., Ldn. 2000. Caballero, C.: F. and French Musical Aesthetics, Cambridge 2001.

Peter Cahn

Feldman, Morton

Geb. 12. 1. 1926 in New York;
gest. 3. 9. 1987 in Buffalo (New York)

»Selten sprachen wir mit John [Cage] über Musik. Die Dinge bewegten sich zu schnell, als daß man hätte darüber sprechen können. Aber wir unterhielten uns ausnahmslos über Malerei ... Die Gespräche fanden mit fabelhaften bildenden Künstlern statt: [Willem] De Kooning, [Jackson] Pollock, [Franz] Kline, [Philip] Guston und vielen, vielen anderen« (Essays, 38). Im New York der fünfziger Jahre herrschte unter den Malern des Abstrakten Expressionismus wie unter den Musikern um Cage, zu denen ganz zentral auch F. zählte, ein bemerkenswertes und einzigartiges »nicht-polemisches Ambiente«: Im erklärten Gegensatz zu der Moderne-Diskussion der zwanziger Jahre wollte man gerade nicht gegen eine traditionelle historische Position, eine Autorität oder was auch immer ein Feindbild abgeben konnte, ankämpfen. Dieser Diskussionszusammenhang prägte F.s kompositorische Entwicklung grundlegend. Zwei Aspekte betonte er selbst als zentral: Der eine betrifft die Bedeutung der Unmittelbarkeit der Arbeits- und Rezeptionsweisen in dieser Malerei, der zweite ist der der Abstraktion. Der Weg, den F. einschlug, war geprägt von der aus der bildenden Kunst übernommenen Vorstellung, daß – im Gegensatz zur Arbeit mit illusionistischen Elementen, die ihre Regeln sozusagen von außen beziehen – in der Farbe selbst bereits alle Elemente zur Differenzierung enthalten sind, die Farbe selbst zum Gegenstand einer »nicht-illusionistischen«, also abstrakten Kunst werde. Dabei setzt F. an die Stelle der Farbe die Idee des Klanges.

Nachdem F. in den frühen fünfziger Jahren mit graphischen Notationsformen und großen Freiräumen für die Interpreten gearbeitet hatte (z. B. in den *Projections I–V*, 1950–51), kehrte er nach und nach wieder zur traditionellen Notation zurück, legte aber jeweils nur bestimmte Momente des Werkes fest. So besteht etwa das Klavierstück *Vertical Thoughts 4* (1963) aus einer Folge von Klängen, die in gleichmäßigem und festgelegtem Tempo aufeinander folgen sollen. Rhythmische Gestalt erlangen diese Klänge, indem die verschiedenen Spielmöglichkeiten des Instruments genutzt werden: F. unterscheidet normal zu spielende Komplexe, vorschlagartige Gruppen, durch Fermaten verlängerte Klänge und solche, die so lange gehalten werden sollen, bis sie gänzlich verklungen sind. Dabei werden fast systematisch die an der Aufführung beteiligten Instanzen durchschritten: normal notierte Klänge sind in ihrer Gestalt weitgehend durch den Komponisten festgelegt, bei Vorschlagsnoten liegt zumindest deren Gewichtung im Verhältnis zum Hauptklang im Ermessen des Interpreten, bei der Dauer von Fermaten geht die Entscheidung an den Interpreten über und die Dauer völligen Verklingens hängt von den Gegebenheiten des Instruments ab.

Entwickelten die Werke der fünfziger und frühen sechziger Jahre im unmittelbaren Zusammenhang einer Diskussion, die mit bildenden Künstlern um den Aspekt der Abstraktion geführt wurde, einen Begriff von Klang, der – in Analogie zur Farbe – »abstrakter Gegenstand« der Komposition sein sollte, so verselbständigte sich die kompositorische Arbeit nun, nachdem aus dieser Diskussion musikimmanente Kriterien entwickelt worden waren. Jetzt sollte deren Tragfähigkeit für große Formen erprobt werden; denn nur so konnte sich erweisen, welche Konsequenzen die veränderte Zeitauffassung für das Hören haben würde. F. kam zu dem Resultat, daß unterschieden werden müsse zwischen einer traditionellen Vorstellung von Musik, in der Zeit als »vormusikalische« Kategorie zugrundegelegt und damit zu einem rhythmischen Verlauf wird, und einer Vorstellung von Musik, die aus sich heraus Zeit konstituiert und damit sich als » Oberfläche« entfaltet – vor allem durch Wiederholung und (modifizierte) Symmetriebildung, nämlich durch die Arbeit mit musikalischen Mustern (patterns). Begonnen hat F.s kompositorisches Nachdenken über die Funktionsweise dieser Kompositionsstrategie Ende der siebziger Jahre. Es entstanden Werke mit geradezu programmatischen Titeln wie *Why Patterns?* (1978) oder *Crippled Symmetry* (1983). Durch Überlagerung mehrerer unterschiedlich organisierter Strukturebenen wurde eine Art Unschärfe dieser Muster und Symmetrien erreicht. Diese Unschärfe bestimmt die spezifische Zeitkonstitution dieser Konzeption und unterscheidet sie von den additiven Modellen etwa der Minimal Music (→ Riley). Deutlich wird dies beispielsweise am Beginn der Cellostimme von *Untitled Composition* (1981) für Cello und Klavier. Ein chromatisches Viertonfeld bildet das Ausgangsmodell. Fisis-ais-as-heses lautet der zweite Takt im Cello, enharmonisch verwechselt könnte man auch g-aisgis-a notieren. Die graphische Bewegung stimmt nicht mit der akustischen überein, sie notiert Grenzgänge der Lektüre des Notentextes, bewegt sich am Rande der gemeinten Töne. Diese Tonfolge wird nun 36 Takte lang immer wieder permutiert, eine systematische Reihenfolge läßt sich nicht finden, an der üblichen Notationsweise kann sich der Cellist ebenfalls nicht orientieren – Irritationen sind auf dieser Ebene einkomponiert. Die sich ergebenden Viertongruppen werden zusätzlich charakterisiert durch ausnotierte Agogik: Jeweils eines der vier Achtel eines Taktes ist punktiert. Diese Punktierung wandert jedoch von Takt zu Takt an eine andere Stelle. Außerdem überzieht F. die auf Vierergruppen ausgelegte Struktur mit Bindebögen, die diese Gruppierung aufbrechen: erst 6, dann 5, zweimal 4, zweimal 3 etc. Jede Regelmäßigkeit auf einer der drei Ebenen – Tonhöhe, Rhythmus, Phrasierung – wird durch die Überlagerung der anderen Ebenen undeutlich. Analog ist die Klavierstimme behandelt, die eine zweite Klangebene mit eigener Gesetzmäßigkeit repräsentiert.

Indem F. dieses Verfahren in *Three Voices* (1982) auf die Klangquelle selbst überträgt und die Stimmen, von derselben Sängerin gesungen, durch Tonbandeinspielungen dreimal überlagert, reduziert er die Klangebene zu einer überlagerten »Monochromie«. In *For Philip Guston* (1984) für Flöten, Tasteninstrumente und Schlagzeug wird sogar die Koordination der Stimmen zum Thema: Für alle drei Stimmen ist ein gemeinsames Taktschema notiert, der Inhalt dieser ›Takte‹ ist jedoch in jeder Stimme verschieden (etwa 3/8 zu 3/16 zu 1/4.), so daß die optische Koordination nicht mit dem klanglichen Resultat übereinstimmt; Generalpausen wirken interpunktionsartig als koordinierendes Moment. Diese späten Werke F.s zeichnen sich sowohl durch ihre Länge, als auch durch ihre extrem reduzierte Dynamik aus. So verhindert F. jegliche ›Räumlichkeit‹ der Klanggestalt, der Höreindruck ist gleichsam ›zweidimensional‹. Bestätigt wird dieser Eindruck noch an den wenigen Stellen, an denen lineare Veränderungen der Dynamik notiert sind: F. verwendet Decrescendo-Nadeln, erreicht aber damit keine Räumlichkeit, als entferne sich der Klang, sondern eher eine Wellenbewegung innerhalb einer Ebene. Dieser Eindruck der Zweidimensionalität bezeichnet auch ein Prinzip großformaler Gestaltung in den zeitlich ausgedehnten Werken der letzten Zeit (extrem das *Zweite Streichquartett*, 1983, das etwa fünf Stunden dauert). Man erfaßt diese Musik nicht sukzessiv, als lineare logische Entwicklung eines Früher-Später; eher orientiert sich der Hörer in diesem Spiel von Erinnerung, Vergessen und Ahnung an dem Betrachten eines sehr großen Bildes, das man in seiner Gesamtheit kaum erfassen kann.

Noten: Peters (N.Y.); Universal Edition (Wien).
Dokumente: Essays, hrsg. von W. ZIMMERMANN, Kerpen 1985. J. Cage und M. F., Radio-Happenings, Recorded at/Aufgenommen im WBAI, N.Y. City, July 1966 – January 1967 mit dt. Übers. hrsg. von G. GRONEMEYER, Köln 1993.
Literatur: BORIO, G.: Musikalische Avantgarde um 1960. Entwurf einer Theorie der informellen Musik, Laaber 1993. M. F., hrsg. von H.-KL. METZGER und R. RIEHN, Mn. 1986 (MK 48/49) [mit WV, Diskographie und Bibl.]. SAXER, M.: Between Categories. Studien zum Komponieren M. F. von 1951 bis 1977, Saarbrücken 1998. CLAREN, S.: Neither. Die Musik M. F.s, Hofheim 2000.

Dörte Schmidt

Ferneyhough, Brian
Geb. 16. 11. 1943 in Coventry

Br. F.s erste Werke (*Four Miniatures*, 1965; *Coloratura*, 1966, *Epigrams*, 1966; *Sonate pour 2 pianos*, 1966) treten das Erbe des Serialismus an und zeigen frühzeitige Beherrschung der Satztechnik und große Ausdruckskraft. Für F. gewinnt das Werk seine Kohärenz aus einem autonomen Ansatz, der unterschiedliche Stile zu integrieren vermag. Er stützt sich weder auf vorgegebene Formen oder stilistische Modelle noch auf außermusikalische Bedeutungen; doch sind viele seiner Kompositionen mit visuellen Erfahrungen verknüpft: *La Terre est un Homme* (1976–79) ist zugleich durch einen Traum und ein Bild von Roberto Matta inspiriert, die *Carceri d'Invenzione* (1981–86) durch Zeichnungen von Giovanni Battista Piranesi; anderen liegt ein ›philosophisches‹ Problem zugrunde. Die Dialektik von Freiheit und Entfremdung erscheint in dem Zyklus *Time and Motion Study I-III* (1971–77) wie auch in *Cassandra's Dream Song* (1970); *Transit* (1972–73) und *Firecycle Beta* (1969–71) stützen sich auf verschiedene Konzeptionen des Universums. Für F. vermittelt das Werk in seiner autonomen Struktur die außermusikalischen Gedanken oder Bilder. Dies ist für ihn »Teil der kompositorischen Technik, um herauszufinden, bis zu welchem Grad eine musikalische Sprache ein Element des semiotischen und allgemeinen kulturellen Bereichs ist«.

F., der abseits der spontanen ästhetischen Versuche steht, mit denen eine ganze Generation heftig auf den Serialismus reagierte, hat sich der Herausforderung der Komplexität gestellt, die er von der »Kompliziertheit« unterscheidet: »Eine komplexe Musik ist eine Musik, deren verschiedene Elemente reich an Verbundsystemen sind«. Die Notation läßt bis zu einem schwindelerregenden Maß extrem dichte Texturen erkennen, auf denen die Kohärenz des Werks beruht, und sie verrät, auf präzise und extravagante Weise zugleich, die übersteigerte, fast romantische Ausdruckskraft, die den Werken zugrunde liegt. Der Interpret wie auch der Zuhörer muß die Werke durchdringen und nicht das reproduzieren, was er weiß. Daher bedient sich F. der Metapher des Labyrinths.

Die Dialektik zwischen Beschränkung und Durchbruch spiegelt sich in der Kompositionstechnik wider: Schon in *Prometheus* (1967) und in *Sonatas* (1967) finden sich Gegenüberstellungen von solistischen Partien und Ensembletexturen sowie die Verknüpfung von freien und strengen Formen. Das Spannungsfeld zwischen Solo und Ensemble verfolgt F. auch in Werken der vergangenen beiden Jahrzehnten. Einerseits in einer Reihe von Werken für Solo-Instrumente und Ensemble wie *La chute d'Icare* (1988), *Terrain* (1992), *Allgebrah* (1996); und andererseits in Kompositionen für nur ein einziges Instrument wie *Kurze Schatten II* für Gitarre (1988), *Trittico per Gertrude Stein* für Kontrabaß (1989), *Unsichtbare Farben* für Violine (1998). In *Cassandra's Dream Song* wählen Solist und Ensemble selbst ihren Weg zwischen den beiden Extremen; in *Carceri d'Invenzione* bewegen sich die kompositorischen Prozesse zwischen Automatismus und Spontaneität. Die extremen Kategorien kehren in ständig wechselnden Perspektiven auch innerhalb ihrer eigenen Gegensätze wieder. Spontaneität ist, so F., »für den Komponisten nichts anderes als das letzte Stadium eines oftmals langen und intensiven Rituals der Selbst-Programmierung«.

F.s Denken ist seinem Wesen nach polyphon, und zwar sowohl in der Simultanität voneinander unabhängiger Ereignisse als auch in der zeitlichen Verflechtung verschiedener Teile des Werks. Seine Arbeit mit dem Klang, der in Ereignisschichten zerlegt und dann in neuen Konstellationen wieder zusammengefügt wird, bewirkt auf der Ebene der Mikrostruktur eine Bündelung von Informationen, Bedeutungen und Triebkräften. Sie kehrt auf der Ebene der Makrostruktur wieder. Die Ähnlichkeit beider Strukturebenen ermöglicht die »dichte und fast greifbare Qualität des Klanges« und – wonach der Komponist strebt – die »physische Aufnahme der Ereignisse«.

Noten: Peters (Ffm.).
Dokumente: Entretien, in Avantgarde et tradition *in* Contrechamps 3, Genf 1984. Forme, figure, style: une évaluation intermédiaire, ebd. Collected Writings, hrsg. von J. Boros und R. Toop, Amsterdam 1995.
Literatur: Entretemps Nr. 3, Paris 1987. Contrechamps 8, Genf 1988. Toop, R.: »Prima la parole«. On the Sketches for B. F.s Carceri d'invenzione I–III *in* PNM 22,1 (1994), 154–175.

Philippe Albèra
Aktualisierung Gordon Kampe

Fortner, Wolfgang

Geb. 12. 10. 1907 in Leipzig;
gest. 5. 9. 1987 in Heidelberg

Zusammen mit Hartmann zählt W. F. zu den prägenden Persönlichkeiten des westdeutschen Musiklebens in der Nachkriegszeit. Seinem Rang als Komponist steht sein Renommé als Lehrer einer ganzen Komponistengeneration (darunter Henze, Nam June Paik und Hans Zender) nicht nach.

Angesichts seiner geistigen Herkunft und seines Werdegangs überrascht, daß Opern die Höhepunkte seines Lebenswerkes bilden. Die konservative Leipziger Kirchenmusiktradition schlägt sich in den frühen Werken F.s deutlich nieder. Im Anschluß an sein Studium unterrichtete F. von 1931 bis 1954 am Kirchenmusikalischen Institut in Heidelberg, später an den Hochschulen in Detmold (bis 1957) und Freiburg (bis 1972). Neben geistlicher Vokalmusik entstanden in den dreißiger und vierziger Jahren neobarocke Instrumentalwerke.

Seit dem Ende der vierziger Jahre läßt sich an den Kompositionen F.s sein Übergang zur Zwölftontechnik ablesen: Hauptwerk dieser Phase ist die *Sinfonie 1947*, in der sich tonale und zwölftönige Elemente durchdringen. Ein Jahr später verwendet F. in seinem *Dritten Streichquartett* erstmals eine Reihe als Grundlage einer Komposition. Dennoch vollzieht sich kein Bruch in seiner musikalischen Sprache: Auch dieses Werk weist die bisherige

Kleingliedrigkeit der Abschnitte, die Vorliebe für Ostinati, die transparente Klanglichkeit und die kontrapunktisch-lineare Stimmführung auf.

F. modifiziert Schönbergs Regeln der Zwölftonkomposition: Er teilt die Zwölftonreihe in mehrere kleine Tongruppen auf, die er als »Modi« bezeichnet. Durch die sukzessive Verwendung der Modi ergibt sich im Verlauf eines Stücks das chromatische Total. Das zweite Charakteristikum F.s ist die gleichzeitige Verwendung von mehreren Reihenabschnitten auf verschiedenen Transpositionsstufen. Das Unbehagen an der Unverständlichkeit seriell organisierter Tondauern brachte F. dazu, den Rhythmus in »Zellen«, d. h. mehrfach wiederholten Mustern, zu organisieren.

Mit der Entwicklung dieses Verfahrens setzt die fruchtbarste Schaffensphase F.s in den fünfziger und sechziger Jahren ein. In der neuen Technik entstanden das Ballett *Die weiße Rose* (nach »Der Geburtstag der Infantin« von Oscar Wilde, Berlin 1951), die *Phantasie über die Tonfolge b-a-c-h* (1950) und das Klavierkonzert *Mouvements* (1953). Das konstruktive Denken F.s zeigt sich in der Verbindung von Reihentechnik und isorhythmischen Verfahren, die er in *The Creation* (nach James Weldon Johnson, 1954), den *Impromptus* (zweiter Satz, Variation 7, 1957) sowie den *Machaut-Balladen* (1973) anwendet.

Den Auslöser für F.s erste Oper, *Die Bluthochzeit* (Köln 1957), stellt die Waldszene aus dem zweiten Akt des gleichnamigen Dramas von Federico García Lorca dar. Die Regieanweisung, daß zwei Geigen »den Wald ausdrücken«, führte F. zu der Vorstellung, Musik solle nicht realistisch abbilden, sondern in einer abstrakten Weise die realen und irrealen Konnotationen des Begriffs »Wald« evozieren. F. fordert die Annäherung der Oper an das Schauspiel. Die Gestaltung der Gesangspartien nähert sich daher häufig der gesprochenen Deklamation. Pantomimen und Sprechrollen enthalten auch F.s weitere Opern *In seinem Garten liebt Don Perlimpín Belisa* (Schwetzingen 1962) und *Elisabeth Tudor* (Berlin 1972). Diese letzte Oper zeigt alle Gestaltungsmöglichkeiten F. s. Sie gibt neben seriellen Passagen Raum für aleatorische Partien, die F. schon in Orchesterstücken wie *Triplum*, (1965–66) und *Immagini* (1966–67) entwickelt hatte, und darüber hinaus für Collagen und elektronisches Klangmaterial.

Obwohl F. im Laufe seines Schaffens immer stärker vom Ideal musikalischer Objektivität zugunsten zunehmender Expressivität abrückt, bleibt seiner Musik dennoch eine gewisse Kühle und Distanziertheit erhalten.

Noten: Schott (Mainz).
Dokumente: Aufsätze, Reden, Offene Briefe 1950–1959 *in* W. F., hrsg. von H. LINDLAR, Rodenkirchen/Rhein 1960. STÜRZBECHER, U.: Werkstattgespräche mit Komponisten, Köln 1971, 85.
Werkverzeichnis: Schott, 1982.
Literatur: DIBELIUS, U.: Moderne Musik 1945–1965, Mn. 1966, 33–42. DANUSER, H.: Die Musik des 20. Jahrhunderts, Laaber 1984, 351–353 (Neues Hb. der Mw. 7). DIBELIUS, U.: W. F. Wege – Werk – Wesen *in* Komponisten des 20. Jahrhunderts in der Paul Sacher Stiftung, hrsg. von H. J. JANS, Basel 1986, 251–260. WEBER, B.: W. F. und seine Opernkompositionen, Mainz 1995. SENNEFELDER, D.: W. F. Eine Biographie *in* Eine Sprache der Gegenwart. Musica Viva 1945–1995, hrsg. von R. ULM, Mn. 1995, 121–123.

Susanne Fontaine

Franck, César-Auguste Jean Guillaume Hubert

Geb. 10. 12. 1822 in Lüttich;
gest. 8. 11. 1890 in Paris

C. Fr.s *Trio fis-moll*, das erste der *Trois trios concertants* op. 1 für Klavier, Violine und Violoncello, erklang zum erstenmal im Februar 1840 in Paris. Der Komponist war zu dem Zeitpunkt achtzehn Jahre alt, studierte am Pariser Conservatoire und bereitete sich unter dem rigiden Diktat seines Vaters auf die Laufbahn als Klaviervirtuose vor. Ungewöhnlich war, daß dieses erste Werk, das in Fr.s Œuvre künstlerisch zählte und gezählt wurde, keine solistisch-brillante Klavierkomposition, sondern ein Stück instrumentaler Kammermusik war und damit einem Genre angehörte, das zu jener Zeit in Frankreich fast völlig vernachlässigt war. Ungewöhnlich waren auch Ton und Ausdruck des Werks, das in seinen besten Stellen von einem romantischen Pathos getragen war, das auf die Musik von Brahms vorauszudeuten schien; und ungewöhnlich war schließlich, daß bereits in diesem Jugendwerk die Idee eines thematischen Zusammenschlusses der Sätze auftauchte, die Fr.s späte Werke in charakteristischer Weise prägen sollte.

Es schien, als hätte Fr. mit dem Werk bereits den entscheidenden Schritt zu einer raschen und glänzenden Komponistenkarriere getan; doch wurde es nach der Uraufführung eines ersten größeren Werks, des Oratoriums *Ruth* (1845), das in Paris wohlwollende Aufnahme fand, still um ihn. Die Stücke, die er in den folgenden fünfzehn Jahren schrieb, waren kaum mehr als Gelegenheitswerke für sein kirchenmusikalisches Amt, das er in der Zwischenzeit angetreten hatte. Erst mit den *Six Pièces d'orgues* (ca. 1860–64) entstand ein Opus, das, den *Trios* op. 1 vergleichbar, von eigenwilliger Faktur war und wiederum einen Markstein in Fr.s künstlerischer Entwicklung darstellte. Wenn diese Orgelstücke auf spätere Werke (wie die *Variations symphoniques* oder die *Symphonie d-moll*) vorausweisen, so vor allem im Bereich der Harmonik, in dem mit weitgespannten Modulationen, mit der Verwendung entfernter Tonartenverwandtschaften und reicher Chromatik eine eigene Musiksprache sich zu formen begann. Doch verfiel Fr. nach der Komposition dieser Stücke erneut für rund ein Jahrzehnt in Schweigen, und in dem Maße, in dem er durch sein Orgelspiel und seine Improvisationskunst zu Ansehen gelangte, geriet er als Komponist nahezu in Vergessenheit. In dieser Zeit allerdings begann sein Wirken als Kompositionslehrer, und die Gruppe junger Komponisten, die sich allmählich um ihn scharte – unter ihnen Duparc, Chausson, d'Indy –, sollte im ausgehenden 19. Jahrhundert einen nachhaltigen Einfluß auf die französische Musik gewinnen.

Erst in den letzten beiden Jahrzehnten seines Lebens, zwischen 1870 und 1890, gab Fr. seine Zurückgezogenheit auf, um sich der Öffentlichkeit als Komponist zu präsentieren; in ununterbrochener Folge entstanden seine großen Werke, die allesamt bedeutende Beiträge zum spätromantischen Musikrepertoire sind: die Kantate *Rédemption* (1872) und das Oratorium *Les Béatitudes* (1879); die Symphonischen Dichtungen *Les Eolides* (1875–76), *Le Chasseur maudit* (1881–82), *Les Djinns* (1884), *Psyché* (1886–87); die Klavierkompositionen *Prélude, choral et fugue* (1884) und *Prélude, aria et final* (1887); das *Klavierquintett f-moll* (1879), die *Sonate für Klavier und Violine A-dur* (1886), das *Streichquartett D-dur* (1889–90); die *Variations symphoniques* (1885), die *Symphonie d-moll* (1888) und als letztes großes Werk die *Trois chorals* für Orgel (1890).

Betrachtet man diese späten Werke genauer, so werden hinter ihrem romantischen Idiom, hinter ihrer scheinbar intakten traditionellen Fassade überall jene Brüche sichtbar, die sie als Zeugnisse einer problematisch werdenden Epoche ausweisen. Fr. war kein musikalischer Revolutionär, aber seine Werke sind von einer eigentümlichen Ambiguität, die Traditionelles und Modernes oft am selben Phänomen aufscheinen läßt. So ist seine Harmonik keineswegs so eindeutig ›romantisch‹, von Wagner, Schumann oder Liszt geprägt, wie es dem flüchtigen Hören scheinen mag, das sich primär an der durch eine exzessive Chromatik entstehenden farbigen Klanglichkeit orientiert. Vielmehr führt der Überschwang im Experimentieren mit nur noch entfernt verwandten Klängen zuweilen bis an den Punkt, an dem sich ihre Funktionalität verliert und die Umrisse einer neuen, freien Harmonik sichtbar werden. Gleichermaßen schwächen sich durch die überaus häufigen modulatorischen Tonartenwechsel die tonal-funktionellen Kontraste des Akkord- und Tonartengefüges oft so weit ab, daß die Harmonik nahezu statisch wird und zu einer Art funktionsfreier ›Zuständigkeit‹ tendiert, wie sie die Kompositionen Debussys auf so charakteristische Weise prägen wird.

Experimentiert hat Fr. im Bereich der formalen Gestaltung, und unter seinen Versuchen, das sich immer wieder neu stellende Problem der ›großen Form‹ zu bewältigen, lassen sich zwei Typen von formalen Lösungen unterscheiden: die Kombination oder Vermischung von Gattungen, mit der er sich den Stereotypen traditioneller Formschemata zu entziehen sucht (so z. B. in den *Variations symphoniques*, in denen symphonisches und konzertantes Prinzip miteinander verbunden werden), und die Betonung der ›inneren‹ Form, die in seinen Werken durch eine Gewichtsverlagerung von vorgegebenen formalen Grundrissen zu individueller Strukturierung an Bedeutung gewinnt. Mit dem Verfahren, Zusammenhang nicht nur in einzelnen Sätzen, sondern auch innerhalb einer Gesamtform durch Motiv- bzw. Themenverknüpfung, Themenverwandtschaft und Themenrekapitulation zu begründen, griff Fr. auf das »zyklische« Prinzip seines ersten *Trios* zurück, um es systematisch auszubauen und im großen symphonischen Rahmen zu erproben. Die *Symphonie d-moll*, aber auch die *Violinsonate* und das *Streichquartett* sind instruktive Beispiele für seine Versuche, die Tendenz zu formaler Verselbständigung der thematischen Vorgänge, die sich als Konsequenz aus der Idee des Zyklischen ergab, mit den Formansprüchen der jeweils gewählten Gattung in Einklang zu bringen. Die Suche nach eigenen formalen Lösungen scheint Fr. in allen Werken der späten Zeit beschäftigt zu haben, und es ist wohl kein Zufall, daß er in den repräsentativen Instrumentalgattungen – Symphonie, Sonate, Streichquartett, Klavierquintett – nur jeweils ein Werk geschrieben hat, im Unterschied zu fünf Symphonischen Dichtungen, in denen das außermusikalische Programm größere Freiheit in der formalen Gestaltung gewährte und die Idee einer aus dem motivischen Prozeß hervorgehenden Form eher Gestalt annehmen konnte. Versuche solcher Art, die von einem traditionell bestimmten Rahmen her (dem Bereich der Form ebenso wie dem der Harmonik und der Tonalität) den Blick auf neue kompositorische Möglichkeiten freigaben, dürften es gewesen sein, durch die Fr., auch außerhalb seines Schülerkreises, einen indirekten, aber nachhaltig wirkenden Einfluß auf die französische Musik des beginnenden 20. Jahrhunderts ausgeübt hat.

Noten: Hamelle; Enoch; Durand (alle Paris).
Dokumente: Correspondence, Lüttich 1999.
Literatur: D'INDY, V.: C. Fr., Paris 1906. EMMANUELE, M.: C. Fr., Paris 1930. MOHR, W.: C. Fr. (1942); erw. Tutzing ²1969 [mit WV]. KUNEL, M.: La vie de C. Fr., Paris 1947 [mit Bibl.]. VALLAS, L.: La véritable histoire de C. Fr., Paris 1955. DAVIES, L.: C. Fr. and his Circle, Ldn. 1970. C. Fr. et son temps. Actes du colloque de l'Université de Liège. Novembre 1990, hrsg. von PH. VENDRIX, Brüssel 1990. FAUQUET, J.-M.: C. Fr., Paris 1999 [mit rev. WV]. EICH, K.: Die Kammermusik von C. Fr., Kassel u. a. 2002.

Renate Groth

Franz, Robert
Geb. 28. 6. 1815 in Halle;
gest. 24. 10. 1892 in Halle

Als Sproß einer alteingesessenen Familie prägte Fr. das Musikleben seiner Heimatstadt Halle von 1842 bis 1867 in der Stellung des Leiters der Singakademie entscheidend mit, indem er die Werke Bachs und Händels in eigenen Bearbeitungen zur Aufführung brachte. Er suchte bei scharfer Kritik von musikwissenschaftlicher Seite – ähnlich wie Mozart – die Werke dem zeitgenössischen Orchester anzupassen. Über Halle hinaus fanden diese Arbeiten Beachtung, Fr. selbst hielt sie für seine bedeutendste Leistung, aber bekannt war und blieb er als Liederkomponist.

Etwa 300 Lieder schrieb Fr., daneben nur einige wenige Chöre und geistliche Gesänge. In den Liedern vertonte er Heinrich Heine, Nikolaus Lenau, Joseph von Eichendorff, Eduard Mörike und weniger bekannte Dichter. Stets sind es Stücke geringen Umfangs, meist zwei Seiten im Druck, die wie Miniaturen einen einzelnen Gedanken erfassen und musikalisch entsprechend einheitlich und geschlossen umsetzen.

Von Heine, dessen Gedichte Fr. am häufigsten heranzog, stammt der Text des Liedes op. 18 Nr. 2 *Im Rhein, im heiligen Strome*. Dem erhabenen geistlichen Sujet, dem Kölner Dom und dem ›Dombild‹ Stefan Lochners »Maria im Rosenhag« gemäß setzt Fr. die Klavierbegleitung akkordisch in weiter Lage und leicht wiegendem 6/8-Takt (»Im Legendenton. Andantino«). Nach einem vor allem in der Harmonik ausgearbeiteten Bogen im Mittelteil wird am Schluß der feierliche Anfang wieder aufgenommen und nur geringfügig abgewandelt zuende geführt. Die leichte, ironische Schlußwendung Heines, daß im Marienbildnis die Züge der Liebsten sich wiederfinden, vollzieht Fr. – anders als Schumann – musikalisch nicht mit. Seine Romantik ist weniger hintergründig und gespalten als die Heines, sie ist gekennzeichnet durch eine »herzliche und ungekünstelte Schlichtheit, eine wirklich volkstümliche Naivität« (Bischoff).

Zu größerer Expressivität erhebt sich Fr.. in seinem Herbstlied op. 17 Nr. 6 *Die Heide ist braun* nach Worten von Wolfgang Müller, einem Dichter der frühen Rheinromantik. In dem variierten Strophenlied gibt Fr. die düstere Stimmung eines Verzweifelten in drei wohl ausgearbeiteten Anläufen bis hin zu einem dramatischen Ausbruch wieder. In beiden angesprochenen Liedern benutzt Fr. gängige Liedformen, und auch dies ist für sein gesamtes Schaffen charakteristisch, daß er kein Komponist der technischen Experimente war. Die eigene Leistung liegt im situativen Erfassen der jeweiligen Stimmung; Fr. trifft jeweils den richtigen ›Ton‹.

Dies stimmt ganz mit seiner Kunstanschauung überein, die er in einer Selbstdarstellung niedergelegt hat, die Liszt 1855 unter seinem Namen zur Förderung des Komponisten veröffentlichte. Fr. legt großen Wert darauf, daß er musikalisch ein Autodidakt war, daß er trotz eines kurzen Studiums bei Friedrich Schneider die wesentlichen Antriebe seines Schaffens in sich selbst gefunden habe. Dadurch habe er sich ein eigenes Reich geschaffen (»einen eigenen Planeten« entdeckt), in dem er ungestört seinen lyrischen Empfindungen nachgehen könne, in dem er als »psychischer Kolorist« mit der Gabe einer »höheren Naivetät«

voller Empfindung »den Zauberkreis seiner Gemüthsbewegungen« ziehen könne.

Dokumente: Mitteilungen über Joh. Seb. Bachs Magnificat, Lpz. 1863. Offener Brief an Eduard Hanslick über Bearbeitungen älterer Tonwerke, Lpz. 1871. Gesammelte Schriften über die Wiederbelebung Bach'scher und Händel'scher Werke, hrsg. von R. BETHGE, Lpz. 1910.

Literatur: VON DER PFORDTEN, H.: R. Fr., Lpz. 1923. HARTMANN, B.: Das Verhältnis von Sprache und Musik in den Liedern von R. Fr., Ffm. 1991. SASSE, K.: Beiträge zur Forschung über Leben und Werk von R. Fr. 1815–1892, bearb. und hrsg. von E. Werner, Halle/Saale 1996. SMYKOWSKI, A.: Heinrich Heines »Lyrisches Intermezzo« in Vertonungen von Robert Schumann und R. Fr., Ffm. 2002.

Helmut Loos

Frescobaldi, Girolamo Alessandro

Getauft 13. 9. 1583 in Ferrara; gest. 1. 3. 1643 in Rom

Fr. war einer der ersten bedeutenden Komponisten, die ihren Ruhm vor allem Instrumentalkompositionen verdankten. Die Charakterisierung Fr.s als ›Palestrina der Orgel‹ erhebt ihn zum Pendant des großen Meisters der Vokalpolyphonie, wenngleich er nie in einer Palestrina vergleichbaren Weise Schule gemacht hat. Die darin ausgedrückte Wertschätzung ist im übrigen keineswegs ein Konstrukt von Musikhistorikern, sondern wurde – sinngemäß – bereits von den Zeitgenossen Fr.s und der unmittelbaren Nachwelt ausgesprochen. Daß Fr. auch bedeutende Vokalwerke komponiert hat, ist darüber fast vergessen worden. Er, der in Ferrara – einem der wichtigsten kulturellen Zentren der italienischen Renaissance und der geistigen Heimat erlesener Madrigalkunst – aufgewachsen ist, stellte sich der musikalischen Öffentlichkeit 1608 mit einer Madrigal-Sammlung vor (*Il primo libro de madrigali*), ihr folgten 1630 zwei Bücher mit *Arie musicali per cantarsi*, ferner Publikationen mit geistlicher Vokalmusik, darunter zwei Bände mit Motetten, deren erster verschollen ist (*Liber secundus diversarum modulationum*, Rom 1627). Überlieferungsprobleme und Echtheitsfragen sowie das Fehlen moderner Editionen erschweren den Zugang zu diesem ›anderen‹ Fr., der erst allmählich entdeckt wird.

Anders als seine Vokalwerke erlebten viele von Fr.s Publikationen mit Instrumentalmusik mehrere Auflagen, was auch damals schon ein sicheres Indiz für großes öffentliches Interesse war und dem Komponisten zudem Gelegenheit zu Revisionen und Ergänzungen bot – die Editionsgeschichte der 1615 erstmals in Rom erschienenen *Toccate e partite d'intavolatura di cimbalo* zeigt dies besonders gut. In der stilistischen Bandbreite des instrumentalen Œuvres spiegelt sich die Umbruchsituation, in der sich nicht nur die Musik zu Beginn des 17. Jahrhunderts befand. Auf der einen Seite stehen der älteren Tradition verpflichtete Kompositionen streng kontrapunktischer Art, deren extremste Ausprägung ein gleichfalls 1608 (nach den Madrigalen) erschienener Band mit vierstimmigen Fantasien darstellt (*Il primo libro delle fantasie*, Mailand 1608), auf der anderen Seite, gleichsam als instrumentales Gegenstück zur »seconda pratica« Monteverdis, finden sich freie Instrumentalwerke moderner Prägung, unter denen den beiden Bänden mit Toccaten (samt »partite« genannten Variationszyklen und Tanzsätzen) besondere Bedeutung zukommt. In den Toccaten verwirklicht Fr. auf immer wieder neue Weise eine Verschmelzung von jenem Repertoire instrumentaler Spielfiguren, das ursprünglich aus der improvisatorischen Praxis hervorgegangen war und seit Merulo zu den charakteristischen Merkmalen der Gattung gehörte, mit einer vokalen Expressivität, wie sie sich im Madrigal des späten 16. Jahrhunderts (etwa in den Werken des Ferraresers Luzzaschi) wie auch in der modernen Monodie ausgeprägt hatte.

Auf die Nähe zwischen Madrigal und Toccata macht Fr. selbst in seinem zweiten Toccaten-Buch aufmerksam (*Il secondo libro di toccate, canzone, versi d'hinni, Magnificat, gagliarde, correnti ed altre partite d'intavolatura di cimbalo et organo*, Rom 1627). An die Stelle der üblichen zwölften Toccata setzt er eine nach Toccatenart ausgestaltete und verzierte Bearbeitung von Arcadelts Madrigal *Ancidetemi pur*, und in einer Vorbemerkung zum ersten Toccaten-Band (in der Ausgabe von 1616) hebt Fr. sogar ausdrücklich die große Bedeutung der »affetti cantabili« für den Vortrag seiner Musik hervor. Mit diesem Begriff meint er nicht nur die immer wieder hervortretenden Anklänge an den melodischen Gestus des monodischen Gesangs, sondern vor allem auch das Prinzip affektbestimmter Tempogestaltung, die aus der Aufführungspraxis der Madrigale abgeleitete Forderung nach einem vom jeweiligen Ausdrucksgehalt abhängigen Tempo rubato, das sich den Darstellungsmöglichkeiten der Notenschrift soweit entzieht, daß Fr. sich zu umfassenden Aufführungshinweisen und einem Appell an das Einfühlungsvermögen des Interpreten veranlaßt sah – ein Novum in der Geschichte der Instrumentalmusik. Von hier aus lassen sich Entwicklungslinien verfolgen über Fr.s Schüler Froberger, den die Nichtnotierbarkeit von Vortragsnuancen geradezu von einer Herausgabe seiner Werke abhielt, bis zu den *Préludes non mesurés* Couperins, die auf metrische Fixierung des Notentextes ganz verzichten.

Virtuose Expressivität repräsentiert aber nur eine Seite Fr.s, die andere zeigt sich in der Neigung, sein Komponieren durch selbstauferlegte Beschränkungen zu regulieren, wovon vor allem die Capricci und Ricercari Zeugnis ablegen, die auf verschiedene Sammlungen verteilt sind, unter anderem in den *Recercare, et canzoni franzese fatte sopra diverse obligi in partitura* (Rom 1615, ²1618) und in *Il primo libro di capricci fatti sopra diversi soggetti, et arie in partitura* (Rom 1624). Fast jedes dieser Stücke hat ein besonderes ›obligo‹, eine Vorgabe oder Bestimmung, von der die Struktur des jeweiligen Werks geprägt wird. Zu den beliebtesten ›obligi‹ (nicht nur Fr.s) gehört das Verfahren, kontrapunktische Sätze aus bereits vorhandenen Melodien (etwa der *Aria di Ruggiero*) zu entwickeln, oder von selber festgelegten Tonfolgen (etwa dem Hexachord der Solmisationssilben ut, re, mi, fa, sol, la) auszugehen. Andere Vorgaben, die Fr. sich selber gibt, sind etwa die Anweisung, nur in Intervallsprüngen fortzuschreiten (»Obligo di non uscir mai di grado«), oder die Aufforderung, eine fünfte Stimme nicht zu spielen, sondern nach bestimmten Regeln zu singen (»Obligo di Cantare la quinta parte senza toccarla«).

Expressivität und konstruktive Strenge zeigen insbesondere die ›obligat‹ chromatischen Werke (z. B. die *Toccata di durezze, e Ligature* aus dem zweiten Toccatenbuch), in denen Fr. an eine neapolitanische Tradition der Komponisten Giovanni Maria Trabaci und Ascanio Mayone, aber auch an die Chromatik der Madrigale um 1600 (etwa Gesualdos und Marenzios) anknüpft, am radikalsten wohl im *Recercar cromaticho post il Credo* aus der Sammlung *Fiori musicali di diversi compositioni, toccate, Kirie, canzoni, capricci, e recercari, in partitura* (Venedig 1635). Dies ist das große Alterswerk mit Stücken für den liturgischen Gebrauch, die auf seine langjährige Tätigkeit als »Organista di San Pietro di Roma« verweisen, deren spezifische Zusammenstellung (mit tänzerischen Schlußstücken) allerdings auch einen Zusammenhang mit Eigenarten der liturgischen Praxis an San Marco in Venedig, dem Erscheinungsort des Drucks, erkennen lassen.

In den *Fiori musicali* zieht Fr. gewissermaßen die Summe seines Könnens, indem er im Rahmen dreier ›Orgelmessen‹ cantus-firmus-gebundene Sätze, freie Toccaten (als Musik zur Einleitung und zur Konsekration), streng kontrapunktische Ricercari und Capricci sowie Tanzsätze miteinander konfrontiert. Es ist wohl kein Zufall, daß Bach, dessen Spätwerk verschiedentlich mit dem Fr.s verglichen wurde, sich gerade von den *Fiori musicali* eine Abschrift angefertigt hat. Spuren einer intensiven Beschäftigung mit Fr. sind im übrigen bis weit ins 19. Jahrhundert und darüber hinaus nachzuweisen. Bezeichnenderweise waren es aber nicht die ›modernen‹ Werke wie die Toccaten und Partiten, die für die Komponisten unmittelbar um und nach Fr. Modellcharakter besaßen, sondern die Werke im strengen Stil, an denen in späterer Zeit der ›stile antico‹ studiert und in seiner Vollkommenheit bewundert wurde.

Das ›avantgardistische Potential‹ in Fr.s Musik wurde im 20. Jahrhundert unter anderen von B. A. Zimmermann entdeckt und nicht nur in einem aufschlußreichen Aufsatz umrissen, sondern auch in *La Frescobalda*, einer stilistisch an Webern angelehnten Bearbeitung von fünf Capricci Fr.s, nachschöpferisch verdeutlicht. Die konsequente Durchstrukturierung des Tonsatzes und die sinnfällig formgebenden Tempoproportionen lassen Fr. hier als einen Ausgangspunkt modernen Komponierens erscheinen – nicht als Vertreter der ›Alten Musik‹.

Noten: G. Fr. Opere complete, hrsg. von O. MISCHIATI und L. F. TAGLIAVINI, Mailand 1975 ff. (Monumenti musicali italiani 1). G. Fr. Orgel- und Klavierwerke, hrsg. von P. PIDOUX, Kassel 1949–54. G. Fr. Keyboard Compositions Preserved in Manuscripts, hrsg. von W. R. SHINDLE, Rom 1968 (Corpus of Early Keyboard Music 30).
Bibliographie: HAMMOND, F.: G. Fr. A Guide to Research, N. Y. 1988.
Literatur: ZIMMERMANN, B. A.: Fr. *in* Intervall und Zeit, hrsg. von CHR. BITTER, Mainz 1974, 26–30. HAMMOND, F.: G. Fr., Cambridge 1983. KRUMMACHER, FR.: Phantastik und Kontrapunkt. Zur Kompositionsart Fr.s *in* Musikforschung 48 (1985), 1–14. GALLICO, CL.: G. Fr. – L'affetto, l'ordito, le metamorfosi, Florenz 1986.

Fr. Studies, hrsg. von A. SILBIGER, Durham 1987. KLEIN, H.: Die Toccaten Fr.s, Mainz 1989. PLAE, A.: G. Fr., Paris 2003.

Thomas Seedorf

Froberger, Johann Jacob

Geb. 28. 5. 1616 in Stuttgart; gest. 16. oder 17. 5. 1667 in Héricourt

Im habsburgischen Kaiser Ferdinand III. fand der junge Fr. einen Bewunderer und Förderer seines großes Talents, der ihm einen mehrjährigen Studienaufenthalt bei Frescobaldi in Rom ermöglichte. Bei ihm lernte Fr., zum einen kontrapunktische Techniken souverän in einen für Tasteninstrumente idiomatischen Satz einzubinden und die musikalische Struktur zugleich expressiv auszugestalten. Zahlreiche Fantasien, Capricci, Ricercari und Canzonen dokumentieren diese Seite von Frescobaldis Lehre, deren Einfluß sich aber auch in Fr.s meisterlicher Beherrschung der Toccata zeigt, einer Gattung, in der Frescobaldi mit zwei großen Werksammlungen Maßstäbe gesetzt hatte. So sehr Fr. dem Vorbild seines Lehrers auch in mancher Hinsicht folgt, so ist doch in jedem Takt zu bemerken, daß er einer jüngeren Generation als dieser angehört. Frescobaldis Komponieren wurzelt noch fest im alten System der Kirchentöne, Fr.s Werke sind dagegen bereits weitgehend der modernen Dur-Moll-Harmonik verpflichtet, deren »formbildende Tendenzen« (Schönberg) Fr. zur deutlichen Unterscheidung der einzelnen Kontrastabschnitte seiner Toccaten einsetzt.

In Rom lernte Fr. auch Carissimi kennen, dem er eine mehrstimmige Psalmkomposition zur Beurteilung schickte. Dieses Werk ist verschollen, überhaupt sind nur zwei Vokalkompositionen Fr.s erhalten geblieben, man darf aber vermuten, daß weitere verlorengegangen sind und die geringe Überlieferung nicht als Dokument eines Desinteresses an der Vokalmusik zu verstehen ist. Eher ist wohl ein Mangel an Gelegenheit zum Schreiben solcher Werke dafür verantwortlich, daß Fr.s Œuvre so bemerkenswert einseitig aus Werken für Tasteninstrumente besteht. Ein weiterer römischer Bekannter war der Gelehrte und Musiktheoretiker Athanasius Kircher, der in seinem monumentalen Lehrwerk »Musurgia universalis« (1650) Fr.s *Hexachordfantasie* als Beispiel für den ›stylus phantasticus‹ abdruckte. Neben diesem Werk, von dem sich noch Mozart in seiner Wiener Zeit eine Teilkopie anfertigte, erschien nur noch ein Ricercar Fr.s zu Lebzeiten des Komponisten im Druck, ein Umstand, der für einen Komponisten von europäischem Ruf sehr ungewöhnlich war. Etwa die Hälfte der heute vorliegenden Werke ist in autographen Prachthandschriften überliefert, die Fr. seinem Protektor Ferdinand III. und dessen Nachfolger Leopold I. widmete, der Rest findet sich weitgestreut in verschiedenen Quellen.

Die Scheu vor einer Veröffentlichung seiner Werke war indessen keine exzentrische Marotte Fr.s, sondern ist im Wesen seiner Musik begründet. Verschiedene Zeugnisse belegen, daß Fr. seinen Schülern seine Werke ›Griff für Griff‹ vermittelte, um ihnen die von ihm intendierten feinen Vortragsnuancen, die sich den Möglichkeiten der Notation entziehen, verständlich zu machen. Auch hier mag die Lehre Frescobaldis weiterwirken, der für seine Toccaten eine freie Interpretationsweise nach Art des Madrigalvortrags forderte. Fr. übertrug dieses Prinzip aber auch auf andere Gattungen, insbesondere auf seine Cembalosuiten, in denen sich ein weiterer prägender Einfluß, die Begegnung mit der französischen Clavecin- und Lautenmusik seiner Zeit, niedergeschlagen hat. Auch wenn Fr. nicht derjenige war, der die Satzfolge Allemande – Courante – Sarabande – Gigue zur Standardanlage der Suite machte, wie Guido Adler, der um 1900 Fr.s Werke erstmals herausgab, meinte, so gehören Fr.s Suiten doch zu den herausragenden Werken des 17. Jahrhunderts. Dies gilt insbesondere für einige Eingangssätze, denen Fr. programmatische Titel gab, etwa die *Plainte faite a Londres pour passer la Mélancholie*, ein autobiographisches Stück, dessen Subjektivität von der *Méditation sur ma morte future* noch übertroffen wird. Diese Werke wie auch die Trauerstücke auf den Tod des befreundeten Lautenisten Blancheroche sowie auf den seiner kaiserlichen Gönner sind »avec discretion« zu spielen, womit angedeutet werden soll, »daß man sich an der Tact gar nicht binden dürffe«, so Johann Mattheson. Kirchers Ausführungen über den ›affectus doloris‹ mögen Fr. bei der Komposition dieser großartigen Stücke präsent gewesen sein, doch fehlt jede Spur des Stilisierten oder gar Gelehrten. In ihrer zu tiefster Kontemplation einladenden Expressivität stehen sie, trotz der Tombeau-Kompositionen seiner französischen Zeitgenossen, in der Instrumentalmusik des 17. Jahrhunderts wohl einzig da.

Noten: J. Fr. Œuvres complètes, hrsg. von H. SCHOTT, Paris 1979 ff. Neue Fr.-Ausgabe (NFA), hrsg. von S. Rampe, Kassel 1993 ff. *Werkverzeichnis:* WV in Bd. 6 der NFA. *Literatur:* STARKE, D: Fr.s Suitentänze, Darmstadt 1972. SIEDENTOPF, H.: J. J. Fr. Leben und Werk, Stg. 1977. RAMPE, S.: Matthias Weckmann und J. J. Fr. Neue Erkenntnisse zu Biographie und Werk beider Organisten *in* Musik und Kirche 61 (1991), 325–332. DERS.: Zum Umfang von Fr.s Clavier und Orgelwerk *in* Schütz-Jb. 2003 [in Vorbereitung]. SIEDENTOPF, H.: J. J. Fr., Tübingen 1992. Annibaldi, Cl.: Fr. in Rome. From Frescobaldi's craftsmanship to Kircher's compositional secrets *in* Current Musicology 58 (1995), 5–27.

Thomas Seedorf

Furrer, Beat

Geb. 6. 12. 1954 in Schaffhausen (Schweiz)

»Jedes Verklingen eines Tones ist schon ein Drama für sich.« In dieser Bemerkung des seit 1975 in Österreich lebenden B. F. sind zwei wesentliche Charakteristika seiner Musik angesprochen. F., der entscheidende Anstöße Varèse, Feldman und Roman Haubenstock-Ramati, seinem Lehrer an der Wiener Musikhochschule, verdankt, schreibt eine leise, fragil wirkende und gleichwohl ausdrucksintensive Musik. Ihre dynamisch äußerst zurückgenommene, nur selten in heftige Gesten ausbrechende Tonsprache beruht auf klanglich subtil differenzierten, filigranen Ereignissen. Es ergibt sich ein fein artikuliertes Klangbild, das auf jegliche ostentativ aufgesetzte Expression verzichtet, vielmehr in sich mit einer Art innerer Dramatik aufgeladen erscheint.

An die Öffentlichkeit trat F. relativ spät, dafür um so erfolgreicher und nachhaltiger. F., der an der Wiener Musikhochschule auch Dirigieren studiert hatte und bis zum heutigen Tag Aufführungen eigener wie fremder Werke leitet, gründete 1985 die »Societé de l'Art acoustique«, die – 1988 in »Klangforum« umbenannt – bald zu den bedeutendsten und international renommiertesten österreichischen Ensembles für zeitgenössische Musik zählte. Aus den achtziger Jahren stammen auch die ersten für gültig erachteten Kompositionen, neben *Frau Nachtigall* für Violoncello solo (1982) vor allem die 1984 entstandenen *Poemas* für Mezzosopran und Instrumente über Texte von Pablo Neruda und das *Erste Streichquartett*. Darin hatte F. nicht nur zu der ihm eigenen sensiblen Klangsprache gefunden; in der Konfrontation von präzise synchronisierten Abläufen und der asynchronen Überlagerung unabhängiger Bewegungszüge manifestiert sich ein Interesse an einer vielschichtigen Organisation vor allem rhythmischer Verläufe, das F. seither konsequent verfolgt hat. *Gaspra* für Instrumentalensemble von 1988 etwa beruht auf Fragmenten eines kontinuierlich sich verschiebenden rhythmischen Musters, über die eine Folge von sich transformierenden klanglichen Geschehnissen gelegt wird. In *Ultimi Cori* für zwei Chöre und Schlagzeug (1987–88) kommt es durch minimale metrische Differenzen zu einem sukzessiven Auseinandertreten und Wiederfinden der beiden Chöre. In *Die Blinden* (Maurice Maeterlinck; Wien 1989) übernimmt ein im Hintergrund wirkendes rhythmisches pattern eine integrierende Funktion, zugleich wird zum Teil mit der Überschichtung von Impulsfolgen und der Verzerrung von Rhythmen gearbeitet. In *Nuun* für zwei Klaviere und Orchester (1996) wendet F. das Prinzip der schrittweisen Transformation des Materials dergestalt auf Klang und Rhythmus an, daß sich aus dem dichten und komplizierten Geschehen des Anfangs nach und nach plastischere Gebilde herauskristallisieren.

F.s Werke gehen von einer konstruktiven Grundidee aus, niemals wird dadurch jedoch alles deterministisch vorbestimmt, vielmehr behält sich F. das Recht vor, jederzeit das Konzept seinem »subjektiven Ausdrucksbedürfnis« zu unterwerfen und das Detail gleichsam am Ort im Verhältnis zum übergreifenden Zusammenhang zu gestalten. Nicht minder wichtig ist für F. die kompositorische Autonomie gegenüber der Textvorlage, deren bloße illustrative ›Verdoppelung‹ er scheut. F. berichtet, daß die Textauswahl bis zu einem gewissen Grad schon vorhandenen Klangvorstellungen folgt. Dem entspricht, daß F. in den jeweiligen Haupttext seiner Bühnenwerke andere dichterische Vorlagen hineinmontiert, so – nach *Narcissus* (nach Ovid; Graz 1994) – vor allem in *Begehren* (nach Cesare Pavese, Günther Eich, Ovid und Vergil; Graz 2001) und *Invocation* (Marguerite Duras, Ovid, Pavese; Zürich 2003). Diese Vielschichtigkeit der Sprachebene ist – besonders deutlich in *Die Blinden* – durch Einbettung der Texte in ein je eigenes Klangfeld mit mehreren musikalischen Ebenen verbunden. Bei der Behandlung der Vokalstimme tendiert F. dazu, ein breites Spektrum der Stimmgebung auszuschöpfen, so wie er im instrumentalen Bereich alle von den modernen Spiel- bzw. Instrumentationstechniken eröffneten Möglichkeiten an Klängen und Geräuschen auslotet.

Noten: Universal Edition (Wien); Bärenreiter Verlag (Kassel).
Dokumente: Zum Narcissus-Fragment *in* Nähe und Distanz. Nachgedachte Musik der Gegenwart 2, hrsg. von W. GRATZER, Hofheim 1997, 232–235.
Literatur: BECHER, CHR.: Der freie Fall des Architekten. B. F.s Oper »Die Blinden« *in* NZfM 151, 7–8 (1990), 34–40. MAURER ZENCK, C.: Echo wird Musik. Zur Entstehung von B. F.s »Narcissus« *in* Opernkomposition als Prozeß. Symposium Bochum 1995, hrsg. von W. BREIG, Kassel 1996, 165–186. OSWALD, P.: Chiffrierte Botschaften des Lebens. B. F.s »Poemas« *in* Melos 48, 3 (1986), 33–55. GÜNTHER, B.: B. F. *in* Lexikon zeitgenössischer Musik aus Österreich, Wien 1997, 449–452.

Markus Grassl

Fux, Johann Joseph

Geb. um 1660 in Hirtenfeld (Steiermark); gest. 13. 2. 1741 in Wien

F. wurde im 19. und noch im beginnenden 20. Jahrhundert einzig als Musiktheoretiker und Kontrapunktiker rezipiert. Im Einklang mit dem Musikverständnis Kaiser Karls VI., dessen Kapellmeister er ab 1715 war, hat er den mehrstimmigen Satz mit selbständig geführten Stimmen niemals aufgegeben. Doch die mittlerweile breitere Werkkenntnis zeigt, daß F. über eine Vielfalt an kompositorischen Stilen verfügte und moderne Strömungen nicht vollständig ignorierte.

Der überwiegende Teil von F.s Werken war für den Gottesdienst bestimmt. Seine A-cappella-Kompositionen entsprachen den Forderungen der Wiener Liturgie für einfache Gottesdienste durch ihre Ausrichtung an dem als vorbildlich erachteten Vokalsatz von Palestrina. Doch stellte F. die Linearität der Stimmen zurück zugunsten einer ausdrucksvollen Textschilderung, etwa mit musikalisch-rhetorischen Figuren. Beispielhafte Wortverständlichkeit und eindrucksvolle Affektendarstellung zeichnen F.s Vespervertonungen im »mediocren« Stil – für Gottesdienste mittleren Ranges – aus, die einen wesentlichen Beitrag zur Wiener Vesperkomposition darstellen. Gerade in der für alle Hofkomponisten seiner Ära vorbildlichen musikalischen Gestaltung des »mediocren« Stiles – knappe kontrastierende Anlage der Sätze, lebhafte Baßführung, obligate Instrumente und abwechslungsreicher Tutti-Soli-Gebrauch – liegt F.s besondere Leistung. Zu F.s besten Kompositionen zählt eine Reihe von »mediocren« *Kirchensonaten à tre*, die in ihrer mehrteiligen, kontrastierenden Anlage noch den Kanzonen des 17. Jahrhunderts verpflichtet sind. Neben der souveränen kontrapunktischen Satztechnik fallen prägnante und ausdrucksstarke, oft originelle Themen und harmonische Kühnheiten in den langsamen Sätzen auf.

Die geistlichen italienischen Oratorien bildeten einen weiteren Schaffensschwerpunkt. Ihre durchgehend kontrapunktische Schreibweise, die dem traditionsverhafteten Geschmack des Kaisers Tribut leistete, unterscheidet sie von zeitgenössischen italienischen Werken. Auch F.s weltliche dramatische Kompositionen sind von einer im zeitgenössischen Vergleich konservativen polyphonen Schreibart, die in seinen späten Opern noch ausgeprägter erscheint und die den musikalischen Stilwandel der zwanziger Jahre völlig ignorierte. Zugleich gelangen F. aber überzeugende und lebendige Affekt- und Charakterschilderungen. Eine Besonderheit des Wiener Oratoriums stellten die häufigen (meist homophonen) Chorsätze dar.

Lange vor seiner Anstellung als Hofkapellmeister hatte F. dem nachmaligen Karl VI. eine Sammlung großbesetzter Instrumentalsuiten gewidmet. In diesem *Concentus musico-instrumentalis* (1701) wie in den späteren Triopartiten mischte und verschmolz F. Tänze, Stile und Satzarten französischer, italienischer und deutscher Provenienz. Aus der Verknüpfung unterschiedlicher und mitunter disparater Elemente entstanden formal und stilistisch oftmals überraschende, originelle Schöpfungen.

Der »Wiener Imperialstil«, eine ursprünglich die Architektur des Wiener Barock bezeichnende und auch die Musik der Zeit ansprechende Benennung, erfuhr durch F., den Vizekapellmeister Caldara und Francesco Conti seine musikalisch vorbildliche Prägung. Der Tod des Komponisten bezeichnet zugleich das Ende dieser Epoche. F. starb ein Jahr nach dem Kaiser, fünf Jahre nach Caldara und dem siegreichen Feldherrn Prinz Eugen. Doch mit seiner lateinischen Abhandlung *Gradus ad Parnassum*, die in der Form eines Gespräches zwischen Lehrer und Schüler den Kontrapunkt als Grundlage der Komposition vermittelt und einen Überblick über die gebräuchlichen Stilarten der Kirchenmusik gibt, und auf der F.s Wertschätzung im 19. Jahrhundert beruht, bereitete er wie mit seinen Werken den Boden für die kompositorische Auseinandersetzung der Wiener Klassiker mit dem strengen Satz.

Noten: Sämtliche Werke, hrsg. von der J.-J.-F.-GESELLSCHAFT, Graz und Kassel 1959 ff. Ausgaben in DTÖ: Bd. 1: Messen, (Wien 1894) Graz 1959; Bd. 3: Motetten, Wien 1895, Bd. 19: Mehrfach besetzte Instrumentalwerke, (Wien 1902) Graz 1959; Bd. 34–35: Costanza e Fortezza, (Wien 1910) Graz 1959; Bd. 47: Concentus musico-instrumentalis, Wien 1916; Bd. 85: Werke für Tasteninstrumente, Wien 1947. Orfeo ed Euridice, hrsg. von H. MAYER BROWN, N.Y. 1978 (The Italian Opera 1640–1770, 19).
Dokumente: Gradus ad Parnassum, Wien 1725; dt. Lpz. 1742; Faks. der Ausg. Wien 1725, N.Y. 1966.
Periodica: Auf F.-Jagd. Mitteilungsblatt der J.J.F.-Ges., 1993 ff.
Literatur: KÖCHEL, L. VON: J.J.F., Hofkompositor und Hofkapellmeister der Kaiser Leopold I., Josef I. und Karl VI. von 1698 bis 1740, Wien 1872, Ndr. Hildesheim 1974 [mit WV, K-Nummern]. LIESS, A.: J.J.F. Ein steirischer Meister des Barock, nebst Verz. neuer Werkfunde, Wien 1947, 59–89 [L-Nummern]. FEDERHOFER, H.: Unbekannte Kirchenmusik von J.J.F. *in* Kirchenmus. Jb. 43 (1959), 113–154 [E-Nummern]. VAN DER MEER, J.: J.J.F. als Opernkomponist, Bilthoven 1961. WESSELY, O.: J.J.F. Persönlichkeit, Umwelt, Werk, Graz 1979, FLOTZINGER, R. und WELLESZ, E.: J.J.F. Musiker, Lehrer, Komponist für Kirche und Kaiser, Graz 1991 [mit Bibl.]. J.J.F. and the Music of the Austro-Italian Baroque, hrsg. von H. WHITE, Aldershot 1992 [mit Bibl.]. J.J.F. und seine Zeit. Kultur, Kunst und Musik im Spätbarock, hrsg. von A. EDLER und FR.W. RIEDEL, Laaber 1996.

Susanne Oschmann

Gabrieli, Andrea
Geb. 1532/33 in Venedig;
gest. 30. 8. 1585 in Venedig

Seiner Produktivität und der stilistischen Vielfalt seiner Werke verdankte der gebürtige Venezianer G. etwas fast Unglaubliches: Er wurde als Komponist und Organist an der Palastkirche San Marco (seit 1566) zum richtungsweisenden Haupt der in ganz Europa beachteten Venezianischen Schule, die zuvor ausschließlich von niederländischen Meistern (Willaert, de Rore) beherrscht war. Es gelang ihm, seine kompositorischen Errungenschaften, die ihn vor allem auf dem Gebiet der großbesetzten Festmusik zu einem der wichtigsten Meister der damaligen Musikwelt machten, insbesondere an seinen Neffen G. Gabrieli, aber auch an andere venezianische und süddeutsche Komponisten (Hans Leo Haßler und Gregor Aichinger) weiterzugeben. Es ist schwierig, A. G.s umfängliches Werk in eine präzise chronologische Ordnung zu bringen, da ein großer Teil seiner Kompositionen erst nach seinem Tode von seinem Neffen G. Gabrieli veröffentlicht worden ist. Ob er in jungen Jahren, wie vielfach behauptet, ein Schüler Willaerts war, ist zweifelhaft. Es ist lediglich gesichert, daß er von 1555 bis mindestens 1557 als Organist an San Geremia gewirkt hat, und daß er sich 1562 im Gefolge des bayrischen Herzogs Albrecht V. zur Krönung Kaiser Maximilian II. in Frankfurt am Main aufhielt. Während dieser Zeit machte er die für ihn wichtige Bekanntschaft Lassos, die sich zu einer dauerhaften Freundschaft entwickeln sollte.

So lehnen sich G.s 1565 als *Sacrae Cantiones* erschienene fünfstimmige Motetten stilistisch eng an Lassos gleichnamige Sammlung aus dem Jahre 1562 an, indem sie sich in ihrer syllabischen Deklamation und kurzen homophonen Abschnittsbildung deutlich am damaligen Madrigal orientieren. Seine drei Bücher fünfstimmiger Madrigale (1566, 1570 und 1589) sowie seine beiden Bücher sechsstimmiger Madrigale (1574 und 1580) verlassen ebenfalls Willaerts und de Rores ernsten motettennahen Stil zugunsten einer bukolischen Heiterkeit. G.s Satz wird zunehmend beweglicher, homophoner, harmonisch reicher und klanglich ansprechender, so daß er in vieler Hinsicht Marenzios klassisches Madrigalschaffen vorwegzunehmen scheint. Diese Weiterentwicklung blieb nicht ohne Auswirkung auf A. G.s geistliche Musik. Die vierstimmigen Motetten der Sammlung *Ecclesiasticarum cantionum* (1576) zeigen eine an seinen Madrigalen geschulte Textbehandlung: eine sangliche, rhythmisch konturierte Motivik, eine reiche Harmonik und einen raschen Wechsel von kontrapunktisch-imitatorischen und homophonen Partien.

Der Prozeß zunehmender satztechnischer Vereinfachung bei gleichzeitiger Intensivierung klanglicher Wirkungen führte A.G. über die sechsstimmigen *Psalmi Davidici* (1583), die in der Tradition von Lassos Bußpsalmen stehen, jedoch einen eher feierlichen als affektuösen Charakter haben, hin zu der eigentlichen Spezialität seiner späteren Jahre, der Komposition von Staats- und Festmusiken für zwei oder mehrere Chöre sowohl für Singstimmen als auch für Instrumente. Die meisten dieser für die prunkvollen venezianischen Hauptfeste zu Wasser und auf dem Lande bestimmten Kompositionen wurden von G. Gabrieli zusammen mit eigenen Werken derselben Art 1587 in den *Concerti di Andrea et di Giovanni Gabrieli* veröffentlicht. Im Gegensatz zu Willaerts doppelchörigen *Salmi spezzati* (1550) verließ A. G. das starre Respondieren der Chöre und strebte die Wirkung eines lebendigen Dialogisierens an. Dadurch, daß er Abschnitte unterschiedlicher Länge gegeneinander und miteinander alternieren läßt, erzielt er verblüffende Wirkungen. Während der acht- und mehrstimmige Satz in einfachen Harmoniefortschreitungen homophon deklamiert, gewinnt er zunehmend an Beweglichkeit, klangfarblicher Differenzierung und räumlicher Wirkung, Eigenschaften, die durch die Mitwirkung vor allem von Zinken in höheren und von Posaunen in tieferen Chören verstärkt werden. Für den venezianischen Karneval komponierte A. G. auch komische und parodistische Musik. Die 1571 publizierten dreistimmigen *Greghesche et Iustiniane* sowie die posthum veröffentlichten *Mascherate* (1601) sind in ihrer spöttischen und zum Teil albernen Haltung unmittelbare Vorläufer der Madrigalkomödien eines Orazio Vecchi und Adriano Banchieri. Ein hochinteressantes und von der Musikforschung zu wenig beachtetes Experiment innerhalb der Frühgeschichte der Oper stellen G.s Chöre zu einer Aufführung von Sophokles' Tragödie »Edippo Tiranno« in Andrea Palladios Teatro Olimpico zu Vicenza (publiziert 1588) dar.

A. G. war seit 1566 Organist an San Marco, eine Position, die er bis zu seinem Tode innehatte. Zwar erwarb er sich auch als Organist einen gewissen Ruf, blieb aber in dieser Hinsicht stets ein wenig im Schatten seines renommierteren Kollegen Merulo. Er schrieb für Tasteninstrumente *Ricercari* im traditionellen, ein Hauptthema beibehaltenden kontrapunktischen Stil, sowie Canzonen, die meistens nichts anderes sind als gekonnte Arrangements von damals in Italien populären französischen Chansons. Unter den wenigen Stücken für ein größeres Instrumentalensemble ist vor allem eine *Battaglia* (»Schlacht«) für Blasinstrumente zu nennen, die in der Tradition Janequins steht.

Noten: Intonationen für Orgel, hrsg. von P. PIDOUX, Kassel ²1967. Canzonen und ricercari, hrsg. von DEMS, Kassel ²1961. Canzoni alla francese, hrsg. von DEMS, Kassel 1953. Ten Madrigals, hrsg. von D. ARNOLD, Ldn. 1970. Edizione nazionale delle opere, hrsg. von D. ARNOLD and D. BYRANT, Mailand 1988 ff.

Literatur: WINTERFELD, C. VON: Johannes Gabrieli und sein Zeitalter, Bln. 1834. EINSTEIN, A.: The Italian Madrigal, Princeton 1949, Reprint 1971. ARNOLD, D.: A. G. und die Entwicklung der »cori spezzati«-Technik *in* Musikforschung 12 (1959), 258 ff. KÄMPER, D.: Studien zur instrumentalen Ensemblemusik des 16. Jahrhunderts in Italien, Köln 1970. QUARANTA, E.: Oltre San Marco. Organizzazione e prassi della musica nelle chiese di Venezia nel Rinascimento, Florenz 1998.

Siegfried Schmalzriedt

Gabrieli, Giovanni

Geb. zwischen 1554 und 1557 in Venedig; gest. 12. 8. 1612 in Venedig

Die Tradition, innerhalb einer Familie Kunst und Kunstfertigkeiten an die nächste Generation weiterzugeben, hat in der Musikgeschichte selten zu einem so harmonischen Geben und Nehmen geführt wie bei G. G. und seinem Onkel Andrea. Wenn auch über des Neffen frühe Jahre wenig bekannt ist, so kann man davon ausgehen, daß er der Schüler seines Onkels war. Er übernahm dessen Kompositionsstil und entwickelte ihn vertiefend weiter, indem er sich auf wenige Gattungen konzentrierte. Insbesondere seine heute noch häufig gespielten Instrumentalwerke bilden zusammen mit seinen zwei- und mehrchörigen Motetten den künstlerischen Höhepunkt der Venezianischen Schule. Als Kompositionslehrer von internationalem Rang gab er in seinen späteren Jahren sein umfassendes Können vor allem an Schüler aus Ländern nördlich der Alpen (darunter Schütz) weiter. Nach seinen frühen venezianischen Lehrjahren folgte G. G. dem Beispiel seines Onkels, indem er einige Jahre ebenfalls in der Hofkapelle des bayrischen Herzogs Albrecht V. in München unter der Leitung Lassos wirkte, eine Betätigung, die längstens bis 1579 gedauert haben kann. Seit 1584 ist er wieder in Venedig nachweisbar, wo er von 1585 an bis zu seinem Tode erster Organist an der Palastkirche San Marco und Organist der Scuola Grande di San Rocco, einer bedeutenden religiösen Bruderschaft, war.

Ein Jahr nach dem Tode seines Onkels Andrea publizierte er 1587 unter dem Titel *Concerti di Andrea et di Giovanni Gabrieli* eine bedeutende Anzahl von großangelegten weltlichen und geistlichen Kompositionen seines Onkels zusammen mit eigenen Werken. Diese Hauptquelle der venezianischen Repräsentationsmusik sowie die 1597 erschienenen *Sacrae Symphoniae* enthalten zum größten Teil zwei- und mehrchörige Motetten, die in der Tradition der Cori-spezzati-Technik von A. Gabrieli, dem ›Markenzeichen‹ des Gabrielischen Stils, komponiert sind. In konsequenter Weiterentwicklung der Kompositionsweise seines Onkels nimmt G. G. eine weitere Reduzierung kontrapunktischer Strukturen zugunsten einer ausgeklügelteren Dialogtechnik der Chöre vor. Überdies wird bei ihm der Gebrauch von Instrumenten zu einem festen Bestandteil der klanglichen Kontrastierung der Chöre, so daß erstmals eine Musik entsteht, deren dunkle und helle Klangfarben und deren lautstarke dynamische und klang-räumliche Anordnung eine kongeniale Entsprechung zur frühbarocken Malerei und Architektur Venedigs bilden. In seinen letzten Schaffensjahren ändert G. G. seinen Kompositionsstil unter dem Einfluß der von Monteverdi propagierten Stilneuerung der seconda pratica. Während sein Interesse an der Cori-spezzati-Technik spürbar zurücktritt, zeigen einige seiner späten Motetten, die mehrheitlich posthum in der 1615 erschienenen Sammlung *Symphoniae sacrae ... liber secundus* veröffentlicht worden sind, unverkennbar den Einfluß der affektiven Deklamation, Dissonanzbehandlung und Harmonik des späten manieristischen Madrigals (so z. B. die sechsstimmige Motette *Timor et tremor*). Auch dringen autonom-musikalische Elemente wie der Gebrauch von Ostinati und Ritornellen in seine geistliche Vokalmusik ein.

Der Anteil von G. G.s Instrumentalkompositionen an seinem Gesamtwerk ist für die damalige Zeit ungewöhnlich groß. Dabei fällt auf, daß er weniger seine Aufgaben als Organist zum Anlaß seines Komponierens hat werden lassen, als daß er die ganz und gar einzigartige Möglichkeit genutzt hat, daß es an der Markuskirche eine größere Zahl ausgezeichneter Instrumentalisten gab. Seine 1593 gedruckten *Intonationi d'organo* sind in ihrer Schlichtheit heute eher als Zeugnisse von G.s Tonartenverständnis von Interesse denn als eigenständige improvisationsnahe Orgelstücke. Andererseits treibt er die Technik der thematischen Durchführung in seinen Ricercari so weit voran, daß einige dieser umfänglichen Stücke als die frühesten Beispiele der Gattung Orgelfuge angesehen werden können. Die 1615 posthum publizierten *Canzoni et sonate* G.s beinhalten zweifellos die künstlerisch wertvollsten Kompositionen für größere Instrumentalensembles aus der Zeit um 1600. In dieser Sammlung werden kompositorische Elemente, die in den Instrumentalensembles der *Sacrae symphoniae* von 1597 bereits angelegt sind, weitergebildet und verfeinert. Auf der Grundlage der auf instrumentale Chöre übertragenen Technik der cori spezzati mit ihrer raffinierten Dialogregie führt G. durch die Verwendung wiederkehrender Partien bereits 1597 Elemente einer Rondostruktur ein, so daß in der hochentwickelten *Canzon duodecimi toni* (Kanzone im 12. Kirchenton) bereits der erste Satz eines barocken Gruppenkonzerts anzuklingen scheint. In den 1615 publizierten Kanzonen werden für die virtuos konzertierenden Oberstimmen häufig Zinken und Violinen vorgeschrieben. Die Sonaten haben in beiden Sammlungen eine traditionellere Stilhaltung als die lebendigeren Kanzonen, obwohl G. auch hier neue Wege einschlägt So ist die *Sonata pian e forte* von 1597 eines der ersten Musikwerke, in das, zur Kontrastierung seiner dialogischen Anlage, dynamische Vorschriften eingetragen sind, während die *Sonata »con tre violini«* (1615 veröffentlicht) die Struktur eines über einem Generalbaß konzertierenden Madrigals dreier Sopranstimmen aufweist.

G.s weltliche Vokalkompositionen gehen sämtlich auf die Zeit vor 1600 zurück und zeigen bei aller Unterschiedlichkeit auch in ihrer Textwahl eine qualitätsvolle, jedoch konservative Stilhaltung. Daß er mit der ausdrucksstarken manieristischen Madrigalproduktion des neuen Jahrhunderts vertraut war, belegen nicht nur seine nach 1605 entstandenen Motetten, sondern auch die als ›Gesellenstücke‹ vorgelegten ›avantgardistischen‹ Madrigalbücher seiner drei bedeutendsten Schüler (Johann Grabbe 1609, Mogens Pedersøn 1608 und 1611, Schütz 1611).

Noten: Opera omnia, hrsg. von D. ARNOLD und R. CHARTERIS, Rom 1956 ff. (CMM XII, 1–12).
Werkverzeichnis: CHARTINS, R.: G. G. A Thematic Catalogue of His Music and a Guide to the Source Materials and Translations of His Vocal Texts, N.Y. 1996.
Literatur: WINTERFELD, C. VON: G. G. und sein Zeitalter, Bln. 1834. KUNZE, ST.: Die Instrumentalmusik G. G.s, Tutzing 1963. KENTON, E. F.: Life and Works of G. G., Musicological Studies and Documents 16 (1967). KÄMPER, D.: Studien zur instrumentalen Ensemblemusik des 16. Jahrhunderts in Italien, Köln 1970. ARNOLD, D.: G. G., Ldn. 1974. QUARANTA, E.: Oltre San Marco. Organizzazione e prassi della musica nelle chiese di Venezia nel Rinascimento, Florenz 1998. G. G. Quantus vir, Mn. 1999 (MK 105).

Siegfried Schmalzriedt

Gade, Niels Wilhelm

Geb. 22. 2. 1817 in Kopenhagen;
gest. 21. 12. 1890 in Kopenhagen

Wer von einem Komponisten des 19. Jahrhunderts behauptet, er sei zu Unrecht vergessen worden, setzt sich dem Verdacht starrer Voreingenommenheit aus. Zum einen scheint diese Zeit noch so nahe zu sein, daß es kaum vorstellbar ist, ein Künstler, der einmal eine international gefestigte Geltung besessen hat, sei ganz durch die Maschen der Überlieferungsgeschichte gefallen. Zum anderen herrscht weitestgehend die Auffassung, wahrhaft gute Kunst könne nicht völlig in Vergessenheit geraten. Nun, G. ist niemals ganz aus den musikgeschichtlichen Büchern gestrichen worden. Und zumindest einige seiner Werke haben in den Konzertsälen seines Vaterlandes das Gastrecht behalten. Trotzdem muß es nachdenklich stimmen, daß das Werk eines Zeitgenossen und hochgeschätzten Freundes Mendelssohns und Schumanns, der sowohl als Dirigent wie auch als Komponist jahrzehntelang zur ersten Garde Europas zählte, sich heute trotz des grabungswütigen Umgangs mit der Geschichte noch immer als eine terra incognita darbietet. Hermann Kretzschmar, Autor eines berühmten Konzertführers und einer der besten Kenner der Musik des 19. Jahrhunderts, hat 1886 im Rückblick behauptet, mit seiner *Ersten Symphonie* (1843) sei G. als »die Spitze und der Führer einer neuen Epoche« der Instrumentalmusik aufgetreten. Ein solches Urteil läßt aufhorchen und kann durchaus dazu beitragen, das Interesse für die Werke und die Geschichte ihrer Rezeption zu beleben.

G.s enges Verhältnis zu Mendelssohn, das oft als Epigonentum zweiten Grades dargestellt wurde, die Distanz zum Wagnertum, die Kritik an jenen jüngeren Kollegen, die sich im zweiten Drittel des letzten Jahrhunderts unter dem Zeichen eines militanten Skandinavismus als musikalische Avantgarde des Nordens verstanden, langfristig gesehen aber vor allem die seit 1848 durch vier Kriege nicht eben enger gewordenen Beziehungen zwischen Dänemark und G.s zweiter Heimat Deutschland – das wären, unsortiert und grob umrissen, wichtige Gründe für das allmähliche Ausscheiden der Werke G.s aus dem internationalen Konzertrepertoire. Macht man sich diese Erschwernisse der Rezeptionsgeschichte deutlich, dann wächst die Bereitschaft, es nicht bei deren Resultaten zu belassen.

Müßte man sich für die Hauptgattung des Komponisten G. entscheiden, dann hätte die Wahl fraglos auf die Symphonie zu fallen. Doch auch auf dem Gebiet der Kammermusik hat G. Werke mit attraktiver Thematik, hinreißendem Schwung und meisterlich beherrschter Form wie z. B. das *Klaviertrio* op. 42 oder das *Streichsextett* op. 44 (beide von 1863) geschaffen. Und eine Geschichte der Chorballade (*Baldurs drøm*, 1858) und des weltlichen Oratoriums (*Comala* nach Ossian, 1846) könnte ohne die Berücksichtigung G.s nicht geschrieben werden. Doch G. gehört zu den relativ wenigen Komponisten des 19. Jahrhunderts, die guten Gewissens als Symphoniker zu bezeichnen sind.

Die erste seiner acht Symphonien (*c-moll*, 1841–42) muß als Gründungswerk nationalromantischer Symphonik gelten. Es gelingt in ihr, eine große, prozessuale Form auf der Basis eines im Ton mittelalterlicher skandinavischer Volksweisen gehaltenen Liedmodells zu schaffen. In einer Problemgeschichte der Gattung formiert dieses Werk zusammen mit Schumanns »Symphonie B-dur« und Mendelssohns »Symphonie a-moll« (1841 bzw. 1842) einen Neuansatz romantischer Symphonik. Während G. nach Tendenzen zu Flächigkeit und Kontrastarmut mit der *Vierten Symphonie* op. 20 (1850) den Weg zu starker Konzentration der thematischen Entwicklung beschreitet, sucht er in der *Fünften Symphonie* op. 25 (1852) durch Einbezug eines obligaten Klaviers die Möglichkeiten des orchestralen Klangkörpers zu erweitern. Mit der *Siebten Symphonie* op. 45 (1864) gelingt die Vereinigung von subtiler Kantabilität und einem Pathos, das nirgends die Grenze zur Angestrengtheit herrührt. Die *Achte Symphonie* op. 47 (1871) bringt noch einmal Anklänge an den »nordischen Ton« der *Ersten*. Doch nun läßt die plastische und teilweise archaisierend gefärbte Themensubstanz einen dicht gearbeiteten, zuweilen polyphon strukturierten Satzprozeß zu.

Daß die Jahrzehnte zwischen der Symphonik Schumanns' und der Brahms' nicht zu Ausfallzeiten der Gattung wurden, ist zu einem großen Teil G. zu verdanken.

Noten: N. W. G., Works, Kopenhagen und Kassel 1995 ff.
Dokumente: N. W. G. Optegnelser og Breve, hrsg. von D. GADE, Kopenhagen 1892, dt. als N. W. G. Aufzeichnungen und Briefe, Basel 1894.

Werkverzeichnis: Fog, D.: N.W.G.-Katalog. En fortegnelse over N.W.G.s trykte kompositioner. Verz. der im Druck erschienenen Kompositionen von N.W.G., Kopenhagen 1986. *Literatur:* Krummacher, Fr.: N.W.G. und die skandinavische Musik der Romantik *in* Christiania Albertina. Forschungsber. und Halbjahresschrift der Universität Kiel, 16 (1982), 19–37. Oechsle, S.: Symphonik nach Beethoven. Studien zu Schubert, Schumann, Mendelssohn und G., Kassel 1992. Caron, J.-L.: N.W.G. (1817–1890), Brou-sur-Chanteveine 1997. Celenza, A.H.: The Early Works of N.W.G., Aldershot 2001. Sørensen, I.: N.W.G. Et dansk verdensnavn, Kopenhagen 2002.

Siegfried Oechsle

Galuppi, Baldassare

Geb. 18. 10. 1706 in Burano (Venedig); gest. 3. 1. 1785 in Venedig

G., nach seinem Geburtsort »Il Buranello« genannt, gewann in Venedig vor allem als Kirchenkomponist und Dirigent an zweien der Ospedali höchstes Ansehen. 1762 schließlich wurde er Kapellmeister am Markusdom und hatte damit bis zu seinem Tod das höchste kirchenmusikalische Amt der Dogenstadt inne; in seinen späteren Lebensjahren komponierte G. überwiegend Kirchenmusik. Die Kapelle des Domes unterzog er einer beispielhaften Umstrukturierung. Als Orchestererzieher erwarb er sich Ruhm in Venedig und ebenso in St. Petersburg während seines dortigen Aufenthaltes als Hofkapellmeister Katharinas II. (1765–1768). In St. Petersburg waren besonders seine Sonaten für Cembalo begehrt, und er glänzte als Virtuose auf diesem Instrument. Sein Bemühen um sorgfältige musikalische Ausführung bewog ihn zunehmend, Vortrags- und Artikulationsbezeichnungen in den eigenen Werken detailliert festzulegen. Das geistliche Musikleben Venedigs erlebte unter G. noch einmal einen glanzvollen Höhepunkt.

C. Ph. E. Bach nannte ihn einen der »itztlebenden größten Meister im Komischen« (Wiesend, 336). G.s diesbezügliche Begabung hatte sich an den Libretti Carlo Goldonis entzündet, so wie dessen neuartige drammi giocosi zuerst in G. einen die ihnen innewohnenden Möglichkeiten erkennenden und nutzenden Musiker fanden. Die gemeinsame Erfolgsserie begann 1749 in Venedig mit *L'Arcadia in Brenta* und erlebte ihren Höhepunkt mit der populärsten opera buffa zwischen Pergolesis »La serva padrona« (Neapel 1733) und Piccinnis »Cecchina, ossia la buona figliola« (Rom 1760), mit *Il filosofo di campagna* (Venedig 1754). Erst die Zusammenarbeit der beiden Venezianer gewann der komischen Oper jene Eigenständigkeit als Gattung, mit der sie der ernsten italienischen Oper im Verlauf des Jahrhunderts zunehmend Paroli bieten konnte. G.s kompositorischer Beitrag war dabei von entscheidender Bedeutung.

Goldoni hatte im Zuge seiner Reform der Komödie ernste Partien in die komische Oper eingeführt. G. ließ diese bis etwa 1755 zumeist im Stil und technischen Anspruch der virtuosen, einem Grundaffekt folgenden Da-capo-Arie der ernsten Oper singen. Gleichzeitig erfand er für die komischen Rollen die unterschiedlichsten Formen von Liedern und Arien und eine die Einzelpersonen charakterisierende musikalische Gestik. Anders als die einem geschlossenen Affekt gehorchenden Seria-Arien bestehen seine Buffa-Arien aus kurzen, beweglichen Motiven, die aus der jeweiligen szenischen Situation entwickelt werden. Die Vokalphrasen bauen sich aus Zwei- oder Viertaktgruppen auf; das harmonische Tempo ist langsam. Stilistisch weisen G.s Opern alle Merkmale der Frühklassik auf.

Die bedeutendste und zukunftsträchtigste Erfindung aber gelang Goldoni und G. mit dem »Kettenfinale«, in dem die Handlung alle komischen Rollen (erst eine Generation nach G. wirkten im Finale auch die parti serie mit) zum Ende eines Aktes zusammenführt. G. vertonte die einzelnen Abschnitte eines Finale (am umfangreichsten das des zweiten Aktes), die je nach der metrischen und inhaltlichen Vorgabe des Librettos in Takt, Tempo und Tonart kontrastieren können, als auf den Abschluß zielende Steigerungsanlage. Diese Finaltechnik erscheint in seinen Vertonungen Goldonischer Libretti von *L'Arcadia in Brenta* an ausgebildet; lediglich ein geringerer Umfang und seltenere Tempowechsel unterscheiden die frühen von den späteren Finali. G. gelang die völlige Dramatisierung des Finale, indem er ein Gleichgewicht von Handlung und aus der szenischen Situation erwachsender Musik herstellte.

G.s ernste Opern waren um die Jahrhundertmitte außerordentlich erfolgreich. Zwar vollzog er die aus der Kritik an den erstarrten Konventionen der opera seria erwachsenen Modifikationen der Gattung nach (beispielsweise wich er gelegentlich von dem formalen Schematismus der Da-capo-

Arie ab), doch soweit sich heute überblicken läßt, gehörten seine ernsten Opern nicht der Avantgarde an. In den fünfziger Jahren tendierte er zur Vernachlässigung des Textes, zu instrumentaler Schreibweise für die Gesangsstimmen und zu autonomer Behandlung der Musik. Seine musikgeschichtliche Stellung als Komponist ernster Opern läßt sich aufgrund der äußerst komplizierten Überlieferungslage noch kaum annähernd einschätzen.

Noten: L'Olimpiade, eingeleitet von H. MAYER BROWN, N.Y. 1978 (The Ital. Opera 1640–1770 41). La diavolessa, eingeleitet von DEMS., N.Y. 1978 (ebd. 44). L'inimico delle donne, eingeleitet von H. GEYER-KIEFL, Mailand 1986 (Drammaturgia musicale veneta 21). Adamo e Eva, eingeleitet von H.E. SMITHER, N.Y. 1986 (The Italian Oratorio 1650–1800 19).

Werkverzeichnis: PULLMANN, D.E.: A Catalogue of the Keyboard Sonatas of B.G. (1706–1785), Diss. American University, Washington D.C. 1972.

Literatur: WIESEND, R.: Studien zur Opera seria von B.G., Tutzing 1984 [mit Biographie, umfangreichen Hinweisen auf Dokumente, Quellenverzeichnis der ernsten Opern].

Susanne Oschmann

Gershwin, George [eigentl. Gershwine, Jacob]

Geb. 26. 9. 1898 in Brooklyn (N.Y.); gest. 11. 7. 1937 in Beverly Hills (Kalifornien)

»G.G. war einer jener seltenen Musiker, für die Musik nicht ein Produkt mehr oder weniger großer Geschicklichkeit ist. Musik war für ihn die Luft, die er atmete, die Speise, die ihn nährte, der Trank, der ihn erfrischte. Musik war das, was sein Gefühl erweckte, und Musik war das Gefühl, das er ausdrückte. Unmittelbarkeit dieser Art ist nur großen Männern zu eigen, und es kann kein Zweifel darüber bestehen, daß er ein großer Komponist war. Was er vollbrachte, kam nicht nur der amerikanischen Musik zugute, sondern es war auch ein Beitrag zur Musik der ganzen Welt.«

Diese Sätze formulierte kurz nach G.s Tod Schönberg (zit. nach W. Reich: A. Sch., Mn. 1968, 210) – ein Komponist, dessen Urteilsfähigkeit hinsichtlich der kompositorischen Produkte anderer zweifelsfrei ist und dessen hohes künstlerisches Ethos außer Frage steht. Und er fand diese Worte über einen Kollegen, der zwar die Drucklegung seines »Dritten Streichquartetts« finanziert hatte, sich aber in nahezu allen wesentlichen Aspekten von ihm unterschied: im musiksoziologischen Milieu, dem er entstammte, in der Ästhetik, in der Kompositionstechnik und dem mit ihr verbundenen historischen Anspruch.

G.s kompositorische Heimat waren die Tin Pan Alley und der Broadway, waren die Song- und die Musicalkomposition; seine theoretische Auffassung von Musik – wenn davon überhaupt die Rede sein kann – erschöpfte sich in dem drängenden Bewußtsein, seinem individuellen produktiven Potential – namentlich als Pianist und Komponist – Geltung zu verschaffen und zur Popularität zu verhelfen. Seine kompositorischen Verfahren schließlich waren – im Gegensatz zu Schönberg – alles andere als modern: Als nie angezweifelte Grundlage galt ihm die Tonalität, Modell für jede Melodie war die Achttaktigkeit, die Verarbeitung von Themen und Motiven schließlich zielte nicht auf logische Stringenz, sondern verdankte sich einer intuitiven, gleichsam improvisatorischen Ausspinnung und Variation.

Was mithin konnte einen so konträr ausgerichteten Komponisten wie Schönberg derart beeindrucken? Es sind die Qualitäten der Musik von G., die seine Geltung als wirklich großer Komponist – nicht nur in Amerika, sondern auf der ganzen Welt – bis auf den heutigen Tag Bestand haben lassen. Zu nennen ist in erster Linie das vollkommene Ineinanderaufgehen von Person und Ausdrucksmedium, worauf schon Schönberg hinweist und was den häufig gebrauchten Vergleich mit Mozart nicht gänzlich abwegig erscheinen läßt: G. lebte ganz und gar in der Musik wie die Musik in ihm. Es ist keine erlernte oder kalkulierte ›Geschicklichkeit‹, sondern eine gewissermaßen notwendige Entfaltung des individuellen Ausdrucksbedürfnisses, daß die Melodien und thematischen Einfälle, die alle von ganz unverwechselbarer Qualität sind, beim Spiel und Komponieren aus G.s Phantasie wie aus einem anscheinend nie versiegenden Quell hervorströmten. Tatsächlich stellen die Charakteristik und die Vielfalt der melodischen Gedanken das Zentrum und die wesentliche Qualität von G.s Komponieren dar. Diese Melodien sind es, die für eine immense, freilich weitgehend anonyme Verbreitung seiner Musik gesorgt haben; kaum abschätzbar, in wievielen Backgroundmusiken, Filmen oder TV-Spots sie erklingen. Ihr spezifischer Ton indes hat auch die historische Wirksamkeit von G. – namentlich in Amerika – begründet. Die Kompositionen von Bernstein, um nur einen Namen zu nennen, waren kaum ohne das Vorbild von G. denkbar.

Das größte Repertoire dafür bilden als Einzelnummern die Songs und als Gattung die Musical-Comedy, für welche die meisten der Songs geschrieben wurden. Folgt man den in neuerer Zeit zusammengestellten Verzeichnissen, so hat G. mehr als 500 Songs geschrieben, von denen *Swanee* (1919), *Somebody Loves Me* (1924), *Oh, Lady, Be Good* (1924), *Someone to Watch Over Me* (1926), *'s Wonderful* (1927), *The Man I Love* (1927) und *I got Rhythm* (1930) wohl die bekanntesten sind. Insgesamt 28 Musicals hat er unter eigenem Namen auf die Bühne gebracht, und in weitere 23 Musicals fremder Autoren wurden – ein bei dieser Gattung übliches Verfahren – einzelne Songs von ihm eingefügt. Die Komposition ganzer Musicals umgreift insgesamt 15 Jahre: 1919 wurde am Broadway als erstes *La-La-Lucille!* uraufgeführt, 1933 (ebenfalls dort) als letztes *Let'Em Eat Cake*. Die Resonanz der Aufführungen freilich war durchaus unterschiedlich (wobei man stets im Auge behalten muß, daß bei einer Musikproduktion die Musik nur einen Teil der theatralischen Wirkung ausmacht), wirklich große Erfolge erzielte G. erst in den späteren Jahren, so 1930 mit der Neufassung von *Strike Up the Band*, dessen erste Version im Jahre 1927 durchgefallen war, und mit *Girl Crazy* sowie 1931 *Of Thee I Sing* (alle in New York). Eine Aufführungstradition jedoch konnte die Musik – wie gescheiterte Wiederbelebungsversuche der letzten Jahrzehnte zeigen – selbst bei diesen nicht bewirken. Das läßt sich nicht allein auf die grundsätzliche Ausrichtung der Gattung zurückführen, die mehr auf das einmalige Ereignis einer Produktion denn auf die Ausbildung eines Repertoires gerichtet ist; vielleicht sind auch die Sujets, zumal die bisweilen erstaunlich deutlichen politischen Implikationen, zu sehr an die Situation der Entstehungszeit gebunden.

Dauerhaften Ruhm errang G. mit Kompositionen in anderen Gattungen – Kompositionen, denen im Gegensatz zu den bisher genannten auch wirklich Werkcharakter zukommt: der *Rhapsody in Blue* (1924), dem *Concerto in F* (1925), dem Orchesterstück *An American in Paris* (1928) und schließlich der Oper *Porgy and Bess* (Boston 1935). Die ersten drei ragen heraus aus einer Produktion von insgesamt 13 Instrumentalkompositionen unterschiedlicher Besetzung, deren Spannweite von Klavier solo bis zum Orchester reicht; genannt zu werden verdienen die *Three Préludes* für Klavier (1926), die *Second Rhapsody* (1932) und die *I Got Rhythm-Variations* (1934), beide für Klavier und Orchester, sowie die *Cuban Ouverture* (1932) für Orchester. Und an die Oper hatte sich G. bereits 1922 mit dem Einakter *Blue Monday* (New York 1922) – freilich ohne große Fortune – gewagt.

Der Schritt vom eher improvisatorischen Klaviersatz hin zu der in allen Aspekten festgelegten Orchesterpartitur, der Weg von der spontan erfundenen Miniatur des Songs über das in jeder Hinsicht locker gefügte Musical hin zu der durchdachten Gesamtkonzeption einer Oper – all das kennzeichnet die Tendenz von G., sich aus der Unverbindlichkeit seiner musikalischen Herkunft zu lösen und zur Verantwortlichkeit metierbewußten Komponierens zu finden. Dies Bestreben läßt sich am Aspekt der Instrumentation verdeutlichen, für den der Pianist G. nicht ausgebildet war und um den der Musikkomponist G. sich nicht zu kümmern brauchte, weil dieser Arbeitsgang üblicherweise einem Arrangeur vorbehalten war. Tatsächlich hat G. noch in der *Rhapsody in Blue* die Orchestrierung dem in dieser Hinsicht überaus erfahrenen Ferde Grofé überlassen. Beim Klavierkonzert und bei *An American in Paris* dagegen war er entschlossen, mit der Dominanz des improvisatorischen Elements, das die *Rhapsody* noch unverkennbar prägt, auch die für den Entertainmentbereich selbstverständliche Arbeitsteilung hinter sich zu lassen, und er hat auch die klangliche Gestaltung der Werke – und das in überzeugender Weise – selbst ausgearbeitet. Endgültig sicher in der Instrumentation allerdings hat sich G. wohl nie gefühlt, das wird in der letzten Phase der Arbeit an *Porgy and Bess* erkennbar, als er sich wegen der Orchestrierung hilfesuchend an Joseph Schillinger wandte.

Ungeachtet der tatsächlich oder bloß subjektiv empfundenen handwerklichen Defizite hat G. sein Ziel, als Komponist hohen Niveaus ernstgenommen zu werden, bereits zu seinen Lebzeiten erreicht. Während *Porgy and Bess* erst nach seinem Tode zu unbestrittenem Ruhm gefunden hat – in der Metropolitan Opera wurde sie erst 1985, also 50 Jahre nach der Uraufführung, ohne Striche aufgeführt –, so waren die großen Instrumentalwerke von allem Anfang an durchschlagende Erfolge. Schon nach der Uraufführung der *Rhapsody in Blue* wurden G. als größter amerikanischer Komponist und das Werk als Beginn einer nationalen Musik gefeiert, in der sich die Ausdrucksformen des modernen Amerika – namentlich des Jazz – mit dem ästhetischen Anspruch der europäischen Musiktradition verbanden. Und dieser Erfolg ebnete den Weg ins Zentrum des seriösen New Yorker Musiklebens: Das *Concert in F* entstand als Auftragswerk der von Walter Damrosch geleiteten New York Symphony Society, *An American in Paris* wurde am 13.12.1928 durch das New York Philharmonic Orchestra unter Damroschs Leitung in der Carnegie Hall uraufgeführt.

Die enthusiastische Rezeption der drei großen Instrumentalwerke und später von *Porgy and Bess* haben freilich auch Schlagworte produziert, denen differenzierend entgegenzutreten wäre. Daß die Werke alle nur aufgrund der historischen und kulturellen Situation der Großstadt New York der zwanziger und dreißiger Jahre entstehen konnten, unterliegt keinem Zweifel; und daß sie als Inkarnation amerikanischer Musik dieser Zeit gelten, ist zumindest verständlich. Daß aber die *Rhapsody in Blue* - wie es Paul Whiteman formuliert hat – als »the emancipation proclamation of jazz« oder als »symphonischer Jazz« bezeichnet und *Porgy and Bess* als Jazzoper charakterisiert wurden, legt die Charakteristik der Werke auf einen Einzelaspekt fest und wird damit ihrer kompositorischen Qualität und Vielfalt in keiner Weise gerecht. Sicher stellt der Jazz in seinen unterschiedlichen Facetten eine der Wurzeln für G.s Komponieren dar: die durchs Sieb der New Yorker Unterhaltungsmusik gefilterte Spielart etwa für die *Rhapsody*, für *Porgy and Bess* dagegen Ausdrucksformen, die näher an den Ursprüngen des Jazz liegen. All diese Anregungen jedoch hat G. zu einer individuellen musikalischen Sprache verschmolzen und ist auf diese Weise zu einem unverwechselbaren Personalstil gelangt – ein Phänomen, das in der amerikanischen Musik jener Zeit als wirklich neu gelten kann (Ives' Musik war noch nicht rezipiert) und Schönbergs Einschätzung von G. als großem Komponisten berechtigt erscheinen läßt.

Noten: »Porgy and Bess« bei Chappell International Music Publishers bzw. Warner Bros. Music. NA von »Rhapsody in Blue«, »Concerto in F« und »An American in Paris« in Edition Eulenburg. Die Publikationssituation der anderen Kompositionen, namentlich der Songs und Musicals, ist nicht überschaubar.
Bibliographie: CARNOVALE, N.: G. G. A Bio-Bibl., Westport (CT) 2000.
Literatur: JABLONSKI, E. und STEWART, L. D.: The G. Years, N. Y. 1973. SCHWARTZ, CH.: G. His Life and Music, Indianapolis 1973, ³1996. SCHWINGER, W.: G., Mainz und Mn. 1983. KRELLMANN, H.: G. G., Reinbek bei Hbg. 1988 [mit WV und Bibl.], ³1997. FORTE, A.: Ballads of G. G. *in* DERS.: The American Popular Ballad of the Golden Era 1924–1950, Princeton (NJ) 1995, 147–176. The G. Style: New Looks at the Music of G. G., hrsg. von W. J. SCHNEIDER, N. Y. 1999.

Christian Martin Schmidt

Gervasoni, Stefano
Geb. 26. 07. 1962 in Bergamo

Schon seit seinen Anfängen Mitte der achtziger Jahre hat sich G. als einer der interessantesten jungen italienischen Komponisten profiliert, dessen Schaffen sehr schwer einer bestimmten Tendenz des zeitgenössischen musikalischen Panoramas zuzuschreiben ist.

Der deutlichste und konstanteste Aspekt seiner bisherigen Produktion ist die Analyse und Transformation des Klanges in all seinen Details. In erster Annäherung besteht G.s Musik aus einer Folge von wiederholten und ständig variierten Klangaggregaten bzw. melodischen Figuren, die aber keineswegs zu einem linearen Proßeß tendiert. Man kann in dieser Musik keine eindeutige Entwicklung nachvollziehen, sondern vielmehr eine bewußte Fragmentierung der Verläufe. Sie kristallisiert sich manchmal in stark ausgeprägten Gesten, manchmal in sehr leisen und verdünnten Klangkonstellationen und zielt auf Mehrdeutigkeit oder sogar Auflösung des musikalischen Diskurses. Hier nähert sich G. der ›Poetik der Figur‹ von Ferneyhough an – einem Komponisten, der großen Einfluß auf die junge italienische Komponistengeneration ausgeübt hat. G. behandelt in seinen Kompositionsverfahren die formale Struktur und die Ausdifferenzierung der Parameter zwar weniger komplex als Ferneyhough, dennoch zielt seine Musik keineswegs bloß auf einfache oder unmittelbare Wahrnehmung. Die Reduzierung der musikalischen Mittel, manchmal sehr weit vorangetrieben wie in der *Sinfonietta* für Flöte und Streicher *Su un arco di bianco* (»Über einen Bogen auf Weiß«; 1991), führt zu einer extremen Aufmerksamkeit für das kleinste Detail, für die minimale Veränderung von Figur. Dem Hörer wird dadurch ständig ein Spiel von Verweisen und Konnotationen abverlangt: »Ein Komponist arbeitet nicht nur mit einem Ensemble von Parametern, die er kombiniert, vervielfacht und verändert, sondern auch mit dem Gedächtnis, den Fähigkeiten und den Wahrnehmungsarten jedes potentiellen Hörers« (*The Paradoxes*, 21). Unter diesem Aspekt spielten G.s Begegnungen sowohl mit Nono als auch mit Lachenmann offensichtlich eine entscheidende Rolle.

Ein bevorzugtes Mittel für die Gestaltung der einzelnen Fragmente ist das Zitat. Schon in seinem früheren Stück für Flöte, Klarinette und Streichtrio *An. Quasi una serenata* (1989) verwendet G. kleine melodische Zellen, die aus zwei Liedern Schuberts stammen. Besonders aufschlußreich ist aber in dieser Hinsicht das Streichtrio *Descdesesasf* (1995), in dem die titelgebenden Töne aus dem dritten der »Fantasiestücke« op. 12 von Schumann extrapoliert sind. Sie werden nicht nur in zwei Varianten als fragmentarische Sinneinheiten verwendet, sondern prägen durch leicht variierte Wiederholungen das gesamte melodische Material der Komposition.

G.s Poetik des Fragmentes ist am besten verwirklicht in verschiedenen Werken für Stimmen und Kammerensemble – wie u. a. *Least Bee* (1991–92, nach Texten von Emily Dickinson), *Due poesie francesi d'Ungaretti* (1994), *Due poesie francesi di Rilke* (1995–96), *Due poesie francesi di Beckett* (1995). Auch durch die Textbehandlung vermehrt G. die Interpretationsrichtungen, indem z. B. abgerissene Textausschnitte ständig in variierten Klangkonstellationen wiederholt werden, so daß die ursprüngliche Textbedeutung abgelöst wird. In *Atemseile. Hommage à Schumann-Celan* (1997), einer überarbeiteten Fassung von *Descdesesasf* für Streichtrio und drei Echotrios, werden Auszüge aus einem Gedicht Paul Celans von den Ausführenden selbst deklamiert. Hier offenbart sich G.s Neigung zu ›theatralischen‹ Effekten, für die natürlich die visuelle Komponente in einer live-performance eine wichtige Rolle spielt, denen aber der ›Unterhaltungsaspekt‹ wie etwa in der Musik eines Kagel völlig fremd bleibt. Die häufige Verwendung ungewöhnlicher Klangeffekte, wie z. B. in *Atemseile* das Zerreißen von Zeitungspapier, oder unkonventioneller instrumentaler Spieltechniken – schon in früheren Werken wie *Dialogo del fischio nell'orecchio e di un rospo* (»Dialog des Pfiffes im Ohr und einer Kröte«, 1989–90) und *Macchina del baccano sentito* (»Maschine des gehörten Kraches«, 1991) – dienen der Verfremdung von Elementen, die beim Hören vom übrigen Klangkontext isoliert sind und den musikalischen Diskurs fragmentieren.

Noten: Ricordi (Mailand).
Dokumente: La macchina del sentire e i travestimenti dell'inquietudine *in* Sonus 3,3 (1991), 37–44 [Gespräch]. Considérer l'évident comme énigmatique *in* Saison musical Centre de Pompidou, Paris 1992 [Programmheft]. Babel Felix *in* Les Cahiers de l'IRCAM. Recherche et musique 4 (1993), 120–121. The paradoxes of simplicity *in* Dissonance 60 (1999), 20–23.
Literatur: FENEYROU. L.: Innocence et mémoire *in* Festival d'Automne, Paris 1996, 8–9 [Programmheft]. MAZZOLINI, M.: L'altalena delle api *in* Milano Musica. Percorsi di musica oggi, Mailand 1997, 47–50 [Programmheft].

Pietro Cavallotti

Gesualdo, Carlo, Principe di Venosa

Geb. 8. 3. 1566 wahrscheinlich in Neapel; gest. 8. 9. 1613 in Gesualdo

Es gibt nur wenige Komponisten, bei denen die Biographie so sehr den Zugang zu einer objektiven Beurteilung ihres Schaffens verstellt, wie bei G. Sein Leben war in der Tat von Ereignissen überschattet, die nur zu leicht seine Werke in den Hintergrund des Interesses drängten, und diese – was noch viel gravierender ist – nicht selten als Auf- und Verarbeitung dieser Vorkommnisse erscheinen ließen: Am 16. Oktober 1590 ertappte G. seine Ehefrau Maria d'Avalos und ihren Liebhaber Fabrizio Caraffa ›in flagranti‹ und tötete beide, möglicherweise um einem Giftattentat des Liebespaares zuvorzukommen. Zweieinhalb Jahre später ging er eine neue Ehe mit Eleonora D'Este, einer Nichte des Herzogs Alfonso II. von Ferrara ein. Auch diese Ehe verlief nicht glücklich und führte bald zur Trennung der beiden Partner. Der Philosoph Tommaso Campanella legt Zeugnis ab über den erschreckenden körperlichen und psychischen Zustand des Fürsten in seinen letzten Lebensjahren, der sich immer mehr auf sein Stammschloß in Venosa zurückzog und dort schließlich starb. Daß mit Blick auf den Gattenmord vor allem das ›Ungeheuer‹ G. die Aufmerksamkeit auf sich zog, verwundert nicht, und Buchtitel wie »Carlo G., Prince of Venosa, musician and murderer« von C. Gray und P. Heseltine (Ldn. 1926) oder »Gesualdo ovvero Assassino a cinque voci« (»G. oder Mord zu fünf Stimmen«) von A. Consiglio (Neapel 1967) spiegeln diese Tatsache wider.

Die Annahme, daß G.s Auseinandersetzung mit der Musik ein Reflex seiner Biographie sei, drängt sich auf, doch hält diese Vermutung einer näheren Prüfung nicht stand: G. beschäftigte sich von Jugend an intensiv mit Musik. Er war ein brillanter Lautenist; zu seinen Lehrern dürften Stefano Felis und Giovanni de Macque zu rechnen sein. Der künstlerische Austausch mit Pomponio Nenna und später vor allem mit den Komponisten, deren Werke in Ferrara gepflegt wurden, wirkte prägend auf G.s eigenes Schaffen. Die schon 1585, also fünf Jahre vor der Ehetragödie erschienene Motette G.s *Ne reminiscaris Domine* zeigt, daß er zu diesem Zeitpunkt keine aufrüttelnden Erfahrungen mehr nötig hatte, um seinen ausgeprägt persönlichen Stil zu entwickeln. Das unverkennbar madrigalistisch gefärbte Werk steht voll auf der Höhe seiner Zeit und nimmt in seiner Expressivität schon wesentliche Züge der über 25 Jahre später publizierten reifen Madrigale vorweg.

Das *Erste* und *Zweite Madrigalbuch* G.s erschienen 1594, also ein Jahr nach seiner Heirat mit Eleonora D'Este. Die Stücke verraten weit eher die zunehmende Auseinandersetzung mit den Kompositionen Luzzaschis und de Werts, als etwa einen wie auch immer gearteten musikalischen Nachklang der Katastrophe von 1590. Ab etwa dem *Dritten Madrigalbuch* (1595) läßt sich eine Tendenz zu immer kürzeren, eigentlich unliterarischen Texten erkennen, die weniger durch die Aneinanderreihung und Ausarbeitung poetischer Bilder als vielmehr durch den ständigen Wechsel der Affekte zu charakterisieren sind. Das *Vierte Madrigalbuch* erschien 1596 und scheint wenigstens teilweise für das berühmte »concerto delle donne« am Hof der D'Este komponiert worden zu sein.

Die auffallenden stilistischen Unterschiede in den Kompositionen des *Vierten* und des *Fünften Madrigalbuches* sind durch den großen zeitlichen Abstand von immerhin 15 Jahren zwischen den beiden Publikationen zu erklären. G. scheint sich in dieser Zeit in besonderer Weise mit dem Wort-Ton-Problem auseinandergesetzt zu haben. Als »professore di musica« – wie er sich selbst nannte –, waren ihm die Entwicklungen der achtziger und neunziger Jahre des 16. Jahrhunderts nicht verborgen geblieben. Mit Komponisten selbst des Ranges eines Costanzo Porta oder gar eines G. Gabrieli ging G. bisweilen hart ins Gericht; die Experimente der Florentiner Monodisten und die durch das Vordringen der Generalbaßbegleitung bewirkten satztechnischen Neuerungen zwangen offenbar auch ihn, die Grundlagen seines Schaffens neu zu überdenken. Wohl bedingt durch das Genre, gewiß aber auch aus textlichen Gründen machen die 1603 erschienenen lateinischen geistlichen Werke einen verhältnismäßig ›zahmen‹ Eindruck. Noch am expressivsten gestaltet sind bezeichnenderweise die besonders dazu geeigneten Bußtexte in den *Sacrae Cantiones*. Satztechnisch gesehen benutzt G. in den Werken von 1603 einen eigentlich schon weitgehend veralteten gebundenen Kontrapunkt bis hin zum strengen Kanon.

Die *Madrigali a cinque voci libro quinto* und *sesto* (1611) und die posthum herausgegebenen *Madrigali a sei voci* enthalten die ›spektakulären‹ späten Werke G.s. Dabei sind diese Kompositionen von der technischen Machart her für ihre Zeit eigentlich ziemlich altertümlich: Der Satz ist kontrapunktisch, nicht selten sogar durchimitiert; ein Generalbaß fehlt. Das Erstaunliche an diesen Stücken liegt in den ungewöhnlichen Stimmführungen, unerwarteten Alterierungen und bizarren Fortschreitungen, die das ausgehende 19. Jahrhundert mit seiner Vorliebe für Chromatik so sehr faszinierten. Im Streben nach musikalischem Ausdruck reizte G. die klanglichen Möglichkeiten des Madrigals bis zum letzten aus. Daß diese Art zu komponieren nicht Schule machte, keine eigentliche Nachfolge fand, liegt allerdings wohl weniger an ihrer satztechnischen Rückständigkeit oder an der Tatsache, daß G. die zu dieser Zeit nicht überschreitbare Grenze der Tonalität erreicht hat, sondern anscheinend an G.s besonderer Auffassung des Wort-Ton-Verhältnisses. Er geht hierin offenbar einen durchaus eigenen Weg: Das Wort ist für G. keineswegs eine dogmatisch nachzuzeichnende Vorgabe – »Herrscher der Musik«, wie es bei Monteverdi heißt –, sondern Partner der Musik. Der im Text ausgedrückte Affekt ist bei G. Kompositionsanlaß, nicht mehr. Selbstverständlich nutzt auch G. alle ihm zur Verfügung stehenden Möglichkeiten der Textdarstellung; dort jedoch, wo der Text der autonomen musikalischen Gestaltung – vor allem dem Kontrastprinzip – entgegensteht, hat er sich unterzuordnen: Textüberlagerungen, und -umstellungen, Antizipationen und Reminiszenzen ganzer Zeilen oder Versfetzen, bisweilen nur in einzelnen Stimmen, machen es in manchen Fällen unmöglich, die ursprüngliche Textgestalt eindeutig zu rekonstruieren. Monteverdi nennt G. unter den Hauptvertretern der ›seconda pratica‹. Diese Einordnung trifft zumindest auf dessen späte Madrigale nicht zu, denn in der gegenseitigen Abhängigkeit und Beeinflussung von Text und Musik haben diese Kompositionen ein durchaus eigenes, von Monteverdis Beschreibung der ›seconda pratica‹ deutlich zu unterscheidendes Gepräge. In diesem Zusammenhang ist es notwendig, sich auch einen sozialen Aspekt des Schaffens G.s vor Augen zu halten. Als regierender Fürst war er unabhängig, er konnte es sich leisten, so zu komponieren, wie er es für richtig hielt, ohne Angst haben zu müssen, irgendwelche hochgestellten Gönner und Brotgeber durch die Bizarrerien seines Stils zu verprellen. Diese Freiheit erlaubte es G. einerseits, sich von den Strömen seiner Zeit abzukoppeln, sie ist andererseits aber wohl auch einer der Hauptgründe dafür, daß er – trotz der Hochachtung, in der er bei seinen Zeitgenossen stand – ohne eigentliche Nachfolge blieb.

Von den Komponisten des 20. Jahrhunderts setzte sich vor allem Stravinsky nachhaltig mit dem Schaffen G.s auseinander. Das »Monumentum pro G. di V.« (1960), Stravinskys Orchesterbearbeitung dreier später Madrigale G.s, hebt die ›chromatischen‹ Zusammenklänge auf Kosten des linearen Stimmgeflechts besonders hervor.

Noten: C. G. Sämtliche Werke, hrsg. von W. WEISMANN und G. E. WATKINS, Hbg. 1957–67.
Literatur: EINSTEIN, A.: The Italian Madrigal, Bd. 2, Princeton 1949; Reprint 1971, 688–717. MEISTER, H.: Untersuchungen zum Verhältnis von Text und Vertonung in den Madrigalen C. G.s, Regensburg 1973. DAHLHAUS, C.: Zur chromatischen Technik C. G.s *in* Analecta Musicologica 4 (1967), 77–96. FINSCHER, L.: G.s Atonalität und das Problem des musikalischen Manierismus *in* AfMw 29 (1972) 1–16. WATKINS, G.: G. The Man and his Music Ldn. 1973; erw. ²1991; dt. als G. di V. Leben und Werk eines fürstlichen Komponisten, hrsg. von V. VON DER HEYDEN-RYNSCH, Mn. 2000. ARNOLD, D.: G., Ldn. 1984. DURANTE, E.: Tasso. Luzzaschi e il Pr. di V. *in* Tasso. La musica e i musicisti, hrsg. von M. A. BALSANO, Firenze 1988. VACCARO, A.: C. G. Principe di Venosa. L'uomo e i tempi, Venosa 1998. SCHÖNECKER, H.: Das ästhetisch Dilemma der italienischen Komponisten in den 1590er Jahren. Die Chromatik in den späten Madrigalen von L. Marenzio und C. G., Ffm. 2000. C. NIEDERMÜLLER, P.: »Contrapunto« und »effetto«. Studien zu den Madrigalen C. G.s, Göttingen 2001. MORRIER, D.: C. G., Paris 2003.

Bernhard Janz

Gibbons, Orlando
Geb. 1583 in Oxford;
gest. 5. 6. 1625 in Canterbury

Die musikalische Laufbahn von O. G. bewegte sich zwischen verschiedenen Polen, die vor allem durch die enge Verbindung G.' zur Herrschaft von James I. vermittelt waren. So wurde er bereits neunzehnjährig, kurz nach dem Regierungsantritt des Königs 1603, Mitglied der »Chapel Royal«, an der er ab 1615 auch offiziell als Organist geführt wurde. Die Ernennung zum Organisten von Westminster Abbey 1623 ist ein weiteres Indiz für G.' erfolgreiches kirchenmusikalisches Wirken. G.' Tätigkeit als Hofmusiker ist dokumentiert durch die ab 1617 bestehende Mitgliedschaft im Ensemble des Prince of Wales, Charles, sowie seit 1619 als dessen Virginalist »im Privatgemach«.

Aus dieser Ämterhäufung erklärt sich die Produktion von (vokaler) Kirchenmusik, Musik für Tasteninstrumente und Musik für Kammerensembles (consorts), insbesondere für Gamben. Obwohl G. zu seiner Zeit in erster Linie als Instrumentalist an Tasteninstrumenten – als »best finger of that age« (Zitat nach Harley, 71) – bekannt wurde, nimmt die Komposition für diese nicht jenen breiten Raum in seinem Schaffen ein wie etwa bei den vergleichbaren, älteren Zeitgenossen Bull und Byrd. Zusammen mit diesen veröffentlichte G. 1613 in der Sammlung *Parthenia* (beworben als »the first musicke that ever was printed for the Virginalls«) einige Tastenmusikwerke, der Großteil seines entsprechenden Œuvres kursierte lange nur in Abschriften. Interessant wird die instrumentale Differenzierung dieser Werke etwa, wenn die vierstimmige Fantasie aus *Parthenia* Anzeichen der Umarbeitung von einer Version für Orgel zu einer für das Virginal trägt (mit größerer Beweglichkeit des Satzes). Doch scheint G. trotz der ihm zugeschriebenen instrumentalen Virtuosität keinen übermäßigen Wert auf die Zurschaustellung dieser technischen Fähigkeit gelegt zu haben. Diminutionen z. B. werden zurückhaltender eingesetzt als etwa bei Bull. Aber auch die satzmäßige, kontrapunktische Verdichtung bei imitativen Satztypen wie den Fantasien wird nicht überakzentuiert: Bei vier insgesamt auftretenden Stimmen spielt sich der kontrapunktische Satz meist zwischen drei Stimmen ab, so daß noch Raum für Bewegungsfreiheiten wie Passagen bleibt. Ebenfalls beobachten läßt sich ein derartiges Streben nach

Balance zwischen Kontrapunktik und gezielt eingesetzter, instrumentenspezifischer Virtuosität bei tanzartigen Satztypen, beispielsweise bei den Pavanen und Galliarden.

Etwa ein Viertel des überlieferten Corpus von G. ist für »consorts« bestimmt. Die früher oft vorgenommene globale Zuschreibung dieser Werke (meist Fantasien) für Gamben läßt sich anscheinend nicht aufrecht halten, da beispielsweise auch die Violine eine große Rolle in der zeitgenössischen Hofmusik spielte. Doch findet sich weiterhin eine Reihe von offenbar für Gamben bestimmten Werken in unterschiedlichen Besetzungen von zwei bis sechs Instrumenten. Besonderes Interesse erregten die drei- bzw. vierstimmigen Fantasien, in denen G. die Mitwirkung eines »great dooble [sic] basse« verlangte, eines ansonsten in England unüblichen kleinen Kontrabasses. Diese sind, unter Verwendung von Metrumwechseln, in oftmals kontrastierende Abschnitte unterteilt, wobei auch Stil- und Tempobezeichnungen sowie Zitate von bekannten Melodien oder Anlehnung an populäre Idiome erscheinen. Weite Verbreitung fanden vor allem die dreistimmigen *Fantasien*, die um 1620 zuerst im Druck erschienen. Insgesamt scheinen diese Ensemblestücke nicht dazu angetan, das Stereotyp von G. als eher rückwärts gewandten Musiker der ernsten Ausdruckssphäre zu bestätigen.

Dieses Bild verdankt sich wohl vor allem bestimmten Teilen seiner Vokalmusik wie den *full anthems* und der 1612 erschienenen Sammlung von Madrigalen und Motetten. (Von seiner gesamten vokalen Kirchenmusik veranlaßte G. keine eigene Drucklegung, was ihrer Tradierung kaum Abbruch tat.) Die *Madrigals and Mottets*, in ihrer instrumentalen Bestimmung gekennzeichnet als »apt for Viols and Voyces«, divergieren von den moderneren Ausprägungen der Gattung, wie sie zu jener Zeit in Italien entwickelt wurden. Madrigalismen (im Sinne von Wortmalerei oder expressiver Darstellung von Stimmungen) sind hier kaum zu finden, vielmehr dominiert eine ernste, oft religiös motivierte Grundstimmung. Offenkundig ist hier die Orientierung an englischen Traditionen, Vorbildern wie Byrd einerseits, Gattungen wie »Consort-Song« oder »partsong« andererseits. Bei den *full anthems* mit ihrem A-cappella-Satz richtete sich die Aufmerksamkeit der nachgeborenen Hörer ebenfalls vor allem auf die konservativeren Elemente der Tonsprache wie die polyphone Durchgestaltung und den betont ernsthaften Charakter.

Diesen eher als konservativ eingestuften Werken stehen Kompositionen nach Art der »verse anthems« gegenüber, mit Wechsel von Chor- und solistischen »verse«-Partien und mit – teilweise relativ elaborierter – Begleitung von Orgel oder Gambenconsort (je nach Aufführungsort). In diesen Stücken, die in letzter Zeit verstärktes Interesse auf sich zogen, begegnet G. als geistreicher und vitaler Komponist. Zwar findet sich auch hier kaum offenkundige Wortmalerei, doch sind expressive Deklamation und rhythmische Lebhaftigkeit durchaus ›moderne‹ Merkmale dieser Werkgruppe.

G.' oft eher sparsamer, polyphon orientierter Satz mit kaum vorkommender chromatischer Harmonisierung schien lange Zeit der Wahrnehmung jener modernen Eigenarten seiner Kompositionsart im Wege zu stehen, die G. als Repräsentanten einer spezifischen ›Empfindsamkeit‹ während der Übergangsepoche der Jacobinischen Ära auszeichnen.

Noten: Services and Anthems, hrsg. von P. C. Buck u. a., Ldn. 1925 (Tudor Church Music 4). Keyboard Music, hrsg. von G. Hendrie, Ldn. 1962 (MB 20). Verse Anthems, hrsg. von D. Wulstan, Ldn. 1964 (Early English Church Music 3). The First Set of Madrigals and Motets (1612), hrsg. von E. H. Fellowes, rev. von Th. Dart, Ldn. 1914, ²1964 (Early Music Series 5). Full Anthems, Hymns and Fragmentary Verse Anthems, hrsg. von D. Wulstan, Ldn. 1978 (Early English Church Music 21). Consort Music, hrsg. von J. Harper, Ldn. 1982 (MB 48).

Dokumente: Ashbee, A.: Records of English Court Music 3 (1988) und 4 (1991), Snodland/Aldershot.

Werkverzeichnis: Dodd, G.: Thematic Index of Music for Viols, Ldn. 1980–1992. Turbet, R.: O. G. Music in Printed Editions 1625–1925 *in* Fontes Artis Musicae 47 (2000), 42–47.

Literatur: Meyer, E. H.: Die Kammermusik Alt-Englands, Lpz. 1958; engl. Ldn. 1946. Harper, J.: The Distribution of the Consort Music of O. G. in 17th-Century-Sources *in* Chelys 12 (1983), 3–18. Phillips, P.: English Sacred Music, 1549–1649, Oxford 1991. Holman, P.: Four and Twenty Fiddlers. The Violin at the English Court 1540–1690, Oxford 1993. Harley, J.: O. G. and the G. Family of Musicians, Aldershot 1999.

Andreas Jacob

Ginastera, Alberto

Geb. 11. 4. 1916 in Buenos Aires; gest. 25. 6. 1983 in Genf

Der argentinische Komponist A. G. ist einer der wichtigsten Vermittler zwischen Lateinamerikas musikalischem ›Nationalismus‹ und den von Europa initiierten zeitgenössischen Techniken. Von spanisch-italienischen Vorfahren abstammend, aufgewachsen im kosmopolitischen Buenos Aires, ausgebildet am Nationalen Konservatorium von dem d'Indy-Schüler José André, entfaltete G. seine musikalische Sprache zunächst unter dem Einfluß Debussys, Ravels und Stravinskys. Bartók und de Falla waren Vorbilder für den Umgang mit der argentinischen Volksmusik, wobei sich G. insbesondere von der Gauchesco- und Criollo-Tradition anregen ließ.

So sind z. B. G.s toccatenähnliche Schlußsätze auf dem kraftvollen 6/8-Rhythmus des Gaucho-Tanzes »Malambo« aufgebaut, auch verwendet er häufig und in mancherlei Abwandlungen und Funktionen den mit kreolischer Musik assoziierten Akkord der leeren Gitarrensaiten.

Mit den beiden 1937, noch während der Konservatoriumszeit geschriebenen Werken, den *Danzas Argentinas* für Klavier und dem Ballett *Panambí* (Buenos Aires 1940), begründete G. seinen Ruf als ›nationalistischer‹ Komponist. Auch sein zweites Ballett *Estancia* (Buenos Aires 1952), die *Obertura para el ›Fausto‹ Criollo* (1943) und andere Werke der vierziger Jahre fußen auf einheimischen Themen, Stoffen oder melodisch-rhythmischen Modellen, ohne sie direkt zu entwickeln. Das *Erste Streichquartett* (1948) leitet zur zweiten, sich bis zum Höhepunkt der *Pampeana Nr. 3* (1954) erstreckenden Phase über, in welcher der Prozeß der Stilisierung und Sublimierung folkloristischen Materials noch weiter vorangetrieben wird. Gleichzeitig verstärkt sich die Assimilierung moderner Kompositionselemente, wie etwa einer Zwölftonreihe in der *Ersten Klaviersonate* (1952).

Mit dem *Zweiten Streichquartett* (1958) beginnt G.s nicht-nationale Periode. Darin verbinden sich rhythmische Vitalität und traditionelle Formen mit freier Reihentechnik im Sinne Bergs, mit Mikrotonalität oder Polytonalität, Polyrhythmik oder Aleatorik und erweiterten instrumentalen oder vokalen Quellen. So erforscht G. etwa in den z. T. recht virtuosen *Konzerten für Klavier, Violine* und *Cello* (1961–72) sowie in den *Estudios Sinfónicos* (1967) neue Klangmöglichkeiten innerhalb der beibehaltenen Sonaten- oder Variationsform. Sein Interesse am Mythischen zeigt sich in der auf präkolumbische Texte bezogenen *Cantata para América Mágica* (1960) für Sopran und Schlagzeug, eine Art Beschwörung der altamerikanischen Lebenswelt mit zeitgenössischen Mitteln. G.s Vorliebe für das Phantastische und Surrealistische und seine Hinwendung zum Neo-Expressionismus wird besonders deutlich in den auf historischen Stoffen aufgebauten Opern *Don Rodrigo* (Buenos Aires 1964), *Bomarzo* (Washington D. C. 1967) und *Beatrix Cenci* (Washington D. C. 1971). Daß dabei – trotz neuer Vokaltechniken – die Priorität des Melodischen gewahrt bleibt, läßt sich auch an dem Chorwerk *Turbae ad Passionem Gregorianam* (1974) feststellen. In einigen der späteren Werke, wie z. B. in *Popul Vuh* (1975) für Orchester oder in der *Zweiten Klaviersonate* (1981), macht sich G.s Verwurzelung im lateinamerikanischen Kontinent wieder stärker bemerkbar.

Die Krönung in der beruflichen Laufbahn des bereits in jungen Jahren zu internationalen Erfolgen gelangten und durch zahlreiche Preise, Ehrungen und Auftragswerke ausgezeichneten A. G. bestand – nach vorangehenden Lehrtätigkeiten in Buenos Aires und La Plata – in der Leitung des Lateinamerikanischen Zentrums für Höhere Musikalische Studien am Instituto Torcuato Di Tella in Buenos Aires (1962-70), in der sich unter Obhut namhafter Komponisten wie Messiaen, Nono oder Xenakis ein Großteil der heute führenden lateinamerikanischen Komponisten fortgebildet hat.

Noten: Boosey & Hawkes (Ldn. und N. Y.); Ricordi Americana (Buenos Aires).
Dokumente: Personal viewpoint [zu I. Stravinsky] *in* Tempo 81 (1967), 20 ff. Homage to Béla Bartók *in* Tempo 136 (1981), 3 ff.
Werkverzeichnis: A. G.: A Catalogue of his Published Works, Ldn. und N. Y. 1976. Musikmanuskripte, hrsg. von M. Kuss und L. Handschin, Winterthur 1990 (Inventare der Paul-Sacher-Stiftung 8).
Literatur: Chase, G.: A. G., Argentine Composer *in* MQ 153 (1957), 439–460. Wallace, D. E.: A. G. An analysis of his style and techniques of composition, Illinois 1964. Hanley, M. A.: The solo piano compositions of A. G., Cincinnati 1969. Storni, E.: A. G., Madrid 1983. A. G., hrsg. von Fr. Spangemacher, Bonn 1984 (Musik der Zeit, 4) [mit WV und Bibl.]. King, T. R.: The sacred choral music of A. G. Diss. University of Illinois 1993. Scarabino, G.: A. G. técnicas y estilo (1935–1954), Buenos Aires 1996.

Monika Fürst-Heidtmann

Glass, Philip

Geb. 31. 1. 1937 in Baltimore (Maryland)

1965 schrieb Gl. in Paris seine erste als Minimal-Music konzipierte Bühnenmusik zu Samuel Becketts »Play« für die Theatergruppe Mabou Mines, ein Avantgarde-Ensemble, für das er später weitere Bühnenmusik komponierte. Das war biographisch und ästhetisch eine radikale Gegenposition zu den Stücken, die er während seines langen Musikstudiums (University of Chicago, BA 1956, Juilliard School New York, MA 1961 und bei Nadia Boulanger in Paris, 1963–65) komponiert, zum Teil auch publiziert hatte und die er später als ästhetisch irrelevante Stilkopien zurückzog. In Paris half er Ravi Shankar bei der Notation und Komposition der Filmmusik zu *Chappaqua* und lernte bei dessen Tabla-Spieler Allah Rakha die Rhythmik der nordindischen Musik kennen. Von ihr, die er als System additiver Strukturen (miß-)verstand, wurde Gl. zu den Methoden rhythmischer Strukturierung inspiriert, die seine Musik in besonderer Weise kennzeichnen: kurzen, diatonischen Skalenausschnitten oder Floskeln in gleichförmiger, rascher Achtelbewegung werden an irgendeiner Stelle nach und nach Töne addiert oder subtrahiert, wodurch neue, einander sehr ähnliche Figuren entstehen, sich größere Einheiten bilden, die (oft symmetrisch) wieder abgebaut werden können – ein Verfahren, das an perspektivisch-mechanische Verkleinerungen, Vergrößerungen und Verzerrungen erinnert. Ab 1971 etwa geht Gl. auch von festen größeren Einheiten (»zyklischen Strukturen«) aus, deren Binnengliederung durch wechselnde Kombinationen kleinerer Figuren entsteht.

1966 nach New York zurückgekehrt fand Gl. Interesse und Unterstützung bei Filmemachern, Galeristen, bildenden Künstlern (Sol LeWitt, Richard Serra) und Musikerkollegen (vor allem Reich) und gründete 1968 sein eigenes Ensemble, für das er Stücke von frappierender Simplizität schrieb, darunter die einstimmigen *Two Pages for electric Keyboards* (1968), die in parallelen Quinten geführte *Music in Fifths*, die dreistimmige *Music in Contrary Motion* und die vierstimmige *Music in Similar Motion* (alle 1969). Veränderungen und Ereignisdichte werden sehr niedrig gehalten, so daß z. B. in der *Music with Changing Parts* (1970) nach etwa 40 Minuten ein As durch ein A ersetzt zum modulatorischen Großereignis wird. Tonarten benutzt Gl. als »emotionale Farbe«, als »sehr umfassendes psychologisches Gefühl« und verbindet sie in *Another Look at Harmony* (1975) mit einer je anderen rhythmischen Struktur. Ehemals als sprachähnlich geschaffene musikalische Elemente (z. B. Kadenzen) bilden für Gl. nur ein Reservoir ahistorischer Materialien und Verfahren, beliebig verwendbar für seine nach herkömmlichen Kriterien ereignisarme Musik. So vermeint er, mit seiner tonalen, jedoch nichtfunktionalen Akkordik und Harmonik die Zeit um und den Stil von Berlioz zu beerben: Teil 1 der *Music in 12 Parts* (1971–74), die insgesamt über vier Stunden dauert, hätte nach Gl. auch 1885 geschrieben werden können, denn »es gibt nichts Neues in diesem Musikstück. Das einzig Neue daran ist die Einstellung zur Musik. Die Art, wie wir sie hören, ist neu, nicht die Noten« (Desert, 113). Das Hören seiner nicht-erzählenden, außerhalb des üblichen Zeitverlaufs stehenden Musik verlange weder Erinnerungs- noch Antizipationsvermögen, wie es der traditionellen abendländischen Musik bis zur Moderne angemessen sei, sondern sie solle als ›reines Klang-Medium‹ wahrgenommen werden.

Als sich diese auf voraussetzungsloses Hören hin konzipierte Musik in *Einstein on the Beach* (Avignon 1976) mit dem ihr entsprechenden traumbildhaften Inszenierungsstil Robert Wilsons zu einem neuen Musiktheater verband, errang sie weltweit Ruhm und Anerkennung. In der Folge entstanden als Auftragswerke europäischer Festivals und Opernhäuser *Satyagraha* mit Mahatma Gandhi als Protagonisten (Rotterdam 1980), *Echnaton* (Stuttgart 1984), die Kammeroper *The Photographer* (Amsterdam 1982) und *The CIVIL warS: A Tree is Best Measured when it is Down* (Rom 1984, wieder mit Wilson). Daß Gl., der seine Musik in professioneller, an Popmusik orientierter Art vermarktet, »vielleicht der populärste ernste Komponist geworden ist, der die Carnegie Hall für ein Konzert mit seinen Werken füllen und Schallplatten an eine ›Quer-Beet‹-Hörerschaft verkaufen kann« ([6]Grove, Bd. 2, 228), ist mit einer prekären Ästhetik erkauft, die vor allem in der Musik zu den Filmen *Koyaanisqatsi* (1981) und *Poivaqqatsi* (1986) erkennbar wird: Was als musikalischer Kommentar und Mechanismus gedacht ist, der zwar die Schnittfolge steuert, aber den Bildinhalten gegenüber neutral bleibt, reproduziert ein durch Transistor und Walkman erzeugtes und eingeübtes Hörverhalten, degradiert sich zur beziehungslosen Hintergrundmusik. Die Musik von

Gl., als Teil der sogenannten Postmoderne rezipiert, ist in den neunziger Jahren des 20. Jahrhunderts bei Gattungen des 19. Jahrhunderts angekommen: mit der »*Low*«-*Symphony* (1992) über drei Melodien – »Subterraneans«, »Some are« und »Warszawa« – aus dem Album »Low« (1977) von David Bowie und Brian Eno sowie mit dem *Violinkonzert* (für Gidon Kremer, 1993).

Noten: Peters (N. Y.); Dunvagen Music Publishers (vertreten durch Chester, Ldn.); Eigenverlag.
Dokumente: ZIMMERMANN, W.: Desert Plants – Conservations with 23 American Musicians, Vancouver 1976, 105–115. Die Wahrnehmung verschieben *in* S. LOTRINGER, New Yorker Gespräche, Bln. 1983, 62–79. GAGNE, C. und CARAS, T. ST. R.: Soundpieces. Interviews with American Composers, Metuchen (NJ) 1982. Music by Ph. Gl., hrsg. von R. T. JONES, N. Y. 1987; dt. als Musik: Ph. Gl., Bln. 1998. Writings on Gl. Essays, Interviews Criticism, hrsg. von R. KOSTELANETZ, N. Y. 1997.
Literatur: NYMAN, M.: Experimental Music, Cage and beyond, Ldn. 1974, 127–130. ROCKWELL, J.: The Orient, the Visual Arts and the Evolution of Minimalism Ph. Gl. *in* All American Music Composition in the Late Twentieth Century, N. Y. 1983. SPIES, M.: Die gläsernen Klippen – ein Hörrelief zu den »Glassworks« von Ph. Gl. *in* MusikTexte 1 (1983), 28–30. POTTER, K.: Four musical minimalists. La Monte Young, Terry Riley, Steve Reich, Ph. Gl., Cambridge u. a. 2000.

Claus Raab

Glinka, Michail Ivanovič

Geb. 20. 5. (1. 6.) 1803 in Novospasskoe (Rußland); gest. 15. 2. 1857 in Berlin

Gl. ist als Vater der russischen Musik in die Geschichte eingegangen. Zwar haben auch schon Komponisten vor ihm nationale Sujets und Folklore verwendet, doch die Zeitgenossen feierten seine erste Oper *Žizn' za carja* (»Ein Leben für den Zaren« – ursprünglich und dann in sowjetischer Zeit *Ivan Susanin*; St. Petersburg 1836) als »eine neue Periode in der Geschichte der Kunst: die Periode der russischen Musik« (Aufzeichnungen, 263). Die folgende Generation, das »Mächtige Häuflein« (Milij Balakirev, Borodin, Cezar' Kjui, Musorgskij, Rimskij-Korsakov), berief sich ausdrücklich auf Gl., schuf eine an ihn anknüpfende, spezifisch russische Tradition und verlieh ihm deshalb diesen – eher rezeptionsgeschichtlich als historisch begründeten – Ehrentitel.

Der junge Gl. orientierte sich an Komponisten, die Anfang des 19. Jahrhunderts beliebt waren wie Boieldieu, Méhul, Cherubini, Rossini, Bellini, Donizetti, aus deren Opern er einzelne Stücke für Klavier bearbeitete, aber auch an den ›deutschen Klassikern‹. Bei seiner ersten Auslandsreise (1830–1833) vertiefte er seine Kenntnisse der westeuropäischen Musik, nahm bei Siegfried Dehn in Berlin systematischen Kompositionsunterricht und stellte zusammenfassend fest, daß er einen ihm »fremden Weg beschritten hatte und, aufrichtig gestanden, kein Italiener sein konnte. Das Heimweh veranlaßte mich allmählich, mich russisch auszudrücken« (ebd., 104).

Nach St. Petersburg zurückgekehrt, begann er mit der Arbeit am *Leben für den Zaren*, der Geschichte von dem Bauern Ivan Susanin, der eine polnische Truppe in die Irre führt und den eigenen Tod in Kauf nimmt, um den Zarenanwärter Michail Romanov zu retten. Trotz der Verpflichtung gegenüber der französischen Revolutions- und Schreckensoper und gegenüber dem italienischen Belcanto beginnt mit der Oper *Ein Leben für den Zaren* eine neue Phase der russischen Musikgeschichte. Dies ist die erste russische Oper ohne gesprochene Dialoge, erstmals wird aus der Sicht des Volkes ein patriotisches Sujet mit tragischem Ausgang gezeigt. Russische Folklore, von Gl.s Vorgängern als ›Couleur locale‹ häufig zitiert, ist hier nicht mehr pittoresker Zusatz, Gl. integriert sie vielmehr in die Kunstmusik, indem er – vor allem in Chorszenen – Melodik, Metrik und Harmonik an volksmusikalischen Intonationen ausrichtet.

Gl.s zweite Oper, *Ruslan i Ljudmila* (St. Petersburg 1842), beruht auf Aleksandr Puškins gleichnamigem Märchen und weist in eine ganz andere Richtung. Mit dem *Leben für den Zaren* hatte er ein nationales historisches Drama mit einem politischen Konflikt geschaffen, *Ruslan und Ljudmila* ist ein nationales Epos mit prähistorischen, ja mythologischen Figuren und einer phantastischen Handlung, aber ohne dramaturgische Folgerichtigkeit. In rein musikalischer Hinsicht zeigt Gl. sich hier freilich als großer Innovator. Unter anderem setzt er erstmals die vollständige Ganztonleiter ein, die dem Zwergen Černomor als Leitmotiv zugeordnet ist, und mit dem Hochzeitschor an den slawischen Sonnengott Lel' (1. Akt, Nr. 3), in dem das Metrum des 5/4-Takts durch das Versmaß zwingend vorgeschrieben ist, beginnt eine Tradition, die über die unregelmäßigen Metren in Musorgskijs und Rimskij-Korsakovs Chorsätzen bis zu Stravinskys »Feuervogel« führt. Einen breiten Raum nehmen Orientalismen ein, die an kaukasischer Folklore orientiert sind und zu einem charakteristischen Stilmerkmal der Petersburger Komponistenschule werden.

Beide Opern Gl.s sind zum Modell für die folgende Komponistengeneration geworden – das *Leben für den Zaren* für Musorgskijs »Boris Godunov« und »Chovanščina«, Rimskij-Korsakovs »Das Mädchen von Pskov«, »Zarenbraut«, »Servilia« und »Pan Voevoda«, *Ruslan und Ljudmila* für Rimskij-Korsakovs phantastische und Märchenopern (z. B. »Sadko«). Eine Synthese zwischen historischem Drama und Epos haben Borodin mit seinem »Fürst Igor« und Rimskij-Korsakov mit dem »Märchen von der unsichtbaren Stadt Kitež« gefunden.

Gleichfalls wegweisend für die folgende Generation war Gl.s Instrumentalmusik durch ihren Bezug zur russischen Folklore, durch ihre charakteristische Variantenbildung, bei der – im Gegensatz zur ›motivischen Arbeit‹ in der Nachfolge Beethovens – die Melodie erhalten bleibt, der Orchestersatz aber immer farbiger ausgestaltet wird. In der *Kamarinskaja* (1848), einem Variationszyklus über russische Volkslieder, sei – so hat es Čajkovskij in einem anschaulichen Vergleich formuliert – die ganze russische Musik enthalten, wie eine »Eiche in einer Eichel!« (Dianes, 250).

Noten: M. I. GL.: Polnoe sobranie sočinenij [Gesamtausg.], hrsg. von V. J. ŠEBALIN u. a., Moskau 1955-1969.
Dokumente: KANN-NOVIKOVA, E.: M. I. Gl., Novye materialy i dokumenty [Neue Materialien und Dokumente], 3 Bde., Moskau-Leningrad 1950, 1951 und 1955. M. Gl. Aufzeichnungen aus meinem Leben, hrsg. von A. BROCKHAUS, Bln. 1961. M. Gl. Literaturnye proizvedenija i perepiska [Literarische Werke und Briefwechsel], hrsg. von A. S. LJAPUNOVA, 2 Bde., Moskau 1973.
Literatur: ABRAHAM, G.: Studies in Russian Music, Ldn. 1936; dt. Basel 1947. DERS.: On Russian Music, Ldn. [2]1970. LAROŠ [H. Laroche], G.: Gl. i ego značenie v istorii muzyki [Gl. und seine Bedeutung in der Musikgeschichte] *in* Izbrannye stat'i [Ausgewählte Aufsätze], Bd. 1, Leningrad 1974, 33–157. STASOV, VL.: Stat'i o muzyki [Aufsätze zur Musik], 6 Bde., Moskau 1974-1980. SEROV, A.: Stat'i o muzyke, 7 Bde., Moskau 1984 ff. [bislang erschienen Bd. 1–6]. BROWN, D.: Gl., Ldn. 1974. R. F. TARUSKIN: Gl.'s Ambiguous Legacy and the Birth Pangs of Russian Opera *in* 19th Century Music 1 (1977–78), 142–162. · NEEF, S.: Hdb. der russischen und sowjetischen Oper, Bln. 1985, [2]1988. LEVAŠËVA, O.: M. I. Gl., Moskau, 2 Bde., 1987 und 1988. WOODSIDE, M: Leitmotiv in Russia. Gl.'s Use of the Whole-Tone-Scale *in* 19th Century Music 14 (1990), 67–74. UGRJU-MOV, N.: Opera M. I. Glinki Žizn' za carja, Leningrad 1991. TARUSKIN, R. F.: Defining Russia Musically. Historical and Hermeneutical Essays, Princeton 1997, 113–151. DERBENEVA, A.: Gl.s Ruslan i Ljudmila. Das Problem der szenischen Interpretation] *in* Muzykal'naja Akademija 1 (2000), 104–114.

Dorothea Redepenning

Globokar, Vinko

Geb. 7. 7. 1934 in Anderny
(Dépt. Meurthe-et-Moselle)

Gl. gehört zu den wenigen ›Komponisten-Interpreten‹, welche die Gegenwartsmusik als produzierender Komponist und zugleich als reproduzierender Instrumentalist mitgestalten. Durch seine Konzert- und Lehrtätigkeit ist er wesentlich an der Etablierung der Posaune als Soloinstrument im Feld der neuen Musik beteiligt.

Die kompositorischen Aktivitäten Gl.s spiegeln sich besonders deutlich in seinem 55-teiligen Werk *Laboratorium* (1973–85), einer nach und nach veröffentlichten Sammlung von Instrumentalstücken für bis zu elf Spieler, die paradigmatisch für sein Musikdenken erscheint. Gleichsam enzyklopädisch angelegt, enthält dieser Zyklus musikalisch-kompositorische ›Forschung‹ in den Feldern ›instrumentale Spiel- und Klangtechnikern‹, ›Gestik‹, ›fremde Klangquellen‹, ›Beziehung Stimme-Instrument‹, ›reaktives Verhalten der Spieler‹ und ›Beziehung Musiker-Publikum‹.

Der Bereich ›instrumentale Spiel- und Klangtechniken‹ ist auf experimentelle Erweiterung der tradierten Instrumentalspielmöglichkeiten hin angelegt. Z. B. verwendet Gl. im *Laboratorium*-Teilstück *Souffle* das Verfahren der Permanent- bzw. Zirkularatmung; in *Echanges* für einen Blechbläser (1973) spielt er mit den permutativen Kombinationen von jeweils vier Dämpfer-, Artikulations- bzw. Bewegungstypen, vier Mundstücken sowie vier Arten des »physischen Engagements« (= Dynamik).

Der Bereich ›fremde Klangquellen‹, in dem für das abendländische Musikverständnis außergewöhnliche Klangerzeugungsmöglichkeiten in die Komposition einbezogen werden, wird z. B. durch das Stück *?Corporel* für einen Schlagzeuger auf seinem Körper (1985) repräsentiert. Der Schlagzeuger – »in Leinenhosen gekleidet, Oberkörper frei, barfuß« (Anmerkung zur Partitur) – erzeugt hierbei über Klopfen, Schlagen, Wischen, Reiben mit Handflächen, Fingern oder Fingerspitzen auf seinen zu Resonanzflächen umfunktionierten Körperteilen ein äußerst differenziertes Klangspektrum, das zudem durch vokale Aktionen (Kußgeräusche, Atemgeräusche, Schnalzen etc.) erweitert wird.

In das Forschungsfeld ›Stimme-Instrument‹ gehört *Voix instrumentalisée* für einen Baßklarinettisten (1973). Der als Material zugrunde liegende Satz »L'art et la science ne peuvent exister sans la possibilité d'exprimer des idées paradoxales« (»Kunst und Wissenschaft können ohne die Möglichkeit, paradoxe Gedanken auszudrücken, nicht existieren«) wird mit Hilfe von Papröhren und anderen klangverfremdenden Mitteln denaturiert und gleichsam »durch das Rohr eines Blasinstruments gezwängt« (*Alchimie*, 3). Auch außerhalb des *Laboratoriums* stellt die kompositorische Auseinandersetzung mit der Beziehung von Stimme und Instrument bzw. Sprache und Musik ein wesentliches Arbeitsfeld Gl.s dar, etwa in der Werkreihe *Discours II-IX* (1968–93). In *Discours II* für fünf Posaunen oder Posaune und Tonband (1967–68) z. B. mischen sich Artikulationsformen und Klangfarben vokaler und instrumentaler Aktionen. In *Discours VI* für Streichquartett (1982), einem instrumentalen Pendant zu dem frühen Stück *Traumdeutung – Psychodrama* für vier Chöre und vier Instrumente (1967), greift Gl. auf ein Theaterstück von Edoardo Sanguineti zurück, dessen Text die kompositorisch-semantische Umsetzung steuert. Gl. führt dazu »den Text gleichsam durch ein Ensemble unterschiedlich breiter Filter, die Sprache ungehindert passieren lassen, modellieren oder vollständig wegblenden« (*Von nächtlichen Schrecken*, 252). Das Bläserquintett *Discours VIII* (1989) ist durch theatralische Vorstellungen geprägt. In quasi programmatischen Abschnitten wie »Zwei Leute streiten sich« oder »Drei Personen ermahnen eine vierte« verbinden sich instrumentale und vokale Aktivitäten mit der Imagination einer fiktiven Handlung. Gl.s nachhaltiges Interesse für eine kompositorische Arbeit im Bereich von Stimme und Sprache zeigt sich weiterhin in Kompositionen der letzten Jahre wie *Lettres* für Sopran und fünf Instrumente (1994), *Nous pensons que…* für Sopran, Klarinette, Violoncello, Klavier, Synthesizer und Tonband (1998) oder auch in dem szenischen Werk *L'armonia drammatica* für sieben Vokalsolisten, gemischten Chor, Tenorsaxophon und Orchester (1987–90), einem ausgedehnten Stück »zum Thema Widerstand …

unter allen (seinen) politischen und sozialen, ethischen und intellektuellen Aspekten« (*Texte zur Musik*, 231), das nicht zuletzt aufgrund seiner Sperrigkeit erst 2003 seine »eigentliche« Uraufführung im Stadttheater Bielefeld erfuhr.

Die Aspekte ›reaktives Verhalten der Spieler‹ und auch ›Beziehung Musiker-Publikum‹ sind sowohl bestimmend für zahlreiche Teilstücke aus *Laboratorium* wie »Relais«, »Reactions« und »Sources mobiles« als auch für andere Kompositionen wie z. B. *Jenseits der Sicherheit* für Solostimme (1981), in der »durch Imitieren des Publikums« oder »durch gegensätzliches Verhalten zum Publikum eine Musik erfunden« werden soll.

Diese Spielanweisungen verweisen auf Gl.s Interesse an improvisatorischer Arbeit. Sie spielt in seinem Werk durchgängig eine wesentliche Rolle und wird von ihm als Ausweitung der Mitwirkungs- und Entscheidungsmöglichkeiten im Sinne einer ›Humanisierung‹ der Aufgabe des Interpreten verstanden (*Texte zur Musik*, 56). Die Komposition *Tribadabum extensif sur rhythme fantôme* für drei Schlagzeuger (1981) überläßt den Interpreten einen großen »Teil der schöpferischen Verantwortung« (*Texte zur Musik*, 211). Alle Klangerzeuger müssen von den Spielern selbst ausgesucht werden; die zeitliche Koordination der vornehmlich durch Handlungsanweisungen beschriebenen Ereignisse erfolgt mit Hilfe einer über Kopfhörer gehörten Rhythmusspur. Gl. verkennt nicht die Probleme improvisatorischen Arbeitens: Eine bloße Aufforderung zur Improvisation führt in der Regel lediglich zur Reproduktion banaler Klischees. Um dem entgegen zu wirken, steuert er die »menschliche Energie« eines »kreativen Interpreten« nach kommunikativen Reaktionsprinzipien wie »imitieren«, »sich integrieren«, »sich zurückhalten«, »das Gegenteil tun« oder »etwas Verschiedenes machen«. Gleichsam komprimiert und pädagogisch ausgerichtet konkretisieren sich seine Vorstellungen von Improvisation in der 1979 begonnenen Sammlung *Individuum ? Collectivum* (Heft 1–3, 1996). Über verschiedene Spiel- und Improvisationsanleitungen in sowohl grafischer wie verbaler Form entfaltet Gl. ein faszinierendes ›Lehrwerk‹ gemeinsamen Improvisierens und musikalischen Gestaltens.

Eine charakteristische Prägung erhält Gl.s Werk zudem durch die musikalische Thematisierung politischer und sozialer Probleme und die damit einher gehende zunehmende Distanz zu einer immanenten Ästhetik ›reiner‹ Musik. So wird im Stück *Das Orchester* (1974) versucht, die autoritären Strukturen des »historischen Instruments« Orchester durch kollektive Entscheidungsarbeit antizipatorisch zu unterlaufen und zu ersetzen. In *Un jour comme un autre* für Sopran und fünf Instrumentalisten (1975–85) wird am Beispiel eines authentischen Berichts über Haft und Folter einer Türkin Anklage gegen brutale staatliche Machtausübung erhoben. Auch in der Trilogie *Les Emigrés* mit den Teilen »Miserere«, »Réalités/Augenblick« und »Sternbild der Grenze« (1981–85) artikuliert sich Gl.s politische Haltung in Auseinandersetzung mit den Problemen Fremdheit und Emigration. Mit seiner *Elégie balkanique* für Flöte, Gitarre und Schlagzeug (1992) schreit Gl. in geradezu bruitistischer Weise seine (auch biographisch motivierte) Verachtung der Schrecken des Krieges im früheren Jugoslawien hinaus. In der Partitur heißt es: »Unfähig, meinen Widerwillen gegen die ungeheuerliche ethnische Säuberung auszukotzen, die in verschiedenen Regionen von Ex-Jugoslawien am Vorabend des dritten Jahrtausends durchgeführt wird, bleibt mir kein anderer Ausweg, als diese Töne in das Gesicht jener zu spucken, die solches anzettelten, vollenden und geschehen lassen« (*Texte zur Musik*, 23).

Gerade in den politisch bzw. sozialkritisch motivierten Werken verdichten sich Gl.s Arbeitsweisen der experimentellen Handhabung von Instrumental- und Vokalklängen, der experimentellen Verbindung von Tönen, Geräuschen, Gesten, Texten und Bildern zu provozierenden und die Rezipienten frappierenden Klanggebilden. Diese sind für Gl. artifiziell gespiegelte Verweise auf das selbst erfahrene Fremdsein des nach eigenen Worten »nirgendwo dazugehörenden« Komponisten slowenischer Abstammung. So heißt es in einer Erzählerstimme im ersten Teil von *Les Emigrés*: »Ich wurde am 7. Juli 1934 in Anderny, Frankreich, geboren. Mit 13 ging ich nach Jugoslawien, mit 21 kehrte ich nach Frankreich zurück, mit 30 ging ich nach Deutschland, mit 42 zurück nach Frankreich, zwischendurch ein Jahr in die USA. Überall bin ich ein Fremder. (Gezeichnet V. Gl.)«

Noten: Peters (Ffm.); Ricordi (Paris).
Dokumente: Einatmen – Ausatmen, hrsg. von E. JOST und W. KLÜPPELHOLZ, Hofheim 1994. Laboratorium. Texte zur Musik 1967–97, hrsg. von S. KONRAD, Saarbrücken 1998.
Werkverzeichnis: V. Gl. Catalogue des œuvres, Mailand 1998.

Literatur: KÖNIG, W.: V. Gl. Komposition und Improvisation, Wiesbaden 1977. KLÜPPELHOLZ, W.: Die Alchimie des Alltags. Zum Musikdenken V. Gl.s in MusikTexte 11 (1985), 3–8. DERS.: Von nächtlichen Schrecken. Zu V. Gl.s »Discours VI« für Streichquartett in Neuland 5, hrsg. von H. HENCK, Köln 1985, 252–255. Gelb. Neues Hören. V. Gl., Hans-Joachim Hespos, Adriana Hölszky, hrsg. von E.-M. HOUBEN, Saarbrücken ¹1996, ²2000.

Ortwin Nimczik

Gluck, Christoph Willibald

Geb. in 2. 7. 1714 in Erasbach/Oberpfalz; gest. 15. 11. 1787 in Wien

Gl.s Name ist mit der grundlegenden Reform verbunden, die auf der Bühne der tragischen Oper den Übergang zwischen Barock und Klassizismus markiert. Auch wenn in jüngerer Zeit herausgestellt wurde, daß der Reformgedanke bereits früher formuliert und von Komponisten wie Jommelli oder Tommaso Traëtta ansatzweise auch realisiert worden war, bleibt es Gl.s Verdienst, ihn sowohl im italienischen wie auch im französischen Bereich musikalisch eingelöst zu haben. Da seine französischen Reformopern einen anhaltenden publizistischen Streit zwischen seinen Bewunderern und den Anhängern des gebürtigen Italieners Piccinni entfacht haben, geriet Gl. – anders als seine Zeitgenossen – nie in Vergessenheit. E. T. A. Hoffmann hat ihn zum ersten romantischen Komponisten stilisiert; Berlioz und Wagner haben sich bei ihren Neuerungen auf ihn berufen.

Die frühen italienischen Opern Gl.s unterscheiden sich nicht von denen seiner Zeitgenossen; ihre Libretti stammen überwiegend von Pietro Metastasio, der den für das »dramma per musica« verbindlichen Typus geprägt hat: Der Handlung liegt ein historisches Sujet zugrunde, das Anlaß zu einer verwickelten und durch Nebenepisoden komplizierten Herrscherintrige um Pflicht und Liebe gibt. Sie wird ausschließlich im Rezitativ abgehandelt, das selten orchesterbegleitet ist; musikalische Entfaltung ist allein den Arien vorbehalten, welche die jeweils erreichte Gefühlslage (»Affekt«) stationär wiedergeben und deshalb auch stets in die Wiederholung ihres Anfangsteils münden (»Da-capo-Form«). Dieses Modell blieb bestimmend, auch wenn das orchesterbegleitete Rezitativ zunehmend häufiger begegnete, Chöre einbezogen wurden und gelegentlich Handlungsmomente in die Statik der Arien eindrangen. Diesem entwickelteren Typus gehören Gl.s Vertonungen von *La Semiramide riconosciuta* (Wien 1748), *La clemenza di Tito* (Neapel 1752) und *Il re pastore* (Wien 1756) an, von denen letztere sich aufgrund ihres pastoral-bukolischen Sujets zudem durch den Verzicht auf eine Herrschaftsintrige auszeichnet. Sie belegen die Meisterschaft, die Gl. im Rahmen des metastasianischen Modells in der melodischen Zeichnung der Affekte erworben hatte; nicht umsonst griff er in den späteren Opern gerne auf einmal gefundene Arienmelodien zurück, die er den jeweils neuen Erfordernissen anpaßte.

Gleichwohl erschien das metastasianische »dramma per musica« schon bald unbefriedigend; die wirkungsvollste Kritik formulierte 1754 Graf Francesco Algarotti in seinem »Saggio sopra l'opera in musica«. Vorbild der italienischen Reformer war die französische »tragédie lyrique« Rameaus mit ihren großen Ballett- und Chorszenen und ihrem ausdrucksstarken deklamatorischen Melos, das unter dramatischem Gesichtspunkt wesentlich einleuchtender schien als die Koloraturvirtuosität der italienischen Kastraten. Daß es Gl. vorbehalten sein sollte, diese Reformvorstellungen erstmals vollgültig umzusetzen, verdankte er zum einen dem reformfreudigen Wiener Hoftheaterintendanten Graf Durazzo, zum anderen dem mit dem französischen Theater gut vertrauten Librettisten Rainiero de' Calzabigi. Zwei Gattungen wurden für seine Entwicklung entscheidend: die französische opéra comique und die italienische festa oder azione teatrale.

Zwischen 1758 und 1764 betraute ihn Durazzo mit der Neubearbeitung mehrerer opéras comiques. Neben dem Arrangement der Schlagermelodien des Originals (»vaudevilles«) schloß dieser Auftrag auch die Neukomposition zahlloser Arien und Ensemblesätze ein, in denen er sich ein neues Repertoire erarbeitete: Die Zauberoper *L'île de Merlin ou Le monde renversé* (»Merlins Insel oder die Welt auf dem Kopf«; Wien 1758), die Höllenmaskerade *L'ivrogne corrigé* (»Der gebesserte Trunkenbold«; Wien 1760) und die Türkenoper *Le cadi dupé* (Wien 1761) geben einen Eindruck von der breiten Palette musikalischer Charakterisierungsmöglichkeiten, die das Genre bot: Sie reicht von der parodistischen Überzeichnung virtuoser italienischer Arien und schauerlicher Unterweltszenen französischer Herkunft bis zur Erfindung rührender und schlichter Vaudeville-Melodien. Die dreiaktige opéra comique *La rencontre imprévue* (»Das unerwartete Treffen«; Wien 1764), in der Gl. auf die ursprünglichen Schlagernummern verzichtete, stellt seinen letzten und wichtigsten Beitrag zu dieser Werkgruppe dar.

Ermöglichte die opéra comique neue Erfahrungen in der orchestralen und motivischen Charakterisierung verschiedenartigster dramatischer Situationen, so bot die azione teatrale ein dramaturgisches Experimentierfeld im Bereich der Tragödie. Schon 1755 hatte Gl. Durazzos »L'innocenza giustificata« (»Die gerechtfertigte Unschuld«) vertont, ein Werk, dessen Arientexte zwar überwiegend noch von Metastasio stammen, das sich aber wesentlich von einem »dramma per musica« unterscheidet: Die Handlung kennt keine Intrige, vielmehr entfaltet sie sich einfach und gradlinig aus einem einzigen Motiv, der ungerechten Beschuldigung der Vestalin Claudia, das Keuschheitsgelübde gebrochen zu haben. Auch verzichtet sie auf häufige Szenenwechsel; die Aktion wird stattdessen in drei theatralischen Bildern zusammengefaßt. Musikalisch entspricht dieser bildhaften Dramaturgie die Aufwertung des Chores, der zum Handlungspartner wird, und die Einfügung dramatisch offener Arienformen wie der Cavata »Fiamma ignota nell'alma mi scende« und der Ariette »Ah, rivolgi, o casta Diva«, welche die Da-capo-Form aufbrechen und die Handlung vorantreiben. Diese Prinzipien sind auch für Gl.s berühmteste italienische Reformarbeit charakteristisch, seine Vertonung von Calzabigis azione teatrale *Orfeo ed Euridice* (Wien 1762). Deutlicher noch als Durazzos Werk läßt Calzabigis Libretto die französischen Ursprünge der Konzeption erkennen: Das mythologische Sujet, die einleitende Tombeau-Szene (Trauerszene), die dramaturgische Einbindung des Balletts, der bildhafte Kontrast zwischen Unterwelts- und Elysiumsszene, sowie die Motivierung der Handlung durch den Eingriff und die schließliche Versöhnung der Gottheit, dies sind Momente, die auf das Modell der tragédie lyrique verweisen, wie es Rameau namentlich in der zweiten Fassung von »Castor et Pollux« (1754) geschaffen hatte. Der klassizistischen Geschlossenheit dieser bildhaften Dramaturgie wird Gl.s Musik in mustergültiger Weise gerecht: Im instrumentatorisch und harmonisch gesteigerten Dialog zwischen Orfeo und dem Chor der Furien fallen arioser Gefühlausdruck, Tanz,

Chorsatz und dramatische Aktion in untrennbarer Einheit zusammen. Die Entrückung des Protagonisten durch den wunderbaren Kontrast des Elysiums drückt Gl. durch den formal frei gestalteten Monolog »Che puro ciel« aus, in dem quasi stammelnd textbestimmte Deklamation und ariose Ausbrüche ineinander übergehen, wie überhaupt traditionelle Arienformen aufgebrochen und Rezitative grundsätzlich vom Orchester begleitet werden. Die dramatische Wirkung der Musik resultiert oft aus der Einfachheit der aufgebotenen Mittel; die rührende Schlichtheit der Klagearie des Orfeo »Che farò senz' Euridice« allerdings sah sich dem Vorwurf musikdramatischer Beliebigkeit ausgesetzt.

Zählt die azione teatrale *Orfeo* noch zu den experimentellen Gelegenheitswerken, so übertrugen Gl. und Calzabigi die Reformprinzipien in *Alceste* (Wien 1767) erstmals auf eine »tragedia«. Das Vorwort der Partitur bringt Algarottis Reformschrift auf die Formel: Die Musik soll der dramatischen Poesie dienen statt sich in Koloraturvirtuosität zu erschöpfen. Konsequent ist das Prinzip klassizistischer Einheit realisiert: War Metastasios Oper ein Drama wechselnder Affekte, so präsentiert *Alceste* nur einen einzigen Affekt in wechselnden Bildern: Das Leiden der Protagonisten und des Volkes unter dem gottgewollten Selbstopfer Alcestes. Dem entspricht die motivische Verknüpfung von Rezitativen, Arien und Chorsätzen zu größeren szenisch-musikalischen Komplexen. Erstmals auch ersetzten die Autoren dramatischer Wahrheit halber die Kastratenpartie durch einen Tenor. Demgegenüber stellt ihre letzte italienische Reformarbeit, *Paride ed Elena* (Wien 1770), eher einen Rückschritt dar; der Reiz der Partitur liegt hier vor allem im musikalischen Kontrast zwischen den exotischen Trojanern und den schlichten Spartanern, der Gelegenheit auch zur Einbindung belcantistischer Entfaltung bot.

Auch in Paris war seit der Jahrhundertmitte ein Opernstreit entbrannt; Grundgedanke der Reformer war hier die Idee, die italienische Melodik mit der Deklamation der französischen Sprache zu verbinden. Gl. stellte sich dieser Aufgabe erstmals mit *Iphigénie en Aulide* (»Iphigenie in Aulis«; Paris 1774). Anders als seine italienischen Opern, die gattungsgeschichtlich folgenlos blieben, haben seine französischen Meisterwerke die Operngeschichte entscheidend geprägt.

Die grundsätzliche Schwierigkeit, die Euripidäische Tragödie unter den Prämissen einer an dramatischer Wahrscheinlichkeit orientierten Ästhetik auf die Bühne des Musiktheaters zu bringen, resultiert daraus, daß (unsichtbare) Götter die eigentlichen Gegenspieler der Protagonisten sind, mithin also die Unabwendbarkeit des von ihnen verhängten Schicksals theatralisch sinnfällig werden muß. Diese Schwierigkeit lösten die Autoren, François Gand-Leblanc du Roullet und Gl., in der aulidischen *Iphigénie* durch den Geniestreich, das Volk zum Anwalt der göttlichen Forderung zu machen: der Chor wird zum Antagonisten der tragisch verstrickten Hauptfiguren und somit zum wichtigsten Handlungsträger. Musikdramatische Geschlossenheit stellt sich also vor allem durch die akteröffnenden Massenszenen her, wohingegen die beibehaltene Liebesintrige konventioneller Operndramaturgie entspringt. Die ebenfalls im Jahre 1774 vorgestellte französische Adaptation des *Orphée* (Paris) stellt trotz der Ersetzung des Kastraten durch einen Tenor und der Ausweitung der französischen Ballettszenen eine Italianisierung der Partitur dar, wie aus der Einfügung einer italienischen Abgangsarie am Ende des ersten Aktes und den hinzugefügten virtuosen Kadenzen in der Furienszene ersichtlich wird. Nachdem 1776 auch *Alceste* (Paris) eine französische Umarbeitung erfahren hatte, schuf Gl. mit *Armide* (Paris 1777) wieder ein bedeutendes Originalwerk. Daß er dabei ein über 100 Jahre altes Libretto von Quinault übernahm, mag propagandistische Ursachen haben: Lullys »Armide« (1686) galt den Verfechtern der französischen Oper stets als deren herausragendstes Dokument. Gl.s Partitur zeichnet sich durch eine psychologisch äußerst differenzierte Charakterisierung der inneren Konflikte der Titelfigur aus, zu deren Entfaltung Philippe Quinaults an Zaubereffekten reicher Handlungsrahmen kaum mehr als eine Kontrastfolie darstellt. In der Gestaltung der Titelrolle dominiert folglich der formal ungebundene Monolog, der sich melodisch an die französische Deklamation anschmiegt und durch motivisch-thematische Durchformung des Orchestersatzes vielfältige Ausdrucksnuancierung erfährt. Ähnlichen Prinzipien ist – im Rahmen einer ungleich schlüssigeren Dramaturgie – auch Gl.s bedeutendste französische Partitur, *Iphigénie en Tauride* (»Iphigenie auf Tauris«; Paris 1779), verpflichtet. Die musikalische Individualisierung erstreckt sich hier über alle Charaktere und sie bezieht Chor- und Ballettsätze ein: Bereits die einleitende Traumerzählung Iphigénies mit ihrem kurzen Chorkommentar zeigt die Detailgenauigkeit der harmonisch-satztechnischen Ausdruckscharakteristik. Ähnliches gilt – auf anderer Ebene – für das Ballett, welches den ersten Akt beschließt: Die fremdartige Melodik und die exotische Instrumentation kennzeichnen die Skythen als barbarisches Naturvolk. Psychische Tiefendimension erreicht die Eumenidenszene des zweiten Aktes, in der die Wahnvorstellungen des Orestes durch Tanzpantomimen und Chorsätze musiktheatralisch sinnfällig gemacht werden. Orestes Monolog »Le calme rentre dans mon coeur« gilt als Musterbeispiel ausdrucksmäßiger Mehrschichtigkeit: Die aufgewühlte Faktur des Orchestersatzes negiert den Sinn der Worte; Orestes angebliche Seelenruhe wird als Illusion entlarvt. Bereits Mme. de Staël zitierte diesen Satz in »De l'Allemagne« (1810) als Paradigma einer kommentierenden Kompositionstechnik; hierin konnten Berlioz und Wagner die greifbarsten satztechnischen Vorbilder für ihre Entwürfe einer musiktheatralischen Epik sehen.

Noten: CHR. W. GL. Sämtliche Werke, hrsg. von R. GERBER, G. CROLL u. a., Kassel 1951ff.

Dokumente: KINSKY, G.: Gl.s Briefe an Franz Kruthoffer, Wien 1927. MÜLLER VON ASOW, H. und E. H.: The Collected Correspondence and Papers of Chr. W. Gl., Ldn. 1962. HORTSCHANSKY, KL.: Gl.s Sendungsbewußtsein, dargestellt an einem unbekannten Gl.-Brief *in* Musikforschung 21 (1968), 30. Ranieri Calzabigi: scritti teatrali e letterari, hrsg. von A. L. BELLINA, Rom 1994.

Werkverzeichnis: WOTQUENNE, A.: Thematisches Verz. der Werke von CHR. W. von GL., Lpz. 1904; Ndr. Hildesheim 1967. LIEBESKIND, J.: Ergänzungen und Nachträge zu dem Thematischen Verz. der Werke von Chr. W. von Gl. von A. Wotquenne, Lpz. 1911.

Bibliographie: HOPKINSON, C.: A Bibl. of the Printed Works of Chr. W. von Gl. 1714–1787, Ldn. 1959; rev. und erw. 1967. HOWARD, P.: Chr. W. Gl. A Guide to Research, N. Y. 1989.

Literatur: EINSTEIN, A.: Gl., Ldn. 1936; rev. dt. NA. Kassel 1987. HORTSCHANSKY, KL.: Parodie und Entlehnung im Schaffen Chr. W. Gl.s, Köln 1973. DAHLHAUS, C.: Euripides. Das absurde Theater und die Oper. Zum Problem der Antikenrezeption in der Mg. *in* DERS.: Vom Musikdrama zur Literaturoper, Mn. 1983, 199–221. Chr. W. Gl. und die Opernreform, hrsg. von KL. HORTSCHANSKY, Darmstadt 1989. RUSHTON, J.: »Royal Agamemnon«. The Two Versions of Gl.s Iphigénie en Aulide *in* Music and the French Revolution, hrsg. von M. BOYD, Cambridge 1992, 15–36. RENGGLI, H.: Die frühe Gluck-Rezeption in Frankreich: ästhetische, kompositionstechnische und gattungsgeschichtliche Aspekte, Diss. Bern 1993. MARTINA, A.: Orfeo/Orphée di Gl. Storia della trasmissione e delle recezione, Florenz 1993. JOLY, J.: Paride ed Elena entre galanterie et réforme *in* Zwischen Opera buffa und Melodramma. Italienische Oper im 18. und 19. Jahrhundert, hrsg. von J. MAEHDER und J. STENZL, Ffm. 1994, 67–79. BUSCHMEIER, G.: Gl.s Armide-Monolog, Lully und die »Philosophes« *in* Fs. Kl. Hortschansky zum 60. Geburtstag, hrsg. von A. BEER and L. LÜTTEKEN, Tutzing 1995, 167–80. SCHNEIDER, H.: Gl. als »prosateur en musique«, ebd. 193–209. CUMMING, J.: Gl.s Iphigenia Operas. Sources and Strategies *in* Opera and the Enlightenment, hrsg. von T. BAUMAN and M. MCCLYMONDS, Cambridge 1995, 217–40. ROBERTS, J.: The »Sweet Song« in Demofoonte. A Gl. Borrowing from Handel, ebd. 168–88. SCHMIDT, D.: Cythère assiégée, opéra comique en un acte. Favart, Gl. und die Möglichkeiten der Parodie *in* Opernkomposition als Prozeß, hrsg. von W. BREIG, Kassel 1996, 31–45. RICE, J. A.: Antonio Salieri and Viennese Opera, Chicago 1998. DAHLHAUS, C. und MILLER, N.: Europäische Romantik in der Musik, Bd. 1: Oper und symphonischer Stil 1770–1820, Stg. u. a. 1999. SCHMIDT, D.: Armide hinter den Spiegeln. Lully, Gl. und die Möglichkeiten der dramatischen Parodie, Stg. u. a. 2001.

Matthias Brzoska

Goeyvaerts, Karel (August)

Geb. 8. 6. 1923 in Antwerpen; gest. 3. 2. 1993 in Antwerpen

G. schrieb zwar schon während seiner Studien am Antwerpener Konservatorium (seit 1942) und bei Messiaen und Milhaud am Pariser Conservatoire (1947–50) zahlreiche Werke für kammermusikalische Besetzungen sowie zwei Konzerte und Orchesterlieder, ließ jedoch später erst die sieben mit Nummern ohne Opuszahlen versehenen und teilweise unveröffentlichten Kompositionen gelten, die in den Jahren 1950–55 entstanden waren. Bereits in der *Komposition Nr. 1*, einer zweisätzigen Sonate für zwei Klaviere (1951), hatte G. aufgrund eigener Analysen von Weberns »Klaviervariationen« op. 27 und Messiaens »Mode de valeurs et d'intensités« nicht allein die ›traditionelle‹ Zwölftonmethode auf die noch freien Parameter Dauer, Intensität und Anschlag ausgedehnt, sondern früher als Boulez (in »Polyphonie X« und »Structures«) und Stockhausen (in »Kreuzspiel«) das Paradigma einer seriellen, auf quasi-mathematischen Proportionsreihen basierenden Strukturierung der Elemente des musikalischen Materials entworfen. Im Sommer 1951 provozierte der zweite Satz der Sonate, von G. und Stockhausen anläßlich der Darmstädter Ferienkurse für Neue Musik in Theodor W. Adornos Kompositionsseminar uraufgeführt, eine heftige Kontroverse, begründete aber zugleich die jahrelange Freundschaft zwischen beiden Komponisten, von der ein umfangreicher und für das Verständnis von Stockhausens Frühwerk unentbehrlicher Briefwechsel zeugt.

G.s »Bedürfnis nach einer unbedingten Reinheit des Klangmaterials« bewog ihn – nach den *Kompositionen* op. 2 und op. 6 für unterschiedlich besetzte Instrumentalensembles – schon 1952 dazu, »absolut unveränderte elektronische Töne zu benutzen, um eine pure Zeitstruktur zu zeigen« (die Reihe, 16), graphisch dargestellt in der *Komposition Nr. 4 mit toten Tönen*, der ersten, klanglich allerdings nie auf Tonband realisierten »Realisationspartitur für elektronische Generatoren«. Seine *Komposition Nr. 5 mit reinen Tönen* (1953) hingegen zählte zu den sieben frühen, im Kölner Studio des WDR realisierten Stücken, die erstmals 1954, in einem ausschließlich der elektronischen Musik gewidmeten Konzert vorgeführt wurden.

Noch vor der wiederum instrumentalen, jedoch als Bandmontage produzierten *Komposition Nr. 6 für 80 Klanggegenstände* (1954) und der nur mehr bruchstückhaft, in Gestalt eines »Glissandi« betitelten Materialienbandes erhaltenen *Komposition Nr. 7 mit konvergierenden und divergierenden Klangniveaus* (1955) war die strengste, für G. nur mit elektronischen Mitteln adäquat zu verwirklichende Konzeption der seriellen Musik ausformuliert, und damit G.s entscheidender Beitrag zur Musik des 20. Jahrhunderts, so sehr auch die folgenden Stücke von einem »gewissen Serialismus« (Sabbe) geprägt sein mögen und immer wieder auch elektronische Klänge inkorporieren. Seit 1958 Übersetzer bei der belgischen Fluglinie Sabena und nebenbei Gastdozent am Antwerpener Konservatorium, arbeitete G. eng mit der Gruppe Spectra zusammen und schrieb eine Reihe von verbalen Partituren, die nicht nur die Mitwirkenden, sondern ebenso das Publikum in die Entscheidungsprozesse miteinbeziehen, welche den konkreten Verlauf eines Stückes bestimmen, so in der »audiovisuellen Manipulation« *He* (1971), die in Zusammenarbeit mit Kollegen vom Institut für Psychoakustik und Elektronische Musik (IPEM) in Gent entstand, wo er seit 1970 tätig war, bevor er 1975 als Produzent für neue Musik zum Belgischen Rundfunk überwechselte. Im selben Jahr setzte G. mit *Mon doux pilote s'endort aussi* für gemischten Chor die Reihe seiner Vokalkompositionen fort, nachdem ihn schon 1966 der phonetische Zauber exotischer Namen zu *Goathemala* für Mezzosopran und Flöte angeregt hatte, dann Sprachklänge als Radionachrichten die Struktur eines Instrumentalstücks verändert hatten und in anderen Stücken mit selbsterfundenen »Scheinwörtern« kombiniert oder elektronisch transformiert worden waren. Ging es hier um die vielfältigen Konfigurationen eines Materials, so im Zyklus der zwischen 1979 und 1982 entstandenen *Litanien* für die verschiedensten Besetzungen vom Soloklavier bis zum Orchester um die jeweils individuelle Ausarbeitung eines übergeordneten Konzepts, das die Gleichzeitigkeit des Ab- bzw. Aufbaus neuer Gestalten thematisierte. Die letzten Jahrzehnte galten seinem Opus magnum, der Oper *Aquarius*, die utopisch auf das nächste astrologische Zeitalter verweist, »beginnend irgendwo im 22. Jahrhundert, das dieser Welt universelle Harmonie und universellen Frieden bringen wird« (Sabbe), ein Werk der apokalyptischen Tradition.

Noten: Cebedem (Brüssel); Salabert (Paris).
Dokumente: Das elektronische Klangmaterial *in* die Reihe 1, Wien 1955, 15–16. Was aus Wörtern wird *in* Melos 39 (1972), 159–162. »You'll never be alone any more«. Der Autobiographie 3. Teil (1958–83) *in* Musik-Texte 6 (1984), 11–16. Auf der Suche nach dem Ritus des Menschen [Interview] ebd., 19–24 [mit WV].
Werkverzeichnis: Revue belge de musicologie 48 (1994), 15–34.
Literatur: STOCKHAUSEN K.: Arbeitsbericht 1953 »Die Entstehung der Elektronischen Musik« *in* Texte zur elektronischen und instrumentalen Musik, Bd. 1, Köln 1963, 39–44. SABBE, H.: K.G.: Kompositionen 1–5 *in* MK 19 (1981), 7–18. DERS.: Vom Serialismus zum Minimalismus. Der Werdegang eines Manierismus. Der Fall G., »Minimalist avant la lettre« *in* Neuland Bd. 3, Bergisch Gladbach 1983, 203–208. The artistic legacy of K.G. a collection of essays, hrsg. von M. DELAERE, Brüssel 1994. DECROUPET, P.: K.G. und die serielle Tonbandmusik *in* Revue belge de musicologie 48 (1994), 95–118.

Hans Rudolf Zeller

Goldmann, Friedrich

Geb. 27. 4. 1941 in Siegmar-Schönau (Sachsen)

G.s kompositorische Produktion, die etwa mit dem zehnten Lebensjahr begann und sich seit Mitte der sechziger Jahre öffentlich entfaltet, umfaßt bis heute über hundert Werke. Abgesehen von gelegentlichen Ausflügen in vokale, dramatische, filmische oder radiophone Gefilde, bilden einerseits sinfonische bzw. konzertante Orchestermusik und andererseits instrumentale Kammermusik für Ensembles oder Solisten die eindeutigen, miteinander eng verbundenen Schwerpunkte seines kompositorischen Interesses. Diese Orientierung an der Tradition architektonisch geschlossener, komplex durchstrukturierter, mithin ›absoluter‹ Musik ist ebenso charakteristisch wie der Rekurs auf ein spezifisches Erbe deutscher Musik: die Vorliebe für sozusagen materialgerechtes, gründlich erforschtes Handwerk und rational begründbare Technik. Eine damit korrespondierende, weitere Eigenart offenbart sich in der vielgestaltigen und mehrschichtigen, jedoch stets kritischen und letztlich umwertenden Adaption klassischer Formmodelle und Strukturmuster – mit dem Ziel, ihre ästhetische Plausibilität für einen klanglichen Ausdruck zu testen, der dem je gegenwärtigen existentiellen, nicht zuletzt politischen Bewußtsein möglichst adäquat sein soll.

Zu den frühesten Stücken, die der Komponist gelten läßt, gehört ein *Trio* für Flöte, Schlagzeug und Klavier (1966–67). Es bildet den Auftakt zu einer längeren Schaffensphase, in der er sich – serielle Erfahrungen und indeterministische Antikonzepte gleichermaßen aufgreifend – mit Phänomenen der Clusterbildung, der gelenkten Improvisation, der Steuerung von klanglichen Massenereignissen im Wechsel mit den gestalt- und formbildenden Möglichkeiten von motivischer Polyphonie und von sonoristisch emanzipierten Einzelklängen beschäftigte. Unter den Vorbildern wurden – neben Stravinsky, Webern und Varèse – insbesondere Boulez, Xenakis und Ligeti wichtig. Nach drei frühen *Essays* für Orchester (1963, 1968, 1971) und zwischen vier *Sinfonien* (1972–1973, 1976, 1986, 1988–1989) entstanden in den siebziger Jahren eine Reihe von *Solo-Konzerten* für Posaune (1977), Violine (1977), Oboe (1978–1979) und Klavier (1979) sowie in den achtziger Jahren solche ›programmatischen‹ Orchesterstücke wie *Inclinatio temporum* (1981), *EXKURSION – Musica per Orchestra con Henric Sagittario* (1984), *SPANNUNGEN eingegrenzt* (1988) und *Klangszenen I* (1990) und *II* (1994), in denen das serielle Konzept zunehmend zugunsten eines modal gelenkten, intervall-harmonisch disponierten und koloristisch verfeinerten Klangdenkens zurücktritt. Anregungen gingen dabei auch von solchen ›Außenseitern‹ der Avantgarde wie Messiaen oder Scelsi, andererseits besonders vom späten Nono aus.

Das gilt ebenso für die nicht minder gewichtige Werkreihe für Kammerensembles, die von einer *Musik für Kammerorchester* (1973) über die Bläsermusik *Zusammenstellung* (1976) bis zu zwei *Ensemble-Konzerten* (1982, 1985), einer *Sonata a quattro* für 16 Spieler (1989) und dem »Concerto a quattro« *Wechselndes Zentrum* (1997–98) reicht. Gerade in diesem Bereich stellte sich G. dem Problem, wie die überlieferten Musizierformen, die geprägten Genres trotz veränderter Kompositionstechnik, angesichts brüchiger Funktion und unter dem Zwang gesellschaftskritischen Bewußtseins dennoch weiter entwickelt werden können. Dabei hält er fest an dem Anspruch auf strengste strukturelle Durchbildung, klangliche Differenziertheit und virtuose Leistungsfähigkeit einzelner wie kollektiver Interpreten. Aber gleichzeitig demontiert seine Musik alte (veraltete?) Form- und Ausdrucksschemata, Rituale der esoterischen Hypnose oder der akrobatischen »Spiel-Freude« mit oft sarkastischem Ingrimm.

Noten: Peters (Lpz., Ffm.).
Dokumente: Auskünfte *in* Musica 39 (1985), 439–443. Gespräch mit Fr. Schneider *in* Komponieren zur Zeit. Gespräche mit Komponisten der DDR, hrsg. von M. HANSEN, Lpz. 1988, 67–108. Klischees und Komponieren. Komponierte Klischees in Klischee und Wirklichkeit, hrsg. von O. KOLLERITSCH, Wien 1994, 23–34.
Literatur: SCHNEIDER, FR.: Momentaufnahme. Notate zu Musik und Musikern in der DDR, Lpz. 1979. DERS.: Neubau mit Einsturzgefahr [zur 3. Sinfonie] *in* Melos 50, 2 (1988), 2–32 [mit WV]. DERS.: Angemessene Reaktionen [Analyse Ensemblekonzert 2] *in* Musik-Texte 23 (1988), 10–13. DIBELIUS, U.: Moderne Musik II (1965–1985), Mn. 1988. HANSEN, E.: Analyse »zerbrechlich schwebend« *in* positionen 6–7 (1991), 24 f. DIES.: Present 50. Exkursion per musica con Fr. G. *in* positionen 8 (1991), 37–41. SCHNEIDER, FR.: Analyse »sonata a quattro« *in* MusikTexte 39 (1991), 16–18. SCHMIDT, D.: Lenz im zeitgenössischen Musiktheater. Literaturoper als kompositorisches Projekt bei Bernd Alois Zimmermann, Fr. G., Wolfgang Rihm und Michèle Reverdy, Stg. und Weimar 1993.

Frank Schneider

Goudimel, Claude

Geb. ca. 1514 in Besançon;
gest. 28.(?) 8. 1572 in Lyon

G.s Schaffen ist mit den politischen Verhältnissen, den Religionskämpfen in Frankreich in der zweiten Hälfte des 16. Jahrhunderts, eng verbunden. Der größte Teil seines Œuvres besteht aus Vertonungen von Psalmtexten des Hugenottenpsalters. Der Dichter Clément Marot, der wegen seiner papstfeindlichen Haltung vom Hofe Franz I. fliehen mußte, hatte Psalmtexte in französische Verse übertragen – zunächst auf beliebte Chansonmelodien, die von Calvin 1539 unter Hinzufügung eigener Dichtungen in einem Gesangbuch gedruckt wurden. 1562 erschien der vollständige Genfer Psalter mit 150 gereimten Psalmtexten von Marot und Téodore de Bèze, dem Nachfolger Calvins in Genf, mit 125 Melodien. G. hat die Psalmtexte in drei verschiedenen Versionen mehrstimmig gesetzt, die von einer sehr einfachen bis zu einer äußerst kunstvollen Kompositionsweise reichen.

Eine einfache Fassung wurde 1564 veröffentlicht (Nachdruck 1565). Ebenfalls 1564 (Nachdruck 1565: »Jacqui-Psalter«) folgte eine weitere Fassung mit allen 150 Psalmen, deren Sätze zumeist akkordisch in homorhythmischer Deklamation gehalten sind unter Verwendung der Psaltermelodie im Tenor. Die Stücke sind kurz, da ihnen nur der erste Psalmvers zugrunde liegt. 28 Stücke weisen einen polyphon aufgelockerten Satz auf. Die Vertonungen waren von G. für den Hausgebrauch bestimmt, wurden jedoch früh im reformatorischen Gottesdienst verwendet und fanden auch in anderen Ländern Verbreitung (die erste deutsche Ausgabe aus dem Jahre 1573 stammt von Ambrosius Lobwasser, der den Genfer Nachdruck von 1565 zur Grundlage seiner Ausgabe nahm). Eine erneute Vertonung der 150 Psalmen hat G. 1568 veröffentlicht. Sie enthält vierstimmige Stücke in durchgehend polyphonem Satz und verwendet ebenfalls für alle Sätze die Psaltermelodie, die fast immer in der Oberstimme liegt, ein Brauch, den G. wahrscheinlich als erster einführte. Eine Anzahl Sätze aus der Sammlung von 1564–1565 wurde wiederum übernommen.

Musikalisch am interessantesten sind freilich die Psalmen in Motettenform. Sie wurden zwischen 1551 und 1566 in acht Büchern publiziert und enthalten insgesamt 67 Kompositionen. Nur ein Teil der Vertonungen basiert auf der hugenottischen Psaltermelodie und ein weiterer Teil macht von den entsprechenden Melodien freien Gebrauch, während sie im sechsten bis achten Buch durchgehend verwendet werden. Im Unterschied zu den beiden Versionen der 150 Psalmen zeichnen sich die Kompositionen hier durch extreme Länge aus, indem alle Verse eines Psalms vertont werden. Die Stücke sind in Abschnitte untergliedert, die jeweils mehrere Psalmstrophen enthalten können. Besonders die vielstrophigen Psalmvertonungen demonstrieren G.s Kunst der Variation. Die Stimmenanzahl von drei bis zu sechs Stimmen dient sowohl der Differenzierung der Abschnitte als auch der Steigerung: Besonders bemerkenswert ist das letzte Stück im siebten Buch *Je t'aymeray en toute obeissance*, dessen Schlußabschnitt die Achtstimmigkeit erreicht; Variationsreichtum zeigt sich zudem in der motivischen Gestaltung und in der Satztechnik. In dem weitgehend polyphonen Satz werden homophone Partien meist in textausdeutender Funktion eingesprengt, Durchimitation wechselt mit freierer Stimmbehandlung, Partien mit langmensuriertem cantus firmus und solche mit gleichrangigen Stimmen folgen aufeinander. G. hätte wohl weitere Bücher folgen lassen und auch die verbleibenden Psalmen in Motettenform komponiert, wenn er nicht Opfer der Glaubenskampfe geworden ware.

Neben seinen Psalmvertonungen, verschiedenen lateinischen Motetten, einem *Magnificat* und fünf sehr kurzen und einfachen Messen im französischen Stil hat sich G. auch der weltlichen Musik gewidmet. Seine Oden auf Texte von Horaz sind zwar verloren, seine Chansons (69 sind erhalten) auf Gedichte der berühmtesten Dichter wie Pierre Ronsard, Philippe Desportes oder Margarete von Navarra weisen ihn auch als gewandten Chansonkomponisten aus. Die polyphon aufgelockerte Satzweise entspricht derjenigen der zweiten Version der Psalmvertonungen, wobei jedoch textausdeutende Momente eine größere Rolle spielen.

Noten: Cl. G. Œuvres complètes, hrsg. von P. Pidoux u. a., Institute of Medieval Music, Gesamtausgaben III, Brooklyn 1967–83.
Literatur: Lawry, E.M.: The Psalm Motets of Cl.G., Diss. N.Y. University 1954. Egan-Buffet, M.: Les Chansons de Cl.G. Analyses modales et stylistiques, Ottawa 1992 [mit Verz. der Chansons].

Elisabeth Schmierer

Gounod, Charles François

Geb. 17. 6. 1818 in Paris;
gest. 18. 10. 1893 in St. Cloud bei Paris

Ch. G. ist heute vor allem durch zwei Werke im Bewußtsein des Musikhörers: durch seine Oper *Faust* (die in Deutschland meist unter dem Titel »Margarete« gespielt wird) und die mit *Méditation* überschriebene berühmt-berüchtigte Bearbeitung des ersten Präludiums aus Bachs »Wohltemperiertem Clavier«, die technisch makellos, aber ästhetisch trivial ist und von Zeitgenossen als »musique impure« getadelt wurde. Doch kann G.s Bedeutung für die französische Musik kaum überschätzt werden, und seine geschichtliche Rolle war zweifellos die eines Neuerers; eines Neuerers allerdings, dessen Leistung auf den ersten Blick unspektakulär erscheinen mag, da sie nur vor dem Hintergrund der besonderen Pariser Musiksituation um die Mitte des 19. Jahrhunderts zu verstehen ist. Zu einer Zeit, in der Paris von Rossini, Donizetti und Meyerbeer beherrscht wurde, von ›Ausländern‹ also, verfolgte G. das Ideal einer ›französischen‹ Musik, ohne das Pathos eines Propheten oder den Elan eines Revolutionärs, aber mit unaufdringlicher Hartnäckigkeit; er wurde damit zum Vorläufer und Anreger jener Bestrebungen, die im letzten Jahrhundertdrittel unter dem Motto »Ars gallica« zu einer Art Wiedergeburt der französischen Musik führten.

G.s kompositorische Anfänge, insbesondere die Werke schon der fünfziger Jahre, zeigen sehr deutlich die Weite seiner musikalischen Interessen; er versuchte sich in unterschiedlichsten Gattungen und ließ zunächst keine besonderen kompositorischen Vorlieben erkennen. Begonnen hatte er mit Kirchenmusik; und durch ein frühes Studium der Vokalpolyphonie des 16. Jahrhunderts hatte er nicht nur solide technische Grundlagen, sondern ein echtes künstlerisches Verständnis für den strengen Satz erworben. Indem er die kontrapunktisch-polyphone Schreibweise mit der chromatisch angereicherten Harmonik seiner Zeit verschmolz, entwickelte er eine eigene harmonische Sprache, die ein Werk wie die *Messe solennelle* (1855) prägte, die von Zeitgenossen für ein Meisterwerk, von ihm selbst für bedeutender als seine Opern gehalten wurde. Neue Wege suchte er auch in den beiden *Symphonien* in *D-dur* und *Es-dur* (1855 bzw. 1856), die – in ihrem an Mozart und Haydn anknüpfenden Klassizismus (mit einem ins ›Französische‹ gewendeten Ton) – eine programmatische Abkehr vom italienischen Stilideal bedeuteten und den Bemühungen einer späteren Komponistengeneration um eine französische Instrumentalmusik den Weg bereiteten.

Wenn in G.s Schaffen jedoch sehr schnell die Oper zu dominieren begann, so wohl vor allem deshalb, weil es im Grunde keine andere Möglichkeit gab, als Komponist in Paris erfolgreich zu werden: Das Publikumsinteresse an Orchestermusik war vergleichsweise gering, und Gelegenheiten, sich damit der Öffentlichkeit zu präsentieren, fehlten weitgehend. Allein zwischen 1851 und 1860 schrieb G. sechs Opern, unter denen es zunächst eher die kleineren Werke (wie *Le médecin malgré lui*) waren, in denen er seine kompositorischen Fähigkeiten voll entfaltete. Mit einer einfachen, ausdrucksvollen Musik, die auf gängige ›Formeln‹ der Zeit verzichtete und der effektvollen, luxurierenden Sprache der grand opéra eine Ästhetik des ›Gedämpften‹ entgegenstellte, und mit einer Melodik von lyrischem Grundcharakter brachte er nicht nur in seine eigene, sondern in die französische Musik seiner Zeit einen neuartigen Ton.

1859 wurde *Faust*, G.s Hauptwerk, uraufgeführt – keine Oper Meyerbeerscher Prägung, sondern ein »drame lyrique«, ein Operntypus, in dem G. der Musik eine neue dramaturgische Funktion zuwies: Ihr Schwerpunkt wurde von der Schilderung des äußeren Bühnengeschehens auf die innere Handlung verlagert, und ihr Charakter war bestimmt von lyrischer Einfachheit, in der gleichwohl die Gefühlswelt der handelnden Personen differenziert und nuanciert gezeichnet wurde. Der reservierten Aufnahme, die das Werk zunächst bei einem an Meyerbeer gewöhnten Publikum fand – die Musik wurde als unzugänglich, abstrakt, intellektuell getadelt, und man warf G. einen Mangel an melodischer Begabung vor – folgte bald allgemeine Zustimmung, schließlich der große Erfolg. Erfolgreich waren auch *Mireille* (1864) und *Roméo et Juliette* (1867), bei denen die volkstümlichen Züge der einen, das populäre Sujet und der Melodienreichtum der anderen Oper dem Verständnis des Publikums offenbar entgegenkamen.

In den späten Werken, den Opern wie den Oratorien, werden an dem typischen Stil G.s immer häufiger Manierismen und Zeichen eines Verfalls sichtbar: Während sich auf der einen Seite die Expressivität seiner Melodik dem Sentimentalen und Rührseligen zuneigte, führte andererseits ihre Einfachheit zu einer Leichtgewichtigkeit und Widerstandslosigkeit, die die Musik fade erscheinen und nicht selten an die Grenze zum Banalen geraten ließ. Dennoch schmälert dies G.s Verdienst nicht, einer der ersten Komponisten des 19. Jahrhunderts gewesen zu sein, der sich mit Erfolg um eine ›genuin‹ französische Musik bemüht und ein Werk geschaffen hat, das in den achtziger Jahren als Verkörperung einer neuen französischen Musik galt und in seinen besten Ausprägungen die jüngere Komponistengeneration – Massenet vor allem, aber auch Debussy und Ravel – beeinflußt hat.

Noten: Choudens (Paris).
Dokumente: Autobiographie de Ch. G. et articles sur la routine en matière d'art, hrsg. von G. WELDON, Ldn. 1875. PROD'HOMME, J. G.: Miscellaneous Letters by Ch. G. *in* MQ 4 (1918), 630 ff. TIERSOT, J.: G.'s Letters *in* MQ 5 (1919), 40 ff.
Literatur: PROD'HOMME, J. G. und DANDELOT, A.: G. (1818–1893), Paris 1911; Ndr. 1973 [mit WV]. HARDING, J.: G., Ldn. 1973. HUEBNER, ST.: The Operas of Ch. G., Oxford 1990.

Renate Groth

Grétry, André-Ernest-Modeste

Geb. in 8. 2. 1741 in Liège;
gest. 24. 9. 1813 in Montmorency/Paris

Gilt die französische opéra comique des ausgehenden 18. Jahrhunderts als »Modell der modernen Oper schlechthin« (Döhring, 111), so muß Gr. ähnlicher historischer Rang zuerkannt werden wie seinem Zeitgenossen Gluck. Denn im Bereich des komischen Genres initiierte er eine Neuorientierung, deren Folgen wenigstens ebenso weitreichend waren wie die Reform der musikalischen Tragödie durch Gluck, den Gr. durchaus bewunderte. Gemeinsam mit seinen wichtigsten Librettisten, Jean François Marmontel und Michel-Jean Sedaine, hat Gr. in einem über siebzig Titel umfassenden Gesamtwerk musikalische Techniken und dramaturgische Modelle entwickelt, welche die Operngeschichte bis hin zu Wagner beeinflußt haben. Überdies stellen die in den letzten Lebensjahren entstandenen theoretischen Schriften Gr.s eine unverzichtbare Quelle der Musikgeschichtsschreibung dar.

In Gr.s Œuvre sind vor allem drei Neuerungen vorausweisend: Die Auflösung der Gattungsschranken zwischen tragischem und komischem Genre, die musikalische Durchdringung des französischen und des italienischen Idioms und die Herausbildung eines packenden musiktheatralischen Dramaturgiemodells, für das sich nachträglich die Bezeichnung »Rettungsoper« eingebürgert hat.

Das Aufbrechen der strengen Gattungsnormen des 18. Jahrhunderts ist ein Phänomen von allgemeiner Bedeutung, das in der Aufklärung wurzelt; für die französische Oper aber hatte es spezifische Folgen: Die Vermischung des Heiteren und des Tragischen führte dazu, daß der Unterschied zwischen einer opéra comique und einer tragédie lyrique oder »großen Oper« nicht mehr an inhaltlichen, sondern nur noch an strukturellen und institutionellen Merkmalen bestimmt werden kann: Für die opéra comique sind gesprochene Dialoge charakteristisch, da allein die königliche Oper (»Académie royale«) das Privileg besaß, durchkomponierte Werke mit Rezitativen aufzuführen, die in der Regel auch ausgedehnte Ballettszenen enthielten. Für diese Gattungsvermischung liefert das Werk von Gr. frühe Belege: Unter dem Einfluß des bürgerlichen Rührstücks – der »comédie larmoyante« – schuf Marmontel mit seinem Libretto zu *Lucile* (Paris 1769) erstmals eine opéra comique, der ein sentimentaler, wenn nicht tragischer Konflikt zwischen Personen niederen Standes zugrunde liegt. Umgekehrt stellt die »comédie lyrique« *Colinette à la cour ou La double épreuve* (»C. am Hofe oder Der doppelte Beweis«; Paris 1782) des Librettisten Jean Baptiste Lourdet einen der ersten erfolgreichen Versuche dar, ein heiteres Sujet auf die Bühne der »Académie royale« zu bringen. Ähnliche Mischformen stellen die Zauberoper *Zémire et Azor* (Marmontel; Paris 1771) und die »opéra ballet« *La Caravane du Caïre* (E. Morel; Fontainebleau 1783) dar, welche große Ballettszenen, spektakuläre Bühneneffekte und prunkvolle Bühnenbilder in die Dramaturgie einbeziehen.

Die Mischung des Heiteren und des Tragischen stellte neue Anforderungen auch an die musikalischen Charakterisierung. Namentlich durch die Einbindung des Accompagnato-Rezitativs erschloß sich Gr. Ausdrucksbereiche, die in der opéra comique zuvor unbekannt waren: Um etwa die tiefe Verzweiflung des einfachen Bauern Blaise zu charakterisieren, schuf er in *Lucile* ein frühes Beispiel für einen Monolog, in dem orchesterbegleitete Deklamation und ariose Passagen in einer offenen

Formgebung ineinander übergehen. In den geschlossenen Arien griff Gr. sowohl auf italienische wie auch französische Formen zurück; von den Zeitgenossen wurde dabei besonders seine Fähigkeit bewundert, eingängige Melodien zu finden, die dem natürlichen Wortakzent der französischen Deklamation entsprechen. Gleichwohl verzichtete er keineswegs auf Koloraturarien im italienischen Stil, die er ebenfalls dramatisch zu begründen verstand: So wird die virtuose Arie »La fauvette«, die Zémire für Azor singt, als Einlagestück motiviert, das die rührselige Grundstimmung durch einen wirkungsvollen musikalischen Kontrast unterbricht. Ähnlich abwechslungsreich sind die von der italienischen opera buffa beeinflußten Ensemble- und Finalszenen, deren formale Anlage Gr. ebenfalls in den Dienst musikdramatischer Charakterisierung stellt: Luciles Solo (Nr. 7) geht unmittelbar in das Terzett (Nr. 8) über, das die Dreistimmigkeit jedoch erst im Mittelteil erreicht, wenn die dramatische Konfusion auf ihrem Höhepunkt angelangt ist. Die Technik der personenspezifischen Charakterisierung im Ensemble illustriert das Quartett aus dem 3. Akt von *Les fausses apparances ou L'amant jaloux* (»Die falschen Erscheinungen oder Der eifersüchtige Liebhaber«, Thomas d'Hèle; Versailles 1778) in welchem die Beteiligten mit demselben Motiv einsetzen, das dann jedoch je unterschiedliche Fortspinnungen erfährt. In den Massenszenen wird Gr.s Bemühen deutlich, Musik und Szene zu integrieren: Im Doppelchor aus dem 3. Akt von *Colinette* erschließt er sich den Bühnenraum als Gestaltungsmoment, indem er das Trinklied des Bühnenchors mit einem musikalisch kontrastierenden Fernchor kombiniert, der ein Hochzeitslied anstimmt.

Die gattungsgeschichtlich herausragende Bedeutung kommt zweifellos der Oper *Richard Coeur-de-lion* (»Richard Löwenherz«; Paris 1784-85) zu, in der Gr. in enger Zusammenarbeit mit seinem Librettisten Sedaine ein packendes und zielgerichtetes Dramaturgiemodell entwickelte, das bis hin zu Beethovens »Fidelio« bestimmend wurde. Die Stringenz der Handlung resultiert hierbei daraus, daß sie von einem einzigen Motiv vorangetrieben wird: Der Rettung eines Gefangenen – hier des Königs Richard Löwenherz – durch einen ergebenen Freund – hier den Troubadour Blondel. Als Vorbild für zahllose spätere Opern wirkte insbesondere das Aktionsfinale, in dem die spektakuläre Rettungsaktion, die in der Erstürmung der Gefängnismauern gipfelt, in einem szenisch-musikalischen Gesamtkomplex auskomponiert wird, der bei offenem Szenenwechsel mehrere Nummern verbindet. Ebenso vorausweisend erschien im Rückblick die musikdramatische Funktion der Romanze Blondels »Une fièvre brûlante«, die den verschworenen Befreiern als musikalisches Erkennungszeichen dient und daher an Schlüsselstellen der Handlung wiederholt wird. Hierbei handelt es sich um ein frühes Beispiel für ein dramatisch bedeutsames Erinnerungsmotiv; da es in den opernästhetischen Reformschriften des 19. Jahrhunderts häufig diskutiert wurde, ist nicht auszuschließen, daß Wagner auf diesem Wege auf Gr.s Technik erinnerungsmotivischer Verknüpfung aufmerksam gemacht wurde. Da Gr. sich bei der Komposition der Romanze an den damals bekannten Quellen mittelalterlicher Musik orientierte, kann sie zudem als früher Beleg für authentische musikalische Milieuschilderung gelten – ein Verfahren, das Gr. durch die Verwendung eines Schweizer Kuhreigens in *Guillaume Tell* (Sedaine, 1791) erneut aufgegriffen hat und das unter der Bezeichnung »Couleur locale« in der späteren Oper häufig angewandt wurde.

Die Verbindung unterschiedlicher Gattungsmerkmale, die subtile Charakterisierung innerer Konflikte, die Entwicklung großangelegter Chor- und Finalszenen, die Herausbildung des »Rettungsoper«-Modells und schließlich die Einführung von erinnerungsmotivischer Verknüpfung und musikalischer »couleur locale« rechtfertigen es, in Gr.s Werk die Anfänge der romantischen Oper zu sehen.

Noten: Collection complète des œuvres, hrsg. von F. A. Gevaert, E. Fétis u. a., Lpz. 1884–1936.
Dokumente: Mémoires ou Essais sur la musique, 3 Bde., Paris 1789; ²1797; Ndr. N. Y. 1971; dt. hrsg. von P. Gülke, Wilhelmshaven 1978. Réflexions d'un solitaire, 4 Bde., hrsg. von L. Solvay und E. Closson, Brüssel und Paris 1919–24.
Literatur: Charlton, D.: Gr. and the Growth of opéra comique, Cambridge 1986. Döhring, S.: Die Rettungsoper. Musiktheater im Wechselspiel politischer und ästhetischer Prozesse *in* Beethoven. Zwischen Revolution und Restauration, hrsg. von H. Lühning und S. Brandenburg, Bonn 1989, 109–136. Gr. et l'Europe de l'opéra-comique, hrsg. von P. Vendrix, Liège 1992. L'opéra-comique en France au XVIIIe siècle, hrsg. von dems., Liège 1992. Deux chapitres inédits des »Réflexions d'un solitaire«, hrsg. von M. Brix und Y. Lenoir, Namur 1993.

Matthias Brzoska

Grieg, Edvard Hagerup

Geb. 15. 6. 1843 in Bergen;
gest. 4. 9. 1907 in Bergen

Gr. zählt zu den wenigen der heute weltberühmten Komponisten des 19. Jahrhunderts, die ihren Ruhm noch selbst erlebt haben. Die beiden *Peer-Gynt-Suiten* und das *Klavierkonzert a-moll* begründeten die bis heute ungebrochene weltweite Geltung des Norwegers im Bereich der Orchestermusik, während sich die zehn Hefte der *Lyrischen Klavierstücke* als feste Bestandteile des häuslichen Klavierspiels etablierten. Spätestens ab den achtziger Jahren glichen die zahlreichen europaweiten Konzertreisen Gr.s, auf denen er als Pianist und immer häufiger auch als Dirigent auftrat, wahren Triumphzügen. Nach zeitweisen Verpflichtungen als Dirigent in Christiania (Oslo) und Bergen nahm er nach 1882 keine feste Stellung mehr an. Er konnte gut von den Konzert- und Druckhonoraren sowie von einem ihm ab 1874 vom norwegischen Parlament gewährten jährlichen Stipendium leben. Den Grundstock der Popularität Gr.s bilden letztlich einige wenige Sätze oder Stücke aufgrund ihrer eingängigen Melodik. Gr. war allerdings die Volksläufigkeit mancher seiner kompositorischen Erfindungen zeitweilig selbst nicht mehr ganz geheuer. Aus Wien berichtete er: »Aber Popularität kann mitunter unangenehm sein, die erlebte ich gestern, als ein Zitherspieler unter Mittag sich plötzlich mit Solveigs Lied hören ließ« (Brock, 35). Prägnanz konnte sich offensichtlich auch zu Penetranz steigern: »Und dann habe ich etwas zur Halle des Bergkönigs gemacht, das anzuhören ich buchstäblich nicht ertrage, so sehr klingt es nach Kuhfladen, übertriebenem Norwegertum und Selbstgefälligkeit« (übersetzt nach Benestad und Schjelderup, 166).

»Melancholisch« und »norwegisch« sind fraglos die beiden Hauptbegriffe in der Rezeptionsgeschichte der Musik Gr.s. Gefördert durch das Nachwirken der jahrhundertealten Lehre von den Volkscharakteren, hat man sich an die Allianz dieser beiden Eigenschaften gewöhnt. Doch problematisch ist nicht nur das quantitative Moment der Generalisierung. Die beiden Begriffe markieren strenggenommen einen Widerspruch, der bereits Gr.s gesamte Kunstanschauung durchzieht. Auf der einen Seite stehen Individualität und Subjektivität des Künstlers (Gr. spricht von der Suche nach dem »eigenen Ich«). Maßstab für die Abgrenzung der eigenen Selbständigkeit bildet die Musikgeschichte mit ihren Traditionen und ihren auf universale Geltung hin ausgerichteten ästhetischen und kompositorischen Normen. Auf der anderen Seite steht das Streben nach einem nationalen Gepräge, gegründet auf dem Fundament der jeweiligen Volksmusik. Hier zählen indes Aspekte wie Anonymität, Kollektivität und Objektivität. Gr. sah in diesem Gegensatz jedoch keinen unversöhnlichen Widerspruch. Vielmehr war ihm der Durchbruch zur eigenen Individualität identisch mit der radikalen Hinwendung zur Musik des eigenen Landes und der Integration ihrer charakteristischen Elemente in den Rahmen kunstmusikalischer Formen und Satztechniken. Die Individualität einer solchen Synthese beruht jedoch bei Lichte besehen auf ihrer Einmaligkeit: der Gleichsetzung von ›griegsch‹ und norwegisch. Im Grunde genommen ist diese Singularität höchst unnational gedacht. So war Gr. denn auch nicht völlig gefeit gegen die Rolle eines hohepriesterlichen Mittlers. Seine Äußerungen über das Ringen um die eigene künstlerische Identität, das für ihn eben in eins fiel mit der Schaffung einer nationalen Kunstmusik, lesen sich manchmal wie die Geschichte einer Bekehrung (wobei der Gegensatz weltlich-geistlich zu kosmopolitisch-national verändert ist). Der norwegische Geigenvirtuose Øle Bull erscheint als ›Retter‹ vor dem Abgrund einer kosmopolitischen und deswegen notwendig »farblosen Musik im Stile eines Nils Gade« (Brock, 23). Die Studienzeit am Leipziger Konservatorium (1858–62) wird besonders negativ dargestellt, während ab der Mitte der sechziger Jahre Gr. seine Komponistenexistenz als »Mission« versteht, die »Opferwilligkeit« verlange (Benestad und Schjelderup, 134). Immer wieder ist von einer »Berufung« die Rede. Allerdings muß darauf hingewiesen werden, daß zum einen der Nationalismus Gr.s völlig ohne chauvinistische Elemente auskam. Zum anderen war sich Gr. der Gefahr der Einseitigkeit und des Provinzialismus bewußt, so daß er gegen den Anwurf in der Presse, er verstehe sich als »der eigentliche Messias der norwegischen Komposition« (ebd., 284) mit einem öffentlichen Brief zu wehren suchte, der als sein »kosmopolitisches Glaubensbekenntnis« bezeichnet wurde (ebd.).

Der Blick über das Gesamtwerk zeigt, daß mit dem pianistischen und orchestralen Charakterstück sowie mit dem zumeist strophischen Lied die lyrische Kleinform dominiert. In einer Darstellung der kompositorischen Entwicklung Gr.s ließe sich denn auch behaupten, daß dieser Kurs erstens ganz von der nationalistischen Rezeption norwegischer Volksmusik bestimmt gewesen sei, und daß er sich zweitens schon in den frühen Werken abgezeichnet habe. Dafür spricht, daß Gr. am Konservatorium an den Aufgaben scheiterte, ein Streichquartett und eine Orchesterouvertüre zu komponieren. Und die 1863 von Gade in Kopenhagen geforderte Symphonie gelangte zwar zum Abschluß (1864), erhielt jedoch wenige Jahre später die Aufschrift »darf nicht aufgeführt werden«. 1865 glückte indes mit den *Humoresken* op. 6 just auf dem Gebiet des Lyrischen Klavierstückes der Durchbruch zu einem stark von der Volksmusik inspirierten Stil. Die Stücke enthalten nahezu das gesamte Repertoire der für Gr.s Musik so typischen Merkmale: Elemente der Bauerntänze Halling und Springar, modale, auf den Kirchentonarten fußende Skalen sowie Orgelpunkte und Liegetöne, die den Bordunklang der Resonanzsaiten von *Hardanger Fiedel* und *Langeleik* (eine mit Plektron geschlagene Griffbrettzither) imitieren. Allerdings werden speziell diese Merkmale für eine Chromatik genutzt, in der archaisierende und progressive Tendenzen zusammengehören wie die beiden Seiten einer Medaille.

Gr. hat jedoch zunächst das Gebiet der kleineren, für die Rezeption volksmusikalischer Phänomene gut geeigneten Formen keineswegs zu seiner ausschließlichen Heimat erklärt. Vielmehr unternahm er eine ganze Reihe erfolgreicher Vorstöße auf das Terrain großer, zyklischer Formen. Die *Klaviersonate e-moll* op. 7 (1865) weist zwar noch eine gewisse Schulmäßigkeit der Form auf, während in der *Ersten Violinsonate F-dur* op. 8 (1865) und vor allem in der 1888 zur Orchesterouvertüre instrumentierten Fantasie für Klavier zu vier Händen *I Höst* op. 11 (»Im Herbst«; 1865–66) das Problem motivischer Heterogenität auffällt. Doch schon mit der *Zweiten Violinsonate G-dur* op. 13 (1867) zeigt G., daß er im Geiste der alten norwegischen Volkslieder und Bauerntänze erfundene Thematik soweit zu Entwicklung und Arbeit heranziehen kann, daß die Form das Resultat eines prozessualen Geschehens und nicht einer bloßen Reihung bildet.

Im Jahrzehnt nach dem *Klavierkonzert a-moll* op. 16 (1868), dessen Motivreichtum höchst charmant von formalen Schwächen ablenkt, unterließ Gr. jedoch die Auseinandersetzung mit den großen Gattungen selbständiger Instrumentalmusik und wandte sich vor allem dem Lied und dem orchestralen Charakterstück zu (Schauspielmusik zu Ibsens *Peer Gynt* op. 46, 1888 bzw. op. 55, 1891 und zu Björnsons *Sigurd Jorsalfar* op. 56, 1892). Spätestens 1878 empfand er diesen Kurs als Abweichung ins »Kleingeistige« und trat wieder zum Kampf mit den alten Problemen an. Dazu schrieb er an einen Freund: »Du machst Dir keinen Begriff davon, welche Mühe ich mit den Formen habe, aber das kommt auch davon, daß ich darauf bestanden habe, zu stagnieren, und das kommt wiederum teils von vielen Gelegenheitsarbeiten (Peer Gynt, Sigurd Jorsalfar ›und andere Gemeinheiten‹), teils von allzuviel Volkstümlichkeit« (ebd., 193). Resultat der Mühen war das *Streichquartett g-moll* op. 27 (1878). Zwar glänzt dieses Werk durch progressive Züge wie raffinierte Chromatik und nahezu statische Klangflächen, doch die Prozessualität der Form ist eher schwach ausgeprägt – ein Manko, daß freilich durch ein enges Netz motivischer Bezüge ausgeglichen wird.

Nach der *Dritten Violinsonate c-moll* op. 45 (1886–87) hat Gr. sich auf das Lied, das Lyrische Klavierstück und auf die Bearbeitung norwegischer Volksweisen und Bauerntänze für Klavier konzentriert. Dabei entstanden zentrale Werke der norwegischen Musikgeschichte wie der Zyklus der *Haugtussa-Lieder* op. 67 (1895–98). Doch in den großen instrumentalmusikalischen Gattungen wie Symphonie, Ouvertüre, Streichquartett, Klavierkonzert und Klaviersonate beließ seine Muse es bei den Einzelkindern. Gr. ist vielleicht der nationalste Komponist des Jahrhunderts großer bürgerlicher Musik gewesen. Schon allein die Tatsache fasziniert, daß er sich sein musikalisches Norwegen selbst komponierte. Noch mehr beeindruckt jedoch, daß die Welt es ihm abnahm.

Noten: E. Gr. Gesamtausgabe in 20 Bdn. (GGA), Ffm. 1977ff. [WV in GGA XX].
Dokumente: Benestad, F.: Brev i utvalg, 2 Bde., Oslo 1998 [ca. 1500 Briefe]. E. Gr. Briefwechsel mit dem Musikverlag C. F. Peters 1863–1907, Ffm. 1997.
Werkverzeichnis: Fog, D.: Gr.-Katalog. En fortegnelse over E. Gr.s trykte kompositioner. Verzeichnis der im Druck erschienenen Kompositionen von E. Gr., Kopenhagen 1980.
Literatur: Benestad, F. und Schjelderup-Ebbe, D.: E. Gr. Mennesket og kunstneren, Oslo 1980; engl. 1988 [mit WV]; gekürzte dt. Ausgabe, Lpz. 1993. Brock, H.: E. Gr., Lpz. 1990, ²1998.

Siegfried Oechsle

Grisey, Gérard

Geb. 17. 6. 1946 in Belfort (Frankreich);
gest. 11. 11. 1998 in Paris

Im Eröffnungskonzert der Donaueschinger Musiktage 1978 begegneten die meisten deutschen Hörer dem Namen und der Musik des jungen Franzosen wohl zum ersten Mal. Doch hinterließ die Uraufführung des Werkes *Sortie vers la lumière du jour* (»… eine Klangkonstruktion, die immer dichter wird, immer mehr Schichten umfaßt, eine Kurve wie die Sonne beschreibt«, so der Kritiker Heinz W. Koch) laut Presseecho keine nachhaltige Wirkung. Auch das Studium des ausführlichen Einführungstextes beschrieb keine einprägsame programmatische Idee, sondern eher ein grundsätzliches Credo: »Die verschiedenen Prozesse, die bei der Veränderung eines Klanges in einen anderen oder einer Klanggruppe in eine andere auftreten, bilden die eigentliche Basis meiner Schreibweise, die Idee und den Keim jeder Komposition.« Und später: »In meiner Musik läßt sich der Klang niemals für sich selbst betrachten; er ist immer durch den Filter seiner Geschichte gegangen. Wohin geht er, Woher kommt er? Diese Frage stelle ich mir in jedem Augenblick, bei jeder Partitur, die ich gerade schreibe.« Erst nach Darlegung dieses übergeordneten Ansatzes unmittelbar aus dem Klangmaterial heraus kam der Komponist auf die zwei verschmelzenden Prozesse der Partitur zu sprechen (»… des Lichts, charakterisiert durch harmonische Teiltöne, und den des Schattens, charakterisiert durch unharmonische Teiltöne und weißes Rauschen«), deutete er nur knapp einen Bezug zu einer Bildvorstellung (»… wie die Barke des Sonnengottes Râ am Himmel«) und zur Textquelle des Titels an (altägyptisches Totenbuch).

Bereits fünf Jahre zuvor, im Jahr 1973, hatte sich Gr. mit Gleichgesinnten aus Messiaens Klasse am Pariser Conservatoire – Hugues Dufourt, Murail, Levinas u. a. – zur lockeren Gruppe »L'Itinéraire« zusammengeschlossen. Man war sich einig in der Abkehr von allen nur von außen an die Musik herangetragenen Konstrukten und Ideen, einig in der Rückbesinnung auf die natürlichen Gegebenheiten des Oberton-Spektrums und die reichen Möglichkeiten seiner Entfaltung und Verwandlung. »Wir sind Musiker und unser Modell ist der Klang und nicht die Literatur …«, wird Gr. während der Darmstädter Ferienkurse 1982 feststellen, die eine umfassende Präsentation der Itinéraire-Mitglieder, ihrer Musik und ihrer Ensembles brachten (vgl. Wilson, 33). Zu diesem Zeitpunkt war Gr.s Komposition *Partiels* (»Teiltöne«) mit seinen organisch wuchernden Netzstrukturen bereits aufmerksam zur Kenntnis genommen worden und hatte der Gruppe gar das Etikett »partielistes« eingebracht. Es lag auch bereits der komplette Zyklus *Les espaces acoustiques* (Die akustischen Räume; 1974–81) vor, der ein kontinuierlich ›crescendierendes‹ (und dann ein wenig an Boulez' ursprüngliches Mallarmé-Porträt »Pli selon pli« erinnerndes) Instrumentarium vorsieht und als dessen Herzstück *Partiels* figuriert, 1. *Prologue* (Bratsche, Live-Elektronik), 2. *Périodes* (sieben Spieler), 3. *Partiels* (16 bzw. 18 Spieler), 4. *Modulations* (33 Spieler), 5. *Transitoires* (großes Orchester).

Bei der Durchsicht von Gr.s Werkliste fällt auf, daß die Singstimme und damit die Textvertonung einen relativ geringen Stellenwert besitzt. Von Bedeutung ist, daß Gr. und seine Freunde sich nicht auf einen verschwommenen, von fragwürdiger Nostalgie belasteten Begriff von Natur und Naturklang berufen, sondern ihre Spektralstudien mit dem Wissen und der Objektivität von Toningenieuren betreiben. Gefahren liegen für die Gruppe L'Itinéraire insgesamt sicherlich in einer gewissen Einseitigkeit des Recherchierens. Andererseits mag gerade der fortwährende Gedankenaustausch unter so verschiedenartigen Temperamenten vor gestalterischer Monotonie oder gar schöpferischem Stillstand bewahren.

Noten: Ricordi (Mailand).
Dokumente: Werkeinführung »Une sortie vers la lumière du jour«, Programmheft Donaueschinger Musiktage 1978, 8–10.
Literatur: WILSON, P.N.: Unterwegs zu einer »Ökologie der Klänge« G. Gr.s »Partiels« und die Ästhetik der Groupe de L'Itinéraire *in* Musica 42 (1988), Heft 2, 33–55 [mit WV]. WILSON, P.N.: Das Lebewesen Klang (Nachruf) *in* MusikTexte 16 (1998), Heft 76/77, 109. BAILLET, J.: G. Gr., fondements d'une écriture, Paris 2000.

Klaus Schweizer

Gubajdulina, Sofija Asgatovna

Geb. 24. 10. 1931 in Čistopol' (Tatarische Republik)

Ihre erste Ausbildung erhielt G. in Kazan', 1954 bis 1963 studierte sie am Moskauer Konservatorium, zunächst bei Nikolaj I. Pejko, dann bei Vissarion Ja. Šebalin (Aspirantur). 1992 siedelte G. in die Bundesrepublik Deutschland über und gehört seit etwa dieser Zeit zu den führenden Komponisten der Welt.

Ihre tatarische Herkunft – der Vater war Tatare, der Großvater ein Mullah, ein Geistlicher, der den Koran in verschiedene Sprachen übersetzte – hat für ihr Schaffen große Bedeutung, nicht im Sinne neoromantischer Folklore, sondern in einer östlichen Geisteshaltung, einem eigenwilligen Verhältnis zwischen Ornament und expressiver Einfachheit, in einem Zeitverständnis, das den europäischen Kulturen fremd ist. Dies ist in ihren beiden ersten Hauptwerken, den Kantaten *Nacht in Memphis* (auf altägyptische Lyrik in der Übersetzung von Anna Achmatova; 1968) und *Rubajat* (auf Texte alter persischer Dichter; 1969) deutlich ausgeprägt. In ihren frühen Werken arbeitet G. mit Zwölftonreihen und Reihenfragmenten, deren Intervallstruktur sie kontrastierenden Empfindungen und Seinsbereichen zuordnet. Die Basisreihe der *Nacht in Memphis* etwa wird aufgeteilt in Sekunden, die der Solistin – dem Individuum – vorbehalten sind, und große Intervalle (Quarten, Tritoni, Quinten), die den außerpersönlichen Bereich – den Orchestersatz, der den skandierenden Männerchor begleitet – charakterisieren. Aus diesem strukturellen Kontrast entfaltet sich die Dramaturgie der Kantate.

Anfang der siebziger Jahre verlagert sich der technische Schwerpunkt ihres Schaffens von Intervallstrukturen auf Tonhöhen, Klangfarben, Artikulationsarten – *Erstes Streichquartett* (1971), *Lärm und Stille* für Cembalo, Celesta und Schlagzeug (1974), *Fagott-Konzert* (1975), *Hell und Dunkel* für Orgel (1976) –, etwa seit Mitte der siebziger Jahre dann auf rhythmische Prozesse. Konkret bezieht sich das auf reine Schlagzeugkompositionen wie *Misterioso* (1977), *Jubilato* (1979), *Am Anfang war der Rhythmus* (1984). Die Vorliebe für Schlaginstrumente ist ohnehin charakteristisch für G.s Schaffen – in etwa einem Drittel ihrer Werke setzt sie Schlaginstrumente solistisch ein –, eine wichtige Rolle mögen aber auch die Freundschaft mit dem Moskauer Schlagzeuger Mark Pekarsij und die Erfahrungen mit der 1975 gegründeten Improvisationsgruppe »Astreja« gespielt haben. G. faßt den Begriff Rhythmus freilich weiter, spricht vom »Rhythmus der Form« und von »rhythmischen Modi«. Das meint stimmige, aber nicht unbedingt regelmäßige Proportionen, Form gleichsam als atmender Organismus, auch die Gliederung der musikalischen Zeit nach Maßgabe rhythmischer Prozesse. Dies veranschaulichen etwa die *Stunde der Seele* (nach Marina Čvetaeva; 1974/1976/1987) – hier führt G. in der zweiten Fassung einen Schlagzeugsolisten ein, der den Formverlauf präzisiert, »rhythmisiert« –, die Francisco Tanzer-Vertonung *Perception* (1983), die Symphonie *Stimmen... Verstummen...*, die in der rhythmisierten Stille einer Kadenz für den Dirigenten gipfelt, und die gleichsam harmonischen Zeitrelationen in *Hommage à T.S. Eliot* (1987). Ein anderes charakteristisches Moment in G.s Schaffen sind historische Materialien – etwa das Bach-Zitat in dem Violinkonzert *Offertorium* (1980/1982/1986) und das Schütz-Zitat in den *Sieben Worten* (1982) –, deren allmähliche Verwandlung den Formverlauf der Kompositionen bestimmt. Das Verfahren, Werke nach verschiedenen Zahlenproportionen zu organisieren, hat G. in den letzten Jahren immer weiter ausgebaut. Es betrifft nun nicht nur das Verhältnis von kleineren Abschnitten und größeren Formteilen, sondern kann auch Intervalle, Tondauern und Zusammenklänge erfassen. In einigen Werken ist dieses Verfahren streng gehandhabt, so etwa in *Jetzt immer Schnee* (für Kammerchor und Kammerorchester auf einen Text von Gennadij Ajgi; 1993) oder in der *Meditation über den Bach-Choral »Vor deinen Thron tret ich hiermit«* (für Cembalo und Streichquintett; 1993) und in dem Koto-Konzert *Im Schatten des Baumes* (1998). Den meisten Werken jedoch, vor allem den groß besetzten oratorischen wie dem Doppelwerk nach dem Johannes-Evangelium (*Johannes-Passion* und *Johannes-Ostern*, 2000 und 2002), liegt zwar ein in vielschichtigen Zahlenproportionen ausgedrücktes Formkonzept zugrunde, das die Komponistin graphisch – und kalligraphisch – ausarbeitet, das in der kompositorischen Ausführung aber lediglich als Orientierung, als Leitfaden dient und nicht konkret in den Strukturen ablesbar ist. Unabhängig davon, wie streng sich G. an die Zahlenproportionen hält, bewirken sie doch eine spezifische

Zeitorganisation, in der sich das religiöse Denken der Komponistin widerspiegeln mag.

Noten: Sikorski (Hbg.). Ältere Werke teilweise über Sovetskij kompozitor und Nachfolgeverlage (Moskau). *Werkverzeichnis:* Sammlung S. G. Musikmanuskripte, hrsg. von F. MEYER, Mainz 2001 (Inventare der Paul Sacher Stiftung 21). *Literatur:* G., S. A. *in* H. GERLACH: Fünfzig sowjetische Komponisten. Fakten und Reflexionen, Lpz. und Dresden 1984, 161–169. REDEPENNING, D.: »›... reingewaschen durch die Musik ...‹ ›Stunde der Seele‹ von S. G. und Marina Zwetajewa *in* NZfM (1990), 17–22. CHOLOPOWA, V.: Der sinfonische Kosmos S. G.s *in* Sowjetische Musik im Lichte der Perestroika, Laaber 1990, 125–129. RESTAGNO, E. und CHOLOPOVA, W.: G., Turin 1991; erw. russ. Moskau 1996. CHOLOPOVA, V.: S. G. Putevoditel' (»S. G. Ein Wegweiser«), Moskau 1992. HAMER, J.E.: S. G.'s Compositional Strategies in the String Trio (1988) and Other Works, Diss. University of N.Y. 1994. COJBASIC, I.: Content and Musical Language in the Piano Sonata of S. G., Diss. University of North Texas, Dallas 1998. NEARY, F. D.: Symbolic Structure in the Music of G., Diss. University of Ohio 1999. Symbol. Die Suche nach dem Spirituellen in der sinnlichen Erscheinung. Zur russischen Kunst des 20. Jahrhunderts. Symbolik in der Musik S. G.s, Sonderbeilage der Wochenschrift »Das Goetheanum«, Nr. 21/22, vom 23. Mai 1999, darin Beiträge von V. CHOLOPOVA, L. E. FAY und D. REDEPENNING. REDEPENNING, D.: »Der Sonnengesang des Heiligen Franz von Assisi«. S. G.s zweites Cellokonzert (1997/98) *in* Frau Musica (nova), Kgr.-Ber. Köln 1998, hrsg. von M. HOMMA, Sinzig 2000, 221–244. DIES.: Gebete in Tönen. Überlegungen zur russischen Instrumentalmusik des ausgehenden 20. Jahrhunderts *in* Musica Sacra im 20. Jahrhundert, Kgr.-Ber. Brixen 1999, hrsg. von Brixener Initiative. Musik und Kirche, Brixen 2000, 43–62. DIES.: » ... und das Wort – war Gott.« Zu S. G.s Johannes-Passion *in* Passion 2000, hrsg. von CHR. EISERT, Kassel usw. 2000 (Schriftenreihe der Intern. Bachakademie Stg. 11), S. 154–162. REDEPENNING, D.: Klingende Symbole des Glaubens. Zur Musik von S. G. *in* Kirchenmus. Jb. 84 (2000), 33–49. ZENOWA, V.: Zahlenmystik in der Musik von S. G., Bln. und Hbg. 2001. KURTZ, M.: S. G. Eine Biographie, Stg. 2001 [Verzeichnis der Interviews 1981–2001, 376–378]. MusikTexte 93 (2002) [G.-Schwerpunkt, Beitr. von R. NONNENMANN, S. GUBAIDULINA, D. REDEPENNING, F. HEESCH].

Dorothea Redepenning

Guillaume de Machaut

Geb. um 1300 in oder bei Reims (?); gest. 13. 4. 1377 in Reims

Im Jahre 1361 besuchte der Herzog der Normandie, der spätere französische König Karl V., G. de M. in seinem Haus in Reims. Dieser Besuch, der einer Huldigung gleichkam, verdeutlicht auf spektakuläre Weise, wie weit G. de M. aus der Anonymität des mittelalterlichen Künstlers herausgetreten war. Zugleich war der Besuch ein Zeichen der besonderen Verbundenheit des Künstlers mit der königlichen Familie. Schon 1323 war G. de M. in den Dienst des böhmischen Königs Johann von Luxemburg getreten, den er bis Ende der 1330er Jahre auf seinen weiten Reisen durch ganz Europa als sein persönlicher Sekretär begleitete. 1333 vermittelte ihm der König ein Kanonikat in Reims, wo er seit 1340 regelmäßig nachweisbar ist. Deshalb geht man davon aus, daß er seitdem dort seßhaft geworden ist. Ungeachtet dessen stand er auch weiterhin mit den Mitgliedern des französischen Königshauses in regem Kontakt. Für Bonne, die Tochter König Johanns von Luxemburg und Ehefrau des späteren französischen Königs Johann des Guten, schrieb er 1340 den Versroman *Remede de Fortune*, der übrigens Musterkompositionen der damals verbreiteten weltlichen Gattungen enthält, und 1356 tröstete er den Herzog Karl von Navarra, der von Johann dem Guten gefangen gehalten wurde, mit einem *Confort d'ami*. Dem Herzog von Berry, aus dessen Bibliothek eine heute noch erhaltene Handschrift mit G.s d. M. Werken stammt, widmete er den *Dit de la fonteinne amoureuse*.

Trotz seines ausgeprägten künstlerischen Selbstbewußtseins wissen wir sehr wenig über das Leben dieses Dichter-Komponisten. Vor allem wissen wir kaum etwas darüber, wie und wann seine Werke entstanden sind. Wahrscheinlich ist G. de M. an der Pariser Universität ausgebildet worden. Denn nur dort konnte er sich die kompositorischen Fertigkeiten erworben haben, die ihn schon mit seinen ersten Werken, wie der Motette *Bone pastor, qui pastores / Bone pastor Guillerme* aus dem Jahre 1324, an die Seite Philippe de Vitry stellen. An dessen kompositorische Errungenschaften knüpft G. de M. in seiner Motette unmittelbar an, was sich vor allem im formalen Aufbau spiegelt: Die Tenormelodie, der sogenannte color, wird insgesamt viermal vorgetragen, beim letzten Mal im doppelten Tempo. Jeder color ist dabei mit einem rhythmischen Verlaufsmodell, einer sogenannten talea, verknüpft, das in diesem Fall nur die Hälfte eines color umfaßt. Die vier colores umgreifen somit acht taleae, denen nun die acht Strophen der Oberstimme, des Triplums, und die vier Strophen des Motetus zugeordnet werden. Die kompositorische Struktur dieser isorhythmischen Motette geht in eins mit der Form der Texte und wird so zum hörbaren Moment des formalen Ablaufs.

Von dieser strengen Schematik weicht G. de M. in seinen späteren Motetten in mehrfacher Hinsicht ab. Zunächst fällt auf, daß er eher französische als lateinische Texte vertont. In diesen Motetten geht es denn auch nicht um geistliche Fragen sondern um dasjenige Thema, das nahezu alle weltliche Kunst jener Zeit bestimmt, die Liebe in der höchst sublimierten und literarisch stilisierten Form des ›amour courtois‹, der Höfischen Liebe. Im Gegensatz zu den kleineren Liedformen behandelt die Motette allgemeinere Themen eher moralisierenden Charakters, wie z. B. *Qui plus aimme plus endure / Aucune gent*, deren Motetus mit den Worten beginnt: »Wer viel liebt, erleidet mehr«. Sicher nicht zufällig hat der Tenor die liturgische Textmarke »Fiat voluntas tua« – »Dein Wille geschehe«. Seine Melodie, der color, erklingt zweimal und ist in jeweils vier gleiche rhythmische Abschnitte aufgeteilt. Der Contratenor, also die 4. Stimme, übernimmt den Rhythmus der Tenortöne in der Umkehrung. Das Gerüst der beiden Unterstimmen weist mit seiner isorhythmischen Konstruktion wieder deutlich auf ein Vorbild, nämlich die Motette *Douce playsence / Garison selon nature* von Philippe de Vitry zurück. G. de M. setzt darüber ein Oberstimmenduo, das in expliziter Abkehr von seinem Vorbild die Textform weitgehend unabhängig von den isorhythmischen Vorgaben der instrumentalen Unterstimmen umsetzt. Diese eigenständige formale Anlage wird durch textbestimmte Pausen und melodische Momente klar herausgehoben, wie überhaupt die melodische Ausgestaltung der texttragenden Stimmen deutlich gegenüber dem isorhythmischen Gerüst der Unterstimmen im Vordergrund steht.

In seinen letzten, lateinischsprachigen Motetten kehrt G. de M. wieder zur liturgischen Einbindung der Gattung zurück. So entstammt die Tenormelodie der Motette *Inviolata genitrix / Felix virgo* der Marienantiphon *Salve regina*. Zwar spiegelt sich das klare isorhythmische Schema der Unterstimmen nun auch wider in der Anlage der Oberstimmentexte. Besonders deutlich ist das im Triplum zu beobachten, dessen Strophen genau den einzelnen taleae des Tenors zugeordnet sind. Aber im Detail der Deklamation zeigt sich auch hier eine weitgehende Unabhängigkeit der melodischen Formulierung von den rhythmischen Vorgaben der Unterstimmen.

Nur zwei Motetten weichen von diesem Modell ab, da G. de M. ihrem Tenor ein weltliches französisches Lied zugrundelegt. Auch hier nutzt er die der Mehrtextigkeit eigenen Möglichkeiten: »Warum schlägt mich mein Mann«, klagt die offensichtlich ertappte Frau im Tenor der Motette *Se j'aim mon loyal ami / Lasse! comment oublieray / Pourqouy me bat mes maris?*, während im Motetus über die Voraussetzungen ehelicher Treue reflektiert wird und im Triplum die Vorzüge des Liebhabers mit den Gegebenheiten des Ehemannes verglichen werden. Damit greift G. de M. zwar auf ein älteres Verfahren der Motettenkomposition zurück, verbindet es aber mit modernsten kompositorischen Mitteln wie der von Philippe de Vitry eingeführten Zweiteilung der Notenwerte gegenüber der bisher nur möglichen Dreiteilung. Diese Neuerung war nicht nur ein notationstechnisches Detail, sondern beeinflußte über das Metrum in entscheidender Weise Melodiebildung und Phrasierung der beiden Oberstimmen.

Der musikalische Rahmen für die Liebeslyrik war im 14. Jahrhundert das weltliche Lied, das im Werk G.s de M. zu einer ersten Blüte gelangte. Diese Einschätzung ist allerdings durch die besondere Quellensituation des 14. Jahrhunderts bedingt. Noch um 1500 wird Philippe de Vitry als Schöpfer jener Gattungen benannt, nur sind seine weltlichen Werke alle verloren gegangen. Zwischen dem *Roman de Fauvel* von etwa 1316, in dem u. a. die Werke Philippes de Vitry überliefert sind, und der ersten Handschrift mit Werken G.s de M. aus den Jahren um 1350 klafft eine große Lücke in der musikalischen Überlieferung. Erst aus dem Ende des Jahrhunderts sind uns wieder Repertoire-Handschriften erhalten geblieben, die allerdings in Italien aufgezeichnet wurden, also in sicherer Entfernung von den verheerenden Wirren des 100jährigen Krieges zwischen Frankreich und England. Vielleicht war es das Bewußtsein um die besondere Verletzlichkeit seiner Schöpfungen, das G. de M. dazu veranlaßte, sein Werk systematisch zu sammeln und auch mehrere, von ihm selbst beaufsichtigte Abschriften davon anzufertigen. Wir besitzen heute noch sechs Handschriften, die teils zu seinen Lebzeiten, teils kurz nach seinem Tod angefertigt wurden und die das gesamte, sehr umfangreiche dichterische und musikalische Werk dieses letzten großen Dichter-Komponisten bewahrt haben.

Neben den einstimmigen Lais sind die Virelais unter seinen weltlichen Werken eine Gattung, die auf ältere Traditionen zurückweist. Die meisten dieser Stücke hat G. de M. denn auch nur einstimmig vertont. Erst die letzten zehn Virelais greifen die Möglichkeiten einer mehrstimmigen Setzweise auf. Von Anfang an, und das gilt auch für die Balladen und Rondeaux, ist bei diesen mehrstimmigen weltlichen Werken ein neuer Zug zu erkennen, der in der Motette bei weitem nicht so klar hervortritt. Eine Motette, so bezeugen es auch die Theoretiker, wurde vom Tenor her konzipiert. Der Ablauf und damit die Form des Stückes sind von vornherein durch die Tonfolge des Tenors und ihre rhythmische Zubereitung festgelegt. Die Form eines Liedes dagegen wird weitgehend vom Text bestimmt. Zu Beginn des 14. Jahrhunderts hatten sich drei feste Modelle herausgebildet, die sogenannten »formes fixes« Ballade, Rondeau und Virelai. Diese in ihrem Ablauf weitgehend festgelegten Formen bildeten den Ausgangspunkt für die Komposition. Im Gegensatz zur Motette steht die Forderung nach einer verständlichen Deklamation des Textes, die mit den Mitteln der Musik unterstützt wird, im Vordergrund. G. de M. nutzt dazu die neuen Möglichkeiten der mehrstimmigen Satztechnik, wie sie seit etwa 1330 in der Lehre vom »Contrapunctus« formuliert wurden. Die wichtigste Neuerung war, daß eine Dissonanz nicht mehr nur als notwendiger Durchgang zwischen konsonanten Klängen angesehen wurde. Man begann vielmehr die klangliche Spannung, die einer Dissonanz innewohnt, für die Satztechnik nutzbar zu machen. Der dissonante Klang erzwingt gleichsam die Auflösung in einen nachfolgenden konsonanten Klang und damit zugleich auch den musikalischen Fortgang. Umgekehrt erscheint der konsonante Klang als ein Ruhepunkt und Ziel einer musikalischen Entwicklung. Die syntaktischen Vorgaben des Textes konnten mit diesen Mitteln in der musikalischen Gestaltung aufgenommen, verdeutlicht oder, was ebenso gut möglich war, zugunsten anderer Momente überspielt werden. Schon eine der frühesten, vielleicht die erste Ballade G.s de M., *Doulz amis, oy mon compleint*, läßt sich als Beispiel dafür anführen. Die Vielfalt der textlichen Gestaltung der Strophe dieses Stückes, die aus vierzehn Versen unterschiedlichster Silbenzahl besteht, weist noch auf die formalen Experimente aus dem Anfang des Jahrhunderts zurück. Andererseits ist die Deklamation der einzelnen Satzglieder aufs genaueste mit den kontrapunktischen Mitteln in der musikalischen Gestaltung aufgenommen worden. Zunächst wird die Anrede »Doulz amis« (süßer Freund) durch einen konsonanten Klang vom Folgenden abgesetzt. Die Aussage »oy mon compleint« (ich habe meine Klage) endet in einer Terz, damals noch ein Spannungsklang, die zur näheren Erläuterung dieser Klage weiterführt: »nach dir weint mein von Liebe gequältes Herz«. Dieser klangliche Rahmen, in den der Vortrag des Textes eingehängt erscheint, wird darüber hinaus mit zahlreichen melodischen Floskeln ausgeschmückt, die an einzelnen Stellen auch zu längeren Melismen ausgeweitet werden. Auf diese Weise lassen sich einzelne Bestandteile des Textes, wie etwa die reimtragenden Schlußworte, besonders herausheben. Daraus entwickelt G. de M. in seinen späteren Balladen den sogenannten musikalischen Reim, indem die Schlußwendung des ersten Teils einer Ballade, des Stollens, am Ende der letzten Zeile, dem Refrain, wiederaufgenommen wird. Alle diese musikalischen Mittel dienen einem Ziel: der interpretierenden Darstellung des Textvortrages.

Wie sehr diese Musik in ihrer neuartigen Klanglichkeit bewußt auf das Hörerlebnis ausgerichtet ist, dokumentiert G. de M. im *Voir dit*, einem Briefwechsel mit einer wahrscheinlich imaginären jungen adligen Dame. Er berichtet ihr einmal, daß er ein neues Stück für sie komponiert habe. Aber er könne es ihr noch nicht schicken, da er erst noch die Gelegenheit abwarten müsse, es zu hören. Erst nach dieser letzten Prüfung kann er es in die Welt hinaussenden.

Trotz dieser neuen Hörweise verzichtet G. de M. auch in seinen Liedern nicht ganz auf das Spiel mit Zahlen, das die isorhythmische Motette geprägt hatte. Das Rondeau *Dix et sept, cinq, treize* (»17, 5, 13«) verschlüsselt den Namen der imaginären Briefpartnerin Peronne, während die Auflösung des Anagramms im Rondeau *Cinc, un, treze* (»5, 1, 13«) den Namen Jehan ergibt. Im Rondeau *Mon fin est mon commencement* nutzt G. de M. die Möglichkeiten der älteren mensuralen Aufzeichnungsweise. Die dritte Stimme, das Triplum, erhält man nämlich, indem man, entsprechend dem Titel »Mein Ende ist mein Anfang«, den Cantus von hinten liest.

In seinen späteren Balladen und Rondeaux vereinheitlicht G. de M. die äußere Gestaltung insbesondere des Textes zu einem festen Typus, was sich auch in der musikalischen Anlage spiegelt. Außerdem erweitert er den Satz zur Dreistimmigkeit. Zunächst fügt er analog zum Motettensatz eine weitere Oberstimme, das Triplum hinzu, das allerdings untextiert bleibt. Später tritt an seine Stelle ein Contratenor, so daß nun auch im dreistimmigen Satz der Cantus die führende Stimme ist, die von zwei tieferen, wahrscheinlich instrumental ausgeführten Stimmen begleitet wird. Darin zeigt sich deutlich die Abkehr vom motettischen Satz, der sein Fundament im Tenor hatte, hin zum Kantilenensatz, dessen Hauptziel der Textvortrag der Oberstimme ist. Manche Stücke dokumentieren diesen Übergang, indem sie sowohl ein Triplum als auch einen Contratenor überliefern. Allerdings sollten wohl kaum alle vier Stimmen gleichzeitig erklingen. Bei der Ballade *De Fortune me doy pleindre* ist der Contratenor sogar mit großer Wahrscheinlichkeit von fremder Hand später hinzugefügt worden. Zu den kunstvollsten Werken gehört die Ballade *Quant Theseus/Ne quier voir*. Der Text der ersten Stimme stammt nach G.s de M. Bericht im *Voir dit* von Thomas Paien. Dazu dichtete er im selben Vers- und Reimschema den zweiten Text. Beide kombinierte er schließlich mit Tenor und Contratenor zu einem vierstimmigen Balladensatz.

Gewissermaßen eine Synthese aus den beiden unterschiedlichen Satzweisen, motettischem und Kantilenensatz, hat G. de M. in einem seiner späteren Werke, der *Messe de Nostre Dame* erzielt. Sie ist eine der ersten Kompositionen, die den liturgischen Zyklus der Messe als eine musikalische Einheit konzipierten. Die textarmen Sätze Kyrie, Sanctus, Agnus Dei und Ite missa est, sowie die »Amen«-Schlüsse von Gloria und Credo vertont G. de M. in einem sehr konstruktivistischen Stil, der alle Techniken der isorhythmischen Motette aufgreift. Die textreichen Sätze wie das Gloria und das Credo deklamieren ihren Text in strophenförmig angelegten Abschnitten, wobei die vier Stimmen meist im gleichen Rhythmus den Text vortragen. Verbindendes Element beider Bereiche ist die Melodiebildung der Oberstimmen, die deutlich Momente des Kantilenensatzes in die motettische Anlage der Messe hineinbringt. So beginnt das zweite Kyrie mit einer auffallenden melodischen Wendung, die dann in den textreichen Sätzen Credo und Gloria häufig wiederkehrt.

Die folgende Generation französischer Komponisten hat die Errungenschaften der neuen Notationsweise mit der Darstellung rhythmischer Komplikationen auf die Spitze getrieben, was mit der interpretierenden Deklamationsweise G. s. de M. wenig mehr gemeinsam hatte. Sein Schüler Eustache Deschamps mußte schon 1392 feststellen, daß es keine Künstler mehr gebe, die beides, Dichtung und Musik gleichermaßen beherrschten. Für G. de M. gehörten nämlich noch beide, »Retorique et Musique«, zu den Voraussetzungen, die ihm, wie er im Prolog zu seinen Werken berichtet, die Natur mitgegeben habe. Dabei sei die Musik »une science qui vuet quon rie et chante et dance«, eine Wissenschaft, die verlangt, daß man lacht, singt und tanzt (Hoepffner Bd. 1, 1 und 9).

Noten: G. de M. Mus. Werke, hrsg. von Fr. Ludwig [Bd. 4 vorbereitet von H. Besseler], Lpz. 1926–54. The Works of G. de M., hrsg. von L. Schrade (PMFC 2/3), Monaco 1956.

Dokumente: Œuvres de G. de M., hrsg. von E. Hoepffner (Société des anciens textes français, 58, Bde. 1–3), Paris 1908–1921. G. de M.: ›Le Jugement du roy de Behaigne‹ and ›Remede de Fortune‹, hrsg. von J. I. Wimsatt, W. W. Kibler u. a., Athens (Georgia) 1988. Livre du ›Voir Dit‹, hrsg. von P. Imbs, Paris 1999.

Literatur: Eggebrecht, H.-H.: M.s Motette Nr. 9 in AfMw 19/20 (1962), 189–195 und 25 (1968), 173–195. Dömling, W.: Die mehrstimmigen Balladen, Rondeaux und Virelais von G. de M., Tutzing 1970. Arlt, W.: Aspekte der Chronologie und des Stilwandels im französischen Lied des 14. Jahrhunderts *in* Aktuelle Fragen der musikbezogenen Mittelalterforschung, Winterthur 1982, 193–280. Leech-Wilkinson, D.: M.'s Mass. An Introduction, Oxford 1990. G. de M. 1300–2000, hrsg. von J. Cherquigliani-Toulet und N. Wilkins, Paris 2002. Robertson, A.W: G. de M. and Reims, Context and Meaning in his Musical Works, Cambridge 2002. Analyzing the Music of G. de M., hrsg. von E. Leach, Ldn. [in Vorbereitung].

Christian Berger

Haas, Georg Friedrich
Geb. 16. 8. 1953 in Graz

Die schöne Wunde nennt H. ein im August 2003 bei den Bregenzer Festspielen uraufgeführtes, vor allem auf Franz Kafkas rätselhafte »Landarzt«-Erzählung sowie Edgar Allan Poes »Grube und Pendel« bezogenes Musiktheaterwerk. Und diesen Titel könnte man als sinnfällige Metapher für vielerlei Prozesse interpretieren, die darin in komplexer und höchst suggestiver Weise miteinander verknüpft sind, um die Gewohnheiten der herkömmlichen »Literaturoper« ebenso aus den Angeln zu heben wie die harmonische Gestaltung nach Maßgabe des üblichen zwölftönigen Systems. Der Hörer ist der ambivalenten »schöne Wunde« ausgesetzt, die H.s Musik in solcher Weise gleichsam aufreißt, und vermag ihr sinnliches Potential auszukosten. Er taucht ein in ein Netzwerk aus statischen Klangflächen, komplexen Überlagerungen und verblüffend lapidaren Motivketten, gerät so in den Bann einer von faszinierenden Schwebezuständen erfüllten Strukturgebung. H. komponiert hier wie in zahlreichen anderen Werken aus jüngerer Zeit auf der Basis von Oberton-Strukturen und mit mikrotonalen Verfahrensweisen. Diese Perspektiven hat er in der Nachfolge von Komponisten wie Ivan Wyschnegradsky (und seiner auf spirituellen Erfahrungen gründenden »Pansonorité«), Hába, James Tenney, Partch, Scelsi sowie der französischen Spektralisten entwickelt und verfeinert. Resultat ist eine überaus intensive Musiksprache von erheblicher Sogwirkung, eine schillernd changierende Klanglichkeit mit statisch ruhigen und flächenhaften, aber oft auch exaltiert ausbrechenden Passagen.

Dem überaus weiten Bereich des mikrotonalen Komponierens, der trotz vielfältiger Versuche bislang keine wirklich konsequente Traditionslinie bildet, widmet sich H. in großer historischer Bewußtheit und doch stets auf der Suche nach einer ganz eigenen, spezifischen Intensivierung des Klangerlebnisses. Diese Suche prägt, als hörend erlebbare Grundhaltung, den Gestus vieler Werke von H. Bezeichnend dafür sind aber auch, in *Die schöne Wunde* ebenso wie in dem groß angelegten Ensemblewerk *in vain* (2000), jene Passagen, für die in der Partitur zugunsten einer Konzentration auf das Klangliche jeweils eine völlige Abdunklung des Aufführungsraumes vorgeschrieben ist.

Die Mikrotonalität entfaltet in H.s Musik in besonderem Maße ihren sinnlichen Reiz. Dabei besitzt sie selbst oft den Charakter einer Abdunklung – und korrespondiert gerade diesbezüglich immer wieder mit der eigentlichen Substanz sowie mit zentralen existentiellen Werkperspektiven. Dies schwingt bereits mit in Werktiteln wie ... *wie ein Nachtstück* (1990), *Nacht-Schatten* (1991) oder *Nacht* (1995–96). Hinter dem letztgenannten Titel verbirgt sich ein weiteres viel beachtetes, ebenfalls bei den Bregenzer Festspielen uraufgeführtes Musiktheaterwerk, das sich dem Dichter Friedrich Hölderlin und den abgründigen Seiten von dessen Existenz widmet. *Nacht* ist für H. selbst, wie er anläßlich der Uraufführung dieser Kammeroper schrieb, eine Metapher für Realitätsverlust, Hoffnungslosigkeit und das Ende von Utopien. In den Duktus seines Werkes und dessen Entfaltung von Emotionen ist diese Grundüberlegung tief eingelassen. H. gestaltet in seinen Kompositionen zuweilen bewußt eine Dialektik zwischen einer fast mystischen Versenkung in den Klang sowie dem gleichzeitigen Pointieren von bestimmten Elementen der – auch politischen und sozialen – Existenz des Menschen. Beide Ebenen konvergieren darin, daß H. auf bohrend suggestive Weise unlösbare Spannungsverhältnisse exponiert. Sichtbar wurde dies auch bereits anhand seiner 1981 in Graz uraufgeführten Kammeroper *Adolf Wölfli*, die ebenfalls um existentielle Perspektiven in Leben und Werk eines Dichters kreist.

Die umfassenden Experimente mit schwebenden Obertonkonstellationen führten H. in den Werken etwa seit dem *Ersten Streichquartett* (1997) zu einem souveräneren, aber zugleich auch freieren Umgang mit den Möglichkeiten mikrotonal aufgefächerten Komponierens. Dies vergrößert den Abstand zum Beginn seines Komponierens, der in der Nachfolge der berühmten »Zwölftonspiele« von Hauer von mathematischen Modellen ausging und dann auch von den Materialdeterminationen in der Tradition der seriellen Musik etwa von Boulez und Stockhausen geprägt wurde. Auch für die Abkehr von der strenger konstruktivistischen Phase seines Schaffens war, wie H. selbst betont hat, nicht zuletzt die Auseinandersetzung mit der Musik verschiedener wichtiger Komponisten der Gegenwart prägend, wie namentlich Feldman und vor allem Nono.

Obwohl seine diffizile Klangsprache von den Interpreten viel Probenaufwand und Erfahrung verlangt, hat H. – vor allem in Österreich und Deutschland – in den letzten Jahren einigen Erfolg. Dieser bringt den Komponisten freilich nicht davon ab, seine Werke in bedächtiger Arbeitsweise und auf der Basis vielfältiger Klangexperimente stets überaus sorgsam auszufeilen.

Noten: Universal Edition; Ariadne (beide Wien).
Dokumente: Fragmente, Stille – An Diotima. Ikonographische Untersuchungen an Luigi Nonos Streichquartett *in* Verbalisierung und Sinngehalt. Über semantische Tendenzen im Denken in und über Musik heute, hrsg. von O. KOLLERITSCH, Wien und Graz 1989, 189–211.

… die freie Auswahl des Tonmaterials … Anmerkungen zu Alois Hábas frühen mikrotonalen Kompositionen *in* Musikalische Gestaltung im Spannungsfeld von Chaos und Ordnung, hrsg. von DEMS., Wien und Graz 1991, 168–186. Über »Hay que caminar, sonando« *in* Die Musik Luigi Nonos, ebd. 325–337. Die Verwirklichung einer Utopie. Ultrachromatik und nicht-oktavierende Tonräume in Ivan Wyschnegradskys mikrotonalen Kompositionen *in* Harmonik im 20. Jahrhundert, hrsg. von C. GANTER, Wien 1993, 87–100. Arc-en-ciel op. 37. Ivan Wyschnegradskys behutsame Annäherung an das Zwölftelintervall *in* Mikrotöne IV, hrsg. von H.-P. HESSE, Mn. 1993 (Grundfragen der mikrotonalen Musik 2), 79–92. Komponist – Interpret *in* Österreichische Musikzeitschrift 48 (1993), 626–629. Fünf Thesen zur Mikrotonalität *in* Positionen 48 (2000), 42–45.

Literatur: OSWALD, P.: Nacht-Schatten-Gewächse. Die Stärke der Schwachen Kraft. G. F. H. *in* Almanach Wien Modern 1997, 53–55. KAGER, R.: Hoffnung in dunkler Nacht. Zum utopischen Potential der Kompositionen von G. F. H. *in* Booklet zur CD des ORF Wien, Nr. 194 (1999), 5–8.

Jörn Peter Hiekel

Hába, Alois
Geb. 24. 6. 1893 in Vizovice (Mähren);
gest. 18. 11. 1973 in Prag

H. studierte Komposition bei Vítìzslav Novák in Prag (1914–15) und in Wien bei Schreker (1917–1920), mit dem er in den zwanziger Jahren auch in Berlin verkehrte und dabei Busoni kennenlernte. In Wien arbeitete er als Lektor und wurde auch mit dem Schönberg-Kreis bekannt. Zu dieser Zeit zog H. mit seinen Mikrointervallkompositionen die Aufmerksamkeit auf sich (*Zweites Streichquartett* op. 7, 1921; Vierteltonkomposition). Zugleich bildete er einen spezifischen athematischen Kompositionsstil aus, der jede Wiederholung thematisch gedachter Melodien mied. Zugleich entwarf er eine spezielle Mikrointervallnotation und initiierte ab 1923 nach seiner Rückkehr nach Prag, wo er eine Professur für Komposition innehatte, den Bau des Vierteltonklaviers und -harmoniums und anderer Vierteltoninstrumenten, die er u. a. in dem Orchester seiner Oper *Matka* op. 35 (»Die Mutter«; München 1931 in deutscher Sprache) gebrauchte. H.s eigenes Libretto stellt eine realistische und zugleich sozialkritische Szenenfolge aus dem alltäglichen Bauernleben dar. Besonders beeindruckend wirkt der mehrstimmige Vierteltonchor der Frauen, die eine Verstorbene beweinen. In der Zeit vor dem Zweiten Weltkrieg komponierte H. eine große Zahl von Kammermusikwerken, meist in Vierteltonstimmung – *Streichquartette Nr. 3–5* (1922, 1922, 1923), *Fantasié Nr. 1* und *2, Nonette* (alle 1932) –, mit denen er auch auf Festivals mit Neuer Musik Interesse weckte (IGNM-Fest Prag 1935). Während der deutschen Besatzung war H.s Musik verboten.

Nach dem Krieg entfaltete H. erneut eine vielseitige schöpferische Tätigkeit. Besondere Aufmerksamkeit erregten seine, von dem ausgezeichneten, nach ihm benannten »H.-Quartett« aufgeführten *Streichquartette* op. 70 (1950), op. 73 (1951) und op. 76 (1951). In ihnen verschmelzen die vier voneinander unabhängig komponierten Stimmen zu einem von dem üblichem harmonischen Bindungen losgelösten Klangspektrum. H.s Quartette und seine anderen Mikrointervallkompositionen wurden in den fünfziger Jahren dem Vorwurf des Formalismus ausgesetzt und aus den Konzertprogrammen entfernt. H. komponierte dann mehrere Werke in einer eigentümlichen chromatischen Skala. Das *Violinkonzert* op. 83 (1954–1956) mit der melodischen Kantilene des Soloinstrumentes ist in einer freien Dodekaphonie komponiert. In dem klanglich vielschichtigen *Nonett* op. 82 Nr. 3 (1953) überwiegt die Dur-Tonalität. Deshalb schien es den Teilnehmern der Darmstädter Ferienkurse, bei denen H. 1956 und 1959 lehrte, im Vergleich mit H.s früheren, recht avantgardistischen Werken rückständig. In Prag setzte sich H. in den sechziger Jahren in vielen Diskussionen mutig für die moderne Musik ein. In seinen letzten Lebensjahren schrieb er Kammermusikwerke und entdeckte neue Klangmöglichkeiten des Zimbals (*Suita* op. 91, 1960) und der Baßklarinette (*Suita* op. 100, 1969).

In der Zeit zwischen beiden Weltkriegen versuchte H. auf eine originelle Weise, eine neue, von der Folklore inspirierte Musiksprache zu begründen. Trotz seiner zähen und zielstrebigen Bemühungen aber hat sein Komponieren mit Mikrointervallen wegen der großen Hör- und Aufführungsschwierigkeiten bis heute keine weite Verbreitung gefunden. Die technischen Möglichkeiten zur Realisierung seiner Vorstellungen waren erst gegeben, als bereits ein Großteil seines Lebenswerkes vorlag. Die Doktrin des »Sozialistischen Realismus« hinderte ihn, das Potential zu entfalten, das seine Idee des athematischen Komponierens und der Überwindung der temperierten Stimmung in sich barg.

Noten: Český hudební fond; Hudební matice; Umìlecké Besedy; Panton; Státní hudební vydavatelství, Státní nakladatelství krasne literatury; hudby a umìni (alle Prag); Universal Edition (Wien).
Dokumente: Von der Psychologie der musikalischen Gestaltung, Wien 1925. Neue Harmonielehre, Lpz. 1927. Mein Weg zur Viertel- und Sechstel-Tonmusik, Düsseldorf 1971.
Literatur: STEPHAN, R.: H. und Schönberg *in* Fs. A. Volk, Köln 1974, 125–138. VÝSLOUŽIL, J.: A. H., Prag 1974. HENZEL, CHR.: A. H. und der »athematische Musikstil«. Theorie und kompositorische Praxis *in* Musiktheorie 10 (1995), 219–234. Gedanken zu H., hrsg. von H. P. HESSE und W. THIES, Salzburg 1996. VYSLOUŽIL, J.: Die Vierteltonoper »Die Mutter« von A. H. *in* Alban Bergs Wozzeck und die Zwanziger Jahre, hrsg. von P. CSOBÁDI u. a., Salzburg 1999, 583–587.

Jaroslav Bužga

Halévy, Fromental

Geb. 27. 5. 1799 in Paris;
gest. 17. 3. 1862 in Nizza

Die landläufige Auffassung, H., den erfolgreichen Komponisten der grand opéra *La Juive* (Paris 1835), und Meyerbeer als den Hauptvertreter dieses Genres in einem engen opernhistorischen Zusammenhang zu sehen, läßt sich nur in einem sehr eingeschränkten Sinne aufrechterhalten. Versteht man unter grand opéra jenen Typus der Historienoper, wie er erstmals von Eugène Scribe und Auber mit »La Muette de Portici« (Paris 1828) vorgestellt wurde, so wird man ihn in einschlägigen Werken H.s über einen Zeitraum von fast drei Jahrzehnten in der Tat verwirklicht finden. Über diesen eher lockeren Gattungsrahmen weist freilich Meyerbeers Konzeption der grand opéra als eines historischen Ideendramas weit hinaus, und gerade sie hat bei H. keinerlei Spuren hinterlassen. Auch auf rein musikalischer Ebene überwiegen die Unterschiede. Hatte Meyerbeer einen ausgeprägt kosmopolitischen Individualstil entwickelt, so blieb H., Schüler Cherubinis und Méhuls, im wesentlichen der klassizistischen Tradition der französischen Oper verpflichtet. Dies verleiht seiner Musik einen konservativen, gelegentlich auch akademischen Zug ungeachtet einzelner, zumeist aufgesetzt wirkender Italianismen. Spätere Versuche, die retrospektiven Momente von H.s Tonsprache als bewußte Fortführung eines nationalfranzösischen Idioms herauszustellen, lassen außer acht, daß der Komponist die musikdramatischen Herausforderungen der neuen Gattung sehr wohl angenommen hat, sich ihnen jedoch nicht voll gewachsen zeigte. Für eine konzise Dramaturgie der Massenszenen, wie sie die großen historischen Tableaus verlangten, vermochte H. jedenfalls keine geeigneten kompositorischen Techniken zu entwickeln. Szenen wie der Einzug Kaiser Sigismunds in Konstanz aus der *Juive* (Eugène Scribe; Paris 1835), die Einfahrt der venezianischen Flotte in den Hafen von Nikosia aus *La Reine de Chypre* (Jules-Henri V. de Saint-Georges; Paris 1841), die Krönung in der Kathedrale Saint-Denis aus *Charles VI* (Germain Delavigne; Paris 1843) verkürzen die dramatische Komplexität des Vorgangs zum musikalisch-illustrierten Bühnenspektakel. So liegen denn die Stärken von H.s großen Opern eher in den intimen Szenen (Arien, Duette). Vor allem in der Gestaltung psychischer Grenzsituationen gelingen dem Komponisten immer wieder subtile Charakterporträts: Eléazars tragische Gespaltenheit zwischen väterlicher Liebe und Rachebegehren (*La Juive*), der panische Schrecken der in der Totengruft eingeschlossenen Ginevra (*Guido et Ginevra ou La Peste de Florence*, Scribe; Paris 1838), Lusignans melancholisches Verlöschen (*La Reine de Chypre*), die Angstträume des wahnsinnigen Königs (*Charles VI*). Als bevorzugtes Charakterisierungsmittel dient H. die Instrumentation, der er besonders in den mittleren und tiefen Registern der Bläser neuartige Wirkungen abzugewinnen vermochte. Schon zeitgenössische Kritiker äußerten die Vermutung, daß H.s künstlerisches Naturell in der opéra comique ungleich größere Entfaltungsmöglichkeit finde als in der grand opéra. Obgleich ihm hier der ganz große und dauerhafte Erfolg versagt blieb, war er doch diesem Genre während seiner gesamten Karriere als Opernkomponist stets verbunden. Auch hier gilt das Interesse des Musikdramatikers vor allem den seelischen Ambiguitäten und Gefühlskatastrophen seiner Personen, so in der Kammeroper für vier Personen *L'Eclair* (Saint-Georges; Paris 1835), in der zwei Paare einer das Tragische streifenden »Liebesprobe« unterworfen werden. Mit *Le Val d'Andorre* (Saint-Georges; Paris 1848), deren musikalische Milieuschilderungen Berlioz bewunderte, lieferte H. einen wichtigen Beitrag zur ästhetischen Neuorientierung der opéra comique in Richtung des späteren drame lyrique. Als Ritter der Ehrenlegion

(1835), Mitglied der Académie des Beaux Arts (1836), als deren Vizepräsident (1844) und schließlich deren ständiger Sekretär, ein Amt, das zuvor noch niemals ein Musiker innehatte, gehörte H. zu den führenden Persönlichkeiten des französischen Kulturlebens. Zeugnis von seinen weitgespannten Interessen und Verpflichtungen geben verschiedene Aufsätze und Reden über musik- und kunstgeschichtliche Themen, die zum Teil in den *Souvenirs et portraits* (1861) und *Derniers souvenirs et portraits* (1863) erschienen.

Noten: La Juive [kritische Ausgabe der Partitur], hrsg. von K. LEICH-GALLAND, Saarbrücken 1985. La Juive, N.Y. und Ldn. 1980 (Early Romantic Opera 36) [Faks. der Ausg. Schlesinger, Paris 1835].
Dokumente: Lettres, hrsg. von M. GALLAND, Heilbronn 1999.
Literatur: HANSLICK, E.: J.F.H. in Die moderne Oper 9, Bln. ³1900, Faks. Farnborough 1971, 294–304. JORDAN, R.: F.H. His Life and Music, Ldn. 1994, N.Y. 1996. HALLMAN, D.: Opera, Liberalism and Antisemitism in 19th-Century France. The Politics of H.s La Juive, Cambridge 2002.

Sieghart Döhring

Halffter, Cristóbal

Geb. 24. 3. 1930 in Madrid

H., der Neffe von Rodolfo und Ernesto H., zweier in der Nachfolge de Fallas zu Ansehen gelangter Komponisten, wuchs in einer der Musik sehr günstigen familiären Umgebung auf. Um so dringlicher sah er sich dann aber mit der Aufgabe konfrontiert, als Komponist seinen eigenen Weg zu finden. Dieser Weg aber war kein anderer als der, welcher Spanien zur Neuen Musik hinführte.

Als H. 1947–1951 am Madrider Konservatorium studierte, herrschte in Spanien ein tonaler Neoklassizismus vor – und zwar in seiner gemäßigten Form, die bruchlos in einen populären, national gefärbten Folklorismus überging. Nach de Fallas Tod (1946) erschien eine Erneuerung unausweichlich. Eine Gruppe junger Künstler befreite Spanien aus solcher, unter dem Regime General Francos lähmend zementierter Isolation: die sogenannte »Generación del 51«.

H.s Entwicklungsgang vollzog sich demnach während der fünfziger Jahre in einer Auseinandersetzung mit Stravinsky und Bartók sowie der Zwölftontechnik Schönbergs. Dabei ergänzten sich bei ihm die Rezeptionsstränge des Stravinskyschen neoklassizistischen Formalismus und des Schönbergschen Expressionismus zu einem Dritten, statt einander auszuschließen. Mit den *Cinco Microformas*, einem aus fünf kurzen Variationen über ein zwölftöniges Thema bestehenden Orchesterwerk (1959), kam die formative Phase zu ihrem Abschluß; folkloristische und neoklassizistische Vorbilder gehörten nunmehr der Vergangenheit an. Spanien insgesamt war, ähnlich wie Polen, gegen 1960 zu einem Land mit international beachteten Vertretern der Neuen Musik geworden – dies alles unter dem Regime Francos, das sich damals aus ökonomischen Gründen um eine vorsichtige Öffnung nach außen bemühte.

Gleichwohl blieb die Repression gegen politische Gegner, und es blieb die Erinnerung an die Kämpfe während des Spanischen Bürgerkriegs (1936–39). Doch sollten diese Faktoren im Musikdenken H.s zunächst keine Rolle spielen – er teilte die strukturalistischen Prämissen der westlichen Avantgarde. Immerhin blieb eine expressive Komponente selbst in den Werken des H.schen Serialismus der 1960er Jahre erhalten. In einem Interview (»Gaceta Literaria« vom 15. 2. 1966) bekennt er sich zu einem seriellen Formbegriff – sein Ziel sei »die reine Schöpfung, einzig den strikt musikalischen Notwendigkeiten unterworfen« –, ergänzt dies aber durch die Absicht, er wolle »latinizar el serialismo«, was so viel meint wie: der Reihentechnik durch ihre »Latinisierung« eine ihr ansonsten versperrte Ausdrucksdimension eröffnen.

In den späten sechziger Jahren allerdings zeichnete sich eine Wandlung der Neuen Musik ab, indem mehrere Komponisten sich mit der Frage nach der gesellschaftlichen Funktion von Musik, ihrer sozialen Brauchbarkeit, auch der Praxisrelevanz von Theorie konfrontiert sahen. H.s Entwicklung ist von 1967 an in diesem übergreifenden Kontext zu verstehen. Wie läßt sich indes die Spezifik seines musikalischen Engagements näher fassen?

Erstens trennt H. zwischen politischem und musikalischem Engagement. Vor allem als nach Francos Tod im November 1975 ein Übergang zur Demokratie in Spanien einsetzte, trat er mit politischen Erklärungen an die Öffentlichkeit. Freilich betont er dabei, daß ihm wichtiger als jede politische Tätigkeit die Möglichkeit sei, als Komponist mit musikalischen Mitteln zu aktuellen Problemen der Gegenwart Stellung zu nehmen.

Zweitens hat H. auch nicht zeitweise – wie Nono – den Versuch unternommen, aus dem institutionellen Gefüge der Neue-Musik-Kultur auszubrechen und den Adressatenkreis seiner Werke zu wechseln, indem er auf die Arbeiterschaft als eine andere, künstlerisch weniger gebildete Schicht der Gesellschaft gezielt hatte. 1969, nach der Komposition der Kantate *Yes, speak out* (Norman Corwins; 1968), sagte er: »Meine Intention ist: Musik zu machen, die für die anderen nützlich ist, mich hinzugeben, eine soziale Aufgabe zu erfüllen ... Ich möchte eine gemeinschaftliche Kunst schaffen, die daher oft massenorientiert ausfallen kann. Ich denke, daß sie im Grunde einfach menschlich ist.« (vgl. Casares-Rodicio, 142). Dieses Werk entstand im Auftrag des damaligen UNO-Generalsekretärs U Thant zur Zwanzigjahrfeier der Menschenrechtsdeklaration der Vereinten Nationen und fand weltweite Beachtung. Ausgehend von einer Darstellung vielfältiger Menschenrechtsverletzungen führt sie zu einer emphatischen Proklamation einzelner Menschenrechtsartikel und der Aussicht auf Frieden.

Dagegen behauptete er 1966 und 1975, Kunst sei eine Sache von Eliten, von Minderheiten: »Wenn es Kunst ist, glaube ich, dann ist es für eine Minderheit, und wenn es für eine Mehrheit ist, dann ist es keine Kunst.« (Ritmo 45. Jg. Nr. 454, 6). In diesen widersprüchlichen Äußerungen spiegeln sich Hoffnung und Enttäuschung eines Künstlers, der um 1970 als Komponist und Dirigent zu internationalem Ruhm aufstieg.

Wenngleich drittens der Übergang zu einem engagierten Komponieren um 1970 bei H. nicht ohne Auswirkungen auf Kompositionsweise und Ästhetik seiner Musik erfolgte – wir können sie mit dem Stichwort einer Verlagerung von »serieller Musik« zu »Klangkomposition« andeuten –, so hatte er doch keine Senkung des ästhetischen Anspruchs und des konstruktiven Niveaus zur Folge. Bei H. bilden Materialstruktur und Kompositionstechnik vielmehr eine unauflösbare Einheit, sowohl in einem Werk wie *Noche pasiva del sentido* (1969–70) für Sopran und Schlagzeuger mit liveelektronischer Umwandlung, worin die Textsemantik fast völlig in eine avantgardistische Klangkomposition übersetzt erscheint, als auch in seinen engagierten Werken.

Und viertens ist H.s Engagement das eines praktizierenden Katholiken, ein humanistisches Engagement, das selten zu einer Parteilichkeit spezifiziert wird. Eine Ausnahme bildet allenfalls *Gaudium et Spes-Beunza* (1973), das Werk, in welchem H.s politisches Engagement und die religiöse Schicht als zwei Seiten derselben Sache erscheinen. Im Zentrum des Werkes steht die Rede, die H.s Freund José Luis Beunza vor einem Militärgericht gehalten hatte, als er wegen Dienstverweigerung angeklagt und verurteilt wurde. Beunzas große Verteidigungsrede, welche im Namen der Menschlichkeit und der Freiheit die Ankläger zu Angeklagten macht, wird vom Sprecher so vorgetragen, daß die Worte auch in der elektronisch verfremdeten Wiederholung verständlich bleiben. Diese Schicht unmittelbaren Engagements wird ergänzt durch eine vom Chor (und Tonband) realisierte zweite Schicht, die als Textkomposition des »Kyrie eleyson« einen religiösen Gehalt verwirklicht. H. komponierte eine klare Bogenform, welche das politische Engagement in zwingender Weise als Aktualisierung des religiösen Bewußtseins faßbar macht.

Titel, Widmungen, programmatische Sujets bei Instrumentalwerken, vertonte Texte bei Vokalwerken sind im allgemeinen die Schichten, in denen H.s Engagement werkästhetisch greifbar wird. In *Planto por las víctimas de la violencia* (1970–71) für Kammerensemble und elektronische Klangumwandlung – H.s Zusammenarbeit mit dem Freiburger Experimentalstudio des Südwestfunks für Elektronische Musik dauert bis heute an – und in *Requiem por la libertad imaginada* (1971), einem Orchesterwerk, hängt die Allgemeinheit des H.schen Engagements – in beiden Werken ist die Klage (über die Opfer der Gewalt bzw. für die imaginierte Freiheit) gleichzeitig Anklage und Aufruf für die Zukunft nach Francos Herrschaft.

Um Klage, Anklage und ein Memento für eine bessere Zukunft geht es auch bei den *Elegías a la muerte de tres poetas españoles* (1975), einem wohl als Hauptwerk zu betrachtenden Orchesterwerk. Die drei Dichter, denen die instrumentalen Klagegesänge gelten, sind Antonio Machado, Miguel Hernandez und Federico García Lorca. Ihr Tod – im Exil, im Kerker, durch Ermordung – ist das Sujet einer Steigerungsanlage, eines Crescendos in drei Sätzen, bei dem die Faktur der Makroform mit der wachsenden Grausamkeit der Todesart korrespondiert. Jedem Satz hat H. übrigens ein Gedicht mottohaft vorangestellt, das die semantische Bedeutung der Instrumentalmusik präzisiert.

H.s Musik begnügt sich also nicht mit dem Gelingen der Formkonstruktion. Es geht um einen musikalischen Ausdruck, und zwar um einen humanistisch spezifizierten Ausdruck. Der Komponist erscheint als zoon politikon, als homo politicus, der sich in der gesellschaftlichen Realität verankert weiß. Als solcher hält er freilich an der Selbständigkeit des Ästhetischen fest und weigert sich, die Musik zur bloßen Funktion einer politischen Wirkung zu degradieren.

Zwar ist H. nach wie vor ein politisch engagierter Künstler, doch die Auseinandersetzung mit der spanischen Tradition überwiegt die politisch motivierten Werke der jüngeren Vergangenheit deutlich. So greift H. in *Tiento del primer tono y batalla imperial* (1986) auf zwei Orgelwerke von A. de Cabezón (1510–1566) und Juan Bautista Cabanilles (1644–1712) zurück und zeigt darin seine instrumentatorische Meisterschaft. In dem Orchesterstück *Halfbeniz* (2000) greift H. auf Musik seines großen Vorbildes Albeniz zurück – diesem Umstand trägt der Titel Rechnung, der eine Mischung der Namen H. und Albeniz ist. Die Komposition einer *Don Quijote*-Oper (Andrés Amorós; Madrid 2000), in dem Cabezóns »Canto del Caballero« und Juan del Encinas »Hoi comamos« geradezu leitmotivisch wiederkehren, ist die Konsequenz aus der Beschäftigung mit den Wurzeln der spanischen Kultur.

Noten: Universal Edition (Wien).
Literatur: MARCO, T.: Cr. H., Valencia 1972 (Artistas Españoles Contemporáneos 34), 39 f. ANDRASCHKE, P.: Traditionsmomente in Kompositionen von Cr. H., Klaus Huber und Wolfgang Rihm *in* Die neue Musik und die Tradition, hrsg. von R. BRINKMANN, Mainz 1978 (Veröffentlichungen des Instituts für neue Musik und Musikerziehung 19), 131 ff. CASARES RODICIO, E.: Cr. H., Oviedo 1980 (Colección Esnos-Música 3). DASCHNER, H.: Spanische Musik auf der Höhe ihrer Zeit. Cr. H., Saarbrücken 2000.

Hermann Danuser
Aktualisierung Gordon Kampe

Händel [Handel], Georg Friedrich

Geb. 23. 2. 1685 in Halle;
gest. 14. 4. 1759 in London

»The Charming Brute« (»Das entzückende Untier«) – diesen Titel trägt eine Karikatur, die 1754 in London veröffentlicht wurde. Der Kupferstich zeigt H. an einem Orgelpositiv: das Unmäßige des gewaltigen Leibes und der aufgedunsenen Beine wirkt, zumal im Vergleich mit den zierlichen Händen, geradezu grotesk; von der Decke hängen ein Kapaun und ein angeschnittener Schinken herab, den Boden bedeckt ein kunstvoll disponiertes Durcheinander aus musikalischen und lukullischen Attributen, und ein Schriftband am unteren Bildrand verkündet ein Motto behäbiger Selbstgenügsamkeit (»I am myself alone«); vor allem aber ersetzt ein Weinfaß die Orgelbank, und aus der Perücke ragt als einziges physiognomisches Merkmal – ein Schweinerüssel hervor. Dem Bild sind zudem Verse beigegeben, die zwar auf H.s schöpferische Leistungen, auf die Schönheit und bezaubernde Wirkung seiner Musik verweisen; das Monströse des selbstsüchtigen ›Vielfraßes‹ steht jedoch auch dort im Zentrum der Aussage.

Das Blatt versinnbildlicht in skurriler Einseitigkeit und Überspitzung durchaus jene widersprüchlichen Vorstellungen, die sich H.s Mitwelt von dessen Erscheinung und Künstlerpersönlichkeit gemacht hat. Auf die meisten seiner Zeitgenossen wirkte er ›fremd‹, wenn nicht ›befremdend‹; um sein auffahrendes, unkonziliantes Wesen rankten sich ebenso viele Anekdoten wie um seinen legendären Appetit und Durst, und häufig wurde er als mächtiger ›Mannberg‹ charakterisiert – eine Anspielung auf Jonathan Swifts Roman »Gullivers Reisen« (1726), in dem der Titelheld vor den Bewohnern von Lilliput ebenfalls als ein »Great Man Mountain« emporragt. Diese Perspektive verrät neben der Ironisierung individueller Maßlosigkeiten auch eine gewisse Bewunderung für H.s nicht minder staunenswerte Selbstsicherheit, Durchsetzungskraft und Leistungsfähigkeit in allen artistischen Belangen. Solch eine zwiespältige Sichtweise machte in späteren Jahren zwar zunächst einer einhellig positiven Auffassung Platz; seit der zweiten Hälfte des 19. Jahrhunderts traten die Gegensätzlichkeit wie Angreifbarkeit des – in fast jeder Beziehung ›überdimensionalen‹ – Komponisten aber wieder stärker hervor und prägen sein Bild bis heute. Ohne daß dem Œuvre der grundsätzliche Respekt verweigert worden wäre, erschien H.s sinnliche, weltzugewandte Grundhaltung, vor allem im nun unvermeidlichen Vergleich mit derjenigen Bachs, doch zunehmend kritikwürdig; seine allzu große Unbefangenheit beim Entlehnen und Bearbeiten fremder Kompositionen ließen Zweifel an seiner Originalität aufkommen, und seine Musik galt nun als eher ›äußerlich‹ und als zu wenig konzis. – »The Charming Brute« – diese nur für den Moment hingeworfene polemische Zeichnung macht anscheinend heute noch virulente Widersprüchlichkeiten kenntlich, die zum einen H.s Position innerhalb des gegenwärtigen Musiklebens bestimmen, zum andern den unmittelbaren Zugang zum Ganzen seines Œuvres erschweren und die zum dritten schließlich – aufgrund der Eigentümlichkeit seiner Wirkungsgeschichte – auch in der näheren Zukunft kaum aufhebbar sein dürften.

Niemand wird im Ernst bestreiten, daß H. zu den überragenden Gestalten der Musikgeschichte zählt; eröffnet doch gerade er die historische Reihe von Komponistenpersönlichkeiten, deren heute fraglose ›Größe‹ nicht erst durch eine spätere Wiederentdeckung begründet wurde, sondern deren zu ihren Lebzeiten errungener Ruhm bereits kontinuierlich fortzuleben vermochte. H. war der erste Musiker, dem eine umfassendere Biographie gewidmet wurde (John Mainwaring 1760, nur ein Jahr nach H.s Tod). Aus Anlaß seines 100., irrtümlich um ein Jahr vordatierten Geburtstages, fand 1784 in London ein imposantes Musikfest statt, das ausschließlich Kompositionen von H. bot und dadurch das Œuvre offenkundig in den Rang einer überzeitlichen Kunst von nationaler Bedeutung erheben sollte. Der dort angestrebten Apotheose diente zudem das Bemühen des angesehenen Musikhistorikers Charles Burney, dem Festival seinerseits mit einem opulenten Bericht über das gesamte Unternehmen ein eigenes Denkmal zu setzen; diese Festschrift, 1785 veröffentlicht, erschien im selben Jahr auch in deutscher Übersetzung. Die letzte Facette von H.s exzeptionellem frühen Nachruhm bildet schließlich das 1783 initiierte und von 1787 bis 1797 – wenngleich nur bruchstückhaft – verwirklichte Projekt einer zu jener Zeit für einen Komponisten ganz ungewöhnlichen Ehrung: die Ausgabe seiner sämtlichen Werke.

Auch wenn H.s Renommee auf einem soliden, schon im 18. Jahrhundert gelegten Fundament gründet und seitdem niemals in Zweifel gezogen worden ist, darf diese hohe Wertschätzung doch nicht darüber hinwegtäuschen, daß bei diesem Komponisten der quasi offizielle musikgeschichtliche Rang und die tatsächliche Präsenz seines vielgestaltigen Œuvres erstaunlich weit auseinanderklaffen. Zuweilen mag es, vor allem im deutschen Sprachraum, sogar scheinen, als ob nur ein einziges, eminent bedeutsames Opus, der *Messiah* (HWV 56; 1741), alle übrigen gänzlich überschatte und H. mithin den ausgesprochenen ›Ein-Werk-Komponisten‹ zuzurechnen sei. Eine solche Bestimmung wäre zwar gewiß allzu pointiert; denn außer dem *Messiah* erfreuen sich, mit gehörigem Abstand, auch noch andere Oratorien – *Israel in Egypt* (HWV 54; 1737–38), *Judas Maccabaeus* (HWV 63; 1746) oder *Jephtha* (HWV 70; 1751) – größerer Bekanntheit; »Ombra mai fu«, ein Arioso des Serse aus dem ersten Akt der gleichnamigen Oper (HWV 40; 1737–38), hat als *Largo* eine ähnlich merkwürdige Popularität erlangt wie Gounods Bach-Bearbeitung »Ave Maria«) und die zwölf *Concerti grossi* op. 6 (HWV 319–330; 1738–39), die des öfteren sogar als Seitenstück zu Bachs »Brandenburgischen Konzerten« eingeschätzt werden, sowie die drei Suiten der *Water Music* (HWV 348–350; 1715–1736) oder die *Music for the Royal Fireworks* (HWV 351; 1749), die zum Inbegriff gängiger Vorstellungen von ›festlichem Barock‹ geworden ist, bezeugen, daß sich Partien aus H.s Instrumentalmusik ebenfalls noch lebendig erhalten haben. Trotz solcher Kolorierungen, die das Portrait des *Messiah*-Schöpfers durchaus aufweist, bleibt das Gesamtbild aber fragmentarisch und vor allem fast ohne Tiefenwirkung, weil darin der Fluchtpunkt von H.s Schaffen, das musikalische Drama, nur unzureichend berücksichtigt wird.

Die italienischen Opern nehmen innerhalb des Werkverzeichnisses, dessen ersten Teil sie aus guten Gründen bilden, ungeachtet aller Mehrfachfassungen den erklecklichen Umfang von immerhin 42 Titeln ein. Dieses ganze Feld des Œuvres hatte von H.s letzten Jahren bis zum Beginn der Göttinger ›H.-Renaissance‹ (1920) jedoch lediglich das antiquarische Interesse der Biographen und Musikhistoriker gefunden. Erst die Göttinger Initiative des Kunsthistorikers (und musikalischen Dilettanten) Oskar Hagen, der sich bei seinen Inszenierungen von einer zeitgebundenen, höchst eigenwilligen Vision ›barocker‹ Musikdramatik leiten ließ, widerlegte mit seinen Versuchen in den frühen zwanziger Jahren die feste Überzeugung, die H.-Oper sei prinzipiell für das Theater verloren, und eröffnete zumindest den Weg, auf dem längerfristig auch um Authentizität bemühte Konzeptionen szenischer Realisierungen erprobt werden konnten. Diese weiteren Experimente bleiben nach wie vor zumeist an bestimmte Aufführungsstätten gebunden: an die Orte der regelrechten ›H.pflege‹ wie Göttingen, Halle, London oder, seit einiger Zeit, auch Karlsruhe und München. Jenseits dieser kulturellen Enklaven jedoch vermag sich die musikdramatische Dimension des Œuvres nur langsam zu entfalten. Selbst vereinzelte Produktionen der Opern *Giustino* (HWV 37; London 1737), *Serse* (HWV 40; London 1738) oder *Deidamia* (HWV 42; London 1741) – oder auch von *Semele* (HWV 58; 1743), einem der Oratorien, die eine theatralische Präsentation strukturell nahelegen, wenn nicht erfordern -, dürften als unerläßliche Ausnahmen diese Regel eher bestätigen. Lediglich *Giulio Cesare in Egitto* (HWV 17; London 1724) kann hier mittlerweile ein Sonderrecht beanspruchen; denn diese fraglos gelungene Bühnenkomposition findet mit einiger Stetigkeit Eingang in die regulären Opernspielpläne.

Alle nachdrücklichen, seit vielen Jahrzehnten ausgegebenen Appelle, endlich den ›ganzen‹ – im Hinblick auf den *Messiah* ›ganz anderen‹ – H. ins öffentliche Bewußtsein zu heben, scheinen nicht recht zu verfangen, obwohl der sichere Zugriff und das herausragende Ingenium des geborenen Musikdramatikers doch schon vom Beginn seiner Karriere an auf allgemeine Anerkennung gestoßen waren. H., der sich mit 18 Jahren gen Hamburg gewandt hatte, um in dieser deutschen Opernmetropole seine Fähigkeiten zu vervollkommnen und zu erproben, war im Herbst 1706 nach Italien gereist, wo er – bald ein bewunderter, von Mäzenen umworbener Komponist – für mehr als drei Jahre wirkte. Bereits in dieser frühen Phase erweist sich seine Meisterschaft in der musikalischen Ausgestaltung von Texten, die an Rollenträger und konkrete Redesituationen gebunden sind. In hohem Maße begabt, seiner Tonsprache die Stil- und Formprinzipien der italienischen, ganz Europa beherrschenden Musik zu assimilieren, leistete er gerade auf jenem Felde wichtige Beiträge zu den verschiedenen, wenngleich eng miteinander verschwisterten einschlägigen Gattungen: Die »Serenata à tre« *Aci, Galatea et Polifemo* (HWV 72; 1708) steht hier neben der in Venedig 1709 mit triumphalem Erfolg aufgeführten Oper *Agrippina* (HWV 6) oder dem genialen Wurf des Oratoriums *La Resurrezione* (HWV 47; 1708), dessen aufwendige Darbietung im Palazzo Ruspoli ein denkwürdiges Ereignis der Musikgeschichte Roms geblieben ist. Mit besonderer Intensität widmete sich H. überdies schon zu jener Zeit der vokalen Kammermusik; er schuf eine respektable Reihe von Kantaten, deren Bedeutung zwar häufig unterschätzt wird, die jedoch, als klein dimensionierte musikalische Dramen aufgefaßt, durchaus auch den Opernkomponisten bei der Arbeit zu beobachten erlauben.

Die Vokalsolisten erscheinen in den monologischen Kantaten fast stets in eine gleichartige menschliche Grundsituation gestellt; sie wird von unerwiderter Zuneigung und Leidenschaft, von Trennung und Verlassenheit, zugleich aber auch von Hoffnung und unstillbarer, verzehrender Sehnsucht bestimmt. Selbst wenn die entsprechenden Texte, die für sogenannte ›Akademien‹, für Künstlerzirkel adeliger Gönner, verfaßt wurden, heute höchst standardisiert wirken mögen, boten sie dem zeitgenössischen Komponisten doch mannigfache Ansatzpunkte, jene spannungsvolle Gefühlslage auf immer neue Weise auszugestalten. H.s Kunstfertigkeit, den Empfindungen und Stimmungen jener Figuren differenziert Ausdruck zu verleihen, ist vor allem daran zu bemessen, daß ihm im Grunde nur zwei – nicht minder schematisch anmutende – Konzepte zu Gebote standen, Sprache und Musik miteinander zu verknüpfen: zum einen das eher sprachbetonte Rezitativ, zum anderen die stärker vom Musikalischen geprägte Arie, die ihrerseits dem nahezu universalen Grundmodell der Da-capo-Form (A-B-A) gehorcht und zudem mit dem vorausgehenden Rezitativ fest verbunden ist; dort wird jeweils ein Affekt herausgestellt und sodann gleichsam durchlebt. Repräsentiert die Solokantate bereits das zentrale Phänomen der opera seria, die reflektierende und emotionale Äußerung einzelner Personen, so gibt – wie im *Duello amoroso* (HWV 82; 1708) – die Ausweitung zu einer dialogischen Konstellation (ebenfalls in nuce) die Verkettung von Redepartien und den derart eröffneten, von H. souverän genutzten Spielraum für übergreifende musikdramaturgische Entwicklungen zu erkennen: Die Auseinandersetzung zwischen dem liebestollen Schäfer Daliso und seiner geschickt taktierenden Amaryllis erreicht Stufe um Stufe jenen Punkt, an dem der Übergang zum beweglichen, rasche Sprecherwechsel ermöglichenden Rezitativ vollzogen wird. – Neben diesen Grundmustern des dramatischen Gesangs findet sich in den italienischen Kantaten nicht zuletzt jenes Moment von H.s Musiksprache, das er in der Oper zur sinnfälligen Darbietung szenischer Vorgänge (und späterhin erst recht im imaginären Theater seiner Oratorien) einsetzt: das illustrative, bildhafte. Ein extremes Beispiel hierfür bietet – mit der getreulichen Abschilderung eines im Urwald grotesk herumtorkelnden Löwen – die Komposition für Baß und Basso continuo *Nell'africane selve* (HWV 136[a]).

Wenn H.s ausgereifte Opernkunst einem heutigen Publikum den Zugang zu diesen Werken auch partiell erleichtern mag, dürften sich die Bauformen und ästhetischen Prinzipien der opera seria im allgemeinen doch weitgehend einem ›unmittelbaren‹ Verständnis entziehen. Die Rezitative sind schwerlich noch als eigenständige kompositorische Leistungen – oder gar in ihren subtilen Nuancen – wahrnehmbar; einer späteren Idee des Dramas gemäß, wirkt die gleichermaßen abrundende wie überhöhende Wiederkehr des Anfangsteils, durch die das barocke Formkonzept der Dacapo-Arie erst ein Ziel findet, unplausibel, weil sie vermeintlich den kontinuierlichen Handlungsfluß immer wieder hemmt; die Opernfiguren, seien sie der antiken Mythologie, der Historie oder der Welt des Märchens entlehnt, fügen sich kaum einem moderneren Menschenbild, denn ungeachtet aller musikalisch individualisierenden Charakterzeichnungen bleiben sie Träger typisierter und scheinbar unmotiviert wechselnder Affekte, deren Abfolge aus der berechenbaren Mechanik des Bühnengeschehens resultiert; und schließlich wird der Gesamtentwurf solch einer musiktheatralischen Wirklichkeit einen erheblichen Teil seiner ursprünglichen Komplexität einbüßen müssen, weil der Zuschauer des 21. Jahrhunderts längst nicht mehr mit den vielschichtigen Bedeutungen der Metaphern und Embleme, mit deren Kombinatorik oder den artifiziellen Stilisierungen jener Epoche vertraut sein kann.

Unter diesen Voraussetzungen wird der Riß zwischen H.s unstreitigem Renommee und der geringen Präsenz seiner Opern besser verstehbar, und es läßt sich nun ohne sonderliches Risiko auch die Vermutung äußern, daß er ohne die Entfaltung des englischen Oratoriums lediglich als jener deutsche Komponist in die Musikgeschichte eingegangen wäre, der im Rahmen der 1720 gegründeten »Royal Academy of Music« sowie ihr nachfolgender Organisationen mehr als 20 Jahre lang beharrlich und mit unterschiedlichem Glück, aber letztlich erfolglos versucht hat, die opera seria als italienischen ›Kulturimport‹ in London heimisch zu machen. Der so bedeutsame Gattungswechsel verdankt sich freilich keineswegs einer späten, besseren Einsicht, sondern die Beschäftigung mit oratorischen Gestaltungsansätzen ergibt vielmehr eine eigene Achse von Werken, die durch das gesamte Œuvre zu verfolgen ist. Ein frühes Zeugnis dieser Tendenzen, die mit H.s Bereitschaft Hand in Hand gehen, sich neben den Traditionen der englischen Kirchenmusik auch diejenigen des dortigen Musiktheaters produktiv anzueignen, bildet die ›Masque‹ *Acis und Galatea* (HWV 49ª). Vermutlich im Frühjahr 1718 setzte H. sich neuerlich mit diesem mythologischen Stoff auseinander. Dabei griff er bezeichnenderweise kaum auf die ältere ›Serenata‹ zurück; statt dessen orientierte er sich, geleitet auch von seinem Textdichter John Gay, an jener Gattung der ›Masques‹ (→ Purcell), die die besondere Vorliebe der Briten für szenische, choreographisch ausgearbeitete Bühnenaktionen bewahrte und dem Chor eine große Bedeutung einräumte, ihm innerhalb des Geschehens sogar funktional eigenständige Aufgaben übertrug. Wie dicht Oratorium und Oper für H. auch in diesem veränderten Rahmen wieder beieinanderliegen, zeigt seine vom Szenischen her konzipierte bis in die Details meisterhaft ausgearbeitete musikalische Dramaturgie. Nach dem idyllischen, pastoralen Grundzug der ersten Abschnitte wird das friedliche Arkadien zusehends durch den herannahenden Schatten des Polyphemus verdunkelt; er erweist sich in seinem rohen, tölpelhaften Liebeswerben als eine individualisierte, nicht ohne Ironie gezeichnete Figur. Die Spannung des Handlungsverlaufs kulminiert in dem Terzett »Theè flocks shall leave the mountains«, das die Äußerungen der beiden Parteien, und zwar gerade in ihrer unüberbrückbaren Gegensätzlichkeit, zu einer kunstvollen musikalischen Einheit verschmilzt. Überdies scheint es zunächst auch dem bis dahin vorherrschenden Da-capo-Baumuster zu gehorchen; am Ende des B-Teils aber läßt H. die Mordtat geschehen: Polyphemus erschlägt nicht nur seinen Rivalen, sondern zerstört zugleich, metaphorisch gesprochen, die Ordnung und innere Geschlossenheit des vorgezeichneten Formzusammenhangs. Ein ähnlich originelles Konzept entwickelt der Komponist, um innerhalb des Chorfinales auch den zweiten Höhepunkt des Geschehens, die Verwandlung des von Galatea betrauerten Acis in einen lebenspendenden Strom, markant hervorzuheben: in Galateas Arie »Heart the seat of soft delight« ereignet sich eine überraschende Wandlung der eigentlich zu erwartenden motivischen und formalen Fortführungen; derart erscheint der musikalische Prozeß selbst befähigt, die wunderbare Metamorphose des Acis mitzuvollziehen und zu versinnbildlichen.

In jenen zweiten, ›englischen‹ Strang von H.s Schaffen, der – ebenso wie der ›italienische‹ – von konzeptionellen Prinzipien des musikalischen

Dramas geprägt wird, gehören neben der Masque selbstverständlicherweise auch im engen Sinne ›oratorische‹ Gestaltungsansätze. Ebenfalls schon 1718 schuf H. mit *The Story of Esther* (HWV 50^a) immerhin den ersten englischsprachigen Beitrag zu dieser Gattung überhaupt; und die neuerliche Auseinandersetzung mit diesem Sujet – *Esther* (HWV 50^b) – steht 1732 sodann am Beginn einer deutlich intensivierten Auseinandersetzung mit dem Oratorium, aus der noch während dieses Jahrzehnts eine Reihe bedeutender Kompositionen, unter ihnen *Saul* (HWV 53; 1738), hervorgeht. Der allmähliche, 1741 vollzogene Übergang von der Oper zum Oratorium kann somit als behutsame Gewichtsverlagerung innerhalb eines einheitlichen generischen Systems gedeutet werden, mit der H. geradezu seismographisch auf eine sich ebenso langsam vollziehende Wandlung in der Struktur und Interessenlagerung seines Publikums reagierte. Zu Israel, Gottes ›auserwähltem Volk‹, empfanden H.s Zeitgenossen eine besondere Affinität. Primär die entsprechenden alttestamentlichen Geschichten bilden nun die Stoffe, die H. seinen Kompositionen zugrunde legt: *Samson* (HWV 57; 1741–42), *Belshazzar* (HWV 61; 1744), *Alexander Balus* (HWV 65; 1747) oder *Jephta* bestimmen deren Erscheinungsbild, dem sich nur wenige Werke nicht einfügen lassen. Hierzu zählen *Hercules* (HWV 60; 1744) – nach *Semele* der zweite und letzte Versuch, ein Sujet der antiken Welt zu adaptieren – und das christliche Märtyrerdrama der *Theodora* (HWV 68; 1749), vor allem aber *Messiah*, jenes ›Schlüsselwerk‹, das im typologischen Kontext des Oratorienschaffens eher wie ein Nebenprodukt wirkt, weil H. dort (gemeinsam mit seinem Textkompilator Charles Jennens) Passagen des Alten und Neuen Testaments zur Geschichte des Messias und seiner Erlösungstat arrangiert, diese in epischer Grundhaltung dargebotene, dem Kirchenjahr analoge Geschehensfolge lyrisch-reflektierend ausgestaltet und derart seine Zuhörer zu religiöser Kontemplation einlädt.

Mit der neuen, im weiteren Verständnis ›bürgerlichen‹ Orientierung seiner Oratorien wußte H. sein Publikum wohl zu erreichen und wurde im Laufe der 40er Jahre zu einer allermeist unumstrittenen Autorität des Londoner Musiklebens. Zudem erschien er im öffentlichen Bewußtsein immer deutlicher auch als ›offizieller‹ Repräsentant jenes Staates, dem er mit Huldigungsmusiken – wie der *Ode for the Birthday of Queen Anne* (HWV 74; 1713) oder den vier *Coronation Anthems* (HWV 258–61; 1727) – stets loyal gedient hatte und dessen Bürger er 1727 sogar geworden war. Nicht zuletzt wurde sein Renommee durch die hohe Virtuosität gefestigt, die er regelmäßig als Solist der eigenen, zwischen den einzelnen Oratorienakten aufgeführten Orgelkonzerte demonstrierte und mit der er seine Zuhörer auch noch nach seiner gänzlichen Erblindung (1753) zu beeindrucken vermochte. Derart hatte dieser »Great Man Mountain« der Musik bereits zum Ende seines Lebens in Britannien nahezu den Status eines ›Klassikers‹ erreicht.

Diese Position blieb H. auch international bis zur Mitte des 19. Jahrhunderts erhalten; dann allerdings wurde sein Nachruhm – bedingt vor allem durch Prozesse innerhalb der deutschen Musik- und Geistesgeschichte – zunehmend vom Schatten J. S. Bachs verdunkelt: Als Repräsentant eines ›prächtig-erhabenen‹ Stils sowie als Komponist, der wirtschaftlichen Gewinn erstrebt – und dabei sogar auch noch höchst erfolgreich operiert hatte, taugte H. bald vor allem zu einem negativen Gegenbild, von dem sich der Meister der ›Innerlichkeit‹, der sich für seine Kunst aufopfernde Thomaskantor, um so strahlender abheben ließ. Die stillschweigende Selbstverständlichkeit, mit der die religiöse Botschaft des *Messiah* ihren Platz innerhalb des Musiklebens behauptete und, gleichsam an der Peripherie dieses Werkes, einige weitere Kompositionen präsent zu halten vermochte, wahrte zwar noch einen Teil von H.s früherer ›Größe‹; seine unausweichlich scheinende Verkopplung mit Bach zu Dioskuren der Barockmusik blockierte zugleich aber jede Möglichkeit, sein vielgestaltiges Œuvre auch diesseits der Zentren ausgesprochener H.-Pflege wieder unbefangen in den Blick zu nehmen. – Gleichwohl: Seit dem Ende des 20. Jahrhunderts verlieren viele kulturelle Normen – und somit auch die starren Schemata der Musikgeschichtsschreibung – deutlich an Verbindlichkeit. Vor diesem Hintergrund ist allem Anschein nach keineswegs mehr auszuschließen, daß zukünftig nicht doch noch der ›ganze‹ und der ›ganz andere H.‹ dem breiteren Publikum zurückzugewinnen wäre.

Noten: G. Fr. H.s Werke. Ausg. der Dt. H. Ges., hrsg. von Fr. Chrysander, Bd. 1–48, 50–94, Supplement-Bde. 1–6, Lpz. und Bergedorf bei Hbg., 1858–94/1902, Repr. 1965. Hallische H.-Ausg., hrsg. von M. Schneider, R. Steglich u. a., Kassel 1955ff.

Dokumente: Dokumente zu Leben und Schaffen (H.-Hdb, 4), auf der Grundlage von O. E. Deutsch:

H. A Documentary Biography, N.Y. 1955, hrsg. von der Editionsleitung der Hallischen H.-Ausg., Lpz. 1985. Rackwitz, W.: Il caro sassone. G.Fr. H. Lebensbeschreibung in Bildern, Lpz. 1986.
Werkverzeichnis: Baselt, B.: Thematisch-systematisches Verz., Lpz. 1978–86 (H.-Hdb., 1–3).
Bibliographie: Sasse, K.: H.-Bibl, Lpz. 1963; rev. ²1967. Marx, H.J.: Bibl. der H.-Literatur 1979–2001 *in* Göttinger H.-Beitr. 1 ff.
Periodica: Händel-Jb., Bd. 1–6, Lpz. 1928–33; [neue Folge] Lpz. 1955ff. Veröff. der Intern. H.-Akademie Karlsruhe, Laaber 1987ff. Göttinger H. Beitr., im Auftrag der Göttinger-H.-Gesll. hrsg. von H.J. Marx, Kassel [Bde. 1–5] 1984–1993 bzw. Göttingen 1996 ff. [Bde. 6 ff.].
Literatur: G.Fr. H., Beiträge zu seiner Biographie aus dem 18. Jahrhundert, hrsg. von W. Siegmund-Schultze unter Mitarb. von K. Sasse, Wilhelmshaven 1979. Chrysander, Fr.: G.Fr.H., 3 Bde., Lpz. 1858–67, Repr. 1966; Register von S. Flesch, Lpz. 1967. Eisenschmidt, J.: Die szenische Darstellung der Opern G.Fr. H.s auf der Londoner Bühne seiner Zeit, 2 Bde., Wolfenbüttel 1940–41, NA., Laaber 1987. Deán, W.: H.s Dramatic Oratorios und Masques, Ldn. 1959. Lang, P.H.: G.Fr.H., N.Y. 1966; dt. als G.Fr.H. Sein Leben, sein Stil und seine Stellung im englischen Geistesleben seiner Zeit, Basel 1979. Kubik, R.: H.s Rinaldo. Geschichte, Werk, Wirkung, Neuhausen und Stg. 1982. Hogwood, Chr.: H., Ldn. 1984; dt. Stg. und Weimar 1992; Ffm. ²2000. Smith, R.: H.'s oratorios and Eighteenth-Century Thought, Cambridge 1995. The Cambridge Companion to H., hrsg. von D. Burrows, Cambridge 1997. Leopold, S.: G.Fr.H., Laaber [in Vorbereitung].

Erik Fischer

Hartmann, Karl Amadeus

Geb. 2. 8. 1905 in München; gest. 5. 12. 1963 in München

Das gebräuchliche Wort von der ›inneren Emigration‹ während der zwölf Jahre Nazi-Regime gilt eigentlich nur für ihn. Zugleich läßt es sich aber an seinem Komponieren, Nachdenken und Handeln, seiner immer klaren Haltung wie seiner latent komplizierten Biographie fast exemplarisch erkennen, was es ganz real und über den Zeitabschnitt hinausgreifend bedeutet. Denn erst nach H.s frühem Tod mit 58 Jahren enthüllte sich allmählich, daß die anscheinend so kompakte Reihe seiner acht Symphonien – alle uraufgeführt zwischen 1948 und 1963 – und einer statt der ominösen Neunten noch bis auf wenige Schlußtakte vollendeten *Gesangsszene* tatsächlich im entscheidenden, stabilisierenden Hauptteil der *Symphonien 1 bis 6* aus einem verwirrenden Geflecht von Rückgriffen, Überarbeitungen, Eliminationen, Umstellungen, Ergänzungen, Zweit- und Drittversionen entstanden ist, dessen frühestes Glied gar aus dem Vor-Nazi-Jahr 1932 stammt. Doch dieses hartnäckige, selbstkritische Bemühen, im ersten Jahrzehnt der wiedergewonnenen Aufführungsmöglichkeiten nach 1945 aus der aufgestauten Summe eigener Arbeit etwas Gültiges zu destillieren, verrät nur im Kompositorischen den verheerenden Eingriff einer zumindest doppelten, von außen zudiktierten Verunsicherung, der selbst H.s Spontaneität, Geradlinigkeit und vitale Lebenskraft kaum gewachsen waren und standzuhalten wußten.

In der ersten Phase vollzog sich diese Konfrontation mit geschichtlichen Ereignissen in mehreren, oft erst hinterher feststellbaren Stufen der Beeinträchtigung, aber im ganzen für einen politisch so Hellhörigen um so gravierender. Jäh war die unbekümmerte Jugend- und Studienzeit zu Ende gegangen, in der H. als jüngster von vier Söhnen eines selbst als Maler hervorgetretenen Kunsterziehers (übrigens entgegen H.s ›Urmünchnertum‹ aus Schlesien stammend) und einer theaterbegeisterten (pfälzischen) Mutter eine Lehrerbildungsanstalt (1919–22) und dann die Münchner Akademie der Tonkunst (1924–32) mit Posaunen-, Klavier-, Dirigier- und einem recht unersprießlichen Kompositionsunterricht (Joseph Haas) besucht hatte. Vorbei auch die experimentierfreudige Zeit früher Aufführungen bei den selbst organisierten Konzerten zu Ausstellungen der »Juryfreien« oder im Opernstudio der Bayerischen Staatsoper (*Wachsfigurenkabinett*, 1929; vgl. See, 101), über die H. gesagt hat: »Futurismus, Dada, Jazz und anderes verschmolz ich unbekümmert in einer Reihe von Kompositionen. Ich schlug mich nacheinander zu verschiedenen Strömungen, die sich in jenen erregenden Jahren ebenso schnell an der Spitze der Moderne ablösten wie heute ... und stürzte mich in die Abenteuer des geistigen Umbruchs« (Kleine Schriften, 12). Jedenfalls konstatierte der Freund Max See: »Als ich 1935 für längere Zeit nach München zurückkehrte, fand ich Hartmann völlig gewandelt. Aus dem einstigen musikalischen enfant terrible, das sich in Burlesken und Persiflagen austobte, war ein Pathetiker geworden ... Was uns Gleichgesinnte lediglich verbitterte, das zwang ihn, seinen Zorn und seine abgrundtiefe Trauer in Tönen mitzuteilen« (See, 101 f.).

Tatsächlich hatte H. 1934 die Symphonische Dichtung *Miserae* komponiert; sein erstes großorchestrales Werk, beinahe schon mit allen typischen Merkmalen seiner späteren Symphonien, die er freilich aus Scheu vor dem traditionsbelasteten, falsch zuordnenden Gattungstitel erst nach 1945 – nochmals in Gegensteuerung – auch wirklich *Symphonien* nannte: solistischer Anfang (Posaune), Vorliebe für Bläser-, besonders Blechbläsersatz, engräumige Melodiebildung aus Klein-Intervallen, Formaufbau aus langsamen Außensätzen mit dazwischengestelltem raschen Mittelteil (konträres Spiegelbild der herkömmlichen Symphonie-Form) sowie eine sich bedingende Gegensätzlichkeit von Linie und Polyphonie, Ausdruck und Konstruktion, Klang und erregtem Bewegungsimpuls. Ebenso ist es das erste jener Werke, die jetzt nur noch im Ausland aufgeführt werden konnten: *Miserae* beim IGNM-Fest 1935 in Prag, dirigiert vom inzwischen zum nachhaltig prägenden Lehrer, Anreger und Berater gewordenen Hermann Scherchen – »so gut wie alles Handwerkliche verdanke ich ihm«, er »hat mich darauf gebracht, wohin es mit mir und meinen Kompositionen eigentlich hinauswollte« (Kleine Schriften, 23; 12); dann das *Erste Streichquartett*, beim Schweizer Carillon-Wettbewerb mit einem ersten Preis ausgezeichnet, 1936 in Genf und nochmals 1938 in London (IGNM); die Symphonie *L'Œuvre* 1939 in Liège und Brüssel (Vorstufe zur *Sechsten Symphonie*); und zuletzt noch das *Concerto funebre*, H.s »Trauermusik« zum Kriegsbeginn, 1940 in St. Gallen. Schließlich war *Miserae* auch das erste Werk eines unmißverständlich subversiven Antifaschismus, indem es sich durch Widmungstext und -ort mit den verfemten Kommunisten und Sozialisten, Juden und Anarchisten solidarisierte: »Meinen Freunden, die hundertfach sterben mußten, die für die Ewigkeit schlafen, wir vergessen Euch nicht (Dachau 1933/34)«.

Weitaus schlimmer als der erste historische Einschnitt von 1933 mit seinen immer bedrängenderen zwölfjährigen Weiterungen und jede normale Entwicklung ausschließenden Folgen war aber wohl die zweite Verunsicherung, der sich H. nach 1945 ausgesetzt sah. Denn sie traf ihn völlig unerwartet und besaß zudem nur schwer erkennbare, seltsam diffuse Auslösemomente. Vorher war die Opposition klar, das Warten deprimierend gewesen, auch wenn er es – stets lernwillig und auf sachliche Auseinandersetzung begierig – noch 1942 durch Privatstunden bei Webern zu nutzen versucht hatte, ohne allerdings rechten Kontakt zu gewinnen. Aber jetzt, nachdem er eben noch mit seiner *Klaviersonate 27. April 1945* auf den schrecklichen Auszug der Dachauer KZ-Häftlinge in grimmiger Trauermarsch-Teilnahme und politischer Zitate-Deutlichkeit reagiert hatte, jetzt kam ihm angesichts der ganz anders temperierten Nachkriegsumstände eine Musik solcher engagierten Stellungnahme merkwürdig deplaziert vor. Er zog die Sonate zurück. Und nicht nur sie; das meiste aus der Zeit seines Schweigens – wie auch die frühen Stücke (Solo- und Ensemblekompositionen) – blieb unveröffentlicht, zumindest so, wie es war, unaufgeführt, weil H. mit seinem sensiblen, nun doppelt aufgeklärten Gespür für die herrschende Zeitatmosphäre erkannte, daß der vorenthaltene direkte Austausch mit dem Publikum sich jetzt nicht mehr nachholen lasse. Seine wiedergewonnene Freiheit und sein bedingungsloses Einstehen für die selbst zu verantwortende Wahrhaftigkeit zwangen ihn also, während er offiziell angab, alles Vorausgegangene, zumal die Arbeiten aus den Jahren seines inneren Exils bis auf weniges, etwa die Oper *Simplicius Simplicissimus* (nach Hans Jakob Christoffel von Grimmelshausen; 1934–35, Köln 1949) und die *Symphonische Ouvertüre* (1942; 1947), verloren oder vernichtet zu haben, zu grundlegenden Revisionen und kritischer Neufassung. Es war ein langwieriger Prozeß der Selbstredaktion, aus dem bis 1955 die nun gültig formulierten *Symphonien 1 bis 6* hervorgingen. Doch gegenüber diesen zehn Jahren beanspruchte das retrospektive Aufdecken ihrer verwinkelten Vorstadien nach H.s Tod sogar ein Viertel-Jahrhundert (bis 1988; vgl. McCredie/Hell).

Bei der fünfsätzigen *Ersten Symphonie* von 1935–36 mit den tonangebenden Walt Whitman-Gedichten (»Ich sitze und schaue auf alle Plagen der Welt« für Alt-Solo) begnügte sich H. noch mit zwei Bearbeitungen (1947–48/1950), um sie seinen gewachsenen kompositorischen Ansprüchen und Erfahrungen anzupassen. Aber schon die einsätzige *Zweite Symphonie*, ein Adagio mit intensiver Tempo- und Dynamiksteigerung und kürzerem Rückgang, ist das einzige Relikt der Sinfonischen Suite *Vita Nova* (1943), weil deren sonst unverkennbar politische Intentionen H. bei den Revisionen nach 1945 nicht mehr tragbar erschienen. 1947 hatte er bereits konstatiert: »Leider wollen viele Kreise Deutschlands keine Bekenntnismusik hören« (Hell/Jaschinski, 2). Und so konzentriert sich auch die *Dritte Symphonie* (1948–49) mit ihrer typischen Largo-Allegro-Adagio-Folge auf die derart unverfänglichen Teile aus der Symphonie *Klagegesang* (1944) für den ›Friedenskämpfer‹ Robert Havemann und der *Sinfonia tragica* (1940–43) mit ihren im übrigen krass antinazistischen Anspielungen. Die folgenden Symphonien greifen auf noch frühere Vorlagen zurück: die *Vierte* für Streichorchester (dreisätzig gleich der *Dritten* und noch vor ihr, 1946–47, endgültig gefaßt) auf eine Streicher-Symphonie von 1938, deren Finale mit Sopran-Solo allerdings durch ein rein instrumentales Adagio appassionato ersetzt wird; die spielfroh neoklassizistische *Symphonie concertante* (Nr. 5) in zweimaliger Verwandlung (1949 und 1950) sogar auf ein Trompetenkonzert von 1932/33; und die wiederum ausdrucksgesättigte *Sechste* auf die zweisätzige Symphonie *L'Œuvre* (1937–38), wobei H. das Adagio mit Retuschen übernahm, die Toccata variata aber in formaler Analogie neu komponierte.

In gewisser Weise durch solche Mühsal des Aufarbeitens festgelegt und präokkupiert verlegte H. seinen unbändigen Drang nach Aktivität, nach unmittelbarem Eingreifen in die Geschehnisse während der schnell sich wandelnden, gärenden Nachkriegszeit – außer auf die Komposition seines *Zweiten Streichquartetts* (1945–46) – auf ein ganz anderes Gebiet: Als Dramaturg für zeitgenössische Musik an die Bayerische Staatsoper berufen startete er in ihrem Namen bereits im Oktober 1945 mit einer Matinee den Zyklus der Münchner Musica-viva-Konzerte; und schuf damit ein Modell für den bitter notwendigen Wiederanschluß an die musikalische Gegenwart, das danach in seiner Mischung aus Nachholen des Versäumten und Neuansatz beim Aktuellen von vielen Städten und in mehreren Ländern aufgegriffen wurde. H.s weltoffene Liberalität und sein untrüglicher Qualitätssinn selbst gegenüber Werken, die ihm stilistisch fern standen, machten die Musica viva zu einem höchst lebendigen, von Interessierten jedweder Herkunft, vor allem Jugendlichen gern und überreichlich frequentierten Ort der künstlerischen Begegnung und der geistigen Auseinandersetzung mit der Jetztzeit. Und doch projizierte er etwas von seinem eigenen Weltbild auf diese Veranstaltungsreihe, unverwechselbar von den einfallsreichen Plakaten, die er anregte, über die Kunstblätter und Programmhefte, die er von vielen berühmten Malerfreunden dafür erbat, bis hin zu der herzlichen Gastfreundschaft, mit der er und seine Frau Elisabeth – schon sein verläßlichster Beistand in den schweren Jahren – Dirigenten, Solisten und viele große Komponisten-Kollegen empfingen und umsorgten. Da fanden sich Kunstsinn und Privatheit, Arbeitsernst und Daseinsfreude unlöslich vereint.

Nur 18 Jahre blieben H., sein eigenes Leben derart uneingeschränkt zu führen und selbst zu bestimmen. Die Hälfte davon sah er sich noch genötigt, seine Werke zum zweiten Mal zu komponieren. Daraus bezogen sie, wenigstens im deutlich so gewollten Hauptbestand der acht oder mit der einzurechnenden *Gesangsszene* neun Symphonien, trotz individueller Differenz eine typologische Geschlossenheit. Und sie wußten sich sogar entgegen ihrer ambivalenten Stellung zwischen Tradition und Avantgardismus, mit der ferneren Herkunft von Bruckner und der näheren von Mahler sowie der erstaunlich gleichzeitigen Präsenz von Stravinsky und Schönberg als ihren dialektisch verarbeiteten Spannungspolen, dank ihrem hohen Anteil an langsam und nicht problemlos gewachsener Eigensprachlichkeit zu behaupten und in einer Art freizügiger Selbstverständlichkeit zu festigen. Hierin stellen die *Achte Symphonie* (1960–62) und die *Gesangsszene* (1963) gewiß die Höhepunkte dar. Beide setzen charakteristisch mit einer den Tonraum ausmessenden Einzellinie an, dort als kraftvollem Initial, da als einsamer Flötenmelodie. Beide werden durch die ständige Verschränkung von gewissenhafter formaler Planung (bis zu vorherbestimmten Taktquantitäten) und eruptiv aufbrechender, ausdrucksstarker Dramatik vorangetrieben. Und beide lassen durch ihren vielgestaltigen, farben- wie facettenreichen Ablauf mit all seinen variativen Erweiterungen hindurch – einerlei, ob textlos oder mit den nachfassenden Worten von Jean Giraudoux – eine Stimme vernehmen, die Schönheit beschwören und vor der gefährlichen Verstrickung in Zwist, Dummheit, Krieg und menschlicher Untergangs-Hybris nachdrücklich warnen will.

Noten: Schott (Mainz).
Dokumente: Kleine Schriften, hrsg. von E. THOMAS, Mainz 1965. K. A. H. und die Musica viva. Essays, Briefe, Ausstellungskat., hrsg. von der Bayerischen Staatsbibliothek (R. WAGNER), Mn. 1980.
Werkverzeichnis: MCCREDIE A. D.: K. A. H., Thematic Catalogue of His Work. Wilhelmshaven 1982. HELL, H. und JASCHINSKI, A.: Ergänzungen zu A. D. McCredies Thematischem Kat. in Melos 4 (1988), 16–18.
Literatur: SEE, M.: Erinnerungen an K. A. H. *in* NZfM 3 (1964), 99–102. DIBELIUS, U.: K. A. H., Freiheit

und Engagement *in* Moderne Musik 1945–1965, hrsg. von U. DIBELIUS, Mn. 1966, 69–78. MCCREDIE, A. D.: K. A. H., Wilhelmshaven 1980 [mit Bibl.] K. A. H.-Zyklus Nordrhein-Westfalen, hrsg. von H.-KL. METZGER und R. RIEHN, Mn 1989 (MK-Sonderband). K. A. H., hrsg. i. A. des Landesverbandes Bayerischer Tonkünstler von U. DIBELIUS, A. L. SUDER u. a. Tutzing 1995 (Komponisten in Bayern 27). BREHLER, CHR. L.: K. A. H., Untersuchungen zum Frühwerk der Jahre 1927 bis 1933, Diss. Mainz 2001 [mit Bibl.].

Ulrich Dibelius

Hasse, Johann Adolf

Getauft 25. 3. 1699 in Bergedorf
(bei Hamburg); gest. 16. 12. 1783 in Venedig

Der Nachwelt ist der »caro sassone« (»der liebe Sachse«), wie H. genannt wurde, als Repräsentant einer Opernkunst im Gedächtnis, die zu rascher Vergänglichkeit verurteilt war, da sie sich abhängig von einem Gesangsvirtuosentum zeigte, dessen ästhetische Akzeptanz man schon zu H.s Lebzeiten in Frage gestellt hatte. Dabei geschah H. nicht weniger, aber auch nicht mehr, als daß er Opfer eines Geschmackswandels wurde, der in der zweiten Hälfte des 18. Jahrhunderts die Bühnenkünste insgesamt erfaßte, die Oper ebenso wie das Sprechtheater und das Ballett. Die allenthalben erhobene Forderung nach »Natürlichkeit« des Dargestellten schien nicht mehr vereinbar mit einer kompositorischen Faktur, die sich gänzlich der »Nachahmung« des dramatischen Geschehens verschloß, statt dessen an einer melodischen Stilisierung der den Arientexten zugrundeliegenden Affekte festhielt und dem Orchester eine begleitende, oft lediglich harmonisch stützende Funktion zuwies. Der in den vierziger Jahren einsetzende Wandel traf H. härter als viele seiner Zeitgenossen, etwa Jommelli, Gian Francesco de Majo oder J. Chr. Bach. Nach dem frühen Tod von Leonardo Vinci (1730) und Pergolesi (1736) wurde H. zum vornehmsten Vertreter des Metastasianischen dramma per musica, und zwar in dem Augenblick, als es in ganz Europa zum Inbegriff der italienischen opera seria wurde, so daß man in späterer Zeit der fraglichen Epoche nicht zu Unrecht den Namen des Textdichters gab. Es war niemand anders als Metastasio, der die Komponisten, so sie seiner Ästhetik folgten, auf eine Vertonung verpflichtete, bei der es auf die ›Reinheit‹ des dargestellten Affekts ankam. Als Trägerin des dramatischen Geschehens ist die Musik gleichsam ausgeschlossen. Erst und jeweils am Szenenende spitzt sich die Handlung zu und mündet in ein als Gleichnis oder Sentenz formuliertes Fazit: den Entschluß zur Rache, das Erfülltsein von Liebesglück oder das Empfinden tiefer Eifersucht. Diesen ihrer Stilisierung wegen »Affekte« genannten Gefühlsmomenten verleiht die Musik vorwiegend in den Arien Ausdruck. Ensembles (Duette, Terzette) kommen nur selten vor und unterscheiden sich in ihrer Anlage nicht wesentlich von den Sologesängen. Die Vermittlung des Affekts mit dem Ziel der Gemütsbewegung beim Zuhörer sah Metastasio durch die von der menschlichen Stimme vorgetragene, eng an die Prosodie seiner Dichtung angelehnte Melodie gewährleistet. Den in späterer Zeit eingeführten Neuerungen, etwa die Verknüpfung der Gesangsstimme mit den Instrumentalparts, wie sie Jommelli favorisierte, stand er äußerst ablehnend gegenüber, da er meinte, daß sich darin die Spuren der soeben erzeugten Gemütsbewegung verlören.

Blickt man auf H.s Vertonungen von Metastasios Dramen und vergleicht sie mit denjenigen seiner Zeitgenossen, wird die Sonderstellung des »sassone« deutlich. Sein Œuvre zeitigte keine allmähliche Lösung von den Idealen des Poeten, wie das allenthalben zu beobachten ist, vielmehr deren zunehmende Verfestigung, ja Kanonisierung. Seine ersten Metastasio-Opern, *Artaserse* (umgearbeitet vermutlich von Giovanni Boldoni; Venedig 1730) und *Cleofide* (umgearbeitet vermutlich von Michelangelo Boccardi; Dresden 1731), folgen in Text und Musik weitaus weniger streng den dichterischen Vorgaben als seine späteren, z. B. *Attilio Regolo* (Dresden 1750). An dieser Oper läßt sich besonders deutlich erkennen, welch ein getreuer Anhänger Metastasios H. war, hielt er sich doch präzise und ohne Einschränkung an die ihm vom Dichter in diesem Zusammenhang brieflich erläuterten Vorstellungen und verzichtete vor allem auf eine zu häufige Verwendung des orchesterbegleiteten Rezitativs. Nun wäre es möglich, H.s kategorisches Festhalten am Hergebrachten mit seiner Anstellung als Kapellmeister am Sächsischen Hof in Dresden in Verbindung zu bringen und ein Ausgeschlossensein von den aktuellen Entwicklungen in Italien zu vermuten. Während seines seit 1731 langen und glücklichen Wirkens in Dresden, dem der Siebenjährige Krieg jäh Einhalt gebot, verbrachte er mit seiner Frau, der Sängerin Faustina Bordoni, die an H.s Opernerfolgen beträchtlichen Anteil hatte, mehrere und stets ausgedehnte Aufenthalte in Italien und Wien, wo zahlreiche seiner Werke aufgeführt wurden. Kann man mithin eine Isolierung H.s ausschließen, so ist eine künstlerische Eingleisigkeit oder Abhängigkeit erst recht nicht in Betracht zu ziehen. In den anderen Gattungen des musikalischen Theaters, den Intermezzi (z. B. *La contadina*, Neapel 1728), Serenate und feste teatrali (z. B. *Alcide al bivio*, Wien 1760 und *Piramo e Tisbe*, Wien 1768), beschritt er auch andere Wege, erwies sich vor allem im buffonesken Stil als ein gewandter Komponist. Und die Kirchenmusik, sieht man von den am dramma per musica orientierten Oratorien (z. B. *La conversione di Sant'Agostino*, Dresden 1750) ab, zeigt, zumal in den späten Messen, auf welch hohem Niveau H. die Kunst eines elaborierten musikalischen Satzes beherrschte. So beruhte seine Bindung an Metastasio, die sich ein letztes Mal in *Il Ruggiero ovvero L'eroica gratitudine* (Mailand 1771) kundtat, mit dem H. in merkwürdige Konkurrenz zu dem damals fünfzehnjährigen Mozart (»Ascanio in Alba«) trat, wohl auf Neigung und auf einem künstlerischen Credo, dem er vorrangig wie zeitlebens vertraute. Wohl am treffendsten hat der englische Musikreisende Charles Burney die Beziehung zwischen Metastasio und Hasse auf den Begriff gebracht. »Dieser Dichter und dieser Musiker sind die beiden Hälften von dem, was, wie Platos ›Androgyn‹, einst ein Ganzes bildete. Denn beide besitzen dieselben Merkmale eines wahren Genies, Geschmacks und Urteils. So sind Anstand, Beständigkeit, Klarheit und Genauigkeit beider untrennbare Begleiter. Zu einer Zeit, da die Gesangsstimme mehr respektiert wurde als der unterwürfige Haufen imitierender Instrumente …, bezauberten die Arien Hasses, vor allem jene der pathetischen Art, jeden Hörer und begründeten das Ansehen der ersten Sänger Europas« (Burney, I, 240 f.).

Noten: Werke, hrsg. von der H.-Ges., Stg. 1999 ff. La conversione di Sant'Agostino [Partitur], hrsg. von A. Schering, Lpz. 1905 (DDT, 20). Arminio [Partitur], hrsg. von R. Gerber, Mainz 1957–66 (EDM, 27 und 28). Cantates pour une voix de femme et orchestre, hrsg. von S. Hansell, Paris 1968 (Le Pupitre 11). Ruggiero ovvero L'eroica gratitudine [Partitur], hrsg. von Kl. Hortschansky, Köln 1973 (Concentus musicus 1). Larinda e Vanesio ovvero L'artigiano gentiluomo [Partitur], hrsg. von L. Bettarini, Mailand 1973. Siroe, re di Persia [Version von 1733, Faks.-Ndr. der Abschrift Wien], N. Y. und Ldn. 1977 (Ital. Opera 1640–1770 33). L'artigiano gentiluomo or, Larinda e Vanesio, hrsg. von G. Lazarevich (Recent Researches in the Musie of the Classical Era 9). Il trionfo di Clelia [Faks.-Ndr. des Autographs], N. Y. und Ldn. 1983 (Ital. Opera 1640–1770 83). Alcide al bivio [Faks.-Ndr. des Autographs], N. Y. und Ldn. 1983 (ebd., 81). Don Tabarrano [2. Fassung, Faks.-Ndr. des Autographs], hrsg. von O. Landmann, Lpz. 1982. La serva scaltra [Partitur], Mailand 1985 (Collezione Settecentesca Bettarini, 16).
Dokumente: J. A. H. e Giammaria Ortes. Lettere 1760–1783, hrsg. von L. Pancino, Brescia 1998.
Periodica: H.-Studien 1 ff., Stg. 1990 ff.
Literatur: Burney, Ch.: The Present State of Music in Germany, the Netherlands and United Provinces, Bd. 1, Ldn. 1775, Faks.-Ndr. N. Y. 1969, 238–241. Hansell, S.: The Solo Cantatas, Motets and Antiphons of J. A. H., Diss. Univ. of Illinois 1966. Ders., Works for Solo Voice of J. A. H., Detroit 1968. Millner, F. L.: The Operas of J. A. H., Ann Arbor (MI) 1979. Troy, Ch. E.: The Comic Intermezzo, Ann Arbor (MI) 1979. Strohm, R.: Die ital. Oper im 18. Jahrhundert, Wilhelmshaven 1979, 113–128. Colloquium »J. A. H. und die Musik seiner Zeit« (Siena 1983), Ber. hrsg. von Fr. Lippmann, Laaber 1987. Koch, M.: Die Oratorien J. A. H.s Überlieferung und Struktur, 2 Bde., Pfaffenweiler 1989. Dietz, H.-B.: The Dresden-Naples Connection 1737–1763. Charles of Bourkon, Maria Amalia of Saxony and J. A. H. in Intern. Journal of Musicology 5 (1996), 95–130. Mücke, P.: J. A. H.s Dresdner Opern im Kontext der Hofkultur, Laaber 2003. J. A. H. in seiner Zeit. Kongr.-Ber. Hbg. 1999 [in Vorbereitung].

Sabine Henze-Döhring

Hauer, Josef Matthias

Geb. 19. 3. 1883 in Wiener Neustadt; gest. 22. 9. 1959 in Wien

Der Name H.s fällt in der Regel, wenn von der Entstehung der Zwölftontechnik die Rede ist. Die – wohl zu Gunsten H.s zu beantwortende – Frage nach der Priorität der Entwicklung dieser Kompositionsmethode scheint lange das Zentrum des Interesses an H. ausgemacht zu haben, während seine Kompositionen und Theorien oft als eine Art sekundäres Phänomen angesehen wurden. Diese Betrachtungsweise verkürzt jedoch die Qualität des künstlerischen Ansatzes von H. ebenso wie jene seines ›Antagonisten‹ Schönberg – das Problem der ›Erfindung‹ einer Technik schien den Rezipienten häufig wichtiger als die dahinterstehenden künstlerischen Intentionen und die produzierten Kunstwerke. Die ästhetischen und theoretischen Überlegungen H.s sind es jedoch in erster Linie, die ihn als höchst originellen, dabei jedoch bis zur Unplausibilität esoterisch veranlagten Künstler auszeichnen.

Der Ausgangspunkt von H.s Überlegungen läßt sich durchgängig als Annahme einer Gesetzhaftigkeit von Musik beschreiben, die ihre Fundierung in allgemeineren, ›kosmischen‹ Zusammenhängen sucht. (So unterstellt Schönberg H. einmal im Scherz die Verfassung einer Schrift »Die astronomischen Ursachen der ersten Gattung des einfachen Kontrapunkts«.) Der nach Art von Gesetzen gedachte Aufbau von Musik äußert sich beispielsweise bereits in der Wahl der Titel der ersten beiden von H. mit Opuszahl bedachten Werke, die als *Nomos* in sieben bzw. fünf Teilen (1912 bzw. 1913) bezeichnet wurden. Der gleiche Titel findet sich dann auch 1919 bei jener Komposition op. 19 (für Klavier bzw. Harmonium), bei der H. erstmals bewußt das Prinzip einer zwölftönigen Anordnung des Tonvorrats einsetzt. Bei der Suche nach fundamentalen Begründungen für die angenommene Einheit von Musik und Kosmos läßt H. einen durchaus spekulativen eklektizistischen Zugriff erkennen: Das Spektrum der Vorbilder reicht dabei vom klassischen Griechenland (wie beim Modell der Sphärenharmonie) bis nach China.

H. war als Lehrer für Musik und Sport in Wiener Neustadt und ab 1919 in Wien tätig, wurde aber aus gesundheitlichen Gründen frühzeitig pensioniert. Prägende Einflüsse empfing H. schon während der Lehrerausbildung aus der Bekanntschaft mit dem Philosophen Ferdinand Ebner, mit dem er bei der Konzeption seiner ersten Schrift *Über die Klangfarbe* zusammenarbeitete und der auch für den Stellenwert der Hölderlin-Rezeption in H.s Schaffen anregend gewesen sein dürfte. 1919 lernte H. den Maler Johannes Itten kennen, der H.s Antisubjektivismus weiter forcierte. In den folgenden Jahren entwickelte H. eine Theorie, derzufolge sich die Musik vom Rhythmus und der mit ihm assoziierten Tonalität hin zum Melos und der Atonalität entwickele: Je weiter sie sich vom Dur-Dreiklang entferne, desto vergeistigter sei Musik. Die Ordnung des zwölftönigen Tonvorrats sei durch 44 Tropen – die möglichen Hexachorde, in die sich die chromatische Skala aufteilen läßt – zu erreichen. Jene bezeichnen eine vertikal wie horizontal zu verwendende Tonkonstellation, keine Reihenfolge. Dem entspricht die Unterscheidung von anfänglicher, mehrdimensionaler »Grundgestalt« und »melischem Grundgedanken«. Die Abfolge der Tropen wird in späteren Werken durch Permutationen geregelt. Der entstehende Tonsatz ist dabei in der Regel nicht besonders dissonant, eher eignet den Kompositionen ein statischer, prästabilisierter Charakter.

Vor dem Zweiten Weltkrieg erzielten einige Werke H.s Achtungserfolge, so die *Siebte Suite* für Orchester op. 48 (1926) oder das Kammeroratorium *Wandlungen* op. 53 (1927). Die Nationalsozialisten setzten H. auf die Liste entarteter Kunst. Ab 1940 verlegte dieser sich darauf, als hermetische Konsequenz der ›Entpersönlichung‹ von Musik (offenbar) um die 1000, teilweise verschollene *Zwölftonspiele* ohne Opuszahl, nur mit Numerierung, zu verfassen, die in Hermann Hesses »Glasperlenspiel« ihr Echo fanden. Nach 1945 nahm H. eine Neueinordnung seiner Werke vor: *Wandlungen* erhielt die neue Opuszahl I, gefolgt von der Kantate *Der Menschen Weg* (geschrieben 1934 als op. 67, zweite Fassung 1952, uraufgeführt 1953) und den 1953 geschriebenen opp. III und IV: *Labyrinthischer Tanz* (für Klavier zu 4 Händen) und *Chinesisches Streichquartett*.

Bezeichnend für H.s mystisch getönten Universalismus ist die Annahme, er habe ein »Urgesetz des Musikalischen« entdeckt, das die »Weltgesetzlichkeit« abbilde. Die erklingende Musik stellt so ein Abbild von als objektiv angenommenen Prämissen dar – für das Paradigma des persönlichen künstlerischen Ausdrucks hat diese Ästhetik keine Verwendung.

Noten: Universal Edition (Wien); op. 20, 25, 28, 30 bei Schlesinger (Bln.) und Haslinger (Wien), jetzt R. Lienau (Bln.).

Dokumente: Über die Klangfarbe op. 13, Wien 1918. Vom Wesen des Musikalischen, Lpz. und Wien 1920; erw. ³1966. Deutung des Melos. Eine Frage an die Künstler und Denker unserer Zeit, Lpz. und Wien 1923. Vom Melos zur Pauke. Eine Einführung in die Zwölftonmusik. Theoretische Schriften, Wien 1925; ²1967. Zwölftontechnik. Die Lehre von den Tropen. Theoretische Schriften II, Wien 1926; ²1953. Zwölftonspiel-Neujahr 1947, Wien 1962.

Werkverzeichnis: GUSTAFSON, R. S.: J. M. H. A List of Works *in* Tempo 161–162 (1987), 13–23.

Literatur: : STEPHAN, R.: Über J. M. H. in AfMw 18 (1961), 265–293. LICHTENFELD, M.: Untersuchungen zur Theorie der Zwölftontechnik bei J. M. H., Regensburg 1964 [mit WV]. SZMOLYAN, W.: J. M. H., Wien 1965 [mit WV]. SIMMS, BR.: Who first Composed Twelve-Tone Music, Schoenberg or Hauer? *in* Journal of the Arnold Schoenberg Institute 10 (1987), 103–133. GÖTTE, H. U.: Die Kompositionstechniken J. M. H.s, Kassel 1989.

Covach, J.: The Music and Theories of J.M.H., Diss. University of Michigan 1990. Trexler, R.: The Zwölftönspiel of J.M.H. *in* Journal of Music Theory 36 (1992), 149–184. J.M.H. 80 Jahre Zwölftonmusik, Wiener Neustadt 1999.

Andreas Jacob

Haydn, (Franz) Joseph

Getauft 1. 4. 1732 in Rohrau (Niederösterreich); gest. 31. 5. 1809 in Wien

Mit H. beginnt eine neue Epoche der Kompositionsgeschichte: die Neuzeit der Instrumentalmusik. Anders als beim jungen Beethoven oder auch bei Bach gründet H.s Schaffen nirgends auf dem Werk eines namhaften Vorgängers. Wie schwer dies angesichts der epochalen Leistungen H.s zu begreifen ist, zeigt das umfassende und letztlich vergebliche Bemühen der Musikforschung seit Beginn des 20. Jahrhunderts, das »missing link« zwischen Bach und Haydn (Larsen, 21) zu finden.

H. steht an einer historischen Wende, die sich aus heutiger Sicht als die vielleicht gravierendste und einschneidendste überhaupt darstellt. Dabei war es nicht H. selbst, der sie einleitete. Wohl aber war er es, der die Neuerung seiner Zeitgenossen überhaupt erst ›begründet‹ hat. In völligem Gegensatz zu Mozart, der insgesamt ein Drittel seines Lebens auf Reisen war, verbrachte H. den größten Teil seines Lebens in der ländlichen Abgeschiedenheit des Schlosses Esterháza am Neusiedler See. »Ich war von der Welt abgesondert, niemand in meiner Nähe konnte mich an mir selbst irre machen und quälen und so mußte ich original werden« (Griesinger, 17). Diese vielzitierten Worte, die H. seinem Biographen gegenüber geäußert haben soll, sind bezeichnend für unser Bild von H. Während Mozart gleichsam das ganze musikalische Europa (auch den H.schen Anteil daran) in sich aufnahm und verarbeitete, verschaffte H. sich die Kenntnis der wichtigen Werke seiner Zeit durch Lektüre und eigene Ausführung im relativ begrenzten höfisch-privaten Kreise. H., der »erste Autodidakt unter den modernen Musikern« (Schrade, 507), kannte selbstverständlich die alten Meister ebenso wie die zeitgenössischen, aber er hatte, außer vielleicht Nicola Porpora, dem er als junger Mann in Wien assistiert hatte, nie einen direkten Lehrer, hatte nie, wie später Mozart, die Eindrücke der großen Metropolen und die Anregungen aus so vielfältigen menschlichen Begegnungen erfahren. H. nahm dennoch auf, sammelte, verarbeitete. Er tat dies überwiegend aus räumlicher und zugleich intellektueller Distanz und mit scharfem Blick für das Wesentliche.

Es gibt wohl keine musikgeschichtliche Epoche, die so diffus und so im Wandel begriffen war wie die Epoche zwischen ca. 1730 und 1780. H.s historische Leistung besteht darin, die vielfachen Strömungen dieser Zeit zusammengeführt und jene kompositorischen und ästhetischen Normen geschaffen zu haben, die die musikalische Welt total verändern sollten. Und obgleich H. selbst nirgends eigentlich revolutionär auftritt, gilt er doch zu Recht als der große Neuerer des 18. Jahrhunderts.

H. prägte die Musik seiner Zeit nicht nur, weil er gewissermaßen Ordnung schuf, die allgemein überzeugte, sondern auch, weil er den Zeitgenossen überlegen war durch eine kompositorische Kunst, die Gleichgewicht schafft zwischen subtiler Gestaltung und Allgemeinverständlichkeit. Die Maxime der jungen Ästhetik der Zeit, Einheit und Mannigfaltigkeit als im Werk versöhnte Gegensätze zu gestalten, findet bei H. ihre Verwirklichung. Man vergleiche als Gegenpole nur die beiden wohl bedeutendsten Zeitgenossen vor Mozart: C.Ph.E. Bach und J.Chr. Bach. Den ersteren schätzte Haydn zutiefst und nannte ihn sein Vorbild. Tatsächlich sind in der Dichte des musikalischen Satzes, im Ereignisreichtum seiner Musik und in der überall sicheren Traditionsbindung durchaus Übereinstimmungen zu erkennen. Aber wie weit ist H. von dessen aufwühlend-subjektivem Ton, vom einseitig-genialischen Ausdruckswillen des Älteren entfernt. Andererseits: Wie groß sind die Unterschiede zum Altersgenossen J.Chr. Bach, obwohl beide das gleiche Grundprinzip verbindet: die Gestaltung einer besonderen Einfachheit und Liedhaftigkeit des kompositorischen Satzes? Nirgends ist bei H. jener einseitig-empfindsame, rein singende Ton des jüngsten Bach-Sohnes zu hören. Stets weiß H. in witzig-geistvollem und ungemein differenziertem Umgang mit den Mitteln seiner Zeit zwischen den Extremen die Balance zu halten, um in den späten siebziger und beginnenden achtziger Jahren zu einer ›klassischen‹ Ausgewogenheit der Mittel zu gelangen, die höchste, spielerische Artifizialität mit gleichwohl breiter Popularität verbindet.

Lange bevor in Frankreich die alten gesellschaftlichen Strukturen zerschlagen wurden, gab es eine »revolution in music of Germany« (Burney, Bd. 4, 590), einen gewaltlosen Umsturz aller bis dahin gültigen kompositorischen Grundsätze. Gewiß waren es primär satztechnische und ästhetische Grundsätze, aber in ihrer Wandlung spiegeln sich durchaus auch die gesellschaftspolitischen Entwicklungen, die gegen Ende des Jahrhunderts die französische Revolution entfachten. Es war zudem kein plötzlicher, sondern ein durchaus langwieriger Prozeß, der sich in einem komplexen Gefüge der unterschiedlichsten Einflüsse vollzog. Allein die Schwierigkeiten der Benennungen für diese Zeit erweisen sich als Symptom ihrer verwirrenden Vielfalt und Wandlungen. In Anlehnung an den geistesgeschichtlichen Begriff könnte man am ehesten von »musikalischer Aufklärung« sprechen (Dahlhaus, Neues Hdb. Bd. 5,2).

Der wichtigste Faktor des Wandels ist die Emanzipation der Instrumentalmusik und deren neue Öffentlichkeit. Kompositorisch vollzieht sich diese Entwicklung zugleich als radikaler Umschlag der musikalischen Satzstruktur: Insbesondere der Generalbaßsatz und die kontrapunktische Kunst linearer Gleichgewichtung aller Stimmen weichen einem Kompositionsprinzip, in dem die Oberstimme satzbestimmend wird. Daraus folgt eine metrisch-einfache und zunehmend liedhaft-melodische Anlage der Satzstruktur. Ferner wird das barocke Kontinuitätsprinzip mit seiner gleichsam pausenlosen rhythmischen Bewegung aufgebrochen: Musik gewinnt die Möglichkeit zu plötzlichen und spontanen Kontrastbildungen, Unterbrechungen und Neuansätzen auf kleinstem Raum. Mit diesem (hier nur an zwei Aspekten skizzierten) Umkehrungsprozeß vollzieht sich ein gravierender Auffassungswandel: Nicht mehr der uniformierte Einheitsaffekt, sondern die Forderung nach Spontaneität und subjektivem Gefühlsausdruck werden zu Maximen der Zeit. Hinter allem steht gleichwohl – bei aller Mannigfaltigkeit – die Forderung nach innerer Einheit, die zu erfüllen die kompositorischen Mittel selbst zu leisten haben. Man entdeckt die einheitsbildende Kraft einfacher harmonischer Spannungsverläufe auf der festen Basis der Grundtonart. Man entdeckt ferner die Macht des initialen Einfalls, des Themas und seiner konstitutiven Momente, der Motive: Zusammenhang wird gewährleistet durch Erfindung markanter, wiedererkennbarer melodischer Gestalten und ihrer Wiederholung, Kontrast und Wechsel durch entsprechende Abwandlungen und deren Potenzierung. Das Ganze bewegt einen Prozeß, in dem sich die Gestalten und ihre Varianten zu einem sinnfälligen und unterhaltsamen Spiel zusammenfügen, das auch einer breiter werdenden Öffentlichkeit verständlich ist. Im Unterschied zu den vokalen Gattungen garantieren hier kein Text, keine in Worten geäußerte Handlung und keine szenische Darbietung Zusammenhang und Verständlichkeit. Die Musik muß ihre ›Handlung‹ selbst, aus ureigener Kraft wahrnehmbar und als spezifisch musikalische Handlung nachvollziehbar machen. In der Summe der neuen Mittel, vor allem in den Spannungen der Gegensätze, wie sie in dem Ausdruck »Diskontinuität« begrifflich gefaßt werden können (Georgiades, 79 ff.), liegt ein ungeheures Gestaltungspotential, das zu ›begründen‹ und voll zu entfalten H. vorbehalten blieb.

Mit der Umkehrung der Prinzipien des musikalischen Satzes, deren Radikalität in der Musikgeschichte tatsächlich einzigartig ist (ohne daß man hierfür einen Begriff gefunden hätte wie für die Neuerungen um 1600 oder 1910), geht der Wandel der instrumentalen Gattungen einher. Die uns heute geläufigsten Gattungen sind Errungenschaften der musikalischen Aufklärung: die (neue) Sinfonie, das (neue) Solokonzert, insbesondere das Klavierkonzert, das (neue) Streichensemble, allen voran das Streichquartett, und die (neue) Sonate, vor allem die Klaviersonate. Wenn H. als Vater der Sinfonie und des Streichquartetts gilt, so heißt dies auch, daß die Herausbildung der neuen Gattungen wesentlich sein Werk ist. Denn gerade diese beiden Gattungen sind durch H. zum Inbegriff des Neuen geworden. – Schließlich vollzieht sich der Wandel auf der Ebene der Form. Vor allem die Sonatensatzform ist eine Erfindung oder besser: eine Konsequenz aus der Emanzipation der Instrumentalmusik des 18. Jahrhunderts. Und hier waren es wiederum H.s Lösungen, die normbildend wirkten, wie überhaupt die ›Begründung‹ insbesondere der Sonatensatzform sein Werk ist.

Es ist durchaus typisch für die Zeit und den Prozeß der musikalischen Aufklärung, daß ausgerechnet der livrierte Diener eines aristokratischen Herrn in der Abgeschiedenheit der ungarischen Wälder als »Vater« jener Neuerungen Geltung erlangte, die als »revolution in music« das Zeitalter der bürgerlichen Musik einleiten sollten. Unter den wohlwollenden Augen eines kunstliebenden Fürsten, der sich von einem berühmten Kapellmeister mehr Reputation versprach als von einem unbekannten, hat H. mit gutem Geschäftssinn dafür gesorgt, daß seine wichtigen, ihm geeignet erscheinenden Werke möglichst bald gedruckt und möglichst weit verbreitet wurden. Und die Verleger haben sie ihm immer sofort und höchst gern abgenommen.

Obgleich H.s Werke, besonders die früheren, oft kaum oder nur annähernd genau zu datieren sind, läßt sich seine kompositorische Entwicklung recht gut verfolgen. Vier wesentliche Abschnitte sind auszumachen: die frühe Phase ab Ende der fünfziger Jahre, die Phase der Krisis ab Mitte der sechziger Jahre, die Phase der großen klassischen Instrumentalwerke ab Ende der siebziger und die Phase der großen Vokalwerke ab 1796.

Die frühe Kompositionsphase H.s ist durch eine gleichsam unbekümmerte, schwungvolle Produktion gekennzeichnet. Es ist erstaunlicherweise keine Zeit der Suche, sondern vielmehr der gelungenen ›Würfe‹. H. hat offenbar sofort und auf Anhieb nicht nur seine musikalische Sprache und kompositorische Zielsetzung gefunden. Vielmehr hat er in diesem ersten Jahrzehnt seines Wirkens auch zwei ›seiner‹ neuen Gattungen geschaffen: das Streichquartett und die Sinfonie.

Die ersten der zwölf frühen *Streichquartette* op. 1 und 2 hat H. schon zu Beginn der fünfziger Jahre für Kammermusikveranstaltungen im Hause des Freiherrn von Fürnberg komponiert. Ihre eher zufallsbedingte Besetzung mochte H. schon bald als ideal erkannt und deshalb beharrlich beibehalten haben. Die vom Vokalchor abgeleitete Vierstimmigkeit, längst Inbegriff satztechnischer Vollkommenheit; die Homogenität von vier gleichen Instrumenten, ihre klangliche und spielerische Vielseitigkeit, die bewegliche und kompositorisch anspruchsvolle Solobesetzung sowie nicht zuletzt die restlose Preisgabe des alten Generalbaßsatzes, – dies sind die wichtigsten Momente. Auch die Fünfsätzigkeit der Werke mit zwei schnellen Sätzen, einem langsamen Satz und zwei Menuetten gibt es durchaus in der zeitgenössischen Divertimentopraxis. Bedeutsam ist nur, daß H. in allen zwölf Werken daran geradezu normativ festhielt. Gleiches gilt für die äußere Form der Einzelsätze, die H. hie und da durchaus vorfand, insbesondere in Tanzsätzen, die jedoch durch ihn eine Präzision, Plausibilität und Beständigkeit erhielt, die in besonderem Maße normbildend wirkte. Paradigmatisch ist das erste *Quartett* aus op. 1: die schnellen Ecksätze mit einer Form, die später Sonatensatzform heißt, hier aber noch so knapp gehalten ist, daß sie ihre Herkunft aus dem Tanzsatz nicht verleugnet; die Menuette ganz auf die Artikulation des Tanztaktes und die Verbindung des alten aristokratischen Tanzes mit Prinzipien der neuen Einfachheit konzentriert; und der langsame Satz mit seiner typisch kantablen, arianahen und auf Gefühlsausdruck konzentrierten Anlage in dreiteiliger Wiederholungsform. Was H.s Lösungen so plausibel macht, wird insbesondere am ersten Satz von op. 1 exemplarisch deutlich: Gegenüber entsprechenden zeitgenössischen Werken sind es, bei aller Einfachheit und Sinnfälligkeit der formalen Oberfläche, die Dichte und Stringenz der Ereignisse dahinter; die Fülle der kleinen Wendungen und Überraschungen; die feinen Nuancierungen und ihre Wirkungen im höchst beweglichen, gleichsam jederzeit reaktionsfähigen Formprozeß; die Differenzierung des Satzes in kontinuitäts- und kontrastbildende Schichten, die Einheit in der Mannigfaltigkeit ermöglichen; die nahen und fernen, mittelbaren und unmittelbaren Korrespondenzen in der motivisch-thematischen Erfindung, ja die Verwendung des musikalischen Motivs als strukturell bedeutsame Satzkomponente überhaupt (aus der Erfindung des ersten Taktes dieses Satzes geht durch innovative Abwandlung der gleichwohl beibehaltenen Ausgangserfindung der gesamte Satzverlauf hervor) – all dies für H. so Typische findet sich hier schon auf engstem Raum vereint. Daß diese Werke für den Druck später die Opusnummern 1 und 2 erhalten haben, hat einen durchaus emphatischen Sinn: Sie wurden tatsächlich H.s erste Werke von globaler Bedeutung, historische Grundlage der neuen (kammermusikalischen) Instrumentalmusik.

Die ersten Sinfonien H.s entstanden vermutlich 1759 für die Hofkapelle des Grafen Morzin, bei dem H. seine erste feste Anstellung als Musikdirektor hatte. Auch hier kann die Nr. 1 (Hob. I: 1; ob es H.s erste war, ist unklar) als paradigmatisch für die weitere Entwicklung gelten. Der erste Satz konnte geradezu als Eröffnungsstück der gesamten Sinfoniegeschichte genommen werden: mit seiner aufstrebenden, pulsierenden Einleitungsbewegung (aus der an sich zeittypischen Manier des »Orchestercrescendo«), dem plötzlichen Wechsel zu leichter Liedthematik mit kontrapunktischen Motivableitungen, abrupten Kontrasten und der bunten Vielfalt der Einfälle, die jedoch allesamt durch feine motivische Verknüpfungen aufeinander bezogen sind. Auch hier ist auf dichtem Raum zusammengestellt, was sich später zu klassischer Größe entfalten sollte.

H. hat bis in die Mitte der sechziger Jahre und überwiegend seit seiner Anstellung im Hause Esterházy (seit 1761), ganz im Sinne seines Dienstes, nahezu 40 Sinfonien geschrieben. Es sind höchst unterschiedliche Werke, eine bunte Sammlung der verschiedensten Einfälle, unterschiedlichster Satzfolgen und -charaktere, doch jede einzelne ist völlig sicher in ihrer Art. In diese Zeit fällt insbesondere die für die Gattungsgeschichte wesentliche Entscheidung für die Viersätzigkeit der Sinfonie, d. h. für die Einbeziehung des Menuetts, das den Zeitgenossen zum Inbegriff des Neuen wurde (unter den genannten Sinfonien sind noch ca. ein Drittel dreisätzig).

Daß H.s Beitrag zum Solokonzert wirkungsgeschichtlich nahezu belanglos ist, mag befremdlich erscheinen, wenn man die ungemeine Bedeutung der Gattung für die Entwicklung der Instrumentalmusik betrachtet. H. aber war vielleicht der einzige herausragende Komponist, der sich nicht als Virtuose verstand und als solcher betätigte (trotz hervorragender Beherrschung mehrerer Instrumente). H. schrieb also (anders als z. B. die genannten Bach-Söhne oder Mozart) stets für andere und stets im Auftrag für einen bestimmten Solisten und zugleich für einen bestimmten Anlaß. So gesehen sind seine Konzerte Gelegenheitswerke und meist nicht für die Öffentlichkeit geschrieben. Sie verbreiteten sich folglich kaum oder nur schlecht, einige sind sogar längst verschollen. (Das heute so bekannte *Cellokonzert C-dur*, tauchte z. B. erst 1961 wieder auf.) Von den rund 20 Werken dieser Gattung entstanden die meisten in der ersten Schaffensphase, H.s frühestes datierbares Werk ist sogar ein Klavierkonzert (Hob. XVIII: I, 1756). Bei näheren Betrachtung muß jedoch auffallen, daß H. auch hier auf Anhieb einen Satztyp gefunden hatte, den es weiterzuverfolgen gelohnt hätte. Anders gesagt: Hätten die Zeitgenossen H.s frühe Konzerte gekannt, sie hätten einmal mehr ihr Modell gehabt, wie in Sinfonie und Streichquartett. Denn H. hatte das Formproblem des Konzertierens, der Integration der Gegensätze zwischen Solo und Tutti, längst gelöst, hatte die neue Konzertsatzform, um die die Zeitgenossen so ausdauernd gerungen haben, längst gefunden (wie z. B. das genannte *Klavierkonzert* zeigt). Als er freilich in der Zeit klassischer Reife noch einmal Gelegenheit bekam, drei Solokonzerte zu schreiben, da waren es sogleich Werke, die bis heute Bestand haben. Das *Cellokonzert D-dur* (Hob. VIIb: 2, 1783) sowie das *Trompetenkonzert Es-dur* (Hob. VIIe: 1, 1796) sind überhaupt die bedeutendsten Werke für diese Instrumente, die wir vom ausgehenden 18. Jahrhundert haben; und das *Klavierkonzert D-dur* (Hob. XVIII: 11, 1784) ist wiederum neben Mozarts Virtuosenkonzerten das bedeutendste dieser Zeit. Wenn H. also als Konzertkomponist kaum Wirkung hatte, so heißt das keineswegs, daß die Werke, die er für diese Gattung schrieb, belanglos gewesen wären.

Ab der Mitte der sechziger Jahre beginnt für H. eine Phase, die später als »Sturm-und-Drang-Zeit«, aber auch als Zeit der Krise bezeichnet wurde. Wodurch auch immer persönlich ausgelöst, es scheint vor allem eine geradezu notwendige Folge der bisherigen Schaffensweise gewesen zu sein: Die Vielzahl unterschiedlichster Lösungen im Bestreben, der jungen Instrumentalmusik einen Weg zu bahnen, wird rückblickend zur Ungewißheit über den richtigen Weg. Es ist ein neues Bewußtsein, das H. die Unbeschwertheit nimmt und nun nicht mehr verschiedene Lösungen schafft, sondern sucht. Jetzt erst beginnt die Zeit der Experimente. Welches Werk wäre dafür symptomatischer als die sogenannte *Abschiedsinfonie* (Hob. I: 45, 1772)? Die Anekdoten, die sich darum ranken, verstellen mehr als sie erhellen. Denn zu leicht verharrt man bei der Frage nach dem äußeren Anlaß vor allem des ungewöhnlichen Finalsatzes, in dem die Musiker, als wollten sie tatsächlich frühzeitig den Dienst quittieren, nach und nach ihre Mitwirkung einstellen. Daß aber ein solcher Schluß kompositorisch begründet sein muß, d. h. kein willkürlicher, auch andernorts wiederholbarer Einfall ist, bleibt dabei leicht außer acht. Längst hatte H. erkannt, daß mehrsätzige Werke Einheiten bilden und daß das Außergewöhnliche des Finales die ganze Sinfonie beeinflussen müsse. Und dies ist durchaus der Fall. Allein die völlig ungewöhnliche Tonart fis-moll ist bezeichnend genug. Aber auch die anderen Sätze haben eine tatsächlich eigenwillige Anlage wie im übrigen der Charakter des ganzen Werkes auffällig ist: eine seltsame Brechung der Intensität des geradezu sehnsuchtsvollen Moll-Tons und seiner dennoch spürbaren Artifizialität. Und wenn dann das jagende, dunkle Finalpresto am Ende statt in die Schlußkadenz in ein barockisierendes, anmutiges Dur-Adagio mündet, das aus nichts als aus lauter Schlußfloskeln besteht, ist die Überraschung zwar groß; gleichwohl haben wir im Rückblick den Eindruck der völligen Selbstverständlichkeit eines solchen Einfalls.

Das Werk wäre kein Schlüsselwerk, wenn es isoliert dastünde. Nach über 40 Sinfonien in Dur findet H. mit einem Male zur Molltonart, und zwar auffällig oft. In der Zeit zwischen 1766 und 1772 entstehen etwa 18 Sinfonien, davon stehen sechs in Moll, darunter die *Trauersinfonie* (Hob. 1: 44, ca. 1771) und *La Passione* (Hob. 1: 49, 1768). Dies selbst ist kein Zeichen für eine Krise, wohl aber für einen Wandel, eine Wendung zum Neuen, und, wie sich vor allem an der *Abschiedssinfonie* zeigt: zum Experiment. Auch längst vergessen oder überwunden geglaubte Techniken des Kontrapunkts finden wieder Eingang und tragen zur Vertiefung der Satzstruktur bei, vertiefen aber auch das Problem der Verknüpfung von alt und neu. Zugleich wird der Tonfall seiner Sinfonien, als Moment der gleichen Haltung, ausdrucksstärker, subjektiver. Das teilt sich schon an den Themen mit, die ihre Formelhaftigkeit verlieren und sehr viel persönlichere und einprägsamere Gebilde werden (Hob. 1: 39, 41 oder 46). Neben und nach diesen Werken voll tiefer Auseinandersetzung stehen solche, die geradezu glatt und routiniert wirken (z. B. Hob. 1: 53) oder potpourriartig zusammengestellt sind (z. B. Hob. 1: 63). Eine gewisse Nonchalance und der Hang, Publikumsgeschmack treffen zu wollen, machte sich bis in die späten siebziger Jahren durchaus bemerkbar.

Besonders deutlich wird H.s kompositorischer Umbruch im Streichquartettschaffen. Nach einer etwa zehnjährigen Pause beginnt H. wieder intensiv mit der Komposition von Streichquartetten. Es entstehen seit den späten sechziger Jahren immerhin 18 Werke, die jeweils zu sechst gruppiert als op. 9 (bis 1770), op. 17 (1771) und op. 20 (*Sonnenquartette*, 1772) zusammengehören. Gegenüber früher ist mit op. 9 der endgültige Standard erreicht, das Streichquartett wird viersätzig mit dem Menuett als (überwiegend) zweitem Mittelsatz, der Divertimentocharakter ist überwunden, die Werke werden, wie es auch für die Sinfonien gilt, zu unverwechselbaren Zyklen. Mit op. 9 beginnt erst eigentlich die Geschichte des Streichquartetts. H. hat mit ihm und den nachfolgenden Opera den Grundstein für die Geltung der Gattung gelegt: Es wird, im Blick auf die Homogenität und die solistische Beweglichkeit der Stimmen in ›vollkommener‹ Vierstimmigkeit, zu jener Gattung, in der das Komponieren selbst gleichsam auf dem Prüfstand steht; in der sich, unverdeckt durch alles Zusätzliche, der kompositorische Satz, sein gestalteter Prozeß und sein sich dem Hörer vermittelnder Zusammenhang in der sublimsten, artifiziellsten und somit kompositorisch anspruchsvollsten Weise äußern. Die jederzeit ›bloßliegende‹ Satzstruktur, die dem Komponisten höchste Konzentration, höchsten Ideenreichtum bei höchster Raffinesse der Mittel abverlangt, um sein Werk vor Eintönigkeit ebenso zu bewahren wie vor konstruierter Artistik, macht das Streichquartett seit H.s op. 9 und 17 zum Inbegriff kompositorischer Kunst. Mit ihrem Gelingen mag sich aber auch für H. eben dieser Anspruch als Problem erwiesen haben; oder weniger spekulativ: die nachfolgenden sechs *Streichquartette* op. 20 machen in besonderer Weise deutlich, wie sehr H. auf der Suche nach dem richtigen Weg ist. Insbesondere sucht H. im Vergleich zu den Sinfonien, geradezu radikale kontrapunktische Techniken mit dem neuen Satz zu verbinden. In op. 20, Nr. 2 etwa formuliert das lapidare Thema des Kopfsatzes selbst schon den Gegensatz kontrapunktischer und neuer Satzweise und bestimmt so den ganzen Satz; das Adagio beginnt scheinbar mit einem Fugenthema im unisono, eröffnet jedoch einen Satz, der das genaue Gegenteil ausführt, nämlich eine Art Opernszene mit Rezitativ und Arie, die wiederum attacca in einen Menuettsatz mündet, der zunächst alles andere als ein Tanzsatz ist, dann dahin strebt, um es erst mit der Schlußkadenz ganz zu sein; und das Finale ist eine veritable Fuge »a 4^{tro} Soggetti« (auch die Schlußsätze von op. 20, Nr. 5 und 6 sind Fugen). H. stößt an Grenzen vor, die ihm selbst bewußt geworden sein mögen. Und wie nach den »Sturm-und-Drang«-Sinfonien ein gewisser Umschwung zur Routine zu beobachten ist, so setzt bei den Streichquartetten eine (neunjährige) Schaffenspause ein, an deren Ende ein weiterer Durchbruch steht.

Der Durchbruch zu klassischer Reife, zu dem, was seit der Mitte des 20. Jahrhunderts als Wiener Klassik bezeichnet wird, gelingt H. mit seinen *Streichquartetten* op. 33 auf besonders evidente Weise. Diese Einschätzung wurde durch eine der meistzitierten Äußerungen H.s wesentlich gefördert: »sie sind auf gantz neue besondere art, denn zeit 10 Jahr habe keine geschrieben«, heißt es durchaus werbewirksam in einem Pränumerationsschreiben vom 3. 12. 1781. So wird das Jahr 1781 vielfach als Beginn der Wiener Klassik angesehen, obgleich historisch betrachtet der Übergang fließend war. Emphatisch gesehen aber gibt es ein Ereignis, das tatsächlich als Durchbruch dasteht. »Haydns op. 33 ist das Epochenwerk, in dem das

Streichquartett seine erste klassische Verwirklichung gefunden hat«. Klassisch ist es »in der Verschmelzung äußerster Klarheit der Form mit größter Fülle und Wandlungsfähigkeit des Details, homophoner Grundstruktur des Satzes und individueller Entfaltung der Stimmen, subtiler musikalischer Arbeit und sinnfällig-einfacher musikalischer Wirkung, zyklischer Geschlossenheit der Werkform und des Werkcharakters und Entfaltung individueller Satzformen und Satzcharaktere« (Finscher, 266). Das Auffälligste ist ein neuer Satztyp: Die Tanzsätze sind erstmals als »Scherzo« überschrieben, womit H. offensichtlich das »geistreiche Spiel« anspricht, das hier (auch als Überschrift) zum Thema des Satzes schlechthin wird. Es ist kompositorische Reflexion auf die eigene Gestaltungsweise, spielerischer Umgang mit der eigenen Kunst, witzig-distanziertes Vorführen kompositorischer Grundprinzipien, die den eigenen Satz und nichts geringeres als die Emanzipation der Instrumentalmusik steuerten.

Schon die Zeitgenossen haben die Bedeutung der Werke erkannt und insbesondere H.s »Witz« gerühmt (ein Wesenszug, den das 19. Jahrhundert, vor allem nach der Beethoven-Erfahrung, auf die Feststellung launiger Einfälle und lustiger Späße eines stets gut aufgelegten »Papa Haydn« verkürzt hat). Der Ausdruck »Witz« ist in der Tat für H.s gesamtes Schaffen in besonderer Weise kennzeichnend, freilich in der heute seltenen Bedeutung der Zeitgenossen, von Johann Georg Sulzer 1794 als »eine der Grundlagen des zur Kunst nöthigen Genies« bezeichnet, »mit Scharfsinn verbunden und von Verstand und guter Beurtheilung geleitet« (IV, 738). Witz bei H. ist kompositorischer Witz, Geist, Überraschung, Überlegenheit und schmunzelndes Verfügen; Vorführung des Vermögens der musikalischen Mittel und des spielerischen Umgangs mit ihnen; geistvolle Unterhaltung, deren Ernst ihr Witz ist.

Was im Streichquartett durch die Pause sprunghaft erreicht scheint, geht in den Sinfonien kontinuierlich vor sich: die Ausprägung des neuen Tons klassischer Einfachheit, Klarheit und Ausgewogenheit bei gleichwohl individuellem Ton. So sind die liedhaft-periodischen, sehr kantablen Themen, die kontrapunktische Tendenzen abgelegt haben, klingendes Kennzeichen dieser Reife. Wird das Thema zum satzbestimmenden Moment, so bildet die daraus resultierende thematisch-motivische Arbeit, d. h. die Technik jeweils aufeinander reagierender Variantenbildungen des thematischen Materials, mit der der musikalische Prozeß besonders in den Ecksätzen bestritten und in seiner Logik sinnfällig gemacht wird, das wesentliche Gestaltungsprinzip des neuen Satzes. Es entstehen die großen klassischen Sinfonien, die in fortschreitendem Maße an Tiefe und Subjektivität gewinnen und doch ganz den Ton des »Populären« treffen, wie es die Zeitgenossen forderten und gerade an H. rühmten. Hervorzuheben sind die sechs *Pariser Sinfonien* (Hob. I: 82–87, 1785–86), die dem Auftrag einer Pariser Konzertgesellschaft zu verdanken sind, und schließlich der Höhepunkt dieser Entwicklung, die zwölf *Londoner Sinfonien*, die H. (seit 1790 als wohlbestallter Pensionär seines früheren Herrn endlich frei von allen Dienstpflichten) für seine London-Aufenthalte 1790–92 und 1794–95 schrieb. Zu den bekanntesten unter ihnen zählen die letzte (Hob. I: 104) mit der für H. so typischen monothematischen Sonatenform des Kopfsatzes; die *Militärsinfonie* (Hob. I: 100) mit der tatsächlich spaßhaft gemeinten Einbeziehung damals beliebter Janitscharenmusik; oder die *Sinfonie mit dem Paukenschlag* (Hob. I: 94), deren Andante-Satz das Einfache klassischer Thematik durch ein kunstvoll schlichtes Thema, durch den überraschenden Tuttischlag sowie durch eine Folge höchst merkwürdiger Variationen aufs Korn nimmt. Zum neuen Standard der späten Sinfonien H.s gehört unter anderem eine langsame Einleitung, die später mehr und mehr zum integralen Bestandteil des Ganzen wird und nicht zuletzt zur ›Größe‹ der Werke beiträgt. Ferner werden die Sätze zunehmend breiter, der innere Zusammenhang, scheinbar gestört durch manch überraschenden Einfall, mehr und mehr durch thematische Arbeit gewährleistet. Die langsamen Sätze vertiefen ihren kantabel-ausdrucksbetonten Charakter, wobei auch hier Witz ins Spiel kommt (z. B. Hob. I: 93, 94, 100 oder 101). Die Menuette hätten vielfach durchaus den Namen Scherzo verdient (Hob. I: 93 oder 104), und in den Finali dringt H. zu einem neuen Satztyp vor, der sich früher nur andeutete: dem sogenannten Sonatenrondo, einer Verbindung der Elemente des bis dahin üblich gewordenen heiteren Rondofinales und seines Kehrauseffekts mit der demgegenüber viel gewichtiger erscheinenden Sonatenform und ihrer auf formale Geschlossenheit zielenden Anlage. Ein treffliches Beispiel ist das Finale der *Sinfonie* Hob. I: 102: Sein Thema klingt wie die Karikatur eines Rondo-Themas und hat bis zum Schluß für vielerlei Überraschungen, ja Eulenspiegeleien zu sorgen.

Der Formprozeß des ganzen Satzes aber ist zugleich alles andere als simpel. Er erweist sich vielmehr in seiner Schlüssigkeit, seiner gleichsam ›durchsichtigen Dichte‹, als Resultat eines kunstvollen, raffinierten Spiels mit zwei geradezu gegensätzlichen Formprinzipien (vgl. auch die Finali der *Sinfonie* Nr. 94 oder 103).

Bis in die Londoner Zeit hinein entstehen ferner weitere 25 Streichquartette (bis op. 74) und darüber hinaus bis zum Jahrhundertende die späten acht (op. 76 und 77; das neunte, op. 103 von 1803, blieb unvollendet), die von H.s Erfahrungen mit der Sinfonie und ihrer breiter werdenden Gesamtanlage zehren und zugleich die Tradition höchst intrikater kompositorischer Satzdichte bewahren und sogar vertiefen. Darunter ist das berühmte *Kaiserquartett* (op. 76 Nr. 3) mit der von H. stammenden *Kaiserhymne* als Variationsthema des langsamen Satzes. Thema und Verarbeitung zeigen wiederum beispielhaft H.s Kunst liedhafter (hier hymnischer) Themenerfindung und seiner höchst subtilen variativen Behandlung.

H. hat bis in die neunziger Jahre tatsächlich in allererster Linie seinen Ruhm den von ihm begründeten Gattungen Sinfonie und Streichquartett zu verdanken. Gleichwohl war er neben Mozart der Komponist, der noch alle damals gängigen, sowohl die alten wie die neuen Gattungen, restlos beherrschte. Ein Blick in das Hoboken-Werkverzeichnis beweist die Vielseitigkeit seines Gesamtschaffens. Längst noch nicht genügend gewürdigt sind seine zahlreichen Klaviersonaten, die zu Lebzeiten eine ebenfalls schon große Resonanz fanden. In ihnen ist H. jedoch weniger normbildend und gleichsam weniger bahnbrechend vorgegangen, obgleich auch an ihnen seine kompositorische Entwicklung von divertimentohaften Anfängen bishin zu den großen späten Sonaten (Hob. XVI: 50–52) zu verfolgen wäre. Ähnliches gilt für das Klavier- und Streichtrio, Gattungen, die ebenfalls erst durch H. ihre Bedeutung erlangten und schon zu Lebzeiten weit verbreitet und beliebt waren. Gar keine entwicklungsgeschichtliche Bedeutung hat dagegen H.s zahlenmäßig umfangreichste Gruppe von Instrumentalwerken erlangt, die er mit seiner Pensionierung aufgeben durfte: ca. 125 allein für seinen Fürsten geschriebene Baryton-Trios. Ferner schrieb H. unter anderem fast 50 Klavierlieder, über 50 Kanons und weit über 500 Bearbeitungen schottischer und walisischer Lieder.

Nur eine geringe musikgeschichtliche Rolle haben H.s Opern gespielt. Und bis heute konnten sich selbst die meisterlichen unter ihnen, z. B. *La vera costanza* (Esterháza 1777–78) oder *Orlando Paladino* (Esterháza 1782) und *Armida* (Esterháza 1783), von dem Verdikt nicht befreien, das schon früh gefällt wurde: H. gilt seit dem beginnenden 19. Jahrhundert nicht als Meister der Oper. H.s Opern haben, obgleich etliche von ihnen auch außerhalb der Grenzen Esterházas mit Erfolg gespielt worden sind, nicht den allgemeinen Zuschnitt, der ihnen über den engeren festlichen Anlaß hinaus gewissermaßen selbstständige Dauerhaftigkeit verliehen hätte. Die Opern haben nicht den ausgeprägten, werkhaft-universalen Anspruch, den wir seit Mozarts Meisterwerken erwarten. Und da ihre Entstehung in die gleiche Zeit fällt, werden sie ungerechterweise, aber unweigerlich an ihnen gemessen.

Warum H. nach seinem zweiten Londonaufenthalt keine Sinfonien mehr geschrieben hat, ist durch historisch eindeutige Fakten nicht zu begründen. Der Hinweis auf H.s geringer werdende Kräfte, der mit einem entsprechenden Briefzitat gerne gestützt wird (Briefe, 319 f.), geht an der Tatsache des ungeheuer großen Alterswerkes vorbei, das erst jetzt einsetzt. Es erscheint nur ein tief schaffenspsychischer und künstlerischer Grund plausibel; und er entschlüsselt sich im Blick auf die Werke, die H. in seiner letzten Phase vor allem schrieb: Messen und Oratorien.

Die einzig nennenswerte Aufgabe, die H. nach dem Regentschaftswechsel im Hause Esterházy zu erfüllen hatte, bestand in der jährlichen Komposition einer Messe zum Namenstag der Fürstin. Diesem Auftrag haben wir H.s sechs späte große Messen der Jahre 1796 bis 1802 zu verdanken: die sogenannte *Paukenmesse*, *Heiligmesse* (beide 1796), *Nelsonmesse* (1798), *Theresienmesse* (1799), *Schöpfungsmesse* (1801) und *Harmoniemesse* (1802). Anders als seine Opern entstanden diese Werke aber ganz offensichtlich nicht ausschließlich für ihren besonderen Anlaß. Vielmehr hat H. wie bei seinen zentralen Instrumentalwerken schon gleich an ihre Publikation gedacht, die auch (mit Ausnahme der *Theresienmesse*) noch zu Lebzeiten erfolgte. Man hat, nicht zuletzt durch den Umstand gestützt, daß H. keine Sinfonien mehr schrieb, in diesen Messen vokal-instrumentale Sinfonien gesehen oder zumindest ihren sinfonischen Charakter betont. Bis weit ins 20. Jahrhundert hinein galt freilich gerade diese Affinität als Mangel. Denn der weltliche Ton der Instrumentalwerke erschien auf geistliche Musik unübertragbar (ein

Verdikt schon des frühen 19. Jahrhunderts, dem klassische Kirchenmusik generell unterworfen war). Erst jüngst wird das Sinfonische der Messen als ihr Vorzug gewertet. Wesentliche Grundlage ihrer kompositorischen Bedeutung ist die »Entfaltung der großen Formen durch die erweiterte Besetzung, in der Vokal- und Instrumentalpart gleichen Rang haben, um über die Wortreihung hinaus in der autonomen musikalischen Disposition den Text auszulegen« (Krummacher, 478). Hierin liegt ein kompositorisches Moment, das H. bewogen haben könnte, gleichsam sein ganzes sinfonisches Vermögen auf die Integration von Vokal- und Instrumentalsatz zu richten.

Dieser Deutung entspricht auch H.s Wendung zum Oratorium, die in der 1796 entstandenen Vokalfassung der ursprünglich rein instrumentalen *Sieben Worte unseres Erlösers am Kreuze* (1785) ein bemerkenswertes Beispiel findet. Und so entstehen 1798 *Die Schöpfung* und 1801 *Die Jahreszeiten*, beide sofort gedruckt und beide mit (auch finanziell) unglaublichem Erfolg vielfach aufgeführt. H. hatte die Idee und auch schon ein Textbuch zur *Schöpfung* aus England mitgebracht. Daß Händels Oratorien, die H. dort kennengelernt hatte, und ihr großer Erfolg wichtige Anstöße waren, liegt auf der Hand. Aber es dürfte auch H.s Absicht gewesen sein, über sein rein sinfonisches Œuvre hinauszukommen und Werke gewissermaßen universalen Anspruchs zu schaffen, universal im Blick auf den Stoff (Schöpfung der Welt, der Natur, des Menschen), im Blick auf die Besetzung (Vokalsolisten, Vokalchor, Instrumentalchor) und im Blick auf die Wirkung (Erreichen des breitesten Publikums, Festcharakter, wie er ihn beim Händelfest in der Westminster-Abbey erlebt hatte). Zumal die *Schöpfung* ist ein Werk, das von der prinzipiellen Identität vokaler und instrumentaler Satzprinzipien bei H. lebt. So ist z. B. die Ausdrucksstärke, aber ebenso das »Malende« der Instrumentalsätze (in der Direktheit und spontanen Verstehbarkeit ihrer musikalischen Bilder) ein Moment jener Sprachlichkeit, die in Chören, Arien oder Ensembles die innige Verbindung mit dem Text, vor allem mit seiner Aussage, schafft. Man nehme als Beispiel nur den Anfang, die berühmte »Einleitung« des Werkes: Sie vereint Instrumentalsatz, Rezitativ und Chor zur »Vorstellung des Chaos« und der Lichtwerdung. Das Chaos wird nicht etwa als wüstes Durcheinander geschildert, sondern als Zustand tiefsten Schmerzes, der der Erlösung harrt. Diese ebenso plausible wie geniale Idee verwirklicht H. durch eine Art instrumentalen Lamentos, einer lastenden Schmerzes- und Finsternisdarstellung, deren Dissonanzballungen und abrupte Ausbrüche von sehnsuchtsvollen Kantilenen durchsetzt sind. Und nach einem die instrumentale Darstellung ergänzenden Rezitativ jubeln schließlich alle gemeinsam, der vollstimmige Chor zusammen mit dem vollen Orchester, Ziel, Höhepunkt und Sinn dieser Einleitung heraus: die Erlösung durch das Licht, Anfang der Schöpfung, Anfang des Werkes. Diese wohl berühmteste Stelle der *Schöpfung* ist gleichfalls ebenso einfach wie genial. Die suggestive Wendung von düsterem Moll zu strahlendem C-dur, später vielfach imitiert, bedarf kaum der Worte, so klar sagt die Musik selbst: »und es ward Licht«. Auch die Einheit des ganzen Werkes ist immer wieder gerühmt worden, der in allem hörbare Tonfall elementarer Klarheit, einfacher Unmittelbarkeit und allgemeiner Gültigkeit, prachtvoller Größe und doch inniger Ausdruckskraft. Beide Oratorien, auch die *Jahreszeiten*, sind zugleich die Summa des H.schen Werkes: eine Summa der kompositorischen Errungenschaften des ausgehenden Jahrhunderts, die H. begründete, und eine Summa jener kompositorischen Mittel, zu denen H. vor allem in der Sinfonie gefunden hatte. So gesehen sind jedenfalls die Oratorien eine (letzte) Steigerung der epochalen Leistungen H. s.

Noten: J. H. Werke, hrsg. vom J. H.-Institut Köln unter der Leitung von G. FEDER, Mn. 1958 ff. J. H. Kritische Ausg. sämtlicher Sinfonien, hrsg. von H. Ch. R. LANDON, 12 Bde., Wien 1965–68. 83 String Quartets by J. H., 3 Bde., Ldn. [o. J.].

Dokumente: J. H. Gesammelte Briefe und Aufzeichnungen, hrsg. und erläutert von D. BARTHA, Kassel 1965. SOMFAI, L.: J. H. Sein Leben in zeitgenössischen Bildern, Kassel u. a. 1966.

Werkverzeichnis: HOBOKEN, A. VAN: J. H. Thematisch-bibliographisches WV, 3 Bde., Mainz 1957–78. [Werknumerierungen gehen nicht auf H. zurück, die Opus-Nummern der Streichquartette auf zeitgenössische Verleger, die Zählung der Sinfonien auf die erste Gesamtausg. von E. Mandyczewski, deren Nummernfolge z. T. erheblich von der heute bekannten Entstehungsfolge abweicht und erst ab Nr. 88 korrekt ist. Alle übrigen Werke werden nach Hob. zitiert.]

Periodica: H.-Studien, hrsg. von G. FEDER, Bd. 1 ff., Köln 1965 ff. [mit Bibl. in Bd. 3 und 5]. H-Jb., Bd. 1–10, Bryn Mawr und Wien 1962–78.

Literatur: BURNEY, CH.: A General History of Music, 4 Bde., Ldn. 1776–89. SULZER, J. G.: Allgemeine Theorie der schönen Künste, 4 Bde. u. 1 Register-Bd., Lpz. ²1792–97; Repr. Hildesheim 1967–70. GRIESINGER,

G. A.: Biographische Notizen über J. H., Lpz. 1811; neu hrsg. von Fr. GRASBERGER, Wien 1954. POHL, C. F.: J. H., 2 Bde., Lpz. 1875–82, Bd. 3 weitergeführt von H. BOTSTIBER, Lpz. 1927; Repr. Wiesbaden 1970–71. GEORGIADES, THR.: Zur Musiksprache der Wiener Klassiker *in* M.-Jb. 1951, 50–59. ROSEN, CH.: The Classical Style Haydn, Mozart, Beethoven, Ldn. und N. Y. 1971; dt. Kassel ⁴2003. FINSCHER, L.: Studien zur Geschichte des Streichquartetts I. Die Entstehung des klassischen Streichquartetts, Kassel 1974. LANDON, H. CH. R.: H. Chronicle and Works, 5 Bde., Ldn. 1976–80. SPONHEUER, B.: H.s Arbeit am Finalproblem *in* AfMw 34 (1977), 199–224. BARD, R.: Untersuchungen zur motivischen Arbeit in H.s sinfonischem Werk, Kassel 1982. SCHLAGER, K.-H.: J. H. 104. Symphonie D-Dur, Mn. 1983. STEINBECK, W: Mozarts »Scherzi«. Zur Beziehung zwischen H.s Streichquartetten op. 33 und Mozarts H.-Quartetten *in* AfMw 41 (1984), 208–231. ZUNTZ, G.: Die Streichquartette op. 3 von J. H. *in* Musikforschung 39 (1986), 217–239. BANDUR, M.: Form und Gehalt in den Streichquartetten J. H.s Studien zur Theorie der Sonatenform, Pfaffenweiler 1988. KIRSCH, W.: Vergangenes und Gegenwärtiges in H.s Oratorien. Zur Dramaturgie der »Schöpfung« und der »Jahreszeiten« *in* Fs. H. Federhofer, Tutzing 1988, 169–187. KRUMMACHER, FR.: Symphonische Verfahren in H.s späten Messen, *in* Das musikalische Kunstwerk Fs. C. Dahlhaus, Laaber 1988, 455–481. SCHWINDT-GROSS, N.: Drama und Diskurs. Zur Beziehung zwischen Satztechnik und motivischem Prozeß am Beispiel der durchbrochenen Arbeit in den Streichquartetten Mozarts und H.s, Laaber 1989 (Neue Heidelberger Studien zur Mw. 15). ODENKIRCHEN, A.: Die Konzerte J. H.s Untersuchungen zur Gattungstransformation in der zweiten Hälfte des 18. Jahrhunderts, Ffm. 1993. LEISINGER, U.: J. H. und die Entwicklung des klassischen Klavierstils (bis ca. 1785), Laaber 1995 (Neue Heidelberger Studien zur Mw. 23). GERLACH, S.: J. H.s Sinfonien bis 1774. Studien zur Chronologie Mn. 1996, 1–287 (Haydn-Studien 7). BALLSTEDT, A.: »Humor« und »Witz« in J. H.s Musik *in* AfMw 55 (1998), 195–219. FEDER, G.: H.s Streichquartette. Ein musikal. Werkführer, Mn. 1998. FINSCHER, L.: J. H. und seine Zeit, Laaber 2000. JONES, D. W. und BIBA, O.: H.-Companion, Oxford 2002.

Wolfram Steinbeck

Heinichen, Johann David

Geb. 17. 4. 1683 in Krößuln
(heute zu Krauschwitz, Kreis Weißenfels);
gest. 16. 7. 1729 in Dresden

Im musikhistorischen und lexikographischen Schrifttum wurde lange Zeit der Theoretiker H. über den Komponisten gestellt. So sah Ernst Ludwig Gerber in ihm einen »mehr denkenden Künstler, als erfindungsreichen Kopf« (Lexicon, 618). Eingehende Einzelstudien zu Teilbereichen seines Werks führten zu einer differenzierteren Beurteilung. Er war ein Wegbereiter des »vermischten Geschmacks«, der die nationalen Stile der deutschen, italienischen und französischen Musik verband. H. erstrebte weniger letzte kontrapunktische Durchdringung als eine subtile Schreibweise von gewinnender Anmut. In eine venezianisch, neapolitanisch und durch die Lully-Schule beeinflußte Tonsprache integrierte er früh galante Elemente. Sein Lehrbuch *Der General-Bass in der Composition* (1728) reflektiert den Anspruch, regelgebundener Affekthaftigkeit zu ungezwungener Natürlichkeit zu verhelfen.

Von den bei Seibel verzeichneten über 250 vokalen und instrumentalen Kompositionen gingen viele, darunter Kirchenwerke und Opern, im Zweiten Weltkrieg verloren. H.s Vokalmusik zeigt besonders deutlich die während eines Italienaufenthalts 1710–16 aufgenommenen Einflüsse der neapolitanischen und venezianischen Schule. In seiner Zeit als Kapellmeister am Hof Augusts des Starken in Dresden (ab 1716) entstanden für die Katholische Hofkapelle am Taschenberg zwölf Messen, davon fünf in gekürzter Fassung als ›Missae abbreviatae‹. Sätze im ›stile antico‹ wechseln mit moderneren, die sich durch ausdrucksvolle, in Terzen und Sexten gestützte Melodien und eine oberstimmenbetonte Instrumentation auszeichnen. Seine geistliche Musik umfaßt ferner zwei Requiems, acht Magnificats, zahlreiche Chorwerke wie Lamentationes, lateinische und deutsche Hymnen und Motetten. Neben dem weltlichen Oratorium *La pace di Kamberga* (»Der Frieden von Kamberg«; 1716) schrieb H. einen oratorischen, deutschsprachigen Sepolcro (1724) und zwei italienische Sepolcri (1724, 1728). Obwohl keines der 15 deutschen Choralkirchenwerke als Kantate bestimmt ist, enthalten die meisten von ihnen typische Merkmale dieser Gattung. H. spielte eine Schlüsselrolle bei der Einführung italienischer Kantatenformen in Deutschland. Seine frühen, in Italien entstandenen, weltlichen Kantaten treffen mit feiner Grazie den ungezwungenen Ton der Liebeslyrik. Die Kantaten der Dresdner Zeit veräußerlichen das Koloraturwesen stärker und sind vielfarbiger instrumentiert, so *Nel giorno di Gioseffa* (»Am [Geburts]tag der [Kronprinzessin Maria] Josepha«) mit zwei Corni da caccia. Noch opulenter besetzt und auf Zurschaustellung sängerischer Virtuosität angelegt sind die Serenaden, vokale Freiluftmusik für höfische Feste, wie *La gara degli dei* (»Der Wettstreit der Götter«; 1719). Unter den Opern besticht *Le passioni per troppo amore* (»Die Leidenschaften«; 1713) – in Venedig wiederholt aufgeführt – durch furiose venezianische Überraschungsmomente wie Steigerung einzelner Seccorezitative ins Ariose, markige Unisonoeffekte und Umschlagen in innige Empfindsamkeit bei tragischen Wendungen.

Auch H.s Instrumentalmusik zeigt stilistisch unverkennbar italienische Ursprünge. Mit seinen mindestens 25 Solokonzerten und Concerti grossi in farbiger Instrumentation begründete H. den »Stile di Dresda«, gekennzeichnet durch das »Concertare con molti istromenti«. H. operiert durchdacht mit reizvollen Farbmischungen, Staccato- und Sordino-Effekten. Klangliche Transparenz und sorgfältige Farbabstufung erhalten Vorrang vor regelmäßiger Ritornellformung. Von der klanglichen Raffinesse zeugt das *Concerto F-dur* (Hausswald I,18) mit konzertantem Hervortreten von Violine und zwei Corni da caccia im ersten Satz, kantabler Flötenmelodie über gehaltenen Akkorden von drei Oboen und Streicherpizzicati im zweiten Satz.

Die Solo- und Triosonaten zeigen keine feste Normierung der Form. Oft finden Suitensätze Aufnahme, deren Tanzcharakter aber abgesehen von einer klar gegliederten Zwei- und Viertaktperiodik eher verschleiert wird. Ein mehrfach verwendeter Satztyp H.s ist der Siciliano, so in der *Sonate g-moll* für Oboe und Basso continuo (Hausswald III,5; als *Lamentabile*) oder im *Pastorale per la notte di Natale A-dur* (»Pastorale für die Heilige Nacht«) für Oboen und Streichinstrumente. In der Kammermusik, wie in seinem Schaffen überhaupt, verwirklichte H. einen fließenden Übergang von hochbarocker Polyphonie zu einer eher homophon-akkordischen, galanten Setzweise.

Noten: Pastorale A-dur, hrsg. von J. BACHMAIR, Lpz. 1929. Concerto grosso C-dur in EDM Bd. 11, hrsg. von K.M. KOMMA, Lpz. 1938. Sonate für Oboe und Basso continuo g-moll (Hausswald III, 5), hrsg. von K. JANETZKY, Heidelberg 1973. Clori e Tirsi, Faks., hrsg. von E. STEINDORF, Lpz. 1982. 3 geistliche Vokalwerke, hrsg. von M.P. UNGER bzw. W. HORN, Stg. 1987, 1989, 1991. 2 Messen, 4 Sonaten und ein großer Teil der Orchestermusik, hrsg. von M. SOBEL, Indianapolis (Concerto Edition) 1998ff. Diana su l'Elba, La gara degli dei, hrsg. von M. WALTER, Madison (WI) 2000.

Dokumente: Neu erfundene und gründliche Anweisung ... zu vollkommener Erlernung des General-Basses, Hbg. 1711; Ndr. Kassel 2000. Der General-Bass in der Composition, Dresden 1728; Ndr. Hildesheim und N.Y. 1969.

Werkverzeichnis: SEIBEL, G. A.: Das Leben des ... Hofkapellmeisters J.D.H. nebst ... Kat. seiner Werke, Lpz. 1913; Ndr. Wiesbaden 1970. FECHNER, M.: Studien zur Dresdner Überlieferung von Instrumentalkonzerten dt. Komponisten des 18. Jahrhunderts, Laaber 1999 (thematischer Kat. der Konzerte).

Literatur: GERBER, E.L.: Neues historisch-biographisches Lexicon der Tonkünstler, Bd. 1, Lpz. 1812. TANNER, R.: J.D.H. als dramatischer Komponist, Lpz. 1916. HAUSSWALD,G.: J.D.H.s Instrumentalwerke, Wolfenbüttel und Bln. 1937 [mit WV]. SCHMITZ,E.: Die Messen J.D.H.s, Diss. Hbg. 1967. UNGER, M.P.: The German Choral Church Compositions of J.D.H., N.Y. 1990. LORBER, R.: Die ital. Kantaten von J.D.H., Regensburg 1991.

Clemens Fanselau

Hensel, Fanny Caecilie

Geb. 14. 11. 1805 in Hamburg als Fanny Zippora Mendelssohn; gest. 14. 5. 1847 in Berlin

F. H., Enkelin des jüdischen Philosophen Moses Mendelssohn und Schwester von F. Mendelssohn Bartholdy gehört zu den herausragenden Komponistinnen des 19. Jahrhunderts, vor allem auf dem Gebiet des romantischen Liedes und Klavierstücks. Das Ausmaß ihrer kompositorischen Produktivität, das auch andere Bereiche einbezog, wurde allerdings erst im 20. Jahrhundert bekannt. Inzwischen sind die meisten ihrer Werke publiziert und auch auf Tonträgern zugänglich.

Die Bankiersfamilie Mendelssohn siedelte 1811 aus politischen Gründen von Hamburg nach Berlin über, und dort wurde ihr Haus zu einem halboffiziellen Zentrum musikalisch-künstlerischer Aktivitäten. Die musikalische Hochbegabung der beiden älteren Geschwister wurde vor allem von der Mutter Lea, die mit der Berliner Bachtradition vertraut war, früh erkannt und gefördert wie auch die anderen kulturellen Techniken, die eine Integration in die preußische Gesellschaft erleichterten. 1816 wurden alle Mendelssohn-Kinder evangelisch reformiert getauft. Gepaart mit einer soliden pianistischen Ausbildung durch den Clementi-Schüler Ludwig Berger, der die Beethoventradition vertrat, wurden die

Geschwister Mendelssohn 1819 Kompositionsschüler des Goethe-Freundes Carl Friedrich Zelter, und H. komponierte zahlreiche Lieder, Chöre und Klavierstücke. Ihre erste überlieferte Komposition *Ihr Töne schwingt euch fröhlich* (1819) markiert den Beginn einer reichen Sololiedproduktion, die ca. 250 Titel umfaßt, und die kontinuierlichste Gattung ihres Œuvre darstellt. Ausgehend vom einfachen Strophenlied verändert sich ihr Stil gegen Ende der 1820er Jahre deutlich: Sie differenziert die Klavierstimme, weist der Gesangsstimme einen größeren Ambitus zu, und kommt mehr und mehr zum durchkomponierten Liedtypus, wobei vor allem die interessante Harmonik hervorsticht. Und dominiert in den frühen Liedern Gelegenheitslyrik aus dem Freundes- und Bekanntenkreis, so bevorzugt sie später Texte der bedeutenden zeitgenössischen Lyriker wie Heine, Eichendorff, Lenau und vor allem Goethe, der ohnehin für die Familie Mendelssohn einen besonderen Stellenwert hatte. Einige ihrer Lieder wurden 1827 und 1830 unter dem Namen ihres Bruders in dessen op. 8 und op. 9 publiziert. Den Widerstand ihrer Brüder in Bezug auf ihr öffentliches Hervortreten als Komponistin überwindend, begann H. 1846 mit der Publikation von Sololiedern, Klavierstücken und Chorliedern.

1821 finden die ersten »Sonntagsmusiken« statt, halböffentliche Veranstaltungen mit teilweise professionellen Musikern, die zunächst dazu dienen, für den jungen F. Mendelssohn ein Forum zu schaffen. Ab 1831, unterstützt von ihrem Ehemann, dem Maler Wilhelm Hensel, den sie 1829 geheiratet hatte, führt H. die »Sonntagsmusiken« in eigener Regie und entwickelt sie zu einer bedeutenden Institution des Berliner Musiklebens. Neben Werken des Bruders stehen vor allem Kompositionen von Bach und Händel sowie der Wiener Klassiker auf dem Programm, weniger eigene Werke.

H. setzt sich seit den 1820er Jahren verstärkt mit Gattungen und Satztechniken auseinander, die damals eher als männliche Domäne galten: 1822 entsteht ihr *Klavierquartett As-dur*, 1824 die *Klaviersonate c-moll*, 1834 ein *Streichquartett*. Neben weiteren Sonaten und einzelnen Sonatensätzen komponiert sie 1847 das *Trio für Violine, Violoncello und Klavier d-moll*, das 1850 posthum publiziert wurde, und als äußerst gelungenes Beispiel romantischer Beethovenrezeption gelten darf. Ihre Bach- und Händelrezeption konkretisiert sich hingegen im *Lobgesang* (1830), einer Kantate nach Worten der Bibel für Soli, Chor und Orchester, der Kantate *Hiob* und der sogenannten *Choleramusik*, allesamt Werke, die auf private Ereignisse Bezug nehmen und auch in privatem Rahmen aufgeführt wurden. Außerdem zeugen sie von dem Bestreben H.s, sich den Orchesterapparat kompositorisch anzueignen. Weitere Orchesterwerke sind die *Ouverture C-dur* (vermutlich 1832), die dramatische Szene *Hero und Leander* für Sopran und Orchester (1832). Auch ihre *Szene aus Faust II* für Soli, Frauenchor und Klavier (1843) ist als weltliche Kantate mit Orchester intendiert und entfaltet eine lyrische Dimension des Fauststoffes. All diese weltlichen Werke wurden im Rahmen ihrer »Sonntagsmusik« aufgeführt.

1839 begibt sich die Familie H. – der einzige Sohn Sebastian war 1830 geboren worden – auf die lang ersehnte Reise nach Italien, die für die Komponistin zur glücklichsten Zeit ihres Lebens wurde. Hier fand sie über den Kreis der Familie hinaus Anerkennung ihrer künstlerischen Tätigkeit. In Rom knüpfte sie freundschaftliche Kontakte zu Gounod und Georges Bousquet, die sie in die kompositorische Welt Bachs und Beethovens einführte. Obgleich sie der italienischen A-cappella-Musik wenig ästhetischen Reiz abgewinnen konnte, erlangte sie durch die Konfrontation mit dem fremden Land neue Impulse für das eigene Komponieren. Es entstehen zahlreiche Lieder und Klavierstücke. Und im Bereich des Charakterstücks, dieser zentralen Gattung der Romantik, reicht ihre Ausdruckskraft vom einfachen »Lied für das Pianoforte« im Volkston bis zu hochvirtuosen Stücken wie *Villa Medicis* (1840) und *Saltarello Romano* (1841). Ihre bedeutendste Klavierkomposition ist der Zyklus *Das Jahr* (1841). Eine melodische Variantentechnik unterstreicht die Idee des Zyklischen und evoziert durch die Einbeziehung von Chorälen eine gleichsam protestantische Semantik des Jahres. Die Reinschrift mit Vignetten von W. H. und lyrischen Epigraphen ist eine kostbare Rarität romantischer Künstlerautographe.

Daß zahlreiche Werke H.s in engem gedanklichen Austausch mit ihrem Bruder entstanden sind, sie umgekehrt von ihm als Autorität in musikalischen Sachfragen anerkannt wurde, eröffnet Perspektiven auf eine dialogische Musikgeschichtsschreibung.

Noten: Furore (Kassel); Hildegard Publishing (Bryn Mawr, PA); Arts Venture (Fairbanks).
Dokumente: »Die Musik will gar nicht rutschen ohne dich«, F. und Felix Mendelssohn. Briefwechsel

1821 bis 1846, hrsg. von E. WEISSWEILER, Bln. 1997. F. H., Tagebücher, hrsg. von H.-G. KLEIN und R. ELVERS, Wiesbaden 2002. *Werkverzeichnis:* MAURER, A.: Thematisches Verz. der klavierbegleiteten Sololieder F. H.s, Kassel 1997. HELLWIG-UNRUH, R.: F. H. Thematisches Verz. der Kompositionen, Adliswil 2000. *Literatur:* TILLARD, F.: F. Mendelssohn, Paris 1992; dt. als Die verkannte Schwester, Mn. 1994. BÜCHTER-RÖMER, U.: F. Mendelssohn-H., Reinbek bei Hbg. 2001. F. H. geb. Mendelssohn Bartholdy. Das Werk, hrsg. von M. HELMIG, Mn. 1997. F. H. Komponieren zwischen Geselligkeitsideal und romantischer Musikästhetik, hrsg. von B. BORCHARD und M. SCHWARZ-DANUSER, Stg. 1999; rev. Kassel 2002.

Monika Schwarz-Danuser

Henze, Hans Werner

Geb. 1. 7. 1926 in Gütersloh (Westfalen)

»Widerspruchsfreiheit ist eine Mangelerscheinung« – Dieser Satz aus dem im *Zweiten Violinkonzert* (1971) verarbeiteten Gedicht »Hommage à Gödel« von Hans Magnus Enzensberger kann auf das Gesamtschaffen des Komponisten bezogen werden: Das Werk H.s ist keineswegs frei von Widersprüchen – Widersprüche jedoch finden sich wohl eher bei bedeutenden denn bei unbedeutenden Komponisten.

Im Anschluß an seine Studien bei Fortner in Heidelberg und bei René Leibowitz in Darmstadt bzw. Paris erweckte H. mit verschiedenen Stücken, besonders mit einer Reihe von Ballettkompositionen, rasch Aufmerksamkeit. Nach dem Erfolg seines frühen ›lyrischen Dramas‹ *Boulevard Solitude* (Grete Weil; Hannover 1952) avancierte er dann im Verlauf der fünfziger und sechziger Jahre in erster Linie zum bedeutendsten zeitgenössischen Opernkomponisten. 1953 übersiedelte er nach Italien – heute lebt er bei Marino in der Nähe der italienischen Hauptstadt. Als ›Einzelgänger‹ und in bewußter Distanz zu avantgardistischen oder postmodernen Konzeptionen bzw. Schulen schrieb H. zahlreiche von starker Individualität und Empfindsamkeit getragene Werke in nahezu allen Gattungen, die aufgrund ihrer – aus enger dogmatischer Sicht – unzeitgemäßen ausdruckshaften Gesten und ihrer vornehmlich harmonisch geprägten Klanglichkeit (auch) heftiger Kritik ausgesetzt waren.

Gegen Ende der sechziger Jahre postulierte H. seine These, »Musik ist nolens volens politisch« (*Musik und Politik*, 136–144) und provozierte mit Texten, Werken und zahlreichen Interviews immer neu die Frage nach dem »politischen Musiker«, nach »politisch engagierter Musik«, ihren »kompositorischen Problemen« oder nach »Aufgaben und Möglichkeiten revolutionärer Musik« (*Musik und Politik*, 165–172). Seine Kompositionen aus dieser Zeit erweckten aufgrund ihrer extremen Schärfe vielfach Unverständnis, erzeugten Skandale, z. B. im Zusammenhang mit der verhinderten Uraufführung von H.s *Das Floß der »Medusa«* (1968), sie wurden schlicht ignoriert oder nur in Fachkreisen kontrovers rezipiert.

Seit Mitte der siebziger Jahre zielte H.s Bemühen verstärkt darauf ab, kompositorische, künstlerische und kulturpolitische Arbeit aufeinander zu beziehen. Er wurde künstlerischer Leiter verschiedener Festivals und Musikprojekte, widmete sich der musikpädagogischen Arbeit mit Kindern und Erwachsenen (z. B. mit dem »Märchen für Musik« *Pollicino*, Montepulciano 1980) und lehrte von 1980 bis 1991 als Professor für Komposition in Köln. In H.s Musik tauchen ab dieser Zeit neuerlich die so heftig kritisierten ›alten‹ Gesten auf: Er schreibt eine Musik, – und das gilt bis heute – die mit ihrer vom Komponisten entworfenen Ausdruckskraft die Gefühle der Hörer erreichen will. In der Vielfalt ihrer musikalischen Gesten reizt H.s Musik gleichermaßen mit Farbbrechungen von eindrücklicher Schönheit, fließender Linearität, spannungsintensiven Zusammenklängen und zeichenhafter Bedeutung.

H.s Arbeiten erscheinen beinahe durchgängig als Integration von Sprache und Musik sowie von deutlichem Interesse beiderseitiger Grenzüberschreitungen geprägt. Dieser Aspekt bestimmt seine Werke für das Musiktheater zum Mittelpunkt des Schaffens, das immer neu durch die Kongenialität exponierter Autoren der Gegenwartsliteratur mitbestimmt wurde.

Boulevard Solitude aktualisiert und variiert das bekannte Sujet einer katastrophal endenden Liebe zwischen Adligem und Dirne (nach Antoine-François Prevosts »Geschichte des Chevalier des Grieux und der Manon Lescaut«) zum Beziehungs- und Vereinsamungsproblem zweier Großstadtmenschen der französischen Metropole. In der musikalischen Gestaltung greift H. auf tradierte Stil- und Formschemata der Oper (z. B. Buffotechnik, Gliederung in Nummern, Gebrauch von Rezitativ und Arie) zurück und entfaltet dabei ein weites Feld »musikalischer Idiomatik« (vgl. *Politisch engagierte*

Musik). Nachfolgende Opernarbeiten wie die *Elegie für junge Liebende* (Wystan H. Auden und Chester Kallman; Schwetzingen 1961; rev. Venedig 1988) oder *Der junge Lord* (Ingeborg Bachmann nach einer Parabel aus »Der Scheik von Alessandria und seine Sklaven« von Wilhelm Hauff; Berlin 1965) bieten den Musikern Gelegenheit zu höchster Kunstentfaltung und Virtuosität (*Elegie*) oder jonglieren in vielfältigen Anspielungen mit den Facetten der opera buffa von Mozart bis Stravinsky (*Lord*). Sie spiegeln in ihrer Traditionsgebundenheit (vgl. z. B. die konventionelle Finalsteigerung im *Lord*) zudem H.s Distanz zu den zeitgleichen Tendenzen der avantgardistischen Musik etwa Darmstädter Provenienz. Derartige kompositorische Verfahren tragen H. freilich auch energische Kritik ein: Verfällt er nach Meinung von Ulrich Dibelius in der *Elegie* dem »süßlichen Klischee«, so gilt der *Lord* gar als »ein Werk der Selbstpreisgabe unterm kompromißfördernden Deckmantel der ›komischen Oper‹«, als eine Arbeit, die von »gemeinplätzigem Buffoton in Rossini- und Donizetti-Nachfolge« geprägt ist (*Moderne Musik*, 140–141). Als ein äußerst komplexes Werk kann H.s ›Musikdrama in einem Akt‹ nach den ›Bacchantinnen‹ des Euripides – *Die Bassariden* (Salzburg 1966; rev. 1992) gelten. Hier wird in Korrespondenz zum ›symphonischen Bau‹ des Librettos von Auden und Kallman der Konflikt zwischen Natur und Kultur, zwischen Irrationalem und Rationalem neu ausgespielt und »noch einmal die Form des Musikdramas« beschworen sowie – mit deutlichem Bezug zu Bergs »Wozzeck« – »mit jener der Sinfonie vereinigt« (*Musik und Politik*, 255).

Nach diesem zentralen Werk erschienen H.s Ausdrucksmittel für das Musiktheater zunächst erschöpft. Eine Weiterentwicklung wurde durch eine Zeit des »Umdenkens« und »Lernens« unter anderem bei Arbeitsaufenthalten in Kuba eingeleitet. Nach beinahe zehnjähriger Pause konkretisierte sich die bereits angedeutete Politisierung in der Zusammenarbeit mit Edward Bond. Dessen als »Actions for music« charakterisiertes Libretto inspirierte H. zur Komposition von *We come to the river* (London 1976) als einer neuen, engagierten und desillusionierenden Form des Musiktheaters. Die Schrecken der Realität werden hier über das Verfahren der »Simultan-Szenen«, das drei Orchester auf verschiedene »Schauplätze« verteilt, mit Stil- bzw. Genrezitaten und einer unmißverständlichen »Musik der Gewalt« herausgeschrieen.

1980–83 entstand ein weiteres Gemeinschaftsprojekt von H. und Bond für das Musiktheater: die »Story for Singers and Instrumentalists« *The English Cat* (Schwetzingen 1983). Bond hatte hierzu die Parabel »Peines de coeur d'une chatte anglaise« von Honoré de Balzac modifizierend aufgegriffen (vgl. *Arbeitstagebuch*). Mit dieser Produktion versuchte H. die neuerliche Anknüpfung an Opern-, Singspiel- und auch Operettenkonventionen. Mit variablen Stil- und Genrefacetten wird im scheinbar heiteren Spiel von Katzen, die zwischen Tier- und Menschenwelt changieren, der brüchigen und verlogenen ›hohen‹ bürgerlichen Gesellschaft auf komödiantische Weise ein entlarvender Spiegel vorgehalten. Zwei weitere wichtige Opern H.s sind in Zusammenarbeit mit Hans-Ulrich Treichel entstanden. 1986–89 komponierte H. im neuerlichen Rekurs auf die Tradition des Musikdramas *Das verratene Meer* (Berlin 1990). Textliche Grundlage ist die Adaption eines Romans von Yukio Mishima (»Gogo No Eiko«; dt. »Der Seemann, der die See verriet«), in dem sich die Problematiken von Generationenkonflikt und Liebestragödie im Rahmen einer Kriminalgeschichte entfalten. H.s Musik verdeutlicht dabei auf faszinierende Weise die psychischen Konflikte der Protagonisten, der trauernde Duktus der Musik endet – für eine H.-Oper singulär – »mit dem grell schmerzenden Schlußbild einer dramatisch-musikalischen Abrißgeste ... wozu das Orchester im vollen Tutti zu einer letzten Steigerung vom *ff* zum *ffff* anhebt, durchsetzt von extrem aggressiven Klängen ..., die mit einem blitzartigen Doppelakzent ... förmlich abgeschnitten und von augenblicklicher Dunkelheit gefolgt werden« (*Werke 1984–93*, 230). 1993–95 entstand *Venus und Adonis*, eine ›Oper in einem Akt für Sänger und Tänzer‹ (München 1997). In ihr wird die Dreiecksgeschichte von Venus, Mars und Adonis hinein projiziert in das stark erotisch bestimmte Intrigenspiel der drei Konzertsänger mit ihren tanzenden ›Doppelgängern‹. Das Ganze mündet in einer prädisponierten Katastrophe, in der auch die auf drei musikalischen Typen (Bolero, Rezitativ, Madrigal) beruhende Formanlage der Komposition zerbricht. Am 12. August 2003 wurde in Salzburg H.s Oper *L'Upupa und der Triumph der Sohnesliebe* uraufgeführt. Basis für dieses Stück ist ein syrisches Märchen vom Wiedehopf, das H. selbst in Librettoform übertragen hat: Der greise Großwesir Al Radschi el-Din schickt seine drei Söhne aus, um den ihm entflogenen geliebten Vogel wieder zu finden. Al Kasim, dem tugendhaften und guten Sohn, gelingt dies schließlich unter Entsagungen und verschiedenen Überraschungen; die beiden anderen Söhne werden abgestraft. Als der Großwesir seinen Vogel wieder verzückt in den Händen hält, läßt er ihn jedoch überraschend fliegen: L'Upupa, der Wiedehopf, als Symbol für das Schöne in der Kunst, läßt sich nicht dauerhaft in Besitz nehmen. H.s Musik präsentiert das Märchen in farbiger Instrumentation (z. T. mit Zuspielbändern) und kantabel geführten Linien, sie eruiert orientalisch märchenhafte Stimmungen und nutzt virtuos stilistische Anwandlungen und Reminiszenzen. H. hat seine Oper *L'Upupa* zu seinem letzten Bühnenwerk erklärt (vgl. »Ich war in den letzten Monaten der Kapitulation nahe «, Interview mit H., DIE ZEIT Nr. 31, 24. Juli 2003, 36–38).

H.s Arbeiten für das Musiktheater sind umgeben von einem äußerst umfangreichen Schaffen in verschiedensten Kategorien. In den Orchesterwerken spiegeln z. B. die zehn Sinfonien (*Erste Sinfonie*, 1947; Neufassung 1963; rev. 1991) den kompositorischen Entwicklungsgang. Der Ausgangspunkt des sinfonischen Schaffens liegt im Spannungsfeld der virtuosen Aneignung bei Stravinsky entlehnter neoklassizistischer Kompositionsverfahren und der über innovative Material- und Formbehandlungen intendierten Loslösung von tradierten Sinfonieschemata klassisch-romantischer Prägung. H.s Arbeiten münden – gemäß seiner Politisierung zunächst einmal – in der »gegen die Bourgeoisie« gerichteten *Sinfonia N. 6* für zwei Kammerorchester (1969; Neufassung 1994). In diesem Werk soll mittels der Aufnahme lateinamerikanischer Folklore, der Integration unkonventionellen Instrumentariums (z. B. Banjo/Gitarre, elektrische Orgel, Stahlplatten, Ketten) und frei gestalteten Klangaktionen die Sinfonietradition und deren Ausdruckspotential zerschlagen und ein Bekenntnis zu revolutionärer Kulturpraxis abgelegt werden. Nach dieser anti-traditionellen Musik und fast fünfzehnjähriger Pause knüpfte H. mit seiner *Siebten Sinfonie* für großes Orchester (1983–84) an die abgelöst erschienenen Traditionen an. Seine dreisätzige *Sinfonia Nr. 8* (1992–93) nimmt im Sinne eines »imaginären Theaters« Bezug auf Shakespeares *A Midsummer Night's Dream* (vgl. Werke 1984–93, 19–49). Die *Sinfonia Nr. 9* (1995–97) verwendet – in unverkennbarer Parallele zu Beethovens »Neunter Sinfonie« – auch einen gemischten Chor. Die Texte für die sieben Sätze sind von Hans-Ulrich Treichel geschrieben worden und beziehen sich allesamt auf den 1942 erschienenen Roman »Das siebte Kreuz« von Anna Seghers. In diesem bekenntnishaften Werk befaßt sich H. mit seiner ›deutschen Heimat‹: »Statt der Freude, den schönen Götterfunken zu besingen, sind in meiner Neunten den ganzen Abend Menschen damit beschäftigt, die immer noch nicht vergangene Welt des Grauens und der Verfolgung zu evozieren«, H.s *Neunte Sinfonie* ist »den Helden und Märtyrern des deutschen Antifaschismus gewidmet« (Partiturvorwort). In den Jahren 1997–2000 entstand die *Zehnte Sinfonie*, deren vier Sätze – »Ein Sturm« – »Ein Hymnus« – »Ein Tanz« – »Ein Traum« – gleichsam die Grundidee des Sinfonischen im Sinne H.s spiegeln.

H.s Kompositionen für Soloinstrumente und Orchester bieten gleichfalls aspektreiche Einblicke in seinen Arbeitsstil. Am Anfang dieser Werkgruppe steht das *Kammerkonzert* für Klavier, Flöte und Streicher (1946), das H. den Vertrag mit dem Schott-Verlag einbrachte. Die jüngste Komposition in diesem Bereich ist das *Dritte Violinkonzert* (1997), das in seinen drei Sätzen drei musikalische Porträts aus dem Roman »Dr. Faustus« von Thomas Mann vorstellt (*Esmaralda, Das Kind Echo; Rudi. S.*). *An eine Äolsharfe*, eine Musik für konzertierende Gitarre und 15 Soloinstrumente (1985–86), zeichnet als ›Konzert ohne Worte‹ vier Gedichte Eduard Mörikes musikalisch nach. Auffällig für den konzertanten Bereich ist somit auch eine latente Bezugnahme auf Sprache, Texte bzw. Lyrik. So komponiert H. in seiner *Ode an den Westwind* – Musik für Violoncello und Orchester über das Gedicht von Percy Bysshe Shelley (1953) deutlich ausgewiesene Text-Ton-Bezüge. Besondere Bedeutung in diesem Zusammenhang hat H.s *Zweites Violinkonzert* für Sologeiger, Baßbariton und 33 Instrumentalisten unter Verwendung des Gedichts »Hommage à Gödel« von Enzensberger (1971). Hier kommt es in einem Konglomerat von Sprech- und Gesangsszenen, Konzertmusik und theatralischen Momenten unter Einschüben aleatorisch frei gestalteter Phasen sowie zahlreichen Zitatfragmenten zu einer radikalen Abwendung vom herkömmlichen Konzerttyp. H. inszeniert ein musikalisches Theater für den Konzertsaal, bei dem der Solist – »er trägt einen dreispitz mit feder, einen wehenden schwarzen frackmantel, rot gefüttert« (vgl. Partitur) – eine zwischen brillierendem Virtuosen und Münchhausen changierende Rolle spielt. In der »Musik für einen Klarinettisten und 13 Spieler« *Le Miracel de la rose* (1981) wird auf die

Theaterhaftigkeit der konzertanten Werke von H. bereits durch den Untertitel »Imaginäres Theater II« hingewiesen. Imaginäre Textbasis für diese siebensätzige Komposition ist der gleichnamige Roman von Jean Genet, dessen zentrale Traumszene in quasi programmusikalischer Gestaltung den surrealistisch anmutenden letzten Traum des in der Todeszelle auf seine Hinrichtung wartenden »sechzehnjährigen Doppelmörders Harcomone« ausgestaltet.

H.s instrumentales imaginäres Theater zeitigt Bezüge zu seinen instrumentalen Ensemblekompositionen mit Gesang. In *El Rey de Harlem* - »Imaginäres Theater I für eine Singstimme und kleines Instrumentalensemble« (1979) wird ein Gedicht von Federico García Lorca mit diffizilen musiksprachlichen Elementen von jazzinspirierter Instrumentation über Entlehnungen aus der lateinamerikanischen Folklore bis hin zu einer strukturell geprägten musikalischen Symbolik, z. B. in der Gestaltung und Plazierung des signalartigen ›Harlem-Motivs‹ oder in Bezugnahmen auf das »Einheitsfrontlied« von Eisler, sinnfällig ausgestaltet und aussagekräftig verdeutlicht (*Verschlüsselung und Verdeutlichung*, 121–129). In *El Cimarron*, einem die »Biographie des geflohenen Sklaven Estéban Montejo« thematisierenden »Rezital für vier Musiker« (1969–70), agieren die Interpreten bei klanglich zum Teil realistischen Aktionen – z. B. Kettenrasseln, Signalpfeifen, Tierlauten etc. – im partiell szenischen Spiel. In die musikalisierte Erzählung bzw. Handlung sind weite Freiräume zur freien Ausgestaltung von Rhythmus- und Tonhöhenverläufen eingebaut. Diese Spielräume entspringen H.s ›emanzipatorischem Kompositionsinteresse‹ und zielen auf den ›mündigen Musiker‹; sie bedürfen freilich äußerst qualifizierter und engagierter Interpreten, um nicht im sterilen Klanggestus ›Neuer Musik‹ zu verkümmern.

Exemplarisch für die Vielfalt im vokalmusikalischen Schaffen H.s kann die Liedersammlung *Voices* für zwei Singstimmen und Instrumentalgruppen (1973) gelten. In 22 Einzelnummern entwickelt H. einen Stil der Zitatkomposition mit hohen technischen Anforderungen an Sänger und Spieler: Heterogen aufgegriffene Stilmomente des politischen Liedes, diffizile Klanggebilde bis hin zu tumultösen Collageabschnitten artikulieren trotz ihrer Brüchigkeit inhaltlich eine politische Gesamtaussage: ›Solidaritätsempfinden‹ für die ›Unterdrückten und Aufbegehrenden‹ überall auf der Welt. Solidarität ist zentraler und kontinuierlicher Bestandteil von H.s Vorstellung eines aktuellen Humanismus, der sich als individuelle Persönlichkeitsentfaltung, als Toleranz und Freiheit verwirklichen soll.

Noten: Schott (Mainz); ab 2001 auch Chester (Ldn.).
Dokumente: Musik und Politik. Schriften und Gespräche 1955–1984, erw. Ausg., hrsg. von J. Brockmeier, Mn. 1984. Die Englische Katze. Ein Arbeitstagebuch 1978–1982, Ffm. 1983. Neue Aspekte der musikalischen Ästhetik, hrsg. von H. W. H., Bd. 1 Zwischen den Kulturen; Bd. 2 Die Zeichen; Bd. 3 Lehrgänge. Erziehung in Musik; Bd. 4 Die Chiffren. Musik und Sprache [darin Dümling, A.: Verschlüsselung und Verdeutlichung. Sprachliche Chiffren in H. W. H.s »El Rey de Harlem« nach Federico García Lorca, 121–137]; Bd. 5 Musik und Mythos, Ffm. 1979–97. Reiselieder mit böhmischen Quinten. Autobiographische Mitteilungen 1926–1995, Ffm. 1996. L'Upupa. Nachstücke aus dem Morgenland, Mn. 2003.
Werkverzeichnis: H. W. H. Ein Werkverzeichnis 1946–1996, Mainz 1996.
Literatur: Dibelius, U.: Moderne Musik 1945–1965, Mn. ²1972. Geitel, Kl.: H. W. H., Bln. 1968. Flammer, E. H.: Politisch engagierte Musik als kompositorisches Problem, dargestellt am Beispiel von Nono und H., Baden-Baden 1981. Der Komponist H. W. H., hrsg. von D. Rexroth, Mainz 1986. Petersen, P.: H. W. H. Ein politischer Musiker, Hbg. 1988. Ders.: H. W. H. Werke der Jahre 1984–1993, Mainz 1995. Im Laufe der Zeit. Kontinuität und Veränderung bei H. W. H., hrsg. von H.-Kl. Jungheinrich, Mainz 2002. H. W. H. Die Vorträge des internationalen H.-Symposions am Musikwissenschaftlichen Institut der Universität Hamburg 28. bis 30. Juni 2001, hrsg. von P. Petersen, Ffm. 2003.

Ortwin Nimczik

Hidalgo, Manuel
Geb 2. 2. 1956 in Antequera (Andalusien)

Selbstdarstellung in der Öffentlichkeit ist seine Sache nicht. Weder zur Person noch zum Komponierten hat der in Stuttgart lebende Spanier bisher Aussagen gemacht, wenn man den Einführungstext zum Orchesterwerk *Harto* im Programmbuch der Donaueschinger Musiktage 1983 einmal ausnimmt. Solcherart radikale Bescheidenheit spiegelt sich in dem stetig anwachsenden Werk wider. Je jünger die Kompositionen sind, desto entschiedener verzichten sie auf reichhaltige Ornamentik kompositorischer Möglichkeiten. Was sie dokumentieren, ist die Beschränkung auf zwei bis drei

Intervalle, archaisch primitive Rhythmen und deren Varianten, konventionelles Instrumentarium, welches sparsam eingesetzt wird, und schließlich auf artikulatorische Gegensätze wie beispielsweise scharf akzentuierte Impulse im Umfeld raffinierter Nachhalltechniken. Vielleicht hat H. diese Gangart in den Bereichen musikalischer Ursprünge von den beiden Lehrern auf den Weg mitbekommen: Die Jahre bei Hans Ulrich Lehmann in Zürich (1976–78) und bei Lachenmann in Hannover und Stuttgart (1979–84) haben den Gebrauch unaufwendiger Gesten freigelegt und auch den Innovationstrieb, dem Einfachen neue und überraschende Ausdrucksgestalten zu entlocken. Einfachheit nicht im Sinne kontemplativer oder spiritueller Gebrauchskunst, sondern mit der Haltung des Forschers, der den scheinbar abgenutzten Intervallen und Rhythmen noch einmal eine ganz eigene Sprache abgewinnt. Die Reduktion auf solche archetypischen Modelle läuft bei H. nicht Gefahr, der Primitivität bezichtigt zu werden, weil diese Reduktion reflektiert ist. Sie spart jede vordergründige Expressivität aus und verzichtet dennoch nicht auf klangsinnliche Affekte. H.s naturwissenschaftliches Interesse – er studierte nach der Gymnasialzeit zunächst einige Jahre Medizin in Granada – hat sich immer wieder im Werk niedergeschlagen. Gerade im Bereich der Artikulationen interessiert ihn mehr die Entstehung des Klangs als seine Wirkung, mehr die physikalische Qualität denn die zur Komposition notwendige Substanz. In *Fisica* für Orchester (1991) offenbaren sich in den unterschiedlichen Instrumentalgruppen kompromißlose Beschränkungen auf Tonerzeugungsvorgänge, die nicht wie in der Musik seines einstigen Lehrers Lachenmann verfremdet erscheinen, sondern noch in ihrer naturhaften Logik zu wirken vermögen. Zugleich vermeidet H. jede effektheischende Virtuosität zugunsten der Klangindividualität der Instrumente. Nicht gemeint ist allerdings, daß seine Werke leicht zu spielen seien. Das Beziehungsgeflecht der Stimmen zueinander ist kompliziert durch die für H. eigentypische Verteilung der musikalischen Aktionen im Klangraum.

H. lebt vom Komponieren allein. Dies ist für einen Komponisten mittleren Alters insofern eine doppelte Herausforderung, als H. jede Eigenwerbung oder plakative Attitüde ablehnt. Zu wirken und zu bestehen hat für ihn allein die Musik. Der Durchbruch zur ersten öffentlichen Anerkennung war der Mißerfolg von *Harto. Al Componer* für Bratsche, Violoncello, Kontrabaß und Orchester (1986) wieder in Donaueschingen und *Alegrias* für Klavier und kleines Orchester (1987). Beide brachten ihm letztlich Erfolg und weckten das Interesse vieler Interpreten, was sich in der Zahl der Kompositionsaufträge mittlerweile auch für großformatige Werke niederschlägt. So arbeitet H. seit den neunziger Jahren verstärkt im musiktheatralischen Bereich: Nach seiner »Musik zum Inszenieren« *Vomitorio* (1991), entstand *Dalí – der große Masturbator*, H.s erste Oper (Saarbrücken 1999), in der sich H. in Form eines Künstlerdramas kritisch mit der Faszination des spanischen Malers und seiner Bilderwelt auseinandersetzt. Es folgte *Bacon 1561–1992* (Gabriele Adams; Schwetzingen 2001); in ihr treffen die Gedankenwelt des englischen Philosophen Francis Bacon (geb. 1561) mit der verstörenden Bilderwelt des irischen Malers gleichen Namens (gest. 1992) zusammen und schaffen so eine Oper über Aggression und Gewalt.

Noten: Breitkopf & Härtel (Wiesbaden).
Literatur: SPANGEMACHER, FR.: M. H.s Al Componer in Melos 50 (1988), 56–76 [mit WV].

Hans-Peter Jahn

Hindemith, Paul

Geb. 16. 11. 1895 in Hanau;
gest. 28. 12. 1963 in Frankfurt am Main

Das wohl bezeichnendste Porträt H.s hat der Kölner Fotograf August Sander in seiner berühmten, die deutsche Gesellschaft nach dem Ersten Weltkrieg in idealtypischer Weise dokumentierenden Sammlung »Antlitz der Zeit« von 1929 veröffentlicht: Es zeigt den knapp Dreißigjährigen in einer nüchtern-abgeklärten, auch ein wenig aufsässigen Pose, deren ironische Stilisierung jenen antibürgerlichen Nimbus und Impetus des Bürgerschrecks spürbar werden läßt, der H.s rasanten Aufstieg zum führenden Komponisten seiner Generation auszeichnete und begleitete. Vergleicht man dieses Porträt mit den Aufnahmen der letzten Lebensjahre, so tritt ein dramatischer physiognomischer Wandel zutage, der ein Licht auf die Spannungen von H.s innerer und äußerer Biographie wirft. Adornos vernichtendes Fazit von 1963, H.s Entwicklung habe eine »fatale Wendung zum Offiziellen« (Impromptus, Ffm. 1963, 80) genommen, greift dabei wohl zu kurz: Angesichts der – aller öffentlichen Auszeichnungen zum Trotz – querständigen Position des späten H. zum Komponieren nach 1945 ist sie geradezu paradox und macht deutlich, wie schwierig sich die Bestimmung des künstlerischen Standorts H.s gestaltet. Denn obwohl H. zu den meistaufgeführten deutschen Komponisten der klassischen Moderne gehört, ist er auch am stärksten umstritten und mißverstanden worden. Die von begeisterter Zustimmung zu entschiedener Gegnerschaft sich wandelnde Kritik Adornos spiegelt eine Rezeptionsgeschichte wider, die einerseits H.s. Musik auf – oft mit bloßen Schlagworten etikettierte – Teilaspekte reduziert, andererseits aber auch einen grundsätzlichen Konflikt um den Weg der bzw. zur neuen Musik beleuchtet: nämlich ob dieser noch auf einem Allgemeinen, d. h. tradierten Formen, Techniken und Gattungen beruhen könne oder nur noch als verabsolutiertes oder radikalisiertes Besonderes zu denken sei. H.s. kompositorisches, ästhetisches und theoretisches Denken ist der Idee eines Allgemeinen und einer inneren Einheit des Musikalischen in hohem Maß verpflichtet. Diese innere Einheit bezieht sich auf ein umfassendes (jedoch nicht teleologisches) Geschichtsverständnis, physikalisch-akustische Gesetzmäßigkeiten und auf hohen moralisch-ethischen Ansprüchen. Darin unterscheidet sich H.s Ansatz sowohl von der Zweiten Wiener Schule, die einen strengen klassisch-romantischen Traditionsbegriff proklamiert, wie auch von Stravinsky, dessen Werkästhetik letztlich auf eine musikalische Ontologie jenseits geschichtlicher Bindungen zielt. H.s in vielen Facetten immer noch zu entdeckendes Gesamtwerk basiert zudem auf einer anti-romantischen musikalischen Poetik, in der die kompositorische Erforschung und Darstellung des Tonmaterials untrennbar mit seiner jeweiligen Realisation verbindet. Dahinter steht – als beherrschende Figur der zwanziger Jahre – ein Ordnungsdenken, das einem »absoluten«, d. h. subjektivierten Werkbegriff mißtraut. Die vermeintliche Distanziert- oder Unbeteiligtheit, die Adorno an H.s. Musik als Verdinglichung kritisierte, war ihrer Intention nach gegen die ideologische Überfrachtung der Musik seit der Romantik und den Zerfall ihrer Einheit von Theorie und Praxis gerichtet.

Aus einfachen Verhältnissen stammend, hat H. – dessen zwei Geschwister ebenfalls musikalisch hochbegabt waren – eine an Vielseitigkeit und Härte kaum zu übertreffende musikalische Ausbildung und Laufbahn durchlaufen: Nach frühem Unterricht durch den tyrannischen Vater – einem Weißbinder (Maler), dem der Musikerberuf versagt worden war – wird er zunächst Geigenschüler Adolf Rebners; 1908 geht H. zum angesehenen Hochschen Konservatorium in Frankfurt, wo er parallel zu seiner Ausbildung als Geiger ab 1912–13 Komposition bei Arnold Mendelssohn und später Bernhard Sekles studiert; sein Konzertexamen bestreitet er mit Beethovens »Violinkonzert«. 1914 tritt H. Rebners Quartett bei; als Bratschist des von ihm mitbegründeten Amar-Quartetts (1922) erlangt er dann später internationalen Ruhm als Interpret, der zahlreiche Uraufführungen zeitgenössischer Kammermusik betreut. Am Ende des Ersten Weltkriegs faßt H. Vertrauen zu seiner kompositorischen Begabung: Über die Auseinandersetzung mit dem Expressionismus, die in den *Drei Orchestergesängen* op. 9 (1917) ihren ersten faszinierenden Niederschlag gefunden hat, wird er zum wichtigsten Protagonisten einer neuen, anti-romantischen Generation deutscher Komponisten. Mit dem *Zweiten Streichquartett* op. 16 (1920) und dem skandalträchtigen Triptychon der Operneinakter *Mörder, Hoffnung der Frauen* (nach Oskar Kokoschka; Stuttgart 1921), *Das Nusch-Nuschi* (nach Franz Blei; Stuttgart 1921) und *Sancta Susanna* (nach August Stramm; Frankfurt 1922) erzielt er den Durchbruch in der Öffentlichkeit. In dem Klavierzyklus *Suite 1922* formt er jenen grotesk-provozierenden »Großstadt«-Ton aus, der nunmehr als H.s Markenzeichen gilt, obwohl er für den Komponisten selbst nur eine Stilübung darstellt und er im selben Jahr mit dem *Marienleben* op. 27 (nach Rainer Maria Rilke; 1922–23) ein musikalisch-lyrisches Schlüsselwerk schreibt.

Zwischen 1923 und 1927 gehört H. als Organisator der Donaueschinger bzw. Baden-Badener Kammermusiktage zu den wichtigsten Förderern und Multiplikatoren der neuen Musik in Deutschland. Durch die Heirat mit der Sängerin und Schauspielerin Gertrude Rottenberg, der Tochter des Frankfurter Kapellmeisters und bedeutenden Schreker-Interpreten Ludwig Rottenberg, konsolidiert sich H.s äußeres Leben ab 1924 entscheidend; seine Frau wird zu seiner wichtigsten Beraterin und Vertrauten und führt nach H.s Tod – die Ehe blieb kinderlos – sein künstlerisches Vermächtnis durch Gründung einer Stiftung weiter. In dieser Zeit entstehen zentrale Werke neo-klassizistischer bzw. -barocker Prägung wie die Reihe der sieben konzertanten *Kammermusiken* opp. 24a-46, (1922–

27) oder die *Serenaden* op. 35 (1924). Mit der Oper *Cardillac* (Ferdinand Lion; Dresden 1926, Zweitfassung Zürich 1952) thematisiert H. erstmals die gesellschaftliche Verantwortung des Künstlers. Im Zuge seiner Berufung an die Berliner Hochschule für Musik (1927) nimmt H. auch eine neue Rolle als Lehrer und Pädagoge ein, die schnell gleichberechtigt neben jene des Komponisten tritt; als Ergebnis seiner Lehrtätigkeit entwirft H. das umfassende Modell eines zeitgenössischen Kompositionsunterrichts. In diesen Jahren bildet sich H. überdies autodidaktisch an nahezu allen Orchesterinstrumenten aus und gewinnt ein lebhaftes Interesse an den elektro-akustischen Entwicklungen der Berliner Rundfunkversuchsstelle und am Film. H. komponiert als einer der ersten Musik für elektronische und mechanische Musikinstrumente (so für das Trautonium). Diese Erfahrungen bekräftigen seinen Entschluß, eine Musiktheorie auf akustischen und physiologischen Grundlagen zu errichten, die sich an den empirischen – und nicht geschichtlichen – Qualitäten des Tonmaterials orientiert. Die (romantische) Kategorie des individuellen »Einfalls« tritt dadurch in den Hintergrund, wird von H. in den fünfziger Jahren jedoch wieder betont.

Unter dem starken Einfluß der lebensreformerischen und pädagogischen Strömungen der Weimarer Republik wendet sich H. verstärkt der Laienmusikbewegung und den Fragen einer funktionalen Musik »nach Maß« zu, die auf die konkreten Bedürfnisse und Anforderungen reagiert. Er schreibt zahlreiche Stücke dieser Art (u. a. die Schuloper *Wir bauen eine Stadt* von 1930 und den *Plöner Musiktag* 1932), die er bewußt von den Werken mit Kunstanspruch – etwa der virtuos mit Elementen der Unterhaltungsrevue spielenden, von Weill bewunderten Oper *Neues vom Tage* (1929) oder den originellen, vielfach für den eigenen Bedarf konzipierten Kammer- und Konzertmusiken – abgrenzt. Wie zwiespältig H. den konträren (kunst-)politischen Strömungen am Ende der Weimarer Republik gegenübersteht, belegt sein abrupter Wechsel der künstlerischen Partnerschaft von Brecht zu Benn. Hatte er mit Brecht noch das aufsehenerregende, marxistische Baden-Badener *Lehrstück* von 1929 konzipiert, so vertont er 1931 – nach dem Bruch mit Brecht – Benns post-nietzscheanisches und eskapistisches Oratorium *Das Unaufhörliche*. Nach 1933 sucht H. die Auseinandersetzung mit der Gegenwart nicht mehr direkt: Das Bratschenkonzert *Der Schwanendreher* (1935) und die *Sechs Lieder nach Gedichten von Friedrich Hölderlin* (1933–35) ziehen sich programmatisch auf eine vergangene und ideale Welt zurück, lassen sich darin aber auch als subtiler Protest und pessimistischer Zeitkommentar deuten.

H.s Weigerung, sich der nationalsozialistischen Kulturpolitik zu unterwerfen, führte nach seiner öffentlichen Diffamierung und dem von Furtwängler angestoßenen »Fall Hindemith« zur Demission als Hochschullehrer und (nach verschiedenen Auslandsaufenthalten, u. a. als Musikberater in der Türkei) 1939 zur endgültigen Emigration in die USA. Parallel dazu vollzieht sich – vorbereitet durch den Übergang zu einer gemäßigt diatonischen Tonsprache nach den Erfahrungen mit der Laien- und Volksmusik – ein durchgreifender Stilwandel in H.s Werk, der mit der autobiographisch gefärbten, bekenntnishaften Oper *Mathis der Maler* (Zürich 1937) und der ihr vorausgegangenen gleichnamigen *Symphonie* (1933) einsetzt. 1937 publiziert H. die unvollendet gebliebene *Unterweisung im Tonsatz*, deren systematischer Ausgangspunkt den Tonsatz vieler in ihrem Umkreis entstandener und folgender Werke (wie die Reihe der *Bläsersonaten* für alle Besetzungen zwischen 1935 und 1939 und die drei bedeutenden *Klaviersonaten* von 1936) bestimmt. H.s letztes europäisches Werk, das bis heute unterschätzte *Violinkonzert* (1939), offenbart eine innere Nähe zu Bartók, den H. für den größten Komponisten des 20. Jahrhunderts hielt.

In den amerikanischen Exiljahren intensiviert H. seine Auseinandersetzung mit der abendländischen Musikgeschichte auf allen Gebieten – komponierend, lehrend und praktizierend. Als Lehrer an der Yale University richtet er Musik von der Notre-Dame-Zeit bis hin zu Monteverdis »Orfeo« ein und führt sie mit Studenten auf; seine Deutung der Musikgeschichte als eine klingende Ethik, die sich auf Boethius und Augustinus bezieht, ist in den programmatischen Harvard-Vorlesungen *A Composer's World* (1952) niedergelegt, die andererseits seinen kompositorischen Pragmatismus bekräftigen. Seine Referenz gegenüber dem Zufluchtsland USA drückt H., der sich von den deutschen Emigranten distanziert, im »Flieder-Requiem« *When Lilacs last in the door-yard bloom'd* auf Dichtungen von Walt Whitman (1946) aus. Dieses Werk, ein modernes Gegenstück zum »Deutschen Requiem« von Brahms, enthält auch einen verschlüsselten Hinweis auf den Holocaust durch die Verwendung einer liturgischen jüdischen Melodie.

H.s amerikanische Werke – darunter ragen die brucknernahe *Symphonie in Es* (1940) und der kontrapunktisch überaus kunstvolle *Ludus Tonalis* für Klavier (1943) hervor – zeichnen sich durch eine freie, modale Elemente einbeziehende Tonalität und eine vollständig kontrollierte polyphone Schreibweise aus. Die zahlreichen Stilreminiszenzen, die für H.s gesamtes kompositorisches Verfahren typisch sind, bleiben jetzt untergeordnet: Die Verwendung und Umschmelzung älterer Formen und Techniken intendiert keine Parodie oder Provokation mehr wie in den zwanziger Jahren, sondern zielt auf die Darlegung von übergreifenden (symbolischen) Zusammenhängen alles Erklingenden. H.s Ordnungsdenken trägt in seinem letzten großen Werk, der seit der Mitte der dreißiger Jahre konzipierten Oper *Die Harmonie der Welt* (München 1957) teils restaurative, teils pessimistische Züge. Diese Oper ist auch eine implizite Kritik am und Distanzierung vom zeitgenössischen Musikleben; zur serialistischen Umgebung verhält sich die Musik wie Fremdkörper, in den spröde-ironischen Kammermusikwerken der fünfziger Jahre (die das 1918 begonnenen Sonatenwerk vollenden) sogar wie ein Störfaktor, obwohl H. sich teilweise sogar der Zwölftontechnik bedient und diese in seinen Zürcher Vorlesung ausführlich behandelt. Im Spätwerk – den *Weinheber-Madrigalen* (1958), den 14 *Motetten* für Stimme und Klavier (1960), dem *Zweiten Orgelkonzert* (1962) und schließlich der *Messe* für gemischten Chor (1963) – ist eine Sublimierung des Ordnungs- und Einheitsdenkens spürbar; ihr entspricht die Hinwendung zum reinen Vokalklang und -satz und die (freilich gebrochene) Beschwörung religiöser Grundaussagen durch die Verwendung der Hymne *Veni creator spiritus* im Orgelkonzert.

H., der eine offizielle Position im deutschen Musikleben nach 1945 ablehnt und erst später einem Ruf nach Zürich folgt, ist zunächst Leitbild der jüngeren Generation und wirkt auf jüngere Komponisten wie Hartmann und Henze nachhaltig. Parallelen zur Situation einstmals führender bildender Künstler der Weimarer Republik sind dennoch bald unverkennbar: Wie Otto Dix, der sich der abstrakten Malerei nicht anschloß und lieber die künstlerische Isolation wählte, vollzieht H. die neuen Entwicklungen der Avantgarde nicht mehr mit. (Seine umfangreiche Tätigkeit als Interpret – auch in Deutschland – hatte hierbei offensichtlich auch kompensatorischen Charakter.) In H.s musikalischem Denken bleibt nicht nur die Tonalität – wenn auch erheblich erweitert zur Konzeption einer »totalen Tonalität« – maßstabgebend, sondern auch bestimmte, in den zwanziger Jahren sich etablierende Verfahrensweisen unter den Auspizien des Neo-Barock. So hatte er (unter starkem Bezug auf Reger) auf Reihungsformen und die Fugentechnik zurückgegriffen, den Kontrapunkt vor allem als motorische Qualität eingesetzt und auf thematische Entwicklung im klassisch-romantischen Sinn verzichtet. Daraus resultierten freilich auch Probleme: Die Variabilität der motorischen Muster war begrenzt, die Camouflage der neoklassizistischen Parodie nutzte sich ab. Schon im *Marienleben* war H. bemüht, die Kontrolle über Formgebung und Tonsatz durch tonale Vereinfachung und eine dialektische Gestaltung des Wort-Ton-Verhältnisses wiederzugewinnen und mechanische Abläufe zu vermeiden. Die Stilwende der dreißiger Jahre war dann Ausdruck einer neuen Ethik »verantwortungsvollen«, d. h. faßlichen und in sich selbst begründeten Komponierens. Durch die *Unterweisung im Tonsatz* erhielt es ein theoretisches Fundament, das allerdings von der Idee einer »natürlichen«, allen Zeiten und Stilen zugrundeliegenden Tonalität ausging. Jacques Handschin hat H. daher einen naiven Physikalismus vorgeworfen. Auch sein Versuch, eine einheitliche Analysemethode für Werke verschiedener Epochen zu entwerfen, mußte scheitern, und H. hat selbst die Problematik des Ansatzes später eingeräumt. Als synthetischer und spekulativ gefärbter Theorieentwurf, der bei Rameau seine Wurzeln hat und von Gedanken Heinrich Schenkers und Ernst Kurths beeinflußt ist, bleibt die *Unterweisung* jedoch ein unschätzbares Dokument zum Verständnis der kompositorischen und ästhetischen Intentionen H.s, die seinen Stil nach 1945 bestimmen sollten.

Von dieser Revision seines musikalischen Denkens aus, dem er nun eine vom Zeitgeist unabhängige, objektivierbare Grundlage verschaffen wollte, ist H.s Praxis der Bearbeitung eigener Werke zu verstehen. Die Differenzierung geht freilich mit einer gewissen Neutralisierung des ursprünglichen Impulses und symbolischen Befrachtung einher, die an der Zweitfassung des *Marienleben* (1935–48) studiert werden kann, in der H. auch eine Wiederbelebung der Tonartenästhetik des 18. Jahrhunderts unternahm. Die Bearbeitungen seiner Opern der zwanziger Jahre (*Cardillac* und *Neues vom Tage*) sind auch das Dokument von H.s selbstkritischer Auseinandersetzung mit seinen ästhetischen und politischen Ansichten in der Weimarer Republik. Seine Einrichtungen fremder Musik, so die späte Reger-Bearbeitung des *100. Psalms* op. 106 von 1958 trägt den Geist des Stilpurismus der fünfziger Jahre und formuliert einen neuen Klassizismus. Er klingt bereits in H. s. Bach-Vortrag von 1950 an, in dem er konstatiert, daß im Vergleich zu Bachs Werk das »Äußere der Musik, der Klang, dann zur Nichtigkeit [schrumpft]« (*Aufsätze, Vorträge, Reden*, 270).

Als der streng umrissene Werkbegriff der Schönberg-Schule in Darmstadt zum ästhetischen und kompositorischen Paradigma erklärt wird, gerät H. endgültig in eine (auch bewußt aufgesuchte) Außenseiterposition. In seinem letzten Vortrag *Sterbende Gewässer* (1963) äußert er sich in scharfer und zugleich präziser Polemik zur Avantgarde; er wendet sich gegen die Ausdifferenzierung des Musiklebens in Teil- und Spezialistenkulturen und kritisiert den Serialismus als Überforderung des Hörers. Seine Auffassung des »Handwerks«, die durch ihren sachlichen, anti-romantischen Ursprung an sich nichts Affirmatives besitzt, und das Credo einer allgemein verständlichen, in sich ausgewogenen Tonsprache erscheinen diskreditiert, ebenso die Selbstverständlichkeit des Schreibens, der nun ein Odium des Routinierten anhaftet, obgleich man in ihr auch eine »Melancholie des Vermögens« bemerken kann. Die in den dreißiger Jahren von amerikanischen Kritiken bemerkte Tendenz in H.s Werken zu einer gewissen Neutralität und Austauschbarkeit von Tonfall und Gestik, zu ›altmeisterlicher‹ Klassizität bleibt jedoch nicht vorherrschend. In Werken wie der *Pittsburgh Symphony* (1958) wird ein harter, aggressiver Ton angeschlagen, der eine neue Phase und Qualität von H.s Komponieren einleitet. Die stilistische Flexibilität und innere Freiheit, die sich der späte H. bewahrt hat, sollte erst zu Beginn der siebziger Jahre, die den Beginn einer nachhaltigen und vorurteilslosen Beschäftigung mit Person und Werk markieren, für jüngere Komponisten wieder zu einem möglichen Leitbild werden.

Noten: Sämtliche Werke, hrsg. von K. von FISCHER und L. FINSCHER, Mainz 1979 ff.
Dokumente: Unterweisung im Tonsatz: I. Theoretischer Teil, Mainz 1937; II. Übungsbuch für den zweistimmigen Satz, ebd. 1939; III. Übungsbuch für den dreistimmigen Satz, ebd. 1970 [aus dem Nachlaß hrsg.].
A Composer's World, Cambridge (MA) 1952; dt. als Komponist in seiner Welt, Zürich 1959. Aufsätze, Vorträge, Reden, hrsg. von G. SCHUBERT, Zürich 1994. Das private Logbuch. Briefe an G. Hindemith, hrsg. von F. BECKER und G. SCHUBERT, Mainz 1995. Berliner ABC. Das private Adreßbuch 1927–1938, hrsg. von C. FISCHER-DEFOY u. a., Bln. 1999.
Werkverzeichnis: P. H. Gesamtverzeichnis seiner Werke, Mainz 2002 [Verlagsverz.].
Periodica: H.-Jb./Annales H. 1 (1971)ff. [mit Bibl. in 1 (1971), 3 (1973), 7 (1978), 15 (1986), 19 (1990)].
Literatur: Erprobungen und Erfahrungen. Zu P. H.s Schaffen in den zwanziger Jahren, hrsg. von D. REXROTH, Mainz 1978. SCHUBERT, G.: P. H., Reinbek bei Hbg. 1981. NEUMAYER, D.: The Music of P. H., New Haven 1985. BRINER, A. u. a.: P. H. Leben und Werk in Text und Bild, Zürich 1988 [mit WV]. Über H. Aufsätze zu Werk, Ästhetik und Interpretation, hrsg. von S. SCHAAL, Mainz 1996. BREIMANN, G.: Mathis der Maler und der ›Fall Hindemith‹, Ffm. 1996. P. H. Leben und Werk, hrsg. von G. SCHUBERT u. a., Mainz 1997 [CD-ROM]. P. H. in Berlin, hrsg. von F. BULLMAAN u. a., Bln. 1997. LESSING, W.: Die H.-Rezeption Theodor W. Adornos, Mainz 1999.

Wolfgang Rathert

Holliger, Heinz
Geb. 21. 5. 1939 in Langenthal (Schweiz)

Sowohl das Komponieren zeitgenössischer Musik als auch die gleichzeitige perfekte Beherrschung eines Instruments können heute als hochspezialisierte Tätigkeiten gelten, die jeweils volle und ausschließliche Konzentration erfordern. Wer in beiden Bereichen kreativ ist, gerät denn auch leicht in den Verdacht, das Komponieren einzig zur Darstellung der eigenen Virtuosität zu mißbrauchen. Daß heutzutage solche Doppelbegabungen jedoch nichts mehr mit dem Phänomen des komponierenden Virtuosen im 19. Jahrhundert gemein haben und sogar in vielfältiger und sehr vermittelter Form zur Erweiterung des musikalischen Ausdrucksbereichs beitragen können, beweist das Œuvre des als Oboisten, Pädagogen und Dirigenten tätigen Komponisten H.

Die von H. kompositorisch immer wieder thematisierten Grenzbereiche menschlicher Erfahrung lassen sich zwar durchaus von der Wahl seiner häufig als kompositorisches Motiv oder als Textvorlage herangezogenen literarischen Werke her verstehen und auf seine Vorliebe für die biographischen oder literarischen Extreme einer Nelly

Sachs, eines Paul Celan, Georg Trakl, Samuel Beckett, Friedrich Hölderlin oder Robert Walser zurückführen. Doch zugleich ist seine musikalische Aussage immer auch beeinflußt von dem Wissen um die menschlichen, physischen Grenzen, die H. nicht nur als Sohn eines Mediziners kennt, sondern die er auch als Oboist in spiel- und atemtechnischer Hinsicht ausgelotet hat: »Mein Vater war Arzt, und auch ich interessiere mich ganz stark für biologische, physische Gegebenheiten. Auch als Bläser bin ich eigentlich immer damit konfrontiert. Der Atem ist mein Lebenselement. Ich spreche mit Atem; ich blase mit Atem; ich strukturiere Phrasen mit meinem Atem« (Wilson, 21). So erweist sich für H.s Schaffen der Begriff der Grenze – Metapher beispielsweise für extreme Erfahrungsbereiche wie Wahnsinn oder Tod und Symbol »eines unausgesetzten Suchens und Forschens an den Rändern von Klang, Sprache und Expression« (Häusler, 72) – als entscheidende Instanz: »Meine ganze Beziehung zur Musik ist so, daß ich immer probiere, an die Grenzen zu kommen« (Wilson, 20).

Schon die kompositorischen Anfänge in den sechziger Jahren bezogen sich von der Wahl der Texte her auf poetisch-literarische Grenzerfahrungen: Lagen den *Drei Liebesliedern* für großes Orchester (1960) Gedichte von Trakl zugrunde, so griff die »Kleine Kantate« *Erde und Himmel* (1961) auf Gedichte des Schweizers Alexander Xaver Gwerder zurück, die dieser kurz vor seinem Freitod verfaßte. Zwar orientierte sich H., der neben dem Studium der Oboe seit 1956 bei Sándor Veress Komposition studierte und in den frühen sechziger Jahren Kurse von Boulez besuchte, noch in der ersten Hälfte der sechziger Jahre vornehmlich an der lyrischen und kammermusikalisch-transparenten Musiksprache Weberns. Doch unter dem Einfluß des älteren Freundes Kl. Huber und der Beschäftigung mit Aleatorik modifizierte er seine kompositorische Technik und vermochte zunehmend, seinen expressiven Ausdruckswillen adäquat umzusetzen. Die Neu- oder Weiterentwicklung spieltechnischer Möglichkeiten auf der Oboe – Mehrstimmigkeit, Obertöne, Doppeltriller, Glissandi, Mehrklangtechnik oder die Erweiterung des Umfangs und der Klangfarbenpalette –, die in kompositorischer Konsequenz auch zur Berücksichtigung des Klangs und Geräuschs führte, machte in der zweiten Hälfte der sechziger Jahre eine Abkehr von den Zwängen dodekaphoner und serieller Kompositionstechnik nötig. Mit *Siebengesang* für Oboe, Orchester, Singstimmen und Lautsprecher (1966–67) und »h« für Bläserquintett (1968) kündigte sich eine musikalische Sprache an, die (auch unter Einbeziehung der live-elektronischen Klangveränderung) in den Randbereichen des musikalischen Tonmaterials selbst sich bewegte. In den Werken *Pneuma* für Bläser, Schlagzeug, Orgel und Radios (1970), *Cardiophonie* für Oboe und drei Magnetophone, *Psalm* für gemischten Chor a cappella (1971) und *Kreis* für vier bis sieben Spielern und Tonband ad libitum (1971–72) war dann hinsichtlich des traditionellen Klangbildes eine Grenze erreicht: Der reine Ton als Bestandteil des musikalischen Gefüges verschwand fast völlig, während demgegenüber sonst in der Musik bis dahin eher ungebräuchliche Ton- und Klangerzeugungsweisen, die zudem sehr stark mit außermusikalischen, programmatischen Assoziationen verknüpft sind, in den Vordergrund traten: »Ich habe sowohl in *Pneuma* wie in *Psalm* einfach versucht, zu schreiben, was möglich ist, wenn man konfrontiert wird mit dem Tod von jemandem, den man gut kennt ... *Pneuma* ist fast eine Totenmesse, ein rituelles Stück, direkter körperlicher Ausdruck von Klage, die jedenfalls im physischen Sinn spürbar wird, wo aber auch fast medizinische Aspekte hereinspielen: durch Klänge, die eine sehr starke Semantik in sich haben – so wie Schluchzen, Erstickungslaute oder Schreie –, Klänge, die dort als absolutes musikalisches Material behandelt werden, aber trotzdem eine Semantik freigeben, die eben zu ihnen gehört. *Pneuma* ist ganz sicher ein Stück über den Körper« (ebd., 21).

Erst das Erreichen dieser Grenze – H. spricht von »Endpunkt« –, wo der musikalische Formverlauf wie in *Cardiophonie* zum Abbild physischer und psychischer Vorgänge und Veränderungen wurde, machte eine Rückkehr zur Arbeit mit Tonhöhen möglich. Die radikale Ausdrucksgeste extremer menschlicher Erfahrung schlug nach 1973–74 um in eine verinnerlichte Auffassung von Expressivität, ohne jedoch den Charakter einer subjektiven Entäußerung aufzugeben. Die Werke *Streichquartett* (1973) und *Atembogen* für Orchester (1974–75) erkundeten nun gleichsam das andere Extrem, die Langsamkeit und Stille, und formulierten eine konzentrierte Innerlichkeit, »auch wenn es eine nur unter Mühen hervorgebrachte langsame Geste ist, eine zeitlupenförmige Geste, in der alle biologischen Aspekte bei der Hervorbringung des Tones mitkomponiert sind« (ebd., 23).

Mit dem von 1975 bis 1991 komponierten *Scardanelli-Zyklus* (in verschiedenen Besetzungen für Soloflöte, kleinem Orchester, Tonband und gemischtem Chor), einem »Klangtagebuch« nach späten Jahreszeitengedichten Hölderlins, löste sich H. von dem expressiven und extrovertierten Ausdrucksbereich und konzentrierte sich verstärkt auf das Komponieren mit traditionellem Material und überlieferten Formen. »Die *Scardanelli-Musik ...* ist überwiegend eine Musik, bei der die Geste abwesend ist ... Ich probiere, die Musik auf ein paar Grundelemente engzuführen, sie zusammenzupressen auf ganz wenig Material ... Vorher war meine Musik direkter Ausdruck, jetzt ist alles so abgehoben, daß auch das Subjekt zurücktritt, wie auch Hölderlin aus diesen Gedichten zurücktritt« (ebd., 23 f.). Das Aufgreifen der unterschiedlichsten kompositorischen Techniken und Formgestaltungen, die sich zu einem automatischen Ablaufen eines einmal gewählten Strukturprinzips verselbständigen konnten, verstärkte sich in den achtziger Jahren. Schon die Wahl der Titel (wie beispielsweise *Vier Lieder ohne Worte*, 1982–83, oder *Praeludium, Arioso und Passacaglia* für Harfe solo, 1987) und das explizite Anknüpfen an Werke von Komponisten des 19. Jahrhunderts (*Zwei Liszt-Transkriptionen* für großes Orchester, 1986, oder *Gesänge der Frühe* nach Schumann und Hölderlin für Chor, Orchester und Tonband, 1987) ließen eine nachhaltige Beschäftigung mit der musikalischen Sprache früherer Jahrhunderte erkennen. Gleichwohl blieb die Faszination der Grenze bei H. bestehen. Nicht nur die Vertonung des Textes *What Where* von Beckett als Kammeroper (Frankfurt a. M. 1989), die sich an die Beschäftigung mit dessen Text »Come and Go« (als Kammeroper, Hamburg 1978, und als Kammermusik in der Version für drei Flöten, 1976–77) anschloß, deutete darauf hin. Gerade der explizite Rückgriff auf Schumanns letzte, vor der Einlieferung in die Endenicher Heilanstalt vollendete Klaviermusik, die mit einem späten Gedicht Hölderlins und hörspielartig einmontierten dokumentarischen Texten zur Parallele zwischen beiden Künstlern kombiniert wird, macht deutlich, daß H. in der Beschäftigung mit menschlichen Extremsituationen sich auch über seine kompositorische Entwicklung hinweg treu bleibt. So erweist sich die Auseinandersetzung mit dem Werk Robert Walsers nach 1990 als Konsequenz: Denn die Einbeziehung auch von Texten Walsers – etwa in dem Liederzyklus *Beiseit* (1990–91) oder in der Oper *Schneewittchen* (nach Walser; Zürich 1998) – ist immer zugleich eine Bezugnahme auf die biographische Gestalt des Schriftstellers in der Konstellation der Verweigerung, um Kreativität und schöpferische Freiheit vor dem Zugriff der gesellschaftlichen Anpassung und Zurichtung zu retten.

Noten: Schott (Mainz).
Dokumente: H. H. Entretiens, Textes, Ecrits sur son Œuvre, hrsg. von Ph. Albèra, Genf 1996.
Werkverzeichnis: H. H. Verz. der veröffentlichten Werke, Mainz o. J. [1990].
Literatur: Häusler, J.: H. H. Versuch eines Portraits *in* SMZ 107 (1967), 64–73. Wilson, P. N.: Ein sensibler Extremist *in* NZfM 150, 5 (1989), 19–25. H. H. Komponist, Oboist, Dirigent, hrsg. von A. Landau, Zürich 1996. H. H. »Schneewittchen« (1997/98), hrsg. von M. Kunkel, Saarbrücken 1999.

Markus Bandur

Hölszky, Adriana

Geb. 30. 6. 1953 in Bukarest

Mit *Monolog* für eine Sängerin mit Pauke (1977) eröffnet A. H. ihr offizielles Werkverzeichnis. Damit nimmt sie nicht nur eine bewußte Abgrenzung zu ihrem Jugendwerk vor, sondern markiert zugleich einen persönlichen wie kompositorischen Wendepunkt. Als Rumäniendeutsche hatte sie 1976 Bukarest verlassen und war in die BRD ausgewandert. Die neue Situation bezeichnet H. rückblickend als ›Kulturschock‹: »Es waren andere ästhetische Kriterien, es war eine andere Welt, die mehr auf modalen Systemen basierte, auf anderen klanglichen Idealen. Hier bin ich mit einer Vielfalt von Richtungen konfrontiert worden ... Es war für mich ein Moment, an dem ich angefangen habe neu zu denken« (Unseld, Gespräch). In *Monolog* reflektiert H. diese Eindrücke und konfrontiert sie mit prägenden Erfahrungen aus Rumänien. Zu letzteren gehört die kulturelle Vielfalt, die H. in Bukarest erlebte, und vor allem auch deren selbstverständliches Nebeneinander, das H. als »flexiblen Wechsel des Blickwinkels« (ebd.) bezeichnet: Kein Element wird als endgültig, sondern stets relativ betrachtet. Diese Haltung, die ein Entweder-Oder genauso ausschließt wie das Festhalten an Dichotomien, läßt eine Fülle von Zwischenpositionen zu, ein Phänomen, das H.s Kompositionen bis heute prägt. Dies wird etwa in ihrem Bestreben deutlich, Klangbereiche in kleinsten Schritten auszudifferenzieren; in diesem Prozeß der Differenzierungen schärft sich, so H., die Wahrnehmung. Auch in H.s Auseinandersetzung mit außermusikalischen Denk- und Formprinzipien (u. a. naturwissenschaftliche, graphische) sowie in ihrer Arbeit mit kompositorischem Material ist jene Grundhaltung zu erkennen: »Alles kann Material sein, es kommt darauf an, in welcher Beziehung ich zu dem Material stehe« (ebd.). So bezieht H. konsequenterweise neben herkömmlichen Klängen und Geräuschhaftem auch präformierte Materialien mit ein. In *Hängebrücken. Streichquartett an Schubert* (1989–90) etwa arbeitet sie mit Gesten und Partikeln Schubertscher Musik, die in Strukturfeldern gleichsam kondensiert werden. Diese Verdichtung potenziert sich nochmals, wenn die beiden Streichquartette, wie von der Komponistin als Aufführungsmöglichkeit gedacht, synchron gespielt werden.

Durch ihre Ausbildung an der Musikhochschule in Bukarest kam H. mit rumänischer Folklore in Berührung, Feldforschung gehörte zum Ausbildungsprogramm. Dabei lernte H. ursprüngliche Gesangstechniken kennen, die nicht nur reinen Wohlklang zu ihren Ausdrucksmitteln zählen, sondern auch eine reiche Palette an Geräuschhaftem: »manchmal ein sehr häßlicher Gesang, ... wie Tiere, wie Urgeräusche« (*Klangportraits*, 12). Von der Reichhaltigkeit und der Intensität des Ausdrucks zeigte sich H. fasziniert, die vielfältigen Schattierungen der Singstimme sind bis heute ein Kennzeichen ihrer Arbeit und stellen auch eine der wesentlichen zukünftigen Herausforderungen für sie dar: »Die Stimme wurde generell in der Neuen Musik noch nicht so differenziert behandelt wie die akustischen Instrumente oder die Elektronik ... In der Stimme stecken noch viele Möglichkeiten und Facetten, die noch nicht erprobt wurden« (Unseld, Gespräch).

Neben der Entfaltung des vokalen Klangspektrums arbeitet H. auch mit instrumentalen Klangerweiterungen. Einerseits verlangt sie dem klassischen Instrumentarium eine Vielzahl ungewöhnlicher Spieltechniken ab (ihren Partituren geht zumeist ein umfangreicher Katalog an Spielanweisungen und Notationserläuterungen voraus), andererseits ergänzt sie das traditionelle Instrumentarium durch Zusatzinstrumente und Klangerzeuger unterschiedlichster Provenienz. In ihrem Musiktheaterwerk *Bremer Freiheit* kommen beispielsweise 107 Zusatzinstrumente zum Einsatz.

Ein theatraler Gestus ist zahlreichen ihrer Kompositionen eigen, wobei der Begriff des Theatralen weit zu fassen ist: Einerseits vermeidet H. den Begriff Oper – als Reflex auf ein Unbehagen an der Gattungstradition: Die *Bremer Freiheit* etwa, ein Werk, das 1988 auf der I. Münchener Biennale mit großem Erfolg uraufgeführt wurde und ihr Renommee als Komponistin begründete, nennt sie »Singwerk auf ein Frauenleben« (Thomas Körner nach Rainer Werner Fassbinder). *Tragödia/Der unsichtbare Raum* (Bonn 1997) hingegen ist eine »imaginäre Oper«: ein Ensemblestück für 18 Instrumentalisten, Tonband und Live-Elektronik, das auf Sänger ebenso verzichtet wie auf die Präsentation des Librettos. Dieses existiert zwar, wurde aber von H. lediglich als Reflexionshintergrund genutzt. Andererseits sind auch viele der nicht explizit für das Musiktheater konzipierten Werken H.s als »imaginäre Klanghandlungen« (Borchard, 629) zu begreifen. H. plant beispielsweise das Agieren der Interpreten in das künstlerische Gesamtkonzept mit ein, die Grenzen zwischen Sängern, Instrumentalisten und Schauspielern werden aufgebrochen. Hinzu tritt die Idee der »Klangwanderungen«: Durch differenzierte Plazierung der Ausführenden (oder Lautsprecher) im Raum ermöglicht H. die Migration von Klängen. Seit 1980 arbeitet sie dezidiert mit dieser »Raumkomponente«, erstmals erprobt in den »mehrperspektivischen Verschachtelungen von beweglichen Klangfeldern« (*Einige Aspekte*, 81) von *Space* für vier Orchestergruppen und weiterentwickelt u. a. in *Wirbelwind* für vier Schlagzeuger (1989–90) und *Karawane* für zwölf Schlagzeuger (1989–90).

Textarbeit versteht H. als Teil ihrer kompositorischen Tätigkeit: Der Text wird dabei nicht selten seines semantischen Inhalts weitgehend entkleidet und als phonetisches Material benutzt: »Arbeiten mit dem Text heißt ... nicht Vertonung, sondern Musik schreiben, indem man den Text ›vergißt‹ und ihn neu komponiert. Er ist aufgelöst und dient als Baustein eines neuen Organismus« (*Elastisch verfremden*, 56).

Noten: bis 1988 Astoria-Verlag (Düsseldorf); seit 1989 Breitkopf & Härtel (Wiesbaden).

Dokumente: Bremer Freiheit – Zum Werk *in* Almanach zur 1. Münchener Biennale Neues Musik-Theater, hrsg. von H. W. HENZE, Mn. 1988, 93–93. Elastisch verfremden und kultivieren. Einige kompositorische Aspekte im Umgang mit der Stimme *in* MusikTexte 65 (1996), 53–59. Einige Aspekte meiner kompositorischen Arbeit *in* A. H., hrsg. von E.-M. HOUBEN, Saarbrücken 2000, 81–97.

Werkverzeichnis: Werkverzeichnis A. H. (Stand: Nov. 2000) *in* A. H., hrsg. von E.-M. HOUBEN, Saarbrücken 2000, 98–100.
Literatur: STEGEN, G.: Komponistenportrait A. H. *in* Neuland 4 (1983/84), 54–67. A. H., Klangportraits Bd. 1, hrsg. von B. BORCHARD, Bln. 1991. Themenschwerpunkt A. H. in MusikTexte 65 (1996). BORCHARD, B.: A. H. *in* Oper im 20. Jahrhundert, hrsg. von U. BERMBACH, Stg. und Weimar 2000, 621–639. A. H., hrsg. von E.-M. HOUBEN, Saarbrücken 2000 [mit WV]. UNSELD, M.: [Unveröffentlichtes] Gespräch mit A. H., Bln., 22. Juni 2003.

Melanie Unseld

Honegger, (Oscar) Arthur

Geb. 10. 3. 1892 in Le Havre;
gest. 27. 11. 1955 in Paris

Um den bedeutenden Symphoniker und führenden Oratorienkomponisten H., eine der herausragenden und erfolgreichen französischen Musikerpersönlichkeiten in der ersten Hälfte des 20. Jahrhunderts, ist es in den letzten Jahren und Jahrzehnten vernehmlich still geworden. Dazu mag seine unversöhnliche, bittere Haltung gegenüber den Mechanismen und Konventionen des zeitgenössischen Konzertbetriebes, dargelegt in zahlreichen zornigen Essays und pessimistischen Selbstporträts aus der Nachkriegszeit, ebenso beigetragen haben wie der Umstand, daß sich das vielgestaltige, so umfangreiche wie widersprüchliche Gesamtwerk des Individualisten und Einzelgängers nur schwer auf einen ästhetischen Nenner bringen läßt und sich konsequent allen gängigen Zuordnungen und Rubrizierungen zu verweigern scheint.

Der in der Normandie geborene und aufgewachsene Sprößling einer Zürcher Kaufmannsfamilie erhielt seine musikalische Ausbildung in Le Havre, Paris und in der Schweiz und sah sich zeitlebens einem Konflikt germanisch-protestantischer und lateinisch-sinnlicher Musiktraditionen ausgesetzt, deren kreative Verästelungen in seinem künftigen Œuvre fruchtbar weiterwirken sollten. Renaissance- und Barockelemente sind darin unterschwellig spürbar und kollidieren nicht selten mit der offenkundigen Begeisterung für Futurismus und Maschinenmusik, mit Pariser Raffinesse und eidgenössischer Bodenständigkeit. Gregorianik und alemannisches Volksgut, romantisches Pathos und der Zeitgeist der Années Folles gehörten zu den disparaten Ingredienzien seines Personalstils. H., der sich anfangs als leidenschaftlicher Beethovenianer und Bibelkenner apostrophierte und als Jüngling Wagner, Pfitzner und Strauss glühende Verehrung entgegenbrachte, verstand sich im gleichen Atemzug als Bewunderer von Ravel und Debussy und schrieb dennoch, durchaus im Einklang mit den Postulaten des von ihm mitbegründeten »Groupe des Six«, aphoristische, lakonische Kammermusikminiaturen, in denen er den Klangnebeln des Impressionismus gehörig abschwor. Als ehrgeiziger, ambitionierter Schüler von André Gédalge hatte er sich zuvor am Pariser Conservatoire rigiden Exerzitien im Studium von Fuge und Kontrapunkt unterworfen, die ihm die solide Beherrschung komplexer, sorgfältig gearbeiteter Tonsatzstrukturen eintrugen. Dort machte er auch die Bekanntschaft von Weggefährten und Kollegen wie Milhaud, Germaine Tailleferre, Jacques Ibert und Georges Auric und lernte seine spätere Frau, die talentierte Pianistin Andrée Vaurabourg kennen, selbstlose Förderin seiner Karriere und Interpretin zahlreicher Erstaufführungen seiner Werke.

In den frühen zwanziger Jahren zeichnete sich für H. bereits ein Balanceakt zwischen seiner Zugehörigkeit zur Avantgarde, Experimentierlust mit neuen Gattungen und Medien (Hörfunkmusiken, »évocations radiophoniques« und Dutzende von Filmpartituren) und einem ausgeprägten Hang zu unmittelbarer Publikumsnähe und Durchschlagskraft seiner populären Gebrauchsmusiken auch unter Amateuren ab. So trat er als elitärer Bilderstürmer mit dem Maskenspiel *Le Dit des jeux du monde* (1918) im Pariser Théâtre du Vieux-Colombier vor ein anspruchsvolles Großstadtpublikum und eröffnete sich mit Marionettenballetten, Pantomimen und inspirierter, kleinformatiger Kammer- und Vokalmusik den Zugang zu den aufmüpfigen Six. Wenngleich er nicht gerade zu den Wortführern des von Jean Cocteau ins Leben gerufenen, frechen Freundschaftsbündnisses zählte und sich bei deren Selbstinszenierung durch Pamphlete (wie *Le Coq*), selbstironische Verlautbarungen und Skandale eher im Hintergrund hielt, beteiligte er sich jedoch am prä-surrealistischen Kollektivballett der Sechser-Gruppierung, *Les Mariés de la Tour Eiffel* (»Das Hochzeitspaar vom Eiffelturm«; 1921), zu dem er einen makabren Trauermarsch beisteuerte, und lieferte eine beeindruckende Anzahl innovativer Instrumentalkompositionen – wie z. B. das raffinierte, mit Jazzeinsprengseln kokettierende *Concertino* für Klavier und Kammerorchester (1924). Es atmet wie kaum ein anderes Six-Werk den Geist der Aufbruchsjahre und entfaltet erstaunlich intensiven musikalischen Gehalt auf engstem Raum. Mit dem Six-Vordenker Cocteau legte er zwischen 1922 und 1927 (in verschiedenen dramatischen Bearbeitungen) außerdem eine konzentrierte, spröde und aufs Äußerste reduzierte *Antigone*-Interpretation vor, die den Vergleich mit Stravinskys »Oedipus Rex« nicht zu scheuen braucht. Die aberwitzig kurzen, partiell die Grenzen zum Bruitismus streifenden Symphonischen Dichtungen des Sport- und Eisenbahnfanatikers H. (*Rugby* von 1928 oder das als Choralphantasie angelegte Porträt der Lokomotive *Pacific 2.3.1* von 1923) wurden zunächst als reine Programmusiken (d. h. Bebilderungen bzw. Verherrlichungen) mißverstanden, woraufhin er auf eindeutig-zugespitzte Betitelungen verzichtete und sich der abendfüllenden, gedankenschweren Symphonie zuwandte. Zwischen 1930 und 1951 verfaßte H. schließlich fünf gewichtige Beiträge für dieses in Frankreich zusehends ungeliebte Genre, zuletzt tiefgründige metaphysische Auseinandersetzungen mit dem von ihm als Katastrophe erlebten Zusammenbruch der westlichen Zivilisation in den Weltkriegsjahren.

H.s endgültiger Durchbruch verdankt sich zwei Produktionsschüben. In Zusammenarbeit mit dem Dichter René Morax, unterstützt von den Mäzenen Paul Sacher und Werner Reinhart und unter Mitwirkung ungeschulter Provinzchöre schuf er im Schweizer Freilicht-Théâtre du Jorat am Genfer See ein zeitgemäßes, an Bach, Händel und Mendelssohn anknüpfendes Oratorienkonzept. Dessen attraktive Kennzeichen sind ungetrübte Bejahung der Diatonik, kurze, einprägsame Turba-Chöre, Interjektionen und Phrasenbildung sowie rhythmisch knappe, homophone Chorblöcke, von lyrischen Solopartien kontrastiert. Diese publikumswirksame, die Massen mitreißende Aufbereitung biblischer wie antiker Stoffe nahm mit *Le Roi David* (»König David«; Mézières 1921), der im Triumphzug die Welt eroberte, ihren Anfang, setzte sich mit dem Morax-Oratorium *Judith* (das auch in Alternativversionen als Oper und als »action musicale« vorliegt; ebd. 1924/25) und der volkstümlichen Operette *La Belle de Moudon* (»Die Schöne von Moudon«; ebd. 1931) fort und mündete 1938 (in Basel) in die neokatholische, ungleich vielschichtigere Paul-Claudel-Bearbeitung von *Jeanne d'Arc au bûcher* (»Die heilige Johanna auf dem Scheiterhaufen«). Parallel dazu, aber auf entgegensetztem Terrain, glückte H., eigentlich wie kein zweiter mit der leichten Muse hadernd, ausgerechnet mit seiner frivolen Pierre-Louÿs-Operette *Les Aventures de Roi Pausole* (»Die Abenteuer des Königs Pausole«; Paris 1930) an großstädtischem Schauplatz ein Sensationserfolg (über 500 Vorstellungen).

Auf dem Höhepunkt seiner Laufbahn waren selbst H., der sich mit Vorliebe in weltmännischen Posen – als nonchalanter Pfeifenraucher oder am Steuer eines Sportwagens – fotografieren ließ, auch zeittypische Selbststilisierung und modische Trends nicht fremd. Seine Klaviermusik und die Mehrzahl seiner Lieder sind allmählich der Vergessenheit anheimgefallen. Doch seine ästhetische Vielseitigkeit und Anpassungsfähigkeit überraschen noch in der Rückschau: Humoristische Chansons in Schweizer Mundart stehen neben drei Streichquartetten, sein nach einer Vorlage von Ricciotto Canudo 1921–22 für die legendären Ballets Suédois entworfenes Rollschuhballett *Skating Rink* neben dem düster-depressiven Oratorium *Cris du monde* (1930–31). Gemeinsam mit Jacques Ibert erprobte er zwischenzeitlich sogar die Kollektivoper. Als künstlerischer Partner von Ida Rubinstein (*Sémiramis*; 1933/34), Serge Lifar (*La Cantique des Cantiques*; 1936–37), William Aguet (Rundfunk-»Spiel« *Christophe Colomb*; 1940) oder Paul Valéry (Melodram *Amphion*; 1929–31) schrieb er Tanz-, Theater- und Literaturgeschichte. Die weltweite Beliebtheit seiner Oratorien hält seither unvermindert an. Nur H.s lautstark geäußerte Befürchtung, die Entwicklung der modernen Musik entferne sich in beängstigendem Maße vom großen Publikum, seinem stets bevorzugten Adressaten, hat sich bisher nicht entkräftigen lassen.

Noten: Salabert (Paris).
Dokumente: Incantations aux fossiles, Lausanne 1948; dt. Beschwörungen, Bern 1955. Je suis compositeur, Paris 1951; dt. Ich bin Komponist, Zürich 1951. Nachklang, Zürich 1957. Beruf und Handwerk des Komponisten. Illusionslose Gespräche, Kritiken, Aufsätze, Lpz. 1980. Écrits, Paris 1992. A. H. – le centenaire. Dokumente, Fotos, Materialien [Ausstellungskatalog], Le Havre 1992. HALBREICH, H.: A. H., Genf 1995 [Album mit Photos und Dokumenten]. COLLAER, P.: Correspondance avec des amis musiciens, Lüttich 1996.
Werkverzeichnis: SPRATT, G. K.: Catalogue des œuvres d'A. H., Genf 1986. Catalogue des œuvres d'A. H., hrsg. von ÉDITIONS SALABERT, Paris 1993. HALBREICH, H.: L'Œuvre d'A. H. Chronologie, catalogue raisonné, analyses, discographie. Paris und Genf 1994.

Literatur: ROLAND-MANUEL: A. H., Paris 1925. TAPPOLET, W.: A. H., dt. Zürich 1933 und ²1954, frz. Paris 1938. BRUYR, J.: A. H. et son œuvre, Paris 1947. DELANNOY, M.: H., Paris 1953; erw. Paris und Genf 1986. LANDOWSKI, M.: A. H., Paris 1957. FESCHOTTE, J.: A. H., Paris 1966. MEYLAN, P.: René Morax et A. H. au Théâtre du Jorat, Lausanne 1966. DERS.: A. H. Humanitäre Botschaft der Musik, Frauenfeld 1970. MAILLARD, J. und NAHOUM, J.: Les Symphonies d'A. H., Paris 1974. VON FISCHER, K.: A. H., Zürich 1978. MEYLAN, P.: H. Son œuvre est son message, Lausanne 1982. VOSS, H.-D.: A. H. Le Roi David, Mn. und Salzburg 1983. SPRATT, G. K.: The Music of A. H., Cork und Dublin 1987. CALMEL, H.: Les Idées esthétiques d'A. H. Des écrits aux réalisations scéniques, Lille 1988. EHRLER, H.: Untersuchungen zur Klaviermusik von Francis Poulenc, A. H. und Darius Milhaud, Tutzing 1990. HALBREICH, H.: A. H. Un musicien dans la cité des hommes, Paris 1992. LÉCROART, P. und CALMEL, H.: Jeanne d'Arc au bûcher de Paul Claudel et A. H., Paris 1993. H. et Milhaud. Musique et esthétique, Kongreßbericht Paris-Sorbonne 1992, hrsg. von M. KELKEL, Paris 1994. STIRZAKER, TH. D.: A Comparative Study of Selected Works by A. H., Darius Milhaud and Francis Poulenc, Ann Arbor 1994. ROSTECK, J.: Das Haupt des Holofernes. A. H. zwischen Claire Croiza und Andrée Vaurabourg *in* Im Dreieck, Ffm. 1999, 200–231.

Jens Rosteck

Hosokawa, Toshio

Geb. am 23. 10. 1955 in Hiroshima

Der Grundgedanke der klassischen europäischen Ästhetik war die Opposition von Natur und Kunst, im Falle der Musik also von Klang und Ton, rohem Geräusch und kunstfähigem d. h. künstlichem Material. Dabei gewann der einzelne reine Ton, verstanden als exakt definierte, distinkte Tonhöhe, erst durch die Relation zu anderen Tönen, also durch die Einordnung in den funktionalen Zusammenhang der Skala bzw. als Intervall, einen musikalischen Sinn. Die Auflösung dieses Verständnisses im Zuge der Avantgarde des 20. Jahrhunderts eröffnete auch die Möglichkeit zu Berührungspunkten mit Musikkulturen, die von grundsätzlich anderen Voraussetzungen ausgehen.

Aus der Tiefe der Erde. Musik und Natur heißt der Essay, in dem der Japaner T. H. die Grundlagen seines Musikdenkens darlegt. Geistiger und biographischer Ausgangspunkt ist für ihn der Klang der Natur, sein Verständnis des musikalischen Klanges orientiert sich am Begriff »sawari«. Mit »sawari« bezeichnet die traditionelle japanische Musikästhetik die unreine Qualität eines Tones, dem so viele Spielgeräusche beigemengt sind, daß er ein in sich komplexes Schallereignis ist, und sich daher nicht als etwas Künstliches vom Klang der Natur absetzt, sondern nahezu völlig in der umgebenden akustische Lebenswelt aufgeht. Das Wort »sawari« stammt vom Verb »sawaru«, (berühren, anfassen), und meint in der Deutung des Komponisten die Fähigkeit der Musik, im Anregen und Zum-Erklingen-bringen der Dinge deren Wesen und die ursprüngliche Kraft der Natur ›berühren‹ zu können.

Der durch alle Werke H.s gleichbleibende musikalische Ausgangspunkt ist somit der in sich komplexe einzelne Ton – H. nennt ihn oft eine »Landschaft« - sowie die Frage, wie dem Klang Tiefe, d. h. innere Differenziertheit, zu verleihen ist. Grundprinzip von H.s Klanggestaltung ist die Schichtung. Die tiefste Schicht ist die, von der sich alles Klingende abhebt, die Stille. H.s Klänge beginnen stets in der Stille und kehren in sie zurück; An- und Abschwellen, Ein- und Ausatmen sind in allen Beschreibungen die vorherrschenden Metaphern. Die Stille, als Abstand zwischen den einzelnen Klängen – in der japanischen Ästhetik als »ma« (Abstand, Pause) bezeichnet –, wird dabei zu einer zentralen Kategorie der Musik. Nach dem Vorbild der traditionellen japanischen Hofmusik Gagaku, in der die Mundorgel Shō eine Fläche lang gehaltener Akkorde (»Aitake«) bildet, gibt es darüber hinaus bei H. stets einen Klanghintergrund, von dem sich schließlich eine dritte Schicht, die dem Pinselstrich der Kalligraphie vergleichbare melodische Linie, abheben kann. Alles Klingende ist hierbei im steten Wandel und Übergang begriffen zwischen Stille, Hinter- und Vordergrund.

In der Sicht des Komponisten verleiht diese Anlage seiner Musik nicht einer subjektiven Befindlichkeit Ausdruck, sondern spiegelt die objektive Verfassung der Natur; sie ist ihm ein »Modell des Universums« (H. 1995, S. 53). Aus der Verbindlichkeit dieses Grundmodells erklären sich sowohl viele der Titel – z. B. *Utsurohi* (»Sich-Wandeln«, Übergang; 1986) – als auch die augenfälligste Besonderheit von H.s Werkkatalog: Eine Vielzahl zu Werkgruppen verbundener Stücke mit gleichem Titel und fortlaufender Numerierung, bei denen er dieselbe musikalische Idee mit von Stück zu Stück wechselnden Besetzungen realisiert, z. B. *Sen* I–VII (»Linie«; 1984–95), *Renka* I–III (1986–90), *Fragments* I–III (1988–89), *Lands-*

capes I–VI (1992–94), *Ferne Landschaft* I–III (1987–96). Eng verbunden mit der Anlage solcher Folgen von Stücken ist auch ein weiterer Grundbegriff des Komponisten, der Gedanke der Reise (vgl. *Voyage* I–III, 1997) als eines immer tieferen Hineinforschens in einen einzigen inneren Zusammenhang. Der besonderen Qualität des »ma«, also der komplementären Einheit von Klang und Stille, hat der Komponist den Zyklus *Vertical Time Study* I–III (1992–94) gewidmet, bei dem abrupte Pausen wie vertikale Schnitte die Musik unterbrechen, bzw. die Klänge isoliert stehen, »als würde jeder einzelne Laut die Zeit zerteilen« (H. 1996, 105).

Der Japaner T. H., der 1976–82 bei Yun in Berlin und 1983–86 bei Kl. Huber in Freiburg Komposition studiert hat, und der für traditionelle japanische Instrumente ebenso schreibt wie für europäisches Instrumentarium, versteht sich also von dem Anspruch her, die geistige Substanz seiner Heimat mit den technischen Mitteln der Gegenwart in neuer, erweiterter und zeitgemäßer Weise zu formulieren.

Noten: Schott.
Dokumente: The Pattern and the Fabric. In Search of a Music, Profound and Meaningful *in* Ästhetik und Komposition. Zur Aktualität der Darmstädter Ferienkursarbeit, Mainz 1994, 76–77. Aus der Tiefe der Erde. Musik und Natur *in* MusikTexte 60, 1995, 49–54. Vertical Time Study III *in* Programm Wien modern 1996, 105.
Literatur: NYFFELER, M.: Klangzeichen, der Natur abgehorcht. Zur Musik von T. H. *in* Booklet der CD Auvidis Montaigne MO 782078. KURTZ, M.: T.H. Ein japanischer Komponist zwischen Ost und West *in* die Drei. Zeitschrift für Anthroposophie, März 2003, 37–50.

Ilja Stephan

Huber, Klaus

Geb. 30. 11. 1924 in Bern

Während der 1950er und 1960er Jahre glaubte man, den Standort dieses Komponisten relativ leicht bestimmen zu können. Als Sohn eines Heinrich Schütz-Forschers, als Schüler und Patensohn Willy Burkhards, als Verfertiger von religiös geprägten Werken mit deutlicher Affinität zum barocken Mystizismus schien er, wenn schon nicht mit dem landläufigen Kirchenmusikertypus deckungsgleich, so doch im Einzugsbereich der Musica sacra unlösbar verwurzelt. In den folgenden zwei Jahrzehnten wandelte sich H. musikalische Sprache aber grundlegend, zentrierte sich sein Komponieren – religiöse Inhalte radikalisierend – zunehmend um die Absicht, durch Beispiele musikalischer Gestaltung gesellschaftliches Bewußtsein zu verändern. »Ich versuche, in der Musik, die ich mache, das Bewußtsein meiner Zeitgenossen, meiner Brüder und Schwestern, die – wie wir alle – zu schlafenden Komplizen weltweiter Ausbeutung geworden sind, hier und jetzt zu erreichen, zu wekken. Und dies mit einem nicht geringeren Anspruch als dem, ihr Denken und Fühlen aufzubrechen, zu erschüttern. Und sei es vorläufig, blitzartig, für ein paar wenige Sekunden, die nicht mehr auszulöschen sind« (Huber 1983, 15).

Eine erste Schaffensphase ist vor dem Hintergrund eines musikerfüllten Elternhauses, des Lehrerseminars, erster Lehrerjahre und anregender Violin-, Theorie- und Kompositionsstudien bei Stefy Geyer und Burkhard zu sehen. Burkhard vermittelte handwerkliche Tradition, hielt auf kritische Disziplin, wahrte zu den radikalen Neuerungen um 1950 jedoch Distanz. Erste Arbeiten H.s, etwa ein *Concerto per la Camerata* (1954–55) mit mancherlei barocken Anklängen, zeugen von diesem sensibilisierten Traditionsverständnis, das dann während des Berliner Studienjahres 1955–56 bei Blacher einer fruchtbaren Zerreißprobe ausgesetzt werden sollte.

Ein zweiter Schaffensabschnitt ist von H.s langwieriger Auseinandersetzung mit dem neuen seriellen Materialdenken (Boulez, Stockhausen) geprägt, dessen Rigidität und Kälte H. jedoch ablehnt bzw. auf sehr persönliche Weise mildert. Aus strenger motivischer Arbeit einerseits und starker Bindung an ältere religiös-meditative Texte gewinnt H. eine verinnerlichte, betont kammermusikalisch geprägte Tonsprache, die in einer Zeit tiefer Skepsis gegenüber vokaler Emotionalität überraschen mußte. In dichter Aufführungsfolge traf diese Werkgruppe bei einigen IGNM-Weltmusikfesten auf bemerkenswerte Resonanz (Kammersinfonie *Oratio Mechtildis*, 1956–57; Kammerkantate *Des Engels Anredung an die Seele*, 1957; Kammerkantate *Auf die ruhige Nachtzeit*, 1958; Oratorium *Soliloquia* nach Texten von Augustinus, zwei Teile, 1959–64). Letztlich ist auch H.s Streichquartett *Moteti-Cantiones* (1962–63) insofern vokal geprägt, als seine 13 Einzelabschnitte, ohne Texte erklingen zu lassen, dem inneren Gang einer dreizehnstrophigen Meditation des Mystikers Heinrich von Laufenburg (15. Jahrhundert) folgen. Eine streng Cantus firmus-bezogene und isorhythmisch

(→ Philippe de Vitry) geordnete Satzreihe (Moteti I-VI) steht dabei in spannungsreichem Bezug zur lyrischen, ja dramatisch akzentuierten Haltung einer Reihe von »Gegen-Sätzen« (Cantiones, Interventiones).

Als Schwelle zu einer dritten Werkgruppe unter erweiterten geistigen wie gestalterischen Aspekten könnte die Arbeit am Orchesterwerk *Tenebrae* (1966–67) gewertet werden. »Nicht im Sinne einer (Stifterschen) Beschreibung mit den Mitteln der Musik, wohl aber im allgemeinsten, zeitlosen Sinn eines Symbols wollte ich das Thema ›Sonnenfinsternis‹ wählen: Überwältigung der auf die heutige geistige Gestalt des Menschen zentrierten Vorstellungskraft durch jenes Außermenschliche, unfaßliche, welches durch eine gewaltige Pression bis in den innersten Bereich menschlicher Existenz einzudringen, die Kraft besitzt ... Ich glaube, die Instrumente des großen Orchesters, das ich verwendet habe, stehen in gewissem Sinne unter demselben Druck, welchen ich während der Komposition an Tenebrae auszuhalten hatte«. Kompositionen wie *Tenebrae, Tempora* (Konzert für Violine und Orchester, 1969–70), *...inwendig voller Figur...* (1970–71), *Hiob 19* (1971), *...Ausgespannt* (Geistliche Musik, 1972), *Erinnere dich an G...* für Kontrabaß und 17 Instrumente (1976–77) und *...ohne Grenze und Rand...* für Viola und kleines Orchester (1976–77) verdeutlichen die Anteilnahme des hellwachen Künstlers am geistigen, gesellschaftlichen und politischen Geschehen der Gegenwart. Um auf Extremsituationen aufmerksam zu machen, nutzt H. – darin Nono vergleichbar – ein extrem geweitetes Spektrum von Ausdrucksmitteln: das Überfeinerte, Leise, fast Unhörbare einerseits, das Aggressiv-Heftige, Konfliktreiche, Zerbrechende andrerseits. Dabei bleibt H.s Erfindungsreichtum bei der Suche nach vokal-instrumentalen Darstellungsmitteln erstaunlich genug. Seiner Musik bewahrt er den Charakter des Sprechenden auch dort, wo Randgebiete des Erklingens aufgesucht werden. In diese Phase fallen auch zwei Versuche szenischer Komposition: die »Dialektische Oper« nach Philip Oxman *JOT, oder Wann kommt der Herr zurück* (Berlin 1973) und die »Fünf schematischen Opernakte« *Im Paradies oder Der Alte vom Berge* nach Alfred Jarry (1973–75). Beide Projekte stellen weniger geschlossene Bühnenhandlungen dar als offene, in mehreren Gattungen verankerte Versuchsanordnungen, für die definitive Fassungen, falls überhaupt angestrebt, wohl noch ausstehen.

Im Jahr 1973 übernahm H., der bisher an den Konservatorien und Akademien in Zürich, Luzern und Basel unterrichtet hatte, in Freiburg Fortners Kompositionsklasse (bis 1990). Von H.s pädagogischem Geschick zeugen zahlreiche Schüler, deren individuelle Entfaltung auf behutsame Weise gefördert wurde (Ferneyhough, Pagh-Paan, Rihm). In die Freiburger Jahre fällt auch das Ansetzen und Ausholen zu jener großangelegten Arbeit, die vielleicht den Beginn einer vierten Werkgruppe bezeichnet. Gemeint ist das Oratorium *Erniedrigt – Geknechtet – Verlassen – Verachtet* (1982), dessen sieben Sätze teilweise auf vorbereitende Erstfassungen zurückgehen. Die vier Titelwörter, die sich im Wortlaut des Kommunistischen Manifestes finden, bedeuten bereits eine Art Handlung und Programm. Die tägliche, in allen drei Welten sich zutragende Passion als Folge von Ausbeutung und Unterdrückung ist Gegenstand der Exposition (Teile I-IV), die übers Herzstück des Werkes, die Kammermusik *Senfkorn* (Teil V), einmündet in die Vision einer von Toleranz und Friedfertigkeit bestimmten Welt (Teil VI: *Tagesanbruch*, Teil VII: *Das Volk stirbt nie*). Nachfolgende Werkprojekte zeigen eine vergleichbare gedankliche wie gestalterische Entschiedenheit, auch wenn H. die Thematik durch Eingrenzung zuspitzt und gleichzeitig die Verfeinerung seiner Mittel bis zur Zerbrechlichkeit vorantreibt (*Nudo que ansi juntais...* für 16 Solostimmen, 1984; Zweites Streichquartett *...von Zeit zu Zeit*, 1984–85, *Cantiones de Circulo gyrante* für Soli, Chor und Instrumentalisten, Texte: Hildegard von Bingen/Heinrich Böll, 1985; *Spes contra spem*, ein *Contra-Paradigma zur Götterdämmerung*, Düsseldorf 1989).

Das Komponieren gegen Gewalt, Imperialismus und Ausbeutung gehört auch in den neunziger Jahren zu den Fixpunkten in H.s Werk. So findet sich das Thema der Gewalt in seiner dritten Oper *Schwarzerde* (Basel 2001) nicht nur in dem auf Texte von Ossip Mandelstamm basierenden Libretto (Michael Schindhelm mit Kl. H.), es wird auch auf der akustischen Ebene durch heftiges Kettenrasseln dargestellt. H. knüpft hier an sein Streichtrio *Des Dichters Pflug* in memoriam Ossip Mandelstamm an. Dieser bis an die Schwelle des Hörbaren reduzierten Musik tritt mit *Die umgepflügte Zeit* (1990) eine großdimensionierte Raummusik entgegen – eines von H.s Hauptwerken des letzten Dezeniums – aus der er mehrere kleinere Werke entwickelte und mit Dritteltönigkeit experimentierte. Zur Mandelstamm-Werkgruppe zählt auch die Chorkomposition *Umkehr – im Licht sein* (1997), die z. T. in das Opernprojekt *Schwarzerde* einging. In H.s jüngstem großformatigen Werk *Die Seele muß vom Reittier steigen* für Countertenor, Violoncello, Bariton und Orchester (Donaueschingen 2002) auf Texte des palästinensischen Dichters Mahmoud Darwisch, wird das Einfordern humanistischer Ideale ebenfalls sehr deutlich: H. komponiert, im Bewußtsein einer brutalen Gegenwart, für die Rettung menschlicher Ideale.

Noten: Schott (Mainz); Universal Edition (Wien); Bärenreiter (Kassel); Ricordi (Mailand/Mn.).

Dokumente: Werkeinführung Erniedrigt – Geknechtet, Programmheft Donaueschinger Musiktage 1983, 15–22. Kl. H. Umgepflügte Zeit. Schriften und Gespräche, hrsg. von M. NYFFELER, Köln 1999.
Literatur: Kl. H. Dossier Musik, hrsg. von M. NYFFELER, Zürich und Bern 1989 [mit WV und Bibl.]. DERS.: Erniedrigt – Geknechtet, in Melos 1 (1984), 17–43 [mit WV und Bibl.]. MusikTexte 51 (1993) [Themenheft]. NYFFELER, M.: Avicenna und der Golfkrieg. Anmerkungen zum jüngsten Schaffen von Kl. H. in NZfM 164 (2003), 18–22.

Klaus Schweizer
Aktualisierung Gordon Kampe

Huber, Nicolaus A.

Geb. 15. 12. 1939 in Passau

H.s Schaffen kann in vier – teilweise sich überlagernde – Phasen unterteilt werden: »Wenig viel konkreter und intensiver wahrnehmen« (ca. 1959–68), »Kritisches Komponieren und politisches Engagement« (ca. 1969–84), »Erneute Reflexion über das musikalische Material unter veränderten weltpolitischen Bedingungen« (seit ca. 1985), »Entsubjektivierung der Klangkomposition; komponierte Unvoraushörbarkeit« (seit ca. 1995).

Nach den Studienjahren in München (1962–67) und Studien bei Nono in Venedig stellt H. sich die bohrende Frage nach dem musikalisch Prinzipiellen: Wie kann man die musikalische Sprache so reinigen, daß der Hörer (wieder) gespannt horcht? Diese Frage verhielt sich kritisch gegenüber der seriellen Organisation musikalischer Parameter ohne Rücksicht auf »Faßlichkeit«. Um diese zu gewährleisten, ging H. von ›Prinzipien‹ statt von ›Reihen‹ aus. Musikalischer Zusammenhang entsteht demnach auch dann, wenn lediglich ein Parameter dem Prinzip gehorcht; die freie(re) Behandlung der anderen zielt auf Verdeutlichung und verbürgt die Bedeutsamkeit dieser Musik. In den *Informationen über die Töne e-f* für Streichquartett (1965–66) z. B. beschränkt H. das Tonmaterial auf die Töne e und f, während die Veränderungen von Tondauern, Klangfarben, Lautstärken und Oktavlagen jeweils neue ›Informationen‹ über diese beiden Töne beisteuern. Solches Denken in Prinzipien hält sich bis heute in H.s Musik durch und prägt insbesondere den kompositorischen Umgang mit Wiederholungen, die Zusammenhang sowohl stiften als auch zerschneiden können.

Hatte sich H.s Materialdenken zunächst an Stockhausen, auch in produktiver Abgrenzung, schulen können, so wuchs ihm durch Nonos Anregungen ein neues Verständnis von Geschichte zu: Schreibweisen, Satzarten, Techniken stehen nicht einfach zur Verfügung, sondern sind als Konzeptionen in einem bestimmten historischen Kontext zu verstehen; der Historische Materialismus von Marx prägte während dieser Phase H.s Theorie und Praxis als Komponist. In *Harakiri* für Orchester und Tonband (1971) betrachtet und kritisiert H. das Crescendo als etwas, das in der bürgerlichen Musik des 19. Jahrhunderts mit bestimmten Ausdrucksabsichten verknüpft war, z. B. Stauung und Entladung, das Schaffen einer »gewissen Reklameatmosphäre« (H.) für einen Ton. Durch »Kritisches Komponieren« soll nicht bloß das musikalische Material in gereinigter Form dem Hörer präsent werden, sondern auch dessen Haltung in fortschrittlichem Sinne ändern.

Gegenüber dem »Kritischen Komponieren« erwies sich die »Konzeptionelle Rhythmuskomposition« der siebziger Jahre als eine Technik, die »erbt, indem das Positive der Vergangenheit in ihr aufgehoben ist« (*Über konzeptionelle Rhythmuskomposition*, 8). H. entfaltete sie seit *Darabukka* für Klavier (1976) in Werken wie *Gespenster* für großes Orchester, Sänger/Sprecher und Tonband (1976), *Dasselbe ist nicht dasselbe* für kleine Trommel (1978), *Vor und zurück* für Oboe solo (1981), *Sechs Bagatellen* für Kammerensemble (1981) oder *Trio mit Stabpandeira* für Viola, Violoncello und Kontrabaß (1983). Kommunikationserprobte rhythmische Raster dienen als Generatoren aller Schichten des Tonsatzes. Im *Morgenlied* für großes Orchester (1980) etwa korrespondieren mit dem Rhythmusmodell der kubanischen »Guaracha« die Form als Rhythmus im Großen sowie die Veränderungen von Harmonik, Dichte, Lautstärke und Klangfarbe (ebd.). H. bekundet im *Morgenlied*

Solidarität mit den Ländern der Dritten Welt und integriert mit je einem Lied der französischen Résistance und der deutschen Protestwelle gegen den Vietnamkrieg Ausdruckstraditionen der Arbeiterkultur und der politischen Befreiungsbewegungen.

Im Zuge der weltpolitischen Veränderungen seit Mitte der achtziger Jahre setzte sich auch die Einsicht durch, daß es kein (Arbeiter-)Publikum mehr gibt, das für Musik mit ›fortschrittlichen‹ Gehalten offene Ohren und Herzen hätte. H. reagierte darauf mit einer erneuten Reflexion des musikalischen Materials. H. dachte nun in zwei Stücken zentrale Werke Schumanns unter den Bedingungen des späten 20. Jahrhunderts weiter: *Demijour* für Oboe, Violoncello und Klavier (1986) in Auseinandersetzung mit Schumanns »Zwielicht« (Joseph von Eichendorff; op. 39 Nr. 10) und *Air mit »Sphinxes«* für Kammerensemble (1987), welche die rätselhafte Faszination der »Sphinxes – nicht-erklingende Buchstabenmusik« – aus »Carnaval« weiterdenkt.

Auch dem musikalischen Denken erschloß H. neues Terrain. In *Go Ahead. Musik für Orchester mit Shrugs* (1988) werden bei sechs Wiederholungen der vierzehntönigen Melodie jeweils zuvor erklungene Ecktöne ausgelassen. Mit diesem rationalen Verfahren erreicht H. etwas Irrationales: Der Hörer verliert die Orientierung. Das ehedem verpönte ›bürgerliche‹ Prinzip Wiederholung bewirkt in *Go Ahead* die (Zer-)Störung eines Zusammenhangs; und Veränderung meint nicht Variation, sondern etwas qualitativ Neues, dessen adäquate Wahrnehmungsform ein ›entsubjektiviertes Horchen‹ ist.

Daß H. – im Unterschied zu Weberns Maßgabe der ›Faßlichkeit‹ – den Aspekt des Trennenden von Wiederholungen akzentuiert, verweist darauf, daß sein Komponieren in dieser Phase unter der Perspektive permanenter, für den Hörer gerade nicht ›faßlicher‹ Gestalterweiterung steht. Setzte sich H. bereits in *Doubles, mit einem beweglichen Ton für Streichquartett* (1987) mit »neuen Möglichkeiten struktureller Wiederholung« auseinander, so ging es ihm in *To ›Marilyn SixPack‹* für großes Orchester (1995) darum, den in Andy Warhols bekanntem Seidendruck »The Six Marilyns (Marilyn Six-Pack)« von 1962 ohne Weiteres gegebenen Aspekt der »Wiederholung als Nicht-Zusammenhang« für die Musik medial zu retten: Das Werk ist »eigentlich ein Projekt, das aus drei Stück-Sphären zusammengesetzt ist«; zu unterscheiden sind das Original, eine durch eine bestimmte Filtertechnik und diverse Übertragungslautsprechertypen veränderte Aufnahme (»Filterversion«) und das aufgenommene Original in einer »zeitgefalteten Version«. Dementsprechend unterscheidet H. mit Blick auf die Aufführung mehrere Möglichkeiten der Kombination dieser drei Versionen.

Der Beginn einer vierten Schaffensphase deutet sich an, seitdem H. seine Verfahren komponierter ›Unvoraushörbarkeit‹ radikalisiert: In *Als eine Aussicht weit ...* für Flöte, Viola und Harfe (1996) werden Transparentpapiere zusammengeknüllt, die sich darauf »heftig entfalten«; dabei sind die Papiersorte(n) so zu wählen, »daß das selbständige Entfalten der Bögen (ohne jede zusätzliche Beeinflussung!) die angegebenen Zeitstrecken mit ›Knacken‹ einigermaßen füllt, auch wenn größere Pausen entstehen. Harfe kann eventuell zur Verstärkung synchron die gleiche Aktion durchführen« (Partitur). Hölderlins im Gedicht beschworenes »stundenlanges Verweilen vor der immer gleichen Landschaft, die doch ununterbrochen sich ändert« (H.), wird hier materialisiert zu einem musikalischen Raum, der nunmehr nicht bloß ein entsubjektiviertes Horchen erfordert, sondern in dem die Hervorbringung des Klangs selbst auch dem Willen des Komponisten nicht mehr unterworfen ist. Ebenso intentional unverfügbar bleibt das »Nachpoltern« eines »Holznotenpults oder Holzstuhls etc.« Auch in *Disappearances* für Klavier (1996) stellt sich H. einem Problem, dessen Formulierung auf eine gewisse Entsubjektivierung des Komponierens verweist: »Was macht das Klavier aus und nach dem Anschlag des Pianisten (und umgekehrt)?« ›Verschwinden‹ heißt z. B. auch, »in einem anderen Klang aufgehen, als kaum wahrnehmbarer Klang einen Hauptklang färbend beeinflussen, das Hören von der Notenkopf-Einsatzrhythmik weg zu führen.« Von dem hier angedeuteten verfeinerten kompositorischen Umgang mit der Interdependenz von Harmonik und Dynamik ist teilweise auch *To ›Marilyn Six-Pack‹* geprägt; H. erblickt in solcher Neudefinition des ›Verdeckungseffekts‹ eine Perspektive für zukünftige Instrumentationsverfahren.

Daß die Klänge partiell sich selbst überlassen werden, bedeutet nicht, daß der musikalische Ausdruck zurückgenommen würde. Das wird in *Disappearances* besonders deutlich, wenn H. im Rahmen seiner Aspektanalyse des Titels ›Verschwinden‹ als »äußerste menschliche und politische Bitterkeit« interpretiert: »Eine rezitativisch angelegte

Trillerstimme intoniert litaneiartig Wortrhythmen aus Paul Celans Gedicht TENEBRAE. Menschen, die in Unmenschlichkeit, Folter, Konzentrationslagern, Gaskammern verschwinden, erbittern sich zu blasphemischer Aggressivität ...« Das neue Clair-Obscur, von dem H.s Komponieren seit 1995 verstärkt geprägt ist, dient nicht einem politisch gefährlichen, etwa ›postmodernen‹ Irrationalismus, sondern erfordert neue Schärfung der Sinne in ästhetisch aufklärerischer Absicht.

Noten: Bärenreiter (Kassel); ab 1973 Breitkopf & Härtel (Wiesbaden).
Dokumente: Durchleuchtungen. Texte zur Musik 1964–1999, hrsg. J. HÄUSLER, Wiesbaden 2000.
Werkverzeichnis: N. A. H., Wiesbaden 1996.
Literatur: DIBELIUS, U.: Gesellschaft als Partner und Modell. Zum Komponieren von N. A. H. *in* Musica 26 (1972), 338–341. TRABER, J. H. und REININGHAUS, FR.: Chronologie eines Kompositionsauftrags [zu H.s »Harakiri«] *in* Melos 39 (1972), 252–258. GOTTWALD, CL.: Harakiri – zum letzten Mal, ebd., 288 f. HUFSCHMIDT, W.: Musik über Musik III. N. A. H.s Gespenster (1976) für großes Orchester, Sänger/Sprecher und Tonband *in* Reflexionen über Musik heute ..., hrsg. von W. GRUHN, Mainz u. a. 1981, 278–289. SPAHLINGER, M.: das starre – erzittert. zu n. a. hubers 6 bagatellen *in* MusikTexte 2 (1983), 15–18 [mit WV]. LACHENMANN, H.: Magier und Chirurg. Über N. A. H. *in* MusikTexte 20 (1987), 15–16. HILBERG, F.: »Mit Gefühl, mit Ausdruck, mit Ekstase«. Über N. A. H. *in* NZfM 153 (1992) 28–33. KLÖTZKE, L.-A.: N. A. H.s »Auf Flügeln der Harfe« *in* NZfM 155 (1994), 15–16. NONNENMANN, K. R.: Arbeit am Mythos. Studien zur Musik von N. A. H., Saarbrücken 2002.

Stefan Orgass

Hummel, Johann Nepomuk

Geb. 14. 11. 1778 in Preßburg (heute Bratislava); gest. 17. 10. 1837 in Weimar

H.s umfangreiches kompositorisches Œuvre enthält mit Ausnahme der Sinfonie alle musikalischen Gattungen seiner Zeit. Das vielfältige Werk verdankt seine Entstehung primär beruflichen Verpflichtungen als Kapellmeister in Eisenstadt in der Nachfolge Haydns sowie an den Theatern von Stuttgart und Weimar. Von kompositionsgeschichtlicher Bedeutung sind allein seine Klavierwerke, deren Eigenart in unmittelbarem Zusammenhang mit seinem Klavierspiel gesehen werden muß. Als einer der berühmtesten Pianisten seiner Zeit begründete er ein Legato-Spiel, das durch eine bislang nicht gekannte Kantabilität faszinierte. Sein klavieristischer Stil entwickelte sich auf der Grundlage der technischen Möglichkeiten der ›leichten‹ Wiener Instrumente, ohne jeden Versuch, die hier gegebenen Grenzen des Klangraumes zu überwinden. H.s Kunst forciert demnach nicht den technischen Aspekt im Sinne eines auf orchestrale Wirkungen abzielenden Klaviersatzes, sie erstrebt vielmehr die Intimität feiner Nuancierung innerhalb des tradierten Rahmens, eine Position, die gewissermaßen den Gegenpol zu Beethoven bildet. Das inspirierende Moment seiner Kompositionen entspringt unmittelbar der sinnlichen Erfahrung des instrumentalen Spiels; das Werk gewinnt gleichsam in den Phasen des Improvisierens allmählich seine endgültige Form. Entsprechend breiten Raum nehmen Fantasien und Variationen in H.s pianistischem Œuvre ein, wohingegen die dramatische Formdisposition des klassischen Sonatenhauptsatzes seinem musikalischen Denken eher fremd bleibt. Diese einerseits noch ganz dem ausgehenden 18. Jahrhundert verpflichtete Orientierung birgt jedoch andererseits jenes innovative Moment in sich, das in Chopins Klaviersatz und Rubatospiel zum Prinzip wurde: die gleichmäßig fließende harmonische Bewegung der linken Hand als Basis einer frei schwingenden melodischen Kantilene. Unter diesem Aspekt sind die *Klavierkonzerte* (besonders *a-moll* op. 85, *h-moll* op. 89, *As-dur* op. 113), die nach zeitgenössischen Berichten zum direkten Vorbild für Chopin wurden, als H.s folgenreichste Kompositionen zu betrachten. Bei überwiegend homophoner Grundstruktur des Klaviersatzes entwickelte H. hier jene latente Polyphonie innerhalb der begleitenden Figurationen, die, wenn auch in weitaus größeren Dimensionen, den eigentlichen romantischen Klavierklang ausmacht. Als Geistesverwandter Chopins erweist sich H. darüber hinaus in den *24 Präludien* op. 67 durch sämtliche Tonarten.

Im Unterschied zu M. Clementi, der in seinem Studienwerk »Gradus ad parnassum« die rein spieltechnischen Aspekte den interpretatorischen ›Übungen‹ integrierte, konzipierte H. sein 1828 erschienenes Lehrwerk, *Ausführliche theoretisch-practische Anweisung zum Piano-forte Spiel*, in Form eines umfassenden Katalogs von mehr als 2000 systematisch geordneten technischen Übungen. Darüber hinaus werden technische und pädagogische Fragen ausführlich erörtert. So verbreitet diese Klavierschule zu H.s Lebzeiten war, so wenig bietet sie heute dem Studierenden, wenngleich sie eine der aufschlußreichsten Quellen zur Aufführungspraxis vor allem hinsichtlich Ornamentik und Improvisation darstellt.

Nicht zuletzt hat H.s Engagement in Sachen Urheberrecht zu seiner Bedeutung beigetragen. Sein ausgeprägter Geschäftssinn im Umgang mit den Verlegern schuf wichtige Voraussetzungen für ein allmähliches Umdenken in diesem Bereich.

Noten: Collection complète des Œuvres pour le pianoforte, 21 Bde., hrsg. von J. P. PIXIS, Paris o. J. [dazu SACHS, J.: Authentic English and French Editions of J. N. H. in JAMS 25 (1972), 203–229].
Werkverzeichnis: ZIMMERSCHIED, D.: Thematisches Verz. der Werke von J. N. H., Hofheim 1971.
Literatur: SACHS, J.: H. in England and France. A Study in the International Musical Life of the Early Nineteenth Century, Detroit 1977. SCHMID, H.: J. N. H. Eisenstadt 1989. Zwischen Klassik und Klassizismus: J. N. H. in Wien und Weimar, hrsg. von A. GERHARD und L. LÜTTEKEN , Kassel 2003 (Schweizer Beiträge zur Musikforschung 1) [in Vorbereitung].

Thomas Steiert

Humperdinck, Engelbert

Geb. 1. 9. 1854 in Siegburg;
gest. 27. 9. 1921 in Neustrelitz

Über die Oper *Hänsel und Gretel* schrieb Arthur Seidl, indem er Wagners Worte über den »Freischütz« paraphrasierte: »In der Bewunderung der Klänge dieses reinen und tiefen Märchenspiels vereinigten sich Humperdincks Landsleute vom Norden und vom Süden, von dem Anhänger der unerbittlichen Dramen Ibsens bis zu den Wiener Genußmenschen einer Straußschen ›Fledermaus‹.«

Daß eine deutsche Oper, 1893 in Weimar unter Richard Strauss uraufgeführt und im ersten Jahr von fast 50 Bühnen aufgenommen, zu einem solchen Erfolg wurde und eine derartig durchschlagende gesellschaftliche Resonanz auslöste, war keineswegs selbstverständlich. Die aktuelle Musikproduktion hatte eine Volkstümlichkeit, wie sie Mozarts »Entführung« oder Webers »Freischütz« zuerkannt wurden, längst hinter sich gelassen. Entsprechend wurde H.s Oper *Hänsel und Gretel* entweder als Erneuerung der Kunst im Sinne echter Naivität (gegen den Verismus) gefeiert oder als verfehlte Idylle aus vergangener Zeit abgetan.

Der Erfolg der Oper ist mit Übersetzungen in etwa 20 Sprachen weltweit und vor allem zur Weihnachtszeit von Dauer. Das bekannte Grimmsche Märchen hatte Adelheid Wette, die Schwester des Komponisten, zu einem Singspiel für eine häusliche Theateraufführung verarbeitet, das einige schon 1890 komponierte Kinderlieder Humperdincks enthielt. In der Folgezeit wurde das Stück zu einer durchkomponierten Oper ausgebaut, die das Sujet in einer schlichten und selbstverständlichen Art und Weise musikalisch gestaltet, die einfach und überzeugend ist. Die Musik zaubert eine Märchenwelt auf die Bühne, die nicht nur in der bürgerlichen Sphäre verbreiteten, mit dieser Gattung fest verbundenen archetypischen Vorstellungen gerecht wird: sei es die Welt des Guten, religiös geprägt mit dem Abendsegen »Abends will ich schlafen gehn«, das Böse in Gestalt der Hexe oder die Kinderwelt mit Liedern wie »Brüderchen, komm tanz mit mir« oder »Der kleine Sandmann bin ich«.

Immer wieder hat die Natürlichkeit der Melodien die Zuhörer verblüfft und zu der Ansicht verleitet, daß es sich um echte Volkslieder handle. Aber nur bei zwei Melodien, dem »Suse-Lied« und dem »Hagebutten-Lied«, hat H. die bekannten Kinderlieder verwendet. Alle anderen Stücke sind seine eigenen Kompositionen. Darüberhinaus verbindet H. mit diesen Partien bruchlos dramatische Teile wie etwa den Hexenritt, der in der neudeutschen Tradition der Symphonischen Dichtung steht. Es gelingt ihm eben auch die Gesamtkonzeption der Märchenoper, die als erste selbständige Opernkonzeption nach Wagner gilt. H. verzichtet auf Leitmotive, er setzt den Abendsegen als verbindendes Element ein, darüberhinaus verwendet er Abschnittsmotivik und symphonische Verarbeitungstechniken.

Diese Eigenständigkeit war H. keineswegs zugefallen, er hatte sie sich mühsam erwerben müssen. Wie so viele andere Musiker war auch er als junger Mann in den Bannkreis Wagners geraten, was eine lange Schaffenspause auslöste. 1880 hatte H., schon länger Mitglied des Münchner »Ordens vom Gral«, Wagner auf einer Italienreise in Neapel kennengelernt. In den folgenden Jahren wurde er ein wichtiger Assistent der »Parsifal«-Vorbereitungen. Noch kurz vor Wagners Tod besuchte er ihn in Venedig. Das Erlebnis ›Wagner‹ festigte aber letztlich H.s Entwicklung zum Opernkomponisten, die er schon in den dramatischen Chorballaden *Die Wallfahrt nach Kevelaar* (1878) und *Das*

Glück von Edenhall (1879) eingeschlagen hatte. Ein zweiter großer Wurf gelang ihm mit der Oper *Königskinder* (N.Y. 1910), in dessen Erstfassung als Melodram (München 1897) er schon vor Schönberg melodramatische Partien mit fixierten Tonhöhen notiert hatte.

Dokumente: E.H. Briefe und Tagebücher, 3 Bde., hrsg. von H.-J. IRMEN, Köln 1975–83.Königskinder · Briefe und Dokumente zur Entstehungs- und Wirkungsgeschichte ... hrsg. von E. Humperdinck, Koblenz 1993. Persönliche Erinnerungen an R. Wagner und die erste Aufführung des Bühnenweihfestspiels *in* Parsifal-Skizzen, hrsg. von DERS., Koblenz 2000.

Werkverzeichnis: Der unbekannte E.H. Seine Werke. E.H. Werkverz., hrsg. von E. HUMPERDINCK, Koblenz 1994. HUMPERDINCK, E.: E.-H.-Werkverz.. Zum 140. Geburtstag, Koblenz 1994.

Literatur: STEPHAN, R.: Zur jüngsten Geschichte des Melodrams *in* AfMw. 16 (1960) 183–192. IRMEN, H.-J.: Die Odyssee des E.H. Eine biographische Dokumentation, Steinfeld 1975. DERS.: »Hänsel und Gretel« Studien und Dokumente zu E. H.s Märchenoper, Mainz 1989. HUMPERDINCK, E.: Entstehung des Melodrams »Königskinder« von E.H. im Spiegel seines Briefwechsels *in* E.H. zum 70. Todestag, Siegburg 1992, 6–182. E.H. in seinen persönlichen Beziehungen zu R. Wagner, C. Wagner, S. Wagner dargestellt am Briefwechsel und anderen Aufzeichnungen, 3 Bde., hrsg. von DERS., Koblenz 1997.

Helmut Loos

D'Indy, (Paul Marie Théodore) Vincent

Geb. 27. 3. 1851 in Paris;
gest. 2. 12. 1931 in Paris

Komponist, Dirigent, Musikpädagoge, Direktor der Pariser Schola Cantorum, Präsident der Société Nationale de Musique, Musikschriftsteller und streitbarer Kritiker – mit rastlosem Eifer war d'I. auf nahezu allen Gebieten der Musik in Frankreich tätig, und im Gedächtnis der Nachwelt lebt er als eine der Persönlichkeiten fort, die das Musikleben um die Wende zum 20. Jahrhundert nachhaltig beeinflußt und zu einem »renouveau«, einer Erneuerung der französischen Musik beigetragen haben. Für den Komponisten d'I. hat, wie für eine ganze Reihe seiner Zeitgenossen, die Auseinandersetzung mit Wagner eine bestimmende Rolle gespielt. 1876 war er in Bayreuth zum glühenden Wagnerverehrer geworden, und seine Begeisterung fand vor allem in den Bühnenwerken ihren künstlerischen Niederschlag: in der dramatischen Legende *Le Chant de la Cloche* (1883) und den beiden Opern *Fervaal* (Brüssel 1897) und *L'Étranger* (Brüssel 1903). Die Anklänge an Wagners »Meistersinger«, an die »Parsifal«-Thematik und an den »Fliegenden Holländer« die sich in ihnen finden, sind keineswegs zufällig: d'I. glaubte, die französische Oper, die er durch Meyerbeer und Massenet korrumpiert sah, durch die künstlerische Adaption (und Transformation) Wagnerscher Ideen reformieren zu können.

Einen auffälligen kompositorisch-ästhetischen Gegensatz zu den Bühnenwerken bilden eine Reihe von symphonischen Werken, die ab 1886 entstanden. Wenn sie oft als d'I.s eigentlich »französische« bezeichnet wurden, so nicht nur deshalb, weil in ihnen französische Volksmusik zu einer Quelle der Inspiration wurde, sondern weil sie durch eine geschmeidigere Schreibweise auffallen und ein leichterer, liebenswürdiger Ton in ihnen vorherrscht, der sich deutlich von jener Schwere abhebt, die man als Ausdruck und Kennzeichen der deutschen Musik empfand. Exemplarisch steht hier die *Symphonie sur un chant montagnard français* (oder *Symphonie cévenole* op. 25, 1886) für Orchester und Klavier, eines der besten Werke d'I.s (und wohl sein heute bekanntestes). Es zeichnet sich durch den uprätentiösen Ton einer aus Volksmelodien gewonnenen Thematik und einen meisterhaften Orchestersatz aus, der von reicher Farbigkeit ist, aber im Gegensatz zum spätromantischen Ideal orchestraler Klangverschmelzung eine individualisierende instrumentale Farbgebung und jene klangliche Transparenz aufweist, die Ravel später an d'I.s Werken rühmen sollte. Formal entsteht durch den Dialog des solistisch geführten Klaviers mit dem Orchester eine eigentümliche Verbindung von Symphonischem und Konzertantem, wie sie ähnlich in Francks wenige Jahre zuvor geschriebenen »Variations symphoniques« und der Symphonischen Dichtung »Les Djinns« zu finden ist. Auf Franck verweist auch die formale Binnenstrukturierung des Werks, die vom »zyklischen Prinzip« bestimmt ist, jener Formidee, bei der alles motivisch-thematische Geschehen aus einer melodischen ›Grundsubstanz‹ abgeleitet wird und Zusammenhang, Beziehungsreichtum durch die ›substantielle‹ Identität der äußerlich verschiedenen thematischen Gestalten entsteht. In den stilistischen Umkreis der *Symphonie cévenole* gehören Kompositionen wie die *Symphonie Nr. 2*

B-dur (1902–03) und *Jour d'été à la montagne* (1905), die in zeitlicher Parallele zu den wagnerisch geprägten Bühnenwerken entstanden: d'I. komponierte also in zwei durchaus verschiedenen musikalischen Idiomen, die er gattungsspezifisch verwendete.

Wenn d'I. in dem Jahrzehnt nach Francks Tod (1890) an die Spitze der jüngeren Komponistengeneration rückte und eine Schlüsselrolle im französischen Musikleben gewann, so geriet ihm nach der Jahrhundertwende seine Zeitgenossenschaft mit Debussy zum Problem. War *Fervaal* 1897 noch als extrem modernes Werk angesehen worden, so wurden Stücke wie *L'Étranger* vor dem Hintergrund von Debussys »Pelléas et Mélisande« oder die gewichtige, komplexe *Klaviersonate* (1907) in der Gegenüberstellung mit Debussys »Estampes« und »Images« als traditionalistisch beurteilt. D'I. verteidigte seine ästhetischen Überzeugungen, und er tat dies um so engagierter, als er die Zukunft der Musik bedroht glaubte: Mit der *Légende de Saint-Christophe* (1908–15), deren polemisches Libretto er selbst verfaßt hatte, bekannte er sich offen als Gegner der neuen, avantgardistischen Musikströmungen. In seinem letzten Lebensjahrzehnt entstanden neben einer Gruppe bedeutender Kammermusikwerke die Orchesterkompositionen *Poème des rivages* (1921) und *Diptyque méditerranéen* (1926), späte Höhepunkte seines Schaffens und zugleich überzeugende Manifestationen seiner kompositorischen Grundüberzeugung, daß die Tonalität »la patrie de l'idée musicale« sei.

Noten: Bis ca. 1895 überwiegend bei Hamelle; ab 1895 überwiegend bei Durand; ab 1915 überwiegend bei Rouart-Le rolle (alle Paris).
Dokumente: Cours de composition musicale, 4 Bde., Paris 1903–50 [Bd. 4 posthum hrsg. von G. DE LIONCOURT]. César Franck, Paris 1906. Beethoven, Paris 1911. Richard Wagner et son influence sur l'art musical français, Paris 1930. HOERÉE, A.: Lettres de V. d'I. à A. Roussel *in* Cahiers A. Roussel 1 (1978). Ma vie. Journal de jeunesse – Correspondance familiaire et intime 1851–1931, hrsg. von M. D'INDY, Paris 2001.
Literatur: VALLAS. L.: V. d'I., 2 Bde., Paris 1946–50 [mit WV]. DEMUTH, N.: V. d'I. 1851–1931 Champion of Classicism, Ldn. 1951. SCHUBERT, G.: »Vibrierende Gedanken« und das »Katasterverfahren« der Analyse *in* Das Musikalische Kunstwerk, Fs.C. Dahlhaus, hrsg. von H. DANUSER u.a., Laaber 1988, 619–634. THOMSON, A.: V. d'I. and his world, Oxford 1996. SCHWARTZ, M.: Wagner-Rezeption und französische Oper des Fin de siècle. Untersuchungen zu V. d'I. Fervaal, Sinzig 1999. Pluralismus wider Willen? Stilistische Tendenzen in der Musik V. d'I.s, hrsg. von M. SCHWARTZ und ST. KEYM, Hildesheim 2002.

Renate Groth

Isaac, Heinrich

Geb. um 1450/55 in Flandern oder Brabant; gest. 26. 3. 1517 in Florenz

Da bis in das 16. Jahrhundert die Beteiligung des deutschsprachigen Raumes am internationalen Musikgeschehen gegenüber den ›Musikgroßmächten‹ Frankreich und Italien insgesamt gering war, erscheint es verständlich, daß die (deutsche) Musikgeschichtsschreibung H.I. als ersten großen deutschen Komponisten unter fast ausnahmslos franco-flämischen Kollegen in besonderem Maß hervorgehoben hat. Diese These war nicht aus der Luft gegriffen, war doch I. jahrzehntelang Hofkomponist von Kaiser Maximilian I. und stammt doch von ihm auch eine große Zahl deutschsprachiger Lieder, darunter das bekannte *Innsbruck, ich muß dich lassen*. Ende des 19. Jahrhunderts war jedoch durch neue Quellenfunde deutlich geworden, daß I. gleichfalls ein sogenannter Niederländer war, auch wenn bis heute keine Dokumente aus diesem Kulturraum zu seiner Jugend oder Ausbildung vorliegen (sein Geburtsjahr wird aus anderen Lebensdaten rückgeschlossen). Nach einigen weiteren Verwirrungen über seine Biographie ist heute sein Lebensweg in den wesentlichen Stationen gesichert: etwa um die Jahrhundertmitte in Flandern geboren, von Lorenzo de' Medici nach Florenz berufen, dort ab 1485 als Sänger am Dom, im Baptisterium und an S. Annunziata tätig, ging er 1496 an den Habsburger Hof zu Innsbruck, von wo er zahlreiche Reisen in deutsche und italienische Städte unternahm. Besonders engen Kontakt pflegte er zu Florenz, jener Stadt, in der er auch seine letzten Lebensjahre verbrachte.

Als I. 1508 den dokumentarisch belegten Auftrag des Konstanzer Domkapitels erhielt, im Zusammenhang mit einer Liturgiereform heimische Choralgesänge als Propriumszyklus mehrstimmig zu vertonen, war dabei nicht an ein solch epochales Werk gedacht worden, wie es der *Choralis Constantinus* werden sollte. Die Form der Propriumszyklen war besonders in Deutschland im 15. und 16. Jahrhundert beliebt. I. hat neueren Forschungen zufolge jedoch nicht eine deutsche

Tradition aufgegriffen, sondern vielmehr eine habsburgische Tradition begründet. Denn es war Kaiser Maximilian, der sich dem Auftrag aus Konstanz anschloß und für seinen Hof ein nicht weniger umfassendes Korpus an Choralbearbeitungen beanspruchte. Als der *Choralis Constantinus* 1550–55 in drei umfassenden Bänden schließlich in Druck ging und somit einer breiten Öffentlichkeit zugänglich gemacht wurde, waren sowohl I. als auch sein musikalischer ›Nachlaßverwalter‹, sein Schüler Ludwig Senfl, bereits tot. In den beinahe hundert Propriumszyklen triumphieren kontrapunktische Kunstfertigkeit bei gleichzeitig auffallend fantasievoller musikalischer Gestaltung. Die kompositorische Arbeit ist konzentriert auf die ›varietas‹ in der Darstellung des Chorals und bildet ein Kompendium zeitgenössischer motettischer Choralarbeit. Die vorgegebene gregorianische Melodie wird auf unterschiedlichste Weise in den vierstimmigen Satz eingewoben, in kunstvoller Rhythmisierung und Ornamentierung, als Kanon oder in extrem langen Notenwerten, ja sogar in einer Vorform von motivischer Arbeit. Die Wahl der Techniken scheint dabei unbeschränkt, Konservatives wie besonders komplizierte Mensuren steht neben moderner Textdarstellung und durchimitiertem Satz. Webern, nicht nur Komponist, sondern auch promovierter Musikwissenschaftler, beschließt die Einleitung des von ihm herausgegebenen zweiten Bandes mit folgenden Worten: »Festzuhalten ist also, daß sich durch Ysaaks Musik des ›Choralis Constantinus‹ fortwährend der Choral hindurchschlingt, dem Vergleichenden trotz aller Veränderungen immer erkennbar, für den Hörer freilich durch die innige Vermählung mit den anderen Stimmen nur selten unterscheidbar. Wunderbar ist es eben, wie Heinrich Ysaak den Geist des Chorals mit größter Innerlichkeit erfaßt und so in sich aufnimmt, daß der Choral innerhalb der Musik des Meisters nicht als etwas ihr Wesensfremdes, sondern zu höchster Einheit mit ihr verschmolzen erscheint – ein herrliches Zeugnis für die Größe seiner Kunst« (XII).

Auch in der Vertonung der feststehenden Teile des musikalischen Gottesdienstes hat I. Bedeutendes geleistet. Knapp vierzig Messen sind unter seinem Namen überliefert, etwa die Hälfte davon basiert auf fremden Melodien. Kompositionen im ›niederländischen Stil‹ mit Tendenzen zur Zusammenfassung und Vereinheitlichung der zyklischen Struktur und Bevorzugung von weltlichen Liedvorlagen stehen neben Messenkompositionen, die sich den liturgischen Gegebenheiten des deutschen Sprachraums anpassen. Der Messentext wird dabei nur abschnittsweise mehrstimmig gesetzt, die einstimmig belassenen Teile können vom Chor im Unisono oder von der Orgel vorgetragen werden. Besonders hervorzuheben ist die *Missa carminum*, deren Reiz aus der Verwendung gleich mehrerer Lieder und Chansons besteht. So etwa wird im *Christe II* der Satz des Innsbruckliedes verarbeitet. Die satztechnische Qualität ist in allen Messen von I. gleich hoch.

Auch bei den rund fünfzig Motetten ist eine stilistische Vielfalt auf jeweils höchstem Niveau festzustellen. Die Fest- und Staatsmotetten stehen in engem Bezug zu I.s näherem Lebenskreis. Der Tod seines Mäzens Lorenzo de'Medici (1492) wird in den beiden Kompositionen *Quis dabit capiti mea* und *Quis dabit pacem populo timenti* beklagt: Tiefe Stimmlage, abwärtsschreitende Linien sowie überdeutliche Textdeklamation durch Haltenoten und durch homophone Blockbildung geben der Trauer Ausdruck. Anlaß für musikalische Repräsentation bot der Reichstag zu Konstanz, zu dessen Eröffnung (1507) I. gleich mehrere Motetten bereitgestellt hat. *Virgo prudentissima*, ein Höhepunkt in I.s Motettenschaffen, wurde vermutlich in diesem Rahmen zu Maria Himmelfahrt aufgeführt. Glaubt man Dunning, so ist sie ganz nach Symbolzahlen konstruiert, wobei neun Engelschöre und die dreizeitige Mensur eine grundlegende Rolle spielen. Die Stichworte »pro sacro imperio« sowie »pro Caesare Maximilian«, beide zu Beginn des zweiten Motettenabschnittes, sind kompositionstechnisch besonders herausgehoben und fallen deutlich ins Ohr. Sie wurden für eine spätere Verwendung der Komposition in anderen Zusammenhängen mehrfach ausgetauscht und aktualisiert.

In seinem weltlichen Werk zeigt sich in besonderem Maß I.s europäisches Format: Drei Sprachen finden wir in verschiedenen Liedtexten vor. Französisch, Italienisch und Deutsch. *J'ay pris amours* ist – als eine burgundische Chanson – am frühesten anzusetzen, hinzu kommen zahlreiche Beiträge zum deutschen Tenorlied, dessen eigene Tradition durch niederländische und italienische Einflüsse bereichert wurde (*Ich stund an einem Morgen*). I. pflegte auch die moderne italienische Gattung der Frottola (→ Tromboncino), die nach Wohlklang strebte und formal einfach gebaut war (*Ne piu bella di questa*). Eine verhältnismäßig große Anzahl von Instrumentalstücken gibt Zeugnis von aktuellen Neuerungen in der Aufführungspraxis.

War I. nun zwar kein Deutscher, so hat er doch in seiner hervorragenden Position und durch seine Fähigkeit, lokale Traditionen mit der perfekt beherrschten Satztechnik des polyphonen niederländischen Stils zu assimilieren, wesentlich dazu beigetragen, daß der deutschsprachige Kulturraum den Anschluß an die europäische Musikentwicklung fand. Seine zahlreichen internationalen Kontakte machen I. zu einem europäischen Musiker im modernsten Sinn. Sein Werk war in Handschriften und Drucken überaus weit verbreitet und gehörte rund hundert Jahre lang zum Standardrepertoire. Als Folge einer bewegten Forschungsgeschichte ist die Edition des I.schen Gesamtwerkes unglücklicherweise auf verschiedene Ausgabenreihen aufgesplittert und noch immer nicht komplett.

Noten: Opera omnia, hrsg. von E. R. LERNER, Rom 1974 ff. (CMM 65). Choralis Constantinus, Teil I, hrsg. von E. BEZECHNY und W. RABL, Wien 1898 (DTÖ 10), Teil II, hrsg. von A. v. WEBERN, Wien 1909 (DTÖ 32), Teil III, hrsg. von L. CUYLER, Ann Arbor 1950 (University of Michigan Publications, Fine Arts, 2). Weltliche Werke, hrsg. von J. WOLF, Wien 1909 (DTÖ 28 und 32). *Literatur:* DUNNING, A.: Die Staatsmotette 1480–1555, Utrecht 1970. STAEHELIN, M.: Die Messen H. I.s, 3 Bde., Bern 1977. SCHULER, M.: Zur Überlieferung des Choralis Constantinus von H. I. in AfMw 36 (1979), 68–76, 146–54. Music in the German Renaissance, hrsg. von J. KMETZ, Cambridge 1994. H. I. und Paul Hofhaimer im Umfeld von Kaiser Maximilian I., hrsg. von W. SALMEN und R. GSTREIN, Innsbruck 1997. KEMPSON, E.: The Motets of H. I. (c. 1450–1517), Diss. Ldn. 1998.

Andrea Lindmayr-Brandl

Ives, Charles Edward

Geb. 20. 10. 1874 in Danbury (Connecticut); gest. 19. 5. 1954 in New York

Die Erkenntnis und Bewertung des kompositorischen Schaffens von I. hat bei weitem noch nicht einen Stand erreicht, der es erlaubte, im sicheren Bewußtsein eines allgemein akzeptierten Wissensstandes Informationen zu übermitteln, die den Anspruch auf Dauerhaftigkeit erheben können. Zu disparat ist das Œuvre selbst, zu irritierend die Rezeptionsgeschichte der Kompositionen, die erst eigentlich in der Pluralität der sechziger und siebziger Jahre in Amerika und Europa zur Kenntnis genommen wurden, zu schwierig endlich auch die Quellenlage und damit die chronologische und philologische Erschließung. Eines freilich kann schon jetzt mit Gewißheit konstatiert werden: Die Eigenständigkeit und der Phantasiereichtum von I., die große Vielfalt und immer neues Interesse provozierende Rätselhaftigkeit seiner Kompositionen lassen ihn unter den amerikanischen Komponisten seiner Zeit deutlich herausragen, und es kann kein Zweifel daran bestehen, daß er der erste wirklich große Komponist Amerikas war.

Die Kompositionen von I. bilden kein in irgendeiner Hinsicht geschlossenes oder einheitliches Ganzes – selbst der Begriff Œuvre kann für sie nur in seinem äußerlichsten Sinne, als zusammenfassende Bezeichnung der Resultate seiner kompositorischen Produktion verwendet werden. Schon ein systematischer Zugriff, der die kompositorischen Verfahren, deren funktionale Bedeutung innerhalb der Stücke oder die ästhetischen Implikationen seines Komponierens in eine plausible Konfiguration zu bringen sucht, verfängt offensichtlich nicht: Zu heterogen sind die verwendeten Materialien und deren Stilhöhe, zu vielfältig die Techniken der Satzfügung, der Verarbeitung und der Formbildung; zu disparat, ja widersprüchlich schließlich auch die ästhetischen Grundlagen und deren individuelle Aus- oder Umprägung. I. war kein systematischer Komponist, jedenfalls keiner, der hinsichtlich seiner Poetik oder Ästhetik ein reguliertes Ordnungsgefüge so auszuarbeiten bestrebt war, daß es von anderen erkannt werden konnte. Das ist auf allen Ebenen seiner kompositorischen Produktion zu beobachten: an der Art der Zusammenstellung mehrerer Kompositionen, am Verhältnis zwischen Teilen mehrsätziger Kompositionen und an der häufig nur schwer faßbaren Beziehung, die zwischen einzelnen Abschnitten innerhalb eines Stückes zueinander bestehen.

Exemplarische Belege dafür, aber auch Hinweise auf andere wichtige Aspekte, bieten einerseits die beiden Kompositionen, die trotz aller Problematik des Werkbegriffs bei I. als Hauptwerke gelten müssen: Die zweite Klaviersonate *Concord, Mass. 1840–60* und die *Vierte Symphonie* (1910–16), andererseits die große, von ihm selbst zusammengestellte Liedersammlung *114 Songs*, die zu Recht als Mikrokosmos seines Komponierens bezeichnet worden ist.

Die *114 Songs*, die ein Kompendium der von 1888 bis 1921 entstandenen Liedkompositionen darstellen, erschienen 1922 als Privatdruck, der von einer ästhetischen Erläuterung, einem »Postface«, begleitet wird. Trotz etlicher Bemühungen ist bislang kein plausibles Ordnungsprinzip der Publikation entdeckt worden. Die Tatsache, daß *Slow March*, das als früheste Komposition bereits 1888 entstanden war (und im übrigen dem Andenken eines Haustiers gewidmet ist), am Ende der Sammlung steht, hat zwar zu der einigermaßen begründeten Vermutung geführt, daß die Reihung der Lieder deren Entstehungszeit – wenn auch nicht konsequent – rückläufig widerspiegele. Aber selbst das wäre nur eine ganz äußerliche Maßgabe der Anordnung, die inhaltlichen Gegebenheiten keinerlei Rechnung trüge; denn der Fortgang des Komponierens von I. läßt keine kontinuierliche Entwicklung in Stil und Kompositionstechnik erkennen. So hatte Copland – trotz oder gerade wegen seiner konservativen Haltung – recht, wenn er die Liedsammlung 1934 als »a mixture of styles« bezeichnete. Und auch seine Charakterisierung der einzelnen Lieder als »mere fragments, or over-complicated in harmonic texture, or deficient in consistency of style« (*One Hundred and Forteen Songs*, 64) trifft – in polemischer Überspitzung freilich, doch in der Klarsichtigkeit der Gegnerschaft – zentrale Qualitäten von I.' Musik. Formale Unabgeschlossenheit oder Offenheit bzw. eine zuweilen kaum durchhörbare Übereinanderschichtung heterogener Klangstränge sind in vielen seiner Kompositionen intendiert; und an einer Einheitlichkeit des Stils, d. h. der nach außen erkennbaren Konsistenz von kompositorischer und ästhetischer Ausrichtung, war I. wohl nie ernsthaft interessiert. Sicher ist, daß er die Auswahl und Zusammenstellung der Liedsammlung von 1922 nicht als sein letztes Wort in dieser Sache betrachtet hat. 1923 stellte er daraus 50, 1933–34 nur noch 34 Songs zu neuen Sammlungen zusammen.

Die absichtsvolle Disparatheit der Konzeption zeigt sich exemplarisch in der *Vierten Symphonie*, die erst elf Jahre nach I.' Tod vollständig aufgeführt und – in einer allerdings desolaten Form – gedruckt wurde. Beim zweiten und vierten Satz läßt sich allenfalls noch von stilistischer Einheitlichkeit reden und beide konnten auch tatsächlich der üblicherweise angegebenen Entstehungszeit der Symphonie 1910–1916 zugerechnet werden: Der Tonsatz ergibt sich aus dem Zusammenspiel äußerst heterogener Schichten, die sich hinsichtlich Tempo und Metrum so sehr voneinander unterscheiden, daß zur angemessenen Ausführung mehrere Dirigenten gefordert sind. Zwischen diesen beiden Sätzen jedoch, die als atonal einzustufen sind, steht eine simple, tonale Fuge, die I. dem in den Jahren 1896–98 entstandenen *Ersten Streichquartett* entnahm. Besteht der stilistische Kontrast hier zwischen den Sätzen, so wird er beim ersten, dem Prelude, in die Fügung eines Satzes hineingezogen. Kern des Prelude ist die Transkription des strikt tonalen Hymnus »Watchman, tell us of the Night«, wie er sowohl im dritten Satz des *Ersten Violinsonate* als auch in den *114 Songs* begegnet. Dieser Kern wird horizontal und vertikal durch neu und atonal komponierte Schichten bzw. Formabschnitte angereichert; seine Präsentation selbst, an der auch ein Chor teilnimmt, ist verunklart durch mehrere metrisch heterogene Stränge, von denen einer als instrumentaler Fernchor erklingt; die Introduktion des Satzes, die zugleich als Einleitung für die ganze Symphonie fungiert, exponiert weitere Hymnenmelodien, vor allem aber die für den zweiten und vierten Satz charakteristische Vielsträngigkeit.

Die *Vierte Symphonie* dokumentiert deutlich, daß I. keine chronologische oder stilistische Einheitlichkeit in Horizontale oder Vertikale einer Komposition anstrebte, daß er sich nicht dem »traditionsbewußten Zwang des Komponisten« unterwarf, »scheinbar widersprüchsvolle Aspekte seines Materials in scheinbar widerspruchslose Beziehungen umzuwandeln, um zur Synthese zu gelangen« (Kagel, 154). Es ging ihm entschieden nicht um Synthese; ja selbst die Individualität eines Werks, die Konstitution eines einmaligen, für sich abgeschlossenen Ganzen, lag – wie bereits die häufigen Übernahmen aus einer in eine andere Komposition zeigen – nicht oder nicht immer in seiner Intention. Das schon tangiert den traditionellen Werkbegriff entscheidend. Dessen Problematik jedoch wird noch in anderer Hinsicht akzentuiert. I. scheint seine Kompositionen schon im Entstehungsprozeß kaum je als definitiv, als ›fertig‹ angesehen zu haben, und das selbst in den Fällen, in denen er sie selbst drucken ließ. Von der Klaviersonate *Concord Mass. 1840–60* bereitete er zwei Druckfassungen vor, die erste erschien 1920, die zweite 1947. Das scheint auf den ersten Blick nichts Ungewöhnliches zu sein und begegnet auch bei anderen Komponisten. I.' Beschäftigung mit der Sonate aber, namentlich mit dem »Emerson«-

Satz, hat noch zahlreiche andere Ergebnisse gezeitigt. Außer den gedruckten Versionen sind weitere 14 handschriftliche Versionen überliefert, daneben noch Übernahmen in andere Klavierwerke, Lieder und Orchesterwerke. Und es kann bei näherer Hinsicht nicht behauptet werden, daß die gedruckten Versionen als gewissermaßen definitiv angesehen werden sollten. Eine lineare, auf eine »Fassung letzter Hand« gerichtete Entwicklung ist nicht zu beobachten; der Entstehungsgang ist vielmehr sprunghaft und vielfach widerspruchsvoll. Man hat daher das Komponieren von I. – wohl vereinfachend – als »work in progress« bezeichnet. Richtig daran ist zwar, daß I. keine individuellen und ein für allemal abgeschlossenen Einzelwerke intendierte; andererseits aber besitzt die Präsentation des Entstehungsprozesses bzw. der kompositorischen Entfaltung für ihn keinen Eigenwert. Denn er zielt sehr wohl auf ein Resultat, auf eine Gesamtkonfiguration von Kompositionen, die weder chronologisch, noch stilistisch, noch in ihrer Detailformung einheitlich und einer einförmigen Wahrnehmungsform zugänglich ist. Das entspricht ganz der Kommunikationsform von Ralph Waldo Emerson, einem Hauptvertreter des Transzendentalismus Neu-Englands, von dem I. zutiefst beeinflußt war und für dessen Schriften und Reden Gedankensprünge, »unlogische« Satzverbindungen, Anakoluthe charakteristisch sind. Und auch I.' Œuvre ist auf allen Ebenen vom Kontrast, von scheinbarer Unstimmigkeit, von Widersprüchen bestimmt. (Um das Gesamtbild der Gegensätze abzurunden, ist zu ergänzen, daß I. als erfolgreicher Versicherungskaufmann ein überaus geordnetes bürgerliches Leben führte, damit zu beträchtlichem Wohlstand gelangte und seine Ehefrau den Vornamen Harmony trug.)

Das Bild des Komponisten I., wie es sich uns heute bietet, ist allerdings dadurch beeinträchtigt, daß die historische und philologische Forschung, die Edition der Kompositionen und – in unmittelbarem Zusammenhang damit – die Möglichkeit sachgemäßer Analysen bzw. praktischer Aufführungen durch die Schwierigkeiten der Quellenaufarbeitung stark behindert ist. Zwar wird der gesamte Nachlaß an einem Ort, in der Yale University, aufbewahrt, der Zustand der Quellen zum einen, die methodischen Schwierigkeiten, die die Manuskripte inhaltlich aufwerfen, zum zweiten und juristische Probleme zum dritten (ökonomische Interessen des Verlags der *Concord-Sonata* z. B. machen die Publikation und Interpretation von deren zahlreichen Versionen selbst für wissenschaftliche Zwecke unmöglich) legen einer umfassenden Einsicht ins Werk von I. noch immer schier unüberwindliche Hindernisse in den Weg. Schon die chronologische Bestimmung ist bei zahlreichen Kompositionen bestenfalls vage zu nennen, die von einzelnen Manuskripten z. T. noch schwieriger. Es könnte sein, daß I. auch in dieser Hinsicht Vorkehrungen getroffen hat, um Eindeutigkeit zu vermeiden und die Widersprüchlichkeit, die seine Kompositionen kennzeichnet, auch in diesem Bereich festzuschreiben. Ob das angesichts der fortgeschrittenen Methodik der Philologie, falls sie angewendet wird, erfolgverheißend sein mag, kann bezweifelt werden. Doch nur die mangelnde kompetente Beschäftigung mit dem Quellenmaterial konnte die Ungewißheit produzieren, ob Maynard Solomon (siehe Lit.) recht hat, daß I. die Datierung seiner Manuskripte absichtlich gefälscht habe. Bedenklich angesichts dieser Hypothese macht vor allem die Motivation, die Solomon I. unterstellt, nämlich das Bestreben, als Neuerer mit dem einen oder anderen kompositorischen Verfahren eine historische Priorität zu haben. Solch ein Motiv indes kann allenfalls bei einem Komponisten angenommen werden, der innerhalb einer bewußten historischen Tradition das Entwickeln von neuen Verfahrensweisen als Qualität und persönliches Verdienst ansieht (so wie Schönberg auf seine Entwicklung der Zwölftontechnik stolz war). Die Einordnung von I. in den Assoziationsbereich Neuer Musik ist allerdings eine post festum, eine, die erst nach seiner späten Rezeption namentlich im Europa der sechziger und siebziger Jahre erfolgt ist, in denen man geneigt war, alles und jedes gänzlich unhistorisch mit – freilich möglichst unkonventionellen – Vorläufern oder Vorbildern zu legitimieren. Ob sich I. als Komponist Neuer Musik (einem europäischen Begriff) gefühlt hat, ist durchaus unsicher, und – falls er tatsächlich die Datierungen seiner Manuskripte gefälscht haben sollte – wäre es sehr viel wahrscheinlicher, daß er die Disparatheit seiner Produktion auch in deren Überlieferung tragen als sich die Geltung eines Innovators erschleichen wollte.

Grundsätzliche Mißverständnisse herrschen allerdings auch bei den Editionen der Kompositionen von I. Zu reden ist nicht von der bedenklichen Beschaffenheit vieler Drucke wie etwa dem – schon angesprochenen – der *Vierten Symphonie*, der größtenteils handschriftliche Kopien reproduziert und von offenkundigen Fehlern wimmelt;

hinzuweisen ist vielmehr auf die Neuausgabe der I.-Society, die den Anspruch einer Gesamtausgabe erhebt. Die charakteristische Vielfalt der Werke von I. wird hier mit philologischer wie musikalischer Naivität zur angenommen besten Fassung nivelliert, und selbst John Kirkpatrick, dem das Verdienst zukommt, die I.-Forschung so recht erst in Gang gebracht zu haben, formuliert hinsichtlich seiner Neuausgabe des Klaviertrios: »This edition ... aims to combine the different sources in whatever ways are best for the music.«

Die kompositorische Haltung von I. ist geprägt von einer Bereitschaft zur experimentierenden Öffnung und Pluralität in allen Aspekten: dem der grundlegenden Tonordnung, dem der Stilhöhe vorgeprägter Materialien, die er in seine Kompositionen übernahm, dem der Art musikalischer Produktion, die den Bereich zwischen den Extremen Improvisation und strikter rationaler Kontrolle auslotet, schließlich dem der Verbindung von Musik nicht nur mit anderen Kunstformen im Sinne von Programmusik, sondern auch mit anderen Wahrnehmungsformen, namentlich der visuellen. So hat I. – um von dem letzteren zuerst zu reden – die räumliche Wirkung seiner Musik, die neben anderen Momenten vorab auf der rhythmisch-metrischen Differenz der Klangschichten beruht, hauptsächlich mit optischen Eindrücken in Verbindung gebracht. Die *Universe-Symphony*, sein großes – und gescheitertes – Projekt, an dem er von 1915 an wohl bis in seine letzten Jahre gearbeitet hat, ist wiederum in unterschiedlichen Schichten konzipiert. Der Grad von deren Heterogenität ist hier von der erklärten Absicht bestimmt, ein integriertes Durchhören zu verhindern. Angestrebt ist, daß sich der Rezipient beim mehrfachen Hören den einzelnen Schichten so zuwendet, als betrachte er die perspektivischen Dimensionen einer Landschaft, den Vorder- und den Hintergrund, den Himmel und die Erde.

Die Entwürfe zur *Universe-Symphony* geben aber auch besonders deutliche Beispiele für ein Verfahren, das in I.' späteren Werken mehr und mehr Anwendung findet, so schon in dem nach längeren Vorarbeiten 1915 abgeschlossenen *Zweiten Streichquartett* und im Klavierquintett *In Re Con Moto Et Al.* aus derselben Zeit. Im Gegensatz etwa zu dem improvisatorisch schweifenden Gestus, der viele Partien der *Concord-Sonata* bestimmt, organisiert I. die Rhythmik einzelner Stränge nun in arithmetischer Regelmäßigkeit, beispielsweise in der Folge der Primzahlen

$11 + 7 + 5 + 3 + 2 + 3 + 5 + 7 + 11$. Die strikte Rationalität der Strukturierung indes kann und soll keineswegs Klarheit und eindeutige Perzeption ermöglichen. Sie wird gezielt eingesetzt, um die diffuse Wirkung des musikalischen Resultats kontrolliert erhöhen zu können.

Auch hinsichtlich der Tonhöhenordnung erweitert I. die musikalische Sprache beträchtlich. Bereits in den 1891 entstandenen *Variations on America* für Orgel schreibt er bitonale Abschnitte, später nimmt Atonalität einen großen Raum in seinen Kompositionen ein, und schließlich experimentiert I. sogar mit der Vierteltönigkeit (wie namentlich in den *Quarter-Tone Pieces* für zwei Klaviere von 1923–24). Dabei gelten solche diastematischen Konzeptionen keineswegs immer für ein ganzes Stück oder einen ganzen Satz, sondern I. nutzt sie gleichermaßen, um die Heterogenität der einzelnen Stränge innerhalb eines Tonsatzes auch in dieser Hinsicht ausprägen zu können. So liegen beispielsweise im zweiten Satz der *Vierten Symphonie* bisweilen tonale, atonale und vierteltonige Schichten übereinander.

Besonders auffällig und deshalb in der Literatur über I. auch besonders oft besprochen ist sein vielfältiger Gebrauch von Zitaten. Sie entstammen ganz unterschiedlichen Bereichen, der Kirchen-, Militär- und Volksmusik, aber auch der europäischen Kunstmusik, aus der I. sich neben Bach, Brahms, Čajkovskij namentlich auf Beethoven bezog. Sie stellen ein Mittel dar, um über die gestaltliche Differenzierung hinaus den Kontrast zwischen den Satzbestandteilen auch durch die Stilhöhe und den kulturellen Bereich, den sie repräsentieren, zu unterstreichen. Dabei sind die Funktionen, welche die Zitate innerhalb der Kompositionen übernehmen, überaus vielgestaltig; der Begriff Collage jedenfalls, mit dem man den Zitatengebrauch bei I. hat umschreiben wollen, greift zu kurz. Zwar gibt es direkte Kombinationen unverändert übernommenen Fremdmaterials, häufig genug aber unterwirft I. die Zitate einer weitgehenden motivisch-thematischen Verarbeitung, nähert sie im formalen Diskurs aneinander an oder trifft ihre Auswahl von vornherein aufgrund gestaltlicher Beschaffenheit bzw. aufgrund der ihnen innewohnenden Möglichkeit, sie mit anderen Gestalten – auch den selbst komponierten – in positive oder negative Beziehung zu setzen.

Will schon die gegenständliche Bestimmung und Interpretation der Kompositionen von I. hinsichtlich der in ihnen verwendeten musikalischen

Ausdrucks- bzw. Gestaltungsformen und ihres ästhetischen Sinnes kaum je ohne Rest gelingen, so stehen – freilich in Zusammenhang damit – einer historischen Einordnung des Komponisten I. noch größere Hindernisse im Weg. Sicher ist wohl die Tatsache, daß er an keine originär amerikanische Musiktradition anknüpfen konnte. Welche Verbindlichkeit dagegen der europäischen Musik im Amerika der Jahrhundertwende zukommt, ist noch nicht hinreichend untersucht. Zwar dominierte sie das Konzertleben an der Ostküste ebenso wie den akademischen Ausbildungsbetrieb. Ob aber ihre Normen, namentlich der emphatische Werk- und Kunstbegriff, auch jenseits des Atlantiks ungeschmälert ihre Gültigkeit behielten, ist durchaus fraglich – I.'s Kompositionen sprechen eher dagegen. Und was die historische Wirksamkeit der Musik von I. betrifft, so täuschen die Etikette »Vater der amerikanischen Musik« oder »Vorbereiter der Neuen Musik« vor, sein Komponieren habe unmittelbare Auswirkung auf die nachfolgende Komponistengeneration gehabt. Tatsächlich aber sind seine Kompositionen, wie schon erwähnt, überhaupt erst vierzig Jahre nachdem er 1925 seine produktive Tätigkeit weitgehend eingestellt hatte, ernsthaft zur Kenntnis genommen worden. Und es spricht vieles dafür, daß sie selbst dann weniger als intern kompositorisches Vorbild denn als Anhaltspunkt für theoretische Legitimationsversuche gedient haben.

Noten: Associated Music Publishers (N.Y.). NA der I.-Society, N.Y. 1973 ff.
Dokumente: Essays before a Sonata and Other Writings, hrsg. von H. BOATWRIGHT, (N.Y. ¹1961) Ldn. ³1969; dt. als Ausgewählte Texte, hrsg. von W. BARTSCHI, Zürich 1983. Memos, hrsg. von J. KIRKPATRICK, Ldn. 1973.
Werkverzeichnis: SINCLAIR, J. B.: A Descriptive Catalogue of the Music of Ch. I., New Haven (CT) 1999. SHERWOOD, G.: Ch. I. A Guide to Research, N.Y. 2002.
Bibliographie: FREEDMAN, F. und BURK, J.: A Ch. I. Bibl. [in Vorbereitung].
Literatur: COPLAND, A.: One Hundred and Fourteen Songs *in* Modern Music 11 (1934), 59–64. COWELL, H. und S.: Ch. I. and his Music, N.Y. 1955, rev. ²1969. KAGEL, M.: Match für drei Spieler *in* Mauricio Kagel. Musik, Theater Film, hrsg. von D. SCHNEBEL, Köln 1970, 152–159. HITCHCOCK, H.W.: I., Ldn. 1977. SCHUBERT, G.: Die Concord Sonata von Ch. I. Anmerkungen zu Werkstruktur und Interpretation *in* Aspekte der musikalischen Interpretation. Fs. für Sava Savoff, hrsg. von H. DANUSER und CHR. KELLER, Hbg. 1980, 121–38. BURKHOLDER, J.P.: Ch. I. The Ideas Behind the Music, New Haven (CT) 1985. DERS.: All Made of Tunes: Ch. I. and the Uses of Musical Borrowing, New Haven (CT) 1995. Ch. I. and his World, hrsg. von DEMS., Princeton (NJ) 1996. LAMBERT, P.: The Music of Ch. I., New Haven (CT) 1997. DERS.: I. Studies, Cambridge 1998. Amerikanische Musik seit Ch. I., hrsg. von H. DANUSER u. a., Laaber 1987, ²1993. SOLOMON, M.: Ch. I. Some Questions of Veracity *in* JAMS 40 (1987), 443–470. RATHERT, W.: Ch. I., Darmstadt 1989. DERS.: The Seen and Unseen, Mn. 1991. Ber. über das Intern. Symposium »Ch. I. und die amerikanische Musiktradition der Gegenwart« Köln 1988, hrsg. von KL. W. NIEMÖLLER, Regensburg 1990. KRAMER, L.: Cultural Politics and Musical Form. The Case of Ch. I. *in* Classical Music and Postmodern Knowledge, Berkeley 1995, 174–200. SWAFFORD, J.: Ch. I. A Life with Music, N.Y. 1996. Ch. I. and the Classical Tradition, hrsg. von G. BLOCK und J.P. BURKHOLDER, New Haven (CT) 1996. HITCHCOCK, H.W.: I.'s 114 [+ 15] Songs and what he thought of them *in* JAMS 52 (1999), 97–144.

Christian Martin Schmidt

Jacquet de La Guerre, Elisabeth(-Claude)

Getauft 17. 3. 1665 in Paris; gest. 27. 6. 1729 in Paris

J. war eine der wenigen Komponistinnen, deren Persönlichkeit und Werk in der Barockepoche hohes Ansehen fand. Doch erst im Lauf der vergangenen 40 Jahre wurde ihrem Schaffen auch von seiten der Musikwissenschaft angemessene Beachtung zuteil. Als erste Komponistin in Frankreich erlangte sie professionellen Status. Dies verdankte sie maßgeblich dem großzügigsten Musikmäzen ihrer Zeit, Ludwig XIV., ihrem persönlichen Gönner, der 1673 auf ihr Spiel als Wunderkind am Cembalo aufmerksam geworden war. Im »Mercure galant« 1678 wurde sie – auch für ihre Improvisationskunst – als »merveille de notre siècle« (»Wunder unseres Jahrhunderts«) gerühmt. Der Schwerpunkt ihrer Tätigkeit verlagerte sich zunehmend auf das Komponieren. Als erstes Werk erschienen 1687 *Piéces de Claueßin* [sic] mit harmonisch ebenso interessanten wie schlüssigen »préludes non mesurés« und Tanzsätzen. Der bereits in diesem Erstlingswerk auffallende harmonische Reichtum (bei stark modaler Orientierung) zeichnet ihr gesamtes weiteres Schaffen aus.

Als erste Frau komponierte sie eine Oper, die in Paris zur Aufführung gelangte (1694). Die ›tragédie en musique‹ *Céphale et Procris* in fünf Akten (mit einem Prolog) steht mit ihren zahlreichen Chor- und Ballettszenen in der Lully-Tradition. Zukunftsweisend war J.s Gebrauch der Stille als Mittel besonderer dramatischer Wirkung, der z. B. Campra beeinflußte.

Nach dem Tod ihres Vaters (1702), ihres Mannes (1704) und ihres frühbegabten Sohnes (um 1704) zog sie sich weitgehend aus der Öffentlichkeit zurück. Mit zwei Sammlungen von je sechs *Cantates françoises sur les sujets tirez de l'Écriture* (»Französischen Kantaten über Themen aus der Heiligen Schrift«; 1708, 1711) wandte sie sich religiösen Themen zu. Die Stoffe aus dem Alten Testament (in französischer Nachdichtung) sind vertont für eine Sopranstimme und Basso continuo, z. T. »avec Symphonie«, d. h. mit konzertierenden Instrumenten (Violine, Flöte). In *Jephté* tritt eine weitere Sopran-, in *Le deluge* (»Die Sintflut«) eine Baßstimme hinzu. Die Gesangsstimmen sind bei sorgfältiger Sprachdeklamation rhythmisch sehr vielgestaltig gearbeitet. Verzierungen werden gezielt in dramatischer oder textausdeutender Funktion eingesetzt.

Für drei weitere *Cantates françoises* auf weltliche Texte (um 1715) mit antik-mythologischen Sujets wie *Le Sommeil d'Ulisse* (»Der Schlaf des Odysseus«) wählte J. eine kammermusikalische Besetzung (Sopran, Violine, Flöte oder Oboe, Basso continuo). Während die Rezitative durch edle, kantable Melodik ins Liedhaft-Ariose tendieren, fordern einige Arien sängerische Virtuosität (Koloraturen, Trillerfiguren).

Ihre Instrumentalmusik umfaßt Trio- und Violinsonaten in eigenständiger Ausformung nach italienischen Vorbildern sowie Cembalosuiten in französischer Tradition. Die vier *Triosonaten* für zwei Violinen, Viola da Gamba und Generalbaß zeigen Einflüsse der italienischen Kirchensonate und Canzona, der französischen Ouvertüre, Air und ›Pièce de viole‹ sowie charakteristische Kennzeichen des Personalstils J.s: gesangliche, plastisch geformte Melodien, häufige Synkopierungen, eine farbige Harmonik (mit harmoniefremden Tönen, Dur-Moll-Wechseln und weitgreifenden tonalen Gegensätzen) sowie lebhaften Wechsel der Satztechnik. Vom Basso continuo löst sich zeitweilig eine figurierte oder gänzlich verselbständigte Gambenstimme. Die Sätze gehen z. T. durch offene Schlüsse ineinander über. In den sechs *Solosonaten* für Violine und Cembalo (1707) bereichert J. den ›da chiesa‹-Typus – mit italienischen, harmonisch expressiven Adagio- und fugierten Prestosätzen – um französische Airs.

Eine zweite Sammlung von Cembalosuiten (1707) schließt sich stilistisch an die erste von 1687 an. Der Werktitel verweist auf die Möglichkeit, eine Violine zur Begleitung heranzuziehen: *Pieces de Clauecin Qui peuvent se Joüer sur le Viollon* [sic]. Es ist aber kein eigener Violinpart beigefügt: ein frühes Beispiel für die Praxis, mit einer Violine die Cembalo-Oberstimme mitzuspielen. Die dissonanzenreichen Stücke sind äußerst reichhaltig ornamentiert.

Nach J.s Tod ließ Ludwig XV. ihr zu Ehren eine Gedenkmedaille prägen mit ihrem Porträt und der Aufschrift: »Aux grands musiciens j'ay disputé le prix.« (»Ich rang um den Preis mit den großen Musikern.«)

Noten: Pièces de clavecin, hrsg. von C. H. BATES, Paris 1987. Cantatas (1708/11), Collected Secular Cantatas (after 1715), 2 Bde., hrsg. von D. TUNLEY, Faks. N. Y. und Ldn. 1990. Triosonaten für 2 Violinen und Basso continuo, hrsg. von C. H. BATES, Kassel [ca. 1992]. Céphale et Procris, hrsg. von W. R. GRIFFITHS, Madison (WI) [ca. 1998].

Literatur: BORROFF, E.: An Introduction to E.-Cl. J., N. Y. 1966 (mit Bibl.). BATES, C. H.: The Instrumental Music of E.-Cl. J., Diss. Bloomington (IN) 1978. ROSE, A.: »E.-Cl. J. and the Secular ›cantate françoise‹« in Early Music 13 (1985), 529–541. CESSAC, C.: E. J. Une femme compositeur sous le règne de Louis XIV., Arles 1995 (mit Bibl.). McINTOSH, V. M.: The twelve cantatas based on the Scriptures by E.-Cl. J., Diss. Eugene (OR) 1997. BATES, C. H.: E. J.s trio sonatas *in* Orbis musicae 12 (1998), 26–48.

Clemens Fanselau

Janáček, Leoš, [Leo (Eugen)]

Geb. 3. 7. 1854 in Hukvaldy (Hochwald, Mähren); gest. 12. 8. 1928 in Moravská Ostrava (Mährisch-Ostrau)

Der künstlerische Weg, den L. J. zurücklegte, um einer der bedeutendsten Musikdramatiker des 20. Jahrhunderts zu werden, war geprägt von Versuch und Irrtum. Beeinflußt durch seinen Vater, den Dorfschullehrer Jiří Janáček (1815–1866), und seinen Musiklehrer im Augustinerstift zu Brünn (Brno), den namhaften Komponisten Pavel Křížkovský (1820–1885), wuchs er auf in der böhmischen Kantorentradition. Auch J. wurde Lehrer, zunächst für Geschichte sowie Geographie, und spielte als Pädagoge und Chorleiter schon bald eine prägende Rolle im Brünner Kulturleben. Mit einer Zusatzausbildung an der Prager Orgelschule sicherte er sich eine weitere Qualifikation als Musiklehrer. Ein wichtiger Teil seines kulturpolitischen Wirkens war der Aufbau und die Leitung der Orgelschule in seiner Wahlheimat Brünn. Das Studium an den Konservatorien in Leipzig und Wien brach er indes vorzeitig ab. Zu stark war bei ihm der Widerwille gegen den dominierenden deutschen Einfluß im kulturellen und politischen Leben Böhmens und Mährens.

L. J.s kompositorische Entwicklung stand dementsprechend im Spannungsverhältnis zwischen traditioneller Formgebung und der Suche nach neuen musikalischen Ausdrucksmöglichkeiten. Er strebte nicht nach einer vollständigen Auflösung der Formen, sondern propagierte einen freien Umgang mit ihnen. Nach J.s ästhetischen Vorstellungen spielen Fragen der musikalischen Wahrhaftigkeit eine entscheidende Rolle, als deren wichtigste Elemente er die Volksmusik und die Melodie der Sprache ansah. Zudem beschäftigte ihn zunehmend das Komponieren als psychologischer Vorgang. Der Verlauf von J.s musikalischer Entwicklung spiegelt sich besonders deutlich in seinen kammermusikalischen Werken wider. Während er bei den zumeist unvollendet gebliebenen oder verschollenen Arbeiten seiner Studienzeit noch bemüht war, den Ansprüchen an Sonatenhauptsatz- und Rondoform gerecht zu werden, löste er sich zunehmend davon und versuchte, größere Gestaltungsfreiheit zu gewinnen. Nach einigen, nicht zufriedenstellenden Versuchen wandte sich J. erst in den zwanziger Jahren wieder dem Streichquartett zu und wagte einen Neuansatz, als sich sein individueller Stil herauskristallisiert hatte. Er brachte unter dem Eindruck von Lev N. Tolstojs »Kreutzersonate« ein Werk zu Papier, in dem er sich von den überlieferten Formen weitgehend löste. Mosaikartig aneinandergereihte Themen bestimmen den Verlauf des *Streichquartetts Nr. 1*, in dem es nur im ersten Satz zu einer Art Durchführung im Sinne der Sonatensatzform kommt. Das etwa siebzehnminütige Stück stellt keine Programmusik dar, die die Novelle in ihren Inhalten nachzeichnet; vielmehr werden wechselnde Stimmungen angeschlagen, die mitunter auf die Klangwelt aus der Oper *Kát'a Kabanová* verweisen. Beim *Zweiten Streichquartett* mit dem Titel »*Intime Briefe*« (1928) handelt sich um ein Werk, dessen Polyphonie stärker ausgeprägt ist als bei seinem ebenfalls viersätzigen Vorgänger. Formgesetze des klassisch-romantischen Archetypus wurden umgangen: Der Kopfsatz ist eher ein freies Rondo als ein Sonatensatz, und statt eines traditionellen Scherzos gibt es zwei langsame Sätze. Zudem verzichtete J. auf Leitmotivik und Verarbeitung des motivischen Materials in dieser sich hochexpressiv gebenden Komposition. Seine Klavierwerke – die programmatische *Klaviersonate 1. X. 1905* (1905) und die Zyklen *Auf verwachsenem Pfade* (1901–1908) und *Im Nebel* (1912) – enthalten durch ihr musikdramatisches Konzept bzw. den unvermittelten Tempowechsel, abgehackte Harmonien und fragmentartige Melodien charakteristische Gestaltungselemente von J.s Opernschaffen. Mit ihren außermusikalischen Ideen und dem dramatisch-szenischen Gestus besitzen sie eine den Orchesterwerken (*Taras Bulba*, 1915–18; *Sinfonietta*, 1928) vergleichbare Plastizität. In der etwa zwölfminütigen Orchesterballade *Šumařovo dítě* (»Des Spielmanns Kind«; 1913) beispielsweise läßt J. die Instrumente und Stimmen wie Akteure auf einer imaginären Bühne agieren: Der verstorbene Spielmann, symbolisiert durch die Violine, lockt das kranke Kind, dessen Stöhnen die Oboe versinnbildlicht, ihm ins Jenseits zu folgen.

Schon Mitte der achtziger Jahre hatte L. J. in seinem Chorschaffen einen eigenständigen Tonfall entwickelt. Obwohl seine frühen volksliedhaften Chorkompositionen noch unter dem Einfluß seines Lehrers und Gönners Křížkovský standen, erscheinen sie durch eine freie rhythmische Bildung nach dem Vorbild ostmährischer und slowakischer Volkslieder schon bald unkonventioneller als die Instrumentalkompositionen, in denen sich J. erst später von klassisch-romantischen Vorbildern löste. J. erlebte die Auseinandersetzung mit der Volkspoesie, den Klängen seiner Umwelt, der Sprache und Musik seiner mährischen Heimat als eine Art Herauslösung aus den Kompositionsverläufen, die ein getreues Abbild der alten Herrschaftsstruktur sind: die klassische Dichotomie (Zweiteilung) zwischen melodieführender Stimme und der untergeordneten Begleitung. Er entwickelte eigene Theorien und musikalische Formen, die nur noch bedingt als Orchesterwerk, Liederzyklus, Kantate oder Oper zu bezeichnen sind. Die dabei sich von den neunziger Jahren an herausbildende eigenwillige Individualität seines Komponierens zeigte sich schon in Äußerlichkeiten: Wenn J. die überlieferten Formarchetypen bediente, dann kaum im herkömmlichen Sinn, sondern auf eine ganz persönliche Weise. An die traditionelle Opus-Numerierung hielt er sich ab op. 3 (*Suite für Orchester*, 1891) ohnehin nicht mehr. So komponierte er als sein liturgisches Hauptwerk eine Messe auf einen altslawischen Text statt des üblichen Latein, bezeichnete sein umfangreichstes Orchesterwerk mit der Diminutivform als *Sinfonietta*, verfaßte mit dem *Zápisník zmizelého* (»Tagebuch eines Verschollenen«; 1919) ein eher kammermusikalisches Minidrama als einen Liederzyklus, schrieb mit seinem *Concertino* eine neue Spielart des Klavierkonzerts und mit dem *Capriccio* ein Stück für ein höchst originell zusammengestelltes Kammerensemble – alles Werke, die Sonderformen der archetypischen Gattungsmuster darstellen: individuell instrumentierte und unkonventionell arrangierte Tonphantasien mit einem nur ihnen eigenen Klangcharakter.

Um die Jahrhundertwende zeigte sich bei J. ein verstärkter sozialkritischer Impetus in Werkwahl und -gestaltung. Zwischen 1906 und 1909 vertonte er drei Gedichte von Petr Bezruč (1867–1958). Auf eine wahre Begebenheit soll *Kantor Halfar* (1906) zurückgehen, die Geschichte eines patriotisch gesinnten Junglehrers, der in Konflikt mit der Obrigkeit gerät und als Selbstmörder endet. J. komponierte dazu einen »Tonsturm von Wut, Verzweiflung und Schmerz« (Brief an Bezruč, in Honolka 1982, 134). Die soziale Not einer Waise steht im Mittelpunkt der Chorballade *Maryčka Magdónova* (1908). Was in der ersten Version noch im gleichförmigen Stil maskuliner Gesangsgruppen verharrt, ließ J. so unbefriedigt, daß er vier Monate später eine neue Fassung mit einer reichhaltigen dynamischen Ausdruckspalette, ausgefeilter Textbehandlung und naturalistischer Dramatik ausarbeitete. J. verstand dieses Werk als eine »sozialistische Versammlung« (Štědron 1955, 131), wie auch die letzte der Bezruč-Vertonungen, *70.000* (»*Sedmdesát tisíc*«, »Die Siebzigtausend«; 1909, überarbeitet 1913). Die Zahl im Titel spielt an auf die Minderheit von 70.000 Tschechen im Teschener Teil Schlesiens, die sich dagegen wehrten, um der Arbeit und der Versorgung willen ihrer Muttersprache zu entsagen. Weisen *Kantor Halfar* und *Maryčka Magdónova* trotz aller Expressivität der Stimmführung noch eine verhältnismäßig traditionelle Faktur auf, so verlangt *70.000* eine mehrfach geteilte Besetzung der Stimmen und ein Männerquartett als »Seele« des machtlosen Volkes. Der Ausdruck reicht vom Flüstern, Klagen bis hin zum Aufschrei in einer gewaltigen, einzigartigen Emotionspalette. Das Ende 1922 vollendete fünfminütige Werk *Potulný šílenec* (»Des Narren Irrfahrt«) für Männerstimmen und Sopransolo gehört zu den außergewöhnlichsten Werken der Chorliteratur. Inspiriert durch seine Begegnung mit dem indischen Literaturnobelpreisträger Rabindranath Tagore vertonte J. ein Gedicht über die Suche nach dem Stein der Weisen. In seinem letzten A-cappella-Stück näherte er sich immer mehr dem Sprechchor. Das frei tonale Werk hat keine vorgezeichnete Tonart und geht mit expressiven Ausbrüchen bis hin zu Schreien, den Kommentaren und dem Gelächter des fragenden Knaben im Sopransolo sowie der polyrhythmischen Struktur bis an die Grenzen der Ausdrucksmöglichkeiten. Es ist thematisch und musikalisch eine von J.s avanciertesten Schöpfungen.

L. J.s sozialkritische Haltung wird auch in seinen Vertonungen liturgischer Texte offenkundig. In seinem *Otčenáš* (»Vaterunser«) für Tenor, gemischten Chor, Klavier und Harmonium (1901) verzichtete er auf jede religiöse Innigkeit und konfrontierte die idealistische Auffassung des Gebets in seiner musikalischen Ausgestaltung der Bilder des polnischen Malers Jozef Krzesz-Mezčina (1860–1934) mit am wirklichen Leben orientierten Situationen von Not, Hunger und Furcht. Gipfelpunkt von J.s Auseinandersetzung mit religiösen Fragen ist die 1927 uraufgeführte »*Mše glagolskaja*« (»Glagolitische Messe«). Nicht das Dogma beeinflußte J.s Kompositionen zu geistlichen bzw. mystischen Texten, vielmehr waren diese für ihn ein wesentliches humanistisches Ausdrucksmittel. Die Verwendung eines altslawischen Textes legt Zeugnis ab von seiner panslawistischen Haltung. Das groß dimensionierte Werk entbehrt konventioneller kirchlicher Feierlichkeit, dafür weist es einen intensiven dramatischen Gestus auf. In der Struktur bleiben die individuell instrumentierten Abschnitte der lateinischen Messe erhalten, werden aber durch eine orchestrale Einleitung sowie ein abschließendes Orgelsolo nebst einem Orchesterstück ergänzt.

Die Beschäftigung mit der Volksmusik und der Sprachmelodie sowie seine detaillierte Analyse der 1896 entstandenen vier sinfonischen Dichtungen seines Freundes Dvořák führten J. zu der Erkenntnis, daß mit kurzgliedrigen Motiven und sprachmelodischen Elementen eine dramatisch fesselnde und glaubwürdige Gestaltungsweise zu erreichen ist. Das Studium von Sprachmelodien, Tierlauten,

Geräuschen (Wind, Brunnen, Kutschwagen usw.) diente J. als Quelle für die eigene Inspiration. In »freier Stimmodulation« lag mehr »Lebenskraft und Inhaltsreichtum, wie sie die dramatische Musik erfordert« und mehr »Melodien des tschechischen Wortes« als in der Kunstmusik. In der »Sprachmelodie« erkannte J. »Fenster in die Seele« (»*Literární svet*«, I, März 1928, in Saremba 2001, 397–399) und seine systematische Beschäftigung mit diesem akustischen Phänomen ist einer der Schlüssel zu seiner Klangdramaturgie. In künstlerischer Hinsicht bedeutet die Arbeit an der Oper *Její pastorkyňa* (»Ihre Stieftochter« [Jenufa]; 1894–1904, Brünn 1904) und der Kantate *Amarus* (1897) für J. das Bewußtwerden seiner neuen technischen Ausdrucksmittel.

Schon von Beginn an liefen bei J. musiktheoretische Publikationen und Kompositionstätigkeit Hand in Hand. Seine musiktheoretischen Artikel und schließlich die als Lehrbuch umstrittene *Vollständige Harmonielehre* (»*Úplná nauka o harmonii*«) mit ihrer teilweise eigenwilligen Neubenennung von Fachbegriffen boten mehr das theoretische Fundament für J.s eigene Kompositionsweise als daß sie, wie ursprünglich beabsichtigt, zum Unterricht an seiner Brünner Orgelschule geeignet gewesen wären. J. wollte die damals anerkannten Regeln der Harmonielehre durch allgemeinere, psychoakustisch begründbare Gesetzmäßigkeiten ersetzen. Seine *Vollständige Harmonielehre* beruht auf den ästhetischen Grundsätzen Josef Durdíks (»Allgemeine Ästhetik«, Prag 1875) und Robert Zimmermanns (»Geschichte der Ästhetik als philosophische Wissenschaft«, Wien 1858 sowie »Allgemeine Ästhetik der Formwissenschaft«, ebd. 1865), auf Hermann von Helmholtz' »Lehre von den Tonempfindungen« (Braunschweig 1863) und Wilhelm Wundts »Grundzügen der physiologischen Psychologie« (Leipzig 1908–1911). Immer wieder geht es dabei um die Frage, was zum Zusammenwirken einzelner Komponenten zu einem befriedigenden Ganzen beizutragen vermag. J.s musiktheoretische und kunstästhetische Überlegungen sind für den mährischen Komponisten ein wesentlicher Bestandteil seiner Arbeit, um die Schnittstellen zu finden, aus denen neue Werke hervorgehen können. Komposition und theoretische Reflexion laufen parallel: Musikanalyse, musikhistorische und -ethnologische Forschung, Physik, Akustik und Psychologie gehörten zu den Grundlagen seines Schaffens. Insbesondere aus dem Studium von Helmholtz' und Wundts Werken gewann J. die entscheidenden, auf wissenschaftlicher Forschung aufbauenden Erkenntnisse über Schallempfindungen, Klangformen und -färbungen, Gefühlsanalyse und Gehörvorstellungen, Zeitvorstellungen und Gemütsbewegungen. Diese boten ihm eine fundierte physikalische Ausgangsbasis für seine Vorstellungen von psychoakustischen Wirkungen, die in die überarbeitete Ausgabe der *Harmonielehre* - die im engeren Sinne eigentlich ›Akkordlehre‹ heißen müßte – einflossen. »Wir stehen auf der Seite von Helmholtz, Zimmermann und Herbart gegen musikalische Dichter, die nicht jene gründliche musikalische Ausbildung erhalten haben, die erforderlich ist, um das Medium der Komposition vollständig zu kontrollieren und zur wahren musikalischen Kreativität zu gelangen«, hatte J. in einem Leitartikel der »Hudební listy« postuliert (»Hudební listy«, I, 1884, in Beckerman, 27). Kennzeichnend für J.s kompositorische Faktur und Orchesterbehandlung ist eine Instrumentierung ohne eigentliche Mittellage mit Füllstimmen. In den 1920er Jahren begann J. damit, auf querformatigen Seiten sein Notensystem freihändig selbst zu ziehen, um sich nicht durch die vorgegebenen Linien verleiten zu lassen, Instrumentenstimmen hinzuzufügen, die er eigentlich gar nicht brauchte. Werke wie die *Sinfonietta*, die *Glagolitische Messe* oder die Oper *Z mrtvého domu* (»Aus einem Totenhaus«; Brünn 1930) sind auf diese Weise entstanden. Durch die Analyse der Akkordverbindungen gelangte er zu der Auffassung, daß die »Nachempfindung« von Akkorden, die sich beliebig kombinieren und harmonisieren lassen, die »Gefühlswirkung« intensiviert und für einen »gesteigerten Affekt« sorgt, indem der im Bewußtsein des Hörers nachhallende Akkord die Kontinuität und den Reiz einer Melodie oder einer Tonfolge spürbar werden läßt. Ein wesentlicher Aspekt war nicht zuletzt die Berücksichtigung der Faktoren Metrik (»sčasování«) und Zeit in seiner Harmonie- bzw. Akkordlehre. In der Oper *Příhody lišky Bystroušky* (»Die Abenteuer der Füchsin Schlaukopf«, in Brods Fassung »Das schlaue Füchslein«; Brünn 1924) beispielsweise setzte J. bewußt großflächig verschiedene Formen der Verdichtung ein: die massive vertikale Akkorddurchdringung (»prolínání«) mit wechselnder Klangfarbenbesetzung im Tuttisatz und die unterschiedlich gewichtete Klangverschmelzung (»spletna«) in Unisono-Passagen. Angeregt von Helmholtz und Ohm führte J. seine Hörer zu einem bewußten Wahrnehmen der Musik, indem er das Orchester so sparsam wie möglich besetzte und mitunter versuchte, durch extreme Höhenlagen die Oktavlage der Instrumentalstimmen so anzupassen, daß der resultierende virtuelle Grundton tatsächlich in einer Baßstimme wiedergefunden werden kann (Beispiel: Orchestervorspiel zu *Aus einem Totenhaus*). Nach Helmholtz' Überlegungen zu Konsonanz und Dissonanz nimmt das Ohr Sinusteiltöne wahr, das heißt, beim Zusammenbringen von Tönen wird die sogenannte »Rauhigkeit«, bei der es sich um eine indirekte Größe handelt, die über den Grad der Schwebung definiert wird, zum wissenschaftlichen Maß für Konsonanz und Dissonanz; diese Rauhigkeit hängt davon ab, wie nahe zwei Obertöne zusammen liegen. Hierin erkannte J. fundierte Ansatzpunkte für das gezielte Hervorrufen psychologischer Klangwirkungen: Die Rauhigkeit ist beispielsweise durch die Oktavlage der verwendeten Stimmen steuerbar. J. achtete zumeist bewußt, mitunter aber auch dem kompositorischen Instinkt folgend, auf diese subtile psychoakustische Größe. J.s *Harmonielehre* stellt ein Schlüsselwerk in der Fortführung der Helmholtz'schen Grundlagenforschung dar.

Mit seinen theoretischen Arbeiten gewann J. zugleich Klarheit darüber, wie er gezielt psychologische Klangwirkungen hervorrufen konnte. Die für sein musikdramatisches Denken charakteristischen Bühnenwerke entstanden alle nach der Jahrhundertwende, größtenteils erst in den zwanziger Jahren. In den beiden frühen Opern, *Šárka* (1887–88, Brünn 1925) und *Počátek románu* (»Der Anfang einer Romanze«; Brünn 1894), führt J. Smetanas Tradition fort, der tschechischen Oper eine große stilistische und thematische Bandbreite zu geben. Der später überarbeitete Erstling *Šárka* geht auf einen Legendenstoff zurück und wirkt infolge der über dreißig Jahre später hinzugefügten Retuschen und der Instrumentierung des noch unfertigen 3. Aktes durch Osvald Chlubna uneinheitlich. *Der Anfang einer Romanze* ist ein Stilexperiment, dem schon Smetana mißtraute und das sich bei J. als ebenso wenig tragfähig für eine abendfüllende Oper erweist. Das ganze Werk baut – ähnlich wie das Tanzspiel *Rákoš Rákoczy* (Prag 1891) – auf bearbeitetem Volksliedmaterial auf, das sich aber als zu unflexibel und zu wenig entwicklungsfähig gibt, um musikalische Figuren zu charakterisieren und Handlungsentwicklungen deutlich zu machen.

Erst mit *Ihre Stieftochter* (im Westen ab 1918 bekannter unter dem von Max Brod geänderten Titel: *Jenufa*) fand J. zu einem eigenständigen Tonfall und wirkungsvollen künstlerischen Gestaltungsmitteln. Für die wörtliche Vertonung eines gekürzten Bühnendramas verwendete er nur noch gelegentlich Volksliedmaterial, dafür setzte er aber bewußt sprachmelodische Elemente ein – kleingliedrige Klangmotive, die gerade wegen ihre Kürze für jede Fortsetzung und kombinatorische Verarbeitung offenstehen. Die Oper *Das Schicksal Osud* (»Das Schicksal«; 1903–1905, Brünn 1958) ist wegen ihrer sprunghaften und nicht immer glaubwürdigen Handlungsführung oft auf Kritik gestoßen. Das Künstlerdrama bildet das urbane Pendant zur Volksoper *Ihre Stieftochter*. Nicht nur in der musikalischen, sprechmelodischen Faktur gibt es Parallelen, auch in der Anlage der Akte zeigen sich manche Entsprechungen. Bei *Das Schicksal* orientierte sich der Komponist an der episodenhaften Handlungsführung der russischen Oper: Die Momentaufnahmen und das scheinbar diskontinuierliche Vorantreiben der Handlung bei beiden Werken haben ihre Parallelen in der slawischen Operndramaturgie, die eher rhapsodisch als auf Kulminationspunkte hin angelegt ist. Musikalisch bietet *Das Schicksal* eine Fortführung der bisher entwickelten musikdramatischen Techniken. Auch *Výlety páně Broučkovy* (»Die Ausflüge des Herrn Brouček«; 1908–1919, Prag 1920) gelten als eine thematisch zu sehr an ihre Entstehungszeit gebundene Satire. In den beiden Teilen des Werkes, in denen der Spießbürger Brouček in seinen Albträumen mal mit einer Gesellschaft lebensfremder Ästheten auf dem Mond, mal mit den fanatischen Hussitenkämpfern des 15. Jahrhunderts konfrontiert wird, wollte J. vor den Broučeks in dieser Welt warnen, jenen »Menschen ohne Rückgrat« (Brief vom 12. März 1920 in Přibáňová 1990, 82), und widmete das Werk Tomáš Garrigue Masaryk, dem ersten Staatspräsidenten der jungen Tschechischen Republik. Der J.-Biograph und -Förderer Max Brod hingegen weigerte sich, als »überzeugter Antimilitarist... eine solche Verherrlichung der Waffen« zu übersetzen (Brief vom 1. Juni 1920 in Saremba 2001, 256). Musikalisch zeichnet sich das Stück durch einen großen Einfallsreichtum und zahlreiche parodistische Passagen aus.

Mit *Káťa Kabanová* (Brünn 1921) beginnt der Reigen der reifen Opern J.s, für die er sich selbst die Texte zusammenstellte. Die Grundlage bildet Aleksandr N. Ostrovskijs (1823–1886) Drama »Groza« (»Das Gewitter«; 1859), jedoch reduzierte J. das sozialkritische Gesellschaftspanorama auf das Schicksal der Kaufmannsfrau Kát'a Kabanová, die durch eine Affäre versucht, aus der Zwangsjacke bigotter Religiosität und starrer Tradition zu entkommen, letzten Endes aber im Selbstmord endet. Eine Reihe von Themen und Motiven (für Kát'a, die Wolga usw.) und deren dramatische Verknüpfung werden zu Trägern der musikalischen Struktur. Instrumentenfarben (z. B. die von J. geschätzte Viola d'amore für Kát'a) und Gesangsstil charakterisieren die Figuren in einem Stück, das mehr »innere« als »äußere« Handlung zeigt. Zu J.s populärsten Werken gehört die Oper *Die Abenteuer der Füchsin Schlaukopf* (1921–23). Das episodenhaft gezeigte Leben der Titelheldin ist das Sinnbild für den ewigen Kreislauf des Werdens und Vergehens. Mit ihren Vor- und Zwischenspielen enthält diese Oper mehr instrumentale Teile als die anderen Bühnenwerke. Grundlage vieler musikalischer Motive sind J.s Naturstudien mit Aufzeichnungen von Vogelstimmen und anderen Lauten. Mit *Věc Makropulos* (»Die Sache Makropulos«; Brünn 1926) begab sich J. auf das Gebiet der Konversationsoper. Im Gegensatz zu seinen anderen Bühnenwerken gibt es hier keinen Chor, auch sind Reste der traditionellen Nummernoper völlig eliminiert: »Duette« bleiben Dialoge, »Arien« werden zu Monologen bzw. Erzählungen. Die Vertonung von Karel Čapeks Komödientext gelang J. mit der Kleingliedrigkeit seiner sprachmelodischen Motivik und der rhythmischen Präzision seiner Musik, an der das pointiert eingesetzte Orchester wichtigen Anteil hat. Noch sparsamer in der Orchesterbehandlung ist das letzte Bühnenwerk, *Aus einem Totenhaus* (1927–28). Hierbei handelt es sich um eine freie Bearbeitung der Erzählung von Fëdor M. Dostoevskij, bei der J. ohne Libretto, das russische Original vor Augen, unmittelbar seinen Text und die Musik auf selbst gefertigten Notenblättern niederschrieb. In jedem Akt des filmisch konstruierten Werkes findet sich zentral die Lebensbeichte eines Lagergefangenen. Nach den Bauprinzipien von Thema und Variation konstruierte J. Abschnitte, die er je nach Stimmung und Affekt musikalisch ausformte, wobei er nicht zuletzt mit der Kombination von konventionellen Instrumenten und Geräuschen (Fußketten der Häftlinge, Säge und Amboß, Glocken usw.) jede Opernkonvention sprengte.

Als problematisch für die Rezeption der Werke J.s erwies sich der Umstand, daß Dirigenten die angeblich nicht den handwerklichen Standards entsprechende Instrumentierung J.s bearbeiteten.

Erst seit den späten fünfziger Jahren wurde damit begonnen, sich für die ursprünglichen Absichten des Komponisten einzusetzen. Maßstäbe setzten hierbei der Musikwissenschaftler John Tyrrell und der Dirigent Charles Mackerras, die Neuausgaben der Hauptwerke von J. erstellten, bei denen sie auf die Originalmanuskripte, Abschriften der Kopisten und gedruckte Ausgaben zurückgriffen.

Noten: Kantaten, Chöre, Orchesterwerke, Kammermusik u. a., Bärenreiter (Kassel). Její pastorkyna (Jenufa – Ihre Stieftochter), hrsg. von S. MACKERRAS und J. TYRRELL, Wien 1996. Kát'a Kabanová, hrsg. von DENS., Wien 1997. Glagolitische Messe, hrsg. von DENS., Wien 1998. Mährische Volkspoesie in Liedern, hrsg. von B. ŠTĚDROŇ, Kassel o. J.

Dokumente: Úplná nauka o harmonii (»Vollständige Harmonielehre«), Brünn 1920. Hudebne teoretické dílo (»J.s Musiktheoretische Werke«), Teil 1: Spisy, studie a dokumenty (»Schriften, Studien und Dokumente«), hrsg. von Z. BLAČEK, Prag 1968; Teil 2: Studie, Úplná nauka o harmonii (»Studien, Vollständige Harmonielehre«), Prag 1974. Návod pro vyučování zpěvu (»Anleitung zum Gesangsunterricht«), Kassel 1980. – Feuilletons aus den »Lidové noviny«, hrsg. von J. RACEK und L. SPIES, Lpz. 1959. Musik des Lebens – Skizzen, Feuilletons, Studien, hrsg. von T. STRAKOVÁ, Lpz. 1979. J.s Operas – A Documentary Account, hrsg. von J. TYRRELL, Ldn. 1992. – Korespondence Leoše Janáčeka, 9 Bde., hrsg. von A. REKTORYS (Bd. 7–9 mit J. RACEK), Prag 1934/²1949, 1948–1953. L. J. in Briefen und Erinnerungen, hrsg. von B. ŠTĚDROŇ, Prag 1955. Intime Briefe 1879–80 aus Leipzig und Wien, hrsg. von J. KNAUS, Zürich 1985. Briefe an die Universal Edition, hrsg. von E. HILMAR, Tutzing 1988. Hádanka Života – dopisy L. J. Kamile Stösslové, hrsg. von S. PŘIBÁŇOVÁ, Brünn 1990; engl. Intimate Letters – L. J. to Kamila Stösslová, hrsg. von J. TYRRELL, Ldn. 1994. My Life with J. – The Memoirs of Zdenka Janáčková, hrsg. von DEMS., Ldn. 1998. Musikerbriefe. Smetana, Dvořák, J., hrsg. von A. WAGNEROVÁ, Mn. 2003.

Werkverzeichnis: SIMEONE, N., TYRRELL, J. und NĚMCOVÁ, J.: J.'s Works. A Catalogue of the Music and Writings of L. J., Oxford 1997.

Periodica: Mitteilungsblätter der L.-J.-Gesellschaft, Bern (www.leos-janacek.org) [7. 9. 2003].

Literatur: BROD, M.: L. J. – Leben und Werk, Wien 1924; erw. 1956. VOGEL, J.: L. J. – Leben und Werk, Kassel 1958. HOLLANDER, H.: L. J. – Leben und Werk, Zürich 1964. EWANS, M.: J.'s Tragic Operas, Ldn. 1977; dt., erw. J.s Opern, Stg. 1981. HONOLKA, K.: L. J. – Sein Leben, sein Werk, seine Zeit, Stg. und Zürich 1982. L. J. – Materialien, hrsg. von J. KNAUS, Zürich 1982. TYRRELL, J.: Czech Opera, Cambridge 1988. BECKERMAN, M.: J. as Theorist, Stuyvesant (NY) 1994. GOJOWY, D.: L. J. in Zeugnissen und Erinnerungen, Chemnitz 2000. SAREMBA, M.: L. J. – Zeit, Leben, Werk, Wirkung, Kassel

2001. ZEMANOVÁ, M.: J. – A Composer's Life, Evanston (Illinois) 2002.

Meinhard Saremba

Janequin, Clément

Geb. um 1485 in Châtellerault;
gest. vermutlich Ende Januar 1558 in Paris

J. gilt als der bedeutendste Chansonkomponist der französischen Renaissance. Besonders seine tonmalerischen Kompositionen machten ihn schlagartig bekannt und sicherten ihm für viele Jahre europäischen Ruhm. J. gehört zur Generation der Komponisten der sogenannten Pariser Chanson, mit der eine neue Entwicklung in der Geschichte dieser Gattung einsetzte. Der Begriff hat sich für das stilistisch recht unterschiedliche Repertoire der Drucke des Pariser Verlegers Pierre Attaingnant eingebürgert, der auch mehrere Bücher mit Chansons von J. herausgab. Die ersten Publikationen erschienen 1528, sechs Sammeldrucke *Chansons nouvelles en musique* (48 Stücke von Claude de Sermisy, 135 Stücke anonym) und ein Band mit Werken J.s, der eben jene tonmalerischen Chansons mit narrativ humorvollen Texten umfaßte: *Le chant des oyseaux, L'alouette, La chasse* und *La Guerre* bzw. *La Bataille*.

Diese Kompositionen gehören zum größten Teil J.s früher Schaffensphase an. Ähnliche Chansons aus späteren Jahren sind meist Gelegenheitswerke wie *La guerre de Renty* oder *La réduction de Boulogne*, die für die militärischen Erfolge des Duc de Guise geschrieben wurden. *La Bataille*, wahrscheinlich anläßlich der Schlacht von Marignano 1515 entstanden, war außerordentlich beliebt und wurde vielfach von Instrumentalisten übertragen. Das hervorstechendste Merkmal der Chansons beruht auf ihren onomatopoetischen Effekten, der Nachahmung von Vogelrufmotiven, Jagd- und Schlachtenlärm oder, wie in *Les cris de Paris*, der Schreie der Pariser Marktfrauen. Obwohl J. nicht direkt ein Initiator solch tonmalerischer Gestaltung war – Virelais mit Vogelrufmotiven gab es schon im 14. Jahrhundert – ging er über die früheren Versuche weit hinaus, was sich bereits an der sonst in der Pariser Chanson eher unüblichen Ausdehnung der Stücke zeigt. Sie bestehen aus mehreren Abschnitten, oft mit Mensurwechsel (d. h. Wechsel der ›Taktart‹) und mit einem zweiten Teil (Secunda pars, z. B. in *La Bataille*), eine Formgebung, wie sie in der Motette üblich war. *Le chant des oyseaux* (Fassung von 1528) besteht aus fünf Abschnitten unterschiedlicher Länge, die eine refrainartige Anlage aufweisen: Bis auf den ersten Teil, der nur den Refrain bildet, sind die ersten zwölf Takte der Abschnitte sowie die Schlußtakte (Refrain) jedes Abschnitts jeweils identisch. Die dazwischen liegenden onomatopoetischen Partien, die mit Vogelrufmotiven spielen, sind somit in eine strenge Refrainform eingebunden. In der Verwendung der Vogelrufmotivik zeigt J. große Variabilität durch unterschiedliche motivische und satztechnische Gestaltung, die Einführung und Kombination verschiedenster Laute, »a veritable ornithological garden of natural sounds« (Brown, 215), sowie die parodistische Abspaltung von Silben aus Satzzusammenhängen, die auf eine Verarbeitung auch auf sprachlicher Ebene verweisen.

Satztechnisch zeigt sich eine Mannigfaltigkeit nicht nur zwischen verschiedenen Chansons, sondern auch innerhalb der Stücke. Die programmatischen Chansons sind weitgehend durch den seit Beginn des 16. Jahrhunderts in der Gattung gebräuchlichen durchimitierten Satz bestimmt, in dem die Stimmen nacheinander mit dem gleichen oder ähnlichen Motiv einsetzen. Die Spannweite reicht jedoch von strenger Kanonbildung (*Si j'ay esté votre amy*) über polyphone Sätze ohne imitatorische Bindung der Stimmen bis zu homophoner Satzstruktur. Die Mehrzahl der Stücke sind vierstimmig, eine geringere Anzahl drei- oder fünfstimmig; die Stimmen sind gleichrangig, d. h. langmensurierte cantus firmus-Stimmen kommen kaum mehr vor. Die onomatopoetischen Partien sind kontrapunktisch einfacher gestaltet und stellen meist in sich bewegte Klangflächen dar: Bei oft statischer Harmonik leben die Lieder von rhythmischen Effekten. Hierzu gehört auch die Gegenüberstellung von zwei- und dreizeiligen Rhythmen entweder in langen Abschnitten oder in unmittelbarer Aufeinanderfolge, um ein Wort oder Bild hervorzuheben. Gerade die textillustrierenden Details im Zusammenhang mit einer einwandfreien Prosodie und einem vor allem in den tonmalerischen Partien vorherrschenden Parlandoton zeichnen J.s Kompositionen gegenüber der Mehrzahl der Pariser Chanson aus, die – wie bei seinem wohl berühmtesten Zeitgenossen Sermisy – meist eine akkordisch-deklamierende Faktur aufweisen.

Die Anzahl der programmatischen Chansons ist jedoch im Verhältnis zum gesamtem Œuvre relativ gering. Die Mehrzahl besteht aus kürzeren Stücken, die homophon oder polyphon-imitatorisch gehalten sind und eher dem Typus der Pariser Chanson entsprechen. In ihnen überwiegt die Zeilenkomposition, d. h. die Textzeilen werden als Ganzes in musikalische Zeilen umgesetzt, während in den programmatischen Chansons die Textzeilen aufgespalten, einzelne Wörter oder Satzteile wiederholt werden, woraus ein ausgedehnter musikalischer Verlauf entsteht. Bei den kürzeren Chansons, vor allem bei solchen mit homophoner Gestaltung, ist die Melodik oft volkstümlich einfach (*Le moy de mai, La plus belle de la ville*). Die Form kann ganz frei sein, aus gegensätzlichen Teilen bestehen, die zuweilen durch rhythmische Verschiedenheit verstärkt wird, oder dreiteilig mit Wiederholung des ersten Teils angelegt sein. Häufig sind auch Wiederholungen von Zeilenpaaren (z. B. *Il estoit une fillette*), oft der Schlußzeilen (z. B. *Ma peine n'est pas grande*), die ein typisches Merkmal der Pariser Chanson bilden.

In den späten Chansons, vor allem in vier der 1556 gedruckten Stücke (*Vivons folastres, En la prison, Nonferay, Le faux amour*), findet man eine im Œuvre zuvor eher unbekannte Chromatik. Darin macht sich ein Einfluß des italienischen Madrigals bemerkbar, das J. wahrscheinlich schon frühzeitig kennenlernte, worauf das einzig überlieferte Stück J.s in dieser Gattung, *Si come il caro* schließen läßt. Die Texte von J. Chansons sind u. a. von Clément Marot, Mellin de Saint Gelais, François I., Claude Chappuys, später von Dichtern der Pléiade wie Joachim Du Bellay, Jean Antoine de Baïf und Pierre Ronsard neben vielen anonymen Texten, die möglicherweise von ihm selbst stammen.

J.s musikgeschichtlicher Rang beruht primär auf seinem weltlichen Œuvre, von dem mehr als 250 Chansons überliefert sind. Dennoch verdienen auch seine geistlichen Werke Erwähnung: mehr als 150 Psalmsätze und geistliche Chansons (wahrscheinlich kontrapunktische und stark chromatisch gefärbte Werke, von denen die meisten unvollendet blieben), zwei Messen und mehrere, bis auf eine jedoch nicht erhaltene Motetten. Die Psalmvertonungen zeugen von J.s Neigung zum Protestantismus: Den Kompositionen von 1549 und 1559 liegen die Melodien der calvinistischen Gemeinden zugrunde. Obgleich es nicht sicher ist, ob die beiden Messen von J. stammen, konnte doch die enge Verknüpfung zur Chanson für seine Autorschaft sprechen: Sie sind eher als Chansonparaphrasen denn als wirkliche Parodiemessen zu bezeichnen.

Noten: Cl. J. Chansons polyphoniques, hrsg. von A. T. MERRITT und FR. LESURE, Monaco, 1965–71. The music of Cl. J. in the Chansonnier of Nicolas du Chemin, hrsg. von R. FREEDMAN *in* Septième livre de Chansons à quatre. Nicholas du Chemin 1550, Faks., Tours 1999.

Literatur: LESURE, FR.: Cl. J. Recherches sur sa vie et sur son Œuvre *in* MD 5 (1951), 157–93 [mit WV]. BROWN, H. M.: Music in the Renaissance, Englewood Cliffs 1976, 214–216. BERNSTEIN, L. F.: Melodic Structure in the Parisian Chanson. A Preliminary Study in the Transmission of a Musical Style *in* Fs. J. LaRue, hrsg. von E. K. WOLF und E. H. ROESNER, Madison (WI) 1990, 121–189.

Elisabeth Schmierer

Jommelli, Niccolò
Geb. 10. 9. 1714 in Aversa (bei Neapel); gest. 25. 8. 1774 in Neapel

»Er sprach ohne Wörter, und ließ die Instrumente fort declamiren, wenn der Dichter schwieg« (Vogler 1, 160). Mit diesem Fazit des Komponisten und Musiktheoretikers Georg Joseph Vogler, welcher auf J.s spezifische Art der Orchesterbehandlung, der Verselbständigung des Instrumentalsatzes mit Blick auf die Poesie, anspielt, ist im Grunde auch die historische Bedeutung des Komponisten auf den Punkt gebracht. Ebenso wie Vogler, der in diesem Zusammenhang von »Neuheiten« sprach, »die Jomelli [sic!] unsterblich, und in unserm Jahrhundert eine Epoche gemacht ... haben« (ebd, 163), erkannte auch Pietro Metastasio – dieser nicht ohne Vorbehalt – im »immaginato concerto«, in der Beredtheit des Instrumentalparts, den besonderen Rang von J.s Kompositionen (Metastasio, 4, 384). Noch bis in jüngste Zeit war man davon überzeugt, daß J. die Fähigkeit, dem Orchestersatz dramatische Ausdrucksqualitäten abzugewinnen, in Deutschland erworben habe, während seines Wirkens als Oberkapellmeister am Württembergischen Hof Herzog Karl Eugens. Als J. 1753 nach Stuttgart berufen wurde, war er indes alles andere als ein Anfänger, vielmehr ein nicht nur in Italien renommierter Komponist. Hiervon legen die hohen Ämter, die er schon vor dieser Zeit bekleidet hatte, ebenso Zeugnis ab wie die ehrenvollen Opernaufträge (z. B. *Didone abbandonata*, Rom 1747; *Artaserse*, Rom 1749; *Ifigenia in Aulide*,

Rom 1751 und *Attilio Regolo*, Rom 1753), die zahlreichen Abschriften und späteren Drucke vieler seiner Kompositionen, zumal der Opernsinfonien und kirchenmusikalischer Werke, nicht zuletzt das gleichzeitige Werben dreier Höfe (Mannheim, Stuttgart und Lissabon) um seine Verpflichtung als Kapellmeister. Einen gültigeren Nachweis von J.s Rang erlauben indes die Werke selbst.

So waren es vor allem J.s Opernsinfonien der vierziger und frühen fünfziger Jahre, welche maßgeblich auf die Satzfaktur und Melodik, vor allem jedoch auf die über dynamische Abstufungen und Kontraste bewirkte Klanggestalt der »Mannheimer Sinfonie« unter anderem von J. Stamitz unmittelbar eingewirkt haben. Über ihn gelangte das als Mannheimer Erfindung angesehene Orchestercrescendo nach Deutschland, welches indes nur eine von J.s vielfältigen Möglichkeiten bildete, dem Gesang als dem Primat in der italienischen Oper seiner Zeit eine instrumentale Begleitung an die Seite zu stellen, die mit tonmalenden und anderen »sprechenden« Motiven sowie mit harmonischen Mitteln dramatische Schlüsselmomente in den orchesterbegleiteten Rezitativen oder die den Arien zugrundeliegenden Affekte zu pointieren vermochte. Diese Art der Orchesterbehandlung unterschied ihn wesentlich von seinen Zeitgenossen, zumal von Hasse, wurde schon während der italienischen Schaffenszeit als sein Personalstil erkannt und hatte ihn in Europa berühmt gemacht.

Der Württembergische Hof bot dem Komponisten unvergleichliche materielle und künstlerische Voraussetzungen. Im Stuttgarter Orchester wirkten namhafte Virtuosen, zu den Gesangssolisten zählten Künstler von höchstem Rang, als Choreograph wurde kein geringerer als Jean Georges Noverre engagiert. Nicht minder entscheidend war indes ein kulturelles Klima, das auch in den darstellenden Künsten vom französischen Geschmack geprägt war. Für die Oper zeitigte dies eine Symbiose von italienischem dramma per musica und französischer tragédie lyrique und fand seinen Niederschlag in der Bevorzugung mythologischer Stoffe, der Aufwertung der Ballette, der Integration von Chor- und Ensembleszenen sowie zahlreicher orchesterbegleiteter Rezitative, nicht zuletzt jedoch in den spektakulären Bühnenereignissen. Mit dieser an Frankreich orientierten Schaffensphase J.s untrennbar verbunden ist der Librettist Mattia Verazi, welcher die Textbücher zu *Pelope* (1755), *Enea nel Lazio* (1755 und 1766), *Vologeso* (1766) und vor allem *Fetonte* (1768) verfaßt hatte, für ein Werk, das mit dem Weltuntergangstableau wohl den Höhepunkt einer auf Schau- wie Schauereffekte ausgerichteten Ästhetik bildet.

Als J. 1769 aus den Diensten Herzog Karl Eugens entlassen wurde, zog er sich in seinen Geburtsort zurück und arbeitete fortan unter anderem für den portugiesischen Hof König Don Josés I., der schon während der Stuttgarter Zeit Abschriften zahlreicher seiner Opernpartituren erworben hatte. Auch in seinen letzten Lebensjahren entfaltete J. eine bemerkenswerte Kreativität. Mit der für Neapel komponierten Oper *Armida abbandonata* (1770) schuf er eines seiner bedeutendsten Werke, das mit seinen sublimen Tableaus und der – freilich nach wie vor tonmalend-nachahmend orientierten – Vergegenwärtigung des dramatischen Geschehens als ein Markstein in der Operngeschichte des 18. Jahrhunderts anzusehen ist. Wenige Monate vor seinem Tod vollendete er mit der als »Miserere« bekannt gewordenen Psalmparaphrase *Pietà Signore* sein wohl am weitesten verbreitetes Werk. Während seines gesamten Schaffens, zumal während seiner Tätigkeit als Coadjutor an St. Peter in Rom (1750–53), komponierte J. kirchenmusikalische Werke, so für Stuttgart ein ebenfalls weit verbreitetes *Requiem* (1756). Nicht zuletzt wegen seines außerordentlichen musikdramatischen Gespürs und seiner spektakulären Erfolge gewann er bei den Zeitgenossen und in der Nachwelt vor allem jedoch als Opernkomponist Bedeutung.

Noten: Olimpiade [Partitur ohne Secco-Rezitative], Stg. 1783 (Recueil des opéras composés par N.I. à la Cour du Sérénissime Duc de Wirtemberg, 1), Faks.-Ndr. N.Y. und Ldn. 1978. (Ital. Opera 1640–1770, 46). Fetonte [Partitur], hrsg. von H. ABERT, Lpz. 1907 (DDT, 32–33); NA, hrsg. von H.J. MOSER, Graz 1958. L'uccellatrice [Klavierauszug], hrsg. von M. ZANON, Mailand 1954. Demofoonte [3. Version, Partitur, Faks.-Ndr. des Autographs], N.Y. und Ldn. 1978 (Ital. Opera 1640–1770, 48). Armida abbandonata [Partitur, Faks.-Ndr. der Abschrift Neapel], N.Y. und Ldn. 1983 (ebd., 91).

Literatur: VOGLER, G.J.: Betrachtungen der Mannheimer Tonschule, 3 Bde., Mannheim 1778–81, Faks.-Ndr. Hildesheim und N.Y. 1974. ABERT, H.: N.J. als Opernkomponist, Halle 1908, Tutzing [2]1911. METASTASIO, P.: Tutte le opere, 5 Bde., hrsg. von BR. BRUNELLI, o. O. [Mailand] 1951. HELL, H.: Die neapolitanische Opernsinfonie in der ersten Hälfte des 18. Jahrhunderts, Tutzing 1971, 306–440. STROHM, R.: Die ital. Oper im 18. Jahrhundert, Wilhelmshaven 1979, 292–304. MCCLYMONDS, M.: N.J. The Last Years, 1769–1774, Ann Arbor

(MI) 1980. Dies.: The Evolution of J.s Operatic Style *in* JAMS 33 (1980), 326–355. Henze, S.: Zur Instrumentalbegleitung in J.s dramatischen Kompositionen *in* AfMw 39 (1982), 168–178. Hochstein, W.: Die Kirchenmusik von N. J. (1714–1774), Hildesheim und N. Y. 1984. Henze-Döhring, S.: Opera seria, Opera buffa und Mozarts Don Giovanni, Laaber 1986, 18–43. Dies.: Die ›Attilio Regolo‹-Vertonungen Hasses und J.s – ein Vergleich *in* Colloquium »Johann Adolf Hasse und die Musik seiner Zeit« (Siena 1983), Laaber 1987, 131–158. Dies.: Ein Stuttgarter »Experiment«. Verazis und J.s »Vologeso« *in* Fs. K. Hartschansky, Tutzing 1995, 139–151. Musik in Baden-Württemberg 3, Stg. 1996 [Aufsätze des Symposiums N. J. in Stg.], 179–222.

Sabine Henze-Döhring

Josquin Desprez [auch des Prés, des Prez]

Geb. um 1440, vielleicht 1437, wahrscheinlich in der Picardie; gest. 27. 8. 1521 in Condé-sur-l'Escaut bei Valenciennes

Bereits zu Lebzeiten wurde er, dessen Familienname D. oder des Pres lautete, einem König gleich, bloß mit seinem Vornamen genannt. Ein halbes Jahrhundert nach seinem Tod pries ihn Cosimo Bartoli 1567, als J.s Musik in Italien kaum mehr weiterverbreitet wurde, in seinen »Ragionamenti accademici« als den Michelangelo der Musik: »Ich weiß wohl, daß Ockeghem gleichsam der erste war, der in diesen Zeiten die Musik, welche beinahe erloschen war, neu entdeckte, nicht anders als Donatello, welcher in seiner Zeit die Skulptur wiederentdeckte, und daß J., Ockeghems Schüler, sozusagen in der Musik ein Wunder der Natur war wie unser Michelangelo Buonarotti in Architektur, Malerei und Skulptur, denn so wie bisher niemand mit seinen Kompositionen J. nahegekommen ist, bleibt Michelangelo unter allen, die sich in diesen Künsten betätigt haben, weiterhin alleinstehend und ohne Vergleich. Beide öffneten die Augen all jener, welche diese Künste lieben oder in Zukunft lieben werden.« (vgl. Osthoff, 223). In der Folge wurde dann – bis heute – das ganze Zeitalter geradewegs »J.-Zeit« genannt. Diese J.-Zeit galt jedoch – mindestens bis zum J.-Portrait von August Wilhelm Ambros in dessen »Geschichte der Musik« (1868) – als eine letzte ›Vorzeit‹, bevor Musik mit und durch Palestrina zu wahrer Kunst wurde. Doch – so Ambros – bei J. »merkt man das unter dem einengenden Zwange der Contrapunktik gewaltsam arbeitende Feuer des Genius weit stärker als bei Palestrina, auf dessen Compositionen vielmehr völlig Anwendung finden könnte, was Winckelmann vom belvederischen Apoll sagt: ›ein himmlischer Geist, der sich wie ein sanfter Strom ergossen, hat die ganze Umschreibung erfüllt.‹ Darum haben J.s Compositionen etwas gewaltig Anregendes, während jene Palestrina's himmlisch beruhigen.« (Ambros, 208).

Im letzten Drittel des 19. Jahrhunderts war Palestrina vollends zur Norm der ›klassischen Vokalpolyphonie‹ geworden, zu einer Norm, welche nicht nur für seinen Zeitgenossen Lasso das Maß abgab, sondern ebenso für J. und Ockeghem. Was in J.s Schaffen auf Palestrina hinwies, ihn gar vorwegnahm, galt als fortschrittlich, auch als »später J.«, was ihm entgegenzustehen schien, mußte demnach zum Frühwerk zählen (oder nicht authentisch sein). Ein derartiges, weitgehend ahistorisches Geschichtsbild degradierte einen Dufay und Ockeghem zur Vorgeschichte der »schönen Kunst«, J. galt allenfalls als jener, der kühn die Brücke schlug, welche vom »unruhig Phantastischen« zum »edel Phantasievollen« (Ambros, 236) führte.

Bei keinem Bild eines Renaissancekomponisten hatte das Geschichtsverständnis – und das je gegenwärtige Ideal von Vokal- und insbesondere Kirchenmusik – weiterreichende Auswirkungen gezeitigt als bei J.; dies in erster Linie, weil die Chronologie von J.s Schaffen – das zentrale Problem einer jeden gründlicheren Beschäftigung mit ihm – keineswegs feststeht und die Quellen genauso wie die Werke selbst nur in wenigen Fällen sichere Anhaltspunkte für eine Datierung geben: Die handschriftlichen und – von 1502 an – gedruckten Quellen liegen spät, und die Werke sind kaum mit sicher datierbaren Anlässen in Verbindung zu bringen. So bleibt in den meisten Fällen nur jenes Kriterium, das für subjektive Präferenzen der Musikforscher am anfälligsten ist: die Stilkritik. Erschwerend tritt hinzu, daß der aus dem nördlichen Frankreich stammende J. den Großteil seines Lebens in Italien verbracht hat: In die Grenzen einer ›regionalen Schule‹ kann dieser grenzsprengende Musikkopf, dessen wirkliche Größe wir heute wohl erst erahnen, nicht eingesperrt werden.

Die ersten biographischen Fakten, die wir kennen, nennen J. 1459 als »Jodocho de frantia biscantori« der Mailänder Kathedrale; »biscantor« verweist auf einen erwachsenen Sänger mit abgeschlossener Gesangsausbildung, einen bedeutenden dazu, sonst hätte er an einer derartig bedeutenden Kirche keine Anstellung gefunden. Deshalb müßte das ältere Geburtsdatum »um 1450« um mindestens zehn Jahre korrigiert werden. Über seinen genauen Geburts- und Ausbildungsort wissen wir nichts, wenn auch mehrere periphere Dokumente auf die Picardie, auf Vermandois im heutigen Belgien verweisen. Mailand bleibt für lange Zeit J.s Wirkungsort, und dort hat er die Basis für seine weitere Karriere in Italien und Frankreich gelegt. Vom Juli 1459 bis Dezember 1472, also gut 13 Jahre wirkte er als – relativ schlecht bezahlter – Sänger (Baß) an der Kathedrale und trat dann in die Kapelle des Herzogs Galeazzo Maria Sforza ein, wo er zu den bestbezahltesten Sängern gehörte. Offensichtlich ist er in diesen eineinhalb Jahrzehnten vom bedeutenden Sänger zum anerkannten Komponisten-Sänger geworden.

Nach Galeazzos Ermordung 1476 trat J. wahrscheinlich – archivalische Belege fehlen auch hier – in den Dienst von dessen Bruder Ascanio. 1486 schließlich wurde er Mitglied der päpstlichen Kapelle in Rom. Doch auch das Ende dieser, von mehreren Unterbrechungen durchsetzten Tätigkeit steht nicht fest. Im Laufe der neunziger Jahre und der ersten des neuen Jahrhunderts stand er wahrscheinlich im Dienste des französischen Königshauses, doch eine formelle Anstellung ist auch hier nicht belegbar. Das verweist wiederum auf eine Art ›Sonderstatus‹ des Komponisten. Von Ende April 1503 an war er für ein Jahr als höchstbezahlter Sänger in Ferrara am Hofe des Herzogs Ercole d'Este tätig. 1504 ist J. erstmals in Condé-sur-l'Escaut im Hennegau als Kanoniker und Propst dokumentiert, und dort lebte er bis zu seinem Tode in einem – für seine Zeit – enorm hohen Alter von über achtzig Jahren und wurde in der Kollegiatskirche beigesetzt.

Sein Schaffen umfaßt 18 gesicherte vierstimmige Messen und sechs einzelne, gleichermaßen vierstimmige Meßordinariumssätze, gut hundert lateinische, meist vierstimmige, gelegentlich aber bis sechsstimmige Motetten und etwa 75 drei- bis sechsstimmige weltliche Werke auf fast ausnahmslos – trotz jahrzehntelanger Aufenthalte in Italien – französische Texte. Groß ist die Zahl von Werken mit Zuschreibung an mehrere Komponisten in den verschiedenen Quellen; in fast allen Fällen scheinen diese nicht von J., sondern von den weniger berühmten Komponisten zu stammen. In der späten Überlieferung häufen sich, insbesondere in deutschen Quellen, Werke, die in einem Stil mit Merkmalen von J.s Kompositionen geschrieben sind, die sich bei näherem Hinsehen aber als Stilkopien erweisen und damit erneut bezeugen, in welchem Maße er seine Zeit, und ganz besonders die erste Hälfte des 16. Jahrhunderts, geprägt hat.

Außer seiner sicherlich letzten Messe, der *Missa Pange lingua*, die offensichtlich erst nach 1514 entstand, sind durch Ottavio Petrucci in Venedig alle Messen J.s in drei Bänden 1502 – der erste Messendruck überhaupt! –, 1505 und 1514 gedruckt worden. Sieht man von der *Missa Hercules Dux Ferrariae* ab, welche naheliegenderweise in der Ferrareser Zeit 1503–04 entstand (und bereits 1505 gedruckt wurde), sind die Erscheinungsdaten dieser Drucke meist die einzigen verläßlichen Hinweise zur Datierung. J. war aber beim Erscheinen des ersten Bandes seit mehr als vierzig Jahren als Komponist tätig! Während der erste Band offensichtlich jüngere Werke aus den letzten zehn bis fünfzehn Jahren vereinigt, enthalten die beiden anderen Bände Messen, deren unterschiedliche Stillage auf ganz unterschiedliche Entstehungszeiten schließen läßt.

Kompositionstechnisch lassen sich J.s Messen in drei Gruppen aufteilen: Die Tenor-cantus-firmus-Messe nach dem Modell Dufays, wobei der Tenor eine gregorianische oder eine profane Melodie verarbeiten kann; dann jener Messetyp, der eine gregorianische Vorlage paraphrasiert und schließlich die Parodiemesse, welche eine präexistente, mehrstimmige, geistliche oder weltliche Komposition zum Ausgangspunkt nimmt, sozusagen deren Bausteine zur Errichtung eines neuen Hauses verwendend. Für J. ist es charakteristisch, daß er diese drei kompositorischen Möglichkeiten nur ganz selten ›rein‹ verwendet. Zwar dominiert einer dieser Typen in jeder Messe, aber das schließt die Verwendung von Verfahrensweisen, die eigentlich einem anderen Typus zugehören, keineswegs aus. Und ganz offensichtlich läßt sich auf Grund einer derartigen Klassifizierung von J.s Messeschaffen keine Chronologie gewinnen. Zu den ›reinen‹ Cantus-firmus-Messen zählen die allgemein als früh eingestufte *Missa L'ami Baudichon* und die als Messen der ›Reifejahre‹ geltenden *Missa L'homme armé super voces musicales* und die *Missa Hercules Dux Ferrariae* des über sechzigjährigen Komponisten.

Sieht man zunächst einmal von den beiden wahrscheinlich letzten Messen *De beata virgine* und *Pange lingua* ab, zeigt sich der Messenkomponist J. als ein überragendes Kombinationsgenie. Die Titel der Messen – *Une musque de Biscaye, Faisant regretz, Fortuna desperata, Malheur me bat, L'homme armé* – verweisen auf das Ausgangsmaterial, meist schlichte, weitverbreitete, profane Liedweisen oder ältere Chansons von Ockeghem, Robert Morton oder Antoine Busnois. Entscheidend ist nun gerade nicht, daß es sich dabei um ›weltliche‹ Modelle handelt, entscheidend ist einzig, wie J. diese Modelle auf stets neue Weise zunächst auflöst und sie dann in einem völlig von ihm erdachten neuen Ganzen aufgehen läßt. Die leichte Erkennbarkeit der bekannten Modelle hat zur Folge, daß seine Verfahren hörend nachvollziehbar sind. Ein derartiger Meßzyklus ist durchaus einem Kosmos vergleichbar, in welchem eine Fülle unterschiedlicher Einzelerscheinungen zu einem geschlossenen Ganzen zusammengezwungen werden. J.s souveränes Verfügen über die kompositorischen Mittel und Techniken gestattet es, derartige Geschlossenheit auf stets neue Art zu realisieren. Einmal sind es Kanontechniken (Augmentationskanons in der *Missa di dadi* und die durchwegs kanonische *Missa ad fugam*), ein andermal spezifische Ostinatotechniken (*Missa Faisant regretz*), dann wieder wandert der aus dem Modell gewonnene cantus firmus durch alle Stimmen (*Missa Fortuna desperata*).

Eine geradezu atemberaubende kompositorische Parforceleistung stellt die *Missa L'homme armé super voces musicales* dar. »Super voces musicales« bedeutet, daß das auch von anderen Komponisten häufig verwende Cantus-firmus-Liedchen in jedem Satz auf einer andern Tonstufe (C, D, E, F, G, A) einsetzt, ohne daß dabei der einheitliche D-Modus verlassen würde. Diese tonale Disposition wird nun noch mit einer linearen vermittelst komplexer Kanonanlagen verbunden, die auch Krebskanons einschließt. – Doch nicht genug damit: J. komponierte noch eine zweite Messe über denselben cantus firmus, die *Missa L'homme armé sexti toni*, in welcher die G-Melodie von *L'homme armé* im plagalen F-Modus erscheint. Sie wird in kühnen Kanons, wiederum mit Krebskanons, verarbeitet, gleichzeitig immer wieder neu rhythmisiert und auch als Ostinato verwendet.

Noch für Ambros mußte J. in der *Missa L'homme armé super voces musicales* »den Wohlklang den sinnreichen Combinationen opfern« (ebd., 215) – jüngere Musikhistoriker unterstrichen, daß derartige Kombinatorik beim mittleren und gar beim späten J. ein intimes Eingehen auf die Textinhalte gerade nicht ausschloß, obwohl dafür bei den Vertonungen des immergleichen Meßordinariums ja ungleich weniger Dringlichkeit bestand als bei den Motetten. Gerade an J.s am weitesten verbreiteter Messe, der in über dreißig gedruckten und handschriftlichen Quellen überlieferten, mit ihren fast 900 Mensurtakten monumentalen *Missa de beata virgine* hob Osthoff 1962 hervor, daß »trotz der weitgehend konstruktiven Anlage des Werkes« J. »nicht nur auf die allgemeine syntaktische Gliederung des Textes weitgehend Rücksicht genommen« habe, »sondern auch einzelne Satzteile und Worte an zahlreichen Stellen hervorgehoben« habe (1, 183). Doch noch bedeutungsvoller für die Einschätzung dieser Messe und der *Missa Pange lingua* war die Bedeutung des homogenen, durchimitierten Vokalsatzes, in welchem allen Stimmen dieselbe Bedeutung zukam und der genau jenem Ideal des vokalen Satzes entsprach, den man später, ausgehend von Palestrinas Werken, zur Norm des ›strengen Satzes‹ erhob. Expressivität hatte hörbare Expressivität zu sein, Wortausdeutung und Rhetorik galten als Zeichen für J.s Modernität, und nach diesen Kriterien wird bis heute sein Rang bemessen.

Sicherlich nicht zu Unrecht. Bereits in den Messen, vermehrt dann in den Motetten, läßt sich eine durch J. geschaffene Sprachfähigkeit der Vokalpolyphonie feststellen, die insbesondere in Werken, die gemeinhin dem mittleren und vor allem dem späten J. zugeschrieben werden, deutlich an Gewicht gewinnt. Die Musik geht sozusagen auf den Sprachkörper ein, die Motivik wird mehr und mehr aus den Gegebenheiten des Textes entwickelt, ›konstruktive‹, rein musikalische Dominanzen erscheinen zurückgedrängt, gar eliminiert. Doch sollte gerade die Eloquenz derartig sprachgezeugter Musik den Blick nicht verstellen für ganz andersgeartete Bedeutungsebenen in J.s Musik. G. Neuwirth hat eine Analyse der *Missa ad fugam* vorgelegt, bei der es einem schwindlig werden kann: Die Aufschlüsselung der Zahlensymbolik ergibt, daß diese Messe sich ebensosehr auf die »Missa l'homme armé« von J.s Lehrer Ockeghem und auf dessen Chanson »Ma maistresse« bezieht wie auf die Lebensdaten seines Brotherrn Galeazzo Sforza und auf des Komponisten eigenes Leben (mit dem Geburtsjahr 1437). Eine mit herkömmlichen Untersuchungsmethoden der Stilkritik und Quellenphilologie arbeitende Musikforschung wird derartige Analysen als ›spekulativ‹ von sich weisen, ohne sie widerlegen zu können. Sie erweisen J. als einen Komponisten von Werken, deren Komplexität der seriellen Musik der fünfziger Jahre des 20. oder der rhythmischen Artistik der französischen Musik der Ars subtilior am Ende des 14. Jahrhunderts in keiner Weise nachsteht. Das Kombinationsgenie J.s bestünde dann gerade darin, eine ins Extrem getriebene Komplexität, die Bedeutungen symbolisch – aber nicht hörend nachvollziehbar – ausdrückt, in einem Vokalsatz realisiert zu haben, dessen ›natürlicher Fluß‹ davon kaum etwas ahnen läßt und dessen rhetorische Eloquenz unbestreitbar ist (und nach J.s Tod zu einem der zentralen Anliegen der Komponisten wurde).

Was hier über das »Verhältnis zum Text« in J.s späten Messen gesagt wurde, ist seit Ambros zum wesentlichsten, weitgehend unbestrittenen Kriterium auch der Motettenchronologie und -stilistik gemacht worden. Dabei erschienen Dufays und Ockeghems melismatische Kontrapunktik als Ausgangspunkt einer Entwicklung, innerhalb welcher der Komponist immer mehr auf die Texte eingegangen sei, hin zu einer Motivik, die wesentlich vom Text selbst gezeugt sei. Im musikalischen Satz nehme die Durchimitation derartiger Textmotive in allen Stimmen einen breiten Raum ein. Doch eines der wesentlichen Merkmale von J.s Vokalsatz, auch über das Motettenschaffen hinaus, bleibe stets erhalten: die Aufteilung der vier Stimmen in zwei imitative Duette, in zwei Halbchöre. Im Unterschied sowohl zu vielen seiner Nachfolger, insbesondere Nicolas Gombert, aber auch Lasso und Palestrina, sowie zu seinem Lehrer Ockeghem und dessen oft fast pausenfreien Satz, sei demnach J.s Satz von größter Transparenz. Das sich innerhalb dieses Schaffens immer deutlicher abzeichnende Ziel einer vollkommenen Balance zwischen horizontalpolyphoner Anlage und vertikalem Klang ließ insbesondere seine Motetten als ›klassische‹ Werke der Gattung erscheinen. Dabei ist es allerdings kein Zufall, daß der Cäcilianismus des späten 19. Jahrhunderts gerade jene zwei Motetten J.s in den Vordergrund rückte, die – im Gegensatz zur Idee einer Balance zwischen horizontal und vertikal – weitgehend vertikal bestimmt sind, die Elevationsmotette *Tu solus qui facis mirabilia* und die Passionsmotette *O Domine Jesu Christe*. Hier erschien J. in der Tat als unmittelbare Vorstufe jenes Palestrina, welchen der Cäcilianismus zur Norm erhoben hatte. Daß J. sozusagen die lineare Polyphonie mit einer vertikalen Klanglichkeit zu »klassischer« Balance gebracht, damit »nordische Konstruktion« und »südliche Sinnlichkeit« miteinander verbunden habe, ist eine der tragenden Thesen von Osthoffs zweibändiger Gesamtdarstellung des Komponisten. Angesichts der Tatsachen, daß es auch im Norden, insbesondere in England, ein stärker vertikal ausgerichtetes Komponieren durchaus gab und J.s kompositorische Entwicklung, ungeachtet seiner Herkunft, sich weitgehend in Italien vollzog, wird sich diese Sicht eines Nord-Süd-Verhältnisses, die sich unausgesprochen am Lebenswerk Goethes orientiert, auf die Dauer schwer aufrechterhalten lassen.

Gleichwohl ist es unbestreitbar, daß sich innerhalb von J.s Motettenschaffen weitreichende Veränderungen vollziehen, Veränderungen, die aufs Ganze gesehen einschneidender erscheinen als jene im Messenschaffen. Die Parallelen zu diesem sind insbesondere bei jenen Motetten auffällig, die allgemein den Mailänder Jahren zugeschrieben werden. Hier zeigt sich J., wie im Umgang mit weitverbreiteten cantus firmi in den Messen, als unvergleichliches Kombinationsgenie. Bereits Glareanus hatte in seinem »Dodecachordon« (1547) darauf hingewiesen, daß J. in seiner Vertonung der Ostersequenz *Victimae paschali laudes*, die Petrucci 1502 gedruckt hatte, die Choralmelodie im Tenor gleichzeitig mit zwei Oberstimmen verarbeitete, die auf den präexistenten Melodien *De tous biens playne* von Hayne van Ghizeghem und *D'ung aultre amer* von Ockeghem beruhen. Eine derartige Kombinatorik und der dichte, an Ockeghem erinnernde Satz könnte auf frühe Entstehung verweisen, doch genauso gut kann man auf ähnliche Kombinationen in J.s Chansonschaffen verweisen und damit dieses Werk – ungeachtet seines Entstehungsdatums – als eine eigene und individuelle Realisierung der Idee einer »Chanson-Motette« ansehen. Denn eine weitere Motette, die J.s Kombinationsgenie vor Augen führt, indem sie die beiden Marienantiphonen »Alma Redemptoris mater« und »Ave Regina cœlorum« miteinander verbindet, zeigt einen durchaus abweichenden, von Motivimitationen bestimmten Satztypus.

Auf eine besondere Weise selbstbezogen ist J.s fünfstimmige Motette *Illibata Dei virgo nutrix*. Der Text, eine Marienanrufung, ist ein Akrostichon mit J.s vollem Namen. Schlüsselt man die hier angerufene »virgo nutrix« zahlensymbolisch auf, so stimmt die sich ergebende Zahl mit jener von Galeazzo Sforzas Namen überein. Neuwirth, der diese Zusammenhänge aufgedeckt hat, kommt zu dem Schluß, daß dieses Werk zum Dienstantritt bei Galeazzo im Jahre 1474 geschrieben wurde, da auch die Jahreszahl 1474 in diese Motette einkomponiert wurde. Eine stilistische Analyse würde auf die formale Disposition hinweisen, auf das Alterieren von Duettpartien und vollem Satz, würde auf die Verwendung eines dreitönigen Maria-Mottos, das ostinatohaft wiederkehrt, verweisen. Doch nur eine Analyse, die über derartige Befunde hinausgreift, wird die von J. hier und anderswo realisierten Schichten des Bedeutens erfassen können und damit Einblick gewinnen in die verborgene Komplexität dieser Musik. J.s Motetten und Messen sind offensichtlich bis ins letzte Detail – und dies auf mehren Ebenen gleichzeitig – durchstrukturiert, wobei nur einige dieser Strukturierungen auch hörbar werden können. Die weitverbreitete Marienmotette *Ave Maria ... virgo serena* eröffnet keinesfalls zufällig Petruccis ersten Motettendruck von 1502. Und genausowenig zufällig ist es, daß in ihr die Zahlensymbole für Maria und J. zueinander in Beziehung gesetzt werden. Das Ich J. spricht nicht direkt und unmittelbar in seiner Musik – derartiges wurde erst in der Musik des 18. Jahrhunderts möglich; dieses Ich steht als Schöpfer eines höchst komplexen Sinngefüges aus Tönen hinter dem Werk. Der Wohlklang von dessen hörend erfaßbarer Außenseite aber läßt von derartiger schöpferischer Verfügungsgewalt und Komplexität kaum etwas ahnen.

Musikgeschichtlich von besonderer Bedeutung sind J.s ausgedehnte Motetten, und hier wiederum – besonders für den deutschen Protestantismus – die Psalmmotetten. Zu diesen ausgedehnten Motetten zählen die beiden Genealogievertonungen *Liber generationis Jesu Christi* und *Factum est autem*. Das Ausgangsmaterial bestand hier textlich bloß aus einer langen Reihung von Namen und musikalisch aus dem Rezitationston. Die kompositorische Herausforderung bestand gerade darin, daraus ein musikalisch kohärentes Ganzes zu machen, das optimalen Figurenreichtum und musikalische Geschlossenheit vereint. In diesem Zusammenhang ist die auf Wunsch des Herzogs Ercole von Ferrara 1503–04 entstandene fünfstimmige Vertonung des Bußpsalms »Miserere mei, Deus« eine wahre tour de force: Der Anfangsvers wird zum variierten Refrain, welcher, immer wieder auf eine andere Tonstufe versetzt, das Ganze des Tonraumes zuerst in die Tiefe, dann in die Höhe und wiederum in die Tiefe durchmißt. Nicht weniger berühmt ist das *Stabat mater dolorosa*: Nach Dufays Vorbild wird die Chanson »Comme femme desconfortée« als Tenor-cantus-firmus durchgeführt. Der profane cantus firmus, welcher zur Schmerzensmutter am Kreuz in Beziehung gesetzt wird, weist bereits darauf hin, daß J.s Motette den Text nicht auf eine geläufige Weise vertont, sondern, von ihm ausgehend, ein musikalisches Sinngefüge errichtet, das über das real Erklingende hinausreicht und doch gleichzeitig die Textaussage plastisch macht. Für ein derartiges Motettenverständnis ist die sicherlich in den späten Jahren entstandene fünfstimmige *De profundis*-Vertonung ein überragendes Beispiel: Deren dreistimmiger Kanon setzt symbolisch die Klage der drei trauernden Stände des französischen Königreiches um. Aber es ist keine Übertreibung, wenn man J.s Motette als eine im musikalischen Medium vollzogene Exegese über die Idee des Gottesgnadentums versteht, eine Exegese allerdings, deren Gedankengange heute erst mühsam zu entschlüsseln sind.

Die meisten weltlichen Werke J.s sind erst posthum gedruckt worden, die meisten 1545 in Tilman Susatos siebtem Chansonbuch, das ausschließlich Werke J.s und Elegien auf seinen Tod enthält und das 1549 in Paris nachgedruckt wurde. Zu späten und unzuverlässigen Quellen kommt beim weltlichen Schaffen eine unzuverlässige Überlieferung der Gesangstexte; diese fehlen in zahlreichen gedruckten und handschriftlichen Quellen überhaupt und sind auch in der Gesamtausgabe oft unzuverlässig ediert worden. Ist die Werkchronologie ohnehin die Crux einer jeden Beschäftigung mit J., so gilt dies bei den Chansons in noch gesteigertem Maße.

Doch scheint auch hier J.s Ausgangspunkt festzustehen: Die burgundische Chanson seines Lehrers Ockeghem und von Busnois (nicht aber das bedeutende Chansonschaffen von Dufay). Basis sind Texte in feststehenden Formen (»formes fixes«) und J. hat in seinem weltlichen Schaffen die durch den Text vorgegebenen Strukturen – wenn auch auf unterschiedliche Weise – musikalisch nachvollzogen. Der in seinen Chansons dominierende Zug ist die Arbeit mit präexistentem Material, das entweder unmittelbar oder von ihm erweitert übernommen wird. Auffallend häufig handelt es sich dabei um weitverbreitete, oft auch bemerkenswert einfache Melodien. Was nun J.s Chansons auszeichnet, ist die Kunst, mit welcher er diese Melodien verarbeitet, wie er die Verfahren der Messen- und Motettenkomposition in diese musikalischen Miniaturen einbringt: Kanontechniken, die Durchimitation, Cantus-firmus- und Ostinatotechniken und Erweiterung der Stimmen (bis zu sechs). Die Parallelen, die solcherart zu den Messekompositionen entstehen, zur Verarbeitung einfacher Melodien wie »L'homme armé« beispielsweise, liegen auf der Hand. Da war es dann nurmehr ein kleiner Schritt zu Sätzen, denen ganz offensichtlich kein Text zugrunde liegt und die als genuine Instrumentalsätze konzipiert sind. Einer davon trägt den signifikanten Titel *Ile fantazies de Joskin*. In seiner *Déploration de Johan Ockeghem: Nymphes des bois*, einer fünfstimmigen Nänie auf seinen Lehrer, verwendet J. gar einen gregorianischen cantus firmus, den Beginn der Totenmesse »Requiem aeternam« – das genaue Pendant zu profanen Ausgangsmaterialien für seine Messen.

Noten: J.D. Werken, hrsg. von A. SMIJERS u. a., Amsterdam 1921–69. J.D. New Edition of the Collected Works, hrsg. von W. ELDEN u. a., Utrecht 1988 ff.

Literatur: GLAREAN: Dodecachordon, Basel 1547. BARTOLI, C.: Ragionamenti accademici ... sopra alcuni luoghi difficili di Dante, Venedig 1567. AMBROS, A.W.: Geschichte der Musik, Bd. 3, Breslau 1868; rev. von O. KADE, Lpz. ²1891. DAHLHAUS, C.: Studien zu den Messen J. des Pr., Diss. (maschinenschriftlich) Göttingen 1952. OSTHOFF, H.: J. D., 2 Bde., Tutzing 1962–65. J. de Pr., hrsg. von E. E. LOWINSKY, Ldn. und N. Y. 1976. GHISLANZONI, A.: J. des Pr. (Jodocus Pratensis), Frosinone 1976. J. des Pr., Mn. 1982 (MK 26–27) [mit WV und Bibl., darin NEUWIRTH, G.: Erzählung von Zahlen, 4–38.]. OUVRARD, J.-P.: J.D. et ses contemporains. De l'écrit au sonore. Guide pratique d'interprétation, Arles 1986. URQUHART, P.WH.: Canon, partial signatures and »Musica ficta« in works by J. De Pr. and his contemporaries, Ann Arbor (MI) 1988. MATTHEWS, L.: J.D. and his milanese patrons *in* Journal of Musicology 12 (1994), 434–463. TERAMOTO, M.: Text und Musik in den Psalmmotetten von J.D. *in* Studien zur Musikgeschichte. Fs. für Ludwig Finscher, hrsg. von A. LAUBENTHAL, Kassel 1995, 100–110. DREES, ST.: J.D. Magnificat quarti toni. Die Bearbeitung von Bruno Maderna, Saarbrücken 1998 (Fragmente 18). ENS, D.: J. D.' Déploration de Johan Ockeghem *in* Musik & Ästhetik 4 (2000), 45–58. The J.-Companion, hrsg. von R. SHERR, Oxford 2000.

Jürg Stenzl

Kagel, Mauricio
Geb. 24. 12. 1931 in Buenos Aires

An kaum einem Komponisten der Gegenwart läßt sich schlagender exemplifizieren, daß Neue Musik seit 1945 zu großen Teilen Reflexion über Musik ist – nicht unbedingt über ältere, sondern auch über die eigene. Schon in Buenos Aires, so erzählt K., beschied er sich keineswegs damit, Musik zu hören, sondern das Hören erzeugte in ihm den unerklärlichen Drang, sie sich komponierend einzuverleiben. So konnte er nach einem Monteverdi-Konzert nach Hause stürzen, um möglichst schnell das Gehörte zu rekapitulieren, was heißen will nicht etwa zu kopieren, sondern vielmehr zu versuchen, die Monteverdischen Möglichkeiten zu reaktualisieren. Auf diese Weise wurde er, wie Schönberg, zum erfolgreichen Autodidakten und nicht so sehr dadurch, daß er, wie er schrieb, »im Kontakt mit ungenügenden Lehrern zum Autodidakten ausgebildet« wurde. Sicher mag die höhere Musikpädagogik im Buenos Aires der vierziger Jahre sich auf beklagenswertem Niveau abgespielt haben. Aber entscheidend war doch wohl, daß die Form der Pädagogik, die K. als die für sich einzig angemessene hielt, nirgends beachtet wurde. Und als er die Aufnahmeprüfung für das Konservatorium nicht bestand, nahm er dies nicht als Zeichen für seine mangelnde Begabung, sondern als Erweis der Unvereinbarkeit von seinen Möglichkeiten und der bornierten Pädagogik, die ihn am Konservatorium erwartet hätte. So studierte er privat oder autodidaktisch Klavier, Orgel, Violoncello, Gesang, Dirigieren, Musiktheorie und später Literaturgeschichte und Philosophie. 1949 stieß er dann zur Agrupación Nueva Música, 1950 gründete er mit Freunden die Cinémathèque Argentine. 1955 wurde er Studienleiter an der Kammeroper des Teatro Colón, und als er 1957 vom DAAD ein Stipendium für einen Studienaufenthalt in Deutschland erhielt, verließ er Argentinien, um sich in Köln niederzulassen, wo er heute noch lebt. In Köln lernte er nicht nur Stockhausen, sondern vor allem Ligeti kennen, mit dem ihn, da dieser sein Schicksal der Emigration teilte, seitdem eine herzliche Freundschaft verbindet. In Köln nahm er auch die Revision seines »opus 1«, des schon 1953 enstandenen *Sexteto de Cuerdas* vor, ein Werk, das bei der seriellen Kollegenschaft eher Befremden als Zustimmung auslöste. Ist doch das *Sexteto* eine Reflexion über die Musik Schönbergs, der bei den damals Jungen besonders schlecht angeschrieben war. Verwunderlich wäre es zweifellos, wenn Cage, der um diese Zeit die seriellen Bastionen mit seinen Zufallsattacken unterminierte, im K.schen Panoptikum nicht auch seinen Auftritt gehabt hätte. *Transición II* (1958–59) ist das Portrait des aus der Ferne Geliebten, mehr ein musikalisches Konzept als eine Komposition. Aber K. hat im Laufe der Jahre diese Variante der Concept Art mehr und mehr aufgegeben dadurch, daß das Konzept im Kopf verblieb und nur durch den publizierten Notentext zu erschließen war. Hauptwerk der Zeit, da K. in Darmstadt sich engagierte (seit 1958 als Teilnehmer, seit 1960 als Dozent), ist und bleibt *Anagrama* für vier Sänger, Sprechchor und Kammerensemble (1957–58). Vielleicht ist an diesem Stück das reflexive Moment schwerer bestimmbar als anderswo; aber schon der Befund, daß der gewählte Text der gleichen Behandlung unterworfen wird wie das musikalische Material, verweist auf das reflektierte Objekt, die serielle Praxis. K. wählte als Vorlage das lateinische Palindrom »In girum imus nocte consumimur igni«. Aus ihm wird der gesamte Textvorrat des Stückes hervorgetrieben. Der Sprechchor durchkreuzt jedoch jede Serialität dadurch, daß er die Tonhöhenordnung ins Unbestimmbare, auch Unvoraushörbare zerfließen macht. Auf diese Weise gewinnt K. aber ein für seine weitere Entwicklung eminent Wichtiges, die theatralische Entfesselung des Lautes als Träger von musikalischem Ausdruck (Ligeti hat wenig später diesen Aspekt aufgegriffen und ins Szenische übersetzt, in »Aventures/Nouvelles Aventures«).

K. wurde, wiewohl er sich im Falle von *Anagrama* eine Inszenierung versagte, durch dieses Werk auf die Möglichkeit dessen verwiesen, was er später instrumentales (vokales) Theater genannt hat. Daß Musik gesehen werden kann, vielleicht sogar gesehen werden muß, um »verstanden« zu werden, war von jeher die mimetische Komponente der musikalischen Praxis. Aber sie wurde stets als mitlaufende Referenz gehandhabt, als etwas, das das Hören mehr oder weniger zufällig tingierte. K.s Idee des instrumentalen Theaters ist die Reflexion dieser Kontingenz. Daß die Begleitumstände der Tonerzeugung in den kompositorischen Prozeß mit einbezogen werden, hält zwar am seriellen Denken, daß im Kunstwerk nichts dem Zufall zu überlassen sei, fest, jedoch auf eine höchst gebrochene Weise; denn Theatralik und Musik gehorchen nicht einem übergeordneten Konstruktionskalkül, sondern werden als mehr oder weniger autonome Prozesse aufeinander bezogen. Solcher Bezug eröffnete zahlreiche Möglichkeiten der Bestimmung. So konnte K. in den Stücken für experimentelle Klangerzeuger (*Der Schall* von 1968 und *Acustica* von 1968–70) einen reichen Gebrauch von Dingen machen, die, wie Gartenschlauch oder Nagelgeige, erst im Moment ihrer Handhabung durch den Spieler ihre Bestimmung als Instrument erfuhren, das heißt: durch Mimesis. Indem der Spieler, obwohl er die abgelegensten Klangerzeuger traktiert, so tut, als spiele er ein geläufiges Instrument, definiert er für den Hörer die daraus resultierenden ›abgelegenen‹ Klänge als musikalische, als zum System Musik gehörige. Solche Identifizierung ist schon schwieriger dann, wenn man die Musik nur vom Tonband hört, wenn also die visuelle Komponente unterdrückt wird. Allerdings kann auch für den, der die Aufführung sieht und sie danach noch einmal im Radio hört, ein gegenteiliger Effekt eintreten: Er entdeckt einen musikalischen Reichtum, dessen Entfaltung im Konzert durch die Dramaturgie der Spielvorgänge verhindert wurde. Natürlich stellt sich in Stücken wie *Acustica*, *Der Schall*, *Unter Strom* (1969) – teilweise auch in *Musik für Renaissanceinstrumente* (1963–66) und in *Exotica* (1971–72) – das Problem der musikalischen Form. Sie wäre mit Begriffen wie Montage nur unzureichend zu beschreiben. Wenn, wie in *Der Schall*, jedes der vorgesehenen ›Instrumente‹ im Verlauf des Stückes von jedem Spieler nur einmal gespielt wird, so ergibt das bei fünf Spielern eine vier- bis fünfstimmige Polyphonie, die ihre Dauer und ihre Form (K. spricht von Bogenform) aus sich selbst hervorbringt, nicht unähnlich der Cantus-firmus-Technik des 15. Jahrhunderts, wo die Dauer und die Form eines Satzes oder Satzteiles durch die Anzahl der Noten des cantus firmus bestimmt wird. K. hat zudem durch die Verteilung der Klangerzeuger auf die Spieler – jeder Spieler bedient irgendwann einmal einen Plastikschlauch – immer auch sichergestellt, daß Verwandtes mal hier, mal dort erklingt und solcherweise im Sinne von Form vom Hörer aufeinander bezogen wird.

In seinen Filmen konnte K. selbstverständlich Musik und Dramaturgie der Klangerzeugung genauer und vielfältiger aufeinander beziehen. Einmal bestand die Möglichkeit, eine bereits existierende Musik (*Match für drei Spieler*, 1964) nachträglich zu verfilmen, das heißt: optisch zu reflektieren. Oder Bild und Musik entstanden simultan als Aspekte eines Kompositionsprozesses (*Solo*, 1966–67; *Duo*, 1967–68; *Hallelujah*, 1967–68; auch *Ludwig van*, 1969). Auffällig dabei ist, daß K. zu einer Zeit, da der Farbfilm längst das Feld beherrschte, immer noch am Schwarzweiß festhielt (Der Film *Halleluja* entstand 1968!) als unverzichtbaren Hinweis, daß seine Filme Reflexionen über den Stummfilm der zwanziger Jahre waren. Diese Form des »symphonischen Theaters« setzte sich in K.s Œuvre fort in Stücken wie *Fürst Igor, Strawinsky* (1982) oder *Interview avec D. pour Monsiuer Croche et Orchestre* (1993–94). In späterer Zeit ist er immer wieder auf diesen Zusammenhang rekurriert, z. B. als er *MM 51* (1977) komponierte und zweimal verfilmte. Die *Nosferatu-Collage*, die er als Film im Film ablaufen läßt, bestimmt die Musik von *MM 51* als Schauerstück und den Pianisten als Schurken. Nicht zu vergessen, daß er 1984 eine Musik zu Dali/Buñuels *Le Chien Andalou* komponierte, wofür er das Streicherstück *Szenario* verwendete. In diesem Zusammenhang sei wenigstens summarisch auf K.s Hörspielproduktionen verwiesen, von denen manche wie etwa *Der Tribun* durch nachträgliche Transkriptionen zu einem Bühnenwerk (1978–79) der Nachwelt erhalten blieben. Ebenfalls in dieses Bühnenwerk eingeflossen sind die *10 Märsche, um den Sieg zu verfehlen* (1978–79).

Von *Anagrama* weist der Weg jedoch nicht nur auf die Dramaturgie des Musikmachens, sondern auch das, was K. für Orchester schrieb, nahm dort seinen Anfang. Dabei ist jedoch kaum zu übersehen, daß K. von dem Weg, den er mit *Heterophonie* (1961) beschritten hatte, selbst offenbar nicht überzeugt war. Sich des Orchesterklangs auf dem Umweg über die solistische Behandlung der Instrumente zu versichern, wollte deshalb nicht gelingen, weil in ihm nur ein additives Verfahren zur Anwendung gebracht wurde, nicht jedoch eines, das die Komplexität des Apparates reflektierte. Deshalb kehrte er zur Kammermusik zurück und holte erst 1972 diese Reflexion über das Orchester mit zwei Werken nach, die, so unterschiedlich sie erscheinen mögen, doch eng miteinander zusammenhängen. *Zwei-Mann-Orchester* (1971–73), eine riesige Anhäufung von Orchesterinstrumenten, die von zwei Spielern mittels komplizierter Seilzüge und Pedale bedient werden, definiert Orchester als atavistischen Mechanismus, von dem nach dem Ende des Newtonschen Zeitalters nur noch ein ohnmächtiges Geklapper bleibt. In *Variationen ohne Fuge für großes Orchester über »Variationen und Fuge« über ein Thema von Händel für Klavier op. 24 von Johannes Brahms* (1971–72) dagegen betreibt K. eine Art musikalischer Archäologie, steigt, von der eigenen Sprache ausgehend, hinab durch die Brahmsschen Händelvariationen zum Urbild, dem Händel-Thema, um daraus eine illusionäre Gegenwart zu konstruieren. Händel, Brahms und K. versammeln sich auf der Bühne – Brahms spricht einen langen Monolog über die zwiespältige Liebe zu seiner Vaterstadt Hamburg –, um Geschichte als aufgehobene zu begehen.

Eine lange Geschichte hat K.s Umgang mit Bach, mit Bachscher Musik und mit den Texten, die Bach vertonte. Dem Nachgeborenen will scheinen, daß die Bachsche Musik, zumal die vokale, sich je länger, desto mehr von ihren Texten trennt als von einer Form »hysterischer Gläubigkeit« (K.), die in der Musik keinen Widerhall mehr findet. In *Mutation* (1972) gibt Bachs »Praeludium a-Moll« aus dem zweiten Band des »Wohltemperierten Claviers« den Instrumentalpart ab für die Kantate, die aus Fragmenten Bachscher Texte montiert wurde. Doch die literarischen Monstrositäten, so das Facit des Versuchs, reichen an die Musik schon nicht mehr heran. Reif geworden – daher der Begriff »Mutation« –, entledigt sie sich dieser wie eines Paares zu klein gewordener Schuhe. *Chorbuch* (1978) geht noch einen Schritt weiter dadurch, daß nun die Bachsche Musik, in *Mutation* noch tabu, in den Mittelpunkt der Reflexion rückt. Die Choräle werden dem Verfahren der nichtlinearen Transposition unterworfen (jeder Akkord wird anders transponiert) und finden sich solcherweise unvermittelt in der Nähe des frühen Schönberg wieder. Der Ausdruck, im Original hinter einem Panzer kühler Konstruktion gehalten, strömt unter K.s Händen fremd-vertraut hervor. Vorläufig letzte Station von K.s Bach-Forschungen ist die monumentale *St.-Bach-Passion* (1984). Das Werk erzählt, dem Nekrolog von C. Ph. E. Bach und Johann Friedrich Agricola folgend, die Lebens- und Leidensgeschichte des großen Johann Sebastian, der, besieht man sie genauer, alle Zeichen von Größe abgehen. Die mühsame Existenz, das subalterne Kantorenschicksal konnten unmöglich die Voraussetzung bilden für die Entstehung eines kompositorischen Werkes, das alle Vorstellungen übersteigt. Das Parodieverfahren, dessen Bach sich aus welchen Gründen auch immer bedient hat, findet in der *St.-Bach-Passion* seine Zuspitzung dadurch, daß K. in den Chorälen und Arien die Namen Gott und Christus gewissenhaft tilgt und durch den Namen Bach ersetzt. Atheismus und das jüdische Verbot, den Namen Gottes zu nennen, fallen auf eine schwer durchschaubare Weise zusammen. Doch ist der Name Bach keine Chiffre fürs Unaussprechbare, sondern die Chiffre selbst nimmt den verwaisten Platz ein: Theologie des Atheismus.

K.s Werke für die Bühne sind selbstverständlich nicht nur Verlängerungen des instrumentalen Theaters, obwohl Erfahrungen aus diesem Möglichkeitshorizont fraglos in sie eingeflossen sind. Vielmehr ist es die Institution Staatstheater, das staatstragende Theater, die zu unerbittlicher Reflexion herausfordert. Opernhäuser galten der Generation zwischen Ligeti und K. als Brutstätten einer besonders finsteren Reaktion. Die zähe Routine und die gedankenlose Spielplanagonie konnten im Verein mit der stets bekämpften, doch nie besiegten Schlamperei eine Gravitation entwikkeln, die jeden Versuch der Veränderung im Keime ersticken mußte. Darin gründet K.s kritischer Impuls. Die ›Handlung‹, der K.s *Staatstheater* (Hamburg 1971) folgt, besteht lediglich darin, verschiedene Aspekte des Theaterbetriebs nacheinander unter die Lupe zu nehmen, wohl hoffend, daß der Zuhörer sich seinen Reim darauf macht und vielleicht auch der Möglichkeit innewird, wie es anders sein konnte. So dürfen in der Szene »*Debut*« die Choristen, sonst zur Statisterie verurteilt, endlich die Bühne als Protagonisten bevölkern, während die Solisten des Hauses – vom Koloratursopran bis zum seriösen Baß – zu lernen haben, wie man »*Ensemble*« singt, ganz zu schweigen von »*Kontre-Dance*«, die als Ballett für Nicht-Tänzer entworfen wurde.

Klimax der K.schen Reflexion über die Oper ist ohne Zweifel die 1979 entstandene szenische Illusion *Die Erschöpfung der Welt*. Dabei greift K. weniger zurück auf Samuel Becketts absurdes Theater als auf das Artaudsche Théâtre de la cruauté, das Theater der metaphysischen Grausamkeit, dessen Telos keineswegs die nackte Destruktion, sondern vielmehr eine neue Katharsis durch Erschütterung ist. So kann nicht überraschen, daß K. *Die Erschöpfung der Welt* als das Chef-d'œuvre seiner akustischen Theologie bezeichnet. K. erzählt die Geschichte der Erschaffung der Welt noch einmal, diesmal jedoch unter dem Aspekt des Scheiterns. »Am Ende erschöpfte Gott den Himmel und die Erde. Die Erde war wüst und öde. Smog lag auf der Urflut, und der Geist Gottes schwamm in den Abwässern ... Und Gott brachte die großen Seetiere um und alles Geflügel dazu. Und Gott sah, daß es gut war.« Der Fluch des Scheiterns verfolgt nicht nur die Taten Gottes, sondern ebenso die seiner Geschöpfe. Adams »Lobpreis des göttlichen Einfalls« wird vom Schluckauf unterbrochen, als ob »seiner lädierten Gebetsmühle einige Zahnräder fehlen« (K.). Anstatt Tiere zu schaffen, bringt Gott nur Monstren hervor, und die aus dem Paradies Vertriebenen singen einen »Überfahrtschor der Erbsündenzahler«. Im Bild »Appetit und Glaube« geht es um Opfer und Speise, und die »K(l)agelieder des Jeremia« kommentiert Gott höhnisch: »Er weint.« Grausig der Schluß: Gottes Fleischwolf senkt sich vom Schnürboden herab und zermalmt die Betenden, ein Geier landet auf dem blutigen Haufen, und in die plötzliche Stille hinein spricht Gott sein letztes Wort: »Amen?!«

Einen versöhnlichen Nachtrag zur *Erschöpfung der Welt* komponierte K. mit den 1989–90 entstandenen *Liturgien*, einer Art Oratorium, dessen Motivation auf einen Jerusalem-Besuch von 1979 zurückgeht. Die Konzentration so vieler einander durchaus nicht freundlich gesonnener Religionen und religiöser Denominationen auf engstem Raum konnte schon zu Reflexionen über den religiösen Wahrheitsanspruch und über, wie K. formulierte, die Aggressivität des Glaubens verleiten. Es galt, den Theologien, allesamt Ergebnis eines »fortwährenden kalten Deliriums«, den Stachel der Intoleranz zu ziehen. Und so stellte er aus vielen Sprachen und Liturgien eine große Liturgie zusammen, nicht, um die Bekenntnisse gewaltsam zu harmonisieren, sondern um zu beweisen, daß sie sich gegenseitig nicht ausschließen. Solche Toleranz wäre unglaubwürdig, wenn K. im gleichen Atemzuge kompositorisch auf dem Alleinvertretungsanspruch eines bestimmten musikalischen Materials beharren würde. Auf diese Weise reicht er eine Erklärung nach für den Befund, daß seine musikalische Sprache seit den Brahms-Variationen immer traditionshaltiger wurde: die Frage des Materials hatte aufgehört, eine des Glaubensbekenntnisses zu sein. Aus dieser Perspektive erscheint die *Erschöpfung der Welt* in einem anderen, milderen Lichte. K. hat immer darauf beharrt, sein Humor sei Bestandteil seiner Melancholie, aber es scheint, daß die Melancholie wiederum Bestandteil seiner Hoffnung ist. K. wurde mit zahlreichen Auszeichnungen, u. a. dem Ernst-von-Siemens-Preis 2000 geehrt. Sein Nachlaß liegt in der Paul Sacher Stiftung Basel.

Noten: Universal Edition (Wien); Peters (Ffm.).
Dokumente: Ton-Cluster, Anschläge, Übergänge *in* die Reihe 5 (1959), 23–27. Translation – Rotation *in* die Reihe 7 (1960), 31–61. Komposition – Notation – Interpretation *in* Darmstädter Beiträge zur Neuen Musik 9 (1965), 55–63. Über Form, ebd. 10 (1966), 51–56. Tamtam, Dialoge und Monologe zur Musik, hrsg. von F. SCHMIDT, Mn. 1975. M. K. Theatrum Instrumentorum, Instrumente, Experimentelle Klangerzeuger, Akustische Requisiten, Stumme Objekte, Ausstellungskat. Kölnischer Kunstverein 4. Juni bis 6. Juli 1975. Worte über Musik, Mn. 1991 [mit WV und Bibl.]. Dialoge Monologe, Köln 2001. Lese-Welten. M. K. und die Literatur, hrsg. von J. A. KRUSE, Saarbrücken 2002.

Literatur: SCHNEBEL, D.: M. K. Musik-Theater-Film, Köln 1970. KLÜPPELHOLZ, W.: M. K. 1970–1980, Köln 1981. Kagel 1991, hrsg. von W. KLÜPPELHOLZ, Köln 1991. DERS.: Scriptor musicae. Zu den Notationen von M. K., Köln 1991. DÜMLING, A.: M. K., Mn. 1992. REICH, W.: M. K. Sankt-Bach-Passion, Saarbrücken 1993. KLÜPPELHOLZ, W.: Sprache als Musik, Saarbrücken ²1995. HILLEBRAND, CHR.: Film als totale Komposition. Analyse und Vergleich der Filme M. K.s, Diss. Giessen 1995. FRICKE, ST. und REICH, W.: ...zum 24. 12. 1931, Saarbrücken 1996 [mit Bibl. und Discographie]. GOTTWALD, CL.: Neue Musik als spekulative Theologie, Stg. 2003.

Clytus Gottwald

Kodály, Zoltán

Geb. 16. 12. 1882 in Kecskemét;
gest. 6. 3. 1967 in Budapest

Nach schöpferischer Auseinandersetzung mit Werken der Klassik und Romantik, besonders mit Brahms, wandte sich K. dem ungarischen Volkslied zu, das einen beherrschenden Einfluß auf sein Schaffen ausübte. Es gelang K., Anregungen aus dem Studium der Kompositionen Mozarts, Haydns, Palestrinas, Bachs, Debussys und der Gregorianik mit dem Stil der ungarischen Volksgesänge und »Verbunkos« (Rekrutenwerbungstänze) in Einklang zu bringen und die unterschiedlichen Elemente zu einer neuen Einheit zu verschmelzen. Bartók schätzte das tonale Gleichgewicht und den ungarischen Geist seiner Musik. Melodie und Sprache gingen in K.s Vokalschaffen eine enge Verbindung ein. Die Lieder *Megkésett melódiák* op. 6 (»Verspätete Melodien«; 1912–16) erwecken Verse von Ferenc Kölcsey und Mihály Csokonai Vitéz zu musikalischem Leben. Chorwerke wie *Öregek* (»Die Alten«; 1933) für gemischten Chor sowie Chöre für Frauen- oder Kinderstimmen, z. B. *Vilö* (»Der Strohhans«; 1925) erweisen K. als Meister des A-cappella-Satzes, in dem er lineare und akkordische Strebungen im Gleichgewicht hielt. Biblische Texte wie in der Motette *Jézus és a kufárok* (»Jesus und die Krämer«; 1934) vertonte er besonders ergreifend. Sein Oratorium *Psalmus Hungaricus* op. 13 (M. Kecskeméti Vég nach Psalm 55; 1923) für Tenor, Chor und Orchester geriet zum Symbol nationaler Hoffnung und brachte ihm internationale Anerkennung. Das Werk ist formal ein Rondo. Das stilistisch noch vielfältigere *Budavári-Te-Deum* (1936), das Elemente aus dem Volksgesang, der Gregorianik und Renaissance verbindet, ist in der Spiegelform eines Palindroms angelegt. Diese Werke verdeutlichen K.s integrative Fähigkeiten.

K. war auch auf der Bühne erfolgreich. *Háry János* op. 15 (Béla Paulini und Zsolt Harsányi; Budapest 1926; mehrfach rev.) ist eher ein Singspiel, *Székely fonó* (»Spinnstube«, Volkstexte; Budapest 1932) eher eine szenische Volksballade als eine Oper. Wie die Popularität der *Háry János-Suite* für Orchester beweist, verdanken K.s Bühnenwerke ihre Wirkung vor allem dem leidenschaftlichen Schwung und sublimen Reiz der ungarischen Volksmusik.

Volksliedartige Themen prägen auch seine Instrumentalmusik. In den *9 Klavierstücken* op. 9 (1909) und *7 Klavierstücken* op. 11 (1910–18) finden sich Spuren des Impressionismus. Die *Streichquartette* op. 2 (1908–09) und op. 10 (1918–20), weisen neben Motiven auch Verzierungen, Bordunformen und Artikulationsarten volksmusikalischer Herkunft auf. K.s melodischer Erfindungsreichtum tritt in der *Sonate* für Violoncello und Klavier op. 4 (1909–10), im *Duo* für Violine und Violoncello op. 7 (1914) und der *Serenade* für zwei Violinen und Viola op. 12 (1919–20) hervor. Mit der Neubearbeitung des *Nyári este* (»Sommerabend«; 1906, 1929–30) leitete K. die Entstehungsdekade seiner Orchesterwerke ein. Die *Marosszéki táncok* (»Marosszeker Tänze«; 1929) mit Volksliedern aus Siebenbürgen spiegeln »ein Feenland wider, das längst vergangen ist« (K. im Vorwort). Aus »Verbunkos« des späten 18. Jahrhunderts schöpfen die glanzvoll orchestrierten *Galántai táncok* (»Tänze aus Galánta«; 1934). Sie enthalten Orgelpunkte, Ostinati und Mixturklänge. Diese

Satzmittel kehren im tänzerischen *Concerto für Orchester* (1939), in dem das Concerto-grosso-Prinzip mit der altungarischen Volksmusik verbunden wird, und den Variationen über ein ungarisches Volkslied *Felszállott a páva* (»Der Pfau flog«; 1938–39) wieder. Die auf pentatonischen Melodien basierende *Symphonie C-dur* (1961) kommt einem Bekenntnis K.s zu seinen Idealen Tradition und Volkslied gleich.

K. war begeisterter Volksliedforscher. Durch Sammeln (ab 1905) und Archivieren legte er den Grundstock für das mit Bartók verfaßte *Corpus musicae popularis hungaricae* (1951). Seine wesentlichsten wissenschaftlichen Erkenntnisse veröffentlichte K. in der Abhandlung *Die ungarische Volksmusik* (1937). Durch Forschung erschloß er die Hauptquelle seiner Inspiration, durch Forschung und Komposition gewann er neue inhaltliche Grundlagen für seine Musikpädagogik. Neben Lehrbüchern und Liedsammlungen stellte er eigene Liedsätze, u. a. die *Bicinia Ungarica* (1937–42), die *Ötfokú zene* (»Pentatonische Musik«; 1942–47) und die *Tricinia* (1954) bereit. Auf der differenzierten Anordnung von Inhalten aus Kunst- und Volksmusik und der Anwendung der Methode der relativen Solmisation beruht K.s didaktisches Konzept (vereinfachend »Kodály-Methode«), das bis heute international in Wettbewerb mit modernen curricularen Ansätzen tritt.

Noten: Boosey & Hawkes (Ldn.); U.E. (Wien); Oxford Univ. Press (Ldn.).
Dokumente: Mein Weg zur Musik, Fünf Gespräche mit L. BESCH, Zürich 1966. Wege zur Musik, Ausgewählte Schriften und Reden, hrsg. von F. BÓNIS, Budapest 1983.
Bibliographie: HOULAHAN, M. und TACKA, PH.: Z. K. A Guide to Research, N. Y. 1998.
Literatur: EÖSZE, L.: Z. K. Sein Leben und sein Werk, Bonn 1964. Z. K. Sein Leben in Bildern, hrsg. von DEMS., Budapest 1971, [3]1982. HALMOS, A.: Die musikpädagogische Konzeption Z. K.s im Vergleich mit modernen curricularen Theorien, Wolfenbüttel und Zürich 1977.

Rainer Fanselau

Koechlin, Charles Louis Eugène

Geb. 27. 11. 1867 in Paris;
gest. 31. 12. 1950 in le Canadel

K. studierte ab 1890 am Pariser Conservatoire, u. a. Komposition bei Fauré und Kontrapunkt bei André Gédalge, der ihn die Kunst der linearen Stimmführung lehrte und sein Interesse am kontrapunktischen Stil, vor allem an J. S. Bach weckte. Nach Gédalges Unterweisung mußte die Melodik einfach und prägnant sein so wie in den Gesängen des Mittelalters. Diese Erziehung war eine bewußte Reaktion gegen die Farbigkeit und die zerfließenden Konturen der Romantik und des Impressionismus. Bis ins erste Jahrzehnt des 20. Jahrhunderts schrieb K. vor allem Lieder (*Poèmes d'automne* op. 13, 1894–99), erst dann wandte er sich vermehrt der Orchester- und Kammermusik zu (»Poème symphonique« *En mer, la nuit* op. 27, 1899–1904; *Erstes Streichquartett* op. 51, 1911–13). Er kam mit Debussy in Kontakt, der ihm die Orchestration seines Ballettes »Khamma« (1911–1912 begonnen, 1947 fertiggestellt) übertrug, da er das handwerkliche Geschick seines Mitarbeiters kannte. Zwischen der Schwarzweißzeichnung in der Tradition der alten Polyphonie, deren Statthalter d'Indys Schola cantorum mit ihrem akademischen Regelkanon war, und der üppigen Koloristik seines Mentors Debussy, der – alle Schulregeln hinter sich lassend – der Kraft der Intuition vertraute, blieb K.s Œuvre angesiedelt ohne definitive Entscheidung für das eine oder das andere. Und gerade weil er aus vielfältigen Erfahrungen schöpfen konnte, wurde er auch Verfasser pädagogischer Werke, die ihn als guten Lehrer auswiesen. Außerdem spielte für K. auch die um jene Zeit vollkommen ungewohnte Schlichtheit Saties eine große Rolle.

K. ganz persönliche Erfindung war eine Art Polymelodik, ein Geflecht von Stimmen mit einer gewissen Selbständigkeit, die aber doch ungezwungen miteinander harmonierten (*Sonate für Flöte* op. 52, 1911–13; *Sonate für Bratsche* op. 53, 1902–15; *Sonate für Oboe* op. 58, 1911–16; *Erste Symphonie* op. 57, 1911–15). Daneben trieb er die Polytonalität über Debussy und Ravel hinaus (*La course du printemps* op. 95, 1908–25) und wurde dadurch zu einem wichtigen Anreger für Milhaud, der dann als erster dieses Verfahren konsequent anwenden sollte.

Beides, Polymelodik und Polytonalität, führte oft zu einer solchen Komplexität, namentlich des Klaviersatzes, daß die Musik kaum mehr von einem einzigen Pianisten gespielt werden konnte (*Nocturne es-moll* o. O., 1923–32). Ausgiebiger Pedalgebrauch mußte der klanglichen Darstellung zu Hilfe kommen, was den Klang irisierend und verschwimmend machte. Damit wurde K. ein wichtiger Vorbote für Messiaens »Préludes« vom Ende der zwanziger Jahre. Das Klavier, das ›klingt wie eine Nähmaschine‹, war ohnehin nur eine kurze Episode in der französischen Musikgeschichte.

K. wirkte als Vermittler zwischen der Belle Epoque und den dreißiger Jahren. Ohne ihn wäre eine gewisse Klangsinnlichkeit, wie sie vor dem Ersten Weltkrieg kultiviert wurde, verlorengegangen. Freilich litt er unter dem Los eines Künstlers, der bald zu früh, bald zu spät kommt. Um 1918 war er einerseits mit seinen nachträglich instrumentierten Klavierstücken *Paysages et marines* (»Landschaften und Seestücke«; 1915–1916) der Zeit weit voraus, andererseits vertonte er während der verrückten zwanziger Jahre mit ihrer Hinwendung zum Alltag symbolistische Gedichte, die längst aus der Mode gekommen waren (*8 mélodies* op. 84 nach Klingsor, 1922–23). Um 1940 schien er schon von den Jüngeren überholt.

Zentrum von K.s künstlerischer Produktion bildet der vierteilige Zyklus Symphonischer Dichtungen *Livre de la Jungle* nach Rudyard Kiplings »Dschungelbuch« mit den Teilen *La loi de la jungle* (»Das Gesetz des Dschungels«; 1939), *Les Bandarlog* (1939–40), *La méditation de Purun Bhagat* (1936) und *La Course de printemps* (»Der Frühlingslauf«; 1927). K.s Meisterschaft, sich in fremde Techniken einzuarbeiten, zeigt sich besonders in der Symphonischen Dichtung *Les Bandarlog*. Die »Bandar log« sind Affen, und K. äfft verschiedene Stile nach, z. B. den Hindemiths und den Schönbergs – und zwar mit so täuschender Ähnlichkeit, daß sich die Zeitgenossen fragten, wo der wahre K. verborgen sei. Doch suchte er seine Musik meist nur in den Dienst einer guten – politischen oder philosophischen – Sache zu stellen. Sie war ihm nur Mittel zum Zweck. Er konnte in der *Seven Stars-Symphony* von 1933 auch die Filmschauspieler von Hollywood porträtieren – u. a. Greta Garbo, Charlie Chaplin und Douglas Fairbanks –, ohne daß er das Gefühl hatte, damit seine Kunst zu entweihen. Die Filmschauspielerin Lilian Harvey inspirierte K. zu zwei Sammlungen kammermusikalischer Preziosen, in denen K. die harmonische Farbigkeit seiner Erfindung aufs glänzendste unter Beweis stellt (*Premier* und *Second Album de Lilian*, 1934 bzw. 1935).

K.s Musik wurde erst seit den achtziger Jahren neu entdeckt, nachdem sie lange nur von einigen Liebhabern geschätzt wurde. Sie steht nicht nur für viele Anregungen, die Zeitgenossen aufgegriffen haben, sondern gerade in ihrer stilistischen Wandlungsfähigkeit auch für eine kosmopolitische Haltung, die sich nicht der Beliebigkeit preisgibt.

Noten: Eschig (Paris); Salabert (Paris).
Dokumente: Précis des règles de contrepoint, Paris 1926. Claude Debussy, Paris 1927. Traité de l'harmonie, 3 Bde., Paris 1927–30. K. par lui-même. Texte inédit 1867–1950 *in* La Revue musicale 414 (1981). Ch. K. 1867–1950, Correspondance *in* La Revue Musicale 415 (1982).
Werkverzeichnis: Catalogue de l'Œuvre de Ch. K. hrsg. von M. LI-KOECHLIN, Paris 1975.
Literatur: MELLERS, W.: A plea for K. *in* Music Review 3 (1942), 190–202. NIES, O.: »Ganz du selbst sein«. Der Komponist Ch. K. *in* Neuland 5 (1984–85), 256–270. ORLEDGE, R.: Ch. K. His Life and Works, Harwood 1989, ²1995. CAILLET, A.: Ch. K., Paris 2001. BOSSEUR, J.-Y. und PISTONE, P.: Ch. K. Aspects de l'écriture orchestrale. Le buisson ardent..., Paris 2002.

Theo Hirsbrunner

Krenek [Křenek], Ernst

Geb. 23. 8. 1900 in Wien; gest. 22. 12. 1991 in Palm Springs (Kalifornien)

Das Lebenswerk E. Kr.s zu umreißen, bedeutet einen guten Teil der Musikgeschichte des 20. Jahrhunderts darzustellen: Der überaus fleißige Komponist – die Zählung seiner Werke überschreitet die Opuszahl 200 bei weitem – hat keinen unverwechselbaren Personalstil ausgebildet, sondern in verschiedenen Schaffensphasen eine stilistische Vielfalt erreicht, die von Jugendwerken unter dem Einfluß von Schreker bis zu TV-Opern sowie seriellen und elektronischen Stücken reicht.

Kr. hatte bereits sechzehnjährig mit dem Kompositionsstudium bei Schreker begonnen und folgte seinem Lehrer 1920 von Wien nach Berlin. Ohne Abschluß verließ er 1922 die Berliner Hochschule für Musik, da er an der Kompetenz der Prüfungskommission zweifelte – ein frühes Zeugnis seines ausgeprägten Selbstbewußtseins. Stilistische Einflüsse des Lehrers zeigen sich nur für kurze Zeit: Die szenische Kantate *Die Zwingburg* (1922) mit ihrem chromatisierten, polyphonen Orchestersatz und der üppigen Instrumentation ist eines der seltenen Beispiele dafür. Bereits während seiner Studienzeit löste sich Kr. vom Vorbild Schrekers. Die ersten Werke, mit denen er an die Öffentlichkeit trat (*Erste Symphonie*, *Erstes Streichquartett*, beide 1921), entstanden unter dem Eindruck der Musik Bartóks. Die *Zweite Symphonie* löste bei ihrer Uraufführung (1922) wegen ihrer aggressiven, rhythmischen Wildheit und aufgrund ihres katastrophischen Finales einen Eklat aus. Auch diese radikale Phase dauerte nur kurz: einen nächsten Stilwandel löste Kr.s Aufenthalt in der Schweiz und in Frankreich in den Jahren 1923–25 aus. Die Werke dieser Zeit sind neoklassizistisch geprägt, was bereits der Blick auf die Gattungen zeigt (z. B. Concerto grosso, Instrumentalkonzert, Suite). Angeregt durch seine Tätigkeit an den Opernhäusern in Kassel und Wiesbaden (1925–27) verstärkte sich das Interesse Kr.s für das Musiktheater. Aus Kr.s Auffassung dieser Jahre, Kunst müsse unterhaltsam, verständlich und gegenwartsbezogen sein, entstand 1927 die Oper *Jonny spielt auf* (Leipzig 1927), mit der Kr. schlagartig berühmt wurde. In der Folge dieser »Jazzoper« entstanden einige weitere Bühnenwerke, in denen Kr. die Musik verwandte, unter der er sich »Jazz« vorstellte, nämlich Ragtime und Foxtrott in einer der Unterhaltungsmusik angenäherten Instrumentation. Nicht zuletzt aufgrund der nationalsozialistischen Diffamierung gegenüber Kr. – ausgelöst durch *Jonny* – kehrte der Komponist 1929 nach Wien zurück. Einen vorläufigen Ausweg aus der künstlerischen Krise dieser Jahre bot für kurze Zeit die Hinwendung zu einer dezidiert nationalen Neoromantik. Eindrücklichstes Zeugnis dieser Phase ist das *Reisebuch aus den österreichischen Alpen* (1929). In diesem Zyklus von Klavierliedern auf eigene Texte beruft sich K. ausdrücklich auf die »Winterreise« Schuberts, erweist sich jedoch in seiner Rezeption stark vom damaligen Schubert-Bild als Komponisten des österreichischen Biedermeier geprägt.

Nachdem Kr. die Zwölftontechnik in den zwanziger Jahren abgelehnt hatte, wandte er sich ihr jetzt, unter veränderten Umständen, zu. Dem liegen weniger innermusikalische Entwicklungen zugrunde als vielmehr die Suche nach einem künstlerischen Standpunkt, der sich deutlich gegen eine auch in Österreich geforderte, nationalsozia- listisch geprägte Kunst abhebt. Daher steht Kr. auch den geschichtsphilosophischen Implikationen fern, die seit Theodor W. Adorno mit der Zwölftontechnik verbunden sind. Erste Werke, in denen Kr. mit Reihen arbeitet, sind die *Gesänge des späten Jahres* (1931). Das Hauptwerk dieser Phase stellt die Oper *Karl V.* dar. Kr. verbindet hier die Ordnung der Reihenkomposition, deren klangliches Ergebnis an Berg erinnert, mit der Thematik des katholischen Weltreichs der Habsburger. *Karl V.* konnte bereits 1934 nicht mehr in Wien uraufgeführt werden, sondern erst 1938 in Prag. Kurz vor der Emigration Kr.s in die USA entstanden Werke, die zur Ausbildung von Kr.s individueller, freierer Anwendung der Zwölftontechnik beitrugen, wie die *Klaviervariationen* (1937) und das *Sechste Streichquartett* op. 78 (1936). Nachdem er in der Oper die harmonischen Möglichkeiten der Reihenkomposition ausgeschöpft hatte, interessierte ihn in diesen beiden Werken hauptsächlich die motivische Einheit. Das führte ihn zur Binnenstrukturierung von Reihen, aus denen er Motive herauslöste und anschließend mit Abschnitten aus anderen Reihengestalten kombinierte; er wich also von der ›Regel‹ ab, stets nur vollständige Gestalten der Reihe zu verwenden. Noch einen Schritt weiter ging Kr. in den *Lamentationes Jeremiae Prophetae* für Chor a cappella (1941). Durch die Beschäftigung mit mittelalterlichen modalen Skalen gelangte Kr. zur Entwicklung neuer sogenannter »Modi«, indem er die Zwölftonreihe in zwei Hälften teilte und diese jeweils mit Hilfe des »Rotationsverfahrens« transponierte, so daß jeder Ton einmal als Anfangston einer Sechstongruppe und damit als Ausgangspunkt einer Transposition erscheinen kann. Das Rotationsverfahren wandte Kr. später in seriellen Werken auch auf die Gestaltung des Rhythmus an, etwa in der *Sestina* für Stimme und zehn Spieler. Kr. ließ sich anregen vom festgelegten Platzwechsel der Reimwörter in der Gedichtform, der die Komposition ihren Namen verdankt, und übertrug diese Regeln aus der Versdichtung nicht nur auf die Tondauern der beiden Sechstongruppen, sondern leitete darüber hinaus aus den Intervallfolgen proportional auch die Tondauern, die Satzdichte und teilweise die Instrumentation ab. Das zweite serielle Hauptwerk Kr.s ist das Orchesterwerk *Quaestio temporis* (1959). Auch hier bestimmt die Intervallfolge der Reihe die Gestaltung der Tondauern. Durch die Verwendung einer symmetrisch gebauten Allintervallreihe erreicht Kr. in diesem Werk die maximale Beziehungsdichte der musikalischen Struktur.

Kr. war 1938 der erste Hochschullehrer in den Vereinigten Staaten, der Zwölftonkomposition unterrichtete. In dem von Populismus und Neoklassik geprägten Land nahm Kr. die Stellung eines avancierten Außenseiters ein, der Isolation und mangelnde Resonanz erfahren mußte. Bis auf Motetten und das *Dritte Klavierkonzert* (1946) bediente er sich in Amerika weiterhin der Zwölftontechnik, die damals dort noch als hermetisch verschrieen war. Trotz dieser Situation blieb er nach 1945 in den USA, kam aber jährlich nach Europa. In den Jahren 1950 bis 1958 war Kr. als Dozent bei den Darmstädter Ferienkursen tätig und wurde selbst angeregt zur Auseinandersetzung mit dem Serialismus (*La Sestina*, 1957) und den Möglichkeiten der elektroakustischen Schallaufzeichnung (*Spiritus intelligentiae sanctus* op. 152, 1955–56; *San Fernando Sequence* op. 185, 1963; *Orga-nastro* op. 212, 1971). Signifikant für seine nicht nur geographische Stellung ›zwischen den Stühlen‹ war der Konflikt mit den Komponisten der ›Darmstädter Schule‹, die den Autor von *Jonny spielt auf* der Generation ihrer Väter zuordneten, während er selbst gern von ihnen als Zeitgenosse akzeptiert worden wäre.

Noten: Universal Edition (Wien); Schott (Mainz); Bärenreiter (Kassel).

Dokumente: Über neue Musik, Wien 1937; Ndr. Darmstadt 1977; engl. N.Y. 1939. Studies in Counterpoint, N.Y. 1940; dt. Mainz 1980. Selbstdarstellung, Zürich 1948. Zur Sprache gebracht, Mn. 1948. Gedanken unterwegs, Mn. 1959. Sestina *in* Melos 25 (1958), 235–238. Quaestio temporis *in* Musica 14 (1960), 415–419. Gespräch mit meinem zweiten Ich *in* Melos 40 (1973), 204–207. Das musikdramatische Werk, Wien 1974. Th. W. Adorno und E. Kr. Briefwechsel, Ffm. 1974. Dank an E. Kr. hrsg. von E. Hilmar, Wien 1982. Der hoffnungslose Radikalismus der Mitte. Briefwechsel E. Kr. – Friedrich T. Gubler 1928–1939, hrsg. von Cl. Maurer Zenck, Wien und Köln 1989. Die amerikanischen Tagebücher 1937–1942. Dokumente aus dem Exil, hrsg. von ders., Wien 1992. Im Atem der Zeit. Erinnerungen an die Moderne, Hbg. 1998.

Literatur: Knessl, L.: E. Kr., Wien 1967. Maurer Zenck, Cl.: E. Kr. – ein Komponist im Exil, Wien 1980. E. Kr. hrsg. von O. Kolleritsch, Graz 1982. Bowles, G.H.: E. Kr. A Bio-bibliography, N.Y. 1989 [mit WV und Bibl.]. Stewart, L.: E. Kr., Wien 1990. Schmidt, M.: Theorie und Praxis der Zwölftontechnik. E. Kr. und die Reihenkomposition der Wiener Schule, Laaber 1998. E. Kr. Zeitgenosse des 20. Jahrhunderts, hrsg. von dems., Wien 2000. Von Jonny zu Jeremia. Spuren der Vertreibung im Werk E. Kr.s, hrsg. von Fr. Geiger, Saarbrücken 2001.

Susanne Fontaine

Kurtág, György
Geb. 19. 2. 1926 in Lugoj
(Rumänien, ungarisch: Lugos)

»Meine Muttersprache ist Bartók, und Bartóks Muttersprache war Beethoven.« Dieser Ausspruch K.s beim Komponisten-Workshop »Bremer Podium« 1987 ist ein Bekenntnis nicht zum Traditionalismus, sondern zur Tradition als produktives Erbe. So sehr K. in seinem Œuvre die Ausstrahlung der Zweiten Wiener Schule wie auch des Kolorismus Messiaens, eines seiner Lehrer während des einjährigen Paris-Aufenthaltes 1957–58, reflektierte, so hat er doch den radikalen stilistischen Bruch vermieden, der für viele ost- und südosteuropäische Komponisten nach dem ›Tauwetter‹ von 1956 bestimmend wurde.

Sein *Quartetto per archi* (1959), dem er demonstrativ die Opuszahl 1 gab, knüpft in der instrumentalen Gestik wie auch in den die Struktur bestimmenden Intervall-Verhältnissen an Techniken Bartóks, vor allem aber Weberns an, doch deutlich wird schon hier das eigene Profil: extrem kurze musikalische Einheiten bzw. Sätze, Motive, die aus einer Figur, einem ›Atemholen‹, ja einem Akkord bestehen, und angedeutete Durchführungspartien, denen ebenso kurze Coda-Abschnitte folgen, ausklingend oft wie ein verlöschender Seufzer oder ein blitzschnell aufstiebender Vogelschwarm. K. selbst schreibt diese Eigentümlichkeit dem Einfluß der Psychologin Marianne Stein zu, mit der er in der Pariser Zeit intensiv zusammenarbeitete, fast mehr als mit seinen Kompositionslehrern Milhaud und Messiaen. Aphoristische, oft nur wenige Takte lange Komplexe, charakterisiert durch rhythmische Figuren, eine girlandenartige Melodie oder ein kurz aufleuchtendes akkordisches ›Zersplittern‹, kennzeichnen auch viele folgende Werke wie die *Acht Klavierstücke* op. 3 (1960) oder die *Acht Duos* für Violine und Cimbalom op. 4 (1960–61); demgegenüber sind *Bornemisza Péter mondásai* (»Die Sprüche des Péter Bornemisza«; 1963–68) für Sopran und Klavier op. 7 ein ausgedehntes, im Untertitel so benanntes »geistliches Konzert« als Huldigung an Heinrich Schütz, den Zeitgenossen des

Textautors. Der vollgriffige, fast virtuose Klaviersatz und die ausladende Expressivität der Sopranpartie scheinen eine neue stilistische Etappe anzukündigen, doch ist auch dieses Werk untergliedert in eine zyklische Folge kurzer Abschnitte, ein Prinzip K.s, größere Formen zu entwickeln und zu verknüpfen. Dies gilt auch für *Hommage à András Míhály – Zwölf Mikroludien fur Streichquartett* op. 13 (1977–78), den zweiten Beitrag K.s zur Kerngattung der Kammermusik, in welchem er sich vom konstruktiv bestimmten Denken des op. 1 löst zugunsten der Ausweitung melodischer und choralartiger Partien, also Klangwelten, die ein gewisses semantisches Assoziationsfeld um sich tragen.

Omaggio a Luigi Nono für gemischten Chor a capella op. 16 (1979) übernimmt diese Tendenz nun ins vokale Medium und spannt für die russischen Texte von Anna Achmatova und Rimma Dalos einen Ausdrucksbogen von einer Art aufgeschrecktem Sprechgesang bis zu einer Hymnik, die sich der Aneignung altrussischer Kirchenmusik verdankt. Ein weiteres Werk nach russischen, aphoristisch knappen Gedichten von R. Dalos kann aufgrund der großbogigen formalen Anlage einer depressiv endenden »Geschichte in Gedichten« und der reichen vokal-instrumentalen Farbenskala als eines der Hauptwerke K.s gelten: *Poslanija pokojnoj R. V. Trusovoj* für Sopran und Kammerensemble op. 17 (»Die Botschaften der verewigten R. V. Trusova«; 1976–80). Die von K. geschaffene literarische Figur ist eine fiktive Dame aus dem Umkreis des Dichters Aleksandr Blok, die in nachgelassenen »Botschaften« ihre gescheiterte Liebe beschreibt. Während im ersten der insgesamt 21 Sätze des Werkes das gesamte Ensemble mit unendlich schillernden Klangfarbenvarianten gleichsam die Fülle des Lebens symbolisiert, ist der weitere Verlauf in Umfang, Besetzung und Form als kontinuierliche Reduktion angelegt, die ihren Umschlagpunkt in einem Satz für unbegleiteten Sopran erlebt, worin sich die gedemütigte Heldin in exzessivem Aufschrei geradezu prostituiert; der Zyklus führt zum Ende hin immer weiter an den Rand des textlichen und instrumentalen Verstummens, bis das letzte Lied mit einem ersterbenden Mikrointervall-Glissando des allein übriggebliebenen Kontrabasses schließt. Wenn in Bartóks »Herzog Blaubarts Burg« der unverstandene Mann im Mittelpunkt steht, so ist es hier – quasi als Gegenentwurf – die unverstandene und erniedrigte Frau. Dieses Werk K.s brachte ihm, der in seinem Leben alles Aufsehen vermied, den internationalen ›Durchbruch‹.

Während K. in solchen Vokalwerken wie *József Attila-töredékek* für unbegleiteten Sopran op. 20 (»Attila József Fragmente«; 1981–82) und *Kafka-Fragmente* für Sopran und Violine op. 24 (1985–87) die Reduktion der Ausdrucksmittel – im Trusova-Zyklus nur ein Teilaspekt des Werkes – auf die Spitze treibt, zeichnet sich seitdem eine gewisse Wende wiederum zu größerer Farbigkeit und auch zu größeren Ensembles ab. Beispiel dafür sind die beiden unter der Opuszahl 27 zusammengefaßten Werke *Quasi una fantasia* für Klavier und Kammerorchester (1987–88) und das *Doppelkonzert* für Violoncello, Klavier und Orchester (1989–90). Wenn bis hierher Tradition für K. darin bestand, die Sprache der deutsch-österreichischen Musiktradition und ihre durch Bartók ausgebildete ungarische Variante weiterzuführen, so läßt sich nun eine Tendenz beobachten, durch Zitate, Allusionen und Klangfelder, die einen bestimmten Stil bezeichnen, eine weitere Ebene von Traditionsverknüpfung hinzuzugewinnen. Die Schumann-Anspielungen in *Quasi una fantasia* stehen dafür ebenso wie im folgenden Werk *Officium breve in memoriam Andreae Szervánszky* für Streichquartett op. 28 (1988–89) die wörtlichen Zitate aus der »Zweiten Kantate« Weberns und der »Serenade für Streicher« Endre Szervánszkys, des Komponisten-Kollegen, zu dessen Andenken dieser dritte Quartettbeitrag K.s entstand. Es gelingt K., unterschiedliche stilistische Ebenen – die Musiksprachen anderer Komponisten wie auch Klänge unterschiedlicher sozialer und regionaler Herkunft – zu einer gedanklichen Einheit zu formen, die dem Hörer niemals als lediglich ›reine‹ Musik gegenübertritt, sondern ihm eine existentiell-künstlerische Befindlichkeit glaubwürdig macht.

Als ›work in progress‹ entsteht neben den numerierten Werken K.s seit etwa 30 Jahren *Játékok* (Spiele) für Klavier zu zwei oder zu vier Händen (bisher sieben Bände). Es ist der gelungene Versuch, ohne etüdenartig-autoritäre Vorgaben Kinder an das Instrument Klavier heranzuführen, welches sie allseitig und in allen, auch avantgardistischen Techniken ›behandeln‹ dürfen, ja sollen. Auch hier gibt es Assoziationen an Landschaft, an Folklore, an vorhandene Musik, an alltägliche Geschehnisse, dazu eine fast unbändige Freiheit der Gestaltung, die sich gleichsam fortschreitend zu Höherem entfaltet, indem mehrere Fassungen eines Stückes vorliegen, die von einem Cluster und ungefähren Tonhöhen zu genauer Notation entwickelt werden – wobei durchaus offenbleibt, welche Fassung dem gegebenen Sinn näherkommt. Eine ähnliche Serie *Signs, Games and Messages* für verschiedene Streichinstrumente entsteht seit 1989, und auch die *Messages* für Orchester op. 34 (1991–96), extrem kurze und meist extrem leise Stimmungsbilder, sind ›in progress‹ konzipiert, wohingegen die *Stele* op. 33, 1994 für die Berliner Philharmoniker entstanden, expressive Erschütterungen aufs große Orchester überträgt.

Noten: Editio Musica Budapest (EMB) vertreten durch Ricordi (Mn.).
Dokumente: Gy. K. entretiens, textes, écrits sur son œuvre, hrsg. von Ph. Albèra, Genf 1995.
Werkverzeichnis: EMB 1991.
Literatur: Kroó, Gy.: Ungarische Musik – gestern und heute, Budapest 1980. Walsh, St.: Gy. K. An outline study *in* Tempo 140 (1982), 11–21, und 142 (1982), 10–19. Gy. K., hrsg. von Fr. Spangemacher, Bonn 1986. Balazs, I.: Gy. K., »Attila Jozsef Fragmente« (op. 20) für Sopran solo *in* Melos 48 (1986), 31–62. Gy. K. Komponistenportrait (38. Berliner Festwochen, mit Beiträgen von H. Lück und B. A. Varga), Bln. 1988. Lück, H.: Die Einsamkeit einer verstorbenen Dame. Zu Gy. K.s »Die Botschaften der verewigten R. V. Trusova« *in* MusikTexte 27 (1989), 26–29. Spangemacher, Fr.: Der wahre Weg geht über ein Seil. Zu Gy. K.s »Kafka-Fragmenten«, ebd., 30–35. Ligeti, K., hrsg. von Ph. Albèra, Paris 1990. Hoffmann, P.: Zu Gy. K.s Webern Rezeption am Beispiel seines Streichquartetts op. 28 *in* Musiktheorie 7 (1992). Spangemacher, Fr.: »What is the Music?« Kompositionswerkstatt Gy. K. in Fragmen 14 (1996). MusikTexte 72 (1997) mit K.-Schwerpunkt. Beckles Willson, R.: K.'s Instrumental Music 1988–98 *in* Tempo 207 (1998), 15–21. Stahl, Cl.: Botschaften in Fragmenten. Die großen Vokalzyklen von Gy. K., Saarbrücken 1998. Willson, R. B.: Perspectives on K., Ldn. 2001.

Hartmut Lück

Lachenmann, Helmut Friedrich

Geb. 27. 11. 1935 in Stuttgart

Die Erlebbarkeit von Musik und ihren Strukturen betrachtet L. als ein nicht reduzierbares Ganzes. (L. 1996 [1979], 54 ff.) Wegen der Wechselwirkung von Gewesen- und Gewordensein geht L.s kompositorisches Handeln von der Voraussetzung aus, daß jedes Material durch seine Herkunft bereits mit Intentionen besetzt ist, und daß deshalb Komponieren als »Sich-aus-drücken« die Mittel gleichsam »gegen den Strich bürsten« muß. L. nennt dies die »Brechung des Vertrauten« (L. 1996 [1988], 195). Den naiven Umgang mit dem Material dagegen bezeichnet er als »das tautologische Benutzen bereits vorhandener Expressivität« (L. 1996 [1979], 55). Seine »Dialektik von Verweigerung und Angebot« (ebd., 60) wurde präzisiert von seinem Eintreten für das Schöne (L. 1996 [1976], 104 ff.). Wechselwirkungen von Destruktion und Konstruktion lassen sich gegenwärtig triftiger und umfassender als Wirkungen dekonstruktiver Verfahrensprinzipien beschreiben.

L.s Reflexion gründet in der konkreten, sich gegenseitig bedingenden Beziehung zwischen Material und Hören. Er unterscheidet darin vier Aspekte. Der »tonale« Aspekt steht für den »ästhetischen Apparat« (L. 1996 [1979], 60; auch [1976], 107), d. h. für die Vorprägung des Materials durch unsere Tradition und unseren Umgang mit ihr, letztlich aber für das Gesamt der gesellschaftlichen und kulturellen Einbettung von Musik. Bezeichnet der »sinnliche« Aspekt die konkrete akustische Seite eines Klangereignisses, so benennt der »strukturelle« die Abstraktionsebene, die allgemein auf Musik als einen bestimmten kognitiven Stil verweist. Der vierte, »existentielle« Aspekt steht für die Aura der Mittel. Dieser berührt sich mit dem »tonalen« durch die Vorprägung der Mittel und steht folglich für deren sinnhaften, semantischen, kulturellen und ästhetisch-distinktiven Assoziationszusammenhang.

Daher kommt es, daß durch den Umgang mit der Aura der Mittel der Ausdruck einer Komposition maßgeblich bestimmt wird. Maß und Charakter der Brechung der Aura – wenn nicht gar ihre Vermeidung – oder ihres gezielten, ungebrochenen Hineinlassens ist wesentliches Merkmal von L.s stilistischer Entwicklung. Seine Auseinandersetzung mit der Gattung des Streichquartetts beginnt mit der Zertrümmerung der ›bürgerlichen‹ Gattung in *Gran Torso. Musik für Streichquartett* (1971–72/1978/1988). Sie setzt sich fort in der schattenhaften Inszenierung von Spielfiguren in dem Quartett *Reigen seliger Geister* (1989), das auf die »Musikantik« der *Tanzsuite mit Deutschlandlied. Musik für Orchester mit Streichquartett* (1979–80) reagiert, um schließlich zur Thematisierung des Streichquartettklangs als Unisono-Quint-Oktav-System in *Grido* (2000–01/2002) zu gelangen.

L.s Strukturbegriff, dem letztlich jede Konstanz und Begrenzung des Materials als Reduktion gilt, tendiert wie von selbst zum Orchester, seinem »Hauptinstrument«: Es ist Medium einer klanglichen Vielfalt mit all ihren Abstufungen (Familien); es motiviert ihn zu einem grundsätzlich »diagonalen« Satz, den er mit der Metapher des »Arpeggios« umschreibt (L. 1996 [1983], 179). L.s musikalisches Denken und Handeln manifestiert sich in seiner ganzen Breite in der Oper *Das Mädchen mit den Schwefelhölzern. Musik mit Bildern* (1990–96; Hamburg 1997; rev. 1999).

Nach frühen Arbeiten aus der Studienzeit in Stuttgart (1955–58) – dort hat L. nach wechselnder Lehrtätigkeit von 1981 bis 1999 als Professor Komposition gelehrt – entwickelt die Werkgruppe, die noch im Zusammenhang mit dem Studienaufenthalt bei Nono in Venedig (1958–60) steht, den eigenen Strukturbegriff, ersetzt jedoch Nonos punktuellen Satz schrittweise durch »Klangtypen«: Wie Nono den phonetischen Aspekt der Sprache in die Vokalkomposition mit einbezog, so L. den empirisch-akustischen in sein ganzes Komponieren. L.s Ansatz beruht auf der Thematisierung von vortheoretischen, alltäglichen Erfahrungen mit dem Klang. Seine Aufstellung einer »Typologie der Klänge« entspringt der Erfahrung, daß der Organisation der Parameter als ›reiner Theorie‹ Grenzen gesetzt sind. Will heißen: daß z. B. die Stärke eines Klaviertons immer auch eine Funktion seiner Dauer ist. Deshalb beruhen seine »Klangtypen« weniger auf der Unterscheidung von Parametern als auf derjenigen von »Klang als Zustand« und »Klang als Prozeß« (L. 1996 [1966/93], 1). Sie stellen so dem quantifizierenden seriellen Denken die qualitative Unterscheidung von (Klang- bzw. Material-)»Familien« entgegen: Der »Kadenzklang« mit den Teilformen Impuls-, Ein- und Ausschwingklang ist ein einfacher Klangprozeß mit »natürlichem« oder »künstlichem« Gefälle. Wie z. B. der »Kadenzklang« in *Air. Musik für großes Orchester mit Schlagzeug-Solo* (1968–69/1993) Zusammenhang erzeugt, zeigt ein stiller undirigierter Abschnitt mit quasi »erstickten« Bewegungen der Ausführenden. Die mehrfache Folge Geräusch(e) – ausschwingender Einzelklang mündet dort in den einzelnen Schlag einer alten Wanduhr samt Anlaufgeräusch, zuletzt vorbereitet durch gleichsam auftaktiges Guero-Glissando und Klavierton, dieser von gestopfter Hornfarbe allmählich verdeckt und wieder freigegeben (ratterndes, »perforiertes« Anheben – changierendes Verklingen). Um den Synthetisierungsvorgang etwa solcher Zusammenhänge zu beschreiben, bedient sich L. der Metapher des »Abtastens« (ebd., 18).

Der »Strukturklang«, als mehrschichtiger Prozeß identisch mit dem Werk selbst, begreift in seiner grundsätzlichen Komplexität (»Polyphonie von Anordnungen«, d. h. »Familien«; ebd., 28) alle Klangtypen potentiell mit ein. Struktur wird als Klang erfahrbar und umgekehrt. *Echo Andante* (1961–62) und *Wiegenmusik* (1963) thematisieren – zukunftsweisend – den »Diminuendocharakter« des Klavierklangs und akzentuieren durch den formbildenden Wechsel von gehaltenem und aufgehobenem Pedal die Beziehung zwischen Secco- und Nachhall-, also Impuls- und Ausschwingklang. Auffallend ist die Ähnlichkeit zwischen L.s miniaturartiger graphischer Darstellung seines Strukturbegriffs (»dreimal Strich, viermal Punkt, fünfmal Häkchen«, ebd.) und dem ersten ›Pedalfeld‹ der *Wiegenmusik* (drei laute Anschläge in schneller Oktavbewegung, acht leise in mittelschneller Kleinterzbewegung, vier mittlere in langsamen Akkorden aus Segmenten von Dur- und Mollskalen; verknüpft durch gemeinsame Töne): Der Begriff »Polyphonie von Anordnungen« wird plastisch. Als Konstante bleibt, L.s stilistische Entwicklung umgreifend, das Organisieren von Zusammenhang nach seriellem Muster erhalten. Mit Zeitnetzen, und zwar als im Hintergrund wirkende Makrostrukturen, verschafft sich L. verfügbare Offenheit für spontane und assoziative Entscheidungen.

Notturno (Musik für Julia) für kleines Orchester mit Violoncello solo (1966–68) durchzieht ein von L. nicht kaschierter stilistischer Bruch, der die eine kompositorische Phase von der nun beschrittenen trennt. In *Consolation I* für zwölf Stimmen und vier Schlagzeuger (1967) und *Consolation II* für 16 Stimmen (1968) erklingt der schlicht gesungene Ton eingebettet in ein breites Klang- und Geräuschfeld. L.s sogenannte »musique concrète instrumentale« (Hüppe 1996/2004, 6f.; Nonnenmann 2000) – die Produktion seit 1967 – macht den ›normal‹ erzeugten Ton zeitweise vollends zum Sonderfall. Als eine Möglichkeit unter vielen erscheint das Gewohnte plötzlich als ein Ereignis des vom Ballast der Tradition Gereinigten. Das bloße »Intervallkomponieren« tritt in zunächst den Hintergrund. »Musique concrète instrumentale« lenkt – im Unterschied zur tonbandgebundenen »musique concrète«, die sich auf Alltagsklänge stützt – die Aufmerksamkeit auf verborgene Beziehungen zwischen Instrumentalklängen und -aktionen ganz verschiedener Art. Der empirische Ansatz wird vom Klangergebnis auf die Klangerzeugung übertragen, jenes soll nicht mehr von dieser ablenken. Schönheit versteht sich nicht mehr als scheinbare Anstrengungslosigkeit, sondern als überwundene Norm (»Schönheit als Verweigerung von Gewohnheit«, ebd., 16). Ästhetische und alltägliche Wahrnehmung – das Hören, das Klänge aufeinander und auf ihren Ursprung bezieht – sollen miteinander versöhnt werden. Die Werke *temA* für Flöte, Stimme und Violoncello (1968), *Air* (1968–69/1994), *Pression für einen Cellisten* (1969–70) und *Kontrakadenz. Musik für Orchester* (1970–71) entfalten den bereits entwickelten Strukturbegriff am neuen Material.

Nach Werken struktureller Reduktion, wie z. B. *Gran Torso* und *Klangschatten – mein Saitenspiel* für 48 Streicher und drei Konzertflügel (1972) springt die allgegenwärtige Auseinandersetzung mit der Tradition auf das über, was noch ausgespart geblieben war: auf das Zitat. Bei anderen längst als Collage salonfähig, verschmäht es L., sich musikalische Wirkungen beim Zitierten zu leihen. Er hält es deshalb in respektvoller bzw. abgrenzender Distanz, komponiert nicht Collage, sondern die dekonstruktive Konfrontation: In *Accanto. Musik für einen Solo-Klarinettisten mit Orchester* (1975–76) geht die Distanz zwischen L.s »konkretem« Material und dem miteinbezogenen »Klarinettenkonzert« von Mozart mehrfach in die Konzeption ein: 1. durch Bindung des Zitats an den Lautsprecher; 2. durch die Kürze der (als Rhythmen komponierten) Einblendungen, die dadurch – mit einer Ausnahme – unkenntlich bleiben (Brechung als Unterbrechung); 3. durch das nicht synchronisierte Nebenher (»accanto«) des mitlaufenden Tonbands; 4. durch die Konfrontation des am Kulminationspunkt erkennbaren Zitats mit äußerst gegensätzlichem »konkretem« Material (Solostimme und Blechbläser sprechen ins gespielte Instrument hinein, »Schnarch-Effekt« der Streicher), 5. durch kontrastierendes Sich-Berühren der Gegensätze, wenn der »Puls-Schlag« des verklingenden Zitats vom Orchester kurz als Klopfen übernommen, wieder verwischt und vom Hörer als Fortsetzung der Repetitionspartie erkannt wird, die zuvor als reine reduzierte Struktur erklungen war, 6. durch verstärkte Brechung des Zitats nach der Klimax, wenn es fast unhörbar ins eigene Material einfließt.

Klänge und Rhythmen aus Beethoven »Neunter Symphonie« werden in *Staub* für Orchester (1985–87) intarsiengleich verwendet. In der 10. Szene von *Das Mädchen mit den Schwefelhölzern* ergibt sich die expressive Wucht einer Folge von Akkordschlägen aus der Neukontextualisierung zitierter Akkorde (mündend in den Schlußakkord von Mahlers »Sechster Symphonie«). Das Zitat steht dramaturgisch im Zusammenhang mit einer Manifestation des Ich-Sagens.

Die Wiederkehr des Intervallklangs kündigte sich in *Salut für Caudwell. Musik für zwei Gitarristen* (1977) an, dort jedoch als »konkreter« Aspekt, als hörbar gemachte Stimmung des Instruments. Obwohl L. Gitarrenklang und -technik hier durch die Radikalisierung einzelner Spielaspekte (Barré-, Gleitstahlspiel) beinahe neu erfindet (differenzierte Wisch- und Dämpfungstechnik), treten nun rhythmische Modelle und Harmonien auf, die eine Verortung in der spanischen Folklore zulassen. In der *Tanzsuite mit Deutschlandlied. Musik für Orchester mit Streichquartett*, in *Harmonica – Musik für Orchester mit Solo-Tuba* (1981–83) und *Mouvement (– vor der Erstarrung)* für Ensemble (1982–84) verwendet L. musikalische Bewegungsmodelle, die erstens den unverfremdeten Klang wieder mit einbeziehen, zweitens deutlich machen, »daß es nicht um bloße Brechung des Klingenden« geht, sondern »um Aufbrechen und Aufbruch der Wahrnehmungspraxis in uns selbst« (L. 1996 [1984], 395). In der Mixturtechnik von *Harmonica* wird der klangliche Aspekt dieses stilistischen Wandels betont.

Tanzmodelle wie Walzer, Marsch, Siciliano, Valse lente, Gigue, Tarantella, Polka und Galopp sowie Charaktertypen wie Capriccio und Aria werden in der *Tanzsuite* zu fünf Abteilungen angeordnet. Ein- und Überleitungen regulieren den Vermittlungsgrad des dramaturgischen Konzepts. Im Vorspann und in der Coda (Aria III) erscheint Haydns »Kaiserhymne«, die von der ambivalenten Symbolhaftigkeit des »Deutschlandlieds« überformt wurde: das erste Mal in schroffen, verfremdeten Gesten des Soloquartetts, zum andern Mal als visionäres Auftauchen im Orchester.

Die Akzentverschiebung zugunsten des regulären Klangs, spätestens seit *Ein Kinderspiel. Sieben kleine Stücke für Klavier* (1980; eng verwandt mit der *Tanzsuite*) versteht sich als Übertragung der am ungewohnten Klang gewonnenen Erfahrungen auf den vertrauten. Die Fremderfahrung verlagert sich vom Klang auf das Sujet: L.s Weg seit 1967 wird erkennbar als Eintritt in den musikalischen Dekonstruktivismus. Das erste der genannten Stücke (*Hänschen klein*) verbindet absteigende Chromatik mit dem Rhythmus des Kinderliedes. Wie konkret muß eine Anspielung auf Bekanntes sein, um erkannt zu werden, wie wenig Material genügt dafür? Wie lange verbirgt sich das seiner Tonhöhen beraubte Kinderlied vor dem Hörer? Daß die Kombination von Chromatik und Rhythmus nicht als die Komposition schlechthin gemeint sein kann, liegt auf der Hand. Erst vermittels der ›Pedalisierung‹ mit Hand und Fuß in »sieben Nachhallvarianten« entsteht das Werk. Trotz des vertrauten Klavierklangs glaubt man im fünften Stück (*Filter-Schaukel*) Akkorde wie vom Harmonium zu hören, weil diese erst nach dem Einschwingvorgang – auch als Flageoletts – aus einem Cluster ausgefiltert werden. Auch hier ist Dekonstruktion eines Sujets, hier des Akkords, spürbar. Aus der Entwicklung des L.schen Strukturdenkens kristallisiert sich langfristig eine Polarität heraus, die die Frage nach dem Verhältnis von dialektischem Denken und dekonstruktiven, relationalen Verfahrensweisen aufwirft (»dialektischer Strukturalismus«, L. 1996 [1990], 83ff.).

Während L. seine Instrumentalkonzerte gewöhnlich aus der Orchesterpartitur zu entwickeln pflegt, um das Soloinstrument auf das Orchester reagieren zu lassen, wurde *Ausklang. Musik für Klavier mit Orchester* (1984–85) genau umgekehrt konzipiert. Die unerfüllbare Utopie eines Pianisten, »den Klavierklang am Verklingen zu hindern«, erinnert an die frühen Klavierstücke – der Pianist L. integriert das Orchester gleichsam ins Klavier, bereichert um die pianistische Palette des *Kinderspiels*. Eine kammermusikalische Übersetzung des Interesses an Nachhallphänomenen des Klaviers erfolgt in *Allegro sostenuto. Musik für Klarinette (mit Baßklarinette), Violoncello und Klavier* (1986–88). Mit der *Serynade. Musik für Klavier* (1997–98; 2000) schließt sich der Kreis: Der »Diminuendocharakter« des Klavierklangs wird durch ein hochdifferenziertes Filtersystem des Loslassens, Nachgreifens von klingenden oder stummen Klängen, Schichtens, Mitschwingens, Pedalisierens etc. so ausgearbeitet, daß sich der Eindruck einer Repräsentation des Verschwindens einstellt. Als Klangmaterial geht L. von einem zehntönigen Sekund-Terz-Klang, dem Cluster, einem achttönigen Dur-Moll-Klang und von Einzeltonfolgen aus. Repetition, toccatenartige Spielfigur und Arabeske treten als virtuoses Material im ersten Abschnitt hinzu. Mixturgriffe, Obertöne, Differenzklänge und das Spiel an der Saite werden sukzessive eingeführt. Auf diese Weise stellen sich Klangsituationen immer wieder anders dar. Aus der Disposition und Behandlung des Materials ergibt sich eine streng gegliederte, siebenteilige Form. Feinstrukturell ist zu erkennen, daß das Material des A-Teils in den Abschnitten jeweils verändert, zertrümmert oder transformiert wiederkehrt: Gattungstechnisch wird man an ein phantasieartig durchdrungenes Rondo erinnert, wie man es bei C.Ph.E. Bach antrifft.

Die *Serynade* hat die Erfahrung mit der Klangdramaturgie der Oper *Das Mädchen mit den Schwefelhölzern* in sich aufgenommen. Die Oper basiert auf dem sozialkritischen Kunstmärchen »Das kleine Mädchen mit den Schwefelhölzchen« (1848) von Hans Christian Andersen. Es handelt sich indessen um L.s zweite Beschäftigung mit dem Stoff. Die erste begann mit der Komposition von *Consolation I* und *II*, die 1976–77 mit drei neu komponierten Teilen (sie enthalten den Märchentext), zu dem kantatenartigen Werk *Les Consolations* für 16 Stimmen, Orchester und sechs Zuspielbänder weiterentwickelt wurde. Bereits in *Les Consolation* ist zu erkennen, daß es L. darum ging, das Verhältnis von Text und Musik durch die Koinzidenz semantischer Ebenen nicht nur anzunähern, sondern zu einer Strukturgemeinschaft verschmelzen zu lassen. Aus dem Satz »Es war fürchterlich kalt« leitet L. phonetisches Material ab, das geeignet ist, semantisch, instrumentalenergetisch, körpersprachlich, ja überhaupt gestisch »Kälte« zu repräsentieren. Nebenbei löst das Reiben von Styroporscheiben mitunter Gänsehaut aus. Erst in der Oper hat L. den Text als ganzen in eine mehrdimensionale, nicht synchrone Lautformation umgewandelt. Für jede ihrer 24 Szenen (Szene 14 blieb ausgespart) wurden Kernbegriffe oder Aussagen isoliert, für die L. musikalische Äquivalente festgelegt hat. Dabei überwiegen Bewegungsmodelle (7: »Die Jagd« wird zur virtuosen Orchestermusik; 15b: »schreibt auf unsere Haut« wird zum Wischen auf dem Fell; 22: »Himmelfahrt« mit aufsteigenden Bewegungen) und Allegoresen: Die Verteilung des Liedes »O du fröhliche« über den Oktavraum in der ersten Szene (1: »Choralvorspiel«) wird zur Repräsentation der Straße, auf der sich das Mädchen befindet. Das semantische Netz der Oper reichert L. durch atmosphärische Mittel an, etwa durch die Weihnachtslieder »O du fröhliche« und »Stille Nacht«:

Sie finden als direkte und strukturelle Zitate Verwendung. In der Szene 23 bewirkt L. mit dem Shō als solistischem Instrument eine Verschiebung der kulturellen Ebene hin zur zeremoniellen Musik Japans, der Gagaku-Musik.

Wie in *Les Consolations* wird die Erzähldimension des Märchens durch zwei weitere Textebenen vertieft. Die existentielle Ebene des Mädchens wird kommentiert und zugespitzt durch die Frage nach Gerechtigkeit mit einem Text der RAF-Terroristin Gudrun Ensslin; ein Text von Leonardo da Vinci fügt die Frage nach Erkenntnis in einer Variante des Höhlengleichnisses hinzu. Das Melodrama »...*zwei Gefühle*...«. *Musik mit Leonardo* für zwei Sprecher und Ensemble (1991–92) hatte L. ursprünglich in seiner ganzen Werkgestalt als 18. Szene der Oper vorgesehen (dramaturgische Gründe veranlaßten ihn zur Beibehaltung nur der Sprecherpartie nebst neu komponierter Schlagzeugstimme).

Aus der rigorosen Anwendung seines Strukturdenkens ergibt sich für das Musiktheater L.s, daß Bild und Regie aus dem Material der Oper erschlossen werden müssen. Die räumlich differenzierte Anordnung von Soli, Chor und Orchester ist Grundelement jeder szenischen Darbietung. Rollen sind aufgelöst, was nicht ausschließt, daß dennoch auf der Bühne gesungen werden kann. Mit dem an Nono (»Prometeo«) orientierten Konzept des Wahrnehmungsdramas hat L. Anteil an einer Phänomenologisierung des Theaters. Indem L. aber das Regietheater konzeptualisierend herausfordert, gibt sich sein Entwurf des Musiktheaters als ein intrinsisch reformuliertes Gesamtkunstwerk zu erkennen. Sein Beharren auf dem produktiven Zuhörer bzw. Zuschauer führt zurück in die Mitte der gesellschaftlichen Konstruierbarkeit von Wirklichkeit.

Die Arbeit an der Oper hat L.s Interesse an klangdramaturgischen Szenarien verstärkt (vgl. das 1988–89 geschaffene Orchesterstück *Tableau*). Mit *NUN. Musik für Flöte, Posaune und Orchester* (1997–99/2002) weist L. auf einen innerstilistischen Reflexionsvorgang hin, der die Klangsituation als solche gegenüber dem Prozeßhaften neu bewertet. In der Ausdifferenzierung des Klavierklangs in der *Serynade* manifestiert sich dieser Gedanke. Alle Werke nach der Oper – einschließlich *Grido* - knüpfen auf unterschiedliche Weise an sie an und nehmen auch untereinander Impulse auf – erkennbar an den Unisonoideen von *Grido* und *NUN*.

Noten: Breitkopf & Härtel (Wiesbaden); Herbert Post Presse (Mn.); Edition Tonos (Darmstadt); Edition Modern (Mn.).

Dokumente: [alle Schriften bis 1996 in:] Musik als existentielle Erfahrung, hrsg. von J. HÄUSLER, Wiesbaden 1996. Organisierte und gebrochene Magie. H. L. im Gespräch mit Jürg Stenzl *in* Der Raum Bayreuth. Ein Auftrag aus der Zukunft, hrsg. von W. STORCH, Ffm. 2002, 145–164.

Literatur: [H. L.-Heft] SMZ 123 (1983), 334–380. JAHN, H.-P.: Metamorphe Prozesse in den Kompositionen von H. L. Bemerkungen zu Gran Torso für Streichquartett und Salut für Caudwell für zwei Gitarristen, Begleittext zur Schallplatte col legno (Mn.) BM 30 SL 65504 digital (1986). H. L., Mn. 1988 (MK 61–62) [mit WV und Bibl.]. KABISCH, TH.: Dialektisches Komponieren – dialektisches Hören. Zu H. L.s Klavierkompositionen (1956–1980) *in* MusikTexte 38 (1991), 25–32. NONNENMANN; R.: Angebot durch Verweigerung. Die Ästhetik instrumentalen Klangkomponierens in H. L.s frühen Orchesterwerken, Mainz 2000. KALTENECKER, M.: Avec H. L., Paris 2001. KEMPER, CHR.: Repräsentation und Struktur in einer »Musik mit Bildern«. Überlegungen zu H. L.s Musiktheater *in* Musik und Ästhetik 19 (2001), 105–121. ZINK, M.: Strukturen. Analytischer Versuch über H. L.s »Ausklang« *in* MusikTexte 96 (2003), 27–41. SCHMIDT, D.: Theater der Wahrnehmbarkeit. Musikalische Dramaturgie, Szene und Text in H. L.s »Das Mädchen mit den Schwefelhölzern« *in* Musiktheater heute. Symposium Basel 2001, hrsg. von H. DANUSER, Mainz 2003, 173–194 (Veröff. der Paul-Sacher-Stiftung 9).

Horst Kolter und
Eberhard Hüppe

Lalande, Michel-Richard de

Geb. 15. 12. 1657 in Paris;
gest. 18. 6. 1726 in Versailles

L. gehört zu den Musikern, deren Œuvre nach der französischen Revolution der Vergessenheit anheimfiel und erst in jüngster Zeit wieder gewürdigt wurde. Dabei galt L. im 18. Jahrhundert in Frankreich als einer der größten Komponisten auf dem Gebiet der religiösen Musik. Seine Motetten waren bis in die zweite Jahrhunderthälfte die am häufigsten aufgeführten Stücke der 1725 gegründeten Concerts spirituels, seine Werke gehörten zum Repertoire der Hofkapelle noch bis zu deren Auflösung im Jahre 1792, und er wurde, meist zusammen mit Lully, in der Querelle des Bouffons als glänzendes Beispiel der französischen Musik zu deren Verteidigung gegen die italienische genannt. L.s Karriere am Hofe – er hatte zum Schluß fünf Ämter inne – steht im Zusammenhang mit einem künstlerischen Geschmackswandel Ludwigs XIV., der auf den Einfluß Madame de Maintenons zurückging: Die religiöse Musik, die an Bedeutung gewann, kam L.s Neigungen entgegen. Obgleich sein weltliches Œuvre eine nicht geringe Anzahl an Bühnen- und Instrumentalwerken aufweist, liegt seine Bedeutung auf dem Gebiet der geistlichen Musik, wofür seine Motetten paradigmatisch stehen.

L. komponierte ca. 80 *grands motets* für die königliche Kapelle. Die Tradition, auf der seine Motettenkomposition basiert, begann um 1640 in Paris und entwickelte sich rasch, da die Motetten liturgisch ihren Platz in der »messe basse solennelle« hatten, die Ludwig XIV. gegenüber dem Hochamt bevorzugte. Henri Du Mont, Hofkomponist unter Ludwig XIV., der als Begründer eines neuen Stils in der französischen Kirchenmusik gilt, hatte mit seinen 20 »grands motets« die Form der Versailler Motette ins Leben gerufen. Sie besteht aus einem Instrumentalvorspiel und mehreren Abschnitten, die zur Verselbständigung tendieren und in den späten Kompositionen L.s zu autonomen Sätzen auskomponiert sind. Die Motetten L.s beginnen meist mit einer Orchestereinleitung von 20–40 Takten; die nachfolgenden Sätze unterscheiden sich durch wechselnde Besetzung für einen Solisten, petit chœur oder grand chœur, wobei die Besetzung auch innerhalb eines Satzes wechseln kann, um Concertino-ripieno-Effekte zu erzielen. Der petit chœur, der schon bei L.s Vorgängern üblich war, besteht aus einem zwei- bis fünfstimmigen Satz, in dem jede Stimme zwar mehrfach, jedoch im Unterschied zum grand chœur nicht mit vollem Chor besetzt wurde.

L.s späte Motetten sind Meisterwerke der Gattung. Die Entwicklung seiner Kompositionsweise ist vor allem auch an der ständigen Umarbeitung früherer Motetten nachvollziehbar, die er auf die Höhe seiner späteren Werke heben wollte. L. begann mit der Neugestaltung während der Regierungszeit Ludwigs XIV., wurde aber von diesem daran gehindert, da seine frühen Werke in ihrer einfachen Gestalt bewahrt und neue Kompositionen geschaffen werden sollten. L. setzte seine Bestrebungen nach dem Tode Ludwigs jedoch fort, und somit bestehen von einigen Stücken bis zu fünf verschiedene Fassungen. Die späteren Versionen zeichnen sich durch eine erhöhte Ausdeutung des Textes, der Interpretation der Worte, durch expressive Harmonik und melodische Figuren aus. Im Unterschied zu den meist homophonen Chören seiner Vorgänger schreibt L. polyphone Chorsätze, oft als ausgedehnte Fugen konzipiert, die innerhalb eines Satzes mit der konzertanten Technik des Wechsels von petit chœur und grand chœur alternieren. Im Gegensatz zu rezitativisch gehaltenen Partien bei Lully stehen galante Airs opernhafter Prägung, deren Melodik durch obligate Instrumente kontrapunktiert wird. Eine Neuerung ist auch die Verselbständigung des zuvor mit den Chorstimmen colla parte spielenden Orchesters. Daß die Motetten L.s aus dem liturgischen Rahmen der Hofkapelle enthoben und in den concerts spirituels aufgeführt wurden, trägt der künstlerischen Faktur der Kompositionen aufs beste Rechnung.

Bei der weltlichen Musik – Balletten, Divertissements und Pastoralen zur Unterhaltung des königlichen Hofes in Versailles – spielt das *Ballet de la jeunesse* (Louis Hurtant Dancourt; Versailles 1686) eine bedeutende Rolle. Es ist ein Vorläufer des opéra ballet und besteht aus drei Episoden, die Merkur, Pallas und Tircis gewidmet sind. Reich an Instrumentalstücken, Arien, Chören und Tänzen steht zudem die *Chaconne de la Jeunesse* mit 61 Variationen im Zentrum des Werkes. Sie besteht aus einem ersten instrumentalen Teil mit Thema und 28 Variationen und einem weiteren vokalen für Solostimme, Ensemble und Chor. *Les élémens* von 1721 (Pierre Charles Roy; Paris 1725), das zusammen mit André Destouches komponiert wurde, steht dagegen bereits in der Tradition der von Campra inaugurierten neuen Gattung des opéra ballet.

Von Bedeutung sind auch Instrumentalkompositionen L. s. Für die *Symphonies des soupers du Roi*, die während der Mahlzeiten Ludwigs XIV. und Ludwigs XV. aufgeführt wurden, hatte L. zum Teil Stücke aus seinen Balletten und Divertisements übernommen oder umkomponiert. Es spricht für die Beliebtheit der *Symphonies*, daß sie nach L.s Tod 1745 für eine Prachthandschrift kopiert wurden. Einige der *Symphonies* sind als *Caprices* oder *Fantaisies ou Caprices* bezeichnet, eine Folge freier Stücke, die wenig mit Tanzsätzen gemeinsam haben. Die *Symphonies des Noëls* hingegen, die in der Heiligen Nacht in der Königlichen Kapelle gespielt wurden, sind Bearbeitungen volkstümlicher Weihnachtsmelodien für ein kleines Instrumentarium und bestehen aus sehr einfachen kurzen Sätzen. Im Unterschied zu gleichnamigen Kompositionen Charpentiers hat L. seine Bearbeitungen oft um selbständige instrumentale Einleitungen erweitert.

Noten: Symphonies pour les soupers du Roi (Ausw.), hrsg. von J.-F. PAILLARD, Paris 1965. M.-R. DE L. und A. DESTOUCHES: Les Élémens, hrsg. von V. D'INDY [Klavierauszug], Ndr. N. Y. 1971 (Chefs-d' Œuvres classiques de l'opéra français 14). Symphonies des Noëls, hrsg. von R. EWERHART, Celle 1979. De profundis clamavi, hrsg. von E. VAN STAATEN, Paris 1982. Jubilate Deo, hrsg. von L. SAWKINS, Stg. 1985 [mit wichtigem Vorwort]. Super flumina Babilonis, hrsg. von P. H. OBOUSSIER, Ldn. 1988. Confitebor tibi domine, hrsg. von DEMS., Borough Green 1989.
Werkverzeichnis: SAWKINS, L.: A thematic Catalogue of the Works of M.-R de L. (1657–1726) [in Vorbereitung].
Literatur: OBOUSSIER, P. H.: La vie et l'œuvre de M.-R. de L. *in* Le concert des muses. Promenade musical dans le baroque français, Versailles 1997, 157–168.

Elisabeth Schmierer

Landini, Francesco
Geb. um 1325 oder 1335 in Fiesolo oder in Florenz; gest. 2. 9. 1397 in Florenz

Si dolce non sonò chol lir'Orfeo ... – »So schön hat nicht Orpheus mit der Leier geklungen«, wie die Werke des französischen Komponisten Philippe de Vitry. Dieser Lobpreis seines großen französischen Vorgängers stammt aus dem Munde des zu seiner Zeit wohl berühmtesten Musikers Italiens, der nicht nur als Komponist, sondern auch als virtuoser Organist und Sänger von sich reden machte. Dabei wurde L., der in früher Jugend erblindet war, nicht nur als Musiker, sondern auch als ein »in tutte l'arti liberali«, also in allen damaligen Wissensgebieten beschlagener Gelehrter gerühmt. So geht er in seinen Werken auch auf philosophische Themen ein, wie in der Ballata *Contemplar le gran cose c'è onesto ...; ma cerchar le ragion non c'è richiesto* (»Es ist ehrenhaft, über die Welt nachzudenken..., aber es ist unnötig, den Grund zu erforschen«). In der Ballata *Si dolce non sonò* beläßt es L. nicht beim bloßen Lobpreis seines französischen Vorbildes, er demonstriert seine Verehrung auch, indem er ein Bauprinzip der Motetten Philippes de Vitry übernimmt, nämlich die isorhythmische Anlage der Unterstimme, des Tenors. Ein sieben Takte umfassendes rhythmisches Modell wird während des ganzen Stückes beibehalten. Französischer Einfluß macht sich auch in den Oberstimmen mit ihren kurzen, metrisch klar eingebundenen melodischen Floskeln und zahlreichen Synkopen geltend. Florenz war damals dank seines weltoffenen Bürgertums, das rege Handelsbeziehungen vor allem mit Avignon, Brügge und Paris unterhielt, zu einem Einfallstor der französischen Kultur geworden.

L. übernahm aber nicht nur französische Kompositionstechniken, er verband sie auch mit den Voraussetzungen seiner eigenen, der italienischen Musik. So vertonte er die Huldigung Philippes de Vitry nicht als Motette oder französische Ballade, sondern als ein Madrigal, der bevorzugten Gattung des frühen Trecento. Auch bleibt der Contratenor ein Partner der Oberstimme, während er in vielen dreistimmigen Ballaten entsprechend dem französischen Vorbild, dem Virelai, sowohl hinsichtlich der Tonhöhe als auch der melodischen Ausgestaltung in den Bereich der Unterstimme, des Tenors, wandert. Unter dem französischen Einfluß wendet sich L. zunächst vom weit ausschwingenden, reich verzierten melodischen Stil des frühen Trecento ab, den er noch in seinen frühen zweistimmigen Ballaten gepflegt hatte. Es sind meist vokale Duette wie *Donna, che d'amor senta*, eines der vielleicht frühesten Stücke, dessen weite melodische Linien und die einfache Setzweise mit ihren zahlreichen offenen und verdeckten Quint- und Oktavparallelen Einflüsse der usuellen Mehrstimmigkeit verraten, wie sie damals in der italienischen Volksmusik gepflegt wurde. L. ist denn auch der erste Komponist, der die Ballata, die den überwiegenden Teil seiner Werke ausmacht, mehrstimmig vertont hat.

Erst in seinen wahrscheinlich nach 1385 entstandenen Werken findet L. zu einem Stil, der italienische und französische Einflüsse zu einer vollendeten Synthese verschmilzt. So ist die Oberstimme der Ballata *Partesi con dolor* (»Es trennt sich mit Schmerzen«) trotz vieler melismatischer Verzierungen eine im Vordergrund stehende Melodiestimme, der ein kontrapunktisch sehr sorgfältig ausgearbeitetes harmonisches Gerüst der beiden Unterstimmen Tenor und Contratenor gegenübersteht, was dem Stück »eine ausgesprochen italienische Klanglichkeit« (von Fischer, 44) verleiht, die an manchen Stellen mit ihren Ketten von parallel geführten Sextakkorden, dem sogenannten *Fauxbourdon,* auf das 15. Jahrhundert vorausweist.

Noten: The Works of Fr. L., hrsg. von L. SCHRADE (PMFC 4), Monaco 1958. Il codice Squarcialupi. Ms. Mediceo Palatino 87, Faksimileausg. hrsg. von G. Barbèra u. a., Firenze 1992.

Literatur: VON FISCHER, K.: Ein Versuch zur Chronologie von L.s Werken in MD 20 (1966), 31-46. LONG, M. P.: Fr. L. and the Florentine Cultural Elite in Early Music History 3 (1983), 83-100. Col dolce suon che da te piove. Studi su F. L. e la musica del suo tempo, hrsg. von A. DELFINO und M. T. ROSA-BAREZZANI, Firenze 1999 (Studi e Testi SPFM 2).

Christian Berger

Lasso [Lassus], Orlando di [de]

Geb. um 1532 in Mons (Hennegau); gest. 14. 6. 1594 in München

Es fällt schwer, angesichts des riesigen musikalischen Œuvres, das L. in vielen vokalen Gattungen seiner Epoche schuf, Superlative zu vermeiden. Bereits die eigenen Zeitgenossen haben seine überragende Leistung erkannt und bewundert. Aus der Musikgeschichte ist dieser Komponist seither nicht mehr wegzudenken, so daß man annehmen dürfte, auch in unserer Gegenwart sei ihm dieser Rang gewiß. Auch wenn zahlreiche Werke in Einspielungen vorliegen und die Alte-Musik-Kultur seinem Œuvre nachhaltige Aufmerksamkeit schenkt, die Musikwissenschaft ihm ferner, wie den großen Meistern des 18. und 19. Jahrhunderts, nach einer unvollständig gebliebenen Alten Gesamtausgabe nunmehr eine nach aktuellen philologischen Prinzipien edierte Neue Gesamtausgabe widmet, kann dennoch von einer Präsenz von L.s Musik im Konzertleben, die derjenigen von Komponisten historisch ebenbürtiger Größe aus späteren Zeiten (Bach, Mozart, Wagner) vergleichbar wäre, nicht die Rede sein. Den vielfältigen Gründen für diesen Sachverhalt, die auf kulturellen und institutionellen Differenzen beruhen, kann hier nicht weiter nachgegangen werden. Sie färben allerdings den Hintergrund eines Versuchs, die künstlerische Persönlichkeit und das Werk L.s zusammenfassend aus heutiger Sicht zu charakterisieren.

L. ist gleichzeitig ein Münchener und ein europäischer Komponist im breitesten Sinn des Wortes. Knapp vier Jahrzehnte wirkte er, nachdem er 1557 im Alter von 25 Jahren nach München gekommen war, am dortigen Fürstenhof und hielt diesem trotz verlockender Angebote von auswärts bis zu seinem Tod 1594 die Treue. Ein europäischer Komponist indes ist er nicht allein aufgrund der Tatsache, daß der im heute belgischen Hennegau Geborene im Alter von zwölf Jahren wegen seiner schönen Stimme von Ferrante Gonzaga entführt wurde und seither in Italien (Palermo, Mailand, Neapel, Rom) und später den Niederlanden (Antwerpen) weit herumkam und auch nach seinem Dienstantritt in München noch oft lange Reisen unternahm. Eher noch ist er dies zufolge des wahrhaft europäischen Wirkungskreises, den er mit Kontakten, Korrespondenzen, Widmungen, Drucken und verschiedensprachlichen Dichtungen als Textgrundlage seiner Kompositionen insgesamt zu entfalten wußte. Hierin gründet L.s Universalität, die nationale Grenzen hinter sich ließ und in der Breite eines sowohl geistlich wie weltlich profunden Œuvres unter den Zeitgenossen keinen Ebenbürtigen hatte.

1555 erschien bei Tilman Susato in Antwerpen L.s erster Musikdruck, der Madrigale, Villaneschen, französische Chansons und vierstimmige Motetten enthält. Indem dieser Druck so verschiedene Gattungen in sich vereinigt, eröffnet er gleichsam die Perspektive auf ein diesen Komponisten auch künftig kennzeichnendes Charakteristikum. Da wir nichts über L.s Lehrmeister wissen, können wir seinen mutmaßlichen Bildungsgang nur über institutionsgeschichtliche und biographische Umwege eruieren. Stilistisch erweist er sich bereits im ersten Druck auf der Höhe der Kunst seiner Zeit. Der Hauptteil seines Œuvres entstand aber wohl nach seinem Wechsel nach München. Jedenfalls können wir über eine allfällige Verwendung früherer Kompositionen in späterer Zeit nur mutmaßen.

Für die Datierung der Werke, die insgesamt noch viele Probleme aufwirft, sind in erster Linie die Erscheinungsjahre der Drucke von Belang, denn Autographe sind uns von L. (mit Ausnahme eventuell des ,Sibyllen-Codex') leider keine überliefert. Grundzüge einer Stilentwicklung im Schaffen L.s zu erkennen, ist keine Aufgabe, die sich mit derselben Klarheit bewältigen ließe, wie wir es z. B. im Schaffen Mozarts oder Brahms' vermögen. Denn die Grundlagen der Komposition, die Regeln des kontrapunktisch-polyphonen Tonsatzes, haben sich in der zweiten Hälfte des 16. Jahrhunderts in seinem Umkreis nicht wesentlich gewandelt. Erst kurze Zeit nach seinem Tod vollzog sich der tiefgreifende Stilwandel, der zur Monodie und zum Generalbaß-Zeitalter führte – L. selbst ist, zusammen mit Palestrina, noch einer der Meister der unmittelbar davor liegenden Epoche. So wie man längere Zeit mit hohen Opusnummern publizierte Jugendwerke Beethovens irrigerweise für Spätwerke hielt, hat man im Falle L.s die Komposition der *Prophetiae Sibyllarum* aufgrund ihrer enigmatischen Chromatik lange für ein Spätwerk gehalten, bis sie auf die frühen Münchener Jahre zurückdatiert werden mußte. Stilkriterien wie die Vorstellung einer im Lauf der Zeit anwachsenden Komplexität der Musik als (alleiniger) Schlüssel zur Klärung von Datierungsfragen haben sich also auch hier, wie in so vielen anderen Fällen, als ein trügerischer Weg erwiesen.

O. di L. war, mit Martin Warnke zu sprechen, »Hofkünstler«. Die meisten der von Warnke für die Bildende Kunst geltend gemachten Kriterien treffen auch für ihn zu. Insbesondere ist es die wechselseitige Achtung und Verehrung, ja Freundschaft, welche das Verhältnis L.s zu den Herzögen Albrecht V. (1550–1579) und dessen Sohn und Nachfolger Wilhelm V. (1579–1598) kennzeichnete. Insbesondere Albrecht V. war ein Herrscher, der ein ausgeprägtes Kunst- und Kulturbewußtsein hatte und zur Pflege der Künste und Wissenschaften keine finanziellen Aufwendungen scheute. L. fand daher in München eine anregende, kunstverständige Umgebung, die sich für sein Schaffen äußerst förderlich darbot. Er begann am Münchener Hof – mutmaßlich durch Vermittlung Hans Jacob Fuggers – als Tenorist der Hofkapelle 1557, heiratete im folgenden Jahr Regina Wackinger, die aus einer gutgestellten Münchener Familie stammte, und wurde 1562 – bereits eine europäische Berühmtheit – zum Hofkapellmeister ernannt.

Zwei der bekanntesten Werke L.s sind denn auch insofern spezifisch im Kontext einer »Hofkunst« zu verstehen, als sie bereits Ende der fünfziger Jahre im Auftrag Herzog Albrechts V. entstanden sind, in Prachthandschriften festgehalten wurden und seinem alleinigen Verwendungsrecht vorbehalten blieben, weswegen sie zu Lebzeiten des Herzogs nicht veröffentlicht werden durften: die *Prophetiae Sibyllarum* und die *Psalmi Davidis poenitentiales*. Reinhold Schlotterer hat auf den Zusammenhang dieser beiden Prachthandschriften hingewiesen, indem er sie als Resultat der »Idee eines weitreichenden Musikprogramms, vergleichbar einem fürstlichen Bauprogramm« beschreibt (Sämtliche Werke. Neue Reihe, Bd. 21, X). Die sieben *Bußpsalmen*, die zwölf *Sibyllen* und die neun *Hiob-Lektionen* (die im selben Codex wie die *Sibyllen* enthalten sind, aber bereits 1565 gedruckt werden durften) sind in präzisem Sinn »Musica reservata«, eine für den exklusiven Gebrauch des Hofes bestimmte Kunstmusik, ihrer Funktion nach dem Officium zugehörig. Das Umfassende des Münchener ›Kunst-Projektes‹ erweist sich darin, daß die Prachthandschriften vom Hofmaler Hans Mielich reich illuminiert wurden und der Gelehrte Samuel Quickelberg, der 1566 für Heinrich Pantaleones »Prosopographiae heroum …« die erste biographische Skizze über L. verfaßte, die *Bußpsalmen* mit den Mielichschen Darstellungen ausführlich kommentierte. Ein Zusammenhang zwischen den Codices wird dadurch offenkundig, daß Mielich im Bußpsalmen-Codex die zwölf Sibyllen darstellte und Quickelberg in seinem Kommentar dieser Figuren justament jene zwölf Texte zitierte, die L. in seinen *Prophetiae Sibyllarum* vertont hatte (ebd. XI).

Die vierstimmigen *Sibyllen* sind insofern ein einzigartiges Werk, als der Text, der auf eine sehr alte Tradition rekurriert und um die Mitte des 16. Jahrhunderts mehrfach publiziert wurde, als komponierter Text nur in L.s Vertonung überliefert ist. In diesem Werk wird ein zentrales Anliegen der Renaissance greifbar, soweit diese dem Christentum versöhnlich entgegentrat: die Absicht, die Antike in ihren besten Ausprägungen als mit dem Christentum kompatibel zu verstehen. Die Prophetien der Sibyllen sind denn auch nichts anderes als Weissagungen aus heidnischem Mund über Christus. Die beiden Schlußverse der ersten Sibylle, Persica, lauten beispielsweise:

Solo sed satis est oracula prodere verbo:
Ille Deus casta nascetur virgine magnus

(Übersetzung ebd. XXVII: »Mit einem einzigen Wort aber genügt es, die Orakel auszusprechen: / Jener große Gott wird von einer keuschen Jungfrau geboren werden.«).

Der streng strukturierte Text besteht aus zwölf Gedichten, die je sechs Hexameter umfassen. In L.s Komposition – und nur dort – ist ein Prolog hinzugefügt, der mit dem Begriff des Chromatischen ein zentrales Stichwort des Stils dieses Werkes formuliert, in welchem die Chromatik zum musikalischen Sinnbild für das Rätselhaft-Geheimnisvolle der Prophetien wird:

Carmina chromatico quae audis modulata tenore,
Haec sunt illa quibus nostrae olim arcana salutis
Bis senae intrepido cecinerunt ore Sibyllae.

(»Die Weissagungen, die du hörst, gesungen in chromatischem Satz, / dies sind jene, mit denen einst die Geheimnisse unseres Heils / zweimal sechs Sibyllen verkündeten mit unerschrockenem Munde.«)

Begreiflicherweise ist der Prolog, wie die *Sibyllen* insgesamt, recht oft zum Thema musikalischer Analyse im Blick auf ihre Chromatik gemacht worden – zuletzt von Karol Berger (siehe Lit.). Laut Berger ist die Chromatik im Prolog so fundamental, daß man sie weder einfach als modifizierte Diatonik noch als »triadic atonality« (Lowinsky, Secret Chromatic Art …, N. Y. 1946) angemessen begreift.

Die *Bußpsalmen* beruhen demgegenüber auf einer breiteren musikalischen Tradition. Ihr Text umfaßt eine Gruppe von sieben Psalmen – nach der Zählung der lateinischen Vulgata, deren Text L. vertont hat, handelt es sich um die Psalmen 6, 31, 37, 50, 101, 129 und 142 –, eine Gruppe, die seit dem frühen Mittelalter in den Bußzeiten gebetet bzw. gesungen wurde. L. ordnete die sieben Psalmen in modaler Hinsicht ähnlich zu einem progressiven Zyklus an, wie später Bach die Tonartenfolge der Stücke seines »Wohltemperierten Claviers« in aufwärtsstrebenden Halbtonschritten tonal gliederte: Der erste Bußpsalm steht im ersten Modus (dorisch), der zweite Psalm im zweiten Modus (hypodorisch), der dritte im dritten (phrygisch) usw. Da die Zahl der Modi jene der *Bußpsalmen* um eins übertrifft, ergänzte L. den Zyklus, um den Kreis der Modi voll auszuschöpfen, um die – in hypomixolydisch, dem achten Modus, komponierte – Motette *Laudate Dominum*. Die *Bußpsalmen* sind eine Art Kompendium verschiedenster Satzweisen im polyphonen Vokalstil. Es variiert, z. B. im ersten Bußpsalm, die Stimmzahl sehr flexibel von zwei bis fünf Stimmen (Sopran, Alt, zwei Tenöre, Baß), wobei beim abschließenden »Sicut erat in principio …« noch ein zweiter Sopran hinzutritt. Die detaillierte musikalische Textausdeutung, die mit Figuren und modalen Mitteln die semantische und affektive Bedeutung des Textes oft bildlich prägnant darstellt, zeigt L. auf der Höhe seiner Kunst. Der heute in der Bayerischen Staatsbibliothek aufbewahrte *Bußpsalmen*-Codex – ein reich illuminiertes Chorbuch, das als zweibändige Pergamenthandschrift im Zeitraum von 1563 und 1570 unter exorbitanten Kosten verfertigt wurde – ist auch ikonographisch und aufführungsgeschichtlich wichtig aufgrund der beiden berühmten Darstellungen, die die bayerische Hofkapelle unter L. in der St.-Georgs-Kapelle der Neuveste bzw. im St.-Georgs-Saal der Neuveste in München zeigt (Abbildungen im Ausstellungskatalog O. di L., siehe Lit.).

Mit den *Sibyllae* und den *Bußpsalmen*, zwei konzeptionell und überlieferungsgeschichtlich herausragenden Werken, ist freilich erst ein sehr kleiner Teil der Gesamtproduktion L.s angesprochen. Ein Blick in sein Werkverzeichnis, wie es die neueren Enzyklopädien erlauben, vermittelt einen Eindruck von der überwältigenden Fülle dieses Schaffens, das im übrigen wissenschaftlich erst in einigen Zügen erforscht ist.

Bei der Meßkomposition bevorzugte L. die damals gängigen Parodieverfahren. Im Unterschied zu spanischen Komponisten wie Cristóbal Morales und Victoria aber, die als Vorlagen der Bearbeitung überwiegend geistliche Quellen nahmen, zeigt sich die Geistliches und Weltliches in einem universalen Bild vereinigende Weite L.s im Umstand, daß bei ihm weltliche Sätze als Quellen der Meßkomposition einen wichtigen Platz einnehmen. Im Vordergrund stehen eigene Motetten, aber auch Motetten anderer Komponisten sowie französische Chansons und italienische Madrigale dienten als Basis. Die vielfältigen Parodietechniken, die von einer Übernahme ganzer Sätze bis zu einer weitgehenden Neukomposition reichen – etwa bei der sechsstimmigen Messe nach Nicolas Gomberts Chanson »Tous les regretz« (Erstdruck 1577) –, zeigen die Meisterschaft L.s auch in dieser Gattung.

L. verwendete die Parodietechnik auch in zahlreichen *Magnificat*-Kompositionen. In dieser Gattung hatte er, im Vergleich mit seinen Zeitgenossen, einen regelrechten Schwerpunkt, der sich auch in der Verbreitung der Drucke niederschlug. Im Unterschied zum 15. Jahrhundert, wo diese Gattung noch einen einfachen Stil erforderte, sind die über 100 *Magnificats* von L. sehr kunstreich in bis zu sechsstimmigem Satz gesetzt. Während Palestrina auch hierin ›konservativer‹ als L. erscheint, erweist sich der Münchener Komponist, indem er nach neuen, von der Psalmintonation unabhängigen kompositorischen Lösungen sucht, als ein gleichermaßen dem Künftigen zugewandter Meister.

Wenngleich bereits die Gattung der Messe aufgrund von weltlichen Parodiequellen bei L. keinen rigoros geistlichen Charakter besitzt, wie er sich im Fervor der Gegenreformation wieder ausprägen sollte, zeigt sich die Breite seines Zugriffs noch deutlicher in jenen Gattungen, die sowohl geistliche als auch weltliche Werke beinhalten: der Motette und dem Madrigal. Vielleicht ist es nicht übertrieben, in der Motette den eigentlichen Schwerpunkt von L.s Musik zu erblicken. Die schiere Anzahl, noch mehr die Verschiedenartigkeit und auch der überlieferungsgeschichtliche Stellenwert der Gattung machen eine solche Bewertung sinnvoll. Die zentralen Merkmale seines Stils – die harmonische Klarheit, welche trotz modaler Organisation deutlich bereits in Richtung auf tonale Kategorien hinweist; die Flexibilität des mehrstimmigen Satzes, die imitatorisch kunstvoll ist, ohne durch kanonische Künste in der Art der ›Niederländer‹ wie etwa Ockeghem das ästhetische Verständnis zu erschweren; insbesondere die unerschöpflich reiche Phantasie in den Möglichkeiten einer genauen musikalischen Textausdeutung –, all dies gelangt in den zahlreichen Werken dieser Gattung bewunderungswürdig zum Tragen.

Das italienische Madrigal wird in der ersten Hälfte von L.s Entwicklung berücksichtigt und tritt danach etwas zurück. Diese innovative Gattung des 16. Jahrhunderts regte ihn zur Beschäftigung mit den Dichtern Francesco Petrarca, Ludovico Ariosto und einigen Petrarkisten (→Arcadelt) an. Seine Madrigaldrucke waren erfolgreich und erfuhren zahlreiche Nachpublikationen. Doch vielleicht verdanken wir das Persönlichste, das L. in dieser Gattung schuf, wiederum einer eher ungewöhnlichen Textvorlage: Gegen Ende seines Lebens, ja als sein letztes Werk, komponierte L. mit den *Lagrime di San Pietro* eine Folge von 20 geistlichen Madrigalen nach einer Dichtung von Luigi Tansillo, ergänzt durch eine abschließende Motette *Vide homo*, ein Werk, das erst in der neuen Folge der Gesamtausgabe (Bd. 20) greifbar wurde. Wer nach einem gegenreformatorisch geprägten Werk im Œuvre L.s sucht, dürfte es, insbesondere was die Textvorlage anbetrifft, am ehesten in diesem geistlichen Madrigalzyklus finden. Tansillo hatte seinen (fragmentarischen) Text ausdrücklich als Zeichen der Reue für frühere Verfehlungen gedichtet, indem er das Sujet, die Tränen Petri nach dessen Verleugnung Christi, in einem ausdrucksstarken, komplexen petrarchistischen Stil in ottave rime formulierte und implizit auf sich selbst bezog. Es entzieht sich unserer Kenntnis, ob L. mit seiner Vertonung ebenfalls eine autobiographische Tendenz verfolgte – auszuschließen ist es nicht, daß er gegen Ende seines Lebens den Horizont stärker als früher auf ein dem Weltlichen abgekehrtes religiöses Denken und Fühlen richtete. Der siebenstimmige Tonsatz dieser Madrigale – auch ihre Folge ist modal progressiv angeordnet – zeigt die Kunst L.s ein letztes Mal in ihrer Vollendung, indem sie im Blick auf die syntaktische Gliederung der Dichtung eine klare Zäsurierung mit dem Ideal eines nie unterbrochenen, einem Klangstrom vergleichbaren Fließens verbindet.

Blicken wir auf einen Höhepunkt von L.s Biographie zurück, soweit sie uns überliefert ist, dann öffnet sich uns ein Bild, das eine späte geistliche Einkehr plausibel erscheinen läßt. Die Rede ist von der Hochzeit des bayerischen Erbherzogs Wilhelm V. mit Renata von Lothringen, die mit außergewöhnlichem Prunk im Februar 1568 stattfand und – ein Glücksfall für die Nachwelt – von Massimo Troiano, der zugegen war, in seinen »Dialoghe« minutiös beschrieben wurde (siehe Lit.: Die Münchner Fürstenhochzeit von 1568). Der Augenzeuge berichtet unter anderem von der Ankunft der hohen Gäste, dem Ablauf der Feierlichkeiten – eine detaillierte Übersicht über die Speisenfolge inbegriffen –, von der Messe ebenso wie von Mummenschanz und Turnieren. Die berühmte Kantorei unter L.s Leitung wird gleichfalls beschrieben, in Hinsicht auf das Repertoire, die mitwirkenden Künstler, Sänger und Instrumentalisten, die Funktionen bei Messe und Tafelmusik; auch die Prachthandschriften werden erwähnt und ihre horrenden Kosten bilanziert. Zitiert wird ein Enkomion Nicolò Stopios auf L., das mit der lateinischen Wortbedeutung (lassus = müde) spielt und dessen Anfang in der Übertragung Horst Leuchtmanns lautet:

»Unzureichend bleibt Lob, das Lassus
  gleichwie auch will feiern,
Keine der Musen besingt ihn nach Gebühr
  und Verdienst.
Lassus – doch lass' nicht! Du trägst, den alle
  Welt feiert, o Lassus,
fälschlich den Namen. Du blühst, Lassus,
  ohn' Müdigkeit hier,
Göttlich begeistert erfüllst die Welt du mit
  himmlischen Klängen,
nimmermüdem Gesang, englischen
  Harmonien.«

Noch prägnanter ist allerdings die Schilderung, die Troiano von einer Stegreifkomödie gibt, bei der L. den Magnifico Pantalone di Bisognosi spielte. Da heißt es: »Von der anderen Seite erschien nun O. L. als Magnifico, in einem Wams aus karmesinrotem Atlas, mit scharlachroten Beinkleidern auf venezianische Art, einem fußlangen schwarzen Rock und einer Maske, daß jeder lachen mußte, der ihn so sah. In der Hand hatte er eine Laute und spielte und sang ›Chi passa per questa strada e non sospira beato se'!‹ Nachdem er das Lied zweimal wiederholt hatte, ließ er die Laute sinken, jammerte über seinen Liebesschmerz und sprach: ›O armer Pantalon, der du durch diese Gasse nicht gehen kannst, ohne Seufzer in die Lust und Tränen auf die Erde zu schicken!‹, und alle begannen laut zu lachen. Und überhaupt, solange Pantalone auf der Bühne war, hörte das Gelächter nicht auf« (ebd., 149).

Diese lebensnahe Skizze einer Theaterszene mit L. zeigt den Künstler als einen Menschen, dem nichts Menschliches fremd ist – nicht anders als seine Briefe, die er in vertrautem Ton mit dem Thronfolger Wilhelm V. wechselte und in denen er eine mitunter drastische Sprache in witzig-schnellem Wechsel von lateinischen, deutschen, französischen, spanischen und italienischen Wendungen spricht. So kann es nicht erstaunen, daß ein letzter Bezirk seines Schaffens auch diese – mitunter nun wahrlich weltliche – Dimension in all ihren Facetten erschließt: das deutsche Lied und die französische Chanson, die volksnäheren Schwestern des italienischen Madrigals. Gewiß gibt es auch unter ihnen manch ernstes, religiöses Stück. Doch Liebe, Essen, Trinken und nochmals Liebe stehen – als Ausdruck einer noch nicht modern-domestizierten Kultur im Sinne der Zivilisationstheorie Norbert Elias' – in teils drastisch-derber Weise im Vordergrund. Hier kann L. alle Kunst zu karikierend-lustigem Zweck aufbieten, und prägnant gesungen verfehlt sie ihre Wirkung auch heute nie. Selbst die »Nase« kommt, Jahrhunderte vor Šostakovičs Oper nach Nikolaj Gogol', zu ihrem Recht und wird in ihren vielfältigen, auch absonderlichen Erscheinungsformen im Lied »Hört zu ein news gediyht von nasen zugericht, der sein sehr vil und gnueg« besungen.

Wir sind von den neueren Gesamtausgaben der Werke L.s ausgegangen. Wie die Interpretation der Musik selbst, ist die Neue Reihe noch lange nicht abgeschlossen. Aber bereits zu Lebzeiten und unmittelbar nach seinem Tod trug die Idee von Gesammelten Werken bzw. einer Gesamtausgabe, die damals natürlich faktisch nicht realisierbar war, nennenswerte und editionsgeschichtlich bedeutende Früchte: 1573 unternahm der Münchener Verleger Adam Berg im Auftrag Wilhelms V. die Publikation einer Reihe »Patrocinium Musices«, die bis 1575, als der Prinz die Subventionen einstellen mußte, immerhin fünf große Chorbuch-Bände ausschließlich mit geistlichen Werken L.s umfaßte: Motetten, Messen, Offizien, Passionen, Lektionen sowie Magnificats. Bereits 1568 hatte der Nürnberger Verleger Gerlach in zwei Bänden immerhin 96 Motetten L.s publiziert. Und diese zentrale Gattung steht im Brennpunkt auch jenes *Magnum opus musicum*, mit dem 1604, also einige Jahre nach dem Tod des Komponisten, L.s Söhne Ferdinand und Rudolph den Versuch einer vollständigen Edition des lateinischen Motettenwerks wagten. Schließlich bezeugt vor allem die vom Sohn Rudolph herausgegebene Sammlung von 100 Magnificat-Kompositionen, die 1619 wiederum bei Heinrich in München erschien, daß damals das Ideal der Vollständigkeit bei der Erfassung und Publikation gesammelter Werke einer Gattung wie diesen Offiziums-Lobgesängen zu Ehren Mariae nahezu ganz erreichbar war. Die Hingabe aber, mit der die Zeitgenossen und die unmittelbare Nachwelt L.s Werk gepflegt haben, sollte für unsere Gegenwart eine Herausforderung und Verpflichtung bedeuten.

Noten: Gesamtausg., hrsg. von Fr. X. Haberl und A. Sandberger, 21 Bde. [unvollständig], Lpz. 1894–1927; Sämtliche Werke. Neue Reihe, Kassel 1956 ff. [als Fortsetzung der alten Gesamtausg.].

Dokumente: [Briefe siehe unten]. Die Münchner Fürstenhochzeit von 1568. Troiano, M.: Dialoghe, im Faksimile hrsg. und ins Deutsche übertragen von H. Leuchtmann, Mn. und Salzburg 1980. O. di L. Musik der Renaissance am Münchner Fürstenhof, Kat. zur Ausstellung zum 450. Geburtstag L.s in der Bayerischen Staatsbibliothek Mai-Juli 1982, hrsg. von H. Hell und H. Leuchtmann, Wiesbaden 1982.

Bibliographie: Erb, J.: O. di L. A Guide to Research, N. Y. und Ldn. 1990.

Literatur: Boetticher, W.: O. di L. und seine Zeit 1532–1594, Kassel 1958; ²1999. Leuchtmann, H.: Die musikalischen Wortausdeutungen in den Motetten des Magnum opus musicum von O. di L., Straßburg 1959; Ndr. Baden-Baden 1972. Ders: O. di L. und die Bayerische Hofkapelle *in* Musik in Bayern 1 (1972), 145–154. Meier, B.: Die Tonarten der klassischen Vokalpolyphonie, Utrecht 1974. Brown, H. M.: Music in the Renaissance, Eaglewood Cliffs (NJ) 1976, 272 ff. und 281 ff. Leuchtmann, H.: O. di L., 2 Bde. (1. Sein Leben,

2. Briefe), Wiesbaden 1976 und 1977. Hübler, Kl.-K.: O. di L.s ›Prophetiae Sibyllarum‹ oder Über die chromatische Komposition im 16. Jahrhundert *in* Zs. für Musiktheorie 8 (1978), 29–34. Bergquist, P.: The Poems of O. di L.s Prophetiae Sibyllarum and their Sources *in* JAMS 32 (1979), 516–538. Berger, K.: Tonality and Atonality in the Prologue to O. di L.'s ›Prophetiae Sibyllarum‹. Some Methodological Problems in Analysis of Sixteenth-Century Music *in* MQ 66 (1980), 484–504. Messmer, Fr.: Ein Leben in der Renaissance. O. di L. Musik zwischen Mittelalter und Neuzeit, Mn. 1982. Röche, J.: L. Ldn. 1982. Schulze, St.: Die Tonarten in L.s ›Bußpsalmen‹. Mit einem Vergleich von Alexander Utendals und Jacob Reiners ›Bußpsalmen‹, Neuhausen-Stg. 1984. Orlich, R.: Die Parodiemessen von O. di L., Mn. 1985. Warnke, M.: Hofkünstler. Zur Vorgeschichte des modernen Künstlers, Köln 1985. Jensch, Fr.: O. di L ›Lagrime di San Pietro‹ und ihr Text *in* Musik in Bayern 32 (1986), 43–62. O. di L. in der Musikgeschichte, Kongr.-Ber. hrsg. von B. Schmid, Mn. 1996. O. di. L. Studies, hrsg. von P. Berquist, Cambridge 1999. Freedman, R.: The Chansons of O. di L. and their Protestant Listeners, Rochester 2001.

Hermann Danuser

Le Jeune, Claude

Geb. zwischen 1528 und 1530 in Valenciennes; beerdigt 26. 9. 1600 in Paris

L.s Werk ist hauptsächlich durch zwei Gattungen bestimmt: Die Chansons, die alle Schaffensphasen durchziehen, und die Airs de cour in der sogenannten »musique mesurée«, die 1570 aus der Zusammenarbeit mit dem Dichter Jean-Antoine Baïf entstanden. Gerade der Einsatz für Baïfs Idee einer Erneuerung der antiken Einheit von Dichtung und Musik hat L.s musikgeschichtliche Bedeutung bestimmt, wenn auch seine geistlichen Werke, darunter 320 Psalmvertonungen nach dem französischen Hugenottenpsalter, sein weltliches Œuvre quantitativ überwiegen.

Die Airs de cour, homophone weltliche Liedsätze mit Oberstimmenmelodik, kamen nach der Jahrhundertmitte in Frankreich auf. Den Anstoß zur Komposition von Airs erhielt L. von Baïf, auf dessen Veranlassung ca. 280 Stücke »musique mesurée« veröffentlicht wurden, von denen 170 (143 weltliche Airs und 27 Psalmen) L. komponiert hat. Er blieb zeit seines Lebens an diesem Stil interessiert und hat nahezu alle seine Airs de cours als »musique mesurée« vertont. Ziel der 1570 in Paris von Baïf gegründeten Académie de Poésie et de Musique war es, nach griechischem Vorbild die Einheit von Musik und Dichtkunst herzustellen. Baïf führte dazu die antike quantitierende (silbenmessende) Metrik in die französische Dichtkunst ein und verfaßte Verse nach antikem Muster, wobei er die Längen den betonten, die Kürzen den unbetonten Silben unterlegte. Diese »vers mesurés« dienten als Vorlage für Vertonungen, die ohne festen Takt gehalten waren und lange und kurze Silben im Verhältnis 2:1 rhythmisierten. Solche Stücke wurden im homorhythmischen Satz zu vier Stimmen vertont. Dem Komponisten selbst blieben als Gestaltungsmöglichkeiten nur die Oberstimme und die Harmonisierung – ein Grund sicherlich, weshalb diese Art der Musik letztlich keine Zukunft hatte. Der Einschränkung im rhythmischen Bereich wirkten L.'s Airs jedoch durch eine kunstvoll abwechslungsreiche Harmonik mit chromatischen Färbungen und melismatischen Einsprengseln in der Melodik entgegen, die die strenge Rhythmik ohne Verletzung des Schemas auflockerten.

In den meist polyphonen Chansons spiegeln sich Züge der Entwicklung der Gattung in der zweiten Hälfte des 16. Jahrhunderts wider. Weisen noch die 1552 in Leuven erschienenen vier frühen Chansons einen komplizierten kontrapunktischen Stil auf, wie er damals im Norden üblich war, so zeigt sich in den 1564 publizierten Kompositionen die Tendenz zu einem leichteren und einfacheren Satz in der Art der Pariser Chanson der sechziger Jahre. Seit seiner Übersiedlung nach Paris ist eine engere Bindung an den Text auffällig, und die fünf- bis siebenstimmigen Chansons der *Mellange* von 1572 sind Beispiele des verfeinerten Pariser Chansonstils, der unter dem Einfluß des italienischen Madrigals in den Jahren von 1565 bis 1575 seinen Höhepunkt hatte. L. gehört (zusammen mit Fabrice Mann Caietain und Jean de Maletty) zu den Hauptvertretern dieses Stils, der sich durch chromatische Setzweise, textausdeutende Madrigalismen und textgerechte Deklamation auszeichnet (etwa in der zyklischen Vertonung *Un jour estant seulet* nach Francesco Petrarca). Um 1580 macht sich eine Abkehr von italienischen Einflüssen bemerkbar. Die Textausdeutung tritt in den Hintergrund, der Satz ist vierstimmig und in strenger Ökonomie gearbeitet. Gerade diese Spätwerke zeigen die Kunstfertigkeit eines Meisters, der in immer wieder neuen Stilen zu komponieren verstand und bis zu seinem Tode ein fortschrittlicher Komponist gewesen ist.

Noten: Cl. L. Airs of 1608, hrsg. von D. P. WALKER (Publications of the American Institute of Musicology, 1), Rom 1951–1959. Anthologie de la Chanson Parisienne au XVIᵉ siècle, hrsg. von FR. LESURE, Monaco 1953.
Literatur: WALKER, D. P. und LESURE, FR.: Cl. L. and Musique Mesurée *in* MD 3 (1949), 151–170. Cl. L. et son temps en France et dans les états de Savoie, actes du colloque de Chambéry 1991, hrsg. von M.-TH. BOUQUOT-BOYER und P. BONNIFFET, Bern 1996. HIS, I.: CL. L. Un compositeur entre renaissance et baroque, Arles 2000.

Elisabeth Schmierer

Leoncavallo, Ruggero

Geb. 8. 3. 1857 in Neapel;
gest. 9. 8. 1919 in Montecatini

Die Anfänge L.s als Librettist und Komponist – denn der Komponist schwankte zu Beginn seiner Laufbahn zwischen einer literarischen und musikalischen Karriere – können als paradigmatisch für die ästhetischen Schwierigkeiten der Generation der sogenannten italienischen Veristen bezeichnet werden. Wie bei den etwa gleichaltrigen Komponisten des italienischen Fin de siècle, Mascagni, Umberto Giordano und Francesco Cilea, überlebt auch von L. im internationalen Opernrepertoire nur eine einzige Oper, *I Pagliacci* (»Der Bajazzo«; Mailand 1892). Daß diese Oper durchaus nicht das Selbstverständnis des Komponisten repräsentiert, wird deutlich, wenn man sich den Anspruch eines Œuvres vergegenwärtigt, das von dem Plan einer wagnerianischen Opern-Trilogie (*Crepusculum*) seinen Ausgang nahm, von der nur der erste Teil, die große Oper *I Medici* (Mailand 1893) ausgeführt wurde. Bereits die Symphonische Dichtung *La nuit de mai* für Tenor und Orchester (1887) nach dem gleichnamigen Gedicht Alfred de Mussets verrät das intensive literarische Interesse des Komponisten sowie eine dezidierte Parteinahme für die Formvorstellungen der »Neu-Deutschen«; spätere Bayreuth-Besuche sollten den Einfluß der Werke Wagners auf seine Kompositionsvorstellungen noch vertiefen. Wie die Partitur der *Medici* jedoch verrät, handelt es sich bei dem Wagnerismus des jungen L. nicht um eine Adaption der Kompositionstechniken des reifen Wagner, wie sie im deutschen Sprachraum vorwiegend zu beobachten ist, sondern um eine Verschmelzung von Wagners harmonischen Errungenschaften etwa auf der Ebene des »Lohengrin« mit der dramaturgischen Struktur der französischen grand opéra (→Auber), die in Italien mit einer Verspätung von mehreren Jahrzehnten rezipiert wurde. Nicht nur L.s Anspruch auf die Rolle des Dichterkomponisten in der Tradition Wagners, sondern auch seine Librettodichtung, die in der Art einer großen Oper Meyerbeers die Geschichte der Medici-Herrschaft über Florenz in Kombination mit einer operntypischen Liebeshandlung darzustellen suchte, sowie die Anlage der Partitur in ausgedehnten musikalischen Tableaux spiegeln die eigentümliche Zwitterstellung der Wagner-Meyerbeer-Rezeption innerhalb der italienischen Opernkultur des Fin de siècle.

Unter dem Eindruck des Erfolges von Mascagnis »Cavalleria rusticana« (1890), der gleichsam über Nacht die Gattung des ›veristischen Einakters‹ im Bewußtsein der Öffentlichkeit begründet hatte, wandte sich auch L. einem Stoff mit bewußt süditalienischem Lokalkolorit zu. Jugenderinnerungen an einen Prozeß seines Vaters wurden zu einem Libretto verdichtet, dessen Prolog die ästhetischen Maximen des Verismo dem Publikum vorstellt. Der überwältigende Erfolg der *Pagliacci* öffnete die Theater auch für *I Medici* (Mailand 1893), deren Fiasko eine opernästhetische Neuorientierung des Komponisten auslösen sollte. Die geplanten Opern zur Komplettierung der Trilogie – *Lucrezia Borgia* und *Savonarola* – wurden weder gedichtet noch komponiert. Die im europäischen Kontext eigenartige Konstellation der verschiedenen Strömungen der italienischen Literatur des Fin de siècle erklärt, weshalb die Komponisten des sogenannten Verismo in Wahrheit nur gelegentlich regionalistische Stoffe aus Süditalien wählten, so daß nur ein kleiner Teil der italienischen Opernproduktion um die Jahrhundertwende den Beinamen »veristisch« verdient. Die – vor allem von Giovanni Verga und Luigi Capuana repräsentierte – veristische Literatur Siziliens wurde in Norditalien, vor allem aber in den ehemals österreichischen Provinzen Lombardei und Venetien, wo sich die Schaltstellen des italienischen Opernlebens konzentrierten, eher als exotisches Lokalkolorit empfunden. Die Mehrzahl der Schriftsteller aus Lombardei und Piémont, darunter auch die Librettisten Puccinis, Giuseppe Giacosa und Luigi Illica, sahen die Zukunft der italienischen Literatur vielmehr in der Übernahme von Stilmerkmalen der französischen Décadence und der englischen Gesellschaftskomödie Oscar

Wildes. Es kann daher nicht überraschen, daß L., verheiratet mit einer Französin und dank seines mehrjährigen Paris-Aufenthaltes mit der französischen Literatur bestens vertraut, den Stoff für seine folgende Oper im französischen Roman der Jahrhundertmitte fand. Den Anstoß für diese Entscheidung durfte auch der Erfolg von Puccinis »Manon Lescaut« gegeben haben, an deren Libretto L. eine Zeitlang mitgearbeitet hatte. Das Zusammentreffen der beiden befreundeten Komponisten in der Mailänder ›Galleria‹ am 20. 3. 1893 fand ein abruptes Ende, als Puccini behauptete, er arbeite ebenfalls an einer Oper über Henry Murgers Roman »Scènes de la vie de Bohème«. Ein Schlagabtausch in der Mailänder Presse eröffnete einen Prioritätsstreit, der erst mit der Uraufführung der beiden Opern sein Ende fand. Wahrscheinlich bilden die beiden Bohème-Opern von Puccini (Turin 1896) und L. (Venedig 1897) das einzige Beispiel von Opernkomposition unter einem schwebenden Prioritätsstreit. Im Vergleich zu Puccinis Oper überrascht L.s Werk durch größere Nähe zu Murgers Text; es ist offenbar, daß L. versuchte, die ›offene‹ Erzählstruktur von Murgers Roman in eine lockere Folge von Ereignissen zu übersetzen, die nicht wie bei Puccini von Anfang an um das Liebespaar zentriert erscheinen. L.s Partitur spiegelt in ihrer Fortspinnungstechnik den tiefen Eindruck von Verdis »Falstaff«, durch eine Vielzahl von literarischen und musikalischen Zitaten aus der Zeit Murgers gewinnt sie eine ästhetische Mehrdimensionalität, die eine gewisse Nähe zu Tendenzen der Musik des 20. Jahrhunderts erkennen läßt.

Während der Phase der Konkurrenz beider Bohème-Opern auf den europäischen Bühnen wandte L. sich mit Zazà (Mailand 1900) einem leichteren Genre zu, das in den folgenden Jahren immer mehr Raum in seinem Schaffen einnehmen sollte. Während der Welterfolg der Pagliacci ungebrochen andauerte, bildete die spätere Bearbeitung seiner Bohème-Partitur unter dem Titel Mimì Pinson (Palermo 1913) das Eingeständnis, den Wettkampf mit Puccini verloren zu haben; die Verteilung der Stimmfächer, die ursprünglich derjenigen Puccinis entgegengesetzt war, wurde nun dem Modell der Oper des Rivalen angeglichen. Das Musiktheater L.s nach 1900 erscheint charakterisiert durch eine eigentümliche ästhetische Orientierungslosigkeit, die sich nicht nur in dem Versuch einer historisierend-preußischen grand opéra als Kompositionsauftrag Kaiser Wilhelms II. niederschlug (Der Roland von Berlin; Berlin 1904), sondern auch in dem Nebeneinander von ›hoher‹ und ›niederer‹ Musik innerhalb derselben Schaffensperiode. Die auf den Roland von Berlin folgenden Opern, Maia (Angelo Nessi; Rom 1910), Zingari (Enrico Cavacchioli und G. Emanuel nach Aleksandr Puškin; London 1912) sowie Edipo Re (Giovacchino Forzano nach Sophokles; Partitur vollendet von G. Pennacchio; Chicago 1920) konnten sich nicht mehr durchsetzen, während L. mit einigen Operetten (Malbrouck, Rom 1910; La reginetta delle rose, Rom 1912; La candidata, Rom 1915; Prestami tua moglie, Montecatini 1916; Goffredo Mameli, Genua 1916) durchaus erfolgreich war – ein eigenartiges ›Spätwerk‹ für einen Komponisten, der als Dichterkomponist im Banne Wagners begonnen hatte.

Noten: Sonzogno (Mailand).
Dokumente: [Wesentliche Teile des Briefwechsels und die »Appunti vari autobiografici di R. L.« in der Biblioteca Cantonale Locarno/Ticino, Fondo L.].
Literatur: RENSIS, R. DE: Per Umberto Giordano e R. L., Siena 1949. VOSS, E.: Verismo in der Oper *in* Musikforschung 31 (1978), 303–313. NICOLAISEN, J.R.: Italian Opera in Transition, 1871–1893, Ann Arbor 1980. DALMONTE, R.: Il prologo de »I Pagliacci« Nota sul verismo in musica *in* Musica/Realtà 8 (1982), 105–114. KELKEL, M.: Naturalisme, vérisme et réalisme dans l'opéra de 1890 à 1930, Paris 1984. MAEHDER. J.: Paris-Bilder – Zur Transformation von Henry Murgers Roman in den »Bohème«-Opern Puccinis und L. s. *in* Jb. für Opernforschung 2 (1986), Bern und Ffm. 1987, 109–176. MORELLI, G.: Quelle lor belle incognite borghesi, Sulla popolarità nazionale dell'opera lirica italiana, da »Rigoletto« alla »Fanciulla« attraverso »Cavalleria-Pagliacci« *in* L'Europa musicale. Un nuovo rinascimento: la civiltà dell'ascolto, hrsg. von A.L. BELLINA und G. MORELLI, Florenz 1988, 245–296. MAEHDER. J.: »Questa è Mimì, gaia fioraia« – Zur Transformation der Gestalt Mimìs in Puccinis und L.s Bohème-Opern in Opern und Opernfiguren: Fs. für Joachim Herz, hrsg. von U. MÜLLER u.a., Anif/Salzburg 1989, 301–319. DERS.: Die italienische Oper des Fin de siècle als Spiegel politischer Strömungen im umbertinischen Italien *in* Der schöne Abglanz. Stationen der Operngeschichte, hrsg. von U. BERMBACH und W. KONOLD, Bln. und Hbg. 1992, 181–210. R. L. nel suo tempo, Atti del 1° Convegno Internazionale su L. a Locarno (1991), hrsg. von J. MAEHDER und L. GUIOT, Mailand 1993 [mit WV]. Letteratura, musica e teatro al tempo di R. L. Atti del 2. Convegno, hrsg. von DENS., Mailand 1995. Nazionalismo e cosmopolitismo nell'opera fra '800 e '900. Atti del 3. Convegno internazionale »R. L. nel suo tempo«, hrsg. von DENS., Mailand 1998.

Jürgen Maehder

Lévinas, Michaël
Geb. 18. 4. 1949 in Paris

Nach dem Abschluß seines Kompositionsstudiums in der Klasse Messiaens gründete L. 1973 zusammen mit Grisey, Murail und Roger Tessier die Pariser Gruppe »Itinéraire«, ein auf die feste Zusammenarbeit zwischen Komponisten und Instrumentalisten gestütztes Ensemble, in dessen Umfeld sich die Poetik der sogenannten »musique spectrale« entwickelte. Im Mittelpunkt der Forschung dieser musikalischen Richtung stehen die interne Struktur des Klanges und die Möglichkeiten seiner Entfaltung; sie können dank der wissenschaftlichen Analyse des natürlichen Spektrums minutiös in dessen Ein- und Ausschwingvorgang sowie in dessen dynamische Verwandlung bestimmt werden.

L.s Adaption dieser Poetik war schon in seinem frühesten Schaffen unabhängig und originell. Ausgehend von dem Konzept eines immer neu zu erfindenden musikalischen Materials, das stark von dem Stockhausens geprägt wurde – L. nahm 1972 an den Darmstädter Ferienkursen teil, als Stockhausen seine *Stimmung* gründlich analysierte –, erforschte der Komponist unter Verwendung elektroakustischer und elektronischer Mittel diejenigen Aspekte des Klanges und dessen instrumentaler Hervorbringung, die normalerweise in der Musik als nebensächlich wenn nicht als Störungselemente betrachtet werden. Diese treten in seinen Werken in der Vordergrund: *Appels* (»Rufe«; 1974) ist eine Studie über die Schwingungen, welche die Klänge eines Bläserseptettes über den Resonanzkörpern von Klavier, Kontrabaß bzw. Schlagzeuginstrumenten erzeugen. L. experimentiert mit der Verwandlung der Klänge im Raum und der Möglichkeit, einen hybriden Klang zu schaffen, der immer von einem ›Doppelgänger‹ begleitet wird. So werden auch die Phänomene des Widerhalls zentrale Forschungsgebiete seiner Musik, z. B. in *Ouverture pur une fête étrange* für Doppelorchester (»Ouvertüre für ein seltsames Fest«; 1979) und in *Contrepoints Irréels – Rencontres* für vier Flöten und Tonband (»Irreale Kontrapunkte – Begegnungen«; 1980); ebenso das Phänomen des elektronisch erzeugten Aufschubs (»delay«), u. a. in *Voix des voix* für neun Instrumente und Tonband (»Stimme der Stimmen«; 1984).

In einem 1982 in Darmstadt gehaltenen Vortrag *Qu'est-ce que l'instrumental?* unterschied L. den ›instrumentalen‹ Klang vom ›reinen‹ Klang aufgrund seiner Eigenschaft, die gestischen Spuren seiner Hervorbringung zu bewahren. Schon in *Arsis et Thesis* für verstärkte Baßflöte (1971) sind die Atemzüge des Aufführenden und sogar die Ein- und Ausschwingvorgänge sehr genau vorbestimmt und ausgeschrieben: Die Hervorbringung und die damit verbundene Gestik werden als strukturelles Element hervorgehoben. Hier offenbart sich bereits ein weiterer Kernpunkt von L.s Ästhetik, nämlich seine Vorliebe für den theatralischen Aspekt. Sie kulminiert im »spectacle musical« *La conférence des oiseaux* (»Die Konferenz der Vögel«, Jean-Claude Carrière nach Fahrid Uddin Attar; 1985) und in der Oper *GO-gol* (M. L. nach zwei Novellen von Nikolaj Gogol'; Straßburg 1996). Aber auch in seinen instrumentalen Werken kann man beobachten, wie der Klang selbst zur Schau gestellt und dank der Zusammenarbeit von Instrument und menschlichem Körper ›inszeniert‹ wird. Dieser Aspekt wird durch die ausgiebige Verwendung ›präparierter‹ Instrumente und klare Verweise auf Außermusikalisches verstärkt: In dem von Samuel Becketts »Endspiel« inspirierten Stück *Clov et Hamm* (1973) ähnelt die Posaune durch den vorgeschriebenen Dämpfer der tiefen Stimme eines betrunkenen »clochard«, während in *Le Rire du Gilles* (»Das Lachen des Gilles« [des Einfaltspinsels, Person des komischen Theaters]; 1981, zweite Version 1982) das menschliche Lachen durch spezielle Ausführungstechniken der Bläserinstrumente imitiert wird, so daß das Saxophon einen hybriden Klang, »halb Trompete – halb Clown – halb Saxophon-Stimme« erzeugt.

Noten: Salabert (Paris).
Dokumente: Qu'est-ce que l'instrumental? in Algorithmus, Klang, Natur. Abkehr vom Materialdenken?, hrsg. von Fr. Hommel, Mainz, 1984, 35–40 (Darmstädter Beiträge zur Neuen Musik 19). Le compositeur trouvère. Écrits et entretiens, 1982–2002, hrsg. von P. A. Castanet und D. Cohen-Lévinas, Paris 2002.
Literatur: Castanet, P.A.: La musique et son double. L'esthétique de M. L. *in* La revue musicale 421–424 (1991), 73–91. Cazaban, C.: M. L. ou la quête du concert imaginaire, ebd. 169–189.

Pietro Cavallotti

Ligeti, György

Geb. 28. 5. 1923 in Discøszentmárton (heute Tîrnăveni), Siebenbürgen (Rumänien)

Im dichten Oktavtremolo wird das Material der Klavierkomposition exponiert: die Tonhöhe a und ihre Oktavversetzungen. Der nachfolgende Oktavanschlag (a/a^1) bei stumm niedergedrückten Tasten A_1/A öffnet das klangliche Innenleben (Obertonklang) des Materials. Aus pulsierenden Einzelanschlägen entwickelt sich ein wechselvolles Spiel mit verschiedenen, prägnant gestalteten Rhythmusmodellen, die wiederholt, ausgetauscht, verkürzt oder ineinander montiert werden; dabei vollzieht sich ein Expansionsprozeß der Oktavlagen, des Tempos und der Dynamik; allmählich tritt ein rhythmisches Modell in den Vordergrund, es wird verkürzt und stürzt als Oktavklang A/A_1 in die tiefe Lage; anschließende Oktavschläge im sfff leiten die ekstatische Schlußsteigerung als Repetition ein; nach deren Abbruch erklingt völlig überraschend, wie mit einer clownhaft-grotesken Geste hingeworfen, die Oktave d^1/d^2.

Dieses von einem Ton getragene und bis zur höchsten Intensität virtuos gesteigerte Einleitungsstück der elfteiligen *Musica Ricercata* ›per pianoforte‹ (1951–53) steht exemplarisch für die zahlreichen frühen Kompositionen, die L. auf der Suche nach ›seiner‹ Musik zeigen und in denen er sich mit elementaren kompositorischen Problemen und Fragen auseinander gesetzt hat: Wie kann ein Ton gestaltet werden? Wie läßt sich mit einem Intervall oder mit zwei Intervallen arbeiten? Wie lassen sich einfache Rhythmusmodelle kombinieren und verändern? In dieser frühen Musik finden sich jedoch bereits Grundzüge von L.s späteren Kompositionsverfahren wie übergeordnete Prozeßhaftigkeit und mechanische Bewegtheit, elementare Kontrastbildung und umgreifende Tonraumbewegungen. L. knüpft hierbei kompositionstechnisch unmittelbar an Züge der Tradition Bartóks an.

Nach dem Musik- bzw. Kompositionsstudium am Konservatorium in Klausenburg (1941–43) und an der Musikhochschule Budapest (1945–49) war L. 1950–56 Dozent für Harmonielehre, Kontrapunkt und Formanalyse. Die aus dieser Zeit stammenden ca. 70 Kompositionen – unter ihnen eine große Anzahl von Chorwerken – sind zu einem Teil heute verschollen, zum anderen Teil neu ediert. Nach dem Aufstand in Ungarn flüchtete L. im Dezember 1956 zunächst nach Österreich. Er arbeitete 1957–58 als freier Mitarbeiter im Studio für elektronische Musik beim WDR in Köln.

Die Studioarbeit führte nach ersten Fingerübungen zur Komposition *Artikulation* (1958). L. schafft hierbei mit elektronischen Mitteln ein »metasprachliches Esperanto« (*Sprache – Gesten*, 64), das Sprachgestik, -melodik und -artikulation fiktiver kommunikativer Situationen lebendig nachgestaltet.

Die Etablierung im Feld westeuropäischer neuer Musik gelang L. mit den Uraufführungen seiner Orchesterwerke *Apparitions* (1958–59) und *Atmosphères* (1961). In diesen Kompositionen artikulieren sich zum ersten Mal seine Vorstellungen einer ›statischen Musik‹ und prägen paradigmatisch den Typus einer Klangfarbenmusik aus. Hierzu bedient er sich des Verfahrens komplexer ›polyphoner Netzgebilde‹. In den Sätzen »Lento« und »Agitato« der *Apparitions* dominieren mikropolyphon strukturierte Klangflächen, die durch interne Modifikationen gefärbt oder durch kontrastierende Klangereignisse gebrochen werden. In *Atmosphères* löst sich L. völlig von traditionellen Formgestaltungen und entwickelt eine kontinuierliche, im Innern diffizil gearbeitete Klangfläche. Er komponiert z. B. vielstimmige Kanonabschnitte, deren Einsatzabstände so dicht sind und deren rhythmisch melodische Faktur so minimal divergiert, daß differenzierte Veränderungen der traditionellen Konturen in Rhythmus- oder Intervallgestalten nicht mehr hörbar sind. Auf diese Weise kippt die Wahrnehmung: Der Hörer erlebt ein still stehendes, in sich klangfarblich changierendes Band. Dieser frappante kompositorische Neuansatz ist eingebettet in L.s scharfsinnige Analyse und Kritik strukturellen bzw. seriellen Komponierens, die er im Rahmen seiner Lehrtätigkeit bei den Internationalen Ferienkursen in Darmstadt (1959–72) entfaltet hat: »Die totale Durchführung des seriellen Prinzips hebt das Serielle schließlich selbst auf. Grundsätzlich gibt es keinen Unterschied zwischen automatischen Ergebnissen und Zufallsprodukten: das total Determinierte wird dem total Indeterminierten gleich« (*Wandlungen*, 9).

Die Konstruktionsmomente einer ›statischen Musik‹ überträgt L. in *Volumina* (1961–62) auf die Orgel und macht dieses Instrument zu einem Experimentierfeld neuer Spiel- und Klangtechniken (z. B. Winddruckschwankungen durch Ein- und Ausschalten des Motors, Gleiten von einem

Manual auf das andere, Veränderungen im Tastenandruck, halbgezogene Register etc.). Die Notation erfolgt graphisch mit zahlreichen verbalen Anweisungen. *Volumina* verläuft zunächst als im Tonraum wanderndes ununterbrochenes Klangband. Dieses wird dann durch interne Bewegung belebt und geht in kontrastreiche ›Staccato-Cluster‹ über. Am Schluß verflüchtigt sich der Klang in einer eigentümlichen Registermischung nach Abschalten des Motors »bis zum Verstummen der letzten Pfeife und des letzten Lufthauchs« (Partituranweisung).

So radikal neu die kompositorische Gestaltung der Orchesterstücke und von *Volumina* ist, sie erscheint L. doch eher als ›Sackgasse‹, aus der er sich durch Expeditionen in andersartige Kompositionsbereiche freisetzt.

Zum einen entwickelt er in *Aventures* bzw. *Nouvelles Aventures* (1962 bzw. 1962–65) für drei Sänger und sieben Instrumentalisten eine phonetische, asemantische Kunstsprache, die beim Rezipienten ständig neue Lautassoziationen hervorruft. Wie in *Artikulation* mit elektronischen Mitteln angedeutet, entfalten sich bei vielfach wechselnden Ausdruckscharakteren und affektiven Verhaltensweisen (z. T. auch »zum Publikum« gerichtete) kommunikative Kontexte. Besonders in Partiturabschnitten wie ›Conversation‹, ›Action dramatique‹ oder ›Commérages‹ (»Tratsch«) vollzieht sich ein imaginäres Theater, das »besonders expressiv – stellenweise mit übertriebener Affektivität und entsprechend gesteigerter Mimik und Gestik – vorgetragen werden« soll (Partiturvorwort). Durch Elimination der Sprache formuliert L. so einen Extrempunkt musikalischer Sprachkomposition.

Zum anderen greift L. im *Requiem* für Sopran- und Mezzosopransolo, zwei gemischte Chöre und Orchester (1963–65) auf einen tradierten liturgischen Text zurück, der unter Verschmelzung verschiedener Kompositionsverfahren überzeugend ausgedrückt wird. Die Verdichtung der Mikropolyphonie im Bereich totaler Chromatik, die wie ein Reflex auf klassische Vokalpolyphonie erscheint, treibt eine Entwicklung vom statischen Klang des einleitenden ›Introitus‹ bis zur maximalen Bewegung in extremen Kontrastfeldern des ›Dies irae‹ voran. Das epilogartige ›Lacrimosa‹ strahlt bei einfachster Materialbehandlung in langausgehaltenen Tönen oder Clustern eine tiefe Ruhe aus. Hierzu erscheinen dann die kanonisch verwobenen 16 Stimmen des A-capella-Chorstücks *Lux Aeterna* (1966) wie eine Fortschreibung und Reduzierung im Mikrobereich bei gleich intensiver Ausdrucksqualität.

Die in dieser Zeit für L. typischen Prinzipien der Klangfarben- und der Tonraumkomposition verschmelzen im ersten Satz des *Violoncellokonzertes* (1966). Der Einsatz des Solocellos – »... unhörbar, wie aus dem Nichts kommend« (Partitur) – ist der Anstoß für den Aufbau eines Clustergebildes, das sich dynamisch etabliert und überraschend in einen ›leeren‹ Oktavklang mündet. Im Weiteren werden verschiedene Klangräume gefüllt und wieder abgebaut, bis der Satz sich im Kontrast von höchster (Solocello) und tiefster Lage (Kontrabaß) ›morendo‹ verliert. Im zweiten Satz verbinden sich differenzierte Bewegungstypen: sich verdichtende oder auflösende Triller- bzw. Tremoloflächen, kammermusikalische Abschnitte und extreme Solo-Tutti-Kontraste, ›Kadenzen‹ und ›mechanisch-präzis‹ bzw. ›wild‹ gestaltete Figuren, deren Sprachähnlichkeit deutlich wahrnehmbar ist. Die schlußbildende ›Flüster-Kadenz‹ des Solocellos korrespondiert in ihrem ›morendo al niente‹ mit dem Beginn des ersten Satzes.

Hinsichtlich »der Bewegung und Harmonie« und der entwickelten »Polyphonie« sieht L. eine Verwandtschaft von *Lontano* (1967) mit *Lux aeterna* und dem *Requiem* (Monographie, 87). Das Neue bei diesem Werk resultiert »aus genau definierten, wenn auch horizontal verschobenen Harmonie- und Intervallkonstellationen ... eine sozusagen kaschierte Restauration von Akkordfolgen, die sich von den amorphen Clusterklängen der *Atmosphères* gänzlich unterscheiden« (*Moderne Musik*, 41).

Im *Streichquartett Nr. 2* (1968) etabliert sich ein Struktur- und Bewegungstyp, den der Komponist zunehmend aufgreift und als Raster- oder auch Gittermusik bezeichnet. Der dritte, fast durchgängig pizzicato gespielte Satz trägt die Überschrift »Come un meccanismo di precisione«: Verschiedene, quasi polymetrische Anschlagsdichten sind hierbei mehrschichtig und vornehmlich motorisch repetierend übereinander gelagert. Sie erwecken den Eindruck eines mechanisch-maschinellen Ablaufs, der an manchen Stellen überraschend stockt und am Ende schlicht ausläuft. In der Cembalokomposition *Continuum* (1968) konzentriert sich das angesprochene Verfahren des mechanisch rhythmischen Antriebs. Ein zweischichtiges Klangband von äußerst rasch gespielten, permanent durchlaufenden Achtelnoten entfaltet sich durch Überlagerung und Verschiebung verschiedener Struktureinheiten zu akustischen ›Superpositionen‹. Diese vollziehen am Scheitelpunkt des Bewegung- bzw. Klangkontinuums ein variables Spiel von Beschleunigungs- oder Verlangsamungsprozessen im Zeitempfinden des Rezipienten. Dabei führt am Schluß von *Continuum* die Tonraumbewegung im Aufsteigen in die höchsten Lagen des Cembalos (4'-Register) zum unausweichlichen plötzlichen Abriß des motorisch mechanischen Prozesses. Das Stück endet im gleichsam an elektronische Musik erinnernden Klang eines 192 mal repetierten fes^4.

In den nachfolgenden Jahren entstehen ausschließlich Werke für größere Besetzungen. Hierzu zählen *Ramifications* für Streichorchester oder zwölf Solostreicher (1968–69), das *Kammerkonzert* für 13 Instrumentalisten (1969–70), die *Melodien* für Orchester (1971), das *Doppelkonzert* für Flöte, Oboe und Orchester (1972), *Clocks and Clouds* für zwölfstimmigen Frauenchor und Orchester (1972–73) sowie *San Francisco Polyphony* für Orchester (1973–74). Mit all diesen Stücken differenzieren sich die internen Arbeitsverfahren des Komponisten als ›Ligeti-Effekte‹ unter verschiedenen Schwerpunkten weiter aus. In ihnen leuchten aber auch deutliche assoziative Bezugnahmen und engere Bindungen an die tradierten und historisch ausgeformten Standards der Musiksprache auf. Dabei lassen sie in ihrem äußeren Gesamteindruck jedoch eine gewisse Verfestigung zum stereotypen ›Ligeti-Stil‹ erkennen.

In die Jahre 1974–77 fällt L.s Arbeit an seiner Oper in zwei Akten (vier Bildern) *Le Grand Macabre* (Stockholm 1978; rev. Salzburg 1997). In der musikalischen Gestaltung des Librettos, das auf Michel de Ghelderodes Stück »La Ballade du Grand Macabre« (1936) basiert, verschwistert sich Kurioses – wie z. B. die Einleitung durch Autohupen oder Klänge von Spieluhren und elektrischen Türklingeln – mit einem breiten Feld musikalischer Anklänge. In der Heterogenität von ›Ligeti-Stil‹-Elementen und ›Als-ob-Zitaten‹, im mehrdeutigen Changieren von Eigenem und Fremden spiegelt sich die Auseinandersetzung des Komponisten mit dem Zentralthema Tod, mit der Ankündigung des am Ende der Oper jedoch verschobenen Weltuntergangs. Insgesamt pendelt das Werk zwischen Parodie und bedrohlichem Ernst. L. ironisiert auf diese Weise die menschliche Todesfurcht, der nur die vage Hoffnung auf den möglichst langen Aufschub des Untergangs bleibt.

Im zweiten der *Drei Stücke für zwei Klaviere – Monument, Selbstportrait mit Reich und Riley (und Chopin ist auch dabei) und Bewegung* (1976) – vereinigt L. die Verfahren der Patternwiederholung und der Phasenverschiebung, wie sie Riley und Reich im Feld der Minimal music verwenden, mit seiner Technik der Gitterkomposition unter Einbezug der ›mobilen Tastenblockierung‹. Es entsteht eine Potenzierung des ›Continuum-Charakters‹ bei rhythmisch-metrischer Vielschichtigkeit. Der jagende Schlußteil spielt in mehrfacher Hinsicht auf den Schlußsatz (»Presto«) der »Klaviersonate b-moll op. 35« von Chopin an.

Nach einer Schaffenspause, in der L. lediglich die kurzen Cembalostücke *Hungarian Rock* und *Passacaglia ungherese* (1978) veröffentlicht, erscheint 1982 das *Trio* für Violine, Horn und Klavier. Nach eigener Aussage dokumentiert sich hierin »Protest gegen den etablierten Akademismus der Neuen Musik« (*Stilisierte Emotion*, 54). L. komponiert eine klar konturierte, extreme Reibungen vermeidende und punktuell nahezu nostalgische Musik. Zu Beginn des ersten Satzes »Andantino con tenerezza« werden Hornquinten – wie sie aus der »Klaviersonate op. 81a« von Beethoven im Ohr klingen – allusionsartig aufgegriffen und bei veränderter Intervallstruktur quasi »entstellt«. Im weiteren Verlauf werden sie gleichsam wie in einem »verzerrten Rückwurf eines Echos« als Zentralmotiv in den Sätzen verarbeitet (*Horntrio*, 47). Tradierte Formtypen wie die A-B-A'-Form des ersten und dritten Satzes, der durch Volksmusik inspirierte Tanz des zweiten Satzes oder der Adagio-Schlußsatz »Lamento«, der unter Einbezug der Passacagliatechnik an Gebräuche der Klagegesänge ungarisch-siebenbürgischer Folklore anknüpft, signalisieren L.s ausdrückliche Nähe zur musikalischen Tradition. Damit erscheint diese nicht mehr nur in L.s Musik hineingespiegelt, »sondern die Tradition wird erstmals zitiert und ihre kompositorischen Implikationen werden entfaltet« (*Personalstil*, 169). Dies vollzieht sich freilich nie in einer logisch stringenten oder unbefragt affirmativen Weise, sondern ist immer von Brechungen durchzogen.

Daß L., – wie Clytus Gottwald formuliert – »an der Schwelle zum Spätwerk stehend,...dem Ungarischen in seiner Musik wieder Raum gibt« (*Personalstil*, 208), zeigt sich besonders in den *Magyar Etüdök* nach Gedichten des von L. hochgeschätzten Sándor Weöres für acht-, zwölf- und sechzehnstimmigen Chor a cappella (1983). In der ersten

Etüde »Moderato meccanico« wird das Lautgedicht von Weöres in einer streng ›berechneten‹ Kombination von Spiegel- und Proportionskanon zwischen Frauen- und Männerstimmen, ausgehend von lautimitierenden ›Klangtropfen‹ bis hin zum Verhallen des Gesangs, bei geschlossenem Mund der Sänger entfaltet. Das zweite, gleichfalls doppelchörig angelegte Stück verwebt unter Einbezug vielfältiger Echostrukturierungen zwei Gedichte, die den abendlichen Glockenklang sowie das Gequake der Frösche beschreiben. Im dritten Stück *Vásár* (»Jahrmarkt«) arbeitet L. mit fünf räumlich getrennten Chorgruppen, die fünf Marktschreiern aus dem zugrunde liegenden Gedicht entsprechen. Die sich schleifenartig wiederholende Tonhöhengestaltung der Gruppen »ist eine tief ungarische, ...den Vorbildern so weit angenähert, daß eine Identifikation sich, verdächtig genug, geradezu aufdrängt« (*Personalstil*, 208). Die eingearbeiteten dynamischen Veränderungen schaffen zudem eine Raumwirkung, die dem Hörer einen fiktiven Gang über den Jahrmarkt suggeriert. Insgesamt gesehen kann L.s A-cappella-Musik ab den achtziger Jahren, das sind neben den *Magyar Etüdök* die *Drei Phantasien nach Friedrich Hölderlin* (1982) und seine zwischen 1988 und 1993 entstandenen sechs *Nonsense Madrigals*, als ein »Experimentierfeld neuer kompositorischer Ideen« gewertet werden (*Späte Chormusik*, 185), wobei ihn seine Kompositionen als Apologeten einer »originären, genuin neuen Musik« im Horizont einer »ideologiefreien künstlerischen Moderne« ausweisen (ebd., 189).

In den weiteren Werken der achtziger Jahre tritt eine die bisherige Arbeitsweise erweiternde Art der Metrum- und Rhythmusbehandlung auf, die L. in einem Interview als »Konzeption der generalisierten Hemiole« bezeichnet hat (*Stilisierte Emotion*, 52). Dieses Kompositionsprinzip, in seinen historischen Wurzeln bis in das Spätmittelalter zurück verfolgbar und in verschiedenen Musikformen und -genres wie der europäischen Klaviermusik (z. B. von Chopin, Schumann oder Debussy), in Jazz, Folklore oder auch in verschiedenen afrikanischen Musiktraditionen mit ihrer Pulsationsrhythmik ausgeprägt, bestimmen die achtzehn *Etudes pour piano*, die inzwischen in drei Bänden vorliegen (*Premier livre* 1985; *Deuxième livre* 1988–94; *Troisième livre* 1995–2001) und zum Teil das *Klavierkonzert* (1985–88), in dem die Rezeption afrikanischer Musik besonders deutlich wird (*Gefrorene Turbulenz*, 36–45). Im Kontext dieser spezifischen Metrum- und Rhythmusbehandlung verbindet sich L.s Grundintention einer präzisen Strukturierung musikalischer Gestalten mit gedanklichen Bezügen zu aktuellen Ausprägungen der experimentellen Mathematik oder Biologie, wo auf der Basis einfachster Strukturen eine extreme Komplexität entfaltet oder erklärt wird. Besonders signifikant erscheint L.s Vorgehen in der ersten Klavieretüde *Désordre*. Stauchungsprozesse, Akzentverschiebungen und Sequenzierungen polyrhythmischer bzw. polymetrischer Verläufe variieren für den Hörer die Einschätzungsmöglichkeiten für Vorder- und Hintergrund der klanglichen Erscheinungen so vielfältig, daß er »die große Informationsdichte, ...als eine Art organisiertes Chaos« (empfindet)... In der Tat pendelt man ständig zwischen einem Eindruck von Ordnung und Unordnung hin und her« (*Imaginäre Bewegung*, 79).

Mit dem 1990–92 entstandenen fünfsätzigen *Konzert für Violine und Orchester* schreibt L. zum einen die angedeuteten synkretistischen Züge fort. So bezieht er sich z. B. im zentralen zweiten Satz auf Aspekte der abendländischen Musiktradition wie ›Aria‹, ›Hoquetus‹ und ›Choral‹. Zugleich bringt er im Rückgriff auf das siebte Stück aus der *Musica Ricercata* das von südosteuropäischer Volksmusik geprägte Melodiematerial seines eigenen Frühwerkes ins Spiel. Zum anderen setzt er einen neuen Akzent für sein Alterwerk: Er beschäftigt sich, der Chromatik überdrüssig und inspiriert durch Stimmungs- und Intonationssysteme anderer Kulturen, mit neuen harmonischen Möglichkeiten. Hierfür nutzt er spezifische instrumentale Färbungen, Streichinstrumente mit Scordatur sowie auf die Intonation bezogen instabile Instrumente wie Okarinen und Lotusflöten. Diese Instrumente brechen mehrfach und pfeifend, fast heulend in den zweiten Satz ein und verzerren den Choralgestus völlig, machen ihn zu einem Fremdkörper. L.s Interesse an neuartigen Harmonien tritt in seiner Komposition *Hamburgisches Konzert* für Horn solo und Kammerorchester (1998–99) noch verstärkt zu tage. Im Hornkonzert, das in seiner Endfassung (2002–03) siebensätzig ist, arbeitet L. mit äußerst ungewöhnlichen Klangspektren und mit Schwebungen, die er vor allem aus dem Zusammenspiel des Solohorns (alternierend Ventilhorn F-B und Naturhorn in F) mit vier obligaten Naturhörnern sowie zwei Bassethörnern gewinnt. Die einzelnen kurzen Sätze charakterisieren neuerlich Elemente der Musikkultur verschiedener Zeiten und Ethnien, z. B. Satz I »Präludium«, Satz II »Signale, Tanz, Choral«, Satz III »Aria, Aksak, Hoketus«, Satz VI »Capriccio« oder Satz VII »Hymnus«.

L.s Kompositionen der letzten Zeit sind insbesondere durch ihre aspektreichen synkretistischen Züge gekennzeichnet. In ihnen fügen sich vor allem verschiedene Elemente der abendländischen Musiktradition mit Prinzipien südosteuropäischer Folklore oder afrikanischer Musik fluktuierend zusammen. Zudem baut L. Bezüge zu anderen Kunstbereichen auf und bezieht sich auf unterschiedliche musikhistorische Gattungstraditionen. Abgeleitet aus diesen Komponenten entwickelt er zudem die sein Spätwerk kennzeichnende Metrum- und Rhythmusbehandlung sowie sein innovatives Harmonieverständnis. Dabei positioniert ihn sein kompositorisch-ästhetischer Anspruch – wie Constantin Floros formuliert – »jenseits von Avantgarde und Postmoderne«.

Noten: Editio Musica (Budapest); Peters (Ffm.); Schott (Mainz); Universal Edition (Wien).
Dokumente: Wandlungen der musikalischen Form *in* die Reihe 7 (1960), 5–17. Neue Notation. Kommunikationsmittel oder Selbstzweck *in* Darmstädter Beiträge zur Neuen Musik 9, Mainz 1965, 35–50. DERS.: Form in der Neuen Musik *in* Darmstädter Beiträge zur Neuen Musik 10, Mainz 1966, 23–35. Apropos Musik und Politik *in* Darmstädter Beiträge zur Neuen Musik 13, Mainz 1973, 42–46. Aspekte der Webernschen Kompositionstechnik *in* Anton Webern, Mn. 1984, 51–104 (MK Sonderbd.). Rhapsodische, unausgewogene Gedanken über Musik, besonders über meine eigenen Kompositionen *in* NZfM 154 (1993), 165–169. Stilisierte Emotion. Gy. L. im Gespräch mit D. BOULIANE *in* MusikTexte 28/29 (1989), 52–62. »Träumen Sie in Farbe?«. L. im Gespräch mit E. ROELCKE, Wien 2003.
Werkverzeichnis: Schott (Mainz).
Literatur: SALMENHAARA, E.: Das musikalische Material und seine Behandlung in den Werken »Apparitions«, »Atmosphères«, »Aventures« und »Requiem« von Gy. L., Regensburg 1969. NORDWALL, O.: Gy. L. Eine Monographie, Mainz 1971. KLÜPPELHOLZ, W.: Aufhebung der Sprache. Zu Gy. L.s »Aventures« *in* Melos/NZfM 2 (1976), 11–15. DIBELIUS, U.: L.s Horntrio *in* Melos 46 (1984), 44–61. DERS.: Moderne Musik II. 1965–1985, Mn. 1988. GOTTWALD, CL.: L.s »Magyar Etüdök« (1983) *in* Gy. L. Personalstil – Avantgardismus – Popularität, hrsg. von O. KOLLERITSCH, Wien 1987, 204–212. ZENCK, M.: »Die ich rief, die Geister / Werd ich nun nicht los«. Zum Problem von Gy. L.s Avantgarde-Konzeption, ebd. 153–178. SABBE, H.: Gy. L. Studien zur kompositorischen Phänomenologie, Mn. 1987 (MK 53). BOULIANE, D.: Imaginäre Bewegung. Zu Gy.L.s »Etudes pour piano« *in* MusikTexte 28–29 (1989), 73–84. DIBELIUS, U.: Sprache – Gesten – Bilder. Von Gy. L.s »Aventures« zu »Le Grand Macabre«, ebd. 63–67. DERS.: L. Eine Monographie in Essays, Mainz 1994. FLOROS, C. u. a.: Für Gy. L. Die Referate des L.-Kongresses Hbg. 1988, Laaber 1991. BURDE, W.: Gy. L. Eine Monographie, Zürich 1993. FLOROS, C.: Gy. L. Jenseits von Avantgarde und Postmoderne, Wien 1996. ENGLBRECHT, B.: Die späte Chormusik von Gy. L., Ffm. 2001. LOBANOVA, M.: Gy. L. Style, Ideas, Poetics, Bln. 2002. UTZ, CHR.: Gefrorene Turbulenz. Die Rezeption afrikanischer Musik in Gy. L.s Klavierkonzert *in* NZfM 164, 3 (2003), 36–43.

Ortwin Nimczik

Liszt, Franz

Geb. 22. 10. 1811 in Doborján
(ehemals Ungarn, heute Raiding/Burgenland);
gest. 31. 7. 1886 in Bayreuth

»Seit vierzehn Tagen arbeiten mein Geist und meine Finger wie zwei Verdammte. Homer, die Bibel, Plato, Locke, Byron, Hugo, Lamartine, Chateaubriand, Beethoven, Bach, Hummel, Mozart, Weber sind alle um mich herum ... im übrigen übe ich vier, fünf Stunden (Triolen, Sechstolen, Oktaven, Tremolos, Tonwiederholungen, Kadenzen usw.). Ach! Wenn ich nicht verrückt werde, wirst Du einen Künstler in mir wiederfinden! ... welch ein Mann, welch eine Geige, welch ein Künstler! O Gott, was für Qualen, für Elend, für Marter in diesen vier Saiten!... Und sein Ausdruck, seine Art zu phrasieren, und endlich seine Seele!« (Briefe Bd. 1, 7 f.; dt. Raabe, Bd. 1, 16 f.) So beschrieb L. am 2. Mai 1832 die ungeheure Wirkung von Paganinis Violinspiel, das er kurz zuvor erstmals erlebt hatte. Es zeigte ihm ungeahnte Dimensionen in der technischen Beherrschung und Ausreizung der expressiven und koloristischen Möglichkeiten eines Instruments auf. Waren seine bisherige Klavierkompositionen der maßgeblich von Hummel geprägten »Wiener brillanten Schule« zuzuordnen, die ihm im Unterricht von Carl Czerny vermittelt worden war, so begann L. im Juni 1832 mit der *Grande Fantaisie de Bravoure sur la Clochette de Paganini*, in Orientierung an Paganinis Spieltechnik, das Klang- und Ausdrucksspektrum des Klaviers zu erweitern: durch chromatische Oktav-, Terz- und Sextakkordgänge in höchstem Tempo, weite Sprünge, Anforderungen an die linke Klavierhand, die denen an die rechten vergleichbar sind, ›mehrstimmige‹ Vorgänge in einer Hand, Repetitionsfiguren und ein den geigerischen Spieltechniken abgelauschtes Staccatospiel. Zur Erzielung ›dämonischer‹ Klangwirkung setzte er – ebenfalls entsprechenden Paganini-Passagen nachempfunden – Kadenzen und Übergänge mit chromatischen Fortschreitungen ein, und seine Bewunderung für den Ausdruck und die Seele in Paganinis Spiel schlug sich in einem beispiellosen Ausmaß an ausführlichen Vortragsanweisungen nieder.

Zum künstlerischen Selbstverständnis L.s gehörte allerdings nicht nur die perfekte Beherrschung des Instruments, sondern auch eine breite literarische Bildung, ohne die die virtuose Umsetzung der Paganini-Erfahrung gewissermaßen pianistischer Selbstzweck geblieben wäre und die sich erstmals in *Harmonies poétiques et religieuses* (1833–34) nach Alphonse de Lamartine musikalisch niederschlug: Virtuosität und Poesie gingen in L.s Klaviermusik – am deutlichsten in den mit poetischen Titeln versehenen *Etudes d'exécution transcendante* (1851) – eine Symbiose ein.

Ein weiterer prägender Einfluß war die Musik Berlioz': Bisher unerhörte Orchesterfarben, die Verbindung zu einer poetischen Idee und deren kompositionstechnische Umsetzung waren es, die L. in Bann schlugen. In der Übertragung der *Symphonie fantastique* für Klavier 1833 – L. nannte sie »partition de piano« – setzte er die infolge der Paganini-Erfahrung erweiterten Möglichkeiten der Spieltechnik dazu ein, einen großen Orchesterapparat so originalgetreu wie möglich auf dem Klavier abzubilden; ermöglicht wurde dies durch die Fortschritte im Klavierbau seit den zwanziger Jahren, die das Volumen und die Klangpalette des Klavierklangs sukzessive erweiterten. Zur Erzeugung eines orchestralen Klanges, wie ihn L. in seinen Bearbeitungen von Orchesterwerken und Opernszenen entwickelte, gehörte ein quasi mehrhändiges Spiel, bei dem – exemplarisch in der teilweise auf drei Systemen notierten Etüde *Mazeppa* (1851) – sich beide Hände eine Begleitung in der Mittellage aufteilen und dortige Pausen geschickt zum Spiel außen liegender Melodie- und Baßlinien nutzen. Mit seinen technischen Innovationen konnte L. den Klang des Orchestertutti in all seinen Registern zugleich erklingen lassen – eine wesentliche Errungenschaft seiner Klaviertechnik, die etwa für Debussy, Ravel, Grieg, Čajkovskij oder Rachmaninov bei aller musikästhetischer Differenz maßgeblich blieb und nie in Frage gestellt wurde.

Der Anteil der Bearbeitungen an L.s Gesamtwerk – Klavierpartituren, Transkriptionen von Liedern und Opernszen, freie Paraphrasen – war bis in die letzten Jahre hinein so hoch wie bei keinem anderen bedeutenden Komponisten; bis 1848 bildeten sie den bei weitem größten Teil seines Schaffens. Das Verfahren der Bearbeitung diente ihm als ein Weg zur Aneignung handwerklicher Fertigkeiten, die er später in Originalwerken umsetzte: So wie L. den Radius seiner technischen Fähigkeiten über eine erste Paganini-Bearbeitung ausdehnte und in den *Etudes d'exécution transcendante d'après Paganini* (1838) systematisierte, so eignete er sich mittels seiner Berlioz-Übertragung und den ersten Klavierpartituren von Beethoven-Symphonien 1837 die Fähigkeit an, das Klangspektrum des Orchesters auf dem Klavier wiederzugeben. Das erste Originalwerk, in dem er dieses Spektrum in der autonomen Klaviermusik einsetzte, waren die *Grandes Etudes* (1837). In ihnen schlug sich die Beschäftigung mit Beethovens Werk auch kompositionstechnisch nieder, denn erstmals setzte L. sich hier – ein Novum für die Gattung der Etüde – mit der Sonatensatzform und den Durchführungstechniken auseinander. Bevor L. die Endfassungen der Klavierkonzerte in Angriff nahm, studierte er die Möglichkeiten der Kombination von Klavier- und Orchesterklang in der Paraphrase über Beethovens »Ruinen von Athen« (1848–52) und seinen Bearbeitungen von Webers »Polonaise brillante« (1849) und Schuberts »Wanderer-Fantasie« (1851).

L.s Bearbeitungen bewegen sich zwischen zwei Polen: auf der einen Seite Klavierpartituren, als wörtliche Übertragungen großer Orchesterwerke (Symphonien und Ouvertüren von Beethoven, Berlioz, Rossini, später auch Wagner), auf der anderen Seite freie Paraphrasen nach Art eines Querschnittes, etwa die *Réminiscences de Don Juan, Réminiscences de Norma, Réminiscences de Robert le Diable* (1841). L. genügte damit dem Bild des Solopianisten im 19. Jahrhundert, das die Fähigkeit zum Improvisieren über beliebte Melodien, vor allem aus erfolgreichen Opern, einschloß. Seine Leistung bestand darin, diese Paraphrasen einem genau geplanten dramaturgischen Konzept zu unterwerfen, also nicht ein nur locker zusammengefügtes Potpourri über die populärsten Melodien zu arrangieren, wie es für seine Zeitgenossen typisch war, sondern die Grundthematik einer Oper in 15 Minuten herauszudestillieren. In den Übertragungen von Schubert-Liedern, vor allem jenen der Jahre 1837–38, konnte er wiederum ›mehrhändiges‹ Spiel durch Integration der Singstimme in die Begleitung suggerieren, außerdem seine gestalterische Phantasie durch immer stärkeres Variieren in Strophenliedern profilieren. Manche Lieder wandelten sich zu dramatischen, bisweilen tonmalerischen ›Poemen‹, um die erzählte Handlung zu verdeutlichen (*Die Forelle*; 1844); so werden etwa die handelnden Personen des *Erlkönig* (1837–38) – Erlkönig, Vater und Kind –, durch unterschiedliche pianistische Gestaltung für den Hörer auch ohne Textkenntnis unterscheidbar. Die Kunst der Variation und die in Liedbearbeitungen notwendige Kunst der Charakterisierung waren wichtige Schritte auf L.s Weg zur Programmusik.

Den Liedern Schuberts verlieh L.s Bearbeitung eine Öffentlichkeit und Verbreitung, die sie zu jener Zeit sonst nie erreicht hätten. Überhaupt muß L. als wohl wichtigster Schubert-Interpret seiner Zeit gelten; zu seinen Pioniertaten gehörte die Uraufführung des »Fierrabras« in Weimar: Selbstloser Einsatz für das Werk anderer Musiker war ein wesentlicher Charakterzug L.s. Die Erstveröffentlichung der »Symphonie fantastique« – seine Klavierpartitur, auf deren Grundlage Schumann seine berühmte Rezension des Werks verfaßte – finanzierte L. aus eigenen Mitteln, das Werk Wagners suchte er in Weimar durch Aufführungen (wie die Uraufführung des »Lohengrin« 1850), Klavierbearbeitungen und die Veröffentlichung von Aufsätzen in einer Art Medienverbund zu propagieren. Das künstlerisch-soziale Engagement L.s fand seine stärkste Ausprägung in den Ideen zur Reform des Musiklebens und Förderung des Musikernachwuchses (*Die Goethe-Stiftung*, 1851), die schließlich zur Gründung des Allgemeinen Deutschen Musikvereins führten.

Nach Abschluß seiner Virtuosenlaufbahn und mit der Übernahme der Hofkapellmeisterposition 1848 in Weimar begann L., sein bisheriges Klavierwerk zu überarbeiten. Es entstanden die endgültigen Fassungen unter anderem der *Etudes d'exécution transcendante* (1851), der *Paganini-Etüden* (1851) und der *Ungarischen Rhapsodien* (1846–53), um »seine Fehler möglicherweise zu verbessern, und durch die Herausgabe der Werke selbst gewonnene Erfahrungen zu benützen.« (Briefe Bd. 1, 190; in dieser Formulierung zeigt sich der ›offene‹ Werkbegriff L.s: Eine Komposition galt ihm nie als abgeschlossen, sondern als Station auf dem Weg zu einem künstlerischen Ideal.) Der zuvor bisweilen übersättigte Klaviersatz ist nun ökonomischer gestaltet und dadurch spielbarer geworden, und L.s pianistischer Phantasie gelang es nun auch, den Orchesterklang nicht mehr nur zu imitieren, sondern ihm ein eigenständiges pianistisches Äquivalent zur Seite zu stellen. Kompositorische Schwächen wie eine bislang allzu schematisch gehandhabte Durchführungstechnik wurden vor dem Hintergrund seiner durch die Komposition sinfonischer Werke gewonnenen Erfahrungen ausgebessert.

Die Endfassungen der *Harmonies poétiques et religieuses* (1848–53) und der zwei Jahrgänge der *Années de Pèlerinage* (*Suisse*, 1848–53, und *Italie*, 1848–55; ein weiteres Italien-Jahr kam 1877–82 hinzu) wurden zu Zyklen von inhaltlich zusammenhängenden Klavierstücken, denen ein Titel oder ein vorangestelltes Zitat einen Bezug zur Literatur oder bildenden Kunst gaben. Mit diesen Zyklen aus – im Unterschied zu Schumann – eigenständigen und separat aufführbaren Stücken schuf L. eine neue Gattung, die für die Zyklen der Impressionisten (Debussys »Préludes« oder »Images«, Ravels »Gaspard de la Nuit«) als Vorbild wirkte. Die *Etudes d'exécution transcendante* wurden mit ihren Bezügen zu Victor Hugo oder Naturassoziationen ebenso zu einem poetischen Zyklus, und sogar die *Ungarischen Rhapsodien* sind dieser Gattung zuzuordnen: Gewissermaßen ein Appendix der *Années de Pèlerinage*, und ursprünglich als Bestandteil von deren Vorläufer *Album d'un voyageur* geplant, waren sie weniger als patriotisches Bekenntnis gedacht, sondern vielmehr als ungarisches Nationalepos in Tönen. Grundlegend war dabei die Vorstellung, daß die Zigeunermusik, von L. irrigerweise für ungarische Volksmusik gehalten, als »musikalische Dichtung« Ungarns der in den *Années de Pèlerinage* thematisierten Literatur und bildenden Kunst ebenbürtig und zur Seite zu stellen sei.

Als wichtigste Aufgabe während der Weimarer Jahre sah L. die Lösung der Frage einer Weiterführung der Symphonik Beethovens an. Ausgehend von der Voraussetzung, daß Musik erstens einen Auftrag in der Gesellschaft habe, nämlich einen Inhalt zu vermitteln, und zweitens ein eigenständiges, Bildern oder Worten vergleichbares Sprachsystem darstelle, entwickelte L. seine Konzeption von Programmusik. Dem Hörer, in der Regel mit der Sprache der Töne weniger vertraut als mit der der Worte, wird eine Verständnishilfe in Form eines Vorworts, Zitats oder Werktitels gegeben, die auf den poetischen Gehalt der Komposition hinweisen. Damit der Hörer dies entschlüsseln kann, muß ihm das behandelte Sujet bekannt sein, dadurch wird in der Regel auf allgemein bekannte und verbreitete literarische Stoffe oder Mythen rekurriert. Die Musik vertonte aber nicht etwa Shakespeares »Hamlet« oder Goethes »Tasso«, sondern brachte – prädestiniert, Gefühle zum Ausdruck zu bringen – mit ihrer Sprache jene Aspekte zum Ausdruck, die mit der Wortsprache allein nicht verdeutlicht werden konnten: Die Komposition war somit ein »selbständiges Parallelwerk« (Dömling, 95) auf gleicher Stoffgrundlage. Erst das Zusammenwirken der musikalischen und literarischen Parallelwerke lotete den Gehalt erschöpfend aus. L.s Konzeption der Programmmusik als Zusammenwirken der Kunstdisziplinen bis hin zu deren Verschmelzung stand reiner Tonmalerei diametral entgegen und unterschied sich daher auch von Berlioz' Programmusikverständnis etwa der »Symphonie fantastique«.

Hinweise auf eine außermusikalische Idee oder Verbindungen zur Dichtkunst in Beethovens Symphonien Nr. 3, 6 und 9 wiesen L. den Weg. Allerdings knüpfte er weniger an die Symphonien, sondern vielmehr an die Ouvertüren Beethovens und Mendelssohn Bartholdys an, die einsätzige Orchesterwerke in Sonatensatzform mit außermusikalischem Bezug repräsentierten. Die Symphonischen Dichtungen, mit denen L. die Beethovensche Symphonik fortzuführen beabsichtigte, ohne in Epigonalität zu verfallen, dienten zum Teil in ihren ursprünglichen Fassungen als Einleitungen zu Schauspielaufführungen (*Tasso. Lamento e trionfo*, 1847–54, *Hamlet*, 1858), zu eigenen Chorwerken (*Les Préludes*, 1849–55, *Prometheus*, 1850–55) oder einer Opernaufführung (*Orpheus*, 1853–54). Mit der Komposition der *Faust-Symphonie in drei Charakterbildern* (1854–57/1861) und der *Symphonie zu Dantes Divina Commedia* (1855–56) zeigte er, daß die Gattung für ihn, anders als für Wagner, keinesfalls mit Beethovens »Neunter Symphonie« abgeschlossen war, sondern neue Wege zuließ, was er z. B. mit der im Programm begründeten Abkehr von der herkömmlichen Viersätzigkeit unter Beweis stellte (die *Faust-Symphonie* besteht aus drei, die *Dante-Symphonie* aus zwei Sätzen, deren zweiter in ein chorisches *Magnificat* als quasi dritten Satz übergeht).

Die kompositionstechnischen Prinzipien L.s standen in engem Zusammenhang mit seiner ästhetischen Position. Anders als bei der für Brahms typischen, seit Schönberg als »entwickelnde Variation« benannten Technik – aus den Intervallstrukturen eines Themas werden durch Variierung neue Motive und Themen gewonnen – behielt L. den melodischen Verlauf eines Themas bei, während Tempo, Rhythmus, Begleitform, Harmonik usw. sich ändern, um einen neuen Charakter zu erzielen (»Thementransformation«). Diese Charakterwandlungen ›erzählen‹ den Gehalt eines Werks. Ein Minimum an Themen ist die Ausgangsbasis für immer neue Transformationen, die als quasi neue, jedoch stets erkennbar abgeleitete Themen entworfen werden, beispielsweise in *Les Préludes*, in dem Transformationen des Hauptthemas alle Abschnitte gestalten, oder in der *Klaviersonate h-moll* (1852–53), in der die ersten 17 Takte das im folgenden transformierte Themenmaterial des halbstündigen Werkes vorstellen. Das Faust-Thema im ersten Satz der *Faust-Symphonie* wird im dritten Satz zum Mephisto-Thema. Vorbildhaft für diese Technik wirkten Berlioz' »Symphonie fantastique« mit den Abwandlungen der »idée fixe« und Schuberts »Wanderer-Fantasie«, in der allen Themen der vier Sätzen das Liedthema des zweiten Satzes als Basis dient.

Früh begann L., mit der Sonatensatzform zu experimentieren. Bereits 1837 erprobte er in den *Grandes Etudes* als wichtigem Schritt auf dem Weg zur Symphonischen Dichtung ungewöhnliche Tonartenrelationen, erarbeitete Möglichkeiten der Verschleierung formaler Zäsuren und der Kombination mit anderen Formtypen (Variationsform, Liedformen). Als für L. zentrale Form kristallisierte sich die sogenannte Mehrsätzigkeit in der Einsätzigkeit heraus, für die Schuberts »Wanderer-Fantasie«, und Schumanns »Vierte Symphonie« Anknüpfungspunkte boten: Eine äußerlich einsätzige Komposition in der Sonatensatzform trägt zugleich Merkmale des mehrsätzigen Sonatenzyklus, so z. B. die *Sonate h-moll*, *Les Préludes* oder die *Klavierkonzerte Es-dur* Nr. 1 (1835–56) und *A-dur* Nr. 2 (1839–61). Der *Totentanz* (1862) für Klavier und Orchester und *Mazeppa* (Etüde 1851, Symphonische Dichtung 1851–54) kombinieren Sonatenzyklus, Sonatensatz- und Variationsform. Allein die formalen und kompositionstechnischen Neuerungen weisen der Sonate und den Klavierkonzerten eine Schlüsselrolle in der jeweiligen Gattungsgeschichte zu.

Die heftigen musikästhetischen Auseinandersetzungen seit der Jahrhundertmitte waren eine Folge von Wagners Schriften »Das Kunstwerk der Zukunft« und »Oper und Drama« (erschienen

1850 bzw. 1852), Eduard Hanslicks »Vom musikalisch Schönen« (1854) und der Veröffentlichung der Symphonischen Dichtungen L.s (ab 1854). Seit Franz Brendels Aufsatz in der NZfM 1859 – auf den 1860 Brahms, Josef Joachim, Julius Otto Grimm und Bernhard Scholz mit dem »Vierermanifest« reagierten – wurden L.s Symphonik und Wagners Musikalisches Drama unter dem Begriff »Neudeutsche Schule« subsumiert – eine mißverständliche Bezeichnung angesichts der Bedeutung französischer Literatur und Musik (Berlioz) für L.'s Schaffen. Der sogenannte Parteienstreit um den Kunstcharakter der Musik spitzte sich auf den Gegensatz Programmusik versus absolute Musik zu, als Wortführer der Gegenposition positionierte sich Hanslick mit seiner Kritik, daß Programmusik nicht musikimmanenter, sondern außermusikalischer Logik folge. Der Wirkung von L.s Symphonik tat dies keinen Abbruch: Die Gattung der Symphonischen Dichtung und die Kompositionsprinzipien L.s wurden, oft allerdings mit deutlich tonmalerischen Intentionen, vor allem in den nationalen Schulen (Smetana, Dvořák, Čajkovskij, Sibelius), in Frankreich (Saint-Saëns, Franck, Dukas) und von R. Strauss aufgegriffen; auch die frühen Symphonien Mahlers verfolgten programmatische Intentionen, wenngleich der Komponist später die entsprechenden Satztitel zurückgezogen hat.

1834 entwarf L., von der Vorstellung einer Entfremdung zwischen Kirche und Volk ausgehend, einen weit gefaßten Begriff von Kirchenmusik als einer »humanitären«, die Menschheit umfassenden Musik: »Wie einst, und mehr noch, muß die Musik sich an VOLK und GOTT wenden; sie muß vom einen zum anderen gehen; den Menschen bessern, veredeln und trösten, Gott loben und preisen. Um dies zu erreichen, muß eine *neue Musik* geschaffen werden. Diese zutiefst religiöse, starke und wirksame Musik, die wir in Ermangelung eines anderen Namens Menschheitsmusik nennen wollen«, wird THEATER und KIRCHE in gewaltigen Ausmaßen vereinigen. Sie wird zugleich dramatisch und weihevoll sein, prachtvoll und einfach, pathetisch und ernst, feurig und wild, stürmisch und ruhig, heiter und zart.« (Sämtliche Schriften Bd. 1, 59) Beeinflußt vom Gedankengut Hugues-Félicité-Robert de Lamennais' und des Saint-Simonismus, wird Kunst in L.s Vorstellung zur Kunstreligion, dem Künstler kommt eine soziale Funktion, gewissermaßen eine Priesteraufgabe zu. Die stilistische Bandbreite von L.s geistlicher Musik, die auch Gattungen außerhalb des liturgischen Gebrauchs einschließt, findet hier ihre Erklärung. Durch Titel, vorangestellte Zitate, kirchentonale Harmonisierungen oder den »Religioso«-Tonfall wurden der Zyklus *Harmonies poétiques et religieuses*, viele Stücke der *Années de Pèlerinage*, aber auch Sinfonische Dichtungen zu Musik geistlichen Gehalts; umgekehrt konnte auch eine Opernparaphrase Eingang in die Kirche finden (*Fantasie und Fuge über den Choral »Ad nos, ad salutarem undam«* aus Meyerbeers »Le Prophète« für Orgel, 1850). Eine besondere Rolle kam, etwa in *Hunnenschlacht* (1857) oder im zweiten Satz der *Dante-Symphonie*, dem Beginn des »Crux fidelis«-Hymnus als dem von L. selbst so bezeichneten »tonischen Symbol des Kreuzes« zu. Nachdem er in der *Missa solemnis* (1855–58) seine (sinfonischen) Prinzipien der Thementransformation und Formüberlagerung in die Sakralmusik eingebracht hatte, wurde die geistliche Musik in den sechziger Jahren für L. zu einer zentralen Gattung: Rom wurde immer mehr zum Lebensmittelpunkt, 1865 empfing er die niederen Weihen. Seine Chormusik jener Zeit war hauptsächlich schlichte liturgische Gebrauchsmusik, vom Cäcilianismus nicht unberührt. Dagegen weisen die späten und ohne Rücksichtnahme auf kirchenmusikalische Normen geschriebenen geistlichen Chorwerke, aus denen *Via Cruxis* (1876–79) herausragt, alle radikalen Merkmale seines Spätstils auf. Das Oratorium *Christus* (1866–72) schließlich vereinigt das Begriffspaar »Theater und Kirche« in einem einzigen Werk: Gregorianische Intonationen, meditative Chorsätze, den Symphonischen Dichtungen nahestehende Orchester- und opernhafte Chorszenen stehen als einzelne Tableaux unvermittelt nebeneinander. L.s Hinwendung zum Oratorium mit der *Legende der Heiligen Elisabeth* (1857–62) und *Christus* beruht nicht zuletzt darauf, daß er den Weg zur Oper durch die Dominanz des Wagners versperrt sah.

Zeit seines Lebens bewies L. fortschrittliches Denken im Bereich der Harmonik. Früh bildete sich eine an Schubert gemahnende Vorliebe für Terzverwandtschaften heraus, zunächst in Sequenzmodellen zur Aufbrechung von oder als Ersatz für Quintverwandtschaften, später auch zur Gestaltung größerer architektonischer Zusammenhänge (*Lyon*, 1837–38, oder *Faust-Symphonie*, 1. Satz) eingesetzt. Herausstechendstes Merkmal L.scher Harmonik sind die Ansätze zur Lösung von der Tonalität bis hin zu deren Auflösung in geradezu atonalen Stücken; bereits in seinen frühesten Werken zeigt sich ein auffallendes Interesse für ausgedehnte dissonante und harmonisch diffuse Felder. Charakteristisch ist auch das Umgehen der Grundtonart am Ende einer Komposition, erstmals in den auf einem verminderten Septakkord verklingenden *Harmonies poétiques et religieuses*; eine ähnliche Funktion hat das Unterlaufen eindeutiger Schlußwirkungen durch Vermeidung des Grundtones im Baß, der ihm wie ein »Holzschuh« erschien (Briefe Bd. 8, 379). Die Einleitung der *Grande Etude Nr. 7* (1837) antizipiert die Wagnersche »Tristan«-Harmonik eines dissonanten Feldes mit zentralem Leitklang (hier: verminderter Septakkord), auf den sich alle harmonischen Ereignisse beziehen; den ersten Satz der *Faust-Symphonie* eröffnete L. in ähnlicher Weise, während die berühmte Zwölftönigkeit des Eröffnungsthemas, die durch Verschiebung übermäßiger Dreiklänge entsteht, in diesem Kontext kaum als Vorbote Schönbergscher Reihentechnik angesehen werden kann. Das Skalenmaterial der Zigeunertonleiter (C-dur mit »fis« und »b«) faszinierte L. wegen ihrer übermäßigen Tonschritte und daraus sich ergebender ungewöhnlicher Akkordbildungen (*Ungarische Rhapsodien* Nr. 16–19, 1882–85, *Historische ungarische Bildnisse*, 1885). Kaum eine Neuerung der ersten Hälfte des 20. Jahrhunderts ist nicht schon in L.s Werk vorgezeichnet, so etwa die Ganztönigkeit (*Dante-Symphonie*, 2. Satz), die Bitonalität (Etüde *Harmonies du soir*, 1837/1851), clusterhafte Klangballungen (Beginn von *Wilde Jagd*, 1851; *Unstern! Sinistre, Disastro*, 1881) oder Quartenharmonik (*Prometheus*, 1850–55). Mit dem ab den siebziger Jahren einsetzenden Spätstil, dessen erste bedeutsame Ausformulierung im dritten Band der *Années de Pèlerinage* zu finden ist, wurden die spätestens in den Weimarer Jahren sich abzeichnenden Tendenzen zu grundlegenden Kompositionstechniken, die nicht mehr nur Episode im Werkkontext bleiben: Die wohl erste ›atonale‹ Komposition der Musikgeschichte, *Nuages gris* (1881), kennt nur einstimmige (Unisono-) Melodieführungen oder dissonante Akkorde. Viele Klavierstücke der letzten Jahre sind von klanglicher Kargheit und Statik gekennzeichnet, jede Art pianistischer Außenwirkung ist aufgegeben, der Ablauf einer Komposition ist auf das Notwendigste komprimiert. Ostinatofiguren in der linken Hand, zu denen melodische oder harmonische Vorgängen in der rechten Hand – oftmals fragmentarisch kurz – scheinbar keine Verbindung eingehen (*La lugubre gondola I*, 1882–85), sind ebenso charakteristisch wie das Aussparen von Übergängen, die durch Pausen, die verschiedene Abschnitte eines Stücks in einzelne ›Inseln‹ trennen, ersetzt sind. Akkorde stehen isoliert, beziehungslos nebeneinander (*Am Grabe Richard Wagners*, 1883), oft unterstrichen durch extrem langsame Tempi, so daß eine irgendwie geartete »Entwicklung« nicht aufkommen kann. Schlüsse bestehen aus dissonanten Akkorden oder enden in tonal nicht bestimmbarer Einstimmigkeit. L. entwickelt eine Vorliebe für die Baßregionen des Instruments, bisweilen – unter Aussparung der Mittellage – von höchsten Diskantlagen gefolgt. Dissonante Akkorde bekommen Tonikafunktion (*RW-Venezia*, 1883; *Bagatelle ohne Tonart*, 1885). Zu einer Gattung sui generis wurden die zahlreichen »Erinnerungsmusiken« (Redepenning), zu denen L. frühere Kompositionen umarbeitete und mit neu komponierten, stilistisch differierenden Abschnitten umrahmte oder zerschnitt. Auffallend ist der große Anteil an Trauermusiken im letzten Lebensjahrzehnt, zweifellos beeinflußt durch Resignation nach persönlichen Rückschlägen (Tod der Kinder, kirchliches Verbot der Heirat mit Caroline von Sayn-Wittgenstein, mangelnde Anerkennung seiner Kompositionen).

Auch in der Rhythmik antizipierte L. Tendenzen des 20. Jahrhunderts: Bereits in *Harmonies poétiques et religieuses* stehen weite Passagen außerhalb der vorgezeichneten Taktordnung; Gruppen von zwei und drei Achteln in der Etüde *Wilde Jagd* (1837/1851), frei miteinander kombiniert, lassen die Taktwechsel in Stravinskys »Sacre du printemps« greifbar nahe erscheinen; das Hauptthema der *Ungarischen Rhapsodie* Nr. 14 (3 + 2 + 3 Achtel) nimmt die zusammengesetzten Rhythmen der Musik Bartóks vorweg, die Klavier-Paukenkombination des *Totentanz*-Beginns dessen »Barbaro«-Motorik.

Die klangliche Nähe des Spätwerks L.s zu Bartóks früher Klaviermusik (z. B. »Quatre Nénies« op. 9a; das »Allegro barbaro« wirkt wie eine Fortsetzung von L.s späten Csardaskompositionen) oder zu einigen Kompositionen Schönbergs (»Klavierstücke« op. 19) ist frappierend, allerdings ist eine Ausstrahlung der späten kompositorischen Experimente L.s auf Schönberg, Webern oder Bartók fraglich, da sie erst ab den fünfziger Jahren des 20. Jahrhunderts publiziert wurden und vorher nur vereinzelt bekannt waren. Die nachhaltige Wirkung L.scher Harmonik beruhte deshalb hauptsächlich auf kühnen, oft aber Episode bleibenden Passagen in den größeren Kompositionen ab der Weimarer Zeit. Einfluß auf Zeitgenossen wie Wagner (»Parsifal«) hatte auch L.s Verwendung der Modalität in den *Années de Pélerinage*, der *Dante-Symphonie*, geistlichen Chorwerken oder dem *Totentanz*. Der französische Impressionismus verdankte L. – über die Übernahme des poetischen Klavierzyklus hinaus – wichtige Anregungen: In den *Années de Pélerinage*, den *Harmonies poétiques et religieuses* oder einigen Stücke aus *Weihnachtsbaum* (1874–81) finden sich die Urbilder für die von den Impressionisten so geliebten Wasserspiele und Glockenklänge. Mit seinen großen Klavierwerken (»Prélude, Choral et Fugue«, »Prélude, Air et Final«) knüpfte Franck unmittelbar an L.s geistlich gehaltene Klavierwerke wie *Variationen über Weinen, Klagen, Sorgen, Zagen und das Crucifixus der h-Moll-Messe von Bach* (1862) oder *Fantasie und Fuge über BACH* (1870) an.

Das Werk kaum eines Komponisten war und ist in seinem Wert so umstritten wie das von L. Seine Kompositionen wurden und werden einerseits als oberflächlich-virtuos, trivial oder ordinär abgetan, andererseits heute als wichtige Wegbereiter der Musik des 20. Jahrhunderts anerkannt, die in ihren kühnsten Passagen singulär in ihrer Zeit stehen.

Noten: Fr. L. Musikalische Werke, hrsg. von F. BUSONI und P. RAABE, 34 Bde. [unvollständig], Lpz. 1907–36. Fr. L. Neue Ausg. Sämtlicher Werke, hrsg. von Z. GÁRDONYI und I. SZELENYI, Budapest und Kassel 1970ff. [10 Serien; Serie I vollständig, II fast vollständig erschienen].
Dokumente: Fr. L.s gesammelte Schriften, hrsg. von L. RAMANN, 6 Bde., Lpz. 1880–1883. Fr. L. Sämtliche Schriften, hrsg. von D. ALTENBURG, 9 Bde., Wiesbaden 1989ff. [bisher 4 erschienen]. Fr. L.s Briefe, hrsg. von LA MARA, 8 Bde., Lpz. 1893–1905. Fr. L. Briefe aus ungarischen Sammlungen 1835–1886, hrsg. von M. PRAHÁCS, Kassel 1966. Fr. L. Tagebuch 1827, hrsg. von D. ALTENBURG und R. KLEINERTZ, Wien 1986. Fr. L. Ein Genie aus dem Pannonischen Raum [Ausstellungskat. Eisenstadt 1986], Eisenstadt 1986. Fr. L. Briefwechsel mit seiner Mutter, hrsg. von KL. HAMBURGER, Eisenstadt 2000. »Beethoven's Wort den Jüngern recht zu deuten«. L. und Beethoven [Ausstellungskat. Weimar, Bonn, Budapest 2002 f.], Weimar 2002.
Werkverzeichnis: CHARNIN MÜLLER, R. und ECKHARDT, M.: Thematisches Verz. der Werke Fr. L.s, Mn. [in Vorbereitung].
Bibliographie: SAFFLE, M.: Fr. L. A Guide to Research, N.Y. 1991.
Periodica: Journal of the American L. Society, 1977ff.
Literatur: RAMANN, L.: Fr. L. als Künstler und Mensch, 3 Bde., Lpz. 1880–1894. RAABE, P.: Fr. L., 2 Bde., Stg. 1931, erw. Tutzing ²1968 [mit WV]. KÓKAI, R.: Fr. L. in seinen frühen Klavierwerken, Lpz. 1933, Ndr. Budapest 1968. GUT, S.: Fr. L. Les éléments du langage musical, Paris 1975. MILLER, N.: Musik als Sprache. Zur Vorgeschichte von L.s Symphonischen Dichtungen *in* Beiträge zur musikalischen Hermeneutik, Regensburg 1975. ALTENBURG, D.: Eine Theorie der Musik der Zukunft. Zur Funktion des Programms im symphonischen Werk von Fr. L. *in* L.-Studien 1, Graz 1977. NIEMÖLLER, KL. W.: Zur religiösen Tonsprache im Instrumentalschaffen von Fr. L. *in* Religiöse Musik in nichtliturgischen Werken von Beethoven bis Reger, Regensburg 1978. TORKEWITZ, D.: Harmonisches Denken im Frühwerk Fr. L.s, Mn. und Salzburg 1978. Fr. L. (MK 12), Mn. 1980. DAHLHAUS, C.: L.s Idee des Symphonischen *in* L.-Studien 2, Mn.-Salzburg 1981. WALKER A.: Fr. L., 3 Bde., N.Y. und Ldn. 1983–1996. REDEPENNING, D.: Das Spätwerk Fr. L. s. Bearbeitungen eigener Kompositionen, Hamburg 1984. DÖMLING, W.: Fr. L. und seine Zeit, Laaber 1985, ²1998 [mit Bibl. und WV]. BURGER, E.: Fr. L. Eine Lebenschronik in Bildern und Dokumenten, Mn. 1986. L.-Studien 3: Fr. L. und Richard Wagner, Mn. und Salzburg 1986. GUT, S.: Fr. L., Paris 1989 [mit Bibl. und WV]. REDEPENNING, D.: Fr. L. Eine Faust-Symphonie, Mn. 1990. HEINEMANN, M.: Die Bach-Rezeption Fr. L.s, Köln 1995. BERLINGHOFF, B.: Ein patriotisches Bekenntnis? Zur Entstehungs- und Editionsgeschichte von Fr. L.s Magyar Dallok *in* L. und die Nationalitäten, Eisenstadt 1996. L. und die Weimarer Klassik, hrsg. von D. ALTENBURG, Laaber 1997. SCHRÖTER, A.: »Der Name Beethoven ist heilig in der Kunst.« Studien zu L.s Beethoven-Rezeption, Sinzig 1999. UBBER, CHR.: L.s zwölf Etüden und ihre Fassungen, Laaber 2002. SAMSON, J.: Virtuosity and the Musical Work. The Transcendental Studies of L., Cambridge 2003.

Christian Ubber

Loewe, (Johann) Carl Gottfried

Geb. 30. 11. 1796 in Löbejün bei Halle; gest. 20. 4. 1869 in Kiel

Wer im Zusammenhang mit dem Klavierlied von der musikalischen Ballade spricht, denkt sofort an L. Er ist der prägende Komponist dieser Gattung schlechthin. *Edward, Erlkönig, Archibald Douglas, Heinrich der Vogler* sind schlagkräftige Stücke, die über lange Zeit einen hohen Bekanntheitsgrad behauptet haben. Bemerkenswert ist in der genannten Reihe vor allem, daß mit dem *Erlkönig* eine Vertonung genannt ist, die in Konkurrenz zu einem der erfolgreichsten Stücke Schuberts steht. Es spricht für den Komponisten und seine Eigenständigkeit, wenn er sich in dieser Situation bewährt, ja sogar als Antipode Schuberts erweist. Vergleicht man die beiden Vertonungen, so steht der größeren Geschlossenheit Schuberts die stärkere Dramatik L.s gegenüber. Schubert etwa behält im gesamten Stück Tempo und Taktart, ja sogar die Triolenbewegung bei, L. unterbricht den Ablauf bei den Worten des Erlkönigs (»tremolo«) und setzt danach (»a tempo«) neu an. Schubert spannt einen kühnen harmonischen Bogen, der auch die Worte des Erlkönigs trotz der eigenständigen, herausgehobenen Behandlung doch mit einschließt und am Schluß das Hauptmotiv in der Grundtonart wieder aufgreift, L. hält den tonartlichen Rahmen enger, setzt aber unvermittelt stark dissonierende Akkorde und Dur-Moll-Wechsel ein. Letzteres geschieht etwa, um die schon angedeutete eigene Sphäre des Erlkönigs besonders illustrativ vom übrigen abzuheben. Damit ist der wohl wichtigste Charakterzug der L.schen Balladenkunst angesprochen: ein musikalischer Realismus, der im Unterschied zu Schuberts andeutender Hintergründigkeit unmittelbar und tonmalerisch auf den Text bezogen ist.

Drei Balladen veröffentlichte L. 1824 als sein Opus 1: neben dem *Erlkönig* den *Edward* nach Johann Gottlieb Herder und *Der Wirthin Töchterlein* nach Ludwig Uhland. Alle drei waren große Erfolgsstücke. *Edward*, die gerade in Deutschland so erfolgreiche schottische Ballade, gibt das grausige Gespräch zwischen Mutter und Sohn wieder, in dem in zwei Anläufen ein gräßliches Geheimnis gelüftet wird: Edward hat seinen Vater erschlagen, die Mutter hat ihn dazu angestiftet. L. geht dem Text in zwei großen Crescendi nach. Der erste Abschnitt verläuft strophisch in drei Schritten – Frage und Antwort jeweils kontrastierend und regelmäßig gesteigert –, der zweite in vier entsprechenden Schritten. Darin fällt in den Fragen die Dynamik ab, die jagende Begleitfigur wird abgebaut; gleichzeitig wird die Intensität der Antworten beibehalten, ja gesteigert. Der Kontrast ist verschärft, zumal weiter in den Antworten Edwards das strophische Prinzip aufgegeben wird zugunsten einer unmittelbar inhaltsbezogenen Textvertonung, gleichsam impulsiven Ausbrüchen eines Verzweifelten. Im Unterschied zur textlichen Struktur, die in geradezu stereotyper Gleichförmigkeit verharrt, gliedert L. die Vertonung gemäß dem Verlauf des Dialogs, mehr: Er durchbricht das strophische Prinzip zugunsten einer expressiven Dramaturgie. Kein Wunder, daß Wagner die Balladen L.s schätzte, speziell den *Edward* auch gern selbst vortrug. *Der Wirthin Töchterlein* besitzt ein bürgerlich-biedermeierliches Sujet, die Kompositionsweise ist ebenso auf die Situation bezogen und realistisch wie bei späteren Balladen L.s, *Heinrich der Vogler* (1836), *Prinz Eugen* (1844), *Der Nöck* (1857) oder *Archibald Douglas* (1857).

L. komponierte auch Kammermusik, vor allem aber Opern, Oratorien und viele kleinere Vokalwerke mit beachtlichem Erfolg. Überragend aber waren schon zu Lebzeiten die Balladen. L. selbst hat ihnen zum Erfolg verholfen, denn er war ein ausgezeichneter Sänger und trug sie auf Konzertreisen, die er von seiner Wirkungsstätte als städtischer Musikdirektor in Stettin unternahm, selbst vor. In der illustrativ-dramatischen Kompositionsweise zu aktuellen Themen der Zeit galt ihnen ein breites Interesse. Dies machte die Balladen aber auch anfällig für Zeitströmungen, und so stießen die Balladen nationalen Gepräges, vor allem die deutschen Kaiserballaden und Hohenzollernballaden, bei Hörern späterer Zeiten häufig auf Ablehnung. Daß er im Sinne des Herderschen Idealismus seine Sujets aus den verschiedensten Nationalkulturen wählte und französische, englische, schottische, polnische, orientalische sowie hebräische Balladen komponierte, geriet über diesem Eindruck in Vergessenheit.

Noten: Gesamtausg. der Balladen, Legenden, Lieder und Gesänge, hrsg. von M. RUNZE, 17 Bde., Lpz. o. J. [1801–1817]; rev. 1970.

Dokumente: C. L.s Selbstbiographie, hrsg. von C. H. BITTER, Bln. 1870; Ndr. Hildesheim und N. Y. 1976 [mit WV von 1870]. Gesang-Lehre, theoretisch und practisch, Stettin (1826) 1854. Klavier- und General-Bass-Schule, Stettin ²1851. Musikalischer Gottesdienst. Methodische Anweisung zum Kirchengesange und Orgelspiel, Stettin 1851.

Literatur: LEINBACH ALTHOUSE, P.: C. L. His Lieder, Ballads and Their Performance, Diss. Yale University 1971. DUSELLA, R.: Die Oratorien C. L.s, Bonn 1991. SALMON, J.: The piano sonatas of C. L., N. Y. u. a. 1996. C. L. 1796–1869. Ber. über die wissenschaftliche Konferenz anläßlich seines 200. Geburtstages vom 26. bis 28. September 1996 im Händel-Haus Halle, hrsg. von K. MUSKETA, Halle a. d. Saale 1997. C. L. (1796–1869). Beiträge zu Leben, Werk und Wirkung, hrsg. von E. OCHS u. a., Ffm. u. a. 1998. KUNG, H.-Y.: C. L.s Goethe-Vertonungen. Vergleichende Analyse ausgewählter

Lieder, Marburg 1999. HANZLIK, R.: C. L. Der »norddeutsche Schubert« in Wien, Ffm. u. a. 2002.

Helmut Loos

Lortzing, (Gustav) Albert

Geb. 23. 10. 1801 in Berlin;
gest. 21. 1. 1851 in Berlin

Mit L.s Namen verbinden sich zwei liebgewordene Klischees: Er gilt als Meister der deutschen komischen Oper und als Prototyp des Biedermeier-Komponisten. Beide Klassifizierungen akzentuieren eher eine unterschwellige Kritik an seinem Schaffen als ein angemessenes Urteil über seine Bedeutung im Musik- und Theaterbetrieb zwischen 1830 und 1850. Der Hinweis auf die deutsche komische Oper schließt unausgesprochen die Feststellung ein, daß sich L. mit nur zwei Ausnahmen (*Undine*, Magdeburg 1845 und *Regina*, 1849, Berlin 1899) nicht zur Komposition hochdramatischer, eine tragische Handlung entwickelnder Stoffe, sondern von vornherein zur leichteren zweitrangigen Bühnengattung als künstlerischem Betätigungsfeld verstanden habe. Pures Unterhaltungstheater erreicht auch bei niveauvoller kompositorischer Ausstattung nicht das ästhetische Gewicht von musikalischen Tragödien. In der Etikettierung als Biedermeier-Komponist führt man den spezifischen Kompositionsstil der musikalischen Komödien gegen L. ins Feld, weil man in ihm stilistische Innovationen und einen präzis formulierten Anspruch auf ästhetische Autonomie als Opernkomponist vergeblich sucht. In beiden Fällen gründet das Urteil im stillschweigend gezogenen Vergleich mit den ambitionierten Werken von L.s Zeitgenossen, sei es mit den poetisch evozierten Opernversuchen von E. T. A. Hoffmann oder den kompositorisch-innovativen Bühnenwerken von Spohr, Weber und Marschner, sei es mit der völlig neuartigen musikdramatischen Konzeption Wagners. »Biedermeierlich« meint in diesem Zusammenhang nur allzu oft zugleich auch biedermännisch.

Solch zweifelhafte Kategorien verstellen den vorurteilsfreien Blick auf L.s Opernästhetik, die freilich nicht schriftlich fixiert und zudem vom Pragmatismus des Theaterbetriebs seiner Zeit geprägt ist. L. lernte das unstete und von wechselnden Erfolgen geprägte Leben einer wandernden Theatertruppe von seiner frühesten Jugend an kennen, weil die Familie nach dem wirtschaftlichen Zusammenbruch des Ledergeschäftes in Berlin (1811) mit verschiedenen Engagements als Schauspieler und Opernsänger ihr Leben fristete. Als jugendlicher Bonvivant (im Schauspiel) und Tenor, später Bariton (auf der Opernbühne) in der rheinischen und westfälischen Provinz erlangte L. jene praktischen Fähigkeiten der Theaterarbeit, die ihm später den raschen Entwurf stil- und wirkungssicherer Opernszenarien erleichterten. Das Engagement am Stadttheater Leipzig (1833–1845) und drei Kapellmeisterstellen (Leipzig 1844–1845, Theater an der Wien 1846–1848, Friedrich-Wilhelmstädtisches Theater in Berlin 1850 bis zu seinem Tod) gaben seinem Leben und der Theaterarbeit vorübergehend festere Konturen, obgleich L.s künstlerisches Denken dadurch stets in vorgezeichneten Bahnen verlief. Die Konzentration auf theaterpraktische Arbeit verhinderte wohl auch die Ausführung theoretischer Vorstellungen zu einer Dramaturgie der Opernhandlung, zur Ästhetik der Bearbeitung und zu einer Theorie des (populären) musikalischen Dramas, obgleich L. für einen solchen Entwurf prädestiniert gewesen wäre. Lediglich in einem fingierten Kunstgespräch mit Johann Christian Lobe (*Consonanzen und Dissonanzen*, 1869) äußerte sich L. zu Fragen der dramaturgischen Einrichtung und musikalischen Komposition.

Nach frühen Singspielbearbeitungen und Schauspielmusiken schrieb L. zwischen 1835 und 1850 neun komische Opern, deren Libretti er selber aus der Bearbeitung erfolgreicher Schauspiele gewann. Die Komödien, Lustspiele und Rührstücke französischer und deutscher Provenienz entsprachen dem Geschmack des breiten Publikums, so daß sich L. der Wirkung seiner Opernhandlungen sicher sein konnte, auch wenn er bei seinen Bearbeitungen teilweise tief in die dramaturgische Struktur der Vorlagen eingriff. Drei Grundsätze leiteten ihn bei seiner Arbeit: die Vorliebe für sogenanntes ›Mittelgut‹, das er den Schauspielklassikern vorzog; die Einrichtung eines Dramas nach musikalischen Situationen, nach »Scenen, durch welche Gefühle erregt werden« (*Consonanzen und Dissonanzen*); und schließlich das Kreieren scharf konturierter Charakterrollen. In diesem Sinne bediente L. gleichermaßen den bürgerlichen Geschmack des deutschsprachigen Publikums wie die restaurative Theaterpolitik in Leipzig, Wien und Berlin. Die Konflikte seiner Komödien entstehen stets aus harmlosen Verwechslungen und Mißverständnissen und lösen sich in wohlgefällige Gesellschaftsbilder auf, und in den zumeist adeligen Hauptfiguren werden bürgerliche Tugenden als gesellschaftliche Vorbilder herausgestellt wie in *Zar und Zimmermann* (Leipzig 1837), in *Wildschütz* (Leipzig 1842) und *Waffenschmied* (Wien 1846). Auch der programmatische Verzicht auf das Secco-Rezitativ und die Kultivierung des Sprechdialogs zwischen den Musiknummern förderte die umstandslose Rezeption seiner Opern bei seinem breiten Publikum. Die Gattungsbezeichnung ›Spieloper‹, die sich für den von L. gepflegten Operntypus eingebürgert hat, spiegelt diese spezielle Ästhetik der stilistischen Mittellage.

Die thematischen und dramaturgischen Grundlagen seiner komischen Opern übertrug L. aber auch auf romantische und aktuelle politische Stoffe. In *Undine* bewähren sich die charakteristischen Gestaltungsmittel der Spieloper sogar an einem poetischen Vorwurf. In *Regina* freilich versagen diese Mittel vor der gesellschaftspolitischen Brisanz revolutionärer Ereignisse, die sich in einer bewahrten Komödiendramaturgie gerade nicht verharmlosen lassen. Das Werk, das DDR-Musikwissenschaftler gern als Beleg für L.s liberale politische Gesinnung werteten, wurde von deutschen Bühnen rundweg abgelehnt.

Die Entscheidung für dramatisches Mittelgut traf L. sicherlich auch in weiser Beschränkung auf jene kompositorischen Mittel, über die er souverän verfügte: ein gehöriger melodischer Einfallsreichtum, der Aufbau überschaubarer Formen und eine geschickte Instrumentationstechnik, die L. stellenweise auch charakterisierend einsetzte. Mit diesen Mitteln nobilitierte er den sogenannten Konversationsstil der Spieloper, also den über motivisch einheitlicher Orchesterbegleitung periodisch gegliederten Dialog, und das Opernlied als Ausdruck typisierter Gefühlsmomente (etwa Veits »Vater, Mutter, Schwestern, Brüder« in *Undine* und des Zaren »Einst spielt ich mit Zepter, mit Krone und Stern« in *Zar und Zimmermann*). Die vielstimmigen Ensemblesätze belegen L.s satztechnische Meisterschaft, die er zur treffenden Charakterisierung dramatischer Konstellationen einsetzte (besonders das Billard-Quintett in *Wildschütz*). Immerhin sah noch Wagner in der Kantatenprobe aus *Zar und Zimmermann* ein Beispiel für modernste Ensembleklunst auf deutschen Opernbühnen. In einzelnen Szenen gelang L. auch die Charakterisierung einer Opernfigur durch singuläre musikalische Formen (van Betts »O sancta justitia« in *Zar und Zimmermann* oder Baculus' »Fünftausend Taler!« in *Wildschütz*). Doch das Umsetzen sich aufstauender Emotionen in Musik und deren Verdichtung zum Affekt, die flexible kompositorische Einbettung unterschiedlicher und gar rasch umschlagender psychischer Erregungszustände in den übergreifenden Rahmen einer großen musikalischen Dialogszene waren L.s Stärke nicht. Deshalb wohl verzichtete er auf die Gestaltung großer Charaktere aus der Weltliteratur. Die kompositorischen Techniken, insbesondere die diffizile Gestaltung des Accompagnato-Rezitativs, kannte L. zwar sehr genau; bedient hat er sich ihrer jedoch nur selten, etwa in einigen Szenen des *Hans Sachs* (Leipzig 1840), durchgängig in *Undine* und in einer einzigen Nummer in *Zar und Zimmermann*, in Rezitativ und Arie des Zaren im ersten Akt. Zwischen L.s komischen Opern und der musikdramatischen Moderne seiner Zeit tat sich kompositorisch eine Kluft auf, die auch durch fundierteste Theorie nicht zu überbrücken gewesen wäre. Den musikalischen und theatralischen Praktiker L. interessierte das Votum des Publikums, nicht die ästhetische Rechtfertigung seiner Kunst. Freilich leistete er in diesem selbstgesteckten bescheideneren Rahmen Vorbildliches für die deutsche Komödienkomposition, wenngleich in dieser speziellen stilistischen Qualität die Beschränkung der Rezeption nahezu ausschließlich auf den deutschsprachigen Raum begründet ist.

Dokumente: A. L.s Sämtliche Briefe, hrsg. von I. CAPELLE, Kassel 1995.

Werkverzeichnis: CAPELLE, I.: Chronologisch-Thematisches Verz. der Werke von G. A. L., Köln 1994.

Literatur: GOEBEL, A.: Die dt. Spieloper bis L., Nicolai und Flotow. Ein Beitrag zur Geschichte und Ästhetik der Gattung im Zeitraum 1835–1850, Köln 1975. SCHIRMOEG, H.: A. L., Bln. 1982. FISCHER, P.: Vormärz und Zeitbürgertum. G. A. L.s Operntexte, Stg. 1996. LODEMANN, J.: L. Leben und Werk des dichtenden, komponierenden und singenden Publikumslieblings, Familienvaters und komisch tragischen Spielopernweltmeisters aus Berlin, Göttingen 2001.

Jürgen Schläder

Lucier, Alvin Augustus Jr.
Geb. 14. 5. 1931 in Nashua (New Hampshire)

Seitdem er, angeregt durch die Apparatur eines Physikers zur Erforschung von Gehirnwellen, an der Brandeis University die *Music for Solo Performer* (1965) für verstärkte Alpha-Hirnwellen schuf (die der Interpret nur im Zustand der Meditation auszusenden in der Lage ist), gilt er als »Poet elektronischer Musik« (Oliveros, 40). L. will keine Musik zum Zuhören machen, sondern »nichtdiskursive« Stücke, »bei denen man darüber nachzudenken beginnt, wie man zuhört« (L. 1986, 35). Anregen ließ er sich oft durch Bücher und Artikel über musikalisch-akustische und architektonisch-akustische Fragen, über das Pythagoräische Monochord oder über wissenschaftliche Experimente des 19. Jahrhunderts, aber auch durch Naturbeobachtungen von Echo, Wellen, Windstößen, etc. In Opposition zu der seiner Meinung nach unnötigen Komplexität eines Großteils der Neuen Musik schrieb er 1962 das Klavierstück *Action Music*, in dem nur die Gesten des Pianisten notiert sind und das musikalische Resultat als Beiwerk erscheint.

In seinen Stücken geht es L. darum, »das Unhörbare hörbar zu machen«. Gefundene Objekte wie Teekannen, Aktentaschen und Muschelschalen werden durch hineingelegte Transistorradios, Musikspielzeuge und Kassettenrecorder in *Chambers* (1968) zum Klingen gebracht. In *Vespers* (1967) für akustische Orientierung durch Echolokation ging L. von der Grundidee aus, die physikalischen Eigenschaften eines Raumes wie eine Partitur zu lesen: In einem völlig dunklen Raum mit Hindernissen unterschiedlicher Größe, Form und Substanz bewegen sich mehrere Personen mit Echogeräten, deren in der Geschwindigkeit variierende Klicks einen sich ständig verändernden Klangraum ergeben. Indem die Ausführenden die nächtlichen Aktivitäten von Fledermäusen simulieren und dank der Echogeräte nicht an Wände, Gegenstände und Mitakteure stoßen, wird der akustisch gezeichnete Raum zum Ort eines Kommunikationszeremoniells.

In dem raumspezifischen Konzeptstück *I am sitting in a room* für elektromagnetisches Tonband (1970) bildet der Interpret sich und den Aufnahmeraum mittels mehrfachen Playbacks beschreibend ab, im zeitlichen Geflecht der sich überlagernden Resonanzen löst sich der Realraum auf.

In anderen Arbeiten bildet L. Räume in hyperbel- und ellipsenförmigen Klangwellen ab (*Still and Moving Lines of Silence in Families of Hyperbolas*, 1973–74) oder schafft rückgekoppelte und sich überlagernde Raumzeiten (*Bird and Person Dyning*, 1975). In *Sferics* (1981) werden auch Signale der Ionosphäre, in *Clocker* (1978, 1988) der emotionale Innenraum (mittels hörbar gemachtem Hautreaktionssensor) zugänglich gemacht. In einer Reihe von Werken ab 1972 ging es L. um das »Sehen« von Klang, so in *The Queen of the South* (1972) um die Videowiedergabe von visuellen Mustern, die durch verschiedene Klänge auf Glas-, Metallplatten etc. erzeugt werden. Wird in einigen Werken die menschliche Stimme durch Elektronik modifiziert (Vocoder, Bandverzögerungssystem, Synthesizer), benutzt L. in anderen Stücken industrielle oder wissenschaftliche Testgeräte (Oszillatoren für Impuls-, Sinus- und Rechteckschwingungen, Tonumwandler) oder digitale Technologie (z. B. in *RMSIM 1, The Birds of Bremen Flies Through the Hauses of the Burgers*, 1972, für computerkontrollierten Klangraum). In der Installation *Seasaw* (1983) ist der Zuhörer eingeladen, durch sein Herumgehen im Raum die changierenden Überlagerungen zweier nahezu gleicher Tonhöhen, die von zwei entfernt aufgestellten Lautsprechern ausgestrahlt werden, wahrzunehmen. In jüngerer Zeit schuf L. vermehrt auch Stücke mit akustischen Instrumenten, die im Zusammenspiel mit elektronisch erzeugten Wellen Interferenzen hervorbringen: *Serenade* für 13 Bläser und Sinus-Oszillator (1985) und *Septet* für drei Bläser, vier Streicher und Sinus-Oszillator (1985).

In fast allen Arbeiten L.s sind »Veränderungen, wo immer sie auftreten, fast nie von bewußter geistiger (kompositorischer) oder körperlicher (aufführender) Tätigkeit bestimmt« (L. 1981, 31). L.s Kunst führt den Wahrnehmenden zu der Erkenntnis, »daß die einzige Basis für Gemeinsamkeit von Erfahrung in der bloßen Individualität jeder Wahrnehmung liegt. Durch diese Musik wird tatsächlich gezeigt, daß es die lebendigste Funktion der Kunst ist, die Bedingungen des Seins zu rekreieren ...« (DeLio, 39).

Noten: BERANDOL (Toronto); CPE (Modena); Criss-Cross Art Communication (N. Y.).
Dokumente: Chambers, Middletown (CT) 1980. Untersuchen, Erproben, Erforschen. Die Werkzeuge meiner Arbeit (The Tools of My Trade, 1981) *in* MusikTexte 16 (1986), 26–31. Reflections, Interviews, Scores,

Writing, hrsg. und übers. von M. TRUNK in MusikTexte 25 (1995).

Literatur: DELIO, TH.: Der Klang als Klang A. L.s Music for Pure Waves, Bass Drums and Acoustic Pendulums [1984] *in* MusikTexte 16 (1986), 36–39. OLIVEROS, P.: Poet der elektronischen Musik. Ein Vorwort zu A. L.s Buch »Chambers« *in* MusikTexte 16 (1986), 40 [mit WV und Bibl., 48 f.]. »Chambers«. A. L., Sol LeWitt [Publikation zur Ausstellung in der Stadtgalerie im Sopienhof Kiel ...], hrsg. von der Stadtgalerie Kiel im Sophienhof, Kiel 1995.

Hartmut Möller

Lully, Jean-Baptiste

Geb. 28. 11. 1632 in Florenz;
gest. 22. 3. 1687 in Paris

Kein anderer Komponist hat die Musik des 17. und 18. Jahrhunderts in Frankreich so nachhaltig geprägt wie L. Die von ihm geschaffene französische Oper (tragédie en musique, später tragédie lyrique) blieb bis in die zweite Hälfte des 18. Jahrhunderts ein nur geringfügig variiertes Modell, seine eigenen tragédies en musique wurden – ganz im Unterschied zur Kurzlebigkeit italienischer Opern – auch im 18. Jahrhundert immer wieder aufgeführt (sie blieben über 80 Jahre im französischen Repertoire), und sein Werk diente in den zahlreichen Debatten über die französische oder italienische Musik den Verfechtern der ersteren als Paradigma. Wenn L. durch seine unumschränkte Herrschaft als Surintendant de la musique am Hofe Ludwigs XIV. potentielle Rivalen auf dem Gebiet der Bühnenmusik auch ausgeschlossen haben mag, schmälert dies seine Bedeutung für die Entstehung des neuen Genres kaum. Denn die Verbindung von französischem Ballett und italienischer Oper, die dem Förderer italienischer Musik Kardinal Mazarin bereits vorgeschwebt haben mag, ist erst durch L. verwirklicht worden. Seine langjährige Beschäftigung mit den ballets de cour sowie den comédieballets wirken als Vorbereitung auf die neue Gattung.

L. wurde zunächst als Tänzer, Komödiant, Geiger und Komponist von höfischen Balletten und Intermedien italienischer Opern bekannt. Sein gemeinsamer Auftritt mit Ludwig XIV. im *Ballet de la Nuit* (Paris 1653) markiert den Beginn seiner Karriere am Hof. Das ballet de cour kam nach 1580 am französischen Hof auf. Es besteht aus récits und vers (d. h. dem vertonten Libretto), einer beliebig großen Anzahl vokal und instrumental ausgeführter Entrées, unter einem Thema vereinigte Gruppen von Tänzen und einem grand ballet als Abschluß. L.s Vokalmusik in seinen vor 1661 komponierten Ballets ist hauptsächlich italienisch geprägt und zeigt sein Talent für das buffoneske Genre, wovon das *Ballet de l'amour malade* (Francesco Buti; Paris 1657) Zeugnis gibt. Als mit dem Tod Mazarins 1661 die Förderung italienischer Musik unterblieb, wandte sich auch L. von ihr ab: Er komponierte französische Airs für das *Ballet de l'impatience* (Buti und Isaac de Benserade; Paris 1661), und das italienische Idiom war von nun ab auf burleske oder Lamentoszenen (Armides Lamento in *Ballet des Amours déguisés*, Perigny; Paris 1664) beschränkt; dabei diente das italienische Modell bald auch für französische Klageszenen, die sich jedoch ebenso an die französische Air sérieux anlehnten (*Ballet de la naissance de Vénus*, Benserade; Paris 1665, und *Ballet de Flore*, Benserade; Paris 1669). Die Ballette L.s zeichnen sich ferner durch Neuheiten aus. Zum einen hat er schnelle Tänze eingeführt: Bourrée und Menuett wurden am gebräuchlichsten. Courante und Gaillarde wurden seltener. Zum anderen verwandelte er zusammen mit dem Schriftsteller Isaac de Benserade das ballet de cour von einer Sammlung von Tänzen und burlesken Szenen zu einem einheitlichen und dramatisch stringenten Werk, das der tragédie en musique nahekam (*Les Muses*, Benserade; Paris 1667). *Le triomphe de l'amour* (Ders. und Philippe Quinault; Saint Germain 1681) und *Le temple de la paix* (Quinault; Fontainebleau 1685) sind nach dem Aufkommen der französischen Oper entstanden und haben wiederum Merkmale der neuen Gattung übernommen, ohne die generellen Strukturen der frühen Ballets aufzugeben.

Das comédie ballet entstand aus der Zusammenarbeit mit Jean-Baptiste Molière. Es bildet eine Verknüpfung der klassischen gesprochenen Komödie mit dem ballet de cour: Musik und Tanz sollten die Handlung sinnvoll ergänzen. Molière schuf dazu Intermedien, die in enger Beziehung zur Handlung der Komödie standen. Das Formenrepertoire war mit Rezitativen, Airs, Duetten, Terzetten, Chören und Instrumentalstücken dasjenige der späteren Oper, wobei die Musik zur Ausbildung eines französischen Buffo-Stils tendierte. Die musikalische Seite wurde allerdings immer dominierender: *Le Bourgeois Gentilhomme* (Chambord 1670), zusammen mit *Monsieur de Pourceaugnac* (Chambord 1669) und *Les Amants magnifiques* (Saint Germain 1670) ein Höhepunkt des Genre, wurde von der zeitgenössischen Kritik als Ballet, das von einer Komödie begleitet wurde, bezeichnet. Das comédie ballet bildete somit zum einen eine Vorstufe zur französischen Oper; das einzige tragédie ballet *Psyché* (mit Quinault und Pierre Corneille; Paris 1671) konnte 1678 mit wenig Aufwand in eine tragédie en musique umgeformt werden. Zum anderen blieb seine spezifische Ausprägung mit Ausnahme von Charpentiers erster Version von *Le malade imaginaire* nahezu auf die Werke Molières und L.s beschränkt. Die Restriktionen musikalischer Aufführungen nach L.s Bruch mit Molière ließen keine Bühnenmusik mit großer Besetzung mehr zu: L. erhielt vom König das Vorrecht für musikalische Bühnenaufführungen, so daß außerhalb der Académie Royale de Musique nur noch musikalische Aufführungen mit höchstens zwei Sängern und sechs Instrumentalisten erlaubt waren.

Mit *Cadmus et Hermione* (Paris 1673) schrieb L. die erste tragédie en musique. Vorausgegangen war Charles Perrins und Camberts »Pomone« von 1671. Perrin hatte bereits eine eigenständige Poetik der französischen Oper verfaßt und 1669 das Privileg zur Gründung einer Akademie zur Förderung der französischen Oper erhalten. Nachdem dieses Projekt gescheitert war, erhielt L. das Privileg und gründete die »Académie Royale de musique«. Das Textbuch verfaßte Philippe Quinault, mit dem er auch im folgenden eng zusammenarbeitete und der die Libretti fast aller seiner Opern schrieb. Als vollständig in Musik gesetzte Tragödien heben sie sich von ballet de cour und comédie- bzw. tragédie ballet ab. Obgleich die Oper damals als eine Art der Tragödie betrachtet wurde (und demzufolge beispielsweise von Nicolas Boileau in »L'art poétique«, 1674, oder von Charles Saint-Evremond in dessen Komödie »Les Opéras«, 1678, kritisiert wurde) unterschied sie sich wesentlich von ihrem literarischen Pendant, das mit Jean Racine zur selben Zeit seine Blüte erfuhr. Sie ist mit oft sehr knapp gehaltenen Szenen kürzer, die Fünfaktigkeit wird jedoch durch einen Prolog erweitert, der der Verherrlichung Ludwigs XIV. diente. Die Einheit des Ortes und der Zeit, eine unabdingbare Regel der klassischen Tragödie, galt für die Oper nicht, und die Handlung erlaubte trotz Konzentration auf einen Hauptstrang mehr oder weniger eng geknüpfte Nebenhandlungen und Episoden. Der auffälligste Unterschied bestand darin, daß das Wunderbare (»le merveilleux«), das seit Corneille aus der Tragödie ausgeschlossen war, ein bedeutendes Moment der tragédie en musique bildete: Das Auftreten von Göttern, Halbgöttern, Magiern, Faunen und anderen Fabelwesen bot die Gelegenheit für eine prachtvolle Szenerie mit raffinierten Maschineneffekten, die der Oper wie Musik und Tanz als wichtiger Bestandteil angehörten.

Das Formenrepertoire bildeten Rezitative, Airs, Duette und Terzette, Chöre, Instrumentalstücke und Tänze. Das ballet de cour, das als eigenständige Gattung verschwand, als sich Ludwig XIV. vom Tanz abwandte, lebte in den Divertissements der Oper weiter: den Tanz- und Festszenen, oft am Ende der Akte, die entweder nur dekorative Funktion erfüllten oder in die Handlung integriert wurden. So bildet im vierten Akt von *Roland* (Versailles 1685) das Fest der Hirten den Anlaß zur Wende des Dramas, da Roland von seiner vergeblichen Liebe erfährt: Die pastorale Szene wird vom Chor (»Ah, fuyons, fuyons tous«) unterbrochen, der vor dem wütenden Roland flieht. Im Dienst der dramatischen Handlung ist meist auch der Chor eingesetzt: Er unterstreicht mit einzelnen Ausrufen den Affektgehalt der Szene oder kommentiert die Handlung. Airs und Rezitative sind nicht streng voneinander getrennt. Die Airs, meist kurze Stücke mit liedhafter Ausprägung und geschlossener Form durch die Wiederholung der Anfangsmelodien am Schluß, folgen ohne Unterbrechung auf rezitativische Partien. Sie führen oft den Dialog fort oder tragen eine Maxime vor. Kontemplative Funktion bleibt vor allem den Monologen vorbehalten, die rezitativische Partien und Airs in sich vereinen. Duette, Terzette und Quartette sind – im Wechsel mit rezitativischen Partien – oft zur Steigerung der dramatischen Situation eingesetzt. Bedeutend sind auch die Instrumentalstücke (Symphonies), die – aus der italienischen Oper stammend – musikalische Topoi ausgeprägt haben: Pastoral-, Schlummer-, Lamento-, Sturm-, Kriegs- und Jagdszenen, die von den Nachfolgern L.s übernommen und musikalisch verfeinert wurden. Berühmte Beispiele sind die Schlummerszene am Beginn des dritten Aktes von *Atys* (Saint-Germain 1676) oder die Lamentoszene in *Alceste* (Paris 1674). Der größte Teil des Dramas wird jedoch vom Rezitativ bestritten. L. galt auch noch im 18. Jahrhundert als Meister des französischen Rezitativs, wofür der immer wieder analysierte und heiß diskutierte Armide-Monolog ein Zeugnis liefert. Über eine optimale Deklamation des französischen Textes hinaus, die bei L. immer wieder hervorgehoben wurde, zeigt der Monolog in seinem eher zurückhaltenden Duktus eine subtile künstlerische Gestaltung, durch die Armides widersprüchliche Gefühle dargestellt werden. In seinen späteren Opern hat L. neben dem einfachen Rezitativ (Récitatif simple) immer häufiger die Orchesterbegleitung zur Verstärkung des Ausdrucks eingesetzt.

Der Stoff der tragédies en musique stammte aus der griechischen Mythologie oder seltener aus italienischen oder spanischen Heldenromanen. Der Konflikt zwischen Ruhm und Liebe, der meistens der thematischen Konstellation zugrundeliegt, entspricht den aristokratischen Vorstellungen der Zeit. L.s Schaffen umfaßt 14 zwischen 1673 und 1686 geschriebene Opern, von seinem letzten Werk, Achille et Polyxène, konnte er nur noch die Ouvertüre und den ersten Akt komponieren; es wurde von Pascal Collasse vollendet.

Als Komponist von Kirchenmusik ist L. am wenigsten bekannt. Seine Motetten nehmen jedoch eine bedeutende Stellung in der Entwicklung der seit der Jahrhundertmitte in Frankreich florierenden Gattung ein, die im liturgischen Rahmen der von Ludwig XIV. bevorzugten Messe basse solennelle dargeboten wurde. L. komponierte zwischen 1664 und 1687 ca. 30 Motetten, darunter 11 grands motets, die auf dem Vorbild Henri Du Monts beruhen: Sie bestehen aus verschiedenen Abschnitten, die von der Besetzung her zwischen Soli, grand und petit choeur differieren, wobei die Abschnitte im Unterschied zu ihrer Selbständigkeit bei Du Mont ohne Unterbrechung ineinander übergehen und allenfalls durch kürzere oder längere Instrumentalpartien getrennt sind. Das Neue an L.s Motette ist die verstärkte Dramatisierung: Ein häufiger Wechsel zwischen Chor und Solistenensemble (in Miserere mei fällt auf dem Wort »magnam« der grand choeur ein, »misericordiam« wird wieder durch den petit choeur dargestellt) und die Unterbrechung von Solopartien durch den Chor sind als dramatische und rhetorische Effekte eingesetzt, eine Tendenz, die sich in den späteren Motetten noch verstärkt. So zeigt sich auch in L s Kirchenmusik der Komponist, der seinen Ruhm durch die Erneuerung der dramatischen Musik in Frankreich erwarb.

Noten: J.-B. L.: Œuvres complètes, hrsg. von H. PRUNIÈRES, Paris 1930–1939 [unvollständig]. Motets III, hrsg. von DEMS.; rev. von M. SANVOISIN, N.Y. 1972. Alceste, Armide, Atys, Bellerophon, Cadmus et Hermione, Isis, Posée, Phaeton, Proserpine, Psyché, Thésée *in* Les chefs-d'œuvres classiques de l'opera français, hrsg. von TH. DE LAJARTE, Reprint N.Y. 1971.
Werkverzeichnis: SCHNEIDER, H.: Chronologisch-thematisches Verz. sämtlicher Werke von J.-B. L., Tutzing 1981 (LWV). SCHMIDT, C. B.: The livrets of J. B. L.s tragédies en lyriques. A Catalogue Raisonné, N.Y. 1995.
Literatur: LA LAURENCIE, L. DE: L., Paris 1911. NEWMAN. J.E. W.: J.-B. de L. and his tragédies lyriques, Ann Arbor (MI), 1979. SCHNEIDER, H.: Die Rezeption der Opern L.s im Frankreich des Ancien Regime, Tutzing 1982 [mit Bibl.]. RECKOW, FR.: »Cacher l'Art par l'Art même«. J.-B. L.s »Armide«-Monolog und die »Kunst des Verbergens« *in* Analysen, Fs. H. H. Eggebrecht zum 65. Geburtstag, hrsg. von W. BREIG u. a., Stg. 1984, 128–157. J. B. L. Actes du colloque, hrsg. von J. LA GORCE und H. SCHNEIDER, Laaber 1990. BEAUSSANT, PH.: L. ou le musicien du soleil, Paris 1992. WOOD, C.: Music and Drama in the tragédie en musique 1673–1715. J. B. L. and his Successors, N. Y. 1996. L. Studies, hrsg. von J. H. HEYER, Cambridge 2000. LA GORCE, J. de: L., Paris 2000. SCHMIDT, D.: Armide hinter den Spiegeln. L., Gluck und die Möglichkeit der dramatischen Parodie, Stg. 2001.

Elisabeth Schmierer

Lutosławski, Witold
Geb. 25. 1. 1913 in Warschau;
gest. 9. 2. 1994 in Warschau

»In einer Komposition darf es keine einzige Klangfolge, keine einzige vertikale Aufschichtung geben, wo auch nur das kleinste Detail unter dem Aspekt des Ausdrucks, der Klangfarbe, des Charakters und der Physiognomie gleichgültig bliebe. Noch das winzigste Detail sollte die Sensibilität des Komponisten im höchsten Grade befriedigen. Anders gesagt: In der Musik darf es keine gleichgültigen Klänge geben« (Varga, 192). – Wenn L.s Schaffen auch durch eine nicht zu überbrückende Kluft in zwei Phasen getrennt ist, so stellt die zitierte Ansicht doch weniger eine allgemeine ästhetische Forderung dar als vielmehr eine ganz persönliche Maxime für seine Arbeitsweise – sozusagen von der ersten Note an.

L.s Frühwerk, also die Kompositionen seiner Studienjahre in Warschau, ist noch kaum erschlossen, und auch sein umfangreiches kompositorisches Œuvre der vierziger und fünfziger Jahre ist fast unbekannt geblieben. Die Menge der an polnischer Volksmusik orientierten Instrumentalstücke und Liedersammlungen, die große Zahl an Bühnen-, Film- und Hörspielmusik und schließlich jene Tanz- und Unterhaltungsmusik, die L. noch bis in die sechziger Jahre hinein unter dem Pseudonym »Derwid« publizierte. Hinzu kommt noch vieles in den Kriegsjahren verlorengegangene Material, wie z. B. die ca. 200 Klavierduo-Arrangements, mit denen sich L. nach seiner Flucht aus deutscher Internierung während der Besatzungszeit zusammen mit Andrzej Panufnik als Pianist in Warschau über Wasser hielt; als einziges Werk dieser schweren Zeit scheinen die *Paganini-Variationen* (1941/1977) überdauert zu haben.

Dazwischen stehen als ›Meilensteine‹ diejenigen Werke, die L. selbst als besonders wichtig für seine kompositorische Entwicklung eingestuft hat und die sich auch einen festen Platz im Repertoire erobern konnten: die *Sinfonischen Variationen* (1938), die *Erste Sinfonie* (1941–47), die *Ouvertüre für Streicher* (1949), die *Kleine Suite* (1950–1951), das *Schlesische Triptychon* für Sopran und großes Orchester (1951) bis hin zu jenem *Konzert für Orchester* (1950–54), das sich bis heute als eines der meistgespielten Werke eines polnischen Komponisten des 20. Jahrhunderts auf den internationalen Konzertbühnen behauptet hat.

Die *Fünf Lieder* für Frauenstimme nach Texten von Kazimiera Iłłakowicz (1956–57/1958) sind die letzten Werke dieser Phase. Schon in der kanonisch strengen, ja seriell – mit allen zwölf Tönen, jedoch unter weitgehender Beschränkung auf nur zwei Intervallqualitäten (Tritonus und kleine Sekunde) – komponierten *Musique funèbre* für Streichorchester (1954–58) und vollends in den *Drei Postludien* für Orchester (1958–60) wird etwas von der Radikalität spürbar, mit der sich jene Umorientierung vollzog, die L. selbst auf das Jahr 1960 datierte und mit seinem ersten Hörerlebnis einer aleatorischen Komposition von Cage in Verbindung gebracht hat: »Es war in jenem Jahr, daß ich [im Rundfunk!] einen Ausschnitt aus seinem Klavierkonzert hörte, und diese fünf Minuten waren dazu angetan, mein Leben von Grund auf zu verändern« (ebd. 180). Daß für L. eine Orientierung an dem damals ›gängigen‹ postwebernschen Serialismus nicht infrage kam, war ihm schon frühzeitig klar geworden: »Die Periode, da man Weberns Technik und Ästhetik nachahmte, erreichte ihren Höhepunkt dann 1959. Ich war in jenem Jahr Mitglied der Jury beim Römischen Festival der Internationalen Gesellschaft für Neue Musik und hatte dort die günstige Gelegenheit, ganze Stöße Manuskripte zu studieren. Ich wurde sehr traurig und kam mir ziemlich einsam vor; wenn sich die Musik weiter so entwickelte, würde ich in Zukunft völlig mir selbst überlassen sein – so dachte ich. Vielleicht war das der letzte Augenblick der Einsamkeit, denn schon sehr bald kam die Reaktion gegen diesen Stil« (ebd. 178).

Der entscheidende Schritt zu seiner völlig neuen Organisation des musikalischen Materials bestand für L. im Abrücken von der für alle herkömmliche ›Partiturmusik‹ streng geregelten Gleichzeitigkeit der musikalischen Ereignisse, ohne doch die kompositorische Kontrolle über das Werk bis in sein letztes Detail aufzugeben. An die Stelle der strengen Gleichzeitigkeit tritt nun eine für jede einzelne ›Stimme‹ individuell zu gestaltende Zeitordnung, in der nur noch der Temporahmen für die inneren Bewegungsvorgänge näherungsweise vorgegeben wird, während die Details für Tempo und Dauern den Musizierenden überlassen bleiben, in *Jeux vénitiens* (1961), dem ersten Werk nach L.s ›Wende‹, werden die neuen Möglichkeiten einer derart ›gelenkten Aleatorik‹ zunächst experimentell erprobt und auf höchst vielfältige Weise mit den traditionellen Formen in Takten notierter Musik in Verbindung gebracht.

Vergleicht man L.s Hauptwerke vor und nach seiner ›Wende‹, so wird deutlich, daß er keineswegs auf etwas verzichtete, was ihm vorher wichtig schien. Es bleibt bei den Klangmischungen durch präzise Ausbalancierung charakterisierender Intervalle, es bleibt bei der Tendenz zur vollständigen Erfassung der zwölf chromatischen ›Tonqualitäten‹, und es bleibt vor allem bei der bevorzugten Zweiteiligkeit der formalen Anlage: Einem vorbereitenden Abschnitt – dieser weckt Erwartungen, statt sie zu erfüllen –, in dem das Material, der formgebende Impuls und meist auch schon das Konfliktpotential einer Komposition entwickelt wird, folgt der Hauptabschnitt mit den Etappen ›Verarbeitung‹ (eher »développement«, also ›Enthüllung‹, als entwickelnde ›Durchführung‹), Steigerung (bis zur Kulmination, die gelegentlich auch als Katastrophe oder Katharsis erscheint) und schließendem Abbau (zumeist als förmliche Coda, jedoch auch in der Erscheinungsform des Epilogs).

Die Potentiale solcher Formgestaltung liegen weniger im Gegensatz der drei Phasen Materialbereitung, Kulmination und Abbau als vielmehr in der immer neuen Ausgestaltung des dialektischen Verhältnisses zwischen der konstruierten und bis ins letzte Detail vorausbedachten Materialebene und dem dynamischen Prozeß bzw. dem zu musikalischer Darstellung gelangenden ›Drama‹ seiner Entwicklung, der im Extremfall – mit besonderer Deutlichkeit etwa im *Cellokonzert* (1969–70) – einer Auflösung aller im Ausgangsmaterial angelegten Entwicklungsmöglichkeiten gleichkommt. Daß L. für einen derartigen Vorgang die Konstellation eines mit dem und gegen das Orchester konzertierenden Solisten wählt, hat mit seiner festen Überzeugung zu tun, daß jede kompositorische Idee die ihr gemäßen Ausdrucksmittel fordert. So entspricht die ›klassische‹ Besetzungsgattung des *Streichquartetts* (1964) der Idee einer aufs äußerste reduzierten, jedoch umso homogeneren Parallelentwicklung von Material und Form in allen nur denkbaren Dimensionen, wobei bezeichnenderweise dem Kulminationspunkt höchster Kraftentfaltung ein »Funèbre« als intensiver und eigentlicher Höhepunkt des Werks nachfolgt. Ähnlich, nur extrovertierter, gestaltet L. die nämlichen Spannungsverhältnisse in den beiden – mit »Hésitant« und »Direct« überschriebenen – Teilen der *Zweiten Sinfonie* (1965–67). Im *Livre pour orchestre* (1968) dagegen geht es um die Unmöglichkeit, die zunächst formale Unverbindlichkeit einer Reihe von »Chapitres« bis zum Ende aufrechtzuerhalten: die Kulmination des letzten ›Kapitels‹ – in der diesmal extensive und intensive Qualitäten zusammenfallen – integriert alle disparaten Einzelheiten des Vorangegangenen nachträglich zur ganzheitlichen Einheit. Auch die *Praeludien und Fuge für 13 Solostreicher* (1970–72) stellen die übergeordnete Zweiteiligkeit durch Auskomposition des Kontrastes zwischen unverbindlich, ja beliebig gereihten Vorspielen und einer streng die thematische Substanz der »soggetti« ausschöpfenden, in polyphon verknüpften ›Stimmbündeln‹ ausgearbeiteten Doppelfuge her.

Die Vokalmusik L.s fällt in ihrer inneren Zielsetzung, dem kompositorischen Ausgleich zwischen Form und Inhalt, nicht weniger individuell aus. Ist es in den *Trois poèmes d'Henri Michaux* für zwanzigstimmigen gemischten Chor und Orchester (1961–63) eine dem Formkonzept von *Streichquartett* und *Zweiter Sinfonie* entsprechende Anlage, wie sie schon aus den drei Satzüberschriften »Pensées – Le Grand Combat – Repos dans le maleur« deutlich wird, so geht es in den *Paroles tissées* für Tenor, Streicher, Klavier, Harfe und Schlagzeug (1965) zum ersten Mal um das Problem, die symbolistischen Worttexturen Jean-François Chabruns in ein Gewebe musikalischer Beziehungen – bis ›hinunter‹ ins Submotivische im traditionellen Sinn – zu transformieren. *Les espaces du sommeil* für Bariton und Orchester (1975) schließlich stellt eine gleichsam tonartliche Klangentsprechung zwischen den Ebenen von Traum und Wirklichkeit her, die die Poesie der Sinn- und Klangassoziationen von Robert Desnos in Musik zu bannen und zu überhöhen unternimmt.

Den beiden Orchesterwerken *Mi-parti* (1976) und *Novelette* (1979), die aufs neue wohl einen Abschluß – worauf der an die Wiederholung im Wandel anspielende Titel des ersteren hinzuweisen scheint – samt heiterem Neubeginn markieren, folgt nach dem spielfreudig unproblematischen *Doppelkonzert* für Oboe, Harfe und Kammerorchesters (1980) schließlich die große *Dritte Sinfonie*. Für L. selbst steht sie in Zusammenhang mit dem in der *Partita* für Violine und Klavier (1984) endlich gelösten Problem, »in dünneren Fakturen zu schreiben« (vgl. Michaely, 195), und er nannte sie in einem Atem mit den drei als »Kette« betitelten Orchesterstücken *Chain I* für 14 Instrumente (1983), *Chain II, Dialogue for violin and orchestra* und *Chain III* für Orchester (beide 1985). Ihnen folgt als letztes großes Werk die *Vierte Sinfonie* (1988–2002). Ihre beiden Sätze sind ebenfalls in der neuen ›Kettentechnik‹ verbunden; zugleich schreiten sie noch einmal den Kreis der Möglichkeiten zwischen quasi frei präludierendem Fatasieren und strenger Konstruktion aus und bilden so eine Summa von L.s Lebenswerk.

Das gesamte Korpus an Kompositionen, das L. hinterlassen hat – vom vielversprechenden, jedoch auch mehrfach behinderten Frühwerk über die lange Phase primär kunsthandwerklich bestimmter Arbeit bis hin zu jenem späten, ganz und gar auf sich selbst gestellten Avantgardismus mit seiner spezifischen, beharrlich auf Erweiterung der kompositorischen Möglichkeiten dringenden Subtilität – stellt nicht zuletzt deshalb eines der ganz großen musikalischen Œuvres des 20. Jahrhunderts dar, weil es stets dem unmittelbaren Ausdruck von nicht anders als mit Musik zu sagenden Gefühls- oder Bewußtseinslagen galt »Es scheint mir«, so äußerte L. 1988 in einem Interview, »daß die Musik gerade zu den Künsten gehört, die nicht dem sichtbaren Universum Gerechtigkeit erweisen, sondern eher etwas übermitteln sollen von der unsichtbaren Welt ... – der Welt unserer Wünsche, unserer Träume, einer idealen Welt, der Welt also, nach der wir uns sehnen« (ebd 196 f.).

Noten: Polskie Wydawmctwo Muzyczne [Polnischer Musikverlag] (Warschau); Chester (Ldn.).
Dokumente: VARGA, B. A.: Neun Stunden bei L. *in* KACZYŃSKI, T.: Gespräche mit W. L., Lpz. 1976, 163–230. KESTING, H.: Vielleicht ein bißchen Bartók. Der polnische Komponist W. L. im Gespräch *in* NZfM 153, 4 (1992), 25–29.
Literatur: STUCKY, ST.: L. and his music, Cambridge 1981. HOMMA, M.: W. L. »Mi parti« *in* Melos 47 (1985), 22–57. W. L., Mn. 1991 (MK 71–73) [mit WV, Bibl. und Diskographie, 198–223]. MICHAELY, A.: L.s III. Sinfonie. Untersuchungen zu Form und Harmonik ebd., 53–197. HOMMA, M.: »Vogelperspektive« und »Schlüsselideen«. Über einige Aspekte der Kompositionstechnik L.s anhand kompositorischer Skizzen ebd. 33–51. BODMAN RAE, C.: The Music of L., Ldn. 1994; erw. ³1999. RUST, D.: L.'s Symphonic Forms, Diss. Yale University 1995. HOMMA, M.: W. L. Zwölfton-Harmonik, Formbildung ›aleatorischer Kontrapunkt‹, Köln 1996. L. Studies, hrsg. von ZB. SKOWRON, Oxford 2001.

Rainer Cadenbach

Luzzaschi, Luzzasco

Geb. ca. 1545 in Ferrara;
gest. 10. 9. 1607 in Ferrara

Als L. zu Grabe getragen wurde, erwiesen ihm nicht weniger als achtzig Musiker die letzte Ehre und schmückten seinen Sarg mit einem vergoldeten Lorbeerkranz. Schon in der Antike war der Lorbeer die höchste Auszeichnung, die ein Dichter erringen konnte, und der im 14. Jahrhundert in Italien aufkeimende Humanismus hatte in den Dichterkrönungen Albertino Mussatos (1314) und Francesco Petrarcas (1341) an diese durch das Mittelalter unterbrochene Tradition wieder angeknüpft. Daß mit dem Lorbeer auch L. geehrt wurde, kommt nicht von ungefähr. Seinen Zeitgenossen galt er als ein Komponist, der es verstand, Texte nicht nur nach den Regeln des Handwerks in Musik zu setzen, sondern sie darüber hinaus vollendet in Tönen nachzudichten; so ist es zu erklären, daß Alessandro Guarini in seinem 1610 erschienenen Dialog *Il Farnetico savio* L. als den Dante der Musik bezeichnen konnte.

L. selbst hat im Vorwort zu seinem *Sechsten Madrigalbuch* (1596) seine Ansichten über das Verhältnis von Wort und Ton dargelegt: »Musik und Dichtung sind sich so ähnlich, daß man getrost sagen kann, daß sie an demselben Ort des Parnaß entstanden sind. Da aber in der Entstehung zuerst die Dichtung war, so hat die Musik sie als Herrin zu achten und ihr nach dem Recht der Erstgeburt die Ehre zu geben. Beide gleichen sich so sehr, daß uns der Musiker oft wie ein Dichter und der Dichter wie ein Musiker erscheint. Die Musiker unserer Zeit haben einen neuen Stil herausgebildet, der nicht nur durch seine Neuheit, sondern auch durch seine Vortrefflichkeit gefällt und den Beifall der Welt findet.«

Satztechnisch lehnt L. sich zunächst ziemlich eng an den Stil seines Lehrers de Rore an: So sind wie bei diesem auch bei L. nicht selten ›chromatische‹ Fortschreitungen, eigenwillige Stimmführungen und unvermittelte Eintritte anzutreffen; die Verwendung dieser Mittel ist jedoch nie musikalischer Selbstzweck, sondern hat seine Ursache stets im Text. Die große zeitliche Lücke zwischen dem Erscheinen des *Dritten* (1582) und des *Vierten Madrigalbuchs* (1594) markiert – wohl in der Auseinandersetzung mit den Madrigalen von Wert – den Übergang zu einem reiferen, mehr als vorher die Kohärenz der Einzelkompositionen unterstreichenden Stil. Manche der subtileren Mittel der Textdarstellung in den Madrigalen L.s sind dem heutigen Ohr nicht mehr unmittelbar verständlich und können nur noch auf dem Weg der musikalischen Analyse unter Zuhilfenahme der zeitgenössischen Musiktheorie erschlossen werden.

L. war sein ganzes Leben über in Ferrara ansässig und spielte als ›De facto‹-Kapellmeister der Privatmusik der Este, der Herrscherfamilie Ferraras, eine wichtige Rolle. In ihrem Dienst schuf L. in den siebziger und achtziger Jahren sein heute bekanntestes Werk, die *Madrigali per cantare et sonare a uno, e doi, e tre Soprani.* Er schrieb diese Stücke speziell für das sogenannte »Concerto delle donne«, ein Gesangsensemble, das die zu ihrer Zeit berühmtesten Sängerinnen Italiens in sich vereinigte: Lucrezia Bendidio, Tarquinia Molza und Laura Peverara. Die ein bis drei Singstimmen dieser Stücke werden vom Cembalo begleitet, das L. bei den Aufführungen in den herzoglichen Privatgemächern selbst spielte. Diese Kompositionen waren gleich in zweifacher Hinsicht »musica riservata«: Wie alle Madrigale des 16. Jahrhunderts waren sie durch ihren Stil und die besondere Art der Textbehandlung Musik vor allem für Kenner; darüber hinaus aber hielt der letzte Herzog von

Ferrara, Alfons II. D'Este, diese Kompositionen zurück. Er betrachtete sie offenbar als sein persönliches Eigentum und ließ eine Verbreitung dieser Stücke nicht zu. Erst 1601, vier Jahre nach dem Tod Alfonsos, publizierte L. diese bis dahin unter Verschluß gehaltenen Madrigale. Die Verzierungen sind in diesem Druck ausgeschrieben und geben so wichtigen Einblick in die Aufführungspraxis der damaligen Zeit; sie bezeugen darüber hinaus auch das enorme technische Können der Sängerinnen am Ferraresischen Hof.

L. galt zu seiner Zeit jedoch nicht nur als bedeutender Komponist sondern auch als herausragender Cembalo- und Orgelvirtuose. Er gehörte zu denen, die das merkwürdige Archicembalo des Musikgelehrten Nicolo Vicentino spielen konnten. Auf diesem Instrument war es möglich, sowohl diatonische Musik als auch Werke im chromatischen und enharmonischen Tongeschlecht der Griechen darzustellen. Leider sind von seinen Orgelwerken nur wenige Stücke erhalten, doch hat er in seinen vielen Schülern, von denen Frescobaldi der bedeutendste ist, nachhaltig auf die italienische Orgelmusik des 17. Jahrhunderts gewirkt.

Noten: L. L., Madrigali per cantare e sonare a uno, doi e tré soprani (1601), hrsg. von A. CAVICCHI, Brescia und Kassel 1965 (Monumenti di Musica Italiana 2, 2). Drei Orgelstücke *in* L'arte musicale in Italia, 3, hrsg. von L. TORCHI, Mailand o. J., 149–152.
Literatur: KINKELDEY, O.: L. s Solomadrigale mit Klavierbegleitung, in Sammelbde. der Intern. Musikges. 9, 1907–08, 438–570. EINSTEIN, A.: The Italian Madrigal, 3 Bde., Princeton 1949; Reprint 1971 [mit Ausg. von drei Madrigalen]. SPIRO, A.: The Five-part Madrigals of L. L., Diss. Boston University 1961. NEWCOMB, A.: The Madrigal at Ferrara 1579–1597, 2 Bde., Princeton 1980. DURANTE, E. und MARTELLOTTI, A.: Tasso. L. e il Principe di Venosa *in* Tasso. La musica, I musicisti, hrsg. von M. A. BALSANO, Firenze 1988, 17–44. DÖHRING, S.: Concerto delle Dame. Die Madrigale L. s am Hofe von Ferrara in Traditionen – Neuansätze. Für A. A. Abert (1906–1996), hrsg. von KL. HORTSCHANSKY, Tutzing 1997. SCHICK, H.: Musikalische Einheit im Madrigal von de R. bis Monteverdi, Tutzing 1998.

Bernhard Janz

Maderna, Bruno

Geb. 21. 4. 1920 in Venedig;
gest. 13. 9. 1973 in Darmstadt

Bekannt und geschätzt war M. zu Lebzeiten in erster Linie als Dirigent, der mit den berühmtesten Orchestern der Welt zusammenarbeitete und durch seinen Einsatz für die zeitgenössische Musik in der Öffentlichkeit aufklärend wirkte, das Bewußtsein seiner geschichtlichen Bedeutung als Komponist aber setzte sich erst nach seinem Tode durch. Beigetragen hat dazu das einhellige Zeugnis der bedeutendsten Komponisten Italiens (Nono, Berio, Donatoni, Manzoni und Clementi), daß unter ihnen M. in der Nachkriegszeit eine Führungsrolle zugefallen war, vor allem aber hat seit den achtziger Jahren die veränderte historische Perspektive der Geltung M.s zum Durchbruch verholfen, weil sich im Nachhinein der Weitblick seiner kompositorischen Entscheidungen erwiesen hat, die von den Hauptströmungen der Avantgarde nach Webern abwichen und seinerzeit unzeitgemäß erschienen. Von seinen Kollegen bei den Darmstädter Ferienkursen – an denen er als einer der Hauptakteure beteiligt war – unterschied sich M. dadurch, daß er eindeutig und bewußt von der Utopie Abstand nahm, eine Musik ›ex novo‹ zu schaffen. Dagegen setzte er einen lebendigen Sinn für geschichtliche Kontinuität und wies auf die Notwendigkeit hin, Innovation und Tradition dialektisch zu vermitteln. Als Dirigent und Komponist, als Lehrer und Herausgeber ›alter‹ Musik bemühte sich M. daher, Konstanten des Denkens in den Kompositionstechniken verschiedener Epochen deutlich zu machen.

Diese Haltung zeigt sich schon Ende der vierziger Jahre nach seiner Ausbildung bei Malipiero, der ihn in die alte italienische Musik einführte, und bei Hermann Scherchen, der die Kenntnis deutscher Musik, etwa Bachs, vor allem aber der Wiener Schule, vertiefte. In den Werken, die ihn in Kreisen der Avantgarde bekannt machten, wie in den *Tre liriche greche* (1948), in *Composizione n. 2* (1950), *Improvvisazione n. 1* (1951–52), *Vier Briefe* (1953) und der konstruktiv besonders ambitionierten *Composizione in tre tempi* (1954) ist sein – aus kanonischen Techniken entwickeltes – reihentechnisches Konzept, obwohl es die musikalischen Strukturen streng ordnet, frei von jeglichem Dogmatismus: In Antithese zum tonangebenden Purismus ging M. schon damals das Problem an, verschiedene musikalische Sprachen zu verbinden, und ersetzte in diesen Werken die Reihe – unter Einbeziehung politischer Anspielungen – durch vorfindliche Materialien wie Melodien und Rhythmen aus Volksliedern oder Kampfliedern der »Resistenza« (an der M. selbst beteiligt war) oder auch durch berühmte historische Funde wie das antike Seikilos-Lied, das in *Composizione n. 2* zitiert wird.

Die Originalität der Position M.s bestätigt sich auch in der Art, wie er sich der elektronischen Musik näherte. In der *Musica su due dimensioni* (1952/1958) werden die neuen technischen Möglichkeiten nicht in der Hinsicht betrachtet, die traditionellen Instrumente zu ersetzen, sondern beide Klangmittel zusammenzuführen. Damit hat M. als erster die bis heute (in der Live-Elektronik) fruchtbarsten Tendenzen des Komponierens mit elektronischen Medien erspürt. Auch die Arbeiten, die M. in dem von ihm zusammen mit Berio 1955 gegründeten Studio di Fonologia der RAI in Mailand nur für elektronische Klangerzeuger konzipierte, entstehen immer aus einem direkten Kontakt mit dem Klangmaterial, um die Ausdrucksmöglichkeiten einer bisher unbekannten Art existierender Klänge zu erforschen (*Notturno*, 1956; *Syntaxis*, 1957; *Continuo*, 1958).

M.s Neigung, sich auf Situationen von semantischer Bedeutsamkeit einzulassen, und die angeborene Tendenz seines musikalischen Gestus zu szenischer Darstellung bilden die Voraussetzung für die unvermeidliche Hinwendung zum Theater. Sie vollzieht sich zu Beginn der sechziger Jahre, war aber schon im orchestralen Hauptwerk der Jugend, den aus einem Opernprojekt hervorgegangenen *Studi per il ›Processo‹ di Kafka* (1950), angelegt. In dem Hörspiel *Don Perlimplin* (1961) begegnet zum ersten Mal ein rhetorisch-dramaturgischer Einfall, der sich als außerordentlich lebensfähig erweisen sollte: die Zuweisung der Protagonistenrolle an die Flöte, wie sie sich dann in dem von Friedrich Hölderlins Roman inspirierten *Hyperion*-Zyklus wiederholen wird. Dieser Zyklus ist weder eine Zusammenstellung selbständiger Kompositionen, noch ein einziges Werk, sondern ein »offenes« Projekt, das M.s kreative Energie im letzten Jahrzehnt seines Lebens fast völlig in Anspruch genommen hat: Drei zentrale Partituren, *Stele per Diotima* (1965), *Dimensioni III* (1963–64) und *Aria* (1964), bilden die Eckpfeiler eines ›komponiblen‹ Werkes, das M. in vier szenischen Versionen (erste Version Venedig 1964),

in einer Suite und in zahlreichen anderen Überarbeitungen und Zusammenstellungen konkretisiert hat. Dies entspricht der in M.s Arbeitsweise tief verwurzelten Praxis, auf bereits Geschaffenes programmatisch zurückzugreifen und ständig Materialien eines Werkes in einem anderen wiederzuverwenden. M.s Begegnung mit Hölderlin, dessen außergewöhnliche Aktualität er als einer der ersten empfunden hat, erweist sich als der bevorzugte Ort der Reflexion über den Wert des in seinen Beziehungen zur Welt bedrohten Subjekts: der Dichter-Flötist – Protagonist der theatralischen Versionen von *Hyperion* – inszeniert, vom Orchester bedroht und verspottet, das Drama der Unmöglichkeit von Gesang in der heutigen Gesellschaft.

Die Sehnsucht nach Gesang, verstanden als Ausdruck der Subjektivität und der Möglichkeit authentischer Äußerung, bildet einen der zentralen Momente in M.s Poetik. Es erweist sich nicht nur in *Hyperion* als inspirierendes Motiv, sondern auch in der reichhaltigen Produktion für Melodieinstrumente (*Widmung*, 1967; *Viola* und *Pièce pour Ivry* [Gitlis], 1971), in den *Konzerten für Flöte* (1954), *für Oboe Nr. 1–3* (1962, 1967, 1973) und *für Violine* (1969), aber auch in den für M.s Œuvre so charakteristischen *Serenaden* (1946, 1954/1956, 1961, 1966) und in den großen Orchesterwerken der letzten Jahre. Die geschichtsbedingte ›Nostalgie‹, die der Dimension des Melodischen anhaftet, wird gefiltert durch die Beschwörung musiksprachlicher Muster aus charakteristischen Epochen der europäischen Zivilisation – von ihren antiken Ursprüngen in der griechischen Monodie über die Renaissance als goldenem Zeitalter des Madrigals bis zur radikalen Krise der humanistischen Werte in der »Finis Austriae«-Kultur, die ihren Ausdruck in dem gebrochenen Lyrismus Mahlers und Bergs findet. Das geistige Erbe des musikalischen Expressionismus, das in M. besonders lebendig blieb, wirkt als Bewußtsein des Verlustes einer gemeinsamen musikalischen Sprache und unmittelbaren Ausdrucks, deren Wiedergewinnung durch Regression eben dieses Bewußtsein verbietet: Kantable Valeurs werden nie affirmativ eingesetzt, sondern gleichsam ohne Ende zitiert und reproduziert in dem Verlangen wiederzugewinnen, was unwiederbringlich verloren scheint. In eine ähnliche Perspektive entfremdeter Vielsprachigkeit, in der das Zitieren auf ganze Welten musikalischer Zeichen ausgedehnt wird, fügt sich auch das letzte Werk des Komponisten für Musiktheater, die Oper *Satyricon* (nach Petronius; Scheveningen 1973).

In seiner letzten Schaffensphase, in der M. eine außerordentliche Fruchtbarkeit entwickelt hat, intensiviert er frühere Untersuchungen kompositorischer Möglichkeiten, vorab der Verwendung der Aleatorik (*Serenata per un satellite*, 1969; *Tempo libero*, 1970–71; *Juilliard Serenade/Tempo libero II*, 1970–71 und *Giardino religioso*, 1972). Aleatorik wird nicht als Verzicht auf Klangorganisation verstanden, sondern im Gegenteil als Mittel, die Artikulation der Form neuer und wirkungsvoller zu gestalten und die unterschiedlichen Ausdruckswerte der Improvisation für sie fruchtbar zu machen. Die bedeutungsvollsten Neuerungen in den letzten Orchesterwerken, unter ihnen *Quadrivium* (1969), *Grande Aulodia* (1970), *Ausstrahlung* (1971), *Aura* (1972) und *Biogramma* (1972), betreffen vor allem M.s Fähigkeit, einen Klang zu erfinden, in dem auf geradezu alchemistische Weise Farben und Schwingungen gemischt und übereinandergeschichtet sind; charakterisiert insbesondere durch den wohlkalkulierten Einsatz des Schlagzeugs und durch Echowirkungen in der Raumaufteilung, stiftet dieser Klang eine ideelle und fruchtbare Kontinuität mit dem alten venezianischen Erbe (→Gabrieli), dessen Studium dem Komponisten so am Herzen lag.

Noten: Ars viva (Mainz); ab 1956 Suvini Zerboni (Mailand); ab 1970 Ricordi (Mailand); ab 1973 Salabert (Paris).

Dokumente: Documenti, hrsg. von M. BARONI und R. DALMONTE, Mailand 1985 [enthält auch Kgr.-Ber. Br. M. Bologna 1983 und WV]. Dialogo con M., hrsg. von P. PETAZZI, Mailand 1989. Br. M. – W. Steinecke, Briefwechsel, hrsg. von R. DALMONTE, Lucca 2001. *Werkverzeichnis:* Br. M. Musikmanuskripte, hrsg. von R. KARLEN und M. ROMITO, Winterthur 1990 (Inventare der Paul-Sacher-Stiftung 6). *Literatur:* MILA, M.: M. musicista europeo, Turin 1976, ²1999. WEBER, H.: Form und Satztechnik in Br. M.s Streichquartett *in* Miscellanea del Cinquantenario [di Suvini Zerboni], Mailand 1978, 206–215. DERS.: Dallapiccola, M., Nono. Tradition in der italienischen Moderne *in* 2. Kgr.-Ber. der Intern. Schönberg-Ges., Wien 1986, 93–98. DERS.: Figures et Structures. Über M.s formative Jahre um 1950 *in* Beiträge zur Mw. 34 (1992), 1–46. Studi su Br. M., hrsg. von M. BARONI und R. DALMONTE, Mailand 1989. FEARN, R.: Br. M., Ldn. 1990. BORIO, G. und RIZZARDI, V.: Die musikalische Einheit von B. M.s Hyperion *in* Quellenstudien II. Zwölf Komponisten des 20. Jahrhunderts, Winterthur 1993, 117–148. DALMONTE, R.: Prioritätsrechte nie beansprucht. M.s Praxis und Poetik *in* Von Kranichstein zur Gegenwart, Darmstadt 1996, 199–205. Malipiero e M. 1973–1993, hrsg. von P. CATTELAN, Venedig 2000. WEBER, H.: Hyperion *in* Musiktheater im Spannungsfeld zwischen Tradition und Experiment 1960 bis 1980, hrsg. von CHR.-H. MAHLING und KR. PFARR, Tutzing 2002.

Francesca Magnani

Mahler, Gustav

Geb. 7. 7. 1860 in Kalischt (Böhmen); gest. 18. 5. 1911 in Wien

Die erste Komposition, die G. M. als sechsjähriges Kind zu Papier gebracht haben soll, »war eine Polka, wozu er einen Trauermarsch als Einleitung schrieb« (Erinnerungen, 69). Was auf den ersten Blick wie eine biographische Marginalie anmutet, ist doch mehr: wie in perspektivischer Verkleinerung erscheinen darin wesentliche Züge seines späteren Komponierens. Da ist die frühe »musikalisch umgangssprachliche« (Eggebrecht, 284) Prägung durch die »böhmischen Musikantenkapellen« seiner Kinderwelt, die zwischen »Leichenmusik« und »lustiger Weise« (Erinnerungen, 174) nicht groß zu unterscheiden wußten, die Erfahrung der Wirklichkeit als dissonierender »mit ihren schneidenden Kontrasten und der gräßlichen Ironie« (ebd.), und, vor allem, der um stilistische Reinheitsgebote unbekümmerte Impuls, solcherart dissonierende, »rücksichtslose Polyphonie« (ebd.) des Weltlaufs kompositorisch zu artikulieren. M.s kindliche Koppelung von Polka und Trauermarsch deutet auf eine zentrale Eigenart seines entwickelten Komponierens, die unter Begriffen wie Diskontinuität, Heterogenität, Gebrochenheit, Ironie seit jeher – faszinierend wie Anstoß erregend – im Mittelpunkt der Mahler-Diskussion gestanden hat.

Der dritte Satz der *Ersten Symphonie* (1885–88), »ein Trauermarsch in Callots Manier«, den man vielleicht als authentische Einlösung jener (nicht weiter nachweisbaren) kindlichen Komposition betrachten darf, vermittelt davon einen ersten, prägnanten Begriff. Die grellen Brüche und ironischen Verzerrungen, mit denen er seine der Alltagsmusik entlehnten Modelle Volksliedkanon, Marsch und Tanz traktiert, die Verstöße gegen den stimmigen Satz und gegen den kultivierten Geschmack entfernen ihn denkbar weit von den überlieferten Standards des ästhetischen Schönseins wie des ›guten Komponierens‹. Der Eindruck einer unsymphonischen Collagierung von vorgefundenen Materialien, gleichsam eines kaleidoskopischen Puzzles aus musikalischen ›objets trouvés‹ der eigenen Lebensgeschichte scheint nicht aus der Luft gegriffen (wie denn tatsächlich manche Einzelelemente dieses Satzes – »Leichenmusik« und »lustige Weise« – biographisch herleitbar sind). Und eine Satzpassage wie die bei der Wiederholung des ersten Teils, in der unter schockhafter Beschleunigung des Tempos (»Plötzlich viel schneller«, Ziffer 16) der »Bruder Jakob«-Kanon des Satzbeginns, eine trauerchoralartige Trompetenmelodie und csárdásähnliche Holzbläserfiguren zu chaotischer Gleichzeitigkeit übereinandergeschichtet werden, wirkt wie die unmittelbare Auskomponierung einer berühmt gewordenen Anekdote: »Als wir nun Sonntags darauf mit Mahler denselben Weg gingen und bei dem Feste auf dem Kreuzberg ein noch ärgerer Hexensabbath los war, da sich mit unzähligen Werkeln von Ringelspielen und Schaukeln, Schießbuden und Kasperltheatern auch Militärmusik und ein Männergesangverein dort etabliert hatten, die alle auf derselben Waldwiese ohne Rücksicht aufeinander ein unglaubliches Musizieren vollführten, da rief Mahler: Hört ihr's! Das ist Polyphonie und da hab' ich sie her! – Schon in der ersten Kindheit im Iglauer Wald hat mich das so eigen bewegt und sich mir eingeprägt ... Gerade so, von ganz verschiedenen Seiten her, müssen die Themen kommen und so völlig unterschieden sein in Rhythmik und Melodik (alles andere ist bloß Vielstimmigkeit und verkappte Homophonie): nur daß sie der Künstler zu einem zusammenstimmenden und -klingenden Ganzen ordnet und vereint.« (ebd., 165)

All dies läuft zusammen in einem – ebenfalls berühmt gewordenen – Satz, den G. M. während der Komposition seiner *Dritten Symphonie* (1893–96) geprägt hat und der zu Recht immer wieder als eine Art künstlerischer Konfession des Komponisten verstanden worden ist: »Daß ich sie Symphonie nenne, ist eigentlich unzutreffend, denn in nichts hält sie sich an die herkömmliche Form. Aber Symphonie heißt mir eben: mit allen Mitteln der vorhandenen Technik eine Welt aufbauen.« (ebd., 35) Damit scheint zunächst manches geklärt, zumindest M.s Unvereinbarkeit mit den überlieferten Vorstellungen vom »musikalisch Schönen« auf den Begriff gebracht: Diskontinuität als Konsequenz eines umfassenden, universalistischen Symphoniebegriffs, dem gleichsam die Welt selber in ihrer unreglementierten Fülle als kompositorisches Modell dient. Und in der Tat, mit der Vorstellung vom geschlossenen Kunstwerk, dem sich in der sicheren Umgrenztheit des Schönen bruchlose Kohärenz der Form und poetische Einheitlichkeit des Stils zum auratischen Bild eines organischen Ganzen fügen, ist M.s Musik nicht mehr in Übereinstimmung zu bringen. Dem radikalen Anspruch auf die kompositorische Vergegenwärtigung von ›Welt‹ entspricht der Verzicht auf eine vorgängige Vereinheitlichung der musikalischen Sprache: ›Welt‹, das ist die unnormierte Gesamtheit der verfügbaren musikalischen Modelle, die sich auf den engen Kanon des Artifiziellen nicht mehr vereidigen läßt; das bös gemeinte Wort vom »Warenhauscharakter«, das Kritiker zu M.s Lebzeiten prägten, enthält in dieser Hinsicht, recht verstanden, einen durchaus guten Sinn. Von der frühen Kombination aus Polka und Trauermarsch über das »skandalös gewagte Posthornsolo« (Adorno, 54) der *Dritten* bis zu den »komponierten Ruinen« (Dieter Schnebel *in* »Über G. M.«, 176) des Ländlersatzes der *Neunten* (1909–10) führt ein gerader Weg: Mit polemischer Kraft dringt das vom »gereinigten Geschmack« (Briefe, 168) Verworfene, vor allem die anonyme musikalische ›Prosa‹ des Alltags, in die Werke ein. Hand in Hand damit geht die Einführung von gebrochenen Verfahren (beispielsweise der Montage), die die diskursive Geschlossenheit des musikalischen Zeitverlaufs – wie sie insbesondere für symphonische Werke als unabdingbar galt – zur Auflösung bringen. An die Stelle eines gleichsam lückenlosen linearen Fortschreitens, das der logischen Kontinuität einer thematischen Abhandlung verpflichtet war und sich am Paradigma des geschlossenen klassischen Dramas orientierte, tritt eine komplexe Mehrschichtigkeit der zeitlichen Artikulation, die von Adorno erhellend mit der epischen Offenheit des Romans verglichen wurde. Wie die Heterogenität der Modelle die Einheit des Stils, so durchkreuzen episodenartige Einschübe, Auflösungsfelder, Überlagerungen und statische Enklaven (z. B. prototypisch im dritten Satz der *Ersten*) die vorhersehbare Stetigkeit der zeitlichen Entwicklung. Der ›Polyphonie‹ der Modelle korrespondiert demnach die Diskontinuität des zeitlichen Verlaufs, während beide nur der »rücksichtslosen Polyphonie« des Weltlaufs das Ihre zu geben scheinen.

Im Gegensatz zu dem bisher Skizzierten, das pointiert gesagt auf einen – immerhin von M. selbst erwogenen – »Parallelismus zwischen Leben und Musik« (Briefe, 141) hinauszulaufen scheint, stehen andere Äußerungen M.s, die energisch auf die Autonomie seiner Musik pochen und die symphonische ›Welt‹ keineswegs als wie auch immer analoges Abbild, sondern als ästhetisches Gegenbild zur Realität in Anspruch nehmen. Entscheidend ist das unscheinbare »nur«, mit dem der letzte (in seiner Bedeutung vielfach übersehene) Satz der zitierten »Polyphonie«-Anekdote eingeleitet wird, die andererseits den Parallelismusgedanken bis ins Extrem zu treiben scheint: »nur daß sie der Künstler zu einem zusammenstimmenden und -klingenden Ganzen ordnet und vereint«. Und in verwandtem Sinne schreibt M. während der Komposition an seiner *Dritten Symphonie*, die wie keine andere von Modellen der Alltagsmusik durchsetzt ist und jenen programmatischen Satz über Symphonie und Welt veranlaßte: »Mein Bedürfnis, mich musikalisch – symphonisch auszusprechen, beginnt erst da, wo die dunklen Empfindungen walten, an der Pforte, die in die ›andere Welt‹ hineinführt; die Welt, in der die Dinge nicht mehr durch Zeit und Ort auseinanderfallen« (ebd., 149).

Der offenbare Widerspruch, der sich hier auftut, indem zum einen die symphonische ›Welt‹ in ihrer antitraditionellen Diskontinuität auf die dissonierende Realität des Weltlaufs bezogen bleibt, aber zum anderen, kontrafaktisch, als autonomes ästhetisches Gebilde eine in sich stimmige »andere Welt« konstituiert, darf als zentral gelten. Denn es scheint entscheidend darauf anzukommen – will man M.s Komplexität wirklich gerecht werden –, beide Seiten zu respektieren, d. h. den Widerspruch ernstzunehmen und nicht vorschnell nach der einen oder anderen Seite hin aufzulösen. Als einseitig oder nur partiell berechtigt erweisen sich damit Interpretationen, die M. ausschließlich auf eine Ästhetik der Diskontinuität und des Bruchs festlegen wollen, wie dies einerseits – mit positiver Bewertung – von Vertretern der neueren Avantgarde (Diskontinuität als Index von M.s Fortschrittlichkeit), andererseits – mit negativer Bewertung – von konservativen Mahlergegnern (Diskontinuität als Destruktion des Werkcharakters) vorgenommen wurde.

In M.s Denken und in seiner Musik aber gehört offenbar beides zusammen: Diskontinuität in bezug auf die konventionellen Begrenztheiten des überlieferten Kunstbereichs, dessen ›homophone‹ Verengung auf das kunstvoll Hohe und Geschlossene eine bislang unerhörte ›polyphone‹ Entgrenzung erfährt, und zugleich Festhalten an der Vorstellung von Kunst als eines in sich – trotz aller Brüche – zusammenstimmenden Gegenbildes zur Wirklichkeit, das in der ästhetisch gelingenden Vergegenwärtigung des Disparaten nur um so eindrücklicher hervortritt. Gerade das, was dem tradierten Kunstbegriff in seinem Kern zu widersprechen scheint, erweitert ihn doch auch auf unabsehbare Weise: die diskontinuierliche ›Zersetzung‹ des traditionell Schönen und die bestätigende, ja – durch die Einbeziehung von bisher Kunstlosem – über alle Grenzen hinweg erweiterte Reproduktion des Kunstcharakters sind zwei Aspekte desselben Vorgangs. So wenig M.s Werke als bloß dissonierende Anti-Kunst zu verstehen sind, so wenig auch als Reservate unberührter Schönheit, sondern vielmehr, und auf eine schwierige, Eindeutigkeit immer wieder in Frage stellende Weise, als beides zugleich. Um noch einmal am Trauermarsch der *Ersten Symphonie* zu exemplifizieren: kann man das »Bruder Jakob«-Thema des Beginns in der Tat (wie andere Bildungen des Satzes) als ein dem Alltag entstammendes ›objet trouvé‹ bezeichnen, so erfährt es doch sogleich eine mehrfache Verwandlung. Ein in Dur stehender, vorwiegend als ›humoristisch‹ bekannter Volksliedkanon wird in einen instrumentalen Moll-Trauermarsch transformiert, der sich seinerseits als zusehends doppelbödig erweist durch seine mechanischen Wiederholungen, die dazu scharf kontrastierende Überprägnanz der Instrumentation und durch einen »kecken« Oboenkontrapunkt, der den als Hauptthema eingeführten Kanon alsbald zum begleitenden Akkordgetön degradiert. Wie auf der Ebene der Thematik das Volkslied zugleich zitiert und in Distanz gesetzt wird, so auf der des Satzmodells der Kanon, der in einem komponiert und dekomponiert wird; nicht anders im Bereich der Satzstruktur, die eine fixe Hierarchie von Hauptstimme und Begleitung nicht anerkennt und damit zu späteren strukturellen Konsequenzen (u. a. zu den vielfachen melodischen Überlagerungen des Wiederholungsteils) den weitreichenden Anstoß gibt. Ganz zu schweigen von der gleichsam subkutanen Verkettung durch floskelartig-neutrale, vorwiegend rhythmisch bestimmte »Bausteine« (Erinnerungen, 138), die sämtliche Teilgestalten des Satzes trotz der stark kontrastierenden Oberfläche zueinander ins Verhältnis setzen. Weder wird hier die Prosa zur Poesie erhoben – indem das Alltagsdokument an die Stelle der Kunst tritt – noch die

Poesie in einen reinen Himmel jenseits aller Prosa verbannt: Es ist die ausgehaltene Spannung zwischen Poesie und Prosa, Lebenswelt – dem potpourrihaft grellen Gegeneinander von »Leichenmusik« und »lustiger Weise« – und ästhetischer Gegenwelt – die das Disparate zu einem in sich stimmigen, sinnfällig auskomponierenden Ganzen zusammentreten läßt –, aus der der Satz seine provozierende Kraft zieht.

Indem auf diese Weise das Diskontinuierliche und das Zusammenstimmende, die beiden Momente des genannten Widerspruchs, wechselseitig aufeinander bezogen sind, indem sich, kurz gesagt, das Diskontinuierliche als kunstvoll Komponiertes erweist, ergibt sich ein dialektisches Verhältnis zur Tradition, das mit Begriffen wie Gebrochenheit oder Diskontinuität allein nicht angemessen zu beschreiben ist. Was für sich genommen als Negation dessen erscheinen könnte, was als ästhetische Autonomie und integrale Form die Substanz des traditionellen Kunst- und Musikbegriffs ausmacht, stellt im Gegenteil dessen äußerste Beanspruchung dar, den Versuch, am Ende einer Epoche alles Verfügbare an musikalischen Formen und Modellen zusammenzubinden, das längst in divergierende Teilkulturen zerbrochene musikalische Universum des 19. Jahrhunderts noch einmal zur Totalität einer symphonischen ›Welt‹ zu versammeln.

M.s Versuch der Integration des Disparaten kann als radikalisiertes Zu-Ende-Denken jener zentralen Idee von Totalität verstanden werden, die der Gattung Symphonie seit dem frühen 19. Jahrhundert und insbesondere seit ihrer epochemachenden Interpretation durch die frühromantische Musikästhetik zugesprochen worden ist. Einer Totalität freilich, die nicht länger mehr, wie unter den idealistischen Vorzeichen des Jahrhundertbeginns, als fraglose metaphysische Gewißheit positiv vorausgesetzt werden kann. »Was ist das für eine Welt«, schreibt M. gelegentlich einer Aufführung seiner *Ersten*, »welche solche Klänge und Gestalten als Widerbild auswirft« (Briefe, 372). Indem sich M.s Symphonien auf die diskontinuierliche Polyphonie des Weltlaufs einlassen, die als polyglotter Zwiespalt der musikalischen Modelle – Polka und Trauermarsch, Volkston und Adagio-Erhabenheit, Naturlaut und Choralhymne – in seine Werke Eingang findet, zugleich aber vom Anspruch auf kompositorische Integration nicht ablassen, spielen sie die beiden Pole des Totalitätsbegriffs, das Vielfältig-Heterogene (Welt als Fülle des Realen)

und das Einheitsvoll-Zusammenhängende (Welt als systemhaft-organische Ganzheit), in vorher nicht gekannter Schärfe gegeneinander aus. Vergleichbar der Gattung des Romans, für den nach Georg Lukács die »Totalität des Lebens nicht mehr sinnfällig gegeben ist« und der »dennoch die Gesinnung zur Totalität hat« (vgl. Danuser, 175), halten M.s Symphonien dem metaphysischen Potential der Gattung die Treue, indem sie insistierend nach der Einheit des Heterogenen fragen. M. nimmt damit eine Position ein, die ebenso auf die romantische Tradition zurückverweist (in der einzig noch der Kunst die Erfahrung metaphysischer Totalität zugetraut wurde) wie sie andererseits einer Moderne nahekommt, die im Aushalten und nicht mehr im Versöhnen des Widersprüchlichen die angemessene Gestalt ästhetischer Totalitätserfahrung erkennt. (Ein Blick auf die differenzierte Vielfalt von M.s Finalkonzeptionen, die vom handstreichartigen Durchbruch der *Ersten* über die hymnischen Überwältigungen etwa der *Dritten* und *Achten* bis zum zögernden Abschiednehmen der Spätwerke reichen, vermag darüber am konkretesten Auskunft zu erteilen.)

M.s nicht sehr umfangreiches kompositorisches Œuvre umfaßt – abgesehen von den größtenteils nicht erhaltenen Jugendwerken, die auch der Kammermusik angehören – nur zwei Gattungen, die Symphonie und das Lied. Elf symphonischen Werken (den *Symphonien Nr. 1 bis 9*, der unvollendeten *Zehnten Symphonie* und dem *Lied von der Erde* – einer »Symphonie in sechs Sätzen für Orchester, Tenor- und Alt-[oder Bariton-]Solo«) stehen etwa 50 Liedkompositionen gegenüber, die sich zum großen Teil auf mehrere Zyklen verteilen (*Lieder eines fahrenden Gesellen*, 1884; *Lieder aus Des Knaben Wunderhorn*, 1892–98; *Kindertotenlieder*, 1901–04) und in der Regel sowohl als Orchester- wie als Klavierlieder veröffentlicht wurden. Hinzu kommt *Das klagende Lied* (1878–80), ein, wie M. schreibt, »Märchen für Chor, Soli und Orchester«, das er als sein »Op. 1« (Briefe, 183) bezeichnet hat. Nahezu alle seine Werke hat M. auch nach erfolgter Drucklegung Revisionen unterzogen, die zwar in der Regel eher Kleinigkeiten, häufig der Instrumentation, galten, aber von seinem Bewußtsein einer letztlich niemals endgültigen Vollendbarkeit der Werkgestalt zeugen.

Während der relativ überschaubare Umfang des Werkes auf M.s lebenslange – und höchst erfolgreiche – Tätigkeit als Operndirektor und

Dirigent zurückzuführen ist, die ihm nur in den Ferien zu komponieren erlaubte, verweist die enge Verbindung von Symphonie und Lied – die neben der Einführung von Liedsätzen in die *Zweite* (1888–90), *Dritte* und *Vierte Symphonie* (1899–1900) auch zu zahlreichen thematischen Übernahmen im Kontext instrumentaler Sätze führte – auf eine Tendenz der Gattungsassimilation, die ebenfalls mit M.s Vorstellung von symphonischer Totalität in Zusammenhang zu bringen ist. Sie kulminiert in Werken wie dem *Lied von der Erde* (1908–09) und der *Achten Symphonie* (1906), die – das eine eine ›Symphonie in Liedern‹, das andere eine monumentale Ineinanderblendung von Symphonie, Kantate und Oratorium – den Begriff des Symphonischen in extensiver Weise über die traditionellen Gattungsgrenzen hinausführen (wie umgekehrt auch M.s Lieder zunehmend von symphonisch-sonatenhaften Gestaltungselementen beeinflußt werden). Die Tendenz zur expansiven Auslegung des Symphonischen beschränkt sich nicht auf die Verbindung von Symphonie und Vokalmusik. Der angestrebten Totalität der symphonischen ›Welt‹ entspricht eine Totalisierung der Dimensionen gleichsam in jeder Richtung: Wie M. durch das Aufgreifen von Modellen der Alltagsmusik die Grenzen des Symphonischen nach ›unten‹ hin erweitert, so geht auch die ›obere‹ Welt der versammelten symphonischen Tradition – die Form- und Satzmodelle, zyklischen Konzeptionen und Ausdruckscharaktere der Gattungsgeschichte – in seine Werke ein, deren formale wie inhaltliche Innovationen ohne die Auseinandersetzung etwa mit Schumann, Berlioz oder Bruckner nicht zu denken sind. Zu M.s Totalität des Symphonischen gehören schließlich auch die vieldiskutierten Programme, die er einigen Symphonien zeitweise mit auf den Weg gab. In ihrer Bedeutung vielfach überschätzt, bilden sie einerseits eines der Teilmomente der Gattungsgeschichte (hier: der Symphonischen Dichtung), die M. in ihrer ganzen Breite zu beerben trachtete, und können andererseits als rezeptionsorientierende Hilfsmittel verstanden werden, die einzelne Aspekte der intendierten Totalität gleichsam beim Namen zu nennen versuchen, aber wegen ihrer notorischen Unzulänglichkeit – keine Totalität läßt sich auf eine Summe von Namen fixieren – von M. bald beiseitegelegt wurden.

Konventionellerweise wird M.s Werk, unter Absehung von den Jugendwerken, in drei Perioden gegliedert – eine eher äußerliche Einteilung, die aber zumindest eine grobe Übersicht erlaubt. Unterschieden werden eine frühe ›Wunderhorn‹-Periode, eine mittlere und eine spätere. Die ›Wunderhorn‹-Periode umfaßt die ersten vier Symphonien, die in mannigfacher Weise mit den Liedern in Verbindung stehen, die M. aus der Sammlung *Des Knaben Wunderhorn* (1805–07) vertont hat. Im Gegensatz dazu stehen die drei rein instrumentalen Symphonien der mittleren Periode, die *Fünfte* (1901–02), *Sechste* (1903–04) und *Siebente Symphonie* (1904–05). Während sich die *Achte Symphonie* einer klaren Zuordnung zu den drei Perioden entzieht, bilden *Das Lied von der Erde*, die *Neunte* und die fragmentarisch gebliebene *Zehnte Symphonie* (1910) die Gruppe der Spätwerke.

M.s Symphonien, die erst seit den sechziger Jahren (vor allem durch das Medium der Schallplatte, speziell in Deutschland auch durch die bahnbrechende Monographie Th. W. Adornos) wieder ins Bewußtsein der musikalischen Welt drangen, nachdem sie zuvor durch das doppelte Verdikt der Nationalsozialisten – M. war Jude – wie einer dogmatisch verengten Neuen Musik als hybride Spätromantik abgetan wurden, erlebten eine beispiellose, auch kompositorisch wirksame, Wiederentdeckung. Seine Musik, die sich wie keine andere den »schneidenden Kontrasten und der gräßlichen Ironie« (Erinnerungen, 174) – Polka und Trauermarsch – des Weltlaufs stellte, aber auf die Perspektive einer ästhetisch-gegenwirklichen Integration des Disparaten nicht verzichtet hat, dürfte ihre Aktualität behalten.

Noten: Sämtliche Werke. Kritische Gesamtausg., hrsg. von E. RATZ, Wien u. a. [Verlage an verschiedenen Orten] 1960 ff.
Dokumente: KLEMM, E.: Zur Geschichte der Fünften Symphonie von G. M. Der Briefwechsel zwischen G. M. und dem Verlag C. F. Peters in Jb. Peters 1979, 9–116. G. M. – Richard Strauss. Briefwechsel 1888–1911, hrsg. von H. BLAUKOPF, Mn. 1980. G. M.: Briefe (Wien 1924), NA. hrsg. von DERS., Wien 1982. G. M. Unbekannte Briefe, hrsg. von DERS., Wien 1983. G. M. in den Erinnerungen von Natalie Bauer-Lechner, hrsg. von H. KILLIAN, Hbg. 1984. M.-Interpretation, hrsg. von R. STEPHAN, Köln 1985 [Ausstellungskat.]. G. M. im Spiegel seiner Zeit, hrsg. von N. LEBRECHT, Zürich u. a. 1990. G. M. Erinnerungen seiner Zeitgenossen, hrsg. von DEMS., Mainz 1993. »Ein Glück ohne Ruh«. Die Briefe G. M. an Alma. Erste Gesamtausg., hrsg. und erläutert von H.-L. DE LA GRANGE und G. WEISS, Bln. 1995.
Bibliographie: G. M. Dokumentation, hrsg. von BR. und E. VONDENHOFF, Tutzing 1978; Ergänzungsbd. 1983.

NAMENWIRTH, S. M.: G. M. A critical Bibl., 3 Bde., Wiesbaden 1987.
Periodica: Nachrichten zur M.forschung, Wien 1967 ff. Revue M. Review, Paris 1987 ff.
Literatur: BEKKER, P.: G. M.s Symphonien, Bln. 1921; Ndr. Tutzing 1969. MITCHELL, D.: G. M., Bd. 1 Ldn. 1958; rev. 1980, Bd. 2 und 3 Ldn. 1975 bzw. 1985. ADORNO, TH. W.: M. Eine musikalische Physiognomik, Ffm. 1960. STEPHAN, R.: G.M. IV. Symphonie G-Dur, Mn. 1966. Über G. M., hrsg. vom R. WUNDERLICH-VERLAG, Tübingen 1966. SCHNEBEL, D.. M.s Spätwerk als Neue Musik *in* Denkbare Musik, hrsg. von H. R. ZELLER, Köln 1972, 70–84. G. M. Symphonie und Wirklichkeit, hrsg. von O. KOLLERITSCH, Graz 1977. STEPHAN, R.: G.M. II. Symphonie c-Moll, Mn. 1979. DE LA GRANGE, H.-L.: G.M. Chronique d'une vie, 3 Bde., Paris 1979–84 [mit WV]; Bd. 1 engl. Ldn. 1974; erw. engl. Ausgabe, 4 Bde., Oxford und N.Y. 1995 ff. EGGEBRECHT. H.-H.: Die Musik G. Ms, Mn. 1982. SPONHEUER, B.: Logik des Zerfalls. Untersuchungen zum Finalproblem in den Symphonien G.M.s, Tutzing 1988. G. M., Mn. 1989 (MK Sonderbd.). DANUSER, H.: G. M. und seine Zeit, Laaber 1991 [mit WV und Bibl]. Das G.M.-Fest, Bericht, hrsg. von M. TH. VOGT, Kassel 1991. KRUMMACHER, FR.: G. M.s III. Symphonie. Welt im Widerbild, Kassel 1991. G. M., hrsg. von H. DANUSER, Darmstadt 1992. HANSEN, M.: G. M., Stg. 1996. G.M. und die Symphonie des 19. Jahrhunderts, hrsg. von B. SPONHEUER und W. STEINBECK, Ffm. 2001. FISCHER, J.M.: G.M. Der fremde Vertraute, Mn. und Wien 2003.

Bernd Sponheuer

Malipiero, Gian Francesco

Geb. 18. 3. 1882 in Venedig;
gest. 1. 8. 1973 in Treviso

Nachhaltige Eindrücke empfing M. durch seine Studien der älteren italienischen Musikgeschichte, insbesondere Monteverdis, in der Bilbioteca Marciana seiner Vaterstadt. Seit 1905 entstanden erste Kompositionen, denen er jedoch später die Anerkennung versagte (mit Ausnahme der *Sinfonia del mare* von 1906). Wichtige Station der Selbstfindung war die erste Folge der Orchesterstücke *Impressioni dal vero* (1910). Nicht die programmusikalische Naturschilderung, sondern die von Natureindrücken vermittelte poetische Idee wird hier gestaltet. Zugleich sind diese Kompositionen eine Reaktion gegen die »musica artificiosamente tematica«, d. h. gegen das Prinzip der thematischen Arbeit in der klassisch-romantischen Sinfonietradition. Nach der Lektüre von Gabriele d'Annunzios »Sogno d'un tramonto d'autunno« reiften erste Pläne zu einem Bühnenwerk. Der 1913–14 entstandene Einakter blieb unveröffentlicht. Die Reise zu d'Annunzio nach Paris vermittelte mit der »Sacre«-Uraufführung ein Schlüsselerlebnis. »Am Abend jenes 28. Mai 1913 erwachte ich aus einer langen, gefährlichen Lethargie«. M.s Liebe zum Theater fand einen besonders überzeugenden Ausdruck in den *Sette Canzoni* (Paris 1920), deren Rang und Bedeutung für das Musiktheater des 20. Jahrhunderts bis heute unterschätzt wird. Die Grundidee des Werkes ist, eine »canzone« zum musikalischen Kristallisationspunkt einer Szene des realen Lebens zu machen. Der episodenhafte Charakter und das vollständige Fehlen psychologischer Entwicklung stellen dieses Werk in schärfsten Gegensatz zur Oper des Verismo (→ Mascagni). Die Texte der sieben »canzoni« sind aus altitalienischer Dichtung geschöpft (Jacopone da Todi, Angiolo Poliziano, Luigi Alamanni); hier glaubte M. jenen »ritmo veramente italiano« wiederzufinden, der im »melodramma« verlorengegangen war. Auch die Musik zeigt archaisierende Züge, wohl ein erstes schöpferisches Ergebnis seiner Studien der älteren italienischen Musik. In den *Tre Commedie Goldoniane* (1920–22, Darmstadt 1926) wird das venezianische Leben, dem sich M. zeitlebens eng verbunden fühlte, in musikalische Klänge übersetzt: das Straßenleben in der *Bottega da caffè*, das häusliche Leben in *Sior Todaro Brontolon* und das Leben auf der Lagune in den *Baruffe Chiozzotte*. Der frei nach Goldoni gestaltete Handlungsverlauf führt wieder in größere Nähe zum traditionellen »melodramma«, so daß auch hier wiederum das ›Typenhafte‹ im Vordergrund steht. Zwischen Konzertsaal und Bühne steht das Mysterium *San Francesco d'Assisi* (1921, Perugia 1949), dessen vier Szenen den entsprechenden Giotto-Fresken aus dem Leben des Heiligen nachgestaltet sind. Gregorianik und Lauda treten erstmals als wichtige Wurzeln der Musiksprache M.s in Erscheinung. Eine Synthese aller Theatererfahrungen M.s ist der *Torneo notturno* (München 1931), der die mit den *Sette Canzoni* begonnene Linie zum Abschluß bringt. Nicht sieben »canzoni«, sondern eine einzige – Polizianos »Canzone del tempo« – steht im Zentrum, stets umgeformt entsprechend der jeweiligen dramatischen Situation.

Im Bereich der Instrumentalmusik waren dem ersten Zyklus der *Impressioni dal vero* ein zweiter (1915) und ein dritter (1921–22) gefolgt. Das Schlußstück des dritten Zyklus, *La Tarantella a*

Capri, läßt deutlich das Pariser »Sacre«-Erlebnis nachklingen, da auch M. hier rhythmischen und instrumentalen Elementen aus heidnischer Zeit nachspürt. Anfang der zwanziger Jahre setzt die lange Reihe der Streichquartette ein, die mit Nr. 3 *Cantari alla madrigalesca* (1931) ihren ersten Höhepunkt findet. Die formale Anlage ist weiträumiger als in den vorangehenden Quartetten, doch wird auf thematische ›Entwicklung‹ auch hier verzichtet. Der Titel will auf ›Kantabilität‹ als Stilprinzip hinweisen, die Schulung M.s an der Gregorianik, an der Lauda und am Madrigal Monteverdis wirkt also bis in instrumentale Werkgattungen hinein. In enger Beziehung zu den frühen Streichquartetten stehen die Sinfonien, deren Entstehung im Jahre 1933 einsetzt. M. knüpft in dieser Werkreihe an die vorklassische italienische Sinfonietradition des 17. und 18. Jahrhunderts an. Die Untertitel sind nicht im Sinne eines Programms zu verstehen, sondern im Sinne eines »stato d'animo«.

Einen ganz neuen Operntypus, den der ›Rezitativ-Oper‹, verkörpert M.s *Favola dei figlio cambiato* (Braunschweig 1934) auf eine Dichtung Luigi Pirandellos. Ein Aufführungsverbot Mussolinis verhinderte die weitere Verbreitung dieses Bühnenwerks. Zeitgeschichtliche Hintergründe hat auch die »Sinfonia eroica« *Vergilii Aeneis* für Soli, Chor und Orchester (1944), die der Komponist für eines seiner besten Werke hielt. M. erhebt hier Klage gegen die drohende Zerstörung Italiens in den Kriegsjahren 1943–44 und versucht, in Anlehnung an das Vergil-Epos einen ›lateinischen Mythos‹ zu begründen.

Noten: Suvini Zerboni (Mailand); Universal Edition (Wien); Chester (Ldn.); ab 1950 Ricordi (Mailand).
Dokumente: L'Orchestra, Bologna 1920. Il Teatro, ebd. 1920; Mailand ²1927. Claudio Monteverdi, Mailand 1929. Strawinski, Venedig 1945. Cossí va il mondo, Mailand 1946. Il Filo d'Arianna, Turin 1966. Tutte le opere di Claudio Monteverdi, Vittoriale degli Italiani 1926–42. Antonio Vivaldi, Opere, Mailand 1947 ff.
Literatur: STENZL, J.: Von G. Puccini zu L. Nono. Ital. Musik 1922–1952., Buren 1990. WATERHOUSE, J.G.: La Musica di G.Fr. M., Turin 1990 [mit WV, Bibl. und Schriftenverz.]. M., Scrittura e Critica [Kgr.-Ber.], hrsg. von M.T. MURARO, Florenz 1984. NOLLER, J.: M. una poetica e un'estetica *in* Rivista Italiana di Musicologia 26 (1991), 35–58. M., Maderna, 1973–1993, hrsg. von P. CATTELAN, Florenz 2000.

Dietrich Kämper

Marenzio, Luca
Geb. 1553 oder 1554 in Coccaglio bei Brescia; gest. 22. 10. 1599 in Rom

»Unter Kennern sind die Werke Luca Marenzios so gesucht und geachtet, daß sie nicht nur in Italien, sondern in aller Welt die höchste Wertschätzung genießen«, schrieb 1587 der Verleger Giacomo Vincenzi – also ein Vertreter der Berufsgruppe, die am meisten vom internationalen Ruhm M.s profitierte. Bis weit ins 17. Jahrhundert hinein fanden immer neue Auflagen der Madrigale M.s weite Verbreitung und sicherten den Verlegern große Gewinne. Gemessen an Gesualdo, der durch den Mord an seiner ersten Gattin eine etwas zweifelhafte Popularität erlangt hat, und Monteverdi, dessen Opern fast schon zum gängigen Repertoire gehören, ist M. heute ziemlich unbekannt. Jedenfalls war M. und nicht Monteverdi der repräsentative Madrigalkomponist des angehenden 16. Jahrhunderts.

In seiner Kindheit war M. als Chorknabe am Dom zu Brescia Schüler von Giovanni Contino, einem damals angesehenen Komponisten von Kirchenwerken und Madrigalen. Als Contino 1568 Brescia verließ und in den Dienst der Gonzaga in Mantua trat, nahm er den jungen M. sehr wahrscheinlich dorthin mit. M. wäre dann schon früh mit der Musik von de Wert in Berührung gekommen, der an Santa Barbara in Mantua Kapellmeister war. Jedenfalls verraten die Kompositionen M.s eine intensive Auseinandersetzung mit den Werken de Werts, wenn nicht sogar ein direktes Lehrer-Schüler-Verhältnis. Der englische Musikforscher D. Arnold beginnt sein Buch über M. mit dem Satz: »Marenzio ist der Schubert des Madrigals.« Obwohl man mit derartigen Vergleichen nicht vorsichtig genug sein kann, ist dieser doch geeignet, einen wesentlichen Aspekt des Madrigalschaffens M.s zu charakterisieren: Die in ihrer Art unübertroffene musikalische Textausdeutung dieser Kompositionen, denen neben vielen anonymen Gedichten Lyrik ersten Ranges von Dichtern wie Francesco Petrarca, Torquato Tasso und Giambattista Guarini zugrunde liegen, lassen in dieser Hinsicht M.s Madrigale mit Schuberts Liedern vergleichbar erscheinen.

M. stellte alle musikalischen Möglichkeiten, die der mehrstimmige Satz seiner Zeit bot, bedingungslos in den Dienst der Textdarstellung und des textgemäßen Ausdrucks; selbst so extreme Regelverstöße wie z. B. offene Quintparallelen wurden hingenommen, wenn sie sich vom Text her rechtfertigen ließen. Tonale Ausweichungen und Modulationen sind bei M. typisch für die Darstellung von Stimmungswechseln und plötzlichen Situationsveränderungen. Keine Bedeutungsnuance und kaum ein Einzelwort läßt M. bei der Umsetzung der Texte in Musik unberücksichtigt: So wird z. B. das Zahlwort »due« oft nur zweistimmig vertont; Begriffe, die Einigkeit, Gleichheit oder Festigkeit intendieren, lösen oft einen blockhaft in allen Stimmen gleichmäßig akkordisch fortschreitenden Satz aus. Textstellen, die Übertreibungen oder auch extrem schmerzliche Affekte ausdrücken, bewirken oft Melodiefortschreitungen in übermäßigen oder verminderten Intervallen, die im Zusammenhang meist herbe Dissonanzen und ›chromatische‹ Klangwirkungen mit sich bringen.

Anhand der Verwendung kontrapunktischer Techniken läßt sich besonders gut M.s radikale Ausnutzung aller musikalischen Möglichkeiten zur Textdarstellung erläutern. Wo von Abbildung und Nachahmung die Rede ist, verwendet M. einen imitatorischen Satzstil und führt die Stimmen bisweilen sogar im strengen Kanon. Widersprüche oder Gegensätze (z. B. Tod – Leben) nimmt M. bisweilen zum Anlaß, ein musikalisches Thema mit seiner Umkehrung oder seinem Krebs zu beantworten. Wo der Text ein Anwachsen oder Verkleinern beschreibt, kommt die Augmentation bzw. die Diminution zur Anwendung, und wo der Text räumliche oder zeitliche Enge schildert, greift M. nicht selten zum Mittel der Engführung. Eine solche Art zu komponieren birgt in sich die Gefahr einer quasi automatisierten, manieristischen Textumsetzung, der M. jedoch durch raffinierte und subtile Modifikationen und Verbindungen der Textdarstellungsmöglichkeiten fast stets wirksam zu begegnen weiß.

Nicht nur die musikalische Interpretation des Textes prägt M.s Kompositionsstil, sondern auch die inhaltliche Umdeutung der Textvorlage begegnet in seinem Schaffen. So z. B. in dem Madrigal *O voi che sospirate a miglior notti* (»O die ihr seufzt nach besseren Nächten«). Hier ersetzt M. »notti« durch »note« (»Noten«), deutet so den ganzen Text der Liebesklage ins Musiktheoretische um und diskutiert im Dialog zwischen Musik und kommentierendem Text das Problem der ›phrygischen Kadenz‹ derart, daß er in diesem Punkt die Lehre eines der bekanntesten Theoretiker seiner Zeit, Gioseffo Zarlino, verwirft. Das einzigartige besteht darin, daß M. hier eine Frage aus der Musiktheorie nicht einfach in einer Abhandlung diskutiert und anhand einer Komposition demonstriert, sondern daß das Werk selbst schon sowohl Darlegung als auch Beispiel ist.

Zwischen 1580 und 1599 wurden 17 Madrigalbücher M.s gedruckt; zu ihnen kommt noch eines mit *Madrigali spirituali* (»Geistliche Madrigale«; 1584), die vorzugsweise in nichtliturgischen Andachten gesungen worden sein dürften.

Außerdem schrieb M. noch fünf Bücher dreistimmiger Villanellen und Canzonetten, leichtere, für das gesellige Musizieren gedachte Stücke im Gegensatz zum Madrigal, das vor allem in den humanistischen Akademien gepflegt wurde und daher immer einen elitären Anspruch wahrte.

Neben den weltlichen Werken schuf M. noch zahlreiche geistliche Kompositionen, von denen allerdings ein großer Teil verlorengegangen ist. Abgesehen von einigen noch etwas unbeholfenen Frühwerken erweist sich M. in seinen Motetten als ein würdiger Vertreter der römischen Schule. Über mehr als zweieinhalb Jahrhunderte gehörte ein achtstimmiges *Magnificat* M.s zum festen Weihnachtsrepertoire der päpstlichen Kapelle, der er (nach allerdings nicht ganz sicheren Quellen) zeitweise angehört haben soll. Wohl der Klarheit und einfachen Würde des Stils verdanken diese Stücke, daß sich um die Mitte des 19. Jahrhunderts die Frühcäcilianer wieder um ihre Verbreitung und liturgische Verwendung bemühten.

M.s Wirkung strahlte weit über Italien hinaus; vor allem in England entwickelte sich um 1600 durch die intensive Auseinandersetzung Dowlands mit dem Stil M.s und durch die Nachahmung seiner Madrigale, deren Text ins Englische übertragen wurde, eine eigenständige Madrigaltradition und -pflege.

Noten: L. M. Sämtliche Werke 2 Bde. (nur Buch 1 bis 6 der fünfstimmigen Madrigale), hrsg. von A. Einstein, Lpz. 1929–1931; Ndr. Hildesheim 1967. L. M. Opera Omnia, hrsg. von B. Meier und R. Jackson, o. O. 1976 ff. (CMM 72). L. M. The Secular Works, hrsg. von S. Ledbetter und P. Myers, N. Y. 1977 ff. I cinque libri di canzonetti, villanelle et arie alla napolitana a tre voci di. L. M., hrsg. von M. Giuliani, Cles 1995 (Collana di musiche sacre e profane del XVI e XVII secolo, 22–26). The Complete Four Voice Madrigals, hrsg. von J. Steele, N. Y. 1995. The Complete Five Voice Madrigals, hrsg. von dems., N. Y. 1996.

Literatur: EINSTEIN, A.: The Italian Madrigal, 3 Bde., Princeton 1949; Reprint 1971 (vor allem Bd. 2, 608–688). ENGEL, H.: L. M., Florenz 1956. ARNOLD, D.: M., Ldn. 1965. LEDBETTER, S.: L. M. New Biographical Findings, Diss. Ann Arbor 1972. CHATER, J.: L. M. and the Italian Madrigal 1577–1593, 2 Bde., Ann Arbor 1981. JANZ, B.: Die Petrarca-Vertonungen von L. M. Dichtung und Musik im späten Cinquecento-Madrigal, Tutzing 1992. BIZARRINI, M.: M. La carriera di un musicista tra Rinascimento e Controriforma, Coccaglio 1997. SCHICK, H.: Musikalische Einheit im Madrigal von de R. bis Monteverdi, Tutzing 1998. L. M. in Early Music [Sonderheft] 27/4 (1999). SCHÖNECKER, H.: Das ästhetische Dilemma der italienischen Komponisten in den 1590er Jahren. Die Chromatik in den späten Madrigalen von L. M. und C. Gesualdo, Ffm. 2000.

Bernhard Janz

Marschner, Heinrich August

Geb. 16. 8. 1795 in Zittau; gest. 14. 12. 1861 in Hannover

Er war ein Komponist zwischen zwei Großen: zwischen Weber und Wagner – und der schmalste Platz, den er sich als der ›dritte‹ Komponist der deutschen romantischen Oper zu Lebzeiten erkämpfen konnte, ging bald verloren, und so ist – von ganz wenigen Ausnahmen abgesehen – M.s Werk heute weitgehend vergessen, und viele seiner Stücke dürften auch eher im Entwicklungszusammenhang etwa der deutschen romantischen Oper (etwa vergleichbar den Opern Spohrs) Bedeutung haben denn als eigenständige Kunstwerke.

M. erhielt zwar als Chorknabe in Zittau und Bautzen eine musikalische Ausbildung, aber erst während seines Jurastudiums in Leipzig intensive Förderung durch den Thomaskantor Johann Gottfried Schicht und entschied sich dann für die Musikerlaufbahn. Seit 1816 war er als Musiklehrer und Kapellmeister in Preßburg tätig; dort entstand auch seine erste Oper *Heinrich IV und d'Aubigné*, die von Weber 1820 in Dresden uraufgeführt wurde. Der Erfolg des Werkes bewog M., sich in Dresden niederzulassen, wo er zum Kreis um Ludwig Tieck und den »Freischütz«-Librettisten Friedrich Kind gehörte und sich für eine deutsche Nationaloper einsetzte. Gegen Webers Widerstand wurde M. 1824 Musikdirektor an der Hofoper, ging aber bereits 1826 ans Leipziger Stadttheater, wo er mit dem *Vampyr* (1828) und *Der Templer und die Jüdin* (nach Walter Scotts »Ivanhoe«, 1829) seine ersten großen Opernerfolge feiern konnte. 1830 folgte er einem Ruf an die Oper in Hannover, wo er bis 1859, also fast dreißig Jahre, blieb. Hatte ihn sein *Hans Heiling* (Berlin 1833) – auf ein Libretto von Ludwig Devrient, das eigentlich für Mendelssohn gedacht war – noch in die erste Reihe der deutschen Opernkomponisten gestellt, so blieb den späteren Stücken ein Erfolg in dem Maße verwehrt, als mit Meyerbeer und Wagner größere Komponisten die Bühne betraten, als sich aber auch das Genre der romantischen Oper erweiterte.

Wie Weber hat M. die romantische Oper vom Singspiel her zu entwickeln versucht; von wenigen Ausnahmen abgesehen, hat er an gesprochenen Dialogen festgehalten, wenn auch Finali und Ensembles mehr und mehr ausgebaut wurden. Besondere Bedeutung kann man seiner Stoffwahl zumessen. Anknüpfend an Mozarts »Don Giovanni« und sicherlich beeinflußt durch E. T. A. Hoffmann und Ludwig Tieck zielen seine zentralen Opern auf den problematischen, den gespaltenen Helden; hier geht er – mit Figuren wie dem Vampyr und dem Geisterfürsten Heiling – über Webers Personen hinaus und bereitet Konstellationen wie die des »Holländer« und des »Tannhäuser« dramaturgisch vor. Volkstümliches charakterisiert eher die jeweiligen Randfiguren der Opern. Man kann M. durchaus als einen Komponisten des Übergangs bezeichnen; so bleibt er den alten Formen weitgehend treu, auch wenn das Bemühen um eine je individuelle, text-generierte Struktur – zumal in den oft eigenwilligen Melodramen – spürbar ist. Ganz unzweifelhaft stand die Oper im Mittelpunkt seines Schaffens: Er schrieb dreizehn abendfüllende Werke, daneben Bühnenmusik, Singspiele und Ballette. Während er die Orchestermusik merkwürdig unbearbeitet ließ, schrieb er Kammermusik (Schumann lobte sein *Trio* op. 111) sowie Lieder und Chorwerke.

Dokumente: FISCHER, G.: M.-Erinnerungen, Hannover 1918. Von der Lucretia zum Vampyr – Neue Quellen zu M. Dokumente zur Entstehung und Rezeption der Lucretia. Anmerkungen zu M.s journalistischem Wirken, hrsg. von G. T. WAIDELICH, Tutzing 1996 [enth. vollst. Edition des Reisetagebuchs M.s von 1826–28].

Literatur: MÜNZER, G.: H. M., Bln. 1901. PFITZNER, H.: M. in Neue Musik-Ztg. 45 (1924), 134–139. KOHLER, V.: H. M.s Bühnenwerke, Diss. Göttingen 1956. PALMER, A. D.: H. A. M. His Life and Stage Works, Ann Arbor 1980, [2]1994. LIPPERT, TH.: Die Klavierlieder H. M.s,

Wiesbaden 1989. WEBER, B.: H. M. Königlicher Hofkapellmeister in Hannover, hrsg. vom NIEDERSÄCHSISCHEN STAATSTHEATER, Hannover 1995.

Wulf Konold

Martinů, Bohuslav

Geb. 8. 12. 1890 in Polička (Tschechien); gest. 28. 8. 1959 in Liestal bei Basel

»Sein Ziel ist ein neuer musikalischer Ausdruck und eine vollständige Übereinstimmung von Inhalt und Form …, entsprechend den Anforderungen des heutigen Fühlens und innerhalb der Möglichkeiten rein musikalischer Qualitäten« (*Domov*, 322). Die auf diesem Postulat basierende Suche nach einem Gleichgewicht der musikalischen Mittel kennzeichnete in unterschiedlicher Ausprägung das gesamte Schaffen M.s, nachdem er sich um 1922 vom Impressionismus des Frühwerks abgewandt hatte. Sein Umzug von Prag nach Paris im Jahr 1923 beruhte auf der Hoffnung, daß ihm die ungleich freiere Atmosphäre der französischen Hauptstadt, in der unterschiedliche Stilrichtungen koexistierten, mehr Anregungen geben und die zeitgenössische französische Musik seinen Vorstellungen weitaus näher kommen würde; so dienten gar die Unterrichtsstunden bei Roussel primär als Bestätigung seines neugewonnenen Ideals der absoluten musikalischen Werte. Den fulminanten Auftakt zu M.s experimentellster Phase, die er selbst als diejenige des »Dynamismus« bezeichnete (*Domov*, 239), bildete das mit seiner polytonalen Harmonik und hämmernden Rhythmik an Stravinsky gemahnende Orchesterrondo *Halftime* von 1924. Zu dieser Zeit spielte er außerdem in *La Fantaisie* für zwei Klaviere (1929) sowie im *Dritten Streichquartett* (1929) mit den Grenzen der Tonalität und setzte sich etwa in den Opern, die in Zusammenarbeit mit dem Dadaisten Georges Ribemont-Dessaignes entstanden, intensiv mit Elementen des Jazz auseinander: *Les Larmes du couteau* (1928, Brünn 1969), *Les Trois Souhaits* (1928–29, Brünn 1971) sowie *Le Jour de bonté* (1930, Budweis 2003).

Waren die ersten Pariser Jahre durch M.s Auseinandersetzung mit unterschiedlichen zeitgenössischen Strömungen geprägt, so wurde nach 1929 das genau gegenläufige Moment der Distanzierung zum bestimmenden Merkmal seines Schaffens. Das Vorhaben, nicht Neues um des Neuen willen zu komponieren, sondern die Musik wieder auf die ihr eigenen Grundlagen zu stellen, veranlaßte M. zu einer langjährigen Auseinandersetzung mit dem barocken Concerto grosso, die schließlich im *Konzert für Streichquartett und Orchester* (1931), im *Concerto grosso* (1937), den *Tre Ricercari* (1938) sowie im *Konzert für zwei Streichorchester, Klavier und Pauke* (1938) gipfelte. In M.s Aussage »Ich war nie Avantgardist« (*Domov*, 329) spiegelt sich seine Überzeugung, daß sämtliche für die Musik relevanten Fragen im Lauf der Geschichte längst gestellt worden wären und es nun darum ginge, diese in einer »Art Synthese der vergangenen Epochen« (*Domov*, 78) neu zu beantworten. Wollte er mit den Concerti grossi an die Grundlagen der Musik rühren, so plante er mit der zwischen 1931 und 1936 entstandenen tschechischen Bühnentrilogie eine Rückkehr zum »wirklichen Theater« (*Divadlo*, 206), indem er die Gattung Oper von der angesammelten »Schlacke« – den Folgen einer psychologisierten Handlung – zu befreien und zugleich das Publikum wiederzugewinnen beabsichtigte. Die Suche nach den Ursprüngen führte ihn bei der Stoffwahl zu Märchen (*Špaliček*; 1931–32, Prag 1933), Mysterienspielen (*Hry o Marii*, »Marienspiele«; 1933–34, Brünn 1935) sowie zur Commedia dell'arte (*Divadlo za bránou*, »Vorstadttheater«; 1935–36, Brünn 1936) und in der musikalischen Umsetzung zu einer freien Annäherung an die (mährische) Volksmusik. Nachdem er mit der Trilogie die Lücken der tschechischen Oper geschlossen und das Publikum für das zeitgenössische Musiktheater vorbereitet zu haben glaubte, wandte er sich mit der lyrischen Oper *Juliette* (1936–37, Prag 1938) neuen Zielen zu. Obwohl M. in diesem Werk auf das gleichnamige surrealistische Theaterstück von Georges Neveux zurückgriff, versuchte er keineswegs, surrealistische Postulate dogmatisch in Musik zu übersetzen, sondern vielmehr die Atmosphäre eines Traums einzufangen, indem er für dessen nicht auf Entwicklung basierende Logik eine musikalische Entsprechung suchte.

Nach dem Schock der 1941 erzwungenen Flucht in die USA veranlaßte ein von Serge Koussevitzky erteilter Auftrag M. nicht nur, die Kompositionstätigkeit sogleich wieder aufzunehmen, sondern führte auch zu einer intensiven Auseinandersetzung mit der klassischen Symphonik und damit im Jahr 1942 zur ersten seiner insgesamt sechs Symphonien. Indem er sich eng an den formalen Rahmen der klassischen Symphonie hielt, den er als längst gegeben erachtete, suchte er – wie bereits in seinen Concerti grossi – emotionale Ausbrüche zu vermeiden und strebte stattdessen eine ›musique pure‹ an, innerhalb deren Grenzen er den Gefühlen seiner Zeit gerecht werden wollte. Zugunsten seiner in den dreißiger Jahren entwickelten Fortspinnungstechnik, die aus einer einzigen motivischen »Zelle« (Domov, 276) ganze Sätze entstehen läßt, verzichtete M. dabei auf die Verwendung kontrastierender Themenpaare. Obwohl in der Tonalität verwurzelt, spielt die Harmonik im Gegensatz zur Motivik für den größeren Zusammenhang keine nennenswerte Rolle, da sie keinen durchgehenden Grundton aufweist, sondern die jeweilige Tonart nur innerhalb eng begrenzter Flächen festlegt. Während die ersten fünf Symphonien auf der Folie der klassischen Form entstanden, zeigte sich bei der für Charles Munch komponierten sechsten (1951–53), die den bezeichnenden Titel Fantaisies Symphoniques trägt, eine Tendenz weg von der »geometrischen« Anlage und hin zur freien Form der Fantasie, die in mehr oder weniger deutlicher Ausprägung das gesamte Spätwerk M.s bestimmen sollte. Daß mit der formalen Freiheit wiederholt eine programmatische Ausrichtung verknüpft war, zeigen etwa die Rafael Kubelík gewidmeten Les Fresques de Piero della Francesca (1955), die zwar auf eine deskriptive Wiedergabe der Fresken im Dom von Assisi verzichten, jedoch erklärtermaßen die Wirkung ausdrücken sollen, die sie auf M. ausgeübt hatten. Zeugen in M.s letzten Lebensjahren sowohl die intensive Korrespondenz mit seinen tschechischen Freunden als auch der Zyklus der Bureš-Kantaten (1955–59) von einer stetig wachsenden Sehnsucht nach der Heimat, so schlägt sich diese nur bedingt in seinen Hauptwerken nieder. Schließlich belegt neben dem Oratorium The Epic of Gilgamesh (1954–55) auch die Oper Die Griechische Passion (1956–59, Zürich 1961), daß sein Interesse an menschlichen Fragen zu umfassend war, als daß es sich in nationale Schranken zwängen ließe.

Noten: Schott (Mainz) [Gesamtausgabe in Vorbereitung].
Dokumente: Domov, hudba a svět [»Heimat, Musik und Welt«], hrsg. von M. ŠAFRÁNEK, Prag 1966. Divadlo B. M. [»Das Theater von B. M.«], hrsg. von DEMS., Prag 1979. B. M. Dopisy domů [»Briefe nach Hause«], hrsg. von I. POPELKA, Prag 1996.
Werkverzeichnis: HALBREICH, H.: B. M. Werkverz., Dokumentation und Biographie, Zürich 1968.
Bibliographie: ČERVINKOVÁ, B. u. a.: B. M. Bibliografický katalog. Bibliographical Catalogue, Prag 1990.

Literatur: ŠAFRÁNEK, M.: B. M. Život a dílo, Prag 1961; dt. als B. M. Leben und Werk, Kassel 1964. LARGE, B.: M., Ldn. 1975. ERISMANN, G.: M. Un Musicien à l'éveil des sources, Arles 1990. MIHULE, J.: M. Osud skladatele [»M. Ein Komponistenschicksal«], Prag 2002.

Ivana Rentsch

Mascagni, Pietro
Geb. 7. 12. 1863 in Livorno;
gest. 2. 8. 1945 in Rom

Unter den Komponisten des italienischen Fin de siècle nimmt P. M. eine Position ein, die – trotz des dominierenden Erfolges seiner Oper Cavalleria rusticana (nach Giovanni Vergas Novelle; Rom 1890) nicht umstandslos mit der literarischen Strömung des süditalienischen Verismo verknüpft werden kann. Cavalleria rusticana freilich erfüllt alle Anforderungen an eine »veristische« Oper – ein regionalistisch-süditalienische Sujet, eine neue Unmittelbarkeit in Librettodichtung und Personencharakteristik, eine Dramaturgie, in der die Ereignisse gleichsam atemlos, ›Schlag auf Schlag‹ aufeinanderfolgen, und eine Peripetie der Handlung, in der die Musik im Moment der Katastrophe (im »grido finale«) zum Schrei wird oder verstummt. Unter den fünfzehn Opern M.s aber befinden sich nur zwei, die umstandslos als »veristisch« zu klassifizieren waren, und überdies bildete Silvano (Mailand 1895) eher den Versuch, den Erfolg der Cavalleria durch ein ähnliches Sujet zu wiederholen. Wie auch im Falle Leoncavallos ereilte M. der Erfolg mit einer einaktigen Oper gleichsam über Nacht, während der Komponist selbst an einer anspruchsvollen, vieraktigen Partitur arbeitete, deren künstlerischer Wert ihm selbst immer über demjenigen von Cavalleria rusticana zu stehen schien. Diese Oper, Guglielmo Ratcliff nach Heinrich Heine (vollendet ca. 1888, aber erst 1895 an der Mailänder Scala uraufgeführt), repräsentierte nicht nur die erste véritable ›Literaturoper‹ in italienischer Sprache, d. h. einen Dramentext, der von einem Komponisten ohne wesentliche Änderungen als Opernlibretto vertont wurde, sondern spiegelt auch die Faszination der deutschen literarischen Romantik als Lokalkolorit auf den jungen Komponisten.

Der durchschlagende Erfolg von Cavalleria rusticana, die als Sieger aus dem Wettbewerb des Verlags Sonzogno um die beste Kurzoper hervorging, öffnete nicht nur dem jungen Komponisten über Nacht die Opernhäuser Italiens, sondern begründete auch die Mode süditalienischer Stoffe im italienischen Musiktheater des Fin de siècle. Die stilistischen Kennzeichen des »mascagnano«, vor allem die Ausrichtung des Orchestersatzes auf die Präsentation einer zündenden Melodie in der Oberstimme, können nur bedingt als Innovationen M.s angesprochen werden; viele Techniken finden sich in den Frühwerken Puccinis sowie in den Partituren Arrigo Boitos, Amilcare Ponchiellis und Alfredo Catalanis bereits vorgebildet. Während als nächster Komponist Leoncavallo mit seinen »Pagliacci« (Mailand 1892) einen ähnlichen Erfolg erringen konnte, verließ M. mit den beiden folgenden Opernpartituren – L'amico Fritz (Mailand 1891) und I Rantzau (Florenz 1892) – wieder das Fahrwasser veristischer Stoffe und favorisierte eine pastorale Handlungsführung mit elsässischem Lokalkolorit. Im Februar 1895 war endlich Guglielmo Ratcliff in der Mailänder Scala erklungen, M.s bisher anspruchsvollste Partitur; bis an sein Lebensende sollte der Komponist diese Partitur für sein wichtigstes Werk halten. Nach dem erfolglosen Versuch, mit einem veristischen Sujet aus der Feder von Giovanni Targioni-Tozzetti, dem Librettisten der Cavalleria, den Erfolg dieser Oper mit Silvano (Mailand 1895) zu wiederholen, wandte sich M. definitiv anderen Formen von Musiktheater zu. Bereits Zanetto (Pesaro 1893) zeigt einen gegenüber Cavalleria verfeinerten, lyrischen Stil, den M. in den folgenden Jahren weiter entwickeln sollte. Eine stilistische Wende stellte M.s Oper Iris (Mailand 1898) auf ein exotistisches Libretto Luigi Illicas dar; im Rahmen der folgenden Zusammenarbeit M.s mit Puccinis Librettisten entstanden noch die Opern Le maschere (Genf, Mailand, Rom, Turin, Venedig, Verona, Neapel 1901), die wegen des Versuchs einer gleichzeitigen Uraufführung in sieben Theatern Italiens Aufsehen erregte, und Isabeau (Buenos Aires 1911), deren Uraufführung die Krönung einer Südamerika-Tournee M.s bildete. M.s Eingehen auf Illicas dekadente Libretti der Spätzeit, als der Librettist nach dem Tode des Mitarbeiters nicht mehr für Puccini zu arbeiten vermochte, spiegelt die tiefliegende literarische Unsicherheit des Komponisten, einen eher handwerklichen Umgang mit dem Opernlibretto als Textgrundlage von Komposition. Nach dem allgemeinen Mißerfolg von Le maschere, vor allem aber nach den nur regional erfolgreichen Premieren von Amica (Monte Carlo 1905) und Isabeau (Buenos Aires 1911) kann es M. nicht verborgen geblieben sein, daß die große Zeit seines Opernthaters vorüber war. Nur unter dieser Prämisse wird die Art der Zusammenarbeit mit Gabriele d'Annunzio an der Oper Parisina (Mailand 1913) verständlich, bei der M. sich rühmte, jeden Vers und jedes Komma des bewunderten Dichters in Musik gesetzt zu haben. In dieser Partitur, deren Überlänge bereits nach der ersten Vorstellung eine Kürzung des vierten Aktes notwendig machte, assimilierte M. Elemente der neomadrigalistischen Tonsprache, die in der Bühnenmusik Ildebrando Pizzettis zu d'Annunzios Drama »La nave« (Rom 1909) erstmals Verwendung gefunden hatte. Die direkte Konkurrenz zwischen den d'Annunzio-Vertonungen M.s und Riccardo Zandonais (»Francesco da Rimini«; Mailand 1914), der M.s Schüler am Konservatorium in Pesaro gewesen war, führte zu einem dauernden Erfolg für Zandonai, während Parisina sich nicht durchzusetzen vermochte.

Nach dem Ende des Ersten Weltkriegs bildeten M.s Partituren nicht nur als Tonsatzkonstruktionen, sondern auch als Theater-Phänomene gleichsam Relikte aus einer fern gerückten, inzwischen ästhetisch problematisierten Epoche der Operngeschichte Italiens. Freilich entzog sich dieses Faktum noch für einige Jahrzehnte dem Blick der Zeitgenossen, da die Durchsetzung der ›Neuen Musik‹ auf dem Boden Italiens zuerst mit den festen Konventionen des italienischen Opernthaters, dann mit dem aufkommenden Faschismus zu kämpfen hatte. Als überzeugter italienischer Nationalist, als Gegner aller Strömungen der Moderne in der Kunst des 20. Jahrhunderts und als sozialer Aufsteiger, der es aus kleinsten Verhältnissen bis zum Präsidenten der »Reale Accademia d'Italia« gebracht hatte, war der Mensch M. gleichsam prädestiniert dazu, dem italienischen Faschismus als musikalische Galionsfigur zu dienen. Von frühen Ergebenheitstelegrammen an Mussolini, den »neuen Messias Italiens«, bis zu den beständigen Bitten um eine Audienz beim Duce entsteht aus der erhaltenen Korrespondenz das Bild eines Faschisten aus Opportunität; nicht zufällig war es M., der nach Toscaninis Weggang aus Italien dessen offizielle Funktionen am Teatro alla Scala übernahm. Die letzten Opern, sowohl Il piccolo Marat nach einem Libretto von Giovacchino Forzano (Rom 1921) als auch die ›römische‹ Propagandaoper Nerone nach Pietro Cossas Drama von 1872 (Targioni-Tozzetti; Rom 1935), spiegeln M.s politische Parteinahme. In ihnen überlebte das traditionelle »melodramma« Italiens nur als Hülle politischer Propaganda, obwohl M.s Musiksprache niemals den Boden solider handwerklicher Faktur verließ.

Noten: Sonzogno (Mailand); Ricordi (Mailand). *Dokumente:* Il Cinquantenario della »Cavalleria rusticana«. Lettere ai librettisti, Mailand 1940. *Literatur:* P. M. nel primo centenario della nascità, Livorno 1963 [mit Briefen]. P. M., hrsg. von M. MORINI, Mailand 1964 [mit Briefen]. Voss, E.: Verismo in der Oper *in* Musikforschung 31 (1978), 303–313. NICOLAISEN, J. R.: Italian Opera in Transition, 1871–1893, Ann Arbor 1980. NICOLODI, F.: Musica e musicisti nel ventennio fascista, Fiesole 1984. MAEHDER, J.: The Origins of Italian ›Literaturoper‹. Guglielmo Ratcliff, La figlia di Jorio, Parisina and Francesca da Rimini *in* Reading Opera, hrsg. von A. GROOS und R. PARKER, Princeton 1988, 92–128. Studi su P. M. Atti del 1⁰ Convegno Internazionale di Studi su P. M., Mailand 1987. M. e l'»Iris« fra simbolismo e floreale. Atti del 2° Convegno di Studi su P. M., hrsg. von M. MORINI und P. OSTALI, Mailand 1989. »Cavalleria rusticana« 1890–1990 Cento anni di un capolavoro, hrsg. von P. und N. OSTALI, Mailand 1990. M. ritrovato – L'uomo, il musicista, hrsg. von C. CRISCIONE, Mailand 1995 [Kgr.-B.]. P. M. Epistolario, hrsg. von M. MORINI, R. IOVINO u. a., Lucca 1996, ²1998.

Jürgen Maehder

Massenet, Jules Emile Frédéric

Geb. 12. 5. 1842 in Montaud/Loire; gest. 13. 8. 1912 in Paris

Die künstlerische Biographie M.s hat sich zwischen zwei Kriegen entfaltet: Ein Jahr nach dem Ende des deutsch-französischen Krieges 1870–71 feierte er mit der opéra comique *Don César de Bazan* seinen ersten Erfolg als Opernkomponist, und zwei Jahre vor Ausbruch des Ersten Weltkrieges beendete er mit der opéra tragique *Roma* eine beispiellose Karriere, die aus einer Kette von Erfolgen bestanden hatte. In den vier Jahrzehnten seines Schaffens, in denen das Leben der Dritten Republik sich den glänzenden Rahmen einer »belle époque« schuf und die französische Musik einen bedeutenden Aufschwung nahm, entstanden rund dreißig Opern, von denen mehr als zwanzig ihre szenische Realisierung erlebten.

M. begründete sein kompositorisches Renommee innerhalb von nur vier Jahren: Die Uraufführung zweier oratorienartiger Werke – des drame sacré *Marie Madeleine* (Paris 1873) und des mystère *Eve* (Paris 1875) – und seiner ersten großen Oper, *Le roi de Lahore* (Paris 1877), trugen ihm die Zustimmung des Publikums, den Respekt der Kollegen ein und machten ihn zu einem führenden Repräsentanten der jungen französischen Komponistengeneration. Schon in diesen ersten Werken werden musikalische Eigenheiten sichtbar, die M.s gesamtes Œuvre prägen und seinen Erfolg verbürgen sollten: neben der sicheren Beherrschung des musikalischen Handwerks und einem ausgeprägten Sinn für Klanglichkeit das von vielen Komponistenkollegen beneidete Gespür für die Bühnenwirksamkeit seiner kompositorischen Mittel und nicht zuletzt das Bestreben, dem Publikumsgeschmack entgegenzukommen. Mit *Manon* (nach dem Roman des Abbé Prévost; Paris 1884) erreichte M. seinen künstlerischen Durchbruch, und mit den nur wenige Jahre später uraufgeführten Opern *Werther* (nach Goethe; Wien 1892) und *Thaïs* (Paris 1894) – beide hatten einen überwältigenden Erfolg – war er unbestritten der erste unter den französischen Opernkomponisten.

Obwohl Herkunft, Charakter und historische Zeit der Stoffe, die M. für seine Opern wählte, sehr unterschiedlich waren – biblisches Sujet (*Hérodiade*; Brüssel 1881), Märchen (*Cendrillon*; Paris 1899), mittelalterliche Legende (*Grisélidis*, Paris 1901; *Le Jongleur*, Paris 1902), Ritterdrama (*Le Cid*; Paris 1885), empfindsame Romane des 18. Jahrhunderts (*Manon, Werther*), aktuelles Zeitereignis (*La Navarraise*; London 1894) –, blieben in ihnen allen der Stil und der besondere musikalische Tonfall M.s weitgehend gleich. Im Grunde war der jeweilige Kontext der Opern weniger ein dramatisches Moment im engeren Sinne als eine Art Folie, von der sich die Protagonisten abhoben, die fast ausschließlich Frauengestalten waren – »grandes amoureuses«, deren Schicksal tragisch endete. Wenn hierin schon ein Schlüssel zum Erfolg der Opern M.s lag, so kam dazu seine stupende Fähigkeit, alle Mittel theatergerecht einzusetzen, Text, Musik und Handlung auf vielfältigste Weise zu verbinden: in großen musikalischen Bildern, die er mit den Klangmöglichkeiten des virtuos behandelten Orchesters entwarf, oder in komplexen Szenenblöcken, in denen ursprünglich selbständige Formen wie Arien oder Ensembles zu übergreifender dramatischer Einheit gefügt wurden. M.s kompositorische Originalität prägte sich vor allem im Bereich der Melodiebildung aus, einer von einem lyrischen Grundzug getragenen Melodik, die sich in zwei charakteristischen Grundtypen manifestiert: in der weitgespannten lyrischen Kantilene und in einer kleinmotivischen, feste Melodiestrukturen auflösenden Form, in der die Motive – bald einem natürlichen Sprachfluß sich annähernd, bald die wechselnden Gefühlsregungen der handelnden Personen nachzeichnend – den Nuancen des Textes folgen und ihn mit gleichsam gestischer Beredsamkeit kommentieren.

Einflüsse anderer Komponisten, die sich in M.s Opern durchaus finden, blieben ohne tiefgreifende Folgen für seinen Stil. Wenn in *Esclarmonde* die Wagnersche Leitmotivtechnik verwendet wird, wenn *La Navarraise* Einflüsse des italienischen Verismo zeigt, so wirkt dies, als hätte M. musikalische Möglichkeiten solcher Art lediglich als Ausweis einer gewissen Modernität gebraucht, ohne dabei die Popularität seiner Musiksprache aufs Spiel zu setzen.

Wenn die musikalische Qualität der zahlreichen Opern, die M. mit Regelmäßigkeit komponierte und aufführte (er war von unermüdlichem Fleiß), von Werk zu Werk wechselte, so blieben die Grundzüge seiner Kompositionsästhetik über die vielen Jahre seines Wirkens nahezu unverändert; bis zu den letzten Werken ist seiner Musik jener sinnliche Reiz eigen, den sein Publikum rühmte, den es erwartete und honorierte – von dem auch Debussy beeindruckt war und den er doch vollkommen durchschaute, wie seine kritisch-wohlwollende Bemerkung bezeugt, M. habe aus der Musik etwas wie eine »liebenswürdige Spezialität« gemacht. Von den Veränderungen, die sich in der Musik zu Beginn des 20. Jahrhunderts vollzogen, nahm M. im Grunde keine Notiz. Er blieb ein Komponist des 19. Jahrhunderts, und wenn seine Opern ›zeitgemäß‹ waren, so wohl in dem Sinne, daß sie die Erwartungen eines spätbürgerlichen Publikums erfüllten; die Tatsache, daß seine Opern überwiegend tragische Geschehnisse schildern, aber ohne sozialkritische Töne oder politische Anklage sind, zeigt, daß es die ungestörte Unterhaltung des Publikums war, der seine Musik dienen wollte.

Noten: Heugel (Paris).
Dokumente: Mes souvenirs (1848–1912), Paris 1912; dt. Mein Leben. Autobiographie, hrsg. von R. ZIMMERMANN, Wilhelmshaven 1982.
Literatur: DELMAS, M.: M. sa vie, ses œuvres, Paris 1932. BRUYR. J.: M., musicien de la belle époque, Lyons 1964. HARDING, J.: M., Ldn. 1970. MARSCHALL, G. R.: M. et la fixation de la forme mélodique française, Saarbrücken 1988. IRVINE, D.: M. A chronicle of his life and times, Portland 1994. BRANGER, J.-CHR.: Manon de J. M. ou le crépuscule de l'opéra-comique, Metz 1999.

Renate Groth

Méhul, Nicolas Étienne

Geb. 22. 6. 1763 in Givet (Ardennes);
gest. 18. 10. 1817 in Paris

Welche musikhistorische Bedeutung man M. schon im frühen 19. Jahrhundert allgemein zuerkannte, erhellt sich aus dem Urteil François-Joseph Fétis', der in einem großen Artikel seiner »Biographie Universelle« (1837 ff.) den Komponisten als »chef de L'école française« würdigte. Dem ist auch aus heutiger Sicht voll zuzustimmen, sofern man sich vergegenwärtigt, daß M.s Zeitgenossen noch nicht der Idee einer nationalen Musikgeschichte im Sinne des späten 19. Jahrhunderts anhingen. Unter französischer oder italienischer Musik verstanden sie geographisch nur locker verankerte Stiltraditionen (in der damals verbreiteten Terminologie etwa »musique savante« und »musique chantante«), die prinzipiell der freien Verfügung des Komponisten unterlagen. Gerade während jener zweieinhalb Jahrzehnte vom Beginn der Revolution bis zum Sturz Napoleons, in denen die wichtigsten Werke M.s entstanden, entwickelte sich Paris zum Schmelztiegel unterschiedlicher musikalischer Traditionen. Es entstand eine Musik, die nur noch ihrer Herkunft nach ›französisch‹ genannt werden konnte, tatsächlich eine europäische war und nicht zuletzt deshalb breite Wirkungen zu entfalten vermochte. Unter den bedeutenden Komponisten, die damals in Paris wirkten (z. B. François-Joseph Gossec, Henri Montan Berton, Cherubini, Jean-François LeSueur), war es vor allem M., der mit Staunen erregender Vielseitigkeit die verschiedenen musikalischen Institutionen, Gattungen und Stile beherrschte und maßgeblich prägte. Mit der musikdramatischen Schule Glucks und seiner französischen Nachfolger ebenso vertraut wie mit der zeitgenössischen deutschen Instrumentalmusik, vor allem Haydns, erwies er sich später auch als versierter Kenner des italienischen Idioms. Obwohl im Mittelpunkt seiner künstlerischen Interessen stets die Oper stand, tat er sich am Beginn seiner Karriere auch als Klavierkomponist, an deren Ende als bedeutender Symphoniker hervor.

Seine zahlreichen politischen Auftragswerke waren ihm willkommener Anlaß für musikalische Experimente vorzugsweise klangräumlicher Art, die über die Möglichkeiten des Theaters und Konzertsaals hinausgingen und deren Ergebnisse sogleich Eingang in sein reguläres Schaffen fanden. Unablässig bemüht, der Musik neue Ausdrucksbereiche zu erschließen, mischte er vorhandene Gattungen und Stile. Im Bereich der dramatischen Musik glich er opéra, opéra comique, Ballett und mélodrame einander an, aber auch innerhalb der opéra comique, jener Gattung, der die meisten seiner Bühnenwerke angehören, erprobte er ständig neue Genres: Vom klassizistischen Drama (*Stratonice*, François-Benoît Hoffman; 1792) bis zur Rettungsoper (*La caverne*, Jean François Le Sueur; 1795), vom »genre troubadour« (*Ariodant*, Hoffman; 1799) bis zur Farce (*Une folie*, Jean-Nicolas Bouilly; 1802), von der Buffa-Adaptation (*L'Irato ou L'Emporté*, Benoît-Joseph Marcolier des Vivetières; 1801) bis zur biblischen Oratorienoper (*Joseph*, A. Duval; 1807), um nur die wichtigsten Ausdifferenzierungen zu benennen. Zu den operngeschichtlichen Neuerungen, die durch M. entscheidend befördert wurden, zählen vor allem die Entwicklung der Motivtechnik, die Emanzipation des Klanges sowie die Erschließung der Szene als eines musikalischen Raumes. Bereits mit seiner ersten zur Aufführung gelangten Oper *Euphrosine ou Le Tyran corrigé* (Valadier; 1790) übernahm M. das von Gluck und seinen Nachfolgern (vor allem Cherubini in »Démophon«, 1788) für die opéra eingeführte Verfahren der Motivdurchführung in die opéra comique, wobei er dessen dramatische Möglichkeiten vor allem im Sinne semantischer Charakterisierung bedeutend verfeinerte (zum Beispiel in dem wegen seiner dramatischen Doppelbödigkeit noch von Berlioz bewunderten Eifersuchtsduett). In den folgenden Opern, vor allem *Ariodant*, entwickelte er daraus eine bereits erstaunlich ausgereifte Technik des Erinnerungsmotivs. Die Vorliebe für neuartige Instrumentationseffekte teilte M. mit anderen Komponisten seiner Zeit, nur erwuchs bei ihm daraus eine am Gesamtwerk orientierte Klangdramaturgie, so etwa in den präromantischen Ossian-Tönen von *Mélidore et Phrosine* (Arnault; 1794) und *Uthal* (J.M.B. Bins de Saint-Victor; 1806) oder in der kalkulierten Schlichtheit des alttestamentlichen *Joseph*. Die in den Festmusiken (z. B. *Chant national du 14 Juillet 1800*) erprobte großräumige Mehrchörigkeit diente M. in den Opern zur klangräumlichen Strukturierung der Tableaus (vor allem in *Uthal* und *Joseph*), die dadurch eine ungewöhnliche dramatische Intensivierung erfuhren. Seine zwischen 1808 und 1810 entstandenen und veröffentlichten vier *Sinfonien* (Nr. 3 und Nr. 4 wurden erst 1979 von David Charlton aus den Stimmen rekonstruiert; eine fünfte Sinfonie blieb Fragment) gehen vor allem in der Verdichtung der motivischen Arbeit über das Haydnsche Vorbild weit hinaus und entsprechen insofern dem Standard des mittleren Beethoven. Die *Erste Sinfonie g-moll* ist während des 19. Jahrhunderts besonders in Deutschland und England immer wieder aufgeführt worden, unter anderem von Mendelssohn und Carl Reinicke. Die Nachwirkung M.s in ganz Europa war lang und nachhaltig und reichte weit hinaus über die unmittelbare Präsenz seiner Werke.

Noten: Euphrosiene et Coradin ou Le Tyran corrigé [Partitur], Paris [1791], Ndr. N.Y. und Ldn. 1980 (Early Romantic Opera 38). Ariodant [Partitur], Paris [um 1814], Ndr. N.Y. und Ldn. 1978 (ebd., 39). Uthal [Partitur], Paris [1806], Ndr. N.Y. und Ldn. 1978 (ebd., 40). Joseph [Partitur], Paris [1807], Ndr. N.Y. und Ldn. 1979 (ebd., 41). Mélidore et Phrosine, hrsg. von M.E.C. BARTLET, Stuyvesant und N.Y. 1990 (French Opera in the 17th and 18th Centuries 73). Stratonice, Repr. der Ausg. Paris, Cousineau von 1792, hrsg. von DERS., ebd. 1997 (ebd. 72b).

Literatur: POUGIN, A.: M., Paris 1889, Ndr. Genf 1973. CHARLTON, D.: Orchestration and Orchestral Practice in Paris, 1789–1810, Diss. Cambridge 1973. SURIAN, E.: Il mito dell'eroismo e la funzione politica della musica: il »Chant du départ« (1794) di M. in Mitologie. Convivenze di musica e mitologia, hrsg. von G. MORELLI, Venedig 1979. BARTLET, M.E.C.: E.N.M. and Opera. Source and Archival Studies of Lyric Theatre during the French Revolution, Consulate and Empire, (Chicago [1]1982); Heilbronn [2]1999 (Études sur l'opéra français du XIX. siècle 4).

Sieghart Döhring

Mendelssohn Bartholdy, Felix Jacob Ludwig

Geb. 3. 2. 1809 in Hamburg;
gest. 4. 11. 1847 in Leipzig

»Er ist der Mozart des 19. Jahrhunderts, der hellste Musiker, der die Widersprüche der Zeit am klarsten durchschaut und zuerst versöhnt« – so charakterisierte Schumann seinen Freund anläßlich der Rezension des *Klaviertrios* op. 49 (Gesammelte Schriften über Musik und Musiker, Leipzig o. J., Bd. 3, 35) und traf damit einen zentralen Punkt in der Auseinandersetzung mit Persönlichkeit und Werk jenes Komponisten, an dem – um ein Wort von Schönberg umzudeuten – die zweite Hälfte des Jahrhunderts ›schlecht machte, was die Zeitgenossen an ihm gut gelassen hatten‹. In der Tat: bei keinem anderen Komponisten des 19. Jahrhunderts, vielleicht Meyerbeer ausgenommen, schlägt das Pendel der Rezeption so abrupt um: Galt M. bei seinem frühen Tode unbestritten als der erste Komponist Europas, so dauerte es nur wenige Jahre, und man machte sich Wagners – zuerst anonym geäußertes – Votum zu eigen, in dem er formulierte: »Dieser [M.] hat uns gezeigt, daß ein Jude von reichster spezifischer Talentfülle sein, die feinste und mannigfaltigste Bildung, das gesteigertste, zartempfindende Ehrgefühl besitzen kann, ohne durch die Hilfe aller dieser Vorzüge es je ermöglichen zu können, auch nur ein einziges Mal die tiefe, Herz und Seele ergreifende Wirkung hervorzubringen, welche wir von der Kunst erwarten, weil wir sie dessen fähig wissen, weil wir diese Wirkung zahllos oft empfunden haben, sobald ein Heros unsrer Kunst, so zu sagen, nur den Mund auftat, um zu uns zu sprechen« (»Das Judentum in der Musik«, in Wagner: Sämtliche Schriften und Dichtungen, Bd. 5, 79).

Die Verbindung von Kunsturteil und Antisemitismus, bei Wagner zudem noch autobiographisch gefärbt (er fühlte sich mit seinen frühen Opern von M. nicht ausreichend beachtet), prägt bis in unsere Zeit – und mit einem unrühmlichen Höhepunkt während der Nazi-Herrschaft – die landläufige M.-Rezeption; heutige Urteile, die an M.s Musik die ›Glätte‹, ›Weichheit‹, das ›Musterschülerhafte‹ der Formprägung, die ›nazarenisch gelecke Verzückung‹ der Oratorien, die ›nervöse Rastlosigkeit‹ und ›verdrängte Lebens-Unruhe‹ kritisieren, verwenden oft unbewußt antisemitisch intendierte Urteile Wagners.

Es wäre Selbsttäuschung, wollte man ein M.-Bild zeichnen, das diese verwickelte, gut einhundertfünfzig Jahre alte Rezeption außer acht ließe; gerade dann nämlich bestünde die Gefahr einer Deutung, welche die heutige – von eben dieser Geschichte geprägte – Haltung zu M. verfehlt.

M. wurde als Sproß einer reichen Bankiersfamilie geboren; er war das zweite Kind des Bankiers Abraham Mendelssohn und seiner Frau Lea, geb. Salomon; die 1805 geborene Schwester Fanny, die ähnlich reiche musikalische Begabungen hatte wie ihr jüngerer Bruder und auch eine vergleichbare Ausbildung erhielt, kam jedoch – aufgrund der Rolle der Frau im öffentlichen Leben des Biedermeier und der patriarchalischen Haltung der Familie – nie zu größerer öffentlicher Wirkung; erst heute entdeckt man sie als Komponistin wieder (→ Heusel).

Abraham Mendelssohn war der Sohn des Philosophen Moses Mendelssohn, dessen Schriften zur Aufklärung und zur Toleranz zwischen Rassen und Religionen seinen Freund Gotthold Ephraim Lessing bewegten, ihm mit der Figur des »Nathan« ein dramatisches Porträt zu widmen. M.s reiches Frühwerk, dem sich die Wissenschaft erst seit dem M.-Gedenkjahr 1959 vermehrt zugewandt hat und das noch heute zu großen Teilen unpubliziert ist, zeigt die kompositorisch leichte Hand des Jünglings. Dabei wird deutlich, daß sein Kompositionslehrer Friedrich Zelter, der Leiter der Berliner Singakademie und Goethe-Freund, seinen Zögling eher in konservativem Geiste aufwachsen ließ; selbst Beethoven, der damals ja noch Zeitgenosse war, wurde eher gegen als mit dem Lehrer rezipiert.

Der Durchbruch zur kompositorischen Individualität gelang M. in den Jahren 1825–26 mit Werken wie dem *Oktett* op. 20 und der *Ouvertüre zum »Sommernachtstraum«* op. 21 – und wenn man will, so ist in diesen Stücken des Sechzehn- und Siebzehnjährigen bereits ein M.scher Personalstil ausgeprägt, der sich in den kommenden Jahren zwar noch vertiefte und erweiterte, aber nicht mehr grundsätzlich veränderte – erst im Todesjahr 1847 sind Elemente eines ›Reifestils‹ zu konstatieren – zu dessen Ausbildung es dann nicht mehr kam. M.s Stil ist durchaus mit den Epitheta zu charakterisieren, die schon die Zeitgenossen verwendeten: so rühmte man damals bereits seine »Elfenmusik« – eine brillant instrumentierte, leichthändig-bewegliche Musik, oft mit Perpetuum-mobile-Charakter –; geprägt von diesem neuen Duktus sind vor allem die Scherzi des *Oktetts*, des *Streichquartetts* op. 12, aber auch zahlreiche frühe Klavierstücke. Schon an diesen frühen Werken, zumal in den *Streichquartetten* op. 12 und 13 (1827, 1829), läßt sich M.s spezifische Auseinandersetzung mit dem Vorbild Beethoven festmachen. Seine ›lyrische‹ Themenerfindung, die eher liedhafte und in sich abgeschlossene Gebilde erzeugt, steht thematischer Arbeit im Sinne des

Wiener Klassikers eher im Wege. M. löst das Problem, indem er seine Themen nicht aufsplittert, sondern durch Veränderungen der Harmonisierung, Artikulationsart und Klangfarbe neu beleuchtet, die weniger geschlossen strukturierten Zwischensätze und Überleitungen aufwertet und deren thematisches Material für die Durchführung nutzt. Und schließlich bilden innerhalb der Durchführungen kontrapunktische Techniken weit mehr als bei Beethoven eine zusätzliche Strukturebene.

Fast noch mehr als mit seinen frühen Talentproben rückte M. ins Licht der Öffentlichkeit mit einer interpretatorischen Tat: gegen den hinhaltenden Widerstand seines Lehrers Zelter setzte er – genau einhundert Jahre nach der Leipziger Uraufführung – die Wiederaufführung von Bachs »Matthäus-Passion« durch, und diese Aufführung am 11. März 1829 in der Berliner Singakademie eröffnete eine breite Bach-Rezeption, die das Werk des Thomaskantors – vor allem das Vokalwerk – zum ersten Mal einer breiten Öffentlichkeit zugänglich machte. Beides – das eigene kompositorische Werk wie die interpretatorischen Bemühungen um die Musik Bachs und auch Händels – sind von nun an nicht mehr voneinander zu trennen, Komponist und Interpret sind eine Einheit. Die Wiederentdeckung der alten Musik prägt M.s Tonsprache ebenso wie seine Gattungswahl: Als erster Komponist von Rang befaßte sich M. im 19. Jahrhundert intensiv – und wohl wissend um die ästhetischen Probleme – mit geistlicher Musik; seine Oratorien, Psalmen und Motetten reflektieren die Schwierigkeit einer geistlichen Musik in einem säkularen Zeitalter, einer Musik also, die ihren Kunstanspruch behauptet und so nach einem eigenen Ort außerhalb des Gottesdienstes sucht.

An die erfolgreiche Aufführung der »Matthäus-Passion« schloß sich für M. so etwas wie eine ›Kavalierstour‹ durch Europa an: Gut zweieinhalb Jahre reiste er durch Süddeutschland, Italien, die Schweiz, Frankreich und England; 1832 kehrte er nach Berlin zurück. Der Aufstieg des Komponisten M. hatte einige Rückschläge erlitten: In Frankreich hatte das Orchester François Habenecks die Uraufführung der *Reformations-Symphonie* op. 107 (1829–30) abgelehnt – man attestierte ihr »zu viel Fuge, zu wenig Melodie«. M. brachte das Stück zwar in Berlin zur Aufführung, zog es dann aber zurück und wollte es nicht aufgeführt wissen – in gewisser Weise nahm er damit Abschied von einer experimentierenden Phase seines Schaffens, die ihn in der Tendenz der Formsprengung und poetischen ›Aufladung‹ symphonischer Musik in die Nähe von Berlioz gebracht hatte. Nur die in derselben Zeit konzipierte, aber erst mehr als zehn Jahre später fertiggestellte Kantate *Die erste Walpurgisnacht* op. 60 (1831–32) spiegelt noch diese kurze Schaffensphase.

Der nächste Rückschlag in der von der Familie präzis geplanten Karriere folgte in Berlin: auf Wunsch der Eltern und gegen das eigene Gefühl bewarb er sich um die Nachfolge seines Lehrers Zelter in der Leitung der Singakademie – doch wiederum antisemitische Tendenzen verhinderten eine Berufung: Stattdessen wählte man den unbedeutenden Friedrich Rungenhagen. M. zog daraus seine eigenen Konsequenzen: Er nahm 1833 die Berufung als Musikdirektor nach Düsseldorf an, wo er nicht nur für das Konzertleben, sondern auch für die evangelische und katholische Kirchenmusik zuständig war, und wechselte 1835 auf die Position des Gewandhauskapellmeisters in Leipzig, das nun für gut zehn Jahre das Zentrum seines öffentlichen Wirkens als Kapellmeister, Orchestererzieher, Kammermusiker und Begleiter wurde.

Im Mittelpunkt des Schaffens stand um die Mitte der 1830er Jahre das Oratorium: M. komponierte den *Paulus* op. 36 (1832–36) und versuchte darin den protestantischen Gemeindechoral in die Form des Händelschen Oratoriums einzubeziehen. Die Uraufführung am 22. Mai 1836 beim Rheinischen Musikfest in Düsseldorf war ein großer Erfolg, löste aber zugleich kontroverse ästhetische Reaktionen aus. Schumann versuchte, in einem ausführlichen Artikel in der »Neuen Zeitschrift für Musik« anhand eines unmittelbaren Vergleichs von Meyerbeers »Hugenotten« und M.s *Paulus* die Widersprüche der Zeit aufzuzeigen und fand bei M. die Versöhnung der Gegensätze; andere, die auf dem ›klassizistischen Formenkanon‹ bestanden, warfen dem Werk eine unzulässige Vermischung der Genres und Stile vor.

Es folgten zahllose Aufführungen des *Paulus* unter M.s eigener Leitung; daneben entstanden einerseits der 42. Psalm *Wie der Hirsch schreit* op. 42 (1837–38), andererseits die drei *Streichquartette* op. 44 (1837–38); und das Bild rundet sich, wenn man berücksichtigt, daß zugleich die *Praeludien* für Klavier op. 35 (1832–37) sowie einige Hefte *Lieder ohne Worte* entstanden. M.s Werk ist in diesen Jahren nicht leicht auf einen Nenner zu bringen: Der Hinwendung zu einem romantisch gefärbten ›stile antico‹ scheint die Idee des poetischen Klavierstücks zu widersprechen, die klassische Gattung des Streichquartetts knüpft an Beethoven – allerdings eher den Beethoven der Quartette op. 59 als den der späten Quartette – an, die vierstimmigen *Lieder im Freien zu singen* op. 41 (1834–37) inaugurieren die Gattung der volkstümlich romantischen A-capella-Musik, die mit Liedern wie *Wer hat dich, du schöner Wald* M.s Namen weithin bekannt gemacht hat, zugleich aber auch in ihrer Absolutsetzung die Vielfalt seines Schaffens zu verdecken drohte.

Anfang der vierziger Jahre wandte sich M. neuen Projekten zu: zum einen entstand mit dem *Lobgesang* op. 52 (1839–40) eine Symphonie-Kantate, die über den Anlaß – ein Gutenberg-Jubiläum in der Druckerstadt Leipzig – hinaus eine erneute ästhetische Diskussion hervorrief: Doch der naheliegende Vergleich mit Beethovens »Neunter Symphonie« verdeckt erneut eher das Problem, als daß er erhellend wirkte – er verfehlte nämlich die offensichtliche geistliche Ausrichtung des Werkes, das in gewisser Weise in den Symphonien Mahlers, zumal der »Zweiten Symphonie«, seine Fortsetzung fand.

Als 1840 in Berlin Friedrich Wilhelm IV. den Thron bestieg, versuchte er, M. nach Berlin zurückzuholen – der Komponist ließ sich vorübergehend darauf ein, entschied sich aufgrund des »berlinischen Zwitterwesens« aber dann doch für Leipzig. Immerhin verdanken wir dem Berliner Experiment eine neue Ausrichtung des Schaffens – im Verein mit Ludwig Tieck versuchte M., die griechischen Dramen für die Schauspielbühne zurückzugewinnen, und er komponierte zu diesem Anlaß die Chöre der *Antigone* von Sophokles op. 55 (1841) und des *Ödipus auf Kolonos* op. 93 (1842) sowie zu *Athalia* von Jean Racine op. 61 (1845), außerdem ergänzte er die bereits 1827 komponierte *Ouvertüre zum »Sommernachtstraum«* durch die dazugehörige Bühnenmusik. Mit der *Schottischen Symphonie* op. 56 (1842), deren erste Entwürfe auf eine Schottland-Reise 1829 zurückgehen, schuf er schließlich – nach der frühen *Symphonie c-moll* op. 11, nach dem Experiment der *Reformations-Symphonie* von 1830 und der *Italienischen Symphonie* op. 90 (1833), die er ebensowenig für publikationswürdig hielt (sie erschien erst posthum im Druck) und schließlich dem *Lobgesang* – die einzige von ihm selbst uneingeschränkt akzeptierte Symphonie, die weniger in der unmittelbaren Beethoven-Nachfolge steht, sondern – wie zuvor die *Italienische* – die Spielart der charakteristischen Symphonie ausprägt – gleich weit entfernt von dem Autonomiestreben der Klassik wie von der Programmatik eines Berlioz, und doch beiden Richtungen verpflichtet – also auch hier der Versuch einer Balance, einer »Versöhnung der Widersprüche der Zeit«.

Die letzten Lebensjahre M.s sind geprägt durch eine europäische Karriere als Kapellmeister; man geht nicht fehl, wenn man M.s Konzertreisen, Festivalauftritte und Einzelkonzerte in Beziehung setzt zu der vergleichbaren Tätigkeit eines heutigen Stardirigenten. Daneben kümmerte er sich intensiv um das 1843 neugegründete Leipziger Konservatorium, das unter seiner Leitung zum führenden Musiklehrinstitut Deutschlands wurde und an dem in den fünfziger und sechziger Jahren des 19. Jahrhunderts – nun allerdings ohne M.s Einfluß und in eher falschverstandener Pietät – ein stilistischer Klassizismus gepflegt wurde, der dann gleichermaßen die Kritik Liszts wie Wagners hervorrief, andererseits aber gerade Komponisten aus Nordeuropa (Gade, Grieg, Sibelius), aus Osteuropa (Anton Rubinstein) und aus den angelsächsischen Ländern (Horatio Parker, den Lehrer von Ives) anzog.

Das kompositorische Zentrum der letzten Jahre liegt beim zweiten Oratorium *Elias* op. 70, das 1846 in Birmingham uraufgeführt wurde und – bei aller stilistischen Verschiedenheit zum *Paulus* – dessen Aufführungserfolg noch übertraf. Ein drittes Oratorium, *Christus* op. 97, blieb ebenso unvollendet wie eine Oper *Loreley* op. 98 nach einem Text von Emmanuel Geibel. Daneben entstand mit dem *Violinkonzert e-moll* op. 64 eines der zentralen Instrumentalwerke der vierziger Jahre, das nicht nur zu den meistgespielten Werken M.s gehört, sondern das in seiner ›poetisch‹ entwickelten Form, die die traditionellen drei Sätze zu einer höheren Einheit bindet, den zyklischen Gedanken, wie ihn zur gleichen Zeit Schumann in seinen Symphonien zu realisieren suchte, thematisiert. Vorausgegangen waren diesem Meisterwerk – dem unzweifelhaft bedeutendsten Violinkonzert zwischen Beethoven und Brahms – das *Klavierkonzert g-moll* op. 25 (1831) und *d-moll* op 40 (1837), von denen das erste im 19. Jahrhundert viel gespielt wurde, sowie drei einsätzige Konzertstücke für Klavier, in denen M. eine Entwicklung fortsetzte, die mit Webers »Konzertstück« op. 79 begonnen hatte und an die Henry

Litolff und schließlich Liszt anknüpften. Einen anderen Arbeitsschwerpunkt der späten Jahre bilden M.s Klavierlieder; hier hält er – anders als Schumann – an der Goetheschen Ästhetik von Sangbarkeit fest; seine Lieder sind eher schlicht in Struktur und Singstimmenausformung und gehören in den Bereich einer biedermeierlichen Hausmusik; der elegische Ton jedoch und die fein austarierte Klangbeziehung zwischen textausdeutender Singstimmenführung und Klavierbegleitung heben zumal die späten Sammlungen gleichwohl weit über den Standard der zeitgenössischen Liedkomposition hinaus; und so nimmt es nicht wunder, daß Brahms ebenso bei M. wie bei Schumann anknüpfen konnte.

Der plötzliche Tod der Schwester Fanny im Mai 1847, die nach dem Tod der Eltern die Familie zusammengehalten hatte, erschütterte M. tief – er verstummte zeitweise als Komponist und fand erst nach Monaten eine ›Antwort‹ auf dieses tiefaufwühlende, einschneidende Ereignis: das *Streichquartett f-moll* op. 80, in wenigen Sommerwochen geschrieben, schlägt einen neuen, scharf-tragischen Ton an. Doch schon wenige Wochen später, kurz vor der Wiener Aufführung des *Elias* mit der von ihm sehr verehrten Jenny Lind, setzt ein Gehirnschlag seinem Leben ein abruptes Ende.

Die Zeitgenossen waren erschüttert; denn mit M. starb, wenige Wochen wiederum vor der Revolution von 1848, der musikalische Repräsentant der Epoche zwischen 1815 und 1848, die man – oft schon ohne den ursprünglich gemeinten parodistischen Beigeschmack – als Biedermeier bezeichnete, und mit der Epoche glaubte man dann auch deren musikalisches Leitbild als ›überholt‹ beiseite legen zu können. Dabei – so zeigt insbesondere die neuere Forschung – ist M. keineswegs als Repräsentant einer heimelig-spießbürgerlichen Häuslichkeit zu verstehen; M.s Werk, das vom Oratorium und von großer Kirchenmusik über Symphonie, Konzert und Ouvertüre bis zu ›gearbeiteter‹ Kammermusik, Liedern und romantischpoetischen Klavierminiaturen bis auf die Oper alle Gattungen umfaßt, übersteigt in seiner stilistischen Mannigfaltigkeit bei weitem den biedermeierlichen Rahmen; in ihm kristallisieren sich die einander widerstrebenden Tendenzen der Zeit – hier ein formal gezügelter Klassizismus, dort eine literarisch vermittelte Romantik – zu einer stets latent gefährdeten und doch immer wieder im je einzelnen Kunstwerk zur Unverwechselbarkeit von Ton und Form geratenen Balance.

Noten: Sämmtliche Werke, hrsg. von J. Rietz u. a., Lpz. 1875 ff. Leipziger Ausgabe der Werke F. M.-B.s, hrsg. von der Intern. F. M.-Gesellschaft, 10 Bde., Lpz. 1960–77. Leipziger Ausgabe der Werke von F. M. B., hrsg. von der Sächsischen Akademie der Wissenschaften, Wisebaden 1997 ff.
Dokumente: F. M. B.: Briefe aus den Jahren 1830–1847, 2 Bde., hrsg. von J. Riez, P. und C. Mendelssohn Bartholdy, Lpz. 1861–1863. Briefe, hrsg. von R. Elvers, Ffm. 1984. Fanny und F. M. »Die Musik will gar nicht rutschen ohne Dich«. Briefwechsel 1841–1846, hrsg. von E. Weissweiler, Bln. 1997.
Werkverzeichnis: Thematisches Verz. der im Druck erschienenen Compositionen von F. M. B., Lpz. ³1882, Ndr. Wiesbaden 1982.
Literatur: Werner, E.: F. M. B. A New Image of the Composer and His Age, Ldn. 1963; dt. Zürich 1980. Das Problem M., hrsg. von C. Dahlhaus, Regensburg 1974. Krummacher, Fr.: M. – der Komponist. Studien zur Kammermusik für Streicher, Mn. 1978. F. M. B., hrsg. von G. Schuhmacher, Darmstadt 1982. Konold, W.: M. B. und seine Zeit. Laaber 1984 [mit WV und Bibl.]. Kapp, R.: Lobgesang in Neue Musik und Tradition. Fs. R. Stephan, Laaber 1990, 239–250. M. and his World, hrsg. von R. L. Todd, Princeton 1991. M. Studies, hrsg. von Dems., Cambridge 1992. Reimer, E.: M.s »edler Gesang«. Zur Kompositionsweise der Sologesänge in »Paulus« in AfMw 50 (1993), 44–70. Richter, A.: M. Leben, Werke, Dokumente, Mainz 1994, ²2000. The M. Companion, hrsg. von D. Seaton, Westport 2001 [mit Bibl.]. Brown, Cl.: A Potrait of M., New Haven 2003.

Wulf Konold

Mercadante, (Giuseppe) Saverio (Raffaele)

Getauft 17. 9. 1795 in Altamura bei Bari; gest. 17. 12. 1870 in Neapel

In seinen *Reisebriefen eines Baccalaureus der Tonkunst* hob Liszt als einzigen Komponisten M. unter den italienischen Opernschreibern der Zeit um 1840 heraus: Die sorgfältige Überprüfung seiner Partituren und der weise Vorsatz, auch in der Hast langsam zu arbeiten, zeichneten ihn vor dem elenden Durchschnitt aus. Die Rede war da von einem nicht mehr jungen Musiker, der immerhin 40 Bühnenwerke geschrieben hatte und seit fast zwanzig Jahren dem hektischen Bühnenbetrieb der italienischen Theater ausgesetzt war. Nun hatte er mit *Il giuramento* (Gaetano Rossi; Mailand 1839) endlich seinen Führungsanspruch durchgesetzt und mit seinem ehrgeizigen Reformversuch der

Oper als Kunstform eine neue Zukunft eröffnet. Freilich stand er damals bereits, ohne es zu wissen, der konkurrierenden Macht des jungen Verdi gegenüber, der ihn verdunkeln und seine späten Hauptwerke unverdient in Vergessenheit stoßen sollte. Neben und nach Bellini und Donizetti muß heute jedoch M. als der bedeutendste Opernkomponist der Zeit zwischen 1830 und 1850 gelten.

Nach dem Erfolg mehrerer Jugendwerke in Italien stellte er nach einem längeren Spanienaufenthalt mit dem Triumph von *I Normanni a Parigi* (Felice Romani; Turin 1832) seine italienische Reputation wieder her. Der Posten eines Maestro di cappella am Dom von Novara, dem bedeutende Kirchenwerke wie *Le sette parole di Nostro Signore* (1838) zu danken sind, machte ihn 1833 erstmals frei vom Zwang, sich den »scritture«, den Akkordverträgen für einzelne Werke, ganz auszuliefern. Die spätere Wandlung M.s zum Erneuerer der italienischen opera seria ist seit den *Normanni a Parigi* vorbereitet. Bereits für dieses, in sich noch unausgeglichene Werk gelten die charakteristischen Stilzüge einer genaueren Anpassung der Arien- und Ensembletypen an die Dramaturgie, die Verschmelzung von Melodik und Deklamation und vor allem die durchgehend symphonische Behandlung des Orchesters.

Die Begegnung mit Paris, wohin ihn Rossini 1835 berufen hatte, wurde für sein späteres Schaffen entscheidend. Das Studium von Rossinis Pariser Werken, die Eindrücke der durch ihn bestimmten französischen Opernschule, vor allem aber das überwältigende Erlebnis von Meyerbeers »Les Huguenots« (1836) zeigten dem genuinen Symphoniker M. eine neue, ästhetisch weit avanciertere Kunstform der Oper. Die ernste Oper sollte als Schwester des Dramas wieder in ihre Rechte treten. Für *Il giuramento*, ein finsteres Schauergemälde nach Victor Hugos Drama »Angelo, tyran de Padoue« (1835), konstruiert Gaetano Rossi jedes der sechs Bilder individuell aus der Zusammenordnung von Arien, unterschiedlichen Gesprächssituationen, die mit Duett oder Terzett im konventionellen Sinn ungenügend umschrieben sind, und Chören. Um diese Individualität zu erreichen, strebte er nach gänzlicher Beseitigung der Formkonvention. Schon die Anfangsszene läßt die Expositionsarien der drei Hauptcharaktere nur in der Verkürzung zur Cavatine zu, die unterschiedlich in die Ensembleführung eingestellt werden. Die Cabaletta – der schnelle, abschließende Teil der zweisätzigen Arie – ist nur aus der dramatischen Notwendigkeit begründbar. Auch innerhalb der auf Ausdrucksgesten zurückgeschnittenen Formen der Arie und des Duetts entscheidet die dramatischer Sprengkraft über Ausdehnung und Verlauf der musikalischen Nummer. So ist im knapp gefaßten Schlußakt der metaphysisch übersteigerte Tod Elaisas, als tragische Auflösung mörderischer Verwicklungen, von solch gestischer Dichte, daß das Stück mit dem betroffenen Aufschrei Biancas und Viscardos abrupt zu Ende geht. Die oft beschworene Nähe zu Verdi hat in M.s unbedingtem Festhalten an der Bühnenwahrheit der Musik und in seinem Sinn für das einzig treffende musikalische Zeichen, die »parola scenica« (Verdi), ihren Ursprung.

In den vier folgenden Opern versuchte M. erfolgreich, sein Programm auf der Bühne durchzusetzen: »Ich habe die im *Giuramento* begonnene Revolution weitergeführt«, schrieb er 1838 über *Elena da Feltre* an den Kritiker und Musikhistoriker Francesco Florimo, den Freund Bellinis: »Die Formen werden variiert, mit den trivialen Cabaletten wird Schluß gemacht. Ich habe das Crescendo verbannt und auf Knappheit geachtet: Es gibt weniger Wiederholungen, gewisse Neuerungen in den Kadenzen und besondere Rücksicht auf das dramatische Element. Das Orchester ist üppig, aber es verdeckt die Stimmen nicht. Lange Soli in den Ensemblesätzen wurden vermieden, da sie ja, zum Schaden der Handlung, die andern zu sehr kaltstellen. Auf die große Trommel und die Banda habe ich weitgehend verzichtet.« (Florimo, Bd. 3, 115 f.) *Elena da Feltre* (Salvadore Cammarano; Neapel 1839) stellt mit ihren drei ausgedehnten, ganz auf die Gewalttätigkeit und Hysterie der Vorgänge zugeschnittenen Aktschlüssen gegenüber *Le due illustri rivali* (Venedig 1838), in der M. seine Vision eines Musikdramas vielleicht am freiesten entfaltet hat, noch einmal eine Steigerung dar.

Mit *Il bravo* (Rossi nach James Fenimore Cooper; Mailand 1839), der finstersten aller in Venedig spielenden Opern, änderte sich M.s Reformprinzip. Es führt, wenn auch dramaturgisch genau begründet, die ausgedehntere, voll mit Cavatine und Cabaletta entwickelte Arienform wieder ein, sucht nach einem Ausgleich zwischen der Besonderheit des Tableaus und dem vorgegebenen musikalischen Gesetz. Die gleiche Meisterschaft in der Organisation der Massenszenen – ein Glanzstück die motivisch genau verzahnte Introduktion des ersten Akts – und die gleiche fiebrige Spannung jedes Bildes auf das Ende hin werden jetzt ergänzt durch das ruhige Zuwarten, wie sich der private Konflikt im öffentlichen spiegelt. Das ist nicht der Rückfall in die Tradition, sondern eine notwendige Fortentwicklung: Ein Opernkomponist, der als Musiker immer wie ein Symphoniker dachte und der darum in seinen Opern harmonische und instrumentale Wirkungen erreicht wie keiner seiner Rivalen, konnte auf Dauer mit der Subordination der Musik unter die emphatische Deklamation und die heftige Augenblickspointe nicht auskommen. Mit *Il bravo* wandte er sich dem musikalischen Drama als einem in sich gleichmäßig durchgebildeten Bühnengemälde zu.

Seit *La Vestale* (Cammarano; Neapel 1840) suchte M. nach der Wiederherstellung des klassischen, am antiken Sujet ausgerichteten Musikdramas. Den Wirbel der Leidenschaften einer geschichtlichen Fügung zu unterstellen, jedes Verbrechen und jede heroische Aufopferung ins Ideal aufzuheben, mußte M. als die äußerste Steigerung seiner musikalischen Ausdruckswelt erscheinen. *Orazi e Curiazi* (Salvadore Cammarano; Neapel 1846) beschworen den Traum von Italiens Wiedervereinigung im revolutionären Bild des Kampfes fürs Vaterland, auch gegen Freundespflicht, Liebe und Menschlichkeit. Alle Meisterschaft, hysterische Ausnahmezustände in musikalische Sprachformeln einzufangen, wurde da aufgeboten, um den Taumel der Seelenregungen zwischen den Freunden Orazio und Curiazio (II, 1) oder das schrankenlose Leiden Camillas (gekennzeichnet durch einen eigenen, koloraturenreichen Gesangsstil) glaubhaft zu machen. Aber alle dramatischen Ausbrüche sind zugleich zu musikalischem Marmor erstarrte, zeitlos gültige Symbolhandlungen; der Historienmaler M. nimmt Haltung und Anspruch der Musikdramen Glucks wieder auf. Nicht von ungefähr sind die weiteren Opern dieser Reihe Neuschöpfungen nach berühmten Sujets des italienisch-französischen Neoklassizismus zwischen Cherubini und Gaspare Spontini: *Medea* (Cammarano; Neapel 1851), *Statira* (Domenico Bolognese nach Voltaires Tragödie und Spontinis Oper »Olimpia«; Neapel 1853) und schließlich, als letztes abgeschlossenes Werk, der an Eingebungen und instrumentaler Meisterschaft schwer zu übertreffende *Pelagio* (Nicola d'Arienzo; Neapel 1857). Danach machte ein zur Blindheit führendes Augenleiden M. die weitere Arbeit für die Bühne unmöglich. Keine dieser antikisierenden Opern bestätigt das Vorurteil, M. habe sich in seinen letzten Werken von der ›Reformoper‹ abgewandt und sei in Routine verfallen. Allerdings stand dieser Altersstil mehr und mehr im Gegensatz zum mitreißenden Elan und zum ungebrochenen, das Rohe nicht vermeidenden Ausdruckswillen Verdis, dessen Aufstieg M. erst freundschaftlich befördert hatte, dem er jetzt aber feindselig und verständnislos gegenüberstand.

Virginia (Cammarano nach Vittorio Alfieri; Neapel 1866) war zweifellos M.s Versuch einer italienischen Nationaloper, der Höhepunkt seines Opernschaffens, gleichermaßen überwältigend in der immer neuen Aufgipfelung der Chor- und Ensembleszenen, in der raffinierten Verschränkung von innerer und äußerer Handlung und in der Vielfarbigkeit der Instrumentation. Das bürgerliche Revolutionsdrama par excellence sollte dem Neuen Rom als Wahrzeichen dienen. M. konnte annehmen, daß sein 1845 komponiertes (1851 vermutlich überarbeitetes Werk) nicht nur seine beste Oper war, sondern auch eine Schöpfung, die mit den Mitteln der italienischen opera seria nicht mehr zu übertreffen war.

Noten: Ricordi (Mailand). Ndr. der Klavierauszüge von Elisa e Claudio (Bd. 14), Il giuramento (Bd. 18) Elena da Feltre (Bd. 20), Il Bravo (Bd. 21) *in* Italian Opera 1810–1840, hrsg. von PH. GOSSETT, N.Y. und Ldn. 1985–90. Virginia, Ndr. Bologna 1978 (Biblioteca Musica Bononensis IV/220).

Literatur: PALERMO, S.: S.M. Biografia – epistolario, Fasano 1985. Saggi su S. M., hrsg. von G.-L. PETRUCCI, Fasano 1992. WITTMANN, M.: M. and Meyerbeer? *in* Cambridge Opera Journal 5 (1993), 115–132. SUMMA, M.: Bravo M. Le ragione di un genio, Fasano 1995. PETRUCCI, G.-L.: S. M. L'ultimo dei quinque re, Rom 1995. RISI, CL.: Der funktionale Einsatz konventionalisierter Formen bei S.M. am Beispiel von cantabile und cabaletta *in* Musikkonzepte – Konzepte der Mw., hrsg. von K. EBERL, Kassel 2000, Bd. 2, 472–480.

Norbert Miller

Merulo, Claudio
Geb. 8. 4. 1533 in Coreggia;
gest. 5. 5. 1606 in Parma

Erst gegen Ende seines Lebens, in den Jahren 1598 und 1604, veröffentlichte M. zwei Bände mit *Toccate d'intavolature d'organo*, eine nach Tonarten (bzw. Modi) angeordnete Werkgruppe, die große Bedeutung für die Entwicklung der freien Orgelmusik erlangte. Die meisten der 19 Stücke sind offenbar schon bedeutend früher entstanden, M. publizierte sie jedoch erst, als das Interesse an der Gattung im Gefolge der 1591 von Spirindio Bertoldo herausgegebenen Toccaten-Sammlung größer zu werden begann. 1593 erschien der erste Teil des Orgellehrwerks »Il transilvano« von M.s Schüler Girolamo Diruta, in dem M.s Unterricht anschaulich dokumentiert ist.

Im Anhang seines Werks druckt Diruta als repräsentative Beispiele neben einigen Toccaten von sich selbst und anderen Komponisten auch eine seines Lehrers ab, ein Stück, in dessen beibehaltener Skalenmelodik der improvisatorische Ursprung der Toccata noch deutlich abzulesen ist. Viele der später veröffentlichten Toccaten M.s zeigen dagegen die Tendenz zu formaler Differenzierung durch Integration kontrastierender imitatorischer Abschnitte, die in handschriftlich überlieferten Frühfassungen bezeichnenderweise fehlen. Die späteren Ergänzungen können als Ausdruck dafür verstanden werden, daß M. diesen Werken größeres Gewicht und einen ausgeprägteren Kunstcharakter zu geben wünschte. Die weitere Entwicklung der Gattung, etwa bei Frescobaldi, der mit seinen Toccaten deutlich bei M. anknüpft, zeigt, daß dies ein fruchtbarer Ansatz war.

M.s Ruhm beruhte zwar in erster Linie auf seinem Können als Orgelspieler, er war zugleich aber ein vielseitig interessierter Renaissancemensch, der sich neben dem Orgelspiel und Komponieren auch mit Orgelbau, Notendruck und anderen Dingen beschäftigte. Obwohl Instrumentalkompositionen einen gewichtigen Teil seines Œuvre ausmachen, ist M. auch mit einer sehr großen Zahl von Vokalwerken hervorgetreten, darunter vier Madrigalbücher, die zwar nicht zu den herausragenden Leistungen auf diesem Gebiet gehören, M.s souveräne Beherrschung auch dieses Genre aber erkennen lassen. Intermedien sowie weitere Musik zu Schauspielen weisen M. zudem als Komponisten aus, der den musikalischen Tendenzen seiner Zeit offen gegenüberstand.

Die umfangreichste Gruppe in seinem Gesamtwerk stellen aber die geistlichen Vokalwerke dar, die M. in mehreren großen Sammlungen herausgab. In ihnen zeichnet sich die Entwicklung zur klangbetonten Mehrchörigkeit venezianischer Prägung ab, deren Ausformung M. als erster Organist an San Marco mitgeprägt hat. Die vier fünfstimmigen Messen, die er 1573 dem König von Frankreich widmete, gehören mit ihrer Orientierung an Modellwerken (zwei Motetten und zwei Chansons, darunter Lassos berühmtes »Susanne un jour«) noch dem älteren Meßtypus an, die bis zu sechzehnstimmigen Sätze des *Sacrorum concentuum ... liber primus* (1594), vor allem aber die posthum erschienene dreichörige Messe, zeigen dagegen eine an G. Gabrieli erinnernde Klangdifferenzierung ›moderner‹ Prägung. Wie ein Experiment nimmt sich im Kontext dieser Entwicklung *Il primo libro de Motetti a quattro voci pari* (1584) aus, die letzte Publikation M.s, bevor er Venedig verließ, um nach Parma zu gehen. Der Tendenz zur klanglichen Auffächerung stellt er hier die Konzentrierung von vier gleichen Stimmen innerhalb des eng begrenzten Tonraums von zwei Oktaven entgegen, die ihm ein Höchstmaß an kontrapunktischer Durchsichtigkeit des Satzes abverlangt.

Noten: Toccate per organo, hrsg. von S. DALLA LIBERA, 3 Bde., Mailand 1959. Musica sacra, hrsg. von J. BASTIAN, Bd. 1–3, o. O., 1970–71; Bd. 4–6 Neuhausen-Stg. 1977–84 (CMM, 51). Messe d'intavolatura d'organo, hrsg. von R. JUDD, Neuhausen-Stg. 1991.

Werkverzeichnis: DEBES, L.H.: Die musikalischen Werke von Cl. M. (1533–1604). Quellennachweis und thematischer Kat, Diss. Würzburg 1964.

Literatur: MEIER, B.: Die Modi der Toccaten Cl. M.s (Rom 1598 und 1604) in AfMw 34 (1977), 180–192.
EDWARDS, R.A.: Cl. M. Servant of the state and musical entrepreneur in later 16th century Venice. Diss. Princeton Univ. 1990.

Thomas Seedorf

Messiaen, Olivier
Geb. 10. 12. 1908 in Avignon; gest. 28. 4. 1992 in Paris

M. gehört der Generation von Dallapiccola, Hartmann, Šostakovič, Fortner, Cage, Lutosławski und Britten an, und doch ist es nur wenig, was den Franzosen mit den genannten Zeitgenossen verbindet. Auch als M. sich im Jahr 1936 einer lockeren Gruppierung nach dem Muster des Groupe des Six anschloß – der Gruppe »La jeune France« (Yves Baudrier, André Jolivet und Daniel-Lesur), da hatte dies eher organisatorische als künstlerisch-ästhetische Gründe. Mehr Gemeinsamkeit gab es dann in jenen privaten Pariser Analysekursen zu Anfang bis Mitte der vierziger Jahre (z.B. mit Boulez, Yvonne Loriod, Jean-Louis Martinet und Maurice Le Roux), die M. in der Rolle des nur wenig älteren, aber weit erfahreneren Mentors sahen. Vor allem während der fünfziger und noch sechziger Jahre blieb M. diese Rolle erhalten. Ob in seiner legendären Analyseklasse am Pariser Conservatoire oder an ausländischen Kursorten wie Darmstadt, Buenos Aires oder Tanglewood: Stets wurde er von den weit Jüngeren als erstaunlich Junggebliebener respektiert, dessen kompositorische Recherchen oft weiter und höher zielten als das von den Jüngeren Riskierte. M., dem Frühreifen, schien fast das Überspringen einer Generationsspanne geglückt zu sein. Er, der während seiner langen Conservatoire-Jahre (1919–30) selbst noch Schüler von Marcel Dupré (Orgel) und Dukas (Komposition, Instrumentation) gewesen war, galt kurz nach 1950 als wichtigster Anreger für die um 1925 Geborenen (z. B. Xenakis, Boulez, Jean Barraqué und Stockhausen). Auch noch die nachfolgende Schülergeneration erkannte ihn als unstrittige, anregende Lehrerpersönlichkeit an. (Zum Kreis dieser Schüler gehörten etwa Gilbert Amy, Jean Pierre Guézec, Murail, Grisey, Levinas und George Benjamin). Woraus aber wußte M. diese Kraft der Verjüngung zu schöpfen?

Befragt, welches die wichtigsten Antriebskräfte für sein Schaffen seien, hat M. immer wieder auf seinen katholischen Glauben und auf die inspirierende Erscheinungsvielfalt der Natur verwiesen (z. B. der Gestirne, des Regenbogenspektrums, der Mineralien und vor allem der Vogelgesänge). Hinzu kommt, daß M. von seinen Lehrern zwar eine relativ akademische, aber durchaus profunde und anregungsreiche Ausbildung vermittelt bekam. Hinzu kommt ferner, daß der Sohn eines Anglisten und einer Lyrikerin (Autorenname: Cécile Sauvage) bereits früh außergewöhnliche Phantasie und Neugierde entwickelte, Fähigkeiten, die den angehenden Komponisten dazu drängten, vielerlei Wissensgebiete zu erarbeiten, auch weit entfernte Fakten untereinander in Beziehung zu bringen und für so manche Fragestellungen sehr persönliche Deutungen zu finden. So pflegte M. mit musikgeschichtlichen Fakten einen weniger objektiven als kreativen Umgang, der überraschende Resultate zu zeitigen vermochte. Stockhausen etwa urteilte nach seiner Pariser Studienzeit: »Vieles kannte ich schon vom Studium in Köln. Aber ich kannte das meiste, ohne daß es mich etwas anging, es war tot. Messiaen weckt Totes auf. Neumen der gregorianischen Notation interpretierte er so, daß er ein Klavierstück *Neumes rythmiques* daraus machen konnte; podatus, clivis, porrectus, torculus: er machte sie zu Elementen einer neuen Komposition. Indische Rhythmen: er verwandelte sie zu Elementen seiner eigenen Musik. Auf den Feuerinseln hatte er Rhythmen und einige melodische Formeln aufgeschrieben; daraus machte er zwei Klavierstücke. Modi aller Zeiten und Völker, Vogelgesänge. Überallhin nimmt Messiaen sein kleines Notizbuch mit und notiert, was er hört. Dann geht er heim und ordnet, verwandelt, komponiert seine ›Objektive‹. Messiaen ist ein glühender Schmelztiegel. Er nimmt klingende Formen in sich auf und spiegelt sie in der Form seines musikalischen Verstandes.« (Stockhausen, 14) Zur Gruppe der *Quatre Études de Rythme* für Klavier (1949–50) zählt außer den von Stockhausen genannten Stücken *Île de Feu* (»Feuerland«) I/II und *Neumes rythmiques* vor allem auch die berühmtgewordene Studie *Mode de valeurs et d'intensités* (»Modus aus Tondauern und -stärken«, 1949). Ihre Faktur ähnelt dem im Abschnitt »mode de durées, de hauteurs et d'intensités« des Klavierwerks *Cantéyodjayâ* (1948) gebrauchten Verfahren in auffallender Weise. Beide Stücke entstanden im Verlaufe von Ferienkursen (Darmstadt bzw. Tanglewood), am Rande von anregenden Diskussionen mit jungen Komponisten. Vor allem *Mode de valeurs et d'intensites*, ohne weitreichende Ambitionen entworfen, sollte das Materialdenken einiger Jüngerer (Goeyvaerts, Stockhausen, Boulez) tiefgreifend beeinflussen und sich in Weiterführung einiger Ansätze der ›Wiener Schule‹ (z. B. in Weberns »Konzert« op. 24) geradezu zum Modellfall serieller Materialdisposition entwickeln (vgl. Stockhausens »Kreuzspiel« vom Herbst 1951 und Boulez' »Structures I« vom Winter 1951–52). M. ging bei der Komposition von der Vorstellung eines Triosatzes aus und wies jeder der drei in getrennten Systemen notierten Stimmen ein komplettes Zwölf-Töne-Kontingent zu. ›Chromatische‹, d. h. lückenlos von den Grundwerten 1/32 (Diskant), 1/16 (Mittelbereich) und 1/8 (tiefes Register) ausgehende Reihen von Tondauern (»valeurs«) wurden diesen Tonhöhen zugeordnet, desgleichen reichhaltige (wenn auch die Zwölfzahl nicht erreichende) dynamische Stufen (»intensités«) und farbliche Anschlagsnuancen. Alle dreimal 12 (= 36) Tonpunkte dieses inhaltsschweren Modus weisen somit nicht weniger als vier Parameter auf und wechseln im übrigen die anfangs getroffene Kombination von Parameterwerten während aller 115 Takte des knapp vierminütigen, zäsurlosen Tonsatzes nicht mehr. Entscheidend bleibt, daß M. die Abfolge der Tonpunkte in ihren sich überlappenden Registern (»divisions«) nicht etwa durch Reihenordnungen und -abläufe im dodekaphonen Sinne regelt, sondern eine freie Plazierung nach bestimmten formbildenden Kriterien bevorzugt. Somit kommt die *Étude* mit ihren raschen Bewegungen im hohen, gemäßigten und getragenen Bewegungen im mittleren und tiefen Registerbereich den Hörresultaten späterer, streng serieller Musik zwar nahe, ist ihr im eigentlichen Sinn aber nicht zuzurechnen. Neuartig wirkt beim Hören dieser punktuellen Strukturen, daß sich die Kategorien Tempo, Takt und Metrum nicht mehr anwenden lassen, daß die rhythmischen Ereignisse die harmonischen völlig in den Hintergrund drängen, daß schließlich der Eindruck von schwerelos im geweiteten Klangraum schwebenden Tonkörpern übermächtig wird.

Für M. bedeutete *Mode de valeurs et d'intensités* eine Ausnahmesituation, bedeutsam allerdings als die vielleicht markanteste Zäsur während sechs Jahrzehnten kontinuierlichen Komponierens (ca. 1930–90). Nach der Klavieretüde setzten Werke stark experimentellen Charakters ein, wie sie sich schon in den *Cinq Rechants* (»Fünf Refrains«; 1948) mit ihrer fast instrumental freizügigen Schreibweise für ein Vokalensemble angekündigt hatten. Für die Orgel, M.s ureigenes Instrument, entstanden die beiden Zyklen *Messe de la Pentecôte* (»Pfingstmesse«; 1949–50) und *Livre d'Orgue* (»Orgelbuch«; 1951), Werke also, in denen die Erträge aus M.s jahrzehntelang verfeinerter Improvisationspraxis als Organist an der Kirche Sainte Trinité in Paris sich mit seriellen Verfahrensweisen verbinden. (So kontrapunktieren in *Soixante-quatre Durées*, dem siebten und letzten Satz des *Livre d'Orgue*, die akkordischen Außenstimmen alle Dauerwerte zwischen einem einzigen und 64 Zweiunddreißigsteln, während der dritten, sehr beweglichen Stimme die Aufgabe zukommt, diesen starren Gerüstsatz aufzulockern und phantasievoll zu beleben). Eine vorherrschende Rolle werden künftig spielen: in der Natur notierte und (intervallisch wie rhythmisch) tiefgreifend veränderte und neuplazierte Vogelgesänge, vielfältig weiterentwickelte Rhythmusmodelle der altgriechischen Metrik und altindischen Musiklehre, dazu frei abgewandelte Bruchstücke aus dem Korpus der gregorianischen Choralgesänge. Nur zögernd wird M. nach der Reihe der ›Vogelkonzerte‹ (*Reveil des Oiseaux*, 1953; *Oiseaux exotiques*, 1955–56; *Catalogue d'Oiseaux*, 1956–58) und dem Orchesterwerk *Chronochromie* (1959–60) in einigen resümierenden Spätwerken wieder jene prägende modale Harmonik gebrauchen, wie sie für nahezu alle Kompositionen vor *Mode de valeurs et d'intensités* bis hin zur *Turangalîla-Symphonie* kennzeichnend gewesen war.

Als M. 1942 aus deutscher Kriegsgefangenschaft zurückkehrte, wo er das *Quatuor pour la fin du temps* (1940) komponiert hatte, wurde er wenig später mit einer Professur am Pariser Conservatoire betraut. Obwohl er Harmonielehre, nicht Komposition zu unterrichten hatte (die Ernennung zum Kompositionslehrer erfolgte erst 1966!), verspürte M. offenbar bereits als 34jähriger die Notwendigkeit, sein kompositorisches Tun durch eine theoretische Abhandlung zu erläutern, wenn nicht zu rechtfertigen. Auf den ersten Blick mutet das 1944 publizierte Lehrwerk *Technique de mon langage musical* wie eine Anhäufung von Fremdmaterial an, wie ein Protokoll dessen, was M. bei kritischer Durchsicht von Werken der Musikgeschichte an Anregendem und Weiterverwendbarem hatte auswählen können. Auf den zweiten Blick erst offenbart sich der umfassende Eigenanteil des Autors, die Ergiebigkeit seines Verfahrens, aufgenommene Impulse weiterzuverfolgen, abzuändern und dem eigenen Vokabular zuzuführen. Rhythmisches kommt zur Sprache: wie sich Motive augmentieren, diminuieren, durch Punktierung einzelner Werte beleben, in Kanons und mehrschichtige Ostinati mit differierenden periodischen Laufzeiten einfügen lassen. Bevorzugte Akkorde und Akkordverbindungen werden beschrieben, die besondere Farbwirkungen entfalten, dazu sieben sechs- bis zehntönige »Modi«, die ein nahezu unbegrenztes Reservoire an harmonisch-melodischen Nutzungsmöglichkeiten darstellen. Von der formalen Vielfalt des Gregorianischen Chorals ist die Rede, vereinzelt auch von den 120 Deçi-tâla-Rhythmusformeln aus der Musiklehre des indischen Theoretikers Sharngadeva (13. Jahrhundert). Spürbar wird in allen 19 Kapiteln und anhand von nahezu 400 fremden wie eigenen Musikbeispielen die Freude, Spielräume und Grenzen des Veränderns und Kombinierens zu ergründen, Klingendes auf sinnliche Weise erfahrbar zu machen. (In späteren Jahren wird M. sein Repertorium musiksprachlicher Mittel in erweiterter Form in seinem enzyklopädischen *Traité de Rythme* ausbreiten.)

Als Summe von M.s Komponieren vor Erreichen der durch *Mode de valeurs ...* (1949) gesetzten Zäsur darf die großorchestrale *Turangalîla-*

Symphonie (1946–48) gelten. Das Sanskrit-Wort »turangalîla« spiegelt in mehrfacher Brechung die Begriffe Dynamik und Lebenskraft wider. Als einen Gesang der Liebe wollte der Komponist seine Partitur verstanden wissen und zugleich als Kernstück einer von den Vokalwerken *Harawi* (für Sopran und Klavier, 1945) und *Cinq Rechants* (für 12 Solostimmen, 1948) umschlossenen Trilogie über die Tristan-Thematik. Formale Relikte spätromantischer Sinfonik, geschlossene sonatenartige Anlagen wird man vergebens suchen. Dagegen finden häufig kontrastreiche Refrainformen Verwendung, ferner die additive Reihung von Satzsegmenten, die gegensätzlichen Entwicklungssträngen angehören. Auch insgesamt markieren die zehn Sätze Stationen zweier sich überschneidender thematischer Bezirke. Der eine (Sätze II, IV-VI, VIII) reiht Psychogramme einer leidenschaftlich sich steigernden, sinnlich wie geistig verstandenen Liebesentwicklung aneinander, während der andere (Sätze III, VII, IX) mehr statische musikalische Spiegelungen des Begriffes »turangalîla« erfaßt. Als Exposition und äußere Kulmination haben die Sätze I und X Rahmenfunktion. Vier zyklische, d. h. satzübergreifende Themen stellen samt ihren zahlreichen Derivaten dichte Bezüge zwischen den Sätzen her, sind aber – analog zur inneren Steigerung – ständiger Veränderung unterworfen. Im großbesetzten Orchester haben Klavier und Ondes Martenot solistische Partien auszuführen. Die Bostoner Uraufführung im Jahr 1949 unter Bernstein machte im übrigen den Komponisten international bekannt. Trotz enormer Aufführungsschwierigkeiten zählt das Werk zu den meistgespielten Kompositionen M. s. Diese Beliebtheit dürfte nicht nur Folge des außergewöhnlichen orchestralen Farbenreichtums sein, sondern auch vom ›Ideengang‹ des Werkes herrühren, der sich hinter den Satztiteln verbirgt: I. Introduction, II. Chant d'amour 1, III. Turangalîla 1, IV. Chant d'amour 2, V. Joie du sang des étoiles (»Freude des Sternbluts«), VI. Jardin du sommeil d'amour (»Garten des Liebesschlummers«), VII. Turangalîla 2, VIII. Développement de l'amour (»Entwicklung der Liebe«), IX. Turangalîla 3 und X. Final.

Nach *Chronochromie* hat M. die Reihe seiner Orgelzyklen fortgeführt, deren wachsende Zahl von Einzelsätzen der desto facettenreicheren Erhellung theologischer Themenstellungen dienen sollte (*Méditations sur le Mystère de la Sainte Trinité*, 1969, 9 Sätze; *Livre du Saint Sacrement*, 1984–85, 18 Sätze). Auch die Reihe farbenreicher Orchesterwerke mit konzertantem Klavierpart – bestimmt für M.s zweite Frau, die Pianistin Yvonne Loriod – fand ihre Fortsetzung, sowohl hin zur zyklischen Vielsätzigkeit (*Sept Haikai*, 1962; *Des Canyons aux Etoiles*, 1971–74), wie auch mit der Tendenz zu knapper, kontraststark verdichteter Einsätzigkeit (*Couleurs de la Cité céleste*, 1963; *Un Vitrail et des Oiseaux*, 1986). Völlig neuartige Aufgaben stellte sich M. jedoch durch das erstmalige Betreten der Gattungsgebiete Oratorium und Oper. Doch bewegen sich beide Werke in gewisser Weise aufeinander zu. In den beiden Siebensätzern (»septenaires«) der *Transfiguration de Nôtre-Seigneur Jésus-Christ* (1965–69) bewirken die bewegten Unisono-Chorrezitative und die Einsätze der sieben Instrumentalsolisten eine geschlossene Dramaturgie von nahezu bühnenmäßiger Wirkung. Umgekehrt vermeiden die acht »franziskanischen Szenen« des *Saint François d'Assise* (Paris 1983) bewußt den Terminus Oper, zumal es sich bei diesem Sujet um die Nachzeichnung eines ausgedehnten Stationenweges von bildhafter Statik handelt, nicht aber um die dynamische Verknotung und Auflösung eines begrenzten Konfliktes.

Noten: Durand; Leduc (beide Paris).
Dokumente: Technique de mon langage musical. Text- und Beispielbd., Paris 1944; dt. Paris 1966. Conférence de Bruxelles, Paris 1960 [frz.; dt.; engl.]. Conférence de Notre-Dame, Paris 1978. Musique et Couleur. Nouveaux entretiens avec Claude Samuel, Paris 1986. Traité de rhythme, de couleur, et d'ornithologie (1949–1992), 7 Bde., Paris 1994–2003.
Werkverzeichnis: SIMEONE, N.: O. M. A Bibliographical Catalogue of M.'s Works, First Editiones and First Perfomances, Tutzing 1998.
Literatur: STOCKHAUSEN, K.: O.M. *in* Texte …, Bd. 2, Köln ([1]1964) [3]1988, 144 f. AHRENS, S. u.a.: Das Orgelwerk M.s, Duisburg ([1]1969) [2]1976. JOHNSON, R. SH.: M., Ldn. 1975. SCHWEIZER, KL.: O. M.s Klavieretüde »Mode de valeurs et d'intensités« *in* AfMw 30 (1973), 128–146. DERS.: »Dokumentarische Materialien« bei O.M. *in* Melos/NZfM 4 (1978), 477–485. HALBREICH, H.: O. M., Paris 1980. MICHAELY, A.: Die Musik O. M.s. Untersuchungen zum Gesamtschaffen, Hbg. 1987. HIRSBRUNNER, TH.: O. M. Leben und Werk, Laaber 1988 [mit Bibl. und WV]. BERGER, G.: In seinen Werken lebt er weiter *in* Musica sacra 112 (1992), 194–199. The M. Companion, hrsg. von P. HILL, Ldn. 1995. KEYM, ST.: Farbe und Zeit. Untersuchungen zur musiktheatralen Struktur und Semantik von O. M.s Saint François d'Assise, Diss. Halle 2001.

Klaus Schweizer

Meyerbeer, Giacomo [Jakob Liebmann Meyer Beer]

Geb. 5. 9. 1791 in Vogelsdorf (oder Tasdorf?) bei Berlin; gest. 2. 5. 1864 in Paris

Mit dem beispiellosen Erfolg seiner in Paris aufgeführten fünfaktigen Opern etablierte sich M. nicht nur als führender Komponist der französischen grand opéra, er gehörte auch im europäischen Maßstab zusammen mit Rossini und Wagner zu den drei wirkungsmächtigsten Opernkomponisten des 19. Jahrhunderts. Die Mobilisierung aller verfügbaren Wirkungsmittel der Schaukünste im Dienste eines überwältigenden Theaterereignisses setzte M. zwar von Anfang an der scharfen und oft antisemitisch gefärbten Kritik derer aus, die dadurch eine idealisierte Tonkunst ›entweiht‹ sahen, auch trug die Zeitgebundenheit mancher Effekte dazu bei, daß am Beginn des 20. Jahrhunderts das Interesse an seinen Opern schlagartig nachließ, dennoch muß M. zusammen mit Verdi zu den Musikdramatikern gezählt werden, die auf höchstem dramaturgischem und psychologischem Niveau eine Konzeption des Musiktheaters realisierten, die sich nur im Anspruch, nicht aber in der Beherrschung der kompositorischen Mittel von Wagners »Gesamtkunstwerk« unterscheidet.

Diese Tendenz zeigt sich schon in den italienischen Werken, die der zunächst in Berlin und dann in Darmstadt ausgebildete Komponist zwischen 1817 und 1824 für Opernhäuser in Padua, Turin, Mailand und Venedig komponiert hatte. Der Versuch, die starren Formen der ›geschlossenen‹ musikalischen Nummern in größeren Gebilden aufzulösen, ist immer im dramatischen Kontext begründet und gipfelt in M.s wichtigster italienischer Oper, *Il crociato in Egitto* (»Der Kreuzzug nach Ägypten«, Gaetano Rossi; Venedig 1824), in einer Szenenanweisung, die unterstreicht, daß alles auf der Bühne Dargestellte handlungsrelevant ist: »Tutto è azione.« Zwar läßt sich M.s Stellung in der komplizierten Geschichte der italienischen opera seria noch nicht abschließend bewerten, in jedem Fall stand er aber zusammen mit dem fast gleichaltrigen Rossini an der Spitze einer grundlegenden Modernisierung des überkommen Genres, wobei vor Bellini und Donizetti auch Rossini selbst in seiner letzten italienischen Oper, »Semiramide« (1823), dramaturgische Experimente M.s aufgriff.

Wie Rossini zog es danach auch M. nach Paris, war doch beiden Komponisten bewußt, daß das starre Festhalten des italienischen Publikums an formalen und inhaltlichen Stereotypen die Möglichkeiten einer durchgreifenden Dramatisierung der Oper empfindlich einengte, während von einer französischen Oper immer zuerst ein theatralisches und erst in zweiter Linie ein musikalisches Ereignis erwartet worden war. Nicht zuletzt schuf aber das wache Interesse aller Pariser Theaterpraktiker an bühnentechnischen Neuerungen und die Lust eines von Revolution und Krieg erschütterten Publikums am spektakulären Nervenkitzel die Voraussetzungen für den durchschlagenden Erfolg, den M.s erste Pariser Oper, *Robert le diable* (»Robert der Teufel« 1831), erzielte. Mit seiner abwechslungsreichen Intrige sowie manchen alltagssprachlichen Dialogen noch ganz der opéra comique verhaftet, für die es ursprünglich konzipiert worden war, verknüpfte dieses Werk auf unerhörte Weise Stilmittel der komischen Gattung mit einem romantischen Sujet und den musikalischen Modellen der italienischen opera seria und stellte so einen entscheidenden Schritt auf dem Weg von Rossinis französischen Opern und Aubers »La Muette de Portici« (1828) zur Etablierung der neuartigen grand opéra dar. Wo vorher einfache Rezitative, mehrteilige Arien und weitgehend typisierte Chornummern unvermittelt aufeinander gefolgt waren, wurden nun alle dramatischen Ereignisse in ›durchkomponierte‹ Großszenen integriert, die zum Teil Aktlänge erreichten und wegen der Dominanz szenischer Mittel als »tableau« bezeichnet werden. Selbst die in der französischen Oper immer schon gebräuchlichen Tanzeinlagen wurden dabei voll in die Handlung einbezogen; so ereignet sich die Peripetie des Dramas in dem wegen seiner blasphemischen Züge berühmt-berüchtigten »Nonnen-Ballett« des dritten Akts.

Mit diesem ersten internationalen Erfolg hatte M. aber noch nicht sein Ziel erreicht, ging es ihm doch offensichtlich darum, die ernste Oper endgültig aus ihren höfischen Ursprüngen zu befreien und ihr dadurch den absoluten Kunstanspruch zu sichern, den Beethoven gerade erst für die Instrumentalmusik durchgesetzt hatte. Mit einem tragischen Ende und einer Dramaturgie, die historische Stoffe nicht nur als Staffage einsetzte, sondern zur Substanz der Werke machte, bekräftigte seine nächste Oper den Anspruch auf eine bisher dem gesprochenen Drama vorbehaltene ›Fallhöhe‹ und auf die Integrität eines autonomen Kunstwerks. Zusammen mit dem erfahrenen Librettisten Eugène Scribe konzipierte er in *Les Huguenots* (1836) ein Bühnenwerk um die Pogromatmosphäre der Bartholomäus-Nacht von 1572 und überwand damit endgültig die stilistische Heterogenität von *Robert le diable*. Zwar hielt er an einer frei erfundenen Liebesintrige fest, verzichtete aber dennoch auf größere Arien der Solisten und reduzierte auch die Anzahl der Duette in bis dahin unvorstellbarem Ausmaß. Wichtigster Handlungsträger ist die vom Chor dargestellte Masse, in deren frappierender Darstellung die Angst der Zeitgenossen vor den unkontrollierten Menschenmengen der modernen Großstadt greifbar wird. Die berühmte »Schwerterweihe« im vierten Akt wurde sogar von Schumann, einem erklärten Verächter M.s, gerühmt, und Wagner goutierte noch am Ende seines Lebens eine Aufführung der Oper in Bologna. Die Bühnenwirksamkeit dieses Werks ist dabei nicht nur aus dem differenzierten Umgang mit dem historischen Stoff zu erklären, der M. noch das Fortschreiten der Zeit als elementare Voraussetzung historischer Abläufe musikalisch problematisieren ließ. Vielmehr begründen die aus der komischen Oper übernommenen Techniken der Verwechslungskomödie eine an Peripetien und Schockwirkungen reiche Handlung, in der rein musikalische Eigenwerte rigoros einer Dramaturgie untergeordnet sind, die die pantomimische Verständlichkeit der dargestellten Ereignisse zum obersten Prinzip macht und dadurch nicht nur die literarisch orientierte Ästhetik der älteren französischen Oper, sondern – im einzigen Duett des Liebespaars im vierten Akt – auch die Künstlichkeit des solistischen Gesangs hin zur ›musikalischen Prosa‹ überwindet.

Obwohl M.s Opern unverkennbar – und vom Komponisten selbst eingestanden – am historisierenden Zeitgeist des 19. Jahrhunderts orientiert waren, bleibt aber selbst in der Darstellung intimer Gefühle eine ironische Distanz spürbar, die sich bisweilen in buffonesk-schadenfrohen Szenen, vor allem aber in der illusionslosen Charakterisierung der Protagonisten manifestiert. Dieser ironische Blick eines Eigenbrötlers auf die Schwächen des in äußeren Zwängen gefangenen Menschen zeigt sich noch deutlicher in seiner dritten Pariser Oper, *Le Prophète*, die nach dreizehnjähriger Vorbereitungszeit 1849 zur Uraufführung gelangte und mit ihrer freien Bearbeitung der Ereignisse um die Münsteraner Wiedertäufer von 1534–35 von den Zeitgenossen als Reaktion auf die blutige Revolution von 1848 verstanden werden mußte. Hier sind die Collagetechniken, die in M.s Œuvre schon seit den 1820er Jahren angelegt waren, auf die Spitze getrieben, auf atemberaubende Weise scheint das Darstellungsmittel des Filmschnitts vorweggenommen. Noch konsequenter als in *Les Huguenots* gestaltete M. dabei die Übergänge zwischen einzelnen Szenen, indem er die Peripetien des Dramas in einem einzigen Wort oder einem kurz herausgeschleuderten Satz kondensierte und so auch dem unvorbereiteten Zuschauer ein Verständnis der komplizierten Handlung ermöglichte. Im Mittelpunkt der sentimentalen Intrige steht das widersprüchliche Verhältnis des wankelmütigen Titelhelden zu seiner Mutter, und folgerichtig machte M. diese Figur und nicht die Geliebte des Tenor-Protagonisten zur weiblichen Hauptrolle. Indem er gleichzeitig aber die musikalische Bedeutung des Chors einschränkte, wird in den nun primär von optischen Wirkungsmitteln bestimmten Massenszenen die blutige Destruktivität eines historischen Konflikts veranschaulicht, dessen Anführer als gewissenlose Abenteurer charakterisiert werden.

Nach *Le Prophète* war freilich eine weitere Steigerung der virtuos gehandhabten Dramaturgie der panoramatischen Großszene kaum möglich, und so erklärt sich die verwickelte Entstehungsgeschichte der 1837 begonnenen und erst nach M.s Tod aufgeführten vierten großen Oper *L'Africaine* (1865) nicht nur aus dem zögernden Charakter eines um den eigenen Erfolg besorgten Komponisten. In der unentschiedenen Verknüpfung der Ereignisse um die Entdeckungsreisen des historischen Vasco da Gama mit dem Konflikt eines zwischen zwei Frauen hin- und hergerissenen Helden zeigt sich vielmehr die Schwierigkeit, in das von M. selbst vorgegebene Modell der großen historischen Oper die psychologisch nuancierte Zeichnung vereinsamter Individuen einzubringen, die die Zeitgenossen Charles Baudelaires und Gustave Flauberts nun auch im Musiktheater erwarteten.

Insofern erwies sich für M. die anachronistisch anmutende Hinwendung zur opéra comique als naheliegender Ausweg aus den Widersprüchen der in die Jahre gekommenen grand opéra. Zwar war zwei komischen Opern nur ein geringerer Erfolg beschieden, dennoch gelang M. auch dort eine bis dahin unbekannte Differenzierung der gattungstypischen Darstellungsmittel – weniger in dem revueartigen Ausstattungsstück *L'Étoile du Nord* (»Der Stern des Nordens«; 1854) als in *Le Pardon de Ploërmel* (»Dinorah«; 1859), wo mit der Anknüpfung an musikdramatische Modelle des späten 18. Jahrhunderts die Sehnsucht des modernen Großstädters nach künstlichen Paradiesen in Szene gesetzt wird, wobei die vielschichtigen Traumbilder der scheinbar so naiven Protagonistin noch die Struktur der Komposition beeinflussen. Aber auch in anderen Gattungen zeigte sich M. immer auf der Suche nach neuen Ausdrucksmöglichkeiten. So verzichtete er in Vertonungen von Texten Heinrich Heines auf die überkommene strophische Form des Klavierlieds zugunsten fein ziselierter Miniaturen, während er in seiner Komposition des *91. Psalms* (1853), die er als preußischer Generalmusikdirektor für Berlin angefertigt hatte, das reduzierte Klangbild eines A-cappella-Chors mit ungewöhnlich dramatischen Kontrasten akzentuierte.

Daß sich im Bewußtsein des 20. Jahrhunderts dennoch fast nur *L'Africaine* erhalten hat, liegt im Umstand begründet, daß dieses posthume Werk mit seiner Rückkehr zu eingängigen solistischen Formen am ehesten als »Belcanto«-Oper realisiert und damit den von der italienischen Oper des späteren 19. Jahrhunderts geprägten Rezeptionsmechanismen eingepaßt werden kann. Ob die anderen großen Opern M.s wieder einen Platz im Repertoire erhalten können, hängt nicht nur davon ab, ob deren immense gesangstechnische Schwierigkeiten von Solisten und Chor gemeistert werden, sondern auch davon, ob Regisseure und Publikum bereit sind, von Wagners infamen Ausfällen gegen den verhaßten Kollegen abzusehen und eine Form des Musikdramas, in der das übersteigerte Pathos des 19. Jahrhunderts immer wieder von ironischer Distanzierung gebrochen erscheint, in ihrer verstörenden Modernität ernstzunehmen.

Noten: Il Crociato in Egitto, N. Y. und Ldn. 1971 (Early Romantic Opera 18). Robert le diable, N. Y. und Ldn. 1972 (ebd. 19). Les Huguenots, N. Y. und Ldn. 1980 (ebd. 20). Le Prophète N. Y. und Ldn. 1978 (ebd. 21) L'Étoile du Nord, N. Y. und Ldn. 1980 (ebd. 22). Le Pardon de Ploërmel, N. Y. und Ldn. 1981 (ebd. 23). L'Africaine, N. Y. und Ldn. 1980 (ebd 24).
Dokumente: Briefwechsel und Tagebücher, 6 Bde. [bis 1855], hrsg. von H. und G. BECKER und S. HENZE-DÖHRING, Bln. 1960-2002. G. M. Ausstellungskat., hrsg. von H. BECKER, Bln. 1991.

Bibliographie: GERHARD, A.: Die französische »Grand Opéra« in der Forschung seit 1945 *in* Acta musicologica 59 (1987), 220–270.
Literatur: DÖHRING, S.: G. M. Grand opéra als Ideendrama *in* Lendemains 31–32 (1983), 11–22. BECKER, H.: G. M., Reinbek bei Hbg. 1985. GERHARD, A.: Die Verstädterung der Oper. Paris und das Musiktheater des 19. Jahrhunderts, Stg. 1992. M. und das europäische Musiktheater, hrsg. von S. DÖHRING und A. JACOBSHAGEN, Laaber 1998.

Anselm Gerhard

Milhaud, Darius
Geb. 4. 9. 1892 in Aix-en-Provence; gest. 22. 6. 1974 in Genf

M. ist der wichtigste Exponent des »Groupe des Six«, der zu Beginn der zwanziger Jahre an die Öffentlichkeit trat. So heterogen diese Gruppe auch war, so verschieden sich die sechs Komponisten im Verlaufe ihres Lebens entwickelten, läßt sich doch eine bestimmte Tendenz ausmachen, die von der Ästhetik Jean Cocteaus ausging, wie er sie in seiner Aphorismensammlung »Le Coq et l'Arlequin« (»Der Hahn und der Harlekin«; 1918) formuliert hat.

Schon der Titel ist aufschlußreich: Der ›gallische‹ Hahn, Inbegriff französischen Wesens, ist dem Harlekin entgegengestellt, unter dessen buntscheckigem Kleid sich vor allem die gefühlsüberfrachtete Musik der deutschen Romantik verbirgt. Die neue französische Kunst muß schlicht sein und die einfachen Gefühle der Menschen ansprechen. M. hat sich diese Ansicht bis zu einem gewissen Grade zu eigen gemacht: Wagner haßte er geradezu, sicherlich auch wegen seiner provenzalisch-jüdischen Herkunft, darin Satie folgend, den die jungen Komponisten wie einen ›Fetisch‹ verehrten. Zu Beethovens Musik hatte er ein unbeschwertes Verhältnis, wenn auch nicht geprägt von dem tiefen Respekt gegenüber den Gattungen der Wiener Meister. Er schrieb 18 Streichquartette und 13 Symphonien. Debussys Musik dagegen liebte er, obwohl Cocteau sie als letzten Ausläufer der romantischen Epoche verdammte. Beide aber verlangten nach »musikalischem Brot« und nicht etwa nach »musikalischem Kaviar«.

Daher wurde die Sphäre der Trivialmusik aufgewertet. Schon Debussy hatte auch unterhaltende, von den Schwarzen Nordamerikas inspirierte Stücke geschrieben. Mit Saties Musik zu

»Parade« von Cocteau in der Ausstattung von Pablo Picasso brachte das Russische Ballett von Sergej Diaghilev 1917 in Paris ein Werk auf die Bühne, das offen die Welt des Zirkus und der Music Hall feierte, und die Tänzerin und Chansonniere Mistinguett errang als Star der Revuen im »Moulin Rouge« die Anerkennung von Intellektuellen und Künstlern. In Harlem und London hörte M. zum erstenmal Jazzmusik und sie begeisterte ihn sofort. Nicht nur wegen ihres rhythmischen Impetus, sondern vor allem wegen der fein abgestuften Klangfarben. Mit der Motorik des Jazz schienen M. vor allem die Fugen J. S. Bachs verwandt. Davon zeugt sein Ballett *La Création du Monde* (»Die Erschaffung der Welt«; Paris 1923).

Die Handlung folgt einem von Blaise Cendrars nacherzählten afrikanischen Mythos, die M. mit einer Mischung aus Jazz und J. S. Bach begleitet: Der Anfang klingt wie eine Einleitung zu einer Bachschen Kantate, doch statt einer Oboe d'amore exponiert ein Saxophon die Hauptmelodie. Bald darauf erklingen schnarrende Glissandi des Blechs, gefolgt von einer Fuge über ein Jazzthema, das im Kontrabaß beginnt, dann aber in einen orgiastischen Taumel des Schlagzeugs übergeht. Die Instrumente sind solistisch besetzt und lassen die Feinheit der klangfarblichen Nuancen erkennen, wie sie M. am Jazz bewunderte. Die Musik entfernt sich hier weit vom üppigen romantischen Orchesterklang oder von den verschleiernden Pastelltönen Debussys. Die Linien treten klar hervor auf Kosten der generierenden Funktion einer chromatisch angereicherten Harmonik und verraten die Lektion von M.s Lehrer André Gédalge, der seinen Schülern riet: »Machen Sie mir eine Melodie, die man ohne Begleitung singen kann.« Gédalge unterrichtete schon um 1900 am Conservatoire, doch seine Saat ging erst nach dem Ersten Weltkrieg auf, als in Paris eine begreifliche germanophobe Stimmung herrschte.

M. selbst sieht in seinem Œuvre keine Entwicklung, er vergleicht es eher mit einem Fluß, der viele Arme aufweist. Es gibt keine Nebenwege, alles ist gleich wichtig, da er unermüdlich produzierte und, statt an einem Werk herumzukorrigieren, lieber ein neues schrieb. Dennoch sieht er an erster Stelle die Stücke, die in Zusammenarbeit mit Paul Claudel entstanden. Sie sind, wie stark auch immer M. um diese Zeit in der allgemeinen Euphorie über den neu gewonnenen Frieden und in der Leichtigkeit des Lebensgenusses aufging, von einem großen Ernst geprägt. In der dreiteiligen *Ore-stie* nach Aischylos in Claudels Übersetzung (1913–22; *Agamemnon*, Paris 1915; *Les Choéphores*, Paris 1919; *Les Euménides*; Brüssel 1949) verwendete M. polytonale Akkorde – Überlagerungen verschiedener Tonarten, deren Kombination ihm viel süßer oder heftiger schien als die einfachen Gebilde der klassisch-romantischen Musik. Doch hatte er darin Vorläufer: schon Debussy, Ravel, Stravinsky und Koechlin hatten solche Mischungen erprobt. Revolutionär für jene Zeit war aber die Verwendung einer Sprechstimme, die von Rhythmen des Schlagzeugs begleitet wird. Dadurch entsteht eine archaische Wirkung der Beschwörung, die der antiken Tragödie angemessen ist. Zum Genre der Zeitoper lieferte M. mit *Le pauvre matelot* (»Der arme Matrose«, Cocteau; Paris 1927) einen Beitrag, ehe er sich in mehreren »opéras-minutes« erneut der Antike zuwandte (*Die Entführung der Europa*, Henri Etienne Hoppenet in der Übersetzung von Walter Klein, Baden-Baden 1927; *Die verlassene Ariadne* und *Der befreite Theseus*, Hoppenet in der Übersetzung von Rudolf Stephan Hoffmann; Wiesbaden 1928). Mit *Christophe Colomb* setzte er die Zusammenarbeit mit Claudel fort. Ursprünglich als Schauspielmusik für Max Reinhardt konzipiert, baute M. die Musik nach dem Zerwürfnis zwischen Claudel und Reinhardt zu einer Oper aus (Berlin 1930). In der musikalischen Diktion unverbindlicher und weicher, vereinigt *Christophe Colomb* alle Elemente, deren Zusammenwirken das Musiktheater vorgeblich erst in der zweiten Hälfte des 20. Jahrhunderts entdeckt hat: Rezitation, Gesang, Tanz, Pantomime und Film.

Die Konzerte zeigen M.s weitgespannte Interessen. Nicht nur für die im 19. Jahrhundert bevorzugten Soloinstrumente wie Violine (1927, 1946) Klavier (1933, 1941, 1946, 1949, 1955), Violoncello (1934, 1945) schrieb er Konzerte, sondern auch für so ausgefallene Instrumente wie Marimbaphon (1947), Akkordeon und Schlagzeug (1930). Häufig handelt es sich dabei um Gelegenheitsarbeiten für konkrete Anlässe und nicht in schöpferischer Einsamkeit komponierte Werke, womit M. wiederum an durch die Romantik verdrängte Tendenzen ›angewandter Musik‹ anknüpft.

Die frühen Symphonien sind im Grunde Kammermusik, Miniatursymphonien (1917–23), so wie damals auch Miniaturopern entstanden. Mozart ist das Vorbild; die reiche melodische Entwicklung hat gegenüber der Komplexität den Vorrang. Ab 1940 entstehen groß angelegte Werke, unter den 13 Symphonien sogar eine mit Chor (1946), ohne daß sich M. von Beethovens »Neunter« eingeschüchtert fühlte.

M. liebte es, sich den Bedingungen des Theaters oder des Films zu unterwerfen. Er fühlte sich im Teamwork nicht eingeengt und schrieb Gebrauchsmusik, »eine Musik für alle Tage«, wie sie Cocteau gefordert hatte. Satie hatte die »musique d'ameublement« erfunden, eine Musik, der man nicht konzentriert zuhören muß, sondern eine, die im Raum steht wie ein Möbelstück, das kaum wahrgenommen wird. Manche der 18 Streichquartette, die M. in dieser tradtionsbelasteten Gattung schrieb, gehören hierher, ebenso Stücke in anderen kammermusikalischen Besetzungen, die den Geist des Divertissement wiederbeleben. Schon Debussy hatte von einer Musik geträumt, die mit Bescheidenheit aufträte und sich damit in Gegensatz zu der von Wagner stellte. Hier ist sie verwirklicht. Während Debussy noch immer an eine diskrete Klangmagie glaubte, gab sich M. der Alltäglichkeit einer von irgendwoher in mannigfaltigen Mischungen auf den Menschen einwirkenden Musik hin. Und so fiel es M. auch leicht, für das neue Medium Film zu komponieren, unter anderem arbeitete er mit Jean Renoir (*Madame Bovary*, 1933), Marcel L'Herbier (*Tragédie impériale*, 1938) und Hans Richter (*Dreams that Money Can Buy*, 1947) zusammen.

M.s Hinwendung zu größeren Besetzungen ab 1940 mag durch die Zeitumstände provoziert worden sein, denn sie erforderten eine Stellungnahme. Als Jude mußte M. 1940 vor den deutschen Truppen aus Frankreich fliehen. Seine Verbundenheit mit dem jüdischen Leben, insbesondere der jüdischen Musik, hat in vielen Werken ihren Niederschlag gefunden, so in Psalmvertonungen in der Übersetzung von Paul Claudel (1918, 1928, 1932), in den *Poèmes juifs* (1916), den *Six chansons populaires hébraïques* (1925) und in den Palästinischen Volksliedern (1937). Seit der Bedrohung durch das Nazi-Regime entstanden Bekenntniswerke, denen häufig Texte der synagogalen Liturgie oder aus der Bibel zugrunde liegen, wie *Couronne de gloire* (1940), *Cain et Abel* (1944), *Kaddisch* (1945), dem *Service sacré* (1947) oder der *Ode to Jerusalem* (1972).

M. unternahm sehr viele Reisen. Nach der Folklore der heimatlichen Provence und den jüdischen Gesängen, wie sie in seiner Familie gepflegt wurden, interessierte er sich vor allem für die Musik Brasiliens, wo er während des Ersten Weltkrieges mit Claudel weilte, der in Rio de Janeiro französischer Botschafter war. Wie de Falla mit spanischer und Bartók mit ungarischer Volksmusik, so verfuhr M. mit seinen Vorbildern oft sehr frei (z. B. in den *Saudadas do Brasil*, 1920–21, oder der Suite *Cisalpine sur des Airs Populaires Piémontais*, 1954). Er wollte aus ihrem Geiste Neues schaffen und fühlte sich berechtigt, über das Vorhandene zu verfügen.

Obwohl er sich mit der seriellen Musik nach 1950 nicht befreunden konnte und oft seinen Unmut über die Intoleranz der Jungen äußerte, ließ er diese in seiner Klasse am Conservatoire gewähren. Schon 1921 hatte er Schönberg in Mödling besucht, doch mehr als Neugierde und Respekt konnte er der Komposition mit ›zwölf nur aufeinander bezogenen Tönen‹ nicht abgewinnen. Umso mehr mußte ihm der Radikalismus von Boulez mißfallen. Erst in der Postmoderne wurde M. von Trojahn neu entdeckt und zum Vorbild genommen. Denn gerade die Offenheit M.s wirkte befreiend.

Noten: Durand; Elkan-Vogel; Eschig; Heugel; Salabert (alle Paris); Associated Music Publishers; Schirmer (beide N.Y.); Universal Edition (Wien).

Dokumente: Notes sans musique (1949, rev. hrsg. von J. DRAKE, Paris 1982); dt. Noten ohne Musik, Mn. 1962. Notes sur la musique, Paris 1982. Ma vie heureuse, Paris 1987. Correspondance Paul Claudel – D. M., hrsg. von J. PETIT, Paris (1961) ²1995.

Werkverzeichnis: M. M.: Catalogue des Œuvres de D. M., Genf 1982.

Literatur: COCTEAU, J.: Le Coq et l'Arlequin, Paris 1918. COLLAER, P.: D. M., Paris 1948; erw. Genf ²1982. SCHNEIDER, N.J.: Zwischen Polytonalität und Geräuschmusik. Les Choéphores von D.M. *in* Melos 49 – Jb. für zeitgenössische Musik (1987), 2–32. LEOPOLD, S.: D. M.s Streichquartette *in* Studien zur Musikgeschichte. Fs. Ludwig Finscher, hrsg. von A. LAUBENTHAL und K. KUSAN-WINDWEH, Kassel 1995, 727–736. ROSTECK, J.: D. M.s Claudel-Opern, Laaber 1995. SEIPP, E.: Die Ballettwerke von D. M., Tutzing 1996. MAWER, D.: D.M. Modality and Structure in the Music of the 1920s, Aldershot 1997. BRILL, A.: Jüdische Identität im 20. Jahrhundert. Die Komponisten D.M. und Alexandre Tasman …, Neuwied 2003.

Theo Hirsbrunner

Monk, Meredith (Jane)

Geb. 20. 11. 1943 in Lima

Das Unbekannte im Bekannten zu finden, die Möglichkeiten des Vorhandenen neu auszuloten und freizusetzen ist M.s Anliegen bei ihrer künstlerischen Arbeit. Kompositorischer Ausgangspunkt ist die eigene Person, der eigene Körper in seiner Wahrnehmungs- und Ausdrucksfähigkeit. So lassen sich Entwicklungslinien innerhalb des Werkes weniger an Werkgruppen verfolgen, die über ein spezifisches kompositorisches oder ästhetisches Problem verbunden wären, als vielmehr an der Art, wie die Person M. in der Aufführung präsent ist: vom composer/performer in den Solo-Performances, über Ensemblewerke bis hin zu den Werken, an denen sie als im Hintergrund agierende, alles strukturierende Schöpferin wirksam wird. Ursprünglich als Tänzerin ausgebildet, befreite sich M. spätestens seit der Collage *16 Millimeter Earings* (1966) von den noch relativ konventionell modernen Tanzkonzepten, mit denen sie seit ihrer Collegezeit arbeitete. Mit diesem Werk begann M. mit einer neuen Form von Theater, die Musik, Bewegung und Film zu einer vielschichtigen Bilder- und Formsprache zusammenfügt. Es entsteht eine Reihe von theatralischen Werken und Filmen, die sich über die großen Projekte der siebziger Jahre mit The House Company und der Berliner Schaubühne (z. B. *Vessel*, 1971, Berlin 1980; *The Games*, Berlin 1983–84) verfolgen läßt bis zu Opernprojekten, wie *Atlas an opera in three parts* (1991). Außerdem begann M. in den sechziger Jahren, gezielt mit ihrer Stimme zu experimentieren, und entwickelte eine gewissermaßen choreographische Gesangstechnik, die der Stimme eine Beweglichkeit und Ausdrucksform ermöglicht, die der des Körpers beim Tanz vergleichbar ist. Diese Intention hat M. in einer Reihe von Solostücken verfolgt und mit dem M.M. Vocal Ensemble seit *Dolmen Music* (1979) auf mehrere Stimmen ausgeweitet. In *Our Lady of Late* (1972–73) duettiert M. mit vibrierenden Tönen eines am Rand mit dem Finger geriebenen Wasserglases. Es entfaltet sich ein subtiles Spiel mit der Verwandtschaft und Unterschiedlichkeit der Klänge. Mit der Übertragung der Techniken und Prinzipien, die sie an der eigenen Stimme entwickelt hatte, auf andere Stimmen und der neu hinzukommenden Ensemblesituation ändern sich die Bedingungen für die musikalische Konzeption: Zum einen erweitert sich das Spektrum der vokalen Möglichkeiten durch die Individualität der verschiedenen Stimmen, zum anderen müssen die festgelegten Aspekte dieser Ensemblesituation Rechnung tragen, indem sie so verbindlich sind, daß sie alle Beteiligten koordinieren, aber dennoch Freiraum für die Entfaltung der Individualität jedes einzelnen lassen. Es entsteht ein repetitiver Stil, der – und hier liegt der Unterschied zur sogenannten Minimal Music – mit melodisch und rhythmisch fixierten, aber improvisatorisch modifizierbaren Grundmustern erlaubt, das Mittel der Wiederholung zur Entfaltung von Möglichkeiten zu nutzen. Dabei arbeitet M. vorwiegend mit reinen Intervallen – Quarten, Quinten und Oktaven – und kann so das Klangspektrum der Stimmen bis in die Ausnutzung von Ober- und Kombinationstönen und Mikrointervallik ausweiten. Problematisch wird dieses Konzept, wenn in neueren Werken wie etwa *Book of Days* (1985–88) oder *Atlas* narrative Züge im Sinne einer kontinuierlich erzählten ›Geschichte‹ das additive Verfahren überlagern und durch eine Art semantischer Besetzung des musikalischen Materials eine quasi thematische Entwicklung ins Spiel bringen und darüber hinaus – wie in *Atlas* besonders durch die Verwendung eines Instrumentalensembles – die Funktion der melodisch-rhythmischen Muster aus Gründen der Koordination weitgehend vorbestimmt werden muß. Durch diese Festlegungen und durch die Ablösung der zusammenhangstiftenden Funktion der konkreten improvisatorischen Situation durch eine festgelegte narrative Entwicklung erhält die musikalische Faktur, die in ihrer Flexibilität für Ensemblesituationen entwickelt wurde, eine Eindimensionalität und Beschränkung, die sie vorher nicht hatte. Zu verfolgen bleibt, wie sich diese Erfahrungen in den jüngsten rein instrumentalen Kompositionen umsetzen: Nach Studien für Soloinstrumente (Klarinette, Cello, Trompete, 1999) wagt sich M. mit *Possible Sky* (2003) jetzt an ihr erstes symphonisches Werk.

Dokumente: Materialien zur Arbeit von M. M., zusammengestellt von G. GRONEMEYER *in* Neuland 4 (1983–84), 237 f. und 303. Meine Stimme tanzt, und meine Bewegungen singen. Die amerikanische Performancekünstlerin M.M. im Gespräch mit D. Fischer *in* NZfM 156 (1995) Heft 6, 28–31. M. M. (Interview mit R. Tuttle) *in* Women of Note Quarterly. The Magazine of Historical and Contemporary Composers 5 (1997) Heft 3, 1–5.

Literatur: OEHLSCHLÄGEL, R.: Dances for the Voice in Neuland 4 (1983–84), 234–237. LASSETTER, L.: Opera from elsewhere. M. M.'s »Atlas« in Music Research Forum 8 (1993), 20–37. M. M., hrsg. von D. JOWITT, Baltimore 1997. SCHMIDT, D.: ›Texttheater‹ oder ›Ereignistheater‹. Zur Frage der Editionsfähigkeit neuester Opern am Beispiel der Arbeiten von H. Lachenmann, E. Carter und M. M. in Opernedition als Herausforderung, Kongreßbericht Thurnau 1999, hrsg. von H. LÜHNING und R. WIESEND [in Vorbereitung].

Dörte Schmidt

Monte, Philippe de

Geb. 1521 in Mechelen;
gest. 4. 7. 1603 in Prag

»Es ist ainer jetzund in Engelland in des Khönigs Capell, haisst Philippus de Monte von Mechel pürtig, hat aber den maisten thail in Italia gewont, mir gantz wol bekannt, ist ain stiller, ain gezogener, züchtiger mensch, wie ain Junckfraw. Khan sein Italianisch als wann er ain geporner Italianer war und nit allain reden, sondern auch schreiben, das er sich in der selben Sprach für ainen Sekretarien vergeen möcht, khan daneben sein Latein, Frantzösisch und Niderlendisch. Und ist sonst on alles widersprechen der best Componist der in disem gantzen land ist, fürnemlich auf die new Art ...« (22. 9. 1555, Bergmans). Als ein bayerischer Agent dem auf der Suche nach Musikern befindlichen Herzog Albrecht V. diese differenzierte Schilderung der Persönlichkeit des Komponisten aus Brüssel zukommen läßt, ist de M. eben dabei, seinen kurzfristigen Dienst in der Privatkapelle des spanischen Königs Philipp II. aufzukündigen und in seine Wahlheimat Italien zurückzukehren. Verkehrte er dort zwar in den höchsten geistlichen Kreisen, so war es ihm doch nicht möglich, in Rom, Florenz oder Genua Fuß zu fassen. Die Berufung zum Leiter der kaiserlichen Hofkapelle in Wien im Jahr 1568 (nach einer Absage Palestrinas) stellte einen bedeutenden Wendepunkt in seiner Karriere dar. Als einer der letzten Niederländer an europäischen Herrscherhäusern sollte der Hofkapellmeister de M. 35 Jahre lang diese Institution sowohl unter Kaiser Maximilian II. als auch unter seinem Nachfolger Kaiser Rudolf II. mustergültig führen.

Die engen persönlichen Beziehungen zu Italien, wo er fast 20 Jahre seines Lebens verbracht hatte, schlugen sich auch im musikalischen Schaffen nieder: Eine gewaltig ansteigende Zahl an Madrigalkompositionen in der zweiten Hälfte des 16. Jahrhunderts macht deutlich, daß diese Gattung zur führenden in der italienischen Musik geworden war. Sind von Komponisten wie Philippe Verdelot, Arcadelt, Willaert oder Monteverdi jeweils maximal einige hundert Kompositionen dieser Gattung überliefert, so übertrifft de M. mit über tausend Werken seine Kollegen an Produktivität bei weitem. Seit seinem *Primo libro dei Madrigali* (Rom 1554) erschienen in dichter Folge insgesamt 34 Sammlungen im Druck, alle mit Widmungen an bedeutende Persönlichkeiten der Zeit. Als einer der drei großen »Oltremontani« (Einstein, 477) ist er gemeinsam mit seinem Jugendfreund Lasso und de Wert maßgeblich an der Verbreitung des italienischen Madrigals über dessen natürliche geographische Grenzen hinweg beteiligt.

Das Œuvre de M.s kann in drei Phasen gegliedert werden. Die erste Phase umfaßt die in Italien entstandenen Kompositionen, die durch ihre harmonische Farbigkeit, den großen melodischen Atem und ihren individuellen Esprit zu den modernsten Beispielen italienischer Madrigalkunst zählen (*Il secondo libro de madrigali*, 1567). Hinzu kommt eine originelle Textwahl, unter anderem mit Vorlagen von Francesco Petrarca und dessen zeitgenössischen Nachahmern. Die zweite Phase beginnt mit de M.s Tätigkeit in Wien, wobei in den ersten Madrigalbüchern dieser Zeit (1569, 1570) jedoch noch zahlreiche aus Italien mitgebrachte Kompositionen veröffentlicht werden. Insgesamt bleibt das Niveau der Werke dieser Zeit hoch, wenn auch die Beschaffung qualitätvoller Texte offensichtlich Schwierigkeiten bereitete. Die zunehmende Isolation vom Hauptstrom des Madrigalschaffens in Italien kommt indirekt in den Vorworten zu einzelnen Publikationen der achtziger Jahre zum Ausdruck, in denen sich de M. gegenüber Angriffen zeitgenössischer Kritik verteidigt (*L'ottavo libro delli madrigali*, 1580). Die dritte Phase setzt mit dem 11. Buch von fünfstimmigen Madrigalen im Jahr 1586 an: de M. versucht, auf die neuen Modeströmungen zu reagieren und experimentiert mit einem leichteren, durchsichtigeren Satz sowie kürzeren Motivelementen. Als Textvorlagen dienen ihm pastorale Dichtungen wie Giovanni Battista Guarinis »Il pastor fido«. Die Tendenz zu starrer Harmonik und selten eingesetzte Chromatik tragen jedoch dazu bei, daß die Madrigale de M.s zunehmend unmodern werden und das Publikum noch zu

Lebzeiten des Komponisten das Interesse an ihnen verliert.

Die Bezeichnung ›konservativ‹ kann de M. auch in bezug auf seine geistlichen Kompositionen zugeschrieben werden, und hier sogar über den gesamten Zeitraum seines Schaffens hinweg. Beträgt die Produktion auf diesem Gebiet zwar nur etwa ein Viertel seines Madrigalschaffens, so befinden sich darunter doch immerhin 38 Messen. Sieben davon sind auch in Druck gegangen, wobei de M. in dem Vorwort zu dem 1587 in Antwerpen erschienenen Band erklärt, daß er sich verpflichtet fühle, »den Fleiß, den ich bis auf den heutigen Tag aufgewendet habe, indem ich jede andere Musikgattung, soweit ich konnte, glänzender gemacht habe, mit etwas schärferem Eifer einsetzen zu müssen beim Vertonen der heiligen Texte«. Dabei entwickelt er eine beachtenswerte Meisterschaft in der traditionellen Parodietechnik (*Missa ad modulum ›Benedicta es‹*, Motette von Josquin Desprez), die – eigentlich bereits am Ende ihrer gattungsspezifischen Entwicklung – nochmals zu einem Höhepunkt geführt wird. (In dieser Satzweise werden mehrstimmige Kompositionen als Ganzes – im genannten Beispiel Josquins gleichnamige Motette – in neue, eigenständige Werke kunstvoll umgearbeitet, wobei die ästhetische Spannung zwischen ›Original‹ und neuem Werk in Text, Stil sowie gesellschaftlicher Funktion eine wesentliche Rolle spielt.) Die Messen zeichnen sich weiters durch teilweise instrumentale Stimmführung und einen besonders anspruchsvollen kontrapunktischen Satz aus, der homophone Passagen nur für spezielle Effekte oder als variatives Element einsetzt. Im Sinne der Reformen des Tridentiner Konzils tendiert de M. zur Vereinfachung und Verkürzung der Meßkomposition; so notiert er etwa nun mehr ein Agnus Dei oder zieht Textteile des Sanctus als ›Missa breve‹ radikal zusammen.

Eine Gattung zwischen beiden bereits angesprochenen Bereichen sind die *Madrigali spirituali*, von denen de M. seit Beginn der achtziger Jahre fünf umfangreiche Sammlungen veröffentlichte. In der Kompositionstechnik dem weltlichen Madrigal verpflichtet, sprechen sie in ihren Texten – vom wichtigsten Theologen der Zeit, dem Jesuitenpater Petrus Canisius – ausschließlich religiöse Themen an: Gottessehnsucht, Bußfertigkeit, Frömmigkeit sowie reich nuancierte Marienverehrung. Die Kompositionen stehen im Dienste der Gegenreformation, was in der pointierten Wahl der Widmungsträger als besonders engagierten Persönlichkeiten dieser Bewegung deutlich zum Ausdruck kommt. In der Vorrede zum *Primo libro de Madrigali spirituali* zu sechs Stimmen (Rom 1583) gibt de M. der Hoffnung Ausdruck, daß die Kompositionen »umso willkommener sein werden, als sie fromme und religiöse Werke sind, die noch immer unversehrt geblieben seien in so vielen Gewittern und Schiffbrüchen der wahren und heiligsten katholischen Religion.«

Noten: Ph. de M. Opera. New Complete Edition, hrsg von R. B. LENAERTS, Löwen 1975 ff.

Dokumente: Quatorze lettres inédites du compositeur Ph. de M., hrsg. von P. BERGMANS, Brüssel 1921. Lindell, R.: Die Briefe F. di M. Eine Bestandsaufnahme *in* Studien zur Mw. 39 (1988), 37–54.

Literatur: EINSTEIN, A.: The Italian Madrigal, Bd. 2, Princeton 1949; Ndr. 1971, 498–511. LENAERTS, R. B.: Ph. de M. als Motettenkomponist *in* Kirchenmus. Jb. 66 (1984), 49–58. LINDELL, R.: Music and Patronage at the Court of Rudolf II. *in* Music in the German Renaissance. Sources, Styles and Context, hrsg. von J. KMETZ, Cambridge 1994, 254–271.

Andrea Lindmayr-Brandl

Monteverdi, Claudio

Getauft 15. 5. 1567 in Cremona;
gest. 29. 11. 1643 in Venedig

Als »Unverschämtheiten der modernen Musik« hat der Bologneser Musiktheoretiker Giovanni Maria Artusi im Jahre 1600 einige stilistische Merkmale und Eigenheiten an Cl. M.s Madrigalen in einer Streitschrift gebrandmarkt. Artusis Zorn zielte vor allem auf M.s neue manieristische Ausdrucksmittel, die grelle und fahle Klangwirkungen ermöglichten, aber dem Kanon der herkömmlichen Musikauffassung diametral entgegenstanden. M. hat fünf Jahre später Artusi erwidert, er sei weder nachlässig, noch überlasse er beim Komponieren irgendetwas dem Zufall. Vielmehr sei er auf der Suche nach einer »seconda pratica« des Komponierens, die der Wahrheit des leidenschaftlichen menschlichen Ausdrucks in der Musik verpflichtet sei. Zwei Momente in der Haltung M.s kennzeichnen ihn als beispiellos ›moderne Künstlerpersönlichkeit‹: das auch nicht vor Experimenten zurückschreckende Suchen nach ausdrucksmäßiger Innovation und die beständige theoretische Reflexion seines kompositorischen Handelns.

Wie wenige andere Komponisten war M. ein Leben lang auf der Suche nach neuen Stilmitteln, neuen kompositorischen Verfahrensweisen und ausdrucksvollen Vortragsarten. Um die 60 Jahre lang (ungefähr zwischen 1580–1640) schrieb er Musik in fast allen Stilausprägungen des Madrigals und seiner angrenzenden Gattungen – insgesamt ca. 250 Werke, wovon uns die meisten in seinen in Venedig gedruckten Madrigalbüchern überliefert sind. Kein anderer Meister des italienischen Madrigals – auch nicht Marenzio und Gesualdo – hat uns ein an Vielfalt und künstlerischer Individualität so umfängliches und reichhaltiges Werk hinterlassen. M.s Motivation war, mit seiner Musik »den ganzen Menschen zu affizieren«, wie es das Ziel der Griechen war, den wahren Menschen in seinen wahren Leidenschaften zu zeigen. Dies war auch das Ziel des Opernkomponisten M., der den in Florenz entwickelten monodischen Stil zu einer unerreichten künstlerischen Höhe und emotionalen Intensität führte, so daß die Zuhörer bei der großen Klageszene seiner *Arianna*, wie ein Augenzeuge berichtet, in Tränen der Rührung und des Mitleids ausbrachen. M. lag nichts daran, die unterschiedlichen Stile der weltlichen Vokalmusik immer streng voneinander zu trennen. Monodie und Madrigal, Rezitationsstil und artifizielle Polyphonie begegnen sich häufig in seinem Werk, befruchten einander und schaffen neue Ausdrucksqualitäten. Ebenso verbindet er vokale mit instrumentalen Gestaltungsprinzipien in einer bisher unerhörten Weise.

Cl. M. war Sohn eines Arztes, der den musikalisch begabten Jungen als Kapellknaben und Privatschüler in die Obhut des Cremoneser Domkapellmeisters Marcantonio Ingegneri gab. Als Fünfzehnjähriger bereits widmete er seinem Lehrer sein Erstlingswerk, die 1582 im Druck erschienene Sammlung dreistimmiger Motetten *Sacrae Cantiunculae* (»Geistliche Liedlein«). Seine erste Anstellung erhielt er 1590 als Violaspieler am Hofe Herzogs Vincenzo I. Gonzaga in Mantua, wo der bedeutende flämische Komponist de Wert als Hofkapellmeister bis zu seinem Tode im Jahre 1596 tätig war. Daß der Cremonese Benedetto Pallavicino dessen unmittelbarer Nachfolger wurde und nicht er selbst, scheint M. sehr gekränkt zu haben. 1599 reiste er im Gefolge Vincenzos I. nach Flandern, wo er, den Angaben seines Bruders Giulio Cesare zufolge, den »Canto alla francese«, den modernen französischen Gesangsstil, kennengelernt hat. Nach dem Tode Pallavicinos 1601 wurde der in der Zwischenzeit mit der Hofsängerin Claudia Cattaneo verheiratete M., der als Komponist weit über Mantua hinaus bekannt geworden war, zum Hofkapellmeister ernannt. Seinen ersten großen Triumph feierte er 1607 bei der Aufführung seiner Oper *Orfeo*. Zu den Hochzeitsfeierlichkeiten für den Mantuaner Thronfolger komponierte M. im Jahr darauf das Ballett *Il ballo delle ingrate* (»Der Tanz der undankbaren Frauen«) sowie seine zweite Oper, *Arianna*.

Nach dem Tode Herzogs Vincenzo I. im Jahre 1612 wurde die Mantuaner Hofmusik reduziert, was den ohnehin enttäuschten M. veranlaßte, sich nach einer neuen Position umzusehen. Seine Bemühungen wurden 1613 durch seine Ernennung zum Kapellmeister an der venezianischen Palastkirche San Marco mit Erfolg gekrönt, eine Position, die in Italien einmalig war, erlaubte sie M. doch, in der weltoffenen Lagunenstadt weiterhin bis zu seinem Tode neben der Produktion von Kirchenmusik auch weltliche Werke zu komponieren und aufzuführen. Noch im Alter von 73 bis 75 Jahren schuf er drei neue Opern, worunter *L'Incoronazione di Poppea* (»Die Krönung der Poppea«) als eines der gelungensten Werke des frühbarocken Musiktheaters gelten darf.

Daß die Zeit um 1600 Zeugin eines beispiellosen Wendepunktes und tiefgreifenden Stilwandels in der Geschichte der europäischen Kunstmusik war, darf als ebenso unbestritten gelten wie die Tatsache, daß Cl. M. der bedeutendste kompositorische Repräsentant dieser Umwälzungen war. Wie kein anderer seiner Zeitgenossen reagierte er unmittelbar auf die radikale Änderung der geistigen wie ästhetischen Grundlagen mit neuartigen künstlerischen Lösungen, die das äußere und innere Gefüge der musikalischen Gattungen von Grund auf revolutionierten. Es wäre jedoch ein Mißverständnis, wollte man in M. einen künstlerischen Extremisten und einseitigen Ideologen sehen. Andere sind in ihren Absichten stilistisch weiter gegangen als er, wie z. B. die Florentiner Camerata in ihrer akademisch-puristischen Ablehnung jeglicher Polyphonie oder wie Gesualdo in seinen hochchromatischen Madrigalen. M. war als Komponist kein dilettierender Aristokrat, der sich gleichsam ›im luftleeren Raum‹ um die Wiederbelebung der griechischen Musik bemühte. Vielmehr mußte und wollte er ein Publikum von fühlenden Menschen erreichen und tat dies, indem er den trockenen rezitativischen »stile narrativo« (»erzählenden Stil«) der Florentiner melodisch zum »stile espressivo« (»ausdrucksvollen Stil«) belebte und das polyphone Madrigal vereinfachte und mit monodischen Momenten rhetorisierte. In der damals allgegenwärtigen Diskussion um die Wiederbelebung der antiken Musik vertrat er die Überzeugung, daß die moderne Musik letztlich der antiken, trotz ihres Vorbildcharakters, überlegen sei dank der Verfeinerung ihrer Mittel und dank der von ihm vertretenen Stilpluralität. So bildeten für M. Monodie und Polyphonie, vokale und instrumentale Gestaltungsprinzipien, generalbaßlose und über dem Generalbaß konzertierende Musik, geistliche und weltliche Musik keine sich ausschließenden Gegensätze, sondern stilistische Prinzipien, die kraft künstlerischer Synthese untereinander neuartige Verbindungen eingehen konnten, deren Wirkungen auf die Hörer er experimentell erprobte.

Obwohl M.s erste Veröffentlichungen mehrstimmiger Vokalkompositionen, die vierstimmigen *Madrigali spirituali* (1583), von denen nur die Baßstimme überliefert ist, und die dreistimmigen *Canzonette* (1587) noch ganz eindeutig als unselbständige Schülerwerke zu bezeichnen sind, zeigen doch einige der Kanzonetten neben einem für die Gattung ungewöhnlichen Sinn für Polyphonie bereits M.s ausgeprägtes Interesse an madrigalistischer Wortpointierung und an einer lebhaften rhythmischen Gestaltung, zwei Eigenschaften, denen sein Interesse ein Leben lang gelten wird.

In seinem *Ersten Madrigalbuch* (1587) ist M. in kontrapunktischer Hinsicht noch ganz der Schüler seines Lehrers Ingegneri; allerdings hat er sich bereits mit der Klangvorstellung und den musikalischen Bildern des damals in höchstem Kurs stehenden Madrigalisten Marenzio vertraut gemacht. Seine Textwahl verrät einen sicheren literarischen Geschmack, dem er auch künftig treu bleiben wird, nämlich eine Vorliebe für zwei gegensätzliche Exponenten der exklusiveren literarischen Madrigalistik: für den tief empfindenden Torquato Tasso und den sensuell-eleganten Giovanni Battista Guarini.

Obgleich sich M. auch noch im Titel seines *Zweiten Madrigalbuches* (1590) als »Schüler des Herrn Ingegneri« präsentiert, erinnern die darin enthaltenen Kompositionen in Haltung und Atmosphäre vermehrt an den in Rom wirkenden Marenzio. Auch zeigen sie M.s Kenntnis des ferraresischen Stils, der in der Dominanz dreier virtuoser Sopranistinnen bestand. Insbesondere die eindrucksvolle Vertonung von Torquato Tassos *Ecco mormorar l'onde* (»Horch, es murmeln die Wellen«), eine breitangelegte Naturschilderung des über dem Meer erwachenden Tages mit anschließender Reflexion auf das vor Liebe brennende lyrische Ich, zeugt von M.s inzwischen erworbener Meisterschaft – nach den Worten des M.-Forschers Hans Ferdinand Redlich »vielleicht die genialste Schöpfung des Tonmalers Monteverdi überhaupt«.

Das *Dritte Madrigalbuch* (1592) schlägt einen prinzipiell neuen, modernen Ton an. Offenbar unter dem Einfluß von de Wert begeisterte sich M. in Mantua für den Gedanken Platons, daß der gesprochene Text – sowohl in deklamatorischer als auch in emotionaler Hinsicht – die musikalische Faktur bis ins kleinste Detail zu determinieren habe. Wie de Wert schon einige Jahre zuvor machte sich M. einen Stil des syllabischen chorischen Rezitierens zueigen, der mittels des Gebrauchs von kurzen Noten auf einem beibehaltenen Klang eine quasi rezitativische Wirkung zeitigte. Das dreiteilige Tasso-Madrigal *Vattene pur, crudel* (»Geh nur, Grausamer«) basiert auf einem solchen chorischen »stile narrativo«, dessen klangliche Monotonie zuweilen durch ausdrucksvolle Sprünge zur Ausdeutung einzelner Wörter wirkungsvoll aufgebrochen wird. Außerdem fällt M.s zunehmender Dissonanzgebrauch auf, der in Guarinis *Stracciami pur il core* (»Reiße mir doch das Herz heraus«) eine ungewöhnliche Dichte erfährt, die in ihrer Wirkung als manieristisch bezeichnet werden darf.

Zwischen dem Erscheinen des *Dritten* und des *Vierten Madrigalbuches* (1603) liegen nicht weniger als elf Jahre; das *Fünfte Madrigalbuch*, das mit dem *Vierten* eine stilistische Einheit bildet, erschien 1605. Da eine nicht unerhebliche Zahl der in den beiden Bänden enthaltenen Kompositionen bereits vor 1600 in Kennerkreisen verbreitet gewesen ist, kann man vermuten, daß es nicht nur deren stilistische Neuerungen waren, für deren Entwicklung und Erprobung M. viel Zeit benötigte, sondern daß ihn auch seine vielfältigen Verpflichtungen am Mantuaner Hofe von einer früheren Veröffentlichung abgehalten haben. Die in den beiden Bänden enthaltenen Madrigale, die mehrheitlich auf Texte Guarinis – und insbesondere auf solche aus dessen Hirtendrama »Il pastor fido« (»Der getreue Hirte«) – komponiert sind, stellen den Höhepunkt von M.s madrigalischer Kunst dar. Bis zum Zeitpunkt ihres Erscheinens hat es keine Vertonungen gegeben, die erotische Passion so intensiv ausgestrahlt haben, wie dies M. z.B. in *Si ch'io vorrei morire* (»Wenn ich sterben möchte«; 1603) gelungen ist. Das homophone chorische Rezitieren des »stile narrativo« findet sich jetzt konsequent weiterentwickelt und unmittelbar den polyphonen ausdrucksgeladenen Partien eines »stile espressivo« gegenübergestellt, der seine Wirkungen M.s neuartiger und höchst individueller Dissonanztechnik verdankt. Dabei ist es nicht so sehr der Gebrauch von Dissonanzen allein, der frappiert, sondern die den traditionellen Kompositionsregeln diametral zuwiderlaufende Art und Weise ihrer satztechnischen Behandlung: sie erklingen ohne Vorbereitung, und sie werden nicht regulär aufgelöst, sie entstehen regelwidrig als Durchgänge auf betonten Taktzeiten, und sie werden gehäuft und zu Ketten von Vorhalten verbunden. Neuartig ist auch M.s unberechenbare Art, wie er – entgegen der herrschenden modalen Praxis – Dur- und Molldreiklänge nebeneinanderstellt und auf diese Weise eine zuvor unbekannte psychische Intensität erzielt. Als Beispiel unter vielen sei aus dem *Fünften Madrigalbuch* das dreiteilige *Ch'io t'ami* (»Daß ich dich liebte«) erwähnt, eine ›große Szene‹ in M.s an der Wert orientiertem Madrigalstil der chorischen Deklamation. Den Verlust an polyphoner Differenziertheit wiegt M. mit harmonischem Reichtum und klanglicher Farbigkeit bei weitem auf. Um die Textzeile »Le fere lor' e i duri sterpi e i sassi« (»Ihre wilden Tiere und das harte Gestrüpp und die Steine«) adäquat auszudrücken, verwendet M. dissonante Akkorde (z. B. b-c-d-g-a oder d-e-f-a-c), die man vor 1900 nicht wieder hören wird. Den grellen und harten Farben stellt der manieristische ›Realist‹ M. die fahlen gegenüber. Die Augen der Geliebten, die in der »seconda parte« ihr stilles Sternenlicht noch einmal dem sterbenden Geliebten zuwenden sollen, werden mit kaum verhüllten fallenden Quintparallelen und mit terz- oder quintlosen Akkorden zum Ausdruck gebracht, ein Verfahren, dessen »povertà d'armonia« (»harmonische Armut«) M.s Kritiker Artusi möglicherweise noch mehr gereizt haben dürfte als die unglaublichen Dissonanzen.

Zu den Angriffen Artusis auf M.s neuartige Kompositionsweise hat dieser dreimal explizit Stellung genommen: einmal im Vorwort zu seinem *Fünften Madrigalbuch*, sodann durch die Feder seines Bruders Giulio Cesare in der »Dichiaratione« (»Erklärung«) zu seinen *Scherzi musicali* (1607) und ein drittes Mal in einem Brief aus dem Jahre 1633. Hatte Artusi anhand seiner Kritik an M.s Madrigalen *Cruda Amarilli* und *O Mirtillo* (beide 1605 veröffentlicht) gegen die »Unvollkommenheiten der modernen Musik« polemisiert, so kündigte M. eine theoretische Schrift mit dem Titel »Die zweite Art zu komponieren oder Vollkommenheit der modernen Musik« an, zu deren Niederschrift er allerdings niemals gekommen ist. Die von ihm erfundene und eingeführte »Seconda pratica« gehe von der Lehre Platons aus, derzufolge »der Textvortrag (oratione) die Herrin des musikalischen Satzes sei und nicht seine Dienerin«. Daher habe die Musik alle die ihr zur Verfügung stehenden Mittel der Harmonik und des Rhythmus aufzubieten, um den Text adäquat auszudrücken. Nicht auf die Schönheit und Reinheit des musikalischen Stils käme es dabei an, sondern auf die Eindringlichkeit des Affektausdrucks, denn, so lautet M.s Kernsatz, »der moderne Komponist baut auf den Fundamenten der Wahrheit«. Mit der Benennung »zweite Art des Komponierens« macht M. deutlich, daß er die durch Giosefo Zarlino in den »Istitutione armoniche« von 1558 kodifizierte Kompositionsweise keineswegs in ihrer Existenzberechtigung in Frage stellt, sondern diese weiterhin als die »erste Art des Komponierens« anerkennt.

Es war M.s Absicht, insgesamt drei Klagegesänge als fünfstimmige madrigalische Zyklen auszukomponieren, doch hat er nur zwei davon realisiert und diese in seinem *Sechsten Madrigalbuch* (1614) veröffentlicht. Es handelt sich um das berühmte *Lamento d'Arianna* und die »Sestina« *Incenerite spoglie* (»Zu Asche gewordener Leichnam«). Während die madrigalische Fassung der Ariadne-Klage die Bearbeitung der ebenfalls erhaltenen Opernmonodie *Lasciatemi morire* (»Laßt mich sterben«) ist, stellt die »Sestina«, mit dem Untertitel »Tränen eines Liebenden am Grab der Geliebten«, eine Originalkomposition dar. Es ist eines der feinsinnigsten Werke M.s, in dem ihm eine vollendete Integration des monodisch-rezitativischen Stils in das madrigalische Idiom gelingt. Das madrigalische Lamento in sechs Teilen hatte einen realen Anlaß: Ein Graf namens Scipione Agnelli dichtete auf den Tod der jungen Mantuaner Hofsängerin Caterina Martinelli, die eine Flamme des Fürsten von Mantua war, einen Klagegesang in Form einer hoch-artifiziellen (und deshalb mißlungenen) altitalienischen Sextine, in der ein Hirte um seine tote Nymphe klagt. Der Tod der Sängerin, die 1608 die Partie der Arianna hatte singen sollen, muß auch M. berührt haben, so daß er sich 1610 der Komposition des Gedichts widmete.

Mit dem *Siebten Madrigalbuch* (1619) verläßt M. endgültig die klassische polyphone fünfstimmige Gattungsnorm des Madrigals. Es trägt in seinem Titel den Begriff *Concerto*, um damit auf die ganz unterschiedlichen Gattungs- und Ensemblestrukturen hinzuweisen, die sämtliche dem 17. Jahrhundert angehören und denen der Generalbaß essentiell ist. Nur zwei Stücke daraus sind reine Monodien, und sie stellen M.s Versuch dar, sich im akademisch engeren Florentiner Rezitativ dramatisch auszudrücken. Es sind die beiden *Lettere amorose* (»Liebesbriefe«), die sehr wirkungsvoll vorgetragen werden können, aber doch wenig von M.s sonstiger harmonischer Farbigkeit haben. *Con che soavità* (»Mit welcher Süße«) ist ein für M. und auch ansonsten ungewöhnliches Stück. Es steht in der mehrchörigen Tradition des späten Gabrieli und ist für drei Musikergruppen geschrieben, zwei aus Streichern mit Tasteninstrumenten bestehend, und die dritte mit Sopran und Continuobegleitung. Ebenfalls für ein größeres Ensemble ist *A quest'olmo* (»Zu dieser Ulme«) für Violinen und Blockflöten. Doch die große Mehrzahl der Kompositionen der Sammlung stellen Duette ganz unterschiedlicher Machart dar. Es sind entweder in der Tradition des Solomadrigals mit Generalbaß stehende Duette, wie das virtuose *O come sei gentile* (»Oh, wie freundlich du bist«) für zwei Soprane, oder sie gehören dem Arientypus wie *Chiome d'oro* (»Güldenes Haar«) an. In *Ohimè, dov'è il mio ben?* (»Ach, wo ist mein Schatz?«) zeigt sich M. als ein Meister der modernsten Art des Duetts, das eine Variationsreihe über einem beibehaltenen Baß entwickelt. Allen Duetten gemeinsam ist M.s am Madrigal entwickelte psychologisch feinsinnige und ausdrucksmäßig hochentwickelte Kunst.

M.s *Achtes Madrigalbuch* (1638), das er als letztes selbst zum Druck gab, ist in mehrerer Hinsicht eine bemerkenswerte Publikation. Zum einen ist es außergewöhnlich umfangreich und in zwei Teile gegliedert, in *Canti guerrieri* (»Kriegsgesänge«) und in *Canti amorosi* (»Liebesgesänge«). Zum anderen umfaßt es Kompositionen aus einem Zeitraum von über 30 Jahren, ist also in gewisser Weise eine Rückschau auf musikalische Glanzlichter und Kabinettstücke ganz unterschiedlicher Stilistik und Zielrichtung, und nicht zuletzt stellt es das künstlerische Manifest von M.s Versuch einer Wiederbelebung der antiken Rhythmik und Affekterregung dar. Die beiden ältesten Stücke der Sammlung sind wohl die »alla francese« komponierten *Dolcissimo uscignolo* (»Süßeste Nachtigall«) und *Vago augelletto* (»Schönes Vögelein«), die im Zusammenhang mit der französischen »musique mesurée« (metrischen Musik; → Le Jeune) aus der Zeit um 1600 stehen, einem der humanistischen Versuche, die antike Versmetrik in der Musik wiederzubeleben, für die sich M. zunächst außerordentlich interessiert hatte. *Il ballo delle ingrate* ist ein im Jahre 1608 für den Mantuaner Hof geschriebenes Ballett, in dem, ebenfalls nach französischem Vorbild, Pantomime, Tanz, Vokal- und Instrumentalmusik ein pathetisch-bizarres Ganzes bilden. Einige Liebesduette der Sammlung sind voll glühender Leidenschaft und ergänzen in ihrer Vielfalt diejenigen des *Siebten Madrigalbuches*. Eine ganz unvergleichliche Komposition ist das *Lamento della ninfa* (»Nymphenklage«), in dessen szenisch umrahmtem Mittelteil der Klagegesang des Soprans über einem Ostinato von vier Noten sich entfaltet, dem mitfühlenden Kommentar von drei Männerstimmen, die teils gemeinsam, teils einzeln die Sopranistin begleiten. Einmalig ist auch in diesem Zusammenhang M.s Anweisung, die Sopranistin solle ihre Phrasen mit tempo rubato vortragen, während die Männerstimmen sich strikt am Grundmetrum zu halten hätten.

Seine Berühmtheit und historische Bedeutung verdankt das *Achte Madrigalbuch* der stilistischen Besonderheit seiner *Canti guerrieri* und deren theoretischer Begründung in dem dazugehörigen Vorwort. In diesem bringt M. zum Ausdruck, daß er wie Platon und andere der besten griechischen Philosophen der Überzeugung sei, daß Musik dazu befähigt sein sollte, drei verschiedene menschliche Gemütszustände auszudrücken: »Zorn, Mäßigung und Demut oder flehentliches Bitten«. Folglich müsse es auch drei entsprechende Arten von Musik geben, ein »concitato genere« (»erregte Art«), ein » molle et temperato genere« (»weiche und eine gemäßigte Art«). Für das »concitato genere« habe er in allen Kompositionen früherer Meister kein Beispiel finden können, wohl aber für das »molle et temperato genere«. Dies habe ihn ermutigt, ausgehend vom pyrrhischen Versmaß der griechischen Waffentänze eine Semibrevis in 16 Semifusen aufzuteilen, um mit einer solchen rapiden sechzehnmaligen Repetition ein und desselben Tones musikalisch Erregung und Zorn zum Ausdruck zu bringen. Dieses »wiedergefundene« concitato genere – von der Musikwissenschaft als »Stile concitato« bezeichnet – hat M. zum ersten Mal in dem 1624 in Venedig aufgeführten und in seinem *Achten Madrigalbuch* veröffentlichten *Combattimento di Tancredi e Clorinda* (»Kampf des Tancredi mit Clorinda«) angewendet; es ist eine hochdramatische Szene mit Pferdegetrappel und Waffengeklirr aus Tassos »Gerusalemme liberata« (»Das befreite Jerusalem«) im monodischen Stil mit begleitenden Instrumenten. Erst später hat M. den kriegerischen »stile concitato« auch auf die Komposition von Madrigalen übertragen, von denen *Hor che'l ciel e la terra* (»Jetzt, da der Himmel und die Erde«) auf ein Sonett Francesco Petrarcas mit der Verszeile »Guerra è il mio stato, d'ira e di duol piena« (»Krieg ist mein Zustand, voller Zorn und Schmerz«) das grandioseste Beispiel ist.

M.s Erstlingswerk für das Musiktheater, seine auf ein Libretto von Alessandro Striggio komponierte »favola in musica« *L'Orfeo*, gilt heutzutage als die früheste lebensfähige Repertoireoper. Wie konnte ihm bereits im Jahre 1607 ein solcher Wurf – gewissermaßen aus dem Nichts heraus – gelingen? Man darf davon ausgehen, daß M. bereits erste Erfahrungen mit in weitestem Sinne darstellender Musik gemacht hatte, bevor er die musikdramatischen Versuche der Florentiner Camerata kennenlernte. Höfische Unterhaltung bestand damals aus Turnieren, Balletten und Theateraufführungen mit Tanzeinlagen und Intermedien, die sämtlich musikalisch-szenischen Charakter hatten und mit Dekorationen und Kostümen ausgestattet und von Mimik und Gestik begleitet waren. Während die florentinische Oper sich auf das dramatische Rezitativ konzentrierte, baute M. eine Vielfalt von musikalischen Gattungen und szenischen Ausdrucksformen in die märchenhaft-pastoral gelockerte Handlung ein, weshalb die Musik des *Orfeo* einerseits aus Monodien, andererseits vor allem aber aus madrigalischen Sätzen und Instrumentalmusik der unterschiedlichsten Art besteht. Dabei nehmen freie Rezitative in der Art des Florentiners Peri, wie etwa der eindrucksvolle Bericht der Botin von Euridices plötzlichem Tod, einen vergleichsweise geringen Raum ein. Musikalische Szenen, wie der Gesang des Prologs in variierter Strophenform mit flankierenden Ritornellen, wie die große, beschwörende Arie des Orfeo über die Macht der Musik und sein Klagemonolog im fünften Akt, verraten eher M.s Interesse für gebundenere Formen des Sologesangs. Vom Chor gesungene Kanzonetten in der Art von Giovanni Gastoldis »Balletti« und der großangelegte homophone Klagechor über den Tod Euridices sind von M. mit psychologischem Geschick eingesetzte Sonderformen des Madrigals. Auch die reinen Instrumentalstücke erfüllen musikdramatische Funktionen: Als Sinfonien bereiten sie den Stimmungswechsel einer veränderten Situation vor, als Ritornelle fassen sie heterogene Handlungsteile zu einer emotionalen Einheit zusammen. Eine Art heraldisch-militärische Fanfare dient dem *Orfeo* als Ouvertüre. Sie soll eine Verbindung zwischen dem Anlaß des Herrscherhauses Gonzaga und der mythologischen Handlung stiften. Das Orchester des *Orfeo* ist von einer außergewöhnlichen Farbigkeit, dessen Unverwechselbarkeit darin besteht, daß in ihm das Instrumentarium der Renaissance Funktionen der Barockmusik erfüllt. So führen Chitarrone, Laute, Harfe, Cembalo, Orgel und Regal zum Teil gleichzeitig als »Fundamentinstrumente« die Baßstimme und deren Harmonisierung aus, während die Blas- und Streichinstrumente als »Ornamentinstrumente« den beiden kontrastierenden Sphären der Handlung klanglich zugeordnet sind: Flöten, Streicher und Zupfinstrumente repräsentieren die Hirtenwelt Thrakiens; Zinken, Posaunen und Regal symbolisieren das Schattenreich der Unterwelt. Von M.s zweiter Oper *L'Arianna* (Mantua 1608) sind nur das Libretto von Ottavio Rinuccini überliefert und der Klagegesang der von Theseus verlassenen Ariadne in einer monodischen (veröffentlicht 1625) und einer madrigalischen Fassung (1614). Dieses berühmte *Lamento d'Arianna* mit seiner ausdrucksvollen und geschmeidigen Melodik, die von den Erfahrungen seiner Madrigalistik profitiert, dürfte vor allem in seinen unzähligen zeitgenössischen Tastenbearbeitungen eines der weitestverbreiteten Musikstücke des 17. Jahrhunderts gewesen sein.

In den über 30 Jahren, die zwischen den beiden Mantuaner Opern *L'Orfeo* (1607) und *L'Arianna* (1608) und den beiden erhaltenen venezianischen Spätopern *Il ritorno d'Ulisse in patria* (»Die Rückkehr des Odysseus in die Heimat«, Giacomo Badoaro; 1640«) und *L'incoronazione di Poppea* (»Die Krönung der Poppea«, Giovanni Francesco Busenello; 1642) liegen, hat sich M. mit der Komposition einer nicht unbedeutenden Anzahl von Bühnenwerken beschäftigt. Darunter waren fünf Opern, eine Komödie mit Musik, eine dramatische Kantate und ein Turnier; zum Teil hat er sie nicht vollendet, zum Teil ist die Musik, sieht man von wenigen Einzelstücken ab, durchweg verloren. Dennoch sind wir über M.s ästhetische Ansichten bezüglich einiger Werke durch eine

Reihe von Briefen, die er an seinen Kollegen Alessandro Striggio geschrieben hat, informiert. So wissen wir, daß er die damals so beliebten allegorischen Figuren und Elemente in Opernstoffen, die er vertonen sollte, abgelehnt und sich zugunsten von psychologisch realistisch wirkenden Personen ausgesprochen hat. 1616 schrieb er an Striggio die folgenden Zeilen bezüglich des Sujets der nicht vollendeten und auch nicht erhaltenen »favola marittima« (»Meeresfabel«) *Le nozze di Tetide* (»Die Hochzeit der Thetis«): »Außerdem habe ich gesehen, daß die Gesprächspartner Winde sind: Amoretten, Zephyretten und Sirenen. Folglich werden viele Soprane nötig sein. Und weiter füge ich hinzu, daß die Winde, als da sind Zephyrn und Borealen, singen müssen. Wie werde ich, mein lieber Herr, die Sprache der Winde nachahmen können, wenn sie nicht sprechen? Und wie werde ich mit ihnen die Leidenschaften erregen können? Ariadne bewegte uns, weil sie eine Frau war, und gleichfalls bewegte uns Orpheus, weil er ein Mann war und kein Wind ... Was die Fabel insgesamt betrifft, so habe ich, meiner nicht geringen Unkenntnis zufolge, nicht das Gefühl, daß sie mich bewegt, und ich verstehe sie auch nur mit Mühe. Auch empfinde ich nicht, daß sie mich auf natürliche Weise zu einem Schluß führt, der mich bewegt; Ariadne führt mich zu einer wirklichen Klage hin, und Orpheus bewegt mich zu einer echten Bitte, aber diese Fabel führt mich zu ich-weiß-nicht-welchem Schluß.« Diesen Prinzipien ist M. zeitlebens treu geblieben. In *Il ritorno d'Ulisse in patria* sind es vor allem die »recitativi espressivi« der Penelope, die durch die Echtheit ihres scharf konturierten Ausdrucks beeindrucken. Während der frühere Dissonanzgebrauch etwas in den Hintergrund getreten ist, sind es jetzt vermehrt autonom-musikalische Momente wie die variierte Strophenform oder ostinate Bässe, die verblüffenderweise zur Gestaltung von psychologischen Entwicklungen und szenischen Zusammenhängen herangezogen werden. Obwohl M.s letzte Oper *L'incoronazione di Poppea* nur in zwei posthumen Quellen überliefert ist, deren Authentizität in mancher Hinsicht zu Zweifeln Anlaß gibt, ist sie doch ein Meisterwerk. Ihre Musik ist noch vielfältiger und noch reicher und ihre Personencharakteristik noch präziser als in den anderen beiden Opern. Die Figur des Nero, geschrieben für einen Sopranistraten, ist in ihrer unberechenbaren Hysterik überzeugend gezeichnet, und die Todesszene des (neuerdings als komische Figur gedeuteten) Seneca, im Stil eines chromatischen Madrigals angelegt, ist von einer eindrücklichen Dramatik, die in der Opernmusik des 17. Jahrhunderts ihresgleichen sucht.

Obgleich M. die meiste Zeit seines Lebens Kirchenkapellmeister war, nehmen die von ihm überlieferten geistlichen Kompositionen einen vergleichsweise nur geringen Umfang ein. Sieht man von seinen frühen Schülerarbeiten, den *Sacrae cantiunculae* von 1582 sowie einigen in Sammelbänden mit Werken verschiedener Meister erschienenen Kompositionen ab, so ist M.s geistliches Werk in drei großen Sammelpublikationen überliefert, wovon die erste in seine Mantuaner Zeit fällt, in der das Verfertigen von geistlicher Musik kaum zu seinen Aufgaben gehört habe dürfte. Es handelt sich um den 1610 in Venedig erschienenen Druck mit dem ausführlichen Titel *Sanctissimae Virgini Missa senis vocibus ad Ecclesiarum Choros ac Vespere pluribus decantandae cum nonnullis sacris concentibus ad Sacella sive Principum Cubicula accomodata* (»Eine der heiligen Jungfrau geweihte Messe zu sechs Stimmen für Kirchenchöre sowie eine Vesper für mehrere Stimmen samt einigen geistlichen Gesängen für Kapellen und Fürstengemächer geeignet«). Der umfängliche Band ist Papst Paul V. gewidmet und sollte den damals dreiundvierzigjährigen M. als fähigen Komponisten von geistlicher Musik der unterschiedlichsten Art ausweisen Die Publikation umfaßt drei Bestandteile: eine Messe, Vesperpsalmen und zwei Magnificat (»Marienvesper«) sowie Motetten ohne strengen liturgischen Bezug. Die Messe ist im strengsten traditionellen Stile der »prima practica« über melodisches Material aus Nicolas Gomberts Motette »In illo tempore« (veröffentlicht 1554) komponiert, während die Vesperpsalmen weitgehend in einem neueren Stil gehalten sind und eine Fülle unterschiedlicher Satztechniken und Formverläufen aufweisen. Die Motetten, die als Ersatz für die Psalmantiphonen aufgefaßt werden können, sind durchweg in der ausdrucksstarken Technik der »seconda pratica« gesetzt und weisen starke Bezüge zu M.s Madrigal- und Opernkompositionen aus jener Zeit auf. Es sollten 30 Jahre vergehen, bevor M.s zweite Sammlung von Kirchenkompositionen, die *Selva morale e spirituale* (»Moralischer und geistlicher Wald«), 1640 in Venedig erschien. Mit den 39 Werken dieser Publikation setzt M. den in der Sammlung von 1610 eingeschlagenen Weg fort, Stücke sowohl der »prima« als auch der »seconda pratica« und des konzertierenden Stils vorzulegen, die dazu noch den wechselnden Geschmack von drei Jahrzehnten an sich tragen. Hinzu kommen geistliche Parodien berühmt gewordener weltlicher Kompositionen, wie der *Pianto della Madonna sopra il Lamento d'Arianna* (»Tränen der Madonna über die Ariadne-Klage«) Der 1650 posthum erschienene Sammelband *Messa à 4 voci et Salmi ... concertati e parte da Capella* (»Messe zu vier Stimmen und Psalmen, teils konzertierend, teils a cappella«) setzt diese Tendenz zur stilistischen Pluralität der Kirchenmusik fort.

Wenige Komponisten des 17. Jahrhunderts genossen zu ihren Lebzeiten einen so weitreichenden Ruhm wie Cl. M. während seiner Venezianer Jahre. Insbesondere auf dem Gebiet der monodischen Lamenti entwickelte sich mit Komponisten wie Sigismondo d'India, Claudio Saracini und später Cavalli eine regelrechte Mode, deren Ausgangspunkt M.s *Lamento d'Arianna* gewesen war. Auch die Verbreitung des von M. erfundenen »stile concitato« blieb mit seinem Namen verbunden. Insbesondere Alessandro Grandi und Tarquinio Merula berufen sich in dieser Hinsicht auf ihn, und Schütz, der neben Gabrieli niemandem als Vorbild so viel zu verdanken hatte wie M., spricht im Vorwort zu seinen »Symphoniae Sacrae II« (1647) bewundernd von dem »scharfsinnigen Herrn Claudius Monteverde«. Den ersten Musikhistorikern im 18. Jahrhundert, wie dem Padre Martini und Charles Burney, galt M. nichts weniger als ein Revolutionär. Bereits sie hatten aufgrund ihrer Kenntnis der theoretischen Auseinandersetzung Artusis mit M. letzteren als eine Schlüsselfigur des dramatischen Stilwandels in der Musik um 1600 erkannt.

Noten: Cl. M. Tutte le opere, hrsg. von G. Fr. MALIPIERO, 16 Bde., Asolo 1926–42; rev. 2. Ausg. mit zusätzlichem 17. Bd. (Supplement), 1954–68.
Dokumente: Lettere, dediche e prefazioni, hrsg. von D. DE' PAOLI, Rom 1973; dt. Briefe 1601–1643, hrsg. von D. STEVENS, Mn. 1989.
Werkverzeichnis: Cl. M. Verz. der erhaltenen Werke. Kleine Ausg., hrsg. von M. H. STATTKUS, Bergkamen 1985.
Bibliographie: ADAMS, K. G. und KIEL, D.: Cl. M. A Guide to Research, N. Y. 1989.
Literatur: REDLICH, H. F.: Cl. M. Das Madrigalwerk, Bln. 1932. DERS.: Cl. M. Leben und Werk, Olten 1949. OSTHOFF, W.: Das dramatische Spätwerk Cl. M.s, Tutzing 1960. ARNOLD, D.: M., Ldn. 1963. DERS.: M. Madrigals, Ldn. 1967. LEOPOLD, S.: Cl. M. und seine Zeit, Laaber 1982; [2]1993. The New M. Companion, hrsg. von D. ARNOLD und N. FORTUNE, Ldn. 1985. ROSAND, E.: Seneca and the Interpretation of L'Incoronazione di Poppea *in* JAMS 38 (1985), 34–71. EHRMANN, S.: Cl. M. Die Grundbegriffe seines musiktheoretischen Denkens, Pfaffenweiler 1989. FENLON, I. und MILLER, P. N.: The Song of the Soul. Understanding Poppea, Ldn. 1992. Cl. M. Vom Madrigal zur Monodie, Mn. 1994 (MK 83–84). Cl. M. und die Geburt der Oper, Mn. 1995 (MK 88). Cl. M. und die Folgen. Bericht über das Intern. Symposium Detmold 1993, hrsg. von S. LEOPOLD, Kassel 1998. STEVENS, D.: M. in Venice, Madison (MI) 2001. KOLDAN, L. M.: Die venezianische Kirchenmusik von Cl. M., Kassel 2001. CARTER, T.: M.'s musical Theatre, New Haven u. a. 2002.

Siegfried Schmalzriedt

Moscheles, (Isaac-)Ignaz

Geb. 23. 5. 1794 in Prag;
gest. 10. 3. 1870 in Leipzig

M. errang seinen ersten entscheidenden pianistischen Erfolg mit den lange Zeit als unspielbar geltenden *Variationen* op. 32 über seinen *Marche d'Alexandre* – ein Stück das er für die Begrüßung des Zaren Alexander beim Wiener Kongreß 1815 komponiert hatte. Die Bravour und die perfekte Doppelgrifftechnik seines Klavierspiels machten ihn zum direkten Antipoden des feinsinnigen Hummel. Wenngleich der Musiker M. zeitlebens die ästhetische Position Beethovens vertrat, dessen »Missa solemnis« und »Neunte Sinfonie« er während seiner Londoner Jahre (1825–1846) zum ersten Mal in England dirigierte, so unterscheidet er sich als Komponist doch grundlegend von seinem Vorbild. Nicht die Sonate und die Sinfonie, sondern Variationen, Phantasien und Genrestücke sowie fünf Klavierkonzerte bilden den charakteristischen Teil seines Schaffens, das weniger in kompositionsgeschichtlichem Zusammenhang als unter dem Gesichtspunkt seiner spieltechnischen Errungenschaften von Interesse ist. Hier sind vor allem die weiträumigen Sprünge in der linken Hand zu nennen, sowie die Kombination von thematischen und begleitenden Stimmen innerhalb einer Hand. M.' eigene Interpretation seiner effektvollen Werke ließ das Publikum deren immense Schwierigkeiten vergessen und führte zu der widersprüchlichen Gleichsetzung von Mühelosigkeit und Einfachheit. Das Schlagwort »brilliant but not difficult« – es entstand im Zusammenhang mit einem Kompositionsauftrag – brachte diese Einschätzung auf den

Punkt. (Der pejorative Unterton, der häufig mitschwingt, wenn von Virtuosität die Rede ist, hat hier seinen Ursprung.) Obwohl M., der in England das erste reine Klavier-Recital gegeben hatte, als Pionier der großen Klaviervirtuosen des 19. Jahrhunderts gelten kann, blieb seine Spieltechnik noch ganz in dem durch M. Clementi und Beethoven abgesteckten Rahmen. Seine Zurückhaltung gegenüber den Werken Sigismund Thalbergs, Liszts und Chopins, deren weite Grifftechnik und chromatisch reiche Harmonik ihm fremd waren, und sein allmählicher Rückzug aus dem Konzertleben zeigen M. als Künstler einer Übergangsphase.

M.' enge Bindung an die klassische Tradition kommt noch klarer durch sein Engagement für historische Aufführungen zum Ausdruck, wie die von ihm initiierten Londoner »classical chamber concerts«, bei denen barocke Musik auf dem Cembalo gespielt wurde. Die Hinwendung zu Bach und seiner Zeit wurde bestärkt durch seine enge Freundschaft mit Mendelssohn Bartholdy, der ihm am Leipziger Konservatorium die Leitung der Klavierabteilung übertrug. M.' Komponieren wandte sich nach 1850 einerseits dem Liedschaffen, andererseits der Bearbeitung älterer Musik zu, so etwa in seinen melodisch-kontrapunktischen Studien (op. 137), die eine Reihe von Präludien aus Bachs »Wohltemperiertem Clavier« in romantisierender Weise für Klavier und Violoncello bearbeiten.

In seiner pädagogischen Auffassung zeigt M. eine direkte Verwandtschaft zu Clementi, da er mit seinen *Studien* op. 70, den *50 Präludien* op. 73, und besonders den *Charakteristischen Studien* op. 95 eine Form von Stücken schafft, die jeweils spezifische spieltechnische Probleme mit Ausdruckscharakteren wie etwa »Zorn«, »Versöhnung«, »Traum« oder »Angst« verbinden. Die in Zusammenarbeit mit François-Joseph Fétis entstandene *Méthode des méthodes* (1837) verfolgt dieses Prinzip weiter, indem die Autoren dafür plädieren, kein eigentliches System des Klavierspiels zu konstruieren, sondern eine Art Dokumentation des herrschenden pianistischen Standards intendieren.

Noten: Collection complète des Œuvres composés pour le piano, hrsg. von der Société pour la Publication de Musique Classique et Moderne, 5 Bde., Paris ca. 1835.
Dokumente: Fragments of an Autobiographie, hrsg. von F. Moscheles, Ldn. und N.Y. 1899.

Werkverzeichnis: Thematisches Verz. im Druck erschienener Compositionen von I. M. Lpz. 1885; Ndr. Lpz. 1967.
Literatur: SMIDAK, E. F. : I.-I. M. Das Leben des Komponisten und seine Begegnungen mit Beethoven, Liszt, Chopin und Mendelssohn, Wien 1988 [mit WV].

Thomas Steiert

Mozart, Wolfgang Amadeus (Amadé)
Geb. 27. 1. 1756 in Salzburg; gest. 5. 12. 1791 in Wien

»Die goldene Spur war aufgeblitzt, ich war ans Ewige erinnert, an Mozart, an die Sterne. Ich konnte wieder für eine Stunde atmen, konnte leben, durfte dasein, brauchte nicht Qualen zu leiden, mich nicht zu fürchten, mich nicht zu schämen« (Hesse, »Steppenwolf«). Das Glück innerer Harmonie, die Selbstfindung des Menschen und das flüchtige Ineins mit dem Ewigen, ist ein tragendes Motiv der M.-Rezeption unseres Jahrhunderts, nicht nur der poetischen. Aller Analytik zum Trotz ist das Geheimnis der befreienden Wirkung und Vollkommenheit von M.s Musik ebensowenig entschlüsselt wie manche Rätsel des Lebens und der Person. Was zu Entstehung, Einflüssen, Stil und Gestalt der Werke zu sagen ist, trifft die Außenseite, nicht den Kern. Dennoch zeigt die nüchterne Beschreibung, daß die singuläre Schöpferleistung nicht bloß auf phänomenaler Begabung, sondern auf systematischer Arbeit und der Mühe steten Suchens und Findens im Rahmen gegebener Normen beruht. Der spielerisch oder unbewußt schaffende M. ist der Kinderglaube aus Anekdote und Film.

Zu komponieren begann M. mit fünf Jahren im Rahmen des häuslichen Klavier- und Violinunterrichts. Die frühesten Versuche waren kurze zweistimmige, korrespondierende Zwei- oder Dreitakter reihende Gebilde. Das schrittweise Vorangehen unter Aufsicht des Vaters zielte darauf, ein Gefühl für Formung und Versetzbarkeit von Motiven, Logik harmonischer Gänge und Bildung symmetrischer Taktgruppen zu entwickeln. Die ersten publizierten Werke waren eine Frucht der mehrjährigen Reise durch Westeuropa, die die Familie ab Juni 1763 unternahm, um der Welt das Talent M.s und seiner Schwester bekannt zu machen. Die *Sonaten* op. 1–4 von 1763–66 (KV 6–9

Paris; KV 10–15 London; KV 26–31 Den Haag) waren mehrsätzige Klavierwerke mit hinzugefügter Violin-, oder alternativ bei den Londoner Werken, Flöten- und Cellostimme, die den Satz zum Trio erweiterte. M. übernahm damit die eben erst in Paris durch Johann Schobert begründete Praxis der Ad-libitum-Ergänzung des Klaviersatzes, die dilettierenden Streichern die Mitwirkung ermöglichte.

Die Begegnung mit den Symphonien der am englischen Hof geschätzten Komponisten J.Chr. Bach und Karl Friedrich Abel war für M. Anlaß, sich dieser jungen Gattung zuzuwenden. Die *Symphonien* aus London und Den Haag (KV 16, 19, 19a, 22, 45a) weisen die Dreisätzigkeit der festlichen italienischen sinfonia in der für J.Chr. Bach typischen Ausprägung auf, im schnellen zweiteiligen Kopfsatz Reihung der Motive in Forte-piano-Kontrasten, im langsamen, empfindsamen Mittelsatz sangliche Melodik und im Finale den beschwingten 3/8-Takt. In den *Symphonien* KV 43, 45b, 45, 48, die nach der Westreise 1767–68 in Wien entstanden, erweiterte M. das Dreisatzmodell durch Aufnahme des Menuetts. Wiener Einfluß verrät der verfeinerte Bläsersatz und die zur Dreiteiligkeit ausgebaute Sonatensatzform im Kopfsatz (KV 48).

Nachdem bereits in London und Den Haag eine größere Zahl an Arien entstanden war – erhalten sind nur zwei für Tenor bzw. Sopran und Orchester in üblicher Da-capo-Form (KV 21, 23) –, wagte sich M. im Frühjahr 1767 an größere Vokalwerke, um den Salzburgern sein neues Können zu beweisen. Das mit Michael Haydn und Anton C. Adlgasser verfaßte Oratorium *Die Schuldigkeit des Ersten Gebots* KV 35, die Kantate *Grabmusik* KV 42 und das Intermedium *Apollo et Hyacinthus* KV 38, M.s erstes Bühnenwerk, sind der italienisch gefärbten Lokaltradition der Kirchenmusik und des Schuldramas verpflichtet. Sie bestehen aus Reihen von drei- oder zweiteiligen Arien mit stereotypen Wendungen und Koloraturen, aus Duetten, Terzetten, Chören und verknüpfenden Secco- oder Accompagnato-Rezitativen sowie einer instrumentalen Einleitung: Das Gerüst einer Oper stand – noch fehlte die Ausfüllung mit dramatischem Leben. Die 1768 in Wien auf Anregung Josephs II. geschriebene dreiaktige opera buffa *La finta semplice* KV 51 (Salzburg 1769?) litt am Libretto Marco Colteilinis (nach Goldoni) mit seinen steifen Karikaturen und fader Situationskomik ebenso wie an M.s blasser Personenzeichnung und fehlender Textausdeutung; es bot jedoch Anlaß, sich den Formenschatz des komischen Operngenres anzueignen. Die Fähigkeit zur Adaption jeden Stils erwies M. gleichzeitig bei dem an eine opéra comique anknüpfenden Singspiel *Bastien und Bastienne* KV 50 (Friedrich W. Weiskern nach Simon Favart), dessen bescheidener Anspruch es erlaubte, schlichte Liedhaftigkeit mit Buffoparlando und Tonmalerei zu vermischen. – Die 1768 während des Wiener Aufenthalts und im Jahr danach entstandenen ersten vier Messen folgen getreu der Konvention der durchkomponierten Missa brevis (KV 49, 65) oder der festlicheren, mit großem Orchester, Chören und Solonummern versehenen Missa solemnis (»*Waisenhausmesse*« KV 139, »*Dominus-Messe*« KV 66). In der *Messe c-moll* KV 139 stimmt M. neben opernhaft schmelzenden Klängen auch solche von starker Intensität und beklemmender Wirkung an.

Der Ertrag der drei Italienreisen, die Vater und Sohn zwischen Dezember 1769 und März 1773 unternahmen, bestand im wesentlichen aus den beiden opere serie *Mitridate, Re di Ponto* KV 87 (Vittorio Amadeo Cigna-Santi; Mailand 1770) und dem »dramma per musica« *Lucio Silla* KV 135 (Giovanni de Gamerra; Mailand 1772) sowie der serenata teatrale *Ascanio in Alba* KV 111 (Giuseppe Parini; Mailand 1771). Gleich im ersten Beitrag zur opera seria ist erkennbar, daß M. sich nicht mit üblichen Rollen- und Affekttypen und Koloraturarien zufriedengibt, sondern in leidenschaftlichen oder schmerzlichen Momenten unerhörte Töne tiefer Empfindung anschlägt. Die Mittel sind ein flexibler, konfliktreicher Satzbau und eine zunehmend zur eigenen Sprache findendes Orchester. Die Tendenz zur eigenwilligen Erfüllung der Gattungsgesetze, für die exemplarisch die Arien Aspasias (»Nel sen mi palpita«, »Pallid'ombra«) stehen, setzt sich fort in den herkömmlichen Dal-segno-Arien des *Lucio Silla* (z. B. der Arie Giunias »Parto m'affetto«) und seinen reichlichen Accompagnato-Rezitativen. Eben deswegen mag M. trotz des Publikumserfolgs, der gewiß auch seiner Jugend und der Protektion zuzurechnen war, in Italien keinen weiteren Opernauftrag erhalten haben. In geistlichen Werken wie dem Oratorium *La Betulia liberata* KV 118 (Metastasio; 1771) und der hochvirtuosen Solomotette *Exsultate jubilate* KV 165 (1773), die für den Kastraten Rauzzini bestimmt war, folgte M. der in der Kirchenmusik Italiens herrschenden Konvention des Seriastils.

Die etwa 20 während der Italienreisen oder Salzburger Zwischenaufenthalten entstandenen *Symphonien* haben zwei unterschiedliche Gesichter. Entweder tragen sie den fröhlichen Charakter und knappen Zuschnitt der dreiteiligen Opernouvertüre (z. B. KV 74; 1770?), die M. bisweilen durch ein Menuett der in Wien gängigen Viersätzigkeit angleicht (KV 95 und 97 (1770?), oder sie sind sorgfältig gearbeitete Konzertsymphonien mit schnellem Kopfsatz in Sonatensatzform, ausdrucksstarkem, fein instrumentiertem Andante, prägnantem Menuett mit Trio und einem raschem Finalsatz in Rondo- oder Sonatensatzform, der dem Kopfsatz ebenbürtig ist (KV 110, 112, 114, 1771; KV 124, 1772). In letzteren Werken und der Sechserreihe KV 128–134 (1772) entwickelt sich Schritt für Schritt M.s unverwechselbarer symphonischer Stil.

Mit dem Ende der Italienreisen war der Übergang von der Periode jugendlicher Aneignung zur Periode des selbstbestimmten Schaffens und Reifens vollzogen. In den ruhigen, nur durch zwei Abstecher nach Wien und München unterbrochenen Jahren von Anfang 1773 bis Sommer 1777 widmete sich der junge Salzburger Konzertmeister, in Erledigung seiner Dienstpflichten oder privater Aufträge, der Kirchenmusik und, mit größerer Intensität, der Instrumentalmusik. Der nach Erzbischof Schrattenbachs Tod regierende Hieronymus Graf Colloredo bevorzugte im Gottesdienst die Kurzmesse, was die Komponisten zwang, auf Solonummern zu verzichten und die umfangreicheren Texte der Liturgie raumsparend auf simultane Stimmen zu verteilen. Glaubt man M.s Klage im Brief an Padre Martini (4. 9. 1776), empfand er die Regelung als Einengung, doch entledigte er sich der Aufgabe mit der ihm eigenen Flexibilität. Von den zehn 1773–77 entstandenen *Messen* ist KV 140 (1773) so auffällig einfach, daß lange die Echtheit bezweifelt wurde, während KV 192 (1774) dank Motivarbeit und Kontrapunktik auf der Höhe seines Könnens steht und die Orientierung an Symphonik und Operndramatik nicht verleugnet. Daß für den Katholiken M. kein Widerspruch zwischen Religiosität und Lebensbejahung existierte, belegt die schlichte, volkstümliche *»Spatzen-Messe«* KV 220 (1775–76) ebenso wie die festliche, wegen des ostinaten Credorufs so genannte *»Credo-Messe«* KV 257 (zwischen 1775 und 1777). Unangemessen ist angesichts der geglückten Balance von strengem Ernst und froher Diesseitigkeit der Vorwurf der Profanität gegenüber den Werken der letzten Salzburger Jahre (1779–80): Die wohl zu Ostern 1779 als Meisterstück des jetzigen Hoforganisten gelieferte *»Krönungs-Messe«* C-dur KV 317 – fälschlich einer Gnadenbildkrönung zugeschrieben –, und die *Missa solemnis* C-dur KV 337 sind mit ihrer Synthese von stile antico und stile moderno ebenso Ausdruck einer vielleicht nicht ungebrochenen, aber wahrhaftigen Gläubigkeit wie die Psalmzyklen *Vesperae de Dominica* KV 321 und *Vesperae solemnes de confessore* KV 339.

Das Instrumentalschaffen der Salzburger Reifejahre stand nicht mehr unter dem primären Aspekt einer bestimmten Zwecksetzung, sondern wurde zum kühn ausgeschrittenen Feld der Erprobung künstlerischer Lösungen in Form und Gehalt. Deutlich wird die neue Haltung in der Quartettkomposition, die M. ohne äußeren Anlaß in der Absicht aufnahm, die Möglichkeiten der Gattung zu erkunden, die ihm durch die Quartettsymphonien Sammartinis vertraut geworden war. Belege sind das erste *Streichquartett* G-dur KV 80 (auch KV 73f, 1770) und die chorisch wie solistisch ausführbaren *Quartett-Divertimenti* KV 136–138 (1772). Während die erste Sechserreihe der *Streichquartette* KV 155–160 (1772–73) in der Dreisatzanlage italienisch, im Ton individuell und intim gehalten ist, steht die wenig später komponierte zweite Reihe KV 168–173 (1773) unter dem Eindruck der strukturellen Klärung, die Haydns »Streichquartette« opp. 9, 17 und 20 brachten. Mit der Viersätzigkeit, den ausgeprägten Satzcharakteren, der dichten thematischen Arbeit, der oft imitatorischen Stimmführung bis zur Fugierung (Finalsätze KV 168 und 173), schließlich auch der Subjektivierung des Ausdrucks teilt M. die Merkmale des Haydnschen Quartettstils. Wie bei seinem Vorbild – wohl dem einzigen außer J.Chr. Bach, dem M. geistesverwandt war – bleibt die gefundene Form für ein Jahrzehnt das letzte Wort in der Auseinandersetzung mit der subtilsten Art von Kammermusik.

Das Jahr 1773 war noch aus anderem Grunde bedeutsam: M. wandte sich dem Instrumentalkonzert zu – jener ebenfalls jungen Gattung, in der er als Klaviervirtuose große Erfolge haben sollte. Bislang hatte er nur Sonatensätze anderer Komponisten, z. B. J.Chr. Bachs, arrangiert (drei *Konzerte* KV 107, 1770–72?), um sich das Prinzip des Konzertierens anzueignen. Die ersten Konzerte entstanden aber nicht für Klavier, sondern für Violine, die M. vorzüglich spielte, doch bleibt offen, ob KV 207 (1773) und die *Konzerte* KV 211, 216, 218 und 219 (1775) für ihn oder für andere Salzburger Geiger konzipiert sind. Muster war der italienische Concertotypus, den M. durch Pietro Nardini und Gaetano Pugnani und wohl auch durch den befreundeten Myslivecek kennengelernt hatte. – Bei den Klavierkonzerten, die nicht mehr das Cembalo, sondern das Pianoforte voraussetzen, folgte M. zunächst dem Dreisatzmodell J.Chr. Bachs, dessen Aufbau er schon in seinem ersten *Konzert D-dur* KV 175 (Ende 1773) insofern modifizierte, als im Kopfsatz die Episode zwischen Exposition und Reprise thematisch ausgefüllt und der Finalsatz in Sonatensatzform angelegt ist; später konzipierte er für den Erstling ein neues, modischeres Rondofinale (KV 382; 1782). Im *Konzert Es-dur* KV 271 (1777) für die Pianistin Jeunehomme beherrschen, anstelle des architektonischen Gegensatzes von Solo und Orchester, Dialog und Komplementarität der Klangkörper die Darlegung der reichen thematischen Ideen; und die gedankliche Durchdringung erfaßt auch die Durchführung des ersten Satzes. Das Andantino in Moll versetzt mit seinen Instrumentalrezitativen und strenger Kanonbildung in düstere Sphären, nach denen das Rondo mit fantasieartigem »Tempo di Menuetto« wie eine Befreiung wirkt. Gleich bemerkenswert ist die Klangsinnlichkeit, mit der M. orchestrale Effekte auskostet, und die Besonnenheit, mit der er die Sätze motivisch verknüpft.

Das neu erwachte Interesse am Klavier erfaßte auch die Komposition für das Soloinstrument. M. knüpfte dort an, wo er Jahre zuvor mit den *Variationen* über zwei holländische Lieder KV 24 und 25 (1766) aufgehört hatte, bei der Umformung eingängiger Melodien in Reihen zierlicher, mit spieltechnischer Virtuosität gewürzter Miniaturen. Die *Variationen G-dur* über eine Opernmelodie Salieris KV 180 (1773) und *C-dur* über ein Menuett Johann Christian Fischers KV 179 (1774) waren kompositorische Fingerübungen ohne besonderen Tiefgang, der aber auch noch den sechs *Klaviersonaten* KV 279–284 (1775) weithin abgeht. Noch weniger als andere vorklassische Instrumentalgattungen hatte die Klaviersonate einen verbindlichen Bau, und wechselnde Formen und Anklänge an J.Chr. Bach, Haydn, Johann Schobert oder italienische Clavieristen besagen wenig mehr, als daß M. in diesen frühesten erhaltenen Sonaten – weitere dürften vorausgegangen sein – der leichtherzigen Mode der italienischen Sonate wie der des Galanteriestücks huldigte. Die *Klaviersonate D-dur* KV 284 (»Dürnitz«) atmet mit dem langsamen »Rondeau en Polonaise« und Variationenfinale den Geist französischer Gesellschaftsmusik. Das *Adagio f-moll* von KV 280 und die Adagioeinleitung von KV 282 sind hier Ausnahmen einer für M. typischen Innerlichkeit, deren unverstellter Ausdruck oft durch ein nachgeholtes Übermaß an Heiterkeit aufgehoben wird, als versage er sich ein Zuviel an Subjektivität. Die breit angelegten zwei Mannheimer *Sonaten C-dur* KV 309 (»Cannabich«) und *D-dur* KV 311 (1777) kosten die packende Wirkung der motivischen und dynamischen Kontraste aus, die M. an der Mannheimer Symphonik studieren konnte. Erst die *Sonate a-moll* KV 310 (1778) läßt mit scharf profilierter Thematik, harten Dissonanzen, pochender Rhythmik und drängenden Steigerungen die Galanterie hinter sich.

Als M., angeregt durch Werke Schoberts, nach langer Pause 1778 in Paris erneut eine Reihe von Violinsonaten mit Klavier zum Druck gab, erwies er den Dilettanten keine Reverenz mehr. In diesen meist zweisätzigen »*Clavierduetti mit violin*« KV 301–306, größtenteils in Mannheim entstanden und der pfälzischen Kurfürstin gewidmet, sind beide Stimmen spieltechnisch diffizil geführt und tragen zu gleichen Teilen zum Dialog und intensiven Ausdruck bei, der entweder nach innen gekehrt ist (*e-moll* KV 304) oder nach außen strahlt (*D-dur* KV 306). Gleiches gilt für zwei aus dem Mannheimer Jahr 1778 und der Zeit nach der resignierten Heimkehr stammenden *Sonaten* KV 296 (1778) und 378 (1779) sowie für die in Wien 1781 entstandenen *Sonaten* KV 376, 377, 379 und 380, die dort auch mit den vorigen zusammen im Druck erschienen.

Auch die Symphonik wurde vom Einbruch des Ernsten und Abgründigen erfaßt, der mit dem Lebensgefühl des »Sturm und Drang«, mit der Bejahung von Subjektivität und Aufbegehren gegen Autorität ebenso erklärbar ist wie mit M.s persönlicher, Erfolg und Enttäuschung einschließenden Reifung. Formal folgen die neun »*Salzburger Symphonien*« KV 162, 199, 181–184, 200–202 (1773–74) zwar dem etablierten dreisätzigen italienischen oder dem viersätzigen süddeutschösterreichischen Typus, und zwei von ihnen (*Es-dur* KV 184 und *D-dur* KV 181) sind echte Opernsymphonien mit fließenden Satzübergängen und brillantem Ouvertürenton, der sich zuweilen ins Heroische steigert. Doch verdeckt das Orchesterbrio kaum die Spannungen und Bedeutungsschwere, die durch die harmonische Polarisierung der Exposition, die Weitung der Satzabschnitte – speziell der Durchführung –, durch die intensivierte Kontrapunktik, unstete Rhythmik, bezwingende Streicherunisoni und anrührende Bläsermotive erzeugt werden. Mit der Funktion einer Operneröffnung oder Konzertumrahmung sind die technischen Finessen und die musikalischen Gehalte, denen sie Ausdruck verleihen, kaum mehr vereinbar. In Werken wie der ›kleinen‹ *Symphonie g-moll* KV 183 und der *Symphonie A-dur* KV 201 erfolgt ästhetisch der Umschlag vom Spielstück zum begriffslosen Drama der Instrumente, das Romantiker wie Ludwig Tieck oder E.T.A. Hoffmann faszinieren sollte. Die dreieinhalb Jahre nach diesem symphonischen Ausbruch geschriebene »*Pariser Symphonie*« *D-dur* KV 297 (1778) ist großartiger in den orchestralen Dimensionen und ausgeklügelter in den Raffinessen; sie nutzt obendrein die jüngsten Mannheimer und Pariser Erfahrungen, um den aufs Glanzvolle und Sensationelle erpichten Pariser Goût zu befriedigen. Bezüglich thematischer Prägnanz, logischer Entwicklung und Durchführung der Thematik jedoch steht sie hinter ihren Vorgängern zurück. Eine Konzession ans Publikum bzw. den Leiter des »Concert spirituel« Le Gros war die Neukomposition des Mittelsatzes – eines Andante im 6/8-Takt, das wegen Fehldeutung der Quellen lange Zeit statt des 3/4-Takt-Andantes des Pariser Erstdrucks als der ursprüngliche Satz galt. – Von den letzten drei Salzburger *Symphonien* setzen die in *G-dur* KV 318 (1779), formal eine dreiteilige Ouvertüre (zu *Zaide* oder einem anderen Bühnenwerk?), und die in *C-dur* KV 338 (1780) die Pariser Linie durch starke, Klangfülle gestattende Besetzung der Bläser fort, während die *Symphonie B-dur* KV 319 (1779, Menuett 1782) auf einen intimeren Klang gestellt ist.

Die Artifizialisierung des Instrumentalsatzes erfaßte auch die Serenadenkomposition. Gemäß ihrer Herkunft aus der Suite und ihrer Funktion als Ständchen- und Freiluftmusik für private oder akademische Anlässe hafteten ihr Züge bunter Vielfalt und galanter Gefälligkeit an. Was sich in den früher komponierten *Cassationen* KV 63, 99, 100 (alle 1769) und *Divertimenti* KV 112 (1771), KV 131 (1772) und 205 (1773?) nur punktuell ereignet – die Kunst motivischer und kontrapunktischer Verschränkung, das Wechselspiel und Kombinieren instrumentaler Klangfarben und der Tonfall innigen Singens und romantischer Gestimmtheit –, wird nunmehr zum beständigen Merkmal M.scher Serenaden. Dies gilt sowohl für die vielteiligen *Orchesterserenaden* KV 185 (»Antretter«; 1773), KV 203 (1774), KV 204 (1775), KV 250, (»Haffner«; 1776), die sich durch prachtvolle symphonische und konzertante Sätze auszeichnen, als auch für die solistisch besetzten, intimeren *Divertimenti* für Streicher und Bläser wie KV 251 (1776) und die »*Lodronischen Nachtmusiken*« KV 247 und 287, 1776–77. In ihnen wird die Gesellschaftsmusik auf das Niveau autonomer Kunst gehoben, ebenso in den *Bläserdezetten* KV 166, 186 (1773) und -*sextetten* KV 213 (1775), 240, 252, 253 (1776) und KV 270 (1777). Die wenigen Serenaden und Divertimenti der letzten Salzburger und der Wiener Zeit – die gemischt besetzte »*Posthorn-Serenade*« KV 320 (1779), das *Divertimento D-dur* KV 334 (1779 oder 1780), die großartigen *Bläserserenaden* in *Es-dur* KV 375 (1781/1782?), *c-moll* KV 388 (1782) und *B-dur* KV 361 (»*Gran Partita*«; 1783–84) sowie die zauberhafte Streicherserenade *Eine kleine Nachtmusik G-dur* KV 525 – sind Muster eines den Serenadenton vergeistigenden Kammermusikstils und einer kaum zu verfeinernden Klangsinnlichkeit. *Ein musikalischer Spaß* KV 522 (1787) ist eine Parodie auf satztechnische Mißgriffe fiktiver Kollegen für ein Serenadenensemble aus Streichern und Hörnern.

Für die Komposition von Opern bot Salzburg nur selten Anlaß. Ein einziges dramatisches Werk Mozarts – die serenata *Il re pastore* KV 208 (Metastasio; 1775), deren szenische Bestimmung zudem ungewiß ist – geht auf den Auftrag seines Brotherrn zurück. Als Gattung und Sujet gab das handlungsarme Schäferstück wenig Raum zur Personencharakteristik oder Darstellung heftiger Affekte und spannender Verwicklungen. Doch erlaubte es die statische Anlage, das feine Zusammenspiel von Orchester und Singstimmen zu differenzieren und in musikalische Aktion zu verwandeln. Beispielhaft ist die Rondo-Arie Amintas mit Violinsolo »L'amerò, sarò costante«. Konsequent verfolgte M. die Linie einer Dramatisierung der Musik und Psychologisierung der szenischen Abläufe, wie sie sich in dem kurz zuvor komponierten »dramma giocoso« *La finta giardiniera* KV 196 (Giuseppe Petrosellini?; München 1775) abgezeichnet und dort zu Modifikationen der Arienschemata geführt hatte. Den ersten Höhepunkt M.scher Opernkunst markiert das »dramma per musica« *Idomeneo* KV 366 (Giambattista Varesco; München 1781), bei dem M. den erwarteten Mischstil aus opera seria und tragédie lyrique übernahm und, beflügelt durch das exzellente Münchner (einst Mannheimer) Orchester, die Unterordnung des konventionell gefaßten Dramas unter die gleichsam losgelassene Musik auf die Spitze trieb. Die Accompagnati, Arien, Ensembles (z. B. Quartett des dritten Akts), Chorszenen und breiten Tableaus strotzen vor Phantasie und pathetischer Bewegtheit, doch kaum je stellt sich eine echte Symbiose von Musik und szenischer Aktion ein.

Der Bruch mit Erzbischhof Colloredo und die Niederlassung in Wien als freier Künstler im Juni 1781 mag als biographische Wegmarke für den Beginn der letzten, großen Schaffensperiode dienen, der Zeit von Meisterschaft und Vollendung, obgleich sich lediglich erfüllte, was längst angelegt war. Die Stadt (»für mein Metier der beste Ort von der Welt«, Brief vom 4. 4.1781) mit ihrer regen Konzert- und Dilettantenpraxis gab M. Gelegenheit, sich als Konzertpianist, Klavierlehrer und Komponist zu betätigen, und sie vermittelte ihm entscheidende künstlerische Anregungen. Die Begegnung mit Werken J. S. Bachs und Händels im Umkreis des Barons Gottfried van Swieten war eine Offenbarung. Sie veranlaßte M. zur Bearbeitung Bachscher Fugen für *Streichtrio* KV 404a und *Streichquartett* KV 405 (1782) sowie Händelscher Werke (z. B. *Acis und Galathea* KV 566; *Messias* KV 572, 1789), inspirierte zu zahlreichen Versuchen in der Fugenkomposition und hinterließ Spuren in der *Zauberflöte* und im *Requiem*. Gleiche Faszination ging vom Werk C. Ph. E. Bachs aus, die sich in *Klavierfantasien*, besonders der großen in *c-moll* KV 475, niederschlug. – Neun Klaviersonaten entstammen der Wiener Zeit. Unter ihnen zeichnet sich die *Klaviersonate A-dur* KV 331 (1783), mit Variationensatz auf ein reizvoll schlichtes Andante grazioso, Menuett und Alla-Turca-Finale, durch Anmut aus, die in *C-dur* KV 457 (1784) durch starke Expressivität und hohen Anspruch sowie die *»Sonate facile« C-dur* KV 545 (1788) durch dezidierte Einfachheit. Die letzten *Sonaten*, die in *B-dur* KV 570 und *D-dur* KV 576 (beide 1789), sind Beispiele für thematische Ökonomie und Einheitlichkeit nach Haydns Art.

Die meisten der 17 Wiener *Klavierkonzerte* waren für M.s eigene Akademien bestimmt. Die von M. in Abschrift vertriebenen Werke in *A-dur* KV 414, *F-dur* KV 413 und *C-dur* KV 415 (1782–83) sind »das Mittelding zwischen zu schwer, und zu leicht – sind sehr Brillant – angenehm in die obren – Natürlich, ohne in das leere zu fallen – hie und da – können auch *kenner allein* satisfaction erhalten – doch so – daß die nichtkenner damit zufrieden seyn müssen, ohne zu wissen warum« (Brief vom 28. 12. 1782). Die Anpassung an unterschiedliche Rezipienten, die auch die Alternativbesetzungen erklärt (Orchester mit/ ohne Bläser oder Streichquartett), gilt nur bedingt für das folgende *Konzert Es-dur* KV 449, das M. für seine Schülerin Barbara Ployer schrieb; nach Faktur und Gehalt markiert es bereits den Übergang zu den von M. selbst so genannten »großen« Konzerten. Sechs von ihnen entstanden 1784 (*B-dur* KV 450, *D-dur* KV 451, *G-dur* KV 453, dieses wieder für B. Ployer; *B-dur* KV 456, wohl für die blinde Marie Theres von Paradis; *F-dur* KV 459), je drei 1785 (*d-moll* KV 466, *C-dur* KV 467, *Es-dur* KV 482) und 1786 (*A-dur* KV 488, *c-moll* KV 491, *C-dur* KV 503). In ihnen äußert sich neben kompromißlosem Formwillen vor allem unerschöpfliche Phantasie. Sie ist inspiriert von der Empfindungsfülle und Agilität der Oper wie von der Balance zwischen Klavier und Orchester im symphonischen Satz und ist gleichermaßen getränkt vom elegischen Ton der Serenade und der opera buffa in den Finali (etwa KV 453, Rondofinale KV 459, KV 488). Arien- oder romanzenhafte Mittelsätze mit reizvollen Bläserpartien (KV 453, 466, mit Klarinetten KV 482, 488, 491) verbinden sich mit majestätischen Kopfsätzen (z. B. KV 488, 503). Von den Nachzüglern erscheint das *»Krönungskonzert« D-dur* KV 537 (1788) – M. spielte es 1790 in seinem Konzert am Rande der Kaiserkrönung in Frankfurt – wie ein Versuch, die verlorene Publikumsgunst durch melodischen Charme und virtuose Effekte zurückzugewinnen, während das Werk in *B-dur* KV 595 (1791) abgeklärt, resignativ wirkt.

Werke ohne Auftrag, die aus schöpferischem Antrieb ohne Rücksicht auf absehbare Darbietung, Verbreitung oder Honorierung entstehen, waren bei M. wie bei den Zeitgenossen die Ausnahme. Zu ihnen zählt M.s erlesenste Kammermusik wie die sechs 1782–85 geschaffenen, Haydn gewidmeten und gewiß von dessen berühmtem op. 33 von 1781 angeregten *Streichquartette G-dur* KV 387 (1782), *d-moll* KV 421 (1783?), *Es-dur* KV 428 (1783), *B-dur* KV 458 (1784), *A-dur* KV 464 und *C-dur* KV 465 (beide 1785). Haydn sind sie verpflichtet im Grundriß von Satzzyklus und Einzelsätzen, in der Technik der »durchbrochenen« Arbeit, die alle Stimmen an der Thematik beteiligt, und der Verschmelzung von Sonatensatz- und Fugatoprinzip. Mozartisch sind die üppige melodische Erfindung, die komplizierte, mit Zwischenstufen und Chromatik bereicherte Harmonik, das feine Netz der Motivbezüge über die Sätze hinweg und die Verknüpfung konstruktiver und expressiver Qualitäten. Im Werkzyklus reicht die Palette des Tonfalls von der lockeren Leichtigkeit des »Jagd«-Quartetts KV 458 bis zum düsteren Ernst von KV 421 und der herben Majestät des »Dissonanzen«-Quartetts KV 465. Von M.s letzten vier Streichquartetten ist das als Einzelwerk in *D-dur* KV 499 (1786), das in der Nähe zum *Figaro* entstanden ist, durch thematische Ökonomie, Transparenz des Klangbilds und Beschwingtheit mit melancholischen Untertönen charakterisiert; während die für König Friedrich Wilhelm II. von Preußen geschriebenen *Streichquartte D-dur* KV 575, *B-dur* KV 589 und *F-dur* KV 581 von 1789–90 den Eindruck verzichtender, gelassener Schlichtheit vermitteln, wie er Spätwerken eignet.

Polare Stimmungsgegensätze zwischen verhaltener Trauer und gedämpftem Frohsinn und eine, trotz geradezu konzertanter Führung der ersten Violine, kaum zu übertreffende thematische Durchdringung sind die Signatur der *Streichquintette D-dur* KV 515, *g-moll* KV 516 (1787), *D-dur* KV 593 (1790) und *Es-dur* KV 614 (1791). Sie wurden ebenso ohne Auftrag geschaffen wie das vereinzelte Frühwerk in *C-dur* KV 174 (1773), mit dem M. auf ein von Michael Haydn im gleichen Jahr geschriebenes Quintett reagierte. Das *Streichquintett g-moll* geht harmonisch, melodisch und rhythmisch an die Grenzen der vor Beethoven und Schubert denkbaren Ausdrucksmöglichkeiten; an abgründiger Tiefe sind ihm weder das in den gattungsstilistischen Kontext gehörende *Klarinettenquintett A-dur* KV 581 (1789 für den Freund Anton Stadler [und seine Bassettklarinette?]) noch die zwei letzten, abgeklärten Streichquintette vergleichbar.

Von den *Symphonien* der Wiener Zeit entsprangen die in *D-dur* KV 385 (1782, »Haffner«) einer Serenade für Salzburg und die in *C-dur* KV 425 (1783, »Linzer«) – die erste mit Adagioeinleitung – der Not, bei einer Akademie auf der Durchreise ein Orchesterstück zu präsentieren. Die menuettlose Symphonie *D-dur* KV 504 (»Prager«) mit ihren *Figaro*-Anklängen in den äußeren der drei monumentalen, spannungsgeladenen Sätze war nicht für Prag komponiert, erfuhr dort jedoch ihre Uraufführung und ungeteilten Beifall. Die im Sommer 1788 ohne äußeren Anlaß geschaffene Trias der letzten *Symphonien Es-dur* KV 543, *g-moll* KV 550 und *C-dur* KV 551 steht, wie die drei Vorgänger, in der motivisch-thematischen Durchführung Haydns Ideal nahe, dürfte jedoch mit der kühnen Modulatorik und dem Klangfarbenreichtum ihrerseits Haydns Londoner Symphonien beeinflußt haben. Die polare Expressivität von KV 543 und KV 550, von der Mozart eine zweite Fassung mit Klarinetten erarbeitet hat, übersteigt das Ausdrucksspektrum des älteren Meisters. Die Einzigartigkeit der »Jupiter«-Symphonie KV 551 basiert auf zyklischer Einheit, der Synthese von symphonischer und kammermusikalischer Technik und der Gestaltung des Finales als Klimax des Ganzen. Als erste ›Finalsymphonie‹ eröffnet sie Perspektiven auf Beethovens Konzeption der Symphonie.

Bald nach der Niederlassung in Wien erhielt M. die Chance, sich auf der Bühne des neugegründeten Deutschen Nationaltheaters einen Namen zu machen. Das deutsche Singspiel mit Sprechdialog und die beliebten Türkensujets waren ihm seit der unvollendeten *Zaide* KV 344 (Salzburg 1779–80) bestens vertraut, so daß er gleich nach der endgültigen Niederlassung ein ähnliches Libretto Gottlieb Stephanies d. J. annahm. Ausführenden und Hörern gab er in *Die Entführung aus dem Serail* KV 384 (Wien 1782), was sie wünschten: orientalisierende Ouvertüre, Janitscharenchöre und -marsch, heitere Strophenlieder, Arien und Ensembles im Buffostil (z. B. Quartett des zweiten Akts, M.s erstes großes Kettenfinale), Koloraturarien im Seriastil und nach Art der opéra comique eine Romanze und ein Vaudeville als Finale. Mit dieser kühnen Stilsynthese im Dienste einer überzeugenden Personenzeichnung und einer schlagkräftigen Theatralik wies M. den Weg einer neuen, genuin musikalischen Operndramatik und glaubhaften Menschendarstellung.

Eine völlig andere, wirklichkeitsnahe statt exotische Welt wird in der ersten der drei italienischen Komödien auf Texte Lorenzo da Pontes entworfen. Im Libretto der die Grenzen der opera buffa sprengenden »commedia per musica« *Le nozze di Figaro* KV 492 (Wien 1786) ist die politische Aussage der Vorlage von Beaumarchais (1784), die Kritik an absurden Herrschaftsprivilegien, operngerecht zubereitet und Wiener Gegebenheiten angepaßt. Die

Musik ist nicht bloß Vehikel oder Illustration der Aktion, sondern setzt sie in autonome Konstruktion um, beleuchtet das Denken und Fühlen der Individuen, präzisiert die heiklen sozialen Beziehungen und weckt durch deren genaue Registrierung Sympathie für jene, die nach Maßstäben der Vernunft das Recht auf ihrer Seite haben. Mehr noch als die meist unkonventionell geformten Arien sind die ebenso vielen Ensembles und speziell die vielteiligen, handlungserfüllten Finali des zweiten und vierten Aktes wie die Ouvertüre autonom musikalische Gebilde, in denen der Gang und die Schichtung der Töne jenseits von Begriffen die komplexe Realität des Theaters vergegenwärtigt. – Das für Prag geschriebene »dramma giocoso« *Il dissoluto punito ossia il Don Giovanni* (Prag 1787) basiert auf einem altbekannten Sujet des 17. Jahrhunderts (Tirso de Molina, Jean Baptiste Moliere) und einer aktuellen Opernbearbeitung (Giovanni Bertati), die Da Ponte geschickt M.s Wunsch nach bruchloser Dramatik und vielfältigen Ensemblekonstellationen anpaßte. Im *Figaro* verbindet die Macht des Eros die Menschen, im *Don Giovanni* ist sie zerstörerisch: Der Held, der sich Ordnung und Moral widersetzt, bindet die Personen an sich und läßt sie im Strudel des eigenen Scheiterns als beschädigte zurück. Nicht die Intrige steuert den Fortgang, sondern die Kette von Untaten, und gegen den Theatersinn fokussiert die Handlung in den Konturszenen am Anfang und Ende des Stücks, ohne daß dazwischen die Spannung abfällt. Nur angedeutet ist die Rollentypik, wobei noch am ehesten den »parti serie« Donna Elvira, Donna Anna und Don Ottavio und den »parti buffe« der Diener Leporello und der Bauer Masetto zuzuordnen sind. Jenseits der Kategorien steht Don Giovanni, der in Liebesgesängen wie dem Duettino mit Zerlina »La ci darem la mano« und in der ›Champagner-Arie‹ die besten Facetten seiner Triebnatur offenbart. Wieder bilden die Ensembles (Introduzione, Quartett des ersten Akts, Terzett und Sextett des zweiten Akts) und die zwei Finali, besonders das erste mit der – Menuett, Kontretanz und Walzer schichtenden – Tanzszene, ständig neue Glanzpunkte einer in allen Parametern der Komposition logischen Durchgestaltung. – Der letzte Opernauftrag für den Wiener Hof und M.s dritte Da-Ponte-Oper, die opera buffa *Così fan tutte ossia La scuola degli amanti* KV 588 (Wien 1790), zeigt in den Figuren, die die Handlung steuern (Kammerzofe, alter Spötter), und in der parodistischen Verzeichnung der Liebeshändel eine Wiederannäherung an die opera buffa alten Stils. Die selbstentlarvende Treueprobe zweier Offiziere an ihren Bräuten ist ein Spiel ambivalenter Gefühle, das durch M.s bestrickend schöne, von charakterisierenden Bläsern (Damen mit Klarinetten) unterstützte Musik mit verstehender Ironie überzogen ist, die sogar geheuchelte Empfindung als wahre vorzugeben vermag. – Ein Einlenken in die eingefahrene, doch historisch weiterführende Bahn des Affektdramas bedeutete die Komposition von *La clemenza di Tito* KV 621 (Prag 1791), eines Auftragswerks zur Krönung Leopolds II. zum König von Böhmen. Der Librettist Caterino Mazzola hatte das vielvertonte, als Intrigengeflecht und Arienkette disponierte Stück Metastasios in eine Abfolge von Arien, Ensembles und zwei Aktionsfinale verwandelt, die auf die zentralen Personen beschränkt ist. Durch die Faktur ihrer Arien stehen das Verschwörerpaar Sesto-Vitellia und der edelmütige Tito im Mittelpunkt, während die übrigen Stücke einfacher gehalten sind. Doch insgesamt bleibt der Empfindungsausdruck kalt, und die formelhaften (von M.s Schüler Fr. X. Süßmayr stammenden) Rezitative erhöhen den Eindruck, daß M. mit geringer Anteilnahme eine verpflichtende Gattungsnorm erfüllte. – Eine ganz andere ästhetische Konzeption – statt Stilreinheit extreme Synthese – verrät die in Nähe zum *Titus* entstandene letzte Oper, die *Zauberflöte* KV 620 (Wien 1791). Formal ein Singspiel auf ein Märchensujet (nach einer Erzählung von August Jacob Liebeskind in Christoph Martin Wielands »Dschinnistan«), inhaltlich altägyptisches Mysteriengut, Freimaurersymbolik und Realistik aus Kasperltheater und Zauberposse kompilierend, bietet das Libretto Emanuel Schikaneders M. Vorlagen vom Popularlied über Vokalformen der gängigen Bühnengenres bis zum geistlichen Choralsatz und Bachschen Kontrapunkt. *Die Zauberflöte* vereinigt in sich den ganzen Kosmos musikalischer Form- und Satzmodelle. Das Heterogene und seine Träger haben ihre eigene, komplementäre Funktion: Die Arien Taminos und Paminas vertreten das ideale Prinzip der lauteren Liebe und des Neuzubegründenden, die halsbrecherischen Arien der Königin der Nacht den kalten Haß, die Dämonie, das Alte und Zerfallende, die Arien Sarastros, der Chor der Priester und die Geharnischten die Sphäre der Eingeweihten und Erleuchteten, die Strophengesänge Papagenos schließlich das rein Kreatürliche. Die feierliche Grundstimmung und die vielschichtige Konstruktion versöhnen die Widersprüche und vermitteln trotz unlogischer Handlung und handfesten Bühnenzaubers überzeugend die Idee einer Veredelung des Menschen, der die chthonische Gebundenheit durch Prüfung und Läuterung überwindet. Das Gerede von Plan- und Stilbrüchen ist irrelevant angesichts der Stringenz und Gültigkeit des Gehalts.

Den Spätwerken M.s eignet das Prinzip höchster Konzentration, wie es in der Motette *Ave verum corpus* KV 618 (1791) schlackenlos realisiert ist. Das Fragment des *Requiems* KV 626 läßt den Weg erahnen, den M. in der oratorischen Kunst gegangen wäre, hätte ihm nicht der Tod die Feder aus der Hand genommen: thematisch-motivische Verdichtung, an Händel und Bach gebildete polyphone Durchdringung, Reduktion auf das Substantielle und Komprimierung des Ausdrucks. Die Komposition bricht ab nach Takt 8 des Lacrimosa; vom übrigen sind nur einige Vokalpartien und Instrumentalmotive erhalten, und die Vervollständigung durch M.s Schüler Franz Xaver Süßmayr ist wie alle fremden ›Vollendungen‹ problematisch.

Das Lebenswerk umfaßt alle Gattungen der Zeit, und M. hat auch dort, wo sie nicht im Zentrum des Schaffens standen, Beweise des überragenden Könnens geliefert, etwa im *Concertone C-dur* für zwei Violinen KV 190 (1774), oder im *Konzert C-dur* für Flöte und Harfe KV 299 (1778?), in der *Sinfonia concertante* für Violine und Viola KV 364 (1779), in den Klaviertrios mit Violine und Violoncello oder singulär im Trio mit Klarinette und Viola KV 498 (»*Kegelstatt-Trio*«; 1786), im Duo (für Hörner, für Violine und Viola, für Fagott und Violoncello), in der Ballettmusik (*Les Petits Riens* KV 299b) und im Klavierlied, z. B. *Das Veilchen* KV 476 (1785). Anderes diente der Erfüllung einer Ehrenpflicht (Kantate *Die Maurerfreude* KV 471, *Maurerische Trauermusik* KV 477, beide 1785), dem heiteren Zeitvertreib mit Freunden (Vokalterzette und Kanons) oder dem nackten Broterwerb (Menuette, Kontretänze, Deutsche Tänze, Stücke für Glasharmonika oder Orgelwalze). So reicht der Skopus des Schaffens von sublimer Kunst bis zum simplen Handwerksstück; er umfaßt, ohne je ins Verstiegene oder Primitive zu fallen, das Hohe und Niedere, das Ernste und Heitere, das Spirituelle und Profane.

In der Rezeptionsgeschichte hat sich die Wertschätzung der Kunst M.s im Unterschied zum Bild der Person nicht wesentlich gewandelt; nur die Akzente werden anders gesetzt. Als gleich nach dem Tode der Ruhm einsetzte, war es das Erhabene und die Leidenschaft, das Dämonische und Tragische, was die Romantiker erregte, bevor mit dem Schumannschen Diktum von »Heiterkeit, Ruhe und Grazie« und dem Vergleich mit Raffaels Malkunst die Kanonisierung zum Klassischen und Zeitlosen erfolgte. Im 20. Jahrhundert werden wieder die Gegensätze, die Abgründe und Spannungen herausgestellt, nun sowohl auf der Ebene der Technik und Syntax, wo optimale Differenzierung und stetes Durchbrechen des zu Erwartenden erkennbar sind, als auf der Ebene des Gehalts, der alle Empfindungen und Antagonismen des Menschen in sich zu bergen scheint. Unverkennbar ist die Kraft zur Synthese, zur Darlegung und Überwindung der Gegensätze und zur Einbindung von Mannigfaltigkeit, Wechsel und Kontrast ins stimmig durchgestaltete Werk. Es war wohl die Bestimmung von M.s kreativer Entfaltung, den Einstand von Vielheit und Einheit innerhalb der Normen zu finden und diese durch Individuation aufzuheben.

Noten: Neue Ausg. sämtlicher Werke, hrsg. von E.Fr. Schmid, W. Plath und W. Rehm, Kassel 1955–1991.

Dokumente: Briefe und Aufzeichnungen, gesammelt von W. A. Bauer und O. E. Deutsch, erläutert von J. H. Eibl, 7 Bde., Kassel 1962–75. Die Dokumente seines Lebens, hrsg. von O. E. Deutsch, Kassel ²1981, Addenda und Corrigenda, zusammengestellt von J. H. Eibl, Kassel 1978. Addenda. Neue Folge, zusammengestellt von Cl. Eisen, Kassel 1997.

Werkverzeichnis: Köchel, L. Ritter von: Chronologisch-thematisches Verz. sämtlicher Tonwerke W. A. M.s, (Lpz. ¹1862) Wiesbaden ⁷1965 [KV]. Aktualisierungen online unter: www.nma.at [9. 9. 2003]

Bibliographie: Angermüller, R. und Schneider, O.: M.-Bibl. (bis 1970) *in* M.-Jb. 1975, Kassel 1976. Dies.: M.-Bibl. 1971–1975, Kassel 1978. Dies.: M.-Bibl. 1976–80, Kassel 1982. Dies.: M.-Bibl. 1981–85, Kassel 1987.

Periodica: M.-Jb., 3 Bde., Mn. und Augsburg 1923–29. Neues M.-Jb., 3 Bde., Regensburg 1941–44. M.-Jb., Salzburg 1950 ff.

Literatur: Abert, H.: W. A. M., 2 Bde., Lpz. (1919–21) ⁷1955–56, Register-Bd. Lpz. ²1976. Einstein, A.: M. His Character, His Work, N. Y. 1945; dt. Stockholm 1947. Georgiades, Thr.: Aus der Musiksprache des M.-Theaters *in* M.-Jb. 1950. Hildesheimer, W.: M., Mn. 1977. Kunze, St.: M.s Opern, Stg. 1984. Gruber, G.: M. und die Nachwelt, Salzburg 1987; erw. 1987. Braunbehrens, V.: M. in Wien, Mn. 1986. Tyson. A.: M. Studies of the Autograph Scores, Cambridge, Mass. 1987. Zaslaw, N.: M.'s Symphonies, Oxford 1989. The

M. Compendium. A Guide to M.'s Life and Music, hrsg. von H.C.R. LANDON, Ldn. 1990; dt. Mn. 1991. KÜSTER, K.: M. Eine musikalische Biographie, Stg. 1990; engl. Oxford 1996. DERS.: Formale Aspekte des ersten Allegros in M.s Konzerten, Kassel 1991. KNEPLER, G.: W.A. M. Annäherungen, Bln. 1991. WOLFF, CHR.: M.s Requiem, Mn. 1991. M. Studies, hrsg. von CL. EISEN, 2 Bde., Oxford 1991 und 1997. FORD, C.: Così? Sexual Politics in M.s Operas, Manchester 1991. NAGEL, I.: Autonomie und Gnade. Über M.s Opern, Mn. und Kassel 1991, zugleich engl. Cambridge 1991. M. in der Musik des 20. Jahrhunderts. Formen ästhetischer und kompositionstechnischer Rezeption, hrsg. von W. GRATZER und S. MAUSER, Laaber 1992. KONRAD, U.: M.s Schaffensweise, Göttingen 1992. SCHULER, H.: M. und die Freimaurerei, Wilhelmshaven 1992. Intern. Mw. Kgr. zum M.jahr 1991, hrsg. von I. FUCHS, Tutzing 1993. M.s Streichquintette, hrsg. von CL. EISEN und W.-D. SEIFFERT, Stg. 1994. HEARTZ, D.: Haydn, M. and the Viennese School, 1740–1780, N.Y. 1995. POWERS, H. S.: Reading M.'s Music. Text and Topic, Sense and Syntax in Current Musicology (57) 1995, 5–44. RAMPE, S.: M.s Claviermusik. Klangwelt und Aufführungspraxis, Kassel 1995. TARUSKIN, R.: Text and Act. Essays on Music and Performance, Oxford 1995. SOLOMON, M.: A Life, N.Y. 1995. W. A. M.: Essays on his Life and Music, hrsg. von ST. SADIE, Oxford 1996; dt. Ffm. 1996. M.'s Piano Concertos, hrsg. von N. ZASLAW, Ann Arbor 1996. WILLASCHEK, W.: M.-Theater. Vom Idomeneo bis zur Zauberflöte, Stg. und Weimar 1996. Opera buffa in M.'s Vienna, hrsg. von M. HUNTER und J. WEBSTER, Cambridge 1997. IRVING, J.: The Haydn Quartets, Cambridge 1998. HUNTER, M.: The Culture of Opera Buffa in M.'s Vienna. A Poetics of Entertainment, Princeton (NJ) 1999. HÜPPE, E.: W. A. M. Innovation und Praxis. Zum Quintett Es-Dur KV 452, Mn. 1998 (MK 99). KÜSTER, K.: W. A. M. und seine Zeit, Laaber 2001. The Cambridge Companion to M., hrsg. von S.B. KEEFE, Cambridge 2003.

Wolfgang Ruf

Muffat, Georg

Getauft 1. 6. 1653 in Mégève (Savoyen); gest. 23. 2. 1704 in Passau

Schwerpunkt von M.s Schaffen, das ausschließlich zwischen 1677 und 1695 entstand, war die Instrumentalmusik. Dies mag damit zusammenhängen, daß M. zunächst bei Lully, später dann bei Corelli Komposition studiert hatte; beide waren ebenfalls sehr stark – bzw. im Falle Corellis fast ausschließlich – an Instrumentalmusik interessiert. Bei ihnen lernte M. den französischen bzw. den italienischen Stil kennen, die er dann beide mit deutschen und österreichischen Stilelementen verband. In dieser Verbindung zum sogenannten »vermischten Stil« liegt M.s Bedeutung für die Entwicklung der deutschen Instrumentalmusik.

Die 1677 in Prag geschriebene *Violinsonate* M.s, die als einzige Komposition im Autograph vorliegt, folgt in ihrer Anlage der italienischen Kirchensonate. Ebenfalls italienisch geprägt ist die 1682 erschienene Sonatensammlung *Armonico tributo*, deren Stücke sowohl in kleiner als auch in großer Besetzung aufführbar sind. In den fünf Stimmheften werden daher auch Solo- und Tuttipassagen gekennzeichnet, so daß bereits Concerti grossi vorliegen. Entsprechend konnte M. in seiner 1701 veröffentlichten *Auserlesenen Instrumentalmusik* diese Sonaten ohne Probleme zu sechs Concerti grossi umarbeiten, sechs weitere komponierte er neu hinzu. Für diese Sammlung nun ließ er acht Stimmen drucken, die sich auf das Concertino und das Concerto grosso verteilen. In der Vorrede macht M. deutlich, daß er ganz bewußt eine Verschmelzung italienischer und französischer Elemente angestrebt hat. Mit einer solchen Synthese verschiedener Nationalstile bahnt M. den Weg für den »vermischten Stil«, wie er später z. B. für Telemann charakteristisch wird. Anders als diese Sammlungen enthalten die beiden Bände *Florilegium I* und *II* (1695 und 1698) Orchestersuiten nach französischem Muster, die auch hinsichtlich des Instrumentariums dem Vorbild Lullys folgen. Die Vorreden enthalten wichtige Aussagen zur Aufführungspraxis nach der »Lullianisch-Frantzösischen Arth«. Züge des vermischten Stils zeigt auch M.s *Apparatus musico-organisticus* (1690), wenngleich vieles an die Toccaten Frescobaldis erinnert, der von M. auch als Vorbild ausdrücklich genannt wird. M.s Sohn Gottlieb (1690-1770) trat mit bedeutsamer Musik für Tasteninstrumente hervor.

Noten: Florilegium I und II, hrsg. von H. RIETSCH, Wien (1894 und 1895); Graz 1959 (DTÖ 2 & 4). Auserlesene Instrumentalmusik u. a., hrsg. von E. LUNTZ, Wien 1904 (DTÖ 23). Armonico tributo u. a., hrsg. von E. SCHENK, Wien 1953 (DTÖ 89). Apparatus musico-organisticus, hrsg. von R. WALTER, Altötting (1957); ²1968.
Dokumente: Regulae concentuum partiturae. An Essay on Thoroughbass, hrsg. von H. FEDERHOFER, NA Rom 1961.
Literatur: STAMPFL, I.: G. M.s Orchesterkompositionen, Passau 1984 [mit WV und Bibl.]. KOLNEDER, W.: G. M. zur Aufführungspraxis, Straßburg 1970; ²1990.

Reinmar Emans

Mundry, Isabel

Geb. am 20. 4. 1963 in Schlüchern (Hessen)

Musik entfaltet sich stets in Zeit und Raum. Oft jedoch finden diese elementaren Dimensionen beim Komponieren kaum Beachtung. M. gehört zu jenen Komponisten, bei denen dies anders ist: Zeit und Raum werden in vielen ihrer Werke bewußt reflektiert und auf subtile Weise gestaltet. Die Erkenntnis, daß sie dabei Terrain beschreitet, auf dem in vielen Epochen bereits wichtige Erkundungen und Erfindungen stattfanden, ist für die Komponistin Ansporn, nach eigenen Wegen zu suchen. Vor allem mit Blick auf die Zeitaspekte ihrer Musik hat M. selbst das Spektrum der für sie inspirierenden musikhistorischen Erfahrungen bemerkenswert weit gefaßt: Es reicht von der Polyphonie Dufays über die Prozeßzeit Debussys bis zum offenen Zeitbegriff von Cage. Hinzu kommen in starkem Maße außermusikalische Anregungen, besonders aus dem Film, der bildenden Kunst oder der Literatur.

M.s Komponieren steht in der Tradition jener Künstler und Theoretiker der Moderne, die der Kunst die Fähigkeit beimessen, begriffslose Erkenntnis auszuformen. In ihren Werken geschieht dies namentlich in Form polyphoner Gestaltungen. Ein Beispiel dafür ist das Ensemblestück *Le Silence – Tystnaden* (1993), in dem eine Art imaginärer Auseinandersetzung zwischen unterschiedlichen Klangtypen stattfindet. Deren Ausgang bleibt offen, die Erfahrung des Unentschiedenen und Unentscheidbaren wird in dieser Musik ausgetragen. Ein reich schattiertes Spiel verschiedenartiger Impulse, das etwas aussagt über die (Un-)Möglichkeit der Vereinheitlichung von Gegensätzlichem, findet sich auch in dem Streichquartett mit dem sprechenden Titel *no one* (1994–95). M. selbst sieht ihre Gestaltungen in einem Werk wie diesem in Analogie zu den langen Sätzen des Romanciers Marcel Proust – wo man als Leser magisch in die detailreichen Schilderungen hineingezogen wird, aber angesichts der polyphonen Führung der Gedankenstränge oft kaum mehr wirklich weiß, wo man sich befindet. Dabei entfaltet sich eine Vielstimmigkeit verschiedener Zeiten.

Die Idee, durch die Struktur von Musik Situationen ungewöhnlicher Wahrnehmung zu schaffen und auf diesem Wege bestimmte Erkenntnisse anzuregen, findet sich auch in anderen Werken realisiert. *Spiegel Bilder* für Klarinette und Akkordeon (1996) etwa experimentiert facettenreich mit Elementen von Spiegelbildlichkeit, hütet sich aber vor simpler Eindeutigkeit, setzt stattdessen auf verschiedenste Ambivalenzen. Dementsprechend erzeugt jeder »Spiegel« dieser Musik ein neues »Bild«, die Perspektiven vervielfältigen sich also. Es liegt beim Hören solcherart Prozesse nahe, diese mit Erfahrungs- oder Wahrnehmungsformen im wirklichen Leben zu vergleichen.

Weit entfernt ist der Musik von M. jeder Ausdruck von souveräner Selbstgewißheit, auftrumpfender Selbstgefälligkeit und Eloquenz. Zwar ist ihr nicht jeder herkömmlich schöne Ton und alles Figurative oder Spielerische vollends suspekt, doch spielen solche konventionellen Elemente eine eher beiläufige Rolle. M.s Werke verbinden den Anspruch eines geschlossenen, bis ins Detail ausgefeilten Kunstwerks mit der Intention, Fragen aufzuwerfen und Offenheit anzuregen – vor allem offenes Hören und detailempfindliches Reagieren auf die Kunst und die Umgebung. Sie lassen Zweifel zu, tragen diese sogar aus. Zweifel am selbstverständlich Gewordenen, eine daraus entstehende produktive Unruhe, aber gelegentlich auch längere Phasen des Innehaltens, sind oft der entscheidende Antrieb auf dem Weg zur kompositorischen Erkundung ungewöhnlicher Erfahrungsmöglichkeiten. Dies kann sich durchaus auch auf die Verfestigungen mancher eigener Gewohnheiten beziehen.

Emphatische Tönungen besitzt die Musik von M. nicht in herkömmlich affektiver Weise, sondern einer in fast allen ihren Werken bemerkbaren Neigung für subtil modellierte Klanggestaltungen. Bei alledem spielt in letzter Zeit mehr und mehr auch die zweite der eingangs erwähnten Kerndimensionen von Musik, ihre räumliche Seite, eine wesentliche Rolle. Plastische Beispiele dafür sind *Flugsand* (1998) und *Geträumte Räume* (1999). Raum ist in diesen Werken nichts Stabiles, Unwandelbares, sondern wird in facettenreicher Weise neu hergestellt: durch Staffelung polyphoner Abläufe, aber auch durch verschiedene Präsenzgrade der Instrumente und sogar gleichsam in unterschiedlichen Formaten – bis hin zum Instrument selbst als Raum von Schattierungen. Im Orchesterwerk *Flugsand* finden sich, angeregt durch Arbeiten eines Fotokünstlers, lawinenartig hereinbrechende, wellenhafte Abläufe, die teilweise mit der Zersetzung und dem Auseinanderfallen von scheinbar konsistenten Zusammenhangbildungen zu tun haben können, also zur Ungreifbarkeit tendieren. Gerade das birgt Möglichkeiten, Räume zu öffnen, ihre Relativität und Verbundenheit, aber auch ihren eigenen poetischen Reiz zur Entfaltung zu bringen.

Es erscheint angesichts solcher Eigenschaften ihrer Musik konsequent, wenn M. in ihrem Werk *traces des moments* (2000) die Begegnung mit der faszinierenden Kunst der japanischen Gärten reflektiert. Auch das markiert, abseits exotistischer Neigungen, eine Begegnung voller strukturbezogener Emphase. Dabei rückt gerade die für diese Ästhetik typische Verschränkung von Zeitenthobenheit und Vergänglichkeit konzeptionell ins Zentrum. Und erneut ist die für M. wichtige Idee der Verknüpfung unterschiedlicher Zeit- und Raumempfindungen verankert, unterstützt durch eine intensive Farbgestaltung. M.s Kunst besteht hier wie in anderen Werken darin, auf musikalischem Wege Resonanzen solcher Phänomene auszuloten. Sie tut dies im Bewußtsein der Verbindungen, aber auch der Unterschiede zwischen Musik und ihren künstlerischen Nachbarbereichen. Dabei zählt es zu den wichtigsten Impulsen ihrer Musik, ungewöhnliche wahrnehmungsschärfende Reflexionen auszulösen – und auf diese Weise hellhörig zu machen. Darin besteht auch eines der zentralen Anliegen des gegenwärtigen Musiktheaterprojektes der Komponistin, in das einige Vokal- und Instrumentalwerke einfließen und das sich thematisch mit der »Odyssee« Homers beschäftigt. Auch dies ist – so viel ist bereits absehbar – ein künstlerisches Projekt der Suche und der subtilsten Schattierungen, voller Wechsel zwischen klaren und enigmatischen Situationen, in dem sich die Odyssee auch auf innermusikalische Vorgänge erstreckt.

Obschon ihre Musik nicht im konventionellen Sinne eingängig ist, hat die Komponistin in den letzten Jahren beträchtlichen Erfolg. Werke von M. wurden und werden bei fast allen großen europäischen Musikfestivals präsentiert und erlebten, angeregt nicht zuletzt durch vielerlei Selbstkommentare, auch bereits vergleichsweise häufig Reflexionen von musikjournalistischer Seite.

Noten: Breitkopf & Härtel (Wiesbaden).
Dokumente: Emotion in Herstellung und Hörerlebnis. Neun Komponistenstatements *in* Österreichische Musikzeitschrift 51 (1996), 631 f. Polyphonien der Zeit *in* Aspekte der Zeit in der Musik. Alois Ickstadt zum 65. Geburtstag, hrsg. von H. SCHNEIDER, Hildesheim 1997. Reden und Schweigen. Über die Anwesenheit und Abwesenheit begrifflichen Denkens in der Musik *in* Klangstruktur – Metapher. Musikalische Analyse zwischen Phänomen und Begriff, hrsg. von M. POLTH u. a., Stg. 2000, Choreographie des musikalischen Raumes *in* Positionen 54 (2003), 27–29.

Literatur: THORAU, CH.: Zeit suchen und Zeit lassen. Die Komponistin I. M. *in* Positionen 26 (1996). MÜLLER-GRIMMEL, W.: Alles im Fluß. Die Komponistin I. M. und ihr Interesse an Alter Musik *in* NZfM 159 (1999), 18–21. HIEKEL, J. P.: Perspektivenreiche Polyphonie. I. M. *in* Annäherung XI an sieben Komponistinnen, hrsg. von CL. MAYER, Kassel 2000, 40–55. JEZOVZEK, V.: »... sehe ich Räume, so entstehen Klänge«. I. M. *in* Vivavoce. Frau und Musik 60 (2002), 2–9.

Jörn Peter Hiekel

Murail, Tristan

Geb. 11. 3. 1947 in Le Havre

»Die brutalste und einschneidenste Revolution, die die musikalische Welt in den letzten Jahren bewegt hat, nahm ihren Ursprung nicht in irgendeiner Neubewertung der musikalischen ›écriture‹ (seriell oder anders), sondern viel tiefer in der Welt der Klänge selbst.« (*La Révolution des Sons complexes*, 77) Mit diesem Satz, der zugleich ein Glaubensbekenntnis des Komponisten und eine Selbstlegitimation der eigenen Musik darstellt, leitete M. 1980 bei den Darmstädter Ferienkursen die Präsentation seines kompositorischen Ansatzes ein. Gerade auf der wissenschaftlichen Analyse des Klangphänomens basiert in der Tat die musikalische Recherche jenes Komponistenkreises (zu dem neben M. auch Hugues Dufourt, Grisey, Lévinas und Roger Tessier gehören), der 1973 die Instrumentalgruppe »Itinéraire« in Paris gründete und dessen Poetik unter dem Begriff »musique spectrale« subsumiert wird. M.s Produktion der siebziger und achtziger Jahre stellt eine Art Katalog der Forschungsgebiete und der kompositorischen Techniken dieser musikalischen Richtung dar. Das allgemeine Ziel ist die Wiederbelebung der inneren Vorgänge und Verwandlungen des Klanges in der psychoakustischen Wahrnehmung, wie sie durch die Analyse im elektronischen Studio festzustellen sind, allerdings mit instrumentalen Mitteln. So wird z. B. in einem der ersten ›spectralen‹ Werke M.s, *Sables* für Orchester (»Sand«; 1974), in einem ausgedehnten Zeitraum (wie in Zeitlupe) der Transformationsprozeß eines harmonischen Spektrums zu einem weißen Geräusch rekonstruiert. Schon aus diesem Beispiel werden die Unterschiede zwischen der Anfang der siebziger Jahre in Frankreich noch dominanten Poetik des Serialismus und der ›musique spectrale‹ klar: Da der Klang und nicht der Ton im Mittelpunkt des Interesses steht, spielen in dieser Musik Aspekte wie die Technik der Tonhöhenorganisation eine eher untergeordnete Rolle. Selbst die gleichmäßige Unterteilung der Oktave in zwölf Töne ist für die Wiedergabe der mikrotonalen Elemente eines natürlichen Spektrums völlig ungeeignet.

Natürlich fungieren nicht nur die einfache Analyse des Klangspektrums, sondern auch andere Techniken der elektronischen Musik als Modelle der kompositorischen Arbeit M. s. In *Mémoire/Erosion* für Horn und neun Instrumente (»Erinnerung/Erosion«; 1976) wird der Erosionsprozeß eines Klanges simuliert, der ständig aufgenommen und wieder aufgeführt wird – ein im elektronischen Studio als »re-injection« bekanntes Verfahren; *Éthers* für Flöte und fünf Instrumente (»Äther«; 1978) experimentiert mit verschiedenen Filtertechniken. Ein weiteres Forschungsfeld M.s – der seine Kompositionsausbildung bei Messiaen erfuhr und ein weltbekannter Ondes-martenot-Spieler ist – stellt die Ringmodulation dar, auf der einige seiner wichtigsten Werke wie *Treize couleurs du Soleil Couchant* (»Dreizehn Farben der untergehenden Sonne«; 1978) und *Gondwana* (1980) basieren. In dem zuletzt genannten Werk für Orchester kombiniert er die Ringmodulation mit der Frequenzmodulation und untersucht das Ineinanderverschmelzen des natürlichen Klanges einer Glocke mit dem einer Trompete. Der aperiodische und unter dem Tonhöhenaspekt unbestimmte Klang der Glocke bildet auch das Ausgangsmaterial von *Désintégrations* (»Zersetzungen«; 1982–83). In den späten achtziger Jahren befaßte sich M. intensiv mit der Computertechnologie und 1991–97 entwickelte er am IRCAM Programme für computergestützte Komposition. In seiner damaligen Produktion arbeitete er unter zunehmender Verwendung der Live-Elektronik mit immer komplexeren artifiziellen Klangobjekten (*Allégories*; 1989) und untersuchte auch die spektrale Struktur der menschlichen Stimme (*L'Esprit des dunes*, »Der Geist der Dünen«; 1993–94) sowie von außereuropäischen Instrumenten, so in *Les Sept Paroles du Christ en Croix* (»Die sieben Worte Christi am Kreuz«; 1986–89) und in *L'esprit des dames* (1996), dem u. a. Klänge der Maultrommel und der tibetanischen Trompete zugrunde liegen.

Noten: Éditions Transatlantiques (Paris); Salabert (Paris).

Dokumente: La révolution des sons complexes *in* Darmstädter Beiträge zur Neuen Musik 18 (1980), 77–92. Spectra et lutins *in* Algorithmus, Klang, Natur. Abkehr vom Materialdenken?, hrsg. von Fr. Hommel, Mainz 1984, 24–34 (Darmstädter Beiträge zur Neuen Musik 19). Écrire l'électronique *in* La revue musicale 421–424 (1991), 93–103. After-thoughts *in* Contemporary Music Review 19, 3 (2000). Tr. M. Textes réunis par P. Szendy, Paris 2002.

Literatur: Schoeller, P.: Mutation de l'écriture. Éclat, Stria, Désintégration, analyse de l'œuvre, *in* InHarmoniques 1 (1986), 197–208. Anderson, J.: De Sable à Vues aériennes. Le dévelopment d'un style *in* Entretemps 8 (1989), 123–137. Humbertclaude, E.: La transcription dans Boulez et M. De l'oreille à l'éveil, Paris 1998 (Musiques et questions 2). Rovner, A.: An interview with Tr. M. *in* 20th-Century Music 5, 12 (1998), 1–3. Martin, J.: Vom Singen der Wüste. Porträt des französischen Komponisten Tr. M. *in* MusikTexte 83 (2000), 5–7. Sedes, A.: Die französische Richtung spektraler Musik. Gérard Grisey, Tr. M. und das Umfeld *in* Musik und Ästhetik 6 (2002), 24–39.

Pietro Cavallotti

Musorgskij, Modest Petrovič

Geb. 9. (21.) 3. 1839 in Karevo (Gouvernement Pskov); gest. 16. (28.) 3. 1881 in St. Petersburg

Im heutigen Verständnis, das sich seit dem frühen 20. Jahrhundert gebildet und verfestigt hat, ist M. eine überragende Schöpferpersönlichkeit der russischen Musikgeschichte, wenn nicht der Musikgeschichte überhaupt. Beruhte seine historische Bedeutung ursprünglich darauf, daß er der »Gruppe der Fünf« angehörte, jenem »Mächtigen Häuflein«, das sich in St. Petersburg ab den späteren fünfziger Jahren zusammenfand, um vehement die Entwicklung einer eigenständig nationalen Musik voranzutreiben, so überstrahlt sein Nachruhm inzwischen schon längst denjenigen seiner Mitstreiter. Der äußerst produktive Opernkomponist Cezar Kjui ist bestenfalls als ›Mitläufer‹ noch dem Namen nach bekannt; Milij Balakirev, das Haupt jenes Zirkels, erscheint auf die Funktion einer primär anregenden, kritisch fördernden Potenz reduziert; Borodin gilt als hochbegabter Musiker, der seine Fähigkeiten aufgrund seiner vorherrschenden wissenschaftlichen und hochschulpädagogischen Interessen allerdings nicht breiter zu entfalten vermochte; Rimskij-Korsakov schließlich trägt wohl unausrottbar den Makel des ›Akademischen‹, und zudem wird sein vielgestaltiges, häufig unterschätztes Opernschaffen auch noch vorschnell mit dem Etikett des ›Undramatischen‹ versehen. Derartige Charakterisierungen der anderen Gruppenmitglieder dienen sicherlich dem Zweck, M. desto klarer gegenüber seinem geschichtlichen Umfeld abgrenzen zu können: Er allein erscheint nun als vollgültiger Repräsentant der »nationalrussischen« Schule. Ungeachtet solcher perspektivischen Verkürzungen bieten Leben und Werk dieses Komponisten freilich mancherlei Gründe dafür, daß gerade er für die Nachwelt zu einem exorbitanten, gleichermaßen urtümlich wie zukunftsweisenden Genie geworden ist.

Bereits bei einer oberflächlichen Betrachtung gewinnt das Bild einer außergewöhnlichen Persönlichkeit deutliche Konturen. Zunächst mag hier das widersprüchliche menschliche Schicksal vor den Blick rücken: M.s vertrauensvolle Suche nach Geborgenheit, nach kameradschaftlichen Kontakten, die aber – nicht zuletzt aufgrund seines heftig auffahrenden Wesens – oftmals zerbrechen; sein selbstbewußt begonnener Kampf um eine wirtschaftlich unabhängige Künstlerexistenz, den er frühzeitig verliert, denn er muß subalterne Beamtentätigkeiten ausüben und ist in seinen letzten Lebensjahren sogar auf finanzielle Unterstützung durch seine wenigen, ihm noch verbliebenen Freunde angewiesen; oder die – seine Probleme zunehmend verstärkende – schizophrene Grundsituation eines Doppellebens, das ihm sein fortschreitender Alkoholismus aufzwingt, jene fatale Sucht, der er seine Werke abtrotzt und die, wie das berühmte, wenige Wochen vor seinem Tode gemalte Portrait Ilja Repins schonungslos dokumentiert, den erst Einundvierzigjährigen schon gänzlich zerrüttet hat.

Nicht minder bemerkenswert sind aber auch M.s künstlerische Entwicklung und die Eigentümlichkeit seiner (naturgemäß mit den Lebensbedingungen eng verwobenen) Schaffensprozesse. Während seiner Schulzeit wird er zwar zu einem guten Pianisten herangebildet, das Feld musiktheoretischer Studien betritt er jedoch kaum; die korrigierenden Hinweise, die ihm sein Mentor Balakirev (ab 1857) gibt, legen hier ebenfalls kein solides Fundament, und so bleibt M. bei seinen Annäherungen an die kompositorische Praxis im wesentlichen Autodidakt: Er bewahrt sich, positiv gesprochen, jene Unbefangenheit, die ihm den Durchbruch zu einer neuartigen, revolutionären Tonsprache ermöglicht, ins Negative aber gewendet, verharrt er – und eben dieser naheliegende Vorwurf ist erst nach Jahrzehnten verstummt – auf dem Stande eines höchst talentierten, doch unzureichend geschulten Dilettanten. Eine solche unkonventionelle Haltung, wie sie M. gegenüber allen Fragen einer zünftigen musikalischen Technik einnahm, schlägt sich letztlich auch im Umgang mit seinen gestalterischen Vorhaben nieder. Vor allem das musikdramatische Œuvre entfaltete sich kaum in einem kontinuierlichen Rhythmus; stattdessen scheint es eher dem Zufall überlassen, ob ein mit großer Intensität angegangenes Projekt tatsächlich abgeschlossen oder von einem anderen überlagert wird und dann sogar als Torso zurückbleibt. Die frühe, zwischen 1863 und 1866 komponierte Oper *Salambo* (Neapel 1983 in der Bearbeitung von Zoltán Peskó unter dem Titel *Salammbô*) wird nur ebenso fragmentarisch ausgeführt wie der spätere, seit 1874 verfolgte Plan, Nikolaij Gogol's Erzählung »Soročinskaja jarmarka« (»Der Jahrmarkt von Sorotschinzy«) für die Musikbühne zu adaptieren (Petrograd 1917 in der Bearbeitung von Cezar Kjui). Der erste Akt von *Ženit'ba* (»Die Heirat«), M.s 1868 unternommenem »Versuch einer dramatischen Musik in Prosa«, entsteht geradezu eruptiv in weniger als einem Monat, zum weiteren Verlauf des Stücks jedoch finden sich nicht einmal Skizzen. Voller Begeisterung beginnt M. 1872, während er noch mit der Schlußredaktion von *Boris Godunov* beschäftigt ist, die Konzeption des »Musikalischen Volksdramas« *Chovanščina*; – diese im Klavierauszug nahezu fertiggestellte, aber nicht mehr instrumentierte Oper kam freilich ebenfalls erst in einer späteren Bearbeitung, durch Rimskij-Korsakov, an die Öffentlichkeit (St. Petersburg 1886). Selbst der *Boris*, das einzige Bühnenwerk, dessen Premiere (St. Petersburg 1874) schon zu M.s Lebzeiten stattfand, bildet in diesem Zusammenhang keine regelrechte Ausnahme; denn nach einer höchst komplizierten Entstehungsgeschichte, bei der sogar zwischen zwei selbständigen Opern, dem Ur- und dem Original-*Boris*, unterschieden werden muß, bot jene Uraufführung keineswegs eine ›authentische‹ Konzeption. Der Dirigent Eduard Napravnik hatte mit M. vielmehr etliche gravierende Kürzungen und

Umstellungen der Partitur vereinbart, so daß jene Premiere bereits den Anfang einer wechselvollen Wirkungsgeschichte repräsentiert, die auch weiterhin von vielfältigen Eingriffen geprägt werden sollte. Auch (und gerade) der *Boris* bestätigt somit, daß bei M. – wie bei wohl kaum einem anderen Opernkomponisten – die Titel seiner Stücke weniger definitive ›Werke‹ denn Vorstufen zu variablen Fassungen bzw. Fortsetzungen bezeichnen, die überdies, aufgrund der Bemühungen verschiedenster Bearbeiter, auch oft noch in mehreren gleichberechtigten Versionen des jeweiligen Notentextes vorliegen.

Dieses Bild eines gefährdeten, am Leben scheiternden Künstlers, eines Tonschöpfers, der sich bewußt quer zur Tradition stellt und genialisch, seinem Wahlspruch »Zu neuen Ufern!« folgend, auf eine endgültige Ausarbeitung seiner größeren Projekte verzichtet, hat für sich schon eine durchaus faszinierende Wirkung. Um den Komponisten aber gerecht einschätzen und sein heutiges, unbestrittenes Renommee hinreichend begründen zu können, müssen allerdings auch die tieferliegenden Fluchtpunkte seines Wesens und Schaffens zur Sprache kommen. M. war eine sensible und impressionable Natur; die Kindheitserfahrungen mit volkstümlichem Leben und Brauchtum, die er auf dem Landgut seiner Eltern gemacht hatte, blieben ihm stets gegenwärtig, und die Eindrücke, die ihn bei seinem ersten Besuch Moskaus (1859) bestürmten, weckten nachdrücklich das Bewußtsein für die Größe und unverwechselbare Eigenart Rußlands und seiner Geschichte. Darüber hinaus war er literarisch und philosophisch gebildet: In seinen Briefen weiß er – Rollenspielen des geborenen Musikdramatikers vergleichbar –, unter der Maske fiktiver Autoren immer wieder verschiedene Stillagen einzunehmen und durchzuhalten; und äußerst interessiert verfolgte er alle fortschrittlichen Tendenzen der russischen Intelligenz, die, im Anschluß an die Schriften Nikolaij Černyševskijs, während der sechziger Jahre auch heftig um eine grundsätzliche Neubestimmung des Verhältnisses von ›Kunst‹ und ›Leben‹ rang.

Vor diesem Hintergrund werden M.s kompositorischer Ansatz, seine ästhetischen Intentionen und – nicht zuletzt – die strikte ethische Fundierung seines Schaffens besser erkennbar. Künstlerische Tätigkeit bedeutet ihm stets ›Kommunikation‹. Seine oft polemische Ablehnung jeglicher ›absoluter‹ Musik darf somit schwerlich als ein rein taktisches Überspielen der eigenen Ausbildungsdefizite oder der mangelnden Erfahrungen mit großen instrumental-symphonischen Formen abgetan werden, sondern resultiert vielmehr aus seiner Grundüberzeugung, daß Musik eine verstehbare Mitteilung, wenn nicht ›Botschaft‹ sein müsse. Konkrete Bilder, Bewegungsabläufe oder szenisch-choreographische Vorstellungen sind deshalb eine wichtige Quelle von M.s Inspiration. Dies dokumentieren die Orchesterphantasie *Ivanova noč' na Lysoj gore* (»Johannisnacht auf dem Kahlen Berge«; 1860–67) ebenso wie die Miniaturen des Klavierzyklus *Kartinki s vystavki* (»Bilder einer Ausstellung«; 1874), mit dem M. seinem ein Jahr zuvor verstorbenen Freund, dem Maler und Architekten Viktor Hartmann, ein bleibendes Denkmal setzte. (Angesichts der mannigfachen Bearbeitungen von M.-Werken erscheint es nicht ohne innere Konsequenz, daß mittlerweile – dank der 1922 ausgeführten kongenialen Orchestrierung Ravels – auch von dieser abgeschlossenen, in sich gerundeten Komposition eine zweite, gleichberechtigte Version existiert.) Den zentralen Bereich seines Gestaltens findet M. freilich in der kompositorischen Auseinandersetzung mit sprachlichen Strukturen, und zwar vor allem mit der lebendigen Rede von Individuen. Markiert *Die Heirat* eher einen Extrempunkt dieser Bemühungen, denn dort versucht M., das an Dargomyžkijs »Kamennyj gost'« (»Der steinerne Gast«) orientierte Ideal einer durchkomponierten opéra dialogué radikal durch eine reine musikalisierte ›Prosa‹ zu verwirklichen, so zeugt schon die vielfältige und gewichtige Werkgruppe der Lieder von der Meisterschaft des Komponisten, die Spannweite menschlicher Emotionen, sprachlicher Gesten und auch Rollenspiele auszuschreiten. Die bedrängende Unmittelbarkeit des Ausdrucks in dem Zyklus *Bez solnca* (»Ohne Sonne«; 1874) steht hier neben der ganz aus kindlichem Empfinden geschöpften Liederfolge *Detskaja* (»Die Kinderstube«; 1868–72), dem ironischen Portrait eines verliebten *Seminaristen* (1866) oder der sarkastischen Kritik, mit der sich *Raek* (»Die Schaubude«; 1870) gegen die uneinsichtigen Bewunderer der westlichen Musikkultur wendet.

M.s unablässiges Ringen um ein ›realistisches‹, nuancierendes Erfassen der Sprache bewahrt sich vor allem in seinen musikalischen Dramen, in denen gleichsam die ›Akteure‹ der Liedkomposition nun in komplexere – dialogische und szenische – Zusammenhänge gestellt sind. Seine Erfindungsgabe scheint unerschöpflich, wenn die Nachdenklichkeit, die Tölpelhaftigkeit oder der Zynismus einer Person verdeutlicht werden sollen, wenn Bühnenfiguren verzweifelt lachen, stottern oder trunken lallen. Dabei können mannigfache Redesituationen zudem die spezifisch imaginativen Kräfte von M.s Musiksprache freisetzen, denn häufig eröffnen Projektionen individuellen Erlebens – in Visionen, Phantasmagorien oder Traumerzählungen – die Möglichkeit, das Fluktuieren zwischen jenen psychischen ›Vergegenwärtigungen‹ und der labilen ›Wirklichkeit‹ spannungsvoll auszugestalten. Gerade diese Mehrschichtigkeit des dargebotenen Geschehens dürfte, jenseits eines allzu verkürzten Begriffsverständnisses, einen wichtigen Hinweis auf M.s Vorstellungen von ›Realismus‹ geben. Diese unverwechselbare Art jeder einzelnen Figur, sich zu äußern, sowie die Vielzahl der konkurrierenden Handlungsperspektiven bleiben einer äußerlich artifiziellen Vermittlung oder Überformung entzogen und verbürgen mithin einen höheren Grad von ›Wahrheit‹. Auf diese Weise vermag M. das Urteil über die meisten Opernkonventionen seiner Zeit zu sprechen – und zugleich seine eigenwilligen instrumentatorischen Kunstgriffe, seine freimütige Verwendung modaler Skalen und unregelmäßiger Metren oder die Kühnheit manch überraschender harmonischer Fortschreitungen zu legitimieren.

Dieser mutige innovatorische Ansatz prägt überdies (wie an *Boris Godunov* gezeigt werden kann) die Gesamtstruktur von M.s »Musikalischem Volksdrama« und verbindet sich hier mit der ebenfalls leitenden Kategorie der ›Geschichte‹. Für den Komponisten erweist sich das russische Volk stets als Opfer des historischen Prozesses; immer wieder durch die feudalistischen Machtverhältnisse niedergehalten, vermag es aus eigener Kraft nicht einmal den Bannkreis überkommener, ideologisch pervertierter Denkmuster zu überschreiten. Stellt sich im Kontext der Entstehungszeit gewiß die bedrängende Frage, ob das Volk nicht auch im späteren 19. Jahrhundert noch daran gehindert wird, tatsächlich als Subjekt der Geschichte zu fungieren, so beschränkt sich M. gleichwohl nicht auf solch einen offenkundigen Gegenwartsbezug, sondern weiß sich vielmehr dem Ethos des kritischen Historikers verpflichtet: Die Präsentation des geschichtlichen Stoffs soll zugleich die Historie selbst als komplexe, widersprüchliche Einheit von Funktionszusammenhängen, Perspektiven und Aporien kenntlich machen und auf diese Weise das Bewußtsein für deren fortwährende Aktualität schärfen. Nahezu zwangsläufig führen diese künstlerischen Absichten zu einer »offenen Form«, die das Mannigfaltige wie unabgeschlossene der geschichtlichen Vorgänge zu akzentuieren erlaubt. Die Bilder der Oper bilden in sich abgerundete Ganzheiten, die an separaten Stationen und unter wechselnden Aspekten Momente der nur locker koordinierten Geschehenszüge erfassen und szenisch wie musikalisch jeweils ein ganz individuelles Profil erhalten. Auch wenn M. bemüht ist, durch die Disposition der einzelnen Handlungssegmente oder durch ein Geflecht korrespondierender, die Partitur vereinheitlichender Motive die zentrifugale Kraft des Ganzen zu mindern, bleibt seine Oper doch nicht zuletzt wegen der weitgehenden Autonomie ihrer Einzelszenen ein zu ihrer Zeit singuläres, auf spätere Entwicklungen vorausdeutendes Phänomen der gesamten Gattungsgeschichte.

Angesichts der hohen Wertschätzung, die M. heute genießt, scheint die ablehnende Haltung, auf die seine Werke bei vielen, und im Laufe der siebziger Jahre schließlich bei nahezu allen seiner Zeitgenossen traf, vordergründig das gedankliche Muster eines von der Mitwelt unverstandenen, bald darauf aber anerkannten Genies zu bestätigen. Demgegenüber wäre es wohl angemessener, den damaligen Kritikern die Position von ernsthaften Kontrahenten einzuräumen; denn sie leugneten weder M.s beachtliches Talent noch die Wirkkraft seiner Kompositionen, und erst recht war ihnen deren Neuartigkeit bewußt, – nur mußten sie diese Tendenzen insgesamt als eine gefährliche Fehlentwicklung deuten. Immerhin konnten sich ihr Bemühen, die Triftigkeit der artistischen Leitbegriffe ›Realismus‹ und ›Wahrheit‹ zu bestreiten, sowie das beharrliche Anmahnen schulgerechter Kompositionsverfahren auf ästhetische Normen berufen, die seinerzeit noch von unzweifelhafter Allgemeingültigkeit waren; und die Angriffe, die zunächst Kjui – gegen *Boris Godunov* oder den Liederzyklus *Ohne Sonne* – und späterhin, nach der Fertigstellung des Klavierauszugs von *Chovanščina*, auch die anderen früheren Mitstreiter erhoben, zeigen, daß M. sogar für seine Freunde längst die Grenzen des kompositionstechnisch Akzeptablen und künstlerisch Denkbaren überschritten hatte. Dieser radikale Bruch mit allen vertrauten Traditionen war auch in der Abfolge mehrerer Generationen nicht zu schließen. Nur unter dieser Voraussetzung können letztlich die Taten Rimskij-Korsakovs, des unermüdlichen und später heftig gescholtenen M.-Bearbeiters, angemessen beurteilt werden. Gewiß: Kaum ein Takt der originalen Partituren vermochte seinem akademisch geschulten Blick standzuhalten; überall galt es, Stimmführungen zu ›korrigieren‹, harmonische und rhythmische ›Unebenheiten‹ zu glätten oder die ›befremdliche‹ Instrumentation erträglich zu machen. Gleichwohl ist es allein Rimskij-Korsakov zu verdanken, daß wesentliche Teile des Œuvres nicht dem Vergessen anheimfielen, sondern im Bewußtsein der Öffentlichkeit blieben; denn erst seit den letzten Jahren vermögen sich auch die ursprünglichen Kompositionen beim Publikum durchzusetzen. Es scheint somit, als ob die künstlerische ›Zukunft‹, auf die M. so radikal hinzielte, gerade erst begonnen habe.

Noten: Polnoe sobranie sočinenij [Gesamtausg.], hrsg. von P. LAMM und B. ASAF'EV, 8 Bde. [unvollst. erschienen], Moskau 1928–1939, Reprint 1969. Sämtliche Werke, hrsg. von G. SVIRIDOV, J. KELDYŠ und B. ČAJKOVSKIJ, 34 Bde., Moskau und Mainz 1992 ff.
Dokumente: Literaturnoe nasledie [Literarisches Erbe], hrsg. von A. ORLOVA und M. PEKELIS, 2 Bde., Moskau 1971 f. ORLOVA, A. A.: M.'s Days and Works. A Biography in Documents, Ann Arbor (MI) 1983. M. M. Briefe, hrsg. von D. LEHMANN, Lpz. 1984.
Literatur: RIESEMANN, O. VON: M. P. M., Mn. 1926. SEROFF, V. I.: M. M., N. Y. 1968. WORBS, H. CHR.: M. P. M. in Selbstzeugnissen und Bilddokumenten, Reinbek bei Hbg. 1976 [mit WV]. M. M. Aspekte des Opernwerks, Mn. 1981 (MK 21). WEBER-BOCKHOLDT, P.: Die Lieder M. s. Herkunft und Erscheinungsform, Mn. 1982. M. In Memoriam 1881–1981, hrsg. von M. H. BROWN, Ann Arbor (MI) 1982. TARUSKIN, R.: vs. M. The Versions of ›Boris Godunov‹ *in* 19th Century Music 8 (1984–85), 91–118 und 245–272. DERS.: M. Eight Essays and an Epilogue, Princeton 1993. M. M. Zugänge zu Leben und Werk, hrsg. von E. KUHN, Bln. 1995.

Erik Fischer

Mysliveček, Josef
Geb. 9. 3. 1737 in Prag;
gest. 4. 2. 1781 in Rom

M., auch »Il Boemo« oder »Venatorini« (»kleiner Jäger«) genannt, zeichnet sich vor allem aus durch seinen melodischen Erfindungsreichtum, den er im Rahmen des vorgefundenen Formenkanons entfaltete. Eine Erklärung für seine ästhetische Grundhaltung mag seine Herkunft bieten. Bevor er 1763 nach Italien ging, wurde er von Kantoren seiner böhmischen Heimat geprägt; sie komponierten noch in barocken Formen, aber bereits in galantem Stil. Zu ihnen gehörte auch M.s Lehrer Josef Seger. Alle Opern des ›accademico filarmonico‹ (Bologna 1771) gehören der Gattung der opera seria an, vielen liegen Libretti des Kaiserlichen Hofpoeten Pietro Metastasio zugrunde: *Semiramide* (Bergamo 1766), *Demofoonte* (Venedig 1769), *La clemenza di Tito* (ebd. 1773), *La Circe* (ebd. 1779), *L'Ipermestra* (Florenz 1769), *Montezuma* (ebd. 1771), *Adriano in Siria* (ebd. 1776) und *Il Bellerofonte* (Neapel 1767), *Romolo ed Ersilia* (ebd. 1773), *Artaserse* (ebd. 1774), *La Calliroe* (ebd. 1775), *Ezio* (ebd. 1778), *L'olimpiade* (ebd. 1778). Seinen kometenhaften Aufstieg in Italien verdankte er denn auch nicht allein seinem Melos, der einfachen Periodik und pastoralen Motivik, sondern auch seiner Anerkennung der Gattungskonventionen, wie sie von Metastasio und A. Scarlatti geprägt waren und noch im spätbarocken Stadium der Neapolitanischen Schule galten. Allerdings drängte M. das Prinzip Metastasios, daß das gesprochene Wort (Recitativo secco) in der Oper das Drama darzustellen habe, zurück. Er kürzte Dialoge, gab dem Recitativo accompagnato den Vorrang gegenüber dem Recitativo secco und legte das Hauptgewicht auf die Arien. *Medonte* (Rom 1780) enthält kein Secco-Rezitativ mehr. M. strich auch Ensembles und Chöre, was jedoch zu einer gewissen formalen Eintönigkeit führte. Von A. Scarlatti übernahm er die italienische Ouvertürenform (schnell – langsam – schnell), die Orchesterbesetzung (zwei Oboen, zwei Hörner, Streicher) und die Da-capo-Arie, gestaltete aber die Melodik ausdrucksstärker. M. traf den Geschmack der italienischen Aristokratie, ignorierte die Entwicklung der opera buffa ebenso wie die Glucksche Opernreform, so daß sein Opernkonzept am Ende der siebziger Jahre anachronistisch wirkte: *Armida* fiel 1779 in Mailand durch; *Medonte* wurde ein Mißerfolg. Sein Lebenswerk Oper zerbrach.

In anderen Gattungen war M.s Schaffen ein unmittelbares Nachleben beschert. Im bedeutendsten seiner vier Oratorien, *Isacco figura del redentore* (»Isaak, ein Erlöserbild«; 1776), 1777 in München als *Abramo ed Isacco* aufgeführt, wird Isaak durch das Motiv der Opferung zum »Messiasbild«. Nicht aber die Handlung steht im Mittelpunkt, sondern die Darstellung idealisierter Charaktere. Es handelt sich um M.s formal gelungenstes und inspiriertestes Werk. Mozart lobte es aufrichtig.

Unter M.s weiteren Vokalwerken befinden sich so reizvolle und einfühlsam instrumentierte Kompositionen wie die drei *Notturni* (ursprünglich sechs), Duette für Sopran und Orchester.

Charles Burney beschreibt M. als Musiker, der »sich in Italien sowohl durch seine Opern als Instrumentalmusik einen großen Ruhm erworben hat« (Tagebuch ..., 337). Wenn auch M.s Opern gegen Ende seines Lebens als überlebt galten – das Interesse an seinem Instrumentalwerk blieb wach. Die ca. 90 Orchesterwerke (Opern-, Oratorien- und Kantatenouvertüren) sind gesanglich inspiriert. Die Instrumentalkonzerte (acht Violin-, zwei Cembalokonzerte, ein Violoncello-, ein Flötenkonzert und ein Concertino) weisen große Kantabilität in den langsamen, ein hohes Maß an Skalen und Arpeggien in den schnellen Sätzen auf. Die Violinkonzerte und Kammermusik vom Duo bis zum Oktett zeigen M. bei differenzierter Harmonik deutlich als Wegbereiter Mozarts. Die sechs *Klaviersonaten* (1777) hielt Mozart für »ganz leicht und gut ins gehör« (Brief vom 13. 11. 1777, J. M. und sein Opernepilog, 54). M. erreicht nicht den Grad thematischer Verarbeitung wie Mozart, und die harmonischen Fortschreitungen sind weniger einfallsreich, doch hat M. durch seine Verbindung italienischer Kantabilität mit tschechischem Musikantentum zur Entwicklung der Musik der Klassik in ähnlichem Maße wie die Komponisten der Mannheimer Schule beigetragen.

Noten: Tschechischer Musikfond (ČHF); Musica Antiqua Bohemica (MAB); Artia; Editio Praga, (beide Prag). A-R Editions (Madison, WI); Garland (N. Y.); Heinrichshofen (Wilhelmshaven).
Dokumente: BURNEY, CH.: Tagebuch einer musikalischen Reise (Hbg. 1772), Faks. hrsg. von CHR. HUST, Kassel 2003. Cramers Magazin für Musik 1 (1783), 166. Ebd. 2 (1784), 47, 51, 561. BOHADLO, ST.: J. M. v Dopisech (Opus musicum), Brünn 1988.
Werkverzeichnis: EVANS, A. und DEARLING, K.: J. M. (1737–1781). A Thematic Catalogue of his Instrumental and Orchestral Works, Mn. 1999.
Bibliographie: KRATOCHVÍLOVÁ, J.: J. M. (1737–1781). Výběrová bibliografie, Brünn 1978.
Literatur: PEČMAN, R.: J. M. und sein Opernepilog, Zur Geschichte der neapolitanischen Oper, Brünn 1970. DERS.: J. M., Prag 1981.

Rainer Fanselau

Nancarrow, Conlon

Geb. 27. 10. 1912 in Texarkana (Arkansas); gest. 10. 8. 1997 in Mexico-City

C. N. ist jener Gruppe amerikanischer Außenseiter zuzuordnen, die der Musik des 20. Jahrhunderts neue Perspektiven eröffnet haben. Neben seiner ungewöhnlichen Laufbahn – N. begann nach seinem Studium am Cincinnati-Konservatorium in Ohio als Jazztrompeter und nahm zwischen 1933–36 in Boston nur sporadisch Privatstunden in Theorie und Kontrapunkt bei Nicolas Slonimsky, Walter Piston und Sessions – hat ihn auch sein Wohnsitz in Mexiko, wohin er 1940, nach seiner Beteiligung am Spanischen Bürgerkrieg, aus politischen Gründen emigrierte, zum Einzelgänger werden lassen. Vollends ins Abseits geriet N. durch das Instrument, für das er dann fast 40 Jahre komponierte: das bis dahin vorwiegend zur Reproduktion leichterer Musik verwandte Player Piano, das mechanische oder elektrische Klavier. Daß N. für dieses damals schon als ›überholt‹ geltende Instrument hochkomplexe, avancierte Kompositionen schrieb, in denen er den Zeitfaktor bzw. dessen musikalische Ausprägungen in Rhythmus, Metrum und Tempo zu primären Kompositionselementen ausbaute, gehört zusammen mit seinem späten Ruhm nach jahrzehntelanger Isolation zu den Paradoxien der Musikgeschichte des vergangenen Jahrhunderts.

Schon in N.s frühen Instrumentalwerken aus den 1930er Jahren, wie z. B. dem *Prelude* und *Blues* für Klavier (1935), fällt – neben dem Jazzeinfluß – die Vorliebe für vertrackte Rhythmen, weite Griffe und Oktavsprünge auf; in der *Toccata* für Violine und Klavier (1935), deren Tonrepetitionen »as fast as possible« zu spielen sind, auch das Interesse an Tempo und Präzision. Als Aufführungen wegen der Schwierigkeiten der Stücke mißlangen oder unterblieben, wandte sich N., bestärkt durch einen Hinweis in Cowells »New Musical Resources« (1930), dem Player Piano zu. In seinen ca. 50 numerierten, aber meistens undatiert gelassenen *Studies for Player Piano*, die er selbst in die Rollen des automatisch ablaufenden Spielapparates stanzte, entwickelte er einen spezifischen Klavierstil, für den über die schon früher verwandten Elemente hinaus Tonhäufungen und Stimmschichtungen, Arpeggien und Glissandi, Triller und Tremoli sowie komplexe rhythmische, metrische und/oder temporale Abläufe charakteristisch sind, die auszuführen häufig jenseits der Fähigkeiten menschlicher Spieler liegen.

Während in einigen der frühen und späten *Studies* Anklänge an den Jazz, den Tango oder an spanische Folklore zu finden sind, ist die Tonsprache in den mittleren Werken abstrakter. Häufig arbeitet N. mit der Kanonform und mit Symmetrien oder Spiegelungen, isorhythmischen, arithmetischen oder anderen mathematischen Prozeduren. Seine wichtigste Errungenschaft, die Polyphonie verschiedener simultaner Tempi, läßt sich am besten in der in gegenläufiger x-Form gestalteten zweistimmigen *Study 21* (»Canon X«) verfolgen. Thematisiert und vielfach variiert hat N. in seinen *Studies for Player Piano* auch die Verbindung einer konstanten mit wechselnden Geschwindigkeiten, Temposchwankungen und den abrupten bzw. kontinuierlichen Tempowechsel zwischen oder innerhalb der einzelnen Stimmen. Höhepunkte an Komplexität bilden die zwölfstimmige *Study 7* und die für zwei Player Pianos komponierten *Studies 40, 41* und *48*. In *Study 44* (»Aleatory-Round«) ist die Temporelation der beiden Klavier-Parts dem Zufall überlassen.

Seit dem *Tango?* für Klavier (1984) schrieb N. auch wieder für herkömmliche Instrumente (*String quartet No. 3*, 1987; *Two Canons for Ursula* für Klavier, 1988; *Three 2-part Studies* für Klavier, 1990). Yvar Mikhashoff hat einige seiner frühen *Studies* für traditionelle Instrumente transkribiert, Jürgen Hocker N.s Player Piano nachgebaut, Trimpin die Papierrollen sämtlicher *Studies* digitalisiert, so daß diese jetzt auch außerhalb von N.s Studio in Mexiko ›live‹ gespielt werden können.

Noten: Studies for Player Piano, hrsg. von P. GARLAND, 6 Bde., Berkeley 1977, bzw. Santa Fe 1981–85; Schott (Mainz); Smith Publications (Baltimore); Peters (N.Y.).
Dokumente: Over the Air *in* New Music 17 (1939–40), 1–4. Ich bin beim Komponieren nur meinen Wünschen gefolgt. C.N. im Gespräch mit M. FÜRST-HEIDTMANN *in* MusikTexte 21 (1987), 29–32.
Literatur: FÜRST-HEIDTMANN, M.: Les Études pour Player Piano de C.N. *in* Musiques Nord Américaines, Lausanne 1986 (Contrechamps 6), 50–74; dt. *in* Melos 46, 4 (1984), 104–122. DIES. und HENCK, H.: Neues von N. *in* Neuland 2 (1981–82), 216 f, 3 (1982), 247–250 und 5 (1984–85), 297–301 [mit Bibl. und WV]. TENNEY, J.: C. N.s Studies for Player Piano *in* Melos 46 (1984), 123–136 [mit Bibl., WV und Diskographie]. CARLSEN, PH.: The player piano music of C. N., Diss. N.Y. 1986. APPLEBAUM, M.: The Evolution of C. N.s development of politempi, Diss. Wisconsin 1988. Das Universum sollte wie Bach sein, aber es ist wie Mozart. J. Cage und C.N. im Gespräch *in* MusikTexte 31 (1989), 35–45. HOCKER, J.: Die Zeit als dritte Dimension. Zur Anatomie von C. N.s Study Nr. 36 for Player Piano, ebd., 50–56. FÜRST-HEIDTMANN, M.: C.N. und die Emanzipation des Tempos *in* NZfM 150, 7–8 (1989), 32–38. DE VISSCHER, E.: Temps, Texture et Timbre chez C. N. *in* Entretemps 9 (1991), 35–49. SANN, K.: The Music of C. N., Cambridge 1995. HOCKER, J.: Begegnungen mit C. N., Mainz 2002.

Monika Fürst-Heidtmann

Neuwirth, Gösta
Geb. 6. 1. 1937 in Wien

N.s musikalische Sprache formt sich im gleichsam exterritorialen Zeit-Vakuum des Weltkriegs: Noch als er sich auf dem Dachboden des Elternhauses in Ried ein Refugium für erste Kompositionsversuche schafft, bedroht eine Technologie, die den Lebensraum der oberösterreichischen Kleinstadt zu Lande noch nicht berührt hat, in Gestalt alliierter Bomberflotten aus der Luft heraus bereits sein Leben. Die solcherart apriorisch demonstrierte Negation der Aufklärung hat sein Denken geprägt: Kritik eines technologisch verstandenen Fortschrittsbegriffs, Freude am »objet trouvé«, Orientierung an der Logik des Traums und konsequentes Verfolgen dessen, was Adorno die »Nebenlinien des Fortschritts« genannt hat, sind ihr Niederschlag im Werk. Franz Schrekers Partituren – trotz Nazi-Verbotes greifbar – hat N. in sich aufgesogen, längst bevor ihm die amerikanische Umerziehungspolitik der Nachkriegsjahre ersten Kontakt zu Werken der Schönberg-Schule ermöglicht; Schreker widmet er schon 1959 eine erste Studie, 1968 folgt die Dissertation über Schrekers Harmonik, bis heute ein Standardwerk.

Der Proust-Zyklus *Gestern und Morgen* geht den Spuren dieser »verlorenen Zeit« nach. Im Trio für Streicher (Nr. IIIa), dessen Komposition auf das Jahr 1953 zurückgeht, klingt sie ebenso nach wie in jenem »objet trouvé«, das dem Zyklus den Namen gab: Rodolphe Bergers *Valse chantée Hièr et Demain* (ca. 1895) ist nicht nur in N.s Instrumentation für Kammerensemble und Mezzosopran präsent, sondern auch inneres Thema der einleitenden Teile *Hièr et Demain – Seul* für Saxophon (1988, Nr. Ia) und *Vieux songe* für Flöte und Oboe (1991, Nr. Ib); Bergers *Amoureuse* schließlich wird im Schlußsatz der *Kammermusik für Viola und Klavier* (1980, Nr. Va) verarbeitet. Ein »objet trouvé« sozial determinierter Art hatte N. in die Kammeroper *Eine wahre Geschichte* (Graz 1981) integriert, deren artifizieller Tonsatz sich an den Improvisationen einer Rockband bricht.

Méandres tenebreux (1974, Proust-Zyklus Nr. IVa) greift den auch in *Vanish* für Singstimme und Tonband (1975) gestalteten Konflikt auf: Die im Tonband präsente Technik greift verletzend in den Klangraum ein, um »die Herrschaft an sich zu reißen« (N., Programmheft Proust-Zyklus, 7). In ähnlicher Weise hat N. in *Von Unklaich nach China* (Sopran und vierhändiges Klavier) Lyrik Morgensterns mit der Dichtung nordamerikanischer Indianer konfrontiert; dieses 1957 begonnene Werk wurde 1973 überarbeitet. Das 1976 entstandene *Streichquartett* weist in der Durchgestaltung des Schweigens nicht nur auf Nonos späteres Streichquartett »An Diotima« voraus; in der haptischen Faktur und der Denaturierung des Streicherklanges werden vielmehr Prinzipien wirksam, die N. im *Schandbuch der gewarnten Liebe* für präparierte Geige (1989, Proust-Zyklus Nr. II) aufnimmt. In seiner ausgezählten Proportionierung offenbart das Stück Josquin Desprèz' als den neben Schreker wichtigsten Paten; ein Einfluß, der schon in *Der Garten der Pfade die sich verzweigen* (1975) für zwei Klaviere) und Renaissance-Instrumente hörbar ist. *Folies à deux* für zwei vierteltönig gegeneinander gestimmte Klaviere (1989) setzt das klangliche Experiment des *Schandbuchs* im Medium der durch die Stimmung determinierten Saite fort. In den letzten Jahren komponierte N. neben verschiedenen Ensemblestücken vermehrt Vokalwerke, darunter *Sei Murrum Phonies* (1990–92), *Tenditur* für Frauenchor (1997) und die zwölf Motetten für gemischten Chor, die auf insgesamt 22 Motetten erweitert werden sollen. Außerdem wurde der Proust-Zyklus in Details erweitert und überarbeitet. Seit 1987 sind sämtliche Quellen und Dokumente als »Nachlaß zu Lebzeiten« in das Archiv der Akademie der Künste Berlin eingegangen und dort zugänglich.

Noten: Eigenverlag.
Dokumente: Franz Schreker, Wien 1959. Die Harmonik in der Oper »Der Ferne Klang« von Fr. Schreker, Regensburg 1972. Erzählung von Zahlen *in* Josquin des Prés, Mn. 1982, 4–38 (MK 26–27). Gestern und Morgen, Programmheft Work in Progress, Bln. 24. 2. 1992. »Suite« *in* Tönen – Farben – Formen. Über Musik und die bildenden Künste, hrsg. von E. SCHMIERER u. a., Laaber 1995, 203–221. Abbruchzonen des kleinsten Schritts *in* Programmheft Salzburger Festspiele 2002.
Werkverzeichnis: GRÜNZWEIG, W.: G. N., Bln. 1997 (Archive zur Musik des 20. Jahrhunderts, Akademie der Künste Bln.).
Literatur: Chant du Singe, Zwölf Anagramme, zugedacht G. N., hrsg. von A. VON MOOS, u. a., Bln. 1990. STENZL, J.: Adolf Wölfli lu par trois compositeurs *in* Wölfli. Dessinateur – Compositeur, Lausanne 1991, 61–69. STENZL, J.: Traum und Musik, Mn. 1991 (MK 74), 8–102.

Matthias Brzoska

Neuwirth, Olga
Geb. 4. 8. 1968 in Graz

O. N.s Musik steckt voller Verschiebungen, Brüche, Deformationen und assoziativer Bezüge. Ausgangspunkt ihrer Arbeiten sind Klang-, Bild- und Sprachmaterialien verschiedenster Herkunft und Beschaffenheit, die sie verbindet, ohne deren jeweilige Eigenschaften einander anzugleichen. Meist geprägt durch unvorhersehbare Formverläufe, in denen sich die Musik wie in einem Prozeß organischen Wucherns verästelt, erweist sich das Komponierte als Abbild dieses heterogenen Ausgangsmaterials. In den Werktiteln – sie bezeugen vielfach ein waches Interesse an Literatur, bildender Kunst und Film – treffen solche konzeptionellen Zugriffe wie in einem Brennpunkt aufeinander und kristallisieren zu einer Chiffre für das musikalische Geschehen selbst. So erinnert das Orchesterstück *Cthulhu-Ludium. Vor der Dunkelheit* (1991) an die verworrenen Angstwelten der Erzählungen von Howard Phillip Lovecraft, das Werk *Lonicera caprifolium* für Ensemble und Tonband (1993) trägt den botanischen Namen einer alles zerstörenden Kletter- und Schlingpflanze, das Ensemblestück *Vampyrotheone* (1994–95) und das Streichquartett *Akroate Hadal* (1995) beschwören zwei der krakenähnlichen Tiefseemonster, die Vilém Flusser als Metaphern für die unersättliche Gesellschaft unserer Zeit geprägt hat.

Die Komponistin legt ihren Stücken stets ein präzises Zeitraster zugrunde, das die verschiedenen Elemente, Phasen und Zustände der Musik fixiert; in diesem Rahmen kann sich das Material unter bestimmten Voraussetzungen frei entfalten. Angeregt durch einen initialen Impuls folgt die Erzeugung formaler Strukturen zunächst den natürlichen Entfaltungsprozessen der einzelnen

Klangpartikel. Indem N. sich jedoch die Option offenhält, früh verdichtete Texturen wieder aufzulockern oder Entwicklungen ab einem gewissen Komplexitätsgrad zu beenden, bewahrt sie die Kontrolle über das Material und schafft damit Raum für neue Prozesse. Aus solchen Eingriffen in vorstrukturierte Abläufe resultieren die mannigfaltigen Schnitte, Brüche und Verwerfungen, die in den neueren Kompositionen *ecstaloop* für Sopran, Sprecher, Sampler und Ensemble (2001) und *torsion: transparent variation* für Fagott und Ensemble (2002) gar zu klaffenden Löchern werden, in denen die Musik ins Leere zu kippen scheint.

Das komplexe Klangbild der Werke verdankt sich darüber hinaus N.s spezifischem Umgang mit dem musikalischen Material. Ein grundlegendes Verfahren ist die Deformierung von Klangräumen, bei der die natürlichen Obertonverhältnisse der beteiligten Instrumente durch Einführung minimaler Verstimmungen – etwa bei Saiteninstrumenten durch die Skordatur – verändert werden. In Kompositionen wie *Hooloomooloo* für drei Ensemblegruppen und Zuspiel-CD (1996–97) oder *Clinamen/Nodus* für Orchester und Schlaginstrumente (1999) nutzt N. diese Technik, um den Streicherklang in hochgradig differenzierte mikrotonale Strukturen aufzuspalten. Hinzu kommen – durch Präparationen, ungewöhnliche Klangerzeugungsarten und Spieltechniken exakt ausgearbeitete Klang- und Geräuschwertigkeiten, die zur Schaffung präzise durchgehörter Geräuschklänge systematisch eingesetzt werden.

Dieses Vokabular wird vielfach durch mediale Technik erweitert. Bereits in N.s frühen *!?dialogues suffisants!? – Hommage à Hitchcock* für Violoncello, Schlagwerk, Tonband und neun Videomonitore (1991–92) findet sich eine Konzentration auf die synästhetische Komponente von Musik und Bild, in der beide Elemente gleichwertig behandelt sind – ein »Experiment mit medialer Übertragung« (Wirklichkeit, 664), dessen Spannung aus der Erschaffung einer fiktiven Realität erwächst: Die titelgebenden »eingebildeten Dialoge« kommen dadurch zustande, daß beide Musiker in getrennten Räumen unabhängig voneinander ihre Stimmen realisieren und nur über Monitore miteinander kommunizieren; das Publikum wird Zeuge einer fiktiven Dialogsituation, deren gemeinsame Schiene – zeitlich wie musikalisch – ein Ausschnitt aus Alfred Hitchcocks Film »Young and Innocent« (1937) ist. Solch statischer Verwendung von Videotechnik steht der Einsatz von Videomorphing im Musiktheater *Bählamms Fest* (Elfriede Jelinek nach Leonora Carrington; Wien 1999) gegenüber: Hier werden visuelle Elemente mit Hilfe synthetischer Computertechnik bearbeitet und permanent verändert, wodurch die ursprünglichen Bilder zu einem imaginären »Hyperbild« oder »Hybridbild« (Sog, 54) transformiert werden, das eng in die szenisch-musikalischen Abläufe eingeflochten ist.

Auch die Live-Elektronik dient der Komponistin als musikimmanentes Ausdrucksmittel. Durch die Transformation instrumentaler Farben zu androgynen Klängen und Mischungen erhält sie ein gleichsam imaginäres Instrumentarium – ein ›Hyperinstrument‹ –, das in der Musik dramaturgisch eingesetzt wird: So prallen in *Sans Soleil. Zerrspiegel für zwei Ondes Martenot, Orchester und Live-Elektronik* (1994) drei unterschiedliche elektronische Schichten – die Ondes Martenot, vorproduzierte Soundfiles und Live-Elektronik – aufeinander, es entstehen ineinander verschachtelte Klangstrukturen unterschiedlichen »Realitätsgrades«, die sich wechselseitig überlagern und zunehmend von ihren Ursprüngen entfernen. Ähnliches geschieht in *Pallas/Construction* für drei im Raum verteilte Schlagwerker und Live-Elektronik (1996), indem eine zu Beginn vorgetragene Klangkombination live aufgenommen und anschließend als ständig wiederholte Schleife über die Lautsprecher bewegt wird, wodurch sich ihre anfängliche Präsenz zum changierenden Untergrund der Musik wandelt. Auch in ihrer jüngster Musiktheater-Komposition *Lost Highway* (Jelinek und O. N. nach einem Drehbuch von David Lynch und Barry Gifford; Graz 2003) kommt der Live-Elektronik bei der Gestaltung verschiedener Realitätsebenen eine zentrale Rolle zu.

Eine weitere Dimension gewinnt die Musik schließlich durch die anspielungsreiche Aneignung von Vergangenem, durch Verwendung von Zitaten oder Allusionen, etwa in den kurzen Einspielungen von Theorben- und Gambenklängen in *Lonicera caprifolium*, in der von Countertenor und präpariertem Klavier evozierten Anspielung auf Purcell in den *Five Daily Miniatures* für Countertenor und Ensemble (nach Gertrude Stein; 1994), in der Referenz an John Blows »Ode to the Death of Mr. Henry Purcell« in den Singstimmen von *La vie ... ulcerant(e)* für zwei Countertenöre und Ensemble (nach Georges Perec; 1995) oder in den kaum identifizierbaren Klezmerklängen, die in die klaffenden Leerräume von *torsion: transparent va-*

riation eingespielt werden. So schafft N. mit ihrer Zusammenschau von kompositorischer Gestaltung, medialer Technik und vielfachem Beziehungsreichtum Kunstobjekte, die von der Ambivalenz divergierender Sprachgesten ebenso wie von der Verneinung etablierter narrativer Gewohnheiten geprägt sind und zudem unter ihrer Oberfläche tiefe Abgründe bergen: Denn das Katastrophische – das Umkippen ins Unvorhersehbare mit all seinen Konsequenzen – ist eine Grundstimmung, die sich wie ein roter Faden durch O. N.s Musik zieht.

Noten: Ricordi (Mu.); Boosey & Hawkes (Bln.). *Dokumente:* O. N.: Bählamms Fest. Ein venezianisches Arbeitsjournal, Wien 2003. *Literatur:* BAIER, CHR.: Wirklichkeit. Ohne Sonne. O. N. im Gespräch *in* Österreichische Musikzs. 10 (1995), 664–667. KAGER, R.: »Ausgefranste Ränder, stiebende Partikelchen«. Gespräch mit O. N. *in* Gesänge von der Notwendigkeit des Überlebens, hrsg. von J. STENZL, Salzburg und Klagenfurt 1995, 65–66. SCHALZ-LAURENZE, U.: »Sog aus Bestürzung und Faszination.« Die Komponistin O. N. im Gespräch *in* Annäherung an 7 Komponistinnen, hrsg. von CL. MEYER, Kassel 1995, 51–58. SCHEIB, CHR.: Unersättliches Dauern: O. N.s »Akroate Hadal« *in* Positionen 34 (1998), 1–12. O. N., hrsg. von ST. DREES, Saarbrücken 1999. DERS.: Perspektivenwechsel. Tonraum-Deformationen durch Instrumentalklang-Verstimmungen bei O. N. *in* Positionen 48 (2001), 31–33.

Stefan Drees

Nicolai, Otto Carl Ehrenfried

Geb. 9. 6. 1810 in Königsberg; gest. 11. 3. 1849 in Berlin

N. zählt zu jener kleinen Gruppe von Komponisten, die mit einem einzigen Werk unsterblichen Ruhm erlangten: mit der Oper *Die lustigen Weiber von Windsor* (Salomon Hermann von Mosenthal; Berlin 1849). Der Falstaff-Stoff scheint N.s Vorstellungen von phantastisch-komischer Romantik entsprochen zu haben, so daß er in der Vertonung dieser Opernhandlung sein musikalisch-stilistisches Ideal verwirklichen konnte: die Verknüpfung von deutschem und italienischem Musikstil. »Deutsche Schule muß sein, das ist die erste Bedingung, aber italienische Leichtigkeit muß dazu kommen.« In dieser Formel kondensierte N. seine jahrelangen Bemühungen um einen eigenständigen Kompositionsstil für die Opernbühne, dessen Verfechtung ihm eine vielbeachtete Zeitungsfehde mit Schumann eintrug. Formale Gestaltung, melodische Einfälle und eine ausgefeilte Ensembletechnik belegen in den *Lustigen Weibern* die italienischen Einflüsse auf N.s Kompositionsstil, während er mit der Thematik dieser Oper deutschen Traditionen folgte. Ähnlich wie sein Zeitgenosse Lortzing orientierte sich N. mit seiner populärsten Oper am bürgerlichen Publikumsgeschmack in Wien (wo die Oper nach langen Querelen nicht aufgeführt wurde) wie in Berlin (wo man nach der Revolution von 1848 die restaurativen Tendenzen der Handlung beifällig aufnahm). Im berühmt gewordenen Schlußbild bereiten sich die Bürger von Windsor bei der Bestrafung des dicken Schwerenöters John Falstaff ein typisch bürgerliches, spießiges Vergnügen, dessen mutwillig inszenierter Spuk am Ende in bürgerliche Selbstgefälligkeit pervertiert. Gleichwohl erweist sich die Oper nach wie vor wegen ihrer zündenden musikalischen Einfälle als beliebtes Bühnenwerk.

Die übrigen Kompositionen N.s werden nur allmählich durch vereinzelte Konzertaufführungen und Schallplattenaufnahmen wieder einem breiteren Publikum bekannt gemacht. Zwischen 1839 und 1844 galt N. als einer der führenden italienischen Opernkomponisten. Als Organist an der preußischen Gesandtschaftskapelle in Rom (1834–1836) hatte er Gelegenheit, sich intensiv mit alter und neuer italienischer Musik auseinanderzusetzen. Die Beschäftigung mit Rossinis und Donizettis Opern festigte in ihm die Vorstellung von einer fruchtbaren Verbindung deutscher und italienischer Opernkunst. Seine (zweite) Oper *Il templario* (»Der Tempelritter«, nach »Ivanhoe« von Walter Scott; Turin 1840) begründete seinen Ruf als erfolgreicher Opernkomponist auch über die Grenzen Italiens hinaus. Zu der aufkeimenden Drastik in der musikalischen Bühnendarstellung mochte sich der eher feinsinnige Ästhet N. freilich nicht verstehen, denn das Libretto zu »Nabucco« lehnte er als zu blutrünstig ab und überließ es Verdi zur Komposition. Auch *Il proscritto* (»Die Heimkehr des Verbannten«, Gaetano Rossi; Mailand 1841) bereitete ihm wegen der tragischen Katastrophe einige Mühe.

Völlig vergessen sind heute N.s geistliche Kompositionen, mit denen er in Berlin als junger Komponist hervortrat und denen er sich als Kapellmeister der Königlichen Oper Berlin und als Nachfolger Mendelssohn Bartholdys in der Leitung des Berliner Domchors (beide Positionen seit 1848) im Rahmen der preußischen Agendenreform kurz vor seinem Tod noch einmal intensiv widmete.

Seinen Zeitgenossen war N. darüber hinaus als exzellenter Dirigent mit ausgezeichneter Repertoirekenntnis und als herausragender Organisator des Wiener Konzertlebens ein Begriff. Zwischen 1841 und 1848 initiierte N. in seiner Stellung als Erster Kapellmeister des Wiener Hofoperntheaters Philharmonische Konzerte (das erste am 28. 3. 1842), mit denen er die Tradition der Wiener Philharmoniker begründete. Vor allem mit seinen Interpretationen von Beethoven-Sinfonien setzte N. damals neue Maßstabe im Wiener Konzertleben.

Dokumente: Musikalische Aufsätze, hrsg. von G. R. KRUSE, Regensburg 1924. Brief an seinen Vater, hrsg. von W. ALTMANN, ebd. 1924. O. N.s Tagebücher, hrsg. von DEMS., ebd. 1937.

Literatur: KONRAD, U.: O. N., Baden-Baden 1986 [mit WV].

Jürgen Schläder

Nielsen, Carl August

Geb. 9. 6. 1865 in Nørre Lyndelse bei Odense (Dänemark); gest. 3. 10. 1931 in Kopenhagen

Was Grieg für Norwegen und Sibelius für Finnland, das bedeutet N. für Dänemark. Er fungiert in musikalischer Hinsicht als nationales Statussymbol und gilt als der größte Komponist, den Dänemark hervorgebracht hat. N. auf der internationalen Bühne, das ist der Komponist von sechs Symphonien, neoklassizistisch an Mozart ausgerichteten Kammermusikwerken wie dem *Vierten Streichquartett* op. 44 (1907) und dem *Bläserquintett* op. 43 (1922) sowie dem späten *Klarinettenkonzert* op. 57 (1928), das mittlerweile zum Standardrepertoire für dieses Instrument gehört. Zu den tragenden Stützen der Wertschätzung N.s in seinem Heimatland rechnen darüber hinaus auch Kompositionen für Klavier (so die *Chaconne* op. 32, 1916–17) und für Orgel (an erster Stelle *Commotio* op. 58, vollendet 1931), vor allem aber das umfangreiche Liedschaffen, aus dem nicht wenige Werke den Weg in die Volkstümlichkeit gefunden haben. Mit *Saul og David* (Kopenhagen 1902) und *Maskarade* (Kopenhagen 1906) reüssierte N. auch auf dem Gebiet der Oper; die auf einer Komödie von Ludvig Holberg basierende *Maskarade* zählt zu den Hauptwerken der dänischen Operngeschichte.

Zumindest im Hinblick auf die Wahl der kompositorischen Hauptaufgabe hat N. an Gade, dem großen Symphoniker Dänemarks im 19. Jahrhundert, Maß genommen (Gade zählte zu den wichtigen Förderern des jungen Militärmusikers, der 1884 in das Kopenhagener Konservatorium eintrat). Schon mit seiner *Ersten Symphonie* op. 7 (1891–92) zeigt sich N. als souveräner Beherrscher symphonischer Satztechnik. Zwar läßt sich in der Frage nach Vorbildern auf Johann Svendsen, Brahms und – beim zweiten Satz – auch auf Grieg verweisen. Doch das wiegt wenig gegen die massiven Merkmale künstlerischer Selbständigkeit: polyphone Satzstrukturen, konzise und manchmal auch scharfkantige Thematik, die schon nach wenigen Takten die Folie regulärer metrisch-harmonischer Syntax zerschneiden kann, modal gefärbte Harmonik und motorische Fortspinnungsfelder, deren Ausbreitungsdrang den Eindruck von Aggressivität zu erwecken vermag.

In der rund zehn Jahre später entstandenen *Zweiten Symphonie* op. 16, »De fire temperamenter« überschrieben, besitzen die thematischen Charaktere eine größere Plastizität als in der *Ersten*. Das geht jedoch nicht zu Lasten der Form; denn besonders die Ecksätze (Allegro collerico und Allegro sanguineo) zeugen von dichterer und zugleich ausladenderer Entwicklung. Obwohl das Werk keinesfalls zur Programmmusik gehört, bedeuten die Satzüberschriften doch eine starke Verengung seines Horizonts.

In der Tat werden in der *Sinfonia espansiva* op. 27 (1910–11) die musikalischen Prozesse ausgreifender. Starke Kontraste wie strömend-kantable Tuttiphasen und spröde kammermusikalische Strecken prallen aufeinander; im reichen Wechsel der thematischen Erfindungen und ihrer Varianten gelangt freilich auch die Grenze zu Heterogenität und Brüchigkeit in Sicht.

»Die Musik ist Leben und unauslöschlich wie dieses«, bemerkt N. im Vorwort zur *Vierten Symphonie* op. 29, die denn auch den Titel *Det Uudslukkelige* (»Das Unauslöschliche«) trägt. Doch der Name soll »kein Programm sein, sondern Wegweiser durch das eigene Gebiet der Musik«. Das Werk, 1916 in dunkler Kriegszeit entstanden, wird durchzogen oder fast schon zerfurcht von einem hartnäckigen Gegensatz: Auf der einen Seite steht das terzenselige Seitenthema des ersten Allegros, das die zentrale motivische Ableitungsinstanz des gesamten Werks darstellt und dementsprechend auch die Grundlage der finalen Apotheose bildet. Auf der anderen Seite nimmt das kleinzellige Hauptthema die Rolle des aggressiven Widerparts ein, das zwar zu flächiger Expansion tendiert, aber auch zu Infiltration und Auflösung der thematischen Gegenseite. N. zeigt sich auch in diesem Werk als fundierter Kenner der Gattungstradition. Daß die Großabschnitte des symphonischen Zyklus nahtlos aneinandergereiht sind, verweist auf Schumanns »Symphonie d-moll«, während an dessen »Symphonie C-dur« die Finalfunktion des Seitenthemas aus dem Kopfsatz erinnert.

Die *Fünfte Symphonie* op. 50 (1922 vollendet) ist als N.s persönlichste Symphonie bezeichnet worden. Zumindest ist sie, auch heute noch, seine am wenigsten zugängliche. Gefügt aus zwei umfangreichen Sätzen, steht sie unter dem Zeichen organischer, von kleinsten Motivkeimen ausgehender Entwicklung. Synthesen ereignen sich jedoch auf sehr abstraktem Niveau, denn die einzelnen Instrumentengruppen des Orchesters – allen voran das Schlagzeug – tendieren immer wieder zur Verselbständigung, zu einer Polyphonie der unverbundenen Schichten. Ein Grundzug der Harmonik N.s kommt nun unverdeckt zur Ausprägung: Die Chromatik entspringt nicht der spätromantischen Alterationsharmonik im Gefolge Wagners. Insofern läßt sich auch nicht von einer »Emanzipation der Dissonanz« sprechen. Der Sache dürfte eher der Begriff der ins diatonische Restgerüst frei gesetzten und damit gewissermaßen herkunftslosen Dissonanz gerecht werden.

Die *Sechste Symphonie* (o. op., 1925) scheint nach den zurückliegenden gewaltigen Anstrengungen dem Bedürfnis nach Entspannung zu gehorchen. *Sinfonia semplice* lautet der ihr vom Komponisten verliehene Name, der insgesamt wohl doch eine Untertreibung darstellt. Es dominiert die stark polyphone kammermusikalische Faktur, komplizierte formale Konstruktionen werden vermieden. Man kann zwar das Fehlen des großen symphonischen Totalentwurfs als Rückzug beklagen. Es hat jedoch in der Geschichte der Gattung immer den Typus der heiteren Sinfonietta gegeben – in diesem Falle dürfte es sich jedoch um eine Heiterkeit des Alters sowohl des Komponisten als auch der Gattung handeln.

Noten: C. N. Works/Værker, Kopenhagen 1998 ff.
Dokumente: Levende musik, Kopenhagen 1925; engl. als Living Music, übersetzt von R. SPINK, Ldn. 1953. Min fynske Barndom, Kopenhagen 1927; engl. als My Childhood, Ldn. 1953. MØLLER, I. E. und MEYER, T.: C. N.s Breve, Kopenhagen 1954.
Bibliographie: MILLER, M. F.: C. N. A Guide to Research, N. Y. und Ldn. 1987.
Literatur: MEYER, T. und PETERSEN, F. SCH.: C. N. Kunstneren og mennesket, 2 Bde., Kopenhagen 1947–48. C. N. i hundredåret for hans føødsel, hrsg. von J. BALZER, Kopenhagen 1905; engl. als C. N. Centenary Essays, Kopenhagen 1965. FOG, D. und SCHOUSBOE, T.: C. N. Kompositioner, Kopenhagen 1965. The N. Companion, hrsg. von M. MILLER, Ldn. 1994. LAWSON, J.: C. N., Ldn. 1997. C. N. The Man and the Music, hrsg. von K. KETTING, Kopenhagen 1998 [CD-ROM in Dänisch und Engl.].

Siegfried Oechsle

Nono, Luigi

Geb. 29. 1. 1924 in Venedig; gest. 8. 5. 1990 in Venedig

Das Werk N.s kann weder auf der Grundlage der traditionellen Kategorien, wie sie durch die akademische Lehre vermittelt werden, untersucht noch als »absolute Musik« verstanden werden. Bei ihm bedeutet die Auseinandersetzung mit dem musikalischen Material eine Auseinandersetzung mit der Geschichte, und die Vorstellung einer »Neuen Musik« ist für ihn untrennbar verbunden mit der eines neuen Bewußtseins. Die ästhetische und technische Wahl ist nicht allein durch musikalische Kriterien oder historische Bezüge bedingt, sondern auch durch ethische und politische Auffassungen. So wurzelt seine erste Schaffensphase in der historischen Situation Italiens der vierziger Jahre. »Für uns Junge war damals die Erinnerung an die Resistenza, an den Widerstand gegen den Faschismus, der Motor des Lebens« (Texte, 200). Die Thematik des Widerstands ist Mittelpunkt seiner Werke der fünfziger Jahre, sei es unmittelbar wie in *La victoire de Guernica* (Paul Eluard; 1954) oder in *Il canto sospeso* (»Der schwebende/unterbrochene Gesang«; 1955–56), sei es durch die Figur Federico García Lorcas, den durch die spanischen Faschisten ermordeten Dichter (*Epitaffio a Federico García Lorca*, 1952–53; *Der rote Mantel*, 1954), oder durch die Texte antifaschistischer Dichter wie Cesare Pavese (*La terra e la compagna*; »Die Erde und die Gefährtin«, 1957; *Sarà dolce tacere*; »Es wird süß sein zu schweigen«, 1960), Giuseppe Ungaretti (*Cori di Didone*, 1958) und Antonio Machado (*Ha venido*; »Er ist gekommen«,

1960). Auf eher verborgene Weise prägt diese Thematik auch scheinbar nichtprogrammatische Werke wie die *Variazioni canoniche* (1949–50) für Orchester, die auf der Reihe von Schönbergs »Ode to Napoleon« basiert, oder die *Composizione per orchestra n. 1* (1951), die mit der Figur von Julius Fučik verbunden ist, einem kommunistischen tschechischen Literaturkritiker, der von den Nazis 1943 in Berlin hingerichtet wurde. Bei seinem Bestreben, »die neuen Gedanken mit einer Sprache zu verbinden, welche die eigenen Gefühle, den eigenen Ausdruck erneuern kann« (Contrechamps, 16), nimmt sich N. gleichzeitig Vladimir Majakovskij und Maderna zum Vorbild. Bei letzterem, der ihm Lehrer und Freund ist, studiert er ab 1946 Komposition. Über dessen »Quattro Lettere« sagt er später, hier »hatten wir das gegenseitige Ineinanderwirken zwischen einem umfassend wirklichkeitsbezogenen ideellen Inhalt und einer auf völlig neue Formen hinzielenden musikalischen Konzeption« (Texte, 102). N. sucht sowohl dem Formalismus zu entgehen, den man ihm innerhalb der Kommunistischen Partei Italiens vorwirft (der er 1952 beitritt), als auch dem sozialistischen Realismus, dessen man ihn in einigen Kreisen der Avantgarde verdächtigt.

N., der neben Boulez und Stockhausen als einer der bedeutendsten Repräsentanten der jungen Musik der Nachkriegszeit genannt wird, hat ein musikalisches Denken ausgebildet, das sich nicht auf die vorherrschenden Ideen der sogenannten ›Darmstädter Schule‹ reduzieren läßt. Die technischen und ästhetischen Prinzipien, die er während der fünfziger Jahre entwickelt, bleiben gültige Grundlagen bis zu seinen letzten Werken. Als Teilnehmer an den Ferienkursen seit 1950 gelangt N. zu einer kritischen Haltung sowohl in bezug auf den Prozeß der seriellen Systematisierung, die zu einer »total determinierten Musik« führt, als auch gegenüber der »statistischen, archivierenden und beschreibenden Konzeption« der Musik Weberns (Contrechamps, 15). Er lehnt Stockhausens Konzepte einer »totalen Tonordnung« – »die Unterordnung von Tönen unter ein einheitliches Prinzip« – ab, wo sich das Einzelne im Ganzen und das Unterschiedliche im Einheitlichen verliert. Außerdem stellt er dem Boulezschen Gedanken eines »neutralen« Materials den eines konkreten und bedeutungstragenden Materials entgegen, das mitunter sogar heterogen sein kann, und dem Gedanken einer »Stunde Null« der musikalischen Sprache begegnet er mit der Konzeption einer lebendigen und kritischen Verbindung zur Geschichte. Seine Auseinandersetzung mit dem reinen Serialismus erfolgt erst spät zwischen 1955 und 1957 (*Canti per 13, Incontri* [»Begegnungen«], *Varianti* usw.). In seinen kurzen, gleichzeitig mit diesen Werken entstandenen theoretischen Stellungnahmen gibt N. zu, sich »bewußt aufs Kompositionstechnische beschränkt und das Ästhetische außer Betracht gelassen« zu haben: »Aber ebenso klar ist es, daß auch die musikalischen und menschlichen Ergebnisse, die aus jenen technischen Methoden resultieren, in Betracht gezogen werden müssen« (Texte, 33).

Seine Werke der fünfziger Jahre komponiert N. auf der Grundlage von kleinen klanglichen Zellen, aus denen er alle expressiven und strukturellen Möglichkeiten entwickelt, und nicht auf der Basis von Zwölftonreihen oder seriellen Tabellen, die auf die Gesamtheit der Parameter angewandt werden. Hier läßt sich zum Teil der Einfluß von Hermann Scherchen und der mit Maderna intensiv studierten franko-flämischen Meister erkennen. Diese melodischen oder rhythmischen Zellen leiten sich manchmal aus Volksliedern, Partisanenliedern oder Revolutionsgesängen ab, wie z. B. in *Polifonica-Monodia-Ritmica* (1951), *La Victoire de Guernica* (1954) und *Epitaffio a Federico García Lorca* (1951–53). Die Bezugnahme erscheint nicht als solche, bestimmt aber den musikalischen Aufbau. Dieses distanzierte Verhältnis zum reinen Serialismus der damaligen Zeit spiegelt sich auch in der Bedeutung wider, die N. dem Intervall beimißt, d. h. den expressiven und bedeutungstragenden Beziehungen zwischen den Klängen, hinter denen die Bedeutung der Tonhöhe als solcher zurücktritt (vgl. Texte, 200).

Infolgedessen wird die Form nicht als das verstanden, was sich »unmittelbar aus der Anlage der Reihen ableitet« (Boulez), sondern als das Herstellen von Beziehungen zwischen Ereignisschichten und unabhängigen Materialien. Die lyrische Qualität, die auf diesen Spannungen und formalen Berührungen basiert, vermeidet den statischen oder gar statistischen Charakter der seriellen Werke jener Zeit und überwindet dabei die Beziehungen von Ursache und Wirkung sowie die Linearität des traditionellen musikalischen Diskurses. Die Form ist nicht deduktiv, sondern analytisch; sie stellt einen bedeutungstragenden Prozeß dar. N. sucht nach einer Lösung, wie die Komplexität des Materials und die Vielfalt der Sinngebungen organisiert werden können, ohne daß durch vereinheitlichende Prinzipien reduziert oder auf ganzheitliche Prozesse zurückgegriffen wird. Deshalb entscheidet N. sich für Techniken der Montage, die dem konkreten Element seinen spezifischen Charakter bewahren, während es sich in eine beziehungsreiche Struktur einfügt. Die Beziehungen zwischen Text und Musik, durch die N. die »Verschmelzung des semantischen und des klanglichen Inhalts« anstrebt, sind das wichtigste Moment dieser Konzeption. In einer ganzen Reihe von Werken, welche die alte Form des Madrigals und der Kantate wiederbeleben (*Il canto sospeso, La terra e la compagna, Cori di Didone, Sarà dolce tacere, Ha venido*), verteilt N. die musikalischen Figuren auf die gesamte vokale Textur und sprengt die traditionelle Kontinuität des musikalischen Diskurses durch Brüche, Sprünge und Pausen, die in einen zeitlichen Raum eingebettet sind, der weder zentriert noch zentrifugal ist. Der Text, dessen phonetische Elemente musikalisch neu zusammengesetzt sind, verliert seine Oberflächenkohärenz; seine potentiellen Bedeutungen werden hierdurch ›übersetzt‹. Die ganzheitliche Wahrnehmung entsteht auf der Grundlage fragmentarischer ›Bilder‹. Die Beziehungen zwischen unterschiedlicher Dynamik und unterschiedlichen Tempi folgen demselben Prinzip und bilden eine oftmals autonome Schicht innerhalb der Komposition: In Werken wie *Composizione per orchestra n. 2: Diario polacco '58* (1958–59) oder *Canti di vita e d'amore: Sul ponte di Hiroshima* (»Gesänge von Leben und Liebe: Auf der Brücke von Hiroshima«; 1962) erscheinen sie extrem differenziert und übergangslos nebeneinandergestellt, wobei sie ständig wechselnde perspektivische Wirkungen hervorrufen. Die rhetorische, räumliche und zeitliche Diskontinuität der Musik N.s bringt die Konzeption eines kritischen Hörverhaltens, des Einnehmens einer bewußten Haltung durch das Hören mit sich. Der grundlegende Unterschied zwischen diesem musikalischen Denken und demjenigen, das in Darmstadt vorherrschte, kommt 1959 anläßlich eines von N. im Rahmen der Ferienkurse gehaltenen Vortrags deutlich zum Ausdruck. Dieser trägt bezeichnenderweise den Titel *Geschichte und Gegenwart in der Musik von heute* (Texte, 34 ff.). N. kritisiert heftig die Haltung einiger Komponisten, die unter dem Einfluß Cages unreflektiert vom seriellen Schematismus zum libertären Konzept der ›musikalischen Aleatorik‹ umgeschwenkt sind – besonders auf Stockhausen wird hier abgezielt! –, und prangert deren Vision von Musik, die sich von jedem historischen und kulturellen Kontext losgelöst habe, als Verzicht auf Verantwortung durch Flucht in den Automatismus und die Aleatorik an.

Dieser Bruch mit der Darmstädter Avantgarde schafft eine ›ideologische‹ Spaltung, die bis in die Kritik hineinreicht: Während Massimo Mila von »Nonos Weg« spricht – »für einmal dienen Erfindungskraft und Beherrschung der Technik der Übermittlung einer Botschaft« (Texte, 392) und werden nicht als Selbstzweck verstanden (Contrechamps, 65) – bringt Heinz-Klaus Metzger die Musik N.s in Verbindung mit den Imperativen des sozialistischen Realismus durch die Kommunistische Internationale (Magnum Nr. 30, 1960). *Intolleranza 1960* (Venedig 1961) provoziert bei der Uraufführung einen wahrhaften Skandal. In dieser »azione scenica« (N. vermeidet sorgsam den Begriff der Oper), die den Höhepunkt und die Überwindung seiner ersten Schaffensphase kennzeichnet, verbindet N. die individuelle und die kollektive Sphäre, das politische Bewußtsein und die Leidenschaftlichkeit der Liebe, die politische Realität Europas und die anti-imperialistischen Kämpfe in der Dritten Welt. Das Werk knüpft bei der Tradition der Simultaneität von Ereignissen im modernen Theater an (vor allem bei Schönbergs »Die glückliche Hand«, bei Vsevolod Mejerchol'd und Erwin Piscator) und bildet eine Synthese aus Ideen- und Kampftheater (Peter Weiss, Jean-Paul Sartre). Gegen die Vorstellung, das Opernheater sei tot (Boulez), intendiert N. ein politisches und poetisches Theater, das sich an den Maximen von Mejerchol'ds Theater orientiert. Nach dem Bruch mit der Ideologie der »Neuen Musik« und dem offiziellen Musikbetrieb, speziell dem deutschen, beginnt N. mit Formen der Intervention zu experimentieren, die sich manchmal in der Nähe des Agitprop bewegen, und sucht die unmittelbare Kommunikation mit einem neuen Publikum in den italienischen Fabriken und verschiedenen Ländern der Dritten Welt.

In seiner gesamten zweiten Schaffensperiode, die den Zeitraum der sechziger und der ersten Hälfte der siebziger Jahre umspannt, radikalisiert und erweitert sich seine Konzeption eines musikalischen und politischen Engagements noch: »Ich sah ein, daß der Kampf gegen Faschismus und Repression nicht nur eine Erinnerung war, sondern daß er weiterging, weitergehen mußte in der Dritten Welt, die nun mit Algerien in den Mittelpunkt gerückt war« (ebd., 201 f.). Während der gesamten sechziger Jahre versteht N. die Musik »als Funktion des historischen Klassenkampfes« (ebd., 142). Hier taucht die in den fünfziger Jahren geforderte Konzeption von »Musik-Leben (oder Leben-Musik: das ist das gleiche)« wieder auf (Contrechamps, 39). Jetzt allerdings wird sie bis zur äußersten Konsequenz getrieben. *A floresta é jovem e cheja de vida* (»Denn der Wald ist jung und voller Leben«; 1966) erarbeitet zusammen mit dem Living Theater, und *Siamo la gioventù del Vietnam* (»Wir sind die Jugend von Vietnam«; 1973) behandeln den Vietnamkrieg; *Contrappunto dialettico alla mente* (»Dialektischer Kontrapunkt aus dem Kopf«; 1968) schildert den Kampf der schwarzen Amerikaner durch die Figur von Malcolm X; *Y entonces comprendió* (»Und dann hat er verstanden«; 1969–70), *Voci destroying muros* (»Stimmen zerstören Mauern«; 1970), *Ein Gespenst geht um die Welt* (1971) und *Como una ola de fuerza y luz* (»Wie eine Woge aus Kraft und Licht«; 1971–72) setzen sich mit der Guerilla in Südamerika auseinander; *Non consumiamo Marx* basiert auf den Mai-Parolen von 1968.

Alle genannten Werke verwenden elektro-akustische Mittel, mit denen N. Anfang der sechziger Jahre begonnen hatte zu experimentieren. Das Interesse an diesem neuen Medium, verknüpft mit der fortgesetzten Suche nach einer neuen Vokalität, ist von seinen ästhetischen und politischen Auffassungen nicht zu trennen. Die elektronischen Mittel werden nicht durch die pseudowissenschaftliche Ideologie des Fortschritts als solche betrachtet, sondern als Möglichkeit, eine Umgestaltung der kompositorischen Ordnung herbeizuführen und von den traditionellen musikalischen Institutionen unabhängig zu bleiben. N. hält am qualitativen Aspekt und der inneren Struktur der Klänge, an der Arbeit mit mikrotonalen Skalen, an Dimensionen des Klangs, die ohne elektroakustische Mittel nicht wahrnehmbar sind, sowie an der Kombinatorik unabhängiger, ja heterogener musikalischer Schichten fest. Die Montagetechnik gewinnt nun durch die Arbeit im Studio und durch die latente oder manifeste Theatralisierung der meisten seiner Werke aus den sechziger Jahren eine neue Dimension. In *La fabbrica illuminata* (»Die erleuchtete Fabrik«; 1964) für Stimme und Tonband, ursprünglich für eine neue »azione scenica« vorgesehen, arbeitet N. mit verschiedenen Materialien – konkreter, elektronischer und vokaler Art – und mit verschiedenen politischen und poetischen Bedeutungsebenen. All seine Kompositionen dieser Zeit bewegen sich in dieselbe Richtung: Die Strukturierung des Materials ist immer aufs engste mit den formalen und expressiven Konzeptionen der Werke verknüpft.

So wie *Intolleranza* seine kompositorische Produktion der fünfziger Jahre zugleich zusammenfaßte und darüber hinausging, repräsentiert *Al gran sole carico d'amore* (»Der großen Sonne von Liebe erfüllt«; Mailand 1975)« – die zweite »azione scenica« – die Synthese seiner zweiten Schaffensperiode. Das Werk rückt zwei emblematische Frauenfiguren in den Vordergrund: Louise Michel und Gor'kijs »Mutter« vor dem Hintergrund der Pariser Kommune und der mißglückten russischen Revolution von 1905 (weibliche Protagonistinnen verbinden sich im gesamten Schaffen N.s nicht nur mit der Vorstellung der Natur, sondern auch mit dem Gedanken der Freiheit und Utopie). Die Konzentration von *Al gran sole carico d'amore* auf das Scheitern der beiden großen Arbeiterrevolten erscheint rückblickend wie das Zeichen einer grundsätzlichen Anzweiflung des Kampfkonzepts der Massen. Sie führt N. zu einer völligen Selbstinfragestellung, die dem Klima der Zeit nicht fremd war und sowohl die Art seines Engagements als auch die Konzeption seiner Musik berührt. Viele Jahre hindurch komponiert N. kaum.

Das Werk, mit dem er dieses Schweigen bricht, ist das Streichquartett »*Fragmente – Stille, An Diotima*« (1979–80). Es leitet seine dritte Schaffensperiode ein. Die Komposition provoziert eine Überfülle von Kommentaren aller Art, in denen sich die große Überraschung seiner Bewunderer wie auch seiner Gegner ausdrückt: Man spricht von einem Wendepunkt und davon, daß N. seinem früheren Engagement abschwöre. Das Bild des ›politischen‹ Komponisten verschwimmt im Lauf der achtziger Jahre, seine Musik verweigert Orientierung mangels vertrauter Bezugspunkte. Die individuellen oder kollektiven Figuren, die sich der Unterdrückung, der Verzweiflung und der Entfremdung widersetzen, haben sich in das Innere der rätselhaft angelegten Werke zurückgezogen, so wie die Figur Friedrich Hölderlins im Streichquartett oder die Walter Benjamins in *Prometeo*. Die gesamte dritte Schaffensperiode N.s vollzieht im Hinblick auf die zweite eine kritische Wandlung; sie entwickelt musikalische Gedanken und Fragen weiter, die sich in der ersten Phase gestellt hatten und nun in neuem Licht erscheinen. Unter dem Einfluß des italienischen Philosophen Massimo

Cacciari, der nun häufig die Textmontagen für N.s Kompositionen erstellt, ändern sich die literarischen, philosophischen und politischen Bezugspunkte: Es sind Anleihen bei den alten Griechen, bei Giordano Bruno (*Camminantes... Ajacucho*, 1986–87), Benjamin, Ludwig Wittgenstein, Rainer Maria Rilke, Franz Kafka (*Prometeo*), Edmond Jabès (*Découvrir la subversion*, 1987) u. a. An die Stelle herkömmlicher elektroakustischer Mittel tritt die Live-Elektronik und die Arbeit am Heinrich-Strobel-Studio des Südwestfunks in Freiburg im Breisgau, dessen Künstlerischer Direktor N. wird. Die Konzeption der Montage stützt sich auf eine Ästhetik des Fragments, auf eine Ausdehnung der Zeit und auf die konstante Interaktion von klanglichen Phänomenen und ihrer Entwicklung im Raum. Die Erfahrung der sechziger und siebziger Jahre, das Experimentieren mit elektroakustischen Mitteln, die Ausarbeitung von Werken auf der Grundlage von Improvisation, von Recherche und Konfrontation läßt N. die Bedeutung des musikalischen Satzes als solchen relativieren – eine Haltung, deren Prämissen sich bereits in den fünfziger Jahren erkennen lassen: »Ich habe mehrfach gesagt, daß ich nicht am Konzept des Satzes festhalte!« (Contrechamps, 19). Die Partitur enthält nicht mehr die grundlegenden und unantastbaren Charakteristika des Werks; diese sind vielmehr an dessen Realisation im Augenblick der Aufführung gebunden. Das Werk ist abhängig von den akustischen Bedingungen, von den Ausführenden und schließlich von der Wandlung selbst, die das Denken des Komponisten durchläuft (dies galt schon für eine Komposition wie *A floresta é jovem e cheja de vida*, die mangels Partitur nicht mehr aufgeführt werden kann). Die Gestalt von *Prometeo* hat sich auf diese Weise im Lauf der Jahre erheblich gewandelt: Mitte der siebziger Jahre konzipiert und neben Werken wie *Das atmende Klarsein* (1980–81) oder *Io, frammento dal Prometeo* (1980–81) skizziert, erhielt das Werk seine erste Fassung für die Aufführung 1984 in Venedig, dann eine völlig überarbeitete Fassung für seine »Wiederaufnahme« in Mailand 1985. In jeder Aufführung hat *Prometeo* wesentliche Änderungen erfahren. Da die musikalischen Phänomene nicht als ›abstrakte‹, sondern ›konkrete‹ Strukturen verstanden werden, hängt ihre Erscheinungsform von Kriterien ab, die nicht gänzlich in einer Partitur fixiert werden können. N. radikalisiert so seinen früheren Vorstoß. Schon 1961 hatte er einen Aufsatz mit den folgenden Worten beschlossen:

»Das entscheidende Bedürfnis: Kommunikation« (Texte, 67).

Vor diesem Hintergrund muß die Bedeutung hervorgehoben werden, die N. seit den achtziger Jahren einem neuen Konzept des Hörens beimißt (*Prometeo* trägt den Untertitel »Tragedia dell'ascolto«). Es geht weit über die traditionellen, dem musikalischen Satz unterworfenen Konzeptionen hinaus. Hören bedeutet, sich dem klanglichen Ereignis zu öffnen, so wie es erscheint, und so wie es das Unerhörte, das noch nicht Gehörte, das noch nicht Gedachte erscheinen läßt. Das von N. und Cacciari entworfene Konzept des Hörens steht dem von Benjamin definierten Konzept der Aura – der »einmaligen Erscheinung einer Ferne« – sehr nahe. Es impliziert die Umkehrung der traditionellen Dichotomie von Konzeption und Realisation, von Komposition und Interpretation. Daher beteiligt N. die Interpreten an den verschiedenen Stadien der Ausarbeitung seiner Werke und verlangt vom Publikum ein schöpferisches Hören. Es handelt sich dabei um einen ästhetischen und politischen Akt. Die Vorstellung der Utopie, die in seinen Werken mit der Erfahrung von Kampf und Niederlage verbunden ist, richtet sich nicht auf den idealistischen Horizont einer vollkommen befreiten Musik als Symbol einer befreiten Gesellschaft, sie richtet sich auch nicht auf eine letztendlich wiedergefundene Identität von Idee und Wahrnehmung, sondern sie hält fest an jener Spannung zwischen der Musik, so wie sie konkret erscheint, den Widerständen, die sie hervorruft, den Perspektiven, die sie eröffnet. Und inmitten dieser Spannung setzt sowohl der Hörer als auch der Interpret die verworrene, irrationale und unfaßliche Welt seiner Gefühle in Beziehung zum Versuch des Bewußtwerdens und der kritischen Reflexion – die conditio sine qua non seiner Freiheit; das Werk zwingt ihm keine Vision auf und er selbst reduziert es nicht auf seine Normen. Diese Beziehungen, die in den letzten Werken N.s intensiviert werden und wie unendliche ›geologische‹ Schichten eingelagert erscheinen, die man zu erkennen, dann zu durchwandern und zu verstehen versucht – das Wort »infinito« taucht mehrfach im Titel der letzten Werke auf –, bilden Resonanzen, die das Werk als solches bestimmen und mehr oder weniger bewußt vom Hörer verinnerlicht werden.

Es besteht eine enge Verbindung zwischen der Konzeption der Resonanz und der Montage; in beiden ist die Herstellung von Beziehungen zwischen den autonomen und den bedeutungstragenden Elementen nicht dem Prinzip der Hierarchie oder der Imitation unterworfen: Die klangliche Struktur entspricht nicht der außermusikalischen Bedeutung (und umgekehrt). Die Verbindung gestaltet sich wesentlich komplexer: Es ist keine Ordnung abstrakter Strukturierung oder logischer Konstruktion, sondern einer erlebten Beziehung. Der Hörer ist aufgerufen, diese Beziehung, der er seine eigenen Resonanzen hinzufügt, zu erleben, und nicht, sie einer nachträglichen verstandesmäßigen Ergründung zu unterziehen. In diesem Sinne erfüllen im Streichquartett die im Inneren der Partitur eingebetteten poetischen Fragmente Hölderlins, die Beschwörung Madernas durch ein Ockeghem-Zitat oder – auf einer tieferen Ebene – die Verbindung zwischen Hölderlin und der französischen Revolution, zwischen Maderna und Hyperion, zwischen N. und der Politik. ihre Funktion. Der Begriff der Resonanz bezeichnet einen wesentlichen Bereich der musikalischen Sensibilität N.s: Hier läßt sich der Einfluß des akustischen Raums seiner Heimatstadt Venedig mit seinen durchs Wasser reflektierten und modifizierten Klängen erkennen. Schon seine Werke der fünfziger Jahre zeugen von einer solchen Suche (z. B. die Resonanzwirkungen zwischen Klängen, Geräuschen und Pausen zu Beginn von *Polifonica-Monodia-Ritmica*). Die Nicht-Festlegung der Werke, die in ihrem Wesen begründete Unvollendetheit, die Geringschätzung ihrer Fortdauer, die Empfehlung gar, sie weiterhin entsprechend den Anforderungen der Gegenwart zu verändern, spiegeln sich wider in der Art und Weise, wie man sich ihnen nähert: Man wird nie aufhören, in ihnen neue Schichten, neue Beziehungen, neue Perspektiven zu entdecken. Unter diesem Aspekt ist die fragile, weil in hohem Maße von den Übermittelnden abhängige Musik N.s wirklich lebendig und anregend: Sie bezieht uns ein in ihr ›Wesen‹ selbst – wir müssen in die Resonanz des Klangs ›eintreten‹ – wie auch in den ihm eigenen Entwicklungsprozeß, dessen ›Geschichte‹ wir neu durchleben müssen. N.s Musik sucht, wie Benjamin es mit Blick auf die Vergangenheit ausgedrückt hat, »der Sonne sich zuzuwenden, die am Himmel der Geschichte im Aufgehen ist«.

Noten: Ars viva (Mainz); Schott (Mainz); Ricordi (Mailand).

Dokumente: L. N., Texte, Studien zu seiner Musik, hrsg. von J. STENZL, Zürich und Freiburg 1975, Zürich ²1987 [mit WV und Bibl.]. Scritti e colloqui di L. N., hrsg. von A. DE BENEDICTIS und V. RIZZARDI, Mailand 2000. Carla Carissima. Carla Henius und L. N. Briefe, Tagebücher, Notizen, hrsg. von C. HENIUS, Hbg. 1995. La lotta »con le armi dell'arte«: Erwin Piscator e L. N. Riflessioni e documenti, hrsg. von A. DE BENEDICTIS *in* Musica/Realtà 20 (1999), 189–205 und 21 (2000) [in collaborazione con UTE SCHOMERUS]. CL. MAURER-ZENCK, »La di Ella inaudita finezza«. Zur Entstehung der »Varianti«. Briefwechsel L. N. – Rudolf Kolisch 1954–1957/58 *in* Schoenberg & N. A birthday Offering to Nuria, Florenz 2002, 267–315.

Periodica: Archivio L. N.: Studi, Venedig 1998 ff.

Literatur: MILA, M.: La linea N., *in* Rassegna Musicale 30 (1960), 297–311. STENZL, J.: L. N. und C. Pavese *in* Über Musik und Sprache hrsg. von R. STEPHAN, Mainz 1974, 93–119 (Veröff. des Instituts für Neue Musik und Musikerziehung 14). L. N., Mn. 1981 (MK 20). SPANGEMACHER, FR.: L. N. Die elektronische Musik, Regensburg 1983. L. N., hrsg. von Ph. ALBÈRA, Paris 1987 (Contrechamps 1). N., hrsg. von E. RESTAGNO, Turin 1987. Die Musik L. N.s, hrsg. von O. KOLLERITSCH, Graz 1991. SPREE, H.: Fragmente – Stille, An Diotima. Analytischer Versuch zu L. N.s Streichquartett, Saarbrücken 1992. TAIBON, M.: L. N. und sein Musiktheater, Wien 1993. MOTZ, W.: Konstruktion und Ausdruck. Analytische Betrachtungen zu Il Canto sospeso (1955/56) von L. N., Saarbrücken 1996. JESCHKE, L.: Prometeo. Geschichtskonzeptionen in L. N.s Hörtragödie, Stg. 1997. SCHALLER, E.: Klang und Zahl. L. N. Serielles Komponieren zwischen 1955 und 1959, Saarbrücken 1997. DREES, ST.: Architektur und Fragment. Studien zu späten Kompositionen L. N.s, Saarbrücken 1998. STENZL, J.: L. N., Reinbek bei Hbg. 1998. L. N. Aufbruch in Grenzbereiche, hrsg. von TH. SCHÄFER, Saarbrücken 1999. BREUNING, F.: L. N.s Vertonungen von Texten Cesare Paveses. Zur Umsetzung von Literatur und Sprache in der politisch intendierten Komposition, Münster 1999. KONTARSKY, M.: Trauma Auschwitz. Zu Verarbeitungen des Nichtverarbeitbaren bei Peter Weiss, L. N. und Paul Dessau, Saarbrücken 2001. MELKERT, H.: Far silenzio cristallo. L. N. Chorkompositionen aus »Prometeo«, Saarbrücken 2001.

Philippe Albèra

Nyman, Michael
Geb. 23. 3. 1944 in London

Als Grenzgänger zwischen ernster und populärer Musik integriert N. Elemente verschiedenster Musikarten in eigenen Werken: Einerseits dienen N. Idiome der Popmusik und der Folklore als Reservoir für Harmoniefolgen und melodische Wendungen. Zum anderen beziehen sich N.s

Kompositionen häufig auf Musik der Vergangenheit, indem er Anleihen an Kadenzmodellen u. a. von Händel, Vivaldi oder Mozart macht. Die – mitunter ironisierende – Verwendung älterer und folkloristischer Musik resultiert aus seiner Zeit als Musikologe, als er kritische Ausgaben von Händel und Purcell edierte (1965–68) und sich darüber hinaus insbesondere der rumänischen Folklore zuwandte.

Alle drei Elemente – Popmusik, alte Musik und Folklore – verbindet N. mit Kompositionstechniken (z. B. Phasenverschiebung, repetierte Akkordbrechungen), die er bei den amerikanischen Minimalisten (→ Riley, Reich und Glass) kennengelernt hatte, und amalgamiert daraus einen eigenen Sound. N. beschäftigte sich seit den späten sechziger Jahren mit jenen Komponisten, für die er selbst in einer Rezension (The Spectator; 1968) den Begriff des »Minimalismus« geprägt hat. Seine Schrift *Experimental Music – Cage an beyond* (1974; 1999) ist bis heute ein wesentlicher analytischer Beitrag zu den frühen Vertretern der amerikanischen Minimal Music.

Ähnlich wie Glass, gründete auch N. sein eigenes Ensemble (1976, zunächst Campiello-Band, später M. N.-Band), mit dem er seit 1978 weltweit auf Tournee ist. Neben der eigentümlichen Besetzung der Band – bestehend aus Streichern, drei Saxophonen, Baßposaune, Baßgitarre und Klavier – machen die Verstärkung und die in großer Nähe aufgenommenen Instrumente den unverkennbaren ›poppigen‹ Klang der M. N.-Band aus, für die er zahlreiche Werke komponierte. Dazu zählt z. B. das auf den ersten 16 Takten der Registerarie aus Mozarts »Don Giovanni« basierende Stück *In Re Don Giovanni* (1977): Während dort die wörtlich übernommene Grundkadenz mehrfach wiederholt und durch Schlaginstrumente verstärkt wird, schafft er in seinem Violin-solo-Stück *Zoo Caprices* (1986) durch Anleihen an Melodie- und Harmoniefloskeln lediglich Assoziationen an alte Musik (z. B. an Vivaldi im ersten Satz). Ungenierte Anleihen macht N. selbst bei Komponisten wie Webern, dessen »Fünf Orchesterstücke« op. 10 u. a. als Grundlage für N.s *Five Orchestral Pieces Opus Tree* (1979) bilden, die der Regisseur Peter Greenaway für den Film »The Tree« verwandt hat.

Typisch für N.s Stil sind seine vier Streichquartette: Während das *Erste Streichquartett* (1985) Zitate von Bull bis Schönberg benutzt und die verschiedenen Musikarten zu vereinen sucht, sich das kompositorische Vokabular des *Zweiten* (1988) und *Dritten* (1990) *Streichquartetts* aus Tanzrhythmen des Baratha natyam, bzw. aus rumänischen Volksliedern nährt, verarbeitet N. in seinem *Vierten Streichquartett* (1994–95) schottische Weisen. Ähnlich verfährt N. in seiner erfolgreichsten Musik, dem Soundtrack zu *The Piano* (1991), der auch in einer Fassung für Klavier und Orchester (1992) vorliegt.

Neben zahlreichen Filmmusiken (darunter allein elf Partituren für Peter Greenaway) wandte sich N. ab den achtziger Jahren auch dem Musiktheater zu (u. a. mit *The man who Mistook his Wife for a Hat* (Christopher Rawlence; London 1986) und *Facing Goya* (Victoria Hardie; Santiago de Compostela 1996; rev. Karlsruhe 2002). Daß N. u. a. Musik für Computerspiele komponierte (*Enemy Zero*, 1996), zeigt einmal mehr seinen Wunsch, sich neuen und breitenwirksamen Medien zu öffnen.

Noten: Chester Music (Ldn.).
Dokumente: Minimal Music *in* The Spectator, 11. Okt. 1968. Experimental Music – Cage an beyond, Ldn. ²1999.
Literatur: HELDT, G.: Breaking the Sequence Down Beat by Beat: M. N.s Music for the Films of Peter Greenaway *in* Film- und Fernsehwissenschaftliches Kolloquium. Bln. 1989, Münster 1990, 177–188. SCHWARZ, K. R.: Minimalists, Ldn. 1996. LOVISA, F. R.: M. N. *in* Minimal-Music, Darmstadt 1996, 130–138. DAMBRICOURT, J.-P.: L'épuisement de la musique. La saturation des pseudo-universaux dans les œuvres de M. N. *in* Les universaux en musique, Paris 1998, 307–321.

Gordon Kampe

Obrecht, Jacob

Geb. 1457/8 in Gent; gest. 1505 in Ferrara

Musik und Mathematik – für das von Idealen der Romantik geprägte Musikverständnis ein offensichtlicher Gegensatz – stehen im mittelalterlichen Gedankengut, speziell im »Quadrivium«, in unmittelbarer Nachbarschaft. Der Glaube, daß der Kosmos nach Maß und Zahl geordnet ist, entspricht der Idee des durchorganisierten Kunstwerkes, das die Vollkommenheit der Schöpfung widerspiegelt – einer Idee, die sich im Schaffen von O. in höchster Vollendung wiederfindet.

O. zählt gemeinsam mit dem etwas älteren Ockeghem zu jenen wenigen Komponisten des franco-flämischen Kulturraumes, die sich dem Auswanderungsstrom ihrer Kollegen in das südliche Italien nicht angeschlossen haben. Seine vielgerühmte Leichtigkeit im Schaffen (O. soll, zeitgenössischen Berichten zufolge, eine Messe in einer einzigen Nacht komponiert haben) steht im krassen Gegensatz zu einem offenbar beschwerlichen Lebensweg: Seit 1476 als »Sangmeister« an der Kathedrale von Utrecht nachweisbar, sind seine immer nur kurzfristigen, häufig wechselnden Anstellungen in den kirchlichen Institutionen von Bergen-op-Zoom, in Cambrai, Brügge und Antwerpen oft mit Klagen der Behörden über Unregelmäßigkeiten im Dienst und mangelhafter Finanzverwaltung verbunden. Als Komponist war er jedoch bereits zu Lebzeiten hoch geschätzt. Zwei ruhmreiche Einladungen des Herzogs Ercole d'Este führten ihn für einige Monate nach Ferrara, wo er 1505 an der Pest starb.

Der Schwerpunkt von O.s Schaffen liegt eindeutig auf der zyklischen Vertonung des Meßordinariums. Die Messe war mit ihren fünf Sätzen damals bereits wesentlicher Bestandteil des zeitgenössischen Gattungsrepertoires und Träger unterschiedlicher Kompositionstendenzen. O. knüpfte in seinen Werken – in direkter Fortsetzung von Dufay und Antoine Busnoi – an eher konservative Satztechniken an, die an die isorhythmische Motette des 14. Jahrhunderts erinnern. Die Grundlage der Komposition bildet eine bereits bestehende, fremde Melodie. Diese liefert als »cantus prius factus« die intervallischen Bausteine des cantus firmus und wird üblicherweise in langen Notenwerten im Tenor zitiert. O. läßt im Umgang mit dem vorgegebenen Tonmaterial eine überaus große Erfindungsgabe erkennen. Seine Kreativität ist schier grenzenlos und geht so weit, daß der in seinen Kompositionen verarbeitete cantus firmus für Ohr und Auge kaum noch erkennbar ist. Neben den herkömmlichen, sprichwörtlichen ›Künsten der Niederländer‹ (Vergrößerung der Melodievorlage durch längere Notenwerte, Verdichtung, Krebsgang usw.) setzt O. auch durchaus ungewöhnliche Techniken ein. So etwa bringt er in einzelnen Sätzen der *Missa de tous bien pleine* zunächst alle Longa-Noten der bekannten Chansonmelodie, dann alle Brevis-Noten usw., also in im Notenwert abnehmender Reihenfolge. Eine andere, neuartige Form der Veränderung des Rohmaterials, die neue Perspektiven der musikalischen Verarbeitung eröffnet, erreichte O. durch die Zergliederung der Melodielinie in kurze Phrasen.

Diese können in ihrer natürlichen Reihenfolge gruppenweise die einzelnen Messensätze formen, ihre Ordnung kann aber auch beliebig verändert werden und in intrikater Weise den Gesamtbauplan des Werkes organisieren.

Spätestens hier wird die oben angesprochene Nähe zur scholastischen Mathematik erkennbar: strukturelles Denken erfordert einen Intellekt, der mit den Mitteln der Kombinatorik konstruktiv die Mikro- und Makrostruktur des Kunstwerkes formt. Hinzu kommen esoterische Zahlensymbolik, kabbalistische Berechnungen und Umsetzung von einzelnen Textwörtern in numerische Werte mit Hilfe des Zahlenalphabets. So etwa kann der Name des Komponisten eingewoben sein oder eine besonders symbolträchtige Zahl aufgefunden werden. Auf der Suche nach einer umfassenden »secret structure« eines Werkes (van Crevel, LV) wird von Analytikern alles nur Denkbare gezählt und kombiniert: die Anzahl der Takte, die Anzahl der Noten, der gleich hohen Töne, der gleich langen Töne, die Anzahl der Textwörter und -silben usw. – und das jeweils bezogen auf einen Abschnitt, einen Messensatz und auf die gesamte Messe! Daß man dabei leicht über das Ziel hinausschießt und Berechnung zum ästhetischen Selbstzweck wird, soll nicht verschwiegen werden.

In engem Zusammenhang mit dieser außerordentlich mathematischen Denkweise steht die Edition einzelner Messen in der alten Gesamtausgabe. Sie stellt eine neuartige, eigenwillige Transkriptionsmethode vor, die die mensural notierte Musik aus ihrem Selbstverständnis heraus präsentieren will und in der Fachliteratur heftige (meist negative) Kritik ausgelöst hat.

Zwei konkrete Beispiele, die im Zentrum der Diskussion standen, sollen das oben Gesagte illustrieren. In der *Missa Sub tuum praesidium* sind innere und äußere Struktur ineinander verschränkt. Zur äußeren zählt die stete Zunahme der Stimmenzahl, vom dreistimmigen Kyrie bis zum siebenstimmigen Agnus, zur inneren Struktur die Gesamtzahl der ›Takteinheiten‹, 888, als Symbol für Christus, sowie das in mehreren Ebenen auftretende ideale Zahlenverhältnis des Goldenen Schnitts. Die Antiphon *Sub tuum praesidium* wird in allen Sätzen in traditioneller Weise je einmal durchgeführt, wobei jedoch nach und nach insgesamt sechs Choralmelodien hinzutreten. Der Höhepunkt dieser Kombinationstechnik findet sich im Agnus III: hier erklingen vier cantus firmi gleichzeitig.

Die *Missa Maria zart* ist ein Beispiel für die zergliederte Zitierweise eines cantus firmus, der aus einem damals sehr populären deutschsprachigen Marienlied besteht. Die zwölf Segmente sind nicht nur symmetrisch angeordnet, sondern erklingen in unterschiedlicher Kombination in mehreren Stimmen gleichzeitig. Dadurch wird eine weitreichende architektonische Struktur erreicht, die – angeregt von handschriftlichen Marginalien in der einzigen erhaltenen Quelle, einem frühen Basler Notendruck – in Kalkulationstabellen umgesetzt werden kann. Der Marienzahl 7 kommt demnach besondere Bedeutung zu.

Einen völlig anderen Aspekt des O.schen Personalstiles stellt seine Fähigkeit dar, andere Komponisten in ihrer spezifischen Satzweise zu imitieren. O. bewerkstelligt diese bewußte Nachahmung zum einen durch die Wahl bekannter Chansonmelodien als cantus firmus (ein Extremfall ist die *Missa diversorum tenorum*, in der O. Melodien von Dufay, Busnois, Ockeghem und anderen kombiniert) oder in der wörtlichen Übernahme einer untergeordneten Stimme einer Fremdkomposition; zum anderen kann der gesamte Satz im Stil eines anderen Komponisten angelegt sein, so etwa, wenn sich O. in der *Missa Salve diva parens* in Textausdeutung und Motivbehandlung ganz offenbar an Josquin orientiert.

Diese besondere Fertigkeit läßt O. als extrem flexiblen Komponisten erscheinen, sie erschwert aber auch die ohnehin problematische Identifizierung eines authentischen Werkbestandes: den 28 vollständigen Messen stehen etwa jeweils gleichviele Motetten und weltliche Kompositionen (viele in flämischer Sprache) gegenüber. Die *Passio Domini nostri Jesu Christi*, eine der ersten Passionsvertonungen, muß nach neueren Forschungsergebnissen von der Werkliste gestrichen werden.

Noten: O. Opera omnia. Editio altera, hrsg. von A. Smijers und M. van Crevel, Amsterdam 1953 ff. [darin van Crevel, M.: Einleitung zu Bd. 7, »Missa Maria zart«, Amsterdam 1964, VII- CXLVI]. New O. Edition, hrsg. von Chr. Maas, Utrecht 1983 ff.

Bibliographie: J. Ockeghem and J. O. A Guide to Research, hrsg. von M. Picker, N. Y. 1988.

Literatur: Staehelin, M.: ›Obrechtiana‹ *in* TVNM 25 (1975), 1–37. Bloxam, M. J.: Sacred Polyphony and Local Traditions of Liturgy and Plainsong. Reflections on Music by J.O. in Plainsong in the Age of Polyphony, hrsg. von T. F. Kelly, Cambridge 1992, 140–177. Wegman, R. C.: Born for the Muses. The Life and Masses of J. O., Oxford 1994.

Andrea Lindmayr-Brandl

Ockeghem, Johannes

Geb. um 1410 in Saint Ghislain bei Mons; gest. 6. 2. 1497 wahrscheinlich in Tours

Bei O.s Tod wurde von Guillaume Crétin beklagt, daß eine derartige Persönlichkeit vor Erreichen des hundertsten Lebensjahres sterben müsse. Daraus läßt sich schließen, daß O. im ersten Jahrzehnt des 15. Jahrhunderts geboren sein muß. Der erste archivarische Nachweis stammt aus dem Jahr 1443, als er als einer der »vicaires chanteurs« von Notre Dame in Antwerpen genannt wird. Indirekte Quellen lassen die Vermutung zu, er könnte früher im Kreis der Komponisten Binchois und Antoine Busnois am Burgundischen Hofe tätig gewesen sein. 1446–48 war O. im Dienst des Duc Charles I. von Bourbon in Moulin, von 1452 an stand er, großzügig bezahlt, im Dienst der französischen Könige (Charles VII. bis 1461, dann Louis XI.). Bereits 1459 wird ihm das Amt des Schatzmeisters von Saint Martin in Tours übertragen, 1463 wurde er Kanoniker von Notre Dame de Paris. Sein hohes Ansehen ist auch durch ihm übertragene diplomatische Missionen, darunter 1470 eine Spanienreise, bezeugt. 1462 und 1464, vielleicht auch 1468 weilte er im Hause von Dufay in Cambrai.

O. wurde zu Lebzeiten hoch gelobt, bei seinem Tode – auch musikalisch (→ Josquin) – beklagt und im 16. Jahrhundert von mehreren Theoretikern als überragender Meister des Kontrapunkts und des Kanons zitiert. Gleichwohl war O. neben Willaert der letzte der ›alten Niederländer‹, welchem die Musikgeschichte im 20. Jahrhundert Gerechtigkeit widerfahren ließ. Das ist wesentlich auch auf ein – angesichts des von O. erreichten biblischen Alters – schmales überliefertes Schaffen zurückzuführen. (Wahrscheinlich sind französische Quellen während der Revolutionszeit zerstört worden.) Bekannt sind zehn vollständige und drei unvollständige drei- bis fünfstimmige Meßzyklen, ein Credo und ein Requiem und die Titel von vier nicht erhaltenen Messen. Von den 130 zugeschriebenen Motetten sind (nach Lindmayr) wohl bloß fünf mit einiger Sicherheit authentisch; der häufig genannte 36stimmige Kanon *Deo gratias* gehört nicht dazu. Das weltliche Schaffen umfaßt 19 drei- und zwei vierstimmige Chansons. Vom geistlichen Schaffen sind zwölf Messen, das Requiem und zwei Motetten in einem prächtigen, um 1500 geschriebenen niederländischen Chorbuch, dem »Chigi-

Codex« in Rom, überliefert, während ein französischer Chansonnier aus der zweiten Hälfte des 15. Jahrhunderts (Dijon, Ms. 517) acht Chansons und die Liedmotette auf den Tod von Binchois (1460), *Mort tu as navré/Miserere*, enthält. Der Mangel an Quellen ist wohl auch auf die Tatsache zurückzuführen, daß O. als einziger ›Niederländer‹ offensichtlich nie in Italien lebte und seine Werke infolgedessen in den zahlreichen italienischen Quellen schlecht vertreten sind.

Daß im 15. Jahrhundert neben O. kein zweiter Komponist mit vergleichbarer Freiheit die Kompositionstechniken eingesetzt und mit schöpferischer Kreativität die feststehenden Gattungen von Messe, Motette und Chanson behandelt habe, ist eine Einsicht aus der allerjüngsten Zeit. Vorher galt O.s Musik als Inbegriff der ›Künste der alten Niederländer‹; seit dem 16. Jahrhundert wurde dies an der *Missa prolationum*, der *Missa cuiusvis toni* und der kanonischen Chanson *Prenez sur moi vostre exemple* demonstriert. Nicht bloß im 19. Jahrhundert galt derartige Kunst als Künstlichkeit und O.s Kanonkunst als eine »Verirrung ins Abstruse«, die »Mangel an Melodie, Unsangbarkeit, Ausdruckslosigkeit« nicht verdecken konnten. Daß es unter anderen 1947 und 1953 der Komponist Krenek war, der sich O. zuwandte, zeigt, daß erst Musik wie das Spätwerk Weberns neue Blicke auf O. eröffnete. Die ›Erfindungen‹, die O. früher zugeschrieben wurden, der Kanon und der durchimitierende Vokalsatz, beruhen auf Unkenntnis der Musik O.s und seiner Zeitgenossen.

Im Mittelpunkt des überlieferten Schaffens stehen die je zwei drei- und fünfstimmigen und die neun vierstimmigen Meßzyklen. Dem Versuch, in den beiden cantus-firmus-freien dreistimmigen Messen frühere Werke zu sehen, steht ihre unterschiedliche Anlage und Satztechnik entgegen. Die *Missa Caput* ist, bis hin zu den Proportionen ihrer Teile, eine ›Antwort‹ auf die Messe über denselben cantus firmus aus der Mitte des 15. Jahrhunderts, die schon zu O.s Lebzeiten Dufay fälschlich zugeschrieben wurde. Die *Missa De plus en plus* verwendet den Tenor einer Chanson von Binchois; sie ist eine Hommage an Binchois (Henze), vielleicht anläßlich seines Todes 1460 geschrieben wie die bereits erwähnte Liedmotette *Mort, tu as navré*. Dies wiederum könnte vermuten lassen, daß Binchois O.s Lehrer gewesen sei. Um diese Ehrung zu errichten, bearbeitete O. die sechsgliedrige Melodie von Binchois mittels einer Wiederholung dergestalt, daß sie siebenteilig wurde und führte sie siebenmal durch. Die Gesamtdauer der Messe entspricht Siebenerpotenzen der Anzahl Semibrevispausen und Semibrevisnoten (1029 + 1029 = $6 \times 7 \times 7 \times 7$) in der Tenorstimme. Die Erweiterung der sechsteiligen Melodievorlage zur Siebenteiligkeit ist ihrerseits auf Binchois Namen zurückführbar (»Egidius / de Binche« entspricht zahlensymbolisch 72 + 49, Mehrfachen von 6 und 7: $6 \times 6 \times 2$ und 7×7). Die *Missa L'homme armé* könnte mit dem Tode des »homme armé« Karl des Kühnen (1477), des Feindes von O.s Brotherrn Louis XI., zusammenhängen, da in deren Konstruktion die Zahl 77 bedeutungsvoll ist (770 Pausen und 770 Noten).

Entscheidend bei derartigen Analysen von O.s Musik ist die Einsicht, daß der Komponist eine Messe als ein kohärentes, durchstrukturiertes Ganzes realisierte und bei dessen Gestaltung nichts dem Zufall überließ. O. richtet die präexistente gregorianische oder profane Melodievorlage nach denselben Prinzipien als cantus firmus her, welche den Bau der ganzen Messe bestimmen. Dabei kam dem Verhältnis zwischen Pausenzahl, Notenzahl und deren Summe eine besondere Bedeutung zu. Die in den Cantus-firmus-Messen zur Anwendung gelangten Kompositionsprinzipien hat O. ganz offensichtlich auch auf jene Messen angewandt, welche nicht auf präexistentem Material beruhen. Diese zählen zu seinen berühmtesten: die *Missa cuiusvis toni*, die *Missa prolationum* und die *Missa Mi mi*. O. hat seine *Missa cuiusvis toni* (seine mit Abstand kürzeste Messe) ohne Schlüssel notiert, so daß sie in jedem Modus gesungen werden kann. Das Besondere besteht nicht darin, daß der Tenor den authentischen und der Bassus den plagalen Modus aufweist, sondern daß die Gesamtzahl der Noten und der Pausen des Tenors der ganzen Messe mit jener des Bassus übereinstimmt, daß ein und dasselbe Ordnungsprinzip sowohl die tonale Disposition wie die der Dauern bestimmt.

Die *Missa prolationum* ist auch innerhalb dessen, was die ›Künste der Niederländer‹ auszeichnete, ein Ausnahmewerk: Nur zwei der vier Stimmen sind notiert; von ihnen werden die beiden anderen kanonischen Stimmen abgeleitet, wobei jede Stimme eine andere Mensur (›Taktart‹) aufweist. Doch damit nicht genug: Die Einsatzintervalle der Kanons vergrößern sich im Laufe des Werkes sukzessive vom Einklang (im Kyrie) zur Oktave (im Osanna). Wer jedoch diese Messe hört, kann nicht erahnen, was an intrikater Kombinatorik in ihr steckt. Hier wurde die Idee der Kanonmesse in ein nicht mehr zu übertreffendes Extrem getrieben und gleichzeitig mit einem dynamischen Prinzip, jenem der sich vergrößernden Abstandsintervalle, zu einer unvergleichlichen Synthese vereint.

Ein völlig anderes Bild bietet die *Missa Mi mi*. Ihr Name rührt von einem zu Beginn eines jeden Satzes im Baß erscheinenden melodisch identischen Motiv e a e f e (im Credo e a e d c), das mit den zwei Tönen mi im hexachordum naturale und im hexachordum molle einsetzt. Dazu beginnt auch der Discantus mit dem mi = e. Diese vierstimmige Messe ist ›frei‹ komponiert und beruht auf keiner Cantus-firmus-Ordnung. Ihr Satz zeigt jene Merkmale, die generell als für O. charakteristisch angesehen werden: Von wenigen Pausen durchsetzt, kaum Imitationen und schon gar keine Durchimitation innerhalb der vier Stimmen. Das Resultat sei – mit Besselers Worten von 1931 – »zunächst und vor allem« eine Auflösung der nachdrücklichen Kadenzierungen »im Strom der Polyphonie«, so daß »die Melodik zu einem scheinbar regellosen, aber äußerst beweglichen und durchgeistigten Linienspiel ausziseliert« werde. »Als Grundzug der Ockeghemschen Kultmusik tritt die Abneigung gegen das konstruktive Errechnen und gegen jede selbstherrlich-überlegene, rationale Formgebung allenthalben hervor«. Die »Freiheit des Ganzen, die Grenzenlosigkeit und Ausdrucksfülle des Linienspiels mit seinen ineinander verschwebenden Rhythmen« würden darauf hindeuten, »daß hier der Geist spätmittelalterlicher Mystik in die polyphone Kunst entscheidend eingedrungen« sei (Besseler, 238 f.). Besseler sprach auf den sich beständig transformierenden Klangfluß von Werken wie der – von ihm auch edierten – *Missa Mi mi* an und erkannte dann eine Gegenposition ebenso zu Dufays Tektonik wie zur Transparenz von Josquins Vokalsatz. Dieser Klangeindruck ist unbestreitbar – doch er ist bloß die hörbare Außenseite eines Ganzen, das von innen durch äußerste rationale Kontrolle gesteuert wird.

O.s weltliche Werke bewegen sich in den seit dem 14. Jahrhundert vorgegebenen formalen Rahmen der »formes fixes«, welche der Komponist nicht modifizierte, sondern mit höchster Kunst neu füllte. 16 seiner Chansons sind rondeaux, vier verkürzte virelais (bergerettes genannt). Mit zwei Ausnahmen sind sie alle dreistimmig. Zu diesen Ausnahmen zählt *Petite camusette/S'elle m'amera*: In diesem Rondeau singt die Oberstimme den zweiten Text, während alle drei Unterstimmen die Melodie eines weitverbreiteten Liedchens verarbeiten. Die Homogenisierung der dreistimmigen Textur erreicht O. auch mittels Kanon (in dem von Theoretikern oft zitierten *Prenez sur moi*) und Imitation (durchgehend im vierstimmigen *Je n'ai deuil* und in *D'un aultre la*). In den gesicherten Werken verwendet O. nur einmal die zu seiner Zeit fast nur noch für Gelegenheitswerke gebräuchliche dreistrophige Balladenform a a b, in der Liedmotette auf den Tod des Komponisten Binchois *Mort, tu as navré*; dieses eindrucksvolle Werk verarbeitet in den drei Unterstimmen die letzte Strophe des »Dies Irae« aus der Totenmesse.

Noten: Sämtliche Werke, hrsg. von Dr. Plamenac, 2 Bde., Lpz. 1927 und N. Y. 1947; rev. 1959 und 1966 (Messen), Bd. 3, hrsg. von R. Wexler ebd. 1992. J. O. Masses and Mass Sections, hrsg. von J. von Bentham, 1 ff., Utrecht 1994 ff.
Bibliographie: J. O. and Jacob Obrecht. A Guide to Research, hrsg. von M. Pikker, N.Y. 1988.
Literatur: Brenet, M.: [Pseudonym für Bobillier, A.-Chr.-M.]: J. de O. Maître de chapelle des rois Charles VII et Louis XI in Mémoires de la Société de l'Histoire de Paris et de l'Île-de-France 20 (1893); rev. in Ders.: Musique et musiciens de la vieille France, Paris 1911. Besseler, H.: Die Musik des Mittelalters und der Renaissance, Potsdam 1931. Henze, M.: Studien zu den Messenkompositionen J. O.s, Bln. 1968. Lindmayr, A.: Ein Rätseltenor O.s in Acta musicologica 60 (1988), 31–42. Dies.: Quellenstudien zu den Motetten von J.O., Laaber 1990. Goldberg, Cl.: Die Chansons J.O.s, Laaber 1992. Fitch, F.: J. O. Masses and Models, Paris 1997. J. O. Actes du 40 colloque intern. d'études humanistes, hrsg. von Ph. Vendrix, Paris 1998.

Jürg Stenzl

Œhring, Helmut
Geb. 16. 7. 1961 in Berlin

Œ.s Biographie ist, wie sein Lehrer Georg Katzer bemerkte, geradezu geschaffen für einen Kinofilm: Œ. lernte erst als 25jähriger die Notenschrift und übte verschiedenste Berufe – u. a. als Baufacharbeiter – aus, bevor er sich als Autodidakt dem Komponieren zuwandte. Prägend für Œ.s kompositorisches Schaffen blieb jedoch seine früheste Kindheit: Als Sohn gehörloser Eltern wurde Œ. erst im fünften Lebensjahr überhaupt mit Lautsprache konfrontiert und die Gebärdensprache so zu seiner eigentlichen Muttersprache. Seitdem ist für ihn, der nach eigenem Bekunden sogar in Gebärden träumt, das Sehen wichtiger als das Hören – trotz seines absoluten Gehörs.

Nach frühen Kammermusikwerken, noch mit Anklängen an traditionelle Formen, etwa dem *Ersten Streichquartett* (1987) oder den beiden *Trios* (für drei Flöten, bzw. für Violine, Gitarre und Kontrabaß; 1987) setzt eine Phase in Œ.s Werk ein, die sich mit medizinischen Phänomenen und Stadien des Sterbens auseinandersetzt, so z. B. eine mit *Koma* benannte Werkreihe. Dazu gehören Werktitel wie *Foxfire-Zwei – pancurominbromid* (für Bassethorn; 1993) – einem Gift, das zur Hinrichtung mittels Injektion in den USA verwendet wird. Es finden sich auch Titel, die sich auf Namen von Hinrichtungsmaschinenherstellern beziehen: so wurde die grelle und schroff pulsierende Kammermusik *Leuchter* (für Oboe, Cello und präpariertes Klavier; 1994) nach Fred Leuchter, dem Erfinder der Injektionsmaschine benannt.

Œ., der seine Musik als »dunkel, morbid, krank, schizoid, zerbrochen« beschreibt, verfolgt in diesen Werken den Ansatz, melodramatische ›Doku-Dramen‹ zu komponieren. In ihnen versucht Œ. Tatsachen und Ereignisse des alltäglichen gesellschaftlichen Lebens abzubilden. Dabei interessiert Œ. weniger das Erfinden von Musik als vielmehr die Transformation von Zuständen und Situationen in Musik. Die Idee des Darstellens und Dokumentierens kulminiert in dem Musiktheater-Werk *Dokumentaroper* für Stimmen, drei taubstumme Darsteller, Ensemble und Live-Elektronik (1994–95). Neben dem Idiom der Neuen Musik finden sich hier, wie in vielen anderen Werken, auch Anklänge populärer Musik. Die *Dokumentaroper* bildet einen Teil des zyklisch angelegten Werkes *Irrenoffensive* (1993–1996), mit dem zugleich eine neue Phase in Œ.s Schaffen begann, die besonders stark mit Œ.s Biographie verknüpft ist: die Integration von gehörlosen und taubstummen Interpreten und deren Sprache in die Musik. Probleme und Grenzen der Kommunikation, Schrift und Sprache gehören seitdem zu Œ.s zentralem Feld künstlerischer Auseinandersetzung. Neben der Gebärdensprache verwendet Œ. die verzerrt wirkende Lautsprache Gehörloser in seinen Werken und überträgt diese auch auf den Klang der Instrumente, die auf Grund von Verstimmungen und Präparationen wiederum Verzerrungen erfahren.

Seit 1995 wendet sich Œ. verstärkt der Komposition von Bühnenwerken zu: darunter die Tanzoper *Das D'Amato System* (1996), das musiktheatralische Psychogramm *Effi Briest* (2000) nach Theodor Fontane (einer der zahlreichen Gemeinschaftskompositionen mit Iris ter Schiphorst) sowie einem als ›Dramma in Musica‹ bezeichneten Musiktheaterstück *Furcht und Begierde* (2002). Allen Werken gemeinsam ist – und darin liegt H. Œ.s wohl interessanteste Neuerung – die Einbeziehung und minutiöse Notation von Gebärdensprache, wodurch die Musik eine visuelle Erweiterung erfährt.

Noten: Bote und Bock (Bln.).
Werkverzeichnis: H. Œ. Verz. der veröffentlichten Werke, Bln. 2003.
Literatur: NAUCK, G.: Zu den Grundlagen der Musik von H. Œ. in NZfM 159 (1998), 38–41. AMZOLL, ST.: Doku-Drama versus Kunst. H. Œ.s Kompositionswelt *in* Positionen 10 (1997), Heft 32, 12–15.

Gordon Kampe

Offenbach, Jacques

Geb. 20. 6. 1819 in Köln;
gest. 5. 10. 1880 in Paris

Es mag ein wenig übertrieben gewesen sein, als die Pariser Zeitung »L'Artiste« den jungen und geschätzten Salonvirtuosen einen »Liszt auf dem Violoncello« nannte. Seine frühen Cellokompositionen schreibt O. jedenfalls wie Paganini oder Liszt für das eigene Repertoire: eine Musik von ebenso tänzerischer Melodiosität wie von hohem artistischen Anspruch. Sie folgt der Vorliebe für die Salonballade und die Tanzmusik, die der Komponist durch die Tänze fremder Nationen bereichert: von der Valse bis zum Bolero, von der Tarantella bis zur Polka. Gleichsam als Vorübung seiner eigentlichen Profession entzünden sich dabei seine *Caprices, Fantaisies* oder *Rêveries* auf dem Cello an den Melodien berühmter Opernkomponisten wie Gretry, Mozart, Rossini, Bellini und Donizetti.

Nach vielen vergeblichen Versuchen, als Komponist an der Pariser Opéra-Comique zu reüssieren, erwarb er sich seit 1850 als Kapellmeister am Théâtre-Français, der ersten und bedeutendsten Sprechbühne von Paris, durch die Komposition von Gesangseinlagen und Zwischenaktmusik Bühnenpraxis. Mit der Gründung eines eigenen Theaters und Ensembles, des Théâtre des Bouffes-Parisiens (1855) schafft er sich das Forum für seine eigenen Bühnenwerke, die nun in ungeheuerer Schnelligkeit und Fülle entstehen. Paris wird für den gebürtigen Kölner zum Zentrum seines Schaffens, die Gesellschaft des Zweiten Kaiserreichs unter Louis Napoleon zur Zielscheibe seiner parodistischen und satirischen Kunst. Für das Repertoire seiner Bühne greift er zwar auch auf andere komische Opern zurück, doch bestimmen immer stärker die eigenen Kompositionen das Programm mit dem Ziel, sein Theater als »quatrième Théâtre lyrique« zu etablieren. Mehr als 100 Bühnenwerke schreibt er, dem Verlangen des Publikums nach ständigen Novitäten entsprechend, im Laufe seines Lebens; bis zum Mai 1857, dem ersten Londoner Gastspiel seines Ensembles, sind es bereits 19 Einakter.

O.s Versuch, das »genre primitif et vrai«, wie er es 1856 anläßlich der Ausschreibung eines Kompositionswettbewerbs für sein Theater formulierte, aus den Traditionen der französischen opéra comique des 18. Jahrhunderts wiederzubeleben, führte ihn zu einem ganz neuen Typus von Musiktheater. An seinen Gattungsbezeichnungen für die frühen Einakter lassen sich zwei Haupttypen von Werken unterscheiden: die Stücke pastoralen Charakters (wie *Le 66!*, 1856, oder *Le Manage aux lanternes*, 1857) in der Tradition von etwa Mozarts »Bastien und Bastienne« oder der französischen opéra comique eines Adolphe Adam. O. nennt sie schlicht »opérettes«, anfangs auch »Saynète«, oder spezifizierender etwa »légende bretonne« für *Le Violoneux* (1855) oder »conversation alsaçienne« für das Dialektstück *Lischen et Fritzchen* (Bad Ems 1863), Werke mit einem unverwechselbaren lyrisch-melancholischen, manchmal rührseligen Tonfall, der ohne Hintersinn die Idylle beschwört. Querstehend zur allgemeinen Musikentwicklung seiner Zeit ist dabei sein Sinn für ›klassische‹ Disziplin, d. h. für Sparsamkeit der kompositorischen Mittel (auch der Instrumentation) und für die Wahrung überschaubarer Formen, vom schlichten Lied über die Romanze zum strophischen Couplet. Zum anderen schreibt er einaktige groteske, parodistische Stücke, die er »Bouffonnerie musicale« oder »opérette-bouffe« nennt, wohl in Anspielung auf die Gattungsbezeichnung »opéra-bouffon« einiger komischer Opern von Gretry und Pierre-Alexandre Monsigny. Spezifisch sind ihre kräftige, manchmal derbe Komik, ihre bis zur Absurdität gesteigerten Texte, in denen sich bereits politische Anspielungen und sozialkritische Motive abzeichnen. In diesen Bouffonerien, auf deren Textgestalt O. stets Einfluß nahm, entfaltet sich eine weitgefächerte Palette von Parodie und Satire: in *Mesdames de la Halle* (1858) wird zum Beispiel städtisches Ambiente, die berühmten Pariser Markthallen, zugleich beschworen und verulkt, wenn etwa die waschecht proletarischen Marktfrauen mit Männern en Travestie besetzt sind; schwarzer Humor bestimmt das kannibalistische Stück *Vent du soir* (»Abendwind«; 1857), gleichsam eine Parabel auf doppelbödige Diplomatie; Spiel mit Exotismus und absurdem Theater stehen im Zentrum der »Chinoiserie musicale« *Ba-ta-clan* (1855) mit ihrem pseudochinesischen Kauderwelsch; *Geneviève de Brabant* (1859) ist eine mit Zweideutigkeiten und erotischen Anspielungen gewürzte Satire auf den Hofstaat; in *Monsieur Choufleuri restera chez lui le ...* (»Herr Blumenkohl gibt sich die Ehre am ...«; 1861) wird das Gebaren eines bürgerlichen Emporkömmlings ebenso aufs Korn genommen wie die große italienische Oper und ihr Belcanto im Stile Bellinis.

Immer wieder ist die ›hohe Kunst‹ der grand opéra, insbesondere die Meyerbeers, Ziel seiner parodistischen Attacken – vom freundlichen Erinnerungszitat einer Mélodie connue, die auf das déjà-vue einer Szene verweist, bis zur bissigen Demaskierung ›großer‹ theatralischer Momente (und Kulturwerte), in denen sich Spott und Ironie, aber auch O.s Zorn auf alles Heroische und Pathetische mischen. Witz und Komik entstehen durch die Verpflanzung großer dramatischer Momente in einen banalen Kontext; und meist ist es gerade O.s Musik, die diese Anspielungen in alle Richtungen auskostet und damit diesen Stücken ihren doppelten Boden verleiht: Von Seiten des Textes ist z. B. *Croquefer ou Le dernier des Paladins* (»Eisenfraß oder Der Letzte der Paladine«; 1857) vor allem voller bissiger Satire auf Militarismus und Heldenmut: Eine alte Fehde zweier schon sehr demontierter Kämpen droht ein mörderisches Ende zu nehmen, als mittels Abführmittel und mangels Munition ein überraschender Friede zustande kommt. Das große Duo (Nr. 3) im Mittelpunkt der Handlung ist von Zitaten diverser Komponisten überhäuft; ausgerechnet im Moment des Umschlagens zur ›glücklichen‹ Lösung erklingt (neben dem »Tu l'as dit« aus »Les Huguenots«) das »Grâce«-Motiv aus der hochberühmten Gnadenarie von Meyerbeers »Robert le diable«, das dort ebenfalls die Peripetie des Dramas auslöst. In *Croquefer* spielt O. wie in vielen Bouffonnerien mit diesen Wiedererkennungs- und Verfremdungsmomenten und durchleuchtet gleichsam einem opernerfahrenen Publikum auf musikalischem Wege die Mechanik des Theaters, ohne dabei die Illusion seines Spiels zu zerstören. Seine Einakter bleiben, unbeschadet dieser geistreichen, feinsinnigen Doppelbödigkeit, komische, unterhaltsame Stücke auch für ein breites, nicht bildungsbeflissenes Publikum.

Entsprechend der schrittweisen Erweiterung seiner Spielkonzession vergrößert O. den Anteil der Musik an den Stücken bis zum großen Ensemble mit Chor und Ballett, das er erstmals in *Mesdames de la Halle* einsetzen darf. Nun gelingt es ihm nicht nur, ausgedehnte Szenen unter einem vielschichtigen und komplexen musikalischen Gewand zu einer Einheit zu verschmelzen (wie im Finale der *Mesdames*), er findet auch zu einer immer prägnanteren Leichtigkeit der Schreibweise mit unerschöpflichem melodischem Erfindungsreichtum. Seine Melodien sind in kurzer Zeit in aller Munde und tragen ihm das Epitheton eines »Mozart der Champs-Elysées« ein.

Orphée aux enfers (»Orpheus in der Unterwelt«; 1858), sein erstes abendfüllendes Bühnenwerk, wird zum Urbild einer neuen Gattung. Die Musikgeschichtsschreibung setzt mit diesem Werk den Beginn der Gattung Operette. Nicht die Parodie der klassischen Orpheus-Sage ist neu, sondern die Stringenz ihrer Durchführung seitens der Autoren Hector Crémieux und Ludovic Halévy. Durch die pointierte Verkehrung des Mythos entsteht ein Stück, das mit außerordentlicher sozialkritischer Schärfe die Gesellschaft des 19. Jahrhunderts durchleuchtet, menschliche Eitelkeiten und Schwächen provozierend zur Schau stellt, gesellschaftliche Defekte gnadenlos durchschaut bis hin zur Bloßstellung der politisch Mächtigen, wenn etwa in der Gestalt des Jupiter auf die Amouren und das hohle imperatorische Gebaren des Kaisers Louis Napoleon angespielt wird. Die Musik karikiert hier vielfach den ohnehin auf den Kopf gestellten Mythos durch Überzeichnung, z. B. durch ein Zitat der »Marseillaise« beim Auftritt Jupiters. Sie ist streng in Nummern unterteilt mit sogenannten Auftritts-Couplets, in denen sich die Personen vorstellen, mit durchkomponierten Szenen und mit umfangreichen Finali als dramatischen Kulminationspunkten. *Orphée* ist ein stilistisch heterogenes Gebilde mit einer Musik von geradezu chamäleonartiger Wandlungsfähigkeit: von melodiöser Schlichtheit im »Chanson pastorale« des Aristée (»Moi, je suis Aristée«, einer ›falschen‹ Erkennungsmusik, denn Aristée ist der verkleidete Pluton) über die virtuos durchkomponierte Szene etwa von Eurydice/Orphée, in der der Musikschuldirektor Orphée seine Gattin mit seinem neuesten Violinkonzert foltert, und zwar in grotesker Verkehrung des mythischen Motivs der Furienbesänftigung, bis zum feurigen Galopp des »Partons« einer (auch im erotischen Sinne) erlebnishungrigen, höllensüchtigen Götterclique am Ende des zweiten Bilds.

Mit Henri Meilhac und Ludovic Halévy findet O. in den Jahren bis zum Deutsch-Französischen Krieg von 1870–71 das ideale Autorengespann. In Zusammenarbeit mit ihnen komponiert er zwischen 1864 und 1870 seine bedeutendsten und erfolgreichsten Werke, die sogenannten Offenbachiaden. Er selbst nennt sie nicht Operetten, sondern »opéra-bouffe« oder »opéra-bouffon« und akzentuiert damit ihren buffonesken, parodistischen Charakter: *La Belle Hélène* (»Die schöne Helena«; 1864) ist eine neuerliche Mythenparodie im Stil des *Orphée* mit einem schärferen Akzent auf der Zeitsatire; *Barbe-Bleue* (»Blaubart«; 1866) ist eine von schwarzem Humor durchzogene Parodie über die Mordlust eines liebesgierigen Potentaten; *La Vie parisienne* (»Das Pariser Leben«; 1866) karikiert die Parisbegeisterung ausländischer Touristen (einem erlebnishungrigen Ehepaar wird das ›wahre‹ Paris von Lebemännern und Schauspielern künstlich inszeniert); *La Grande-Duchesse de Gérolstein* (»Die Großherzogin von Gerolstein«; 1867) ist eine Satire auf den Militärstaat; *La Perichole* (1868) variiert das Thema einer Liebe, die an ›fehlendem Geld‹ unterzugehen droht; *Les Brigands* (»Die Banditen«; 1869) persifliert nicht nur die vielfach beschworene Räuberromantik, sondern nimmt auch die Polizei aufs Korn (die stiefeltrappelnd ständig zu spät am Schauplatz des Geschehens erscheint), ebenso die Reichen und Mächtigen, die sich als noch korrupter erweisen als die geradezu moralischen Banditen.

Unterbrechen die Couplets meist die Handlung, so gelingt in den Ensembles, etwa in dem zarten und rührenden Duett Paris/Hélène aus der *Belle Hélène*, auch die musikalische Entfaltung einer dramatischen Situation durch Steigerung des Gefühlsausdrucks oder durch eine detailgenaue musikalische Charakteristik. Beispielhaft mag dafür O.s Umgang mit der Koloratur sein: fungiert sie in *Croquefer* (Duo, Nr. 3) als Reminiszenz an die Gesangsartistik bei Meyerbeer, so bei Eurydice

(*Orphée aux enfers*) einmal als Notschrei einer ›musikgepeinigten‹ Gattin, ein andermal als Ausdruck des lüsternen Erschauerns bei den Annäherungsversuchen des Jupiter in Gestalt eines Brummers; in *Les Contes d'Hoffmann* (»Hoffmanns Erzählungen«; 1881) steht die Gesangsakrobatik der Olympia für die seelenlose maschinelle Mechanik der Figur. Eine Besonderheit der musikalischen Dramaturgie O.s findet sich bereits in *Les Deux Aveugles* (»Die beiden Blinden«; 1855). Mögen Zeitgenossen ihren Spaß daran gehabt haben, wie hier zwei ›Underdogs‹ einander auszustechen trachten und sich am Ende in einem gemeinsamen Bolero als Männer von Welt schätzen lernen, so erscheint heute ein solches Stück von überraschender Modernität, wie ein Endspiel oder ein Vorläufer von Becketts »Warten auf Godot«. Typisch aber ist hier wie für viele Werke O.s, daß musikalisch gleichsam die böse oder bittere Essenz des Textes hinweggespült oder aufgehoben wird in einem völlig ungetrübten, schlagkräftigen Tanz, hier einem Bolero. In *Orphée aux enfers* erscheint dann als Variation und Fortentwicklung dieses Prinzips ein kollektiver Cancan, Schlußstein und Kehraus eines vielteilig entwickelten Finales, das alle Momente des Überschwangs und des rauschhaften Hinwegfegens der Situation in sich vereinigt. Nicht zufällig wurde O.s Musik in ihrem rauschhaften Überschwang als Ausdruck des Amüsierbedürfnisses des Publikums gedeutet (Kracauer). Sie ist insofern auch eine ›Musik von unten‹, wenn sie den wilden, geradezu unanständigen und nicht salonfähigen Cancan gleichsam auf die Ebene der Kunstmusik erhebt. O.s Kunst befand sich deshalb stets im Zwiespalt einer Kritik, die das Rauschhafte, den Esprit und die Eleganz seiner Kunst rühmt, das Anrüchige moniert und insgeheim delektiert, das Respektlose der politischen Demaskierung und das Despektierliche im Umgang mit überkommenen Werten scharf rügt. Kritiker nannten *La Belle Hélène* eine Schändung der Antike. Gustave Flaubert schrieb nach dem *Roi Carotte* an George Sand, daß man sich nicht vorstellen könne, was für ein Stänker O. sei, und er hoffe, daß das Publikum den ganzen »Plunder« zu hassen beginne. Karl Kraus rühmte den »holden Irrsinn« vieler Stücke als das quasi höhere Maß ihrer Wahrhaftigkeit. Nicht immer gehen, wie in *Orphée*, Text und Musik in die gleiche Richtung der Manifestation des Rausches und des Amüsements: In *La Belle Hélène* wird beispielsweise die Herrschaft der Venus ganz direkt durch eine ausgelassene Tyrolienne mit Chor (»Il est gai, soyons gais, il le faut, je le veux!«) und das Brio des »Pars pour Cythère« beschworen, während der Text zu verstehen gibt, daß diese Fröhlichkeit eine befohlene ist, hinter der sich ahnungsvoll der Beginn des Trojanischen Kriegs abzeichnet, eine »von der Ahnung des Zusammenbruchs« begleitete Trunkenheit. Auch hier zeigt sich natürlich die »revolutionäre Funktion« dieser Operette, indem sie dem »Rauschzustand Düsterheit beimischt« (ebd.). Generell zeichnen sich die Texte der großen Offenbachiaden durch eine sozialkritische Schärfe und Satire aus, die im Verlaufe der Geschichte der Operette immer mehr aus dem Blickfeld gerät, ja geradezu in ihr Gegenteil, die Affirmation des Bestehenden, umgemünzt wird. O.s Musik hält gegen den Text jene Balance, die es wohl erst ermöglicht, daß dessen Kritik eben auch jene Mächtigen amüsiert, denen sie gilt.

Der Deutsch-Französische Krieg von 1870 bedeutete eine entscheidende Zäsur im Schaffen des Komponisten. Er selbst geriet wegen seiner deutschen Abstammung als »le grand responsable« ins Schußfeld einer nationalistischen Propaganda. Zumindest in *La Fille du tambour-major* (»Die Tochter des Tambour-Majors«; 1879) schürte er durchaus opportunistisch die patriotische Begeisterung, indem er ohne jede parodistische Distanz Méhuls Revolutionshymne von 1793, den »Chant du départ«, beim Einzug siegreicher französischer Truppen in Mailand zitiert. Das Konzept seiner Werke mußte sich grundlegend den Veränderungen der Gesellschaft nach 1870 anpassen: Ein angeschlagenes nationales Selbstbewußtsein verlangte nicht mehr nach Satire, sondern nach Selbstbestätigung und nach Prachtentfaltung. O. setzt deshalb in Anlehnung an die literarisch belanglosen, aber sehr erfolgreichen Wiener Feerien auf märchenhafte Ausstattungsstücke: Das erste, *Le Roi Carotte* (»König Karotte«; 1872), war noch 1869 von Victorien Sardou konzipiert als böse Persiflage auf den Kaiser, der in zahlreichen Karikaturen der Zeit als Karotte dargestellt ist. Es folgen die Feerie-Fassungen von *Orphée aux enfers* (1874) und *Geneviève de Brabant* (1875), dekorative Erweiterungen durch Streckung und Ausschmückung der Handlungen; die neukomponierten Musiknummern sind vornehmlich Ballett- und Chorszenen, die dem Bedürfnis nach szenischem Prunk und Luxus entgegenkommen.

Parallel zu den Feerien entsteht eine Gruppe klassischer, nicht parodistischer opéras comiques, in denen sozialkritische und parodistische Elemente fast fehlen, die Arbeiten ihre Doppelbödigkeit verlieren, dadurch aber auch harmlos und romantisierend erscheinen; *Robinson Crusoe* (1867), *Vert-Vert* (»Kakadu«; 1869) und *Fantasio* (1872) zeigen am deutlichsten die Entwicklung zu musikalischer Charakteristik und dramaturgischer Prägnanz, und weisen eine individuelle Differenzierung von Ensemblesätzen und die Ausprägung einer unverwechselbaren Offenbachschen Melodik auf, die sein Alterswerk *Les Contes d'Hoffmann* in besonderem Maße auszeichnet.

Les Contes d'Hoffmann ist neben Bizets »Carmen« die populärste französische Oper geworden. O. hat bei seinem Tod den vierten, den sogenannten Giulietta-Akt, und die Apotheose (fünfter Akt) als Torso hinterlassen; ausgehend von der Entscheidung des Bearbeiters Ernest Guiraud, der für die Uraufführung 1881 diesen vierten Akt strich, ist dieses Werk bis heute mit Nachkompositionen von fremder Hand und eigenmächtigen Umstellungen der fünf Akte, die Jules Barbiers großartiges dramatisches Konzept zerstören, aufgeführt worden. Diese aufgrund einer vertrackten Quellenlage bis heute nicht vollständig revidierten Eingriffe in das Werk sind bezeichnend für den generellen Umgang mit O.s Werken; nach wie vor regiert eine rigorose Freizügigkeit der Bearbeiter (in der Übersetzung der Texte, wie in beliebiger Uminstrumentierung der Musik), die sich einesteils aus Unkenntnis der Originale, anderenteils aus der Tradition der Operette ableitet, zudem mit dem fragwürdigen Argument, O. selbst habe seine Werke umgearbeitet: ein Einwand, der nur für wenige seiner großen Werke wie *Orphée aux enfers* oder *La Vie parisienne* zutrifft. Eine vor wenigen Jahren begonnene kritische Ausgabe könnte seine Werke für heutige Bühnen neu erschließen. Die sozialkritische Schärfe und Brisanz der Texte von Meilhac und Halévy haben im Bereich der Operette keine Nachfolge gefunden, ebensowenig wie O.s Musik, deren Spuren bisher nur in den frühen Wiener Operetten, insbesondere bei Franz von Suppé und dem frühen Johann Strauß nachgewiesen wurden.

Noten: Heugel; Brandus et Dufour; Choudens (alle Paris); Bote & Bock (Bln.); Schott (Mainz).
Dokumente: O. en Amérique. Notes d'un musicien en voyage, Paris 1877; dt. Bln. 1957. BRINDEJONT-OFFENBACH, J.: O., mon grand-père, Paris 1940; dt. Bln. 1957 [kommentierte Auswahl einiger Briefe O.s]. J.O. Schauplätze eines Musikerlebens. Ausstellungskat. des Historischen Museums der Stadt Köln zum 150. Geburtstag des Komponisten, Köln 1969.
Werkverzeichnis: O. Catalogue établi et rédigé par J.-C. YON, Paris 1996 (Les Dossiers du Musée d'Orsay 58). DE ALMEIDA, A.: Thematic catalogue of the works of J.O., Oxford [in Vorbereitung].
Bibliographie: Bibliotheca Offenbachiana J.O. (1819–1880). Eine systematisch-chronologische Bibl., bearb. von TH. SCHIPPERGES, CHR. DOHR und K. RÜLLKE, Köln-Rheinkassel 1998.
Literatur: HENSELER, A.: J.O., Bln. 1930. KRACAUER, S.: J.O. und das Paris seiner Zeit, 1937; Zürich 1962. KRAUS, K.: O.-Renaissance *in* Die Fackel 29 (1927), Nr. 757/758. O.-Zyklus und um O., ebd. 31 (1929), Nr. 811–819. PARIS, A.: J.O., Ldn. 1980; dt. Zürich 1982 [mit WV und Bibl.]. J.O. *in* MK 13 (1980). J.O. Hoffmanns Erzählungen. Konzeption, Rezeption, Dokumentation, hrsg. von G. BRANDSTETTER, Laaber 1988. O. und die Schauplätze seines Musiktheaters, hrsg. von R. FRANKE, Laaber 1999. YON, J.-C.: J.O., Paris 2000. HADLOCK, H.: Mad Loves. Women and Music in O.s »Les contes d'Hoffmann«, Princeton 2001.

Rainer Franke

Oliveros, Pauline
Geb. 30. 5. 1932 in Houston (Texas)

Von sich Reden gemacht hat O. – nicht zuletzt als eine der wichtigsten Frauen der »New Music« in Amerika – vor allem durch ihre Arbeit mit Improvisationen, die durch meditative Prozesse bestimmt sind. Komponistin wollte sie werden, um zu lernen, ihre Klangvorstellungen so zu fassen, daß sie als ›Werke‹ – durchaus im emphatischen Sinn des Wortes – aufgeführt und gehört werden können. In frühen Kompositionen wie *Variations for Sextet* (1960) erinnern chromatische Dreitongruppen und Kleinsekundspannungen an die Musiksprache Weberns, jedoch weniger in der Strukturbildung als in der Idiomatik. Die Suche nach Realisationsformen für ihre Klangvorstellungen führte O. bereits Anfang der sechziger Jahre über die Möglichkeiten traditionell notierter Instrumentalmusik hinaus. Das letzte traditionell notierte Werk ist *Trio* für Flöte, Klavier und Pageturner (1961), in dem O. mit Klangmixturen von Flöte und Klavier arbeitet mit dem Ziel, die Zuordnung der Klangfarben zu den Instrumenten durch getarnte Einsätze oder Figurationen und Obertonklänge zu verwischen. Die Übergänge von traditionell erzeugter zu elektronischer Musik sind unter dem Aspekt der Klangphantasie erstaunlich fließend: *Sound Patterns* (1961) für Chor kann geradezu als auskomponierte Vorwegnahme elektronischer Klangmöglichkeiten gehört werden. Zusammen mit Morton Subotnick und Ramón Sender gründete O. das San Francisco Tape Music Center, wo sie begann, mit den Möglichkeiten der elektronischen Technik zu experimentieren: etwa in *Bye Bye Butterfly* (1965) mit Collagen und Bandverzögerungstechniken, in *I of IV* (1966) mit Kombinationstönen. Gleichzeitig rückten in der Instrumentalmusik improvisatorische Aspekte und die Wechselwirkung zwischen Ausführenden und Publikum, also die Bedingungen der Aufführung in den Blick. Es entstanden Mixed-Media-Kompositionen und im weitesten Sinne theatralische Werke wie *Pieces of Eight* (Tucson, Arizona, 1965) oder *Theater Piece for Trombone Player* (San Francisco 1966). Damit hatten sich im Laufe der sechziger Jahre einige Schlüsselkriterien der kompositorischen Arbeit herauskristallisiert: Klangimagination, Improvisation und Theater, sowie ein Bewußtsein für die Interaktionen zwischen Werk, Aufführendem und Publikum. 1967 erhielt O. einen Ruf an die Universität von San Diego, um dort am Aufbau des Center of Music Experiment and Related Research mitzuwirken. Die Möglichkeiten dieses neuen Umfeldes empfand sie als Unterstützung der künstlerischen Arbeit, als Inspirationsquelle, als Fundus und Experimentierfeld für die Lösung der sich stellenden künstlerischen Fragen. Im Rahmen ihrer Unterrichtstätigkeit arbeitete O. Anfang der siebziger Jahre mit einer von ihr gegründeten Frauengruppe regelmäßig an Klangmeditationen, aus denen vor allem die *Sonic Meditations* (1971–73) hervorgingen. Die entscheidende Entdeckung dieser Arbeit war der Unterschied zwischen gerichteter und zielbewußter Konzentration, wie man sie in der Improvisation braucht, und dem unwillkürlichen Zulassen von Ereignissen, das durch Meditation erreicht werden kann: Der Gang der Improvisation wird durch meditative Prozesse bestimmt, das Freilegen der imaginierten Klänge zum Akt der Selbstbewußtwerdung. Ein Beispiel aus diesem Umfeld, von dem es auch Schallplatteneinspielungen unterschiedlicher Fassungen gibt, ist *Horse sings from cloud* (1977): »Halte einen oder mehrere Töne oder Klänge bis jeder Wunsch, diese zu wechseln, verschwunden ist. Wenn es keinen Wunsch nach Änderung mehr gibt, dann wechsle.« In den nun entstehenden Werken fiel die Grenze zwischen Ausführenden und Publikum, zwischen professionellem Musiker und Hörer. Alle Beteiligten wurden in das Geschehen im Sinne eines rituellen Zusammenhangs einbezogen, etwa in *Crow Two* (1974) oder *Rose Moon* (1977). Die Verbindung zur feministischen Diskussion und Theoriebildung in den Künsten wie auch zur Ethnopoetics-Bewegung in der Literatur in den siebziger Jahren ist deutlich. Nachdem O. sich zu Beginn der achtziger Jahre als freischaffende Komponistin von der festen Einbindung in eine Universität unabhängig gemacht hat, konzentriert sie sich wieder mehr auf die Arbeit mit professionellen Musikern. Dabei arbeitet sie mit vom Hören ausgehenden »attentional strategies« (Aufmerksamkeitsstrategien), die im Ineinandergreifen von im Werk Vorgegebenem, Improvisation und direkter Reaktion auf die entstehenden Situationen der Aufführung wirksam werden. War in den Werken der siebziger Jahre die Idee vorherrschend gewesen, alle Beteiligten, ob professionelle oder nicht professionelle, produktiv werden zu lassen, so wird nun der Vorgang des Hörens selbst als Strategie der Zusammenhangbildung ins Zentrum professionellen Musizierens gerückt. Ein Beispiel ist das Klaviertrio *Tree/Peace* (1984). Die Spielpartitur ist mit rhythmisch nicht festgelegten Tönen notiert; die Aufmerksamkeitsstrategien, die innerhalb des Werkes möglich, und die Signale, die zur Koordination der Spieler untereinander nötig sind, wurden genau festgelegt. »Deep Listening« ist so nicht nur der Name und das Konzept der Band, in der O. zusammen mit dem Posaunisten Stuart R. Dempster und dem mit experimentellen Vokaltechniken und Live-Elektronik arbeitenden Panaiotis (P. Ward) seit Mitte der achtziger Jahre ausgehend vom Konzept des »Deep Listening« experimentiert, es ist vielmehr der Schritt nach dem Experiment.

Traten in den 1980er Jahren die Bilder zurück und spielten für die Rezipienten gleichsam unsichtbar bei der Wahl des Materials und der Meditationsstrategien eine Rolle, rücken Mythen und Symbole in den 90er Jahren sichtbar und absichtsvoll auf die Bühne: Es entstehen in Zusammenarbeit mit der Autorin und Psychologin Ione (Carole Bovoso) angefangen mit *Njinga the Queen King: Return of a Warrior* (1993) große theatralische Projekte, in denen sie eine neue Funktion erhalten im Zusammenhang mit der Frage nach der künstlerischen Identität.

Noten: Deep Listening Publications (N.Y.); Smith (Baltimore).

Dokumente: Software for People, Baltimore 1984; Auszüge übers. von D. SCHMIDT *in* Info Frau & Musik 24 (1992), 4–9. Cues *in* MQ 77 (1993), 373–83. P.O. und Fr. Maus. A Conversation about Feminism and Music *in* Perspectives of New Music 32 (1994), 174–193. The Roots of the Moment, N.Y. 1998 [mit CD]. Space is the Place. Quantenimprovisation. Die Kybernetische Gegenwart *in* MusikTexte 80 (1999), 11–15.
Literatur: GUNDEN, H. VON: The Music of P.O., Metuchen (NJ) 1983. TAYLOR, Th. D.: The Gendered Construction of the Musical Self. The Music of P.O. *in* MQ 77 (1993), 385–396. TON, D.I.: P.O. über meditative Klänge, wilde Volksmusik und das Akkordeon als Atmungsorgan *in* NZfM 155 (1994) 32–3. GRONEMEYER, G.: »Never stop fighting«. »Njinga the Queen King« von Ione und P.O. in New York *in* MusikTexte 52 (1994), 68. SCHMIDT, D.: Experimentierfeld Universität. Über die kompositorische Bedeutung des akademischen Umfeldes im Werk von P.O. *in* Dissonanz 45 (1995), 18–22. Themenschwerpunk P.O. *in* MusikTexte 76/77 (1998), 3 f. und 82–104 [mit WV]. BRONNER, T.: »They could Have an Indian Soul«. »Crow Two« and the Process of Cultural Appropriation *in* Journal of Musicological Research 19 (2000), 243–263.

Dörte Schmidt

Orff, Carl

Geb. 10. 7. 1895 in München; gest. 29. 3. 1982 in München

O. gehört zu den umstrittenen Persönlichkeiten des Musiklebens im 20. Jahrhundert. Er wird von breiten Hörerschichten und von profunden Kennern der Musik- und Kulturszene hoch eingeschätzt; andere, durchaus ebenso gewichtige Stimmen aus Wissenschaft und Praxis dagegen lehnen sein Schaffen und Wirken in einem wesentlichen Teil grundsätzlich und dazu oft in polemischem Ton ab. Beide Seiten begründen dies mit einem jeweils eigenen Begriff und Verständnis von künstlerischer Qualität, die entscheidend von der je verschiedenen Auffassung geprägt sind, was modern und zeitgemäß ist bzw. sein soll. Tatsächlich hat O. kompositorisch spätestens seit den *Carmina burana* (Frankfurt am Main 1937) zu den Prinzipien seines Personalstils gefunden, denen er, trotz erheblicher Wandlungen, ohne Rücksicht auf musikalische Entwicklungen und Strömungen seiner Zeit treu geblieben ist. Seine tonal geprägte Musiksprache wurde deshalb dankbar von jenen akzeptiert und goutiert, die alle wichtigen Wege einer Neuen Musik im 20. Jahrhundert, die sich von Tonalem entfernten, unverständig ablehnten, was auf der anderen Seite die Gegner von O. auf besondere Weise verband. Heute, am Beginn des neuen Milleniums, in einer Zeit des stilistischen Pluralismus, die vielfach als postmodern gewertet wird, scheint eine neue Chance zu bestehen, dem nun abgeschlossen vorliegenden Schaffen O.s vorurteilsfreier zu begegnen und es in seiner Eigenart zu akzeptieren.

O. war eine Mehrfachbegabung und ist nur in der Summe seiner Interessen zu verstehen: als Komponist, als Musikpädagoge und als Dichter der meisten seiner Werke, der, zudem schauspielerisch begabt, seine Texte noch in hohem Alter öffentlich vortrug. Er entstammt einer musisch geprägten Münchner Offiziers- und Gelehrtenfamilie. Seine musikalischen Interessen, und dazu gehörten auch kompositorische Versuche, wurden von der Mutter, einer ausgebildeten Pianistin, bereits früh gefördert, ebenso sein schriftstellerisches Talent; aber erst ab 1911 erhielt er einen geregelten Theorieunterricht. Da lagen bereits zahlreiche Kompositionen, darunter die gezählten opp. 1–11, vor, und sein op. 12, *Eliland. Ein Sang vom Chiemsee*, erschien als erstes Werk im Druck. 1912 begann er, Komposition bei dem Rheinberger-Schüler Anton Beer-Walbrunn (1864–1929) an der Münchner Akademie der Tonkunst zu studieren. Privat erarbeitete er sich mit Begeisterung Schönbergs »Harmonielehre« (1911), von dessen »Kammersymphonie« op. 9 (1906) und den »Fünf Orchesterstücken« op. 16 (1909) er sich einen Klavierauszug erstellte, doch blieb der Einfluß Schönbergs gering. Stärker beeinflußten ihn damals R. Strauss und vor allem Debussy, dessen Musik ihn auch anregte, sich für fernöstliche Instrumente zu interessieren. 1917 war er Kapellmeister an den Münchner Kammerspielen, 1918 in Mannheim und Darmstadt, ab 1919 wirkte er endgültig in München, unterrichtete zunächst privat (z.B. Werner Egk, Karl Marx, Hans Ferdinand Redlich), nahm gleichzeitig aber noch selbst Unterricht bei Heinrich Kaminski.

Bei der Beurteilung des Komponisten O. wird vielfach übersehen, daß ein äußerst interessantes und vielfältiges Frühwerk existiert, das bisher kaum und wenn, dann erst in jüngerer Zeit stärker wahrgenommen wird. Es gibt entscheidende neue Einblicke in sein Kunstverständnis. Textgrundlagen von Bertolt Brecht, Friedrich Nietzsche, Maurice Maeterlinck und Franz Werfel für Lieder, Kantaten und Chorwerke und der Versuch eines Musikdramas auf ein japanisches Sujet zeigen das weitgespannte und zeitgemäße künstlerische Interesse einer noch ungezügelt kreativen Begabung. Daß diese frühen Kompositionen lange unbeachtet blieben, ist O. selbst anzulasten, da er sie zunächst zurückzog und sein eigentliches Werk erst mit den *Carmina burana* beginnen ließ.

Die Zeit zwischen 1919 bis zum Anfang der dreißiger Jahre war für die Entwicklung O.s ausschlaggebend. Er bezeichnete sie als seine »Lehrjahre bei den alten Meistern« (Dokumentation I, 69). Entscheidend war die Entdeckung Monteverdis, dessen Opern er an Autographen studierte und in Einrichtungen für die zeitgenössische Bühne 1925 in Karlsruhe aufführte: *Orpheus* (rev. München 1929 und Dresden 1940), *Tanz der Spröden* (rev. München 1931), *Klage der Ariadne* (rev. Gera 1940; alle drei Werke zusammengefaßt als *Lamenti. Trittico teatrale liberamente tratto da opere di Claudio Monteverdi*, Schwetzingen 1958).

1924 gründete er gemeinsam mit Dorothee Günther, die ihm bei der Übersetzung und Bearbeitung der Monteverdi-Libretti geholfen hatte, in München die Güntherschule für Gymnastik, Musik und Tanz, in der er seine Idee einer »Regeneration der Musik von der Bewegung, vom Tanz her« (Dokumentation III, 17) verwirklichen wollte; sie wurde am 25. Oktober 1944 durch den Gauleiter von München aufgelöst und am 7. Januar 1945 bei einem alliierten Luftangriff zerstört. Die hier neu entwickelte Einheit von Musik und Tanz wurde dann in Verbindung mit Sprache die Grundlage seines Musiktheaters. Aus den Experimenten und Erfahrungen des stets nach neuen und elementaren Prinzipien suchenden Unterrichts erwuchs das *Orff-Schulwerk* (ab 1931). Es ist das eigentliche Fundament seines Schaffens. An ihm hat Gunild Keetmann, ein »Naturtalent gleichermaßen für Bewegung und Musik« (ebd., 67), einen maßgeblichen schöpferischen Anteil. Dieses pädagogische Werk ist eine elementare Musiklehre, die an die Urkräfte und Urformen der Musik heranführen soll. Ein wesentliches Moment hierbei ist die eigenschöpferische Entfaltung; der kreativen Entdeckung der Klangwelt dienten auch unbekannte und neugebaute (vor allem Schlag-) Instrumente. Inzwischen international anerkannt, hat das *Schulwerk* auch in der Sozial- und Heilpädagogik erfolgreich Verwendung gefunden. Seit 1963 existiert ein O.-Institut am Salzburger Mozarteum, das sich auch diesem Aspekt widmet.

In den dreißiger Jahren beginnt O.s kompositorisches Hauptwerk mit den *Carmina burana*, einer faszinierenden, inzwischen weltberühmt gewordenen Musik, deren Erfolg bis in die Vermarktung für Werbespots reicht. Er konzentriert sich auf Kompositionen für die Bühne. Thematik und musikalische Gestaltung lassen deutlich die verschiedenen Entwicklungsstränge erkennen, die zum Teil ineinander verschränkt sind. Die Werke erwachsen zunächst unmittelbar aus Konzeptionen des *Schulwerkes*. O. komponiert Märchenstoffe – *Der Mond. Ein kleines Welttheater* (München 1939), *Die Kluge* (Frankfurt am Main 1943) – und bringt neue poetische Elemente in das Musiktheater ein: deutsche und lateinische Vagantenlyrik des Mittelalters, klassische lateinische und griechische Poesie (*Carmina burana, Catulli carmina*, 1930; szenisch erweitert Leipzig 1943; beide Werke um den *Trionfo di Afrodite* ergänzt zu *Trionfi. Trittico teatrale*, Mailand 1953). Der Bezug zur süddeutschen Kultur seiner Heimat – er ist ihm stets ebenso wichtig wie der zur mediterranen Antike – wird in einer Werkgruppe offenkundig, die er als »bairisches Welttheater« zusammenfaßte. Es sind Kompositionen auf Texte, die er in verschiedenen bayerischen Dialekten verfaßte (*Die Bernauerin. Ein bairisches Stück*, Stuttgart 1947; *Astutuli. Eine bairische Komödie*, München 1953) und volksnahe, für Ostern und Weihnachten bestimmte Spiele, die in der geistlichen Tradition des Mittelalters stehen (*Comoedia de Christi Resurrectione*, Bayerisches Fernsehen 1956; *Ludus de nato Infante mirificus*, Stuttgart 1960).

Die musikalische Auseinandersetzung mit antiken Mythen vollzog sich zunächst an Hölderlins Übersetzungen von Sophokles (*Antigonae*, Salzburg 1949; *Oedipus der Tyrann*, Stuttgart 1959) und führte schließlich zum *Prometheus* nach Aischylos (Stuttgart 1968) als dem radikalsten Versuch für das Musiktheater. Hier wird der Text in griechischer Sprache vorgetragen allerdings mit Änderungen des originalen Versmaßes). Im *Prometheus* hat O. schließlich seine Kompositionsart ins Extreme stilisiert. Die Melodik ist auf wenige Wendungen reduziert. Ein rezitierender Ton bestimmt über weite Strecken den Verlauf. Auf Prinzipien klassischer Durchführung wird nun ganz verzichtet, das musikalische Grundmaterial ist zu radikaler Einfachheit reduziert. Der Sprachklang wird in Klangräume gestellt, die trotz des riesigen Instrumentariums, das von Schlagwerk dominiert ist, fast asketisch gestaltet sind. Es herrschen die von O. schon immer bevorzugten Reihungsformen und -schichtungen vor. Das Werk ist dem Hörer nur schwer zugänglich, geradezu introvertiert, und bietet wegen seiner sparsam ausgeführten musikalischen Strukturen, die oft wie endlos wiederholt wirken, auch der den traditionellen Analysemethoden nur wenig Möglichkeiten eines Zugriffs und bedarf neuer Ansätze. Seine Vitalität ist gleichsam nach innen gekehrt. Es ist eine Musik mit Experimentcharakter, die sich einer größeren Öffentlichkeit verschließt und deshalb auf dem Theater bislang auch keinen Bestand haben konnte. Zu den *Carmina burana*, dem Erstlingswurf, bildet der *Prometheus* den gegensätzlichen Pol, obgleich beide Werke im Grunde von vergleichbaren musikalischen Strukturprinzipien bestimmt sind. Im Ausdrucksbereich allerdings kontrastieren sie. Das eine besitzt eine nach außen gerichtete Vitalität, das andere verschließt seine Spannung und Emotionalität im Geistigen. Ihm verwandt ist *De temporum fine comoedia* (Salzburg 1973), das letzte große Werk, das sich in ähnlicher Weise der Öffentlichkeit entzieht, aber von O.-Begeisterten als »lapidar-tiefsinnig«, großartig und gedankentief gelobt wird (Liess 1981, 7f.). Beide besitzen offenkundig Züge eines Spätwerks, zu dem allerdings die Entwicklung seit Mitte der dreißiger Jahre folgerichtig hinführt mit der allmählich sich vollziehenden Wendung vom Vitalen zum Geistigen und schließlich zum Kultischen. Stets aber ist die künstlerische Leistung O.s ein Bekenntnis zum Menschen und zur Humanität.

Noten: Schott (Mainz).
Dokumente: C.O. und sein Werk. Dokumentation, 8 Bde., Tutzing 1975–1983 (darin Thomas, W.: Der Weg zum Werk, I, 73–241, und WV).
Literatur: Liess, A.: C.O., Zürich 1950. Schadewaldt, W.: Hellas und Hesperien, Zürich 1960. Keller, W. (zusammen mit Reusch, F.): Einführung *in* Musik für Kinder, Mainz 1964. Ders.: C.O. Werfel-Lieder *in* Melos/NZfM 5 (1979), 68–102. Gersdorp, L.: C.O., Reinbek bei Hbg. 1981. Liess, A.: Zwei Essays zu C.O., Wien 1981. Keller, W.: Elementare Musik von und mit Behinderten. Die Arbeit am Institut für Musikalische Sozial- und Heilpädagogik am O.-Institut (»Mozarteum«) *in* Musik und Bildung 16 (1984), 797–802. Meyer, A.K.W.: Vom Gestus zum Klang. Zu den drei Phasen im Frühwerk C. O.s *in* NZfM 150 (1989), 25–31. Möller, G.: Das Schlagwerk bei C.O. Aufführungspraxis der Bühnen-, Orchester- und Chorwerke, Mainz 1995. Elementarer Tanz – Elementare Musik. Die Günther-Schule München 1924 bis 1944, hrsg. von M. Kugler, Mainz 2002. Rösch, Th.: Die Musik in den griechischen Tragödien von C. O., Tutzing 2003 (Münchner Veröff. zur Musikgeschichte 59).

Peter Andraschke

Oswald von Wolkenstein
Geb. um 1377 auf Burg Schöneck (Pustertal in Südtirol); gest. 2. 8. 1445 in Meran

»Es fügte sich, ich war noch kaum zehn Jahre alt, da wollte ich besehen dieser Welt Gestalt...« (Schönmetzler, 49). Höchst geschickt verbindet O. in diesem Lied autobiographische Gegebenheiten mit den verschiedensten Themen mittelalterlicher Dichtung. Aber nicht nur inhaltlich, auch in seiner musikalischen Gestaltung verweist dieses einstimmige Lied in exemplarischer Weise auf die Quellen und Vorbilder, aus denen O. schöpfte. Zum einen knüpfte er in seinen Themen und dichterischen Formen unmittelbar an die ältere deutsche Liebes- und Minnelyrik an. Vor allem der sogenannte Mönch von Salzburg und Neidhart von Reuental haben in seinem Werk nachweisbare Spuren hinterlassen. Aber die Freiheit im Umgang mit diesen Traditionen, die schon seine Texte erweisen, läßt sich auch in der musikalischen Einkleidung seiner Lieder beobachten. So geht das eingangs erwähnte Lied nicht nur auf den stilistischen Bereich des Minnesangs zurück, sondern auch auf die musikalischen Quellen und Vorbilder des Minnesangs selbst, den sogenannten gregorianischen Choral, also die einstimmige liturgische Musik der Kirche. In seinem erzählenden Charakter nimmt es den Ton und die musikalische Gestaltungsweise einer Psalm-Rezitation auf. Die autobiographische Erzählung wird so mit einer Bedeutung angefüllt, die dem Vortrag dieses ganz und gar nicht geistlichen Liedes eine eigenartige stilistische Gebrochenheit verleiht. Auch in anderen Liedern nutzte O. in enger Anlehnung an den Text die Möglichkeiten eines sehr freien, aber bewußt gestalteten Umgangs mit der musikalischen Tradition. In der freien Übernahme erweisen sich die überkommenen Melodiemodelle nicht nur der liturgischen Musik, sondern auch des Meistersangs als Material für sein sehr persönliches Ausdrucksbedürfnis.

O. schrieb das Lied *Es fügte sich* wahrscheinlich im Jahre 1416 während seines Aufenthaltes beim Konstanzer Konzil. Dort wird er zahlreiche Gelegenheiten gehabt haben, sich mit den aktuellsten kompositorischen Tendenzen der Kunstmusik seiner Zeit, also insbesondere mit der mehrstimmigen französischen weltlichen Liedkunst vertraut zu machen. So finden sich denn auch unter seinen Liedern zahlreiche mehrstimmige Stücke aus dem neuesten französischen Repertoire, die O. musikalisch unverändert übernommen und mit eigenen Texten versehen hat. Mit der Textierung nutzte O., von der melodischen Gestaltung der Einzelstimme ausgehend, die in der Vorlage mitgegebenen musikalischen Möglichkeiten für seine neue Textdarstellung. Seine detaillierte Kenntnis der zeitgenössischen weltlichen Kunstmusik wird aber keine Frucht seiner zahlreichen Reisen gewesen sein, wo er kaum die Muße gehabt haben kann, Lieder zu sammeln oder gar zu notieren. Details in der Überlieferung dieser Sätze beweisen denn auch, daß er dabei auf schriftliche Aufzeichnungen dieser Stücke zurückgegriffen hatte, die ihm wahrscheinlich sogar durch das Südtiroler Kloster Neustift, das ein eigenes Skriptorium hatte, zur Verfügung standen.

Bei den einfacheren zweistimmigen Liedsätzen läßt sich in detaillierten Untersuchungen insbesondere des Verhältnisses von Musik und Textzuordnung aufzeigen, daß auch diese mit großer Wahrscheinlichkeit auf bislang verschollene Vorlagen zurückgehen. Trotzdem erweist sich O. im Umgang mit eigenem wie auch mit übernommenem Material als ein Komponist, der ausgehend von der melodischen Gestaltung seiner Texte zu einer sehr direkten und höchst persönlichen künstlerischen Ausdrucksweise fand, wie sie sich in jener stolzen Selbstdarstellung am Ende seines autobiographischen Liedes spiegelt: »Ich, Wolkenstein, leb selten fein vernünftiglich, weil es mich freut, das Lob der Welt zu wählen« (Schönmetzler, 52).

Noten: Klein, K. K.: Die Lieder O.s von W., Tübingen 1962 (Altdeutsche Textbibliothek 55). Schönmetzler, K. J.: O. von W. Die Lieder, mittelhochdt.-neuhochdt., Mn. 1979.
Periodica: Jb. der O. von W.-Gesellschaft 1 (1980ff.).
Literatur: O. von W., hrsg. von U. Müller, Darmstadt 1980. Baasch, K. und Nürnberger, H.: O. von W., Reinbek bei Hbg. 1986, ²1995.

Christian Berger

Pablo, Luis de
Geb. 28. 1. 1930 in Bilbao

De P. gehört wie Halffter zur sogenannten ›51er Generation‹, die den spanischen Folklorismus durch Anschluß an internationale Entwicklungen überwand. Bezeichnend für de P. ist das frühe Interesse an experimenteller Arbeit und der intellektuell orientierte Ansatz seines Schaffens, der sich auch in mehreren Büchern niederschlug. Eine mittelbare Folge dieser Orientierung ist auch sein Engagement als Gründer verschiedener Organisationen (z. B. Grupo Nueva Musica), die entscheidend für die Entstehung und Blüte der spanischen Avantgarde waren.

In der ersten Schaffensperiode de P.s entstehen Werke wie *Gárgolas* für Klavier (1953) und die *Cinco canciones de Antonio Machado* (1957) in der Nachfolge Bartóks. 1958 wendet er sich der Zwölftonmusik und seriellen Verfahren zu, beispielsweise mit *Cuatro invenciones* für Orchester (1960), außerdem beschäftigt er sich in dieser kurzen Zeitspanne auch mit aleatorischen Techniken wie in *Movil I* für vierhändiges Klavier (1959) und *Progressus* (1959).

Diese Werke beeinflussen seine Zeitgenossen, die Persönlichkeit de P.s nimmt von Anfang an eine zentrale Position in der spanischen Avantgarde ein. In den sechziger Jahren gelingt es ihm, mit Werken wie *Ein Wort* für Stimme und Instrumente (1965) eine neue Expressivität zu erreichen. Schwerpunkt seiner Arbeit ist jedoch die Bildung sogenannter Module, unabhängiger musikalischer Einheiten, die sich zu verschiedenen festen oder beweglichen Makrostrukturen verbinden können. Auf dieser Grundlage entstehen *Modulos I* (1963), *Modulos II* für Orchester und zwei Dirigenten (1966), *Modulos III* für Ensemble (1967), *Modulos IV* für Quartett (1967) und *Modules I* für Orgel. Aus dieser Arbeit geht eines der bedeutendsten Werke des Komponisten hervor, *Heterogéneo* (1968), in dem er ebenso wie in *Quasi una fantasía* (1969) auch älteres Material verwendet.

Neben elektronischer Musik – etwa *We* (1970), *Tamaño natural* (1970), *Soledad interrumpida* (1971) und *Chamán* (1976) – schreibt de P. zu Beginn der siebziger Jahre Werke für sehr umfangreiches Orchester, wie *Oriotaldi* (1971), ein sehr ruhiges Stück, und die Werkreihe *Elephants I, II, III und IV* (1972–1973), zu der ihn eine Motette von Victoria inspirierte. Sie bilden zusammen mit

Vielleicht (1973), *Masque* (1973), *Berceuse* (1974), *Very gentle* (1974) eine Gruppe, die in ihrer Sanftheit von der Heftigkeit anderer Werke de P.s weit entfernt sind. Die Entstehungszeit dieser Stücke nennt man – in Anlehnung an eine Stilbezeichnung im Œuvre Pablo Picassos – die »rosa Periode« des Komponisten. Die siebziger Jahre sind eine besonders aktive und fruchtbare Zeit für ihn.

De P. setzt sich auch mit anderen Formen und Gattungen auseinander, z. B. komponierte er Konzerte wie *A modo de Concierto* für Schlagzeuger und Ensemble (1967), zwei *Klavierkonzerte* (1978–79 und 1979–80), ein *Violinkonzert* (1997) und Chormusik wie *Baja el sol* (1977), *3 frammenti sacri* (1999) und *Corta cerrada* (1999–2000). Die verschiedenen Aspekte seiner Arbeit verbinden sich in den großen Orchesterwerken *Tinieblas del agua* (1978), *Vendaval* (1994–95), *Rostro* (1995) und *Tréboles* (1995).

Seit den siebziger Jahren entwickelt sich de P. zum vielleicht wichtigsten Vertreter des modernen spanischen Musiktheaters. Die kammermusikalisch besetzten Werke *Protocolo* (Madrid 1968) und *Pordiversos motivos* (Madrid 1969) sind die ersten Marksteine auf einem Weg, der über *Kiu* (Alfonso Vallejo; Madrid 1983) *El viajero indiscreto* (Molina-Foix; Madrid 1990) und *La madre invita a comer* (Molina-Foix; Venedig 1992) in *La señorita Cristina* (Pablo, nach Mircea Eliade; 1997–99) seinen vorläufigen Höhepunkt gefunden hat.

Noten: Suvini Zerboni (Mailand).

Dokumente: Aproximación a una estetica de la musica contemporanea [»Annäherung an eine zeitgenössische Musikästhetik«], Madrid 1968. Lo que sabemos de música [»Was wir über Musik wissen«], Madrid 1968.

Literatur: MARCO, T.: Música española de vanguardia, Madrid 1962. DERS.: L. de P. Madrid 1971. GARCÍA DEL BUSTO, J.L.: L. de P., Madrid 1979. MARCO, T.: Historia de la musica española, Siglo XX, Madrid 1983. DE VOLDER, P.: Rencontres avec L. de P.: Essais et entretiens, Madrid, 1998. PÉREZ CASTILLO, B.: Entrevista con L. de P. *in* Cuadernos de Música Iberoamericana 5 (1998), 185–194.

Emilio Casares Rodicio
Aktualisierung Gordon Kampe

Pachelbel, Johann
Getauft 1. 9. 1653 in Nürnberg;
gest. 9. 3. 1706 in Nürnberg

Bedingt durch die Überlieferungslage sah man im 19. Jahrhundert in P. zunächst einen der bedeutendsten Vorbereiter Bachs, und tatsächlich sind in dessen Frühwerk Einflüsse P.s auszumachen, in der Kantate »Christ lag in Todesbanden« BWV 4 zum Beispiel, die eine auffällige Ähnlichkeit mit P.s gleichnamigem Werk zeigt. Die Auseinandersetzung mit P., dessen Werk nicht zuletzt durch sein zwischen Süd- und Mitteldeutschland wechselndes Wirken als Organist weit verbreitet war, zeigt sich bei Bach auch in der imitatorischen Durchgestaltung einzelner Choralmotive, die in den Choralvorspielen die in langen Notenwerten erklingende Choralmelodie kontrapunktieren. P. ist jedoch, im Gegensatz zu Bach, sehr zurückhaltend in der inhaltlichen Ausdeutung des Choraltextes. Seine Choralbearbeitungen sind vor allem ein Kompendium kontrapunktischer Fantasie und variativer Gestaltung – die (bislang allerdings noch nicht sicher identifizierten) variierten Choräle der Sammlung *Musicalische Sterbens-Gedancken* (1683) zeigen dies ebenso wie die 95 *Magnificat-Fugen*, kunstvolle Intonationen in Fugenform zu acht Psalmtönen, die P. in seinen letzten Lebensjahren als Organist an St. Sebald in Nürnberg für den gottesdienstlichen Gebrauch komponierte. Diesem Zweck dienten auch die gleichfalls in großer Zahl überlieferten nicht choralgebundenen Orgelwerke (*Toccaten, Ricercari, Fantasien* etc.), die aus liturgischen Gründen sehr viel knapper gehalten sind als beispielsweise die entsprechenden Werke norddeutscher Komponisten.

Zeigen P.s liturgische Orgelwerke eine nur verhaltene Modernität, so treten in einigen anderen Kompositionen auffällige Züge des Neuen hervor, in den 21 *Cembalosuiten* etwa, die in 17 verschiedenen Tonarten stehen und ein frühes Zeugnis für die kompositorische Anwendung der von Andreas Werckmeister propagierten temperierten Stimmung darstellen. Momente moderner Instrumentaltechnik zeigen des weiteren P.s zahlreiche Variationswerke, unter denen das *Hexachordum Apollinis* (1699) herausragt, eine Sammlung von sechs ›Arien‹ mit Variationen, die P. seinen Kollegen Ferdinand Tobias Richter in Wien und Buxtehude in Lübeck widmete.

Erst neuere Archivstudien haben ergeben, daß P.s Vokalschaffen seinem Instrumentaloeuvre im Umfang kaum nachsteht und qualitativ ebenbürtig ist. Die gewichtigsten Kompositionen dieser Werkgruppe, elf doppelchörige Motetten, geistliche Konzerte in verschiedenen Besetzungen sowie mehrere Magnificat-Vertonungen, zeigen, wie genau P. nicht nur den traditionellen Kirchenstil, sondern auch die affektenreiche italienische Kirchenmusik, die er in seiner Jugend in Wien kennengelernt hatte, studiert und für sich fruchtbar gemacht hat.

Nur wenige instrumentale Ensemblewerke P.s sind erhalten, unter ihnen die *Musicalische Ergötzung* (1695), eine Sammlung von sechs Triosonaten, deren jede eine besondere Saitenstimmung (Scordatur) der beiden Soloviolinen verlangt. Eine Verbindung von gemäßigtem technischem Anspruch und kontrapunktischer Meisterschaft gelang P. geradezu mustergültig in dem berühmten *Canon* mit anschließender Gigue für drei Violinen und Generalbaß, einem Werk, dessen Wunschkonzertpopularität über seinen künstlerischen Wert nicht hinwegtäuschen sollte.

Noten: Magnificat-Fugen, hrsg. von H. BOTSTIBER und M. SEIFFERT (DTÖ VIII/2), Wien 1901. Klavierwerke, hrsg. von M. SEIFFERT (DTB II/1), Lpz. 1901 [mit biographischen Vorbemerkungen von A. SANDBERGER]. Orgelkompositionen, hrsg. von M. SEIFFERT (DTB IV/1), Lpz. 1903.

Literatur: BORN, E.: Die Variation als Grundlage handwerklicher Gestaltung im musikalischen Schaffen J. P.s, Bln. 1941. BECKMANN, G.: J. P. als Kammerkomponist *in* AfMw 1 (1918–19), 267–274. KRUMMACHER, FR.: Kantate und Konzert im Werk J. P.s *in* Musikforschung 20 (1967), 365–392. HARTMANN, G.: J. P. »Musicalische Sterbens-Gedancken« *in* NZfM 148 (1987), 16–21. WELTER, K. J.: J. P. Organist, Teacher, Composer. A Critical Reexamination of his Life, Works and Historical Significance, Diss. Ann Arbor (MI) 2001.

Thomas Seedorf

Paganini, Niccolò

Geb. 27. 10. 1782 in Genua;
gest. 27. 5. 1840 in Nizza

Als Inbegriff des Virtuosen bleibt P. im kompositionsgeschichtlichen Zusammenhang eine singuläre Erscheinung. Gewissermaßen unberührt von den tonangebenden Entwicklungen der Violinmusik nach 1800 – auf der einen Seite die von Viotti ausgehende Umorientierung von Italien nach Frankreich, auf der anderen Seite die Ausbildung einer deutschen Schule um Spohr – fand P. die spezifischen Gesetzmäßigkeiten seiner Kunst. Inspirierendes Vorbild für seine neuartige Klangvorstellung war der polnische Geiger französischer Herkunft, Duranowski (Auguste Frédéric Durand), der um 1795 in Genua aufgetreten war. Die Realisierung dieser Klangvorstellungen führte P. zur Entwicklung seiner technischen Errungenschaften, so daß die Kompositionen direkt aus seinem Spiel resultieren, ohne daß sie aber mit Improvisationen gleichzusetzen wären. Wie aus zeitgenössischen Berichten hervorgeht, faszinierte P.s Spiel zunächst durch seine jeder Konvention widersprechende Technik, gleichzeitig aber auch durch eine bis dahin unbekannte Intensität des Ausdrucks in einfachen melodischen Linien der langsamen Sätze. Das Bild des Virtuosen vereinte im damaligen Verständnis beide Qualitäten, wodurch der Unterschied zwischen selbstzweckhafter Akrobatik und musikalisch bedingter Technik deutlich wird.

In seinen Kompositionen ließ sich P. vor allem vom Gesang und den Nuancierungsmöglichkeiten der menschlichen Stimme anregen. So erweisen sich jene häufig als Spielerei verachteten Stücke für die G-Saite (*Sonate napoleone, Sonata militare*) als Experimentierfeld für Klangfarbenwirkungen, die dem Instrument jene Bereiche (Flageolett, Pizzicato der linken Hand) eröffneten, die im Grunde bis in die Moderne nicht wesentlich erweitert wurden. Ebenso setzen die 1805 entstandenen und 1820 publizierten *24 Capricen* op. 1 bis in die Gegenwart den Standard hinsichtlich grifftechnischer Möglichkeiten. Wenngleich der technische Aspekt in diesen Stücken im Zentrum steht, gehen sie über den Übungscharakter ihres Vorbildes, Pietro Locatellis »24 Capricen« (aus »L'Arte del Violino«, 1733), hinaus und begründen die Gattung der Konzertetüde. Demgegenüber orientiert sich P. in seinen fünf Violinkonzerten eng am klassischen französischen Modell. Die vergleichsweise konventionelle Ausarbeitung dieser Werke bot ihm allerdings im Falle der Aufführung reichlich Gelegenheit zur Demonstration seines improvisatorischen Könnens.

P.s weitreichender musikgeschichtlicher Einfluß ging von seinen legendären Auftritten in den europäischen Musikzentren 1828–1834 aus und führte besonders im Bereich der Klaviermusik gleichsam zu einem Entwicklungsschub, der sich in Adaptionen von Capricen und Variationenzyklen bei zahlreichen Komponisten niederschlug. Die wichtigsten unter ihnen waren Schumann (sechs »Studien nach Capricen von Paganini« op. 3, 1832; sechs »Konzert-Etüden nach Capricen von Paganini« op. 10, 1833), Liszt (»Études d'exécution transcendante d'après Paganini«, 1838), Brahms (»Variationen über ein Thema von Paganini« op. 35, 1862–63), Rachmaninow (»Rapsodie sur un thème de Paganini für Klavier und Orchester« op. 43, 1934) und Lutosławski (»Variationen über ein Thema von Paganini für zwei Klaviere«, 1941).

Noten: Opere di N. P. Edizione nazionale, hrsg. vom Istituto per la Storia della Musica, Rom 1976 ff.
Dokumente: SCHOTTKY, J.M.: P.s Leben und Treiben als Künstler und Mensch mit unparteiischer Berücksichtigung der Meinungen seiner Anhänger und Gegner, Prag 1830; Repr. Vaduz 1990.
Werkverzeichnis: Catalogo tematico delle musiche di N. P., hrsg. von M. R. MORETTI und A. SORRENTO, Genua 1982.
Literatur: N. P. e il suo tempo. Atti del Convegno internazionale, hrsg. von R. MONTEROSSO, Genua 1984. NEILL, E.: N. P. Genua 1990; dt. Mn. 1990. REY, X.: N. P. Le romantique italien, Paris 1999.

Thomas Steiert

Pagh-Paan, Younghi

Geb. 30. 11. 1945 in Chengju (Südkorea)

»Wie bei vielen anderen, die – wie wir sagen – ›draußen‹ leben, brachte die zunehmende Erfahrung der Ferne eine Gegenbewegung in mir hervor. Diese zwingt mich, in die Geschichte meines eigenen Landes einzudringen, welche mir wie ein Spiegel einer allgemeinen Weltsituation erscheint ... Alle Gewalttaten, Unterdrückungen, Greuel des Zeitgeschehens martern das Herz der Erde. Dennoch bleibt sie unerschütterlich.« (Donaueschingen 1987, 13) In mehreren Stücken hat sich P.-P., die nach ihrem Studium in Seoul 1974–79 in Freiburg im Br. studierte und von 1979 bis zu ihrem Ruf als Professorin an die Hochschule der Künste Bremen Mitte der 1990er Jahre, als freischaffende Komponistin in Ehrenkirchen lebt, mit der Erdthematik befaßt. In dem Streichtrio *No-Ul* für Viola, Violoncello und Kontrabaß (»Sonnenuntergang«, 1985) suchte sie einen ›roten Erdklang‹ zu realisieren, der in seiner warmen, dunklen Klanglichkeit dem Materialklang ›Erde‹ des traditionellen chinesischen Achtklangs verbunden ist und gleichzeitig durch den weitgespannten Tonumfang das im taoistischen Sinne Allumfassende der Erde zum Ausdruck bringt. Die acht materialbezogenen Stufen des Instrumentalklangs im taoistischen Musikdenken (Metall, Stein, Seide, Bambus, Tonerde, Kürbis, Fell, Holz) werden in *Pyon-Kyong* für Klavier und Schlaginstrumente (1982) mittels unterschiedlicher Abdämpfungen verschiedener Register auf den europäischen Konzertflügel übertragen. Das Orchesterwerk *Nim* (1986–87) hat als Bezugspunkt ein koreanisches Liebesgedicht an die Erde, dessen Metaphern von der geschundenen, gequälten und niedergetrampelten, von der leidensfähigen und beseelten Erde sprechen. Dem zweisprachig gesungenen Chorwerk *Hwang-To/Gelbe Erde* (1989) liegen drei Gedichte Kim Chi-ha's zugrunde, die das Bild von der gelben Erde zur Mitte haben – Symbol für die Leidensgeschichte des koreanischen Volkes und für die durch Landflucht unwiderruflich zerstörte menschliche Gemeinschaft; zugleich Hoffnung auf Demokratie und Freiheit.

In ihrer dicht gewirkten, klangfarblich nuancierten Musiksprache integriert P.-P. in mehrfacher Hinsicht Elemente koreanischer Musik: Das Orchesterwerk *Sori* etwa, durch dessen Uraufführung 1980 in Donaueschingen die Komponistin international bekannt wurde, ist konzeptuell auf das koreanische Volkstheater Madang-Guk bezogen, das »durch ironisches Maskenspiel den Widerstand des Volkes gegen die konservative, konfuzianisch-hierarchisch aufgebaute Gesellschaft« zum Ausdruck bringt (Donaueschingen 1980, 20). In der musikalischen Gestaltung sind Rhythmen der traditionellen koreanischen Bauernmusik Nong-Ak (nach Aufzeichnungen aus der südkoreanischen Provinz Cholla-Do) in verschiedenen variierenden Gestaltungen einbezogen, außerdem traditionelle Musik bei Trauerzügen (Hyang-Du-Ga) auf der Basis eigener Transkriptionen der Komponistin nach Tonbandaufnahmen. In verschiedenen Werken mit ganz unterschiedlicher Besetzung ist das Prinzip des solistischen Gesangs mit Schlagzeugbegleitung (p'ansori), traditionell eine Art Volksballade mit Begleitung einer zweifelligen Trommel, der Bezugspunkt: in einfachster Besetzung in *Ma-am (In memoriam Luigi Nono für seine Frau Nuria*, 1990) für Frauenstimme mit Claves; in *Flammenzeichen* (1983) über Texte der Münchener Widerstandsbewegung Weiße Rose begleitet sich die solistische Frauenstimme mit wenigen Schlaginstrumenten (von denen die kleine Trommel, Inbegriff von Militärmusik, hier in ein Symbol des Widerstandes umgekehrt wird); in *Hwang-To/Gelbe Erde* (1988/89) ist das *p'ansori-Duo* vervielfacht: Der Part des Sängers ist auf verschiedene heterophone Chor- und Einzelstimmen verteilt, an die zudem acht Instrumentalsolisten – darunter ein Schlagzeugspieler mit 15 Instrumenten – gekoppelt sind. In jüngerer Zeit übt die rätselhafte Grausamkeit der griechischen Mythologie und Literatur auf P.-P. eine große Faszination aus, was sich in den Kammermusiken wie *Io* für neun Instrumentalisten (2000) oder dem großformatigen Werk *Dorthin, wo der Himmel endet* (2000–01) zeigt, einem Werk, in dem Texte von Aischylos mit Worten Kim Chi-ha's konfrontiert werden.

Ähnlich wie ihr Landsmann Yun fand auch P.-P. in Europa zu einem eigenen Ton, der durch zurückhaltende Expressivität und künstlerische Kompromißlosigkeit gekennzeichnet ist. Anders aber als Yun, der seine Musik als »organisierte Unorganisiertheit« bezeichnet, strebt P.-P. in ihren Werken eine »organische Organisation« an (Gronemeyer 1989, 8); in der Formgebung ihrer Stücke, deren Aufbau und Geflecht von Klangabschnitten und Rhythmuszellen sie in der langen Phase der Entstehung zunächst in zeichnerischen Symbolen fixiert, orientiert sich P.-P. an der Wiederholung metrisch begrenzter Blöcke in der koreanischen Hofmusik (*Tsi-Shin-Kat*, 1993–94) und an koreanischer Volksmusik mit ihren verschiedenen rhythmischen Modi, Tempoveränderungen und -wechseln (*U-Mul*, 1992). In ihrer Melodiebildung sucht sie vielfältig belebte lineare Gestalten in Klangräume einzubinden und dadurch über das Prinzip der Haupttöne (Yun) hinaus in neuer, eigener Art Elemente der koreanischen Musiktradition in ihr europäisches Komponieren zu integrieren.

Noten: Ricordi (Mn.).
Dokumente: Unterwegs. Reflexionen über meine Tätigkeit als Komponistin *in* Neuland 4 (1984), 20–37. Werkeinführungen in den Programmheften zu den Donaueschinger Musiktagen 1980 und 1987.
Werkverzeichnis: Y. P.-P. Werkkatalog, Feldkirchen bei Mn. 1996.
Literatur: GRONEMEYER, G.: Den Knoten im eigenen Herzen auflösen *in* MusikTexte 7 (1984), 11–15; überarbeitete und aktualisierte Fassung als Komponistinnenportrait Y. P-P. *in* Internationale Gesellschaft für Neue Musik. Ortsgruppe Zürich, hrsg. von PRO MUSICA, Zürich 1989. WESTER-KAMP, A. und WINTERFELDT, S.: Y. P.-P., Bln. 1991 (Klangportraits 3) [mit WV und Bibl.].

Hartmut Möller
Aktualisierung Gordon Kampe

Paisiello, Giovanni
Geb. 9. 5. 1740 in Roccaforzata (Taranto); gest. 5. 6. 1816 in Neapel

P., der in der Opernhochburg Neapel als Verfasser komischer Opern reüssierte und sich bald gegen renommierte Konkurrenz (Piccini, Cimarosa, Pietro Guglielmi) durchsetzte, stieg im späten 18. Jahrhundert zu einem der erfolgreichsten Opernkomponisten auf. P.s Stärke lag in der Vertonung der musikalisch und dramatisch turbulenten, späterhin immer umfangreicher werdenden Gesangsensembles seiner komischen Opern. Seine Finali wurden von den Zeitgenossen als beispielhaft gerühmt. Da in den drammi giocosi – anders als in der opera buffa – nicht nur komische, sondern auch ernste Personen beteiligt waren, konnte P. hier seine auf Individualisierung der Rollen gerichtete Kunst der kontrastreichen musikalischen Charakterisierung entfalten. Komische Rollen stattete er witzig und effektvoll mit prägnanten Instrumentalmotiven und Instrumentenklangfarben aus; ernste oder halbernste Rollen charakterisierte er eher melodisch. Seine Melodik ist natürlich und weniger ornamentiert als die der Komponistengeneration vor ihm. Die Harmonik ist einfach, das harmonische Tempo langsam. Zur Bereicherung der musikalischen Gestaltungsmittel der Finali nutzte P. schon früh auch rezitativischen Gesang, auch als orchesterbegleitetes Accompagnato-Rezitativ, nachdem zunächst nur die ariose Gestaltung in den Finali üblich war.

Zwischen 1776 und 1784 war P. am Hof der russischen Zarin Katharina II. in St. Petersburg als Hofkapellmeister sehr erfolgreich. Damals entwickelte er für ein des Italienischen nicht mächtigen Publikum seine hochdifferenzierte musikalische Charakterisierungskunst, die den Erfolg seiner Opern garantierte, so vor allem in dem überaus erfolgreichen *Il barbiere di Siviglia* (St. Petersburg 1782). Das berühmte Nies- und Gähnterzett dieser Oper zeigt exemplarisch, wie P. eine szenische Idee in musikalische Struktur umwandelte. Das Gähnen und Niesen der beiden Diener und die Anweisungen Bartolos erhalten lautmalerische bzw. charakterisierende Motive, die über einem Orchestersatz aus mehrfach wiederholten kurzen Motiven die Bühnenaktion musikalisch umsetzen. – Nach Neapel kehrte P. auf der traditionellen Route über Wien zurück. Damals lernte Mozart P.s Musik kennen; in »Le nozze di Figaro« und »Don Giovanni« finden sich manche melodischen Anklänge an P., dessen Musik ihrerseits mitunter an Mozart erinnert.

Mit *Nina, o sia La pazza per amore* (Giuseppe Cartani; Caserta 1789) schuf P. den locus classicus für die französisch beeinflußte sentimentale opera semiseria, musikalisches Pendant der comédie larmoyante. Jetzt wurden auch die Gefühle der Angehörigen des dritten Standes kompositorisch ernstgenommen. P.s Ton kennt hier keine Drastik; die Melodik ist bei allen Personen naiv, einfach und empfindsam gestaltet.

P. schätzte seine ernsten Opern selbst hoch ein. Sie repräsentieren die zeittypische Stellung der Gattung zwischen herkömmlicher ›Arienoper‹ und einer Form, die den Anspruch erhob, das Drama musikalisch in größeren Zusammenhängen – ohne das kleinteilige Nummernprinzip der Arien und Rezitative – zu entwickeln. P. schränkte den überbordenden Verzierungsdrang der Sänger ein, gestaltete als erster neapolitanischer Komponist den Aktschluß einer ernsten Oper nach dem Vorbild eines großangelegten, dramatischen Buffofinale (*Pirro*, Giovanni De Gamerva; Neapel 1787), integrierte kurze Tänze in die Handlung und reduzierte in seiner Petersburger Oper *Alcide al Bivio* (Pietro Metastasio; 1780) den Anteil des generalbaß- zugunsten des orchesterbegleiteten Rezitatives. Erst in den für das konservative neapolitanische Publikum geschriebenen Opern kehrte er wieder zur Dominanz der Secco-Rezitative zurück. Einzig in der italienischen Übertragung der für Paris komponierten *Proserpine* (Nicolas François Guillard; 1803) übernahm er aus dem französischen Original alle orchesterbegleiteten Rezitative. Mit dieser Oper, die während seines von Napoleon gewünschten Parisaufenthalts entstand, leistete P. einen Beitrag zur längst totgesagten, gleichwohl schon vor P. von Gluck, Piccinni, oder J.Chr. Bach am Leben erhaltenen tragédie lyrique.

Noten: Il barbiere di Siviglia, Klavierauszug von M. PARENTI, Mailand 1982. Nina, o sia La pazza per amore, Klavierauszug von F. BROUSSARD, Mailand 1987.

Dokumente: Lettere inedite di P., hrsg. von F. BARBERIO *in* Rivista musicale italiana 29 (1917), 73 ff. Una autobiografia inedita di G.P., hrsg. von N. CORTESE *in* La Rassegna musicale 3 (1930), 123 ff. Documenti paisielliani inediti, hrsg. von E. FAUSTINI-FASINI *in* Note d'archivio per la storia musicale 13 (1936), 105–127.

Werkverzeichnis: ROBINSON, M.F.: G.P. A Thematic Catalogue of his Works, Stuyvesant (NY) 1991–93.

Literatur: HUNT, J.L.: G.P. His Life as an Opera Composer, N.Y. 1975 [mit Bibl.]. Convegno Italo-Tedesco »Mozart, P., Rossini e l'Opera Buffa« Rom 1993, hrsg. von M. ENGELHARDT, Laaber 1998 (Analecta musicologica 31). VILLINGER, CHR.: »Mi vuoi tu corbellar«. Die opere buffe von G.P. Analysen und Interpretationen, Tutzing 2000. ZWIEBACH, M.H.: Marriage of wits. Comic archetypes and the staging of ideas in five comic operas by G.P., Ann Arbor (MI) 2001.

Susanne Oschmann

Palestrina, Giovanni Pierluigi da

Geb. wahrscheinlich 1525 in Palestrina; gest. 2. 2. 1594 in Rom

Bereits zu Beginn des 17. Jahrhunderts, nicht lange nach P.s Tod, wurde von mehreren Musiktheoretikern die Legende verbreitet, daß zu Zeiten des Tridentinischen Konzils (zwischen 1545 und 1563) die artifizielle mehrstimmige Kirchenmusik, als angeblich eine der Liturgie unangemessene Kunst, mit päpstlichem Verbot belegt werden sollte. In dieser Legende, die noch zweihundert Jahre später Hans Pfitzner zu dem musikalischen Künstlerdrama »Palestrina« (München 1917) inspirierte, erscheint der römische Kapellmeister und Komponist P. als »Retter der Kirchenmusik«. Denn mit einer eigens für das Konzil komponierten, unter dem Titel *Missa Papae Marcelli* bekanntgewordenen sechsstimmigen Messe soll P. die Kritiker der kirchlichen Polyphonie bekehrt und das drohende Verbot damit abgewendet haben. Diese Legende, die eher die rezeptionsgeschichtliche Bedeutung P.s als die geschichtlichen Tatsachen widerspiegelt, hat jedoch einen historischen Hintergrund. Auf dem Konzil von Trient wurde 1562 über die mehrstimmige Musik im Gottesdienst diskutiert. Das Meinungsspektrum war breit gefächert und reichte von der Forderung, die polyphone Tradition (wie sie sich etwa in den Messen von Josquin präsentierte) beizubehalten, über Reformbestrebungen im humanistischen Geist der Zeit bis zum Verlangen, mehrstimmige Musik aus dem Gottesdienst grundsätzlich zu verbannen. Die

Reformer kritisierten einerseits die weltlichen, ›lasziven‹ Vorlagen, nämlich französische Chansons und italienische Madrigale, die in den Messen der Zeit häufig als musikalisches Material kompositorisch verarbeitet wurden, und andererseits die mangelnde Textverständlichkeit, verursacht durch die rhythmische Selbständigkeit jeder einzelnen Stimme im polyphonen Satz. Zu einem klaren Beschluß in dem Sinne, daß bestimmte kompositorische Verfahrensweisen verboten und konkrete Kriterien einer ›wahren‹ Kirchenmusik festgelegt worden wären, gelangte das Konzil schließlich nicht. In diesem Zusammenhang kommt der *Missa Papae Marcelli* keineswegs der in der Legende überlieferte dramatische Charakter zu. Sie entstand zwar mit hoher Wahrscheinlichkeit 1562 (gedruckt 1597) und ist daher in Verbindung mit der Konzilsdiskussion zu sehen, außerdem trägt sie den Namen des Papstes Marcellus II., der in seiner kurzen Amtszeit 1555 bereits kirchenmusikalische Reformfragen ins Gespräch brachte, und schließlich sind Textverständlichkeit und strukturelle Durchsichtigkeit von P. gerade in dieser Messe bewußt intendiert. Aber gerade die letztgenannten Aspekte, Hauptanliegen der Reformer, sind in der *Missa Papae Marcelli* keineswegs singulär. Vielmehr sind derartige Phänomene bei den römischen Kirchenkomponisten gerade in der zweiten Hälfte der sechziger Jahre als allgemeine Tendenz zu beobachten. So schreibt z. B. Giovanni Animuccia, ein neben P. führender Kirchenmusiker, in diesen Jahren Messen »secundum formam concilii«, also gemäß den künstlerischen Idealen des Tridentinischen Konzils, und betont im Vorwort seiner Ausgabe (1567), daß er sich darum bemüht habe, Textverständlichkeit ohne Einbuße an musikalischen Gestaltungsmitteln zu realisieren. Und diesem Prinzip der Integration der Reformideen in das Konzept künstlerischer Autonomie folgt auch die *Missa Papae Marcelli*.

Zur Zeit der Entstehung dieser Messe war P. bereits ein Komponist von europäischem Rang. Wie der Name sagt, stammte die Familie Pierluigi aus der in den Sabinerbergen bei Rom gelegenen Stadt Palestrina, dem alten römischen Praeneste (daher die in den musikalischen Quellen häufig auftauchende Namensvariante Praenestinus). Hier begann in den vierziger Jahren die musikalische Laufbahn P.s mit einer Anstellung als Kapellmeister und Organist an der Kathedrale der Stadt. Doch sehr bald schon wurde P. die führende Persönlichkeit im Musikleben Roms, einem der musikalischen Zentren Europas, in dem vor allem die Cappella Sistina, die päpstliche Privatkapelle, eine gewichtige Stellung einnahm. 1565 erhielt P. das seltene Ehrenamt eines Komponisten der päpstlichen Kapelle. Als Kapellmeister hatte er alle bedeutenden kirchenmusikalischen Institutionen Roms geleitet: die Kapellen an der Lateranbasilika (1555–60) und an S. Maria Maggiore (1561–66) sowie insbesondere die Cappella Giulia am Petersdom (1551–55 und 1571–94). Darüber hinaus war er Kapellmeister des Kardinals Ippolito d'Este in Rom und Tivoli (1567–71) und gleichzeitig Musiklehrer am Seminario Romano, dem 1565 gegründeten Priesterseminar der Jesuiten.

Der Blick auf diese beruflichen Stationen erklärt, warum von P. fast ausschließlich geistliche Musik überliefert ist und warum im Mittelpunkt seiner kompositorischen Arbeit die Messe steht. Es liegen über 100 Vertonungen des Meßordinariums – jener von Tag zu Tag gleichbleibenden liturgischen Texte der Messe – vor. Die meisten dieser Werke sind vier- oder fünfstimmig, der kleinere Teil ist für sechs bzw. acht Stimmen geschrieben. Sechs Bücher mit Messen gab P. selbst im Druck heraus, sieben weitere Ausgaben besorgte posthum sein Sohn Iginio. P.s bekanntestes Werk, die *Missa Papae Marcelli*, zählt zu den frei, d. h. ohne kompositorische Vorlage komponierten Messen. Etwa die Hälfte aller Messen P.s jedoch sind Parodiemessen, Werke, die ihr musikalisches Material aus anderen mehrstimmigen Kompositionen, geistlichen wie weltlichen, ziehen und neu verarbeiten. P. verwendet vor allem fremde Vorlagen, besonders von Komponisten der älteren frankoflämischen Schule (wie in den – auf Motetten von Josquin bzw. Philippe Verdelot zurückgreifenden – Messen *Benedicta es* und *Gabriel archangelus*), daneben aber auch eigene Kompositionen (*Missa Dies sanctificatus*, *Missa O magnum misterium*, *Missa Tu es pastor ovium*). Insgesamt handelt es sich bei seinen Vorlagen vorwiegend um geistliche Werke (Motetten) – wie in den genannten Beispielen –, in vergleichsweise wenigen Fällen benutzt er weltliche Madrigale (etwa in der *Missa Io mi son giovinetta* nach einer Vorlage von Domenico Ferrabosco) und ein einziges Mal nur eine französische Chanson (*Missa Je suis déshéritée*, die Chanson wird sowohl Johannes Lupi als auch Pierre Cadéac zugeschrieben). Eine weitere umfangreiche Werkgruppe bilden solche Messen, die über einstimmige, an erster Stelle gregorianische Melodien gearbeitet sind (z. B. die Messen *De beata virgine, Aeterna Christi munera, Ave regina cœlorum*). Die traditionellen Choralmelodien der römischen Kirche gerieten in Folge der vom Konzil eingeleiteten Liturgiereformen gleichfalls in die Diskussion. Papst Gregor XIII. erteilte 1577 P. und Annibale Zoilo, einem prominenten Mitglied der Cappella Sistina, den Auftrag zur Revision des Chorals. Die beiden begannen mit der Überarbeitung der Meßgesänge auf der Grundlage der neugefaßten Texte des nachtridentinischen Missale Romanum (1570) und bemühten sich vor allem um eine melodische Vereinfachung der melismatischen Gesänge. Diesem Reformwerk, dessen Manuskript verschollen ist, blieb der Erfolg allerdings versagt. Im kompositorischen Werk jedoch hat der Choral seine Spuren hinterlassen: in der Art der Melodiebildung sowie in seiner Verwendung als thematisches, strukturbestimmendes Material. Unter den Messen, die sich in diesem Sinne des Chorals als Vorlage bedienen, sind die neun für den Herzog Guglielmo von Mantua geschriebenen (1578–79) beispielhaft. Es sind äußerst artifizielle Meßvertonungen, basierend auf den Ordinariumsmelodien einer von der römischen unabhängigen Liturgie.

In seinem Messenstil knüpft P. an Techniken an, die in den Komponistengenerationen des ausgehenden 15. und frühen 16. Jahrhunderts entwickelt wurden. Komplizierte rhythmische Strukturen in einem kunstvollen kontrapunktischen Satzgefüge prägen P.s frühe Messen ebenso wie die Verwendung von ruhenden cantus firmi in langen Notenwerten (z. B. in der *Missa Ecce sacerdos magnus*) und verwickelte Kanontechniken. Bemerkenswert ist die vierstimmige *Missa Ad Fugam*, die von Anfang bis Ende aus zwei kanonisch geführten Stimmpaaren gebildet ist (und die P. interessanterweise mit der *Missa Papae Marcelli* – einem kompositorisch diametral entgegengesetzten Werk – gemeinsam im *Zweiten Messenbuch* von 1567 veröffentlicht hat). Drückt sich im Kanon ein dichtes, integrales Verhältnis aller Stimmen des Satzes aus, so wird dieses Verfahren, das in seiner strengen Form in der weiteren Entwicklung des Messenstils mehr und mehr zurücktritt, hierbei zugleich in eine neue Qualität übergeführt, die man als motettische Satzweise bezeichnen kann. Als kompositorisches Modell, über die eigene Gattung hinaus, gewinnt die Motette im Schaffen P.s deutlich an Gewicht. »Die motettische Arbeit liegt nicht nur in einzelnen Werken vor, sondern auch in zyklischer Verbindung einzelner Stücke. So sind die meisten Messekompositionen zyklische Motetten, die vielfach unter sich in thematischem Zusammenhang stehen.« (Fellerer, 174)

Das motettische Prinzip ist die Aufspaltung des zugrundeliegenden Textes in meist kurze sprachliche Sinneinheiten, die in je eigenen Abschnitten kompositorisch ausgeführt werden. In ihrem Formbau, ihrer kirchentonartlichen Gestalt, ihrer Melodik und satztechnischen Konstruktion bilden solche Abschnitte individuelle Charaktere aus. Von den satztechnischen Verfahren her sind bei P. vier Grundtypen erkennbar: Es gibt Abschnitte, deren Thematik mit Techniken der Imitation durchgeführt wird, solche, in denen imitatorische Arbeit mit motivischen Variationsprozessen sich verbindet, Abschnitte, die Imitation mit homophonen Stimmenzusammenschlüssen vereinen und schließlich rein homophon-akkordische Abschnitte. Die Abschnitte können auf vielfältige Art, meist überlappend, aneinandergekoppelt werden – und all diese Faktoren zusammen, in spezifischer Weise kombiniert, ergeben das individuelle Klangbild jeder einzelnen Motette P. s.

Die meisten seiner Motetten hat P. in Drucken herausgegeben: zwei Bücher vierstimmiger Motetten (1564 und 1587), fünf Bücher mit fünf- und mehrstimmigen Motetten (1569, 1572, 1575, 1583–84, 1584) und schließlich die 1593 erschienene große Ausgabe der *Offertoria totius anni*. Diese späte Sammlung von 68 Motetten auf Offertorientexte der Messe verweist auf eine Tendenz im Anschluß an das Tridentinische Konzil, die Motette stärker in die Meßliturgie einzubinden, weshalb diese *Offertoria* als liturgischer Zyklus für die wichtigsten Sonn- und Festtage des Jahres angelegt wurden. Schon in der ersten Motettenpublikation P.s (*Motecta festorum totius anni*, 1564), aber auch in Drucken und Handschriften, die einen Verwendungszweck nicht bereits im Titel ausdrücken, ist eine zyklische Anordnung der Motetten mit Beziehung zur Jahresliturgie offenkundig.

Den Messen vergleichbar, bevorzugt P. in seinen Motetten den vier- und fünfstimmigen Satz. Darüber hinaus ist gerade in dieser Gattung die Neigung zur intensiveren Klanglichkeit der vielstimmigen, mit zwei und sogar drei Chören zu je vier Stimmen arbeitenden Disposition zu spüren. Aber jenseits der Raumwirkungen solcher mehrchörigen Anlagen gewinnt der Palestrinasatz seine spezifische Klanglichkeit aus den Eigentümlichkeiten seiner eigenen Struktur. Es ist der später so genannte »Palestrinastil«, der mit dem *Ersten Mo-*

tettenbuch von 1564 präsent ist und sich zum Spätwerk hin immer weiter differenziert. Das Prinzip dieses Stils ist die minutiös ausgewogene, Extreme vermeidende kompositorische Kalkulation auf allen Ebenen der musikalischen Struktur. Das melodische Ideal ist die Fortschreitung in Ganz- und Halbtonschritten, Sprünge werden durch stufenweise Bewegung in Gegenrichtung sofort wieder ausgeglichen. Dissonante Zusammenklänge werden möglichst unauffällig eingeführt und nach strengen Regeln sogleich aufgelöst. Die Rhythmik ist frei, nicht taktgebunden und hat sich im Vortrag an der Deklamation des Textes zu orientieren. Die oben beschriebenen Abschnittstypen bewirken in ihrer Kombination einen ausgeglichenen und dennoch Monotonie vermeidenden Formverlauf. Ein durchdachtes Pendeln zwischen Voll- und Geringstimmigkeit läßt die Dichte des Satzes stetig fluktuieren, ebenso ändern sich von Abschnitt zu Abschnitt die Einsatzfolgen und -abstände der Stimmen. Und selbst das heikle Moment der Textverständlichkeit folgt in den reifen Motetten dem Ausgleichsprinzip des Palestrinastils: je vertrackter das polyphone Stimmengeflecht, um so kürzer ist in der Regel der Text eines Abschnitts, um so häufiger wird er demnach wiederholt und eben dadurch letztlich wahrnehmbar.

Eine besondere Stellung innerhalb der Motetten P.s nehmen die späten Kompositionen des *Vierten Motettenbuchs* (1583–84) ein. Sie sind auf Texte des Hohenlieds komponiert und für die mehr private, außerliturgische Andacht bestimmt. Diese Verschiebung auf der funktionalen Ebene der Musik bedeutet zugleich eine – zumindest partielle – Veränderung ihrer stilistischen Grundlagen. In den *Hoheliedmotetten* finden sich zahlreiche Stilmerkmale des Madrigals: vor allem die lebhaftere Melodieführung, welche die Strenge des sakralen Stils mitunter suspendiert, deklamatorisch bedingte Tonrepetitionen und eine den Textausdruck stärker ins Zentrum rückende Schreibweise. Umgekehrt ist die Nähe der späten geistlichen Madrigale P.s (in zwei Drucken von 1581 und 1594) zu den *Hoheliedmotetten* zu bemerken, die sich von diesen oftmals nur durch die italienischen statt der lateinischen Texte unterscheiden. Und auch in den frühen weltlichen Madrigalen (das erste gedruckte Buch erschien 1555) ist eine Verwandtschaft mit den Motetten der Zeit festzustellen, denn auch sie vermeiden typisch ›Madrigaleskes‹ und zeigen bereits in ihrer Vierstimmigkeit – das ›moderne‹ Madrigal war in der Regel fünfstimmig – eine konservative, an älteren Vorbildern orientierte Haltung.

Profane Werke machen jedoch einen recht kleinen Teil im Schaffen P.s aus. Neben den Hauptgattungen der geistlichen Musik, Messe und Motette, stehen weitere, eng auf die römische Liturgie bezogene Werkgruppen. Wiederum als liturgischen Jahreszyklus publizierte P. 1589 seine *Hymni totius anni*, eine Sammlung bereits früher komponierter vierstimmiger Hymnen. Sie sind eng an den Choral gebunden und folgen dem Alternatim-Prinzip, d. h., mehrstimmiger Satz und einstimmiger Choralvortrag wechseln strophenweise, wobei P. – entgegen der gängigen Praxis – die ungeraden Strophen polyphon vertont. Diese greifen auf die Choralmelodie zurück, die jedoch nicht als cantus firmus hervorsticht, sondern in einen quasi motettischen, wenn auch etwas schlichter organisierten Satz integriert ist. Der Tradition entsprechend folgen auch die Magnificat-Vertonungen dem Alternatim-Prinzip. 1591 gab P. eine umfangreiche *Magnificat*-Sammlung im Druck heraus. Sie sind mit den Hymnen stilistisch verwandt, während die Magnificat zweier älterer, nur handschriftlich überlieferter Sammlungen (in der Cappella Giulia und im Lateranarchiv) kontrapunktisch diffiziler gestaltet sind. Grundsätzlich jedoch neigen die zuletzt beschriebenen liturgisch-mehrstimmigen Gattungen zu einem Satzbild, das in einem Gestus erhabener Einfachheit die polyphon-konstruktiven Techniken zurücknimmt. Hierzu zählen weiterhin die streng homophon-akkordisch konzipierten Litaneien und insbesondere P.s Kompositionen für die Karwochenliturgie, seine Improprien und Lamentationen.

Gerade der Stil dieser Kompositionen wurde in der um 1800 einsetzenden romantischen Palestrinarezeption, an ihrer Spitze E. T. A. Hoffmann, dem symphonisch-konzertierenden Stil in der sakralen Musik der Wiener Klassik als das Ideal einer reinen und wahren Kirchenmusik entgegengestellt. Die sich seit 1830 verstärkt artikulierenden Reformbestrebungen in der protestantischen wie der katholischen Kirchenmusik orientierten sich programmatisch an P. und der sogenannten klassischen Vokalpolyphonie des 16. Jahrhunderts, insbesondere der von Süddeutschland (München, Regensburg) ausgehende Cäcilianismus. Das Palestrinaideal erfaßte über die kirchlichen Reformkreise hinaus Komponisten wie Liszt oder Gounod, die P.s Musik in spezifischer Weise in ihren Werken künstlerisch reflektierten.

Neben dieser ›P.-Renaissance‹ die, zumal in Deutschland, P. im 19. Jahrhundert für die Kirchenmusik neu entdeckte, gibt es auch rezeptionsgeschichtliche Stränge, die eine kontinuierliche P.-Tradition bedeuten. So hat in Rom die päpstliche Kapelle ihr Repertoire seit dem frühen 17. Jahrhundert immer stärker auf P. konzentriert und daran bis weit ins 19. Jahrhundert hinein festgehalten. Und schließlich verläuft ein Traditionsfaden in der Geschichte der Musiktheorie von den italienischen Musiktheoretikern in der unmittelbaren P.-Nachfolge über das bedeutende Kontrapunktlehrwerk »Gradus ad Parnassum« (1725) von Fux und zahlreiche Theoretiker des vergangenen Jahrhunderts bis zu Lehrschriften des Palestrinastils, die noch im 20. Jahrhundert weite Bereiche des Tonsatzunterrichts prägen.

Noten: P. da P.s Werke, hrsg. von Fr. X. Haberl, Lpz. o. J [1862–1907]. Le opere complete di G. P. da P., hrsg. von R. Casimiri, Rom 1939 ff.

Literatur: Baini, G.: Memorie storico-critiche della vita e delle opere di G. P. da P., 2 Bde., Rom 1828; Ndr. Hildesheim 1966. Jeppesen, Kn.: Der P.stil und die Dissonanz, Lpz. 1925. Fellerer, K. G.: P. (¹1930), Düsseldorf ²1960. Bianchi, L. und Fellerer, K. G.: G. P. da P., Turin 1971. Atti del Convegno di Studi Palestriniani 1975, hrsg. von Fr. Luisi, Palestrina 1977. Bandiera, L. u. a.: La casa di G. P. da P., Palestrina 1986 [mit Bibl.]. Hucke, H.: P. als Klassiker *in* Gattungen der Musik und ihre Klassiker, hrsg. von H. Danuser, Laaber 1988, 19–34. Atti del II. Convegno Internazionale di Studi Palestriniani... 1986, hrsg. von L. Bianchi und G. Rostirolla, Palestrina 1991. Heinemann, M.: P. und seine Zeit, Laaber 1994. Bianchi, L.: G. P. da P. nella vita, nelle opere, nel suo tempo, Palestrina 1995.

Peter Ackermann

Pärt, Arvo

Geb. 11. 9. 1935 in Paide (Estland)

»Tintinnabuli, das ist ein erstaunlicher Vorgang – die Flucht in die freiwillige Armut: die heiligen Männer ließen all ihren Reichtum zurück und gingen in die Einöde. So möchte auch der Komponist das ganze Arsenal zurücklassen und sich durch die nackte Einstimmigkeit retten, bei sich nur das Notwendigste habend – einzig und allein den Dreiklang« (Sowjetische Musik, 269): Mit diesen Worten umreißt der estnische Komponist nicht nur seine ästhetische (letztlich theologische) Auffassung von Musik, sondern zugleich das Kompositionsverfahren, das vor allem den Werken zugrunde liegt, die P. im Westen bekannt gemacht haben. Im mehrstimmigen Tonsatz bewegt sich eine der Stimmen, Glockenklängen (tintinnabulum = lat. Glöckchen) ähnlich, ausschließlich dreiklangsgebunden, während die Gegenstimmen in diatonischen Skalenausschnitten fortschreiten. Sie beginnen jeweils mit demselben Ton oder führen zu ihm zurück; ihre Länge richtet sich in der Vokalmusik nach der Silbenzahl des syllabisch vertonten Wortes. Dabei brauchen die Grundtöne der einzelnen Stimmen nicht miteinander identisch zu sein, so daß sich eigenwillige, mitunter polymodale Zusammenklänge ergeben. Werke dieses Stils wie das Klavierstück *Aliinale* (»Für Alina«, 1976), *Kui Bach oleks mesilasi pidanud...* (»Wenn Bach Bienen gezüchtet hätte«, 1976), *Arbos* (1977), *Missa syllabica* (1977), das Doppelkonzert *Tabula rasa* (1977) für zwei Violinen, Streicher und präpariertes Klavier sowie die Werkgruppe *Fratres* (ab 1977) markieren den deutlichen Bruch im Werk P.s, der sich seit Anfang der sechziger Jahre mit Reihenkompositionen einen Namen als radikaler Neuerer gemacht hatte.

1962, noch während seiner Studienjahre bei Heino Eller in Tallinn, wurde P. offiziell für seine tonalen Werke *Meie aed* (»Unser Garten«, 1959) und *Maailmaa samm* (»Der Schritt in die Welt«, 1961) ausgezeichnet. Gleichzeitig jedoch rügte der Vorsitzende des Sowjetischen Komponistenverbandes P.s Orchesterstück *Nekrolog* (1960) öffentlich im Rahmen einer Polemik gegen die ›bürgerliche‹ Zwölftontechnik. P.s am strengsten auf der Basis von Reihen organisierte Werk ist das Orchesterwerk *Perpetuum mobile* (1963). In den sechziger Jahren komponierte P. nicht ausschließlich seriell: Beiträge zur polystilistischen Musik der Sowjetunion sind unter anderem die *B-A-C-H-Collage* (1964) und das Werk *Credo* (1968), ebenfalls über Material von J. S. Bach. Für P. bedeutete die Collage einen letztlich unbefriedigenden Weg zu einer eigenen musikalischen Sprache. Die Beschäftigung mit Musik des Mittelalters schlägt sich in der *Dritten Symphonie* (1971) nieder. Die Ausbildung des Tintinnabuli-Stils in der zweiten Hälfte der siebziger Jahre fällt mit einem ausgeprägten Interesse an religiöser Thematik zusammen. In der Sowjetunion versah der Komponist einige Werke mit neutralen Titeln, wie etwa *Modus* für *Saara oli 90-aastane* (»Sarah was ninty years old«, 1976). P. emigrierte 1980 nach Wien, seit 1981 lebt er in Berlin. Nicht zuletzt durch das

Engagement von herausragenden Interpreten wie Gidon Kremer und Paul Hillier fand das Werk P.s auch im Westen rasche Verbreitung und seit den achtziger Jahren positive Resonanz, vor allem bei einem breiten Publikum, das sonst weder der zeitgenössischen noch der geistlichen Musik zugetan ist. Werke wie *Passio* (1982), *Te Deum* (1985), *Magnificat* (1988), der *Berliner Messe* (1990), *Litany* (1994) zeigen eine auffällige Affinität des Komponisten zum Katholizismus als einer ästhetischen Chiffre für das Pathos der Kargheit. Fragen nach der Struktur der Werke P.s sind unlösbar verbunden mit Stilisierungen und Inszenierungen der Person des Komponisten.

Noten: Sikorski (Hbg.); Peters (Ffm.); ab 1977 vor allem Universal Edition (Wien).
Literatur: Sowjetische Musik im Licht der Perestroika, hrsg. von H. DANUSER u. a., Laaber 1990, 385 [mit Bibl.]. OLT, H.: The Emergence of Modernism in Soviet-Estonian Music *in* Studien zur Musik des XX. Jahrhunderts in Ost- und Ostmitteleuropa, hrsg. von D. GOJOWY, Bln. 1990, 11–23. DE LA MOTTE-HABER, H.: Struktur als Programm. Analytische Bemerkungen zur Komposition »Summa« von A. P. *in* Nähe und Distanz. Nachgedachte Musik der Gegenwart, hrsg. von W. GRATZER, Hofheim 1994, 14–25. KAUTNY, O.: A. P. zwischen Ost und West. Rezeptionsgeschichte, Stg. 2002.

Susanne Fontaine

Partch, Harry

Geb. 24. 6. 1901 in Oakland (Kalifornien); gest. 3. 9. 1974 in San Diego (Kalifornien)

Als Hobo, als eine Art Landstreicher, zog er jahrelang mit seinen selbstgebauten Instrumenten durch den Mittleren Westen und Kalifornien und blieb mit seinem Schaffen bis in die sechziger Jahre unbeachtet; in Deutschland wurde erst 1980 eines seiner Werke (*The Bewitched – A Dance Satire*, 1955) aufgeführt. Doch dann sah man plötzlich in seinem individuellen Instrumentarium einen »utopischen Beitrag zu unserer Idealvorstellung vom ›kreativen‹ Menschen der besseren Zukunft«, verband die in seinen »tonalen Kompositionen ›höherer Ordnung‹ zum Ausdruck gebrachten musikalischen Ideen mit der Zukunft der Musik« (Fritsch, 40 und 31). P. verbrachte sein ganzes Leben freiwillig am ökonomischen Rand der amerikanischen Kultur und wirkte fernab der Institution Kunst als Theoretiker, Komponist und Schöpfer eigener Instrumente. Abgesehen von der gelegentlichen finanziellen Unterstützung durch private Stiftungen und durch wenige Forschungsaufenthalte an den Universitäten von Wisconsin und Illinois bestritt P. seinen Lebensunterhalt durch Einkünfte aus Aufführungen und den privaten Vertrieb von Plattenaufnahmen, gegen kommerzielle Schallplattenverträge wehrte er sich zumeist erfolgreich.

Bezeichnend für P.s Werk ist die Verquickung von Tonsystem, Instrumentarium und Komposition. In den dreißiger Jahren entwickelte er seine 43tönige Skala auf der Basis der ›reinen‹ ptolemäischen Intonation, verlängerte die Griffbretter von Viola und Gitarre und komponierte erste Stücke für Singstimme und adaptierte Viola bzw. Gitarre. Auf der Grundlage seines eigenen Tonsystems entwarf und baute er in den nachfolgenden Jahrzehnten über 25 neue, für sein Tonsystem taugliche Instrumente, leitete eigene Aufführungsgruppen und komponierte 24 teilweise über eine Stunde dauernde Werke, in denen sich Poesie, Klang und Tanz zu einer körperlich-konkreten Musik (»corporeal music«) verbanden. In *U. S. Highball – A Musical Account of a Transcontinental Hobo Trip* (1941–43) verarbeitete er Erlebnisse als blinder Passagier auf Güterzügen während der Zeit der Wirtschaftskrise; in *Revelation in the Courthouse Park* (1960) ließ P. neben *Euripides' Bacchae* die zeitgenössische Geschichte um ein Rockidol in einer amerikanischen Stadt simultan ablaufen. Zu seinen Instrumentalwerken zählen *Plectra and Percussion Dances* (1949–52) und Tanzstücke für Stimme und Originalinstrumente in den unterschiedlichsten Besetzungen (z. B. *Eleven Intrusions*, 1949–50; *The Mock Turtle Song and Jabberwocky*, 1952).

P.s Tonsystem basiert auf einer 43tönigen Oktavskala auf G, deren Hälften symmetrisch aufeinander gespiegelt sind. In seinem Lehrbuch *Genesis of a Music* (1949), an dem P. seit 1927 über zwanzig Jahre lang gearbeitet hatte, ist dieses System minutiös erläutert (in der erweiterten zweiten Auflage von 1974 sind außerdem die meisten seiner Instrumentenschöpfungen abgebildet und beschrieben).

Bei seinen Instrumentenkonstruktionen ließ sich P. teils von griechisch-antiken und mittelalterlichen Theoretikern leiten (z. B. Kithara), teils modifizierte er konventionelle Instrumente (so baute er ein Harmonium zum Chromelodeon um), daneben schuf er aber auch eine komplette Familie von Marimbas (M. Eroica, Bass M., Quadrangularis Reversum, Diamond M.). Zusätzlich verwendete er einige exotische Instrumente aus Afrika, Bolivien und Japan. P. notierte seine Kompositionen mittels Proportionen und Tabulaturen oder mittels traditioneller Notation ohne Entsprechung zum Erklingenden (etwa bei seinem umgestimmten Harmonium). Transkriptionen der Tabulaturen, die wenigen vorhandenen Tonaufnahmen und Filme sind das einzige Mittel, die in hohem Maße an den Komponisten und seine selbstgeschaffenen Instrumente gebundene Musik zu bewahren.

Dokumente: H. P. Genesis of a Music, N. Y. 1949; ²1974.
Literatur: FRITSCH, J.: Die Tonalität des H. P. *in* Avantgarde – Jazz – Pop. Tendenzen zwischen Tonalität und Atonalität, hrsg. von R. BRINKMANN, Mainz 1978, 31–41. HACKBARTH, GL. A.: An Analysis of H. P.s Daphne of the Dunes, Univ. of Illinois 1979 [mit Publikation der Komposition]. JOHNSTON, B.: Jenseits von H. P. *in* Neuland 2 (1981–82), 236–254 [mit WV und Bibl.]. MC GEARY, Th.: The Music of H. P. A Descriptive Catalog, N. Y. 1991. GILMORE, B.: H. P. A Biography, New Haven 1998. H. P. An Anthology of Critical Perspectives, hrsg. von D. DUNN, Amsterdam 2000.

Hartmut Möller

Penderecki, Krzysztof

Geb. 23. 11. 1933 in Dębica (Polen)

»Ich habe alle Themen, die mich interessiert haben, gebracht: Te Deum, Magnificat, Passion, Grablegung Christi, Auferstehung, Requiem. Was bleibt noch? Eigentlich nichts« (Interview *in* NZfM 1989, Heft 12, 17–22).

Diese Aussage P.s scheint das verbreitete Bild eines eifrigen Komponisten religiöser Gebrauchsmusik zu bestätigen, der mit erst 56 Jahren quasi schon auf ein Lebenswerk zurückblickt. Ein Tonsetzer schien in der zeitgenössischen Musikszene jene Nische gefunden zu haben, die andere Musiker damals nicht besetzen konnten oder wollten. Nicht ganz zufällig in der eigenen kulturellen Tradition, aber daneben durchaus mit dem untrüglichen Instinkt für das Opportune im Kraftfeld zwischen politischer Macht und widerständiger Kirche, zwischen elitärer Avantgarde und neuer, ›engagierter‹ Volkstümlichkeit, zwischen Anspruch und Wirkung, lieferte P. in den sechziger Jahren, dem beginnenden Zeitalter des »Wandels durch Annäherung«, seine *Lukaspassion* (1963–66) – mit der Uraufführung in Münster ost-west-versöhnend, mit der gedanklichen Verbindung Golgatha-Auschwitz offenbar politisch untadelig, Geschenk an die polnische Kirche wie auch an die damalige sozialistische Macht, der ein solcher Exportartikel gewinnbringend und reputationsfördernd war. Aufträge für weitere weltliche und geistliche Festivitäten folgten; mit dem *Te Deum* (1979–80), gewidmet Karol Wojtyła zur Inthronisation als Papst Johannes Paul II, traf P. erneut den Nerv der Zeit, den Geist der sich anbahnenden ›Wende‹-Stimmung, und mit dem *Polnischen Requiem* (1980–84) weckte er weltweit die aus der Geschichte bekannten Polenbegeisterung erneut zum Leben – »Solidarität« war nicht nur das Wort für die Gewerkschaftsbewegung, es war politisches Programm, dem die Musik hilfreich beisprang.

Dennoch geht die Künstlerpersönlichkeit P.s nicht auf in der griffigen Serie seiner geistlichen vokalsinfonischen Werke. Deren Bedeutung wird, je entfernter der Rückblick, wohl eher schwinden: einmal, weil die wesentliche innovative Leistung P.s durch seine frühen instrumentalen und vokalen Werke bis einschließlich der *Lukaspassion* vorliegt, zum anderen, weil manche seiner religiös-engagierten Werke durch eine Hypothek belastet sind, wie es im *Dies Irae* (1967), aber auch ferner zu beobachten ist: die gedankliche bzw. textlich ausformulierte Verbindung des christlichen »Jüngsten Tages« mit dem Holocaust des weltlich-brutalen Faschismus erscheint in höchstem Maße prekär, setzt sie doch Gottes Ratschluß mit dem Wüten der KZ-Schlächter Eichmann und Höß in eins. Man könnte diese Fehlleistung zynisch nennen, wäre da nicht die unbezweifelbare künstlerische Potenz P.s, die sich (wenn auch nicht durchweg) gegen die eigenen inneren Widersprüche durchsetzt.

Von Haus aus Geiger, entdeckte P. während des Musikstudiums in Krakau bald seine eigentliche Berufung und studierte bei Artur Malawski und Stanisław Wiechowicz Komposition – mit so glänzendem Erfolg, daß er nach dem Abschluß gleich als Lehrkraft eingestellt wurde. Ein nationaler Kompositionswettbewerb 1959 mit anonym eingesandten Manuskripten brachte dann das verblüffende Ergebnis, daß alle drei preisgekrönten Werke von P. stammten: *Aus den Psalmen Davids* für Chor und Ensemble (1958), die *Emanationen* für zwei Streichorchester (1959) und die *Strophen* für Sopran, Sprechstimme und zehn Instrumente

(1959). Sein internationales Ansehen gründet auf der sensationellen Premiere von *Anaklasis* für Streicher und Schlagzeug (1960) in Donaueschingen und auf dem *Threnos für die Opfer von Hiroshima* für 52 Streicher (1960), dessen geräuschnahe Clusterklänge den (im Nachhinein gegebenen) Titel zu illustrieren scheinen, wiewohl das Stück strukturell genau durchkalkuliert wurde. P.s Materialbehandlung traf in einer musikgeschichtlichen Situation der Ratlosigkeit am Ende des seriellen Komponierens offenbar ins Schwarze. In seiner extremen Ausweitung der Spieltechniken, vor allem der Streicher in Richtung geräuschanteiliger Klänge, die hinter dem Steg, auf dem Korpus, durch Überdruck des Bogens und vor allem durch Clusterwirkungen erzielt werden, war P. eine der führenden Figuren der beginnenden Klangfarbenkomposition, wobei seine Partituren sich trotz aller bruitistischer, blockartig gesetzter und dynamisch extrem kontrastierend gebauter Klanglichkeit doch stets als präzise ausgehört erwiesen (*Streichquartette*, 1960 und 1968; *Fluorescences* für großes Orchester, 1961–62).

Mochte die Einbeziehung von Dur-Akkorden (*Polymorphia* für 48 Streicher, 1961; *Stabat Mater* für drei Chorgruppen, 1962) hier noch als spezifische Klangfarbe gelten, so erfolgte seit etwa 1970 eine stärkere Hinwendung zur romantischen Tradition, einmal im Charakter des ausgedehnten expressiven Solokonzertes (*zwei Violinkonzerte*, 1976–77, 1992–95; zwei *Violoncellokonzerte*, 1967–72 und 1982), zum anderen auch in der zunehmend melodischen Diktion der Chorwerke und der Einbeziehung von Zitaten (*Utrenja*, 1969–71). In seinen Opern – *Die Teufel von Loudun* (nach Aldous Huxley; Hamburg 1969), *Paradise Lost* (John Milton; Chicago 1978), *Die schwarze Maske* (Gerhart Hauptmann; Salzburg 1986), *Ubu Rex* (Alfred Jarry; München 1991) – verband P. dramatisches Geschick mit einer eher eklektischen musikalischen Faktur. Vergleichbares gilt für seine Sinfonien, neuere Instrumentalkonzerte sowie die Oratorien *Seven Gates of Jerusalem* (1996; im Untertitel als *Sinfonie Nr. 7* bezeichnet, obwohl die *Sechste* noch fehlt) und *Credo* (1998).

Noten: Polskie Wydawnictwo Muzyczne (Kraków); Moeck (Celle); Schott (Mainz).

Werkverzeichnis: Schott Verlag, Mainz 1991.

Literatur: Lück, H.: Cluster und Klerus oder der unaufhaltsame Abstieg des Krz. P. *in* neue musikzeitung 18 (1969), Nr. 4, 3. Perspektiven Neuer Musik. Materialien und didaktische Information, hrsg. von D. Zimmerschied, Mainz 1974 [mehrere Beiträge zu P.]. Winkler, G.E.: Krz. P., 1. Sinfonie, Versuch über ein musikalisches Ur-Material. Einzelton und Repetition *in* Melos 49 (1987), 34–58. Robinson, R. und Winold, A.: A Study of the P.s St. Luke Passion, Celle 1991. Mertens, U.: Ein ›Schaf im Wolfspelz‹, Krz. P. »Anaklasis« (1959–60), Saarbrücken 1995 (fragmen 8). Jacobson, B.: A Polish Renaissance, Ldn. 1996. Schwinger, W.: P. Leben und Werk, Mainz 1998. Studies in P. I, hrsg. von R. Robinson und R. Chłopicka, Princeton 1998.

Hartmut Lück

Pergolesi, Giovanni Battista

Geb. 4. 1. 1710 in Jesi (bei Ancona); beerdigt 17. 3. 1736 in Pozzuoli (bei Neapel)

Als Stravinsky 1919 Sergej Diaghilews Idee aufgriff, die Musik zu Léonide Massines Ballett »Pulcinella« nach Werken P.s zu vertonen, zu denen er stets eine besondere Nähe empfunden haben will, konnte er nicht wissen, daß unter den zur Bearbeitung gewählten Stücken nur einige von P., zahlreiche andere hingegen von Domenico Gallo und Fortunato Chelleri komponiert oder anonym erschienen waren. Erst seit Mitte unseres Jahrhunderts, ausgehend von intensiven Quellenforschungen, gelangten die Musikologen Schritt für Schritt zu der Erkenntnis, daß das, was als P.s Biographie bekannt war, eine Mischung aus ›Dichtung und Wahrheit‹ darstellte und daß die von dem römischen Dilettanten Filippo Caffarelli 1936 bis 1941 herausgegebenen Opera omnia auf der einen Seite Werke erfaßt hatten, die von anderen ›maestri‹ stammen, auf der anderen hingegen zahlreiche ›sichere‹ Kompositionen P.s nicht enthielten. So stammen die einst P. zugeschriebenen sechs »Concerti armonici« von dem holländischen Komponisten Unico Wilhelm Graf Wassenaer. Die schon im 18. Jahrhundert einsetzende ›Verklärung‹ des Komponisten, zu der wohl auch sein früher Tod beitrug, sowie die einzigartige Rezeption des *Stabat mater* und des Intermezzos *La serva padrona* (Gennaro Antonio Federico; Neapel 1733) gestalten eine historische, aber auch ästhetische Betrachtung von P.s kompositorischem Schaffen als äußerst komplex. Wenn es denn stimmt, daß in der Ästhetik Fiktionen Realitäten sind (Dahlhaus), dann ist von *La serva padrona* offenbar nicht mehr jene Schicht ablösbar, die dem Werk dadurch zugewachsen ist, daß sich an ihm

1752 in Paris eine opernästhetische Debatte entzündete: die »Querelle des bouffons« (Buffonistenstreit). Durch sie vor allem verbreitete sich die Vorstellung, P. habe mit diesem Intermezzo einen neuen Opernstil begründet. Er habe eine musikdramatische Sprache entwickelt, welche den Dialog und das komödiantische Spiel plastisch zu vergegenwärtigen vermöchte sowie durch Grazie der Melodie und Einfachheit der Harmonie rein und natürlich, mithin »wahr« sei. Als »Sprache des Herzens« (Jean-Jacques Rousseau) empfand man auch die Musik des *Stabat mater*. Daß sie zu Tränen rühre, wurde zu einem Topos bis weit ins 19. Jahrhundert, der wesentlich dazu beitrug, daß man die Komposition zu den Meisterwerken der abendländischen Musik zählte. Welch kuriose Blüten diese Rezeption zeitigte, belegen zahlreiche Zeugnisse von Philosophen, Literaten und Musikern bis in unsere Zeit (Degrada 1986, 152–160), belegt aber auch eine zum Teil seltsame Aufführungspraxis. So wurde das *Stabat mater* unter der Leitung und in der Bearbeitung von Roberto de Simone 1985 am Teatro San Carlo in Neapel szenisch als sentimentale »sacra rappresentazione« aufgeführt.

Doch nicht nur durch den Buffonistenstreit und seine Folgen wurde der Blick auf P.s Œuvre verstellt. Kaum weniger belastend wirkte sich aus, daß man in P.s Intermezzi und Musikkomödien ›volkstümliche‹ Kompositionen sah, welche eine Kritik an der opera seria als ›aristokratischer‹ Kunst darstellten, zu der sie in Konkurrenz getreten sein sollen. Commedia per musica und dramma per musica lebten indes in ›friedlicher Koexistenz‹. Die Musikkomödie fand in Neapel gerade in Adelskreisen breite Unterstützung. So stand die Aufführung von P.s *Lo frate 'nnamorato* im Teatro dei Fiorentini (Federico; 1732) unter der Schirmherrschaft des einflußreichen Don Luise Sanseverino Principe von Bisignano. Diese Oper, zu Lebzeiten des Komponisten außergewöhnlich populär und grundlegend für sein hohes Ansehen in Neapel, bildet einen Beitrag zu der im frühen 18. Jahrhundert in dieser Stadt entstandenen Gattung der commedia per musica, hier auf ein Buch Gennaro Antonio Federicos, des in diesem Genre führenden Librettisten, welcher auch die Texte zu *La serva padrona* und *Il Flaminio* (Neapel 1735) schreiben sollte. Der Eindruck, bei dieser Gattung handele es sich um ›einfache‹ Kunst, stellte sich in späterer Zeit möglicherweise dadurch ein, daß der dramatische Vorwurf stereotyp war, so wie dies auch für die Intermezzi gilt. Auf einen Handlungsgehalt im Sinne der Komödie Goldonischer Provenienz, gar auf ›Moral‹, kommt es in diesen Stücken indes gar nicht an. Von daher wäre die vielfach formulierte These zu überdenken, P. habe mit diesen Stücken eine Art Gesellschaftskritik geübt. Im Zentrum des Geschehens stehen vielmehr mit psychologischem Gespür entworfene ›Situationen‹ und Milieuschilderungen, deren Hintergründigkeit und Komik aus oftmals literarischen Anspielungen hervorgingen, die man heute vielfach gar nicht mehr versteht. Der artifizielle Charakter dieser Gattung beruhte nicht nur auf dem sublimen Spiel mit den Ebenen, sondern ergab sich auch durch die vor allem über Sprachidiome (Hochsprache, Dialekt) vermittelte Rollenhierarchie. In diesem Punkt einer hierarchischen Disposition der »caratteri« stand die Musikkomödie der opera seria ebensowenig fern wie in der Besetzung von Männerrollen mit Sopranen (Ascanio in *Lo frate 'nnamorato*, Giulio/Flaminio in *Il Flaminio*) und dem Einfügen von Intermezzi zwischen den Akten (in *Lo frate* als Introduktion zu einem Ballett). Sucht man nach Gründen für P.s Erfolg in dieser Gattung, so ist vor allem seine Fähigkeit hervorzuheben, daß er für die Vielfalt der Stilebenen, für ihre komplexe Vermittlung und Brechung musikalische Mittel bereitstellte, die auf den Beziehungsreichtum und Aktionscharakter der Komödie eingingen. Dies macht sich vor allem in den Ensembles in einer Satzfaktur bemerkbar, die rasche und unvermittelte Wechsel von kontrastierenden, oft kurzen Motiven erlaubte. Auch, aber nicht nur mit parodistischer Wirkung ›zitierte‹ P. ›Seria‹-Arien, denen er mit dynamischen und rhythmischen Mitteln nicht selten eine neue Gestalt verlieh. Eine andere, höchst eigentümliche Sprache fand er für die Partien »di mezzo carattere«: liedartige Gesänge (»canzone«), denen häufig eine Refrainstruktur zugrunde liegt. Den »parti buffe« wird hier wie auch in den Intermezzi (*La serva padrona*; *Livietta e Tracollo*, Tommaso Mariani; Neapel 1734) ein Idiom verliehen, welches sich durch eine »naturalezza« auszeichnet, die im übrigen nicht weniger Kunstcharakter aufweist, als dies etwa bei den ›Seria‹-Parodien der Fall ist.

Der Eindruck, daß es sich bei P. um einen Komponisten handelt, der heute erst eigentlich wieder entdeckt werden muß, stellt sich nicht nur bei der Begegnung mit der commedia per musica ein, sondern bestätigt sich auch in den drammi per musica nach den Libretti Pietro Metastasios. Ein

Blick in die Neuausgabe des *Adriano in Siria* (Neapel 1734) oder in die Faksimile-Edition von *L'olimpiade* (Rom 1735; einige Arien sowie Sätze aus der Sinfonia wurden aus *Adriano* entlehnt) lehrt, wie fruchtbar P. auch auf dem Gebiet des dramma per musica wirkte. Wie jeder andere Komponist der Zeit schrieb P. die Arien den Sängern ›auf den Leib‹, so die Partie des Farnaspe (*Adriano*) für den Kastraten Caffarelli. Doch zeigt sich, daß P. außer einem schon im 18. Jahrhundert gerühmten Sinn für »empfindsame« Melodien und deren deklamatorische Qualität (»Se cerca, se dice« aus *L'olimpiade*) einen ebenso untrüglichen für Klangdifferenzierung besaß. So teilte er in Farnaspes Arie »Torbido in volto e nero« (als Arie Megacles auch in *L'olimpiade*) das Orchester in zwei Gruppen, wobei er das zweite Ensemble im Ritornell für Echoeffekte und während des Gesangs zu klanglichen Abstufungen konzertierender Art nutzte.

P.s Porträt wäre nur unvollständig, würde man seine geistlichen Werke, die 1731 in Neapel während der Endphase oder unmittelbar nach seiner Ausbildung am Conservatorio dei Poveri di Gesù Cristo entstandenen Oratorien *Li prodigi della divina grazia nella conversione e morte di San Guglielmo, Duca d'Aquitania* und *La fenice sul rogo ovvero La morte di San Giuseppe*, vor allem jedoch seine kirchenmusikalischen Kompositionen übergehen. Diese zu schreiben hatte er Gelegenheit, als er die 1734 in Aussicht gestellte Position als Kapellmeister der Stadt Neapel und Nachfolger Domenico Sarros nicht antreten konnte, da dieser im Amt verblieb. So nahm er einen Auftrag der Herzöge von Maddaloni an und dirigierte 1734 in San Lorenzo in Lucina seine *Messe F-dur*, schuf als außerplanmäßiger Organist der königlichen Kapelle 1735 sein zweites *Salve Regina* und – als wohl letztes Werk – das von der »Confraternita di San Luigi di Palazzo« erbetene *Stabat mater*. Es gibt wohl kein überzeugenderes Beispiel als das erste Duett aus dieser für Sopran und Alt geschriebenen Sequenz, um zu erkennen, welch hochartifizieller Charakter P.s Kompositionen innewohnt. Hier sind es neben Melodik und Satzfaktur vor allem die harmonischen Mittel, welche dem Stück eine gleichsam auratische Qualität verleihen.

Mit Recht auch und gerade in der Polemik hebt Francesco Degrada – hier mit Blick auf die Musikkomödien – nachdrücklich hervor (Degrada 1986, 15), daß P.s schöpferische Kraft und kompositorisches Können nicht Frucht einer Spontanei-

tät volkstümlichen Ursprungs (»spontaneità di matrice popolare«) sind, wie man das im 19. Jahrhundert hat sehen wollen, sondern Ergebnis einer künstlerischen Haltung, die auf eine äußerst differenzierte musikalische Sprache, Vielfalt der Stile und letztlich ihre Synthese zielte.

Noten: Opera omnia di G. B. P., hrsg. von F. CAFFARELLI, Rom 1936–41, Ndr. Florenz 1972. G. B. P. Complete works/Opere complete, hrsg. von B. S. BROOK u. a., N. Y., Mailand 1986ff. Stabat mater [Partitur], hrsg. von A. EINSTEIN, Ldn. o. J. [1949]. Stabat mater [Partitur], hrsg. von PH. MOHLER, Mainz 1954. La serva padrona [Partitur], Mailand 1957, Ndr. 1980. Lo frate 'nnamorato [Klavierauszug], hrsg. von E. GERELLI, Mailand 1961. Livietta e Tracollo [Klavierauszug], bearbeitet von W. EBERMANN und M. KOERTH, Lpz. 1963. Dixit Dominus [2. Fassung], hrsg. von D. RUEGGE, Zürich 1974. Laudate pueri, hrsg. von DEMS., Zürich 1976. Olimpiade [Partitur, Faks-Ndr. der Abschrift Brüssel], N. Y., Ldn. 1979 (Ital. Opera 1660–1770, 34). Confitebor tibi domine [Partitur], hrsg. von FR. DEGRADA, Mailand 1979. Domine ad adjuvandum me [Partitur], hrsg. von DEMS., Mailand 1979.

Werkverzeichnis: PAYMER, M. E.: G. B. P. 1710–1736. A Thematic Catalogue of the Opera Omnia with an Appendix Listening Omitted Compositions, N. Y. 1977. DEGRADA, FR.: Le messe di G. B. P. Problemi di cronologia e d'attribuzione *in* Studien zur italienisch-deutschen Musikgeschichte III, hrsg. von FR. LIPPMANN, Köln 1966 (Analecta musicologica, 3), 65–79. PAYMER, M. E.: The Instrumental Music Attributed to G. B. P. A Study in Authenticity, Diss. Univ. of N. Y. 1977. HUCKE, H.: P. Probleme eines Werkverz. *in* Acta Musicologica 52 (1980), 195–225.

Bibliographie: PAYMER, E. und WILLIAMS, H. W.: G. B. P. A Guide to Research, N. Y. und Ldn. 1989.

Periodica: Studi Pergolesiani/P. Studies, Florenz 1986ff.

Literatur: RADICIOTTI, G.: G. B. P. Vita, opere ed influenza sull'arte, Rom 1910, Mailand ²1935; dt. bearbeitet von A.-E. CHERBULIEZ, Zürich und Stg. 1954. WALKER, FR.: Two Centuries of P. Forgeries and Misattributions, ebd., 297–320. DUNNING, A.: Zur Frage der Autorschaft der Ricciotti und P. zugeschriebenen Concerti Armonici *in* Anzeiger der Phil[osophisch]-Hist[orischen] Klasse der Österreichischen Akademie der Wissenschaften 1963, 113–129; separat Graz 1963. HUCKE, H.: Die musikalischen Vorlagen zu Igor Strawinskys »Pulcinella« *in* Fs. Helmuth Osthoff zu seinem 70. Geburtstag, Tutzing 1969, 241–250. HELL, H.: Die neapolitanische Opernsinfonie in der ersten Hälfte des 18. Jahrhunderts, Tutzing 1971. FRAVELLI, D.: Stabat mater. Poesia e musica *in* Rivista Internazionale di Musica Sacra 4 (1983), 9–43. Lo stato attuale degli studi su P. e il suo tempo, hrsg. von FR. DEGRADA, Scandicci und N. Y. 1986. DERS. u. a.: G. B. P., Neapel 1986. WEBER, H.:

Der Serva-padrona-Topos in der Oper. Komik als Spiel mit musikalischen und sozialen Normen *in* AfMw 45 (1988), 87–110.

Sabine Henze-Döhring

Peri, Jacopo

Geb. 20. 8. 1561 in Rom (?); gest. 12. 8. 1633 in Florenz

P. war in einer Epoche größten musikalischen Umbruchs maßgeblich an der Entstehung der Oper beteiligt. Als Komponist, Sänger und Instrumentalist arbeitete er an verschiedenen Kirchen und am Hof der Medici in Florenz. Er gehörte zu den dortigen Humanistenzirkeln, die bestrebt waren, auf der Grundlage der platonischen Ethoslehre von der Macht der Musik über die Zuhörer einen neuartigen Stil, jedoch nach antikem Vorbild, zu schaffen. Ein Forum fanden sie in den großen höfischen Festen; die Intermedien anläßlich der Hochzeit des Großherzogs (1589) etwa, prachtvolle – und für spätere Opern vorbildliche – Unterhaltungen mit effektvollen Bühnenbildern, Kostümen, Musik und Tanz, priesen immer wieder die Macht der antiken Musik, und P. soll mit einer herrlichen Arie zum selben Thema seine Zuhörer besonders gefesselt haben.

Die höfische Mode der Pastoralen, aber auch das Interesse an der Theorie des Aristoteles über die kathartische Wirkung von Musik und Drama, spiegelten sich in P.s Zusammenarbeit mit Ottavio Rinuccini, einem humanistischen Dichter und Schüler von Torquato Tasso. Die Musik zum Pastoraldrama *Dafne*, 1598 in Florenz zunächst als Experiment im kleinen Kreis aufgeführt, ist verloren; aber in *Euridice*, der ersten erhaltenen Oper, 1600 in Florenz aufgeführt und gedruckt anläßlich der Hochzeit Heinrichs IV. von Frankreich mit Maria de'Medici, läßt sich die enge Verbindung zwischen Wort und Musik nachvollziehen, wie man sie auch im Drama der Antike vermutete. In seinem Vorwort zu *Euridice* schreibt P., nach Ansicht vieler seien die Tragödien der Griechen und Römer ganz und gar gesungen worden, und er glaube, diese Vortragsweise habe »zwischen der langsamen und ausgehaltenen Bewegung des Gesangs und der raschen, schnellen Bewegung der Sprache« gelegen. Als Versuch einer Aneignung schuf P., vielleicht angeregt von Cavalieri, ein sehr emotionales, dramatisches Rezitativ mit genauer Anpassung der Musik an Sprachmelodie und -rhythmus, aber auch an die Spannungsverlaufe des Textes; anders als bei Cavalieri werden Versschlüsse nicht regelmäßig hervorgehoben, so daß sich eine lebendigere, an der Prosa orientierte Deklamation ergibt. Der Affektsteigerung entspricht eine hochexpressive Musik: Z. B. unterbricht die Botin die heitere Idylle und schildert mit Melodiesprüngen, unvorbereiteten Dissonanzen und stockenden Pausen den Tod Euridices; ein Modell nicht nur für Monteverdi, sondern auch für Jahrzehnte darüber hinaus.

Ihre Wirkung, sagten allerdings schon Zeitgenossen, sei nur einzuschätzen, wenn man P.s eigene vortreffliche (und kaum in Notation übertragbare) Ausführung erlebt habe; spätere Generationen verurteilten P.s Rezitative wie die seiner Zeitgenossen als spannungslos – ein Urteil, das die ›historische‹ Aufführungspraxis, die sich nicht allein am Notenbild orientiert, revidiert hat. In einer späteren Oper *La Flora* (1628; gemeinsam mit Marco da Gagliano) notierte P. viel mehr Auszierungen als in seinen früheren Werken, z. B. in der virtuosen Arie »O campagne d'Anfitrite«. Andere dramatische Werke sind nur fragmentarisch überliefert. In seiner Sammlung von Gesängen *Le varie musiche* (1609, 2. Auflage 1619) finden sich bereits Beispiele für die Vertonung strophischer Texte in Form von Rezitativ und Arie.

Noten: Euridice, Florenz 1600, Reprint N. Y. 1972, hrsg. von E. M. DUFLOCQ, Rom 1934. Einzelne Instrumentalwerke hrsg. von G. HAUSSWALD *in* Das Musikwerk 45, Köln 1973. Le varie musiche and other songs, hrsg. von T. CARTER, Madison 1985.
Literatur: PIROTTA, N. und POROLEDO, E.: Music and Theatre from Poliziano to Monteverdi, Cambridge (1969), ³1982. RUSSANO HANNING, B.: Of Poetry and Music's Power Humanism and the Creation of Opera, Ann Arbor und Michigan 1980. PALISCA, CL.: Humanism in Italian Renaissance Musical Thought, New Haven (CT) 1985. CARTER, T.: J. P. 1561–1633. His Life and Works, 1. Bd., N. Y. und Ldn. 1989. FISTOLESI, L.: Del recitar cantando. Per un studio comparativo dell' Euridice di J. P. e di Giulio Caccini, Mailand 1990. Musica umanistica da Poliziano a Rinuccini [Kongr.-Ber. 1994], Sezze Romano 1995. CARTER, T.: Music, Patronage and Printing in Late Renaissance Florence, Aldershot 2000.

Marie-Agnes Dittrich

Perotinus, (Magister)

geb. ca. 1170 in Bourges (?);
gest. 1246 (?) in Paris

Um 1260 herum studierte ein junger Engländer, den wir nur noch als Anonymus IV bezeichnen können, an der Pariser Universität. Wieder zu Hause in seinem Heimatkloster, zeichnete er in einem Musiktraktat auf, was er in Paris, dem damaligen Zentrum nicht nur der musikalischen Kultur, gelernt hatte. Als er auf die Mehrstimmigkeit, den höchsten Schmuck der Liturgie, zu sprechen kommt, erwähnt er einen Magister Leoninus, der das »Magnus liber organi«, ein großes Buch mit Organa, also zweistimmigen Choralbearbeitungen, angefertigt habe. Sein Nachfolger, ein Magister P. magnus, hätte dann die Stücke gestrafft und verbessert. P. habe außerdem drei- und sogar einige vierstimmige Stücke hinzugefügt. Diese Information ist neben ihren Werken bis heute das einzige Zeugnis für die Existenz dieser beiden Komponisten. Da Leonin ein Name ist, der sich nur selten in den Akten der Kirche Notre Dame findet, läßt er sich mit einem Pariser Kleriker verbinden, der um 1135 in Paris geboren wurde, seine Ausbildung an der Kathedralschule erhielt und schließlich ein hoher Kanoniker an Notre Dame wurde. Vermutlich ist er am 24. 3. 1201 gestorben. In den zeitgenössischen Zeugnissen wird er aber nicht als Komponist, sondern nur wegen seiner Dichtkunst gerühmt. Für Petrus mit seiner respektvollen Verkleinerungsform P. machen neuere Untersuchungen (Flotzinger) eine Zuordnung zu einem gewissen P. parvus wahrscheinlich, der gegen 1170 in Aquitanien geboren und an der Kathedralschule in Bourges ausgebildet wurde und dort eine Zeitlang als Lehrer und seit 1204 als Kanoniker tätig war. Irgendwann kam er dann nach Paris, wo er Beziehung zur königlichen Hofkirche St. Germain-l'Auxerrois hatte. 1231 ist er als Disputant an der Universität nachweisbar, deren Kanzler er ein gutes Jahr bis zu seinem Tod im August 1246 gewesen ist.

Das von Anonymus IV erwähnte »Magnus liber organi« ist uns heute noch in drei umfangreichen Handschriften des 13. Jahrhunderts überliefert. Es zeigt einen völlig neuen Zugang zur musikalischen Kompositionsweise, die uns im emphatischen Sinne von einem Ereignis Notre Dame sprechen läßt. Dem Umkreis dieser Kathedrale entstammen nicht nur die beiden Komponisten, ihr Werk ist auch ganz auf den Rahmen und die Möglichkeiten dieser Kirche ausgerichtet, deren Grundstein 1163 gelegt wurde und deren Chor 1182 feierlich geweiht wurde. Ein wichtiger Bestandteil aller liturgischen Feierlichkeiten war der einstimmig ausgeführte gregorianische Choral. Nur an hohen Festtagen durfte dieses Repertoire, das allein schon durch eine Jahrhunderte währende Tradition sanktioniert war, durch eine mehrstimmige Ausführung verziert werden. Im engem Zusammenhang mit der zeitgenössischen Dichtungslehre wurde zugleich eine neue Aufzeichnungsweise entwickelt, die sogenannte Modalnotation, mit der zum ersten Mal rhythmische Abläufe genau wiedergeben werden konnten. Damit war eine Voraussetzung für eine weit kunstvollere Ausgestaltung der Mehrstimmigkeit geschaffen, als es bislang, etwa in der Mehrstimmigkeit des südfranzösischen Klosters St. Martial in Limoges, von der einige Handschriften aus der 1. Hälfte des 12. Jahrhunderts zeugen, möglich bzw. notwendig gewesen war.

In einer wahrscheinlich frühen Schicht der zweistimmigen Organa blieb dem Sänger der Oberstimme, die solistisch ausgeführt wurde, noch ein weiter rhythmischer Ermessensspielraum erhalten. Das ergibt sich schon aus der kompositorischen Struktur dieser Stücke. Ausgangspunkt ist die Melodie des gregorianischen Chorals, die in langen Haltetönen in der Unterstimme erklingt. Über jedem einzelnen Ton bildet der Sänger nun eine kurze melismatische, also textlose Tonfolge, die aus kurzen, oft formelhaft wiederholten Wendungen besteht. Die Gestaltung dieser melodischen Wendungen lehnt sich eng an ihr Vorbild, die Melodik des Chorals, an. Ihr musikalischer Charakter ist denn auch »nichts anderes als Choral, wenn auch eine besonders festliche Form des Chorals« (Reckow, 451).

Von dieser eher »schematisch-ornamentalen Bearbeitung« (Reckow, 453) eines Choralausschnittes unterscheidet sich deutlich eine weitere Schicht zweistimmiger Organa, die möglicherweise auf Leonin selbst zurückgeht. Er verteilt die Melismen nicht mehr gleichmäßig auf die einzelnen Tenortöne, sondern bildet Schwerpunkte, mit denen zugleich die Modalität, also die kirchentonale Einbindung der Choralmelodie, in der Mehrstimmigkeit aufgenommen wird. In den längeren Melismen spannt der Sänger der Oberstimme in weiten melodischen Bögen einen Tonraum auf, der ganz auf den jeweils erklingenden Ton der Choralmelodie ausgerichtet ist. Dabei werden neben den drei konsonanten Intervallen Quarte, Quinte und Oktave auch die anderen Zusammenklänge bis hin zur Septime zur spannungsvollen Darstellung dieses Tonraumes genutzt. Oft endet der Abschnitt auf einem konsonanten Ruhepunkt, und allein das Weiterschreiten der Choralmelodie in der Unterstimme garantiert den Fortgang des Stückes. Ein solches Organum setzt sich also aus vielen einzelnen, melodisch ausgeschmückten Elementen zusammen, die wie die Pfeiler des Raumes, für den sie entstanden sind, nebeneinander stehen und sich nur über die vielen einzelnen melodischen Linien zu einem Gesamteindruck verbinden. An den Schlüssen größerer Abschnitte kommen beide Stimmen in einer gemeinsamen rhythmisch gebundenen Bewegung, dem sogenannten Discantus-Satz, zusammen. Hier finden sich denn auch erste Ansätze einer genuin musikalischen Formbildung. Diese Partien bestehen aus kurzen, rhythmisch prägnanten Melodiegliedern, die oft zu Zweiergruppen zusammengefaßt werden. Ihre modale Rhythmik mit dem steten Wechsel kurzer und langer Werte, insbesondere auch die Bildung der geradtaktigen Einheiten, die wie Frage und Antwort aufeinander bezogen sind, lassen an einen Einfluß der zeitgenössischen Tanzmusik denken.

Im drei- und vierstimmigen Organum sind solche frei ausgeführten Oberstimmen nicht mehr möglich. Deshalb mußte Perotin, und darin liegt seine besondere Bedeutung für die weitere Entwicklung nicht nur der Gattung des Organum, die melodische Gestaltung der Oberstimmen genauestens durchorganisieren. Zwar bleibt jede Stimme allein für sich genommen auf die Unterstimme, den Tenor, bezogen, was an manchen Stellen sogar zu Dissonanzen zwischen den einzelnen Oberstimmen führen kann. Darüber hinaus gelingt es P. aber, die Ansätze zu einer musikalischen Formbildung in den Oberstimmen weiter auszubauen und den Satz allmählich mit einem Netz melodisch gleichartiger Figuren eng zu verweben. Dazu nutzt er kurze Imitationen, längere Sequenzabschnitte bis hin zur Wiederholung einzelner Abschnitte im Stimmtausch.

1198 erwähnt der Pariser Bischof Odo von Scully ausdrücklich, daß an ganz bestimmten Feiertagen drei- und vierstimmige Organa gesungen werden dürfen. Somit gehören vermutlich die beiden einzigen erhaltenen vierstimmigen Organa, die Anonymus IV P. zuschreibt, nämlich das Organum zum Graduale der Weihnachtsmesse *Viderunt omnes* und das zum Graduale vom Stephanstag, dem 26. 12., *Sederunt principes*, zu den frühen Werken des Komponisten. Nach diesen Experimenten mit einer prinzipiell beliebig erweiterbaren Stimmenzahl konzentrierte sich P. im Weiteren auf den dreistimmigen Satz. Ausgehend von den zweistimmigen Vorbildern Leonins suchte er mit Hilfe einer intensiveren melodischen Durcharbeitung des Satzes und verstärkter Periodenbildung eine größere Dichte und eine straffere Gesamtorganisation der Form zu erzielen. Dabei ging es nicht darum, bestimmte Modelle der Formbildung zu entwickeln. Vielmehr hatte der Komponist bei jedem Cantus »von neuem aus dessen besonderen Eigentümlichkeiten heraus seine Formkonzeption zu erarbeiten, die sowohl diesen Eigentümlichkeiten gerecht werden als auch ihre Abhängigkeit von ihnen eben durch eine individuell-adäquate und zugleich spezifisch mehrstimmige Formlösung vergessen lassen soll« (Rekkow, 491).

In der weiteren Entwicklung spielten die Discantus-Partien, also jene Abschnitte, wo sowohl der Tenor als auch die Oberstimmen rhythmisch gebunden sind, eine besondere Rolle. Da sie von den zweistimmigen Partien des sogenannten schweifenden Organums deutlich abgesetzt waren, konnten sie leicht durch neuere Kompositionen, sogenannte Klauseln, ersetzt werden. Das »Magnus liber organi« hat eine ganze Reihe solcher Klauseln gesammelt, die offensichtlich nach Belieben in die Organa eingesetzt werden konnten. Einige, wie etwa die Klauseln über dem Melisma auf der Silbe »La-(tus)« aus dem Alleluia der Ostermesse »Pascha nostrum immolatus est Christus« (»Christus, unser Osterlamm ist geopfert«), stellen sich auch als ein Experimentierfeld der neuen Kompositionstechnik dar. Dabei dient der Choralausschnitt, der die Unterstimme bildet, nur noch als bloßes Tonmaterial, das entsprechend der musikalischen Organisation der Klausel rhythmisch zubereitet, oft auch wiederholt wird. Von hier war es nur ein kleiner Schritt zur Texturierung der Oberstimmen, wobei der Text zunächst auf das in der Unterstimme angesprochene Geschehen bezogen bleibt. Auf diesem Wege entstand, möglicherweise durch P. selbst, die frühe Motette. Aus einer Latus-Klausel etwa wurde durch die Texturierung der Oberstimme die Motette *Radix venie* (»Wurzel der Gnade«). Dieser Text erweitert die Aussage des liturgischen Textes um eine Marienpreisung, die eher auf Weihnachten als auf das Osterfest verweist und erst gegen Ende in Bildern und alttestamentarischen Assoziationen wieder auf das Osterfest zurückführt. Jeweils zwei Verse schließen sich zu einer syntaktischen Einheit zusammen, die musikalisch genau den viergliedrigen rhythmischen Einheiten der Tenortonfolge entsprechen. Diese Motette ist noch einmal, allerdings mit einem anderen Text und nun ohne den Tenor, also gleichsam als zweistimmiges Lied, in einer anderen der sogenannten Notre-Dame-Handschriften im Anschluß an das »Magnus liber organi« überliefert. Und in einem weiteren Teil derselben Handschrift findet sich dieselbe Motette, nun aber mit dem französischen Text *Quant l'aloete s'esjoist en mai* (»Wenn die Lerche sich im Mai erfreut«). Aus einer liturgischen Komposition ist somit ein Stück weltlicher Liebeslyrik geworden.

Im weiteren Verlauf des 13. Jahrhunderts entfernt sich die Motette immer weiter von ihren liturgischen Anfängen, bis sie auch im Tenor weltliche Liedvorlagen verwendet. Zugleich gewinnt der Text der Oberstimmen an Bedeutung; denn nun wird nicht mehr eine vorgegebene Klausel nachträglich textiert, sondern der Tenor wird von vornherein rhythmisch so zubereitet, daß er den Erfordernissen des Textes, der oft an Refrain-Zitate, also zeitgenössische Tanzlieder anknüpft, weitgehend entspricht. Der größte Teil dieser Werke ist uns nur anonym überliefert. Erst gegen Ende des Jahrhunderts finden sich mit Adam de la Hale und Petrus de Cruce erste Komponistennamen, ein Zeichen für einen grundsätzlichen Wandel, der dann im 14. Jahrhundert zum neuen Selbstbewußtsein von Künstlern wie Philippe de Vitry und Guillaume de Machaut führen sollte.

Noten: Die drei- und vierstimmigen Notre-Dame-Organa, hrsg. von H. HUSMANN, Lpz. 1940, Ndr. Hildesheim 1967 (Publ. älterer Musik 11). The Parisian Two-Part Organa. The Complete Comparative Edition, hrsg. von H. TISCHLER, 2 Bde., Stuyvesant (NY) 1988.
Literatur: RECKOW, FR.: Das Organum *in* Gattungen der Musik in Einzeldarstellungen, hrsg. von W. ARLT u. a., Bern 1973, 434–496 und 497–573. TRAUB, A.: Das Ereignis Notre Dame *in* Die Musik des Mittelalters, hrsg. von H. MÖLLER u. a., Laaber 1991, 239–271. P. Magnus, hrsg. von H.-KL. METZGER, Mn. 2000 [MK 107]. FLOTZINGER, R.: P. musicus. Wegbereiter abendländischen Komponierens, Mainz 2000.

Christian Berger

Petrassi, Goffredo

Geb. 16. 7. 1904 in Zagarolo (Rom); gest. 2. 3. 2003 in Rom

Die angeborene und lebhafte intellektuelle Neugier, die den Komponisten schon in seiner Jugend dazu trieb, die Partituren zu studieren, von denen er sich als Verkäufer einer römischen Musikalienhandlung umgeben fand, begründete die Geisteshaltung, die P. stets auf seinem Weg begleitet hat. Dieser war gekennzeichnet durch höchste Aufmerksamkeit für die wichtigsten zeitgenössischen Erfahrungen (Stravinsky, Hindemith, Bartók, Boulez), die er der Prüfung durch seine eigene schöpferische Persönlichkeit unterwarf. Aufgrund dieser Persönlichkeit war P. in der Lage, sich seine Handschrift zu bewahren und gleichzeitig einen fruchtbaren Einfluß auf die jungen italienischen Komponisten der Nachkriegszeit auszuüben.

Ein Hang zum Neoklassizismus in den ersten Werken, unter ihnen die *Konzertouvertüre* (1931), die *Partita* (1932) und das *Erste Konzert für Orchester* (1934), läßt einige Züge P.s hervortreten, die nicht mit den Launen dieses Stils untergehen sollten: der architektonische Anspruch, die Klarheit der Konstruktion, die rhythmische Energie, expressive Zurückhaltung. In den ersten zwei Jahrzehnten dominiert in P.s Schaffen die Produktion sakraler Chorwerke, in Erinnerung an seine Zeit als Chorknabe während des Besuchs der Schola Cantorum di San Pietro. *Salmo IX* (1934) und *Magnificat* (1939) brachten dieser Stilphase mit ihrer spektakulären Gebärdensprache den Namen »römisches Barock« ein. Mit *Coro di morti* (1941) zeichnet sich eine Wende zur Verinnerlichung ab, das optimistische Bekenntnis der Glaubenswahrheit wandelt sich – mit dem Höhepunkt in *Noche oscura* (nach einem Text des Mystikers Juan de la Cruz; 1950) – zur mystischen Reflexion der Bestimmung des Menschen. In beiden Werken ist neben der Geltung neuer ethischer Instanzen ein neuer Forscherdrang am Werk, der langsam, aber sicher die anfänglichen Bindungen an modale Tonalität und Polytonalität aufbricht.

P.s Erfahrungen mit dem Musiktheater, die in dasselbe Jahrzehnt fallen, ergreifen entweder die Gelegenheit, vor der Nachkriegskrise auszuweichen, so in den Balletten *La follia d'Orlando* (1942–43, Mailand 1947), *Ritratto di Don Chisciotte* (Paris 1947) und der Oper *Il Cordovano*

(Mailand 1949/1959), oder sie nehmen das Format einer problemorientierten Tragödie an wie in *Morte dell'aria* (Rom 1950); dieses Werk ist der Ausdruck eines Idealismus, der dem zeitgenössischen Menschen den Glauben an die eigenen Ideale weisen wollte, wenn auch nur im Bewußtsein ihres rein utopischen Wertes. Von Beginn der fünfziger Jahre an konzentriert sich die Aufmerksamkeit des Komponisten auf die Instrumentalmusik: in kurzer Zeit entstehen fünf der acht *Konzerte für Orchester*, einem für das Verständnis von P.s künstlerischen Weg fundamental wichtigen Werkzyklus (Nr. 2–6, 1951–57). Auch die Produktion von Kammermusik erfährt eine beachtliche Steigerung – wichtig sind Werke wie die *Serenata* (1958), *Tre per sette* (1964), *Estri* (1967), *Ala* (1972), *Grand Septuor* (1978) und *Inno* (1984); im Umkreis dieser Werke gelangt P.s Stil zu den radikalsten Resultaten seines Suchens, indem er jede Art von thematischer Faktur zugunsten einer ›kaleidoskopischen Betriebsamkeit‹ unterdrückt, die auf der Grundlage kleiner Zellen arbeitet, die bisweilen seriell, häufiger jedoch in einer freien und undogmatischen Chromatik organisiert sind; die Klangfarbe kristallisiert sich immer deutlicher und feiner als strukturelles Mittel heraus. Die Früchte dieser Experimente wurden auch auf Orchesterwerke übertragen, so im dichten Gewebe des *Siebten* und *Achten Konzerts für Orchester* (1964 bzw. 1972) und in der meditativen Abstraktion von *Poema* (1980) und *Frammento* (1983). Die letzten zwei Jahrzehnte zeitigen auch eine Erneuerung des ethisch-religiösen Engagements: *Propos d'Alain* (1960) und *Beatitudines: testimonianza per Martin Luther King* (1969) sowie die *Mottetti per la Passione* (1965), die *Orationes Christi* für Chor (1975) und das *Kyrie* (1990) setzen die nach Innen gerichtete Suche fort, mit der der Komponist in den sakralen Werken seiner Anfänge begonnen hatte.

Noten: Suvini Zerboni (Mailand); Universal Edition (Wien); Ricordi (Mailand).

Werkverzeichnis: Annibaldi, Cl. und Monna, M.: Bibliografia e catalogo delle opere di G. P., Mailand 1980. G. P. Musikmanuskripte, hrsg. von U. Mosch, Winterthur 1997 (Inventare der Paul-Sacher-Stiftung 17).

Literatur: Bortolotto, M.: P.s Stil 1960 in Melos 30 (1966), 48–50. Lombardi, I.: Conversazioni con P., Mailand 1980. P., hrsg. von E. Restagno, Turin 1986. Billi, M.: G. P. La produzione sinfonico-corale, Palermo 2002.

Francesca Magnani

Pettersson, Gustav Allan

Geb. 19. 9. 1911 in Västra Ryd (Uppland); gest. 20. 6. 1980 in Stockholm.

Wohl bei keinem anderen Komponisten gewannen die zunächst nur in Schallplattenbeilagen, Werkeinführungen und Feuilletons kolportierten Ansichten einzelner deutschsprachiger Autoren binnen weniger Jahre ein solches Gewicht, daß sie seither als Topoi die Rezeption von Biographie und Werk weitgehend bestimmen. Als Kristallisationspunkt fungierte dabei die Presseberichterstattung über den 1994–95 vom Gemeinsamen Kultursekretariat in Nordrhein-Westfalen organisierten Aufführungszyklus, der das gesamte Schaffen des schwedischen Komponisten umfaßte. Bequem fand man in den zerrissenen, emotional bewegenden Symphonien das Bild eines einsamen, im eigenen Land unverstandenen und von Krankheit (Gelenkarthrose) gezeichneten Mannes wieder, seine Musik wurde als »unmittelbares klangliches Protokollieren von Erregungs-, Schmerz-, Krankheits- und Beruhigungszuständen« charakterisiert, sein Komponieren als »ohnmächtig-mächtiger Versuch einer Selbsttherapie« (Kl.-H. Jungheinrich in Musica 49 [1995], 97–100). Selbst »Der Spiegel« widmete in seiner fünften Ausgabe 1995 mit rhetorischem Eifer eine Doppelseite dieser sonderbaren Gestalt: »So bitter und bizarr, so unbeherrscht und egomanisch wie dieser schwedische Lazarus hat sich noch kein Komponist die Verzweiflung von der Seele geschrieben ... Mit Musik nahm er Rache für sein Schicksal ... Die Werke des Spätromantikers A. P. sind nichts anderes als finstere ›Mahlerei‹ aus dem irdischen Jammertal« (»Larazus im Hexenkessel«, 167 f.).

Als Basis für diese Rezeptionshaltung fungieren vor allem P.s eigene Schriften, besonders der 1952 in französischer Sprache erschienene Aufsatz »Dissonance douleur«. Übersehen wurde freilich, daß der in diesem Text beschriebene Konnex zwischen Dissonanz und Schmerz allein das drei Jahre zuvor entstandene *Konzert für Violine und Streichquartett* (1949) reflektiert, das zudem in P.s kompositorischem Œuvre in gleich mehrfacher Weise isoliert steht: »Ich habe ein Violinkonzert geschrieben, das in einer sehr symptomatischen Art und Weise bis zum Bersten mit Dissonanzen angefüllt ist. In dem Milieu, in dem ich aufgewachsen bin, habe ich den Schmerz der Menschen absorbiert. Es waren arme, kaputte, kranke und – was am schlimmsten ist – unterdrückte Menschen. Zunächst entstand in mir eine satte Empfindung davon, erst unbewußt, dann bewußt, und schließlich ein starker Druck, der nach und nach in ein intensives Ausdrucksbedürfnis überging« (Dissonance douleur, 16).

Als ein »Bekenntniswerk« sollte nicht dieses erste Violinkonzert angesehen werden, sondern der 1943–45 auf eigene Dichtungen entstandene Zyklus der *Barfotasånger* (»Barfußlieder«), die stilistisch allerdings dem Kunstlied des frühen 19. Jahrhunderts verpflichtet sind und bisweilen eine verblüffende Affinität zu Schuberts »Winterreise« aufweisen (vor allem in »Han ska släcka min lyckta«, dem letzten der 24 vertonten Gesänge). Die Melodien (wie auch die damit verbundenen Worte) müssen für P. große Bedeutung gehabt haben, denn sie ziehen sich in Form von Zitaten gleich einem roten Faden durch das weitere Schaffen: etwa in den *Sonaten Nr. 1* und *Nr. 7 für zwei Violinen* (1951), der *Sechsten Symphonie* (1963–66) und *Vierzehnten Symphonie* (1978) sowie im *Konzert Nr. 2 für Violine und Orchester* (1977–78).

In seinen Dichtungen reflektiert P. vor allem Stationen, Hoffnungen und Wünsche der eigenen Kindheit, die er in einem trostlosen, von Alkoholismus und fanatischer Frömmigkeit geprägten Elternhaus verbrachte. Mit dem Erlernen des Geigenspiels konnte er sich zwar aus diesem Milieu befreien, zeigte aber zeitlebens eine Überempfindlichkeit gegenüber Zurücksetzungen und sozialer Ungerechtigkeit. Am Ende seines Musikstudiums ausgezeichnet mit dem angesehenen Jenny-Lind-Stipendium, trat P. zunächst in den Orchesterdienst ein. Kompositorische Ambitionen entwickelte er nach sporadischen Versuchen erst am Ende der vierziger Jahre. Er erhielt zunächst Unterricht von Karl-Birger Blomdahl (und fand so Zugang zur sogenannten »Montagsgruppe«), für weitere Studien wandte er sich dann 1951–52 nach Paris. Die Unterweisung bei René Leibowitz hinterließ jedoch allenfalls ihre Spuren in der Motivbehandlung und der Instrumentation – beispielhaft in der *Zweiten Symphonie* (1952–53), die P. allerdings »hinter dem Rücken« seines Lehrers komponierte. Von der Dodekaphonie nahm er bekennend Abstand – »Erst als mir diese Gesetze bekannt waren, konnte ich sie verwerfen und mich von ihnen lossagen. Ich kann nicht so wie andere, sonst gerate ich aufs Glatteis, ich muß so schreiben können, wie ich will« (Die Musik macht das Leben erträglich, 30) –, ebenso wie von der Avantgarde, deren Snobismus er anklagte.

Was von dem zweijährigen Aufenthalt in Paris blieb, war eine geläuterte Kompositionstechnik, bei der die radikale motivische Verdichtung des *Konzerts für Violine und Streichquartett* einer mehr traditionellen metamorphoseartigen Verarbeitungstechnik motivischer Zellen weicht; ein Verfahren, das P. sowohl die Ausarbeitung weit ausgreifender Verläufe ermöglichte, als auch seinem intensiven Ausdrucksbedürfnis entgegenkam. Wohl auch aus diesem Grund blieb die 1951 begonnene *Erste Symphonie* trotz verschiedener Revisionsversuche Fragment. Eine eigene Werkgruppe, die sich vor allem wegen ihrer stilistischen Geschlossenheit auszeichnet, bilden die zwischen 1960 und 1970 entstandenen *Symphonien Nr. 5–9*. Obwohl vom Prinzip her ähnlich angelegt – emphatischen Steigerungen stehen melodisch geprägte Satzstrecken, »lyrische Inseln«, gegenüber –, sind sie vom formalen Ablauf her jeweils unterschiedlich gestaltet. Dabei erweist sich die dem Anschein nach konstitutive Einsätzigkeit der bisweilen eine Stunde beanspruchenden Partituren aber nicht allein als tragendes gestalterisches Prinzip. So kommt der *Sechsten Symphonie*, die im Schatten der verhältnismäßig häufig aufgeführten *Siebten Symphonie* steht, für die Ausprägung einer spezifischen musikalischen Sprache und Stilistik eine herausragende Bedeutung zu. Zwar entfernt sich P. mit seiner *Neunten Symphonie* (1970) bereits wieder von der mehr melodisch geprägten Faktur der *Achten Symphonie* (1968–69), doch vollzieht sich der eigentliche Wandel hin zum »Spätwerk« erst während eines neunmonatigen Krankenhausaufenthaltes mit der Konzeption der *Zehnten* und *Elften Symphonie* (1972 bzw. 1973).

Trotz der triumphalen Uraufführung der *Siebten Symphonie* am 13. Oktober 1968 unter Antal Doráti in Stockholm, mit der P. (im Alter von 57 Jahren) der endgültige Durchbruch gelang, ist P.s letztes Lebensjahrzehnt von harten Gegensätzen geprägt. Dokumentiert sich die zunehmende Anerkennung in verschiedenen Auftragswerken und repräsentativen Aufführungen – allen voran die der 1974 der Universität Uppsala anläßlich ihres 500. Gründungsjahres gewidmeten *Zwölften Symphonie* (»*De döda på torget*«, nach Gedichten von Pablo Neruda) –, wirkte sich der 1975 in den Feuilletons einiger Tageszeitungen öffentlich ausgetragene Streit um die Absetzung der *Siebten*

Symphonie aus dem Programm einer Amerikatournee der Stockholmer Philharmoniker nachhaltig negativ auf die Rezeption in Schweden aus. Obwohl P. das vom ihm erlassene strikte Aufführungsverbot seiner Werke bereits im folgenden Jahr aufhob, blieb bis in die jüngste Zeit ein bitterer Beigeschmack zurück.

Noten: AB Nordiska Musikförlaget (Stockholm).
Dokumente: Barfotasånger och andra dikter, Stockholm 1976. A. P. (1911–1980). Texte – Materialien – Analysen, hrsg. von M. KUBE, Hbg. 1994, 16–18 [darin: Dissonance Douleur, 16–18, und Die Musik macht das Leben erträglich, 27–31]. A. P. studier för René Leibowitz i Paris, ett källmaterial, hrsg. von L. BARKEFORS, Göteborg 2001 [CD-ROM].
Bibliographie: KUBE, M.; Bibl. der Schriften von und des Schrifttums über A. P. (1950–2000) in A. P. Jb. 2001, hrsg. von DEMS., Saarbrücken 2002, 117–139.
Periodica: A. P. Jb., 1986 ff.
Literatur: AARE, L.: A. P., Stockholm 1978. BARKEFORS, L.: Gallret och stjärnan. A. P.s väg genom Barfotasånger till Symfoni [Der Rost und der Stern. A. P.s Weg von den Barfuß-Gesängen zur Symphonie], Göteborg 1995. DIES.: A. P. Det brinner en sol inom oss. En tonsättares liv och verk, Stockholm 1999. KUBE, M.: A. P. Symphonie Nr. 8, Wilhelmshaven 1996. GÜLKE, P.: Über Protest, Vergeblichkeit und verweigerte Resignation. Gedanken beim Studium von P. neunter Sinfonie *in* Die Sprache der Musik. Essays zur Musik von Bach bis Holliger, Stg. und Kassel 2001, 445–452.

Michael Kube

Pfitzner, Hans Erich

Geb. 5. 5. 1869 in Moskau;
gest. 22. 5. 1949 in Salzburg

Im Denken und Schaffen Pf.s macht sich das Bewußtsein geltend, in einer Epoche des Umbruchs zu leben. Die Herausforderung durch Busonis »Entwurf einer neuen Ästhetik der Tonkunst« (1907) und durch Schönbergs Übergang zur Atonalität führte Pf., dessen Tonsprache um 1900 als neuartig und kühn empfunden wurde, zu einer konservativen Haltung. Diese ist jedoch weit entfernt von der Fixierung auf einen Status quo der Tonsprache oder des Stils. Einer solchen Fixierung, die in den Leerlauf eines epigonalen Sichwiederholens mündete, widerstreitet grundsätzlich die Pf.sche Ästhetik: Die Lehre vom Einfall ist nicht primär so zu lesen, daß Einfall gegen bewußte Formung ausgespielt wird – auch wenn Pf. in der Auseinandersetzung diese Position bezogen hat –, sondern daß Einfall die Individualität der jeweiligen Formung meint: das Postulat, sich nicht zu wiederholen, sondern jeweils Neues, Unverwechselbares hervorzubringen. Dieses Postulat war um so wichtiger, als die Bedingungen der Tonalität einen gewissen Wiederholungszwang nahelegten, dem nur durch Besonderung – durch Einmaligkeit des Einfalls – zu begegnen war. (Die Auflösung der Tonalität konnte unter diesem Aspekt als ein letzter, von Pf. freilich nicht gebilligter Schritt in die Besonderung des Einfalls gegenüber der wiederholbar allgemeinen Struktur der Tonalität gedeutet werden.) Pf. hat seine traditionsbewahrende Haltung schriftstellerisch verteidigt und sich dabei allerdings einer Diktion bedient, die in einem Konservatismus deutschnationaler und präfaschistischer Art beheimatet ist. Gegenüber dem Verdacht, daß sich gerade hier der ›wahre‹ Pf. verrate und das musikalisch Konservative als politisch reaktionär erweise, ist zu erwägen, daß ein Komponist in seinem musikalischen Denken der Wahrheit näher sein kann als in seinem sprachlichen: Mochten die Schriften gegen die Moderne dem politischen Kontext der Rechten und des Nationalsozialismus entgegenkommen, die Tonsprache Pf.s tat es nicht: Zu groß ist die Distanz zu erwünschter Gebrauchs- und Festmusik und zu aller Gruppenstabilisierung, zu eigenwillig, unangepaßt und unpopulär sind Pf.s »Einfälle«.

Bereits aus Pf.s Studienzeit am Hochschen Konservatorium in Frankfurt am Main stammen so eigenwillige Werke wie das (1977 wiedergefundene) *Cellokonzert* (1888), das der Direktor aufzuführen sich verboten hat, oder auch die frühen Lieder wie z. B. op. 4 Nr. 1 mit seinem auf Linien reduzierten Tonsatz oder op. 4 Nr. 2 mit seiner vollgriffigen, aber harmonisch und metrisch gebrochenen Walzertopik. Das Musikdrama *Der arme Heinrich* (James Grün; Mainz 1895) ist geprägt von dem Leidensthema, das ein Bratschenchor in spannungsreichen, »verminderten« Klängen ohne tonartliche Zentrierung vorträgt. Nach der Lektüre des Klavierauszugs erstaunte Hugo Riemann, den Stand der Harmonik in Wagners »Tristan« voraussetzend, über »die Freiheit und Kühnheit der Harmoniebehandlung« (Vogel, 142). Die Ende 1900 abgeschlossene »romantische Oper« *Die Rose vom Liebesgarten* (James Grün; Elberfeld 1901) ist reich an lyrischem Gesang und an musikalischer Naturszenerie. Harmonie- und klangtechnisch stößt Pf. in Neuland vor. Statische (nicht auflösungsgerichtete) Dissonanzen begleiten den Auftritt des Moormanns; aus einem Motiv, das in extremen Klangspannungen sich selbst kontrapunktiert, entsteht das Naturbild der Tropfsteinhöhle. Auf Mahler, der das Werk 1905 an der Wiener Hofoper aufführte, und auf die Komponisten der Wiener Schule wirkte es neuartig und beeinflussend, zumal in der Behandlung des Orchesters und der Klangfarbe. In einigen Liedern der Jahre 1906–07 wird die Tonalität bis zur Aufhebung herausgefordert. In op. 18, *An den Mond* (Goethe), sind es Linien aus Ganztonfolgen, die die tonale Gravitation abstreifen, um sich gleichsam freischwebend zu entfalten, zu kreuzen und zu überlagern, bis sie zu tonalen Wendungen zurückführen. Besonders weit geht der Verzicht auf tonale Bezogenheit und Dissonanzauflösung in op. 21 Nr. l: *Herbstbild* (Friedrich Hebbel). In den Spätformen der Tonalität können die Momente der Negation so hervortreten, daß die Bewahrung selbst nur als ein Moment erscheint. Bei Pf. werden Klänge von der harmonischen Funktion gelöst, kontrapunktisch oder auch klangfarblich ›motiviert‹, dabei bisweilen, der Terz ausweichend, aus Quarten und Quinten gebildet. Beispiele dafür finden sich, über die genannten hinaus, in *Der alte Garten* aus der Eichendorff-Kantate (1921), in tonal nicht bestimmbaren Abschnitten des *Streichquartetts cis-moll* op. 36 (1925) oder auch in dem schlichten Tonsatz *Wanderers Nachtlied* op. 40 Nr. 5 (Goethe; 1931).

Gegen Busonis »Entwurf«, der erst in der Auflage von 1916 Verbreitung fand, richtet Pf. seine *Futuristengefahr* (1917), gegen Paul Bekkers Beethovendeutung seine Verteidigung der musikalischen Autonomie (*Die neue Ästhetik der musikalischen Impotenz*, 1920). Diese Bedrohungen – Verlust der Autonomie und Verlust der Tradition – meint Pf. in einer früheren Zeitwende wiederzufinden: Zur Zeit Palestrinas wurde die Tradition der Polyphonie infragegestellt durch neue Präferenzen im Geschmack, und die musikalische Autonomie durch die Kirche, die die Musik sich dienstbar wünscht. Die »Musikalische Legende« *Palestrina* (München 1917) ist – als Dichtung und Komposition – Pf.s Hauptwerk in bezug auf seine Welt- und Selbstanschauung. Der als Theaterfachmann versierte Pf. läßt sich in diesem Werk tief in die musikalische Charakteristik ein – vor allem im zweiten Akt, doch auch bei der Konfrontation Palestrina-Borromeo – dies aber nicht allein wegen der dramatischen Funktion, sondern wegen der musikalischen Gestalt der Charakteristik: zur Erprobung des Unterscheidens, dessen der musikalische Einfall fähig ist. Wird auf der Bühne vorgeführt, wie sich der Komponist nur vor sich selbst und vor der Tradition verantwortlich weiß, nicht gegenüber äußerer Autorität, so wird das aus dieser Verantwortung entstehende Neue musikalisch entfaltet in der neuartigen Weise, wie Pf. den Palestrinastil rezipiert. Eine historistische Stilnachfolge lag Pf. fern, selbst da, wo er Zitate einfügt. Vielmehr erkannte er im Palestrinastil eine ihm selbst eigene Neigung, die er nun akzentuiert: in Klangverknüpfungen den melodischen Strebungen das Vorrecht zu lassen, so daß gewohnte Verknüpfungen zugunsten linear motivierter verändert und umgelenkt werden. Daher gemahnt Pf.s Verfahren an ältere Kontrapunktik, ist in Wirklichkeit aber eine neue Selbständigkeit musikalischen Denkens. Wie weit diese führt, zeigt sich vor allem in der Glockenvision am Ende des ersten Akts.

Gerade traditionsorientierte Musik fordert die Frage nach der Differenz vom Überlieferten heraus, z. B. nach der Art, wie die Sonatenform behandelt wird. Daß ein Sonatensatz sich in einem strömenden, metrische Bindung durchdringenden Melos ergeht (*Cellosonate fis-moll* op. 1, 1890), versteht sich so wenig von selbst wie die Artikulation eines Sonatenthemas als frei kontrapunktische vierstimmige Linienführung (*Streichquartett D-dur* op. 13, 1902–03). Im *Violinkonzert* op. 34 (1923) sind die vier Satzcharaktere symphonischer Tradition zu einem Satz verschmolzen und zwar so, daß sie aus den anfangs exponierten Themengruppen hervorgehen; die Violine ist Partner des Orchesters, der schweigen kann, wo man es am wenigsten erwartet (im langsamen Satz). Das *Streichquartett cis-moll* op. 36 (1925), von Pf. mit verdeutlichender Instrumentation zur Symphonie bearbeitet, ist von dichtem thematischem Zusammenhang, der sich partiell hinter einem improvisatorischen Habitus versteckt; tonal nicht bestimmbare Abschnitte sind mit deutlich tonalen verknüpft. Die *Kleine Symphonie G-dur* op. 44 (1939) darf als Beispiel für Pf.s Altersstil gelten: Eine Tendenz zur Zurücknahme zeigt sich in der knappen Fassung der Sätze, in der verkürzten Reprise, in der Meidung metrischer und tonartlicher Affirmation. – Der Tod der Ehefrau 1926 brachte den tiefsten Bruch in Pf.s Leben. In dem Orchestergesang *Lethe* ist das Bewußtsein der Trauer als Festhalten des Entschwindenden, Gegenwart des Abwesenden unvergleichlich gestaltet. Daß der zentrale Klang – aus kleinen Terzen –

keinen tonalen Halt zuläßt, entspricht der schmerzlichen Ambivalenz. Die drei Jahre später entstandene Chorphantasie *Das dunkle Reich* op. 38 (1929) ist ein weltliches Requiem. Hans Heinz Stuckenschmidt, der Verteidiger der Moderne, wies 1930 auf die neuartige Formung und Kontrapunktik hin.

Als eines der Hauptwerke Pf.s gilt mit Recht die Eichendorff-Kantate *Von deutscher Seele* op. 28 (1921). Hier gelingt Pf. eine Formung des Liedes, die der symphonischen Entfaltung bedeutsamen Raum läßt, vergleichbar mit Mahlers »Lied von der Erde« und Zemlinskys »Lyrischer Symphonie«. Es ist ein Bekenntniswerk, dessen Problematik im Titel ausgesprochen ist. Seele als Inneres, deutsch als Nation – beides signalisiert Abgrenzung: vom Äußeren, Nicht-deutschen; das Ausgegrenzte aber wird frei für gefährliche Projektionen, denen Pf. denn auch ihren Lauf gelassen hat, in jener Schrift von der »musikalischen Impotenz«, wo als Feindbild der »jüdisch-internationale Geist« herhalten muß (Gesammelte Schriften Bd. 2, 109). Ausgrenzung und Projektion verhindern die Reflexion und Selbstkritik und führen zu einer reglementierenden, uniformiertem Sprache. Wenn eine solche in Pf.s Schrift schlagworthaft durchdringt, so zeigt sich in der Komposition eine reflektierte Haltung, in der die »deutsche Seele« weder in nationalem Pathos noch anderen suggestiven Generalisierungen besungen wird, sondern in einem selbständigen Nachdenken der Worte Eichendorffs, das als musikalisches zu so unvorhersehbaren Gedanken führt wie den Klangvisionen vom Tod als Postillon und vom Alten Garten oder der Linienzeichnung des Satzes »Ergebung«. Ein Einfall, der den Namen verdient, steht für Autonomie und Freiheit und fügt sich totalitären Bestrebungen nicht ein.

Noten: Brockhaus; Fürstner; Leuckart (alle Lpz.); Schott (Mainz); Gesamtausg. der Lieder mit Klavierbegleitung, 2 Bde., hrsg. von H. RECTANUS, Mainz 1979–83.

Dokumente: Gesammelte Schriften, 3 Bde., Augsburg 1926–29, Bd. 4, hrsg. von B. ADAMY, Tutzing 1987. H. Pf.s Reden, Schriften, Briefe, hrsg. von W. ABENDROTH, Bln. 1955. H. Pf. Münchner Dokumente, Bilder und Bildnisse, hrsg. von G. BUSCH-SALMEN und G. WEISS, Regensburg 1990. Briefe, 2 Bde., hrsg. von B. ADAMY, Tutzing 1991.

Werkverzeichnis: GROHE, H.: H. Pf. Verz. sämtlicher im Druck erschienener Werke, Mn. 1960.

Periodika: Mitteilungen der H. Pf.-Ges., 1954 ff. Neue Folge. Heft 38 ff., 1978 ff.

Literatur: Symposium H. Pf., Bln. 1981, hrsg. von W. OSTHOFF, Tutzing 1984. VOGEL, J.P.: H. Pf., Reinbek bei Hbg. 1989. WILLIAMSON, J.: The Music of H. Pf., Oxford 1992. VOGEL, J.P.: H. Pf. Leben-Werke-Dokumente, Zürich und Mainz 1999. BUSCH, S.: H. Pf. und der Nationalsozialismus, Stg. und Weimar 2001.

Adolf Nowak

Philippe de Vitry
Geb. 31. 10. 1291 in Paris; gest. 9. 6. 1361 in Paris

In den Jahren nach 1310 kursierte in Paris ein höchst umstürzlerischer »Roman de Fauvel«, ein Eselsroman, aus der Feder des königlichen Notars Gervais de Bus, der in allegorischer Beschreibung einer Eselsherrschaft die politischen Zustände in Frankreich vor dem Tode König Philipps IV. anprangerte. Nach 1315 fertigte Chaillou de Pestain, der ebenfalls in Hofdiensten stand, eine Erweiterung des Romans an, wobei er auch musikalische Stücke mit hinzunahm. In den Texten dieser Stücke wurde manche höchst aktuelle Anspielung auf die politischen Vorgänge versteckt. Obwohl die Handschrift keine Komponisten nennt, läßt sich aus anderen Zusammenhängen mit großer Wahrscheinlichkeit erschließen, daß einige dieser musikalischen Einlagen von Ph. d. V. stammen, der damals wohl ebenfalls schon Notar im Dienst des königlichen Hofes war. Die Unterstimmen dieser Motetten sind meist liturgische Melodien aus dem Bestand des sogenannten gregorianischen Chorals. Bei einem dieser Stücke, der Motette *Quoniam secta latronum / Tribum, que non abhorruit /* Tenor: *merito hec patimur,* enthält die Textmarke des Tenors, die auf die liturgische Herkunft verweist, gleichzeitig eine Anspielung auf das in den Oberstimmen ausführlicher geschilderte aktuelle Geschehen: »Mit Recht erdulden wir dies«, nämlich, wie in der 1. Oberstimme, dem Triplum, ausgeführt wird, den Fall des mächtigen Führers einer durch Stehlen emporgekommenen Räuberbande zum Verbrecher, der sein Leben am Galgen beenden muß. Gemeint ist damit Enguerran de Marigni, ein einflußreicher Berater des 1314 verstorbenen Königs Philipp. In der 2. Stimme, dem Motetus, wird der König als blinder Löwe bezeichnet, während dessen Regierung der Fuchs an den Hähnen nagte: Marigni hatte das Vertrauen des Königs zur Veruntreuung staatlicher Gelder mißbraucht. Nach Philipps Tod wurde er schließlich hingerichtet, eine Entwicklung, die Ph. d. V. mit einem Ovid-Zitat beleuchtet. Die liturgische Melodie (color) des Tenors hat Ph. d. V. so eingerichtet, daß sie sich in drei Abschnitte unterteilen läßt, die im selben rhythmischen Muster, der sogenannten talea, verlaufen. Die ganze Melodie wird dann noch einmal wörtlich wiederholt. Diesen zwei Durchläufen der Unterstimme stehen drei Abschnitte der Oberstimmen gegenüber, die somit die Mitte der Motette, wo die Wiederholung des Tenors beginnt, überspielen. Im Gegensatz dazu werden die Abschnitte der beiden Oberstimmen durch strophenartige Wiederholungen gleicher Melodie- und Rhythmusabschnitte deutlich hörbar herausgestellt. Zweierlei wird an der Anlage dieses recht knappen Stückes deutlich: Zum einen ist der Tenor wie in der Motette der Ars antiqua (→ Perotin) der form- und klangbestimmende Ausgangspunkt der Komposition. Sein Ablauf regelt den Umfang, aber vor allem auch die Klanglichkeit der Motette. Auf diesem vorgegebenen, aber auch genau vorstrukturierten Fundament erheben sich die beiden textierten Oberstimmen. Die formale Anlage der beiden Texte, aber auch ihre inhaltliche Aussage sind eng aufeinander bezogen. Zwar hat das Triplum mehr Text als das Duplum, so daß etwa 3 Zeilen des Triplums auf 2 Zeilen des Duplums kommen. Dies wird aber einmal durch eine durchgehend schnellere Deklamation des Triplums ausgeglichen, zum andern durch ein Verzahnen der beiden Texte über regelmäßig wiederkehrende, den formalen Ablauf deutlich gliedernde Pausen. Mit Hilfe dieser Pausen wird der Hörer über die Verzahnung der beiden Stimmen hinweg durch die wichtigsten Stationen der beiden Texte geführt.

Eine solche rhythmische Differenzierung der einzelnen Stimmen verwirklicht in der kompositorischen Praxis, was kurz darauf, seit etwa 1322, in verschiedenen Notationstraktaten dargelegt wurde. Sie berufen sich in der Formulierung dieser ›Ars nova‹, der neuen Kunst, ausdrücklich auf Ph. d. V. Wahrscheinlich, gehen diese anonym überlieferten Traktate denn auch auf seinen Unterricht zurück. In der Motette des 13. Jahrhunderts hatten zwei Notenwerte ausgereicht, ein langer und ein kurzer Wert, lateinisch Longa und Brevis, die im Verhältnis 1:3 zueinander standen. Alle kleineren Notenwerte wurden im Rahmen eines Breviswertes untergebracht, wobei es zunächst nicht nötig war, sie genauer festzulegen. Mit einer größeren rhythmischen Differenzierung der einzelnen Stimmen wurden aber gerade diese kleinen Werte immer wichtiger. So hat Ph. d. V. in enger Zusammenarbeit mit Johannes de Muris, einem Pariser Mathematiker und Musiktheoretiker, schließlich zur eindeutigen rhythmischen Bestimmung der kleinen Notenwerte das Verhältnis 1:3 auch auf die kleineren Werte übertragen: eine Brevis konnte nun in drei sogenannte Semibreven aufgeteilt werden, und auch die Semibrevis wurde ihrerseits in drei zunächst kleinste, also Minima genannte Einheiten unterteilt. Erst vor dem Hintergrund einer solchen Durchorganisation des zeitlichen Rahmens ist eine rhythmische Differenzierung, wie sie in der Motette des 14. Jahrhunderts zur Regel werden sollte, überhaupt denkbar.

Aber Ph. d. V. zog noch weitere Konsequenzen aus diesem Rationalisierungsprozeß: Neben die Unterteilung in drei gleiche Einheiten, die durch die Bedeutung der Drei als Zeichen der Perfektheit und der göttlichen Dreifaltigkeit herausgehoben war, setzte er die Unterteilung in zwei gleiche Werte als gleichberechtigte Möglichkeit auf allen Ebenen der rhythmischen Verhältnisse durch. Es konnte sogar zu beliebigen Mischungen dieser Verhältnisse auf den verschiedenen Ebenen kommen. Ein berühmtes und in den Traktaten der Ars nova ausdrücklich angeführtes Beispiel dafür ist die Motette *Garrit gallus flende dolorosa / In nova fert animus mutatas dicere formas / Neuma*, die sich ebenfalls im »Roman de Fauvel« findet. »Es jammert der Gallier…, der Fuchs als Leichenschänder herrscht mit Zustimmung des Löwen: welche Fron!« heißt es im Triplum, während das Duplum wieder mit einem Zitat aus den »Metamorphosen« des Ovid beginnt: »Wie er in immer neuer Gestalt erscheint: Bald ist er ein schrecklicher Drache… Seinen Anschlägen gehorcht der erblindete Löwe.« Nur einer kann ihm standhalten: »Vor Christus endlich wehe dem Drachen«. Diese beiden Texte, die die gleichen Bilder wie in der eingangs erwähnten Motette aufnehmen, erklingen über einem Tenor, der offensichtlich neu komponiert worden ist. Statt mit einer Textmarke hat er nur den Hinweis »Neuma« (Tonfolge). Sein rhythmisches Muster besteht aus zwei dreizeitigen Longa-Einheiten oder Mensuren, denen wie eine Beschleunigung zwei zweizeitige Mensuren folgen. Nach einer Pause laufen die Werte in genauer spiegelbildlicher Umkehrung wieder zurück von der zwei- zur dreizeitigen Folge. Im Ablauf dieses rhythmischen Modells von zwölf Tönen kommt es so zu einem ständigen Wechsel der Bewegungsintensität, der sich auch auf die Oberstimmen auswirkt und den strophenförmigen Bau des Stückes deutlich prägt. Um den Ausführenden den Mensurwechsel kenntlich zu machen, sind die zweizeitigen Werte in der Handschrift mit roter Farbe ausgemalt worden.

Mit den Motetten des »Roman de Fauvel« hat Ph. d. V. schon sehr früh den Weg für das weitere Motettenschaffen des 14. Jahrhunderts gewiesen. Aber er löste nicht nur die Vielfalt der möglichen Gestaltungsweisen, wie sie in der Ars antiqua des 13. Jahrhunderts vorherrschten, ab, sondern verfeinerte im Verlauf seines weiteren Komponierens das formale System der sogenannten isorhythmischen Motette – isorhythmisch, also gleichrhythmisch, weil der Tenor ein vorgegebenes rhythmisches Modell, die sogenannte Talea, streng durchführt. Dabei entwickelte er die unterschiedlichsten Mittel, um dieses System zu variieren. Ein wahrscheinlich frühes Beispiel dafür ist die dreistimmige Motette *In arboris / Tuba sacre fidei / Tenor: Virgo sum*. In diesem Stück mündet jede Talea in eine sogenannte Hoquetus-Partie (von lat. [h]occitare zu lat. [h]occare, schneiden), wo sich die beiden Oberstimmen in schneller Folge abwechseln. Wenn die eine Stimme singt, pausiert die andere, wird zerschnitten. Die Abschnittsbildung der Oberstimmen ist ebenfalls auf die Konstruktion der Tenortalea abgestimmt, ohne sie einfach zu verdoppeln. Ein weiteres Beispiel dafür ist die Motette *Rex quem metrorum / O canenda vulgo / Tenor: Rex regum*. Die Anfangsbuchstaben der acht Motetus-Zeilen ergeben den Namen Robertus, womit Robert der Weise gemeint ist, der von 1309 bis zu seinem Tod im Jahre 1343 König von Neapel war. Es gehört mit zu den politischen Anspielungen dieser Huldigungsmotette, daß die Tenormelodie der liturgischen Feier für Ludwig den Heiligen entnommen worden ist, einem direkten Vorfahren Roberts, der kurz zuvor, im Jahre 1297, heilig gesprochen worden war. Auf jede talea des Tenors dieser Motette kommen genau eine Zeile des Motetus und zwei Zeilen des Triplums. Aber die Abschnittsgrenzen der einzelnen Stimmen sind so gegeneinander verschoben, daß jede Stimme ihren Neuanfang an einer anderen Stelle hat. Da dies auch für das rhythmische Muster der vierten Stimme, des untextierten Contratenors, gilt, kommt es trotz der subtilen Technik der Stimmenüberlappung zu einer Betonung der strophenförmigen Anlage des Stückes. Denn dank der einander regelmäßig abwechselnden Pausen in den einzelnen Stimmen bleibt es an diesen Nahtstellen der taleae bei einer Dreistimmigkeit. Nur in der Mitte der einzelnen taleae ist das Stück durchgehend vierstimmig.

Die Hinzunahme des Contratenors als einer weiteren Fundamentstimme läßt gerade an diesem Stück deutlich werden, wie der harmonische Bau von den Unterstimmen her angelegt und wohl auch ausgeführt worden ist. Die Oberstimmen sind mit Hilfe melodischer Verzierungen und Durchgänge in dieses harmonische Gerüst eingepaßt worden und entwickeln kaum eine eigenständige melodische Linie. Einen Höhepunkt in der kompositorischen Durchformung des Tonsatzes stellt die Marien-Motette *Vos qui admiramini / Gratissima virginis species / Tenor: Vivat iste* dar. Dort wird das Prinzip der Isorhythmie weitgehend auch auf die Gestaltung der beiden textierten Oberstimmen ausgedehnt, so daß es zu einer sogenannten Panisorhythmie kommt.

Ph. d. V. hat mit seinem Motettenschaffen die meist anonymen Komponisten des 14. Jahrhunderts geprägt, die seine Verfahren unmittelbar aufnahmen. Auch Guillaume de Machaut wird ausdrücklich an das Vorbild Ph.s d. V., den ein englischer Theoretiker in der Mitte des Jahrhunderts als die Blüte der gesamten musikalischen Welt preist, anknüpfen.

Ein Traktat zur Dichtungstheorie aus dem Ende des 14. Jahrhunderts nennt Ph. d. V. darüber hinaus als denjenigen, der nicht nur die Art, Motetten zu komponieren, erfunden habe, sondern auch die der wichtigsten beiden Gattungen der weltlichen Musik dieses Jahrhunderts, nämlich Ballade und Rondeau. Leider sind diese Werke wohl in den Wirren des Hundertjährigen Krieges verloren gegangen.

Noten: The Works of Ph.d.V., hrsg. von L. SCHRADE, [1]1956 (PMFC I); 2. Aufl. hrsg. von E. ROESNER, Monaco 1987.
Literatur: Ars nova, hrsg. von G. REANEY u. a., o. O. 1964 (Corpus scriptorum de musica 8). SANDERS, E. H.: The Early Motets of Ph. d. V. *in* JAMS 28 (1975), 24–45. FULLER, S.: A Phantom Treatise of the Fourteenth Century? The »Ars nova« in Journal of Musicology 4 (1986), 23–50. LEECH-WILKINSON, D.: Compositional Techniques in the Four-Part Isorhythmic Motets of Ph. d. V. and his Contemporaries, N. Y. 1989. ROBERTSON, A. W.: Which V.? The Witness of the Trinity Motet from the »Roman de Fauvel« *in* Hearing the Motet, Essays on the Motet of the Middle Ages and Renaissance, hrsg. von D. PESCE, Oxford 1997, 52–81. Fauvel Studies. Allegory, Chronicle, Music, and Image in Paris, Bibliothèque

Nationale de France, MS française 146, hrsg. von M. BENT u. A. WATHEY, Oxford 1998.

Christian Berger

Piccinni, (Vito) Niccolò (Marcello Antonio Giacomo)

Geb. 16. 1. 1728 in Bari; gest. 7. 5. 1800 in Passy

Seit den späten fünfziger Jahren war P., vor allem in Rom und Neapel, einer der populärsten Opernkomponisten. Er schrieb weit über 100 Bühnenwerke, darunter zahlreiche Vertonungen der gängigen Seria-Libretti Metastasios (u. a. *Catone in Utica*, Mannheim 1770), die heute alle vergessen sind. Die Oper, die ihn berühmt gemacht hatte und mit der er stilbildend wurde, war *La Cecchina, ossia La buona figliuola* (Rom 1760). In dieser sentimentalen Spielart der opera buffa (Carlo Goldoni nach Samuel Richardsons epochalem Roman »Pamela« von 1740) zeigte sich erstmals P.s besondere Begabung zu einem musikalischen Stil, den seine Zeitgenossen als naiv und zärtlich rühmten. P. ersetzte hier die musikalisch üblicherweise eindeutige Charakterisierung der Personen als entweder parti buffe oder serie bzw. als deren Karikatur (wie im Libretto Goldonis angelegt) durch eine musikalische Zeichnung, die die ernsten wie die komischen Personen – einschließlich der Heldin, die zwischen den Extremen steht – sowohl unglücklich als auch heiter sein läßt. Selbst da, wo das Libretto eine musikalische Parodie anbietet, zieht P. eine zärtlich-empfindsame Darstellung vor. Sein schlichter Ton beeinflußte zunehmend den opera buffa-Stil anderer Komponisten. In der Verbindung einfacher, ›rührender‹ Vokalmelodien mit einer differenzierten, prägnanten Orchesterbegleitung, die das Geschehen auf der Bühne kommentiert oder ergänzt und deren Motive vielfältig abgewandelt werden, lag P.s Stärke.

P. gilt gemeinhin als derjenige, der das musikalisch und dramatisch umfangreiche »Kettenfinale« mit mehreren durch Taktart, Tempo, Tonart, Besetzung unterschiedenen Abschnitten in die neapolitanische opera buffa einführte, nachdem es zuerst von Galuppi und später auch anderen Komponisten in Norditalien verwendet worden war. In *Cecchina* komponierte P. möglicherweise als erster ein »Rondofinale« mit – innerhalb eines musikalischen Abschnittes – motivischen Rückgriffen bei fortschreitender Handlung; die textliche Anlage in Versen mit Strophen- oder Refrainfunktion dürfte dieser Gestaltung den Weg gebahnt haben.

1771 war *Cecchina* in der Comédie italienne in Paris mit großem Erfolg in französischer Sprache gegeben worden. 1776 ging P. nach Paris, wo er wenig später auch Streiter für den italienischen Stil in der französischen ernsten Oper gegen den Gluckschen Reformansatz unterstützen sollte. Die Auseinandersetzung zwischen »Gluckisten« und »Piccinnisten« wurde bald aufs heftigste geführt. Anders als die »Gluckisten« erstrebten die »Piccinnisten« für die tragédie lyrique ein ungewohnt hohes Maß an Autonomie der Musik gegenüber dem Text. Die Schlagworte »la période« (die aus kleinen und regelmäßigen Taktgruppen gebildete Melodie) und »le dessin« (die musikalisch einheitliche Gestaltung einer Arie) kennzeichneten ihr Anliegen. In den während seines Pariser Aufenthaltes (1776–1791) komponierten Opern gelang P. eine Ausgewogenheit zwischen dem dramatischen Anspruch der Handlung und musikalisch autonomer Gestaltung, indem er die kurzen Sologesänge der tragédie lyrique beibehielt, diese aber regelmäßig und einheitlich komponierte. Um bei aller anzustrebenden Kantabilität den Text nicht über Gebühr zu vernachlässigen, verkürzte er die in der italienischen Arie üblichen langen Instrumentalritornelle und beschnitt die virtuosen Gesangskoloraturen. In dieser Gestalt fanden seine Melodien große Bewunderung. Der »Dessin«-Gedanke verhinderte allerdings, differenzierteren Nuancen des Textes innerhalb einer Arie kompositorisch zu folgen. Gluck hingegen kam es auf die musikalische Umsetzung der feinsten Schattierung einer Textaussage an. P. erfand eine Vielfalt an Arienformen, die er aus der jeweiligen dramatischen Situation heraus gestaltete (in Gegensatz zur Dominanz der standardisierten Da-capo-Arie der italienischen Oper). Beispielsweise führte er bevorzugt Arien scheinbar nicht zu Ende, sondern ließ sie durch eine Bühnenaktion vorzeitig abbrechen, so dem Fortgang des Dramas zu seinem Recht verhelfend. P.s erste tragédie lyrique, *Roland* (Paris 1778) von Jean-François Marmontel, der das Libretto Philippe Quinaults bearbeitet hatte, stellt eine noch unausgewogene Verbindung solcher französischen und italienischen Elemente dar. Seine *Iphigénie en Tauride* (Du Breuil; Paris 1781) konnte sich gegen Glucks Vertonung desselben Stoffes nicht behaupten. Mit *Atys* (Paris 1783), wieder von Marmontel nach Quinault, gelang P. ein Modell für alle französischen Opern bis zur Revolution von 1789 und darüber hinaus: Kurz und variabel gestaltete Arien im italienischen Stil wechseln mit Nummern aus der französischen Tradition: Rezitativen, Instrumentalsätzen, Chören und Balletten. *Pénélope* (Paris 1785), die letzte in Zusammenarbeit mit Marmontel entstandene tragédie lyrique, nähert sich bereits dem drame bourgeois.

Als P. 1798 von Neapel nach Paris zurückkehrte, hatten andere Komponisten sein Erbe angetreten. Im Unterschied zu Gluck verfolgte P. nicht erklärtermaßen ein Reformvorhaben. Anders aber, als die deutsche Musikgeschichtsschreibung tradiert, ist nicht Gluck, sondern P. es gewesen, der die französische Oper noch bis hin zu Spontini und Berlioz befruchtete.

Noten: La buona figliola, Klavierauszug von G. BENVENUTI, Mailand 1942 (I classici musicali Italiani 7). Roland, Klavierauszug von G. LEFEVRE, N.Y. 1971 (Chefs-d'œuvre classiques de l'opéra français 29). Iphigénie en Tauride, eingeleitet von A. FORD, Westmead 1972. Catone in Utica, eingeleitet von H. MAYER BROWN, N.Y. 1978 (The Italian Opera 1640-1770 50). Didone, eingeleitet von E. WEIMER, N.Y. 1983 (ebd. 80). La Cantarina, hrsg. von G. FEDER, Laaber 1989 (Concentus musicus 8). Atys, hrsg. von J. RUSHTON, 1991 (FO 65).

Literatur: RUSHTON, J.G.: The Theory and Practice of Piccinnisme *in* Proceedings of the Royal Musical Association 98 (1971-72), 31-45. STROHM, R.: Die italienische Oper im 18. Jahrhundert, Wilhelmshaven 1979, 265-277 und 336-353. ENSSLIN, W.: N.P. Catone in Utica. Quellenüberlieferung, Aufführungsgeschichte und Analyse, Ffm. 1996. SCHMIERER, E.: Die Tragédies lyriques N. P. s. Zur Synthese franz. und ital. Oper im späten 18. Jahrhundert, Laaber 1999.

Susanne Oschmann

Pintscher, Matthias

Geb. 29. 1. 1971 in Marl

P. gehört zu den international bekanntesten deutschen Komponisten seiner Generation. Seine Musik findet ungewöhnlich große Resonanz bei internationalen Veranstaltern, Interpreten sowie einem breiten Publikum und ist in CD-Veröffentlichungen gut dokumentiert. Zur initialen Erfahrung wurde für P. die Gelegenheit, als 15jähriger das Musikschulorchester seiner Heimatstadt dirigieren zu können, was in ihm den Wunsch weckte, selbst Musik für Orchester zu schreiben. 1988 nahm er ein Kompositionsstudium bei Giselher Klebe in Detmold auf und komponierte bereits 1989 zwei Symphonien. 1992-94 setzte er sein Studium bei Trojahn in Düsseldorf fort, nahm privaten Unterricht bei Henze und besuchte das Wiener Kompositionsseminar von Eötvös. Seither erhielt er zahlreiche Preise und Kompositionsaufträge und tritt als Dirigent zeitgenössischer Werke mit bekannten Orchestern und Ensembles auf.

Sein bereits über vierzig Stücke umfassendes Œuvre gliedert sich in mehrere Werkreihen. Angeregt durch die Lyrik Arthur Rimbauds komponierte er unter dem Obertitel *Monumento* fünf Stücke (1991-98). Allein das Gedicht »Départ« begegnet in fünf Werken, in *Départ* (»Aufbruch«) für Ensemble (1993) ebenso wie in *Sur »Départ«* (»Über 'Aufbruch'«) für drei Orchestergruppen, drei Violoncelli und Frauenstimmen (1999). Die Stücke folgen einer jeweils eigenen klanglich-textlichen Umsetzung und bilden zusammen einen Zyklus. Die Reihe *Figura I-V* (1997-2000) umfaßt Kammermusikbesetzungen vom Solocello bis zum Streichquartett und basiert z. T. auf Anregungen durch Plastiken Alberto Giacomettis. *dernier espace avec introspecteur* (»Letzter Raum mit Zuschauer«) für Akkordeon (Bajan) und Violoncello (1994) ist laut Untertitel die »Betrachtung einer Raumplastik von Joseph Beuys«.

Die *Fünf Orchesterstücke* (1997) markieren einen Wendepunkt in P.s Schaffen, weil er hier erstmals auf eine außermusikalische Vorlage verzichtete und rein strukturell zu arbeiten versuchte. Zugleich hielt er jedoch am Ideal von Musik als Sprache fest. Expressive Intervallverwendung, deklamatorische Gesten sowie sprechende Instrumentations- und Ausdruckscharaktere (Märsche, Fanfaren, Solokantilenen) verleihen der Musik eine starke »Affinität zum Narrativen, ›Rappresentativen‹« (*Theatralik im Blut*, 42). Das theatralische Kontrastprinzip leiser Klangflächen und heftiger Ausbrüche liegt auch anderen Werken zugrunde, z. B. *tenebrae* für skordierte Viola und kleines Ensemble mit Live-Elektronik (2000-01). Der effektvolle Einsatz instrumentaler Virtuosität und des durch Lachenmann bereicherten Klangvokabulars befördert eine assoziative Hörhaltung. Das gestische Pathos orientiert sich an der symphonischen Tradition, besonders an Mahler, und folgt Henzes Idee der Musik als »imaginärem Theater« (ebd.) sowie den Vorstellungen von unmittelbar faßlicher Klanglichkeit und Expressivität, wie sie in den 1970er Jahren u. a. Trojahn und die Generation der sogenannten ›Neuen Einfachheit‹ vertraten. Insofern ist P.s Musik vor allem eine Reformulierung älterer Ansätze (*Der blinde Pluralismus*, 29).

Der szenische bzw. sprachliche Charakter bestimmt vor allem P.s textgebundene und musikdramatische Werke. Neben Stücken für Chor sowie eine oder mehrere Singstimmen mit Klavier, Ensemble oder Orchester komponierte er zwei abendfüllende Opern: *Gesprungene Glocken* nach Woyzeck-Motiven von Georg Büchner, Texten von Jean Paul, Arthur Rimbaud und aus der Offenbarung des Johannes (1993–94), sowie *Thomas Chatterton* nach Hans Henny Jahnn (1994–98). Beide Werke folgen einer traditionell epischen Dramaturgie und behandeln die Vokalstimmen vergleichsweise konventionell.

Indem P. Klang- und Stilelemente der älteren und jüngeren Musikgeschichte gleichberechtigt nebeneinander verwendet, erhält seine Musik postmoderne Züge. Verstärkt wird dies durch die Integration zitathafter Rückgriffe auf alte Musik: in *Omaggio a Giovanni Paisiello* (»Huldigung für Paisiello«) für Streichquartett (1991) auf Themenbruchstücke des italienischen Opernkomponisten des 18. Jahrhunderts, im vierten Streichquartett »*Ritratto di Gesualdo*« (»Bildnis Gesualdos«; 1992) auf ein Madrigal von Gesualdo und in *Choc-Antiphonen* für Orchester (1996) auf eine fünfstimmige Motette von Tallis. Das Violasolo *in nomine* (1999) ist laut Untertitel die »Übermalung« eines mittelalterlichen cantus firmus und die »Fantasie für Orchester und Stimmen« *with lilies white* (»Mit weißen Lilien«; 2002) zumindest partiell die Instrumentation eines Gambenlieds von Byrd für zwei Cellogruppen und Knabensopran.

Noten: Bärenreiter (Kassel).
Literatur: TÖPEL, M.: Zweiundzwanzig und schon drei Sinfonien. Der Komponist M. P. *in* Musica 47 (1993), 163–164. SCHÄFER, TH.: Imagination aus der Kraft des Poetischen. Über den Komponisten M. P. *in* neue musikzeitung 46 (1997), Heft 10, 12. KARGER, R.: Theatralik im Blut. Der Komponist M. P. *in* NZfM 159 (1998), Heft 1, 42–44. NONNENMANN, R.: Der blinde Pluralismus. Kritische Anmerkungen zu M. P.s Fünf Orchesterstücken *in* MusikTexte, 22 (2002), 23–30.

Rainer Nonnenmann

Poulenc, Francis (Jean Marcel)

Geb. 7. 1. 1899 in Paris; gest. 30. 1. 1963 in Paris

Als P. 1917 Paul Vidal, seinem Professor am Pariser Conservatoire, die *Rapsodie nègre* zeigte, war dieser empört und glaubte, daß man sich über ihn lustig mache. Betrübt ging P. zu Satie, seinem Mentor, der ihn mit den Worten tröstete: »Ne mélangez jamais les écoles« (»Vermischen Sie nie die [verschiedenen] Schulen«). Tatsächlich ist dieses Stück von einer so provokativen Einfachheit, daß es mit jeder Schultradition unvereinbar ist. P. spielte das Enfant terrible der traditionellen Musik, indem er mit deren Idealen – Liebe zum Sublimen und Komplexen – brach und bewußt banal komponierte. 1923 faßte er eine leidenschaftliche Verehrung für Stravinskys Oper »Mavra« und dessen Ballett »Pulcinella«. P.s Musik wurde danach noch kühler und einfacher, wobei der Einfluß Koechlins ein unsicheres Experimentieren auslöste und ihn von dem Groupe des Six mit ihrer Vorliebe für Trivialmusik wegführte.

Die Jahre nach 1936 sind von einer Hinwendung zu Bach, Victoria und Monteverdi geprägt. P. hatte sich zum Katholizismus bekehrt, was alle erstaunte, die in ihm nur einen Clown gesehen hatten. Die lange verleugnete Romantik, die während der zwanziger Jahre nicht Mode war, trat nun hervor: eine stärkere Koloristik und direkter Ausdruck. Diese Eigenschaften zeigen sich vor allem im Monodrama *La Voix humaine* (»Die menschliche Stimme«; Paris 1939), in dem eine Frau mittels eines Ferngesprächs mit ihrem untreuen Geliebten spricht.

Von 1953 an bis zu seinem Tode schuf P. neben heiterer Kammermusik vor allem religiöse Chorwerke, deren Themen allerdings oft dieselben wie in weltlichen Stücken waren.

P. blieb zeitlebens von der deutschen Tradition einer sich entwickelnden, organischen Musik weit entfernt. Seine Strukturen reihen sich additiv aneinander und wollen dem Hörer einen unmittelbaren Genuß verschaffen. Die meisten Werke sind deshalb auch kurz, darin zeigt sich Saties Einfluß. P. stellte seine Musik ohne jede Prätention eines gottgleichen Schöpfers jedem zur Verfügung, der sie verwenden konnte: den Regisseuren am Sprechtheater und den Filmemachern. Seine Beziehungen zum Russischen Ballett Sergej Djagilevs waren überaus glücklich, er liebte das Arbeiten im Team.

Es gibt aber noch eine andere Seite seines Schaffens: P. war literarisch sehr gebildet und vertonte Texte von Guillaume Apollinaire, Max Jakob und Paul Eluard, wobei er in dem Sänger Pierre Bernac einen idealen Interpreten fand. P. schrieb auch eine große Oper, *Les Dialogues des Carmélites* (»Die Gespräche der Karmeliterinnen«), auf einen Text von Georges Bernanos; sie wurde 1957 an der Scala in Mailand uraufgeführt und an vielen Orten nachgespielt. In ihr werden ernstere Töne hörbar – die Handlung spielt während der Französischen Revolution mit ihren Verfolgungen von kirchlichen Institutionen –, doch bleibt P. der mediterranen Welt zugewandt und vermeidet jeden religiösen Fanatismus, den der Text von Bernanos leicht hätte heraufbeschwören können.

Auch sein Verhältnis zur Musik Bachs war unbeschwert: Während Honegger und Roussel ernste und kunstvolle Stücke über B-A-C-H schrieben, verwendete P. diese Tonfolge für die *Valse-Improvisation sur le nom de Bach* (1932).

Noten: Durand; Eschig; Heugel; Rouart-Lerolle; Salabert (alle Paris); Ricordi (Mailand); Chester (Ldn.).

Dokumente: Moi et mes amis (Interviews mit Stéphane Audel), Paris 1963. Journal de mes mélodies, Paris 1964. Correspondance 1915-1963, Paris 1967. Correspondance 1910-1963, hrsg. von M. Chimènes, Paris 1994. A bâtons rompus. Écrits radiophoniques, précédé de Journal de vacances et suivi de Feuilles américaines, Arles 1999.

Werkverzeichnis: Schmidt, C.B.: The Music of Fr. P. A Catalogue, Oxford 1995.

Literatur: Bernac, P.: Fr. P. The Man and his Songs, Ldn. 1977. Daniel, K.: Fr. P. His artistic development and musical style, Ann Arbor 1982. Machart, R.: Fr. P., Paris 1995. Ivry, B.: Fr. P., Ldn. 1996.

Theo Hirsbrunner

Pousseur, Henri

Geb. 23. 6. 1929 in Malmedy (Belgien)

P. hat bislang etwa 150 Werke verschiedener Größe, Gattung und Besetzung komponiert und neben zahlreichen Artikeln auch Bücher verfaßt. Seine Arbeit als Musiktheoretiker steht in unmittelbarem Zusammenhang mit seinem Komponieren, das allerdings sein Theoretisieren keinesfalls bloß – so Stockhausen (1971, 332) – ›exemplifiziert‹. Seine systematische Reflexion über das harmonikale Denken in der europäischen Kunstmusik der letzten 300 Jahre (vgl. P. 1987) zielt darauf, »Schritt für Schritt (und auf geregelte Weise) Webern in Monteverdi zu verwandeln und umgekehrt« (P. 1997, 31), und ist Teil einer weitgespannten Theoriebildung zu einer »Verallgemeinerten Periodik«. Die Kluft zwischen Periodik und Nichtperiodik soll in allen für Musik konstitutiven Dimensionen überbrückt werden: Für Rhythmus und Form (als ›Rhythmus im Großen‹) ist das evident, und mit Blick auf Harmonik besteht das Ziel darin, »alle möglichen harmonischen Organisationen (diatonische, tonale, komplexe, chromatische, nichttemperierte, geräuschhafte) auf einen gemeinsamen Nenner zu bringen« (P. 2003, 53).

Weberns Schaffen ist für P. kontinuierlicher als für andere Komponisten Orientierungsmarke und Leitbild geblieben. Bereits in dem A-cappella-Chor *Sept Versets des Psaumes de la Pénitence* (»Bußpsalmen«; 1950) orientiert sich P. an Weberns Musiksprache. Ausschlaggebend wird jedoch die Begegnung mit Boulez, der ihn 1951 in Weberns Harmonik einführt. In den *Symphonies à quinze solistes* (1954) wendet er dann jene »chromatischen Verknüpfungsketten« an, wie er sie bei Webern analytisch nachgewiesen hat (P. 1956): Das dodekaphone Reihendenken ist zugunsten eines integral chromatischen Denkens aufgegeben und erstreckt sich auf die Gestaltung der Form, der Polyphonie im Sinne einer gewissen Akkorddichte, der »Chronometrie« als »Gesamtheit der Dauerbeziehungen« und der Harmonik, »mit welcher die Tonhöhenbeziehungen in allen Richtungen ... gemeint sind« (*Zur Methodik*, 50). Im »Quintette« *A la mémoire de Webern* (1955) dienen die einzelnen Intervalle der – aus Weberns »Quartett op. 22« entlehnten – Reihe als Begrenzungstöne für Ausschnitte aus der chromatischen Skala, die das Tonhöhenmaterial der einzelnen, gleich langen Formabschnitte und somit deren Dichte regulieren. Dabei wird P.s »Redaktion« notwendig, das kontrollierende Ohr ist letzte Entscheidungsinstanz für Verstöße gegen den auferlegten Systemzwang.

In den *Exercises (Variations I – Impromptu – Variation II)* für Klavier (1956–57) öffnet sich P. der Erkenntnis, daß das Wahrnehmen von Gestalten nicht hintergehbar ist. In *Variations I* unterscheidet er sechs »Dimensionen« und hierarchisiert sie gemäß ihrer Fähigkeit der Charakterisierung bzw. Gestaltbildung: 1. Register, 2. chronometrische Dichte (Anzahl der Anschläge in einer bestimmten Dauer), 3. Lautstärke, 4. morphologisches Verhalten (Einflüsse der verschiedenen Parameter aufeinander), 5. polyphone Dichte und 6. harmonische Felder (ebd., 69). Durch sie erfolgt die Transformation eines Charakters auch für den Hörer schlüssig, gleichsam linear. Bezeichnender Weise bedient sich P. zur Beschreibung der Form traditioneller Termini: Konflikt, Charakterverwandtschaft, Steigerungsphase, Entspannung usw. Später – 1972–73 – wird er »phänomenologische Identifikationskonzepte« für unverzichtbar halten, die sich »sowohl auf eine ... wirklichkeitsnahe natürliche Erfahrung als auch ... auf das Erbe der alten und neuen, ernsten und populären, hiesigen und auswärtigen musikalischen Kulturen stützen, diese wirksam ergänzen können« (P. 2003, 164).

P. begreift in systematischem Zugriff Komponenten des Musikdenkens wie Harmonik und Form als Spezialfälle umfassenderer Möglichkeitsfelder. Solches Systematisieren kennzeichnet die folgende Schaffensphase (etwa 1960–68), in der P. das serielle Denken zum Zwecke einer funktionalen Reintegration historischer Elemente erweitert und verallgemeinert. Mit dem Zugang zur (Musik-)Geschichte eröffnet sich für P. zugleich die Möglichkeit semantischen Komponierens. In P.s Biographie korrespondiert dieses Denken mit der Bekanntschaft Michel Butors. In direkter Zusammenarbeit mit ihm entstehen (Haupt-)Werke wie *Votre Faust. Variables Spiel in Art einer Oper* (1960–68), *Répons avec son paysage* für sieben Musiker und einen Schauspieler (1965), *La Rose des Voix* für vier Sprecher, vier Vokalquartette, vier Chöre und acht improvisierende Instrumentalisten (1982), *Le Sablier du Phenix* für Sprecher, Vokalquintett und Kammerorchester (1994) und nach Texten von Michel Butor, Charles Fourier, Charles Baudelaire und François Couperin *Don Juan à Gnide ou les séductions des la chasteté (Répons III)*, ein Kammermusiktheater für einen Schauspieler, Sopran, Bariton, fünf Instrumente und Lichtprojektionen (1996).

Votre Faust ist – als frühes zentrales Werk – eine Parodie der Faust-Geschichte, in der ein Theaterdirektor die Rolle des Mephisto spielt. Er beauftragt den jungen Komponisten Henri (!), eine Faust-Oper zu schreiben. Über Henris Konflikt, entweder sich unter Vernachlässigung seiner Freundin ganz diesem Auftrag zu widmen oder Maggys Wunsch nach Aufgabe des Opernprojekts unter Verzicht auf die vorzüglichen Arbeitsbedingungen des Theaterdirektors zu entsprechen, entscheidet das Publikum zwischen fünf möglichen Schlüssen, die mit sechs Epilogen kombiniert werden können; so daß sich 30 verschiedene Schlüsse ergeben. Den vielfältigen Bezügen zum Faust-Stoff entspricht musikalisch eine ausgefeilte Zitattechnik. Die Erkennbarkeit des Zitierten ist selbst »seriell« gestuft vom historisch gerichteten Stilzitat über das komponistengerechte (Stil-)Zitat bis zum notengetreuen Zitat.

Das Orchesterwerk *Couleurs croisées* (»Gekreuzte Farben«; 1967) gewinnt seine narrative Kraft aus der Melodie des Liedes »We shall overcome«, die im Sinne einer Matrix das gesamte musikalische Material bestimmt. Die Musik erzählt die Vorbereitungen zu einem Kampf, den Kampf selbst sowie seine Folgen; die Rede ist von »Haupt- und Sprach-, Ideologie- und Kultur-, ja sogar Gefühls- und Hoffnungsfarben« (P. im Beilagentext zur CD RIC 036015). Unter dem Einfluß von Butors Ästhetik steht eine ganze Reihe von Werken: Die »intersemiotische Übersetzung« (Umsetzung des einen – verbalen oder musikalischen – Zeichensystems ins andere, Sabbe in MK 69, 63) erfolgt nicht nur als nachträgliche Texierung etwa von *Couleurs croisées* in *Crosses of crossed colours* (1970), sondern in *La seconde apothéose de Rameau* für Kammerorchester (1981) realisiert P. auch eine nachträgliche Musikalisierung, da diese zweite *apothéose* sich auf P.s theoretische Abhandlung *L'apothéose de Rameau. Essai sur la question harmonique* (»Versuch über die Frage der Harmonie«; 1968) bezieht, in der das harmonische Denken aus *Faust* und *Couleurs croisées* dargestellt ist.

Seit Ende der sechziger Jahre interessieren P. Möglichkeiten der Neubelebung des Begriffs der Melodie oder der linearen, kontinuierlichen Struktur, wie sich nämlich harmonische Kontrolle gewährleisten läßt, wenn lineare Strukturen übereinander gelagert werden und sich (scheinbar) unabhängig voneinander entwickeln. Solch »monodische« Strukturen spielen schon eine Rolle in *Mnemosyne I (Friedrich Hölderlin). Monodie für eine Solostimme oder Unisonochor oder Soloinstrument* (1969) und *Mnemosyne II (Friedrich Hölderlin). Improvisationssystem für einen oder mehrere Ausführende* (1970). Als kompositorischer Ansatz aber entscheidend erst ein Werk für Streichquartett mit Mezzosopran ad libitum, das den Titel *Mnemosyne (doublement) obstinée* (1988) trägt. »Verdopplung« (doublement) bezieht sich im Sinne der griechischen Göttin des Gedächtnisses, der »hartnäckigen« (obstinée) Mnemosyne, auf die Mitwirkung des Mezzosoprans ad libitum, der zusätzliche, speziell für ihn vorgesehene Parenthesen in die Musik der Streicher einbringt. Dem Stück liegen die ersten drei Verse der zweiten Version des Hölderlinschen Gedichts zugrunde: »Ein Zeichen sind wir, deutungslos. Schmerzlos sind wir und haben fast die Sprache in der Fremde verloren.« Durch ein Vervielfältigungsschema wird eine Melodie mit sich selbst kombiniert durch Überlappung (»Pedaleffekt« mit Melodietönen), Multiplikation (geringfügig verschobene Wiederholung der Noten einer Sequenz), Kanon und Vertikalisierung (P. in MK 69, 24–29). Diese neuartige Konzeption von Harmonik ist im unmittelbaren historischen Umfeld von anderen Komponisten bisher nicht aufgegriffen worden. Dies mag mit P.s Modernität im Zeitalter postmodernen Komponierens zusammenhängen, mit seinem Credo nämlich, »daß die Ausschöpfung der Zukunft eine viel größere Chance fruchtbarer Entwicklung hat, wenn sie den Wettbewerb mit der Erinnerung nicht von sich weist« (ebd. 20).

Der *Dichterliebesreigentraum* (1992–93) ist nach Auskunft des Komponisten eines seiner Hauptwerke, in das er »am meisten investiert« hat, nachdem er »viele Erfahrungen gesammelt« hatte (P. 2003, 22). In ihm verarbeitet P. seine schon früh aufkeimende Faszination für das Œuvre Schumanns: In Nummer XIII des *Dichterliebesreigentraums* verwendet er jenes Hölderlin-Zitat der zweiten *Mnemosyne*-Fassung: Dessen Wörter mischen sich mit dem Heine-Text »Ich hab' im Traum geweinet« aus Schumanns »Dichterliebe«.

Für P. ist die Tradition ›konstruktiven‹ bzw. ›strukturellen‹ Komponierens, zu der auch das Komponieren Schumanns gehört, eine solche Kraftquelle, die sich vertiefender Reflexion verdankt. Der systematisch Zugriff auf alle (denkbare) Musik ist von einem Musikbegriff geprägt, der von vornherein von einem Kommunikationsparadigma ausgeht: P.s Werke seit den sechziger Jahren sind »mit moralisierenden, sich an unser heutiges und alltägliches Leben richtenden Aufforderungen (selbst-)beladen« (ebd., 73).

Noten: Universal Edition (Wien); ab 1966 Suvini Zerboni (Mailand).
Dokumente: Anton Weberns organische Chromatik *in* die Reihe 2 (1956), 56–65. Zur Methodik, ebd. 3 (1957), 46–88. L'apothéose de Rameau. Essai sur la question harmonique *in* Revue d'esthétique 21 (1968), 105–72; dt. Darmstadt 1987. Schumann ist der Dichter … *in* Robert Schumann II, Mn. 1982, 3–128 (MK-Sonderbd.); frz. Paris 1993. Musiques croisées, Paris 1987. Komposition und Musikwissenschaft im Dialog II (1999) H. P. Parabeln und Spiralen. Zwei Hauptaspekte meines Lebenswerkes, hrsg. von I. MISCH und CHR. VON BLUMRÖDER, Münster u. a. 2003.
Literatur: STOCKHAUSEN, K.: Brief an Henri *in* Texte zur Musik 1963–1970, Bd. 3, hrsg. von D. SCHNEBEL, Köln 1971, 330–335. H. P., Mn. 1990 (MK 69) [mit WV und Bibl.]. MusikTexte 98 (2003) mit Beiträgen von H. P., H. STEINS, P. DECROUPET, E.-A. KLÖTZKE und M. GAMEVILLE [H. P. Schwerpunktheft].

Stefan Orgass

Praetorius, Michael
Geb. 15. 2. 1571 in Creuzburg an der Werra (Thüringen); gest. 15. 2. 1621 in Wolfenbüttel

Als der vierzehnjährige M. Pr. 1585 die Universität Frankfurt an der Oder bezog, schwebte ihm der Tradition seiner Familie gemäß eine theologische Laufbahn vor. Welche Studien ihn dazu befähigten, Anfang 1587 die Organistenstelle an der Universitätskirche St. Marien zu übernehmen, ist ungewiß. Nach seinem eigenen Zeugnis ist Pr. »sehr spät zum exercitio Musices gelanget«, und es ist wahrscheinlich, daß er als Organist und späterer Komponist weitgehend Autodidakt war. Um die Jahreswende 1589–90 dürfte er seine theologischen und humanistischen Studien abgeschlossen und Frankfurt an der Oder verlassen haben. Man nimmt an, daß er sich zwei oder drei Jahre später in Wolfenbüttel niedergelassen hat, wo er als Organist spätestens von 1595 an in den Diensten des Herzogs Heinrich Julius von Braunschweig stand. 1602 reiste Pr. »in seinen eigen Geschäften« nach Regensburg, wo er sich vermutlich erfolgreich nach einer lukrativeren Position umgesehen hat, denn nach Wolfenbüttel zurückgekehrt, erhielt er dort ein wesentlich höheres Gehalt als zuvor. Spätestens zu dieser Zeit beginnen Pr.' autodidaktische Kompositionsstudien, die durch zwei Drucke geistlicher Chormusik belegt sind. Es handelt sich um die *Megalynodia Sionia* (1611), die nach Pr.' eigenem Zeugnis bereits 1602 in Regensburg entstanden ist und eine Sammlung geistlicher Parodien von Madrigalen Lassos und Marenzios darstellt, sowie um die *Motectae et psalmi latini* (1607), die belegen, daß sich Pr. die Stile bedeutender Meister wie Palestrina und Hans Leo Hassler angeeignet hat. Seine im

Dezember 1604 erfolgte Anstellung als Herzoglich Braunschweigischer Kapellmeister in Wolfenbüttel scheint Pr. die Sicherheit gegeben zu haben, einen ehrgeizigen kompositorischen Lebensplan Stufe um Stufe zu realisieren, der ihn zum bedeutendsten evangelischen Kirchenkomponisten seiner Zeit und zu einem wichtigen Vermittler italienischer Musik in Deutschland machen sollte. Diesen Plan verfolgt er mit der fanatischen Hartnäckigkeit des Autodidakten und dem enzyklopädischen und pädagogischen Anspruch des Humanisten. In einer gewaltigen Anstrengung gibt er zunächst in den Jahren 1605–10 in neun Teilen der Sammlung *Musae Sioniae* insgesamt 1244 Bearbeitungen deutscher Psalmen und Kirchenlieder heraus, die er als »Musterbeispiele« ihrer Gattung verstanden haben will. Die Teile I–IV (1605–07) der *Musae Sioniae* bestehen vorwiegend aus achtstimmigen Bearbeitungen für zwei Chöre einer eher zufälligen Auswahl von Chorälen, während die Teile VI–VIII (1609–10) Choralsätze im schlichten vierstimmigen Kantionalsatz beinhalten, die systematisch nach dem Kirchenjahr, nach liturgischen und anderen Anlässen angeordnet sind. Nach Abschluß der *Musae Sioniae* plante Pr. als Gegenstück zu Lucas Lossius' *Psalmodia* (1555–95) eine umfangreiche Sammlung von Bearbeitungen liturgischer lateinischer Gesänge mit dem Titel *Leiturgodia*, von der allerdings nur drei Bände (sämtliche 1611) entstanden sind. Im Gegensatz zu den zeitgemäßen und in die Zukunft weisenden Bearbeitungstechniken der *Musae Sioniae* erweist sich Pr. hier eher als Sammler und Bewahrer der älteren niederländischen kirchenmusikalischen Tradition: die *Missodia Sionia* enthält Meßgesänge, die *Hymnodia Sionia* Hymnen und die *Eulogodia Sionia* Danksagungen und »gebesserte« Marianische Antiphonen.

Der plötzliche Tod des Herzogs Heinrich Julius im Jahre 1613 sollte sich als Wendepunkt in Pr.' Leben erweisen: zunächst wird er beurlaubt, von 1613–16 wirkt er als Kapellmeister »von Haus aus« am Kurfürstlich Sächsischen Hof in Dresden, wo Pr. mit Schütz zusammentraf, der seit dem Herbst 1614 ebenfalls in den Diensten des Kurfürsten stand. Die weitaus besseren Dresdner Verhältnisse erlaubten Pr. eine künstlerische Betätigung größten Stils, wovon seine *Urania* von 1613 zeugt, die wie eine Beispielsammlung zur Aufführungspraxis der Mehrchörigkeit im Stile G. Gabrielis wirkt. Sie ist in unmittelbarer Verbindung zu sehen mit den nun einsetzenden theoretischen Arbeiten am *Syntagma musicum*, das während Pr.' »Reisejahren«, die ihn nach Halle, Kassel, Magdeburg und Nürnberg führen, entsteht: Teil I (1614–15) ist ein lateinischer Traktat über Kirchenmusik; Teil II, *De organographia* (1618), stellt eine Instrumentallehre dar, in der der Orgelbau einen großen Raum einnimmt und zu der Pr. einen Illustrationsband mit dem Titel *Theatrum instrumentorum* (1620) herausgegeben hat. Der III. Teil, *Termini musici* (1619), enthält auch Ausführungen über Tempo, Taktarten und Fragen der musikalischen Aufführungspraxis sowie ein Lexikon mit musikalischen Fachbegriffen. Es scheint, daß Pr. 1619 nach Wolfenbüttel zurückgekehrt ist, wo er die Hofkapelle in einem Auflösungszustand vorfand, so daß seine Anstellung als Kapellmeister 1620 nicht mehr verlängert wurde. Er konzipiert den gigantischen Plan eines 15 Bände umfassenden Werkes unter dem Gesamttitel *Polyhymniae Ecclesiasticae*, in dem er Kirchenmusik zu allen Anlässen in allen Arten des neuen konzertierenden Stils der Italiener vorlegen will, wovon jedoch nur noch drei Bände entstehen. Besonderes Gewicht unter diesen hat die *Polyhymnia caduceatrix*, die sich wie eine Beispielsammlung aller nur denkbaren Möglichkeiten des frühbarocken konzertierenden und mehrchörigen Stils ausnimmt und in enger Verbindung zum III. Band des *Syntagma musicum* steht.

Noten: M. Pr. Gesamtausg. der mus. Werke, hrsg. von Fr. Blume u. a., Wolfenbüttel 1928–40 und 1960. M. Pr., Sämtliche Orgelwerke, hrsg. von K. Matthaei, Wolfenbüttel 1930. Syntagma Musicum I–III, Ndr. der Ausg. von 1614/15 und 1619, hrsg. von A. Forchert, 3 Bde., Kassel 2001.

Literatur: Blume, Fr.: M. Pr. Creuzburgensis, Wolfenbüttel 1929. Forchert, A.: Das Spätwerk des M. Pr. Italienische und deutsche Stilbegegnung, Bln. 1959. Möller-Weiser, D.: Untersuchungen zum 1. Band des »Syntagma musicum« von M. Pr., Kassel 1993.

Siegfried Schmalzriedt

Prokof'ev, Sergej Sergeevič

Geb. 11. (23.) 4. 1891 in Soncovka (Ukraine); gest. 5. 3. 1953 in Moskau

Als der dreizehnjährige Pr. ins St. Petersburger Konservatorium eintrat, konnte er bereits zahlreiche Jugendwerke vorweisen. Er war ein eigenwilliger und arroganter Student, äußerte sich geringschätzig über seine Lehrer (Rimskij-Korsakov, Aleksandr Glazunov, Arthur Lourié), legte im Wintersemester 1908–09 ein mäßiges Kompositionsexamen ab und beendete sein Studium 1914 mit einem glänzenden Examen als Konzertpianist. Die Petersburger Tradition und deren schulmäßiges Komponieren hat er im gleichen Jahr, so sagte er, »mit der *Skythischen Suite* zum Teufel gejagt« (vgl. Cholopov, in S. Pr., Duisburg 1991, 134).

In den Jahren vor der Oktoberrevolution fand Pr. zu einer eigenständigen Sprache, die weniger über musikalische Vorbilder als über die russische literarische Avantgarde, vor allem Vladimir Majakovskij, vermittelt scheint. Dem spätromantischen Stil Rachmaninovs, dem Akademismus Glazunovs und den mystischen Klängen Skrjabins setzte Pr. schrille Dissonanzen, widerborstige, manchmal grobe Rhythmen, auch ›gesunde‹ Diatonik, musikalischen Humor und Spott entgegen. Werke wie die *Sarkasmen* (1912–14), die ersten beiden *Klavierkonzerte* (1911–13), die *Visions fugitives* (1915–17), die *Skythische Suite* (1914), mit denen er sein Publikum verschreckte und für die ihn die Presse als »Futuristen« beschimpfte, haben freilich auch konventionelle Züge. Pr. arbeitet meist mit einfachen Kadenzbeziehungen, die durch die Fülle der hinzugefügten Dissonanzen unkenntlich werden; die eigenwilligen Rhythmen ergeben sich aus Synkopen, Akzenten und Artikulationsarten, die der an sich klaren periodischen Struktur zuwiderlaufen. Daß Pr. nicht radikal mit Traditionen brach, zeigen die Werke, die bei den Zeitgenossen weniger Aufsehen erregten – die frühen Klaviersonaten und Lieder, die *Symphonie classique* (1916–17), die Oper *Igrok* (»Der Spieler« nach Fëdor M. Dostoevskij, 1915–17/1927–28; Brüssel 1929). Die *Symphonie classique* ist das einzige Werk, mit dem Pr. – noch vor Stravinskys »Pulcinella« (1922) – der Neoklassik huldigt. Später hat er sich von dieser Richtung distanziert, indem er diese Symphonie und auch Stravinskys neoklassische Werke »weniger wertvoll« nannte, weil sie »in der Art eines anderen geschrieben worden sind« (Nestjew, 196). – *Der Spieler* knüpft an die Tradition der »Opéra dialogué« an, die auf Dargomyžskijs »Steinernen Gast« zurückgeht. Pr. hat Dostoevskijs Prosa nahezu unverändert übernommen. Die Oper ist ein durchkomponiertes Rezitativ mit kurzen ariosen Episoden, jedoch ohne geschlossene Nummern, traditionelle Ensembleszenen und Chöre.

1918 verließ Pr. die Sowjetunion und ging zunächst nach Amerika, 1922 nach Paris. *Ljubov' k trëm apel'sinam* (»Die Liebe zu den drei Orangen«, nach Carlo Gozzi; Chicago 1921) geht auf eine Anregung von Vsevolod Mejerchol'd zurück. Die »einfachere Tonsprache«, die Pr. mit Rücksicht »auf den Geschmack der amerikanischen Hörer« (Schlifstein, 72) wählte, ist in dem commedia dell'arte-Sujet begründet. Die antipsychologische Haltung, die ironische Distanz, die sich beim jungen Pr. mit großen Gesten kundtut, wird hier ins Spielerische sublimiert. Mit der folgenden Oper, *Ognennyj angel* (»Der Feurige Engel«, Valerij Ja. Brjusov, 1919–27; Venedig 1955), ging Pr. in die entgegengesetzte Richtung: Die Handlung spielt im deutschen Mittelalter; die komplexen, widerspruchsvollen Figuren, die zentrale Frauengestalt Renata, die stets dem Wahnsinn nahe ist, und religiöser Fanatismus werden mit nahezu übersteigerter Expressivität gezeichnet. Da Pr. am Erfolg der Oper zweifelte, verarbeitete er die zentralen Themen zu seiner *Dritten Symphonie* (1928).

In Europa entstanden das *Quintett* op. 39 (1924), die *Fünfte Klaviersonate* (1923), die *Zweite Symphonie* (1924–25) – Werke, die die avantgardistische Musiksprache der frühen Zeit weiterentwickeln (zwölftönige Akkorde im Finale der *Zweiten Symphonie*). Für Sergej P. Diaghilev komponierte Pr. das Ballett *Le pas d'acier* (Paris 1927), das wegen seines sowjetischen Sujets und der musikalischen Barbarismen in Paris als »bolschewistisch« beschimpft wurde. Bereits 1921 hatte Diaghilevs Truppe die *Skazka pro šuta* (»Das Märchen vom Narren«) in Paris mit Erfolg herausgebracht. Dieses Werk steht mit dem folkloristischen russischen Sujet und der eigenwilligen Verbindung von musikalischer Raffinesse und Primitivität Stravinskys »Petrouchka« nahe. In den beiden folgenden, für Diaghilev entstandenen Balletten – *Bludnyj syn* (»Der verlorene Sohn«; Paris 1929) und *Na Dnepre* (»Am Dnepr«; Paris 1932) – kündigt sich ein Stilwandel an: Die harmonische Sprache wird schlichter, an die Stelle chromatischer Schichtungen tritt eine neue Diatonik, die nicht – wie in den frühen Werken – wie eine Mißachtung kompositorischer Regeln klingt, sondern durch die musikalische Faktur legitimiert ist. Pr. selbst sprach von der Suche nach einer »neuen Einfachheit« (s. u.).

Seit 1927 hatte sich Pr. regelmäßig in der Sowjetunion aufgehalten; 1936 kehrte er endgültig zurück. Ausschlaggebend war vermutlich vor allem seine Karriere, denn als Bühnenkomponist hatte er im Ausland nicht den gewünschten Erfolg gehabt; in der Sowjetunion dagegen wurden seine Werke regelmäßig gespielt, das Leningrader Theater hatte *Die Liebe zu den drei Orangen* seit 1926 im Repertoire und gab 1934 das Ballett *Romeo und Julia* in Auftrag. Hinzu kam, daß Pr. glaubte, seine Kunstauffassung lasse sich mit der offiziellen sowjetischen Ästhetik vereinbaren. Noch vor seiner Rückkehr publizierte er in sowjetischen Tageszeitungen dazu einige programmatische Artikel.»Vor allem muß *große* Musik geschrieben werden, das heißt solche, in der sowohl die Idee als auch die technische Gestaltung der Größe unserer Epoche angemessen sind. Eine derartige Musik soll vor allem uns selbst auf den Wegen einer weiteren Entwicklung der musikalischen Formen vorwärtsbringen und auch dem Auslande unser wahres Gesicht zeigen ... Die Musik, die hier notwendig ist, möchte ich als ›leicht-seriös‹ oder ›seriös-leicht‹ bezeichnen. Für diese Musik die erforderliche Sprache zu finden, ist nicht einfach. Sie soll vor allem melodisch sein, wobei die Melodie einfach und verständlich sein muß, ohne ins Hausbackne oder Triviale abzugleiten ... Das gleiche gilt für die Satztechnik und die Gestaltungsweise. Sie soll klar und einfach sein, aber nicht in Schablone verfallen. Die Einfachheit darf nicht die alte Einfachheit, sondern muß eine neue sein« (Schlifstein, 199 f.).

Die Werke, die Pr. in den ersten Jahren nach seiner Rückkehr schreibt, verraten eine abwartende Haltung – Kompositionen für Kinder, darunter das Symphonische Märchen *Petja i volk* (»Peter und der Wolf«; 1936) – oder entsprechen in der Sujetwahl mehrheitlich der sowjetischen Kunstideologie – zahlreiche Massenlieder, Märsche, eine Kantate zum 20. Jahrestag der Oktoberrevolution auf Texte von Marx, Lenin und Stalin (1936–37) sowie *Zdravica*, ein »Trinkspruch« zu Stalins 60. Geburtstag (1939). Insgesamt fällt die große Zahl sowjetischer Themen in Pr.s zweiter Schaffenshälfte auf. Spekulierte Pr. mit solchen Werken auf Anerkennung, so hat er sich geirrt. Der Rezeption im Ausland begab er sich ohnehin durch die ideologischen Sujets; im eigenen Land galten diese Werke als zu kompliziert. Bei dem traurig-berühmten Beschluß, den das ZK der KPdSU 1948 gegen »Formalismus« in der sowjetischen Musik erließ, wurde auch Pr. heftig angegriffen. Mit einem offenen Brief an den Komponistenverband bereute er seine angeblichen Fehler; musikalisch machte er Zugeständnisse – mit der Suite *Zimnij kostër* (»Lagerfeuer im Winter«; 1949), dem Oratorium *Na straže mira* (»Auf Friedenswacht«; 1950), der Symphonischen Dichtung *Vstreča Volgi s Donom* (»Begegnung von Wolga und Don«; 1951), Werken, die in jene Trivialität und Schablone abgleiten, gegen die Pr. sich Anfang der dreißiger Jahre verwahrt hatte. Ihm Unaufrichtigkeit vorzuwerfen, wäre ungerecht. Er war ein kranker, gebrochener Mann und erpreßbar geworden, nachdem seine erste Frau, eine Spanierin, 1948 als »Spionin« verhaftet und in ein Arbeitslager verbannt worden war (1956 rehabilitiert).

Daß die Wende zu einer neuen Einfachheit Pr.s künstlerischer Überzeugung entsprach und zunächst kein Zugeständnis an eine borniert Kulturpolitik war, zeigen die Werke ohne sowjetische Thematik. In *Romeo und Julia* (Brunn 1938) ist die charakteristische Satztechnik des reifen Pr. erstmals ausgeprägt: in einer großrahmigen Melodik mit sorgfältig herausgearbeiteten Nebenstimmen und einer »neo-funktionalen Tonalität« (Cholopov, 141), in der alle Dreiklänge in Beziehung gesetzt werden können. In der Formbildung hat Pr. sich stets an traditionellen Vorbildern orientiert (Sonatensatz, Rondo, dreiteilige Lied- und Tanzformen); seine charakteristische Rhythmik (ostinate Motive, Motorik, unvermittelte Synkopen) ist von der Stilwende nicht betroffen und gewinnt durch die transparente Stimmführung und die schlanke Harmonik an Plastizität.

Szenische Musik bildet, auch in der sowjetischen Zeit, den Schwerpunkt in Pr.s Schaffen. Die beiden Handlungsballette, *Romeo und Julia* und *Cinderella* (Moskau 1945), erlangten Weltruhm, auch die beiden Filmpartituren, die für Sergej M. Ejzenštejns *Aleksandr Nevskij* (1938) und *Ivan Groznyj* (»Ivan der Schreckliche«; 1942–45) entstanden waren. Pr. förderte die Verbreitung dieser Werke durch Bearbeitungen, je drei Suiten zu den Balletten und einer *Aleksandr-Nevskij*-Kantate (auch zu fast allen seinen Opern hat Pr. solche Transkriptionen verfaßt). Bearbeitungen und Mehrfachverwendungen spielen insgesamt eine wichtige Rolle in Pr.s Schaffen: Die *Dritte* und *Vierte Klaviersonate* (beide 1917) beruhen auf Material »aus alten Heften«, in der *Dritten Symphonie* (1928) sind zentrale Themen aus dem *Feurigen Engel*, in der *Vierten Symphonie* (1930) aus dem *Verlorenen Sohn* verarbeitet, und in der *Achten Klaviersonate* (1939–44) verwendete Pr. Motive aus seinen unveröffentlichten Puškin-Kompositionen.

Als Opernkomponist bleibt Pr. ein Experimentator, sowohl stilistisch als auch in der Sujetwahl. In *Semën Kotko* (nach Valentin P. Kataevs Novelle »Ich bin ein Sohn des arbeitenden Volkes«; Moskau 1940) erprobt er einen neuen Traditionalismus mit melodischen Rezitativen, handlungsbetonten Arien, einem überschaubaren System von Leitmotiven, Volksliedzitaten und Folklorismen (in Anlehnung an die russischen Opern des 19. Jahrhunderts und das sowjetische Postulat der ›Volkstümlichkeit‹). Das Werk scheiterte nicht nur an der streckenweise sentimentalen Handlung, der plakativen Gegenüberstellung von Gut und Böse – von sowjetischen Partisanen und Weißgardisten, an deren Seite Deutsche kämpfen –, sondern auch an der historischen Konstellation: 1939 nach dem Nichtangriffspakt zwischen Hitler und Stalin war eine negative Darstellung von Deutschen nicht opportun. *Obručenie v monastyre* (»Die Verlobung im Kloster«, nach Richard Br. Sheridan, 1940; Leningrad 1946), ein Intrigen- und Verwirrspiel im Stil des 18. Jahrhunderts, knüpft an *Die Liebe zu den drei Orangen* an. In *Povest' o nastojaščem čeloveke* (»Geschichte vom wahren Menschen«, nach Boris N. Polevoj; Leningrad 1948) vertonte Pr. nochmals ein sowjetisches Sujet. Nach dem Beschluß von 1948 hoffte er, sich mit diesem Werk rehabilitieren zu können, und scheiterte erneut. Mit hohem Pathos, emotionalen Schablonen und übertriebener Simplizität war statt eines Heldenepos eine unfreiwillige Karikatur auf die Prinzipien des sozialistischen Realismus entstanden. In *Vojna i mir* (»Krieg und Frieden«; Moskau 1944/1953) hat Pr. die vielschichtigen Handlungsebenen, die Verflechtung von privatem und nationalem Schicksal aus Lev N. Tolstojs Roman in ein musikalisches Epos verwandelt, das in seiner Konzeption an Borodins »Fürst Igor« erinnert. Der Charakterisierung der Hauptpersonen ist ein lyrischer, manchmal resignativer Grundzug eigen, die musikalische Sprache bleibt schlicht, gleichsam zeitlos. Der stille, unprätentiöse Pr. kündigt sich bereits in den Kammermusikwerken der Kriegs- und Nachkriegsjahre an. Schlichtheit und eine Heiterkeit, die vielleicht als sublimierte Resignation zu verstehen ist, bestimmen die *Siebte Symphonie* (1951–52), das letzte Werk, das Pr. vollendet hat.

Noten: Sobranie sočinenij [Gesammelte Werke], 20 Bde., Moskau 1955–1967.
Dokumente: S. S. Pr. Dokumente, Briefe, Erinnerungen, hrsg. von S. SCHLIFSTEIN, Lpz. o. J. [1965, mit WV]. S. Pr. Dnevnik, Pis'ma, Besedy, Vospominanija [Tagebuch, Briefe, Gespräche, Erinnerungen], hrsg. von M. TARAKANOV, Moskau 1991; engl. als: Soviet Diary 1927 and Other Writings, hrsg. von O. PROKOF'EV, Ldn. 1991; dt. als: Aus meinem Leben. Sowjetisches Tagebuch, hrsg. von G. EBERLE, Zürich und St. Gallen 1993.
Literatur: NESTJEW, I.: Pr. Der Künstler und sein Werk, Bln. 1962. BROWN, H. M.: The Symphonies of Pr., Diss. Florida State Univ. 1967. DERS.: Pr.s War and Peace. A Chronicle *in* MQ 63 (1977), 297–326. EISENSTEIN, S.: Ja. [Ich selbst]. Memoiren, 2 Bde., Wien 1984. TARAKANOV, M.: Stil' simfonij Pr.a [Pr.s symphonischer Stil], Moskau 1968. ROBINSON, H. L.: The Operas of S. Pr. and Other Russian Literary Sources, Diss. Univ. of California, Berkeley 1980. SAVKINA, N.: S. S. Pr., Moskau 1981; dt. Mn. 1993. KRÖPLIN, E.: Frühe sowjetische Oper. Schostakowitsch, Pr., Bln. (Ost) 1985. NEEF, S.: Hdb. der russischen und sowjetischen Oper, Bln. 1985, ²1988. ROBINSON, H. L.: S. Pr. A Biography, N. Y. 1988. TARUSKIN, R.: Tone, Style and Form in Pr.'s Soviet Operas. Some Preliminary Observations *in* Studies in the History of Music 2 (1988), 215–239. S. Pr. Beiträge, Dokumente, Interpretationen, hrsg. von H. DANUSER u. a., Duisburg 1990. Sovetskaja Muzyka (1991), H. 4 [Pr.-Sondernummer]. Ber. über das Intern. Symposon »S. Pr. – Aspekte seines Werkes und der Biographie«, hrsg. von K.W. NIEMÖLLER, Köln 1992. ROBERTS, P. D.: Modernism in Russian Piano Music. Scriabin, Pr., and Their Contemporaries, 2 Bde., Bloomington und Indianapolis 1993. SCHIPPERGES, TH.: S. Pr., Reinbek bei Hbg. 1995. BIESOLD, M.: S. Pr. Komponist im Schatten Stalins, Weinheim 1996. NICE, D.: Pr. From Russia to the West. 1891–1935, New Haven u. a. 2003. STRELLER, FR.: S. Pr. und seine Zeit, Laaber 2003.

Dorothea Redepenning

Prudencio, Cergio
Geb. 3. 11. 1955 in La Paz (Bolivien)

Pr.s kompositorischer Ansatz hat gesellschaftliche Hintergründe: Komponieren ist für ihn eine Identitätsbestimmung. Sie orientiert sich an der indianischen Kultur, die von den Europäern zerstört worden ist. Jedoch läßt sich Pr. nicht in eine nationalistische Nische drängen. Seine Skepsis gegenüber der ›traditionellen Avantgarde‹, soweit sie sich der Selbstbespiegelung hingibt, führt ihn zu einer offenen, die Improvisation einbeziehenden Auseinandersetzung mit den Traditionen der Inkas und der nordamerikanischen Indianer. Dieser Ansatz schlägt sich in dem Instrumentarium nieder, das Pr. für seine Kompositionen wählt.

Pr., der in La Paz Dirigieren und Komposition studierte, war bereits gegen Ende seiner Ausbildung 1978 Mitbegründer der Gruppe »Aleatorio«, die sich um Aufführungen Neuer Musik bemühte. Auch als Flötist im »Orquesta de Cámara Municipal« war Pr. schon in Erscheinung getreten: Vor allem die Flöte regte ihn zu Kompositionen für Aerophone der Andenregion an. So verwendet er in seiner Komposition La ciudad (»Die Stadt«; 1980, 1981 und 1986 überarbeitet) ein lateinamerikanisches Orchester aus Andenaerophonen und -trommeln. Aber nicht nur mit der Besetzung nimmt Pr. Bezug auf die Musik der Hochlandindianer, der Aimaras, sondern greift auch deren Tradition in den verwendeten Material auf. Ferner folgt La ciudad einem Gedicht von Blanca Wiethüchter aus Bolivien, dessen Text in der ersten Version rezitiert wird.

In den späteren, groß dimensionierten Werken wie Cantos de piedra (»Gesänge der Steine«; 1989) für indianische Instrumente, Gitarren und Schlagwerk sowie Cantos de tierra (»Gesänge der Erde«; 1990), ebenfalls für indianische Instrumente, wird in ähnlicher Weise verfahren. Zugleich behandelt Pr. die Zeit als Kontinuum in zyklischem Sinn. Vergangenheit ist in der Tradition des »Altiplano« beständig und daher gegenwärtig. Pr. behandelt die andischen Instrumente sehr individuell und gestaltet die Notation für diese Zeugen der Vergangenheit sehr frei: Daher können die Kompositionen von Laienmusikern aufgeführt werden und fallen je nach Aufführung unterschiedlich aus. In Cantos Crepusculares (»Gesänge der Dämmerung«; 1999) für 18 Musiker ist Zeit als großes Klangkontinuum gestaltet, dessen Einzelelementen im Verlauf des Stückes ständig verwandelt werden. All diese Titel sollen die Musik keineswegs auf Stimmungsbeschreibungen reduzieren, sondern eine Aura andeuten, die mit der Struktur verwoben ist.

Neben Werken größerer Besetzung hat Pr. auch Kammermusik komponiert. In Juegos Imaginados (»Ausgedachte Spiele«; 1987) ist die Besetzung mit zwei Schlagzeugern für die Struktur der Musik maßgeblich: Das für die Anden typische Denken in komplementären Gegensätzen wird hier musikalisch umgesetzt. Die Schlagzeugbesetzung greift Pr. zehn Jahre später in A la sombra de la higuera (»Im Schatten des Feigenbaums«) für vier Schlagzeuger noch einmal auf. Auch seine Tätigkeit als Flötist regt Pr. immer wieder dazu an, für Soloinstrumente zu schreiben: Neben Soledanza (1999) und Solar (»Sonnen«; 2001) für Flöte bzw. Altflöte entstanden Solo für Violine (1994), für Klarinette Deshoras (1999) sowie Vértices (»Scheitelpunkte«; 2002) für Flöte und Gitarre – die beiden Instrumente, die Pr. selbst erlernt hat. Außerdem schrieb Pr. für Klavier Umbrales (»Schwellen«; 1994), Ambitos (1998) und Horizontes (2001).

Der elektronischen Musik öffnete sich Pr. mit Tríptica (1985) für sieben verstärkte Charangos (Saiteninstrumente) und lateinamerikanische Frauengesänge, und dem elektroakustischen Stück Awasqa (»Gewebe«; 1986), dem Klänge von Andenflöten unterschiedlicher Größe zugrunde liegen. Die Musik in Awasqa ist von extrem langsamer Bewegung am Rande des Hörbaren und zeigt eindrucksvoll Pr.s Suche nach immer neuen Klangräumen, die seiner Heimat und der Tradition der Hochlandindianer abgehört sind.

Pr.s Engagement beschränkt sich von Anfang an nicht auf seine Tätigkeit als Komponist: So gründete er unter anderem das »Orquesta Experimental de Instrumentos Nativos«, das sich dem Musizieren auf den traditionellen Instrumenten der Anden widmet. Auch als Interpret und Organisator arbeitet er für die Wiederbelebung der vorkolumbianischen Musiziertradition.

Noten: Tre Media Musikverlage (Karlsruhe).
Dokumente: Situation of the Composer in Latin America in World New Music Magazine 4 (1994). Programmheft Donaueschinger Musiktage 1999.

Dominik Susteck

Puccini, Giacomo

Geb. 22. 12. 1858 in Lucca;
gest. 29. 11. 1924 in Brüssel

Als G. P. als Absolvent des Istituto Musicale seiner Heimatstadt Lucca das Konservatorium in Mailand bezog, um bei Antonio Bazzini und Amilcare Ponchielli Komposition zu studieren, befand sich die italienische Oper in einer Situation des Umbruchs, deren Bedeutung erst von der Forschung der vergangenen Jahrzehnte entsprechend gewürdigt wurde. Das Schweigen Verdis nach »Aida« (1871) und die Erfolge von Arrigo Boitos »Mefistofele« in der zweiten Fassung (Bologna 1875) und von Amilcare Ponchiellis »Gioconda« (Mailand 1876) hatten den Eindruck aufkommen lassen, die traditionelle italienische Oper des 19. Jahrhunderts sei an ihr Ende gekommen. Wie die Statistiken der italienischen Opernhäuser um 1880 enthüllen, überwog in diesen Jahren in den

Spielplänen die französische Oper, wobei sich die verspätete Rezeption der grands opéras Meyerbeers überlagerte mit dem Erfolg des drame lyrique Gounods und seiner Zeitgenossen. Zwischen den italienischen Wagnerismus, dessen militantester Verfechter Arrigo Boito war, und die Rezeption französischer Kompositionstechniken und Inszenierungstraditionen schob sich eine eigenartige Mode der Stoffwahl, die von der deutschen romantischen Oper in der ersten Hälfte des 19. Jahrhunderts beeinflußt war: die italienische wagnerianische Märchenoper mit deutschen Sujets. Die Erfolge des um vier Jahre älteren Lucchesers Alfredo Catalani führten P. während seiner Studienzeit vor Augen, daß in Stoffwahl und Kompositionstechnik neuere Tendenzen sich gegenüber dem italienischen »melodramma« durchgesetzt hatten. P.s Orchesterwerke aus der Mailänder Studienzeit, *Preludio sinfonico* (1882) und *Capriccio sinfonico* (1883) machen deutlich, daß es sich bei dem italienischen Wagnerismus des Fin de siècle noch nicht um eine Adaptierung Wagnerscher Kompositionstechniken aus der Phase der Musikdramen handelte, sondern um eine eher an der Oberfläche des musikalischen Satzes bleibende Rezeption von Verfahrensweisen aus den romantischen Opern bis einschließlich »Lohengrin«. P.s Erstlingsoper, *Le Villi* (Mailand 1884) nach Heinrich Heines »Elementargeister und Dämonen« (1834) auf ein Libretto von Ferdinando Fontana, erntete einen großen Erfolg anläßlich der Uraufführung, blieb dramaturgisch jedoch befangen in der Tradition der italienischen Märchenoper nachwagnerischer Prägung. Auf der Grundlage dieses Anfangserfolges unternahm P. in den folgenden Jahren die Komposition der Oper *Edgar* (Mailand 1889), wiederum auf ein Libretto von Fontana, dessen Mangel den Grundstein für P.s lebenslange Sensibilität gegenüber Libretti begründeten. Auch spätere Rettungsversuche (Ferrara 1892, Buenos Aires 1905) konnten die Schwächen der Handlungsführung in *Edgar* nicht beheben, so daß der Oper eine dauerhafte Bühnenexistenz verwehrt blieb.

Die Wahl der »Histoire du Chevalier des Grieux et de Manon Lescaut« von Antoine-François Prévost d'Exiles (1731) als Stoff für seine folgende Oper belegt die wache szenische Phantasie des Komponisten, der damit den herrschenden Moden der Stoffwahl ein unabhängiges Konzept von Operndramaturgie entgegenzustellen vermochte. Die Genese des Librettos, bei dem P. sich geschworen hatte, der eigenen theatralischen Imagination und nicht dem Willen eines beliebigen Librettisten zu folgen, entwickelte sich zur Leidensgeschichte einer Anzahl von Librettodichtern: Leoncavallo, Marco Praga, Domenico Oliva, Giuseppe Giacosa, Luigi Illica, der Verleger Giulio Ricordi und der Komponist selbst arbeiteten zeitweise am Libretto, so daß nur die Kompromißlösung gangbar schien, die Oper ohne den Namen eines Librettisten erscheinen zu lassen. *Manon Lescaut* (Turin 1893) bedeutete für P. den endgültigen Durchbruch zur Berühmtheit, nachdem die Freunde Mascagni und Leoncavallo durch ›veristische‹ Einakter bereits ihren Weg zum Erfolg beschriften hatten. P.s Partitur weist jedoch in ihrer musikalischen Komplexität und durch ihre Kraft zur Synthese mannigfaltiger Einflüsse aus Frankreich (Massenet), Deutschland (Wagner) und aus der italienischen Tradition eine strukturelle Mehrschichtigkeit auf, die den Partituren Mascagnis und Leoncavallos abgeht. Die Konzentration des Librettos auf den unmittelbaren Ausdruck von Emotionen unterscheidet P.s Oper von Massenets opéra comique über denselben Stoff, während die Herstellung des Librettos unter dem Diktat der musikalischen Imagination es dem Komponisten zum ersten Mal erlaubte, sein spezifisches Gefühl für die Zeitstruktur von Bühnenhandlungen zur Geltung zu bringen. Die Einflüsse Wagners und Massenets erscheinen verschmolzen in einer Musiksprache, die – zum ersten Male im Italien des 19. Jahrhunderts – die harmonischen Neuerungen Wagners integriert, ohne ästhetische Brüche des Komponierten in Kauf nehmen zu müssen.

Die an *Manon Lescaut* zu beobachtende Konkurrenzsituation, die zu mannigfaltigen Vermeidungsstrategien und damit zu Verbiegungen der dramaturgischen Struktur des Werkes führte, sollte eine der Konstanten von P.s zukünftigem Schaffen werden. Überblickt man die drei Jahrzehnte künstlerischer Reifezeit von der Stoffwahl für *La Bohème* (1893) bis zum Tode über der unvollendeten Partitur von *Turandot* (1924), so fällt das Alternieren von ausgedehnten Perioden der Stoffsuche mit Phasen intensiver Kompositionsarbeit auf. P.s musikalische Imagination war untrennbar verknüpft mit seiner szenischen Imagination; und die Tragik seiner Abhängigkeit von der Librettogrundlage bestand darin, daß er zwar fähig war, ungeeignete Sujets und unpassende Textpassagen zurückzuweisen, daß er jedoch nicht konstruktiv an der Formulierung einer ihm gemäßen Dramaturgie mitzuarbeiten vermochte. Am 20. 3. 1893, während der Phase intensiver Stoffsuche unmittelbar nach der Premiere von *Manon Lescaut*, begegnete P. in der Mailänder »Galleria« Leoncavallo; ihr Gedankenaustausch fand ein abruptes Ende, als P. dem Freund mitteilte, auch er arbeite an einer Oper über Henry Murgers »Scènes de la vie de Bohème« (Paris 1851). Über dem folgenden Prioritätsstreit zerbrach nicht nur die Freundschaft beider Komponisten, sondern es entspann sich ein regelrechter Wettstreit beider Opern, der zu einem Wettkampf der beiden involvierten Verleger wurde. Jüngst entdeckte Dokumente lassen es als sehr wahrscheinlich erscheinen, daß die dramaturgische Grundstruktur beider Opern auf einen Entwurf von Leoncavallo zurückgeht, daß das »Plagiat« also tatsächlich auf P.s Seite war. Zusammen mit dem Librettistengespann Illica und Giacosa, das anläßlich der Zusammenarbeit an *La Bohème* zueinanderfand, und mit dem Verleger Giulio Ricordi definierte P. Szene um Szene gemäß seiner individuellen Vision von musikalischer Dramaturgie. Als Produkt intensiver Zusammenarbeit und beständiger Änderungswünsche entstand *La Bohème* (Turin 1896), auf die erst im Mai 1897 Leoncavallos »Bohème« am venezianischen Teatro La Fenice folgte; P.s Oper setzte sich innerhalb weniger Jahre gegen die Konkurrenz durch und begründete den universalen Erfolg des Komponisten. Zu den wesentlichen Errungenschaften von P.s Partitur zählen eine neue, unprätentiöse Librettosprache, die gegenüber der Opernlibrettistik des 19. Jahrhunderts der italienischen Alltagssprache näher steht, eine Orchestersprache, die als psychologischer Kommentar zur Handlung Einflüsse Wagners und des französischen drame lyrique miteinander verschmilzt, sowie eine neue Zeitstruktur musikdramatischer Handlung auf der Opernbühne.

Die während der Entstehungszeit von *La Bohème* keineswegs problemlose Zusammenarbeit mit den beiden Librettisten erwies sich als relativ harmonisch bei der folgenden Oper, *Tosca* (Rom 1900) nach dem Drama »La Tosca« (Paris 1887) von Victorien Sardou. P. war um so erstaunter, als Giulio Ricordi Einwände gegen die fragmentarische Duettstruktur des dritten Aktes erhob, die nur schwer zu entkräften waren. Die allmähliche Entwicklung von P.s Musiksprache in Richtung auf ein neues Konzept von musikalischer Dramaturgie kulminierte in der Krise, die durch den Mißerfolg der Oper *Madama Butterfly* an der Mailänder Scala (1904) ausgelöst wurde. Nach intensiven Auseinandersetzungen hatte Giacosa einem zweiten Akt von ungewohnten Dimensionen halbherzig zugestimmt, um das Warten Butterflys auf die Rückkehr Pinkertons dem Publikum auch physisch zu vergegenwärtigen. Der Skandal am Abend der Uraufführung, der sich nicht nur gegen die Oper, sondern auch gegen die Person P.s richtete, bewirkte einen dreijährigen Revisionsprozeß, in dessen Verlauf der zweite Akt geteilt und zahlreiche Kürzungen angebracht wurden. Erst in ihrer vierten Fassung für die Pariser Opéra-Comique unter der Regie von Albert Carré (1907) erhielt *Madama Butterfly* ihre heute vertraute Gestalt.

Die Jahre der Revisionen an *Madama Butterfly* und *Edgar* bedeuteten für P. die längste Stoffsuche seines Lebens; nachdem Illica mehrere Versionen eines Librettos über Marie Antoinette, die Gattin Ludwigs XVI., erstellt hatte, entschied P. sich gegen das Libretto und – ohne die Mitarbeit Giacosas – auch gegen Illica als zukünftigen Librettisten. Das immer rege Theaterinteresse des Komponisten führte zu einer dauernden Beschäftigung mit dem internationalen Musik- und Sprechtheater seiner Zeit. P. muß gespürt haben, daß die Handlungs- und Rollenschemata des italienischen »melodramma« überholt waren durch die europäische Theateravantgarde zu Beginn des 20. Jahrhunderts, deren Transformation in Libretti freilich Schwierigkeiten bereitete. Offen für Anregungen der beginnenden musikalischen Moderne, begann P. sich mit den Werken seines Konkurrenten Strauss zu beschäftigen; später bezeugte er reges Interesse für Werke Stravinskys und Schönbergs.

Die Werke dieser Phase dramaturgischer und musikalischer Erneuerung zeichnen sich durch neuartige dramaturgische Strukturen aus; in *La fanciulla del West* (New York 1910) erprobte P. ein Finale als »happy end« unter dem Einfluß des amerikanischen Unterhaltungstheaters David Belascos, in *La rondine* (Monte Carlo 1917) versuchte P. sich auf dem Gebiet der Operette. Die Fusion der verschiedenen Genera von Theater – ein Ideal von Theaterästhetik, dem Strauss in diesen Jahren durch die Komposition von »Ariadne auf Naxos« zu entsprechen suchte – realisierte P. in seinem *Trittico* (New York 1918), einer Serie von drei Kurzopern, die jeweils einem dramatischen Genre angehören: *Il Tabarro* als gewalttätiges Drama der Leidenschaften, *Suor Angelica* als katholisches Mysterienspiel, *Gianni Schicchi* als musikalische Komödie. Während die Grausamkeit der Handlung im *Tabarro* als Wiederaufgreifen eines veristischen Sujets interpretiert werden konnte, schuf P. in *Gianni Schicchi* die einzige lebensfähige italienische opera buffa des 20. Jahrhunderts.

Nicht nur P.s Wille zur Verschmelzung der verschiedenen Formen von musikalischem Theater, sondern auch Einflüsse des europäischen Theaterlebens (Max Reinhardt, Jewgenij Vachtangov) und von dessen Tendenz zu antirealistischer Bühnendarstellung legten ein Libretto nahe, das sich an die »Fiabe teatrali« von Carlo Gozzi (1720–1806) anlehnte – eine Stoffwahl, wie sie zur selben Zeit auch von Prokof'ev für seine Oper »Die Liebe zu den drei Orangen« getroffen wurde. Auf der Basis von Gozzis ›Fiaba teatrale tragicomica‹ »Turandot« (1762) erstellten Giuseppe Adami und Renato Simoni ein Libretto, in dem die hieratische Gestalt der eiskalten Prinzessin das Zentrum bildet. P.s Spätwerk – Spätwerk par excellence nicht nur wegen seines Fragmentcharakters – spiegelt die Intention des Komponisten, Tragödie und Komödie zu einem untrennbaren Ganzen zu verschmelzen, und belegt zugleich die Faszination, die die Partituren der Moderne auf den Komponisten ausübten. Richtungsweisend bei der Amalgamierung polytonaler and atonaler Sprachelemente mit dem Vokabular der italienischen Oper, zeichnet sich die *Turandot*-Partitur durch ein elaboriertes musikalisches Lokalkolorit aus, dessen Komplexität die traditionelle Funktion des Exotismus in der Oper des 19. Jahrhunderts weit hinter sich läßt. Beim Tode des Komponisten blieb die zweite Hälfte des dritten Aktes unvollendet, auf Vorschlag Toscaninis übernahm Franco Alfano die undankbare Aufgabe, P.s Partitur – teilweise nach Skizzen des Komponisten – zu vollenden und zu instrumentieren. Eine vollständige Partitur von Alfanos Ergänzungen, die bisher nur in verstümmelter Form bekannt waren, konnte 1978 aufgefunden werden (Maehder 1984), seither setzt sich die Originalgestalt der *Turandot*-Partitur zunehmend durch.

Noten: Ricordi (Mailand).
Dokumente: G. P. Epistolario, hrsg. von G. ADAMI, Mailand 1928, Reprint 1982, dt. Lindau 1948. SELIGMAN, V.: P. among Friends, Ldn. 1938. Carteggi P.ani, hrsg. von E. GARA, Mailand 1958. PALADINI, C.: G. P. Con l'epistolario inedito a cura di M. Paladini, Florenz 1961. P. com'era, hrsg. von A. MARCHETTI, Mailand 1973. P. 276 lettere inedite. Il fondo dell'Accademia d'Arte a Montecatini Terme, hrsg. von G. PINTORNO, Mailand 1974. SARTORI, CL.: I sospetti di P. *in* Nuova rivista musicale italiana 11 (1977), 232–241. P., G.: Lettere a Riccardo Schnabl, hrsg. von S. PUCCINI, Mailand 1981.
Werkverzeichnis: SCHICKLING, D.: G. P. Catalogue of the Works, Kassel 2003.
Literatur: TORREFRANCA, F.: G. P. e l'opera internazionale, Turin 1912. CARNER, M.: P. A Critical Biography, Ldn. 1958, ³1992; dt. Ffm 1996. ASHBROOK, W.: The Operas of P., N. Y. 1968; Ldn. 1969, Reprint Ithaca 1985. CASINI, CL.: G. P., Turin 1978. DÖHRING, S.: Musikalischer Realismus in P.s Tosca *in* Analecta musicologica 22 (1984), 249–296. MAEHDER, J.: Studien zum Fragmentcharakter von G. P.s Turandot, ebd., 297–379. Esotismo e colore locale nell'opera di P., hrsg. von J. MAEHDER, Pisa 1985. GROOS, A. und PARKER, R. P.: La bohème, Cambridge 1986. KAYE, M.: The Unknown P., N. Y. und Oxford 1987. MAEHDER, J.: Paris-Bilder. Zur Transformation von H. Murgers Roman in den Bohème-Opern P.s und Leoncavallos *in* Jb. für Opernforschung 2 (1986), 109–176. M. GIRARDI: P. La vita e l'opera, Rom 1989. SCHICKLING, D.: G. P. Biographie, Stg. 1989, ²1992. ASHBROOK, W. und POWERS, H. S.: G. P. Turandot, The End of the Great Tradition, Princeton 1991. The P. Companion, hrsg. von W. WEAVER, N. Y. 1994. M. GIRARDI: G. P. L'arte internazionale di un musicista italiano, Venedig 1995. Lo, K.-M.: Turandot auf der Opernbühne, Ffm. 1996. BIANCHI, M.: La poetica di G. P. Sull'arte e nell'arte di un drammaturgo, Pisa 2001. BUDDEN, J.: P. His Life and Works, Oxford 2002. PHILLIPS-MATZ, M. J.: P. A Biography, Boston 2002 [mit WV und Bibl.].

Jürgen Maehder

Purcell, Henry

Geb. 1659 vermutlich in Westminster, London; gest. 21. 11. 1695 in Westminster, London

P. ist nicht allein der heute repräsentativste Vertreter der Barockzeit in England, er kann darüber hinaus als einer der bekanntesten Komponisten der englischen Musikgeschichte gelten. Von seinem umfangreichen Œuvre werden indes nur wenige Ausschnitte rezipiert. Neben der Oper *Dido and Aeneas* sind vor allem zu Suiten zusammengefaßte Sinfonien, Ouvertüren und Tänze aus verschiedenen Bühnenwerken und Festmusiken im Konzertrepertoire präsent.

Trotz seines frühen Todes, und obwohl er London offenbar nie verlassen hat, erlangte P. sehr schnell in England außergewöhnliche Bedeutung. Sie beruht besonders auf dem großen Erfolg seiner

Bühnenmusik, die bereits zu Lebzeiten separat, z. T. als »Songs« mit Continuoarrangement, publiziert und verbreitet wurde. Dabei sahen Zeitgenossen, wie 1698 John Playford, das überragende Genie P.s darin, der englischen Sprache eine affektauslösende musikalische Kraft entlockt zu haben, wie sie gewöhnlich nur dem Italienischen zugesprochen wurde. Kammer- und Kirchenmusik sowie die höfischen Festmusiken blieben in der Öffentlichkeit weitgehend unbekannt.

Mit dem Auftreten von Händel in London geriet P.s Musik im 18. Jahrhundert in Vergessenheit. Sie gewann erst am Ende des 19. Jahrhunderts, bei der Suche nach einer nationalen kulturellen Tradition, in England wieder an Bedeutung. Die Purcell-Society, 1876 mit der Absicht gegründet, dem »Andenken H. P.s Gerechtigkeit« widerfahren zu lassen, gab eine erste Gesamtausgabe heraus, durch die die Werke einer größeren Öffentlichkeit zugänglich gemacht wurden. Daß die Rolle P.s als »lokales englisches Erbe« (Tippett) betrachtet werden konnte, hängt kaum mit seiner Musik, sondern mit der besonderen musikgeschichtlichen Situation Englands im 17. Jahrhundert zusammen.

Innerhalb des Gesamtwerks nimmt die profane Musik den größten Teil ein. Zwar schrieb P. nur eine Oper, darüber hinaus sind aber fünf »Semi-Operas« mit gesprochenem Text sowie unterschiedlich umfangreiche Musikeinlagen zu 43 Schauspielen erhalten. Aus diesem Bestand wurden annähernd 200 Songs, überwiegend für Sologesang, aber auch für zwei und mehr Stimmen mit Continuobegleitung, einzeln publiziert. Sodann finden sich weitere 200 Lieder, darunter 57 »catches« (Gesellschaftslieder), ferner 24 Oden und Welcomesongs als Festmusik für das Herrscherhaus. Den Hauptbestand der sakralen Musik bilden die 70 motettenähnlichen Anthems und Services, gefolgt von 38 Werken über Bibeltexte und geistliche Dichtungen, teils für Solo, teils für mehrere Stimmen oder Chor gesetzt. Eine überraschend geringe Rolle spielt die in der englischen Tradition ansonsten herausragende Tastenmusik. Die 54 in der Gesamtausgabe wiedergegebenen Stücke sind oft Transkriptionen von Liedern oder Bühnenmusik. Wichtiger schienen P. die Kompositionen für Streicher- bzw. Bläserensemble. Die zwölf *Sonatas of III Parts* ließ er 1683 auf eigene Kosten drucken.

Den frühesten Hinweis auf P. gibt das dreistimmige Lied *Sweet tyranness*, das in Playfords Sammlung *Catch that Catch can, or The Musical Companion* von 1667 enthalten ist. Über sein privates Leben ist wenig bekannt. Bis 1673 war P. Chorknabe an der Chapel Royal, wo er von Henry Cooke, Pelham Humfrey und John Blow unterrichtet wurde. Von 1677 an wird er als Komponist für die Royal Band (ein Ensemble von 24 Streichern nach dem Vorbild des französischen Hofes) in der Nachfolge von Matthew Locke erwähnt. P. blieb dem Hof weiterhin verbunden. Zunächst in Westminster Abbey (1679), dann an der Chapel Royal (1682) als Organist tätig, erhielt er 1683 eine feste Anstellung als Verwalter der königlichen Instrumente. Bis Ende 1695 entstand regelmäßig repräsentative Festmusik. Sein Begräbnis in Westminster Abbey, für das John Blow eine Trauerode komponierte, wurde vom Hof bezahlt. Der musikalische Schwerpunkt der letzten Lebensjahre liegt indes eindeutig auf den Bühnenwerken.

Die Zeit P.s ist durch die Wiederherstellung der Macht von Kirche und Monarchie geprägt. Nach dem Ende des Commonwealth, währenddessen die Theater geschlossen und Musik in der Kirche verboten waren, kam der Chapel Royal ab 1660 wachsende Bedeutung zu. Neben der Musik des 16. Jahrhunderts, des »Golden Age«, auf die nach der Restauration zurückgegriffen wurde, eröffnete die Wiedereinrichtung der Royal Band in der Kirchenmusik eine Möglichkeit, die zentrale Gattung der Anthems neu zu gestalten. Zwar reicht der Terminus auf das mittelalterliche Antiphon zurück, »Anthem« bezeichnet aber seit der englischen Reformation eine nationalsprachliche, geistliche, der Motette entsprechende Chormusik (Full-Anthem), in der der Chor mit solistischen Verspartien alternieren kann (Vers-Anthem), und die durch Violinen, bei Anwesenheit des Königs obligat, begleitet wird. So verwundert es kaum, daß sich in P.s Kirchenmusik sowohl traditionelle als auch moderne Full- und Vers-Anthems nebeneinander finden. Das Full-Anthem *O God, thou fast cast us out* (1680–82) läßt mit seinen imitatorischen Einsätzen und der polyphonen Stimmführung die historischen Vorbilder von Tallis oder Byrd erkennen. Gleichzeitig führt der Grad der Verdichtung zu Zusammenfassungen in Terz- und Sextparallelen, die, trotz kontrapunktischer Faktur, entschieden auf harmonische Klangkonzepte weisen.

In den Vers-Anthems mit ihrer loseren Reihung von Solo und Chor sowie instrumentalen Einleitungen, Zwischenspielen oder Begleitungen bestehen noch vielfältigere Möglichkeiten, neue Kompositionsprinzipien einzuführen. *My heart is inditing*, 1685 zur Krönung von James II. komponiert, läßt z. B. mit seiner ausdrucksvollen rezitativischen Deklamation die dramatische Kraft von P.s Sprachvertonung erkennen. Allerdings wäre es eine Verkürzung, P. allein alle Neuerungen zuzuschreiben. Wichtige Anregungen erfolgten durch Cooke und besonders Locke, die nach der Restauration aus Italien und Frankreich zurückkehrten, und, die Musik Lullys vor Augen, in ihren Anthems homophone Sätze und differenzierte rhythmisch-metrische Akzente komponierten.

Die profanen Festmusiken gleichen im Aufbau den Vers-Anthems. Anlässe waren Neujahr, Geburts- und Namenstage der Königsfamilie, Einzüge des Herrschers in London (nach Reisen) oder Traueroden. Meist geht eine Ouvertüre nach französischem Vorbild voran. Je nach Anlaß wurde das Orchester durch Holz- und Blechbläser sowie Pauken angereichert. Und der repräsentativen Funktion entsprechend ist die Faktur oft einprägsam und verständlich gestaltet.

Wie die Kirchenmusik liegen auch in P.s Kammermusik traditionelle und moderne Momente dicht nebeneinander. Daß in der Besetzung entweder Violinen allein oder Trios mit continuo bevorzugt wurden, liegt auf der Hand. Denn mit der Royal Band, die für sakrale wie profane Musik gleichermaßen herangezogen wurde, standen P. professionelle Musiker zur Verfügung. Im Unterschied zur Repräsentationsmusik konnten in der Kammermusik kunstvollere Strukturen komponiert werden. Ältere Gattungen schließen dabei innovative Impulse ebenso wenig aus wie neuere Formen traditionelle Techniken, wie die *Fancies* (Fantasien) und *Sonaten* zeigen. Die Fantasie, von Thomas Mace 1676 noch als zentrale Gattung gesehen, war zu P.s Zeit eigentlich schon überholt (vgl. Sietz). Die in Abschnitten gereihten und durch Zwischenspiele gegliederten Fantasien für Streicher repräsentieren einen älteren Typus im Vergleich zu den Sonaten mit ihrer Folge von schnellen (fugierten) und langsamen (meist homophonen) Sätzen nach italienischem Vorbild, auf das im Vorwort zu den *Sonata's of III Parts* emphatisch hingewiesen wird. Indes fällt auf, daß beide Gattungen Übereinstimmungen zeigen.

In der fünfstimmigen Fantasia *Upon One Note* von 1680 ist Polyphonie ein wesentliches Ausdrucksmittel. Sie wird aber kaum streng beibehalten. Bezeichnend ist vielmehr der große Anteil von Teilimitationen, freien Fortführungen und akkordischen Zusammenfassungen der Stimmen. Diese Prinzipien der Auflockerung finden sich ebenso in den Sonaten. Im nach wie vor intervallisch geregelten Satz zeigt sich unverkennbar die Tendenz, durch Kadenzen überschaubare Abschnitte mit einfacher Harmonik zu bilden, wie in der Canzona der neunten Sonate aus den *Ten Sonata's in Four Parts* (vermutlich 1680), in der die Oberstimmen in Terzen verlaufen. Konzentration auf Diskantlinien und Dreiklangsmelodik der Themen sind dabei Merkmale, die einen Wandel von modalem Denken zu harmonischen Konzepten demonstrieren. In keiner Gattung führt aber P.s Verfahren, traditionelle Technik zur Gestaltung neuer Ausdrucksmöglichkeiten zu nutzen, zu so produktiver kompositorischer Vielfalt wie bei der Verwendung des Lamento-Basses, eines chromatisch absteigenden Quartgangs, in der Bühnenmusik.

P.s Beitrag zur Bühnenmusik ist vor dem Hintergrund der besonderen Situation in England zu sehen, wo es keine nennenswerte Opern-, dafür eine lebhafte Schauspieltradition gab. Die Einführung der italienischen Oper blieb 1660 erfolglos. Französische oder italienische Vorbilder ließen sich nur bedingt adaptieren. Darauf weist P. im Vorwort zu *Dioclesian* (1690) ausdrücklich hin. Den auf der englischen Bühne bevorzugten Formen entsprachen die zahlreichen Masques, Maskenspiele mit gesprochenen Dialogen, Chören, Tänzen und szenischen Darstellungen. Sie wurden als Zwischenaktmusiken in Schauspielen aufgeführt. Wenn Roger North am Ende des 17. Jahrhunderts dringend für die Trennung von Musik- und Sprechtheater plädierte, so nicht allein, um der Oper zur Selbständigkeit zu verhelfen, sondern auch weil die Musik das Schauspiel störte. In der Öffentlichkeit wurde P. besonders in dieser, von North als »Semi-Opera« bezeichneten Gattung bekannt.

Wie bei den Schauspielmusiken standen auch in den Semi-Operas die literarischen Vorlagen meistens fest. Dabei handelt es sich oft um Bearbeitungen älterer Stücke, wie bei *The Fairy Queen*, nach Shakespeares »A Midsummer Night's Dream«, für das P. 1692 die Musik komponierte, oder Thomas Shadwells Shakespeare-Verschnitt von »The Tempest, Or The Enchanted Island«, das P. zur Vorlage nahm. Auch P.s erste Semi-Opera, *The Prophetess, or the History of Dioclesian* von 1690, geht auf eine Bearbeitung Bettertons von John Flechter und Philip Massinger zurück. Lediglich *King Arthur, or The British Worthy* entstand 1691 in Zusammenarbeit mit John Dryden, und offenbar haben Dichter und Komponist sich hier wechselseitig inspiriert. Von Dryden und Howard stammt auch die Vorlage für *The Indian Queen*, die 1695 als letzte Semi-Opera zu P.s Lebzeiten aufgeführt wurde.

Angesichts der englischen Theaterpraxis und des Erfolges seiner Semi-Operas verwundert es kaum, daß auch P.s populärstes Werk, *Dido and Aeneas*, obwohl eine durchkomponierte Oper, auf der Bühne in ein Drama integriert war. Das Stück wurde 1700 in Gildons Bearbeitung von Shakespeares »Measure for Measure« als *The Loves of Dido and Aeneas. A Mask in Four Entertainments* in London herausgebracht. Komponiert hatte P. *Dido and Aeneas* bereits 1689, und zwar für eine Mädchenschule in Chelsea, wo im gleichen Jahr auch die Uraufführung stattfand. Derartige Veranstaltungen auf privater Basis waren durchaus üblich (eine späte Folge des Theaterverbots) und die besonderen Bedingungen des Aufführungsorts wurden bei der Komposition offenbar berücksichtigt.

Die dreiaktige Oper, der ein Libretto Nahum Tates nach der bekannten Episode aus Vergils »Aeneis« zugrunde liegt, sieht eine Besetzung mit überwiegend Frauenstimmen und einem Streichorchester vor. Das Textbuch von 1689 enthält Prolog und Epilog sowie einen Schlußchor zum zweiten Akt und weitere Tänze, für die keine Musik P.s überliefert ist. Dabei muß offenbleiben, ob sie nicht vertont oder verlorengegangen sind. Die Uraufführungspartitur ist nicht erhalten, heutige Ausgaben beruhen auf Abschriften von 1750 und 1784–85. Auf große Arien wird verzichtet. Dabei scheinen der häufige Einsatz des Chores und die vielen Ballette den Aufführungsbedingungen entgegenzukommen, zumal der Leiter der Schule Tanzmeister war. Über den lokalen Aspekt hinaus sind die Eindrücke nachvollziehbar, die Lockes 1675, nach dem Vorbild von Lullys »tragédie-ballet« komponierte Semi-Opera *Psyche* und Blows »Venus und Adonis« von 1682 auf P. machten.

Die von Zeitgenossen beschriebene ergreifende Wirkung der Musik beruht auf zwei wesentlichen Komponenten, der ausdrucksvollen Sprachvertonung und P.s ökonomisch kalkuliertem Einsatz musikalischer Mittel. Ein kontrollierter äußerer Rahmen bietet dabei die Gewähr, ein Höchstmaß an Expressivität zu erreichen, ohne in unangemessene Extreme zu verfallen. In Didos Arie »Ah! Belinda«, die als erste Musik aus der Oper 1698 gedruckt wurde, bildet ein sechzehnmal wiederholtes, viertaktiges Baßmodell die harmonische und metrische Basis, auf der ein expressiver, rhythmisch frei gestalteter und dem englischen Duktus nachgebender Gesang sich entfalten kann. Fungiert dieser »Ground« dort als unsichtbares Gerüst, so steckt im chromatisch absteigenden Quartgang des Lamento, dem bekanntesten Stück der Oper, der wesentliche Ausdrucksgehalt von Didos sich jeder affektierten Gebärde enthaltenden Klage.

Die individuelle Verschmelzung traditioneller Satztechniken mit modernen tektonischen Elementen, älterer Gattungen mit neuen Inhalten hat dazu verleitet, P. eher als ›Vollender‹ des Barock zu sehen, anstatt die neuartigen Impulse seiner Musik zu würdigen. Die Technik des Lamentobasses, von P. bevorzugt verwendet, galt Charles Burney 1789 nur noch als »gothic«. Über die singuläre Gestalt P.s hinaus, zeigt sich hier ein Umgang mit der Tradition, der weniger spezifisch englisch, als vielmehr charakteristisch für die Zeit des Umbruchs um 1700 ist.

Noten: The Works of H. P., Ldn. 1878–1965; rev. 1961ff. Dido and Aeneas, hrsg. von E. Dent, Ldn. 1925; NA hrsg. von Ellen T. Harris, Ldn. 1987. P.s Operas. The Complete Texts, hrsg. von M. Burden, Oxford 2000.

Werkverzeichnis: Zimmermann, F. B.: H. P. 1659–1695. An Analytic Catalogue of His Music, Ldn. 1963.

Literatur: Burney, Ch.: A General History of Music. From the earliest Ages to 1789, Ldn. 1776–89; Ndr. Baden-Baden 1958. Cummingi, Wh.: P., Ldn. 1881. Dent, E. J.: Foundations of English Opera, Cambridge 1928; Ndr. 1965. de Quervain, Fr.: Der Chorstil H.P.s, Bern 1935. Westrup, J. A.: P., Ldn. 1937; rev. ⁴1980. Favres-Lingorow, S.: Der Instrumentalstil von P., Bern 1950. Sietz, R.: H. P. Lpz. 1956. Dart, Th.: P.'s Chamber Music, Proceedings of the Royal Music Asssociation 85 (1958–9), 81ff. Laurie, M.: P.'s Stage Works, Diss. Cambridge 1962. Buttrey, J.: The Evolution of English Opera between 1656 and 1695. A Reinvestigation, Diss. Cambridge 1967. Zimmerman, F. B.: H. P., 1659–1695. His Life and Times, Ldn. 1967. Ders.: The Anthems of H. P., N. Y. 1971. Price, C. A.: H. P. and the London Stage, Ldn. 1984. Schreiber, U.: Halbe Opern eine ganze Sache? H. P. und die Anfänge der englischen Oper in NZfM 151 (1987), 4–7. Harris, E. T.: H.P.'s »Dido and Aeneas«, Ldn. 1989. Campbell, M.: H.P. Glory of his Age, Ldn. 1993. Holman, P.: H. P., Oxford u. a. 1995. Burden, M.: P. remembered, Ldn. u. a. 1995. The P.

Companion, hrsg. von DEMS., Ldn. 1995. KEATES, J.: P. A Biography, Ldn. 1995. P.-Studies, hrsg. von C. Price, Cambridge 1995. SHAY, R. und THOMPSON, R.: P. Manuscripts. The Principal Musical Sources, Cambridge 2000. KRUMMACHER, FR.: Klangfolge und Akkordführung im Vokalsatz H. P.s *in* Schütz-Jb. 23 (2001), 69–82.

Janina Klassen

Rachmaninov, Sergej Vasil'evič

Geb. 1. 4. 1873 in Semënovo (Rußland); gest. 28. 3. 1943 in Beverly Hills (Kalifornien)

»In dieser Stunde könnte er entweder ein musikalischer Narr oder ein zweiter Brahms werden«, prophezeit 1897 bei der Petersburger Uraufführung von R.s umstrittener *Erster Symphonie d-moll* op. 13; 1895) der Kritiker Nikolaj F. Findejzen (Bertensson/Leyda, 72). Doch R. bleibt die Antwort zeitlebens schuldig. In der *Ersten Symphonie* hatte er die folkloristischen Schablonen seiner Frühwerke abgestreift, drohende Signale und schroffe Brüche setzen scharfe Kontraste, in der Coda des Finale erklingt die Totensequenz »Dies irae«, die R. auch in späteren Werken zitieren wird – eine Symphonie im Spannungsfeld zwischen der konservativ-akademischen ›Moskauer Schule‹ Sergej Taneevs, Anton Arenskijs, Čajkovskijs und der Avantgarde.

Bereits das Frühwerk markiert Grundzüge seines Stils: Russische Volksmelodik, Kunst der Variantenbildung und Traditionen der Liszt-Schule prägen die farbige *Russkaja Rapsodija* für zwei Klaviere (1891); die für R. typische verminderte Quarte prägt das Hauptthema des *Ersten Klavierkonzerts fis-moll* op. 1 (1891); und das legendäre *Prélude cis-moll* op. 3 Nr. 2 (1892) ist Modell für Glockenklänge, wie sie R. auch in der Introduktion zum *Zweiten Klavierkonzert c-moll* op. 18 (1901) verwendet und in der Symphonischen Dichtung *Kolokola* op. 35 (»Glocken«; 1913) noch verfeinert, deren dritter Satz sich mit einer fast expressionistischen Sprache den heidnischen Beschwörungsformeln Stravinskys annähert.

Nach dem Mißerfolg der *Ersten Symphonie* arbeitet R. als Dirigent am Moskauer Mamontov-Theater, wo er auch seinem späteren Freund Fëdor Šaljapin begegnet. Als er die zwanghafte Schaffenspause endlich mit Hilfe einer psychotherapeutischen Behandlung überwunden hat, greift er nicht auf den eruptiven Stil der *Ersten Symphonie* zurück, sondern wählt durchsichtige, impressionistische Satztechniken und weiche Klangfarben. Charakteristisch für diese Phase sind die weiten Melodiebögen aus Sekundbewegungen im Stile der »protjažnaja pesnja« (gedehnter Gesang), so etwa im *Zweiten Klavierkonzert c-moll* op. 18 (1900–1901), in der *Sonate g-moll* für Violoncello op. 19 (1901), der Kantate *Vesna* op. 20 (»Frühling«; 1902) und den *Liedern* op. 21 (1902). Kunstvolle Polymetrien überlagern sich in der Valse aus der *Deuxième Suite pour deux pianos* op. 17 (1901). Die *Variations pour le piano sur un thème de F. Chopin* op. 22 sind das Laboratorium der *10 Préludes pour piano* op. 23 (1903).

Von den Werken aus den Dresdner Jahren überrascht die *Zweite Symphonie e-moll* op. 27 (1907) durch skurrile Holzbläserfigurationen à la Prokof'ev. Die verminderte Quarte konturiert das liturgische Thema des *Dritten Klavierkonzerts d-moll* op. 30 (1909), aber grelle Klavier- und Blechbläserfanfaren weisen bereits auf Šostakovič voraus. Die Symphonische Dichtung *Toteninsel* op. 29 (1909) ist durch Arnold Böcklins gleichnamiges Gemälde inspiriert: ›Todessehnsucht‹ zieht die Künstler der Jahrhundertwende magisch in ihren Bann. Die Berührung mit dem Geist der Moderne generiert R.s Hauptwerke: Das *Prélude F-dur* aus den *13 Préludes* op. 32 (1910) antizipiert bereits Prokof'evs »zwölfstufige Diatonik«, die chromatisch versetzte Dur-Tonarten kombiniert. Klanghärten und vor allem die gesteigerte Polyphonie der anschließenden *Études tableaux* op. 33 (1911) und op. 39 (1916–17) tragen R. endgültig den Vorwurf rationalistischer Kälte ein. Sowohl die auf Texte russischer Romantiker geschriebenen *14 Lieder* op. 34 (1912), die berühmten Bolschoj-Solisten wie Šaljapin gewidmet sind, als auch die sechs *Romanzen* op. 38 (1916) auf Verse russischer Symbolisten irritieren die Zeitgenossen durch doppelsinnige Harmonien, Rhythmuswechsel und durch die Abfolge konträrer Lieder von aphoristischer Kürze und expansiver Melodik. Das russisch-orthodoxe Chorwerk *Vsenoščnoe Bdenie* op. 37 (»Ganznächtliches Wachen«; 1915) scheint dagegen von R.s Ringen um Ausdruck seltsam unberührt.

Nach dem Zusammenbruch des russischen Reiches wählt R. die Emigration. Im nun einsetzenden Spätwerk zieht er sich auf eine lakonisch knappe Diktion zurück. Das mehrfach revidierte *Vierte Klavierkonzert g-moll* op. 40 (1926/1941) brüskiert durch hektische Rhythmik und grelle Orchestration. In den klassizistischen *Variations on a theme of Corelli* op. 42 (1931) führt R. das Thema der »Follia« durch ein Labyrinth melodisch-rhythmischer Metamorphosen, und im Meisterwerk dieser Studien, der virtuosen *Rapsodie sur un thème de Paganini pour Piano et Orchestre* op. 43 (1934) verbindet er das Paganini-Thema mit der Dies-irae-Sequenz und der Variationsform. In der lyrischen 18. Variation gelingt ihm durch Umkehrung des Paganini-Motivs eine seiner populärsten Kantilenen. Ein grotesker Tanz und der unruhige Puls im Finale der *Dritten Symphonie a-moll* op. 44 (1936) weisen auf R.s letztes Werk, die *Symphonic Dances* op. 45 (1940); Dies irae – Schicksalsmotto der *Ersten Symphonie* –, russischer Volksgesang und eine letzte Reminiszenz an Čajkovskij verdichten sich in ihnen zu seinem künstlerischen Credo.

R. ist der letzte bedeutende Repräsentant der spätromantischen Moskauer Schule. Unzählige Epigonen bedienten sich seiner konventionellen Salon-Pièçen und versperrten dadurch den Blick auf ihn als Wegbereiter Prokof'evs und Šostakovičs.

Noten: Polnoe sobranie sočinenij dlja fortepiano, 4 Bde. [Gesamtausg. der Klavierwerke], hrsg. von P. LAMM, Moskau 1948–51. Polnoe sobranie sočinenij. Romansy, 2 Bde. [Gesamtausg. der Romanzen], Moskau 1973.
Dokumente: Literaturnoe nasledie [Literarisches Erbe], hrsg. von Z. APETJAN, 3 Bde., Moskau 1978–80. VON RIESEMANN, O.: R., Recollections told to O. von R., N. Y. 1934. Pis'ma [Briefe], hrsg. von Z. APETJAN, Moskau 1955.
Werkverzeichnis: Avtografy S. V. R.a v fondach GSMMK [Autographe S. V. R.s im Staatlichen Glinka-Museum Moskau], Kat., hrsg. von E. BORTNIKOVA, Moskau 1955. THRELFALL, R. und NORRIS, G.: A Catalogue of the Compositions of S. R., Ldn. 1982.
Bibliographie: PALMIERI, R.: S. V. R. A Guide to Research, N. Y. 1985.
Literatur: BERTENSSON, S. und LEYDA, J.: S. R., N. Y. 1956; ²1965. THRELFALL, R.: S. R., Ldn. 1973. NORRIS, G.: R., Ldn. 1976. WALKER, R.: R. His Life and Times, N. Y. 1978. JUNG-HEINRICH, H.-KL.: Toteninsel als Ziel und Ausgangspunkt. Zur künstlerischen Physiognomie von S. R. *in* Pianojb., hrsg. von R. M. KLAAS, Recklinghausen 1981. SOKOLOVA, O.: S. V. R., Moskau 1987. MARTYN, B.: R. Composer, Pianist, Conducter, Hbg. 1990. BIESOLD, M.: R. Zwischen Moskau und N. Y., Weinheim 1991. WEHRMEYER, A.: S. R., Hbg 2000.

Maria Biesold

Rameau, Jean-Philippe

Getauft 25. 9. 1683 in Dijon;
gest. 12. 9. 1764 in Paris

R.s musikgeschichtliche Stellung ist durch eine Besonderheit geprägt: Er war nicht nur der bedeutendste französische Komponist der ersten Hälfte des 18. Jahrhunderts, sondern auch einer der wichtigsten Theoretiker der Zeit. Als Repräsentant der klassischen französischen Oper in der Nachfolge Lullys hat er die Entwicklung der tragédie lyrique wesentlich beeinflußt; und seine Harmonielehre bildete die Grundlage für harmonische Theorien bis ins 20. Jahrhundert. Neben der Bühnenmusik sind vor allem seine Cembalostücke (und die *Pièces de Clavecin en concerts*) bekannt. Weniger bedeutend erscheint dagegen die Kirchenmusik – einige großangelegte geistliche Motetten, die wahrscheinlich als Gelegenheitskompositionen während seiner Tätigkeit als Organist entstanden – sowie sechs weltliche Kantaten, die zum größten Teil noch vor seiner endgültigen Übersiedlung 1722 nach Paris komponiert wurden.

Das Œuvre für Cembalo besteht aus drei Büchern *Pièces de Clavecin* (1706, 1724 und ca. 1728) sowie der Übertragung einiger Stücke für Cembalo solo aus den *Pièces de Clavecin en concerts* (1741) und einem einzelnen Stück *La Dauphine* (1747), das für die Hochzeit des Dauphin geschrieben wurde. Das erste Buch mit den Sätzen Prélude-Allemande-Courante-Gigue-Sarabande-Vénitienne-Gavotte-Menuet lehnt sich an die Tradition der französischen Suite des 17. Jahrhunderts an, deren Schema Prélude-Allemande-Courante-Sarabande-Gigue oft durch leichtere Tänze wie Menuet, Bourrée oder auch freie Stücke (Air, Réjouissance etc.) zwischen den beiden letzten Sätzen aufgelockert wurde. R.s Vorbild waren die 1702 und 1703 veröffentlichten »Livres de clavecin« des damals in Paris sehr berühmten Clavecinisten Louis Marchand. Darüber hinaus wird jedoch der Einfluß der zu Beginn des Jahrhunderts in Frankreich eindringenden italienischen Musik deutlich: R. hat dem ersten Teil (non mesuré) des *Prélude* einen zweiten (6/8-Takt) im italienischen Stil folgen lassen und eine *Vénitienne* als Genrestück eingefügt. – Aus Folgen von Charakterstücken mit programmatischen Titeln bestehen im wesentlichen die beiden folgenden Bücher, die sich durch die Tonartenanordnung in jeweils zwei Suiten gliedern. Ist die *Vénitienne* des ersten Buches jedoch eine Besonderheit, so basieren die Sätze des zweiten und dritten Buches bereits auf einer Tradition des Genrestücks, die Couperin in seinen »Livres de pièces de clavecin« (1717–30) geprägt hatte. Eine verstärkte Charakterisierung, das »peindre les passions« (»Ausmalen der Leidenschaften«), wie R. es selbst beschrieb, führte dabei zu neuen Ausdrucksqualitäten, die sich später auf R.s Opernschaffen auswirkten. Mit der Hinwendung zum Charakterstück ist die Abkehr von der alten kontrapunktischen Schreibweise sowie eine Erweiterung satztechnischer und harmonischer Mittel verbunden. In *Les Soupirs* werden lautenähnliche Schreibweise, Seufzermotivik und harmonische Komplexität kombiniert. Einige Stücke überschreiten den Rahmen des Klaviers, sie sind orchestral gedacht, darunter vor allem Rigaudon, Musette und Tambourin, deren letztere in *Les Fêtes d'Hébé* aufgenommen wurden. Viele Topoi finden sich in Opernszenen wieder, so unter anderen die Sturmmotivik in *Les Tourbillons* oder die Vogelmotivik in *Le Rappel des Oiseaux*. Das dritte Buch zeichnet sich vor allem durch die Tendenz zu Erweiterung und Entwicklung aus. *La Poule* und *L'Enharmonique* sind die berühmtesten und mit ihren harmonischen Kühnheiten und der entwickelnden Anlage zugleich die progressivsten. Nicht zu vergessen ist auch die pädagogische Funktion vor allem des zweiten Buches, dem Rameau neben einer Verzierungstabelle eine Abhandlung *De la mécanique des doigts sur le clavessin* (»Über die Fingertechnik beim Cembalospiel«) vorausgehen ließ.

Die *Pièces de clavecin en concerts* (1741) für Violine bzw. Flöte und Viola bzw. zweite Violine sind R.s einziger Beitrag zur Kammermusik. Sie folgen jedoch nicht dem Modell der Triosonate, in der das Cembalo begleitende Funktion hat. Vielmehr handelt es sich um Stücke für Cembalo mit Begleitung der Melodieinstrumente, ein Typus, der zuvor in Frankreich bereits erprobt war. R. konnte mit diesem Genre die Möglichkeiten des Pièce de clavecin erweitern, dessen klavieristischen Rahmen er bereits mit seinen Kompositionen für Cembalo solo überschritten hatte. Die fünf Konzerte bestehen aus Charakterstücken mit programmatischen Überschriften, wobei sie sich außer dem zweiten mit der Folge schnell-langsam-schnell an das Modell des italienischen Konzerts anlehnen.

Mit der Komposition von Opern begann R. erst im Alter von 50 Jahren. Vorausgegangen waren Werke für die Pariser Jahrmarkttheater sowie die vergebliche Suche nach einem Librettisten und die Ablehnung seiner Oper *Samson* (Libretto von Voltaire), deren religiöser Stoff vom damaligen Operndirektor Thuret als ungeeignet empfunden wurde. Im Hause seines Mäzens La Pouplinière lernte R. schließlich Simon-Joseph Pellegrin kennen, der das Libretto zu seiner ersten Oper verfaßte. Die fünf erhaltenen tragédies lyriques R.s – *Hippolyte et Aricie* (Simon-Joseph Pellegrin; Paris 1733), *Castor et Pollux* (Pierre-Joseph Bernard; Paris 1737), *Dardanus* (Charles-Antoine de Clerc de la Bruère; Paris 1739), *Zoroastre* (Louis de Cahusac; Paris 1749) und *Abaris, ou les Boréades* (Cahusac; 1764) – führen den von Lully geschaffenen französischen Operntypus (Prolog und 5 Akte, meist Stoffe aus der griechisch-römischen Mythologie) fort. Der französische Operntypus unterscheidet sich durch die Angleichung von Rezitativ und Arie, den häufigen Einsatz des Chores und die Divertissements (Tanzszenen) grundsätzlich von der italienischen Oper des 18. Jahrhunderts, die aus streng voneinander getrennten und musikalisch kontrastierenden Rezitativen und Arien besteht. R. hat das Muster Lullys in Fortführung seiner Vorgänger Charpentier, Campra, André Destouches und Elisabeth Claude de Laguerre vor allem musikalisch bereichert. Dies mußte jedoch nicht, wie oft festgestellt wurde, zur Vernachlässigung der dramatischen Situation zugunsten der Musik führen. Vielmehr hat R. erweiterte musikalische Mittel gerade zur Vertiefung des dramatischen Ausdrucks eingesetzt.

Sind die Rezitative im Unterschied zu Lully vor allem durch harmonischen Reichtum, weite Sprünge, verminderte Intervalle und kantable Wendungen – somit also durch größeren Ausdrucksreichtum – geprägt, so herrscht bei den Arien zudem eine formale Vielfalt, die von kurzen ariosen Sätzen über zweiteilige »air gracieux« (und Rondeaux) bis zu längeren Arien italienischer Prägung mit Koloraturen in Da-capo-Form (Ariette) reicht. Während die Ariettes, die die Handlung durch ihre Länge verzögern könnten, meist in den musik- und tanzbestimmten Divertissements stehen, sind die kürzeren Airs in den rezitativischen Dialog integriert. Zum einen ist die Singstimme der Arien – obwohl melodischer als im Rezitativ – deklamatorisch geprägt. Zum anderen ist der Übergang zwischen Rezitativ und Arie meist fließend gestaltet: Viele Arien beginnen ohne Vorspiel direkt im Anschluß ans Rezitativ, andere beinhalten rezitativische Partien. Auch der Chor wird in enger Bindung an das Drama eingesetzt: Durch Ausrufe, Reflexionen, Erwiderungen und Aufforderungen dient er im Dialog der Kommentierung und Fortführung der Handlung. Chöre mit nur dekorativer Funktion fungieren als Präzisierung des Szenencharakters. Neben kurzen Formen finden sich ausgedehnte polyphone Chorsätze (»Que ce rivage retentisse«, *Hippolyte*, dritter Akt). Sind die in jedem Opernakt üblichen Divertissements meist durch die Handlung motiviert, so boten sie in den primär der Musik und dem Tanz vorbehaltenen Partien die Möglichkeit, eine große Variabilität an Tanztypen von Sarabanden, Gavotten und Menuetten bis zu volkstümlichen Rigaudons, Musettes und Tambourins wie auch Ariettes, Canevas (textierte Tänze) und längere Chorsätze zu komponieren. Am bemerkenswertesten sind jedoch R.s Orchestersätze. Auf traditionellen Topoi beruhend (Sturm-, Jagd-, Schlummer-, Pastoral-, Schlacht-, Lamentoszenen) folgt ihre musikalische Ausarbeitung neuen Prinzipien: Eine reiche Palette an Orchesterfarben, verschiedenartige Kombination von Instrumenten und die Loslösung von der Stufendynamik verleihen ihnen eine charakteristische Prägung, die das jeweilige Handlungsgeschehen unterstreicht (»Frémissement des flot«, *Hippolyte*, dritter Akt). Am weitesten von der Tradition Lullys entfernt sind die Ouvertüren, die nicht mehr als beliebig austauschbare Instrumentalstücke dem Drama voranstehen, sondern mit ihm verbunden sind. So wird Material der Ouvertüre in der Oper wiederaufgegriffen (*Hippolyte*, *Castor*, *Platée*), die Ouvertüre in die erste Szene hinein fortgeführt, und *Zoroastre* gibt ein frühes Beispiel für eine ›Programmouvertüre‹. Der Erfolg von R.s Opern und die Erneuerung des Gattungsmodells provozierten Streitigkeiten mit den Anhängern von Lullys Opern, die fast 20 Jahre lang mit den Anhängern R.s um die Priorität ihrer Opernästhetik stritten (Querelle des Lullistes et Ramistes).

Neben den Opern nehmen die weiteren Bühnenwerke einen breiten Raum ein. Die pastorales héroiques (*Zaïs*, *Naïs*, *Acanthe et Céphise*, *Daphnis et Eglé*, Paris zwischen 1748 und 1753) unterscheiden sich von der tragédie lyrique hauptsächlich durch den Stoff und ihren leichteren Charakter sowie äußerlich durch ihre Dreiaktigkeit. Auf das »grand siècle« zurück verweist das einzige comédie ballet *La Princesse de Navarre* (Voltaire; Versailles 1745). »Ballet héroique« ist der Untertitel von *Platée* (nach Jacques Autrean; ebd. 1745), das seiner Form nach einer tragédie lyrique entspricht, dem jedoch ein komischer Stoff zugrunde liegt. Das Werk hat in Frankreich kaum Vorbilder und ist auch in R.s Schaffen einzigartig. Auffallend sind vor allem komische Effekte lautmalerischer Art. Unter den sechs opéras ballets waren *Les Indes galantes* (Louis Fuzelier; Paris 1735) und *Les Fêtes d'Hébé* (Antoine Gautier de Montdorge; Paris 1739) außerordentlich erfolgreich. Sie sind Höhepunkte der von Campra geschaffenen Gattung. R. verleiht der primär tanzbestimmten, in Gesang und Rezitativ gegenüber der tragédie lyrique reduzierten Gattung wieder einen dramatischen Akzent.

Mit dem *Traité de l'Harmonie* (1722) und späteren ergänzenden und erweiternden Abhandlungen hat R. eine Wende im musiktheoretischen Denken herbeigeführt: An die Stelle einer primär intervallisch bestimmten Konzeption in den Kontrapunkt- und Generalbaßlehren zuvor tritt ein Denken in Akkorden. Die Lehre von den Akkordumkehrungen und dem Terzaufbau der Akkorde geht auf R. zurück: Die Intervallkonstellationen e-g-c und c-e-g haben – im Unterschied zur früheren Theorie – gleichen Wert, da sie als Terzschichtung beide auf dem Grundton c (»basse fondamentale«) aufgebaut sind. Der basse fondamentale unterscheidet sich vom Generalbaß dadurch, daß er nicht die realen Baßtöne, sondern die jeweiligen Grundtöne bezeichnet, auf denen die Akkorde basieren. – R.s *Traité de l'Harmonie* wurde nach seiner Veröffentlichung sehr bekannt; er war das erste wissenschaftliche System der musikalischen Harmonie, das statt auf willkürlicher Schöpfung auf Vernunft und auf der Unfehlbarkeit physikalischer Gesetze beruhte. R.s Feststellung, daß sogar die Melodie ihren Ursprung in der Harmonie habe und wie diese vom basse fondamentale gelenkt werde, provozierte schließlich eine polemische Auseinandersetzung mit Jean Jacques Rousseau und den Enzyklopädisten, die das Ideal der melodiebetonten italienischen Musik vertraten.

Noten: J.-Ph. R. Œuvres complètes, hrsg. von C. Saint-Saëns, 18 Bde. (unvollständig), Paris 1895–1924, Ndr. N.Y. 1968. Einzelne Bühnenwerke in Chefs-d'œuvres classiques de l'opéra français, Ndr. N.Y. 1971. Opera omnia, hrsg. von S. Bouisson u. a., Paris 1996 ff.

Dokumente: Complete Theoretical Writings, 6 Bde., hrsg. von E. R. Jacobi, Rom 1967–72.

Bibliographie: FOSTER, D. H.: J.-Ph. R. A Guide to Research, N. Y. 1989.
Literatur: MASSON, P.-M.: L'opéra de R., Paris 1930, Ndr. N. Y. 1972. GIRDLESTONE, C.: J.-Ph. R. His Life and Work, N. Y. 1969 [mit WV]. KINTZLER, C.: J.-Ph. R. Splendeur et naufrage de l'esthétique du plaisir à l'age classique, Paris 1988. DIES.: La poétique de l'opéra français de Corneille à Rousseau, Paris 1991. KLINGSPORN, R.: J.-Ph. R.s Opern im ästhetischen Diskurs ihrer Zeit. Opernkompositionen, Musikanschauungen und Opernpublikum in Paris 1733–1753, Stg. 1996.

Elisabeth Schmierer

Ravel, (Joseph-)Maurice

Geb. 7. 3. 1875 in Ciboure (Basses Pyrénées); gest 28. 12. 1937 in Paris

R. studierte am Pariser Conservatoire zunächst Klavier (1889–95), ohne die für einen erfolgreichen Abschluß erforderliche Auszeichnung zu erlangen. Auch sein Kompositionsstudium, zu dem er 1898 ans Conservatoire in die Klasse Faurés und André Gedalges (Kontrapunkt) zurückkehrte, erreichte nicht das angestrebte Ziel des Rompreises, um den R. sich wiederholt erfolglos bewarb. Mit seinem letztem Versuch (1905) ist die ›Affäre R.‹ verknüpft: Sein Ausschluß durch die Jury, durch Freunde pressewirksam publik gemacht, hatte einen Skandal (darunter den Rücktritt des Direktors) zur Folge, der R.s Namen bekannter machte, als seine inzwischen veröffentlichten Meisterwerke es vermocht hätten: *Jeux d'eaux* (1901) und die *Sonatine* für Klavier (1903–05), das *Streichquartett* (1902–03) und *Shéhérazade* (drei Gesänge mit Orchester, 1903). Prägende Einflüsse verdankt R. der Begegnung mit Satie (1893) – erkennbar etwa am archaisierenden Stil des *Menuet antique* (1895) und der *Pavane* (1899) –, der Musik Emmanuel Chabriers, ferner den Eindrücken von russischer und spanischer Musik sowie symbolistischer Dichtung (Stéphane Mallarmé), an deren Vermittlung der Pianist Ricardo Viñes, ein Freund R.s seit der gemeinsamen Studienzeit, wesentlichen Anteil hatte. Den Einfluß Debussys hat R. in seiner autobiographischen Skizze – 1928 seinem Schüler Roland-Manuel diktiert, der sie 1938 publizierte – für *Shéhérazade* eingeräumt, doch beharrte er auf der Priorität des neuen (»impressionistischen«) Klavierstils von *Jeux d'eaux* vor vergleichbaren Werken Debussys (Brief an den Kritiker Pierre Lalo vom 5. 2. 1906). An der Ähnlichkeit von Debussys »Soirée dans Grenade« (1903) mit R.s *Habañera* (1895; Uraufführung 1898 in Anwesenheit Debussys) ließ sich diese Priorität sogar konkretisieren.

So gewiß R. Debussy mehr verdankt, als er öffentlich zugestand, so gedankenlos erscheint die pauschale Einordnung beider unter dem Schlagwort Impressionismus, die nur verwischt, wo es stilistisch und wesensmäßig um Differenzierung gehen sollte. Während Debussy seine Individualität primär in Liedern und Orchesterwerken findet, bleibt für R. das Klavierwerk zentral. Erst allmählich öffnet sich ihm der Zugang zum Orchester, wobei die Orchestrierung eigener und fremder Klavierwerke gegenüber den wenigen orchestral konzipierten Werken dominiert. Selbst von den fünf Balletten basieren zwei auf zuvor veröffentlichten Klavierwerken: *Ma mère l'oye* (für Klavier zu vier Händen 1908–10, als Ballett Paris 1912) und *Adélaïde* (Paris 1912, nach *Valses nobles et sentimentales*); in Fassungen für zwei Klaviere existierten zunächst auch *Daphnis et Chloé* (1909–12, Paris 1912) und *La Valse* (1919–20; Uraufführung in dieser Fassung durch R. und Alfredo Casella am 23. 10. 1920 in Wien, sechs Wochen vor der Orchesterfassung, acht Jahre vor der Ballettpremiere Paris 1928). Im Gegensatz zu Debussy, der von »L'après-midi d'un faune« und »La mer« nachträglich vierhändige Klavierfassungen publizierte, die das zeichnerische Moment seiner Orchesterwerke verdeutlichen, zieht R. grundsätzlich den umgekehrten Weg vor. Er geht aus von der konturierten Struktur eines Klavierwerks (bzw. einer Klavierfassung), die ihm – oft viele Jahre später – als Entwurf eines Orchesterwerks dient. Die primär orchestrale Erfindung scheint R., dem unvergleichlichen Meister der Orchestrierung, weniger gelegen zu haben. Er zog es vor, nach einer ›Zeichnung‹ (Klavierfassung) zu arbeiten. Vielleicht folgte er darin seinem Vater, einem in der Geschichte des Automobils namhaften Erfinder. Jedenfalls erhält eine so entstandene Orchesterfassung den Rang einer Neuschöpfung.

Man hat von R. gesagt, es gebe in seinem Schaffen keine eigentliche Entwicklung. Der Umstand, daß er ein Frühwerk wie *Menuet antique* (1895) noch 1929 der Instrumentierung für würdig befand, scheint diese Auffassung zu bestätigen. Wären uns die Entstehungszeiten nicht überliefert, wer würde die *Sonatine* später datieren als *Jeux d'eaux*? Wer würde zwischen *Jeux d'eaux* und dem *Klavierkonzert G-dur* eine Distanz von dreißig Jahren vermuten, in denen sich Katastrophen wie der Erste Weltkrieg und Umwälzungen wie die Oktoberrevolution vollzogen? Im Werk des ein Jahr älteren Schönberg fallen in den gleichen Zeitraum drei weit auseinanderklaffende Schaffensperioden (Spätromantik, freie Atonalität, Zwölftontechnik). Mißt man R.s Weg daran, so läßt sich bei ihm von Entwicklung nur begrenzt sprechen, zumal manche Entwicklungstendenzen bei ihm keineswegs einsinnig als progressiv, sondern eher als Wiederbesinnung auf stilistische Mittel vergangener Epochen zu verstehen sind.

Am deutlichsten tritt diese Tendenz zutage in *Le tombeau de Couperin* (1914–17, teilweise auch in Orchesterfassung, 1919); im Wiederaufgreifen alter Gattungen (Fuge, Toccata usw.), in Klaviersatz und Harmonik nimmt R. hier Züge von Stravinskys späterem Neoklassizismus vorweg. Der dritte Satz des *Klaviertrios* (»Passecaille«; 1914) verknüpft modales, streng diatonisches Melos mit der freien Übernahme des kontrapunktischen Prinzips der Passacaglia und mit einer Ausweitung der Melodiebögen, deren Architektur zu den kaum gelüfteten Geheimnissen R.s zählt. Sie erreicht, zumal in ruhigen Sätzen, Spannweiten, die man in neuerer Musik kaum wiederfindet: Etwa im Adagio des *Klavierkonzerts G-dur*, dessen Thema nicht weniger als 35 Takte umfaßt und in seiner meditativen Versenkung schier endlos anmutet. Möglich wird dies unter anderem durch die Begleitung, die innerhalb des 3/4-Taktes ein 6/8 Metrum artikuliert und deren Vorbild vielleicht im Mittelsatz von Bachs »Italienischem Konzert« zu suchen ist. Erst vor dem Hintergrund von R.s Technik der Orgelpunkte und Ostinato-Rhythmen als Trägerin weitgespannter Melodiearchitektur wird auch sein populärstes Stück, der *Boléro* (1928), in seiner kompositorischen Struktur verständlich. Auf der Basis eines rhythmischen Ostinato entfaltet sich die spanisch getönte Melodie in ständiger Wiederholung und Steigerung von Dynamik und Klangfarbe, doch ohne jeglichen Ansatz zu Verarbeitung im herkömmlichen Sinn. Die Musik zerfällt in Urelemente: Rhythmus, Melodie und Farbe (von Harmonik läßt sich kaum sprechen). Auf dem Titelblatt des Autographs hat R. nicht etwa den Rhythmus, sondern die ersten Takte der Melodie notiert, die – beide Abschnitte zusammengenommen – nicht weniger als 34 Takte umfaßt und damit gleichfalls zu den ›endlosen‹ Melodien R.s gehört. Ihr scheinbar urwüchsiger Charakter ist in Wirklichkeit Resultat höchst artifiziellen Raffinements, zugleich aber Zeugnis seiner Verbundenheit mit dem spanisch-arabischen Kulturraum. R.s Mutter stammte aus dem Baskenland, das auch er als seine eigentliche Heimat empfand. Spanische und baskische Elemente prägen auch die drei Lieder *Don Quijotte à Dulcinée* (1932–33), das letzte Werk, das R. vollenden konnte, bevor eine Gehirnerkrankung ihn zur Untätigkeit verurteilte.

Zum Raffinement R.s zählt neben der Orchesterbehandlung und der (meist unbeachteten) Melodiebildung vor allem seine Harmonik: Auch hier zeigt sich, daß er eigene, von Debussy weithin unabhängige Wege geht. Der übermächtige Schatten Wagners, mit dem noch Debussy sich intensiv auseinandersetzen mußte, hat R. kaum mehr erreicht. Seine Harmonik unterscheidet sich von der Debussys durch eine eigentümliche Mischung von Kühle und Sinnlichkeit, die nicht zuletzt in R.s Akkordkonstruktionen begründet liegt. Beide verzichten vielfach auf die Auflösung von Spannungsklängen; doch während bei Debussy aus diesem Verzicht Farbphänomene entstehen, scheint in R.s Musik die Spannung oftmals eingefroren, verkapselt und demzufolge potentiell aggressiver, härter, bösartiger oder auch nur kristallisch. Charakteristisch erscheinen die flirrenden Klänge, mit denen *Alborada del gracioso* (aus *Miroirs*, 1904–05) beginnt: In dem Akkord d-es-fis-d und den analog gebildeten folgenden Klängen erkennt man Bestandteile eines Dominantakkords mit kleiner None. Die None ist jedoch entgegen allen tradierten Regeln verengt zu einer kleinen Sekunde und überdies eingekapselt in die Oktave d-d, kann also – vergleichbar dem Geist in der Flasche – ihre Spannungsenergie nicht voll entfalten, so daß sie sich als erhöhte Binnenspannung des Klanges auswirkt. Eine andere Art der Klangschärfung zeigen die *Valses nobles et sentimentales*: Die Anreicherung mit Dissonanzen führt hier vielfach zu sechstönigen Akkorden, deren Herleitung aus Terz- oder Quintschichtungen jedoch meist erkennbar bleibt. Bis zur Bitonalität geht R. im zweiten Satz der *Violinsonate* (1923–27), einem *Blues*, der R.s Aufgeschlossenheit gegenüber dem Jazz dokumentiert.

Für R.s Ästhetik überaus charakteristisch sind seine beiden Opern. Der Einakter *L'heure espagnole* (»Die spanische Stunde«, 1907; Paris 1911), eine erotische Komödie um die Frau eines spanischen Uhrmachers, bringt R.s Vorliebe für automatisches Spielzeug auf die Opernbühne: polymetrisches Ticken und Schlagen von Uhren, automatisch funktionierende Trompeten, Marionetten, Vögel etc., die in aparter Wechselbeziehung zu den erotischen Automatismen der Handlung stehen. R.s Beziehung zur Welt der Kinder findet Ausdruck in *L'Enfant et les sortilèges* (»Das Kind und die Zaubereien«, Gabrielle-Sidonie Colette; Monte Carlo 1925), von R. als *Fantaisie lyrique* bezeichnet. Realität, Fantasie und Traum verschwimmen im Umkreis des Kindes, das – von Schulaufgaben frustriert – Tiere und Gegenstände mißhandelt. Eine moderne Geisterwelt ersteht, wenn die malträtierten Objekte seiner Wut plötzlich lebendig werden, agieren und bedrohliche Realität annehmen, als habe R. die seltsam leblose Welt seines Hauses in Montfort – sein Arsenal von altmodischem Nippes, Krimskrams und Spielzeug – zu musikalischem Leben erweckt. Der Esprit R.s zeigt sich dabei von seiner kostbarsten Seite: Magie, Dämonisches und Humor durchdringen einander, etwa im Duett der Wedgwood-Teekanne (die englisch singt und das Idiom des Ragtime beherrscht) mit der chinesischen Tasse (die in stilgerecht pentatonischer Melodik und seltsamem Sprachgemisch aus englischen, französischen und chinesischen Brocken antwortet). Die Kombination von Ragtime und Pentatonik zählt zu R.s kontrapunktischen Meisterstücken.

Beiden Bühnenwerken gemeinsam ist die Distanz zu den herkömmlichen musikdramatischen Ausdrucksformen, darüber hinaus eine Distanz des Komponisten zu seinen Figuren. Er scheint die Menschen auf der Bühne als Spielzeug zu behandeln, wendet aber zum Leben erweckten Dingen und Tieren eine dramaturgische Sorgfalt zu, als seien es Menschen. Distanz wahrte R. übrigens auch gegenüber offiziellen Ehrungen (Légion d'honneur!) und chauvinistischen Frontbildungen (gegen die Aufführung von Werken deutscher und österreichischer Komponisten) in der Zeit des Ersten Weltkriegs. Es paßt zum Gesamtbild, daß er auch dem eigenen Werk distanziert gegenüberstand.

R. war weniger ein Neuerer als ein Genie der Perfektion. Darüber wird aber oft vergessen, was er an unerforschten Klangbezirken erkundete. Zu seinen Funden zählt die Region abgründig tiefen Klanges in *La Valse* und im *Klavierkonzert für die linke Hand* (1929–30). Im Klavierstil setzt *Gaspard de la Nuit* (1908) neue Maßstäbe. Auch dort gewinnt die Tiefe ungeahnte Ausdruckskraft (*Scarbo*), während das Anfangsstück *Ondine* eine jener R. eigenen weitgeschwungenen Melodien in den lichten Farben pointillistischer Klangtechnik erstrahlen läßt. Die Reinheit der Faktur ist, wie in fast jedem Werk R.s, nicht weniger bewundernswert als das klangliche Resultat und das, was seine Musik vermittelt. Hier liegt wohl der hohe Rang begründet, der R. von jeher und aus unterschiedlichsten ›Lagern‹ zuerkannt wird.

Noten: Enoch; Demets; Eschig-Schott; seit ca. 1906 Durand; Jugendwerke (seit 1975) Salabert (alle Paris).
Dokumente: A R. Reader, hrsg. von A. ORENSTEIN, N. Y. 1989. R. au miroir de ses lettres, hrsg. von R. CHALUPT, Paris 1956. M. R., hrsg. von FR. LESURE und J.-M. NECTOUX, Paris 1975 [Ausstellungskat.]. M. R. im Spiegel seiner Zeit, hrsg. von R. NICHOLS, Zürich und St. Gallen 1990.
Periodica: Cahiers M. R. 1 (1985); 2 (1986).
Literatur: ROLAND-MANUEL: M. R. et son Œuvre, Paris 1914. Revue Musicale, Numéro special April 1925 und Dezember 1938. ROLAND-MANUEL: R., Paris 1948; dt. Potsdam 1951. STUCKENSCHMIDT, H. H.: M. R., Variationen über Person und Werk, Ffm. 1976. ORENSTEIN. A.: M. R. Stg. 1978. MARNAT, M.: M. R., Paris 1986. HIRSBRUNNER, TH.: M. R., Laaber 1989. LARNER, G.: M. R., Ldn. 1996. STEGEMANN, M.: M. R., Reinbek bei Hbg. 1996. SCHILLMÖLLER, M.: M. R.s Schlüsselwerk »L'enfant et les sortilèges«. Eine ästhethisch-analytische Studie, Ffm. u. a. 1999.

Peter Cahn

Redgate, Roger

Geb. 3. 6. 1958 in Bolton (Lancashire)

R.s Musik ist im besten Sinne avantgardistisch. Nachdem er zunächst in London Violine, Klavier, Komposition und elektronische Musik studiert hatte, setzte er seine Kompositionsstudien in Deutschland bei Ferneyhough und Kl. Huber fort. Vor allem der Einfluß Ferneyhoughs ist an einigen sehr komplexen und dichten Partituren R.s auszumachen. Auch die Vorliebe für solistische Kompositionen scheint in Anbetracht der kaum zu bewältigenden Schwierigkeiten für die Interpreten naheliegend. So ist das Oboensolo *Ausgangspunkte* (1982) von ausufernder rhythmischer Komplexität. Sechs verschiedene Ausgangsmaterialien werden in diesem Stück vorgestellt und weiterentwickelt. *Eos* (1984) für Klarinette und Klavier enthält zwar keine avantgardistischen Spieltechniken, ist aber im Rhythmus sehr komplex ausgearbeitet. *+R* (1991) für Klarinette solo verwendet zwei kontrastierende Materialien: Das erste ist von durch Rotation der Töne entstehenden Harmonien geprägt, während das zweite eher linear verschiedene Parameter in polyphoner Weise auftreten läßt. In der Verbindung der beiden Materialien entstehen vielfältige Entwicklungen und Zuordnungen. Neben den vielen Solokompositionen für Holzblasinstrumente, wie auch das spätere *Grafitti* (1998) für Saxophon solo, bildet *Feu la cendre* (1992) für Cello eine Ausnahme.

Ein Schwerpunkt R.s ist die Musik für Klavier. Der Titel des Klavierstücks *Genoi Hoios Essi* (1981) war einer von Friedrich Nietzsches Arbeitstiteln seiner Sozialkritik »Ecce Homo«. Die zehnminütige Klavierkomposition *Pas au-delà* (1989) kann als Dekonstruktion des vorher genannten Klavierstücks angesehen werden und bildet so eine Analogie zu Jacques Derridas Kritik an Nietzsche. Neben diesen längeren Klavierkompositionen stehen Miniaturen für Klavier: Es entstanden die einminütige Komposition *Eidos* (1985) sowie *Beuys* (1992), dessen Titel die Inspiration R.s durch Kunstwerke Joseph Beuys' hervorhebt und als kurze, präzise ausnotierte Studie den Interpreten durch einkalkulierte Entscheidungsfreiheiten absichtsvoll in die Musik miteinbezieht.

Die Ensemblekompositionen R.s greifen unterschiedlichste Zusammenstellungen auf. Neben *Zwei Streichquartetten* (1983 und 1985) und einem *Quintett* für Oboe und Streichquartett beschäftigt er sich in *… of torn pathways* (1985) für Violine und zwei Schlagzeuger mit Material, das isoliert, in Koexistenz oder miteinander verbunden auftreten kann. Auch *Éperons* (1988) kombiniert ein Melodieinstrument (hier Oboe) mit Schlagzeug. *Inventio* (1990) stellt ein Solosaxophon und *Celan Songs* (1994) einen Sopran dem Ensemble gegenüber. Die Komposition *Pierrot on the Stage of Desire* (1998) erhielt ihren Titel nach dem gleichnamigen Buch von Robert Storey über die Geschichte der französischen Pantomime. Kurze solistische Elemente durchziehen dieses Stück und bilden eine Art musikalischer Pantomime, die vom Rest des Ensembles aufgegriffen und kommentiert wird. Neben seiner Kompositionstätigkeit spielen für R. ebenso Jazz, Improvisation und Performance eine Rolle.

Noten: Lemoine (Paris); United Music Publishers (Ldn.).

Dominik Susteck

Reger, (Johann Baptist Joseph) Max

Geb. 19. 3. 1873 in Brand (bayerische Oberpfalz); gest. 11. 5. 1916 in Leipzig

»Wie kaum ein anderer, hat Reger von seinem Leben musikalisch Rechenschaft gegeben. Sein Schaffen ist auch sein Leben. Seine Schicksale spiegeln sich in seiner Musik, denn er ist eine Natur, der … alles zu Musik wird, die ihr ganzes Erleben in Musik gewissermaßen ausschütten muß, um sich von ihm zu befreien« (Hehemann, 136). Diese zeitgenössische Einschätzung eines der ersten Kenner der Musik und der Persönlichkeit R.s trifft zwar einen, vielleicht sogar den zentralen Aspekt seines Œuvres, jedoch bleibt die direkte Parallelisierung der äußeren Lebensumstände mit den Phasen, Einschnitten und Höhepunkten seines Schaffen problematisch. Insgesamt verlief R.s Leben im Rahmen eines engen, ja zuweilen beengenden familiären Umfelds, so daß es plausibel scheint, die Grenzlinien zwischen den Schaffensabschnitten an den Zäsuren des äußeren Lebenslaufes zu orientieren, denn in der Tat bedeutete jeder einzelne der fünf oder sechs Umzüge für R. einen immer wieder tiefgreifenden Wandel seiner privaten und beruflichen Lebensumstände und es lag daher immer nahe, gemäß den Stationen des Lebensweges von einem Wiesbadener, Weidener, Münchner, Leipziger, Meininger und Jenaer Stil zu sprechen.

Die Jugendwerke der Weidener Schulzeit standen von Anfang an unter dem Druck eines Erfolgszwanges, da die Eltern – vor allem der Vater – ja allererst von der Begabung und Eignung des einzigen Sohnes überzeugt werden mußten, der sich selbst als Fünfzehnjähriger nach einem geradezu schockartigen Bayreuth-Erlebnis unwiderruflich auf den Musikerberuf festgelegt hatte. So können R.s Frühwerke zwar emanzipatorisch genannt werden, sie stehen jedoch von Anfang an in der Spannung zwischen dem eigenen persönlichen Ausdrucks- und Gestaltungswillen und den Anforderungen eines am Kanon ›klassischer‹ Meisterwerke ausgerichteten bürgerlichen Publikums. Daß R. in seiner Schüler- und Studentenzeit in kleinbürgerlicher bzw. provinzieller Umgebung als schöpferisch-fortschrittlicher ›moderner‹ Komponist so ganz auf sich selbst gestellt blieb, hat er in den Fleiß dessen umgesetzt, der zutiefst davon überzeugt ist, daß die Regeln der Tonkunst aus dem Studium von Büchern und Partituren zu lernen seien. Dem Selbststudium aller erreichbaren Lehrbücher folgt im Rahmen der kurzen Konservatoriumsausbildung in Sondershausen und Wiesbaden bei Hugo Riemann das Studium von dessen Phrasierungslehre, jedoch vor allem der Fächer Harmonielehre und Kontrapunkt, in denen R. schon bald als Hilfsdozent seine Mitstudenten zu unterrichten hat. Zwar widmet er sich während dieser Jahre mit besonderer Hingabe der Komposition kontrapunktischer Formen und Gattungen, schreibt *111 Canons durch alle Dur- und Molltonarten* (1895) sowie Präludien und Fugen, erfindet Passacagliathemen neben Scherzkanons und träumt von einem Streichquartett, das, wie er an seinen Musiklehrer Adalbert Lindner schreibt, »eine Hölle von Kontrapunkt« werden soll, jedoch hat es ihm – neben seinem »Gottvater« und Schutzheiligen J. S. Bach – insbesondere die Musik von Brahms angetan. Ihn nennt er in einem Brief an Lindner vom 21. 4. 1893 den »einzigen unter den lebenden Komponisten, von dem man in unserer Zeit ... etwas lernen kann«, und wieviel R. bei Brahms gelernt hat, läßt sich schon in den allerersten Werken hören, die R. mit Opuszahlen versieht: in den beiden *Violinsonaten d-moll* op. 1 und *D-dur* op. 3, in einem *Trio h-moll* op. 2 für Klavier, Violine und Viola und in der großen *Cellosonate f-moll* op. 5, dem persönlichsten, avanciertesten und expressivsten Werk dieser ersten Wiesbadener Jahre (1890–92). Erneut wird aus R.s Wiesbadener Kompositionen jene doppelte, nach innen und nach außen zugleich gerichtete Orientierung erkennbar. Neben so extremen Stücken wie der *Cellosonate f-moll* nämlich steht eine am Bedarf des Musik konsumierenden Publikums ausgerichtete Produktion von beträchtlichem Ausmaß: kleine Studien und Übungsstücke, Salonmusik und Lieder.

Von dem beherrschenden Einfluß sowohl der Riemannschen Theorie als auch der Brahmsschen Praxis beginnt sich R. erst nach der Rückkehr ins Weidener Elternhaus zu lösen. Hier, in jenem »geradezu dämonischen Arbeitsfuror« (Stein), findet R. zu seiner eigenen Tonsprache, vor allem in den großen *Choralphantasien* op. 27 und op. 30, op. 40 Nr. 1 und 2 und op. 52 Nr. 1–3, dann der *Phantasie und Fuge über B-A-C-H* op. 46 (1900) und schließlich der *Symphonischen Phantasie und Fuge* op. 57 (1901), auf deren innere Beziehung zu Dantes »Inferno« R. selbst später vielleicht deshalb hingewiesen hat, um die unerhörte harmonische Progressivität und die Dichte der polyphonisierten Struktur zumindest plausibler zu machen. Auch an R.s ›Weidener Stil‹ bleibt die Diversität der Stilebenen auffällig, auf denen er die ganze Skala zwischen den Extremen von aggressivem Affront und glatter Marktgängigkeit auskomponiert – einschließlich eines mittleren Stils, wie er etwa in den beiden *Violinromanzen* op. 50 (1900) sowie in einigen Liedern und Klavierstücken wie z. B. den *Sechs Intermezzi* op. 45 (1900) zum Ausdruck kommt. Hieran ändert sich auch in München nichts, wo R. sich vor allem darum bemüht, durch seine Arbeit als Komponist, Pianist, Theoriedozent und Chorleiter finanziell auf eigene Füße zu kommen. Neben dieser Akkordarbeit kümmert er sich um die andere, die dunkle, ernste, schwierige Seite seiner künstlerischen Produktion, indem er im Frühjahr 1902 zunächst das noch in Weiden begonnene *Klavierquintett c-moll* op. 64 vollendet, welches als eines seiner ›konsequentesten‹ Werke überhaupt bei Ausführenden, Kritikern und Publikum zuerst auf völliges Unverständnis stößt.

Mit dem Zeitpunkt seiner Verheiratung mit Elsa von Bercken, geb. Bagenski, einer geschiedenen Protestantin, in deren Wiesbadener Mutterhaus R. schon als Klavierlehrer aufgetreten war, ändert sich seine Schaffensorientierung – wenn auch nur für zunächst kurze Zeit – grundsätzlich. Die nicht von Nebenarbeiten unterbrochene Folge von Hauptwerken zwischen den Anfang 1902 beendeten *Siebzehn Gesängen* op. 70 und den *Achtzehn Gesängen* op. 75 vom Herbst 1903 eröffnen Werk für Werk neue Dimensionen des Komponierens für R., der nun nach seiner Heirat erstmals ökonomische, familiäre und künstlerische Selbständigkeit erlebt. Der ohne Rücksicht auf jegliches Erfordernis praktischer Ausführbarkeit für Chor und riesig besetztes Orchester angelegte *Gesang der Verklärten* op. 71 (K. Busse, 1903) und gleich danach die bei aller Konsequenz und Ungebundenheit doch in Form und Faktur auf Klarheit und Durchsichtigkeit disponierte *Violinsonate C-dur* op. 72 (die ihre Bekanntheit – leider – hauptsächlich den Anekdoten verdankt, welche sich an die Verwendung der »Schimpfthemen« eS-C-H-A-F-E und A-F-F-E knüpfen) lassen in ihrem konträren Gegensatz einen stilistischen Horizont von unerhörter Weite aufscheinen. Das nämliche gilt von den beiden folgenden Werken, nämlich den bei aller Repräsentanz doch höchst intimen *Variationen und Fuge über ein Original-*

thema fis-moll op. 73 für Orgel (1903), und den symphonischsten aller Streichquartette R.s, dem *Dritten Streichquartett d-moll* op. 74 (1904), das entgegen der mehr als zurückhaltenden Rezeption dieses äußerst schwierigen Werks zu den bedeutendsten Exempeln der Gattung zu Beginn des 20. Jahrhunderts zählt.

Diesem nach dem Schub der Weidener Jahre zweiten großen Schaffenshöhepunkt folgt eine Phase der Verunsicherung, deren Ursachen in Zusammenhang mit dem widersprüchlichen Echo auf gerade die für R. selbst subjektiv wichtigsten Werke zwischen den sehr persönlichen, dem engsten Freund und wichtigsten Interpreten Karl Straube gewidmeten *Variationen fis-moll* op. 73 und der als symphonisches Hauptwerk intendierten *Sinfonietta A-dur* op. 90 (1904–05) stehen. Ihre Folgen erstrecken sich auch auf sein Komponieren und manifestieren sich besonders deutlich in zahlreichen Arbeitsunterbrechungen und den hieraus resultierenden langen Entstehungszeiten z. B. der *Hiller-Variationen* op. 100, deren Thema sich R. schon im Herbst 1904 zur symphonischen Behandlung vorgenommen hatte, die er jedoch nach mehreren ›Einbrüchen‹ erst im Mai 1907 zum Abschluß bringen kann. Mit diesem ist dann allerdings die schwierige Schaffensphase der letzten Münchner Jahre zuende, denn mit den *Hiller-Variationen* glückt R. – eigentlich zum ersten Mal – ein symphonisches Orchesterwerk »größten Stils«, das sowohl dem eigenem Anspruch persönlicher Konzessionslosigkeit als auch dem von Publikum und Kritik an Effekt und Eingängigkeit vollkommen gerecht wird. So ist die nun folgende Zeit der großen Leipziger Werke, die R. selbst gern als das Zentrum seines Schaffens bezeichnet hat, zurecht als Umstellung von Menge auf Qualität beschrieben worden. Gewiß ist es nicht zu übersehen, daß noch das *Violinkonzert* op. 101 und das *Klaviertrio* op. 102 (beide entstanden zwischen den Frühjahren von 1907 und 1908) verwickelte und diskontinuierliche Entstehungsgeschichten aufweisen, jedoch fühlt sich R. nach Abschluß der *Hiller-Variationen* durch ein neues Selbstbewußtsein so sehr beflügelt, daß er davon spricht, er wolle nun noch einmal ganz von vorn beginnen und in Zukunft überhaupt nur noch Hauptwerke schaffen.

Ganz absichtsvoll markiert R. diesen Neubeginn mit der Jubiläumsopuszahl 100, und in der Tat scheinen die nun bearbeiteten Gattungen in mechanischer Folge der Opuszahlen denen seiner ersten Werke zu entsprechen: das *Violinkonzert* op. 101 (1907–08) der *Violinsonate* op. 1, das *Klaviertrio* op. 102 dem in der Besetzung leicht abweichenden *Klaviertrio* op. 2, die *Sechs Stücke für Violine und Klavier* op. 103 (1908) der *Violinsonate* op. 3 und die *Sechs Lieder* op. 104 den *Sechs Liedern* op. 4. Mag auch all dieses Zufall sein: – daß R. absichtsvoll zu früheren Werken zurückkehrte, sie sogar unter Umständen ›noch einmal‹ zu komponieren unternahm, steht außer Zweifel. So übermächtig scheint sein Bemühen um solche Wiederaufnahmen, daß man meinen möchte, er habe sein Gesamtwerk immer wieder aufs neue schließend abzurunden gesucht, nachdem es ihm nun einmal nicht glücken wollte, es durch ein monumentales Hauptwerk einer der beiden aus seiner Sicht bedeutendsten Gattungen – Oratorium oder Symphonie – zu krönen.

So gesehen, stellen sich die letzten Stationen R.s in Meiningen – samt dem Meraner Sanatoriumsaufenthalt – und in Jena weniger als Zeit eines Reifestils dar, der sich besonders auf das Gebiet der Orchesterkomposition erstreckte, denn vielmehr als Schlußphase des fortgesetzten Versuchs, endlich jenes krönende Werk – die erste Symphonie oder aber das monumentale, das gesamte 19. Jahrhundert zusammenfassende und überbietende Oratorium – zu schreiben. Daß beides nicht gelang, obwohl sich R. diesem Wunschtraum noch 1913 so nahe sah wie nie zuvor – Straube gegenüber bezeichnete er die *Vier Tondichtungen für Orchester nach A. Böcklin* op. 128 und die *Ballettsuite* op. 130 (beide 1913) einmal als »letzte Vorbereitung zur Symphonie« –, hat möglicherweise R.s immer stärkere Neigung zur abrundend-schließenden Wiederaufnahme von Früherem und Frühestem begünstigt. Die Tendenz hierzu war allerdings immer schon gegeben. Schon mit den *Zwei Geistlichen Liedern für mittlere Stimme und Orgel* op. 105 kommt er 1907 auf die 1898 komponierten und unter dem nämlichen Titel als op. 19 veröffentlichten Gesänge (bzw. auf die *Zwei geistlichen Lieder vom* Oktober 1900) zurück, und – um auch das späteste Beispiel zu nennen – ebenso wie im Jahr 1898 die anspruchsvolle *Phantasie und Fuge c-moll* op. 20 widmet R. dem verehrten »Meister Richard Strauss« noch einmal ein Orgelwerk, das auch sein letztes bleiben sollte, nämlich *Fantasie und Fuge c-moll* op. 133b (1916).

Quer zur chronologischen Ebene der Schaffensabschnitte steht somit eine gleichsam diachrone von insgesamt bemerkenswerter Konstanz. Zeit seines Lebens hat R. die einmal gepflegten Gattungen nicht mehr verlassen, ja sogar selbst nach langen Unterbrechungen mit erkennbarer Absicht wieder aufgesucht, als ob er sich immer wieder der eigenen Vergangenheit versichern wollte. Diese persönliche Retrospektive in R.s Schaffen tritt in ganz verschiedenen, ja gegensätzlichen Erscheinungsweisen zutage, denn nicht minder auffällig als die zahlreichen Besetzungs- und Titelreprisen ist die durchgehende Pflege ganz bestimmter zentraler Gattungen: Sie betrifft z. B. die in etwa 25 Sammlungen veröffentlichten insgesamt fast 200 Klavierlieder und (die 60 *Schlichten Weisen* der zwischen 1904 und 1912 erschienenen sechs Bände op. 76 nicht gerechnet), dann die 16 klavierbegleiteten Sonaten (neun für Violine, vier für Cello und drei für Klarinette), dazu – als Kammermusik für Streicher ohne Klavier – sechs Quartette, zwei Trios und ein Sextett sowie mit Klavier – je zwei Quintette, Quartette und Trios und schließlich die etwa 240 in ebenfalls an die 25 Sammlungen zusammengefaßten kleinen »Stücke« für Klavier, für Orgel (knapp 80 Stücke unter zehn Opusnummern, wozu noch ca. 100 kleine Choralvorspiele kommen) sowie noch einmal über 30 meist mehrsätzige Einzelwerke für Violine allein.

Lassen sich R.s stilistische Entwicklungen allein anhand dieser bevorzugten Gattungen gleichsam in Längsschnitten durch sein ganzes Komponistenleben verfolgen, so gilt dasselbe auch mit Bezug auf bestimmte Formen und Satztypen. In erster Linie ist hier die Fuge zu nennen, wie sie R. nicht nur als selbständiges Instrumentalstück mit Präludium komponiert, sondern mit besonderer Vorliebe als krönenden Abschluß in den großen Orgelphantasien, Variationsreihen oder auch in einigen viersätzigen Sonatenzyklen, sowie schließlich in der ebenfalls überhöhenden Form der Chorfuge in oratorisch besetzten Werken wie etwa dem *100. Psalm* op. 106 (1909) einsetzt. Die andere große Vorliebe gilt der Variation, auch in den Sonderformen der variierenden Choralbearbeitung, z. B. in den großen Weidener Choralphantasien für Orgel, oder von Chaconne und Passaglia, z. B. *Introduktion Passacaglia und Fuge h-moll* op. 96 für zwei Klaviere (1906) bzw. für Orgel in e-moll op. 127 (1913). Variationszyklen einschließlich der stets unvermeidlichen Schlußfugen hat R. in den Phasen besonders erfolgreicher Produktivität ebenfalls als Hauptwerke in den von ihm bevorzugten Besetzungen geschrieben: nur einmal über ein eigenes Thema für Orgel (op. 73), dann für Klavier über Themen von Bach (op. 81, 1904) und Telemann (op. 134, 1915), für Klavierduo über ein Thema von Beethoven (op. 86, 1904) und schließlich – als besonders herausragende und von R. mit Vorliebe auf die Programme zahlreicher von ihm selbst dirigierter Konzerte gesetzte Orchesterwerke – über Themen von Johann Adam Hiller (op. 100, 1907) und Mozart (op. 132, 1914).

Ebenfalls allen Schaffensabschnitten gemeinsam ist die gegensätzliche ›Stilhöhe‹ unmittelbar benachbarter Kompositionen mit z. T. sogar sich überlagernden Entstehungszeiten. Es stehen nebeneinander: im Winter 1904 das *Streichquartett d-moll* op. 74 und der erste Band der *Schlichten Weisen* op. 76, – dann im Sommer des folgenden Jahres 1905 die beiden serenadenhaft-heiteren und »mozartisch durchsichtigen« Trio- (bzw. Terzett-) Kompositionen op. 77a und b und fast zugleich die überaus schwierigen und kompakten *Bach-Variationen* op. 81 für Klavier; – danach im Anschluß an die *Sinfonietta* zunächst 1906 die versöhnliche *Serenade* op. 95 und erst hierauf die Fortsetzung der Arbeit an den *Hiller-Variationen*; – im Frühjahr 1911 der von R. als »sehr melancholisch« charakterisierte Gesang *Die Weihe der Nacht* op. 119 für Altsolo, Männerchor und Orchester und buchstäblich am Tag von dessen Fertigstellung der Kompositionsbeginn für *Eine Lustspielouvertüre* op. 120; – darauf im Sommer 1912 nach dem auf der Höhe der Zeit stehenden Hölderlin-Orchestergesang *An die Hoffnung* op. 124 das traditionell orientierte *Konzert im alten Stil* op. 123 und danach – wieder parallel – die überaus sensible *Romantische Suite* op. 125, die im September fertig wird, und der robust-herzhafte *Römische Triumphgesang* op. 126 für Männerchor und Orchester, mit dem R. im Oktober – sozusagen als Beweis seiner Gesundheit an Herz und Nieren – der Medizinischen Fakultät der Berliner Universität seinen Dank für eine Ehrendoktorwürde abstattet; – und schließlich, als letztes Beispiel, im August 1914 kurz nach Kriegsausbruch *Eine Vaterländische Ouvertüre* op. 140 mit ihrer quodlibetartigen Verknüpfung deutsch-patriotischer Gesänge mit dem Siegeschoral »Nun danket alle Gott« und daran – auch im inhaltlich-musikalischen Detail – unmittelbar anschließend das nach Komposition des »Dies irae« im November 1914 abgebrochene und unvollendet gebliebene lateinische *Requiem*.

Stellt sich somit das zum Prinzip erhobene Ausschreiten gegensätzlicher Extreme als Konstante in R.s Gesamtwerk dar, so läßt sich auch die Rückkehr zu jener erklärten Brahmsbezogenheit der jungen Jahre R.s als Ausdruck seiner starken inneren Neigung zur versichernden Retrospektive verstehen. Sie artikuliert sich keineswegs nur auf der Ebene der identischen Gattungen – also mit Bezug auf das zu komponierende Repertoire – sondern sie reicht bis hinein in die Struktur der spezifischer ›Klanglichkeit‹ von R.s Musik und den gleichsam semantischen Bedeutungsgehalt seiner Werke, wie er sich sogar durch melodisch-motivischen Anspielungen an Brahmssche Kompositionen artikuliert (besonders vordergründig im *Klavierquartett a-moll* op. 133, den *Träumen am Kamin* op. 143 und im *Klarinettenquintett* op. 146). Vieles, was für den R.schen Tonsatz als typisch erscheint, geht direkt auf Brahmssche Vorbilder zurück wie z. B. die asymmetrische Phrasenbildung, die Vorliebe für in den extremen ›Außenbereichen‹ weitlagiger Akkorde terzbestimmte Klänge sowie die spezifische Vielgestaltigkeit der Klavierfiguration auf engstem Raum. Jedoch bleiben die tiefgreifenden Übereinstimmungen nicht auf bloß kompositionstechnische Aspekte beschränkt. Zu ihnen zählen auch ästhetische Grundüberzeugungen, die in die Bereiche von Welt- und Kunstanschauung hineinreichen, wie z. B. die bildungsbürgerlich-emanzipatorische Grundposition samt der aus ihr erwachsenen Berufsauffassung, die Intimität jener überall versteckten, nur einem engeren Kreis von Eingeweihten verständlichen biographischen Anspielungen einer zutiefst privaten Musik, das Interesse an der auch weiter zurückreichenden Musikgeschichte und die Adaptation ihrer Mittel an die eigene Tonsprache. Insgesamt aber – und das bleibt der wohl wichtigste Aspekt – richtete sich R. ebenso wie Brahms an einer überhaupt historisch fixierten Grundhaltung aus, welche die Verbindlichkeit des im Verlaufe des historistischen 19. Jahrhunderts als ›klassisch‹ ausgezeichneten Gattungskanons der ›absoluten Musik‹ für den gar nicht anders orientierten bürgerlichen Musikbetrieb reaktualisierte, und schließlich fand die Bemühung R.s, sein Gesamtwerk durch Querbeziehungen und Entwicklungslinien wie ein einheitliches Ganzes zu gliedern, um es am Ende gar als ›Fertiges‹ gestaltend abzurunden, ihr direktes Vorbild ebenfalls im Brahmsschen Spätwerk.

Den vielen verschiedenen Bildern, die zur Veranschaulichung jener so oft beschworenen vollendeten Geschlossenheit von R.s Lebenswerk gezeichnet wurden – vom ›organisch gespannten Bogen‹, dem ›geschlossenen Werkkreis‹ bis hin zu dem eines zielbewußt in gleichsam linearer Gerichtetheit zu gehenden ›geraden Wegs‹, auf das R. selbst gern zurückkam – lassen sich weitere hinzufügen, und unter ihnen waren sowohl das von der ständig ihren eigenen Ausgangspunkt umschreibenden Spirale als auch das vom wellenförmigen Verlauf zwischen immer neuem Ansatz und zielgerichtetem Aufschwung samt dem stets unvermeidlichen Trugschluß sogar am Charakteristischen des R.schen Ausdrucks orientiert. Zu einer griffigen Zerteilung des gesamten Œuvres in mehr oder weniger ›gültige‹ Phasen allerdings taugen sie allesamt nicht. Theodor W. Adorno hat einmal gesagt, daß R.s Schaffen einem großen »monologue intérieur« gleiche, aus dem die Werke wie »zufällig sich lösen, ohne feste Kontur gegeneinander« (Gesammelte Schriften, Bd. 17, 325). Nimmt man dieser Formulierung einmal ihre polemische Intention (von Hindemiths Musik sprach Adorno übrigens in ähnlicher Weise), so wird mit ihr dem R.schen Komponieren doch ein Moment des ›Authentischen‹ zugedacht: jener Protokollcharakter nämlich, demgemäß R.s Werke wie Niederschriften eines lebenslang fortgesetzten musikalischen Selbstgesprächs erscheinen, nur daß in diesem nichts – und schon gar nicht mithilfe der Musik über das Leben – außerhalb der ›Musikrede‹ Liegendes berichtet wird. Hierin liegt der eigentliche, spezifische ›Expressionismus‹ R.s, dessen authentische Direktheit nahezu restlos dem klassizistischen Formideal um einer intellektuell konzipierten Geschlossenheit der kanonischen Formen und Gattungen willen geopfert wurde. Alle jene formalen Glättungen, die R. seinem kritischen Freund Karl Straube gegenüber einmal als »wohlthätige Sprünge« bezeichnet hat, und vollends jene um einer regelgerechten Formerfüllung willen – welche ihrerseits gar nicht dem motivischen Impuls der Komposition entsprang – bis zur restlosen Identität unveränderten Reprisen gerade seiner späten Sonatensätze stehen dem, was R. als Komponist eigentlich tat, konträr entgegen.

»Ich verfolge nur den musikalischen Gedanken bis in seine letzten Konsequenzen.« Mit diesen Worten hat R. einmal die weit avancierte Tonsprache seiner Weidener Orgelwerke gegenüber dem einstigen Lehrer Hugo Riemann verteidigt. Solange er komponierte, hat er sich diesem

Schaffensprinzip überlassen: dem Impuls so lange komponierend nachzugehen, bis er sozusagen genau dann ›verbraucht‹ ist, wenn die Komposition bei ihren letzten bzw. ersten Beweggründen angelangt ist. Hierin – in einer wahrhaft improvisatorischen Schaffensweise, die auch noch den letzten Akt der Tintenreinschrift in die allerersten Erfindungsstadien am Klavier verschränkt – hat die Musik R.s insgesamt ihren ›Sitz im Leben‹ und nicht etwa darin, daß ihre ›Bedeutungen‹ in seinen äußeren Lebensumständen irgend biographisch zu begründen wären. Denn weder die subjektiven Impulse für R.s Kunst der musikalischen Sublimierung des Lebens noch auch die Prinzipien für ihre Ausformung liegen, als irgend schaffensbiographische Fakten, offen zutage, sondern sie sind als »letzte Konsequenzen musikalischer Gedanken« tief innen in seiner Musik selbst aufgehoben.

Noten: M. R. Sämtliche Werke, 38 Bde., Wiesbaden 1954–1984.
Dokumente: M. R. Briefwechsel mit Herzog Georg II. von Sachsen-Meiningen, hrsg. von H. und E. H. MÜLLER VON ASOW, Weimar 1949. M. R. Briefe zwischen der Arbeit, hrsg. von O. SCHREIBER, Bonn 1956. Briefe zwischen der Arbeit. Neue Folge, hrsg. von DEMS., Bonn 1973. M. R. Briefe an Fritz Stein, hrsg. von S. POPP, Bonn 1982. M. R. Briefe an Karl Straube, hrsg. von DERS., Bonn 1986. Briefwechsel mit dem Verlag C. F. Peters, hrsg. von DERS., Ffm. 1995. Der junge R. Briefe und Dokumente vor 1900, hrsg. von DERS., Wiesbaden 2000.
Werkverzeichnis: STEIN, FR.: Thematisches Verz. der im Druck erschienenen Werke von M. R einschließlich seiner Bearbeitungen und Ausg., Lpz. 1953 [StV.].
Bibliographie: RÖSNER, H.: M.-R.-Bibl. Das intern. Schrifttum über M. R. 1893–1966, Bonn 1968. SHIGIHARA, S.: M.-R.-Bibl. Das intern. Schrifttum über M. R. von 1967 bis 1988, Bonn 1983.
Periodica: R.-Studien, Wiesbaden 1978 ff.
Literatur: HEHEMANN, M.: M. R. Ein Leben in Musik, Mn. 1911 (²1917). UNGER, H.: M. R., Darstellung seines Lebens, Wesens und Schaffens, Mn. 1921. LINDNER, A: M. R. Ein Bild seines Jugendlebens und künstlerischen Werdens, Stg. 1929, Regensburg ³1938. STEIN, FR.: M. R., Potsdam 1939, Ndr. Laaber 1980. STEPHAN, R.: M. R. und die Anfänge der Neuen Musik *in* NZfM 134 (1973), 339–346. SCHREIBER, O. und I.: M. R. in seinen Konzerten, 3 Bde. Bonn 1981. DANUSER, H.: Im Spannungsfeld zwischen Tradition, Historismus und Moderne. Über M. R.s musikgeschichtlichen Ort *in* R.-Studien 4 [Kolloquium Paris 1987], hrsg. von S. SHIGIHARA, Wiesbaden 1989. CADENBACH, R.: M. R. und seine Zeit, Laaber 1991. KRUMMACHER, FR.: Diminution und Konzentration. Über R.s ›Sinfonietta‹ op. 90 *in* Probleme der symphonischen Tradition im 19. Jahrhundert [Kgr.-Ber. Bonn 1989], hrsg. von S. KROSS und M. L. MAINTZ, Tutzing 1991. Auf der Suche nach dem Werk. M. R. Sein Schaffen, seine Sammlung, hrsg. von S. POPP, Karlsruhe 1998 [Ausstellungskat.].

Rainer Cadenbach

Reich, Steve (Stephen) Michael
Geb. 3. 10. 1936 in New York

Auf die Frage, ob er zur Cage-Tradition gehöre, antwortete R.: »Nein. Meine Musik wurzelt in einer Vielzahl von Traditionen, dazu gehören die von Europa, von etwa 1100 bis 1750, die balinesischen Gamelan-Musik, die westafrikanische Musik, der amerikanische Jazz von etwa 1950 bis 1965, die Musik von Stravinsky, Bartók und zu einem geringeren Grad Webern. Aber ich arbeite nicht in der Cage-Tradition« (Lotringer, 137). In Gegenposition zur seriellen und aleatorischen Musik, in denen R. einen Überschuß an Struktur und somit ein Mißverhältnis von Struktur und Klang fand (nicht alles, was komponiert ist, ist wahrnehmbar), strebte er nach einer Identität von Klang und Struktur, mußte aber bald in seinen Stücken einen Überschuß an Klang feststellen (nicht alles, was hörbar ist, ist komponiert), z. B. nicht kalkulierte ›psycho-akustische Nebenprodukte‹: stereophonische Effekte, Interferenztöne, ›Submelodien‹.

Nach seinen Studien an der Cornell University (Philosophie, 1953–57), der Juilliard School (Komposition, 1958–61) und am Miles College (bei Milhaud und Berio, MA 1963) begann R. mit Tonbandschleifen zu experimentieren und entdeckte dabei Elemente dessen, was er 1968 in einem Aufsatz »Music as a Gradual Process« nannte. In den ersten Tonbandstücken *It's gonna rain* (1965) und *Come out to show them* (1966) werden Redefragmente auf Tonbandschleifen, zunächst synchron auf verschiedenen Tonbandmaschinen gestartet, ständig wiederholt und in mehrfacher Überlagerung allmählich asynchron gegeneinander phasenverschoben. Dabei sollte das Ausgangsmaterial nicht wie in der Musique concrète (→ Schaeffer) durch elektronische Manipulationen unkenntlich werden, sondern R. beabsichtigte, die Bedeutung der Wörter und die Sprechmelodie zu erhalten, sie durch Repetition, Phasenverschiebung und Multiplikation zu intensivieren, so daß sie als musikalisches Urmaterial Melodie, Rhythmus, Klangfarbe, Ablauf und Dauer des Stückes bestimmen.

Von R. als Phonographien individueller Stimmen verstanden – vom schwarzen Prediger Brother Walter aus San Francisco in *It's gonna rain*, von Daniel Hamm, einem mißhandelten und verurteilten schwarzen Jugendlichen, in *Come out* ... – verbindet sich mit diesen Stücken auch eine politische Intention: *Come out* ... ist für ein Benefizkonzert zur Wiederaufnahme des Gerichtsverfahrens gegen Hamm und seine Freunde komponiert. An keiner anderen Stelle wird so deutlich, daß die Minimal Music als Teil jener kulturellen, sozialen und politischen Unruhe und radikalen Opposition gegen alles Etablierte entstanden ist, die in den sechziger Jahren die USA bewegte: Die Bürgerrechtsbewegung Martin Luther Kings, Black Power und Black Panther, Studentenrevolte und Anti-Vietnam-Krieg-Protest, die alternative Hippie-, Rock- und Pop-Kultur und die Happenings und Performances der bildenden Künstler, mit denen R.s Musik nicht nur durch das Schlagwort Minimalismus verbunden ist. Seine frühen Stücke wurden meist bei Vernissagen, in Galerien und Museen aufgeführt – und manche hatten Happening-Charakter, wie z. B. seine *Pendulum Music* (1968): Drei oder mehr über Lautsprechern pendelnde Mikrophone erzeugen durch Rückkoppelungseffekte ein zufälliges Gewebe elektroakustischer Schwingungen, das mit geringer ausschlagender Pendelbewegung dichter wird und schließlich zur Ruhe kommt, d. h. zum stehenden Klang wird. Ab 1967 begann R. die Verfahren der Tonbandstücke auf Instrumente zu übertragen. In *Piano Phase* (1967) spielen zwei Pianisten eine kurze, perkussive Sechzehntelphrase unisono; einer der beiden beschleunigt sein Tempo so allmählich, daß er nach einer nicht näher bestimmten Anzahl von Wiederholungen die gleiche Phrase um ein, dann zwei usw. Sechzehntel phasenverschoben spielt, bis wieder Synchronität erreicht ist; das wiederholt sich noch zweimal mit anderen Figuren. Solches Musizieren erzeugt beim Spieler ein »total envolvement with the sound« (Writings, 52). Parallel zur musikalischen Phasenverschiebung in einem graduellen Prozeß ereignet sich für Spieler und Hörer, die an einer solch »unpersönlichen Art eines Rituals« teilnehmen, eine persönliche, psychische und physische Phasenverschiebung »away from *he* and *she* and *you* and *me* outwards towards *it*« (Writings, 11). Doch ist dieses »es« keine psychische Übergröße des Unterbewußtseins, sondern entspricht als etwas äußerst Technisches, Mechanisches, Maschinelles den Verfahren Repetition, Multiplikation und Phasenverschiebung und der Art ihrer Entdeckung, wiewohl sie formal jedem Kanon zugrundeliegen. R. komponiert mit solch kanonischer Satztechnik jedoch keine linear-kontrapunktisch hörbare Polyphonie, sondern dichte, ambivalent strukturierte und wahrnehmbare Klangkomplexe: »resulting patterns«. Der Begriff stammt von A. M. Jones, dessen Buch *Studies in African Music* (London 1959) R. bereits seit 1963 kannte. (R. interessierten an westafrikanischer, später auch an balinesischer Musik nicht der Klang – ihn nachzuahmen verwirft er als exotisch –, sondern rhythmische Struktur, Stimmgewebe und perkussive Spielweise.) Doch während Jones darunter das aus mehreren ineinandergreifenden Stimmen entstehende Klangresultat versteht, meint R. damit aus dem Gesamtklang herausgehobene neue Patterns (Submelodien). In *Violin Phase* (1967) z. B. ergeben sich resulting patterns aus der dreifachen Überlagerung phasenverschobener Figuren, während eine vierte Violine aus beliebigen Tönen des Gesamtklanges gebildete Phrasen lauter und leiser werdend heraushebt, wodurch jeweils neue Klangnuancen entstehen. Voraussetzung dafür ist eine monochrome Klangfarbe sowie ein gleichmäßig dichtes und rasch pulsierendes Stimmengeflecht, wie z. B. auch in *Phase Patterns* für vier Orgeln (1970) und wieder in den späteren »Counterpoints« für Live-Instrumente und Tonband: *Vermont Counterpoint* (1982) für Flöten-, *New York Counterpoint* (1985) für Klarinetten- und *Electric Counterpoint* (1987) für Gitarreninstrumente.

Ein der gleichen Klangvorstellung verpflichtetes Verfahren gradueller Prozesse, nämlich einen Akkord punktuell in Tonfolgen aufzulösen bzw. aufgesplittete Figuren langsam zu einem Akkord zu verdichten, realisierte R. mit seinem 1968 konstruierten elektronischen Gerät »Phase Shifting Pulse Gate« (für *Pulse Music* und *Four Log Drums*, 1969). Daraus wiederum lassen sich zwei weitere Techniken ableiten: immer mehr einzelne Töne eines repetierten Akkordes werden immer mehr verlängert, so daß eine extreme Zeitlupenaufnahme eines harmonisch pulsierenden Klanges entsteht *(Four Organs*, 1970), oder der Auf- und Abbau von Phrasen selbst wird einem graduellen Prozeß unterworfen, indem nach und nach (in Hoquetus-Manier, →Guillaume de Machaut) Pausen durch Töne bzw. Töne durch Pausen ersetzt werden (*Six Pianos* und *Music for pieces of Wood*, 1973). Damit kann R., Tonpunkt für Tonpunkt, auch kleinste Übergänge zwischen verschiedenen Klangfarben und harmonischen Feldern komponieren. Kombinationen all dieser seit 1965 entwickelten Verfahren kennzeichnen R.s große Werke der siebziger Jahre, die oft in langer Probenarbeit mit seinem Ensemble entstanden, darunter das ›Schlüsselwerk‹ *Drumming* (1971), oder *Music for Mallet Instruments, Voices and Organ* (1973), *Music for 18 Musicians* (1976) und *Music for a Large Ensemble* (1979). Bis dahin bildet die Folge von R.s Kompositionen selbst einen graduellen Prozeß. Die vokal- und textgeprägten Stücke der achtziger Jahre greifen auf die Erfahrungen der frühen Tonbandstücke zurück. In *Tehillim* für Frauenchor und Orchester (1981) ist das Material für Diastematik und Rhythmus aus der Struktur altjüdischer Kantilationen abgeleitet. *Different Trains* für Tonband und Streichquartett (1988) gewinnt Instrumentalmotive und -phrasen aus dem Sprechtonfall und Rhythmus von Tonbandtexten – Phonographien kurzer Sentenzen und Wörter aus Erzählungen amerikanischer Zugpersonals und Holocaust-Überlebender vor, während und nach dem Zweiten Weltkrieg. In diesen Stükken verzichtet R. zugunsten kontrastierender Abschnitte weitgehend darauf, Musik als graduellen Prozeß zu gestalten bzw. reduziert ihn auf Crescendo-Decrescendo, Ein-, Über- und Ausblendungen, verwendet jedoch weiterhin die Verfahren Phasenverschiebung, Multiplikation und Repetition. 1993 wurde als Auftragswerk für die Wiener Festwochen das Bühnenstück *The Cage – A Documentary Music Video Theatre Work* für Tonband, Videoclips und Dias, vier Sänger und 13 Instrumentalisten uraufgeführt. Das Bildmaterial sammelte R. mit seiner Frau, der Videokünstlerin Beryl Corot, auf drei Reisen im Nahen Osten. Das Ton- und Sprachmaterial gewann R. aus Fragmenten von Interviews, die er in New York und Texas zur biblischen Gestalt Abraham machte, und die er in gewohnt minimalistischer Art zu Musik verarbeitete, ähnlich wie in *Different Trains*. Mit der Musik synchronisiert laufen auf fünf Leinwänden Videoclips und Dia-Shows von B. Corot. Ein Satz aus dem Gedicht *The Orchestra* von William Carlos Williams, dessen Texte R. in *The Desert Music* (1983) vertonte, hat ihn seit Anfang der sechziger Jahre fasziniert »It is a principle of music to repeat the theme repeat and repeat again ...«

Noten: Boosey & Hawkes (N.Y.); Reich Music Publications (N.Y.); Universal Edition (Ldn.).
Dokumente: Writings about Music, Halifax, N.Y. und Wien 1974. GAGNE, C. und CARAS, T.: St.R. Soundpieces. Interviews with American Composers, Metuchen (NJ) 1982, 305 ff. Wiederholung ist nicht Struktur *in* S. LOTRINGER: New Yorker Gespräche, Bln. 1983, 136–151. Musik ist immer ethnische Musik. H. Lohner im Gespräch mit St. R. *in* NZfM 147 (1986), 22–27. Vorwärts und zurück. St. R. im Gespräch mit G. Grönemeyer *in* MusikTexte 26 (1988), 11–33. Writings on Music 1965–2000, hrsg. von St. R. und P. HILLIER, Oxford 2002.
Bibliographie: St.R. A Bio-Bibliography, hrsg. von D.J. HOEK, Westport 2002.
Literatur: GOTTWALD, CL.: Signale zwischen Exotik und Industrie – St.R. auf der Suche nach einer neuen Identität von Klang und Struktur *in* Melos/NZfM 136 (1975), 3–6. St.R. schreibt an Cl. Gottwald, ebd. 198–200. DERS.: Signale zwischen Exotik und Industrie II *in* Avantgarde Jazz Pop, Mainz 1978, 24–30 (Veröff. des Instituts für Neue Musik und Musikerziehung Darmstadt 18). RAAB, CL.: Musik der Allmählichkeit und des Präsens. Graduelle Verfahren in Music for 18 Musicians von St. R. *in* Reflexionen über Musik heute ..., hrsg. von W. GRUHN, Mainz 1981, 169–184. MERTENS, W.: American Minimal Music, Ldn. und N.Y. 1983. SCHWARTZ, K.R.: Minimalists, Ldn. 1996. LINKE, U.: Minimal Music. Dimension eines Begriffs, Essen 1999. POTTER, K.: Four Musical Minimalists. La Monte Young, Terry Riley, St. R., Philip Glass, Cambridge 2001.

Claus Raab

Reimann, Aribert
Geb. 4. 3. 1936 in Berlin

Wollte man seine zahlreichen nationalen und internationalen Auszeichnungen und Ehrungen zum Gradmesser von Popularität machen, wäre R. unter den bedeutenden deutschen Komponisten der Gegenwart sicherlich in aller Munde. Tatsächlich hat er aber nie eine marktgängige »Karriere« angestrebt; vielmehr seine künstlerischen Ziele im Verborgenen und mit der ihm ganz eigenen Konsequenz und Konzentration verfolgt. Durch seine Eltern musikalisch vorgeprägt – der Vater war ein prominenter evangelischer Kirchenmusiker, die Mutter eine ebenso bekannte Oratoriensängerin und Gesangspädagogin in Berlin – studierte R. von 1955–57 an der Charlottenburger Musikhochschule bei O. Rausch Klavier, F. Hartig Theorie, Ernst Pepping Kontrapunkt und B. Blacher Komposition. Anschließend war er als Korrepetitor an der Städtischen Oper Berlin tätig und ging für ein ergänzendes musikwissenschaftliches Studium nach Wien. Vor allem Blachers Persönlichkeit und Fähigkeit, den Schüler zu einer eigenen musikalischen Sprache zu führen, haben R. geprägt; von Blacher übernahm er die satztechnische Ökonomie und Nüchternheit, jedoch nicht dessen (überwiegend) entspannt-ironischen und sachlichen Tonfall. Die expressive und klangliche Dichte der Werke, mit denen R. am Ende der 1950er Jahre in ganz unterschiedlichen Gattungen debütierte (Chorzyklus *Auf verschleierten Schaukeln* auf Gedichte von Arp, 1957; die Klaviersonate, 1958; das Ballett *Stoffreste* nach G. Grass, 1959 oder die *Variationen für Orchester*, 1961), zeigen vielmehr einen prägenden Einfluß der Wiener Schule, insbesondere Weberns und Bergs. R.s freier Umgang mit der Reihentechnik und seine frühe Faszination durch große und enigmatische Weltliteratur – so die Dichtungen Shakespeares, Hölderlins, Shelleys, Lord Byrons, Poes, Cummings', Joyces, Paveses, Plaths und vor allem Celans, dem R. bereits 1960 mit den *Fünf Gedichten für Bariton und Klavier* lange vor der Celan-Mode der Neuen Musik seine Referenz erwies – waren vor dem Hintergrund serialistischer Dogmatik ein Bekenntnis zur Absolutheit des Subjekts und eine Behauptung künstlerischer Individualität. Trotz der immer weiter gehenden Radikalisierung seiner musiksprachlichen Mittel war diese Haltung eine wichtige Voraussetzung für R.s bis heute anhaltende, tiefgreifende Auseinandersetzung mit dem 19. Jahrhundert und zentralen romantischen Motivwelten von (utopischer) Liebe, Nacht und Tod.

Für R.s Grenzgängertum ist zudem bezeichnend, daß er von Beginn an eine doppelte Perspektive wählte. Zur schöpferischen des Komponisten trat die nachschöpferische des Interpreten hinzu, denn R. etablierte sich zunächst als ein herausragender Liederbegleiter neuen Typs. In Zusammenarbeit mit E. Grümmer, C. Henius, D. Fischer-Dieskau, C. Gayer und B. Fassbaender – denen er später eigene avancierte Vokalkompositionen widmete – legte er Einspielungen von Hauptwerken der romantischen und modernen Liedliteratur vor, die durch ihre Genauigkeit und Sensibilität bis heute Maßstäbe setzen.

In R.s bisherigem veröffentlichten Œuvre, das knapp 90 Kompositionen umfaßt, bilden das Musiktheater und Vokalmusik das innere Zentrum, auch wenn R. zu orchestralen, kammermusikalischen und solistischen Gattungen immer wieder gewichtige Beiträge geliefert hat, zuletzt mit *Spiralat Halom (Traumspiralen)* für großes Orchester aus dem Jahr 2002. R. entwickelte sich langsam, aber stetig zum wichtigsten deutschen Musikdramatiker seiner Generation, der für das moderne Musiktheater bislang sechs abendfüllende Opern geschrieben hat: *Ein Traumspiel* nach Strindberg, 1965; *Melusine* nach Ivan Goll, 1970; *Lear* nach Shakespeare, 1978; *Troades* nach Euripides/Werfel, 1986; *Das Schloß* nach Kafka, 1992 und zuletzt *Bernarda Albas Haus* nach García Lorca, 2000, ferner eine Kammeroper (*Die Gespenstersonate*, nach Strindberg; 1984). Den Durchbruch erzielte er mit *Lear*, zu dessen zweifellos riskanter Vertonung (auf ein Libretto von C. H. Henneberg) ihn Fischer-Dieskau angeregt hatte. Als ein Modellfall der modernen Literaturoper wurde *Lear* in den folgenden Jahren in vielen, auch internationalen Opernhäusern inszeniert. Der Beginn mit dem unbegleiteten Monolog des Königs Lear hat Operngeschichte geschrieben; er ist charakteristisch für R.s Suche nach ungewöhnlichen und zugleich immer wieder elementaren musikalischen Lösungen, die den Hörer soghaft in einen schier ausweglosen Abgrund der »condition humaine« ziehen. (Diese existentielle Düsterheit durchzieht insgesamt R.s vokales und instrumentales Schaffen, das kaum helle, allenfalls sarkastisch oder parodistisch überspitzte Momente kennt.) Die rigorosen klanglichen und rhythmischen Innovationen des *Lear* – in der zentralen Sturmszene werden die 48 Streicher zur »starren Tonwand« (S. Wiesmann) eines Vierteltonclusters aufgeschichtet, der sich am Ende der Oper in ein körperloses Flageolett verwandelt – stehen exemplarisch für die instrumentale und vokale Physiognomie der Musikdramen R.s, die von starken Gegensätzen zwischen harten und bruitistischen (mitunter von reichem Schlagzeug dominierten) Farben und traumähnlicher lyrischer Entrückung durchzogen sind. In *Bernada Albas Haus* besteht das gleichsam skelettierte Orchester aus zwölf Cellisten, einer Bläsergruppe und vier Flügeln, von denen zwei präpariert sind, während das vokale Ensemble ausschließlich mit Frauenstimmen – fünf (!) Soprane und eine Sprechrolle – besetzt ist. Die naturalistische und symbolische Funktion der einzelnen instrumentalen Felder dient zur seismographischen und schonungslosen Spiegelung der klaustrophobischen Situation der Protagonistinnen und erzeugt eine – formal durchaus heikle –

unablässige dramatische Hochspannung. Die enormen technischen Anforderungen, die R.s Opernrollen (bei souveräner Nutzung der Spezifika der jeweiligen Stimmfächer) verlangen, sind Ausdruck seelischer Extremzustände, kein Selbstzweck; sie werden stets einem strengen Konstruktivismus (unter Verwendung absoluter Formen wie Sonate und Passacaglia) und einer hoch differenzierten Variationstechnik unterworfen, die eine homogene musikalische Struktur sichern. In dieser Balance bleibt R. einmal mehr Berg verpflichtet.

Als Liedkomponist hat R. das Genre der musikalischen Lyrik in Deutschland nach 1945 maßgeblich mitgestaltet. Seine teilweise auf die instrumentale Begleitung ganz verzichtenden Werke erscheinen als kompositorisches Korrelat des berühmten, durch Verkürzung mißverstandenen Diktum Adornos, daß man nach Auschwitz kein Gedicht mehr (in traditioneller Weise) schreiben könne. R.s Vertonungen von Gedichten Sylvia Plaths (*Six Poems*, 1975; *Lady Lazarus*, 1992) und Paul Celans (u. a. *Engführung*, 1967; *Eingedunkelt*, 1992 und *Wir, die wir der Strandhafer Wahren*, 1994) markieren in ihrer suggestiven Eindringlich- und Rücksichtslosigkeit die Grenze dessen, was das Wort-Ton-Verhältnis zu leisten und zu tragen vermag. R. kann die Musik zur Hypertrophie höchster Subjektivität führen, in der sich Empörung und Verzweiflung über die Absurdität und Tragik der menschlichen Existenz entladen. Ihnen stehen ergreifende Momente des Verstummens und der Ent-Körperlichung als Geste der Resignation, ja gesuchte Todesnähe gegenüber, die R. auf der von ihm meisterhaft beherrschten Skala vokaler Ausdrucksnuancen immer wieder aufsucht. Damit korreliert im Lied (wie auch in dessen instrumentalen Pendant, den Solostudien für diverse Instrumente) die Beschränkung auf kurze, oft einer Zwölftonreihe entnommenen melodische Keimzellen, die in einer Art magischen Kaleidoskops fortwährend der Metamorphose unterworfen werden. Dahinter scheint das Rezitativ als genuin zwischen Musik und Wortsprache vermittelnde und einen freien Zeitbegriff entfaltende Ur-Form R.s auf.

R.s musikalische Sprache wirkt in ihrer Gesamtheit durch Fremdartigkeit faszinierend und fordernd zugleich: Sie schenkt dem Hörer nichts, der die Extremzustände der Sänger oder Instrumentalisten in der akustischen Konfrontation noch einmal erleiden und »aushalten« muß. (In den *Spektren* für Klavier von 1967 wird eine artistische Unabhängigkeit der Hände verlangt, die den Pianisten regelrecht zur inneren Spaltung zwingt.) Dahinter verbirgt sich die Idee eines Transzendenten und Unbedingten, die in der Postmoderne als obsolet gilt und aufgrund ihrer technischen Komplexität wie ihres hohen geistigen Anspruchs Mißfallen erregt. R. hält an diesen Ideen als Ausdruck einer historischen und moralischen Verantwortung fest, die sich quer zu modischen Strömungen stellt. Sie offenbart damit die (der deutschen Musik vertraute) Dialektik einer »konservativen Modernität« und enthält vielleicht sogar eine implizit religiöse Aussage. Zweimal hat sich R. bislang der traditionsbelasteten Gattung des Requiems zugewandt: mit dem *Wolkenlosen Christfest* (1974) nach Gedichten von O. Büthe für Bariton, Solocello und Orchester in einer eher intimen Form, mit dem abendfüllenden *Requiem* (1980–82), (das den lateinischen Text der Totenfeier mit Versen aus dem Buch »Hiob« koppelt), als monumentale und apokalyptische Vision.

Als eigentümliche Synthese divergierender Ansätze der Klassischen Moderne eignet R.s Musik eine grundsätzliche Spannung zwischen der Sparsamkeit und Knappheit ihrer Materialbasis und der darauf gründenden Ausdrucksintensität und -fülle. Diese Intensität besitzt in hohem Maß gestische und »performative«, d. h. von der Fähigkeit und Einfühlung der Ausführenden abhängige Qualitäten, aber sie steht durch das Festhalten an der Figur des großen, dissonanten Intervalls auch in der Tradition eines musikalischen Expressionismus, der ein revolutionäres Konzept der musikalischen Moderne verkörperte. Diese Figur durchzieht alle Kompositionen R.s als poetisches Signum ihrer »modernité assolue«, aber auch als eindringliche existentialistische Chiffre über Hoffnung und Hoffnungslosigkeit in dieser Welt.

Noten: Schott (Mainz).
Dokumente: Salut für die junge Avantgarde *in* NZfM 140 (1979), 25. Krise des Liedes? Zum Lied im 20. Jahrhundert *in* Musica 35 (1981), 235. Was erwartet ein Komponist von heutiger Musiktheater-Regie? *in* Das Orchester 32 (1984), Heft 5. Mein Lehrer Boris Blacher *in* Klassizistische Moderne, hrsg. von F. MEYER, Winterthur 1996, 473 f.
Literatur: VON LEWINSKI, W. E.: A. R. Ein Weg in die Freiheit *in* Melos 132 (1971), 129–133. KRELLMANN, H.: Mit peinigender Intensität zum Erfolg. Nach der Uraufführung von A. R.s Oper »Bernarda Albas Haus« *in* Oper aktuell. Die Bayrische Staatsoper 2001/02, hrsg. von DEMS., Mn. 2001, 73–79. HEISTER, H. W.: Cluster

und Kantilene. Zur musikalischen Sprache in A. R.s »Troades« in Musiktheater im Spannungsfeld zwischen Tradition und Experiment (1960 bis 1980), hrsg. von CHR.-M. MAHLING und K. PFARR, Tutzing 2002, 333–350. BURDE, W.: A. R. Leben und Werke, Mainz [in Vorbereitung].

Wolfgang Rathert

Respighi, Ottorino

Geb. 9. 7. 1879 in Bologna;
gest. 18. 1. 1936 in Rom

Frühe Studienreisen nach Rußland und Deutschland vermittelten die Begegnung mit der russischen und deutschen Symphonik. Der Einfluß von R. Strauss und des französischen Impressionismus führten R. auf den Weg zur Symphonischen Dichtung. Seit 1913 Kompositionslehrer am Konservatorium S. Cecilia in Rom, schuf er mit *Fontane di Roma* (1916) das erste Werk der bekannten römischen Trilogie, die ihm durch Arturo Toscaninis Aufführungen Weltruhm eintrug. In ihrer Viertteiligkeit (vier charakteristische römische Brunnen zwischen Morgendämmerung und Sonnenuntergang) sind die *Fontane* eine Synthese von Symphonie und Symphonischer Dichtung. Ebenfalls auf »römischen Visionen« basieren die *Pini di Roma* (1921) und die *Feste Romane* (1928). In der meisterhaften Orchestrierungskunst dieser »Tondichtungen« wirkt der kurzzeitige Unterricht bei Rimskij-Korsakov nach. – Ein ganz anderes Gesicht zeigt R. in seinen Bearbeitungen älterer italienischer Musik, die auf Anregungen aus der Bologneser Studienzeit (Luigi Torchi) zurückgehen. Schon 1908 legte er Bearbeitungen von Violinsonaten Pietro Locatellis, Tartinis, Francesco Veracinis u. a vor; im gleichen Jahre dirigierte Arthur Nikisch in Berlin die »freie Neubearbeitung« von Monteverdis »Lamento d'Arianna«. Die bekanntesten Werke aus diesem Bereich sind die Zyklen der *Antiche Arie e Danze* (1917–31), in denen R. Lautenstücke des 16. Jahrhunderts dem modernen Orchester erschließt, sowie die Rossini-Bearbeitungen *La Boutique fantasque* (1919, für Diaghilevs Ballets russes) und *Rossiniana* (1925). Besondere Bedeutung hatte für R. das Studium der Gregorianik, das einen Ausweg aus dem Chromatismus der spätromantischen Harmonik versprach. Nachdem schon in der römischen Trilogie (*Pini di Roma: I. Pini presso una catacomba*) die Welt altkirchlicher Gesänge beschworen worden war, entstand in den zwanziger Jahren eine größere Gruppe von Kompositionen, die auf gregorianischen Themen basieren, z. B. *Tre Preludi sopra melodie gregoriane* für Klavier (1921, später orchestriert als *Vetrate di chiesa* 1927), *Concerto gregoriano* für Violine und Orchester (1922) und *Quartetto dorico* (1924). – Als weniger lebensfähig erwiesen sich die Opern R. s. *Semirama* (Bologna 1910) ist noch dem Musikdrama in der Nachfolge von Wagner und Strauss verpflichtet, zeigt aber zugleich eine deutliche Abkehr von den Bestrebungen des »verismo«. Zum Wesen der altitalienischen opera buffa versucht *Belfagor* (nach der Novelle Niccolo Macchiavellis; Mailand 1923) vorzudringen; seine Vorbilder sind Rossinis »Cenerentola« und Verdis »Falstaff«. Antiveristisch ist schon vom Stoff her die Märchenoper *La Campana sommersa* (nach Gerhart Hauptmanns »Versunkener Glocke«; Hamburg 1927), die auch an der New Yorker Met unter Tullio Serafin Triumphe feierte. Zwischen Konzertsaal und Bühne steht das Triptychon *Maria Egiziaca* (Venedig 1932), das an die Tradition des spätmittelalterlichen Mysterienspiels anknüpft.

Noten: Bongiovanni (Bologna); Ricordi (Mailand).
Literatur: DE RENSIS, R.: O. R., Turin 1935 [mit WV]. O. R. Dati biografici ordinati da Elsa R., Mailand 1954. BATTAGLIA, E.: O. R., hrsg. von G. ROSTIROLLA, Turin 1985.

Dietrich Kämper

Revueltas (Sánchez) Silvestre

Geb. 31. 12. 1899 in Santiago Papasquiaro/Durango (Mexiko);
gest. 5. 10. 1940 in Mexiko-City

Sein Leben war kürzer, sein Œuvre schmaler, sein öffentliches Wirken geringer – gleichwohl gilt S. R. neben Chávez als der bedeutendste Komponist von Mexikos nationalistischer Epoche. Mit seinem spontanen Temperament und sarkastischen Humor bildete er den Gegenpol zu seinem Mitstreiter, dem er indes wichtige Anstöße verdankt. Denn Chávez war es, der 1929 den als Geiger und Komponist in Mexiko, Austin (Texas) und Chicago (auch bei Otakar Ševčík) ausgebildeten R. an das neugegründete Orquesta Sinfónica de México (OSM) zurückrief und zum Komponieren von Orchesterwerken ermunterte.

Kompositorisch ging R. jedoch von Anfang an eigene Wege. Während Chávez seinem Nationalismus vor allem in retrospektiven ›indianistischen‹ Werken Ausdruck verlieh, ließ sich R. vom unmittelbaren ›Ambiente‹ anregen, vom fröhlich-bunten Leben des Mestizen-Volkes, seiner Musik und Landschaft. Doch hat er, obwohl er selbst einmal seine nach einer Insel im Patzcuaro-See benannte Symphonische Dichtung *Janitzio* (1933) als seinen Beitrag zur Touristenwerbung bezeichnete, weder illustrative noch deskriptive Programmmusik komponiert. Seine Titel – darunter auch Filmmusik wie *La Noche de los Mayas* (»Die Nächte der Mayas«; 1939) – haben eher evokativen Charakter. Auch sind seine Melodien oder Rhythmen nicht aus nationalen Liedern oder Tänzen zitiert, sondern sämtlich eigene Einfälle.

Irreguläre Rhythmen und Metren der ›música popular y folklórica‹ innerhalb einer ›modernen‹, dissonanzreichen Tonsprache finden sich bereits in R.s erstem, nach dem ursprünglichen Namen der Stadt Cuernavaca bezeichneten Orchesterwerk, *Cuauhña-huac* (1930). In *Ocho por Radio* (»Acht Musiker im Radio«; 1933) verwendet R. die besonders für die Mariachimusik charakteristischen Terzen- und Sexten-Parallelen, in *Janitzio* und *Homenaje a Federico García Lorca* (1935) eine der Hauptgattungen der mexikanischen Popularmusik, den Son. Rhythmische Vitalität und polyrhythmische Komplexität, Ostinati und Repetitionen sowie ein durch sukzessives Hinzutreten von Instrumenten gestalteter akkumulativer Prozeß geben dem Orchesterwerk *Sensemayá* (1938), das durch die teilweise onomatopoetischen Verse des kubanischen Dichters Nicolás Guillen inspiriert wurde, seine tropisch-karibische Atmosphäre und suggestive Wirkung. Auch die übrigen Merkmale von R.s relativ einheitlichem Œuvre: die Kürze seiner Kompositionen, die dreiteilige Form mit zumeist kontrastierendem Mittelteil, die farbige, durch Schlagwerk akzentuierte Instrumentation, das häufige Schlußcrescendo und der Verzicht auf thematische Entwicklung zugunsten von Basismotiven lassen seine Werke als charakteristischen Beitrag Mexikos im musikalischen Spektrum der ersten Hälfte des 20. Jahrhunderts erscheinen.

Noten: G. Schirmer (N.Y.); Southern Music Publishing Company (Austin, TX).

Werkverzeichnis: Compositores de América/Composers of the Americas I, hrsg. von der Union Panamericana, Washington D.C. ([1]1959) [2]1962.

Literatur: MAYER-SERRA, O.: S.R. and Musical Nationalism in Mexico *in* MQ 27 (1941), 123–145. CONTRERAS, G.: S.R. genio atormentado, Mexiko, D.F. 1954. GARLAND, P.: In Search of S.R., Santa Fe 1991. DEAN, J.L.: S.R. A Discussion of the Background and Influences Affecting his Compositional Style, Diss. Ann Arbor 1992. PARASKEVAÍDIS, GR.: Muy S., gran R. – S.R. und der mexikanische Nationalismus *in* MusikTexte 55 (1994), 29–32.

Monika Fürst-Heidtmann

Rheinberger, Joseph (Gabriel)

Geb. 17. 3. 1839 in Vaduz; gest. 25. 11. 1901 in München

Humperdinck, Ermanno Wolf-Ferrari, Ludwig Thuille, Adolf Sandberger – die Liste der bedeutenden Schüler Rh.s ist lang und weist klangvolle Namen auf. So ist er auch in der Musikgeschichte lange vornehmlich als Lehrer gewürdigt worden, zumal seine Kompositionen vergessen schienen. Erst in jüngster Zeit haben die Orgelwerke und die Weihnachtskantate *Der Stern von Bethlehem* op. 164 neues Interesse gefunden.

Betrachtet man die Musikgeschichte ausschließlich unter dem Aspekt des musikalischen Fortschritts, so gehört Rh. allerdings nicht zu den bedeutenden Komponisten. Er hielt immer Distanz zu der literarisch ausgerichteten Neuerungsbewegung seiner Zeit, die ›Zukunftsmusik‹ war ihm suspekt. Eine köstliche Satire auf die Ideenmusik seiner Zeit hat Rh. in einem Brief an Franz von Holstein formuliert. Er plane eine neue »Ideentrilogie« für großes Orchester (I. »Der Urschlamm«), die mit einer Generalpause von genau 15 Minuten beginne, welche der Dirigent mit dem Chronometer in der linken Hand gewissenhaft auszutaktieren habe. Für absurd hielt Rh. solche Ideen, die bei Cage und Kagel Wirklichkeit wurden. In einer Zeit ästhetischer Schwärmerei hielt Rh., darin gleicht er Brahms, die Prinzipien gediegener handwerklicher Kompositionstechnik hoch.

Schon früh in seiner musikalischen Begabung erkannt und gefördert, schuf Rh. bereits in jungen Jahren eine Fülle von Werken mit geradezu genialischer Leichtigkeit. Dabei war es vor allem eine scheinbar mühelose Beherrschung der traditionellen Formen und kontrapunktischen Techniken, die ihm von allen Seiten Bewunderung einbrachte.

Dennoch ließ Rh. die Jugendwerke nicht als vollwertig gelten, erst 1859 begann er mit der Zählung seiner Opera. Alle wichtigen Gattungen der Musik wurden bedacht: die Oper ebenso wie die geistliche Musik, weltliche Chöre, das Lied und die Kammermusik. In der Orchestermusik zollte Rh. auch der Programmusik seinen Tribut, etwa mit dem Sinfonischen Tongemälde *Wallenstein* op. 10 (1867) oder programmatischen Ouvertüren. Das Schwergewicht seines Schaffens allerdings verlagerte sich mit zunehmendem Alter auf die geistliche Musik, besonders die Kirchenmusik, und die (nicht immer geistliche) Orgelmusik.

Der Stern von Bethlehem wurde 1890 auf Texte seiner Gattin Fanny von Hoffnaaß komponiert. Rh. verwendete dabei – wenn auch zurückhaltend – traditionelle inhaltsbezogene Mittel wie die Pastorale und unmittelbare Wortausdeutungen, darüber hinaus aber auch ein viertöniges Kernmotiv (e-fis-a-e'), das als einheitstiftendes Element in der gesamten Kantate verarbeitet wurde. Es besteht aus dem Beginn einer verbreiteten Gloria-Intonation und dem Oktavton als Abschluß, ein inhaltlich beziehungsvolles Thema.

Für die Orgel schuf Rh. 20 Sonaten, die zu den bedeutendsten Werken romantischer Orgelmusik nach Mendelssohn gehören. Wie souverän er über alle Mittel der Zeit gebot, historistische wie klassisch-romantische, lassen schon einige Werkbenennungen und Satzüberschriften erkennen: die *Fantasie-Sonate* op. 65 (1871) und die *Pastoral-Sonate* op. 88 (1885) oder »Fuge«, »Intermezzo«, »Scherzoso« und »Passacaglia« der *Sonate* op. 132 (1882) sowie »Präludium und Fuge«, »Thema mit Veränderungen«, »Fantasie und Finale« der *Sonate* op. 146 (1888). Ganz ähnlich verhält es sich mit den kleineren Orgelwerken: Neben *Trios* op. 49 (1868–70) und *Fughetten* op. 123 (1883–84) finden sich *Charakterstücke* op. 156 (1888) und *Monologe* op. 162 (1890).

Rh. ließ sich nicht vereinnahmen. Auch von den Bestrebungen des Cäcilianismus blieb er unabhängig, so sehr dessen Historismus doch scheinbar seinen musiktheoretischen Überzeugungen nahe kam. Ebenso blieb ihm der Akademismus der Berliner Schule fremd, die Weihnachtskantate von Friedrich Kiel »Der Stern von Bethlehem« ist geradezu ein Gegenstück zu Rh.s Werk. Seine Kompositionen stehen in einer spezifisch süddeutschen Musiktradition, die auf klassische Prinzipien zurückgeht, ohne deswegen barocke kontrapunktische Künste abzulehnen.

Noten: Orgelwerke, hrsg. von M. Weyer, Bonn und Bad Godesberg 1965–66.
Dokumente: J. G. Rh., Briefe und Dokumente seines Lebens, hrsg. von H. Wanger und H.-J. Irmen, 3 Bde., Vaduz 1982–83.
Werkverzeichnis: Irmen, H.-J.: Thematisches Verz. der Werke J. G. Rh.s, Regensburg 1974.
Literatur: Irmen, H.-J.: J. G. Rh. als Antipode des Cäcilianismus, Regensburg 1970. Weyer, M.: Die Orgelwerke J. Rh.s, Vaduz 1966. Kraus, E.: Miszellaneen zu Rh.s Orgelsonaten *in* Musica sacra 109 (1989), 293–304. Steger, H.: Vor allem Klangschönheit. Die Musikanschauung J. Rh. s. dargestellt an seinem Klavierschaffen, Hildesheim u. a. 2001. G. J. Rh. und seine Zeit, hrsg. von B. Petersen-Mikkelsen und M. West, Eutin 2002.

Helmut Loos

Riehm, Rolf

Geb. 15. 6. 1937 in Saarbrücken

»Das *Notturno* ist für mich ein kleines, aber doch sehr wichtiges Stück ... Es beharrt auf einer politisch intendierten Funktion von Musik und damit auch auf einem Anspruch, der, wie die Zeitereignisse selbst, im kulturellen Gedächtnis verschwindet.« (Brief vom 16. 4. 1983). Es geht um das *Notturno für die trauerlos Sterbenden* (1977), geschrieben aus Anlaß des nie ganz aufgeklärten Todes dreier Häftlinge der sogenannten ›Baader-Meinhof-Bande‹ im Gefängnis Stuttgart-Stammheim. R. identifiziert sich keineswegs etwa mit dem politischen Anarchismus, sondern reklamiert lediglich ein demokratisches Grundrecht auf ein menschenwürdiges Leben und Sterben, das auch dem politischen Gegner, ja dem Kriminellen nicht verweigert werden darf, selbst wenn der dumpfe Volksmund brüllt »Werft sie in die Kläranlage«, ein Originalton, den R. sarkastisch als Motto über seine Komposition setzte. Und seine Art politischer Musik ist nicht plakativ, sondern nachdenklich-leise und darum auch für ein leises Instrument geschrieben: die Gitarre.

R. war Kompositionsschüler von Fortner, lehrte dann selbst an der Rheinischen Musikschule in Köln ab 1968 und als Professor für Tonsatz und Komposition ab 1974 in Frankfurt am Main. *Gebräuchliches* für Altblockflöte (1972) versucht, durch die Karikatur klischierter Gesten neue Kommunikation zu stiften, *Gewidmet* für Orchester (1976) bezieht sich auf das Lied »Der Graben« von Eisler (Text: Kurt Tucholsky) mit der Intention einer zeitgemäßen Aneignung ästhetischer Standpunkte einer sozialkritischen Musikpraxis. Aber das reicht R. nicht, er gründet zusammen mit den Jazzmusikern Alfred Harth, Heiner Goebbels und Christoph Anders sowie einem Kreis ›alternativer‹ Frankfurter Musiker das »Sogenannte linksradikale Blasorchester«, ästhetisch eine Synthese aus Populismus, Avantgarde, sprechend-gestischen Klängen und ironischen Verfremdungen. Diese Formation wird in kurzer Zeit bundesweit bekannt und prägt das musikalische Verständnis weiter Kreise, die außerhalb traditioneller philharmonischer Musikpflege stehen. Als der Erfolg zu Gasteinladungen in die Mailänder Scala und die Berliner Philharmonie führt, kommt es zur Identitätskrise der Gruppe, die nicht als linkes Konsumobjekt in den Betrieb vereinnahmt werden will und sich daher selbst auflöst.

Die Erfahrungen einer von ihren technischen und ideologischen Rändern her aufgebrochenen Musik gehen in R.s weitere Werke als Stimulans und Ideengeber ein. Das Streichquartett *Tempo strozzato* (»gedrosseltes Tempo« oder auch »gewürgte Zeit«, 1978) verengt fortschreitend den Entfaltungsraum der vier Individualisten in dieser traditionsreichen Gattung; die Schlußpartie wird nur noch klirrend hart am Steg gespielt, und während bis dahin ungreifbare, ständig veränderliche Tempoflüsse die Musik umtreiben, komprimiert sie sich nun zu einem dezidierten Rhythmus, als sei dies ein Hoffnungsschimmer im kaputten Leben. *He, tres doulz roussignol joly* (1978) ist die Orchestration altfranzösischer Chansons aus dem Codex Chantilly (um 1400); die extrem manieristische Kompositionstechnik dieser ›ars subtilior‹ wird theatralisch gespreizt für ein großes Ensemble ohne Schlagzeug, um den hinter dem ästhetischen Schein der Originale verschwundenen gesellschaftlich-elitären Charakter jener Kunst wieder kenntlich zu machen. *O Daddy* (Donaueschingen 1984) führt vom Tonband Alltagsgeräusche und die Geschichte einer Kindesmißhandlung als Herausforderung in den ›normalen‹ Orchesterklang ein; *Les Chants de la Revolution sont des Chants de l'Amour* für Sopran, Orchester und Tonband (1989) reflektiert aus heutiger Sicht das Glücks- und Liebesversprechen der französischen Revolution und dessen verhinderte Einlösung damals und in allen folgenden Revolutionen. Fast eine Obsession bildete für R. jahrelang die Erzählung »Das Schweigen der Sirenen« von Franz Kafka, woraus (mit identischem Titel) ein Werk für Sopran, Tenor und Orchester (1987), eine Oper (1994) und ein kurzes Orchesterstück *Odysseus aber hörte ihr Schweigen nicht* (1993) wurde – Kafkas Uminterpretation des altgriechischen Mythos als vielschichtige musikalische Anregung, das tatsächliche bzw. ideologische »Schweigen« zum Klingen zu bringen. In neuerer Zeit integriert R. in seinen Orchesterwerken auch elektronische Klänge, so z. B. in *Die Tränen des Gletschers* (1998) oder in *Archipel Remix* (1999).

R. verwirklicht die Kenntlichmachung semantischer Gehalte von Musik und Klang durch Stilpluralismus und eine deutlich gestisch gemeinte und bisweilen visuell erweiterte Musik, die Sinnliches und Populäres nicht verschmäht, aber immer auch den denkenden Hörer meint; neotonalen und postmodernen Konzepten steht R. demzufolge ablehnend gegenüber.

Noten: Moeck (Celle); Ricordi (München).
Dokumente: LEUKERT, B.: Splitter zerbrochener Zeit. Ein Gespräch mit dem Komponisten R. R. in MusikTexte 6 (1984), 43–48 [mit WV, 53].
Literatur: HAMM, W.: Eine geradezu maßlose Illegalität. Zu R. R.s »Machandelboom« in MusikTexte 1 (1983), 55. GROSSMANN-VENDREY, S.: Du könntest anders hören, Musik von R. R. in Musiktheorie 8 (1993), 261–283. RAUTMANN, P. und SCHALZ, N.: Passagen. Kreuz- und Quergänge durch die Moderne, Regensburg 1998.

Hartmut Lück

Rihm, Wolfgang
Geb. 13. 3. 1952 in Karlsruhe

»Uns muß es schütteln vor Energie, oder wir müssen lautlos sein vor Leere, dann sind wir Komponisten« (Ins eigene Fleisch, 8). Komponieren ist für R. spontane Selbstentäußerung, das Werk klangliches Protokoll der jeweiligen Lebenssituation, in der es entstanden ist. Die musikalische Erfindung gleicht sich ungeordnet fortpflanzenden Prozessen in der Natur, sie ist sinnlicher Ausdruck freiwerdender Energie. Dabei erweisen sich für R. besonders die Krisenmomente des Lebens als fruchtbar: Der Klang entsteht und wächst dort, wo das Innere offenliegt und verletzlich ist. Mit solch rückhaltloser Subjektivität der musikalischen Sprachfindung macht R. Anfang der siebziger Jahre auf sich aufmerksam. Wie auch andere westdeutsche Komponisten seiner Generation (z. B. Hans-Jürgen von von Bose, Wolfgang von Schweinitz, Trojahn) löst er sich von ästhetischen Normen und kompositionstechnischen Vorgaben der seriellen und postseriellen Schulbildungen, um seiner Musik ein Höchstmaß an Expressivität zu ermöglichen. Erste Anerkennung bringen zwei auf den Donaueschinger Musiktagen uraufgeführte Orchesterwerke (*Morphonie*, 1972; *Sub-Kontur*, 1974). R., der Studien bei Fortner, Stockhausen und Kl. Huber betrieb und heute Komposition in Karlsruhe lehrt, wird schnell zur auffälligsten Figur der jungen deutschen Komponistengeneration. Sein bisheriges, äußerst umfangreiches Œuvre hat eine weit über Insider-Kreise hinausgehende Resonanz in der Öffentlichkeit. Grundsätzlich auf Kommunikation angelegt, sucht R.s Musik gerade im Ausloten der Innenwelt den Weg nach außen, den gleichsam körperlichen Zugang zum Gegenüber. Es geht R. um die genaue Darstellung komplexer Gefühlszustände, um deren Verständlichkeit willen er eine ebenso komplexe Musik fordert. Die diesem Anspruch gemäße Genauigkeit der musikalischen Formulierung erstrebt R. durch ein Komponieren, das er als »inklusiv« bezeichnet. Hierin verbindet sich die »Öffnung der Musik für Einflüsse von außen«, die »Integration von Heterogenem, Fertigem und Unfertigem« und das »Zulassen von Verletzlichkeit« im Schaffensprozeß (*ausgesprochen*, Bd. 1, 58). Komponieren versteht sich mehr als Selbstexperiment, denn als experimenteller Umgang mit musikalischem Material. *Im Innersten* nennt R. sein *Drittes Streichquartett* (1976), das in seiner zu Extremen neigenden Ausdrucksvielfalt bereits das Gesamtschaffen prägende Züge trägt. Grübelnd monologische, breit aussingende, jäh hervorbrechende und manisch insistierende Klanggestalten werden ihrer expressiven Logik folgend verbunden, ohne daß R. strukturelle Beziehungen innerhalb der sechssätzigen Anlage aufgibt. Für den frühen R. typisch ist der Hang zur spätromantischen Gestik, zu einem gebrochenen, mahlerschen Ton, wie er auch z.B. *Sub-Kontur* und die *Dritte Symphonie* (1976–77) charakterisiert. Den späten Beethoven – für R. Prototyp einer »befreiten« Musik –, Schumann, Schönberg und Varèse nennt er als wichtige Einflüsse aus der Tradition. In frühen Werken sind Traditionsbezüge noch direkt, auch als Zitat, auskomponiert. Später treten sie eher vermittelt auf, als Anspielung auf bestimmte Idiome, wie in *Fremde Szenen, Versuch über Klaviertrio* (1984). Ein Schlüsselwerk der siebziger Jahre ist R.s zweite Kammeroper *Lenz* (Hamburg 1979) nach der gleichnamigen Novelle von Georg Büchner. Die Vertonung der tragischen Geschichte des im ausweglosen Konflikt von Innen- und Außenwelt gefangenen Dichters zeigt R.s Neigung zum Verstörten, zur Sphäre von Wahnsinn und Genialität in der Wahl seiner Texte. Diese Neigung ist über die Liederzyklen nach Friedrich Hölderlin, Friedrich Nietzsche und Adolf Wölfli bis hin zu den Bühnenwerken nach Antoine Artaud zu verfolgen. Sie korrespondiert mit dem gattungsübergreifenden Impuls, psychische Grenzerfahrungen darzustellen. Die Dramaturgie des *Lenz* ist ganz auf die innere Entwicklung der Hauptfigur konzentriert, die die Musik in ihrem kammermusikalischen Ton nuanciert nachzeichnet. *Lenz* wird zum Sinnbild des modernen Subjekts.

Anfang der achtziger Jahre beginnt ein neues Stadium in R.s Arbeit. Noch stärker als zuvor beschwört seine Musik die ursprünglichen und magischen Kräfte des Klanges. Im Verlauf des *Siebten Klavierstücks* (1980) wird eine einzige Klanggestalt durch unerbittliche Repetitionen in einen Zustand getrieben, in dem sie sich dem Geräusch annähert. Verwendet R. hier jedoch noch aus der Tradition vertraute Ausdrucksformen, sucht er in der Folge von solchen Bezugnahmen, überhaupt von jeglichen Standpunkten und Abgrenzungen frei zu werden. *Tutuguri, poème dansé nach Artaud* (1980–82) ist der Schritt zu einer Neubestimmung des Musiktheaters, die sich an Artauds Konzeption des »Theaters der Grausamkeit« orientiert. An die Stelle der subjektbezogenen Dramaturgie tritt ein Theater, das »selbst Subjekt ist« (Der Komponist W.R., 131). Die musikalisch-gestische Sprache des zugrundeliegenden Gedichts über Riten mexikanischer Indianer inspiriert R. zu einer Musik, die in ihrer rohen Direktheit und explosiven Kraft Schichten des Unbewußten freilegen will. Auch die Stimmen artikulieren sich kreatürlich, gänzlich ohne Worte und ›schönen‹ Gesang. Kennzeichnend ist der massive Gebrauch des Schlagzeugs, das als Symbol für elementare musikalische Erfahrung zwischen Geräusch und Klang vermittelt. Mit der plastischen Kraft seiner »Klangzeichensetzung« erstrebt R. in *Chiffre I–VIII für Kammerorchester* (1982–88) eine Präsenz der Klänge, die zu *Aufzeichnungen* (so der Titel eines benachbarten Orchesterstücks) des Kompositionsprozesses werden. Die Musik dokumentiert ihre eigene Entstehung. R.s Tonsprache zeigt sich hier härter und kantiger, fragmentarische Gestalten herrschen vor. Die Musik ist ebenso prägnant, wie ihr Verlauf unvorhersehbar ist. Die *Hamletmaschine*, Musiktheater in fünf Teilen nach Heiner Müller (1983–86), ist ein ›totales‹ Theater, in dem Schrei, Gesang, Geräusch, Bewegung, Licht und Bild gleichwertig zusammenwirken. Artauds »Theater der Grausamkeit«, in *Tuguri* noch gleichsam vorsprachlich umgesetzt, ist auch hier Vorbild. Die Kombination von Müllers tabuloser Sprache und R.s ungebändigter Musik ermöglicht eine in der Drastik der Darstellung wahrhaft ›grausame‹ Reflexion des Hamlet-Stoffes und seines Fortwirkens in Geschichte und Bewußtsein.

In den folgenden Werken bestimmen abrupt wechselnde Klanggestalten weiterhin den Gestus, doch treten lyrische Momente zunehmend hervor. Zugleich erschließt sich R. neue Klänge durch differenzierte Anordnung der Instrumente im Raum. Beides zeigt *Klangbeschreibung I-III* für Stimmen und Orchester (1982–87). Im zweiten Teil singen vier Frauenstimmen einen syllabisch aufgespaltenen Nietzsche-Text, der schon der *Zweiten Abgesangsszene* (1979) zugrunde lag. Es ist typisch für R, daß er mit bestimmten Texten, ähnlich wie mit Klängen, jahrelang lebt und wiederholt auf sie zurückgreift. *Die Eroberung von Mexiko*, Musiktheater in fünf Teilen nach Artaud (Hamburg 1992) schließt inhaltlich an *Tuguri* an, dem Ritual einer noch unangegriffenen mexikanischen Kultur. Die unerschöpflichen Möglichkeiten des Singens, Sprechens und Schreiens werden zu Bedeutungsträgern im Konflikt zweier Weltzugangsweisen, der sich auf historischer wie auf zwischenmenschlicher Ebene zuträgt Der Krieg zwischen Spaniern und Azteken ist auch und zugleich ein Sprach- und Gefühlskrieg zwischen ihren Führern Cortez und Montezuma (eine Frauenrolle), zwischen Mann und Frau. Die Musik trägt diese Spannungen aus, »Kultur-« und »Kreaturklänge« (R. spricht auch von »weiblichen« und »männlichen« Klängen) trennen und verbinden sich fortwährend. Sie bezieht ihre Kraft besonders aus den vielen stillen, lyrischen Passagen und der gesanglichen Grundhaltung, auch des Orchesters. Am Schluß, wo es nur noch Opfer gibt, steht ein unbegleiteter Abgesang, ein dunkles, vom Tod erfülltes Liebesduett. Das Werk überschreitet hier endgültig seinen konkreten historischen Kontext. Es gleicht einem Requiem der Neuzeit.

Im Bestreben, eine »befreite« Musik zu schreiben, gehört das Aufbrechen von Ganzheit(lichkeit) und Einheit(lichkeit) von Anfang an zum Signum von R.s Kunst. Seit den neunziger Jahren geht R. noch entscheidende Schritte weiter auf dem Weg zu einer Musik, die als »ortlose« Kunst sich jedem Versuch der Determinierung von außen entzieht, zu einer Musik, die gleichsam im Werden geschieht. Damit einher geht eine noch größere Verbindlichkeit zwischen der Physis des musikalischen Materials und der Physis der Komponisten: Musik als Vibration des Augenblicks, in dem der Komponist den Klang erlebt.

Im Schaffensprozess schlägt sich dies vor allem darin nieder, daß viele der großen und wichtigen jüngeren Werke in mehreren, oft in großen Zeitabständen entstandenen Versionen (R. spricht auch von »Zuständen«) existieren. R. schreibt eine Musik, in der bei aller Direktheit der Sprachfindung die Nichtendgültigkeit der musikalischen Setzung zur ästhetischen Qualität wird. Zu den »Schnitten ins eigene Fleisch«, die R. schon vor Jahrzehnten als Gegenmittel gegen jede Form von Fremdbestimmung beim Komponieren einforderte, kommen nun auch Schnitte in die Substanz schon existierender, »lebendiger« Werke: Die Subjektivität des Augenblicks vereinnahmt Gewesenes. In Analogie zur Malerei Arnulf Rainers spricht R. in diesem Zusammenhang von »Übermalungen« und »Überschreibungen« – mit dem entscheidenden Unterschied, daß in der Musik im Gegensatz zur Malerei frühere Zustände weiterhin (verändert oder unverändert) existieren können.

So entstehen vielteilige, potentiell endlos erweiterbare Werkkomplexe, in denen das jeweilige »Urmaterial« mitunter verschwindet, andererseits aber verschiedene Versionen auch gleichzeitig erfahrbar sein können. Dabei geht es R. nie darum, früher Komponiertes womöglich zu verbessern, sondern um die unendlichen Möglichkeit der Verzweigung und Verflechtung, die unendliche Vielfalt der Zustände, die das Material annehmen kann: »Ein gewisser Typus entwickelnden Variierens« (R. im Gespräch mit Josef Häusler über *Jagden und Formen*, 2001). Noch deutlicher als früher zeigt sich hier auch, wie sehr sich R.s Vorstellung vom musikalischen Material von der Ästhetik serieller und anderer strukturell organisierter Kompositionsweisen unterscheidet. Musikalische Substanz ist für ihn nicht zu teilen und nicht strategisch zu verändern; aber durch Prozesse des Wegnehmens oder Hinzufügens und durch das Schaffen neuer Kontexte können neue, fremde Energieströme freigelegt werden, kann dem Material gleichsam neu Luft verschafft werden. Die Form ist in dieser Musik die Gestalt des Wandels. Eine Vorstellung eines permanenten Fließens, die aufs Genaueste mit R.s nach einem Wort Pindars formuliertes Lebens-Motto korrespondiert: »Bleibe im Werden«.

Prototypisch realisiert R. dieses Komponieren in verschiedenen Zustandsformen im Musiktheater *Séraphin: Versuch eines Theaters, Instrumente/Stimmen* ... nach Antonin Artaud (1993–96). Auf eine *Étude pour Séraphin* (1992) folgen 1994 bzw. 1996 die szenischen Uraufführungen zweier »Zustände« dieses Werks, aus dessen Klangschichten R. wiederum zwei »neue« Werke geriert: *Séraphin/Stimmen* und – als bislang einziges Werk mit elektronischen Klangtransformationen – *Étude d'après Séraphin* (1997). Séraphin ist jedoch ein Markstein auch in anderer Hinsicht. Als ein »Musiktheater ohne Worte« stellt das bislang letzte Bühnenwerk R.s die herkömmlichen Begriffe des Gattung radikal in Frage. Benutzt R. schon in der *Eroberung von Mexico* Artauds Text als eine Art »Steinbruch« für ein – im Anschluß an Nietzsche – »Theater aus dem Geist der Musik«, wird die Musik in Séraphin selbst zum Text, zur »Klanghandlung«, die Impulse setzt für einen freien Aktionsraum aus Bildern, Körpern und Bewegung.

Nicht weniger radikal sind R.s offene Werkkonzeptionen im Bereich der Instrumentalmusik. Der Aspekt des Fließens, präziser: des »Entstehens, Stauens und Umgestaltetwerdens« (R. II/402), tritt hier noch plastischer zu Tage, so etwa in der diesbezüglich programmatischen Orchesterkomposition *Vers une symphonie fleuve*, von der zwischen 1992 und 2000 fünf Versionen entstanden. Sie alle beziehen ihre Energie und Substanz aus – *et nunc II* für Bläser und Schlagzeug (1992–93). Die dialektischen Prozesse von Veränderung und Form-Setzung nehmen besonders eindrucksvoll Gestalt an in dem hochvirtuosen *Jagden und Formen* (1995–2001) für Orchester, das aus den drei Kompositionen *Gedrängte Form* (1995–98), *Gejagte Form* (1995–96) und *Verborgene Formen* (1995–97) hervorgegangen ist – Werke, die ihrerseits z. T. »Übermalungen« älterer Kompositionen sind. Feinverästelte Linien, sprudelnde Klangkaskaden und eruptive Ballungen vereinen sich hier in einem einzigen, ebenso komplexen wie fasslichen Bogen, der exemplarisch ist für das Primat fließender Verläufe gegenüber der tendenziell blockhaften Klanghaptik in R.s Musik der 1980er Jahre.

Auch Werke für kleinere oder wechselnde Besetzungen entstehen als verschiedene »Zustände« oder »Versuche«, so etwa die fünfteilige *Musik in memoriam Luigi Nono*, eine Hommage an den 1990 verstorbenen Freund und Geistesverwandten, bestehend aus *Cantus firmus* (1990), *Ricercare* (1990), *abgewandt 2* (1990), *Umfassung* (1990) und *La lugubre gondola* (1990–92).

So sehr das jüngere Œuvre R.s neue Entwicklungen erkennen läßt, so bleiben die wichtigsten Prämissen seiner Kunst doch unverändert. Die leitenden Ideen der Freiheit und der Subjektivität sowie die stark von bildnerischen Vorstellungen gespeiste Klangphantasie sind in den seit den neunziger Jahren entstandenen Werken in einer Weise radikalisiert, die dem Ideal einer ganz mit »Gegenwart vollgesogenen« Musik (ausgesprochen, Bd. 1, 50) nahe kommt. R.s Musik steuert auf einen Zustand zu, in dem das gesamte Schaffen zu einem »work in progress« wird.

Im Jahr 2000 erhält R. den Bach-Preis der Stadt Hamburg, 2003 den Ernst von Siemens Musikpreis.

Noten: Universal Edition (Wien); einige frühe Werke bei Breitkopf & Härtel (Wiesbaden).

Dokumente: ausgesprochen. Schriften und Gespräche, hrsg. von U. MOSCH, 2 Bde., Winterthur 1997 (Veröffentlichung der Paul Sacher Stiftung 6). Tradition und Authentizität. W. R. im Gespräch mit W. Korb, Saarbrücken 1999. Offene Enden. Denkbewegungen um und durch Musik, hrsg. von U. MOSCH, Wien 2002. musik nachdenken. Reinhold Brinkmann und W. R. Im Gespräch, Regensburg 2001. FRICKE, ST. und W. R.: »Musik ist nie bei sich«. Ein Gespräch, Saarbrücken 2002.

Werkverzeichnis: Universal Edition (Wien), Wien 2003.

Literatur: Der Komponist W. R., hrsg. von D. REXROTH, Mainz 1985 [mit zahlreichen Quellentexten und Aufsätzen zur Musik R.s]. KLÜPPELHOLZ, W.: W. R. Wölfli-Liederbuch *in* Melos 49 (1987), Heft 1, 51–63 [mit WV und Bibl.]. Komponistenporträt W. R., hrsg. von M. WILKENING, Bln. 1988 [mit Ergänzungen zu WV und Bibl.]. SCHMIDT, D.: Lenz im zeitgenössischen Musiktheater. Literaturoper als kompositorisches Projekt bei B. A. Zimmermann, Fr. Goldmann, W. R. und Michèle Reverdy, Stg. 1993, 165–203. W. R., hrsg. von W. STORCH, Düsseldorf 2000. KUTSCHKE, B.: Wildes Denken in der Neuen Musik. Die Idee vom »Ende der Geschichte« bei Th. W. Adorno und W. R., Würzburg 2002. JUNGHEINRICH, H.-KL.: Ausdruck – Zugriff – Differenzen: Der Komponist W. R., Mainz 2003 [mit CD]. MOSCH, U.: Autonome Musikdramaturgie. Über W. R.s »Séraphin«-Projekt *in* Musiktheater heute. Symposium Basel 2001, hrsg. von H. DANUSER, Mainz 2003 (Veröff. der Paul-Sacher-Stiftung 9), 213–234.

Uwe Sommer

Riley, Terry Mitchell

Geb. 24. 6. 1935 in Colfax (Kalifornien)

Die Uraufführung von R.s Stück *in C*, die 1964 im San Francisco Tape Music Center mit Musikern wie Reich und Pauline Oliveros stattfand, geriet unbeabsichtigt zum Manifest einer Musikart, die – als »Minimal Music« bezeichnet – von Kalifornien und New York aus weltweit in Avantgarde, Jazz und Popmusik Wirkung zeigte. R. nannte *in C* ein »Forschungsstück der repetitiven Musik«, von dem er nicht wußte, wie es klingen würde, als er es schrieb. Allerdings sollte es »eine wirklich demokratische Idee sein: die Gruppe formt das Stück, während sie es spielt. In diesen Tagen hatten alle meine Gedanken mit dem Versuch zu tun, das Gebäude westlichen Denkens zu durchbrechen« (A channel, 37). Wie in einem Brennspiegel versammelt *in C* die wichtigsten Charakteristika dieser musikalischen Richtung: einen raschen, stetig hörbaren Puls, unterschiedlich lange diatonische Formeln, die sich, beliebig oft wiederholt, in Phasenverschiebungen überlagern und eine ambivalente Metrik und Harmonik erzeugen. Verschiedene tonale Zentren und die Dauer des Stückes ergeben sich aus der Einsatzdichte der Formeln, der Anzahl ihrer Wiederholungen und der Instrumental-Stimmen – Faktoren, die nicht festgelegt sind. So entsteht ein sich allmählich auf- und wieder abbauender, graduell verändernder und linear strukturierter Cluster ähnlich den irisierenden, sehr dichten Klangkomplexen, die Ligeti etwa zur gleichen Zeit ohne Kenntnis der Arbeit R.s komponierte. Es lag in der Luft, wie Ligeti meint, und in leicht ironischer Anspielung auf diese Situation nannte er 1976 den zweiten seiner drei Sätze für zwei Klaviere: »Selbstportrait mit Reich und Riley (und Chopin ist auch dabei)«.

Während R.s erste Kompositionen als Student am San Francisco State College (1955–57, Klavier und Komposition) noch an Debussy und Ravel, Schönberg und Webern orientiert waren, wurde er in der seit 1960 rebellischen Atmosphäre der University of California in Berkeley (1961 M. A. in Komposition) durch engen Kontakt zu seinem Studienkollegen La Monte Young bekannt mit freier Improvisation und Jazz, mit östlicher Musik, Lebens- und Geisteshaltung sowie mit Youngs eigenen musikalischen Ideen und Arbeiten. Die am ORTF in Paris 1963 bei Experimenten mit einem Tonbandschleifen-Feedback-System entstandenen Stücke – *Keyboard Studies, Mescalin Mix*, die nicht veröffentlichte *Music for the Gift* mit Improvisationen des Chet Baker Jazzquintetts, *Dorian Reeds* (1964) – hatten das vielschichtig lineare Konzept von *in C* vorbereitet. Die Verbindung von Komposition und Improvisation, für R.s Musik typisch und in Jazz und indischer Musik üblich, kennzeichnet auch spätere Stücke (*Persian Surgery Dervishes*, 1971; *Descending Moonshine Dervishes*, 1975; *Shri Carmel*, 1976), wobei er seine Live-Improvisationen mit Hilfe verschiedener Studiotechniken zu komplexen Raumklängen multiplizierte. Zu den beiden bekanntesten, *Poppy Nogood and the Phantom Band* (1967) und *A Rainbow in Curved Air* (1968), verfaßte er einen Begleittext, der Gedanken der Studentenrevolte und Hippiebewegung aufgreift und Intentionen der Abrüstungs- und Umweltschutzbewegung der achtziger Jahre vorwegnimmt.

Sein Wunsch, Musik als täglichen Teil des Lebens zu empfinden, erfüllte sich, als er ab 1970 über mehrere Jahre bei Pandith Pran Nath den ehrwürdig alten indischen Krana-Gesang erlernte, den er seither täglich praktiziert. Mit diesem Wissen konnte R. sein neues Konzept einer »durchschaubaren Musik von skizzenhafter Klarheit« verwirklichen. Sie erinnert seit 1980 kaum noch an das »Minimal«-Idiom, zeigt in Melodiebildung, modalem, oft ragabezogenem Skalenmaterial, intrikater Rhythmik, einstimmigen bis vielstimmigen akkordischen und polyphonen Satztechniken sowie verschiedenen Instrumentalkombinationen aus Sitar, Tabla, Synthesizern, Keyboards, Streichquartett, Tonband, zu denen R. häufig indische oder eigene Texte singt, eine Mischung aus westlichem und indischem Musikdenken. Mit Gesangstücken wie *Chorale of the Blessed Doy, Eastern Man, Song from the Old Country, G-Song* (alle 1980–81) oder instrumentalen, für das Kronos-Quartett geschriebenen wie *Cadenza on the Night Plane* (1984), *Salome Dances for Peace* (1985–86) will R. »einen Effekt von vollkommener Entspannung, Schönheit und Eindringlichkeit gleichzeitig erzielen« (Bachauer, 48) – eine Musik, »die dich innerlich forträgt«.

In den achtziger und neunziger Jahren entstanden weitere Werke für Streichquartett, darunter *3 Requiem Quartets* (1998). Eine von R. ebenfalls bevorzugte Besetzung ist das Saxophonquartett (z. B. *Mandala Miniatures*, 1998 und *Assassin Reverie*, 2001). Seit 1993 faßt R. Stücke für verschiedene Instrumente in »Books« zusammen: *The Book of Abbeyozzud* für Gitarre, *Book Five* für Klavier zu vier Händen, *Book Six* (= *Night Music for Piano*). Für große Besetzungen schrieb er *Jade Palace* (1990, für großes Orchester und Synthesizers), *June Buddhas* (1991, für Chor und Orchester) und *The Sands* (für Streichquartett und Orchester).

Noten: Pro Art Publications/Belwin Mills (Melville, N.Y.); Eigenverlag.
Dokumente: A channel for some higher energy. T. R. im Gespräch mit Charles Amirkhaman *in* MusikTexte 7 (1984), 35–41.
Werkverzeichnis: www.terryriley.com [9. 9. 2003].
Literatur: KNOX, K. und R.: Relax and Fully Concentrate the Time of T. R. *in* Friends 3 (1970). BLUMRÖDER, CHR VON: Formel-Komposition/Minimal Music/Neue Einfachheit *in* Neuland 2 (1982), 191 ff. BACHAUER, W.: Entspannung, Schönheit und Eindringlichkeit – T. R. – ein aktuelles Porträt *in* MusikTexte 7 (1984), 48–50. LINKE, U.: Minimal Music. Dimensionen eines Begriffs, Essen 1997. GÖTTE, U.: Minimal Music. Geschichte, Ästhetik, Umfeld, Wilhelmshaven 2000. POTTER, K.: Four musical minimalists. La Monte Young, T. R., Steve Reich, Philip Glass, Cambridge u. a. 2000.

Claus Raab

Rimskij-Korsakov, Nikolaj Andreevič

Geb. 6. (18.) 3. 1844 in Tichvin;
gest. 8. (21.) 6. 1908 in Ljubensk (Rußland)

Ende 1861 schloß sich R.-K., damals Schüler der Petersburger Kadettenschule, an Milij Balakirev und seinen Kreis an. Auf Balakirevs Anregung hin begann er sogleich mit der Komposition seiner *Ersten Symphonie*. Während einer Seereise (1862–65), von der R.-K. als Marineoffizier zurückkehrte, wurde der Unterricht schriftlich fortgesetzt. R.-K. war der fruchtbarste Komponist des »Mächtigen Häufleins«; unter Balakirevs Aufsicht entstanden die ersten drei Symphonien – die zweite mit dem Titel *Antar* (nach einem Märchen von O. Senkovskij, später als symphonische Suite bezeichnet) -, die *Ouvertüre über russische Themen*, die *Phantasie über serbische Themen*, die Symphonische Dichtung *Sadko*. Ende der 1860er Jahre, während der Arbeit an der Oper *Pskovitjanka*, begann R.-K., sich von seinem Lehrer zu distanzieren. Der Bruch mit Balakirevs unkonventioneller Pädagogik – nach dessen Auffassung sollte man seine Zeit nicht mit Kompositionsübungen vertun, sondern Technik und ästhetisches Empfinden sogleich an großen Werken schulen – war vollzogen, als R.-K. 1871 eine Professur am Petersburger Konservatorium annahm, sich mit geradezu übertriebenem Eifer musikalisches Handwerk aneignete und alle bis dahin entstandenen Werke überarbeitete. Ende der 1880er Jahre entstanden von der *Pskovitjanka*, *Sadko* und *Antar* dritte Fassungen; Werke, die er zuvor nicht überarbeitet hatte – *Snegurocka*, die *Erste* und *Dritte Symphonie* – unterzog er nun einer Korrektur.

Den Schwerpunkt in R.-K.s Schaffen bilden seine 15 Opern. *Pskovitjanka* (»Das Mädchen von Pskoij«, nach Lev Mej; St. Petersburg 1873/1895) ist kompositorisch und in der Wahl des Sujets der Ästhetik des Balakirev-Kreises verpflichtet: In einer Phase nationaler Selbstfindung, die alle kulturellen Bereiche erfaßte, besannen sich diese Komponisten – Borodin mit »Fürst Igor«, Musorgskij mit »Boris Godunov« und der »Chovanščina« – auf die russische Geschichte. R.-K.s erste Oper ist ein historisches Drama zur Zeit Ivans des Schrecklichen, die zentrale »Veče«-Szene, in der altes demokratisches Recht eingeklagt und zum Widerstand gegen die Zarengewalt aufgerufen wird, entspricht dem neu erwachten Geschichtsverständnis und korrespondiert mit der revolutionären Szene bei Kromy in »Boris Godunov«. In den sorgfältig ausgearbeiteten Rezitativen und der sparsamen Verwendung von Arien und größeren Ensembles orientiert sich R.-K. an Dargomyžskijs »Steinernem Gast« und der Dialogoper, die Cezar' Kjui als Theoretiker propagierte. In den späteren Überarbeitungen distanziert sich R.-K. von dieser Ästhetik, indem er geschlossene Nummern einführt und Ensemblepartien ausbaut.

Charakteristisch für die folgenden Opern ist die Hinwendung zu nationalen phantastischen, mythologischen und Märchenstoffen, d. h. die Abkehr von der russischen Geschichte. In der *Mainacht* (Nikolaj Gogol'; St. Petersburg 1880) sind es Nixen und Wassergeister, in *Snegurocka* (»Schneeflöckchen«; nach Aleksandr Ostrovskij; ebd. 1882) ist es der Sonnenkult, die Anbetung der Sonnengottheit Jarilo; in der Ballettoper *Mlada* (V. Krylov; ebd. 1892) sind es heidnische Kulthandlungen, in der *Nacht vor Weihnachten* (Gogol'; ebd. 1895) sind es die Bräuche der Wintersonnenwende, in der Bylinen-Oper *Sadko* (Vladímir Bel'skij; Moskau 1898) sind es Fluß- und Meergottheiten. Allen diesen Opern liegt ein Konflikt zwischen Figuren der realen Welt und mythologischen Gestalten, auch die Frage nach dem Verhältnis zwischen Mensch und Natur zugrunde. Die Sphäre der Naturgottheiten und Geister charakterisiert R.-K. mit einer neuartigen harmonischen Sprache, die auf nicht kadenzgebundenen Fortschreitungen, übermäßigen Dreiklängen, Ganztonleitern und einer Skala aus wechselnd kleinen Sekunden und kleinen Terzen beruht. Der Welt der realen Menschen ordnet R.-K. folkloristische Intonationen und originale Volksliedthemen zu, die er für die beiden Gogol'-Opern ukrainischen Sammlungen, für die russischen Sujets seiner eigenen 1877 publizierten *Sammlung von 100 russischen Volksliedern* entnommen hat. Auch die Folklorismen bedeuten insofern eine Neuerung, als sie zu modaler Melodik und Harmonik, auch zu sprachbedingten unregelmäßigen Metren führen (Chöre im 11/4-Takt in *Sneguročka* und *Sadko*). In der knapp zehnjährigen Pause zwischen *Sneguročka* und *Mlada* hat R.-K. Musorgskijs »Chovanščina« und Borodins »Fürst Igor« vollendet und sich auf Instrumentalmusik (*Vierte Symphonie, Capriccio espagnol, Scheherazade, Russische Ostern*) konzentriert. Seine Opernästhetik hat sich in dieser Zeit nicht geändert, wohl aber sein Orchestersatz, der nach der Begegnung mit dem »Ring des Nibelungen« (Petersburger Erstaufführung 1889) von Wagner geprägt ist. R.-K.s regelmäßiges Opernschaffen beginnt nach Čajkovskijs Tod (1893) mit *Noč pered roždestrom* (»Nacht vor Weihnachten«), die Čajkovskij zuvor als »Die Pantöffelchen« vertont hatte. Daß der Tod des Kollegen und Freundes für ihn als Opernkomponist auch eine Befreiung bedeutete, verschweigt R.-K. in seiner Autobiographie. Er setzt die dritte Phase seines Opernschaffens 1897 mit der Komposition von 30 Liedern an, in denen er eine neue Synthese von Deklamation und Kantabilität fand. Dies schlug sich nieder im Vokalstil der folgenden Opern, dem Einakter *Mozart und Salieri* (nach Puškin; Moskau 1898), der dem Andenken an Dargomyžskij gewidmet ist, in der *Bojarin Vera Šeloga* (Prolog zur *Pskovitjanka*, nach Mej; ebd. 1898), in der *Zarenbraut* (nach Mej; ebd. 1899), im *Märchen vom Zaren Saltan* (nach Puškin; ebd. 1900), in *Servilija* (nach Mej; ebd. 1902), im *Unsterblichen Kaščej* (nach E. Petrovskij; ebd. 1902), in *Pan Voevoda* (nach I. Tjumenev; St. Petersburg 1904), in der *Legende von der unsichtbaren Stadt Kitež* (nach Bel'skij; ebd. 1907) und im *Goldenen Hahn* (nach Puškin; Moskau 1909). Musikalische und dramaturgische Neuerungen kommen in diesen Werken nicht hinzu; auffällig ist das erneute Interesse an historischen Stoffen und an Märchensujets, die sich als Parabeln auf aktuelle politische Verhältnisse deuten lassen. In diesem Sinne wurden der unsterbliche Kaščej und Zar Dodon im *Goldenen Hahn* von den Zeitgenossen als Symbole für das veraltete, regierungsunfähige und zu Recht zerfallende Zarenreich aufgefaßt.

Die Diskussion um R.-K. als Bearbeiter hat sich an »Boris Godunov« entzündet, weil sich hier besonders deutlich zeigt, daß er Musorgskijs Kunstauffassung nicht respektiert hat (Umstellung der beiden Schlußbilder, Glättung harmonischer Härten, spröder Klangfarben, Begradigung unregelmäßiger Metren). Freilich gilt es zu bedenken, daß er diese Bearbeitungen (1892–96 und 1906) stets als Alternative, nicht als Ersatz für Musorgskijs Original aufgefaßt hat. Zudem vollendete er im Einverständnis mit seinen Komponistenkollegen den »Steinernen Gast«, »Fürst Igor« und die »Chovanščina« und hat damit eine Rezeption dieser Werke überhaupt erst ermöglicht. Seine prominentesten Schüler waren Prokof'ev, Stravinsky und Šostakovič.

Noten: Polnoe sobranie sočinenij (Gesamtausg.), 50 Bde., Moskau 1966–1970.
Dokumente: Polnoe sobranie sočinenij. Literaturnye proizvedenija i perepiska (Gesamtausg., literarische Werke und Briefwechsel), 7 Bde., Moskau 1955–1970, N. A. R.-K. Chronik meines musikalischen Lebens, hrsg. von L. FAHLBUSCH, Lpz. 1967. N. R.-K. Kleinere musiktheoretische Schriften und Fragmente, hrsg. von E. KUHN, Bln. 2001. N. A. R.-K. Zugänge zu Leben und Werk. Monographien, Schriften, Tagebücher, Verzeichnisse, hrsg. von DEMS., Bln. 2002.
Bibliographie: SEAMAN: G. A.: N. A. R.-K. A Guide to Research, N. Y. und Ldn. 1988.
Literatur: VAN GILSE VAN DER PALS, N.: N. A. R.-K. Opernschaffen nebst Skizzen über Leben und Wirken, Paris und Lpz. 1927. ABRAHAM, G.: Studies in Russian Music, Ldn. 1936; dt. Basel 1947. DERS.: On Russian Music, Ldn. ²1970. SEROFF, V.: The Mighty Fife. The Cradle of Russian National Music, N. Y. 1948; dt. Zürich 1963; ²1967. STASOV, VL.: Stat'i o muzyke (Aufsätze über Musik), 6 Bde. Moskau 1974–1980. KUNIN. J.: N. A. R.-K., Bln. 1981. TAYLOR, P.: Gogolian Interludes. Gogol's Story »Christmas Eve« as the Subject of the Operas by Tchaikovsky and R.-K., Ldn. 1984. YASTREBTSEV, V. V.: Reminiscences of R.-K., N. Y. 1985. GRIFFITH, S. A.: A Ciritical Study of the Music of R.-K., 1844–1890, N. Y. 1989. NEEF, S.: Die Russischen Fünf: Balakirew – Borodin – Kjui – Mussorgsky – R.-K., Bln. 1992. GAUB, A.:

Die kollektive Ballett-Oper »Mlada«. Ein Werk von Kjui, Musorgskij, R.-K., Borodin und Minkus, Bln. 1998. BENKOWSKI, I.: Die Harmonik in den Märchenopern N. A. R.-K.s, St. Augustin 2000. GRÖNKE, K.: N. R.-K. und seine Oper »Mocart i Sal'eri« in Rezeption als Innovation, Fs. Fr. Krummacher, hrsg. von B. SPONHEUER, Kassel 2001, 367–386.

Dorothea Redepenning

Rore, Cipriano de

Geb. 1515 oder 1516 in Ronse; gest. September 1565 in Parma

De R. gehört noch zu den Komponisten, die im flämisch-nordfranzösischen Raum geboren und aufgewachsen sind, vor allem in Italien tätig waren und den größten Teil ihres Lebens dort verbrachten. Es ist umstritten, ob de R. seine Ausbildung noch in seiner Heimat erhalten hat, oder ob er seine entscheidenden Prägungen erst in Venedig durch seinen flämischen Lehrer Willaert erfahren hat. In jedem Fall aber steht er in der Komponistentradition der sogenannten »Niederländischen Schule«. Seine Affinität besonders zu Josquin ist vor allem in den geistlichen Werken festzustellen. Von den fünf Messen de R.s gehen allein drei auf musikalisches Material bzw. Vorbilder Josquins zurück; die beiden anderen verraten deutlich den Einfluß Willaerts, wie wohl auch das Vorkommen der Tenormotette bei de R. auf Willaert zurückzuführen sein dürfte. Die Tenormotette hat ihren Namen daher, daß die vorgegebene Melodie vom Tenor vorgetragen wird, den die anderen Stimmen mehr oder minder frei umspielen; diese Art der Motette galt schon nach 1540 als weitgehend überholt.

De R.s Bedeutung liegt vor allem in seinem Madrigalschaffen: In seinen zehn zwischen 1542 und 1566 erschienenen Büchern mit Madrigalen zu vier und fünf Stimmen stellte er die Weichen für die Entwicklung der Gattung bis hin zu Monteverdi. Offenbar auch hier zunächst an Willaert anknüpfend, erstaunt zunächst der hohe literarische Anspruch der von de R. zur Vertonung gewählten Texte. Es handelt sich dabei zu einem großen Teil um Petrarca-Sonette; 1548 gab de R. sogar eine Komplettvertonung von Petrarcas »Vergine-bella-Canzone« in Druck, eine im Hinblick auf den damals als extrem lang empfundenen Text spektakuläre kompositorische Leistung. Das hohe Niveau der Texte verlangte eine entsprechend kunstvolle Art der Vertonung; die oft noch verhältnismäßig einfachen Sätze des frühen Madrigals, in denen das Madrigal als Gedichtform zunächst noch eine viel wichtigere Rolle spielte, wurden den Texten nicht mehr gerecht. Die ausgefeilte Rhetorik, die starken Kontraste und das affektive Drängen der Gedichte Petrarcas und seiner vielen Nachahmer im 16. Jahrhundert forderten einen Kompositionsstil, der nicht nur die formalen Gegebenheiten (Versmaß, Strophenbau, Textbetonung und -deklamation) der Vorlagen berücksichtigt, sondern auch viel mehr als früher auf den Inhalt der Texte eingeht. Schon die Wahl der Tonart wurde zu einer wichtigen kompositorischen Entscheidung, da schon seit jeher den Tonarten unterschiedliche affektive Charaktere zugeordnet wurden. Dies ging so weit, daß innerhalb eines Stücks die Ausgangstonart zeitweise durch eine andere verdrängt wurde, wenn sich der Stimmungsgehalt des Gedichts änderte. Schmerz, Trauer und Verzweiflung bewirkten oft einen mit ›chromatischen‹ Fortschreitungen durchsetzten Stil; Freude, Jubel und ähnliches wurden meist durch klare harmonische Klangverbindungen, rasche Bewegung und tänzerische Rhythmen dargestellt. Einzelwörter konnten den musikalischen Satz wesentlich beeinflussen: Es wurde fast zu einem Zwang, z. B. bei »profondo« (»tief«) einige oder auch alle Stimmen in die tiefere Lage zu führen und z. B. bei »cielo« (»Himmel«) nach oben steigen zu lassen. Aus diesen Elementen formte R. einen Madrigalstil, der in einem bis dahin noch nicht dagewesenen Maß auf die Struktur, die Aussage und den Ausdruck der Texte einging. Dieser neue Stil wirkte bahnbrechend, und wurde vor allem von de Wert, aber auch von Luzzaschi und Marc' Antonio Ingegneri, die alle de R.s Schüler waren, weiterentwickelt und vervollkommnet. Noch über 40 Jahre nach seinem Tod preist ihn Monteverdi als den Erfinder der »seconda pratica«, als den Erneuerer der antiken Musik, in der Text, Rhythmus und Zusammenklang unmittelbar aufeinander bezogen waren und eine untrennbare Einheit bildeten.

An weltlichen Kompositionen de R.s sind über die Madrigale hinaus noch sechzehn lateinische Huldigungsmotetten und sieben französische Chansons überliefert. Gerade bei den Chansons läßt sich bei de R. um 1548 eine auffällige Veränderung in der Art der Textbehandlung feststellen: Die nach 1548 komponierten Chansons sind mehr syllabisch-deklamatorisch gehalten, während die früheren durchaus auch melismatisch geprägte Passagen enthalten können und hierin mehr an den älteren »niederländischen« Stil erinnern.

Noten: Opera Omnia, 10 Bde., hrsg. von B. MEIER, 1959–1977 (CMM 14) [Fünf Madrigale auch *in* EINSTEIN, Bd. 3]. Drei Madrigale *in* Das Chorwerk 5 (1930); Reprint Wolfenbüttel 1955.
Literatur: HOL, J.C.: C. de R. *in* Fs. Karl Nef ..., Zürich-Lpz. 1933, 134–149. EINSTEIN, A.: The Italian Madrigal, 3 Bde., Princeton 1949; Reprint ebd. 1971, Bd. 1, 384–423. JOHNSON, A.H.: The Masses of C. de R. *in* JAMS 6 (1953), 227–239. MEIER. B.: Staatskompositionen von C. de R. *in* TVNM 21/2 (1970), 81–118. SCHICK, H.: Musikalische Einheit im Madrigal von de R. bis Monteverdi, Tutzing 1998. LOCKWOOD, L.: From Josquin Desprez to C. de R. [in Vorbereitung].

Bernhard Janz

Rosenmüller, Johann

Geb. 1619 in Oelsnitz (Vogtland); gest. 1684 in Wolfenbüttel

Gemessen an der weiten Verbreitung seiner Werke zu Lebzeiten und seiner großen musikgeschichtlichen Bedeutung besteht für die Rezeption von R.s Schaffen, insbesondere seiner Vokalwerke, nach wie vor Nachholbedarf.

Dabei könnte bereits R.s Biographie breiteres Interesse erregen, weist sie doch einen dramatischen Bruch der Lebensumstände auf. Zunächst schien R. eine erfolgreiche kirchenmusikalische Karriere in Mitteldeutschland vorherbestimmt: Nachdem er sich 1640 in Leipzig an der theologischen Fakultät eingeschrieben hatte, kam er 1642 als Assistent an die Thomasschule, wurde 1651 Organist der Nikolaikirche und erhielt 1653 in Anerkennung seiner zunehmenden Reputation die Expektanz des Thomaskantorats. Zu dieser Zeit hatte R. bereits verschiedene seiner Kompositionen in Drucken vorgelegt, die einerseits Ensemblesuiten (für Streicher), andererseits vokale Kirchenmusik versammelten. Die Reihe der Publikationen eröffneten 1645 die *Paduanen, Alemanden, Couranten, Balletten, Sarabanden, a 3*, kurze Suiten mit den besagten Pavanen als längeren Einleitungssätzen, in der Regel gefolgt von den anderen genannten Satztypen (womit eine regelmäßiger Wechsel von binären mit ternären Metren erreicht wird). 1654 folgte die *Studenten-Music*, in der die Suiten nach aufsteigenden Tonarten geordnet wurden. Als Einleitungssatz der Suiten fungierte eine nunmehr fünfstimmige Pavane, bevor die Stimmenzahl in den anderen Sätzen auf drei reduziert wird. Die *Kern-Sprüche* und *Andere Kern-Sprüche* von 1648 bzw. 1652–53 enthalten kleine geistliche Konzerte nach Art von Schütz' »Symphoniae Sacrae« und sind noch nicht durch jene expressiven Momente und formale Klarheit geprägt, die seine späteren Werke oft auszeichnen. Der Großteil von R.s Kirchenmusik kursierte jedoch nicht als Druck, sondern in zahlreichen Manuskripten.

Ein jähes Ende fand diese vielversprechende Laufbahn, als R. Leipzig unter dem Verdacht der Päderastie fluchtartig verlassen mußte. Seine genauen Wegstationen sind nicht abschließend geklärt, doch begegnet er 1658 in Venedig wieder: als Posaunist in der Kapelle von San Marco. Ab 1660 schien er sich auch als Komponist in Italien etabliert zu haben, wo er 1667 eine weitere Sammlung von Streicher-Ensemblemusik zum Druck befördern konnte: die *Sonate da camera*. Statt mit Pavanen eröffnete R. die einzelnen Werke nun jeweils mit einer *Sinfonia*, aufgeteilt in mehrere, kontrastierende Abschnitte. 1682 folgte ein letzter Sammeldruck mit weiteren *Sonate*, die keine Tanzsätze beinhalten und offenbar dem da chiesa-Typus verpflichtet sind. Die Einleitungssinfonia wurde weiter ausgedehnt, und insgesamt scheint R. hier auf größere Abwechslung gezielt zu haben, schon die Satzanzahl der Stücke variiert zwischen drei und fünf. Viele Sätze sind fugiert, gerne werden chromatische Themen verwandt. Ein weiteres Charakteristikum stellen die langsamen akkordischen Übergänge mit ihrer oft überraschend kühnen Harmonik dar. Der hier ausgeprägte Sonatentypus wird eher individuell und nicht ›klassisch‹ wie etwa bei Corelli interpretiert.

In der kirchenmusikalischen Produktion der italienischen Jahre wurden lateinische Texte vertont. Die Werke waren zum Großteil nicht für die Messe als vielmehr für andere liturgische Gelegenheiten (Stundengebete, vor allem Vespern) gedacht. So finden sich viele Psalmvertonungen, aber beispielsweise auch *Lamentationes* (sein einziger rein monodischer Versuch). Die Spannweite reichte dabei von Solokantaten ähnlich den weltlichen Kantaten Carissimis oder Cestis bis hin zu großen geistlichen Konzerten mit Wechsel von (Doppel-)Chortutti und Vokalsolisten sowie Instrumenten. Oftmals gliedern Instrumentalritornelle den Satz, der ariose Abschnitte ebenso beinhalten kann wie fugierende oder concertato-Partien. 1682 kehrte R. nach Deutschland zurück, um am Wolfenbütteler Hof Kapellmeister zu werden. R. steht exemplarisch für die Verbindung von deutscher mit italienischer Musik im 17. Jahrhundert. Durch die Integration von Elementen der Solokantate und italienischer opernhafter wie instrumentaler Schreibweisen in Sakralmusik nahm er eine maßgebliche Funktion für die Entwicklung der deutschen geistlichen Kantate ein. Neben seinen grundlegenden Beiträgen zur Ensemblemusik ist es jene künstlerische Potenz im Verschmelzen unterschiedlicher Idiome zu einer genuin neuen Ausdrucksform, die ihn für das späte 17. Jahrhundert stilbildend werden ließ.

Noten: Sonate da camera (1667), hrsg. von K. NEF, Lpz. 1904 (DDT 18). Studenten-Music (1654), hrsg. von FR. HAMEL in Nagels Musikarchiv 61 (1929). Acht Begräbnisgesänge, hrsg. von DEMS., Wolfenbüttel 1930. 12 Sonaten (1682), hrsg. von E. PÄTZOLD, Bln. 1954–56. Andere Kern-Sprüche (Lpz. 1652–53), in Auswahl hrsg. von A. TUNGER, Hohenheim 1960–63; Ndr. hrsg. von B. CLARK, Wyton 1991. Kern-Sprüche (1648), in Auswahl hrsg. von D. KRÜGER, Hohenheim 1960–68; Ndr. hrsg. von B. CLARK, Wyton 1996.

Literatur: HAMEL, FR.: Die Psalmkompositionen J.R.s, Straßburg 1933. KRUMMACHER, FR.: Die Überlieferung der Choralbearbeitungen in der frühen evangelischen Kantate, Bln. 1965. LEHMANN, A.: Die Instrumentalwerke von J.R., Diss. Lpz. 1965. SNYDER, K.J.: J.R.'s Music for Solo Voice, Diss. Yale Univ. 1970 [mit WV]. WELKER, L.: Questions of Form, Genre and Instrumentation in the Venetian Instrumental Works of Giovanni Legrenzi and J.R. in Giovanni Legrenzi e la Capella ducale di San Marco, Venedig 1990, 351–382. SNYDER, K.J.: Life in Venice. J.R.'s Vesper Psalms *in* Relazioni musicali tra Italia e Germania nell'età barocca, Loveno die Menaggio 1995, 173–200.

Andreas Jacob

Roslavec, Nikolaj Andreevič

Geb. 23. 12. 1880 (4. 1. 1881) in Dušatin oder Suraz (Ukraine); gest. 23. 8. 1944 in Moskau

R. gehört neben so unterschiedlichen Komponisten wie Aleksandr Mosolov, Arthur Lourié oder Joseph Schillinger in den Jahrzehnten zwischen 1910 und 1930 zu den originellsten Neuerern Rußlands, die durch die Stalinistische Kulturpolitik unterdrückt und erst in den letzten Jahren wiederentdeckt wurden. R. trat 1902 ins Moskauer Konservatorium ein, an dem 1912 seine Examensarbeit, das Mysterienspiel nach Gordon G. Byron *Nebo i zemlja* (»Himmel und Erde«), mit der Großen Silbermedaille ausgezeichnet wurde. Vor der Revolution arbeitete R. als Musikkritiker; nach 1917 schloß er sich den Bolschewiken an, sagte sich aber 1921 von der Kommunistischen Partei los. In den 1920er Jahren gehörte er zur westlich orientierten Assoziation für zeitgenössische Musik (ASM), in der sich führende Vertreter der sowjetischen Avantgarde sammelten, und beteiligte sich an der politischen Organisation des Musiklebens (auch als Redakteur der Zeitschrift »Muzykal'naja kul'tura). Als sich die Richtungskämpfe zwischen der ASM und den staatlich geförderten Organisationen einer antiintellektuellen, an der Masse orientierten proletarischen Kunst zuspitzten, wurde R. wegen ›Klassenfeindlichkeit‹ und ›Verbindung mit Trotzkijs Nachfolgern‹ seiner Ämter enthoben. In Taškent, wo er ab 1931 als Dirigent, Komponist und Leiter der Musikabteilung des Theaters wirkte, komponierte er das Ballett *Pachta* (»Baumwolle«, 1931–32) – das erste in der Musikgeschichte Uzbekistans. 1933 kehrte R. nach Moskau zurück, wo er mit Unterricht und sporadischen Arbeiten beim Rundfunk sein Leben fristete und in Vereinsamung starb.

R.s stilistische Entwicklung ist von Skrjabin, teilweise auch von Debussy beeinflußt; er befreite sich jedoch bald von diesen Vorbildern, grenzte sich sogar kritisch von ihrer Musik ab. Von Anfang an suchte er einen unverwechselbaren Stil in der Harmonik und strebte danach, »das eigene innere ›Ich‹ auszudrücken, das von neuen, noch ungeahnten Klangwelten träumte« (N.R. über sich ..., 133). R.s Erklärungen stehen verschiedenen Manifesten der Avantgarde und des Futurismus nahe; er war mit Kazimir Malevič befreundet, mit M. Matjušin bekannt. Dennoch wäre es unzutreffend, ihn als wirklichen Futuristen zu bezeichnen. R. entwickelte ein »neues System der Tonorganisation« und die Technik des »Synthetakkords«, die entfernt Schönbergs Dodekaphonie ähnelt, jedoch früher entstanden und unabhängig zu originellen Kompositionsprinzipien weiterentwickelt worden ist. Der »Synthetakkord« ist ein besonderer, jeweils neu erfundener vieltöniger Zentralklang, der die harmonische Horizontale (Skalen, Melodien) und Vertikale (Akkorde) des Werkes bestimmt. Den grundlegenden Unterschied zu → Skrjabins systematischer Verwendung des »Prometheus-Akkordes« erblickt R. darin, daß er über das Denken in Nonenakkorden (Fünfklängen), in dem Skrjabin seiner Ansicht nach verhaftet blieb, durch »Synthetakkorde« von sechs bis zehn Tönen hinausging. Die Bezeichnung »Synthetakkord« unterstreicht nach R. den synthetischen Charakter des Systems: Es nimmt alle Klangbildungen der Klassik und Romantik, des Impressionismus und der Polytonalität in sich auf.

R.s »neues System« kristallisierte sich in den Jahren 1909 bis 1919 heraus. Erstmals ist es verwirklicht in den Vokalzyklen *Grustnye pejzaži* (»Traurige Landschaften«, 1913), in den *Drei* bzw. *Vier Stücken für Gesang und Klavier* (1913 bzw. 1913–14), im *Ersten Streichquartett* (1913), in der *Ersten* und *Zweiten Violinsonate* (1913 bzw. 1917) sowie der *Ersten* und *Zweiten Klaviersonate* (1914 bzw. 1916). In dieser Zeit experimentierte R. auch mit neuen klangfarblichen Möglichkeiten: In der Symphonischen Dichtung *V časy Novolun'ja* (»In den Stunden des Neumonds«, ca. 1912–13) etwa übernimmt die Klangfarbe eine konstruktive Funktion, die – zumal in den mikrothematischen Abschnitten – dem thematischen Geschehen gleichberechtigt ist. Sie ist ein frühes Beispiel für Klangfarbenkomposition. Auch die Kammermusik dieser Zeit zeichnet sich durch ungewöhnliche Klangfarbenkombinationen aus. In der Rhythmik und Metrik dieser experimentellen Werke spielen periodische Strukturen und die binäre Teilung der Dauern fast keine Rolle mehr.

In der nachrevolutionären Zeit wandte sich R. mit Werken wie der Kantate *Oktjabr'* (1927) und der Symphonischen Dichtung *Komsomolija* (1928) der ›monumentalen Propaganda‹ zu, arbeitete aber weiter an seinem »neuen System« und entdeckte neue Prinzipien kontrapunktischer, rhythmischer und formaler Gestaltung. Einige Kompositionen der 1920er Jahre – das *Erste Violinkonzert* (1925), die Skizzen zur *Zweiten* und *Dritten Symphonie* (1922 bzw. 1923) sowie zur *Kammersymphonie* (1926–34) und einige Kammermusikwerke – zeichnen sich durch einen Hang zum Monumentalen, eine gewisse Vereinfachung der musikalischen Sprache und durch ›akademisches‹ Neuerertum aus. Die Werke der 1930er Jahre sind schwächer; hier zeigt sich ein Nachlassen der schöpferischen Aktivität und der Zwang, sich von seinem persönlichen Stil lossagen zu müssen. Freilich bleibt R.s Meisterschaft auch im späten Schaffen noch erkennbar. Viele seiner Werke sind verschollen, ein Teil ist in Skizzen erhalten.

Noten: Schott (Mainz).
Dokumente: N.A.R o sebe i svoëm tvorčestve (N.A.R. über sich selbst und sein Werk) *in* sovrem ennaja muzyka 5, Moskau 1924, 132–138.
Literatur: GOJOWY, D.: N.A.R. Ein früher Zwölftonkomponist *in* Musikforschung 22 (1969), 22–38. DERS.: Neue sowjetische Musik der 20er Jahre, Laaber 1980. Alexander Skrjabin und die Skrjabinisten, Mn. 1983 (MK 32–33). WEHRMEYER, A.: Studien zum russischen Musikdenken um 1920, Ffm. u. a. 1991, 139 ff. MACKNIGHT, CH.: N.R., Ann Arbor 1994. LOBANOVA, M.: N.A.R. und die Kultur seiner Zeit, Mainz 1997. HUST, CHR.: Tonalitätskonstruktion in den Klaviersonaten von N.A.R. *in* Musikforschung 54 (2001), 429–437.

Marina Lobanova
Übersetzung: Dorothea Redepenning

Rossi, Salomone

Geb. 19. 8. 1570 (?) in Mantua (?); gest. um 1630 in Mantua (?)

Ähnlich wie Monteverdi gehört R. der Generation an, die prägend für den Übergang zum Barock war. Nur allmählich verdrängen neue Formen und Gattungen die traditionellen Modelle, die »seconda pratica« die »prima pratica« (→ Monteverdi). R.s op. 1., *Canzonette a tre voci*, erschien 1589; diese Canzonetten sind eher konservativ gehalten. Dennoch zogen sie die Aufmerksamkeit des Engländers Thomas Weelkes auf sich, der sechs von ihnen mit englischem Text versah und als seine Werke ausgab. R.s *Erstes Madrigalbuch* für fünf Stimmen (1600) enthält neben Stücken a cappella auch solche, denen eine Intavolatur für Chitarrone als Baßinstrument beigegeben ist. Der Titel des *Zweiten Madrigalbuchs* (1602) nennt ausdrücklich die Mitwirkung der Theorbe als Basso continuo, aber noch wurde dieser Part nicht separat, sondern zusammen mit der Sopranstimme gedruckt. Dies sind die frühesten Veröffentlichungen von continuobegleiteten Madrigalen. Vermutlich spiegelt sich hierin allerdings lediglich eine vorher nicht schriftlich fixierte Praxis der Instrumentalbegleitung wider. In den nachfolgenden fünfstimmigen Madrigalbüchern aus den Jahren 1603, 1610 und 1622 weitet R. die Funktion des Basso continuo allmählich aus; bis zum *Dritten Madrigalbuch* aber ist der Continuo noch wenig eigenständig und weitestgehend unbeziffert. 1614 erscheint ein Band mit vierstimmigen, äußerst konservativ gehaltenen Madrigalen, die jedoch möglicherweise schon früher komponiert waren. Höhepunkte von R.s weltlichem Vokalschaffen sind die 1628 veröffentlichten *Madrigaletti* für zwei Stimmen. Hierbei handelt es sich um Strophenlieder mit kurzen Instrumentalritornellen, die wegweisend für die Entwicklung des Kammerduetts gewesen sein dürften, wie es später von Monteverdi und Carissimi gepflegt wurde.

Als Jude widmete sich R. auch geistlicher Musik; 1622 veröffentlichte er die Sammlung *Has hirim asher lishlomo* (»Salmi e canti ebraici«), die 33 vier- bis achtstimmige Sätze enthält, bei denen der Einfluß Monteverdis wie auch der venezianischen Musik (Doppelchörigkeit) erkennbar ist. Mit dieser Sammlung führt R. als erster polyphone Musik in die Synagoge ein, wobei jedoch nicht zu übersehen ist, daß sich die »canti ebraici« stilistisch so gut wie gar nicht – wenn man von der notwendigen Textanpassung absieht – von seinen Madrigalen unterscheiden. In beiden Gattungen verzichtet R. weitgehend auf dramatische Spannung.

R.s musikhistorische Bedeutung gründet sich im wesentlichen auf seine vier Bücher mit Instrumentalmusik, die frühe Paradigmen der Triosonate enthalten. Bereits die beiden ersten Bücher aus den Jahren 1607 und 1608 verlangen zumeist Triobesetzung; die vier- und fünfstimmigen Kompositionen können bei Bedarf oftmals auf drei Stimmen reduziert werden. Bei den meisten Stücken handelt es sich um kurze, kaum 30 Takte umfassende Sinfonien, die abwechselnd homophon, imitativ oder alternierend gearbeitet sind; von ihrer Faktur her erinnern sie stark an die Canzonetten. Etwas umfangreicher ist jedoch die *Sonata* im ersten Band. Die dritte Sammlung mit Instrumentalstücken aus dem Jahre 1613 beschränkt sich dann durchgehend auf Triobesetzung und wirkt aufgrund der stärkeren Einbeziehung von Dissonanzbildungen – dies besonders in der *Sinfonia ottava* - fortschrittlicher als die vorangegangenen. Außer Tanzsätzen und Sinfonien finden sich hier sechs Sonaten. Von diesen sind drei canzonenartig, die übrigen drei Variationen über bekannte Themen. Ähnlich ist die Zusammensetzung der letzten Sammlung mit Instrumentalmusik für zwei Violinen und Basso continuo (1622); allerdings umfaßt dieser Band zwölf Sonaten, von denen vier nach dem Formschema AB mit jeweiliger Wiederholung gebaut sind. Die restlichen sind wiederum Variationswerke über vorgegebene Themen. Stilistisch knüpft diese Sammlung an die vorangegangenen an. Die Weiterentwicklung der Sonate durch andere Komponisten in diesem Zeitraum hat bei R. keine Spuren hinterlassen.

Noten: S. R. Salmi e cantici ebraici, N. Y. 1954. 6 Duette *in* L. LANDSHOFF: Alte Meister des Bel-Canto, Lpz. 1912–1927. Sinfonie, Gagliarde, Canzone, hrsg. von J. NEWMAN und F. RIKKO, N. Y. 1965. The Madrigaletti a due voci (1628), hrsg. von L. N. JABLOW, Madison (WI) 1985.

Werkverzeichnis: NEWMAN, J. und RIKKO, F.: A Thematic Index to the Works of S. R., Hackensack (NJ) 1972.

Literatur: NEWMAN, J.: The Madrigals of S. de R., Phil. Diss., Columbia 1962. HARRÁN, D.: S. R. Jewish Musician in Late Renaissance, Mantua und Oxford 1999.

Reinmar Emans

Rossini, Gioachino Antonio

Geb. 29. 2. 1792 in Pesaro; gest. 13. 11. 1868 in Passy bei Paris

Der Stern R.s sei an Europas Himmel aufgegangen, schrieb Henry Beyle alias Stendhal am Anfang seines Buches »Vie de Rossini« in dem Augenblick, als Napoleons Stern zu sinken begann. Noch ehe das Ansehen des Komponisten seinen Zenit erreicht hatte, war ihm ein Rang zugesprochen worden, wie ihn kein Musiker vor ihm erreicht hatte. Von seinen musikalischen Erfindungen, von seinen Manierismen, von seinem dramaturgischen Instinkt lebten zwei Generationen italienischer Opernkomponisten bis zum Auftreten Verdis. Seine Eroberung der Pariser Oper durch die Anverwandlung des eigenen an den französischen Nationalstil schuf danach die Voraussetzungen für die große Oper Meyerbeers und Halévys, mittelbar auch für das Musikdrama nach 1850.

G. R. stammte aus einer Musikerfamilie. Sein Vater war Hornist und Trompeter, seine Mutter sang Nebenrollen auf dem Theater. Erst 1805 nahm R. regelmäßigen Unterricht am Liceo musicale in Bologna, der ihm zu einem eindringlicheren Studium der Musik Haydns und Mozarts verhalf. Aber schon vor diesem Zeitpunkt entstanden die ersten Kompositionen, darunter um 1804 die sechs Streichersonaten (*Sonate a quattro*), die seine Leichtigkeit in der Erfindung einprägsamer Melodien und sein technisches Können vollständig ausgebildet zeigen. 1810 beginnt R.s Theaterlaufbahn: er kann für einen Komponisten mit einer farsa comica für das Teatro S. Moisè in Venedig einspringen und bewährt sich mit dem Erfolg des Einakters *La cambiale di matrimonio* (Gaetano Rossi und L. Lechi nach Voltaire; 1810). Der leicht errungene Erfolg führte zu weiteren Aufträgen, darunter *La pietra del paragone*, (Luigi Romanelli; Mailand 1812). R.s Energie im komischen Genre, vor allem seine Neigung, das Spiel mit dem Unsinn von der Situation auf die Sprache und die Musik zu übertragen, um daraus eine in sich fortschreitende Vervielfachung der musikalisch-szenischen Phantastik zu gewinnen, erreicht in *Il Signor Bruschino* (Giuseppe Maria Foppa; Venedig 1813) seinen ersten Höhepunkt.

Mit dem Auftrag, für das Teatro La Fenice eine heroische Oper nach Voltaire zu schreiben, muß er für die opera seria seine eigene Stilhaltung bestimmen. Nach Cimarosas Tod und nach dem Verstummen Paisiellos war in der Entwicklung der großen italienischen Oper eine Stagnation eingetreten, die nicht nur ausländische Kritiker wie Stendhal als scheinbar hoffnungslosen Verfall einer Kunst von unvergleichlicher Herrlichkeit beklagten. Cimarosas »Artemisia« (1798), die den Weg in eine komplexere musikalische Struktur hätte weisen können, blieb ohne Wirkung. Der Weg nach vorne konnte für R. darum instinktiv nur ein Weg zurück sein: »Unser Cimarosa ist auf die Welt zurückgekehrt!« jubelte Stendhal mit den Besuchern der Uraufführung des *Tancredi* (Venedig 1813). Die strahlendste Wirkung ging denn auch von den Arien aus. Auffallend am Frühwerk R.s ist der weitgehende Verzicht auf die später für ihn so wichtige Koloratur. Weniger auffällig war es, daß R. im Gegenzug nach sehr komplexen Strukturen für seine Musikdramaturgie strebte, dabei aber auf die Vielgestaltigkeit in der Finalanordnung auf ganz eigentümliche Weise reagierte: Was schon *Tancredi* auszeichnet, ist sein untrüglicher Sinn für das musikalische Gleichgewicht, das wie ein ästhetisches Korrektiv gegenüber dem Bühnenvorgang eingesetzt wird, den Konflikt steigernd oder lösend, aber jedenfalls die Aufgliederung größerer Szenen in klar getrennte, untereinander aber vielfach motivisch oder durch Tonarten verbundene Segmente sorgsam bedenkend. Das trennt ihn und später seine Schüler vom vorromantischen Ausdrucksstreben Simon Mayrs, dem dann Donizetti und Verdi nachfolgten.

Zwischen opera seria und opera buffa unterscheidet der frühe R. im Kompositionsverfahren nicht grundsätzlich. *L'italiana in Algeri* (Angelo Anelli; Venedig 1813) ist sicher das übermütigste, jede Absurdität des Librettos durch eine Absurdität der Musik übertrumpfende Bühnenspektakel, das R. je veranstaltet hat. Auf Angelo Anellis Text schrieb er eine Groteske: Der im Lustspiel so beliebte Kontrast zwischen Orient und Abendland wird in seiner Zerschlissenheit von R. behaglich vorgeführt, das Durcheinander an Hof und Harem im überlangen Finale des ersten Akts mit allen Mitteln des Sprachunsinns in einen komponierten Hühnerhof verwandelt. Gar das Pappataci-Terzett des zweiten Akts und die ganze dazu gehörende Zeremonie ist als Farce von so überdrehter Albernheit, daß sie der Bühnenaufführung kaum behebbare Schwierigkeiten macht. Schon hier geht R. an die Grenze dessen, was die Sprache der Musik sinnvoll zu sagen weiß: Die vor Schalk funkelnde Sprachposse trägt bereits Züge jener grundsätzlichen Skepsis gegen die eindeutige Sprachfähigkeit der Musik, die in Paris zur Krise werden sollte. Daneben aber ist kaum eine Oper reicher an empfindsamen oder vor Leidenschaft bebenden Arien, vor allem aber an leuchtender Farbigkeit der Orchesterbehandlung. Was Mozart und Cimarosa zuerst in ihre Werke eingeführt hatten, die Spannweite des Erlebens im Lustspiel gleichberechtigt neben den tragischen Konflikt zu stellen und umgekehrt die Attitüde der hohen Gattung an der Erfahrung des Bürgers zu messen, das machte R. zur Voraussetzung der bald tragisch, bald burlesk gewendeten Spielwelt seiner frühen Opern. Mit *Il turco in Italia* (Felice Romani; Mailand 1814) schuf R., beschwingt durch das originelle, die Wirklichkeitsebenen verwirrende Textbuch, insbesondere die phantastische Theater-im-Theater-Komödie, eine seiner dichtesten und reichsten Partituren.

Das Engagement R.s in Neapel machte das Teatro San Carlo durch die eindrucksvolle Reihe von Uraufführungen zum führenden Opernhaus in Italien, ja neben Paris auch in Europa. Die neapolitanische Wandlung R.s und die schrittweise Umbildung des südlich geprägten Formkanons der Oper greifen eng ineinander und bilden gemeinsam das wichtigste Ereignis der italienischen Musik im frühen 19. Jahrhundert. In *Elisabetta, regina d'Inghilterra* (Giovanni Schmidt; Neapel 1815) sorgt die durchgehende Verwendung des vom Orchester begleiteten Rezitativs für eine breitflächige Integration der musikalischen Nummern zu einer Szene, die genau bedachte und festgelegte Melismatik der Singstimmen überführt erstmals die Sängerwillkür in dramaturgische Absicht des Komponisten, und schließlich gewinnen die Ensembles in diesem Zusammenhang stärkeres Gewicht. Ohne diese Veränderungen wäre der außergewöhnliche Schritt undenkbar, mit dem R. ein Jahr später für den Schlußakt des *Otello* (F. Berio di Salsa; Neapel 1816) vom Gewittergrollen des Anfangs über das Lied des Gondoliere und das immer düsterer untermalte Weidenbaum-Lied der Desdemona bis zu Otellos Mord die Handlung zu einem einzigen, gewaltigen Spannungsbogen auch in der Musik zusammenzwingt. Erst mit dem Gelingen dieses Schritts aus der Nummernoper für Primadonnen und Tenöre in das musikalische Drama, schuf R. die Voraussetzungen für den Siegeszug der Bühnenwerke seines letzten Jahrzehnts als Opernkomponist.

In Rom nahm R. sich nichts Geringeres vor, als Paisiellos »Il barbiere di Siviglia« (1782), eines der klassischen Hauptwerke der neapolitanischen Oper, durch seine eigene Fassung des Themas vom Spielplan zu verdrängen. Carlo Sterbini, der Librettist, legte ihm auf der Grundlage von Beaumarchais' Komödie eine unvergleichlich reichere Bearbeitung vor, sicherheitshalber unter einem anderen Titel, »Almaviva, ossia L'inutile precauzione«, der erst nach dem Triumph über Paisiello mit dem originalen ausgetauscht wurde. Jede der vier Hauptpersonen wurde mit wenigstens einer Arie ausgestattet, die sie unverwechselbar und voller psychologischer Finessen, in der turbulenten Verwandlungs- und Übertölpelungskomödie charakterisiert. In aller Liebenswürdigkeit werden die Liebenden vom Komponisten nicht anders als ihre Gegenspieler behandelt, nämlich mit spöttischer Sympathie. In allen Duetten, Quartetten und Finalszenen – sie stechen jeweils in genauester Travestie ihre Vorlage aus! – werden alle Figuren samt ihren Maskierungen gleich ernst, gleich unernst genommen. Außer kleineren Anleihen in den Einzelnummern der Oper war vor allem die Ouvertüre aus einer früheren Oper hereingenommen: Das bekannte Konzertstück, das jeder Musikhörer mit dem Urbild einer Lustspielouvertüre und mit R.s Orchesterkunst gleichsetzt, ist in Wahrheit die Ouvertüre zu *Aureliano in Palmira* (Romani; Mailand 1813), die er mit Retuschen kurz danach nochmals für *Elisabetta* verwendet hatte, das Vorspiel also zu einer opera seria, das hier – in der durchsichtigeren Erstfassung – für eine opera buffa Verwendung finden konnte. Den charakteristischen Aufbau für seine Ouvertüre – das Markenzeichen seines Opernstils – hatte R. früh (und ohne Rücksicht auf Höhenregeln der Gattung) für sich entwickelt: eine meist langsame Introduktion, um einen ungewöhnlichen Einfall als Stimulans für das Publikum gruppiert, dann eine elegische oder schwärmerische Melodie, meist für eines der Holzblasinstrumente, darauf folgend der Hauptteil in Gestalt eines Sonatensatzes ohne Durchführung, wobei aus dem zweiten Thema jeweils das unvermeidliche, wie ein Karussell sich drehende Crescendo herauswächst. In dieses Schema goß R. eine unerschöpfliche Fülle musikalischer Gedanken, stimulierender Motivweiterspinnungen, rhythmischer Überraschungen und immer neuer Orchesteraufschwünge.

Nach der Kraftanstrengung seines *Otello* schrieb R. eine neue Komödie, diesmal eine dramatische Adaption eines Märchens von Charles Perrault, und feierte mit *La Cenerentola, ossia La bontà in trionfo* (Jacopo Ferretti nach Charles Perrault; Rom 1817) einen seiner größten Triumphe. Geschützt durch die Spielform des Märchens, konnte R. sein Aschenputtel vom verschüchterten Kind zur elegischen Heroine und Herrscherin durchlaufen lassen, konnte das fabelhafte Quidproquo von Königssohn und Diener und die Familienwirtschaft um Don Magnifico breit ausmalen, ohne sich ans Genre zu verlieren. Die wie mit dem Füllhorn ausgeschüttete Juwelenpracht der komischen und ernsten Szenen, darunter das raffiniert verschlüsselte Duett zwischen Dandini und Don Magnifico, hatte R.s Reserven noch lange nicht erschöpft; denn noch im selben Jahr ging an der Scala in Mailand *La gazza ladra* (G. Gheradini), vielleicht sein bis dahin ehrgeizigstes und umfangreichstes Bühnenwerk, erfolgreich in Szene. Ein französisches Rührstück gab die Vorlage zu R.s Melodramma über das Schicksal des Landmädchens, das wegen eines vermuteten Diebstahls beinahe auf dem Schafott stirbt. R. nutzt das Pastorale aus, um nach dem Vorbild von Paisiellos berühmter »Nina« von 1788 die ›Beinahe-Tragödie‹ außerhalb der festgelegten Gattungsgrenzen zu entfalten. Wie bei *La Cenerentola* interessiert ihn bei Ninetta die Ergründung der inneren Möglichkeiten seiner Protagonisten. Die unbarmherzige, in große Szenenblöcke zusammengefaßte Leidensgeschichte, vor allem im Finale des zweiten Akts, sprengte den Rahmen von Rührstück und Rettungsoper.

Von nun an schreibt er seine Hauptwerke für Neapel: Mit *Armida* (Schmidt) betritt er als Hausherr am 11. November 1817 das nach dem Brand neu errichtete Opernhaus. Es folgen in eindrucksvoller Reihe *Mosè in Egitto* (Andrea Leone Tottola) am 5. März 1818, *Ermione* (Ders.) am 27. März 1819, *Maometto II* (C. della Valle) am 3. Dezember 1820 und *Zelmira* (Tottola) am 16. Februar 1822. Die Abstände zwischen den Werken werden immer größer, eine Folge der genaueren Durchbildung jeder Partitur und des öffentlichen Erwartungsdrucks. Da er alle neuen Werke für Virtuosen schrieb, ist jede dieser Opern nicht nur in den oft weit ausufernden Arien, sondern auch im Zusammenklang der Stimmen von dieser Virtuosität her konzipiert. Nach 1817 nutzte er die Fiorituren als charakterisierendes Stilmittel seiner Musik im Wechselspiel von einfacher Gesangslinie und erregt-ekstatischer Koloratur. Im Gegenzug gilt R.s zweites Hauptinteresse seit *Otello* der Integration ganzer Szenen und Akte. Nicht die Zahl der Ensembles hat sich vermehrt, wohl aber der Anteil, den das Ensemble bei der Verschmelzung der Einzelnummern zu größeren Einheiten notwendig gewinnen mußte. In *Armida*, dem schillerndsten und unausgeglichensten Stück der Reihe, herrscht noch auf weiten Strecken das ältere Prinzip der kontrastierenden Addition vor, in *Mosè in Egitto* dagegen die beinahe statische Fügung der einzelnen Akte. Die Würde des »Dal tuo stellato soglio«, des in ganz Europa bewunderten Gebets des Moses, ist für diese Oratorienhaltung der Moses-Geschichte in dieser Oper das herausragende Beispiel, dem in den Liebesszenen und in der Beschwörung des ägyptischen Hofs effektvoll der Luxus des Ziergesangs und einer virtuosen Orchesterbehandlung entgegengesetzt wird. Die auf *Mosè in Egitto* folgenden Werke entwickeln die durch Ausdehnung formaler Vereinheitlichung gewonnene Tableauanordnung ständig weiter. Das gilt für die erhabenen Visionen trojanischer und schottisch-bardischer Vorvergangenheit in *Ermione* und der Walter Scott-Oper *La donna del lago* (Tottola; Neapel 1819), am eindringlichsten aber für die Oper über die Unterdrückung der Griechen *Maometto II*, die er selbst für seine bedeutendste Leistung der neapolitanischen Periode hielt. Im »Terzettone« – in R.s ad hoc erfundener Terminologie ein übergroßes, ein Riesenterzett – dient die erprobte Form eines zweiteiligen Terzetts, um zwischen die beiden Hälften nicht nur äußere Bühnenvorgänge, sondern die ganze musikalische Abfolge von Chor und Preghiera der Hauptheldin in den Zusammenhang zu stellen und doch in der vorgegebenen Stimmkonstellation und Tonart zu enden. Der Schlußakt, der in ähnlicher Selbsterweiterung das Finale zu einem monumentalen Tonfresko der Vernichtung verwandelte, deutete zum erstenmal die Möglichkeit einer neuen Grundform der Oper an: die Oper als historisches Gemälde, der R. dann mit seinen Werken in Paris nachstrebt.

Er übernahm zwei Aufträge für Venedig, eine neue Fassung des *Maometto II* und eine neu zu schreibende *Semiramide* (Rossi) für die Karnevalssaison 1823 am Teatro La Fenice. Dieses Werk war die Summe seiner neapolitanischen Erfahrung. Voltaires Tragödie in ihrer Mischung aus Drama der Leidenschaften und antikisierendem Lobpreis des Numinosen aus aufgeklärtem Kalkül und vorromantischer Gespensterfurcht, lieferte in Gaetano Rossis grob zurechtgezimmertem Libretto die Vorlage, sein Können nach allen Seiten zu zeigen. Von der glänzend erfundenen Ouvertüre an, über die weit ausgreifenden Arien und Duette, deren technische Anforderungen selbst bei ihm beispiellos waren, und die wirkungssichere Disposition der Massenszenen bis zur schwelgerischen Tonmalerei im Orchester, die erst die erhabenen, erschütternden Effekte des Dramas ermöglichen konnte, hatte hier der dreißigjährige Komponist alle seine Einsichten und Bestrebungen zu einem einheitlichen Kunstwerk zusammengefaßt.

Als R. im Oktober 1823 nach Paris und London aufbrach, muß er geahnt haben, daß er nur auf einem neuen Weg und an einer neuen Wirkungsstätte sich weiterentwickeln könne. Vor allem aber nahm er die Herausforderung an, das künftige Schaffen ins Zeichen der französischen Operntradition zu stellen. Zur Krönung Karls X. komponierte er noch einmal eine italienische Buffo-Oper, die geistvollste und wunderlichste Krönungsoper der Welt: *Il viaggio a Reims* (Luigi Balocchi; Paris 1825), ein virtuoses Stück Theater auf dem Theater, die verhinderte Huldigung als turbulente Krönungszeremonie. Ein Teil der Musik ging später in den ersten Akt des französischen Lustspiels *Le Comte Ory* ein und wirkte so, trotz einschneidender Veränderungen, über den Anlaß hinaus weiter. Danach machte er sich mit äußerster Gewissenhaftigkeit daran, seinen Stil von Grund auf so umzugestalten, daß er als würdiger Nachfolger Glucks und Spontinis den Thron der französischen Oper einnehmen konnte. Aus *Maometto II*, seinem kühnsten dramatischen Experiment, wurde auf ein Libretto von Luigi Balocchi und Alexandre Soumet die lyrische Tragödie *Le Siège de Corinthe* (Paris 1826), deren Titel bereits publikumswirksam auf Lord Byron und den griechischen Freiheitskrieg hindeutete. Der Sturz der Festung als Teil der Tragödie war in Neapel bereits vorgeplant, aber erst unter dem Pariser Zwang zur monumentalen Bildgestaltung wurde sie auch zum Zentrum der Komposition, alle Szenen, alle Akte, beinahe alle Nummern gewinnen von daher ihre Finalspannung. Zum anderen mußte die Kantilene der französischen Deklamation angepaßt werden. In konsequenter Selbstverleugnung strich R. die Koloratur und ersetzte sie, gestützt auf genaueste Studien der französischen Metrik und Deklamation, durch mit dramatischer Spannung aufgeladene, aber einfache Melodik, die zugleich vom reicheren Klangteppich eines deskriptiv eingesetzten Orchesters hinterfangen wird. Das Ergebnis wirkt bis heute überwältigend: Auch wo sie auf dem gleichen Material basieren, sind *Maometto II* und *Le Siège de Corinthe* zwei völlig verschiedene Werke. Drittens hatte R. auf die Hybridformen seiner musikdramatischen Selbsterweiterung zu verzichten, da die Formgesetze der seria für Paris unverständlich waren. So löste er Strukturen wie den erwähnten »Terzettone« auf und glich, ohne in die Substanz tiefer einzuschneiden, sein Formgerüst den an der Pariser Oper üblichen Gesetzmäßigkeiten an. Ein halbes Jahr später folgte *Moïse et Pharaon, ou Le Passage de la Mer Rouge* (Balocchi; Paris 1827). Schon der Untertitel verweist auf den Schlußeffekt der Oper, die Wanderung des Volkes Israel durch das Rote Meer und den Untergang des pharaonischen Heers. Der am Oratorium ausgerichtete Stil des neapolitanischen Originals konnte hier in weit größerem Maß beibehalten werden. Außer einigen Strichen vereinheitlichte er auch die Szenen noch stärker. Schon der erste und zweite Akt gewannen ein neuartiges dramaturgisches Gleichgewicht, in dem die einzelnen Nummern fest verankert waren. Der Schluß aber wirkte in seiner grandiosen Aufgipfelung vom Gebet des Moses über die Katastrophe bis zu der vom Orchester garantierten Rettung wie das Fanal einer neuen Ära der Oper.

Im Jahresabstand folgten dann die beiden ersten, eigens für Paris geschriebenen Werke: 1828 die von Eugène Scribe zu verantwortende opéra comique *Le Comte Ory*, 1829 schließlich *Guillaume Tell* (Etienne de Jouy nach Schiller), die Klimax seines Schaffens. Für den ersten Akt des *Comte Ory* hatte R. eine Reihe wichtiger Szenen aus *Il viaggio a Reims* benutzt, sie aber ganz in die elegantironische Sprache dieser erotischen Komödie übersetzt. Die Neigung zum Grotesken, die immer in ihm lebendig war, fand in den Mönch- und Nonnenverkleidungen dieses Liebes-Freibeuters aus der Kreuzzugszeit genügend Nahrung. Aber die parodierten Choräle und die demütigen Angstbezeigungen seiner falschen Nonnen sind nun ganz eingebunden in den romantisch-nächtlichen Zauber des Abenteuers, den diese auf das Vollkommenste instrumentierte Komödie für Musik in jedem Takt zu beschwören weiß. Die Introduktion zu dem Terzett der spielerischen Verwechslungen zwischen der Gräfin, Ory und seinem Pagen faßt diesen Zauber wie in einer kostbaren Miniatur zusammen. *Guillaume Tell* zeigte demgegenüber einen ganz anderen R., der mit seinen Gaben hauszuhalten gelernt hatte. Das Schweizer Ambiente und Wilhelm Tells revolutionäre Tat, Alpenbegeisterung im Gefolge Jean-Jacques Rousseaus und politische Wallung waren die Voraussetzungen des Werks. Sie sind in den breit entfalteten Pastoralszenen der Ouvertüre und des ersten Akts (mit ihrer Einbeziehung originaler Kuhreigenmelodien) und im Zeremoniell des chorisch aufgebauten Rütli-Schwurs in die Musik zwingend überführt. Aber die für die folgenden Jahrzehnte wichtigsten Neuerungen bestanden doch in der differenziert-überhöhenden Charakterisierung der historisch gemeinten Personen, in der unauflösbaren Einheit von Deklamation und Gesang, in der Beteiligung des Chors als einer selbständig geführten, handelnden Macht auf der Bühne und in der emphatischen Orchestersprache. Niemand vor ihm hat Ensembleszenen dieser Gewalt und in dieser großartigen Differenzierung geschrieben.

R. hatte in diesem Gründungswerk der französischen grand opéra sich selbst übertroffen. Der Erschöpfungszustand, in den er nach der Premiere fiel, war nicht allein auf die Überanstrengung zurückzuführen, sondern wohl auch auf seine Ratlosigkeit vor der Zukunft. Er hatte sich ein Musikdrama abgerungen, das eine eindeutige Grammatik, eine Syntax und Bedeutungslehre der Musik dem Publikum vorgab, ohne daß er im Innersten darüber bereits verfügte oder – was schlimmer war – daß er daran als Möglichkeit überhaupt glaubte. Die Vertauschbarkeit von Ernst und Unernst, die Bedrohung der erhabensten Kantilene durch einen einzigen überzähligen Takt – sie müssen ihn in den letzten Monaten der Arbeit gemartert haben. Er kehrte aus dem, was als Urlaub gedacht war, nicht wieder an die Bühne zurück. Mit noch nicht vierzig Jahren zog er sich aus der Welt der Oper zurück. Die zahlreichen Bände, in denen er für sich später die »Péchés de ma vieillesse« (»Alterssünden«) sammelte, sind das eindrucksvolle Zeugnis dieser nicht wieder überwundenen Krise.

Noten: Quaderni Rossiniani, hrsg. von der Fondazione R., Pesaro 1954–1976. [keine Opernausg.]. Edizione Critica delle Opere di G.R., hrsg. von Br. Cagli u. a., Pesaro und Mailand 1979 ff.
Dokumente: Lettere inedite e rare di G. R., hrsg. von G. Mazzettini u. a., Imola 1890, ³1902. G.R. Lettere e documenti, Bd. 1 ff., hrsg. von Br. Cagli und S. Rogni, Pesaro 1992 ff. [bisher Bd. 1–3]. R. 1792–1992. Mostra storico-documentaria, hrsg. von M. Bucarelli, Perugia 1992.
Periodica: Bollettino del Centro Rossiniano di Studi, Pesaro 1955–60, 1967 ff.
Literatur: Stendhal, Memoires of R., Ldn. 1824; erw. frz. Paris 1824; dt. Ffm. 1988. Wendt, A.: R.s Leben und Treiben, Lpz. 1824; Repr. Hildesheim 2003. Radiciotti, G.: R. vita documentata …, 3 Bde., Tivoli 1927–29. Weinstock, H.: R., N.Y. und Ldn. 1968; dt. Zürich 1986. Rognoni, L.: G. R., Turin ³1977. Osborne, R.: R., Ldn. 1986; dt. Mn. 1988 [mit WV]. Scherliess, V.: G. R. mit Selbstzeugnissen und Bilddokumenten, Reinbek bei Hbg. 1991. Gerhard, A.: Die Verstädterung der Oper, Stg. 1992. d'Amico, F.: Il teatro di R., Rom 1992. Kendall, A.: G. R. The Reluctant Hero, Ldn. 1992. Lippmann, Fr.: Elisabetta regina d'Inghilterra *in* Analecta musicologica 30 (1992), 741–766. G.R. 1792–1992. Il testo e la scena. Convegno internazionale di studi. Pesaro 25–28 giugno 1992, hrsg. von P. Fabbri, Pesaro 1994 [Kongr.-Ber.]. Grempler, M.: R. e la patria, Kassel 1996. Convegno Italo-Tedesco »Mozart, Paisiello, R.« e l'Opera Buffa« Rom 1993, hrsg. von M. Engelhardt, Laaber 1998 (Analecta musicologica 31).

Norbert Miller

Roussel, Albert Charles Paul Marie

Geb. 5. 4. 1869 in Tourcoing;
gest. 23. 8. 1937 in Royan

R. hatte eine große Liebe zur Mathematik und Musik. Dem Zauber der Sinnenwelt stellte er eine klare Ordnung gegenüber. Als Seemann studierte er an Bord Harmonielehre und kam gleichzeitig mit exotischer Musik in Berührung. Erst spät, mit 25 Jahren, widmete er sich ganz der Kunst.

Die beiden Sphären – Musik und Mathematik – lösen sich nicht ab, obwohl Programmusik und poetische Titel vor 1918 überwiegen, während später die reine Instrumentalmusik mit der *Suite en Fa* (1926), dem *Concerto* (1927), der *Petite Suite* (1929) und der *Sinfonietta* für Streicher (1934) vorherrschen. Von nicht immer glücklicher Wirkung war der Einfluß von d'Indy, der den Regelkanon der klassischen Sonate weiter pflegte. Statt organisch und dynamisch zu entwickeln, gelingt R. nur eine Reihung von einzelnen Episoden, deren evokativer Zauber aber nicht zu leugnen ist. Wenn R. einen Text vertont oder einer Handlung folgt, sind die Strukturen viel freier und spontaner; müssen sie aber quasi aus sich selbst entstehen, wird die Form inkohärent.

Debussys Musik konnte für R. bis zu einem gewissen Grade als befreiende Kraft wirken, zu einer innigen geistigen Verwandtschaft zwischen den beiden Komponisten kam es aber nie, obwohl das opéra ballet *Padmâvatî* (1914-1918, Paris 1923) durchaus eine starke Koloristik aufweist. Doch das lag im Geiste der Zeit nach den beiden Pariser Weltausstellungen von 1889 und 1900, die erstmals Musik aus dem Fernen Osten boten. Genauso wenig wie Debussy war auch Stravinsky entscheidend für R.s stilistische Orientierung, dessen markante Rhythmen eher an vorklassische, aber divertimentoartige Prägnanz erinnern. Spuren von Trivialmusik oder des Jazz, der in den zwanziger Jahren für viele sehr wichtig wurde, finden sich bei R. nur selten.

Er blieb ein Eklektiker, was aber seinen vielen bedeutenden Schülern eher zum Vorteil gereichte, konnte er doch mannigfaltige Erfahrungen an sie weitergeben. Unter ihnen befanden sich Roland-Manuel, Varèse, Satie, Martinů, Conrad Beck und Jean Martinon. Neben *Padmâvatî* gehören die Ballettpantomimen *Le Festin de l'Araignée* (»Das Festmahl der Spinne«; Paris 1913) und *Bacchus et Ariane* (Paris 1931), choreographiert von Serge Lifar und ausgestattet von Giorgio de Chirico, zu seinen Hauptwerken, in denen das klangsinnliche Element glücklicherweise überwiegt. Die manchmal etwas sterile, von vielen Kommentatoren als typisch französisch bezeichnete Klarheit ist nicht R.s einzige Eigenschaft, er kann auch zu kosmischen Visionen gelangen, das Entfernte, Vergangene, das er auf seinen vielen Meerfahrten sah, auch ganz nah und gegenwärtig erscheinen lassen. Damit nimmt er eine Fähigkeit voraus, die später Messiaen voll entwickeln sollte.

Noten: Durand; Rouart-Lerolle/Salabert; Heugel (alle Paris).
Dokumente: Lettres et écrits, hrsg. von N. LABELLE, Paris 1987.
Werkverzeichnis: LABELLE, N.: Catalogue raisonné de l'œuvre d' A.R., Louvain-la-Neuve 1992.
Periodica: Cahiers R., Paris 1978-1979.
Literatur: VUILLEMIN, L.: A.R. et son Œuvre, Paris 1924. DEANE, B.: A.R., Ldn. 1961. DEMUTH, N.: A.R., Ldn. 1971. FOLLET, R.: A.R. A Bio-Bibliography, N.Y. 1988 [mit WV und Bibl.]. TOP, D.: A.R. (1869-1937). Un marin musicien, Paris 2000.

Theo Hirsbrunner

Ruggles, Carl (Charles) Sprague

Geb. 11. 3. 1876 in East Marion (Massachusetts); gest. 24. 10. 1971 in Bennington (Vermont)

Daß R. zu den ausgesprochenen Außenseitern der amerikanischen Neuen Musik gehört, dürfte seinen Grund nicht allein im ausgesprochen knappen Umfang seines Werkes haben (er hinterließ insgesamt acht abgeschlossene Kompositionen). Vielmehr gehört das Außenseitertum auch zu dem Bild des monolithischen, unabhängigen Amerikaners, das man von ihm zeichnete und das er auch nicht dementierte. Besonders in den zwanziger und dreißiger Jahren kamen R.' Werke durchaus zur Aufführung: sowohl in den von Varèse ausgerichteten Konzerten der International Composers Guild in New York als auch wiederholt in Europa. Cowell ordnete R. schon 1933 in einem Überblick über die verschiedenen Richtungen amerikanischer Musik neben sich selbst und einigen anderen in eine Gruppe amerikanischer Komponisten ein, die sich speziell darum bemüht hätten, eine bestimmte Entwicklungsphase des amerikanischen Geistes in ihren Werken zum Ausdruck zu bringen, und charakterisiert ihn als einen Komponisten, der in aller Unabhängigkeit und mit großer Gewissenhaftigkeit ein eigenes musikalisches System entwickelt habe.

R.' atonale und sich durch hohen Dissonanzgrad auszeichnende Musiksprache geht vor allem von der Melodik aus, auf deren Grundlage er ein Konzept der Tonordnung entwickelte, das dem der Dodekaphonie zwar ähnelte, jedoch nicht zu Reihenkompositionen führte. Der entscheidende Unterschied findet sich in der Begründung. R. ging es nicht um eine konzeptionelle Gleichberechtigung aller Tonqualitäten, sondern um den Eindruck einer durch größtmögliche Varietät der Tonordnung erzeugten Frische und Neuheit der melodischen Fortschreitung. Die melodische Linie sollte jeweils zu einem Ton weiterführen, der noch nicht bzw. nicht mehr im Bewußtsein des Hörers ist; dieser muß einen Ton quasi vergessen haben, bevor Wiederholungen zugelassen werden. Formal orientierte sich R. eher an traditionellen Vorbildern, die ihm unter den neuen Voraussetzungen der Melodiebildung motivisch-thematische Arbeit erlauben. So erinnert *Sun-Treader* (1926–31) mit seinen beiden deutlich gegeneinander abgegrenzten Themenkomplexen an Sonatensatzformen.

An fertiggestellten Werken arbeitete R. stets weiter und suchte fortwährend nach Möglichkeiten der Verbesserung. Von nahezu allen Werken gibt es denn auch mehrere Fassungen, deren erste meist aus den zwanziger und dreißiger Jahren datiert. Die Entstehungsgeschichte des Orchesterwerkes *Sun-Treader*, das gleichsam als summum opus in R.s Œuvre angesehen werden kann, ist dafür beispielhaft. Bereits 1920 war der Titel als Überschrift des letzten Satzes von *Men and Angels* vorgesehen. Die Außensätze dieser Komposition hielten R.s kritischem Anspruch jedoch nicht stand, der Mittelsatz *Angels* wurde als selbständiges Werk herausgenommen. Den Schlußsatz überarbeitete er und verwendete ihn unter neuem Titel als Eröffnungssatz von *Men and Mountains* (1924), bevor er zwei Jahre später unter dem auf ein Gedicht Robert Brownings zurückgehenden Titel sein umfangreichstes Orchesterwerk begann. Wirkliche Ausnahmen innerhalb dieses verflochtenen Schaffensprozesses bilden lediglich *Toys* (1919) für Singstimme und Klavier, in dem R. seinen spätromantischen Hintergrund überwindet, sowie der unter dem Eindruck des Todes seiner Frau entstandene *Hymnus Exaltation* (1958). Der Blick für neue Pläne stand hinter dieser Weiterentwicklung des Vorhandenen wohl eher zurück, als daß er produktiv im Vordergrund des kompositorischen Bemühens stand – eine Entwicklung die wohl auch mit der nach dem Ersten Weltkrieg einsetzenden und stetig zunehmenden Hinwendung zur Malerei zusammenhängt, welche die kompositorische Tätigkeit seit Ende der vierziger Jahre nahezu gänzlich verdrängte.

Noten: American Music Edition (N. Y.); New Music Edition (Aurora/CO).

Literatur: KIRKPATRICK, J.: The Evolution of C. R. A Chronicle Largely in his Own Words *in* Perspectives of New Music 6 (1968), 146–166. THEIN, W.: C. R. »Suntreader« *in* Melos 4 (1988), 60–81 [mit WV und Bibl.]. ZIFFRIN, M.: C. R. Composer, Painter and Storyteller, Urbana 1994.

Dörte Schmidt

Rühm, Gerhard

Geb. 12. 2. 1930 in Wien

Bereits 1949, mithin Jahre bevor R. 1952 seine ersten Lautgedichte schrieb und zusammen mit H. C. Artmann, Friedrich Achleitner, Konrad Bayer und Oswald Wiener die »Wiener Gruppe« bildete, komponierte er Klavierstücke und -lieder (auch für Sprechstimme), ein Chorwerk und Chansons. In einer ersten Phase entsteht bis zu seiner Übersiedlung nach Berlin 1962, parallel zu R.s experimentellen literarischen und bildnerischen Arbeiten, doch nicht ohne Einfluß auf deren strukturelle Konzepte, ein teilweise nicht minder experimentelles musikalisches Œuvre.

An der Wiener Staatsakademie für Musik und darstellende Kunst hatte R. Klavier (bei Bruno Seidelhofer) und Komposition studiert; privat war er Schüler von Hauer, für dessen Klavierwerke er sich seither auch als Pianist immer wieder einsetzte. Seine eigenen *Zwölftonspiele* von 1954 hingegen sind »mehr dem Geist Hauerscher Musik« als dessen Zwölftontechnik verpflichtet, denn R. komponierte sie mit den Mitteln der Schönbergschen, noch nicht seriell erweiterten Reihentechnik. Nicht weniger unzeitgemäß und antizipatorisch waren R.s *eintonstücke* und *-studien* (1952) sowie seine *ganztonstudien* und ein *ganztonstück* (1953 bzw. 1954) jeweils für Klavier; ebenso seine *zweitonstücke* für Flöte und Geige und ein dreitöniges *Klaviertrio*, ferner mehrere *einwortlieder* mit Klavier bzw. kammermusikalischer Besetzung (alle 1952). Neben Texten von Autoren vertonte R. bereits auch Zeitungsmeldungen: *marilyn in Korea* (1954), dem 1952 ein *Requiem pro vivis* für Soli, Chor und vier Saxophone sowie Szenisches: *eine aphoristische pantomime* und *eine magische handlung* vorausgegangen waren. 1962 schrieb er die Musik zu seiner und Konrad Bayers Operette *der schweissfuss*.

Ende der sechziger Jahre bot R. das zur experimentellen Musik hin offene »Neue Hörspiel« die Möglichkeit, seine schon ein Jahrzehnt zuvor konzipierten auditiven Texte endlich auch selbst im Studio realisieren zu können und desgleichen zahlreiche Hörspiele: *Ophelia und die wörter* (1968); *diotima hat ihre lektüre gewechselt* (1971); *wintermärchen*, einem »radiomelodram« (1977), dessen Sujet dokumentarisch ebenso belegt ist wie das Tonband von *kleine geschichte der zivilisation* (1979–80) den sich steigernden Verkehrslärm dokumentiert, der das autonome Klavierstück *atemland* vorübergehend geradezu auslöscht. Ein längst alltäglicher Vorgang und zugleich ein Beispiel für R.s intermediale Orientierung, die er 1972 auch beruflich, durch die Übernahme einer Professur an der Hamburger Hochschule für bildende Künste bekräftigte. Denn »die produktionen lassen sich nicht mehr in gesonderte disziplinen eingrenzen, die produzenten nicht mehr auf ein material oder auf einen ausdrucksbereich festlegen.« Die für die neue Phase konstitutive Thematisierung der auditiven und visuellen Aspekte von Musik und Sprache als »musiksprache bildmusik« manifestiert sich am deutlichsten in der Ableitung des musikalischen Textes aus dem literarischen und schließlich sogar aus der Zeichenaktion. Der Verwendung technischer Medien entspricht auf der anderen Seite die strikte Begrenzung der traditionellen Ausdrucksmittel auf die für den Pianisten und Rezitator R. von jeher primären: Stimme und Klavier bzw. Tasteninstrumente. Nach konzeptuellen Klavierstücken, Sprechtexten und Kompositionen für Vokalensemble (*foetus*, 1974) präsentierte R. 1978 mit den vier *übersetzungen aus dem deutschen* ein erstes Resultat der hernach in seinen *tondichtungen* für Klavier (*das leben chopins*, 1981–82; *ponophonie*, 1983) und *melodramen* für Klavier und Sprechstimme angewandten »Transformationsmethode«, die den literarischen oder dokumentarischen Text durch eine jeweils spezifische Zuordnung der Buchstaben zu bestimmten Tönen des Klaviers in einen Notentext übersetzt – so u. a. in *alltägliche gewalt gegen ausländer, gegen behinderte* (1993) –, sehr im Gegensatz zu den ›traditionell‹ auf Ganz- und Zwölftonreihen basierenden Stücken der *modelle* für Klavier. Weiter gefaßt schloß das Übertragungskonzept bald auch szenische Aktionen bzw. Projektionen mit ein und ermöglichte derart das *mimo-* und *scriptodram*. Als ein Gegenbild zu seiner und jeglicher akustisch wahrnehmbaren Musik entwarf der Zeichner R. hingegen in *visuelle musik*, einem

Zyklus von 24 Notationen für das innere Ohr (1984).

Noten: Universal Edition (Wien); Thürmchen (Köln); edition copie (Hannover); Jugend und Volk (Wien und Mn.).

Dokumente: [Auswahl] Ophelia und die wörter, Darmstadt 1972, Ndr. in Theatertexte. Gesammelte Theaterstücke 1954–1971, Ffm. 1990. Wahnsinn Litaneien, Mn. 1973 [mit Schallplatte]. bleistiftmusik, Köln 1982. visuelle musik, Köln 1984 [mit Dias und Tonkassette]. melogramme, Wien 1984. Text-Bild-Musik *in* Freibord 41–42 (1984) [mit WV]. wintermärchen, Baden 1984. Die Wiener Gruppe, hrsg. von G. R., Hbg. 1987. botschaft an die zukunft. gesammelte sprechtexte, Hbg. 1988 [mit Kassette]. Reisefieber. Theatralische Ereignisse in fünf Teilen, Reinbek bei Hbg. 1989. Geschlechterdings. Chansons, Romanzen, Gedichte, Reinbek bei Hbg. 1990. Textall. Ein utopischer Roman, ebd. 1993. Knochenspielzeug. Märchen, Fabeln und Liebesgeschichten, Düsseldorf 1995. Visuelle Poesie. Arbeiten aus vier Jahrzehnten, Innsbruck 1996. Um zwölf Uhr ist es Mittag. Gedichte, Sprechtexte, Chansons, Theaterstücke, Prosa, ausgew. von J. Drews, Stg. 2000. Hundert Kunststücke. Eine Elegie, hrsg. von H. D. Schrader, 12 Bde., Zürich 2001.

Literatur: Hörspielmacher, hrsg. von K. Schöning, Bodenheim 1983. Zeller, H. R.: R.s akustische Musik *in* Protokolle, Bd. 2, Wien und Mn. 1987, 62–104. Lentz, M.: Lautpoesie, -musik nach 1945, Wien o. J. Schmidt, M.: Wovon man nicht reden kann, soll man singen. Sprachkompositionen der österreichischen Avantgarde um 1970 *in* Österreichische Musikzeitschrift 49 (1994), 372–376. G. R., hrsg. von K. Bartsch, 1999.

Hans Rudolf Zeller

Saariaho, Kaija
Geb. 14. 10. 1952 in Helsinki

Mit der Forderung, die Gesamtheit aller vorstellbaren Klänge zur Grundlage der Musik zu machen und die entsprechenden Instrumente zu entwickeln, läutete Busoni schon 1907 das Ende der Musik als Tonkunst und den Anfang der Neuen Musik ein. Im seriellen Ansatz der fünfziger Jahre strukturierte man dann das weite Feld des Klingenden, indem man die einzelnen Komponenten des Klanges als Parameter auffaßte, die in Zahlenwerten ausgedrückt und auf Skalen zwischen zwei Extremwerten angeordnet werden konnten. Komposition wurde somit zur Stiftung eines mathematisch formalisierbaren Prozesses des Übergangs zwischen den Werten der Skala. In diesem Punkt traf sich das parametrische Musikdenken mit der Logik und Funktionsweise der elektronischen Klangerzeugung, die aus der Addition frei modulierbarer Einzelfrequenzen bzw. der Filterung des Weißen Rauschens die Gesamtheit des Klingenden zu generieren ermöglicht. Mit der Neubegründung der musikalischen Logik ging die Suche nach neuen Kategorien zur Beschreibung klanglicher Ereignisse einher: Die von Metaphern aus dem Bereich der Sprache (Satz, Periode) bestimmte Grammatik der tonalen Musik wurde vielfach abgelöst durch Begriffe aus dem Bereich des Visuellen und Bildnerischen.

Im Werk K. S.s spielt die Erforschung klanglicher Texturen und Valeurs die zentrale Rolle. Hierzu bediente S. sich schon früh der Möglichkeiten elektronischer Klangsynthese und -transformation, die seitdem ein essentieller Bestandteil ihrer Musik geblieben sind. In der Tonbandkomposition *Vers le blanc* (1982) etwa wird ein Ausgangsakkord im Verlaufe von 15 Minuten in einen zweiten Akkord überführt. Eine ähnliche Idee enthält auch *Verblendungen* (1984) für Tonband und Orchester, in dem S. Geräusche in reinen Ton, bzw. reinen Ton in Geräusche transformiert, wobei Tonband und live spielende Musiker sich im Verlauf des Stückes in entgegengesetzter Richtung von einem Pol des Spektrums zum anderen bewegen. S.s Schreibweise für traditionelle Instrumente imitiert häufig solche Prozesse: In *Laconisme de l'aile* (1982) für Flöte solo führt der Worte flüsternde Flötist sein Instrument immer näher zum Mund, bis sein Gewisper schließlich in geblasene Töne übergeht. Die Bedeutung dieser technisch inspirierten Vorstellung eines von zwei Extremen begrenzten Kontinuums enthüllen nicht nur die S.s Werk durchziehenden Pole Ton und Geräusch, Live-Musik und Elektronik, artikuliertes Wort und geflüsterter Laut, sondern sie drückt sich z. B. auch im Titel ihres Violinkonzerts *Graal Théâtre* (1994) aus, der bewußt aus Heiligem und Profanem zusammengesetzt ist.

S. hat, ehe sie sich endgültig der Musik zuwandte, Malerei und Zeichnen studiert, und die Bildende Kunst ist, neben der Poesie, eine wichtige Inspirationsquelle ihrer Musik geblieben. Eines ihrer ersten Werke trägt den Titel *Canvas* (»Leinwand«; 1978, unveröffentlicht) und empfindet musikalisch die bildnerischen Welten eines Jean Tinguely, Max Escher und Marcel Duchamp nach. Auf visuelle Assoziationen verweisen auch Titel wie *Yellows* (1980) oder *Lichtbogen* (1986). Darüber hinaus enthält S.s Œuvre einige Werke, die zu

Ausstellungen bzw. Performances geschrieben wurden, z. B. *Kollisionen* (1984) und *Csokolom* (1985), sowie Filmmusiken, z. B. *Valon ihme* (»Wunder des Lichts«; 1991). Von einer optischen Vorstellung inspiriert ist auch die zentrale Kategorie von S.s formalem Denken, die Symmetrie. Als Form- und Arbeitsprinzip steht sie hinter Stücken wie *Preludi – Tunnustus – Postludi* (1980) oder *Mirrors* (1997) bzw. findet sich im Bild der gespiegelten Wasserlilie in *Nymphea* (1987) für Streichquartett und Elektronik und *Nymphea Reflection* (2001) für Streichorchester. Mit der Multimedia-Performance *Piipää* (1987) sowie ihrer CD-ROM *Prisma* (1997) hat S. den intermodalen Aspekt ihrer Musik explizit ausgestaltet.

Auch die bei S. häufige ›prismatische‹ Zerlegung des Klanges bzw. dessen räumliche Auffächerung erklären sich wohl aus einer bildnerisch inspirierten Vorstellung von Musik. So geht das Ausgangsmaterial vieler ihrer Kompositionen aus den Computeranalysen eines Instrumentenklangs hervor (z. B. des Celloklangs in *Lichtbogen* oder *Nymphea*) – hierin folgt S., die 1982 am IRCAM Computermusik studierte und heute in Paris lebt, dem Vorbild der Spektralisten. Im Cellokonzert *Amers* (1992) werden die Saiten des Soloinstruments von einem speziellen Mikrofon einzeln abgenommen, mit unterschiedlichem Nachhall versehen und über vier Lautsprecher wiedergegeben, so daß der Klang sich von seiner eigentlichen Quelle löst und seine Räumlichkeit musikalisch gestaltet werden kann.

Eine weitere Konsequenz aus dem Denken in prozeßhaften Transformationen des Klangs ist die Vorstellung, daß ein bestimmtes musikalisches Material in verschiedenen klanglichen Zuständen auftreten kann. So ergeben sich bei S. Folgen von Stücken, die aus identischem Material abgeleitet werden, bzw., um einen optischen Vergleich zu wählen, das Material aus verschiedenen Perspektiven beleuchten: so z. B. *Amers* und *Près* (»Nah«; 1988) für Cello und Elektronik; *Petals* (»Blütenblatt«; 1988) für Cello und Elektronik ad libitum, das ein Blatt der *Nymphea* ist, deren elektronische Anteile wiederum in *Nymphea Reflection* instrumental nachgeahmt werden; oder *Nuit, adieux* (1991, 1996), das ebenfalls in einer elektronischen und einer mit rein akustischen Mitteln rekomponierten Version vorliegt.

Noten: Chester Novello
Literatur: NUORVALA, J.: K. S. in Profile; KORHONEN, K.: K. S. in Profile II unter www.fimic.fi [Stand Juli 2003]. Prisma, CD-ROM, hrsg. von FINISH MUSIC INFORMATION CENTER, Ircam, Chester Music.

Ilja Stephan

Saint-Saëns, (Charles) Camille

Geb. 9. 10. 1835 in Paris;
gest. 16. 12. 1921 in Algier

S.-S. schrieb sein op. 1 – *Trois morceaux* für Harmonium – in demselben Jahr, 1852, in dem Schumann seine Klavierstücke »Bunte Blätter« veröffentlichte und Verdi die Komposition des »Trovatore« beendete; S.-S.' letzte Kompositionen entstanden in seinem Todesjahr 1921, in zeitlicher Parallele zu Schönbergs »Klaviersuite« op. 25 und Bergs abschließenden Arbeiten an der Partitur des »Wozzeck«. In dieser riesigen Zeitspanne von fast einem Dreivierteljahrhundert, in der die französische Musik »décadence« und »renouveau« erlebte, in langwierige Auseinandersetzungen um die Musik Wagners geriet, in der mit Debussy, Stravinsky und Schönberg eine neue Ära in der Musikgeschichte begann, entstand S.-S.' kompositorisches Œuvre, das durch seinen Umfang, seine Vielgestaltigkeit und seine musikalische Perfektion staunenswert ist, vielleicht aber am meisten darin überrascht, daß es von einer stilistischen Einheitlichkeit ist, die sich unangefochten von allen Veränderungen zeigt, die sich in der Musik dieses Zeitraums vollzogen. 169 Opuszahlen verzeichnet S.-S.' Werkkatalog, in dem von der Kirchenmusik bis zur Oper, von Klavierkompositionen und Kammermusik bis zum groß besetzten symphonischen Werk fast alle musikalischen Gattungen vertreten sind.

Seine ersten großen Werke waren Instrumentalkompositionen: zwei *Symphonien* (1853, 1859) und drei *Solokonzerte* (für Klavier 1858, für Violine 1858 und 1859); damit begann er als ein Neuerer, denn Instrumentalmusik in den Formen absoluter Musik zu schreiben, kam im Pariser Musikleben jener Zeit, in dem die Oper beherrschend war, einem kühnen Akt gleich; und mit den Formen absoluter Musik, die er wählte – Symphonie, Sonate, Konzert –, fixierte er eine eigene, unkonventionelle Position in der Pariser Musiklandschaft, unbekümmert um die Gewohnheiten des breiten Publikums. Die Eigentümlichkeiten seines kompositorischen Profils treten schon in den ersten Werken in voller Deutlichkeit zutage: Der Verzicht auf einen opernhaften, vor allem auf einen italianisierenden Tonfall und die Absage an Sentimentales und hohles Pathos gehören dazu; seine Musiksprache, die von klassischen Vorbildern inspiriert ist, verbindet eine makellose Satztechnik, eine meisterhafte Orchestration und Formbildung in vollkommener Ausgewogenheit.

»Kunst heißt für mich vor allem Form.« Vor allem S.-S.' Instrumentalmusik stellt sich als Spiegel seines ästhetischen Credos dar, und die Tatsache, daß die großen, traditionellen Formen zu seiner Zeit problematisch geworden waren, schien er als kompositorische Herausforderung zu verstehen: Seine Werke zeichnen sich durch eine Fülle von Versuchen aus, zu individuellen formalen Lösungen zu gelangen, ohne Gattungsgrenzen aufzuheben. In seinen zehn Solokonzerten finden sich Beispiele, in denen die traditionelle Dreisätzigkeit durch den Einschub eines vierten scherzoartigen Satzes erweitert und zugleich die Konzertform mit einer symphonischen Satzanlage kombiniert wird, neben solchen Konzerten, in denen durch Einebnung von Satzgrenzen einsätzige Großformen entstehen (wie schon im ersten *Violinkonzert*). Auf der anderen Seite mochte es gerade das Fehlen fester Formkonventionen gewesen sein, das S.-S.' kompositorisches Interesse an der Symphonischen Dichtung geweckt hatte: In den siebziger Jahren entstanden vier Kompositionen dieser Art (*Le Rouet d'Omphale*, 1871; *Phaéton*, 1873; *Danse macabre*, 1874; *La Jeunesse d'Hercule*, 1877), mit denen er – an Liszt anknüpfend – eine neue Gattung in die französische Musik einführte. Dennoch war es nicht der Bereich solcher ›freien‹ Formen, sondern die traditionelle symphonische Gattung, in der S.-S. mit der *Dritten Symphonie c-moll*, der sogenannten »Orgel-Symphonie«, sein musikalisches Hauptwerk schrieb (1886). Die Komposition ist Liszt gewidmet und verwendet – gleichsam als musikalische Hommage – jenes Mittel der Thementransformation, das Liszt in der Symphonischen Dichtung entwickelt hatte. Sämtliche Themen der Symphonie sind aus einer einzigen Tonfolge gebildet, die durch wechselnde rhythmisch-metrische Gestaltung, durch den harmonischen Kontext und den Affekt des Satzes, in den sie gestellt wird, charakteristisch verändert und individualisiert wird. Die äußerlich zweiteilige, ihrer Binnenstruktur nach aber viersätzige Form wird dadurch von einem Netz substantiell verwandter motivischer Bindungen überzogen, von einer Allgegenwart des Thematischen bestimmt.

Wenn S.-S. mit seinen Orchesterkompositionen der französischen Musik neue Horizonte eröffnete (und damit, wie auch durch sein Wirken in der Société Nationale de Musique, dem 1871 gegründeten Forum für neue französische Instrumentalmusik, zum Anreger einer ganzen Generation junger Komponisten wurde), so war er mit seinen rund 30 Bühnenwerken weniger einflußreich. Zu deutlich war in ihnen die Sprache des Symphonikers; der geistreichen und geschmackvollen Musik fehlte echtes dramatisches Temperament. Einzig die Vertonung des biblischen Stoffes von *Samson et Dalila* – ein Werk, das halb Oratorium, halb Oper ist, erlebte 1892 (fünfzehn Jahre nach seiner Weimarer Uraufführung) in Paris einen triumphalen Erfolg: Die Verbindung eines oratorischen Gestus, wie er in den mächtigen Chorpartien zum Ausdruck kommt, und einer lyrischen Grundhaltung, wie sie insbesondere die Arien Dalilas auszeichnet, erschien ebenso neuartig wie wirkungsvoll.

S.-S.' Musik wurde nach der Jahrhundertwende zunehmend Gegenstand kritischer Angriffe; vor dem Hintergrund neuer Entwicklungen in der Musik behielt der Komponist seinen Stil und seine musikalische Ästhetik beharrlich bei, und seine Werke, die im 19. Jahrhundert einen bedeutenden Beitrag zur künstlerischen Neuorientierung der französischen Musik geleistet hatten, galten – in ihrem klassizistischen Grundzug und in ihrer technischen Perfektion – nun als stilistisch erstarrt, veraltet und gerieten in eine schnell wachsende Distanz zur neuen Musik der Zeit. Das Berlioz zugeschriebene Wort über den jungen S.-S., es fehle diesem nichts als ein wenig Unerfahrenheit, bewahrheitete sich am Ende seines Lebens erneut: S.-S. überschritt den Rahmen seiner musikalischen Erfahrung nicht; er folgte nicht der Forderung Debussys, »durch die offenen Fenster auf den freien Himmel zu blicken«, sondern nahm in Kauf, daß die Zeit über ihn hinwegging und ihn vom musikalischen Neuerer und Anreger zum Hüter einer vergangenen, immer unzeitgemäßer erscheinenden Tradition werden ließ.

Dokumente: Harmonie et mélodie, Paris 1885. Musikalische Reminiszenzen, hrsg. von R. ZIMMERMANN, Lpz. 1978. Regards sur mes contemporains, hrsg. von

Y. Gérard, Arles 1990. S.-S. et Gabriel Fauré, Correspondance, hrsg. von J.-M. Nectoux, Paris 1973. *Werkverzeichnis:* Gerard, Y. und Ratner, S.: Catalogue thématique de l'Œuvre de C. S.-S. [in Vorbereitung]. Ratner, S.: A Thematic Catalogue of the Complete Works of C. S.-S., 3 Bde., Oxford 2000–2002. *Literatur:* Baumann, E.: Les grandes formes de la musique. L'œuvre de Monsieur C. S.-S., Paris 1905; erw. [2]1923. Stegemann, M.: C. S.-S. und das französische Solokonzert von 1850 bis 1920, Mainz 1984. Ders.: C. S.-S., Reinbek bei Hbg. 1988; [3]2000. Smith, R.: S.-S. and the organ, N.Y. 1992. Locke, R.P.: Constructing the Oriental ›Other‹. S.-S.'s Samson et Dalila in Cambridge Opera Journal 3 (1991), 261–302. Ratner, S.T.: Henry VIII. de C. S.-S., Compiègne 1991. Studd, St.: S.-S. A Critical Biography, Ldn. 1999.

Renate Groth

Salieri, Antonio

Geb. 18.8.1750 in Legnago (Veneto); gest. 7.5.1825 in Wien

Über keinen Musiker des späten 18. Jahrhunderts gibt es, seiner angeblichen Feindschaft zu Mozart wegen, eine reichere Überlieferung an Anekdoten, erdachten Lebensumständen und Charakterzügen, zumeist durch die Gerüchte um eine Ermordung Mozarts hervorgerufen oder doch wenigstens verzerrt. Keiner der großen Komponisten der klassischen Epoche in Wien ist zugleich in seinem Werk so wenig anerkannt und bekannt wie S., der doch im musikalischen Leben der Kaiserstadt zwischen 1775 und 1800 als Hofkomponist, als Leiter der italienischen Oper, als Hofkapellmeister und als Lehrer – Schubert war sein Schüler – eine dominierende Rolle gespielt hat. Erst in den letzten Jahren, während ein populäres Theaterstück und ein danach gedrehter Film von Peter Shaffer den Gegensatz zwischen S. und Mozart noch einmal malerisch vor der Öffentlichkeit ausbreiteten, trat durch die gleichzeitigen Forschungen Angermüllers und Swensons sowie durch die Monographie von Braunbehrens außer der Figur auch das Schaffen dieses großen und eigenwilligen Musikers neu ins Licht.

S. wuchs bis zu seinem fünfzehnten Lebensjahr in einer kleinen Grenzstadt zwischen dem Veneto und dem österreichischen Herzogtum Mantua auf. Nach dem Tod seines Vaters kam er als Vollwaise nach Venedig. Dort entdeckte ihn der angesehene Wiener Komponist Florian Leopold Gaßmann, faßte Zuneigung zu ihm und bewog ihn, nach Wien mitzugehen. Von 1766 an bis zu seinem Tod blieb S. ›Wiener‹. Gaßmann führte seinen Eleven sehr bald in die Kammermusikrunde ein, die Kaiser Joseph II. regelmäßig um sich versammelte. Die frühe Begegnung mit dem greisen poeta laureatus Pietro Metastasio mündete in einem fast freundschaftlichen Verhältnis, bei dem der Dichter der Mentor des Komponisten in allen Fragen der Deklamation wurde. Im gleichen Freundeskreis traf er auf Gluck, der von da an als väterlicher Freund neben Gaßmann trat. 1774 erlangte der junge Musiker nach Gaßmanns Tod die Stelle eines Kammerkompositeurs und des Direktors der italienischen Oper.

Anfang der achtziger Jahre beginnt S.s glanzvollste Lebensperiode. In ihr wird er, gleichermaßen als Haupt der französischen wie der italienischen Musikbühne, vorübergehend zum führenden Opernkomponisten seiner Zeit. Er führt ein Doppelleben zwischen Paris und Wien. Es war Gluck, der nach seinem verbittert-strahlenden Rückzug aus Paris den Anstoß gab: Er überließ S. das Libretto zu »Ipermnestra«, das dieser unter seiner Aufsicht als *Les Danaides* (Paris 1784) vertonte, ein grandios angelegtes, ganz im strengen Stil der tragédie lyrique gehaltenes Musikdrama, das in den Hauptmomenten (so im spektakulären Schluß der Oper mit den mörderischen Danaiden als Opfern des Hades), vor allem aber in der aktiven Führung des Chors nach Effekten strebt, die über Gluck hinausgehen. S. übernahm den Gedanken einer einheitlichen, auch in den Tonartverhältnissen genau kalkulierten Bühnensituation von Gluck und führte dessen durchgehende Orchesterbegleitung für das Rezitativ ein. Die dramaturgische Konsequenz und Strenge der Musik wirkt noch heute als eine zukunftweisende Leistung unter den bedeutenden Opern dieses Jahrzehnts. Nach einem halben Jahr genauester Zusammenarbeit mit Beaumarchais gewann er an der Opéra mit *Tarare* (1787) einen überwältigenden und lange nachwirkenden Erfolg. Beaumarchais hatte für seinen allegorischen Staatsroman, der die Absetzung eines Gewaltherrschers durch die Wahl des Volkes zum Gegenstand hatte, die ältere französische Gattung der Thesen- und Bilderoper bemüht, wie sie seit den Tagen Lullys und Rameaus bis in die vorrevolutionäre Gegenwart als eine Theatermöglichkeit neben und über den Möglichkeiten der opera seria und tragédie lyrique im Gedächtnis der Kenner lebendig geblieben war. Er forderte vom Komponisten größte Textnähe und

Durchlässigkeit der musikalischen Sprache. S. hielt sich, sein italienisches Temperament verleugnend, streng an die Deklamation, machte das Accompagnato-Rezitativ durchgehend zum Ausdrucksträger der Szene und nutzte den vorgegebenen Wechsel von Rezitativ, gedrängtem Air, konzentriertem Ensemble, Chor und tänzerischen Orchesterstück als freien Rahmen für seine ungewöhnlich einfallsreiche Musik aus. Die Sprödigkeit eines Bühnenvorgangs, der sich in fünf Akten ständig selbst kommentierte, stimulierte S., den Theoretiker und den Komponisten der Gluck-Nachfolge, zu einer einzigartigen Partitur. Der von Beaumarchais meisterhaft inszenierte Premierenerfolg hielt an: während der Revolution, in der Ära Napoleons und noch unter den Bourbonen war *Tarare* ein integraler Bestandteil des Pariser Opernrepertoires.

Die Pariser Karriere steht nur auf den ersten Blick unverbunden neben S.s Wirken für das Wiener Burgtheater, das im gleichen Jahrzehnt kulminiert. Für die italienische Oper komponierte er die Buffo-Oper *Il ricco d'un giorno* (Wien 1784) auf ein Libretto des Abbate Lorenzo Da Ponte. Es war zwar dessen erstes Libretto, doch trug es ihm durch S.s Vermittlung die Stelle eines Hofdichters am Theater ein. Die Rivalität zwischen S. und Mozart beginnt in der Zeit der Vorbereitung auf »Le nozze di Figaro«, doch treten beide 1786 auf kaiserlichen Wunsch in freundschaftliche Konkurrenz bei einem Sommerfest in der Schönbrunner Orangerie, Mozart mit »Der Schauspieldirektor«, S. mit der Opernparodie *Prima la musica e poi le parole*. (Giovanni Battista Castis Libretto diente Strauss später als Vorlage für »Capriccio«.) Joseph II. verlangte 1787 von S. eine italienische Fassung des *Tarare*. Nachdem sich eine Nachdichtung als unbrauchbar erwies, komponierte S. auf eine überarbeitete Fassung des Librettos von Da Ponte einen großen Teil der Musik ganz neu: *Axur, Re d'Ormus*, als Tragikomödie auf dem Titelblatt gekennzeichnet, ist ganz aus italienischem Geist konzipiert. Da Ponte verzichtete auf das allegorische Vorspiel und auf die Mehrdeutigkeit des räsonierenden Dialogs. Der politische Charakter des Stücks blieb – wie auch in seiner Bearbeitung von Beaumarchais' *Figaro* – unangetastet. Kaum eine Partitur dieses Jahrzehnts ist ähnlich vielgestaltig in ihren Arien, Duetten, Ensembleszenen wie diese. Ein eingestelltes Harlekinspiel – Theater auf dem Theater, wie es S. liebte – gibt dem morgenländischen Märchen das Reflexionsmoment zurück. Der Bühnenerfolg war überwältigend, *Axur, Re d'Ormus* blieb über Jahrzehnte auf dem Spielplan. Eigenständig und gleichrangig steht diese Oper neben Da Pontes Opern für Mozart und Martin y Soler. S. wollte die so erfolgreich begründete, hybride Gattung der philosophischen Märchenoper aus aufklärerischer Gesinnung sowohl in Paris wie in Wien weiterführen, wo die barocke Theatertradition und der Josephinismus ihm eine günstige Voraussetzung zu bieten schienen. Schon in Paris hatte er 1786 begonnen, *Cublai, Gran Kan de' Tartan*, eine satirische Parabel über die vernünftige Thronfolge, zu der ihm Casti das Libretto nach dessen antirussischer Satire »Poema tartaro« verfertigt hatte. Doch konnte auch die Sympathie des Kaisers eine Aufführung dieses brisanten Stücks nicht zulassen. So blieb es in der Schublade (1788 vollendet) ebenso wie vier Jahre später, während der Revolutionswirren, der halsbrecherische Versuch des gleichen Gespanns, die Verschwörung des *Catilina* in ein das Tragische streifende, im Kern aber ironisches Gleichnis für Umsturz und Staatserhaltung zu verwandeln. Erst durch das Studium dieser philosophisch-politischen Oper, zu der aus dem Spätwerk noch die musikalisch ungewöhnlich reiche *Palmira, Regina di Persia* (Giovanni de Gamerra; Wien 1795) gehört, läßt sich der geistes-, nicht nur musikgeschichtliche Rang S.s ermessen.

Für die italienische Oper lieferte S. drei konventionellere, im Libretto wie in der musikalischen Ausführung souverän gestaltete Lustspiele nach Texten Da Pontes, darunter *Il talismano* (nach Carlo Goldoni; Wien 1788). 1790 brach nach dem Tod Josephs II. die Blüte der italienischen Oper, schon durch den türkischen Krieg gefährdet, endgültig zusammen. Als Komponist fühlte sich S. seit den neunziger Jahren seinen Zeitgenossen zunehmend entfremdet. Er schrieb im nächsten Jahrzehnt noch ein knappes Dutzend Opern. Erfolgreich waren nur die erwähnte *Palmira, Regina di Persia* und *Falstaff, ossia Le tre burle* (Carlo Prospero Defranceschi; Wien 1799) Nach 1804 zog er sich ganz von der Bühne zurück. Schon früh hatte man in Wien die Spekulationen über Mozarts jähen Tod, für den die italienische Partei verantwortlich gemacht wurde, an S. als seinem mächtigsten Widersacher festgemacht Die Widerlegung der Gerüchte – in seinem letzten Gespräch mit Moscheles hatte sich auch S. selbst gegen die umlaufenden Gerüchte verwahrt – half vor Mit- und Nachwelt nichts. Das 1830 geschriebene Dramolett von Aleksandr Puškin »Mozart und Salieri« legte die Rollen der beiden Musiker fest.

Noten: Les Danaides, hrsg. von G. LEFÈVRE, Paris und Lpz. o. J. (Chefs-d'œuvre de l'opera fr. classiques 2). Tartare, hrsg. von A. POUGIN, o. J. (ebd. 4). *Dokumente:* A. S. Dokumente seines Lebens, hrsg. von R. ANGERMÜLLER, Bad Honnef 2000. *Literatur:* MOSEL, I. F. EDLER VON: Ueber das Leben und die Werke des A. S., Wien 1827. ANGERMÜLLER, R.: A. S. Sein Leben und seine weltlichen Werke unter besonderer Berücksichtigung seiner ›großen‹ Opern, 3 Bde., Mn. 1971–74. DERS.: S.s ›Tarare‹ und ›Axur, Re d'Ormus‹ (1788). Vertonung eines Sujets für Paris und Wien *in* Hamburger Jb. für Mw. 5 (1981), 211 ff. SWENSON, E. E.: ›Prima la musica e poi le parole‹ An Eighteenth Century Satire *in* Analecta musicologica 9 (1970), 122 ff. DERS.: A. S. A Documentary Biography, Ann Arbor (MI), Diss. Cornell University 1974. BRAUNBEHRENS, V.: S. Ein Musiker im Schatten Mozarts, Mn. und Zürich 1989, ²1992.

Norbert Miller

Sammartini, Giovanni Battista

Geb. 1700 oder 1701 wahrscheinlich in Mailand; gest. 15. 1. 1775 in Mailand

Der Stilwandel um 1720–30, der zu einer Epoche eigenen Rechts, zur ›Musik im Zeitalter der Aufklärung‹ geführt hat, wurde von Komponisten der Mannheimer Schule (→ Stamitz), in Wien um Wagenseil und Matthias Monn sowie aus Italien gleichzeitig und z. T. in gegenseitiger Beeinflussung vollzogen. Die italienische Instrumentalmusik war dabei – wie die böhmische – eine Emigrantenkultur, und als solche ist sie nicht einheitlich zu fassen. Unter den bedeutenden Komponisten bilden nur Tartini und S. eine Ausnahme: S. stammt aus Mailand und wirkte zeit seines Lebens hier. Aber auch S.s (und wiederum Tartinis) Werke wurden vor allem im Ausland gedruckt und waren dort weit bekannter als im Heimatland. Instrumentalmusik in Italien war nach Charles Burneys Berichten vornehmlich in liturgischem Kontext aufgeführte Kirchenmusik; S., Organist und Musikerzieher, war deshalb Symphoniker im Kirchendienst. Bei den so im Unterschied zu den Opern praktisch isoliert voneinander entstandenen italienischen Symphonien und Konzerten handelt es sich, »pointiert ausgedrückt, um untereinander fast beziehungslose Experimente mit Bestandteilen eines im wesentlich gemeinsamen Arsenals von Formideen und Strukturprinzipien« (Dahlhaus, 213).

S.s Schaffen umfaßt ziemlich genau die Epoche zwischen Barock und Etablierung der »Wiener Klassik« (von 1720–30 bis 1780) und prägt diese auch ganz entscheidend. Er ist der erste bedeutende Symphoniekomponist, ja schrieb überhaupt die ersten selbständigen, von der Ouvertüre sich abhebenden Symphonien, wobei er Ouvertüren- und Konzertstil derart mischte, daß »geradezu eine dialektische Interpretation [gefordert ist]: Die grobschlächtig-effektvollen Mittel der Ouvertüre sind zwar repräsentativ für die ›Moderne‹ seit 1730; doch lassen sich die spätbarocken ›Relikte‹ – etwa die aus der Triosonate stammende weitgehend obligate Verwendung der zweiten Geige neben der dominierenden ersten – nicht nur als funktional notwendig (im differenzierteren Konzertstil), sondern auch als historisch vorausweisend (als Antizipation des ›obligaten Accompagnements‹ der Klassik) verstehen« (ebd., 214). Entscheidender noch ist, daß es S. gelang, die Paradoxie zu lösen, die Aufmerksamkeit des Publikums sowohl auf die durch abwechslungsreiche Gestaltung hervorgehobenen Einzelmomente wie auf das durch zwingende Verklammerung der Teile sinnvolle Ganze zu lenken. Seine einfache, klare und sinnliche Musiksprache hat neben vielen anderen die Mannheimer, Gluck und J.Chr. Bach, die beide bei S. studierten, Boccherini und Mozart wesentlich beeinflußt. Für einmal fallen Prioritätsanspruch und europaweite Geltung zusammen.

Obwohl S. auch viel Kirchenmusik komponierte, die allerdings zu einem großen Teil verschollen ist, interessiert er vorab als Symphoniker und Kammermusiker. Seine mehr als achtzig Symphonien gliedern sich stilistisch in drei Perioden: In den neunzehn Werken seiner Frühzeit bis um 1740 finden sich – wie in den meist auch dann entstandenen Instrumentalkonzerten – noch viele barocke Elemente (*12 sonate* op. 2). Sie sind für drei- bis vierstimmiges Streichorchester geschrieben, dreisätzig, oft (als erste) mit einem Menuettfinale, der erste Satz bereits in klar erkennbarem Sonatenprinzip (verschiedene Themen, längere Durchführung, deutliche Rekapitulation). In S.s mittlerem Schaffensabschnitt bis gegen 1760 fällt die zunehmende Instrumentationskunst auf; zum Streichorchester kommen meistens zwei Hörner, später auch zwei Oboen dazu (op. 4 und op. 6). Die Mittelstimmen (mit in der Regel autonomem

Violapart) werden eigenständiger. Die barocken Anteile verschwinden; das Sonatenprinzip wird auf alle Sätze übertragen. S.s nur mit Haydn vergleichbare Experimentierlust generiert dabei immer neue Formvarianten. Mit einem auch bei J. Stamitz erkennbaren Gruppierungsverfahren stellt er seine thematischen Konfigurationen vor allem in den Reprisen neu zusammen. Kontrastierende Multithematik überwiegt zwar, aber S. schreibt als erster auch monothematische Sätze im ›klassischen‹ Verständnis. Besonders fortschrittlich ist seine Flexibilität in der Phrasengliederung mit der Kombination symmetrischer und asymmetrischer Bauteile und deren gelegentlichen Überschneidungen; die thematische Klarheit bleibt durch das ›klassische‹ Kadenzierungsprinzip ebenso gewahrt wie die lineare Kontinuität durch die rhythmische Kraft. Zu S.s schönsten Schöpfungen gehören wohl seine tiefempfundenen, oft in Moll stehenden langsamen Sätze. Insgesamt verschmelzt er nichtimitierende Kontrapunktik mit der von ihm besonders geprägten »galanten« Schreibweise – auch hierin ein großes Vorbild für die Klassiker. In seiner Spätphase bis 1775 (zwölf Symphonien) werden die Errungenschaften der zweiten stabilisiert, die Proportionen gedehnt, der Lyrismus und die Harmonik reicher – und das, was wir an S. als ›proto-‹ oder ›quasi-klassisch‹, wenn nicht gar als ›klassisch‹ bezeichnen können, noch manifester. Dennoch soll nicht S.s Vorläuferrolle betont werden, sondern seine schöpferische, die Epoche zwischen 1730 und 1780 prägende Eigenständigkeit. S.s musikgeschichtliche Bedeutung kann gar nicht hoch genug eingeschätzt werden.

Noten: The Symphonies of G. B. S., hrsg. von B. CHURGIN, Cambridge (MA) 1968ff.
Werkverzeichnis: JENKINS, N. u. a.: Thematic Catalogue of the Works of G. B. S. Orchestral and Vocal Music, Cambridge (MA) 1976.
Literatur: CHURGIN, B.: The Symphonies of G. B. S., Diss. Harvard, Boston 1963. Neues Hdb. der Mw. Bd. 5, hrsg. von C. DAHLHAUS, Laaber 1985, 210–216. INZAGHI, L. und PREFUMO, D.: Giambattista S. Primo maestro della sinfonia 1770–1775, Turin 1996.

Anton Haefeli

Satie, Erik (Alfred-Leslie)
Geb. 17. 5. 1866 in Honfleur (Normandie); gest. 1. 7. 1925 in Paris

Wie kaum ein anderer Komponist dieses Jahrhunderts muß S. inzwischen gegen seine Liebhaber verteidigt werden. In verhängnisvoller Weise modisch geworden, werden Musik und Ästhetik S.s entweder als bloße Antizipation konzeptueller und postmoderner Kunst (so im Gefolge der S.-Rezeption John Cages, deren Betonung von Saties Musik als Zeitkunst wenig beachtet wurde) oder aber – schlimmer noch – als modisches Accessoire mißverstanden, was sich in den zahllosen Trivialisierungen etwa der *Gymnopédies* als Werbe- oder Filmmusik manifestiert hat. Dieser Vereinnahmung, die lediglich auf der schmalen Kenntnis einiger aus ihrem Kontext gelöster Werke beruht, steht auf der akademischen Seite seit langem eine hartnäckige Geringschätzung S.s als Kleinmeister oder gar Dilettant gegenüber, die nicht weniger ungerechtfertigt ist: Für S., den großen Einzelgänger der französischen Moderne zu Beginn dieses Jahrhunderts, gilt immer noch die paradoxe Feststellung, ein bekannter Unbekannter der neueren Musikgeschichte zu sein.

S.s musikalische und geistige Entwicklung vollzog sich unter stark gegensätzlichen Einflüssen. Zu den frühesten und prägendsten gehört der Gregorianische Choral; S. erhielt den ersten musikalischen Unterricht durch den Organisten seines Geburtsorts Honfleur und geriet dadurch in den Bannkreis der Reformbewegung zur Erneuerung des Chorals in Frankreich (ausgehend von der École Niedermeyer). Als Ideal der Tonsatzökonomie gewann die Modalität für S. zentrale Bedeutung; noch 1905 – lange nach der widerwilligen Absolvierung des Pariser Konservatoriums – unterzog sich der knapp Vierzigjährige durch den Eintritt in die von d'Indy gegründete Schola Cantorum für drei Jahre einem strengen Theorieunterricht. Die wichtigsten frühen Werke der Auseinandersetzung mit der Modalität und den Formprinzipien des Chorals sind die *Ogives* (»Kirchenfenster«) für Klavier (1886) und die *Messe des Pauvres* für Orgel (1895), die bereits paradigmatische Züge von S.s Satz- und Formprinzipien freilegen: eine mehrdeutig-perspektivische Harmonik, die modale und tonale Elemente kombiniert; eine »kreisende«, sowohl architektonisch klare wie auch an die Dreidimensionalität der Skulptur erinnernde Form, die aus der Metamorphose weniger (keine wirkliche thematische Identität besitzenden) Grundmotive resultiert; eine eigentümlich unbewegte Ausdruckshaltung, die sich von jeder romantischen Subjektivität, aber auch vom dominierenden »classicisme« freihält. Nach seiner Übersiedlung nach Paris geriet der junge S. unter den Bann zweier sich eigentlich ausschließender Sphären: Er verdiente seinen Lebensunterhalt als Barpianist am Montmartre und schloß sich gleichzeitig (wenn auch nur für kurze Zeit) dem Kreis der »Rosenkreuzer« um den exzentrischen Sâr Péladan an, der einem extremen Wagnerkult und verquasten religiösen Symbolismus huldigte.

Die großstädtische und banale Klangwelt der Music-Hall und des Kabaretts, in der die Musik lediglich eine funktionale Rolle spielte, wählte S. als Basis einer bewußt vereinfachten und zugleich verfremdeten Tonsprache: Die standardisierten Floskeln der Unterhaltungsmusik werden von ihm so überzeichnet, daß sie eine neue, zugleich absurde und abstrakte Qualität gewinnen – so in den *Trois morceaux en forme de poire* für Klavier vierhändig (1897–1903), die sich mit den Mitteln Offenbachscher Ironie gegen die Ideologie der »reinen« Form richten. (Später entwickelte S. aus der Erfahrung einer rein funktionalen Musik das Konzept der »musique d'ameublement«, deren Existenz durch die Negation ihrer Wahrnehmung definiert ist.) Auf der anderen Seite konnte S. für die Rosenkreuzer-Sekte eine vollkommen hermetische, in unantastbarer Distanz verharrende, stilistisch weit vorausgreifende Musik schreiben, deren hervorstechendstes Merkmal neben der Radikalität der klanglichen Mittel (etwa die freien Quart-Schichtungen in *Le fils des étoiles* von 1892) und der Sparsamkeit der Formulierung (*Sonneries de la Rose Croix*; 1891) die strikte Ritualisierung der Formgebung ist, mit der S. nicht zuletzt liturgische Elemente in absolute Formen übersetzte. Der 840-mal zu wiederholende Choral *Vexations* (»Quälereien«) aus den *Pages Mystiques*, 1892–95, wurde auf seine Weise zu einem Schlüsselstück der Moderne, indem er absolute Entindividualisierung und mystische Transfiguration in die Form einer musikalischen Sphinx kleidet.

S. gehörte in Paris schnell und bis zum Ende seines Lebens der künstlerischen Avantgarde an; ihn verbanden Freundschaften nicht nur mit den wichtigsten Komponisten seiner Generation (Debussy, Ravel), sondern auch mit führenden Schriftstellern und bildenden Künstlern wie Guillaume Apollinaire, Jean Cocteau, Georges Braque, Pablo Picasso und – am intensivsten – zu Constantin Brancusi. Die frühe Beziehung und Affinität zur Malerei – für die der kühle Klassizismus von Puvis de Chavannes einen wichtigen Ausgangspunkt bildete – ist für die weitere Werkkonzeption S.s (der selbst ein meisterhafter Kalligraph war) entscheidend geworden.

Erst ab etwa 1912 setzt eine neuerliche kontinuierliche kompositorische Phase ein: Es entsteht eine Reihe von Klavierstücken, die sich durch eine ungewöhnliche Kombination von Musik und Text und einen aphoristisch oder sarkastisch zugespitzten Humor auszeichnen, aber auch neuartige kompositorische und ästhetische Mittel aufweisen. S. hat in diesen Werken (etwa *Embryons desséchés* und *Descriptions automatiques* von 1913, *Véritables préludes flasques* von 1914 und den *Avant-dernières pensées* von 1915) die schon früher erprobte Methode einer verfremdenden Umwertung verschlissener musikalischer Floskeln vervollkommnet und zugleich mittels kommentierender absurd-komischer Texte eine neuartige ästhetische Situation geschaffen: Der zu lesende Text ist integraler Bestandteil der Werkidee, konterkariert aber auch den musikalischen Ablauf, dessen ritualisierte Erstarrung er bloßlegt. Diese dialektische und offene Werkkonstellation (die mit der oftmals improvisatorisch anmutenden Notation korrespondiert) findet in den *Sports & Divertissements* (1914) – einer Reihe von Aphorismen zu Bildern des Malers Charles Martin – einen Ansatz, der über die musikalische Ebene hinaus hin zu einer Konstellation von Musik, Text, Schrift und Bild führt. S. hat hier nicht das Wagnersche Gesamtkunstwerk wiederbelebt, sondern eine gegenseitige Kommentierung der einzelnen Künste (die ihre Teilunabhängigkeit bewahren) erreicht, durch die eine gleichsam prismatische Wahrnehmung entsteht. Das Bild des Prismas bestimmt auch den Tonsatz selbst, der aus einem Minimum an Substanz und Gesten entwickelt wird und jederzeit in eine neue Richtung umschlagen kann.

Die Dimension des Humors in diesen Werken, die fälschlicherweise als Quintessenz von S.s Werk verabsolutiert worden ist, besitzt auch die Aufgabe, die künstlerische Gesamtkonzeption zu verfremden, ja schützend zu verbergen. S.s literarisches Werk, das ebenfalls auf die humoristisch–satirischen Aspekte verkürzt worden ist (so wie seine Biographie auf eine Folge von kuriosen Anekdoten, obgleich S. zu Depressionen neigte und am

Alkoholismus zugrunde ging), zeigt bei genauerer Betrachtung einen dezidierten ästhetischen Standpunkt, dessen Kern eine Kritik des kompositorischen Metiers enthält. (Die luzide »tastende« Fuge – *Fugue à tâtons* - aus den *Choses vues à Droite et à Gauche [sans lunettes]* für Klavier und Violine von 1914 ist nichts anderes als eine solche komponierte Kritik.) Als Schlüsselsatz seiner Ästhetik kann vielleicht die Überzeugung gelten: »L'Idée peut se passer de l'Art« (»Die Idee kann die Kunst übersteigen«; *Ecrits*, 49). Der gestalterische Akt läßt sich demnach gerade nicht auf die Beherrschung der Regeln reduzieren; im Gegenteil kann es niemals zu einer absoluten Kongruenz von Idee und Ausführung kommen, so daß die Idee letztlich der Kunst entbehren kann. Deutet also die Verschränkung von Musik, Text und Bild in S.s Klavierstücken der mittleren Phase an, daß der Gehalt nicht mit der Darstellung eines Tonsatzes erschöpft ist, so scheint in der obsessiven Monotonie der frühen Werke die Idee gleichsam »nackt« präsentiert zu werden.

S. hat mit der ihm eigenen Konsequenz seinen künstlerischen Weg in den letzten acht Jahren seines Lebens beschritten. In dem Ballett *Parade* von 1917 (eine Gemeinschaftsarbeit mit Cocteau und Picasso, welcher 1924 *Relâche* mit Francis Picabia und René Clair folgte) sind – nun unter den Vorzeichen von Surrealismus und Dada – die trivialen Floskeln und Versatzstücke zu einer beschädigten Musik zugespitzt. Die hier angewandte Verfremdungstechnik antizipiert Stravinskys (formalistischem) Neoklassizismus, wie überhaupt die strukturelle Rationalität und Klarheit von S.s Kompositionsweise – z. B. in der Reihe der erlesenen Kinderstücke für Klavier – Stravinsky beeindruckte. S.s später Stil, der mit den *Nocturnes* für Klavier (1919) eingeleitet wird und in dem Liederzyklus *Ludions* (auf Texte von Léon-Paul Fargue) von 1924 ein zu Unrecht kaum bekanntes Meisterwerk der musikalischen Lyrik hervorgebracht hat, findet seinen Höhepunkt in dem »Drame symphonique« *Socrate* von 1919. Diese Vertonung dreier Platon-Texte – darunter der »Mort de Socrate« aus dem »Phaidon« – gilt heute als eines der Hauptwerke des Neoklassizismus. S. hat hier zu einer Synthese seiner kompositorischen Mittel gefunden. Auf einer modalen harmonischen Grundlage kehren die Idiome des »Neo-Grec«, die er in den frühen *Gnossiennes* und den *Trois Gymnopédies* (1888–97) verwandt hatte, und die monotone Immobilität der Rosenkreuzer-Werke wieder. Diese älteren Elemente werden durch die luzid-erhabene, den Text gewissermaßen objektivierende und nobilitierende melodische Linie in ein neuartiges Licht getaucht. Der Primat des Melodischen illustriert S.s Überzeugung, die Melodie sei »L'Idée, le contour, ainsi... la forme et la matière d'une Œuvre« (»die Idee, die Kontur, also ... die Form und Grundlage eines Werks«, ebd., 48). Mit dem *Socrate*, dem ein genaues ikonographisches Programm zugrunde liegt und der enge geistige Bezüge zu Brancusis gleichnamiger Skulptur aufweist, hat S. zugleich einen »enthäuteten Stil« (R. Chalupt, Vorwort zur Klavierfassung, 1919) geschaffen. Der Rückzug in die Abstraktion schafft sowohl eine neue, monumentale Einfachheit wie er auch einen neuen, ganz unprätentiösen Ernst beschwört; dieser wird zum Gegenstück der musikalischen Ironie S.s, ohne sie als philosophische Haltung des Sokrates (der zweifellos auch ein stilisiertes Selbstporträt des Komponisten verbirgt) gänzlich aufzuheben. S. hat mit diesem Werk eine paradoxe Musik am Rand des Schweigens geschrieben, die in seinem Schaffen einzigartig geblieben ist, wenngleich der letzte Satz auch in der Tradition der französischen »Tombeau«-Musik zu suchen ist. Klassizität und Modernität gehen hier, getragen von struktureller Disziplin und einem untrüglichen Sinn für Schönheit, eine wegweisende Verbindung ein.

Noten: Eschig; Salabert (Paris); Universal Edition (Wien).

Dokumente: Ecrits, hrsg. von O. VOLTA, Paris [2]1977; [3]1990; dt. als Schriften, Hofheim (Taunus) 1988 u. ö. Briefe 1891–1913, hrsg. von O. VOLTA, Hofheim (Taunus) 1991. Correspondance presque complète, hrsg. von DEMS., Fayard 2000.

Literatur: SHATTUCK R.: The Banquet Years, N. Y. [2]1955; rev. 1968 [besonders 113–186]; dt. Die Belle Epoque Mn. 1963. E. S. Mn. 1980 (MK 11). WILHEIM, A.: E. S.s Gregorian Paraphrases *in* Studi Musicologica Academiae Scientiarium Hungaricae 25 (1983), 229–237. LAJOINIE, V.: E. S., Lausanne 1985. GILLMOR, A.: E. S. Houndsmill 1988 [mit Bibl.]. ORLEDGE, R.: S. the Composer, Cambridge 1990 [mit WV]. VOLTA, O.: S. et la danse, Paris 1992. ORLEDGE, R.: S. Remembered, Portland 1995. WEHMEYER, G.: E. S., Kassel 1997. DIES.: E. S., Reinbek bei Hbg. 1998. ULRICH, S.: E.S.s »Sports e divertissements«. Ton, Bild, Wort *in* AfMw 59 (2002), 113–135.

Wolfgang Rathert

Saunders, Rebecca

Geb. 19. 12. 1967 in London

S. hat eine starke Vorliebe für Farben. Die zahlreichen Farbmetaphern ihrer Werktitel, seit 1991 erst knapp zwanzig an der Zahl, entstammen dem Bereich des Visuellen und der Malerei. Sie finden ein Pendant in einer Fülle unterschiedlicher Klangfarben, die um ihrer selbst willen ausdifferenziert werden und nicht – wie in der Musik des 19. Jahrhunderts – als Ausdrucksmittel für bestimmte Stimmungen, Gefühle oder Ideen dienen. Das Ideal einer reinen, sinnlichen Klangfarbenmusik realisierte S. bislang vor allem im Rahmen von Kammermusik. Entgegen der Gattungstradition zielt sie in *Vermillion* (»Scharlachrot«) für Streichquartett (1992–94) und *the under-side of green* (»Die Unterseite des Grünen«) für Klarinette, Violine und Klavier (1994) nicht auf möglichst dichte Satz- und Formkonstruktionen, sondern unterläuft herkömmliche syntaktische Kategorien, um die Hörer für mikrotonale Nuancen des Klingenden zu sensibilisieren. Im Gegensatz zu den synästhetischen Ansätzen von Skrjabin oder Messiaen verfolgt S. keine unmittelbare Umsetzung von sichtbarer Farbe in hörbaren Klang oder umgekehrt. Stattdessen orientiert sie sich in *Crimson – Molly's Song I* (»Karmesinrot«; 1995) für Ensemble und *into the Blue* (»Ins Blaue«; 1996) für kleines Ensemble an unterschiedlichen Konnotationen und kulturgeschichtlichen Bedeutungen der Farben, wie sie der englische Regisseur Derek Jarman in seinem Buch »Chroma« erörterte.

Durch ihr Musikstudium mit den Hauptfächern Violine und Komposition an der Universität Edinburgh fand S. – die einer Londoner Musikerfamilie entstammt – zu einem direkten, haptischen Umgang mit Klängen. Sie geht vom physikalischen Prozeß der Klangherstellung und der konkreten physiologischen Anstrengung der Musiker aus. Tatsächlich entstanden viele ihrer Stücke in intensiver Zusammenarbeit mit Interpreten. Sie basieren auf erweiterten Spieltechniken und changieren zwischen distinktem Ton, komplexem Klang und Geräusch. Das *Quartet* für Klarinette, Akkordeon, Klavier und Kontrabaß stellt stark kontrastierende Elemente gegeneinander: heftige Schläge, leise Klangflächen, schnelle Repetitionen, träumerische Klavierakkorde, fauchende Gesten und Momente von Stille. Es erinnert damit entfernt an die Musik von Rihm, bei dem S. 1991–94 an der Musikhochschule Karlsruhe studierte. Wie in anderen Stücken hat Stille hier sowohl die Funktion eines Rahmens, der das Klingende zur Geltung bringt, als auch die Wirkung eines Widerhalls, der vorherige Ereignisse fortsetzt und die Erwartung auf das Nachfolgende richtet.

Ein literarisches Vorbild für den schnellen Wechsel von Klangzuständen fand S. im Schlußmonolog der Molly Bloom aus »Ulysses« von James Joyce. Wie in einem fortwährenden Bewußtseinsstrom reiht sie in der Werkreihe *Molly's Song I–III* (1995–96) ohne erkennbare strukturelle und formale Gesamtkonzeption unterschiedliche Klangmaterialien aneinander. Dabei kommen auch heterogene Gerätschaften zum Einsatz, tickende Metronome, Radios, Trillerpfeifen und Spieldosen, deren individuelle Klangcharaktere in musikalischen Zusammenhängen neue Realitäts-, Assoziations- bzw. Bewußtseinsebenen eröffnen. Zuweilen zeigt die Musik eine Affinität zu den Klangkompositionen von Ligeti und Scelsi. Das Erkunden der Eigenschaften einzelner Tonhöhen oder -spektren steht im Mittelpunkt von *dichroic seventeen* für Ensemble (1998). Der Titel entstammt der Kristallographie und bezeichnet die Eigenschaft vieler Kristalle, Licht nach verschiedenen Richtungen in zwei Farben zu zerlegen. Die Instrumente überlappen sich oft bis zur Ununterscheidbarkeit. In Analogie zur Zusammensetzung des Lichts aus einem komplexen Farbspektrum wird ein und derselbe Mischklang aus verschiedenen Instrumentalfarben gebildet. In *G and E on A* (»G und E über A«) für Orchester und 27 Spieldosen (1996–97) wird dagegen das Klangzentrum a mit dem Teiltonspektrum der Töne g und e übermalt. Seitdem bedient sich S. verstärkt der orchestralen Vielfarbigkeit größerer Formationen, insbesondere in den beiden Doppelkonzerten *Cinnabar* (»Zinnober«; 1999) für Violine, Trompete und Ensemble und *duo four – two exposures* (»Viertes Duo – zwei Belichtungen«; 2000) für Trompete, Schlagzeug und Orchester.

Noten: Edition Peters (Ldn. und Ffm.).
Literatur: KIEFER, S.: »Farbe macht Licht, Bewegung, Raum und Zeit«. Zur Idee einer reinen Klangfarbenmusik *in* Musik & Ästhetik 3 (1999), 67–71. WILKINS, C.: In Stille gerahmt. Ein Porträt der britischen Komponistin R. S. *in* MusikTexte 21 (2001), 4–8. PETERS, H.: Klangfelder aus dem Atelier. Die Komponistin R. S. *in* Gitarre aktuell 22 (2001), 50–52.

Rainer Nonnenmann

Scarlatti, (Giuseppe) Domenico

Geb. 26. 10. 1685 in Neapel;
gest. 23. 7. 1737 in Madrid

Immer noch sei »das Problem der zwei D. Sc.« ein Rätsel, für die Geschichtswissenschaft kaum lösbar, meint G. Pestelli (Tercentenary essays, 79). Und tatsächlich, zwischen dem italienischen und spanischen Sc. scheint keinerlei Verbindung zu bestehen; bestenfalls einige wenige Spuren, die den flagranten Bruch in Sc.s Werkbiographie erklären könnten. Hier der Komponist, der 1701 seine Karriere in der königlichen Hofkapelle zu Neapel begann, in der Jugend Sonaten im Stil Francesco Durantes, Bernardo Pasquinis, Benedetto Marcellos und seines Vaters Alessandro, dazu Kammerkantaten, Opern, Oratorien und Kirchenmusik schrieb. Hier in Italien der knapp Dreißigjährige, der mit der witzigen Farsette *Dirindina* bewies, daß er ein Protagonist der frühen opera buffa hätte werden können. Und ebenso demonstrieren jene 17 Sinfonien, von denen drei als Ouvertüren seiner in Rom komponierten Opern *Amor d'un combra* bzw. *Narciso* (London 1714 und 1720), *Tolomeo et Alessandro* (Rom 1711) und *Tetide in Sciro* (Rom 1712) fungierten, den rhythmisch vitalen, dynamischen Elan und Esprit einer neuen Komponistengeneration, die mit dem gemessenen Stil des römischen Barock kaum noch etwas gemein hatte. Und dagegen nun der in ganz Europa gerühmte Cembalovirtuose im Dienst der portugiesischen Infantin und späteren spanischen Königin Maria Barbara de Bragança, in deren Dienst er jedoch kaum nennenswerte Zeugnisse seiner Anwesenheit in der repräsentativen Öffentlichkeit des Madrider Hofes hinterließ. Trotz intensiver Nachforschungen und scharfsinniger Recherchen seitens Kirkpatrick (1953), Pestelli (1967), Sheveloff (1973), Pagano (1985) und Boyd (1986) bleibt die Frage, wie und warum ein beachtlicher Opernkomponist nun in Spanien der prestige-reichsten musikalischen Gattung des 18. Jahrhunderts den Rücken zukehrte, immer noch ohne Antwort. »Irgendetwas uns Unbekanntes hat in Sc.s Lebensmitte eine bis dahin unbekannte Seite seiner Persönlichkeit entfesselt; oder es sind nach langer Reifezeit plötzlich Qualitäten erblüht« (Pestelli, 80).

Wie tief dieser Einschnitt in Sc.s Werkbiographie gewesen sein muß, läßt sich bereits an äußeren Daten ermitteln: 1725 war der überaus dominante Vater Alessandro in Neapel gestorben. Erst mit 43 Jahren heiratete Sc. in Rom die blutjunge Maria Catalina Gentili. Dann, als er 1729–30 im Gefolge der frisch dem spanischen Infanten angetrauten Prinzessin Maria Barbara von Portugal nach Spanien übersiedelte, verzichtete er schließlich auf das Amt eines angesehenen Lissaboner Hofkapellmeisters. Und mit dem Wandel, der von da an im Werk des Komponisten zu verzeichnen ist, erfolgten kaum weniger auffällige Veränderungen seines Klavierstils. Das ist sicher, auch wenn das Geheimnis der Chronologie seiner mehr als 555 Kompositionen für Cembalo (gelegentlich auch für Orgel) immer noch nicht gelüftet werden konnte, da die Autographen verschollen sind.

Die Kehrseite dieser exklusiven Tätigkeit als Privatcembalist einer Monarchin, der sich nur noch auf eine musikalische Gattung konzentrierte, ist merkwürdig genug. Mehr als das Werk der spanischen Kollegen am Madrider Hof ist Sc.s Klavierwerk den kollektiven Leistungen der iberischen Volksmusik verbunden (vgl. Puyana 1987, 51ff.).

Seine Sonaten, oft geniale artifizielle Versionen iberischer Fandangos (z. B. die *Sonaten* K 234, 241, 252, 281, 400, 467), Seguidillas, Polos und Boleros (wie K 454, 491, 516), stehen für ein wohl einmaliges musikalisch-ethnisches, quasi mehrsprachiges Konzept, das nicht nur die Klaviertechnik seiner Zeit revolutionierte und auf einen neuen virtuosen Standard hob, von welchem noch Clementi, Czerny, Liszt und Brahms profitierten. Dieses Konzept steht auch für den Versuch, zwei völlig verschiedene Klangwelten zu kombinieren: die Modusgestalten der iberischen, speziell andalusischen Folklore und die Klangwelt der avancierten italienischen Instrumental- und Opernmusik, die seit 1700 unter der Herrschaft der Bourbonen importiert wurde. Sc. war neben dem Portugiesen Carlos de Seixas (1704–42), den jüngeren spanischen Komponisten wie Sebastian Albero (1722–56) und Antonio Soler (1729–83) einer der ersten Komponisten auf der iberischen Halbinsel, der verschiedene, auseinanderstrebende musikalische Materialstände, den der neueren harmonischen Tonalität und jenen einer vorwiegend modal geprägten Folklore, zusammenführte (Zuber in MK 43, 1986). Denn das Neuartige in Sc.s Klaviermusik bestand nicht allein im Klaviersatz, in Gestalt hochvirtuoser, pianistisch geprägter Figurationen mit Trillerketten, halsbrecherischen Sprüngen, Kreuzen der Hände, Terz-, Sext- und Oktavgängen und weit ausholenden Arpeggien (Kirkpatrick, 187ff.); Raffinement und Modernität seiner Sonaten kamen nicht nur in der Artikulation eines ebenso kunstvoll ausbalancierten wie spontanen Formgefühls zum Zuge. Neuartig waren die häufig abrupt wechselnde Stimmung seiner Sonaten, die scharfen harmonischen Kontraste, die meisterhaft und gewagt durchexerzierten Gegensatzfronten von virtuoser Brillanz, elegant hingeworfener Leichtigkeit einerseits und verdüsterter Schwermut, wilder Vitalität anderseits. All dies beruht auf einer gleichermaßen impulsiven Rezeption wie harmonisch-formal kalkulierten Einarbeitung des alten, in maurischer Vorzeit wurzelnden andalusischen Cante Jondo (z. B. in der *Sonate* K 347). Es sind Reminiszenzen an älteste Formen des Cante Flamenco, der Tonás und Cañas, der Corríos und Carceleras, die meist ohne feste Metrik und ohne Begleitung vorgetragen wurden. Dazu gehören modale maurisch-andalusische Tonsysteme und Skalen (z. B. K 189, 211, 217, 306, 340, 492), melismatische Formeln, chromatische Appogiaturen des andalusischen Cante (z. B. K 193, 252, 253, 490, 516), rhythmisch-metrische Patterns iberischer Tänze (K 468, 494, 502, 522). Des weiteren finden sich Figurationen, Repetitionen (etwa K 141, 211, 298, 314) und Akkorde mit unaufgelösten, zuweilen clusterartigen Dissonanzballungen (besonders extrem K 175), allesamt der volkstümlichen Gitarristik abgelauscht (vgl. Boyd, 181ff.), die zudem absteigende Akkordfolgen zur Verfügung stellte, die für den alten baile andaluz und noch heute für den Flamenco typisch sind und nicht mit der phrygischen Kadenz alter Vokalpolyphonie verwechselt werden dürfen.

Schon in den niederzähligen Sonaten (K 43, 44, 46, 48, 49, 54 sowie K 96, 99–102, 104, 105, 107, 109–112) und noch mehr ab den *Sonaten* K 114–220 treten all diese Charakteristika so massiv in der Vordergrund, daß man vermuten könnte, Sc.s Rezeption spanischer Musikfolklore habe sich wie ein schockartiger Einbruch vollzogen. Diese Werke müssen – trotz ungeklärter Chronologie – in Spanien, entweder schon in den ersten Jahren in Sevilla oder erst ab 1742 entstanden sein, als Sc. nach dem Tod seiner ersten Frau eine Andalusierin aus Cádiz, der Geburtsstadt des Fandango und einem der Zentren spanischer Gitanos, heiratete.

Damit aber schuf Sc. einen völlig neuen musikalischen Stil, der gegenüber der galanten Stilrichtung der dreißiger und gegenüber der expressiven Klaviermusik der sechziger Jahre des 18. Jahrhunderts eine Sonderstellung einnimmt. In diesem Sinne stellt Sc. auch den paradigmatischen Fall eines im Sinne des 18. Jahrhunderts kosmopolitischen Komponisten dar. Doch als Konstituens seiner spanischen Idiomatik ist die für seine Zeit charakteristische Mischung nationaler Stile nicht weniger bedeutungsvoll als seine erstaunlich engagierte Parteinahme für den maurisch-andalusischen Ton spanischer Folklore, der in den italienisch gesinnten und am französischen Klassizismus orientierten Kreisen des absolutistischen Madrider Hofs ein recht unerwünschtes Idiom verkörperte. Gleichzeitig äußerte sich Sc.s Hispanizismus nicht allein gattungspoetisch in Form eines kosmopolitisch vermischten Geschmacks. Die quasi antiabsolutistische Haltung seines Hispanizismus, der – das wäre noch genauer zu erforschen – in die damals heftige und für das 18. Jahrhundert typische Auseinandersetzung zwischen den bourbonischen Importeuren klassizistischer französischer Ästhetik und dem spanischen Traditionalismus einzuordnen ist, folgte auch dem aufgeklärten Gedanken einer Kunst abseits barocker normativer Regeln des musikalischen (strengen) Satzes. Dies ist eine Kunst, welche zwar die Regeln der Stimmführung nicht endgültig verwirft (Sc. hat immerhin einige beachtliche Fugen komponiert), doch nun der empirischen Wahrnehmung, der subjektzentrierten Phantasie und der Empfindung des Komponisten unterstellt wird. So soll Sc. einmal gesagt haben, er wisse zwar, daß er in seinen *Sonaten* alle Regeln der Komposition beiseite geschoben habe, doch nur das Ohr, die musikalische Wahrnehmung entscheide (Burney, 38). Und auch Sc.s Vorwort zu den 1738–39 in London veröffentlichten *Essercizi* belegt eine für spanische Verhältnisse erstaunliche Selbstverständlichkeit, mit welcher nun der Komponist seine Kunst zur Erfindung ermächtigt, abseits der Normen des strengen Satzes, der eine strenge Dissonanzbehandlung forderte.

So läßt sich die gesamt Palette von Sc.s besonderer Idiomatik, die sich auf alle Parameter der Musik erstreckt, in einem eigentümlichen Prozeß verfolgen: Die Regeln der Komposition werden zum Teil umgedeutet, erheblich gedehnt, auch vernachlässigt und durch die Formgebung neu formuliert. Und diese strukturelle Neuformulierung, auch in Gestalt des rasch vollzogenen, stets ausbalancierten Kontrasts, wobei bereits in früheren Sinfonien, einigen Opernarien und anderen Vokalkompositionen die Neigung zum kontrastreichen Wechsel zu erkennen ist, erfolgt nun in Spanien auch mit der artifiziellen Umformung folkloristischen Materials. Diese Idiomatik jedoch verdankt sich nicht der kontinuierlichen Nachahmung oder programmatischen Schilderung eines folkloristischen Musikmilieus. Sie erfolgt mit dem frappanten Verzicht auf eine kohärente, stimmige Verarbeitung disparaten Materials, das krassen harmonischen, formalen und strukturellen Rükkungen und Brüchen ausgesetzt wird (vgl. Zuber 1986, 21 ff.) Zwar schrieb Sc. auch eine Menge Sonaten, in denen er monomotivisch im Stil der Suite den Satz fortspann, doch die Idee des unvermittelten Wechsels, nicht mehr einheitlichen Affekts und gegensätzlicher feldartiger Strukturen, in welche er oft zu Beginn des zweiten Sonatenteils jene fremd klingenden maurisch-andalusischen Idiome einblendete und dann wieder verschwinden läßt, konstituieren den Kontrast in seiner damals extremsten Form. Und damit ist Sc.s Klaviermusik auch ein Versprechen von Subjektivität und Spontaneität einer alten ethnischen Musikkultur, die nun den empirischen Blick auf eine hörbar gewordene Vielfalt lenkt, ohne die Sinnerfahrung des Wirklichen metaphysisch oder hierarchisch zu bestimmen.

Noten: Opere complete per clavicembalo di D. Sc., hrsg. von A. LONGO, Mailand 1906–1908. D. Sc. Complete keyboard works in facsimile, hrsg. von R. KIRKPATRICK, N. Y. 1971. D. Sc. Sonates, hrsg. von K. GILBERT, Paris 1971–1984. D. Sc. Sonate per clavicembalo, hrsg. von E. FADINI, Mailand 1978 ff. Tetide in Sciro, hrsg. von T. OCHLEWSKI, Krakau o. J. La Dirindina, hrsg. von FR. DEGRADA, Mailand 1985. Capriccio fugato a dodici, hrsg. von P. WINTER, Köln 1969. Salve regina A-dur, hrsg. von R. LEPPARD, Ldn. 1979. Salve regina a-moll, hrsg. von L. HAUTUS, Kassel 1971. Stabat mater, hrsg. von J. JÜRGENS, Mainz 1973.

Bibliographie: VIDALI, C. F.: A. and D. Sc. A Guide to Research, N. Y. 1993.

Literatur: BURNEY, Ch.: Tagebuch einer musikalischen Reise, Hbg. 1772, Faks., hrsg. von CHR. HUST, Kassel u. a. 2003. KIRKPATRICK, R.: D. Sc., Princeton 1953, [3]1982. SHEVELOFF, J. L.: The keyboard music of D. Sc. A re-evaluation of the present state of knowledge in the light of the sources, Ann Arbor (MI) 1973. DEGRADA, FR.: Una sconosciuta esperienza teatrale di D. Sc. La Dirindina *in* Il Palazzo incantato. Studi sulla tradizione del melodramma dal Barocco al Romanticismo, Fiesole 1979, 67–97. »D. Sc. et il suo tempo«, Kgr.-Ber. Siena 1984 der Academia Musicale Chigiana. PAGANO, R.: Sc., Allessandro e D. Due vite in una, Mailand 1985. Bach, Händel, Sc. Tercentenary essays, hrsg. von P. WILLIAMS, Cambridge 1985. PESTELLI, G.: Das musikalische Werk von D. Sc. *in* D. Sc. Große Jubiläen im Europäischen Jahr der Musik, Kat. der Ausstellung Ascona 1985, 79–81. D. Sc., Mn. 1986 (MK 43). BOYD, M.: D. Sc. N. Y. 1986 [mit WV]. Händel et gli Sc. a Roma, hrsg. von N. PIRROTTA und A. ZIINI, Florenz 1987. Atti del convegno di studi »D. Sc. e il suo tempo« Siena 1985, Florenz 1990. ABBASSIAN-MILANI, F.: Zusammenhänge zwischen Satz und Spiel in den »Essercizi« (1738) des D. Sc., Köln [1998]. SLOANE, C.: La cronología de las sonatas de D. Sc. y un punto referente al temple *in* Revista de musicologia 24 (2001) 107–113. SUTCLIFFE, D.: The keyboard sonatas of D. Sc., N. Y. 2003.

Barbara Zuber

Scarlatti, (Pietro) Alessandro Gaspare

Geb. 2. 5. 1660 in Palermo; gest. 22. 10. 1725 in Neapel

»Was war ich glücklich, als ich in Rom eine Originalhandschrift der Kantaten dieses schöpferischen Musikers erwerben konnte …« (Charles Burney: A General History of Music). Der emphatische Ausspruch des englischen Musikreisenden über die Fügung, daß er in den Besitz von 35 Kantaten Sc.s (Tivoli 1704–05) gekommen war, führt direkt in die Problematik ein, welche eine Beschäftigung mit Sc.s Schaffen eher schwierig gestaltet: wird doch ein Licht auf die Bedeutung der »cantata da camera« als jener Gattung innerhalb seines Œuvres geworfen, in der er sein individuelles Profil als Komponist erwarb und über die Zeiten hinweg zu bestätigen vermochte (er schrieb über 800 Kantaten). Dies geschah vor allem in Rom von 1703 bis 1708, als er das Amt des Vizekapellmeisters an S. Maria Maggiore bekleidete, vor allem jedoch Unterstützung durch seinen alten Mäzen, Kardinal Pietro Ottoboni, sowie durch einen weiteren Förderer, Francesco Maria Ruspoli, erfuhr, in deren Häusern es zu zahlreichen Aufführungen von kammermusikalischen Vokalwerken kam. Möglicherweise wurden sie auch bei den Versammlungen der Accademia dell' Arcadia vorgetragen, zu deren Mitglied Sc. 1706 zusammen mit Corelli und Bernardo Pasquini gewählt wurde. Die Kantaten haben zumeist ein pastorales Sujet, sind in der Mehrzahl für Solosopran und Basso continuo geschrieben und tragen zumindest seit 1705 in ihrer äußeren Faktur modellhafte Züge (zwei Rezitative und Arien mit Da-capo-Anlage). Sie weisen Sc. als einen Komponisten aus, welcher über eine Vielfalt musikalischer Gestaltungsmittel verfügte (z. B. tonmalende Motive, unerwartete Modulationen, dichte Chromatik), die er mit Raffinesse und auch dem Ziel der Textausdeutung offenbar sehr zum Gefallen seiner Gönner einsetzte. Diese Werke sind indes nur wenig bekannt, da bislang erst ein Bruchteil von ihnen im Druck erschienen oder auf Schallplatte eingespielt ist.

In der Musikgeschichte, in der er lange Zeit den Platz des ›Hauptes‹ der sogenannten »Neapolitanischen Schule« einnahm und als solcher stilbildend für das dramma per musica des 18. Jahrhunderts gewirkt haben soll, wird Sc. vor allem als Opernkomponist rezipiert. Königlicher Kapellmeister in Neapel von 1684 bis 1702 sowie von 1708–09 bis 1721, schrieb er die Mehrzahl seiner über 100 Bühnenwerke in dieser Funktion, darunter als einzige commedia per musica *Il trionfo dell'onore* (Francesco Antonio Tullio; Neapel 1718). Die ihm eingeräumte operngeschichtliche Bedeutung als ›Innovator‹ ist jedoch schon seit längerer Zeit in Frage, ja in Abrede gestellt worden. So ist inzwischen bekannt, daß er an der Entwicklung des dramma per musica des frühen Settecento in seiner ›äußeren‹ Erscheinungsform allenfalls beteiligt war, sich die Tendenzen mithin nicht zuerst oder gar ausschließlich in seinen Werken, sondern auch in jenen anderer Komponisten spiegeln, von denen sie in der Regel konsequenter vollzogen wurden. Zudem nahm Neapel in dieser operngeschichtlichen Phase keine führende Position ein, sondern hielt z. B. noch an der Integration der scene buffe fest, als man andernorts davon schon Abstand genommen hatte. Entscheidend jedoch ist, daß sich Sc.s Melodik und musikalischer Satz beträchtlich von denen seiner Zeitgenossen, etwa dem Venezianer Carlo Francesco Pollarolo, unterscheiden und Sc. sich zu einer Anpassung an den ›mainstream‹ der zeitgenössischen Opernkomposition nicht verstehen konnte oder wollte. So hat er in dieser Hinsicht weder Hasse, den er unterrichtete, noch andere neapolitanische Komponisten geprägt und auch aus diesem Grunde keine ›Schule‹ gemacht.

Folgt man den neueren Forschungsergebnissen von Lorenzo Bianconi und Reinhard Strohm (vgl. Colloquium A. Sc. Würzburg), dann war Sc. – zumindest seit 1702 – ein Außenseiter, dies nicht nur in Neapel, sondern auch im übrigen Italien (1707 Mißerfolg mit seinen zwei Opern für Venedig und vergebliches Ersuchen um eine Anstellung bei Ferdinando III. Principe de'Medici in Florenz, um die er sich schon einmal 1702 bemüht hatte). Seine Werke sollen keinen öffentlichen Erfolg eingetragen, sondern nur in bestimmten Adelskreisen um die Vizekönige von Neapel Resonanz gefunden haben. Nun mag es musikhistorisch von sekundärer Bedeutung sein, welche sozialen oder politischen Kräfte Sc. förderten oder ablehnten. Nicht uninteressant gerade auch mit Blick auf die Eigenart von Sc.s Œuvre sind hingegen die Gründe, die für Sc.s angeblich sinkenden Publikumserfolg zu Beginn des 17. Jahrhunderts angeführt werden. So schreibt der Impresario F. M. Zambeccari 1709 sinngemäß aus Neapel: Sc.s letzte Oper habe gar nicht gefallen. Seine Kompositionen seien zu schwierig und lösten Müdigkeit aus. Dies liege vor allem daran, daß er den Kontrapunkt schätze, den in einem Theater mit tausend Personen höchstens zwanzig verstehen könnten, so daß sich alle übrigen langweilten. Diese Kritik, welche über Sc.s Rang als Komponist im übrigen keinen Zweifel zuläßt, scheint ein Indiz für die Eigenart seiner Kompositionen an die Hand zu geben: Elaboriertheit, welche auch auf älteren satztechnischen Mitteln (Polyphonie bzw. Scheinpolyphonie), harmonisch gesuchten und neuartigen Effekten und – wie Bianconi hervorhebt (Colloquium, 39) – »Kongenialität der musikalischen Deklamation mit dem dichterisch-dramatischen Vortrag« beruhte. Diese Qualitäten trugen wohl auch zum Renommee seiner Oratorien und kirchenmusikalischen Werke bei, die er überwiegend, aber nicht ausschließlich während seiner Tätigkeit an S. Maria Maggiore in Rom komponierte. In dieser Zeit (1706–1708) trachtete er danach, den »stile sodo di Palestrina« nachzuahmen, wovon zahlreiche seiner Messen und Motetten Zeugnis ablegen. Bei der kompositorischen Anwendung des stile osservato verfuhr er indes eher frei.

So verständlich es ist, daß man im Zuge der Offenlegung von Sc.s tatsächlicher historischer Stellung als Opernkomponist Zweifel an seiner geschichtlichen Bedeutung überhaupt bekam, zumal man sich hierin auch noch durch Bemerkungen der Zeitgenossen sowie durch die Brüche aufweisende Karriere bestätigt sah, so wenig vermag eine ausschließlich operngeschichtlich oder rezeptionsästhetisch orientierte Betrachtung Sc. gerecht zu werden. Weiß man auch immer noch zu wenig über die kammermusikalischen Werke, so weiß man doch genug, um die Fülle an motivischen und melodischen Einfällen erkennen, vor allem jedoch begreifen zu können, mit welch außerordentlichem Geschmack und welcher Kunstfertigkeit die artifiziellen Texte »in Musik« gesetzt sind. Dies wußten die Zeitgenossen – nicht nur Burney –, und dies zu erfassen sollte man sich auch heute vorrangig bemühen.

Noten: The Operas of A. Sc., hrsg. von D. J. GROUT u. a., Cambridge (MA) 1974 ff. [bisher erschienen: Bd. 1 Eraclea; Bd. 2 Marco Attilio Regolo; Bd. 3 La Griselda; Bd. 4 The faithful princess; Bd. 5 Massimo Puppieno; Bd. 6 La caduta de' Decemviri; Bd. 7 Gli equivoci del sembiante; Bd. 8 Tigrane; Bd. 9. La Statira]. Telemaco [Faks.-Ndr. der Abschrift Österreichische Nationalbibl., Wien], N. Y. und Ldn. 1978 (Italian Opera 1640-1770 23). Il Pompeo [Faks.-Ndr. der Abschrift Bibl. Royal, Brüssel], N. Y. und Ldn. 1986 (Handel Sources 6). Dafni [Faks.-Ndr. der Abschrift Fitzwilliam Museum, Cambridge], N. Y. und Ldn. 1986 (ebd. 7). Gli oratorii, hrsg. von L. BIANCHI, Rom 1964 ff. [bisher erschienen: Bd. 1 La Giuditta; Bd. 2 Agar et Ismaele esiliati; Bd. 3, Nr. 11 La Giuditta; Bd. 4 Il primo omicidio; Bd. 5. Il David.]. Cantatas by A. Sc. [Faks.-Ndr.], hrsg. von M. BOYD, N. Y. und Ldn. 1986 (The Italian cantata in the seventeenth Century 13).
Werkverzeichnis: HANLEY, E.: A. Sc.s Cantate da camera. A Bibliographical Study, Ann Arbor (MI) 1973.
Bibliographie: VIDALI, C. F.: A. and D. Sc. A Guide to Research, N. Y. 1993.
Literatur: DENT, E. J.: A. Sc. His Life and Works, Ldn. 1905, NA hrsg. von FR. WALKER, Ldn. und N. Y. 1960. POULTNEY, D. G.: The Oratorios of A. Sc. Their Lineage, Milieu, and Style, Diss. University of Michigan 1968. PAGANO, R. und BIANCHI, L.: A. Sc., Turin 1972 [mit WV von G. ROSTIROLLA]. Colloquium A. Sc. Würzburg 1975, hrsg. von W. OSTHOFF und J. RUILE-DRONKE, Tutzing 1979. SCHACHT-PAPE, U.: Das Messenschaffen von A. Sc., Ffm. 1993. DUBOWY, N.: Zur Morphologie des »dramme per musica« ... *in* Musik als Text, hrsg. von H. DANUSER und T. PLEBUCH, Kassel 1998, 425–430.

Sabine Henze-Döhring

Ščedrin, Rodion Konstantinovič

Geb. 16. 12. 1932 in Moskau

Obwohl R. Šč. in seiner künstlerischen Entwicklung mehrere Etappen ästhetischer bzw. kompositionstechnischer Orientierung durchlaufen hat, läßt sich das Individuelle seiner Schreibweise in seinen bisherigen Werken unschwer festmachen – selbst dann, wenn Jahrzehnte zwischen den Entstehungsdaten zweier Werke liegen. Šč. verweist selbst darauf, daß sein Komponieren nachhaltig von musikalischen wie außermusikalischen Eindrücken unterschiedlichsten Charakters beeinflußt worden ist.

Dazu gehören Umstände seines persönlichen Werdegangs wie die solide pianistische Ausbildung bei Jakov Flier und die Ehe mit der legendären Primaballerina des Bol'šoj Theaters Maja Pliseckaja ebenso wie Erlebnisse während des Zweiten Weltkrieges und der stalinistischen bzw. poststalinistischen Ära. Sie finden ihren Niederschlag in der Bevorzugung bestimmter Gattungen (Klavier- und Chorwerke, Ballette) und in der Absorbierung stilistischer Vorbilder (Bach, russische Sakral- oder Volksmusik, Prokof'ev, Šostakovič, Stravinsky, Berio, Messiaen) und brechen sich Bahn in symbolhaften, ja geradezu naturalistischen Klangbildern, die – oft mit dem Ziel eines grellen Verfremdungseffektes – in strenge Strukturen eingefügt sind, in dieser ästhetischen Dissonanz jedoch einer logischen Dramaturgie folgen: Schreibmaschinengeklapper in der satirischen Kantate *Bjurokratiada* (»Bürokratiade«; Moskau 1965), Schellengeläut in der Oper *Mërtvye duši* (»Die toten Seelen«, nach Nikolaj Gogol'; Moskau 1977), Pferdegetrappel und Geräusche eines fahrenden Zuges im Ballett *Anna Karenina* (Moskau 1972), Glockenläuten in Werken nahezu aller von Šč. bedachten Genres (exemplarisch etwa in dem *Konzert für Orchester Nr. 2 »Glockenklänge«*, 1968). Simultanität mehrerer Stilebenen bildet – zumal in den Bühnenwerken – ein weiteres Gestaltungsmerkmal.

Daß Šč. seine Stoffe und Themen nahezu ausschließlich in der russischen Geschichte und Literatur von Aleksandr Puškin über Gogol' und Anton Čechov bis zu Andrej Voznesenskij gefunden hat, bewahrte ihn nicht vor dem absurden Vorwurf des »Kosmopolitismus« aus dem Lager linientreuer Musikfunktionäre. Tatsächlich zeigte sich

Šč. bereits in den fünfziger Jahren, als dies noch ausschließlich negative Folgen für den einzelnen hatte, weltoffen und aufgeschlossen für Informationen aus den verschiedensten Gebieten von Kunst, Wissenschaft und Technik. Seine von Ironie und Sarkasmus geprägte Gesellschaftskritik und ein gewisser Hang zur Extravaganz ließen ihn vor keinem verwegenen, ästhetisch bisweilen anfechtbaren Experiment zurückschrecken.

Charakteristisch hierfür sind das brillant instrumentierte erste Orchesterkonzert *Ozornye častuški* (»Übermütige Tschastuschki«; 1963), in dem Šč. Themen russischer Scherzlieder mittels einer an Glinka, Čajkovskij und Stravinsky geschulten Variationstechnik effektvoll verarbeitet und damit im Konzertsaal etabliert hat, sodann das zwischen Oratorium und Melodram angesiedelte *Poètorija* (»Poetorium«, Konzert für einen Dichter, Frauenstimme, Chor und Orchester nach Texten von Voznesenskij; Moskau 1968) oder auch das gut zweistündige *Muzykal'noe prinošenie* (»Musikalisches Opfer«; Moskau 1983) für Orgel, je 3 Flöten, Fagotte und Posaunen – eine erklärte Huldigung an J. S. Bach und zugleich ein kompositorisches Bekenntnis zu Messiaen. Eine weitere Hommage an Bach manifestiert sich in den Klavierzyklen *24 Präludien und Fugen* (2 Hefte, 1964/1970) sowie dem *Polyphonen Heft* – einer 1972 veröffentlichten Sammlung von 25 Präludien.

Strenge polyphone Techniken durchziehen (zumal in den Klavierwerken) das Werk Šč.s gleichermaßen wie die Auseinandersetzung mit seriellen Techniken (drittes Konzert für Klavier und Orchester *Variationen und Thema*, 1973). Vom Beigeschmack des Modischen nicht immer freie Erscheinungen wie Aleatorik, Zitat und Collage sind aus der Musik Šč.s nicht wegzudenken. In der Symbiose mit Skalensegmenten altrussischer Kirchentonarten, mit der Manier des russischen Volksliedgesanges oder auch mit der spartanischen Strenge der liturgischen Weise des »Znamennyj raspev«, eines traditionellen Zeichengesanges der orthodoxen Kirche, finden solche Kompositionsmethoden eine Verschmelzung der Stile wie sie – auf der Grundlage eines klaren dramaturgischen Konzepts – von keinem anderen russischen Komponisten der Gegenwart erreicht wurde. Šč. bekannte sich zur stilistischen Vielfalt seines Œuvres ebenso wie zur bewußten Rückkehr zum Wohlklang, die er der sackgassenartigen Situation der Neuen Musik während der achtziger Jahre geschuldet sieht. Sein Čechov-Ballett *Dama s sobačkoj* (»Die Dame mit dem Hündchen«; Moskau 1985) und das Holzbläsertrio *Tri pastucha* (»Drei Hirten«; 1988) sind bezeichnend für Šč.s Tendenz zur Vermittlung.

Die 1992 erfolgte Übersiedlung nach Deutschland, die München – neben Moskau – zu Šč.s zweiter Heimat werden ließ, brachte ihm mit dem wachsenden internationalen Renommee die Freiheit, sich fortan ausschließlich Auftragskompositionen widmen zu können. Unter den in dieser überaus produktiven Phase zur Aufführung gelangten Werken, die Šč.s stilistische Bestrebungen der achtziger Jahre konsequent fortführen – er selbst hat sie als »postavantgardistisch« charakterisiert –, ragen insbesondere seine dritte Oper *Lolita* (nach Vladimir Nabokov; Stockholm 1994) sowie die *Dritte Symphonie* (»Szenen aus russischen Märchen«; 2000) hervor. Daneben nimmt vor allem die Gattung des Instrumentalkonzerts eine exponierte Stellung ein: Mehr als die Hälfte seines mittlerweile durchaus umfangreichen Konzertœuvres entstand in diesem Jahrzehnt – darunter zwei *Klavierkonzerte* (Nr. 4 »Die Kreuztonarten«, 1992 und Nr. 5, 1999), ferner das für Mstislav Rostropovich komponierte *Sotto voce concerto* für Violoncello und Orchester (1994), das *Konzert für Trompete* (1994), für Viola (*Concerto dolce*, 1997) und Violine (*Concerto cantabile*, 1998), das Maxim Wengerow zugedacht ist und vom Komponisten selbst als das »Tagebuch meiner Gefühle« bezeichnet wurde; drei Jahre nach der Uraufführung wurde es als beste zeitgenössische Komposition für den »Grammy« nominiert. Internationales Aufsehen erregte zudem die für die Eröffnung der Konzertsaison 2000/01 von den Nürnberger Symphonikern in Auftrag gegebene Introduktion zu Beethovens »Neunter Symphonie«.

Auf dem Gebiet der Kammermusik verdient – neben einem umfangreichen Korpus kürzerer Kompositionen – vor allem das Sonatenwerk besondere Beachtung: Neben der *Zweiten Klaviersonate* (1997) und der *Sonate für Violoncello und Klavier* (1997) entstand die *Menuhin-Sonata* für Violine und Klavier (1999).

Zu den jüngsten Werken des Komponisten zählt neben der konzertanten Oper *Očarovannyj strannik* nach Nikolaj Leskov (»Der verzauberte Wanderer«; N. Y. 2002) auch der im Februar 2003 in Köln uraufgeführte Vokalzyklus *Meine Zeit, mein Raubtier* (nach Texten von Ossip Mandel'štam und Anna Achmatova) für Sprecherin, Tenor und Klavier, der mit seinen abwechselnd gesungenen und rezitierten Partien sowie einem weitgehend melodramatischen Gestus sich in die Tradition des konzertanten Oratoriums einreiht.

Noten: Sovetskij kompozitor (Moskau); Sikorski (Hbg.); Universal Edition (Wien).
Dokumente: Geleitwort zu EKIMOVSKI, V.: Olivier Messiaen, Moskau 1987; dt. *in* Sinn und Form 5 (1988). Interviews *in* Sovetskaja Muzyka 1 (1983); dt. *in* Sinn und Form 2 (1984). Pravda vom 16. 9. 1988; dt. *in* Kunst und Literatur 1 (1990). Kommentare zur Vergangenheit *in* Muzykal'naja žizn' 10 (1989).
Literatur: TARAKANOV, M.: Tvorčestvo R. Šč.a [»Das Werk R. Šč.s«], Moskau 1980. 50 sowjetische Komponisten, hrsg. von H. GERLACH, Lpz. und Dresden 1984, 383–407 [mit Bibl.]. PROCHOROVA, I.: R. Šč. Načalo puti, Moskau 1989. Sowjetische Musik im Licht der Perestroika, hrsg. von H. DANUSER u. a., Laaber 1990 [mit Bibl. und WV, 400–402]. CHOLOPOVA, V.: Neizvestnyj Šč. [»Unbekannter Šč.«] *in* Muzykal'naja Akademija 2 (1998), 9–15. RAABEN, L. N.: O duchovnom renessanse v russkoj muzyke 1960–80 godov [»Über die geistige Renaissance in der russischen Musik der 1960–80 Jahre«], St. Petersburg 1998.

Hannelore Gerlach
Aktualisierung Jana Zwetzschke

Scelsi, Giacinto Conte d'Ayala Valve

Geb. 8. 1. 1905 in La Spezia (Italien); gest. 9. 8. 1988 in Rom

Der Dichter und Komponist Sc. war ein Einzelgänger. Wohl keine Kennzeichnung trifft seine Persönlichkeit wie seine Position im Kontext der zeitgenössischen Musik genauer. Mag auch seine Zurückgezogenheit und seine ablehnende Haltung gegenüber der journalistischen Neugier an seiner Biographie und seinem Bild aus einer finanziellen Sicherheit resultieren, die ihn unabhängig machte von personaler Präsenz im öffentlichen Musikleben. Zugleich waren diese Verhaltensweisen aber nicht die Allüren eines dilettierenden aristokratischen Sonderlings, sondern Reflexe einer Auffassung von künstlerischer Produktivität, die das komponierende Subjekt ersetzen wollte durch ein Medium und in letzter Konsequenz das biographische Sein hinter das Werk zurücktreten ließ.

Sc.s Erstlingswerk *Rotativa*, ein »poema sinfonico« für drei Klaviere, Bläser und Schlagzeug (1929), stand im Zusammenhang mit der ›musica della macchina‹, wie sie auch Honegger, Antheil oder Alexandr Mosolov in dieser Zeit komponierten. In den frühen dreißiger Jahren dominierten neoklassizistische Einflüsse und Ausdrucksformen, die schon in den Bezeichnungen von Werken wie *Sinfonietta* (1933) oder *Concertino* erkennbar sind, seit Mitte der dreißiger Jahre aber durch die daran anschließende Erfahrung mit dem kompositorischen Denken Skrjabins und Bergs zurückgedrängt wurden. Wahrscheinlich – aber wie so vieles in Sc.s Biographie nicht genau belegbar – ist auch, daß seine zahlreichen Reisen nach Afrika und Fernost ihn hinsichtlich seiner eigenen und von Kind auf gepflegten Improvisationspraxis beeinflußten und seine Musikanschauung entscheidend prägten.

Um 1940 kristallisierten sich für Sc. die Grundzüge seiner eigenen musikalischen Ausdruckswelt heraus. Doch wenn auch in einzelnen Sätzen der *Klaviersonate Nr. 2* oder der *Suite Nr. 6* für Klavier (1939) schon Ansätze seiner später entwickelten Musiksprache erkennbar waren, erwies sich die angestrebte Ablösung von den bisherigen und für ihn nur äußerlichen Ordnungs- und Strukturprinzipien des Komponierens als schwierig. In den 1940er Jahren, einer Phase der konzentrierten Suche, entstanden nur sehr wenig Werke wie das *Streichquartett Nr. 1* (1944) und *La naissance du verbe* für gemischten Chor (1948). Sc.s Suche nach einem eigenen ›Ton‹ mündete in der zweiten Hälfte der vierziger Jahre in eine Lebenskrise, von der er behauptete, die Auseinandersetzung mit traditionellen kompositorischen Verfahrensweisen, insbesondere der Zwölftontechnik, hätten sie ausgelöst. Seine Beschreibung, er habe sich einzig durch das insistierende Anschlagen und Verklingenlassen einzelner Töne auf dem Klavier davon befreien können, mag mystifizierend klingen, entspricht jedoch zumindest als Metapher seiner weiteren musikalischen Entwicklung. Denn ausgehend von der Beschäftigung mit fernöstlichem Gedankengut, die auch die Titel seiner weiteren Werke prägen sollte, fand Sc. eine eigene Sprache, die versuchte, vollständig den Zwängen einer diskursiven Form- und Melodiebildung zu entkommen. Der Verbindung von Tönen zu übergeordneten Bedeutungseinheiten wie Melodie, Motiv, Thema oder Rhythmus im Sinne eines Komponierten, eines Zusammengestellten, wollte er gewissermaßen die Erkundung des Tones an sich als musikalisches Schaffenskonzept entgegensetzen. Der je einzelne Ton oder Klang – für Sc. Inbegriff des Kosmischen – sollte selbst in den

Mittelpunkt des Erklingenden rücken und nicht mehr nur als Trägersubstanz für eine daraus formulierte musikalische Sprache herhalten müssen.

Das erste Werk nach dieser Phase der Orientierung – die *Suite Nr. 8 (Bot-Ba)* für Klavier, »eine Evokation Tibets mit seinen Klöstern im Hochgebirge: tibetanische Rituale, Gebete und Tänze« (1952) – spiegelte im Titel Sc.s neue geistige und musikalische Bezugspunkte: Denn ›Tibet‹ meinte hier nicht nur den geographischen Ort, sondern war zugleich Symbol für eine Spiritualität, welche die von ihm angestrebte Befreiung des Tones aus den abendländischen Musiksystemen ergänzen wollte durch eine verinnerlichte Hörhaltung und den rationalen Nachvollzug des musikalischen Geschehens (etwa von Formverläufen, motivisch-thematischen Prozessen etc.) obsolet werden ließ. Dementsprechend verband Sc. in den Klavierwerken der fünfziger Jahre – in den *Suiten Nr. 8–11* (1952–56), den *Cinque incantesimi* und den *Quattro illustrazioni* (1953) – die Konzentration auf Zentral- und Nebentöne mit orientalisch inspirierten Tonformeln, langen Ostinatobildungen und Repetitionen, die sich zu quasi-improvisatorischen Form- und Zeitverläufen zusammenfügten.

Die Beschränkungen des starren Klaviertones – sowohl von der Tonerzeugung als auch vom chromatisch temperierten Tonvorrat her – erlaubten einzig den kompositorischen Zugriff auf Tonhöhe und Tondauer. Um auch eine dritte Dimension zu erschließen, experimentierte Sc. von 1954 bis 1958 verstärkt mit Blasinstrumenten (*Pwyll* für Flöte, *Preghiera per un'ombra*, *Tre Studi* und *Ixor* für Klarinette, *Tre pezzi* jeweils für Trompete, Saxophon oder Baßposaune, Horn sowie Posaune) und Streichern (*Divertimenti Nr. 2–4* für Violine, *Coelocanth*, *Tre Studi* und *Manto* für Viola sowie *Triphon* und *Dithome* für Violoncello). Die daraus resultierende Erfahrung mit mikrotonalen Schwankungen, extremen, neuartigen Tonerzeugungsformen und genau ausgemessenen Vibrati sowie mit der notationellen Darstellung der musikalischen Verläufe für jede einzelne Saite eines Streichinstruments mündeten in die *Quattro pezzi (su una nota sola)* für Kammerorchester (1959), die Sc.s Konzentration auf Infrachromatik und subtilste Prozesse der Ton/Klangveränderung wohl mustergültig ausprägten. Die erreichte Beherrschung im Umgang mit allen Parametern des Tones – Timbre, Intensität, Tempo, Höhe und Dauer – führten in den folgenden Jahren zu den großen Orchesterwerken (zum Teil mit Orgel, Chor und verstärkten Instrumenten) wie *Hurqualia* (»Ein anderes Reich«; 1960), *Aion* (1961), *Hymnos* (1963), *Chukrum* (1963), *Anahit* (1965), *Uaxuctum* (1966) oder *Konx-Om-Pax* (1969), in denen Sc. seine Instrumentationstechnik und seine stupende musikalische Zeitgestaltung weiter verfeinerte.

Zugleich entstanden 1961–64 die *Streichquartette Nr. 2–4*, die im Gegenzug zur Farbigkeit der Orchesterwerke eine zunehmende Vergeistigung seines Ausdrucksbereichs erkennen lassen, eine Reduktion auf immer subtilere Nuancen des Klanges und seiner zeitlichen und räumlichen Entfaltung, die in dem Henri Michaux gewidmeten *Streichquartett Nr. 5* (1984–85) – einer Transkription von *Aitsi* für verstärktes Klavier (1974) und eines der letzten Werke – ihren Abschluß findet. Die von 1962 bis 1972 geschriebenen 20 *Canti del capricorno* (»Gesänge des Steinbocks«) für Frauenstimme (teilweise mit Instrument) gründen zwar ebenfalls auf Sc.s kompositorischen Errungenschaften; sie gehen jedoch im Umgang mit Stimme und Sprache und Vokalisen einen ganz eigenen, kulturverschmelzenden Weg und besitzen eine im Schaffen Sc.s wohl einzigartige und nur mit *Khoom* (für Sopran und sieben Instrumenten, 1962) vergleichbare Ausdruckskraft.

Eine Auseinandersetzung mit dem reichhaltigen Œuvre Sc.s, der seit Mitte der siebziger Jahre bis zu seinem Tod zunehmend weniger Werke konzipierte, setzte erst in den achtziger Jahren ein, wobei die begeisterte Aufnahme und fast kultische Verehrung im deutschsprachigen Raum mit einer ablehnenden Haltung in seinem Heimatland kontrastierte, auch wenn Nono in Skizzen zu seinem letzten Werk explizit auf Sc. Bezug nahm. Zudem wurde durch posthume Berichte über seine Schaffensweise – er beauftragte jüngere Komponisten, nach seinen Vorlagen und Improvisationen die Werke auszuarbeiten und zu transkribieren – eine noch unabgeschlossene Diskussion über den Stellenwert solcher Verfahrensweisen ausgelöst, wobei Sc.s Selbstbeschreibung als künstlerisches Medium sich als große Herausforderung für die abendländischen Schaffenskonzepte erweist.

Noten: Salabert (Paris).
Dokumente: Sc.s Gedichtbde. in franz. Sprache erschienen im Verlag Le parole gelate, Rom und Venedig.
Literatur: G. Sc., Mn. 1983 (MK 31) [mit WV], CREMONESE, A.: Prassi compositiva e riflessione teorica nell'opera di G. Sc. fino alle meta degli anni 40, Diss.

Turin 1991. ANGERMANN, K.: G. Sc. Im Innern des Tones, Hofheim 1993. CASTAGNOLI, G.: Klang und Prozeß in den Quattro pezzi per orchestra von G. Sc., Saarbrücken 1995.

Markus Bandur

Schaeffer, Pierre

Geb. 14. 8. 1910 in Nancy; gest. 19. 8. 1995 in Les Milles bei Aix-en-Provence

Im Jahr 1923 komponierte Honegger sein berühmt gewordenes Klangporträt *Pacific 231*, das nicht »den Lärm der Lokomotive nachahmen, sondern einen visuellen Eindruck und einen physischen Genuß ins Musikalische übersetzen wollte« (Partiturvorwort des Komponisten). Recht genau ein Vierteljahrhundert später stellte Sch. in Paris seine Tonbandmusik *Concert de bruits* vor, deren Kopfsatz *Étude aux chemins de fer* ebensowenig als bloßes Geräuschprotokoll gedacht war. Vielmehr sollten die vertrauten Geräuschsequenzen als bloße Materialquelle dienen, um nach wohlbedachter Manipulation durch vielfaches Umschneiden, Beschleunigen, Verlangsamen, Filtern etc. als kaum wiederzuerkennende Neukomposition, genauer: als ein aus klingenden Objekten bestehendes Stück konkreter Musik wiederzuerstehen.

Sch., der Absolvent der Ecole Polytechnique und der École des Télécommunications, darf fraglos als ›Vater‹ der »Musique Concrète« gelten. Er, der 1942 ein privates *Studio d'Essai* und 1948 den renommierten *Club d'Essai* des französischen Rundfunks RTF ins Leben rief, befand sich bei seinen Recherchen naturgemäß in direkter Abhängigkeit vom jeweiligen Fortschritt der Medientechnik. Sch., von Haus aus Technokrat, mußte bald bestrebt sein, anerkannte ältere und experimentierfreudige jüngere Komponisten für die Mitarbeit im 1950 gegründeten *Groupe de Musique concrète* zu gewinnen. Messiaen (Studie »Timbres-durées«, 1952) und Milhaud zeigten vorübergehend Interesse, desgleichen Boulez (»Études I/II«, 1951–52), Xenakis und Stockhausen. Zu einer engen künstlerischen Zusammenarbeit kam es in der Zeitspanne 1950–58 vor allem mit dem 1927 geborenen Boulanger- und Messiaen-Schüler Pierre Henry (»Symphonie pour un homme seul«, 1950; »Orphée, 1951«, »Orphée«, 1953).

Mit dem Begriff »Konkrete Musik« verband Sch. Vielfalt und Weite. Die Herkunft, die ›Trivialität‹ oder ›Noblesse‹ seines Materials war ihm unwichtig. Entscheidend blieb allein der Grad seiner Gestaltbarkeit und Sinnfälligkeit. Alle Bereiche des Hörbaren sollten verfügbar sein. Damit stand Sch. in betontem Gegensatz zur puristischen ›Kölner Schule‹ (Herbert Eimert, Stockhausen u. a.), die zunächst nur synthetisches Ausgangsmaterial gelten ließ und streng serielle Entfaltungsprozeduren bevorzugte. Zwar bemühte sich auch Sch. zunehmend um »eine allgemeine Klangordnung« in Gestalt eines »solfège généralisé«, doch sollte sie so beschaffen sein, daß sie »sich mehr auf das subjektive Urteil als auf die Physik der Klangkomplexe gründet« (Xenakis, [1]MGG-Artikel).

Dem Komponisten Sch. ist insgesamt wohl nur periphere Bedeutung zuzumessen. Sein unstrittiges Verdienst liegt darin, in den vierziger und fünfziger Jahren einen Materialbereich erschlossen zu haben, auf den sich vorübergehend das Interesse einer nachwachsenden, experimentierfreudigen Komponistengeneration richtete. Sch., der selbst ›Gebrauchsmusik‹ für Film und Bühne beisteuerte, konnte und wollte den Prozeß einer zunehmend stärkeren Nutzung der Mittel Konkreter Musik zu kommerziellen Zwecken keineswegs aufhalten. So ist es gewiß kein Zufall, daß Sch.s kompositorische Aktivität nach 1958–59 (*Étude aux allures, Étude aux sons animés, Étude aux objets*) nahezu ganz versiegte bzw. sich auf die Revision älterer Arbeiten beschränkte.

Dokumente: A la recherche d'une musique concrète, Paris 1952. Traité des objets musicaux. Paris 1966 [zusammen mit Solfège de l'objet sonore].
Bibliographie: DALLET, S.: Bibl. commentée de l'œuvre éditée de P. Sch. Itinéraires d'un chercheur; ouvrage bilingue, Montreuil 1996.
Literatur: PIERRET, M.: Entretiens avec P. Sch., Paris 1969. SCH., P.: L'Œuvre musicale, Textes et documents inédits, reunis par FR. BAYLE, Paris 1990 [mit 4 CDs, Bibl. und Diskographie].

Klaus Schweizer

Scheidt, Samuel

Getauft 3. 11. 1587 in Halle; gest. 24. 3. 1654 in Halle

Wie sein Lehrer Sweelinck wurde auch Sch. im 19. Jahrhundert vor allem als Komponist von Orgelmusik wiederentdeckt. Eine Neuausgabe von Sch.s *Tabulatura nova* (1624), einer umfangreichen dreiteiligen Sammlung verschiedener Orgelwerke, deren Titel sich auf die in Deutschland bis dahin ungebräuchliche Partiturnotation bezieht, bildete 1892 den Eröffnungsband der *Denkmäler deutscher Tonkunst* und prägte das Bild des Komponisten für lange Zeit maßgeblich. Erst die Gesamtausgabe (1923 ff.) erschloß auch andere Werkbereiche des Komponisten und veranschaulichte die Dominanz geistlicher Vokalmusik in seinem Œuvre.

Sieben große Sammlungen mit geistlichen Vokalwerken sind erhalten, eine beträchtliche Zahl weiterer Sakralkompositionen ist verschollen. Unverkennbar tritt in ihnen die aus der Tradition der niederländischen Vokalpolyphonie stammende Schule Sweelincks hervor, so insbesondere in den achtstimmigen *Cantiones sacrae* (1620), die er nur ein Jahr nach der gleichnamigen Werkgruppe seines Lehrers publizierte. Auch italienische Einflüsse, wie sie Praetorius seinen deutschen Zeitgenossen vermittelte, griff Sch. auf, etwa das Konzertieren von Singstimmen und Instrumenten in *Pars prima concertuum sacrorum* (1622), vor allem aber die Verwendung des Generalbasses in den vier Teilen seiner *Geistlichen Konzerte* (1631, 1634, 1635, 1640) und in der Sammlung *Liebliche Krafft-Blümlein* (1635). Alle diese Werke, deren kleine Besetzung mehr durch die widrigen Umstände des Dreißigjährigen Krieges erzwungen als vom Komponisten aus künstlerischen Gründen intendiert war, sind für den gottesdienstlichen Gebrauch in Halle bestimmt, was sich unter anderem an lokaltypischen Varianten einiger von Sch. verwendeter protestantischer Liedweisen ablesen läßt.

Sch. verschloß sich den kompositorischen Tendenzen seiner Zeit zwar nicht, bewahrte ihnen gegenüber aber zeitlebens eine gewisse Skepsis. »Ich bleibe bey der reinen alten Composition, und reinen Regeln«, schrieb er 1651 an den Musiktheoretiker Heinrich Baryphonus, und so ist es nur konsequent, daß er in einer Fußnote zum geistlichen Konzert *Erbarm dich mein, o Herre Gott* (aus der Sammlung von 1634), da es einige für seinen Stil ungewöhnliche harmonische Fortschreitungen aufweist, beinahe entschuldigend erklärt: »Daß etliche Dissonante in diesem Psalm ist mit Fleiß componiert wegen deß Textes«.

War die Komposition von Kirchenmusik – diesem Bereich gehören auch die liturgisch konzipierten Werke der *Tabulatura nova* (Choralvariationen, Magnificat- und Meßsätze usw.) sowie die Choralsätze der *Görlitzer Tabulatur* (1650) zu – ein Hauptanliegen des engagierten Protestanten Sch.,

so schuf er daneben auch Musik weltlich-geselligen Charakters, etwa die vier Bände der *Ludi musici* (1621, 1622, 1624, 1644), von denen nur der erste vollständig erhalten ist und ein aufschlußreiches Dokument städtischer Musikpflege darstellt. Außerhalb des kirchlichen Rahmens stehen auch einige Stücke der *Tabulatura nova*, vor allem Fantasien (besonders kunstvoll die über Palestrinas Madrigal *Io son' ferito lasso*) und Liedvariationen, in denen sich der Einfluß Sweelincks besonders deutlich zeigt. Sch. übernimmt von seinem Lehrer dessen Repertoire instrumentaler Spielfiguren und fügt ihm weitere hinzu, die »imitatio violistica« beispielsweise, die der Geigentechnik abgeschaute Legatoartikulation von Tongruppen.

Noten: Werke, hrsg. von G. HARMS u. a. Bde. 1–13 Hbg. 1923–62, Bde. 14–16 Lpz. 1971–82. STOLZE, W.: Zur Gesamtausg. der Werke von S. Sch. *in* Musikforschung 40 (1987), 120–135.

Werkverzeichnis: S. Sch. Werke-Verz., hrsg. von KL. P. KOCH, Wiesbaden 2000.

Literatur: MAHRENHOLZ, CHR.: S. Sch. Sein Leben und sein Werk, Lpz. 1924. GESSNER, E.: S. Sch.s geistliche Konzerte Bln. 1961. DIRKSEN, P.: Der Umfang des handschriftlich überlieferten Clavierwerks von S. Sch. *in* Schütz-Jb. 1991, Kassel 1992, 91–123. KOCH, K.-P.: »In te, Domine, speravi, non confundar in aeternum«. Zur Kompositionsweise von S. Sch. *in* Schütz-Jb. 1992, 78–89.

Thomas Seedorf

Schein, Johan(n) Herman(n)

Geb. 20. 1. 1586 in Grünhain;
gest. 19. 11. 1630 in Leipzig

Anders als der mit ihm befreundete Schütz war Sch. nie in Italien, um die epochalen Neuerungen der dortigen Musikkultur an Ort und Stelle zu studieren. Er lernte die moderne italienische Musik aus Notendrucken kennen, die in großer Zahl über die Alpen gelangten und von ihm offenbar aufmerksam studiert wurden. In einer Vorbemerkung zum ersten Teil der *Opella nova* (1618), einer der ersten deutschsprachigen Sammlungen geistlicher Musik im Generalbaßstil, verweist Sch. ausdrücklich auf das Vorbild Viadanas, dessen *Cento concerti ecclesiastici* (1602) vielen Komponisten als Modell dienten. Einige spätere »auff italiänische Invention« komponierte Werkgruppen verweisen mit italienisch-deutschen Doppeltiteln auf ihre stilistischen Ursprünge, so *Musica boscareccia, oder Wald-Liederlein* (drei Teile: 1621, 1626, 1628) und *Diletti pastorali, Hirten Lust* (1624), zwei Sammlungen weltlicher Musik, von denen die erste zu Sch.s populärsten Veröffentlichungen zählt, deren Erfolg nicht zuletzt in der posthumen Umdichtung zur geistlichen *Musica boscareccia sacra* dokumentiert ist.

Die *Diletti pastorali* sind das weltliche Gegenstück zu den geistlichen Madrigalen der *Fontana d'Israel, Israelis Brünlein* (1623), des wohl bedeutendsten Werks des Komponisten. Hatte er in *Opella nova* vor allem ein aus Italien stammendes Kompositionsprinzip, die Fundierung des Tonsatzes durch den Generalbaß, adaptiert, so tritt in *Fontana d'Israel* auch die neue Art von Expressivität hinzu, wie sie modellhaft etwa in den Sch. bekannten Madrigalen Monteverdis vorgeformt ist.

Die Erweiterung der Ausdrucksmöglichkeiten zeigt sich exemplarisch, wenn man etwa die Vertonung des Jeremias-Textes »Ist nicht Ephraim mein teurer Sohn« aus Sch.s Motetten-Sammlung *Cymbalum Sionium* (1615), die der Tradition des 16. Jahrhunderts verpflichtet ist, mit der Komposition desselben Textes aus dem *Israelis Brünlein* vergleicht. In der älteren Motette ist der Text für zwei vierstimmige Chöre gesetzt, die im kontrapunktisch angereicherten Akkordsatz teils miteinander abwechselnd, teils gemeinsam singen. Dieses Prinzip der Kontrastierung zweier Stimmgruppen begegnet auch in der späteren fünfstimmigen Vertonung, in der zwei Soprane als Oberchor dem Unterchor von Tenor und Baß gegenübergestellt sind und die Altstimme als klangliche Achse beiden Gruppen angehört. Auch diese Vertonung ist akkordisch gehalten, sie ist aber harmonisch vielfältiger und dissonanzenreicher. Gleich zu Beginn erscheint im Alt eine verminderte Quarte, ein ungewöhnliches und im alten Stil verbotenes Intervall, das Sch. wegen seiner expressiven Qualität häufig verwendet. Auch die Rhythmik ist vielgestaltiger und oftmals an den Deklamationsgestus des Textes angelehnt. Die Zeile »darum bricht mir das Herz« hebt Sch. bereits in der älteren Vertonung hervor, indem er das »darum« vom Folgenden durch eine Pause trennt. Im *Israelis Brünlein* steigert er diese Idee und durchsetzt die ganze Phrase mit ausdrucksvollen ›Seufzer‹-Pausen: »darum – bricht – mir – das Herz«. Die ›Modernität‹ des späteren Werks erweist sich also als eine Weiterentwicklung der Tradition, nicht als Abgrenzung von ihr.

Das Amt des Thomaskantors, das er seit 1616 ausübte, war für Sch. (wie im übrigen auch für seinen Nachfolger Bach) kein Grund, nur kirchenmusikalische Werke zu komponieren, vielmehr erschienen geistliche und weltliche Werke miteinander abwechselnd, so wie Sch. es in einer Vorbemerkung zum *Banchetto musicale* (1617), einer bedeutenden Sammlung von Suiten für Instrumentalensemble, angekündigt hatte. Den bereits genannten folgten als weitere Hauptwerke der zweite Teil der *Opella nova* (1626), ferner die *Studenten-Schmauß* (1626) betitelten Lieder, mit denen Sch. an seinen Erstling, das *Venus Kräntzlein* (1609) anknüpfte. Die Texte zu diesen Gesängen wie auch zu den anderen weltlichen Werken stammen von Sch. selbst, der sich mit ihnen als beachtlicher Dichter erweist. Die Reihe der großen Werksammlungen beschließt das *Cantional oder Gesangbuch Augspurgischer Confession* (1627), eine Zusammenstellung vierstimmiger Choralsätze, die noch lange nach Sch.s frühem Tod in Gebrauch blieb.

Noten: Neue Ausg. sämtlicher Werke, hrsg. von A. ADRIO u. a., Kassel 1963 ff.
Literatur: PRÜFER, A.: J. H. Sch., Lpz. 1895. HAMMERSTEIN, I.: Zur Monteverdi-Rezeption in Deutschland. J. H. Sch.s »Fontana d'Israel« *in* Claudio Monteverdi. Fs. Reinhold Hammerstein, hrsg. von L. FINSCHER, Laaber 1986, 175–212. RESTLE, N.: Vokales und instrumentales Komponieren in J. H. Sch.s »Opella nova ander Theil«, Ffm. 2000.

Thomas Seedorf

Schmelzer (Schmeltzer) von Ehrenruef (Ehrenruff), Johann Heinrich

Geb. um 1620–1623 in Scheibbs (Niederösterreich); gest. zwischen 29. 2. und 20. 3. 1680 in Prag

Schm. war der bedeutendste österreichische Komponist von Instrumentalmusik vor Biber und beeinflußte maßgeblich die Entwicklung von Suite und Sonate in Österreich und Süddeutschland. Während seiner Tätigkeit am kaiserlichen Hof in Wien (ab 1649; 1671 Vize-, 1679 Hofkapellmeister) verband Schm. in seiner weltlichen Musik italienische und französische Stileinflüsse mit österreichischer Volksmelodik und Tanzrhythmik; in seiner Kirchenmusik griff er das konzertierende Prinzip auf. Im Zuge nationaler Geschichtsschreibung wurde Schm. – erster Österreicher nach 50 Jahren der Direktion durch italienische Hofkapellmeister (1629–79) – zu einem vaterländischen Heroen stilisiert (so bei Nettl: »Wiener Tanzkomposition«). Während sich die Aufmerksamkeit lange Zeit ganz auf seine Instrumental- und speziell die Violinmusik richtete, zeigten sich erst in der jüngsten Vergangenheit ernsthafte Bemühungen, auch seine geistliche Musik quellenkundlich und editorisch zu erschließen. Dadurch besteht nunmehr die Chance, Schm.s Schaffen in seiner ganzen Breite zu würdigen.

Schm.s geistliche Werke verarbeiten kreativ den venezianischen Einfluß seiner italienischen Vorgänger und Zeitgenossen am Habsburgerhof. Typisch für die Messen sind doppelchörige Konzeption mit Solo-Tutti-Gegenüberstellung (›Concerto‹ – ›Capella‹), eine meist einfache Harmonik, kontrapunktische Arbeit und musikalisch-rhetorische Affektdarstellung. Die Vokalchöre werden durch Instrumentalchöre begleitet. In der *Missa Mater purissima* (1677) sind diese kontrastierend besetzt (ein Zink und drei Posaunen im ersten Chor, drei Violetten und eine Violone im zweiten), in der *Missa Dei Patris Benedicti* gleichartig (je zwei Posaunen und Violetten), dafür treten hier zwei eigenständig geführte Clarinen zu den beiden Chören hinzu. In Schm.s *Requiem* (1679) wechseln Abschnitte im konzertierenden Stil mit schlichten Choraliterpartien.

Nach seiner Ernennung zum Ballettkomponisten (1665) schrieb Schm. in steter Folge Tanzsuiten, nach denen am Hof Leopolds I. große Nachfrage herrschte. Sie erklangen bei allegorischen Festspielen, Karnevalsfeiern, zum Pferdeballett oder als Einlagen in Opern seiner italienischen Komponistenkollegen, so zu Cestis Prunkoper »Il pomo d'oro« (»Der goldene Apfel«; 1666/1668). In freizügiger Folge erscheinen – oft umrahmt durch Intrada und Retirada – französische Suitensätze (wie Galliarde oder Gigue), ausgefallenere Tanztypen (Moresca, Saltarello) oder Stücke mit programmatischen Titeln (*Cacciatori*, *May Blumen*). Die Motive sind kurz und rhythmisch prägnant bei Bevorzugung von Sprungintervallen. Zur Streichquartett- oder -quintettbesetzung treten z. T. Bläserstimmen oder -chöre.

In seinem Sonatenschaffen berücksichtigte Schm. größere Ensembles wie auch intimere Besetzungen bis hin zur Solosonate für Violine mit Basso continuo. Seine Sammlung *Sacro-profanus concentus musicus* (1662) enthält 13 Sonaten für zwei bis acht Instrumente – z. T. in doppelchöriger Anordnung – und Continuo. Wie im Titel angezeigt, hebt Schm. die Trennung von Kirchen- und Kammerstil auf. Die *Sonatae unarum fidium* (sechs »Sonaten für Violine solo« und Continuo 1664) bilden die früheste gedruckte Sammlung für diese Besetzung im deutschsprachigen Raum. Metrum und Faktur wechseln häufig bei variativer Verknüpfung der Abschnitte, z. T. in Form der Passacaglia. Die Führung der Solostimme basiert – italienischen Vorbildern folgend – auf schönen Kantilenen und geschwindem Laufwerk (wie in Marco Uccellinis op. 5 von 1649); Doppelgriffe und latente Mehrstimmigkeit – wie in der deutschen Tradition – spielen kaum eine Rolle.

Schm.s Werke fanden in Drucken und Handschriften schnell weite Verbreitung. Im Bereich der Kirchenmusik und der Violinsonate hat besonders Biber an Schm. angeknüpft.

Noten: Missa nuptialis *in* DTÖ 49, Wien 1918; Graz 1960. Ballettmusik und 2 dt. Lieder *in* DTÖ 56, Wien 1921; Graz 1960. 3 Stücke zum Pferdeballett *in* EDM 14, Lpz. 1941; Kassel [2]1961. Duodena selectarum sonatarum und Werke handschriftlicher Überlieferung, Graz 1963 (DTÖ 105). Sacro-profanus concentus musicus, Graz und Wien 1965 (DTÖ 111–112). Sonatae unarum fidium, Graz und Wien 1970 (DTÖ 93). Sonata ad tabulam, Sonata per chiesa e per camera, Ciaccona 3 chori, hrsg. von K. Ruhland, Altötting 1995. Missa Dei patris benedicti, hrsg. von A. Steinhilber, Bln. [2]1999. Missa Mater purissima, Requiem, Diverse Sonaten, hrsg. von R. Hofstötter und I. Rainer, Wien 2000.

Werkverzeichnis: Eddy, M.A.: The Rost manuscript of seventeenth century chamber music. A thematic catalog, Warren (MI) 1989. Sehnal, J. und Pešková, J.: Caroli de Liechtenstein-Castelcorno episcopi Olomucensis operum artis musicae collectio Cremsirii reservata Bd. 1, Prag 1998.

Literatur: Wellesz, E.: Die Ballett-Suiten von J.H. und A.A. Schm., Wien 1914. Nettl, P.: Die Wiener Tanzkomposition in der 2. Hälfte des 17. Jh.s *in* Studien zur Mw. 8 (1921), 45–175. Koczirz, A.: Zur Lebensgeschichte J.H. Schm.s *in* Studien zur Mw. 26 (1964), 47–66. Aschböck, E.: Die Sonaten des J.H. Schm., Diss. Wien 1978. Seifert, H.: J.H. Schm. und Kremsier *in* Musik des 17. Jh.s. J. Schm. und Pavel Vejvanovský, hrsg. von J. Sehnal, Brünn 1994, S. 71–78.

Clemens Fanselau

Schmidt, Franz

Geb. 22. 12. 1874 in Bratislava;
gest. 11. 2. 1936 in Perchtoldsdorf bei Wien

Schönberg, Berg, Webern und Mahler galten in den Nachkriegsjahren als die für die erste Jahrhunderthälfte repräsentativen österreichischen Komponisten. Nach der von den Nationalsozialisten zum Erliegen gebrachten Rezeption ihrer Werke, gehörte diesen nun um so mehr die ungeteilte Aufmerksamkeit. Ein anderer Teil des vielfältigen schöpferischen Lebens, von dem Wien am Ende der Habsburgermonarchie und in den Zwischenkriegsjahren erfüllt war, rückte damit zunächst in den Hintergrund des Interesses – darunter Schm. Gleichen Jahrgangs wie Schönberg, nimmt er in der österreichischen Musikgeschichte gleichsam dessen Gegenpol ein: Er stellte sich, wie Schönberg, bewußt in die klassisch-romantische Tradition, verwendete überlieferte Formen und Stilmittel, fand aber auf dem Weg seines eher intuitiven, kaum bewußt konstruktiven Komponierens zu ganz anderen Möglichkeiten polyphoner Gestaltung, symphonischer Formgebung und Verdichtung des Klangbildes als Schönberg. Zu seiner Synthese von Tradition und Innovation gelangte er in den Hauptwerken seines letzten Schaffensjahrzehnts, vor allem in der *Vierten Symphonie* (1932–33) und dem Oratorium *Das Buch mit sieben Siegeln* (1935–37). Im *Buch* sind musikalische Traditionen von Händel bis Wagner wohl präsent, Schm. bedient sich der überkommenen Muster jedoch mit großer Souveränität und gelangt durch ihre Zusammenfassung auf hohem kompositorischen Komplexitätsniveau zu einer Transformation, so daß das Werk sich nicht im mindesten als das eines Traditionalisten erweist.

Ein extremer Stilwandel hat sich in Schm.s Schaffen nicht vollzogen, dennoch lassen sich vor dem letzten Schaffensjahrzehnt zwei Phasen ausmachen: Eine von Symphonik und Musikdramatik dominierte Phase (in der Schm. 15 Jahre als Cellist im Wiener Hofopernorchester sein Geld verdiente, dann eine Klavierprofessur an der dortigen Staatsakademie übernahm) und eine zweite, in der er sich ab Mitte der zwanziger Jahre verstärkt dem Komponieren, vorwiegend von Orgel- und Kammermusik, widmete (und als Pädagoge Karriere machte bis zum Rektorat der Hochschule von 1927 bis 1931).

In der Rezeptionsgeschichte von Schm.s Opern dominieren zwei Motive: die Anerkennung der Musik und die Skepsis den Libretti gegenüber dem Sujet von *Notre Dame* (1904–06, Wien 1914) ist Victor Hugos Roman, der zu den erfolgreichsten der französischen Romantik zählt. Die differenzierten Charaktere des Romans sind im Libretto jedoch auf stereotype Figurenkonstellationen reduziert. Zudem resultiert aus Schm.s Versuch einer musikalischen Neubelebung der bereits historischen Gattungsnormen der deutschen romantischen Oper eine gewisse Starrheit mancher Situationen. Die bereits in *Notre Dame* unverkennbar symphonische Orchesterbehandlung tritt in *Fredigundis* (Berlin 1922) noch deutlicher zutage. In der motivisch-thematischen Arbeit und der Verwendung von Formen der absoluten Musik wird zwar Schm.s Personalstil erkennbar, aber die Kunst thematischer und motivischer Kombinationen garantiert nicht das ästhetische Gelingen einer Oper. Das wenig überzeugende Ineinanderspiel von symphonischem Prinzip und szenischem Geschehen sowie die Fin de Siècle-Décadence des Stoffs verursachten einen totalen Mißerfolg, der Schm.s Umorientierung auf andere Gattungen veranlaßte.

Auffälligerweise knüpfte er dabei in seinem frühesten Orgelwerk, (*Variationen und Fuge über ein eigenes Thema D-dur*) unmittelbar an musikalisches Material aus *Fredigundis* an. Schon im folgenden Werk, der *Phantasie und Fuge D-dur* (1923–24), hatte er seine eigene Position gefunden und richtete sich in den Anmerkungen zu diesem Werk programmatisch gegen die spätromantische Orgelmusik. Sein Ziel war eine nicht länger durch die Eigenbedeutsamkeit des farbigen Elements getrübte Klarheit des polyphonen Stils.

Seine größten Erfolge und seine weiteste Verbreitung erzielte Schm. als Symphoniker. Entstanden im Abstand von teilweise mehr als zehn Jahren, zeugen seine vier Symphonien (1899, 1913, 1928, 1932–1933) von wachsender kompositionstechnischer und stilistischer Differenziertheit. Aus dem von Bruckner erlernten Erhabenen in den langsamen Sätzen und der an Brahms anknüpfenden entwickelnden Variation formierten sich originelle Lösungen der symphonischen Großform, gipfelnd in der unter dem Eindruck des Todes seiner Tochter komponierten, ingeniösen *Vierten Symphonie*, die in einsätziger Sonatenform die symphonische Viersätzigkeit einschließt, umrahmt von dem elegischen Solotrompetenhauptthema, das Schm. selbst als »letzte Musik« deutete,

»die man ins Jenseits« hinübernehme, »nachdem man unter ihren Auspizien geboren und das Leben gelebt« habe.

Noten: Universal Edition (Wien).
Dokumente: Quellen I und II zu Fr. Schm., hrsg. von C. OTTNER, Wien 1985 bzw. 1987.
Literatur: NEMETH, C.: Fr. Schm., Wien 1957 [mit Bibl.]. Studien zu Fr. Schm. I, hrsg. von O. BRUSATTI, Wien 1976. LEIBNITZ, T.: Österreichische Spätromantiker, Tutzing 1986 [mit WV]. Fr. Schm. und seine Zeit, hrsg. von W. OBERMAIER, Wien 1988.

Susanne Rode-Breymann

Schnebel, Dieter
Geb. 14. 3. 1930 in Lahr (Schwarzwald)

Schon Ende der fünfziger Jahre, als sich die meisten Komponisten Europas mit einer äußerst oberflächlichen, allenfalls selektiven Rezeption der scheinbar nur spektakulären Kompositionen des Amerikaners Cage begnügten, sah Schn. in ihnen vielmehr Modelle einer konsequent experimentellen Musik, für die es in Praxis wie Theorie geeignete Konzepte zu entwickeln galt. Dies um so mehr, als ihre wesentlichen Motive – Gleichberechtigung aller musikalischen Elemente und Abschaffung aller traditionellen Hierarchien – auch zu den Desideraten der seriellen Musik gehörten, mit deren Entwicklung und Tendenzen Schn. seit seinem Studium an der Freiburger Musikhochschule und der Teilnahme an den Darmstädter Ferienkursen für Neue Musik (wo er Theodor W. Adorno, Varèse, Krenek, Hermann Scherchen, Nono und Boulez begegnete) vertraut war. 1952 analysierte Schn. in seiner ersten umfangreichen theoretischen Arbeit Weberns »Klaviervariationen op. 27« und promovierte 1955 in Tübingen, nach dem Studium der Theologie, Philosophie und Musikwissenschaft, in dessen Verlauf er sich intensiv mit Georg Wilhelm Friedrich Hegel, Karl Marx, Sigmund Freud und Ernst Bloch beschäftigte, mit einer Arbeit über die Dynamik bei Schönberg. Nach dem theologischen Examen und dem Eintritt in den Pfarrdienst publizierte Schn. 1957 seinen analytischen Essay über Stockhausen (dessen »Texte« er 1963 edierte) und wurde noch im selben Jahr Pfarrer in Kaiserslautern, bevor er von 1963 bis 1970 als Religionslehrer an einem Gymnasium in Frankfurt, danach in München tätig war.

Nicht zuletzt die beruflich bedingte Distanz zum Musikbetrieb begünstigte jedoch die Formulierung von Gegenentwürfen, die es Schn. wiederum ermöglichten, diesem in mehreren seiner Werkreihen quasi retrospektiv zu thematisieren. Keinesfalls nur Zyklen inhaltlich zusammengehöriger, dennoch autonomer Stücke, verweisen schon die Titel der oft parallel weitergeführten und teilweise noch unabgeschlossenen Werkreihen Schn.s auf die auch über längere Zeiträume hinweg aktuellen Arbeitsfelder, Kompositionsprogramme oder Produktionsformen. So vereinigt die erste Werkreihe der (noch) seriellen *Versuche* (1953–56/1964) Kammermusik und ein Orchesterwerk, antizipiert aber in Gestalt der fünf *Stücke* für Streichquartett, von denen jedes nur mehr zwölf Töne im Dienst einer überaus komplexen Zeitstrukturierung und Dynamik umfaßt, bereits das Ende der seriellen Systematik. Die 1956 begonnene Werkreihe *Für Stimmen (... missa est)* erschloß mit *dt 31,6, amn* und *:! (madrasha 2)* für verschieden besetzte Chorgruppen den von der Vokalmusik zuvor kaum berührten Bereich zwischen Sprechen und Gesang und wurde erst 1969 mit *Choralvorspiele*, einem Stück für Instrumentalstimmen, beendet. Doch bereits 1968 konzipierte Schn. die auf keinerlei Sprachelementen mehr basierenden *Produktionsprozesse* der auch multimedial oder szenisch realisierbaren *Maulwerke* für Artikulationsorgane und Reproduktionsgeräte.

Wie schon der Plural andeutet, ist hier das Werk als eines von vielen ›Opera‹ zum Resultat eines mehrstufigen und möglichst von den Ausführenden selbst zu initiierenden Ausarbeitungsprozesses geworden, dessen einzelne Stadien Schn. erstmals in den größtenteils verbalen Konzepten der drei nach wie vor utopischen *Projekte* (1958–61) fixiert hatte, wobei schon im ersten (und erst 1990 uraufgeführten) – *Das Urteil* (nach Franz Kafka) – auch die aktive Mitwirkung des Publikums vorgesehen war. Auch Schn.s *Glossolalie 61* stellt eine von vielen möglichen Ausarbeitungen der detaillierten »Materialpräparationen« seines eigenen Projektes *Glossolalie* für Sprecher und Instrumentalisten dar, dem 1994 eine zweite Ausarbeitung folgte. In ihm wird nicht allein »Sprache als Musik genommen«, und diese als Sprache, sondern die Selbstreflexion auf Entstehung, Aufbau und Verlauf des Stücks nimmt auch sattsam bekannte Reaktionen des Publikums vorweg: die szenischen Aspekte einer Aufführung sind ebenso auskomponiert wie die visuellen der zur Kalligraphie avancierten Notation. In *Abfälle I* (1960–62) und *Modelle* (1961–66) werden die visuellen Begleiterscheinungen der Veranstaltungsform ›Konzert‹ sogar zur Hauptsache, bilden in *réactions* für einen Instrumentalisten und Publikum und *visible music I* für einen Dirigenten und einen Instrumentalisten wie in den »Schaustükken« *nostalgie* und *espressivo* für einen Dirigenten bzw. einen Pianisten das kompositorische Material für »sichtbare Musik«. Mit den genauestens rhythmisierten Projektionen der Texte und Notationen von *ki-no* und dessen Buchfassung *MO-NO* sowie von *Gehörgänge*, dem »Konzept einer Musik für forschende Ohren«, entwarf Schn. *Räume* (1963–77) für den einzelnen Hörer und Leser, der direkt, ohne weitere Vermittlung, »sein« Stück erst realisieren oder entdecken muß.

Ähnliches gilt jedoch bald für die Ausführenden der *Maulwerke*, die ebensowenig ausgebildete Vokalisten sein müssen wie die Akteure der »Organkomposition« *Körper-Sprache* (1980), zu der Schn. das ursprünglich nur auf die Artikulationsorgane bezogene Prozeßkonzept inzwischen erweiterte, für professionelle Tänzer oder Pantomimen. Speziell für junge Amateure und ohne vordergründig-pädagogische Rücksichten konnte Schn. daher 1973 die Werkreihe *Schulmusik* eröffnen, nachdem er selbst an seinem Münchner Gymnasium eine erste Arbeitsgemeinschaft für Neue Musik gegründet hatte, für die er, seit 1976 Professor an der Berliner Hochschule der Künste, auch danach immer wieder Stücke komponierte.

Gleichzeitig und komplementär zu den experimentellen Werkreihen konzipierte Schn., der zuvor schon in seinen Kommentaren und Analysen auch die Neuerungen bei Debussy und Mahler, Schubert, Beethoven und Wagner thematisiert hatte (vgl. *Denkbare Musik*), zwei vor allem in den achtziger Jahren weiter ausgebaute Werkreihen: die *Bearbeitungen* oder *Re-Visionen I + II* (1973–89) und *Tradition* (1975 ff.). Mit ersteren wird versucht, das ›innere Leben‹ einiger exemplarischer Werke der Vergangenheit‹, die von den Medien längst zur pausenlos gesendeten und beliebig verwendbaren Begleitmusik degradiert wurden, durch eine zuweilen tiefgreifende Veränderung ihrer klanglichen Erscheinungsform neu zu entfalten, aber auch subjektive, unwillkürlich wiederkehrende Hörerfahrungen in Form einer Transkription zu vermitteln. So konkretisierte sich die gemeinhin nur analytisch darstellbare Harmonik eines Sonatensatzes im »Blendwerk« der *Schubert-Phantasie* (1978); oder die klangliche Aura eines Werkes (eines Namens) wird in wenigen Takten beschworen, als blitzartig aufleuchtender *Mahler-, Mozart-, Verdi-, Schumann-* und *Janáček-Moment* (1985; 1988; 1989; 1991–92).

Bekunden sich darin Schn.s individuelle Visionen und ihre Notwendigkeit angesichts der unablässig reproduzierten, aber kaum mehr wahrgenommenen Werkobjekte oder Musikwaren, so wird in *Tradition* die historisch gewordene Kategorie des Werkes und ihre Tradition wie die ihrer ›ehrwürdigen Formen‹, vorab des Kanons, relevant und von den stets erst noch oder wieder zu fixierenden experimentellen Prozessen aus visiert: »Gemeint ist eine neue Musik, welche Linien zum Vertrauten zieht und ebenso die Grenzen des Vertrauten in unbekanntes Terrain erweitert.« (MK 16, 131) Dabei erweist sich die Rückkehr zum Werk selbst als ein experimenteller Akt zweiten Grades, insofern Schn. zu seiner Restitution alle von ihm selbst geschaffenen instrumentalen und vokalen Innovationen aufbieten muß und dem zuvor Funktionslos-Ausdruckshaften nun eine ganz konkrete Funktion innerhalb eines übergreifenden Zusammenhangs zuweist. Dies zeigen etwa die vom Schlagwerk erzeugten Naturklänge in der »szenischen Kantate« *Jowaegerli*, »Alemannische Worte und Bilder von und nach Worten von Johann Peter Hebel« (1983), ebenso eindrucksvoll wie die Vokal- und Instrumentalbesetzungen der *Missa* (Dahlemer Messe) von 1987, die geradezu ein Kompendium all dessen darstellen, was Schn. seit den Chorstücken von *… missa est* und *Glossolalie 61* erfunden hat. Konstitutiv für beide Werke war jedoch die Wiederkehr des einst kompositorisch Schritt für Schritt eliminierten Textes, der die Kantate in Gestalt von drei Lesungen innerhalb des den Gesamtverlauf dominierenden Dialektgedichts *Vergänglichkeit* strukturiert (zugleich der Titel, unter dem *Jowaegerli* 1991 mit *Chili*, »Musik und Bilder zu Kleist« zusammengefaßt wurde), während der Messe eine mehrsprachige Textkomposition zugrunde liegt. Mittel der szenischen und der Sprachkomposition verbinden sich in der Fragment gebliebenen Oper *Majakowskis Tod – Totentanz* (1984–87), die 1998 in Leipzig uraufgeführt wurde. Gleichfalls eine traditionelle Gattung ist das nicht minder monumental dimensionierte Projekt *Symphonie X*, bestehend aus zwei Großteilen mit jeweils fünf bzw. sieben Einzelteilen, von denen manche nochmals untergliedert sind (1992). Dem war bereits 1978 die »Symphonische Musik für mobile Musiker« *Orchestra* in 21 Teilen vorausgegangen. Ende der achtziger Jahre eröffnete Schn. eine neue Werkreihe mit dem altehrwürdigen Namen *Motetus*, zu der er bisher zwei Ausarbeitungen vorgelegt hat (*I*, 1989–93; *II*, 1997–98).

Doch darüber wurde die experimentelle Grundlagenforschung keineswegs vernachlässigt, denn zwischen 1981 und 1990 schrieb Schn. die jeweils fünfteiligen Zyklen *Laut-Gesten-Laute* und *Zeichen-Sprache*, in Partiturform ausgearbeitete Synthesen aus den Elementen der klanglichen und visuellen Artikulationsformen, die er seit den projekthaften Organkompositionen *Maulwerke* und *Körper-Sprache* für die Musik so systematisch und kontinuierlich erschlossen hat wie kein anderer.

Noten: Schott (Mainz).
Dokumente: (Als Hrsg.) MO-NO. Musik zum Lesen, Köln 1969. Mauricio Kagel. Musik – Theater – Film, Köln 1970. (Als Autor) Denkbare Musik. Schriften 1952–1972, hrsg. von H. R. Zeller, Köln 1972. D. Schn. im Gespräch mit H.-Kl. Metzger und R. Riehn *in* Heftreihe Neue Musik 1 (1980). Rückungen – Verrükkungen. Psychoanalytische und musikanalytische Betrachtungen zu Schumanns Leben und Werk *in* Robert Schumann I, Mn. 1981 (MK Sonderbd.), 4–89. Die Klaviervariationen op. 27 *in* Anton Webern II, Mn. 1984 (MK Sonderbd.). Die kleine Provinz der neuen deutschen Musik *in* MusikTexte 4 (1984), 3 f. Neue Weltmusik. Europäische Musik zwischen Nationalismus und Exotik *in* Forum musicologicum 4 (1984). Das Schöne an Mahler *in* Gustav Mahler, Mn. 1989 (MK Sonderbd.), 208–212.
Literatur: D. Schn., Mn. 1980 (MK 16) [mit Bibl.]. Metzger, H.-Kl.: Musik wozu. Literatur zu Noten, hrsg. von R. Riehn, Ffm. 1980. Sacher, R. J.: Schn. Glossolalie 61 (1961) *in* Musik als Theater. Tendenzen zur Grenzüberschreitung in der Musik von 1958 bis 1968, Regensburg 1985. Hirsch, M.: »Lueg, dört isch d'Erde.« D. Schn.s alemannisches Welttheater Jowaegerli *in* Melos 49 (1987), Heft 3, 78–110 [mit WV und Diskographie]. SchNebel 60, hrsg. von W. Grünzweig u. a., Bln. 1990. [mit WV und Bibl.]. Klüppelholz, W.: Sprache als Musik. Studien zur Vokalkomposition bei K. Stockhausen, H. G. Helms, M. Kagel, D. Schn. und Gy. Ligeti, Saarbrücken 1995. D. Schn., hrsg. von St. Fricke, Saarbrücken 2000. D. Schn. Lesegänge durch Leben und Werk, hrsg. von G. Narck, Mainz 2001. Heilgendorff, S.: Experimentelle Inszenierung von Sprache und Musik …, Freiburg i. Br. 2002.

Hans Rudolf Zeller

Schnittke, Alfred (Al'fred Garrievič Šnitke)

Geb. 24. 11. 1934 in Engels (Rußland); gest. 3. 8. 1998 in Hamburg

1961 beendete Schn. sein Studium am Moskauer Konservatorium (Komposition bei Evgenij K. Golubev), nahm dort nach dem Examen einen Lehrauftrag für Instrumentation an und lebte seit 1972 als freischaffender Komponist, der seinen Unterhalt mit Filmpartituren verdiente (Musik zu 66 Filmen zwischen 1962 und 1984). Ähnlich wie seine Kollegen Gubaidulina und Denisov konnte er seit den 1980er Jahren zu Aufführungen seiner Werke in den Westen reisen; 1991 ließ er sich in Hamburg nieder und übernahm an der dortigen Hochschule die Kompositionsprofessur, die zuvor Ligeti innegehabt hatte. In den letzten 15 Jahren seines Lebens erhielt Schn. zahlreiche internationale Auszeichnungen.

Während des Studiums entstanden drei große Vokalwerke, die vom ethisch-moralischen Anspruch des Komponisten zeugen (das Oratorium *Nagasaki*, die Kantate *Lieder von Krieg und Frieden*, die Oper *Das elfte Gebot*). Im *Ersten Violinkonzert* (1957/1962) zeigt sich, vor allem im ›grotesken‹ Scherzo, erstmals seine persönliche Handschrift. In der ersten Hälfte der sechziger Jahre beschäftigte sich Schn. mit Dodekaphonie und seriellen Techniken, studierte Werke und theoretische Arbeiten westlicher Komponisten. Dies schlug sich nieder in den *Variationen über einen Akkord* (1966), die an Weberns »Klaviervariationen op. 27« anknüpfen, und in der Arbeit mit Mikrointervallen und Aleatorik im *Dialog* für Violoncello und Kammerensemble (1965). Mitte der sechziger Jahre löste sich Schn. allmählich von strenger Dodekaphonie. Diese neue Stilrichtung begann mit den *Liedern* nach Marina Cvetaeva (1965), dem *Ersten Streichquartett* und dem *Zweiten Violinkonzert* (beide 1966); ausgeprägt ist sie in der *Zweiten Violinsonate* mit dem Untertitel »Quasi una sonata« (1968), auf die bezogen Schn. sagte: »Ich möchte etwas ganz Unanständiges schreiben – einen g-moll-Akkord« (vgl. Cholopova, 200). Dieser g-moll-Dreiklang, den Schn. als Zitat einer alten Technik begreift, wird in der Sonate mit Techniken des 20. Jahrhunderts so konfrontiert, daß der Eindruck eines instrumentalen Dramas entsteht. In der *Serenade* (1968) geht Schn. noch einen Schritt weiter, indem er dodekaphone und serielle Passagen Elementen aus der musikalischen Umgangssprache gegenüberstellt. In diesem Sinne ist die *Serenade* gleichsam eine Studie zur *Ersten Symphonie* (1969–1972), in der Schn.s System der »Polystilistik« voll ausgeprägt ist. Darunter verstand er das Einbeziehen von Stilelementen aus allen Epochen, auch aus dem Bereich der Unterhaltungsmusik und des Jazz, sei es als Zitat oder als Allusion. Die heterogenen Stilebenen können in der Art einer Collage montiert werden oder unmerklich ineinander übergehen (»stilistische Modulation«).

Nach der Vollendung der *Ersten Symphonie* rückte die Technik, so sagte Schn., in seinem Bewußtsein an die zweite Stelle. Die scharfen Kontraste verschwinden, die Polystilistik tendiert nun zur Synthese – im ersten *Concerto grosso* (1976–77), in dessen Finale barocke Spielfiguren und ein Tango eine formale Einheit bilden, oder in der *Dritten Symphonie* (1976–1981 für das Gewandhaus Leipzig entstanden), in der die musikalischen Monogramme von 33 deutschen Komponisten zu stilistischen Anklängen an die deutsche Musikgeschichte von Bach bis Stockhausen verarbeitet sind.

Eine neue Gruppe in Schn.s Schaffen bilden religiöse und religiös inspirierte Werke, die homogen, ja statisch wirken, das Verfahren der Polystilistik aber in Zitaten und Anklängen an geistliche Musik fortführen. Den *Hymnen* (1974, 1975, 1979) liegen altrussische Choräle zugrunde, auch das *Requiem* (1975) greift solche Intonationen auf; die *Zweite Symphonie St. Florian* (1980) verwendet Themen aus dem katholischen Graduale, in der *Vierten Symphonie* (1984) stehen drei Skalensysteme für drei religiöse Kulturen ein. Gedenkkompositionen bilden eine dritte Gruppe – das Klavierquintett *In Memoriam* (1972–1976, zum Andenken an die Mutter), das *Zweite Streichquartett* (1981, zum Andenken an die Regisseurin Larisa Šepit'ko), auch Werke von resigniert-meditativer Grundhaltung wie das *Dritte Violinkonzert* und die *Cellosonate* (beide 1978) gehören hierher. Zugleich rückt nun ein Stilelement in den Vordergrund, das Schn. als das »Böse« beschreibt und das etwa in der »Faust«-Kantate *Seid nüchtern und wachet ...* (nach J. Spies; 1983) in dem mit zusätzlichem Rockmusikinstrumentarium besetzten Tango oder in den Glissandopassagen des Flexatons im *Bratschenkonzert* (1985) deutlich wird. Schn. arbeitet weiter mit heterogenen Techniken und Stilen – komplizierten kontrapunktischen Verfahren, Ableitungen aus der Obertonreihe, banalen und trügerisch-sentimentalen Episoden, die aber zu einer »neuen Monostilistik« (Savenko, nach Cholopova) verschmelzen. In den Werken, die nach seinem ersten Schlaganfall (1985) entstanden (*Cellokonzert*, das Ballett *Peer Gynt*), klingt die alte »Per aspera ad astra«-Idee an, die vielleicht als Ausdruck religiöser Zuversicht zu verstehen ist. 1991 erlitt Schn. einen zweiten, 1994 einen dritten Schlaganfall; dennoch komponierte er weiter und ließ sich, wenn möglich, von seinem Sohn Andrej helfen. Er vollendete drei Opern – *Leben mit einem Idioten* (V. Erofeev; Amsterdam 1992), *Historia von D. Johann Fausten* (nach Spies; Hamburg 1994; die Kantate bildet den dritten Akt) und *Gesualdo* (R. Bletschacher; Wien 1995) –, außerdem vier weitere *Symphonien* (Nr. 6 bis 9), Konzerte und Kammermusik. Alle diese Werke zeichnen sich aus durch Sprödigkeit, einen kargen Satz und eine eigentümliche Simplizität, in denen gleichsam Schatten einst komplexerer Strukturen erkennbar zu sein scheinen. Diese Kompositionen ließen sich mit einfachen Argumenten als Zeugnis eines Verfalls abtun; in der Kunst des Aussprechens durch Verschweigen kann man aber auch ein großes Spätwerk erblicken.

Noten: Sikorski (Hbg.); Chant du monde (Paris); Universal Edition (Wien); Sovetskij kompozitor (Moskau); Muzyka (Moskau).

Dokumente: ... in jener schönsten Zeit meines Lebens ... in MusikTexte 43, Köln 1992, 14 f. Über das Leben und die Musik. Gespräche mit Alexander Iwaschkin, Mn. und Düsseldorf 1998.

Literatur: GERLACH, H.: Fünfzig sowjetische Komponisten, Lpz. und Dresden 1984, 360–371 [mit Bibl.]. Sowjetische Musik im Licht der Perestrojka, hrsg. von H. DANUSER u. a., Laaber 1990 [mit Bibl. und WV, 398 f.]. CHOLOPOVA, V. und ČIGARËVA, E.: A. Šn., Moskau 1990 [mit WV und Bibl.]. IVASHKIN, A. u. a.: Schn., Turin 1993. GRATZER, W.: Eine negative Passion. A. Schn.s Faust-Kantate als Paradigma postmoderner Mythenrezeption *in* Europäische Mythen der Neuzeit. Faust und Don Juan. Gesammelte Vorträge des Salzburger Symposiums 1992 »Wort und Musik«, 2. Bde., Anif und Salzburg 1993, Bd. 2, 595–610. KOSTAKEVA, M.: Der Teufel als Symbol des totalitären Systems. Die neuen Mythen der Sowjet-Ära am Beispiel von A. Schn.s Faust-Kantate, ebd. Bd. 2, 611–620. A. Schn. zum 60. Geburtstag. Eine Festschrift, hrsg. von J. KÖCHEL u. a., Hbg. 1994. IVASHKIN, A.: A. Schn., Ldn. 1996. Schn. Reader, hrsg. von DEMS. Bloomington 1999, ²2002. MusikTexte 78 (1999) [Schn.-Schwerpunkt]. REDEPENNING, D.: Gebete in Tönen. Überlegungen zur russischen Instrumentalmusik des ausgehenden 20. Jahrhunderts *in Musica Sacra im 20. Jahrhundert*, Kgr.-Ber. Brixen 1999, hrsg. von der Brixener Initiative Musik und Kirche, Brixen 2000, 43–62. Redepenning, D.: Religiöse Vorstellungen und Themen in A. Schn.s Instrumentalmusik *in Musik im Spektrum von Kultur und Gesellschaft*, Festschrift für Brunhilde Sonntag, hrsg. von B. Müssgens u. a., Osnabrück 2001, 251–271. Schick, H.: Mus. Konstruktion als musikhistorische Reflexion in der Postmoderne. Zum 3. Streichquartett von A. Schn. in AfMw. 59 (2002), 245–266.

Dorothea Redepenning

Schoeck, Othmar

Geb. 1. 9. 1886 in Brunnen (Schwyz); gest. 8. 3. 1957 in Zürich

Mit unbeirrbarer Konsequenz hat Sch. das Lied als die zentrale Gattung seines Frühwerks aufgefaßt. Bevorzugte Textdichter waren weniger zeitgenössische Autoren (unter ihnen Hermann Hesse) als vielmehr Goethe, Eichendorff, Lenau und Uhland. Im Rückblick bietet diese Entscheidung den Eindruck einer geradezu strategischen Planung in genauer Kenntnis der eigenen Fähigkeiten, denn der Entfaltungsraum, den die reiche Gattungstradition des romantischen Klavierlieds seiner spezifisch lyrischen Begabung bis nach dem Ende des Ersten Weltkriegs bot, ermöglichte die eigentümliche stilistische Selbständigkeit Sch.s, die sich gerade in ihrer vollständigen Unberührtheit, aber auch Unabhängigkeit von der musikalischen Moderne jener Jahre ausprägte. Auch seine Leipziger Ausbildungszeit bei Reger (1907–08) scheint ihn bei der Verfolgung dieses eigenen Weges abseits der zeitgenössischen Moderne nicht irritiert zu haben.

Die Erweiterung der Gattungsgrenzen führte dann allerdings einen fundamentalen Wandel seiner Musiksprache herbei. Ein stilistischer Umbruch beginnt sich spätestens mit der *Elegie* op. 36 (1921–22) bemerkbar zu machen, einer Liederfolge nach Gedichten Lenaus und Eichendorffs für Singstimme und Kammerorchester: nicht nur durch die eigenwillige, das Schlagzeug integrierende Besetzung, sondern vor allem durch die Tendenz, Dissonanzspannungen zu verschärfen und häufig auch vom traditionellen Auflösungszwang zu befreien. Die Gottfried-Keller-Zyklen *Gaselen* op. 38 (1923) und *Lebendig begraben* op. 40 (1926) setzen diese Tendenzen so radikal fort, daß Sch. mit ihnen zu einer ganz eigenständigen und authentischen Teilhabe an der Neuen Musik der zwanziger Jahre fand, die sich auf unterschiedliche Weise auch in seiner Kammermusik niederschlug: in einigen Sätzen des *Zweiten Streichquartetts* op. 37 (1923) etwa oder in der Jazzelemente integrierenden *Baßklarinettensonate* op. 41 (1927–28).

Man hat, vielleicht allzu vordergründig, aber gewiß nicht ohne Berechtigung diese radikale und beschleunigte Ausbildung einer eigenen »Modernität« als produktive Reaktion auf die als Schock erlebte persönliche Konfrontation des Komponisten mit der zeitgenössischen Musik erklären wollen: mit dem Kreis um Honegger bei einem Parisbesuch und mit dem Programm des Salzburger Kammermusikfests der IGNM (1923). In einem allgemeineren Sinne hat auch der Kontakt mit dem Winterthurer Mäzen Werner Reinhart eine bedeutende Rolle gespielt. Den Höhepunkt dieser avancierten Stilphase bildet unzweifelhaft der Operneinakter *Penthesilea* op. 39 (Sch. nach H. von Kleist; Dresden 1927), in dem Sch. eine der Radikalität der Stoffvorlage angemessene dissonante Tonsprache findet, die bei über weite Strecken hin aufgehobener Funktionsbindung der Harmonien doch die großdimensionalen Formbildungsmöglichkeiten der Tonalität nicht preisgibt. Keine andere von Sch.s Opern – sie bilden neben den Liedern den zweiten Gattungsschwerpunkt in seinem Œuvre – ist hinsichtlich der stilistischen Kompromißlosigkeit der *Penthesilea* gleichzusetzen. Sie integrieren entweder die nachromantischen Züge des Frühwerks, so etwa die bedeutende *Venus* (A. Rüeger; Zürich 1922), oder sie sind in gleichsam abgeklärter Manier über die Zuspitzung der zwanziger Jahre hinausgewachsen wie beispielsweise *Massimilla Doni*.

Spätestens nach der dramatischen Kantate *Vom Fischer un syner Fru* (Dresden 1930), mit der sich Sch. für die Ehrendoktorwürde der Zürcher Universität bedankte, ist ein allmähliches Zurücknehmen der avancierten Position zu beobachten. Was den Zeitgenossen als willentliches Ausscheren aus der Moderne erscheinen konnte, ist freilich nicht als einfache Rückkehr zum Personalstil des eigenen Frühwerks zu werten, sondern eher als abermalige eigenständige Weiterentwicklung im Sinne einer stilistischen Abklärung, die die technischen Errungenschaften der vorangegangenen Stilphase subtil zu integrieren sucht. Das den Komponisten zeitlebens prägende Bekenntnis zur Tradition – Strenge der Form, Festhalten an der (freilich oft bis an ihre Grenzen erweiterten) Tonalität, Denken in traditionellen Gattungen – schien nun wieder stärker an die sichtbare Oberfläche zu treten. Sch.s rein taktisch begründete Neigung, um der öffentlichen Wirksamkeit willen die Verbindung zum nationalsozialistischen Deutschland aufrechtzuerhalten – Uraufführungen der Opern *Massimilla Doni* (Rüeger; Dresden 1937) und *Das Schloß Dürande* (H. Burte nach J. Freiherr von Eichendorff; Berlin 1943), Annahme des Steinbach-Preises in Freiburg/Br. –, hat seiner Reputation in der Schweiz und im Nachkriegsdeutschland anfänglich schwer geschadet und wohl auch das nach 1945 zunehmende Einsamkeitsgefühl des alternden Komponisten befördert.

In seinem Spätwerk, in dem weiterhin das Klavierlied eine zentrale Position besetzt, griff Sch. zunehmend auf Schweizer Dichter (nicht zeitgenössische, sondern des 19. Jahrhunderts) zurück: auf Gottfried Keller (*Unter Sternen* op. 55, 1941–43), auf Heinrich Leuthold (*Spielmannsweisen* op. 56, 1944) und auf Conrad Ferdinand Meyer (*Das stille Leuchten* op. 60, 1946). Besonders der letztgenannte Zyklus läßt die Ausprägung eines ausgesprochenen Spätstils erkennen, der sich in seiner klanglichen Delikatesse, harmonischen Kargheit und melodischen Linearität auffällig von der Opulenz der früheren Stilphasen unterscheidet. Symptomatisch für diesen linear ausgedünnten Spätstil sind die als Unterrichtsstücke für seine Tochter Gisela komponierten *Ritornelle und Fughetten* für Klavier op. 68 (1953), und es bleibt fraglich, mit welcher Bewußtheit der vor allem als Lyriker und Dramatiker verstandene (und sich selbst so verstehende) Komponist gerade einen Zyklus kleiner Instrumentalwerke in solch exponierter Stellung an das Ende seines Lebenswerkes gesetzt hat (die von Sch. selbst vergebenen Opuszahlen reichen bis 70).

Noten: Hug (Zürich) bis op. 18; Breitkopf & Härtel (Lpz.) bis op. 44; Universal-Edition Wien bis op. 70. Gesamtausg. der Werke O. Sch.s, 24 Bde., Zürich 1995 ff.
Dokumente: VOGEL, W.: O. Sch. im Gespräch, Zürich 1965. DERS.: O. Sch. in Selbstzeugnissen und Zeitgenossenberichten, Zürich 1976. DERS.: Euer dankbarer Sohn. Sch.s Leipziger Briefe, Winterthur 1985. SCHOECK, G.: Die Welt des jungen O. Sch., Schwyz 1986. SCHOECK-GRÜEBLER, E.: O. Sch. Post nach Brunnen. Briefe an die Familie 1908–22, Zürich 1991.
Werkverzeichnis: VOGEL, W.: Thematisches Verz. der Werke von O. Sch., Zürich 1956. FÖLLMI, B.: Praktisches Verz. der Werke O. Sch.s, Zürich 1998.
Literatur: VOGEL, W.: Wesenszüge von O. Sch.s Liedkunst, Diss. Zürich 1950. CORRODI, H.: O. Sch. Bild eines Schaffens, Frauenfeld 1965. PUFFET, D.: The Song Cycles of O. Sch., Bern und Stg. 1982. Auseinandersetzung mit O. Sch., hrsg. von ST. KUNZE und H. J. LÜTHI, Zürich 1987. WALTON, CHR.: O. Sch. Eine Biographie, Zürich 1994. Die Worte vergrößern. Sch.s Opern im Spiegel der Kulturwissenschaften, hrsg. von B. FÖLLMI, Zürich 2000.

Hans-Joachim Hinrichsen

Schönberg, Arnold (Franz Walter)

Geb. 13. 9. 1874 in Wien; gest. 13. 7. 1951 in Los Angeles

»Erst nach dem Tode anerkannt werden –!«, schreibt Sch. 1949 in einem offenen Dankesbrief an die Gratulanten zu seinem 75. Geburtstag, »Ich habe in diesen Tagen viel persönliche Anerkennung gefunden, worüber ich mich sehr gefreut habe, weil sie mir die Achtung meiner Freunde und anderer Wohlgesinnter bezeugt. Andererseits aber habe ich mich seit vielen Jahren damit abgefunden, dass ich auf volles und liebevolles Verständnis für mein Werk, für das also, was ich musikalisch zu sagen habe, bei meinen Lebzeiten nicht rechnen darf. Wohl weiss ich, dass mancher meiner Freunde sich in meine Ausdrucksweise bereits eingelebt hat und mit meinen Gedanken vertraut worden ist. Solche mögen es dann sein, die erfüllen, was ich vor genau siebenundreissig Jahren in einem Aphorismus voraussagte: ›Die zweite Hälfte dieses Jahrhunderts wird durch Ueberschätzung schlecht machen, was die erste Hälfte durch Unterschätzung gut gelassen hat an mir.‹« (Briefe 4: Faksimile).

Sch.s Vorhersage, in der sich Kränkung, Vereinsamung, Entsagung, Zuversicht, Gewißheit und Stolz mischen, hat sich weitgehend bestätigt. Einerseits hat er, wie kein anderer Komponist, die Musik des 20. Jahrhunderts beeinflußt und geprägt, andererseits ist sein Werk noch nicht wie selbstverständlich in das allgemeine Musikrepertoire gedrungen. Es provoziert stets noch extreme Reaktionen. Noch 50 Jahre nach seinem Tod hält die Auseinandersetzung mit seinem Werk unvermindert an: Es wirkt immer noch wie dasjenige eines Zeitgenossen, von dem uns keine historische Distanz trennt. Darüber hinaus sind vielleicht weniger einzelne Werke Sch.s bekannt geworden als vielmehr bestimmte kompositionstechnische Verfahrensweisen, die er entwickelt hat und deren Charakterisierung mit »Emanzipation der Dissonanz«, »Atonalität«, »Klangfarbenmelodie«, »Dodekaphonie«, »Expressionslogik« oft als Chiffre für emphatisch Neue Musik schlechthin gilt, ohne daß ihre Bedeutung hinreichend geklärt ist. Auf diese paradoxe Weise ist Sch.s Werk bekannt und unbekannt zugleich. Freilich führt dieser Sachverhalt, daß kompositionstechnische Verfahrensweisen – und sei es nur als ›Gerücht‹ – bekannter wurden als die Werke, zu zentralen Aspekten der Neuen Musik und der Rezeption der Sch.schen Musik. Erstens wurde seit dem einflußreichen Wirken von Musiktheoretikern wie August Halm, Heinrich Schenker oder Ernst Kurth das ästhetisierende Reden über Musik grundsätzlich als sachfremd kritisiert und durch Analyse ersetzt. Das »interesselose Wohlgefallen«, die begriffslose Kontemplation oder die genießerische Haltung wurde dann vollends einer Musik gegenüber als unangemessen und banausisch empfunden, die, wie die Sch.s, nicht mehr »schön«, sondern »wahr« sein wollte. Zweitens hat Sch. selbst seine kompositorische Entwicklung mit umfassenden kompositionstechnischen Überlegungen begleitet, die schließlich auch das Verständnis älterer Musik nachhaltig verändert haben. Seine Entwicklung konnte als eine »Problemgeschichte des Komponierens« aufgefaßt werden, in der die jeweiligen Werke nur noch zu Stationen schrumpfen, über die der kompositionstechnische Fortschritt hinausführte. Drittens wurde konsequenterweise die Technik der Sch.schen Werke als Schauplatz aller geschichtlichen Entscheidungen seines Œuvres aufgefaßt, die losgelöst von ihrer Funktion im jeweiligen Werk die Aufmerksamkeit erregte.

Paradoxerweise war Sch., durch dessen Œuvre Probleme der Kompositionstechnik und des musikalischen Handwerks in das Zentrum der Musikauffassung gerückt wurden, Autodidakt; zudem vertrat er die Überzeugung, daß Musik, so zweckmäßig sie auch durchgearbeitet sein muß, selbst in der Sphäre absoluter Zwecklosigkeit angesiedelt sei. Sch. wuchs in Wien in bescheidenen Verhältnissen auf. Weder sein Vater Samuel (1838–1890), der aus Szécseny (Ungarn) stammte und in Wien mit mäßigem Erfolg ein Schuhgeschäft führte, noch seine aus Prag gebürtige Mutter Pauline, geb. Nachod (1848–1921), zeigten besondere musikalische Neigungen, doch besaßen auch Sch.s Geschwister Ottilie und Heinrich musikalische Talente. Der Bruder Heinrich wirkte ebenso wie sein Cousin Hans Nachod als Berufssänger. Sch., der orthodox-jüdisch erzogen wurde, aber 1898 zum evangelisch-lutherischen Glauben konvertierte, erhielt seine ersten geistig-musikalischen Anregungen ausschließlich von Freunden und Verwandten und begann bereits relativ früh, sich unter nachgerade abenteuerlichen Bedingungen mit Musik auseinanderzusetzen. Mit acht Jahren fing er an zu komponieren, indem er die ihm bekannte Musik – Violinduette, Opernparaphrasen, Musik für Militärkapellen – imitierte. Die Grundbegriffe der musikalischen Formenlehre entnahm er einem allgemeinen Konservationslexikon, das die Familie in Raten bezog. In einem Quartett spielt er die Cellostimme auf einer Bratsche, die er mit Zithersaiten bespannt hatte, und beherrschte dann das Cello zunächst nur mit dem Geigenfingersatz. Als Cellist im Wiener Dilettantenorchester »Polyhymnia« lernte Sch. den dort als Dirigenten wirkenden Zemlinsky kennen, mit dem er sich anfreundete und den er als Autorität anerkannte. Zemlinsky, der das Wiener Konservatorium absolviert hatte, wird der einzige Berufsmusiker bleiben, mit dem Sch. kompositorisch-handwerkliche Probleme durchgearbeitet hat. 1894 erzielte Sch. mit einem Quartettstück die Anerkennung des angesehenen Wiener Komponisten Joseph Labor, der den skeptischen und zögernden Sch. ermutigte, Musiker zu werden. Der Konkurs eines Bankhauses im folgenden Jahr, in dem Sch. seit 1890 als Angestellter arbeitete, gab den Ausschlag dafür, daß er sich entschloß, als Musiker zu leben.

Das autodidaktische Einarbeiten in die Musik hat offensichtlich Sch. zu besonderen Einstellungen geführt. Stets wird er dem auswendigen Wissen mißtrauen und nur das annehmen, was er selbst in den Partituren der Meister – vor allem Bach, Mozart, Beethoven, Wagner und Brahms – entdeckt hatte. Dabei gelangte er zur Auffassung, man lerne ohnehin nur das, was man schon – unbewußt – wisse, ja mehr noch: »Der Geniale«, so Sch., »lernt also eigentlich nur an sich selbst ... Der Geniale lernt aus der Natur, aus seiner Natur ...« (*Stil und Gedanke*, 165). Kompositionstechnik verstand er geradezu als ›Geheimwissenschaft‹: Sie sei entweder eingeboren oder aber nicht da. Als Lehrer unterrichtete Sch. schließlich niemals das, was er selbst wußte, sondern das, was die Schüler nicht wußten und was er gemeinsam mit ihnen fand. Im Bereich der Kompositionstechnik gab es keine Dimension, die Sch. aus Tradition einfach angenommen hatte und in Routine überführte. Dabei akzentuierte er stets die Funktionalität dieser Dimensionen im Kontext des emphatischen Werkes, und die Erkenntnis solcher Funktionalität – sei es die der Tonalität, der Satz- oder Periodenstruktur, der Rhythmik, des Kontrapunktes, der motivisch-thematischen Arbeit, der Formanlage – wird weithin seine eigene kompositorische Entwicklung prägen.

Zemlinsky führte Sch. in die Wiener Künstlerkreise ein und weitete seinen Erfahrungshorizont. Stand Sch. zunächst in der Tradition von Brahms und Dvořák, so wendete er sich nun auch der Musik Wagners und der Neudeutschen zu und begann, die Musik der ›Moderne‹ der Jahrhundertwende, vor allem Strauss zu rezipieren. Entsprechend schnell entwickelte sich sein Komponieren, das in den mit einer Opuszahl versehenen frühen Werken Wagner und Brahms zu synthetisieren versucht. Während Sch. in seinen *Liedern* opp. 1, 2 und 3 (1898–1903), die fast nur noch historisches Interesse erregen, an Brahms anknüpfte, dessen ›Ton‹ er freilich mit Pathos belädt und ins allzu Großartige steigert, fand er bereits im Streichsextett *Verklärte Nacht* op. 4 (1899) nach dem gleichnamigen Gedicht von Richard Dehmel zu einem Werk der Synthese, das höchsten Ansprüchen standhält, erstmals sein genuines kompositorisches Vermögen bekundet und sich zudem als das beliebteste seiner Arbeiten erwies. Neudeutsch, »modern« im Sinne der Jahrhundertwende wirken die Einsätzigkeit, die luxurierende Klangfülle, die gesteigerte Chromatik, der Charakter der Themen und der Bezug auf ein außermusikalisches Programm, brahmsisch hingegen die gesteigerte Kontrapunktik, die dichte thematische Zusammenhang, die Intensivierung einer innermusikalischen ›Logik‹. Charakteristische Sch.sche Züge lassen sich in der Ausdruckshaftigkeit der Musik erkennen, oder in der Verschmelzung des eigentlich Unvereinbaren, hier derjenigen von Symphonischer Dichtung und Kammermusik, oder, allgemeiner ausgedrückt, von freier, programmatisch motivierter Formentfaltung und Festigung und Intensivierung des rein musikalischen Konstruktionszusammenhangs. Ähnliche Züge tragen auch die *Gurrelieder* auf Gedichte von Jens Peter Jacobsen, die nicht nur als das Hauptwerk des frühen Sch., sondern auch als das der »Moderne« der Jahrhundertwende zu gelten haben. Sch. begann dieses Werk 1900 zunächst als eine Folge von Klavierliedern zu komponieren, die er in einem Kompositionswettbewerb einreichen wollte, doch dann entschloß er sich, die Lieder durch Zwischenspiele zu verbinden, die Werkkonzeption zu erweitern und es zu instrumentieren. Es entstand eine der gewaltigsten Partituren der Musikgeschichte. Allerdings konzentriert Sch. massive Tuttiwirkungen auf ganz wenige Teile des Werkes. Vielmehr teilt er den Apparat vielfach auf und erstrebt besondere, unerhörte klangliche Wirkungen. Im Ineinander von klanglicher Monumentalität und Differenzierung, von geschlossener Form der Lieder und ihrer Öffnung durch die Zwischenspiele, von Leitmotivtechnik und sinfonischem Durchführungsdenken, aber auch von der Intimität der Liebesgeschichte des Sujets und der nach außen sich kehrenden Direktheit der musikalischen Mittel resümieren die *Gurrelieder* eine Epoche.

Allerdings konnte Sch. die *Gurrelieder* erst 1911 beenden, weil er wegen drückender finanzieller Probleme immer wieder die Arbeit unterbrechen mußte. Als sie schließlich 1913 in Wien mit überwältigendem Erfolg durch Schreker uraufgeführt wurden, hatte sich Sch. längst von der Musiksprache dieses Werkes entfernt. Nun galt es, ähnlich wie *Verklärte Nacht*, als eine Art »Beweis« seiner Beherrschung jener musikalischen Ausdruckswelt, die er endgültig verlassen hatte. Immerhin gewann Sch. durch diese Werke Achtung selbst bei denen, die sein weiteres Schaffen entschieden bekämpften.

Im Oktober 1901 heiratete Sch. Zemlinskys Schwester Mathilde und ging im Dezember des Jahres nach Berlin als Kapellmeister an Ernst von Wolzogens »Überbrettl«, eine Art Kabarett, für das er Lieder schrieb, vor allem aber Musik anderer Komponisten zu instrumentieren hatte. Durch Wolzogen, den Librettisten der *Feuersnot*, lernte Sch. in Berlin Strauss kennen, der ihm nicht nur ein Stipendium und eine Lehrstelle am Sternschen Konservatorium verschaffte, sondern ihn auch auf Maurice Maeterlincks Drama »Pélleas et Mélisande« hinwies, das Sch., ohne Debussys Oper zu kennen, als Vorlage zu seiner Symphonischen Dichtung *Pelleas und Melisande* op. 5 (1903) nahm. Im Vergleich zu *Verklärte Nacht* hat Sch. in diesem Werk das Formproblem kompliziert. Einerseits folgen die Thematik und ihre leitmotivartige Verarbeitung, die Koloristik oder die prägnanten Abschnittsbildungen genau der Maeterlinckschen Vorlage; andererseits werden innerhalb des einsätzigen Werkes deutlich die vier Satzcharaktere der Sonate ausgeprägt. So repräsentiert etwa der scherzoartige Abschnitt sowohl den entsprechenden Teil der Sonate als auch die »Szene am Brunnen« der dramatischen Vorlage. Hinzu kommt noch eine planvolle Erweiterung der musikalischen Mittel etwa durch Akkorde aus Quarten oder Ganztönen – dabei entspricht diese Erweiterung und Differenzierung der musikalischen Mittel einer Erweiterung und Steigerung des musikalischen Ausdrucks. In den beiden folgenden Instrumentalwerken, dem *Ersten Streichquartett* op. 7 (1905) und der *Kammersymphonie* für 15 Soloinstrumente op. 9 (1906) spitzt Sch. die analogen formalen und kompositionstechnischen Prämissen noch weiter zu. Das *Erste Streichquartett* überträgt nicht bloß das Lisztsche Konzept der einsätzigen Sonate, in deren Kontext die vier Satzcharaktere der zyklischen Sonate ausgebildet werden, erstmals in den Bereich der Kammermusik, sondern die beiden Mittelabschnitte – Scherzo-Charakter und langsamer Abschnitt – repräsentieren nun auch zugleich die Durchführung im Sinne der Sonatenhauptsatzform, während der Schlußabschnitt als Reprise des ersten Abschnitts ausgearbeitet ist. Diese mehrschichtige Formgestaltung wird sowohl von einer ungemein gesteigerten Kunst der motivisch-thematischen Arbeit und der Themenmetamorphosen, als auch von einer ebenso gesteigerten wie strengen Kontrapunktik fundiert. So stehen gleich zu Beginn des Werkes Hauptthema (1. Violine) und Nebenstimme, die fast schon ein Nebenthema ist (Cello), im doppelten Kontrapunkt. Die *Kammersymphonie* op. 9 komprimiert diese Werkidee und ergänzt sie durch ein harmonisch-melodisches Strukturprinzip: Zentrale Ereignisse im Bereich der Harmonik und Melodik werden durch das Intervall der Quarte vereinheitlicht. Wird unter Harmonik die ›Vertikale‹ und Melodik die ›Horizontale‹ verstanden, so zeichnet sich eine »Einheit des musikalischen Raumes« ab, die das Intervall der Quarte stiftet. Diese Vorstellung einer »Einheit des musikalischen Raumes« wird später, verbunden mit etwas mystischen Vorstellungen, die Ausbildung der Zwölftontechnik motivieren, in der nun nicht mehr ein bestimmtes Intervall, sondern eine bestimmte Reihenfolge der zwölf Töne der chromatischen Tonleiter alle melodischen und harmonischen Ereignisse direkt oder indirekt fundiert. Darüber hinaus vollbringt die *Kammersymphonie* das Paradoxon, das Sinfonische als Inbegriff der großen, repräsentativen Form, und das Kammermusikalische als Inbegriff gediegener, sorgfältigster Satztechnik zusammenzuführen. Während das *Erste Streichquartett* zumindest partiell noch programmatisch gebunden ist – freilich hat Sch. selbst das Programm nie veröffentlicht –, ist die *Kammersymphonie* das erste der gültigen Instrumentalwerke Sch.s, das keinen außermusikalischen Bezug aufweist. Der Ausdruck ist nicht mehr Funktion eines Programms, sondern eine Eigenschaft der Musik, die unmittelbar aus der gesteigerten Konstruktivität erwächst.

Bereits im Juli 1903 kehrte Sch. nach Wien zurück, hielt seit dem Herbst des Jahres Kurse an der Mädchenschule der Eugenie Schwarzwald und gab Privatunterricht. Er machte die Bekanntschaft Mahlers, der sich für Sch.s Musik zu interessieren begann, ihn – bei aller verständlichen Skepsis des Älteren – förderte und vor allem auch finanziell unterstützte. Sch. hatte das Glück, bereits 1904 mit Webern und 1905 mit Berg Schüler anzuziehen, die selbst sich alsbald als größte Komponierbegabungen erwiesen. Mehr noch: Um Sch. gruppierten sich jungen Musiker, denen er seine Musikauffassung vermitteln konnte. Bereits mit den ersten Übungen verpflichtete er sie auf das musikalische Ausdrucksprinzip, auf strengste musikalische Konsequenz, auf Wahrhaftigkeit. Solche kompositorische Moralität färbte bis auf ihre Lebensführung ab, die sie fanatisch in den Dienst ihrer Kunst stellten. So entstand seit 1904 die »Sch.-Schule« – oder auch »Zweite Wiener Schule« oder »Wiener Schule« –, aus der Sch. wohl auch die Kraft schöpfte, unbeirrt und konzessionslos gegen die ihm feindlich gesonnene musikalische Mitwelt durchzuhalten. Er hat dabei selbst vom Unterricht profitiert und etwa in der Einleitung seiner *Harmonielehre* (1911), die er Mahler widmete, eingestanden, dieses Buch habe er »von seinen Schülern gelernt«.

In rascher Folge komponierte Sch. 1907–11 nun jene Werke, welche das Komponieren im 20. Jahrhundert grundsätzlich verändert haben, in dieser epochalen Bedeutung außerhalb der »Sch.-Schule« aber erst seit den fünfziger Jahren allgemein anerkannt wurden: das *Zweite Streichquartett* op. 10 (1907–08), die *Drei Klavierstücke* op. 11 (1909), die *Fünfzehn Gedichte aus »Das Buch der hängenden Garten« von Stefan George* op. 15 für hohe Stimme und Klavier (1908–09), die *Fünf*

Orchesterstücke op. 16 (1909), das Monodram *Erwartung* op. 17 (Marie Pappenheim; 1909, Prag 1924), die *Sechs kleinen Klavierstücke* op. 19 (1911) sowie die *Herzgewächse* op. 20 (Maurice Maeterlinck; 1911). In diesen Werken löst Sch. sukzessiv die Tonalität, also die Grundtonbezogenheit der harmonisch-tonalen Vorgänge auf und bildet die »freie Atonalität« aus. Unlösbar miteinander verknüpft sind in der Entwicklung dieser Werke, die als Inbegriff des musikalischen Expressionismus zu gelten haben, (1) grundsätzliche musiktheoretische Erkenntnisse, vor allem die in der *Harmonielehre* erstmals formulierte Auffassung der Tonalität als ein historisch gewordenes, also veränderbares Kunstmittel; (2) ein durch eine schwere Ehekrise noch intensiviertes Ausdrucksbedürfnis, ja ein Ausdruckszwang aus einer inneren Notwendigkeit heraus, über den Sch. in einem Aphorismus 1911 schrieb: »Kunst ist der Notschrei jener, die an sich das Schicksal der Menschheit erleben ... Die nicht die Augen abwenden, um sich vor Emotion zu hüten, sondern sie aufreißen, um anzugehn, was angegangen werden muß«; (3) eine aufs höchste gesteigerte Auffassung des Künstlers als eines Genies, der mit seinem Werk nachgerade Gottes Schöpfung vollende; (4) schließlich eine Verschränkung der musikalischen Gattungen, der innermusikalischen Dimensionen und letztlich der Künste, die Sch. etwa Kammermusik und Liederzyklus ineinanderführen (op. 10), das Konzept einer »Klangfarbenmelodie« entwickeln (op. 16 Nr. 3), oder nun auch zu malen und zu dichten beginnen läßt. In diesen Arbeiten erstrebte Sch. den unverstellten, befreiten Ausdruck, der nur jenseits der traditionellen musikalischen Mittel zu finden war. Während Sch. überzeugt war, diese Mittel zu erweitern oder sich von ihnen zu emanzipieren, empfanden die Zeitgenossen diesen Vorgang eher als Auflösung oder Zerstörung; er kann denn auch fast nur ›negativ‹ beschrieben werden, als systematische Ausklammerung der Mittel der funktionsharmonischen Tonalität, als Vermeidung traditioneller Akkordtypen, als Auflösung der traditionellen Syntax, als Aussparung thematischer Arbeit oder als Unterdrückung traditioneller Formtypen. ›Tradition‹ erscheint in diesen Werken als etwas, was den authentischen Selbstausdruck verhindert oder korrumpiert. Hingegen greift Sch. in *Pierrot lunaire* op. 21 (1912), einer Folge von 21 Melodramen nach Albert Giraud für Sprecher und fünf Instrumentalisten, die insgesamt acht Instrumente spielen, bereits wieder auf traditionelle Formen, Satztechniken oder Muster – zum Beispiel auf die Passacaglia, den Walzer, die Barkarole oder auf Kanontechniken – zurück, aber dieser Rückgriff trägt noch parodistische Züge. Gleichwohl wird auf diese Weise die Atonalität ›gebunden‹, sie läßt wieder übergeordnete Kompositionsprinzipien hervortreten oder, wie im Drama mit Musik *Die glückliche Hand* op. 18 (1909–13, Wien 1924) auf ein eigenes Libretto, geschlossene Formen zu. Sch erzielte mit *Pierrot lunaire* 1912 seinen ersten großen internationalen Erfolg. Er wird nun häufiger als Dirigent seiner Werke ins Ausland eingeladen, kann 1910 in Wien seine Gemälde ausstellen und lebt ab 1911 wieder in Berlin.

Diese langsame Wendung seines Schicksals wurde durch den Ersten Weltkrieg abgebrochen. 1915 wurde er selbst einberufen und 1917 aus Gesundheitsgründen entlassen. Der Krieg riß ihn aus einer Phase intensivster kompositorischer Arbeit; er geriet in eine Krise und konnte von 1916 bis 1921 kein Werk mehr vollenden. Sch. verharrte keinesfalls untätig; vielmehr fehlte ihm die ›Stimmung‹, seine gewaltigen Werkprojekte, die nachgerade die Menschheit erlösen sollten, abzuschließen. Unter diesen Werken ragt vor allem das Oratorium *Die Jacobsleiter* hervor, das Sch. 1917 für die größte jemals erwogene Besetzung plante, welche noch diejenige der *Gurrelieder* weit übertraf. In diesem Werk, das auf das 1. Buch Mose und darin besonders auf Honoré de Balzacs »Seraphita« weist, führt der Erzengel Gabriel die Inkarnationen des »Berufenen«, des »Aufrührerischen«, des »Ringenden«, des »Auserwählten«, des »Mönches« und des »Sterbenden«, die alle autobiographische Züge tragen, zu Gott. Noch 1951 bat Sch. kurz vor seinem Tode vergeblich seinen Schüler Karl Rankl, das Werk nach seinen Plänen zu vollenden; erst 1961 legt Winfried Zillig, ein anderer Sch.-Schüler, eine spielbare Fassung des Fragmentes vor. Im Ersten Weltkrieg brachen Sch.s Wertvorstellungen zusammen. Er hatte sich auch musikalisch neu zu orientieren und suchte nach einer neuen Begründung von Musik, ohne irgend etwas aus seiner bislang vollzogenen kompositorischen Entwicklung modifizieren zu müssen. Die kompositorischen Entscheidungen, die er in der »freien« und »gebundenen« Atonalität allem aus seinem Formgefühl heraus fällte, sollten kontrollierbarer werden; zudem erstrebte er wieder große, ausgedehnte Formen in der Instrumentalmusik, die in den *Klavierstücken* op. 19 aphoristisch geschrumpft waren. Das Verfahren, das er schließlich um 1920 fand und von dem er glaubte, es sichere »der deutschen Musik für die nächsten hundert Jahre« die »Vorherrschaft« (Rufer, 26), nannte er »Komposition mit zwölf nur aufeinander bezogenen Tönen«; andere Bezeichnungen lauten »Dodekaphonie« oder »Zwölftontechnik«. Die allmähliche Ausbildung dieses Verfahrens zeigt sich in den *Fünf Klavierstücken* op. 23 (1920–23) und der *Serenade* op. 24 für Bariton und 7 Instrumente (Petrarca; 1920–23); die *Suite für Klavier* op. 25 (1921–23) ist dann das erste vollständig dodekaphone Werk.

Die Dodekaphonie ist bei Sch. mit bestimmten stilistischen Eigenschaften seiner Atonalität verbunden: mit der vollständigen Chromatik, mit der Emanzipation der Dissonanz und vor allem mit dem latenten motivischen Zusammenhang, der nun, nach der Ausbildung der Dodekaphonie, in vielen atonalen Werken – im ersten der *Orchesterstücke* op. 16, in der *Glücklichen Hand*, in der Passacaglia aus *Pierrot lunaire* oder im ersten der *Vier Orchesterlieder* op. 22 – aufgespürt werden konnte. Die Reihe der zwölf nur aufeinander – und nicht auf einen Grundton – bezogenen Tonqualitäten der chromatischen Leiter, die Sch. in der Regel aus einem thematischen Einfall gewinnt, dient allen diastematischen Ereignissen eines Tonsatzes als eine Art Basis, der sie entspringen. Sie erfüllt demnach weitgehend die Funktion, welche die Tonalität besaß: Die Zwölftonreihe ist der Inbegriff der Tonbeziehungen des jeweiligen Musikstückes. Sch. hat nur wenige Hinweise zur Behandlung der Reihe gegeben: Sie kann auf alle Stufen der chromatischen Tonleiter transponiert und in den aus dem kontrapunktischen Denken bekannten Formen der Grundgestalt, der Umkehrung, des Krebses und der Krebsumkehrung verwendet werden. Im übrigen kann durch gewisse Eigenschaften der Reihe – Bevorzugung und Anordnung bestimmter Intervalle etwa oder Reihenformen, deren jeweilige Hälften sich bei bestimmten Transponierungen zu einer neuen Zwölftonreihe ergänzen –, der Tonsatz vorstrukturiert werden.

Sch. hat in den Werken, die er bis 1933 schrieb, nur solche Möglichkeiten der Dodekaphonie erkundet, die seinen übergeordneten kompositorischen Intentionen entsprachen. Weder hat er ein Lehrbuch der Dodekaphonie verfaßt, noch Zwölftontechnik unterrichtet. Seine Einstellung zur Dodekaphonie hat er später mit den Worten zusammengefaßt, man folge der Reihe, komponiere im übrigen aber wie vorher. Allerdings kehrte Sch. in seinen dodekaphonen Werken zu traditionellen Formen und Ausdruckscharakteren zurück. Er verlängerte die latente Ordnung oder Systematik des Tonsatzes durch eine Zwölftonreihe in eine manifeste, die der Tradition entstammt. So finden sich in diesen Werken wieder Sonatensätze, dreiteilige Liedformen, Scherzi, Rondos, Thema mit Variationen, Menuetts, Walzer oder Gigues. Dieser Sachverhalt ist weithin auf Unverständnis gestoßen. Theodor W. Adorno analysierte ihn dialektisch-geschichtsphilosophisch als Umschlag von Freiheit in Ordnung im Sinne einer »Dialektik der Aufklärung«. Allerdings setzt diese Kritik eine Kodifizierung der Dodekaphonie voraus, die Sch. nie erbracht hat und die auch nicht den Werken nachgewiesen werden konnte. Hindemith hingegen akzentuierte den konventionellen Werkcharakter und rühmte eine im Grunde traditionelle Kompositionstechnik, die noch die Stereotypie des musikalischen Materials, zu der die Dodekaphonie führt (vollständige Chromatik, gleichartige Harmonietypen), aufbrechen konnte. Boulez wiederum kritisierte genau umgekehrt, daß Sch. die Möglichkeiten der Dodekaphonie als eine »Reihentechnik« verkannte und zu traditionellen Formen zurückgekehrt sei, die nicht mehr von dieser Technik getragen wurde. Indessen war für Sch. die Dodekaphonie eben keine Reihentechnik im Boulezschen Sinne; aus einer Zwölftonreihe wurden vielmehr die motivisch-thematischen Ereignisse abgeleitet, welche dann ihrerseits erst eine bestimmte Formdisposition hervortrieben, die dann umgekehrt diesem motivisch-thematischen Prozeß einen Halt und eine Richtung gab. Die traditionelle Form bringt demnach die musikalische Differenzierung und die Verständlichkeit und Überschaubarkeit dieser Differenzierung in eine innere Übereinstimmung.

Sch. fand um 1920 nicht nur zu einer neuen Grundlegung seiner Kompositionstechnik, sondern griff auch in die Institutionen des Musiklebens ein und gründete im November 1918 den »Verein für musikalische Privataufführungen«, in dem sich die Autonomie von Musik ungeschmälert und unabhängig von der Publikumsgunst durchsetzen konnte. Die Werke – Orchesterwerke in Fassungen für Klavier oder für Kammerorchester – wurden gründlich von »Vortragsmeistern«, darunter Berg und Webern, einstudiert und oftmals wiederholt. Öffentliche Kritik, Beifalls- oder Mißfallensäußerungen waren untersagt; die Programme entwarf Sch. Als der Verein 1921 wegen der Inflation seine Arbeit einstellen mußte, hatte er in 117 Konzerten insgesamt 154 Werke 353 mal aufgeführt, darunter vor allem Werke von Reger, Debussy, Bartók und Schönberg.

In den zwanziger Jahren vollzogen sich auch tiefgreifende Veränderungen in Sch.s Leben. 1923 war seine Frau Mathilde gestorben, für die er den Text eines eigenen Requiems vollendete. Im folgenden Jahr heiratete er Gertrud Kolisch, die Schwester Rudolf Kolischs, der mit seinem Quartett die authentische Aufführungspraxis der »Sch.-Schule« begründete. 1925 erreichte ihn der ehrenvolle Ruf an die Preußische Akademie der Künste in Berlin als Nachfolger Busonis. Die Jahre bis 1933 blieb die äußerlich erfolgreichsten in Sch.s Leben; nur in dieser Zeit konnte er sorgenfrei leben. Zudem scheint die junge Ehe Sch.s Intransigenz ein wenig gemildert zu haben; sein Lebensstil wird aufwendiger, und er öffnet sich durchaus dem Lebensgefühl der Zeit. In ihren traditionellen Formen hat auch seine Musik Anteil am Neoklassizismus als der vorherrschenden musikalischen Tendenz der Zeit; sie wird – relativ – ›sachlich‹, in der *Suite* für Klavier, drei Klarinetten, Violine, Bratsche und Cello op. 29 (1924–26) nachgerade ›musikantisch‹ oder im Kopfsatz des *Dritten Streichquartetts* op. 31 (1927) sogar ›motorisch‹. In der *Begleitungsmusik zu einer Lichtspielszene* für Orchester op. 34 (1929–30) nähert Sch. sich auf seine – abstrakte – Weise den neuen Medien und mit der Oper in einem Akt *Von heute auf morgen* op. 32 (Frankfurt 1930), deren Libretto seine Frau unter dem Pseudonym Max Blonda schrieb, komponierte er eine »Zeitoper«. Die Uraufführung der *Variationen für Orchester* op. 31 (1926–28) spielten immerhin Wilhelm Furtwängler und die Berliner Philharmoniker. 1930–32 entstand mit der Oper *Moses und Aron* (Zürich 1957) ein weiteres Hauptwerk, das jedoch, wie die *Jacobsleiter*, Fragment geblieben ist. Auch diese Oper, deren Libretto Sch. selbst schrieb, trägt autobiographische Züge, ohne daß sie sich darin erschöpfte. Sch. stützt sich auf das 2. Buch Mose, Kapitel 2, 3 und 32, aus denen er den Gedanken des unvorstellbaren Gottes, des auserwählten Volkes und des Volksführers in den Vordergrund rückte. In den Protagonisten Moses und Aron – durch die Schreibweise des Namens Aron statt Aaron verhinderte der abergläubische Sch., daß der Werktitel *Moses und Aron* 13 Buchstaben umfaßt – treten die Antinomien seiner eigenen künstlerischen Existenz auseinander: eine Erkenntnis des Wahren, die sich nicht verständlich zu machen vermag und ein Mitteilungsvermögen, das sich im Vorgang der Mitteilung korrumpiert.

Die Berliner Zeit wurde wohl nur von einer wachsenden Entfremdung zwischen ihm und der jüngeren Komponistengeneration getrübt, welche vor allem die Konzeption der autonomen Musik, das »L'art pour l'art«, das Sch. unerbittlich verteidigte, als einen Fetisch zu empfinden begann: als eine Vergötzung des Selbstgemachten, die sie in die Zeiten der Romantik und der Kunstreligion zurückdatierten. In den *Drei Satiren* für gemischten Chor op. 28 (1925), die freilich besonders gegen Stravinsky gerichtet sind, hat Sch. polemisch geantwortet. Mehr traf ihn jedoch der virulente Antisemitismus der Zeit. Bereits in den frühen zwanziger Jahren war er selbst Opfer eines antisemitischen Haßausbruches geworden, und als er im März 1933, wenige Wochen nach der Machtübernahme der Nazis, auf einer Sitzung des Senats der Akademie vom ›Wunsch‹ der Regierung hörte, den »jüdischen Einfluß in der Akademie« zu brechen, verließ er ebenso empört wie zutiefst gekränkt die Sitzung. Im Mai 1933 emigrierte er nach Paris und kehrte im Juli 1933 zum jüdischen Glauben zurück. Im August 1933 schrieb Sch. an Webern: »Ich bin seit vierzehn Jahren vorbereitet auf das, was jetzt gekommen ist. Ich habe mich in dieser langen Zeit gründlich darauf vorbereiten können und mich, wenn auch schwer und mit vielen Schwankungen, schließlich definitiv von dem gelöst, was mich an den Okzident gebunden hat. Ich bin seit langem entschlossen, Jude zu sein …« (Stuckenschmidt, 334).

Sch. erhoffte sich in Frankreich einen repräsentativen Ruf an eine amerikanische Hochschule, der jedoch ausblieb. Er mußte ein Angebot des Malkin-Konservatoriums in Boston mit einer Filiale in New York annehmen, emigrierte im Oktober 1933 nach Boston und begann, unter deprimierenden Bedingungen zu unterrichten. Da er unter dem Klima an der Ostküste litt, zog er im Herbst 1935 nach Hollywood. Zunächst gab er Privatunterricht – zu seinen Schülern zählten vor allem Filmkomponisten – und konnte dann 1935–36 Kurse an der University of Southern California abhalten. 1936 erhält er schließlich eine Professur an der University of California at Los Angeles. Sch. nimmt 1941 die amerikanische Staatsbürgerschaft an. 1944 verliert er aus Altersgründen seine Professur. Da er von der geringen Universitätspension nicht leben kann, muß er weiterhin Privatunterricht geben. Er erwägt in dieser Zeit, nach Neuseeland auszuwandern. 1945 bewirbt er sich vergeblich um ein Stipendium der Guggenheim-Stiftung, das ihm ein auf seine kompositorische und musiktheoretische Arbeit konzentriertes Leben ermöglichen sollte. Seit 1944 verschlechtert sich sein Gesundheitszustand und am 2. August 1946 erleidet er einen Herzanfall, der ihn fast das Leben gekostet hätte.

Nach dem Ende des Zweiten Weltkrieges stellt Sch. sogleich den Kontakt mit Europa wieder her; erfreut erfährt er von der nun rasch wachsenden Anerkennung seiner Werke. Die einsetzende lebhafte Rezeption der Dodekaphonie stimmt ihn allerdings skeptisch; denn er vermochte sich nicht vorzustellen, daß außerhalb seiner Schule musikalisch sinnvoll mit dieser Technik gearbeitet werden könnte. 1949 erwägt er, Einladungen nach Europa zu folgen, doch verhindert sein labiler Gesundheitszustand alle Pläne. Die letzten Jahre werden von einer unerfreulichen Kontroverse überschattet, die er, von Intriganten aufgehetzt, mit Thomas Mann über die Dodekaphonie führt, die Mann im Roman »Doktor Faustus« seinen Protagonisten Adrian Leverkühn »erfinden« läßt. Auch Adornos »Philosophie der neuen Musik«, die entscheidend auf Mann gewirkt hat und den Ruf der »Sch.-Schule« seit den fünfziger Jahren maßgeblich begründet, hat er als einen Verrat an seiner Schule mißverstanden.

Sch. hat sich in den USA so weit als möglich auf die amerikanische Lebensart eingestellt und etwa freundschaftlichen Verkehr mit Charlie Chaplin oder Gershwin, der ihn sogar portraitierte, gepflegt. Die Grenze zog er dort, wo er seine künstlerische Existenz bedroht sah; so hat er Angebote abgeschlagen, für Hollywood Filmmusik zu komponieren. Dennoch hat er sich kompositorisch unverkennbar auf amerikanische Verhältnisse eingestellt, ohne daß von Anpassung gesprochen werden könnte. Die *Suite im alten Stil* für Streichorchester (1934) als das erste Werk, das er in den USA fertigstellen konnte, überraschte in mehrfacher Hinsicht: Es folgt den Ausdrucksformen barocker Suiten, ist wieder tonal gehalten und zudem pädagogisch motiviert. Stellte sich Sch.s Entwicklung bis zum Ende der zwanziger Jahre als ein zwingender Fortschritt dar, der im Sinne einer Problemgeschichte des Komponierens von der »Moderne« der Jahrhundertwende über die erweiterte Tonalität, die »freie« und »gebundene« Atonalität zur Dodekaphonie führte, so wird sein Komponieren in den USA offener, reicher, aber auch uneinheitlicher oder sprunghafter. Sch. resümiert nun die von ihm entwickelten Verfahren und versucht sich in unterschiedlichen Synthesen. 1937 instrumentierte er Brahms' »Klavierquintett g-moll« op. 25 und verwandelte es in ein klangprächtiges Werk sinfonischen Zuschnitts, das in seiner koloristischen Drastik freilich die Subtilität des Originals verfehlt. Die *Variations on a Recitative* für Orgel op. 40 (1941) und *Thema und Variationen für Blasorchester* op. 43a (1943), die er auch in einer Fassung für großes Orchester vorlegte, sind wieder tonale Kompositionen. Sch. vollendete sogar eine *Zweite Kammersymphonie* op. 38 (1939), die er 1906 zu komponieren begonnen hatte. Das *Violinkonzert* op. 36 (1934–36) und das *Vierte Streichquartett* op. 37 (1936) gelten dagegen als die ›klassischen‹ dodekaphonen Werke, die vollständig ohne Durchbrechung der mit größter Souveränität angewendeten Zwölftontechnik auskommen. Synthesen zwischen Tonalität und Dodekaphonie zeichnen sich hingegen in der *Ode to Napoleon* op. 41 (Byron; 1942) oder im *Klavierkonzert* op. 42 (1942) ab (traditionelle Akkordtypen – Akzentuierung von Grundtönen). Werke wie *Kol nidre* für Sprecher, gemischten Chor und Orchester op. 39 (1938) oder das *Prelude* für Orchester und gemischten Chor op. 44 (1945) sind konfessionell gebunden und können als ›Gebrauchsmusik‹ gelten. Mit der *Ode to Napoleon* op. 41 und vor allem mit *A Survivor from Warsaw* für Sprecher, Männerchor und Orchester op. 46 (1947) schreibt Sch. sogar politisch motivierte Musik: Werke der – indirekten – politischen Abrechnung mit Hitler (op. 41) und der erschütternden Klage und Anklage, nachdem er von den bestialischen Morden der Deutschen an den Juden erfahren hatte (op. 46). Im *Streichtrio* op. 45 (1946) wiederum, das er unmittelbar nach seinem lebensbedrohenden Herzanfall komponierte, verbindet er den musikalischen Ausdruck seiner freiatonalen Werke mit der Dodekaphonie und legt ein schroff-avantgardistisches Werk vor, zu dem, wie zum *Klavierkonzert*, ein (autobiographisches) Programm überliefert ist. Die *Phantasie for violin with piano accompaniment* op. 47 (1949) erneuert das Virtuosenstück für Violine.

Das amerikanische Œuvre repräsentiert in vielerlei Hinsicht insgesamt eine Synthese, die freilich nicht unbedingt in den Einzelwerken spürbar wird. Dieser Synthesecharakter bereitet interpretatorische Probleme. Wie sind etwa die tonalen Werke zu rechtfertigen, wenn die Entwicklung zur Atonalität und zur Dodekaphonie als ein zwingender kompositorischer Fortschritt aufgefaßt wird, hinter den nicht zurückgegangen werden darf? Kompositionstechnische Fragen hielt der späte Sch. letztlich für Stilfragen, die eine nebengeordnete Rolle spielten; so konnte er – »on revient toujours« (*Stil und Gedanke*, 146) – bedenkenlos ›alte‹ Stile aufgreifen. Mit dieser Auffassung konnten diejenigen nicht einverstanden sein, die ›geschichtsphilosophisch‹ dachten und das ästhetisch Stimmige mit dem historisch Notwendigen identifizierten. Sie unterschieden zwischen innerer Geschichte und äußerer Chronologie im Werk Sch.s, akzentuierten die innere Geschichte und ordneten seine tonalen amerikanischen Werke der Zeit vor dem *Zweiten Streichquartett* op. 10 zu. Allerdings läßt sich auch argumentieren, Sch. habe in den USA offensichtlich seine kompositorischen Mittel funktional nach den jeweiligen Werkkonzeptionen differenziert; nach dieser Auffassung hat Sch. in den USA ästhetisch-funktional, aber nicht mehr geschichtsphilosophisch gedacht. Sch.s letzte Werke *Dreimal tausend Jahre* op. 50a (1949) und *De profundis* (130. Psalm) op. 50b (1949), beide für gemischten Chor a cappella, sowie die Fragment gebliebenen *Modernen Psalmen* für Sprecher, gemischten Chor und Orchester op. 50c (1950) sind religiös gestimmte Meditationsmusik. Sch. verstarb über der Komposition der Worte »…und trotzdem bete ich«.

Noten: Sämtliche Werke, Editionsleitung R. Stephan, Mainz 1968 ff.
Dokumente: Harmonielehre, Wien 1911; ³1922; ⁷1966. Texte, Wien 1926. Models for Beginners in Composition, N. Y. 1943. Structural Functions of Harmony, hrsg. von L. Stein, N. Y. 1954; dt. Die formbildenden Tendenzen der Harmonie, übertragen von dems., Mainz 1957. Preliminary Exercises in Counterpoint, hrsg. von dems., N. Y. 1964; dt. Vorschule des Kontrapunkts, eingeleitet und kommentiert von dems., Wien 1977. Fundamentals of Musical Composition, hrsg. von G. Strang und L. Stein, Ldn. 1967; dt. Grundlagen musikalischer Komposition, übertragen von R. Kolisch, hrsg. von R. Stephan, Wien 1979. Style and Idea. Selected Writings, hrsg. von L. Stein, Ldn. 1975. Stil und Gedanke. Aufsätze zur Musik (Gesammelte Schriften 1), hrsg. von I. Vojtěch, Ffm. 1976. Zusammenhang, Kontrapunkt, Instrumentation, Formenlehre/Coherence, Counterpoint, Instrumentation, Instruction in Form, hrsg. von S. Neff, Lincoln 1994.

The Musical Idea and the Logic, Technique and Art of its Presentation, hrsg. von P. Carpenter und S. Neff, N. Y. 1995. A. Sch. Briefe, ausgewählt und eingeleitet von E. Stein, Mainz 1958. A. Sch. – Franz Schreker, Briefwechsel, hrsg. von Fr. C. Heller, Tutzing 1974. Berliner Tagebuch, hrsg. von J. Rufer, Bln. 1974. Der Briefwechsel zwischen A. Sch. und Ferruccio Busoni 1903–1919 (1927), hrsg. von J. Theurich in Beiträge zur Mw. 19 (1977), 163–211. A. Sch. – Wassily Kandinsky, Briefe, Bilder und Dokumente, hrsg. von J. Hahl-Koch, Salzburg 1980. The Berg – Sch. Correspondence. Selected Letters, hrsg. von J. Brand u. a., N. Y. und Ldn. 1987. Zemlinskys Briefwechsel mit Sch., Webern, Berg und Schreker, hrsg. von H. Weber, Darmstadt 1995. A. Sch. Das Bildnerische Werk, hrsg. von Th. Zaunschirn, Klagenfurt 1991.

Werkverzeichnis: Rufer, J.: Das Werk A. Sch.s, Kassel 1959.
Periodica: Journal of the A. Sch. Institute, Los Angeles, 1976 ff. Publikationen der Internationalen Sch.-Gesellschaft, Wien 1978 ff.
Literatur: Adorno, Th. W.: Philosophie der Neuen Musik, Tübingen 1949. Leibowitz, R.: Introduction à la musique de douze sons. Les Variations pour Orchestre op. 31 d'A. Sch., Paris 1949. Brinkmann, R.: A. Sch. Drei Klavierstücke op. 11. Studien zur frühen Atonalität bei Sch., Wiesbaden 1969; ²2000. Stuckenschmidt, H. H.: A. Sch. Leben – Umwelt – Werk, Zürich 1974. Dahlhaus, C.: Sch. und andere. Gesammelte Aufsätze zur Neuen Musik, Mainz 1978. Ders.: A. Sch.s Drittes Streichquartett op. 30 in Melos 50 (1988), 32–53. A. Sch, Mn. 1980 (MK Sonderbd.). Mäckelmann, M.: A. Sch. und das Judentum, Hbg. 1984. Schmidt, Chr. M.: Sch.s Oper ›Moses und Aron‹, Mainz 1987. Die Wiener Schule, hrsg. von R. Stephan, Darmstadt 1989 [Sammlung wichtiger Abh.]. Ringer, A. L.: A. Sch. The Composer as a Jew, Oxford 1990. Verteidigung des mus. Fortschritts. Brahms und Sch., hrsg. von A. Dümling, Hbg. 1990. Sichardt, M.: Die Entstehung der Zwölftonmethode A. Sch.s, Mainz 1990. Hansen, M.: A. Sch. Ein Konzept der Moderne, Kassel 1993. Föllmi, B.: Tradition als hermeneutische Kategorie bei A. Sch., Bern 1996. Political and Religious Ideas in the Works of A. Sch., hrsg. von Ch. M. Cross und R. A. Berman, N. Y. 2000. Autorschaft als historische Konstruktion. A. Sch. Vorgänger, Zeitgenossen, Nachfolger und Interpreten, hrsg. von A. Meyer und U. Scheideler, Stg. 2001. Buhrmann, D.: A. Sch.s »Ode to Napoleon« op. 41 (1942), Hildesheim 2002. A. Sch. Interpretationen seiner Werke, hrsg. von G. W. Gruber, 2 Bde., Laaber 2002. Ringer, A. L.: A. Sch. Das Leben im Werk, Stg. und Kassel 2002. Jacob, A.: Grundbegriffe der Musiktheorie bei A. Sch. [in Vorbereitung].

Giselher Schubert

Schreker, Franz

Geb. 23. 3. 1878 in Monaco;
gest. 21. 3. 1934 in Berlin

Wer Fr. Schr. war, hat er selbst in einem bitterhellsichtigen, höchst unkonventionell aus Kritikermeinungen montierten Kurzporträt umrissen, das 1921, auf der Höhe seines Ruhms, erschienen ist: »Ich bin Impressionist, Expressionist, Internationalist, Futurist, musikalischer Verist; Jude und durch die Macht des Judentums emporgekommen, Christ und von einer katholischen Clique ... ›gemacht‹ worden. Ich bin Klangkünstler, Klangphantast, Klangzauberer, Klangästhet und habe keine Spur von Melodie ... Ich bin Melodiker von reinstem Geblüt, als Harmoniker aber anämisch, pervers, trotzdem ein Vollblutmusiker! Ich bin (leider) Erotomane und wirke verderblich auf das deutsche Publikum (... trotz Tristan, Walküre, Salome, Elektra, Rosenkavalier u. s. f.). Ich bin aber auch Idealist (Gott sei Dank!), ... stehe auf dem linkesten Flügel der Moderne (Schönberg, Debussy) ..., meine Musik ist ... ein Meer voll Wohllaut, eine gräuliche Häufung von Kakophonien ..., ›ein grandioses Dokument des Unterganges unserer Kultur‹ ..., ich bin auf jeden Fall ein ›Fall‹« (Mein Charakterbild, 128). Der paradoxe Katalog verweist mit seinen Widersprüchen auf die bis heute schwierige Stellung eines Komponisten zwischen den Zeiten, der vor dem Ersten Weltkrieg als avantgardistischer Exponent der nachwagnerischen Moderne begann und in den späteren zwanziger Jahren dem neusachlich gewendeten Zeitgeist als verspäteter ›Romantiker‹ galt. Als jüngster der ihm vergleichbaren Komponisten, die seine Zeitgenossen waren (Strauss, Pfitzner, Zemlinsky, Reger und Schönberg) war er den Zufälligkeiten des Weltlaufs hilfloser preisgegeben. Verhinderte der Erste Weltkrieg die dauerhafte Befestigung seines Erfolges, den er mit seinem – ebenfalls relativ späten – Durchbruchswerk, der Oper Der ferne Klang (1901–10, Frankfurt am Main 1912) erzielt hatte, so verweigerte ihm die anti-expressionistische Wende in der Mitte der zwanziger Jahre die Konsolidierung des glanzvoll erneuerten Ruhmes, den ihm Die Gezeichneten (1913–15, Ffm. 1918) und vor allem Der Schatzgräber (1915–18, Frankfurt am Main 1920) eingetragen hatten. Und noch sein früher Tod, der physische wie der im übertragenen Sinne: der gewaltsame Abbruch jeglicher Wirkungsgeschichte zwischen 1933 und 1945 mit allen seinen Folgen, ist der Barbarei der Zeitläufe in Gestalt der NS-Diktatur geschuldet.

Die geistige Landschaft, der Fr. Schr. – ein Generationsgenosse von Sigmund Freud, Arthur Schnitzler, Hugo von Hofmannsthal und Gustav Klimt – entstammte, war die Wiener Moderne der Jahrhundertwende. Seine Erfolge als (nahezu ausschließlicher) Opernkomponist, die ihm nach schwierigen Jahren 1912 einen Lehrstuhl für Komposition an der Wiener Musikakademie und 1920 die Direktorenstelle der Berliner Musikhochschule einbrachten, errang er freilich außerhalb Wiens, an deutschen Opernhäusern, deren zeitgenössisches Repertoire in der ersten Hälfte der zwanziger Jahre weitgehend von seinen Werken dominiert wurde.

In eigentümlicher Weise leuchtet über dem Gesamtwerk der Titel seiner ersten großen Erfolgsoper Der ferne Klang wie eine zentrale Chiffre, die Schr.s geistig-kompositorischen Ort in seinem Kern zu umreißen vermag. (Die Ungerechtigkeit, daß sich diese Chiffre insbesondere den Werken bis 1920 verdankt und für das sogenannte Spätwerk nur partiell zutrifft, gehört zu den historischen Beschädigungen, die auch von der in Gang gekommenen Schr.-Forschung der letzten Jahre noch nicht behoben worden sind.) Schr. selbst hat das in suggestiven Worten ausgesprochen: »Klänge – welch arg mißbrauchtes ... Wort! Nur ein Klang – nur Klänge! Wüßten die Nörgler, welche Ausdrucksmöglichkeiten, welch unerhörter Stimmungszauber ein Klang, ein Akkord in sich bergen kann! Schon als Knabe liebte ich es, mir einen jener ›Wagnerschen‹ Akkorde am Klavier anzuschlagen und lauschte versunken seinem Verhallen. Wundersame Visionen wurden mir da, glühende Bilder aus musikalischen Zauberreichen. Und eine starke Sehnsucht! Der reine Klang, ohne jede motivische Beigabe ist, mit Vorsicht gebraucht, eines der wesentlichsten musikdramatischen Ausdrucksmittel, ein Stimmungsbehelf ohnegleichen« (Meine musikdramatische Idee, 6 f.). Der reine Klang –: das hat etwas Sogartig-Rauschendes, von Joseph von Eichendorffs »der buhlenden Wogen / farbig klingendem Schlund«, aber auch von gleichsam übersinnlicher Sinnlichkeit. Unterschiedslos gehen darin die dem Sexuellen nachgebildete Utopie der entfesselten Sinnlichkeit und die romantische Vorstellung vom tönend Transzendierenden der Musik ineinander über: »das Schäumen des absoluten Geistes in eins zu setzen mit dem verpönten Materialismus aus kolorierten Zehnpfennigsheften« (Adorno, 200), dem

Fernen Klang zu leibhaftig erklingender, sozusagen unsublimierter Nähe zu verhelfen, dürfte wohl den zentralen Impetus Schr.s darstellen.

Aus solcher, komplexer Klangvorstellung heraus – sehr im Gegensatz zur Literaturoper wie zu den neuen Opernformen der späteren zwanziger Jahre – ist buchstäblich das gesamte Œuvre des Komponisten hervorgewachsen. Wie alle Opern Schr.s Künstleropern darstellen, die sein Lebensthema, das positiv nicht mehr zu bewältigende Verhältnis von Klang und Wirklichkeit, Kunst und Leben (das – Otto Weiningers Schrift von 1904 »Geschlecht und Charakter« folgend – vielfach mit dem Gegensatz der Geschlechter verknüpft wird) in einer Mischung aus Märchenphantastik und Milieurealismus zum Gegenstand haben, so bildet in fast allen seinen Opern eine spezifische Klangvision das dramaturgische, häufig mit allen theatralischen Medien potenzierte Symbolzentrum: der ferne Klang wie das Spielwerk (in *Das Spielwerk und die Prinzessin*; Wien und Frankfurt am Main 1913), die Laute des Schatzgräbers und die Orgel im *Singenden Teufel* (Berlin 1928) wie der Streichquartettsatz im *Christophorus* (1924–27, Freiburg/Br. 1978 [!]). Thematisiert wird gleichsam die klangliche Erscheinung der Musik selber, die durch ihr Eintreten die dramatische Entwicklung, meist zum lebensgeschichtlichen Verhängnis der Beteiligten, in Bewegung setzt. Der Klang bildet schließlich auch das Zentrum von Schr.s Kompositionstechnik, indem er alle anderen musikalischen Dimensionen gleichsam in sich absorbiert. Der traditionelle Primat der abstrakten Satzstruktur (als ›logischer‹ Verbindung melodisch-rhythmisch definierter musikalischer Gedanken) vor deren klanglicher Vergegenwärtigung wird radikal auf den Kopf gestellt. Wie die Melodik vielfach nur als Oberfläche der Harmoniebewegung erscheint, so die überaus differenzierte Harmonik, im Verein mit dem komplexen orchestralen Stimmgewebe, als Funktion des Klanggeschehens, als Teilmoment eines unerhört bereicherten Orchesterkolorits. Dem Orchester – im Grunde dem einzigen Instrument, das für Schr. existierte – gewann er eine schwerlich überbotene Farbenvielfalt ab, nicht zuletzt durch die ingeniöse Verwendung von Harfe, Celesta, Harmonium und Klavier, die seiner elaborierten Mischklangtechnik unentbehrlich war. (Vielleicht nirgends eindrucksvoller als in seinen beiden großen Instrumentalwerken, die über den Status von Nebenwerken eines hauptamtlichem Opernkomponisten weit hinausgehen: der *Kammersymphonie* für 23 Soloinstrumente von 1916 und dem *Vorspiel zu einem Drama* – hervorgegangen aus dem Vorspiel zu den *Gezeichneten* – von 1914.) Die rigorose Zentrierung aller musikalischen Parameter auf den Klang, und das heißt vor allem der Verzicht auf die zusammenhangbildende Kraft der thematischen Logik, verleiht Schr.s Musik einen vegetabilisch-offenen, bis zum Amorphen reichenden Zug, der analytisch schwer greifbar ist (wenn auch die neuere Forschung die interne Konstruktivität von Schr.s Komponieren als einer Montage bestimmter Klangmodelle herauszuarbeiten versucht). Zugleich macht dies verständlich, warum seine aufs höchste sensibilisierte und darum exponierte Klangsprache der szenisch-dramaturgischen Legitimierung als eines Außenhaltes bedarf.

Ob die spätere Wendung Schr.s zu einer einfacheren, neoklassizistisch beeinflußten Sprache – etwa im *Singenden Teufel* und in der »Großen Zauberoper« *Der Schmied von Gent* (Berlin 1932) – als ein Moment zielstrebiger Entwicklung oder eher einer gewissen Anpassung an den Geist der Zeit zu verstehen ist, läßt sich einstweilen nicht schlüssig entscheiden. In seiner obsessiven Konzentration auf den Klang und dessen physisch-metaphysische Aura reicht Schr. weit ins 19. Jahrhundert zurück, in seiner Radikalität, mit der er diesem die traditionellen Sicherungen der kompositorischen Verfügungsgewalt opferte, ist er ein Komponist des 20. Jahrhunderts.

Noten: Universal Edition (Wien).
Dokumente: Meine musikdramatische Idee *in* Anbruch 1 (1919), 6 f. Dichtungen für Musik, 2 Bde., Wien 1920–21. Mein Charakterbild *in* Musikblätter des Anbruch 3 (1921), 128. Fr. Schr. und Paul Bekker. Briefwechsel, hrsg. von Chr. Hailey, Aachen 1992.
Literatur: Adorno, Th. W.: Schr. *in* Quasi una fantasia, Ffm. 1963, 181–200. Schreker-Bures, H. u. a.: Fr. Schr., Wien 1970 [mit WV]. Neuwirth, G.: Die Harmonik in der Oper »Der ferne Klang« von Fr. Schr., Regensburg 1972. Fr. Schr. Am Beginn der Neuen Musik, hrsg. von O. Kolleritsch, Graz 1978. Brzoska, M.: Fr. Schr.s Oper »Der Schatzgräber«, Stg. 1988 [mit Bibl.]. Hailey, Chr.: Fr. Schr. 1879–1934. A Cultural Biography, Cambridge 1993. Kienzle, U.: Das Trauma hinter dem Traum. Fr. Schr.s Oper »Der ferne Klang« und die Wiener Moderne, Schliengen 1998.

Bernd Sponheuer

Schubert, Franz Peter

Geb. 31. 1. 1797 in Wien;
gest. 19. 11. 1828 in Wien

Moments musicaux nannte ein findiger Verleger 1828 Sch.s Klavierstücke op. 74 (D 780) und erspürte mit dieser Benennung etwas von dem, was sich in Sch.s Musik zuträgt: dem Augenblick Dauer verleihen. Hatte eine Generation zuvor Beethoven den »neuen Weg« eines von thematischen Prozessen artikulierten Zeitverlaufs gewiesen, so entwickelte Sch., vermeintlich in getreulicher Nachfolge, abermals eine neue Zeitgestaltung in der Musik, die zwar keineswegs als Gegenentwurf intendiert war, aber doch in den reifen Instrumentalwerken dem verehrten Vorbild, durch alle erlernbare und erlernte Kompositionstechnik hindurch, eine musikalische Zeit entgegensetzte, die sich nicht in der Verknüpfung der Töne zum thematischen Diskurs, sondern gleichsam im Erklingen der Töne selbst erfüllt. Die beiden Weisen von Musik hat Sch. in der Vertonung des Gedichts von Matthias Claudius *Der Tod und das Mädchen* (D 531, 1817) mit allegorischer Deutlichkeit einander gegenübergestellt: Motivisch prägnante, ›zerklüftete‹ Textdeklamation gegen ebenmäßige Taktfüllung, chromatisches Hochschrauben der Singstimme gegen Fixierung eines Tons, pulsierende Auftaktigkeit der Begleitung gegen choralartige Führung der Stimmen, grundiert durch den Kontrast von Dynamik und Tempo, vor allem aber durch die für Sch. so charakteristische Opposition von Dur und Moll. Der Gegensatz von Todesangst und Ruhe im Tod wird durch das Verhältnis von Melodie und Begleitung zum Ton- und Zeitraum dargestellt als Gegensatz von fliehender und stillstehender Zeit. Der Eindruck, die Zeit stehe still, vermag die Sehnsucht, dem Augenblick Dauer zu verleihen, nur vorübergehend zu stillen, aber diese Illusion herzustellen gelingt Sch., indem er kompositorische Verfahren meidet, die das Fließen der Zeit als (thematischen) Prozeß ausgestalten, und solche bevorzugt, die es als Bewegung in einem imaginären musikalischen Raum erscheinen lassen. So bleibt die melodische Substanz des Liedes *Der Tod und das Mädchen* in den Variationen des zweiten Satzes aus dem *Streichquartett d-moll* (D 810, 1824) unversehrt, wird aber, während sie durch die Stimmen wandert, von einem Figurenwerk umsponnen, das sich von Variation zu Variation belebt und so die Klimax des Satzes herbeiführt. In dieser für Sch.s Musik so charakteristischen Konstellation von Beharrung und Veränderung wächst dem Thema die Rolle zu, gleichsam das Subjekt des Satzes zu sein, das durch den sich verändernden oder ›von außen‹ veränderten Zeitraum gleitet; und der Hörer bewegt sich mit ihm durch diesen Raum, den er nicht als Fließen der Zeit, sondern als Wandel der Umgebung – einer ›musikalischen Landschaft‹ gleich – erfährt. Gegenfigur solch räumlicher Erfahrung ist eine Steigerung der Zeiterfahrung ins Extrem. Vergänglichkeit komponiert Sch. vorzugsweise – und je später, umso eindringlicher – in Finalsätzen, in denen Thematik und Begleitung einander in ständigem Pulsieren forttreiben, wie ohne Halt zu finden – so auch im Presto des *Streichquartetts d-moll* – und er forciert dabei Momente thematischer Arbeit derart, daß sich die Figuren überschlagen zu gespenstischem Spuk oder zu jener überdrehten Lustigkeit, die der Zeit davonlaufen möchte. – Formverläufe dieser Art finden sich zwar auch bei anderen Komponisten, namentlich bei Beethoven, stehen dort aber in einem anderen Verhältnis zueinander. Sind Stillstand und Fliehen der Zeit dort Extreme, die sich um die – von thematischen Prozessen – erfüllte Zeit gruppieren, so bilden diese Extreme in der Instrumentalmusik des reifen Sch. den eigentlichen Horizont seiner Musik und suchen meist vergeblich einen Ausgleich.

Sch.s Poetik, die – ungewollt – eine Kritik der Wiener Klassik impliziert, hat für die Funktion und den Stellenwert der von den Klassikern ererbten Kompositionstechniken und Formstrategien entscheidende Konsequenzen: Variation als die Kunst, Bekanntes stets wieder neu zu formulieren, ist nicht länger oberstes Gebot; Wiederholung – das Insistieren auf einem Ton, einer Wendung, einem Rhythmus, einer Sequenz – gewinnt etwas Sprechendes, das nur sie sagen kann, als verzichte das kompositorische Subjekt auf tätiges Eingreifen in die Musik und überlasse sie sich selbst, um nur der ›Natur‹ des Klingenden zu folgen. Eben darin sind die »himmlischen Längen« begründet, die Schumann an der großen *C-dur-Sinfonie* bewundernd moniert hat, und die dazu geschaffen sind, daß der Blitz in sie fahre: Die Wiederholungen provozieren ihre gewaltsame Unterbrechung. Paradigma der Veränderung ist nicht die kontinuierliche Entwicklung, sondern der Einbruch ›von außen‹ – so im ersten Satz der *Unvollendeten* der berühmte c-moll-Einsatz nach der Generalpause.

Entsprechend brechen Steigerungen ab, als verfehlten sie ihr Ziel – etwa im zweiten Satz der C-dur-Sinfonie D 944, 1828. Signatur dieser Brüche sind die Generalpausen – nicht imaginäre Doppelpunkte wie bei Beethoven, sondern eher Momente von Ratlosigkeit, wie es noch weitergehen könne. Weg und Ziel, durch die der musikalische Zeitraum disponiert wird, treten auseinander. Sch.s musikalische Zeit ist nicht derart funktionalisiert, daß hier dies geschieht, damit dort jenes sich ereignen kann, sondern jedes Ereignis hat seinen Wert in sich. Sie wird vom Unterwegs-Sein, nicht vom Ziel bestimmt. Sch.s Musik ist eine Kunst des *Aufenthalts* (Nr. 5 aus dem »Schwanengesang«, D 957, 1828).

Dieses Unterwegssein trägt jene Gegensätze, die sich nicht mehr zu einem übergeordneten Ganzen vermitteln lassen. Thematische Arbeit leistet nicht mehr den Ausgleich des Tonsatzes in allen Dimensionen. Sie ist der Melodie als Darstellung eines musikalischen Sinnzusammenhangs eigenen Rechts zur Seite gestellt, häufig sogar entgegengesetzt als ein Verfahren, dem etwas Forciertes, bisweilen Hektisches anhaftet. Neben die strikte thematische Arbeit in der Art Beethovens tritt eine kunstvolle Variantentechnik, die das Thema in seiner melodischen Kontur bewahrt, in vielen Details aber verändert.

Das Verhältnis von Thema und Begleitung erhält eine neue Akzentuierung und einen anderen Sinn. In diesem Verhältnis wirken die Herkunft des Sch.schen Instrumentalsatzes vom Streichquartett und die Erfahrungen des Liedkomponisten ineinander. In der Präsentation einer thematischen Melodie lassen sich idealtypisch zwei Satzarten unterscheiden: Ein akkordischer Satz Note gegen Note, in dem die anderen Stimmen häufig in parallelen Terzen und Sexten geführt sind, und ein Begleitstimmensatz, in dem der Melodie eine Schicht von eigenem (rhythmischen) Profil unterlegt ist. Beide Satzarten verwendet Sch. in seinen Liedern je nach intendiertem Ausdruckscharakter zwar auch in ihrer reinen Ausformung, gerade in der Instrumentalmusik aber verschmelzt er beide zu einer latenten Polyphonie im Akkordverband. Durchgänge in den Mittelstimmen gewinnen dabei eine Expressivität, wie sie nur Bach in seinen Choralsätzen erzielt hat, ja die Begleitstimmen verselbständigen sich zu einem Geflecht von Nebenmelodien (wie zu Beginn der *Unvollendeten* nach dem Unisono der Bässe oder im zweiten Satz des *Streichquintetts C-dur* D 956, 1828) oder zu einem rhythmischen Ostinato von thematischer Qualität (zweiter Satz der *Klaviersonate B-dur* D 960, 1828). Aus diesen Nebenmelodien, die sich im Akkordverband der parallelen Terzen und Sexten bewegen und dem Thema sein »Flußbett« (Gülke) bereiten, – nicht aus dem Thema selbst – speisen sich meist motivische Vorgänge wie Sequenzierungen und Abspaltungen. Die Integration von Akkord- und Begleitstimmensatz ist Sch. kaum je schöner und für den weiteren Verlauf der Musik folgenreicher gelungen als zu Beginn des ersten Satzes der *B-dur-Sonate*, wo sich die Wiederholung des Themas in der terzverwandten Tonart melodisch als Tausch von Ober- und Mittelstimme legitimiert und zugleich die Belebung der Begleitfiguren die Auflösung seiner melodischen Kontur einleitet. Dieses Verhältnis von Thema und Begleitung ist eines der wirkungssichersten, weil verzaubernden Mittel, Zeit als musikalischen Raum darzustellen.

Auch die Harmonik eröffnet räumliche Perspektiven. Diese Wirkung beruht zu einem großen Teil auf der Bevorzugung von Terzverwandtschaften bei der harmonischen Disposition eines Satzes; denn zum einen mangelt dem Übergang zwischen terzverwandten Tonarten jene Entschiedenheit, die der Verbindung quintverwandter Tonarten aufgrund ihrer Funktion in der Kadenz eigen ist, vielmehr hat der Übergang etwas Assoziatives an sich; zum anderen verbindet er entferntere Tonarten, und darauf beruht ihre ›halluzinatorische‹ Wirkung. Beides zusammen läßt die Verbindung terzverwandter Tonarten wie einen Beleuchtungswechsel erscheinen, der eher Veränderungen des Raumes als der Zeit suggeriert (so etwa im ersten Satz der *Klaviersonate A-dur* D 959, 1828).

All diese Veränderungen von Funktion und Stellenwert ›klassischer‹ Kompositionsverfahren haben zur Folge, daß für die Beschreibung der Sch.schen Musik nicht die Metaphorik des handelnden Menschen taugt (die Thr. Georgiades für den Wiener Klassischen Stil plausibel gemacht hat, → Lit. Mozart), sondern Metaphern der Natur und des Naturerlebnisses.

Sch. musikalische Sozialisation vollzog sich in kleinbürgerlichen Kreisen. Daher spielen Formen des geselligen Musizierens in seinem Œuvre eine herausragende Rolle, neben dem Lied vor allem Kammermusik, und hier nicht nur das im Elternhaus gepflegte Streichquartett, sondern auch Tänze und Märsche, Klaviermusik zu vier Händen und Chormusik – insbesondere für Männerchor –, die nach der Gattung Lied die meisten Titel umfaßt. Die »Schubertiaden«, die geselligen Abende im Kreis der Freunde, bedeuteten wohl Ansporn, vor allem für das Komponieren von Liedern und Chormusik, doch hat sich der Instrumentalkomponist Sch. eher gegen den engen Horizont dieses Kreises entwickelt, als daß er in ihm eine institutionelle Stütze gefunden hätte (auch die *Winterreise* wurde in diesem Kreis mit Befremden aufgenommen). Die Klaviersonate gewinnt ab 1824, wohl im Anschluß an Beethoven, als Gattung Gewicht; aber der Weg zu den repräsentativsten Gattungen der Zeit, zu Sinfonie und Oper, war Sch. erschwert, da ihm, der zeitlebens weder als Musiker ein Amt innehatte noch als Instrumentalvirtuose hervortrat, der Weg zu den öffentlichen Institutionen versperrt war. Die frühen Sinfonien wurden im Konvikt uraufgeführt, die *Fünfte Sinfonie B-dur* (D 485, 1816) in einem Bürgerhaus, eine Aufführung der beiden letzten Sinfonien hat Sch. nicht erlebt. Seine zahlreichen Versuche, als Opernkomponist Fuß zu fassen, wurden behindert durch seine mangelnde Erfahrung mit den Erfordernissen des Theaters, durch schlechte Libretti und wohl auch durch einen grundsätzlichen Zwiespalt zwischen dem, was damals für dramatisch bzw. theaterwirksam gehalten wurde, und der spezifischen Beschaffenheit seiner Musik.

Bis etwa 1816 sind Sch.s Instrumentalwerke von vorwiegend durchsichtiger Klanglichkeit in der Nachfolge Haydns und Mozarts, gelegentlich von einem Rossinischen Brio bewegt (Finale der *Dritten Sinfonie* D 210, 1815) oder von einem etwas angestrengt wirkenden Ernst wie die *Vierte Sinfonie c-moll*, die Sch. selbst auf dem Titelblatt des Autographs als »Tragische« bezeichnet hat. Der Klaviersatz des jungen Sch. bewegt sich noch nicht in extremen Oktavlagen und frei wechselnder Klangdichte, ja manchmal scheint der vierstimmige Quartettsatz durch, so etwa zu Beginn der *Sonate E-dur* (D 459, 1816). Die melodische und klangliche Schönheit der frühen Instrumentalmusik will gefallen; sie ist ungebrochen und noch nicht von jener Wehmut durchweht, wie sie den Werken nach den Jahren der Krise um 1820 eigen ist. Dies ist vielleicht am ohrenfälligsten in der Verwandlung des Themas des Mittelsatzes aus der *Sonate a-moll* (D 537, 1817) zum Finalgedanken der späten *Sonate A-dur* (D 959, 1828). Auch in der harmonischen Disposition orientiert sich Sch. zunächst an Vorbildern vor Beethoven. In vielen frühen Sonatensätzen setzt die Reprise von der Subdominante an, wie es in Sonatensätzen des 18. Jahrhunderts, etwa Mozarts »Sonata facile« KV 545 vorgebildet ist. Dadurch ist der harmonische Weg, mit dem die Reprise zur Tonika zurückfindet, identisch mit dem der Exposition zur Dominante. Für diese Disposition ist eher ›räumliche‹ Balance bestimmend als die Idee des Prozesses, der harmonischen Öffnung in der Exposition eine Zentrierung der Harmonik in der Reprise entgegenzustellen.

Dokumente der Krise sind in den Jahren vor 1820 die zahlreichen Fragmente von Klaviersonaten. Sie brechen häufig mit dem mutmaßlichen Ende der Durchführung ab. Die Rekonstruktionsversuche neuerer Zeit – in der Annahme, Sch. hätte die Reprisen nicht verändert, erscheinen problematisch; daß Sch. gerade die unveränderte Wiederholung nicht wollte, ist wahrscheinlich der Grund des Abbruchs gewesen. Dies wird plausibel durch das Fragment eines Streichquartetts, den sogenannten *Quartettsatz c-moll* (D 703, 1820). In ihm schlägt Sch. einen Ton an, der von der Verbindlichkeit früherer Kompositionen, namentlich dem des vorher entstandenen *Klavierquintetts A-dur* »Die Forelle« (D 667, 1819) meilenweit entfernt ist. Zweifellos wurde dieser neue Ton durch die Auseinandersetzung mit Beethoven gewonnen, aber es war eher die Haltung der Beethovenschen Kompositionen, ihr Aufmerksamkeit erheischender Ernst, letztlich der geistige Anspruch dieser neuen Instrumentalmusik, der Sch. ›beeinflußte‹, weniger ein einzelnes satztechnisches Moment. Der *Quartettsatz* formuliert bereits zu Anfang einen so ungeheuren Kontrast jener beiden Weisen von Musik – der nervös dreinfahrenden und der selig singenden –, daß nachher wirklich nichts mehr so sein kann wie vorher. Und hier stellt sich das Problem der Reprise für Sch. mit einer bisher nicht erfahrenen Schärfe, die eine bestürzend neue Lösung erzwingt, wie sie (nach Chopins »Sonate b-moll«, 1839) erst wieder Brahms anvisieren wird: Die Reprise verzichtet zu Beginn auf den Hauptsatz, setzt stattdessen mit dem Seitensatz ein und spart den Hauptsatz für die Coda auf. Abgestützt wird diese außergewöhnliche Anordnung der Themen in einem für Sch. traditionellen Sinn, nämlich nochmals durch die ›Balance-Disposition‹, in der die Reprise von der Subdominante ansetzt. Konsequenzen zog Sch. in der *Sinfonie h-moll* (D 759, 1822), die Inbegriff des unvollendeten Werks geworden ist, der aber noch mehrere Sinfonieentwürfe vorausgegangen waren

(D 615, 1819; D 708A, 1821; D 729, 1821). Er teilt den Hauptsatz in eine – unisono von den Bässen vorgetragene – thematische Melodie und einen Begleitstimmensatz, der eine Variante des Anfangs trägt, verlegt zugleich den Einbruch der ›anderen‹ Musik in die Mitte der Exposition. Diese Konzeption einer ›lyrischen Sinfonie‹, die Brahms im Kopfsatz seiner »Zweiten« aufgegriffen hat, ermöglicht einen Reprisenbeginn, in dem Identität des Themas und der Tonart zusammenfallen, ohne auf die Ausbildung unversöhnlicher Ausdruckscharaktere verzichten zu müssen. Nach weiteren, gewichtigen Kammermusikwerken, in denen Sch. diesen Ansatz weiter differenziert, aber auch modifiziert (*Streichquartett a-moll* D 804 und *d-moll* D 810, beide 1824), schreibt Sch. an seinen Freund Leopold Kupelwieser: »In Liedern habe ich wenig Neues gemacht, dagegen versuche ich mich in mehreren Instrumental-Sachen, denn ich componierte 2 Quartetten für Violinen, viola und Violoncelle u. ein Oktet, u. will noch ein Quartetto schreiben, überhaupt will ich mir auf diese Art den Weg zur großen Sinfonie bahnen« (Dokumente, 235). Die »große« *Sinfonie C-dur*, nach neueren Forschungen 1825–26 entstanden und wohl mit der von Sch. erwähnten, lange Zeit verschollen geglaubten »Gasteiner Sinfonie« identisch, knüpft bei der Teilung des Hauptsatzes an, ja schreitet in der ›Introduktion‹ über eine Reihe von Variationen gleichsam den Weg vom Lied zur Sinfonie aus. Thematisch wird dann aber ein Begleitstimmensatz mit nur geringer melodischer Kontur – gleichsam ohne Melodie. In phantasiereichster Instrumentation und weiten harmonischen Ausblikken entwickelt Sch. eine neue Großflächigkeit des Orchestersatzes, wie sie erst nach Brahms wieder erstrebt und erreicht wird. Der Sinfonieentwurf D 936A (1828?) läßt nur ahnen, wie nah Sch. Mahler gekommen wäre, hätte er länger gelebt.

Auf dem Feld der Klavier- und der Kammermusik, die weniger offiziellen Charakter hatten als die Sinfonie, hat Sch. sich in der Erprobung neuer Formstrategien noch weiter vorgewagt. In der *Fantasie C-dur* (»Wandererfantasie« D 760, 1822) verbindet Sch. die vier Sätze des Sonatenzyklus zu einem neuartigen Ganzen. Die vier ineinander übergehenden Sätze, deren Themen von ein und demselben Rhythmus bestimmt werden, wirken wie Funktionen eines riesigen Sonatensatzes, in dem der Kopfsatz das ›Hauptthema‹, der langsame Satz das ›Seitenthema‹, das Scherzo die ›Durchführung‹ und das Finale die ›Reprise‹ bilden.

Durch die Vermittlung von Liszt, der die *Wandererfantasie* für Klavier und Orchester gesetzt hat, ist diese Konzeption zum Vorbild für die einsätzige Sinfonie, insbesondere in der Symphonischen Dichtung, geworden. Die Verzahnung verschiedener Sätze durch gemeinsame thematische Substanz hat Sch. in späteren Kompositionen weiterverfolgt, so vor allem in der *Fantasie C-dur* für Violine und Klavier (D 934, 1827) und in der *Fantasie f-moll* für Klavier zu vier Händen (D 940, 1828).

Harmonik und Thematik können für die Bildung musikalischen Zusammenhangs komplementäre Funktion haben, so als setze die Sicherung in einem Bereich den anderen zu neuen Vorstößen frei. In der *Wandererfantasie*, deren Sätze ja thematisch miteinander verbunden sind, steht der erste Satz in C-dur, der zweite in cis-moll; Sch. errichtet ›verwandte‹ Dur- und Moll-Dreiklänge nicht über einem gemeinsamen Grundton, sondern über einer gemeinsamen Terz und kombiniert so die Dur-Moll-Opposition mit der Verbindung entlegener Tonarten. Das Gleiche ereignet sich in der *Fantasie f-moll*, deren erster Satz in F-dur endet, an den dann ein Largo in fis-moll anschließt. Schließlich hat Sch. dieses Prinzip innerhalb eines Satzes verwendet, so steht das Seitenthema in dem *Sonatensatz a-moll* für Klavier zu vier Händen (»Lebensstürme«, D 947, 1828) in As-dur, und im langsamen Satz des *Streichquintetts C-dur* (D 956, 1828) stehen die Außenteile in E-dur, der Mittelteil in f-moll. Die entrückende Wirkung solcher Tonartendispositionen sucht Sch. schließlich auch in der harmonischen Variation einzelner Themen, indem er an deren melodischem Fortgang festhält, zugleich aber die Harmonik verändert. Solch modulierende Kantilenen, die gleichsam die Wolken aufreißen, finden sich in allen späten Werken, so auch in dem *Streichquartett G-dur* (D 887, 1826), den beiden *Klaviertrios B-dur* (D 898, 1828?) und *Es-dur* (D 929, 1827) und den drei letzten *Klaviersonaten* (D 958, 959, 960). Alle späten Instrumentalwerke Sch.s, in denen sich seine kompositorischen Errungenschaften zu größter Ausdrucksintensität versammeln, bilden Gipfelpunkte der Musik, denen jedoch nicht die abgeklärte Wirkung eines ›Spätwerks‹ eignet, sondern im Gegenteil eine derart forcierte Kontrastbildung, daß manchmal – wie dann bei Mahler – die Grenzen des ›guten Geschmacks‹ in der Musik erreicht scheinen.

Sch.s Entwicklung als Instrumentalkomponist vollzog sich vor dem Hintergrund seines Liedschaffens, das über 600 Vertonungen umfaßt. In ihm fand er in einem wahren Schaffensrausch zuerst den ihm eigenen Ton, vom ersten Lied, *Hagars Klage* (D 5, 1811), über die erste Goethe-Vertonung, *Gretchen am Spinnrad* (D 118, 1814), bis zum *Erlkönig* (D 328, 1815), der ihn als Liedkomponisten berühmt gemacht hat. Sch. hat das Lied als Gattung begründet, d. h. er hat – wie Haydn für das Streichquartett und die Sinfonie, Mozart für das Klavierkonzert und Beethoven für die Klaviersonate – durch sein Schaffen eine Tradition begründet, an die Komponisten folgender Generationen anknüpften und darin wetteiferten, dem von Sch. gesetzten Anspruch der Gattung zu genügen und deren kompositorischen Möglichkeiten weiter zu entfalten.

Vor seinen Vorgängern und Zeitgenossen zeichnet sich Sch. durch die Intensität aus, mit der er Sprache in musikalische Deklamation faßt und zugleich das Lied mit den Errungenschaften der noch jungen ›absoluten‹ Musik versieht, vor allem mit einer reichen Harmonik. Wie bei Sch. die Instrumentalmusik auf die vokale ›sehnend‹ zurückschaut, so integriert das Lied als das mit dem Text am innigsten verwobene musikalische Gebilde Momente der Instrumentalmusik. Sch. befreit das Lied zum einen aus der Tradition der Ariette, zum anderen aus der ästhetischen Quarantäne jener Einfachheit, in die es die Berliner Liederschule um Johann Abraham Peter Schulz gesteckt hatte. Vielleicht war es die Komplexität des Sch.schen Liedsatzes, die Goethe auf die von Sch.s Freunden eingesandten Lieder nicht reagieren ließ; jedenfalls bilden Text und Musik in dieser Komplexität einen neuen Sinnzusammenhang, in dem der Text nur noch als benennende Botschaft, nicht mehr als künstlerische Struktur von Sätzen, Versen, Rhythmen und Lauten präsent ist, so daß seine Vorzüge als Dichtung – ebenso häufig aber auch seine Schwächen! – in Sch.s Liedern getilgt sind.

Um die Botschaft eines Textes als musikalischen Gehalt zu fassen, trifft Sch. bei der Komposition häufig Entscheidungen gegen das Strukturangebot des Textes. Im Gedicht »Der Tod und das Mädchen« von Claudius – um nochmals auf dieses Beispiel zurückzukommen – ist das Sprechen des Mädchens kurzatmig, ›monoton‹, die Verszeilen des Todes sind länger und reicher an Betonungswechseln. Sch. bricht die trotz aller Ausrufezeichen erstarrte Sprache des Mädchens auf: Die dritte Zeile, »Ich bin noch jung, geh, Lieber!«, wird so gedehnt, daß sie drei statt zwei Takte umfaßt, die unregelmäßigere Sprache des Todes hingegen wird zu regelmäßiger Periodik umgeformt. So entsteht eine musikalische Korrespondenz zwischen dem Ausruf des Mädchens »ich bin noch jung« und der Beschwichtigung des Todes »ich bin nicht wild«. Die ›Rollenfunktion‹ von Regelmäßigkeit und Unregelmäßigkeit wird gegenüber dem Gedicht vertauscht und ihre Opposition zugleich vermittelt, so daß die Musik das Schicksal des Mädchens eher verkündet, als das Gedicht es vermöchte.

Die Selbständigkeit der Musik gegenüber dem Text ist – bei aller Genauigkeit und Plastizität der Wortdeklamation im einzelnen – die wesentliche Errungenschaft des Sch.schen Liedes. Sie zeigt sich nicht nur in der Unabhängigkeit von der Prosodie des Textes, sondern auf einer höheren Ebene auch in der Entscheidung über die formale Anlage von Liedern mit mehreren Textstrophen. Den Korrespondenzen und Verweisen, die durch die formale Gestaltung wie ein Netz über den Text gelegt sind, kommt entscheidende Bedeutung für die Interpretation zu. Die gängige Typologie, die zwischen Strophenlied, variiertem Strophenlied und durchkomponiertem Lied unterscheidet, ist ein nur bescheidenes Instrumentarium, um die Formenvielfalt des Sch.schen Liedes zu beschreiben. Schon zwischen reinem Strophenlied, das die Differenzen der Textstrophen unter einem melodischen Gestus zusammenfaßt (*An den Mond*, Goethe; D 259, 1815) und variiertem Strophenlied (*Im Frühling* nach Ernst Schulze; D 882, 1826) gibt es eine unerschöpfliche Fülle origineller Formungen, die nur vor dieser Typologie als ›Zwischenlösungen‹ erscheinen: Entweder ist nur eine Strophe in die gleichnamige Moll- oder Durtonart getaucht (*Gute Nacht* aus der *Winterreise* D 911, 1827), oder beiden Tongeschlechtern sind jeweils mehrere Strophen zugewiesen (*Morgenlied* nach Zacharias Werner; D 685, 1820); zwei Strophen wechseln sich mehrfach ab (*Der Musensohn* nach Goethe; D 764, 1822), oder es wird ein intrikates Spiel mit der Vertauschung von Dur und Moll getrieben, ohne daß die Tongeschlechter bestimmten Strophen zugeordnet waren (*Lachen und Weinen* nach Friedrich Rückert; D 777, 1823?); die Anlage als Strophenlied wird durch eine Gegenstrophe durchbrochen (*An den Mond*, D 296, 1815 oder 1816; diese Neuvertonung schließt im Unterschied zu D 259 auch die Strophen des Goetheschen Gedichts ein, die sich für Sch. nicht in den Rahmen eines Strophenliedes integrieren ließen), oder

Strophenlieder werden mit einem Rahmen versehen wie *Glaube, Hoffnung, und Liebe* (Christoph Kuffher; D 955, 1828, dessen Titel im übrigen eine Deutungsmöglichkeit für die drei *Nebensonnen* in der *Winterreise* bietet).

Besonders die durchkomponierten Gesänge weisen eine unerschöpfliche Fülle individueller Formungen auf. Auch hier greift Sch. entweder das Angebot des Textes zu individueller Gliederung auf (etwa in den Liedern nach Goethe *Prometheus* D 674, 1819 und *Ganymed* D 544, 1817, ebenfalls in *Gruppe aus dem Tartarus* nach Schiller, D 583, 1817) oder er setzt sich über das Gliederungsangebot des Textes hinweg, um die Inhalte der einzelnen Strophen genauer zu charakterisieren, so z. B. die verschiedenen Lebensalter in dem Gedicht seines Freundes Johann Mayrhofer »Einsamkeit« (D 620, 1818). Inwieweit Sch. sich dem Strukturangebot des Textes überläßt oder eine neue Lösung sucht, hängt unter anderem davon ab, inwieweit der Text erzählenden Charakters ist. In narrativen Gedichten, zu denen Sch. in jungen Jahren eine stärkere Neigung hegt – sei es zur Ballade wie *Der Taucher* (Schiller; D 77, 1813–14) oder zur ›dramatischen‹ Szene (*Gretchen am Spinnrad*) – folgt er dem Strukturangebot des Textes eher als in Liedern auf Texte, die der Gedankenlyrik angehören. Ein besonders markantes und gelungenes Beispiel, in dem Sch. den Gehalt des Textes gegen dessen Strukturangebot verwirklicht, bildet das Lied *Gebüsche* (Friedrich Schlegel; D 646, 1819). Der Text der vier Strophen ist von äußerster metrischer Strenge, da alle Verse nicht nur dieselbe Zahl und Position der Hebungen, sondern – wie in romanischen Sprachen – auch dieselbe Silbenlänge haben. Gegen seine Gewohnheit vertont Sch. den Text mit zahlreichen und ausgedehnten Melismen. Die Siebensilbler fügen sich in der Regel – wie häufig bei Mozart – zu Dreitaktgruppen, die Sch. aber bisweilen zu vier Takten dehnt, häufiger noch zu zwei Takten rafft und erst gegen Ende der letzten Strophe zu fünf Takten ausweitet. Dieses Wogen der verkürzten und verlängerten Phrasen wird durch die Perpetuum-mobile-Bewegung der Begleitung gebunden und zugleich in extreme harmonische Regionen gelenkt, um gleichsam den ganzen Kreis der Tonarten auszuschreiten.

Zu der Zeit, da Sch. sich mit der Integration der Sätze im Sonatenzyklus auseinandersetzte, realisierte er auch die Idee, Lieder in einen größeren Zusammenhang einzubinden, zunächst in *Die schöne Müllerin* (D 795, 1823), dann in der *Winterreise* (D 911, zwei Teile, Frühjahr und Herbst 1827). Beide Werke unterscheiden sich in der Art der Zyklusbildung beträchtlich. Die Gedichte der *Schönen Müllerin* erzählen eine Geschichte, und ihr lyrisches Subjekt, der Müller, wird als Person vor Augen geführt. Die Musik begleitet ihn auf seiner Wanderung, und so überwiegen Strophenlieder, die mit den Bewegungsimpulsen ihrer Begleitung den Hörer zu Beginn eines jeden Liedes gleichsam einladen, dem Müllerburschen zu folgen. Vor dem Hintergrund dieses inhaltlichen und strukturellen Wanderns sind Momente der Verklammerung unter den Liedern weniger deutlich ausgeprägt: Jedes Lied bildet eine Wegmarke für sich, die jeweilige Tonart ist eher durch die zeitgenössische Konvention der Tonartencharakteristik vorgegeben als von einem übergreifenden harmonischen Plan bestimmt. In der *Winterreise* dagegen wird die Geschichte nur mehr erinnert, die näheren Lebensumstände des lyrischen Subjekts bleiben im Dunkeln. Die Erinnerungsbruchstücke fügen sich nicht mehr zu einer erzählbaren Handlung zusammen, und Sch.s Schritt von der Erzählhaltung der *Schönen Müllerin* zur Abstraktion durch Erinnerung hat dem Liederzyklus bis hin zu Webern den Weg gewiesen. Das Fehlen einer Handlung fordert in der Musik reflexive Momente heraus wie ›Reprisen‹-bildung im durchkomponierten Lied und Reduktion der Begleitung auf akkordischen Satz, es erfordert auch eine stärkere musikalische Verbindung der Lieder durch die Disposition der Tonarten, etwa durch die Opposition von Dur- und Molltonarten oder durch die Rahmenfunktion von d-moll, der das offene Ende des *Leiermann* in ›dominantischem‹ a-moll entspricht. Die ›kunstlose‹ Eintönigkeit der Musik zum *Leiermann* verneint die Möglichkeit, Kunst könne im bürgerlichen Leben eine Heimstatt finden, und formuliert so den Standpunkt, aus dessen Perspektive der ganze Zyklus komponiert ist.

Sch. war der erste Komponist, der im Österreich Metternichs – nach den gebrochenen Versprechen bürgerlicher Freiheiten und ohne Rückhalt in der herrschenden Adelsschicht – unter den Bedingungen eines ›modernen‹ Überwachungsstaates gelebt und gearbeitet hat. Sein Umgang mit Texten, die er vertonte, belegen sein waches politisches Bewußtsein. Die Veränderungen im Lebensgefühl am Beginn der Industrialisierung hat er in einer neuen Zeitgestaltung registriert, die eben jenes einklagt, was er bedroht sah: die unreglementierte Zeit. Sch.s Musik rebelliert gegen den Verlust dessen, was die Wiener klassische Musik zu versprechen schien, daß der Mensch sein Schicksal in selbstbestimmtem Handeln meistern könne. Dem 19. Jahrhundert galt Sch. vor allem als »Liederfürst« oder ›Klassiker des Liedes‹, die Instrumentalwerke, die in ihrer Rezeption durch ihre verspätete Drucklegung ebenso behindert waren wie durch das Bild der Freunde vom gleichermaßen wein- wie melodieseligen Sch., blieben schön und fremd. Erst im 20. Jahrhundert, in dem die an Beethovens Musik verfestigten Kategorien musikalischen Denkens aufgebrochen wurden, geriet Sch. als Instrumentalkomponist von eigener Statur ins Blickfeld. Seitdem ist er der ›Klassiker‹, dem die meisten Versuche produktiver Rezeption gelten, von Weberns und Madernas Instrumentationen bis zu komplexeren Umformungen durch Lachenmann, Schnebel oder Berio.

Noten: Fr. Sch. Erste kritisch durchgesehene Gesamtausg., hrsg. von E. MANDYCZEWSKI, Lpz. 1884–97. Fr. Sch. Neue Ausg. sämtlicher Werke, hrsg. von W. DÜRR u. a., Kassel usw. 1964 ff. SCHOCHOW, L. und M.: Fr. Sch. Die Texte seiner einstimmig komponierten Lieder und ihre Dichter, Hildesheim 1974.
Dokumente: Fr. Sch., Briefe und Schriften, hrsg. von O. E. DEUTSCH, Mn. 1919, [4]1954. Fr. Sch. Sein Leben in Bildern, hrsg. von DEMS., Mn. und Lpz. 1913. Fr. Sch. Die Dokumente seines Lebens, hrsg. von DEMS., Mn. 1914; erw. Kassel 1964, Reprint Wiesbaden 1996. SPAUN, J. VON: Erinnerungen an Sch., hrsg. von G. Schünemann, Bln. 1938. Die Erinnerungen seiner Freunde, hrsg. von DEMS. Lpz. 1957, [2]1995. Ausstellungskat. Fr. Sch., hrsg. von E. HILMAR und O. BRUSATTI. Wien 1978. Sch. im Vormärz. Dokumente 1829–1848, hrsg. von O. BRUSATTI, Wien 1978.
Werkverzeichnis: DEUTSCH, O. E.: Sch. Thematic Catalogue of All His Works in Chronological Order, Ldn. 1951; dt. NA. Kassel 1978, kleine Ausg. Mn. 1983.
Bibliographie: KAHL, W.: Verz. des Schrifttums über Fr. Sch. 1828–1928, Regensburg 1938.
Periodica: Sch.-Perspektiven, 2001 ff.
Literatur: KREISSLE VON HELLBORN, H.: Fr. Sch. Wien 1865, Ndr. Hildesheim 1978. SALZER, F.: Die Sonatenform bei Fr. Sch. *in* Studien zur Mw. 15 (1928). BROWN, M. J. E.: Fr. Sch., Ldn. 1958; dt. Wiesbaden 1969. GEORGIADES, THR.: Sch. Musik und Lyrik, Göttingen 1967. RIEZLER, W.: Sch.s Instrumentalmusik, Zürich 1967. EGGEBRECHT, H. H.: Prinzipien des Sch.-Liedes *in* AfMw 27 (1970), 89–109; auch *in* Sinn und Gehalt, Wilhelmshaven 1979, 162–199. FEIL, A.: Fr. Sch. Die schöne Müllerin. Winterreise, Stg. 1975. WEBSTER, J.: Sch.'s Sonata Form and Brahms' First Maturity *in* 19[th]CenturyMusic 2 (1978), 18–35 und 3 (1979), 52–71. Fr. Sch., Mn. 1979 (MK Sonderbd.), Ndr. ebd. 1997. Sch.-Studies, hrsg. von E. BADURA-SKODA und P. BRANSCOMBE, Cambridge 1982. HUFSCHMIDT, W.: Willst zu meinen Liedern deine Leier drehn? Zur Semantik der mus. Sprache in Sch.s Winterreise und Eislers Hollywood-Liederbuch, Dortmund 1984, NA. Saarbrücken 1992. KABISCH, TH.: Liszt und Schubert, Mn. 1984. Fr. Sch., Jahre der Krise 1818–1823, Kgr.-Ber. hrsg. von W. ADERHOLD u. a., Kassel 1985. STOFFELS, L.: Die Winterreise. Bd. 1: Müllers Dichtung in Sch.s Vertonung, Bonn 1987. HINRICHSEN, H. J.: Die Sonatenform im Spätwerk Fr. Sch.s *in* AfMw 45 (1988), 16–49. KINDERMAN. W.: Der thematische Kontrast in Sch.s Instrumentalmusik und die Dichotomie von innerer und äußerer Erfahrung *in* Musiktheorie 3 (1988), 157–180. GÜLKE, P.: Fr. Sch. und seine Zeit, Laaber 1991. Krause, A.: Die Klaviersonaten Fr. Sch. s. Form – Gattung – Ästhetik, Kassel 1992. HÄRTLING, P.: Sch., Hbg. 1992 [Roman]. Sch.-Handbuch, hrsg. von W. DÜRR und A. KRAUSE, Kassel und Stg. 1997. HILMAR, E.: Sch., Graz [2]1997. Sch.-Lexikon, hrsg. von E. HILMAR und M. JESTREMSKI, Graz [2]1997.

Horst Weber

Schulhoff, Erwin (Ervín)
Geb. 8. 6. 1894 in Prag; gest. 18. 8. 1942 im Konzentrationslager Wülzburg

Der Pianist und Komponist E. Sch. fällt aus der Musikgeschichte heraus – und das zunächst, weil er selbst sich mit provokanter Geste gegen sie stellt: Nach der traumatischen Erfahrung des Ersten Weltkrieges wendet er sich entschieden von der Tradition des »falschen Pathos« und der »Decadenz« ab und sucht seine Musik im Leben neu zu verankern. Angeregt von den Dadaisten macht er hierzu Anleihen beim Trivialen und Primitiven. Neben originär musikdadaistischem ›Unsinn‹, wie der *Sonata erotica für Solo-Muttertrompete*, der Pausenkomposition »In futurum. Zeitmaß-zeitlos« aus den *Fünf Pittoresken* (beide 1919), den »ernsten Gesängen« *Die Wolkenpumpe* nach Hans Arp oder der *Baßnachtigall* für Kontrafagott solo (beide 1922), ist es vor allem der Jazz, von dem er sich eine ›Regeneration‹ verspricht. Als zeitgemäßer Ausdruck steht der Jazz für eine zwar ungebrochene, aber von der »höheren Musik« sträflich vernachlässigte »ekstatische Begeisterung für den absoluten Rhythmus« (unveröffentlicher Aufsatz *Revolution und Musik*, 1919) – und als Tanzmusik mitten im Leben.

Losgelöst von seinen Vorbildern, Paul Whiteman und dem populären Ragtimekomponisten Zez Confrey, entstehen sehr individuelle, prägnante Stilisierungen von Modetänzen für die unterschiedlichsten, oft gerade jazzuntypischen Besetzungen: so zuerst in den genannten *Fünf Pittoresken* für Klavier, in der *Suite* für Kammerorchester (1921), die er 1925 zur Tanzgroteske *Die Mondsüchtige* umarbeitete, in der *Partita* für Klavier (1922) oder dem *Divertissement* für Oboe, Klarinette und Fagott (1926). Neben der Suite verbindet Sch. die Sphäre des Jazz auch mit anderen Gattungen, so etwa im *Konzert* für Klavier und kleines Orchester (1923), in seinem *Zweiten Streichquartett* (1925), dem *Doppelkonzert* für Flöte und Klavier (1927), der Don-Juan-Oper *Plameny* (»Flammen«; 1927–28, Brünn 1932), dem *Konzert* für Streichquartett (1930) und zuletzt in seiner *Zweiten Symphonie* (1932). Die Jazzelemente erhalten jedoch nur selten strukturelles Gewicht, sondern bleiben meist beschränkt auf tänzerische Formteile. Ein Ausbruch aus ihrer Periodizität wird um der Motorik willen weitestgehend vermieden. Jedoch erweist sich dies weniger als kompositorische Inkonsequenz, denn im rhythmischen Impuls und melodischen Spiel des Jazz sieht Sch. ein Phänomen, das sich in seiner Spontaneität den traditionellen Formvorstellungen, die auf dem Entwicklungsgedanken gründen, widersetzt: »Für Jazzband eignen sich keine pathetischen und noch so groß angelegten symphonischen Gebilde.« (*Saxophon und Jazzband*, 183) Einzig in der *Hot-Sonate* für Altsaxophon und Klavier und in seinem wohl ambitioniertesten Versuch, dem Jazz-Oratorium *H. M. S. Royal Oak*, (beide 1930) strebt Sch. konsequent einen Ausgleich traditioneller Formen mit dem Jazzidiom an.

Jedoch nicht allein die anhaltenden Bemühungen, Jazzelemente in die europäische Musiktradition zu integrieren, zeichnen den Komponisten Sch. aus. Denn er war vielfältiger, hat er sich doch einerseits in seiner ›dadaistischen‹ Phase dem Experiment, aber andererseits auch den großen musikalischen Formen zugewandt. Gleichwohl konnte er mit seinem Schaffen, obwohl er in den zwanziger Jahren durchaus erfolgreich war, keine Tradition begründen. Die Verwirklichung des koketten Wortspiels »Hoff macht Schule« blieb ihm verwehrt. Als Prager Jude deutscher Abstammung mit wachsendem politischen Bewußtsein gerät Sch. zwischen alle Stühle. Zunehmend abgeschnitten von allen Wirkungsmöglichkeiten stellt er Anfang der dreißiger Jahre sein Komponieren in den Dienst des Kommunismus. Er vertont das *Kommunistische Manifest* (1932) für Volkskundgebungen in der Besetzung für Soli, Chöre und Blaskapellen, schreibt einen Zyklus von Revolutionsliedern *1917* (1933) und widmet seine *Sechste Symphonie »Symfonie svobody«* (»Symphonie des Friedens«; 1940–41) der Roten Armee. Darin bremst er seinen rhythmischen Einfallsreichtum weiterhin zugunsten einer ostinaten, marschhaften, bisweilen pathetisch anhebenden Motorik. An ihr finden alle übrigen Momente des Tonsatzes, besonders eine freie, aus linearer und stark chromatischer Stimmführung resultierende Harmonik ihren Rückhalt.

1941 nimmt Sch. die sowjetische Staatsbürgerschaft an, wird jedoch gleich nach dem deutschen Überfall auf die UdSSR in das KZ Wülzburg interniert, wo er 1942 umkommt. Seine Auslöschung durch die Nationalsozialisten jedoch greift lange über den Tod hinaus. Weder einer Schule angehörend noch selber stilbildend wird er zur vermeintlich singulären und lange verdrängten Erscheinung der Musikgeschichte. Selbst seiner verdienstvollen Wiederentdeckung als verfolgter Komponist seit den achtziger Jahren des vorigen Jahrhunderts fehlen vielfach die musikalischen Beurteilungskriterien. Denn noch ist seine Rezeption von Betroffenheit über sein persönliches Schicksal und vom Interesse an den skurrilen Momenten seines Œuvres dominiert, aber gerade die Vitalität seiner Musik geht in diesen Rezeptionsmustern nicht auf.

Noten: Universal-Edition (Wien); Schott (Mainz); Panton (Prag); Supraphon (Prag).
Dokumente: Der mondäne Tanz *in* Der Auftakt 4 (1924), 73–77. Der neue Klavierstil, ebd., 141–147. Paraphrase über Herrn Strawinsky ebd., 281–283. Saxophon und Jazzband *in* Der Auftakt 5 (1925), 179–183. Eine Jazz-Affaire ebd., 220–222. Wie spielt man auf dem Vierteltonklavier? *in* Der Auftakt 6 (1926), 106–109. Arnold Schönberg, Anton Webern, Alban Berg. Unbekannte Briefe an E. Sch., hrsg. von I. Vojtech *in* Miscellanea Musicologica 18 (Prag 1965), 31–83. E. Sch. Schriften, hrsg. von T. Widmaier, Hbg. 1994.
Werkverzeichnis: Bibl. Verz. der Kompositionen von E. Sch., hrsg. von der Tschechoslowakischen Akademie der Wissenschaften, Institut für Mw., und der Deutschen Akademie der Künste zu Berlin, Sektion Musik, zusammengestellt von Vl. Musil und G. Hofmeyer, Bln. 1967.
Literatur: Kotek, J.: Eine Generation im Banne des Jazz. Studie über die Beziehungen zwischen ernster Musik und Jazz im Böhmen der zwanziger Jahre in Jazzforschung 2 (1970), 9–23. Bek, J.: E. Sch. *in* Musik in Theresienstadt, hrsg. von H. Tamar Hoffmann und H.-G. Klein, Bln. 1991, 44–59 [mit WV]. Widmaier, T.:

Dadaist mit Wolkenpumpe *in* NZfM 152, 11 (1991), 5–11. E. Sch. Kolloquium Köln 1992, hrsg. von G. EBERLE, Hbg. 1993. BEK, J.: E. Sch. Leben und Werk, Hbg. 1994. »Zum Einschlafen gibt's genügend Musiken«. Die Referate des E. Sch.-Kolloquiums Düsseldorf 1994, hrsg. von T. WIDMAIER, Hbg. 1996.

Markus Lüdke

Schumann, Robert

Geb. 8. 6. 1810 in Zwickau;
gest. 29. 7. 1856 in Bonn-Endenich

»Ohne die Gränzen menschlicher Größe festzusetzen, möchte ich doch Sch. nicht unter die ganz gewöhnlichen Menschen zählen. Talent zu vielen Dingen u. nicht gewöhnl.[iche] Eigenheiten zeichnen ihn vor der Menge aus … – Sein Temperament (Melancholicus) denn darin aeußert sich mehr als Empfindungs, denn als Anschauungsvermögen, daher mehr Subjektiv.[ist] als Objekt.[ivist] in seinen Urtheilen u. Producten; das Gefühl stärker, als das Streben. Sein Verstand weniger Reflexion, als Eingebung des Gefühls; mehr theoret.[ische] als praktische Vernunft? Einbildungskraft stark, nicht sehr thätig (widerspricht sich) einer äußern Anregung bedürfend. Gedächtniß u. – Erinnerungskraft lebhaft. Scharfsinn, Tiefsinn, Witz nicht stark … – ausgezeichnet in Musik u. Poesie – nicht musikal.[isches] Genie – sein Talent als Musiker u. Dichter steht auf gleicher Stufe …«. In diesem Text versuchte der junge Sch. sich selbst zu charakterisieren. Er findet sich in einem seiner zahlreichen Jugendtagebücher mit dem grotesk-selbstpersiflierenden Titel *Hottentottiana* (Tagebücher I, 242 f.). Der junge Sch. wurde durch das literarische Milieu seines Elternhauses geprägt. Sein Vater war ein erfolgreicher, nicht unvermögender Buchhändler und Verleger, der sich auch gern als Autor betätigte. Er verlegte (ähnlich wie wenig später Philipp Reclam) Billigausgaben klassischer Literatur und betrieb damit ebenso Volksbildung wie mit Lexika, Zeitschriften oder mit historischen Bildbänden, zu denen Robert bereits im Alter von vierzehn Jahren Textbeiträge lieferte. Sch. war das jüngste von fünf Geschwistern, von denen drei Brüder die berufliche Laufbahn des Vaters einschlugen. Sch.s musikalische Bildung verlief – vor allem mangels geeigneter Musikpädagogen in der kleinen Handelsstadt Zwickau – weitgehend autodidaktisch. Der Tod des Vaters 1826 brachte die Problematik seiner Existenz zutage: Die Mutter drang auf rasche materielle Absicherung und schickte ihren Sohn nach erfolgreichem Schulabschluß 1828 zur Aufnahme des Jurastudiums nach Leipzig.

Leipzig erweiterte schlagartig Sch.s Gesichtskreis. Er nahm zum ersten Mal in seinem Leben Unterricht bei einem bedeutenden Klavierpädagogen: Friedrich Wieck. Es begann – beinahe gleichzeitig wie beim jungen Liszt in Paris – eine Phase intensiver, gelegentlich bis zur Verbissenheit gesteigerter Bemühung um klavieristische Virtuosität, die noch gesteigert wurde durch das Erlebnis eines Auftrittes von Paganini in Frankfurt im Jahr 1830. Das stark auf klaviertechnische Probleme ausgerichtete Interesse dieser Jahre dokumentieren diverse frühe Kompositionen, etwa die *Variationen über den Namen Abegg* op. 1 (1831), die *Toccata C-dur* op. 7 (1834) oder die *Studien nach Capricen von Paganini* op. 3 (1832) und op. 10 (1833). Gleichzeitig setzte sich Sch. mit der neuesten musikalischen Produktion seiner Zeit auseinander: Beethoven und der außerhalb Wiens zu dieser Zeit noch wenig bekannte Schubert, dessen Tod 1828 eines der Sch. am meisten bewegenden Ereignisse dieser Jahre war, markierten seiner Meinung nach die Wende zur eigenen, damals noch als »romantische« bezeichneten Periode der Musikgeschichte (Briefe. Neue Folge, 52). Ebenso wichtig war ihm die Literatur. Auch hierin zeitgenössischen Tendenzen folgend (1830 wurde Berlioz' »Symphonie fantastique« uraufgeführt, die Sch. einige Jahre später ausführlich rezensierte), doch auf eine andere, sehr individuelle Weise, machte er sich – im Anschluß an frühere Entwürfe romantischer Literaten wie Friedrich Schlegel, E. T. A. Hoffmann oder Ludwig Tieck – die Zusammenführung beider Künste im Sinn einer völligen Verschmelzung (nicht also einer Unterordnung der einen unter die andere) zur Aufgabe. Als Feld, auf dem Sch. diese neue ›poetische‹ Musik entwickeln konnte, eignete sich vornehmlich die Klaviermusik. Hier hatte sich seit dem zweiten Jahrzehnt des 19. Jahrhunderts – teilweise in einer Art Abwehrreaktion gegenüber der übermächtigen Beethovenschen Grande Sonate, jedoch durchaus in Wechselwirkung mit dieser – die Gattung des einsätzigen Lyrischen Stückes zu großer Bedeutung entfaltet (Weber, Schubert und andere). Dazu kam eine Wiederbelebung der Tänze im Kontext der Kunstmusik, nachdem in der ersten Hälfte des 18. Jahrhunderts die Tanzstücke in der Suite mehr und mehr durch Charakterstücke und schließlich die Suite überhaupt durch Sonate und Sinfonie abgelöst worden waren. Nun fanden der Modetanz des Wiener Walzers, aber auch die als Repräsentanten des Nationalen entdeckten Tänze wie Polonaise oder Mazurka neben dem schon länger beliebten Kontertanz das Interesse des bürgerlichen Publikums.

Sch. nahm die Anregungen dieser vier Phänomene – Lyrisches Klavierstück, Tanz, Virtuosität und Literarisierung – auf und schuf durch deren Verbindung den individualisierten Ton seiner zwischen etwa 1831 und 1839 entstandenen Werke, die sämtlich für das Klavier komponiert sind, obwohl bei einigen, etwa bei den *Symphonischen Etüden* op. 13 (1834–35) oder der *Klaviersonate f-moll* op. 14 (1833–36/1853), die zunächst unter der vom Verleger vorgeschlagenen Bezeichnung »Concert sans Orchestre« erschien, die Tendenz zur Grenzüberschreitung unverkennbar ist. Sch. wählte für diese neue Spezies von Klaviermusik zunächst – im Anschluß an Paganini – die Bezeichnung »Caprice«. Daneben bediente er sich phantastischer Gattungsbezeichnungen wie etwa »musikalischer Roman«, wobei insbesondere die ebenso individualisierte Erzählweise der Romane Jean Paul Friedrich Richters Pate stand – etwa aus dessen »Flegeljahren« bei Sch.s *Papillons* op. 2 (1832). Erst durch die Verschmelzung jener Elemente sollte das zustandekommen, was mit dem Begriff Poetische Musik umschrieben ist, um den Sch.s Denken – zunehmend sich verdichtend – kreiste.

Dabei ging es ihm jedoch nicht nur um die Begründung einer neuen Gattung von Klaviermusik (was allein schon eine bedeutende Leistung gewesen wäre), sondern um eine erheblich umfassendere Zielsetzung. Die poetische Klaviermusik sollte zum Ausgangspunkt einer Poetisierung der gesamten Musik, diese wiederum der ganzen Zeit werden. »Eine neue poetische Zeit vorzubereiten, beschleunigen zu helfen« (Gesammelte Schriften 1, 37 f.) – um nicht weniger ging es Sch. in dieser Periode seines Schaffens. Kunst ist also involviert in Außerkünstlerisches, Kunst und Leben sind nicht abgesonderte Bereiche, sondern künstlerische Aktivität findet ihre Legitimation in der Wirkung, die sie auf die Menschen nimmt, auch in ihrer Fähigkeit, das hinter den Phänomenen Liegende zu deuten und auf diese Weise einen Beitrag zum Verständnis seiner selbst (oder sogar, wie der etwas später sehr einflußreiche Philosoph Arthur Schopenhauer meinte: zum Verständnis des Wesens der Welt) zu liefern. Ein Musiker, der mit einem derartigen Bewußtsein von der Bedeutung seines Handelns sein Metier betreibt, begreift sich selbst als Instrument und als Moment im Ablauf eines geschichtlichen Prozesses. Genau dies aber taten auch die Literaten der Aufbruchsbewegungen nach 1830, denen Sch. zumindest zeitweise innerlich nahegestanden hat; das betrifft die Bewegungen des Jungen Deutschland bzw. des Jungen Europa, die sich in der Empörung gegen die Unterdrückungspolitik (besonders in Polen und in Italien) sowie in der Kritik an einem Bürgertum einig waren, das – um der Scheinruhe eines zugleich produktiven und genußreichen Alltagslebens willen – auf den Versuch verzichtete, ernsthaft das politische Heft selbst in die Hand zu bekommen. Gegen solche »Philister« komponierte auch der junge Sch., darüber hinaus aber unternahm er Schritte, um seine Musikanschauung und seine Übereinstimmung mit jenen Bewegungen auch literarisch und kritisch zu formulieren. So organisierte er den »Davidsbund« als eine gegen die Philister gerichtete Solidargemeinschaft junger Kritiker, die allerdings mehr »in dem Kopf ... [ihres] Stifters existierte« (ebd.,2) als in jenen Trinkgelagen in Leipziger Cafés, zu denen Sch. eine starke Neigung hegte. Immerhin war der Bund eine Zeitlang de facto identisch mit dem Mitarbeiterstab der 1834 gegründeten »Neuen Zeitschrift für Musik«, deren Chefredaktion Sch. zu Beginn des Jahres 1835 (etwas widerstrebend) übernahm und bis 1844 innehatte. Dieses Blatt, ursprünglich als »Romantische Klavierzeitung« konzipiert, verstand sich als kritisches Komplement der kompositorischen Unternehmungen der »Neuromantiker« oder auch »Beethovener«, wie sich die jungen Künstler-Kritiker selbst nannten. Sie war zugleich avantgardistisch und geschichtsbewußt, bemühte sich, »an die alte Zeit und ihre Werke mit allem Nachdruck zu erinnern, darauf aufmerksam zu machen, wie nur an so reinem Quelle neue Kunstschönheiten gekräftigt werden können« (ebd., 37).

Der 1837 zum Gewandhaus-Kapellmeister berufene Mendelssohn Bartholdy, ein Jahr älter als Sch., führte das Leipziger Konzertwesen auf bis dahin nicht geahnte Höhen. Mit dem frühreifen genialen Künstler verband Sch. schnell Gesinnungsgemeinschaft und persönliche Freundschaft. Als besonders bedeutsam erwies sich die mustergültige Pflege, die Mendelssohn dem Werk Bachs in dessen Wirkungsort angedeihen ließ. Sechs Jahre zuvor hatte der zwanzigjährige Mendelssohn durch seine epochemachende Wiederaufführung der Bachschen »Matthäuspassion« das Tor aufgestoßen für die völlig neue Perspektive, die das 19. Jahrhundert in bezug auf die kaum auszuschöpfende Bedeutung des Bachschen Œuvres, damit aber zugleich für die historische Dimension der Musik insgesamt, gewann. Begeistert durch das Erlebnis von Mendelssohns hochinspirierten Darbietungen auf Orgel und Klavier, wurde auch Sch. zum Vorkämpfer der jungen Bach-Bewegung. In einem Brief von 1843 bekannte er rückblickend, »daß Bach und Jean Paul den größten Einfluß auf mich geübt in früheren Zeiten« (Briefe. Neue Folge, 228). Mehr und mehr wurde Mendelssohn aber auch als Komponist für Schumann zum entscheidenden Orientierungspunkt. Die vergleichende Rezension von Meyerbeers Oper »Die Hugenotten« und Mendelssohns Oratorium »Paulus« aus dem Jahr 1837 wurde zum Wendepunkt in seiner kompositorischen und musikästhetischen Position. Mit der Feststellung, hierbei handele es sich um die zwei wichtigsten Kompositionen der Zeit, und Mendelssohns kompositorischer Weg führe zum Glück, Meyerbeers hingegen zum Übel, grenzte er sich scharf von großen Teilen seiner »neu-romantischen« Gesinnungsgenossen ab (den Ausdruck »Romantiker« mochte Sch. seit dieser Zeit nicht mehr, vor allem nicht in bezug auf sich selbst).

In seiner persönlichen Entwicklung spielte während dieser Jahre die Beziehung zu seinem ehemaligen, seit 1828 zum zweitenmal verheirateten, Klavierlehrer Wieck und dessen 1819 geborener Tochter Clara aus erster Ehe eine entscheidende Rolle. Sch. hatte von 1831 bis 1833 im Haus Wieck gewohnt, und es hatten sich durchaus familienähnliche Beziehungen entwickelt, wobei Wieck wohl vor allem auf die einstige geschäftliche Verwertung der ungewöhnlichen musikalischen Talente seiner Tochter wie auch Sch.s spekulierte. Als Sch. sich durch Überanstrengung an einer – die Spieltechnik angeblich fördernden – Spielmechanik (wie sie damals weit verbreitet waren und von vielen Klavierpädagogen propagiert wurden) eine Handlähmung zuzog und daher die erstrebte Pianistenkarriere nicht weiter verfolgen konnte, verlor offenbar Wieck schnell das Interesse an ihm, war aber um so ungehaltener, als er ein Liebesverhältnis zwischen seiner Tochter und Sch. zur Kenntnis nehmen mußte. Von nun an verschärften sich die emotionalen Spannungen immer mehr, woran auch mehrere Trennungsversuche nichts änderten: Sch. versuchte zeitweise, seine Zeitschrift in Wien herauszugeben, während Clara große Erfolge als junge Konzertvirtuosin erzielte. Erst 1840 fanden die Querelen in der – zum Schluß gerichtlich gegen Wieck durchgesetzten – Hochzeit ihr Ende.

Das Jahr der Eheschließung bedeutet auch in Sch.s kompositorischer Entwicklung einen entscheidenden Wendepunkt: nach neunjährigem Verharren innerhalb der Grenzen des Klaviers wandte er sich nun anderen Gattungen zu, zunächst dem Lied, das für ihn vor allem die Abwendung vom instrumentalvirtuosen Modell des klavieristischen Komponierens bedeutete, dem er seit dem Beginn der Musikerlaufbahn gefolgt war. Insofern stellt sich die Liedkomposition eher als eine erweiternde Veränderung des Klavierstils dar: die Singstimme tritt nicht – wie im vor-schumannschen Lied – dem instrumentalen Part als gegensätzliches (weil sprachrealisierendes) Element gegenüber, sondern sie verschmilzt weitgehend mit den aus dem Klavierstil übernommenen Stimmen zu einer in einem neuartigen Sinn polyphonen Satzstruktur. Der Sprachtext wird sozusagen in den Tonsatz hineingesprochen und daher weniger in seiner Struktur realisiert als in seiner Gesamtstimmung vernommen. – Fast eruptiv mutet die Art an, in der Sch. im Jahr 1840 nicht weniger als achtzehn große Liederopera, dazu einige mehrstimmige Gesänge und Chöre, komponierte, deren zyklische Geschlossenheit nur in einigen der vorzüglich bekannten wie etwa im *Liederkreis* (Joseph von Eichendorff; op. 39), in der *Dichterliebe* (Heinrich Heine; op. 48) oder in *Frauenliebe und -leben* (Adalbert von Chamisso; op. 42) eindeutig zutage tritt, während ansonsten eher der Charakter der Zusammenstellung von Verschiedenartigem, oft bunt Vermischtem vorherrscht.

Dem »Liederjahr« 1840 folgte das »Sinfonische Jahr« 1841, in dem zunächst die »*Frühlingssinfonie*« B-dur op. 38 entstand, die bereits am 31. März durch Mendelssohn mit großem Erfolg uraufgeführt wurde. Dagegen war die Aufnahme der zwischen Mai und September entstandenen *Sinfonie d-moll* in der Uraufführung unter dem Gewandhauskonzertmeister Ferdinand David so lau, daß Sch. das Werk zurückzog und es erst zwölf Jahre später in einer instrumentatorisch veränderten Fassung in Düsseldorf herausbrachte, (so daß diese eigentlich zweite Sinfonie »op. 120« als »Nr. 4« gezählt wird). Zwischen diesen beiden großen Sinfonien entstand noch eine »Symphonette« (heute geführt unter dem Titel *Ouvertüre, Scherzo und Finale E-dur* op. 52) und eine konzertante *Phantasie* für Klavier und Orchester, die erste Fassung des Kopfsatzes des vier Jahre später zu drei Sätzen komplettierten *Klavierkonzertes a-moll* op. 54; dieses Stück sollte gewissermaßen zwischen den Gattungen der Symphonie, des Konzertes und der großen Sonate vermitteln. Überhaupt erweisen sich die vier Kompositionen (noch eine fünfte war vorgesehen, gedieh jedoch nicht über Skizzen hinaus) als jeweils unterschiedliche Ausprägungen der symphonischen Gattung; so nannte Sch. das d-moll-Werk zeitweise »Symphonistische Phantasie«, was mit ihrer Formstruktur zusammenhängt, die die vier symphonischen Sätze äußerlich und innerlich zu einer besonders engen Einheit zusammenschließt.

Das Jahr 1842 wurde der Kammermusik gewidmet. Sch. beginnt – nach ausgiebigem, mit Clara gemeinsam unternommenem Studium des klassischen Repertoires – mit der zentralen Gattung des Streichquartettes; die drei Werke des op. 41 in a-moll, F-dur und A-dur bleiben seine einzigen Beiträge zur Gattung, stellen aber einen wichtigen Markstein in deren Geschichte dar, insofern hier einerseits an Beethoven angeknüpft wird, andererseits aber die kompromißlose Haltung von dessen Spätwerk abgemildert erscheint. Die im gleichen Jahr entstandene Kammermusik mit Klavier, das *Klavierquintett Es-dur* op. 44 und das in der gleichen Tonart stehende *Klavierquartett* op. 47, stehen am Anfang einer kontinuierlichen Entwicklung, in der dem Klavier – über die *Klaviertrios* op. 63 und 80 (1847) bis hin zu den *Violin-Klavier-Sonaten* op. 105 und 121 und dem *Dritten Klaviertrio* op. 110 (alle 1851) – immer weniger Instrumente gegenübertreten, trotzdem aber das kammermusikalische Ideal eines Satzes von ausgewogenen Einzelstimmen und konzentrierter thematischer Arbeit mit wachsender Intensität verfolgt wird. Ähnliches gilt für das von Sch. nach dem Modell seiner Klaviermusik eigentlich erst begründete Repertoire von Lyrischen Stücken für diverse kammermusikalische Besetzungen (z. B. die *Phantasiestücke* für Klarinette und Klavier op. 73, 1849, und die *Märchenbilder* für Viola und Klavier op. 113, 1851).

Als letzte Gattung erschloß sich Sch. in Leipzig 1843 das Oratorium, womit aber offensichtlich erst eine Vorstufe zur eigentlich als Ziel vorgestellten Oper erreicht war. Gegenüber den in dieser Zeit überragenden Werken Mendelssohns faßte Sch. das Oratorium nicht mehr primär als geistliches Drama auf. Sein *Paradies und die Peri* op. 50 (nach einem Text aus Thomas Moores »Orientalischer Erzählung« »Lalla Rookh« 1817) stellte er bewußt in Zusammenhänge einer fremden Kultur und traf damit auf ein in dieser Zeit weit verbreitetes Interesse. Ähnlich wie in Wagners »Romantischen Opern« der vierziger Jahre steht die Idee der Erlösungsbedürftigkeit der menschlichen Existenz im Mittelpunkt – ein urromantisches Motiv, das aber gerade in der Zeit massiver Industrialisierung und ›Entgötterung‹ der europäischen Lebenswelt eine höchst aktuelle Bedeutung hatte.

1844 unternahm das Ehepaar Sch. eine Konzertreise nach Rußland, die fast die ganze erste Hälfte des Jahres in Anspruch nahm. Sie brachte die Problematik der Künstlerehe schmerzlich zu Bewußtsein. Sch. litt seit langem an einer Hypertonie, die später zu Schlaganfällen, bereits frühzeitig aber zu häufigen Schwindel- und Angstzuständen führte. Als Dirigent wurde er durch eine starke, durch eine Brille nicht zu korrigierende Kurzsichtigkeit behindert und kam in der Konkurrenz um die Leipziger Mendelssohn-Nachfolge nicht zum Zuge. Als Lehrer für Musiktheorie und Komposition an dem von Mendelssohn neugegründeten Leipziger Konservatorium mußte Sch. erkennen, daß er zum Pädagogen wenig geeignet war. Sch. verließ daraufhin Leipzig, wo er seit seinem Studienbeginn 1828 gelebt hatte, gab die Redaktion der Zeitschrift auf und ging nach Dresden. – Im ganz von der großen Hofoperntradition geprägten Musikleben der sächsischen Residenzstadt hatte Sch. keinerlei offizielle Funktion; er lebte von den Einnahmen aus seiner kompositorischen Produktion, seiner Tätigkeit als Dirigent von Gesangsvereinen und von den Honoraren aus Clara Sch.s unregelmäßiger (weil häufig von Schwangerschaften unterbrochener) Konzerttätigkeit. Nach eigener Aussage entwickelte er in Dresden eine ganz andere Art zu komponieren: Er wandte sich ab vom »subjectiven Clavier« (Brief an Meinardus 28. 12. 1853) als Kompositionsinstrument und konzipierte seine Werke fortan ausschließlich »im Kopf«, was einherging mit einer (fast bürokratisch) geregelten Arbeitsweise, von der er offen zugab, daß er sich von ihr neben den künstlerischen auch die prosaischen Früchte erwarte. In diesem Sinn interessierten ihn jetzt vor allem die großformatigen sinfonischen und theatralischen Gattungen, wobei es nicht ausbleiben konnte, daß Sch. mit Wagner in ein spannungsreiches Verhältnis eintrat, der eben in dieser Zeit als Hofkapellmeister in Dresden wirkte und mit dem »Tannhäuser« gerade im Jahr von Sch.s Ankunft einen wichtigen Durchbruch erzielte. Beide Komponisten verfolgten gleichzeitig, nur durch wenige Straßen voneinander getrennt, das Ziel, der Gattung der deutschen Romantischen Oper als Gegengewicht gegen die übermächtig scheinende französische grand opéra Meyerbeerscher Prägung zu einem repräsentativen Repertoire zu verhelfen. Während aber Wagners Werke sich rasch durchsetzten, umkreiste Sch. eher das Problem mit Werken wie den *Szenen aus Goethes Faust* (1844–1853) oder dem Dramatischen Gedicht *Manfred* op. 115 (nach Byron; 1848–1851). Dagegen erzielte er mit seiner einzigen ›richtigen‹ Oper *Genoveva* (op. 81, Leipzig 1850) nicht mehr als einen Achtungserfolg. Die Gründe hierfür liegen teilweise in dem aus höchst heterogenen Elementen zusammengesetzten Text – er stellt eine Kompilation aus den fast unvereinbaren Genoveva-Dramatisierungen von Ludwig Tieck (1799) und Friedrich Hebbel (1841) dar –, zum anderen aber auch an Sch.s nicht eigentlich dramatischer, vielmehr überwiegend lyrischer und teilweise auch sinfonischer musikalischer Ausdruckshaltung.

Neben den musiktheatralischen Projekten beschäftigte sich Sch. in Dresden intensiv mit Sinfonik und Kammermusik. 1845 erfolgte die Erweiterung der *Phantasie* von 1841 zum *Klavierkonzert a-moll* op. 54. 1846 entstand die große *Sinfonie C-dur* op. 61, die ihrer Publikation nach als Nr. 2 gezählt wird, teilweise aber auf Skizzen und Entwürfe von 1841 zurückgeht. Im Vergleich zur Leipziger Zeit trat Klaviermusik in den Hintergrund; allerdings interessierte sich Sch. jetzt für eine Musik für Tasteninstrumente, die sich hinsichtlich Klangfülle und »objektiver« Grundhaltung dem orchestralen Timbre näherte. So experimentierte er in den opp. 56, 58 und 60 mit einem an den Flügel angehängten Pedalklavier und mit der Orgel, dabei deutlich auf Bach und die kontrapunktische Tradition Bezug nehmend (die sechs Stücke des op. 56 sind z. B. sämtlich in kanonischer Form geschrieben).

Erst 1848 erfolgte ein neuer Schub von Klaviermusik, die sich jedoch durch eine bewußt einfache, vielfach geradezu pädagogische Haltung (etwa im berühmten *Album für die Jugend* op. 68) von den Werken der dreißiger Jahre scharf abhebt.

Ähnliches gilt für die Vokalkompositionen: So gibt es auch ein *Liederalbum für die Jugend* op. 79 (1849), und auch die übrigen Lieder dieser Zeit sind relativ einfach, oft geradezu plakativ gehalten; sie nähern sich in ihrem auf öffentliche Darbietung angelegten Duktus den theatralischen Werken an. Diesen Zug haben sie gemeinsam mit dem Stil der Chormusik, in der Sch. ausgesprochen zeitbezogene Lyrik (wie etwa Friedrich Rückerts »Advents-« und »Neujahrslied« oder dessen Gedicht »Verzweifle nicht im Schmerzenstal« in der Männerchor-»*Motette*« op. 93) vertonte. All dies deutet daraufhin, daß Sch. stark von den Ereignissen der Jahre um 1848 beeinflußt wurde. Zwar nahm er – etwa im Gegensatz zu Wagner – nicht aktiv an den Auseinandersetzungen teil, mißbilligte vielmehr jede Art von Gewaltanwendung; doch war er zutiefst von der Bedeutung der Revolution überzeugt und von ihrem Scheitern stark betroffen. Im Spätsommer 1850 trat Sch. die Stelle des städtischen Musikdirektors in Düsseldorf an. Bald zeigten sich große Schwierigkeiten in einer Position, für die er von seiner Persönlichkeit her wenig disponiert war. Sie destabilisierten den Gesundheitszustand des infolge einer syphilistisch bedingten progressiven Paralyse ohnehin geschwächten Musikers in einem Ausmaß, daß er sich nach gut drei Jahren zur Aufgabe seines Amtes entschloß. Bevor es jedoch offiziell zu diesem Schritt kam, verfiel Sch. im Februar 1854 in geistige Umnachtung, er unternahm einen Selbstmordversuch und wurde anschließend in eine Nervenklinik in Endenich bei Bonn verbracht, in der er nach zweieinhalb Jahren starb.

Die letzten Jahre von Sch.s künstlerisch aktivem Leben sind geprägt von der Überforderung durch ein Amt, für das er nicht die geeignete Persönlichkeit war, und von der Überanstrengung, die er sich selbst als produktivem Musiker abverlangte. Er hatte einen eindrucksvollen Einstand am Rhein mit zwei orchestralen Hauptwerken: dem *Konzert a-moll* für Violoncello und Orchester op. 129 (1850), von dem in jüngster Zeit auch eine Version für Solovioline entdeckt wurde, und der *Rheinischen Sinfonie Es-dur* op. 97 (1850), mit er der neuen Region seines Wirkens eine grandiose Reverenz erwies. Wie schon in Dresden bot das Ehepaar Sch. in glanzvollen Privatkonzerten auf höchstem Niveau die neu komponierte Kammermusik – im Verein mit älterer – dar. Junge, noch unbekannte Musiker – darunter Brahms und der bedeutende Violinist Joseph Joachim – hielten sich für längere Zeit im Düsseldorfer Sch.-Kreis auf; für den jungen Joachim entstand 1853 das lange unterschätzte, erst 1937 uraufgeführte *Violinkonzert d-moll* o. Op. Die Chormusik bereicherte Sch. durch zwei geistliche Werke: eine *Messe* op. 147 und ein *Requiem* op. 148 (beide 1852) sowie durch die von ihm neu kreierte Gattung der Ballade für Chor und Orchester (beginnend mit *Der Königssohn* op. 116 nach Ludwig Uhland; 1851), mit der er versuchte, den Gesangsvereinen ein Repertoire an nicht abendfüllenden Vokalwerken zu verschaffen, durch die sie in die überwiegend sinfonisch geprägten Konzertprogramme integriert werden konnten.

Nach seinem Tod wurde Sch.s Werk in die Auseinandersetzung zwischen den Richtungen der »absoluten Musik« (repräsentativ vertreten durch Brahms) und der »Neu-deutschen Schule« (Wagner, Liszt) hineingezogen und dadurch in eine einseitige Perspektive gerückt. Eine bedeutende Reihe von späteren Komponisten, besonders auch in Frankreich, hat sich jedoch bis in die Gegenwart hinein produktiv mit Sch.s Werk auseinandergesetzt; in den letzten Jahren entstand sogar der Eindruck eines stetig wachsenden Interesses an Sch.s Musik, vor allem auch an seinen späten Werken, die früher häufig negativ beurteilt wurden.

Noten: R. Sch.s Werke, hrsg. von CL. SCHUMANN und J. BRAHMS (31 Bde.), Lpz. 1879–1893. Neue Ausg. sämtlicher Werke (ca. 50 Bde.), Mainz 1991 ff. [bis 2002 erschienen 11 Bde.].
Dokumente: Gesammelte Schriften über Musik und Musiker 4 Bde., Lpz. 1854, Reprint hrsg. von G. NAUHAUS, Wiesbaden 1985; rev., hrsg. von. M. KREISIG (2 Bde.) Lpz. ⁵1914. Tagebücher, 3 Bde. hrsg. von G. EISMANN und G. NAUHAUS, Lpz. 1971–87. Jugendbriefe, hrsg. von CL. SCHUMANN, Lpz. 1885. Briefe. Neue Folge, hrsg. von F. G. JANSEN, Lpz.¹1886, ²1904. Cl. und R. Sch. Briefwechsel. Kritische Gesamtausg. hrsg. von E. WEISSWEILER, 3 Bde., Ffm. 1984 ff. BURGER, E. und NAUHAUS, G.: R. Sch. Eine Lebenschronik in Bildern und Dokumenten, Mainz 1998.
Werkverzeichnis: BOETTICHER, W.: R. Sch.s Klavierwerke. Neue biographische und textkritische Untersuchungen, 2 Bde., Wilhelmshaven 1976–84. MCCORKLE, M.: Thematisch-bibliographisches WV, Mn. 2003.
Bibliographie: MUNTE, FR.: Verz. des deutschsprachigen Schrifttums über R. Sch. 1856–1970, Hbg. 1972; teilweise weitergeführt *in* Correspondenz-Mitteilungen der R.-Sch.-Gesellschaft, Düsseldorf 1985 ff.
Periodica: Sch.-Studien, Köln 1999 ff.
Literatur: WASIELEWSKI. W. J. VON: R. Sch., Dresden 1858, ⁴1906. R. Sch. (MK-Sonderbde. I und II), Mn. 1981 bzw. 1982. EDLER, A.: R. Sch. und seine Zeit, Laaber 1982, ²2002. KAPP, R.: Studien zum Spätwerk Sch.s, Tutzing 1984. STRUCK, M.: Die umstrittenen späten Instrumentalwerke Sch.s, Hbg. 1984. Sch.s Werke. Text und Interpretation, hrsg. von A. MAYEDA und KL. W. NIEMÖLLER, Mainz 1987. ROSEN, CH.: The Romantic Generation, Cambridge ¹1995, dt. als Musik der Romantik, Salzburg u. a. 2000. BRINKMANN, R.: Sch. und Eichendorff. Studien zum Liederkreis op. 39, Mn. 1997 (MK 95). DAVERIO, J. J.: R. Sch. Herald of a »New Poetic Art«, Oxford 1997. R. Sch. Philologische, sozial- und rezeptionsgeschichtliche Aspekte, hrsg. von W. FROBENIUS, Saarbrücken 1997. Sch. und die französische Romantik, hrsg. von U. BÄR, Mainz 1997. LULÉ, S.: R. Sch. und Jean Paul. Ein neues Paradigma der romantischen Musikästhetik? *in* Musik und Ästhetik 5 (2001), 106–110. EWERT, H.: Anspruch und Wertung. Studien zur Entstehung der Oper Genoveva von R. Sch., Tutzing 2003. Sch.-Handbuch, hrsg. von U. TADDAY, Stg. und Kassel [in Vorbereitung].

Arnfried Edler

Schütz, Heinrich

Getauft 9. 10. 1585 in Köstritz (Thüringen); gest. 6. 11. 1672 in Dresden

»Heinricus Schützius Seculi sui Musicus excellentissimus« (»H. Sch., der hervorragendste Musiker seines Jahrhunderts«) stand auf Sch.' Grabplatte in der alten Dresdener Frauenkirche. Fügt man »in Deutschland« hinzu, so handelt es sich um keine barocke Übertreibung, sondern um eine auch heute allgemein anerkannte Tatsache. Er war die prominenteste kompositorische Erscheinung des protestantischen Deutschland vor J. S. Bach und mit Abstand die stärkste künstlerische Persönlichkeit während des Zeitalters des Dreißigjährigen Krieges. Seine an die 500 überlieferten Werke gehören fast ausschließlich der geistlichen Musik an, und sie sind, zwei seiner Sammlungen ausgenommen, mehrheitlich auf deutsche Texte komponiert. Die am italienischen Madrigal erlernte ›Übersetzungskunst‹ des Textes in die Musik befähigte ihn, wie niemanden im Deutschen vor ihm, »dem Wort zu dienen ..., zu deuten, beleben, seine Gesten betönen und in jede Tiefe, Weite und Höhe versenken, dehnen, erhöhen« (Grass). Als Textvorlage bevorzugte er die Bibel, während das evangelische Kirchenlied sowie andere liturgische Texte und Andachtsdichtung bei ihm nur schwach vertreten sind. Er war der Komponist der ersten deutschen Oper, einer *Dafne* (Torgau 1627) auf ein Libretto von Martin Opitz deren Musik jedoch nicht erhalten ist. Ebenfalls sind nur wenige seiner weltlichen Kompositionen und überhaupt keine Instrumentalmusik auf uns gekommen, obwohl er ein fähiger Organist gewesen sein muß. Es scheint ein zentrales Anliegen von Sch. gewesen zu sein, in 13 seiner 14 gedruckten Sammlungen der evangelischen Kirche vollgültige Exempla unterschiedlichster geistlicher Musik als nachzuahmende Vorbilder vorzulegen. Hierbei gelang ihm eine höchst individuelle Synthese zwischen der Tradition der protestantischen Kirchenmusik einerseits und den neuesten stilistischen Errungenschaften der italienischen Vokalmusik andererseits. Ausgehend von den ultramodernen Ausdruckstechniken des manieristischen Madrigals entwickelte sich sein Stil während seines langen kompositorischen Lebens kontinuierlich hin zu einem strengen, zurückhaltenden und schließlich ›zeitlos‹ abgeklärten Altersstil, der dadurch aber keineswegs an Intensität verlor.

Der junge H. Sch. wurde als Dreizehnjähriger vom hessischen Landgrafen Moritz dem Gelehrten wegen seiner schönen Sopranstimme ›entdeckt‹ und einige Monate danach als Kapellknabe und Schüler in das illustre Collegium Mauritianum in Kassel aufgenommen, wo er eine vorzügliche humanistische Ausbildung genoß. Danach bezog er als Jurastudent die Universität Kassel, wo er 1609 ein Stipendium des Landgrafen nach Venedig erhielt, um sich dort bei G. Gabrieli zum Komponisten und Organisten ausbilden zu lassen. Nach intensiven Studien gab Sch. sozusagen als vorzeigbares Gesellenstück 1611 sein erstes gedrucktes Werk, die *Italienischen Madrigale*, in Venedig heraus, elegante fünfstimmige generalbaßlose Ausgesuchtheiten des raffinierten polyphonen Vokalsatzes, die seine Kenntnis der neuesten Techniken des manieristischen Madrigals belegen und zeigen, daß er sich das moderne Ausdrucksprinzip der Monteverdischen »seconda pratica« zu eigen gemacht hat.

Aus Italien zurückgekehrt, wurde Sch. als Hoforganist nach Kassel berufen. Auf Bitte des Kurfürsten Johann Georg I. von Sachsen wurde er 1615–16 an den Dresdener Hof ›ausgeliehen‹, an dem er 1617 als Hofkapellmeister eine feste Anstellung erhielt, die er bis zu seiner Pensionierung 40 Jahre lang innehaben sollte. Neben der Leitung der Hofkapelle erwartete man von ihm vor allem die Komposition von geistlicher Musik. Dieser Pflicht kam er zunächst mit seiner zweiten Sammlung, den 1619 in Dresden gedruckten *Psalmen Davids*, nach. Nie wieder zeigte sich Sch. so sehr als Schüler Gabrielis wie in diesen 20 prachtvollen doppel- und mehrchörigen deutschen Psalmvertonungen für 8 bis 20 Stimmen, die mit ihren gegen- und miteinander dialogisierenden Vokal- und Instrumentalgruppen, mit ihren farbigen Favorit- und Kapellchören eine »Musik des Raums« darstellen. Einen krassen Gegensatz hierzu bildet die *Historia der ... Aufferstehung ... Jesu Christi* (1623), in deren Rezitativen Sch. seine Vertrautheit mit der italienischen Monodie zeigt. Die 1625 erschienenen vierstimmigen *Cantiones sacrae* kann man als Sch.' geistliche Madrigale bezeichnen, so ausdrucksbetont sind sie in ihrer affektgeladenen Ichbezogenheit. Zeigen diese chorischen Juwelen einen eher überkonfessionellen, wenn nicht gar ›gegenreformatorischen‹ Charakter, so sind die schlichten Kantionalsätze der *Psalmen Davids, in deutschen Reimen durch C Becher* (datiert auf den Sterbetag von Sch.' Frau, 6. 9. 1628) von einer typisch protestantischen Kargheit.

In den späten zwanziger Jahren machten sich die Not, die der Dreißigjährige Krieg über Deutschland brachte, auch in Dresden in einer Weise bemerkbar, daß alsbald selbst am Hofe an ein geregeltes Musizieren nicht mehr zu denken war. Für den dergestalt ›arbeitslos‹ gewordenen Sch. begann nun ein unsteter Lebensabschnitt mit vielen Reisen und Aufenthalten an anderen Höfen, deren wichtigste Stationen Venedig (1628–29) und Kopenhagen (1633–35 und 1642–44) sowie Wolfenbüttel (1638) und Hannover (1640) waren.

In Venedig interessierte sich Sch. vor allem für die neuesten stilistischen Errungenschaften Monteverdis und anderer auf dem Gebiet der konzertierenden und Theatermusik. Dort entstanden auch die zwanzig ein- bis dreistimmigen lateinischen geistlichen Konzerte mit Generalbaß seines op. 6, die er unter dem Titel *Symphoniae Sacrae* 1629 in der Lagunenstadt drucken ließ. Bei aller deklamatorischer Ausdruckssteigerung macht sich nun auch ein instrumentales Moment in Sch.' Musik bemerkbar, das zu autonom-musikalischen Formungen und Abschnittsbildungen (z.B. den Ritornellen in *O quam tu pulchra es*) tendiert. Spielen in der ersten Sammlung dieser Art vor allem solistische Blasinstrumente eine wichtige Rolle (wie etwa die vier Posaunen in *Fili mi, Absalon*), so findet sich in den deutschsprachigen *Symphoniae Sacrae II* (Dresden 1647) das solistische Instrumentarium meist auf die Verwendung von zwei Violinen reduziert. In einigen dieser

Konzerte greift Sch. den von Monteverdi erfundenen »stile concitato« (den erregten Stil) zur Darstellung kriegerischer Affekte auf. Die nach Beendigung des Dreißigjährigen Krieges publizierten *Symphoniae Sacrae III* (1650) stellen die am größten instrumental-vokal besetzten geistlichen Konzerte Sch.' seit den *Psalmen Davids* dar. Ihre Texte sind mehrheitlich dem Neuen Testament entnommen und haben einen erzählenden oder lehrhaften Charakter wie etwa das eindrucksvolle *Saul, Saul, was verfolgst du mich*. Gleichsam parallel zu den drei Teilen der mit obligaten Instrumenten konzertierenden *Symphoniae Sacrae III* veröffentlichte Sch. auch zwei Bände mit deutschen Konzerten ohne konzertierende Instrumente unter dem Titel *Kleine geistliche Concerte* (I, Leipzig 1636; II, Dresden 1639). Ob die in diesen Stücken deutlich zutage tretende Zurücknahme sämtlicher Ausdrucksmittel auf einer Veränderung von Sch.' ›musikalischer Theologie‹ beruht oder vielmehr nur eine Reaktion auf die Miseren des Krieges darstellt, ist schwer zu entscheiden.

Im Jahre 1636 publizierte Sch. die *Musicalischen Exequien*, ein Werk, das in mancher Hinsicht als eine Summe und als ein Höhepunkt seines bisherigen Schaffens gelten darf. Es ist eine Begräbnismusik für den Fürsten Heinrich Posthumus von Reuss, die drei ganz unterschiedliche Textebenen und Kompositionsstile umfaßt: »ein Concert ... in Form einer teutschen Missa«, eine doppelchörige Motette sowie einen mehrchörigen Schlußgesang. Die zum Kriegsende 1648 mit einer programmatischen Vorrede von musiktheoretischem Gewicht herausgegebene *Geistliche Chor-Music* stellt die wichtigste deutsche Motettensammlung des 17. Jahrhunderts dar. Ihre 29 polyphonen Motetten unterschiedlicher Stilprägung sind die am meisten aufgeführten Werke des Meisters und gelten als der Inbegriff evangelischer Motettenkunst. 1645 hatte Sch. erstmals und in den folgenden Jahren immer wieder um die Versetzung in den Ruhestand gebeten. Es war aber ein Regierungswechsel vonnöten, um dies zu erreichen. Nach dem Regierungsantritt Johann Georgs II. erhielt der Einundsiebzigjährige endlich seine Pensionierung und übersiedelte 1657 in die Stadt seiner Jugend nach Weißenfels, wo ihm Muße und Zeit blieb, sein Werk zu ordnen und zu ergänzen.

Eine Frucht dieses Sichtens scheinen die *Zwölf geistlichen Gesänge* zu sein, die 1657 erschienen sind. Es handelt sich um Motetten von einer meisterlichen, rückwärtsblickenden Polyphonie, die in Form einer deutschen Messe und einer deutschen Vesper angelegt sind. Die erstmals 1660 aufgeführte *Historia ... der Geburth Gottes* zeigt Sch. von einer für ihn ungewöhnlich volkstümlichen Seite. Sie ist im sogenannten »Weihnachtston«, dem fröhlichen transponierten Ionischen, geschrieben und lebt vom Gegensatz des im Stile des »recitativo secco« vorgetragenen Evangelistenberichts und seiner farbig konzertierenden »Intermedien« mit Blockflöten, Posaunen, Trompeten und Streichern. Es gehört zu den Dingen, vor denen wir fassungslos stehen: daß nämlich Sch. noch im Alter von mehr als achtzig Jahren Meisterwerke verfaßt hat, zu denen auch seine *Passionen* nach Matthäus, Lukas und Johannes (1665–66) gehören, die bis zum heutigen Tage nichts an Eindrücklichkeit und Frische eingebüßt haben. Die aus dem Dresdener gottesdienstlichen Usus entspringenden Passionen leben vor allem von der »Neugregorianik« (Moser, 565), der Solopartien des Evangelisten, Jesu und der Soliloquenten, in der Sch. Elemente des Gregorianischen Chorals, der italienischen Opernmonodie und des deutschen Kirchenliedes miteinander verbindet. Sch.' ›Schwanengesang‹, des *Königs und Propheten Davids Hundert und Neunzehnder Psalm in Eilf Stükken Nebenst dem Anhange des 100. Psalms ... und Eines deutschen Magnificats*, ist zwischen seinem 81. und 86. Lebensjahr entstanden. Sein Hauptgewicht liegt in der Vertonung des umfangreichsten aller Psalmen in elfdoppelchörigen Motetten und zieht eine erhabene Summa aus den Einzelerfahrungen eines menschlich wie kompositorisch erfüllten Lebens.

Noten: H. Sch. Sämtliche Werke, hrsg. von PH. SPITTA, 16 Bde., Lpz. 1885–94, 2 Supplement-Bde., hrsg. von A. SCHERING und H. SPITTA, Lpz. 1909–29, Ndr. in 13 Bd., Wiesbaden 1968–74. H. Sch. Neue Ausg. sämtlicher Werke, hrsg. von W. BREIG u. a., Kassel 1955 ff. Stg.er Sch.-Ausg., hrsg. von G. GRAULICH u. a, Stg. 1971 ff.
Dokumente: Gesammelte Briefe und Schriften, hrsg. von E. H. MÜLLER, Regensburg 1931.
Werkverzeichnis: Sch.-Werke-Verzeichnis [SWV]. Kleine Ausg., hrsg. von W. BITTINGER, Kassel 1960.
Literatur: WINTERFELD, C. VON: J. Gabrieli und sein Zeitalter, Bln. 1834. MOSER, H. J.: H. Sch., Kassel 1936, ²1954. EGGEBRECHT, H. H.: H. Sch. Musicus poeticus, Göttingen 1959. BRODDE, O.: H. Sch., Kassel 1972. GRASS, G.: Das Treffen in Telgte, Darmstadt 1979. SCHMALZRIEDT, S.: Friedenssehnsucht und göttliche Ordnung. H. Sch.' Motette O lieber Herre Gott ... aus der Geistlichen Chormusik, *in* Analysen. Beiträge zu

einer Problemgeschichte des Komponierens (Fs. H. H. Eggebrecht), hrsg von W. BREIG u. a., Stg. 1984, 110-127. GREGOR-DELLIN, M.: H. Sch.; Mn. 1984. HEINEMANN, M.: H. Sch. und seine Zeit, Laaber 1994.

Siegfried Schmalzriedt

Schwehr, Cornelius
Geb. 23. 12. 1953 in Freiburg im Breisgau

C. Schw. verfolgt beim Komponieren zwei komplementäre Ansätze: einen konstruktiven mit präzisen Vorordnungen von Material und Struktur; und einen im weitesten Sinne »semantischen« mit Affinitäten zu gestischen Aspekten, zu Sprache, Literatur und Film. Er komponierte zahlreiche Bühnen-, Film- und Hörspielmusiken und baut viele seiner Stücke auf zwei oder mehreren Ebenen auf. In *aus den kamalattanischen Liedern* für Akkordeon (1991–92) werden Ausdruck und Zeitmaß einerseits von einem stumm gelesenen Text Christian Geisslers bestimmt, anderseits durch ein metrisches Raster. *Winterdeutsch* für Sprecherin, Sprecher und Kammerensemble (1993) changiert zwischen Sprache und Musik, Hörstück, Melodram und Kammerkantate. Dagegen basiert *»wer ihnen ihres nicht tanzt, spottet der verabredeten bewegung«* für Streichtrio (1992–93) auf einer rhythmisch-geräuschhaften und einer klanglich-akkordischen Schicht, die zunächst strikt voneinander abgesetzt sind und erst im weiteren Verlauf ineinander geschoben werden. *aber die Schönheit des Gitters* für Kammerensemble und Filmprojektionen ad libitum (1992) entstand in Verbindung mit dem Filmemacher Didi Danquart – ohne inhaltliche Absprachen – lediglich auf der Grundlage eines verabredeten Zeitrasters von musikalisch-filmischen Schnitt-, Blend-, Struktur- und Formprinzipien. Die Oper *Heimat* (Freiburg im Breisgau) nach einem Libretto von Walter Moßmann spielt einerseits als gesungene Oper in der »Erinnerung an die Badische Revolution« von 1848–49, wobei den prototypischen Figuren entsprechend historisch-auratische Instrumente zugeordnet sind (Offizier Schlagzeug, Salondame Klavier); anderseits als gesprochenes Schauspiel in der Gegenwart mit Rückblicken in die Vergangenheit.

Schw. folgt dem kammermusikalischen Ideal höchst differenzierter Ausformulierung kleinster Details und Artikulationsweisen wie er es im Kompositionsunterricht bei Kl. Huber in Freiburg 1975–81 kennen gelernt hatte. Aus der Kleingliedrigkeit seines bislang nur knapp dreißig Werke umfassenden Œuvres ergibt sich seine Vorliebe für kleine Besetzungen, variative Wiederholungen, Entwicklungen und Kontrastbildungen. Zugleich übernahm er die erweiterte Spiel- und Klangpraxis der »musique concrète instrumentale« Lachenmanns, bei dem er 1981–83 an der Stuttgarter Musikhochschule studierte. Wie Lachenmann arbeitet er seit *Schatten* für Streichquartett und Kontrabaß (1979–80), *Quintus 1* für Gitarre, Oboe, Trompete, Viola und kleine Trommel (1980–81) und *Quintus 2* für Violine Solo (1984–85) mit den konkret physikalischen Voraussetzungen der spezifisch instrumentalen Klangproduktion. Statt »fertige« Klänge abzurufen, komponiert er die Eigenschaften der Klänge selbst und reflektiert möglichst erschöpfend deren historische Besetzungen. Er folgt damit der postmodernen Einsicht, daß sämtliches Material bereits gestaltet wurde und nur in veränderten musikalischen Kontexten neu zu bestimmen ist. Durch Kritik bestehender Gestaltungs- und Rezeptionsweisen versucht er mittelbar auch allgemein gesellschaftliche Ideologien zu entlarven. In Anlehnung an Eisler und Bertolt Brecht möchte er automatisierte Funktionen durchbrechen und Konventionen verfremden, damit Selbstverständliches wieder auffällig und scheinbar Bekanntes wieder neu erkannt werden kann (*Hanns Eisler*, 192). Insofern ist Musik für ihn ein Mittel zur Erkenntnis und Selbsterkenntnis.

Schw. ist darauf bedacht, starre Gegensätze und Normen zu verflüssigen. In *poco a poco subito* für Violoncello und Klavier (1990–91) kommt es zum dialektischen Umschlag von Quantität in Qualität, indem statische Klangflächen prozeßhaft-dynamisch und kurze dynamische Elemente aufgrund von Wiederholungen statisch erscheinen. Ähnlich ambivalent zueinander verhalten sich Soli und Tutti im Doppelkonzert *à nous deux* für Viola, Klavier und Orchester (1995). Indem hier die zunehmende Individualisierung punktueller Einzelstimmen ins rhythmisch genormte Orchesterkollektiv umkippt, um sich anschließend wieder daraus zu befreien, werden allgemein gesellschaftliche Mechanismen widergespiegelt. Im Streichquartett *attacca* (1996–97) werden traditionelle Form-, Akkord- und Rhythmusmodelle gezielt beschworen und neu bestimmt. Auch im Bläsertrio *Wie bei Bogen und Leier* (1996) und anderen Stücken etabliert Schw. inmitten punktueller Strukturen immer wieder kurze charakteristische Wiederholungselemente mit stark idiomatischer Färbung (Marsch-, Tanz-, Jazzmusik) und tonaler Zentripetalkraft. Durch Übergänge zwischen Regelmäßigkeiten in Unregelmäßigkeiten veranlaßt er die Hörer zu einem Wechsel der Bezugsebenen und damit zur Relativierung der Kategorien Ordnung und Unordnung, Tonalität und Atonalität.

Noten: Breitkopf & Härtel (Wiesbaden); Eigenverlag (Freiburg/Br.).

Dokumente: Hanns Eisler um 1925 *in* Visionen und Aufbrüche. Zur Krise der modernen Musik 1908–1933, hrsg. von G. METZ, Kassel 1994, 177–199. Hat es noch Sinn, den bestehenden Werken neue hinzuzufügen? Ist die Kunst am Ende? *in* dissonanz (2003), Heft 78, 22–27. Nicolaus A. Huber. »An Hölderlins Umnachtung« *in* Musik & Ästhetik 7 (2003), 60–70.

Literatur: NAUJOCKS, C.: Wirklichkeitssinn und Möglichkeitssinn. Über den Freiburger Komponisten C. Schw. *in* MusikTexte 69/70 (1997), 12–17. BENDA, S.: Undine geht zu C. Schw.s Musik. »Angewandte Kunst« für das Theater *in* Badische Zeitung (1992), Nr. 88 vom 14. 4. 1992. NAUJOCKS, C.: Höhere Einheit. Über C. Schw.s Streichquartett »attacca« *in* Positionen 32 (1998), 38–39.

Rainer Nonnenmann

Sciarrino, Salvatore
Geb. 4. 4. 1947 in Palermo

Im zeitgenössischen Musikleben nimmt der Komponist S. Sc. eine einzigartige Stellung ein. Wie kein anderer hat er es verstanden, allen Zeitströmungen den Rücken zu kehren und einen ganz eigenen musikalischen Weg zu beschreiten. Mit der Erforschung harmonischer Mikrotonbereiche unter starker Betonung von Obertonwirkungen und subtil schattierten Geräuschwertigkeiten – also mit einer Fokussierung auf den zentralen Aspekt des Klanges – hat der Italiener ein höchst eigenwilliges musikalisches Vokabular geschaffen, das er seit Ende der sechziger Jahre in immer neuen Varianten einsetzt. Dessen Kern bildet eine hoch differenzierte Mischung aus Flageolettklängen, Glissandobewegungen, komplex verzweigter Ornamentik und geräuschhaften Aktionen. Mit diesen innovativen Merkmalen zielt Sc. auf eine strukturelle Vereinfachung des Tonsatzes, die sich in Texturen von hoher Ausdruckskraft und Klarheit, in sorgfältig ausgehörten Gesten an der Grenze zur Lautlosigkeit sowie in einem jeweils von Werk zu Werk neu definierten Verhältnis zwischen Klingen und Schweigen äußert.

Bei allen Unterschieden, die Sc.s Kompositionen im Detail aufweisen, lassen sich an ihnen häufig zwei wesentliche Konstanten beobachten: Zum einen sind die komponierten Klänge innerhalb klar erkennbarer Formverläufe angeordnet; sie fügen sich zu hörend leicht nachvollziehbaren Entwicklungen, in denen das Vokabular einer materialabhängigen Logik – einer für jedes Stück neu definierten Dramaturgie des Klanges – folgt. Zum andern ist der von einem hohen Maß an instrumentaler Virtuosität geprägte Verlauf der Musik in vielen Fällen vom Atemrhythmus der Vortragenden bestimmt; die mitunter außerhalb metrischer Gliederungen notierte Musik folgt den wellenförmigen Bewegungen ein- und ausströmenden Atems und erzeugt dadurch eine im weitesten Sinne körperliche Komponente. Exemplarisch hierfür sind vor allem Sc.s Instrumentalwerke, allen voran die *Sei Capricci* für Violine solo (1975–76) und der siebenteilige Zyklus für Flöte solo, vom Komponisten ursprünglich unter dem übergreifenden Titel *Fabbrica degli incantesimi* (»Werk der Zaubersprüche«; 1977–89) zusammengefaßt (heute der erste Band der Sammlung *L'opera per flauto*); aber auch größer besetzte Kompositionen wie *Di Zefiro e Pan* für zehn Blasinstrumente (»Von Zefir und Pan«; 1976) oder *Lo spazio inverso* für Flöte, Klarinette, Violine, Violoncello und Celesta (»Der umgekehrte Raum«; 1985) weisen entsprechende Kennzeichen auf.

Bei der Organisation spielt Sc.s Technik des Variierens eine zentrale Rolle: Ausgehend von kleinsten Zellen transformiert er mit ihr das Klangmaterial und erzeugt größere musikalische Strukturen durch Hinzufügung, Überlagerung von Teilelementen oder Erweiterung von Texturmodellen. Die jeweils resultierende architektonische Lösung ist stets durch ein Alternieren verschiedener musikalischer Zustände bestimmt, das sich aus dem Ineinandergreifen von Wiederholung als statischem und Transformation als prozeßhaftem Prinzip ergibt. Meist wird die formale Organisation jedoch durch unterschiedlich starke Störungen, etwa durch Fragmentierung oder Einschübe kontrastierenden Materials, verletzt und unterliegt damit dem Prinzip der Diskontinuität. In Kompositionen wie der *Sonata II* für Klavier (1983), *Centauro marino* für Klarinette, Violine, Viola,

Violoncello und Klavier (»Meereszentaur«; 1984) oder den *Tre canti senza pietre* für sieben Stimmen (»Drei Gesänge ohne Steine«; 1999) ist zu beobachten, wie die initialen Texturen durch den Einbruch kontrastierenden Materials verändert werden und so Diskontinuität zum Katalysator für musikalische Veränderungen wird.

Ein weitergehendes Verfahren der Interpolation findet sich in *Introduzione all'oscuro* für zwölf Instrumente (»Einleitung in die Finsternis«; 1981), wo nicht nur durch die Musikalisierung von Herzschlägen und Atemfrequenzen eine Wahrnehmung unbewußter physiologischer Vorgänge hervortritt, sondern mit dem schattenhaften Aufblitzen eines Melodiefragments auf dem Höhepunkt des Werkes auch dem Assoziationsvermögen des Hörers Raum gegeben wird. Solche Einblendungen werkfremden Materials – von Sc. als Fenster, in denen »der Raum mit der Zeit interagiert« (*Le figure*, 99) bezeichnet – haben die Funktion, bestimmte Bezüge oder Anspielungen herzustellen; ihre jeweilige Konnotation hängt von der Deutlichkeit ab, mit der sie an den entsprechenden Stellen in den Vordergrund treten. Besonders deutlich zeigt sich dieses Verfahren in Werken wie dem »Singspiel« *Aspern* (Giorgio Marini und Sc. nach Henry James; Florenz 1978), wo sich hinter den Klanggesten Anspielungen auf barocke Formen verbergen, oder in der Komposition *Allegoria della notte* für Violine und Orchester (»Allegorie der Nacht«; 1985), in der eine fragmentarische Materialrepräsentation des ersten Satzes von Mendelssohn Bartholdys »Violinkonzert« die Folie für Sc.s Musik bildet.

Daß solche Momente meist auf historische Materialien anspielen, verdankt sich Sc.s permanenter Auseinandersetzung mit der Musik der Vergangenheit, die in seinem Schaffen sehr unterschiedliche Formen annimmt. So basiert etwa das Ballett *Morte a Venezia. Studi sullo spessore lineare* (»Tod in Venedig. Studie über die lineare Dichte«, nach Thomas Mann; Verona 1991) vollständig auf Kompositionen J.S. Bachs. Deren durch Sc.s Instrumentation beeinflußte kontrapunktische Dichtezustände werden in den Dienst der Balletthandlung gestellt, wobei die Entwicklung an den Höhepunkten gar zu einer durch Überlagerung erzielten Gleichzeitigkeit differierender Temposchichten kulminiert. Eine ganz andere Richtung nimmt dagegen die Rezeption des Schaffens von Mozart: Mit *Mozart a 9 anni* (1993) hat Sc. nicht nur einige Klavierstücke für Orchester bearbeitet; darüber hinaus hat er Kadenzen – und damit Reflexionen über das musikalische Material – zu Instrumentalkonzerten Mozarts verfaßt (1989), die er wiederum seinem konzertanten Werk *Cadenzario* für Orchester mit Solisten (1991) – quasi als Reflexion über die Reflexion – zugrunde legte.

In Sc.s Werken für das Musiktheater treffen die Charakteristika seiner Instrumentalmusik auf eine antinaturalistische Aufspaltung der Darstellungsebenen. Bereits in *Cailles en sarcophage. Atti per un museo delle ossessioni* (»Wachteln im Sarg. Handlungen für ein Museum der Obsessionen«, Giorgio Marini, Venedig 1979 und 1980) verläßt er den narrativen Handlungsrahmen zugunsten einer surrealen Anordnung szenischer Elemente; in *Vanitas. Natura morta in un atto* für Stimme, Violoncello und Klavier (»Vanitas. Stilleben in einem Akt«, Textfragmente barocker Lyrik; Mailand 1981) wird gar der Stillstand der Bilder thematisiert, da die Komposition keine Szenenfolge mehr besitzt und als einzige »Darsteller« die drei mitwirkenden Musiker kennt. In den Bühnenwerken *Lohengrin* (nach Jules Laforgue; Mailand 1983; revidiert Catanzaro 1984) und *Infinito nero. Estasi in un atto* für Stimme und acht Instrumente (»Unendliche Schwärze. Ekstase in einem Akt« nach S. Maria Maddalena de' Pazzi; Witten 1998) ist die Handlung ganz auf das pathologische Innenleben der jeweiligen Protagonistinnen reduziert und wird als musikalische Projektion komplexer seelischer Vorgänge durch Gesang und Bewegung vermittelt, wobei die instrumentale Schicht die Rolle einer Außenwelt annimmt, die entweder als Auslöser oder Seismograph für die Regungen auf der Innenseite des Erlebens fungieren. Der Beschränkung auf einen minimalen Vorrat von Klangfarben und Texturen steht hier szenisch die Reduktion der Bühnenhandlung auf die Projektion seelischer Vorgänge in den Außenraum gegenüber; dabei stellt die Gesamtheit aller bis ins äußerste Extrem reduzierten musikalischen wie szenischen Gesten ein komplex arrangiertes Netzwerk feinster Beziehungen dar.

Auch in *Luci mie traditrici* (»Meine betrügerischen Augen«; dt. als »Die tödliche Blume«, nach Giacinto Andrea Cicognini; Schwetzingen 1998) und *Macbeth. Tre atti senza nome* (»Macbeth. Drei Akte ohne Namen«, nach Shakespeare; Schwetzingen 2002) steht die psychologische Befindlichkeit der Figuren im Mittelpunkt der einzelnen Szenen. *Luci mie traditrici*, eine Studie über Leidenschaft und Rache nach Cicogninis Tragödie »Il tradimento per l'onore«, deren Handlung vom Mord Gesualdos an seiner Frau Maria d'Avalos inspiriert ist – ein Thema, das Sc. auch in dem Puppenspiel *Terribile e spaventosa storia del principe di Venosa e della bella Maria* für Stimme, Saxophonquartett und Schlagzeug (»Schreckliche und furchtbare Geschichte des Fürsten von Venosa und der schönen Maria«; 1998) verarbeitete – ist eine Abfolge unterschiedlicher Personenkonstellationen und mit ihnen verbundener seelischer Vorgänge, die in hochgradig stilisierten, allegorischen und wie eingefroren wirkenden Bildern aneinandergefügt werden. Die Ausdruckskraft der Musik resultiert – wie auch in der Oper *Macbeth* – wesentlich aus dem hochgradig artifiziellen Vokalstil, der aus expressiven Arabesken geformt wird. Zusätzlich verwendet Sc. an dramaturgischen Schüsselstellen eine Elegie von Claude Le Jeune, deren Text, im Prolog ohne Mitwirkung der Instrumente vorgetragen, in poetischen Bildern von der Vergänglichkeit der Liebe erzählt. Sie wird im Verlauf der Oper von den Instrumentalisten in drei Intermezzi aufgegriffen und strukturell zunehmend verfremdet – ein Verfahren, das sich auch in Sc.s Bearbeitungen von Madrigalen Gesualdos *Le voci sottovetro* (»Die Stimmen unter Glas«; 1998) für Instrumentalensemble und Stimme findet.

Noten: Ricordi (Mailand).
Dokumente: Le figure della musica da Beethoven a oggi, Mailand 1998. Carte da suono, Scritti 1981–2001, Palermo 2001.
Werkverzeichnis: GIULIANI, R.: S. Sc. Catalogo delle opere. Musiche e scritti, Discografia, Nastrografia, Videografia, Bibl., Mailand 1999.
Literatur: GERACI, T.: Una concezione organica del suono. Appunti su S. Sc. *in* Musica/Realtà 27 (1996), 29–32. BORIO, G.: Der italienische Komponist S. Sc. *in* NZfM 152 (1991), 33–36. CHIESA, R.: S. Sc., Palermo 1999. CLAREN, S.: Musikalische Figurenlehre. S. Sc. als Analytiker und Komponist *in* Musik & Ästhetik 6 (2002), 106–111.

Stefan Drees

Searle, Humphrey

Geb. 26. 8. 1915 in Oxford;
gest. 12. 5. 1982 in London

Liszt und die Zwölftontechnik – das sind die beiden Bezugspunkte für das reiche kompositorische Werk S.s nach 1946. S. hatte 1938 nach Abschluß seines Musikstudiums für ein Jahr am Wiener Konservatorium studiert und während dieser Zeit Privatunterricht bei Webern genommen; bis 1948 war er bei der BBC tätig. Ist sein im Gedenken an Webern geschriebenes *Intermezzo* für elf Instrumente op. 8 (1946) sein erstes reguläres Zwölftonwerk, so hatte er sich bereits in der 1943 zu Weberns 60. Geburtstag geschriebenen *Night-Music* op. 2 der Dodekaphonie angenähert. In seinen reiferen Werken kam S. deutlich Schönbergs Schreibweise näher – auch unter dem Einfluß seiner Beschäftigung mit Liszt, wie sie schon in den frühen Werken für Klavier zum Ausdruck kommt: dem *Ersten Konzert* mit Orchester op. 5 (1944), der *Ballade* op. 10 (1947) und vor allem in der *Sonate* op. 21 (1951), die in ihrer Amalgamierung von Zwölftontechnik und Liszts Verfahren der thematischen Transformation wohl eine der eindrucksvollsten Klaviersonaten dieser Zeit ist. Gegenüber den relativ kurzen frühen Zwölftonkompositionen meistert S. hier, ansatzweise schon im *Poem* für 22 Streicher op. 18 (1950), erstmals in reinen Instrumentalwerken ausgedehntere Formen, die für sein weiteres Schaffen charakteristisch sind. Schon vorher hatte er in Vokalwerken wie *The Shadow of Cam* für Sprecher, Männerchor und Orchester op. 22 (Edith Sitwell; 1951) kraftvolle Expressivität in einer großangelegten musikalischen Architektur realisiert. S.s ›Romantizismus‹, der in diesen Werken zum Ausdruck kommt, verbindet sich mit einer traditionellen Zwölftontechnik, die er im Lauf der Jahre eher rigoroser handhabte. Symmetrische Reihenbildungen und abgeleitete Reihen finden sich nur in früheren Werken, so in *Cold Goast Customs* für Sprecher, Männerchor und Orchester op. 15 (Sitwell; 1949) und in der *Ersten Sinfonie* op. 23 (1953). Die späteren vier Sinfonien (1958, 1960, 1962, 1964) zeigen einen mehr um Durchsichtigkeit bemühten Orchestersatz, der gleichzeitig große Bogen zu spannen sucht.

Die Libretti seiner drei Opern verfaßte S. selbst nach Stücken von Nikolaj Gogol', Eugene Ionesco (*The Photo of the Colonel* op. 41; London 1964) und Shakespeare. In *The Diary of a Madman* op. 35 (Nikolaj Gogol'; Berlin 1958) verwendete er elektronische Klänge, um geistige Verwirrung musikalisch umzusetzen. Im *Hamlet* op. 48 (Hamburg 1968) erscheint die originale Zwölftonreihe erstmals bei dem Monolog »To be or not to be«, alle Themen sind von ihr abgeleitet und mit den Hauptcharakteren und bestimmten Instrumenten(-gruppen) verbunden. S.s Oper, die dem Libretto sehr eng folgt, ist weniger als autonomes Kunstwerk denn als eine Art musikalischer Kommentar zu Shakespeares Stück gedacht.

S. war nicht nur Komponist und Lehrer von Rang (seit 1965 Professor am Royal College of Music in London), sondern auch ein international angesehener Musikschriftsteller.

Noten: Faber (Ldn.); ab op. 19 Schott (Ldn.). *Dokumente:* The Music of Liszt, Ldn. ^{1}1954, N. Y. ^{2}1966. Ballet Music, Ldn. 1958; rev. 1973. Twentieth Century Counterpoint, Ldn. 1954. Why does Schoenberg matter? in The Listener, 12 September 1974, 343 f.
Literatur: RAYMENT, M.: S. Avant-garde or Romantica in Musical Times 105 (1964), 430ff. ROUGH, F.: Contemporary British Music, Ldn. 1972.

Hartmut Möller

Senfl, Ludwig

Geb. um 1486 vermutlich in Basel;
gest. um 1543 in München

»Lust hab ich ghabt zur Musica, von Jugend auf«, bekennt S. in dem gleichnamigen Lied, das in seinen zwölf Strophen nicht nur ein Akrostichon auf den Namen des Komponisten bildet, sondern auch als autobiographischer Lebensbericht gelten kann – in einer Zeit der noch kaum individualisierten Künstlerpersönlichkeit um so bemerkenswerter. Hier spricht der in Zürich Aufgewachsene die wichtigsten Stationen seines Lebens an: seine Aufnahme in die kaiserliche Hofkapelle unter Maximilian I. (»Fürstlich Gnad mir beschehen ist«) sowie den Unterricht bei seinem Lehrer (»Isaac, das war der Name sein«), dem er nach dessen Tod in seinem Amt als Hofkomponist nachfolgen sollte. Das Lied ist vermutlich noch vor der Auflösung der Hofkapelle (1520) entstanden und erwähnt folglich auch nicht S.s spätere Tätigkeit bei Herzog Wilhelm IV. von Bayern, für den er in München ein stattliches Musikerensemble aufgebaut hat.

Dasselbe Lied läßt aber auch das Schaffen des Komponisten anklingen: »Denn nur im Gsang stund mein Begier« heißt es dort, und im Gesang – speziell als Komponist weltlicher Lieder – ragt S. unter seinen Zeitgenossen hervor. Rund 250 Werke zählt hier sein Œuvre, wobei das typische deutsche Tenorlied stark dominiert. Unter dieser Setzweise versteht man einen schlichten, weitgehend syllabischen Vortrag der Liedweise im Tenor, der in den bewegteren, instrumentalen Außenstimmen eingebettet ist. S. wendet dabei alle verfügbaren musikalischen Techniken der hochentwickelten niederländischen Kompositionskunst an: er läßt die Liedmelodie durch die Stimmen ›wandern‹, verwendet mehrere Liedvorlagen gleichzeitig, setzt ein Kanongerüst oder imitiert die führende Gesangsstimme in jeder beliebigen Stimmenkombination.

Das Tenorlied diente privater Geselligkeit, sowohl unter Studenten oder gutsituierten Bürgern als auch in Adelshäusern. Text und Melodie stammen teilweise aus dem Volksgut – Lieder wie *Ach Elslein, liebes Elselein, Entlaubet ist der Walde* oder *Mit Lieb bin ich umfangen* sind uns heute noch ein Begriff –, teilweise aus höfischer Tradition. Aufgrund ihrer einheitlichen Setzweise bilden sie jedoch trotz unterschiedlicher Herkunft ein geschlossenes Repertoire.

»Chorgesang, das ich jetzt lang getrieben hab und tus all Tag«: Hier meint S. geistliche Musik, Messen und vor allem Motetten, deren Pflege zu seinen Dienstpflichten zählte. Als Vorbild in der Setzkunst diente zum einen sein Lehrer Isaac (»was von Ihm gmacht ward wohl betracht, darnach ich mich auch richten sollt«), zum anderen der zu dieser Zeit weitaus berühmteste Komponist, Josquin Desprez. Von letzterem verarbeitete er die bekanntesten Kompositionen auf unterschiedlichste Weise in das eigene Werk. Durch die Mitarbeit an Isaacs groß angelegter Sammlung *Choralis Constantinus* angeregt, entstand für den Münchner Hof das *Opus musicum* (1531), ein nicht weniger eindrucksvoller Zyklus von Motetten, denen gregorianische Melodien des Proprium zugrunde liegen. Auch in diesem Metier erweist sich S. als Meister seines Handwerks und beeindruckt durch die souveräne Beherrschung der verschiedenen Satztechniken. Hinter den geistlichen Texten steht eine persönliche religiöse Gesinnung: »alles, was ich je hett gmacht, gleich wohl mit höchstem Fleiß, wann ich darin nit het den Sinn, daß ich Gott geb' den höchsten Preis.«

Noten: L. S. Sämtliche Werke, hrsg. von W. GERSTENBERG u. a., Wolfenbüttel 1937–74.
Literatur: SEIDEL, W.: Die Lieder L. S.s, Bern 1969. HELL, H.: S.s Hand in den Chorbüchern der Bayerischen Staatsbibliothek in Augsburger Jb. für Mw. 4 (1987), 65–137. HOFFMANN-ERBRECHT, L.: Stufen der Rezeption des niederländischen Stils in der dt. Musik der Dürerzeit in Fs. Florilegium musicologicum. H. Federhofer zum 75. Geburtstag, hrsg. von CHR.-H. MAHLING, Tutzing

1988, 155–168. ROSER, H.: L. S. Der Münchner Hofkapellmeister und der Wittenberger Musikfreund *in* DERS.: Altbayern und Luther, Mn. 1996, 92–98. Traditionen in der mitteldeutschen Musik des 16. Jahrhunderts. Symposiumsber. Göttingen 1997, hrsg. von J. HEIDRICH, Göttingen 1999.

Andrea Lindmayr-Brandl

Sessions, Roger

Geb. 28. 12. 1896 in Brooklyn (New York); gest. 16. 3. 1985 in Princeton (New Jersey)

Kein ›Amerikaner in Paris‹ war er, hatte nicht wie Copland, Roy Harris, Walter Piston und Virgil Thomson seine kompositorische Ausbildung in Paris bei Nadia Boulanger erhalten – und galt doch vielen als ›europäischer‹ Komponist in Amerika, manchen gar als ›amerikanischer Brahms‹: Das kompositorische Werk S.s ist in seiner Komplexität und Individualität bar aller programmatischen oder nationalen Orientierung und frei von Amerikanismen. Nach dem Studium bei Ernest Bloch hielt er sich 1925–33 überwiegend in Europa auf und traf 1933 in Florenz mit Berg, Krenek, Malipiero und Milhaud zusammen. Gemeinsam mit Copland (als Anreger und treibende Kraft) veranstaltete er in diesen Jahren während seiner USA-Besuche 1928–31 in New York die prestigereichen Copland-S.-Concerts for Contemporary Music und brachte seine Europaerfahrungen dort ein.

In stilistischer Hinsicht lassen sich drei Schaffensphasen unterscheiden: nach einem neoklassizistischen Beginn orientierte sich S. während seiner Jahre in Europa (1925–33) an der frei-atonalen Chromatik eines Schönberg und Berg, seit Anfang der fünfziger Jahre verwendete er die Zwölftontechnik in Verbindung mit traditionellen Formkonzepten, synthetisierte etwa in der *Dritten Sinfonie* (1955–57) Einflüsse von Schönberg und Stravinsky. In seinen Schriften hat S. mehrfach vor den Vorurteilen einer amerikanisch-nationalen Musikästhetik gewarnt und die Komposition hochrangiger artifizieller Musik allein mit den Idealen der Humanität, der Freiheit und Gleichheit verknüpft.

Bereits seine Bühnenmusik zu Andreyes Schauspiel *The Block Maskers* (1923) läßt, so sehr er den Spuren von Ernest Bloch und Igor Stravinsky folgte, einen individuellen Stil erkennen, mit einem ausgeprägten Sinn für differenzierte (Poly-)Rhythmik und einen kontrapunktischen ›Subtext‹. Während S. für das *Violinkonzert* (1931–35) und für das *Erste Streichquartett* (1936) Schönbergs »Buch der hängenden Gärten« als Vorbild nennt, schlug er mit dem Aufbau des fünfsätzigen *Zweiten Streichquartetts* (1951) den Bogen zurück zu Beethovens späten Quartetten, insbesondere zum »Streichquartett cis-moll« op. 131 (drei der ursprünglich sieben geplanten Sätze korrespondieren mit diesem Beethoven-Quartett in formaler Hinsicht). S.s undogmatische Zwölftontechnik verband sich auch weiterhin mit einer quasi autonomen Kontrapunktik und der Fähigkeit, auf der Basis traditioneller Muster große Formen zu gestalten, etwa in den späten sechs (von insgesamt neun) Sinfonien zwischen 1958 und 1975–78. Neben weiteren Orchesterwerken (*Divertimento*, 1959; *Rhapsody*, 1970; *Concertino*, 1972; *Concerto*, 1981) schrieb er *Konzerte für Klavier* (1956) und *für Violine, Violoncello und Orchester* (1971). In seinen beiden Opern sah sich S. eher in der Tradition Mozarts und Verdis denn als Wagnerianer. Die (ungedruckte) einaktige Oper *The Trial of Lukullus* (Berkeley 1947) folgt dem Hörspieltext von Bertolt Brecht und blieb S.s erfolgreichstes dramatisches Werk. Bei der dreiaktigen Oper *Montezuma* (Giuseppe Antonio Borgese; 1947–63, Berlin 1964), deren Entstehung S.s Wirken der fünfziger Jahre wie ein Leitmotiv begleitete, erschweren die Komplexität der formalen Organisation und die dichte dodekaphone Musiksprache den Zugang. Den Kammermusikwerken für Streicher stehen drei *Klaviersonaten* (1930, 1946, 1965) und zwei Sammlungen von Klavierstücken gegenüber; jedes der vier kurzen Stücke von *Pages from a Diary* (1937-40) ist einem seiner Studenten gewidmet, darunter Babbitt und Edward T. Cone. Berühmt ist der langsame Finalsatz der spieltechnisch äußerst schwierigen *Dritten Klaviersonate* (1965) mit einem Memento zum Tode John F. Kennedys.

Zusammen mit Komponisten wie Carter und Babbitt gehört S. zu den Vertretern jenes – in Europa wenig rezipierten – Strangs der Avantgarde, der sich in kritischem Traditionsbezug der ästhetischen Moderne und der Idee der Rationalität verpflichtet fühlt. So sehr S. während seiner über dreißig Jahre währenden Lehrtätigkeit (überwiegend an der Princeton University) auch das musikalische Denken und Komponieren in den USA geprägt und gefördert hat, hat er doch keine Schule gebildet.

Noten: Marks (N.Y.); Presser (Bryn Mawr).
Dokumente: R. S. on Music Collected Essays, hrsg. von E. T. CONE, Princeton 1979. The Correspondence of R. S., hrsg. von A. OLMSTEAD, Boston 1992.
Literatur: OLMSTEAD, A.: R. S. and His Music, Ann Arbor 1985 [mit WV, Bibl. und Diskographie]. MCDONNEL, D.: R. S.'s Symphony No. 3, First Movement, Diss., Brandis Univ. 1994. LOCHHEAD, J.: A Orchestra of Tenchnique. The Second and Third Piano Sonatas of R. S. in Journal of Musicology 14 (1996), 544–578.

Hartmut Möller

Sibelius, Jean (Johan) Julius Christian

Geb. 8. 12. 1865 in Hämeenlinna; gest. 20. 9. 1957 in Järvenpää bei Helsinki

Die Einschätzung, gar Wertschätzung des finnischen Komponisten S. erscheint immer noch wie eingetrübt. Dies gilt besonders für seine Rezeption in Deutschland. Infolgedessen bleibt S.' Erscheinungsbild unscharf; wurde es doch stilisiert zu dem eines tragisch umwitterten, starrköpfig-eigensinnigen Exoten aus nordischer Landschaft. Diesem Klischee fügt sich, wo es hinpaßt, die Erinnerung an, daß S. sich während der nationalsozialistischen Herrschaftszeit einer zweifellos gesteuerten Beliebtheit von Staats wegen erfreute: Sein zu jener Zeit abgeschlossenes Lebenswerk war jeglicher Modernität unverdächtig und kam aufgrund seiner nordischen Verwurzelung dem der deutschen Kunst verordneten rassischen Reinheitsideal scheinbar entgegen.

Vermutlich als Reflex darauf wurde 1942 in Berlin eine Deutsche S.-Gesellschaft gegründet, welcher S. nicht widersprach (was er wohl auch nicht gekonnt hätte), die er vielmehr freudig begrüßte. Er hatte sich von Jugend auf Deutschland verbunden gefühlt und die – wenn auch auf bestimmte Interpreten eingeschränkte – Pflege seiner Musik in Deutschland dankbar verfolgt. Die S.-Gesellschaft löste sich bei Kriegsende jedoch sofort auf. Erst 1991 gründete sich eine neue Vereinigung, die J. S.-Gesellschaft Deutschland e. V. in München (Sitz ab 2003 in Bruchsal).

Eine offizielle S.-Rezeption in Deutschland wurde nach dem Zweiten Weltkrieg nicht leichter; sie ist bis heute eingeschränkt. Zwei weitere Gründe, dem Finnen gegenüber Distanz zu halten, kamen hinzu: das zu Zeiten tiefsitzende, inzwischen widerlegte Argument, nach Bruckner und Mahler hätten keine klassischen Sinfonien mehr komponiert werden können (was zur Diskriminierung derer führte, die es dennoch taten); zum anderen dürfe der Standard moderner musikalischer Ausdrucksarten (mit Atonalität und Dodekaphonie zur Zeit der Spätphase von S.) nicht unterlaufen werden. S.' Verwurzelung im nationalfinnischen Mythos wurde nicht akzeptiert, sondern – im supranationalen Sinn, der für die Musikbetrachtung nach 1945 verbindlich wurde – gegen S. verwendet.

Obwohl diese seinerzeitigen Festlegungen obsolet geworden sind, haftet S. in der Nachwirkung trotzdem weiterhin der Verdacht von Regressivität, ja Subversität gegenüber der Moderne an. Gerechterweise muß eingeräumt werden, daß S. selbst keinen Zweifel an seiner Abneigung gegenüber progressiven musikalischen Entwicklungen in den zwanziger Jahren gelassen hat.

Will man S. und seiner Musik unvoreingenommen begegnen, so müssen Herkunft und Lebensweg vor dem Hintergrund nationalistischer Implikationen berücksichtigt werden. S. wuchs schwedischsprachig in der kleinen südfinnischen Stadt Hämeenlinna auf. Als Elfjähriger besuchte er erstmals eine finnischsprachige Schule, beherrschte diese Sprache jedoch erst einige Jahre später fließend. Musikalische Talente des Kindes wurden von der Mutter unterstützt. Der Vater, ein Arzt, war an den Folgen einer Epidemie gestorben, als das Kind zwei Jahre alt war. Mit 14 Jahren erhielt S. Violinunterricht. Ein kurzes Jurastudium ab 1885 brach er zugunsten eines systematischen Violin- und Kompositionsstudiums ab. Sein Mentor wurde der finnische Komponist Martin Wegelius. Außerdem schloß er sich dem ein Jahr jüngeren Busoni an, der als Dozent an der Musikschule in Helsinki unterrichtete.

S.' Versuche, prominente Lehrer im Ausland zu finden, waren nicht eindeutig erfolgreich. Weder gelang ihm eine Verbindung zu Rimskij-Korsakov in St. Petersburg noch zu Brahms in Wien. Er landete stattdessen bei dem tüchtigen Kontrapunktlehrer Albert Becker in Berlin sowie bei Karl Goldmark und Robert Fuchs in Wien. Frühe Kompositionsarbeiten betrafen Kammermusik (drei *Streichquartette*, 1885–90). Der Orchestertechnik näherte er sich Anfang der neunziger Jahre, nach einem zweijährigen Auslandsaufenthalt. Diese Annäherung an ein bisher von ihm nicht genutztes Gebiet vollzog S. allerdings bemerkenswert professionell. Noch während seiner Schulzeit hatte er das finnische Nationalepos, die »Kalevala«, kennengelernt. 1892 heiratete er in die strikt nationalistisch gesinnte Familie Järnefelt ein. Beides zusammen motivierte ihn, sich dem nationalfinnischen Gedankengut zu verbinden. So entstanden zahlreiche finnländisch-programmatisch geprägte Orchesterwerke: die *Kullervo-Sinfonie* op. 7 (nach der *Kalevala*, mit Solostimmen und Chor; 1892), die Sinfonische Dichtung *En saga* op. 9 (1892), die *Karelia-Ouvertüre* op. 10 (1893), die *Karelia-Suite* op. 11 (1895) und die viersätzige, nach S.' Brauch später vielfach revidierte, *Lemminkäinen-Suite* op. 22

Diese auch im Nachklang an Grieg am ehesten als nationalromantisch zu bezeichnenden Kompositionen festigten S.' Ruf als herausragender Komponist Finnlands, so daß ihm schon 1897 eine Staatspension zuerkannt wurde, die man später in eine lebenslange Pension umwandelte. Für Genre, Stil und das musikalische Handwerk von S. klärte sich in den neunziger Jahren Wesentliches. Zunächst war er auch der Oper zugeneigt gewesen (bestärkt durch einen Bayreuth-Besuch 1894). Aber der Einakter *Das Mädchen im Turm* von 1896 blieb der einzige Opernversuch, dessen spätere Aufführungen S. ebenso ablehnte wie neue ihm vorgelegte Libretti. Ein Werk wie *Kullervo* oder *Lemminkäinen* stellte dann die Weichen in Richtung Sinfonik, und in der Tat konzentriert sich die ab jetzt wesentliche musikalische Aussage von S. auf Orchestermusik sinfonischen Charakters, zu der bedeutende Schauspielmusiken wie die zu Arvid Järnefelts »Kuolema« op. 44 (1903), Maurice Maeterlincks »Pelléas et Mélisande« op. 46 (1905), August Strindbergs »Schwanenweiß« op. 54 (1908), Shakespeares »Sturm« op. 109 (1925) sowie die Pantomime *Scaramouche* op. 71 (1913) hinzugezählt werden dürfen.

S.' Kompositionen für Violine, das gegenüber dem Klavier von ihm favorisierte Instrument, sind, mit Ausnahme des *Violinkonzerts* op. 47 (1904–05), trotz schöner Einzelzüge nachgeordneten Ranges. Bei den etwa hundert Sololiedern litt die internationale Rezeption unter der Unverständlichkeit der skandinavischen Texte für eine mitteleuropäische Hörerschaft und unter dem qualitativ meist deutlich abfallenden Klavierpart. Daß S. trotz seiner Reserviertheit gegenüber dem Klavier für das Instrument nicht wenig komponiert hat, hat seinen Grund vor allem in dem Umstand, daß er aus finanziellen Gründen den Bestand an Hausmusik anreichern wollte.

S.' Stärke lag im sinfonischen Komponieren, kulminierend in den sieben Sinfonien und einigen Sinfonischen Dichtungen, vor allem dem Spätwerk *Tapiola* op. 112 (1926). Diese Opera füllen ihrer Entstehung nach den Zeitraum von 1899 bis 1926. Danach sind verstreute Lieder, Chöre und Klavierstücke sporadisch bis Ende der dreißiger Jahre nachweisbar. Eine *Achte Sinfonie* war angeblich 1929 vollendet, ihr Manuskript wurde jedoch nie gefunden und gilt als von S. vernichtet.

Charakteristisch für S.' Sinfonien sind die von Werk zu Werk wechselnde Formbildung (von der Anzahl der Sätze bis zur inneren Struktur), die eigenwillige Rhythmik und vor allem die an finnischer Volksmusik (Runengesänge) orientierte, diese aber nie unmittelbar zitierende höchst originäre Klangsprache. Die *Erste Sinfonie e-moll* op. 39 (1899) und die *Zweite Sinfonie D-dur* op. 43 (mit leichten Čajkovskij-Einschlägen; 1901–02) gelten noch als dem nationalromantischen Bereich zugehörig, dabei genießt die *Zweite* von den sieben die bis heute anhaltende höchste Publikumszustimmung. Dennoch läßt sich die Behauptung, es handele sich bei beiden Stücken noch um verkappte Programmusik, nicht halten. Nach der klassizistischen *Dritten Sinfonie C-dur* op. 52 (1907) folgte 1911 die *Vierte Sinfonie a-moll* op. 63 als ein nahezu autobiographischer Zustandsbericht. S. hat trotz seines Ausnahmestatus als gefeierter Nationalkomponist über Jahrzehnte weder sorgenfrei noch problemlos gelebt. Da er seit seinen Studententagen den Aufwand liebte, begleiteten ihn Geldnöte, die enorme Schuldenlasten zur Folge hatten. Außerdem litt er unter akuten Alkoholproblemen mit zeitweiligen Folgeerscheinungen (so daß sein erreichtes Lebensalter von fast 92 Jahren wie ein Wunder anmutet), und gerade um 1910 herum bestand bei ihm Verdacht auf Kehlkopfkrebs. Operationen in Helsinki und Berlin behoben die Gefahr, zwangen S. jedoch über Jahre zum Verzicht auf Alkohol und den reichlichen Zigarrenkonsum. Die bestürzend rauhe Klangsprache der *Vierten Sinfonie* bis an die Grenze zur Tonalitätslösung (verstärkter Einsatz des Tritonus), die kantig gestalteten Themen, schneidend abrupte Abschlüsse (zweiter Satz), die scheinbare Verbindungslosigkeit der Strukturen im Verhältnis zueinander scheinen S.' psychische Bedrängungen zu spiegeln und haben das Werk darüber zu einem Ausnahmeopus innerhalb der nachromantischen Sinfonieliteratur werden lassen. Die Besonderheit der *Fünften Sinfonie Es-dur* op. 82 (1915/1916/1919) liegt deshalb nicht im Inhaltlichen, sondern in der Physiognomie: S. gab ihr nach zwei Revisionen eine einsätzige Gestalt, in die vier musikalisch-charakterlich distinkte Teile integriert sind Auf die feinsinnige *Sechste* op. 104 (1923), die man vielleicht am ehesten als introvertiert und stimmungsvoll gezeichnet beschreiben könnte (und die wohl aus diesem Grunde unterschätzt wird), folgt 1924 die einsätzig konzipierte *Siebte Sinfonie C-dur* op. 105, die mit dem Tonpoem *Tapiola* op. 112 eine inhaltliche Einheit zu bilden scheint. Beide Stücke inkarnieren den Inbegriff von skandinavischer Musik, freilich nicht einer Musik für, sondern aus Skandinavien. Gleichzeitig sind sie ein gültiger Beitrag zur Weltsinfonik, wie er in seiner Originalität nicht eben häufig als ein legitimes Zeugnis für selbständiges und vorbildloses Komponieren evident wird. Beide Werke kennzeichnen neben anderen S. als gültigen Vertreter einer übernationalen sinfonischen Musik von höchst eigenständiger Bedeutung.

Noten: Breitkopf & Härtel (Lpz.); Hansen (Kopenhagen); Lienau (Bln.).
Literatur: DOWNES, O.: S., Helsinki 1945. RINGBOM, N.-E.: S., Stockholm 1950; dt. Ölten 1950. TANZ-BERGER, E.: J. S. Wiesbaden 1962. TWASTSTJERNA, E.: J. S., 5 Bde., Helsinki 1965–88; engl. Ldn. 1976 ff. [mit WV und Bibl.]. LAYTON, R.: S., Ldn. 1965; rev. ²1978. DERS.: The World of S., Ldn. 1970. JACKSON, T. L.: S. studies, Cambridge 2001. GÜLKE, P.: Der Zuspruch der Schwäne. Über die Fünfte Sinfonie von J. S. *in* DERS.: Die Sprache der Musik, Stg. und Kassel 2001, 391–404. GLEISSNER, M.: Der unpolitische Komponist als Politikum. Die Rezeption von J. S. im NS-Staat, Ffm. 2002.

Hanspeter Krellmann

Skalkottas, Nikos

Geb. 21. 3. 1904 in Chalkis, Insel Evia (Griechenland); gest. 20. 9. 1949 in Athen

Gestorben ist Sk. in völliger Einsamkeit an einem nicht beachteten Leistenbruch; er war auch in seiner Heimat isoliert, denn in der damals herrschenden nationalistisch-folkloristischen kulturellen Atmosphäre konnte er als von der Avantgarde der zwanziger Jahre geprägter Musiker keinerlei Resonanz finden. Nach seinem Tode entdeckten eben diese national gesonnenen Bekannten in seinem Nachlaß die *36 Griechischen Tänze* und glaubten nun endlich doch den ihrer Meinung nach ›richtigen‹ Sk. gefunden zu haben – doch als sie nach den Originalen fahndeten, die diesen Tänzen hätten zugrundeliegen sollen, gab es sie nicht: Sk. hatte Geist und Klang der Folklore sublimiert, alles war seine eigene Erfindung, ähnlich wie bei Bartók in Ungarn.

Sk. erwies sich in seiner Jugend zunächst als ein ungewöhnlich begabter Geiger. Ein Stipendium ermöglichte die Fortsetzung des Studiums in Deutschland, wo er ab 1921 bei Willi Hess in Berlin seine Ausbildung vervollkommnete. Zur Enttäuschung des begeisterten Lehrers erklärte er aber schon nach wenigen Jahren, nichts anderes als Komponist werden zu wollen. Paul Juon, Philipp Jarnach, kurz auch Weill, vor allem aber Schönberg in den Jahren 1927–31 waren seine Lehrer. Sk. schloß sich den Idealen der Neuen Sachlichkeit an, schrieb komprimierte, formal dichte, neoklassizistische Werke und seit dem Antritt bei Schönberg auch in einer eigenen, zunehmend verfeinerten und gleichzeitig ›befreiten‹ Form der Dodekaphonie: Er verwendete häufig mehrere Reihen gleichzeitig, deren motivische Segmente Übereinstimmungen aufweisen konnten. Eine *Sonatine* sowie *15 kleine Variationen* für Klavier (1927) stehen für diese erste reife Phase.

Aus wirtschaftlichen wie auch politischen Gründen mußte Sk. 1933 Deutschland verlassen und ging nach Athen zurück, wo er als Broterwerb in einem Sinfonieorchester als Geiger wirkte und in der freien Zeit nahezu ununterbrochen komponierte. Zu den wesentlichen Werken in der eigenen Adaption der Zwölftontechnik zählen drei *Klavierkonzerte* (1931, 1937–38, 1938–39), ein melodiebetontes *Violinkonzert* (1938), vier *Streichquartette* (1928, 1929, 1935, 1940), der ausladende Zyklus der 32 *Klavierstücke* (1940–41) und die *Zehn Skizzen* für Streichquartett oder Streichorchester (1940).

Mit den erwähnten *36 Griechischen Tänzen* (1931–36, Fassungen für Streicher, Kammerorchester oder großes Orchester) beginnt eine sich zum Lebensende hin verstärkende Phase tonalen Komponierens, keine ›Wende‹, sondern eine Erweiterung des Materialstandes, ohne daß die entwickelte Verfahrensweise geändert würde. Der Versuch, doch noch ein Publikum zu finden, hat dabei auch eine Rolle gespielt, aber Sk. blieb sich doch selbst treu, wie einige in der Erfindung, der farbigen Orchestration und der Souveränität der dramaturgischen Entfaltung herausragende Werke beweisen: Dazu gehört als bekannteres Werk die *Kleine Suite* für Streicher (1942), die in 17-stimmigem Kontrapunkt beginnt, aber mit einer langgezogenen einstimmigen Kantilene endet; dann ein virtuoses *Kontrabaßkonzert* (1942) und die halbstündige *Sinfonische Ouvertüre »Die Heimkehr des Odysseus«* (1942–43), sein gleichermaßen konzentriertestes wie fantasievollstes Orchesterwerk.

Sk. konnte aus den genannten Gründen in Griechenland keine ›Schule‹ begründen, das taten Manolis Kalomiris und auf andere, triviale Weise Mikis Theodorakis, denen Sk. gleichwohl in Substanz, Originalität, innovativer Kraft und der künstlerischen Sublimierung folkloristischen Materials weit voraus war. Sk. teilt mit vielen aus Deutschland vertriebenen Künstlern die Tragik des Vergessenseins und harrt der Wiederentdeckung, auch wenn Interpreten wie der Pianist Geoffrey D. Madge oder der Dirigent Miltiadis Caridis sich immer wieder für seine Musik eingesetzt haben. Der Zustand der Aufarbeitung seines Nachlasses ist beklagenswert schlecht, besonders in Deutschland, wo er immerhin zwölf entscheidende Jahre seines Lebens verbrachte; Schönbergs Ausspruch kurz vor seinem Tode, von seinen Schülern seien nur fünf wirkliche Komponisten geworden, nämlich Webern, Berg, Eisler, Zillig und eben Sk., sollte hinsichtlich des zuletzt Genannten endlich ernst genommen werden.

Noten: Universal Edition (Wien); Sk. Society (Athen).

Werkverzeichnis: Sk.-Archiv, Athen.

Literatur: MANTZOURANI, E.: N. Sk. A Biographical Study and an Investigation of his Twelve-Note Compositional Processes, Diss. Ldn. 1999 (Microfilm Edition). JAKLITSCH, N.-M.: Zwischen Nationalschule und Moderne. Die Komponisten Kalomiris und Sk. als Repräsentanten der Entwicklung der griechischen Kunstmusik, Diss. Wien 2000. ALSMEIER, J.: Komponieren mit Tönen. N. Sk. und Schönbergs »Komposition mit zwölf Tönen«, Saarbrücken 2001.

Hartmut Lück

Skrjabin, Aleksandr Nikolaevič

Geb. 25. 12. 1871 (6. 1. 1872) in Moskau; gest. 14. (27.) 4. 1915 in Moskau

Skr.s kompositorische Entwicklung ist von einer außerordentlichen Dynamik bestimmt. Zwischen seinen frühen und späten Werken (entstanden in einer Zeitspanne von drei Jahrzehnten) tun sich völlig verschiedene, scheinbar beziehungslose Klangwelten auf. Gleichwohl ist Skr.s Entwicklung nicht durch sprunghafte Änderungen der Mittel oder Stile (wie bei Stravinsky) charakterisiert. Im Gegenteil: sein Œuvre stellt sich als erstaunlich geschlossen dar, als ein ebenso konsequentes wie organisches Fortschreiten.

Skr. verband die Tätigkeit des Komponisten mit der des konzertierenden Pianisten. Hieraus erklärt sich, daß die Klaviermusik innerhalb des Œuvre sowohl quantitativ als auch hinsichtlich der schöpferischen Impulse den Schwerpunkt bildet. Dabei stehen einer Vielzahl von kleineren Kompositionen, die den Chopinschen Klaviergenres verpflichtet sind (Préludes, Etüden, Mazurken u. a.), zehn Klaviersonaten (1892–1913) gegenüber. Die kleinen Formen und die Sonaten (die sich gleichmäßig auf alle Schaffensphasen verteilen) sind ästhetisch gleichwertig und ergänzen sich: Das, was in der Kleinform des Prélude an neuen Klangvorstellungen erprobt wird, muß seine Tragfähigkeit in der Großform der Sonate unter Beweis stellen. Skr. ist in erster Linie ein Klavierkomponist, jedoch nicht ausschließlich: In der mittleren Schaffensperiode (vom Ende des Jahrhunderts bis 1909–10) widmet er sich vorrangig dem Orchester (es entstehen mit dem *Poème de l'Extase*, 1905–07, und dem *Prométhée*, 1909–10, seine beiden Hauptwerke).

Skr.s Œuvre trägt keinen spezifisch russischen Charakter. Die national-folkloristische St. Petersburger Schule war ihm völlig fremd. Von der westlich orientierten Moskauer Schule (dort hatte er studiert) bezog er zwar gewisse Anregungen (zumal von der Musik Čajkovskijs), doch wirklich prägende Einflüsse empfing Skr. durch das Schaffen Chopins.

Dem Lyrismus und der Klangsensibilität Chopins folgend, stehen weitgespannte und ornamental geschwungene Kantilenen im Mittelpunkt von Skr.s Musik. Die Kantilene ist dabei stets von großer Klangpracht umhüllt: durch weite Figurationen und Arpeggio-Bewegungen, die sämtliche Register einbeziehen. In die Klangbewegung integriert sind oftmals untergeordnete Stimmen, die eine latente Polyphonie hervorrufen. Enge Klänge in den hohen und mittleren Registern werden gemieden, das Klangbild strebt nach Weite und Durchsichtigkeit. Der häufig improvisatorische Gestus ist stets in die formale Disziplin eingebunden, teils in strenge Taktproportionen. Die Aussage ist knapp, bisweilen aphoristisch; gleichwohl vermag Skr. die unscheinbarste Miniatur mit innerer Spannung zu erfüllen. Gegenüber Chopin wird die Bandbreite der Dynamik und Agogik erweitert, die musikalische Dramaturgie steuert zielstrebiger und intensiver auf Höhepunkte zu. Die thematischen Gebilde sind zumeist kurz und im Ausdruck drängend und aufwärtsstrebend. Zu ihrer Prägnanz tragen entscheidend rhythmische Impulse bzw. Akzente bei. Frühzeitig zeigen sich Komplizierungen in der Rhythmik: reiche Synkopenbildungen, Polyrhythmik (z. B. 3 gegen 5), häufig mit zusätzlichen Punktierungen innerhalb der Tongruppen. Auffällig ist Skr.s Neigung, einen »Kampf zwischen Metrum und Rhythmus« zu entfachen (Skr. laut Sabaneev, 147), d. h. Phrasen gegen den Takt zu setzen. Die genannten Merkmale beschränken sich nicht auf Skr.s frühe Klavierwerke, sondern besitzen als Elemente des Personalstils Prägekraft für die weitere kompositorische Entwicklung (die sich im wesentlichen im Bereich der Harmonik abspielt). Unter den Kompositionen der frühen Jahre sei die Sammlung der *24 Préludes* op. 11 (1888–96) hervorgehoben, ein Werk, das (in Anlehnung an die »Préludes« op. 28 von Chopin) das gesamte Spektrum der frühen Skr.schen Kompositionskunst entfaltet.

In den späten neunziger Jahren zeichnet sich in mehrfacher Hinsicht eine Neuorientierung in Skr.s Schaffen ab (Beginn der mittleren Schaffensperiode): 1. wendet sich Skr. dem Orchester zu, 2. treten programmatische Tendenzen hervor, und 3. zeigen sich neue musikalische Vorbilder (Liszt und Wagner).

Hatte Skr. sich zunächst auf das Klavier beschränkt, so ließ offenbar die Arbeit am *Konzert fis-moll* für Klavier und Orchester op. 20 (1897) in ihm den Wunsch aufkommen, seine weitreichenden, das Instrument übersteigenden Klangvorstellungen im Orchester zu erproben, verbunden mit dem Ehrgeiz, an der symphonischen Tradition teilzuhaben. So entstanden ab 1899 (parallel zu weiteren Klavierkompositionen) fünf große Orchesterwerke: drei *Symphonien* (*E-dur* op. 26 mit Vokalsolisten und Chor im Schlußsatz, 1899–1900; *c-moll* op. 29, 1901; *c-moll* op. 43, 1903–04), das *Poème de l'Extase* (1905–07) und schließlich der *Prométhée* (*Le Poème du Feu*, 1909–10) mit solistischem Klavier und Vokalensemble. Dem verbreiteten Verdacht, der Klavierkomponist Skr. sei ein unbeholfener Instrumentator, ist entgegenzutreten; an seinen Partituren, zumal den späteren, wird er sich nicht belegen lassen. In der Behandlung des Orchesters sind zunächst (kaum vermeidbare) Einflüsse Wagners und Debussys zu spüren, die dann aber zunehmend hinter der Originalität der Skr.schen Klangphantasie zurücktreten. Ein grundsätzliches Problem der drei Symphonien liegt in ihren zu stark gewichteten und zu äußerlich geratenen Schlußapotheosen. Während die *Erste Symphonie* mit ihrem an Beethovens »Neunter Symphonie« erinnernden Schlußsatz Vergleiche herausfordert, denen sie nicht standhält, löst Skr. das Finalproblem in der *Zweiten Symphonie* zwar allein unter Aufbietung instrumentaler Mittel, dies freilich in übermäßig plakativer Weise. Als die vergleichsweise überzeugendste erscheint die *Dritte Symphonie* aufgrund verdichteter thematischer Beziehungen, der Verkoppelung der (drei) Sätze zu einer großformalen Einheit und nicht zuletzt auch aufgrund der gesättigteren ›wagnerischen‹ Harmonik, der sich Skr. in diesem Werk bedient. Am Konzept der Schlußapotheose hält Skr. in den symphonischen Werken fest; mit der Fähigkeit ihrer zunehmend geschickteren Inszenierung vermag er im *Prométhée* schließlich ihr Gelingen zu suggerieren.

Insofern Skr.s weltanschauliche und philosophische Orientierungen in die Werktitel und in den Notentext eingehen (letzteres mit der offenkundigen Absicht einer unmittelbaren musikalischen Deutung), stellen sie mehr als eine bloß äußere Zutat zur Musik dar und sind deshalb näher zu betrachten. Skr.s Denken unterliegt einer Fülle von teilweise eng verflochtenen, zugleich aber recht unterschiedlichen Einflüssen. Im einzelnen zu erkennen sind: Denkmotive der russischen Religions-Philosophie Vladimir Solov'ëvs und seiner Nachfolger (Streben nach »All-Einheit«, Glaube an eine verändernde Kraft der Kunst), Ideologeme Friedrich Nietzsches (Bild vom »Künstlermenschen«, Verherrlichung des Lebens und der Natur); Elemente der Theosophie Helena Blavatskys (okkultistisches Synthese- und Welterlösungs-Denken). Daß Skr. sich diese Denkrichtungen aneignen konnte, ohne auf prinzipielle Widersprüche zu stoßen, erweist ihn als eher intuitiven denn systematischen Denker. Von einer ›Philosophie‹ Skr.s, die diesen Namen verdiente, kann nicht die Rede sein; es handelt sich um ein Konglomerat modischer Denkströmungen des russischen Symbolismus der Jahrhundertwende.

Skr.s »Tondichtungen« stehen in der Tradition der Programmusik des 19. Jahrhunderts. Seine Bezeichnung »Poème« ist indes wenig spezifisch: Sie bezieht sich sowohl auf die ausgedehnte symphonische Konzeption der *Dritten Symphonie* (im Untertitel *Le Divin Poème* genannt) als auch auf das lyrische Klavierstück mit einem mehr oder minder ausgeprägten Themengegensatz (im Unterschied zur Kleinform des *Prélude*) und schließlich auch auf die (fünfte) Klaviersonate. In der Musik kristallisiert sich das Programmatische bevorzugt in der Darstellung stark gegensätzlicher psychischer Verfassungen bzw. Affekte (Freude-Entsetzen, Zorn-Verzückung), Naturerscheinungen (Licht, Feuer; vgl. *Poème du Feu*) und antagonistischen Sphären (Böses-Gutes). Bei den nach der Jahrhundertwende entstandenen Werken drängt sich ausnahmslos Programmatisches auf; im engeren Sinne aber sind nur diejenigen Werke programmatisch zu nennen, denen Skr. entweder (eigene) Ausführungen (in Gedichtform) zur Seite (bzw. voran-) stellt oder aber – und dies ist ungewöhnlich und neu – Erläuterungen im Notentext beigibt.

Zeigte sich in der *Dritten Symphonie* das Programmatische als Kampf gegen die Anfechtungen des Schöpfertums – als ein Ringen, das in der Unbeschwertheit des »göttlichen Spiels« endet (Schlußsatz: »Jeu Divin«), so ist im *Poème de l'Extase* die Qualität des zu erreichenden Idealzustands noch ungleich höher gesteckt: als kosmische Entgrenzung des zu Freiheit und Selbstbestimmung sich aufschwingenden Künstler-Ichs.

Die Thematisierung des Künstlers und seines Schaffensprozesses stellt in der Kunst nichts Außergewöhnliches dar; bei Skr. jedoch reduziert sich das Thema im *Poème de l'Extase* auf die Figur des Künstlers, ohne daß dabei – in Form eines Spannungsverhältnisses – die ihn umtreibenden Probleme, d. h. die Inhalte und Objekte seiner schöpferischen Anstrengungen, einbezogen wurden. Das Programmatische ist somit verengt auf die Beschäftigung des Künstlers mit sich selbst; und in Ausklammerung jedes darüber hinausgehenden Sinns oder Inhalts ist es dem Verdacht ausgesetzt, allein die permanente Selbstreferenz des Schöpfers zum Gegenstand zu haben.

Im *Prométhée* ist das Programmatische ins Abstraktere gewendet, stützt sich nicht auf eigene poetische Ausführungen (Skr.s), sondern rekurriert auf den (tendenziell offenen) antiken Prometheus-Mythos. Damit ist indes keine Abkehr vom Konzept des ästhetischen Subjektivismus bezeichnet, sondern bloß eine Variante seiner Darbietung: Gegenstand im *Prométhée* bleibt unverändert die Befreiung und der Sieg der schöpferischen Kräfte, allein die musikalische Ausdeutung nimmt ihren Ausgang von allgemeineren, dem antiken Mythos entlehnten Bildern (Kraft, Feuer, Licht).

In der dem *Prométhée* vorangehenden Musik der Jahre 1907 bis 1910 vollziehen sich weitreichende Änderungen: Die Melodik erhält durch ungewohnte Intervalle und Brechungen etwas oftmals Kapriziöses. Die Harmonik nimmt an Schärfe zu. Sept- und Nonakkorde mit alterierten Tönen (bevorzugt der Quinte) beherrschen das Klanggeschehen. Mit der allmählichen Auflösung der Dur-Moll-Tonalität (Verschleierung und Aussparung von Kadenzschritten) einschließlich der Schwächung ihrer formkonstitutiven Prinzipien wird die große zyklische Form immer fragwürdiger; und so reduziert Skr. konsequent mit dem *Poème de l'Extase* und der *Fünften Klaviersonate* den Sonatenzyklus auf den solitären Sonatensatz. Damit ist allerdings das Problem der Form nicht gelöst, denn die neuartigen harmonischen Strukturen bringen aus sich keine formbildenden Kräfte hervor. Und so werden im weiteren die äußeren Koordinaten des Sonatensatzes befolgt, ohne daß sich dabei in der Musik noch etwas spezifisch Sonatenmäßiges ereignete. Die späten *Klaviersonaten Nr. 6 bis 10* nähern sich dadurch der Gattung des Poème an, werden ihm in Gehalt und Dimension ähnlich.

Sind das *Poème de l'Extase* und der *Prométhée*, die beiden zentralen Werke Skr.s, einander verwandt in der formalen Konzentration, der leitmotivischen Technik der symphonischen Entwicklung und hinsichtlich der differenzierten, immer auf Transparenz zielenden Nutzung des (stark vergrößerten) Orchesterapparats, so ist gleichwohl mit dem *Prométhée* eine qualitativ neue Stufe der musikalischen Sprache erreicht (späte Schaffensperiode). Im *Prométhée* findet nämlich die Harmonik, die stets den Angelpunkt der kompositorischen Entwicklung bildete, zu einem ebenso konsequenten wie (für Skr.) zukunftsweisenden Abschluß. Aus den klanggeschärften Akkorden der mittleren Periode kristallisiert sich ein sechstöniger, in Quarten (teils verminderter und übermäßiger) geschichteter Akkord (c-fis-b-e^1-a^1-d^2), der von nun an zum Beziehungszentrum des Komponierens wird. Der Akkord ist das Resultat einer komplizierten harmonischen Entwicklung und nicht, wie bisweilen behauptet, aus der Reihe der Obertöne (8–11, 13, 14) abgeleitet. Jenseits von Konsonanz und Dissonanz stehend, d. h. keiner Auflösung bedürfend, erfährt dieser Akkord, auch »Prometheus«-Akkord genannt, zunächst allein Abwandlungen durch Transpositionen und Umkehrungen sowie durch sein vollständiges oder unvollständiges Erscheinen. Die Melodie und die Harmonie treten unter diesen Voraussetzungen in eine neue Beziehung: Aus dem Akkord abgeleitet, erscheinen beide als »zwei Seiten des gleichen Prinzips« (Skr. laut Sabaneev, 47). Die wenn auch variierte Wiederkehr des immer gleichen Akkords führte indes bald zu eintönigen Wirkungen, nivellierte den ursprünglichen Klangreiz.

Vor dem Hintergrund dieser Problematik weisen die nach dem *Prométhée* entstandenen Werke – ausschließlich Klavierkompositionen (opp. 61–74; 1911–1914) – vielfältige Versuche auf, den Akkord durch Abwandlungen (durch »alterierte« und durch frei hinzugefügte Töne) flexibler zu handhaben. Als Kompositionsgrundlage ist Skr. dem Akkord – entgegen anderslautenden Einschätzungen – bis zuletzt treu geblieben; auch dort, wo er ihn scheinbar aufgibt, läßt sich seine freie, transzendierende Anwendung nachweisen.

Noch im *Prométhée* zeigte sich die Absicht, über die Musik hinauszugehen in Richtung eines Gesamtkunstwerks. So sollte die musikalische Aufführung des *Prométhée* durch Farbenspiele (einzelnen Tönen ordnete Skr. Farben zu) bereichert werden. In der Partitur ist zu diesem Zweck eine besondere (Farb-) Lichtstimme notiert (*Luce*), auszuführen von einem speziell dafür vorgesehenen Instrument, dem sogenannten Farbenklavier. Durch das Zusammenwirken von Musik und Farbe öffnete sich der Weg zu noch größeren Projekten, wie die 1913 begonnene Arbeit am *Acte préalable* (Vorbereitende Handlung) zeigt, einer ins Multimediale vorausweisenden »Komposition«. Skr.s Vorstellung zufolge sollte der *Acte préalable* in eine die Menschheit erlösende kultische Handlung eingehen, das sogenannte *Mystère* (»Mysterium«). Dieses ebenso kühne wie phantastische Projekt weiterzuverfolgen war Skr. nicht vergönnt; die Komposition des *Acte* verblieb im Skizzen-Stadium.

Eine nachhaltige kompositorische Wirkung hat Skr.s Schaffen nur in Rußland entfaltet (bis Ende der zwanziger Jahre); der bedeutendste kompositorische Nachfolger ist Roslavec, der mit seiner Technik des ›Synthetakkords‹ in origineller Weise an Skr.s Spätwerk anknüpft.

Noten: A. N. SKR., Gesamtausg. der Klavierwerke, 3 Bde., red. von K. IGUMNOV (Bde. 1 und 2) und L. OBORIN (Bd. 3), Moskau 1947–1953.

Dokumente: A. SKR., Prometheische Phantasien, übers. und eingeleitet von O. VON RIESEMANN, Stg. 1924. A. SKR., Briefe, hrsg. von CHR. HELLMUNDT, Lpz. 1988.

Literatur: SABANEEV, L.: Vospominanija o Skrjabine [Erinnerungen an Skr.], Moskau 1925. DAHLHAUS, C.: Struktur und Expression bei A. Skr. *in* Schönberg und andere, Mainz 1978, 227–233. A. Skr., hrsg. von O. KOLLERITSCH, Graz 1980. BELSA, I.: A. N. Skr., Berlin 1982. SCHIBLI, S.: A. Skr. und seine Musik, Mn. 1983. RUBCOVA, V.: A. N. Skr., Moskau 1989 [mit WV und bislang umfangreichster Bibl.]. A. Skr. und die Skriabinisten, Mn. 1983, (MK, 32–33); ²1989. ROBERTS, P. D.: Modernism in Russian piano music, 2 Bde., Bloomington 1993. BOWERS, F.: S. A Biography, (¹1969) N. Y. und Dover ²1996.

Andreas Wehrmeyer

Smetana, Bedřich

Geb. 2. 3. 1824 in Litomyšl (Böhmen); gest. 12. 5. 1884 in Prag

Sm., Sohn eines Brauerei- und Großgutpächters, zeigte schon sehr früh eine außerordentliche musikalische Begabung und spielte mit sechs Jahren öffentlich Klavier. Musik lernte er bei verschiedenen Lehrern und begann bald selbst zu komponieren. In Prag vollendete Sm. sowohl das Gymnasialstudium als auch seine musikalische Ausbildung bei dem bekannten Musikpädagogen Josef Proksch und entschied sich definitiv für den Musikerberuf. Nach mißglückten Versuchen, als Klaviervirtuose und Komponist durchzudringen, wandte sich Sm. 1846 verzweifelt an Liszt in Weimar, der seine Kompositionen freundlich aufnahm, Sm. moralisch unterstützte und zeitlebens für ihn eintrat.

Die Niederlage der Revolution in Prag (1848), mit der Sm. sympathisierte, griff auch in sein Leben ein. Die folgende absolutistische Ära lähmte das gesamte öffentliche und künstlerische Leben. Sm. folgte einer günstigen Einladung nach Göteborg in Schweden (1856–1861), wo er dirigierte, Musik lehrte und – nach Liszts Vorbild – seine ersten Symphonischen Dichtungen *Richard III* op. 11 (1858), *Valadštýnuv tábor* op. 14 (»Wallensteins Lager«; 1859) und später noch *Hakon Jarl* op. 16 (1861) komponierte. Nach dem Fall des Absolutismus in den sechziger Jahren beteiligte sich Sm. vielseitig an dem aufblühenden Prager Kunstleben und gewann schließlich 1866 die ersehnte Kapellmeisterstelle am Interimstheater. Sm.s erste Oper Braniboři v Čechách (»Die Brandenburger in Böhmen«, Karel Sabina; Prag 1866) griff zwar auf einen Stoff aus der böhmischen Geschichte zurück, entsprach mit ihrer Anlehnung an französische, italienische und deutsche Vorbilder jedoch nicht dem damaligen Ideal eines national gesinnten Werkes. Um dem Vorwurf des Wagnerianismus entgegenzutreten, wählte Sm. dann ein Stück aus dem ländlichen Milieu, Prodaná nevěsta (»Die verkaufte Braut«, Karel Sabina; 1. Fassung mit Prosadialog Prag 1866; endgültige Fassung mit Rezitativen 1870), das erst nach mehreren Anläufen seine heutige Gestalt fand. Gerade die Tänze mit ihren fesselnden Rhythmen, die die Handlung grundieren, traten erst nach und nach hinzu. Die Geschichte eines verwaisten Bauernsohnes, der für ein Lösegeld seine Braut sich selbst verkauft, bietet nicht nur viele humorvolle, sondern auch drastische, die Tragikomik streifende Situationen, in denen Sm. seine einfallsreiche Musik entfaltete. Das ernste Geschehen um Jeník und Mařenka, das in Mařenkas Arie im dritten Akt die abgründige Verzweiflung streift, wird mit musikalischem und theatralischem Witz umrahmt von den Szenen Kecals, eines typischen ländlichen Besserwissers, des stotternden Vašek und des Prinzipals der Komödianten. Schon die schwungvolle, dreiteilige Ouvertüre läßt von Anfang an eine sich überstürzende Handlung erwarten, die in den eiligen, durchkomponierten Dialogen fortschreitet und sich zur überraschenden Lösung vollstreckt.

Nach dem durchschlagenden Erfolg der Verkauften Braut war Sm. als der führende nationale Opernkomponist etabliert. Mit dem folgenden Werk, der historischen Tragödie Dalibor (Josef Wenzig; Prag 1868) wandte er sich erneut der böhmischen Geschichte zu. Die kurze Orchestereinleitung mit dem Leitmotiv des Titelhelden geht gleich über in die Gerichtsszene. Die als Zeugin auftretende Schwester des von Dalibor getöteten Ritters verliebt sich in Dalibor, der ihre Zuneigung erwidert. Das von Tragik überschattete Liebesduett bringt mit großem melodischen Atem ganz neue, ernste Töne in Sm.s Musik. Gewiß besitzt die Oper manche damaligen zeitgebundenen Klischees sowie einige Wagnerianismen, die jedoch nicht ihre Eigenart ›belasten‹. Manche Verfechter der nationalen Richtung simplifizierten das Problem der nationalen Oper auf die Verwendung von Volksliedmelodien, die sie in Dalibor vermißten und warfen Sm. Abhängigkeit von fremden Vorbildern (Wagner vor allem) vor. Sm., von der andauernden ablehnenden Haltung gegenüber Dalibor tief betroffen, komponierte keine tragische Oper mehr. Sein nächstes Bühnenwerk, die historische Oper Libuše (Josef Wenzig; 1869–1872), ist ein festliches Singspiel. Ursprünglich als Festoper für die Krönung des österreichischen Kaisers Franz Joseph I. zum König von Böhmen vorgesehen, wurde es schließlich 1881 aus Anlaß der Eröffnung des Nationaltheaters in Prag uraufgeführt. Das mit seinen zahlreichen szenischen Tableaus an die grand opéra erinnernde Werk, das die tschechische Nation und ihre Geschichte verherrlicht, gipfelt in Libušes Vision der fest erleuchteten königlichen Burg in Prag. Die von Libuše in einem emphatischen Gesang in hoher Stimmlage geschilderten künftigen ruhmreichen Ereignisse werden in der Orchesterbegleitung leitmotivisch angedeutet. In der von Libuše ganz verschiedenen komischen Konversationsoper Dvě vdovy (»Zwei Witwen«, E. F. Züngel; Prag 1874, 2. Fassung 1878) zeigte Sm. wieder seine Vielseitigkeit. (Die mit ihrem Stand zuerst scheinbar unzufriedene Großgrundbesitzerin heiratet schließlich doch den Grundbesitzer aus der Nachbarschaft.) Die lebhaften, spritzig durchkomponierten Dialoge und der die ganze Oper durchdringende tänzerische Polkarhythmus nehmen schon manche, erst später von Strauss im »Rosenkavalier« zur vollen Blüte entwickelten Elemente des musikalischen Konversationstons vorweg. Einige Monate nach der erfolgreichen Premiere von Zwei Witwen erkrankte Sm. schwer, im Herbst 1874 ertaubte er völlig und mußte als Folge die Dirigententätigkeit ganz aufgeben. Wie bei Schumann führte die syphilitische Erkrankung schließlich zu schwersten gesundheitlichen Beeinträchtigungen und in den letzten Lebenswochen zur Einweisung in eine Prager Irrenanstalt, in der er starb.

Glücklicherweise blieben Sm.s schöpferische Kräfte zunächst unangetastet. Seine letzten vier Bühnenwerke – trotz des schweren Schicksals allesamt komische Opern – entstanden auf Libretti der ihm freundschaftlich verbundenen Schriftstellerin Eliška Krásnohorská. Den Anfang machte die volkstümliche Oper aus dem Dorfmilieu Hubička (»Der Kuß«; Prag 1876): Alter Sitte gemäß durfte eine Braut einem jungen, um sie werbenden Witwer den Kuß nicht vor der Trauung geben, da dies die Pietät gegenüber der verstorbenen Frau verbot.

Sm. integrierte in diese Oper gegen seinen sonstigen Brauch ein bekanntes Volkslied und verwies damit beinahe ostentativ auf die Nähe seines eigenen Melos zur volkstümlichen Überlieferung. Sm.s nächste komische Oper *Tajemství* (»Das Geheimnis«; Prag 1878) spielt in einem kleinen Städtchen. Das Moll-Leitmotiv in dem langsamen Fugato am Anfang der Ouvertüre symbolisiert mit der kirchenmusikalischen Wendung die geheimnisvolle Botschaft eines verstorbenen Klosterbruders. Die sogleich folgende Auflösung der Polyphonie im schnellen Tempo und in einer fröhlichen Dur-Modulation nimmt das glückliche Ende der Handlung vorweg. Sm. charakterisierte das schlichte Milieu mit einem einfachen Wallfahrtslied der Pilger, mit einer als volkstümliches Liebeslied stilisierten Arie und mit einem parodistischen Bänkellied über den Streit der Ratsherren, das zugleich auf die damalige böhmische Politik zielte. In der vorletzten, romantisch-komischen Oper *Čertova stěna* (»Die Teufelswand«; Prag 1882), einer Geschichte aus dem mittelalterlichen Rittermilieu über die Liebe des Landherren Rosenberg und Teufelsintrigen wandte sich Sm. von der nationalen Kompositionsrichtung ab. Die überraschenden harmonischen Wendungen und eine besondere Betonung der einzelnen Leitmotive im Orchester kennzeichnen die dramatischen Verwandlungen und mystischen Erscheinungen in der komplizierten Handlung. Auf die gleiche musikalische Art komponierte Sm. auch seine letzte, unvollendete Oper *Viola* (E. Krásnohorská, nach Shakespeares »Twelfth Night«; 1883–84).

Nach seinem erzwungenen Rückzug von der Direktion des Interimstheaters und der Übersiedlung nach Jabkenice (Ostböhmen) wandte sich Sm. 1874–1879 mit dem Zyklus Symphonischer Dichtungen *Má vlast* (»Mein Vaterland«) erneut der symphonischen Musik zu. Das eindrucksvolle Harfensolo mit dem zerlegten Es-dur-Akkord leitet die erste Symphonische Dichtung *Vyšehrad* und damit den ganzen Zyklus ein. Die folgenden Marschrhythmen rufen eine Vision der längst vergessenen Heldentaten hervor. In *Vltava* (»Die Moldau«) und *Z Českých luhů a hájů* (»Aus Böhmens Hain und Flur«) werden die Schönheiten der böhmischen Natur gepriesen. In *Moldau* kennzeichnen zwei Motive den quellenden und weiter fließenden Strom und die ihn umgebene Landschaft, die in einer Nachtidylle verschlummert und wieder von einer Bauernhochzeit belebt wird. Das pathetische Motiv von *Šárka* läßt das tragische Schicksal der legendären Amazonenkriegerin ahnen. Ein Marsch in den gedämpften Streichern deutet das Erscheinen der Ritter an. Ein Hornsignal eröffnet die vernichtende Schlacht. Der in beiden letzten Symphonischen Dichtungen *Tábor* und *Blaník* zitierte hussitische Choral, ein Symbol der stolzen nationalen Selbstdarstellung, schließt den ganzen Zyklus ab. Die großartige Synthese von eingängigen Melodien, Tänzen, Märschen, Nachtmusik, Hornsignal, Fugato, Choral zeigt die Eigenartigkeit von Sm.s symphonischer Musik und weist in ihrer bemerkenswerten Vielfalt schon auf die künftige motivische Mannigfaltigkeit der Symphonik Mahlers voraus.

Sm.s zahlreiche Klavierkompositionen (Charakterstücke, Polkas, Etüden, Böhmische Tänze u. a.) gehören fast alle der Zeit vor 1861, dem Jahr der endgültigen Niederlassung in Prag, an. Sie schöpfen, wie sein Werk insgesamt, aus den Sätzen der städtischen ›Kunst-Volksmusik‹ seiner Zeit. Wie Chopin – auf den er verwies – die Mazurka, hat Sm., der in seiner Jugend ein leidenschaftlicher Tänzer war, die Polka mit ihrem charakteristischen 2/4-Takt »idealisiert« (Brief an F. A. Urbánek, 2. März 1879) und damit auf eine höhere Ebene künstlerischer Reflexion gehoben. Das gilt insbesondere für die späten *České tance* (»Tschechische Tänze«; 1877–79) mit ihrer ausgefeilten musikalischen Individualität. Leider ist Sm.s tänzerisches Klavierwerk wegen seiner melodischen und rhythmischen Eigenständigkeit, seiner agogisch höchst nuancierten, in der einheimischen Tradition tief verankerten Vortragsweise bis heute kaum über die Grenzen Tschechiens hinausgedrungen.

Sm. komponierte nur wenig Kammermusik: ein *Klaviertrio g-moll* op. 15 (1858), ein Duo für Violine und Klavier *Z domoviny* (»Aus der Heimat«; 1878) sowie zwei *Streichquartette* (e-moll, 1876; d-moll, 1883). Im *Ersten Streichquartett »Z mého života«* (»Aus meinem Leben«) übertrug Sm. die Prinzipien der symphonischen Programmmusik auf die intimste und zugleich strengste Gattung der musikalischen Klassik. Die höchst originellen Melodien in den einzelnen Stimmen vermitteln leitmotivisch Sm.s private und künstlerische Erlebnisse. Anstatt des von Beethoven in das Streichquartett eingeführten Scherzosatzes benutzte Sm. im zweiten Satz eine Polka, mit der er an die vielen Tanzunterhaltungen in seiner Jugend erinnerte. Der Orgelpunkt auf der leeren E-Seite im dritten Satz kennzeichnet das schreckliche Moment des Gehörverlustes. Der Schlußsatz stellt

Sm.s eigene, mit dem Aufschwung des nationalen Lebens verknüpfte künstlerische und menschliche Katharsis dar. Die eigenartige Komposition hat später Janáček zu seinem gleichfalls autobiographischen 2. Streichquartett »Intime Briefe« (1928) angeregt.

Sm.s Wirkung hing unmittelbar mit dem Aufschwung der tschechischen Gesellschaft im 19. Jahrhundert zusammen: »Ich bin doch meinen Verdiensten und meinem Trachten nach ein *tschechischer Komponist* und der Schöpfer des *tschechische Stils* auf dem dramatischen und symphonischen Gebiet der – ausschließlich tschechischen – Musik« (Brief an seinen Schüler J. L. Procházka, 31. August 1882). Die Nachwelt hat diese Selbsteinschätzung nur zu bereitwillig aufgegriffen und Sm. – trotz Dvořák, Suk und Janáček – vielfach zum unübertroffenen Beispiel nationaler Kunst stilisiert. Dennoch beschränkt sich Sm.s Bedeutung keineswegs auf seine Heimat. Dank der Aneignung der modernen Musiksprache von Berlioz, Liszt und Wagner sowie der maßgeblichen Werke seiner älteren Zeitgenossen beherrschte Sm. eine geradezu virtuose Kompositionstechnik. In seinem originellen Idiom assimilierte er die für die tschechische städtische Folklore typischen melodischen Wendungen, klare Dur-Moll-Tonalität, formale Symmetrie und prägnante Tanzrhythmik. Eigentliche Volksmelodien zitierte er nur ausnahmsweise. Trotz der oft mangelhaften Libretti und der in seinen ersten Opern noch unvollkommenen Umsetzung der tschechischen Wortdeklamation vollendete Sm. die Idee der nationalen Oper in verschiedenen, in Wagners Sinne musikdramatisch verstandenen Genres der Gattung Oper. Inspiriert von Liszts Vorbild, schuf er eine eigenständige programmatische symphonische Musik, die es verstand, poetische Idee und musikalische Form miteinander zu verschmelzen. Eine individuelle musikalische Idiomatik kennzeichnet auch Sm.s Kammer- und Klavierkompositionen sowie die Chorwerke und Lieder. Die glückliche Synthese kompositorischer Reife und höchst origineller Einfallskraft machen die *Verkaufte Braut*, einige seiner Symphonischen Dichtungen und das *Streichquartett e-moll »Aus meinem Leben«* zu Höhepunkten der Musik in der zweiten Hälfte des 19. Jahrhunderts.

Noten: Gesamtausg., hrsg. von Zd. Nejedlý u. a., Prag 1924–36. Studijní vydání [Studienausg.], hrsg. Fr. Bartoš u. a., Prag 1940–77.

Dokumente: Sm. in Briefen und Erinnerungen, hrsg. von F. Bartoš, Prag 1954. Musikerbriefe: Sm., Dvořák, Janáček, hrsg. von A. Wagnerová, Mn. 2003.
Literatur: Nejedlý, Zd.: B. Sm., Prag 1924–33, 7 Bde., ²1950–54 [umfaßt nur den Zeitraum 1824–1843]. Helfert, Vl.: Die schöpferische Entwicklung B. Sm.s (tschechisch Prag 1925), Lpz. 1956. Clapham, J.: Sm., Ldn. und N.Y. 1972. Holzknecht, V.: B. Sm. Život a dílo, Prag 1984. Séquardtová, H.: B. Sm., Lpz. 1985. Large, B.: Sm., N.Y. 1985. Tyrell, J.: Czech Opera, Cambridge 1988. B. Sm. Report of the International Musicologial Conference Prag 1994, Prag 1995. Ottlová, M.: B. Sm. A jeho doba, Prag 1997. Mojzísova, O.: B. Sm. Doba, život, dílo, Prag 1998. Gülke, P.: Die widerwillig gut verkaufte Braut *in* Ders.: Die Sprache der Musik. Essays zur Musik von Bach bis Holliger, Stg. 2001, 127–136.

Jaroslav Bužga und
Uwe Schweikert

Šostakovič, Dmitrij Dmitrievič

Geb. 12. (25.) 9. 1906 in St Petersburg; gest. 9. 8. 1975 in Moskau

Schon frühzeitig galt Š. als herausragendes Talent der ›sowjetischen‹ Musik Der Geniestreich seiner im Mai 1926 uraufgeführten *Ersten Symphonie* op. 10 (1924–25) – der am Leningrader Konservatorium eingereichten Diplomarbeit – hatte den noch nicht Zwanzigjährigen in seiner Heimat schlagartig berühmt gemacht (und legte bald darauf, dank den Interpretationen eines Bruno Walter, Leopold Stokowski oder Arturo Toscanini, auch das Fundament für sein internationales Renommee). In den folgenden Jahren erprobte Š. seine Fähigkeiten vor allem auf Feldern, die ihn in einen engen Kontakt mit den aktuellen künstlerischen Tendenzen dieser ›revolutionären‹ Zeit brachten – und die ihm dabei notwendigerweise ideologisch eindeutige Positionsbestimmungen nahelegten. Seine jugendliche – und auch späterhin anhaltende – Begeisterung für das massenwirksame, zukunftweisende Medium Film manifestierte sich erstmals in der Orchesterpartitur zu *Novyj Vavilon* op. 18 (»Das neue Babylon«; 1928–29), einem Stummfilm von Grigorij Kozincev und Leonid Trauberg über die Pariser Kommune. 1929 übernahm der junge Komponist die Aufgabe, eine Schauspielmusik zu der Komödie *Klop* op. 19 (»Die Wanze«; Moskau 1929) zu schreiben, und konnte dadurch mit führenden Vertretern der Avantgarde zusammenarbeiten – mit dem Autor des Stücks, Vladimir Majakovskij, dem Regisseur Vsevolod Mejerchol'd und dem als Bühnenbildner verpflichteten ›Künstler-Konstrukteur‹ Aleksandr Rodčenko. Bei seiner Suche nach zeitgemäßen Sujets und neuen Ausdrucksformen machte Š. auch vor der Ballett-Bühne nicht halt, sondern gestaltete dort mit Zolotoj vek op. 22 (»Das goldene Zeitalter«; Leningrad 1930) eine kraftvolle, brillante Satire auf die ›dekadente‹ kapitalistische Welt. Schließlich engagierte er sich intensiv sogar für die unmittelbare proletarische Kulturarbeit, wie sie das »Leningrader Theater der Arbeiterjugend« leistete.

In den Jahren 1930 bis 1932 schuf Š. eine Komposition, die für seine persönliche und künstlerische Entwicklung eine zentrale Bedeutung erlangen sollte: die Oper Ledi Makbet Mcenskogo uezda op. 29 (»Lady Macbeth des Mzensker Landkreises«). Dies musikalische Drama, dessen Handlung weitgehend auf der gleichnamigen Erzählung Nikolaj Leskovs fußt, bietet ein Frauenschicksal aus dem vorrevolutionären Rußland dar (und sollte später eigentlich um zwei weitere Stücke mit verwandten, der neueren Zeit entstammenden Themen zu einem Triptychon ergänzt werden). Die Geschichte der Hauptfigur Katerina Izmajlova, die sich in einer Welt kalter, berechnender und tyrannischer Menschen nach Liebe sehnt, aber letztlich zur mehrfachen Mörderin wird, inspirierte Š. zur kompositorisch wie dramaturgisch höchst originellen Konzeption einer ›Tragedija-satira‹. Aufgrund der Erfahrung, daß nicht nur die ›gegenwärtigen‹ Stilmittel eines Hindemith, Milhaud, Krenek oder Berg, dessen »Wozzeck« Š. nachhaltig beeindruckt hatte, in die eigene Tonsprache integriert werden konnten, sondern daß sich auch diejenigen früherer Epochen kritisch-distanziert wiederverwenden ließen, gelangte er zu einem an der Oberfläche durchaus vertraut scheinenden musikalischen Idiom, das sich bei genauerem Hinhören jedoch auf eigentümliche Art als brüchig und verwirrend erweist; denn hier sind unterschiedlichste Ausdruckselemente und vorgeprägte, ›verfremdend‹ zitierte Modelle in (filmtechnisch gesprochen) ›harten Schnitten‹ gleichsam zusammenmontiert. Dadurch nun droht zugleich das Bühnengeschehen jegliche ethische Orientierung zu verlieren. Š.s ›Eklektizismus‹ – oder besser: Pluralismus – führt zum Entwurf einer verstörenden, aus den Fugen geratenen Wirklichkeit, in der menschliches Reden und Handeln ihre moralische Grundlage verloren haben. Die beiden gegensätzlichen Kategorien des Satirischen und des Tragischen kennzeichnen somit nicht einzelne, isolierbare Schichten des Werkes, sondern sind nur als eine das Gesamtgefüge durchdringende dialektische Einheit zu begreifen: Katerina ist keineswegs primär das ›positiv‹ dargestellte Opfer eines beengenden Milieus; vielmehr ist sie die Figur, an der die Gebrochenheit jenes ›Reichs der Finsternis‹ am eindringlichsten gezeigt werden kann. Mit zunehmender Konsequenz muß sie ihren verbrecherischen Part übernehmen und ihn – analog dem Schicksal des Shakespearschen Macbeth – bis zur nihilistischen Grenzerfahrung zu Ende spielen.

Š.s Ledi Makbet darf heute fraglos zu den musiktheatralischen Schlüsselwerken des 20. Jahrhunderts gezählt werden; bis sich diese Einschätzung aber allmählich durchzusetzen vermochte, wurde die Rezeptionsgeschichte dieser Oper freilich für lange Zeit von fremden, kunstfernen Kräften bestimmt. Seit der Uraufführung – am 22. Januar 1934 in Leningrad – und der nur zwei Tage später erfolgten Moskauer Premiere war sie in beiden russischen Metropolen zu einem festen Bestandteil des Spielplans geworden und hatte zudem durch mehrere Inszenierungen in den USA sowie im europäischen Ausland bereits ein reges Interesse geweckt, – als sie plötzlich zwischen die Mahlsteine ideologischer Auseinandersetzungen geriet. Unter dem Titel »Chaos statt Musik« erschien in der »Pravda« vom 28. Januar 1936 ein Pamphlet, das vermutlich von Stalin selbst in Auftrag gegeben worden war und dessen einziges Ziel darin bestand, das Bühnenwerk durch einen gewaltigen Schwall von Vorwürfen und Beschimpfungen rigoros zu verurteilen. Offenkundig wurde hier ein Exempel statuiert, an dem unmißverständlich gezeigt werden sollte, daß es neben den inzwischen parteioffiziellen Prinzipien des ›sozialistischen Realismus‹ zukünftig keinerlei Raum für ›modernistische‹ – im eigentlichen Sinne ›revolutionäre‹ – Gestaltungsansätze mehr geben würde. Auf solche Weise und an jenem maßgeblichen Ort als ›kleinbürgerlich‹, ›linksabweichlerisch‹ und ›formalistisch‹ gebrandmarkt, verschwand die Oper alsbald von den Bühnen der Sowjetunion und wurde auch für ausländische Neuproduktionen gesperrt. Zugleich war nun allen Musikkritikern und -historikern der östlichen Hemisphäre eine einzige Interpretation dieser Vorgänge verbindlich vorgegeben: Es galt, das ›weise‹ Urteil der Partei zu bestätigen und dessen heilsame Kraft zu preisen, durch die Š. vor dem drohenden Abgleiten in Pessimismus und Nihilismus bewahrt und auf den rechten Pfad eines volksverbundenen, sozialistischen Künstlertums zurückgeleitet werden konnte.

Welche Wirkungen jene Affäre tatsächlich auf den Komponisten ausgeübt hat, läßt dies dogmatische, geradezu zynische Deutungsmodell allerdings nicht einmal erahnen. Von einem Tag auf den anderen war Š. zu einem ›Volksfeind‹ geworden; neben schweren menschlichen Enttäuschungen durch Kollegen und frühere Freunde, die sich jetzt eilends von ihm abwandten, mußte er – zumindest für etliche Monate – die unbeschreibliche psychische Belastung ertragen, vielleicht als eines der nächsten Opfer den allgegenwärtigen Schergen des stalinistischen Terrors in die Hände zu fallen. In künstlerischer Hinsicht war der Effekt des »Pravda«-Artikels nicht minder verheerend; denn der lautstark gefeierte ›erzieherische Erfolg‹ dieser Invektiven bestand doch in Wirklichkeit darin, daß Š. in brutaler Weise genötigt wurde, stilistisch einen unmittelbaren Anschluß an die ›gesunde‹, ›verständliche‹ und ›realistische‹ Tradition der russischen Musik zu suchen und sich öffentlich vom größten Teil seines eigenen, bisher kontinuierlich entfalteten Œuvres zu distanzieren. In seinem weiteren Schaffen war er nun für viele Jahre ängstlich bemüht, sogar entfernte Anklänge an jene avantgardistischen, als ›formalistisch‹ verschrieenen Konzeptionen und Experimente zu vermeiden, aus denen seine Werke der zwanziger Jahre – wie, neben den schon genannten, die *Aforizmy* op. 13 für Klavier (1927) oder seine Erstlingsoper *Nos* op. 15 (»Die Nase«, nach Gogol'; Leningrad 1930) – gerade ihre Originalität und bis heute ungeschmälerte Überzeugungskraft gewonnen hatten.

Angesichts dieser Konsequenzen darf die Krise des Jahres 1936 somit keineswegs bagatellisiert werden; vielmehr schlug sie der schöpferischen Persönlichkeit Š.s tiefe Wunden, die überdies, ungeachtet aller Bemühungen um die geforderte ›Linientreue‹ zwölf Jahre später noch einmal schmerzhaft aufgerissen wurden, als die Partei ihn 1948 neuerlich – diesmal gemeinsam mit anderen führenden Komponisten der Sowjetunion – höchst offiziell maßregelte. Auf die schweren Gefährdungen, die aus solchen traumatischen Erlebnissen entsprangen, hat Š. selbst übrigens schon lange vor seiner (in den wesentlichen Partien gewiß authentischen) »Zeugenaussage« in aller Deutlichkeit hingewiesen. Sobald ihm die 1956 mit Chruščovs Stalin-Kritik anhebende ›Tauwetter‹-Periode eine erste Gelegenheit dazu bot, erklärte er, und zwar nun seinerseits in der »Pravda«: »Eine willkürliche Auslegung des Begriffes ›Formalismus‹ und sein Mißbrauch diskreditieren in den Augen der Gesellschaft häufig das künstlerische Suchen der Komponisten, bremsen es und unterbinden es manchmal sogar ganz« (»Über einige wichtige Fragen des musikalischen Schaffens«, in Erfahrungen, 117).

Zu einem offenen publizistischen Widerstand, der die Toleranzgrenzen des ideologisch jeweils Zulässigen überschritten hätte, war Š. allerdings zu keiner Zeit bereit. Diese scheue, seiner Wesensart entsprechende Zurückhaltung hat ein jüngerer Zeitgenosse des Komponisten, Aleksandr Solženicyn, in seiner Autobiographie trefflich charakterisiert. 1968, nach der Okkupation der Tschechoslowakei, wollte der Schriftsteller versuchen, einige renommierte Wissenschaftler und Künstler für die gemeinsame Unterzeichnung einer Protestnote zu gewinnen, ließ diesen Plan jedoch wieder fallen, weil er im vorhinein lediglich ablehnende Reaktionen erwarten zu können glaubte; und in diesem Zusammenhang schildert Solženicyn, daß er sich damals die folgende Szene ausgemalt habe: »Sch., der gefangene Genius, wird sich wie verwundet hin und her werfen, mit den verkrümmten Flügeln schlagen, aber er wird die Feder nicht in die Hand nehmen« (A. Solschenizyn, 268). Dieses bewegende Bild bedarf freilich noch einer entscheidenden Ergänzung. Š. lehnte es zwar ab, auf der politischen Bühne die Rolle eines Dissidenten zu übernehmen; die Auseinandersetzung mit dem repressiven System und den Kampf um die Freiheit der Kunst wußte er aber gleichwohl zu führen, – nur focht er dabei mit seinen Waffen und auf dem ihm ureigenen Felde: auf demjenigen der Musik.

Zum einen ging Š. hier mit großer Subtilität vor. Seit 1953, dem Todesjahr Stalins, entwickelte er die Strategie, in neuen Schöpfungen Fragmente aus früheren Werken einzufügen, die zur Entstehungszeit der aktuellen Kompositionen noch verpönt und unterdrückt waren. Wenn in der *Cadenza*, dem dritten Satz des *Ersten Cello-Konzertes* op. 107 (1959), plötzlich eine Passage aus der *Ersten Klaviersonate* op. 12 (1926) auftaucht oder wenn im vierten, verhaltenen Largosatz des *Achten Streichquartetts* op. 110 (1960), das bezeichnenderweise »dem Gedächtnis der Opfer des Faschismus und des Krieges« gewidmet ist, das Cello eine Kantilene darbietet, die dem letzten, verzweifelten Liebeswerben der Katerina Izmajlova aus dem Schlußbild von *Ledi Makbet* entstammt, dann verdeutlichen solche gleichsam eingeschmuggelten Chiffren dem Kenner dieser Musik, daß Š. unbeirrt an den Wert und die Integrität seines gesamten Œuvres glaubte. – Zum anderen bewies der »gefangene Genius« in jenem Kampfe auch unbestreitbaren Mut. Ohne die Bereitschaft, seine individuellen Überzeugungen im Medium der Musik kompromißlos zu erkennen zu geben, hätten weder seine *Zehnte Symphonie* op. 93 (1953), in der die Initialen des Komponistennamens erstmals als dominierendes, aussagekräftiges Tonsymbol ›D-Es-C-H‹ Verwendung finden und die spontan als künstlerische Abrechnung mit dem Stalinismus verstanden wurde, noch die *Dreizehnte*, vor allem gegen den sowjetischen Antisemitismus gerichtete *Symphonie »Babij-Jar«* op. 113 (auf Texte von Evgenij Evtušenko; 1962) ihre vorliegende Gestalt annehmen können.

Zum dritten muß erst recht Š.s Geschicklichkeit hervorgehoben werden, der Staatsmacht und deren kulturpolitischen Statthaltern Zug um Zug die Rehabilitation seines frühen Œuvres abzutrotzen. Nachdem er problematischere, zunächst zurückgehaltene Kompositionen – das *Erste Violinkonzert* op. 77 (1947–48) oder den Liederzyklus *Iz evrejskoj narodnoj poezii* op. 79 (»Aus jüdischer Volkspoesie«; 1948) – 1955 zur Uraufführung gebracht hatte und seitdem sein gesamtes aktuelles Schaffen fast unwidersprochen akzeptiert wurde, präsentierte Š. der Öffentlichkeit mit der *Zweiten* op. 14 (1927), *Dritten* op. 20 (1929) oder – von seiner intensiven Mahler-Rezeption zeugenden – *Vierten Symphonie* op. 43 (1935–36) allmählich auch bislang verfemte bzw. unterdrückte Werke. Gekrönt wurden diese Bemühungen kurz vor seinem Tode durch die vielbeachtete ›Wiederentdeckung‹ der Oper *Nos* (die Boris Pokrovskij 1974 an der Moskauer Kammeroper neuerlich inszenierte). Wie listenreich Š. sein Ziel zuweilen verfolgte, zeigt insbesondere das weitere Schicksal der *Ledi Makbet*, der bei ihrer zweiten sowjetischen ›Uraufführung‹ im Januar 1963 ein triumphaler Erfolg beschieden war. Im Vorfeld dieser ›Renaissance‹ hatte er behauptet, für mehrere Jahre mit einer bereits 1956 begonnenen tiefgreifenden Überarbeitung beschäftigt gewesen zu sein; er wählte nun einen anderen Titel – *Katerina Izmailova* –, der gravierende inhaltliche Veränderungen kenntlich machen sollte, und suchte den Eindruck einer grundsätzlichen Neufassung dadurch zu verstärken, daß er das Bühnenwerk als op. 29/114 (und damit nun freilich unmittelbar hinter der provokativen *Dreizehnten Symphonie*) den Kompositionen der frühen sechziger Jahre zuordnete. Die gesamte ›Revision‹ beschränkte sich in Wahrheit aber auf einige Detailänderungen: Allein durch sein konziliantes Taktieren hatte Š. sich die späte Genugtuung verschafft, daß seine Oper nach einhelliger Meinung nun exakt denjenigen Forderungen des ›sozialistischen Realismus‹ entsprach, in deren Namen sie einstmals verurteilt worden war.

Ungeachtet der mannigfachen Auseinandersetzungen mit dem sowjetischen ›System‹ blieb Š. allerdings zeitlebens ein unverbrüchlich loyaler Bürger seines Staates, der auch offizielle Pflichten (als Sekretär des Komponistenverbandes der UdSSR oder als Deputierter des Obersten Sowjets) übernahm und penibel erfüllte. Unter dieser Voraussetzung sollten seine ›linientreuen‹ Werke mit ihren – auf westliche Hörer oftmals schal wirkenden – hochpathetischen Gesten keineswegs aus einer opportunistischen Bereitschaft zu äußerlich erzwungener ›Regression‹ erklärt werden. Š. war der erste bedeutende Komponist Rußlands, dessen künstlerischer Weg gänzlich von den Bedingungen – und wohlgemerkt auch Möglichkeiten – des nachrevolutionären Staates bestimmt wurde. Trotz aller Restriktionen stand für ihn die ›sowjetische‹ Grundhaltung seines Arbeitens prinzipiell außer Frage: Seine Oratorien – wie *Pesn'o lesach* op. 81 (»Das Lied von den Wäldern«; 1949), ein Lobpreis auf Stalins Pläne zur Wiederaufforstung des Landes –, seine programmatischen Symphonien oder die bereitwillige Beschäftigung mit der ›leichten‹ Musik – vom *Taiti-Trot* op. 16 (1928), einer Orchestrierung von *Tea for Two*, bis zur Operette *Moskva, Čerëmuški* op. 105 (1958) – dokumentieren primär sein unbefangenes Streben nach verständlichem, und in diesem Sinne durchaus ›parteilichen‹ Schöpfungen, in denen er seine künstlerische Integrität niemals preisgab. Š.s Komponieren läßt sich somit nicht auf eine handliche Formel bringen. Neben der plakativen *Siebten*, der ›Leningrader‹ *Symphonie* op. 60 (1941) steht mindestens gleichgewichtig die höchst konzentrierte *Vierzehnte* op. 135 (1969) für Sopran, Baß und Kammerorchester, deren Texte um das im Spätwerk dominierende Thema des Todes kreisen; und nicht einmal das Bild des geborenen Symphonikers und innovativen Musikdramatikers könnte den Anspruch auf Vollständigkeit erheben, weil auch die kammermusikalischen Werke, die Liederzyklen und Klavierkompositionen zur Substanz dieses vielgestaltigen Œuvres gehören. In allen von ihm gepflegten Gattungen wußte Š. – oftmals in spannungsvollem In- und Gegeneinander – emphatischen Appellen, einem bis zur Groteske reichenden Humor, aber auch tiefgreifenden Reflexionen Ausdruck zu verleihen. Dabei wird stets eine sehr persönliche, letztlich ethisch begründete Grundhaltung seines Schaffens deutlich, die an Musorgskijs Konzeption einer ›wahren‹ Musik gemahnt und den ›Zeitzeugen‹ Š. – über seinen fraglosen Rang als ›sowjetischer‹ Komponist hinaus – zu einem wichtigen Repräsentanten der vielschichtigen und widersprüchlichen Musikentwicklung im 20. Jahrhundert werden ließ.

Noten: Sikorski (Hbg.); Sobranije sočinenij [Ges. Werke] 42 Bde., hrsg. von T. Chrennikov, R. Ščedrin, u. a. Moskau 1980ff.
Dokumente: Die Memoiren des Dm. Sch., aufgezeichnet und hrsg. von S. Volkov, N. Y. 1979; dt. Hbg. 1979. Erfahrungen. Aufsätze, Erinnerungen, Reden, Diskussionsbeiträge, Interviews, Briefe [mit einem chronologischen Verz. gedruckter Äußerungen von Dm. Š.], hrsg. von Chr. Hellmundt und Krz. Meyer, Lpz. 1983. Story of a Friendship. The Letters of D. Sh. to Isaak Glikman 1941–1975, hrsg. von A. Phillips, Ldn. 2001.
Werkverzeichnis: MacDonald, M.: Dm. Sh. A Complete Catalogue, Ldn. 1977.
Bibliographie: Hulme, D. C.: Dm. Sh. Catalogue, Bibhography & Discography, Lanham (Maryland) ³2002.
Literatur: Martynow, I.: Dm. Sch., Bln. 1947. Solschenizyn, A.: Die Eiche und das Kalb, Darmstadt 1975. Danuser, H.: Dm. Sch.s musikalisch-politisches Revolutionsverständnis (1926–27). Zur Ersten Klaviersonate und zur Zweiten Symphonie *in* Melos/NZfM 4 (1978), 3–11. Meyer, Krz.: Dm. Sch., Lpz. 1980. Sh. The man and his music, hrsg. von Chr. Norris, Ldn. 1982. Bericht über das Intern. Dm.-Sch.-Symposion Köln 1985, hrsg. von Kl. W. Niemöller und Vs. Zaderackij, Regensburg 1986. Sh. in Context, hrsg. von R. Bartlett, Oxford 2000. Feuchtner, B.: D. Sch. Und Kunst geknebelt von der groben Macht, Stg., Kassel u. a. ²2002.

Erik Fischer

Spahlinger, Mathias
Geb. 15. 10. 1944 in Frankfurt am Main

»Wozu noch Musik? Eine ästhetische Theorie in quasi-ästhetischer Gestalt« ist der Titel einer Rundfunkcollage aus dem Jahr 1974. Sp., der Schüler von Erhard Karkoschka in Stuttgart war, ist ein erklärtermaßen politisch und philosophisch Denkender und als solcher ist er Komponist. Er ist ein Komponist, dem die Reflexion über Komposition selbst zum Inhalt seines Komponierens wird. Zunächst galt Sp.s kompositorisches Interesse dem Spiel mit dem Verhältnis der Einzelheiten zu dem Zusammenhang, in den sie gestellt werden. In dem Orchesterstück *morendo* (1974) wird vorgeführt, wie in der Zersetzung eines komplexen Gebildes in seine Einzelheiten die Individualität der Teile zu neuem Eigenleben gelangt. Der erste Teil der Komposition setzt die Situation: »Nachzeichnung eines bestehenden Zustands« (Sp.). Das Orchester ist in sechs unterschiedlich besetzte Gruppen eingeteilt. Und jeder Spieler ist durch ein musikalisches Motiv am Ganzen beteiligt, das er unablässig wiederholt. Von Anfang an wird deutlich gemacht, daß das »Ganze« als Gestalt zusammengesetzt ist aus vielen Teilen, die nur durch die übergeordneten Regeln der Situation zusammengehalten werden. Die ›Zwangsgemeinschaft‹ wird im zweiten Teil des Stücks systematisch zersetzt und die einzelnen Teile, die bis dahin nur als immer sich drehende Rädchen im Getriebe wahrgenommen werden konnten, beginnen ein Eigenleben zu entfalten, das neue Regeln für den Zusammenhang entstehen läßt. War hier die ›Besonderheit‹ des im großen Zusammenhang Nicht-Besonderen werkimmanent kompositorisches Thema, so wird die Frage nach dem Wesen des musikalischen Materials und seiner Abhängigkeit von dem ihm auferlegten Kontext im Blick auf quasi von außen hereingenommene Momente in *éphémère* für Schlagzeug, véritable Instrumente und Klavier (1977) zum Träger der musikalischen Idee: »éphémère« kann laut französischem Wörterbuch Adjektiv sein und bedeutet dann »nur einen Tag dauernd, vergänglich«, als Substantiv gebraucht bedeutet es »Eintagsfliege«. »Véritabel« hingegen, so entnimmt man dem Lexikon, bedeutet »wahrhaft, echt und aufrichtig« – gemeint sind damit Instrumente des Alltags: Kochtöpfe, Waschschüsseln, Bierflaschen, Küchenwecker, sogar ein Fotoapparat mit Blitzlicht etc. Aus diesem musikalischen wie ›musikalisierten‹ Instrumentarium entsteht ein subtiles Klangstück über die Frage, was denn hier das ephemere sei: Ist das Stück die »Eintagsfliege« oder sind die »Eintagsfliegen« das Stück? Hatte Sp. im Laufe der siebziger Jahre sein spezifisches Verhältnis zu den im weitesten Sinne materialen Bedingungen von Komposition als Ordnungszusammenhang erschlossen, steht nun in einer Folge von drei Kompositionen die Kategorie der Ordnung selbst kompositorisch zur Disposition. Während der Komposition von *Inter-Mezzo. concertato non concertabile* (1986) für Klavier und Orchester entdeckte Sp., daß er an einem kompositorischen Problem arbeitete, das – in anderer Gestalt – schon in einem früheren Stück wichtig war: das Phänomen der Aufhebung bzw. Zersetzung von Ordnung durch ihre eigene Gesetzmäßigkeit. In *Extension* (1979–80) hatten sich die Ordnungskategorien in einer Art Kettenreaktion in alle Richtungen gleichzeitig so vermehrt und überlagert, daß sie sich am Ende gleichsam anarchisch selbst aufheben. Die Idee des Konzertierens als eines kommunikativen Modells nutzte Sp. in *Inter-Mezzo*, um Situationen herzustellen, in denen »zwei dasselbe sagen, aber verschiedenes meinen, oder zwei dasselbe meinen, aber es auf verschiedene Weise sagen.« (Sp.) Der hier entwickelte Gedanke, daß sich Wahrheit nur zwischen den Kategorien zeigt, sollte dann in dem großangelegten Orchesterwerk *Passage/Paysage* (1989–90) in einem dritten möglichen Sinn ausgereizt werden: im verabsolutierten und kontinuierlichen Übergang von einem Ordnungsprinzip ins nächste, so daß sich keine Ordnung als gesichert etablieren kann. War dies bis dahin vor allem unter dem Aspekt der formalen Logik bearbeitet worden, gerät in den neunziger Jahren auch das Tonsystem in den Blick: Geradezu programmatisch zeigt sich dies in *akt, eine treppe herabsteigend* (1998), wo Sp. das gleichnamige Gemälde von Marcel Duchamp zum Anlaß nimmt, mit der Gleichzeitigkeit von definierter und bewegter (glissandi) Tonhöhe zu spielen und damit den Tonraum in allen Dimensionen in Bewegung zu bringen. Die kompositorischen Verfahren, mit denen Sp. in diesen Werken gearbeitet hat, erinnern in ihrer Tendenz zur Selbstzersetzung stark an Gedanken, die sich mit dem Schlagwort Dekonstruktion verbinden. Dieses Wort – in der sogenannten »Postmoderne-Debatte« weidlich strapaziert – hängt eng zusammen mit einem Mißtrauen gegen traditionelle Vorstellungen von Struktur als begründetem und gesichertem Ordnungszusammenhang. Sp. hat die Absicherung eines solchen traditionellen Strukturbegriffs aufgegeben, ohne jedoch die vielzitierte »postmoderne« Konsequenz der Aufgabe des Subjekts zu akzeptieren. Vielmehr sucht er nach einer Möglichkeit der Neubestimmung durch Reflexion.

Noten: Peer (Hbg.); Breitkopf & Härtel (Wiesbaden).
Dokumente: gegen die postmoderne mode. zwölf charakteristika der musik des 20. jh.s *in* MusikTexte 27 (1989), 2–6. Wirklichkeit des bewußtseins und Wirklichkeit für das bewußtsein. Politische aspekte der musik *in* MusikTexte 39 (1991), 39–41. OEHLSCHLÄGEL, R.: »alles aus allem entwickeln«. M. Sp. im Gespräch über »passage/paysage« für großes Orchester *in* MusikTexte 39 (1991), 23–32. » ... das Theater selbst sichtbar machen«: Armin Köhler im Gespräch mit M. Sp. *in* Positionen 22 (1995), 5–9. Hat es noch Sinn? Aus einem Gespräch zwischen M. Sp., Heinz-Klaus Metzger und Rainer Riehn *in* Was heißt Fortschritt?, hrsg. von H.-KL. METZGER und R. RIEHN, Mn. 1998 (MK 100), 78–82. »Ich sehe im Free Jazz ... die fortgeschrittenste Entwicklung«: M. Sp. im Gespräch mit W. Stryri *in* MusikTexte 86–87 (2000), 62–65.
Literatur: MENKE, J.: M. Sp. gegen unendlich *in* Musik & Ästhetik 5 (2001), 15–26.

Dörte Schmidt

Spohr, Louis [Ludewig]
Geb. 5. 4. 1784 in Braunschweig;
gest. 22. 10. 1859 in Kassel

Sp.s Künstlerpersönlichkeit offenbart einen tiefgreifenden Gegensatz zwischen der dauerhaften europäischen Reputation des Künstlers und der rasch verebbenden Rezeption seines kompositorischen Werks. Als universale Erscheinung des deutschen Musiklebens in der ersten Hälfte des 19. Jahrhunderts vermittelte Sp.s Wirken eine epochale Ausstrahlung, die neben seinem Ansehen als Komponist vor allem auf seinem internationalen Ruf als Geigenvirtuose, Dirigent und Konzertveranstalter gründete. Sein virtuoses Können und seine Auffassung von stets intellektuell kontrolliertem Musizieren vermittelte Sp. als Orchesterleiter auch einem großem Klangkörper. In seiner letzten und bedeutendsten Anstellung als Hofkapellmeister in Kassel (1822–57) avancierte er zum überragenden deutschen Dirigenten seiner Zeit und einem Musikorganisator moderner Prägung. Mit der Einrichtung von Abonnementkonzerten, der Gründung des Cäcilienvereins (1822) als großer Chorgemeinschaft und jährlichen Oratorienaufführungen in den sogenannten Karfreitagskonzerten schuf Sp. richtungweisende Institutionen des deutschen Musiklebens. Sp. hatte maßgeblichen Anteil an der bürgerlich-liberalen Kulturbewegung der großen Gesang- und Musikvereine im deutschen Vormärz. Trotz seiner herausgehobenen Stellung im deutschen Musikleben zerbrach Sp.s gesellschaftliches Ideal an den aufbrechenden kulturpolitischen Widersprüchen seiner Zeit. Sein kultureller Liberalismus stieß in den überkommenen Formen höfischer Administration und Ideologie an natürliche Grenzen. Äußeres Zeichen dieser Widerstände war der langjährige Rechtsstreit um sein Dienstverhältnis in Kassel und seine vorzeitige Pensionierung gegen seinen Willen.

Aber auch künstlerisch vermochte Sp. in der Frühphase der musikalischen Romantik Tradition und Innovation nicht in einen ausgereiften Werkstil zu integrieren. Charakteristisch für seine Musik sind einerseits die unverbrüchliche Treue zum klassischen Formideal, an dem sich Sp. mit nur wenigen Ausnahmen während seines gesamten Lebens orientierte, und andererseits eine erstaunliche harmonische Erfindungskraft und instrumentatorische Experimentierfreudigkeit, mit der er die frühromantische Musiksprache in der deutschen Instrumentalkomposition prägte. Die sogenannte Sp.sche Manier, typische Vorhaltsbildungen und geschmackvolle Verzierungen in der Melodieerfindung sowie der gesteigerte Gebrauch chromatischer Wendungen in einer ausgefeilten Alterations- und Modulationstechnik waren für den spontanen Hörer von auffälligem Reiz, verblaßten aber in ihrer Wirkung durch Häufung der klanglichen Effekte und mangelnde strukturelle Verknüpfung mit den konservativen Formmodellen. So empfand man Sp.s avantgardistische Harmonik und Instrumentation tatsächlich als Manier, von der er sich wohl infolge frühzeitiger Popularität nicht lösen mochte. Lediglich die gediegene satztechnische Faktur seiner Musik war allzeit über jeden Zweifel erhaben, so daß der harmonisch entwickelte strenge Satz als typisch deutscher Zug in seiner Musik gelobt wurde. In dieser inneren Widersprüchlichkeit muß man Gründe für das rasche Altern von Sp.s Musik suchen, obgleich er zu den wenigen Komponisten seiner Epoche zählt, die zu allen musikalischen Gattungen einen Beitrag leisteten, von der Oper über die sinfonische und konzertante Literatur bis zum großbesetzten Chorwerk, der Kammermusik und dem Sololied.

Nachhaltigste Wirkung hinterließ Sp. ohne Zweifel in der Konzertliteratur. Vor allem in den 16 Violinkonzerten (zwischen 1802 und 1844) stellte er seine kompositorische Individualität aus: die ausschwingende, häufig sanft schwärmerisch getönte Melodielinie des Soloinstruments, einen symphonisch konzipierten Orchesterpart und noch bei höchster Virtuosität einen gediegenen, nie ins Leere fallenden Satz. Das klassizistische Ideal der Gattung repräsentiert wohl das *Konzert Nr. 7 e-moll* (1814), doch hat sich das Experiment des *Konzerts Nr. 8 in Form einer Gesangsszene* (1816) eher bewährt und gerade wegen der Integration von Ausdruck und spezifischer Form als einziges im heutigen Repertoire erhalten. Auch die vier *Klarinettenkonzerte* (zwischen 1808 und 1828, komponiert für Johann Simon Hermstedt) verbinden eine virtuose Ausnutzung der instrumentenspezifischen Spieltechniken mit ausgesucht solider Kompositionskunst. Neben Mozarts und Webers Konzerten zählen sie zu den besten der Gattung.

Weniger erfolgreich war Sp. mit seinen zehn *Symphonien*, in denen er einerseits den klassischen Typus mit den Mitteln der frühen Romantik fortsetzte (*Nr. 1*, 1811; *Nr. 2*, 1820; und *Nr. 5*, 1837) und andererseits die tradierte Form mit programmatischen Inhalten zu füllen suchte (*Nr. 4*, »Die Weihe der Töne«, 1832), ohne daß diese Werke einen relevanten Beitrag zur Geschichte der Programmmusik darstellten.

Musikgeschichtlich bedeutsamer sind die drei Dutzend Streichquartette, deren Komposition sich, ähnlich wie bei Beethoven, über die gesamte Schaffenszeit (1807 bis 1857) verteilt. Vor allem die letzten sechs *Quartette* (seit 1846) offenbaren die Ausgewogenheit von technisch brillanter Schreibweise und kompositorischer Dichte. Eine interessante Erweiterung formaler und klanglicher Möglichkeiten bieten die vier *Doppelquartette* (zwischen 1823 und 1849). Zu den reifsten kammermusikalischen Kompositionen gehören das *Nonett* (1813) und das *Oktett* (1814), in denen Sp. mit der gemischten Besetzung symphonische Wirkungen erzielte.

Am weitesten in romantische Ausdrucksbereiche wagte sich Sp. in seinen vier Oratorien vor (*Das jüngste Gericht*, 1812; *Die letzten Dinge*, 1826; *Des Heilands letzte Stunde*, 1835; *Der Fall Babylons*, 1840). Der eigentümliche Mischstil, in dem er die tradierte Struktur großer Chorwerke durch genrehafte Lyrik und dramatisch-opernhafte Passagen erweiterte, zeigt Sp. zwar auf der Höhe seiner Charakterisierungskunst (wie eben auch in zahlreichen seiner poetisch ausdrucksvollen Lieder), aber die stringentere Konzeption von Mendelssohns Oratorien ließ die anfängliche Popularität von Sp.s Werken rasch verblassen.

In merkwürdigem Gegensatz stehen auch der zeitweilig überragende, doch eher stofflich-visuell begründete Erfolg einiger Opern, etwa *Faust* (Josef Karl Bernard; Prag 1816) oder *Jessonda*, (Eduard Heinrich Gehe; Kassel 1823), in denen sich Sp., ähnlich wie Weber auf seinem Weg vom »Freischütz« (1821) zur »Euryanthe« (1823), programmatisch um die Nobilitierung der deutschen Oper von singspielhaften Formen zur durchkomponierten Tragödie mühte, und ihre totale Verdrängung aus dem heutigen Spielbetrieb. Zwar zeigte sich Sp. mit leitmotivischen Konzepten in *Faust* (vor allem in der überarbeiteten Fassung von 1852) und *Zemire und Azor* (Johann Jakob Ihlée; Frankfurt 1819), mit der Auflösung formaler Grenzen zur tatsächlich durchkomponierten Großform (*Berggeist*, Kassel 1825) und mit präzis gezeichneten musikalischen Seelengemälden (*Jessonda*) als ambitionierter Musikdramatiker, doch offenbaren erhebliche dramaturgische Schwächen der mehraktigen Opernhandlung das Mißverhältnis von sensibler lyrischer Vertiefung des Augenblicks und sinnfälliger Füllung der dramatischen Großform. Gleichwohl bezeichnet *Jessonda* gemeinsam mit Webers »Euryanthe« den Beginn einer eigenständigen deutschen romantischen Oper.

Noten: Ausgewählte Werke, hrsg. von FR. U. LEINERT, Kassel 1949 ff. Neue Auswahl der Werke, hrsg. von F. GÖTHEL und H. HOMBURG, Kassel (ab Bd. 5 Tutzing) 1963 ff.
Dokumente: Selbstbiographie, 2 Bde., Kassel und Göttingen 1860–61; Faks. Kassel 1954–55. Lebenserinnerungen, hrsg. von F. GÖTHEL, Tutzing 1968. Briefwechsel mit seiner Frau Dorette, hrsg. von DEMS., Kassel 1957.
Werkverzeichnis: GÖTHEL, F.: Thematisch-bibliographisches Verz. der Werke von L. Sp., Tutzing 1981.
Literatur: HEUSSNER, H.: Die Symphonien L. Sp.s, Diss. Marburg 1956. GREINER, D.: L. Sp.s Beiträge zur dt. romantischen Oper, Diss. Kiel 1960. ABERT, A. A.: Webers Euryanthe und Sp.s Jessonda als große Opern *in* Fs. für Walter Wiora, hrsg. von L. FINSCHER und CHR.-H. MAHLING, Kassel 1967, 435–440. HOMBURG, H.: L. Sp. Bilder und Dokumente seiner Zeit, Kassel 1968. DRECHSLER, G.: Lieder Sp.s und textgleiche Kompositionen der Zeit, Diss. Innsbruck 1971. JOHNSTON, S. K.: The Clarinet Concertos of L. Sp., Diss. Maryland 1972.

GORRELL, L.: The Songs of L. Sp. *in* The Musical Review 39 (1978), 31–39. L. Sp. Festschrift und Ausstellungskat. zum 200. Geburtstag, hrsg. von H. BECKER und R. KREMPIEN, Kassel 1984. BROWN, C.: L. Sp. A Critical Biography, Cambridge 1984. STEINBECK, W.: L. Sp. und die »Weihe der Töne« *in* Musikästhetik und Analyse. Fs. Wilhelm Seidel, hrsg. von M. MÄRKER u. a., Laaber 2002, 281–300.

Jürgen Schläder

Spontini, Gaspare (Luigi Pacifico)

Geb. 14. 11. 1774 in Maiolati (bei Jesi); gest. 24. 1. 1851 in Maiolati (bei Jesi)

»An Pauken und Posaunen war kein Mangel, so daß ein Witzling den Vorschlag machte, im neuen Schauspielhause die Haltbarkeit der Mauern durch die Musik dieser Oper zu probieren. Ein anderer Witzling kam eben aus der brausenden Olympia, hörte auf der Straße den Zapfenstreich trommeln, und rief atemschöpfend: ›Endlich hört man doch sanfte Musik!‹« Was Heinrich Heine 1821 von der Berliner Premiere von Sp.s *Olimpie* zu berichten wußte, trifft etwas Entscheidendes der Musik des erfolgreichsten Opernkomponisten zwischen Gluck und Paisiello einerseits sowie zwischen Rossini und Weber andererseits. Nie zuvor waren im Musiktheater sämtliche Instrumente eines monumentalen Orchesters zu gleichsam militärischer Schlagkraft massiert worden. Obwohl Sp.s Melodien eher kleingliedrig aufgebaut sind, zeichnet sich auch *Olimpie* durch eine atemberaubende Steigerungstechnik aus, die mehrere Nummern unter einen einzigen Spannungsbogen zusammenzwingt: Für den Partiturleser unmerklich, für den Hörer aber um so wirkungsvoller, manifestiert sich hier eine neue Zeitgestaltung, deren mitreißender Elan allenfalls mit Beethovens Dynamisierung instrumentaler Formen vergleichbar ist.

Dabei hatte nichts auf eine internationale Karriere hingedeutet, als der aus einfachen Verhältnissen stammende Sp. 1803 aus Neapel ins napoleonische Paris gekommen war. Weder seine vor allem in Neapel und Palermo aufgeführten Farcen noch die ersten Beiträge für die Pariser Opéra-Comique – *La petite Maison* (A. M. Dieulafoy, N. Gersin; 1804), *Milton* (V. J. E. de Jouy, Dieulafoy; 1804) und *Julie ou Le Pot de fleurs* (A. G. Jars;

1805) – lassen das Potential erkennen, das dieser ›Spätentwickler‹ in seinen drei herausragenden französischen Opern entfalten sollte. Wahrscheinlich war es ein biographischer Glücksfall für Sp., daß er 1805 von Napoleons Gattin Josephine zum »compositeur particulier de la chambre« ernannt wurde. Jedenfalls kam seine schon 1805 fertiggestellte tragische Oper *La Vestale* erst durch die Intervention der Kaiserin zur Uraufführung an der Opéra.

Mit dieser Oper gelang ihm im Dezember 1807 nicht nur in Paris der Durchbruch; innerhalb weniger Jahre wurde das Werk von allen großen europäischen Bühnen nachgespielt. Auf der Grundlage der ›tragédie lyrique‹ Glucks und Piccinnis hatte Sp. in *La Vestale* italienische Melodik mit dem charakteristischen Prunk und dem hymnischen Chorstil der nachrevolutionären französischen Oper amalgamiert. Das ungewöhnlich klar, fast karg konturierte Libretto von Victor-Joseph Etienne de Jouy kam mit seiner im antiken Rom situierten Handlung nicht nur zeitgenössischen Vorlieben entgegen, es darf selbst im internationalen Vergleich als das wahrscheinlich dramaturgisch stringenteste Textbuch aus der ersten Hälfte des 19. Jahrhunderts gelten.

Nach diesem Erfolg erhielt Sp. den Auftrag Napoleons für eine Oper, die den Spanien-Krieg des Feldherrn propagandistisch unterstützen sollte. Obwohl dieses Kalkül in Paris letztlich nicht aufging, erwies sich *Fernand Cortez* (1809) als ebenso wandlungsfähige wie zukunftsweisende Partitur: Sp. ließ die politische Aussage der wieder von Jouy eingerichteten Geschichte um die Eroberung Mexikos den veränderten Gegebenheiten im Paris der Restauration (1817) ebenso anpassen wie den Verhältnissen im Berlin des Vormärz (1824 und 1832). Und auch wenn die Oper immer im Schatten von *La Vestale* stehen sollte, gibt es doch keine andere Partitur, in der so viele charakteristische Merkmale der großen historischen Oper eines Rossini, Meyerbeer und Halévy vorweggenommen scheinen.

In ganz anderer Hinsicht erwies sich *Fernand Cortez* als entscheidend für Sp.s weitere Karriere. Der preußische König Friedrich Wilhelm III., der die Oper 1814 in Paris gesehen hatte, war wohl nicht zuletzt vom martialischen Stil der zahlreichen Märsche begeistert und setzte alles daran, ihren Komponisten für den Berliner Hof zu gewinnen. Dies gelang ihm allerdings erst 1819, als Sp. zum ersten Generalmusikdirektor in der Geschichte des deutschen Musiklebens ernannt wurde. Nicht absehbar war damals, daß der von Intellektuellen wie E. T. A. Hoffmann begeistert begrüßte Komponist in einem durch die Freiheitskriege aufgeheizten Klima schließlich zerrieben werden sollte zwischen den Fronten eines nationalistisch gefärbten Parteienkampfs. Angesichts des Bedürfnis nach einer ›originär‹ deutschen Oper war offenbar kein Platz mehr für Repräsentanten des älteren, aristokratisch geprägten Konzeptes eines kosmopolitischen Musiktheaters. Überdies verhielt sich Sp., der von seiner historischen Mission besessen war, mit der deutschen Sprache jedoch nie wirklich vertraut wurde, in den permanenten Konflikten mit der königlichen Intendanz ausgesprochen ungeschickt. Dennoch muß es als tragisch bezeichnet werden, daß Sp.s lange Berliner Zeit schließlich 1841–42 mit einem Strafverfahren wegen Majestätsbeleidigung, der Verurteilung zu einer Gefängnisstrafe und der Entlassung endete.

Künstlerisch waren die beiden Jahrzehnte in Berlin – neben dem Engagement als unerbittlicher Dirigent, unter anderem von Beethovens »Neunter Symphonie« – von ebenso ambitiösen wie wirkungslosen Gelegenheitswerken für höfische Anlässe geprägt. Die deutsche Einrichtung seiner letzten, 1819 in Paris uraufgeführten Oper *Olimpie* konnte sich zwar – mit keinem Geringeren als E. T. A. Hoffmann als Librettisten – noch allgemeine Aufmerksamkeit sichern. Doch Festspiele und Zauberopern wie *Lalla Rûkh* (S. H. Spiker; 1821), *Nurmahal* (C. A. Herklots; 1822) und *Alcidor* (Herklots; 1825) fanden angesichts der fanatischen Diskussionen um Webers »Freischütz« (1821) und eine mögliche deutsche Nationaloper jenseits der Berliner Stadtmauern keine Aufmerksamkeit mehr. Selbst der monumental wirkende Versuch, mit *Agnes von Hohenstaufen* (E. Raupach; 1827/1829, Neufassung 1837) auf der Grundlage des von ihm selbst mitgestalteten Standards des französisch-italienischen Musiktheaters eine spezifisch deutsche »historisch-romantische Oper« durchzusetzen, fand bei den Zeitgenossen keine Gnade: In Berlin wurde die Oper nur neunzehn Mal gespielt, außerhalb Berlins nur in Auszügen in Halle an der Saale. Erst in der zweiten Hälfte des 20. Jahrhunderts erkannte man das experimentelle Potential dieses abseits der Entwicklungslinien der Operngeschichte stehenden Solitärs. Sp. hatte wie schon für *Olimpie* auch in diese Oper mehrere Jahre Arbeit investiert – ein Luxus, den sich zuvor kein Opernkomponist erlaubt hatte. Noch vor Meyerbeer, Wagner und Verdi machte der eigenwillige Komponist allein auf diese Weise deutlich, daß es ihm – wie Beethoven im Instrumentalkomposition – auch im Musiktheater um ein nicht nur für den Augenblick geschriebenes Kunstwerk von höchsten Ansprüchen zu tun war.

Nach seinem unrühmlichen Abgang aus Berlin mußte Sp. in Paris verständnislos feststellen, daß auch dort die Zeit längst über seine Opernästhetik hinweggegangen war. Verbittert zog er sich in seine Heimat in den Marken zurück, wo er als uneigennütziger Wohltäter die soziale Infrastruktur des Dorfes modernisierte – die Einwohner dankten es ihm 1939 mit der Umbenennung in »Maiolati Spontini«. Obwohl Sp. von der Musik- und Theatergeschichte der Restaurationszeit erbarmungslos überrollt wurde, bleibt ihm doch das Verdienst, den stilistischen Vorlieben des Empire und den europaweit wirksamen klassizistischen Tendenzen des frühen 19. Jahrhunderts auch im Musiktheater beispielhaft Ausdruck verliehen zu haben – besonders anschaulich nachzuvollziehen im Verbund mit den kongenialen Bühnenbildern Karl Friedrich Schinkels für die Berliner Produktionen von *Die Vestalin* (1818), *Fernand Cortez* (1818) und *Olimpie* (1821).

Noten: Fernand Cortez [Fassung von 1809], Bologna 1969 (Bibliotheca musica bononiensis 4/130). La Vestale, N. Y. und Ldn. 1979 (Early Romantic Opera 42). Fernand Cortez [Fassung von 1817], N. Y. und Ldn. 1980 (ebd. 43). Olimpie, N. Y. und Ldn. 1980 (ebd. 44). Agnes von Hohenstaufen, Mn. 2001 (Die Oper 6).

Dokumente: BELARDINELLI, A.: Documenti spontiniani inediti, Firenze 1955. HOFFMANN, E. T. A.: Nachträgliche Bemerkungen über Sp.s Oper Olympia (1821) *in* Sämtliche Werke, Bd. 5, hrsg. von H. STEINECKE u. a., Ffm. 1992, 613–657. HARTEN, U.: Die Bühnenentwürfe, Mn. und Bln. 2000 (Karl Friedrich Schinkel, Lebenswerk, 17).

Literatur: FRAGAPANE, P.: Sp., Bologna 1954, Firenze ²1983. LIBBY, D. A.: G. Sp. and his French and German Operas, Diss. Princeton University 1969. MILLER, N.: Der musikalische Freiheitskrieg gegen G. Sp. Berliner Opernstreit zur Zeit Friedrich Wilhelms III. *in* Preußen, Dein Spree-Athen, hrsg. von H. KÜHN, Reinbek bei Hbg. 1981, 200–227. MUNGEN, A.: Musiktheater als Historienbild. G. Sp.s »Agnes von Hohenstaufen« als Beitrag zur deutschen Oper, Tutzing 1997. CAVALLINI, I.: Il direttore d'orchestra. Genesi e storia di un'arte, Venedig 1924. DAHLHAUS, C. und MILLER, N.: Europäische Romantik in der Musik. Bd. 2: Von E. T. A. Hoffmann bis Richard Wagner (1820–1850), Stg. 2004.

Anselm Gerhard

Stamitz, Johann Wenzel Anton [Jan Waczlaw Antonín]

Getauft 19. 6. 1717 in Německý Brod (heute Havlíčkuv Brod); beerdigt 30. 3. 1757 in Mannheim

»Sein Genie war sehr original, kühn und kraftvoll; Erfindung, Feuer, und Contrast in den geschwinden Sätzen; – eine zärtliche, reizende und schmeichelnde Melodie in den Langsamen; verbunden mit Scharfsinn und Reichthum in der Begleitung, charakterisiren seine Werke; alle sind voll starken Ausdrucks ... [Von ihm] schreibt sich in großem Maaße der gegenwärtige *Synfoniestyl* her, der so voller großer Wirkungen, so voller Licht und Schatten ist.« (Burney, III, 7/II, 72)

Die nationalistisch motivierten Querelen am Anfang dieses Jahrhunderts, welches Land denn ab 1720 Stilwandel und Symphonie hervorgebracht habe, erwiesen sich längst als unbegründet: Die ›Neue Musik‹ des 18. Jahrhunderts ist eine europäische Schöpfung, wurde sie doch in verschiedenen Zentren (Italien, Wien, Mannheim und Norddeutschland vor allem) gleichzeitig – und z. T. unabhängig voneinander experimentierend – entwickelt. Die Radikalität des neuen Stils – oberstimmenfixierter Satz; kleingliedrige Melodik, Kantabilität (»Singendes Allegro«), rhythmische Quadratur (zwei- und viertaktige Einheiten), langsamer harmonischer ›Rhythmus‹, d. h. Wechsel zwischen den harmonischen Funktionen – und die ästhetischen und sozialen Umwandlungen rechtfertigen es, die Musik zwischen 1720 und 1780 endlich als Epoche eigenen Rechts, als »Musik im Zeitalter der Aufklärung« zu konstituieren.

Die Mannheimer waren selbst eine europäische Synthese: Musiker aus Österreich, Deutschland (Bayern, Schwaben, Westfalen), Belgien, Italien, Schlesien, Ungarn sowie Böhmen und Mähren bildeten das »Paradies der Tonkünstler« (Jacobi). In der geographisch günstig gelegenen Kurpfalz trafen eine mannigfaltige Kultur- und Wissenschaftspflege, ein leistungsfähiges Orchester und St., eine offenbar charismatische Persönlichkeit, zusammen. St., in kompositorischer, solistisch-virtuoser und orchestral-virtuoser Hinsicht gleich dreifach innovativ, schuf aus der Kapelle des Kurfürsten das Orchester, »welches mit Recht durch ganz Europa so berühmt« (Burney II, 73).

Der mit diesem Orchester entwickelte Kompositionsstil galt den fortschrittlichen Bürgern in Frankreich (St. gastierte 1751 und 1754 in Paris) und England (durch Charles Burneys »Tagebuch«) als Ausdruck moderner bürgerlicher Gesinnung, sie erhofften sich von ihm die Erneuerung der eigenen Musik. Da der neue Kompositionsstil in Paris als »Sinfonie d'Allemagne« bekannt wurde und dort drei der späten Symphonien St.' 1755 unter dem Titel *La Melodia Germanica* veröffentlicht wurden, ist der Irrtum, der Stilwandel sei von den Deutschen ›erfunden‹ worden, quasi historisch angelegt.

Dabei ist kompositorisch im einzelnen fast nichts in Mannheim zuerst entwickelt worden: Die Erweiterung der dreiteiligen Opernsinfonia um das Menuett zur viersätzigen Symphonie, die Ausbildung des Sonatenprinzips im allgemeinen und des zweiten Themas im besonderen, die Verwendung von crescendo und diminuendo, überhaupt die Differenzierung der Dynamik, die sogenannten »Mannheimer Manieren« (etwa »Rakete«, »Seufzer«, »Walze« und »Bebung«), der Einsatz von Klarinetten im Orchester, ja auch die Orchesterdisziplin sind punktuell in Italien, Wien und – bezüglich Koordination der Bogenstriche z. B. – bei Lully in Frankreich früher oder gleichzeitig nachweisbar. St.' einzigartige Leistung aber besteht darin, daß er – von italienischer Musik angeregt – die oft isoliert auftretenden Errungenschaften zu einem Ganzen bündelte, beharrlich anwandte und – dies ist entscheidend – erkannte, daß die veränderte Satzstruktur einen veränderten orchestralen Klangstil bedingt. St. schuf mit seinen Mannheimern das moderne Orchester, legte zunehmend Spiel- und Vortragsweisen fest, eliminierte das Generalbaßfundament bzw. integrierte die harmonietragende Schicht des Basso continuo in den Orchestersatz, emanzipierte die Bläserfarben und verwendete überhaupt als erster Klangfarbe als kompositorisches Strukturelement – übertrug also alle Neuerungen auf das Orchester. (Wichtig sind in diesem Zusammenhang die Einsichten Burneys zur Analogie von Farbe und Klangfarbe und zu den Chiaroscuro-Effekten in St.' Musik.) Bei St. vereinigten sich Synthese- und Konsequenzfähigkeiten mit ingeniöser produktiver Phantasie im Klangfarben- und Ausführungsbereich.

Im Schaffen St.' können zwei große Phasen unterschieden werden: eine böhmische (Vor-Mannheimer-)Zeit, in der er vor allem Kammer- und Kirchenmusik komponierte, und das Wirken in Mannheim seit 1741, wo er sich vor allem Solokonzerten und symphonischen Werken widmete (zehn Orchestertrios und an die sechzig Symphonien sind nachgewiesen). Die böhmischen Kompositionen sind noch deutlich der barocken Tradition verpflichtet, das erregend Neue seines Orchesterstils prägt sich erst in den Mannheimer Symphonien aus und infiziert auch kammermusikalische Gattungen oder die *Messe D-dur* – die einzige, die St. in Mannheim komponierte. Die Symphonien selbst sind selbstverständlich kein monolithischer Block, sondern zeigen die Male des Experimentierens mit der jungen Gattung. Vor allem Viersätzigkeit und dreiteilige Anlage des ersten Satzes mit prägnantem kontrastierenden zweiten Thema im ersten, komplexerer thematischer Verarbeitung im Mittelteil (Durchführung) sowie organischeren Verbindungen zwischen den Teilen sind erst in den späten Symphonien voll ausgebildet. Die kontrapunktische Arbeit in der Kirchenmusik seiner böhmischen Phase beweist, daß der Verzicht auf polyphone Linearität in St.' ersten Mannheimer Jahren nicht fehlendem Handwerk, sondern bewußter ästhetischer Haltung entspringt. In den späten Symphonien läßt er Imitatorik in Maßen wieder zu – nicht als Regelwerk, sondern als Ausdrucksmittel. Die formal recht traditionellen Solokonzerte endlich – darunter viele für Violine oder Blasinstrumente (unter anderem wohl das erste Konzert für B-Klarinette überhaupt) – werden zunächst der Virtuosität St.' und seiner Mannheimer gerecht. Aber auch hier wird das Alte umgedeutet und dem neuen Expressionsprinzip unterworfen, erschließt St. den Instrumenten ein neues inniges und lebendig Sprechendes.

Die Kritik an St. und den Mannheimern als Komponisten ist ebenso alt wie ihr Lob als Orchestermitglieder und Virtuosen. Zu äußerlich war für C. Ph. E. Bach und die norddeutschen Musiktheoretiker der Ausdruck im Mannheimer Stil, der im übrigen als kurzlebige Mode abgetan wurde. Und noch 1971 grenzt Charles Rosen St. scharf von der Klassik ab: »Die Musik von Johann Stamitz verquickt beispielsweise primitive, klassische [sic!] Phrasenbildung mit höchst altmodischer, barocker Sequenzharmonik, so daß ein Element selten das andere verstärkt, sondern es vielmehr um seine Wirkung bringt.« (Rosen, 21) Weiter könnte, von heute aus betrachtet, kritisch angemerkt werden, daß St. das barocke Verhältnis von Wesen (Komposition, Struktur) und Erscheinung (Klang) zugunsten der letzteren umgewertet hat. Dies ist aber mit seinem Orchester- und Symphoniestil untrennbar verbunden und hat zudem zu einer Erweiterung der Strukturierungsmittel um die Klangfarbe geführt.

Wieviel St. auch von anderen übernommen und zur Klassik beigetragen hat (Mozart – das steht fest – wurde in seiner frühen Schaffenszeit wesentlich vom Mannheimer Stil beeinflußt): Wichtig sind die für sich stehenden Errungenschaften St., seine selbständige Originalität, die mit ihrer Mischung von Regelmäßigkeit (Quadratur) und Unregelmäßigkeit (rhythmische Verschiebungen, ungerade Einheiten, Synkopen, Sforzati), von heroischer Geste und Kantabilität, von Kalkül und Emotion sowie von »Theater-« und »Kammerstyl« das Schwanken des aufbrechenden Bürgertums zwischen aufklärerischer Rationalität und »Sturm und Drang«-Irrationalität, zwischen Vernunft und undomestizierter Ausdruckslust in adäquate Musik faßte. Im Orchesterstil St., der bewußt und konsequent auf Überraschung durch Kontrast und Effekt hin angelegt ist, fand der Bürger, pointiert gesagt, nicht nur Elemente der mechanisierten Manufaktur wieder, sondern auch seine Seele. Auf alle Fälle begründete St. eine zweckfreie »wortlose« Instrumentalmusik und bündelte musikalische Energien, die z. T. erst im 19. Jahrhundert wieder wirksam wurden.

Noten: Sinfonien der pfalzbayerischen Schule, hrsg. von H. RIEMANN, Lpz. 1903–07 (DTB 31, 72, 82).

Literatur: ROSEN, CH.: The Classical Style. Haydn, Mozart, Beethoven, Ldn. 1971; dt. als Der klassische Stil. Haydn, Mozart, Beethoven, Kassel ³1999. SCHARSCHNUCH, H.: J. St. in AfMw 33 (1976), 189–212. EGGEBRECHT, H. H.: Mannheimer Stil – Technik und Gehalt *in* Sinn und Gehalt, Wilhelmshaven 1979, 140–161. WOLF, E. K.: The Symphonies of J. St. A Study in the Formation of the Classical Style, Utrecht 1981. GRANDENWITZ, P.: J. St., Wilhelmshaven 1985. Die Mannheimer Hofkapelle im Zeitalter Carl Theodors, hrsg. von L. FINSCHER, Mannheim 1992. KUNZE, ST.: Die Sinfonie im 18. Jahrhundert. Von der Opernsinfonie zur Konzertsinfonie *in* Handbuch der Musik. Gattungen, Bd. 1, hrsg. von S. MAUSER, Laaber 1993. WOLF, E. K.: Driving a Hard Bargain. J. St.' Correspondence with Stg. 1748 *in* Fs. Chr.-H. Mahling zum 65. Geburtstag, hrsg. von A. BEER u. a., Tutzing 1997, 1553–70. Mannheim – Ein Paradies der Tonkünstler?, Kgr.-Ber. Mannheim 1999, hrsg. von L. FINSCHER u. a., Ffm. u. a. 2002 (Quellen und Studien zur Geschichte der Mannheimer Hofkapelle 8). BURNEY, CH. Tagebuch einer musikalischen Reise, Faks., hrsg. von CHR. HUST, Kassel u. a. 2003.

Anton Haefeli

Stockhausen, Karlheinz

Geb. am 22. 8. 1928 in Mödrath (bei Köln)

Der kompositorische Weg ist weit, den St. in mittlerweile mehr als fünf schaffensintensiven Jahrzehnten bis heute zurückgelegt hat, seit er Anfang November 1951 sein erstes bedeutendes Werk, das *KREUZSPIEL für Oboe, Baßklarinette, Klavier, 3 Schlagzeuger* zum Abschluß bringen konnte. Und nie hat St. es sowohl sich selbst als auch anderen Menschen, Interpreten wie Zuhörer einbeschlossen, mit der von ihm komponierten Musik leicht gemacht, die nach dem Zusammenbruch der Nazi-Diktatur wirklich – und anders als in den meisten übrigen gesellschaftlichen Bereichen – radikal beim Punkt Null anzusetzen versuchte. In einem rigorosen Streben nach Reinheit der musikalischen Sprache verzichtete St. weitgehend auf überlieferte – und während der Nazi-Zeit korrumpierte – kompositorische Kategorien: Statt der ehemaligen Komposition mit Ton-Motiven und Themen, aus deren Verarbeitung und Durchführung oder Wiederholung und Variation das herkömmliche Musikwerk entstand, wurde nun das Urelement der musikalischen Komposition überhaupt, nämlich der einzelne Ton, seine Zusammensetzung zu Klängen und die daraus folgende Formung eines Werkes, zum Gegenstand der kompositorischen Arbeit erhoben. Dabei kann solches Streben nach einer neuen musikalischen Ordnung zum einen als eine unmittelbare Reaktion auf St.s eigene grauenhafte Erfahrungen in Nazi-Deutschland und während des Zweiten Weltkriegs (nach dem Euthanasie-Tod der Mutter kam St. 1941–42 in ein Internat und wurde 1944 im Lazarettdienst eingesetzt) aufgefaßt werden, zum anderen war dieser Neubeginn durch und durch religiös motiviert: Komponieren heiße, erklärte St. 1952, »Aufgehen des Einzelnen im Ganzen« mit dem Ziel einer »Annäherung an die denkbare Vollkommenheit von Ordnung« im Sinne der göttlichen Weltordnung (Texte Bd. 1, 18), um so – wie er wenig später schrieb – »Musik *jeweils* als *Vorstellung* jener umfassendsten ›globalen‹ Struktur zu verstehen, in die alles *einbezogen* ist« (ebd. 47).

Eine entscheidende Anregung für die Komposition des *KREUZSPIELS* vermittelte St. das Erlebnis von Messiaens Klavieretüde »Mode de valeurs et d'intensités«, die er bei seiner ersten Teilnahme an den Internationalen Ferienkursen für Neue

Musik in Darmstadt 1951 kennenlernte; erstmalig in der abendländischen Musikgeschichte ist bei diesem Stück das verwendete Tonmaterial in allen seinen musikalischen Eigenschaften (wie Oktavlage, Zeitdauer, Intensität und Anschlagsart der Einzeltöne) in einem sogenannten »Mode« als Grundlage der kompositorischen Niederschrift, in deren Vollzug Messiaen die Töne beliebig, aber unverändert dem »Mode« entnahm, vollständig vorgeordnet. Zur Benennung seiner im Anschluß daran seit dem KREUZSPIEL geschaffenen Werke führte St. 1953 die aus dem Französischen übertragene Bezeichnung serielle Musik ein, mit der das neuartige, Messiaens Verfahren reihentechnisch modifizierende Kompositionsprinzip unmittelbar ins Wort genommen ist. Denn in Erweiterung der von Schönberg ersonnenen und über Webern tradierten Zwölftonmethode, die auf dem gleichberechtigten kompositorischen Gebrauch sämtlicher zwölf chromatischer Tonhöhen in einer bestimmten, vorher festgelegten Reihenfolge beruht, werden mit der seriellen Kompositionstechnik nicht nur die Höhe jedes Tones, sondern auch seine restlichen Merkmale – die Lautstärke, die Dauer und die Klangfarbe – in Reihen prädeterminiert, um dann durch deren Kombination das musikalische Werk zu realisieren.

Das Resultat eines solchen Kompositionsverfahrens, dessen früheste, durch das KREUZSPIEL repräsentierte und auf den Einzelton als primäres Ordnungselement sich konzentrierende Ausprägung man punktuell nannte, ist eine relativ abstrakte Musik. Und so nimmt es wenig wunder, daß diese bei den Zeitgenossen nur auf geringes, oder vielmehr meist auf überhaupt kein Verständnis stieß. Bereits die Uraufführung des KREUZSPIELS erzeugte bei den Darmstädter Ferienkursen – dem damaligen alljährlichen Treffpunkt der musikalischen Avantgarde – im Juli 1952 einen ausgewachsenen Skandal. »Man hört kaum mehr als unzusammenhängende musikalische Floskeln«, notierte anschließend der Musikkritiker Walter Friedländer in der Frankfurter Allgemeinen Zeitung und folgerte messerscharf, wenn »der klingende Ablauf« von Musik nicht mehr »als sinnvoll gehört« werden könne, »dann fällt die letzte Möglichkeit«, derartige »Klangspiele vom Begriff der Musik als Kunst aus zu fassen« (Wörner, 126). Der Vorwurf, daß das, was St. komponiere, keine Musik mehr sei, wurde in den folgenden Jahren ein beliebter Topos der Musikkritik. Nach der Uraufführung der KONTRA-PUNKTE für 10 Instrumente im Mai 1953 stand als Resümee Willi Schuhs in der Neuen Zürcher Zeitung zu lesen: »K. S. Kontra-Punkte kennen nur noch ein auf Farbenwechsel ausgedehntes Spiel mit einzelnen, dynamisch sechsfach gestuften Klangpunkten. Die Ablösung von der durch melodisches, rhythmisches, harmonisches und kontrapunktisches Geschehen bestimmten traditionellen musikalischen Vorstellungswelt ist bei ihm eine vollkommene, ohne daß das Ohr die proklamierte ›vollständige Durchorganisierung der Tonmaterie‹ festzustellen oder gar zu kontrollieren vermöchte, ob der Komponist ›für das tiefer liegende Strukturgeflecht gute Verhältnisse und das nötige Maß an Sensibilität gefunden‹ habe. Über der Systematik und der Organisation scheint nur eines – das Wichtigste – vergessen: Musik zu schaffen, die etwas (was immer es auch sei) auszusagen hat« (ebd., 127).

Mindestens ebenso starke Widerstände stellten sich St. in den Weg, als er zur elektronischen Klangerzeugung überging, um die skizzierte Idee serieller Komposition von Musik aus ihrem kleinsten Element, dem einzelnen Ton, möglichst rein und vollkommen ohne die Begrenzungen und klanglichen Präfixierungen herkömmlicher Musikinstrumente zu verwirklichen. Im 1953 eingerichteten Studio für Elektronische Musik des Westdeutschen Rundfunks Köln schnitt und klebte St. in mühevoller, langwieriger Arbeit seine ersten beiden, aus obertonfreien Sinusschwingungen zusammengesetzten Tonbandkompositionen, die neuneinhalbminütige STUDIE I (1953) und die dreiminütige STUDIE II (1954). Als die Werke (gemeinsam mit elektronischen Stücken anderer Komponisten) im Oktober 1954 uraufgeführt wurden, war erneut die Ratlosigkeit der Kritiker groß, wobei offensichtlich schon die fremdartige Darbietung einer Musik aus dem Lautsprecher ohne menschliche Interpreten für Irritation sorgte: »Die Szenerie war ungewohnt. Auf dem Podium im Sendesaal standen keine Instrumente, sondern nur ein überdimensionaler Lautsprecher, aus dem die Musik ertönte, die nur auf Tonbändern existiert. Der Beifall für die Komponisten kam zögernd. Die Hörer waren unsichtbar.« Während indes der eben zitierte Rezensent Friedländer noch relativ zurückhaltend »viele und ernste Fragen« gestellt sah, »nachdem die elektronischen Komponisten mit dem Anspruch auftreten, wirkliche Musik zu schreiben« (ebd., 127 ff.), erblickte ein damals namhafter Musikwissenschaftler in der

Elektronischen Musik, zu deren Entwicklung St. wie wohl kein zweiter Komponist seiner Generation beigetragen hat, sogar blasphemische Kräfte am Werk, indem durch vermeintliche ›Denaturierung‹ die Axt an die Wurzeln der Musik als einer der vollkommensten Schöpfungen Gottes gelegt werde, um dann aus den Trümmern eine elektronische ›Fratzenwelt‹ aufzubauen, die den Schöpfer verhöhne (FR. BLUME: Was ist Musik? in Musikalische Zeitfragen 5, 1959).

Dabei ging und geht es St. in seiner kompositorischen Arbeit geradewegs um das Gegenteil, wie die nächste elektronische Komposition *GESANG DER JÜNGLINGE* (1955–56) unüberhörbar beweist. St. verknüpfte in diesem Werk elektronische Klänge mit dem – in unterschiedlichen Graden verfremdeten – Gesang einer Knabenstimme und beantwortete dabei ganz ausdrücklich die immer wiederkehrende Frage der Kritiker, was seine Musik (falls sie überhaupt Musik sei) denn eigentlich aussagen solle; in einem zur Uraufführung des Werkes im Mai 1956 verfaßten Einführungstext erklärte er: »Die gesungenen Klänge sind an bestimmten Stellen der Komposition zum verständlichen Wort geworden, zu anderen Zeitpunkten bleiben sie reine Klangwerte, und zwischen diesen Extremen gibt es verschiedene Grade der Wortverständlichkeit. Einzelne Silben und Worte sind dem »Gesang der Jünglinge im Feuerofen« (3. Buch Daniel) entnommen. Wo immer also aus den Klangzeichen der Musik für einen Augenblick Sprache wird, lobt sie Gott« (Texte Bd. 2, 49).

Die Verbindung Elektronischer Musik mit konkreten Klangereignissen verfolgte St. in Werken wie den *KONTAKTEN für elektronische Klänge, Klavier und Schlagzeug* (1958–60) weiter, wo bei einer Aufführung zwei Instrumentalisten synchron zum Tonband mitspielen, oder in sogenannten live-elektronischen Stücken wie *MIKROPHONIE I für Tamtam, 2 Mikrophone, 2 Filter und Regler* (1964), wo die elektronische Transformation konkreter Klänge unmittelbar im Konzert stattfindet. Und seit der *TELEMUSIK* (1966) berücksichtigte er in elektronischen Kompositionen auch Klangmaterial, das nicht aus der eigenen Feder stammte, nämlich »Musik der ganzen Erde, aller Länder und Rassen« (Texte Bd. 3, 75), um so – nicht zuletzt erschüttert durch die täglichen Schreckensmeldungen vom 1965 ausgebrochenen Vietnam-Krieg – den Entwurf eines friedlichen Zusammenlebens der Völker in einer allumfassenden »Weltmusik« (Texte Bd. 4, 468 ff.) zu komponieren.

Zudem bot der *GESANG DER JÜNGLINGE* das erste Beispiel mehrkanaliger »Musik im Raum« (Texte Bd. 1, 152 ff.), bei der die Richtung, Entfernung und räumliche Bewegung der Klänge für den Zuhörer ebenso wichtig ist wie die übrigen Klangeigenschaften. Diese Idee der Raummusik blieb bis heute ein Schwerpunkt der kompositorischen Arbeit St.s (*HYMNEN*, 1966–67; *SIRIUS*, 1975–77; *OKTOPHONIE*, 1990–91; *ELEKTRONISCHE MUSIK* mit *TONSZENEN* vom *FREITAG* aus *LICHT*, 1991–94; *MITTWOCH-ABSCHIED*, 1996) und erlebte bei der Weltausstellung im japanischen Osaka 1970 einen ersten spektakulären Höhepunkt. In einem nach St.s Entwurf gebauten Kugelauditorium (mit 28 Metern Durchmesser und 55 in zehn Ringen angebrachten Lautsprechern) saß das Publikum auf einer schalldurchlässigen Plattform in der Kugelmitte und hörte die Klänge frei im Raum um sich herum fliegen, unter und über sich, in Kreisen und Spiralen; der zukunftweisende Gehalt dieses Bauwerks, das nach Beendigung der Weltausstellung abgerissen wurde, kann wohl auch heute in seinem ganzen Ausmaß erst annähernd eingeschätzt werden.

Auch in kompositionstechnischer Hinsicht verharrte St. nicht beim einmal Erreichten, sondern modifizierte und erweiterte das anfängliche, punktuelle serielle Konzept bis an dessen äußerste Grenzen, um seine zunächst abstrakte Musik mehr und mehr zu versinnlichen und durch vielfältigste Ausdrucksmöglichkeiten zu bereichern. In einer zweiten Phase der seriellen Musik schuf er die »Gruppenkomposition« (ebd., 63 ff.), bei der die vormals vereinzelten Töne zu deutlich wahrnehmbaren Ton-Gruppen im Sinne übergeordneter Erlebnisqualitäten zusammengefaßt werden; und zwar dergestalt, daß jede musikalische Gruppe durch eine eigenständige Dauer, durch die bestimmte Anzahl ihrer Töne und durch je eigentümliche melodische Bewegungsrichtungen sowie rhythmische und dynamische Verhältnisse charakterisiert ist. Auf diese Weise entstanden das *KLAVIERSTÜCK I* (1952–53) und die Schlüsselkomposition *GRUPPEN für 3 Orchester* (1955–57), mit hufeisenförmiger Aufstellung um das Publikum, zugleich ein Beispiel rein instrumentaler Raummusik (ähnlich *CARRÉ für 4 Orchester und Chöre*, 1959–60).

In geradezu atemberaubenden Tempo ließ St. Neuerung auf Neuerung folgen. Mit dem *KLA-*

VIERSTÜCK XI (1956) komponierte er das erste, nachgerade berühmt gewordene Werk sogenannter musikalischer Aleatorik; unter diesem Begriff, der auf das lateinische Wort alea – ›der Würfel‹, und in übertragener Bedeutung: ›der Zufall‹ – zurückgeht, versteht man einen musikalischen Vorgang, der nur in einem gewissen Rahmen festgelegt, in seiner je besonderen Ausprägung hingegen unbestimmt belassen ist. St. setzte diese Idee im KLAVIERSTÜCK XI folgendermaßen um: Auf einem großen Papierbogen notierte er neunzehn verschiedene, ganz genau auskomponierte Notengruppen unterschiedlicher Länge, überließ deren Abfolge jedoch dem Zufall in Gestalt des Interpreten; dieser spielt bei einer Aufführung jeweils die Gruppe, die er absichtslos gerade erblickt, und wenn er ein drittes Mal auf dieselbe Gruppe schaut, ist damit eine Version des Stückes beendet. Zahlreiche Kompositionen, die St. danach hervorbrachte, verdanken sich als Ganzes oder in kleineren Werkabschnitten solch aleatorischer Erweiterung des Seriellen, beispielsweise der ZYKLUS für einen Schlagzeuger (1959), bei dem etwa die Leserichtung der Partitur dem Ausführenden freisteht, oder die MOMENTE (1962–64, beendet 1969), deren einzelne Formteil auf unterschiedliche Weise miteinander verknüpft werden können (zugleich ein Paradigma neuer Vokalkomposition – ebenso STIMMUNG für 6 Vokalisten, 1968).

Und weiter führte St.s kompositorischer Weg zu den Prozeßkompositionen wie PLUS-MINUS 2 × 7 Seiten für Ausarbeitungen (1963) oder PROZESSION für Tamtam, Bratsche, Elektronium, Klavier, Mikrophone, Filter und Regler (1967). Deren Partituren bestehen nicht mehr aus Noten, die spezifische Klangereignisse nach sich ziehen, sondern aus Symbolen wie Plus-, Minus- und Gleichheitszeichen, die in klanglicher Hinsicht unverbindlich sind, deren besondere Abfolge aber bestimmte musikalische Abläufe und Entwicklungen vorgibt. Auch wenn der erste Anschein dagegen sprechen mag, so sind selbst diese Werke immer noch der seriellen Kompositionsidee verpflichtet, indem es in ihnen um die stufenweise Vermittlung von zunächst musikalisch Disparatem und damit um ein zentrales Anliegen seriellen Denkens geht, das Karl H. Wörner in Paraphrasierung einer entsprechenden Auskunft St.s recht anschaulich erläutert hat: »Serielles Denken – mit Absicht wird nicht von serieller Technik gesprochen – macht den Versuch, zwischen irgendwelchen Extremen zu vermitteln. Neu ist, daß diese Vermittlung durch mindestens zwei Zwischenstufen zwischen zwei Extremen herzustellen ist. Ohne diesen Gedanken zunächst auf Musik zu übertragen, wählen wir als Extrem Schwarz und Weiß. Seriell denken heißt hier nichts anderes, als zwischen Schwarz und Weiß, je nach der Komplexität der Form, eine Skala mit einer genügend großen Anzahl von Grau-Stufen einzurichten, so daß Schwarz nicht einfach nur als Kontrast, als Gegensatz zu Weiß erscheint, sondern als ein Grad von Weiß auf Grund der verschiedenen Grauwerte dazwischen« (50). Und auch St.s Kompositionen Intuitiver Musik, deren als Textanweisungen formulierte Spielvorlagen noch weitgehender die Spontaneität und schöpferische Mitwirkung der Interpreten herausfordern und in die Hervorbringung des musikalischen Ergebnisses einbeziehen, stellen entgegen dem verbreiteten Vorurteil zahlreicher, zumal musikwissenschaftlicher Rezipienten, die diese Musik als Irrationalismus zu schmähen sich angewöhnt haben, eine wenn auch aufgrund ihrer spezifisch freien Ausdrucksqualität äußerste Konsequenz seriellen Denkens dar. Ein Beispiel der Sammlung AUS DEN SIEBEN TAGEN, die St. im Mai 1968 verfaßte, mag diesen Aspekt verdeutlichen; denn die Komposition VERBINDUNG für Ensemble umschreibt nichts anderes als die musikalische Erforschung und Erfahrung einer Skala körperlicher, geistiger, menschlicher und universaler Rhythmen sowie deren anschließende Vermittlung: »Spiele eine Schwingung im Rhythmus Deines Körpers / Spiele eine Schwingung im Rhythmus Deines Herzens / Spiele eine Schwingung im Rhythmus Deines Atems / Spiele eine Schwingung im Rhythmus Deines Denkens / Spiele eine Schwingung im Rhythmus Deiner Intuition / Spiele eine Schwingung im Rhythmus Deiner Erleuchtung / Spiele eine Schwingung im Rhythmus des Universums // Mische diese Schwingungen in freier Reihenfolge // Lasse zwischen ihnen genügend Stille.«

Freilich verlief St.s kompositorischer Weg nie einsträngig, sondern stets gleichzeitig in verschiedene, sich trennende, überkreuzende, ergänzende und zuweilen erneut aufeinandertreffende Richtungen, ein Sachverhalt, den St. selbst mit der Metapher einer Spirale gekennzeichnet hat. In diesem Sinne einer Wegstation, an der auf einer höheren Ebene frühere kompositorische Erfahrungen aufgegriffen und in neue Errungenschaften eingebunden werden, ist auch die Technik der

»Formel-Komposition« (Texte Bd. 5, 665 ff.) aufzufassen, die St. mit dem Werk MANTRA für 2 Pianisten (1970) entwickelte und die ihm bis heute als Basis seines Schaffens dient. Während in der seriellen Musik der 1950er Jahre die prädeterminierte Organisation des musikalischen Satzes durch mehr oder minder abstrakte (Zahlen-)Reihen bestimmt wurde, tritt sie nun in einer charakteristisch gegliederten und faßlich artikulierten melodischen Tonfolge, der Formel des Werkes, unmittelbar klanglich wahrnehmbar in Erscheinung. Dabei kann die Formel auch freie, aleatorische Abschnitte enthalten, und durch vielfältige Mittel der kompositorischen Ableitung und Transformation entsteht aus ihr – oder in späteren Kompositionen auch aus mehreren Formeln – das gesamte Werk; man kann ihre Funktion nicht nur mit der einer mathematischen oder genetischen, sondern auch einer regelrechten Zauber-Formel vergleichen, wenn man sich nur einmal an einem Werk vergegenwärtigt, welchen Reichtum musikalischer Gestalten, Klänge und Prozesse St. aus einer einzigen Formel hervorzuzaubern vermag. Zudem sah sich St. auf der Basis einer grundlegend neuen, gleichsam gereinigten musikalischen Sprache zu Beginn der 1970er Jahre auch wieder in die Lage versetzt, mit der Formel-Komposition zuvor weitgehend tabuisierte kompositorische Kategorien wie etwa eine ausdrucksvolle Melodie und einen prägnanten Rhythmus als tragende ästhetische Qualitäten in seine Musik aufzunehmen.

Darüber hinaus verknüpfte St. mit der Formel-Komposition noch ein zusätzliches Moment, für das der Begriff der Szenischen Musik einsteht, einer Musik also, bei der auch die Bewegungen der Interpreten und der visuelle Gesamteindruck einer Aufführung durchkomponiert sind (INORI, 1973–74; MUSIK IM BAUCH; HARLEKIN, beide 1975). Im Blick auf das Werk TRANS für Orchester (1971), bei dem die Streicher in einem nebligen, rot-violetten Licht frontal zum Publikum agieren (während der Rest des Orchesters unsichtbar bleibt), erläuterte St. die Konzeption Szenischer Musik in einem Gespräch (1973) folgendermaßen: »TRANS ist zum erstenmal ein Stück, in dem ein Musiker, der sich in der Nase bohrt, wirklich einen Fehler macht. Jede Bewegung, die Sie sehen, und jede Farbe, und jeder Ton – alles was Sie hören und sehen, ist integriert in den Gesamtvorgang« (Texte Bd. 4, 544).

Szenische Musik und Formel-Komposition gipfeln heute in St.s großem musikdramatischen Zyklus LICHT (1977–2002), der den Untertitel *Die sieben Tage der Woche* trägt und sieben abendfüllende Bühnenwerke umfaßt: DONNERSTAG aus LICHT (Mailand 1981), SAMSTAG aus LICHT (Mailand 1984), MONTAG aus LICHT (Mailand 1988), DIENSTAG aus LICHT (Leipzig 1993), FREITAG aus LICHT (Leipzig 1996) sowie die bislang noch nicht zur integralen szenischen Uraufführung gelangten, zuletzt komponierten Teile MITTWOCH aus LICHT (1993/1995–98) und SONNTAG aus LICHT (1999–2002). Dabei hat St. mit den einzelnen Stationen der Heptalogie sich hinsichtlich deren szenischer Implikationen zusehends von der traditionellen Oper entfernt, wenn etwa die 3. Szene des MITTWOCH aus LICHT aus einem auf vier Hubschrauber verteilten Streichquartett mit audiovisueller Übertragung in das Auditorium besteht (HELIKOPTER-STREICHQUARTETT) oder die 5. Szene des SONNTAG aus LICHT von einem Chor und einem Orchester, die in zwei unterschiedlichen Sälen mit elektroakustischen Zuspielmöglichkeiten postiert sind und nach einer Pause für eine zweite Darbietung ihre Plätze wechseln, simultan aufgeführt werden soll (HOCH-ZEITEN). Die Thematik LICHT – eine Metapher für das Göttliche – wird mittels unterschiedlicher Konstellationen und Konflikte dreier Protagonisten, Eva, Michael und Luzifer, an jedem der sieben Tage aus anderer Perspektive beleuchtet, um so das Verhältnis des Menschen zu Gott zu reflektieren. Daß St. mit einem solchen religiösen Thema nicht auf ungeteilt positive Resonanz stößt, ist naheliegend. Insofern hat sich seit dem Anfang seines kompositorischen Weges wenig geändert. Die Musik, die er niederschreibt, ihr immer wieder ausgefeilteres Spiel- und Wahrnehmungsfähigkeiten fordernder Innovationsanspruch, macht es niemandem, der Schritt zu halten versucht, einfach, ebensowenig wie die damit verbundene Eindeutigkeit ihrer Aussage. Sie zwingt zu ebensolch eindeutiger Reaktion, entweder pro, oder contra, einen bequemen Mittelweg eröffnet sie nie.

Ähnliches gilt für St.s zahlreiche verbalen Stellungnahmen wie besonders jüngst die irritierenden Einlassungen zum New Yorker Terroranschlag des 11. September 2001 (dokumentiert in Musik-Texte 91, November 2001), die als das Zeichen einer zusehends gewachsenen sozialen Isolation interpretiert werden können und nicht ohne Einfluß auf die Rezeption seiner Musik bleiben dürften. Davon abgesehen widmet St. sich mit der 1991 begonnenen Gesamtausgabe des kompositorischen Œuvres auf Compact Discs sowie im Rahmen der seit 1998 jeden Sommer in Kürten veranstalteten St.-Kurse nicht zuletzt nachhaltig der medialen Verbreitung und pädagogischen Vermittlung seiner musikalischen Intentionen und Werke.

Noten: Universal Edition (Wien) bis Werk Nr. 29 *FRESCO*; St.-Verlag (Kurten) ab Werk Nr. 30 *POLE*.
Dokumente: Texte zur elektronischen und instrumentalen Musik, Bd. 1, Köln 1963; jap. Tokio 1999. Texte zu eigenen Werken, zur Kunst Anderer, Aktuelles, Bd. 2, Köln 1964; ²1975. Texte zur Musik 1963–1970, Bd. 3, Köln 1971. Texte zur Musik 1970–1977, Bd. 4, Köln 1978. Texte zur Musik 1977–1984, Bd. 5 und 6, Köln 1989. Texte zur Musik 1984–1991, Bd. 7–10, Kürten 1998 [mit WV und Bibl.]. COTT J. St.: Conversations with the Composer, N.Y. 1973; Ldn. 1974. TANNENBAUM, M.: K. St. Intervista sul gemo musicale, Bari 1985. St. on Music. Lectures and Interviews, hrsg. von R. MACONIE, Ldn. und N.Y. 1989.
Literatur: WÖRNER, K.H.: K. St., Rodenkirchen 1963. HENCK, H.: K. St.s Klavierstück X, Herrenberg 1976; Köln ²1980. MACONIE, R.: The Works of K. St., Ldn. 1976; Oxford ²1990. SABBE, H.: Die Einheit der St.-Zeit *in* K. St., … wie die Zeit verging …, Mn. 1981 (MK 19). KURTZ, M.: St., Kassel 1988; engl. Ldn. 1992. CONEN, H.: Formel-Komposition, Mainz 1991. BLUMRÖDER, CHR. VON: Die Grundlegung der Musik K. St.s, Stg. 1992 (Beihefte zum AfMw. 32). FRISIUS, R.: K. St. I, Mainz 1996. HOPP, W.: Kurzwellen von K. St., Mainz 1998. St. 70, hrsg. von I. MISCH und CHR. VON BLUMRÖDER, Saarbrücken 1998 (Signale aus Köln 1). A Seventieth-Birthday Fs. for K. St., 3 Teile *in* Perspectives of New Music 36 (1998), Nr. 1–2 und 37 (1999), Nr. 1. MISCH, I.: Zur Kompositionstechnik K. St.s GRUPPEN für 3 Orchester (1955–57), Saarbrücken 1999 (Signale aus Köln 2). Internationales St.-Symposion 1998, Tagungsber., hrsg. von I. MISCH und CHR. VON BLUMRÖDER, Saarbrücken 1999 (Signale aus Köln 4). WIRTZ, M.: Licht. Die szenische Musik K. St. Eine Einführung, Saarbrücken 2000. K. St. bei den Internationalen Ferienkursen für Neue Musik in Darmstadt 1951–96, hrsg. von I. MISCH und M. BANDUR, Kürten 2001. BANDUR, M.: beziehungszauberei. die superformel von »LICHT« *in* NZfM 164, 4 (2003), 21–25. DERS.: alles aus einem kern entfaltet. Zum einfluß von »thr utantia book«auf st.s »LICHT«, ebd. 27–29.

Christoph von Blumröder

Strauß, Johann (Sohn)
Geb. 25. 10. 1825 in Wien;
gest. 3. 6. 1899 in Wien

Str. hat als phantasievoller Anekdotenerzähler Dutzende von Romanschriftstellern und Filmemachern zu vermeintlich authentischen Lebensabrissen inspiriert. Wenn es aber um handfeste Dokumentation ging – wie in der biographischen Einleitung zur Gesamtausgabe der Werke seines Vaters (1889) –, da ließ er sie vom Ghostwriter Eduard Hanslick nachempfinden. Tatsächlich war das Debüt des Komponisten Str. im Oktober 1844 ein riskantes Unternehmen. Klavier- und Violinstudien hatte Str. durchaus emsig betrieben, aber mit dem Theoriestudium haperte es. Doch Mutter Anna, zermürbt von der ›Fremdgängerei‹ des Ehegemahls, bestimmte unmittelbar nach Josef Lanners Tod ihren Ältesten (17) zur Nachfolge. Nach nur einjähriger Ausbildung erfolgte die Bewerbung um eine Lizenz als Musikdirektor; wenige Tage danach reichte Anna Str. die Scheidung gegen den Vater ein. Zur Unterstützung wurde der mährische Klarinetten-Virtuose und Arrangeur des Vaters, Joseph Proksch, hinzugezogen. Prompt priesen alle Debüt-Kritiker das angebliche Vermögen des Juniors, aus dem Stand so hervorragende Partituren schreiben zu können wie der weltberühmte Vater. In Wirklichkeit hatte Str. seinem Arrangeur ein Notenbuch ausgehändigt, in dem er rund 260 Melodien zusammengetragen hatte. Das derzeit in der USA aufbewahrte erste Melodienbuch läßt erkennen, daß Str. im Debutjahr 1844 noch nicht in der Lage war, Melodien, Harmonien und Baßfortschreitungen metiergerecht zu notieren, geschweige denn in Partitur zu bringen. Dagegen war Proksch der erfolggarantierende Meister des Faches, der spätestens seit 1828 (op. 12) für den Vater arrangiert und auch dessen Start begünstigt hatte.

Was hatte Str. an eigenen Partitur-Entwürfen beigesteuert? Falls es derartige Vorlagen gegeben hat, sind sie vernichtet worden, vermutlich von Str. selber. Noch immer bieten die *Telegraphischen Depeschen* op. 195 (1857) die früheste erhalten gebliebene (fast vollständige) Eigenpartitur des bereits 13 Jahre tätigen Str. Wie man auch immer die Frage nach dem Mitwirkungsanteil von Arrangeuren wie Proksch beurteilen mag, verdeutlichen die erhalten gebliebenen Eigenpartiturteile zur Genüge, wie schwer sich Str. beim Komponieren und

Arrangieren noch in den späten fünfziger Jahren getan hat. Der noch lange Zeit unsichere Str. vervollständigte seine handwerklichen Kenntnisse im Umgang mit seinen Arrangeuren, wobei er sich oft ›vorarbeiten‹ ließ, um in Korrektur und Nachkorrektur, in unmittelbarem Kontakt mit Ausführenden seine Arbeiten fortlaufend zu perfektionieren. Im Unterschied zu routinierteren Zeitgenossen wie z. B. Franz von Suppé betrieb Str. einen immensen Arbeitsaufwand, der mit der Zeit bewirkte, daß nicht nur gleichwertige Leistungen sich einstellten, sondern zuweilen Überragendes zustande kommen konnte. Zum Ausgleich von Defiziten, als wirksames Sicherungssystem, leistete sich Str. vor allem den Luxus des fortwährenden Melodiensammelns und -erfindens. In Konvoluten, Notenstapeln und Nachttischbüchlein deponierte er einen immensen Vorrat mit Hunderten von nicht weiter bearbeiteten Melodien.

Von den bis dahin komponierten Werken hat sich nur weniges halten können. Auf Erfolgskurs geriet Str. mit der *Tritsch-Tratsch-Polka* op. 214 (1858), den *Accelerationen* op. 234 (1860) und dem Musikalischen Scherz *Perpetuum mobile* op. 257 (1861). Doch es gab auch Jahre der Schwankungen und Ausfälle – von dem Spitzenjahr 1853 (mit 22 Aufführungen) bis zum Katastrophenjahr 1863 (mit nur sechs Aufführungen), das den Abschied vom Verlagshaus Haslinger nach sich zog. Str. entwickelte spezielle Methoden der autogenen Ermutigung, indem er zum Beispiel in Pawlowsk die dort dargebotenen Werke seines Vaters analysierte, deren Instrumentation nachahmte und – vor allem – die Melodien des Vaters in Neuauflage erstehen ließ. Solcher ›Bearbeitungspraxis‹ ist – unter voller Ausnutzung überkommenen Familiengutes – ein erheblicher Teil der ›Meisterwalzer‹ von Str. zu verdanken (vgl. Linke). So speisten die beiden Hauptteile der Walzerfolge *Gute Meinung für die Tanzlust* (1830) des Vaters, die Johann als Fünfjähriger erstmals vernommen hatte, die Hauptmelodien zu *Künstlerleben* op. 316 (1867) und *Wiener Blut* op. 354 (1873); dessen zweiten Walzer entlehnte der Sohn der Nr. 3b aus des Vaters »Brüsseler Spitzen« (1837); und die populären *G'schichten aus dem Wienerwald* op. 325 (1868) verdanken ihre Hauptmelodie den väterlichen »Maskenliedern«, Nr. 5a (1844), während die Nr. 2a ein transponiertes Zitat aus dessen »Schwalben« Nr. 3a (1847) darstellen.

Str. hat dies zuweilen bekannt, aber dann so schonungslos, daß man's ihm nicht (mehr) abnahm. So bedankte er sich am 15. Oktober 1894 bei Gratulanten, die aus Anlaß des fünfzigjährigen Künstlerjubiläums ins »Igelheim« gekommen waren, mit den Worten: »Die Auszeichnungen, die mir heute zutheil geworden sind, verdanke ich wohl zunächst meinen Vorgängern, vor Allem meinem Vater. Sie haben mir angedeutet, auf welche Weise ein Fortschritt möglich ist; er war nur möglich durch die Erweiterung der Form, und das ist mein Verdienst. Ich bitte Sie, mein schwaches Verdienst (Ohorufe und Heiterkeit), nur als das zu nehmen.« Tatsächlich war es der Vater, der die moderne Walzer-Form kreiert hat (Introduktion, fünf Walzer-Teile und Coda: »Hietzinger Reunion-Walzer«, 1829; »Gute Meinung für die Tanzlust«, 1830; von Lanner 1833 erstmals in op. 70 übernommen), den den Rhythmus befreit (vgl. die Kritiken von Berlioz), den modernen »Wiener Ton« geprägt und als erster mit eigenem Reiseorchester Tourneen gewagt hat, die ihn bis nach Schottland führten und zur erweiterten Form des »Konzertwalzers« veranlaßten; ihm waren als erstem die Begriffe »Walzerkönig« und »Unterhaltungsmusik« angedient worden, für ihn wurde der Titel »k. k. Hofballmusik-Direktor« 1846 erfunden. Als Str.' Vater 1849 starb, war er der populärste Musiker des Erdenrunds, der erste Komponist überhaupt, dessen Werke rund um den Globus gingen und ›Weltruhm‹ erlangten. Str.' Vater heute auf den Komponisten des »Radetzky-Marsches« (1848) reduzieren zu wollen, hieße seinen Einfluß und seine Nachwirkung verkennen.

Die vielfachen, zuweilen krampfhaften Bemühungen, aus dem Schattenbild eines solchen Vaters herauszutreten, wurden dem Sohn zum Verhängnis. Daß dieser Behauptungs-Konflikt zuweilen neurotische Züge annahm, dafür sorgten nicht zuletzt die drei Frauen von Str., jede auf ihre Weise. Als Jetty Treffz, die ältere, dahinter gekommen war, in welch nervenaufreibender, ja chaotischer Weise ihr »Jean« zu arbeiten pflegte, half sie ihm beim Kopieren. Doch der kompositorische Einbruch des Folgejahres 1863 (nur sechs Aufführungen) war nicht mehr aufzuhalten. Da aber Jeans Verzicht auf regelmäßige Wiener Konzert-Robotterei von Jetty klug eingefädelt worden war, verblieb mehr Zeit zum Ausformen von Werken wie *Morgenblätter* op. 279 und *Vergnügungszug* op. 281. Da Jetty als Managerin, Mutter, Hausfrau, Kopistin in einer Vielzahl von Funktionen ihren Str. liebevoll umhegen konnte, erwuchs ein Behagen, dem wir Werke wie *An der schönen blauen*

Donau op. 314, *Lob der Frauen* op. 315, *Künstlerleben* op. 316, *Leichtes Blut* op. 319 (alle 1867) verdanken. Der Wiener Kritiker des »Neuen Fremdenblatts« schuf sogar einen neuen Begriff für die populistische Dimension des »Donau-Walzer-Erfolgs«: »Schlager«. Weitere »Schlager« folgten: *Unter Donner und Blitz, G'schichten aus dem Wienerwald, Freikugeln* (op. 324–326, 1868); ferner: *Eljen a Magyár* op. 332, *Wein, Weib und Gesang* op. 333, *Egyptischer Marsch* op. 335, *Im Krapfenwald'l* op. 336 (1869). Str. gibt sich ausgelassen; er wirkt melodisch prägnant, harmonisch abgeklärt und instrumentatorisch witzig.

Jetty, die einst gefeierte Bühnensängerin, wußte ihren »Jean« mit Tantiemen-Verheißungen für die Operette zu ködern, wie sie eben nur durch Bühnen-Erfolge möglich waren. Nach mehreren vergeblichen Anläufen fand man schließlich dieses Rezept: Man gewinne einen erfahrenen Bühnenpraktiker, Kapellmeister, Komponisten und Librettisten des »Theaters an der Wien« zur Mitarbeit – unter der Bedingung, seinen Namen möglichst selten (oder überhaupt nicht) zu nennen. Der Coup gelang: Beim Erstling *Indigo* (Wien 1871) verschwieg man den Namen sowohl in librettistischer als auch in mitkompositorischer Hinsicht. In Zukunft ließ man wenigstens den Librettisten gelten; doch als Mitkomponist der *Fledermaus* (Wien 1874), des *Cagliostro in Wien* (Wien 1875) und anderer Werke sollte der Name des Helfers auch weiterhin verschwiegen bleiben, um das Markenzeichen ›Strauß‹ nicht zu gefährden. Als Str. glaubte, sich vorschnell auf eigene Füße stellen und der Mitarbeit entbehren zu können, erlebte er prompt den größten Reinfall seiner Karriere: *Blindekuh* (Wien 1878). Reumütig kehrte Str. zu seinem Helfer und dessen Kompagnon zurück. Nach Jettys Tod heiratete Str. unverzüglich eine junge Elevin des ›Theaters an der Wien‹, die bereits eingeweiht war und die alte Truppe rund um den »Operettenkönig« zu rekrutieren verstand. Tatsächlich ging's aufwärts – mit dem *Spitzentuch der Königin* (Wien 1880) und dem *Luftigen Krieg* (Wien 1881), bis Lily dem wieder chaotischer gewordenen Str.-Haushalt entfloh. Hinfort kommunizierte Str. mit einer noch jüngeren Dame, die bereits »Strauß« hieß und eine junge Witwe mit Töchterchen war. Adele sah ihre Aufgabe als dritte Operetten-Animateurin darin, ihren Jean von allen bisherigen Mitarbeitern zu trennen, ihm neue Librettisten zuzuführen und ihn in der Stellung als allein verantwortlichen Komponisten zu bestärken: ein ehrgeiziges Experiment, das nur einmal glückte und hernach die Altersresignation von Str. begründete. Am *Zigeunerbaron*, dessen Sujet-Vorlage Adele vermittelte, arbeitete Str. sehr lange, eben ohne einen Mitkomponisten (zumindest bei der Urfassung). Als das Werk 1885, am Vorabend seines 60. Geburtstages, mit vorzüglichen Kräften (darunter Alexander Girardi) am Theater an der Wien uraufgeführt wurde, reagierte Str. auffällig übermütig: Er trat aus dem österreichischen Staatsverband aus, um deutscher Staatsbürger zu werden und 1887 in Coburg seine Adele heiraten zu können. Damit wäre fast schon alles gesagt. Kleinere Alterswerke wie die in Berlin uraufgeführten *Kaiser-Walzer* op. 437 (1889) oder die der Stadterweiterung gewidmeten Chorwalzer *Groß-Wien* op. 440 (1891) ließen den bekannten Einfallsreichtum nicht einmal gedämpft aufflackern. Aber Adeles Ehrgeiz-Produkt *Ritter Pásmán* trieb den vermeintlichen ›Opernkomponisten‹ Str. in die Verzweiflung: Selbst die verkürzte Zangengeburt der Wiener Hofoper (1892) konnte das Werk nicht retten. Als der ›Operettenkönig‹ 1899 in Wien starb, beerdigte man eine Legende: einen weltberühmt gewordenen musikalischen Wien-Botschafter, der auf letzten Bildern ebenso kindlich-gestört wie skeptisch dreinschaut, als könne er immer noch nicht begreifen, wie all das nur möglich war.

Wenige Monate nach dem Tode des »Walzerkönigs« brachte das Carltheater in Wien die vermeintlich letzte Operette von Str. heraus: *Wiener Blut*. Der Dramaturg des Theaters und ehemaliger Str.-Librettist, Victor Léon, hatte erstmals in Zusammenarbeit mit Leo Stein eiligst eine Handlung skizziert und hübsche Verse den Melodien rund um den Walzer *Wiener Blut* unterlegt. Nach einigen Umarbeitungen erwies sich das *Wiener Blut* als letzter ganz großer Operettenerfolg der ›Goldenen Ära‹. Nachgewiesen war, daß Str., der Texte kaum adäquat vertonen konnte, am besten durch seine reizenden Melodien wirkt(e), denen man nur etwas Sangbares, das irgendwie paßte, zu unterlegen brauchte. Genau das hatte sein engster und erfolgreichster Operetten-Mitarbeiter, Richard Genée, praktiziert. 1894 erinnerte er den Jubilar Str. noch einmal an jene »schönen Tage, wo wir uns musicalische Einfälle theilten, das rechte Wort dazu suchten, sie systemisirten, eintheilten, characterisirten, zuspitzten«. Aus solch beglückender Zusammenarbeit erwuchsen immerhin Zauberwerke wie *Die Fledermaus*. Str. folgte hierin dem Vorbild seines

Vaters, der diese Form der Zusammenarbeit, das kompositorische ›Team-work‹-Modell, um 1830 erfunden hatte. Über dieses praktizierte Modell-Training vermochten sich allerdings alle ›Sträuße‹ zu erheben, indem sie die Kenntnisse ihrer Mitarbeiter verinnerlichten, bis sie zu alleinigem Handeln fähig waren. Insofern sind Ergebnisse wie »Radetzky-Marsch«, *An der schönen blauen Donau* und *Zigeunerbaron* zwar Gipfelwerke individuellen Komponierens, aber undenkbar ohne den (vorausgegangenen) Informations-Zuschub Zweiter und Dritter. Als Str. begann, sich von diesem ›background‹ der Mithilfen zu trennen, programmierte er seinen Abstieg – in tragisch zu nennender Überschätzung der ureigenen Möglichkeiten. Diesen Prozeß des Abstiegs und des künstlerischen Verkümmerns hat Hans Weigel höchst eindringlich in »Flucht vor der Größe« beschrieben: ein österreichischer Zustandsbericht über den konfliktreichen Werdegang des Operettenkomponisten J. Str.

Noten: J. STR.: Sämtliche Werke, hrsg. von FR. RACEK, fortgeführt von E. HILMAR, Wien 1967 ff.
Dokumente: J. Str. (Sohn) Leben und Werk in Briefen und Dokumenten, gesammelt und kommentiert von FR. MAILER, 4 Bde., Tutzing 1983 ff. Unter Donner und Blitz. Begleitbuch zur 251. Sonderausstellung im Historischen Museum der Stadt Wien, Wien 1999.
Werkverzeichnis: WEINMANN. A.: Verz. sämtlicher Werke von J. Str. Vater und Sohn, Wien 1956. MAILER, FR.: J. Str. Kommentiertes Werkverz., Wien 1999.
Literatur: WEIGEL, H.: Flucht vor der Größe, Wien 1960. LINKE, N.: J. Str. (Sohn) in Selbstzeugnissen und Bilddokumenten, Reinbek bei Hbg. 1982; erw. ³1992. DERS. Musik erobert die Welt oder Wie die Wiener Familie Str. die ›Unterhaltungsmusik‹ revolutionierte, Wien 1987. J. Str. Zwischen Kunstanspruch und Volksvergnügen, hrsg. von L. FINSCHER und A. RIETHMÜLLER, Darmstadt 1995. M. LINHARDT, Inszenierung der Frau – Frau in der Inszenierung. Operette in Wien zwischen 1865 und 1900, Tutzing 1997.

Norbert Linke

Strauss, Richard Georg

Geb. 11. 6. 1864 in München;
gest. 8. 9. 1949 in Garmisch-Partenkirchen

»*Ausdruck* ist unsere Kunst, – und ein Musikwerk, das mir keinen wahrhaften poetischen Gehalt mitzuteilen hat – natürlich einen, der sich eben nur in *Tönen* wahrhaft darstellen, in Worten allenfalls *andeuten,* aber nur andeuten läßt, ist für mich eben – alles andere – als Musik« (1887 an Karl Wolff; Dokumente, 61). Dieses Leitwert gilt für das gesamte Œuvre Str.' einschließlich seines Opernschaffens. Schon früh erkannte er für sich, daß die klassischen Formen, vor allem Symphonie und Sonate, solange nicht mehr als ›leere Gehäuse‹ darstellen, als sie nicht durch immer neue poetische Ideen mit Inhalt gefüllt werden. Nur diese können nach Str.' fester Überzeugung den Werken ihre Form geben und sie somit ästhetisch legitimieren.

Für die frühe Entwicklung seiner kompositorischen Fähigkeiten bietet die Familie denkbar günstige Ausgangsbedingungen; der Vater Franz Joseph Str. ist als Erster Hornist im Münchner Hoforchester tätig, und die Mutter Josephine Str., geb. Pschorr, stammt aus begüterter Münchner Brauereifamilie. Die ersten musikalischen Erfolge sind zu gutem Teil vor diesem privaten Hintergrund zu sehen. Noch vor dem Abitur des jungen Komponisten ermöglicht der Onkel die Drucklegung eines *Festmarschs* op. 1 als erster großen Orchesterkomposition mit Opuszahl, und für eine ebenfalls privat finanzierte Uraufführung der *Symphonie d-moll* wird der berühmte Wagner-Dirigent Hermann Levi engagiert. Bestimmend für Str.' weitere Entwicklung als Komponist wird – für ihn nicht anders als auch für so viele weitere Komponisten seiner Generation – das Erlebnis Bayreuth und die Auseinandersetzung mit der Musik Wagners. Die Jugendwerke und die sich bis in die Meininger Zeit (bis 1886) hinein anschließenden Kammermusikkompositionen lassen sich als mit geradezu klassizistisch orientierter Gewissenhaftigkeit absolvierte kompositionsgeschichtliche Studien verstehen. Sie reichen von den allerersten *Klaviertrios* (1877–78) über bezeichnenderweise jeweils ein einziges Exempel der Hauptgattungen – ein *Streichquartett* op. 2 (1880), eine *Klaviersonate* op. 5 (1881), eine *Cellosonate* op. 6 (1883) und eine *Violinsonate* op. 18 (1887) – bis hin zu einem *Klavierquartett* op. 13 (1884), sozusagen als Abschlußarbeit. Für Str.' frühe Orchestermusik ergibt sich ein ähnliches Bild. Wieder entledigt er sich der wichtigsten Gattungen in progressiv aufsteigender Folge. Dem *Festmarsch* op. 1 (1876) folgen je eine *Serenade* und *Suite* für Bläsersemble (1881–84), zwei Solokonzerte (1882–83) – das eine für Violine und das andere für Horn, das Instrument des Vaters – sowie einige Ouvertüren (die letzte 1883) bis hin zur krönenden *Symphonie f-moll* (1884). Von nun an widmet er sein ganzes Interesse der groß besetzten Symphonischen Dichtung, in der er den nämlichen ›Aufstieg‹ bis hin zur *Alpensinfonie* vollzieht.

Die zwischen 1886 und 1915 komponierten programmsymphonischen Werke für großes Orchester stellen nach Liszts zwölf Symphonischen Dichtungen von 1854 das bedeutendste Œuvre dieser an außermusikalische Sujets sich bindenden Gattung der Orchestermusik dar. Anders aber als die von Liszt im Anschluß an Beethoven und Berlioz für die Musik geforderte »alliance plus intime avec la poésie« intendiert Str. in seinen Tondichtungen die musikalische Darstellung von Schicksalen, großen Begebenheiten und literarischen Helden um ihres exemplarischen Charakters sowie ihres welt- und kunstanschaulichen Gehaltes willen. Statt die Musik als Sprache ganz eigener Art zur höchsten Ausdrucksform von Poesie überhaupt werden zu lassen, geht es Str. um nicht weniger als um die Einlösung des seit Beethovens großer Orchestermusik gesetzten Anspruchs aller symphonischen Musik: nämlich als Verkündigungsmittel für große und ›würdige‹ Inhalte in notwendig repräsentativem Aufführungsrahmen die Menschheit als ganze zu erreichen. Schon die erste Symphonische Dichtung *Aus Italien* op. 16 (1887) sucht diesem symphonischen Anspruch zu genügen. Jene Tageskritik, die das Werk sogleich hämisch zu einem »musikalischen Baedecker Süditaliens« herabwürdigte, erfaßte nichts von dem hier bereits realisierten sehr viel weiterreichenden Konzept, nämlich den Gegensatz zwischen Kultur und Natur, Geschichte und Gegenwart auszukomponieren, und so den kulturellen Konflikt zwischen der toten Vergangenheit antiker Ruinen und der lebendigen Gegenwart der italienischen Lieder und Tänze mit rein musikalischen Mitteln darzustellen.

Durch die Wahl immer neuer Gattungstitel für seine großen Orchesterwerke und später für fast alle seine Opern sucht Str. die Individualität der jeweils durch ihren je eigenen Inhalt geprägten Form herauszustellen, gerade so als ob die ›Eigentümlichkeit‹ jedes neuen Stückes virtuell immer auch ein neues Genre zur Folge haben konnte. Der »Sinfonischen Fantasie« *Aus Italien* op. 16 (1886–87) folgen drei »Tondichtungen« mit literarischen Vorlagen, nämlich *Macbeth* op. 23 nach Shakespeare (1886–90), *Don Juan* op. 20 nach Nikolaus Lenau und *Tod und Verklärung* op. 24 (beide 1888–89). In ihnen allen reflektiert Str. das Problem der Legitimierung von musikalischer Form: In *Macbeth* scheint die Reprise der Exposition ebenso zu scheitern, wie sich die Ausführung des Mordplans in Shakespeares Tragödie der ursprünglichen Intention der Protagonisten gegenüber verselbständigt; in *Don Juan* sind es die (weiblichen) Seiten- und Gegenthemen, die ihre Spuren im Hauptgedanken zur musikalischen Charakterisierung des Helden hinterlassen, welcher am Ende – wie in Lenaus Gedicht – kein die Form schließendes Ziel anzusteuern vermag, da er stets nur »weiter fort« stürmte; und in *Tod und Verklärung* ist das finalbetonte Schema von Kampf, Retrospektive und Überwindung – in engem formgeschichtlichem Bezug auf Liszt (»Torquato Tasso«) und natürlich Beethoven – auskomponiert. Die folgenden beiden Tondichtungen stellen wieder Literaturvertonungen dar. Mit ihnen und mit seinen übrigen programmsymphonischen Werken reflektiert Str. wieder Schemata der formalen Disposition klassisch-romantischer Symphonik: *Till Eulenspiegels lustige Streiche* op. 28 (1894–95) setzt er »nach alter Schelmenweise in Rondeauform«, und der »frei nach Friedrich Nietzsche« wie ein Wagnersches Musikdrama in sieben symphonischen Abschnitten durchkomponierten Tondichtung *Also sprach Zarathustra* op. 30 (1895–96) folgen die »Fantastischen Variationen über ein Thema ritterlichen Charakters« *Don Quixote* op. 35 (1896–97). Dabei verlagert sich die mächtige Tendenz zur kompositorischen Auseinandersetzung mit der eigenen Künstlerexistenz nun immer mehr ins familiär Private.

All diese Orchesterwerke erschöpften sich keineswegs in der Behandlung literarischer Vorlagen oder der Lösung des Problems der musikalischen Form. Sie alle haben ihren Helden, und in ihnen allen scheitert er am Schluß. Selbst das so dauerhaft als Beispiel köstlicher Tonmalerei geschätzte, jedoch auch als »alberne Illustrationsmusik« abgewertete Schelmenstück *Till Eulenspiegel* gilt – wie ein von Str. liegengelassener Opernentwurf zum nämlichen Thema belegt – im Grundsätzlichen dem Problem des an der gesellschaftlichen Realität scheiternden Künstlers. Nach den Höhepunkten von *Zarathustra* und *Don Quixote* formt sich mit der Tondichtung *Ein Heldenleben* op. 40 (1897–98) und endlich der *Symphonia domestica* op. 53 (1903) die Szene auf der symphonischen Bühne als unverhüllt private Situation, und auch die Personage bleibt erkennbar familiär, wie z. B. in der Symphonischen Dichtung *Ein Heldenleben* op. 40 (1898) der Held und »des Helden Gefährtin«, seine »Walstatt« (also sein Schreibtisch bzw. die

Musikgeschichte), seine Kritiker und seine »Friedenswerke« (mit Selbstzitaten aus *Guntram, Don Juan* und dem schönen, 1895 komponierten Lied *Traum durch die Dämmerung* op. 29 Nr. 1), sowie in der *Symphonia domestica* op. 53 (1904) schließlich der im Konflikt mit seiner Rolle als Familienvater schaffende Komponist, seine Frau Pauline und der Sohn Franz. Diese übermächtige Tendenz zur Zentralisierung der eigenen Schaffenssituation wird auch in der Folge der Str.schen Bühnenwerke immer wieder erkennbar bleiben. Nach alledem läßt sich auch das letzte programmsymphonische Werk, welches Str. *Eine Alpensinfonie* op. 64 (in italienischer Schreibweise) nennt, keinesfalls in bloß illustrative Naturschilderung auflösen. Schon der auffällig lange Entstehungszeitraum (1911–1915) weist gerade diesem Werk, mit dem Str. unter äußerster Anstrengung seinen »symphonischen Schaffensabschnitt« doch noch zu einem förmlichen Abschluß bringt, eine ausgezeichnete Stelle zu. Die ersten Entwürfe reichen bis in das Jahr 1899 zurück. Damals allerdings sollte das Stück – sozusagen als Nachschrift zu *Zarathustra* – noch »Der Antichrist« heißen, denn sein Thema ist weniger die sonnige Gebirgswanderung samt der beim Abstieg drohenden Gefahren als vielmehr die dünne Luft auf dem Gipfel der Erkenntnis und die tiefe, dunkle Nacht, die Anfang und Ende dieser ganzen »Sinfonie« verdüstert und damit auch dem berühmten Sonnenuntergang seinen spezifischen Pessimismus vermittelt.

Den Entschluß, nur noch Opern zu schreiben, dürfte Str. nicht erst nach der Uraufführung des *Rosenkavalier* op. 59 (Dresden 1911), sondern wohl schon nach dem beispiellosen Succès de scandal der *Salome* op. 54 (Dresden 1905) getroffen haben Der Weg bis zur *Salome* allerdings war schwierig und von Mißerfolgen behindert. *Guntram* op. 25 (Weimar 1894) hat Str. – einschließlich des eigenen, in jugendlicher Naivität gänzlich auf Wagner fixierten Textbuchs – als mißglückten Versuch eingeschätzt, und *Feuersnot* op. 50 (Dresden 1901) war alles in allem doch noch nicht erfolgreich genug, um Str. eine Spezialisierung auf das Gebiet des Musiktheaters als geraten erscheinen zu lassen. Wenn er sich also nach der *Salome* dazu bestimmte, seine auf dem Gebiet symphonischer Orchestermusik gewonnene Meisterschaft in allen ihren Bereichen – von der Erfindung charakteristischer Themen und der motivischen Verarbeitung über die Darstellungsmittel musikalischer Illustration bis hin zu den letzten Feinheiten von Instrumentation und Formgestaltung – nun mit vergleichbarer Ausschließlichkeit für die Gattungen des Musiktheaters zu nutzen, so suchte er wieder von Anfang an, den Gefahren bloßer Serienproduktion auszuweichen: dies ist der tiefere Sinn der erwähnten Erfindung immer neuer Gattungsbezeichnungen für den Untertitel seiner Bühnenwerke. Schon die satirisch auf die »öde Bürgerstadt« München gemünzte *Feuersnot* nannten Str. und sein erster Librettist Hans von Wolzogen »ein Singgedicht«, und den beiden Literaturopern – einem »Musik-Drama nach Oscar Wilde's gleichnamiger Dichtung« (*Salome*) und einer »Tragödie nach Hugo von Hofmannsthal« (*Elektra* op. 58, Dresden 1908) – folgen diejenigen Bühnenwerke, deren immer neue Gattungszuweisungen nach oft schwierigen Diskussionen mit Hofmannsthal gefunden werden. So heißt *Der Rosenkavalier* op. 59 schließlich eine »Komödie für Musik«, *Ariadne auf Naxos* op. 60 eine »Oper in einem Akt nebst einem Vorspiel« (Stuttgart 1912/Wien 1916) sowie das Märchenspiel *Die Frau ohne Schatten* op. 65 (Wien 1919) schlicht »Oper«.

Die reiche Palette an musikalischen Mitteln aller dieser Hauptwerke Str.-Hofmannsthalschen Musiktheaters entsprechen der ganzen literarischen Vielfalt der Libretti. Das nicht um historische Treue zum Wien Maria Theresias bemühte, sondern sprachlich und musikalisch gleichsam auf einen imaginären Verfallszeitraum irgendwo im 18. Jahrhundert ausgerichtete Operettenkolorit des *Rosenkavalier* dürfte mit seinen von Str. lustvoll auskomponierten prallen Details von Intrige, Mummenschanz und Knalleffekt wohl kaum einmal die Tiefen der zentralen Frage Hofmannsthals erreichen, wie denn wohl die Probleme von Vergänglichkeit und geschichtsenthobenem Wert im Kunstwerk ästhetisch zu vermitteln sein mögen. In der Problematik der adäquaten Behandlung der Hofmannsthalschen Vorlage bleibt auch *Die Frau ohne Schatten* vergleichbar: auf der einen Seite die nämliche Äußerlichkeit der differenzierten Anwendung verschiedenster Errungenschaften zeitgenössischer Bühnenmusik (etwa von Stravinsky, Bartók und Janáček) und auf der anderen das komplizierte Spiel der Realitätsebenen in Hofmannsthals Märchenspiel. Daß der Dichter die Tiefen seines Textes in diesem Falle durch die Str.sche Komposition gewiß nicht erreicht, ja nicht einmal erfaßt sah, hatte die Ausarbeitung zu jener Prosafassung zur Folge, welche Hofmannsthal noch im Jahr der Uraufführung als Erzählung gleichen Titels erscheinen ließ. So stellt schon Str.' prosaische Behandlung der Hofmannsthalschen *Josephslegende* op. 63 (Paris 1914) als des einzigen Ballettexperiments, das beide miteinander realisierten, jedoch vollends die geradezu verletzende ›neue Sachlichkeit‹ von *Intermezzo* op. 72 (1918–23, Dresden 1927) den Punkt der größten Differenz zwischen beiden ›Autoren‹ dar. Dem (nach *Guntram* zum zweiten und letzten Mal selbst textierten) Bühnenwerk *Intermezzo*, einer in jeder Hinsicht an die *Symphonia domestica* anknüpfenden Privatfarce, die Str. eine »Bürgerliche Komödie mit symphonischen Zwischenspielen« nennt, folgen nun – auf die letzten beiden Hofmannsthalschen Libretti – noch einmal eine »Oper«, *Die ägyptische Helena* op. 75 (Dresden 1928/Salzburg 1933), und schließlich die – trotz oder gerade wegen aller ihrer Schönheiten zwischen Oper und Operette stehenbleibende – »Lyrische Komödie« *Arabella* op. 79 (Dresden 1933). Auch für das Spätwerk der letzten Bühnenkompositionen, das der Sache nach jener selbstgesetzten Forderung nach emphatischer Individualität jedes einzelnen Werks immer weniger zu genügen vermag, bleibt Str. dem Prinzip individualisierender Titulierung mit nur einer Ausnahme treu: Es entstehen die »Komische Oper« *Die schweigsame Frau* op. 80 (Stefan Zweig nach Ben Jonson; 1933–34), danach zwei Einakter (*Friedenstag* op. 81 und die »Bukolische Tragödie« *Daphne* op. 82; beide München bzw. Dresden 1938), die »Heitere Mythologie« *Die Liebe der Danae* op. 83 (1938–40, erste öffentliche Aufführung 1944 und nachgeholte – szenische – Premiere 1952, beide in Salzburg) und schließlich das »Konversationsstück für Musik« *Capriccio* op. 85 (Clemens Krauss; München 1942). Wie die Schaffensphase der großen symphonischen Orchestermusik mit der *Alpensinfonie*, so hat auch das Opernkapitel mit *Capriccio* sein definitives Ende, und es ist bezeichnend, daß dieses letzte Bühnenwerk die wohl schwierigste Benennungsdiskussion verursacht, in der sich Krauss schließlich wohl deshalb durchsetzte, weil »Ein Konversationsstück für Musik« Str. zweifellos an den *Rosenkavalier* und Hofmannsthal, also an das erfolgreichste Bühnenwerk und den liebsten Textdichter erinnerte.

Die Tatsache, daß Str. 85 Jahre alt wurde und daher also den ganzen Zweiten Weltkrieg, die Zerstörung der Opernhäuser in Dresden, München und Berlin und die ersten Nachkriegsjahre miterleben mußte, hatte ein Spätwerk zur Folge, das in hermetischer Abgeschlossenheit gegen den Gang der Zeiten und den »Stand des Materials« verharrte. Von der privatistischen und nun scheinbar gänzlich geschichtsenthobenen Eigenweltlichkeit der letzten Werke als Zeugnisse einer ›inneren Emigration‹ ihres Komponisten mit politischem, gar weltanschaulichen Hintersinn zu sprechen, verbietet sich schon der starrsinnigen kulturpolitischen Aktivitäten wegen, deren sich Str. bedauerlicherweise – besonders als Präsident der Reichsmusikkammer (November 1933 bis Juni 1935) – nicht hatte enthalten können. Es kann als sicher gelten, daß er die musikalischen Vorstellungen, die er damals mit sogar zensuralem Druck durchzusetzen bemüht gewesen war, bis zu seinem Lebensende kaum modifiziert haben dürfte. Primär ging es ihm dabei um die Abschaffung der Potpourriprogramme und um eine Eindämmung des italienischen Einflusses (besonders der großen Erfolgsstücke Verdis und Puccinis) auf die Spielpläne deutscher Opernhäuser zugunsten ›wichtigerer‹ Werke des deutschen Musiktheaters. Mag Str. die gänzliche Zerstörung Deutschlands und den Untergang all dessen, was ihm überhaupt etwas bedeutete, nun als ›Strafgericht‹ empfunden haben oder nicht: nirgendwo in seinem Spätwerk deutet sich musikalisch ein Wandel seiner ästhetischen Grundpositionen an.

Sein ganzes Leben lang hat Str. sein Werk zu inszenieren gewußt. Auch der Abschluß seines Lebenswerkes und zumal der (nicht vom Komponisten selbst stammende) Titel *Vier letzte Lieder* scheint von geradezu theatermäßiger Wirkung. Daß er allerdings jene Lieder, die er im vorletzten Lebensjahr noch schrieb, kühl disponierend zur wirkungsvollen Abrundung seines Œuvres plaziert hatte, lassen private Dokumente jedoch als zumindest zweifelhaft erscheinen. Daß aber diese Lieder so völlig unbekümmert um die musikalisch-stilistische Aktualität komponiert wurden, so gänzlich diesseits aller Rücksicht auf das mögliche Verdikt ihrer Epigonalität und ohne jeden Gedanken an den »Stand des Materials« (wie Adorno zur gleichen Zeit aus der Emigration her formulierte), stellt für Str. keinen Sonderfall dar. Zeit seines Lebens war die Rücksicht auf das, was andere taten, seine Sache nicht. Weder hatte er sich als junger Avantgardist – zu Zeiten von *Zarathustra*, *Salome* und *Elektra* – umgeblickt, ob ihm eigentlich jemand folgte, noch scherte es ihn später als einen der radikalsten Konservativen, die es überhaupt gegeben hat, wieviele ernstzunehmende Fachkollegen eigentlich noch bereit waren, seine scheinbar bedenkenlos auf öffentlichen Publikumserfolg konzentrierten späteren Bühnenwerke der Sparte sogenannter »Ernster Musik« zuzurechnen. Mag auch der Populismus der dreißiger Jahre ein weltweit beherrschendes Kulturphänomen dargestellt haben, so blieb doch auch in dieser Hinsicht alles, was Str. in jenen trüben Zeiten als Komponist tat, eigenweltlich und eigensinnig. Sein elfenbeinerner Turm und Familiensitz in Garmisch, den er aus den Tantiemen der Durchbruchswerke *Salome* und *Elektra* finanziert hatte, blieb uneinnehmbar. Als Institution des Musiklebens war »Richard III.« (denn einen zweiten konnte es nach Bülows Bonmot nicht geben) weder durch die Exaltationen musikalischer Subkultur der zwanziger Jahre zu erschüttern gewesen, noch hatte er sich mithilfe der Versuchungen erneut gesteigerter Machtfülle durch die »Kulturpolitik« der deutschen Diktatur völlig korrumpieren lassen, in deren Dienst Str. sich – wieder aufgrund des nämlichen Egozentrismus – gestellt und darin selbst fast verloren hatte.

All diese letzten Werke ohne Opuszahlen, vor allem aber die *Metamorphosen für 23 Solostreicher* (1945), das *Oboenkonzert* (1948) und die *Vier letzten Lieder* (1948) sind höchst private Erzeugnisse, gleichsam Kammermusik eines nur noch in der eigenen, ›besseren‹ Vergangenheit lebenden Künstlers. Mag sich diese Tendenz zur melancholischen Rückschau auch schon in dem Rückert-Lied *Im Sonnenschein* aus dem Jahre 1935 ankündigt haben – wirklich resignativ aber wird sie bis zum Ende nicht bis hin zum buchstäblich letzten der vielen Lieder, die Str. singen ließ, blüht die Sopranknabeneline wie immer, nichts erscheint gebrochen oder – wie doch im Spätwerk so vieler anderer Komponisten, vor allem aber bei Mahler – gar »tonlos« oder »ohne Ausdruck« gerade dort, wo es naheläge und ganz natürlich wäre. So wie sich Str. kein Espressivo-Verbot auferlegt, so bleiben auch Instrumentation und Harmonik farbig wie stets. Gestaltet Str. zwar die Orchestration ähnlich opulent und differenziert wie in den späten Bühnenwerken (etwa der *Arabella* oder der *Liebe der Danae*), so erscheint seine Orchesterbehandlung doch nicht mehr »virtuos« im eigentlichen Sinn. Hierin treffen sich die letzten Orchestergesänge mit der kammermusikalischen Besetzungs-Askese der *Metamorphosen*. Klanglicher Reichtum und Durchgeistigung, motivische Dichte und private, geradezu kammermusikalische Diskretion müssen – dies hat Str. öfters unter Beweis gestellt – kein unauflösbarer Gegensatz sein.

In der Rückschau auf sein beträchtliches Gesamtwerk äußerte er in London 1947 sinngemäß, möglicherweise sei er kein Erste-Klasse-Komponist, aber gewiß ein erstklassiger Zweite-Klasse-Komponist. Am Ende einer fast fünfzig Jahre umfassenden musikalischen »Autobiographie« als Opernkomponist läßt Str. im orchestralen Hintergrund zu Eichendorffs Lied vom *Abendrot* – zum unwiderruflich letzten Mal – ein Zitat aus seiner symphonischen Dichtung *Tod und Verklärung* gerade dort aufscheinen, wo der Gedichttext fragt »Ist dies vielleicht der Tod?« So verabschiedet sich der Komponist mit zwei Altersbeiträgen zu jenen Gattungen, welche er – jung und auf der Höhe der Zeit – so erfolgreich bearbeitet hatte: Symphonische Dichtung und Orchestergesang.

Noten: Lieder, Gesamtausg., hrsg. von Fr. Trenner, 4 Bde., Ldn. 1964–65.
Dokumente: R. Str. und Hugo von Hofmannsthal. Briefwechsel. Gesamtausg., hrsg. von W. Schuh, Zürich ²1955. R. Str. Dokumente. Aufzeichnungen, Aufsätze, Vorworte, Reden, Briefe, hrsg. von E. Krause, Lpz. 1980. »Lieber Collega!« R. Str. im Briefwechsel mit zeitgenössischen Komponisten und Dirigenten, hrsg. von G. Strauss, Bln. 1996. »Ihr aufrichtig Ergebener«. R. im Briefwechsel mit zeitgenössischen Komponisten und Dirigenten, hrsg. von dems. und M. Reger, Bln. 1998.
Werkverzeichnis: Mueller von Asow, E. H.: R. Str. Thematisches Verz., vervollständigt und hrsg. von A. Ott und Fr. Trenner, 3 Bde., Wien und Mn. 1959–74.
Periodica: R.-Str.-Blätter, Tutzing 1971 ff.
Literatur: Tenschert, R.: Die Kadenzbehandlung bei R. Str. Ein Beitrag zur neueren Harmonik, in Zs. für Mw. 8 (1925–26), 161–182. Mann, W.: R. Str. A Critical Study of the Operas, Ldn. 1964. Ders.: R. Str. Das Opernwerk, Mn. 1967. Schuh, W.: R. Str.' Jugend und frühe Meisterjahre. Lebenschronik 1864–1898, Zürich 1976. Del Mar, N.: R. Str. A Critical Commentary on his Life and Works, 3 Bde., Ldn. ²1978. Trenner, Fr.: Die Skizzenbücher von R. Str. aus dem R.-Str.-Archiv in Garmisch, Tutzing 1979. Kennedy, M.: R. Str. Man, Musician, Enigma, Cambridge 1999. Walter, M.: R. Str. und seine Zeit, Laaber 2000. R. Str. Chronik zu Leben und Werk, hrsg. von Fr. Trenner, Wien 2003. Hansen, M.: R. Str. Die sinfonischen Dichtungen, Kassel 2003.

Rainer Cadenbach

Stravinsky, Igor (Fëdorovič)

Geb. 5. (17.) 6. 1882 in Oranienbaum; gest. 6. 4. 1971 in New York

Die kompositorische Entwicklung Str.s in einem Zeitraum von etwa siebzig Jahren und mit einem Œuvre von weit über hundert Stücken bedürfte einer ausführlichen und detaillierten Darstellung, die seiner epochalen Bedeutung als einer der markantesten, kreativsten und einflußreichsten Komponisten dieses Jahrhunderts angemessen ist. Im folgenden werden einige schöpferischer Knotenpunkte skizziert – eine Reihe wichtiger Werke aus dem dramatischen und konzertanten Bereich, die mit einer gewissen punktuellen Ausführlichkeit behandelt werden – nicht zuletzt, weil sie im Musikleben der Gegenwart als glänzende Mosaiksteine der ›klassischen Moderne‹ fest verankert sind.

Zwei kurze Orchesterstücke, ein *Scherzo fantastique* op. 3 und *Feu d'artifice* op. 4 (»Feuerwerk«), beide uraufgeführt im Februar 1909 in St. Petersburg, machten den jungen Komponisten mit einem Schlag bekannt. Die brillant instrumentierte Fantasie *Feuerwerk* entstand anläßlich der Hochzeit eines Berufskollegen, Maximilian Sternbergs, mit einer Tochter des gemeinsamen Lehrers Rimskij-Korsakov. Dieser letzte Überlebende des sogenannten »Mächtigen Häufleins« hatte die enorme Begabung des Petersburger Studenten entdeckt und gelenkt, dessen Eigenwilligkeiten und rasche kompositorische Fortschritte aber bisweilen auch zu mäßigen und zu korrigieren versucht. Vor allem Str.s vorübergehend heftiger Hinwendung zur Klangtechnik und Ästhetik des französischen musikalischen »Impressionismus« – wie sie auch in den beiden Orchesterstücken hörbar ist – stand er mit Skepsis gegenüber. Der Lehrer starb aber 1908, so daß einer Aufführung in einem der berühmten Ziloti-Konzerte nichts mehr im Wege stand. Für die weitere Entwicklung des jungen Komponisten sollte dieses Konzert eine Schlüsselrolle spielen, denn namentlich mit dem *Feuerwerk* gewann er sich die begeisterte Zuneigung Sergej Diaghilevs, jenes genialen Impresarios und Leiters der Ballets russes, mit dem ihn bald eine über zwei Jahrzehnte andauernde, freundschaftliche und äußerst fruchtbare schöpferische Zusammenarbeit verband.

Für die Pariser Saison 1910 suchte Diaghilev für seine Truppe nach einer besonderen Attraktion. Einer seiner begabtesten Tänzer und Choreographen, Michail Fokin, entwarf nach russischen Märchenmotiven das Libretto zu einem Handlungsballett in zwei Bildern. Als Komponist war zunächst Anatolij Ljadov vorgesehen, da dieser seine Entscheidung aber verzögerte, wandte sich Diaghilev an Str. Im März 1910 war der Klavierauszug des *L'oiseau de feu* (»Feuervogel«) fertig, und im April entstand die Partitur, während die Proben bereits liefen. Das Werk habe, so Str.s späterer Kommentar, »noch nicht völlig mit den Erfindungen gebrochen, die der Begriff Musikdrama deckt. Ich war noch immer empfänglich für das System der musikalischen Charakterisierung verschiedener Personen und dramatischer Situationen. Und dieses System offenbart sich hier in der Einführung von Prozessen, die zur Ordnung der Leitmotive gehören. All das, was den bösen Kastcheï betrifft, alles, was zu seinem Königreich gehört – der Zaubergarten, die Menschenfresser und Monster aller Art, die seine Subjekte sind, und ganz allgemein alles, was magisch und geheimnisvoll ist, besonders und übernatürlich ist – wird in der Musik durch Leitharmonien charakterisiert. Im Gegensatz zu der chromatischen, magischen Musik ist das sterbliche Element (Prinz und Prinzessin) verbunden mit einer charakteristischen Musik des diatonischen Typus. Aufsteigende übermäßige Quarte und absteigende kleine Sekunde ergeben die intervallische Basis für die Erscheinung des gütigen Feuervogels – Kastcheï dagegen bekommt unterbrochene, bösartige Terzen.« (Vera Stravinsky/Craft)

Nach diesem sensationell erfolgreichen Ballett entstand *Pétrouchka* (Paris 1911) als zweites Auftragswerk Diaghilevs. Str. begann die Komposition im Frühjahr 1910 in Lausanne als reines Orchesterstück mit virtuosem Klavierpart (daraus wurde später das zweite Bild). Erst im Laufe der Arbeit an der Partitur konkretisierte sich das Sujet – an dessen endgültiger Fassung sich neben Diaghilev auch der Choreograph Fokin sowie der Maler und Bühnenbildner Alexander Benois beteiligten. Bereits bei der Arbeit an dem Konzertstück hatte der Komponist »die hartnäckige Vorstellung von einer Gliederpuppe, die plötzlich Leben gewinnt und durch das teuflische Arpeggio ihrer Sprünge die Geduld des Orchesters so sehr erschöpft, daß es sie mit Fanfaren bedroht. Daraus entwickelt sich ein schrecklicher Wirrwarr, der auf seinem Höhepunkt mit dem schmerzlich klagenden Zusammenbruch des armen Gauklers endet. Als ich das bizarre Stück beendet hatte, suchte ich nach einem Titel, der in einem einzigen Wort den Charakter der Musik und damit zugleich die traurige Figur bezeichnen konnte. Eines Tages machte ich vor Freude einen Luftsprung. ›Petruschka‹, der ewig unglückliche Held aller Jahrmärkte in allen Ländern – ich hatte meinen Titel gefunden.« (»Str. in *Conversation*, 134)

Die Uraufführung des dritten Balletts für Diaghilev, *Le sacre du printemps* (»Das Frühlingsopfer«; 1910–13), am denkwürdigen 29. Mai 1913 im Pariser Théâtre des Champs-Elysées unter der musikalischen Leitung von Pierre Monteux artete in den wohl wüstesten, berühmtesten und am meisten kommentierten Skandal der neueren Musikgeschichte aus. Als allerdings ein knappes Jahr später, im April 1914, die erste konzertante Aufführung des Werks in Paris erfolgte, huldigte das Publikum dem Komponisten mit frenetischen Ovationen. Seine Musik zum *Sacre* bildet den Höhepunkt seiner frühen, sogenannten »russischen« Schaffensperiode. In ihrer radikalen klanglichen Neuheit, mit ihrer auf folkloristischen Elementen basierenden, überwiegend modalen Melodik, ihrer scharf dissonanten Harmonik, in der sich Diatonik und Chromatik mischen, und ihrem montagehaftem Formgefüge stellt sie eine schokkierende Herausforderung an die traditionellen musikalischen Wertvorstellungen dar. Sie trug entscheidend zur Umstülpung des kompositorischen Denkens im 20. Jahrhundert bei. Insbesondere die Rhythmik wurde im *Sacre* neu formuliert. Meist kurze, aus rationalen und irrationalen Werten gebildete rhythmische Zellen, die sich auf einen gemeinsamen Einheitswert (Schlagzeit) beziehen, werden permutiert und umgekehrt; reihen sich linear und bilden rhythmische Orgelpunkte, Ostinati und Themen; überlappen sich (›Dachziegel‹-Struktur), werden kanonisch geführt und zu symmetrischen wie asymmetrischen, mono- wie polyrhythmischen Konstruktionen und Perioden verbunden; die Komplexität des rhythmischen Gefüges entzieht sich jeder starren Systematisierung (vgl. Boulez 1975). – So gehört das unvergleichliche Werk, das bis heute von seiner bestürzenden Kühnheit nichts eingebüßt hat, zu den seit langem unbestrittenen Leitdokumenten der Neuen Musik. Und obwohl es in seiner explosiven Gewalt, seinem dithyrambischen Schwung und seinen kataraktischen Klanggebärden die Hörer noch immer zu verunsichern vermag, eroberte es sich seine Gunst und gehört deshalb zum kanonischen Bestand der erfolgreichen Klassiker des 20. Jahrhunderts.

Bereits 1908–09 hatte Str. noch in Rußland den ersten Akt einer Oper nach Hans Christian Andersens berühmtem Märchen »Die chinesische Nachtigall« geschrieben. Die Arbeit am zweiten und dritten Akt konnte er erst 1913–14 wieder aufnehmen. Aber er spürte den stilistischen Bruch zwischen den früheren und späteren Teilen der Oper, so daß er 1917, als er den Plan zu einer Sinfonischen Dichtung *Chant du rossignol* (»Gesang der Nachtigall«) ausführte, nur die Musik der beiden letzten, am chinesischen Kaiserhof spielenden Akte wiederverwendete. Das Werk besteht aus drei ineinander übergehenden Abschnitten, die in der Klavierfassung (nicht in der Orchesterpartitur!) folgende Überschriften haben: I. Das Fest im Palast des Kaisers von China (mit einem pentatorisch strukturierten »Chinesischen Marsch«), II. Die beiden Nachtigallen (die echte: chromatisches Material, rezitativisches Rubato; die künstliche: figuratives Material, etudenhafte Sequenzen), III. Krankheit und Genesung des Kaisers von China (mündend in einen »Trauermarsch« der Höflinge und den entfernten Gesang eines Fischers). Zu seiner impressionistisch subtilen und koloristisch reichen Musik bemerkte Str. in seiner Autobiographie, »diese Sinfonische Dichtung ist zwar für ein Orchester von normalem Umfang geschrieben, aber ich habe es wie ein Kammerorchester behandelt und nicht nur das konzertante Spiel der Soloinstrumente betont, sondern auch die einzelnen Gruppen der Instrumente konzertant musizieren lassen. Dieses orchestrale Prinzip paßte vorzüglich zu der Komposition, die viele Kadenzen aufweist, Läufe und Melismen aller Art, und in der die Tutti nur ausnahmsweise vorkommen.« (*Str. Leben und Werk*, 85f.)

Die russische Oktoberrevolution besiegelte Str.s Furcht, nicht mehr in die Heimat zurückkehren zu können und auf Dauer ein Leben im Exil führen zu müssen. Um in dieser für ihn ebenso psychisch wie finanziell schwierigen Zeit – in der neutralen Schweiz, wo er mit seiner Familie in Morges am Genfer See wohnte – einen künstlerischen Erfolg zu programmieren, entwickelte er zusammen mit dem waadtländischen Dichter Charles Ferdinand Ramuz im Winter 1917–18 »die Idee, mit möglichst geringen Mitteln eine Art Wanderbühne zu gründen, die man leicht von Ort zu Ort schaffen und auch in ganz kleinen Lokalen vorführen kann« (ebd. 74). Der Stoff für ein entsprechendes Spektakel fand sich in der berühmten Anthologie russischer Volksmärchen von Aleksandr Afanas'ev. Dort gibt es einen ganzen Kreis von Erzählungen aus der Zeit der russisch-türkischen Kriege, in denen Soldaten regelmäßig dem Teufel verfallen. Ramuz adaptierte eine »Histoire du soldat« ohne deren folkloristisches Ambiente, im Hinblick auf eine faustische Sinngebung im Miniaturformat, voller collagehafter Brechungen des ›entrückten‹ Märchentons durch ›aktualisierende‹ Symbole und in einer epischen Darstellungsweise, bei der sich erzählende, dialogische, pantomimische, melodramatische sowie rein instrumental-musikalische Artikulationen wechselseitig kommentieren.

Die *Histoire du soldat* (»Geschichte vom Soldaten«; Lausanne 1918) ist nicht nur ein Schlüsselwerk der Neuen Musik, sondern sie markiert auch einen wichtigen Wendepunkt im Schaffen Str.s. Grob gesagt verknüpft sich hier das Ende der sogenannten »russischen« Periode mit dem Beginn jener »neoklassizistischen« Stilistik, die der Komponist dann in den folgenden dreißig Jahren facettenreich entfaltete. Diesen Übergang thematisiert das Werk gleichsinnig mit der Entfremdungssymbolik des Sujets, im musikalischen Bereich einerseits durch mehrmalige Rückgriffe auf russische Folklore und andererseits durch neuartige Aneignung von Musiziermodellen aus der Sphäre der international geläufigen, modischen Gebrauchsmusik. Hier wäre, neben französischen, deutschen oder spanischen Tanzidiomen, vor allem an den Jazz zu denken, den er 1917 zunächst auf ›trockenem‹ Wege, ohne das reale klangliche Erlebnis, durch Noten aus Amerika kennenlernte. Dieses polyglotte Material unterzieht Str. ebenso vielfältiger wie subtiler technischer Bearbeitung, indem er es auf seine substantiellen Kerne reduziert, in polytonalen und polyrhythmischen Kombinationen entfaltet und schließlich in harter Montage aus kontrapunktischen Vernetzungen und flächigen Ostinati so nachdrücklich deformiert, daß jeder eindeutige Zusammenhang mit seinem motivischen, gestischen oder gar semantischen Ursprung gelöst zu sein scheint. Dieser konstruktive Wille, der zur Knappheit der Formen, äußerst komprimierten Strukturen und zu einer schlackenlosen Schärfe der klanglichen Diktion führt, entbindet zugleich die Musik von ihren traditionell illustrativen und psychologisierenden Verpflichtungen. Indem die Musik, die sich mit einem heterogen besetzten Kammerensemble begnügt, dennoch im Funktionsgefüge theatralischer Vorgänge die Negation des Gesanges betont und sichtbar auf der Bühne mitwirkt, artikuliert sie den damals radikalsten Einspruch gegen die Tradition musikdramatischer Aufgabenstellung – insbesondere gegen den Typus des Musikdramas seit Wagner. Den antiromantischen Impuls bekräftigt nicht zuletzt die Auswahl des kleinen Instrumentariums, das neben dem solistisch beanspruchten Schlagzeug die zugleich extremsten und repräsentativsten Typen der instrumentalen Familien versammelt. Damit ist das karge Gerüst eines Orchesters gegeben, das vom noblen Ton der Kammermusik so weit Abstand hält, wie es ›ordinären‹ Ensembles aus der Sphäre der populären Musik – von der commedia dell'arte bis zur Jazz-Combo – nahekommt. Aber so kritisch sich Str. vom polierten Klang der ›oberen‹ Musik abhebt, so verwandelt er gleichzeitig die anarchische Sinnlichkeit der ›niederen‹ in wohlregulierte Artistik. Das war der ›eigene‹ Bereich, indem er souverän alles ›andere‹ verwerten konnte. Und er hoffte, in den Ordnungen seiner Kunst dem Chaos der Welt – man bedenke das Jahr 1918! – eine Grenze setzen zu können.

Nach dem Ersten Weltkrieg lebte Str. zwei Jahrzehnte in Frankreich. Paris galt damals noch unangefochten als Metropole mondänen Lebens, als Sammelpunkt aller urbanen Extravaganzen und nicht zuletzt als richtungsweisender Kreuzweg für die entscheidenden Strömungen der modernen Kunst. Von hier aus figurierte Str. auf musikalischem Gebiet – allerdings recht unfreiwillig – wie ein Regent, den ein ihm weltweit höriges Heer von Komponisten vergötterte. Die bestimmende Marschrichtung hieß »Neoklassizismus«. Man wollte, mit dem Blick zurück auf die heiter-geselligen, spielerischen und formschön geordneten Facetten der klassischen Klangwelten, eine neuartige Musik gewinnen, die von romantischer Emphase und impressionistischer Verschwommenheit, von expressivem Weltschmerz oder anderweitig passioniertem Engagement weitgehend befreit sein sollte. Zwar empfahl sich Str. mit einigen Werken als Initiator einer solchen Ästhetik, aber nichts lag ihm je ferner, als eine bestimmte Richtung zu begründen und zu dirigieren. Dafür war er zu wendig, zu egoistisch und zu kreativ; er suchte ›seinen‹ Stil möglichst vielseitig auszuprägen, und er übernahm rapide von vielerlei traditionellen

Materialien, Formen oder Stilelementen alles, was ihm für den eigenen Ausdruck tauglich zu sein schien. Als neoklassizistisches Initialwerk gilt insbesondere *Pulcinella* (Paris 1920), ein Ballett mit Gesang über amouröse Abenteuer des populärsten Helden des italienischen Volkstheaters. Erneut angeregt durch Diaghilev, schrieb Str. eine Partitur nach Originalkompositionen von Pergolesi sowie einiger seiner anonymen Zeitgenossen, in der er die Vorlagen liebevoll und respektlos zugleich mehr oder weniger eingreifend retuschierte, klanglich verfremdete und scharf kolorierte. Einzelne Nummern des erfolgreichen Balletts stellte er zu einer konzertanten Suite für Kammerorchester zusammen (1922/1947), die seither zu den meistgespielten Werken des Komponisten gehört.

Nachdem Str. mehrere Jahre als konzertierender Pianist immer wieder sein *Concerto für Klavier, Bläser, Kontrabässe und Pauken* (1924/1950) gespielt hatte, fühlte er sich 1929 gedrängt, mit dem *Capriccio für Klavier und Orchester* (1929/1949) ein virtuoses Gegenstück zu dem älteren Werk zu komponieren. Wie der Komponist in seiner Autobiographie mitteilt, habe er bei der Wahl des Titels vor allem an eine alte Definition von Praetorius gedacht, der das »Capriccio« mit der »Fantasie« als einer freien Zusammenstellung fugierter Instrumentalsätze vergleicht. »Diese Form ermöglichte es mir, meine Musik so zu entwickeln, daß ich ganz verschiedenartige Episoden in bewußtem Gegensatz aufeinander folgen lasse, wodurch das Stück den kapriziösen Charakter erhält, der seinem Namen entspricht. Ein Komponist, der diese Form auf bewunderungswürdige Weise beherrschte, war Carl Maria von Weber. Es ist daher nicht weiter verwunderlich, daß ich während meiner Arbeit häufig an diesen Fürsten der Musik gedacht habe« (ebd., 148). Wahrscheinlich bezog sich Str. vor allem auf Webers berühmtes *Konzertstück f-moll* für Klavier und Orchester, dessen Mischung aus Brillanz, Dramatik und virtuoser Vielfalt ihm imponierte. Freilich beschränken sich konkrete Anregungen nur auf einige äußerliche, effektvolle Aspekte der motivischen Gestalten und pianistischen Manieren. Und trotz des auffällig kaleidoskopischen Wechsels von Klanggebärden und Formabschnitten bewahrt er streng die klassische Konzertform der Dreisätzigkeit und Dreigliedrigkeit der Sätze. Der Kopfsatz beginnt sogleich mit einem scharfen Kontrast zwischen impulsiven Auftakten und fragilen Melismen eines Streichquartetts, das obligat in allen drei Sätzen zwischen dem Solopart und dem Orchester vermittelt. Der Mittelsatz, in dem die Bläser dominieren, ähnelt jenen ›barockisierenden‹ Fantasien, wie sie Str. in freier Nachbildung Bachscher Adagiorhetorik auch anderweitig komponierte. Demgegenüber betont erst das Finale seine offene Verbundenheit mit dem Geist eleganter Virtuosität, bei der sich freilich nicht entscheiden läßt, wo sie den Charme einer Wiener Schnellpolka, mondäne Pariser Salonakrobatik oder den Glanz der Ballettkompositionen Čaikovskijs heraufbeschwört. Aber gerade aus der Mehrdeutigkeit und vielschichtigen Brechung solcher Anspielungen gewinnt Str.s funkelnder Klang seine präzise Unnachahmlichkeit – ein historisch beziehungsreiches, ironisches Hakenschlagen, das wissenden Ohren Spaß und anderen wenigstens keine Langeweile bereitet.

Weitere wichtige Werke aus der französischen Zeit sind das Opern-Oratorium *Oedipus Rex* (Jean Cocteau und Jean Daniélou; konzertant Paris 1927, szenisch Wien 1928), die Ballette *Apollon Musagète* (Washington 1928) und *Le baiser de la fée* (Paris 1928), die *Symphonie des psaumes* für Chor und Orchester (1930) und das Melodram *Perséphone* (nach André Gide; Paris 1934). Noch ehe Str. Europa für immer verließ, hatte er intensive künstlerische Kontakte zu Amerika geknüpft und mehrere Kompositionen im Auftrag amerikanischer Mäzene oder dort lebender Künstler geschrieben. Hierzu gehört auch das Ballett *Jeu de cartes* (New York 1936) für das American Ballet und seinen Choreographen George Balanchine. Die Handlung besteht in drei Pokerrunden, die ein Joker zu verwirren und für sich zu entscheiden sucht. Aber er treibt es zu arglistig und zu toll, so daß er am Ende besiegt wird. Die Musik – als Konzertfassung unverändert – zeigt wiederum die typischen Merkmale des »neoklassizistischen« Stils, das heißt, sie fügt eine Fülle figuren- und handlungsbezogener Episoden zu übersichtlich gerundeten Formen; sie bedient sich mit virtuoser Technik der Verformung und Verfremdung eines großen Vorrats an traditionellen Spiel- und Stilmustern; und sie parodiert eine ganze Reihe bekannter Stücke. Besonders deutlich hörbar werden Anklänge an J. Strauß (»Fledermaus«) und verschiedene Walzer à la Ravel, an Beethoven (»Fünfte« und »Achte Sinfonie«), an Leo Delibes, Čajkovskij und Rossini (Ouvertüre zum »Barbier von Sevilla«). Der erste Satz ist dreiteilig mit einem besonders markanten tokkatischen Mittelteil; der zweite Satz besteht im Kern aus einem Thema mit fünf Variationen und zwei Epilogen; der dritte Satz gliedert sich in einen Walzer, einen Geschwindmarsch und ein turbulentes Finale, das nochmals die Einleitungstakte aller drei Sätze herbeizitiert. Daß Str. das Ganze nicht bloß als musikalischen Spaß, als elegantes, heiteres und virtuoses Klangspiel verstanden wissen wollte, zeigt ein Motto an, das er nachträglich der Partitur hinzufügte und der Lafontaineschen Fabel von den Wölfen und den Schafen entnahm: »Zusammenfassend muß man sagen: Mit Schurken gibt's nur Krieg, / Solang, bis sie geschlagen! / Der Friede ist das höchste Gut, / Gewiß! Doch kann man sich vertragen / Mit dem, der Treu und Recht ersticken will in Blut?«

Nach dem Ausbruch des Zweiten Weltkrieges übersiedelte Str. in die USA, wo er bis zu seinem Tode in Kalifornien lebte und arbeitete. Auch hier riß sein schöpferischer Fleiß kaum je ab, und es entstanden – zunächst weiterhin in diversen neoklassizistischen Idiomen – so gewichtige Stücke wie die *Symphony en Ut* (1939–40), die *Symphony in three movements* (1942–45), das *Ebony Concerto* (1945), das Ballett *Orpheus* (New York 1948) sowie als musikdramatisches Hauptwerk die Oper *The Rake's Progress* (Wystan H. Auden und Chester Kallman; Venedig 1951), frei nach William Hogarth's gleichnamiger Bilderfolge. Die Autoren leitete Kritik an sozialen Fehlhandlungen ihres Helden, der kein Wüstling ist, sondern ein junger Fant vom Lande, der sich ohne Welterfahrung nicht ins vorgezeichnete kleine, enge Leben fügen will und daher Abenteuer sucht, von Reichtum, Freiheit und Glück träumt wie jedermann. Dabei werden durchaus Kunstfiguren und künstlich konstruierte Situationen modelliert, die vielfältig auch auf mythologische, weltliterarische und opernspezifischer Artefakte abheben und sie parodieren. Den wohl augenfälligsten Bezugspunkt bildet hierbei die Faustgestalt und die Problematik des Teufelspaktes. Die ›moderne‹ Variation bringt dieses Thema allerdings in gleichsam verkleinerter und umgekehrter Bewegung und in polyphoner Verflechtung mit anderen ›Leit‹-Themen, dem Mythos von Venus und Adonis oder dem Märchenmotiv von den drei Wünschen. Im Grunde wird dabei der klassische faustische Anspruch demontiert, auf nur eine, hedonistische Weise beschränkt und zudem auf Idole eingeschrumpft, die unter den Existenzbedingungen moderner Konsumgesellschaften manipulierten Massencharakter angenommen haben. Diese ideelle Zurücknahme der Faustfigur ins kleinbürgerliche Mittelmaß des mittleren 20. Jahrhunderts, der musikalisch eine parodistische Rückbindung an die klassizistische Opernform und -stilistik im Zeichen Händels, Mozarts und Verdis entspricht, zeigt sich vor allem in der Verkehrung der ›heldischen‹ Motivation: Nicht mehr die eingreifende Veränderung der Verhältnisse wird geplant, sondern die egoistische Selbstverwirklichung als parasitärer, schneller Genuß auf billige Versprechungen hin und auf Kosten der Verhältnisse – durch ihre zeitweilige, sich dann aber umso tödlicher rächende Überlistung. Der Mensch will nehmen, ohne zu geben, Vergnügungen ohne Arbeit, konsumieren ohne zu akkumulieren. Dieser zwar kreatürliche, aber autistisch unproduktive, letztlich zerstörerische Anspruch – zentral formuliert in den anmaßenden Wünschen nach Reichtum, nach absoluter Freiheit, nach der demiurgischen Rolle des Menschheitsbeglückers – muß scheitern, weil er von einer individualistisch-anarchischen Position aus, mit untauglichen, weil gleisnerischen Mitteln und von einer unaktiven, narzistischen Person erzwungen werden soll. Das ist die abgeklärte, kritisch-kontemplative Lesart, der heiter-skeptisch-ironische Kommentar zu einer ehedem klassisch-optimistischen Lesart von Lebensbewältigung. Doch bleibt Kritik – Audens rhetorische und Str.s kompositorische – selbst im Banne der gegebenen, sozial disharmonischen Harmonie, im Einverständnis mit der für unabwendbar gehaltenen hierarchischen Gegliedertheit von Gesellschaft. So rettet sich angesichts scharf beobachteter, fortschreitender gesellschaftlicher Entfremdung auch der Komponist in die (musik-) historisch rückschauende Utopie, in den Trost für morgen, daß alles immer schon so war. Was rechtens daran im kompositionsästhetischen Sinne »neoklassizistisch« genannt werden kann, ist weniger ein exakt definierbarer Stil, eher schon der ordnungswillige Gedanke, die Widersprüche der Welt als geschichtlich einheitliche Wiederholung zu stilisieren, und die daraus entwickelte künstlerische Methode, solche Einheitlichkeit in der vermeintlich universellen Gültigkeit klassischer Kunstmaße stillzustellen.

Solchen Überzeugungen blieb Str. auch treu, als er zur Verblüffung der Musikwelt zu Beginn der fünfziger Jahre, nach Schönbergs Tod, sich mit der Zwölftontechnik auseinandersetzte und vor allem strenge Strukturen nach Webernschem Vorbild in seine Musik zu integrieren begann. Die Faszination, die auf ihn die Idee einer rational begründeten, objektiven Klang-Ordnung und eines durchproportionierten Klangraums ausübte, hielt bis zu den letzten Werken an, etwa den wunderbar luziden, aber noch kaum bekannten *Requiem canticles* für Soli, Chor und Orchester (»Totengesänge«; 1965–66). Das Werk beschließt die Reihe von Str.s (nicht-liturgischen) Sakralkompositionen von der *Psalmensinfonie* über *Messe* (1944–48), *Canticum sacrum* (1955), *Threni* (1957–58), *The Flood* (Hamburg 1963), *Abraham and Isaac* (1962–63) bis zum *Introitus* (1965). Das *Requiem* war zunächst als Instrumentalwerk geplant, als eine Trauermusik für Holzbläser und Schlagzeug. Erst später entnahm Str. dem traditionellen Requiemtext sechs kurze Abschnitte, gruppierte je drei um ein Interludium für Bläser und umrahmte sie durch ein Präludium für Streicher und ein Postludium für Schlaginstrumente. In einem Gespräch nannte er das neunsätzige Werk scherzhaft »mein Taschenrequiem« – einerseits, »weil ich nur Teile des Textes verwende, die ich mit Instrumentalpartien spicke (obwohl es hübsch wenig Speck darin gibt), andererseits, weil das meist in Notizbüchern komponiert wurde, die ich in der Tasche trage« (*Erinnerungen und Gespräche*, 34). In diesem *Requiem* des 83jährigen Komponisten verbindet sich – wie in seinem Spätwerk generell – klangliche Subtilität in starken Kontrasten mit äußerster Reduktion und scharfer Konturierung der thematischen und architektonischen Formung. Jeder Satz weist ein ganz eigenständiges Kolorit auf und korrespondiert doch auch – Str.s Diktum von der Ausdruckslosigkeit seiner Musik widersprechend – in semantischer Hinsicht mit den entsprechenden Aussagen des lateinischen Textes. Das Präludium hat den Charakter einer Akklamation: Dreimal löst sich aus aufsteigenden Akkordwiederholungen eine schmerzlich dissonierende melodische Geste. Der chorische Anruf »Höre mein Gebet« erfolgt demgegenüber in gelassener Ruhe, doch dann umschließen die empörten Schreie des »Dies irae« rhythmisiertes Chorgeflüster. Der deklamatorische Sologesang des »Tuba mirum« korrespondiert mit Signalmotiven der Trompeten und Begleitfigurationen der Fagotte. Im Interludium wechseln weiche, statische Bläserakkorde mit kantablen Gedanken eines Flötenquartetts. Das »Rex tremendae« des Chores begleiten gleichsam bebende Streicher und Flöten. Als solistischer Klagegesang, in melismatisch ausgezierten Wendungen mit äußerst zarter Instrumentalbegleitung ist das »Lacrimosa« gefaßt. Hier wie in der monotonen chorischen Psalmodie des folgenden »Libera me«, bei dem sich gleichzeitig gesprochene und gesungene Texte mischen, verstärkt sich das rituelle Moment einer liturgischen Zeremonie, wie es Str. aus der Tradition russischer Kirchenmusik stets lebendig blieb. Das gilt auch für das visionäre, gelöste Postludium, das – als ruhiger Choralsatz klingender Schlaginstrumente – an feierliches Glockengeläut erinnert, an ein typisch national-religiöses Klangbild also, das Musorgskij im »Boris Godunov« erfunden hatte und bei Str. in zahlreichen Varianten seit der Schlußapotheose des *Feuervogels* viele seiner Werke beschließt. Pierre Souvtchinsky, einer der engsten Freunde des Komponisten, sagte vom *Requiem*, es sei »auf eine alte atavistische Art vom Ritual geprägt«, es sei »dabei weder heidnisch noch christlich« und sein Nachspiel einer jener Schlüsse, »die nicht oder erst im Unendlichen enden und mit denen Str. die Musik über den Kanon der klassischen Komponisten hinaus um eine Dimension bereichert hat« (ebd., 302). Vielleicht ist es der Ausdruck einer entspannten, weitsichtigen und hellhörigen Weisheit des Alters, die ahnt, warum es richtig und sinnvoll ist, auch im klanglichen Bereich zu den großen überindividuellen Zeremonien der Menschheit sich zu bekennen und immer wieder reflektierend zu ihnen zurückzukehren.

Noten: Belaieff (St. Petersburg/Ffm.); Boosey & Hawkes; Chappell; Chester; Faber (alle Ldn.); Breitkopf & Härtel (Lpz.); Hansen (Kopenhagen); Edition Russe de Musique (Paris); Schott (Mainz); Sirene (Paris).
Dokumente: Chroniques de ma vie, 2 Bde., Paris 1935–36. Poétique musicale, Cambridge (MA) 1942; dt. Mainz 1949. [Beides und »Antworten auf 35 Fragen« in:] Str. Leben und Werk, Zürich und Mainz 1957 [zitierte Ausg.]. Conversations with I. Str., hrsg. von R. CRAFT, Ldn. und N.Y. 1959. Memoirs and Commentaries, hrsg. von DEMS., Ldn. und N.Y. 1960. I. Str. Gespräch mit R. Craft, Bln. ²1961. Expositions and Developments, Ldn. und N.Y. 1962. Dialogues and a Diary, N.Y. 1963; erw. Ldn. 1968. Themes and Episodes, N.Y. 1966. Retrospectives and Conclusions, N.Y. 1969; dt. als Erinnerungen und Gespräche, Ffm. 1972. [Beides in:] Themes and Conclusions, Ldn. 1972. Selected Correspondance, 3 Bde., hrsg. von R. CRAFT, Ldn. 1982–85. STRAVINSKY, V. und CRAFT, R.: Str. in Pictures and Documents, Ldn. und N.Y. 1978. I. Str. Ausstellungskat. Kunstmuseum Basel, Basel 1984. CRAFT, R.: Str. Chronicle of a Friendship, Nashville (LA) 1994; dt. als Str. Chronik einer Freundschaft, Zürich und Mainz 2000.
Werkverzeichnis: WHITE, E.W.: Str. The Composer and His Works, Ldn. 1966; erw. ²1979.

Literatur: RAMUZ, CH. F.: Souvenirs sur I. Str., Lausanne 1929; dt. Ffm. 1974. I. Str, hrsg. von M. ARMITAGE, N. Y. 1936. Perspectives on Schoenberg and Str, hrsg. von B. BORETZ und E. T. CONE, Princeton (NJ) 1968, ²1972. BOULEZ, P.: Str. bleibt *in* Anhaltspunkte, Stg. 1975, 163–238. BURDE, W.: Str. Leben, Werke, Dokumente, Mainz 1982, ²1992. SCHERLIESS, V.: Str. und seine Zeit, Laaber 1983. I. Str., Mn. 1984 (MK 34–35). DÖMLING, W. und HIRSBRUNNER, TH.: Über Str., Laaber 1985. BURDE, W.: I. Str., Stg. 1995. CRAFT, R.: Str. Glimpses of a Life, N. Y. 1993; dt. als Str. Einblicke in sein Leben, Mainz 2000.

Frank Schneider

Suk, Josef

Geb. 4. 1. 1874 in Křečovice, Böhmen; gest. 29. 5. 1835 in Benešov bei Prag

S. gehört – ähnlich wie Vitězlav Novák und Otakar Ostrčíl – zu jener Generation tschechischer Tonsetzer, die im Gegenüber von musikalischer Tradition des 19. und musikalischer Moderne des beginnenden 20. Jahrhunderts kompositorisch aufwuchsen und aus diesem Spannungsverhältnis heraus ihre eigene künstlerische Individualität schufen. S.s kompositorische Anfänge sind dabei geprägt vom Einfluß seines Freundes und späteren Schwiegervaters Dvořák, bei dem er 1891/1892 studierte und seinen Unterricht mit der *Dramatischen Ouvertüre* für Orchester op. 4 (1892) abschloß. Die *Streicherserenade* op. 6 (1892) sowie die *Sechs Klavierstücke* op. 7 (1891–1893) mit dem berühmt gewordenen *Liebeslied* sowie die Suite *Pohádka* (»Märchen«, aus der Bühnenmusik zu *Ráduz a Mahulena*, 1897–98) markieren das Werden eigener kompositorischer Individualität. Das endgültige Loslösen vom Vorbild Dvořák, bei dem die Musik von Mahler, Strauss und Debussy eine wichtige Rolle spielte, zeigen neben den *Vier Kompositionen* für Geige und Klavier op. 17 (1900) und der *Klavier-Suite* op. 21 (1900) vor allem die *Fantasie g-moll* op. 24 für Violine und Orchester (1902–1903), das *Fantastische Scherzo* op. 25 für großes Orchester (1903) und die Symphonische Dichtung *Prag* op. 26 (1904) – alles Werke, die neben dem bereits von manchen Zeitgenossen betonten kompositorischen Können mit seiner hoch artifiziellen Polyphonie, seiner Neigung zu erweiterter Tonalität, zum Aufbrechen metrischer Strukturen und prosaischer Formbildung, eine musikalische Ausdrucksbreite präsentieren, zu der das Fantastische ebenso gehört wie das Tänzerische (z. B. die »Dumka« aus op. 21), das Humorvolle, das Elegische (*Elegie* op. 23, 1902), das fast Sentimentale, das Lyrische, das Nationale (z. B. *Meditace na staročeský choral, Svaty Václave,* »Meditationen über den alttschechischen Choral ›Heiliger Wenzel‹«) für Streichquartett op. 35a, 1914) und das Autobiographische als Inspirationsquelle (z. B. in *Ráduz a Mahulena* die Liebesgeschichte mit Otilie Dvořák, deren Liebesmelodie auch in *Prag* eine Rolle spielt), welches letztere S. durch Selbstzitate, d. h. durch werkübergreifend semantisch besetzte Motive wie Liebes-, Schicksals- oder Todesmotiv oder durch allgemeine musikalische Idiome wie Trauermarsch, Choral, Vorhaltsmelodik etc. kompositorisch verbalisiert. Auf dieser Basis wird nach dem plötzlichen Tod Dvořáks am 1. Mai 1904 und dem tragischen Hinscheiden seiner Frau Otilie Anfang Juli 1905 S.s Komponieren zu einer musikalischen Auseinandersetzung mit dem erlittenen familiären Schicksal: Das Bild der Mutter bestimmt inhaltlich die fünf Klavierstücke *O Matice* (»Über die Mutter«; 1907), die S. als eine Art Erinnerungswerk für seinen Sohn schrieb. Und »Asrael«, der Name des Todesengels, der die Verstorbenen ins Paradies geleitet, dient als Titel für die 1905/06 komponierte *Symphonie* op. 27, die S. zum »erhabenen Andenken an Dvořák und Otilka« [Werkwidmung] schrieb. Sie bildet das erste Stück einer kompositorischen Tetralogie, zu der als Nummer zwei die Tondichtung *Pohádka léta* (»Ein Sommermärchen« op. 29, 1907–1909), als Nummer drei *Zrání* op. 34 (»Erntezeit«; 1912–1917) und als Abschluß der *Epilog* op. 37 (mit Chor und Solisten nach Texten aus der Bibel und von Julius Zeyer; 1920–1929) gehören; eine symphonische Tetralogie, die – die inhaltliche Analogie zu Mahler ist nicht zu übersehen – das Leben mit seinem Schmerz, seiner Liebe, seiner Hoffnung und seinem Versuch des Verstehens des menschlichen Daseins zum Inhalt hat. Kompositorisch repräsentiert diese in einer Zeitspanne von 24 Jahren entstandene Tetralogie mit ihrer individuellen Erweiterung der Form und der Besetzung, mit ihrem Ausweiten des Harmonischen hin zur Polytonalität, ihrer kontrapunktischen Dichte und ihrer neuen instrumentalen Farbigkeit den Höhepunkt von S.s Schaffen.

Noten: Česky hudební fond; Hudební matice Umělecke' Besedy; Fr. A. Urbánek; M. Urbánek; Státní hudební vydavatelství; Státní nakladatelství krásné literary; Hudby a umění; Supraphon (alle Prag); Simrock

(Bln.); Breitkopf & Härtel (Lpz.); Universal Edition (Wien).

Literatur: BERKOVEC, J.: J. S., Prag 1956; dt. 1968 [gekürzt]. DERS.: J. S. in Musica 1957, 503–506. DUBRAVOVÁ, J.: Sound and Structure in J. S.s Zráni in IRASM 8 (1977), 73–86. KARBUSICKY, V.: J. S. a Gustav Mahler (»J. S. und Gustav Mahler«) in Opus musicum 22 (1990), 245–251.

Klaus Döge

Sullivan, Arthur Seymour

Geb. 13. 5. 1842 in London; gest. 22. 11. 1900 in London

Als Sohn des Militärkapellmeisters und Musikpädagogen Thomas Sullivan (1805–1866) besaß A. S. schon von Jugend an eine enge Verbindung zur Musik, die durch seine Ausbildung als Mitglied der Chapel Royal in London gefördert wurde. Durch den Gewinn des 1856 erstmals ausgeschriebenen Mendelssohn-Wettbewerbs konnte er als Stipendiat an der Royal Academy of Music und (ab 1858) am Konservatorium in Leipzig studieren, wo er drei Jahre lang prägende Einflüsse erhielt. Nach seiner Rückkehr etablierte er sich als bedeutendster englischer Musiker des 19. Jahrhunderts. Er trat nicht nur als Dirigent hervor (A. S. leitete u. a. die Philharmonische Gesellschaft und von 1881 bis 1898 das Musikfestival in Leeds), sondern auch als Pädagoge (er gründete 1876 die National Training School for Music und nutzte seine Popularität für ein kulturpolitisches Engagement zur Pflege des Musiklebens) und Musikforscher (im Oktober 1867 entdeckte er bei einer Forschungsreise nach Wien verloren geglaubte Autographe Schuberts).

Als Komponist wurde A. S. für seine Konzert- und Sakralmusik mit dem Ritterschlag geehrt – ab 1881 »Sir« Arthur –, während ihm sein Wirken für das Unterhaltungstheater ein finanzielles Auskommen garantierte und große Popularität verschaffte. Mit den komischen Opern, die S. zusammen mit W. S. Gilbert (1836–1911) für das Londoner Savoy Theatre schrieb, schuf er die einzige gattungstypologische Neuentwicklung im englischen Drama des späten 19. Jahrhunderts. In Werken wie *Trial by Jury* (1875), *H. M. S. Pinafore* (1878), *The Pirates of Penzance* (1879), *Iolanthe* (1882), *The Mikado* (1885), *Ruddigore* (1887) oder *Utopia Limited* (1893) fanden die berüchtigten Spitzen der englischen Literatur und Bildsatire auch Eingang auf die Musikbühnen, wo man die Stärken und Schwächen der Bürger einer aufstrebenden, kapitalistischen Industrie- und Wohlstandsgesellschaft ins Visier nahm. Diese Stücke verschaffen in der englischsprachigen Welt bis heute der klassischen Musik eine ungemeine Breitenwirkung. Als Vorbilder für die nationale (komische) Oper in der Landessprache, die S. mit dem Impresario Richard D'Oyly Carte (1844–1901) und Gilbert etablierte, um die französische Konkurrenz vom Markt zu verdrängen, gelten die Werke Rossinis, Mozarts und Lortzings sowie »Der Barbier von Bagdad« von Cornelius, zu dessen Uraufführung Liszt den jungen S. nach Weimar eingeladen hatte. S.s Ansprüche an seine komischen Opern verdeutlichen seine Begeisterung für Wagners Oper »Die Meistersinger von Nürnberg«, die für ihn Modellcharakter besaß. S. wünschte sich menschlich glaubwürdige Stoffe und kam seinem Ideal in *The Yeomen of the Guard* (1888) und *Ivanhoe* (1891) am nächsten. Sein Humanismus zeigt sich in einfühlsamen Vertonungen bei den Arien der von Gilbert oft gnadenlos verspotteten alten Jungfern, wie etwa im Cello-Solo bei Lady Janes »Sad is that woman's lot« (*Patience*), in Katishas Arie »Hearts do not break« (*The Mikado*) sowie in der sensiblen Charakterisierung der Protagonisten in *The Yeomen of the Guard* und der unterschiedlichen Volksgruppen in seiner großen Oper *Ivanhoe*. S., der als Herausgeber auch Werke von Rossini und Mozarts da Ponte-Opern betreute, verstand es, in seine heiteren Opern einen ernsten Unterton einzubringen, der die konfliktreiche Handlung oft mit tragikomischen Elementen durchsetzt. An entscheidenden Schnittstellen der menschlichen Existenz – eine junge Frau heiratet in *The Yeomen of the Guard* einen unschuldig zum Tode Verurteilten, dem die Flucht gelingt – gewinnt die Musik eine Variabilität und Intensität, die in der komischen Oper des 19. Jahrhunderts ihresgleichen sucht. Besonders im Finale des 1. Aktes dieser Oper zeigt sich die an der Instrumentationslehre von Berlioz geschulte subtile Orchestrierung sowie die virtuose Spannungssteigerung und das Kontrapunktieren von Situationskomik mit (tod)ernsten Situationen.

Im Œuvre von S. überwiegen die Vokalkompositionen, in erster Linie Opern und Oratorien. Das musikalische Idiom ist geprägt durch die Idole seiner Jugend – Händel, Mozart und Mendelssohn – sowie die auf dem Kontinent gewonnenen Anregungen durch zeitgenössische kompositorische Strömungen, in erster Linie Schumann, Schubert, Berlioz und Liszt. Mit letzterem war er befreundet, ebenso wie mit Rossini, der S. anregte, für das Theater zu schreiben. Wie der italienische Erfolgskomponist arbeitete auch der Engländer parallel sowohl an ernsten, dramatischen Werken als auch an komischen Opern, wobei er mitunter die gleichen Gestaltungselemente verwendet, beispielsweise die Charakterisierung von Figuren durch eine unterschiedliche Stimmführung wie etwa bei den hämischen Stakkato-Kommentaren des Teufels zum Chor der Pilger in *The Golden Legend* und den Staccato-Linien des schurkischen Dick Deadeye im Finale des 1. Aktes von *H. M. S. Pinafore*. Ein besonderes Merkmal der komischen Opern S.s ist die desillusionierende Struktur seiner Musik. Dazu gehören beispielsweise der überzogene Oktavsprung und die ironischen Melismen bei dem vermeintlich patriotischen Hymnus »He is an Englishman« aus *H. M. S. Pinafore* und die spannungsgeladene Dramatik in der Geisterszene aus dem 2. Akt der Oper *Ruddigore*, die viele in einer komischen Oper für unangebracht hielten.

Die »Oper der Zukunft« (Saremba 1993, 201) die S. vorschwebte, stellte für ihn einen Kompromiß zwischen der deutschen, italienischen und französischen Schule dar. Und so parodierte er in seinen Stücken erbarmungslos schmalziges Pathos und Theaterklischees, verwendete aber auch virtuos unterschiedliche Elemente der mitteleuropäischen Oper, die ihm für seine Bühnenwerke und Oratorien geeignet erschienen. Kennzeichen seines Schaffens sind ein abwechslungsreicher Kontrastreichtum, eine ausgefeilte Instrumentierung sowie melodischer und rhythmischer Erfindungsreichtum. S.s subtiler Umgang mit komplizierten metrischen Strukturen (z. B. in »The sun whose rays« in *The Mikado*, »Were I thy bride« oder »I have a song to sing, O« in *The Yeomen of the Guard*) besaß Vorbildcharakter für die Vertonung englischer Lyrik. Nicht minder bemerkenswert war sein technisches Geschick, mit wenigen Instrumenten eine große Tonfülle zu erzeugen. Bei großen Opern wie *Ivanhoe* und Oratorien wie *The Golden Legend* war es ihm möglich, mit einem erweiterten Orchesterapparat eindrucksvolle Klangwirkungen zu erzielen. Der Hauptakzent liegt dennoch weniger auf der Suggestionskraft immer größerer Orchesterbesetzungen – einer Tendenz, der sich S. verweigerte, wie er auch eine kritische Haltung gegenüber Wagner einnahm –, sondern auf Instrumentaleffekten, Klangfarben und melodischer Entwicklung.

S. gehört neben Alexander Mackenzie, Hubert Parry, Charles Villiers Stanford und Frederic Cowen zu den führenden Oratorienkomponisten Großbritanniens. Waren seine unter dem Einfluß von Mendelssohn stehenden Frühwerke *The Prodigal Son* (1869) und *The Light of the World* (1873) noch Sakralkomposition, die den religiösen Empfindungen der Epoche entgegenkamen, so dominierte in den handlungsintensiven weltlichen Werken wie *The Martyr of Antioch* (1880) und *The Golden Legend* (1886) der dramatische Gestus. In *The Golden Legend* greift S. mit kühnen harmonischen Wendungen Anregungen des auch von ihm selbst aufgeführten Opus »La Damnation de Faust« (1846) von Berlioz sowie Liszts »Die Glokken des Straßburger Münsters« (1874) auf. In seiner Kammermusik und als einer der erfolgreichsten Liedkomponisten seiner Zeit schöpfte S. zumeist aus dem Fundus klassischer und romantischer Muster. In der Orchestermusik von S. zeigen sich Anregungen durch deutsche Vorbilder. Zu einem Zeitpunkt, da Brahms, Čajkovskij und Dvořák als Sinfoniker noch kein Begriff waren, ragte die *E-dur Sinfonie* (1866) aus dem kompositorischen Schaffen britischer Musiker weit heraus. Sie ist mit dynamischen Kontrasten und ansprechender Holzbläserkolorierung im Mendelssohnschen »Sommernachtstraum«-Stil ausgestaltet. Der verhaltene zweite Satz (Andante espressivo) spielt wie Schubert mit Dur-Moll-Kontrasten sowie mit weiten melodischen Intervallen in der Art der norddeutschen Romantiker. Das reizvolle dreisätzige *Cellokonzert* in D-dur (1866) für den berühmten italienischen Virtuosen Alfredo Piatti lehnt sich an klassische Muster an. Vor allem im Mittelteil erhält der Solist mit raschen Läufen und Doppelgriffen viel Gelegenheit zum virtuosen Brillieren. Die Konzertouvertüren kennzeichnet eine starke Expressivität, wie etwa die auf Scotts Gedicht basierende *Marmion*-Ouvertüre (1867), in deren Anlage noch Mendelssohn durchschimmert (»Ruy Blas«-Ouvertüre), während die Ausführung auf Berlioz verweist mit mehrfach geteilten Streichern, individualisierten Instrumenten, die bislang nur als Füllstimmen eingesetzt wurden, ungewöhnlichen Extremlagen in Höhen und Tiefen sowie der Verwendung ungebräuchlicher Blasinstrumente. Bereits zu einer Zeit als Theaterbesuche in den gehobenen Schichten nicht unbedingt als gesellschaftsfähig galten, schrieb S. ungewöhnlich viele Bühnenmusiken zu Shakespeare-Produktionen (*The Tempest, Macbeth, Henry VIII* u. a.), die zu seinen herausragenden Orchesterwerken gehören.

Noten: The Savoy Operas. A Critical Edition, Williamstown (MA), 1994ff. The Savoy Operas, hrsg. von D. R. HULME und D. LLOYD-JONES, Oxford [in Vorbereitung].
Dokumente: S., A.: The Mikado (Faksimile der autographen Partitur), Farnborough (Hampshire) 1968.
Periodica: Regelmäßige Publikationen der Sir Arthur Sullivan Society, u. a. Magazin, Werkmonographien (Kontaktadressen: www.sirarthursullivansociety.co.uk). Deutsche Sullivan-Webseite: www.sullivan-forschung.de [9. 9. 2003].
Literatur: WILLIAMSON, A.: Gilbert and S. Opera, Ldn. ¹1953, ²1982. HUGHES, G.: The Music of A. S., Ldn. 1960. YOUNG, P. M.: Sir A. S., Ldn. 1971. The Annotated Gilbert and S., 2 Bde., hrsg. von I. BRADLEY Ldn. ¹1984; erw. ²2001. EDEN, D: Gilbert and S. – The Creative Conflict, Ldn. 1986. JACOBS, A.: A. S. – A Victorian Musician, Oxford und Ldn. ¹1984; erw. Aldershot ²1992. SAREMBA, M.: A. S. – Ein Komponistenleben im viktorianischen England, Wilhelmshaven 1993. STRADLING, R. und HUGHES, M.: The English Musical Renaissance 1860–1940 – Construction and Deconstruction, Ldn. und N. Y. 1993. SAREMBA, M.: »A. S. – Die Unperson der britischen Musik« in SAREMBA, M.: Elgar, Britten & Co., Zürich und St. Gallen 1994. DERS.: »In the Purgatory of Tradition – A. S. and the English Musical Renaisance« in Music as a Bridge – German-British Musical Relationships, hrsg. von CHR. BRÜSTLE und G. HELDT, Bln. [in Vorbereitung].

Meinhard Saremba

Sweelinck, Jan Pieterszoon

Geb. im Mai 1562 in Deventer;
gest. 16. 10. 1621 in Amsterdam

Seinen Zeitgenossen wie auch den nachfolgenden Generationen galt Sw. vor allem als Komponist der Psalmen Davids. In vier umfangreichen Sammlungen hatte er zwischen 1604 und 1621, seinem Todesjahr, vier- bis achtstimmige Vertonungen aller 150 Psalmen veröffentlicht, deren textlich-musikalische Grundlage der »Genfer Psalter« bildet, jene metrisierte Übersetzung der alttestamentarischen Bibeldichtung, die Clément Marot und Théodore de Bèze auf Geheiß des Reformators Johannes Calvin geschaffen hatten. Daß Sw. den französischen Text vertonte und nicht etwa, wie vielleicht zu erwarten gewesen wäre, Petrus Dathenus' Übersetzung ins Holländische, ist wohl unter anderem in deren dichterischer Unzulänglichkeit begründet. Außerdem konnte Sw. auf diese Weise mit einer weiten Verbreitung seines Werks rechnen; zahlreiche Erwähnungen in zeitgenössischen Quellen wie auch eine in Deutschland erschienene Auswahledition bestätigen dies.

Sw. war nicht der erste, der den gesamten »Genfer Psalter« in Musik setzte, Goudimel unternahm dies sogar mehrfach, sein monumentales Werk überragt die Vertonungen seiner Vorgänger aber qualitativ bei weitem. Im »Genfer Psalter« sind die Texte in Strophen unterteilt, die alle nach der jeweils gleichen Melodie zu singen sind. Für viele seiner Vertonungen übernimmt Sw. dieses Prinzip, d. h. er vertont nur die erste Strophe und überläßt es den Ausführenden, ob sie die restlichen Strophen zur selben Musik singen oder nicht. Andere Psalmen hat Sw. »tout au long« komponiert, vorzugsweise solche, deren Texte viele Bilder oder sonstige Ansatzpunkte enthalten, die der Vertonung Anreize zur Tonmalerei oder anderen Arten sinnfälliger Musikalisierung bieten. Aus dem »Genfer Psalter« übernimmt Sw. neben den Texten auch die dort verwendeten Melodien, die ihm auf vielfältige Weise als Grundlage seiner Vertonungen dienen, als cantus firmus nach Art der älteren Motette etwa oder in mannigfaltig variierter Gestalt als thematische Keimzelle kontrapunktischer Sätze, die oftmals durch homophone Blöcke aufgelockert werden.

Sw.s Psalmen waren nicht für den liturgischen Gebrauch bestimmt, da der Calvinismus, seit 1578 in Amsterdam vorherrschende Religion, die Musik im Gottesdienst auf ein Minimum beschränkte. Da aber die Kirchen Eigentum der Stadt waren und außerhalb der sonntäglichen Gottesdienste auch anderweitig genutzt werden konnten, erklangen sie wahrscheinlich in der Oude Kerk, Sw.s lebenslanger Wirkungsstätte, im Rahmen musikalischer Andachten, einer Frühform des modernen Kirchenkonzerts, die Sw. gemeinsam mit begabten Amateuren veranstaltete.

Lateinisches Pendant zu den *Pseaumes de David* sind die 1619 erschienenen *Cantiones sacrae,* Sw.s einzige Sammlung von Vokalwerken, in der der moderne Generalbaß verwendet wird, wenngleich die separat notierte instrumentale Baßlinie sich nur selten von der Vokalbaßstimme löst. Im Vergleich mit diesem Spätwerk wirken Sw.s weltliche Vokalwerke, darunter zahlreiche Chansons, einige italienische Madrigale, die zwei- bis dreistimmigen Gesänge der *Rimes Françoises et italiennes* (1612) sowie verschiedene Gelegenheitskompositionen (etwa zur Hochzeit des befreundeten Komponisten Johann Stobäus) bei aller Meisterschaft ein wenig antiquiert. Sie veranschaulichen jedoch, gemeinsam mit dem Corpus der geistlichen Werke, daß Sw. sich in erster Linie als Komponist von Vokalmusik verstand und als solcher auch von seinen Zeitgenossen angesehen wurde. Als aber die Musik Sw.s im 19. Jahrhundert wiederentdeckt wurde, sah man in ihm zunächst vor allem den großen Organisten, Orgelkomponisten und »Organistenmacher«, aus dessen Unterricht eine Schar bedeutender deutscher Komponisten hervorgegangen ist, unter ihnen Heinrich Scheidemann und Scheidt, die ihrerseits die Vorgeschichte der Bachschen Orgelmusik prägten. In einer Zeit, die ganz vom Glauben an den geschichtlichen Fortschritt beseelt war, mußten Sw.s zukunftsweisende Orgel- und Cembalowerke geradezu zwangsläufig interessanter erscheinen als sein bedeutendes Vokaloeuvre, das nicht Schule machte, sondern am Ende der großen Tradition niederländischer Vokalpolyphonie steht. Daher sind Sw.s Werke für Tasteninstrumente, die in verstreuten Handschriften und teilweise so unzuverlässig überliefert sind, daß die Authentizität einiger Werke immer noch fraglich ist, in der Musikpraxis wie auch in der wissenschaftlichen Diskussion ungleich präsenter als die Vokalwerke, die Sw.s Ruhm als Komponisten ursprünglich begründeten.

Doch war Sw. nicht nur als Vokalkomponist berühmt, sondern besaß auch als Orgelspieler und -sachverständiger einen außerordentlich Ruf; die Konzerte in der Oude Kerk, zu denen er im übrigen vertraglich verpflichtet war, zählten zu den Attraktionen Amsterdams. Aus dieser Konzertpraxis erwuchsen die Orgelwerke, die sich in zwei Gruppen unterteilen lassen: Auf der einen Seite stehen freie Gattungen wie Fantasie und Toccata, auf der anderen Variationszyklen über geistliche Melodien, aber auch solche über weltliche Lieder, die jedoch eher für das Cembalo gedacht sein dürften.

Die kontrapunktischen Fantasien sind die umfangreichsten Instrumentalwerke Sw.s. Die Beibehaltung nur eines Themas unterscheidet sie von Fantasien vieler anderer Komponisten und erfordert eine große Erfindungsgabe, um der Gefahr der Monotonie zu entgehen. Sw.s Meisterschaft zeigt sich darin, daß ihm durch die Integration instrumententypischer Spielfiguren in den vokal inspirierten kontrapunktischen Satz große Steigerungen gelingen, die die Länge der Stücke sinnvoll ausfüllen. In den Echofantasien tritt dagegen die komplizierte Satztechnik zugunsten klanglicher Effekte zurück. Die größte Gruppe innerhalb der freien Orgelwerke stellen aber die Toccaten dar, deren hochvirtuoses Figurenwerk oftmals den Charakter des Improvisierten trägt, jedoch stets in einem wohlkalkulierten Formplan aufgehoben ist.

Sw. Toccaten waren offenbar ohne große Bedeutung für seine deutschen Schüler, deren Werke hingegen vom genauen Studium seiner Fantasien und vor allem seiner Variationswerke Zeugnis geben. In diesen ist das Prinzip der Durchdringung von kontrapunktischem Satz und instrumentaler Virtuosität, das die Fantasien bestimmt, in noch gesteigerter Form wirksam.

Mehr noch als die Variationen über geistliche Melodien zeigen die weltlichen Liedvariationen den Einfluß der englischen Virginalmusik, deren Spielfiguren Sw. aufgreift und weiterentwickelt. Sie sind weniger kontrapunktisch gehalten als ihre geistlichen Pendants, dafür tänzerischer im Charakter und harmonisch ›moderner‹.

Noten: Opera omnia. Editio altera, hrsg. von G. LEONHARDT u. a., Amsterdam 1957 ff.
Literatur: TOLLEPSEN, R. H.: J. P. Sw. A Bio-Bibliography, 1604–1842 *in* TVNM 22 (1971), 87–125. CURTIS, A.: Sw.s Keyboard Music, Leiden ¹1963; ³1987. NOSKE, FR.: Sw., Oxford 1988. DIRKSEN, P.: The Keyboard Music of J. P. Sw., Utrecht 1997. HAVELAAR, L.: J. P. Sw. »De Phoenix der Musyche«, Epe 2000. Sw. Studies. Proceedings of the International Sw. Symposium Utrecht 1999, hrsg. von P. DIRKSEN, Utrecht 2002.

Thomas Seedorf

Szymanowski, Karol Maciej

Geb. 6. 10. 1882 in Tymoszówka (Ukraine); gest. 29. 3. 1937 in Lausanne

Er ist zweifellos die wichtigste polnische Komponistenpersönlichkeit zwischen Chopin und der modernen »polnischen Schule«, wie sie sich nach 1956 um Lutosławski, Kazimierz Serocki, Baird und Penderecki herausbilden sollte. Das Vakuum zwischen Chopin und Sz. – unterbrochen lediglich im Bereich der Musikdramatik durch Stanisław

Moniuszko (1819–1872) – hat seinen Grund einmal in der fehlenden Nationalstaatlichkeit Polens und der kulturellen Unterdrückung durch das russische Zarenreich, zum anderen im tragisch frühen Tod zweier so begabter Künstler wie Juliusz Zarębski (1854–1885) und Mieczyslaw Karlowicz (1876–1909). Entscheidend dafür, daß Sz. die (nicht nur kompositorische) Erneuerung der Musik in Polen, vor allem nach der wiedererlangten staatlichen Selbständigkeit, initiieren und vorantreiben konnte, war jedoch nicht so sehr die Fixierung auf ein nationales Erbe oder den Folklorismus – obwohl beides auch eine wichtige Rolle spielte –, sondern vielmehr seine internationalistische, europäische Gesinnung in einem allgemeinen Verständnis von Kultur und Ästhetik. Auch in seiner ›nationalen‹ Phase der intensiven Beschäftigung mit der kaum bekannten Volksmusik des »Podhale«, der bäuerlichen Region am Fuße der Hohen Tatra, hat Sz. die Perspektive auf das gesamteuropäische Kultur- und Musikleben nie verloren und gegen vielfältige dumpfe Widerstände während seiner Tätigkeit als Rektor der Warschauer Musikhochschule (1927–29, 1930–32) an seine Schüler und die musikalische Jugend Polens weitergegeben; Künstler wie Lutosławski erinnern sich dankbar an diese wichtige Ausstrahlung.

Sz. entstammt dem alten polnischen Landadel in der Ukraine; im Umkreis des Gutes Tymoszówka (in der Nähe der Stadt Elizavetgrad, heute Kirovograd) wohnt die Verwandtschaft der Blumenfeld und Neuhaus, ebenfalls bekannte Musikerfamilien. Heinrich (»Harry«) Neuhaus, später der berühmte Moskauer Klavierpädagoge, ist sein Vetter, die beiden erhalten zusammen bei Vater Gustav N. ersten Klavierunterricht. Der junge Sz. unternimmt Bildungsreisen durch viele Länder Europas, so daß ihm der engstirnige Kompositionsunterricht am Warschauer Konservatorium bei Zygmunt Noskowski keine Impulse gibt. Er geht nach Berlin und gründet dort zusammen mit Grzegorz Fitelberg (später als Dirigent sein treuer Sachwalter), Ludomir Różycki und Apolinary Szeluto die »Verlagsgenossenschaft junger polnischer Komponisten« in ideeller Anlehnung an die Literatengruppe »Młoda Polska« (»Junges Polen«). Die ersten Werke Sz.s – Klavierwerke wie die *Neun Préludes* op. 1, die *Vier Etüden* op. 4 oder die *Erste Sonate* op. 8 sowie die *Drei Fragmente* nach Gedichten von Jan Kasprowicz op. 5 (Gesang und Klavier, später auch orchestriert), alle zwischen 1900 und 1904 entstanden – zeigen den Einfluß von Reger und R. Strauss in origineller, chromatisch dichter, aber vorwiegend melodiebetonter Aneignung. Durch die Übersetzungen Tadeusz Micińskis lernt Sz. orientalische Literatur kennen; daneben tragen die Beschäftigung mit dem französischen Impressionismus und vor allem die insgesamt vier Reisen nach Italien, Sizilien und Nordafrika in den Jahren 1908–14 wesentlich zur Erweiterung seines musikalischen Horizontes bei: Griechische und orientalische Mythologie, die Kultur des Mittelmeerraums und die arabische Musik faszinieren ihn.

Während des Ersten Weltkrieges lebt Sz. in völliger Zurückgezogenheit auf dem Familiengut in Tymoszówka und verarbeitet die vielfältigen Eindrücke; in einem wahren »Taumel des Komponierens« entstehen die für seine musikgeschichtliche Physiognomie entscheidenden Werke einer eigenständigen Synthese von Debussy, Skrjabin und einem farblich sublimen harmonischen Sensualismus: die poetischen Klavierzyklen *Métopes* op. 29 (1915) und *Masques* op. 34 (1916) sowie, in origineller Verbindung Regerschen Kontrapunkts und mediterraner Farbigkeit, die *Dritte Sonate* op. 36 (1917), das einsätzige, melodiebestimmte, mit für diese Gattung unerhörtem Raffinement instrumentierte *Erste Violinkonzert* op. 35 (1916), die *Dritte Sinfonie »Das Lied der Nacht«* für Tenor (oder Sopran), Chor und Orchester nach Worten des Sufi-Dichters Jalal ad-Din ar-Rumi op. 27 (1914–16) und, nach sechs Gedichten des befreundeten Jaroslaw Iwaszkiewicz, die *Pieśni muezina szalonego* op. 42 (1918), entgegen der landläufigen deutschen Formulierung »des verliebten« treffender als »Lieder des vernarrten« oder »verrückten Muezzin« zu übersetzen: orientalisches Melos und aufgelichtete spätromantisch-impressionistische Harmonik gehen eine berückende Verbindung ein.

Am Ende dieser Phase beginnt Sz. sein Hauptwerk, die Oper *Król Roger* op. 46 (»König Roger«; 1918–24, Warschau 1926), deren Vollendung sich jedoch lange hinzieht: zum einen werden die Sz.s durch aufständische Bauern von ihrem Gut vertrieben und übersiedeln nach Warschau, zum anderen beginnt hier bereits die dritte schöpferische Phase, die des Folklorismus, wovon *König Roger* auch nicht ganz unberührt bleibt. Es geht in diesem Werk um die Verbindung christlicher Tradition mit einer mystisch-orgiastischen Heilslehre aus einem Pseudo-Orient, der Königin Roksana und dann auch – auf seine, geistige Weise – König

Roger erliegt; der eher lebensphilosophische Konflikt gibt wenig an Bühnendramatik her, wirkt eher oratorisch, dabei dann aber musikalisch eindrucksvoll.

In den Jahren nach 1920 schließt sich Sz. einem Kreis von Literaten, Bildenden Künstlern und Forschern an, die von der bis dahin (auch bei Chopin) kaum oder gar nicht bekannten Folklore der »Góralen«, der Bergbauern aus der Tatra, hingerissen sind; die Góralentonleiter (mit übermäßiger Quart und kleiner Septime, wie in verschiedenen zurückgezogenen Volksmusiken verbreitet) und die bizarre Rhythmik der Folklore aus dem »Podhale« begeistern Sz. und inspirieren die bedeutendsten Werke dieser Phase: seine *20 Mazurken* für Klavier op. 50 (1924–25), als Zyklus in seiner spezifischen Harmonik, der Rhythmik und der thematischen Formulierung erstaunlich geschlossen und gleichzeitig fantasievoll-rhapsodisch, der bedeutendste und anspruchsvollste Beitrag in diesem Genre seit Chopin; sein später international erfolgreiches und populäres Ballett für Solostimmen, Chor und Orchester *Harnasie* op. 55 (»Die Bergräuber«; 1923–31, Prag 1935) nach einem folkloristischen Brautraubmotiv, in der Kraft der musikalischen Stilisierung der Góralenfolklore vielleicht Sz.s bestes Werk, vergleichbar dem Œuvre Bartóks oder de Fallas und animiert durch Stravinskys »Petruchka« und einen kurzen freundschaftlichen Kontakt zu diesem Komponisten während eines London-Aufenthaltes; und das *Zweite Streichquartett* op. 56 (1927), welches, teilweise sogar mit thematischen Übernahmen, die Tendenz von *Harnasie* fortführt.

Es gehört zum Charakter dieser stets suchenden, progressiven Persönlichkeit, daß Sz. beim Folklorismus auch nicht stehenbleibt, sondern diesen in eine Art neuer Klassizität zu überführen trachtet, um auf diese Weise der polnischen Moderne eine gewisse Identität zu geben, die wiederum Nationales mit den internationalen Strömungen verbinden sollte. Für diese vierte und letzte Phase im Schaffen Sz.s steht das liturgischstrenge *Stabat Mater* op. 53 (1925–26) ebenso wie die *Vierte Sinfonie »Sinfonia concertante«* für Klavier und Orchester op. 60 (1932) oder das *Zweite Violinkonzert* op. 61 (1933), wobei die *Sinfonia concertante* für den eigenen Gebrauch entsteht, denn nach dem Rücktritt vom Hochschulamt ist Sz. auf Einkünfte durch Konzertreisen angewiesen. Allerdings erreicht er eine überzeugende Position im erstrebten Klassizismus mit diesen Werken noch nicht ganz, und seine schon lange schwelende und jetzt ausbrechende Tuberkulose-Erkrankung läßt nach den *Zwei Mazurken* für Klavier op. 62 (1933–34) alles Weitere über Skizzen nicht mehr hinauskommen. Die Übersiedlung in die Schweiz und die Behandlung im Sanatorium in Lausanne kommen zu spät.

Sz.s Bedeutung für das polnische Musikleben als Schöpfer, Pädagoge, Anreger, Musikpublizist und weltoffener Geist ist nicht hoch genug einzuschätzen, und auch sein Rang als europäischer Musiker ist offensichtlich, selbst wenn man zur Kenntnis nimmt, daß er die Prägnanz und Originalität eines Bartók, Janáček oder de Falla nicht mit seinem Gesamtwerk als Einheit, sondern nur mit einer Reihe einzelner gewichtiger Werke erreicht hat.

Noten: Gesamtausg., hrsg. von T. CHYLIŃSKA, Kraków und Wien 1973ff.
Dokumente: Begegnung mit K. Sz., Lpz. 1982 [mit Aufsätzen und Briefen].K. Sz. Briefwechsel mit der Universal Edition 1912–1937, hrsg. von T. CHYLIŃSKA, Wien 1981. Sz. on Music. Selected Writings of K. Sz., hrsg. und übers. von A. WIGHTMAN, Ldn. 1999.
Werkverzeichnis: MICHALOWSKI, K.: K. Sz. Katalog tematyczny dziel i bibliografia [Thematischer Katalog der Werke und Bibliographie], Kraków 1967.
Bibliographie: DERS.: K.Sz. Bibliografia 1967–1991, Kraków 1993.
Literatur: IWASZKIEWICZ, J »Harnasie« Karola Szymanowskiego Krakow 1964, ²1979. LISSA, Z.: Vom Wesen des nationalen Stils in der Musik von K. Sz. *in* Hamburger Jb. für Mw. 4, Hbg. 1980, 181–200. KOSAKOWSKI, A. L.: K. Sz.'s mazurkas, Cyclic structure and harmonic language, Diss. Ann Arbor 1980. K. Sz. in seiner Zeit, hrsg. von M. BRISTIGER u. a., Mn. 1984 [mit Bibl.]. FINSCHER, L.: Symphonie, Literatur und Philosophie. Zur 2. Symphonie K Sz. s. *in* Das musikalische Kunstwerk. Fs. Carl Dahlhaus, hrsg. von H. DANUSER u. a., Laaber 1988, 651–658. CHYLIŃSKA, T.: K. Sz. His Life and Works, Los Angeles 1993. WIGHTMAN, A.: K. Sz. His Life and Work, Aldershot 1999 [mit Bibl.].

Hartmut Lück

Takemitsu, Tōru

Geb. 8. 10. 1930 in Tokio;
gest. 20. 2. 1996 in Tokio

Seit Japan sich 1854 nach langer Isolation äußeren Einflüssen wieder hatte öffnen müssen, vollzog das Insellland binnen 150 Jahren eine rasante Entwicklung der Modernisierung, Industrialisierung und Verwestlichung. Das Werk des Komponisten und Essayisten T. T. spiegelt in seiner Fülle und Heterogenität das enorme Assimilierungsvermögen, aber auch das Konfliktpotential einer Gesellschaft wider, die innerhalb weniger Generationen den Weg vom ganz auf sich selbst zurückgeworfenen Feudalstaat zur globalen Perspektive zurückgelegt hatte.

T.s Interesse an der Musik erwachte nach eigenem Bekunden beim Hören des Josephine-Baker-Chansons »Parlez-moi de l'amour« 1944 noch während seines Militärdienstes. Nach dem Krieg kam T. dann über amerikanische Soldatensender verstärkt mit westlicher Musik in Kontakt. Seiner Vorliebe fürs vermeintlich Triviale ist der Komponist von über 90 Filmmusiken auch später treu geblieben: Sein Œuvre umfaßt Transkriptionen von Gershwin- und Beatles-Songs, in *12 Songs for Guitar* (1977), oder Pop-Arrangements, in *Handmade Proverbs* (1987), ebenso wie Anklänge an Jazz und Blues oder Bearbeitungen kleinerer Piecen von Satie und Čajkovskij. Das Chorstück *Wind Horse* (1961–66) vereinigt eine onomatopoetisch vertonte Masturbationsszene mit einem afrikanischen Kinderlied und einem Symbol der tibetanischen Mythologie.

Die Entwicklung T.s läßt sich grob in drei Phasen gliedern. In der ersten Phase bis ca. 1957 war vor allem der Einfluß Messiaens prägend, dessen Modi mit begrenzter Transponierbarkeit T. für seinen Stil adaptierte. Geleitet von einem vorerst theoretischen Interesse an der japanischen Musikästhetik, die besonderes Gewicht auf die Geräuschhaftigkeit der Klänge (»sawari«) und ihre Einbettung in die akustische Lebenswelt legt, beschäftigte T. sich zwischen 1955 und 1960 auch mit der Musique concrète (→ Schaeffer). Aus dieser Zeit liegen mehrere Tonbandkompositionen vor, die mit konkretem Sprachmaterial, z. B. *Vokalism A.I* (1956), oder Naturgeräuschen, *Water Music* (1960), arbeiten. Die Idee des »Tonflusses«, eine Grundidee asiatischen Musikdenkens, übertrug T. in seinem *Requiem* (1957) für Streichorchester in einen der entwickelnden Variation der Wiener Schule abgelauschten Fluß fortwährender Verwandlungen einer melodischen Zelle.

Ein Schlüsselerlebnis, das ihn nach der vornehmlich an westlichen Modellen orientierten ersten Phase zur praktischen Wiederentdeckung der traditionellen japanischen Musik führte, war 1959 der Besuch eines Bunraku Puppentheaters – hier begegnete T. den für die Spieltechnik der Shamisen typischen Geräuscheffekten, dem »sawari«. In der Folgezeit entstanden mehrere Stücke für japanische Instrumente: die Filmmusik zu *Seppuku* (1962), *Eclipse* (1966) für Biwa und Shakuhachi, *In an Autumn Garden* (1973–79) für Gagaku-Orchester und Werke, in denen T. bewußt das westliche Symphonieorchester den traditionellen Instrumenten gegenüberstellte wie in *November Steps* (1967) und *Autumn* (1973) für Biwa, Shakuhachi und Orchester.

Der Einfluß von Cage bestärkte T. in seinem Interesse an dem Erbe der eigenen Kultur und seiner Suche nach neuen Konzepten zu dessen zeitgemäßer Umsetzung. So übertrug T. in *Le Son Calligraphié I* und *III* (1958–1960) für zwei Streichquartette die Ästhetik der japanischen Kalligraphie auf seine Musik. Zu einer zentralen Metapher seines Schaffens wurde die Gartenkunst, z. B. in *Arc I* (1963–66, 1976) für Klavier und Orchester, wo der Solist sich durch die klangliche Topographie eines in Gruppen aufgeteilten Orchesters hindurch bewegt. Dem unterschiedlichen Grad der Veränderlichkeit von Steinen, Sand, Gras und Bäumen gemäß hat dabei jede der vier Orchesterschichten ihr eigenes Tempo. Diese bei T. häufige Desynchronisation bzw. Teilung des Orchesterapparates in räumlich getrennte Gruppen bewirkt das Fehlen einer Zentralperspektive, wie T. es auch an japanischen Rollenbildern schätzte, und somit die Freiheit, ohne Ziel und Lenkung hörend ›spazieren gehen‹ zu können.

Eine Forschungsreise nach Indonesien 1972 zeitigte als kompositorischen Ertrag das Klavierstück *For Away* (1973) sowie einige grundsätzliche Überlegungen T.s zu »untransportierbarer«, d. h. an einen bestimmten kulturellen Rahmen gebundener, und »transportierbarer« Musik, also Konzertmusik, der er sich fortan verstärkt widmete. T. letzte Schaffensphase ist gekennzeichnet durch die Rückkehr zu einer am Impressionismus und Messiaens Modalität orientierten Schreibweise. T. formuliert nun einige für seine Poetik grundlegende Begriffe: »Wasser«, »Traum« und »Zahl«. *Dreamtime* (1981) etwa bezieht sich auf »Alcheringa«, die mythische Traumzeit der Aborigines. *Quatrain* (1975) für eine bei Messiaens »Quatuor pour la fin du temps« entlehnte Quartettbesetzung und Orchester oder *A Flock Descends into a Pentagonal Garden* (1977) sind entlang der Zahlen vier bzw. fünf organisiert. In den achtziger Jahren schrieb T. eine Reihe von Stücken, die durch James Joyces Traumbuch »Finnegan's Wake« inspiriert sind, und die das Sea-Motiv (Es-E-A) sowie eine Erzählstruktur gemeinsam haben: *Far Calls, Coming, far!* (1980) für Violine und Orchester, *A way a Lone* (1981) für Streichquartett und *riverrun* (1984) für Klavier und Orchester beschwören das Bild eines Flusses – in den beiden Konzerten durch das Soloinstrument vertreten –, der sich schließlich ins weite Meer ergießt. In *Quotation of Dream – Say Sea, Take Me* (1991), dessen Untertitel auf eine Gedichtzeile von Emily Dickinson zurückgeht, zitiert T. auch Passagen aus Debussys »La Mer«. Im letzten Jahrzehnt von T.s Schaffen häufen sich zudem »in memoriam«-Kompositionen, die u. a. Lutosławski, Andrei Tarkowsky, Feldman oder Messiaen zugeeignet sind.

Seinem eigenen Verständnis nach hatte der Japaner T. T. aufgehört, sich im Spiegel nur einer Kultur erkennen zu wollen, vielmehr sah er sich, Buckminster Fuller zitierend, als Träger eines »kosmischen Eies«, als ein Angehöriger einer Weltkultur.

Noten: Salabert (Paris); Schott (Mainz).

Dokumente: Oto, chinmoku to hakariaeru hodoni (»Ein Ton, der Stille gleichkommt«), Tokio 1971. Ki no kagami, sōgen no kagami (»Spiegel des Baumes, Spiegel des Feldes«), Tokio 1975. Ongaku (»Musik«), Briefwechsel mit Seiji Ozawa, Tokio 1981. Yume no in'yō (Traumzitate), Tokio 1984. A Mirror and an Egg *in* soundings 21 (1984–85), 3–6. Yume to kazu. ongaku no gohō (»Traum und Zahl. Musikalische Syntax«), Tokio 1987. Opera wo tsukuru (»Eine Oper zu schaffen«), Briefwechsel mit Kenzaburō Ōe, Tokio 1990. Tōi yobigoe no kanata e (»Far calls, coming far!«), Tokio 1993. Confronting Silence. Selected Writings, Berkeley 1995.

Literatur: OHTAKE, N.: Creative Sources for the Music of T. T., Cambridge 1993. MIYAMOTO, K.: Klang im Osten, Klang im Westen. Der Komponist T. T. und die Rezeption europäischer Musik in Japan, Saarbrücken 1996. BURT, P.: The Music of T. T., Cambridge 2001.

Ilja Stephan

Tallis, Thomas

Geb. um 1505;
gest. 20. oder 23. 11. 1585 in Greenwich

»Tallis ys dead, and Musick dyes« – so beschließt Byrd seine Elegie, die er auf den Tod von T. verfaßt hatte. Mit T. ging in der Tat die englische Musik des Spätmittelalters zu Ende, jene melismatische Schreibweise, die noch im katholischen Ritus wurzelte. T. brachte aber auch ein neues Element in die Polyphonie, nämlich den subjektiven Ausdruck des Textes und ein spezifisches Pathos, die beide bis ins Frühbarock weiterwirkten.

T. hat fast sein gesamtes schöpferisches Leben als Gentleman der Chapel Royal, als Chorsänger, Organist und Komponist der königlichen Kapelle verbracht, der er spätestens seit 1543 angehörte. Er versah seinen Dienst unter vier Herrschern: unter Henry VIII., der 1534 die englische Kirche von Rom löste; unter dem Kindkönig Edward VI., unter dessen Regierung die anglikanische Hochkirche gegründet und die protestantische Reformation auch in der Lehre und im Ritus vollzogen wurde; unter Mary I., deren kurze Regierungszeit die katholische Restauration auf ein bloßes Zwischenspiel begrenzte; schließlich unter Elizabeth I., unter der die anglikanische Hochkirche wiederhergestellt wurde. Die Reformation führte auch in England zur Aufhebung der Klöster und bewirkte damit die Vernichtung der bisherigen musikalischen Kultur. Einerseits stellte die 1549 vollzogene Einführung des »Book of Common Prayer« und damit der volkssprachigen Liturgie vollkommen neue stilistische Anforderungen an die Kirchenmusik. Andererseits war die Chapel Royal gerade unter Elizabeth I. ein Reservat für die überlieferte, hochentwickelte Vokalpolyphonie im katholischen Ritus. Das beweist die gemeinsame Veröffentlichung von Byrds und T.' lateinischen Motetten in den *Cantiones sacrae* 1575.

Diese Ambivalenz, diese schöpferische Spannung aus Alt und Neu prägt die Kunst T.' Er war noch im katholischen Glauben aufgewachsen und als Musiker in der überschwänglichen, aber emotionslosen Kathedralpolyphonie ausgebildet worden. Zum katholischen Glauben scheint er sich auch nach der Einführung der anglikanischen Hochkirche weiterhin bekannt zu haben, als Komponist jedoch hat er als einer der ersten im Sinne der neuen Lehre gewirkt. Schon unter Edward VI. (1547–1553) begann er die Anforderungen der neuen Liturgie nach einfacher, homophoner Vertonung biblischer Texte in die Praxis umzusetzen. Seine meist vierstimmigen englischsprachigen Anthems und die vier- bis fünfstimmige Service-Musik sind in der Regel syllabisch deklamierte, nüchtern auf Textverständlichkeit ausgerichtete, dabei musikalisch jedoch keinesfalls anspruchslose Chorsätze. Bezeichnend für das Nebeneinander von Alt und Neu ist die Tatsache, daß ein Teil dieser Vertonungen doppelt textiert, also englisch- und lateinischsprachig überliefert ist.

T.' Werk zeigt eine außerordentliche stilistische Vielfalt und umfaßt so gut wie alle Formen der Kirchenmusik des 16. Jahrhunderts. Die Zeitgenossen rühmten sein Orgelspiel. Die meisten seiner Kompositionen für Tasteninstrumente und consort, aber auch eine beträchtliche Anzahl von Vokalwerken müssen verlorengegangen sein. Als Komponist scheint T. sich nur langsam entwickelt zu haben, doch läßt sich aufgrund fehlender Quellenbelege eine Werkchronologie nur in Ansätzen erstellen. Es wäre sicher zu modern und keinesfalls im Sinne der Zeit gedacht, zwischen seiner lateinischen Motettenkunst und seiner anglikanischen Kirchenmusik einen Gegensatz zu sehen. Ein Teil der lateinischen Motetten – z. B. das opulente sechsstimmige Votiv-Antiphon *Gaude gloriosa Dei mater* – besitzt eine außerordentlich komplexe Satzstruktur, die sich noch ganz am melismatischen, archaisch prunkvollen Stil der spätmittelalterlichen englischen Kathedralmusik orientiert. T.' bedeutendste Motetten, deren Entstehung man auf die Zeit nach 1550 datiert, verbinden die imitative Technik mit einer Kunst der Wortdeklamation, die wohl erst durch die Vertonung der englischsprachigen Anthems freigesetzt wurde. Zu welchen Höhen expressiv-linearer Verdichtung sich dabei die Musik T.' erhebt, demonstriert die vierzigstimmige Motette *Spem in alium*. Man hielt dieses kühnste Werk der gesamten englischen Musik des 16. Jahrhunderts lange für ein singuläres Experiment. Inzwischen weiß man, daß T. 1567 während des Englandbesuchs von Alessandro Striggio d. Ä. dessen ebenfalls vierzigstimmige Motette »Ecce beatam lucem« kennengelernt haben muß und sein Werk in unmittelbarer Konkurrenz schrieb. Das nichtliturgische, nur in englisch textierten Quellen überlieferte Stück ist als eine Raummusik konzipiert, die intendiert, daß der Hörer sich im Zentrum der kreisförmig angeordneten acht fünfstimmigen Chöre befindet.

T. scheint sich fast ausschließlich auf geistliche Musik konzentriert zu haben; jedenfalls sind so gut wie keine weltlichen Kompositionen überliefert. Sein bekanntestes und sicher wohl auch bedeutendstes Werk sind die *Lamentations of Jeremiah* – zwei innerlich zusammengehörige, wenn auch vermutlich kaum zusammen entstandene fünfstimmige Motetten auf Texte des Propheten Jeremias. Diese Klagegesänge waren Bestandteil der Gründonnerstagsliturgie. Sie wurde ›in tenebris‹, d. h. in der Dunkelheit gesungen, nachdem man zuvor alle Kerzen auf dem Altar gelöscht hatte. Da der Zweck von T.' Vertonung ein privater gewesen sein muß, hat man den nachdrücklichen Ernst, die tiefe Ergriffenheit, die mystische Intensität, nicht zuletzt den herben Schmerz dieser Musik mit seinem eigenen Lebensschicksal inmitten der Religionswirren des Zeitalters in Beziehung bringen wollen. Dies ist nicht stichhaltig, weil auch andere Tenebrae-Vertonungen des gegenreformatorischen 16. Jahrhunderts dieselbe Vorliebe für den dunklen Klang und das schmerzliche Eingedenken zeigen. Was T.' *Lamentations*, die man sich am ehesten als private Andachtsmusik denken mag, über fast alle anderen Vertonungen des Textes heraushebt, ist die souveräne Verbindung von imitierender Stimmführung und syllabischer Deklamation, ist das tiefsinnig aus Chromatik und Dissonanz gewirkte Pathos, ist nicht zuletzt die Expressivität, welche die eindringliche Subjektivität des Ausdrucks auf eine Ebene des Objektiven entrückt.

Noten: Tudor Church Music, hrsg. von P.C. BUCK u. a., Bd. 6, Ldn. 1928; Appendix, Ldn. 1948 [Lateinische Kirchenmusik]. English Sacred Music, Bd. 1: Anthems, Bd. 2: Service Music, hrsg. von L. ELLINWOOD und P. DOE, Ldn. ²1973/74 (Early English Church Music 12 und 13). Complete Keyboard Works, hrsg. von D. STEVENS, Ldn. 1953. [Einige Stücke auch in:] The Mulliner Book, hrsg. von DEMS., Ldn. ²1954 (MB 1).
Literatur: STEVENS, D.: Tudor Church Music, N.Y. ²1966. LE HURAY, P.: Music and Reformation in England 1549–1660, Ldn. 1967. DOE, P.: T., Ldn. ²1976. MILSOM, J.: English Polyphonic Style in Transition. A Study of the Sacred Music of T., Oxford 1983. WULSTAN, D.: Tudor Music, Ldn. 1985. PHILLIPS, P.: English Sacred Music 1549–1649, Oxford 1991.

Uwe Schweikert

Tan Dun

Geb. 18. 8. 1957 in Si Mao (Hunan, China)

In Zeiten, in denen das wahrhaft Neue erschöpft zu sein scheint, ist es ein beliebter Kunstgriff des Musikmarketings, stark besetzte, wie Marken wirkende Namen und Symbole zu einem kulturelle und historische Grenzen überschreitenden Crossover nach dem Rezept »Vivaldi meets Punk« miteinander zu verbinden. Der in der chinesischen Provinz aufgewachsene und heute in New York lebende T., der in *A Sinking Love* (1995) Gedichte des Li Po und asiatische Stimmbehandlung mit einer Melodie aus Purcells »Fantasia Nr. 8« und einem Violenconsort kombiniert oder in *Ghost Opera* (1994) das Kronos Quartet zusammen mit einer Pipa auf die Bühne stellt, um J. S. Bach mit chinesischen Volksliedern zu konfrontieren, hat dieses Kunstideal einer Zeiten und Kulturen umspannenden ›Weltmusik‹ zum kompositorischen Prinzip erhoben.

T.s frühe in China entstandenen Werke lassen sich in drei Gruppen unterteilen, deren Unterschiedlichkeit symptomatisch ist für die verschiedenen Einflüsse und Ansprüche, die T. in seiner Musik verarbeitet hat bzw. denen er Genüge zu tun hatte: 1. Zwischen 1982 und 1986 entstanden eine Reihe von Stücken für asiatische Instrumente, die T.s persönliche Erfahrung mit traditioneller Musik spiegeln. 2. Den Ansprüchen der offiziellen Kulturpolitik entsprechend schrieb T. außerdem an den Vorbildern Šostakovič oder Debussy orientierte Werke europäisch-traditioneller Provenienz wie die Symphonie *Li Sao* (1981), die Sinfonische Fantasie *Shi* (Gedicht, 1982), ein Klavierkonzert (1985) und eine *Symphony in Two Movements* (1985). 3. Seit Anfang der achtziger Jahre auch westliche Gastdozenten (u. a. Crumb, Henze, Ligeti) nach China reisen konnten, öffnete sich T. der Avantgarde, wobei er die neuen Einflüsse mit Rückgriffen auf Formen und Riten der eigenen Kultur zu verbinden suchte: *On Taoism* für Stimme, Baßklarinette, Kontrafagott und Orchester (ursprünglich *Intermezzo für Orchester und drei Klangfarben*; 1985) etwa verbindet eine geräuschhaft-illustrative Orchesterschreibweise und an asiatischen Gesangstechniken geschulte Vokalisationen zu einer Art musikalischem Ritual, das dem Vorbild taoistischer Trauerzeremonien nachempfunden ist.

Nach seiner Übersiedlung in die USA im Jahr 1986 hat T. diese theatralischen Elemente sowie die Konfrontation heterogener Stile in seiner Musik forciert: Die Werke der *Orchestral-Theatre*-Serie, *O* (1990/2002), *Xun* (1990), *Re* (1992), *Red Forecast* (1996) und *The Gate* (1999) entwickeln die in *On Taoism* angelegte Idee fort, indem sie u. a. durch Vokalisationen der Instrumentalisten, Einbindung des Publikums oder multimediale Elemente die klassische Aufführungssituation zur Zeremonie zu erweitern suchen. Seit Mitte der neunziger Jahre ist die Collage musikalischer »ready mades«, d. h. zu Klangemblemen reduzierter Zitate und Stilparodien unterschiedlichster Herkunft, T.s Markenzeichen geworden. In seiner Oper *Marco Polo* (Paul Griffith; München 1996) zeichnet T. die Route des Asienreisenden nach, indem er den Hörer auf eine musikalische ›Reise‹ durch westliche Operntraditionen, klischeehafte Exotismen (Puccini, Mahler) und diverse asiatische Musikkulturen schickt. Nur noch notdürftig an einen verbindenden Erzählstrang geknüpft sind die »Mosaik-Symphonien« *Heaven Earth Mankind – Symphony 1997* und *Today 2000: A World Symphony*, die zur Feier der Wiedervereinigung Hongkongs mit der Volksrepublik China bzw. für eine von 55 Fernsehsendern weltweit ausgestrahlte Millenniumsfeier geschrieben wurden. Hier montiert T. u. a. Beethovens »Ode an die Freude« und Pekingoper bzw. einen von den Gypsy Kings gesungenen Bob-Marley-Song, tibetanischen Ritualgesang und japanische Taiko-Trommler zu einem als »kulturellen Kontrapunkt« bezeichneten Pasticcio. In einigen experimentelleren Werken arbeitet T. aber auch, dem Vorbild Cages und Takemitsus folgend, mit natur- bzw. geräuschhaften Klängen, wie z. B. in *Concerto for Water Percussion and Orchestra* (1998), *Water Passion* (2000) oder dem auf Papiergeräuschen beruhenden »erotischen Ritual« *The Pink* (1993) bzw. dem nur für keramische Instrumente geschriebenen *Soundshape* (1990).

Noten: G. Schirmer (N. Y.).
Literatur: Utz, Ch.: Neue Musik und Interkulturalität. Von John Cage bis T., Stg. 2002 (Beihefte zum AfMw 51).

Ilja Stephan

Tarnopol'skij, Vladimir
Geb. 30. 4. 1955 in Dnepropetrovsk (Ukraine)

»Wenn ich an das neue Jahrhundert denke, wird mir schwindelig« – Olgas ahnungsvoller Satz aus Anton Čechovs berühmtem Drama »Tri sestry« (»Drei Schwestern«) ist bezeichnend für T.s Musiktheaterwerk *Wenn die Zeit über die Ufer tritt*. Das 1999 bei der Münchener Biennale uraufgeführte Stück, in dessen 1. Akt diese Sentenz erklingt, bringt ein solches Schwindelgefühl ebenso plastisch wie perspektivenreich zum Ausdruck. In suggestiver Weise davon affiziert sind die musikalischen Abläufe der Partitur, die das Unfaßbare eines Wandels der Zeiten durch die Integration unterschiedlichster musikalischer Idiome sozusagen an sich selbst abbildet. T. legt Wert darauf, die Gestaltung der dreiteiligen, nacheinander in Vergangenheit, Gegenwart und Zukunft spielenden Oper, die für sein Gesamtschaffen von besonderer Wichtigkeit ist, nicht als »polystilistisch« zu etikettieren. Andererseits verrät seine Musik hier wie auch sonst oft eine geradezu emphatische Freude an der Verwendbarkeit heterogener Mittel. In den Werken der achtziger Jahre spricht daraus, wie T. heute einräumt, die Neigung, die durch offizielle Kunstdoktrinen verordneten Grenzen lustvoll oder provokativ zu überspringen. Dabei geht es T. im Gegensatz zu zahlreichen Zeitgenossen freilich mehr um die Vermittlung von Kontrasten als um krasse Brüche. Eindrucksvoll gelingt ihm in einigen Werken die Dialektik einer permanent fließenden Zeitdarstellung, die weit angelegten, wellenartigen Spannungsbögen folgt, mit einer Fülle plötzlich aufblitzender Klangereignisse. Ungebrochen nostalgische Tönungen liegen T. allerdings fern. Und die in seinen Kompositionen häufig verankerten Verweise auf Früheres suchen diese nicht gegen die Mittel der Gegenwart auszuspielen, sondern dienen der Entfaltung eines pluralistischen Zeitkontinuums, bisweilen mit Bezügen zur Joyceschen Idee des »Bewußtseinsstroms«. Damit hängt die Neigung zusammen, verschiedene ästhetische Impulse der westeuropäischen Gegenwartsmusik – namentlich jener von Lachenmann oder Nono – ins eigene Komponieren wie auch in den Lehrplan seiner Unterrichtstätigkeit zu integrieren. Dies hat ihm in Rußland, wo das Festhalten an ästhetischen Maximen aus der Zeit vor 1989 bemerkenswert beharrlich ist, den Ruf eines westlich orientierten »Avantgardisten« eingetragen – ähnlich (wenn auch unter anderen Vorzeichen) wie bereits Ėdison Denisov, seinem einstigen Lehrer und zugleich seinem Vorgänger als Kompositionsprofessor am renommierten Moskauer Čajkovskij-Konservatorium. (T.s Aktivitäten im Umfeld dieser Hochschule trotzen der Tendenz vieler heutiger russischer Komponisten, ins Ausland abzuwandern. Sie umfassen die Betreuung eines Spezialensembles für zeitgenössische Musik, des Musikfestivals »Moskauer Forum« sowie verschiedener Konzertreihen an der Schnittstelle östlicher und westlicher Musikauffassungen und geben dem Musikleben der russischen Hauptstadt mit alledem überaus wichtige Impulse.)

Mit seiner ausgiebigen Hinwendung zu den verschiedensten Möglichkeiten des westlichen Komponierens eroberte sich T. neue Freiräume und reagiert zugleich, wie er selbst immer wieder betont, auf konservative ästhetische Strömungen der Gegenwart, besonders wohl auf die in Rußland seit den neunziger Jahren – und wohl zum Teil auch davor – allgegenwärtige Tendenz zur Monumentalisierung und Beschönigung des Historischen. Ihre farbige Vitalität verdanken manche von T.s Werken der Integration implizit theatralischer Impulse sowie dem pointierten Umgang mit sprachlichen Elementen. Nur die wenigsten seiner Kompositionen sind ›absolute‹ Musik. L'art pour l'art sucht der Komponist zu vermeiden. Selbst ein als wellenartige Variation über einen Akkordklang angelegtes Ensemblewerk aus dem Jahre 1991 enthält als Aussagemoment den Ausdruck beharrlicher Stagnation, der durch den Werktitel *Kassandra* (1995) mit politischen Assoziationen ausgestattet wird. Überhaupt klingen in T.s Stücktiteln oft bereits jene kritischen, mitunter auch ironisch akzentuierten Gegenwarts-Reflexionen an, die manche seiner Werke grundieren: so auch etwa bei dem auf Kurt Schwitters bezogenen Ensemblestück *Welt voller Irrsinn* (1993) oder bei dem Orchesterwerk *Dychaniye isčerpannogo vremeni* (»Der Atem der erschöpften Zeit«; 1994). Das letztgenannte Werk, das sich als Reflexion der Gegenwart versteht, steht freilich zugleich dafür, daß T.s Konzepte die Zeit immer wieder auch neu hervorzubringen versuchen: Es reagiert durch die Verschränkung unterschiedlicher Zeitgestaltungsmöglichkeiten auf ästhetische Einseitigkeiten der Gegenwart – auf die Überbetonung rationalistischen Denkens ebenso wie auf die Gegentendenz eines in trübem Dunkel mündenden Irrationalismus. An etlichen Stellen seiner künstlerischen und pädagogischen Tätigkeit finden sich Anzeichen dafür, daß T., der sein Komponieren selbst als »engagiert« bezeichnet, in der Moderne im Sinne von Jürgen Habermas ein noch unvollendetes Projekt sieht. Dafür stehen nicht zuletzt die virtuose Integration moderner Literatur – außer Schwitters z.B. auch James Joyce (*Otzvuki ušedšego dnja* [»Echos vom vergangenen Tag«], Fantasie für Klarinette, Violoncello und Klavier, 1989), Rainer Maria Rilke (*Landschaft nach der Schlacht* für Männerchor, Kammerorchester und Tonband, 1995), Aleksandr Blok (*Ital'janskie pizny* [»Italienische Lieder«] 1976), und Ernst Jandl (*Szenen aus dem wirklichen Leben*, 1995) – sowie die Orientierung an den durch sie evozierten Möglichkeitsräumen, aber wohl auch der (nach-)expressionistische Tonfall und die ungewöhnlichen Spieltechniken vieler seiner Werke.

Noten: Peters (Ffm.); Eigenverlag.
Literatur: PORWOLL, TH.: Die alternative Komponistengeneration in Moskau *in* Sowjetische Musik im Licht der Perestroika, hrsg. von H. DANUSER u. a., Laaber 1990, 117–124. The »culturology« of Vl. T. *in* »Ex oriente ...« II, hrsg. von V. TSENOVA u. a., Bln. 2002 (Studia Slavica musicologica 30), 211–240. Russian Musical Identity. Past, Present and Future. Oxford 2003 [Kgr.-Ber., in Vorbereitung].

Jörn Peter Hiekel

Tartini, Giuseppe

Geb. 8. 4. 1692 in Pirana (Istrien, heute Piran, Slowenien); gest. 26. 2. 1770 in Padua

Von den rund 300 Instrumentalwerken, die T. geschrieben hat, sind die meisten in Vergessenheit geraten. T.s Ruhm beruht heute primär auf der sogenannten *Teufelstrillersonate.* Darüber hinaus hat sich sein Ruf als äußerst virtuoser Violinist, der die Spieltechnik seines Instruments erweitert hat, gehalten. Lange Zeit galt er als einer der Wegbereiter für das klassische Konzert, eine These, die sich nach genauerem Studium der überlieferten Kompositionen als unhaltbar erwiesen hat.

Die frühen Konzerte (bis 1735) stehen zunächst mit ihrer fugierten Schreibweise in direkter Corelli-Nachfolge. Hierzu zählen die 1728 erschienenen sechs Konzerte, deren Druck von T. nicht autorisiert war, weswegen er diese Kompilation ablehnte. T. beschränkt sich zumeist auf die bei Corelli noch nicht so konsequent vertretene Dreisätzigkeit mit der Folge schnell-langsam-schnell. Ein durchorganisierter Wechsel von Solo und Tutti findet sich vor 1735 kaum. In den kurzen Soloeinschüben entwickelt T. jedoch bereits früh eine eigene, farbenprächtige Tonsprache, und dies, obwohl er sich in aller Regel auf reine Streicherbegleitung beschränkt. Die Virtuosität steigert sich sukzessive, die technischen Möglichkeiten der Violine werden immer besser ausgenutzt. Damit entfernt er sich zusehends von seinem Vorbild Corelli; verbunden bleibt er diesem freilich durch die selbständige Führung der Orchesterstimmen mit zahlreichen Imitationen und fugierten Abschnitten. Die Konzertform übernimmt T. hingegen von Vivaldi. Gleichzeitig werden die Soloteile auf Kosten des Tutti allmählich ausgedehnter. Durch motivische Übernahmen aus dem Ritornell wirkt T. der Gefahr einer musikalischen Zersplitterung entgegen, so daß die Soli größere Freiräume erhalten können.

Obwohl T.s Wirkungskreis fast ausschließlich auf Padua beschränkt war, wo er ab 1721 am Dom Sant'Antonio (besser bekannt als »Il Santo«) angestellt war, hatte er sich um 1730 bereits als Violinvirtuose über die Landesgrenzen hinaus einen Namen gemacht. Entsprechend steht bei den sechs im Jahre 1733 erschienenen Konzerten das virtuose Moment mehr denn je im Vordergrund. Besondere Wirkungen erzielt T. durch die häufig ausgeschriebenen, kunstvollen und technisch höchst anspruchsvollen Capricci am Schluß des dritten Satzes.

In T.s mittlerer Schaffensperiode (1735–50) rückt sowohl in den Konzerten als auch in den Sonaten die Oberstimme immer mehr in den Vordergrund, wobei Elemente des empfindsamen Stils wie Seufzer und Triller prägend werden. Die Geige hat nun primär die Aufgabe zu »singen«; kontrapunktische Techniken treten zurück. Vielen Konzerten stellt T. in einer Geheimschrift Mottos voran, die ganz arienmäßig den Soli unterlegt werden können und die das Prinzip der Sangbarkeit demonstrieren (Dounias, 90 ff.). T.s melodische Schlichtheit entspricht den zeitgenössischen Forderungen nach Natürlichkeit, die sich als Nachahmung der Natur versteht. Tutti und Soli werden nun nicht mehr motivisch miteinander verflochten, das Ritornell ist nicht mehr bloß Einleitung zum Solo, welches nun weitgehend auf Baßbegleitung verzichtet. Diese satztechnischen Modifikationen gehen einher mit der allmählichen Etablierung der klassischen Sonatenform.

Die für die mittlere Schaffensperiode skizzierten Tendenzen werden in T.s Spätwerk (ab 1750) noch weiter vertieft. Der reine Ausdruck dominiert nun über virtuose Manieren. Durch raffinierte Harmonik erhält die schlichte Melodik ihren der ›Natur‹ nachempfundenen Affektausdruck.

T.s musikalische Entwicklung folgt also bis etwa 1750 dem modischen Wandel. In den letzten zwanzig Jahren seines Lebens versucht T., diesen Wandel durch theoretische Schriften zu untermauern; diese stoßen jedoch weitgehend auf Unverständnis und führen zu erbitterten Auseinandersetzungen mit seinen Zeitgenossen (Jean-Adam Serre, Jean-Jacques Rousseau). Seine lyrisch emphatische Musik aber lebt, nicht zuletzt durch seine zahlreichen Schüler, weiter.

Noten: Le opere di G. T., hrsg. von E. FARINA und CL. SCIMONE, Mailand 1971 ff. Violinkonzerte in a-moll und F-dur, hrsg. von G. ROSS, Northampton 1947 (Smith College Archives IX).

Dokumente: Regole per arrivare a saper ben suonar il violino, Ms., posthum als Traité des agréments de la musique, Paris 1771; Faks., hrsg. von E. R. JACOBI, Celle 1961. Regola per bene accordare il violino, Ms., engl. Übersetzung von E. R. JACOBI *in* Music East and West essays in honor of W. Kaufmann, hrsg. von TH. NOBLITT, N. Y. 1981, 199–207. Trattato di musica seconda la vera scienza dell'armonia, Padua 1754; dt. von A. RUBELLI, Zürich 1958. STAEHELIN, M.: G. T. über seine künstlerische Entwicklung. Ein unbekanntes Selbstzeugnis *in* AfMw 35 (1978), 251–274.

Literatur: DOUNIAS, M.: Die Violinkonzerte G. T.s, Wolfenbüttel [1]1935; [2]1966 [mit thematischem Kat. der Violinkonzerte]. BRAINARD, P.: Die Violinsonaten G. T.s, Diss. Göttingen 1959. PETROBELLI, P.: G. T. Le fonti biografiche *in* Studi di musica veneta, Wien 1968. T. Il tempo e le opere. Relazioni del Convegno Internazionale di Studi Tenutosi nei giorni 15–18 ottobre 1992 presso la sede centrale dell'Università di Padova a cura di A. BOMBI, Bologna 1994. POLZONETTI, P.: T. e la musica secondo natura, Lucca 2001.

Reinmar Emans

Telemann, Georg Philipp

Geb. 14. 3. 1681 in Magdeburg;
gest. 25. 6. 1767 in Hamburg

Im 18. Jahrhundert war T.s Renommee außerordentlich groß und übertraf das von J. S. Bach um ein Vielfaches. Mit der Bachrenaissance im 19. Jahrhundert begannen die Verhältnisse sich zu wenden. T. wurde – genauso wie Händel – ausschließlich am Maßstab Bach gemessen. Dabei spielte das Werkideal der drei Meister nur eine untergeordnete Rolle. Die im Rahmen der Aufklärung geforderte und von T. angestrebte Kantabilität und Leichtigkeit der Komposition stand im diametralen Gegensatz zu der immer stärker kontrapunktischen Schreibart Bachs, die von der Musiktheorie seiner Zeit jedoch mit dem Attribut »schwülstig« belegt wurde. Daß ein solcher Vergleich ein falsches Bild prägen mußte, liegt auf der Hand. Um dem zu entgehen, bemühte man sich im 20. Jahrhundert, T. als Wegbereiter der Klassik zu begreifen; Bach als der große Bewahrer der Tradition konnte so nicht mehr unmittelbar als Parameter dienen. Doch auch diese Position wurde überzogen, denn T.s Stil wurde zu einseitig aufgrund der wenigen Auswahlausgaben bestimmt und verallgemeinert. Heute, nachdem das Gesamtwerk und auch das Umfeld wesentlich besser erschlossen worden sind, läßt sich T.s musikhistorische Bedeutung objektiver fassen. Mit der Verschmelzung von kontrapunktischem und galanten Stil ebenso wie mit der Etablierung des vermischten Stils hat T. die Musikästhetik des ausgehenden 18. Jahrhunderts maßgeblich geprägt und mitgestaltet.

T.s Schaffen ist in starkem Maße von den gesellschaftlichen Voraussetzungen seiner Kunst bestimmt. Nach Wanderjahren (in Leipzig und Frankfurt) wirkte er seit 1721 als Musikdirektor und Kantor in Hamburg, das damals ein Zentrum der bürgerlichen Aufklärung und Musikkultur war. T. war in der Hansestadt für die Musik an den fünf Hauptkirchen zuständig und hatte für alle offiziellen Anlässe der Bürgerschaft die entsprechende Musik zu liefern. Ferner gründete er ein Collegium musicum und engagierte sich in den ersten Hamburger Jahren auch an der dortigen Oper. Früh macht sich auch in seinem Schaffen eine dezidiert musikpädagogische Tendenz in aufklärerischer Absicht bemerkbar, die seine Rezeption bis heute bestimmt.

Das überaus umfangreiche Werk T.s umfaßt alle Gattungen. Neben zahlreichen Einlagen für Opern anderer Komponisten lassen sich annähernd 40 eigene Opern nachweisen, von denen jedoch der größte Teil verschollen ist. Die erhaltenen Partituren sind durch Form und Besetzungsvielfalt gekennzeichnet, die bewußt auch zur Personencharakterisierung eingesetzt werden. Sowohl italienische als auch französische Elemente (so vor allem in *Die wunderbare Beständigkeit der Liebe oder Orpheus*, 1726, mit einigen Arien auf französischem Text) werden für die heroischen Opern genutzt. Besondere Begabung zeigt T. in der Gestaltung lustiger Szenen; seine Intermezzi (*Pimpinone*, Hamburg 1725) und die komische Oper *Der geduldige Socrates* (Hamburg 1721) gehören entsprechend zu den Höhepunkten der Gattung und sind zugleich frühe Zeugnisse des Buffo-Stils.

Unter den weltlichen Vokalkompositionen finden sich zahlreiche Serenaden und Festmusiken zu Hochzeiten und Geburtstagen, die z. T. beträchtlichen Umfang aufweisen (so z. B. die *Serenade* zur goldenen Hochzeit der Mutzenbecher von 1732 oder die *Jubelmusik* für die Hamburger Admiralität von 1723). Diese, wie auch die weltlichen Kantaten, zeichnen sich durch eine ungekünstelte

Melodieerfindung aus, bei der T. jedoch auf Tonmalereien nicht verzichtet. Insbesondere in der humorvollen *Kanarienvogel-Kantate* sowie in der auf einer Tonleiter in C-dur aufbauenden *Schulmeister-Kantate* übertreibt T. die Tonmalerei absichtsvoll parodistisch. Höhepunkte des Kantatenschaffens bilden die 1759 entstandenen *Tageszeiten*, die möglicherweise Haydn bekannt waren und ihn zur Komposition seiner »Jahreszeiten« angeregt haben, sowie die Kantate *Ino*. Letztere Komposition mit ihrer eindrucksvollen Dramatik stammt aus dem Jahre 1765 und verdeutlicht den musikalischen Wandel vom Barock zur Frühklassik, den T. im Laufe seines Schaffens durchlief.

Wurde zu Beginn des 18. Jahrhunderts das Lied als Gattung »niederer Schreibart« angesehen, obwohl es erst wenige Jahrzehnte zuvor eine Blütezeit erlebt hatte, so kann es als T.s Verdienst angesehen werden, daß das Kunstlied sich von dieser pejorativen Ansicht erholte. Proklamierte er bereits 1718, daß »Singen ... das Fundament in allen Dingen ...« sei, unterstrich er im gleichen Zuge den pädagogischen Anspruch des Singens. Die Umsetzung dieser Aufgabe verfolgte er jedoch erst nach seiner Übersiedelung nach Hamburg mit Beständigkeit. So entstand beispielsweise 1728 der *Getreue Music-Meister*, eine Sammlung aus Gesangs- und Spielstücken mit pädagogischem Impetus, deren Bestandteile abonniert werden konnten. Finden sich unter diesen Lehrstücken nur zwei Lieder, so sind es bereits 48 in der 1733/34 wöchentlich erscheinenden Reihe der *Singe-, Spiel und General-Bass-Übungen*. Diese »Funktionslieder« dienen zum einen dem leichteren Erlernen der Generalbaßregeln, zum andern vermitteln sie deutlich aufklärerisches Gedankengut in humoristisch-satirischer Weise. Auch wenn die Lieder dieser beiden Sammlungen in der vorherrschenden Liedtradition stehen, entbehren sie dennoch jedweder Verwendung »niederer Schreibart«. Diesen Weg zur ›gehobenen‹ Liedtradition beschreitet T. in den *24 Oden* von 1741 weiter, mit denen er ein mit Johann Adolph Scheibe erörtertes neues Liedideal in die musikalische Praxis umsetzte.

Eine Mischform von weltlicher und kirchlicher Vokalmusik stellen die sogenannten *Kapitänsmusiken* dar; sie sind zweigeteilt und bestehen jeweils aus einem geistlichen Oratorium und einer weltlichen Serenade. Aufführungspraktische Begebenheiten dürften maßgeblich gewesen sein für die unterschiedlichen Besetzungsanforderungen. So beschränkt sich die *Kapitänsmusik* aus dem Jahre 1760 auf ein Streichquartett, während bei der von 1763 offenbar die Möglichkeit bestand, äußerst farbenprächtig zu instrumentieren.

Geradezu unüberschaubar bleibt die Menge der Kirchenkantaten; Menke (TVWV) verzeichnet allein 1750 nachweisbare Kantaten für den gottesdienstlichen Gebrauch. Selbst wenn man einige Mehrfachnennungen in Abzug bringt, bleibt T.s Produktivität erstaunlich: fünf Kantatenjahrgänge aus T.s Frankfurter Zeit und je elf Jahrgänge mit Kantaten vor und nach der Predigt für Hamburg sind mehr oder weniger vollständig nachweisbar. Auch in dieser Gattung beweist T. vor allem Geschick in der Darstellung leidenschaftlicher Affekte, verbunden mit einer nie überhandnehmenden, aber stets wirkungsvollen Dramatik. T.s Erfahrungen als Opernkomponist fließen auch in die Kirchenmusik ein. Opernmäßige Arien, die häufig von galanten Stilelementen durchsetzt sind, stehen jedoch gleichwertig neben schlichten liedhaften Sätzen – je nach Anforderungen des Textes. Die Dominanz der anmutigen, von Tonmalereien geprägten Melodie gegenüber der Kontrapunktik entspricht vollkommen den Forderungen, welche die zeitgenössischen Theoretiker an die Kirchenkantate stellten. Das jeweilige Instrumentarium sowie die technischen Anforderungen an die Aufführenden sind sehr von Anlaß und Aufführungsbedingungen abhängig. Aber immerhin verlangen etwa 20% der Kantaten zusätzlich zu Streichern und Holzbläsern auch Blechbläser. Auf der anderen Seite wußte T. sich auch zu beschränken. In den sechs gedruckten Kantatenjahrgängen – solche sind im 18. Jahrhundert sonst kaum nachweisbar – verzichtet T. beispielsweise auf größere Besetzung oder nimmt sogar Reduktionen vor, falls einzelne Kantaten bereits vorher zu einem anderen Anlaß komponiert und aufgeführt worden waren. Damit sie problemlos aufgeführt werden konnten, sind auch die spieltechnischen Anforderungen möglichst niedrig gehalten. So besteht der *Harmonische Gottes-Dienst* (1725–26) aus Kantaten mit zumeist nur zwei Arien und einem verbindenden Rezitativ, die neben einem Sänger und dem Continuospieler allenfalls ein Soloinstrument verlangen. Auch die anderen Jahrgänge weisen unterschiedliche Beschränkungen auf. So folgen die Kantaten der einzelnen Zyklen zumeist einem einheitlichen Schema, welches von Jahrgang zu Jahrgang verändert wird, so als habe T. sich vorab gewisse Aufgaben gestellt, die dann rigoros erfüllt wurden. Einmal ist es die Satzfolge, einmal die Satzstruktur, einmal die Besetzung, die als Konstante in einem Jahrgang beibehalten wird.

Aus der Verpflichtung heraus, in Hamburg jedes Jahr eine neue Passion zur Aufführung zu bringen, schuf T. 46 Passionen, von denen jedoch nur 23 überliefert sind. Außerdem sind fünf von sechs Passionsoratorien erhalten. Nicht nur quantitativ hat T. damit einen bedeutenden Beitrag zur Geschichte dieser Gattungen geleistet. Sind die frühen Passionen noch weitestgehend über Bibeltexte komponiert, so fließen allmählich kontemplative Szenen ein. Einzelne Bibelverse werden umgedichtet, freie Arientexte eingefügt. Hierdurch erhielt T. die Möglichkeit zur theatralischen Personencharakterisierung. Evangelienbericht und Betrachtung, meist – wie in den Passionen Bachs – mehr oder weniger wahllos wechselnd, werden in der 1728 entstandenen *Lukaspassion* streng voneinander getrennt, indem den einzelnen Teilen der Passionsgeschichte Gleichnisse aus dem Alten Testament vorangestellt werden, die ausschließlich der Betrachtung dienen. Insgesamt sind die Rezitative und Choräle sehr viel schlichter als bei den Bachschen Passionen. Den Passionsoratorien liegen freigedichtete Texte zugrunde; nachweislich hat T. selbst den Text zu dem erstmals 1728 aufgeführten Oratorium *Seliges Erwägen* verfaßt. Dieses Werk, das wegen seiner so theatralischen Musik in Hamburg zunächst einmal auf kirchlichen Widerstand stieß, wurde später so geschätzt, daß es zu Lebzeiten T.s jedes Jahr in Hamburg zur Aufführung gelangte. Selbst nach T.s Tod lassen sich noch zahlreiche Wiederaufführungen bis ins 19. Jahrhundert hinein belegen. T.s *Brockespassion* von 1716 mit ihren eindringlichen Situationsschilderungen, polyphonen Turbaechören und dem großen Aufführungsapparat dürfte zu den Hauptwerken gehören.

Schier unüberschaubar ist die Menge der Instrumentalkompositionen, deren allergrößter Teil bislang undatierbar ist. Da es sich außerdem bei vielen Werken um Gebrauchsmusik handelt, die den jeweiligen Gegebenheiten angepaßt war, bietet sich ein stilistisch so uneinheitliches Bild, daß der Versuch, eine Stilentwicklung zu beschreiben, von vornherein zum Scheitern verurteilt ist. Signifikant und durch T.s autobiographische Schriften belegt sind Einflüsse der italienischen, französischen Kunstmusik und der deutschen und polnischen Volksmusik. Zum Teil finden sich Elemente dieser Nationalstile in einzelnen Werken gemischt. Die Einbindung von volkstümlichen Melodien und Rhythmen bedingt gleichzeitig einen durchsichtigen Satz und eine Reduktion der Kontrapunktik. Der Versuch, den galanten Stil dennoch weiterhin mit einer lockeren Kontrapunktik zu verbinden, zeigt sich deutlich in den *Fugues Légères* von 1738–39 oder in den Triosonaten.

Die 118 erhaltenen Orchestersuiten bestehen zumeist aus der dreiteiligen französischen Ouvertüre und einer freien Folge von unterschiedlichen, oft tanzmäßigen Sätzen. Daneben haben die Sätze mitunter programmatischen Charakter: zur Verdeutlichung von musikalischen Personencharakterisierungen, Situations- und Naturschilderungen sowie Klangnachahmungen stellt T. den Stücken aussagekräftige Überschriften voran. Auch hier ist T.s Begabung für humorvolle Schilderungen offenkundig.

Die ungefähr hundert erhaltenen Konzerte, zu denen Solo-, Doppel-, Gruppenkonzerte und Concerti grossi zu rechnen sind, erfüllen ebenfalls die Forderung nach kantabler Melodieführung. Die Verbindung von kontrapunktischer, konzertierender und galanter Schreibart sowie die Übernahme unterschiedlicher Nationalstile und individuell vorgeprägter Formen fand bei den Zeitgenossen Zustimmung. Die gegenüber den Solokonzerten Vivaldis reduzierte Virtuosität, welche aus der engeren Verflechtung von Soli und Tutti resultiert, und die ausgesprochen idiomatische Schreibweise für die geforderten Instrumente entsprachen den Bedürfnissen der höfischen und bürgerlichen Auftraggeber. Dies zeigt sich beispielsweise daran, daß von der *Musique de Table*, in der verschiedene Instrumentalgattungen vertreten sind, immerhin etwa 250 Exemplare gedruckt wurden – also eine für die Zeit enorm große Auflage.

Trotz seiner zahlreichen kompositorischen Pflichten versuchte sich T. auch als Musiktheoretiker. Zwar konnten einige angekündigte musiktheoretische Projekte nicht verwirklicht werden, aber immerhin lieferte er mit den *Singe-, Spiel- und Generalbass-Übungen* eine brauchbare Generalbaßlehre. Für den Eintritt in die Sozietät der Musikalischen Wissenschaften legte er die Abhandlung *Neues musicalisches System* vor; 1739 erschien die *Beschreibung der Augen-Orgel*. Darüber hinaus enthalten zahlreiche Vorreden zu seinen Druckwerken wichtige Beiträge zur Aufführungspraxis und zur Musikästhetik.

Noten: G. Ph. T., Musikalische Werke [Auswahlausg.], hrsg. von G. FOCK u. a., Kassel 1953 ff. Orgelwerke, hrsg. von T. FEDTKE, Kassel 1964. [Zu Einzelausgaben siehe auch FLEISCHHAUER, G.: Annotationen zum Doppel- und Gruppenkonzertschaffen G. Ph. T.s *in* Beiträge zur Geschichte des Konzerts Fs. S. Kross, Bonn 1990, 21–31].
Dokumente: Singe-, Spiel- und Generalbass-Übungen, Hbg. 1733/1734; NA. hrsg. von M. SEIFFERT, Kassel 1935. Beschreibung der Augen-Orgel, Hbg. 1739. Neues musicalisches System *in* MIZLER, L. C.: Musicalische Bibliothek Bd. III; Reprint 1966, [überarbeitete Fassung:] Letzte Beschäftigung G. Ph. Ts im 86. Lebensjahr, bestehend in einer musikalischen Klang- und Intervallentafel *in* Unterhaltungen Bd. III, Hbg. 1767. G. Ph. T. Singen ist das Fundament der Musik in allen Dingen. Eine Dokumentensammlung, hrsg. von W. RACHWITZ, Lpz. 1981.
Werkverzeichnis: HOFFMANN, A: Die Orchestersuiten G. Ph. T.s TWV 55, Wolfenbüttel 1969. KROSS, S.: Das Instrumentalwerk bei G. Ph. T., Tutzing 1969. MENKE, W.: Thematisches Verz. der Vokalwerke von G. Ph. T. (TVWV), Ffm. 1982/1983. Thematisch-Systematisches Verz. seiner Werke, Telemann-Werkverz. (TWV), hrsg. von M. RUHNKE, Kassel 1984.
Literatur: HORNER, H.: G. Ph. T.s Passionsmusiken, Lpz. 1933. MENKE, W. Das Vokalwerk G. Ph. T.s, Diss., Kassel 1942. Konferenzberichte der Magdeburger T.-Festtage 1963 ff., Magdeburg 1964 ff. KLESSMANN, E.: T. in Hamburg, Hbg. 1980 [mit Bibl.]. WETTSTEIN, H.: G. Ph. T. Bibl. Versuch zu seinem Leben und Werk, Hbg. 1981. MENKE, W.: G. Ph. T., Wilhelmshaven 1987. T.s Auftrags und Gelegenheitswerke, hrsg. von W. HOBOHM, Magdeburg und Oschersleben 1990. GREBE, K.: G. Ph. T., Reinbek bei Hbg. [10]2002 [mit Selbstzeugnissen und Bilddokumenten].

Reinmar Emans

Tippett, (Sir) Michael

Geb. 2. 1. 1905 in London;
gest. 8. 1. 1998 in London

Seit dem Tode Brittens galt T. als der große alte Mann der englischen Musik. Wie die meisten englischen Komponisten war er Individualist und ließt sich keiner wie immer gearteten Schule zuordnen. Den Durchbruch als Komponist schaffte T. erst relativ spät – 1944 – mit seinem Oratorium *A Child of Our Time*. Sein Œuvre umfaßt jeweils fünf Opern und Streichquartette, vier Sinfonien und Klaviersonaten sowie drei große Chorwerke. Seine frühen Werke, darunter mehrere Opern und eine Sinfonie, zog T. zurück; das *Erste Streichquartett* (1934–35) betrachtete er als seine erste vollgültige Komposition. T. begann nicht als musikalisches »enfant terrible«, vielmehr steht zunächst die konsequente Erprobung klassischer Formen im Vordergrund. Zu T.s ersten Vorbildern zählen einerseits die englischen Madrigalisten, andererseits Beethoven. Im *Ersten Streichquartett* sind diese beiden wichtigsten Einflüsse deutlich spürbar; zudem zeigen sich bereits einige grundlegende Charakteristika von T.s späterer Tonsprache, so die lang ausgeschwungene, quasi ›unendliche‹ Melodiebildung des Lento cantabile. Im fugierten Schlußsatz bedient sich T. erstmals der für ihn typischen »additiven Rhythmik«. Ständig wechselnde Taktangaben und Phrasenbildung über die Taktstriche hinweg lassen den Takt als solchen seine rhythmusbestimmende Funktion verlieren; stattdessen treiben unregelmäßige und überraschende Akzente die Musik voran. Dadurch erhält die Melodik T.s einen tänzerischen, beinahe improvisatorischen Charakter. Vorbilder für diese Verfahrenstechnik finden sich sowohl in der englischen Folklore als auch in der Renaissancemusik.

Die ›klassische Phase‹ T.s erreicht ihren Höhepunkt in der *Ersten Sinfonie* (1944–45) und im *Dritten Streichquartett* (1945–46). Selbstverständlich handelt es sich bei all diesen Werken nicht um Stilkopien, sondern um höchst individuelle Aneignungen klassischer Prinzipien. Es wäre irreführend, T.s Kompositionen dieser Periode als »neoklassizistisch« zu bezeichnen, denn ihnen fehlt die bewußte Maskenhaftigkeit entsprechender Werke Stravinskys ebenso wie die »Zurück-zu-alten-Formen«-Gelehrsamkeit mancher deutscher Komponisten. T. wählte die klassische Tradition als eine ihm gemäße Ausdrucksform, die er zwar frei handhabte, zumindest vorerst aber nicht in Frage stellte. Außerdem hatte er von Beginn seines Schaffens an ein offenes Ohr für die verschiedensten Arten volkstümlicher Musik: englische Folklore, Jazz und vor allem Blues.

In den Jahren 1946–52 schrieb T. an seiner ersten großen Oper, *The Midsummer Mariage* (M. T.; London 1955). Er beschreibt den Stil dieses Werks als eine »Befreiung aus dem streng klassischen Stil etwa der 1. Sinfonie hin zur Möglichkeit eines gewaltigen, lyrischen Ausdrucks«. Zwar bleibt T.s Tonsprache in der Oper punktisch-linear geprägt, doch gewinnen die melodischen Linien immer mehr ornamentalen Charakter. Quartenharmonik dominiert in einem bisher in nicht dagewesenen Maße; das bis dahin eher funktional behandelte Orchester entwickelt eine sinnlich funkelnden Klangpalette. T.s intensives Studium der Musik Purcells findet ihren Niederschlag im melismenreichen Gesangsstil der Oper. Zu den Werken, die von dem lyrischen Stil dieser Komposition unmittelbar geprägt wurden, gehören die *Fantasia concertante on a Theme of Corelli* (1953) sowie das *Klavierkonzert* (1953–55). T. ist dem Stil der englischen ›pastoralen Schule‹ (→ Vaughan Williams), die er eigentlich ablehnte, nie mehr so nahe gekommen wie in der Musik dieser Periode.

Die Komposition der Oper *King Priam* (M. T.; Coventry 1962) nach Homers »Ilias« bedeutete einen radikalen Bruch T.s mit seinem bisherigen lyrisch-kontrapunktischen Stil. T. wollte zu einer dem Sujet der Oper angemessenen »heroischen« Tonsprache finden, in der deklamatorische Melodik mit ökonomischer Orchesterbehandlung verbunden sein sollte. Anregungen erhielt er von Stravinskys »Agon«. Demzufolge benutzte er in *King Priam* ein kammermusikalisch aufgesplittertes Ensemble, in dem die Bläser dominieren. Die Textur ist sparsam; dichte kontrapunktische Stellen sind selten. Zu einzelnen Instrumenten bzw. Instrumentengruppen gesellen sich in einer Art Leitmotivtechnik bestimmte Motive, die im Verlauf der Oper immer wiederkehren und gelegentlich im Sinne einer »jam session« (T.) kombiniert oder übereinandergelagert, jedoch nicht mehr im klassischen Sinne durchgeführt werden. Tonale Komplexe treten gelegentlich noch auf, die herkömmliche Dur-Moll-Tonalität indes ist verlassen. Der ›Mosaikstil‹ der Oper überträgt sich auf die nachfolgenden Instrumentalwerke, z. B. die *Zweite Klaviersonate* (1962) und das *Concerto for Orchestra* (1962–63).

Seit seinem ersten Besuch in den USA 1965 verbindet T. mit Amerika eine wechselseitige Faszination. Er lernte das Land während einer Periode schärfster gesellschaftlicher Konflikte kennen, die zu einer verstärkten Auseinandersetzung mit zivilisationskritischen Themen in seinem Œuvre geführt haben, etwa in den Opern *The Knot Garden* (M.T.; London 1970) und *The Ice Break* (London 1977). Die intensive Auseinandersetzung T.s mit den verschiedenen Facetten amerikanischer Kultur fand ihren Niederschlag einerseits in der filmschnitthaften Szenenfolge der Opern, andererseits in der Übernahme von Rock- und Popmusik – sowohl im Text als auch in Melodik und Instrumentation. Die Entwicklung von T.s Stil in Richtung eines an Ives erinnernden Pluralismus schließt auch die vermehrte Verwendung von Zitattechniken mit ein.

T. ist seinem farbenfrohen und allusionsreichen Stil der siebziger Jahre bis zu seinem Tod im wesentlichen treu geblieben, so in der Oper *New Year* (Houston 1989), der Vertonung von William Yeats' Gedicht *Byzantium* für Sopran und Orchester (1991) und in dem *Fünften Streichquartett* (1992). In seinem »opus summum«, dem abendfüllenden Chorwerk *The Mask of Time* (1980–82), unternimmt T. nichts weniger als eine Standortbestimmung des Menschen in unserer Zeit. T. betrachtete diese Komposition als Synthese seines gesamten Schaffens; der Text entstammt mannigfachen Quellen, von der Lyrik Rainer Maria Rilkes und Anna Achmatovas bis hin zur wissenschaftlichen Fernsehserie. Vorbild war hier vor allem das pluralistische Konzept von T. S. Eliots »The Waste Land«. Als Agnostiker weigerte sich T., konkrete religiöse Positionen einzunehmen, wie sie eine Messe oder ein Oratorium prägen; bestenfalls biete seine Komposition, so T., »Fragmente oder Szenen aus einem möglichen ›Epiphania‹ für heute«.

Noten: Schott (Ldn.).
Dokumente: Moving into Aquarius, Ldn. 1974 [Aufsatzsammlung]. Music of the Angels, Ldn. 1980 [Aufsatzsammlung]. Those Twentieth-Century Blues, Ldn. 1991 [Autobiographie]. T. on Music, hrsg. von M. Bowen, Oxford 1995.
Literatur: Kemp, I.: T., the Composer and his Music, Ldn. 1984. Bowen, M.: M. T., Ldn. 1982. M. T.: A Celebration [Fs.], hrsg. von G. Lewis, Tunbridge Wells 1985. Whitall, A.: The Music of Britten and T., Ldn. 1981. Schulz, Th.: Ein Kind unserer Zeit *in* NZfM 150, 7–8 (1991), 27–35. Saremba, M.: Schöne Neue Welten. Elgar, Britten and Co. Eine Geschichte der britischen Musik in zwölf Portraits, Zürich 1994. T.-Studies, hrsg. von D. Clarke, Cambridge 1999. Ders.: The Music and Thought of M. T., Cambridge 2001. M. T. Music and Literature, hrsg. von S. Robinson, Aldershot 2002.

Thomas Schulz

Tiščenko, Boris Ivanovič

Geb. 23. 3. 1939 in Leningrad

T. gehört zu der Komponistengeneration, die in den sechziger Jahren an die Öffentlichkeit trat und durch die Verwendung avantgardistischer Techniken Aufsehen, bei der offiziellen sowjetischen Kritik aber Mißfallen erregte. Seine erste Ausbildung erhielt T. 1957–62 an der Leningrader

Musikfachschule; bis 1965 war er Aspirant bei Šostakovič. T. ist Professor für Komposition am Konservatorium von St. Petersburg. T.s Schaffen umfaßt bis heute weit mehr als 100 Werke in den verschiedensten Gattungen, außerdem hat T. mehrere musiktheoretische Arbeiten publiziert, vor allem über seine beiden Lehrer Ustvol'skaja und Šostakovič, die er zeitlebens verehrt hat. Ihr Einfluß zeigt sich deutlich in den Werken der Studentenzeit und der frühen siebziger Jahre. In seiner eigenwilligen modalen Melodiebildung knüpft T. an Šostakovič an; auf Ustvol'skaja geht die Vorliebe für monothematische Formbildung und für ungewöhnliche Besetzungen zurück. Der Orchesterpart im *Ersten Cellokonzert* (1963) etwa besteht aus 17 Bläsern, Schlagzeug und Orgel; das *Zweite Cellokonzert* (1969) wird von 48 Celli, zwölf Kontrabässen und Schlagzeug begleitet (Fassung für großes Orchester 1978). Der Mut zu einer Simplizität, die als Herausforderung empfunden wird und die für viele Werke T.s charakteristisch ist, mag sowohl vom späten Šostakovič als auch von Ustvol'skaja angeregt sein. T.s *Dritte Symphonie* (1966), in der er von neuen westeuropäischen Kompositionstechniken erstmals ausgiebig Gebrauch macht, ist Šostakovič gewidmet. Zum Andenken an seinen Lehrer schrieb er seine *Fünfte Symphonie* (1976), die konsequent aus Klangfarben, melodischen und harmonischen Wendungen aufgebaut ist, wie sie für Šostakovičs Musik charakteristisch sind, die aber kein wirkliches Zitat enthält.

Im Rahmen der kulturellen Öffnung, die nach Stalins Tod langsam einsetzte und Ende der fünfziger Jahre auch den Komponistenverband erreichte, erhielten die jungen Komponisten Gelegenheit, einige bislang als dekadent und bourgeois beschimpfte westeuropäische Werke (von der Zweiten Wiener Schule bis hin zu Boulez und Schaeffer) kennenzulernen. Dies war, wie T. und die Komponisten seiner Generation einhellig berichten, ein Schlüsselerlebnis; die Auswahl sei jedoch unvollständig und wenig repräsentativ gewesen, so daß man ihnen die westeuropäische Avantgarde strenggenommen vorenthalten habe. Die neuen Techniken hat T. sogleich aufgegriffen – seit Mitte der sechziger Jahre arbeitet er mit Dodekaphonie, Mikrointervallen, variablen Metren, graphisch notierten und aleatorischen Passagen, die er stets mit einer modifizierten Tonalität verbindet. Hinzu kommen Elemente der altrussischen und asiatischen Folklore – besonders ausgeprägt in der Vokalsuite *Suzdal'* (auf volkstümliche Texte;

1964) und in der Ballettmusik *Jaroslavna/Zatmenie* (»Jaroslavna/Die Finsternis«, nach Motiven aus dem altrussischen »Igor-Lied«; Leningrad 1974), – die T. mit europäischen Verfahrensweisen zu einer eigenen Musiksprache verbindet. Die Vielfalt der kompositorischen Techniken und Stilebenen erinnert an Schnittkes Konzeption der Polystilistik. Es geht T. jedoch nicht um die Konfrontation von Stilen oder eine Neudefinition des Stilbegriffs, sondern um eine gleichsam selbstverständliche Synthese der heterogenen Materialien und Techniken.

Bis zur Jahrtausendwende hat T. elf Symphonien, zahlreiche Konzerte, sowohl mit solistischer als auch mit concerto grosso-Besetzung, Kammermusik, darunter zehn Klaviersonaten und Vokalwerke sowie Bühnen- und Filmmusiken vorgelegt. Mit der Bevorzugung dieser Gattungen entspricht sein Œuvre einer spezifisch sowjetischen Tradition im positiven Sinne, die Šostakovič vorgegeben hat.

Kunst bedeutet für T. grundsätzlich auch eine moralisch-ethische Botschaft. Er steht damit in einer spezifisch russischen Tradition, die in der Literatur des 19. Jahrhunderts wurzelt und die bis in die sowjetische Zeit lebendig geblieben ist.

Noten: Muzyka und Sovetskij kompozitor (Moskau, Leningrad, Auslieferung in Deutschland: Sikorski, Hbg.); Peters; Boosey & Hawkes (beide Ldn.); Ricordi (Mailand).

Literatur: GERLACH, H.: Fünfzig sowjetische Komponisten, Lpz. und Dresden 1984, 506–517 [mit Bibl.]. KATS, B.: O muzyke B. T. Opyt kritičeskogo issledovanija (»B. T. Ansatz zu einer kritischen Untersuchung«), Leningrad 1986. REDEPENNING, D.: Requiem von B. T. auf Worte von Anna Achmatowa in Sowjetische Musik im Licht der Perestroika, hrsg. von H. DANUSER u. a., Laaber 1990, 155–170 [mit WV in Auswahl und Bibl.].

Dorothea Redepenning

Torelli, Giuseppe
Geb. 22. 4. 1658 in Verona;
gest. 8. 2. 1709 in Bologna

Die Diskrepanz zwischen musikgeschichtlicher Bedeutung und Anzahl heutiger Werkaufführungen des Bologneser Komponisten G. T. mag verwundern, erkannte doch schon die folgende Generation um Johann Joachim Quantz dessen Bedeutung für die Entwicklung des Solokonzerts. T.s Wirken konzentriert sich in den zumeist ungedruckten Werken auf die Instrumentalmusik und so sind nur wenige Vokalwerke überliefert, darunter das Oratorium *Adam auss dem irdischen Paradies verstossen*, von dem lediglich der Text erhalten geblieben ist.

Die instrumentalen Frühwerke T.s stehen noch alle in der Kompositionstradition ihrer Zeit. So zeigen die mit seinem Eintritt in die Kapelle von San Petronio in Bologna als op. 1 gedruckten *Sonate a tre* (Bologna 1686) eine starke Verpflichtung gegenüber dem sonata da chiesa-Typus, seine *Concerti da camera à due violini e basso* op. 2 (ebd. 1686) stützen sich hingegen auf die, wenn auch kurze, Gattungstradition der sonata da camera, die Corelli durch sein Schaffen in der heutigen Form etabliert hat. Die *Sinfonie à 2.3.e4* op. 3 (ebd. 1687) umfassen sechs Triosonaten und sechs »sonate à due et à quattro«, die, wie die beiden ersten Opera, in ihrer Gesamtstruktur noch stark der kontrapunktischen Kompositionsweise verpflichtet sind. Erst in seinen Spätwerken wird T. stilbildend werden. Bemerkenswert ist sein 1688 in Bologna gedrucktes op. 4, *Concertino per camera*. Die erhaltenen Drucke dieses Werkes umfassen lediglich Stimmen für eine Violine und ein Violoncello ohne eine bezifferte Baßstimme. Inhaltlich der Triosonate verpflichtet, entbehrt es formal der üblichen Dreierbesetzung. Wenn die überlieferten Quellen vollständig sind und in dieser Form zur Aufführung gebracht werden sollten, so muß T.s op. 4 als das früheste Zeugnis für Duokompositionen dieser Besetzung gelten.

Die sechs Sinfonien im da chiesa-Typus und ebenso viele concerti enthaltende Sammlung *Sinfonie à tre e concerti à quattro* op. 5 (ebd. 1692) erweitert die Klangfülle des Streicherensembles. So findet sich in den *concerti* dieser Sammlung nicht nur erstmals eine Violastimme, die die bis dahin fehlende Altlage im Ensemble ergänzt, sondern T. vermerkt zudem im Vorwort, daß die einzelnen Stimmen mehrfach besetzt werden sollten.

Ebenso wie in den *concerti* des op. 5 verlangt T. in seinen Kompositionen für Trompete eine orchestrale Besetzung. Diese Werke entstanden seit seinem Eintritt 1686 in die Kapelle von San Petronio und dürften mit dem dortigen Auftreten eines außerordentlich begabten Trompeters namens Giovanni Pellegrino Brandi zusammenhängen, der von 1679 bis 1699 in den Besoldungslisten für Feste vertreten ist. Diese Werke, die zu T.s Lebzeiten sämtlich nicht gedruckt worden sind, lösen sich rhythmisch und tonal von der Kompositionsweise der früheren Werke zugunsten einer freieren, fast experimentierenden Kreativität in bezug auf die formale und melodische Gestaltung und sind geprägt von repetierenden Tonfiguren, Dreiklangsmotivik und einer mehr homophonen denn polyphonen Satzstruktur. Unter den Kompositionen für Trompete finden sich zum einen konzertante Werke, die dem Instrument eine durchaus solistische Rolle einräumen und zum anderen Werke, in denen das Streicherensemble durch verschiedene Bläser verstärkt wird. In den späteren Bläserwerken tritt zu den manchmal mehrfach verwendeten Trompeten die Oboe hinzu, die T. vermutlich während seiner Zeit als Konzertmeister am Hof des Markgrafen von Brandenburg in Ansbach kennengelernt hatte. Bläser dienten zur instrumentalen Differenzierung und zur Verstärkung des Klangapparates in großen Räumen, aber auch dazu, Aufführungen eine gewisse Repräsentanz zu verleihen.

T.s *Concerti musicali* op. 6 (Augsburg 1698) müssen als die erste Sammlung von concerti gelten, in denen sich Solo- und Tuttiabschnitte gegenüberstehen. Daß dies eine grundlegende Neuerung der Praxis war, verdeutlicht das Vorwort, in dem der Komponist ausdrücklich vorschreibt, daß die in den *concerti* Nr. 6, 10 und 12 mit »solo« markierten Partien nur von jeweils einer Violine gespielt werden sollten. Diese Spielanweisung war dem Drucker Estienne Roger offenbar so wichtig, daß er sie auf das Titelblatt setzen ließ. Neben den somit deutlich abgesetzten Solopartien, deutet sich schon in dieser Sammlung die später durch Vivaldi gattungsspezifisch werdende Dreisätzigkeit mit der Satzfolge schnell-langsam-schnell an. Von T.s siebtem Opus ist leider nur der Titel erhalten geblieben, was besonders bedauerlich ist, da dieser die alternative Verwendung einer Arciliuto ankündigt (*Capricii musicali per camera a violino e viola overo arciliuto*).

Eine besondere musikgeschichtliche Bedeutung kommt in T.s Œuvre drei kleinen nur wenige Takte umspannenden Kompositionen zu, den sogenannten Perfidien. Die heute als Vorform der Solokadenz im 18. Jahrhundert geltenden virtuosen Einschübe, die musikalisch von einer gleichbleibenden Repetition einfacher Tonfigurationen über einer liegenden Baßstimme bestimmt sind, wurden zumeist improvisiert und sind deshalb gar nicht oder nur rudimentär notiert. So finden sich zwar auch in anderen concerti dieser Zeit perfidiaartige Einschübe, doch nur T.s drei Perfidien sind auch als solche übertitelt. Die einfache Struktur weist auch bei diesen drei Perfidien darauf hin, daß sie improvisatorisch weiter ausgeziert wurden. Da sie einzeln überliefert sind, steht nicht fest, für welche Werke sie gedacht waren. Anders als die spätere Konzertkadenz kann die Perfidia als Einleitung fungieren, im Binnenverlauf zur Fermatenausezierung auftreten oder am Ende des Werkes stehen.

Wirkungsgeschichtlich bedeutsam ist neben dem sechsten Opus vor allem das achte geworden. In dieser Sammlung findet sich bereits die später etablierte Solokonzertform des 18. Jahrhunderts: Dreisätzigkeit, Ritornellform und virtuose Solopassagen. Die *12 concerti grossi con una pastorale per il santissimo natale* op. 8 (Bologna 1709) wurden nicht mehr zu T.s Lebzeiten veröffentlicht, sondern von seinem Bruder Felice herausgegeben. Daher ist auch T.s Autorschaft bezüglich des Titels nicht gesichert. Vieles spricht dafür, daß dieser nicht von dem Komponisten stammt, da er mit concerto grosso lediglich den Part bezeichnete, dem der solistische concertino-Part gegenüber stand. Diese letzte Sammlung T.s besteht aus sechs concerti grossi und sechs Violinkonzerten. Bleiben die concerti grossi den früheren Werkkonzeptionen verpflichtet, so sind vor allem die Violinkonzerte des op. 8 gattungsgeschichtlich bedeutsam geworden. T. erreicht in ihnen die klangliche Ausgestaltung nun nicht mehr lediglich durch die Unterteilung in Tutti- und Soloabschnitte, in denen die concertino-Spieler weitgehend die Stimme des grosso weiterführen und ausdifferenzieren, sondern durch melodisch-thematische Ausarbeitung. Die Solopartien beziehen sich zwar motivisch auf die Tuttiteile, spinnen diese aber imitierend fort. In diesen Solokonzerten ist zudem eine deutliche Tendenz zur Verkürzung der Tuttiteile zu sehen, um den Solisten genug Raum zur Entfaltung zu geben. In den concerti grossi hingegen scheint T. darauf geachtet zu haben, die Soloabschnitte in ihrer Länge und notierten Virtuosität einander anzugleichen. Spätestens mit den Violinkonzerten des op. 8 hat T. endgültig zu einer Kompositionsweise gefunden, die nicht mehr klangliche Teile einander gegenüberstellt, sondern seine Kontrastbildung mittels einer melodisch-thematischen Differenzierung der Partien erreicht und den Boden für seine künstlerischen Nachfolger Albinoni und Vivaldi bereitet.

Noten: Op. 6, Nr. 1, hrsg. von W. KOLNEDER, Mainz 1958. Op. 6, Nr. 10, hrsg. von H. ENGEL, Hannover 1931. Concerti musicali op. 6, hrsg. von J. G. SUESS, Middleton (WI) 2002 (Recent Researches in the Music of the Baroque Era 115). Op. 8, Nr. 1, hrsg. von W. KOLNEDER, Mn. 1980. Op. 8, Nr. 6, hrsg. von D. STEVENS, Ldn. 1957. Op. 8, Nr. 8, hrsg. von E. PRAETORIUS, Ldn. 1950.

Literatur: GIEGLING, FR.: G. T. Ein Beitrag zur Entwicklungsgeschichte des italienischen Konzerts, Kassel 1949 [mit WV]. ENRICO, E.: The Orchestra at San Petronio in the Baroque Era, Washington D. C. 1976. DUBOWY, N.: Markgraf Georg Friedrich, Pistocchi, T. Fakten und Interpretationen zu Ansbachs »Italienischer Periode« *in* Italienische Musiker und Musikpflege an deutschen Höfen der Barockzeit, hrsg. von FR. BRUSNIAK, Köln 1994 (Arolser Beiträge zur Musikforschung 3), 73–95. SUESS, J. G.: Introduction *in* Concerti musicali op. 6, hrsg. von DEMS., Middleton (WI) 2002 (Recent Researches in the Music of the Baroque Era 115).

Adrian Kuhl

Trojahn, Manfred
Geb. 22. 10. 1949 in Cremlingen bei Braunschweig

Komponieren in der Postmoderne beruht auf Stilsynthese, der wiedergefundene, sich hinter den Stichworten »Neue Einfachheit« und »Neue Romantik« verbergende Ausdruckswille entzündet sich am Wort und am Zitat. Bereitwillig verweist Tr. auf seine Vorbilder, zumeist Exponenten einer freien Atonalität vor dem Hintergrund souveräner Instrumentationstechnik: Henze, der frühe Schönberg, Britten, Pettersson, aber auch Boulez, Ravel oder R. Strauss. Sowohl die von Tr. für seine Werke ausgewählten Texte als auch die Titel textfreier Kompositionen kreisen zumeist um das Problem der Entfremdung, die Tr. vor allem im zweifachen, auch autobiographisch bedingten Rückbezug auf die romanische Kulturwelt zu überwinden trachtet: erkennbar einmal eine durch den Villa-Massimo-Aufenthalt 1979 angestoßene, schwärmerische Italiensehnsucht, nach Tr. »ein Konglomerat aus Vorurteilen, Eindrücken, Erlebnissen, Augenblicken, Angelesenem, aus Gerüchten, Vereinfachungen und Fälschungen, aus Gerüchen, aus auf der Zunge Zergangenem, aus Geträumtem und Getrunkenem« (Matická, 36), desweiteren der direkt zuvor in einem Pariser Studienjahr erlangte Einblick in das literarisch inspirierte Frankreich, dieser u. a. abgearbeitet in dem raumgreifend imaginativen, fast zweistündigen und durch eine nordafrikanische Landschaftsbeschreibung von Albert Camus angeregten Zyklus ... *une campagne noire de soleil. Sept scènes de ballet pour ensemble* (1982–92).

Der Durchbruch gelang Tr. 1991 durch die in Schwetzingen uraufgeführte Oper *Enrico*, eine tragisch-burleske Psychofarce nach Luigi Pirandello. Diese exponiert ein Rollenspiel um die Wahrheit des Wahnsinns: Während eines Karnevalsumzugs stürzt Enrico vom Pferd und verbleibt zunächst krankhaft, später – von der Mitwelt unbemerkt – freiwillig in der Rolle des von ihm dargestellten Canossa-Kaisers Heinrich IV. Dramaturgisch lehnt sich die Oper eng an das traditionelle Prinzip der Nummernoper an. Auch die Figurenkonstellation ist die der buffa des 18. Jahrhunderts, mit Herrschaft und Dienern, dem jungen und dem älteren Paar, überschaubarer Personenzahl, Verwechslungskomödie und Liebesszenen. Mit der reduzierten, oft solistisch geführten Orchesterbesetzung in den Dimensionen einer Kammeroper entwickelt Tr. eine gestische Musiksprache, die lapidare Klangrede mit geschärften Harmonien und Klangfarben, tonale Reminiszenzen mit obsessiv hämmernden Schlagzeugrhythmen kontrastiert, dabei oft genug wie bereits am Anfang im überlang gehaltenen hohen a^1 des Tenor Gattungstraditionen parodierend. Bislang folgten zwei weitere Opern: 1997–98 *Was ihr wollt* nach William Shakespeare und 2002–03 – als Kopplung dreier auch einzeln aufführbarer Einakter – *Limonen aus Sizilien* nach de Filippo und nochmals Pirandello. Für eine 2002 in Amsterdam erfolgte Inszenierung von Mozarts »La clemenza di Tito« durch Jürgen Flimm komponierte Tr. neue Rezitative.

Aus exemplarischen, zunächst als individuell erachteten Lösungen der bereits klassisch gewordenen Moderne erwachsen inzwischen auch abseits des Musiktheaters neue Gattungstraditionen. In den *Liedern auf der Flucht* – 15 Gesänge und fünf Intermezzi für Bariton, Gitarre und 13 Instrumente nach Gedichten von Ingeborg Bachmann (1988–89) – erweitert Tr. das Vorbild des »Marteau sans Maître« von Boulez und des »Pierrot lunaire« von Schönberg durch konzertante Autonomie beanspruchende, instrumentale Intermezzi. Die Einheit des Zyklus ruht allein auf dem Widerspiel von Bariton und Gitarre, mal kommunizierend, mal die Trennung suchend, ganz allein auf sich gestellt oder in von Satz zu Satz, Gedicht zu Gedicht immer wieder wechselnden instrumentalen Konstellationen, nur selten des Tutti bedürfend. Im *Zweiten Streichquartett* (1979–80) gilt die Bezugnahme wohl Schönbergs – sogar in der Zählung entsprechendem – »Zweitem Streichquartett fismoll« op. 10. Während Schönberg im dritten und vierten Satz eine Sopranstimme zu Texten von Stefan George hinzugefügt hat, stellt Tr. im zweiten, vierten und fünften Satz der siebensätzigen, an Beethovens späte Quartette erinnernden Satzanlage dem Mezzosopran noch eine duettierende Klarinette gegenüber, die die expressiven Texte Georg Trakls abermals kommentiert.

Noten: Bärenreiter (Kassel); Sikorski (Hbg.).
Dokumente: Selbstporträt *in* NZfM 38 (1971), 17–19. Annotationen zur Improvisation *in* Musica 38 (1984), 9–10. Das Überwinden von Traditionen *in* Entartete Musik, Ausstellungskat. hrsg. von A. DÜMLING und P. GIERTH, Düsseldorf 1988, 42. Die Freiheit des Künstlers – der Künstler und die Freiheit. Vortrag 1989 *in* Jahrbuch der Bayerischen Staatsoper 1990–91. Gegenwart des Vergangenen *in* Eine Sprache der Gegenwart. Musica viva 1945–1995, Mainz 1995, 212 ff. Im tätigen Kontakt zur Praxis *in* Wer war Richard Wagner, Ffm. 1999, 92 ff. Philosoph und Musiker *in* Was mir Nietzsche bedeutet, Bonn 2001, 127 ff. Selbstporträt mit Giganten *in* Zukunftsbilder, Edition Argus 2002, 229 ff.
Literatur: KÜHN, CL.: Auf der Suche nach dem Eigenen. Der Komponist M. Tr. *in* Musica 32 (1978), 16–19. SCHIBLI, S.: Das eigene im Fremden. Neuere Entwicklungen im Schaffen M. Tr. *in* NZfM 146 (1985), 26–29. MATEJKA, W.: Eine tragisch-burleske Psycho-Farce ... Interview mit M. Tr. über seine erste Oper Enrico quarto nach Pirandello *in* NZfM 152, 3 (1991), 33–36. HIRSBRUNNER, TH.: M. Tr. Ein Porträt *in* Musica 45 (1991), 75–78. DERS.: Die Harmonik M. Tr.s *in* Musiktheorie 7 (1992), 47–59. WINKLER, B.: »Meiner Natur ist offenbar Episches eigen«. Gespräch mit M. Tr. *in* MusikTexte 66 (1996), 17 ff. BRANDENBURG, D.: Auf der Suche nach dem Code. Interview mit M. Tr. über seine Oper Was ihr wollt *in* Die Deutsche Bühne 3 (1998), 22 ff.

Andreas Krause

Tromboncino, Bartolomeo

Geb. 1470 in Verona oder Umgebung; gest. um 1535 in Venedig (?)

Nachdem das Musikleben Italiens beinahe ein Jahrhundert lang – befremdlicherweise – von den sogenannten ›Niederländern‹ dominiert wurde, deutete sich gegen 1500 eine entscheidende Wende an. Tr. kommt bei dieser Neuentfaltung der italienischen Musik, die unter anderem von der Entwicklung der eigenständigen Instrumentalmusik getragen wurde, eine wesentliche Rolle zu. Selbst Komponist, Lautenist und Posaunenspieler, wie sein Name verdeutlicht (Trombone = Posaune), war er lange Jahre in Mantua und Ferrara an den bedeutendsten Fürstenhöfen der italienischen Renaissance tätig. Trotz seines ungezügelten Naturells – aus Eifersucht ermordete er seine Ehefrau – nahm Tr. als angesehener und vielgefragter Komponist eine bevorzugte Stellung ein und stand mit den bedeutendsten heimischen Dichtern seiner Zeit in persönlichem Kontakt.

Der Mantuaner Hof der Gonzaga mit Isabella d'Este als zentraler Persönlichkeit bemühte sich in besonderer Weise um in Italien verwurzelte Traditionen und brachte durch die Nobilitierung von Volksgattungen heimische Musik, Dichtung und bildende Kunst zur lebendigen Einheit. Tr. lieferte zu den großartigen höfischen Festveranstaltungen musikalische Einlagen, teils als Intermedien in Theateraufführungen oder als Tanzbegleitung, teils als eigenständige Musikstücke. Einen Namen hat sich Tr. vor allem als Komponist von ›Frottolen‹ gemacht, einer neuartigen, speziell italienischen Gattung, zu der er mehr als 150 Kompositionen beigesteuert hat. Neu an diesen Kompositionen, die als Gegenstück zur hochartifiziellen französischen Chanson entstanden, ist zum einen die Wahl italienischsprachiger Texte von hoher literarischer Qualität, die einfach und klar, aber dennoch ausdrucksstark vertont wurden. Neu ist zum anderen eine Satztechnik, die – entgegen der bisher gepflegten polyphonen Stimmführung mit zentralem Tenor – aus der Oberstimme und dem Baß einen Rahmensatz bildet. Bevorzugten die meisten Frottolisten einen einfachen homorhythmisch-akkordischen Stil, so zeichnen sich die Kompositionen von Tr. durch ein stärker durchstrukturiertes Satzgewebe aus, das weitgehend frei von Imitationen ist. Formal spiegelt die Frottola die fixierten poetischen Formen ihrer Textvorlagen wider, wenn auch in vereinfachter Form. Anleihen bei der Volksmusik, eingängliche Melodik, Textdeklamation in rhythmischen Mustern, tanzartiger Duktus sowie ein neues Streben nach Klanglichkeit machten die ›poesia in musica‹ bald zu einer der beliebtesten Gattungen. Zu ihrer weiten, explosionsartigen Verbreitung trug in großem Ausmaß eine Serie von Frottolendrucken aus der Werkstatt Ottaviano Petruccis in Venedig bei, in denen der Löwenanteil an Kompositionen von Tr. stammt.

Die neuentwickelte, in den weltlichen Kompositionen so erfolgreich angewandte Satztechnik findet sich auch in den geistlichen Werken Tr.s wieder. Ähneln die Lauden den Frottolen immerhin in ihrer Form, so ist die Übernahme dieser Kompositionstechnik in die *Lamentationes Jeremiae* (Venedig 1506) noch außergewöhnlicher. Eine Baßlinie, die beinahe an die 200 Jahre spätere Funktionsharmonik erinnert, verbindet Teile in akkordischer Satzart mit frei-polyphonen Einschüben. Mit ihrer einfachen Anlage und dem effektvollen klanglichen Eindruck tragen diese Kompositionen zur Ausbildung des typischen italienischen Kirchenstils des frühen 16. Jahrhunderts bei.

Noten: JEPPESEN, KN.: La Frottola, 3 Bde., Århus 1968–70.

Literatur: PRIZER, W.: Isabella d'Este and Lucrezia Borgia. The Frottola at Mantua and Ferrara *in* JAMS 38 (1985), 1–33. DERS.: The Frottola and the Unwritten Tradition *in* Studi musicali 15 (1986), 3–37.

Andrea Lindmayr-Brandl

Tüür, Erkki-Sven
Geb. 16. Oktober 1959 in Kärdla auf Hiiumaa, Estland

Das wesentliche Kennzeichen einer globalen musikalischen Szene, die zudem über den größten Teil der Musikgeschichte in Form sorgfältig edierter Gesamtausgaben oder beliebig kopierbarer Tonträger frei verfügen kann, ist das Fehlen eines privilegierten Standorts. Gleichzeitig und gleichberechtigt existieren heute musikalische Welten unterschiedlichen historischen, geographischen oder sozialen Ursprungs nebeneinander. Der estnische Komponist E.-Sv. T. – der abgeschieden auf Hiiumaa, einer Insel vor der Westküste Estlands, lebt und arbeitet – hat das Flottieren zwischen den verschiedenen Modellen zu seinem Thema gemacht. T.s Musik konfrontiert simpelste Diatonik und Atonalität, Klangflächenkomposition und Minimal Music oder Art-Rock miteinander.

Seine Laufbahn als professioneller Musiker begann T. als Songschreiber, Sänger, Flötist und Keyboarder in der von ihm mitbegründeten Progressivrock-Band »In Spe«. Die frühesten Einflüsse und Vorbilder, zu denen er sich bekennt, sind neben Vertretern der Wiener Klassik, Frank Zappa, Mike Oldfield oder die Musik von Genesis und King Crimson. Entsprechend spielte die mit Gesang, Violine, Flöte, Blockflöten, Gitarre, Keyboards, Drums und Bass besetzte Band einen von T. als »Chamber Rock« bezeichneten Stil, der Improvisation und klassische Elemente unter Titeln wie *Symphonie für sieben Spieler* (1982) mischte. Erste (nicht ins offizielle Werkverzeichnis aufgenommene) Zeugnisse von T.s Selbstverständnis als ›klassischer‹ Komponist waren die 1989 für Symphonieorchester bearbeitete Messe *Lumen et cantus* (1981) für Männerchor und Rockband und *Zwei Rituale* (1983) für das estnische Alte-Musik-Ensemble Hortus Musicus und Synthesizer.

Der sinnfälligste Ausdruck von T. Anspruch, eine Metasprache zu schaffen, die verschiedene Modelle und Kompositionstechniken in einer durchdachten musikalischen Einheit verbindet, ist der siebenteilige Zyklus *Arcitectonics* (1984–92) für verschiedene Kammermusikbesetzungen. Nr. 4 *PER Cadenza AD Metasimplicity* für Violine, Fagott, Baritonsaxophon und Keyboard (1990) etwa konfrontiert einen musikalischen Archetyp des klassischen Solokonzertes, die Solokadenz über der auskomponierten Dominante, mit verzerrten Freejazz-Klängen und den repetierten Dreiklangsbrechungen der Minimal Music. In seiner *Symphonie Nr. 3* (1997) werden die musikalischen Welten ›thematisch‹ verwendet. T. überträgt das Prinzip symphonischer Formgestaltung, die Verarbeitung kontrastierender Themen, in die blockweise Konfrontation von chromatischen Klangflächen mit diatonisch-motorischen Abschnitten oder spätromantischem Adagiogestus. Der unterschiedlichen Herkunft des Materials eingedenk, bezeichnet T. die beiden Sätze der Symphonie als »Contextus«. In *Spektrum I* und *II* (1989, 1994) für Orgel, bzw. Orgel, Trompete und Perkussion komponiert T. dagegen einen sukzessiven Übergang zwischen den extremen Polen seines Materials, der reinen Diatonik und den mit beiden Handflächen gespielten Clustern.

Ausgangspunkt für seine Musik ist nach Auskunft des Komponisten häufig eine konzeptuelle Idee in visueller Gestalt, worauf etwa der Titel von *Arcitectonics* verweisen würde (vgl. T. 1999, 34). Ein Charakteristikum von T.s Arbeitsweise, das seiner musikalischen Denkweise offenbar optimal entspricht, ist die Komposition mit Hilfe von Midi-Equipment, das verschiedenste Texturen in frei kombinier- und editierbare Form bereithält. T.s Musik wäre also unter Umständen auch Teil einer erst noch zu schreibenden Geschichte des Einflusses digitaler Text- bzw. Notenverarbeitung auf den Akt des Komponierens und die Musik selber.

Noten: Warner/Chappell Music Finland (Helsinki), C. F. Peters (Ffm., Ldn. u. a.).
Dokumente: Electronic Dialogues 6, Interview (unbekannt) unter http://www.sequenza21.com/Turr.html, o. S., Stand: Juli 2003. Interview mit A. Pranzl und M. Blasszczuk *in* SKUG – Journal für Musik, Heft 40, Oktober-November 1999, 32–34.
Literatur: Reinvere, J.: E.-Sv. T.s Flux *in* Booklet der CD ECM New Series 465–134–2.

Ilja Stephan

Ullmann, Jakob

Geb. 12. 7. 1959 in Freiberg (Sachsen)

J. U. lebt seit 1984 als freischaffender Komponist in Berlin, nachdem er in Naumburg ein Kirchliches Proseminar absolviert und an der Dresdner Kirchenmusikschule studiert hatte. In Berlin wurde er Privatschüler Goldmanns, da die Akademie der Künste der DDR seine Aufnahme als Meisterschüler verweigerte. U. vertieft sich aber nicht nur ins Komponieren, das langsam und akribisch, oft im Dialog mit einem Heimcomputer und mit Lust an kalligraphischer Handschrift vorantreibt. Er besticht auch durch vielfältige Interessen für Musiktheoretisches, für höhere Mathematik und elektronische Technologie, für alte Sprachen und neueste Philosophie, für subtile Probleme der Kirchengeschichte und die jeweils aktuellen Skandale der Weltpolitik. Sein Werkverzeichnis ist noch nicht sehr umfangreich, aber die wenigen Stücke, die er bisher bekannt machte, haben ihn als unverwechselbares Talent kenntlich gemacht. Seine stilistischen Anknüpfungspunkte lagen zunächst im Serialismus der Darmstädter Avantgarde und dann im antisubjektiven, aleatorischen Konzept von Cage. Später kamen als wichtigste Vorbilder Messiaen, Xenakis, Schnebel, Lachenmann, Scelsi und der späte Nono hinzu. U.s Ideal ist eine subtil entfaltete Musik der Ruhe und Stille, die den Hörer ohne rhetorische Posen oder den Willen zur zwangsweisen Überredung faszinieren kann: »Ich komponiere nicht, um irgendwelche emotionalen Werte zu transportieren, die ich bei den Hörern sowieso nicht kalkulieren kann. Und meine eigene emotionale Befindlichkeit ist sowieso uninteressant. Der Ausdruck, die mögliche Expressivität ist kein Punkt, an dem ich arbeite. Eher verstehe ich Komponieren als Möglichmachen eines musikalischen Vorgangs, vielleicht vergleichbar einer chemischen Reaktion. Ich bestimme die ›Ausgangsstoffe‹, das musikalische Material, und per Mathematik und Computer oder auch in einem Falle per Schachspiel mögliche Entwicklungsrichtungen und beobachte, was passiert. Ich versuche, das Material eher sich entfalten zu lassen als es zu beeinflussen.« (Wicke, 1990)

Die ersten Stücke, die U. gelten läßt, sind *komposition 2* für Orgel (1982), *komposition* für 10 Instrumente (1982), *komposition* für Flöte (1983), ein Chorwerk nach einem Text aus dem Buch Jesaja (1983) sowie *minima* nach Anna Achmatova für drei Frauenstimmen, Altflöte, Oboe, Violoncello, Kontrabaß, Kontrabaßklarinette und 36 Solostreicher. Aber erst die Uraufführung seiner *komposition* für Streichquartett (mit elektronischer Modifikation) während der DDR-Musiktage 1986 – übrigens mit aktiver geigerischer Hilfe seines Freundes Richter de Vroe – fand eine breitere Aufmerksamkeit der Kenner neuer Musik. Weitere kammermusikalische Arbeiten – unter anderem Solostücke für Posaune (1986), für Violine (1986–87), für Klavier (1988–89) sowie diverse Ensemblekompositionen wie *Alakata* für 8 Instrumente (1987), *Stimmen* für Bläserquintett (1987–88) oder *palimpsest* für Stimme und acht Instrumente – kulminierten in dem ersten großen Orchesterstück *Schwarzer Sand/Schnee*, das während der Donaueschinger Musiktage 1991 erfolgreich zur Uraufführung kam. Dort war zwei Jahre zuvor auch einer der charakteristischsten Kompositionen U.s zum ersten Mal erklungen, das *Lied des verschwundenen Engels* für die Besetzung der Gruppe Neue Musik Hanns Eisler Leipzig mit Oboe, Englisch Horn, Posaune, Schlagzeug, Viola, Violoncello und Kontrabaß. Die Partitur, extrem detailbesessen, teils graphisch angelegt und mit interpretatorischen Spezialanweisungen übersät, verlangt solistisch wie im Zusammenspiel schier Unglaubliches an verfeinerter und denaturierter Artikulation von den Musikern. Eine Aufführung dürfte vorerst nur als Annäherung an das Notenbild zu verstehen sein. Die musikalischen Parameter von den Tonqualitäten bis zu Großform, einem siebenteiligen Bogen von Stille zu Stille, unterliegen diversen Vorordnungen mit stark symmetriebildender Tendenz. Subjektive Impulse bis hin zur expressiven Qualität werden durch objektivierende Zufallsoperationen mit Hilfe von Computerverfahren gesteuert. Hierfür bieten die Konzepte von Xenakis und Cage gewisse Anhaltspunkte, und deswegen ist offenbar Cage mit seinem Namen durch Versalien aus dem original spanischen Titel *La Chancion del AnGEl desaparecido* hervorgehoben. Was dieser eigentlich bedeuten soll und ob der auffällige Cantus der Posaune im Inneren des Stücks darauf Bezug hat, mag U.s Geheimnis bleiben. Vielleicht aber verweist er nicht bloß auf die lateinamerikanischen Desaparecidos, die Vermißten, Verschleppten, namenlos Verschwundenen dort, sondern auf alle unschuldigen Opfer politischer und religiöser Verfolgung, auf alle schließlich, die eines unnatürlichen, ungerechten, gewaltsamen Todes sterben mußten und deren Stimme wir nicht, niemals, vergessen dürfen. Denn U.s Musik, über weite Strecken ein klagendes Flüstern und Flehen mit aschigen Lippen, kann als ein Requiem gehört werden, – das allerdings die Abgeschiedenen, jenseits ihres Verstummens, wie eine Glossolalie den Lebenden zelebrieren.

Noten: Dt. Verlag für Musik (Lpz.).
Dokumente: der lärm der Dinge. randbemerkungen anläßlich der »isole di rumore« von N. Richter de Vroe *in* MusikTexte 33/34 (1990). tradition und utopie. bemerkungen am ende eines diskurses, ebd. Die macht der bilder und die kraft der sprache. Zur politischen dimension des musikalischen *in* MusikTexte 39 (1991), 42–44.
Literatur: KAISER, A.: Intentionen. Neue Musiktheater-Werke ... *in* Musik und Gesellschaft 39 (1989), 525–529. WICKE, G.: ... Komponieren als Utopie ... J. U. Versuch einer Annäherung *in* MusikTexte 33/34 (1990) [mit WV]. EHRLER, H.: Grenzgänger. Gedanken zum Komponieren von Karl-Wieland Kurz und J. U. in Fs. Chr.-H. Mahling, hrsg. von A. BEER u. a., Tutzing 1997, 323–330.

Frank Schneider

Ullmann, Viktor Josef
Geb. 1. 1. 1898 in Teschen (Österreich, heute ČR); gest. 18. 10. 1944 in Auschwitz

Das nordwestlich von Prag gelegene Konzentrationslager Theresienstadt, in das U. 1942 deportiert worden war, diente den Nazis als Vorzeigeobjekt. Aus propagandistischen Gründen förderten sie in diesem vor allem für Juden bestimmten

»Sammellager« kulturelle Aktivitäten, so 1944 die Uraufführung der Oper *Der Kaiser von Atlantis oder Die Todverweigerung*. Hauptfigur dieser Legende in vier Bildern, verfaßt von dem damals 25jährigen Graphiker und Maler Peter Kien, ist der Tod. Da dieser sich durch die Tötungsmaschinerie des Krieges zum Erfüllungsgehilfen degradiert sieht, verweigert er dem Kaiser Overall seine Mitarbeit; die Menschen können nicht mehr sterben, es sei denn, der Kaiser opfert sich als erster. In seiner Musik lehnte sich U. in vielfältiger Brechung an den Ton Mahlers, Bergs, Zemlinskys, Weills und des Volksliedes an. Die SS verstand jedoch die inhaltlichen Anspielungen auf Hitler und seinen Krieg und verbot nach der Generalprobe die Uraufführung. Wenig später wurden der Dirigent, die meisten Mitwirkenden und der Komponist nach Auschwitz deportiert und in den Gaskammern hingerichtet. Die Partitur der Oper aber blieb erhalten. Seit der verspäteten Uraufführung im Jahr 1976 gilt U.s *Kaiser von Atlantis* als eines der bedeutendsten Musikwerke des Widerstands.

Bereits während seiner Wiener Gymnasialzeit war U. mit dem Schönberg-Kreis in Berührung gekommen. 1918–19 besuchte er Schönbergs »Seminar für Komposition«, blieb aber auch in Prag, wohin er 1919 übersiedelte, als Schüler von Heinrich Jalowetz und Eduard Steuermann und als Kapellmeister am Neuen Deutschen Theater (musikalische Leitung: Zemlinsky) mit dem Schönberg-Kreis verbunden. Obwohl seine *Sieben Lieder für Sopran und Kammerorchester* 1924 im Prager »Verein für musikalische Privataufführungen« und beim IGNM-Fest erklangen und obwohl Guido Adler ihn schon 1925 in sein »Handbuch der Musikgeschichte« aufnahm, stand der Komponist U. im Schatten der erfolgreicheren Kapellmeistertätigkeit. Nachdem er für seine Werke keinen Verlag fand, kehrte er ab 1930 dem Komponieren den Rücken, um sich intensiv mit der Anthroposophie Rudolf Steiners zu befassen. Erst die Bekanntschaft mit Hába beendete 1935 die Komponierpause. Noch im gleichen Jahr entstand die Oper *Der Sturz des Antichrist*, die als Mysteriendrama über die Widerstandshaltung des Künstlers thematisch auf den *Kaiser von Atlantis* vorausweist. Als formal eigenständige Brücke zwischen Schönbergs Konstruktivismus und Hábas melodischer Sensitivität deutete der Komponist seine *Erste Klaviersonate* op. 10 (1936), der größer besetzte Werke, darunter das als Manuskript gedruckte *Klavierkonzert* op. 25 (1940), folgten. Am 8. September 1942 wurde er in Theresienstadt inhaftiert, wo er in 25 Monaten über 25 Werke, zumeist Klaviermusik, Lieder und Chöre, schuf. Ein tragisches Paradoxon in U.s Biographie ist, daß erst seine Inhaftierung ihm die ersehnte künstlerische Freiheit bot, die er als verfemter Komponist der »Entarteten Musik« außerhalb der Lagermauern nicht finden konnte. So enthält sein Bekenntnis, daß er in seiner »musikalischen Arbeit durch Theresienstadt gefördert und nicht etwa gehemmt« wurde, einen erschütternden Unterton. (Schultz, 22). Der Lageraufenthalt war für ihn eine »Schule der Form«, was sich an den Formexperimenten der drei *Klaviersonaten Nr. 5–7* sowie des *Dritten Streichquartetts* op. 46 ablesen läßt. Die *Fünfte Klaviersonate* op. 45 beispielsweise war ursprünglich sechssätzig angelegt, wurde dann aber auf fünf Sätze reduziert. Überschriften wie *Von meiner Jugend*, *Totentanz* und *Notturno* lassen dabei die Existenz verschwiegener Programme vermuten. Erst in den letzten Jahren wurden U.s Werke, die in ihrer Verbindung von polyphoner Dichte und Polytonalität an Berg anknüpfen, für das Konzertleben entdeckt.

Noten: Eigenverlag; Verlag am Goetheanum Dornach; Schott (Mainz).
Dokumente: V. U. Materialien, hrsg. von H.-G. KLEIN, Hbg. ²1995 (Verdrängte Musik 2). 26 Kritiken über mus. Veranstaltungen in Theresienstadt, hrsg. von J. SCHULTZ, Hbg. 1993 (Verdrängte Musik 3). V. U. Beiträge, Programme, Dokumente, Materialien, hrsg. von U. PRINZ, Kassel 1998.
Werkverzeichnis: V. U. Verz. der veröffentlichten Werke, Mainz 1997.
Literatur: V. U. (1. 1. 1898 – 18. 10. 1944). Symposium anläßlich des 50. Todestages …, hrsg. von R. BIEMOND, Dornach 1994. » … es wird der Tod zum Dichter«. Die Referate des Kolloquiums zur Oper »Der Kaiser von Atlantis« von V. U. …, hrsg. von H.-G. KLEIN, Hbg. 1997 (Verdrängte Musik 14). Komponisten in Theresienstadt, hrsg. von der INITIATIVE HANS KRÁSA, Hbg. 1999. »Lebe im Augenblick, lebe in der Ewigkeit«. Die Referate des Symposiums aus Anlaß des 100. Geburtstags von V. U., hrsg. von H.-G. KLEIN, Saarbrücken 2000 (Verdrängte Musik 16). NAEGELE, V.: V. U. Komponieren in verlorener Zeit, Köln 2002.

Albrecht Dümling

Ustvol'skaja, Galina

Geb. 17. 6. 1919 in St. Petersburg

Die Musik der russischen Komponistin U. entspringt einer unerschütterlichen Glaubenshaltung. Religiosität ist für U. Ringen um ihre Existenz, die sie selbst als Qual ansieht. Es entsteht eine Musik, bei der dem Hörer das musikalische Material in seinem Rohzustand in fast gewalttätiger Permutation eingehämmert wird. Neben Repetitionen und Clustertechniken sind große dynamische Kontraste für U.s Schaffen kennzeichnend. Deshalb scheint ihre Musik der westlichen Avantgarde näher zu sein als die Musik ihrer Landsleute.

Aufschluß über ihr musikalisches Programm geben die Untertitel zu U.s fünf Sinfonien. Die Besetzung ist keineswegs mit der traditionellen Gattung Sinfonie in Einklang zu bringen, sondern kammermusikalisch geprägt. Während die *Erste Sinfonie* (1955) für Sinfonieorchester und Knabenstimmen Texte von Gianni Rodari verwendet, die Situationen der Unterdrückung von Kindern nachzeichnen, greifen die nachfolgenden Sinfonien Gebetstexte auf: Die *Zweite* (»Wahre, ewige Seligkeit«; 1979) und *Dritte* (»Jesus, errette uns«; 1983) in der Besetzung Singstimme/Sprecher mit Orchester sowie die *Vierte Sinfonie* (»Gebet«; 1985–87) für Trompete, Tamtam, Klavier und Altstimme gehen auf mittelalterliche Texte von Hermannus Contractus zurück. In der *Fünften Sinfonie* (»Amen«; 1989–90) mit der ungewöhnlichen Besetzung Violine, Oboe, Trompete, Tuba, Schlagzeug mit großem Holzwürfel und Sprecher wird das biblische »Vater unser« rezitiert.

Auch die drei Werke in den siebziger Jahren, die U. schlicht mit *Komposition* betitelt und numeriert, haben religiöse Untertitel. Nr. 1 (*Dona nobis pacem*; 1970–71) für Piccoloflöte, Tuba und Klavier hat eine auffällig kleine Besetzung. Nr. 2 (*Dies irae*; 1972–73) für acht Kontrabässe, Schlagzeug mit großem Holzwürfel und Klavier und Nr. 3 (*Benedictus, qui venit*; 1974–75) für vier Flöten, vier Fagotte und Klavier verlangen eine individuelle Bühnenaufstellung der Musiker: Kontrabässe, Flöten und Fagotte werden, ähnlich wie in einigen Sinfonien, je als Gruppe dem Klavier oder Schlagzeug gegenübergestellt.

U. wurde von Šostakovič ausgebildet, dessen Einflüsse in frühen Werken wie in dem *Konzert für Klavier, Streichorchester und Pauken* (1946) noch deutlich zu spüren sind. Das in sechs kontrastierenden Abschnitten gegliederte, monothematische Werk ist noch tonal. Weitere Werke mit größerer Besetzung sind *Der Traum des Stefan Rasin* (1949) für Bariton und großes Orchester nach russischer Volkspoesie, die *Suite* (1955) sowie die zwei *Symphonischen Poems* für Orchester (1958, 1959).

Die Komposition für Klavier nimmt in U.s Schaffen einen großen Raum ein: 1947 entstand die traditionell gehaltene *Erste Sonate für Klavier*. Die lyrische *Zweite Sonate* (1949) steht der *Dritten* (1952) gegenüber, die durch scharfe Kontraste gekennzeichnet ist. Die *Vierte Sonate* schließt 1957 das Sonatenschaffen vorläufig ab. In den achtziger Jahren entstehen die im Ausdruck düstere *Fünfte* und *Sechste Sonate* (1986, 1988). Neben diesen großen Sonaten wurden 1953 die *Zwölf Präludien für Klavier* komponiert: Diese kurzen Attacca-Stücke sind von expressiv aufgeladenen, rudimentären Formeln und Motiven durchzogen.

Die »Kammermusik« (U. verwahrt sich gegen diesen Begriff) ist vom Umfang der Werke mit denen größerer Besetzung zu vergleichen oder übertrifft diese. Neben früheren Werken wie dem *Trio* (1949) für Klarinette, Violine und Klavier, dem *Oktett* (1949–51) für zwei Oboen, vier Violinen, Pauken und Klavier und der *Sonate* (1952) für Violine und Klavier bildet das *Große Duett* (1959) für Violoncello und Klavier inhaltlich einen Höhepunkt: Die mit 26 Minuten längste Komposition U.s erscheint seltsam statisch und wird überwiegend in den Extremlagen der Instrumente gespielt. Die Form des Stückes ist kontrastierend und asymmetrisch angelegt. 1964 folgt das fast ebenso umfangreiche *Duett* für Violine und Klavier. Dieses dreiteilige Werk ist von scharfen Kontrasten durchzogen und mit seinen Clusterausbrüchen und Extremlagen exemplarisch für U.s expressives musikalisches Denken.

Noten: Sikorski (Hbg.).
Dokumente: Meine Gedanken über das Schöpferische *in* MusikTexte 83 (2000).
Literatur: GLADKOWA, O.: G. U. – Musik als magische Kraft, Bln. 2001.

Dominik Susteck

Varèse, Edgard Victor Achille Charles

Geb. 22. 12. 1883 in Paris;
gest. 6. 11. 1965 in New York

»Musik, die so ganz herausfällt aus der Musikgeschichte« war am 7. 3. 1932 in der Vossischen Zeitung über ein Konzert mit Werken von E. V. zu lesen. Ein hellsichtiges Urteil, das bis heute seine Gültigkeit nicht verloren hat. Zwischen den bekannten Strömungen der Neuen Musik, dem Neoklassizismus Stravinskys und der Zwölftontechnik Schönbergs, hat V. einen eigenen Weg gefunden, der jedoch nur schwer überschaubar ist. Rein äußerlich trägt dazu bei, daß nur ein sehr kleines Œuvre zugänglich ist: Alle vor 1921 zu datierenden Werke hat V. vor den Blicken der Öffentlichkeit verborgen. Eine Ausnahme bildet der Druck des Liedes »Un grand sommeil noir« (Paul Verlaine; 1906). Ebenso wie V. Spuren von Tradition in seinem musikalischen Werdegang unsichtbar machte, wies er eine eindeutige nationale Zuordnung zurück. In Frankreich wird er meist als ein französischer Komponist betrachtet. Er selber hat diese Auffassung begünstigt, indem er seinen Namen, entgegen der Eintragung in das Geburtsregister, oft genug in der französischen Fassung »Edgar« benutzte. Gebürtig war er in Paris, jedoch als Sohn eines italienischen Ingenieurs. Mütterlicherseits ist er ein Vetter von Alfred Cortot. Seine Jugendjahre verbrachte V. in Turin. Nach den Studienjahren in Paris zog er für längere Zeit (1907-13) nach Berlin. Bei seiner Übersiedelung sprach er kein Deutsch, ebenso wie er über fast keine Sprachkenntnisse verfügte, als er sich im Dezember 1915 zum ersten Mal nach Amerika einschiffte. Viele Reisen zwischen den Kontinenten folgten, 1927 wird V. amerikanischer Staatsbürger. Er lebt dennoch von 1928–33 erneut in Paris. Planetarisch nannte er einmal seine Nationalität. Er war ein Kosmopolit, der große Städte liebte und den Reichtum der von der Industrie erzeugten Geräusche, den Lärm in den Straßen und Häfen. Seine »Entdeckung Amerikas« verbindet sich mit dem Wunsch, ein neues Klanguniversum zu erobern.

Die Aufführungen seiner Werke wirkten schockhaft auf das Publikum, dies gilt auch für das verschollene Orchesterwerk *Bourgogne*, das 1910 in Berlin uraufgeführt wurde. Das Bild, das man sich von dieser Komposition aus den Kritiken formen kann, zeigt den jungen V. als Schöpfer einer Symphonischen Dichtung, in der das innere Sehnen eines Kindes wie später des Mannes thematisiert wurde. Stilistische Charakterisierungen sprechen von einem impressionistischen Farbklecks. Debussy und Strauss werden als Vorbilder berufen, wenngleich dieses Werk auch als ein »Tonwirrwarr«, als »chaotisch« vernichtend kritisiert wurde. Die daraus zu schließende ungewöhnliche Klangbehandlung dieses frühen Werkes ist jedoch vorausweisend für das spätere Werk.

V. gilt als der Vater der elektronischen Musik. Vielfach hat er davon gesprochen, daß seine Klangvorstellungen nur mit neuartigen Instrumenten zu realisieren seien. In den Werken der späteren Lebensjahre war es ihm teilweise vergönnt, auf Tonband gespeicherte und verarbeitete wie auch synthetische Klänge zu benutzen. *Déserts*, das bei der Uraufführung 1954 einen Skandal auslöste, wie er seit Stravinskys »Sacre du Printemps« nicht mehr stattgefunden hatte, enthält Einschübe von sogenanntem »organized sound« vom Tonband, während derer die Instrumente schweigen. Das *Poème électronique*, das in Brüssel während der Weltausstellung 1958 die Bildprojektionen von Le Corbusier in dem von Xenakis entworfenen Pavillon begleitete, ist eine reine Tonbandmusik. Sie stellt eine Bearbeitung aus synthetisch erzeugten Klängen, Geräuschen der Umwelt und einem eigenen Werk von V., der *Étude pour Espace* (1947) dar, die auf einer Schallplatte eingespielt worden war. Die Einschübe in den *Déserts* verarbeitete V. dreimal und übernahm dabei auch Klänge aus dem *Poème électronique*. Diese Versuche der fünfziger Jahre befriedigten ihn wohl nicht ganz. So kehrte er denn in seinem letzten nur fragmentarisch überlieferten Werk *Nocturnal* (1961) wieder zur Instrumentalmusik zurück.

Sein ganzes Leben hindurch hat er jedoch einen Kreuzzug für neue Instrumente unternommen. Großen Eindruck machten auf ihn in seinen jungen Jahren die Beschreibung eines elektrischen Musikinstruments, die Busoni in seinem »Entwurf einer neuen Ästhetik der Tonkunst« gegeben hatte. Die Versuche, Geräusche in die Musik zu integrieren, die die italienischen Futuristen gemacht hatten, lehnte er allerdings ab, da sie ihm die Idee des geschlossenen Kunstwerkes anzutasten schienen.

Hingegen war er von Hermann von Helmholtz' Buch »Die Lehre von den Tonempfindungen als physiologische Grundlage für die Theorie der Musik« fasziniert. Mit zwei kleinen Handsirenen, die er auf dem Flohmarkt in Paris kaufte, stellte er die Experimente von Helmholtz nach.

Neben neuartigen elektrischen Instrumenten, die im ersten Drittel des 20. Jahrhunderts entwickelt wurden (Theremin und Ondes Martenot) verwendete V. in einigen Stücken die Sirene als Musikinstrument (*Amériques*, 1918?–22/1927; *Hyperprism*, 1922 und *Ionisation*, 1929–31). Sie erlaubte ihm ein kontinuierliches Klanggeschehen zu komponieren, eine Musik ohne Lücken, die nicht (wie ein Vogel von Zweig zu Zweig) von Ton zu Ton hüpft. Hyperbolische und parabolische Kurven wollte er erzeugen. Das erste Werk, dem V. öffentliche Gültigkeit zubilligte, *Amériques*, sieht neben einem riesig besetzten Orchester, das er in der zweiten überarbeiteten Fassung reduzierte, in der großen Schlagzeugbatterie auch eine Sirene vor. Daneben erzeugen auch die zahlreichen Glissandi, Triller und Flatterzungen, den Eindruck, daß Musik nicht eine geordnete Reihe von Tönen, sondern im Raum schwingende Materie sei.

Mit dem Wunsch, eine Musik mit fließendem Verlauf zu komponieren, verband sich bei V. die Absicht, das erstarrte temperierte System aufzubrechen. In der ersten Fassung von *Amériques* benutzte er dazu auch Vierteltöne, bei anderen Werken wie *Offrandes* (1921) oder *Intégrales* (1924–25), wo sie ebenfalls vorgesehen waren, tilgte er sie. Nur selten – in *Hyperprism* oder *Ecuatorial* (1933–34) – blieben sie in der endgültigen Fassung bestehen, um Melodieinstrumente in das Klanggeschehen einzubetten.

Neuartige Klänge, die als Vorform der elektronischen Musik empfunden wurden, entstehen durch die ungewöhnlichen Besetzungen der Werke und durch ungewöhnliche Spielweisen. Mögen auch bei Werken wie *Hyperprism* oder *Intégrales* äußerliche Umstände ein reduziertes Ensemble erzwungen haben, so ist doch die Dominanz der Bläser und des Schlagzeugs typisch, die in eine enge Verwendung (z. B. Posaune und Sirene) treten. Die Blasinstrumente sind oft auch perkussiv eingesetzt, vergleichbar den mit Luftröhren ausgestatteten Schlaginstrumenten. V. hat mit *Ionisation* (1931) das erste geschlossene Werk geschrieben, das nur mit Schlagzeug besetzt ist. Es macht wie kein zweites deutlich, daß es in seiner Musik um Klangprozesse und nicht um Tonordnungen geht. Die Befreiung des Klangs aus den Fesseln des temperierten Systems erreichte V. jedoch auch mit traditionell erzeugten Tönen, die nicht mehr als Einzelton eine Bedeutung haben. In Klängen, die keine Akkorde mehr sind, treten sie in Interaktion mit anderen Tönen und schaffen durch Interferenzen ein Schwingungsgemisch, das spätere elektronische Wirkungen vorwegnimmt. In der Musik von V. wird die Differenz zwischen Ton und Akkord zugunsten von Klängen preisgegeben, die eine unterschiedliche Breite, Dichte, Helligkeit und Massivität haben. Am Anfang von *Hyperprism* wird über lange Zeit hinweg ein einziger Ton (cis) gespielt, wechselnde Instrumente sind daran beteiligt, so daß ein Farbverlauf entsteht. Zu Urteilen wie »vier Minuten Krach«, »Bolschewismus« ließen sich Kritiker hinreißen. Der Skandal 1923 bei der New Yorker Uraufführung von *Hyperprism* war so groß, daß die Polizei in den Saal kam. Jedoch entstand auch der Eindruck, daß der Name von V. als der Name eines Mannes in die Musikgeschichte eingehen würde, der etwas Neues veranlaßt hat. Der Londoner Verleger Curwen, der bei der Uraufführung von *Hyperprism* anwesend war, zeigte sich so beeindruckt, daß er dieses Werk zum Druck annahm.

Bei den groß besetzten Werken kann man allerdings oft nicht von Farbverläufen sprechen. Das riesige Instrumentalaufgebot in *Amériques* erzeugt eher Auf- und Abwärtsbewegungen von Farbgeräuschen. Auch können Klänge in verschiedenen Projektionen erscheinen. Bei dem dichten und kraftvoll überwältigenden Werk *Arcana* (1927) hat V. von der Projektion aller Farben – rot, grün, gelb, blau – gesprochen, die er im Wechsel mit Weißglut im Traum gesehen hatte. Gleich nach der Eröffnung durch schwer wirkendes lineares Material entfaltet sich in *Arcana* ein zehntöniger Komplex. Dieser aufgespreizte Klang wirkt wie eine Gestalt, die an verschiedenen Stellen in diesem Stück auftaucht, sich quasi in verschiedener Farbgebung in ihm weiterbewegt. V. gebrauchte selbst öfters den Begriff der »Transmutation«. Da er zudem *Arcana* ein Paracelsus-Zitat vorangestellt hatte, wurde in der Literatur seine Klangtechnik gern als alchimistisch bezeichnet. Dabei wurde nur selten bemerkt, daß auch der Begriff Transmutation aus der Alchimie stammt und die Verwandlung unedler Metalle in Gold bezeichnet.

V. hat sich als Zeitgenosse und nicht als Avantgardist verstanden. Er war organisatorisch tätig durch Gründungen wie die International Composer's Guild (1921) und die Pan American Association of Composers (1928), um die neue Musik durchzusetzen. Großen Respekt hat er jedoch auch den Meistern der Vergangenheit bezeugt. Und zwar nicht nur Berlioz, dessen »Requiem« er 1917 mit großem Erfolg in New York dirigierte, nicht nur Brahms und Beethoven, sondern auch G. Gabrieli, Monteverdi, Buxtehude und anderen mehr. Tiefe Eindrücke hatte die alte Musik hinterlassen, die er während seiner Studienzeit an der Schola Cantorum bei d'Indy kennenlernte, bevor er in Paris am Conservatoire bei Charles Widor studierte. Seit seiner Berliner Zeit war er oft als Leiter eines Chores tätig und hat dabei vor allem die alte Musik gepflegt. Sie hat unmittelbare Spuren in seiner verschollenen *Rhapsodie romane* hinterlassen, die einer seiner Freunde als weltliche Gregorianik bezeichnete. Auch die *Étude pour Espace* (1947) für Chor, Schlagzeug und Klavier zeugt von dieser Liebe zur alten Musik. Sie ist das einzige Stück, das er während seiner großen, Ende der dreißiger Jahre beginnenden Schaffenskrise komponierte. Den Plan des großen Œuvres *Espace* hat er nicht realisiert. Jedoch ist in die *Étude* die Idee eingeflossen, nur Vokale und sinnfreie Silben zu verwenden, die teils selbst erfunden, teils aus verschiedenen Sprachen zusammengetragen sind. Die *Étude* ist das erste Vokalwerk der Musikgeschichte, das auf einen sinnvollen Text verzichtet. Stellenweise findet sich diese Technik allerdings bereits in *Ecuatorial* (1934). Daß die klangliche Struktur eines Textes zur Hauptsache wird, entspricht dem Denken seiner Zeit (auch Messiaen benutzte in *Harawi* 1945 sinnfreie Phoneme). Die Konsequenz, mit der V. sie in einem bislang nur 1947 von ihm selbst dirigierten und fragmentarisch 1991 wieder dargebotenen Werk benutzte, mag auch auf Inspirationen beruhen, die auf seine Erfahrungen mit seinen New Yorker Chören zurückgehen, nämlich daß die Werke alter Musik nicht ihre Überzeugungskraft verlieren, wenn Sänger und Hörer die lateinischen und italienischen Texte nicht verstehen. Einflüsse der alten Musik finden sich auch in den Bläsersoli, die typisch für die Eröffnung seiner Stücke sind. Die einstimmigen Linien mit ihren formelhaften wiederholten Tönen und Appogiaturen erinnern an kirchliche Psalmodien. Sie wirken als Gegenpol zu den Klängen, in die sie aufgespreizt werden.

V. hatte intensive freundschaftliche Beziehungen zu vielen Dichtern und Malern, zu Futuristen, Kubisten, Orphisten. Er gehörte zu den Mitunterzeichnern des Manifestes von 1921 *Dada soulevé tout*. Als er nach New York kam, verkehrte er in dem Avantgardekreis um Walter Arensberg. Unabhängig von Unterschieden zwischen Stilrichtungen und einzelnen Künstlerpersönlichkeiten wurde für ihn die Idee der Simultaneität (Gleichzeitigkeit) von Bedeutung. In der Simultaneität von Verschiedenem sahen Maler eine Möglichkeit, die Dimension Zeit in ein Bild hineinzuwirken. Ob bei Fernand Leger (den V. gut kannte) von Gruppen ähnlicher oder kontrastierender Formen gesprochen wird, die ins Verhältnis zueinander gesetzt werden, oder bei Paul Delauney von verschiedenen Farben, die gegeneinandergesetzt werden, in allen Fällen steht die Idee dahinter, daß aus der Gleichzeitigkeit von Verschiedenem eine rhythmische Wirkung und der Eindruck einer Bewegung hervorgeht. Simultaneität ist ein Begriff, den V. benutzte, und er sprach davon, daß seine Musik auf der Bewegung von aufeinander unbezogenen Klangmassen basiere, in dem Sinne unbezogen, daß sich die Klangmassen gleichzeitig in verschiedener Geschwindigkeit bewegen. Er sprach von »metrischer Simultaneität«. Es ist dies ein Stichwort, um seine Konzeption einer spatialen Musik etwas zu entschlüsseln. In der Malerei wurde versucht, Zeitliches in den Raum zu integrieren; V. intendierte eine räumliche Wirkung der Zeitkunst Musik. Dieser Gedanke hat eine Entwicklung in seinem Werk erfahren von einer eher architektonischen Schichtung von Klängen hin zu sich mit- und gegeneinander bewegenden Klangkörpern.

Für die Idee einer architektonisch geschichteten Musik, die V. für sein Frühwerk, vor allem für *Bourgogne* als typisch empfand, hat er Eindrücke seiner Kindheit verantwortlich gemacht, darunter die unterschiedlichen Farben des Granit, grau und blaß-rot sowie gelb, die ihn in seiner Jugend beeindruckt hatten, wenn er seinen vielgeliebten Großvater (dem er *Bourgogne* widmete) in Burgund besuchte. In einem Interview mit dem amerikanischen Komponisten Gunther Schuller hat V. seine Kompositionstechnik der frühen Werke folgendermaßen präzisiert: »Ich setzte Streicher unthematisch als den Hintergrund einer Menge von Blechbläsern und Schlagzeug ein« (Écrits, 184). Noch in *Amériques* und dem ersten der beiden Lieder von *Offrandes* finden sich zahlreiche Stellen, wo blockhafte Schichtungen stattfinden, wobei die Schichten nicht nur durch die Instrumentation gegeneinander abgegrenzt werden, sondern dadurch, daß jede ihren eigenen Rhythmus hat.

Diese Technik der Schichtung findet sich zu Anfang dieses Jahrhunderts in vielen Werken von Mahler, Debussy und Strauss. Alle diese Komponisten gehörten zu den bewunderten Vorbildern des jungen V. Für Debussy hat V. zeitlebens bewundernde Worte gefunden, von Strauss, dem Förderer der Berliner Zeit, hat er sich distanziert, jedoch bis zuletzt dessen Instrumentationskünsten Anerkennung gezollt. Den einzelnen Schichten hat V. in seinen späteren Werken eine je eigene Bewegung verliehen. Wesentlich zu diesem Eindruck einer Bewegung unabhängiger Klangkörper trägt eine neuartige Behandlung der Dynamik bei. Die zahlreichen Crescendo- und Decrescendo-Vorschriften in seiner Musik, die für verschiedene Schichten nicht gleichartig gebraucht werden, bewirken simultan ein voneinander unabhängiges An- und Abschwellen in den einzelnen Klangzonen. Während ein Klangkörper lauter wird, wird ein anderer leiser. Mit dem Lauterwerden verbindet sich zugleich der Eindruck, der Klang komme näher, während das Leiserwerden den Klang in die Entfernung rückt. Der Eindruck einer Bewegung im Raum entsteht. Zeitliche Prozesse zu verräumlichen durch gleichzeitige, aber voneinander verschiedene Bewegungsvorgänge ermöglicht, daß sich die Klangkörper gegeneinander verschieben, umeinander drehen, den Eindruck ihres Volumens verändern. Die Isomorphie von Raum und Zeit, die die abstrakte Malerei beanspruchte, ist musikalisch im Werk von V. realisiert. Die sich mit- und gegeneinander bewegenden Klangkörper sind so selbständig konzipiert wie die Stimmen in einem kontrapunktischen Satz. Jedoch sind die Regeln der Kontrapunktik auf andere musikalische Dimensionen übertragen. In Konsonanz erscheinen die Klangkörper, wenn sie in einer rhythmischen Struktur und durch die gleiche Lautstärke in einem Tutti gebündelt werden. Vor allem die gemessen an der traditionellen Musik unterschiedliche Behandlung der Dynamik bewirkt eine Abstraktion von semantischen Qualitäten. Die Dynamik dient nicht mehr der Differenzierung von Ausdruckswirkungen, jenen emotional steigenden und fallenden Gesten, die in der traditionellen Musik den Eindruck erwecken, ein sprechendes Subjekt stünde hinter ihr. Die im Leiser- und Lauterwerden sich bewegenden verschiedenen Klangkörper intendieren einen unmittelbaren Eindruck von Bewegung im Raum. Sie wirken ähnlich konkret wie dies die von der Illusion eines Objektes abstrahierende Malerei für ihre Farben und Formen beanspruchte. Die Musik von V. lebt von der sinnlichen Präsenz des Klanges. Keine Gelegenheit hat er ausgelassen, um dies mit einem Satz des polnischen Philosophen Hoëné-Wroński zu unterstreichen, den er in der Harmonielehre von Camille Durutte gelesen hatte: »Musik ist die Verkörperlichung der in den Klängen selbst gelegenen Intelligenz« (Écrits, S. 115).

Noten: Curwen (Ldn.); Colfrane Music Publishing Corporation (N.Y.).
Dokumente: Écrits, hrsg. von L. HIRBOUR, Paris 1983. VARÈSE, L.: A Looking-Glass Diary, Ldn. 1975. E. V. 1883–1964. Dokumente zu Leben und Werk, hrsg. von H. DE LA MOTTE-HABER und K. ANGERMANN, Ffm. 1990.
Literatur: OUELLETTE, F.: E. V. Paris 1966; ²1989. VIVIER, O.: V., Paris 1973. WEHMEYER, GR.: E. V., Regensburg 1977. E. V. Rückblick auf die Zukunft, Mn. 1978 (MK 6). BREDEL, M.: E. V., Paris 1984. Die Befreiung des Klangs, hrsg. von H. DE LA MOTTE-HABER, Hofheim (Taunus) 1992. DIES.: Die Musik von E. V. Studien zu seinen nach 1918 entstandenen Werken, Hofheim (Taunus) 1993. CLAYSON, A.: E. V., Ldn. 2002. NANZ, D. A.: E. V. Die Orchesterwerke, Bln. 2003. MACDONALD, M.: V. Astronomer in Sound, Ldn. 2003.

Helga de la Motte-Haber

Vaughan Williams, Ralph
Geb. 12. 10. 1872 in Down Ampney; gest. 26. 8. 1958 in London

»Style is ultimately national«: Dieser von V. W.s Lehrer Sir Hubert Parry überlieferte Ausspruch kann wie ein Motto über dem Schaffen des Komponisten stehen. Seit er ab 1903 zunächst englische Volkslieder sammelte und später auch herausgab, er sich überdies intensiv mit der englischen geistlichen Musik des 16. bis 18. Jahrhunderts beschäftigte, wurde ihm immer deutlicher, daß die Emanzipation der englischen Musik von den Einflüssen der kontinentaleuropäischen, ja Größe und Eigenständigkeit in der Musik generell nur durch die Rückbesinnung auf eigene musikalische Traditionen möglich war. Und das Werk, mit dem V. W. sein Programm unmißverständlich in die musikalische Tat umsetzte, war die *Fantasia on a Theme by Thomas Tallis* (1910) für Streichorchester, ein Stück über ein Thema eines der wichtigsten englischen Komponisten der Spätrenaissance. Von nun an hatte seine Musik eine völlig eigene, spezifisch »englische« Charakteristik, die die Einflüsse seiner Lehrer (Charles Villiers Stanford, Bruch, Ravel) zu einem Personalstil amalgamiert hatte. Seine kompositorischen Vorstellungen konnte er ab 1919 als Professor am Royal College of Music in London seinen Studenten vermitteln. Seine ästhetischen und anthropologischen Ansichten formulierte er in dem Buch »National Music«.

Wenngleich V. W., ähnlich Bartók und Kodály, seine Tätigkeit nicht auf das Komponieren beschränkte, sondern aktiv an der Organisation des heimischen Musiklebens sowie der Musikerziehung mitwirkte, so liegt seine eigentliche Bedeutung aber auf dem Gebiet der Komposition. Hier erwies er sich als ein ausgesprochener Praktiker insofern, als er zahlreiche Werke für musikalische Laien schrieb, so etwa die Kantate *The Sons of Light* (1950) auf Texte seiner Frau Ursula. Der erfahrene Praktiker zeigt sich aber auch darin, daß es in vielen seiner Werke Möglichkeiten für instrumentatorische Reduzierungen gibt.

Der Schwerpunkt seines Schaffens liegt, bei aller Bandbreite in Bezug auf die von ihm bedachten Gattungen, auf den Gebieten Oper, geistliche Musik und vor allem Symphonik. Letztere wird repräsentiert durch neun Werke, die zwischen 1903 und 1958 entstanden und neben erstaunlicher Form- und Inhaltsvielfalt vorzüglich die stilistische Entwicklung der Musik von V. W. zeigen. Bereits mit seiner *Ersten Symphonie*, der *Sea Symphony* (1903–10) ließ der Komponist die Gattungstradition des 19. Jahrhunderts hinter sich. Komponiert auf Texte von Walt Whitman für zwei Solostimmen, Chor und Orchester ist dieses Werk die erste Symphonie, in der die traditionellen vier Sätze einschließlich eines Scherzos instrumental und vokal ausgeführt sind. Es handelt sich also um eine echte ›Symphonie-Kantate‹. Gleichzeitig thematisierte V. W. hier einen seiner zentralen Inhalte: das Verhältnis von Mensch und Natur. Es spielt eine wichtige Rolle in seiner *Dritten* (*Pastoral Symphony*, 1922) und *Siebten Symphonie* (*Sinfonia Antartica*, 1953), die auf der Musik zu dem Film »Scott of the Antarctic« (1948) basiert. Weitere Inhalte sind das Kriegserlebnis (*Dritte* und *Sechste Symphonie*), Religiosität (*Fünfte Symphonie*) und in der *Zweiten Symphonie* (*London Symphony*) Sozialkritik. Nicht konkret inhaltlich sind die *Symphonien Nr. 4, 8* und *9* faßbar, die als die vielleicht ›absolutesten‹ kompositorischen Äußerungen des Komponisten gelten können. Neben den Einflüssen durch die Volks- und die Kirchenmusik sind solche durch die aktuellen Entwicklungen in Europa und den Vereinigten Staaten von Amerika in den zwanziger und den dreißiger Jahren festzustellen. So finden wir durchaus neben den impressionistischen Zügen, die aus der Zeit des Studiums bei Ravel herrühren, Merkmale von Neoklassik und Jazz. Vollständig ablehnend stand V. W. der Zwölftontechnik gegenüber. Den Werken der Komponisten der zweiten Wiener Schule begegnete er mit Unverständnis. Das verwundert nicht, wenn man weiß, wie vehement V. W. die Ansicht vertrat, die Prinzipien der Komposition von Musik lägen ausschließlich gerade in der Natur des Menschen und nicht in irgendwelchen handwerklichen und kompositorischen Finessen. Aus dieser Überzeugung resultierte auch seine Liebe zum Volkslied. Eine solche Haltung mußte ihn nach 1945 bei den Apologeten der Neuen Musik als reaktionär erscheinen lassen.

Um die Symphonien gruppieren sich bedeutende Werke der Gattung Oper bzw. Musik religiösen Inhalts. Zu nennen wären z.B. die Kantate *Dona Nobis Pacem*, aber auch die Oper *The Pligrim's Progress* nach John Bunyan. Komponieren war für V. W. Ausdruck unbedingten Engagements, niemals bloß schöngeistiges Tun. Die tiefe Ernsthaftigkeit und die große Eigenwilligkeit seiner Musik sichern ihm einen Platz unter den großen Komponisten, mindestens aber unter den großen Symphonikern des 20. Jahrhunderts.

Noten: Oxford Univ. Press; Stainer and Bell; J. Curwen and Sons Ltd., Boosey and Hawkes (alle Ldn.).

Dokumente: Heirs and Rebels, letters written to each other and occasional writings on music by R. V. W. and Gustav Holst, hrsg. von U. VAUGHAN WILLIAMS u. a., Ldn. 1959. R. V. W. National Music and Other Essays, Ldn. 1963.

Literatur: KENNEDY, M.: The Works of R. V. W., Ldn. 1964; Oxford ²1999 [mit WV und Bibl.]. REBER, W. F.: The Operas of R. V. W., Diss. Austin (TX) 1977. HESSE, L.-W.: Studien zum Schaffen des Komponisten R. V. W., Regensburg 1983. V. W. Studies hrsg. von A. FROGLEY, Cambridge 1996. HEFFER, S.: V. W., Ldn. 2000. FROGLEY, A.: V. W.'s Ninth Symphony, Oxford 2001.

Lutz-Werner Hesse

Verdi, Giuseppe Fortunino Francesco

Geb. 9. (oder 10.) 10. 1813 in Roncole bei Busseto (Parma); gest. 27. 1. 1901 in Mailand

Ohne irgendeine Konkurrenz, die nennenswert wäre, beherrschte V. 50 Jahre lang den Opernbetrieb in Italien. Bereits mit seinen Frühwerken ab *Nabucco* (Mailand 1842) verdrängte er Donizetti und Bellini schlagartig von der Spitze des Spielplans, um dann eine uneingeschränkte Monopolstellung einzunehmen, die er bis zu den Spätwerken *Otello* (1887) und *Falstaff* (1893) behaupten konnte, während der italienischen Oper zur gleichen Zeit mit Puccini und Stilrichtungen wie dem Verismus neue Impulse erwuchsen. Zusammen mit Mozart und vor Wagner, Strauss und Puccini ist V. noch heute weltweit der meistaufgeführte Opernkomponist, wobei sich das Interesse wieder vermehrt auch frühen Werken wie *Nabucco*, *Ernani* (1844), *Macbeth* (1847) und *Luisa Miller* (1849) zuwendet.

Zu Recht betrachtete V. *Nabucco* als eigentlichen Beginn seiner Karriere. Die erste Oper, *Oberto* (Mailand 1839), zeigt zwar Ansätze zu persönlichem Stil, was schon zeitgenössische Kritiker aufhorchen ließ, doch bleibt das von den Vorgängern übernommene Nummernprinzip weithin leeres Formschema, sichtbar an statischen, funktionsarmen Introduktionschören und Arien, denen ein vermittelnder szenischer Zwischenteil fehlt. Immerhin bedeutete die Annahme von V.s Erstling an der Mailänder Scala, dem bedeutendsten Theater Italiens, einen verheißungsvollen Beginn, und der Publikumserfolg der Oper trug ihm die lebenslang währende Zusammenarbeit mit dem Verlagshaus Ricordi ein. Zu einem Fiasko, das in einer Zeit des Verfalls der opera buffa und der ablehnenden Haltung gegenüber der Gattung nicht verwundert, führte hingegen das folgende Bühnenwerk: *Un giorno di regno* (Mailand 1840). An dieser Oper, die in tiefer Lebenskrise entstand, weil V. innerhalb zweier Jahre seine Frau Margherita Barezzi und beide Kinder durch Krankheit verloren hatte, ist bemerkenswert, wie sich der Komponist den geschmeidigen Buffo-Stil Rossinis zu eigen macht, etwa in den Duetten für die beiden Bässe, doch erschöpft sich das Stück in vordergründig brillierender Komik – die sentimentalen und sogar tragischen Züge von Donizettis wenig späterem »Don Pasquale« (1843) sind ihm fremd.

Erst im *Nabucco*, an dessen Premiere die spätere Lebensgefährtin Giuseppina Strepponi als Abigaille beteiligt ist, setzt sich V. hinsichtlich Form und Stil deutlich von den Vorgängern ab. Die Nummern sind vor allem gegenüber Bellini stark gestrafft, vermehrt von Aktion durchdrungen, und der gesamte Handlungsablauf wird strikt vorangetrieben. Die Melodielinie gewinnt mit extremen Intervallsprüngen, die innerhalb eines weitgespannten Ambitus häufig in Grenzbereiche vorstoßen (Abigaille), schärfste Konturen. Eine aufpeitschende und schroffe Rhythmik, durch Polacca-Rhythmus und Synkopen bewirkt, zielt in schnellen Tempi auf äußerste Schlagkraft. Demselben Zweck der krassen Effekte dienen abrupte dynamische Kontraste und wuchtige Orchesterschläge mit oft grellen Blechbläserakzenten. Bezeichnend ist ferner ein schlichtes und starres, am Strophenbau orientiertes Harmoniegerüst mit bereits im Text angelegten, festen Modulationsstellen: häufig kommt es zur Molleintrübung im Arienmittelteil oder zum Moll-Dur-Wechsel im Schlußteil von Romanzen. Diese Merkmale eines plakativen Stils bleiben bestimmend für Verdis Frühwerk.

Nach dem Triumph des *Nabucco*, der V.s Namen über Italien hinaus bekannt gemacht hatte, gelang mit der vierten Oper für die Mailänder Scala, *I lombardi alla prima crociata* (1843), eine Wiederholung des Erfolgs. Von Aufträgen überhäuft, folgte nun eine Zeit angestrengtester Produktion (die sog. »anni di galera«), in der V. seinen Einflußbereich rasch ausdehnte. Im knappen Zeitraum von vier Jahren verschaffte er sich Geltung in den wichtigsten Opernhäusern Italiens: La Fenice in Venedig (*Ernani*; *Attila* 1846), Teatro Argentina in Rom (*I due Foscari* 1844), Teatro San Carlo in Neapel (*Alzira* 1845) und Teatro della Pergola in Florenz (*Macbeth*). Ferner war eine weitere Oper für die Scala entstanden, *Giovanna d'Arco* (1845), und außerdem *Il corsaro* (1848) für Triest. Darüber hinaus faßte V. auch im Ausland Fuß, in London mit *I masnadieri* (1847) und in Paris mit einer erweiterten Umarbeitung der *Lombardi* – sein erster Kontakt mit der Opéra (*Jérusalem* 1847).

Die beiden durchschlagenden Erfolge an der Scala mit *Nabucco* und *I lombardi* gründeten auf einem Operntyp, der gewaltige Chorszenen und breit angelegte Ensembles ins Zentrum rückte. Bei den zwei in Zusammenarbeit mit dem Librettisten Temistocle Solera entstandenen Opern handelte es sich, noch stärker als dann bei *Giovanna d'Arco* und *Attila*, um ausgesprochene Monumentalwerke, die von einer gewissen Veräußerlichung nicht freizusprechen sind. Denn ihre ausgeprägte Tendenz zur tableauhaften Szenenwirkung führte zwangsläufig zur Unterordnung der persönlichen Konflikte im Drama, die nur Teil einer übergreifenden Staatsaktion, von Auseinandersetzungen zwischen Kollektiven – Völkern oder Religionsgemeinschaften – sind. Eine Wendung zum persönlichen, verinnerlichten Drama – in V.s eigenen Worten vom »grandioso« zum »appassionato« – vollzieht sich dann in den vom Komponisten entscheidend vorgeformten Textbüchern Francesco Maria Piaves, wobei V. den Librettisten mit der stehenden Wendung »Le raccomando la brevità« zur Konzentration auf die wesentlichen Handlungsmomente und deren konzise Formulierung anhält. Beispielhaft ist das Schlußterzett aus *Ernani*, eine in seiner musikalisch eindringlichen Personencharakteristik und Situationsausdeutung singuläre Finalszene, in der Ernanis Tod nicht zum verklärten Untergang eines Helden stilisiert wird, sondern bloße Vernichtung eines Individuums bedeutet.

Mit den intimeren Dramen im Appassionato-Stil, die nach traditioneller Art eine Liebeshandlung in den Vordergrund stellen, entfernen sich Verdis Ausdrucksmittel vom Plakativen und verfeinern sich. Doch ist für seine Entwicklung letzten Endes das Machtdrama, das markante Gestalten in neuartiger Personenkonstellation auf die Bühne bringt, bedeutsamer. Bei diesem Operntyp verblaßt der Tenor zum schwächlichen Liebhaber (Ismaele, Oronte, Foresto), doch gewinnt zugleich der Sopran an Kraft (Abigaille, Odabella, Lady Macbeth). Vor allem aber rücken die tiefen Männerstimmen als machtbesessene – hybride oder skrupellose – Charaktere (Nabucco, Attila, Macbeth, Francesco Moor) in den Brennpunkt der Aktion. An diesen psychologisch differenzierten Gestalten entwickelt V. einen deklamationsnah profilierten Charaktergesang, der nach dramatischer Wahrheit strebt und dem früheren Belcantoideal der reinen Gesangsoper eine Absage erteilt. In diesem Sinne schlagend sind V.s Worte über die Sängerin Eugenia Tadolini als Lady Macbeth: »Die Tadolini singt vollendet, ich aber will, daß sie nicht singt. Die Tadolini hat eine staunenswerte Stimme, klar, hell und mächtig, ich aber möchte für die Lady eine rauhe, erstickte und hohle Stimme. Die Stimme der Tadolini hat etwas Engelhaftes, doch sollte die Stimme der Lady etwas Teuflisches haben« (Copialettere, 61). In *Macbeth* werden die Ausdrucksbezeichnungen regelrecht zu einem System ausgebaut, und im Extremfall findet sogar innerhalb einzelner Gesangsphrasen eine Ausdrucksmischung statt, z. B. in Bancos »Ma perchè sento (= *con esclamazione*) rizzarsi il crine? (= *cupo*)« oder in Lady Macbeths »Arabia intera (= *con forza*) rimondar si piccol mano (= *cupo*)«. In V.s erster Shakespeare-Oper, einem nicht nur progressiven, sondern ausgesprochen experimentellen Werk, sind die Ausdrucksbezeichnungen geradezu konstitutiver Bestandteil der Partitur.

Mit den Erträgen seiner Opern gewann V. bald finanzielle Unabhängigkeit und erwarb 1848 Ländereien in Sant'Agata bei Busseto, wo die 1851 bezogene Villa bis zu seinem Tod bevorzugter Wohnsitz bleiben sollte. Sein wachsender Wohlstand war begünstigt durch Ansätze eines Urheberrechts, das ab 1840 in einigen Staaten Italiens wirksam wurde, sowie ein bei *Gerusalemme* und *La battaglia di Legnano* (Rom 1849) revidiertes Abrechnungssystem mit dem Verleger Ricordi, das dem Komponisten neben einer Fixsumme die prozentuale Gewinnbeteiligung am Verleih der Opern und dem Notenverkauf zusicherte. So verringerte sich der auf V. lastende Produktionszwang aus ökonomischen Gründen, und in den fünfziger Jahren wird der Zusammenhang mit einem verlangsamten Kompositionsprozeß, der seinerseits mit einem höheren Individuationsgrad der einzelnen Werke einhergeht, immer deutlicher. – Die Revolution von 1848 hatte V. in Paris überrascht, wo G. Strepponi als Gesangspädagogin tätig war. Während die dort entstandene *Battaglia di Legnano* bewußt als patriotisches Bekenntnis angelegt war, ließen sich bereits V.s frühere Opern politisch verstehen, wie mittelbar an Texteingriffen der Zensur erkennbar wird, die darauf zielten, Identifikationsmöglichkeiten des Publikums mit dem Bühnengeschehen einzudämmen. Später – 1859 im zweiten Kampf um den Einheitsstaat – diente sogar sein Name als politisches Akronym: V(ittorio) E(manuele) R(e) D'I(talia), und schließlich wurde der Komponist dann selbst zum Symbol des Risorgimento verklärt.

Der politisch motivierten *Battaglia di Legnano* folgten zwei Werke, die wieder intimere Töne anschlagen und wie nie zuvor bei V. von psychologisch subtilen Zwischentönen leben; zwei Opern, die sich von ihren Vorgängern abheben, indem sie auf große historische Figuren und Ereignisse verzichten, statt dessen Menschen in ihrer Alltagssphäre und in zeitnäheren Konflikten darstellen: *Luisa Miller* (Neapel 1849) nach Friedrich Schillers »bürgerlichem Trauerspiel« »Kabale und Liebe« und *Stiffelio* (Triest 1850), ein Ehebruchsdrama im Pastorenmilieu. Von besonderer Brisanz war das Stiffelio-Thema, denn in Italien herrschte eine rigorose Zensur: Staat und Kirche übten eine politische, religiöse und moralische Kontrolle aus, die bis in die Wortwahl hineinreichte. In diesem Fall richtete sich die religiöse Zensur vor allem gegen die Figur eines Priesters auf der Bühne und die Bibellesung im Schlußakt, was zur Folge hatte, daß die Oper im Kirchenstaat völlig entstellt unter dem Titel *Guglielmo Wellingrode* aufgeführt und von V. später revidiert wurde (*Aroldo*, Rimini 1857). In *Luisa Miller* hingegen bekundet sich vor allem die unvermeidliche Rücksichtnahme auf die politische Zensur, wenn sich gegenüber der Vorlage die Gewichte völlig von der Kabale zur Liebe hin verschieben, Lady Milford von der fürstlichen Mätresse zur verwitweten Nichte des Grafen von Walter verharmlost wird und sich von Schillers sozialer Anklage im Libretto nichts mehr findet. Selbst ein Detail wie der Namenswechsel vom Ferdinand des Dramas zum Rodolfo der Oper hat dieselbe Ursache: Bühnenfiguren durften nicht dieselben Namen tragen wie regierende Herrscher, und 1849 war der Bourbone Ferdinand II. in Neapel König.

Noch mehr erschwert wurde die Transformation von Schillers Drama in ein Libretto durch einen weiteren sozialgeschichtlichen Umstand: die Hierarchie, die damals im italienischen Sängerensemble (»compagnia di canto«) bestand. Sie unterschied nach genau abgestufter Rollendefinition zwischen erster Partie (Primarier), mittlerer Partie (Komprimarier) und kleiner Solopartie (Sekundarier), wobei die Sekundarier nur in Rezitativen oder als Füllstimmen in größeren Ensembles mitwirkten, dem Komprimarier hingegen eine Arie zugewiesen werden konnte, die jedoch im Unterschied zum Primarier nur einsätzig sein durfte. Nach dem Stimmtypencliché der Zeit wurden Rollen wie Väter und Bösewichte von tiefen Männerstimmen repräsentiert, so daß Miller, Walter und Wurm zwangsläufig in Konkurrenz traten. Unter Berücksichtigung des Ranges der drei Sänger, die am Teatro San Carlo zur Verfügung standen, entschied sich V. in seiner Gewichtung für Miller als große Partie und Walter als Komprimarier mit einsätziger Arie, während Wurm als Komprimarier ohne Solonummer durch seine Präsenz als ständiger und zudem echter Dialogpartner der anderen Protagonisten aufgewertet wurde. Wie der Briefwechsel mit dem Librettisten Salvadore Cammarano belegt, hätte V. auch den ursprünglichen Rollencharakter der Lady Milford gern bewahrt, doch waren in diesem Fall allein aus Gründen der Compagnia di canto die Hindernisse unüberwindlich, da keine Primadonna die gegenüber der Titelpartie dramatisch benachteiligte Partie übernommen hätte. Die Adaption des Schauspiels ist kaum befriedigend gelöst, doch gilt es bei der Beurteilung von V.s gesamtem Frühwerk zu berücksichtigen, daß die damaligen Opern wesentlich durch Sozialfaktoren wie Zensur und Struktur des Sängerpersonals geprägt und in ihrer ästhetischen Autonomie eingeschränkt wurden.

Einen Höhepunkt seines Schaffens erreicht V. mit jener Trias, die bis heute zur ständigen Stütze des internationalen Repertoires zählt: *Rigoletto* (Venedig 1851), *Il trovatore* (Rom 1853) und *La traviata* (Venedig 1853). Thematisch insofern verwandt, als sie Außenseiter der Gesellschaft in den Mittelpunkt stellen, repräsentieren die drei Werke ansonsten unterschiedliche Wege auf der Suche nach einem Musikdrama moderner Prägung. Während *La traviata* in der Linie von *Luisa Miller* und *Stiffelio* die Richtung des Gesellschaftsdramas fortführt, wobei die Natürlichkeit eines der Alltagswirklichkeit entsprechenden Tonfalls entschieden gesteigert ist und streckenweise ein neuartiges Parlando entsteht, besticht *Rigoletto* durch die Ökonomie der musikalischen Ausdrucksmittel und die Prägnanz psychologisch differenzierter Charakterisierung, etwa im Quartett des letzten Aktes. Demgegenüber mutet *Il trovatore* mit seiner plakativen Tonsprache wie ein Rückfall in vergangene Jahre an, doch ist bewußt ein Stil gewählt, der dem Charakter des Sujets entspricht und einer neuen Ästhetik verpflichtet ist. Stoffvielfalt heißt das ästhetische Schlüsselwort – nach Vs. Begriff die »varietà«, die er bei seinem Idol Shakespeare auf vollkommenste Weise verwirklicht sieht –, und das Ziel ist eine Farbigkeit durch Kontrastreichtum an Personen und Situationen wie den Wechsel zwischen verschiedenartigen Schauplätzen. Im Sinne der Varietät ist die Oper symmetrisch in vier »parti« mit je zwei eigenständigen »scene« unterteilt, also in acht Bilder, die zur Formeinheit des Werkes werden. *Il trovatore* folgt einer die Handlung segmentierenden optischen Dramaturgie, die das Tableau vor die Aktion stellt und mit ihren Momentaufnahmen im Ergebnis zu einer kaleidoskopischen Bilderfolge führt.

Für die formale Entwicklung bis *La traviata* ist die szenische Auflockerung und Dramatisierung der starren Nummernkonstruktion bedeutsam, vornehmlich der vierteiligen Standardform, einer kombinierten Kontrast- und Steigerungsanlage, die in Solonummern, besonders den als Cavatina bezeichneten Auftrittsarien, folgenden Aufbau hat: einleitendes Rezitativ (»scena«) – langsamer erster Ariensatz (»primo tempo«, »cantabile«) – szenischer Zwischenteil (»tempo di mezzo«) – schneller zweiter Ariensatz (»cabaletta«). Den Schematismus durchbricht V. etwa in der Arie Luisa Millers: durch stärkste Beteiligung Wurms wird die Solonummer dialogisch ausgeweitet; das dramaturgisch entscheidende Briefdiktat fällt in die traditionell handlungsarme Scena; zwei Orchestergesten versinnlichen sigelartig die polare psychologische Grundsituation, Luisas Verzweiflung und Wurms Diabolie; ein Andante agitato mit rhythmisch markanter Begleitfigur und eine es-Moll-Cabaletta verleihen den musikalischen Sätzen individuelles Gepräge.

Im weiteren treten häufiger frei geformte, je nach der Situation individuell gestaltete großflächige Szenenkonstruktionen auf wie die als Einheiten geschlossen vertonten Szenen des Ballfestes und des Unwetters in *Rigoletto*, wobei die Tempesta als monometrischer Verskomplex die extreme Textmenge von 50 Senari doppi (Zwölfsilber) aufweist. In textlicher wie musikalischer Hinsicht stellt auch Rigolettos Duett mit Sparafucile eine bedeutende formale Innovation dar. Während es bei Duetten die Regel ist, daß ein strophischer Versbau zu ausgewogenem Wechselgesang führt, behält der Librettist Piave hier zwar mit acht Quartinen von Siebensilbern äußerlich eine feste Struktur bei, verteilt aber den Text entsprechend einer Situation, in der Sparafucile mit seinem Anliegen naturgemäß die gesprächsführende Rolle zufällt, ungleichmäßig auf die Dialogpartner, und überdies fällt der Redewechsel sogar in einzelne Settenari hinein. Auf dieser Textbasis – von V. »dialogo spezzato« genannt – greift die gewöhnliche Vertonungspraxis nicht mehr, welche bei der Vokalebene ansetzt und die Gesangsphrasen, die als versabhängige rhythmische Modelle erscheinen, in einen periodischen Ablauf bringt, der dem musikalischen Satz Festigkeit und Geschlossenheit verleiht, und so ist der Komponist gezwungen, das Orchester strukturbildend einzusetzen. Cello und Kontrabaß, solistisch besetzt, werden als Melodieträger herangezogen und entbinden die Vokalstimmen von ihrer sonst konstruktiven Funktion. Diese können sich nun über der periodisierten Orchestermelodie in weithin frei gestaltetem Declamato eigenständig entfalten, so daß ein echt dialogisierendes Duett mit natürlichem Redefluß entsteht.

Der Aufsplitterung der Oper in isolierte Nummern tritt V. entgegen, indem er die Werkeinheit durch Herstellung szenischer Bezüge verstärkt. Dies geschieht durch jeweils den Auftritt begleitende Personenmotive (*I due Foscari*) oder durch wiederholt zitierte Kernmotive, in denen sich dramatische Ideen verkörpern (Hornmotiv in *Ernani*; Fluchmotiv in *Rigoletto*). Hinzu kommen die gerade in Orchestervorspielen vielfach verwendeten Erinnerungsmotive – beispielsweise mit der Zitierung des Duettbeginns »Fatal mia donna! un murmure« in der Einleitung zum zweiten Akt von *Macbeth*. Eine besonders eindrucksvolle motivische Verarbeitung findet sich in der Einleitung zum Schlußakt von *Luisa Miller*: Nachdem zunächst das variierte Schicksalsmotiv der Sinfonia drohend erklungen ist, folgt in stärkstem Kontrast das Liebesthema der ersten Introduktion (»T'amo d'amor ch'esprimere«), nur vom gläsern-zerbrechlichen Klang zweier Flöten getragen – der blasseste Abglanz eines vergangenen Glücks.

Zu einschneidenden Neuerungen in Richtung eines individuell gestalteten und in kontinuierlichen Fluß gebrachten musikalischen Dramas kommt es mit *Simon Boccanegra* (Venedig 1857). Schon ein Beginn, der – statt die Oper konventionell mit strophisch gegliedertem Chorgesang zu eröffnen – inmitten eines Dialogs einsetzt (»Che dicesti?«), dessen Verse stark aufgebrochen sind (sog. »versi spezzati«), läßt die veränderte Haltung erkennen. Bezeichnend ferner, daß V. gerade bei dieser Oper die Vertonung eines Prosalibrettos zumindest kurzfristig ins Auge faßte, was auch eine musikalisch sich auswirkende formale Auflockerung bedeutet hätte – ein zu jener Zeit nahezu verwegenes Vorhaben, da bis ins Novecento hinein die Versifikation zumindest für die Textdichter als integraler Bestandteil des Librettos galt. Erfolgreicher ist, wie die drei Textfassungen von Amelias Auftrittsarie in *Un ballo in maschera* (Rom 1859) belegen, V.s Forderung nach einem neuen Sprachstil, den er dann bei der Arbeit an *Aida* unter den Begriff der »parola scenica« fassen wird.

Im Gegensatz zum abstrakt reflektierenden und gehobenen, phrasenhaften Darstellungsstil versteht er darunter eine direkt auf die konkrete Handlung und gegenwärtige Situation bezogene szenische Sprache. V.s Vorstellung richtet sich auf einen Aktionscharakter der Librettosprache, durch den das Geschehen an unmittelbarer Präsenz gewinnen soll.

Von größter Tragweite für die Entwicklung der italienischen Oper nach 1850 ist die Aufgabe ihrer Isolation, d. h. der Beschränkung von Aufführungen auf das einheimische Repertoire oder zumindest Werke im italienischen Stil. Eine Öffnung gegenüber fremden Einflüssen erfolgt, als Mitte der fünfziger Jahre die Opern Meyerbeers auf breiter Front nach Italien vordringen und sich später Gounods »Faust« (1850), Halévys »La Juive« (1835) und Aubers »Muette de Portici« (1828) anschließen. Was die Ursachen des französischen Einflusses betrifft, der sich bald in den italienischen Opern deutlich bemerkbar macht und schließlich zu einer Identitätskrise des »melodramma« führt, kommen im Fall V.s die Erfahrungen mit *Les Vêpres siciliennes* (1855), seine erste vollgültige Auseinandersetzung mit der grand opéra, hinzu – und der damit verbundene Aufenthalt in Paris, nur einer von zahlreichen, ausgedehnten Besuchen der französischen Hauptstadt. Unverkennbar sind französische Vorbilder in *Un ballo in maschera*, der auf ein von Auber vertontes Libretto Eugène Scribes zurückgreift, ohne wesentliche Umformungen vorzunehmen. Neben einer neuartigen Brillanz und Eleganz, die im Kontrast zum düster getönten Vorgänger *Simon Boccanegra* den Orchesterklang wie die melodische Faktur bei der Charakterisierung der höfischen Atmosphäre auszeichnet, ist der französische Zuschnitt der Solonummern besonders auffällig. Unter völligem Verzicht auf die obsolete Cabaletta sind sämtliche Arien einsätzig und der Mehrzahl nach in Strophenform gebracht. In dieser Hinsicht nimmt V.s *Maskenball* eine Schlüsselstellung ein: er verhilft der Strophenarie französischer Prägung, die in Italien schon in den sechziger Jahren, etwa in Arrigo Boitos »Mefistofele« (1868), zu einer der wichtigsten Präsentationsformen der Arie wird, zum Durchbruch. Im weiteren sind die Arien mitunter sehr kurz und von unscharfer Kontur, da die Verschmelzung der rezitativischen mit den musikalisch geschlossenen Partien energisch vorangetrieben ist. So wächst Riccardos Cavatina (»La rivedrà nell'estasi«) – als Ausdruck von V.s Bestreben um rapiden und kontinuierlichen Handlungsverlauf – in kaum spürbarem Übergang aus dem Rezitativ heraus und erhält mit ihren sechzehn Takten, bevor sie sich ohne jede Textwiederholung und Gesangskadenz zum Ensemble weitet, keinen Raum zu eigentlicher Entfaltung.

Die Fertigstellung des *Maskenballs* bedeutete das definitive Ende der »Galeerenjahre«, da V. zunächst keinen neuen Auftrag annahm und erstmals frei von Produktionszwang war. Er widmete sich in Sant'Agata seinem landwirtschaftlichen Betrieb und verbrachte mit Giuseppina, die er 1859 heiratete, den Winter meist in Genua. Verpflichtungen erwuchsen ihm indessen aus der Politik: ab 1861 versah er während vier Jahren ein Amt als Abgeordneter des ersten italienischen Parlaments in Turin. – V.s folgende Werke sind wieder ausländischen Bühnen zugedacht. In *La forza del destino* (St. Petersburg 1862) herrscht mit einer Fülle von Genreszenen und der hohen Solistenzahl noch mehr Farbigkeit als im *Troubadour*, doch tendiert das Prinzip der Stoffvielfalt derart zum Episodischen, daß die ohnehin komplexe Haupthandlung ins Hintertreffen gerät. Es ist allerdings eine vordergründige Betrachtungsweise, die Varietät einzig als bühnenwirksame Ästhetik zu begreifen. Sobald bedacht wird, daß V. sich mit der »varietà« auf Shakespeare beruft, scheinen hier ganz andere Dimensionen und Traditionsbezüge auf: dem Werk liegt die Idee des Theatrum mundi zugrunde. Unter dem Blickwinkel des Welttheaters wird das Geschehen in *La forza del destino* als Sichtbarmachung eines Kosmos verstehbar, als Darstellung eines Panoramas menschlicher Existenzformen und sozialer Schichten, als eine Gesamtschau, in der auch die Figur eines Trabuco ihren Raum findet und die Einblendung von Komik wie mit Melitones Kapuzinerpredigt, die Schillers Dramenvorspiel »Wallensteins Lager« entlehnt ist, nicht fehlen darf. Diese weitreichende Deutung stützt sich auf V.s Neigung, mitunter die wahren Sachverhalte zu verschleiern. Wie er sich in stolzer, doch gern zur Schau gestellter Bescheidenheit schlicht als „uomo di teatro" bezeichnete, auch seine umfassende musikalische Bildung herunterspielte und als Privatperson, obwohl im Stand eines Großgrundbesitzers, sich »Bauer« nannte, so zeigte er zugleich eine Abneigung gegen theoretische Spekulationen – in seinen Briefen an die Librettisten scheinen nur selten über die konkreten Sachfragen hinausreichende ästhetische Allgemeinaussagen auf. Der Pragmatismus von V.s

Denken und Schreiben verdeckt weithin den tatsächlichen Reflexionsstand seiner Ästhetik.

Für das Théâtre-Lyrique in Paris stellt V. 1865 eine Neufassung von *Macbeth* her, dann unternimmt er einen weiteren Vorstoß auf das Gebiet der großen französischen Oper: *Don Carlos* (1867) ist nicht weniger geglückt in der Verbindung von französischen und italienischen Stilelementen, als die Art überzeugt, wie ein Ausgleich zwischen der Ebene persönlicher Konflikte und der politischen Dimension des Dramas hergestellt wird. Die am Vorbild der grand opéra orientierte Ästhetik des »grandioso spettacolo«, die später Amilcare Ponchiellis »La Gioconda« (1876) von Grund auf prägen wird, und der Versuch einer Synthese der grand opéra mit ihren vorrangig optisch kalkulierten Effekten und des primär auf eine spontane Gefühlsansprache ausgerichteten Melodramma bestimmt dann auch das Erscheinungsbild von *Aida* (Kairo 1871). Die einfache Faktur der Handlung steht hier in sonderbarem Kontrast zur übersteigerten Dimension des Spektakulären und Dekorativen, die den ersten Teil der Oper trägt, und erst mit dem Nilakt erfolgt eine eindeutige Hinwendung zu den persönlichen Konflikten und intimeren Tönen – die Frage nach der Werkeinheit läßt sich mit diesem Bruch nicht gänzlich abweisen.

Mit *Aida* endete eine Stilperiode von nahezu zwei Jahrzehnten, in denen sich der Einfluß Frankreichs nicht nur in musikalischer Hinsicht zunehmend geltend machte. Daß die szenische Dimension schon in den fünfziger Jahren immer stärker Beachtung fand, spiegelt sich darin, daß nach französischem Vorbild seit *Un ballo in maschera* ein Regiebuch (»disposizione scenica«) angefertigt und den Theatern für ihre Inszenierungen zur Verfügung gestellt wurde. Ein klares Indiz dafür, daß V. die szenische Darstellung fortan als integralen Bestandteil der Komposition verstanden wissen wollte. Nachzutragen bleibt, daß während dieser Zeit auch in der Compagnia di canto wesentliche Änderungen eintreten und nach den tiefen Männerstimmen nun ebenso die tiefen Stimmlagen der Frauen aufgewertet werden. Mezzo und Alt erhalten erste Partien und bereichern die Personenkonstellation um schillernd komplexe Charakterrollen, die wie schon Rigoletto nicht geradlinig angelegt sind, sondern in Haßliebe tief gespaltene Persönlichkeiten zeigen (Azucena, Eboli, Amneris). Außerdem erweitert sich das Handlungsgerüst, vormals wesentlich auf drei bis vier Personen abgestützt, um eine Vielzahl in die Aktion verflochtener Gestalten mit eigenem Gepräge, die gewichtige Akzente setzen und V.s Verlangen nach »varietà« entgegenkommen. Die Auffächerung der tragenden Rollen gilt namentlich für *Un ballo in maschera* (Ulrica, Oscar) und *La forza del destino* (Preziosilla, Guardiano, Melitone), wo selbst die Randfigur des Trabuco zur konzisen Charakterstudie gerät, ferner für *Don Carlos* (Großinquisitor).

Nachdem 1869 bereits eine Neufassung von *La forza del destino* an der Scala zur Aufführung gekommen war, erlebte 1872 auch *Aida* an diesem Ort, den V. 24 Jahre gemieden hatte, ihre europäische Premiere. Wie zu Beginn seiner Karriere wurden Mailand und die Scala wieder Zentrum seines Wirkens. *Aida* blieb jedoch das letzte Auftragswerk, und es vergingen 15 Jahre, bevor V. auf eigene Initiative nochmals mit zwei Bühnenwerken, *Otello* (Mailand 1887) und *Falstaff* (Mailand 1893), hervortrat. In der Zwischenzeit entstanden freilich verschiedene Kompositionen. In Neapel schrieb V. 1873 ein *Streichquartett e-moll*, und nach dem Ableben des von ihm zu höchst verehrten Dichters Alessandro Manzoni vollendete er eine *Messa da Requiem* (1874), deren Finalsatz »Libera me« er schon 1869 als Teil einer Kollektivmesse für Rossini vertont hatte. Daß ein eingeschworener Opernkomponist mit betont antiklerikaler Haltung, von dem Giuseppina einmal sagte, er sei »gottlos mit einer Hartnäckigkeit und Seelenruhe, daß man ihn prügeln möchte«, ausgerechnet zu einem liturgischen Text griff, mag verwundern. Doch wird die Wahl verständlich, wenn man V.s *Requiem* als eine ins Allgemeine umgedeutete und zugleich sehr persönlich gefärbte, bekenntnishafte Auseinandersetzung mit der Frage nach den letzten Dingen begreift. Nicht von einer im engeren Sinn religiösen, wohl aber von einer zutiefst ethischen Grundhaltung ist die Totenmesse durchdrungen, und die Bindung des Werkes an Manzoni, in dem V. sein Humanitätsideal verkörpert sah, ist keineswegs zufällig.

Als kleinere Werke folgten 1880 ein *Pater noster* für fünfstimmigen Chor und ein *Ave Maria* (1880) für Sopran und Streicher. Das Zerwürfnis mit seinem Freund Angelo Mariani, dem ersten italienischen Dirigenten modernen Stils und Vorkämpfer Wagners, der ihm als Interpret unschätzbare Dienste geleistet hatte, war Anlaß, daß V. sich in den siebziger Jahren selbst der Wiedergabe seiner neuen Werke annahm. Er gab im Ausland Konzerte mit dem *Requiem* und leitete Einstudierungen von *Aida* in Parma, Wien und Paris. Außerdem legte er z. T. einschneidende Revisionen von *Simon Boccanegra* (Mailand 1881) und *Don Carlos* (Mailand 1884) vor. Nach den beiden Shakespeare-Vertonungen bildeten dann ein *Te Deum* (1895–96) und *Stabat mater* (1896–97), die er mit den früher entstandenen *Laudi alla Vergine Maria* (1886) und *Ave Maria* (»sopra una scala enigmatica«, 1889) zu den *Quattro pezzi sacri* (1898) vereinte, den Abschluß seines Schaffens. – Im Alter hatte sich V. zunehmend wohltätigen Zwecken gewidmet. 1888 wurde das von ihm gestiftete Krankenhaus in Villanova unweit Sant'Agata eröffnet und der Bau eines Altersheimes für Musiker in Mailand, die »Casa di riposo per musicisti«, projektiert. Dort fand er 1901 an der Seite Giuseppinas, die 1897 gestorben war, seine letzte Ruhestätte.

Für *Otello* und *Falstaff*, an deren Gestaltung V.s kongenialer Mitarbeiter Boito entscheidend Anteil hat, ist eine bereits im Libretto angelegte Komplexität charakteristisch, die sich in verschiedener Form als Mehrdimensionalität äußert. So findet sich eine Schichtung von Ausdrucksebenen in *Otello* mit Desdemonas Lied von der Weide, wenn V. von der Sängerin drei Stimmfärbungen fordert, die sich aus der Verschränkung von Zeitebenen ergeben. Während die Canzone mit Desdemonas Erinnerung an traurige Jugendeindrücke die Vergangenheit repräsentiert, stellen ihre Anweisungen an Emilia, die das Lied durchbrechen, die Realität der Gegenwart dar, und der Refrain (»come una voce lontana«) als dritte Ebene soll die Erschütterung zur Geltung bringen, die gerade diese Worte in ihr auslösten. Für die Komplexität steht jedoch eine szenische Mehrschichtigkeit im Vordergrund, die durch Aufspaltung der Bühne in Aktionsräume mit simultan geführten Teilhandlungen entsteht. In Ansätzen begegnen derartige Aufspaltungen der Szene, vom Bühnenbild schon vorgegeben, vor allem im letzten Akt von *Rigoletto* sowie dem als »scena divisa« angelegten Schlußbild von *Aida*, doch erlangt das Phänomen erst in den beiden Spätwerken fundamentale Bedeutung. Beispiele für parallel verlaufende Teilhandlungen, mit denen der szenische Aufriß eine Tiefendimension und damit gleichsam perspektivische Qualität gewinnt, sind in *Otello* vor allem die Huldigungsszene im zweiten Akt sowie das Terzett und das Concertato (»A terra!… sì … nel livido fango«) im dritten Akt. Komplexer noch gestalten sich das Gartenbild in *Falstaff* und vor allem das Concertato (»Se t'agguanto/Se ti piglio!«), in dem V. drei räumlich getrennte Gruppen – Meg, Quickly und später Alice vor dem Wäschekorb, in dem Falstaff steckt; Fenton mit Nannetta hinter dem Paravent; Ford mit den übrigen Männern auf der Gegenseite – zu einem echten Aktionsensemble verschmilzt.

Häufiger stellt Boito Zweischichtigkeit bereits textlich mit dem Kunstgriff der Versüberlagerung her. Dies bedeutet, daß sich hinter einer Versstruktur, wie sie im Libretto erscheint, ein zweiter und seinerseits vollständig gereimter Versbau verbirgt, womit dem Komponisten bei der Vertonung die Wahl zwischen beiden Versen oder auch der Wechsel von einem zum anderen freigestellt ist, ohne daß es sich typographisch niederschlägt. So erscheint Jagos Traumerzählung im Textbuch als einheitlicher Verskomplex von zehn Vierzehnsilbern, Alessandrini genannt. Doch analog einer dramaturgischen Zweischichtigkeit, die in der Erzählung durch das Nebeneinander von einer Schilderungsebene und einer Zitatebene, nämlich Cassios in direkter Rede präsentierten Traumworten, gegeben ist, überlagert Boito die Alessandrini der Schilderungsebene mit Fünfsilbern, und V. greift die Möglichkeit zur Differenzierung zwischen beiden Schichten auf. Für die Zitatebene dienen die Alessandrini als Grundlage der musikalischen Phrasen, die aus Sottovoce-Deklamation auf einem Ton bzw. chromatischem Oktavabstieg bestehen. Für die Schilderungsebene nutzt V. hingegen die Quinari und faßt die Verse unter streng syllabischer Vertonung zu Fünftongruppen mit liedhaft schlichter, fast banaler Melodieformel zusammen. Außerdem setzt er den Instrumentalklang zur Abhebung der dramatisch zentralen Zitatstellen von der übrigen Erzählung ein: Flöten, Oboe und Klarinette treten an die Stelle der Streicher, die entrückte Traumatmosphäre wird vom gläsern-substanzarmen Klang der hohen Holzbläser eingefangen.

Mit der gesteigerten Differenzierung des Librettos gehen entsprechende Änderungen von V.s Kompositionsstil einher. An die Stelle großflächiger, einfacher Harmoniegerüste tritt eine reicher entfaltete, nuanciert chromatisierende Harmonik, die mit ihrem feinrastigen und durchbrochenen Bau ein subtiles Eingehen auf die Personencharakteristik und Situationsdramatik erlaubt. Im Verzicht auf schematische Begleitfiguren wird der Orchestersatz aufgelockert und beweglicher, die Instrumentalebene erhält durch stark motivische

Prägung eigene Ausdruckskraft. Über die Bedeutung der Klangfarbe selbst in früheren Werken täuscht V.s Gewohnheit hinweg, die Opern nachträglich, meist erst während der Proben, zu instrumentieren. Doch bezeugen seine Anweisungen für die »orchestrina« auf der Unterbühne bei Erscheinung der acht Könige in *Macbeth* eine sensible Klangvorstellung, und der stehende Klang aus leeren Quinten der Celli und darüberliegendem Oboenton, mit dem die Unwetterszene in *Rigoletto* anhebt, spiegelt eine besondere Klangabsicht, die schon in der Kompositionsskizze notiert ist. Die Klangfarbe wird dann zunehmend raffinierter eingesetzt, etwa in *Aida*, bei deren Vertonung V. sogar den Bau neuer Instrumente in Erwägung zieht, um ein spezifisches Lokalkolorit zu erzeugen, oder in der »Litanei« am Schluß von *Falstaff*, wenn V. durch Bläsermischklang die Assoziation von Orgelklang hervorruft. Grundlegend für V.s Spätstil ist ferner ein Bedeutungsverlust des Verses für die Vertonung, die sich kaum noch mit der Umsetzung des Akzentschemas in rhythmische Modelle bescheidet. Maßgeblich sind vielmehr die unregelmäßigen Sinneinheiten des Textes sowie einzelne Wortbetonungen, die als musikalisch-rhetorische Akzente hervorgehoben werden, womit sich die Periodik verliert und die Vokalphrasen dem natürlichen Tonfall folgen. Besonders für *Falstaff* gilt, daß eine flexiblere Sprachvertonung die frühere Verskomposition ersetzt. Auf diesen Sachverhalt dürfte sich Boito zuerst beziehen, wenn er in V.s letztem Bühnenwerk »eine völlig neue Kunstform« verwirklicht sieht.

Noten: Ricordi (Mailand). The works of G. V., Chicago, Ldn. und Mailand. 1983 ff. [Die kritische Gesamtausg. umfaßt bisher 11 Bde., sukzessive erscheinen Klav.-Auszüge mit ital./eng. Text].
Dokumente: [Eine Gesamtausg. der Briefe liegt nicht vor, vielmehr sind Editionen von Briefen und Dokumenten weit verstreut. Die wichtigsten Titel:] CESARI, G. und LUZIO, A.: I copialettere di G. V., Mailand 1913; Reprint: Bologna 1968. LUZIO, A.: Carteggi verdiani, 4 Bde., Rom 1935–1947. Carteggio V. – Boito, 2 Bde., hrsg. von M. MEDICI und M. CONATI, Parma 1978; dt. als V. – Boito Briefwechsel, hrsg. und übersetzt von H. BUSCH, Ffm. 1986. Carteggio V. – Ricordi 1880–81, hrsg. von P. PETROBELLI u.a., Parma 1988. Carteggio V. – Ricordi 1882–85, hrsg. von F. CELLA u.a., Parma 1994. Carteggio V. – Cammarano 1843–1852, hrsg. von C. M. MOSSA, Parma 2001. WEAVER, W.: A documentary study, Ldn. 1977; dt. als V. Eine Dokumentation, Bln. 1980. CONATI, M.: Interviste e incontri con Verdi, Mailand 1980; ²2001.

Werkverzeichnis: HOPKINSON, C.: A bibliography of the works of G. V. 1813–1901, 2 Bde., N. Y. 1973–1978. CHUSID, M.: A catalogue of V.s operas, Hackensack (NJ) 1974.
Bibliographie: HARWOOD, G.: G. V. A Guide to Research, N. Y. und Ldn. 1998.
Periodica: [Publikationsreihen des Istituto nazionale di studi verdiani in Parma:] Studi verdiani, ab 1982, Bd. 14 1999 [mit Bibl.]. Bollettino (ab 1960, Bd. 10 1987; über Ballo in maschera, Forza del destino, Rigoletto, Ernani). Quaderni (5 Bde., 1963–1988; über Corsaro, Gerusalemme, Stiffelio, Aida, Messa per Rossini). Atti (Kgr.-Ber. 1966, 1969, 1972, 2001).
Literatur: BASEVI, A.: Studio sulle opere di G. V., Florenz 1859; Reprint: Bologna 1978. ABBIATI, FR.: G. V., 4 Bde., Mailand 1959. WALKER, FR.: The man V., Ldn. und N. Y. 1962, Chicago ²1982. BUDDEN, J.: The operas of V., 3 Bde., Ldn. 1973–1981; Oxford ²1992. The V. companion, hrsg. von W. WEAVER und M. CHUSID, N. Y. und Ldn. 1979. MILA, M.: L'arte di V., Turin 1980. KIMBELL, D. R.: V. in the age of Italian Romanticism, Cambridge 1981. BUDDEN, J.: V., Leben und Werk, Stg. 1987, ²2000; engl. Ldn. 1985. PAULS, B.: G. V. und das Risorgimento, Bln. 1996. VAN, G. DE: V.: Un théâtre en musique, Paris 1992. PHILLIPS-MATZ, M. J.: V. A Biography, Oxford 1993. PETROBELLI, P.: Music in the Theater: Essays on V. and other composers, Princeton 1994. PARKER, R.: Leonora's Last Act: Essays in Verdian Discourse, Princeton 1997. V.s middle Peroid (1849–1859), hrsg. von M. CHUSID, Chicago 1997. GARLATO, R.: Repertorio metrico verdiano, Venedig 1998. V.-Handbuch, hrsg. von A. GERHARD und U. SCHWEIKERT, Stg. und Kassel 2001. RESCIGNO, E.: Dizionario verdiano, Mailand 2001. BALTHAZAR, S. L.: The Cambridge Companion to V., Cambridge 2003.

Peter Ross

Viadana, Ludovico

Geb. um 1560 in Viadana (Mantusa);
gest. 2. 5. 1627 in Gualtieri (Mantua)

V., der nach mündlicher Überlieferung als Domkapellmeister in Mantua bis zu seinem Eintritt in den Minoritenorden (1596) den Familiennamen Grossi führte, wird noch heute trotz abweichender Forschungsergebnisse oft als Erfinder des Generalbasses angesehen. Unter dieser falschen Prämisse haben insbesondere die *Concerti ecclesiastici* für den Nachruhm V.s gesorgt.

Bei den 636 fast ausschließlich in Drucken überlieferten Kompositionen V.s handelt es sich hauptsächlich um geistliche Musik; die 20 Instrumentalwerke und 40 Canzonetten bezeugen das nur periphere Interesse V.s an weltlicher Musik. V.s früheste Sammlung (1588), *Vespertina omnium solemnitatum psalmodia* für fünf Stimmen, enthält neben 16 Psalmvertonungen auch ein *Magnificat* und ein *Cantate Domino* für acht Stimmen in zwei Chören. Diese A-cappella-Kompositionen stehen noch voll in der Tradition der Vokalpolyphonie des 16. Jahrhunderts. Sie zeigen V. als Komponisten, der den Kontrapunkt mit einer gewissen Leichtigkeit, aber auch ohne Höhepunkte beherrscht. Die 1596 zusammengestellten, einfacher aufführbaren *Falsi bordoni* zu fünf Stimmen hingegen beschränken sich im wesentlichen auf streng homorhythmische und relativ gleichartige Sätze. Im gleichen Jahr noch erschien eine Sammlung mit vier thematischen Messen für vier Stimmen. In ihr gelingt V. erstmals eine wirkliche Synthese zwischen der Wortverkündung im Sinne der Maximen der Gegenreformation und musikalischem Ausdruck. Nie wird die Wortausdeutung von der Polyphonie überdeckt, überall bleibt die kontrapunktische Faktur – ähnlich wie die harmonische Struktur – leicht und durchsichtig. Die stilistischen Unvollkommenheiten der 1598 herausgegebenen, eher funktionalen *Missa Defunctorum* (Requiem) lassen auf eine erheblich frühere Entstehung schließen. V.s op. 11 aus dem Jahre 1600 (*Officium defunctorum*) zeigt dagegen wiederum das inzwischen erreichte Gleichgewicht zwischen Wort und Ton, welches auch die nachfolgenden Werke kennzeichnet. Praktische Erwägungen führten 1602 zur wohl berühmtesten Sammlung V.s, den *Cento Concerti ecclesiastici*. Wie V. selber in der Vorrede vermerkt, wollte er Kompositionen vorlegen, deren Besetzung eine bis vier Stimmen zulassen. Hiermit sollte dem üblichen Mißbrauch entgegengewirkt werden, aus Mangel an Aufführungskräften willkürlich Stimmen wegzulassen. Die *Cento concerti* setzen sich aus je zehn Solostücken für jede Stimmlage, je 20 Stücken für zwei und drei, 19 für vier Stimmen sowie einer Instrumentalcanzone zu vier Stimmen zusammen. Eine der wesentlichen Neuerungen ist die Beigabe eines beweglichen, unbezifferten Instrumentalbasses für die Orgel, der zumindest für die ein- bis dreistimmigen Sätze unentbehrlicher Harmonieträger ist. Die Stimmführung ist zwar noch weitgehend dem A-cappella-Stil verpflichtet; melodische Freiheiten, die der Textausdeutung dienen, jedoch lassen bei den geringbesetzten Konzerten den Einfluß monodischer Prinzipien deutlich erkennen. In den beiden nachfolgenden Büchern der *Concerti* (1607 und 1615) werden die ornamentalen »passaggi« häufiger eingesetzt, die monodische Melodieführung erscheint insgesamt noch freier behandelt. Auch die mehrstimmigen Stücke mit grundsätzlich polyphoner Struktur unterliegen nun dem monodischen Prinzip. Zwar ist den zwischen 1604 und 1606 erschienenen Sammlungen (opp. 13, 14, 16) jeweils ein »Basso seguente« beigegeben – ein Instrumentalbaß, der aus der jeweils tiefsten Stimme des Vokalsatzes gezogen ist –, doch handelt es sich um eher konservative, von der Monodie weitestgehend unbeeinflußte Werke. Von den opera 17–28 sind insbesondere die *Salmi a 4 cori* op. 27 hervorzuheben. In der Vorrede unterscheidet V. zwischen einem »coro favorito«, der mit fünf Solisten besetzt und dem eine Generalbaßstimme beigegeben ist, und der »capella«, die aus drei vierstimmigen Chören besteht, welche durch Instrumente verstärkt werden können. Durch den Kontrast zwischen solistischer und chorischer Deklamation stellen die bei voller Besetzung sehr farbenprächtigen Psalmvertonungen bereits eine Antizipation des instrumentalen Konzerts dar.

Während V. auf dem Gebiet der geistlichen Musik äußerst kreativ war, sind seine Sammlungen von Canzonetten aus den Jahren 1590 (nur unvollständig überliefert) und 1594 weniger originell; sie orientieren sich recht deutlich an den Madrigalen Marenzios.

Die einzige Sammlung mit Instrumentalstücken, die *Sinfonie musicali* (op. 18), stammt von 1610 und enthält ebenfalls eine Continuostimme, die aber oft nur als Basso seguente eingesetzt ist. Die Sinfonien tragen als Titel Städtenamen, mutmaßlich, um auf ortstypische Tänze oder Lieder zu verweisen, die den Kompositionen zugrunde liegen.

Noten: Opere di L. V., hrsg. von Cl. Gallico, Mantua und Kassel 1964ff. (Monumenta mus. Mantovani).

Literatur: Mompellio, F.: L. V. Musicista fra due secoli, Florenz 1966. Haack, H.: Anfänge des Generalbaßsatzes. Die »Cento Concerti Ecclesiastici« (1602) von L. V., 2 Bde., Tutzing 1974. Bradshaw, M. C.: L. V. as a Composer of ›falsobordoni‹ in Studi musicali 19 (1990), 91–131.

Reinmar Emans

Victoria, Tomás Luis de

Geb. um 1548 in Avila;
gest. 27. 8. 1611 in Madrid

Das siglo de oro, das – im historiographischen Rückblick – zum »goldenen Zeitalter« Spaniens verklärte 16. Jahrhundert, war in der Tat auch auf dem Gebiet der Musik eine herausragende Epoche spanischer Historie. Die Beziehungen zu den Niederlanden, der führenden Musiknation der francoflämischen Renaissance, waren dynastisch durch die Verheiratung von Johanna, der Tochter der (kastilischen) Katholischen Könige Ferdinand und Isabella, mit Philipp, dem Sohn des (habsburgischen) Deutschen Kaisers Maximilian I. im Jahre 1496 und de facto durch die Regentschaft Karl V. (1516–1556), der in Spanien als Karl I. regierte, zustandegekommen, und die engen Beziehungen zu Italien und zum päpstlichen Hof in Rom taten ein übriges, um die Voraussetzungen für eine blühende musikalische Kunst in Spanien zu schaffen. Indes verliehen die Gegenreformation und das Konzil von Trient – nach Cristóbal Morales – einem spanischen Komponisten sein besonderes Profil: T. L. de V. Was die kargen biographischen Daten mehr verhüllen als demonstrieren, offenbart mit großem Nachdruck das eigentliche Vermächtnis dieses spanischen Musikers: sein kompositorisches Erbe. Bereits zu seinen Lebzeiten wurde es, im Unterschied zum Schaffen eines Palestrina, vollständig im Druck veröffentlicht, und zwar in Foliobänden, deren visuelle Pracht äußerlicher Teil des Anspruchs der komponierten Musik war: dem Lobe Gottes zu dienen. Gleichwohl verdienen die wenigen biographischen Daten Beachtung, als Indizien einer persönlichen und historischen Situation, die den Rahmen für eine herausragende – und sehr spezifische – Werkgenese bildete.

Vermutlich 1548 geboren im nordwestlich von Madrid gelegenen Städtchen Avila, dessen mittelalterliche Stadtmauern noch heute den Blick jedes Besuchers gefangennehmen, genießt der Sproß einer angesehenen Familie eine vorzügliche musikalische Erziehung bei Gerónimo del Espinar und Bernardino de Ribera. 1565 reist er nach Rom, um dort als Schüler ins Collegium Germanicum einzutreten, jenes Priesterseminar, das mit gegenreformatorischer Zielsetzung im Blick auf die dem Protestantismus anheimgefallenen europäischen Länder gegründet worden war. Nach dem Studium der Theologie, der Musik und weiterer Fächer wird V. als Lehrer und Kapellmeister an beiden berühmten Kollegien Roms eingestellt, dem erwähnten Collegium Germanicum und dem Collegium Romanum. Ferner dient er in verschiedenen Funktionen bei der Gestaltung der Kirchenmusik an den beiden spanischen Kirchen Roms, Santa Maria de Monserrato und San Giacomo degli Spagnoli. V. macht eine schnelle Karriere in Rom: 1572 erscheint seine erste kompositorische Publikation, ein Motettenbuch, in Venedig – nicht zufällig, sollte doch die Tradition eines ›opus primum in Venedig‹ um und nach 1600 zu einer wichtigen Schulbildung führen. Im folgenden Jahr wird er als Nachfolger Palestrinas zum Kapellmeister am Collegium Germanicum ernannt, und 1575 zum Priester geweiht. Trotz des anhaltenden beruflichen Erfolges in Rom zieht es den Spanier wieder in seine Heimat zurück, und 1587 kehrt V. tatsächlich definitiv dorthin zurück. Er führt fortan ein äußerst zurückgezogenes Leben als privater Kapellmeister der Kaiserwitwe Maria, der Schwester Philipp II., die sich im Madrider Kloster Descalzas Reales 1582 niedergelassen hatte. Auch nach deren Tod Ende Februar 1603, aus dessen Anlaß V. sein *Officium defunctorum* schreibt und 1605 publiziert, bleibt er in diesem Kloster bis zu seinem Tode.

Im Vergleich zu seinen großen Zeitgenossen Lasso und Palestrina, die ein riesiges Œuvre in zahlreichen Gattungen und Sprachen hinterlassen haben, ist das kompositorische Schaffen V.s, was die Quantität der Werke und den Kreis der berücksichtigten Gattungen betrifft, von begrenztem Umfang. Auch hat er, im Unterschied zu spanischen Zeitgenossen wie Cabezón und Luis de Milan, weder Klavier- noch Lautenmusik geschrieben, sondern ausschließlich geistliche Musik hat V. komponiert. Ja er hat keine anderen als lateinische geistliche Texte vertont, und er hat außerdem – von einer einzigen Ausnahme abgesehen (der *Missa pro V*, publiziert 1600, die auf der Chanson »La Bataille de Mangnan« von Clément Janequin beruht) – für seine Parodien keine weltlichen Vorlagen verwendet. Wir dürfen dies im historischen Kontext als Index einer gegenreformatorischen geistlichen Strenge im religiösen Denken und der religiösen Lebensführung ansehen. Der Verzicht auf weltliche Vorlagen für Parodiemessen, wie sie in der ersten Jahrhunderthälfte überaus beliebt waren, hängt gewiß auch mit den Erlassen des Konzils von Trient zusammen, welche auf eine erneuerte Dignität der geistlichen Sphäre zielten.

Welche weiteren Motive individueller Natur darüber hinaus als Begründung gelten müssen, entzieht sich unserer Kenntnis. Die religiösen Motivationen, welche in der Musiktheorie bei Johannes Tinctoris ein Jahrhundert früher unter Fortführung einer alten Tradition die Ziele der Musik und ihre Wirkungen bestimmt hatten, gelten jedenfalls noch für V.

Die Drucklegungen seiner Werke, die neben italienischen Städten auch das deutsche Dillingen als Verlagsorte aufweisen, sind durch ein ungewöhnlich hohes Maß an Wiederabdrucken gekennzeichnet. Nur im allerersten Druck befinden sich – naturgemäß – keine früher bereits publizierten Werke. Diese Neigung zur ›Wiederholung‹ findet auf der innerästhetischen Ebene – wie Robert Stevenson (siehe Lit.) erkannt hat – eine Entsprechung im Umstand, daß V. Abschnitte einzelner Messesätze in anderen Sätzen desselben Werkes wiederholt, mutmaßlich um dem Werk auf diese Weise zu einer größeren Einheitlichkeit zu verhelfen (Stevenson, 378 ff.).

Unter seinen 20 als authentisch geltenden Messen befindet sich keine einzige, die ›frei‹, d. h. ohne Parodievorlage komponiert ist. Die meisten Vorlagen sind Motetten und Antiphonen, zumal eigene Motetten; vier Messen beruhen auf Werkvorlagen anderer Komponisten, Palestrina, Morales, Francisco Guerrero und Janequin. Wie immer ist es lehrreich, die Vorlagen mit den Messen selbst zu vergleichen, tritt dadurch doch die Eigenständigkeit der Behandlung eines ›vorgegebenen‹ Materials sehr deutlich zutage. Oft ist es nur ein melodisches Initium, das der polyphonen Komposition zugrunde liegt und in den einzelnen Sätzen, mit unterschiedlicher kontextueller Behandlung, wiederkehrt; gelegentlich ist es auch ein ganzer Anfangsabschnitt, der als Ausgangspunkt der Verarbeitung aufgegriffen wird. Greift er auf gregorianisches Melodiematerial zurück, so weist V. es meist der Oberstimme zu, so daß es gut faßbar bleibt. Man mag dies als Hinweis darauf verstehen, daß im Gefolge der Gegenreformation und des Konzils von Trient satztechnische Komplexitäten um ihrer selbst willen – die sprichwörtlichen »niederländischen Künste« also – in seinem Schaffen keinen Platz mehr finden, wenngleich kanonische Fügungen sehr wohl, wenn auch nicht im Übermaß, noch auftreten. Und vielleicht hängt mit diesem Umstand auch die Tatsache zusammen, daß insgesamt homophone Satzstrukturen innerhalb seines polyphonen Tonsatzes eine nicht unerhebliche Rolle spielen, denn sie dienen ja unmittelbar einem eindringlichen Textverständnis, das im polyphonen Satz vorausgesetzt, aber nicht ästhetisch unmittelbar faßbar ist.

V. ist ein Meister der strengen Vokalpolyphonie, wie sie in den Jahrzehnten vor der historischen Epochenzäsur zum Generalbaßstil durch Palestrina, Lasso u. a. gepflegt worden ist. Eine gewisse Besonderheit liegt im Umstand, daß er in einigen Werken den Vokalsatz durch eine auskomponierte Orgelstimme ergänzt hat. Fraglos aber liegt eine Spezifik in der ausgeprägten Klanglichkeit seiner Setzweise, die sowohl im Satzgefüge und einer zu heutigem »Dur« neigenden Modalität als auch in einer oft größere Vokalkräfte aufbietenden Disposition – bis zur Acht-, Neun-, ja Zwölfstimmigkeit (so die Parodiemesse *Laetatus sum*) – gründen.

Fast alle Möglichkeiten geistlicher polyphoner Vokalkomposition, die in seiner Zeit gegeben waren, hat V. ausgeschöpft: neben den primären Messen zahlreiche Motetten, dann auch Magnificat-Vertonungen, Lamentationen, Responsorien, Psalmen, Hymnen, Sequenzen und zwei Passionen. Zwar sind einzelne Werke, zumal Motetten, von Historikern wirkungsgeschichtlich hervorgehoben worden. Von besonderem Rang indessen erscheinen drei zyklische Komplexe, die mehr als funktionale denn als ästhetisch-kompositorische Zyklen zu verstehen sind: das sechsstimmige *Officium defunctorum* (in obitu et obsequiis sacrae imperatricis, publiziert in Madrid 1605), V.s ›Schwanengesang‹, einer der herausragenden Totenmeßkompositionen seiner Epoche; ferner die über das ganze Kirchenjahr ausgedehnte vierstimmige Hymnensammlung *Hymni totius anni secundum sanctae romanae ecclesiae consuetudinem*, erstmals publiziert (mit zusätzlichen vier Psalmen) 1581; und schließlich vor allem das *Officium Hebdomadae Sanctae*, eine in dieser Weise einzigartige Komposition sämtlicher Offiziumstexte der heiligen Woche, die von Palmsonntag bis Ostersonntag reicht und das Karfreitagsgeschehen im Zentrum mit umfaßt. Dieses 1585 veröffentlichte Werk reicht wahrscheinlich auf liturgische Gepflogenheiten an den spanischen Kirchen Roms zurück und ist in einem sehr flexiblen Tonsatz von drei bis acht Stimmen Umfang komponiert. In diesem Zyklus erweist sich die Kunst V.s, eine gegenreformatisch-strenge und gleichzeitig in der Klangsinnlichkeit ihres Vokalsatzes äußerst prächtige und sonore Kunst, auf einer Höhe, die kaum ihresgleichen kennt. Mochte auch Felipe Pedrell, der verdienstvolle Herausgeber der alten Gesamtausgabe der Werke V.s, den Komponisten als Monument des nationalen Erbes preisen, so ist V.s Musik doch die Kunst eines Spaniers, der noch vor seiner Nationalität Christ, und zwar katholischer Christ, sein wollte.

Noten: Opera omnia (^{1}1902–03); NA. von H. ANGLÈS, Rom 1965 ff. (Monumentos de la música española, 25 ff.).
Bibliographie: CRAMER, E.C.: T. L. de V. A Guide to Research, N. Y. und London 1998.
Literatur: PEDRELL, F.: T. L. de V. Abulense, Vilencia 1918. RIVE, T.: An Examination of V.s Technique of Adaptation and Reworking in his Parody Masses with Particular Attention to Harmonic and Cadential Procedure *in* Anuario Musical 24 (1969), 133–152. JOSEF CERCOS, J. und CABRE, J.: T.L. de V., Madrid 1981. STEVENSON, R.: T. L. de V., Ldn. und N. Y. 1984.

Hermann Danuser

Villa-Lobos, Heitor

Geb. 5. 3. 1887 in Rio de Janeiro; gest. 17. 11. 1959 in Rio de Janeiro

Mit seiner Synthese aus Elementen der brasilianischen Volksmusik und Techniken bzw. Prozessen der europäischen Kunstmusik, für die er in einigen hundert, alle Genres umfassenden und oft umgeschriebenen oder uminstrumentierten Werken phantasievolle Lösungen fand, gilt H. V.-L. als die kreativste musikalische Persönlichkeit des lateinamerikanischen Nationalismus der zwanziger und dreißiger Jahre. Nonkonformist in seiner Musik wie im Leben, hatte er in seiner Jugend zwar Cello spielen gelernt und sich bei den Volksmusikgruppen seines Landes umgesehen, sich einer systematischen akademischen Ausbildung jedoch enthalten. Erst später eignete sich V.-L. das notwendigste Rüstzeug an und vertraute im übrigen seinem Naturtalent. Das Fehlen einer organischen Entwicklung prägt auch seine Musik, deren Reichtum an kantabler Melodik, rhythmischer Vitalität und instrumentaler Koloristik ihn zu eher assoziativ-additiven oder rhapsodischen Gestaltungsweisen führte und die er häufig mit einem Programm versah.

Nach einem vor allem an der Romantik, an Wagner und Puccini orientierten Frühwerk zeigen V.-L.' Kompositionen ab 1913 impressionistische Merkmale, später auch Züge von Stravinsky und russischer Musik sowie eine »brasilianische Atmosphäre«, die er in den *Danças caracteristícas africanas* (1914–15) zunächst durch folkloristische Instrumente, in den beiden Balletten *Amazonas* (Paris 1929) und *Uirapuru* (Buenos Aires 1935) mittels Lokalkolorits und einheimischer Legenden erreichte. Bestärkt durch den Erfolg, den er mit dem ›Exotismus‹ und ›Primitivismus‹ seines Chorwerkes *Noneto* (1923) während seines Aufenthaltes im Paris der zwanziger Jahre errang, bedient sich V.-L. nun weiterer indigener, afro-brasilianischer oder mestizischer Elemente der autochthonen Musik seines Landes (*Canções típicas brasileiras*, 1919–35). Seine Verfahren reichen vom Zitieren bzw. Harmonisieren authentischer Volksweisen über Stilisierungen und pseudo-folkloristische Nachbildungen bis zur Verwendung ihrer melodischen oder rhythmischen Charakteristika wie Pentatonik oder Chromatik, Synkopen, Ostinati, Repetitionen, Polyrhythmik und unregelmäßiger Akzente. Auf der Basis solch folkloristischen Materials schuf V.-L. seine bekanntesten Kompositionen, darunter *Prole do Bebê* (1918) und *Cirandas* (1926) für Klavier, die Vokalwerke *Tres Poemas Indígenas* (1926) und *Serestas* (1925–26) sowie – als Höhepunkt – die nach brasilianischen Straßenmusikgruppen und ihrer serenadenähnlichen Musik genannten *17 Chôros* (1920–29). In den ebenfalls für verschiedene Besetzungen komponierten Suiten der neun *Bachianas brasileiras* (1930–45), dem Hauptwerk der dreißiger Jahre, verknüpft V.-L. – im Sinne des in jener Zeit in Brasilien herrschenden populistischen Nationalismus wie auch des europäischen Neoklassizismus – die polyphone und improvisatorische Faktur J. S. Bachs mit vergleichbaren Prozeduren brasilianischer Volksmusik, indem er z. B. eine der einheimischen Modinha nachgebildete romantische »Ária« von einem Cello-Ensemble kontrapunktieren läßt (Nr. 5). Tonalität und lyrische Grundhaltung treten auch in den folgenden Kompositionen hervor, insbesondere in der Gitarren- und Vokalmusik. Die letztere dient häufig didaktischen Zwecken (*Guia prático*, 1932), war V.-L. doch in den dreißiger Jahren mit der Organisation der Musikerziehung in Brasilien beauftragt. Nach dem Zweiten Weltkrieg verstärkt sich die Tendenz zu absoluter Musik und zu einem eher abstrakten, wenn auch eklektischen Stil, so auch in den ab 1950 geschriebenen fünf letzten Streichquartetten (von insgesamt 17) und Symphonien (von 12). Auch eine Hinwendung zur großen Form und Virtuosität macht sich bemerkbar, vor allem in den Solokonzerten, denen jedoch, wie der Mehrzahl der Werke jener Schaffensperiode, kein großer Erfolg mehr beschieden war.

Noten: Associated (N.Y.); Eschig (Paris); Ricordi (Mailand); Southern Music Publishing (Buenos Aires).
Dokumente: O ensino popular da música no Brasil [Musikalische Volkserziehung in Brasilien], Rio de Janeiro 1937. A música nacionalista do Governo Getúlio Vargas, Rio de Janeiro 1937. A mùsica fator de comunhïo entre os povos in Anuário brasileiro 3 (1939).
Werkverzeichnis: V.-L.: sua obra, Rio de Janeiro 1974.
Literatur: Mariz, V.: H. V.-L., compositor brasileiro, Rio de Janeiro (¹1949) ²1983; engl. (gekürzt) Gainsville 1963; engl. Washington 1970; franz. Paris 1967. Muricy, A.: V.-L. una interpretado, Rio de Janeiro 1961 [mit WV]. Estrela, A.: Os quartetos de cordas de V.-L. [Die Streichquartette V.-L.'], Rio de Janeiro 1970. Peppercorn, L.M.: H. V.-L., Leben und Werk des brasilianischen Komponisten, Zürich 1972 [mit WV und Bibl.]. Kiefer, B.: V.-L. e o modernismo na música brasileira, Sao Paulo 1981. Wright, S.: V.-L., Oxford und N.Y. 1992.

Monika Fürst-Heidtmann

Villanueva, María Cecilia

Geb. 4. 9. 1964 in La Plata (Argentinien)

Die Musik von M.C.V. hat nicht trotz, sondern wegen ihrer Herkunft wenig mit lateinamerikanischer Musik zu tun. Der kulturelle Hintergrund ihrer Familie und Geburtsstadt La Plata im Großraum von Buenos Aires ist rein europäisch geprägt durch spanische und italienische Einwanderer. Im Gegensatz zur älteren Generation argentinischer Komponisten war V. nie darum bemüht, durch Rückgriffe auf die heimische Tradition des Tangos, der Volksmusik oder auf indianische, mestizische und präkolumbianische Wurzeln eine speziell argentinische »Nationalmusik« zu schaffen. Frühzeitig erhielt sie Klavierunterricht und studierte bei der Pianistin Elisabeth Westerkamp in Buenos Aires 1977–85 das traditionelle europäische Repertoire. Im Kompositionsstudium bei Mariano Etkin 1983–89 an der Universität ihrer Heimatstadt lernte sie schließlich Musik des 20. Jahrhunderts kennen. Beeinflußt wurde sie zunächst durch Stravinsky und Satie, später auch durch Cage, Feldman und Nono. Durch Stipendienaufenthalte in der Akademie Schloß Solitude 1994, am Künstlerhof Schreyahn 1996 und in Schöppingen 2003 festigte sie ihre Nähe zu Europa und Deutschland, wo ihre Musik fast ausschließlich aufgeführt wird.

Anstelle eines konstruktiv-strukturellen Umgangs mit Rhythmus und Tonhöhen konzentriert sich V. auf eine individuelle Instrumentation und Färbung des Klangs. Ihre Kompositionen basieren zumeist auf wenigen Klang- oder Melodiewendungen, die häufig wiederholt und geringfügig abgewandelt werden. Im Gegensatz zu traditionellen Variationsverfahren gibt es bei diesem Prinzip ›minimaler Variation‹ kein Original, das kontinuierlichen Veränderungen unterzogen wird: »Jede Transformation kann vielmehr Gegenstand einer weiteren Variation in Klangfarbe, Register, Intensität oder Textur sein« (Eine etwas andere Musik, 47). Das Ergebnis sind a-prozessuale, additive, statische oder kreisende Verlaufsformen ohne bestimmte Richtung und Entwicklung, bei denen das beschränkte Ausgangsmaterial fast unmerklich modifiziert wird oder durch plötzliche Wechsel umschlägt. An die Stelle planmäßiger Makroformen und symbolisch-expressivem Klanggebrauch tritt – wie bei Satie und Cage – die Sensibilisierung für kleine und kleinste Details und Veränderungen. In *Lazos* (»Bande«; 1996) für zwölf Streicher entstehen leise Klangbänder, die unterschiedlich gefärbt und z.T. zu komplexeren Schichten verknüpft sind. *Partida* (»Aufbruch«/»Partie«/»Zerspringen«; 1996) für Kammerensemble besteht aus charakteristischen Klangobjekten, die – ähnlich der Musik Feldmans – in bestimmten Abständen anders gefärbt wiederkehren und sich überlappen. Zuweilen erinnern die repetitiv-variativen Muster auch an US-amerikanische Minimal Music.

In *Música descalza* (»Barfüßige Musik«; 1989) für Ensemble, einem ihrer ersten Stücke, verzichtete V. auf klare Themenbildung und reduzierte stattdessen Material und Verlauf auf Flageoletts einer einzigen Tonhöhe. Sie wollte so die Körperlichkeit des Klangs möglichst ›nackt‹ hervortreten lassen. In *Erosiones* für Orchester (1987–88) unterteilte sie den Instrumentalapparat in kammermusikalische Gruppen, um in gleichen Registern verschiedene Färbungen zu komponieren. Ganz vom Klang aus konzipiert sind auch *Tulipanes negros* (»Schwarze Tulpen«; 1990) für Baßklarinette und Kontrabaß, wo die beiden Baßinstrumente entsprechend dem Oxymoron des Titels sehr hohe Flageolettmelodien spielen, und *En el gris* (»Grau in Grau«; 1992) für zwei Schlagzeuger, wo die Aktionen der Interpreten zu einer durchgehenden Folge wie auf einem einzigen Instrument verschmelzen. Bis zur Ununterscheidbarkeit verschlingen sich Melodielinien auch in *a cada brisa* (»Bei jedem Windhauch«; 1990) für Altstimme, Altflöte, Baßklarinette und zwei Vibraphone.

Einem mehr linear-melodischen Prinzip verpflichtet sind V.s jüngere Arbeiten: *En línea* (»In der Leitung«; 1999) für Ensemble läßt parallel zum linearen Verlauf extreme Klang- und Registerunterschiede blockweise aufeinandertreffen, und *Intonso* (»unbeschnittenes Buch«; 2001) für Alt-/Baßflöte, Klarinette, Fagott und Kontrabaß verbindet gregorianische Psalmodien mit subtiler Ornamentierungstechnik arabischer Koranrezitation, wechselnden Metren und Dichtegraden, Vierteltönen und schattenhaften Echos von hinter Stellwänden verborgenen Instrumenten.

Noten: Thürmchen-Verlag (Köln).
Literatur: FÜRST-HEIDTMANN, M.: Eine etwas andere Musik – M.C.V. in NZfM 159 (1998), 45–47. GRONEMEYER, G.: Barfüßige Musik. Die argentinische Komponistin M.C.V. in MusikTexte 19 (1998), 69–75. FÜRST-HEIDTMANN, M.: Spiralform der Zeit. Zur Kompositionsästhetik von M.C.V. in Positionen 12 (1999), 20–23.

Rainer Nonnenmann

Viotti, Giovanni Battista
Geb. 12. 5. 1755 in Fontanetto da Po;
gest. 3. 3. 1824 in London

Die historische Bedeutung V.s ist in erster Linie in seinem kompositorischen Schaffen zu suchen, wenngleich seine öffentlichen Auftritte in Paris (1782–83) und London (1792–1798) ihn als einen der berühmtesten Geiger seiner Zeit ausweisen. Unter seinen zahlreichen Werken zeigen die Violinkonzerte am deutlichsten seine künstlerische Eigenart. Von ihnen gingen die Impulse für die Entwicklung jenes Formtyps aus, der vor allem durch Rodolphe Kreutzer, Pierre Rode und Pierre François Baillot im ersten Drittel des 19. Jahrhunderts als sogenanntes »französisches Violinkonzert« zum Begriff wurde. V.s ästhetische Position wird zunächst in seinem Violinspiel als Gegenpol zu den virtuosen Extremen Tartini einerseits und Paganini andererseits evident. Klarheit, Kantabilität, Tonschönheit und reiche klangliche Schattierungen waren die Attribute, die man seinem Spiel beimaß, Eigenschaften also, die der technischen Raffinesse einen untergeordneten Stellenwert einräumten. In enger Korrespondenz mit diesen interpretatorischen Kriterien steht die kompositorische Konzeption seiner 29 Solokonzerte. V. löst sich insofern von der tradierten Konzertform, in der sich virtuose Soli und vergleichsweise knappe Tutti gegenüberstehen, als er beide Bereiche einer sinfonischen Einheit unterordnet. Die Konsequenz ist vor allem eine ›Vereinfachung‹ des Soloparts, Vereinfachung im Sinne einer integrierenden Anpassung an die thematisch-motivische Struktur des Orchestersatzes. Beispielhaft hierfür steht das *Konzert Nr. 14 a-moll*, in dessen erstem Satz die Balance zwischen Solo- und Tuttipassagen ganz der Dramaturgie der Sonatenhauptsatzform unterworfen ist bis hin zum Fehlen der Solokadenz am Ende des Satzes. Gleichzeitig mit der Erweiterung und Differenzierung des formalen Aufbaus eröffnen sich neue klangliche Dimensionen und Möglichkeiten musikalischen Ausdrucks. Die auffallende Bevorzugung von Molltonarten in den folgenden, ebenfalls in Paris entstandenen *Konzerten Nr. 16–19* bewirkt eine zunehmend dramatische Färbung der Klangsphäre, deren Vorbilder V. sowohl in der Revolutionsoper, vor allem Cherubinis und Méhuls, als auch in der späten Sinfonik Haydns findet. Entscheidend für die produktive Orientierung an der Oper seiner Zeit waren V.s eigene Theatererfahrungen, die er als Gründer und Leiter des Théâtre de Monsieur (1788–1792) machte. Obwohl V. nie die Komposition einer Oper erwogen hatte, dürften gerade von dieser Gattung wesentliche Anregungen sowohl für sein von Kantilene dominiertes Violinspiel als auch für den dramatischen Charakter seiner Werke ausgegangen sein. V.s spätere *Konzerte Nr. 20–29* aus den Londoner Jahren gehen in gattungsgeschichtlicher Hinsicht über die Pariser Werke nicht wesentlich hinaus. Vom spieltechnischen Standard aus betrachtet, sind sie weniger brillant, aus kompositorischer Sicht jedoch insofern komplexer, als sie satzübergreifende thematische Verknüpfungen aufweisen, wie etwa das *Konzert Nr. 21 E-dur*, oder mittels modulierender Übergänge den langsamen Satz mit dem Finale verbinden (*Konzert Nr. 26* und *Nr. 29*). So wenig V.s Konzerte im Repertoire des 19. Jahrhunderts Raum fanden, so nachhaltig war ihre Rezeption seitens der Komponisten von Beethoven über Mendelssohn Bartholdy bis hin zu Brahms, der im Zusammenhang mit der Entstehung seines Violinkonzerts V.s Kon-

zert Nr. 22 a-moll als inspirierendes Vorbild erwähnt.

Werkverzeichnis: WHITE, CH.: G.B.V. (1755–1824). A Thematic Catalogue of his Works, N.Y. 1985 [mit Bibl.].
Literatur: WHITE, CH.: G.B.V. and His Violin Concertos, Diss. Princeton University 1957. MILTON, V.R.: An Analysis of Selected Violin Concertos of G.B.V. within the Context of the Violin Concerto in France of the Late Eighteenth and Early Nineteenth Centuries, Ann Arbor 1986. FISCHER, KL.: G.B.V. und das Streichquartett des späten 18. Jahrhunderts *in* Kgr.-Ber. Musikkultur, Bologna 1987, 753–768. WHITE, CH.: From Vivaldi to V. A History of the Early Violin Concerto, N.Y. 1992. LISTER, W.: New Light and the Early Career of G.B.V. *in* Music & Letters 83 (2002), 419–425.

Thomas Steiert

Vivaldi, Antonio Lucio

Geb. 4. 3. 1678 in Venedig;
gest. 27. 7. 1741 in Wien

Wohl bei kaum einem anderen Komponisten unterlag die Einschätzung seiner Werke derartigen Schwankungen wie bei V. Vor hundert Jahren kannte man kaum mehr als seinen Namen – und dies auch nur aufgrund der Tatsache, daß J. S. Bach einige Orgeltranskriptionen von V.schen Konzerten angefertigt hatte, die im Rahmen der Bachrenaissance in das Blickfeld der Musikforschung gerieten. Heute gehören V.s Werke zum unverzichtbaren, aber oft auch überstrapazierten Bestandteil des Konzertlebens. Schon zu seinen Lebzeiten werden Stimmen laut, die zwar den Geigenvirtuosen bewundern, dem Komponisten V. gegenüber jedoch eine skeptische Haltung einnehmen, die gut 200 Jahre später dann in dem bekannten, aber bei näherer Betrachtung unhaltbaren Ausspruch Stravinskys gipfelt, V. habe ein und dasselbe Konzert 600 Mal hintereinander komponiert.

V. wuchs in Venedig auf, dessen reiche musikalische Kultur sein Schaffen prägte. Als Violinvirtuose und als Instrumentalkomponist war er seit 1703 dem Ospedale della Pietà verbunden, wo er eine ideale Wirkungsstätte fand und von wo sein Ruf bald über ganz Europa ausstrahlte. Als Opernkomponist debütierte er spät (1713), hat sich dann aber seit 1718 fast zwei Jahrzehnte lang weitgehend der Bühne verschrieben.

Bevor man in den 1920er Jahren zwei größere Musikalienfunde machte, war ein vollständiger Überblick über das Schaffen V.s unmöglich, denn von seiner geistlichen Musik war kaum etwas bekannt. Doch trotz der inzwischen intensivierten Beschäftigung mit V. ist ein abschließendes Urteil über seine stilistische Entwicklung nur schwer zu geben. Dies liegt vor allem daran, daß die wenigsten der rund 770 Werke, bei denen alle Hauptgattungen vertreten sind, datiert werden können. Selbst die gedruckten Sammlungen können allenfalls Anhaltspunkte geben, denn allgemein geht man davon aus, daß sie nachträglich von V. aus meist früher entstandenen Werken kompiliert wurden. Zudem erweist sich V.s Stil als ungewöhnlich konstant, so daß auch auf stilkritischer Basis eine Werkchronologie zum Scheitern verurteilt ist.

Bereits in V.s op. 1 *Suonate da camera a tre*, welches 1705 erschien, gibt es zahlreiche Passagen, die V.s individuelle Tonsprache vorwegnehmen. Zwar orientiert er sich hinsichtlich der Satzfolge und Satzgestaltung hier noch weitgehend am Muster der Corellischen Sonate, doch durchbricht er häufig die engen Formgrenzen. Die letzte Sonate dieser Sammlung über *La follia* weist bereits eine eigenständige, instrumentengemäße Idiomatik auf, wie sie bei Corelli nicht in dem Maße anzutreffen ist. Die späteren Triosonaten V.s reduzieren den Anteil der zweiten Violine, wodurch das vorher prägende Zwiegespräch beider Violinen weitgehend entfällt. In einigen Triosonaten aus den Turiner Beständen ist der Baß lediglich ein Basso seguente, der nicht unbedingt besetzt werden muß, so daß hier eigentlich Duos vorliegen. Ein Spezifikum der V.schen Kompositionen findet auch in den Sonaten für drei oder mehr Instrumente Anwendung: die farbige Besetzung. So treten an Stelle der ersten Geige gelegentlich Laute, Blockflöte, Fagott oder Violoncello. Eine der drei erhaltenen Quartettsonaten verlangt unter anderem obligate Orgel und Chalumeau. Ähnlich wie in den Triosonaten ist in den insgesamt 62 mit Sicherheit V. zuschreibbaren Solosonaten die Violine das bevorzugte, immerhin bei 41 Sonaten vertretene Soloinstrument; in den übrigen aber werden mitunter auch exotische Instrumente wie z. B. Musette vorgeschrieben. Die früheste Sammlung von Solosonaten, op. 2, entstand 1709. In diesen wird der Continuo häufig durch Motivübernahmen aus der Violinstimme geprägt. Auch in anderen Details hält V. sich hier noch weitgehend an die von Corelli vorgegebenen Modelle. Die in Dresden aufbewahrten Solosonaten, deren Entstehung um 1716 anzusetzen ist, reduzieren aber bereits den motivischen Anteil des Basso continuo, der zum bloßen Harmonieträger wird. Diese Vereinfachung des Basses eröffnet der Violine rhythmische Freiheiten und erlaubt virtuosere Figurationen. In der Folgezeit (Sonatensammlung, Aufbewahrungsort: Manchester) wird der Continuo noch weiter bis hin zu dem häufig kritisierten Trommelbaß reduziert. Die Tanzsätze sind hier bereits stark stilisiert. Höhepunkte der Gattung stellen die 1740 bei Le Clerc erschienenen sechs Cellosonaten dar, die mit ihrer Viersätzigkeit auf die Kirchensonate verweisen. Inzwischen konnte nachgewiesen werden, daß es sich bei der wohl bekanntesten Sonatensammlung, die unter dem Namen V.s als op. 13 erschienen ist, Il pastor fido, um ein geschicktes Arrangement möglicherweise des Verlegers Marchand handelt, bei dem zwar die meisten, aber nicht alle Sätze aus Werken V.s stammen.

Eine der umfangreichsten Werkgruppen stellen die Solokonzerte dar, von denen sich 329 nachweisen lassen. Auch in diesen wird die Violine als Soloinstrument zwar allen anderen vorgezogen (220 Konzerte), aber die Verwendung von anderen Instrumenten ist nicht nur peripher. Ähnlich verhält es sich mit den 45 überlieferten Doppelkonzerten. Zum Konzertschaffen V.s gehören zudem noch 22 Kammerkonzerte mit drei bis sechs Soloinstrumenten und 44 Konzerte für Streichorchester.

Die wirkungsgeschichtlich bedeutungsvollste Sammlung von Konzerten ist der 1711 bei Estienne Roger in Amsterdam erschienene Druck *L'estro armonico* op. 3. Der kaum übersetzbare Titel, der in etwa soviel heißt wie »harmonische Eingebung«, und V.s Entscheidung, diese Sammlung bei dem besten Drucker der damaligen Zeit zu veröffentlichen, unterstützen die Vermutung, daß V. selbst um die Bedeutung dieser Sammlung wußte. Die offenbar sorgfältig ausgewählten und nach bestimmten Prinzipien symmetrisch angeordneten Konzerte für eine, zwei und vier solistische Violinen spiegeln durch die ausgedehnte Entstehungszeit der Sammlung die Entwicklung des V.schen Konzertstils, aber auch die Entwicklung der Gattung Konzert in eindrücklicher Weise wider. So finden sich in op. 3 neben Konzerten, die noch den Idealen des Corellischen concerto grosso und dem Solokonzerttypus Torellis und Albinonis verpflichtet sind, auch Werke, die bereits ausgeprägte Züge dessen tragen, was später als die ›verbindliche‹ Konzertform durch V. etabliert wird: die Dreisätzigkeit und die Ritornellanlage. So ist es nicht verwunderlich, daß die Ausbreitung von V.s internationalem Ruhm schon damals mit der Verbreitung des op. 3 einherging.

In op. 4, *La stravaganza* (1714), einer Sammlung mit sehr viel experimentierfreudigeren Konzerten für ein oder zwei Solovioline werden endlich auch die Errungenschaften Albinonis und Torellis (perfidia-ähnliche Passagen) dienstbar gemacht. In der Harmonik finden sich jedoch Kühnheiten, die über diese Vorbilder deutlich hinausgehen; ebenso ungewohnt und neu ist das sehr schwankende Tempo der Harmoniefortschreitungen. Die typische Konzertsatzanlage mit ihrem Wechsel von Soli und Tutti wird zumeist dadurch dramatisch aufgelockert, daß V. das Ritornell beim Wiederaufgreifen gerne verkürzt; oft nutzt er für die Soloepisoden – wörtlich oder abgewandelt – thematisches Material aus dem Ritornell. In den Konzerten 8 und 11 aus op. 4 läßt er hingegen dem ersten Ritornell eine Episode vorausgehen. Typisch werden Instrumentalfiguren, bei denen leere Saiten genutzt werden und die häufig durch weite Lage zweistimmig und äußerst virtuos wirken. V.s Wirkungskreis am venezianischen Ospedale della Pietà ermöglichte offenbar nicht nur die Aufführung von virtuosen Violinkonzerten. Ebenso virtuos nämlich sind die Partien in den Konzerten für Violoncello (27), für Querflöte (13), für Oboe (19) und auch für Fagott (37). Sowohl bei den Violoncello- als auch bei den Fagottkonzerten läßt V. die Soloinstrumente häufig in Baß- und Tenorlage hin und herwechseln, wodurch sie quasi miteinander dialogisieren. Die Oboenkonzerte ähneln strukturell und auch in der Idiomatik den Violinkonzerten, wobei jedoch auf Umfang und Atempausen der Bläser Rücksicht genommen wird. Die frühesten, in op. 7 (um 1716) enthaltenen Oboenkonzerte weisen allerdings noch nicht die klare Differenzierung zwischen Soli und Tutti auf, weswegen man diese wohl besser als Konzerte mit Oboe bezeichnen würde. Die ersten wirklichen Oboenkonzerte erschienen 1725 in op. 8 als Nr. 9 und 12. In dieser Sammlung sind zudem programmatische Konzerte enthalten; die ersten vier, denen je ein Sonett zur Erläuterung des Inhalts beigegeben ist, sind die berühmten Konzerte *Le quattro stagioni* (»Die vier Jahreszeiten«). In diesen stellen die Ritornelle die Grundstimmung des jeweiligen Satzes dar, während die Soli einzelne Handlungsstationen des Textes illustrieren. 1728 veröffentlichte V. sein op. 10, eine Sammlung von Konzerten für Querflöte. Fünf von diesen sind eigene Bearbeitungen von Stücken, die ursprünglich für Blockflöten komponiert worden waren.

Von den 45 erhaltenen Doppelkonzerten für zwei gleiche oder verschiedene Soloinstrumente und Orchester sind 25 für zwei Violinen. Die Behandlung der Violinen tendiert häufig zu einer gewissen Monotonie, da V. sie entweder über lange Strecken ohne viel Abwechslung miteinander dialogisieren läßt oder aber in Terzen oder Sexten führt.

Die von V. häufig verwendeten Sequenzen steigern hier mitunter den Eindruck des Schematischen. Wie bei den Gruppenkonzerten sucht V. auch bei den Doppelkonzerten neue Gestaltungsmöglichkeiten durch die Einbeziehung eines sehr unterschiedlichen Instrumentariums, wie Mandoline, Theorbe, Klarinette und Chalumeau. Als symphonisch zu bezeichnen sind die Konzerte für vierstimmiges Streichorchester und Continuo.

V.s Vokalmusikschaffen umfaßt mehr als 45 Opern, von denen 16 vollständig überliefert sind, zudem acht kürzere Werke für die Bühne, von denen drei erhalten sind, 39 Kantaten und über 60 geistliche Werke. Von den vier Oratorien konnte bislang lediglich die *Juditha triumphans* mit komplettem Notentext aufgefunden werden. Die Opern entstanden in den Jahren 1713–1739; bis etwa 1725 dominieren in ihnen die Instrumentalstimmen, indem V. ihnen häufig den melodischen Hauptanteil überträgt. Einflüsse der neapolitanischen Opernschule lassen dann allmählich die Singstimme mehr in den Vordergrund treten. Die Arien nehmen in der Zahl ab, im Umfang aber zu, wobei der B-Teil immer stärker kontrastiv vom A-Teil abgesetzt wird. Wie im Instrumentalwerk verwendet V. auch in seinen Opern ein sehr abwechslungsreiches und weitgefächertes Instrumentarium. Verbunden mit prägnanten Affektschilderungen, die z. T. daraus entstehen, daß V. einen textbedingten Gedanken geradezu instrumental fortspinnt, sind sie auch für den heutigen Hörer wirkungsvoll. Dies gilt ganz ähnlich für die drei überlieferten Serenaten, von denen *La Sena festeggiante* die wohl interessanteste ist.

In den Kantaten V.s läßt sich hin und wieder ein Mangel an melodischer Gestaltungsfähigkeit erkennen, der jedoch aufgrund rhythmischer und virtuoser Elemente verschleiert wird. Der normalen viersätzigen Form setzte V. gerne die der Konzertform (schnell – langsam – schnell) entsprechende, dreisätzige entgegen (Arie – Rezitativ – Arie). Dadurch ist jedoch eine tonartliche Differenzierung der beiden Arien ausgeschlossen, da Kantaten normalerweise eine tonale Geschlossenheit aufzuweisen haben.

Noch wenig erschlossen ist die geistliche Vokalmusik, obgleich V. offenbar auch hier Außerordentliches geleistet hat. Die geringbesetzten Motetten und *Introduzioni* ähneln den weltlichen Kantaten mit Streicherbegleitung. Konzertelemente werden in den Werken für Soli und Chor eingesetzt, indem der Chor die Ritornellfunktion übernimmt (so z.B. im *Credo in unum Deum*, R 591). Kontrapunktische Techniken, die durchaus im traditionellen Rahmen liegen, bereichern diese Struktur. Insbesondere thematische Verflechtungen von Solo und Tutti sowie unterschiedliche Motivkombinationen und ordnungsgemäß durchgeführte Fugen erweisen V. auch als handwerklich geschickt. Originell ist die Gegenüberstellung von Streichorchester und Chor. Mal stehen die Streicher melodisch im Vordergrund, wobei der Chor reiner Akkordträger ist, mal erhält der Chor die melodischen Qualitäten und die Streicher rücken in den Hintergrund.

Bei der ungeheuren Menge an überlieferten Kompositionen V.s darf es nicht verwundern, daß neben qualitativ hervorragenden auch weniger bedeutende überliefert sind. Dies schmälert keinesfalls das Verdienst V.s an der allgemeinen Entwicklung der Gattungen und Formen. V.s schöpferische Kraft, die bisweilen Elemente der Besessenheit verrät, hat für die Instrumentalmusik Wege geebnet, die in ganz Europa verbindlich wurden. Dadurch hat wohl ein jeder Komponist seiner eigenen und der nachfolgenden Generation von V.s Musik profitiert.

Noten: Le opere di A. V., hrsg. von G. F. MALIPIERO, Roma 1947 ff.; Motetti a canto solo con stromenti, hrsg. von R. BLANCHARD, Paris 1968.
Dokumente: KOLNEDER, W.: A. V. Dokumente seines Lebens und Schaffens, Wilhelmshaven u. a. 1979.
Werkverzeichnis: RYOM, P.: Verz. der Werke A. V.s (R), kleine Ausg., Lpz. 1974. DERS.: Repertoire des œuvres d'A. V. Les compositions instrumentales, Kopenhagen 1986.
Literatur: ELLER, R.: V.s Konzertform, Lpz. 1956. KOLNEDER, W.: A. V. 1678–1741. Leben und Werk, Wiesbaden 1965. TALBOT, M.: A. V., Stg. 1985 [mit Bibl.]. HELLER, K.: A. V., Lpz. 1991. STEGEMANN, M.: A.V. Mit Selbstzeugnissen und Bilddokumenten, Reinbek bei

Hbg. ⁷1998. TALBOT, M.: Venetian Music in the Age of V., Aldershot u. a. 1999.

Reinmar Emans

Vivier, Claude
Geb. 14. 4. 1948 in Montréal;
gest. 7. 3. 1983 in Paris

Lonely Child für Sopran und Orchester (1980) ist V.s persönlichstes Werk. »Das ganze Stück ist nur eine einzige Melodie; zu Beginn habe ich gerade diese Melodie, ohne sonst irgendetwas. Dann füge ich die Farben hinzu und arbeite mit ihnen, so daß es sehr kompliziert wird. Am Ende entwickelt sich das Stück zurück zu einem Akkord, dann zu einem Intervall. Schließlich, ganz am Schluß, habe ich gerade wieder die Melodie, die gleiche Melodie wie zu Beginn« (Aus einer Einführung des Komponisten, LP CMC 1384).

Der autobiographische Bezug dieses Werkes nach eigenen Texten sowie Worten einer erfundenen, nur ihm selbst verständlichen Sprache ist offensichtlich, war doch V. als ungeliebtes zweieinhalbjähriges Kind zur Adoption freigegeben worden. Die Suche nach der eigenen Identität, nach den Ursprüngen, nach Kontakten und Liebe, nach der Zukunft und einer gläubig erwarteten Ewigkeit bestimmten sein Denken und auch manche rätselhaften und befremdlichen Züge seiner Persönlichkeit. V. studierte zunächst bei Gilles Tremblay, dem älteren Kollegen aus Montréal, dann ging er mit einem Stipendium nach Europa: Gottfried Michael Koenig in Utrecht, Paul Méfano in Paris sowie Hans Ulrich Humpert (elektronische Musik) und Stockhausen (Komposition) in Köln waren seine weiteren Lehrer.

In der sehr jungen und weitgehend fremdbestimmten Musikkultur Kanadas fand V. kaum Orientierungspunkte, dafür aber sich selbst in der größten Entfernung von zuhause. Schon das Orchesterwerk *Siddhartha* (1976), inspiriert durch Hermann Hesses ›indischen‹ Bildungsroman gleichen Titels von 1922, zeigte in Dramaturgie und Farbmischung erstaunliche Originalität; es folgte ein mehrmonatiger Aufenthalt im nahen und fernen Osten, vor allem auf der Insel Bali. Der polyglotte V. erlernte auch die malayische Sprache, doch entwickelte er sich musikalisch weder zum Anhänger eines Pseudofolklorismus noch einer ›östlich‹ orientierten Lebensphilosophie, er war in diesem Sinne kein ›Aussteiger‹. Gewisse Klangeffekte, ein spezifisches Timbre waren sicherlich von der Orient-Reise inspiriert, aber sie wurden sehr stark sublimiert und wirkten indirekt als Tendenz einerseits zur Vereinfachung des Ausdrucks, andererseits zu einer ganz eigenen Vorstellung melodischen Komponierens. Drei Werke des Jahres 1977, unmittelbar nach der Rückkehr vollendet, zeigten eine völlig eigenständige Persönlichkeit, die Einflüsse aus der europäischen Avantgarde wie aus der nah- und fernöstlichen Musik als Klangbestandteile zwar aufgenommen und reflektiert, aber einen Stil von starker Individualität nahezu ohne Vorbilder entfaltet hatte: *Shiraz* für Klavier verbindet vierstimmige Polyphonie mit Virtuosität, *Pulau Dewata* (»Insel der Götter«) für ein beliebiges Ensemble von vier Melodieinstrumenten ist die Klangimagination einer mythischen Insel, *Paramirabo* für Flöte, Violine, Violoncello und Klavier (mit Pfeiftönen der Interpreten) – der Werktitel *Paramirabo* ist eine Kontamination aus »Paramaribo« (Hauptstadt von Surinam), »Paris« und der Seine-Brücke »Pont Mirabeau« – zeigt den melodiebestimmten Stil und den harmonischen Reichtum des Komponierens von V. im Bereich subtil ausgehörter Kammermusik.

Die Vereinfachung der Faktur und des Klanges führte V. nicht zur rückwärtsgerichteten ›neuen Einfachheit‹, sondern zu einer Faßlichkeit und übersichtlichen Konsistenz, die hochkomplexe rhythmische Strukturen und ein diffizil ausgeformtes harmonisches Gerüst in sich schließt, wie z. B. in *Zipangu* für zwei Streichergruppen (1980); der Titel ist die Bezeichnung Japans zur Zeit von Marco Polo. Blockhafte homophone Schreibweise verbindet sich mit dynamischer Heterophonie, Effekten verschiedener Stricharten, einer irisierenden Melodik und Ornamentik und vor allem einer vielschichtigen Harmonik von geradezu süchtiger Expressivität; sicher eins der besten Werke V.s, dessen schmales Œuvre der kanadischen Musik erstmals Weltgeltung verschaffte.

Die oft provozierende, aggressive Kontaktsuche V.s, ein Lebensstil, der ungewohnte, ja gefährliche Situationen bewußt herbeiführte, um neue Erfahrungen zu sammeln und dabei jene Vertrautheit zu finden, die dem Kind so schmerzlich abging – diese Verhaltensweise, verbunden wiederum mit überschwänglicher Herzlichkeit im Kreise von Freunden, bestimmte sein unseßhaftes und ungestümes Leben und bot ihm unmittelbare künstlerische Anregung; sie führte ihn aber auch, unter

Einsatz der eigenen Existenz, in Situationen, deren Ausgang weder vorhersehbar noch kontrollierbar war. Am Morgen des 7. März 1983 fanden beunruhigte Pariser Freunde, die seine Wohnung aufbrachen, den Komponisten ermordet vor. Todessüchtigkeit als Teil einer umfassend verstandenen Lebenssüchtigkeit bestimmte auch seine letzten Werke, beide mit deutschen Titeln: *Wo bist du, Licht?* für Sopran, Streicher, Schlagzeug und Tonband (1981) nach einem Hölderlin-Text und, vom Band, politischen O-Tönen sowie *Glaubst du an die Unsterblichkeit der Seele?* (1983). V. arbeitete an diesem Werk, als er den Tod fand. Es blieb unvollendet.

Noten: Doberman-Yppan; Saint-Nicolas (bei Québec, Kanada).

Dokumente: HYKBERG, S: Talk with Cl. V. *in* Musicworks 18 (Winter 1982).

Werkverzeichnis: CL. V., hrsg. von PRO/SDE [Société de droits d'exécution du Canada limitée], Montréal 1984. RIVEST. J.: La Discographie de Cl. V. *in* Revue de musique des universités canadiennes 6 (1985), Heft 6, 35–44.

Literatur: LOPPERT, M: Kopernikus (V.), Almeida Théâtre, Ldn., July 5, 1985 *in* Opera Magazine, September 1985. TANNENBAUM, P.: The Brief and Turbulent Life of Cl. V. *in* Music Magazine, May-June 1986, 12–14. DERS.: Cl. V. Revisited *in* SoundNotes 1 (1991), 12–27. Circuit. Révue Nord-Américaine de Musique du XXe siècle, vol. 2, Nr. 1–2, Montréal 1991 (Sonderheft Vivier). LÜCK, H.: »Marco Polo – das ist ein großer Träumer!« Über Cl. V. *in* Hamburger Musikfest 2001, Programmbuch, 99–115.

Hartmut Lück

Vogel, Wladimir Rudolfowitsch

Geb. 29. 2. 1896 in Moskau; gest. 19. 6. 1984 in Zürich

Bis an sein Lebensende prägte die ständige Opposition zur Formenwelt seiner häufig wechselnden Umgebung das innovative Lebenswerk von V. In Rußland aufgewachsen, als Sohn eines Deutschen während des Ersten Weltkriegs im Ural interniert, kam der anfänglich von Skrjabin beeinflußte Musiker 1918 nach Berlin, wo er als Schüler von Busonis »Meisterklasse für musikalische Komposition« (1920–1924) mit der westeuropäischen Formentradition konfrontiert und zu expressiven Reaktionen herausgefordert wurde. Gegen »Junge Klassizität« lehnte sich V. mit der *Komposition für zwei Klaviere* (1923, auch Fassung für ein Klavier) auf, einer Abrechnung mit der Sonatenform, die in den Konzerten der »Novembergruppe« ihrer neuartigen Konzeption wegen auffiel. V. entwickelt dann ein »Ritmica« bezeichnetes Variationsprinzip auf der Grundlage konstanter Rhythmen innerhalb der einzelnen Sätze. Die Übertragung auf größere Besetzungen führte zu den *Vier Etüden für Orchester* (*Ritmica funebre, Ritmica scherzosa, Ostinato perpetuo, Ritmica ostinata,* 1930–1932) mit einer intensiven Klangsinnlichkeit. Sie erfüllt fortan auch die vokalsinfonischen Arbeiten, in denen V. mit dem Sprechchor in rein musikalischer Funktion ein weiteres neues Gestaltungsmittel erprobt, um schon im Chorwerk *Wagadus Untergang durch die Eitelkeit* (1930) den von ihm begründeten Typus des sogenannten »Dramma-Oratorio« zu entwickeln. Dann wird »sowohl dem frei wie dem rhythmisiert gesprochenen Wort eine ebenbürtige Bedeutung zugedacht wie dem Gesungenen und Instrumentalen« (Schriften ..., 87). Dem »Melos«-Kreis um Hermann Scherchen nahestehend und als Komponist von 1930 an in der Arbeitermusikbewegung engagiert, mußte V. Hitlerdeutschland 1933 verlassen. In der Südschweiz, wo er 1954 Schweizer Bürger wurde, setzte er sich in dem epischen Oratorium *Thyl Claes, Fils de Kolldraeger* (Teil I: »Unterdrückung«; 1938, 1941–42, Teil II. »Befreiung«, 1943–1945) unter zahlreichen Anspielungen auf das Zeitgeschehen mit noch einem historischen Stoff auseinander, in den folgenden »Dramma-Oratorien« jedoch mit Künstlerbiographien: *Meditazione sulla maschera di Modigliani* (1960), *Flucht* nach Texten von Robert Walser (1963–64). Im *Violinkonzert* (1937) wandte sich V. erstmals der Zwölftontechnik zu, die er aber nicht horizontal-linear anwandte, sondern in diagonalen Abläufen und vertikalen Zusammenklängen, die Konsonanzen keineswegs ausschließen. Seit dem Finale dieses Schlüsselwerks, das die erst im Scherzo exponierte Zwölftonreihe an das melodische Modell von Mozarts »Zauberflöten«-Ouvertüre appliziert, spielen zu thematischen Reihen ergänzte Fremdzitate eine wichtige Rolle in der Instrumentalmusik von V., der schon in *Etüde-Toccata* (1926) und *Variétude* (1931) für Klavier mit Kombinationen von gegensätzlichen Gattungsbegriffen experimentiert hatte und sich, mit Max Bill und Jean Arp befreundet, wiederholt von Gestaltungsprinzipien der Architektur, Malerei und Grafik anregen ließ: *Inspiré par*

Jean Arp für Flöte, Klarinette, Violine und Violoncello (1965), *Graphique* für Streichtrio (1976), *Verstrebungen* (Musik in konkreten Gestalten) für Kammerorchester (1977). Das nach 1964 in Zürich entstandene Spätwerk zeichnet sich durch vermehrte Transparenz bei unveränderter Expressivität aus, wobei die *Hörformen* für Orchester (1967, 1969) und in kammermusikalischen Besetzungen (1974, 1979) einen neuen Formtypus in jeweils einem Satz darstellen und wie alle früheren Werke von V. die angeborene russische Ausdruckshaftigkeit mit westlicher Formkunst verbinden.

Noten: Bote & Bock (Bln.); Heinrichshofen (Wilhelmshaven); Hug (Zürich); Edition Kunzelmann (Adliswil/Zürich); Ricordi (Mailand); Schott (Mainz); Suvini-Zerboni (Mailand); Universal Edition (Wien).
Dokumente: Schriften und Aufzeichnungen über Musik, hrsg. von W. LABHART, Zürich 1977.
Werkverzeichnis: Wl. V. (1896–1984). Verzeichnis der musikalischen Werke, hrsg. von M. GEERING und P. Ronner, Winterthur 1992.
Literatur: OESCH, H.: Wl. V. Sein Weg zu einer neuen musikalischen Wirklichkeit, Bern 1967. LABHART, W.: Wl. V. Konturen eines Mitbegründers der Neuen Musik, Zürich 1982 [mit WV].

Walter Labhart

Wagenseil, Georg Christoph Anton

Geb. 29. 1. 1715 in Wien;
gest. 1. 3. 1777 in Wien

W. wurde schon von Zeitgenossen als Begründer und Hauptvertreter der frühen ›Wiener Schule‹, der Musik im Wien der Maria Theresia, bezeichnet wie als vielseitig qualifizierter Musiker gepriesen. Johann Adam Hiller nannte ihn »in omni genere notissimus« und mußte ihm »zum Ruhme nachsagen daß er Original ist« (1766/1768). W.s Schüler Johann Baptist Schenk attestierte ihm – eine in jener Zeit wohl seltene Eigenschaft – musikpädagogischen Eros: »C. W. war ... ein hochberühmter Komponist und noch vor Emanuel Bach ein berühmter Cembalist ... Dieser würdige Greis, der schon mehr als ein Dezennium von Gicht gequält, in sein Wohnhaus angekettet war, hat mich bis an seinen Tod ... mit Liebe und Geduld gelehrt.« (1830). In einem Aufsatz (»Von dem wienerischen Geschmack in der Musik«) lesen wir nach einem generellen Lob seines Komponierens und Klavierspiels: »Die Kunst, dem Clavier, welches so wenig des Gesanges fähig ist, weil es fast nur zum Accompagniren gemacht zu seyn scheint, ... mit Hülfe der begleitenden Violinen eine Art von Gesang zu geben, war W. vorzüglich vorbehalten. Seine Delicatesse, geputzten Passagen, fremde aber ungezwungenen Modulationen, mit welchen er auf eine ihm eigene Art durch alle Töne gehet, zeigen von der Einsicht eines grossen Meisters.« (1766) Und Mozart, der mit Stücken von W. Klavier spielen lernte und später in seinen Opern mehrfach Melodiemodelle W.s zitierte, bemerkte schon 1762: »Ist W. nicht hier? der versteht es.« (vgl. Scholz-Michelitsch, 59/72 f./58/5)

Tatsächlich war W. von Rußland bis England bekannt: Seine Werke wurden früh und viel in europäischen Musikzentren wie Wien, Paris, London, Amsterdam gedruckt, in denen W. als einer der ersten reisenden Virtuosen auch persönlich erschien. Als Komponist war W., Schüler und Protégé von Fux, geprägt von der kontrapunktischen Kirchenmusik und der Oper des Wiener Barockstils, der mit Caldara und Fux zu Ende ging. Sein Schaffen zeigt aber die Ambivalenz der Musik ab ungefähr 1720 zwischen ›gelehrt‹ und ›galant‹, zwischen Handwerk und Gefühl weniger simultan im gleichen Werk, obwohl W. in seinen insgesamt retrospektiven Messen bereits ›galante‹ und ›empfindsame‹ Elemente vorab in Solo- und Ensemblesätzen einflicht, als vielmehr sukzessiv in seiner kompositorischen Entwicklung, die zunächst die Messen, dann ab 1745 die Oper und zuletzt die Instrumentalmusik umfaßt. Auch wenn W. von der opera seria herkommt (*La clemenza di Tito, Il Siroe*, beide Pietro Metastasio; Wien 1746 bzw. 1748), führen Einflüsse von Jommelli und der opéra comique zum Aufbrechen der starren Formen der seria. In seinem Beitrag zum von mehreren Autoren (etwa Hasse, Jommelli und Galuppi) geschaffenen Pasticcio *Euridice* (Wien 1750) nimmt er geradezu die Glucksche Opernreform vorweg: Kleine Formteile werden aneinandergereiht, aber durch eine subtile Tonartendisposition miteinander verklammert; die Szene ist durchkomponiert. Liedhafte Empfindung und Chorszenen gehören zum Neuen, das aber, anders als bei Gluck, nicht vom Primat der Musik abweicht. Am innovativsten ist W. indes in seiner Instrumentalmusik. Ist zunächst die Herkunft von der Suite und die Ausbildung von Nachfolgegattungen wie Divertimento und Ähnlichem unverkennbar, prägt er doch – einsetzend mit op. 2 (1756) – die Entwicklung der Symphonie, des Instrumentalkonzertes (op. 7, 1761) und der solistischen Klaviermusik (op. 1, 1753; op. 3, 1761) mit seiner kantablen, ja manchmal volksliednahen Melodik, mit symmetrischer Periodik, glänzender Instrumentationskunst und dem Ausbau des – meist nicht kontrastierenden – Seitensatzes, der Durchführung und der Reprise zum modellhaften Sonatensatz entscheidend mit. Die meisten seiner fast hundert Symphonien folgen dabei dem dreisätzigen Prinzip und unterscheiden sich formal kaum von den Instrumentalkonzerten. W.s Spätstil betont mehr den Rhythmus als die Linie; die Neigung zum Vertrackten, Akzentuierten ist unüberhörbar. In seiner Klaviermusik gelingt ihm die Synthese seiner dreifachen Begabung: Es sind Kompositionen ebenso aus der Optik des Virtuosen wie des Pädagogen!

W., der »weder über Glucks Willenskraft und Zielbewußtsein, noch über Mozarts Genie verfügte« (Vetter nach Scholz-Michelitsch, 24), wurde in der Oper zum Mittler, in der Instrumentalmusik zum großen Anreger der Klassik (übrigens auch der ›Mannheimer‹): Unmittelbar oder mittelbar durch Werk und Lehre sind Haydn, Mozart und Beethoven (über Schenk, W.s ›Enkelschüler‹) mit ihm verbunden.

Noten: Wiener Instrumentalmusik vor und um 1750 Bd. 1, hrsg. von K. Horwitz u. a., Wien 1908, Graz ²1959 (DTÖ 31, Jg. 15/2).

Werkverzeichnis: Scholz-Michelitsch, H.: Das Orchester- und Kammermusikwerk von G. Chr. W. Thematischer Katalog, Wien 1972.
Literatur: Scholz-Michelitsch, H.: G. Chr. W., Wien 1980 [mit Bibl.]. Heartz, D.: Haydn, Mozart and the Viennese School 1740–1780, N. Y. 1995.

Anton Haefeli

Wagner, (Wilhelm) Richard

Geb. 22. 5. 1813 in Leipzig;
gest. 13. 2. 1883 in Venedig

Die Geschichte kennt keine Zufälle. Am 24. November des Jahres 1813 vermerkt der Dichter Jean Paul in seiner Vorrede zu E. T. A. Hoffmanns »Phantasiestücken«, »daß wir noch bis diesen Augenblick auf den Mann harren, der eine echte Oper zugleich dichtet und setzt.« Er konnte dabei kaum ahnen, daß der Mann, der diese Aufgabe einst lösen sollte, am 22. Mai desselben Jahres im Judenviertel der Stadt Leipzig geboren worden war. Der Dichter und Komponist Hoffmann hingegen, dem die Erwartung gegolten hatte, wußte sehr wohl, warum er sie nicht erfüllte. Die romantische Idee des »Gesamtkunstwerkes« erwies sich in der Praxis als äußerst problematisch, denn ihre Umsetzung war keineswegs nur eine Frage der subjektiven Begabung, sondern des Verhältnisses der hochentwickelten Künste selbst. Dem Versuch, die Einheit der Künste nach vorgeblich antikem Muster zu rekonstruieren, haftet auf der Höhe des 19. Jahrhunderts etwas merkwürdig Dilettantisches an. Der ästhetische Spürsinn Thomas Manns war es, der zuerst diesen kritischen Punkt der Kunst W.s traf. In W. kam die vielseitige Begabung mit den heterogenen, durch keinerlei Autorität und strenge Führung in eine bestimmte Richtung gelenkten künstlerischen Einflüssen seiner Kindheit und Jugend zusammen. Da waren die Musik, das Theater und die Malerei, die Dichtkunst ebenso wie die Philologie, und alles wurde mit einer eigenartigen Hast und einem frühzeitigen Hang zum Monumentalen ergriffen, ohne aber je eine spezialistische Ausprägung zu erfahren. Die knappe musikalische Unterweisung bei dem Gewandhausmusiker Christian Gottlieb Müller (1829–31) und dem Thomaskantor Christian Theodor Weinlig (1831–32) ausgenommen, blieb W. auch als Musiker Autodidakt. Die Kunst und das Leben seien seine einzigen Lehrmeister gewesen, behauptet er einmal (Gesammelte Schriften, Bd. 1, 79). Allerdings ist bei W.s überaus umfangreichen autobiographischen Mitteilungen stets Vorsicht geboten, denn sie bilden zuweilen ein schwer durchschaubares Gemisch aus ideologischer Tendenz, verblüffender Selbsterkenntnis und beschönigender Koketterie. So steht der Selbstdarstellung W.s in *Mein Leben*, er sei als Fünfzehnjähriger nur Musiker geworden, um die Musik zu seinem Trauerspiel *Leubald und Adelaïde* (1826–28) komponieren zu können, das Faktum einer ungewöhnlich großen Anzahl von Instrumentalkompositionen noch vor der Vollendung seiner ersten Oper entgegen (Voss, 46). Das musikalische Schlüsselerlebnis des jungen W. war nicht die Oper, sondern der gewaltige Eindruck, den die Symphonien Beethovens auf ihn machten. W.s eigene frühe Instrumentalkompositionen stehen ganz unter diesem Vorzeichen. Aber gerade das großformatige Leitbild mußte W. sehr bald an die Grenze seiner kompositorischen Möglichkeiten im

Bereich der reinen Instrumentalmusik führen. Davon zeugt einmal W.s kühne Behauptung in *Oper und Drama*, daß in der Gattung der Symphonie nach Beethoven nichts Neues mehr zu leisten sei, zum anderen gibt der für den authentischen Musiker so befremdliche Gedanke, Beethoven habe im Schlußchor seiner »Neunten Symphonie« die »absolute« (d. h. von den ›Schwesterkünsten‹ losgelöste) Musik durch das Wort erlöst, einen deutlichen Hinweis auf die literarische Herkunft von W.s musikalischem Verfahren. Der dichterische Nachahmungstrieb habe ihn bei seinem Studium der Musik nie ganz losgelassen, bekennt er in der *Mitteilung an meine Freunde* (1851). Und was die dichterischen Vorbilder angeht, so waren sie von nicht minderem Rang als das musikalische: Aischylos, Sophokles und vor allem Shakespeare und Goethe. Zwar wird W. später, unter dem Einfluß von Schopenhauers metaphysischer Musikphilosophie, seinen ›dichterischen Nachahmungstrieb‹ zu beschönigen versuchen, aber dieser Wandel der ästhetischen Auffassung bleibt für die Genese seiner Kunst sekundär. Es ist eben gerade das Spannungsfeld zwischen dem dichterischen und symphonischen »Ehrgeiz« (Voss) W.s, in dem das Spezifische seiner Kunst entsteht.

Allerdings verläuft der Prozeß der künstlerischen Selbstfindung bei W. nicht nur äußerst widersprüchlich, sondern währt auch ungewöhnlich lang. Der Mangel an zunftgemäßer Ausbildung brachte es mit sich, daß W. für die verschiedensten Einflüsse offen blieb, aber auch deren Gefahren gewissermaßen ungeschützt ausgesetzt war. Erst beim Thomaskantor Weinlig lernte er die Grundregeln der Harmonik und des strengen Kontrapunktes und gelangte so erstmalig zu einer gewissen Selbständigkeit des musikalischen Handwerkes. Neben Klaviersonaten und einer Reihe von Ouvertüren ist aus dieser Zeit vor allem die *Symphonie C-dur* zu nennen, die gewissermaßen W.s musikalisches Gesellenstück darstellt. Anders als bei den meisten unter den großen Komponisten leitet sich W.s musikalisches Schaffen also nicht vom Klaviervirtuosen her. Er blieb zeitlebens nur ein mittelmäßiger Klavierspieler, für den dieses Instrument nicht viel mehr als ein Mittel zum Zweck des Orchestersatzes war. Schon in den ersten Klaviersonaten wird mangelnde Virtuosität bei ihm durch orchestrale Vollgriffigkeit und Oktavierungen ersetzt (ebd., 53) – ein Merkmal, das noch die späten Partituren kennzeichnet.

Seine Laufbahn als ausübender Musiker beginnt W. als Chordirektor in Würzburg (1833), wo er sich insbesondere mit Werken von Weber, Auber, Rossini, Cherubini, Marschner und Meyerbeer auseinanderzusetzen hat. Nachdem er kurz zuvor das Textbuch zu einer ersten Oper *Die Hochzeit* (1832–33) verworfen hat, wendet sich W. nun bewußt der Oper zu. Einer Anregung aus E. T. A. Hoffmanns Abhandlung »Der Dichter und der Komponist« (in welcher W. auch die Theorie des »Gesamtkunstwerkes« finden konnte) folgend, dichtet er sich nach einer Vorlage Carlo Gozzis den Text zu seiner romantischen Oper *Die Feen* (München 1888). Die Komposition (1833–34) enthält schon manche echt W.schen Züge, auch wenn sie sich erklärtermaßen am Vorbild der romantischen Oper Marschners und Webers orientiert. Aber schon mit seiner nächsten Oper *Das Liebesverbot* (Magdeburg 1836) wendet er sich unter dem ›jungdeutschen‹ Einfluß seines Freundes Heinrich Laube von der deutschen romantischen Oper ab und französischen und italienischen Vorbildern zu. W. ist inzwischen Musikdirektor am Theater in Magdeburg, und hier standen vor allem Werke von Rossini, Bellini, Auber und Cherubini auf dem Programm. Hatte sich W. mit dem *Liebesverbot* in der Gattung der opéra comique versucht, so wendet er sich mit seinem ersten großen Erfolgswerk *Rienzi* (1838–40, Dresden 1842) der opera seria im Stile Spontinis und der grand opéra Meyerbeers zu. Die Komposition dieses Werkes wird unterbrochen durch W.s überstürzte Flucht aus Riga (Sommer 1839), die ihn über London und Bordeaux nach Paris führt. Zu den Abenteuern dieser Reise gehört es, daß W. in den Fjorden der norwegischen Küste die musikalische Inspiration zu seinem *Fliegenden Holländer* empfängt. Der historische Kern dieses für W. typischen »Inspirationsmythos« (Dahlhaus) ist – wie auch in den ähnlich gelagerten Fällen beim *Tannhäuser*, *Rheingold* oder *Parsifal* – umstritten, für die Komposition wesentlich ist aber das hier erstmalig auftauchende Prinzip der »keimhaften Entwicklung«, d. h. der Ableitung eines Ganzen aus einem dramatisch-musikalischen Motiv. W. selbst glaubte, mit dem *Fliegenden Holländer* (1840–41, Dresden 1843) seine eigene ›Richtung‹ gefunden zu haben und betrachtete diesen als sein erstes ›vollgültiges‹ Werk. Gültigkeit bezog sich dabei auf den musikdramatischen Anspruch, mit dem sich W.s Richtung nun ausdrücklich im Gegensatz zur herkömmlichen Oper definiert. Dennoch werden die drei Werke

Fliegender Holländer, Tannhäuser (Dresden 1847, Paris 1861) und *Lohengrin* (1846–48, Weimar 1850) noch zu Recht als romantische Opern bezeichnet. Die Nummern der Oper, also Arien und Rezitative nebst großen Ensembles und Chören, gibt es in ihnen allemal, wenngleich sie harmonisch trugschlüssig verkettet und als musikalische Aktionen auf der Ebene der Bühnenrealität (Breig, 387) dramaturgisch kaschiert erscheinen. Die musikalische Einheit des Ganzen wird hier nur ansatzweise durch den Zusammenhang der Motive, sondern vielmehr durch den einheitlichen Gestus und die instrumentatorische Färbung erreicht. Letztere gelangt im *Lohengrin* zu einer neuen Qualität. In der »Silberfarbe« der hohen Violinen des Vorspiels gewinnt die Klangfarbe erstmalig eine eigenständige dramaturgische Funktion, die in der Darstellung des »Wunderbaren«, hier konkret in der Herabkunft des Heiligen Grals besteht. Die »koloristische Dimension« des Orchesters wird von W. im *Lohengrin* »recht eigentlich« entdeckt und als kompositorisch relevantes Prinzip instrumentaler Klangmischung zuerst aufgestellt (Adorno, 66f.). Die entscheidende Voraussetzung für die dramaturgisch bedeutsame Rolle, die dem Orchester in W.s späteren Werken zukommt, war damit geschaffen, und so stellt diese letzte der romantischen Opern bereits ein Werk des Übergangs dar.

Die ungewöhnlich lange Schaffenspause zwischen der Vollendung des *Lohengrin* und der Komposition des *Rheingold* (mehr als fünf Jahre) ist zum einen durch W.s aktive Beteiligung am Dresdner Maiaufstand 1849 und die darauffolgende Flucht ins Zürcher Exil bedingt, gibt zum anderen aber auch Zeugnis von der konzeptionellen Krise, in die W.s Schaffen nach dem *Lohengrin* geraten war. In dieser Zwischenzeit entstehen die großen Kunstschriften *Kunst und Revolution*, *Kunstwerk der Zukunft* (beide 1849) und *Oper und Drama* (1851), in denen W. seine sozialutopische Idee des »Kunstwerks der Zukunft« proklamiert und die entsprechende Konzeption des musikalischen Dramas entfaltet. Das ursprüngliche Projekt einer Oper *Siegfrieds Tod* (1848) wuchs sich dabei zur überdimensionalen Tetralogie vom *Ring des Nibelungen* aus. 1853–54 beginnt W. mit der Komposition des *Rheingold* (München 1869), nachdem ihm der Gedanke zur »keimhaften Entwicklung« des Weltendramas aus dem Es-dur-Dreiklang in seiner berühmten Vision von »La Spezia« gekommen war. 1854–56 folgt *Walküre* (München 1870), doch schon vor der Vollendung des *Siegfried* (1856–57, 1864–65, 1869–71, Bayreuth 1876) schiebt W. zwei ›kleinere‹ Werke ein, *Tristan und Isolde* (1856–59, München 1865) und *Meistersinger* (1862–67, München 1868). Erst danach vollendet er den dritten Akt des *Siegfried* und die *Götterdämmerung* (1869–74). Schließlich gelangt W. mit seinem Spätwerk, dem »Bühnenweihfestspiel« des *Parsifal* (1877–82, Bayreuth 1882), an die Grenzen der Gattung des musikalischen Dramas. Nur Symphonien und Idylle, einsätzige und monothematische Instrumentalwerke will er danach noch komponieren, und damit schließt sich der Kreis zum »symphonischen Ehrgeiz« der allerersten Zeit. Wo in diesem Prozeß ständiger Entwicklung und Vervollkommnung der eigentlich W.sche Stil anzusetzen ist, läßt sich mit Sicherheit kaum bestimmen. Vielmehr prägt noch mit der ›reife‹ W. für jedes einzelne Werk einen je eigenen Stil, ein unverwechselbares Kolorit und spezifische musikdramatische Lösungen. W. ist musikalisch eigentlich nie fertig, sondern immer neu auf der Suche und in ständiger Entwicklung begriffen.

In eigentümlichem Kontrast zum ›sich entwickelnden Komponisten‹ steht der frühzeitig ›fertige Dichter‹ W. Seine dichterischen Stoffe lernt er sämtlich bis 1848, dem Jahr seiner Lebensmitte, kennen. Als er im Frühjahr 1857 die erste Prosaskizze zu *Parsifal* (damals noch »Parzival«) niederschreibt, ist damit die eigentliche Phase seiner dichterischen Entwürfe auch schon beendet. Er brauchte nun nur noch an die kompositorische Ausführung seiner Pläne zu gehen, und er vollbringt dieses Riesenprojekt trotz aller Unrast des Lebens, mit einer unbeirrbaren Zähigkeit und Ökonomie der Kräfte, die ihresgleichen sucht. Die Inhalte der Werke kreisen in immer neuen Variationen um ein gleiches Thema: die Erlösung des Helden. Der dramatische Konflikt entzündet sich dabei regelmäßig am Schema zweier Welten, die sich fremd oder feindselig gegenüberstehen: die phantastisch-dämonische und real-bürgerliche im *Holländer*, der sinnliche Venusberg und die vergeistigte Wartburg-Gesellschaft im *Tannhäuser*, christliche Gralswelt und heidnische Magie in *Lohengrin* und *Parsifal*, Lichtalben und Schwarzalben im *Ring*, Tag-Welt und Nacht-Welt im *Tristan* und schließlich in den *Meistersingern* der genialische Dilettantismus Walter von Stolzings und Beckmessers handwerkliche Pedanterie. »Erlösung« heißt nun bei W. nichts anderes als die Aufhebung dieser Spaltung. Die philosophische und heilsutopische Konnotation dieser Konstellation geht aus W.s programmatischer Schrift *Das Kunstwerk der Zukunft* hervor. Unter dem Einfluß sozialrevolutionärer Ideen und der Philosophie Ludwig Feuerbachs beurteilt er dort die Menschheitsgeschichte nach dem Schema »Die Menschheit, wie sie ist und wie sie sein sollte« (vgl. Wilhelm Weitlings 1839 in Paris erschienene Schrift dieses Titels) und leitet daraus das dramaturgisch und weltanschaulich gleichermaßen bedeutsame Prinzip einer »Erlösung durch Selbstvernichtung« ab. Gemeint ist damit das dialektische Prinzip der Negation der Negation, mit dessen Hilfe sich der »Kulturmensch« der Gegenwart zum künstlerischen Menschen der Zukunft erlösen soll. Allerdings ließ sich das auch sehr übel auslegen, wenn W. in seinem Pamphlet *Das Judentum in der Musik* (1850/1869) die verrotteten Kulturzustände seiner Zeit als Folge des jüdischen Einflusses diagnostizierte, dann aber den Juden die »Erlösung Ahasvers« – den Untergang – zu ihrer Rettung anpries. Neben den künstlerischen sind es auch gerade die sozialrevolutionären Momente des W.schen Kunstwerkes, die sich anhand eines Feindbildes definieren, das »Jude« heißt. W.s Kultur- und Sozialkritik braucht einen Sündenbock, daraus aber eine Anleitung zu Selbstmord oder gar Judenvernichtung ableiten zu wollen, wäre nicht nur absurd, sondern beruht schlichtweg auf der Nichtbeachtung oder Unkenntnis der zum Kontext gehörenden sozialutopischen Heilskonstruktion. Zur ›Logik‹ dieser Konstruktion zählt auch der Umstand, daß W. zeit seines Lebens in engstem Freundschaftsverhältnis zu jüdischen Künstlern steht. In seiner Kunst schließlich scheinen sich die Antithesen vollends zu verwirren. W. hält nicht nur jeden antisemitischen Unterton aus seinen Werken heraus (was sich anhand der Entwürfe auch für Alberich und Beckmesser nachweisen läßt), sondern es fällt auf, daß ausgerechnet die positiven Helden durchweg etwas vom Schicksal des »ewigen Juden« erleiden. Es ist Ahasver, der in wechselnder Gestalt das Gesamtwerk durchzieht, vom *Fliegenden Holländer* über den »Wanderer Wotan« in *Siegfried* bis hin zu seiner weiblichen Version, der »Wilden Reiterin« Kundry im *Parsifal*. Auf all den Helden lastet ein Fluch. Sie erscheinen fremdartig in ihrer Umwelt und scheitern bei dem Versuch, seßhaft zu werden, sich zu assimilieren. Sie sind Ruhelose und Unangepaßte, umhergetrieben vom ›faustischen Geist‹, groß nur in ihrer Tragik. Genau das ist auch der Punkt, an dem für W. Biographie und Werk in einem nicht anekdotischen, sondern geradezu ›psychodramatischen‹ Sinn miteinander verschmelzen. Als Projektionsfläche des eigenen Selbst ist die Kunst für W. das Medium künstlerischer Beichte und Entwurf des Lebens zugleich. Er zeigt sich darin als der große Mime, der Schauspieler und Komödiant, als den Friedrich Nietzsche ihn bezeichnet hat.

Es gehört zu den Merkwürdigkeiten des Künstlers W., daß sich bei ihm mit solch urwüchsiger Schauspielernatur ein ungewöhnlich starker Hang zu theoretischer Reflexion und Spekulation verbindet. Überall meldet sich W. als Kommentator und Propagandist seiner Werke zu Wort, immer wieder mischt er sich ein, berichtigend, fordernd und sogar verbietend. Die Crux dieser Kunst, die ihr Schöpfer aus dem überkommenen Kulturbetrieb herauszuhalten sich müht, besteht darin, daß sie wie kaum eine andere der Erklärung und Deutung bedarf – eine Kunst mit ›Gebrauchsanweisung‹. Zwar mögen W.s theoretische Schriften in ihrem oft schwülstig überladenen Stil nicht jedermanns Sache sein: Entgegen ihrer weitverbreiteten Geringschätzung stellen sie jedoch eine noch nicht annähernd ausgeschöpfte Quelle für das Verständnis der Kunstwerke dar. Häufig inspiriert die Theorie sogar die Symbolik des Dramas und umgekehrt. So ist das lieblose Spiel der drei Rheintöchter mit dem Zwergen Alberich in der ersten Szene des *Rheingold* zugleich eine Allegorie auf die italienische, französische und deutsche Oper, die W. in *Oper und Drama* als »Lustdirne«, »Kokette« und »Prüde« charakterisiert (Gesammelte Schriften Bd. 11, 107). Die Musik sei ein Weib, heißt es in diesem Zusammenhang, ein seelenloses Wellenmädchen, das erst durch die zeugende Liebe der männlichen Dichtkunst seine Seele und volle Individualität empfängt (ebd., 106). Das allgegenwärtige Motiv der Erlösung durch die Liebe stellt somit auch das Modell für die Geburt des musikalischen Dramas dar. Die Frage, welcher der beiden Künste dabei der Primat zu geben sei, der Musik oder der Dichtung, ist so alt wie die Gattung der Oper, die um 1600 im Kreis der Florentiner Camerata unter ganz ähnlichen Prämissen wie W.s Gesamtkunstwerk entstanden war. Der damals neue deklamatorische Gesangsstil ordnete die Musik eindeutig dem Ausdruck der Sprache unter. Die gleiche Position bezieht in der ästhetischen Kontroverse zwischen »Gesamtkunstwerk« und »absoluter Musik« auch W. In seiner berühmten These aus *Oper und Drama*, der Grundirrtum der Oper bestehe darin, daß sie die Musik zum Zwecke, das Drama aber zum Mittel des Ausdrucks gemacht habe (ebd., 21), wirft er der Opernmusik nichts anderes vor, als daß sie in Wahrheit »absolute Musik« sei. Diesem Verdikt verfällt die gesamte Operngeschichte bis hin zu Weber, von dessen romantischer Oper W. selbst einst ausgegangen war. Symptomatisch für W.s Konzeption des musikalischen Dramas scheint der Umstand, daß die Entscheidung über seine »eigene Richtung« zunächst auf rein literarischem Boden fällt, am Scheidewege zwischen Historie und Mythos, wobei W. in seiner Abhandlung *Die Wibelungen. Weltgeschichte aus der Sage* (1848) den Weg des letzteren wählt. Zum Mythos drängt ihn der Wunsch, einen großen Zusammenhang von Verhältnissen zu einer »leicht überschaulichen Einheit« zu fassen, ein Verfahren, gegen das sich die Historie mit ihrer ungeheuren Masse von Details und dem Zwang zu deren chronologischer Darstellung von vornherein sperrt (ebd. Bd. 1, 142). An dieser Stelle fällt zugleich die Entscheidung zwischen dem musikalischen und gesprochenen Drama. Im Interesse der Verständlichkeit, erklärt W. in *Oper und Drama*, habe der Dichter des musikalischen Dramas die Momente der Handlung auf wenige Hauptmomente zu beschränken, und zwar derart, daß alle Motive, die in den ausgeschiedenen Momenten versteckt lagen, so in den Hauptmomenten »verdichtet« würden, daß sie diese nicht zersplitterten, sondern verstärkten (ebd. Bd. 11, 192). Auszuscheiden hat der Dichter aus der Handlung alles »Zufällige«, »Pragmatisch-Historische«, »Staatliche« und »Dogmatische« (ebd., 226), so daß nur der »reinmenschliche« Inhalt verbleibt, und diesen findet W. nirgends anders als im Mythos. W.s dichterisches Verfahren und sein Mythosverständnis sind also offenkundig »strukural« im Sinne von Claude Lévi-Strauss, den er nachweislich auch beeinflußt hat, aber das scheinbar literarische Problem der »Verdichtung« ist dennoch ein genuin musikalisches. Wenn W. Beethovens symphonisches Prinzip im musikalischen Drama aufgehoben wissen will, so muß er dafür sorgen, daß die Qualitätsmerkmale des Symphonischen auch unter den Zwängen des dramatischen Handlungsverlaufes erfüllt werden. Das Symphonische an Beethovens Symphonien aber ist die konzentrische Anlage des Sonatenhauptsatzes, dessen innerer Zusammenhang und überschaubare Einheit eben auf der Substanz weniger Themen und Hauptmotive beruhen. Die Problematik des musikalischen Dramas stellte sich für W. also auf zweifache Weise dar: Zum einen mußte die Handlung nach musikalisch-symphonischen Erfordernissen geformt werden, wozu eben die mythische Verdichtung das rechte Mittel schien; zum anderen aber mußte die Musik durch die Handlung gerechtfertigt, gewissermaßen also dramatisiert werden. Letzteres ist der Ursprung der vielzitierten, zumeist aber im Sinne einer platten Bildchentechnik mißverstandenen, sogenannten Leitmotivtechnik, wie sie vor allem in der *Ring*-Tetralogie ihre konsequenteste Anwendung erfahren hat. Die gleichermaßen musikalische und dramatische Funktion der Leitmotive (W. spricht von »Themen«) besteht jedoch in der symphonischen Verdichtung des Werkganzen zu einer aus wenigen voneinander abgeleiteten oder doch zumindest verwandten Motiven bestehenden Einheit. Das dichte Netz von motivischen Bezügen, das auf diese Weise entsteht, bewirkt den Zauber und die intellektuelle Komplexität des musikalischen Dramas, bedingt zugleich aber auch die Verkümmerung symphonischer Möglichkeiten in der Musik. Die Motive müssen, wenn sie ihre zusammenhangstiftende Aufgabe auch in der Riesendimension etwa der *Ring*-Tetralogie erfüllen sollen, über eine plastische Gestaltqualität verfügen, die ein Wiedererkennen und Erinnern jederzeit garantiert. Das wesentliche Kriterium der Beethovenschen Symphonik, die entwickelnde Variation, die die musikalische Genese der Motive zu ihrem Gegenstand macht, bleibt den W.schen Motivgestalten daher weitgehend versagt oder liegt doch im Vorfeld der Komposition. W. faßt seine Motive bezeichnenderweise als »Persönlichkeiten« auf, der Vorgang ihrer »Geburt« aber findet im Werk bis auf wenige Ausnahmen nicht statt. Die fatale Folge davon ist das Fehlen eigentlicher musikalischer Entwicklung und die Tendenz zu bloßer Wiederholung, Sequenzierung und Aneinanderreihung der Motive, wie sie beispielsweise ein ›Instrumentalstück‹ wie »Siegfrieds Trauermarsch« (W. nennt ihn einen »griechischen Chor«!) in der *Götterdämmerung* demonstriert. An die Stelle traditioneller Formschemata tritt seit dem *Ring* die »unendliche Melodie« des Orchesters, ein Motivgewebe, in dem es keine Floskeln mehr gibt, in dem alles Zusammenhang, Beziehung und Bedeutung ist. Wo aber alles mit allem zusammenhängt, lassen sich formale musikalische Einheiten kaum noch begründen, weder gattungsmäßig, noch harmonisch, sondern nur dramaturgisch, was sich in der aus dem Sprechdrama übernommenen Einteilung der Werke in Szenen niederschlägt. W. begründet die mangelnde Architektur seiner musikalischen Formbildung mit seiner »Kunst des Übergangs«, die bestrebt ist, zwischen den Extremen von höchster Erregtheit und Ruhe zu vermitteln (Brief an Mathilde Wesendonck, 29. 10. 1859). Die musikalischen Träger dieser Vermittlung sind jene großangelegten Sequenzbögen, die sogenannten »Tristansteigerungen« (Kurth), die bei W. jedoch schon lange vor dem *Tristan* zu finden sind. Im Grunde stellt auch diese vielgeschmähte Sequenztechnik nichts anderes als die konsequente Umsetzung der Ausdrucksverstärkung durch Verdichtung dar, eine Art akkumulative Rhetorik, die einen ständigen Wechsel von Spannung und »Er«-Lösung bedingt. W.s Musik verdankt dieser Technik nicht nur ihre großen, gewissermaßen kathartischen Wirkungen, sondern entgeht mit ihrer Hilfe auch der stets latenten Gefahr des bloßen Themenpotpourris.

Hinsichtlich der Musikalisierung der Sprache mußte W. ganz eigene Wege beschreiten. Zunächst erforderte das Gesetz des deklamatorischen Ausdrucks die Verbannung aller rein musikalischen Ensembles und auch der Chöre aus dem musikalischen Drama. W.s Dichtung beschränkt sich im *Ring* fast ausschließlich auf den Dialog. Sodann mußte ein Sprachvers geschaffen werden, der – anders als der Endreim – musikalisch optimal verfügbar war; und der Philologe unter den Musikern fand diesen Vers im altnordischen Stabreim. Musikalisch bedeutsam am Stabreim ist weniger das Mittel der Alliteration (Breig, 418), wodurch W. die Verwandtschaft der Sprachwurzeln darstellen will, sondern vielmehr der Sprachrhythmus, die semantisch und musikalisch sinnvolle Übereinstimmung von Hebung und Akzent. Eigentlich verfolgt W. mit seinen prosodischen Erörterungen nichts anderes, als der deutschen Sprache mit ihren Hebungen und Senkungen zu den antiken Längen und Kürzen zu verhelfen (Gesammelte Schriften Bd. 9, 231), und er löst dieses Übersetzungsproblem durch die Transformation metrischer Längen und Kürzen in den musikalischen Takt. Auf diese Weise entsteht musikalischer Rhythmus, und die Sprache beginnt gleichsam wie von selbst zu singen. Die alte Frage, warum der Darsteller im Drama zu singen hat, ist damit auf verblüffend einfache Weise beantwortet. Allerdings ist das Ergebnis solch singender Deklamation mehr eine Art ›musikalischer Prosa‹, die nur möglich ist, weil das motivische Gewebe der Orchestermelodie die Einheit des Ganzen verbürgt.

Das musikdramatische Programm von *Oper und Drama* ließ sich auf Dauer jedoch nicht durchhalten. Schon im *Tristan* gelangt die Musik wieder zu größerer Freiheit, begünstigt durch die extreme motivische Verdichtung der Handlung und die inzwischen unter dem Eindruck der Schopenhauer-Lektüre gewandelte Musikauffassung W. s W. behauptet nun, daß die Musik es sei, die das Drama gebiert, und so kehrt er in den folgenden Werken sogar wieder zu traditionelleren Formen zurück. Er kann es jetzt auch, nachdem er die Musik dramatisiert und somit ihr Sprachvermögen beträchtlich gesteigert hat. W. knüpft unmittelbar an romantisches Ideengut an, wenn er dem »spezifischen Sprachvermögen« des Orchesters die Kundgabe des »Unaussprechlichen« zuweist (ebd. Bd. II, 281). Im Sinne der Romantiker und des an Schopenhauer orientierten W. (vgl. insbesondere die *Beethoven-Schrift* von 1870) ist dieses Unaussprechliche metaphysisch zu verstehen: Musik als Idee der Welt. In der Theorie von *Oper und Drama*, die W.s musikalisches Verfahren weit mehr geprägt hat als Schopenhauers Philosophie, ist es hingegen die »leibhaftige Gebärde«, woraus sich auch die plastische Qualität der W.schen Motive erklärt. Die »Regression zum Gestischen« (Adorno) induziert einerseits die große dramatische Wirkung dieser Musik, hat ihr andererseits aber auch den Vorwurf des Unsublimierten oder gar Unmusikalischen eingetragen. Durchaus zu Unrecht, denn gerade die Feststellung, daß W.s Musik kaum ohne das Drama, W.s Dichtung jedoch nicht ohne die Musik zu bestehen vermag, ist ein sicheres Indiz dafür, in welch großem Maße die Synthese der Künste in W.s »Gesamtkunstwerk« tatsächlich gelang. Eben dieses Merkmal des Synthetischen ist es ja, welches W.s Kunst zu einer der großen Ausnahmeerscheinungen der Musikgeschichte macht. Nachfolger – es sei denn Epigonen – hat W. darin nicht gefunden, wenngleich bedeutende Wirkungen bis hin zur Moderne von ihm ausgegangen sind. Aber es handelt sich dabei um Einzelmomente seines Stiles, insbesondere die Klangfarbentechniken der Instrumentation, die chromatische Harmonik des *Tristan*, den symphonischen Anspruch der Orchestermelodie im Verein mit der musikalischen Prosa des Gesanges und nicht zu vergessen die musikdramaturgischen Maßstäbe, die W. mit dem unsichtbaren Orchester und schauspielernden Sängern Bayreuths dem

Musiktheater gesetzt hat. Aber Teilaspekte werden dem Ganzen des W.schen Werkes immer nur unvollkommen gerecht.

Das musikalische Drama ist ein komplexes Gebilde musikalischer, sprachlicher und szenischer Parameter, über denen sich eine unendliche Fülle philosophischer, ästhetischer, soziologischer und religiöser Implikationen türmt. Es entsteht daraus die Schwierigkeit einer angemessenen Rezeption des Überangebotes an Klang, Bild und Sprache, wie sie für W.s Werke typisch ist. Selektives Verhalten und ästhetisches Mißverständnis sind dann schon zum Teil vorprogrammiert, denn diese »raffinierte Kunst« (Thomas Mann) enthält beides: die vordergründigen großen Wirkungen und die Feinheit des Details. Die »gewaltigen Stellen« sollten bei W. stets mißtrauisch gehört werden. Denn obgleich diese Musik zweifellos von der Ästhetik des Erhabenen ausgeht (Dahlhaus), so trägt sie, richtig gehört, doch zumeist auch den Keim zu ihrer Selbstnegation in sich. »Falsch und feig ist, was dort oben sich freut«, kommentieren die Rheintöchter den bombastischen Einzug der Götter nach Walhall am Schluß des *Rheingold*, und der verderbenbringende Loge prophezeit: »Ihrem Ende eilen sie zu«. Das Positive – oder mit Nietzsche zu reden das »Göttliche« – kommt auch bei W., allem Vorurteil zum Trotz, auf ›zarten Füßen‹: jenes versöhnende Liebesmotiv am Schluß der *Götterdämmerung*, das die Welt vom Fluche erlöst. In der Doppelbödigkeit einer solchen Dramaturgie zeigt sich einmal mehr der an Hegel und Feuerbach geschulte Dialektiker und Rhetoriker W., der gar wohl wußte, daß eine ins Übermaß gesteigerte Qualität in ihr Gegenteil umschlägt. W. sieht darin nichts geringeres als den Mechanismus der Revolution: Mit dem »menschenfeindlichen Fortschreiten der Kultur« wachse die Beschränkung der Natur so ins Riesenhafte, daß ihr endlich die nötige »Schnellkraft« entstehe, die ganze »Kulturanhäufung« weit von sich zu schleudern (Gesammelte Schriften Bd. 10, 36f.). Wie weit immer W.s aktive Teilnahme am Dresdner Maiaufstand gereicht haben mag, wesentlich erscheint dabei vor allem, daß er das Konglomerat aus allgemeiner Zeitströmung, persönlicher Unzufriedenheit und engagierter Kulturkritik, das ihn zum Revolutionär gemacht hatte, nicht einfach fallen läßt, sondern in die Konzeption seines »Kunstwerks der Zukunft« transformiert. Was die gescheiterte Revolution nicht vermocht hatte, das sollte nun seine Kunst bewirken. Aber er verfolgt dieses Ziel nicht durch die visionäre Beschwörung einer heilen Welt, sondern in der Kritik der herrschenden Zustände. Der Gegenstand der *Ring*-Tetralogie ist eben jene unerträgliche Kulturanhäufung unter der Herrschaft des Goldes, die zum Umschlag ins Gegenteil führen soll. Und so kann die Philosophie einer Kunst, deren Aufgabe es ist, den verhängnisvollen Lauf der Geschichte zu einem großen Zusammenhang zu verweben, bis auf wenige Ausnahmen ungetrübter Naturdarstellung im Grunde nur negativen Sinnes sein.

Das »deutsche Mißverständnis« (Friedrich Nietzsche) von Deutschtümelei und Germanenkult, aber auch dasjenige der »gewaltigen« Musik beruht zu einem großen Teil auf einer vordergründigen und einseitigen Rezeption. Vom Mißverständnis zum Mißbrauch ist es dann nicht weit. Unbedacht wurden Heldentum und erhabene Musik in den Dienst nationalistischer Zwecke gestellt, ohne im geringsten zu bemerken, daß es sich gerade dabei um die dialektischen Kategorien des W.schen Kunstwerkes handelt. So unzulässig es ist, W. die Verirrungen der Nachwelt anzulasten, so unabdingbar ist die Kritik solch ideologischer Rezeption und des schiefen Wagnerbildes, das daraus resultiert. Ideologisch aber verhalten sich beide, die ›Wagnerianer‹, die ihren Meister vergöttlichen und dogmatisieren und die ›Antiwagnerianer‹, die ihn verteufeln. Noch immer fällt es schwer, ein »Jenseits dieser Gegensätze« zu finden. Zu viel an schwer Verträglichem in Leben und Werk W.s gilt es zu sondieren, aber auch viel an unbewältigter eigener Vergangenheit muß dabei aufgearbeitet werden. Am Gelingen dieser Aufgabe jedoch wird der Wert eines künftigen Wagnerbildes zu messen sein.

Noten: R. W. Sämtliche Werke (Kritische Ausgabe), Mainz 1970ff.
Dokumente: Gesammelte Schriften und Dichtungen, 14 Bde., hrsg. von J. Kapp, Lpz. o. J. Sämtliche Schriften und Dichtungen. Volksausg., 16 Bde., Lpz. o. J. Dichtungen und Schriften. Jubiläumsausg. in 10 Bänden, hrsg. von D. Borchmeyer, Ffm. 1983. Mein Leben, hrsg. von M. Gregor-Dellin, Mn. 1976. Das Braune Buch. Tagebuchaufzeichnungen 1865 bis 1882, hrsg. von J. Bergfeld, Zürich 1975. Cosima W. Die Tagebücher, 2 Bde., ediert und kommentiert von M. Gregor-Dellin und D. Mack, Mn. 1976–77. Sämtliche Briefe, hrsg. von G. Strobel, W. Wolf u. a. Lpz. 1967ff. R. W. an M. Wesendonck, hrsg. von J. Kapp, Lpz. 1915. König Ludwig II. und R. W. Briefwechsel, 5 Bde., bearbeitet von O. Strobel, Karlsruhe 1936–39. Letters of R. W. The Burrell Collection, hrsg. von J. N. Burk, Ldn. 1951; dt.

Ffm. 1953. Fr. Liszt – R. W. Briefwechsel, hrsg. von H. KESTING, Mn. 1988.
Werkverzeichnis: Verz. der mus. Werke R. W.s und ihrer Quellen, hrsg. von J. DEATHRIDGE, M. GECK und E. VOSS, Mainz 1986.
Bibliographie: SAFFLE, M.: R. W. A Guide to Research , N. Y. u. a. 2002.
Periodica: Bayreuther Blätter, hrsg. von H. VON WOLZOGEN, 1878–1938.
Literatur: NIETZSCHE, FR.: Der Fall W., Lpz.1888. DERS.: Nietzsche contra W., hrsg. von R. RICHTER, Lpz. 1910. (Beides in: Friedrich Nietzsche. Der Fall W., hrsg. von D. BORCHMEYER, Ffm. 1983). KURTH, E.: Romantische Harmonik und ihre Krise in W.s Tristan, Bln. 1923. MANN, TH. Leiden und Größe R. W.s *in* Die neue Rundschau 44 (1935). DAHLHAUS, C.: W.s Konzeption des musikalischen Dramas, Regensburg 1971. ADORNO, TH. W.: Versuch über W., Ffm. 1974. KROPFINGER, Kl.: W. und Beethoven, Regensburg 1975 ; engl. NA. Cambridge 1991. VOSS, E.: R. W. und die Instrumentalmusik, Wilhelmshaven 1977. R. W. Wie antisemitisch darf ein Künstler sein?, Mn. 1978 (MK 5). GREGOR-DELLIN, M.: R. W. Sein Leben, sein Werk, sein Jahrhundert, Mn 1980. ACKERMANN, P.: R. W. »Ring des Nibelungen« und die Dialektik der Aufklärung, Tutzing 1981. ZIMMERMANN, M.: »Träumerei eines fr. Dichters« Stephane Mallarmée und R. W., Mn 1981. BORCHMEYER, D.: Das Theater R. W.s, Stg. 1982. BREIG, W.: Wagners kompositorisches Werk *in* W.-Handbuch, hrsg. von U. MÜLLER und P. WAPNEWSKI, Stg. 1986 [mit Bibl.]. PROX, L.: Strukturale Komposition und Strukturanalyse. Ein Beitrag zur Wagnerforschung, Regensburg 1986. R. W. Tristan und Isolde, Mn. 1987 (MK-57-58). DAHLHAUS, C.: R. W.s Musikdramen, Ffm. 1988. WEINLAND, H.: R. W. Zwischen Beethoven und Schönberg, Mn. 1988 (MK 59). »Der Fall W.« Ursprünge und Folgen von Nietzsches W.-Kritik, hrsg. von TH. STEIERT, Laber 1991. ROCH, E.: Psychodrama. R. W. im Symbol, Stg. und Weimar 1995. R. W. im Dritten Reich, hrsg. von S. FRIEDLÄNDER und J. RÜSEN, Mn. 2000. Alles ist nach seiner Art. Figuren in R. W.s »Ring der Nibelungen«, hrsg. von U. BERMBACH, Stg. und Weimar 2001. BORCHMEYER, D.: R. W., Ffm. 2002. DANUSER, H.: Zukunftsbilder: R. W.s Revolution und ihre Folgen in Kunst und Politik, Schliengen 2002. DÖGE, KL.: »Schlagen Sie die Kraft der Reflexion nicht zu gering an«. Beiträge zu R. W.s Denken, Werk und Wirken, Mainz u. a. 2002. HOFMANN, P.: R. W.s politische Theologie. Kunst zwischen Revolution und Religion, Paderborn u. a. 2003. BERMBACH, U.: Blühendes Leid. Politik und Gesellschaft in R. W.s Musikdramen, Stg. und Weimar 2003.

Eckhard Roch

Weber, Carl Maria (Friedrich Ernst von)

Geb. 18. (?) 11. 1786 in Eutin; gest. 5. 6. 1826 in London

Die pointiert formulierte Behauptung, W. sei auf die Welt gekommen, »um den *Freischütz* zu schreiben« (Pfitzner in »Was ist uns Weber?«), ist längst zum geflügelten Wort geworden. Der *Freischütz* (Johann Friedrich Kind; Berlin 1821) gilt als die deutsche Volksoper schlechthin, ja als Nationaloper, in der vermeintlich das typisch Deutsche sowohl in der Sujetwahl als auch in der musikalischen Gestaltung optimal zum Ausdruck gebracht ist. Zwar lebt W. im Bewußtsein der Musikrezipienten nicht nur durch diese eine Oper, aber ihr Rang in W.s Schaffen und ihre Bedeutung in der europäischen Operngeschichte sind durch die eigentümliche Rezeptionsgeschichte so extrem akzentuiert, daß sich der Nachruhm des Komponisten nahezu ausschließlich auf dieses Werk gründet. In dieser Sicht auf W.s Künstlerpersönlichkeit wird freilich der revolutionierende Aspekt in seinen Vorstellungen von musikalischem Theater, der sich in *Euryanthe* (Wien 1823) ebenso niederschlägt wie in *Oberon* (London 1826), unangemessen verengt und zugleich W.s Leistung bei der Herausbildung einer charakteristischen Musiksprache auch in rein instrumentaler Musik und sein engagiertes Eintreten für eine umfassende romantische Musikanschauung zu gering bewertet.

Freilich stellt der *Freischütz* in dem Bemühen, gegen die Übermacht der romantischen italienischen Oper und der französischen opéra comique einen eigenständigen deutschen Opernstil zu formulieren, eine epochale Tat dar. Stilistisch verknüpft das Werk deutsche, italienische und französische Gestaltungselemente in der Form des deutschen Singspiels mit gesprochenen Dialogen: Das Singspiel-Lied (etwa Kilians »Schau der Herr mich an als König« in der Introduktion des ersten Aktes) steht neben der italienischen Koloraturarie (Kaspars Rachegesang »Schweig! Schweig! damit dich niemand warnt« im Finale des ersten Aktes) und der französischen Romanze (Ännchens »Einst träumte meiner seligen Base« im dritten Akt). Das Partizipieren an den repräsentativen Formen und Stilmitteln der europäischen Oper hob dieses deutsche Bühnenwerk in den gleichen Rang wie die bewährten Vorbilder. Darüber hinaus gelang W. an zentralen Stellen der Handlung die innovatorische sinnfällige Begründung einer tradierten musikalischen Form durch szenisch evoziertes Seelengemälde (etwa in Agathes Szene und zweisätziger italienischer Arie »Wie nahte mir der Schlummer« im zweiten Akt in der auskomponierten Reaktion auf Naturerscheinungen) oder gar der Aufbau individueller, theatralisch inspirierter Formen (wie in Maxens Szene und Arie »Nein, länger trag ich nicht die Qualen« im ersten Akt, die sich musikalisch-formal der durchkomponierten Szene nähert und deren musikdramatische Höhepunkte mit der parallel laufenden rein visuellen Handlung der Satanserscheinung korrespondieren). Richtungweisend für die Musiksprache der Romantik sind im *Freischütz* die programmatische Funktion der Ouvertüre, in der der Sieg des Guten über das Böse (als konsequente Umdeutung der literarischen Vorlage aus Apels/Launs »Gespensterbuch« in christlich-moralisierendem Sinn) im sieghaft gesteigerten Agathe-Thema vorweggenommen wird, das instrumentale Kolorit, insbesondere in der neuartig färbenden und charakterisierenden Verwendung von Horn und Klarinette, und die symphonische Disposition des Orchesterparts. Größtes Aufsehen erregte das Finale des zweiten Akts, die Wolfsschluchtszene, in der W. optisch-szenische und musikalische Effekte nach ›modernsten‹ Gesichtspunkten zu einer dramatisch-theatralischen Einheit verband. Die stilistischen Mittel schließen alle gebräuchlichen Techniken der Opernkomposition wie Secco- und Accompagnato-Rezitativ, Melodram und Arioso sowie tonmalerische Effekte, leitmotivische Verarbeitung der Personalmotive und kühne Harmonik als Ausdrucksträger seelischer Spannungen ein. In Verbindung mit der fantastischen Ausgestaltung der szenischen Ereignisse ist hier die Funktion eines Opernfinales als Kumulation der dramatischen Mittel in eine neue Dimension gesteigert, die ihre frappierende Wirkung in einem komplexen symphonischen Gemälde, in der Entfesselung des Orchesters erzielt.

Daß man die Uraufführung dieser Oper als nationales Ereignis feierte, wurde freilich provoziert auch durch äußere Umstände. Am 6. Jahrestag der Schlacht von Waterloo (18. 6. 1815) fand mit dem *Freischütz* die von dem Berliner Intendanten Graf Brühl geschickt lancierte erste Opernaufführung in dem von Friedrich Schinkel wiedererbauten Königlichen Schauspielhaus am Gendarmenmarkt statt. W. verhalf mit dem triumphalen Erfolg (einige Nummern der Oper erreichten die Beliebtheit von Gassenhauern, der Chor der Brautjungfern »Wir winden dir den Jungfernkranz« aus dem dritten Akt wurde zur meistgesungenen Melodie in Berlin) nicht nur einer eigenständig deutschen romantischen Oper zu vermehrtem Ansehen, sondern errang auch punktuell einen entscheidenden Vorteil gegen die führende italienische Oper, speziell gegen Spontinis »Olympia«, die im selben Jahr in Berlin aufgeführt wurde.

W. verfolgte sein ästhetisches Programm einer Nobilitierung der genuin deutschen Oper, dem er auch schriftstellerisch in seinen *Kunstansichten* und satirisch zugespitzt in seinem Romanfragment *Tonkünstlers Leben* Ausdruck verlieh, in *Euryanthe* und *Oberon*. Zeitgleich mit Spohrs »Jessonda« präsentierte er in *Euryanthe* (Helmina von Chézy; Wien 1823) erstmals eine durchkomponierte deutsche Oper, deren musikalische Vorzüge freilich durch eine ungeschickte Dramaturgie und eine von den Zeitgenossen offensichtlich nicht verstandene theatral-musikalische Konzeption überdeckt wurden (etwa der nur gegen erhebliche Widerstände bei der Wiener Uraufführung durchgesetzten Verknüpfung des musikalisch unvermittelten akkordisch-geheimnisvollen Durchführungsabschnitts in der Ouvertüre mit einem zugleich die Vorgeschichte andeutenden und die folgende Handlung präfigurierenden visuellen Bühnenereignis). Auffällig ist W.s Bestreben, die Konzeption der traditionellen Nummernoper dem höheren Gesetz einer sinnvollen szenischen Gliederung zu unterwerfen und damit die deutsche Oper ästhetisch in den Rang der repräsentativen musikalischen Tragödie zu erheben. Die in diesem Sinne bedeutendste Gestaltung einer szenischen Einheit gelang ihm am Beginn des zweiten Aktes in der Verschwörungsszene Eglantine-Lysiart, deren dramaturgische Struktur sich Wagner zum Vorbild für seine Szene Ortrud-Telramund in »Lohengrin« nahm.

Die künstlerische Konzeption einer musikalisch-visuell entfalteten Bühnenhandlung entwickelte W. in *Oberon* (James Robinson Planché; London 1826) weiter zum Aufbau großer Tableaux mit subtiler musikdramatischer Ausdeutung dieser einzelnen Handlungsstationen. Der Mangel an traditionellen dramatischen Konflikten in dieser Oper evoziert vordergründig den Eindruck einer revueartigen Bilderbogendramaturgie, doch beansprucht die Reihung von Tableaux ein dramaturgisches Prinzip eigenen Rechts, in dem die charakteristisch gefärbten Momentbilder die dramatische Substanz des Werkes ausmachen. Diese eigentümliche musikalisch-szenische Dramaturgie wurde vornehmlich in Deutschland vom Opernpublikum und in der wissenschaftlich-ästhetischen Diskussion gründlich mißverstanden, so daß sich an der Rezeption des *Oberon* die programmatischen Schwierigkeiten mit W.s ambitionierten Bühnenwerken verschärft offenbaren: Alle drei Opern bereiten in ihrer raffinierten, freilich auch deutlich zeitgebundenen Mischung aus typisch romantischen und höchst modern konzipierten Elementen heute große Rezeptionsprobleme, die sich allein durch eine vordergründige Aktualisierung der szenischen Einrichtung nicht lösen lassen. W.s musikalisch-theatralisches Konzept harrt auch heute noch einer eingehenden wissenschaftlichen Untersuchung und vor allem einer Aktivierung für die Bühnenpraxis.

Die künstlerischen Gipfelleistungen in *Freischütz*, *Euryanthe* und *Oberon* sind durch intensive literarische wie künstlerische Auseinandersetzung mit den Phänomenen musikalischer Bühnenwerke vermittelt. W.s Affinität zum Theatralischen rührt wohl von der frühzeitigen Berührung mit dem Theater und dem eigenen Spiel auf der Bühne in der elterlichen Wandertruppe her. W.s dramatisch-szenisches Denken erfuhr erhebliche Anregungen durch den Gedankenaustausch mit Georg Joseph Vogler in Wien (1804) und in Darmstadt (1810–11), wo W. gemeinsam mit Meyerbeer intensive Studien an Voglers Opernpartituren betrieb. Bis zu diesem Zeitpunkt hatte W. bereits fünf Opern komponiert, darunter die ausdrücklich als ›romantische Oper‹ bezeichnete *Silvana* (Friedrich C. Hiemer; Frankfurt am Main 1810), eine Umarbeitung seines ersten Bühnenwerkes *Das Waldmädchen* (Carl von Steinsberg; Freiberg in Sachsen 1800). Als Opernkapellmeister in Breslau (1804–06), als Operndirektor am deutschen Ständetheater in Prag (1813–16) und als Musikdirektor bzw. Königlicher Kapellmeister an der deutschen Oper in Dresden (seit 1816) sammelte W. jene Erfahrungen im Aufbau und in der künstlerischen Erarbeitung eines niveauvollen Opernrepertoires, die er bei der administrativen Propaganda für eine eigenständige deutsche Oper dringend benötigte und die er bei seinen eigenen Bühnenwerken konzeptionell in innovative Formen und eine eigenständige Theaterästhetik umzusetzen vermochte.

Am Dresdner Hof ergab sich für W. die lange Jahre hindurch erstrebte Identität von Amt und künstlerischem Schaffen, auf deren Grundlage er eine aus nationalen Quellen gespeiste Oper gegen die herrschende italienische opera seria durchzusetzen wünschte. Die Anstellung auf Lebenszeit offenbart das Vertrauen und die Reputation, die W. am Dresdner Hof genoß, obgleich die Querelen mit der italienischen Operntruppe seine tägliche Arbeit schwer belasteten.

Freilich speiste sich der unermüdliche Einsatz für eine nationale Oper auch ganz vordergründig aus plakativen patriotischen Motiven. Auffälligste Merkmale dieser politischen Aktivitäten sind die Gedichtvertonungen aus Theodor Körners Sammlung »Leyer und Schwert« (1814) und die Kantate *Kampf und Sieg* (1815) auf einen Text von Johann Gottfried Wohlbrück, mit denen W. während der Napoleonischen Befreiungskriege beinahe ebenso populär wurde wie später mit dem *Freischütz*. Die gesteigerte Qualität des symphonischen Ausdrucks in den drei späten Opern gründet in einer Vielzahl von Klangstudien unterschiedlichster Art, die W. zuvor in seinem kompositorischen Werk betrieben hatte. Seine Orchestersprache entwickelte sich von durchaus konventionellen Ausdrucksmöglichkeiten in den beiden *Sinfonien* (beide in C-dur, 1807), die noch am Wiener klassischen Vorbild von Mozarts und Haydns Werken orientiert sind, und eher begleitenden Aufgaben in den als brillante Virtuosenkonzerte entworfenen *Klavierkonzerten C-dur* (1810) und *Es-dur* (1812) über zahlreiche Schauspielmusiken (darunter besonders experimentierfreudig im Klang die Musik zu Schillers »Turandot«, 1809) zu dramatisch gespannter Verdichtung in den beiden *Klarinettenkonzerten* (*f-moll* und *Es-dur*, 1811) und einem ausgefeilten symphonischen Charakterbild im *Concertino Es-dur* für Klarinette und Orchester (1811). Die neuartige, den spezifischen musikalischen Ausdruck in eine singuläre Form bannende Konzeption des *Concertinos* steigerte W. Jahre später in seinem *Konzertstück f-moll* für Klavier und Orchester (1821), dessen dramatisch-poetischer Zug bereits die Nähe zur romantischen Programmmusik ahnen läßt.

Die Erschließung gesteigerter Virtuosität als Mittel individuellen Ausdrucks erarbeitete W. sich systematisch in den Kompositionen für sein Paradeinstrument, das Klavier. Als einer der brillantesten Pianisten seiner Zeit verfügte er über eine sehr spezifische, durch eine ungewöhnlich weite Handspanne bevorzugte kolorierende Klaviertechnik, die sich als Vorliebe für Terzen- und Oktavengänge, für Dezimengriffe, Glissandi und harmonisch-chromatisch erweitertes glanzvolles Figurenwerk in seiner Musik niederschlug, und über eine gerühmte Improvisationsgabe. Das improvisierende, eher rhapsodische Erschließen neuer klanglicher Ausdrucksmöglichkeiten in Verbindung mit eigenwilligen, individuellen Formen bezeichnet W.s kompositorische Stärke. In Einzelstücken, im *Rondo brillante Es-dur*, in der *Aufforderung zum Tanz Des-dur* und in der *Polacca brillante E-dur* (alle 1819) bot er ausgefeilte Charakterstücke, in denen Form und Inhalt eine strukturelle Einheit bilden und W.s gereifte Tonsprache voll entwickelt ist – frühe Zeugnisse einer romantischen Musikauffassung, in der die kleine Form zum Träger des individuellen Ausdrucks wird. An diese Ästhetik und an die gesteigerte Funktion von Virtuosität knüpfte in seinen Klavierkompositionen Liszt an, der sich als W.s legitimer (Pianisten-)Erbe verstand. Selbst in älteren Variationenwerken (vor allem in den *Sieben Variationen über eine Romanze aus Méhuls Joseph*, 1812, und in den *Neun Variationen über das russische Lied »Schöne Minka«*, 1815) gelangen W. reifere Klangstudien als etwa in den vier *Klaviersonaten* (1812–1822), weil W. offensichtlich kein gesteigertes Interesse an der zyklischen Anlage der klassischen musikalischen Großform entwickelte. Der ungeheure künstlerisch-intellektuelle Abstand zwischen seinen Klaviersonaten und Beethovens letzten sechs Sonaten, die zur gleichen Zeit entstanden, offenbaren die gewandelte Ästhetik und W.s spezifische Begabung für dramatische Intensivierung einer musikalisch individuellen Entwicklung. Seine kompositorische Eigenart bestätigt sich in den Orchesterwerken mit der Akzentuierung freier konzertanter Formen und in den wenigen kammermusikalischen Werken. Gerade in den *Silvana-Variationen* für Klarinette und Klavier (1811) und später im *Trio für Klavier, Flöte und Violoncello* (1819) traf W. den typischen Ton sorgfältig gearbeiteter Kammermusik, während sowohl das *Grand Duo concertant* für Klarinette und Klavier wie auch das zu einiger Bekanntheit gelangte *Klarinettenquintett* (beide 1816) trotz des spezifisch romantischen Klarinettenkolorits eher der Virtuosenliteratur zuzurechnen sind.

Als Künstlerpersönlichkeit ist W. in seiner Generation eine ähnlich komplexe Erscheinung wie E. T. A. Hoffmann und Spohr. Als Dirigent und Organisator des Opernbetriebs erwarb er sich hohes Ansehen. Mit seinen Kritiken suchte er nach Wegen zur Begründung einer gewandelten ästhetischen Anschauung. Mit dem Aufbau des freilich nur kurzlebigen Harmonischen Vereins zur Propagierung neuer Musik und mit der Idee zu einer musikalischen Topographie Deutschlands bewies W. Sinn für die praktischen Erfordernisse des Musiklebens in einer gewandelten Zeit. Aber all diese Fähigkeiten werden überstrahlt vom kompositorischen Vermögen, mit dem W. die meisten seiner Generationsgenossen weit überragte. Ihm gelang die Umsetzung seiner frühromantischen Musikanschauung in eine individuelle, den folgenden Generationen die romantische Richtung weisende Musiksprache.

Noten: Sämtliche Werke, hrsg. von G. ALLROGGEN, Mainz 1998ff. MAHLER, G.: Die drei Pintos. Based on sketches and original music of C. M. von W., hrsg. J. L. ZYCHOWICZ, Madison (WI) 2000.

Dokumente: Sämtliche Schriften, hrsg. von G. KAISER, Bln. 1908. C. M. von W.s Briefe an den Grafen von Brühl, hrsg. von DEMS., Lpz. 1911. Briefe, hrsg. von CHR. WORBS, Ffm. 1982. »Mein vielgeliebter Muks«. Hundert Briefe C. M. von W.s an Caroline von Brandt aus den Jahren 1814–1817, hrsg. von E. BARTLITZ, Bln. 1986.

Werkverzeichnis: JAHNS, W.: C. M. von W. in seinen Werken, Chronologisch thematisches Verz., Bln. 1871, Ndr. Bln. 1967. Autographenverz., bearbeitet von E. BARTLITZ, Bln. 1986.

Bibliographie: DÜNNEBEIL, H.: Schrifttum über C. M. von W., Bln. (1947) ⁴1957. HENDERSON, A. und D.: C. M. von W. A Guide to Research, N. Y. 1990.

Literatur: WEBER, M. M. VON: C. M. von W., 3 Bde., Lpz. 1864–66. PFITZNER, H.: Was ist uns W.?, Mn. 1926. WARRACK, J.: C. M. von W., N. Y. und Ldn. 1968; dt. Hbg. 1972. ADORNO, TH. W.: Bilderwelt des Freischütz *in* Moments musicaux, Ffm. 1964, 18–36. SANDNER, W.: Die Klarinette bei C. M. von W., Wiesbaden 1971. C. M. von W., Mn. 1986 (MK 52). MACKE-BRÜGGEMANN, W. und BRÜGGEMANN, K.: W.s Oper Der Freischütz, Mn. 1988. W. Jenseits des Freischütz. Referate des Eutiner Symposions ..., hrsg. von Fr. KRUMMACHER und H. W. SCHWAB, Kassel 1989. REIBER, J.: Bewahrung und Bewährung. Das Libretto zu C. M. von W.s Freischütz im literarischen Horizont seiner Zeit, Mn. 1990. W.-Studien I, hrsg. von G. ALLROGGEN und J. VEIT, Mainz 1993. WAGNER, W. M.: C. M. von W. und die deutsche Nationaloper, Mainz 1994. W.-Studien III, hrsg. von J. VEIT und F. ZIEGLER, ebd. 1996. JAISER, G.: C. M. von W. als Schriftsteller ..., Mainz 2001. MEYER, ST. C.: C. M. von W. and the Search for a German Opera, Bloomington (IN) 2003.

Jürgen Schläder

Webern, Anton Friedrich Wilhelm (von)

Geb. 3. 12. 1883 in Wien;
gest. 15. 9. 1945 in Mittersill (Salzburg)

»Was ist denn Musik?«, so fragt W. in seinen in den Jahren 1932–33 gehaltenen Wiener Vorträgen *Wege zur Neuen Musik*. Seine Antwort ist unmißverständlich und eindeutig, fern von philosophisch-ästhetischen Spekulationen. »Die Musik ist Sprache. Ein Mensch will in dieser Sprache Gedanken ausdrücken, aber nicht Gedanken, die sich in Begriffe umsetzen lassen, sondern musikalische Gedanken« (*Vorträge*, 46). Musik ist für W. also ein Medium der Kommunikation, in dem jenseits bloß subjektiver Emotionen Gedanken artikuliert und mitgeteilt werden können. »Der Mensch kann eben nicht anders existieren als indem er sich ausdrückt. Die Musik tut es in musikalischen Gedanken. Ich will etwas sagen, und es ist selbstverständlich, daß ich mich bemühe, es so auszudrücken, daß die anderen es verstehen« (*Vorträge*, 46). Doch was ist ein musikalischer Gedanke? Da er seinem Wesen und seiner Bestimmung nach musikalisch ist, d. h. aus sinnvoll geordneten Tönen besteht, läßt sich, wie W. sagt, ein musikalischer Gedanke nicht in sprachliche Begriffe fassen. Um seinen Zuhörern dennoch einen musikalischen Gedanken begreifbar zu machen, pfeift er die Melodie »Kommt ein Vogerl geflogen« und gibt anschließend die bestätigende Antwort: »Das ist ein musikalischer Gedanke!« Sei es als komplizierte Komposition oder sei es in Form einer einfachen Melodie, immer ist für W. ein musikalischer Gedanke Ergebnis eines Denkens in Tönen. Ein Gedanke läßt sich musikalisch jedoch nur dann mitteilbar machen, wenn er sich, wie W. ständig betont, unter Einhaltung bestimmter Bedingungen für den Hörer musikalisch sinnvoll artikuliert. Ein Gedanke beruht also auf Bedingungen, die sowohl für den Komponisten als auch für den Hörer verbindlich sind. In diesen Bedingungen, die er in seinen Vorträgen als »Faßlichkeit«, »Gliederung« und »Zusammenhang« bezeichnet und beschreibt, erkennt W. fundamentale und zugleich allgemein gültige Gestaltungskategorien, die jenseits von Zeit und Geschichte angesiedelt sind.

Die von W. in seinen Vorträgen entwickelte Konzeption einer musikalischen Sprache, in der Gedanken formuliert werden können, war weder in seiner Zeit, noch ist sie heute selbstverständlich. Gleichwohl hat diese Konzeption eine Tradition, deren Ursprung in der Musik der zweiten Hälfte des 18. Jahrhunderts, also in der Musik der Klassik, zu suchen ist. Diese Tradition hatte indessen in der zweiten Hälfte des 18. Jahrhunderts zugunsten eines emphatischen Kunstanspruches zunehmend an Bedeutung verloren. Erst Schönberg hat sich in seinen Werken und in seinen theoretischen Schriften bewußt wieder in diese Tradition gestellt, wobei es vor allem die Kompositionen von Brahms waren, die ihm den Weg in die verschüttete klassische Tradition wiesen. Es mag merkwürdig erscheinen, doch Schönbergs Weg zur Neuen Musik führt durch die Tradition der klassischen Musik, deren Anspruch es war, eine Sprache zu sein. In seinem Unterricht hat Schönberg seinen Schülern mit dieser Tradition zugleich die Gewißheit vermittelt, daß die Musik nur als Sprache fähig sein kann, Gedanken zu formulieren. Mit Sicherheit läßt sich sagen, daß W. durch Schönberg, dessen Schüler er in den Jahren von 1904 bis 1908 war, nicht nur entscheidend geprägt wurde, sondern daß er gerade durch die Unerbittlichkeit des Schönbergschen Unterrichts sich seines musikalischen Denkens und damit seiner ihm ureigenen Bestimmung überhaupt erst bewußt wurde. Dabei kam ihm von vornherein sein Interesse an der Geschichte der abendländischen Musik entgegen. Nach seinem Abitur im Jahre 1902 beginnt W. an der Wiener Universität zunächst mit dem Studium der Musikwissenschaft, das er im Jahre 1906 mit einer Dissertation über den »Choralis constantinus« von Isaac abschließt. Während seines ganzen Lebens hat dieses historische Interesse, das auch in seinen Kompositionen sich mannigfach niederschlägt, nicht nachgelassen. Als Dirigent setzt er sich für die Werke Bachs ein und bringt sie in Wien zur Aufführung. Ein wichtiges Ergebnis dieser Bemühungen ist die Bearbeitung des sechsstimmigen Ricercares aus dem »Musikalischen Opfer« von J. S. Bach für Orchester aus dem Jahre 1935. W.s Absicht ist, mit Hilfe der Orchesterfarben den komplexen Innenraum der Bachschen Komposition aufzudecken und hörbar zu machen. In einem Brief an den Dirigenten Hermann Scherchen schreibt W.: »Ja, gilt es nicht zu erwecken, was hier noch in der Verborgenheit dieser abstrakten Darstellung durch Bach selbst schläft und für fast alle Menschen dadurch einfach noch gar nicht da oder mindestens völlig unfaßbar ist? Unfaßbar als Musik! —« (die Reihe 2, 26). In seinen Wiener Vorträgen zu Beginn der dreißiger Jahre entwirft W. eine Geschichte der Musik und ihrer Formbildungen vom frühen Mittelalter bis in die Gegenwart. Die Geschichte der abendländischen Musik bedeutet für ihn die Entfaltung des immer Gleichen, nämlich die Entfaltung musikalischer Denkformen. Und so ist für ihn die Beschäftigung mit der Geschichte zugleich eine Rechtfertigung seines eigenen kompositorischen Tuns. Deshalb kann W. zwischen der Musik der Vergangenheit und der neuen Musik, die von den meisten seiner Zeitgenossen angefeindet wird, keinen prinzipiellen sondern nur einen graduellen Unterschied sehen. »Ganz neu sagen wollen wir dasselbe, was früher gesagt wurde« (*Vorträge*, 60).

Das kompositorische Schaffen W.s erstreckt sich im wesentlichen auf die Gattungen Lied- und Chorkomposition sowie Kammer- und Orchestermusik. Den eigentlichen Schwerpunkt des gesamten Schaffens bildet ohne Zweifel die Textvertonung, insbesondere das Lied, d. h. die Vertonung von Lyrik. Bereits die frühen Kompositionen W.s, die zum großen Teil vor seiner Schülerzeit bei Schönberg entstanden sind und später von ihm nicht veröffentlicht wurden, sind fast ausschließlich Lieder. Überblickt man das von W. zur Veröffentlichung vorgesehene Gesamtopus, so wird das Übergewicht der Textvertonungen unmittelbar deutlich. Von den insgesamt 31 opera sind 17 opera Textvertonungen und die restlichen 14 Instrumentalwerke. Bemerkenswert ist, daß in den unterschiedlichen Schaffensphasen des Komponisten Textvertonungen nicht nur im Mittelpunkt stehen, sondern daß die Schaffensphasen selbst und die in ihnen sich entfaltenden kompositorischen Problemstellungen durch Textvertonungen eingeleitet, um nicht zu sagen, initiiert werden. Das gilt im besonderen für die beiden entscheidenden Wendepunkte in W.s kompositorischer Entwicklung: für den Übergang von Tonalität zu freier Atonalität (ca. 1907–1909) und für den Schritt von freier Atonalität zu dodekaphonisch gebundener Musik, der sogenannten Zwölftonmusik (ca. 1922–1927). Daß diese Wendepunkte in W.s kompositorischem Schaffen durch eine Häufung von Textvertonungen gekennzeichnet ist, ist kein Zufall. Im Bereich der Vokalmusik, d.h. im Spannungsfeld von Wort und Ton, von Lyrik und Musik, werden von W. nicht nur neue musikalische Ausdrucksformen, sondern zugleich auch neue kompositorische Möglichkeiten aufgedeckt, die sich dann in den nachfolgenden Instrumentalwerken zu Gesetzmäßigkeiten kondensieren. Das Übergewicht vokaler Kompositionen im Gesamtwerk und deren auffällige Position an kompositorisch zentralen Wendepunkten verweist nicht nur auf W.s Interesse an der Textvertonung, es zeigt vielmehr auch, daß für W. musikalische und lyrisch-sprachliche Ausdrucksformen in einem engen Wechselverhältnis zueinander stehen. In einem frühen Aufsatz über seinen Lehrer Arnold Schönberg nennt W. die frühen Gedichtvertonungen Schönbergs »gleichsam Studien zu den Revolutionen der großen Werke« (*Schönbergs Musik*, 35). Ähnliches gilt für W. selbst. Doch sind seine Lieder keine Studien, die große Werke vorbereiten; das revolutionär Neue ereignet sich vielmehr in den Liedern. Die jeweils nachfolgenden Instrumentalkompositionen gehen aus den Erkenntnissen und Erfahrungen hervor, die W. in der musikalisch-kompositorischen Reflexion von Lyrik bzw. lyrischer Sprache gewonnen hat.

Die *Passacaglia* für Orchester op. 1 (1908) und der Doppelkanon *Entflieht auf leichten Kähnen* für gemischten Chor a capella op. 2 (1908) bewegen sich noch in den Bereichen der tradierten Tonalität, die jedoch in ihrer harmonischen Funktionalität aufs äußerste erweitert ist. Der Durchbruch in neue musikalische Bereiche kündigt sich programmatisch in dem Text an, der dem Chor zugrunde liegt; er stammt von Stefan George, und seine Anfangsverse lauten: »Entflieht auf leichten Kähnen berauschten Sonnenwelten, daß immer mildre Tränen euch eure Flucht entgelten« In den *Liedern* op. 3 und op. 4 aus den Jahren 1908–1909, die ebenfalls auf Gedichten von Stefan George beruhen, wird die Tonalität endgültig aufgegeben. Die beiden Liedgruppen markieren in W.s Gesamtwerk den Beginn atonalen Komponierens, das von ihm in keinem der späteren Werke zugunsten anderer kompositorischer Tendenzen aufgegeben wird; d.h. Textvertonungen markieren den Beginn eines Komponierens, das sich den historischen Veränderungsprozessen der musikalischen Sprache stellt und in unbeirrbarer Reflexion musikalische Materialbereiche aufdeckt, die jenseits tradierter Normen angesiedelt sind und schließlich als Dodekaphonie theoretisiert werden. Die den beiden Liedgruppen zugrunde liegenden Gedichte von Stefan George bezeichnen in ihrem konstruktiven Kalkül und ihrer sprachlichen Strenge ein Äußerstes an lyrischer Konzentration und Modernität. W.s Kompositionen folgen sowohl in ihrem formalen Aufbau als auch in ihrer rhythmischen Deklamation dem komplexen Gefüge der Georgeschen Gedichte; die Gedichte gehen als lyrische Gestalt gleichsam unangetastet in die Komposition ein. Gleichwohl bedeutet das nicht, daß die Kompositionen als eine Art musikalischer Stimmungshintergrund der Gedichte zu verstehen sind. Indem die Kompositionen sich an die Gedichte verlieren, gewinnen sie zugleich Dimensionen, die über die lyrische Sprache der Gedichte hinausreichen und nur als musikalische begriffen werden können. In den *George-Liedern* op. 3 und op. 4 verfestigt sich W.s Komponieren zu jenem unverwechselbaren Stil, der seine Werke von denen seines Lehrers Schönberg und seines Freundes Berg nicht nur stilistisch sondern grundsätzlich unterscheidet.

Es ist nicht so sehr die kleine Form und die Zurücknahme der musikalischen Diktion bis an die Grenze des Verstummens, die W.s Kompositionen kennzeichnet, als vielmehr die Insistenz, die Totalität der musikalischen Erscheinungsformen aufgrund der ihnen eigenen Voraussetzungen, Bedingungen und Tendenzen gleichsam in einem Punkt zusammenzuziehen. Erst diese Insistenz ermöglichte W. die scheinbar widersprüchliche Verschränkung von lyrischer Subjektivität und objektiver Komposition. Die Intensivierung des lyrischen Ausdrucks und die Dichte der musikalisch-kompositorischen Konstruktion führten zu Stücken von extremer Kürze; das einmal Gesagte war für immer ausgesprochen. »Untrennbar war die Not, Zeit zu bewältigen, von der Scheu, durch zeitliche Ausdehnung und Entfaltung die Reinheit des ausdrucksgeladenen Augenblicks einzubüßen« (Adorno: A. von W., 161). Deshalb konnte Schönberg im Vorwort zu den *Sechs Bagatellen* für Streichquartett op. 9 (1913) schreiben, daß diese äußerst kurzen Kompositionen »einen Roman durch eine einzige Geste, ein Glück durch ein einziges Aufatmen ausdrücken«. Während in den *Liedern* op. 3 und op. 4 sowie in den *Fünf Sätzen für Streichquartett* op. 5 (1909) noch thematisch-motivische Konstellationen und Ableitungen im traditionellen Sinne aufzufinden sind, werden diese in späteren Kompositionen, so z. B. den *Sechs Stücken für Orchester* op. 6 (1909–1910) und den *Fünf Stücken für Orchester* op. 10 (1911–1913), in übergeordnete Klangkonstellationen integriert, aus denen umgekehrt die einzelnen melodischen Figurationen und Charaktere abgeleitet sind. Diese übergeordneten Klangkonstellationen führen bereits in den frühen atonalen Kompositionen W.s zu einer Verräumlichung des musikalischen Zeitgefüges. Indessen hat W. in allen seinen Kompositionen an den tradierten syntaktischen Formmustern, wie sie in der musikalischen Klassik sich ausgebildet hatten, grundsätzlich festgehalten; auch die Syntax war für ihn eine »Raumanweisung an die Töne« (*Vorträge*, 27). In der Syntax der klassischen Musik sah er jene bereits erwähnten, allgemein gültigen Gestaltungskategorien exemplarisch verwirklicht, die als solche die Voraussetzung und die Bedingung zur Formulierung musikalischer Gedanken und zum verstehenden Hören von Musik bildeten.

Nach den kurzen Instrumentalstücken aus den Jahren 1909 bis 1913 wendet sich W. zwischen 1915 und 1926 wiederum der Textkomposition zu. In den aus dieser Zeit veröffentlichten Kompositionen (op. 12 bis op. 19) lassen sich zwei unterschiedliche Schaffensphasen ausmachen. Die erste Schaffensphase, die der freien Atonalität zuzurechnen ist, kulminiert in den *Trakl-Liedern* op. 14 (1917–1921). Die *Sechs Lieder nach Gedichten von Georg Trakl* für eine Singstimme, Klarinette, Baßklarinette, Geige und Violoncello zählen zu den bedeutendsten und zugleich rätselhaftesten Kompositionen W. s. Deklamation und Konstruktion, bildhaftes Schildern von Textworten und zugleich psychologisierendes Abstrahieren semantischer Kontexte verbindet W. in seinen *Trakl-Liedern* zu einem musikalischen Ganzen, dessen Logik und Ausgewogenheit sich dem Hörer unmittelbar mitteilt, das aber dem musikalisch-analytischen Verstehen merkwürdig dunkel und sphinxhaft bleibt. »In ihrer vollkommen durchgepflügten, von allen Residuen der traditionellen Musiksprache, jeglicher Vormacht irgendeines Tones befreiten und doch Zeit erfüllenden Faktur klingen die Trakllieder wie Zwölftonmusik« (Adorno: A. von W., 172). In der Tat scheinen die Lieder eine Sprache zu sprechen, die noch nicht gedacht und erfunden ist; eine Sprache, die wohl auch die spätere Zwölftonmusik nicht eingelöst hat. W. findet diese unbekannte Sprache im Kontext einer Lyrik, nämlich den Gedichten von Georg Trakl, die ihrerseits das Unaussprechliche zu sprechen versuchen.

Die zweite Schaffensphase (op. 15 bis op. 19) dokumentiert W.s Weg zur Zwölftonmusik bzw. zur Zwölftontechnik. Mit Ausnahme der beiden *Chor-Lieder* op. 19 (1926), denen zwei Goethe-Gedichte zugrunde liegen, beruhen alle übrigen

Vertonungen auf Volksliedtexten oder auf geistlichen Texten, d.h. auf Texten, die nicht die subjektive Sprache moderner Dichtung sprechen, sondern in der Anonymität des Volksliedes bzw. des liturgischen Zeremoniells beheimatet sind. In den *Fünf geistlichen Liedern* op. 15 für Gesang, Flöte, Klarinette, Trompete, Harfe, Geige (bzw. Bratsche), die zwischen 1917 und 1922 entstanden sind, greift W. bewußt auf traditionelle kompositorische Konstruktionen zurück. Das letzte Lied *Fahr hin o Seel', zu deinem Gott* ist als Doppelkanon in motu contrario konstruiert; nicht nur in der Konstruktion sondern auch in der Satzbezeichnung erkennt man den Musikhistoriker W., der in den kontrapunktischen Künsten der späten Niederländer sich auskennt. Auch in den *Fünf Canons* op. 16 für hohen Sopran, Klarinette und Baßklarinette (1923–1924) verbinden sich kanonische Künste mit geistlichen Texten. Die *Drei Volkstexte* op. 17 für Gesang, Geige (bzw. Bratsche), Klarinette und Baßklarinette (1924) treiben die in den beiden vorausgehenden Opera zu beobachtende polyphone Systematisierung der Komposition erheblich weiter. Zum ersten Mal findet eine Auseinandersetzung mit zwölftönigen Reihen und Zwölftonfeldern statt, die die zwölf Töne unabhängig von ihrer Aufeinanderfolge zu zwölftönigen Klangflächen zusammenbinden. In den 1925 komponierten *Drei Liedern* op. 18 für Gesang, Klarinette und Gitarre bedient sich W. endgültig jener zwölftönigen Methode, die mit dem Namen Schönberg verbunden ist; in keiner seiner späteren Kompositionen hat er sich von dieser Methode abgewandt. Den Abschluß der über mehr als zehn Jahre sich erstreckenden, mit op. 12 beginnenden Folge von Vokalkompositionen bilden die *Zwei Lieder* für gemischten Chor und Instrumentalbegleitung op. 19 nach zwei Gedichten aus den *Chinesisch-Deutschen Jahres- und Tageszeiten* von Goethe aus dem Jahre 1926. Klanglichkeit und Struktur der Chöre verweisen bereits auf die späten Chorwerke W.s. Das *Streichtrio* op. 20, das 1927 entstand, ist W.s erste veröffentlichte Instrumentalkomposition, die sich der Reihentechnik bedient. In der ein Jahr später komponierten zweisätzigen *Symphonie* op. 21 wird diese Technik auf ein größeres Instrumentalensemble übertragen. Bereits die Reihendisposition des *Streichtrios* op. 20, mehr aber noch jene der *Symphonie* op. 21 zeigen ein gegenüber Schönberg und Berg gänzlich anderes Verständnis der Reihentechnik. In den Kompositionen Schönbergs und Bergs bildet die Reihe, die die zwölf Töne des temperierten Tonsystems nach Intervallproportionen ordnet, eine Art Vorformung des Tonmaterials im Blick auf die jeweilige Komposition. Aus dem durch die Reihe vorgeformten Tonmaterial werden Themen und Motive im traditionellen Sinne gebildet; d.h. zwischen Reihenstruktur und Themen- bzw. Motivbildung wird grundsätzlich unterschieden. W. hingegen führt in seinen Kompositionen Thema, Motiv und Reihe zu einer geschlossenen, in sich stimmigen Gestalt zusammen. In der Struktur der Reihe sind zugleich Thema, Motiv und schließlich die formale Idee der gesamten Komposition keimhaft vorgegeben. Die zwölftönige Reihe der *Symphonie* op. 21 ist so angelegt, daß sie einerseits symmetrisch, andererseits zugleich auch krebsgleich ist; die Töne 1 bis 6 verhalten sich symmetrisch zu den Tönen 7 bis 12. Da die rückläufige Folge der Töne 7 bis 12 in ihren Intervallverhältnissen identisch ist mit denen der Töne 1 bis 6, sind zugleich Originalgestalt und Krebsgestalt miteinander identisch. In dieser Spiegelsymmetrie liegt die formale Idee der zweisätzigen *Symphonie* beschlossen.

Ähnlich wie in der *Symphonie* op. 21 hat W. in allen seinen späteren Kompositionen die Reihen nach Gesichtspunkten strukturiert, die sich unmittelbar aus der Idee der Komposition herleiten lassen; in der besonderen Struktur der Reihe konkretisiert sich die Idee der Komposition. Deshalb kann W. von sich behaupten, daß er Reihen nie vorweg konstruiert habe; immer sind sie aus der übergeordneten Idee der Komposition hervorgegangen. »Reihen sind meist dadurch entstanden, daß ein Einfall in Verbindung mit dem intuitiv vorgestellten Werk gekommen ist, der dann sorgfältiger Überlegung unterzogen wurde« (*Vorträge*, 58). In dem *Konzert* op. 24 (1934) ist es die Idee des Konzertierens mit ihren spielerischen Figuren und Gestalten, die der Komposition zugrunde liegt. Die *Variationen für Klavier* op. 27 (1936) sind keine Variationen über ein vorgegebenes Thema, sondern eher drei Klavierstücke, die die Vorstellung eines horizontalen und vertikalen Klangraumes unterschiedlich variieren. In seinem *Streichquartett* op. 28 (1938) versucht W., zwischen der Idee der Sonate und der Idee der Fuge eine Synthese zu schaffen. Mit den *Variationen für Orchester* op. 30 (1940) wollte W., wie er in einem Brief an Willi Reich schreibt, »etwas ganz Einfaches und vielleicht Selbstverständliches« komponieren. »Das Stück dauert so zirka eine gute Viertelstunde, fast durchweg sehr rasch im Tempo, aber zum Teil von getragener Wirkung. Es soll, dabei ist es geblieben, formal im Gesamtergebnis eine Art Ouvertüre vorstellen, doch aufgrund von Variationen ... Es ist wohl wieder die Synthese da: im Formalen ›horizontale‹, in allem übrigen die ›vertikale‹ Darstellung« (*Vorträge*, 66 f.).

Im Jahre 1926 lernte W. die Dichterin, Bildhauerin und Malerin Hildegard Jone kennen. Aus dieser Bekanntschaft entwickelte sich eine lebenslange Freundschaft, die von einem ständigen geistigen und künstlerischen Austausch begleitet wurde. W. empfand die Begegnung mit der Dichterin als schicksalhafte Fügung. Sein Briefwechsel mit Hildegard Jone ist nicht nur ein Dokument der Freundschaft, die Briefe sind zugleich die wichtigsten Zeugnisse für W.s Kunstanschauung. Von nun an basierten seine Vokalkompositionen ausschließlich auf Dichtungen von Hildegard Jone; außer den op. 23 (1934) und den *Drei Liedern* op. 25 (1934–1935) sind es das Chorwerk *Das Augenlicht* op. 26 (1935) und die beiden *Kantaten* op. 29 (1938–1939) und op. 31 (1941–1943). In der lyrischen Sprache der Dichterin erkannte W. Entsprechungen sowohl zu seinem eigenen Komponieren als auch zu den poetischen und naturwissenschaftlichen Arbeiten des späten Goethe, zu denen er sich nicht nur hingezogen fühlte, sondern die ihm während seines ganzen Lebens ein moralischer Maßstab der eigenen künstlerischen Arbeit darstellten. Es wäre verfehlt, wenn man, wie es häufig geschehen ist, W.s Reihenkonstruktivismus unter rein mechanistischen Gesichtspunkten betrachtet. Die komplexen Konstruktionen seiner Werke sind vielmehr bestimmt von dem Glauben und der Gewißheit, daß es auch im pluralistischen Dickicht der Gegenwart möglich sei, eine musikalische Ausdruckssprache von schlackenloser Reinheit zu schaffen. Dieser Glaube wird getragen von einer Musikanschauung, in der sich subjektive Innerlichkeit und ein Höchstmaß an handwerklichem Können, Goethesches Gedankengut und ein überzeitliches Geschichtsbewußtsein zu jenem lebendigen Ganzen verbinden, das W. das »Ur-eigene« nannte. Die Reihe als das Gesetz der Komposition im Sinne des griechischen Nomos vergleicht W. mit der Goetheschen Urpflanze, die das Gesetz für alles Lebendige in sich trägt. »Es ist immer Dasselbe, und nur die Erscheinungsformen sind immer andere. – Das hat etwas Nahverwandtes mit der Auffassung Goethes von den Gesetzmäßigkeiten und dem Sinn, der in allem Naturgeschehen liegt und sich dann aufspüren läßt. In der ›Metamorphose der Pflanze‹ findet sich der Gedanke ganz klar, daß alles ganz ähnlich sein muß wie in der Natur, weil wir auch hier die Natur dies in der besonderen Form des Menschen aussprechen sehen. So meint es Goethe. – Und was verwirklicht sich in dieser Anschauung? Daß alles dasselbe ist: Wurzel, Stengel, Blüte .... Und es ist Goethes Idee, daß man da Pflanzen erfinden könnte bis in die Unendlichkeit. – Und das ist auch der Sinn unseres Kompositionsstils« (ebd., 42 f.) W. war sich bewußt, daß seine Konzeption von Musik innerhalb der Welt, in der er lebte, eine Utopie darstellte; doch er hat von dieser Utopie nicht abgelassen, denn Leben hieß für ihn, im Sinne Hölderlins, »eine Form verteidigen« (ebd., 72).

Im Anschluß an Schönbergs »Methode der Komposition mit zwölf nur aufeinander bezogenen Tönen«, wie Schönberg sein Kompositionsverfahren umständlich nannte, hat in den frühen fünfziger Jahren eine jüngere Komponistengeneration (z. B. Stockhausen, Boulez, Nono) versucht, die Idee der Reihenorganisation auf sämtliche Parameter einer Komposition (Tondauer, Dynamik, Tonhöhe, Spielart usw.) zu übertragen, um eine in allen Dimensionen widerspruchsfreie Musik zu schreiben. Ihre kompositorischen und ästhetischen Intentionen sahen sie indessen nicht in den Werken Schönbergs, sondern in den späten Reihenkompositionen W.s vorgebildet; W. wurde zum Ahnherr der seriellen Musik.

Noten: opp. 1–31: Universal Edition (Wien); aus dem umfangreichen Nachlaß veröffentlichte Kompositionen: Fischer (N. Y.) bzw. Boosey and Hawkes (Ldn.). Skizzen, 1926–1945, Faks. mit Kommentar von E. KRENEK und einem Vorwort von H. MOLDENHAUER, N. Y. 1968.

Dokumente: Schönbergs Musik *in* Arnold Schönberg, Mn. 1912, 22–48. Der Lehrer, ebd., 85–87. Der Weg zur neuen Musik, hrsg. von W. REICH, Wien 1960 [enthält im Anhang Briefe W.s an Reich]. Aus dem Briefwechsel *in* A. W. hrsg. von H. EIMERT, Wien 1955, 20–28 (die Reihe, 2). Briefe an Hildegard Jone und Josef Humplik, hrsg. von J. POLNAUER, Wien 1959. A. W. Briefe an Th. W. Adorno, hrsg. von H.-Kl. METZGER und R. RIEHN, Mn. 1983 (MK, Sonderbd. A.W.I). Aus dem Briefwechsel W.-Steuermann, ebd. Alexander Zemlinsky. Briefwechsel mit Arnold Schönberg, A. W., Alban Berg und Franz Schreker, hrsg. von H. WEBER, Darmstadt 1995. A. W. Briefe an Heinrich Jalowetz, hrsg. von E. LICHTENHAHN, Mainz 1999 (Veröffentlichungen der Paul Sacher Stiftung 7). A. W. Über musikal. Formen. Aus den Vortragsmitschriften von Ludwig Zenk, Sieg-

fried Oehlgiesser, Rudolf Schopf und Erna Apostel, hrsg. von N. BOYNTON, Mainz 2002 (Veröffentlichungen der Paul Sacher Stiftung 8).
Literatur: STOCKHAUSEN, K.: W.s Konzert für neun Instrumente op. 24, Analyse des ersten Satzes *in* Melos 20 (1953), 343–348; auch *in* Texte ... Bd. 1, Köln 1963, 24–31. DERS.: Struktur und Erlebniszeit *in* A. W., 69–79 (die Reihe 2); auch *in* Texte... Bd. 1, 86–98. ADORNO, TH.W: A. von W. *in* Klangfiguren, Bln. und Ffm. 1959, 157–181. LIGETI, GY.: Über die Harmonik in W.s erster Kantate *in* Darmstädter Beiträge zur Neuen Musik 3 (1960), 49–64. KOLNEDER, W.: A.W. Einführung in Werk und Stil, Rodenkirchen/Rhein 1961. SCHOLLUM, R.: Die Wiener Schule. Schönberg, Berg, W. Entwicklung und Ergebnis, Wien 1969. PERLE, G.: Serial Composition and Atonality. An Introduction to the Music of Schoenberg, Berg and W., Berkeley und Ldn. (^{1}1962); ^{2}1977. ADORNO, TH.W.: Der getreue Korrepetitor, Lehrschriften zur musikalischen Praxis, Ffm. 1963. MOLDENHAUER, H.: Der Tod A. von W.s, Wiesbaden 1970. ADORNO, TH.W: A. von W. *in* Impromptus, Ffm. 1968. BUDDE, E.: A. W.s Lieder op. 3. Untersuchungen zur frühen Atonalität bei W., Wiesbaden 1971. GERLACH, R.: Die Dehmel-Lieder von A. W. Musik und Sprache im Übergang zur Atonalität *in* Jb. des Staatlichen Instituts für Musikforschung Stiftung Preußischer Kulturbesitz 1970, Bln. 1971. DEPPERT, H.: Studien zur Kompositionstechnik im instrumentalen Spätwerk A. W.s, Darmstadt 1972. STROH, M.: A. W. Historische Legitimation als kompositorisches Problem, Göppingen 1973. W.-Kongreß 1972 (Beiträge 1972/73), hrsg. von der Österreichischen Gesellschaft für Musik, Kassel 1973. KRELLMANN, H.: A. W. in Selbstzeugnissen und Bilddokumenten, Reinbek bei Hbg. 1975. DÖHL, FR.: W.s Beitrag zur Stilwende der Neuen Musik. Studien über Voraussetzungen, Technik und Ästhetik der Komposition mit 12 nur aufeinander bezogenen Tönen, Mn.-Salzburg 1976. STADLEN, P.: A. W. Variationen für Klavier op. 27. W.s Interpretationsvorstellungen, Wien 1979. MOLDENHAUER, H. und R.: A Chronicle of His Life and Work, Ldn. 1978; dt. Zürich 1980 [mit Bibl. und WV]. ABEL, A.: Die Zwölftontechnik W.s und Goethes Methodik der Farbenlehre. Zur Kompositionstheorie und Ästhetik der Neuen Wiener Schule, Wiesbaden 1982. A. W. 1883–1983. Eine Fs. zum hundertsten Geburtstag, hrsg. von E. HILMAR, Wien 1983. Opus A. W., hrsg. von D. REXROTH, Bln. 1983. A. W. II, Mn. 1984 (MK Sonderbd.; mit WV). Die Wiener Schule in der Musikgeschichte des 20. Jahrhunderts. Ber. über den 2. Kgr. der Intern. Schönberg-Gesellschaft, hrsg. von R. STEPHAN und S. WIESMANN, Wien 1986. SCHULZ, R.: Über das Verhältnis von Konstruktion und Ausdruck in den Werken A. W.s, Mn. 1982. NOLLER, J.: Faßlichkeit. Eine kulturhistorische Studie zur Ästhetik W.s *in* AfMw 43 (1986), 169–180. BAILEY, K.: the twelve-note music of A. W. Old forms in a new language, Cambridge 1991. ESSL, K.: Das Synthese-Denken bei A. W. Studien zum Musikdenken des späten W. unter besonderer Berücksichtigung seiner eigenständigen Analysen zu op. 28 und op. 30, Tutzing 1991. ZUBER, B.: Gesetz und Gestalt. Studien zum Spätwerk A. W.s, Mn. 1995. W. studies, hrsg. von K. BAILEY, Cambridge 1996. KRAUSE, A.: A. W. und seine Zeit, Laaber 2001.

Elmar Budde

Weill, Kurt (Julian)

Geb. 2. 3. 1900 in Dessau;
gest. 3. 4. 1950 in New York

Wollte man eine Typologie des Komponisten im 20. Jahrhundert aufstellen, so würde W. den ausgeprägten Typus des »homo sociologicus« verkörpern. Kaum ein Komponist hat so empfindlich mit seinem musikalischen und feuilletonistisch-literarischem Werk auf aktuelle Tendenzen in Kultur und Gesellschaft reagiert und sich so vorbehaltlos, aber auch ohne parteiliche Fixierung zu dieser Aufgabe bekannt: »Ich bin überzeugt, daß die große Kunst aller Zeiten ... aktuell war: sie war nicht für die Ewigkeit bestimmt, sondern für die Zeit, in der sie entstand, oder mindestens für die nahe Zukunft, an deren Aufbau sie mitzuarbeiten bestimmt war.« (Gesammelte Schriften, 97). Diese Standortbestimmung jenseits rein ästhetisch-immanenter Probleme stammt aus dem Jahr 1929, das den noch nicht Dreißigjährigen auf dem Höhepunkt seiner erstaunlichen ersten Karriere in der Weimarer Republik zeigt: Der Durchbruch zum – neben Hindemith und Krenek – führenden Vertreter einer jungen, zunächst strikt anti-romantisch ausgerichteten Komponistengeneration gelang W. in der Zusammenarbeit mit Bertolt Brecht, die mit dem beispiellosen Berliner Erfolg der *Dreigroschenoper* von 1928 anhob und 1930 nach der skandalträchtigen Leipziger Uraufführung von *Aufstieg und Fall der Stadt Mahagonny* ihr (nicht nur) politisch erzwungenes Ende fand. W.s Credo der Aktualität ist zwar als Widerspiegelung der in den zwanziger Jahren diskutierten Soziologisierung der Musik als sogenannte »Gebrauchsmusik« (oder auch »mittlerer Musik«) zeitbezogen, doch distanziert sich ihr humanistisch gefärbtes Pathos deutlich von dem marxistisch orientierten Utilitarismus, den Brecht seit der *Dreigroschenoper* propagierte. Dieser ausgleichenden Position ist W. später unter den Bedingungen des amerikanischen Exils verpflichtet geblieben: Am Broadway, dem Ort seiner zweiten Karriere ab 1935, hat W. sein musikalisch-dramatisches Konzept ebenso den Produktionsbedingungen und zeitgeschichtlich vorgegebenen Sujets des Musicals angepaßt, wie er während der zwanziger Jahre unter den Gegebenheiten des subventionierten Theaterbetriebs in Deutschland die Zeitoper mitschuf.

Berlin und Broadway umreißen schlagwortartig die wichtigsten Stationen in W.s Werk und Leben: Die Dichotomie dieser Existenz legte das (schiefe) Bild von den zwei W.s nahe, dem W. selbst Vorschub leistete, indem er sich nach der über Frankreich vollzogenen Emigration von seiner künstlerischen Vergangenheit in Deutschland bis zum Ende des Zweiten Weltkriegs vollständig abwandte. Ist es jedoch statthaft, von einem so entschiedenen Einschnitt auch in der musikalischen Entwicklung zu sprechen? Der Sohn eines jüdischen Kantors begann seine kompositorische Laufbahn im Fahrwasser der Spätromantik. Sein erster Lehrer in Berlin war Humperdinck; Pfitzner, R. Strauss und Mahler gehören zu den frühen Vorbildern, wobei der Einfluß der realistischen, stilistisch heterogenen Elemente bei Mahler besonders an Bedeutung gewann. W.s vielgleisige musikalische und intellektuelle Begabung, die sich schon in der *Cellosonate* (1920) und der *Ersten Symphonie* (1921) abzeichnete, konnte sich jedoch erst entfalten, als er Ende 1920 Meisterschüler Busonis wurde. Busonis Bedeutung für W. läßt sich wohl weniger in technischen als in grundsätzlichen ästhetisch-musikalischen Fragen ermessen: Seine im Kern auf die Überwindung der Romantik zielende Ästhetik richtet sich zum einen auf eine Neubestimmung des Werkgedankens, um den Gegensatz von absoluter und angewandter (d. h. vor allem szenischer) Musik zugunsten einer unauflöslichen Einheit des musikalischen Inhalts aufzulösen. In diesem Ansatz liegt eine wesentliche Vorbedingung für W.s Versuch einer Opernreform, in der – allerdings über die Rückkehr zur Nummernoper – absolute musikalische Formen gerade das spezifisch Opernhafte neutralisieren (wie es Busoni bereits in seinem »Doktor Faustus« anstrebte) und eine »Urform« des Musiktheaters freilegen sollen. Zum anderen ging es Busoni um eine Erneuerung der klanglichen und strukturellen Gestaltungsprinzipien aus dem Geist der Vergangenheit und mit dem Ziel einer bedeutenden Klärung und (objektivierenden) Vereinfachung. In W.s bis 1924 (dem Todesjahr Busonis) entstandenen Werken – dem *Divertimento* für kleines Orchester, Streichquartett und Männerchor op. 5 (1921–22), dem *Streichquartett* op. 8 (1923), dem luziden *Frauentanz* op. 10 (1923), dem kühnen Chorsatz *Recordare* op. 11 und dem schon neo-klassizistisch ausgerichteten *Konzert für Violine und Blasorchester* op. 12 (1924) – schlug sich dies als Rückkehr zu einer linearen Satzweise und älteren Formmodellen nieder. Bis auf die *Zweite Symphonie* (1933) hat W. danach keine Instrumentalmusik mehr geschrieben.

1925 heiratete W. die Wiener Schauspielerin und Sängerin Lotte Lenya (1898–1981), die zur bekanntesten Interpretin seiner Werke werden sollte. In derselben Zeit gelangte W. zu einer zeitgemäßen Opernform, die nicht nur über die teils retrospektive Orientierung an klassischen Leitbildern wie Mozart und Weber, an Puccinis veristischen, alltagsbezogenen Einaktern gelang, sondern vor allem durch das Berlin der zwanziger Jahre geprägt wurde. W. schloß sich avantgardistischen Strömungen wie der Novembergruppe an, er gewann Schriftsteller wie Georg Kaiser und Iwan Goll als Librettisten und wurde ein kritischer Kommentator aktueller kultureller Tendenzen. (Unter anderem gehört W. zu den ersten Befürwortern einer genuinen Radiokunst; die szenische Kantate *Der Lindberghflug* – ein Gemeinschaftswerk mit Brecht und Hindemith von 1929 – ist ein Versuch in diese Richtung; analog dazu bestimmte W.s in seinen feuilletonistischen Schriften den Komponisten in technisch-soziologischer Diktion als »Produzent«.) In den anti-bürgerlichen, satirischen Opern *Der Protagonist* (Georg Kaiser; Dresden 1926), *Royal Palace* (Ivan Goll; Berlin 1927) und *Der Zar läßt sich photographieren* (Kaiser; Leipzig 1928) wird die Tonsprache komplexer, rhythmisch und harmonisch geschärfter. Die Auseinandersetzung W.s mit den zeitgenössischen Hauptströmungen, dem Neo-Klassizismus und der Schönberg-Schule, blieb freilich nur eine Episode; spätestens nach der Begegnung mit Brecht brach er diesen Weg ab, welcher der unproblematischen Art seiner melodischen wie dramatischen Begabung nicht lag. Er verfolgte nun verstärkt ein Konzept der Einfachheit, das dann eine gestische Reflexion der Handlung in der Musik anstrebte und die Neudefinition der Oper als »soziologischen Raum« (*Musik und mus. Theater*, ebd.) vorsah. W. stellte deshalb zum einen an die Vorlage die Forderung, eine Reihung von Zuständen herzustellen und die eigentlich handlungsfordernden Elemente auf die (gesprochenen) Dialoge zu verlagern, um so in sich geschlossene musikalische Einheiten schaffen zu können. In der Parodierung von John Gays »Ballad Opera« aktualisierte er die

Gattung des Singspiels, die von singenden Schauspielern (und nicht von schauspielernden Sängern) bestimmt wird; der »Song«, der auch vom Amerikanismus der Zeit beeinflußt ist, wurde W.s wichtigster Beitrag zur Gattung der Zeitoper, die auch eine nobilitierte Operette war. Andererseits übernehmen konkrete musikalische Idiome, die zumeist der verbrauchten Sphäre der Unterhaltungsmusik entstammen, eine wichtige Funktion im Hinblick auf die Erwartungshaltung des Hörers und den intendierten soziologischen Raum. Sie unterbinden nicht nur die Assoziation mit der herkömmlichen Oper, sondern ermöglichen dem Publikum auch die Identifikation mit der eigenen gesellschaftlichen Situation, auf die die didaktisch-aufklärende Funktion – oft in humorvoller Brechung – der Musik zielt. Der Erfolg der *Dreigroschenoper* zeigt sowohl die Tragfähigkeit als auch die Grenzen dieser Reform auf: Die radikale Vereinfachung der musikalischen Sprache zwang W. zu einer gewissen Standardisierung sowohl der Ausdrucksmittel wie der Formen, wie sich in der weiteren Zusammenarbeit mit Brecht zeigt (*Happy End*; Berlin 1929 und *Der Jasager*; ebd. 1930). Die Rückkehr zu einem gereihten Verlauf, zur Tonalität (auf Basis einer modal gefärbten oder auf Elementen des Jazz bzw. Blues beruhenden Harmonik) und zu einer plastischen, aber vergleichsweise reduzierten rhythmischen Faktur hat sich in W.s Œuvre von dort an, auch in den amerikanischen Musicals, als konstanter Faktor stabilisiert.

W. hat stets am Primat der Musik festgehalten, was schließlich den Bruch mit Brecht beschleunigte; während einige Werke zu Beginn der dreißiger Jahre wie die Schuloper *Der Jasager* oder die *Zweite Symphonie* (1933) noch an sparsamer Struktur und spröder Klanglichkeit festhalten, führte dieser Standpunkt doch zu einer langsamen Wiederbelebung der vom epischen Theater ausgeschlossenen dramatischen Opernelemente. Er kommt bereits in den beiden folgenden Bühnenwerken *Die Bürgschaft* (Caspar Neher; Berlin 1932) und *Der Silbersee* (Kaiser; Leipzig 1933) zum Tragen. Und auch das Ballett *Die Sieben Todsünden*, als letzte Arbeit mit Brecht 1933 in Paris entstanden und vielleicht W.s geschlossenste szenische Partitur, weist eine solche Anreicherung auf, die nun die Idiome der Unterhaltungsmusik eher assimiliert als verfremdet und mit einer Art Leitmotivtechnik arbeitet, die eine größere musikalische Verklammerung der einzelnen Bilder schaffen soll.

W. debütierte in den USA mit dem szenischen Oratorium *The Eternal Road* (1936), das er gemeinsam mit Max Reinhardt und Franz Werfel konzipierte und mit dessen spezifisch jüdischer Thematik er nicht nur die verhängnisvolle politische Entwicklung kommentierte, sondern auch die verborgenen religiösen Wurzeln seiner Musik offenlegte. In den drei wichtigsten von insgesamt neun amerikanischen Bühnenwerken – dem psychoanalytischen, eigentlich aus drei Einaktern bestehenden Musical *Lady in the Dark* (Moss Hart; New York 1941), der Bernstein vorgreifenden *Street Scene* (Elmer Rice; New York 1947) und *Lost in the Stars* (M. Anderson; N.Y. 1949) – ist dann die Rückkehr zur »großen« Oper evident. Die Fähigkeit W.s, neue Einflüsse (wie Gershwins »Porgy and Bess«) sofort zu assimilieren, ist für diese Werke ebenso bezeichnend wie sein quer zur gängigen Arbeitsteilung am Broadway stehendes Prinzip, die eigene Musik auch selbst zu instrumentieren und damit an einer möglichst vollständigen Kontrolle der Werkgestalt festzuhalten. Überhaupt zeigen W.s amerikanische Werke eine Neigung zur Synthese, zur Zusammenfassung der musiksprachlichen und stilistischen Mittel, welche den Verlust der Unmittelbarkeit und aggressiv-sinnlichen Wirkung, die den Stil der Berliner Jahre auszeichnet, durch eine souveräne Ausschöpfung der Genremöglichkeiten zwischen Oper und Musical ausgleicht. Der Gefahr einer gewissen Glätte der Erfindung, die freilich auch der Erwartungshaltung des Broadway-Publikums nachkam, ist W. dabei nicht immer entronnen. So konnte W. in dem singspielnahen *Jonny Johnson* (Peter Green; New York 1936) das folkloristische Moment betonen, während er in *Knickerbocker Holiday* (Maxwell Anderson; New York 1938) – dessen Handlung zwar in der holländischen Kolonialzeit spielt, aber eine Parodie auf den Roosevelt-Kult und die »New Deal«-Politik enthält – eine zeitgemäße amerikanische Operette schuf. W. hielt *Street Scene* für sein bestes Werk, weil es seinem Ideal einer vollkommenen Integration von Handlung und Musik und damit einer genuin amerikanischen Opernform am nächsten kam. (Das Problem der amerikanischen Oper, die sich seit ihren Anfängen niemals gegenüber der europäischen emanzipieren konnte, hatte er dabei vor Augen.) Der suggestive Schlüsselsong »A Stranger here myself« aus dem auch in Hollywood verfilmten Musical *One Touch of Venus* (S. J. Perleman und Ogdon Nash; New York 1943) kann als Chiffre für W.s eigene Existenzhaltung gesehen werden, die wohl stärker von Gefühlen der Entwurzelung bestimmt war, als es der äußere Erfolg in den USA vermuten ließ.

Es entbehrt nicht einer gewissen Paradoxie, daß W.s amerikanische Bühnenwerke – die sich in Europa nie recht durchgesetzt haben – in ihren Grundlagen jenen Ansatz fortführen, den Busonis Ästhetik und die Formlösungen der *Dreigroschenoper* und *Mahagonny* vorgegeben hatten und dessen Wurzeln somit auch in den Konstellation der europäischen Musik nach 1900 zu suchen sind. W.s Rolle als ingeniöser Vermittler zwischen der »ernsten« und der »unterhaltenden« Musik machte ihn aber auch zum Ahnherrn des »Crossover« der zweiten Hälfte des 20. Jahrhunderts.

Noten: 1924–33: Universal Edition (Wien); 1935–50: Chappell (N.Y.); EAM (N.Y.); Heugel (Paris); Schott (Mainz). K.W. Edition (Mainz und N.Y.) 1996 ff.

Dokumente: Musik und musik. Theater (Gesammelte Schriften), hrsg. von St. Hinton u.a.; erw. Mainz 2000. Sprich leise, wenn du Liebe sagst. Briefwechsel W. – Lenya, hrsg. von L. Symonette u.a.; dt. Köln 1998. Briefe an die Familie 1914–1950, hrsg. von Ders. u.a., Stg. 2000. K.W. Ein Leben in Bildern und Dokumenten, hrsg. von D. Farneth u.a.; dt. Bln. 2000. Briefwechsel mit der Universal-Edition, hrsg. von N. Grosch, Stg. und Weimar 2002.

Werkverzeichnis: Drew, D.: K.W. A Handbook, Ldn. 1987 [mit ausführlichen Annotationen, auch zum Nachlaß].

Periodica: K.W. Newsletter 1 (1982) ff. [erscheint halbjährlich].

Literatur: A New Orpheus. Essays on K.W., hrsg. von K.H. Kowalke, New Haven 1986. Vom Kurfürstendamm zum Broadway. K. W 1900–1950, hrsg. von B. Kortländer u.a., Düsseldorf 1990. K.-W.-Studien, hrsg. von N. Grosch, Stg. 1996. Geuen, H.: Von der Zeitoper zur Broadway Opera. K.W. und die Idee des mus. Theaters, Schliengen 1997. K.W. Die frühen Werke 1916–1928, hrsg. von H.Kl. Metzger und R. Riehn, Mn. 1998. K.W. Auf dem »Weg der Verheißung«. Symposium-Ber. Chemnitz 1999, hrsg. von H. Loos und G. Stern, Freiburg i. Br. 2000. Juchem, E.: K.W. und Maxwell Anderson. Neue Wege zu einem amerikanischen Musiktheater 1938–1950, Stg. und Weimar 2000. Kuhnt, Chr.: K.W. und das Judentum, Saarbrücken 2000. Amerikanismus – Americanism – W.. Die Suche nach kultureller Identität der Moderne, hrsg. von H. Danuser u. a., Schliengen 2003.

Wolfgang Rathert

Wert, Giaches de
Geb. 1535 vermutlich in Wert oder Weert bei Antwerpen; gest. 6. 5. 1596 in Mantua

Ebenso wie z. B. Lasso und wahrscheinlich auch de Rore kam auch G. de W. schon in seiner Kindheit nach Italien. Niederländische Sängerknaben waren in Italien außerordentlich gesucht und wurden regelrecht »importiert«. Abgesehen vom frühen Unterricht als Chorknabe erhielt de W. seine Ausbildung also in Italien. Es spricht einiges dafür, daß de W., als er wegen des Stimmbruchs aus dem Dienst in der Kapelle der Marchesa Maria di Cardona ausscheiden mußte, 1550 nach Ferrara zog, um bis 1553 bei de Rore in die Lehre zu gehen. 1561 bis 1563 arbeiteten de W. und de Rore in Parma eng zusammen: de W. als Mitglied, de Rore als Leiter der Sängerkapelle Ottavio Farneses. De W. stünde somit über de Rore und dessen Lehrer Willaert in der niederländischen Komponistentradition; es darf darüber jedoch keineswegs vergessen werden, daß der Kompositionsstil der Italo-Flamen mittlerweile deutlich von der Setzweise der nördlich der Alpen verbliebenen Verwandten abwich und in der Auseinandersetzung mit der Musik und den soziokulturellen Gegebenheiten Italiens eine eigene charakteristische Ausprägung erfahren hatte. De W.s früher Madrigalstil bis etwa zur Mitte der sechziger Jahre ist noch stark von de Rore und dem späten Willaert beeinflußt: Die Stücke sind gekennzeichnet durch z. T. abrupte Tonartenwechsel, ausgeprägt dissonierende Zusammenklänge und – in Verbindung damit – ungewöhnliche Stimmführungen und Intervallfortschreitungen. Wie schon de Rore benutzt auch W. diese Mittel ausschließlich zur Textdarstellung. Wurde de W.s Textwahl bis zur Mitte der siebziger Jahre noch stark durch den Petrarkismus (→Arcadelt) sowie die Werke Luigi Tansillos und Ludovico Ariostos beeinflußt, so schenkte de W. in der Folge den Gedichten Torquato Tassos und Giambattista Guarinis vermehrt Beachtung. Eine Auffälligkeit an den reifen Madrigalen de W.s ab etwa 1580 ist der bisweilen extreme Umfang der Stimmen. Das *achte Buch der fünfstimmigen Madrigale* (1586) stellte de W. offenbar speziell für das »concerto delle donne« am Hof der d'Este in Ferrara zusammen. Einige der Madrigale im *Zehnten Buch zu fünf Stimmen* (1591) scheinen für einen solistischen Vortrag mit Instrumentalbegleitung gedacht zu sein und sind so unter die Versuche im Umfeld der sich herausbildenden monodischen Praxis zu rechnen. In seinem letzten Werk schließlich, dem *Elften Buch der fünfstimmigen Madrigale* von 1595, drängt de W. die motivische Verarbeitung stark zurück zugunsten eines ausgesprochen deklamatorischen Stils. Im Gegensatz zu de Rore schrieb de W. keine französische Chansons mehr, dafür aber ein Buch *Canzonette villanelle* zu fünf Stimmen (1589), was diese Werke aus ihrem kompositorischen Umfeld heraushebt, da z. B. die Canzonetten Adriano Banchieris oder Marenzios lediglich dreistimmig sind. Die Verwendung der Fünfstimmigkeit in dem ›leichten‹ Genre der Canzonetta ist möglicherweise das Vorbild für die »Balletti« gleicher Stimmenanzahl des de W.-Schülers Giovanni Gastoldi (1591) gewesen.

Die vielen Instrumentalwerke de W.s, seine Bühnen- und Ballettmusiken für den Mantuaner Hof, von denen in der diplomatischen Korrespondenz des 16. Jahrhunderts immer wieder die Rede ist, müssen als verloren gelten. Lediglich ein Band vierstimmiger *Fantasien* de W.s ist in der Vatikanischen Bibliothek erhalten.

De W. komponierte seine geistlichen Werke großenteils für die Sonderliturgie an Santa Barbara in Mantua. Abgesehen von den Motetten hält de W. sich in ihnen fast immer an eine vorgegebenen liturgische Melodie und läßt polyphon auskomponierte und einstimmige Partien abwechseln. Die 1581 publizierten *Motetten* sind so eng an den entwickelten Madrigalstil de W.s angenähert, daß es zweifelhaft scheint, ob diese Kompositionen überhaupt für eine liturgische Verwendung gedacht wären. Stilistisch handelt es sich bei diesen Motetten eigentlich um eine lateinische Abart der italienischen »Madrigali spirituali«, deren Platz nicht der öffentliche Gottesdienst, sondern die private außerliturgische Andachtsübung der nachtridentinischen Epoche war. Das Madrigalschaffen de W.s legte den Grund für die letzte, stark manieristisch geprägte Phase der Entwicklung dieser Gattung, die in den Werken vor allem Marenzios, Gesualdos und Monteverdis ihren Abschluß finden sollte.

Noten: Collected Works, 17 Bde., hrsg. von C. MacClintock und M. Bernstein, Rom 1961–1977 (CMM, Reihe 24).
Dokumente: G. de. W. Letters and Documents, hrsg. von I. Fenlon, Paris 1999.
Literatur: Einstein, A.: Die Anfänge des Vocalkonzerts *in* Acta Musicologica 3 (1931), 8–13. Ders.: The Italian Madrigal, 3 Bde., Princeton 1949; Reprint 1971 [vor allem Bd. 2, 511–519]. MacClintock, C.: G. de W. (1535–1596) Life and Works, Rom 1966. Bogaert, I.: G. de W. Vlaams Polyfonist 1536–1596, Leuven 1988. G. de W. (1535–1596) and his Time. Migration of Musicians to and from the Low Countries (c. 1400–1600). Colloquium Proceedings Antwerpen 26.–27. August 1996, hrsg. von E. Schreurs, Leuven 1999.

Bernhard Janz

Willaert, Adrian

Geb. um 1490 wahrscheinlich in Roeselare (Roulaers); gest. 17. 12. 1562 in Venedig

Die Vorstellung von »klassischer Vokalpolyphonie« der Renaissance wird weiterhin durch Palestrina, den Vollender und das bleibende Muster vokalen Kontrapunkts, bestimmt; allenfalls wird ihm Lasso beigesellt. Dufay, Ockeghem und gar Josquin gelten außerhalb der Spezialistenzirkel als Vorläufer. Auf diese Weise wurde W., sogar in der Musikwissenschaft, zum prominentesten Opfer eines derartig zentrierten Renaissanceverständnisses.

Die überragende Bedeutung des »divino Adriano« wurde im Italien des 16. Jahrhunderts – und besonders in Venedig – nie bezweifelt. Als Giulio Cesare Monteverdi 1607 die moderne »seconda pratica« seines Bruders Claudio von der »prima pratica« der Vokalpolyphonie schroff trennte (→ Monteverdi), war W. für ihn Abschluß und Inbegriff der »prima pratica«; im gleichen Atemzuge nannte er W.s Schüler, den überragenden Theoretiker Gioseffo Zarlino. Dieser hatte W.s Musik zum Modell schlechthin deklariert. W. habe, einem neuen Pythagoras gleich, die Fehler in der Musik eliminiert und ihr dergestalt jene Würde wiedergegeben, die ihr einst in der Antike eigen gewesen sei. Über Venedig hinaus galt der niederländische San-Marco-Kapellmeister W. als Begründer der »venezianischen Schule« und als letzter Höhepunkt all dessen, was mit Ockeghem und Josquin begonnen hatte. – Als, seit dem Ende des 18. Jahrhunderts, die »klassische Vokalpolyphonie als die »wahre katholische Musica sacra« entdeckt und propagiert wurde, fehlte W.s Name völlig. Ein musikalischer Vollender der römischen Kirche konnte kein belgischer Venezianer, er mußte päpstlicher Römer sein: Palestrina. Bayerischer Nationalismus half mit, Lassos Größe ins Licht zu heben – W.s Gesamtausgabe dagegen begann erst 1950 zu erscheinen, als bereits die zweite von Palestrina in Arbeit war.

Als Vorbild für eine »reine Musica sacra« taugte W. so wenig wie Lasso: W. komponierte bloß neun Messen, weitere knapp 70 liturgische Werke (Hymnen, Psalmen usw.) sowie über 170 Motetten. Doch daneben stehen die für die jeweilige Gattungsgeschichte zentralen 80 italienischen Madrigale und Villanellen, über 60 französische Chansons und eine Reihe für die Geschichte der Instrumentalmusik wichtiger drei- und vierstimmige Ricercari. Nur Lasso vergleichbar setzte W. in allen international bedeutsamen Gattungen, im sakralen wie im profanen Bereich, im zweiten Drittel des 16. Jahrhunderts die gültigen Maßstäbe. Zwischen 1536 und 1555 erschien seine Kirchenmusik – Messen, Hymnen, Psalmen und Motetten – in acht repräsentativen Individualdrucken in Venedig, während weitere derartige Werke, die Madrigale und die Chansons, in zahlreichen Sammeldrucken veröffentlicht wurden. 1559 schließlich erschien, versehen mit einem Porträt W.s und durch den Erbherzog Alfonso d'Este von Ferrara eigenhändig befördert, W.s *Musica Nova*, eine Sammlung von 27 Motetten und 25 Madrigalen zu vier bis sieben Stimmen bei Antonio Gardane in Venedig. Diese *Musica Nova*, einer der bedeutendsten Musikdrucke des 16. Jahrhunderts, stellt eine wahre Summa der Musik des damals etwa siebzigjährigen Meisters dar.

Über W.s Frühzeit wissen wir bloß, daß er in Paris bei Jean Mouton studiert hat. Vom Juli 1515 an erscheint er dann, und dies für zwölf Jahre, in den Akten des Hauses d'Este von Ferrara: zuerst als Sänger von Cardinal Ippolito I. d'Este, mit welchem er 1517–19 in Ungarn weilte. Nach dessen Tod 1520 diente W. dessen Bruder, Herzog Alfonso d'Este, und 1525–27 dem Erzbischof von Mailand, Cardinal Ippolito II. d'Este. Auch als W. am 12. Dezember 1527 Maestro di cappella von San Marco in Venedig wurde, blieben die engen Kontakte zu Ferrara erhalten. Für diesen sehr frankophilen Hof entstanden sicherlich viele seiner Chansons, und der Erbherzog Alfonso hörte 1554 gewiß von W.s Sängerin Polissena Pecorina jene Musik, welche in der *Musica Nova* zu seiner und des Komponisten Ehre veröffentlicht wurde.

W.s Ansehen in Venedig ist an seiner Besoldung ablesbar: 70 Dukaten 1527, 100 zwei Jahre später und 1556 gar 200 Dukaten jährlich. Sein 35jähriges kontinuierliches Wirken in Venedig wurde nur 1542 und 1556–67 durch zwei Reisen in seine Heimat unterbrochen.

Begründer einer »venezianischen Schule« ist W. in mehrfacher Hinsicht. Zunächst einmal als Lehrer einer beeindruckenden Zahl von Komponisten, welche die Musikkultur der Stadt für Jahrzehnte bestimmen sollte, darunter Nicola Vicentino, de Rore, A. Gabrieli und Zarlino. Musikalisch ebenso bedeutungsvoll ist die Tatsache, daß W. italienische und regionale Traditionen aufgriff und sie mit der großen polyphonen Kunst der Niederländer verschmolz. Durch W. wurde venezianische Musik zu einer Kunst von europäischem Rang.

Zu Unrecht gilt W. hingegen als der »Erfinder der (venezianischen) Mehrchörigkeit«. Lokale Komponisten des Veneto wie Ruffino d'Assisi und Girolamo Pasetto in Padua, Francesco Santacroce in Treviso und der aus Padua stammende Gasparo Alberti in Bergamo komponierten bereits im ersten Drittel des 16. Jahrhunderts doppelchörige Psalmen, doch konnten diese originellen, klangvollen Werke einer regionalen Tradition den Ansprüchen eines strengen Satzes der international verbreiteten Polyphonie nicht genügen. Die mehrchörigen Psalmen, welche W. gemeinsam mit de Wert 1550 veröffentlichte, können als »Einbruch der musikalischen Gelehrsamkeit in die so erfrischende und kompositionstechnisch unbekümmerte einheimische Musik« bezeichnet werden (V. Ravizza). Diese vom konservativen Geist des »circumspectum vir« W. geprägten Psalmen wurden erst von Zarlino in seinen »Istitutioni harmoniche (1558) zu Vorbildern, gar zu den ersten mehrchörigen Werken gemacht, während Zarlino die lokalen Kleinmeister mit Stillschweigen überging.

In analoger Weise hat W. die einfachen, sich aus populärem Liedgut herleitenden Villanellen zu großer Kunst gemacht: Er verlegte die überlieferte Melodie vom Discant in den Tenor, setzte sie statt drei- nun vierstimmig und ›linearisierte‹ den bisher homophonen Satz. Aus diesem verbannte er rigoros alle umgangsmäßigen Klangfortschreitungen (z. B. parallele Quinten) und verselbständigte die Rhythmik der einzelnen Stimmen. Das führte zu einer kunstvollen rhythmischen Belebung des Satzes. Gleichzeitig achtete W. – im Unterschied zu seinen Schülern Cambio Perissone und Antonio Barges – auf eine klare Abgrenzung der Villanelle gegenüber dem Madrigal.

Noch ungleich bedeutsamer ist W.s Beitrag zu der Gattung, die um die Jahrhundertmitte zur modernsten schlechthin wurde. W. gehört, zusammen mit Arcadelt, Costanzo Festa und Philippe Verdelot, zur ›ersten Generation‹ der Madrigalisten. In den größtenteils um die zwanzig Jahre vor ihrem Druck (in *Musica Nova*) komponierten Werken schuf er das ›klassische‹ Madrigal auf Petrarca-Sonette. Bereits 1542 entwickelte sein kühner Schüler de Rore in seinem »Erstem Madrigalbuch« auf W.s Basis ein neues, das ›manieristische‹ Madrigal. Die Leistung der ersten – außer Festa ausländischen – Madrigalisten bestand darin, die bedeutende italienische Lyrik mit einer Musik verbunden zu haben, die auf der Höhe der Messen- und Motettenkomposition stand. So verwendet W. in den 25 vier- bis siebenstimmigen Madrigalen der *Musica Nova* mit einer Ausnahme nur Texte von Francesco Petrarca. Die künstlerische Höhe von Texten und Musik erlaubte den kühnen Schritt, sie viel später gemeinsam mit 27 Motetten in der *Musica Nova* zu veröffentlichen. Bemerkenswert ist W.s Eingehen auf die metrische und die Sinnstruktur der Texte. W. deklamiert diese weitgehend syllabisch und ist – im Gegensatz zu seinen ›manieristischen‹ Schülern – darauf bedacht, daß derartigen grammatikalischen Sinneinheiten die Illustrierung textlicher Details in Form von ›Madrigalismen‹ strikt untergeordnet bleibt. Auch der Madrigalist W. ist ein Komponist im Staatsdienst, der, bei aller Expressivität seiner Musik, auf »nobile sprezzatura«, auf Moderatheit bedacht ist – ohne allerdings deswegen die ›klassizistischen‹ Bahnen eines Palestrina einzuschlagen, welcher die expressiven Darstellungsmöglichkeiten der Musik willentlich zurückbindet.

In der Motettenkomposition, die das Zentrum von W.s Schaffen bildet, stellte sich das Problem einer Synthese zwischen italienischer oder venezianisch regionaler mit internationaler Kunst nicht. Hier ist W. einer der größten ›Niederländer‹. Die Herkunft aus der Josquin-Schule Moutons ist einer der wesentlichsten Gründe dafür, daß W. in knapp der Hälfte seiner Motetten an der Vierstimmigkeit festhält. Zwei vierstimmigen Motettenbüchern von 1539 stehen je ein fünf- und sechsstimmiges (1539 und 1542) gegenüber. Die Sechsstimmigkeit wird nur in den fünf siebenstimmigen Motetten der *Musica Nova* überschritten, und die Annahme liegt nahe, daß alle dortigen siebenstimmigen Werke jüngeren Datums sind.

Der Liturgie unverändert entnommene Texte liegen einer knappen Hälfte der vierstimmigen, aber nur einem Drittel der fünfstimmigen Motetten zu Grunde. Doch konnten alle diese Motetten sowohl als Offertorien- und Communionsgesänge und für Prozessionen genauso Verwendung finden wie bei den in Venedig besonders häufigen Staatsaktionen und als Andachtsmusik. Besonders auffallend ist für die Motetten, die zu bestimmten Anlässen entstanden sind, die mit dem alten Modell des Tenor-Cantus firmus verbundene Fünfstimmigkeit. Daß es sich dabei nicht bloß um eine für derartige »Staatsmotetten« übliche Konvention handelt, zeigen die sechs- und siebenstimmigen Motetten der *Musica Nova*, in welchen W. mehrheitlich mit Kanontechniken arbeitet. Dabei ist es für ihn charakteristisch, daß er diese alten Verfahren, auch die – frei gehandhabte – Durchimitation des späten Josquin, von Mouton und Nicolas Gombert und die paraphrasierende Verarbeitung gregorianischer Melodien mit modernsten Stilmitteln verbindet, mit Deklamationsthematik, stark dreiklangsbestimmter Harmonik und der Arbeit mit der Klangfarbe (in Form wechselnder Stimmkombinationen). Zu W.s Modernität zählt auch eine in allen Werken, nicht bloß den Motetten, klar erkennbare Modalität, die auch als Kriterium für die Anordnung der Werke einer Sammlung (darunter auch der *Musica Nova*) dient.

Ein anderes Bild zeigen die Chansons: W.s Chansonmodell ist jenes der älteren Komponisten Ockeghem, Josquin und insbesondere jenes seines Lehrers Mouton. Kaum Einfluß hatten die »Pariser Chansons« von Sermisy und Janequin, und auch die neuen Texte eines Clément Marot spielen bei W. keine Rolle. Wie seine niederländischen, von Tilman Susato in Antwerpen gedruckten Zeitgenossen komponiert er raffinierte höfische Chansons, sehr häufig über präexistente Melodien, in denen ›motettische‹ Züge dominieren und sogar Kanons zur Anwendung gelangen. 1520 wurden in Italien die ersten fünf gedruckt und 1536 erschienen 19 (von insgesamt 25) der besonders erfolgreichen dreistimmigen Chansons, welche in Paris noch 1578 nachgedruckt wurden. Zu diesem posthumen Erfolg in Frankreich trugen auch die 1560 gedruckten und 1572 wiederaufgelegten, in Bartolomeo Roys und Robert Ballards »Livre de meslanges« enthaltenen fünf- und sechsstimmigen Chansons bei, von denen die Hälfte hier erstmals im Druck erschien. Um ein verläßliches Bild des Chansonkomponisten W. zeichnen zu können, müßten diese in einer Neuausgabe vorliegen. Es scheint aber, als ob W. hier ein Abschließender gewesen sei; die Chansons im Umkreis von Pierre

Ronsard und der Pléiade und von Komponisten wie Lasso und Anthonie de Bertrand gingen von der Pariser Chanson – und vom italienischen Madrigal – aus.

1540 erschien in Venedig eine Sammlung von 21 vierstimmigen Instrumentalstücken unter dem Titel »Musica nova accomodata per cantar et sonar sopra organi et altri strumenti«; darin stehen drei Imitationsricercari von W., die im französischen Nachdruck von Moderne in Lyon (»Musique de joye«) um zwei vermehrt sind. Antonio Gardane druckte 1543 in Venedig vier mit »trium« bezeichnete vergleichbare dreistimmige Werke und 1549 acht weitere dreistimmige Ricercare, welche bis 1593 noch dreimal nachgedruckt wurden. Zusammen mit Julio Segni, Girolamo Parabosco und Marco Antonio Cavazzoni gehört W. somit zu den Schöpfern einer Form, in welcher der durchimitierte Motettensatz ohne cantus firmus auf einen textfreien Instrumentalsatz für Melodie- oder Tasteninstrumente übertragen wurde, das Ricercar, die Vorform der Fuge.

Noten: Opera omnia, hrsg. von H. ZENCK, W. GERSTENBERG u.a., Rom 1950ff. (CMM III, bisher 14 Bde.).
Literatur: HERTZMANN, E.: A.W. in der weltlichen Vokalmusik seiner Zeit, Lpz. 1931, Ndr. Walluff 1973. BROWN, H.M.: Words and Music. W. The Chanson and the Madrigal about 1540 *in* SMITH, CHR. und CAMPOREALE, S.I.: Florence and Venice, Comparisons and Relations, Bd. 2, Florenz 1980, 217–266. BOSSUYT, I.: A.W. (ca. 1490–1562). Leven en werk. Styl en genres, Löwen 1985. FELDMAN, M.: Venice and the Madrigal in the Mid-Sixteenth Century, Diss. Univ. of Pennsylvania 1987. OWENS, J.A. und AGEE, R.J.: La stampa della »Musica Nova« di W. *in* Rivista italiana di musicologia 24 (1989), 219–305. SMITH, A.: W.s Motets and Mode *in* Basler Jb. für historische Musikpraxis 16 (1992), 117–165. FELDMAN, M.: City Culture and the Madrigal at Venice, Berkeley (CA) 1995. FINSCHER, L.: Von Josquin zu W. Ein Paradigmenwechsel? *in* Musik/Revolution, Hbg. 1997, Bd. 1, 145–174. RIFKIN, J.: Miracles, Motivicity, and Mannerism. A. W.'s »Videns dominus flentes sorores Lazari« and some Aspects of Motet Composition in the 1520s *in* Hearing the Motet, N.Y. u.a. 1997, 243–264.

Jürg Stenzl

Wolf, Hugo

Geb. 13. 3. 1860 in Windischgraz (heute Slovenj Gradec, Slowenien); gest. 22. 2. 1903 in Wien

Eine Anfrage nach biographischen Notizen beschied W. mit dem lapidaren Satz: »Ich heiße Hugo Wolf und bin im Jahre 1860 geboren, alles andere finden Sie in meinen Werken« – ein von der W.-Hagiographik weithin ignoriertes Selbstverständnis. Bei kaum einem anderen Komponisten überlebte die romantische Genieästhetik dermaßen ungebrochen. Beharrlich zeichnete man ein Charakterbild im Gravitationsfeld von Genie und Wahnsinn. W.s befremdliche Stimmungsumschwünge, seine Reizbarkeit bis zur Aggressivität, seine Tendenz zur Selbstüberschätzung, seine von quälenden Schaffenspausen unterbrochene schubartige Kreativität, seine in geistiger Umnachtung verbrachten letzten Lebensjahre, nicht seine Werke standen im Brennpunkt des Interesses. Die eigentliche Ursache indessen, W.s progressive Paralyse infolge einer ungenügend ausgeheilten syphilitischen Erkrankung (1877), wurde lange verschwiegen. Folglich dominiert für den Schaffensprozeß die irrige Sicht, W. habe nach 1888, beginnend mit den Mörike-Vertonungen, in neun, von Perioden der depressiven Einfallslosigkeit unterbrochenen Schaffensphasen seine Werke wie ein Besessener ohne jegliche intellektuelle Kontrolle herausgeschleudert. Zunächst unbeachtet blieb, daß es Kompositionsskizzen zu W.s Liedern gibt und diese ihm keinesfalls von der Inspiration vollendet diktiert wurden. Fraglos war W. nicht in der Lage, sein schöpferisches Potential willentlich zu aktivieren. Er war sich seiner Schaffensschwankungen bewußt und konzentrierte darum alle Kräfte auf die euphorischen Phasen der Kreativität. Dennoch folgte den eruptiven musikalischen Einfällen der Prozeß von Ausarbeitung, Korrektur und Revision.

Ab 1875 besuchte W. das Wiener Konservatorium, das er jedoch schon im März 1877 vorzeitig wieder verließ. Von da an war er in seiner Ausbildung und seinem Schaffen ganz auf sich selbst gestellt. Das verzweifelte Ringen um einen geeigneten Stil in der Zeit vor 1888 verglich W. seinem Mannheimer Freund Oskar Grohé gegenüber mit einem langsamen qualvollen Selbstmordversuch – eine der Qualität der in diesen Jahren entstandenen Werken nicht angemessene Einschätzung, denn W., der sich in dieser Zeit noch nicht primär mit der Vertonung von Gedichten beschäftigte, vollzog auf dem Gebiet der Instrumentalmusik eine erstaunliche Entwicklung. In der Kammermusik fand er von den satztechnischen Vertracktheiten des ganz den Vorbildern Beethoven und Wagner verpflichteten *Streichquartetts d-moll* (1878–84), mit den Goethe-Worten des Faustschen Teufelspaktes »Entbehren sollst du, sollst entbehren« als Motto, zu einem eigenen Ton der heiter-gelösten, lichtdurchfluteten *Serenade G-dur* (1887). Seine sinfonischen Ambitionen kulminieren in der sinfonischen Dichtung *Penthesilea* (nach Heinrich von Kleist; 1883–85). Schwer traf ihn die Ablehnung: Das *Streichquartett* reichte er vergeblich dem Rosé-Quartett ein, das Probedurchspielen der *Penthesilea* durch die Wiener Philharmoniker unter Hans Richter im Oktober 1886 endete im demütigenden Debakel – wie hätte W. sich seiner kompositorischen Fähigkeiten gewiß werden können? Als ›wilder Wolf‹ vom »Wiener Salonblatt« hatte er das Wiener Musikleben herausgefordert und damit jede Unvoreingenommenheit, gar Aufgeschlossenheit seinem Werk gegenüber verspielt. In diesen über hundert Musikfeuilletons aus den Jahren 1884–87 setzte er alles auf die Karte des kämpferischen Wagnerianers und Neudeutschen. Seine Brahmsgegnerschaft verlieh ihm eine unglückselige Berühmtheit und blieb lange das Einzige, was man von ihm wußte und wissen wollte. Das erschwerte auch die Durchsetzung seines kompositorischen Schaffens.

Eine Chance dazu tat sich auf, als durch die Vermittlung Friedrich Ecksteins zwölf von W.s frühen, seit 1877 entstandenen Liedern im Frühjahr 1888 bei Emil Wetzler zur Veröffentlichung gelangten. Der freudigen Erregung folgte der Wunsch, neue Lieder zu komponieren, und W. zog sich in das Haus von Mizzi und Heinrich Werner (auch sie zu den zahlreichen Freunden gehörig, dank deren Hilfeleistungen W. lange Zeit hindurch jeglicher materieller Sorgen enthoben war) in Perchtoldsdorf zurück, wo innerhalb weniger Monate seine 53 Mörike-Vertonungen entstanden. Sein Durchbruch zum neuen Lied war vollzogen.

Von Detlev von Liliencron 1890 als »König der neuen Kunst« bezeichnet, trug W. bald das Epitheton ›Vollender‹ des spätromantischen Liedes. Er selbst war sich des Neuen seiner musikalisch-dichterischen Auffassung, das vor allem im Verhältnis zur Dichtung begründet lag, wohl bewußt. Sprachkünstler unter den Liedkomponisten, fand er seine kompositorische Sicherheit in der Versenkung in die Ausdruckswelt des jeweiligen Dichters. Bis in die Studienjahre reicht seine Lese- und Vorlesewut zurück; Hermann Bahr, der eine Zeitlang mit W. zusammenlebte, hat fasziniert hingerissen beschrieben, mit welch dämonischer Kraft W. etwa Kleists »Penthesilea« rezitierte. Auf diesem Wege eignete W. sich die Dichtungen an, rezitierte sie so lange, bis die metrischen Wortakzente sich in eine strukturierte melodische Deklamation umgesetzt hatten.

Die Lieder von Schumann, die Balladen von Loewe und Wagners Kunst, Worte und Empfindungen in Musik umzuschmelzen, waren die Vorbilder, an denen er seine eigene Ausdrucksfähigkeit entwickelte. Er fand zu einer quasi ›sinfonischen‹ Liedform, in der Vor- und Nachspiel großes Gewicht zugemessen ist, die Motive und Symbole des (vielfach vor der Singstimme ausgearbeiteten) Klavierparts den Grundcharakter des Lieds bestimmen, ja der Klavierpart für sich bisweilen Eigenständigkeit erreicht wie im *Lied vom Winde* (Nr. 28 der Mörike-Lieder, 1888), das wie die Miniatur eines Klavierkonzerts mit obligater Singstimme wirkt. Die drei Elemente Text, Singstimme und Klavierbegleitung, die das romantische Lied von Schubert bis Brahms in ein Gleichgewicht zu bringen bestrebt gewesen war, setzt W. in seinen Liedern mit konsequenter Selbständigkeit ein und vertraut Gesang und Klavier vielfach kontrastierende Empfindungen an wie im *Ständchen* aus den Eichendorff-Liedern (1888).

Die »schmeichelhafteste Anerkennung als ›Liederkomponist‹«, so W. 1891 an Emil Kauffmann, betrübe ihn »in die innerste Seele«, wollte er sich doch vielmehr als Musikdramatiker profilieren. Das Streben nach der Oper, die Bewältigung der großen Form, die verzweifelte Suche nach einem geeigneten Libretto durchzogen sein ganzes Leben. 1895, plötzlich taub gegenüber aller Kritik an dem von ihm selbst zuvor abgelehnten Libretto von Rosa Mayreder, entschied er sich für den *Corregidor* (nach Alarcóns »El sombrero de tres picos«, Mannheim 1896). Orientiert an Wagners »Meistersingern« als dem Ideal einer deutschen Musikkomödie, gelang es ihm dennoch nicht, sich aus dem Lyrismus des Liedkomponisten zu lösen. Seine weitere musikdramatische Entwicklung kam zu keinem Abschluß: *Manuel Venegas*, an dem er bis zur Einlieferung in die psychiatrische Heilanstalt (21. 9. 1897) arbeitete, blieb Fragment.

Noten: Sämtliche Werke, hrsg. von H. JANCIK, Wien 1960 ff.
Dokumente: Briefe an Melanie Köchert, hrsg. von FR. GRASBERGER, Tutzing 1964. Briefe an Frieda Zerny, hrsg. von E. HILMAR und W. OBERMEIER, Wien 1978. H. W.s Kritiken im Wiener Salonblatt. Mit Kommentar, hrsg. von L. SPITZER, Wien 2002.
Literatur: DECSEY, E.: H. W., Bln. ³1919. WALKER, F.: H. W. Ldn. 1951; ²1968; dt. Graz 1953. COOK. P.: H. W.s »Corregidor«, Ldn. 1976. CARNER, M.: H. W.s Songs, Ldn. 1982. SAARY, M.: Persönlichkeit und musikdramatische Kreativität H. W.s, Tutzing 1984. H. W., Mn. 1992 (MK 75). YOUENS, S.: H. W. and his Mörike Songs, Cambridge 2000. JESTREMSKI, M.: H. W. Skizzen und Fragmente. Untersuchungen zur Arbeitsweise, Hildesheim 2002. FISCHER-DIESKAU, D.: H. W. Leben und Werk, Bln. 2003 [mit WV].

Susanne Rode-Breymann

Wolff, Christian

Geb. 8. 3. 1934 in Nizza

Seine Arbeit versteht W. als Dialog mit der Musik, die ihn berührt hat und immer noch berührt. Das wohl erste und bis heute nachwirkende Umfeld dieses Dialoges waren die Künstler um Cage, auf deren Kreis W. Anfang der fünfziger Jahre als Sechzehnjähriger stieß. Die in dieser Zeit – etwa zwischen 1950 und 1957 – entstandene Musik reflektiert hauptsächlich das Problem der Dauernordnung. Musikalische Struktur entwickelt sich vor allem durch die Kombination von arithmetischen Reihungen rhythmischer Werte und Pausen. Die Anzahl der verwendeten Tonhöhen ist dagegen sehr eingeschränkt: beispielsweise auf vier im *Trio* für Flöte, Cello und Trompete (1951), neun in *For Piano I* (1952). Gegen Ende der fünfziger Jahre verlagerte sich W.s Interesse – nicht zuletzt angeregt durch seine Zusammenarbeit mit Frederic Rzewski – auf die Bedingungen der Interaktion zwischen den Musikern in Werken mit Ensemblebesetzung. Es entstanden Werke, bei denen konstitutive Momente in die Entscheidung der Aufführenden gestellt wurden – beispielsweise die Auswahl und Anordnung der Tonhöhen, die Koordination von Abfolgen im Zusammenspiel, wie es sich seit den beiden *Duos* für Pianisten (1957–58) zeigt. W. war dabei weniger am Moment des Zufälligen interessiert, als vielmehr an den Reaktionen der einzelnen Ausführenden auf Entscheidungen der anderen, der Erzeugung einer Art psychologischer Kettenreaktion: Die Komposition bildete sozusagen das ›Material‹ für die Aufführung. Er beschäftigte sich zunehmend mit den Bedingungen und Möglichkeiten der Improvisation und suchte die Arbeit mit nichtprofessionellen Musikern, arbeitete Ende der sechziger Jahre erstmals mit dem Briten Cardew und dessen Scratch-Orchestra. Die Bestimmtheit und Notation der musikalischen Abläufe trat in dieser Zeit so weit zurück, bis in *Prose Collection* (1968–69) einfache Prosabeschreibungen von klangerzeugenden Vorgängen übrigblieben, die von jedem nachvollzogen werden konnten. Nicht zuletzt unter dem Eindruck des Vietnamkrieges konkretisierte sich W.s politisches Denken, das bis dahin eher intuitiver Natur gewesen war, in der theoretischen Auseinandersetzung mit dem Marxismus, aber auch in der aktiven Hinwendung zu politischen Protestbewegungen. Die Hinwendung zu einem demokratischen Sozialismus, die Anti-Vietnam-Bewegung und später die Anti-Atom-Bewegung beeinflußten auch die kompositorische Arbeit. Ende der siebziger Jahre formulierte er seine veränderte ästhetische Position folgendermaßen: »Doch bin ich der Auffassung, daß Musik gesellschaftlich besser zu funktionieren vermag, wenn sie deutlicher mit dem zu identifizieren ist, was die meisten Leute unter Musik verstehen. Es ist dies keine Frage der Zu- oder Abneigung, sondern der sozialen Identität. Unter besserem sozialem Funktionieren verstehe ich: einen Beitrag zur Konzentration jener sozialen Kräfte leisten, die kollektiv – nicht individualistisch – sind und daher politisch revolutionär sein können.« (Cues, 353) Zunehmend verwendet W. Texte und Werktitel mit zumindest latent politischem Inhalt – beispielsweise als symbolische Funktionsbezeichnung in den verschiedenen *Peace Marches* (1983 ff.) oder als Hinweis auf bestimmte politische Gruppen wie in *Wobbly Music* und *Digger Song* (1988) – und politische Lieder als – in einigen Fällen sogar in der Partitur nachgewiesene – Quelle für sein musikalisches Material. Diese Linie läßt sich bis in die neuesten Werke verfolgen. So ist *Emma* für Viola, Violoncello und Klavier (1988–89) ein Tribut an die Sozialistin und Anarchistin Emma Goldmann und verwendet Material aus Linda Hirschhorns teilweise auf jüdische Traditionen zurückgreifendem Lied *Dance a Revolution (for Emma Goldmann)*. Das Werk besteht aus elf Teilen, die sich durch verschiedene Grade von Festlegung der Interaktion zwischen den Spielern unterscheiden: von traditionell ausnotierten Teilen über Abschnitte, die nicht durch ein übergeordnetes Metrum, sondern durch Ablösungen der einzelnen Stimmen koordiniert, in sich jedoch noch motivisch geformt sind, bis zu freien Klängen, bei denen lediglich die Abfolge festliegt. In *John, David* (1998), einem Tribut an John Cage und David Tudor (geschrieben für die Donaueschinger Musiktage, bei denen Tudor und Cage 1954 ihren ersten Auftritt in Deutschland hatten), zieht W. in Auseinandersetzung mit der Idee des ›Konzerts‹ eine Art Resümee aus seinen Experimenten mit den gruppendynamischen Prozessen zwischen Musikern – nun für ein großes Sinfonieorchester mit Solo-Percussion. W.s musikalisches Konzept zielt auf ein mehrschichtiges System von kommunikativen Handlungsabläufen, das sowohl die Spieler untereinander und in ihrem Verhältnis zum Werk als auch die Zuhörer einbegreift.

Noten: Peters (N.Y.).

Dokumente: Über Form *in* Form-Raum, hrsg. von H. Eimert, Wien 1960, 24–30 (die Reihe 7) eine welt die anders orientiert wäre. Chr. W. im Gespräch mit M. Daske *in* MusikTexte 4 (1984), 40–45. Über politische Texte und neue Musik, ebd. 52–57 [mit WV und Diskographie]. Cues. Writings & Conversations/Hinweise. Schriften und Gespräche, hrsg. von G. Gronemeyer und R. Oehlschlägel, Köln 1998 [mit WV]. »Ja ich kann das«. Chr. W. im Gespräch mit D. Patterson *in* MusikTexte 76/77 (1998), 8–24.

Literatur: Wilson, P.N.: Ein Kompendium nützlicher Dispositionen. Chr. W.s »Long Peace March« *in* MusikTexte 32 (1989), 9–41. Schmidt, D.: »Music before Revolution«. Chr. W. als Dozent und Programmbeirat *in* Von Kranichstein zur Gegenwart. 50 Jahre Darmstädter Ferienkurse, hrsg. von R. Stephan u.a., Stg. 1996, 425–431.

Dörte Schmidt

Wolpe, Stefan

Geb. 25. 8. 1902 in Berlin;
gest. 4. 4. 1972 in New York

»Ich habe ein brennendes Bedürfnis nach Deutschland zu kommen und dort, wo es so aktiv, so fortgeschritten, so umfassend kommunizierend erscheint, teilzunehmen und Teil eines so forschenden und entwickelnden Ganzen zu sein.« (Brief an Wolfgang Steinecke in Darmstadt, 15. 10. 1955) Das sind Worte eines Künstlers, der durch die Zeitumstände aus einem ursprünglichen Lebens- und Arbeitszusammenhang herausgerissen wurde und sich nun verzweifelt bemühte, diesen ihm unverzichtbaren Zusammenhang wiederherzustellen – und der doch ständig spürt, daß eben dies nicht mehr möglich ist und er dazu verdammt bleibt, bis an sein Lebensende »in einer dauernden Doppelheit der Zunge« (St. W.) sich zurechtfinden zu müssen.

W. war in Berlin Schüler von Paul Juon gewesen und hatte mit Busoni gearbeitet, den er bewunderte. Noch mehr aber prägten ihn drei außermusikalische Einflüsse: das Bauhaus in Weimar, die Dada-Bewegung und etwas später die »Kampfmusik«-Aktivitäten im Umkreis der damaligen KPD, der W. 1925 beitrat. Von der »Novembergruppe« bis zur »Truppe 31« reichte eine Tätigkeit »engagierter« Musik mit kämpferischen Klavierstücken (*Cinq marches caractéristiques*, 1928–34), Songs im Stile Eislers und Weills (die Ernst Busch sang), Revuen und »Gebrauchsmusik«, dazu auch, ganz aus dem Geiste der zwanziger Jahre, Genrestücke in Anlehnung an die damals populäre Musik (*Rag-Caprice, Tango*, 1927). W. erarbeitete sich die Zwölftontechnik, verließ aber nie den konstruktiven Umkreis tonaler Strukturen, die ihm als Ordnungsprinzip weiterhin wichtig und verwendbar schienen. Seiner Musik eigneten von Anfang an ein wilder rhythmischer Impetus und expressive Wucht, gebändigt durch starken Formwillen und knappe Diktion.

1933 wurde die Situation für W. als Avantgardisten, Linken und Juden in Deutschland lebensbedrohlich; er floh zunächst nach Wien, wo er noch eine intensive Schulung bei Webern absolvierte, und ging 1934 nach Palästina; dort entfaltete er am Konservatorium von Jerusalem eine weitreichende pädagogische Tätigkeit (zu seinen Schülern zählten u. a. Herbert Brün und Wolf Rosenberg). W. interessierte sich für die überlieferte jüdische Folklore, was in mehrere Werke Eingang fand (z.B. *Six Songs from the Hebrew*, 1936–38). Gleichwohl vermochte er sich mit der Situation im Land der Väter nicht zu identifizieren und verließ Palästina 1938, um sich in den USA niederzulassen.

Hier erreichte die besondere Eigenart W.s als Klavierkomponist ihren Höhepunkt. Hatte schon die frühe *Stehende Musik* (erster Satz der unvollendeten *Ersten Sonate*, 1925) durch ihre auf der Stelle tretende und gleichzeitig geradezu explodierende Expressivität verblüfft, so entstehen nun unter dem unmittelbaren Eindruck des Zweiten Weltkrieges so wichtige und konzentrierte, subkutan »engagierte« Werke wie die *Toccata* (1941) und vor allem das *Battle Piece* (1943–47). Auch in den USA wird die pädagogische Tätigkeit für W. zentral, die er an wechselnden Institutionen ausübt und dabei Musiker wie David Tudor, Feldman und Charles Wuorinen stark beeinflußt. Typisch für das Spätwerk W.s ist die Konzentration auf kleine, solistisch besetzte Ensembles, worin er spätere Entwicklungen in Europa quasi vorwegnimmt: *Quartett* für Trompete, Tenorsaxophon, Schlagzeug und Klavier (1950–54), *Stück* für Oboe, Cello, Schlagzeug und Klavier (1955), *Stück* für Trompete und sieben Instrumente (1971); seine größer besetzte *Erste Sinfonie* (1955–56) blieb ein allerdings gewichtiger Einzelgänger.

Zwischen 1956 und 1961 war W. mehrmals Dozent bei den Darmstädter Ferienkursen, doch wurde er als Komponist kaum zur Kenntnis genommen, konnte in die Szene Deutschlands nicht wirklich zurückkehren, ein Schicksal, das er mit vielen zur Emigration Gezwungenen teilt. Zudem verhinderte seit 1963 eine schwere Erkrankung (Parkinson) weitergehende Aktivitäten. W. wird erst seit etwa zwanzig Jahren ›wiederentdeckt‹, sein undogmatisches, impulsives, gleichwohl stets intellektuell anspruchsvolles Musizieren scheint in die ›postmoderne‹ Landschaft besser zu passen als in die durch ›Darmstadt‹ geprägte. Seine Maxime – sehr charakteristisch für sein Œuvre – lautete »Überraschung mit Rätsel mischen, Zauber mit Schock, Intelligenz mit Hingabe, Form mit Antiform.« (St. W.: *Thinking Twice*, 1959, in St. W. 1988).

Noten: Joseph Marx (N. Y.); Peer (Hbg.).
Dokumente: Lecture on Dada. Brief an Dr. Wolfgang Steinecke. Über Neue (und nicht ganz so Neue) Musik in Amerika, Notiz über die musikalische Situation u. a. *in* St. W. Von Berlin nach New York, hrsg. von der Kölner Ges. für Neue Musik, Köln 1988 [mit Bibl.]. Über Proportionen *in* MK Sonderbd. Darmstadt I, Mn. 1999, 208–229. Werkstattgespräch, ebd. 230–240. St. W. Das Ganze überdenken. Vorträge über Musik 1935–1962, hrsg. von Th. Phleps, Saarbrücken 2002.
Werkverzeichnis: Clarkson, A.: The Works of St. W. A Brief Catalogue *in* Music Library Association Notes 41 (1985), 667–682.
Literatur: St. W.: Von Berlin nach N. Y., hrsg. von der Kölner Ges. für Neue Musik, Köln 1988 [mit Texten und Bibl.]. Klemm, E.: Schönberg – Eisler – W. Ihr Verhältnis zum Judentum *in* Jüdisches Musikschaffen und europäische Musikkultur, Lpz. 1990, 41–52. Von der Lühe, B.: Verschlungene Schicksalswege. Der deutsch-jüdische Komponist St. W. *in* Das Orchester 4, (2000), 25–29. Clarkson, A.: On the Music of St. W., Essays and Recollections [in Vorbereitung].

Hartmut Lück

Xenakis, Iannis

Geb. 29. 5. 1922 in Braïla (Rumänien); gest. 4. 2. 2001 in Paris

Seit der Geburt der Neuen Musik zu Beginn unseres Jahrhunderts ist in den Köpfen vieler Komponisten das Bewußtsein eines musikalischen Fortschritts fest verankert. Besonders nach Ende der Naziherrschaft in Europa, die auch X. in seiner damaligen Heimat Griechenland erlebte, strebte vor allem die jüngere Generation eine Musik an, die, gereinigt vom Mißbrauch durch Diktatur und Propaganda, sich nur nach den Erfordernissen des musikalischen Fortschritts richten sollte. X., der auf der Flucht vor der griechischen Junta 1947 in eines der Zentren der Neuen Musik, nach Paris, kam, verfolgte bis zu seinem Tod dieses Programm mit einer Rigorosität, die ihre Parallele nur in den exakten Naturwissenschaften findet.

Die Wissenschaften verdanken ihre Entwicklung nicht zuletzt dem Prinzip der Verallgemeinerung. Man bettet ein betrachtetes Gedankenmodell in einen größeren Zusammenhang ein. Bisher als selbstverständlich angenommene Gesetzmäßigkeiten werden nun zu Spezialfällen innerhalb des umfassenden Modells. Je mehr man nun die Einschränkungen aufgibt, durch welche die Spezialfälle beschrieben werden, desto mächtiger wird das neue Modell, weil immer weniger ausgeschlossen und damit immer mehr möglich wird.

Dieses Denken war X., der aus Griechenland ein Ingenieurdiplom mitbrachte, nicht fremd. In einem programmatischen Aufsatz (*La crise de la musique sérielle*) schlug er vor, das damals vorherrschende Kompositionsprinzip der genauen Festlegung von Toneigenschaften wie Tonhöhe, Dauer, Lautstärke und Klangfarbe zu verallgemeinern und auf eine abstraktere Ebene, die des Massenverhaltens ganzer »Tonwolken«, zu verlagern. Das Vorbild war für X. die in der Atomphysik dreißig Jahre zuvor erfolgte Verallgemeinerung der klassischen Mechanik zu einer statistischen »Quantenmechanik«, die nur noch im Spezialfall, wenn Wahrscheinlichkeit zur Gewißheit wird, Ort oder Bewegung eines Atoms genau festlegt. Ähnlich den Grundbausteinen der Materie, so folgen auch die klanglichen Ereignisse in ihrer Masse, wie sie das extrem vielstimmige Orchester von *Pithoprakta* (1955–56) hervorbringen kann, den Gesetzen der Großen Zahl, während jedem einzelnen von ihnen eine gewisse, wie es der Atomphysiker Pasqual Jordan 1948 formulierte, »Entscheidungsfreiheit« zugestanden werden muß. Die Erweiterung der Kompositionstechnik um den mathematisch beherrschbaren Zufall ermöglichte X. die Gestaltung »allmählicher oder explosionsartiger Übergänge von perfekter Ordnung in völliges Chaos« (*Formalized Music*, 9), wie sie der Mensch in der Natur, aber auch in Aufständen, Krieg und Massenpanik erleben kann.

Seither betrieb X. mit bis zu sechs Kompositionen im Jahr ein intensives Programm, um den Nachholbedarf der Musik an Forschungsaktivität gegenüber den Naturwissenschaften aufzuholen. Dazu mußten die Strukturen der Musik in Formeln gebracht werden. Diese Anstrengung dokumentiert sein Buch *Formalized Music*. Formeln sind im Grunde nichts weiter als eine gedrängte Darstellung logischer Überlegungen durch symbolische Zeichen. Ihre mathematische Manipulation erlaubt größte Effizienz des Denkens, weil der zeitraubende Umweg über die umständliche und oft mehrdeutige natürliche Sprache vermieden werden kann. Die abstrakten musikalischen Strukturen sind weder auf ihr Erklingen angewiesen (man kann sie aus einer Partitur erschließen), noch auf die Musik selbst beschränkt. Begriffe wie »Intervall« (der Abstand zwischen zwei Größen), »Skala« (die Anordnung von Intervallen) und »Symmetrie« (die Ebenmäßigkeit von Skalen) sind universelle Konstanten des menschlichen Denkens überhaupt. Aristoxenos von Tarent (um 350 v. Chr.) erfand eine Skala aus Zwölfteltonintervallen, mit der er die Feinheiten der griechischen Melodien wie mit einem Millimetermaß bestimmen konnte. X. verallgemeinerte diese Methode für seine Konstruktion von »Sieben«, mit denen er aus dem Kontinuum aller möglichen Werte (Tonhöhen, Dauern, u. a.) asymmetrische Skalen aussieben kann. Die Auswahl durch die »Sieben« ist im Gegensatz zur statistischen Kompositionsmethode kausal festgelegt und nachvollziehbar, aber durch die Verallgemeinerung des Verfahrens so komplex, daß sie sich durch ihre scheinbare Unsystematik in einem Bereich zwischen Ordnung und Chaos zu bewegen scheint. So erklärt sich das spezifische »Stocken« und »Stolpern« der Rhythmen, die schwer zu ortende Exotik der Melodien

und die besondere Farbe der Akkorde in der Musik von X. seit Mitte der sechziger Jahre.

Die »Siebe« sind eine besondere Ausprägung der sehr allgemeinen Denkstruktur der »Gruppe«, die praktisch die gesamte Kulturgeschichte der Menschheit begleitet. Eine Menge von Objekten läßt sich durch eine elementare Operation erzeugen, so die natürlichen Zahlen durch fortgesetzte Addition. Die Gruppenstruktur kann aber auch viel allgemeiner angewendet werden. X. hat besonders ihre Fähigkeit fasziniert, die Symmetrie von Kristallen mathematisch exakt zu beschreiben. Seine Kompositionen *Nomos alpha* für Violoncello (1965) und *Nomos gamma* für im Raum verteiltes Orchester (1967–68) sind gleichsam tönende Kristalle, die imaginäre Bewegungen um ihre Symmetrieachsen ausführen und so das Zusammentreffen immer neuer Klangkonstellationen steuern.

Die Idee der »Gruppe« läßt sich auch in der Geometrie anwenden. Viele von X.' graphischen Kompositionsentwürfen sind geometrische Konstruktionen. Sie bilden einen Teil der ästhetischen Substanz seiner Werke. Die Konstruktionsidee großer Teile von *Metastaseis* (1953–54), seiner ersten veröffentlichten Komposition, ist die gedachte seitliche Verschiebung einer Geraden entlang gekrümmter Bahnen im Raum. Durch ihren Weg beschreibt die Gerade gekrümmte Raumflächen. Der Schattenwurf der wandernden Geraden zeichnet auf einen Papierbogen je nach Lichteinfall verschiedene perspektivische Ansichten dieser Raumflächen. Auf die Notenlinien der Orchesterpartitur von *Metastaseis* projiziert, werden die Schattenwürfe als sich in der Zeit kontinuierlich verändernde Klangräume durcheinanderfahrender Glissandi hörbar. Die Raumflächen selbst ließ X., der nach seiner Ankunft in Paris zwölf Jahre für den Architekten Le Corbusier arbeitete, bei der Konstruktion des Philips-Pavillons auf der Brüsseler Weltausstellung 1958 in Beton gießen. Die Gerade von *Metastaseis* wird bei der starren Bewegung im Raum, die eine sehr spezielle Gruppe innerhalb der Geometrie auszeichnet, selbst nicht verformt. Das ändert sich bei der graphischen Konstruktion der Klavierkomposition *Evryali* (1973). Ihre geometrische Struktur ist eine Gerade, die sich vervielfältigt und verästelt. Zudem besteht sie gleichsam aus Gummi, so daß ihre gestreckte Form ein Sonderfall bleibt. Zusätzlich zu den Verschiebungen, die schon in *Metastaseis* ausgeführt wurden, wird die Aststruktur von

Evryali gedreht, gestaucht, gestreckt und sogar verdrillt. In dieser allgemeinsten der geometrischen Gruppen läßt sich ein ungeheurer Formenreichtum erzeugen, weil alle Manipulationen »erlaubt« sind, die das Objekt nicht zerstören. Auf die Klaviertasten projiziert, ergibt sich ein immer weiteres Auffächern anfänglicher Einstimmigkeit, aber bei Drehung der Aststruktur auch ein weites Streuen der Töne über die Klaviatur. X. versteht seine Manipulationen der Aststruktur als Verallgemeinerung des Prinzips der Mehrstimmigkeit.

Mit dem ›Aufweichen‹ der starren Gerade ergab sich eine ähnlich neue Freiheit wie nach der Aufgabe der kompositorischen Festlegung jedes Einzeltons. X. entschied sich auch hier zu größtmöglicher Allgemeinheit. Die Bewegung der Töne im Tonraum sollte ebenso elegant und frei sein wie der »fortwährende Tanz« der Moleküle in Flüssigkeiten, den der englische Botaniker Robert Brown 1828 entdeckte. Mit den Mitteln der Wahrscheinlichkeitsrechnung versuchte man, die ›irrende‹ Bewegung zu beschreiben, in der ein Molekül unter Zusammenstoß mit anderen Molekülen ähnliche, aber nie gleiche Wege geht. X. setzte ein Bündel von Wahrscheinlichkeitsfunktionen ein, um den Schalldruckverlauf der Klänge seiner elektronischen Kompositionen auf ähnliche Weise zu berechnen wie die nach dem englischen Botaniker benannte »Brownsche Molekularbewegung«. Auf gleiche Weise gestaltete er die oszillierende Tonhöhenbewegung vor allem der Streichinstrumente, so in *Mikka* (1971) für Violine solo.

X. war ständig auf der Suche nach Formen in der belebten und unbelebten Natur. Daher interessiert ihn besonders, wie diese Formen entstehen und einander vermittelt werden. Ob durch die ständige plastische Änderung seiner »Tonwolken« in der statistischen Komposition oder die allmähliche Überführung komplexer, nur noch als »Lärm« wahrnehmbarer Klänge in Töne auf einem durch ihn selbst entwickelten Musikcomputersystem (U.P.I.C.): Immer interessiert ihn die Evolution der Formen, denn für ihn ist Klang in ständigem Fluß begriffen. Die Orchesterkompositionen der achtziger Jahre konzentrieren sich vor allem auf den allmählichen oder abrupten Farbwandel mächtiger Orchesterakkorde, die sich über das ganze Hörspektrum erstrecken. In *Horos* (1986) simuliert X. die Evolution eines Klanges mit Hilfe elementarer Vererbungsregeln. Solche und ähnliche Wachstumsprozesse, wie sie mit Hilfe der Computergraphik sichtbar gemacht werden können, werfen neues Licht auf das Problem von Chaos und Ordnung, das X. seit seinen ersten Anfängen beschäftigte. Ein chaotisches Gewirr entpuppt sich bei näherem Hinsehen als feine Struktur, die sich bis ins Unendliche wiederholt.

X. war ein Universalist, der versuchte, im hochspezialisierten 20. Jahrhundert noch die Dinge zusammenzudenken. Wie Varèse ist er ein streitbarer Verfechter der These, daß sich menschlicher Geist letztlich nicht in die Disziplinen Wissenschaft und Kunst einsperren läßt. Durch das Prinzip der Formalisierung und Verallgemeinerung der Musik hat X. dem menschlichen Ohr ungeheure Erweiterungen der Erlebnisfähigkeit eröffnet. Sein Ziel aber war es, die Grenzen der menschlichen Wahrnehmung und letztlich des menschlichen Geistes selbst zu sprengen. Dazu besitzt die Musik seiner Auffassung nach die stärkste Kraft, da sie freier als die Wissenschaft agieren und eine unmittelbare und umfassende Einwirkung auf den Menschen ausüben kann.

Noten: Boosey & Hawkes (Ldn.) u.a. bis 1965; seither fast ausschließlich Salabert (Paris).

Dokumente: La crise de la musique sérielle *in* Gravesaner Blätter 1 (1955), 2–4. Formalized Music, Bloomington und Ldn. 1971; erw. Paris ²1981. Les Polytopes, hrsg. und kommentiert von O. REVAULT D'ALLONNES, Paris 1975. Musique Architecture, hrsg. von M. RAGON, Tournai (1971) ²1976. Centre Georges Pompidou. Geste de lumière et de son – Le Diatope – X., hrsg. von I. X., Kat., Paris 1978. Arts/Sciences – Alliages, Thèse de doctorat des Lettres et sciences humaines 1976, Paris 1979. Opération »Zig-Zag«, IRCAM, Paris 1983. Dossier X. *in* Musique et culture, 3–4 (1985–86). Pour les dix ans du »Monde de la musique« *in* Le monde de la musique – Telerama 100 (1987), 27ff. Sur le temps *in* Redécouvrir le temps, Editions de L'Université de Bruxelles 1988, 193-200. Cribles, ebd. VARG, B.A.: Gespräche mit I.X. 1980-1989, Zürich 1992.

Werkverzeichnis: WV I.X., Paris 1997.

Literatur: MATOSSIAN. N.: X. Paris 1981. I.X., Mn. 1987 (MK 54–55) [mit WV und Bibl.]. HOFFMANN, P.: Amalgam aus Kunst und Wissenschaft. Naturwissenschaftliches Denken im Werk von I.X., Ffm. 1994. MOTTE-HABER, H. DE LA: Musikalische Architektur und architektonische Musik *in* Neue Berlinische Musikzeitung 8, 1 (1994), 3–10 (Supplement). SCHMIDT, CHR.: Komposition und Spiel. Zu I.X., Köln 1995. FRISIUS, R.: Xenakis und das Schlagzeug *in* NZfM 157, 6 (1996), 14–18. BALTENSPERGER, A.: I.X. und die Stochastische Musik. Komposition im Spannungsfeld von Architektur und Mathematik, Bern 1996.

Peter Hoffmann

Young, La Monte Thornton

Geb. 14. 10. 1935 in Bern (Idaho)

Obwohl seine Musik nahezu unbekannt ist, gehört Y. nicht zuletzt wegen seiner Kontakte zur Fluxus-Bewegung der frühen sechziger Jahre zu den berühmten Namen der amerikanischen Avantgarde-Szene. Y. – ursprünglich Jazzsaxophonist – absolvierte ein traditionelles Kompositionsstudium bei dem ehemaligen Assistenten Schönbergs Leonard Stein. Schon ein flüchtiger Blick auf seine frühen Partituren zeigt eine extrem durchbrochene Faktur, die stark an Webern gemahnt. Die erste streng zwölftönig organisierte Komposition, *Five Small Pieces for String Quartet* (1956), zeichnet sich vor allem durch länger andauernde statische Abschnitte und Ostinato-Figuren aus. Schon hier deutet sich ein musikalisches Vokabular aus Intervall- und Akkord-Strukturen an, das wenig später den »Dream-Chord« (cis – d – g – a – c) konstituiert. Dieser Akkord wird immer mehr zum primären harmonischen Material, etwa in *For Brass* (1957), *Trio for Strings* (1958), und zuletzt zum ausschließlichen Toninhalt von *The Four Dreams of China* (1962).

Anfang der sechziger Jahre übersiedelte Y. nach New York, um an der New School for Social Research bei Richard Maxfield elektronische Musik zu studieren. Ein neues Umfeld tat sich auf: Y. kam in Kontakt mit der New Yorker Fluxus-Szene. In der Folge gab er dann eines der wichtigsten Zeugnisse des Fluxus heraus: *an anthology*, in der neben anderem eine Reihe eigener Arbeiten publiziert ist, etwa die *Piano Pieces for David Tudor* und die so einflußreichen *Compositions 1960*. Im Laufe der sechziger Jahre wurde – nicht zuletzt durch die Fluxus-Erfahrungen – das Verhältnis von Kunst und Leben zum Thema, und es wurde deutlich, daß Y.s Konzepte sich nicht in den traditionellen Kunstbetrieb einordnen lassen wollten. Schon 1962 begann Y. mit Improvisationen und reiner Stimmung zu experimentieren, zunächst mit seinem eigenen Instrument, dem Saxophon, später mit einer eigens gegründeten Gruppe, dem Theater of Eternal Music, die sich ausschließlich seiner Musik widmete Die Arbeit mit lange ausgehaltenen Tönen wurde im Zusammenhang mit dem Interesse an reinen Stimmungen zu einem grundlegenden Prinzip. Y. begreift Stimmung (tuning) als eine Funktion der Zeit, aufgrund der Annahme, daß Relationen zwischen unterschiedlichen periodischen Ereignissen, also auch Frequenzen, um so deutlicher wahrgenommen werden können, je länger eine konstante Vergleichsgröße ausgehalten wird (*Selected Writings*). Ausgedehnte, z. T. mehrere Wochen dauernde Experimente mit über Sinusgeneratoren erzeugten kontinuierlichen Frequenz-Environments wurden angestellt. Es entwickelte sich das Konzept des *Dream House*, in dem ein auf diesen Ideen basierendes Werk dauernd gespielt werden sollte und letztlich zu einem selbständigen »Organismus mit eigenem Leben und Tradition« (ebd.) werde, ein Konzept, das es ermöglicht, die Bedingungen der Aufführung so zu fassen, daß diese ihre eigene Realität, eine Welt in der Welt bildet: die Idee einer »ewigen Musik«. Inbegriff dieser Ewigkeit ist ihm die Schildkröte, die dank ihrer langen Lebensdauer zum Symbol der Unsterblichkeit wurde. So begann Y. 1964 seine über Jahre weiterverfolgte, improvisatorische Komposition *The Tortoise, his Dreams and Journeys* (»Die Schildkröte, ihre Träume und Reisen«). Im Zusammenhang mit diesem Projekt entstand zwei Jahre später ein System, das Intervalle nach den daraus resultierenden Kombinationstönen klassifiziert und auf dem letztlich alle späteren Werke basieren. *The Map of 49's Dream the Two Systems of 11 Sets of Galactic Intervals Ornamental Lightyears Tracery*. Am längsten bestand ein Dream House in New York (1979–85); aber auch in Deutschland hat es mehrere Dream-House-Installationen gegeben, das erste 1969 in der Galerie Heiner Friedrich in München, 1972 auf der »documenta 5« in Kassel und das bisher letzte 1992 in Berlin. Nach dem Ende des New Yorker Dream House begann Y. wieder verstärkt Interesse an Aufführungen seiner Werke zu zeigen und auch neue Kompositionsaufträge anzunehmen. Zunächst griff er die Werke der späten fünfziger Jahre wieder auf, in denen er aufgrund der Verwendung ausgehaltener Töne rückblickend bereits Ansätze zu seiner Beschäftigung mit reinen Stimmungen sah – es entstanden Neufassungen dieser Werke für reine Stimmungen, aber auch eine Schallplattenversion des seit 1964 immer weiterentwickelten *Well-Tuned Piano*. Aber auch die vom Jazz herkommenden Blues-Improvisationen der späten fünfziger und frühen sechziger Jahre nimmt Y. in jüngster Zeit vor dem Hintergrund der veränderten musikalischen Konzepte (z. B. reine Stimmungen) wieder auf: mit der Gründung der Forever Bad Blues Band, die im

März 1992 in Berlin ihren ersten öffentlichen Auftritt hatte. Die Tendenz der neuesten Musik, besonders der New Yorker Avantgarde-Szene, zu genreübergreifenden Konzepten zwischen Jazz und Neuer Musik, die häufig als innovativ gedeutet wird, erhält mit Blick auf Y. fast ein konservatives Moment: Die Möglichkeit einer Neubesinnung auf auch in traditionellem Sinn und Rahmen aufführbare Werke erscheint zunächst als eine Phase der Wiederaufnahme der Werke der späten fünfziger Jahre unter neuen Bedingungen.

Dokumente: LA M. Y. und ZAZEELA, M.: Selected Writings, Mn. 1969.

Literatur: FARNETH, D.: La M. Y. A Biography *in* Beiheft zur Schallplatteneinspielung von »The Well-Tuned Piano«, Gramavision Records, N. Y. 1987 [mit WV und Bibl.]. GANN, K.: La M. Y.'s »The Well-Tuned Piano« *in* Perspectives of New Music 31 (1993), 134–163. Sounds and Light. La M. Y. and M. Zazeela, hrsg. von W. DUCKWORTH und R. FLEMING, Bucknell Review 11, 1 (1996).

Dörte Schmidt

Yun, Isang

Geb. 17. 9. 1917 in Tong Yong (heute Chung Mu, Südkorea); gest. 3. 11. 1995 in Berlin

Y.s Œuvre ist als Musik im Exil entstanden und kann in seiner spezifischen Beschaffenheit nur vor dem Hintergrund der biographischen Tatsache verstanden werden, daß der Komponist, der 1956 zunächst nur zu Studienzwecken nach Europa gekommen war, durch die politischen Umstände in seiner Heimat – man erinnere sich an seine spektakuläre Verschleppung im Jahre 1967 – genötigt wurde, in Berlin eine neue Heimat zu finden. So hat sich Y. als Komponist und Bürger auch politisch engagiert, um auf die Änderung der Verhältnisse hinzuwirken, die Grund für seine Ausbürgerung waren. Mehrere seiner Kompositionen, namentlich solche mit Text, sind als politische Kundgebungen gemeint – freilich nie in plakativer Eindeutigkeit, die der Geisteshaltung des Ostasiaten fremd wäre, und nie unter Zurücknahme des kompositorischen Anspruchs.

Noch wesentlicher für die Beschaffenheit der Kompositionen von Y. indes sind die Folgen des Exils, ist die direkte Konfrontation des ostasiatischen Denkens und Fühlens mit der mitteleuropäischen Kultur, die Y. mit Blick auf die künstlerische Produktion in sich auszutragen hatte. Dieser Aufgabe hat er sich mit größter Intensität gestellt, weil sie nicht allein durch die biographischen Umstände erzwungen, sondern von vornherein in seiner Absicht gelegen hatten. Anders als andere Exilanten, hier sei nur Schönberg genannt, kam Y. nicht mit einem definitiven kompositorischen Konzept, kam nicht als ›fertiger Komponist‹ nach Europa; alle Werke, die in seiner ›koreanischen‹ bzw. ›japanischen‹ Ausbildungszeit entstanden waren, hat er als ungültig zurückgezogen. Sein Werk setzt mithin erst mit den Kompositionen an, die in der Spannung zur europäischen Musik geschrieben wurden.

Bei der praktischen Realisierung dieses Spannungsverhältnisses kann man im ersten Zugriff von einem Außen und einem Innen der Musik sprechen; jenes ist Europa, dieses Asien zugeordnet. Y. bringt seine individuellen musikalischen Vorstellungen, deren Substanz von der asiatischen Weitsicht, Folklore und Kunstmusik zehrt, – das Innen – im Rahmen und mit den technischen Mitteln der zeitgenössischen europäischen Kunstmusik – das Außen – zur Darstellung. Letzteres betrifft in erster Linie die verwendeten Klangkörper. Y. verwendet fast ausschließlich europäische Instrumente, für die er sich auf den neuesten Stand der instrumentalen Spieltechnik bezieht – extreme Beispiele dafür bieten die *Etüden für Flöte(n) solo* (1974) und die *Sieben Etüden für Violoncello solo* (1993). Das zieht bei ihm zugleich die naheliegende, aber nicht selbstverständliche Übernahme von Besetzungstypen nach sich. Bereits bei den Kompositionen der fünfziger und sechziger Jahre, als sich Y. weitgehend innerhalb des Rahmens der europäischen Avantgarde bewegte, kann zu Recht von Klavier- und Orgelmusik (etwa *Tuyaux sonores* für Orgel, 1967; oder *Shao Yang Yin* für Cembalo, 1966), von Kammermusik (Solostücke, Duos, Trios oder größeres Kammerensemble), von Orchestermusik (*Réak*, 1966), von Kantaten und Opern (insgesamt vier, die späteste ist *Sim Tjong*, 1972) sprechen. Freilich sind schon die beiden letztgenannten keine bloßen Besetzungstypen, sondern werden durch inhaltliche Elemente einer traditionellen Gattung charakterisiert. Sie deuten auf eine Entwicklung voraus, die bei Y. Mitte der siebziger Jahre voll zum Durchbruch kommt; er wendet sich nun auch bedeutungsträchtigen Gattungen der europäischen Tradition zu. Von 1976 an schreibt er insgesamt acht *Konzerte* (für Violoncello, 1976; für Flöte sowie für Oboe und Harfe, 1977; für Klarinette, 1990; für Oboe,

1990 sowie drei *Konzerte für Violine*, 1981, 1983–1986 und 1992); zudem entsteht in den Jahren 1983 bis 1987 ein großangelegter Zyklus von fünf *Sinfonien*; und 1988, 1990 und 1992 werden – nach ganz frühen Versuchen in diesem Genre – drei *Streichquartette* vollendet. Mit annähernd sechzig Jahren erweitert Y. mithin den Bereich, in dem er sich auf die europäische Musik bezieht; es ist nicht mehr nur die – freilich allgemein in ihrer Wirkungskraft verblassende – Avantgarde, die Anhaltspunkt für die ersten zwei Dekaden seines Komponierens war, sondern – in Übereinstimmung mit der pluralistischen Haltung der Postmoderne – potentiell die europäische Musikgeschichte insgesamt. Ernsthaft in Zweifel gezogen wird dadurch freilich die oben angenommene säuberliche Trennung von koreanischem Innen und europäischem Außen, in Frage gestellt auch die einfache Formel, die allerdings für seine Kompositionen bis zum Anfang der siebziger Jahre ihr Wahrheitsmoment behält, daß nämlich Y. koreanische Musik für europäische Instrumente schreibe.

Die wesentlichen Grundlagen für das koreanische Innen der Kompositionen von Y. sind die spezifisch geprägten Begriffe von drei zentralen Aspekten der Musik, erstens vom Ton, zweitens von der Form bzw. der Entfaltungsart von Musik in der Zeit und drittens vom Status des Mediums Musik im gesamtkulturellen Zusammenhang.

Y. hat den Unterschied zwischen der europäischen Tonvorstellung und der seinen, die ihre Quelle in der koreanischen Hofmusik hat, selbst zu beschreiben versucht und darauf verwiesen, daß der Einzelton in europäischer Musik lediglich als punktuelles Ereignis gälte, das erst in horizontalem bzw. vertikalem Verbund zur musikalischen Wirkung kommen könne. In der koreanischen Musik dagegen wäre der Einzelton für sich Gegenstand musikalischer Gestaltung, wäre Kern der klanglichen Ausgestaltung und der vielfältigen Variation durch Verzierungen, Schwebungen, Glissandi, dynamischen und ausdrucksmäßigen Veränderungen. Um diesen Tonbegriff mit europäischen Instrumenten realisieren zu können, hat Y. in den fünfziger und sechziger Jahren ein spezifisches Verfahren entwickelt: das Komponieren mit in sich bewegten, auf einen Kern zentrierten Ton- bzw. Klangkomplexen. Obwohl dieses Verfahren in seinen jüngeren Kompositionen keine wichtige Rolle mehr spielt, hat sich die Bedeutung des Einzeltons nicht verändert. Er wird verstanden als Teilmoment einer übergeordneten Klanggestalt, einer mehr oder minder ausladenden, vielschichtigen und stets in Fluß befindlichen Klanggeste. Motive, Phrasen und Melodien im herkömmlichen Sinne gibt es mithin nicht; und die relative Indifferenz der einzelnen Tonhöhe gegenüber, die Unwichtigkeit der Diastematik im Detail dürfte auch einer der wichtigsten Grunde dafür sein, daß Y.s Musik einem herkömmlich geschulten Analytiker, der vom Primat der Tonhöhe ausgeht, so viele Schwierigkeiten bereitet.

Aus dieser Auffassung des musikalischen Details resultiert unmittelbar der Formbegriff. Y.s Musik ist bestimmt vom steten Wechsel, Aneinanderanschließen, Überlappen und Überlagern der Klangeinheiten, von stetem Fluß, der im Grundsatz keine formale Gliederung kennt. Y. strebt auch keine formale Geschlossenheit an, weil er alle seine Kompositionen als im zeitlich-gedanklichen Verlauf offene Teile eines großen ununterbrochenen musikalischen Zuges ansieht. In einer solchen Formauffassung ist es einerseits begründet, wenn Y. einen Teil einer Komposition aus dem ursprünglichen Zusammenhang herauslöst und in eine neue Komposition einfügt. Andererseits wird solchermaßen verständlich, warum Kompositionen wie die fünf Sinfonien, die konkret musikalisch kaum etwas miteinander gemein haben, als Zyklus aufgefaßt werden können. Sie stehen – sieht man ab von der gemeinsamen Funktion als politische Botschaft – kraft der Gestaltwerdung des gleichen abstrakten Musik- und Formkonzepts in positiver Beziehung zueinander.

Der Kunst- und Musikbegriff schließlich, der die Ästhetik von Y. bestimmt und ihm die bruchlose Verbindung von künstlerischem und politischem Engagement ermöglicht, verweist in besonderem Maße auf die Herkunft des Komponisten. Anders als in der Tradition Europas nämlich gelten in Ostasien Kunst und Musik nicht als eigenständige Bereiche, sondern sind eingebettet in einen kulturellen und philosophischen, bei Y. namentlich vom Taoismus bestimmten Gesamtzusammenhang. Aus ihm leitet Y. nicht nur die Grundlage für sein Verhalten als Bürger ab, sondern bezieht daraus die wesentlichen Prinzipien fürs Komponieren. Anregungen aus anderen Kunstarten – Tanz, Literatur, bildende Kunst – sind in vielen seiner Stücke zu beobachten, und die Grundkategorien des Taoismus Yang und Yin, die sich zur ungeschiedenen Einheit des Tao verbinden, sind als Konfiguration von »Bewegtheit in der

Unbewegtheit« bis in die kleinsten Details seiner Kompositionen hinein zu verfolgen.

Noten: Bote & Bock (Bln.).
Dokumente: RINSER, L. und Y., I.: Der verwundete Drache, Ffm. 1977.
Literatur: Der Komponist I. Y., hrsg. von H.-W. HEISTER und W.-W. SPARRER, Mn. 1987 [mit WV und Bibl.]. PARK, M.-W.: Die Synthese der europäischen und koreanischen Operntradition am Beispiel des Musiktheaters von I. Y. *in* DERS.: Die Entwicklungsgeschichte der Oper in Korea nach dem Zweiten Weltkrieg, Diss. Wien 1997, 186–355. KIM, J.: The Diasporic Composer. The Fusion of Korean and German Musical Cultures in the Works of I. Y., Diss. University of California, Los Angeles 1999. STEPHAN, I.: Y. Die fünf Symphonien, hrsg. von H.-KL. METZGER und R. RIEHN, Mn. 2000 (MK 109–110). YUN, S.-H.: Zwischen zwei Musikwelten. Studien zum musikalischen Denken I. Y.s, Würzburg 2002.

Christian Martin Schmidt

Zelenka, Jan (Lukás Ignatius) Dismas

Getauft 16. 10. 1679 in Launowitz (Böhmen); gest. 23. 12. 1745 in Dresden

Z., ab etwa 1710 am Hof Augusts des Starken als Kontrabassist angestellt, fand seit Beginn der zwanziger Jahre als Organisator, Leiter und Komponist der höfischen Kirchenmusik Verwendung. Sein – demgemäß überwiegend kirchenmusikalisches – Œuvre läßt sich in drei Perioden gliedern. Die erste reicht bis um das Jahr 1721. Z. gewann in dieser Zeit durch die dreijährige Arbeit mit seinem Lehrer, dem kaiserlichen Hofkapellmeister Fux in Wien, in bezug auf Satztechnik und Kontrapunkt nicht allein vollständige Sicherheit und Souveränität, sondern auch Eleganz. Während seines dortigen Unterrichtes fertigte er eine umfängliche Studiensammlung von Werken alter und zeitgenössischer Meister an. In Wien komponierte Z. auch, erstmals wohl in offiziellem Auftrag, für den Dresdener Hof: Mit vier *Suiten*, (davon zwei *Caprice* bzw. *Capricio* betitelt) schuf er eine Anthologie moderner, größer besetzter Instrumentalmusik. Jeweils eine Folge italienischer und französischer Tänze, freier und programmatischer Sätze wird durch ein oder zwei umfängliche Einleitungssätze unterschiedlicher Gattungszugehörigkeit eröffnet: Kirchensonate à tre, Concerto für mehrere Instrumente, Ouverture. In diesen frühen Werken entpuppen sich bestimmte Merkmale von Z.s Stil, wie weiträumige, mehrere Sätze umspannende Verknüpfungstechnik, Verbindung verschiedener Satztechniken und Gattungen innerhalb eines Werkes oder auch eines Satzes, größtmögliches Ausschöpfen der Kategorien Kontrast und Abwechslung im Rahmen der ästhetisch gebotenen Einheit.

Mit Beginn der zweiten Schaffensperiode, eine Zeit intensivster Arbeit für die Hofkirche (1721–33), hatte Z. eine unverwechselbar eigene musikalische Sprache in den sechs *Triosonaten* gefunden, die zusammen mit den Wiener Suiten und fünf weiteren in den zwanziger Jahren entstandenen Kompositionen seine einzigen Beiträge zur Instrumentalmusik darstellen. Z. verknüpft die in den Triosonaten verwendeten italienischen Gattungen sonata da chiesa und concerto mit der aus der französischen Oper stammenden Besetzung von zwei Oboen und Fagott (und Generalbaßinstrumenten). Charakteristisch sind die z.T. sehr langen, meist jedem Traditionsbezug enthobenen Themen und die mit Schemata der Zeit kaum zu vereinbarenden formalen Konzepte der umfangreichen schnellen Sätze. Differenzierte und manchmal außergewöhnliche harmonische Fortschreitungen prägen die langsamen Sätze. Alle sechs Sonaten schließt Z. auf mehreren Ebenen mit teils traditionellen (Tonarten), teils besonderen Mitteln zu einem Zyklus zusammen. So läßt er das Fagott während der ersten fünf Sonaten stufenweise von einem Generalbaßinstrument zu einer virtuos-konzertierenden dritten Melodiestimme neben die beiden Oboen aufsteigen. Hinter der außergewöhnlichen Gestaltung der Themen verbirgt sich über alle Sätze hinweg eine semantische Ebene, indem durch bestimmte, herkömmliche Verfahrensweisen (Hexachord-Solmisation, Zahlensymbolik und rhetorisch-musikalische Figuren) ein verschlüsseltes persönliches Bekenntnis eingearbeitet ist.

1722 entstanden die *Lamentationes Jeremiae Prophetae*. Wie die Triosonaten in der Kammermusik repräsentieren die *Lamentationes* (und die *Responsorien* von 1723) in der katholischen Kirchenmusik eine Hauptgattung und konnten wie diese als Probestücke für eine Laufbahn als Hofkapellmeister gedacht gewesen sein. Z. begründete gemeinsam mit dem Vizekapellmeister Heinichen unter Anlehnung an Wiener Traditionen in dieser Gattung einen Dresdner Lokalstil. Jede *Lamentatio* ist für eine Singstimme (Alt, Tenor, Baß) und Instrumentalensemble geschrieben. Häufige Tempo- und Metrumwechsel, durch Textstruktur und -inhalt bestimmt, sowie Abstufungen von arioser oder rezitativischer Vertonung des Textes, gegliedert durch farbig besetzte Instrumentalritornelle, kennzeichnen diese *Lamentationes*.

In Z.s zweite Schaffensperiode fallen neben durchschnittlicher Gebrauchsmusik herausragende Werke wie die Psalmvertonungen, die sich durch vielfältige und individuelle Formgebung auszeichnen. Auch in den *Vesperpsalmen* gestaltet Z. große zyklische Anlagen. Die Kompositionen, die auf dem Höhepunkt dieser Jahre entstanden sind, zeichnen sich durch Motive und Themen, die aus unregelmäßigen Taktgruppen gebildet sind, durch eine prägnante, reichdifferenzierte Rhythmik und intensiven Gebrauch von Chromatik aus. – Gegen Ende seiner zweiten Schaffensperiode mußte Z. durch Friedrich August II., der nach dem Tod Augusts des Starken die Anstellung des modernen Opernkomponisten Hasse veranlaßt hatte, eine zunehmende Geringschätzung erfahren. Obwohl seit den dreißiger Jahren die Zahl seiner Neukompositionen zurückging, nahm er doch immer noch neue Impulse auf. So wie er in der Instrumentalmusik Merkmale venezianischer Musik schöpferisch adaptierte oder sich der Musik anderer Komponisten anzuschmiegen verstand (etwa in den Bearbeitungen und Ergänzungen von Werken Palestrinas für den Gebrauch in der Hofkirche), ließ er sich von den galanten Opern Hasses für seine späte Vokalmusik anregen.

Am Ende seiner dritten und letzten Schaffensperiode (1732–1742) plante Z., gleichsam ein kompositorisches Vermächtnis und Zeugnis einer inbrünstigen Religiosität, einen – nicht vollendet vorliegenden – Zyklus von sechs *Missae ultimae*. Die Messen wurden zu Z.s Lebzeiten nicht aufgeführt und wären aufgrund ihres Umfanges auch kaum verwendbar gewesen; Z. konzipierte sie vielleicht von vornherein als autonome Musik. Die Beschränkung der äußeren Mittel (kleine Besetzung mit Oboen, Streichern und Continuo) zeitigt die großartige Intensität der Aussage in den teilweise sehr umfangreichen Sätzen. Die formale Anlage ist die der Nummernmesse, in der der Meßtext in geschlossene Nummern – Soloarien, homophonen, motettischen oder konzertierenden Chören, breit angelegten, teils virtuosen, teils affektstarken Chorfugen – gegliedert ist. Mit der musikalischen Mehrfachverwendung von Sätzen zu verschiedenen Texten innerhalb eines Werkganzen schafft Z. wiederum großdisponierte Zyklen.

Die Instrumentalritornelle fügt er aus melodisch simplen, doch rhythmisch mannigfaltigen Motiven, mit zwar konventionellen Techniken (Wiederholung, Sequenzierung), zu häufig unregelmäßig und unsymmetrisch gebauten, komplexen Gebilden. Z.s kontrapunktische Meisterschaft (Doppelfugen, doppelter Kontrapunkt) und seinen Erfindungsreichtum in expressiven Themen stellen die Chorsätze unter Beweis; daneben besitzt er die Souveränität, die Satzregeln im Dienst des Textausdrucks außer Kraft zu setzen. Die galanten Stilmerkmale der Arien (Seufzermotive, feinst differenzierte Rhythmen als komponierte Verzierungen, weiche Melodiebildung in großen Bögen, Geringstimmigkeit) belegen Z.s Reaktion auf Hasses Stil.

Z. erfüllte in seinen besten Werken die ihm zur Disposition stehenden herkömmlichen Formen, Gattungen und Stile mit Originalität und schöpferischer Kraft. Wir erkennen in ihm einen der facettenreichsten und unkonventionellsten Komponisten seiner Epoche.

Noten: Suite (Ouverture a 7 concertanti), hrsg. von C. Schoenbaum, Wien [1960]. Concerto in Sol, hrsg. von dems. Wien [1960]. Missa ultimarum prima: Missa Dei Patris, hrsg. von R. Kubik, Wiesbaden 1985 (EDM 93). Missa Sanctissimae Trinitatis, hrsg. von Th. Kohlhase, Wiesbaden 1987 (EDM 103). Missa ultimarum secunda: Missa Dei Filii, Litaniae Lauretanae ZWV 151, hrsg. von W. Horn und Th. Kohlhase, Wiesbaden 1989 (EDM 100). Missa ultimarum sexta: Missa Omnium Sanctorum, Litaniae Lauretanae ZWV 152, hrsg. von dens., Wiesbaden 1989 (EDM 101). Composizioni per orchestra, hrsg. von C. Schoenbaum, (^{1}1963) ^{2}1986 (Musica Antiqua Bohemica I/61). Lamentationes Jeremiae Prophetae, hrsg. von Vr. Belsky, Prag 1969 (ebd. II/4). Psalmi et Magnificat, hrsg. von dems., Prag 1971 (ebd. 11/5). Melodrama de Sancto Wenceslao, hrsg. von dems , Prag 1987 (II/12). Triosonaten Nr. 1–6, hrsg. von W. Horn und W. Reich, Kassel 1992–1996. Zahlreiche Einzelausgaben (Carus-Verlag Stg.).

Dokumente: J.D.Z. Thematisch-systematisches Verz. der musikalischen Werke (ZWV), hrsg. von W. Reich, Dresden 1985. Z.-Dokumentation. Quellen und Materialien, vorgelegt von W. Horn und Th. Kohlhase, 2 Bde., Wiesbaden 1989 [mit WV und Bibl.].

Literatur: Reich, W.: Zwei Z.-Studien. Ein ungeliebter Komponist? Zu J.D.Z.s Stellung in Dresden. Die Triosonaten von J.D. Z. Untersuchungen zu ihrer Struktur und Semantik, Dresden 1987. Oschmann, S.: J.D.Z. Seine geistlichen italienischen Oratorien, Mainz 1986.

HORN, W.: Die Dresdner Hofkirchenmusik 1720–1745. Studien zu ihren Voraussetzungen und ihrem Repertoire, Kassel 1987. KOHLHASE, TH.: J. D. Z. und seine »Missa Sanctissimae Trinitatis« in Musica sacra 108 (1988), 3–14 und 98–105. Z.-Studien I, hrsg. von TH. KOHLHASE, Kassel 1993. Z.-Studien II., hrsg. von W. REICH und G. GATTERMANN, St. Augustin 1997. STOCKIGT, J.: J. D. Z. A Bohemian Musician at the Court of Dresden, Oxford 2000.

Susanne Oschmann

Zemlinsky, Alexander (von)

Geb. 14. 10. 1871 in Wien;
gest. 15. 3. 1942 in Larchmont, New York

Daß ein Komponist, von dem Schönberg bekannte, ihm verdanke er »fast all sein Wissen um die Technik und die Probleme des Komponierens« (vgl. Weber, 13), nahezu in Vergessenheit geraten konnte – bevor seit den siebziger Jahren eine gewisse ›Wiederentdeckung‹ in Gang kam –, gehört zu den bezeichnenden Brüchen in der Musikgeschichte des 20. Jahrhunderts. Und nicht weniger bezeichnend sind es sowohl externe wie interne Ursachen, die diesen Bruch verschuldet haben: die gewalttätige Austreibung aller progressiven Kultur durch den Nationalsozialismus – Z. starb vereinsamt im amerikanischen Exil – ebenso wie ein dogmatisch verengtes Geschichtsbild, das den jeweils neuesten Stand des musikalischen Materials zum absoluten Kriterium des künstlerischen Fortschritts erhob. Eine doppelte Stigmatisierung mit fatalen Auswirkungen: Zerstörte die NS-Herrschaft endgültig die existentiellen wie kompositorischen Wirkungsmöglichkeiten Z.s (die gerade 1933 mit der in Zürich erfolgreich uraufgeführten Oper *Der Kreidekreis* eine glückliche Wendung zu nehmen schienen), so sorgte die pauschale Etikettierung als ›Spätromantiker‹, der den Anschluß (an die Neue Musik) verpaßt habe, für seine Abschiebung in eine überholte Zwischenzone der Musikgeschichte, schon bei den Avantgardisten der zwanziger Jahre und nicht weniger bei denen nach 1945. Es bedurfte deshalb erst der Krise der Neuen Musik in den siebziger Jahren, d. h. vor allem der Einsicht in die Abstraktionsverluste des eigenen rigorosen Fortschrittskonzepts, um den Blick freizumachen für den komplexen Reichtum der musikalischen Moderne vor dem Ersten Weltkrieg, die

sich keineswegs auf einen linearen Übergang zur Atonalität Schönbergschen Typs verkürzen läßt.

Wie die musikalische Moderne (also die seit etwa 1890 hervortretenden Komponisten wie Mahler, Strauss, Reger, Z., Schönberg und Schreker) insgesamt von vielfältigen Tendenzen – grob gesprochen: zwischen Jugendstil und Expressionismus – bewegt wurde, so entzieht sich auch die künstlerische Position Z.s, der als Wiener stark vom Geist der »Secession« geprägt war, einer einfachen Ortsbestimmung. Denn sie befindet sich sozusagen ortsungebunden innerhalb eines musikalischen Kräftefeldes, das durch die vier Bezugspunkte Brahms, Wagner, Mahler und Schönberg näher bezeichnet wird. Und mit einer gewissen Übertreibung wäre zu behaupten, daß die latente utopische Mitte von Z.s Musik in dem Bestreben zu suchen ist, alle vier – vielleicht mit einer kleinen Akzentuierung Mahlers – gleichsam unmittelbar ineinanderzukomponieren.

Das Problem, das sich damit stellt und das in vielfacherweise Z.s (nicht nur) künstlerische Existenz geprägt hat, ist das der Identität. In einem Brief an Alma Mahler von 1930 schreibt er: »Mir fehlt sicherlich das gewisse Etwas, das man haben muß – und heute mehr denn je – um ganz nach vorne zu kommen. In einem solchen Gedränge nutzt es nichts Ellbogen zu haben, man muß sie auch zu gebrauchen wissen« (vgl. Weber, 38). Das betrifft vordergründig Z.s Kapellmeisterkarriere, die ihn von der Wiener Volksoper kurzfristig an die Seite Mahlers in die Hofoper geführt hatte, aber nach Mahlers erzwungener Demission einen Bruch erhielt, der auch durch Z.s langjährige erfolgreiche Tätigkeit als Opernchef in Prag (1911–1927) und schließlich als zweiter Mann neben Klemperer an der Berliner Krolloper (bis 1930) nicht mehr ausgeglichen werden konnte. Es betrifft nicht weniger Z.s kompositorische Laufbahn, die ihn anfangs rasch, von Brahms und Mahler gefördert, zu preisgekrönten Erfolgen (seine *Symphonie B-dur* von 1897 etwa erhielt den Beethoven-Preis) und an die Spitze der Wiener Avantgarde brachte, bis er nach Schönbergs Wendung zur Atonalität um 1908 mehr und mehr in den Schatten der jüngeren Komponistengeneration geriet; ein Vorgang des allmählichen Zurücktretens, der sich in den zwanziger und dreißiger Jahren verstärkte, in denen Z. – abgesehen von der jäh zerstörten Hoffnung mit dem *Kreidekreis* – kein durchschlagender Erfolg mehr beschieden war.

Verzicht auf Ellbogengebrauch, eine aller Gewaltsamkeit abholde, humane Fähigkeit des Sich-Einlassens und die Neigung zu reflektierender Verinnerlichung bestimmen auch Z.s Verhältnis zur musikalischen Welt, die sich ihm aus der Perspektive eines Spätgeborenen darstellte. Die musikalische Sprache, mit der er aufgewachsen ist und von der er bei aller äußeren Entfernung niemals gelassen hat, ist die der Brahmsschen Kammermusik. (Z.s *Erstes Streichquartett A-dur* op. 4 von 1896 bezeugt dies wohl am eindringlichsten.) Und wenn später Alma Mahler Z.s musikalische Eigenart mit dem Satz charakterisieren konnte »Er nahm ein kleines Thema gleichsam in seine geistigen Hände, knetete es, formte es in unzähligen Varianten« (vgl. Loll, 249), so formulierte sie damit eine kompositorische Maxime, die von Brahms auf Z. und Schönberg überkommen ist. Der andere Pol der musikalischen Welt, im Wien der neunziger Jahre, der Antipode zu Brahms, war Wagner (von dessen direktem Einfluß Z.s frühe Opern, *Sarema* – 1897 in München – und *Es war einmal* – 1900 in Wien uraufgeführt, zeugen). Und nichts vielleicht bezeichnet besser Z.s behutsames, auf beziehungsvolle Integration bedachtes Verhältnis zur Tradition als die Art und Weise, in der er, gleichsam beiden Polen in der Abweichung die Treue haltend, den unversöhnlich scheinenden Konflikt ins Produktive einer neuen, konstruktiven Ausdruckssprache zu wenden vermochte; wie er gemeinsam mit Schönberg, der damals sein zeitweiliger Schüler war, zu jener Kombination aus Brahmsschem Stufenreichtum und Wagnerscher »Tristan«-Chromatik auf der Basis eines motivisch legitimierten Satzes gelangte, die einen der Ausgangspunkte der Neuen Musik darstellt.

Identität nicht durch Abspaltung und Traditionsbruch, sondern durch den Versuch der Verknüpfung des Widerstrebenden, das Eigene hervortreten zu lassen in der reflektierenden Bezugnahme auf das Andere: das wurde für Z. zu einer paradigmatischen Erfahrung, die sich in zugespitzter Konstellation in seinem Verhältnis zu Mahler und Schönberg, den beiden Bezugspolen seiner reifen Zeit, wiederholen sollte. (Zu beiden, deren Werke er in exemplarisch kompetenten Aufführungen nach Kräften zu verbreiten half, hatte Z. auch eine enge persönliche und, wie nicht anders zu erwarten, keineswegs komplikationslose Beziehung.) Die Schwierigkeiten einer solchen Konzeption, die im selben Maße auf Vorgegebenes angewiesen bleibt wie sie sich davon abzusetzen versucht, liegen offen zu Tage, und der Vorwurf des Eklektizismus, d. h. des Identitätsdefizits, ist denn auch häufig erhoben worden. Z. selber war sich der Schwierigkeiten bewußt; in dem Widmungsbrief, mit dem er Schönberg sein *Zweites Streichquartett* op. 15 (1913–15) – wohl sein bedeutendstes Werk – zueignete, heißt es: »Ich gehöre eben doch zu euch, auch wenn ich anders bin« (vgl. Weber, 131). In seinen besten Werken hat Z. diese ambivalente Identität zwischen Bewahrung und Infragestellung der Tradition zum Gegenstand der Komposition gemacht und gerade daraus die expressivsten Wirkungen gezogen. Ambivalenz, d. h. im positiven Sinne »Beziehungsvielfalt als Prinzip« (Loll, 133), bildet das zentrale Charakteristikum von Z.s Kompositionsweise. Sie verwirklicht sich auf mehreren Ebenen. Im Mittelpunkt – und darauf zielt die Charakterisierung Alma Mahlers – steht ein Prozeß fortlaufender variativer Entwicklung, der von einem prägnanten motivischen Modell seinen Ausgang nimmt, auf das die gesamte weitere Entwicklung bezogen bleibt (besonders frappierend im *Zweiten Streichquartett*, dessen über 1200 Takte letztlich aus einem einzigen, dem Anfangstakt, hervorgetrieben werden). Sinnvoll gegliedert wird der variative Prozeß einerseits durch die Konkretisierung zu plastischen musikalischen Einzelcharakteren, Themen, die untereinander in hohem Maße kontrastieren, aber dennoch motivisch aufeinander bezogen sind; zum anderen durch eine formale Disposition, die den stets prägnant nachvollziehbaren variativen Entwicklungsgang in einen übergreifenden Bezugsrahmen großformaler (beispielsweise sonatenförmiger) Abschnittsbildung einbindet. Zu der, für sich genommen schon intrikaten, Beziehungsvielfalt auf der Ebene des Motivischen tritt als weitere, entscheidende Dimension eine Vielfalt bewußt gewählter Bezüge auf (formale, harmonische, satztechnische) Modelle der Tradition, die in einem »raffinierten Wechselspiel von Wahrung und Aufhebung« (Loll, 197) dem Hörer gegenübertritt und die eigentliche Komplexität von Z.s Musik ausmacht. Es entsteht dadurch, wie besonders auffällig im Bereich der Harmonik, eine gleitende Vielschichtigkeit des Satzverlaufs, der mehreren Identitäten zugleich anzugehören scheint – und gerade deshalb auf eine tonale Fixierung in letzter Instanz auch nicht verzichten kann. »Z.s Konzeption, vor der Folie der musikalischen Tradition ›Abweichungen‹ zu komponieren« (Weber, 133), bedurfte des Überlieferten, um dessen Gefährdung ins Werk setzen zu können. Die idealtypisch umrissene Kompositionsweise Z.s prägt insbesondere seine Werke vom ersten bis zum Anfang des dritten Jahrzehnts des 20. Jahrhunderts, die man ohne Scheu als seine Hauptwerke bezeichnen darf: in erster Linie – obwohl sich Z. primär als Opernkomponist fühlen mochte – das erwähnte *Zweite Streichquartett*, die »Maeterlinck-Gesänge« (*Sechs Gesänge für eine mittlere Stimme und Klavier* op. 13, 1910–13) und die *Lyrische Symphonie* nach Gedichten von Rabindranath Tagore für Singstimmen und Orchester op. 18 (1922–23) – dazu die Opern *Der Traumgörge* (Les Feld; 1904–06, Nürnberg 1980), *Kleider machen Leute* (nach Gottfried Keller; Wien 1910, ›Prager Fassung‹ Prag 1924), *Eine florentinische Tragödie* (nach Oscar Wilde; Stuttgart 1917), *Der Zwerg* (nach Wilde; Köln 1922) und *Der König Kandaules* (Fr. Blei nach A. Gide; 1935–36, Hamburg 1996 [Instrumentation A. Beaumont]), in deren Sujets ebenfalls die Identitätsproblematik von zentraler Bedeutung ist. Die späteren Werke – unter denen vor allem das *Dritte* und *Vierte Streichquartett* (op. 19, 1924 bzw. op. 25, 1934) und die *Sinfonietta* op. 23 (1936) hervorzuheben sind – greifen mit ihrem distanzierten, wie ironisch maskierten Tonfall zeitgenössische Tendenzen auf, ohne doch hinter der leichteren Oberfläche auf die komplexe Beziehungsvielfalt des Komponierten zu verzichten. Z.s Hauptwerken galt die ungebrochene Zuneigung Schönbergs und seiner Schüler (paradigmatisch das Zitat aus der *Lyrischen Symphonie* in Bergs »Lyrischer Suite«); vielleicht liegt gerade in der Vermeidung kategorischer Eindeutigkeit ihre eigentümlich repressionslose Stärke.

Noten: N. Simrock (Bln.); Hansen (Kopenhagen und Lpz.); ab 1910 Universal Edition (Wien); posthume Werke bei Ricordi (Mn.).
Dokumente: Briefwechsel mit Schönberg, Webern, Berg und Schreker, hrsg. von H. WEBER, Darmstadt 1995. MAHLER-WERFEL, A.: Tagebuch-Suiten 1898–1902, hrsg. von A. BEAUMONT and S. RODE-BREYMANN, Ffm. 1997; engl. Ldn. und Ithaca (N.Y.) 1998.
Literatur: ADORNO, TH.W.: A.Z. *in Quasi una fantasia*, Ffm. 1963, 155–180. A. Z. Tradition im Umkreis der Wiener Schule, hrsg. von O. KOLLERITSCH, Graz 1976. WEBER, H.: A.Z., Wien 1977. LOLL, W.: Zwischen Tradition und Avantgarde. Die Kammermusik A.Z.s, Kassel 1990. A.Z. Ästhetik, Stil und Umfeld, hrsg. von H. KRONES, Wien u.a. 1995. SOMMER, U.: A.Z. Der König Kandaules, Mn. 1996 (MK 92–94). BEAUMONT, A.: Z. and His Art, Ldn. und Ithaca (N.Y.) 2000 [mit WV und Bibl.].

Bernd Sponheuer

Zimmermann, Bernd Alois

Geb. 20. 3. 1919 in Bliesheim bei Köln; gest. 10. 8. 1970 in Königsdorf bei Köln

Z., zwischen zwei Komponistengenerationen geboren, hat während einer entscheidenden Phase seiner Entwicklung Nationalsozialismus und Krieg erlebt. Dadurch um einen wesentlichen Teil des kulturellen Erbes und die unverzichtbaren Möglichkeiten zu Kontakten gebracht, verspürte er deutlich die Kluft zwischen sich und der jüngeren Generation. Seine ersten Werke zeugen von dem Versuch, sich auf die abrupte Veränderung der Nachkriegsverhältnisse einzustellen, auf die Diskussionen, die die neue Generation beschäftigten. Der Einfluß des neoklassizistischen Stils verliert sich bei Z. zunehmend mit der Hinwendung zum Serialismus. Bereits 1951 schreibt Z. über Schönberg, daß »es nicht etwa … seine Reihentechnik an sich ist, die ihn an eine derartig exponierte Stelle setzt, sondern die überragende Kraft [s]einer Persönlichkeit«, und er kritisiert »die fast übertrieben anmutende Trennung des Ausdrucksmäßigen und der Mittel, die in seinem Dienste stehen« sowie die »Verwechslung von Stil und Kunstmittel« (*Material und Geist*, 6). Mit Ansichten dieser Art steht Z. abseits der zu Beginn der fünfziger Jahre in Darmstadt vorherrschenden Konzeptionen.

Seine integrierende Methode sucht nach einem Prinzip innerer Einheit, das die Verwendung heterogener Elemente ermöglicht. In seinen frühen Werken verbindet sich auf diese Weise subjektiver Ausdruck in der Nachfolge des Expressionismus mit der neoklassizistischen Tendenz, Formen der ›gelehrten‹ Tradition sowie ›triviale‹ Formen der populären außereuropäischen Musik zu verarbeiten. Die serielle Technik ist nur eines der Mittel, um diese innere Einheit zu erreichen; Z. setzt sie seit 1952 als Hintergrundstruktur ein, vermeidet ihre Ausweitung zu einer vollständig seriellen Anlage. Inmitten seines strengsten seriellen Werks, den *Perspektiven* für zwei Klaviere (1955), erscheint ein lärmender Cluster wie die Forderung nach Subjektivität im Herzen eines total determinierten Prozesses. Bei Z. wird die musikalische

Kohärenz durch den Gegenstand, nicht durch die Struktur gewährleistet.

Die Soldaten (Köln 1965) bezeichnen den Endpunkt seiner Entwicklung während der fünfziger Jahre: Die seriellen Prozesse und die stilistischen wie formalen Beziehungen sind in das dramaturgische Konzept integriert. Die Form der Oper ist vor dem Hintergrund der musikalischen, literarischen und theatralischen, aber auch der kinematographischen und choreographischen Modernität neu durchdacht. Sie ist gerichtet auf die »endliche Konzentration und geistige Koordinierung des an Neuem in jüngster Zeit Geschaffenem« (ebd., 42). Sie übersteigt den Konflikt zwischen den Hoffnungen des Einzelnen und dem unterdrückenden Funktionieren der »sozialen Maschinerie«, den er selbst zutiefst erlebt hatte: »nicht etwa so sehr durch das Schicksal, die blinde moira, bedingt als vielmehr durch die schicksalhafte Konstellation der Klassen, Verhältnisse und Charaktere, so wie sie sind, Menschen, wie wir ihnen zu allen Zeiten begegnen können, einem Geschehen unterworfen werden, dem sie nicht entfliehen können: unschuldig mehr als schuldig« (ebd., 93). Der spiralförmige Aufbau des Werks, der auf formalen Symmetrien und der unaufhaltsamen Zuspitzung zur Katastrophe basiert, läßt die erzählerischen und psychologischen Dimensionen des Textes von Jakob Michael Reinhold Lenz zugunsten einer inneren Entwicklung des Dramas zurücktreten. Die beiden ›Helden‹ Stolzius und Marie sind unschuldige Opfer einer Art Opferzeremonie, in der die Komödie von Lenz, die ursprünglich ein moralisierendes Ende besaß, durch Z. in eine wirkliche Tragödie verwandelt wird.

Während Z. in seinen frühen Werken die expressiven und stilistischen Spannungen im Inneren der musikalischen Einheit zu halten sucht (*Sinfonie in einem Satz*, 1947–53; *Concerto für Trompete*, 1953), zielt der stilistische Pluralismus seit der Oper *Die Soldaten* darauf, die unmögliche Aussöhnung des Ichs und der Welt, der inneren Überzeugungen und der äußeren Realität zum Ausdruck zu bringen. Vor diesem Hintergrund erklärt sich auch Z.s Interesse am Solokonzert als Mittel der Dramatisierung des musikalischen Diskurses in der Instrumentalmusik. Die gestenhafte und elementare Anfangsfigur des *Concerto en forme de »pas de trois«* für Violoncello und Orchester (1965–66) stellt z. B. ihren individuellen, »quasi parlando« bezeichneten Charakter der komplizierten, in Vierteltönen notierten Linie des Orchesters gegenüber. In *Dialoge* (1960) besitzen die Beziehungen zwischen den beiden Soloklavieren und dem Orchester sowie zwischen den einzelnen Orchesterinstrumenten eine offenkundig dramatische Dimension; in *Présence* für Violine, Violoncello und Klavier (1961) werden die Instrumente literarischen Gestalten zugeordnet, die auch Figuren eines Balletts sind; in den *Antiphonen* für Viola und 25 Instrumentalisten (1961) müssen die Musiker während des Spiels Texte sprechen.

Die Anfang der sechziger Jahre geschriebenen Werke kündigen einen Wendepunkt in der Musik Z.s an, der sich auf die 1963–64 komponierten Teile der *Soldaten* auswirkte (Z. hatte deren Komposition unterbrochen, da das Werk von der Kölner Oper als ›unspielbar‹ eingestuft worden war). Ihnen liegt eine viel fragmentarischere Satzweise, eine Polyphonie unabhängiger musikalischer Schichten, eine neue Konzeption von musikalischem Raum und musikalischer Zeit und eine neue Vermischung der Klangfarben zugrunde. Die serielle Technik wird nur noch ›als Sprungbrett‹ benutzt: »Es zeigte sich sehr bald, daß der Gedanke des Seriellen, einmal gedacht, zu Weiterungen führte, welche dann, und zwar sehr schnell, wieder aus dem Seriellen herausdrängten ... Damit war der Weg für *das* frei, was bisher (jedenfalls mit den Methoden des Seriellen) nicht einfangbar zu sein schien, nämlich für das Spontane, Assoziative, Traum-, ja Trancehafte« (ebd., 102 f.).

Die »pluralistische Musik«, wie sie Z. selbst nannte, ist mit dem von ihm in den fünfziger Jahren entwickelten Konzept von der »Kugelgestalt der Zeit« verbunden und mit dem Verwenden von Zitaten, das mit *Die Soldaten* beginnt (in der berühmten Bordellszene im zweiten Akt) und sich in den Werken der sechziger Jahre ausweitet. Die Heterogenität der Oberfläche – gegensätzliche Stile, verschiedene Zeitschichten, musikalische »objets trouvés« – wird durch das innere Bewußtsein in ein Geflecht bedeutungstragender und expressiver Beziehungen verwandelt. Das Werk ist nicht die formale Totalität, sondern richtet sich an die Totalität des Erlebten, was etwas ganz anderes ist. Z. kontrastiert die innere Zeit, die vielfältige Assoziationen ermöglicht und in der die Vergangenheit, die Gegenwart und die Zukunft nebeneinander bestehen, der äußeren Zeit. Diese ist hierarchisch strukturiert und fest umgrenzt und beruht auf den Beziehungen von Ursache und Wirkung. Er stellt der tiefliegenden Kohärenz der

Werke eine rein formale Oberflächenkohärenz gegenüber. Die Zitate besitzen gestischen und theatralischen Charakter: Den Kompositionen liegt stets ein dramaturgisches Konzept zugrunde. Die zeichenhaften Elemente werden mit dem Werk durch Assoziationen musikalischer, expressiver oder symbolischer Art verbunden, wie es z. B. in *Photoptosis* für Orchester (1968) der Fall ist. Hier bezieht sich die auf einer rein musikalischen Struktur basierende Zitatcollage im Zentrum des Werks auf die Vorstellung einer »Explosion des Lichts«, nach der das Werk benannt ist. Das Überschreiten der zeitlichen und stilistischen Grenzen durch Zitate oder sehr genau charakterisierte musikalische Konfigurationen verbindet sich mit einer instrumentalen Virtuosität, die den Ausführenden das Äußerste abverlangt.

Die Figuren, die Z. im Innern seiner Werke komponiert wie Stolzius und Marie, die Autoren, auf die er sich bezieht, von Vladimír Majakovskij bis Konrad Bayer, von Ludwig Wittgenstein bis Ezra Pound, von Alfred Jarry bis James Joyce, die literarischen Figuren, die er versammelt wie Ubu, Don Quichotte oder Molly Bloom, bringen eine Spannung zwischen Utopie und Wirklichkeit zum Ausdruck, die bald ironische, bald tragische Züge annimmt. Die Satzweise pendelt zwischen Gewalt und Raffinement, zwischen Klangsinnlichkeit und Strenge der Konstruktion. Zwei zur gleichen Zeit entstandene Werke, die miteinander verbunden, aber scheinbar sehr unähnlich sind, veranschaulichen am Ende seines Lebens diese grundsätzliche Ambivalenz: die *Musique pour les soupers du Roi Ubu* für Sprecher und Orchester (1968) und das *Requiem für einen jungen Dichter* für Sprecher, Solostimmen, drei Chöre, Jazz-Combo, Tonband und Orchester (1967–68). Die erstgenannte Komposition schlägt einen parodistischen und ironischen Ton an; sie besteht aus einer riesigen Collage musikalischer Zitate, die dem gesamten Repertoire der abendländischen Musik entnommen sind. Im *Requiem* werden beträchtliche musikalische Kräfte verlangt; das Werk zeichnet 50 Jahre europäischer Kulturgeschichte nach, die mit dem Leben des Komponisten zusammenfallen: Politische Reden, philosophische und religiöse Schriften und literarische Texte werden zu einer gewaltigen Polyphonie verwoben, in der sich das Zeitliche und Zeitlose, individuelle und kollektive Schicksalsdramen, verflechten. Der musikalische Satz ist aufs Wesentlichste reduziert. Jeder Klang, jede Geste, jeder Gedanke stellt eine enorm expressive und bedeutungstragende Einheit von kaum noch erträglicher Dichte dar.

Die letzten Werke Z.s akzentuieren diesen Charakter noch stärker: Isolierte und verfeinerte, aber höchst prägnante Gesten werden eingebettet in einem ausgeweiteten zeitlichen Raum, dessen Grenzen aufgelöst zu sein scheinen. Das trotz allem gegenwärtige konstruktive Element entzieht sich verstandesmäßigem Erfassen. In *Intercommunicazione* (1967) spielen das Violoncello und das Klavier unabhängig voneinander ohne Einteilung in Takte. Die geisterhaften Gesten von *Stille und Umkehr* für Orchester (1970) lassen die fernen Bilder der *Symphonie in einem Satz*, der *Soldaten* oder des *Requiems*, die Jazzmusik – diese so oft evozierte ›Musik der Unterdrückten‹ – wieder erstehen.

Die »Ekklesiastische Aktion« *Ich wandte mich um und sah an alles Unrecht, das geschah unter der Sonne* für Sprecher, Baß-Solo und Orchester (1970), die wenige Tage, bevor sich Z. das Leben nahm, vollendet wurde, ist sein Vermächtnis. Das Werk inszeniert den Großinquisitor aus »Die Brüder Karamasow« von Dostoevskij sowie Worte aus dem »Liber Ecclesiastes« und der Luther-Bibel. »Weh dem, der allein ist!« ruft der Baß con tutta la forza gegen Ende aus. Die im Saal verteilt aufgestellten Posaunen, die zerreißenden Klänge der elektrischen Gitarre und der Bluesrhythmus des Schlagzeugs führen, wie in einer Prozession, zum Zitat des Bach-Chorals »Es ist genug«, der fortissimo vom Blech gespielt und sogleich von einer wie ein Fallbeil niederfahrenden Kadenz unterbrochen wird. Z. hat mit dieser für sein gesamtes Schaffen charakteristischen Mischung aus Hellsichtigkeit und theatralischem Sinn gleichsam seinen eigenen Tod komponiert. In diesem Werk klingen zum letzten Mal Revolte und Resignation, Aufschwung und Zusammenbruch, Sehnsucht nach Wahrheit, Erlösung und Befreiung und der Schrei unstillbaren Leidens nach, die in seiner ganzen Musik zu finden sind.

Noten: Schott (Mainz).
Dokumente: Material und Geist *in* Melos 18 (1951), 5–7; wiederabgedruckt *in* Z. Dokumente und Interpretationen, hrsg. von W. Konold, Köln 1986, 29–31. Intervall und Zeit. Aufsätze und Schriften zum Werk, hrsg. von Chr. Bitter, Mainz 1974. B. A. Z. Dokumente zu Leben und Werk, hrsg. von Kl. Ebbeke, Bln. 1989. »Du und Ich und Ich und die Welt«. Dokumente aus den Jahren 1940 bis 1950, hrsg. von H. Henrich, Hofheim 1998.

Literatur: Kühn, Cl.: Die Orchesterwerke B. A. Z.s, Hbg. 1972. B. A. Z., hrsg. von Ph. Albèra, Genf 1985 (Contrechamps 5). Ebbeke, Kl.: Sprachfindung. Studien zum Spätwerk B. A. Z.s, Mainz 1986. Konold, W.: B. A. Z., der Komponist und sein Werk, Köln 1986. Die Soldaten, hrsg. von Ph. Albèra, Genf und Straßburg 1988 (Contrechamps/Musica, 88). Zwischen den Generationen. Ber. über das B. A. Z-Symposium, Köln 1987, hrsg. von Kl.W. Niemöller und W. Konold, Regensburg 1987. Schmidt, D.: Lenz im zeitgenössischen Musiktheater. Literaturoper als kompositorisches Projekt bei B. A. Z., Fr. Goldmann, W. Rihm und M. Reverdy, Stg. 1993. Hiekel, J. P.: B. A. Z. Requiem für einen jungen Dichter, Stg. 1995 (Beihefte zum AfMw 36). Ebbeke, Kl.: Zeitschichtung. Gesammelte Aufsätze zum Werk B. A. Z.s, Mainz 1998. Wenzel, S.: Text als Struktur, Bln. 2001.

Philippe Albèra
Übersetzung Britta Schilling

Verzeichnis der Autorinnen und Autoren

(Neu aufgenommene oder für diese Auflage neu verfaßte Artikel sind mit einem Asterik versehen)

Ackermann, Peter (Frankfurt am Main): Palestrina
Ahrend, Thomas (Berlin): Britten*
Albèra, Philippe (Genf): Berio, Ferneyhough, Nono, B. A. Zimmermann
Allihn, Ingeborg (Berlin): G. A. Benda*
Andraschke, Peter (Gießen): Orff
Bandur, Markus (Freiburg i. Br.): Holliger, Scelsi
Berger, Christian (Freiburg i. Br.): Guillaume de Machaut, Landini, Oswald von Wolkenstein, Perotinus, Philippe de Vitry
Betzwieser, Thomas (Bayreuth): Auber, Boieldieu
Biesold, Maria (Wittmund): Rachmaninov
Blumröder, Christoph von (Köln): Stockhausen
Brzoska, Matthias (Essen): Berlioz, Cherubini, Gluck, Grétry, G. Neuwirth
Budde, Elmar (Berlin): Webern
Bužga, Jaroslav: Habá, Smetana
Cadenbach, Rainer (Berlin): Lutosławski, Reger, Strauss
Cahn, Peter (Frankfurt am Main): Dukas, Duparc, Fauré, Ravel
Casares Rodicio, Emilio (Madrid): Albeniz, de Falla, de Pablo
Cavallotti, Pietro (Berlin): Essl*, Estrada*, Gervasoni*, Lévinas*, Murail*
Danuser, Hermann (Berlin): Carter, Halffter, Lasso, Victoria
Dibelius, Ulrich (München): Hartmann
Dittrich, Marie-Agnes (Wien): Caccini, Carissimi, Cavalieri, Peri
Döge, Klaus (München): Dvořák*, Suk*
Döhring, Sieghart (Bayreuth): Halévy, Méhul
Drees, Stefan (Essen): O. Neuwirth*, Sciarrino*
Dümling, Albrecht (Berlin): V. Ullmann
Edler, Arnfried (Hannover): C. Ph. E. Bach, Schumann
Eggebrecht, Hans Heinrich (†): J. S. Bach
Emans, Reinmar (Göttingen): Albinoni, Muffat, S. Rossi, Tartini, Telemann, Viadana, Vivaldi
Ertelt, Thomas (Berlin): Berg
Fanselau, Clemens (Berlin): Heinichen*, Jacquet de la Guerre*, Schmelzer*
Fanselau, Rainer (Hannover): Kodály*, Myslivéček*
Fischer, Erik (Bonn): Händel, Musorgskij, Šostakovič
Fontaine, Susanne (Berlin): Fortner, Krenek, Pärt
Franke, Rainer (Bayreuth): Offenbach
Fürst-Heidtmann, Monika (Hannover); Chavez, Ginastera, Nancarrow, Revueltas, Villa-Lobos
Gall, Johannes C. (Berlin): Eisler*
Gerhard, Anselm (Bern): Dussek*, Meyerbeer, Spontini*
Gerlach, Hannelore (Berlin): Ščedrin
Grandjean, Wolfgang (Essen): Bruckner
Gottwald, Clytus (Ditzingen-Hirschlanden): Kagel
Grassl, Markus (Wien): Cerha*, Furrer*
Groth, Renate (Bonn): Bizet, Franck, Gounod, d'Indy, Massenet, Saint-Saëns
Haefeli, Anton (Basel): Boccherini, Sammartini, J. Stamitz, Wagenseil
Hansen, Mathias (Berlin): Dessau
Henze-Döhring, Sabine (Marburg): Hasse, Jommelli, Pergolesi, A. Scarlatti
Hesse, Lutz-Werner (Wuppertal): Vaughan Williams
Hiekel, Jörn Peter (Wiesbaden): Haas*, Mundry*, Tarnopolskij*
Hinrichsen, Hans-Joachim (Zürich): Schoeck*

Hirsbrunner, Theo (Bern): Chausson, Debussy, Koechlin, Milhaud, Poulenc, Roussel
Hoffmann, Peter (Berlin): Xenakis
Hohmaier, Simone (Berlin): Bartók*
Hüppe, Eberhard (Münster): Lachenmann*
Jacob, Andreas (Essen/Nürnberg): W. Fr. Bach*, Corelli*, Gibbons*, Hauer*, Rosenmüller*
Jahn, Hans-Peter (Stuttgart): Hidalgo
Janz, Bernhard (Würzburg): Arcadelt, Gesualdo, Luzzaschi, Marenzio, de Rore, de Wert
Juchem, Elmar (New York): Adams*
Kämper, Dietrich (Köln): Casella, Dallapiccola, Malipiero, Respighi
Kampe, Gordon (Essen): Nyman*, Oehring*
Kapp, Reinhard (Wien): Cage
Klassen, Janina (Freiburg i. Br.): Purcell
Kohlhase, Thomas (Tübingen): Čajkovskij
Kolter, Horst (Essen): Lachenmann
Konold, Wulf (Nürnberg): Marschner, Mendelssohn Bartholdy
Krause, Andreas (Mainz): Trojahn
Krellmann, Hanspeter (Taufkirchen): Sibelius
Kube, Michael (Tübingen): Berwald*, Pettersson*
Kuhl, Adrian (Heidelberg): Torelli*
Kurth, Ulrich (Köln): Bernstein, Cowell
Labhart, Walter (Endingen, Schweiz): Vogel
Lindmayr-Brandl, Andrea (Salzburg): Ciconia, Dunstable, Isaac, Monte, Obrecht, Senfl, Tromboncino
Linke, Norbert (Duisburg): J. Strauß (Sohn)
Lobanova, Maria (Hamburg/Moskau): Roslavec
Loos, Helmut (Leipzig): Bruch, Cornelius, Franz, Humperdinck, Loewe, Rheinberger
Lück, Hartmut (Bremen): Baird, Birtwistle, Crawford-Seeger, Kurtag, Penderecki, Riehm, Skalkottas, Szymanowsky, Vivier, Wolpe
Lüdke, Markus (Wolfenbüttel): Schulhoff
Maehder, Jürgen (Berlin): Leoncavallo, Mascagni, Puccini
Magnani, Francesca (Reggio d'Emilia): Castiglioni, Donatoni, Maderna, Petrassi
Miller, Norbert (Berlin): Bellini, Donizetti, Mercadante, Rossini, Salieri
Möller, Hartmut (Rostock): Babbitt, Brown, Copland, Lucier, Pagh Pan, Partch, Searle, Sessions
Mösch, Stephan (Berlin): Blacher*
Motte, Helga de la (Berlin): Varèse
Nimczik, Ortwin (Essen): Globokar, Henze, Ligeti
Nonnenmann, Rainer (Bonn): Eötvös*, Pintscher*, Saunders*, Schwehr*, Villanueva*
Nowak, Adolf (Frankfurt am Main): Pfitzner
Oechsle, Siegfried (Kiel): Gade, Grieg, Nielsen
Oschmann, Susanne (Berlin): Caldara, Cimarosa, Fux, Galuppi, Paisiello, Piccinni, Zelenka
Orgass, Stefan (Essen): N. A. Huber, Pousseur
Raab, Claus (Essen): Glass, Reich, Riley
Rathert, Wolfgang (München): Hindemith, Reimann*, Satie, Weill
Redepenning, Dorothea (Heidelberg): Borodin, Dargomyžskij, Denisov, Glinka, Gubajdulina, Prokof'ev, Rimskij-Korsakov, Schnittke, Tiščenko
Rentsch, Ivana (Bern): Martinů*
Riethmüller, Albrecht (Berlin): Busoni
Roch, Eckhard (Bochum): Wagner
Rode-Breymann, Susanne (Köln): Schmidt, Wolf
Ross, Peter (Rüschegg-Gambach): Verdi
Rosteck, Jens (Lille): Honegger*
Ruf, Wolfgang (Halle): Mozart
Saremba, Meinhard (Mannheim): Janáček*, Sullivan*

Schläder, Jürgen (München): Lortzing, Nicolai, Spohr, Weber
Schmalzriedt, Siegfried (Karlsruhe): Cavalli, Cesti, A. Gabrieli, G. Gabrieli, Monteverdi, Praetorius, Schütz
Schmidt, Christian Martin (Berlin): Gershwin, Ives, Yun
Schmidt, Dörte (Stuttgart): Antheil, Crumb, Feldman, Monk, Oliveros, Ruggles, Spahlinger, Wolff, Young
Schmierer, Elisabeth (Essen): Binchois, Campra, Charpentier, Fr. Couperin, Goudimel, Janequin, Lalande, Le Jeune, Lully, Rameau
Schneider, Frank (Berlin): Goldmann, Stravinsky, J. Ullmann
Schubert, Giselher (Frankfurt am Main): Schönberg
Schulz, Thomas (Köln): Tippett
Schwarz-Danuser, Monika (Berlin): L. Boulanger*, Hensel*
Schweikert, Uwe (Stuttgart): Biber*, Tallis
Schweizer, Klaus (Karlsruhe): Boulez, Grisey, Kl. Huber, Messiaen, Schaeffer
Seedorf, Thomas (Freiburg i. Br.): Buxtehude, Cabezón, Frescobaldi, Froberger, Merulo, Pachelbel, Scheidt, Schein, Sweelinck
Sommer, Uwe (Nürnberg): Rihm
Spangemacher, Friedrich (Saarbrücken): Birtwistle, Cardew, Davies, Delius, Elgar
Sponheuer, Bernd (Kiel): Mahler, Schreker, Zemlinsky
Steiert, Thomas (Bayreuth): M. Clementi, Hummel, Moscheles, Paganini, Viotti
Steinbeck, Wolfram (Köln): Haydn
Stenzl, Jürg (Salzburg): Dufay, Josquin, Ockeghem, Willaert
Stephan, Ilja (Hamburg): Hosokawa*, Saariaho*, Takemitsu*, Tan Dun*, Tüür*
Stephan, Rudolf (Berlin): Beethoven
Susteck, Dominik (Essen): Balakauskas*, Prudencio*, Redgate*, Ustvolskaja*
Ubber, Christian (Bonn): Liszt*
Unseld, Melanie (Hamburg): Hölszky*
Weber, Horst (Essen): Brahms, Schubert
Wehrmeyer, Andreas (Berlin): Chopin, Skrjabin
Werbeck, Walter (Greifswald): Bull, Byrd, Dowland
Wiesmann, Sigrid (†): Cerha
Wirth, Gabriele (Hamburg): J. Chr. Bach
Zeller, Hans Rudolf (München): Goeyvaerts, Rühm, Schnebel
Zuber, Barbara (München): D. Scarlatti